Literarischer Führer Deutschland

Von Fred Oberhauser und Axel Kahrs
unter Mitarbeit von Detlef Ignasiak, Peter Neumann
und Gerd Holzheimer.
Mit einem Vorwort von Günter de Bruyn
Mit Abbildungen, Karten und Registern
Insel Verlag

Kartengestaltung: FBO Gesellschaft für Marketing-Kommunikation mbH
Register: Mechthild Kühling

© Insel Verlag Frankfurt am Main und Leipzig 2008
Alle Rechte vorbehalten, insbesondere das der Übersetzung, des öffentlichen Vortrags
sowie der Übertragung durch Rundfunk und Fernsehen, auch einzelner Teile.
Kein Teil des Werks darf in irgendeiner Form (durch Fotografie, Mikrofilm oder andere Verfahren)
ohne schriftliche Genehmigung des Verlages reproduziert oder unter Verwendung
elektronischer Systeme verarbeitet, vervielfältigt oder verbreitet werden.
Satz: Hümmer GmbH, Waldbüttelbrunn
Druck: CPI – Ebner & Spiegel, Ulm
Printed in Germany
Erste Auflage 2008
ISBN 978-3-458-17415-8

1 2 3 4 5 6 – 13 12 11 10 09 08

Inhalt

Geleitwort

Mit diesem Band wird der Wunsch vieler Literaturliebhaber und -kenner nach einem Führer zu den literarisch bedeutsamen Orten des ganzen wiedervereinigten Deutschland endlich erfüllt. Fast zwei Jahrzehnte nach dem Ende der deutschen Teilung wird hier Deutschland nun auch literaturtopographisch wieder vereinigt. Goethes Geburtsstadt am Main ist also nicht mehr von seinem Weimarer Wohnhaus am Frauenplan getrennt; man kann Döblin nicht nur in seinem Sterbeort Emmendingen begegnen, sondern auch am Schauplatz seines berühmten Romans am Alexanderplatz in Berlin; und an das lyrische Werk Peter Huchels wird nicht nur in seinem Zufluchtsort Staufen im Breisgau erinnert, sondern auch in dem Haus, in dem er lange den kulturpolitischen Zumutungen des SED-Regimes trotzte, im märkischen Wilhelmshorst. Wo deutsche Dichter innerhalb der heutigen deutschen Grenzen geboren wurden, wo sie lebten, schrieben und starben wird hier genau so verzeichnet wie die Gedenkstätten, die ihnen errichtet wurden, und die Orte und Landschaften, die in ihren Werken lebendig sind. Wilhelm Raabe ist nicht nur im heimatlichen Weserbergland und in Braunschweig zu finden, sondern auch in der Berliner Sperlingsgasse, und Tucholsky kommt nicht nur in Berlin, sondern auch in Rheinsberg vor.

Man könnte diesen literarischen Reiseführer als eine Geschichte der deutschen Literatur betrachten, die nicht chronologisch, sondern geographisch geordnet ist. Von der Stadt, dem Dorf oder der Landschaft her wird man zu den Werken unterschiedlichster Epochen und ihren Urhebern geleitet, wodurch historisch weit Auseinanderliegendes unerwartet eine Gemeinsamkeit, nämlich die des Ortes, enthüllt. Dass

bei dieser Sicht auf die Dichtung die ehemalige innerdeutsche Grenze völlig verschwindet, lässt sich als ein Beleg dafür deuten, dass die deutsche Literatur auch in den Jahrzehnten der deutschen Teilung sich nicht, wie manche Ideologen es gern gehabt hätten, hier und dort verselbständigt hatte, sondern ungeteilt blieb. Politischer Hemmnisse ungeachtet hatten bedeutende Autoren beider Seiten auch in dem jeweils anderen Staat ihre Leser, und die Reihe jener Autoren, die von Ost nach West, seltener auch umgekehrt, wechselten, ist lang. So konnten Hamburg und das östliche Berlin für Wolf Biermann, Rostock und Nartum für Walter Kempowski entscheidende Lebensstationen werden, und wichtig für Uwe Johnsons Werke waren sowohl das mecklenburgische Güstrow als auch das Westberliner Friedenau. Die trennenden politischen Grenzen waren für die Literatur nicht unüberwindbar. Die während des Kalten Krieges oft diskutierte Frage, ob es nicht trotz gegenseitiger Beeinflussung und Verbindung doch zwei deutsche Literaturen gäbe, war bald nach der Wiedervereinigung keine mehr.

Die Erfahrung, dass politische Grenzen von der Literatur überwölbt oder auch infrage gestellt wurden, hat man in der deutschen Geschichte oft machen können. War doch das historische Deutschland noch bis weit hinein ins 19. Jahrhundert durch eine Vielzahl innerdeutscher Grenzen zerrissen und nur als kulturelles Gebilde ein Ganzes, und auch der neuzeitlichen Nationwerdung ging die kulturelle, die literarische dabei an erster Stelle, voraus. Die Aufklärung und mit ihr das erstaunliche Erblühen der Literatur in der zweiten Hälfte des 18. Jahrhunderts vollzog sich in kleineren oder größeren deutschen Teilstaaten, wie zum Beispiel in Sachsen-Weimar, und wurde doch mit größter Selbstverständlichkeit als eine Blüte der deutschen Literatur gesehen. Niemand wäre auf die Idee gekommen, die in Dresden entstandenen Werke des geborenen Berliners Ludwig Tieck zur sächsischen oder auch zur preußischen Literatur zu rechnen oder in Hölderlin einen nur Württemberg zugehörigen Dichter zu sehen. Wenn man in diesem Band dem im allgemeinen Bewusstsein fest in Berlin platzierten E. T. A-Hoffmann auch in Bamberg begegnet, oder Fontane, der die märkische Landschaft zu dem Bild, das wir heute von ihr haben, verklärte, auch im Dichterkreis Münchens auftaucht, werden alle diese mehr historisch-politischen, aber doch auch zur Literatur gehörenden Fragen wieder in uns geweckt.

Auch in Zeiten der deutschen Teilung hat es auf beiden Seiten Führer zu Dichterorten und -landschaften gegeben, denen aber, da sie innerhalb der Grenzen der Teilstaaten blieben, das Fragmentarische vorgegeben war. Dem freilich ist auch der hier vorliegende Band, wenn auch in sehr viel geringerem Maße, nicht ganz entgangen. Denn wichtige deutsche Literatur wurde nicht nur im heutigen Deutschland geschrieben, sondern auch in den ehemals deutschen Ostgebieten, wie Schlesien und Ostpreußen, die heute zu anderen Staaten gehören, und nicht nur im 20. Jahrhundert entstanden wichtige Teile der deutschen Literatur im Exil. Da aber die im Exil entstandenen Werke immer auch Beziehungen zu Deutschland haben und es den Bearbeitern darauf ankam, die verbotenen und verjagten Autoren wieder heimisch zu machen, wird ihrer Werke an den entsprechenden Orten, wie der »Lotte in Weimar«, besonders gedacht. Und ebenso sind die Ostpreußen Johann Gottfried Herder und Ernst Wiechert in Bückeburg, Weimar und Berlin präsent, wie die Schle

sier Joseph von Eichendorff und Gerhart Hauptmann in Heidelberg, Berlin und auf Hiddensee.

Um den Band handhabbar zu machen, musste notgedrungen aus der Überfülle des Materials das noch heute Lebendige oder für die Literaturgeschichte Bedeutsame ausgewählt werden, wobei aber der Literaturbegriff weit gefasst wurde, so dass auch prominente Historiker und Philosophen, man denke an Nietzsche, vertreten sind. Die sogenannten Trivialautoren, wie May, Marlitt und Simmel, die auf dem Buchmarkt sensationelle Erfolge erzielen konnten und immer mal wieder verschieden beurteilten werden, sind so wenig vergessen worden, wie Regionalautoren, die über heimatliche Grenzen hinaus wirkten, und auch der Kinderliteratur wird natürlich die ihr zukommende Aufmerksamkeit geschenkt.

Wie jeder Reiseführer enthält auch der literarische die unausgesprochene Aufforderung an seinen Benutzer, sich mit dem mehr oder weniger flüchtig Gesehenen anschließend näher zu beschäftigen und so die Reise zu Hause noch einmal zu machen, indem man sich beispielsweise nach einer Harzreise die von Heinrich Heine wieder vornimmt und dabei nicht nur die Reiseerinnerung auffrischt, sondern auch das literarische Werk mit neuem Verständnis liest. Es kann also das Gelesene durch Örtlichkeitsanschauung ergänzt werden, doch regt wiederum auch die Anschauung zu einer bisher vielleicht versäumten Lektüre an.

Erfahrene Literaturtouristen freilich halten eine gründliche Vorbereitung für wichtiger, zu der neben der reisetechnischen Planung auch die literarische Einstimmung gehören soll. Denn da Literaturführer häufig, wenn Museen, Denkmäler, Gedenktafeln oder Geburtshäuser fehlen, nichts konkret Sichtbares zu bieten haben, son dern sich auf Hinweise zu literaturträchtigen Orten oder Landschaften als solche beschränken müssen, ist die Vorstellungskraft des Benutzers gefordert, die immer größer sein wird, wenn sie von Kenntnissen getragen wird. Man sollte sich also nicht nur an Hand dieses Bandes über die Ziele vorinformieren, sondern sich auch durch die einschlägigen literarischen Werke einstimmen lassen. Schon der geübte Wanderer Fontane wusste: Man sieht nur, was man weiß.

Eine solche ausführliche Vorbereitung wird eine jede literarisch orientierte Reise intensiver erleben lassen – und selbst dann noch Gewinn bringen, wenn man zu Hause bleibt und die Reise nur in Gedanken erlebt. Mit anderen Worten: Der Reiseführer eignet sich auch zum Lesen in den eignen vier Wänden und durch seine Register auch zum Nachschlagen, wenn man wissen will, wo Günter Eich geboren wurde oder welchen Gasthof Lessing im Sinn hatte, als er die »Minna von Barnhelm« schrieb.

Günter de Bruyn

Einleitung

Von Aachen bis Zittau und vom Kap Arkona bis in den Pfaffenwinkel: Der »Literarische Führer Deutschland« in seiner Ausgabe von 2008 basiert auf dem westdeutschen »Literarischen Führer durch Deutschland« von 1983, jetzt aber sind »Weimar und das ganze fehlende östliche Deutschland« einbezogen, wie es Robert Minder bereits 1974 im »Literarischen Führer durch die Bundesrepublik Deutschland« angemahnt hatte.

Das bewährte Konzept von 1974 und 83 konnte dabei beibehalten werden: In erster Linie ist die dem herkömmlichen Kanon nach »Schöne Literatur« deutscher Sprache berücksichtigt. Lateinische Texte im deutschsprachigen Raum, wissenschaftliches Schrifttum, im Ausland verfasste Exilliteratur im 20. Jahrhundert werden aufgenommen, wenn es topographisch wichtig erscheint.

Der Katalog der Autoren beschränkt sich aus redaktionellen Gründen zeitlich auf Dichter, die bis zur Jahreswende 2007/ 08 verstorben sind; lebende Schriftsteller werden vor allem im Zusammenhang mit Werken genannt, die regionale Bezüge aufweisen. Kurze, prägnante Zitate leiten die Ortsartikel ein, die alphabetisch geordnet sind und geographisch der kommunalpolitischen Gliederung folgen. Es schließen sich kurze Übersichten an zu den wichtigsten kulturellen Institutionen vor Ort, wie Hochschulen, Akademien, Bibliotheken, Theater und Museen, gelegentlich auch Kulturhistorisches oder die Nennung herausragender Persönlichkeiten. Einen breiteren Raum nehmen die chronologisch geordneten Autorenrapporte ein, die auch Verweise (→) auf andere Orte enthalten. Biographien und Werkverzeichnisse sind vor allem nach topo- und autobiographischen Kriterien ausgewählt.

Signets markieren die weiteren Kapitel: **A** informiert über kurze oder längere Aufenthalte von Dichtern vor Ort; sofern literarische Zeugnisse vorliegen, auch über ausländische Autoren. **L** registriert in bewusster Auswahl vorwiegend »belletristische Topographien« vom Gedicht zum Schauspiel und zum Roman, von den Sagen und der Mundartliteratur zu Essays und landschaftsbezogenen Sammelwerken. **E** weist in Exkursen auf wichtige Stoff- oder Motivkreise hin, vom Bauernkrieg im Taubergrund bis zu den Wiedertäufern, von Uwe Johnsons Mecklenburg bis zur deutsch-deutschen Grenze in der Literatur. Das Signet **S** führt literarisch bedeutende Bibliotheken und Sammlungen an, Autorenvereinigungen und Literarische Gesellschaften, hinzu kommen Preise, Stipendien und Fördereinrichtungen. **R** bietet Vademecum und Itinerar zugleich, vernetzt die einzelnen poetischen Stätten und lenkt auf neue Spuren. Sonderkarten dienen hier der zusätzlichen Orientierung. Ergänzend nennt das Zeichen **B** lokal wie regional weiterführende Literatur. Schließlich weist **Z** auf literarische Stätten in der Nachbarschaft hin, gelegentlich auch die politischen Grenzen überschreitend.

Die Zusammenfassung und Verknüpfung des um ein gutes Drittel auf nunmehr 16 Bundesländer angewachsenen Bezugsraumes erforderte eine strengere Auswahl der in Frage kommenden Autoren und der literarisch relevanten Orte, um bei einem Buchband bleiben zu können. Dabei waren Verkürzungen und Aussparungen – nur bei den fünf neuen Ländern wurde etwas großzügiger verfahren – nicht zu vermeiden. Die Verfasser sind sich dessen bewusst und halten sich – aus der Not eine Tugend machend – gern an das Verdikt

Werner Fricks, der in der Ausgabe der Göttinger Ringvorlesung »Orte der Literatur« schrieb: »Nicht der geringste Reiz der Serie mag in ihrer Unabschließbarkeit liegen: Wer sich auf die Suche nach den – offensichtlichen – Lücken des Programms begibt, seine eigenen Lieblingsorte, Lieblingsbücher, Lieblingsautoren vermisst, sich entsprechende Ergänzungen wünscht, ist dem Zauber des Themas in Wahrheit bereits erlegen und mag es nach dem Kompass eigener Lektüren kreativ fortspinnen.«

Die Mitherausgeberin von 1974 und 83, Gabriele Oberhauser, begleitete diese Edition von Anfang an mit Rat und Tat. Die Liste der Personen und Institutionen – von den großen Bibliotheken und Literaturarchiven bis zu den kommunalen Ämtern, Freundeskreisen und Privatsammlern –, die uns, die Herausgeber und Autoren, bei den Recherchen unterstützten, ist zu lang, um detailliert Namen anzuführen. Allen ihnen gilt unser Dank.

St. Ingbert und Lüchow, im Juli 2008

Fred Oberhauser und Axel Kahrs

Abkürzungen und Zeichen

Nicht aufgeführt sind allgemein gebräuchliche Abkürzungen (wie usw., z. B.) und solche, die durch Weglassung der Adjektivendung -ich und -isch gebildet werden. In der Regel gilt die Abkürzung für Singular und Plural, nur in Ausnahmefällen sind Plural- und Konjugationsendungen angeführt.

→	siehe (Verweis)
*	geboren
†	gestorben

BB	Brandenburg
BE	Berlin
BW	Baden-Württemberg
BY	Bayern
HB	Bremen
HE	Hessen
HH	Hamburg
MV	Mecklenburg-Vorpommern
NI	Niedersachsen
NW	Nordrhein-Westfalen
RP	Rheinland-Pfalz
SH	Schleswig-Holstein
SL	Saarland
SN	Sachsen
ST	Sachsen-Anhalt
TH	Thüringen

A	Aufenthalt
B	Weiterführende Literatur
E	Exkurs (Sonderthemen)
L	Literarische Zeugnisse
R	Rundreise
S	Sammlungen, Gesellschaften, Preise
Z	Ziele in der Nachbarschaft

AdK	Akademie der Künste Berlin Brandenburg
BSB	Bayerische Staatsbibliothek München

DNB	Deutsche Nationalbibliothek Frankfurt a. M.
DLA	Deutsches Literaturarchiv Marbach a. N.
DSB	Deutsche Staatsbibliothek Berlin
FDH	Freies Deutsches Hochstift Frankfurt a. M.
GHS-B	Gesamthochschul-Bibliothek
GNM	Germanisches Nationalmuseum
GSA	Goethe- und Schiller-Archiv Weimar
HAAB	Herzogin Anna Amalia Bibliothek Weimar
HAB	Herzog August Bibliothek Wolfenbüttel
HB	Hochschulbibliothek
LA	Landesarchiv
LB	Landesbibliothek
LHB	Landes- und Hochschulbibliothek
SA	Staatsarchiv
SB	Staatsbibliothek
SStB	Staats- und Stadtbibliothek
StA	Stadtarchiv
StB	Stadtbibliothek
StLB	Stadt- und Landesbibliothek
StUB	Stadt- und Universitätsbibliothek
SUB	Staats- und Universitätsbibliothek
SWK	Stiftung Weimarer Klassik
UB	Universitätsbibliothek
ULB	Universitäts- und Landesbibliothek
UStB	Universitäts- und Stadtbibliothek

A.	Archiv
Abh.	Abhandlung
Abtlg.	Abteilung
AG	Ateliergebäude
althd.	althochdeutsch
anschl.	anschließend
Anth.	Anthologie
A. T.	Altes Testament

Auff.	Aufführung	gedr.	gedruckt
Aufl.	Auflage	gef.	gefallen
Aufs.	Aufsatz	gegr.	gegründet
Ausg(g).	Ausgabe(n)	Gem.	Gemeinde
ausgew.	ausgewählt	gen.	genannt
Ausw.	Auswahl	germ.	germanisch
Aut.	Autobiographie	ges.	gesammelt(e)
aut.	autobiographisch	Gesch.	Geschichte
B.	Bibliothek, Biographie	gesch.	geschichtlich
-b.	-buch	Geschn.	Geschichten
Ball.	Ballade	gest.	gestorben
bay.	bayerisch	GG	Gartengebäude
Bd(e,n).	Band, Bände(n)	hebr.	hebräisch
Bek.	Bekenntnis	hg.	herausgegeben (von)
Ber.	Bericht	hist.	historisch
bes.	besonders	hl.	heilig
Bibl.	Bibliographie	Hrsg.	Herausgeber
Br.	Brief(e)	Hs(s).	Handschrift(en)
ders.	derselbe	Hsp.	Hörspiel
Dicht.	Dichtung	intern.	international
Diss.	Dissertation	ital.	italienisch
Dr(r).	Drama(en)	Jb.	Jahrbuch
dt.	deutsch	Jg(g).	Jahrgang(e)
Dtl.	Deutschland	Jh(h).	Jahrhundert(e)
E(n).	Erzählung(en)	K.	Komödie
ebd.	ebenda	Kat.	Katalog
ehem.	ehemals(ig)	kath.	katholisch
eig.	eigentlich	-kdl.	-kundlich
Einl.	Einleitung	kgl.	königlich
entst.	entstanden	Kap.	Kapitel
Ep.	Epos	lat.	lateinisch
Erinn.	Erinnerung(en)	Leg.	Legende
ersch.	erschienen	Lit.	Literatur
erw.	erweitert	lit.	literarisch
Es(s).	Essay(s)	Lsp.	Lustspiel
europ.	europäisch	M.	Märchen
ev.	evangelisch	MA.	Mittelalter
f., ff.	folgend(e)	ma.	mittelalterlich
Faks.	Faksimile	mhd.	mittelhochdeutsch
Forts.	Fortsetzung	Ms(s).	Manuskript(e)
Fragm.	Fragment	N(n).	Novelle(n)
franz.	französisch	n.	neu herausgegeben (von)
G.	Gedicht(e)	nachgel.	nachgelassen(e)
Geb.	Gebirge	Nat.-Wiss.	Naturwissenschaft
geb.	geboren, gebürtig	Ndr.	Neudruck

neuhd.	neuhochdeutsch	TH	Technische Hochschule
niederld.	niederländisch	Theol.	Theologie
NS	Nationalsozialismus	theol.	theologisch
N. T.	Neues Testament	Tr.	Tragödie
Öst.	Österreich	trad.	traditionell
öst.	österreichisch	Tril.	Trilogie
o. J.	ohne Jahr	TU	Technische Universität
Op.	Oper	UA	Uraufführung
Orat.	Oratorium	u. d. T.	unter dem Titel
Philol.	Philologie	Übers.	Übersetzung
philol.	philologisch	urspr.	ursprünglich
Philos.	Philosophie	Verf.	Verfasser
philos.	philosophisch	verh.	verheiratet
pol.	politisch	Veröff.	Veröffentlichung
port.	Portugiesisch	veröff.	veröffentlicht
Prof.	Professor	versch.	verschiedene
prot.	protestantisch	verw.	verwitwet
Ps.	Pseudonym	vgl.	vergleiche(nde)
R.	Roman	vollst.	vollständig
rel.	religiös	vorw.	vorwiegend
Rep.	Reportage	Vst.	Volksstück
RG	Rückgebäude	W.	Werke
S.	Seite	-w.	-weise
Sat.	Satire	wahrsch.	wahrscheinlich
Sch.	Schauspiel	Wiss.	Wissenschaft(en)
Schr(r).	Schrift(en)	wiss.	wissenschaftlich
Schw.	Schwank	Württ.	Württemberg
Sk(k).	Skizze(n)	württ.	württembergisch
Slg(g).	Sammlung(en)	Zs(s).	Zeitschrift(en)
sog.	sogenannt	Zt.	Zeitung
Son.	Sonett	z. T.	zum Teil
soz.	sozialistisch	zus.	zusammen
Sp.	Spiel	z. Z.	zur Zeit
St.	Studie		
-st.	-stück		
Sz(z).	Szene(n)		
Tgb.	Tagebuch		

Orts- und Autorennamen sind im Text bei Wiederholungen nur mit dem Anfangsbuchstaben bezeichnet.

Sonderkarten

Zeichenerklärung für Sonderkarten

∿	Landesgrenze	⟋	See
⋯	Bundeslandsgrenze/ Bezirksgrenze	◉	Mittelpunktsort
≈	Autobahn	•	literarische Stätte
∼	Straße	♪	Burg/Schloss
- - -	Wanderweg	⸸	Vikariatsorte
⋯⋯	Zugverbindung	▲	Kirche
⌇	Kanal	⚑	Denkmal
∿	Fluss	⊗	Mühle

AACHEN/NW

»Karl ist der eigentliche Patron und Heilige von Aachen. Wie weit sich auch die Stadt nach allen Seiten ausbreitet, ihr Herz ist der kleine Platz in ihrer Mitte geblieben, den der Vater des heiligen Reichs sich zum Heim erkor.« (Ricarda Huch, 1929)
Techn. Hochschule, Hochschule für Musik. – Museum Burg Frankenberg (Aquensien-Slg.), Domschatzkammer (ma. Hss). – Städt. Bühnen, Grenzlandtheater, Puppenbühne »Öcher Schängchen«. – Intern. Karlspreis (für europ. Verständigung, seit 1950). – Heiligtumsfahrt (seit ca. 1238, alle 7 Jahre); Karneval (Orden wider den tierischen Ernst).

Heinrich Hubert Houben, * 3. 3. 1875 A., † 27. 7. 1935 Berlin, Lit.- und Kulturhistoriker, lit. Leiter von Verlagen 1907-19 in Leipzig, ab 21 in Berlin. Organisator der Ausstellung »Presse und Zensur« 1928 in Köln. – W.: Verbotene Literatur von der klass. Zeit bis zur Gegenwart (1924-28).
Josef Ponten, * 3. 6. 1883 Raeren b. Eupen, † 3. 4. 1940 → München/BY. »Dichter wider Willen« nannte er sich, sporadisch zur Wiss. neigend. In Bonn Promotion über A. Rethel (1911). Freiwilliger Kriegsdienst, weltweite Reisen, von 1920 an in München mehr oder weniger sesshaft. Anfangs romant., später geographisch fundierte Reisebücher. Verstärkte Hinwendung zum Nationalsozialismus, nachdem die Abtrennung des Gebietes um Eupen (1920) ihn zum »Auslandsdeutschen« gemacht hatte, die Familie von Raeren nach Lontzen und A. zog. – W.: Der babylonische Turm (R. 1918), Europäisches Reisebuch (1928), Volk auf dem Wege, ein Roman der deutschen Unruhe (1933-42). – Geburtshaus in Raeren erhalten. – Archiv StB A., Slg. Heine-Institut Düsseldorf.
Walter Hasenclever, * 8. 7. 1890 A., † 21.

6. 1940 Les Milles/Südfrankreich, Dramatiker, Pazifist. Beteiligte sich mit L. Strauß, **Karl Otten** (→ Oberkrüchten/Mönchengladbach/NW) und **Philipp Keller** (1891-1973) am »Aachener Almanach« (1910) mit expression. Gedichten. Sein Drama »Der Sohn« (1914) und die Antikriegstragödie »Antigone« (1917) machten Epoche. Schrieb als Korrespondent eines Berliner Boulevardblattes über Pariser Begegnungen. Bereiste nach 1933 unstet Europa, kaufte sich 39 in Cagnes (franz. Riviera) an, vergiftete sich, zu Tode gehetzt, in einem Internierungslager. – W.: Sämtliche Werke, 1990 ff. – Geburtshaus und ein Teil der Fabrik – seines Großvaters in A.-Forst.
Ludwig Strauß, * 28. 10. 1892 A., † 11. 8. 1953 Jerusalem, Lyriker, Erzähler, Lit.historiker in dt. und hebr. Sprache. Dramaturg am Schauspielhaus → Düsseldorf/NW, 1929-33 Dozent für dt. Lit.-Gesch. in A. Ging 1935 als Landarbeiter und Lehrer nach Israel. – W.: Dichtungen und Schriften (Hrsg. W. Kraft, 1963); Land Israel (Ged. 1991).
Als Domherr gest. in A. der romant. Lyriker und bedeutende Kanzelredner **Wilhelm Smeets** (1796-1848), 1848 Parlamentarier in Frankfurt a. M.
A Die Quellen und die Heiltumsfahrt brachten eine halbe Welt nach Aachen. Im Elisenbrunnen ist die Prominenz unter den Badegästen verewigt, darunter: 1333 **Petrarca,** der Franzose **Jean-François Marmontel,** Voltaires Schützling, 1792/1802 **Johann Gottfried Herder** (→ Weimar/TH), 1815 **Max von Schenkendorf** (→Koblenz/RP). Seine 3bändigen »Amusements des eaux d'Aix-la-Chapelle« brachte **Karl Ludwig Freiherr von Pöllnitz** 1736 heraus, für die Chronique scandaleuse sorgte **Giacomo Casanova,** der im Mai 1762 im Corneliusbad in der Komphausbadstraße abstieg und die Marquise d'Urfé

foppte. Blaustrumpf **Adele Schopenhauer** (→ Bonn/NW) fand 1828 die Straßen »gewühlvoll«, mehr der »tätigen Industrie und bedeutender Handelsverhältnisse« als der »Menge und Bedeutung« der Badbesucher wegen. Im gleichen Jahr in einem »vierwöchentlichen Badekreis« auch **Achim von Arnim** (→ Berlin). – Unter den Pilgern und »Sängern« der »Aachenfahrt«: der Dortmunder Priester **Reinhold Kerhoerde** (Reimchronik, 1496), **Joost van den Vondel** (→ Köln/NW, 1656), im 20. Jh. **Josef Ponten** (»Die Väter zogen aus«) und **Jakob Kneip** (→ Simmern/Morshausen/RP). – **Johann Georg Forster** (→ Mainz/RP) fand 1790 die Stadt in erbärmlichem Zustand, weil missregiert.

E Karlskult und der weit verzweigte Sagenkreis um **Karl d. Gr.** haben in A. eines ihrer Zentren. Literarisch steht Einhard am Anfang; rund 50 Jahre nach dessen »Vita Caroli Magni« berichtet Notker der Stammler (um 840-912) über den sagenhaften Kampf Pippins mit dem Teufel in Bad A. Viel später bemächtigen sich spätromant. Erzähler wie Felix Dahn und Balladendichter wie Ludwig Uhland dieser Gestalt. **L** Weitere Sagen wie die vom Loosberg oder den Kobolden im Hinzenturm finden sich in den Slgg. von **Alfred Reumont** (1808-87) »Aachens Liederkranz und Sagenwelt« (1829, n. 1984) und **Karl Simrock** (→ Bonn/NW)

»Rheinsagen« (1837). Aachen auch bei den **Brüdern Grimm** (→ Hanau/HE), bei **Paul Weitershagen** und **Paul Zaunert** (→ Kassel/HE). Von Kaiser Otto III. handelt ein Gedicht von **Paul Ernst** (→ Wernigerode/ST), von Rudolf von Habsburg eine Ballade von **Friedrich Schiller** (→ Ludwigsburg/Marbach/BW). Die Lokalsage vom Bockreiter verarbeitete **Josef Ponten** als Novelle, **Nanny Lambrecht** (→ Simmern-Kirchberg/RP) als »unheimliche Geschichte aus dem 18. Jh.«. A. ist auch Schauplatz in »Siebenquellen« (R. 1909) von **Josef Ponten**, in **Alfred Schirokauers** (→ Cottbus/BB) »Lassalle« (1912) und **Ludwig Mathars** (→ Monschau/NW) »Herr Johannes« (1930). – Essays von **Ricarda Huch** (→ Braunschweig/NI, 1927), **Theodor Haecker** (→ Langenburg/Eberbach a. d. Jagst, 1931), **Gustav Faber** (1975), **Hans-Heinrich Welchert** (1975), **Josef Reding** (1978). Die Schmugglerjahre an der dt. Westgrenze beschrieb **Wolfgang Trees** (»Kaffee, Krähenfüße und Kontrollen«, 4. Aufl. 1976). – »Prosa und Gedichte in Aachener Mundart«: 1869 **Joseph Müller** (1802-72); **Wilhelm Hermanns** (1885-1958): »Heäße Quelle. Oecher dütsche Rümme« (1909), »Oecher Üllespejjel« (1925); **Heinz Görgen**: »Fenkeschlag« (G. 1923), »Der wärme Bronne« (1958). – Von **Margot Scharpenberg**, »Bildgespräche in Aachen« zu ma. Skulpturen des Suermont-Ludwig-Museums (1978).
S Öffentl. Bibliothek A.: rd. 900 000 Medieneinheiten, darunter 14 ma. Hss., 23 Inkunabeln; Nachlässe u. a. von A. W. und V. Zuccalmaglio, A. v. Reumont, J. Ponten. Dante-Slg., Sonderslg. Badelit. – **Intern. Zeitungsmuseum**: über 120 000 Einzelausg. von Zeitungen und Zss. aus aller Welt; Hist. Zeitungen seit 1688, Presse der Revolution 1848/49, jüdische Presse im 19. Jh.; Fachbibliothek. – **Ernst-Meister-Gesellschaft**. – **Walter-Hasenclever-Preis der Stadt A.** (seit 1980), **Preis des Peter Klein Literaturforum** (seit 2000), beide alle zwei Jahre. – **Literaturbüro in der Euregio Maas-Rhein e. V.**

Aachen: Thron Karls des Großen

Burtscheid (Aachen-B.)

Friedrich Wilhelm Hackländer, * 1. 11. 1816 B., † 6. 7. 1877 → Leoni (Starnberg/BY), Erzähler und Dramatiker. Kaufmannslehrling, Artillerist (»Bilder aus dem Soldatenleben« 1841, 1849/50), ausgedehnte Reisen. Gründete 1859 die Wochenschrift »Über Land und Meer« in → Stuttgart/BW. – W.: Der Roman meines Lebens (Aut. 1878); Gesamtausg. (60 Bde. 1855-73). – Nachlass LB Stuttgart. – Ausstellungskat. Marbach 1998.
Dieter Sous (geb. 1954) aus **Stolberg** schilderte in »Glasdreck« (1981) das ländlichproletarische Milieu der 50er und 60er Jahre des 20. Jh. In **Setterich** das Grab der schlesischen Mundartdichterin **Rosemarie Franke-Martens** (1920-1995).

B G. Ackermann/W. Jung, Verstaubte Liebe. Lit. Streifzüge durch A., 1992.
Z Düren, Geilenkirchen, Monschau (NW). Jenseits der Grenze, in den Niederlanden: Maastricht (Heinrich v. Veldeke).

AALEN/BW

»In dieser Stadt, die verkannt wie die redliche Einfalt schon viele Jahrhunderte im Kochertale genügsame Bürger nährt – Bürger von altdeutscher Sitte, bieder, geschäftig, wild und stark wie ihre Eichen, Verächter des Auslandes, trotzige Verteidiger ihres Kittels, ihrer Misthaufen und ihrer donnernden Mundart –, wurd' ich erzogen.« (Christian Friedrich Daniel Schubart, 1791/93)
Museum am Markt/Schubarts Museum, Limesmuseum.

Christian Friedrich Daniel Schubart (→ Schwäbisch Hall/Obersontheim/BW) kam als Kind 1740 mit seinem Vater nach A., wo er bis 1753 wohnte. Nach Abbruch seines Studiums (1760) lebte er nochmals drei Jahre in der »Schubartstadt«, wie

sich A. heute nennt (Wohnung Roßstraße 4). – Denkmal in den Bohlanlagen, Friedhofstraße; Dokumentation zu Leben und Werk, auch zu J. G. Pahl, im Sch.-Archiv im Stadtarchiv. – Die Jahre in A. schildert Sch. in »Leben und Gesinnungen« (1791-93). – Sch.-Literaturpreis (seit 1955).
Johann Gottfried Pahl, * 12. 6. 1786 A., † 18. 4. 1839 Stuttgart/BW, Theologe, Historiker, Verfasser satir.-didakt. Romane. 1801-09 Leiter der Zs. »Nationalchronik der Teutschen«, leidenschaftl. Befürworter der Revolution (»Denkwürdigkeiten aus meinem Leben und meiner Zeit«, 1840).

L »Uhr mit einem Tobaksraucher« notierte **Goethe** (→ Frankfurt a. M./HE) und meinte damit das A.er Wahrzeichen, das alte Rathaus mit dem legendären »Spion« am Türmchen. Was es mit den Sagen von »Schweinsgraben und Teufelsmauer« auf sich hat, kann man draußen, am Limes, und drinnen, im A.er Limesmuseum, anschaulich ausmachen. – »Schubart-Feier. Eine deutsche Moritat« von **Werner Dürrson** (1980).

R Im Schlossmuseum von **Ellwangen** wird an den Malerpoeten und Hesse-Freund **Karl Stirner** (1882-1943) erinnert (Geburtshaus mit Gedenktafel und Grab in **Rosenberg**). – In den Konventsgebäuden neben der berühmten Klosterkirche von **Neresheim** (1747 begonnen, B. Neumanns letztes Werk) ist die Bibliothek der Benediktinerabtei mit rd. 100 000 Bdn. untergebracht. – **Philipp Friedrich Hiller** (1699-1769) wurde nach drei Jahren als Pfarrer in **Steinheim am Albuch** stumm; umso emsiger begann er zu dichten. Er brachte es auf 1073 geistl. Lieder. Sein »Geistl. Liederkästlein zum Lobe Gottes« (1762-67) gehörte zur Standardausrüstung jedes »rechten Altwürttembergers«. – Zwischen Wäldern und Fabriken wurde **Karl Götz** (1903-89) aus **Bollheim** (Herbrechtingen-B.) bei Heidenheim a. d. Brenz groß (»Der goldene Morgen«, 1965). In der ganzen Welt ist er dann den dt. Auswanderern auf der Spur geblieben (»Im Abendrot«, 1985).

Z Gaildorf, Schwäbisch Gmünd, Lorch (BW); Dinkelsbühl (BY).

AHAUS/NW

Stadtlohn

Erich Jansen, * 31. 10. 1897, † 28. 8. 1968 ebd., Lyriker. Als Apotheker lebte er zunächst in Vreden an der Brekel, später in St. – W.: Die nie gezeigten Zimmer (G. u. Prosa 1968). – Geburts- u. Sterbehaus Markt 4 (Adler-Apotheke, Gedenktafel mit Gedicht »Grenzstadt in der Dämmerung«); Grab auf dem Städt. Friedhof.

L Ort und Landschaft sind Hintergrund der Erzählung »Öhme Orgelkösters Kindheit« (1936) von **Richard Euringer** (→ Augsburg/ BY), der seit 1925 für einige Jahre in St. lebte.

R »Ach, armes kleines Städtchen du, / Wie stehts um deine näcnt'ge Ruh!«, klagte **Annette von Droste-Hülshoff** (→ Münster/Roxel/NW) über **Ahaus** in »Die Schlacht im Loener Bruch«. Das 2300-Verse-Epos (1837/38) schildert den Kampf und die Niederlage des »Tollen Christian« am 6. 8. 1632 (Gedenkstein). – »Auf Wiesenfluren, nett und fein, / Zeigt sich der Flecken Ottenstein«, heißt es im gleichen Schlachtgemälde der Droste. Aus **Ottenstein** (Ahaus-O.) kam **Johann Hast** (1808-52), für die Droste ein »kompletter Windbeutel und Projektemacher«, der 1842 das »Sonntagsblatt für katholische Christen« gründete und u. a. eine »Geschichte der Wiedertäufer« (1836) schrieb. – Dem einst in **Heek** ansässigen Rittergeschlecht entstammte Sander von Heek, unter dem Namen **Alexander Hegi-**

us (1433-98) ein berühmter Humanist, zu dessen Schülern auch Erasmus von Rotterdam gehörte. H. lebte in Wesel, Emmerich und zuletzt in Deventer, er verfasste philos. Werke und Gedichte. Der Historiker **Nikolaus Schaten** (1608-76 → Paderborn/ NW) aus Heek schrieb eine »Historia Westfaliae« (1690). – Zwei restaurierte Bauernhöfe beherbergen die Stipendiaten (auch Autoren) der Stiftung **Künstlerdorf Schöppingen,** zwischen Ahaus und Burgsteinfurt gelegen.

Z Coesfeld, Dülmen, Steinfurt, Rheine (NW).

AICHACH/BY

Stadtmuseum. – »Sisi-Schloss« in Unterwittelsbach.

Ludwig Steub, * 20. 2. 1812 A., † 16. 3. 1888 München/BY, Novellist, Reiseschriftsteller. Nach dem Studium 1834-37 Regentschaftssekretär König Ottos in Griechenland; Rechtsanwalt und Notar in München. – W.: Bilder aus Griechenland (Skk. 1841); Altbairische Culturbilder (1869); Novellen und Schilderungen (Slg. 1853/1881). – In den R. »Deutsche Träume« (1858) und in die Aut. »Mein Leben« (1883) sind Erinnerungen an die Kinderjahre in dem »freundlichen Städtchen« A. verwoben. – Geburtshaus Steubstraße 6 (Neubau/Gedenktafel und Büste); Dokumente im Stadtmuseum. – Nachlass Ferdinandeum Innsbruck.

Schiltberg

Hans Schiltberger, * 1380 Sch., † nach 1427 München, Verfasser eines originellen Reisebuchs über einen Kreuzzug (um 1400): »Wie Schildtberger, einer auß der Stad München in Beyern, von den Türcken gefangen / in die Heydenschafft geführet / und widder heimkommen ist, sehr lustig zu lesen« (n. 1985). – Freilichtspiele: Ritter-Tril. »Hans von Schiltberg«, »Ludwig der Bayer«, »Otto von Wittelsbach« von **Georg Eberl** (1902-69).

Taiting (Dasing-T.)

Beda Mayr (eig. Felix M.), * 15. 1. 1742 T., † 8. 4. 1794 → Donauwörth/BY, Benediktiner, Bibliothekar, Prediger, Dramatiker. Freundschaft mit J. M. Sailer (→ Schrobenhausen/Aresing/BY). Verfasste mathemat., philos. sowie theol. Schriften, die später teilw. auf den Index kamen; auch Texte für Kantaten, Oratorien und Operetten – Porträt in der Dt. Barockgalerie Augsburg.

Z Augsburg, Dachau, Neuburg a. d. D. (BY).

ALSFELD/HE

Regionalmuseum mit Porträts u. a. von Karl Follen (1795-1840), des Heimatdichters Karl Ludwig Feldmann (1852-1909) und des »Märchenmalers« und Schriftstellers Ernst Elmer (1881-1960). – Aus A. stammt Konrad Mattäus (1519-80), sechsmal zwischen 1560 und 78 Rektor der Universität Marburg.

Mit A. verbunden der satirische Polemiker **Georg Schwarz (Nigrinus)** (1530-1602/ »Wider die rechten Bachanten«, 1559), der hier starb; der Lyriker und Popularphilosoph **Karl Dieffenbach** (1763-1822), der seit 1785 als Advokat, später Syndikus in A. lebte und 1810-22 das »Oberhessische Intelligenzblatt« herausgab; der in A. geb. Dramatiker, Lyriker und Schauspieler **Karl Weiser** (1848-1913/»Hutten«, Dr. 1897).

A Martin Luther (→ Eisleben/TH) übernachtete 1521 auf der Hin- und Rückreise vom Reichstag zu Worms im »Schwanen«.

L »Nu horet alle und vornemmet mich«: als volkstüml. Passionsspiel das sog. **Alsfelder Spiel** beliebt, das mit dem Friedberger und dem älteren Frankfurter der mitteldt. Gruppe zugehört. A. vermutlich auch Herkunftsort des Hessischen Weihnachtsspiels aus dem ausgehenden 15. Jh. (Hss. LB Kassel). – Der Gießener Historiograph **Johann Just Winkelmann** (1620-99) rühmt in seiner Beschreibung der Fürstentümer Hessen und Hersfeld (1697, 6. Teil 1754) die Musikanten, v. a. die Harfenspieler, in A.

Z Bad Hersfeld, Gießen, Lauterbach, Marburg, Schotten, Schwalmstadt (HE).

ALTDORF BEI NÜRNBERG/BY

Ehem. Universität (1623-1809). – Wallenstein-Festspiele.

Magnus Daniel Omeis (→ Nürnberg/BY), Poetiker des Barock und Oberhirt des Pegnes. Blumenordens, starb am 22. 11. 1708 in A.

A Die Universität in A. besuchten A. von Waldstein (Wallenstein) (1599-1600), der schles. Epigrammatiker **Friedrich von Logau** (1604-55) und die Mitglieder des Pegnes. Blumenordens **Christoph Arnold, Johann Helwig** und **Georg Philipp Harsdörffer** (→ Nürnberg/BY); der Philosoph **Gottfried Wilhelm Leibniz** (→ Hannover/NI) promovierte 1666 hier. – Gedenktafel an der ehem. Hesselschen Buchdruckerei Hesselgasse 6, wo 1806 **Johann Philipp Palms** → Waiblingen/Schorndorf/BW (1766-1806) Flugschrift »Deutschland in seiner tiefsten Erniedrigung« gedruckt wurde. – **August von Platen** (→ Ansbach/BY) mietete sich 1822 eine Wohnung in A.; sein Lieblingsaufenthalt galt dem nahen Dorf Grünsberg (mit den »pittoresken Gartenanlagen des Schlosses«).

L In **Friedrich Schillers** (→ Ludwigsburg/Marbach/BW) »Wallenstein« heißt es über das Auftreten des 16-jährigen W.: »Ja, er fing's klein an und ist jetzt so groß. Denn in Altdorf im Studentenkragen / Trieb er's, mit Permiß zu sagen, / Ein wenig locker und burschikos.« – Das »Volksschauspiel« »Wallenstein in Altdorf« stammt von **Franz Dittmar** (→ Nürnberg/BY). – A. als Schauplatz der Romanze von Philippine Welser und Erzherzog Ferdinand in **George Hesekiels** (→ Berlin) »Lux et umbra« (1861) sowie in den hist. Erzählungen des → Erlangers (BY) **Gottfried Flammberg** (1818-88) »Der goldene Becher« und »Kurt Werner«. A. (»die Stadtkirche ein echt ostfränkisches Gebilde«) und **Gnadenberg** (»durch gotische Spitzbögen schaut der Nachthimmel«) auch in **Werner Bergengruens** (→ Baden-Baden/BW) »Deutscher Reise« (1934). **Z** Erlangen, Forchheim, Fürth, Nürnberg (BY).

ALTENBURG/TH

Schloss- und Spielkartenmuseum; Lindenau-Museum; Naturkundliches Museum Mauritianum. – Theater. – 1826-1918 Residenz der Herzöge von Sachsen-A.

Georg Spalatin, * 17. 1. 1482 oder 1484 Spalt (→ Schwabach/BY), † 16. 1. 1545 A., Diplomat, als Geheimsekretär des sächs. Kurfürsten Friedrich eine wichtige Figur der Reformation. Verf. der »Chronik der Sachsen und Thüringer« (um 1535). – Denkmal (1905) an der Brüderkirche, Markt; Grab in der Bartholomäikirche, Gedenktafel mit Versen von **Johann Stigel** (→ Gotha/TH).
Johann Thomas (auch **Thomä**, Ps. **Matthias Jonsohn**), * 28. 8. 1624 → Leipzig/ SN, † 2. 3. 1679 A., Verf. »des einzigen dt. Schäferromans, der sich zum Range einer wirklichen Dichtung aufschwingt« (K. Winkler 1953): »Damon und Lisille« (1663, n. H. Singer 1966). In den »Friedens-Gedancken« (1650, n. D. Ignasiak 1994) krit. Sicht auf den 30-jährigen Krieg.

1651 Hof- und Justizrat in A., am Ende Kanzler.
Gottlieb Cober, * 21. 6. 1682 A., † 12. 4. 1717 Dresden, Verf. von Erbauungsschriften. Ein großes Publikum fand der sozialkrit. »Aufrichtige Cabinet-Prediger« (1711).
Sophie Mereau-Brentano, geb. Schubart, * 28. 3. 1770 A., † 31. 10. 1806 → Heidelberg/RP, Lyrikerin und Erzählerin. In A. glückl. Kinderjahre. Von F. Schiller (→ Ludwigsburg/Marbach/BW) gefördert. Später romant. Positionen. – W.: Blütenalter der Empfindung (R. 1794); Amanda und Eduard (Brief-R. 1797). Gesammelte Werke (3 Bde., Hrsg. K. von Hammerstein 1996).
Hans Conon von der Gabelentz, * 13. 10. 1807 A., † 3. 9. 1874 Lemnitz bei Pößneck. Staatsmann und Sprachforscher. Beherrschte die Sprachen Asiens und Ozeaniens, schrieb deren Grammatiken und gab deren Lit. heraus. G.s Sohn **Georg von der Gabelentz** (1840-93) 78 in Leipzig erster dt. Prof. für ostasiat. Sprachen und Lit.
Erika von Watzdorf-Bachoff, geb. Bachoff von Echt, * 6. 5. 1878 Dobitschen bei A., † 5. 12. 1963 A., Lyrikerin und Erzählerin. Urenkelin Ch. von Steins (→ Weimar/TH). – W.: Zwischen Frühling und Herbst (G. 1909); Im Abendschein. Ausgew. Gedichte (1948); Im Wandel und in der Verwandlung der Zeit (Aut. Hrsg. R. R. Dörries 1997).
Claus Ritter, * 21. 8. 1929 A., † 9. 8. 1995 Berlin, »einer der intelligentesten zeitgen. Beobachter sozialpsycholog. Entwicklungen« (K. Hammer 1982). Verf. von kulturhistor. Zukunftsentwürfen (»Start nach Utopolis. Eine Zukunftsnostalgie«, 1978; »Anno Utopia oder So war die Zukunft«, 1982).
A **Martin Luther** (→ Eisleben/ST) verhandelte Anfang 1519 in Spalatins Wohnung mit dem päpstl. Sekretär K. von Mil-

titz und konnte so den Bruch mit der alten Kirche hinausschieben. Am 24. 4. 23 Predigt in der Bartholomäikirche, als er darin seinen Freund **Wenzeslaus Link** (→ Grimma/Colditz/SN) als einen der ersten ev. Pfarrer traute. – **Clemens Brentano** (→ Koblenz/RP) hielt sich bei seiner Geliebten S. Mereau im Mai/Juni 1799 in A. auf. In dieser Zeit verliebte sich B. auch in Minna Reichenbach (1782-1835), Schwester von Mereaus Schwägerin. Nach der Trennung von S. Mereau im Sommer 1800 machte B. Minna mehrfach Heiratsanträge und widmete den Reichenbach-Schwestern den Roman »Godwi« (1801). – Der aus Dortmund stammende Verleger **Friedrich Arnold Brockhaus** (→ Leipzig/SN) übersiedelte wegen der franz. Zensur 1811 nach A. und wurde dort der Mittelpunkt einer seit 1790 bestehenden lit. Gesellschaft. Wohnung: Seckenddorffsches

Altenburg: Das Seckendorffsche Palais am Brühl, Wohnstätte von Friedrich Arnold Brockhaus

Palais, Brühl, wo B. das seit 1809 erscheinende »Conversations-Lexikon« weiterentwickelte. 1817 verlegte B. den Verlag nach Leipzig.

L Im Juli 1455 wurden auf dem A.er Schloss die Prinzen Ernst und Albrecht von Kunz von Kaufungen entführt. Von den zahlreichen lit. Darstellungen seien genannt: **Nikolaus Roth**, »Cunntz von Kauffungen. Die historia von zweyen Jungen Hertzogen zu Sachsen« (1589); **Johann Georg Albinus d. J.** (→ Naumburg/ST), »Churfürstlich-Sächsisch-Altenburgische Printzen-Entführung« (1685); **Ludwig Storch** (→ Eisenach/Ruhla/TH), »Kunz von Kauffungen« (1828); **Kurt Arnold Findeisen** (→ Zwickau/SN), »Das Spiel vom Prinzenraub« (1937); **Hans Robert Schröder** (1912-90), »Kurfürst, Ritter und Küchenknecht« (1954). **Friedrich Ullrich** (1779-1854) hielt die A.er Mundart in idyllischen Heimatgedichten (»Volksklänge in Altenburger Mundart«, 1838) fest. – **Ingo Schulze** arbeitete an den um 1989/90 in A. spielenden »Simple Stories« (1996) in Amerika: »Ich blickte auf Downtown Manhattan, hatte Rußland im Hinterkopf und dachte an Altenburg.« Auch in »Neue Leben« (R. 2005) reflektiert Sch. seine Zeit als A.er Theatermann und »Wochenblatt«-Gründer.

R Nördl. von A. **Windischleuba**, wo **Börries von Münchhausen** (→ Hildesheim/NI/die Mutter eine von der Gabelentz) bis 1887 seine Kinderjahre verbracht und von 1920 bis zu seinem Selbstmord 45 gelebt hat: »Das Schloss in den Wiesen« (G.), Grab auf dem Dorffriedhof. Im Schloss (Jugendherberge) M.-Zimmer mit Erinnerungen an den »Lügenbaron«, kaum an den Dichter. – Das Wasserschloss **Dobitschen** gehörte der Familie Bachoff von Echt. **Ludwig Heinrich Bachoff von Echt** (1725-92), ein Odendichter (1771), war dän. Gesandter am span. Hof. Durch ihn lernte **Friedrich Justin Bertuch** (→ Weimar/TH), 1771-73 Hauslehrer in D., die Werke der span. Lit. kennen, auch Cervantes' Roman »Don Quijote«, den B. bald übersetzte (1775-77). 1921-27 wohnte im Schloss E. von Watzdorf-Bachoff (»Dobitschen«, G. 1921; »Silbern und blau die Farben. Bericht über die D.er Bachoff«,1934). – Nahebei Lumpzig, Heimatort der Brüder Hildebrand und August von Einsiedel-Scharfenstein (1750-1828 bzw. 1754-1837), am Weimarer Hof tätig und mit Goethe (→ Frankfurt a. M./HE) befreundet.

Meuselwitz

Veit Ludwig von Seckendorff, * 20. 12. 1626 Herzogenaurach/Franken, † 18. 12. 1692 → Halle/ST, Historiker und Staatstheoretiker. Verfasste im Schloss (1946 abgerissen) den von G. W. Leibniz (→ Leipzig/SN) inspirierten »Christen-Staat« (1685). – Grab in der S.-Gruft der M.er Kirche.
Wolfgang Hilbig, * 31. 8. 1941 M., † 2. 6. 2007 → Berlin, Erzähler und Lyriker. Bis 1981 in M. Dreher und Heizer in M. Zirkel schreibender Arbeiter, dann in Berlin, 85 im Westen. Über seine Generation: »keiner bemerkt wie schwarz wir aufgefüllt sind.« Es gehörte »zu den Parodoxien der DDR.-Lit., daß der Arbeiterdichter H. im Arbeiter- und Bauernstaat kaum zu lesen war« (K. Corino 1990). In der DDR nur mit Unterstützung von F. Fühmann (→ Berlin): Auswahl-Bd. »stimme stimme« (1983). W.: »Die Weiber« (1987); »Alte Abdeckerei« (1991); »Zwischen den Paradiesen. Prosa. Lyrik« (Hrsg. A. Endler 1992), »Ich«. Roman (1993), »Die Kunde von den Bäumen« (1994). – Wohnung: Breitscheidstraße 19 b.
A Aus M. stammt der Philosoph Karl Forberg (1770-1848). Ein antireligiöser Aufs. führte zur Entlassung seines Lehrers J. G. Fichte (→ Bischofswerda/SN) aus dem Jenaer Lehramt.

L Ein Symbol der Umwelt und Menschen gleichermaßen belastenden Brikettierung der Kohle in der DDR-Zeit wurde der »Teersee« bei Rositz. Das Prosawerk von W. Hilbig hat hier seine Koordinaten gefunden. Schon im Gedicht »episode« (1977): »im düstern kesselhaus im licht/rußiger lampen plötzlich auf dem brikettberg/saß ein grüner fasan.«

R In Lucka brachte 1793 Caroline von Schelling (→ Göttingen/NI) ihr »Schmerzenskind« zur Welt. Pate war Friedrich Schlegel (→ Hannover/NI), den Sch. in L. empfing und der sich im Auftrag seines Bruders rührend um sie kümmerte. So wurde das erste Kap. der dt. Romantik in L. geschrieben. – G. E. Lessing (→ Kamenz/SN) lässt Minna von Barnhelm, Titelheldin des Lsp.s (1767), im nahen Ramsdorf Besitzungen haben und ihre Kammerjungfer Franziska von dort stammen: »Ich bin auch aus Thüringen. Mein Vater war Müller auf einem von den Gütern des gnädigen Fräuleins. Es heißt Klein-Rammsdorf.«

Schmölln

R Westl. Löbichau mit Schloss (heute Pflegeheim), das 1800-21 Sommerresidenz der Herzogin Anna Dorothea von Kurland (1761-1821) war. Im Zentrum ihres L.er Musenhofes standen ihre Schwester Elisa von der Recke (→ Dresden/SN) und Christoph August Tiedge (→ Salzwedel/Gardelegen/ST). Goethe kannte die Herzogin und deren »Anmuth« von Karlsbad her und besuchte sie am 29./30. 9. 1810 in L. Jean Paul (→ Wunsiedel/BY) war im Sommer 1819 drei Wochen dort. Ständige Ausstellung zum »L.er Musenhof« im Museum Burg Posterstein. Nachlass UB Jena. – In der Nähe Schloss Tannenfeld (heute Pflegeheim), das gleichfalls der Herzogin gehörte. Später ein berühmtes Sanatorium: 1912/13 war Hans

Fallada (→ Greifswald/MV) dort Patient.
– 1913 kam **Fallada** als Eleve auf das Rittergut **Posterstein**, wo er »Oberaufseher von 120 Kühen und einem Dutzend Melkern« (W. Liersch 1987) war. Im Museum Burg Posterstein Erinnerungen an F.

B Altenburger Kunst und Kultur im 19. Jahrhundert. A.er Geschichtsblätter, 1992; G. Keil, Der sächsische Prinzenraub zu Altenburg anno 1455, 1995; Martin Luther und Altenburg, Begleitheft zur Sonderausstellung, 1996; G. Wolf, Geschichte der Altenburger Buchhändler, 2000.
Z Gera (TH); Zeitz (ST); Glauchau, Leipzig, Zwickau (SN).

ALTENKIRCHEN/WESTERWALD/RP

Laut **Wilhelm Heinrich Riehl** (→ Wiesbaden/HE) müsste hier der »eigentliche Westerwald« sein: denn an seinem Südhang werde man immer nur hierher, hier jedoch zurückverwiesen. In die große Literatur kam wenig, das meiste – wie die »Freie Lahrer Herrlichkeit« – ging in der kleinen auf und . . . unter. Vom Kirchhof **Almersbach** über dem Wiedbachtal erzählt **Wilhelm Schäfer** (→ Schwalmstadt/ Ottrau/HE) in der Anekdote von der »Grabrede«. Seinen hist. Roman hat **Flammersfeld** mit **Christian Spielmanns** (→ Neuwied/RP) »Balzar von Flammersfeld« (1906). Größere Wirkung erzielte ein gänzlich unlit. Werk, die Schrift über die Notwendigkeit der Darlehenskassenvereine (1866) von **Friedrich Wilhelm Raiffeisen** (1808-88) aus **Hamm** (R.-Haus, R.-Str. 10). Sein System genossenschaftl. Selbsthilfe übernahm die halbe Welt. – Aus **Herdorf** stammt **Gustav Brühl** (Ps. **Kara Giorg**/1826-1903), der 1848 nach Amerika auswandern musste, dort als Arzt, Reiseschriftsteller und Leiter des »Deutschen Pioniers« lebte und in Cincinnati starb. – H. ist auch Geburtsort von August Sander (1876-1964), dem Fotografen von Weltrang. – **Schloss Friedewald** (heute Sitz der ev. Sozialakademie) hat **Franz Prinz zu Sayn-Wittgenstein** 1968 seine Jugenderinnerungen gewidmet. – In **Lautzert** (Oberdreis-L.) lebte 1972-96 **Heiner Feldhoff**, er debütierte mit Lyrik (u. a. 1980 »Wiederbelebungsversuche«). In seinen »Kürzestgeschichten« (»Kafkas Hund«, 2001) »ist der Leser auch immer unterwegs im Westerwälder Land« (J. Zierden). Topograph. Bezüge auch in **Klaus-Peter Wolfs** E. »Die Angst der Täter« (1994).

B Lebensbilder aus dem Kreise Altenkirchen, 1978.
Z Bad Honnef (NW); Neuwied, Unkel (RP); Siegen, Grund (NW); Westerburg, Hachenburg (RP).

ALTÖTTING/BY

Wallfahrts- und Heimatmuseum; Gebhard-Fugel-Panorama.

Ferdinand Weisheitinger (gen. **Weiß Ferdl**), * 28. 6. 1883 A., † 19. 6. 1949 → München/BY, Volkssänger (»Ich bin kein Intellektueller«, 1940). – »W. F. erzählt sein Leben« (1951). – Geburtshaus in der Stinglhamerstraße 5 (Gedenktafel).

L A. ist Deutschlands bedeutendster Marien-Wallfahrtsort: »Ein beständiges Ein- und Ausströmen der Wallfahrer mit bedrängenden Gebeten und Gelübden um Erhörung« (**Bettina von Arnim**/→ Frankfurt a. M./HE). **Konrad Celtis** (→ Schweinfurt/Wipfeld/BY) dichtete der »divae virgini« in der karoling. Kapelle, wo die Herzen der bay. Wittelsbacher bestattet sind, für die Heilung von schwerer Krankheit ein Epigramm. **Jakob Balde** (→ Neuburg a. d. Donau/BY) schrieb 1640 eine Ode auf den »Jungfrau-Brunnen vor der Kapelle der hl. Jungfrau«. – Erzählungen von **Josef Martin Bauer** (→ Erding/Taufkirchen a. d. Vils/BY) spielen in A. (»Das Haus am Fohlenmarkt«, 1936). Weiterhin: **Werner Bergengruen** (→ Baden-Baden/BW) »Die schwarze Maria und ihr Feldmarschall« (»Deutsche Reise«, 1934); **Ruth Rehmann** 1968 mit dem Report im Roman vom mühseligen Bittgang zur »Schwarzen Dame«, die »gottselige Gaudi« in Elz/A. (»Die Leute im Tal«); **Franz Ringseis** (→ München/BY) 1976 mit »In der Schatzkammer z'Oidöding«; **Josef Einwanger** mit »Öding« (R. 1982) und **Gerd Holzheimers** »Von Zorneding auf den Heiligen Berg von Zion« (in: »Krachen lassen. Archaische Rituale in Bayern«, 1999).

Burghausen

»*Stadtfigur von einer Ungewöhnlichkeit, die nicht mehr der wirklichen Welt anzugehören, vielmehr in das Außerordentliche der Legende und des Traumes entrückt zu sein scheint – trotz der unbezweifelbaren, ja nachdrücklichen körperlichen Wirklichkeit der Erscheinung.« (Wilhelm Hausenstein, 1955)*
Burgmuseum; Stadtmuseum. – Meier-Helmbrecht-Freilichtspiele (seit 2001 alle drei Jahre).

A **Johann Thurmair** (gen. **Aventinus**/→ Kelheim/Abensberg/BY) lebte seit 1509 als Prinzenerzieher in der Burg; Gedenktafel am Wohnhaus im 3. Burghof. – **Hans Sachs** (→ Nürnberg/BY) kam als wandernder Schustergeselle nach B. – Der Jesuit **Franz von Paula Schrank** (1747-1835) aus Vornbach a. Inn, Naturforscher, Lyriker und Erzähler, wirkte als Prof. der Rhetorik in B. – **Josef Hofmiller** (→ Sonthofen/Kranzegg/BY) widmete in seinen »Pilgerfahrten« B. ein Kapitel: »seltsame Mischung von Sterzing und Carcassonne«. – **Ludwig Thoma** (→ Oberammergau/BY) besuchte hier 1877-79 das Gymnasium (»Lausbubengeschichten«, 1905). – **Adalbert Stifter** (→ Passau/BY) sah B. wie »aus einem altdeutschen Gemälde her-

ausgeschnitten und hierhergestellt«. – **Rainer Maria Rilke** (→ München/BY) fand während des 1. Weltkrieges in B. »eine entlegene und feste Zuflucht« bei der seit 1915 in einem »Wachturm auf der alten Wehrmauer über der Salzach« (Mesnerturm, Burg Nr. 29) lebenden Dichterin **Regina Ullmann** (→ München/BY).
R Ein Abstecher von B., von wo die Barockprediger **Christoph Selhamer** (→ Landsberg a. L./Vilgertshofen/BY) und **Clemens von Burghausen** (17. Jh.) stammen, über die Salzach führt zum oberöst. Ort **Ach**. Dahinter erstreckt sich der Weilhartsforst, Schauplatz des Epos »Meier Helmbrecht«, um 1250 von dem Mönch **Wernher der Gärtner** aus dem nahe gelegenen Kloster Ranshofen geschrieben. Nach langer Pause wurden die 1928 erstmals in der Bearbeitung von **Eugen Ortner** (→ Traunstein/BY) aufgeführten Meier-Helmbrecht-Festspiele 2001 wiederbelebt. Zum Abschluss der Spiele findet ein Helmbrechtfest im öst. **Gilgenberg** auf der anderen Seite des Inn statt. Ein grenzüberschreitender Helmbrecht-Pfad gibt auf histor. Schautafeln Auskunft über das Leben im MA. – Aus **Stubenberg** im nördl. Inntal stammt das aus geistl. und weltl. Liedern bestehende **Stubenberger Liederbuch** (Hs. zw. 1796 und 1815 BSB; Fotokopie bei der Gemeinde). – In **Burg** (Winhöring-B.) besaß **Max Halbe** (→ München/BY) ein Landhaus (am Ortsrand hinter Nr. 35) und verbrachte hier die Sommermonate; er starb 1944, Grab in den Friedhofsarkaden zu **Neuötting**. – In **Buchbach** ist **Andreas Strobl** (1641-1706) begraben, Pfarrer und Einödbauer, der sich »die schwarze Bauren-Ambsel« nannte (u. a. »Ovum Paschale Novum oder neugefärbte Oster-Ayr«). – Sagen vom »Umgehenden Bauern« und »Wandernden Geist« von **Mehring** (Burghausen-M.).

B R. Just, Krumme Touren. Reisen in die Nähe: Franken, Alpenvorland, nördlich von München, 2001.
Z Eggenfelden, Laufen, Mühldorf, Traunstein, Chiemsee (BY).

ALZEY/RP

Im Museum Dokumente und Schautafeln zur Zeit von 1792 bis 1849.

Die »Volkerstadt« mit einer roten Fiedel im Wappen beruft sich heute auf **Volker von Alzey**, »videlaere« (Spielmann) im Nibelungenlied (→ Worms), dem Angehörigen eines hier ansässigen Rittergeschlechts. Er kam als Vasall des burgund. Königs Gunter mit ihm in der Hunnenschlacht 437 um. – V.-Brunnen am Fischmarkt.
Elisabeth Langgässer, * 23. 2. 1899 A., † 25. 7. 1950 → Karlsruhe (BW), Lyrikerin, Erzählerin eines religiös-magischen Realismus. In A. Kindheit, 1909 nach → Darmstadt/HE, bis 1929 Lehrerin, dann Übersiedlung nach → Berlin. Als Halbjüdin 1936 Schreibverbot, die Tochter Cordelia wurde nach Auschwitz deportiert (Cordelia Edvardson, »Gebranntes Kind sucht das Feuer«, 1986). 1948 Rückkehr nach → Rheinzabern (Germersheim/RP). – W.: Wendekreis des Lammes (G. 1924), Das unauslöschliche Siegel (R. 1946), Ges. Werke (1959-64), Briefe 1924-50 (Hrsg. E. Hoffmann). »Mythologische Kulisse« des Werks: das rheinhess. Hügelland, Altrhein und Ried. – Geburtshaus Friedrichstraße 17 (Gedenktafel), 2. Domizil Nibelungenstraße. – Nachlass DLA Marbach. – E.-L.-Gesellschaft; E.-L.-Literaturpreis der Stadt A. (seit 1988).
A **Philipp Freiherr von Winnenberg d. J.** (1538-1600), Verfasser »Geistlicher Reuterlieder«, war seit 1584 kurpfälz. Burggraf, **Julius Wilhelm Zincgref** (→ Heidel-

berg/BW) amtierte vor seiner Flucht 1634 nach St. Goar als Landschreiber in A. – Der 1883 nach Amerika ausgewanderte Schauspieler **Konrad Nies** (Ps. **Konrad von Alzey**) begann dort zu schreiben (»Die Volkersfiedel«) und machte sich um die deutschamerikan. Dichtung verdient.

L In »Linksrheinisches« (1975) von **Wolfgang Diehl**: »Schwierigkeiten beim Schreiben eines Gedichts über Alzey«. Im Band »Alzey. Eine Stadt in Bildern« (1976) u. a. Bilder und Beiträge zu Volker von A., zu E. Langgässer und dem 1879 bei Spandau geb. und 1957 in A. gest. Mundartdichter **Franz Kampe** (»Echt Alzerisch«, Ausw. 1952). – Von **Hans-Jörg Koch** »Rheinhessische Impressionen« (1980), auch die Mundart-Anth. »Gelacht, gebabbelt und gestrunzt« (1976).

Bermersheim

Hildegard von Bingen, *(1098?) B., † 17. 9. 1179 Kloster Rupertsberg (→ Bingen/RP). Erste dt. Mystikerin. Benedektin. Erziehung auf dem → Disibodenberg (Bad Kreuznach/RP), 1136 »Meisterin«. Das Kloster seit 1150 auf dem Rupertsberg an der Nahemündung. Begann 1141 mit der Niederschrift ihrer Visionen; auch naturwiss., medizin. und hagiograph. Werke; 77 selbstvertonte geistl. Lieder. Umfangreicher Briefwechsel, Predigtreisen. Heiliggesprochen, Reliquien seit 1636 in → Eibingen/Rüdesheim/HE. – W.: Scivias (1141-51); Wisse die Wege (übers. und bearbeitet von M. Böckeler, 6. Aufl. 1975), Briefwechsel (übers. und nach den Quellen erläutert von A. Führkötter, 1965); – Chorturm von H.s Taufkirche in B. noch erhalten, Gedenkstatue vor der Kirche. – W. Lauter, Hildegard-Bibliographie (1970); Ph. Rath, H. v. B. Wirkungsstätten (1996).

Wendelsheim

Gedenktafel an die Revolution von 1848 am Rathaus.

Friedrich Christian Laukhard, * 7. 6. 1754 W., † 29. 4. 1822 → Bad Kreuznach/RP. Studierte Theol., 1783 Magister und Dozent in Halle. Vagabundierte, nahm als preuß. Soldat an der Kampagne in Frankreich teil, geriet 1794 vor →Landau/RP in die franz. Revolutionsarmee. Verkam, zuletzt Pfarrverweser und Privatlehrer. – W.: Leben und Schicksale, von ihm selbst beschrieben (Aut. 1792-1802, Reprint 1987); Eulenkappers Leben und Leiden (Gesch. 1804). – Gedenktafel am Pfarrhaus Donastraße 15. – **Udenheim** und **Saulheim** waren Vikariatsorte von L.

Wonsheim

Heinrich Bechtolsheimer (1868-1950), der Erzähler des »Chorwinkels«, schrieb außerhalb seiner Heimat – er war u. a. lange Jahre als ev. Pfarrer in Gießen – seine Geschichten aus dem rheinhess. Volksleben (»Zwischen Rhein und Donnersberg«, E. 1903 u. a.). Grab auf dem Friedhof. – Beller Kirche und Hof Iben beliebte Schauplätze seiner Erzählungen; »Das Hungerjahr« (1907, n. 1977), gemeint ist 1817, spielt in **Niederhausen** im Appeltal.

R Wingerte und Apfelgärten und »auf den lang hingleitenden Bodenwellen die breite Straße Napoleons ... schnurgerade von Mainz bis Paris« (**Elisabeth Langgässer**). Auf dem Friedhof von **Eppelsheim** ist das Grab von **Carl Mathern** (1881-1960), sein größter Erfolg war die Posse »Robert und Bertram« (1921). Aus **Nieder-Wiesen** stammt **Johann Philipp Fresenius** (1705-61), ein »sanfter Mann« und »exemplarischer Geistlicher«, der Predigt- und Erbauungsbücher schrieb. Goethe (→ Frankfurt a. M./HE) erinnert an ihn in den »Bekenntnissen einer schönen Seele« und in »Dichtung

und Wahrheit«, denn er und seine Eltern waren von ihm getauft worden. – **Richard Kirn** (→ Frankfurt a. M.) im »Tagebuch 1971«: »Auf Erhebungen mitunter ein einsamer Baum, ein alter Obelisk aus langsam verwitterndem Sandstein. Die Rosse Napoleons haben auf diesen Höhen gegrast.«

L D. Johannes, Alzeyer Bibliographie mit Berücksichtigung der ... Dichter und Schriftsteller, 1968; J. Frederiksen (Hrsg.), Literaturschauplatz Rheinhessen, 1993.

Z Bad Kreuznach, Bingen, Mainz, Worms (RP).

AMBERG/BY

A.er Congress Centrum. – Ehem. Franziskanerkirche (seit 1803 Stadttheater). Aus A. stammt der Maler M. M. Prechtl (1926-2003), bekannt durch der Lit. verpflichtete »Denkmalereien« und »Kunst-Stücke«.

Georg Forster, * um 1514 A., † 12. 11. 1568 Nürnberg, gab eine Slg. von Volks- und Gesellschaftsliedern, »Frische teutsche Liedlein« (1539-56), in fünf Bdn. heraus; Quelle für »Des Knaben Wunderhorn« (→ Heidelberg/BW).

A Bei seinem Bruder, Alexander Graf von Platen, seit 1814 in A., war **August von Platen** (→ Ansbach/BY) mehrmals zu Besuch. **Anna Croissant-Rust** (→ Bad Dürkheim/RP) verbrachte einen Teil ihrer Kindheit in A., wo u. a. das skurrile »Winkelquartett« (1908) und ihre »Geschichten« (hg. von R. Paulus/B. Hain, 1987) spielen; Wohnhaus Stieglitzenhöhe 105. – In der Gemeinde **Altenricht** östl. A. erinnert eine Tafel an den hier geb. Jesuitenpater **Peter Lippert** (1879-1936), Prediger in St. Michael in München; schrieb u. a. »Abenteuer des Lebens« (1933).

L **Johann Christoph Gottsched** (→ Leipzig/SN) 1749: »Klag-Lied des Herrn Professor Gottscheds über das rauhe Pfälzer-Land in einer Abschieds-Ode«. – **Ricarda Huch** (→ Braunschweig/NI), »Im alten Reich« (1927): »Am Erz ist A. entstanden, auf einer Schicht von Zunder und Schlacken aufgebaut, durch Erz berühmt und fest geworden; mit Fug heißt es die Eisenstadt.« – In **Werner Bergengruens** (→ Baden-Baden/BW) »Deutscher Reise« (1934) heißt das A.er Kapitel »Brille und Liedertisch«. – Dem alten Pfalzgrafenschloss ist die »Amberger Mär« »Spuk im alten Schlößl« des Lyrikers **Anton Wurzer** (1893-1955/Grab auf dem Katharinenfriedhof) gewidmet. – Mundart: »Dalust und daspächt« (1972) von **Maria Schwägerl** (1895-1960), die seit 1938 in **Nabburg** lebte; dort auch ihr Grab; **Friedrich Brandl**, geb. 1946 in A. (»Meine Finga in deine Rindn«, 1992) ist Mitautor des »Oberpfälzer Szenariums« über den in A. geb. **Franz Xaver Schönwerth** (1810-86), Begründer der oberpfälz. Volkskunde (»Das Schönwerth-Lesebuch«, Hrsg. R. Röhrich, 1981). – »Ist sich nicht leicht zu machen Scheenheit/Kann sich nur einer, heißt sich Henscheid«: **Eckhard Henscheid**, geb. 1941 in A. Einige Passagen seiner »Trilogie des laufenden Schwachsinns« (1973-1978) spielen in der Stadt und haben authentische (Kneipen-)Vorbilder. »Maria Schnee« im nahen **Atzlricht** ist das »Kirchlein« der gleichnamigen E. (1988), das »wie ein dickes weißes Kätzchen« im Grünen lagert. **S** Stadtmuseum (Zeughausstraße 18): »Amberger Liedertisch« von 1591. – **Staatl. Bibliothek A.** (Provinzialbibliothek): rd. 114 500 Bde., 167 Hss., 308 Inkunabeln. – **Kulturpreis der Stadt A.** (seit 1952) für Musik, Literatur, Bildende Kunst und Heimatforschung. **Z** Neumarkt i. d. Opf., Nürnberg, Regensburg (BY).

AMMERSEE/BY

Einem althergebrachten Vorurteil zufolge gilt der Ammersee als »Bauernsee«, der Starnberger See aber als »Herrensee«, doch braucht sich der Ammersee nicht zu verstecken. Viele Fäden führen vom einstigen »Wahnmoching« (→ München/BY) hinaus zu beiden Seen gleichermaßen. Die Landschaft zwischen ihnen

zeigt der Filmemacher und Autor **Herbert Achternbusch** auf: »Das freute mich, daß ich sie doch zum Herzeigen brachte, meinen Ersatz von Niederbayern, wo es ganz unmöglich war zu leben, während es hier doch irgendwie ging« (»Das Ambacher Exil«, 1987). Den A. klagt **Gert Heidenreich** in dem Gedichtband »Im Augenlicht« wegen seines im See umgekommenen Sohnes an: »Aussaufen ihn und in den/Himmel spucken!/Frech lügt der Mörder,/lügt mir Unschuld vor . . .«

Dießen

Im Jahre 815 stifteten die Grafen von Dießen-Andechs in St. Georgen ein Kloster, das 1013 den Augustinerchorherren übergeben wurde. 1681-88 Bau der Stiftskirche, deren Altar zu den wenigen Mysterienbühnen gehört, die im liturgischen Jahreslauf noch bespielt werden.

Das »Tagebuch« des Chronisten **Maurus Friesenegger**, *1590 D., † 11.5.1655 Andechs (Grabstätte in der Klosterkirche A.), ist eine wichtige Unterschichtquelle zum Dreißigjährigen Krieg.

Thomas Theodor Heine, *28.2.1867 Leipzig, † 26.1.1948 Stockholm, war von der ersten Nummer an beim »Simplicissimus« dabei (April 1896): »Das Urbild für dieses Ungeheuer war ein kleiner fetthaliger und asthmatischer Mops, den Heine einige Zeit besaß« (L. Corinth). Seit 1889 in → München/BY, 92 Mitglied der »Secession«, Mitarbeiter versch. Zeitschriften (»Fliegende Blätter«, »Pan«, »Insel«). Ab 1912 begann H. in D. nach und nach das Gelände des Spensbergerkellers (heute Collegium Augustinum) umzugestalten. Das Atelier wurde 1967, das Wohnhaus 72 abgebrochen. Nun bewachen zwei auf Schilder aufgemalte Bulldoggen das Areal. Mitte März 1933 distanzierten sich die Simpl.-Kollegen, u. a. E. Thöny und O. Gulbransson, von dem »Juden Heine«, der sie zu einer NS-kritischen Haltung provoziert habe. H. ging ins Exil. Die Gemeinde benannte 1965 eine Straße nach ihm. – Aut.: »Ich warte auf ein Wunder« (1945). – Th. Raff, »Zwischen Idylle und Weltgeschichte. T. H. und Dießen am Ammersee« (1998).

A Hermann Stahl (→ Dillenburg/HE), Gründungsmitglied der Darmstädter Akademie, lebte von 1937 bis zu seinem Tode 1998 in D. (»Wohin du gehst«, R. 1954). – 1948 zog **Heinrich Hauser** (→ Berlin) hierher; er konnte nicht mehr an seine früheren Erfolge anknüpfen, schrieb ein Erinnerungsbuch über seine Emigration in die USA (»Farm am Mississippi«, 1950) und übersetzte aus dem Englischen, v. a. seinen Freund Liam O'Flaherty. Grab auf dem Friedhof. – Im Ortsteil St. Georgen, am Ziegelstadel 1, hatte **Carl Orff** (→ München/BY) ein Tuskulum, in dem er die letzten 25 Jahre lebte, komponierte und auch unterrichtete. Auch seine Frau **Luise Rinser** (→ Landsberg a. L./BY) lebte bis zur Trennung (1959/60) hier. C. O. Museum, Hofmark 3; C. O. Stiftung.
Das Künstlerhaus Gasteiger, Eduard-Thöny-Straße 43, in **Holzhausen** erinnert an die Maler der Künstlerkolonie »Scholle« von 1902, die sich auf **M. G. Conrad** (→ Ochsenfurt/Gnodstadt/BY) beriefen: »Mußt deine eigene Scholle beackern, / die siebengescheiten Nachbarn laß gackern.«

L Ludwig Auerbacher (→ Mindelheim/Türkheim/BY), »Mein Ausflug an den Ammersee und dessen Umgebung« (1813). – **Otto Julius Bierbaum** (→ München/BY), »Pangrazius Graunzer« (1896); **Wilhelm Weigand** (→ Tauberbischofsheim/Gissigheim/BY), »Die Löffelstelze« (1919); **Horst Wolfram Geißler** (→ Lindau/BY), »Alles kommt zu seiner Zeit« (1953). – Dem »Gloria-Engel« von D. (»Der schöne Schein, der schon die Wirklichkeit selbst wird!«) ist ein Essay von **Wilhelm Hausenstein** (→ Wolfach/Hornberg/BW) gewid-

met (»Besinnliche Wanderfahrten«, 1955). – Das Hochschloss (Neubau 1883-85) von **Pähl** gehörte im 15. Jh. dem bay. Volksdichter **Hans von Hesseloher**, der hier Landrichter war; Gedenksäule von 1483 (Todesjahr des Dichters) westl. auf einer Wiese, Grab in Andechs.

Utting

»Ich bade, dichte und lobe Gott den Herrn«: **Thomas Mann** (→ Lübeck/SH) schrieb 1904 in der »Pension Siebein«, Bahnhofstraße 10, an seinem Drama »Fiorenza« (1906). – In einem Fischerhaus, in dem Zimmer vermietet wurden, Seestraße (heute) 10, zwischen Rathaus und Schiffslandesteg, war **Bertolt Brecht** (→ Augsburg/BY) mehrfach von Augsburg aus in der Sommerfrische, u. a. mit Paula Banholzer (»Bi«). 1919 trafen sie sich noch einmal in U.; er schrieb: »Ich will bei dir ausruhen, am See«, trennte sich aber von ihr. 1928 kam er noch einmal nach U. (Logis im gleichen Haus, nun Pension Thalmeier) zur Überarbeitung der »Dreigroschenoper« und zur Vorbereitung der Gründung des »Bundes proletarisch-revolutionärer Schriftsteller«. 1932 dann mit Helene Weigel Ankauf eines Hauses Im Gries 3, das er im Februar 1933 nach dem Reichstagsbrand verlassen musste: »Sieben Wochen meines Lebens war ich reich. / Vom Ertrag eines Stückes erwarb ich / Ein Haus in einem großen Garten. Ich hatte es / Mehr Wochen betrachtet, als ich es bewohnte.«

Schondorf

In **Unterschondorf**, dem am See gelegenen Teil von Schondorf, wohnte **Brecht** in der Villa des Kunstmalers F. M. von Steinfels an der Seestraße (heute) 55; am 20. Juli 1929 fand sich ein Teil der Theaterelite ein, darunter Kurt Weill und seine Frau Lotte Lenya. Im Jahr darauf wohnte Brecht abermals hier; Arbeit an »Die heilige Johanna der Schlachthöfe«, mit Elisabeth Hauptmann und Slatan Dudow. Sommer 1931 kamen Brecht und Helene Weigel mit Kindern und Hausmädchen etwas weiter südlich, Seestraße (heute) 79, im Haus Stadler unter. – In **Inning** lebten zeitweise die schwed. Autorin **Clara Nordström** (→ Mindelheim/BY) und der »gefährlich vielseitige« (so C. Orff) Komponist **Werner Egk** (→ Donauwörth/BY).

Herrsching/Andechs

Im Herrschinger Kurpark hinter dem Schlössl, der sog. Scheuermann-Villa (erbaut 1888 als Wohnsitz des Malers L. Scheuermann), befindet sich ein Nachbau von Goethes Gartenhaus in Weimar. In **Widdersberg** (Herrsching-W.) lebte **Helene Böhlau** (1856 Weimar – 1940 Augsburg), Verlegerstochter, »Dichterin Alt-Weimars« und Autorin naturalist., frühfeminist. Romane wie »Rangierbahnhof« (1895) und »Halbthier!« (1899), zusammen mit ihrem Mann Omar al Raschid (d. i. Friedrich Arndt). Grab auf dem Friedhof. – Auf dem Weg nach **Pähl** befinden sich die Hartkapelle, Vorbild für M. v. Schwinds »Waldandacht«, und der Hartschimmelhof der Familie Haushofer (zu den Ahnen zählt Max H., Begründer der Künstlerkolonie auf der Fraueninsel). **Albrecht Haushofer** (→ München/BY), Prof. für Geopolitik in Berlin, versteckte sich vor der Gestapo auf einer zum Hartschimmelhof gehörenden Alm auf dem Graseck bei Garmisch, wurde jedoch entdeckt und in Berlin (»Moabiter Sonette«) am 23. 4. 1945 ermordet. Im Gutshaus befindet sich die größte landwirtschaftliche Bibliothek Dtl.s in privater Hand mit Werken aus mehreren Jahrhunderten.

Kloster Andechs: Gerd Holzheimer gibt die Devise: »»Laß mich wohnen, o Herr, auf deinem heiligen Berge!« singen die Mönche vom Heiligen Berg, und ihr Vorteil ist, dass sie schon oben sind, auf dem Heiligen Berg; alle anderen müssen erst noch hinauf.« Unter den lit. A.er Wallfahrten hat »Die Wallfahrt nach A.« von **Oskar Panizza** (→ Bad Kissingen/BY) sogar die Gerichte bemüht (zens. Erstdruck 1894, ergänzte Fassung 1981). Weiterhin zu zitieren: »Ihr wißt, was ich auf Andechs verwende, glaubts mir, man baut niemals Kapellen ohne Grund!«, so Herzog Ernst in **Friedrich Hebbels** (→ Heide/Wesselburen/SH) »Agnes Bernauer« (III, 6). **Josef Ruederer** (→ München/BY) verglich A. mit dem hl. Berge Athos. Und die groben Engel, die **Ludwig Thomas** (→ Oberammergau/BY) »Postsekretär im Himmel« wieder hinauswerfen, waren zu Lebzeiten Klosterhausknechte in Andechs. »Andechs, das ist ein Abschied«, schließlich hintersinnig **Herbert Achternbusch** (»Das Andechser Gefühl«, 1974). – »Summus finis«: Inschrift auf **Carl Orffs** Grab in der Klosterkirche. C.-O.-Festspiele im Sommer.

Frieding

Georg Queri, * 30. 4. 1879 F., † 21. 11. 1919 → München/BY, war wegen seines obszönen Witzes und seiner saugroben Sprache bes. bei den Städtern beliebt: »Z' Minka hon ih a Sulzn gfressn, / z' Sendling hon ih s' gspiebn, / z' Forstnried hon ih in d' Hosn gschißn, / z' Unterdill bin ih bliebn.« Hauptwerke: »Bauernerotik und Bauernfehme in Oberbayern« (1911) und »Kraftbayrisch« (1912), das vom Gericht wegen Obszönität konfisziert wurde – Grab in Starnberg; Gedenktafel am Geburtshaus, der Wirtschaft, die seinen Namen trägt (»Oberer Wirt zum

Frieding: »Kraftbayrisch« – Georg Queri in figura vor seinem Geburtshaus (H. Müller, 1997)

Queri«), davor eine Bronzestatue, G.-Qu.-Ring 9.

Wörthsee

Auch am W., »Am Feldweg nach Steinebach, April«, begegnet **Gert Heidenreich** seinem verstorbenen Sohn: »Ein Engel ja. Und doch bist du mein Kind. / Du wurdest dir zu leicht. / Ich bin mir zu schwer.« Von **Steinebach** handeln immer wieder auch die Texte des Liedermachers »Tiger Willi«, als Wilhelm Raabe ehemals Metzger von St. Als »Schweinebach am Neppsee« wurde der Ort von Adele Sandrock bezeichnet, die in dem 1923 hier gedrehten Monumentalfilm »Der Krieg von Troja« von Manfred Noa die Hauptrolle spielte (G. Holzheimer: »Troja am Wörthsee«, 2003).

Weßlinger See

Im »Gasthof zur Post« starb am 11.3. 1923 Julia Mann, Mutter u. a. von Heinrich, Thomas und Viktor M., die sie in ihren letzten Stunden besuchten. **Viktor Mann** (→ München/BY) berichtet davon in seiner Aut. »Wir waren fünf«, die »dem Andenken unserer lieben Mutter, Frau Senator Julia Mann, geb. da Silva-Bruhns, geboren bei Angra da Reis (Brasilien), gestorben zu Weßling in Oberbayern« gewidmet ist.

Zur Sommerfrische weilte **Christian Morgenstern** in W., oft auch **Eugen Roth** (beide → München/BY). Der See in **G. Heidenreichs** G. »Im Augenlicht«: »schlag uns die Augen auf, leg Wörter/in den Mund, die unsre stummen/Lippen wärmen . . .«

B Th. Raff, Das Dießener Lesebuch, 2 Bde. 1990/98; K. Stankiewitz, Sieben Wochen meines Lebens war ich reich, 1999; G. Holzheimer, Auf Trüffeljagd im Fünfseenland, 2003.
Z Fürstenfeldbruck, Landsberg a. L., Starnberg, Weilheim (BY).

ANDERNACH/RP

»Unvergeßlich ist der Augenblick, da hinter dem scharf vorspringenden bewaldeten Berge plötzlich die vier Türme der Andernacher Liebfrauenkirche stehen, links von ihr der kräftige runde Stadtturm, wohl das eindrucksvollste Stück seiner Gattung im ganzen Rheingebiet.« (Werner Bergengruen, 1934)

Stadtmuseum. – Bäckerjungenfest zur Erinnerung an die beiden Brüder, die vom Rheintor aus (dort auch ihr Standbild) die Stadt mit Hilfe der Bienen vor dem Überfall der Linzer gerettet haben sollen.

Albrecht Julius Schöler, * 11.2.1819 Winningen, † 15.1.1863 A., zunächst Vikar im Hunsrück (→ Simmern/Horn/RP),

seit 1854 Pfarrer in A. – »Geschichten des Hunsrücker Chronisten« (1860-63). **Wilhelm Reuter**, * 18. 1. 1833 A., † 7. 1. 1898 ebd., Lyriker. 1858 Priester, Lehrer in Saarlouis, Boppard und Münstermaifeld. – »Sang und Sage« (G. 1878). – Gedenktafel am Geburtshaus, Markt 14. **Heinrich Ruland**, * 22. 1. 1882 A., † 27. 7. 1943 Bonn. Postbeamter, durch seine Erzählungen und Gedichte als »Eifeldichter« angesehen (»Land der Maare«, Auswahl hg. von E. K. Plachner 1950). – Geburtshaus Rheinstraße; Grab auf dem Neuen Friedhof von A.
A Aus A. stammen der Übersetzer **Johannes Winter** (**Guintherius**/1487-1574), Leibarzt Franz' I. von Frankreich, und der Humanist **Jacob Omphalius** (um 1500-67). – Unter den Rheinreisenden in A.: 1774 **Johann Caspar Lavater**, 1791/92 **Friedrich Leopold zu Stolberg** (→ Bad Segeberg/Bad Bramstedt/SH), 1829 **James Fenimore Cooper**, 1840 **Victor Hugo** (vor dem Grabmal von General Hoche: »Frankreich muß den Rhein zurücknehmen!«). – Auf dem Rittergut Krayer Hof auf der Höhe über A. lebte von November 1901 bis zum Frühjahr 02 **Guillaume Apollinaire** als Hauslehrer, auf Waldspaziergängen und im kleinen Turmzimmer über dem Burgtor seine Lieder »von Liebesweh und von verlorner Treue«, die »Rhénanes«, schreibend. – Als Sohn dt.-polnischer Eltern wurde der amerikan. Kultautor **Charles Bukowski** am 16. 8. 1920 in A. geboren (Gedenktafel am Geburtshaus, Aktienstraße 12); er kam bereits mit 2 Jahren in die USA (gest. 9. 3. 1994 Los Angeles). Schlüsselroman »Ham On Rye« (1982), dt. »Das Schlimmste kommt noch oder Fast eine Jugend« (1983). Über einen späten Besuch in A. berichtete er in »Die Ochsentour« (1980). – C.-B.-Gesellschaft.

L **Honoré de Balzac**, »Das rote Gasthaus« (E. 1832); **Karl Simrock** (→ Bonn/NW), »Die Andernacher Bäckersjungen« (Sagen-G. 1837); **Fritz von Unruh** (→ Koblenz/RP), »Heinrich aus Andernach« (Festsp. 1925); **Erik Reger** (→ Koblenz/Bendorf/RP), »Schiffer im Strom« (R. 1933); **Fritz Werf**, »Stadtentwicklung« (G. 1977), »Beschreibung einer normalen Provinzstadt« (1984); **David Wagner**, »Meine nachtblaue Hose« (R. 2000).
Z Bad Neuenahr-Ahrweiler, Koblenz, Mayen, Neuwied (RP).

ANKLAM/MV

Vorpommersche Landesbühne.

Johann Christoph Adelung, * 8. 8. 1732 Spantekow b. A., † 10. 9. 1806 Dresden/SN, Sprachwissenschaftler. Besuch der A.er Lateinschule und – gemeinsam mit C. M. Wieland (→ Biberach/BW) – des Gymnasiums Klosterbergen (→ Magdeburg/ST). Studium in Halle, 1758-62 Prof. in Erfurt, ab 1765 freiberuflicher Autor in Leipzig, Lexikograph, Journalist, Übersetzer, Hrsg. zahlr. Zeitungen. Ab 1787 Oberbibliothekar in Dresden. Gelobt und geschätzt als »Sprachzuchtmeister« (Jellinek), sein Schreibtisch sei seine Frau, so die Biographen über den Arbeitswütigen. – W.: Versuch eines vollständigen grammatisch-kritischen Wörterbuches der Hochdeutschen Mundart . . ., (5 Bde., 1744-86, 2., erw. Aufl. 1793-1801, n. 1970); Deutsche Sprachlehre, 1781, n. 1977; Umständliches Lehrgebäude der deutschen Sprache (1782, n. 1971). – Gedenktafel am Geburtshaus (Pfarrei) in Spantekow; Dokumente zu A. im A.er Heimatmuseum.
Ulrich C. A. von Hassell, * 12. 11. 1881 A., † 8. 9. 1944 Berlin, Diplomat, Widerstandskämpfer. Nach dem Attentat vom 20. Juli 1944 hingerichtet. Seine Tagebü-

Uwe Johnson – Leben und Werk in Mecklenburg

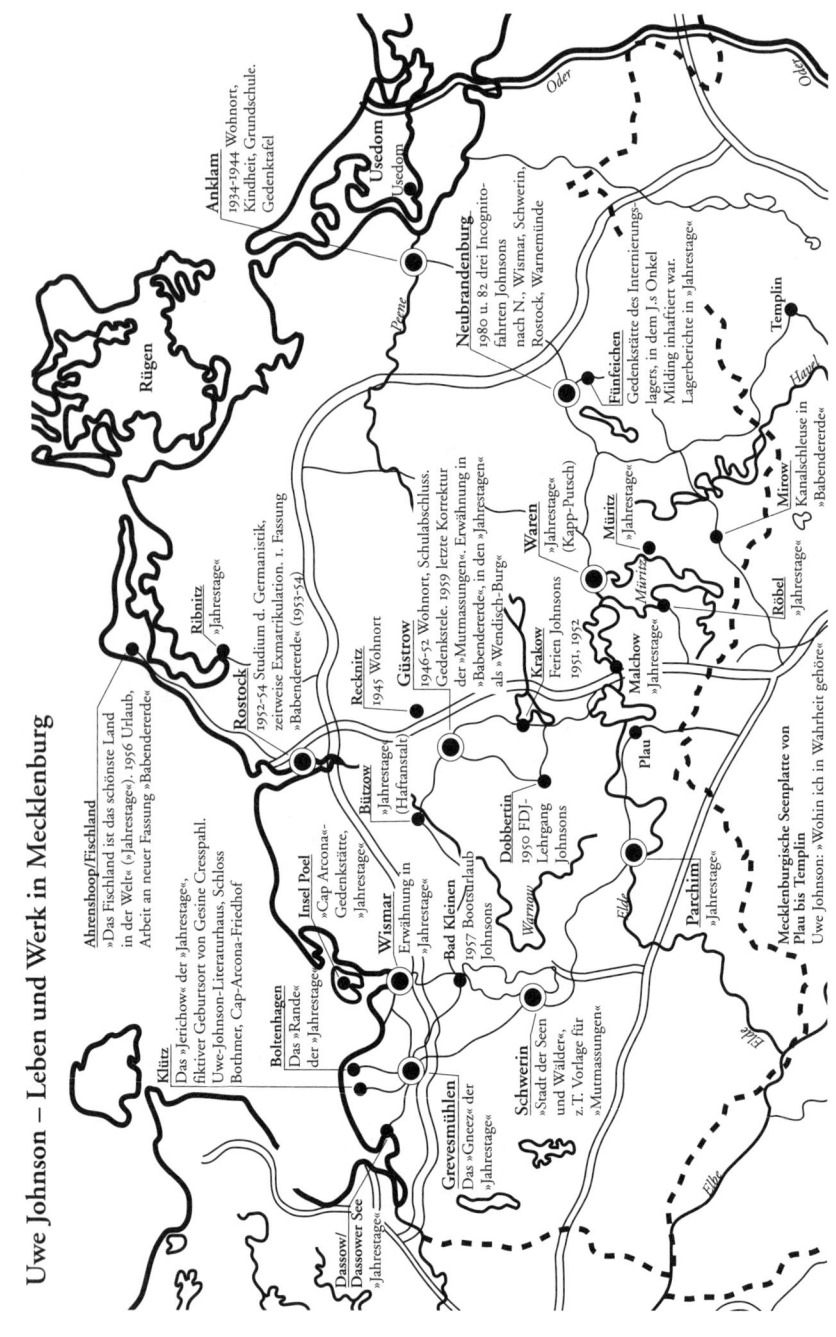

cher sind Dokumente eines christlich-konservativen Denkens: »Hat je ein Volk sich stumpfer gebeugt?« – W.: Die Hassell-Tagebücher 1938-1944. Aufzeichnungen vom Andern Deutschland (Hrsg. F. v. Gaertringen, erw. Aufl. 1985); Der Kreis schließt sich. Aufzeichnungen in der Haft 1944 (Hrsg. v. M. v. Hassell, 1994).

Ulrich Sander, * 29. 3. 1892 A., † März 1972 Leversen/Harburg, Erzähler. Lebte später in Walsrode-Gräsbeck (→ Fallingbostel/NI). Verfasser von Heimatromanen und teilweise plattdt. geschriebener Kriegsliteratur im NS-Geist (»Pioniere«, R. 1933; »Jungens«, R. 1935). – Wohnhaus Pasewalker Straße.

Uwe Johnson, * 20. 7. 1934 Cammin/Pommern (heute Kamién Pomorski/Polen). Die Stadt war damals für den später mit J. befreundeten Schriftsteller Hans Werner Richter (→ Usedom/Bansin/MV) »der Inbegriff der Reaktion und bornierten Rückständigkeit. Trotzdem, Uwe wurde dort geboren ...«, † 23. 2. 1984 Sheerness-on-Sea/England (Grab in Halfway bei S.), Schriftsteller, Romancier: »Ein homerisches Gedächtnis hat dieser Mann. Mecklenburg wird sich darauf verlassen dürfen« (M. Frisch). – Wohnung 1934-38 im Haus Am Markt 23 (1943 abgebrannt, heute steht hier das Lilienthal-Denkmal), von 38-45 in Mine Hüsung 12. Schuljahre bis zur 4. Klasse (heute Cothenius-Schule), danach Internat in Kosten. 1945 Flucht nach Recknitz (→ Güstrow/MV). Ab 1946 in → Güstrow/MV, dort Schulbesuch bis 1952; Studium in → Rostock/MV bis 1954, danach in → Leipzig/SN. Freundschaft zu J. Ziem (→ Magdeburg/MV). Nach vergeblichen Versuchen, den Erstlingsroman »Ingrid Babendererde« in der DDR zu veröffentlichen, Kontakte zu P. Suhrkamp sowie S. Unseld (beide → Frankfurt a. M./HE), 1959 Übersiedelung nach (West-) → Ber-

lin. Dort Mitglied der »Gruppe 47«. – 1974 Übersiedlung nach Sheerness-on-Sea (England), dort Tod in der Nacht vom 23. zum 24. Februar 1984, (vgl. T. Jens, Unterwegs an den Ort, wo die Toten sind, 1984; S. Unseld, U. J. »Für wenn ich tot bin«, 1991). – W.: Mutmassungen über Jakob (R. 1959); Das dritte Buch über Achim (R. 1961); Karsch, und andere Prosa (En. 1964); Zwei Ansichten (R. 1965); Jahrestage. Aus dem Leben von Gesine Cresspahl. (R. in 4 Bdn., 1970, 71, 73, 83): »Die Jahrestage gehören in die Klasse der Gipfel, der Romane von Balzac und Zola ...« (Wolfgang Koeppen); Ingrid Babendererde. Reifeprüfung 1953 (R. 1985); Wohin ich in Wahrheit gehöre. Ein U. J. Lesebuch, Hrsg. S. Unseld (1994); Heute neunzig Jahr (R. aus dem Nachlass, 1996). – Uwe Johnson Bibliographie (1980 ff.); Johnson Jahrbuch (Bde. 1-7, 1994 ff.); Biographien u. a. von S. Hanuschek (1994), B. Neumann (1994), J. Grambow (1997); Uwe Johnson-Archiv, Schriften des U. J.-Archivs, Arbeits- und Privatbibliothek J.s in → Frankfurt/HE. – Johnson-Porträt bei H. W. Richter, »Im Etablissement der Schmetterlinge« (1986).

🅐 **Wilhelm von Humboldt** (→ Potsdam/BB) notierte 1796: »Anklam, größer, aber fast noch schlechter gebaut als Ueckermünde. Die Gegend flach und ganz uninteressant ...« 1797 beschrieb **Carl Friedrich Rellstab** (1759-1813) die Stadt in seiner »Ausflucht nach der Insel Rügen ...«. – 1806 starb hier der Dramatiker **Johann G. L. Hagemeister** (geb. 1762; »Der Prüfstein«, Dr. 1786). – **Ehm Welk** (→ Angermünde/Biesenbrow/BB) verbrachte im Mai 1945 einige Tage auf der Flucht in Anklam.

🅛 1853 erschienen in Anklam **Fritz Reuters** (→ Demmin/Stavenhagen/MV) Schwankgedichte »Läuschen un Rimels« (literarische Bezüge zu A. in »De swarten Pocken«); der Autor kannte die Stadt von mehreren Besuchen her (Wohnung Leipziger Allee 16). Niederdeutsche Texte auch von der A.erin **Luise Kalibe** (1865-1947; »Riemels un Spletters«, 1909) und von **Walter Schröder** (1884-1955; »Schnickschnack«, 1908). – 1918 publizierte **Adrien Turel** in A. seinen Gedichtband »Es nahet gen den Tag«. – An den Flugpionier **Otto Lilienthal** (1848-96/Wohnhaus Peenestraße 35, O.-L.-Museum, Förderverein), der sich in dramatischen (»Moderne Raubritter«, erneute Auff. 1991) und lyrischen Texten (»Die Macht des Verstandes wird auch im Fluge dich tragen«) versuchte, erinnert der Roman »Ich fliege. Ein Menschenleben« (1948) von **Carl Hans Anders**. **Peter Rühmkorf** wollte das Schicksal L.s dramatisieren (»Tabu II«, Tgb. 2004), ein Sachbuch dazu von Kathrin Möller, »Lilienthal, Fokker & Co oder der Traum vom Fliegen« (2006). Der Sachbuchautor und Jurist **Heinrich Hannover** wurde am 31.10.1925 in A. geboren; in seinen »Erinnerungen eines unbequemen Rechtsanwalts« u. d. T. »Die Republik vor Gericht« (Bd. 1, 1998) ruft er die konservativ-deutschnationale Welt im Elternhaus zurück: »*Noli me tangere* (Berühre mich nicht) nannte mein Vater sein Haus in der Friedländer Straße, in das wir 1929 zogen – ich wurde in diesem Jahr vier –, und darin drückte sich sein Bedürfnis aus, von der Welt in Ruhe gelassen zu werden. Er hatte gegen die Wünsche der Baubehörde auf der Grundstücksgrenze zur Straße hin Mauern durchgesetzt, die so hoch waren, daß man nicht in den Garten schauen konnte.« – Antisemitismus im A. des Jahres 1975 schildert **Klaus Schlesinger** (→ Berlin) in »Ein unglaublicher Vorfall. Anekdote« (1975). – **Uwe Johnson**: »Die Orte des Aufwachsens aus dem Gedächtnis verlieren, das hiesse ja die Dievenow vergessen, die für ein Kind zu breite Schlange Wassers mit ihren niedrigen schwarzen Booten, den glucksenden Fischkästen, dem wildwüchsigen Bruch und den federnden Wiesen an ihren Ufern« (1979).

E **Uwe Johnsons Mecklenburg.** »Aber wohin ich in Wahrheit gehöre, das ist die dichtumwaldete Seenplatte Mecklenburgs« – Lebensweg und Werk U. J.s sind untrennbar verbunden

mit dem Land, in dem er aufwuchs und das er auch nach seiner Übersiedlung in die Bundesrepublik inkognito wieder besuchte; legendär ist seine Mecklenburg-Sehnsucht in England und den USA. Seine Romane und Erzählungen spielen zu großen Teilen im Ostseeraum von Lübeck bis Anklam. Schon R. Michaelis' »Kleines Adreßbuch für Jerichow und New York. Ein Register zu Uwe Johnsons Roman Jahrestage« (1983) zählte 126 im Roman genannte oder beschriebene Landstriche, Städte, Dörfer, Häuser, Flüsse, Seen und Kanäle. Der 1999 erschienene Kommentar zu den »Jahrestagen« umfasst nun mit Ortsregister 1133 engbedruckte Seiten.

Uwe Johnsons Beschreibungen der Region sind weit entfernt von Idylle oder Heimattümelei; kennzeichnend für seine Prosa ist die exakte Recherche, die Stimmigkeit im Detail bei gleichzeitiger Verfremdung und Übertragbarkeit. So bat er zur Schilderung des Alltags im Ort Jerichow aus den »Jahrestagen« um Hilfe: »Hier könnte mir geholfen werden durch jemand, der diese fiktive Kleinstadt Jerichow besucht, indem er für zwei Tage in eine wirkliche Kleinstadt an der Küste fährt, und zwar eine beliebige . . .«. Folgerichtig nannte er Klütz »Jerichow«, das nahe gelegene Boltenhagen verschmolz mit Heiligendamm zu »Rande«, Grevesmühlen und Güstrow wurden zu »Gneez« oder »Wendisch-Burg«, andere Orte wie Wismar oder Malchow blieben unverschlüsselt. W. F. Schoeller: »Die Örtlichkeit ist in den Textangaben kaum versteckt, eher durchgepaust.«

Der Klützer Winkel, die Stadt Güstrow mit dem Insel-See, die Müritz bei Waren, Malchow und Röbel – das sind die Schwerpunkte auf der imaginären Landkarte Johnsons, ergänzt durch weitere, dem Autor biographisch vertraute Orte. Hinzu kommen die Städte auch als Stätten politischen Handelns, die KZs, Internierungslager, Hinrichtungsstätten und Gefängnisse (wie Fünfeichen bei Neubrandenburg oder Bützow), ein Ort des Schreckens wie Poel bei Grevesmühlen, wo 1945 die »Arcona« mit Tausenden KZ-Häftlingen unterging. Ebenso bedacht sind Mecklenburgs Stätten der Erinnerung und Sehnsucht, so in den »Jahrestagen«: ». . . auf dem Kamm des Heidberges, wo ein Abhang sich öffnet, güstrower Kindern wohlbekannt als Schlittenbahn, auch dem Auge freien Weg öffnend über die Insel im See und das hinter dem Wasser sanft ansteigende Land, besetzt mit sparsamen Kulissen aus Bäumen und Dächern, leuchtend, da die Sonne gerade düstere Regenwolken hat verdrängen können; welch Anblick mir möge gegenwärtig sein in der Stunde meines . . . Sterbens.«

Bei literarischen Erkundungen auf den Spuren Uwe Johnsons begleiten am genauesten P. Nöldechens »Bilderbuch von Johnsons Jerichow und Umgebung. Spurensuche im Mecklenburg der Cresspahls« (1991) und W. Geisthövels Reportage »Reisen in Uwe Johnsons Mecklenburg« (2001), dazu das Heft 10/92 der Zs. »du« (Uwe Johnson. Jahrestage in Mecklenburg), E. Fahlke »Die Katze Erinnerung. U. J. Eine Chronik in Briefen und Bildern« (1994, der Autor warnt allerdings vor der Suche nach »literarischen Abziehbildern in der mecklenburgischen Provinz«), sowie das Sonderheft »Risse«, Zs. für Literatur in Mecklenburg und Vorpommern 1/99. Eher literaturwissenschaftlich angelegt: B. W. Seilers »Von Wendisch-Burg nach Jerichow. Uwe Johnsons imaginäre Topographie« (in: »Wirkendes Wort« 1/88).

S Anklamer **Museum** im Steintor, **Pommernbibliothek**, Nachlässe, Dokumente zu C. A. Cothenius, dem Leibarzt Friedrichs des Großen, zu J. Ch. Adelung und dem Astronomen G. F. W. Spörer. Gedenktafel Bluthluster Straße 3 für R. Petershagen (→ Greifswald/MV).

Wolgast

Eingangstor zur Insel Usedom. **Thomas Kantzow** (→ Stralsund/MV) führte um 1525 die Reformation in W. durch und suchte 1538 am Strand das sagenhafte **Vineta** (→ Usedom/MV). 1545 war **Bartholomäus Sastrow** (→ Greifswald/MV) hier Kanzlei-Notar. – In der Petrikirche der **Wolgaster Totentanz** aus Sinnsprüchen und Bildtafeln um 1700. – 1785-92 leitete

Ludwig Gotthard T. Kosegarten (→ Grevesmühlen/MV) als Rektor die Stadtschule (Kirchplatz 2), hier übersetzte er S. Richardsons R. »Clarissa«; als Pädagoge beobachtete K. auch die Entwicklung des Schriftstellers **Karl Lappe** (→ Stralsund/MV) und des Reeder-Sohnes **Philipp Otto Runge**, der 1777 in W. geboren wurde (gest. 1810 → Hamburg). An den Maler und Dichter, der die Märchen »Von dem Fischer un syne Frau« und »Von dem Machandelboom« aufschrieb (1805 und 12 von den Brüdern Grimm → Hanau/HE veröffentlicht, von U. Johnson und 1987 von W. Koeppen → Greifswald/MV neu übertragen), erinnert ein Museum im Geburtshaus in der Kronwiekstraße 45, in dem sich 1805 auch **Ernst Moritz Arndt** (→ Rügen/MV) aufhielt. »Runge-Klub« und W.er Literaturkreis fördern das Gedenken an den Frühromantiker, der 1801 an **Goethe** (→ Frankfurt a. M./HE) schrieb: »Meine Vaterstadt ist Wolgast in Schwedisch-Pommern, mein Vater ist Kaufmann, der vorzüglich viel Schiffe baut.« Beim W.-Besuch 1806/7 wohnte Runge in der Burgstraße 7. – ». . . bleib bewundernd stehen«: Romanaut. (1995) von **Gerhard Dallmann**, von **Renate Krüger** »Aus Morgen und Abend der Tag« (1977).

Arnolt Bronnen (→ Berlin) erinnert sich an das Jahr 1898: »Die kleine Stadt an der Peene, wo ich zum Bewußtsein erwacht war: Das würdig-bescheidene großväterliche Haus mit der breiten Veranda, von wo aus man auf die Insel Usedom sah . . . Zweimal täglich war bimmelnd und pfeifend der Bummelzug in das entlegene Städtchen gekommen . . .« (»Deutschland – kein Wintermärchen«, 1956; Erinnerungen auch in: »Arnolt Bronnen gibt zu Protokoll«, 1954). – Von 1931 bis 45 verbrachte hier **Herbert Nachbar** (→ Greifswald/MV) seine Kindheit »in der Gegend der St.-Petrikirche, der schönen stolzen Kirche mit der abgefressenen Turmspitze.« – Neue Wege geht der Künstler Th. Radeloff in der »Kunst- und Kulturscheune« in **Katzow** nahe W.

R In Anklams Umfeld recherchierte **Friedrich Wolf** (→ Neuwied/RP) für sein Stück »Bürgermeister Anna« (1949). In **Lassan** trat **Johann J. Spalding** (→ Grimmen/Tribsees/MV) 1749 sein Pastorat an, ehe er nach Barth (→ Grimmen/MV) wechselte. Das Landgut **Stolpe** an der Peene bot **Fritz Reuter** 1856 ein »Sommervergnügen«, er spekulierte in der »Urgeschicht« über einen »unnerirdschen Gang unner den Peen dörch« zu den Klosterruinen des Ortes.

Aus **Neuenkirchen** bei Greifswald stammt **Alwine Wuthenow** (1820-1908), deren Mann Ferdinand mit F. Reuter auf der Festung Silberberg einsaß (später wurde W. Bürgermeister von **Gützkow**); Reuter gab Alwines Gedichte u. d. T. »En por Blomen ut Annmariek Schulten ehren Goren« (1858, n. 2005) heraus. – In **Dargezin** lebte von 1945 bis zu seinem Tod 1950 der Kinder- und Jugendbuchautor **Max Lindow** (»Försterliesel«, 1937). – In **Karin Strucks** (geb. 14. 5. 1947 **Schlagtow** südlich Greifswald, gest. 6. 2. 2006 München, Grab ebd.) Prosa »Klassenliebe« (R. 1973) und »Die Mutter« (R. 1975) finden sich autobiographische Bezüge zu ihrem Geburtsort. – In **Christoph Heins** Roman »Willenbrock« (2000) wird die gleichnamige Hauptfigur in ihrem Landhaus überfallen, es liegt bei **Bugewitz**, »nur wenige hundert Meter von den hoch aufragenden Überresten der alten Karniner Brücke …. Das Hebewerk ragte als rostender düsterer Koloss in den Himmel über dem platten Land.«

Z Demmin, Greifswald, Pasewalk, Usedom, Neubrandenburg, Friedland (MV).

ANNABERG-BUCHHOLZ/SN

Erzgebirgsmuseum, Adam-Ries-Museum, dort auch Erinnerungen an Barbara Uttmann (1514-75), Begründerin der Spitzenklöppelei. Bei den Silbergruben am Schreckenberg der »Frohnauer Hammer«, techn. Denkmal des Erzgebirges. – Eduard-von-Winterstein-Theater (Erzgebirgische Theater- und Orchestergesellschaft).

Adam Ries (auch **Riese**), * 1492 → Staffelstein/BY, † 30. 3. 1559 A., Rechenmeister und Verf. bis ins 17. Jh. aufgelegter Rechenbücher (→ Erfurt/TH). Seit 1523 in A. – Wohnhaus: Johannisgasse 23 (A.-R.-Museum); Denkmal (1893), Köselitzplatz.

Christian Lehmann, * 11. 11. 1611 Königswalde bei A., † 11. 12. 1688 Scheibenberg bei A., Chronist. L.s »Historischer Schauplatz derer natürlichen Merckwürdigkeiten in dem Meißnischen Ober-Ertzgebirge« (1699, Ndr. 1999) ist eine wichtige Quelle zur Kulturgesch. des Erzgebirges. In L.s »Berg-Lieder-Büchlein« (1678) das Steiger-Lied. Erster Verf. von Texten in erzgebirg. Mundart (»Episteln«, um 1680). – Grabmal an der Johanneskirche in Scheibenberg.

Gottfried Arnold (Ps. **Christophorus Irenaeus**), * 5. 9. 1666 A., † 30. 5. 1714 → Perleberg/BB, Theologe und Lieddichter (»Göttliche Liebes-Funcken«, 1698). Große Wirkung der »Unparteyischen Kirchen- und Ketzer-Historie« (1699/1700, Ndr. 1967), in der A. zu individueller Frömmigkeit aufruft.

Johann Andreas Cramer, * 27. 1. 1723 Jöhstadt bei A., † 12. 6. 1788 Kiel, Theologe und Lieddichter. Sohn von K. F. Cramer (→ Quedlinburg/ST). Prof. in Kiel. Befreundet mit Ch. F. Gellert (→ Mittweida/Hainichen/SN), dessen Biographie (1774) er schrieb. Mit.-Hrsg. der »Bremer Beiträge« (→ Leipzig/SN). – Gedenktafel an der Kirche von Jöhstedt.

Christian Felix Weiße, * 26. 1. 1726 A., † 16. 12. 1804 → Leipzig/SN, Dramatiker und Kinderbuchautor. Hat das Theater des 18. Jh.s mitgeprägt, wenn sich auch keines von W.s Stücken halten konnte. Die Tragödie »Die Befreiung von Theben« (1764) ist das erste dt. Drama in 5-hebigen Jamben. Erfolgreich auch als Kinderbuchautor (»Neues ABC-Buch«, 1772) und Hrsg. der Zs. »Der Kinderfreund« (1775-82).

Johanne Amalie von Elterlein, * 27. 10. 1784 A., † 20. 11. 1865 Schwarzenberg (→ Aue/SN), populäre Dichterin des Westerzgebirges, von der das »Heilig-Obnd-Lied« (1844) lebendig geblieben ist.

Heinrich Köselitz (Ps. **Peter Gast**), * 10. 1. 1854 A., † 15. 8. 1918 ebd., Komponist und Hrsg. Studium in Basel bei F. Nietzsche (→ Weißenfels/Röcken/ST), dessen Freund K. wurde und den er am Ende pflegte. Miteinrichter des Nietzsche-Archivs (→ Weimar/TH). Verf. von Texten in erzgebirg. Mundart. – Geburtshaus: Köselitzplatz 1.

Arthur Schramm, * 30. 5. 1895 A., † 19. 5. 1994 ebd., Heimatdichter (»Annaberg – 500 Jahr', hurra, ein Fünftel davon mein Teil war«, 1992). Sch.s unfreiwilliger Humor wurde schon in die Nähe des Dadaismus gerückt: »Der Kumpel aus dem Stollen kriecht,/Hurra, der Sozialismus siegt!« – Wohnung: Kleinrückerswalder Straße 11.

Max Walter Schulz, * 31. 10. 1921 Scheibenberg bei A., † 15. 11. 1991 Berlin, Erzähler und Essayist. Lehrer. Studium am Leipziger Literaturinstitut, 1964-82 dessen Direktor. 69-90 Vizepräsident des DDR-Schriftstellerverbandes. 83-90 Chefredakteur der Zs. »Sinn und Form«. – W.: Wir sind nicht Staub im Wind (R. 1962), Triptychon mit sieben Brücken (R. 1974); Pinocchio und kein Ende. Notizen zur Literatur (1978).

A Aus A. stammt der Philologe **Gregorius Bersmanus** (1538-1611/→ Zerbst/ST). – Das A.er Theater wurde 1893 mit Goethes »Egmont« eröffnet, in der Titelrolle **Eduard von Winterstein** (1871-1961/»Memoiren«, 1. Bd., 1942).

L Der Volkssage nach fand Bergmann Daniel Knappe im Traum einen reichen Silbergang. Dargestellt auf dem A.er Bergaltar. Die Bezeichnung Bergknappe geht auf diese Sagengestalt zurück. – Der A.er Pfarrer **Wolfgang Uhle** (1520-94) hinterließ aut. Aufzeichnungen (Hrsg. G. Busch u. d. T. »Der Pestpfarrer von Annaberg«, 1954). – Der in A. 1530 geborene Späthumanist **Michael Barth** (→ Leipzig/SN) schrieb ein lat. Lobgedicht (»Annaberga libri tres«, 1557). – Volkstüml. Ausdruck fand der A.er Erzreichtum in den Bergreihen, den Liedern der Bergleute. So in dem mit A. verbundenen Lied »Ich hab durchwandert Städt' und Land« (1545) und in der A.er Liebesballade »Wär ich ein wilder Falke« (1547). – Aus Cranzahl bei A. stammt **Augustus Metzler** (1654-1713), der Gründer des berühmten Stuttgarter Verlages. – Aus neuerer Zeit sei **Max Grohmann** (1861-1925), »Das Obererzgebirge und seine Hauptstadt Annaberg in Sage und Geschichte« (1903), genannt. – Und im nahen **Scheibenberg** (im Roman Reiffenberg) lässt **M. W. Schulz** einige Kap. seines vielgelesenen Erstlings »Wir sind nicht Staub im Wind« (1962) spielen.

Ehrenfriedersdorf

Tobias Clausnitzer, * 5. 2. 1619 Thum bei E., † 7. 5. 1684 Weiden/Oberpfalz, Liederdichter (»Wir glauben all an einen Gott«, 1668). Als Feldprediger im schwed. Heer schrieb C. einen »Friedenstraum des meißnischen Zions« (1645).

L Wie **Ch. Lehmann** mitteilt, wurde 1508 in einem Stollen am Sauberg ein junger Bergmann, seine Braut zurücklassend, verschüttet und seine Leiche, in Vitriol getränkt, erst Jahrzehnte später gefunden. Niemand kannte ihn mehr, nur eine alte Frau, die sich als seine Braut erwies. Dichter wie **Johann Peter Hebel**

(→ Lörrach/BW/»Unverhofftes Wiedersehen«, 1811) und **E. T. A. Hoffmann** (→ Berlin/»Die Bergwerke zu Falun«, 1819) griffen das Thema auf. Neuerdings in der Anekdote »Aufgeschobene Heimkehr. Wie von Hebel« (2004) auch **Volker Braun**, doch in Umkehrung der Geschichte.

Oberwiesenthal

David Fassmann (Ps. **Pithander von der Quelle**), * 20. 9. 1683 O., † 14. 6. 1744 Lichtenstadt/Böhmen, Verf. der häufig plagiierten »Gespräche in dem Reiche derer Todten ...« (1718-39). Publizist in Leipzig, schließlich »Zeitungsreferent«. **Anton Günther**, * 5. 6. 1876 Gottesgab/Böhmen, † 29. 4. 1937 ebd., bedeutendster erzgebirg. Heimatdichter. Nach Wanderschaft seit 1902 wieder in seinem heute tschech. Heimatort. Verkehrte im Gasthof »Neues Haus«. Als Volkssänger (»Erzgebirgisches Liederbuch«, 1906; »Vergaß dei Hamit net. Lieder aus dem Erzgebirge«, 1912; »D'r Tolerhans-Toni«, En. 1919) war G. im ganzen Erzgebirge zu Hause. – Geschichten (Hrsg. G. Heilfurth, 1937). – Erinnerungen in Schneiders Gasthof in **Tellerhäuser** westl. von O.; A.-G.-Chor in Seiffen (→ Marienberg/Olbernhau/SN).

Z Aue, Marienberg, Stollberg (SN). Jenseits der Grenze in Tschechien: Bozi Dar/Gottesgab (A. Günther), Jachymow/Joachimsthal (J. Agricola, J. Mathesius), Zatec/Saaz (Johannes von Tepl).

ANSBACH/BY

»Ansbach ist ein schöner, lieblicher Ort, die Gegend ist reizend, das Klima ist sehr mild und äußerst gesund, das Land fruchtbar und sehr wohlfeil. Sie werden glauben, in Preußen zu leben, aber in einem südlichen Preußen.« (Anselm von Feuerbach, 1817)

Staatl. Bibliothek im Schloss. – Markgrafen-Museum. – Kammerspiele A. – A.er Rokoko-Festspiele (Anfang Juli); Intern. Bachwoche A. (alle 2 Jahre im Sommer). – Leselust (Lesereihe im Frühjahr für Autoren mit fränk. Bezug; alle 2 Jahre August Graf von Platen Literaturpreis), Les Art (Festival im Herbst für intern. deutschsprachige Autoren).

Albrecht von Eyb, * 24. 8. 1420 Schloss Sommersdorf/A., † 24. 7. 1475 → Eichstätt/BY, frühhumanist. Dichter und Übersetzer. Domherr in → Bamberg/BY und Eichstätt. Bekannt durch sein »Ehebüchlein« (1472), »Spiegel der Sitten« (1511). – Teilnachlass BSB München.

Johann Peter Uz, * 3. 10. 1720 A., † 12. 5. 1796 ebd., bedeutendster dt. Anakreontiker; Freundschaft mit J. W. L. Gleim (→Aschersleben/Ermsleben/ST), verfasste Wein- und Liebeslieder, auch moral. und rel. Lehrdichtungen (»Versuch über die Kunst fröhlich zu seyn«, 1760). – Sämmtl. Poet. Werke (1772, n. 1964). – Geburts- und Sterbehaus Uzstraße 25 (Gedenktafel); Gymnasium Carolinum; Grab auf dem Johannisfriedhof; Denkmal im Hofgarten. – J. Wassermann porträtierte Uz in seiner N. »Sturreganz« (1922).

Johann Friedrich von Cronegk, * 2. 9. 1731 A., † 1. 1. 1758 Nürnberg, Dramatiker der Aufklärung. Gab mit J. P. Uz die Wochenschrift »Der Freund« heraus (1754-56). Das Märtyrerstück »Olint und Sophronia« wurde 1767 zur Eröffnung des Hamburger Nationaltheaters aufgeführt (Besprechung in G. E. Lessings »Hamburgischer Dramaturgie«). – Geburtshaus in der Karolinenstraße 29 zerstört (Gedenktafel am Neubau); Epitaph in der Gumbertuskirche.

Julius Graf von Soden, * 4. 12. 1754 A., † 13. 7. 1831 Nürnberg, Theaterschriftsteller; gründete die Theater in Bamberg und Würzburg.

Wilhelm Ludwig Wekhrlin (→ Stuttgart/

BW), radikaler Aufklärer und Reiseschriftsteller. Wegen Freimut und Aufklärergeist verfolgt, kam er 1792 nach A. (Hrsg. der »Ansbachischen Blätter«), wo er, unter Hausarrest gestellt, am 24. 11. 1792 starb.

August Graf von Platen (eig. von P.-Hallermünde), * 24. 10. 1796 A., † 5. 12. 1835 Syrakus, Lyriker von großer Formbegabung, Zeitgedichte und hist. Balladen (»Das Grab im Busento«). Seit 1806 Page und Offizier in → München/BY; ab 1819 Studium in Würzburg und → Erlangen/BY. Aus dem Dienst ausgeschieden, lebte er seit 1828 von einer kleinen Pension Ludwigs I. meist in Italien. – Sämtl. Werke, Hist.-krit. Ausg.(Hrsg. M. Koch und E. Petzet, 1910, n. 69). – Gedenktafeln Platenstraße 17 (Geburtshaus), Promenade 14; Denkmal vor dem Markgrafenschloss. – Nachlass BSB, UB Tübingen, SB Berlin, DLA Marbach, StA Erlangen.

Friedrich Wilhelm Güll, * 1. 4. 1812 A., † 23. 12. 1879 → München/BY, Pädagoge und Poet. – W.: Kinderheimat in Bildern und Liedern (1836). – Geburtshaus Martin-Luther-Platz 25 (Gedenktafel); G.-Brunnen an der Johanniskirche, mit Motiv aus »Pflaumenregen«; Bildfries an der G.-Schule.

E Kaspar Hauser, Findling, der 1828 in Nürnberg auftauchte und am 14. 12. 33 in A. von einem Unbekannten niedergestochen wurde. Galt meist als der 1812 geb. Erbprinz von Baden; trifft nach neueren DNS-Analysen nicht zu. Der Strafrechtler J. A. von Feuerbach (Wohnhaus Karolinenstraße 21; Gedenktafel am Treppenturm des Amtsgerichts, Pfarrstraße 22) nahm sich des Findlings an und sah in seinem Schicksal das »Beispiel eines Verbrechens am Seelenleben« (Aufs.). Lord Stanhope, Pflegevater ab 1831, brachte H. zur Ausbildung nach A., wo er als Schreiber arbeitete. – H. Pies, »Kaspar Hauser/Fälschungen, Falschmeldungen und Tendenzberichte« (1973). –

Ansbach: Kaspar Hauser in der Platenstraße zwei Mal: beim Auftauchen 1828 und am Attentatstag 1833 (F. Schelle, 1981)

Gedichte von P. Verlaine (1881), G. Trakl und K. Mann (1925); Romane von K. Gutzkow, »Die Söhne Pestalozzis« (1870), J. Wassermann, »Kaspar Hauser oder die Trägheit des Herzens« (1908), S. Hoechstetter, »Das Kind von Europa« (1925), und K. Röttger, »Kaspar Hausers letzte Tage oder das kurze Leben eines ganz Armen« (1933); Dramen von E. Ebermayer (1926), O. Aubry (1929), W. E. Schäfer (1931), P. Handke (1969) und D. Forte (1979); U. Struve (Hrsg.): »Der Findling Kaspar Hauser in der Literatur« (mit K. H.s Selbstbiographie von 1829, 1992); Film »Jeder für sich und Gott gegen alle« von W. Herzog (1975). – Gedenktafel am Wohn- und Sterbehaus, Pfarrstraße 18; Grab auf dem Stadtfriedhof Heiligkreuz; Denkmal am Hofgarten (an der Mordstelle); neue Plastik Platenstraße; K.-H.-Abteilung im Markgrafen-Museum; Stadtrundgang »Auf den Spuren K. H.s«.

L Lesenswerte Beschreibungen des Lebens in und um A. lieferten **Karl Ludwig Freiherr von Pöllnitz** in seinen »Memoiren« (1735) und der → Berliner Aufklärer **Friedrich Nicolai** in »Beschreibung einer Reise durch Deutschland und die Schweiz im Jahre 1781« (1783-96). – **Henriette Feuerbach** (1819-92; »Ihr Leben in ihren Briefen«, Hrsg. H. Uhde-Bernays, 1920) verfasste u. a. Biographien über Uz und Cronegk; Gedenktafel am Wohnhaus Bischof-Meiser-Straße 12; Grab auf dem Johannisfriedhof. – In der Umgebung A.s, das **Hans Scholz** (→ Berlin) »Fränkisch-Potsdam« nennt (in »Geliebte Städte«, 1967), spielen die

»Fränkischen Novellen« (1912) der **Sophie Hoechstetter** (→ Weißenburg i. Bay./Pappenheim/BY): in Schloss Triesdorf ist die N. »Die weiße Stunde« angesiedelt; in der N. »Das Schloß in Altenmuhr« (beide in der Slg. »Das Erlebnis«, 1931) ist zunächst das »Prinzenschlößchen« »auf rauher Höh« über A., dann »ein kleines Renaissanceschloß neben einem Park« (bei Ornbau) der Schauplatz. – A. literarisch noch einmal: in **Günter Eichs** (→ Frankfurt a. d. Oder/Lebus/BB) »Gesammelten Maulwürfen« (1972). **Robert Gernhardt**, »Ein Gespräch im Hotel ›Schwarzer Bock‹, Ansbach 1993«. – Rangauer Mundartdichter: **Johann Michael Assel** (»Kutscher Assel« 1832-99) und **Georg Heidingsfelder**: »Mir senn lawendi«.

Der schlesische Lyriker und Erzähler **Alfons Hayduck** (1900-72) war nach dem 2. Weltkrieg Oberlehrer in A.; Grab auf dem Waldfriedhof.

Lichtenau

Oskar Freiherr von Redwitz, * 28. 6. 1823 L., † 4. 7. 1891 → Bayreuth/BW, spätromant. Epigone. Viel diskutiert seine Versnovelle »Amaranth« (1849). – Weitere W.: Thomas Morus (Tr. 1856); Hermann Stark (R. 1869); Odilo (Ep. 1878). **R** Wilhelm Heinrich Wackenroder (→ Berlin) stattete 1793 auf dem Weg von A. nach Nürnberg auch der Kirche von **Heilsbronn** einen Besuch ab: »Ihres Reichtums an Antiquitäten wegen ist die Kirche sehr merkwürdig«: u. v. a. Mengot-Epitaph (1370), mit der Darstellung einer »Heilstreppe«, nach Bernhard von Clairvaux: »O Mensch, du hast einen sicheren Zutritt zu Gott, da die Mutter vor dem Sohne steht und der Sohn vor dem Vater.« Im Kloster schrieb 1320 ein Mönch »Das Buch von den sechs Namen des Fronleichnams«. – In **Bruckberg** verbrachte 1836-60 der Philosoph **Ludwig Feuerbach** (→ Landshut/BY) »die schönste Zeit seines Lebens«.

B K. Gasseleder, LitraTourLand Franken, 2000; A. Ballis, Literatur in Ansbach, 2001. **Z** Dinkelsbühl, Fürth, Gunzenhausen, Wolframs-Eschenbach, Nürnberg, Rothenburg o. d. T., Schwabach (BY).

APOLDA/TH

Glockenmuseum sowie Wirker- und Strickermuseum, Kunsthaus Apolda Avantgarde. Aus dem Geschlecht der Vitzthume entstammt **Dietrich von Apolda** (→ Erfurt/TH). – 1923 wurde in A. für den Kölner Dom mit der St. Petersglocke (dem »Decken Pitter«) die größte Glocke der Welt gegossen. **Friedrich Schiller** (→ Ludwigsburg/Marbach/BW) kannte die Glockengießerei und hat seine Eindrücke im »Lied von der Glocke« (1799) verarbeitet.

A **Goethe** (→ Frankfurt a. M./HE), zw. 1776-86 als Leiter der Kriegskommission oft in A., sah in dem Zentrum der Strumpfmanufakturen »ein volkreiches und nahrhaftes Städtchen«, wurde dort aber auch mit der Armut konfrontiert. Während der Arbeit an der »Iphigenie«: »Hier will das Drama gar nicht fort, es ist verflucht, der König von Tauris soll reden als wenn kein Strumpfwirker in Apolde hungerte.«

L Julius Constantin Kronfeld (1827-83), Bürgerschulrektor in A.: »Heimathskunde von Thüringen« (1861, n. 1990), »Geschichte und Beschreibung der Fabrik- und Handelsstadt Apolda und deren nächster Umgebung« (1871, n. 1997).

R Am 8. 3. 1798 bezog **Goethe** in **Oberroßla** (heute A.) ein Gut (Nachfolgebau ruinös erhalten), das **Christiane Vulpius** (→ Weimar/TH) im Falle seines Todes die Existenzgrundlage sichern sollte. G. selbst »rustizierte« dort nur 58 Tage: 1803 gab er das Gut wieder auf. – Aus **Willerstedt** stammt der Volksliedforscher **Franz Magnus Böhme** (1827-98, »Altdeutsches Liederbuch« (1877).

Bad Sulza

Saline- und Heimatmuseum. – In der Nähe des Thermalbades Nachbau des Weimarer Goetheschen Gartenhauses von 1999.

Gottfried Wilhelm Fink, * 8. 3. 1783 S., † 27. 8. 1846 Leipzig, Theologe und Musikschriftsteller; als Hrsg. des »Musikalischen Hausschatzes der Deutschen« (1844/45) lange bekannt.

A **Adele Schopenhauer** (→ Hamburg) suchte im Sommer 1840 in S. Heilung. – **Louise von François** (→ Weißenfels/ST) kam 1856 nach S. Auf die nahe Grenze Sachsen-Anhalts zu Thüringen anspielend: »Bis jetzt waren wir im Herzogtum, nun kommen wir in die Herzogtümer.«

R Aus dem Ilmdorf **Wickerstedt** stammt **Johann Bielcke** (1643-1707), einer der bedeutendsten Verleger seiner Zeit. Der von seinem Sohn Johann Felix B. in Weimar eröffnete Laden existiert als »Hoffmannsche Buch- und Kunsthandlung« noch heute.

Buttelstedt

Paul Schreckenbach, * 6. 11. 1866 Neumark bei B., † 27. 6. 1923 Klitzschen (→ Torgau/SN), Verf. vielgelesener hist. Romane (»Der böse Baron von Krosigk«, 1907).

R Südl. von B. **Großobringen,** Geburtsort des Malers Johann Josef Schmeller (1796-1841), von dem neben vielen Porträts auch das berühmte Ölbild »Goethe, seinem Sekretär diktierend« (1828) stammt. Grab auf dem Historischen Friedhof Weimar.

Mellingen

R In **Kapellendorf** hatte **Goethe** oft zu tun. 1811/12 absolvierte dort auf dem Weimarer Amtssitz (Wasserburg) Sohn August ein Praktikum, 1817 F. Schillers Sohn Ernst. – Im Gasthof (heute Wohnhaus) von **Kötschau,** auf halber Strecke zw. Kapellendorf und Jena, machte **Goethe** oft halt. Am 11. 12. 1780 schickte er Ch. von Stein (→ Weimar/TH) ein Gedicht: »Aus Kötschau's Thoren reichet euch/ein alter Hexenmeister/Konfekt und süßen roten Wein/Durch einen seiner Geister.« Am 30. 5. 99 fiel auf dem 1996 abgebrochenen Gut die Entscheidung über die Entlassung von **Johann Gottlieb Fichte** (→ Bischofswerda/Rammenau/SN) aus dem Jenaer Lehramt.

Oßmannstedt

Wielandgut/Wieland-Forschungsstätte.

Heinrich Graf von Bünau, * 2. 6. 1697 Weißenfels, † 7. 4. 1762 O., Staatsmann und Historiker. Seit 1735 Gutsherr in O. B.s Hauptwerk »Genaue und Umständliche Teutsche Kayser- und Reichsgeschichte« (4 Bde., 1728-43). – Grab in der Kirche.

August Jacob Liebeskind, * 1758 Weimar, † 12. 2. 1793 O., Verf. von Kinderlit. Hauslehrer bei Wieland, bevor ihn Herder 1787 als Pfarrer nach O. schickte. Erlangte mit der Slg. »Palmblätter. Erlesene morgenländische Erzählungen für die Jugend« (4 Bde. 1786-1800) eine beachtl. Wirkung bis hin zu H. Hesses (→ Calw/BW) Edition von 1913 (n. 1979).

Christoph Martin Wieland (→ Biberach/ BW) kaufte 1797 das Gut in O., wo er sich die Neugeburt als Dichter erhoffte. Doch das Idyll wollte sich nicht einstellen. So verkaufte W. sein »Osmantinum« 1803,

Oßmannstedt: Das Grab von Christoph Martin Wieland an der Ilm

nicht ohne sich seinen Begräbnisplatz an der Ilm zu sichern. Beisetzung dort 1813 neben Sophie Brentano und seiner Frau Dorothea. Ein dreiseitiger Obelisk mit Distichon und drei Symbolen (Schmetterling/Sophie, zwei Hände/Dorothea, geflügelte Leier/W.) hebt den Platz heraus: »Liebe und Freundschaft umschlang die verwandten Seelen im Leben,/Und ihr Sterbliches deckt dieser gemeinsame Stein.« R. Michaelis (1982): »Wenn der Tod ein Superlativ duldet: Dies ist das schönste deutsche Dichtergrab.« Auch **Arno Schmidt** (→ Hamburg) kam und war beeindruckt. – Seit 1956 Wieland-Gedenkstätte im Gut, erweitert 1983 und 2005.

A **Johann Gottfried Herder** (→ Weimar/TH) besuchte Wieland schon am 21. 5. 1797, **Goethe** am 19. 6., doch glaubte er ihn nun »in der traurigsten Gegend von der Welt«. Weitere Besucher: 98 **Jean Paul** (→ Wunsiedel/BY) und im Sommer 99 die 68-jährige **Sophie von La Roche** (→ Kaufbeuren/BY), »nach beynahe 30 Jahre gedaueter Trennung« bei ihrem Jugendfreund. Dagegen waren **Clemens Brentano** (→ Koblenz/RP) und **Sophie Mereau** (→ Altenburg/TH) im Juli nicht

gelitten. Im Mai 1800 kam Sophie Brentano, die Enkelin Sophies. Am 19. 9. 1800 starb sie in O. 1802 brachte **Ludwig Wieland** (→ Weimar/TH) aus der Schweiz den jungen **Heinrich von Kleist** (→ Frankfurt a. d. O./BB) mit. Dieser gewann das Vertrauen Wielands und arbeitete in der Mansarde am »Robert Guiscard«, den er bald verbrennen sollte.

R Ilmaufwärts Schloss **Kromsdorf** mit seinem 1666-68 angelegten Park, in dessen Mauernischen 64 Sandsteinbüsten von barocken Herrschern, Heerführern und Wissenschaftlern stehen. – **Goethe** war oft im benachbarten mächtigen Schloss von **Denstedt**, das der mit ihm befreundeten Fam. von Lyncker gehörte.

B M. Salzmann, Die Ilm von der Quelle bis zur Mündung, 1995; M. von Hintzenstern, Kirchen im Weimarer Land, 1999; K. Manger, J.Ph. Reemtsma, Wielandgut Oßmannstedt, 2005; Oßmannstädter Blätter (seit 2006).

Z Bad Berka, Dornburg, Jena, Sömmerda, Weimar (TH); Naumburg (ST).

ARNSBERG/NW

Sauerland-Museum (F. W. Grimme; Kartei sauerländ. Schriftsteller und ihrer Veröffentlichungen). – Intern. Kurzprosa-Kolloquien mit Kurzgeschichten- und Kurzprosawettbewerb alle zwei Jahre.

Johanna Baltz (Ps. **Helene Busch**), * 23. 12. 1847 A., † 31. 12. 1918 ebd., Gedichte, Novellen, auch Festspiele zu Ereignissen im Kaiserreich. – Gedenktafel am Wohn- und Sterbehaus, Jägerstraße 29 (»Alt-Arnsberg«, 1893); Grab auf dem Eichholz-Friedhof.

Felicitas Rose (eig. **Rose Felicitas Moersberger**), * 31. 7. 1862 A., † 22. 6. 1938 → Müden a. d. Örtze (Celle/NI), Erzählerin, deren einst vielgelesenen Romane im Milieu der Halligen und der Lüneburger Heide spielen. – W.: Heideschulmeister Uwe Karsten (R. 1909).

A Seit 1816 besiedelten den Sitz der Regierung für das südl. Westfalen die (dichtenden) Beamten, Amtsgerichts- und Schulräte: An den »Lehrer des Sauerlandes«, **Friedrich Adolf Sauer** (→ Iserlohn/Barge/NW) erinnert eine Gedenktafel in der A.-S.-Schule. – An der Norbertusschule werden Lehrer und Schüler des ehem. Gymnasiums geehrt: **Franz Ignatz Pieler** (1797-1863), Heimatgeschichtler aus Soest, und **Friedrich Wilhelm Grimme**, Mundartdichter aus → Assinghausen (Brilon/NW). Schüler auch der aus Soest stammende **August Disselhoff** (1829-1903), der auf dem Schlossberg, »am moos'gen Stein«, beim Abschied von A. das berühmt gewordene Wanderlied »Nun ade, du mein lieb Heimatland« schrieb (Gedenkstein an einem Baum im Park). – In der Königstraße 13 (Gedenktafel) wohnte der »Nestor der westfälischen Geschichtsschreibung«, Stadt- und Landgerichtsrat **Johann Suitbert Seibertz** (→ Brilon/NW); in der Hellefelderstraße 24 (Gedenktafel) befindet sich das Wohn- und Sterbehaus des Lokalhistorikers **Karl Féaux de Lacroix**. In der Rumbeckstraße erinnert eine Gedenktafel an den Priester **Caspar Berens** (1836-1912), seit 1870 Pfarrer in Rumbeck bei A., Verf. eines Predigtwerkes und des Romans »Luise Lateau« (1878). Der Lohgerber **Wilhelm Hasenclever** (1834-89) brachte es zum Redakteur und war im Reichstag einer der brillantesten Debattenredner der Sozialdemokratie. Schrieb aut. Skizzen und Novellen (»Erlebtes«, 1875). – Auf dem Eichholz-Friedhof die Gräber von Sauer, Pieler, Seibertz und de Lacroix; außerdem des Lyrikers und Frühgeschichtlers **Adolf Kraemer** (1887-1940) aus Berleburg, des Heimatforschers **Ferdinand Menne** (1872-1958) und von **Karl Willeke** (→ Meschede/Schmallen-

berg/NW), der bis 1956 seine letzten Lebensjahre in A. verbrachte. Auf dem Waldfriedhof das Grab von **Walter Vollmer** (→ Dortmund/NW), der am 17. 12. 1965 in A. starb. In V.s »Westfälischen Städtebildern« auch Beiträge über A. (»Porta Sauerlandica«), Balve und Neheim-Hüsten.

S Preis für Intern. Kurzprosa, **Hartwig-Kleinholz-Preis** für junge Prosa (alle zwei Jahre).

Balve

In der B.er Höhle, schon in der Eiszeit bewohnt, hat nach der Sage **Wieland der Schmied** in spe bei den Zwergen sein Handwerk erlernt. Sein Vater aber sei von herabstürzenden Felsen erschlagen worden. Der nach → Siegen (NW) fortgezogene Sohn soll dort dem Eisenschmelzen aufgeholfen haben. – **Theodor Pröpper** (1896-1979) begründete in B. in den zwanziger Jahren die Höhlenfestspiele, die seit 1984 fortgesetzt werden. P.s Grab auf dem Balver Friedhof.

L Von Arnsberg nach Balve, zur Sundwicher Höhle und zum Felsenmeer führt **Levin Schückings** (→ Meppen/NI) Vademecum im »Malerischen und romantischen Westfalen« (1841). In **Amecke** das Grab des schlesischen Mundartdichters **Robert Karger** (1841-1946).

Neheim-Hüsten

Kulturzentrum in der ehem. Villa Bremer; der Erfinder des Wolframfadens, Hugo B. (1869-1947), war auch als Schriftsteller bekannt: »Technik und Lebensgestaltung« (1941).

Victor Meyer-Eckhardt, * 22. 9. 1889 Hüsten, † 12. 9. 1952 Breyell/Niederrhein, Lyriker, schrieb später hist. und psycholog. Romane und Erzählungen. – W.: Der Bildner (G. 1921), Der Herr des Endes (R.-Tril. um Kaiser Friedrich II., 1948). – Nachlass Heine-Institut Düsseldorf.

L Über den 1904 in N.-H. geb. und 48 in Paris gest. Abbé Franz Stock, der im 2. Weltkrieg gefangenen und verurteilten französischen Widerstandskämpfern Beistand leistete: u. a. **Anton Albert** (1960), **Hanns Bücker** (1964), **Reinhold Schneider** (→ Baden-Baden/BW) in »Verhüllter Tag« (1954).

S Auf Schloss **Herdringen** Bibliothek (20 000 Bde., auch Hss. und Inkunabeln) und Archiv der Familie Fürstenberg. – Freilichtbühne.

B W. Bermich, Das Sauerland, 1975.

Z Iserlohn, Meschede, Soest, Unna (NW).

ARNSTADT/TH

Schlossmuseum im Neuen Palais mit der Puppen-Slg. »Mon plaisir«. – Theater im Schlossgarten. – 1703-07 war der junge J. S. Bach Organist in A., Ausstellung im »Haus zum Palmbaum«, Denkmal (1985) auf dem Markt.

Crotus Rubianus (eig. **Johannes Jäger**), * um 1480 Dornheim bei A., † um 1545 → Halberstadt/ST, Humanist. Bedeutend als Mitautor der »Dunkelmännerbriefe« und als Reformator Königsbergs, auch wenn sich C. danach vom Luthertum abwandte.

E. Marlitt (eig. **Eugenie John**), * 5. 12. 1825 A., † 22. 6. 1887 ebd., Romanautorin und Lyrikerin. Versuchte seit 1841 eine Karriere als Sängerin (→ Sondershausen/TH), kehrte aber 63 mittellos nach A. zurück und begann für die Zs. »Gartenlaube« zu schreiben, deren Aufl. mit jedem Abdruck eines ihrer Werke stieg. M. wurde mit ihren spannenden, in der Figurenzeichnung eher klischeehaften, doch durchaus zeitkrit. Büchern eine der erfolgreichsten Autorinnen des 19. Jh.s. – W.: Goldelse (R. 1866), Das Heideprinzeßchen (R. 1871), Im Hause des Kommerzienrates (R. 1876), Maienblütenhauch. Die Gedichte (Hrsg. C. Hobohm, 1994); Ich kann nicht lachen, wenn ich weinen möchte. Die bisher unveröffentlichten Briefe

Arnstadt: Der Gasthof »Güldener Greif«, Schauplatz des Marlitt-Romans »Das Geheimnis der alten Mamsell«. Heute fehlt der fachwerkene Aufbau. Links im Bild, das Haus mit den Arkaden, Geburtshaus der Marlitt

(Hrsg. C. Hobohm, 1996). – Geburtshaus: »Unter der Galerie« Markt 12 (Gedenktafel und ein nach M. benanntes Café); Wohnung: 1863-68 Ritterstraße 11, 1868-71 Plauesche Straße 12, dann »Villa Marlittsheim«, Marlittstraße 9; Denkmal (1913, 51 zerstört, 92 rekonstruiert) auf dem Alten Friedhof, dort auch Grab. – IG Marlitt.

Willibald Alexis (→ Berlin) übersiedelte 1858 endgültig nach A., wo er schon seit 53 die Sommer verbracht hatte. Dem polit. Enttäuschten wurde A. Rückzugs- und Fluchtort. Nach Schlaganfall 11-jähriges Siechtum. Für das neugegründete Solbad warb A. mit dem Feuilleton »Arnstadt. Ein Bild aus Thüringen« (1851); schon im Lustspiel »Der Salzdirektor« (1849) A.-Bezüge. – Wohnung: Haus Lindeneck, Alexisweg 2 (Gedenktafel); Grab auf dem Alten Friedhof.; Granitfindling mit Bronzerelief im Stadtpark.

A **Ludwig Bechstein** (→ Meiningen/TH) war 1818-22 in A. Lehrling, 22-24 Gehilfe in der Kühnschen Apotheke, Markt 12, und begann dort seine lit. Laufbahn mit den »Thüringischen Volksmährchen« (1823). – Unter den Kurgästen nach

Eröffnung der Saline Arnshall 1851: **Fanny Lewald** (→ Dresden/SN). – Am 20. 8. 1862 lernte **Fritz Reuter** (→Demmin/Stavenhagen/MV) in A. den alten **Jacob Grimm** (→Hanau/HE) kennen und freute sich, dass dieser seinen »Schnurr-Murr« im Reisegepäck hatte. – Nach 1930 war **Atz vom Rhyn** (→Remscheid/NW) öfter in A. In dieser Zeit entstand sein Buch »Grün-Weiß. Sommer- und Winterwanderungen durch Thüringen und den Harz« (1937).

L Johann Christoph Olearius (1666-1747), Sohn des Liederdichters (»Geistliche Singe-Lust«, 1697) und Dienstvorgesetzten J. S. Bachs **Johann Gottfried Olearius** (1635-1711), schrieb eine »Historia Arnstadiensis« (1701, n.1998). – **Johann Friedrich Treiber** (1644-1716), Rektor des Lyzeums, ist vermutl. der Verf. der »Arnstädter Bieroper« (1705). – Über die Fam. Bach in A.: **Karl Söhle** (→ Dresden/SN), »Sebastian Bach in Arnstadt« (R. 1902); **Hjalmar Kutzleb** (→ Gotha/TH), »Die Söhne der Weißgerberin« (R. 1925); **Martin Stade**, »Der junge Bach« (E. 1985). – In **Bechsteins** Erzählung »Meister Wolfram und seine Türme« ist die A.er Liebfrauenkirche zu erkennen. – Einige Bücher der **Marlitt** haben A. zum Schauplatz. Ausgangspunkt ihres Romans, »Das Geheimnis der alten Mamsell« (1867) ist der Rathaussaal, Handlungsorte der ehem. Gasthof »Zum Löwen«, Unterm Markt 1, und das Haus »Zum güldenen Greifen« am Markt, wo der Mord stattfand. Das Grab Frau von Linskys findet sich auf dem Alten Friedhof. Die Schierholzsche Porzellanmanufaktur, das »Haus zum Palmbaum« Markt 3, ist Schauplatz der »Frau mit den Karfunkelsteinen« (1884). Die Liebfrauenkirche und ihre geheimnisvollen unterirdischen Gänge liefern den Hintergrund für die Novelle »Die zwölf Apostel« (1865).

R Westl. von A. bei **Holzhausen** die Veste Wachsenburg, die Wassenburg in **Gustav Freytags** (→ Gotha/TH) Roman-Zyklus »Die Ahnen«. Zur um den Aufbau eines Museums bemühten »Wachsenburggemeinde« gehörten **August Trinius** (→ Waltershausen/TH), **Luise Gerbing** (→ Waltershausen/TH) und **Atz vom Rhyn**. – Südl. von Arnstadt das idyllische **Dornheim** mit der Bartholomäuskirche, in der J. S. Bach am 17. 10. 1707 heiratete. Nahbei wird in einem Lit.-Kabinett an **Crotus Rubianus** erinnert. **Johann Gottfried Gregorii** (→ Sondershausen/Toba/TH) war Pfarrer in D. und starb dort 1770. – Richtung Erfurt **Ichtershausen**: Dorthin wurde **Wilhelm Hey** (→ Gotha/Leina/TH) 1832 als Superintendent berufen, und dort starb er 54. Pfarrhaus (Gedenktafel), Denkmal (1948) vor der Kirche.

B J. Wolff, Arnstadt und die Drei Gleichen, in: Literatur-Reisen. Thüringer Wald, 1991; R. Stangenberger, Einblicke in die Geschichte des Arnstädter Theaters und seines Publikums (1842-1949), 1997; C. Hobohm, Das literarische Arnstadt, 1997; W. Lerch, Johann Jäger. Vom Ziegenhirten zum Rektor, 2005.
Z Bad Berka, Erfurt, Gotha, Ilmenau, Ohrdruf (TH).

ARTERN/TH

Johannes Seusse (auch **Seuss, Seiss,** lat. **Janus Seusius**), * 8. 6. 1566 A., † Frühjahr 1631 Dresden, Humanist und Mäzen. Zu seinen lit. Freunden: F. Taubmann (→ Wittenberg/ST) und C. Dornau (→ Pößneck/Ranis/TH).
A Die Saline in A. leitete Heinrich Ulrich Erasmus von Hardenberg, Vater von **Novalis** (→ Hettstedt/Oberwiederstedt/ST), der sich von November 1799 bis April/ Mai 1800 in A. aufhielt, dort Salinen-Assessor wurde und mit der Niederschrift des Romans »Heinrich von Ofterdingen« begann. Wohnung: Salinehaus (1964 abgebrochen), heute Stadion.
Goethes Ahnen. Mit der Unstrutstadt ist

der Name des Dichters ganz ursprünglich verbunden. Zwar wusste G., dass seine Vorfahren väterlicherseits aus Nordthüringen stammten, seine eigenen Nachforschungen blieben jedoch erfolglos. So war ihm nicht bekannt, dass sein Urgroßvater Hans Christian Göthe (1633-94) als Hofschmied, Zunftmeister und Ratsdeputierter in A. lebte. Dessen Ehefrau Sybille Werner war die Tochter eines Lehrers: Ihr Sohn Georg Friedrich Göthe (1657-1730) wurde Schneider und ging nach längerem Aufenthalt in Frankreich (wo sein Familienname die heutige Schreibung erfuhr) nach Frankfurt a. M. – Stammhaus der Fam.: Harzstraße 10 (Gedenktafel: »Goetheahnen beschlugen dereinst hier Pferden die Hufe,/während ihr Nachfahr durchs All prächtig das Flügelroß ritt.«) – Paul Burg, »Ahn und Enkel« (R. 1931). **R** Östl. das Rittergut **Heygendorf**, das Carl August (→ Weimar/TH) 1805 seiner Mätresse, der Schauspielerin Karoline Jagemann (1777-1848), schenkte. – Das benachbarte Gut **Kalbsrieth** gehörte 1454-1821 der Fam. von Kalb. C. A. von Kalb (1712-92) war Weimarer Kammerpräsident. Im Mai 1775 hielten sich **Christoph Martin Wieland** (→ Biberach/BW) und **Friedrich Justin Bertuch** (→ Weimar/TH) bei dem belesenen alten Kalb in K. auf, im Mai 77 **Charlotte von Stein** (→ Weimar/TH), und zw. 76-82 mehrmals auch **Goethe** (→ Frankfurt a. M./HE). – Die mit einem Kalb vermählte **Charlotte Marschalk von Ostheim** (→ Mellrichstadt/Waltershausen/BY) lebte abwechselnd in Weimar, Waltershausen und K. **Jean Paul** (→ Wunsiedel/BY) war 96 Gast der »großen Seele« in K. (darüber U. Naumann, »Charlotte von Kalb. Eine Lebensgeschichte«, 1985). – 1821 ersteigerte L. von Wolzogen das Gut. Seine Enkel verbrachten einen Teil ihrer Kindheit in K. **Ernst von Wolzogen** (→ Mün-

chen/BY) und **Hans von Wolzogen** (→ Bayreuth/BY) haben darüber geschrieben (»Wie ich mich ums Leben brachte«, Aut. 1923; »Lebensbilder«, 1923). Kalbsches Fam.-Grab auf dem Friedhof. Förderverein Schloss K. – Vermutl. ist das Unstrutdorf **Ritteburg**, wo L. von Rankes Großvater ein Leben lang Pfarrer war, das alte Riade, der Ort der von Heinrich I. 933 gewonnenen Ungarnschlacht (**Widukind von Corvey**/→ Höxter/NI in der »Sachsengeschichte«: »Der König nämlich hatte sein Lager nahe dem Ort Riade aufgeschlagen«).

Heldrungen

Sethus Calvisius (eig. **Seth Kalwitz**), * 21. 2. 1556 Gorsleben bei H., † 24. 11. 1615 Leipzig, Verf. chronolog. und astronom. Werke, Komponist und Musikschriftsteller. Mit C.s »Exercitationes musicae« (1600) beginnt die europ. Musikgeschichtsschreibung.

A **Thomas Müntzer** (→ Sangerhausen/Stolberg/ST) wurde 1525 auf die Wasserburg von H. verbracht und hier gefoltert. Erinnerungen in der M.-Gedenkstätte der Burg. Denkmal vor deren Nordflügel.

R Westl. von H. an einem Engpass der Unstrut **Sachsenburg**, die alte »Porta Thuringia«. Sage vom »Thüringer Meer«, aus dem die Unstrut einst hier aufgestaut war. – Als Carl Friedrich Zöllner (1800-60) das nahe **Oldisleben** besuchte, soll er am Wehr der Unstrutmühle Weineck die berühmte Melodie zu dem Lied »Das Wandern ist des Müllers Lust« von **Wilhelm Müller** (→ Dessau/ST) gefunden haben.

Wiehe

Leopold von Ranke, * 21. 12. 1795 W., † 23. 5. 1886 → Berlin, bekanntester Historiker seiner Zeit, wegen seines glänzenden Stils vielgelesen. Sein Ziel »Ich will nur zeigen, wie es wirklich war« widersprach dem Entwicklungsgedanken der Hegelianer. 1825-71 Prof. an der Berliner Universität. – W.: Die römischen Päpste (3 Bde., 1834-36); Deutsche Geschichte im Zeitalter der Reformation (5 Bde., 1839-43); Sämtl. Werke (54 Bde., 1867-90). – Geburtshaus: L.-von-Ranke-Straße 46 (Gedenktafel); Büste (1896) auf dem Markt (»Der einzige in der Stadt, der immer lächelt«); R.-Stein auf der Höhe über der Unstrut; R.-Museum 1906-45 (Bestand seit 52 verschollen), seit 94 im Rathaus. – R.-Verein.

R Das Zisterzienserinnenkloster von **Donndorf** wurde 1561 in eine Erziehungsanstalt umgewandelt. Schulgebäude von 1706. Schüler u. a. **Karl Christian Friedrich Krause** (→ Eisenberg/TH) und **Ranke** (»Wir genossen die Natur, aber studierten sie nicht«). – Auch im nahen Kloster **Roßleben** wurde 1554 ein bis heute bestehendes Gymnasium eingerichtet; Schüler dort: **Josua Stegmann** (→ Meiningen/TH) und **Moritz August von Thümmel** (→ Coburg/TH). Über Ort und damalige Goetheschule **Rainer Kirsch**, »Ansicht Roßleben/Unstrut«, in: »Kopien nach Originalen« (Ess. 1974).

Z Bad Frankenhausen, Sömmerda (TH); Naumburg, Querfurt, Sangerhausen (ST).

ASCHAFFENBURG/BY

»Aschaffenburg, du steile Hand im Mittagland, an Hügel gelehnt. Du Zickzackgassengewirr, bergauf, bergab. Eine hohe, mystische Sonne steht immer über dir im Zenit.« (Ludwig Meidner, 1918) Schloss und Garten Schönbusch; Schlossmuseum der Stadt im Schloss Johannisburg.

Johann Jakob Wilhelm Heinse (→ Langewiesen/TH) starb am 22. 6. 1803 in A. – Grab (mit Gedenktafel) auf dem Altstadtfriedhof; Erinnerungsstücke im Schlossmuseum.

Clemens Brentano (→ Koblenz/RP) starb am 28. 7. 1842 in A. im Haus seines Bruders Christian (→ Frankfurt a. M./HE), der ihn als Todkranken zu sich geholt hatte. – Beider Grab auf dem Altstadtfriedhof (dort auch beigesetzt der Philosoph **Franz Brentano**, 1838-1917, und der Nationalökonom **Lujo Brentano**, 1844-1931); B.-Haus (Ecke Kleine Metzger-/Webergasse) im Krieg zerstört, Neubau; Totenmaske und Büste im Schlossmuseum, auch Erstausg., Bilder und Möbel.

Julius Maria Becker, * 19. 3. 1887 A., † 26. 7. 1949 ebd., expressionist. Lyriker: »Das letzte Gericht« (1919), »Der Brückengeist« (1929), »Warenhauskomödie« (1930). – Grab auf dem Waldfriedhof. – Nachlass Stadt- u. Stiftsarchiv A.

A **Helmina von Chézy** (→ Berlin) lebte nach 1810 zeitw. in A. in der Umgebung des Fürstprimas Karl Theodor von Dalberg (→ Worms/RP). Ihr Singspiel »Emma und Eginhardt« (mit der zum Volkslied gewordenen Arie »Ach, wie ist's möglich dann ...«) hatte 1811 im Stadttheater Premiere. – Ende Januar 1814 kam **Zacharias Werner** (→ Berlin) in das kath. Priesterseminar in A. und wurde am 16. Juli zum Priester geweiht.

L Eine genaue Schilderung A.s, seiner Gebäude aus der Kurmainzer Zeit und der Mainlandschaft gab **Ludwig Braunfels** (1810-85) in »Die Mainufer und ihre nächste Umgebung« (1847). Ebenso begeistert ist die Beschreibung in **Karl Immermanns** (→ Düsseldorf/NW) »Fränkische Reise« (1837). Von lokalem Interesse noch heute: »Durch und um Aschaffenburg« (2 Bde., 1878) von **Maximilian Beilhack** (1835-85). – »Die Beweinung« von M. Grünewald in der Stiftskirche steht im Mittelpunkt von **Leo Weismantels** (→ Karlstadt/Obersinn/BY) Roman »Die höllische Trinität« (1941). – Von Promenaden im Park von Schönbusch erzählen **August von Platen** (→ Ansbach/BY) und **Max Dauthendey** (→ Würzburg/BY). Der Park (und A.) ist Schauplatz der Erzählung »Der Hirte im Schönen Busch« (1942) von **Ruth Schaumann** (→ München/BY). A. und der nördl. Spessart werden auch in »Stolz« (R. 1999) und dem Journal »Das Drehbuch der Liebe« (2004) des Schweizers **Paul Nizon** erwähnt. – Mundart: »Ascheberger Sprüch'« von **Gustav Trockenbrodt** (1869-1904).

S Hofbibliothek und Stiftsbibliothek: rd. 118 000 Bde., 144 Hss. (Fuldaer Lektionar, 970), 163 Inkunabeln (42zeilige Gutenbergbibel, 1455/56). – Stadt- u. Stiftsarchiv: **Landeskundl. Bibliothek für Spessart und Untermain**: rd. 70 000 Bde.

R Spessart: »Zum Beschauen für das Volk« empfahl **Bernhard Wörner** (1828-72) aus **Hessenthal** (Mespelbrunn-H.) seine hist. Erzählungen. »Alte Geschichten aus dem Spessart« erzählte auch der ev. Pfarrer und Volksschriftsteller **Karl Heinrich Caspari** (1815-61) aus **Eschau** im Elsavatal. Im »Wald der Spechte« 1796 handelt **Levin Schückings** (→ Meppen/NI) E. »Der Kampf im Spessart« (1870). – »Mancher furchtsame Krämer, der nach der Frankfurter Messe zieht, mag den Spessart auch heute noch fürchten und sich wie jener Nürnberger mit dem Stoßgebet stärken ›Mein Gott! du hast mir aus der Mutterleibe geholfen, du wirst

mir auch aus dem Spessart helfen.‹« So **Karl Julius Weber** (→ Langenburg/BW) in »Deutschland oder Briefe eines in Deutschland reisenden Deutschen« (1826-28). Das hist. »Wirtshaus im Spessart« bei **Rohrbrunn** (Weibersbrunn-R.), bekannt geworden durch das Märchen (1828) von **Wilhelm Hauff** (→ Stuttgart/BW), ist beim Autobahnbau 1959 abgerissen worden. Die alte Posthalterei in **Hessenthal** firmiert jetzt als das »legendäre Wirtshaus«.

Für lit. Wanderungen bieten sich viele Möglichkeiten, voran die romant. Märchen »Gockel, Hinkel und Gackeleia« (1838) von **Clemens Brentano** und »Die Wunder im Spessart« (in »Münchhausen«, 1839) von **Karl Immermann**. **Kurt Tucholsky** (→ Berlin) verbrachte mit seinen Freunden Jakopp und Karlchen in **Lichtenau** im Hafenlohrtal zwischen Heigenbrücken und Mespelbrunn im Sommer 1927 einige Tage im »Gasthaus zum Hochspessart«, das er ebenso wie die Landschaft in der E. »Das Wirtshaus im Spessart« (1927) überschwänglich lobt (»Lit. Kulturweg« durch das Hafenlohrtal von **Rothenbuch/Weibersbrunn** nach **Hafenlohr**). Südöstlich von Lichtenau liegt der Weiler **Einsiedel**. Eingeweihte halten dafür, dass H. J. Ch. **Grimmelshausens** (→ Gelnhausen/HE) »Simplicissimus« hier zu seinem »Einsiedel« fand. **Hans Traxler** teilt in »Die Wahrheit über Hänsel und Gretel« (1963) so glaubhaft »märchenhafte Enthüllungen um das Hexenhaus im Spessart« mit, dass der Verlag durch ein Gerichtsurteil gezwungen wurde, den Untertitel »Eine glaubwürdige Parodie« einzufügen. – Für **Lohr**, das »Tor zum Spessart« (im Stadtteil Sendelbach Schulmuseum), ging **Karl Heinz Bartels** der Frage »War Schneewittchen eine Lohrerin?« nach: »Schneewittchen. Zur Fabulologie des Spessarts« (1990); Schneewittchen-Wanderweg (von Lohr nach Bieber).

B F. Schaub, Das Wirtshaus im Spessart. Wahrheit und Legende, 1975; Ch. Hinze und U. Diederichs (Hrsg.), Der Spessart, in: Fränkische Sagen, 1980; G. Krischker, Das Wirtshaus im Spessart. Auf den Spuren Kurt Tucholskys, 1996.
Z Gelnhausen, Hanau, Offenbach a. M., Seligenstadt (HE); Miltenberg (BY).

ASCHERSLEBEN/ST

Heimatmuseum im ehem. Haus der Freimaurerloge »Zu den drei Kleeblättern« am Markt.

Adam Olearius (eig. **A. Ölschläger**), * 24. 9. 1603 A., † 22. 2. 1671 Schloss Gottorf/ Schleswig, Reiseschriftsteller. Lernte 1630 P. Fleming (→ Zwickau/Hartenstein/ SN) kennen, mit dem er eine Gesandtschaftsreise nach Russland (1633-35) und Persien (1635-39) machte. Mit der »Vermehrten Beschreibung der muscowitischen und persischen Reise« (1647-56) wurde O. Begründer der wiss. dt. Reisebeschreibung.

Wilhelm Körte, * 24. 3. 1776 A., † 28. 1. 1846 Halberstadt, Literarhistoriker. Sein Wirken ist eng an das Werk seines Großonkels J. W. L. Gleim gebunden. Bedeutend K.s Werk-Ausgabe E. Ch. von Kleists (→ Frankfurt a. d. O./BB) und die Brief-Editionen aus dem Nachlass Gleims (1804-06).

A **Thomas Müntzer** (→ Sangerhausen/ Stolberg/ST) gestand 1525 auf der Folter, dass er zu A., »collabrator gewest«. Welcher Art die Verschwörung war, ist nicht bekannt, doch muss M. um 1512 Lehrer am Stephaneum gewesen sein. – Schüler an der angesehenen Ratsschule: u. a. **Michael Sachs** (→ Gotha/Wechmar/TH), **Johann Arndt** (→ Köthen/ST) und **A. Olearius**. – **Gottfried August Bürger** (→

Hettstedt/Molmerswende/ST), der bis dahin nur Dorfschulen besucht hatte, kam 1759 zu seinem Großvater, »Hofesherr« im A.er St.-Elisabeth-Hospital, und trat in das Stephaneum ein, wurde aber wegen eines Spottgedichts auf den Rektor schon 60 relegiert. Noch zweimal holte der Großvater den Enkel nach A. zurück: In den Wintern 63/64 und 67/68, weil sich B. auf der Universität Halle nicht fügte. – Aus A. stammt **Johann David Hartmann** (1761-1801), der in der Manier Gleims dichtete (»Komische Erzählungen in Versen«, 1785). – Von 1772 bis zu seinem Tod war der Pädagoge (»Über Verfinsterung und Aufklärung«, 1791) **Christoph Friedrich Sangerhausen** (1740-1802) Prediger in A. und Rektor des Stephaneums.

Carl August (→Weimar/TH) stand 1787-94 in preuß. Diensten und befehligte das in A. stationierte 6. preuß. Kürassierregiment. Zweimal im Jahr war der Herzog für mehrere Wochen in A. und residierte dort im Kommandeurhaus links hinter dem Rathaus. Im Herbst 1789 kam **Goethe** (→ Frankfurt a. M./TH) nach A., um die »prächtigen Schauspiele eines Manövers« zu sehen. 1792 gehörte G. als »Kriegsberichterstatter« regelmäßig zum abendl. Kreis der »alte(n) Kriegs- und Garnisons-Kameraden«, als man von A. aus zur »Campagne in Frankreich« ausrückte. – 1794-1802 war **Friedrich de la Motte Fouqué** (→Brandenburg/BB) in diesem Regiment Kornett. Bei einem Ritt durch das Einetal soll ihm die Idee zu seiner »Undine« (1811) gekommen sein. Wohnung: Über den Steinen 5a. – **Frank Thieß** (→ Darmstadt/ HE) legte am Stephaneum 1910 das Abitur ab. Über seine Zeit als A.er Gymnasiast: »Das Tor zur Welt« (R. 1926) und »Irrungen der Jugend« (Aut. 1963).
R Im Barockschloss (heute Pflegeheim) von **Hoym** lebte 1855-63, »wie im Innern

eines Zauberberges«, der verwirrte letzte Herzog von Anhalt-Bernburg, Alexander Karl, um den sich **Wilhelm von Kügelgen** (→ Quedlinburg/Ballenstedt/ST) aufopfernd kümmerte und hier an seinen »Jugenderinnerungen eines alten Mannes« (1870) schrieb. – 1955, als im DDR-Schriftstellerverband um das Typische in der Lit. gestritten wurde, geriet das Braunkohlenwerk **Nachterstedt** in die Schlagzeilen, dessen Arbeiter sich im Auftrag der Partei »leidenschaftliche und verantwortungsbewußte Helden« wünschten. **Stefan Heym** (→ Chemnitz/SN) hob in seiner Antwort die Widersprüche hervor und wies jede Schönfärberei von sich. – An der Kirche des Kanonissenstifts **Frose** war **Th. Müntzer** 1515/16 Propst. Zu seinen Pflichten gehörte auch die Leitung der dem Stift angeschlossenen Knabenschule. Gedenktafel an der Kirche; Ausstellung. – Südl. von Aschersleben **Westdorf**, wo **Caspar Abel** (→ Stendal/ST) von 1718 bis zu seinem Tod 63 Pfarrer war und seine wichtigsten und z. T. heute noch genutzten histor. Arbeiten verfasste: »Teutsche und Sächsische Alterthümer« (2 Bde., 1720-30); »Stiffts- Stadt- und Land-Chronick des jetzigen Fürstenthums Halberstadt« (1754).

Ermsleben

Johann Wilhelm Ludwig Gleim, * 2. 4. 1719 E., † 18. 2. 1803 → Halberstadt/ST, wirkungsreicher Lyriker, auch Nachdichter. Verließ mit 10 Jahren E., um eine weiterführende Schule zu besuchen. – W.: Versuch in scherzhaften Liedern, 1744/45; Preußische Kriegslieder in den Feldzügen 1756 und 1757 von einem Grenadier, 1758. Sämtl. Werke (Hrsg. W. Körte, Bde. 1-7 1811-13, Bd. 8 1841; Ndr. 1970), Ausgew. Werke (Hrsg. W. Hettche 2003). – Geburtshaus vermutl. Weberstraße 7,

zwei Gedenktafeln irrtümlich am Haus Thomas-Müntzer-Straße 2. An der Südwestecke des Friedhofs stark verwittertes Grabmal für die 1735 verstorbenen Eltern G.s.

Werner Sombart, * 19. 1. 1863 E., † 18. 5. 1941 Berlin, Nationalökonom und Soziologe in der Nachfolge von M. Weber (→ Erfurt/TH). S.s Werk »Sozialismus und soziale Bewegung im 19. Jahrhundert« (1896) wurde in 24 Sprachen übersetzt. Später entwickelte sich S. zum Vordenker der »konservativen Revolution« (»Der moderne Kapitalismus«, 6 Bde., 1916-27).

ℝ Auf dem Weg in den Harz liegt **Meisdorf**, das ebenso wie die selkeaufwärts gelegene **Burg Falkenstein** den Herren von Asseburg gehörte. **Friedrich Gottlieb Klopstock** (→ Quedlinburg/ST) hielt sich im August 1763 im Wendenburgischen Edelhof (bei der Kirche) auf, was ihm viel Vergnügen bereitete, »weil das Landleben, die Jagd und die übrige Bewegung meiner Gesundheit zuträglich ist« (am 12. 8. an Gleim). Auf seinen Wanderungen kam K. auch zur Burg, in deren Nähe noch heute die »Klopstockklippen« bekannt sind, auf denen der Dichter, so die örtl. Überlieferung, den »Messias« konzipiert hat. Auch **W. von Kügelgen** war Gast im 1787 erbauten neuen Asseburgischen Schloss, so 1842, als er zus. mit **Ludwig Richter** (→ Dresden/SN) auch die nahe Burg besuchte. Dort R.s Gemälde »Bernhardine von der Asseburg mit ihren beiden Söhnen« (1833). Einiges spricht dafür, dass der Falkenstein mit **Eike von Repgow** (→ Köthen/ST) in Verbindung zu bringen ist. Denn im Auftrag des Grafen Hoyer II. zeichnete E. nach 1220 das bis dahin nur mündlich überlieferte sächs. Gewohnheitsrecht im »Sachsenspiegel« auf: »Nun danket all gemene / deme van Valkenstene, / De greve Hoier is genant, / dat an du-

Ermsleben: Blick zur Burg Falkenstein, möglicher Aufenthaltsort Eikes von Repgow

disch is gewant / Dit buk dorch seine bede / Eike van Repchowe is dede.« Im Burgmuseum Erinnerungen an E., vor dem Eingang zur Burg Gedenkstein.

L Die Volkssage von der »Pfarrerstochter zu Pansfelde« und einem Kindsmord hat ein sozialkrit. Umfeld, das **G. A. Bürger**, der seinen Großvater in **Pansfelde** oft besuchte und vom lockeren Lebenswandel August Friedrichs II. von der Asseburg-Falkenstein gehört hatte, ins Zentrum seiner Meister-Ballade »Des Pfarrers Tochter zu Taubenheim« (1780) rückt.

Staßfurt

Otto IV. (→ Brandenburg/BB) wurde 1278 bei der Belagerung von St. von einem Pfeil am Kopf getroffen und ließ diesen ein Jahr lang in der Wunde, daher der Beiname des Minnesängers. – In **Groß Börnecke**, nordöstl. von St., besuchte **J. W. L. Gleim** 1729-35 eine Schule, auf der ihm ein Magister Latein, Griechisch und Hebräisch beibrachte.

Z Bernburg, Hettstedt, Oschersleben, Quedlinburg, Schönebeck (ST).

AUE/SN

Museum der Stadt. – Aus A. stammt der Buchdrucker Melchior Lotter (vor 1470-1549).

Siegfried Sieber, *27.3.1885 Oschatz, †18.7.1977 A., erzgebirg. Volkserzähler (»Kleine Stadt im Sturm«, 1943) und Heimatforscher (»Das Erzgebirge«, 1930). Seit 1913 Lehrer in A. – Nachlass im Museum.
R Nördwestl. von A. **Bad Schlema.** Im »Kulturhaus Aktivist« (heute Museum zum Uranbergbau), Bergstraße 22, wurde 1959 das erste Arbeitertheater der DDR mit dem Agitationsstück »Der Weg zum Wir« von **Martin Viertel** eröffnet. Von V. auch der in den Anfangsjahren des Uranbergbaus hier spielende Roman »St. Urban« (1968). – In **Zschorlau** war 1955 bis zu seinem Tod **Karl Hans Pollmer** (1911-80) Pfarrer, Verf. von Mundartdichtungen (»Berglegende«, 1977), dessen hochdt. »Lied von der Amsel« R. Mauersberger vertonte.

Schneeberg

Museum für bergmännische Volkskunst. – Nach Silberfund 1471 ein »Berggeschrey«, das Bergleute aus ganz Dtl. anzog. – Aus Sch. stammt der Leipziger Musikverleger Gottfried Christoph Härtel (1768-1827).

Ambrosius Lobwasser, *4.4.1515 Sch., †17.11.1585 Königsberg, Liederdichter. L.s »Hugenottenpsalter« (1573) war lange das Gesangbuch der dt. Calvinisten.
A Die Ratslateinschule brachte Sch. im 16. Jh. in den Ruf einer Schulstadt: Rektor war 1533-37 **Johann Rivius d. Ä.** (→ Meißen/SN), unter den Schülern neben **A. Lobwasser** und **P. Albinus** auch der 1514 in Sch. geborene **Andreas Musculus** (→ Frankfurt a. d. O./BB). – **Goethe** (→ Frankfurt a. M./HE) besuchte 1785 und 86 jeweils von Karlsbad aus Sch., um

den Bergbau zu studieren. Wohnung: Markt (Gedenktafel). Als **Charlotte von Stein** (→ Weimar/TH) am 14. 8. 1786 Karlsbad verließ, begleitete G. sie bis Sch.: »Du sollst immer bei mir sein . . .«, gab er ihr mit auf den Weg, als er nach Böhmen zurückfuhr – und schon bald weiter nach Italien! – August Herder (→ Freiberg/SN) war 1802-04 Bergamtsassessor in Sch., wo ihn sein Vater **Johann Gottfried Herder** (→ Weimar/TH), auf dem Weg nach Eger, im Juli 1803 besuchte. Platz am Gleesberg »Herders Ruhe«. 1803/04 lebte Caroline H. bei ihrem Sohn in Sch. Wohnung: Georgenplatz 4.

L Eine »Historia Schneebergensis revata« (1716) schrieb der Pfarrer **Christian Meltzer** (1655-1733), der in seinem Buch »Vom Ertzgebürgischen Silber-Bergwerck« (1680) erstmals den bergmännischen Gruß »Glück Auff!« verwendete. – Von den zahlreichen Sch.er Mundartdichtern seien genannt: **Christian Röder** (1827-1900), Verf. von in der Hutzenstube erzählten Schnorken (»Ne Ward sei Sängerraas nach Hamburg«, 1884), und **Edwin Bauersachs** (1893-1948), »Lieder aus der Haamit« (1938). – In der Wolfgangskirche spielt **Kurt Arnold Findeisens** (→ Zwickau/SN) Ballade »Der kleine Melchior und das Weihnachtskind« (1926).

Schwarzenberg

Museum Schloss Schwarzenberg.

Johann Hermann Schein, * 20. 1. 1586 Grünhain bei Sch., †19. 11. 1630 → Leipzig/SN, bedeutender Komponist und Verf. von mehr als 100 Liedtexten. Sch.s »Venus-Kräntzlein« (1609) ist die einflussreichste Lieder-Slg. der Zeit. – Sämtl. Werke (Hrsg. A. Prüfer 1901-23, n. A. Adrio 1963 ff.). **Christian Gottlob Klemm**, * 12. 11. 1736 Sch., † 26. 1. 1802 Wien, Dramatiker.

Gab mit seinen Lustspielen (»Der auf den Parnaß versetzte grüne Hut«, 1767) dem Wiener Volkstheater (»Hanswurststreit«) Impulse. **Christian Gottlieb Wild**, * 25. 12. 1785 Johanngeorgenstadt bei Sch., † 24. 3. 1839 Breitenbrunn bei Sch., Mundartdichter und Reiseschriftsteller. Wurde mit »Interessante(n) Wanderungen durch das Sächsische Ober-Erzgebirge« (1809) berühmt. W.s sozialkrit. »Vermischte Gedichte« (1815) sind der Beginn der erzgebirg. Mundartdichtung.

A 1865 starb in Sch. **Johanne Amalie von Elterlein** (→ Annaberg-Buchholz/SN). Gedenktafel am Sterbehaus Obere Schloßstraße 10. – Nach Entlassung aus dem Zwickauer Gefängnis hielt sich **Karl May** (→ Glauchau/Hohenstein-Ernstthal/SN) 1869 in Sch. und im benachbarten **Raschau** auf. Dort ist er zwei Amerikanern begegnet, die ihm von den USA erzählten.

L Sch. war im Mai/Juni 1945 weder von Amerikanern noch Russen besetzt. **Stefan Heym** (→ Chemnitz/SN) erfand in seinem Roman »Schwarzenberg« (1986) eine »Freie Republik« und einen eigenen dt. Weg zum Soz. **Volker Braun** hielt in seiner Erzählung »Das unbesetzte Gebiet« (2004) dagegen: »Die herrschaftslose Zeit . . . endete nach zweiundvierzig Tagen mit dem Einzug der Roten Armee und der gewollten Unterwerfung.« In »Der berüchtigte Christian Sporn« (E. 2004) spürt **Braun** erzgebirg. Vorfahren in Sch. auf.

R Im nahen **Lauter** wirkte der »Lauterer Gevatter« **Albert Schädlich** (1883-1933). – In **Bockau** lebte **Michael Bauer** (1662-1745), einer der wenigen Bergleute, die als Verf. von »Bergreihen« namhaft wurden. – Unweit **Erlabrunn**, wo der unter dem Namen **Schwammelob** bekannt gewordene Mundartdichter **Herbert Stoll** (1905-62) lebte. – Westl. von Sch. **Wasch-**

leithe, Geburtsort des Mundarterzählers **Fritz Körner** (1873-1930), der das Lukas-Ev. ins »Erzgebirgische« übertrug. – Nahebei **Grünhain.** Im Zisterzienserkloster wurde 1455 der »Prinzenräuber« Kunz von Kaufungen (→Altenburg/TH) gefangen gehalten. Das in der Gegend entstandene Spottlied nahm J. G. Herder in seine Slg. »Stimmen der Völker in Liedern« als »ein zum Bewundern treues Gemälde der Sprache, Denk- und Sehart einer Provinz« auf. – An der Grenze zu Tschechien das von böhm. Einwanderern 1645 gegründete **Johanngeorgenstadt** mit seinen Erzgruben. **Goethe** fuhr am 18. 8. 1785 in ein J.er Bergwerk ein. Aus J. stammt **Max-August Schreyer** (1845-1922), der Verf. des vielgesungenen Liedes vom »Vuglbärboam« (um 1887).

Z Annaberg-Buchholz, Chemnitz, Plauen, Zwickau (SN). Jenseits der Grenze in Tschechien: Karlovy Vary/Karlsbad (Goethe, K. Marx, Th. Fontane, L. Fürnberg).

AUGSBURG/BY

»Stehend an meinem Schreibpult / Sehe ich durchs Fenster im Garten den Holderstrauch / Und erkenne darin etwas Rotes und Schwarzes / Und erinnere mich plötzlich des Holders / Meiner Kindheit in Augsburg. Mehrere Minuten erwäg ich / Ganz ernsthaft, ob ich zum Tisch gehen soll / Meine Brille holen, um wieder / Die schwarzen Beeren an den roten Zweiglein zu sehen.« (Bertolt Brecht, Gedichte 1947-56)

Universität A. – Schaezler-Palais (Deutsche Barockgalerie; Zugang zur Bay. Staatsgalerie); Maximilian-Museum (Slgg. zur Stadt- und Kulturgeschichte); Fuggerei-Museum, Jüdisches Kulturmuseum (Synagoge), Mozart-Gedenkstätte (A.er Mozartsommer). – Theater A.; Kresslesmühle (Kleinkunst; »A.er Kabarett Tage«); A.er Puppenkiste; Freilichtbühne am Roten Tor (Juli/August).

Gerhard von Augsburg, Dompropst, verfasste die erste aus Schwaben erhaltene (lat.) Vita des hl. Ulrich kurz nach dessen Tod (973). – Von **Albert von Augsburg,** Benediktiner, stammt eine mhd. Lebensbeschreibung des Heiligen in Reimpaaren (um 1200).

Ulrich von Winterstetten, urkdl. 1241-80, einer der letzten großen Vertreter des Minnesangs, Mitglied des spätstauf. Dichterkreises. Seit 1258 Kanonikus, 80 Domherr in A.

Liederbuch der Clara Hätzlerin (1430-76), eine im Auftrag eines Augsburger Patriziers entstandene Sammelhs. von Gesellschafts-, Minne- und geistl. Liedern sowie didakt. Sprüchen verschiedener Autoren.

Conrad Peutinger, * 15. 10. 1465 A., † 28. 12. 1547 ebd., Humanist und Diplomat. Vertrauensmann Maximilians I. 1497-1534 Stadtschreiber, Hrsg. von Dokumenten zur Geschichte A.s. Schrieb lat. »Tischgespräche« und Briefe sowie das »Kaiserbuch«, eine Biographienslg. römischer Kaiser (um 1509). – Wohnhaus P.-Straße 11; Porträt in der Dt. Barockgalerie. – Nachlass SStB A.

Sixt Birck (Ps. **Xystus Betulius** oder **Betulejus**), * 24. 2. 1501 A., † 19. 6. 1554 ebd., Verfasser von dt. Reformationsdramen und lat. Schuldramen, die gerne volkstüml. Spiel- und Burleskszenen verwenden. Studium in Erfurt und Tübingen. Seit 1523 in Basel, 36 Rektor in A. – W.: Susanna (Dr. 1532), Judith (Dr. 1532), Wider die Abgötterei (Tr. 1535).

Meistersinger: Unter den Ersten der Weber **Jörg Preining** (Breuning/um 1450 – nach 1504).

Leonhard Sebastian Wild, gest. nach 1583, Autor »Schöner Comedien und Tragedien zwölff« (1566). Seine »Passion« (1566) ist mit einem anonymen Spiel aus St. Ulrich und Afra in dem ältesten bekannten Oberammergauer Passionsspieltext erhalten. Als berühmtester der 262 bekannten Meistersinger A.s gilt der Notar **Johann Spreng** (1524-1601); er hinterließ 306 Lieder und war u.a. der erste dt. Übersetzer von Homers »Ilias« (1610).

Jakob Pontanus (eig. Spanmüller), * 1542 Brüx/Böhmen, † 25.11.1626 A., Jesuitendramatiker und einer der grundlegenden Theoretiker der Barockdramaturgie. Nach Studien in Prag und → Dillingen a.d. Donau/BY seit 1581 Lehrer am Jesuitenkolleg St. Salvator in A.

Markus Welser, * 10.6.1558 A., † 23.6.1614 ebd., Ratsherr und Stadtpfleger, Humanist und Geschichtsschreiber, Verleger. Die dt. Übersetzung seiner »Chronica« wurde zus. mit den Annalen des Arztes **Achilles Pirmin Gasser** (1505-77) zu einer Gesamtchronik von A. vereinigt (1595/96 in Frankfurt a.M. gedruckt).

Jeremias Drexel, * 15.8.1581 A., † 19.4.1638 München, Jesuit und Hofprediger in München (1615). Nach Schulzeit und Studium in A. und Ingolstadt »Lehrer der Wolredenheit« in Dillingen a.d. Donau. Seine 29 lat. Traktate, meist von J. Meichel eingedeutscht, waren in vielen Auflagen und Übersetzungen in ganz Europa verbreitet. – Briefe BSB.

Paul von Stetten, * 24.8.1731 A., † 11.2.1808 ebd., Stadtpfleger: »Geschichte der adeligen Geschlechter der freien Reichsstadt Augsburg« (1762). – W.: Briefe eines Frauenzimmers aus dem XV. Jahrhundert (1777).

Christoph von Schmid (→ Dinkelsbühl/BY) wurde 1827 als Domkapitular nach A. berufen. Am 3.9.1854 starb er hier an der Cholera. – Wohnhaus Karmelitergasse 2 (Gedenktafel); Kath. Friedhof, Hermannstraße, Gedenktafel an der Kirche.

Ludwig Curtius, * 13.12.1874 A., † 10.4.1954 Rom, Archäologe, Historiker. Nach Jahren in Erlangen, Freiburg i. Br. und Heidelberg seit 1928 Direktor des Dt. Archäolog. Instituts in Rom; 1937 aus dem »Dienst des Deutschen Reiches« entlassen, was ihn mit Stolz erfüllte. – Lebenserinnerungen »Deutsche und antike Welt« (1950).

Richard Euringer, * 4.4.1891 A., † 29.8.1953 → Essen/NW, betätigte sich in allen lit. Sparten zwischen bibl. Drama, Roman, Lyrik und Hörspiel. In jungen Jahren Soldat und Flieger; in den zwanziger Jahren Mitglied der NSDAP. Zur Belohnung 1933 Bibliotheksdirektor in Essen, 35 Reichskultursenator. – W.: Fliegerschule 4 (R. 1929); Deutsche Passion 1933 (Dr. 1933); Der Zug durch die Wüste (R. 1938); Die Sargbreite Leben (Aut. 1952). – Grab auf dem Kath. Friedhof, Hermannstraße.

Bertolt Brecht, * 10.2.1898 A., † 14.8.1956 → Berlin. Das »schwarze Schaf der Stadt der Fugger, Welser und Diesels« (A.s Lokalchronist H. Seybold). Während der Schulzeit erste Veröffentlichungen, u.a. in der Schülerzs. »Die Ernte« (Nachdr. 1997). Seit 1917 Studium in → München/BY. 1922 UA von »Trommeln in der Nacht« an den Münchner Kammerspielen; Kleistpreis. Seit 1924 in Berlin. 1933 Emigration nach Svendborg (Dänemark); 40 Flucht nach Kalifornien. Ende 1947 Rückkehr nach Europa (Zürich). Seit 1948 wieder in Berlin, Gründung des »Berliner Ensembles«. – W.: Baal (Dr. 1922); Hauspostille (G. 1927); Dreigroschenoper (1928); Mutter Courage und ihre Kinder (Dr. 1941); Leben des Galilei (Dr. 1943); Furcht und Elend des Dritten Reiches (Szz. 1945). Werke. Große komm. Berliner und Frankfurter Ausg. (Hrsg. W. Hecht, J. Knopf, W. Mittenzwei, K.-D. Müller, 1988-2000). – Geburtshaus Auf dem Rain 7 (Gedenkstätte); Elternhaus Nr. 2 neben »Bei den sieben Kindeln« (Gedenktafel), Elternhaus Nr. 3 B.-B.-Straße

Der junge Brecht in Augsburg (1916)

(ehem. Bleichstraße 2/Mansarde/Gedenktafel); B.-B.-Shop (»Dreigroschenhefte«). – Auf die Stadt A. verweisen Gedichte und Balladen, die »Augsburger Kriegsbriefe«, später u. a. die E. »Der Augsburger Kreidekreis« (1949). – Auch B.s Freundeskreis spielt in den Gedichten eine Rolle, u. a. der Bühnenbildner Caspar Neher (= Cas), Georg Pfanzelt (= Orge). – Nachlass Akademie der Künste Berlin; B.-B.-Forschungs- und Gedenkstätte der SStB A. – J. Hillesheim, »Augsburger Brecht-Lexikon« (2000).

Erhart Kästner, * 13. 3. 1904 Schweinfurt, † 3. 2. 1974 → Staufen (Mühlheim/BW). Kindheit in A., Studium in Freiburg, Kiel, Leipzig. 1927 Bibliothekar in Dresden, 36-37 Sekretär bei G. Hauptmann (→ Berlin). Soldat in Griechenland und Kreta (»Das Schreiben die einzige kleine Insel der Ordnung«), Kriegsgefangenschaft in Ägypten (»Jedermann braucht etwas Wüste«). Direktor der Herzog August Bibliothek → Wolfenbüttel/NI 1950-68. – W.:

Reiseberichte: Griechenland (1942, u. d. T. »Ölberge, Weinberge« 53); Zeltbuch von Tumilad (Erinn. 1949, n. 74). – A. u. R. Kästner (Hrsg.), »Erhart Kästner. Leben und Werk in Daten und Bildern«, 1994.

Wolfgang Bächler, * 22. 3. 1925 A., † 24. 5. 2007 → München/BY. Th. Mann bescheinigte ihm »echte Lebensinbrunst«, er habe »viel von der Qual und Zerrüttung der Zeit« in seinen Versen eingefangen. Gründungsmitglied der »Gruppe 47«. Lebte ein Jahrzehnt in Frankreich, die letzten 40 Jahre v. a. in München. – W.: Die Zisterne (G. 1950); Traumprotokolle (1972); Einer, der auszog, sich köpfen zu lassen (R. 1990). – Nachlass LA Monacensia.

E **Agnes Bernauer**, angebl. Tochter eines Baders, war die Geliebte Albrechts III. von Bayern. Dessen Vater, Herzog Ernst, hintertrieb die heiml. Ehe, ließ die Bernauerin 1435 in Straubing gefangen setzen und stellte sie vor ein Gericht. Sie wurde verurteilt und in der Donau ertränkt. – Der hist. Fall wird berichtet in den »Annales Hirsaugienses« von J. Trithemius (1509). Ch. Hoffmann v. Hoffmannswaldau erzählte die Geschichte in seinen »Helden-Briefen« (1664) u. d. T. »Herzog Ungenand und Agnes Bernim«; P. v. Stetten gab sie in Form einer Rittergeschichte wieder (1767); dramatisiert erstmals durch J. A. v. Törring (1780). Im 19. Jh. versuchten sich M. Meyr, F.-C. Honkamp, C. Th. v. Traitteur und J. Körner an dem Stoff. Aber erst durch F. Hebbel fand das »Deutsche Trauerspiel« (1855) eine künstler. Form. M. Greif veröffentlichte 1894 die Tragödie »Agnes Bernauer, der Engel von Augsburg«. Auch O. Ludwig beschäftigte sich viele Jahre mit dem Stoff, ebenso später A. Miegel. Das Musiktheater sah schon 1833 A. Bernauer als »Große Oper« (Text: A. Lewald, Musik: K. A. Krebs); C. Orff machte daraus ein Volksstück (»Die Bernauerin«, 1947), F. X. Kroetz ein »großes Stück für eine große Bühne« (»Agnes Bernauer«, 1977).

A **Ulrich von Hutten** (→ Schlüchtern/
Vollmerz/HE), der eine Zeitlang im Dien-
ste Maximilians I. stand, wurde am 12. Juli
1517 in A. vom Kaiser mit dem Dichterlor-
beer gekrönt. – Vom 7. bis 20. Oktober
1518 fand in A. das berühmte Streitge-
spräch zwischen **Martin Luther** (→ Eisle-
ben/TH) und Cajetan statt; L. wohnte im
Kloster der Karmeliter bei St. Anna (Ge-
denktafel Südfassade der St. Anna-Kirche;
Lutherstiege: Dokumentation »Luther in
A.«); »Dahinab«-Lücke in der Stadtmauer
(Flucht), Gallusplatz 9a; Confessio-Weg
durch das ev. A. – Zunächst als Schüler
des J. Pontanus, später auch als Lehrer
(1600-02) wirkte der Jesuiten-Dramati-
ker **Jakob Bidermann** (→ Ehingen/BW)

Die beiden Ulrichskirchen, Symbol für das kon-
fessionelle Miteinander des »Augsburger Religi-
onsfriedens« (1555)

am Gymnasium. **Narziss Rauner**
(1631-1704), Rektor bei St. Anna und Poe-
ta laureatus (»Davidische Jesus-Psalter«),
stand den Pietisten nahe. – 1774 begann
der aus Württemberg ausgewiesene
Ch. F. D. Schubart (→ Schwäbisch Hall/
Obersontheim/BW) in A. mit der Heraus-
gabe seiner »Deutschen Chronik«; als er
sich gegen die ortsansässigen Jesuiten
wandte, wurde er aus der Stadt verwiesen.
– »Der Wohlgeruch der Freyheit«: **Goethe**
(→ Frankfurt a. M./HE), auf der Durch-
reise nach Venedig, wo er die Großherzo-
gin Anna Amalia abholte, im März und
auf der Rückreise im Juni 1790 (Logis in
den »Drei Mohren«), gefiel die »prächtige
Reichsstadt«. – Cottas »Allgemeine Zei-
tung«, die seit 1810 in A. gedruckt wurde,
zog eine ganze Reihe von Schriftstellern
und Redakteuren hierher, so in den 1840er
Jahren **Franz von Dingelstedt** (→ Mar-
burg/Halsdorf/HE) und, 1851-54, **Wil-
helm Heinrich Riehl** (→ Wiesbaden/
HE), N. »Die Lehrjahre eines Humanis-
ten«. – »Das alte, stille Provinzstädtchen
von Anno 1869« war für den »Stadtstuden-
ten« **Ludwig Ganghofer** (→ Kaufbeuren/
BY) »eine Riesenstadt . . . eine Verwirrung

und ein Rausch«. **Thomas Mann** (→ Lü-
beck/SH) hatte seinen ersten großen Auf-
tritt in A. im April 1920 bei einer Lesung
im Börsensaal. Berichterstatter für die
Zt. »Der Volkswille« **Bertolt Brecht**. –
Hermann Hesse (→ Calw/BW) kam
auf seiner »Nürnberger Reise« (1925) zu
einer Dichterlesung nach A.: auf die Stadt
selbst »war ich vorbereitet durch die Erin-
nerungen an Arnims Kronenwächter«.

L **Abraham Schädlin** (1556-1626): »Lob
Spruch der Stat Augspurg«. – Sage von »Attila
und der Hexe«; Ballade von **Hermann Lingg**
(→ Lindau/BY) »Auf dem Lechfelde« (Ungarn-
schlacht 955). – **Achim von Arnims** (→ Ber-
lin) unvollendeter Roman »Die Kronenwäch-
ter« spielt in einem märchenhaften A. des
16. Jh.s. Schon vor Arnim siedelte **Novalis**
(→ Hettstedt/Oberwiederstedt/ST) einen Teil
seines Romans »Heinrich von Ofterdingen«
hier an. – Ein realist. Bild gab **Johann Kaspar
Riesbeck** (→ Frankfurt/Höchst/HE) in sei-
nen »Briefen eines reisenden Franzosen über
Deutschland« (1783). – Romane und Erzäh-
lungen: **Peter Dörfler** (→ Kaufbeuren/Un-
ter-Germaringen/BY) »Die Papstfahrt durch
Schwaben« (1923), **Wilhelm von Scholz** (→
Berlin) »Perpetua« (1926), **Alfred Neumann**
(→München/BY) »Narrenspiegel« (1932), **Ar-**

thur Maximilian Miller (→ Mindelheim/BY) »Burkhard Zink, der Augsburger Chronist« (1947), **Eva Demski** »Afra« (1992), **Frieder Faist** »Schattenspiele« (1984). – Mundart u. a. **Wilhelm Wörle** (1886-1959): »Biera ond Zelta« (1977), »D'Welt ischt voller Melodeia« (1979); **Wolfgang Magg**, »Augschburgr B. B. und seine Lyrik« (1998).

S Universitätsbibliothek: rd. 2 000 000 Bde., rd. 1500 Hss., 1267 Inkunabeln; Oettingen-Wallersteinsche B.; B. Päd. Stift Cassianeum, Donauwörth. – **Staats- und Stadtbibliothek:** rd. 474 470 Bde., 3762 Hss. und Autographen, 2798 Inkunabeln, 5300 Leichenreden; Bes. Sammelgeb.: Augustana, Bay. Schwaben, Selbstmord, B. Brecht. – **Archiv für schwäb. Literatur** (Universität, Lehrstuhl für Dt. Sprachwiss.). – **Bert-Brecht-Preis der Stadt A.** (seit 1995); Literar. Arbeitskreis A.; Bert-Brecht-Kreis A. e. V. (seit 1984). – Literar. **Stadtrundgang** (mit S. Kittel); »Bert Brecht mit seinem Lampion« – Brecht in Augsburg.

R Im näheren Umkreis der Stadt: **Haunstetten** (Augsburg-H.), der Geburtsort des Religionsphilosophen **Ernst Troeltsch** (1865-1923/E.-T.-Gesellschaft seit 1981), und **Ustersbach**, wo der in München ausgebombte **Theodor Haecker** (→ Langenburg/Eberbach/BW) am 9. 4. 1945 gestorben ist (Grab auf dem Friedhof). – Im »Holzwinkel«, zu Füßen des Theklaberges, liegt **Welden**. Hier, in der Ganghofer-Straße 4 nahe der »Mucklsbruck« (Nepomuk-brücke), verbrachte **Ludwig Ganghofer** (→ Kaufbeuren/BY) seine Kindheit, bevor er nach Augsburg aufs Gymnasium kam (»Buch der Kindheit«, in: »Lebenslauf eines Optimisten«, 1909-11). Am »G.-Rundweg«, auf dem sich G. so heillos verirrt hat, findet sich jetzt eine »G.-Quelle« sowie eine »G.-Hütte«. Dauerausstellung im W.er Gasthaus »Zum Hirsch«.

B L. Wegele, Große Liebe zu Augsburg. Bekenntnisse aus zwei Jahrtausenden, 1956; H. Pörnbacher, Schwäbische Literaturgeschichte, 2002.

Z Dachau, Dillingen a. d. D., Donauwörth, Landsberg a. L., München (BY).

AURICH/NI

»Ostfriesische Landschaft« als »Kulturparlament« mit Bibliothek und Institut. – Staatsarchiv. – Ostfriesentag am 10. Mai. – Aus A. stammt Rudolf von Ihering (1812-92), Rechtsgelehrter; Gedenktafel am Nachfolgegebäude des Geburtshauses, Hafenstraße 12.

Christoph Friedrich von Derschau, * 12. 1. 1714 Königsberg, † 14. 12. 1799 Wilhelminenholz bei A. Erster preußischer Regierungspräsident (1751-85). – W.: Der adelige Freyer (Lsp. 1745), Lutheriade (Gesänge in Alexandrinern, 1760); Poetisches Andenken für meine Freunde (1772); Über Verminderung der Kriege (1782); Über Gleichheit, Freyheit und Demokratie (1799). – Grabhügel im Wäldchen des ehem. Lustschlosses Wilhelminenholz, wo D. seit 1770 lebte und bedeutende Geister um sich versammelte.

Tileman Dothias Wiarda, * 18. 10. 1746 Emden, † 7. 3. 1826 A., Geschichtsschreiber, Rechtshistoriker, Sprachforscher. 1781-1826 Sekretär, später Syndikus der »Ostfries. Landschaft«. – »Ostfries. Geschichte« (1792-98, 1817). – Wohnhaus am Markt (jetzt Neubau, Gedenktafel); Grabobelisk auf dem Friedhof.

Rudolf Christoph Eucken, * 5. 1. 1846 A., † 15. 9. 1926 → Jena/TH, Philosoph, neuidealist. Prof. in Basel, Jena, USA; Lit.-Nobelpreis 1908. – W.: Geschichte und Kritik der Grundbegriffe der Gegenwart (1878); Grundlinien einer neuen Lebensanschauung (1907); Erkennen und Leben (1912); Lebenserinnerungen (1921). – Geburtshaus Osterstraße 27 (Gedenktafel).

Luise Dornemann, * 23. 2. 1901 A., † 17. 1. 1992, Biografin, u. a. von Jenny Marx

(1954) und Clara Zetkin (1957). – W.: Alle Tage ihres Lebens. Proletarische Frauengestalten aus 2 Jahrhunderten (1981).

Greta Schoon, * 11. 7. 1909 Spetzerfehn bei A., † 7. 3. 1991 Leer, Lyrikerin, Sozialpädagogin. Ihre ersten schriftst. Arbeiten erschienen im siebten Lebensjahrzehnt: In »Kuckuckssommer« (G. 1977); und »Dat wi överleven« (G. 1983) behandelt sie – eher ungewöhnlich für die damalige plattdeutsche Literatur – ernste Themen wie Isolation und Melancholie. – Weiter »Gevelke« (M. 1986); »Die Geschichte vom runden Mann« (Kinderbuch, 1986).

L. **Georg Fabers** »Skizzen- und Reisetagebuch eines Arztes im Dreißigjährigen Krieg« (n. 1952) hieß 1632 urspr. »Gründliche und wahrhaftige Beschreibung dero Reise … Naher Aurich (in) Ostfriesland«. – **Herbert Ihering** (→ Berlin) erzählt in seinen Lebenserinnerungen »Begegnungen mit Zeit und Menschen« (1965) von seiner Jugend in A. – »Hier bün ick to Huus«, plattdt. **Ewald Christophers** (1975). – Seit 1939 in A. »to Huus« **Marie Ulfers** (1888-1960), hier auch ihr Grab. 1936 debütierte sie mit dem »Speel« der »Maria von Jever«, 1949 erschien der in **Carolinensiel** (Wittmund-C.) spielende Roman »Windiger Siel«; auch hoch- und plattdt. Gedichte und Erzählungen, Essays und Übersetzungen aus dem Holländischen. – **Johann Diekhoff** schrieb autobiogr. Texte (»En Stück Leven«, 1986, hochdeutsch 1993). Die ostfries. Landschaft spiegelt sich in den Kriminal-R. von **Peter Gerdes** wider (z. B. »Ebbe und Blut«, 1999), der in den von ihm hg. Anth. »Zum Morden in den Norden« (1999) und »Mord Kompott« (2000) Autoren wie **Jürgen Alberts**, **Frank Göhre** und **Regula Venske** um sich schart (→ Bremen, »Literarische Asservatenkammer«); von ihm auch »Der schwarzbunte Planet. Sciencefiction aus Ostfriesland« (Anth. 2000). – »Gezeitenwende«, eine Anth. ostfries. Literatur der 90er Jahre, hg. vom »Arbeitskreis ostfriesische Autorinnen und Autoren«, 2000 folgte die Anth. »Faszina-

tion See. Von Küsten, Schiffen und Unendlichkeit«.

S **Ostfriesische Landschaft**. – Landschaftsbibliothek mit **Von Derschau-Bücherei**, 7000 (urspr. 14 000) Bde.; dort auch die **Regionalsprachl. Fachstelle** zur Förderung der niederdt. Sprache; **Arbeitskreis ostfriesischer Autorinnen und Autoren**; Ostfreeske Taal – Verein für ostfriesische Sprache und Kultur. – **Ubbo-Emmius-Medaille** (seit 1965). – An die Gesellschaft »Literarische Resource zu A.« (1802-1821), die im ehem. Gasthaus zum Schwarzen Bär am Markt eine Lesestube und Bibliothek unterhielt, erinnert das **Historische Museum** (Burgstraße).

Norden

»Das grüne Tor zum Meer«: **Norden**, »als Seehafen zur Bedeutungslosigkeit abgesunken … als Landstadt von dem kleineren Aurich überschattet …, blieb abseits liegen« (**Gustav Hillard** → Lübeck/SH, 1972). Im 1264 gegründeten Dominikanerkloster entstanden 1271-1530 »Norder Annalen«. »Annales Frisiae« hinterließ der 1548 in N. geb. **Ernst Friedrich von Wicht**. Auch der Begründer der dt. Rechtsgeschichte (»De origine juris germanici«, 1643) **Hermann Conring** (→ Helmstedt/NI) stammt aus N. (Gedenktafel am Geburtshaus, Oberpastorei am Markt). »Lengen na wat« (1974) heißt eine Slg. von »Vertellsels« des Norder Autors **Christoph Wehking**, weitere Werke: »Dwarslöpers« (Sch. 1983), »De Straat torügg« (1993).

Norderney

Auf der 1398 erstmals erwähnten (»Oesterende«) Insel **Norderney** wurde ein altes Fischerdorf 1797 zum Seebad. – Illustre Gäste: **Otto von Bismarck** (→ Stendal/Schönhausen/ST; Gedenktafel Marienstraße), **Friedrich Spielhagen** (→ Magdeburg/ST); 1825 war **Heinrich Heine** (→ Düsseldorf/NW) Kurgast auf der Insel, in den Jahren 26 und 27 kam er wieder, dichtete (»meine Gedichte wachsen an …«) und lernte hier das Schwimmen. Im Zyklus »Nordsee« der Reisebilder (der erste Teil 1825 hier, weitere Teile in → Lüneburg/NI und → Hamburg, ersch. 1827) verspottet er die Insulaner. Auch das »Nordsee-Kapitel« der (Prosa-)»Reisebilder« entstand hier 1826. Heine-Denkmal am »Haus der Insel«, Gedenktafel auf der historischen »Marienhöhe« (mit falscher Datierung). 1830 besuchte **Wilhelm von Humboldt** (→ Berlin) die Insel; Reiseskizzen in **Johann Georg Kohls** »Reisen durch das weite Land« (1864, n. hrsg. G. Demarest, 1990). – 1880 und wieder 82 und 83 kam **Theodor Fontane** (→ Neuruppin/BB) von Lütetsburg, Wohnung Marienstraße 4, später 3 (Gedenktafel), wo er u. a. am »Graf Petöfy« (R. 1884) und »Fünf Schlösser« (1889) arbeitete. »Die Luft ist doch wunderbar schön; man trinkt Leben und Gesundheit« (Tagebücher, n. 1994). Auf der Rückreise besuchte Fontane mit dem Nordener Lehrer Friedrich Sundermann **Marienhafe**, das alte Störtebecker-Versteck. – 1888 war **Ernst Barlach** (→ Wedel/SH) zu Gast. – **Frank Thieß** (→ Darmstadt/HE) vermerkte 1949, nicht einmal die schönen Uferpromenaden N.s nähmen dem Meer das Geringste von seiner Ungeheuerlichkeit. **Richard Gerlach** (→ Hannover/NI) 1957: »Höher und heller als im Binnenland ist der Himmel. Glanz überstrahlt das Meer.« – »Norderney. Insel im Wind« (Textslg., Hrsg. J. Bieker, 1989).

R Ein vorgeschichtl. Grabhügel, der »**Upstalsboom**« (»boom« = bearbeiteter Baum, »upstal« = eingezäuntes Stück Land) bei **Aurich**, wurde 1833 von der »Ostfriesischen Landschaft« mit einer Steinpyramide versehen zur Erinnerung an den »Altar der friesischen Freiheit«: »Unsere Altvordern waren lange vor der Franz. Revolution die verdammtesten Demokraten«, so **Karl Julius Weber** (→ Langenburg/BW) in seinen »Briefen eines in Deutschland reisenden Deutschen« (1826-28). Essay in **Hermann Allmers**' »Marschenbuch« (→ Cuxhaven/Rechtenfleth/NI).

Ostwärts von **Norden Lütetsburg**, benannt nach dem Häuptling Lütet Manninga; der bedeutendste des Geschlechts, Unico M., nahm niederländ. Flüchtlinge auf, darunter **Philipp Marnix von St. Aldegonde**, den Dichter des Nationalliedes »Wilhelm von Nassauen«. – Aus **Dornum** stammt **Enno Hector** (1820-74), literarischer Vater des Volkshelden »Harm Düllwuttel« und Verfasser des Liedes »In Ostfreesland is't am besten« (Gedenktafel am Geburtshaus in der Schlossstraße). – Im nahen **Resterhafe** und später in **Osteel** war **David Fabricius** (geb. 1564 in Esens/Wittmund/NI) Pastor. Er wurde als Astronom bekannt, korrespondierte mit den berühmten Kollegen T. Brahe und J. Kepler, entdeckte vom Kirchturm aus einen neuen Stern und 1611 die Sonnenflecken – und sagte seinen Todestag astrologisch voraus (ein Moorbauer erschlug ihn am 7. 5. 1617); Grabstein in der Kirche, Denkmal auf dem Friedhof. – Im Chor der Kirche von **Grimersum** das Grab des Drosten **Eggerik Beninga** (1490-1562), der eine »Cronica der Freesen« niederschrieb. – Im heutigen Küstenbadeort **Greetsiel** ist **Ubbo Emmius**, Ostfrieslands bekanntester Gelehrter, geboren, er war Rektor in Norden, Leer und Groningen, wo er 1625 starb. Seine um 1592 entstandene »Rerum Frisicarum historiae decades« erschien 1616 in Leiden.

Die Insel **Juist** hat im Seebad J. ein Küstenmuseum, das v. a. auf die Slgg. der von

Martin Luserke (→ Heide/Meldorf/SH) 1925 gegr. »Schule am Meer« zurückgeht (»Hasko. Ein Wassergeusenroman«, 1935). – Auf der Insel spielen außerdem die Romane »Matthias Werner oder Die Zeitkrankheit« (1932) von **Egmont Colerus**, »Die Schule auf Woog« (1934) von **Hans Richter** und »Das Eiland der Bedrängnis« (1935, nach einer alten Pfarrchronik) von **Sophie Fastenau**. Einen Mordfall auf der Insel klärt **Jan Zweyer** in seinem Kriminalroman »Tatort Töwerland« (2001). – »Eine Insel der Treue« – so **Christine Brückner** einleitend zu ihrem Lesebuch »Juist« (2000).

B A. Lübbing, Friesische Sagen, 1928; Ch. Derschau, Literarischer Verwandtenbesuch, 1976; J.-G. König, Norderney – Porträt einer Insel (1977); M. Fleischer, Fontane auf Norderney, 1995; »Am Werfte zu Kuxhaven« – Heinrich Heine, die Nordsee und Cuxhaven, hg. Förderverein Cuxhaven 2000.
Z Emden, Leer, Norden-Norderney, Wittmund (NI); in den Niederlanden: Groningen.

BACHARACH/RP

Wernerlegende, mhd. Reimgedicht von der Ermordung eines Knaben Werner aus Oberwesel 1287 und der wundersamen Auffindung seines Leichnams. Die Deutung als jüdischer Ritualmord schon im 13. Jh. entkräftet; W. wurde bis in jüngste Zeit als Volksheiliger verehrt. Legende erhalten in einer Trierer Hs. von 1428. – Wernerkapelle, Ruine eines hochgot. Zentralbaues, in den Weinbergen oberhalb St. Peter.
Der Theologe und Frühhumanist **Winand Ort von Steeg** (1371 B.-Steeg-1453 Koblenz), von 1421-38 Pfarrer in B., betrieb die Fertigstellung der 1290 begonnenen Wernerkapelle. Er soll nach einer Überlieferung unterhalb der Mündung des

Bacharach: Wernerkapelle

»Münzbaches« als Ketzer verbrannt worden sein. – Winand-Turm im ehem. Pfarrhof.
A Als 6-Jähriger kam 1804 **W. O. von → Horn** (Simmern/RP) nach B.; hier, wo viele seiner Geschichten spielen, und im nahen **Manubach** verlebte er einen Teil seiner Jugend; 1820-35 war er Pfarrer in M. (altes Pfarrhaus noch vorhanden, in der Kirche Gedenktafel, Bildnis in der Bücherei). Der Verein für die Geschichte der Stadt B. und der Viertäler führt ein W. O. von Horn-Archiv (»W. O. von Horn – der unvergessene Volksschriftsteller«, 1986). – Unter den Rhein-, Wein- und Kunstenthusiasten in B.: 1438 **Enea Silvio Piccolomini** (1458-64 Papst Pius II.), 1786 **Friedrich von Matthisson** (→ Stuttgart/BW), 1835 **Carl Gustav Carus**, 1840 und 1860 **Victor Hugo** (»drei Tage ... in einer Art Cour des Miracles«).

L »Zu Bacharach am Rhein / sollen seyn die besten Wein!«, heißt es schon um 1623 in einem Trinklied. Die »schöne Kellnerin von Bacharach« besang **Wilhelm Müller** (→ Dessau/ST). Hier wohnte **Clemens Brentanos** (→ Koblenz/RP) »Zauberin« (→ Loreley/RP), hier handelt **Heinrich Heines** (→ Düsseldorf/NW) »Der Rabbi von Bacharach« (1824) – über das Novellenfragment schrieb 1907 **Lion Feuchtwanger** (→ München) seine Dissertation–, hier spielt **Wilhelm Heinrich Riehls** (→ Wiesbaden/HE) »Hochschule der

Demut« (N. 1865) und **Hans Friedrich Bluncks** (→ Hamburg) Sagenerzählung »Der Abt von Bacharach«. Ein Essay über B. von **Ricarda Huch** (→ Braunschweig) findet sich in der Slg. »Im alten Reich« (1927).

R Die konservierte Rheinromantik der Hohenzollern: **Rheinstein** und **Reichenstein** (Sage vom Mann ohne Kopf); **Sooneck**, dessen Sage vom blinden Schützen die Romantiker erfanden. Im »Märchenhain« und »Nibelungenhort« von **Niederheimbach** wiederholt sich das alte Spiel. Besitzer von Burg Rheinstein war Prinz **Georg von Preußen** (1826-1902), der unter dem Pseudonym G. Conrad zahlreiche Dramen, darunter auch eine »Lurley«, schrieb und u. a. den jungen Ernst v. Wildenbruch (→ Berlin) förderte.

Oberwesel

Wernerkapelle (Spitalkirche) an der Stadtmauer, wo W. 1287 gemartert worden sein soll.

An der Liebfrauenkirche wirkte **Nikolaus von Kues** (→ Wittlich/Bernkastel-K./RP) als Dechant. – Berühmt die Sagen und Symposien von O., **Ferdinand Freiligraths** (→ Detmold/NW) »schönstem Zufluchtsort (der Romantik) am Rhein«; von **Karl Simrock** (→ Bonn/NW) stammt eine balladeske Version der Sage von den »Sieben Schwestern« von der Schönburg, die mit der Liebe ihren Spott trieben und zur Strafe als Riffe in den Rhein verbannt wurden. – **A. H. Hoffmann von** → **Fallersleben** (Wolfsburg/NI) sang am 17. 8. 1843 in O. vor Freunden, Winzern und Schiffern zum ersten Mal im Westen das Deutschlandlied (Gedenktafel am Gasthaus »Zum goldenen Propfenzieher«, Am Plan 1). – Von **Karl-Heinz Link:** »Loreleygeflüster« (G. 1977) und »Johannes Ruchrat, Rebell von Oberwesel« (Dr. 1978).

St. Goar

Heimatmuseum auf Burg Rheinfels; im Sommer dort Hansenfest.

Die Legende lässt den Aquitaner Goar im 6. Jh. sich als Lotsen betätigen und »vierunddreißig Hauptwunder tun«, worüber sich u. a. **Karl Simrock** und **W. O. von Horn** verbreiteten. – Julius Wilhelm Zincgref (→ Heidelberg/BW) starb 1635 auf der Flucht in St. G. an der Pest. – 1790 wurde **Johann Georg Forster** (→ Mainz/RP) nach altem Brauch »gehänselt«: er sollte sich am Zoll unter der Feste Rheinfels freikaufen, verweigerte sich aber dieser »privilegierten« Bettelei. – 1842 kam **Ferdinand Freiligrath** (Gedenktafel am Wohnhaus Heerstraße 106) und schwur in seinem »Glaubensbekenntnis« (1844 publiziert) der Romantik ab. Zu Gast in seinem Weinkeller »die halbe deutsche Literazzia«: **Friedrich Wilhelm Hackländer** (→ Burtscheid/Aachen/NW), **Gottfried Kinkel** (→ Bonn/NW), **Justinus Kerner** (→ Ludwigsburg/BW), **Moritz Gottlieb Saphir**, **A. H. Hoffmann von Fallersleben**, **Willibald Alexis** (→ Berlin), **Berthold Auerbach** (→ Nordstetten/Rottenburg/BW), **Levin Schücking** (→ Meppen/NI), **Emanuel Geibel** (→ Lübeck/NI), aber auch ausländische Poeten: **Henry Wadsworth Longfellow, Hans Christian Andersen** u. a. – **Wolfgang Müller von** → **Königswinter** (→ Bad Honnef/NW), »Der Rattenfänger von St. Goar«; **Julius Wolff** (→ Berlin) dichtete hier seine Romanze »Lurlei«.

Z Bingen, Rüdesheim, Simmern (RP).

BAD BERGZABERN/RP

A Geboren sind in B. der Straßburger Kirchenliederdichter **Konrad Hubert** (1507-77), der Arzt und Naturforscher (»New Wasserschatz«) Jacob Diether, gen. **Tabernaemontanus** (um 1525-90, Gedenktafel am Philosophenweg) und der Philologe und Historiker (»Allgemeine Weltgeschichte«, 15 Bde.) **Georg Weber** (1808-1888). – Lehrer an der Lateinschule war von 1543-47 und 53-58 der Bibelübersetzer **Myles Coverdale**, der »engl. Luther«. – Im 1725 wiederaufgebauten Schloss wuchs **Karoline von** → **Hessen-Darmstadt** auf, nachmals Goethes »Große Landgräfin«. – Zu Unrecht vergessen die beiden **Pistors: Daniel** (1807-86), »Hambacher« und Hrsg. des »Bürgerkatechismus für Teutschland«, der unterhalb des Liebfrauenberges die Villa Pistoria erbaute, und sein 1816 geb. Bruder **Heinrich**, Pfarrer und Dichter. – Wie D. Pistor auf der Flucht nach Frankreich am 9. 3. 1835 **Georg Büchner** (→ Groß-Gerau/Goddelau/HE) im »halbzopfigen« Gasthof »Engel« (H. Eulenberg, »Das deutsche Angesicht«, 1917). – **August Becker** ging »täglich hügelauf, hügelab«, eine Stunde hin, eine zurück, zur 1836 neu gegründeten Latein- und Präparandenschule; in »Die Pfalz und die Pfälzer« (1858) viel über B., v. a. die »Böhämmerjagd« (Brunnen Kurtalstraße, Böhämmerhaus am Wonneberg, B.-Fest erstes Wochenende im Juli). – Im Haus der Philosophin **Hedwig Conrad-Martius** (1888-1966) am Eisbrünnel (heute Neubergstraße 16) fand **Edith Stein** (→ Köln/NW) im Sommer 1921 jene Selbstbiographie der hl. Teresa von Avila, nach deren Lektüre sie sich über Nacht zur Konversion entschloss; Taufe am 1. 1. 1922 in der kath. Stadtpfarrkirche St. Martin (Gedenktafeln am Eingang und neben dem Taufstein). – **Martha Saalfeld** (→ Landau/

RP) kam 1918 in ihre »pfälzische Heimat« zurück, wohnte im Haus Zeppelinstraße 13 und starb dort am 14. 6. 1976. Hier entstanden u. a. die Romane »Der Wald«, »Pan ging vorüber«, »Anna Morgana« und »Mann im Mond«. Über diese Zeit berichtete in »Leben mit einer Dichterin« (1958) ihr Mann, der Graphiker **Werner vom Scheidt** (1894-1984). Drei Räume im Heimatmuseum sind dem Künstlerehepaar gewidmet.

L 1838 **Friedrich Blaul** (→ Speyer/RP): »Schön ist die Lage ... doch nichts besonders Ausgezeichnetes«. – 1968 **Martha Saalfeld**: »Meine Landschaft ... Mir scheint, ich habe Pan erst jetzt gesehen«. – 1971 rühmte **Ernst Johann** (→ Darmstadt/HE), mit der Saalfeld habe »die Poesie im Exil eine ihrer Residenzen in der Pfalz aufgeschlagen«.

Klingenmünster

Seit 1930 Grab von **August Becker**, * 28. 4. 1828 K., † 23. 3. 1891 (→ Eisenach/TH), der »eigentliche Begründer der pfälz. Volkskunde« (O. Bischoff), als Erzähler hat er diese literaturfähig gemacht; dennoch blieb er zu Lebzeiten der Pfalz gleichgültig. Kindheit und Jugend in K.; Studium in München, dann Journalist. 1868 musste er nach dem Erscheinen seines Schlüsselromans »Vervehmt« die Stadt verlassen und fand Zuflucht in Eisenach. Erst 1930 holte man ihn heim, Grab auf dem Friedhof von K. – W.: Die Pfalz und die Pfälzer (1858); Die Nonnensusel (R. 1886); Wasgaubilder (1903). – Geburtshaus (seit 1996 Museum, Gedenktafel); gegenüber Brunnendenkmal (B.-Büste und Reliefs mit Szenen aus »Hedwig«, R. 1868). – A.-B.-Wanderweg 13 km von Klingenmünster aus (F. Oberhauser, »Eine lit. Wanderung: Der Dichter, sein Werk, seine Landschaft«). – Mss. LB Speyer; Slg. Heimatmuseum Bad Bergzabern.

L Leonhard **Schertlin** aus K. brachte es 1538 in Straßburg zu einem halben Bestseller: »Künstlich trincken, Eyn Dialogus von künstlichem und höflichem, Auch viehischem und unzüchtigem trincken«. – Am Klingbach liegt der Schauplatz von **Cläre Weitzels** (→ Bad Dürkheim/RP) Roman »Armer Hans« (1919). – Vom in K. geb. Kalendermann **Oskar Bischoff** (1912-85), 25 Jahre Hrsg. des Volks- und Heimatkalenders »Der Jäger aus Kurpfalz« und einflussreicher Lektor der Pfälz. Verlagsanstalt, gilt W. Hanfgarns (→ Mainz/RP) Verdikt: »Literatur aus der Pfalz und O. B., das sind Synonyme.«

R Die Besonderheit der Landschaft: »der stete Austausch zwischen Wald und Garten«, sagt **Martha Saalfeld**. In der »Nonnensusel« von **August Becker** sind u. a. **Oberhofen** (Bad Bergzabern-O.) und (einmal) der **Billigheimer** Purzelmarkt Schauplätze; »Hedwig« spielt in und um **Landau**, in **Erlenbach** unterm **Berwartstein** (»Hedwighaus«, Binsenhohlstraße 1/3), »Das Zigeunerstoffele« und die »Sternbuben« zwischen **Münchweiler** und **Lug** im Klingbach- und Gossersweiler Tal. In **Billigheim-Ingenheim** auf dem Friedhof das Grab des Pfarrers und Heimatdichters **Helmut Culmann** (1898-1949). – Die Burgen: Von der **Guttenberg** stammt der Minnesänger **Ulrich v. G.** (um 1190), der seine Berühmtheit einem 343 Verse langen Minne-Leich (d. i. Spiel, Tanz) verdankt. »Im festen Kirchhof« von **Dörrenbach** finden sich A. Beckers »Jungfriedel« und Marie wieder; über die Grabinschrift »Hier ruht der Ruhelose« gibt **Otto Flake** (→ Baden-Baden/BW) in seiner Aut. »Es wird Abend« (1960) Auskunft. Über D. hinaus wurde der prot. Lehrer **Joseph Knieriemen** (1835-1913) als der »Alte vom Stäffelsberg« bekannt, Grab auf dem Friedhof. Über Berg und Burg **Lindelbrunn** (über Oberschlettenbach) erschien 1949 **Nikolaus Lauers** (→

Homburg/Blieskastel/SL) gleichnamiger Roman.

Burg Landeck (über Klingenmünster): in »Jungfriedel« erzählt August Becker des Schlossherrn »Gute König Dagobert«-Geschn. Auf der **Madenburg** (über Eschbach) erschien im Juni 1848 die Frankfurter Linke und veranstaltete ein »Hambacher Fest« en miniature, Hauptredner war **Robert Blum** (→ Köln/NW), Gedenkstein. Ein paar Kilometer weiter nördl. **Neukastel** (über Leinsweiler): schon **Maler Müller** (→ Bad Kreuznach/RP) schwelgte hier (Herbst 1777). Ein anderer Maler wählte den Gutshof unterhalb des Schlosses zu seinem »Castello Nuovo« (Gedenktafel): Max Slevogt, 1932 gest., liegt hier begraben. Im Musiksalon Wandbilder zu dt. Opern, in der Bibliothek u. a. Motive aus Werken von Goethe, Shakespeare, Homer, J. F. Cooper. – Noch einmal zur Grenze: in **St. Germanshof** arbeitete **Hans Erich Nossack** (→ Hamburg) im Herbst 1954 an einem Theaterstück, aus dem dann der Roman »Spätestens im November« (1955) wurde.

B R. Paulus (Hrsg.), August-Becker-Lesebuch, 1986; W. Diehl (Hrsg.), Wasgau, in: Chaussée 10/2002.
Z Karlsruhe (BW); Landau, Pirmasens (RP). Jenseits der Grenze, im Elsaß: Weißenburg (Otfried von W., W.er Bilderbogen).

BAD BERKA/TH

Geburtsort des Pädagogen Wilhelm Flitner (1889-1990).

Jacob Michael Reinhold Lenz (→ Emmendingen/BW) lebte, von der Weimarer Hofgesellsch. zunehmend entfremdet, von Juni bis September 1776 in der »Einsiedelei« von B., wo er am »Waldbruder« (R.-Fragm. 1797) arbeitete. – Wohnung: vermutl. Gasthof »Zur Tanne«, Markt 4.

Martin Hellberg, * 31. 1. 1905 Dresden, † 31. 10. 1999 B., Schauspieler, Theater- und Film-Regisseur. Verf. einer 3bändigen Aut. (»Die bunte Lüge«, 1974; »Im Wirbel der Wahrheit«, 78; »Mit scharfer Optik«, 79). Zuletzt in der Rolle des alten Goethe in der Th.-Mann-Verfilmung »Lotte in Weimar« (1975). Seit 62 in B. – Wohnung: Adelsberg 4, Grab auf dem Friedhof.
A **Goethe** (→ Frankfurt a. M./HE) kam durch Lenz 1776 erstmals nach B. Aber erst als man 1813 die Mineralquellen entdeckte, kehrte er wieder nach B. zurück: Hier entstand 14 das Festspiel »Des Epimenides Erwachen«. Am G.-Brunnen im Kurpark G.-Büste (1928). Erinnerungen im Coudray-Haus, Parkstraße. – **Hans Fallada** (→ Greifswald/BB) hielt sich im Frühjahr 1911 8 Wochen im Sanatorium »Schloß Harth« auf. – Nach 1961 kam **Walther Victor** (→ Bad Oeynhausen/NW) von Weimar öfter nach B. (»Das Edelhof-Memorial. Goethe in Berka«, 1964; »Gruß aus Bad Berka«, G.-Zyklus 1966). V. starb 71 in der Heilstätte München (heute B.).

Blankenhain

August Ludwig, * 9. 7. 1867 Hochdorf bei B., † 5. 7. 1951 → Jena/TH, Mundartdichter. Viel gespielt L.s Volksstück »Schnozelborn« (1907). Immer wieder aufgelegt die »Schnärzchen und Schnurren« (»Quetschenkuchen«, 1927; »Zöppelkuchen«, 1930). Mit viel Lokalkolorit L.s Aut. »Wie die Alten sungen« (1925). – Geburtshaus in Hochdorf, August-Ludwig-Straße 2 (Gedenktafel).
R Im nahen **Magdala** fand **Richard Wagner** (→ Bayreuth/BY), als Teilnehmer am Dresdner Mai-Aufstand steckbrieflich gesucht, durch Vermittlung von F. Liszt vom

19.-24. 5. 1849 im Haus des Gutspächters, Richard-Wagner-Straße 6 (Gedenktafel), Unterschlupf. **Albrecht Börner**, »Die Großfürstin und der Rebell« (Film-E. 2002).

Kranichfeld

Schlossmuseum, Heimatmuseum Baumbachhaus.

Anna Sophia, Gräfin **von Schwarzburg-Rudolstadt**, * 3. 6. 1584 Dessau, † 10. 6. 1652 K., 1619 Gründerin der nur Frauen zugängl. und religiös geprägten Tugendlichen Gesellschaft, einer »Subsozietät« der Fruchtbringenden Gesellschaft (→ Weimar/TH), deren Sitz ab 1630 das Oberschloss in K. wurde. Dort gewährte A. 1631-33 **Wolfgang Ratke** (→ Erfurt/TH) Asyl.
Johann Eusebius Schmidt, * 12. 1. 1670 Hohenfelden bei K., † 25. 12. 1745 Siebleben (heute Gotha), Liederdichter. In Erfurt von A. H. Francke (→ Halle/ST) geprägt. Berühmt Sch.s Chorallied »Fahre fort, fahre fort« (1704).
Rudolf Baumbach (Ps. **Paul Bach**), * 28. 9. 1840 K., † 21. 9. 1905 → Meiningen/TH, Versepiker und Lyriker. 1870-85 in Triest, wo das bis heute in Slowenien populäre, auf eine Alpensage fußende Versepos »Zlatorog« (1876) und die »Lieder eines fahrenden Gesellen« (1878) entstanden. Darin das Lied von der »Lindenwirtin«. Aus den »Neue(n) Lieder(n) eines fahrenden Gesellen« (1880) das berühmte »Hoch auf dem gelben Wagen«. – Geburtshaus: Rudolf-Baumbach-Straße 11 (Gedenktafel), darin Museum mit B.-Ausstellung, Gedenkstein (1927) im Meienhölzchen südl. von K. – Förderverein Baumbachhaus.

B W. Kahl, Sagen und Geschichten von Kranichfeld, 1988; H. Täglich, Anna Sophia von

Schwarzburg. Das Leben und Wirken einer außergewöhnlichen Regentin in Kranichfeld, 1998; U. Kaufmann, Lenz in Berka, 1999. **Z** Apolda, Jena, Rudolstadt, Weimar (TH).

BAD BERLEBURG/NW

Ein buckliges Schieferstädtchen im bewaldeten Wittgensteiner Bergland, Residenz derer von Sayn-Wittgenstein-B. und der seltene Fall, dass die Regenten zugleich die bedeutendsten Persönlichkeiten des Landes waren. **Graf Casimir**, Landesvater von 1712-41 und Erbauer des heutigen Schlosses, holte Gelehrte und geflüchtete Reformierte ins Ländchen und schuf als Chef eines Gelehrten-Teams die berühmte B.er Bibel. Nach den Grundtexten genau übersetzt, enthält sie verschiedene Auslegungen und stark polem. Kommentare. (Exemplare im Wittgensteiner Heimathaus und in der Schlossbibliothek, dort auch Hss., Inkunabeln und seltene Drucke.) Russ. General und deutscher Dichter: **Emil Prinz zu S.-W.-B.** (Ps. **Kasimir Röspe**, 1824-78). – Aus **Diedenshausen** (Bad Berleburg-D.) stammt **Johannes Althusius** (1557-1638), dessen staatsrechtl. Werk »Politica methodice digesta« vom Recht des Widerstands eines Untertanen gegenüber einem pflichtvergessenen Herrscher handelt. – In der Kirche von **Laasphe** kam 1734 **Johann Konrad Dippel** (→ Darmstadt/HE) zur letzten Ruhe.

B G. Hinsberg, Berleburger Bilderbuch, 1912. **Z** Dillenburg, Frankenberg, Marburg (HE); Olpe, Siegen (NW).

BAD BRÜCKENAU/BY

Heimatmuseum.

Bis heute ist das Staatsbad B. der idyllisch gelegene Badeort geblieben, wie ihn König **Ludwig I.** (→ München/BY) umfangreich (auch in Versen für Lola Montez) bedichtet und **Karl Julius Weber** (→ Langenburg/BW) 1826 beschrieben hat: »... in einem schönen Wiesenthale, umkränzt von herrlichen Buchen- und Eichen-Wäldern am Flüßchen Sinn mit drey Mineralquellen alcalisch-salinischen Stahl-Wassers, wohlschmeckend und stark.« Geändert hat sich jedoch der Kurbetrieb, wie ihn noch **Felix Schlagintweit** (→ Chiemsee/BY), der ab 1895 im Sommer als Facharzt für Urologie in Bad B. arbeitete, in seiner Aut. »Ein verliebtes Leben« (1943) und **Otto Flake** (→ Baden-Baden/BW), der im Sommer 1908 hier kurte, in der Aut. »Es wird Abend« (1960) geschildert haben.

A Unterwegs und zu Gast: **Friedrich Schiller** (→ Ludwigsburg/Marbach/BW; Gedenktafel im Ortsteil Wernarz), **Jacob Grimm** (→ Hanau/BW), **Otto von Bismarck** (→ Stendal/Schönhausen/ST; Wohnung Obere Saline), **Rudolf Hagelstange** (→ Nordhausen/TH).

L Kaspar Gartenhof (1883-1952), Heimatkundler und -erzähler aus Bad B.: »Rhönerinnerungen« (u. a. an Münnerstadt, 1973); **Peter Ziegler**, »Brückenauer Geschichte und Geschichten« und weiterhin »Kloster, Krug und Käse. Der Kreuzberg« (in »Abseits der breiten Wege«, 1977). – Sage vom »Willemännche« auf dem Dreistelz und den »wille Weibsbilder« in der Wehld (Sumpf).

Z Bad Kissingen, Hammelburg (BY); Fulda (HE).

BAD DOBERAN/MV

Münster (1294) des ersten Zisterzienserklosters Mecklenburgs, beachtenswert die drastischen Grabinschriften. – Stadtmuseum »Möckelhaus«.

Wilhelm Paul Graf (Ps. **Wilhelm Paul**), * 10. 3. 1845 D., † 23. 8. 1904 Schwerin. Dramaturg in Rostock, Berlin und Schwerin. Übersetzte als erster Tolstois »Anna Karenina«. – W.: »Der Student« (Tr. 1881). **Ernst Voß**, * 23. 2. 1886 D., † 19. 3. 1936 Rostock, religiöser Autor. Übertrug die Bibel ins Niederdeutsche: »Dat Ni Testament för plattdütsch Lüd in ehr Muddersprak äwerdragen« (1929); Hrsg. des »Mecklenburgischen Hauskalenders«. Grab in → Ludwigslust/MV.

A Im Kloster lebte **Peter Kalff**, mutmaßlicher Verf. des »Redentiner Osterspiels« (1464 → Wismar/MV). Der Theologe und Schriftsteller **Johann Coler** (1566-1639) wirkte hier als luth. Pfarrer um 1601. – Der englische Gelehrte **Thomas Nugent** (→ Wismar/MV) beschrieb die Stadt 1766, **Wilhelm von Humboldt** (→ Potsdam/BB) 1796. **Karl Julius Weber** (→ Langenburg/BW) rühmte D. in seinen »Briefen eines in Deutschland Reisenden« (1826 ff.): »Das Interessanteste für den Fremden in Mecklenburg möchte wohl Doberan sein.« – Ein Besuch **Theodor Fontanes** (→ Neuruppin/BB) 1870 erbrachte nur kurze Notizen zum Münster. **Heinrich Seidel** (→ Grevesmühlen/Perlin/MV) kam 1870 zu Besuch, Erinnerungen u. a. in »Von Perlin nach Berlin« (1895). Die Frauenrechtlerin **Amely Bölte** (→Grevesmühlen/Rhena/MV) lebte hier zeitweise mit ihrer Tante, der Dichterin **Fanny Tarnow** (→ Güstrow/MV). Die 1919 in Neustrelitz geborene **Irmgard von der Lühe**, Biografin der Widerstandskämpferin Elisabeth von Thadden (1966),

Bad Doberan: Arbeitszimmer des Schriftstellers Ehm Welk in seinem Wohnhaus (heute Museum)

verbrachte ihre Jugendjahre in D., wohin sie auch 1945 bis zur Flucht in den Westen 1947 zurückkehrte. – **Ehm Welk** (→ Prenzlau/Biesenbrow/BB) starb am 19. 12. 1966 in D., wo er seit 1950 als freier Autor mit seiner Frau, der Schriftstellerin **Agathe Lindner-Welk** (1892-1974; »Juliane Wied«, 1962) lebte. Das »Ehm Welk-Haus« Damm-Chaussee 23 ist ein Literaturmuseum; Arbeitszimmer, Bibliothek mit 5000 Bdn., Ausstellungen). In D. entstanden zahlreiche Werke W.s, u. a. »Mein Land, das ferne leuchtet« (1952), »Im Morgennebel« (R. 1953). Über einen Besuch bei W. **Heiner Müller** (→ Freiberg/Eppendorf/SN) in »Krieg ohne Schlacht« (Erinn. 1992, erw. 94). In der Nachbarschaft lebte 1953-54 der Literaturwissenschaftler **Paul Rilla** (1896-1954). Gräber des Ehrenbürgers Welk und seiner Frau auf dem Friedhof an der Waldstraße.

L Die Legende erzählt, dass Nikolaus von Rostock den »dobr, dobr«-Ruf eines auffliegenden Schwans als (slawisch) »gut, gut« für die geplante Klostergründung deutete. – In **Jeremias Gotthelfs** Erzählung »Barthli der Korber« (1852) Erwähnung des Münsters nach einer Reise des Autors durch Norddeutschland. – **Georg Christian Sponagel** (1763-1830) schrieb »Des Vetters Feldzug in die Seebäder von Doberan« (R. 1826). **Julius Maltzans** (1812-96) »Erinnerungen und Gedanken eines alten Doberaner Badegastes« (1893, n. 1998) bewahren Bad Doberans Alltag und Geschichte wie auch das Werk des Lehrers und Schriftstellers **Gerhard Ringeling** (1887-1951), so in dessen »Magister Rosarum« (1948) über das Chorgestühl, heimatkdl. Dichtung von **Heinrich Studemund. F. C. Delius** zum Münster im »Bildnis der Mutter als junge Frau« (2006): »... der warme Ton hellroter Backsteine, die Musik majestätisch hoher Fenster, die Reihe der steilen Bogen in der schlankesten Zisterzienser-Gotik, das Schieferdach mit dem bleistiftspitzen Turm, mitten im Grün der Landschaft, zwischen Wiesen und Bäumen und halbverfallenen Klostermauern in der ostseeklaren Luft ...«

Heiligendamm

Der Name geht zurück auf die Sage von der göttlichen, »unerhörten und unbegreiflichen« Schaffung eines Deiches gegen eine drohende Sturmflut, literarisch bearbeitet u. a. von **John Brinckman** (→ Rostock/MV), **Elisabeth von Maltzahn** (1868-1945; »Der Heilige Damm«, E. 1909) und **Adolf Wilbrandt** (→ Rostock/MV). Die »weiße Stadt am Meer« sah als Seebad viele Gäste der gehobenen Gesellschaft: Zar Nikolaus I. und Lord Nelson, G. L. Blücher (→ Rostock/MV) und **Wilhelm von Humboldt** (→ Berlin) flanierten im vom Langhans-Schüler Th. Severin geschaffenen »Kunst-Ort« aus Kolonnaden, Palais, Kurhaus, Orangerie und Burg Hohenzollern. Später bestaunte man

den Findling von 1843, dessen Inschrift die Gründung des ersten Seebades im Jahre 1793 stolz verkündet. Sie soll auf **Georg C. Lichtenbergs** (→ Darmstadt/Ober-Ramstadt/HE) Aufsatz »Warum hat Deutschland noch kein öffentliches Seebad?« (ca. 1780) zurückzuführen sein. – Eine »Humoristische Reise durch Mecklenburg« (1812) führte **Johann Stephan Schütze** (→ Magdeburg/ST) auch ins Bad: »Nur sehr schwächliche Badegäste können und mögen hier logieren.« – **Charlotte Stieglitz** (→ Berlin) fühlte sich 1832 hier »ganz wie neugeboren«. **Theodor Fontane** (→ Neuruppin/BB) merkte 1870 in den »Briefen aus Mecklenburg« kritisch an: »Dieser Ruhm soll unbestreitbar bleiben, aber in allem übrigen hat mir nicht leicht eine als Sehenswürdigkeit geltende Lokalität eine so arge Enttäuschung bereitet wie dieses Seebad Doberan. – Das Meer schweigt, das Leben auch.« – 1910 kaufte Walter John-Marlitt, Sohn der Schriftstellerin **Eugenie Marlitt** (→ Arnstadt/TH), das Bad, ging aber bald in Konkurs.

John Brinckman (→ Rostock/MV) lässt das erste Kapitel seines »Kaspar-Ohm und ick« (1855) hier spielen. – Von Juli bis August 1913 machte **Rainer Maria Rilke** (→ München/BY) Urlaub in H., das bei Spaziergängen entworfene Gedicht »Hinter den schuldlosen Bäumen« blieb ungedruckt. Rilke las Werfel, »den Rest der Zeit bin ich am Meer«. Über gemeinsame Ausflüge mit Rilke nach Rostock/MV auch **Helene von Nostitz'** (→ Mayen/RP) »Begegnung in Heiligendamm« in »Aus dem alten Europa« (1924, n. 1978): »Wir sind hier an einem wunderbaren kleinen Ort am Meere. Nur wenige weiße Empirehäuser stehen neben den Buchenwäldern. Hinter den weißen Säulen, vor der hellblauen See, leuchten rote Rosenbeete.« Rilke jedoch störte der »Concours Hippique«.

Dazu **Werner Liersch**: »Das Ereignis der Saison« (E.). Ein Jahr später erlebte H. v. Nostitz hier den Ausbruch des 1. Weltkrieges: »Die Wolken nahmen kriegerische Gestalten an und klagend brachen sich die Wellen.« Zu Recht, denn später tummelten sich hier Hitler (schon 1932 Ehrenbürger), Mussolini, Göring und Goebbels.

In DDR-Zeiten war H. ein »Intellektuellen-Bad« mit der Fachhochschule für angewandte Kunst. »In Heiligendamm schien die Sonne, doch was dort mit mir geschehen ist, kann ich mir nicht erklären« – so der Erzähler in **Péter Nádas**' Roman »Buch der Erinnerung« (1986, dt. Ausg. 1991), den er in den 80er Jahren in H. schrieb.

Graal-Müritz

Vom Graaler Original **Vollrath Kirsch** (1886-1953) stammt das Gedicht »Revolutschon in Graal«, als Reaktion auf den Kapp-Putsch von 1920. Zu den Kurgästen im Seebad nordöstlich Rostocks zählte neben **Carl Beyer** (→ Schwerin/MV) und **Heinrich Seidel** (→ Grevesmühlen/Perlin/MV, dazu auch die E. »Der Tausendmarkschein«) von 1906 bis 09 die Familie von **Hans Fallada** (→ Greifswald/MV), anekdotische Erinn. in »Damals bei uns daheim« (Aut., 1941). – Der österreichische Schriftsteller **Robert Musil** lernte hier 1906 seine Frau Martha Marcovaldi im Waldhotel kennen, das möglicherweise als Gebäude-Vorbild in den Romanentwürfen zu »Die Reise ins Paradies« diente. An **Cäsar Flaischlens** (→ Stuttgart/BW) Aufenthalt von 1913 wird im R. »Aus großer Zeit« (1978) von **Walter Kempowski** (→ Rostock/MV) erinnert, K. machte hier 1937 Ferien, Eindrücke auch im »Sirius«-Tagebuch (1990). 1914 kam **Erich Kästner** (→ Dresden/SN), Wohnung im

Haus »Meeresblick« Müritz-Ost; Erinn. in »Als ich ein Junge war« (1957). 1915 kurte hier **Alfred Kerr** (→ Berlin). **Franz Kafka** ließ im Juli/August 1923 im »Haus Glückauf« (Am Strande 12, M.-Ost) seine Neurasthenie behandeln und lernte seine spätere Freundin Dora Diamant kennen, die als Küchenmädchen in einem benachbarten jüdischen Volksheim arbeitete und später ihre Erinn. darüber niederschrieb. Ab 1922 kam von Berlin der Frankfurter Feuilletonist **Rudolf Presber** (→ Frankfurt a. M./HE), sein R. »Haus Ithaka« (1926) spielt hier. – Der Einzug der Roten Armee wird bei **Willi Bredel** (→ Hamburg) in »Ein neues Kapitel« (R. 1959) geschildert. 1963-69 lebte in der Fritz-Reuter-Straße 1 **Herbert Nachbar** (→ Greifswald/MV), hier entstand u. a. »Haus unterm Regen« (R. 1965). **Ruth Kraft** (geb. 1920) schrieb den Graal-Müritz-R. »Gestundete Liebe« (1970).

Neubukow

Am 6. 1. 1822 wurde im Pfarrhaus in der Mühlenstraße 7 (1880 abgerissen, Gedenktafel am Nachfolgebau, gegenüber Stele) der »König der Ausgräber« **Heinrich Schliemann** geboren (gest. 26. 12. 1890). Bereits ein Jahr später ging der Vater an die Pfarre von Ankershagen (→ Waren/MV). Der abenteuerliche Lebenslauf führte H. S. in Mecklenburg zunächst nach Kalkhorst bei Klütz, aufs Gymnasium nach → Neustrelitz/MV, dann in die Lehre nach Fürstenberg und → Rostock/MV. Die ungewöhnlichen Erfolge und die Niederlagen des populären Autodidakten, der gegen alle Lehrmeinungen Troja entdeckte und 1872 den »Schatz des Priamos« hob, fanden ihren Niederschlag in seinen aut. Schriften (»Selbstbiographie«, 1892, n. 1996; »Bericht über die Ausgrabungen . . .«, 1991). – Ingrid Bachér, »Schliemanns

Zuhörer« (E. 1995); Biographien u. a. von Emil Ludwig (1932); H. A. Stoll (→ Parchim/MV, »Der Traum von Troja«, 1956, n. 2002); L. Deuel (1979); T. Crepon (1990); Wilfried Bölke (1996) und M. Flügge (2001); dazu K. Zimmermanns »Bezugspunkte eines Weltbürgers. Die Bedeutung Mecklenburgs im Leben Heinrich Schliemanns« (1997). Der »Heinrich-Schliemann-Klub Neubukow« (Gedenkstätte in der Mühlenstraße), erinnert daran, dass der berühmte Sohn der Stadt schon 1842, wie er schreibt, »mit Ohrwurmfreundlichkeit und wahrer Herzzerrinnigkeit empfangen und bewillkommt« wurde, auch 1883 gab es eine offizielle Begrüßung im N.er Rathaus; letzter Besuch 1884.

R Über Urlaub im sozialistischen Seebad **Kühlungsborn** 1977 Erinnerungen von **Sibylle Berg** (in GEO-Spezial »Ostsee«, 1998): »Allein mit Haien und Muränen«. Ein Nachtmahr schildert der russische Autor **Wassilij Dimow** in »Von hündischem Scharm. Ein Traum in einer warmen blau-grünen Nacht in Kühlungsborn« (»Lettre«, Nr. 4/1996). – **Franz Fühmann** (→ Berlin) in »Böhmen am Meer« (E. 1962): »Es war Mai, als ich nach Z., einem Fischerdorf westlich Rostock, hinauffuhr...« Die E. ist Teil des vom Autor geplanten, aber nicht verwirklichten Buches »Ostseegeschichten«.

Aus **Nienhagen** bei **Doberan** stammt der niederdeutsche Schriftsteller **Wilhelm Zierow** (1870-1945, »Irdgeruch«, E. 1912), den A. Hückstädt als »einen der talentvollsten plattdeutschen Erzähler in der Nachfolge Fritz Reuters« sieht; Grab auf dem Städt. Friedhof Güstrow. – Die Künstlerkolonie in **Schwaan**,1892 vom Maler F. Bunke gegründet, bestand bis zum 1. Weltkrieg. – Auf Gut **Roggow** lebte bis zu seinem Tod beim Einmarsch der Roten Armee 1945 **Wilhelm von Oertzen**, seine

späten Einsichten zur NS-Zeit: »Man kann tatsächlich nichts tun, so feige, so jämmerlich das klingt«, in: L. Elsners »Die Herrengesellschaft. Leben und Wandlungen des W. v. O.« (1998). – **Anne Franks** (→ Frankfurt a. M./HE) Vater Otto stimmte 1965 schriftlich zu, dass die Oberschule in **Tessin** den Namen »Anne-Frank-Schule« führt, A.-F.-Stele (1970) mit Zitaten aus ihrem Tgb. – In **Teutendorf** nördlich T. die »Moorvilla«, in der Friedrich von Flotow geboren wurde und die Oper »Martha« schrieb. – Im Gutshaus von **Poppendorf** lebte bis 1945 die Kaufmannsfamilie des Wilhelm Ramelow, 1991 gestaltete Uta Börner-Ramelow das Gut in einen »Musenhof« um. – **Rerik**, als Alt-Gaarz 1938 von den Nazis umbenannt, ist nicht identisch mit dem gleichnamigen Ort in **Alfred Anderschs** (→ München/BY) Roman »Sansibar oder der letzte Grund« (1957, → Wismar/MV). **Peter Wawerzinek** verbrachte hier Jugendjahre (s. a. »die horen« Bd. 206/2002); Museum Rerik.

B W. Karge, Heiligendamm. Erstes deutsches Seebad, 1993; W. Timm, »Hier will ich bleiben« – Das Ostseebad Graal-Müritz 1328-1994, 1994.
Z Güstrow, Bützow, Ribnitz-Damgarten, Rostock, Wismar (MV).

BAD DRIBURG/NW

Friedrich Hölderlin (→ Lauffen/BW) weilte August und September 1796 als Begleiter von Susette Gontard (»Diotima«) hier zur Kur; in ihrer Gesellschaft **J. J. W. Heinse** (→ Aschaffenburg/BY): »Diotima und Heinse, beide haben in jenen unvergeßlichen Wochen gelehrt, was erfülltes Leben ist – jene durch das Geschenk ihrer Liebe, dieser durch das naive Darleben seiner ganz auf das Gegenwärtig-

Wirkliche gerichteten Natur.« (E. Hock). – Hölderlin-Haus gegenüber der Trinkhalle; Hölderlin-Hain mit Gedenkstein und Stahlplastik, Diotima-Insel mit Säulenskulptur von Susette Gontard im Kurpark; Gedenktafel an der Sparkasse, Lange Straße; – E. Hock, »dort drüben, in Westphalen«. Hölderlins Reise mit Wilhelm Heinse und Susette Gontard, 2. Aufl. 1995.

Annette von Droste-Hülshoff (→ Münster/Roxel/NW) kam erstmals 1813 hierher, dann 1818 und 19. Sie schrieb hier das »Bettellied« und auf der Rückseite einer Rechnung ein Gedicht für das »Geistliche Jahr«, berichtete in Briefen ausführlich über Badebekanntschaften. – Gedenktafel am Droste-Haus neben der Trinkhalle. – In **Neuenheerse** besuchte die Droste »Tante« Felitz Böselager, Stiftsdame und Freundin ihrer Mutter. Das ehem. Kanonissenstift heute Museum.

Friedrich Wilhelm Weber (→ Bad D.-Alhausen) praktizierte 1841-67 hier als prakt. Arzt, war Stadtverordneter und 1862-93 Abgeordneter im preuß. Landtag. – Büste im Kurpark; Gedenktafeln am Haus neben St. Peter und Paul sowie am Gasthof »Zum Braunen Hirschen«, Lange Straße 70; Dreizehnlinden-Brunnen auf dem Rathausplatz. Aus Bad D. stammt die Lyrikerin **Luise Klaholt** (Ps. Therese Treu, 1874-1909), tätig als Lehrerin in Brakel.

A Weitere Kurgäste u. a.: **Sophie von La Roche** (→ Kaufbeuren/BY), **Amalia von Gallitzin** (→Münster), **Adolph von Knigge** (→ Hannover/Bredenbeck/NS) und **Johann Caspar Lavater**.

Alhausen (Bad Driburg-A.)

Friedrich Wilhelm Weber, * 25. 12. 1813 A., † 5. 4. 1894 Nieheim, kath. Dichter. Der Schauplatz seines immer noch zitierten Epos »Dreizehnlinden« (1878) ist der Nethegau, A. darin »Aldinghaus«. War

seit 1841 Arzt in Bad Driburg, 1856-65 in → Bad Lippspringe (Paderborn/NW). Lebte danach auf Schloss **Thienhausen** und in Nieheim. Auch als Übersetzer tätig. – W.: Ges. Dichtungen (Hrsg. H. Nestler, 1922). – Geburtshaus (Museum) am Weberplatz; Poesie- und Kräutergarten (mit Büste des Dichters); 13-Linden-Rundwanderweg. – F. W. Weber-Gesellschaft. – Slg. StLB Dortmund.

In der Pfarrkirche **Pömbsen** wurde F. W. Weber getauft, auch **Augustin Wibbelt** (→ Beckum/Vorhelm/NW) war in dem Dorf oft zu Gast.

Nieheim

Friedrich Wilhelm Weber lebte seit 1887 als Arzt in N., bereitete dort noch die Lyriklsg.»Herbstblätter« (1896) vor. – Weber-Haus (mit drei Gedenkräumen), F.-W.-Weber-Straße 13, heute Kolping-Bildungsstätte; Literatur-Café; Park mit Gedenkstein und 13 Linden; Grab auf dem Friedhof.

Im KulturGut **Holzhausen**: Ökologie, Kunst, Musik, Kino, Theater und Literatur. »Festtage« im Sommer. Hier geb. **Alois Vogedes** (1887-1956), der sich für plattdt. Dichtung einsetzte (»Die silberne Sichel«, 1947). Der Gastwirt und Heimatlyriker **Fritz Kukuk** (1905-87) aus N.-**Himmighausen** hinterließ ein umfangreiches Werk Mundart-Literatur (Gedenktafel, Dokumentation im N.er Hille-Haus). Aus N.-**Merlsheim** stammt der Vergil-Übersetzer **Johannes Götte** (1907-94).

Erwitzen (Nieheim-E.)

Peter Hille, * 11. 9. 1854 E., † 7. 5. 1904 → Berlin, »Aussteiger um des Schreibens willen«: Lyriker, Erzähler, Dramatiker. Grundschuljahre in Holzhausen, Vagantenleben in West- und Südeuropa; 1885-

89 in Bad Pyrmont, 91-94 in Hamm. Das letzte Jahrzehnt Literaturbohemien in Berlin. Freundschaft mit Else Lasker-Schüler (»Peter-Hille-Buch«). Sein Roman »aus dem Teutoburger Wald«, »Die Hassenburg«, erschien postum.- Ges. Werke in 6 Bdn. (Hrsg. F. Kienecker, 1984-86). Teilnachlass StLB Dortmund. – Geburtshaus (Gedenktafel von 1929, bei deren Enthüllung E. Lasker-Schüler anwesend war, im Innern), heute Gedenk- und Begegnungsstätte, H.-Archiv (Jb. »Hille-Blätter«). Gedenkstein am Waldrand. – Peter-Hille-Weg Nieheim-Erwitzen. – Peter-Hille-Gesellschaft (Sitz in Nieheim). – H. Birkelbach, M. Kienecker, P. G. Pouthier (Hrsg.), »Aus allen Taschen muß es fallen . . .« – P.-H.-Lesebuch, 2004. Einen Brudermord in seinem Heimatdorf E. (»Der Kreuzträger«, R. 1940) schildert der dort geb. **Heinrich Schütz** (Ps. **Heinrich Schlüter**/1875-1953).

Brakel

Bei ihrer Tante Franziska Gräfin Bocholtz-Asseburg auf Schloss **Hinnenburg** war **Annette von Droste-Hülshoff** oft zu Gast, besuchte auch das nahe Gut **Hainhausen** und Schloss **Bruchhausen**. – Südwärts auf Schloss **Rheder** (Brakel-R.) wurde **Josef Bruno von Mengersen** (1804-1873), der »Dichtergraf des Nethegaus«, geb. (Ges. Werke 1855). – In **Peckelsheim** lebte seit 1924/25 **Elisabeth Hauptmann** (1897-1973), ehe sie Mitarbeiterin von Bertolt Brecht (→Augsburg/BY) in Berlin wurde. Das Forsthaus »Schwedenbusch« war lange Jahre Dichterklause von **Hannes Tuch** (→ Meschede/NW), Gedenkstein in der Nähe.

Bökendorf (Brakel-B.)

Freilichtspiele.

Annette von Droste-Hülshoff war ab 1797 öfter in den Sommermonaten auf dem Rittergut Haus Bökerhof bei ihren Verwandten, wo sie sich »nächst Hülshoff hier wohl am liebsten« aufhielt. In Erinnerung an die unglückliche Liebe zu H. Straube entstand 1820 das Gedicht »Die Taxuswand«. Anregungen auch zur »Judenbuche«, deren Held »Friedrich Mergel« (eig. Johann Winckelhahne) aus dem nahen **Bellersen** stammte, dort auch begraben wurde und in **Ovenhausen** arbeitete. – Im Wald nach O. Droste-Stein (»Judenbuche«, falsch situiert). A.-v.-D.-H.-Weg von Marienmünster bis Herbram-Wald (46 km).

A Der Bökerhof, seit 1479 Haxthausenscher Besitz, war z. Z. der Droste ein Mittelpunkt norddt. Romantik. **Werner** (1780-1842) und **August** (1792-1866, Nachlass UB Münster) **von Haxthausen** sammelten Volkslieder und schrieben für die Brüder Grimm (→ Hanau/HE) Sagen und Märchen auf. 1811 weilte **Wilhelm Grimm** zum ersten Mal in B., 1813 lernte er die Droste kennen – beiderseits mit Vorbehalten. **Jacob Grimm** weilte nur einmal (1846) in B., öfter hingegen der »Malerbruder« **Ludwig Emil Grimm** (»Erinnerungen aus meinem Leben«, n. 1911). 1820 erschien **A. H. Hoffmann von Fallersleben** (→ Wolfsburg/Fallersleben/NI), 1854 und 64 besuchte **Luise Hensel** (→ Paderborn/NW) die befreundete Ludowine von Haxthausen. – Literaturmuseum B. seit 1995; B.-Gesellschaft. – Zur Gutsgemeinde B. gehört auch die **Abbenburg**, der »Habichtshof« in F. W. Webers »Dreizehnlinden«, ein Lieblingsaufenthalt der Droste, wo sie sich im Sommer 1839 dem zweiten Teil des »Geistlichen Jahres«

Die Abbenburg bei Bökendorf, der »Habichts-hof« in Friedrich Wilhelm Webers »Dreizehnlin-den«, Lieblingsaufenthalt der Droste

widmete und 1845 die »A.er Gedichte« entstanden. Das Vorwerk **Hellersen** suchte sie von hier aus gern auf (Gedicht »Bei dem Ersten-Steinlegen«, 1837).

Steinheim

Aus S. stammen der »orator bonus & poeta felix« (Inschrift auf dem Gedenkstein in → Lüneburg/NI) **Hermann Tulichius** (1486-1520), ein Vertrauter M. Luthers (→ Eisleben/TH), der Historiker **Reiner Reineccius** (1541-95/→ Helmstedt/NI) und der Jugendbuchautor **Albert Hochheimer** (1900-76), der 1938 über Holland und Frankreich in die Schweiz emigrierte (»Die Geschichte der großen Ströme«, 1954). – Auf dem Familiensitz **Grevenburg** lebte von 1825-65 der Dante-Kenner **Karl Adolf Ludwig von Oeynhausen** (1795-1871), dessen Gedichte postum erschienen. In **Marienmünster** das Grab des von dort stammenden Lyrikers **Eduard Berendes** (1869-1905). Auch **F. W. Weber** weilte dort oft. Auf dem Gut **Voerden** besuchte **Annette von Droste-Hülshoff** ihren Verwandten Guido Freiherr von Haxthausen.

Thienhausen

Das alte Wasserschloss Th. bei Steinheim kam 1843 in den Besitz von **August von Haxthausen**. »Herberge der Gerechtig-keit« nannte **Levin Schücking** (→ Meppen/NS) seinen Roman über Th. (1879). Die »Thienhäuser Tafelrunde« besuchten u. a. die Brüder **Grimm**, der Nibelungen-Forscher und Droste-Schwager **J. M. Ch. von Laßberg** (→ Donaueschingen/ BW), **Victor von Strauß und Torney**. Dessen Enkelin **Lulu von Strauß und Torney** (→ beide Bückeburg/NI) schildert in »Vom Biedermeier zur Bismarckzeit« (1933) den skurrilen Th.er Kreis. – **Karl Gutzkow** (→ Berlin) gab dem »Onkel Levinus von Hüllighoven« in »Der Zauberer von Rom« (1859-61) die Züge Augusts von Haxthausen. – **Friedrich Wilhelm Weber**, der 1867-87 auf Th. wohnte, setzte der Familie H. in der Gestalt des »Elmar, Herr vom Habichtshofe« ein lit. Denkmal, im Eckturm des Schlosses schrieb er an seinem Epos »Dreizehnlinden«.
Die »Hochstift-Dichterstraße« beginnt in Paderborn und führt über Bad Driburg und Alhausen ins »Hagebuttenland« mit Pömbsen, Nieheim und Thienhausen, und weiter nach Marienmünster ins Corveyer Land.

B W. Freund, Friedrich Wilhelm Weber. Das literarische Profil einer Region, 1989; P. Heßelmann (Hrsg.), Frh. A. v. Haxthausen, Ausstellungskat. 1992; W. Gödden (Hrsg.), Westfäl. Dichterstraßen. I Südostwestfalen, 1996; H. Multhaupt, Die Hochstift-Dichterstraße, 2000.
Z Detmold, Höxter, Paderborn (NW)

BAD DÜRKHEIM/RP

Heimatmuseum; Pfalz-Museum für Natur-kunde. – Freilichtspiele (Hardenburg). – Lite-ratur-Wettbewerb »Limburg-Literaturpreis« seit 1991.

Anna Croissant-Rust, * 10. 12. 1860 Bad D., † 30.7. 1943 → München/BY, natura-list. Erzählerin. Kam früh nach München und dort, nicht in der Pfalz, zu Erfolg. – W.: Feierabend (Nn. 1896); Pimpernell-che (Nn. 1901); Die Nann (R. 1906); Un-kebunk (R. 1917). – Geburtshaus (heute Altes Krankenhaus) Dr.-Kauffmann-Stra-ße. – Nachlass StA Ludwigshafen, StB München.

Karl Räder, * 13. 4. 1870 Bad D., † 26. 1. 1967 Ludwigshafen, Mundartdichter (»Päl-zer Hausgemachte«, 1920; »Pälzer Spät-les«, 1940 u. a.). – R.-Klause in der K.-R.-Allee auf dem Köppel; K.-R.-Blick auf dem Ebersberg (mit Findling); Ehren-grab auf dem Friedhof. – Nachlass LB Speyer.

A Auf der **Hardenburg** (heute Ruine) der Grafen von Leiningen-Dagsburg plag-te sich 1626-28 **J. M. Moscherosch** (→ Kehl/Willstätt/BW) als Hofmeister mit den Grafensöhnen. Star des 1784 im Neu-en Schloss (heute Kurhaus) eröffneten Theaters war **August Wilhelm Iffland** (→ Hannover/NI), der Liebhaberauffüh-rungen inszenierte und im Sommerhaus »Jägertal« im Isenachtal (wo ein Tempel-chen für den »Idyllen-Geßner« stand) sei-ne »Jäger« (1785) schrieb. Zehn Jahre spä-ter beendeten franz. Revolutionstruppen die Herrlichkeit. Nach einem halben Jh. kamen ihre illustren Landsleute: 1833 **François René de Chateaubriand**, 1840 **Victor Hugo**. Schon im Herbst 1828 hatte sich **James Fenimore Cooper**, ins »Gebirg« streifend (Cooper-Pfad), über die »Trüm-mer einer Abtei und noch obendrein die

Ruinen eines Schlosses« instruieren lassen (Aquarelle im Rathaus); fünf Jahre später erschien seine »Rheinsage« »The Heiden-mauer« (1832), sie gehörte, schnell über-setzt (neueste Ausgabe Ludwigshafen 2001), bald in die Tasche jedes zweiten Badbesuchers in D. Unter den Besuchern auch **Friedrich Gerstäcker** (→ Hannover/ NI), **Ferdinand Freiligrath** (→ Detmold/ NW), »traubenkurend« **Paul Heyse** (→ Berlin) und **Ludwig Uhland** (→ Tübin-gen), der den Tag auf der Limburg, wo ihm sein Lied »Droben stehet die Kapelle« entgegenklang, zum »schönsten seines Lebens« ernannte. Dort erlebte auch der Redakteur des »Dürkheimer Anzeigers« **Eduard Jost** (→ Neustadt a. d. W./RP) sei-ne Sternstunde, als er 1869 hier angesichts der drei pfälz. Dreistern-Aussichten den Kehrreim seines »Pfälzer Liedes« fand: »O Pfälzer Land, wie schön bist du!« – es überlebte ihn allein von allen seinen Dich-tungen. (Gedenkstein; im Jagdzimmer der Klosterschenke Erinnerungen, auch an an-dere »Dürkheimer Dichter«; Dichtertisch jetzt im Heimatmuseum). – Im Mai 1951 fand in Bad D. die achte Tagung der **Grup-pe 47** statt.

L Sagen von Heidenmauer (Attilas Lager), Drachenfels (Siegfriedsbrunnen) und Kriem-hildenstuhl (fälschlich »Brunholdisstuhl« gen.); von der Entstehung der Limburg (Teufels-stein) und vom Nonnenfels (gegenüber der Hardenburg); vom Forsthaus »Kehrdichan-nichts« und den Ruinen »Murmelnichtviel« und »Schaudichnichtum«: urspr. Textgestalt bei **Friedrich Wilhelm Hebel** (→ Kaiserslau-tern/RP); wiss. Abhandlungen und lyrische Bearbeitungen von **Christian Mehlis** (1850-1933). – Der Meistersinger **Michael Beheim** (1416-74) kam 1471 nach D. – **Hermann Schaefer** (1847-1932) bewirtschaftete zeitw. die Herzogmühle in **Grethen** (»Von den Hän-gen der Haardt«, G. 1912); Grab auf dem Friedhof von G.; »Hermannseck« bei der Ring-mauer. – **Cläre Weitzels** (1889-1945) zweiter

Roman »Heimat« (1920) spielt in der Gegend von Deidesheim und gibt Botschaft vom »alten« Wurstmarkt; Grab auf dem Friedhof Bad D. – Das lit. Image des Wurstmarktes prägten v. a. **Karl Räder** und **Leopold Reitz** (→ Neustadt a. d. W./RP); Einschlägiges, bes. Mundartlyrik, u. a. von **Kurt Dehn, Helmut Metzger, Otto Wilms**, in der jährl. »Wurstmarkt-Zeitung«.

Freinsheim

Hermann Sinsheimer, * 6. 3. 1883 F., † 29. 8. 1950 London. Vor 1933 v. a. Romane, Essays, Biographien. Kindheit und Jugend im von »Geschichte, Wein und Obst überfließenden« F. Jurastudium u. a. in → München/BY, Rechtsanwalt in → Ludwigshafen/RP und zugleich Theaterkritiker in → Mannheim/BW. Seit 1917 Leiter der Münchner Kammerspiele, seit 23 Chefredakteur des »Simplicissimus« und ab 29 Feuilletonchef des »Berliner Tageblatts«. 1938 Emigration nach England, nach Kriegsende Vorträge vor dt. Kriegsgefangenen. – W. (aut. und topograph.): Die drei Kinder (R. 1917); Gelebt im Paradies (Aut. 1953); Am schwarzen Kreuz (F.er En. 1957); Spatz in den Kirschen (Kindheitserinn. 1963). – Gedenktafel am Geburtshaus, Haintorstraße 6. – H.-S.-Preis der Stadt F. (aus Anlass des 100. Geburtstages); seit 2000 auch H.-S.-Medaille.

Lambrecht

Pfalz-Akademie.

Kurt Faber, * 6. 12. 1880 Mülhausen/Elsass, † Winter 1929/30 nordkanad. Wildnis (Grab bei der Hay-River-Siedlung), Weltwanderer par excellence und ebenso exzellenter Reiseschriftsteller. Seit 1913 in L. wohnhaft, hauptsächlich aber Vagant in allen fünf Kontinenten. Sein letztes und vielleicht schönstes Buch: »Tausend

und ein Abenteuer« (1929). – Wohnung Hauptstraße 103.

A In **Esthal** über dem Lambrechter Tal war **Emil Schuster** (Schifferstadt) nach dem 2. Weltkrieg Lehrer, hier handelt sein Roman »Romanfiguren« (1960).

Meckenheim

Ludwig Scharf, * 2. 2. 1864 M., † 21. 8. 1939 Schloss Patosfa/Ungarn. Eine durchaus revolutionäre Natur, ein »Lebenslauf im Zickzack« (so der Freund M. Halbe). Jugend in Blieskastel (Homburg/SL), Boheme in → München/BY, Berlin und wieder München; schließlich auf einem Magnatensitz in Südungarn. Einer der »Elf Scharfrichter«, seine »Lieder eines Menschen« (1892) und die »Tschandala-Lieder« (1905) machten Furore; doch »allzu scharf macht schartig«, meinte am Ende E. Mühsam. – Slg. UB Saarbrücken.

R Am nördlich. Ende der Weinstraße **Bockenheim.** Jakob Böshenz (1871-1957) lebte hier: 1891 schrieb er das Pfälzer Lied »Es liegt ein Land am grünen Rhein«, »Stimmen der Heimat« hieß sein letztes Buch; Grab auf dem Friedhof; Archiv. Seit 1953 Bockenheimer Mundartdichter-Wettstreit; Preis der Emichsburg bei den Mundarttagen (seit 1978). – Aus **Grünstadt** stammen die pietist. Liederdichter **Christoph Karl Ludwig Freiherr von Pfeil** (1712-84), der in Darmstadt zu Ehren gekommene Lyriker und Dramatiker **Karl Tenner** (1791-1866) und die Malerin und Erzählerin **Anna Franziska Riotte** (1845-1922). – Der 1952 in **Dirmstein** geborene **Walter Landin** schreibt Heimaterzählungen (»Dorfluft«, 1988) und Texte im »Pälzer Saund« (1993). – Von dem Minnesänger und Kreuzfahrer **Friedrich von Leiningen** (gest. 1220) von der **Altleininger** Burg (heute Gem. A.) ist eines der schönsten Lieder – »min trost, min heil gar an dir lit« – in der Manessischen Slg. erhalten. – Zu den Lehrern des späthumanist. Gymnasiums (Klosterruine) in **Hönningen** (Gem. A.), zählte der Herxheimer **Matthias Cleophas Jacobi** (1595-1640), Verfasser des rel. Dramas »Mariamne« (Speyer 1618). In **Deidesheim** macht seit über 500 Jahren ein Geißbock Geschichte. **Alexander von Humboldt** (→ Berlin) hat sich im »Schwanen« (heute Weingut Dietz-Matti) verewigt. Im Juni 1897 besuchte **Karl May** (→ Glauchau/Hohenstein-Ernstthal/SN) mit seiner Frau für zwei Wochen den Weingutsbesitzer Emil Seyler (Villa an der Straße nach Ruppertsberg). Der erste D.er »Turmschreiber«, **Wolfgang Altendorf** (»Wie ein Vogel im Paradiesgarten«), machte 1978 den Anfang mit Liebeserklärungen an die Landschaft, es folgten **Rudolf Hagelstange** (→ Nordhausen/TH) mit »Liebesreim auf Deidesheim«, **Ludwig Harig** mit seinem D.er Tagebuch »Zum Schauen bestellt«, **Herbert Heckmann** (→ Frankfurt a. M./HE) und viele andere. – In **Wachenheim** spielt die Erzählung »Der Weinpfarrer von W.« (1937) von **Leopold Reitz** (→ Neustadt a. d. W./RP). Seine »Wahren – und manchmal nicht ganz so wahren – Geschichten und Gedichte aus der Pfalz« (1980) erzählt **Paul Tremmel** aus **Forst**. – Bereits im Pfälzer Wald, oberhalb der Straße von Waldleiningen ins **Elmsteiner** Tal, das Felsendenkmal mit den »Recken Tronje der Treue, Gunther der König und Giselher« des → Nibelungenliedes (Worms/RP).

B O. Bischoff, Dem Wort verschrieben (Porträts u. a. von K. Faber, H. Sinsheimer, K. Räder), 1972; W. Klein, Dürkheimer Dichter, 1978; Kl.-F. Geißler, Kein Pfälzerlied, in: Doppelspur, 1984; J. Beckmann/H. J. Kliener (Hrsg.), Ich redd mein Muddersprooch, 1997. **Z** Alzey, Kaiserslautern, Ludwigshafen, Neustadt a. d. W., Worms (RP).

BAD EMS/RP

Kur- und Stadtmuseum.

Einmal »Fürstenbad« der Großen, heute mehr der (sozialversicherten) Allerwelt. Als »Bubenquelle« bekannt, deren stammeserhaltende Wirkung nach **Hans Wachenhusen** (→ Trier/RP) und seinen Bäderskizzen »Satans Mausefallen« (1870) nicht aus der Kraft des Wassers allein, sondern sich womöglich auch von der »der Offiziere der benachbarten Garnisonen« herleiten könne. Die große Zeit auch J. Offenbachs, der von 1858-70 zehnmal in Bad E. war und Singspiele für das Theater schrieb, an dem allein 25 Uraufführungen franz. Autoren und Komponisten stattfanden. – Geboren wurde hier nur eine kleinere literarische Größe: **Hans Linkenbach** (1876-1939), der Bergmanns-Erzählungen schrieb und ein dramatisches Spiel über den »Stadtschreiber von Embs« (1925). Berühmter waren einige literaturbeflissene »Kurfremde«: **Erhart Wameßhaft**, dessen Beschreibung einer Pilgerreise des Grafen Philipp von Katzenelnbogen 1477 nach Jerusalem auch von »Eymptz« handelt; der Meistersinger **Hans Folz** (→ Worms/RP), der 1480 in sein Badbüchlein schrieb: »Wer bades halben do nit hin kum / Ist mer vmb lust vmb gesunt.« Drei Jahrhunderte später, im Juni, Juli und August 1774, im »Nassauischen Badhaus« (Barockbau im östl. Teil des heutigen Kurhauses) das Dreigestirn **Goethe** (→ Frankfurt a. M./HE), **Johann Caspar Lavater** und **Johann Bernhard Basedow** (→ Hamburg), das 14. Kapitel in »Dichtung und Wahrheit« berichtet darüber. Illustre Namen weiterhin: nach **Ewald von Kleist** (→ Frankfurt a. O./BB), der → Bayreuther **Markgräfin Wilhelmine**, 1780 **J. J. W. Heinse** (→ Aschaffenburg/BY), **Max von Schenkendorf** (→ Koblenz/RP), dessen letztes Gedicht überhaupt dem »Bad Ems« galt (1817), **August von Platen** (→ Ansbach/ BY), **Karl Immermann** (→ Düsseldorf/ NW), **Franz von Dingelstedt** (→ Marburg/Halsdorf/HE), **Ferdinand Freiligrath** (→ Detmold/NW), **Richard Wagner** (→ Bayreuth/BY) . . . bis hin zu **Fjodor M. Dostojewski** (1874, auch 75, 76 und 79). Der rühmte den »Einklang von Berg und Tal«, speiste im »Russischen Hof« (Römerstraße 23), schimpfte, weil er nicht spielen konnte (die Bank war 1872 geschlossen worden), und begann den R. »Der Jüngling«, spendete für den Bau der russ.-orthodoxen Kirche. – In dt. Lesebüchern hielt sich lange das populäre Lied »König Wilhelm saß ganz heiter / jüngst zu Ems, dacht garnicht weiter« von **Wolrad Kreusler** (→ Korbach/Arolsen/HE), den Anlass der »Emser Depesche« besingend, die 1870 zum Krieg führte (Benedetti-Stein im Kurpark). – Im Hause »Wilhelmsburg«, Römerstraße 43 (heute »Altdeutsche Weinstube«), hatte der »Scherbenclub« sein Domizil; unter den Mitgliedern **Emil Rittershaus** (Wuppertal/NW). Oft in Bad E. auch **Rudolf Presber** (→ Frankfurt a. M./HE), seine Erzählung »Der Don Juan der Bella Riva« (1905) spielt hier. 1958 erschienen die Jugenderinnerungen (»In süßen Freuden ging die Zeit«) des Literarhistorikers **Adolf Bach** (1890-1972), sein Grab auf dem Friedhof.

Diez

Heimatmuseum. – Spielmann-Bücherei.

Fritz von Unruh (→ Koblenz/RP) kehrte 1952 nach D. zurück, dessen nicht immer bequemer Ehrenbürger er seit 48 war (Gedenktafel Pfaffengasse 27). 1955 verbittert wieder nach New York, ein Jahr später abermals in Deutschland, lebte er nun bis zu seinem Tode 1970 auf dem Familiensitz, Hof Oranien, bei D.; Grab auf dem Neuen Friedhof.

A **Fritz Philippi** (→ Wiesbaden/HE) war von 1904-10 Pfarrer und Strafanstaltsprediger in D. (das Schloss bis 1927 Zuchthaus). Aus dieser Zeit der Roman »Adam Notmann« (1906) und die »Zuchthausgeschichten« (»Auf der Insel«). – Der v. a. wegen seiner Frankreich-Bücher (»Franzosen kreuz und quer«, 1956) arrivierte **Walter Lenz** (1911-63) lebte lange in Diez.

Nassau

Auf dem Berg die Stammburg Nassau-Oranien, am halben Hang Schloss Stein; die vom Stein zogen schließlich ganz ins Tal. »Wilhelmus von Nassauwen« lebt im niederländ. Volkslied fort, »Die Frau vom Stein«, die, um das Glück ihrer Kinder zu sühnen, »heimlich ihre Straße weggehet«, in der Sage (**Karl Simrock/**→ Bonn/ NW; **Wilhelm Schäfer/**→ Schwalmstadt/Ottrau HE; **Leo Sternberg/**→ Rüdesheim/HE). Im Stadtschloss wurde am 26. 10. 1757 **Heinrich Friedrich Karl Freiherr vom und zum Stein** geb. Hier entstand 1807 die »Nassauer Denkschrift«, wurde 1819 die »Gesellschaft für Deutschlands ältere Geschichtskunde« gegründet, die die wichtigste Slg. ma. Quellen zur dt. Geschichte, die »Monumenta Germaniae historica«, herausgab. Stein starb am 29. 6. 1831 auf Schloss → Cappenberg (Lüdinghausen/NW) und wurde in der Familiengruft in **Frücht** auf den Lahnhöhen eigesetzt. (»Briefwechsel, Denkschriften und Aufzeichnungen«, Hrsg. E. Botzenhart, 1931-37; Nachlass Schloss Cappenberg, Bundesarchiv.) Gedenkstätte im neogot. Umbau des Schlosses; Monument bei der Burgruine Stein. – Gäste im Schloss, die v. a. St.s Mutter aufsuchten (die Schwester Jeanette Louise stand Modell für die Gräfin in »Wilhelm Meisters Lehrjahre«): **Goethe, Johann Caspar Lavater** und **Johann Bernhard Johann Bernhard, Sophie von La Roche** (→ Kaufbeuren/BY), die Brüder **Humboldt** (→ Berlin), **Johann Joseph von Görres** (→ Koblenz/RP), nicht zuletzt **Ernst Moritz Arndt** (→ Bonn/NW): Aufzeichnungen in »Meine Wanderungen und Wandlungen mit dem Reichsfreiherrn H. F. K. v. Stein« (1858). – Auf dem Friedhof das Grab von **Hermann August Weber** (1900 Nastätten/Taunus-1979 N., Nachlass SA Koblenz), Lyriker, Dramatiker, Erzähler (»Anmut des Tales – Städte der Lahn«, 1980).

St. Goarshausen

Jörg Ritzel, * 31. 3. 1864 St. G., † 16. 3. 1941 Wiesbaden, Erzähler und Stückeschreiber, rhein. Themen. Speziell:»Trutz Katz« (Ep. 1910). – Geburtshaus Rheinstraße 80 (Gedenktafel).

L Wilhelm Heinrich Riehl (→ Wiesbaden/HE): Auf einer Rheinfahrt (1857) mit J. V. von Scheffel (→ Karlsruhe/BW) entstand angesichts der Burg Reichenberg im Taunus der Plan zur Novelle »Burg Neideck« (1876). **Nanny Lambrecht** (→ Simmern/Kirchberg/RP): »Overstolz« (R. 1927). **Ludwig Nies** (1892-1971 / Grab auf dem Friedhof): »Im Sagenland der Loreley« (Sagen, En., G. 1950).
E Loreley. 132 m hoher, sagenumwobener Felsen oberhalb von St. G., rheinromant. Inbegriff der Landschaft und (noch immer) Touristenattraktion Nr. 1; Denkmalprojekte: »Eine Lore auf die Lay«, seit eh und je; heute ein Loreley-Denkmal oben rechts vom Hotel, eine fünf Meter hohe Bronzefigur auf der Mole des Winterhafens, eine Heine-Büste in der Grünanlage an der Fähre; Festspiele auf der Freilichtbühne.

Selbst keine eigentl. Sagengestalt, sondern (angeregt wohl durch Goethes »Es war ein König in Thule«) eine Erfindung C. Brentanos (Ballade im R. »Godwi« 1801). »Lore Lay« ist hier eine »Zauberin«, ein schönes Mädchen, durch die Untreue eines Mannes verstört, das alle Männer anlockt und ihnen Unheil bringt. Um den Fluch zu brechen, will sie sterben. Sie stürzt sich von einem Felsen in den Rhein, als sie in ein Kloster gebracht werden soll. N. Vogt aus dem Frankfurter Brentano-Kreis publizierte den Stoff 1817 als Rheinsage. J. v. Eichendorff (»Ahnung und Gegenwart«, R. 1815) und O. H. v. Loeben (»Loreley, eine Sage vom Rhein«, E. 1821) entwickelten Stoff und Motiv weiter. Die berühmteste Variation, auch durch F. Silchers Vertonung, H. Heines Gedicht: »Ich weiß nicht, was soll es bedeuten . . .« (1823/24). Spätere Bearbeiter (A. Schreiber, E. Geibel, J. Wolff, J. Ringelnatz, K. Valentin, E. Kästner, J. R. Becher u. a.) suchen Brentanos Balladengestalt und Heines Fee auf dem Felsen zu vereinigen. Neuere Variationen von R. Ausländer, U. Berkéwicz, P. Rühmkorf. 50 L.-Opern. –

St. Goarshausen: Loreley (Stahlstich von F. Herchenheim (1868)

W. Minaty (Hrsg.), Die Loreley (1988); M. Kramp u. a. (Hrsg.), Die Loreley. Ein Fels im Rhein. Ein deutscher Traum. Ausstellungskat. 2004.

R Zwischen Rhein und Pfalz, Bahn und Stadt steht Blücher überlebensgroß in **Kaub** (B.-Museum Metzgergasse 6). Der hist. Rheinübergang 1813/14 »Glock zwölf« hat längst seine Legenden und Lieder: **Goethe, Clemens Brentanos** (→ Frankfurt a. M./HE) »Kriegsrundgesang«, **August Kopisch** (→ Berlin), **Franz von Dingelstedt, Adelheid von Stolterfoth** (1800-75). An die Sage von Geschützgießer Welzens Else erinnern beim Winzerfest jährlich Wahl und Festzug des »Elslein von Kaub«. – Unterhalb der »Feindlichen Brüder« **Sterrenberg** und **Liebenstein** (Sage, u. a. bei **Heinrich Heine**/→ Düsseldorf/ NW, **Karl Simrock** und **W. O. von** → **Horn**/→ Simmern/RP) erinnert an der Wallfahrtskirche von **Kamp-Bornhofen** eine Tafel an den »Sänger des Bornhofer Wallfahrtsliedes« (»Geleite durch die Welle . . .«) **Guido Görres** (→ Koblenz/RP). – Seine »Sänger« haben hier die Ruinen gleich schockweise. Die »Deutsche Burgenvereinigung« hat mit Bibliothek und Archiv ihren Sitz auf der Marksburg über **Braubach**.

Beim Anblick von Burg Lahneck über **Lahnstein** schrieb **Goethe** auf der »fröhlichen Rheinreise« am 18. 7. 1774 das Lied vom »Geistesgruß«: »Hoch auf dem alten Turme steht . . .« Vom »alten Turm« warf in höchster Not einige Jahrzehnte später die Engländerin Idilia Dubb gekritzelte Blätter, denn die Treppe war hinter ihr zusammengebrochen; nach Jahren erst fand man ihre Gebeine und das Tagebuch mit letzten Eintragungen (G. Hill, Das verschwundene Mädchen, 2002). **Wilhelm Schäfer** erzählt den Vorfall in seiner Anekdote »Das fremde Fräulein«. (Burgfestspiele im Sommer). – Das »Alte historische

Wirtshaus an der Lahn« (Lahnstr. 8, die Goethe-Plakette erinnert an sein Mittagsmahl mit Lavater und Brentano) zu besitzen rühmt sich der Ortsteil **Niederlahnstein** (heute Lahnstein I). In **Dausenau**, wo im »Schiefen Turm« **Emma** von **Eginhard** (→ Seligenstadt/HE) befreit worden sein soll, behauptet man das – wie ebenso in Marburg (HE) auch. – Stätten **Clemens Brentanos**: Auf einer Lahninsel bei **Ahl** (Lahnstein-A.) saß Hannchen Kraus, die »Einsiedlerin vom Eisenhammer«, B. nannte sie seinen »neuen Arnim«. In **Laurenburg** und Kloster **Arnstein** (Obernhof-A.) wird die ganze Szenerie der »Chronika eines fahrenden Schülers« (1818) lebendig: »Es sang vor langen Jahren/Wohl auch die Nachtigall«. Das Bild eines schlangenumwundenen Männerkopfes im linken Seitenschiff der Klosterkirche regte **Ernst von Wildenbruch** (→ Berlin) zur Novelle »Das Bild von Arnstein« an. – Das Hotel »Altes Herrenhaus zum Bären« in **Holzappel** verdankt seinen Namen **Goethe**: denn G. machte hier (»Goethehaus« gegenüber am Markt, Gedenktafel) am 23. 7. 1815 geolog. Studien (»Goethepunkt« auch bei **Obernhof**). »Holzappel«, ein Lustspiel von **Hermann August Weber** (1950). – **Miehlen** ist der Geburtsort (1783) von Johannes Bückler (Hauptstraße 60), dem »**Schinderhannes**« (→ Simmern/RP).

B G. Bach, Bad Ems in Literatur und Dichtung (Rhein. Heimatpflege 2/1972); R. Diezemann, Ran wie Blücher, in: Lit. Reiseführer Rheinland-Pfalz (2001).

Z Bad Schwalbach (HE); Boppard, Koblenz (RP); Limburg a. d. L. (HE); Montabaur, St. Goar (Simmern/RP).

BADEN-BADEN/BW

Staatliche Kunsthalle, Sammlung Frieder Burda, Stadtgesch. Sammlungen (Neues Schloss), Heimatmuseum im Baldreit (Baldreit-Stipendium). – Festspielhaus, Theater B.-B. – SWR Funkhaus B.-B. (Hörspielpreis seit 1954; Dedalus Preis für Neue Literatur seit 1998; Bestenliste und Literaturpreis des Literaturmagazins seit 1972 bzw. 78).

Otto Flake (Ps. **Werenwag**), * 29. 10. 1880 Metz, † 10. 11. 1963 B.-B., Erzähler, Essayist. Jugend in Colmar und Straßburg. Ausgedehnte Reisen. Seit 1928 in B.-B. ansässig; Wohnung 1936-55 Kaiser-Wilhelm-Straße 25; 1960 Heimatpreis der Stadt. – W.: »Hortense oder Die Rückkehr nach Baden-Baden« (1933); »Es wird Abend« (Aut. 1960). – Seit 1970 Ehrengrab auf dem Stadtfriedhof. – Archiv und Nachlass Stadtbibliothek.

Werner Bergengruen, * 16. 9. 1892 Riga, † 4. 9. 1964 B.-B., Novellist, Romancier und Lyriker. Lebensstationen u. a. → Berlin, → München/BY, Zürich. Zog 1958 nach B.-B., Wohnung Zeppelinstraße 34, Freundschaft mit R. Schneider. – Aut. »Deutsche Reise« (1934), »Dichtergehäuse« (1966). – Ehrengrab auf dem Stadtfriedhof. – Nachlass DLA Marbach. – W. B.-Gesellschaft.

Friedrich Bischoff (bis 1933 Fritz Walter B.), * 26. 1. 1896 Neumarkt/Schlesien, † 21. 5. 1976 Großweiler bei Achern/BW, Erzähler (»Die goldenen Schlösser«, R. 1935) und Lyriker. Rundfunkmann der Ersten Stunde: 1926-33 Intendant des Senders Breslau, 1946-65 Intendant des Südwestfunks in B.-B. Erfand den Begriff »Hörfolge«, entwickelte Formen des Hörspiels. – Grab auf dem Stadtfriedhof.

Reinhold Schneider, * 13. 5. 1903 B.-B., † 6. 4. 1958 → Freiburg i. Br./BW. Seine Essays, hist. Erzählungen, Dramen und theol. Schriften machten ihn zu einer moral. Instanz. Lebte bis 1938 u. a. in → Berlin und → Potsdam (BB), seither in Freiburg. Nach 1945 zahlreiche Ehrungen, u. a. 1956 Friedenspreis des Dt. Buchhandels. – Das Geburtshaus, Hotel »Meßmer« (Werderstraße 1), wurde 1956/57 niedergerissen; die Geschichte dieses Hauses erzählt »Der Balkon« (1957). Weitere Texte über B.-B. in »Verhüllter Tag« (1954). – Ehrengrab auf dem Stadtfriedhof; Gedenktafeln Werderstraße 1 und am Lesecafé. – Nachlass LB Karlsruhe.

A Unter den elsäss. Gästen im 15. Jh. **Geiler von Kaisersberg**, **Sebastian Brant** und **Thomas Murner**. Die große Zeit der Literaten in B.-B. begann gegen Ende des 18. Jh.s; seitdem gibt es auch zahlreiche poet. Reiseführer und Gedichte auf Stadt und Landschaft, wie **Friedrich von Matthissons** (→ Stuttgart/BW) Elegie auf die Ruinen des alten Schlosses (1787). Zur Goethezeit kamen: **Max von Schenkendorf** (→ Koblenz/RP), **Ernst Moritz Arndt** (→ Rügen/MV), **Karl August Varnhagen von Ense** mit seiner Frau **Rahel** (→ Berlin), die im »Goldenen Kreuz« ihren Salon probte, und **Sulpiz Boisserée** (→ Köln/NW). Der Verleger **Johann Friedrich von Cotta** (→ Stuttgart/BW) erwarb 1809 das Hotel »Badischer Hof«, wo u. a. **Ludwig Tieck** (→ Berlin) zu Gast war. **Marianne von Willemer** (→ Frankfurt a. M./HE) bewohnte zeitw. das Gärtnerhäuschen neben dem Tor zum Neuen Schloss.

Johann Peter Hebel (→ Lörrach/Hausen/BW) riskierte 1812 ein paar Spielchen im Kurhaus. – Von den schwäb. Romantikern hatten **Gustav Schwab** (→ Stuttgart/BW) und **Ludwig Uhland** (→ Tübingen/BW) eine Vorliebe für die Ebersteinburg, **Justinus Kerner** (→ Ludwigsburg/BW) schwärmte für B.-B.-Lichtental. Tonangebend im 19. Jh. die Pariser Society,

Baden-Baden: Barfuß auf der Weltkugel – Dostojewskij-Statue im Rotenbachtal (L. Baranov, 2004)

in ihrem Gefolge der halbe franz.Parnass: **Alfred de Musset, Gérard de Nerval, Alexandre Dumas d. J., Honoré de Balzac, Victor Hugo.**Berühmt auch die russ. Kolonie: **Wassilij A. Schukowskij** (gest. 1852 in B.-B.), **Nikolaj Gogol, Leo Tolstoi** und **Fjodor M. Dostojewski,** der die Spielbank belagerte (Büste und Gedenktafel Bäderstraße 2, Statue im Rotenbachtal). **Iwan Turgenjew,** ab 1862 hier: »ménage à trois« mit dem Ehepaar Viardot; Reminiszensen im R. »Rauch«, 1867 (Gedenktafel Kaiserallee 2, Büste in der Lichtentaler Allee).
Dt. Besucher im 19. Jh.: **Berthold Auerbach** (→ Rottenburg/Nordstetten/BW), **Karl Spindler,**der »deutsche Walter Scott« (1796-1855), und sein Sekretär **Wilhelm von Chézy** (1806-65), **Karl Gutzkow** (→ Berlin), **Nikolaus Lenau** (→ Stuttgart/ BW). **Theodor Storm** (→ Husum/SH)

schloss 1865 Freundschaft mit I. Turgenjew und der Sängerin Pauline Viardot; in deren Haus auch **Richard Wagner** (→ Bayreuth/BY) und **Gustave Flaubert** verkehrten. **August Lewald** (→ Stuttgart/ BW) starb hier 1871. – Nach 1870 war die Franzosenzeit vorüber. Jetzt traf man **Friedrich Theodor Vischer** (→ Stuttgart/ BW: »Epigramme aus Baden-Baden«) und **Friedrich Nietzsche** (→ Weißenfels/Lützen/ST), der im Frühjahr 1878 die Korrekturen zu»Menschliches, Allzumenschliches« hier las. Zu den amüsantesten Schilderungen B.-B.s gehört **Mark Twains** »Bummel durch Europa«. – **Georg Herwegh** (→ Stuttgart/BW) lebte seit 1866 in B.-B.-Lichtental. Nach seinem Tod am 7. 4. 1875 inszenierte man einen Trauerzug durch die Stadt, an dem zahlreiche lit. und pol. Prominenz teilnahm (G.-H.-Gesellschaft seit 1972). – Der Arzt und Psychoanalytiker **Georg Groddeck** (→ Naumburg/Bad Kösen/ST) eröffnete 1900 das Sanatorium Marienhöhe Werderstraße 14 (heute Hotel »Tanneck«); 1923 »Das Buch vom Es«; Gedenktafel Schwarzwaldstraße 13; Grab Stadtfriedhof. – Nach dem 1. Weltkrieg kamen: **Eduard von Keyserling** (→ München/BY), **Gerhart Hauptmann, Wilhelm von Scholz** (beide → Berlin) und **Kasimir Edschmid** (→ Darmstadt/HE). 1927 wurde die kleine Fassung von »Mahagonny« von **Bertolt Brecht** (→ Augsburg/BY) uraufgeführt; zwei Jahre später löste das »Badener Lehrstück vom Einverständnis« (Musik: P. Hindemith) einen Theaterskandal aus. – Neuere Texte über B.-B. – neben den Chronisten **Otto Flake** und **Reinhold Schneider** – auch bei dem Schauspieler und Übersetzer **Albrecht Schoenhals** (1888-1978) und **Gustav Schenk** (→ Hannover/NI), der am 3. 5. 1969 in Ebersteinburg starb und auf dem Lichtentaler Friedhof begraben ist. Am 25. 10. 1947 starb

Alexander von Gleichen-Rußwurm (→ Hammelburg/BY) hier.

In B.-B. erlebte der Franzose **Louis-Ferdinand Céline** die letzten Tage der Vichy-Regierung (»Norden«, 1957). Vom Herbst 1945 an war **Alfred Döblin** (→ Berlin) mehrere Jahre lang Berater der franz. Kulturverwaltung in B.-B. und Hrsg. der Literaturzs. »Das goldene Tor«. – »Grüner Salon für kurze Gastspiele: eine Stadt – zum Sterben schön«: **Horst Krüger** (→ Magdeburg/ST), 1952-67 Nachtprogrammredakteur im SWF, 1967 in »Stadtpläne«. – Erzählerische »Zwischenspiele« aus den 70er Jahren von **Rolf Hochhuth, Elisabeth Plessen** und **Otto Jägersberg**. – »Wieder ist Frühe der Zeit«, Lesebuch 1983 von **Franz Büchler** (1904-90; Grab Lichtentaler Friedhof). – Krit.-satir. »Panoptikum des kurstädtischen Treibens« heute: **Carsten Otte**, »Sanfte Illusionen« (R. 2007).

L Anregungen für die Slg. badischer Sagen und Volkslieder gaben der Aufenthalt von **Clemens Brentano** (→ Koblenz/RP) 1806 (»Wunderhorn«) und die Märchenslgg. der **Brüder Grimm** (→ Hanau/HE). Sammler, Forscher und Beiträger waren u. a. **Aloys Wilhelm Schreiber** (→ Brühl/BW), **Albert Ludwig Grimm** (→ Heilbronn/Schluchtern/ BW), **Friedrich Heinrich Wilhelmi** (1786-1860); **Eduard Brauer** (1811-71) gab 1845 die Anth. »Sagen und Geschichten der Stadt Baden und ihrer Umgebung in poetischem Gewande« heraus. Abschluss mit dem »Badische Sagenbuch«, 1846 hg. von **August Schnezler** (1809-53, Verfasser des Volksliedes »Gold und Silber«). Als Sammler taten sich auch hervor: **Bernhard** und **Friedrich Baader, Hippolyt Schreiber** und der Freiburger **Heinrich Schreiber** (1793-1872). In der Trinkhalle an der Oos 14 Fresken mit Schwarzwald-Sagen.

S **Stadtbibliothek:** Im Gartenhaus: Gedenkzimmer für O. Flake, W. Bergengruen, R. Schneider, G. Groddeck, F. Büchler. – **Bibliotheksgesellschaft B.-B.**

B K. Fischer, B.-B. erzählt, 1985; Marbacher Magazine und »Spuren« zu Cotta (Mag. 79/ 1997), Turgenjew (Sp. 9/1990), Groddeck (Sp. 13/1991).

Z Bühl, Calw, Freudenstadt, Karlsruhe, Rastatt (BW).

BAD FRANKENHAUSEN/TH

Heimatmuseum im Schloss; vor der Stadt Bauernkriegspanorama mit dem Monumentalbild »Frühbürgerliche Revolution in Deutschland« (1987) von W. Tübke.

Kristan von Luppin, 1292-1312 bezeugt, Minnesänger. Sein Bildnis in der »Manessischen Liederhandschrift« (→ Heidelberg/BW), die sieben Texte von K. überliefert. – Gedenktafel an der Rothenburg.

Friedrich Wilhelm Zachariä, * 1. 5. 1726 F., † 30. 1. 1777 → Braunschweig/NI, Versepiker und Hrsg. (»Auserlesene Stücke der besten deutschen Dichter«, 3 Bde., 1766-78). Besuch der Fürstl. Landschule in F. Z.s lit. Ruhm gründet auf das immer wieder aufgelegte, im Jenaer und Leipziger Studentenmilieu spielende »scherzhafte Heldengedicht« »Der Renommist« (1744, n. D. Ignasiak 1998). – Poetische Schriften (9 Bde., 1763-65). – Geburtshaus: Klostergasse 9 (Gedenktafel).

A 1525 lagerten 8000 Bauern vor F., unter ihnen als Feldprediger **Thomas Müntzer** (→ Sangerhausen/Stolberg/ST). Am 15. 5. griff das anrückende Fürstenheer die Bauern an. 6000 von ihnen wurden niedergemetzelt. M. wurde in der Nähe des Angertors (Gedenktafel am Mauerrest Anger/Ecke Zinkestraße) gefangen genommen. **Hans Hut** (→ Hildburghausen/Römhild/TH), bis zuletzt an M.s Seite, entkam.

E Der Kyffhäuser. Die Kaiserburg gehörte zu den größten Anlagen ihrer Art. Ob Friedrich I. Barbarossa je dort oben war, ist unge-

Bad Frankenhausen: Kyffhäuser – »Der Kaiser im Berg«

wiss. Zum Mythos wurde sie aber erst nach ihrem Verfall im 14. Jh. und der Erhebung des Kyffhäusers durch Johannes Rothe zum Sagenberg. Doch beziehen sich seine Erzählungen mehr auf des Rotbarts Enkel, den »Ketzerkaiser« Friedrich II. In dem auf Rothe fußenden »Volksbuch von Friedrich Barbarossa« (1519) waren beide Kaiser schon zu einer Mythenfigur verschmolzen: der Kaiser schlafend an einem Tisch im Kyffhäuser sitzend und erst wiederkommend, wenn ein neues Reich gegründet sei. Lit. Bedeutung erlangte der Stoff in der Romantik, als nach dem Sieg über Napoleon die Reichserneuerung auf der Tagesordnung stand. Schon 1810 fand in F. ein Musikfest statt, auf dem die Teilnehmer Barbarossa »zum baldigen Erwachen und zur endlichen Befreiung Deutschlands« aufriefen. Von diesen Gedanken ist F. Rückerts populäre Ballade »Barbarossa« (»Der alte Barbarossa,/Der Kaiser Friederich,/Im unterirdschen Schlosse/Hält er verzaubert sich«, 1817) erfüllt, auf die sich inhaltl. die meisten anderen Dichtungen beziehen, allein H. Heine schuf im Vorfeld der 48er Revolution ein poet. Gegenbild (»Deutschland – Ein Wintermärchen«, 1844). – L. Bechstein erzählt die Geschichte nüchtern und ohne nationales Pathos im »Thüringer Sagenbuch« (1836). Ballades-

ke romant. »Barbarossa«-Gedichte schrieben nach Rückert u. a. F. Freiligrath (1829), E. Geibel (1837), E. Marlitt (1854) und H. von Lingg (1889). Von den Heimatdichtern, die den Stoff aufgriffen: Albert Grützmann (»Gedichte«, 1846). – Das Kaiser-Denkmal (1896) zeigt den erwachenden Barbarossa und über ihn reitend Wilhelm I. In der Rotunde Bronze-Relief »Kyffhäuser« (1969) mit Versen von Johannes R. Becher.

Ⓑ D. Ignasiak, Der Kyffhäuser. Von der Reichsburg zum deutschen Mythos, in: Palmbaum 1/1994; R. Rödger/P. Wäldchen, Kyffhäuser. Burg und Denkmal, 1996.
Ⓩ Artern, Sömmerda, Sondershausen (TH); Sangerhausen (ST).

BAD HERSFELD/HE

In der Stiftsruine jährl. im Sommer Festspiele. – Städt. Museum (heimatgesch. Bibliothek).

Lampert von H., * um 1025, † nach 1081 H., seit 1058 Mönch im Benediktinerkloster zu H. Seine kaiserfeindlichen »Annales«, etwa 1078/79 vollendet, sind eine wichtige Quelle der Zeit (Übers. A. Schmidt, 1957). Schrieb außerdem ein »Carmen de bello Saxonico« und eine »Vita Lulli«, die Lebensgeschichte des Mainzer Erzbischofs und H.er Stadtgründers.

Konrad Duden (→ Wesel/NW) war 1876-1905 Direktor der Alten Klosterschule (heute K.-D.-Schule). Gab hier das »Vollständige Orthographische Wörterbuch der deutschen Sprache« (1880) heraus. – Wohnhaus Neumarkt 31 (Gedenktafel); Grab auf dem Friedhof Frauenberg; D.-Brunnen im Kurpark; im Stiftsbezirk Bronze-Denkmal; K.-D.-Museum Neumarkt 31.

Aus Bad Hersfeld stammen: **Johannes Nuhn** (1442-nach 1523), der mehrere Chroniken verfasste, darunter ein »Chronicon Hassiacum«. Der 1592 zum »poeta laureatus« gekrönte **Hermann Kirchner** (1562-1620) und der Lyriker, Erzähler und Übersetzer **Karl Altmüller** (1833-1880 → Kassel/HE), der Verfasser des Hessenliedes »Ich weiß ein theuerwertes Land« (Wohnung am Kirchplatz).

A **Martin Luther** (→ Eisleben/ST) weilte 1521 auf der Rückkehr vom Wormser Reichstag sechs Tage in Bad H. und predigte in der Stiftskirche; er soll im Wasserschloss Eichhof übernachtet haben (L.-Zimmer). – Im Karzer der Alten Klosterschule musste 1849 **Johann Gottfried Kinkel** (→ Bonn/NW) auf dem Transport von Rastatt in das Spandauer Gefängnis eine Nacht kampieren.

L Sagen und Geschichten u. a. vom Lullusfest (16.10.) und den »Mückenstürmern«. – Kloster H. ist Schauplatz im »Nest der Zaunkönige«, dem 2. Band des Romans »Die Ahnen« (1873-81) von **Gustav Freytag** (→ Wiesbaden/HE), auch der Ballade »Hexenlied« (1883) von **Ernst von Wildenbruch** (→ Berlin), Denkmal im Kurpark. – Oberstleutnant J. B. Lingg, der 1807 die von Napoleon befohlene Einäscherung der Stadt verhinderte (L.-Klause, Denkmal am L.-Platz), ist Held der Geschichte »Der Kommandant und die badischen Jäger in Hersfeld« (1808) von **Johann Peter Hebel** (→ Lörrach/Hausen/BW) und Held einer der »Hundert Histörchen« (1940) von **Wilhelm Schäfer** (→ Schwalmstadt/Ottrau/HE). – Romane außerdem von **Julius R. Haarhaus** (→ Wuppertal/NW) »Der grüne Dämon« (1914) und »Ursula« (1937) von **Klaus Erich Boerner** (1915-43). Erzählungen: »Der Laternenmann« (1972) von **Georg Wilhelm Meister** sowie »Wiedersehen in Hersfeld« (1972) und »Tagelöhner in einer kleinen Stadt« (1977) von **Gerhard Uhde** (1902-80, Grab auf dem Friedhof). – Passagen über die Stadt in »Im alten Reich« (1927) von **Ricarda Huch** (→ Braunschweig/NI) und in »Deutschlands Morgenspiegel« (1950) von **Konrad Weiß** (→ Schwäbisch-Hall/Michelbach a. d. Bilz/BW).

Rotenburg

1775 lässt sich **Adolph Freiherr von Knigge** (→ Hannover/Bredenbeck/NI) für zwei Jahre auf dem Hofgut seiner Schwiegermutter in **Nentershausen** nieder, wo sein erstes Theaterstück entsteht. Im Gartenpavillon des Baumbachschen Gutshofes berichtet 1812 die 16 Jahre alte Kasseler Apothekerstochter **Dorothea Wild**, später die Frau von Wilhelm G., den **Brüdern Grimm** (→ Hanau/H) ihre Märchen. Als die Brüder 1837 in Göttingen ausgewiesen wurden, bot ihnen Bergrat K. Fulda an, auf der Friedrichshütte zu wohnen (heute Ausflugslokal mit Gedenktafel und »Märchenstein«). »Es ist eine schöne recht hessische Gegend, einsame stille Wiesengründe zwischen ernsten Wäldern« (W. Grimm 1840). Der Kreis der »Gebildeten auf dem Lande« war eine wichtige Quelle für die Märchenslg. – Aus dem Pfarrhaus von **Solz** (Bebra-S.) kam der Literarhistoriker und Folklorist **August Vilmar** (1800-1868).

R In **Kirchheim** wurde 1818 der Literarhistoriker, Lyriker und Dramatiker **Karl Schmitt** geb., er starb 1855 in Kassel. – Das steinerne »Nadelöhr« von 1561 bei **Friedewald** erinnert an den Hänselbrauch, jemand durch ein solches Öhr zu schicken. In »Martin Moser oder die Flucht nach Friedewald« (1930) erzählt der aus dem thüring. Barchfeld stammende **Wilhelm Niemeyer** aus dieser Landschaft.

Z Fulda, Fritzlar, Kassel, Schwalmstadt (HE); Eisenach, Eckardtshausen, Möhra (TH).

BAD HOMBURG VOR DER HÖHE/HE

Stadtbibliothek. – Schlossmuseum mit Bibliothek (18.Jh.); Museum im Gotischen Haus mit Slgg. zur Geschichte der Stadt und Landgrafschaft.

Friedrich Hölderlin (→ Lauffen/BW) lebte 1798-1800 in der Haingasse 12 (Neubau) und 1804-06 in der Dorotheenstraße 36 (Gedenktafel am Neubau) in Bad H. Beide Male holte ihn sein Freund Isaak von Sinclair (1775-1815), Leiter der landgräfl. Regierung, hierher und vermittelte ihm – nach ersten Anzeichen des Wahnsinns – zum Schein eine Bibliothekarsstelle. H. vollendete hier den 2. Teil des »Hyperion« (1799) und schrieb einige seiner wichtigsten Gedichte (darunter »Der Wanderer« und »Die Eichbäume im Taunus«). Jeden ersten Donnerstag im Monat wanderte er nach Frankfurt, um sich heimlich mit Susette Gontard, seiner »Diotima«, zu treffen und Briefe auszutauschen. Am 11.9.1806 gewaltsamer Abtransport H.s nach Tübingen. – Denkmal im Kurpark; Dokumentation im Museum im Gotischen Haus. – Sinclair-Haus Ecke Löwengasse/Dorotheenstraße. – Hölderlin-Literaturpreis der Stadt Bad Homburg.
Geb. in Bad H.: **Friedrich Carl Casimir Freiherr von Creutz** (1724-1770/Grab in der franz.-reformierten Kirche, Dorotheenstr.), beachtet als Philosoph und staatswiss. Schriftsteller, als Poet Dilettant und Didaktiker (»Oden und andere Gedichte«, 1750). – In Bad H. starb der Regierungsrat **Christian Karl Ernst Wilhelm Buri** (1758-1817), der Gedichte in Klopstock-Manier schrieb: »Harfenschläge einer religiösen Muse« (Nachlass StB Bad H.). – Aus Bad H. außerdem: der Lyriker, Dramatiker und Essayist **Oskar A.**

Schmitz (1873-1931); Jugend-Erinn. »Die Geister des Hauses« (1926).
A **Goethe** (→ Frankfurt a. M./HE) und **Johann Heinrich Merck** (→ Darmstadt/HE) wanderten 1772 nach Bad H., wo G. mit dem Hoffräulein Luise von Ziegler, einer der »Empfindsamen«, eine Romanze hatte. Das Gedicht »Pilgers Morgenlied« sollte den Schwur zur »ewigen Liebe« bekräftigen. – **Karl August Varnhagen von Ense** (→ Düsseldorf/NW) kam im Sommer 1844, um eine Geschichte der landgräfl. Familie zu schreiben, und traf **Ferdinand Freiligrath** (→ Detmold/NW). Seine Tagebuchaufzeichnungen geben ein vorzügl. Bild des Badelebens. – Ein Jahr vorher war die Spielbank eröffnet worden. »Hier ließe sich leben, wenn nur das verdammte Roulette nicht wäre«, schrieb **Fjodor M. Dostojewski**, der sich hier 1863, 67 und 70 aufhielt, zuletzt im »Hotel du Parc« (Schwedenpfad 8, leicht verändert). Als »Roulettenburg« ist der Ort, als »Erbtante Babuschka« die Spielerin Sophie Gräfin Kisseleff in seinem Roman »Der Spieler« gezeichnet. – **Oscar Wilde** war 1892 Kurgast. – Von 1921-24 machte der Literatur-Nobelpreisträger **Samuel J. Agnon** Bad H. zu einem »der großen Zentren der hebräischen Literatur«, berichtete sein damaliger Gefährte **Gershom Scholem** (→ Berlin). Ein Brand vernichtete 1924 das Haus mit Bibliothek und Manuskripten (Agnon-Denkmal im Kurpark). – **Edzard Schapers** (1908-84) Beitrag »von vielen, vielen müßigen Aufenthalten« in der »berühmten Bäderstadt« – er wohnte nobel in den 1950er Jahren in »Ritter's Park-Hotel« – ist der R. »Attentat auf den Mächtigen« (1957).

L William **Thackeray** schätzte die Altstadt, »weit weg vom Schnurren der Roulette!« (»Jahrmarkt der Eitelkeiten«, 1848). – Bad H. ist Schauplatz in Hölderlin-Erzählungen: u. a.

von **Bruno Wille** (→ Berlin) 1921, **Heinrich Lilienfein** (→ Stuttgart/BW) 1925, **Carl Haensel** (→ Frankfurt a. M.) 1938, **Peter Härtling** 1976. – Romane weiterhin: **Egon Caesar Conte Corti** (1880-1953), »Der Zauberer von Homburg und Monte Carlo« (1932); **Erich Gunkel**, »Sonnentage in Bad Homburg« (1972); **Irene Ruttmann**, »Der Goldmacher« (1982); **Rolf Palm**, »Ich schenk' dir Monte Carlo« (n. 1995).

E Landgraf Friedrich II. von Hessen-H. musste das 1685 bei der Belagerung von Kopenhagen verlorene linke Bein durch ein künstliches mit silbernen Gelenken ersetzen. Er trug seitdem den Beinamen »mit dem silbernen Bein«. Seinen Anteil als Führer der preußischen Reiterei am Sieg über die Schweden bei Fehrbellin behandelte H. v. Kleist in seinem Schauspiel »Der Prinz von Homburg« (1811), durch das H. Marschner und H. Wolf zu musikalischen Gestaltungen angeregt wurden. Jüngere Biographie von H. Rosendorfer (1978). – Im Schloss die Schlüter'sche Bronzebüste (Vestibül) und u. a. das »Silberne Bein« im Gedenkzimmer, Reiterbild im Hauptportal.

Oberursel

Luth. Theol. Hochschule. – Stadtarchiv; Hans-Thoma-Gedächtnisstätte (im Nachlass u. a. Briefe von R. M. Rilke).

Erasmus Alberus, * um 1500 → Bruchenbrücken (Friedberg/HE), † 5. 5. 1553 → Neubrandenburg/BB, Verfasser von Streitschriften und Spottliedern, Fabeldichter (Nachdichtung des Aesop). Schulbesuch in Nidda, Studium in Wittenberg, Freundschaft mit M. Luther (→ Eisleben/ST). 1522 Gründer der Lateinschule in O., 28 Prediger in Sprendlingen, später u. a. in Berlin und Neubrandenburg.

L Eine Reimchronik der Stadt O. (1527-1724) schrieb der Ilbenstädter (Niddatal-I.) Mönch **Otto Wallau**, gest. 1763. Der in O.-Stierstadt geb. **Alois Henninger** (1814-62), der »Taunide«, stellte die erste nassau. Sa-

genslg. (1845) zusammen und gab ab 1850 in Frankfurt a. M. die Ztg. »Der Taunuswächter« heraus. Ebenfalls in S. fand 1954 **VAUO Stomps** (→ Krefeld/NW), Förderer und Verleger junger Autoren, im »Schloß Sanssouris« (nicht mehr vorhanden) ein Zuhause für seine »Eremiten-Presse«, die 1972 nach Düsseldorf verlegt wurde.

R Bei dem Versuch, das belagerte Mainz zu verlassen, wurde im Frühjahr 1793 **Caroline von Schelling** (→ Göttingen/NI) verhaftet und als Geisel für J. G. Forster auf die Feste **Königstein**, später nach **Kronberg** gebracht. – **Johann Isaak Gerning** (1767-1837) verwendete im Buchtitel seines didaktischen Gedichtes über die Heilquellen (1813) erstmals den Namen »Taunus« und bezeichnete sein Haus in Kronberg als »Taunium«. **Peter Suhrkamp** (→ Frankfurt a. M./HE) wohnte bis 1959 in K., **Benno Reifenberg** (→ Bonn/NW) starb hier 1970 (Grab auf dem Friedhof in K.). Im Gästehaus der Stadt Frankfurt in K.-**Schönberg** starb am 17. 11. 1947 **Ricarda Huch** (→ Braunschweig/NI). – In **Dillingen** (Friedrichsdorf-D.) das Grab des Erzählers **Karl-Herbert Scheer** (1928-91/»Die lange Reise«, R. 1977). **Burgholzhausen** (Friedrichsdorf-B.) ist Schauplatz des Romans »Die Hexe vom grauen Stein« (1950) von **Wilhelm Reuter** (1896-1957) aus **Oberkleen**; Freilichtspiele auf der Burg.

B W. Kirchner, Hölderlin. Aufsätze zu seiner Homburger Zeit, 1967; K.-D. Metz, Homburg im Gedicht: Verse und Bilder, 1997; O. Kroth, Märchenschlösser und Dichterresidenzen. Literarischer Streifzug durch den Taunus, 2001.
Z Butzbach, Frankfurt a. M., Friedberg, Wiesbaden (HE).

BAD HONNEF/NW

»Hier scheint ewiger Feiertag, hierher zogen schon auf der Hochzeitsreise die jungen Pärchen und kamen in Erinnerung die alten Pärchen, hierher zogen aus dem chikagohaften Babel der rheinisch-westfälischen Industrie alle die Glücklichen, die sich's leisten konnten, am Strom zu leben.« (Josef Winckler, 1933)

A In der Pfarrkirche hat auch **Albertus Magnus** (→ Dillingen a. D./Lauingen/ BY) gepredigt. – **Karl Simrock** (→ Bonn/ NW) bewohnte 1840-50 »Haus Parzival« im Ortsteil Menzenberg (S.-Straße, im Hof Büste). Hier entstand das bekannte Lied »An den Rhein, an den Rhein, zieh nicht an den Rhein ...« Den Rotwein, den er anbaute, nannte er, das mhd. Heldenlied »Ecken Ausfahrt« falsch lokalisierend, »Eckenblut«. Unter den Gästen: die **Brüder Grimm** (→ Hanau/HE), denen das Weingut Zickelburg gehörte; **Alexander von Humboldt** (→ Berlin), der mit Superlativen nicht geizte: »das deutsche Nizza«, »die rheinische Riviera« und »goldene Muschel Deutschlands«; **Ferdinand Freiligrath**, der Simrock als Weinbauern antraf (1841). – Ausgangspunkt für den Simrock-Freiligrath-Weg über Rheinbreitbach nach Unkel.

Guillaume Apollinaire war 1901/02 Hauslehrer im Frankenweg 22. Auf der Fahrt von Metz über Trier nach Waldbröl schrieb im Frühjahr 1912 auf dem Bahnhof von H. **David Herbert Lawrence** das Gedicht »The Little River«, eine Liebeserklärung an Frieda von Richthofen und nach eigener Aussage ein Wendepunkt in seinem Leben. – **Nanny Lambrecht** (→ Simmern/Kirchberg/RP) gründete in Bad H. nach dem Ersten Weltkrieg eine »Lit.-Musikal. Gesellschaft«. Auf dem Neuen Friedhof das Grab von **Rudolf Herzog** (→ Wuppertal/NW), seit 1908 Burgherr im nahen → Rheinbreitbach (Neuwied/

RP). – **Josef Winckler** (→ Steinfurt/Rheine/NW) wohnte 1930-40 auf Gut Hagerhof, K. Simrocks Haus benachbart. Mit seinen bissigen Beschreibungen der Stadt und ihrer Einwohner im Roman »Der Großschieber« (1933) handelte er sich einen Prozess ein. – In **Rhöndorf** entstanden in seinem Gartenpavillon die »Erinnerungen« (1956 ff.) von **Konrad Adenauer** (1876-1967); das Haus Gedenkstätte, Grab auf dem Waldfriedhof.

L Bad H. ist Schauplatz der Versdichtung »Rebenkranz zu Waldmeisters Silberner Hochzeit« (1876) von **Otto Roquette** (→ Darmstadt/HE) sowie des Romans »Spiel am Ufer« (1927) von **Rudolf Huch** (→ Goslar/ Bad Harzburg/NI). Beschreibungen von Stadt und Bewohnern lieferte **Julius R. Haarhaus** (→ Wuppertal/NW) in seinem Erinnerungsbuch »Ahnen und Enkel« (1927).

Heisterbacherrott

Außerhalb: die Ruine der ehem. Zisterzienserabtei Heisterbach.

Archipoeta, um 1130 Köln (?), † um 1167, ritterbürtiger Kleriker, Vagant. Nach einem Bericht des Priors soll er in H. gewesen sein, doch die meisten seiner Gedichte sind 1160-67 in Italien entstanden. Der »Erzpoet« war der wirkungsvollste Propagandist der Staufer, v. a. Kaiser Barbarossas. – »Die Gedichte des A.«, Hrsg. H. Krefeld (1958).

Caesarius von Heisterbach, *um 1180 Köln, † nach 1240 H., wo er seit 1199 Mönch war. Predigtschriftsteller und Geschichtsschreiber. Schrieb auch Viten des Engelbert von Köln und der Elisabeth von Thüringen, gab geistl. Anekdotenslgg. heraus wie den »Dialogus miraculorum« (um 1222). – »Die Wundergeschichten des C. v. H.«, Hrsg. A. Hilka (1931 ff.). – Gedenkstein in der Ruine, Bronzeplastik von E. Sander in **Oberdollendorf**.

L Weit verbreitet und viel bearbeitet die Sage vom »Mönch von H.«, der bei der Rückkehr aus dem Heisterwald feststellen muss, dass er 300 Jahre abwesend war (Brüder Grimm, W. Müller von Königswinter, W. Schäfer, H. W. Goetz). – Aufzeichnungen über H. v. a. von den Rheinromantikern: **Sulpiz Boisserée** (→ Köln/NW), **Ernst Moritz Arndt** (→ Rügen/ MV), **Karl Simrock, Alexander Kaufmann** (→ Bonn/NW) u. a.

Königswinter

Siebengebirgsmuseum (u. a. Rheinansichten, Bibliothek; W. Müller v. K., Caesarius v. Heisterbach). – Nibelungenhalle am Anstieg zum Drachenfels (mit Gemälden zu Opern R. Wagners). – Drachenhöhle.

Wolfgang Müller (gen. von **Königswinter**), * 5. 3. 1816 K., † 29. 6. 1873 → Bad Neuenahr-Ahrweiler/RP, Erzähler, Lyriker, Lustspielautor. Seit 1840 Eskadron-Chirurgus, seit 42 auch Schriftsteller in → Düsseldorf/NW, 64-73 in → Köln/ NW (Grab auf dem Melatenfriedhof). Phase der Rheinromantik 1849-52, das Lied »Mein Herz ist am Rheine« wurde zum Schlager. – W.: Dichtungen, 6 Bde. (1871-76), Dramat. Werke, 6 Bde. (1872); Sommertage im Siebengebirge (Aut. 1867). Biographie von P. Luchtenberg (1959). – Denkmal in der Rheinanlage. – Nachlass Hist. A. Köln.

E Siebengebirge, das »achte Weltwunder« (A. v. Humboldt) und »Amen des Rheins« (J. G. Forster): Der in den Bergen gedeihende Rotwein, sog. »Drachenblut«, weist auf die Sagen der Gegend. Sie wimmelten von Einsiedlern und Teufelspakten, auch von Ritterfräuleins, die ihre Verlobten aus dem Hl. Land zurückerwarten. Auch hist. und patriot. Erinnerungen sind zahlreich. Die Ruinen stammen meist aus dem 12. Jh., die Schlösser meist von den Kölner Erzbischöfen. Vor Zeiten hätten 7 Riesen das den Rhein stauende Gebirge durchstochen, ihre 7 Spaten abgeklopft, und

so entstanden 7 Berge: Ölberg, Löwenburg, Lohrberg, Nonnenstromberg, Petersberg, Wolkenburg und Drachenfels.

Texte in K. Simrocks »Rheinsagen aus dem Munde des Volkes und dt. Dichter« (1837), »Rheinsagen« (Hrsg. P. Zaunert, n. 1969) und »Sagen und Legenden vom S.« von G. P. Gath (1957). – Im 3. Gesang von »Childe Harold« (1816) besingt G. G. Byron auch den Drachenfels, weiteres bei seinen Landsleuten Th. Hood, W. M. Thackeray, G. Meredith. Gedichte von H. Heine, A. Kopisch, F. Freiligrath, E. Bertram, W. Schmidtbonn, K. Heynicke. – J. Ruland: »Echo tönt von sieben Bergen« (1970); Th. Berg (Hrsg.): »Sieben Berge, sieben Tag'« (Wanderlieder, 1975); T. Dahlhoff: »Streifzüge durch das Siebengebirge« (1968).

Oberpleis

Guillaume Apollinaire (eig. W. A. von Kostrowitzky) ließ sich 1901/02 ein Jahr lang als Hauslehrer der Tochter der verw. Vicomtesse Elinor de Milhau, geb. Hölterhoff aus Köln verpflichten. Eigentlich aber wollte er der Gouvernante Annie Playden näher kommen. Man weilte winters in der »Villa Hölterhoff« in Bad Honnef, sommers im Waldhaus »Neu-Glück« in Bennerscheid bei O., von wo aus man Ausflüge in das Rheinland unternahm, die vielfache Spuren in A.s Werk hinterlassen haben (u. a. »Rhénanes«/Rheinlieder, 1913, dt. 69). – In O. geb. ist der naturkundl. Erzähler **Werner Heinen** (1896-1976/ »Agrion, Geschichte einer Libelle«, 1938).

B P. Hübner, Zwischen Rolandsbogen und Drachenfels, in: Der Rhein, 1974.
Z Bad Neuenahr-Ahrweiler (RP); Bonn (NW); Unkel (RP); Siegburg (NW).

BAD KISSINGEN/BY

Kurtheater. – Kissinger Theatertage (August).

Otto von Botenlauben, * um 1180, † 1244 (?) Frauenroth, Minnesänger, der v. a. neue Szenen für das »Tagelied« gefunden hat. – Ruine B. südöstl. von Bad K.; Grabmal aus dem 13. Jh. in der Dorfkirche von Frauenroth; Minnesängerbrunnen auf dem Rathausplatz.
Oskar Panizza, * 12. 11. 1853 Bad K., † 30. 9. 1921 → Bayreuth/BY, phantast. Erzähler, Lyriker, Dramatiker. 1882 Irrenarzt in → München/BY. Sein 1895 veröffentlichtes Drama »Das Liebeskonzil« brachte ihn wegen »Religionsfrevels« ins Gefängnis. Lebte seit 1905 in der Heilanstalt Herzogshöhe b. Bayreuth. – W.: Die unbefleckte Empfängnis der Päpste (Sat. 1893); Dialoge im Geiste Huttens (1897); Psichopatia Criminalis (wiss. Studie 1898). – Gedenktafel »Café Russie«, Kurhausstraße 9. Nachlass LA Monacensia.
A Kurgäste im schon im Biedermeier berühmten Bad: u. a. **Johannes H. Zschokke** (→ Magdeburg/ST), **Berthold Auerbach** (→ Rottenburg/Nordstetten/BW), **Karl August Varnhagen von Ense** (→ Düsseldorf/NW), **Ludwig Rellstab** (→ Berlin), der engl. Romancier **Edward Bulwer-Lytton** und **Leo Tolstoi** (1860). Ende des 19. Jh.s dann **Theodor Fontane** (→ Berlin), der in »Der deutsche Krieg von 1866« bereits über die Kämpfe in und um Bad K., bes. um den »Liebfrauenkirchhof«, berichtet hatte, 1887/88 N. »Eine Frau in meinen Jahren«; **Joseph Victor von Scheffel** (→ Karlsruhe/BW) und **Heinrich von Treitschke** (→ Berlin). – Bei einem Kuraufenthalt 1916 erlebte **Alfred Döblin** (→Berlin) »einen Moment visionärer Entrückung«: Ausgangspunkt für seinen Roman »Wallenstein« (1920). **Carl**

Hauptmann (→ Berlin) 1919: »Kissingen ist Bethseda«. In den 1920er Jahren erwarb **Hanns Heinz Ewers** (→ Düsseldorf/NW) das »Teehaus« am Staffels und wohnte einige Zeit in K. Weiterhin: **G. B. Shaw** (1912); **Walter Bloem**, **Rudolf Herzog** (beide → Wuppertal/NW) und **Hjalmar Kutzleb** (→ Weilburg/HE). – **Thomas Mann** (→ Lübeck/SH) im Mai 1955 (»Schiller- und Lübeckreise«): »Kissingen. Dort ein paar Tage in dem schön gelegenen Hotel Sommer . . .« **Walter Janka** (→ Berlin), der Aufbau-Verleger, geleitete Th. Mann und die Seinen zur Grenzstation Wartha. »Triumphale« Weiterfahrt über Eisenach nach Weimar.

L 1811 erschienen »Briefe aus Kissingen und Bocklet« von **Heinrich Büttner**. Die Kämpfe in der Umgebung der Stadt im preuß.-bay. Krieg 1866 sind Thema der Erzählung »Durch Bruderblut« (1901) von **Carl Beyer** und des Romans »Der tote Preuße« (1973) von **Ernst von Salomon** (→ Winsen/Stöckte/NI). Die Romane »Ein Familienhaus« (1910) von **Paul Heyse** (→ Berlin) und »Kilian Kötzler« (1919) von **Johann Georg Seeger** (1867-1921) spielen ebenfalls hier. – Sage von Peter Heil (steinerner Kopf am Rathaus), der K. mit Hilfe der Bienen vor den Schweden rettete. – **W. G. Sebald** (→ Sonthofen/Wertach/BY), »Die Ausgewanderten« (1992).

Bad Bocklet

Am 12. Juli 1800 starb hier an der Ruhr die Tochter **Caroline Schlegels** (→ Göttingen/NI) **Auguste Böhmer** (1785-1800). Grabstein rechts vom Eingang zum Friedhof; im Kurmittelhaus die Kopie eines Relief-Triptychons von B. Thorwaldsen (Abbildung in Ricarda Huch: »Carolinens Leben in ihren Briefen«, 1914): Auguste reicht ihrer Mutter eine Schale mit Bockleter Heilwasser. **A. W. Schlegel** (→ Hannover/NI): Sonette »Totenopfer für A. B.« –

Aschach: Schloss, mit Museen. Auf dem Friedhof Grab des Arztes und Dichters **Michael Werner** (Ps. **Armin Werherr/** 1838-1921).

Münnerstadt

Henneberg-Museum (Deutschordenskomturei). – »Die Schutzfrau von Münnerstadt«, Heimatfreilichtspiel von Pfarrer Ludwig Nüdling, 1927.

Kaspar von der Rhön, Mitverfasser des »Dresdner Heldenbuches« (1472), zu dem er die Epen »Ecke«, »Wormser Rosengarten«, »Sigenot«, »Wunderer«, »Herzog Ernst« und »Laurin« beisteuerte, stammt aus M.

B W. Schmidt, Bad Kissingen und seine Gäste, 1992.
Z Hammelburg, Mellrichstadt, Schweinfurt, Würzburg (BY).

BAD KREUZNACH/RP

Römerhalle und röm. Villa, Schlossparkmuseum. – Bücherei des Vereins für Heimatkunde (Werke über und von Autoren aus dem Naheraum).

Friedrich Müller (gen. **Maler Müller**), * 13. 1. 1749 Bad K., † 23. 4. 1825 Rom, Doppelbegabung, Lyriker, Dramatiker des Sturm und Drang. Lehre bei einem Hofmaler in → Zweibrücken(RP), 1774 nach → Mannheim (BW), 77 kurfürstl. Kabinettsmaler. Ab 1778 in Rom, 98 ausgewiesen, 1805 Pension von Ludwig I. von Bayern. – Werke: Pfälzische Idyllen (1776); Fausts Leben dramatisiert (Fragm. 1778). Werke und Briefe (1998 ff.). – Gedenkstein Kurhausstraße (gegenüber Paulskirche). – Bad Kreuznacher Freundeskreis M. M. – Teilnachlass FDH Frankfurt a. Main. – U. Leuschner/R. Paulus (Hrsg.),

Maler Müller zum 250. Geburtstag (»Hirschstraße« 1998).

Geboren in Bad K.: der Shakespeare-Übersetzer **Johann Philipp Kaufmann** (1802-1846), Sohn des als Lyriker dilettierenden **Johann Heinrich K.** (1773-1834), dessen »Haus am Bächle«, Mannheimer Straße 38, Mittelpunkt des kulturellen Lebens in Bad. K. war; der Dramatiker **Eduard Mohr** (1808-1892/Grab auf dem Friedhof); **Karl Hessel** (1844-1920/Grab auf dem Friedhof), Autor des Lokalschwanks »Kreiznach ist Trump« (1892), von Mundartlyrik und »Sagen und Geschichten des Nahetals« (1894); der kath. Kulturphilosoph und Literaturkritiker, Übersetzer und Hrsg. **Johannes Mumbauer** (1867-1930/Grab auf dem Friedhof): »Die deutsche Dichtung der neuesten Zeit« (1931-33).

A Dr. **Faustus** (→ Maulbronn/Knittlingen/BW), von **Franz von Sickingen** als Rektor an das Gymnasium berufen, musste 1507 die Stadt »wegen seiner Schwarzkünste« wieder verlassen; Dr.-F.-Haus in der Magister-F.-Gasse 47; »Kreuznacher« F.-Dichtungen von Maler Müller (auch Porträt), G. Pfarrius und F. Blumberger. – Ende des 18. Jh.s Gäste des Kaufmanns und Mäzens G. H. Schmerz, in dessen Garten beim Binger Tor (an der heutigen Stromberger Straße) Gedichttafeln hingen und ein Freundschafts-Tempel mit den Namen dt. Dichter stand: **Johann Nikolaus Götz** (→ Worms/RP) und **Johann Heinrich Jung-Stilling** (→ Siegen/Grund/NW); J.-St. heiratete hier im August 1782, ein halbes Jh. später (Juni 1843) in der Pauluskirche **Karl Marx** (→ Trier/RP). – Seine letzten Lebensjahre verbrachte elend und wunderlich **Friedrich Christian Laukhard** (→ Alzey/Wendelsheim/RP) z. T. in Bad K., wo er am 28. 4. 1822 starb (Sterbehaus Holzmarkt 1). – 1820 besuchte zum ersten Mal **Johann Heinrich Voß** (→ Waren/MV) seinen

Sohn Abraham, der später (1844) mit
A. H. Hoffmann von Fallersleben (→
Wolfsburg/NI) über die Herausgabe des
Hainbundbuches verhandelte. Weiterhin:
1820 **Friedrich Daniel Schleiermacher**
(→ Berlin), 1821 **Ludwig Uhland** (→ Tü-
bingen/BW), 1843 **Bettina von Arnim** (→
Frankfurt a. M./HE), ihre Großmutter
Sophie von La Roche (→ Kaufbeuren/
BY) war schon 1787 da gewesen; 1845 **Jo-
seph Victor von Scheffel** (→ Karlsruhe/
BW), 1850 **Ferdinand Freiligrath** (→ Det-
mold/NW). – Häufig in »Kaufmann's
Haus«: **W. O. von Horn** (→ Simmern/
RP) und **Karl Simrock** (→ Bonn/NW).
– Gymnasiast in Bad K. und später von
Saarbrücken aus öfters durch das Nahe-
tal hinübergewandert, dessen »Sänger« er
wurde: **Gustav Pfarrius** (Heddesheim). –
1867 hier geboren der Philosoph **Hans
Driesch** (gest. 1941 in Leipzig). – Illustre
Besucher in der 2. Hälfte des Jh.s: **Carmen
Sylva** (→ Neuwied/RP), **Friedrich von
Bodenstedt** (→ Peine/NI), **Stefan George**
(→ Bingen/RP), **Wilhelm von Scholz** (→
Berlin), 1879 **Marcel Proust**, der hier am
R. »Jean Santeuil« arbeitete (die Skizze
»Kreusnacht« enthält 4 Entwürfe zu »Auf
der Suche nach der verlorenen Zeit«)
und 1889 – »nur Konversation ... keine
Handlung« – **Oscar Wilde.**

L »Ich hieß Robinson Kreutznaer; aber
durch das gewöhnliche Verderben der Wörter
in England nennt man uns jetzt ... Crusoe«,
so heißt es zu Beginn von **Daniel Defoes** »Ro-
binson«. Inzwischen ist verbürgt, dass der Va-
ter des mit dem Familiennamen seiner Mutter
bedachten Helden ein über Bremen ins Land
gekommener »Kreuznacher« war. – Auf der Sa-
moa-Insel Upolu hielt sich vier Wochen lang
der entwichene Matrose **Karl Eugen Schmidt**
auf, 1866 in K. geboren, 85 nach Australien
ausgewandert, später in Paris lebend, »die
Hälfte des Jahres« auf Reisen »durch alle Län-
der der Welt«, davon berichtend: »Ein Streif-

zug ins Goldland« (1890), »Schambes Klapper-
gässer« (1895). – **Eduard Koelwel** (→ Zwei-
brücken/RP): »Der Maler in Flammen« (R.
1939).

Bad Münster
am Stein-Ebernburg

Auf der **Ebernburg**, der »Herberge der Gerech-
tigkeit«, wurde **Franz von Sickingen** (1481-
1523) geb.; hier fanden Zuflucht 1520-22
Ulrich von Hutten (→ Schlüchtern/Voll-
merz/HE), der in dieser Zeit das in seinem
»Gesprächsbüchlein« berühmt gewordene »Ich
habs gewagt« schrieb, und die Reformatoren
**Martin Butzer, Johannes Schwebel, Kaspar
Aquila,** der in der Wehrkirche am Sonntag
nach Ostern 1522 zum ersten Mal in der Messe
dt. Lesungen brachte, sowie **Johannes Oeko-
lampadius** (→ Heilbronn/BW). Auch **Götz
von Berlichingen** (→ Jagsthausen/BW) er-
zählt in seiner Lebensbeschreibung von einem
Besuch. – Gegen die geplante Spielbank auf
der E. Mitte des 19. Jh.s wandte sich **Ferdi-**

*Bad Münster am Stein-Ebernburg: Das Hutten-
Sickingen-Denkmal*

nand **Freiligrath** mit seinem poet. Protest »Ulrich der Würfler«. – In der durch Umbauten veränderten Burg Studientage des ev. E.-Vereins, Bibliothek mit Werken zu Reformation und Humanismus; Hutten-Sickingen-Denkmal (1889) am Hang. – Die Sagen des **Rheingrafensteins**, Pendant der Ebernburg, bei **Gottfried August Bürger** (→ Hettstedt/ST) und **Gustav Pfarrius**: Balladen »Der wilde Jäger«, »Der Trunk aus dem Stiefel«.

E **Franz von Sickingen**: »Er war und fiel wie Brutus, – und nicht um ein Phantom politischer Freiheit, sondern um Wahrheit, Licht und Recht« (J. G. Herder). Schon frühzeitig Lieder (1515, 1523) über den volkstüml. Landsknechtsführer, Flugschriften nach dem Tod; Auftritt in Goethes »Götz« (1773), seitdem dramat. (J. v. Soden 1818; E. Duller 1833, E. Bauernfeld 1850; F. Lassalle 1859) und ep. Gestaltungen (J. J. Stammel 1794, C. von Bolanden 1871, H. v. Königswald 1934, M. Jelusich 1934 u. a.). – K. Schauder, »Franz haiß ich, Franz pleip ich«. Das S.-Lesebuch, 1999.

Stromberg

E »Hoch über der Kreuzung von vier Hunsrücktälern und der Stadt Stromberg im Tale gelegen, grüßt der mächtige Bau der Stromburg und ihr trotziger Bergfried weit über das Tal hinaus«: 1918 schrieb **Harry Vosberg** seinen Roman über »Hans Michel Elias von Obentraut«, den sprichwörtl. »Deutschen Michel« (nicht zu verwechseln mit der gleichnamigen Figur der polit. Karikatur). Der 1574 in St. geborene Reitergeneral des 30-jährigen Krieges, den als erster der Spanier Spinola »Miguel alleman« genannt haben soll (nach dem Erzengel Michael, dem ma. Schutzpatron auf dem dt. Heerbanner), wurde 1625 auf der Seelzer Heide bei Hannover tödlich verwundet. – **Gustav Pfarrius** bezeichnet den Magister Faustus in seiner E. »Schein und Sein« (1921) als Abkömmling der Burgherren von der Stromberger Fürstenburg.

Winterburg

Johann Nikolaus Götz kam 1661 als Pfarrer (später Superintendent) nach W. und starb, nachdem er von J. G. Herder (→ Weimar/TH) den Ehrentitel »W.er Nachtigall« erhalten hatte, hier am 4. 11. 1781. Grab auf dem Friedhof, Gedenktafel in der Kirche. – Berichte von Besuchen in W. von K. L. von Knebel (→ Nördlingen/Wallerstein/BY, 1780) und K. Simrock (1838). – H. Knebel, »Wallfahrt zur Winterburger Nachtigall« (in »Doppelspur«, 1984).

Sponheim

Johannes Trithemius (→ Trier/Trittenheim/RP) war 1482-1506 Abt des Benediktinerklosters, die von ihm auf 2000 Bde. ausgebaute Bibliothek ein Hauptanziehungspunkt für die Humanisten seiner Zeit (wie K. Celtis/→ Schweinfurt/Wipfeld/BY; J. v. Dalberg und J. Wimpfeling/→ Heidelberg/BW: U. v. Hutten, J. Reuchlin/→ Pforzheim/BW). Neben der S.er Chronik (1101-1511) entstanden hier u. a. »De viris illustribus Germaniae« (1491) und »Catalogus scriptorum ecclesiae« (1494). – Erhalten die roman. Kloster-(heute Pfarr-)Kirche.

L **Karl Simrock** über S. in den »Rheinsagen« (»Sponheims Gründung«) und »Das malerische und romantische Rheinland« (1838/40, n. 1975).

Heddesheim (Guldental-H.)

Gustav Pfarrius, * 31. 12. 1800 H., † 15. 8. 1884 → Köln/NW, war der harmlose, nicht unbegabte Dichter des Nahetals. Seit 1823 Lehrer in → Saarbrücken/SL, seit 34 in Köln. – W.: Das Nahetal in Liedern (1833); Zwischen Soonwald und

Westrich (En. 1861). – Geburtshaus G.-P.-Straße (Gedenktafel). – Die Faust-E. »Schein und Sein« spielt z. T. in der Mühle von F.s Mutter im Guldental bei Stromberg.

Sprendlingen

Heimatmuseum.

Jakob Hirschmann, * 1. 2. 1803 S. † 12. 2. 1865 ebd., wie sein Freund I. Maus (Badenheim). Dichter und Bauer. – Wohnhaus Gertrudenstraße 7, Rückgebäude (Gedenktafel); Grab auf dem Friedhof. – Seine Gedichte gab 1866 der in S. gest. **Heinrich Sander** (1810-82) heraus, er selbst hinterließ Gedichte und Memoiren. **A** Zwischen S. und Badenheim: »Zuerst wollten wir gar nicht aussteigen . . .« (»Die Umsiedler«, 1953): Dezember 1950 bis November 51 lebten **Arno** und **Alice Schmidt** (→ Hamburg) in der Breitnebenstraße 229 in **Gau-Bickelheim.**

L Der Kreuznacher Metzger **Michel Mort** rettete, sich selbst aufopfernd, 1279 in der Schlacht bei S. einem Sponheimer Grafen das Leben. Nach den Aufzeichnungen von J. Trithemius (1601) Gedichte von F. **Maler-Müller**, J. Hirschmann (1828) und G. **Pfarrius** (1838); hist. Erzählung von O. **Gros** (1902); Schauspiel von W. **Zöller** (1953); Gedenkschrift von W. **Mathern** (1979). Denkmäler auf dem S.er Schlossberg und dem Eiermarkt von Bad Kreuznach.

Badenheim

Isaak Maus, * 8. 9. 1748 B., † 31. 12. 1833 ebd., bäuerl. »Anakreontiker, Freundschaftsdichter und Revolutionstrompeter« (A. M. Keim). 1800-24 Bürgermeister von B. – W.: Gedichte und Briefe (1786); Poetische Briefe (1810). – Geburts- und Wohnhaus Hauptstraße 29 (Gedenktafel); Grab auf dem Friedhof; Dokumentation im Heimatmuseum Sprendlingen. – K. Monath, »Isaak Maus. Leben und Werk eines deutschen Bauerndichters« (1979).

Meisenheim

Auf der Reise zum Marburger Religionsgespräch weilte im September 1529 **Ulrich Zwingli** in der Residenz (Gedenktafel in der ev. Schlosskirche von 1479-1504). **Joh. Nikolaus Götz** war 1754-61 luth. Pfarrer (Wohnung Obergasse 19/Gedenktafel). In der Obergasse 7 erinnert eine Gedenktafel des »Meisenheimer Freundeskreises« an den Pfarrer und Schriftsteller **Hellmut von Schweinitz** (1901-1960): »Am Baum des Lebens«, G. 1927; »Und das Leben geht weiter«, R. 1957). An den von Sch. ins Leben gerufenen Dichterwochen nahmen u. a. teil: **Rudolf Alexander Schröder** (→ Bremen), **Jakob Kneip** (→ Simmern/Morshausen/RP), **Ina Seidel** (→ Halle a. d. S./ST), **Fritz von Unruh** (→ Koblenz/RP), **Georg von der Vring** (→ Brake/NI). – In **Offenbach am Glan** ist **Sigfrid Gauch** 1945 geb., sein wichtigstes Buch »Vaterspuren« (E. 1979).

Kirn

In K. trat 1593 **Friedrich (von) Hellbach** (1568-zwischen 1635 und 38), »kunstberühmter Poet, tüchtiger Historiker und frommer Theologe«, sein erstes öffentl. Amt als Schulmeister an (»Neue Schulzucht«, 1612) und verbrachte dort seine letzten Lebensjahre; sein »Preislied auf das liebe Vaterland« (den Nahe-Hunsrück-Raum) von 1605 hat P. Brandt neu herausgebracht (1980/81). Über Kirn die Kyrburg, die **Fritz Oswald Bilse**, 1878 in K. geb., als Nom de guerre wählte, als er 1903 sein »militär. Zeitbild« »Aus einer kleinen Garnison« veröffentlichte – damals war er als Offizier in Forbach (Lothringen) stationiert. Man machte ihm den Prozess, und der Prozess machte die Auflagen. Th. Mann verschaffte durch seinen Essay »Bilse und ich« dem Buch weiteres Aufsehen. Ebenfalls in K. als Sohn eine Arbeiters und Kleinbauern geb.: **Julius Zerfaß** (186-1956), seit 1913 freier Sachschriftsteller in München und in zahlreichen Anth. proletarischer und politisch engagierter Dichtung vertreten. Er wurde 1933 in das KZ → Dachau/BY eingeliefert und floh nach seiner Entlassung in die Schweiz, wo 36 seine Chronik »Dachau« erschien, einer der ersten KZ-Berichte in Buchform. 1946 Aufruf »Vom Untertan zum freien Bürger«. Lange Zeit in K. vergessen, heute Denkmal bei der Nahe-Brücke. Im Rahmen der siebenbänd. Ausgabe (1986 ff.) von Zerfaß' Werken **Hajo Knebel:** »Daheim und über den Fluß. Eine Kindheit in Kirn« (1985).

R Der Nahe nahe: In **Nieder-** und **Oberhausen** an der Nahe-Weinstraße spielen »Der Fährmann von Niederhausen« (1926) und die Erzählung »Das Hungerjahr« (1907) von **Heinrich Bechtolsheimer** (→ Alzey/Wonsheim/RP). Im »Kaiserbuch« (1922-28) beschwört **Paul Ernst** (→ Goslar/Clausthal-Zellerfeld/NI) die Szenerie von **Schloßböckelheims** unrühmlichem Stück Reichsgeschichte; dramat. Reservoir v. a. für Balladendichter: die Gefangensetzung Kaiser Heinrichs IV. durch seinen Sohn Weihnachten 1105. Aus **Odernheim** stammt der Erzähler **Karl Schworm** (Ps. **Karl Disenberger**/1889-1956); in »Der letzte Christoffelstrunk« (1937) und »Die bunte Truhe« (1939) hat er v. a. hist. Erzählungen aus seiner Heimat, der Nordpfalz und dem Westrich, versammelt (Geburtshaus Pfalz-Zweibrücker Schlösschen). Im Nahe-Glan-Dreieck der **Disibodenberg** mit Resten des ehem. Klosters, in dessen Frauenklause die Mystikerin **Hildegard von Bingen** (→ Alzey/Bermersheim/

RP) bis zu ihrer Übersiedlung auf den Rupertsberg bei Bingen (1147) lebte. Durch Grabungen sind die Fundamente freigelegt, Fundstücke in ehem. Wirtschaftsgebäude; Gedenkstätte. Am alten Pfarrhaus in der Igelsbachstraße in **Sobernheim** erinnert eine Gedenktafel an **W. O. von** → **Horn** (→ Simmern/RP), der hier 1835-63 als Pfarrer und Superintendent lebte und mit seiner »Spinnstube« (1845-70) eine Art Schatzkästlein des »Naheländischen Hausfreundes« kreierte. (Slg. seiner Werke in der Stadtbücherei). **Monzingen** ist stolz auf seinen Wein und darauf, dass ihn schon **Goethe** (→ Frankfurt a. M.) gerühmt und **Ludwig Eichrodt** (→ Karlsruhe/BW) im »Allgemeinen Deutschen Kommersbuch« als »des Rheinweines Vetter« besungen hat. In **Wallhausen** wurden der Militärschriftsteller **Johann Jacobi** (um 1580-1627) und der Missionar und Afrikaforscher **August Schynse** (1857-91) geb., letzterer veröffentlichte Reise- und Tagebücher. **Roxheim** ist die Heimat von **Johann Friedrich Abegg** (1765-1840), der als Theologieprofessor in Heidelberg zu Ansehen kam; sein (1976 veröff.) »Reisetagebuch von 1798« berichtet von Besuchen bei so ziemlich allen bedeutenden dt. Philosophen und Dichtern seiner Zeit, von Kant bis Goethe.

Weiter naheabwärts Schloss **Dhaun** (Hochstetten-D.). **Karl Simrock** hat in den »Rheinsagen« dem »Affen von Dhaun« sein Denkmal gesetzt, **Gustav Pfarrius** in einer Novelle das »Ende des Hauses Dhaun« erzählt. Heute hier eine Heimvolkshochschule, wo u. a. jährl. Rheinland-Pfalz-Literatur-Seminare stattfinden. Als »Kratzenburg hoch über Duhmheim« erscheint es in **Ulrich Nordmanns** »Ein Landpolitiker in Rheno-Palatien« (1993), satir. Seitenhiebe auf poet. Seminare und Dichtertreffen fehlen nicht. – Im Kellenbachtal weiter **Heinzenberg**: dort lebte, 1272-93 beurkundet, der zweite bedeutende Minnesänger der Nahe, **Wilhelm v. H.**, und schrieb: »Minne, du bezwingst mich besser / als jemand tut.« Sein großer Vorgänger, **Friedrich von Hausen** (um 1150-90) stammt wahrscheinl. aus **Hausen** bei Rhaunen im Hahnenbachtal, wo die Familie Lehensgut und Wohnrecht hatte. Er stand den provenzal. Troubadours nahe und fiel auf dem 3. Kreuzzug (Bilder beider Minnesänger in der Maness. Liederhs., Heidelberg). – Nahebei die **Schmidtburg** und **Steinkallenfels**, Schlupfwinkel des »**Schinderhannes**« (→ Simmern/RP), der v. a. rund um Kirn »der Schrecken jedes Mannes und auch der Weiberstück« war. – Neben der Kirche von **Woppenroth** erinnert ein Stein mit der Aufschrift »Heimat« an **Edgar Reitz**' Filmroman von 1984. W. ist so etwas wie Ausgangspunkt und Ergebnis einer (filmischen) Recherche überall im Hunsrück nach »Schabbach«, dem Ort »in der Mitte der Welt« (Broschüre »Wege in die Heimat«, 2004).

B W. Mathern, Männer des Nahelandes, 1952; ders., Du unser Naheland, 1961; M. Ohlmann, Am heimatlichen Sagenborn, 5. Aufl. 1979; E. Reitz/P. Steinbach, Heimat. Eine deutsche Chronik, 1985; E. Reitz, Die Heimat-Trilogie, 2004.
Z Alzey, Bingen, Kaiserslautern, Mainz, Simmern (RP).

BAD LANGENSALZA / TH

Heimatmuseum im ehem. Augustinerkloster. – Am Barockrathaus Glockenspiel (1995) mit Figuren der Stadtgeschichte, darunter F. G. Klopstock und Ch. W. Hufeland.

Georg Neumark, * 16. 3. 1621 L., † 18. 7. 1681 → Weimar/TH, Lyriker, Erzähler und Lit.-Theoretiker. Aus einer Tuchmacherfamilie, die 1623 nach → Mühlhausen/TH übersiedelte. Freier Autor in Thorn und Danzig, 51 in Hamburg, 52 Bibliothekar in Weimar. N.s umfassendes Werk wurde bewundert; doch lebendig blieb allein das Kirchenlied »Wer nur den lieben Gott läßt walten« (1641). – W.: Fortgepflanzter Musikalisch-Poetischer Lustwald (1657); Neusprossender Teutscher Palmbaum (1668, n. 1971). – Geburtshaus: Salzstraße 22 (1984 abgebrochen). – **Karl Gustav Nieritz** (→ Dresden/SN), »Georg Neumark und die Gamba« (1845).

Friedrich Gottlieb Klopstock (→ Quedlinburg/ST), dessen Mutter aus L. stammt, war 1748-50 Hauslehrer in L. Inspiriert von der Liebe zu Marie Sophie Schmidt, einer weitläufigen Verwandten, entstanden die »Fanny«-Oden. – Fannys Wohnung: Bei der Marktkirche 10 (Gedenktafel); K.s Wohnung: Salzstraße 2/3. Erinnerungen im Heimatmuseum.

Christoph Wilhelm Hufeland, * 12. 8. 1762 L., † 25. 8. 1838 Berlin, Mediziner und wiss. Schriftsteller. Prof. und 1801 Leibarzt des preuß. Königs. 1810 Mitbegründer der Berliner Universität. H.s Buch »Makrobiotik oder Die Kunst, das menschliche Leben zu verlängern« (1796) wurde der populärmedizin. Bestseller des 19. Jh.s. Aut. »Mein Leben als Arzt« (1831). – Geburtshaus: Kornmarkt 8 (Gedenktafel).

Ernst Keil, * 6. 12. 1816 L., † 23. 3. 1878 Leipzig, Verleger und Zss.-Hrsg. Kam 1838 nach Leipzig, wo er dem »Jungen Deutschland« nahestand. 53 Gründung der »Gartenlaube«, die als erste dt. illustrierte Wochen-Zs. die Presselandschaft revolutionierte und 81 bereits in 400 000 Exemplaren verbreitet wurde. – Geburtshaus: Marktstraße 10 (Gedenktafel).

A Dem Geschlecht der Fam. von Salza, deren Sitz die am Rand der Altstadt erhaltene Dryburg war, entstammen sowohl der 1174 bezeugte Minnesänger **Hugo**

Bad Langensalza: Das Geburtshaus von Christoph Wilhelm Hufeland

von Salza als auch Hermann von Salza (1170/80-1239), Hochmeister des Deutschen Ordens. – **Clemens Brentano** (→ Koblenz/RP) war im Sommer 1795 Lehrling in L. Als B. die Frau seines Dienstherrn mit einer »hochbeinigen, durchs Stoppelfeld spazierenden Krähe« verglich, wurde er entlassen. Wohnung: Bei der Marktkirche 10 (Gedenktafel). – **Novalis** (→ Hettstedt/Oberwiederstedt/ST) absolvierte 1796 bei dem ersten dt. Chemiehistoriker (»Geschichte der Alchimie: Historisch-kritische Untersuchung«, 1777) **Friedrich Christian Wiegleb** (1732-1800) einen Kurs in Chemie und Salzbergwerkskunde. Wohnung Marktstraße 7, davor W.-Denkmal (2000). – **Friedrich Mann** (1834-1908) brachte in L. als erster dt. Verleger Lehrerhandbücher auf den Markt und beförderte die Reformpädagogik.

R 1866 fand in der Nähe von L. die kriegsentscheidende Schlacht zw. Preußen und Hannover statt. Unter den Gefallenen: Gottfried Stichling, Urenkel von J. G. Herder (→ Weimar/TH). **Heinrich Schwerdt** (→ Eisenach/TH): »Die Hannoveraner in Thüringen« (E. 1867).

Bad Tennstedt

Heimatmuseum in der ehem. Fronveste.

A **Novalis** absolvierte von Oktober 1794 bis Dezember 95 in T. ein Verwaltungspraktikum. Das kursächs. Amtshaus, Markt 7, ist erhalten. **Gisela Kraft**, »Eine nordthüringische Passion. Novalis in Bad Tennstedt und Grüningen«, in: Palmbaum, 2/1998. – **Goethe** hielt sich im Sommer 1816 in T. auf, »wo ein Thüringer Schwefelwasser gute Wirkung versprach«. Wohnung Steinweg 47; Gedenktafel am Badehaus (heute G.-Café) im Park.

R Südl. von T. an der Unstrut **Herbsleben**, wo der Sage nach im frühen 6. Jh. der letzte Thüringerkönig Hermenefred Hof hielt. Über den nie gefundenen Königsschatz **Reinhold Andert**, »Der Thüringer Königshort« (1995). – Nördl. von T. das Dorf **Bruchstedt**, das im Mai 1950 durch ein Unwetter fast völlig zerstört wurde. Über den Wiederaufbau **Willi Bredel** (→ Hamburg), »Fünfzig Tage« (Rep. 1950).

Schlotheim

A **Thomas Müntzer** (→ Sangerhausen/Stolberg/ST) hielt sich 1525 in Sch. auf, während sein Bauernhaufen die Burg stürmte. An deren Stelle ein Barockschloss, davor M.-Gedenktafel. – Aus Sch. stammt der neulat. Fabeldichter **Hieronymus Osius** (gest. 1575).

R Nördl. von Sch. **Großmehlra**, Heimatort des Musiktheoretikers **Hugo Riemann** (1849-1919), dessen »Musik-Lexikon« (1882) weite Verbreitung fand. Gedenktafel am Rittergut. – Südl. von Sch. **Neunheilingen** mit dem Gut des Grafen von Werthern, in dem sich **Goethe** 1781 in Begleitung **Carl Augusts** (→ Weimar/TH) aufhielt. Die von beiden bewunderte Gräfin erinnerte G. an Ch. von Stein (→

Weimar/TH), der er den Aufenthalt beschrieb.

Z Eisenach, Gotha, Mühlhausen, Sömmerda, Sondershausen (TH).

BAD MERGENTHEIM/BW

»Mergentheim muß vom Marktplatz aus entdeckt werden, er ist der luftige, festliche Saal des Stadtgehäuses, ein langgezogenes Rechteck, ein Straßenmarkt. Fachwerk trägt einen Hauch Wald ins steinern kühle Geviert ...« (C. Gräter/F. Sperling, 1991)
Deutschordensmuseum im Schloss.

Eduard Mörike (→ Ludwigsburg/BW) zog sich 1844 als 39jähriger in den Ruhestand nach Bad M. zurück, das er von einem Kuraufenthalt im August 1837 schon kannte. Mit seiner Schwester Klara, die ihm den Haushalt führte, und Margarethe Speeth, der Tochter seines Hauswirts, die er 1851 heiratete, verlebte M. hier sieben Jahre. Besucher waren u. a. **J. Kerner** (→ Ludwigsburg/BW) und 1849 **L. Uhland** (→ Tübingen/BW). Das »freundliche Städtchen« hat M. zu zahlreichen Gedichten angeregt, darunter »Auf einem Kirchturm« und »Abreise«. – Von Herbst 1844 bis Frühjahr 1845 wohnte M. am Boxberger Tor, Mühlwehrgasse 140 (heute Untere Mauergasse 28), dann in der Beletage im Hause von Speeth am Marktplatz/Ecke Burgstraße (Gedenktafel). Grab seiner 1876 gest. Tochter Marie auf dem Friedhof. Im Deutschordensmuseum M.-Kabinett mit Hss., Briefen und dem berühmten Haushaltungsbuch aus den Jahren 1844-47.

Hans Heinrich Ehrler, * 7. 7. 1872 Bad M., † 14. 6. 1951 Waldenbuch/BW, Lyriker und Erzähler. Redakteur in Stuttgart, freier Schriftsteller in Waldenbuch (H.-H.-E.-Weg 8). – Geburtshaus das »Wachszieherhaus« (Gedenktafel) am H.-H.-E.-

Platz 18; im Stadtarchiv im Kulturforum am Platz E.-Zimmer. – Für Bad M., das 1926 in dem Roman »Reise in die Heimat« hoch gelobt wird, schrieb E. im gleichen Jahr das Festspiel »Der Spiegel des Hoch- und Deutschmeisters Maximilian Franz«. 1991 erschien (Hrsg. U. Lempp) das »Mergentheimer Lesebuch« mit Texten von H. H. Ehrler »Aus der Heimat in die Heimat«. – Teilnachlass DLA Marbach.

A **Karl Julius Weber** (→ Langenburg/BW) war ab 1792 Sekretär des letzten Deutschordenshochmeisters und schrieb in den »Briefen eines in Deutschland reisenden Deutschen« über die Stadt um 1830: »verlassen und öde«, das Ordenskreuz sei hier so verbreitet, dass man sogar Kellerfenster und Abtrittslöcher in seiner Form ausschneide. Dreißig Jahre später (1865) nannte sie **Wilhelm Heinrich Riehl** (→ Wiesbaden/HE) auf einem »Gang durchs Taubertal« eine »Großstadt in Taschenformat«. **Heinz Huber** schließlich demonstriert in seiner »Anatomie eines Adlers« (1966) an Bad M. die Schwierigkeiten beim Schreiben über Deutschland.

L »Mit ere Hendvoll Wind« (1970), Gedichte im hohenloh. Dialekt von **Gottlob Haag**, der in **Wildentierbach** (»Liegt ein Dorf in Hohenlohe«, 1992) lebt: ». . . in meinem Dorf hat die Sprache / einen breiten Rücken ...« **Carl Heinz Gräter**: »Die Bürger / des Städtchens lesen nicht / zwischen den Zeilen.«

R Eindrucksvoll am Rathaus von **Niederstetten** das Brunnendenkmal vom »Halbe Männle«, das auf der Flucht die N.er Freiheit nur halben Leibs gewinnt. Im Pfarrhaus von N.-**Wermutshausen** schwärmte **Eduard Mörike** bei seinem »Urfreund« W. Hartlaub (Brief vom 5. 5. 1839) von einem Leben, von dem »die eine Hälfte ganz musikalisch ... und Dreiviertel hieran Liedermusik« sei (M.-Gedenkstube). »Liebste Kirche sondergleichen«

apostrophierte er daneben die nahe Marien-Bergkirche bei **Laudenbach** (Sage vom »Eifersüchtigen Meister«). – In **Wachbach** ist **Ottmar Schönhuth** (1806-64) begraben. Auch er war Pfarrer und Poet, besuchte Mörike oft und schrieb in ziemlich allen Formen (und nahezu 200 Schriften) am liebsten über »vaterländische Geschichte«. – Die Ottmar-Mergenthaler-Gedenkstätte in **Hachtel** ist dem Erfinder der Zeilenguss-Setzmaschine (Linotype) gewidmet, der 1854 dort geb. wurde. – Wieder im »Lieblichen Taubertal« **Weikersheim** (Hohenlohe-Museum im Schloss) und **Creglingen**, wo der schwierige Umgang mit der Vergangenheit (am Beispiel des Judenpogroms von 1933) schon bei **Lion Feuchtwanger** (→ München/BY), »Die Geschwister Oppenheim«, zu Buche schlug.

B H. Schüßler, Erlebtes Tauberland/Bd. 2, 1985; G. Metken, Im Hohenlohischen, in: Reisen durch Europa, 1994; G. Naser (Hrsg.), Lebenswege Creglinger Juden, 1999.
Z Jagsthausen, Langenburg, Tauberbischofsheim (BW); Ochsenfurt, Rothenburg o. d. T. (BY).

BAD NEUENAHR-AHRWEILER/RP

A Karl Immermann (→ Düsseldorf/NW): »Hier ließe sich das Gedicht von Tristan schreiben«. Er gehörte zu den Ahr-Begeisterten des 19. Jh.s, die in die »Studienkammer der Düsseldorfer Landschafter« lit. Akzente setzten. Wie er kamen in die »artigste kleine altdeutsche Stadt« auch **Karl Simrock** und **Ernst Moritz Arndt** (beide → Bonn/NW), **Wolfgang Müller von** → **Königswinter** (Bad Honnef/NW), **Emanuel Geibel** (Lübeck/SH), **Ferdinand Freiligrath** (→ Detmold/NW), ebenso **Robert Reinick** und **Franz Kugler** (beide → Berlin), deren »Liederbuch für deutsche Künstler« (1853) hier entstand. Als in den 50er Jahren die Heilquellen von Bad N. entdeckt wurden, liefen die Badreisenden den romantischnachromant. Ahrwanderern allmählich den Rang ab. Sie trugen **Gottfried Kinkels** (→ Bonn/NW) Handbuch (1876, n. 1976), dem Freund **Jacob Burckhardt** gewidmet, unter dem Arm und dachten wohl kaum daran, dass der Vormärzler Kinkel einmal mit seinesgleichen (**Carl Schurz** → Euskirchen/Liblar/NW) im »Deutschen Hof« in A. »im Untergrund gesessen« hatte. – Die Novelle »Der Nußbaum« (1934) von **Johannes Kirschweng** (→ Saarlouis/Wadgassen/SL), 1926-33 Kaplan an der Rosenkranzkirche, handelt im Ahrtal. Als »Altenkrähe« verschlüsselt ist Bad N. Schauplatz der Novelle »Geschwister Sörb« (1934). Die Suche nach Schutz vor Luftangriffen 1944/45 im Silberberg von A. schildert der Roman »Die Stadt im Berg« (1953) von **Mathilde Husten**. In der Nachkriegszeit spielt »Till Eulenspiegel im Ahrtal. Tagebuch eines Phantasten« (1972) von **Theodor Seidenfaden** (1886-1979) – Am 4. 2. 1970 starb hier **Kristian Kraus** (→ Neunkirchen/SL), ehem. Verkehrsdirektor von Bad N. (Grab auf dem Friedhof, Büste im Dahliengarten). – Aus **Ahrweiler** stammt der 1896 geb. Schriftsteller und Verleger **Ernst Karl Plachner**: Slg. »Im Ahrtal. Aus Sage und Geschichte« (1930). »Sagen und Legenden von der Bunten Kuh bis zur Landskron« hat 1990 auch **Hans-Georg Klein** aufgezeichnet. A. wird in **Ernst-Edmund Keils** »Rückkehr an die Ahr« (1990) zum »deutschen Ithaka an der Ahr«.

Altenahr

Heinrich Hubert Mönch (Ps. **Hubert Ley**), * 19. 7. 1834 A., † 7. 9. 1900 ebd.,

Lehrer und Lyriker; 30 Jahre in Boppard. – W.: Altenahr und seine Umgebung (hist.-poet. geschildert, 1857); Gedichte aus dem Schulleben (1887).

L »Die Gefangenen zu Ahre« (Rheinsage 1837) von **Karl Simrock** »nach Meister G. Hagens Reimchronik« (Ende 13. Jh.). – »Das Mailehen«, Erzählung von **W. O. von** → **Horn** (Simmern/RP).

Bad Breisig

Von 1948 bis 69 lebte **Max Barthel** (→ Dresden/Loschwitz/SN) am Ahrweg 34 in Nieder-Breisig. Hier entstanden seine Chorliedertexte und Lebenserinnerungen: »Kein Bedarf an Weltgeschichte« (1950). Grab in Ruppichteroth-Litterscheid (NW).

Sinzig

L »Dr dude Lichnam kütt widder«, beginnt **Ludwig Mathars** (→ Monschau/NW) Roman »Das Schneiderlein im Hohen Venn« (1932). Gemeint ist die Mumie des sog. »heiligen Vogts«, 1797 nach Paris entführt und wieder »repariert«, die Anlass zu allerlei Schabernack gibt und noch heute neben dem Hauptportal von St. Peter unter der Treppe zur Empore zu sehen ist. – In S. (Gedenktafel am ehem. Gasthof »Zur Sonne«, Am Gestade Ecke Zollstraße) und rheinüber in **Linz** spielt **Iwan Turgenjews** Erzählung »Asja«: »Begebenheiten längst verflossener Tage«.

A In **Bad Bodendorf** (heute Stadtteil von S.) lebte **Heinrich Lersch** (→ Mönchengladbach/NW) von 1932 bis zu seinem Tod am 18. 6. 36.

Remagen

Künstlerzentrum Stiftung Bahnhof Rolandseck mit arp museum, Friedensmuseum »Brücke von Remagen«.

A Der Apollinarisberg gehörte lange den **Brüdern Boisserée** (→ Köln/NW); das halbe geistig privilegierte Europa kehrte hier ein, v. a. in den Weinherbsten. Weniger illustres Genre: die Stelldicheins bei **Gustav Pfarrius** (→ Bad Kreuznach/Heddesheim/RP), der sich 1856 am Fuß des Herresbergs ein Sommerhaus gebaut hatte.

L Apollinariskirche und -berg haben, angefangen bei der merkwürdigen Legende, wie die Gebeine des Heiligen auf den Berg kamen, eine ganze Literatur provoziert. Ebenso – und da fallen Welten zusammen – wie die R.er Brücke, über die 1945 den Amerikanern der Rheinübergang gelang und wo danach bis zum Spätsommer 1200 deutsche Soldaten im Kriegsgefangenenlager unter freiem Himmel starben (Kapelle zur Schwarzen Madonna, Gedenktafel, Friedensmuseum Brücke von R.); **Günter Eich** (→ Frankfurt/Oder/BB), der überlebte, hat den damaligen »Frühling in der Goldenen Meil« in seinem Gedichtband »Abgelegene Gehöfte« (1948) festgehalten: »Die Bleistiftmine / lieb ich am meisten: / Tags schreibe sie mir Verse, / die nachts ich erdacht.«

E **Rolandseck**. Von der Burg, einst südlichster Grenzort des Kölner Territoriums, im 30-jährigen Krieg zerstört, stand im 19. Jh. nur noch ein Bogen, von dem man sich »die schönste Sage des Rheins« erzählte: Auf die falsche Nachricht von Rolands Tod, Paladin Karls d. Gr., sei dessen Jugendliebe Hildegunde ins Inselkloster Nonnenwerth gegangen, Roland aber sei Einsiedler geworden und habe »zeitlebens zum Tode wund / Hinab auf das Kloster im Rhein« geschaut. – Literarische Behandlungen der Sage und ein Aufsatz über die rhein. Rolandssage von K. Simrock in **F. Freiligraths** »Rolands-Album« (1841), der zum Wiederaufbau des ein Jahr zuvor zusammengebrochenen Bogens aufgerufen hatte. Das Echo war groß und machte den Dichter noch populärer: unterhalb der wiederhergestellten Ruine erhielt er selbst ein Denkmal. – J. Ruland und P. Schoenwaldt (Hrsg.): »Ferdinand Freiligrath 1876/1976«, Slg. von Aufsätzen über den Dichter, Rolandseck und -bogen; Ch. Linder, »Seufzend fließt der Rhein vorüber«. Begegnungen in Rolandseck, 1999.

A Guillaume Apollinaire formulierte 1912 in einem Gedicht (»Mir war, / Als wandle drüben in der Mädchenschar / Auf Nonnenwerth noch immer Rolands Nonne...«), was ein Jh. lang bereits Dichter und Musiker hierher gezogen hatte: **Friedrich Leopold zu Stolberg** (→ Bad Segeberg/Bad Bramstedt/SH), **Max von Schenkendorf** (→ Koblenz/RP), **August Kopisch** (→ Berlin), **Levin Schücking** (→ Meppen/NI), **Karl Simrock**, **Ferdinand Freiligrath**, **Berthold Auerbach** (→ Nordstetten/BW), **Ernst Moritz Arndt** (→ Rügen/MV) und **Luise Hensel** (→ Paderborn/NW), **Friedrich Nietzsche** (→ Weißenfels/Röcken/ST). Auch **George Sand**, **Victor Hugo**, **Alexandre Dumas** und **Gérard de Nerval**, **Franz Liszt** und **Marie d'Agoult**. – Ein Kapitel für sich – romant. Superlative, bissige Positive – die Engländer vor und auf **Lord Byrons**, die Amerikaner auf **Henry Wadsworth Longfellows** Spur: die Schauerromantikerin **Ann Radcliff**, **Mary Shelley** und ihr Monstrum »Frankenstein«, **Edward Bulwer-Lytton**, **Frances Trollope**, **Thomas Hood**; **William M. Thackeray**, **James Fenimore Cooper**, **Herman Melville** und **Bret Harte**.

R **Gottfried Kinkel** 1846: »Kein Gewitter hat sich über dem westlichen Deutschland entladen, das nicht wenigstens mit einem Blitz die Felsgeschiebe des Ahrtals beleuchtet hätte«; **Vilma Sturm** (→ Mönchengladbach/NW) klagt dagegen 1962 über jene übelbeleumdeten Orte, »in denen dem ›Glas ohne Maß‹ gehuldigt wird«. Die »Rotweinprovinz« nimmt jedoch nur einen geringen Teil des Tales ein. Hier war **Ernst Thrasolt** (→ Trier/Saarburg/RP) Kaplan und schrieb über die »Eifeldörfer« (1909): »Schlängelnde Wege, schlehdorn-

umrahmt, / hell in die einsame Fläche gezeichnet, / unbetreten.« Jetzt schlängelt sich der Ring rund um die **Nürburg** südl. **Adenau**, westl. der **Hohen Acht**, die Werbeschilder beim Autorennen proklamieren andere Devisen als die alte Sage vom »Schild von Nürburg« (**Karl Simrock**). Der Ring neuerdings Krimi-Schauplatz durch **Jacques Berndorfs** Eifelkrimis: »Eifel-Rallye« (1997).

Hoch über dem Tal der Ahr dann **Aremberg**, wo **Ludwig Mathar** (→ Monschau/NW) sein »Schneiderlein im Hohen Venn« zunächst einmal Unterschlupf finden läßt. – Als Dichterherbergen (und Weinreimschmieden) im 19. Jh. berühmt: »St. Peter« in **Walporzheim** (heute Stadtteil von Bad Neuenahr-Ahrweiler) und die »Lochmühle« in **Mayschoß**. »Als Andenken an altahnherrliche Besitzungen der weiland großen Freiherrschaft« besaß **Freiherr vom Stein** (→ Bad Ems/RP), wie **Ernst Moritz Arndt** berichtet, »das alte Schloss **Landkrone** in Trümmern.«

B W. Ottendorf-Simrock (Hrsg.), Zwischen Rhein und Nürburgring, 1969; H. H. Welchert, »Burg der Liebe« Rolandseck, in: Wanderungen zu den Burgen und Domen am Rhein, 1975; J. Ruland, Streifzüge im Ahrtal, 1983; H. J. Tümmers, Die reisenden Engländer, in: Der Rhein, 1994.

Z Andernach (RP); Bad Honnef, Bonn (NW); Mayen, Neuwied, Linz, Unkel (RP).

BAD OEYNHAUSEN/NW

Deutsches Märchen- und Sagenmuseum (Stiftung Karl Paetow).

Walther Victor, * 21. 4. 1895 Bad O., † 19. 8. 1971 → Bad Berka/TH, Schriftsteller, Publizist, Redakteur sozialdemokrat. Zeitungen. 1933 Emigration, 47 Rückkehr, lebte seitdem in der DDR. Gründer der »Lesebücher für unsere Zeit« (1949 ff.). –

W.: Kehre wieder über die Berge (Aut. 1945); Köpfe und Herzen (Aut. 1949).

A »Erinnerungsblätter« (1883) und eine »Chronik« (1909) veröffentlichte **Paul Baehr** (1855-1929), Bürgermeister von Bad O. – Letzte Lebensjahre verbrachte hier **Luise von Bornstedt** (→ Münster/NW). – Unter den Kurgästen: im Sommer 1895 **Eduard von Keyserling** (→ München/BY); am 4. 4. 1918 starb hier **Hanns von Zobeltitz** (→ Berlin); **Werner Bergengruen** (→ Baden-Baden/BW) empfahl 1932 in seiner »Badekur des Herzens« die »Stadt ohne Stufen«.

Z Herford, Lübbecke (NW); Melle, Rinteln (NI).

BAD OLDESLOE/SH

Ahrensburg

Waldemar Bonsels, * 21. 2. 1880 A., † 31. 7. 1952 Ambach (→ Wolfratshausen/BY), Lyriker und Erzähler. Weltreisender, lebte seit 1919 in Ambach. – W.: Die Biene Maja und ihre Abenteuer (R. 1912, n. 87); Indienfahrt (R. 1916, n. 89); Tage der Kindheit (Aut. 1931). »Wanderschaft zwischen Staub und Sternen«, Gesamtwerk (Hrsg. R.-M. Bonsels, 1992). – Geburtshaus Adler-Apotheke, Hamburger Straße 10, abgebrochen. – W.-B.-Stiftung (seit 1977, Sitz München).

L Hans-Heinrich Welcherts »Wanderungen zu den Schlössern und Domen in Schleswig-Holstein« (1978) über Schloss A., Schlosskirche, die »Gottesbuden« und den Friedhof mit »Emiliens Grab« (G. von **Detlev von Liliencron** → Kiel/SH). »Silberstreifen des Herzens« handelt von Matthias Claudius in Reinfeld.

Grönwohld

Hermann Claudius, * 19. 10. (»amtlich« 24. 10.) 1878 Langenfelde b. Altona/Holstein, † 8. 9. 1980 G. Urenkel, zunächst im »überragenden Schatten«, am Ende Wesensverwandter des »Wandsbecker Boten«: »Da kommt Freund Hain, / wie ihn Matthias nannte – / wir sind Verwandte«. Mit 7 Jahren in die Großstadt Hamburg. Ab 1900 Volksschullehrer, im NS-Staat führertreu, 34 infolge Schwerhörigkeit pensioniert. Seit 1960 wieder in Grönwohld. – W.: Mank Muern (plattdt. Großstadt-G. 1912); Licht muß wieder werden (1916, »Wann wir schreiten« bereits zum Volkslied geworden); Und weiter wachsen Gott und Welt (G. 1936); Mien Weg na Huus (Neue G. 1958). Aut. u. a. »Das Silberschiff« (R. 1923), »Armantje« (En. 1934), »Ulenbütteler Idylle« (1957), »Skizzenbuch meiner Begegnungen« (1966). – Wohnhaus H.-C.-Weg (»Grönwohld«, G. 1963); Grab auf dem Friedhof Lütjensee bei Trittau.

Reinfeld

Matthias Claudius, * 15. 8. 1740 R., † 21. 1. 1815 → Hamburg, Lyriker, Erzähler und Kritiker: »das größte Genie und ein Knabe der Unschuld« (J. G. Herder). Geboren »in dem Pfarrhaus aus moosverwachsenen Backsteinen, unter den hohen Linden, in ihrem Sommerduft ...« (W. Koeppen, »Der Reinfelder Mond«). Besuchte von 1755-59 die Gelehrtenschule in → Plön/SH und studierte später Theol., Jura und Staatswiss. in → Jena/TH. 1764/65 Sekretär in Kopenhagen, ab 68 Redakteur in → Hamburg, dort Freundschaft mit G. E. Lessing (→ Kamenz/SN) und J. G. Herder (→ Weimar/TH). Gab seit 1770 den »Wandsbecker Boten« heraus. 1776/77 Oberlandeskommissar

Reinfeld: Matthias Claudius' Geburtshaus, das Reinfelder Pastorat

in → Darmstadt/HE. Anschließend freier Schriftsteller in Wandsbek, 1788 Revisor der Holstein. Bank in Altona. – Zu seinen bekanntesten Werken gehören die Gedichte »Abendlied« (1773) und »Der Tod und das Mädchen« (1775); die Briefe »An meinen Sohn« (1799); »Asmus omnia sua secum portans, oder Sämmtl. Werke des Wandsbecker Bothen« (1775-1812). Sämtl. Werke (Hrsg. C. Redlich, 1902); Werke (Hrsg. U. Roedl, 1978). – Gedenktafel am neuen Pastorat; Gedenkstein vor der nach ihm benannten Schule; M.-C.-Slg. im Heimatmuseum. Die Kirche in R. trägt seinen Namen. – Briefe und Hss. LB Kiel, StUB Hamburg.

A In R. wirkte **Johann Hinrich Fehrs** (→ Itzehoe/Mühlenbarbek/SH) 1862 als Hilfslehrer.

Tremsbüttel

Christian Graf zu Stolberg (→ Hamburg) lebte hier von 1777-1800 als Amtmann. Er und seine Frau Luise, geb. von Reventlow, Mittelpunkt eines schöngeistigen Kreises, dem u. a. der dän. Dichter **J. Baggesen**, **G. A. Bürger** (→ Eisleben/Hettstedt/ST), **M. Claudius**, **F. G. Klopstock** (→ Hamburg, → Quedlinburg/ST), der Lyriker **Johann A. Ebert** (1723-1795) und **J. C. Lavater** angehörten. – Schlosshotel an Stelle des ehem. Amtshauses; Park (von St. angelegt).

L Die Erzählung »Marlis und die Oldtimer« (1971) von **Vera Anders** spielt im Automuseum im Marstall von Schloss T. und in Bargteheide.

R **Bad Oldesloe** gehört zu den ältesten Städten Schleswig-Holsteins (Heimatmuseum). An der Kirche Gedenktafel für den Kirchenmusiker D. Buxtehude (1637-1707). Der Historiker **Theodor Mommsen** (→ Husum/Garding/SH) lebte hier von 1821-34. Freilichtbühne im Bürgerpark. In **Nütschau** bei O. lebte ab 1801 der Lyriker **Adam von Moltke** (1765-1843, »Gedichte« 1805). – In **Alt-Fresenburg** liegt die »Weiße Kate«, Erinnerungsstätte für **Menno Simons**, den Führer der Mennoniten im niederld.-niederdt. Raum. S. betrieb hier eine Druckerei. Er starb 1561 und wurde im Garten beigesetzt (Gedenkstein). – Das Gut **Jersbek** war im 18. Jh. ein Zentrum des geistigen und künstlerischen Lebens; erhalten geblieben ist ein Epitaph mit einer Inschrift **Friedrich von Hagedorns** (→ Hamburg), deren letzte Zeilen lauten: »Groß ist die anmuth hier,/die jede gegend schmückt,/Groß jedes werk der kunst/und durch die wahl beglückt,/Doch größer des besitzers güte« (1752). – **Tangstedt** ist z. T. Schauplatz des Versepos »Poggfred« (1896-1908) von **Detlev von Liliencron** (→ Kiel/SH); »Liliencron-Buche« in der Nähe des 1947 abgebrannten Gutes. – In **Schmalenbeck** (Großhansdorf-Sch.) das Grab des von 1951 bis 1969 hier wohnenden Autors **Hans Reimann**, Hrsg. der satirischen Zs. »Das Stachelschwein«. – In **Trittau** gründete **Joachim Heinrich Campe** (→ Holzminden/Deensen/NI) eine Erziehungsanstalt mit fortschrittlichen pädagogischen Ideen für Knaben. Hier entstanden neben einem regen Briefwechsel zahlreiche wiss.

Arbeiten (Gedenkstein vor dem Haus der Gemeindeverwaltung).

Z Bad Segeberg (SH); Hamburg; Lübeck, Mölln, Ratzeburg (SH).

BAD SÄCKINGEN/BW

Schloss Schönau (»Trompeterschlösschen«): Hochrheinmuseum, Trompetensammlung. – Fridolins-Fest im März.

In die Literaturgeschichte kam Bad S. zunächst durch eine Vita des hl. Fridolin (10. Jh.), dann durch eine weltl. Geschichte, die sich im 17. Jh. zugetragen hat: Von der Romanze zwischen dem Bürgersohn Franz Werner Kirchhofer und der adeligen Jungfer Maria Ursula von Schönau gibt der Grabstein an der Außenwand des Fridolinmünsters Zeugnis. Als **Joseph Victor von Scheffel** (→ Karlsruhe/BW) 1849-51 Rechtspraktikant in Bad S. war, inspirierten ihn die örtl. Überlieferungen zu seinem Versepos »Der Trompeter von Säckingen« (1854). – Deutschordensritterhaus neben der Rheinbrücke: Wohnhaus Sch.s (Gedenktafel); Schloss Schönau: Sch.-Zimmer (Dokumentation zu Leben und Werk); Trompeter-Denkmal vor und hinter dem Schloss, Sch.-Büste im Schlosspark; Geschichtsstele auf dem Rudolf-Eberle-Platz: Reliefs zu Fridolinslegende, »Trompeter«, Bäderstadt. Auch der Kater Hiddigeigei kam zu Denkmalsehren: H.-Brunnen beim Rathaus, H.-Garten am Bahnhofsplatz, Kleinplastik in der Steinbrückstraße; Haus zur »Fuchsenhöhle«, Münsterplatz. Sch.-Felsen am Bergsee (»Trompeter«, 7. Stück); »Jung Werner in der Erdmannshöhle« (»Trompeter«, 10. Stück) bei **Hasel** im Wehratal.

A Für **Hans Thoma** (St. Blasien/Bernau/BW) war Säckingen wie eine »zweite Heimat«; H.-Th.-Blick im Osten der

Bad Säckingen: Titelillustration zu Scheffels »Der Trompeter von Säckingen« (1888)

Stadt. – **Margarete Susman** (→ Hamburg) lebte 1919-27 in einem abgelegenen Bauernhaus in S.: »die wunderschöne Landschaft bestärkte meine Liebe zum Leben.« – Die Stadt Schauplatz des R.s »Blüten im Wind« des Schweizer Schriftstellers **Rudolf Graber** (1899-1958), der hier geboren wurde und seine Kindheit verbracht hat.

R Im Nordwesten liegt **Dossenbach** (Schwörstadt-D.). Am 27. 4. 1848 kam es hier zu einem Gefecht zwischen württ. Truppen und republikan. Freischärlern unter dem Kommando von **Georg Herwegh** (→ Stuttgart/BW), der – unterlegen – mit seiner Frau Emma in die Schweiz floh (Grab der 10 gefallenen Revolutionäre auf dem Friedhof von D.) – Am Weg oberhalb von **Wehr** (Literaturtage im November) liegt die Burg Werrach, Minnesängertreffpunkt z. Zt. von **Walther von Klingen** (um 1215-86). – **Laufenburg** gibt es seit 1801 zweimal: ein deutsches und ein schweizerisches. **Gottfried Keller** (→ München/BY): »Wohl mir, daß ich dich endlich fand, / Du stiller Ort am alten Rhein, / Wo ungestört und ungekannt / Ich Schweizer darf und Deutscher sein.« Mit dem Namen der Stadt ist der des geistl. Liederdichters **Heinrich von Laufenburg** (um 1390-1466) verbunden, **J. J. W. Heinse** (→ Aschaffenburg/BY) beschrieb 1780 Ort und Stromschnellen. »Der Laufen« heißt eine hier spielende Novelle von **Emil Strauß** (→ Pforzheim/BW), an den neben **Hans Thoma** u. a. in der »Krone« erinnert wird. 1976 starb in L. der Abenteuer-Schriftsteller **Ernst Friedrich Löhndorff** (geb. 1899) nach einem abenteuerlichen Leben als Sozialfall im Haus »Mariagrün«. – Auf einem steilen Bergrücken über **Hauenstein** liegt die Burgruine gleichen Namens. Ihre dramatische Sage von den zwei feindlichen Brüdern inspirierte sogar einen königlichen Poeten: **Ludwig I. von Bayern** (→ München/BY).

Nordwärts erstreckt sich der **Hotzenwald** (**Scheffel**, heißt es, habe den Namen kreiert).

Im »Alten Hotz«, dem Turm der Kirche von **Hochsal** (Laufenburg-H.) und Wahrzeichen des Hotzenwaldes, soll die sel. Mechthild als Einsiedlerin gehaust haben; ihr Grab befindet sich in der roman. Krypta. **Kaspar Hauser** (→ Ansbach/BY), sagt man, sei im Keller des Pfarrhauses eine Zeitlang versteckt gehalten worden.

Das **Murgtal** hoch zur Burg **Wieladingen** (Sage vom Ritter »Hans zur Gige« mit den drei Fiedeln im Wappen), nach **Willaringen** (**Scheffel**-Stube im Gasthaus »Dreikönig«).

In der Kirche von **Rickenbach** verweist ein Fresko auf die v. a. durch **Schillers** (→ Ludwigsburg/Marbach/BW) Ballade verbreitete Anekdote vom »Grafen von Habsburg«, der dem Pfarrer von R. auf einem Versehgang sein Pferd anbietet, damit dieser durch die hoch angeschwollene Murg kommt. Die Furt bei Hottingen heißt noch heute »Pfaffensteg«.

Herrischried hatte es **Johann Peter Hebel** (→ Lörrach/Hausen/BW) angetan. Vielleicht eines »Vreneli« wegen, wie es **Gerhard A. Jung** (→ Lörrach/BW) in einem seiner für die H.er Klausenhof-Festspiele geschriebenen Stücke (»Schatz im Hotzenwald«) interpretierte. Bei der Ödlandkapelle am Höhenweg erinnert eine Stele an die im 18. Jh. auch aus dem Hotzenwald ausgewanderten Banater Schwaben, denen laut Inschrift **Gerda von Kries** (1901-73) mit ihrem R. »Verena Enderlin« (2. Aufl. 2000) »ein geistiges Denkmal« gesetzt hat.

B W. Zentner, Scheffel in Säckingen. Briefe an sein Elternhaus 1850-1851, n. 1967.
Z Lörrach, Schopfheim, Waldshut-Tiengen (BW). Jenseits des Rheins, in der Schweiz: Lenzburg (F. Wedekind), Aarau (H. von Kleist, H. Zschokke).

BAD SALZUNGEN/TH

Der röm. Geschichtsschreiber Tacitus berichtet in den »Annalen« von einer 58 v. Chr. geführten Schlacht zw. Hermunduren und Chatten um die Salzquellen an der Werra. Ob der Schauplatz wirklich S. war, wie in der Sage behauptet, ist ungewiss. Doch schenkte Karl d. Gr. 775 dem Kloster Hersfeld eine »Villa Salsunga«.

Biterolf, bezeugt 1212-17, Minnesänger, dessen Herkunftsort Stilla bei S. sein soll und der im »Wartburgkrieg« (→ Eisenach/TH) auftritt. Ein ihm zugeschriebener »Alexanderroman« ist nicht erhalten.

Ludwig Wucke, * 28. 1. 1807 S., † 1. 5. 1883 ebd., Sagensammler und Heimatdichter. Ab 1835 erblindet. Dennoch fand W. sich im Gebirge zurecht. – W.: Uiß minner Haimeth (1862); Sagen der mittleren Werra und der Rhön (2 Bde., 1864). – Geburtshaus: Markt neben dem Rathaus (Gedenktafel); Grab auf dem Husenfriedhof; Gedenkstein mit Porträt-Relief (1911) in den Anlagen am Burgsee. – E. **Hoffmann-Aleith,** »Licht in der Nacht« (biograf. R. 1998).
Ludwig Bechstein (→ Meiningen/TH) war 1826-28 Provisor in der S.er Schwan-Apotheke am Markt, in der er Wucke kennenlernte. B.s »Sonettenkränze« (1828) erregte die Aufmerksamkeit des Meininger Herzogs, der ihn förderte.

L **Landolf Scherzer,** »eine Art Wallraff ohne Maske« (SPIEGEL), hatte 1986 vier Wochen lang den SED-Kreissekretär von S. begleitet. Die Reportage »Der Erste« (1988), eine seltene Innenansicht aus dem DDR-Herrschaftsapparat, gehörte zu den meistdiskutierten Publikationen der letzten DDR-Jahre. Sch.s »Der Zweite« (1997) beschreibt die Tätigkeit des »zweiten« Landrates nach der »Wende«, eines ehem. Bundeswehroffiziers.

R Westl. von S. liegt **Tiefenort.** Von dort führt ein Wanderweg zur Krayenburg, die **Goethe** (→ Frankfurt a. M./HE) 1782 zeichnete. – Unterhalb der Burg **Kieselbach,** wo **Fritz Scheffel** (→ Stadtroda/TH) 1910-23 Lehrer war. Sein Roman »Brot und Salz« (1939) schildert das sich durch den dortigen Kalibergbau verändernde Leben. – Von den südl. von S. liegenden Orten gelangt man nach **Möhra,** dem Dorf von **Martin Luthers** (→ Eisleben/ST) Vater und dessen Vorfahren. L. selbst sah den »Stammort« 1521. L.-Stammhaus (Fachwerkbau), Lutherplatz 1 (ehem. Dorfanger), erbaut 1618. Doch ist wahrscheinl., dass an gleicher Stelle auch das Haus der L.-Vorfahren stand.

In der Nähe Kirche mit L.-Ausstellung; L.-Denkmal (1861) auf dem Lutherplatz.

Bad Liebenstein

Im Auftrag des Coburger Herzogs verfasste **Andreas Libavius** (→ Halle/ST) eine der ersten Brunnenschriften in dt. Sprache. (»Tractatus Medicus und Historia des fürtrefflichen kasimirarischen sawerbrunnens unter Liebenstein«, 1610). Doch erst 1801 wurde L. ein Modebad: Unter den ersten Gästen: **Jean Paul** (→ Wunsiedel/BY) und **Johanna Schopenhauer** (→ Jena/TH). Später **Fritz Reuter** (→ Demmin/Stavenhagen/MV) und **Gerhart Hauptmann** (→ Berlin). In der 1860-62 erbauten Villa »Feodora« (heute Café) beeindrucken die nach Entwürfen von **Ludwig Richter** (→ Dresden/SN) geschaffenen Wandgemälde. Das erste Buch über das Bad schrieb L. Bechstein »Liebenstein und Altenstein. Ein Fremdenführer« (1842). – In L. starb der DDR-Politiker und Publizist **Edwin Hoernle** (1883-1952), der mit dem kommunist. Massenlied »Brüder, seht die rote Fahne« (»Rote Lieder«, 1924) bekannt wurde.

L In der Nähe von L. (bis hin zum Inselsberg) handeln die sog. »Venediger-Sagen« über den Goldborn von Beirode oder die Schätze am Eselskopf. L. **Wucke** hat sie aufgeschrieben.

R Von L. aus führt der Weg über Steinbach in den **Luthergrund,** wo am 4. 5. 1521, auf der Rückreise vom Wormser Reichstag, **M. Luther** gefangen genommen und auf die Wartburg verbracht wurde. An der Stelle seit 1857 L.-Gedenkstein; Inschrift am benachbarten »Lutherborn«. – Im Ortsteil **Marienthal** das Schloss Altenstein mit seinem von **Hermann Fürst von Pückler-Muskau** (→ Niesky/Bad Muskau/SN) geschaffenen Park. Im Schloss, in dessen Vorgängerbau **Goethe**

und **Carl August** (→ Weimar/TH) Gäste waren, betrieb **Friedrich Fröbel** (→ Saalfeld/Oberweißbach/TH), 1849 nach L. übergesiedelt, bis zu seinem Tod 52 eine Lehranstalt für Kindergärtnerinnen. 1849 traf F. dort **Adolf Diesterweg** (→ Siegen/NW). Grab F.s auf dem Friedhof von **Schweina**. Auf dem Grabstein sein Leitspruch: »Kommt, laßt uns unsern Kindern leben.« **Georg II.** (→ Meiningen/TH) nutzte das Schloss als Sommeraufenthalt.

Vacha

Auf dem V.er Markt steht der Vitusbrunnen (1613), im Volksmund »Vietche im Töpfche«. Sage vom Ritter, der vom heiligen Vitus vor siedendem Öl gerettet wurde. – Aus V. stammt der Theologe **Georg Witzel** (1501-73), der mit einer Streitschrift (»Methodus concordiae«, 1538) zwischen Protestanten und Katholiken zu vermitteln suchte; aus dem nahen Geisa der Reformpädagoge **Paul Geheeb** (1870-1961).

Athanasius Kircher, * 2. 5. 1602 Geisa bei V., † 27. 11. 1680 Rom, Universalgelehrter, Natur- und Sprachforscher, der mit dem »Oedipus Aegyptiacus« (1652-54) Mitbegründer der Orientalistik wurde. Sein Buch »China monumentis illustrata« (1667) begründete die Sinologie. Geburtshaus: Markt 31 (Gedenktafel am Nachfolgebau).
Josef Magnus Wehner, * 14. 11. 1891 Bermbach bei V., † 14. 12. 1973 → München/BY, Erzähler, Dramatiker. Früher Parteigänger des Nationalsozialismus. Schauplätze seiner Bücher zunächst die Rhön (»Der blaue Berg«, 1922; »Die Hochzeitskuh«, 1928). Lit. Durchbruch mit dem Kriegsroman »Sieben vor Verdun« (1930). In den letzten Jahren Mysterienspiele (»Das Fuldaer Bonifatiusspiel«, 1954).

R **Johann Gottfried Seume** (→ Weißenfels/Poserna/ST) wurde 1785 in dem damals hess. **Vacha** von Werbern aufgegriffen und an die Engländer verkauft. – In **Wölferbütt**, südl. von V., war **August Herbort** (»Rhönklänge«, 1917, mit dem großen lyr. Itinerar »Quer durch die Rhön ... im Jahre 1906«) zu Hause. – **Dermbach** ist Sagen- und Kriegsort, nachzulesen in L. **Wuckes** Slg. (»Der Teufel im ehemaligen Kapuzinerkloster«) und bei **Theodor Fontane**/→ Neuruppin/BB (»Der deutsche Krieg von 1866«, 1870/71). – Der Dichter des Rhön-Liedes »Ich weiß basaltene Bergeshöhn« **Andreas Fack** (1863-1931) stammt aus **Merkers** und ist auch dort begraben. An der alten Schule von **Kaltennordheim** erinnert eine Tafel, dass er hier fast 40 Jahre »lebte und lehrte«. Im Hotel Hirsch »Andreas-Fack-Klause«; am Buchenhain bei K. Gedenkstein.

B J. S. Hohmann, Leben und Werk des Kriegs- und Heimatdichters J. M. Wehner, 1988; P. Ziegler, H. Jäger, Abseits der großen Städte, 1991.
Z Eisenach, Meiningen, Schmalkalden (TH); Bad Hersfeld, Fulda (HE).

BAD SAULGAU/BW

Stadtmuseum.

Michael von Jung, * 29. 9. 1781 S., † 24. 7. 1858 Tettnang, kath. Pfarrer. Bekannt für seine gereimten Leichenreden, die er selbst zur Gitarre vortrug. Wegen solchen »unbefugten und unwürdigen Schriftenverfassens« abgestraft, bekam er für seine Slg. »Melpomene oder Grablieder« keine Imprimatur (1839 im Selbstverlag).
Im Hotel Kleber-Post, wo 1963 die **Gruppe 47** sich schon einmal versammelt hatte, fand im September 1978 die »Begräbnistagung« statt. »PS: ›Es ist das letzte Mal, daß

wir zusammentreffen unter dem Signum Gruppe 47‹, leitete **Hans Werner Richter** (→ Usedom/MV) die Tagung ein. ›Das besagt nicht, daß wir uns nicht später wieder treffen ...‹« (J. Kaiser).

Bad Buchau

Der Buchbinder, Drucker und Verleger **Dionys Kuen** (1773-1852) verfasste u. a. »Gedichte in oberschwäbischer Bauernsprache« (2 Bde. 1821/25) und ein »Oberschwäbisches Wörterbuch der Bauernsprache« (1844). – Gedenktafel für den Harmonik-Forscher **Hans Kayser** (→ Sigmaringen/BW).

Ertingen

Michael Buck, * 26. 9. 1832 E., † 15. 9. 1888 → Ehingen/BW, Arzt, Mundartdichter (der »schwäbische Hebel«), Heimatforscher. Grundlegend ist sein »Oberdeutsches Flurnamenbuch« (1880). Die Gedichte in oberschwäb. Mundart erschienen erst postum (»Bagenga«, 1892, n. 2005), ebenso seine »Erinnerungen an meine Kindheit« (1922). – Geburtshaus M.-B.-Straße 34 (Gedenktafel); M.-B.-Stube im Kaplaneihaus, Dürmentinger Straße 33; Gedenktafel am Aussichtsturm auf dem Bussen, dem »Götterberg der Alemannen«.

Wilflingen
(Langenenslingen-W.)

Ernst Jünger, * 29. 3. 1895 → Heidelberg/BW, † 17. 2. 1998 W. »Ästhet des Schreckens, Chronist des Jahrhunderts, Poet der Käfer« (Th. Assheuer, 1998). Kriegsfreiwilliger im 1. Weltkrieg, im 2. wegen Wehrunwürdigkeit 1944 entlassen. Lebte seit 1925 als freier Schriftsteller u. a. in → Berlin, → Überlingen/BW, Kirchhorst

bei → Hannover/NI, → Ravensburg/BW und ab 1950 in W. (Ehrenbürger). – »Hauptwerk sind die Tagebücher« (A. Andersch): »In Stahlgewittern« (1920), »Siebzig verweht«, 5 Bde. (1965-95). – Jünger-Haus (auch für Friedrich Georg J.), Stauffenbergstraße 11; Grab auf dem Friedhof. – Freundeskreis der Brüder Ernst und Friedrich Jünger e. V.

R **Eduard Mörikes** (→ Ludwigsburg/BW) Bruder Karl war in **Scheer** Amtmann. M. besuchte ihn im Frühling 1828 (G. »Frühling läßt sein blaues Band ...«). Anfang Juni übersiedelte er zu seinem Vetter Heinrich nach **Buchau** am Federsee. Ein Jahr später kam M. noch einmal nach Scheer. Für Dorchen, die Frau seines Bruders, schrieb er dort in ein Heft eine kleine Slg. seiner Gedichte, darunter die vier Agnes-Gedichte, die später als »Peregrina-Zyklus« bezeichnet wurden. Anfang Februar 1829 trat M. in **Mengen**, wo er Pfarrverweser war, in der Rolle des Hofmarschalls Kalb in F. Schillers »Kabale und Liebe« auf. In **Pflummern** bewohnte M. das »lotterleere« Pfarrhaus, »worin ich ganz allein als Herr und Gespenst spuke«. – Mörike-Pfad »Donau-Oberschwaben«.

B H. Thielicke, Pfarrer M. von Jung, 1977; T. Richter, Die Gruppe 47, 1997; B. Figal, E. Jünger in Wilflingen. Ein Gang durch das Haus, 2001; I. Ferchl/W. Setzler, »Auszeit« in Oberschwaben, in: Mit Mörike von Ort zu Ort, 2004.
Z Biberach a. d. Riß, Ehingen, Obermarchtal, Meßkirch, Sigmaringen (BW).

BAD SCHWALBACH/HE

Für den Brunnen von **Bad Schwalbach** (bis 1927 Langenschwalbach), der Sage nach durch die Tränen der Fee Schwalbach entstanden, warb 1581 schon **Taber-**

naemontanus (→ Bad Bergzabern/RP) in seinem »New Wasserschatz ...«. – 1650 starb hier der → Frankfurter Kupferstecher **Matthäus Merian d. Ä.** – Die Bildung einer »Teutschgesinnten Allianz« empfahl 20 Jahre später bei pol. Gesprächen in Mainzer Diensten **Gottfried Wilhelm Leibniz** (→ Hannover/NI). – Die Liste illustrer lit. Gäste führt **Goethe** (→ Frankfurt a. M./HE) im Juni 1774 an (Gedenktafel am Haus Bettendorf, Kirchstraße); **Johann Caspar Lavater** berichtete über einen gemeinsamen Spaziergang zum Brunnen, wo Goethe »eine Romanze aus dem Schottischen recitierte«. – »Böse Zungen behaupten«, notierte 1818 **Johanna Schopenhauer** (→ Bonn/NW), »ein alljährlicher Besuch in Schwalbach oder Wiesbaden sei ein unerlässlicher Artikel des Ehrenkontaktes in diesen Gegenden«. Sie wohnte selbst im »Bad der bleichsüchtigen Damen«, wie **Karl Gutzkow** (→ Berlin) befand, der 1834 hier seiner »Schwäche« für **Charlotte Birch-Pfeiffer** (→ Stuttgart/BW) frönte, die ihrerseits dem »Dämon des Spiels opferte« und bis Mitternacht »aus einem Manuskript in Folio« ihr neuestes Stück »Johann Gutenberg« vorlas. G. wählte für seinen skandalträchtigen Roman »Wally, die Zweiflerin« (1835) Bad Sch. z. T. als Schauplatz. – Im Sommer 1915 kam **Richard Dehmel** (→ Berlin), auch in den Folgejahren, und wohnte im »Alleesaal« am Eingang zur Hainbuchenallee. Alle Welt wollte ihn sehen, auch die Freunde: die »Werkleute auf Haus Nyland« (→ Tecklenburg/Hopsten/NW), **Wilhelm Schäfer** (→ Schwalmstadt/Ottrau/HE), **Alfred Mombert** (→ Karlsruhe/BW), der junge Österreicher **Benno Geiger** – nicht immer ging es »kurgemäß« zu. – In Bad S. geb. der Erzähler **Jörg Fauser** (1944-87/ »Das Schlangenmaul«, R. 1985). – Langenschwalbach ist in zwei berühmte Romane

eingegangen: in **Theodor Fontanes** (→ Berlin) »Effi Briest« (1895) und **Thomas Manns** (→ Lübeck/SH) »Krull« (1954). Das »Römerbad« von **Schlangenbad** (1769) ist das älteste Badehaus im Taunus. Auch Schriftsteller wie **Zacharias Werner** (→ Berlin) oder **Heinrich Zschokke** (→ Magdeburg/ST) stehen in den alten Kurlisten. **Bettina von Arnim** (→ Frankfurt a. M./ HE) kam aus dem benachbarten Winkel mit ihrem Freundeskreis öfter hierher. »Ein lässiger, verträumter, verbummelter Ort«, meinte im Sommer 1866 **George Eliot**. Letzte Wochen verbrachte **Gottfried Benn** (→ Perleberg/Mansfeld/BB) 1956 im »Kurhotel«. – Der **Hohenstein** ist die Stammburg der Grafen von Katzenelnbogen. Dem Grafen Dieter II. haben **Walther von der Vogelweide** (→ Würzburg/BY) und der **Tannhäuser** (→ Neumarkt/Thannhausen/BY) Gedichte gewidmet. – Der Historiograph **Helfrich Bernhard Wenck** (→ Darmstadt/HE), 1739 in **Idstein** geboren, 1803 in Gießen gestorben, wurde durch seine unvollendete hess. Landesgeschichte (1783-1803) bahnbrechend. In Idstein erschien 1715-59 der seinerzeit viel gelesene Kalender »Teutscher Michel«. Als Superintendenten waren hier die geistl. Liederdichter und Francke-Schüler **Johann Daniel Herrenschmidt** (1675-1723) und **Johann Christian Lange** (1669-1756) tätig.

B O. Kroth, Die Kurbäder des Taunus in der Weltliteratur, in: Märchenschlösser und Dichterresidenzen, 2001.

Z Bad Ems, Diez, Mainz (RP); Limburg, Rüdesheim, Wiesbaden (HE).

BAD SEGEBERG/SH

Otto-Flath-Kunsthalle und Villa. – Seit 1952 Karl-May-Festspiele vor der Felswand des Kalkberges.

A Die Rantzaukapelle erinnert an den 1526 auf Schloss Steinburg bei Itzehoe geb. **Heinrich von Rantzau** (gest. 1599), 40 Jahre Statthalter im »königlichen Antheil von Schleswig-Holstein«. Berühmt wurde seine Bibliothek, die 6000 Bde. enthielt. Mit vielen Gelehrten stand R. überdies in Briefwechsel und verfasste in lat. Sprache unter dem Ps. Cilicius Cimber u. a. die »belli dithmarsici vera descriptio« (Basel 1570) sowie eine Topographie der Cimbrischen Halbinsel. – **Theodor Storm** (→ Husum/SH) war oft zu Gast in Bad S., wo der Vater seiner ersten Frau (Constanze Esmarch) Bürgermeister war (1846 Trauung im Alten Rathaus). Er hat dort auch sein Gedichtfragment »Auf dem Segeberg« verfasst, örtliche Anklänge in den Novellen »Waldwinkel« und »Angelika«.

L Sagen ranken sich um Kalkberg, Sigeburg und die 1913 hier entdeckten Höhlen (»Der Teufel und die Schwarze Margret«); dazu **Jürgen Hagel** im »Segeberger Sagenschatz« (1963). – Topograph. Skizzen von **Hinrich Jens-Jensen** (in »Städte in Schleswig-Holstein«, 1972) und **Hans-Heinrich Welchert** (in »Wanderungen zu den Schlössern und Domen in Schleswig-Holstein«, 1978).
S Literaturarbeit an der **Evangelische Akademie Nordelbien** (u. a. »Segeberger Schreibwerkstatt«, »Sommerakademie für Junge Autoren« seit 1996, »Segeberger Kreis – Gesellschaft für kreatives Schreiben«). **Kunst- und Kulturpreis**, **Jugendkunstpreis** der Stadt.

Bad Bramstedt

Über die »Hamburger Weiße Rose«, eine Widerstandsgruppe von Buchhändlern,

Schriftstellern und Literaturprofessoren (→ Hamburg), von denen einige auf dem Transport zwischen **Kaltenkirchen** (südlich von Bad B., KZ-Gedenkstätte) und Neumünster umgebracht wurden, zwei Dokumentationen: U. Hochmut, »Candidates of humanity«; G. Meier, »Nacht über Hamburg« (beide 1971). Dazu auch: **Gerhard Hoch**, »Zwölf wiedergefundene Jahre« (1980).
Friedrich Leopold Graf zu Stolberg-Stolberg, * 7. 11. 1750 Gut B., † 5. 12. 1819 Schloss Sondermühlen (→ Melle/NI), Verfasser pathet.-revolutionärer Gedichte, Erzähler und Homer-Übersetzer. Studium in → Göttingen/NI, wo er dem Hainbund angehörte. 1776 lübeck.-oldenburg. Gesandter in Kopenhagen, 1781 in →Eutin/SH, 1789 dän. Gesandter in Berlin. 1793, nach einer »Reise in Deutschland, der Schweiz, Italien und Sicilien«, übernahm St. das Amt eines Regierungspräsidenten in Eutin. 1800 übersiedelte er nach → Münster/NW und trat zum kath. Glauben über. – W.: Ilias (Übers. 1778); Gedichte (zus. mit Christian zu St. 1779), Numa (R. n. 1968); Ges. Werke der Brüder Stolberg (1820-25, n. 1974). – Briefe und Hss. LB Kiel, Freies Dt. Hochstift Frankfurt a. M. Bekannt auch St.s Schwestern: **Henriette Katharina** (1751-1832), Erzählerin (»Rosalia«, 1779) und Dramatikerin (»Moses«, 1788), befreundet mit F. G. Klopstock (→ Hamburg und → Quedlinburg/ST) und M. Claudius (→ Bad Oldesloe/Reinfeld/SH); **Auguste** (1753-1835), Goethes Brieffreundin (→ Ludwigslust/Dreilützow/MV). Das St.sche Gut kaufte 1797 **Friedrich Ludwig Wilhelm Meyer** (1759-1840), »wenig schöpferisch«, von vielen Literaten seiner Zeit jedoch als »brauchbarer Korrespondenzpartner« geschätzt (B. Thum).

Z Bad Oldesloe, Eutin, Itzehoe, Lübeck (SH).

BAD SODEN AM TAUNUS/HE

Heimatmuseum.

A Zum Kuraufenthalt nach Bad S. kamen 1816 **Marianne von Willemer** und 1830 **Ludwig Börne** (beide → Frankfurt a. M./HE). Im Sommer 1844 trafen sich **A. H. Hoffmann von** → **Fallersleben** (Wolfsburg/NI), **Ferdinand Freiligrath** (→ Detmold/NW) und **Karl Gutzkow** (→ Berlin). Nach Berichten des Komponisten F. Mendelssohn-Bartholdy soll auch **Nikolaus Lenau** (→ Stuttgart/BW) hier gewesen sein. Erholung suchten 1867 **Gustav Freytag** (→ Wiesbaden/HE), 91 und 92 **Heinrich Hoffmann** (→ Frankfurt a. M./HE), 95 **Max Kretzer** (→ Berlin).

L In die Weltliteratur kam Bad S. durch den Roman »Anna Karenina« (1873) von **Leo Tolstoi**, der 1860 hier seinen kranken Bruder besuchte. – 1860 war auch **Iwan Turgenjew** hier, in seinem Roman »Frühlingswogen« (1871) schilderte er eine Wagenpartie nach dem »in Rußland durch seine Mineralwasser bekannten« Bad. – »Die Sodener Krankheit« heißt ein Gedicht von **Friedrich Stoltze**, der oft von → Frankfurt herüber kam. – Den Prolog zur Eröffnung des 2. Kurhauses schrieb 1927 **Leo Sternberg** (→ Rüdesheim/HE): »Zum Hause der Hoffnung sei es geweiht!«

R Durch **Rudolf Krämer-Badonis** »Deutschland deine Hessen« (1968) wurde der »Homer von **Diedenbergen**« (Hofheim a. T.-D.) wiederentdeckt. Der blinde **Philipp Keim** (1804-84) zog mit seiner Frau Elisabeth durch Hessen-Nassau und drehte zu seinen unfreiwillig komischen Liedern die »Choralorgel«, während sie die Geige spielte. Und wenn er nachts aufwachte und einen Einfall hatte, schrie er: »Lissbeth, schreib uff, es kimmt mer aaner«. (Grab auf dem Friedhof von D.;

Band mit Liedern von K. in der LB Wiesbaden.) – Die lange Zeit in **Hofheim a. T.** lebende Kinderbuchautorin **Sophie Reinheimer**, 1874 in Brüssel geb., starb hier 1935 (Grab auf dem Hauptfriedhof in Frankfurt a. M.). – In **Eppstein** spielt der Roman »Le château d'Eppstein« (1844) von **Alexandre Dumas**, der 1838 zus. mit **Gérard de Nerval** die obligate Rheinreise machte. In **Friedrichsdorf**, wo er die hugenottische Colonie Française besuchte, kommentierte er respektlos, Sitten, Sprache und Trachten seien noch pures 17. Jahrhundert.

B E. Neis / H. Wienkötter, Bad Soden a. T. und seine Beziehungen zur literarischen Welt des 19. Jh.s, o. J.; O. Kroth, Die Kurbäder des Taunus in der Weltliteratur, in: Märchenschlösser und Dichterresidenzen, 2001.
Z Bad Homburg, Oberursel, Frankfurt a. M., Wiesbaden (HE); Mainz (RP).

BAD TÖLZ/BY

»Das Paradies hat den bittersüßen Duft von Tannen, Himbeeren und Kräutern, vermischt mit dem charakteristischen Aroma des Mooses, das von der Sonne durchwärmt ist, der großen mächtigen Sonne eines Sommertages in Bad Tölz.« (Klaus Mann, 1952)

Hans Carossa, * 15. 12. 1878 Bad T., † 12. 9. 1956 Rittsteig b. → Passau/BY, Lyriker und Erzähler. Kindheit und Jugend in → Königsdorf (Wolfratshausen/BY) und → Pilsting (Landau a. d. Isar/BY). Studium u. a. in → München/BY. 1903-13 Arzt in Passau; Bataillonsarzt im 1. Weltkrieg; danach in München, ab 29 Seestetten b. Passau, Ende 41 Rittsteig. Vielfach ausgezeichnet; 1941 wider Willen Präsident der »Europ. Schriftstellervereinigung«. – W.: Eine Kindheit (Aut. 1922); Verwandlungen einer Jugend (Aut. 1928); Der Arzt Gion (R. 1931); Geheimnisse des rei-

Bad Tölz: Thomas Mann, Frau Katia mit Golo im Arm, Klaus und Erika vorm »Herrensitzchen« (1909)

fen Lebens (R. 1936); Das Jahr der schönen Täuschungen (Aut. 1941). Sämtl. Werke (1962); Briefe (Hrsg. E. Kampmann-C., 1978 ff.). – Gedenktafel am Geburtshaus, Höhenbergweg 8. – Nachlass C.-Archiv Rittsteig.

Johann Nepomuk Sepp (Ps. **S. V. Laßberg** oder **Amort der Jüngere**), * 7. 8. 1816 Bad T., † 5. 6. 1909 → München/BY, Historiker, Dramatiker. Kindheit in T. Seine Volksstücke »Die Isarwinkler im Franzosenkriege 1870«, »Der Schmied von Kochel« haben Gestalten aus der bay. Gesch. zum Mittelpunkt. – Weitere W.: Altbayerischer Sagenschatz (1876); Denkwürdigkeiten aus dem Bayeroberland (1893).

🅐 In seinem »Herrensitzchen« in der Heißstraße 31 (Gedenktafel) verbrachte **Thomas Mann** (→ Lübeck/SH) mit Frau und Kindern neun der zehn Sommer von 1908-17. Hier schrieb er u. a. an »Königliche Hoheit«, »Felix Krull«, »Tod in Venedig« und am »Zauberberg«. Tölz war für ihn »ein Ort der Ruhe«, an dem er »wieder ins Gleichgewicht« kam, für die vier Kinder Erika, Klaus, Golo und Monika das »Paradies«. **Klaus M.** hat es – Landhaus und Garten, den Wald, den (verschwundenen) Wiesenweg, den Klammerweiher – liebevoll beschrieben, in »Kind dieser Zeit« und »Wendepunkt«. Einer der Schauplätze der »Kindernovelle« (1926) ist das »Café am Wald« an der Heißstraße. Vom Kurpark aus erreicht man am Kogelweg 16 das Gründerzeit-Café, wo »Bauschan« herkommt, das »gute Tier« aus Th. M.s »Idylle« »Herr und Hund« (1919).

Benediktbeuren

Im Kloster wirkte der Historiker **Karl Meichelbeck** (1669-1734), u. a. »Chronicon Benedictoburanum«; Gedenktafel.
Carmina Burana heißen nach ihrem Fundort geistl. und weltl. Vagantenlieder des 13. Jh.s; **A. Schmeller** (→ Tirschenreuth/BY) entdeckte sie 1847 in der Bibliothek des Benediktinerklosters (Hss. BSB). – Chorwerk »Carmina Burana« 1937 von **Carl Orff** (→ München/BY).
In **Ried** (Benediktbeuren-R.) lebte **Karl August Horst** (1913-73), Erzähler (»Zero«, R. 1951), Literaturhistoriker (»Das Abenteuer der deutschen Literatur im 20. Jh.«, 1964) und Übersetzer; Grab auf dem Klosterfriedhof von B.

Kochel- und Walchensee

»Lieber bairisch sterbn als wie kaiserlich verderbn«: in der Ortsmitte von **Kochel** steht das Denkmal des sagenhaften »Schmieds von K.« (Volksschauspiel seit 1882). Nahebei auf dem Friedhof Grab des v. a. als Nachdichter und Übersetzer klass. russ. Literatur bekannt gewordenen Deutsch-Balten **Johannes von Guenther** (1886-1973). Hier auch das Grab des Malers F. Marc (F.-M.-Museum, Herzogstandweg 43). – Der → Bremer Dramatiker **Friedrich Forster** (eig. Waldfried Burggraf), Verfasser des Schauspiels »Robinson soll nicht sterben«, auch eines Schmied-von-Kochel-Spiels, lebte seit 1938 in **Schlehdorf** und ist dort auch begraben. – An einer der letzten Kehren der Kesselbergstraße vor dem Walchensee erinnert eine Bronzebüste an **Goethes** (→ Frankfurt a. M./HE) Passage vom 7. September 1786 auf der Reise nach Italien. Der »Harfner mit seinem Töchtergen«, die er in der Kutsche ein Stück Wegs mitnahm, hatten es ihm angetan (»Wilhelm Meisters Lehrjahre«). Mignons Lied »Kennst du das Land, wo die Zitronen blühn?« wurde zum Inbegriff deutscher Italien-Sehnsucht. – Anfang der 1920er Jahre lebte der Maler L. Corinth in **Urfeld** (E. von **Josef Ruederer** → München/BY »Sein Verstand«). April 1945 starb der Reiseschriftsteller **Colin Ross** (1885-1945/»Im Banne des Eisens«, 1911) in U. – Beschreibungen der Seen u. a. von **Ludwig Steub** (→ Aichach/BY) und **Karl Stieler** (→ München/BY), dazu J. Ruederers groteske Vision vom »Untier im Walchensee«.

R Isaraufwärts: In **Lenggries**, Lindenweg 12, lebten, seit 1953 verheiratet, **Günter Eich** (→ Frankfurt a. d. O./Lebus/BB) und **Ilse Aichinger** 1956-63. Von **Fleck** aus führt ein Almweg zur Röhrlmoos-Alm mit ihren Heustadeln, wo **D. H. Lawrence** und F. v. Richthofen 1912 auf ihrer Wanderung durch die Alpen eine abenteuerliche Gewitternacht erlebten (beschrieben in »Mr. Noon«, 1921, dt. 85); Dokumentation auch im Wirtshaus in **Glashütte** (unterhalb des Achenpasses in Richtung Tegernsee).

Im alten Dorf **Fall** ging **Ludwig Ganghofer** (→ Kaufbeuren/BY) erstmals zur Gamsjagd (»Jagdbuch«). Eine Wildererergeschichte gab Anlass zum R. »Der Jäger von Fall« (1883). Das alte Fall hat dem Sylvensteinspeicher mit angeschlossenem Wasserkraftwerk weichen müssen. Mit Dynamit wurde das Dorf beseitigt – mit dem gleichen Sprengstoff, mit dem im Roman die Felsen aus der Isar gesprengt werden, die den Flößern das Leben schwer und gefährlich gemacht hatten. 1956 wurde mit dem Bau von Neu-Fall begonnen. Im Inneren der neu erbauten, am 28. 8. 1958 geweihten Kirche wird an die Ereignisse erinnert.

An der Mündung des Rißbachs in die Isar, im Forsthaus von **Vorderriß** (Lenggries-V.), verbrachte **Ludwig Thoma** (→ Oberammergau/BY) seine »Kinderzeit« (»Erinnerungen«); L.-Th.-Stube im Gasthof zur Post. – In einem zum »königlichen Speisesaal« eiligst umgewandelten Kuhstall auf dem **Plumser Joch** (zwischen Hinterriß und Eng) rastete König Max II. von Bayern auf seiner berühmten »Fußreise Sr. Majestät im Sommer« 1858 von Lindau nach Berchtesgaden. **Friedrich von Bodenstedt** (→ Peine/NI) in seinen Erinnerungsblättern »Eines Königs Reise« (1879, gekürzt 1985): »Zu Fuß gegangen sind wir nicht viel … in etwas mehr als fünf Wochen einen Weg von 225 Stunden, wovon wir etwa 150 geritten, 60 gefahren und 15 gegangen« sind. »Könige gehen eben anders zu Fuß als gewöhnliche Leute.«

B B. Setzwein, An den Ufern der Isar, 1993; D. Heißerer, Landhaus Thomas Mann, in: Im Zaubergarten, 2005; E. Tworek, Spaziergänge durch das Alpenvorland der Literaten und Künstler, 2004.
Z Garmisch-Partenkirchen, Tegernsee, Weilheim (BY).

BALINGEN/BW

Heimatmuseum. – Volkstheater B.

Erzingen (Balingen-E.)

Philipp Nikodemus Frischlin, * 22. 9. 1547
E., † 29. 11. 1590 → Hohenurach (Reut-
lingen/BW), Humanist, neulat. Dichter,
Dramatiker (Schuldramen). Studium in
→ Tübingen/BW. Dort seit 1568 Prof.
für Poetik, 1576 von Kaiser Ferdinand
zum Dichter gekrönt. Krit. Stellungnah-
me gegen Adel und Theologen, daraufhin
Schreibverbot; 1586 Flucht aus Württ., 90
in Mainz festgenommen. Tödl. Sturz bei
einem Fluchtversuch aus der Festung Ho-
henurach. – Nachlass StA Stuttgart.
A **Karl Friedrich Reinhard** (→ Waiblin-
gen/Schorndorf/BW), der spätere franz.
Diplomat und Außenminister, fand 1783-
86 seine erste Anstellung als Vikar in B.,
wo sein Vater Dekan war. Auch in späteren
Jahren war er mehrfach zu Besuch.

Trochtelfingen (Albstadt-T.)

Hermann Essig, * 28. 8. 1878 T., † 20. 6.
1918 Berlin, Mitarbeiter am »Sturm«, Dra-
matiker zwischen Naturalismus und Ex-
pressionismus. Studium in Stuttgart, dann
freier Schriftsteller in Berlin. Nach Miss-
erfolgen 1913 und 1914 Kleistpreis. –
»Die Glückskuh« (1918) spielt in einem
schwäb. Dorf um die Jahrhundertwende.
– Geburtshaus Ecke Pfarr-/Mühlbach-
straße (Gedenktafel). – Teilnachlass DLA
Marbach.
R Wenn der Wind bei **Balingen** weht,
reitet der »Schimmelreiter« vorüber, auf
»gewissen Straßen, die er nie verläßt«.
Die Orte an der alten Poststraße zwischen
Tübingen und Schaffhausen erscheinen
großteils auch in **Goethes** (→ Frankfurt
a. M./HE) Reiseaufzeichnungen aus dem

Herbst 1797, u. a. Balingen und **Schöm-
berg,** deren »Misthaufen in der Mitte der
Straße« übel vermerkt wurden. »Halten
muß hier Roß und Rad«, heißt es dann
in **Steinhofen** (Bisingen-St.): Zwei Denk-
mäler an der alten Schweizerstraße erin-
nern an **Nikolaus Lenaus** (→ Stuttgart/
BW) »Postillion«. – »Spaziara« sollte man
schließlich nach **Tieringen** (Meßstetten-
T.), von wo **Matthias Koch** stammt (1860-
1936; Gedenktafel am Geburtshaus), des-
sen Slg. »Kohlraisle« (1913) mit »Mei Dia-
renga, o mei Diarenga!« beginnt. Er war
der »Dichter der Balinger Alb«, wie ihn
Karl Hötzer (1891-1969) nannte. H. selbst
hat »Balenger Gschiichte« (1955/56) veröf-
fentlicht.

B H. Röckelein/C. Bumiller, N. Frischlin . . .
ein unruhiger Poet, 1990; R.-B. Essig, H. Es-
sigs Geburtshaus in Truchtelfingen, Marba-
cher »Spuren« 16/1992.
Z Hechingen, Rottenburg, Nordstetten, Rott-
weil, Sigmaringen, Tübingen (BW).

BAMBERG/BY

*»Das ist eine Stadt, die steckt voll Raritäten, wie
die Commode einer alten Großmama, die viel
zusammenscharrte.« (Karl Immermann, 1837)*
Otto-Friedrich-Universität B. (Bibliothek). –
Hist. Museum (Alte Hofhaltung). – E. T. A.-
Hoffmann-Theater. – B.er Hegelwoche (im
Juni). – Die Altstadt, mehr als 2500 Gebäude,
Weltkulturerbe der Unesco.

Williram, * vor 1010, † 5. 1. 1085 → Ebers-
berg/BY. Um 1040 Scholastikus in B.,
schrieb eine Paraphrase des Hohenliedes
(um 1065) in lat. Versen und spätfrühdt.
Prosa.

Ezzo von Bamberg, * 15. 11. 1100, Kano-
niker und Scholastiker, begleitete 1064/
65 Bischof Gunther auf dem Kreuzzug
nach Jerusalem. Dichtete um 1060 das
»Ezzo-Lied«, einen Hymnus auf die Wun-

der Jesu, die älteste Dichtung eines Oberfranken. – Hs. BSB.

Hugo von Trimberg, * nach 1230 → Werna (Schweinfurt/Oberwerrn?/BY), † nach 1313. Von 1260-1309 Magister und Rektor am Kollegiatsstift St. Gangolf (Gedenktafel). Verfasser lat. und mhd. Lehrgedichte. Schrieb u. a. »Registrum multorum auctorum« (Gesch. der lat. Lit., um 1280) und »Der Renner«, 1300 vollendet, ein 24472 Verse zählender Sittenspiegel.

Ulrich Boner, * vor 1300 Bern, † nach 1349, Predigermönch. Verfasser der ersten dt. Slg. Aesopischer Fabeln »Der Edelstein«, das erste dt. gedruckte Buch, 1461 von A. Pfister in B. (einziges Exemplar HAB Wolfenbüttel).

Egen von Bamberg, Meistersinger, tätig 1320-40. Minnereden (in der Manier des »geblümten Stils«): »Die clage der minne«, »Das herze«.

Albrecht von Eyb (→ Ansbach/BY), humanist. Dichter. Seit 1449 Domherr in B., auf das er 1451/52 einen Lobspruch schrieb.

Ernst Theodor Amadeus Hoffmann (→ Berlin), 1808-13 »Lehr- und Marterjahre« als Kapellmeister, Regisseur und Dekorationsmaler am B.er Theater. Hier entstanden u. a. die »Fantasiestücke in Callot's Manier«. Begegnung mit Julia Mark. – Erste Wohnung Nonnenbrücke 10; E. T. A.-H.-Theater am E. T. A.-H.-Platz; gegenüber (Nr. 26) das E. T. A.-H.-Haus (2. Wohnung, Erinnerungsstätte mit Slg.); neben dem Theater die von H. oft besuchte Wirtschaft »Zur Rose« (heute »Theaterrose«); Denkmal Generalsgasse/Schillerplatz. – B.er Lokalitäten u. a. in den »Elixieren des Teufels« (1815 f.), die im ehem. Kapuzinerkloster (heute Clavius-Gymnasium, Kapuzinerstraße 29) beginnen, in den »Serapions-Brüdern« (1819-21) und »Lebens-Ansichten des Katers Murr« (1820-22); »Don Juan« spielt in

Bamberg: E. T. A. Hoffmann, mit dem schriftstellernden Kater Murr auf der Schulter (R. Klesse, 1983), vor seinem Arbeitsplatz, dem heute nach ihm benannten Theater am Schillerplatz

einer Theaterloge (Nr. 23), »Meister Johannes Wacht« auf dem Kaulberg; Türklopfer am Haus An der Eisgrube 14 Motiv für »Der goldene Topf« (1814). – E. T. A. Hoffmann-Slg. SB B. – E. T. A.-H.-Gesellschaft e. V. (seit 1938).

Friedrich Gottlob Wetzel (→ Bautzen/SN) wurde auf G. W. F. Hegels (→ Stuttgart/BW) Veranlassung 1809 Redakteur des »Fränkischen Merkur«. Schrieb patriot. Lyrik zum »Kriegs- und Siegesjahre« 1813, starb 29. 7. 1819 in B. – Gedenktafel Schulplatz 5 am Kaulberg; Begräbnisstätte ehem. Stephansberger Friedhof.

Hans Wollschläger, * 17. 3. 1935 Minden, † 19. 5. 2007 B., enzyklopäd. Autor und Übersetzer. Lebte 1958-98 in B. Bekannt wurde W. durch seine wortmächtige Übersetzung des »Ulysses« von J. Joyce (1975); Hrsg. der hist.-krit. Ausgabe der Werke von K. May (→ Glauchau/Hohenstein-Ernstthal/SN); sein R. »Herzgewächse oder der Fall Adams« (1982) blieb unvollendet. – »Nachruf auf 1000 Jahre. Bamberg in Geschichte und Gegenwart« (in: »Die Gegenwart einer Illusion«, 1978). **A** Jakob Ayrer (→ Nürnberg/BY) studierte ab 1570 in B. und verfasste eine von 900-1570 reichende Reimchronik. – **Goethe** (→ Frankfurt a. M./HE) im November 1797: »Die Stadt liegt sehr angenehm und heiter …« (zu Mittag im »Lamm«, Untere Königstr. 28). – **Wilhelm Heinrich Wackenroder** besuchte mit **Ludwig Tieck** (beide → Berlin) die Stadt; in den »Herzensergießungen eines kunstliebenden Klosterbruders« schildert W. das Hochamt im Dom anlässl. des Henricifestes am 23. 7. 1793 als mystisch-mythisches Urerlebnis. – **G. W. F. Hegel** war 1806-08 Redakteur der »Bamberger Zeitung«; im Wohnhaus »Zum Krebs«, Pfahlplätzchen 1 (Gedenktafel), schrieb er die »Phänomenologie des Geistes«. – **Jean Paul** (→ Wunsiedel/BY) 1810 im »Goldenen Adler«: »Himmel! welch ein Bier!« – Eine ausführl. Beschreibung gibt **Karl Immermann** (→ Düsseldorf/NW) 1837 in seiner »Fränkischen Reise«. – Einen pol.-satir. Spaziergang unternahm **Anselm Groß von Trockau** in »Reise von Bamberg nach Aurach auf Umwegen, da man heutzutage auf dem geraden nicht mehr fortkommt, oder auch Eine Reise um die Welt« (1843). – »Die schönsten Städte der Welt sind New York, Venedig und Bamberg«, so **Wilhelm Vershofen** (→ Bonn/NW), der nach dem 1. Weltkrieg nach B. kam (»Reben Glockengeläut«, 1940). – 1921-27 war **Bodo Uhse** (→ Rastatt/BW) Redakteur beim »Bamberger Tageblatt«; B. als Schauplatz in »Söldner und Soldaten« (1935) und in den 1979 ersch. »Bamberger Erzählungen«. – Zwischen 1937 und 42 traf sich auf Initiative von **Hans Brandenburg** (→ Wuppertal/NW; »Im Feuer unserer Liebe«) in der

»deutschesten aller Städte« (so **Hans Franck** → Ludwigskust/Wittenburg/MV) der »Bamberger Dichterkreis«, dem neben NS-Autoren (wie **Heinrich Zerkaulen** → Bonn/NW) auch der nicht so regimekonforme **Stefan Andres** (→ Trier/Schweich/RP) angehörte.

L »Sie darf die Bücherstadt heißen«: bereits 1012 wird B. von Abt **Gerhard von Seeon** in einem Hymnus gepriesen. Lyrisches Lob weiterhin von **Gottfried von Viterbo** (ca. 1120-1200) und 1491 von **Hans Rosenplüt** (→ Nürnberg/BY) bis **Stefan George** (→ Bingen/RP), **Manfred Hausmann** (→ Kassel/HE), **Günter Eich** (→ Frankfurt a. d. Oder/Lebus/BB) u. v. a. – **Zacharias Werners** (→ Berlin) am 22. 1. 1815 in B. erstaufgeführtes Dr. »Cunigunde, die Heilige, römisch-deutsche Kaiserin« gehört zu den zahlreichen literar. Bearbeitungen der Gründung des Bistums B. durch Heinrich II. Kunigundes Unschuldsprobe und Heinrichs Seelenwägung, mit weiteren Sagen v. a. um die Domplastiken, bei den **Brüdern Grimm** (→ Hanau/HE). Visionen um den Dom: **Leo Weismantels** (→ Karlstadt/Obersinn/BY) R. »Die Sibylle« (1938) sowie »Das Spiel von der Versuchung Kaiser Heinrichs« (1948) von **Friedrich Deml** (1901-94). – Essays: Von **Wilhelm Hausenstein** (→ Wolfach/Hornberg/BW) erschienen 1939 »Bamberger Aufzeichnungen«, von **Konrad Weiß** (→ Schwäbisch Hall/Michelbach a. d. Bilz/BW) »Bamberger Bilder« (in »Wanderer in den Zeiten«, 1958); **Albert von Schirnding**, »Wie Lohengrin, nur viel schöner« – Bamberg zwischen Romanik und Romantik« (in »Literarische Landschaften«, 1998). B.er über B.: **Karlheinz Deschner** (Jg. 1924), Kirchen- und Literaturkritiker, »Dornröschenträume und Stallgeruch. Über Franken, die Landschaft meines Lebens« (1989). Mundartdichter: **Hans Morper**, der »Haanzlesgörch«, und **Gerhard C. Krischker** (»fai obbochd. ges. dialektgedichte«, 1994).
S Staatsbibliothek B.: rd. 450 000 Bde., rd. 6000 Hss., rd. 3400 Inkunabeln; E. T. A. Hoffmann-Slg. – **Karl May-Museum** (des K.-M.-Verlages): Schreibtisch, Bibliothek, Erin-

nerungsstücke; indian. Waffen und Geräte. – **Goethe-Gesellschaft** e. V. (seit 1962). – **E. T. A.** Hoffmann-Preis (seit 1989), **Kultur-Förderpreis** (seit 1991); **Stipendium Intern.** **Künstlerhaus Villa Concordia.**

R Auf **E. T. A.** **Hoffmanns** Spur: In der Langen Straße 13 Haus der »Consulin Marc« (Gedenktafel); zum **Hain,** einem Park im Süden der Inselstadt (Luisenhain, hinter der Nepomukstatue Auftritt des »Hundes Berganza« und E. T. A.-H.-Denkmal); nach **Bug** am Südende des Hains jenseits der Regnitz (fürstbischöfl. Jagdschloss, jetzt Hotel und Café, beliebter Einkehrort H.s); zur **Altenburg,** wo in der Klause des Nordturms (Gedenktafel) H. öfter Gast des Burgherrn A. F. Marcus war und die erste dt. romant. Oper »Undine« konzipierte.

B A. Haupt, Bamberger Legenden und Sagen, 2. Aufl. 1878; J. Lehmann, Wagnis des Unzeitgemäßen. B.s literarische Bedeutung, 1977; K. Gasseleder, Literarische Spurensuche in B., in: LiteraTourLand Franken, 2000. **Z** Bayreuth, Coburg, Forchheim, Erlangen (BY).

BAUTZEN/SN

Sorbisches Institut/Serbski institut, Sorbische wiss. Gesellschaft/Macica Serbska e. V. – Museum für Stadtgeschichte; Sorbisches Museum/Serbski muzej in der Ortenburg; Gedenkstätte Zuchthaus Bautzen. – Deutsch-Sorbisches Volkstheater/Nemsko-Serbske Ludowe Dziwadlo, einziges zweisprachiges Theater in Dtl., Burgtheater/Dziwadlo na hrodze (Puppen- und Jugendtheater); Sorbisches National-Ensemble/Serbski ludowy ansambl. – MDR Radio Sachsen, Studio Bautzen/Serbski rozhlos. – Am 25. 1. sorb. Vogelhochzeit/Ptaci kwas. – Im Eingangsbereich des Burgtheaters auf der Ortenburg der »Rietschel-Giebel« nach klassizist.-griech. Mustern.

Paulus Niavis (eig. **Paul Schneevogel**), * um 1460 Eger/Böhmen, † nicht vor 1514 B., Verf. pädagog. Dialoge (darin erstmals über das Leben der Bergleute). Seit 1510 Stadtschreiber in B.

Bautzner Bürgereid (»Der Burger Eydt Wendisch«, sorb. »Budyska prisaha«), nach 1526, als etwa ein Drittel der Einwohner von B. Sorben waren. – Stadtarchiv B.

Caspar Peucer (auch **Peuker**), * 6. 1. 1525 B., † 25. 9. 1602 Dessau, Humanist. Sohn eines Sorben. Prof. in → Wittenberg/ST. Verf. der lat. B.er Stadtchronik »Idyllium de Lusatia Patria« (1594).

E Bautzen als Zentrum des Sorbentums. Schon 1690 wurde in B. mit Zustimmung der Oberlausitzer Stände eine Kommission zur Hrsg. sorb. Bücher gegründet. Höhepunkt ihrer Tätigkeit war 1728 die Gesamt-Ausg. der Luther-Bibel in obersorb. Sprache. 1710 erschien in B. »Das neue Teutsche und Wendische Gesang-Buch«. 1716 schlossen sich an der Universität Leipzig die sorb. Theologiestudenten zum »Wendischen Prediger-Collegium« zusammen, in dem sich früh der sorb. Nationalgedanke regte. Seit 1809 gab es in B. Bemühungen um ein sorb. Pressewesen. 1842 kam die Wochenschrift »Jutnicka« heraus, die bald von Handrij Zejler als »Tydzenska Nowina« weitergeführt wurde und von 1854 bis 1937 als »Serbske Nowiny« erschien. Jan Arnost Smoler gründete in B. 1863 die erste sorb. Verlagsbuchhandlung, die bis 1937 bestand. 1847 hatte sich in B. mit der »Macica Serbska« die erste wiss.-kulturelle Gesellschaft der Sorben gegründet. Theodor Fontane schickte zu ihrem 25. Gründungsjubiläum eine Grußadresse. 1900 etablierte sich in B. ein Arbeitskreis sorb. Schriftsteller, der mit Unterbrechungen bis zu seiner Auflösung durch die Nazis 1937 bestand. Auf Betreiben von Arnost Muka wurde 1904 in B. das »Wendische Haus« eröffnet. Mit Sorbischem Nationalmuseum, Bibliothek, Archiv und Volkslesesaal war es bis zu seiner Zerstörung Anfang 1945 das Zentrum des sorb. Kulturlebens. 1937 wurde auch die 1912 in Hoyerswerda gegründete »Domowi-

na« verboten und nach und nach alle sorb. Aktivitäten unterdrückt. Die Neugründung dieser Interessenvertretung aller Sorben erfolgte
am 10. 5. 1945 in B.

Michal Frencel (auch **Michael Frentzel**),
* 2. 2. 1628 Pietzschwitz bei B., → 29. 6.
1706 Großpostwitz bei B., Begründer
des obersorb. Schrifttums (»Man hat nicht
Ursach der Wendischen Sprache sich zu
schämen«), Predigten (»Frenceliana«) und
Übersetzung des Neuen Testaments ins
Sorb. Pfarrer in Großpostwitz, dort Grab.
August Adolph von Haugwitz, * 14. 5.
1647 Uebigau bei B., † 27. 9. 1706 ebd.,
Dramatiker. 1668/69 in London und Paris. Dann wieder auf seinem Gut. Schauspiele (»Maria Stuarda«, 1683, »Soliman«,
1684).
Hadam Bohuchwal Serach (auch **Adam
Gottlob Schirach**), * 5. 9. 1724 Nostitz
bei B., † 3. 4. 1773 Kleinbautzen bei B.,
sorb. Aufklärer. Pfarrer. Hrsg. eines sorb.
Gesangbuches (1750). Wirkungsreich die
Naturdichtung »Melitto-Theologia« (1767).
Jurij Mjen (auch **Georg Möhn**), * 14. 5.
1727 Grubditz bei B., † 22. 8. 1785 Neschwitz bei B., Prediger. M.s F. G. Klopstocks (→ Quedlinburg/ST) »Messias«
nachempfundenes »Dichterlied«/»Recerski kerlis« (1757) markiert den Beginn
der sorb. Kunstdichtung.
August Gottlieb Meißner, * 3. 11. 1753 B.,
† 18. 2. 1807 Fulda, Lyriker und Erzähler
(»Skizzen«, 14 Bde., 1778-96), Verf. von
Biografien (»Alcibiades«, 4 Bde. 1781-
88). Noch heute lesenswert seine »Reisebriefe« (1778) über die Lausitz und die Sorben.
Friedrich Gottlob Wetzel (Ps. **Theophrast, Ysthamarus**), * 14. 9. 1774 B.,
† 27. 7. 1819 → Bamberg/BY, Erzähler
und Dramatiker, Lyriker und Publizist.
Unstetes Leben. Bekannt durch den Abenteuerroman »Kleon, der letzte Grieche«

(1802). Populär W.s patriot. Kriegslyrik
(»Aus dem Kriegs- und Siegesjahre«,
1815).
Jan Bohuchwal Djeka (auch **Johann Gottlob Döcke**), * 1. 3. 1779 B., † 30. 4. 1853
ebd., Begründer des sorb. Journalismus.
Gründer der ersten sorb. polit. Zs. (»Sorbischer Erzähler und Kurier«/»Serbski powedar a kurer«, 1809-12).
Handrij Zejler (auch **Andreas Seiler**),
* 1. 2. 1804 Salzenforst (heute B.), † 1872
Lohsa (→ Hoyerswerda/SN), Lyriker
und Fabeldichter, »im wahrsten Sinne
des Wortes der Ahnvater der sorbischen
Poesie« (A. Cerný). Z.s »Sorbische Braut«/
»Serbska njewjesta« (G. 1828) steht am
Anfang der national. Wiedergeburt. –
W.: »Pocasy«/»Jahreszeiten« (1845-60).
Gesamt-Ausg. (7 Bde., Hrsg. L. Hajnec
1972 ff.). – Denkmal (1978) auf dem Dorfplatz seines Geburtsortes. – **Kito Lorenc**,
»Huldigung für den Fabeldichter H. Z.«/
»Holdowanje za H. Z.« (1967).
Jan Arnost Smoler (auch **Johann Ernst
Schmaler**), * 3. 3. 1816 Merzdorf (→ Hoyerswerda/SN), † 13. 6. 1884 B., Liedersammler und Publizist. Gymnasium in B.
1845 Organisator des ersten sorb. Gesangsfestes (Hrsg. »Volkslieder der Wenden in
der Ober- und Niederlausitz«, 1841-43)
und Mitbegründer der »Macica Serbska«.
Nach 1848 Redakteur in B. – Denkmal
(1966), Ziegelwall/Ecke Holzmarkt, Grab
auf dem Protschenbergfriedhof.
Hermann Lotze, * 21. 5. 1817 B., † 1. 7.
1881 Berlin, Philosoph. Prof. in Leipzig,
Göttingen und Berlin. Neukantianer, beeinflusste R. Eucken (→ Aurich/NI)
und G. Frege (→ Jena/TH). L.s Schriften
gelten als Muster dt. philosoph. Prosa. –
Haupt-W.: Ideen zur Naturgeschichte
und Geschichte der Menschheit. Versuch
einer Anthropologie (1856-64).
Jan Radyserb-Wjela (auch **Johann Wehle**), * 8. 1. 1822 Seidau (heute B.), † 19. 1.

1907 B., Erzähler und Lyriker. Sorbisch-lehrer. 1842 Veröffentlichungen in H. Zejlers »Tydzenska Nowina« (»Gedichte und Balladen«/»Basjne a balady«, Hrsg. J. Mlynk 1955). Hrsg. der Slg. »Sorbische Sprichwörter«/»Serbske prislowa«, 1902). – Wohnung: Karl-Liebknecht-Straße 2 (Gedenktafel).

Wilhelm von Polenz, * 14. 1. 1861 Obercunewalde bei B., † 13. 11. 1903 B., Erzähler und Dramatiker. Studium in Breslau und Leipzig. Seit 1894 auf Gut Obercunewalde, wo P.s naturalist. Romane entstanden: »Der Büttnerbauer« (1895), gerühmt von Th. Fontane (→ Neuruppin/BB), L. Tolstoi (1902 Vorwort der russ. Ausg.) und A. Tschechow; »Der Grabenhäger« (2 Bde. 1897); »Thekla Lüdekind« (2 Bde. 1900). 1902 Reise in die USA (»Das Land der Zukunft«, 1903). – Teilnachlass (1945 Teile vernichtet) LSB Dresden.

Marja Kubasec (auch **Maria Kubasch**), * 7. 3. 1890 Quoos bei B., † 13. 4. 1976 B., Begründerin des hist. sorb. Romans (»Das Jahr der großen Brände«/»Leto wulkich wohenjow«, 1970) und Übersetzerin. Redakteurin (u. a. der Kinder-Zs. »Raj«) und 1952-56 Dozentin für sorb. Lit. am Sorb. Pädagog. Institut in Kleinwelka bei B.

A Johann Leisentrit (1527-86) war seit 1561 in B. Administrator der Diözese Meißen und gab die für beide Konfessionen bestimmten »Geistliche(n) Lieder und Pslamen« (1567) heraus. – **Johann Karl Wezel** (→ Sondershausen/TH) lebte 1769-74 als Hofmeister in B. – **Karl August Böttiger** (→ Reichenbach/SN) war 1790/91 Rektor des B.er Gymnasiums. Sein in B. geborener Sohn **Karl Wilhelm Böttiger** (1790-1862) schrieb die »Allgemeine Geschichte für Schule und Haus« (1824). – 1837-76 war **Karl Eduard Hering** (1807-79) B.er Domorganist. Berühmt seine volkstüml. Chöre (»Singe, wem Gesang ge-

geben«). Von H. auch die »Sachsen-Hymne«: »Der Rautenkranz ist dein Panier/ und weiß und grün dein' schönste Zier.« – **Michal Hórnik** (→ Kamenz/SN) lebte 1856 bis zu seinem Tod als Sorbischlehrer in B. – **Jakub Bart-Cišinski** (→ Kamenz/ SN) besuchte 1870/71 in B. die Präparande des kath. Lehrerseminars und publizierte ab 76 in der Zs. »Lipa serbska«. – **Arnost Muka** (→ Bischofswerda/SN) betrieb seit 1880 in B. erfolgreich die Einrichtung sorb. Institutionen. 83 deshalb versetzt. Von 1916 bis zu seinem Tod wieder in B. – **Mina Witkojc** (→ Cottbus/ BB) lebte 1921 bis zur ihrer Vertreibung durch die Nazis in B. – Die B.er Schulzeit von **Jurij Brězan** (→ Kamenz/SN) spiegelt den aut. geprägte Roman »Der Gymnasiast« (1958). – Von 1955 bis zu ihrem Tod wohnte die Erzählerin (»Die Tage in der Ferne«/»Dny w dalinje«, 1967) **Marja Mlynkowa** (1934-71) in B. Grab auf dem Nikolaifriedhof.

L 1800 war auf der Ortenburg der böhm. Räuber Johannes Karasek (1765-1809) eingekerkert. Nach seinem Tod wurde K. in zahlreichen Volkserzählungen zu einem »edlen Räuber« verklärt. Noch in E. E. Kischs (→ Berlin) »Prager Pitaval« (1912) fand er einen würdigen Platz. – Der B.er **Johannes Andreas von Wagner** (1833-99) schrieb in künstl. Mundart »Allerlee aus der Äberlausitz« (10 Bde., 1880-96). – **Richard Hille** (1886-1967) verfasste das kulturhist. Buch »Bautzen, du alte, du feine« (1933). – **Richard Schlemmer** (1893-1959) schrieb über B. kulturhist. Romane (u. a. »Trutziges Stadtvolk« (1928).

Das Zuchthaus Bautzen. In der DDR-Zeit war die Stadt wegen ihrer beiden Strafanstalten ein Symbol für polit. Haft. Die eine (»Bautzen I«), wegen der Farbe der Klinker »Gelbes Elend« genannt, wo auch schon früher polit. Gegner eingesperrt wurden: Ludwig Renn 1932 und 1933-35, Walter Janka 1934, der Tscheche

Julius Fucik 1943 (Gedenktafel). Unter den Russen wurde darin 1945 ein »Speziallager« eingerichtet, in dem bis zu dessen Übergabe 1950 an die DDR 3000 Häftlinge umkamen. Gedenkstätte »Karnickelberg« in der Nähe. »Bautzen II« war anfangs Untersuchungsgefängnis, zur DDR-Zeit der Stasi unterstellte »Sonderhaftanstalt« vor allem für polit. Gegner. 1948-56 war dort der noch von den Russen verurteilte Walter Kempowski Häftling. Eindringlicher »Haftbericht« »Im Block« (1969). Wegen »Bildung einer staatsfeindlichen Gruppe« saß dort 1957-64 der Philosoph Wolfgang Harich, wegen »Boykotthetze« 1958-60 der Verleger Walter Janka ein; und die Beteiligung an einer Diskussion um die Entstalinisierung nach dem XX. KPdSU-Parteitag brachten Erich Loest 1957 7 Jahre Haft. Rudolf Bahro saß 1978/79 in B.

R Westl. von B. **Zischkowitz,** Heimatort des sorb. Vormärz-Journalisten **Jan Petr Jordan** (1818-91), Hrsg. der in der ganzen slaw. Welt verbreiteten »Jahrbücher für slawische Literatur, Kunst und Wissenschaft« (143 ff.). – Nördl. von B. **Radibor,** Geburtsort des später in Berlin lebenden **Jakub Lorenc-Zaleski** (1874-1939), der mit dem Prosapoem »Die Insel der Vergessenen«/»Kupa zabytych« (1931) »Wegbereiter moderner sorb. Erzählkunst« (K. Lorenc) war. **J. Bart-Cišinski** war 1884-87 in R. Kaplan. Sein Gedicht-Bd. »Buch der Sonette«/»Kniha sonetow« (1884) entstand hier. Aus R. stammt auch **Michal Nawka** (1885-1968), Begründer der ersten sorb. Kinder-Zs. (»Zahrodka«, 1903). In Radibor, der Heimat ihres Vaters, wurde die Publizistin Marja Grólmusec (1896-1944) 1934 wegen ihrer Unterstützung politischer Gefangener verhaftet (ab 1935 im Zuchthaus Waldheim (→ Döbeln/Waldheim/SN) inhaftiert). – Ganz in der Nähe **Quatitz,** Geburtsort von **Ota Wicaz**

(1874-1952), Begründer der sorb. Lit.-Wissenschaft. Gedenktafel am Geburtshaus.

Weiter nördl. **Königswartha,** Geburtsort des Breslauer Druckers und Verlegers **Johann August Barth** (1765-1818), der mit aufwändig gestalteten Büchern von sich reden machte und den Notendruck revolutionierte. Aus K. kommt auch **Jan Lejnert** (1892-1974), der in seinen Naturgedichten (»Schwermut«/»Tysnosc«, 1968) der sorb. Sprache neue Möglichkeiten eröffnete. – In der Nähe von K., im Dorf **Eutrich,** lokalisierte der Volkskundler **Jurij Pilk** (1858-1926) das sorb. Märchen vom »Hexenmeister Krabat«, stofflich steht es in Beziehung zur Faust-Sage. Seit 1837 erschienen die Erzählungen um Krabat in Kalendern. **J. Brězan,** der nach 1945 in B. lebte, gab dieser Sagen-Figur in dem Roman »Krabat oder Die Verwandlung der Welt« (1976) neue Gestalt.

Am östl. Ende von **Cunewalde** liegt der Ortsteil Obercunewalde mit dem Rittergut, das **W. von Polenz** bewirtschaftete (Schloss 1949 abgerissen). Pächterhaus wie auch der Park (W.-v.-P.-Park) mit Gedenkstein (1909) erhalten; Fam.-Gruft der Kirche von Cunewalde; W.-v.-P.-Museum, Gänseberg 8. – Aus **Mönchswalde,** südl. von B., stammt **Hermann Klippel** (1896-1960), der die einfachen Leute in westlausitzischer Mundart beschrieb. – In der Nähe **Schirgiswalde,** wo J. Bart-Cišinski 1882 junger Kaplan war. Die eigene Mundart wird festgehalten in Geschichten von **Joseph Vogt** (1880-1959) und **Franz Rösler** (1871-1946). – Erforscher der Oberlausitzer Mundart war **Ernst August Matthes** (gen. Bihms Koarle, 1854-1937) aus **Wehrsdorf** südl. von Sch. Seine in drei »Fuhren« erschienene Slg. »Kraut und Rüben« (1909-27, Neubearb. u. d. T. »Von allem etwas«, 1980) ist bis heute populär. Geburtshaus: Nr. 48 (Gedenktafel).

Z Bischofswerda, Görlitz, Hoyerswerda, Kamenz, Niesky, Zittau (SN).

BAYREUTH/BY

»Irgendwann sitzen wir alle in Bayreuth zusammen und begreifen gar nicht mehr, wie man es woanders aushalten konnte.« (Friedrich Nietzsche)
Universität. – Hist. Museum (Alte Lateinschule); Dt. Freimaurer-Museum (Bibliothek); Richard-Wagner-Museum, Jean-Paul-Museum, Franz-Liszt-Museum. – Eremitage (u. a. Ruinentheater); Markgräfl. Opernhaus (1744-48); Festspielhaus (1872-73). – Bayreuther (Richard-Wagner-)Festspiele (Juli/August); Festival junger Künstler B. (August).

Jean Paul (→ Wunsiedel/BY) zog am 12. 8. 1804 nach B. und empfing dort ab 08 fürstl. bzw. bay. Jahresgehalt. In B. entstanden u. a. »Levana« (1807), »Dr. Katzenbergers Badereise« (1809), »Leben Fibels« (1812), »Der Komet« (1820-22). 1824 erblindet, starb er am 24. 11. 25 in B.: Wohn- und Sterbehaus Friedrichstraße 5 (Gedenktafel). Von hier aus pilgerte er fast täglich die Königsallee zum Haus der Rollwenzelin hinaus, bekannt als »Rollwenzelei« (Dichterstube mit Erinnerungsstücken und Gästebüchern; Besucher u. a. W. Alexis, Varnhagen v. Ense, E. T. A. Hoffmann, C. von Holtei, A. von Platen). – Grab auf dem Alten Friedhof; J.-P.-Museum (mit sämtl. Erstausg., Briefen und Bildnissen) im Haus von H. St. Chamberlain; Denkmal am J.-P.-Platz. – J.-P.-Gesellschaft e. V. (Jb.).

Max Stirner (eig. Johann Caspar Schmidt), * 25. 10. 1806 B., † 26. 6. 1856 → Berlin. In seinem Hauptwerk »Der Einzige und sein Eigentum« (1844) kritisierte er sowohl die junghegelianische Schule, der er selbst entstammte, als auch Liberalismus und Sozialismus; Einfluss auf Nietzsche und den frühen Anarchismus. – Ge-

Bayreuth: Richard Wagner mit Familie und Freunden auf der Gartentreppe der Villa Wahnfried (1881)

burtshaus Maximilianstraße 31 (Neubau/Gedenktafel). – B. Setzwein, »Stirnen, an denen der Verstand zu Tage liegt« (in: »Käuze, Ketzer, Komödianten«, 1990).
Richard Wagner, * 22. 5. 1813 → Leipzig/SN, † 13. 2. 1883 Venedig. Kam im Juli 1835 als Magdeburger Musikdirektor erstmals durch B. Im Sommer 1872 wohnte er im Haus »Fantasie«, westl. B., in Donndorf (Gedenktafel). Bau des Festspielhauses 1872/73, der Villa Wahnfried 1872-74. Erste Festspiele 1876. »Mein Leben« (n. hg. M. Gregor-Dellin, 1976). – Grab R. und Cosima W.s im Garten der Villa Wahnfried; Denkmal im Park vorm Festspielhaus. – R.-W.-Straße 48 Haus Wahnfried: R.-W.-Museum mit Nationalarchiv der R.-W.-Stiftung B. – B. Hamann, »Die Familie Wagner« (2005).
Hans von Wolzogen (→ Potsdam/BB), ab 1878 Hrsg. der von R. Wagner gegründeten »Bayreuther Blätter«. – Grab auf

dem Friedhof St. Georgen; Gedenktafel am Durchgang zum Hofgarten.
Houston Stewart Chamberlain, * 9. 9. 1855 Portsmouth, † 9. 1. 1927 B., Kulturphilosoph und Rassentheoretiker. Heiratete 1908 R. Wagners Tochter Eva und zog nach B. – W: »Die Grundlagen des 19. Jahrhunderts« (1899), auf die sich NS-Theoretiker wie A. Rosenberg beriefen. – Sterbehaus Wahnfriedstraße (Gedenktafel); Grab auf dem Alten Friedhof; Bibliothek im R.-W.-Museum.
Siegfried Wagner, * 6. 6. 1869 Tribschen b. Luzern, † 4. 8. 1930 B., Sohn Richard W.s, Dichterkomponist, Regisseur, Bühnenbildner, Leiter der Festspiele 1909-30. – Grab auf dem Stadtfriedhof. – »Der Bärenhäuter« (1899) spielt im Hummelgau, bei Kulmbach und gegenüber der Plassenburg.

A **Friedrich der Große** (→ Berlin) besuchte seine Lieblingsschwester, die **Markgräfin Wilhelmine** (1709-58/Grab Fürstengruft Schlosskirche) dreimal, 1743 begleitet von **Voltaire**, mit dem die Markgräfin im Ruinentheater ein Stück von Racine aufführte (W. Koeppen, »Eine preußische Prinzessin in Bayreuth«, 1976). – **Alexander von Humboldt** (→ Berlin) war von 1792-97 Bergassessor und Oberbergrat in B. und im Fürstentum. – **Ernst Moritz Arndt** (→ Rügen/MV) kam 1798 und schrieb die »Bruchstücke aus einer Reise von Baireuth nach Wien im Sommer 1798«. – **Wilhelm Müller** (→ Dessau/ST) besuchte B. 1826 und erzählte in der »Zeitung für die elegante Welt«, was Frau Rollwenzel ihm nach dem Tode Jean Pauls mitgeteilt hatte. – **Karl Ferdinand Gutzkow** (→ Berlin) verbrachte nach einem Selbstmordversuch 1866 ein Jahr in der Heilanstalt St. Gilgenberg. (Der Roman »Fritz Ellrodt«, 1872, spielt am Hof der letzten Markgrafen von B.) In der gleichen Heilanstalt starb 1891 **Os-**

kar Freiherr von Redwitz (→ Ansbach/Lichtenau/BY). – **Friedrich Nietzsche** (→ Weißenfels/Röcken/ST) nahm 1872 an der Grundsteinlegung des Festspielhauses teil und besuchte R. Wagner 74 und 76 (»Richard Wagner in Bayreuth«, 1876). – Bayreuth-Enthusiastin auch **Malwida von Meysenbug** (→ Kassel/HE); Gedenktafel Dammallee 8. – **Theodor Fontane** (→ Berlin) fand die Stadt und das Leben in ihr 1889 »hochinteressant: vergorene Residenz, malerisches Drecknest und dazwischen das denkbar feinste und intelligenteste Publikum« (Briefe); von den Festspielen hielt er gar nichts. – **Oskar Panizza** (→ Bad Kissingen/BY) starb am 30. 9. 1921 in der Heilanstalt St. Gilgenberg; »Der Illusionismus und die Rettung der Persönlichkeit« (1895) ist dem Andenken von M. Stirner gewidmet. – **Thomas Mann** (→ Lübeck/SH) war im Juli 1909 erstmals zu einer »Parsifal«-Aufführung in B. Festspielgäste weiterhin u. v. a. **R. Rolland, G. B. Shaw, A. Schweitzer, G. Hauptmann, E. Bloch** (Texte in: »Der Festspielhügel, R. W.s Werk in Bayreuth 1876-1976«, 1976).

L Das zeitgenöss. B. beschrieb **Markgräfin Wilhelmine** in ihren »Denkwürdigkeiten« (franz. 1810, dt. 1810/11), die Wagner-Zeit **Zdenko von Kraft** in seinem »Richard-Wagner-Roman« (1922). – Aus jüngerer Zeit eine Anthologie des **Literaturforums Bayreuth**: »Ortstermin Bayreuth oder 33 Selbsterlebensbeschreibungen, Stadtbesichtigungen, Stadtbezichtigungen« (1971). – Eine der verständnisvollsten Schilderungen der architekton. Schönheiten der Stadt gab **Wilhelm Hausenstein** (→ Wolfach/Hornberg/BW) in seinen »Wanderungen« (1935). – Außerdem **Louis Aragon**, »La mise à mort« (»Leere Spiegel«, 1964); **Horst Krüger** (→ Magdeburg/ST), »Bayreuther Szene. Zu Gast bei R. W.« (1975); **Hans Mayer** (→ Köln/NW), »R. W. in Bayreuth« (1976); **Rolf Schneider**, »Levi oder die Reise zu R. W.« (1989). – »Eine Reise in die Kindheit. Fichtelgebirge« von **Max von der Grün** (1926 in B. geb. / → Dortmund/ NW) in »Unterwegs in Deutschland« (1979). – Die »Bareithä Mundort« literaturfähig machte **Friedrich Einsiedel** (1876-1951); u. d. T. »Allamagara« erschien 1925 eine Slg. seiner »Gschichtla«.

S Kulturpreis der Stadt B. (seit 1976).

Bad Berneck

Am Talausgang des Fichtelgebirges gelegen, hat Bad B. durchreisende Schriftsteller wie **Jean Paul, Wilhelm von Humboldt** (→ Berlin) und **Emanuel Geibel** (→ Lübeck/SH) stark beeindruckt. **Ludwig Tieck** (→ Berlin) kam 1792 durch B. und benannte nach dem »fast tragischen Eindruck« seine finstere Rittertragödie »Karl von Berneck« (1795). Auch **Wilhelm Heinrich Wackenroder** (→ Berlin) fand dicht vor B. alles »schwarz und finster«. **François René de Chateaubriand** vermerkt in seinen »Mémoires d'outre-tombe« unter dem 2. 6. 1833: »Wenn man Berneck verläßt, ist der Weg von Pappeln gesäumt, deren gewundene Allee mir, ich weiß nicht welches aus Freude und Trauer gemischte Gefühl einflößte.« – **Hans Raithel,** geb. 31. 3. 1884 Benk (Bad Berneck-B.), gest. 3. 10. 1939 ebd., Erzähler und Dramatiker: »Dorfgeschichten« (1925).

B F. Piontek/J. Schultz (Hrsg.), Bayreuth. Ein literarisches Porträt, 1996; K. Warnecke, Spaziergänge durch Richard Wagners Bayreuth, 2001.

Z Bamberg, Forchheim, Hof, Kulmbach, Wunsiedel (BY).

BECKUM/NW

Ferdinand Krüger, * 27. 10. 1843 B., † 8. 2. 1915 → Essen/NW, einer der bedeutenden plattdt. Schriftsteller Westfalens. Industriearzt und Psychiater u. a. in Linden-Dahlhausen (→ Bochum/NW) und Wesel. Sein Hauptwerk »Hempelmanns Smiede« (R. 1893) entstand nach Quellen einer Ahlener Stadtchronik und schildert die Franzosenzeit 1806-13. – Denkmal auf dem Wilhelmsplatz, Findling am Westteich mit Gedenktafel. – K.-Zimmer im Stadtmuseum. Nachlass Kreis-A. Liesborn.

Ahlen

Heinrich von Staden, * um 1535 A., einer der größten Abenteurer seiner Zeit. Kam 1554 an den Hof Iwan des Schrecklichen in Moskau, 1578 tauchte er am Hofe Kaiser Rudolfs II. in Prag auf. Seine Prager Aufzeichnungen zur Geschichte Moskowiens wurden erst 1900 entdeckt, 1925 in der Sowjetunion, 1930 in Deutschland veröffentlicht. St.s weiteres Schicksal ist unbekannt. **Bernhard von Mallinckrodt,** * 1591 Haus Küchen, † 1664 Burg Ottenstein (Ahaus-O.), westf. Humanist. Besaß eine Bibliothek mit ca. 5 400 Bdn., Hss. und Inkunabeln und verfasste u. a. eine lat. Schrift über »die Entstehung und den Fortschritt der Buchdruckerkunst« (1640). **Katharina Schücking-Busch** (1791-1831) aus A., die Mutter von Levin Schücking (→ Meppen/NI), war mit A. v. Droste-Hülshoff (→ Münster/Roxel/NW) befreundet. Obgleich die oft gefühlvollen Naturgedichte der »Katinka Busch« nur in Taschenbüchern und Almanachen erschienen, war ihre Lyrik seinerzeit weit bekannt. – In A. 1925 geboren **Imo Moszko-**

wicz, der Auschwitz überlebte und dessen Erinnerungen 1966 erschienen.

🅐 Aus Ahlen stammt der Franziskaner, Scholastiker und Mystiker **Bertramus von A.** (um 1315). **Ferdinand Krüger** verbrachte Kindheit und Jugend in der Stadt. – Oktober 1872 bis Sommer 1873 lebte **Luise Hensel** (→ Paderborn/NW) bei den Barmherzigen Schwestern im Vinzenz-Krankenhaus in der Kampstraße. – Eine Apothekerlehre absolvierte vor dem 1. Weltkrieg hier **Peter Paul Althaus** (→ Münster/NW).

🅛 **Walter Vollmer** (→ Dortmund/NW): »Beckum – Bilder um die Zementstraße«, »Ahlen – Verwandlung und Zusammenklang«, in »Westfälische Städtebilder« (1963). – »Die Schilderung der Arbeitswelt ist vorrangig«, schreibt **Peter Berger** über seine Arbeit in »Ich und meine Stadt« (1974).

Vorhelm (Ahlen-V.)

Augustin Wibbelt, * 19. 9. 1862 auf dem Hof »Wibbelt in der Schaer«, † 14. 9. 1947 ebd., erfolgreichster plattdt. Dichter seiner Zeit, humorvoller Schilderer westfäl. Bauernlebens und Hrsg. von Zss. und Kalendern (»De Kiepenkerl« 1909-15). War Gefängnisgeistlicher, Industriekaplan und Dorfpfarrer u. a. in → Moers/NW; lebte seit 1935 wieder auf dem elterl. Hof; zahlreiche Gedichte und Erzählungen enthalten Schilderungen seiner Heimat. – W.: Der versunkene Garten (Aut. 1945); Ges. Werke (Hrsg. J. Tembrink, 1953 ff.). – Grab in der Hauskapelle des W.-Hofes, Gedenktafel am Eingang; W.-Figurenbaum in der A.-W.-Straße; Gedenkplastik am Vorhelmer Pilz. – A.-W.-Gesellschaft und Literaturkreis A. W. in Münster (W.-Jahrbuch seit 1984 und Schriften zur Wibbelt-Forschung seit 1991). – Nachlass Kreis-A. Warendorf, Slg. UB Münster.

Lette (Oelde-L.)

Jodocus Donatus Hubertus Temme (Ps. **Heinrich Stahl**), * 22. 10. 1798 L., † 14. 11. 1881 Zürich, Jurist und 1848/49 Abgeordneter vom linken Flügel der Nationalversammlung, emigrierte 1852 in die Schweiz. Schrieb über 150 Romane und Erzählungen nach tatsächl. Kriminalfällen. Kindheit und Jugend in → Wiedenbrück (Gütersloh/NW). – W.: Westfälische Geschichten und Sagen (1831); Mord beim Sandkrug (R. 1876, n. 1981); Erinnerungen (1883). – Geburtshaus Haus Steiling (Steilinghof), Möhlerstraße 58.

🅡 »Wer will stehlen und nicht will hangen, / der muß sich geben in **Beckum** gefangen. / Wenn er sagt, er hätt' es nicht getan, / so geben sie ihm Geld und lassen ihn gahn«, heißt es in einem alten Schwankspruch über das »Schilda des Münsterlandes«. – Der in **Ennigerloh** geb. Lehrer **Wilhelm Anton Farwick** (1780-1855) verfaßte Erzählungen und Erbauungsschriften. – In der ehem. Benediktinerabtei **Liesborn** (Wadersloh-L.) schrieb **Bernhard Witte (Wittius),** gest. um 1520, die erste Gesamtdarstellung der Geschichte Westfalens, gedruckt erst 1778. – Durch plattdt. Lustspiele wurde der Lehrer **Jans Füting** (→ Recklinghausen/NW) bekannt, er starb am 29. 9. 1964 in **Wadersloh.** – In **Stromberg** (Oelde-St.) erlebte 1931 während der sommerlichen Freilichtspiele »Die Kreuztracht von Stromberg« von **Ilse von Stach** (→ Borken/Hoxfeld/NW) ihre Uraufführung. Das nahe Kulturgut **Nottbeck,** heute Westfälisches Literaturmuseum Haus N., gehörte einst den Freiherrn von Oer. **Max von Oer** (1806-46) schrieb romant. Gedichte: »Meteorsteine« (1835).

🅩 Gütersloh, Lippstadt, Münster, Soest, Warendorf (NW).

BEESKOW/BB

Regionalmuseum Burg Beeskow.

Gotthilf Treuer, * 11. 2. 1632 B., † 20. 3. 1711 Frankfurt a. d. O., Verf. eines wirkungsreichen Reimlexikons (»Deutscher Dädalus/Oder Poetisches Lexicon«, 1660). Diakon in B.

Hildebrand von Canstein,* 15. 8. 1667 Lindenberg bei B., † 18. 8. 1717 Berlin. Unter geistl. Leitung Ph. J. Speners (→ Berlin), dessen Biographie er schrieb, wurde C. ein wichtiger Förderer des Pietismus. Seine in Berlin gegründete »Bibel-Anstalt« brachte massenhaft Bibeln unter das Volk. Hohen Quellenwert besitzt sein Briefwechsel (Hrsg. P. Schicketanz 1972) mit A. H. Francke (→ Halle/ST).

A Theodor Fontane (→ Neuruppin/BB) kam erstmals am 3. 5. 1862 nach B., was verwundert, da der Großvater seiner Frau Emilie, **Jean Pierre Barthélemy Rouanet** (1747-1837), von Friedrich d. Gr. (→ Potsdam/BB) dort als Stadtkämmerer eingesetzt worden war. R. hat »Lebens-Erinnerungen« (Hrsg. M. Fritsch 1903, n. u. d. T. »Von Toulouse bis Beeskow«, 2000) hinterlassen. – Gedenkstein nahe dem Luckauer Torturm.

S Burgschreiber erzählen. Fünf Jahre Burgschreiberei in Beeskow 1993-97, Hrsg. G. de Bruyn.
L In der Gegend von **Kossenblatt,** das dem »Liepros« des Buches ähnlich ist, lässt **Günter de Bruyn** seine »Märkischen Forschungen« (E. 1978) spielen. Ganz in der Nähe, »wo der Wald sich zur Spreeniederung« senkt, »eine Art Platz, Dreiulmen genannt«, wo sich drei Waldwege vereinigen, soll das »Armenhaus« gestanden haben, in dem der fiktive Autor Max von Schwedenow gewohnt hat. De Bruyn benutzte für seine Fiktion Momente der Biographie Ch. von Massenbachs (→ Potsdam/BB).

R Das nahe Schloss **Kossenblatt** hatte **Fontane** im Mai 1862 besucht und im 2. Bd. der »Wanderungen« (»Oderland«, 1863) ausführlich beschrieben. Der Vorabdruck war im »Morgenblatt für gebildete Leser« erfolgt. Diese Fassung übernahm **G. de Bruyn** in seine Ausgabe der »Schönsten Wanderungen durch die Mark« (»Märkischer Dichtergarten«, 1988). B.s Nachwort »Zum Beispiel Kossenblatt« endet mit dem damals »mutigen« Satz: »Mit anderen Worten: Auf das In-die-Fremde-Reisen-Können kommt es bei der Entstehung von Heimatliebe an.« – Aus **Trebatsch** stammt **Ludwig Leichhardt** (1813-48), der 1842-48 drei Forschungsreisen (»Tagebuch einer Landreise in Australien«, 1851) unternahm und bei dem Versuch, den Kontinent von Ost nach West zu durchqueren, verschollen ist. Der austral. Nobelpreisträger (1973) **Patrick White** (1912-90) schrieb den Roman »Voß« (1957), dessen Held der dt. Australienforscher ist. In T. L.-Museum und L.-L.-Gesellschaft, in Beeskow Erinnerungen im Regionalmuseum und L.-Archiv.

Eisenhüttenstadt

Stadtmuseum.

L Am 18. 8. 1950 begann die DDR um das Oderstädtchen Fürstenberg mit dem Bau eines Stahl- und Walzwerkes (Eisenhüttenkombinat Ost) und einer Wohnsiedlung, die 1953-61 den Namen Stalinstadt trug und dann mit Fürstenberg vereinigt wurde. Von hohem Propagandawert war die von **Hans Marchwitza** (→ Potsdam/BB) und dem Komponisten O. Gerster geschaffene Kantate »Eisenhüttenkombinat Ost« (1952). M., der wiederholt im Werk Studien getrieben hatte, verarbeitete das Erlebte zu dem Roman »Roheisen« (1955). **Joachim Seyppel** schrieb eine »Eisenhüttenstädter Biographie« (in »Ein Yankee in der Mark«, 1970).

R **Ludwig Lessen** (eig. **Louis Salomon,** 1873-1943), Lyriker (»Fackeln der Zeit«,

1904) und Journalist, lebte als Redakteur der Zs. »Volk und Zeit« von 1921 bis zu seinem Freitod, in den ihn die Nazis getrieben haben, in **Müllrose**. Grab auf dem Neuen Friedhof am Möllenweg. – **Paulus Amnicola** (→ Meißen/Nossen/SN) visitierte 1532 das Kloster **Neuzelle**, das erst 1817 als letztes im Land säkularisiert wurde.

Absolventen des darin eingerichteten Lehrerseminars u. a.: **Ferdinand Schmidt** (→ Frankfurt a. d. O./BB), **Hans Weber** (→ Strausberg/BB). **Horst Krüger** (→ Magdeburg/ST) schrieb »Grüße aus Neuzelle« (in »Poetische Erdkunde. Reise-Erzählungen«, 1978): »Diese Kirche war der Traum meiner Kindheit.«

Storkow

🇱 »Aber keiner war so frech/Wie der Bürgermeister Tschech,/Denn er traf fast auf ein Haar/Unser treues Königspaar ...« Der ehemalige Bürgermeister von St. hatte am 26. 7. 1844 vor dem Berliner Schloss auf Friedrich Wilhelm IV. geschossen, nachdem seine Eingabe unbeantwortet geblieben war. Am 14. 12. wurde Heinrich Ludwig Tschech (1789-1844) hingerichtet. K. A. von Varnhagen (→ Düsseldorf/NW): »Die Schnelligkeit und Heimlichkeit, mit der die Hinrichtung betrieben worden, macht den übelsten Eindruck.« Gedruckt wurde das »Lied vom Tschech« 1847 in der Schweizer Zs. »Der Guckkasten«. Der Verf. ist unbekannt.
🇿 Cottbus, Frankfurt an der Oder, Fürstenwalde (BB). Jenseits der Grenze in Polen: Cybinka/Ziebingen (L. Tieck); Krosno Odrzanskie/Crossen an der Oder (Klabund); Sulechów/Züllichau (A. L. Karsch, C. F. E. Frommann, Minchen Herzlieb).

BELZIG/BB

Museum Burg Eisenhardt.

August Gottlob Eberhard, * 12. 1. 1769 B., † 13. 5. 1845 Dresden, Lyriker und Erzähler. E.s lit. Ruf gründet sich auf das Hexameteridyll »Hannchen und die Küchlein« (1822, bis 1865 20 Aufl., n. 1975), das vor allem der Jugend empfohlen wurde.
Martin Anton Niendorf, * 24. 12. 1826 Niemegk bei B., † 12. 6. 1878 Niederlößnitz bei Meißen. Wurde bekannt mit »Märkischen Liedern« (1852). – Geburtshaus: Großstraße 74 (Gedenktafel); Grab auf dem Friedrich-Werderschen Friedhof in Berlin.
Hermann Boßdorf, * 29. 10. 1877 Wiesenburg bei B., † 24. 9. 1921 Hamburg, niederdt. Dramatiker (»De Fährkrog«, 1919; »Klaus Störtebecker«, 1928) und Balladendichter (»Eichen im Sturm«, 1919). – Ges. Werke (Hrsg. W. Krogmann, 1952 ff.) – Geburtshaus: Kirchstraße 1, davor Findlingsstein: »Min Vaderhuus in Wiesenborg ...«; Grab auf dem Ohlsdorfer Friedhof in Hamburg.
🅰 **Martin Luther** (→ Eisleben/ST) visitierte in B. und predigte am 14. 1. 1530 in der Marienkirche (auf der Tafel über dem Portal falsches Datum); Unterkunft entweder auf Burg Eisenhardt oder in der Superintendentur (jetziger Bau 1678), Kirchplatz 2. – **Fritz Reuter** (→ Demmin/Stavenhagen/MV) kehrte auf dem Weg von der schles. Festung Silberberg zur Festung Magdeburg am 26. 3. 1837 in der Herberge »Zum Goldenen Stern« ein, wo »de Wirt« den Gefangenen »fründlich nödigte, den Abend in sine Fomili tautaubringen« (»Ut mine Festungstid«, 6. Kap., 1862). Wiesenburger Straße 11 (Gedenktafel).
🆁 Vor dem Schloss von **Wiesenburg** »ver-

gißt man für einen Augenblick, im Fläming zu sein, so fühlt man sich inmitten eines alt-italienischen Gartens« (R. Hoffmann, 2001). Pfingsten 1922 kam dem Berliner Lehrer Wilhelm Blume hier die Idee »zu einer weltverbessernden Idealschule«: daraus wurde die heute noch bestehende »Schulfarm Scharfenberg« im Tegeler See. W.er Parkfest im August (Freilichtaufführungen des Volkstheaters Fläming).

Lehnin

A **Karl Wilhelm Ramler** (→ Berlin) war 1746/47 Hauslehrer bei dem Oberamtmann Fromme in L. Dieser war der Schwager von J. W. L. Gleim (→ Aschersleben/Ermsleben/ST). – **Willibald Alexis** (→ Berlin) hat sich nach 1840 öfter in L. bei seinem Schwager in der (1945 abgebrannten) Oberförsterei, Gartenstraße, aufgehalten und Studien für seine märk. Romane getrieben. Gedenkstein am Eingang des Waldfriedhofs (verschwundene Inschrift: »Dem Dichter der Mark an der Stätte seines Wirkens«).

L In dem Zauchedorf L. (»Himmelpfort am See«) das erste Zisterzienser-Kloster Brandenburgs, »Sage von der dem Markgrafen im Traum erschienenen Hirschkuh« (Grablege). Grabstein **Ottos IV.** (→ Brandenburg/BB). 1708 und 23 erschien in verschiedenen Zss. das angeblich aus dem 13. Jh. stammende lat. Gedicht »Vaticinum Leninense« (»Lehninsche Weissagung«), das ein L.er Mönch namens Hermann verfasst haben sollte. Schon bald konnte man den Text als polit. motivierte Fälschung aus der Zeit nach 1688 entlarven.

W. Alexis' »Hosen des Herrn von Bredow« (R. 1846) spielt in L. Darin schläft Götz von Bredow zu Beginn sechs Tage lang seinen Rausch aus, während seine Frau Brigitte die ritterliche Lederhose wäscht, diese aber beim Trocknen abhandenkommt.

– **Theodor Fontane** (→ Neuruppin/BB) entzückte im Oktober 1863 der Anblick der Klostertrümmer als »Poesie des Verfalls« (ab 1871 wurde die Klosterkirche rekonstruiert; heute gehört sie zum ev. Luise-Henrietten-Stift).

R In **Reckahn**, schon nahe Brandenburg, wirkte der »märkische Pestalozzi« **Friedrich Eberhard von Rochow** (1734-1805). 1760 erbte er das Familiengut R., gründete Volksschulen und entwickelte ein pädagog. Reformprogramm. Sein Schulbuch »Der Kinderfreund. Ein Lesebuch zum Gebrauch in Landschulen« (2 Bde., 1776-80) erlebte zahlreiche Aufl. Gedenkstätte im 1773 errichteten Gebäude der ehem. Dorfschule.

Treuenbrietzen

Heimatmuseum in der Heiliggeist-Kapelle.

Martin Chemnitz, * 9. 11. 1522 T., † 8. 4. 1586 Braunschweig. Theologe. Verfasste mit dem »Examen . . . Concilii Tridentini« (1562) die bis heute gründlichste Auseinandersetzung mit der nachreformator. kath. Theologie. Die von ihm stammende »Konkordienformel« (1573) wurde von vielen lutherischen Ländern übernommen.

L In der Zeit nach dem Ende der Askanierherrschaft (1320) fällt das Auftreten des »falschen Woldemar« (Roman gleichen Titels von **Willibald Alexis**, 1842), des angebl. letzten Askaniers. – 1848 erschien in Jena in »Musenklänge aus Deutschlands Leyerkasten« das »Sabinchen-Lied«: »Sabinchen war ein Frauenzimmer, gar hold und tugendhaft. / Sie diente treu und redlich immer bei ihrer Dienstherrschaft.« Aber nicht Sabinchen kommt aus T., sondern ihr versoffener Galan, der später in T. hingerichtet wird. Dennoch: Sabinchen-Brunnen (1984) auf dem Markt.

Z Brandenburg, Luckenwalde, Potsdam (BB); Dessau, Wittenberg, Zerbst (ST).

Treuenbrietzen: Der Sabinchen-Brunnen von Lothar Sell auf dem Markt

BERCHTESGADEN/BY

Schlossmuseum, Heimatmuseum.

Richard Voß, * 2. 9. 1851 Neu Grave b. Pyritz, † 10. 6. 1918 B., pikant-sentimentaler Unterhaltungsschriftsteller und Dramatiker. Studium in Jena und München; lebte in B. und Frascati bei Rom. – W.: Zwei Menschen (R. 1911); Aus einem phantastischen Leben (Aut. 1922). – Wohnhaus »Bergfrieden« am Königssee; Grab auf dem Alten Friedhof; Gedenktafel am Soleleitungssteg. – Mehrere seiner Romane und Erzählungen spielen in B.: »Bergasyl« (1882), »Der Mönch von Berchtesgaden« (1891).

A Im Sommer 1860 hielt **Paul Heyse** (→ Berlin) unter »Glockenläuten und Böller-schüssen und dem fröhlichen Juhschrei von den Halden« seinen Einzug; man hatte ihn mit dem König verwechselt. – **Ludwig Ganghofer** (→ Kaufbeuren/BY) wohnte 1883-87 im Sommer am Königssee. Auf Anregung von **G. Freytag** (→ Gotha/Siebleben/TH) begann er die Geschichte B.s in einer Folge von Romanen darzustellen (u. a. »Die Martinsklause«, 1894, »Das große Jagen«, 1918). G. war Ehrenbürger von B., Denkmal im Kurpark. – **Hugo von Hofmannsthals** »Erinnerung an Wintertage in Berchtesgaden ist strahlende Sonne, blitzende Luft, funkelnde Berge im Kreis; ein Trank von blauem Feuer in einem Pokal von Eis«. – Auf dem Alten Friedhof das Grab von **Dietrich Eckart** (→ Neumarkt i. d. Opf./BY), führendem Publizisten und Barden des frühen Nationalsozialismus. – Am Pfieselmeister-Haus (Bahnhofstraße 1) Gedenktafel: »20 Sommer wohnten / hier zwei norwegische Dichter: **Henrik Ibsen** (1868, 72, 80, 82) und **Jonas Laurits Idemil Lie** (16 Sommer seit 1882«).

L Alexander von Humboldt (→ Berlin) und Heinrich Noé (1835-96) berichten über das Berchtesgadener Land, in Gedichten wird es besungen u. a. von **König Ludwig I. von Bayern** und **Friedrich Nietzsche** (→ Weißenfels/Röcken/ST). – **Karl Stieler** (→ München/BY) preist in den »Natur- und Lebensbildern aus den Alpen« (1886) den Königssee als den »König aller Bergseen«. – Der R. »Bekehrung« (1906) von **Arthur Achleitner** (→ Straubing/BY) und die Erzählung »Das Himmelreich am Högl« (1953) von **Richard Wolf** (1900-95) schildern ebenfalls die Landschaft. – 1987 erschien der R. »Der Adner, Schachtelmacher von B.« von **Carl Oskar Renner** (→ Rosenheim/BY). Der Obersalzberg ist Schauplatz des R. »Evas Cousine« (2000) von **Sibylle Knauss**.

R Mit der Bergwelt um B. sind zwei verbreitete dt. Sagen verbunden: die von »Kö-

nig Watzmann« und »Kaiser Karl und Friedrich Barbarossa im Untersberg« (Relief von F. B. im roman. Kreuzgang von St. Zeno). – Die Sagen vom **Königssee** hat **Franz von Kobell** (→ München/BY) dichterisch gestaltet. – Auf dem **Obersalzberg** der Platterhof (seit 1877 Pension, Gäste u. a. **Peter Rosegger** und **L. Ganghofer**; 1938 »Volkshotel«; bis 1995 »General-Walker-Hotel«); **R. Voß** hat die Pensionswirtin Moritz (Mauritia) Mayer als »Judith Platter« in dem in Südtirol spielenden R. »Zwei Menschen« verewigt; Gedenkstein; Grab auf dem Alten Friedhof. – Der Obersalzberg, seit 1923 A. Hitlers Feriendomizil, wurde nach 33 zu einem zweiten Regierungssitz neben Berlin ausgebaut. Dort jetzt »Dokumentation O.«; dazu **Ralph Giordanos** kritischer Lokalaugenschein »Obersalzberg oder ›Wir waren ja Göring‹« (in »Deutschlandreise«, 1998). – Der Dichter des Liedes »Stille Nacht, heilige Nacht« (1818), **Joseph Mohr**, war Prediger in **Ramsau**.
Der Salinen- und Kurort **Bad Reichenhall** (»Liederwerkstatt« im Sommer) ist Schauplatz der E. »Das Wunder von Reichenhall« (1883) von **Maximilian Schmidt** (gen. **Waldschmidt**/→ Furth i. W./Eschlkam/BY). **Elias Canetti** (1905-94) beschreibt in »Die gerettete Zunge« (1977) einen Kuraufenthalt mit seiner Mutter in Bad R.; der kleine stille Kirchhof von **Nonn** hatte es ihnen angetan. – Beim Friedhof von **Ainring** erinnert ein Denkmal an **Franz Wisbacher** (1849-1912), Lyriker im Stil E. Geibels und A. Grüns (»Gedichte«, 1882).
»In das Land Salzburg ziehen«: **Günter Eich** (→ Frankfurt a. d. O./Lebus/BB) und **Ilse Aichinger** lebten ab 1963 in der Villa Pattais im (öst.) **Großmain** (Bayer. Gmain gegenüber). Ilse A. erzählt in »Kleist, Moos, Fasane« (1987), angeregt von einer Geschichte in **Ernst Blochs** »Spuren« (→

Ludwigshafen/RP), von ihren »Begegnungen« mit dem sagenhaften Jäger um und im Untersberg. Heimlicher Grenzgänger 1949 hier **Thomas Bernhard** (1931-89): »Der Atem«, E. (1978).

B M. Feulner, Ludwig Ganghofer in Berchtesgaden, 1995; ders., Richard Voß in Berchtesgaden, 1998; ders., Kleine B.er Literaturgeschichte, in: B.er Heimatkalender 1999.
Z Chiemsee, Lauffen, Traunstein (BY). Jenseits der Grenze in Österreich: Salzburg (G. Trakl, H. v. Hofmannsthal, St. Zweig, P. Handke; Festspiele), Henndorf (C. Zuckmayer).

BERGISCH GLADBACH/NW

Heimatmuseum. – Villa Zanders (Städt. Galerie, Papier als künstlerisches Medium), Rhein. Industriemuseum (Geschichte der Papierindustrie). – Förderverein Wort und Kunst in der Stadt- und Kreisbücherei.

Berühmt durch die älteste Papiermühle im Herzogtum Berg, verheißt das Volksbuch »Der bergische Eulenspiegel« von **Montanus** (1849, Neufassung von W. Schäferdiek). Den Namen »Montanus« (also der »Bergische«) legte sich **Vinzenz von Zuccalmaglio** (→ Leverkusen/NW) zu, ein bedeutender Geschichtsschreiber des Berg. Landes, der 13 Jahre lang im Gutshaus Blech in B. G.-Paffrath lebte. – Die Villa der Papierfabrikanten Zanders sah Ende des vorigen Jh.s viele seinerzeit berühmte Gäste, neben dem Komponisten M. Bruch und dem Archäologen E. Curtius auch die Schriftsteller **Heinrich Kruse** (→ Stralsund/MV) und **Fanny Lewald** (→ Berlin).

S **Nyland-Stiftung** (Druckzuschüsse für lit. Veröffentlichungen, v. a. der Dichter des Nyland-Bundes); **Jerry-Cotton-Preis** für den besten Kriminalroman (seit 1976).

Bensberg

A **Goethe** (→ Frankfurt a. M./HE) fuhr mit den Brüdern **Jacobi** (→ Düsseldorf/NW) und **J. J. W. Heinse** (→ Langewiesen/Ilmenau/TH) am 24. 7. 1774 per Wagen von Düsseldorf aus zum Lustschloss B. und führte in der Laube eines Gasthauses mit Friedrich Heinrich Jacobi ein Gespräch über B. Spinoza (angeblich an der Stelle des heutigen Goethe-Hauses, Markt 3, mit Gedenktafel und G.-Slg. im Gesellschaftszimmer). 1778 besuchte Herzogin **Anna Amalia** (→ Weimar/TH) mit dem Maler K. M. Kraus und **Johann Heinrich Merck** (→ Darmstadt/HE) die Gemäldegalerie im Schloss. – 1936 zog **Otto Gmelin** (→ Karlsruhe/BW) nach B.-Frankenforst, Taubenstraße 52, wo er am 22. 11. 1940 plötzlich starb. Dieses Haus kaufte 1947 **Josef Winckler** (→ Steinfurt/Rheine/NW), der sich ein Jahr zuvor in B. niedergelassen hatte, und richtete dort 1957 die private Nyland-Stiftung ein. W. starb in B. am 29. 1. 1966 (Grab auf dem Laurentius-Friedhof in Bergisch Gladbach). – »Nirgends ist es so schön wie in Himmelskeppel«, fand **Alphonse de Châteaubriant**, der einst viel gelesene franz.-germanophile Romancier, und meinte **Immekeppel**, wo er im heute verschwundenen »Gasthaus zur Linde« längere Zeit logierte.

L Über die Burg und das »Neue Schloss« in Bensberg und das Kloster Altenberg kursieren die meisten Sagen im Berg. Land. Viele Anekdoten wissen von Jan Wellem (Kurfürst Johann Wilhelm), dem Erbauer des Schlosses, zu berichten, etwa davon, wie Erbsen mit Speck zum berg. Nationalgericht wurden. »Wie Jan Wellem seine hochfahrigen Junker zur Steuer zwingt« u. a. erzählt **Paul Weitershagen** in der Slg. »Die Bergische Truhe« (1968). – Das Dialekt-Wörterbuch »Bergisch Platt« hat **Werner Heinrichs** (1929-1978) aus

Burscheid herausgegeben. – Die ehem. Zisterzienserabtei **Altenberg** (Odenthal-A.), heute Schulungsstätte der kath. Jugend, die mit der Legende der hl. Ursula in Verbindung gebracht wird, pries **Wilhelm Schäfer** (→ Schwalmstadt/Ottrau/HE) 1907 als »Wallfahrtsort des bergischen Volkes«, **Reinhold Schneider** (→ Baden-Baden/BW) fand nach einer alten Sage die Handlung für seine Erzählung »Die weiße Rose im Dom zu Altenberg«.

Wipperfürth

Hier wurde 1861 **Friedrich Volbach** geboren, Komponist, Dirigent und Musikschriftsteller. Er starb 1940 in Wiesbaden (»Erlebtes und Erstrebtes«, 1956).

B A. Lamka, Goethe – nicht nur ein Tag in Bensberg, in: Rhein.-Berg. Kalender 1983; K. Feldkamp (Hrsg.), Die Zeiten sind so. Lyrik und Prosa von 36 Autoren aus dem Bergischen, 1997.
Z Bonn, Köln, Siegburg, Solingen (NW).

BERLIN

»Hier ist Berlin Paris, dort London, hier Krähwinkel, dort Kaserne, hier eine Demokratie, dort ein Bureau, hier ein Bethaus, dort ein lustiger Markt, und nur, wenn man aus allen diesen streitenden Eigenschaften durch seine Familienkreise gegangen ist, kommt man erst in das eigentliche Berlin zurück.« (Adolf Glaßbrenner, vor 1850)

Beauftragter der Bundesregierung für Kultur und Medien. – Freie Universität B., Humboldt-Universität, Technische Universität; Universität der Künste, Hochschule für Musik »Hanns Eisler«, Hochschule für Schauspielkunst »Ernst Busch«; 7 Fachhochschulen. – Akademie der Künste (AdK), Berlin-Brandenburgische Akademie der Wiss.; Haus der Kulturen der Welt. – Geheimes Staatsarchiv Preuß. Kulturbesitz.
Museen, rd. 180, für Kunst, Geschichte, Technik und Natur: Staatliche Museen zu B.-Preuß.

Berlin: Unter den Linden, vor der Humboldt-Universität 1945. Wiedereröffnung 30. Januar 1946

Kulturbesitz (z. Z. 22 Museen). Mit der Eröffnung der Alten Nationalgalerie Ende 2001 und des Bode-Museums 2006 erste Schritte zur Rekonstruktion der Museumsinsel (seit 2000 Weltkulturerbe). Geplant bis etwa 2020 Neugestaltung des Neuen Museums, des Pergamonmuseums und des Alten Museums. – Jüdisches Museum (2001), Deutsches Historisches Museum (2006).
Deutsche Oper B., Staatsoper Unter den Linden, Komische Oper, Neuköllner Oper. Berliner Ensemble, Deutsches Theater (mit Kammerspielen), Hebbel am Ufer, Maxim-Gorki-Theater, Renaissance-Theater, Schaubühne am Lehniner Platz, Theater am Ku'damm, Volksbühne (Rosa-Luxemburg-Platz; »Prater« Prenzlauer Berg). »Etwas andere« Bühnen: sophiensæle (01), Gripstheater (01), Tiyatrom (Türk. Theater/02), Jüdisches Theater (08), Die Schaubude (03), carrousel Theater an der Parkaue (11), arena (09), Admiralspalast (01). – Show: Friedrichstadtpalast, »Theater am Potsdamer Platz«, Theater des Westens. Kabarett: »Distel«, »Stachelschweine«, »Wühlmäuse«.
Rundfunk Berlin-Brandenburg (RBB), Hauptstadtstudios von ARD und ZDF, Deutsche Welle, Deutschlandradio Kultur, RTL Radio und Television, SAT 1.
Internationale Filmfestspiele (Februar), Theatertreffen (Mai), Bücherfest (Mai), Poesiefestival Berlin (Juni), Internationales Literaturfestival (ilb), Musikfest Berlin (Herbst), »spielzeiteuropa« (Winter).
Die Bezirke: **01 Mitte/02 Friedrichshain-Kreuzberg/03 Pankow/04 Charlottenburg-Wilmersdorf/05 Spandau/06 Steglitz-Zehlendorf/07 Schöneberg-Tempelhof/08 Neukölln/09 Treptow-Köpenick/10 Marzahn-Hellersdorf/11 Lichtenberg-Hohenschönhausen/12 Reinickendorf.**

Barock und Aufklärung

Paul Gerhardt (→ Wittenberg/Gräfenhainichen/ST), der erste Dichter B.s, dessen Texte heute noch in Gebrauch sind. Ab 1657 Diakon an der Nikolaikirche, verweigerte 64 Unterzeichnung des Toleranzedikts des Großen Kurfürsten, deswegen 67 suspendiert, 69 als Archidiakon nach → Lübben/Spreewald (BB). – Gedenktafel an der **Nikolaikirche** (01).
Philipp Jakob Spener, * 13. 1. 1635 Rappoltsweiler/Elsass, † 5. 2. 1705 B.), Hauptvertreter des dt. Pietismus. 1691 Berufung als Propst an die Nikolaikirche. – W.: Pia desideria (Schr. 1675); Geistreiche Gesänge (1708). – Grabstein an der **Nikolaikirche** (01).
Johann Wilhelm Ludwig Gleim (→ Aschersleben/Ermsleben/ST), 1743 in B. zunächst Hauslehrer, dann Stabssekretär des Prinzen Wilhelm von Brandenburg-Schwedt, mit dem er 44 in den 2. Schles. Krieg zog. Befreundet mit K. W. Ramler, gemeinsame Wohnung u. a. in der **Spandauer** und **Neuen Friedrichstraße** (01). – »Preußische Kriegslieder ... von einem preußischen Grenadier« (Flugblätter 1757/58).
Anna Luise Karsch, * 1. 12. 1722 Züllichau/Niederschlesien, † 12. 10. 1791 B., vers-

Die zwölf Berliner Bezirke

Pankow

12

Weißensee

Reinickendorf

3

Hohen-
schön-
hausen

5

Spandau

Wedding

Prenzlauer
Berg

Mitte

1

Marzahn

11

10

Charlottenburg

Tiergarten

Friedrichs-
hain

Lichten-
berg

Hellersdorf

4

Kreuzberg

2

Wilmersdorf

Schöneberg

Havel

Spree

Zehlendorf

6

Steglitz

7

8

Neukölln

Treptow

Tempelhof

9

Köpenick

Friedhof der Dorotheenstädtischen und Friedrich-Werderschen Gemeinde

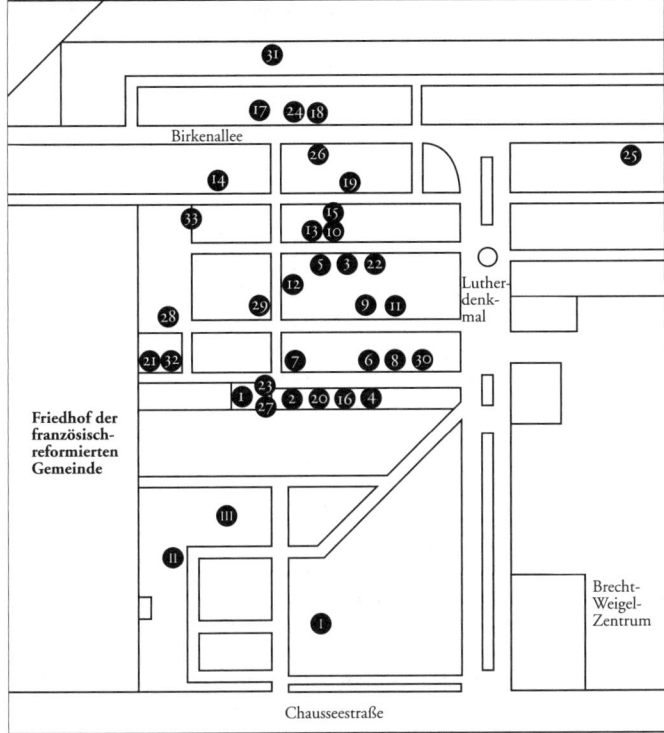

I Daniel Chodowiecki   II Ludwig Devrient   III Klaus Schlesinger

1 Erich Arendt (1903-1984)
2 Johannes R. Becher (1891-1958)
3 Thomas Brasch (1945-2001)
4 Bertolt Brecht (1898-1956)
  Helene Weigel (1900-1971)
5 Arnolt Bronnen (1895-1959)
6 Paul Dessau (1894-1979)
  Ruth Berghaus (1927-1996)
7 Hanns Eisler (1898-1962)
8 Erich Engel (1891-1966)
9 Johann Gottlieb Fichte (1762-1814)
10 John Heartfield (1891-1968)
11 G. W. F. Hegel (1770-1831)
12 Stephan Hermlin (1915-1997)
13 Wieland Herzfelde (1896-1988)
14 Wolfgang Hilbig (1941-2007)
15 Erbbegräbnis Hitzig
16 Wilhelm von Hufeland (1762-1836)

17 Werner Krauss (1900-1976)
18 Jürgen Kuczynski (1904-1997)
19 Wolfgang Langhoff (1901-1966)
20 Heinrich Mann (1871-1950)
21 Herbert Marcuse (1898-1979)
22 Hans Mayer (1907-2001)
23 Karl Mickel (1935-2000)
24 Heiner Müller (1929-1995)
25 Hans José Rehfisch (1891-1960)
26 K. F. Schinkel (1781-1841)
27 Anna Seghers (1900-1983)
28 George Tabori (1914-2007)
29 Johannes Tralow (1882-1968)
30 Bodo Uhse (1904-1963)
31 Widerstand
32 Hedda Zinner (1904-1994)
  Fritz Erpenbeck (1897-1975)
33 Arnold Zweig (1897-1968)

und reimgewandtes Naturtalent, als »deutsche Sappho« allerdings überschätzt. Verschlug es 1761 nach B. Gefördert von K. W. Ramler, M. Mendelssohn, G. E. Lessing; Zugang zum preuß. Hof, Friedrich Wilhelm II. spendierte ihr ein »proper Häusgen« am **Hackeschen Markt** (zerstört/01). – Gedenktafel an der **Sophienkirche** (01).

Karl Wilhelm Ramler, * 25. 2. 1725 Kolberg, † 11. 4. 1798 B., vaterländ. Barde der Aufklärung, Hrsg. (u. a. 1766 »Lieder der Deutschen«). 1748-90 Prof. der Logik an der B.er Kadettenanstalt; 1786-94, zus. mit **Johann Jakob Engel** (1741-1802), Intendant des Nationaltheaters. – »Poet. Werke« (Hrsg. L. F. G. von Göckingk, 1800 f.). – Wohnte zuletzt **Neue Promenade** 5 (zerstört/01); Grab in der Gruft der **Sophienkirche** (01), Gedenktafel an der rechten Seitenkapelle. – Nachlass GSA Weimar.

Gotthold Ephraim Lessing (→ Kamenz/SN) kam 1748 aus Leipzig nach B., wo er mit Unterbrechungen bis 67 als freier Publizist lebte. Freundschaft mit M. Mendelssohn und F. Nicolai, in dessen Verlag die »Briefe die Neueste Litteratur betreffend« erschienen. 1767 Vollendung von »Minna von Barnhelm« (spielt in einem Gasthof an der Burgstraße hinterm Schloss). – Gedenktafel **Nikolaikirchplatz** 7, Denkmal Südl. Tiergarten, an der **Lessingbrücke** in Alt-Moabit (alle 01) Reliefs mit den Schlussszenen der großen Dramen.

Moses Mendelssohn (→ Dessau/ST), † 4. 1. 1786 B. Folgte 14-jährig seinem Lehrer D. Fränkel nach B. Fristete nach selbständiger Ausbildung sein Leben als Erzieher, Buchhalter, Korrespondent. Übersetzte die jüdische Bibel und Platons »Phaidon« ins Deutsche. 1763 Preis der B.er Akademie und zum »Schutz-Juden« erklärt. Vorbild für G. E. Lessings »Nathan der Weise«. – Wohnung 1762-86 Spandauer Straße 68

(zerstört); Schaugrab auf dem **Jüdischen Friedhof, Große Hamburger Straße**, unweit (Nr. 27) Gedenktafel am Jüdischen Gymnasium (01); Dauerausstellung Familie Mendelssohn SB B., **Potsdamer Straße**.

Friedrich Nicolai, * 18. 3. 1733 B., † 8. 1. 1811 ebd., Buchhändler, Verleger, Organisator der Aufklärung. Sein Hauptgeschäft die »Allgemeine Deutsche Bibliothek« (1765-1806), in der 400 Rezensenten 80 000 Neuerscheinungen besprachen. – W.: Beschreibung der kgl. Residenzstädte Berlin und Potsdam (1769 ff.); Das Leben und die Meinungen des Herrn Magisters Sebaldus Nothanker (einer der ersten B.-Romane, 1773-76). – Gedenktafel am Nicolai-Körner-Haus, **Brüderstraße** 13 (01). – Briefe SB B., FDH Frankfurt a. M.

Karl Philipp Moritz (→ Hameln/NI), † 26. 6. 1793 B. 1778 Lehrer am **Gymnasium zum Grauen Kloster** (Ruine **Klosterstraße** 74/01), 84 Prof. am Kölln. Gymnasium, gleichzeitig Redakteur der Vossischen Zeitung. Nach Italien-Reise Professur an der Preuß. Akademie der mechan. Wissenschaften und der freyen Künste (unter den Zuhörern A. v. Humboldt, L. Tieck, W. H. Wackenroder). – Gedenktafel **Münzstraße** 7-11 (01), wo er ab 1792 wohnte.

August Wilhelm Iffland (→ Hannover/NI), † 22. 9. 1814 B. Ab 1796 Direktor des Kgl. Preuß. Nationaltheaters, 1811/14 Generaldirektor der Kgl. Schauspiele. Setzte Goethe und F. Schiller in B. durch, lehnte H. von Kleist ab. – Ehrengrab **Kirchhof II der Jerusalems- und Neuen Kirchen-Gem., Zossener/Baruther Straße** (02).

Johann Gottlieb Fichte (→ Bischofswerda/ Rammenau/SN), † 29. 1. 1814 B. Kam 1799, durch den Atheismus-Streit aus → Jena (TH) vertrieben, nach B. 1800 Vorlesungen über die »Grundzüge des gegenwärtigen Zeitalters«, 07/08 »Reden an

die deutsche Nation«. 1810 erster Rektor der Universität. – Grabmal auf dem **Dorotheenstädt. Friedhof, Chausseestraße** (01).
Zeitgenössisch: **Johann Kaspar Schade** (→ Meiningen/Kühndorf/TH). Wurde unter P. J. Spener Diakon an **St. Nikolai** (01), dort auch sein Grabstein (gest. 1698). – **Immanuel Jakob Pyra** (→ Cottbus/BB), Lehrdichter. Konrektor am Kölln. Gymnasium 1742, starb 44 in B. – **August Friedrich Ernst Langbein** (→ Meißen/Radeberg/SN) kam 1800 nach B., wurde 1820 freisinniger Zensor für Belletristik, starb hier 1835. Modeerfolge mit humorist. (auch frivolen) Romanen und Gedichten (»Als der Großvater die Großmutter nahm«).

Berliner Romantik

Wilhelm von Humboldt, * 22. 6. 1767 Potsdam (BB), † 8. 4. 1835 B.-Tegel (12), Universalgelehrter und Staatsmann, Mitbegründer der vergleichenden Sprachwiss., Gründer der Universität (1810). Aus Protest gegen Einschränkung der Geistesfreiheit 1819 Rücktritt, Privatgelehrter auf **Schloss Tegel**. – »Ges. Schriften« (Hrsg. A. Leitzmann, 1903-36). – Hss. SB B., Briefe DLA Marbach.
Alexander von Humboldt, * 14. 9. 1769 B., † 6. 5. 1859 ebd., Naturforscher, Weltreisender (Westeuropa, Amerika, Asien). 1827 wieder in B., berühmt seine Kosmos-Vorlesungen (auch in der Singakademie, heute **Maxim-Gorki-Theater**: Gedenktafel im Foyer). Letzte Wohnung Oranienburger Straße 67 (Gedenktafel am Nachfolgebau). – »Ges. Werke« (1889). Neuauflage der 3 Hauptwerke 2004 (Hrsg. H. M. Enzensberger): »Kosmos«, »Ansichten der Kordilleren«, »Ansichten der Natur«. – Nachlass SB B., DSB, Briefe DLA Marbach. – **Jägerstraße** 22 Gedenk-

tafel am einstigen Stadtwohnsitz der Familie; Denkmäler für beide vor der **Humboldt-Universität** (01); Gräber **Campo Santo, Park Tegel**.
Friedrich Ernst Daniel Schleiermacher, * 21. 11. 1768 Breslau, † 12. 2. 1834 B., ev. Theologe und Philosoph. Entschiedener Parteigänger der Romantik (»Über die Religion. Reden an die Gebildeten unter ihren Verächtern«, 1799; »Vertraute Briefe über Schlegels Lucinde«, 1801), Favorit im Herz'schen Salon. 1796 Anstaltsgeistlicher der Charité, 1809 Prediger an der Dreifaltigkeitskirche, 10 auch Professur. – Wohnung (1809-16) Pfarrhaus **Glinkastraße** 16/Ecke **Taubenstraße**, Gedenktafel am Nachbarhaus (01); Ehrengrab **Dreifaltigkeitskirchhof, Bergmannstraße** 39-41 (02). – Nachlass Akademie der Wiss. – M. Nowak, »Schleiermacher. Leben, Werk und Wirkung« (2001).
Georg Wilhelm Friedrich Hegel (→ Stuttgart/BW), † 14. 11. 1831 B. Wurde als Nachfolger J. G. Fichtes 1818 an die Universität berufen, wo er bis zu seinem Tode (durch Cholera) lehrte. – Sog. H.-Haus **Am Kupfergraben** 5 (H. wohnte in dem im Krieg zerstörten Haus 4a); Grab **Dorotheenstädt. Friedhof, Chausseestraße**; Denkmal auf dem **Hegelplatz** hinter der Universität (alle 01). – H. bezeichnete die schimpffreudigen B.er Hökerinnen als Musterbeispiele für abstraktes Denken.
Rahel Varnhagen von Ense (geb. **Levin**), * 26. 5. 1771 B., † 7. 3. 1833 ebd. Tochter einer jüdischen Kaufmannsfamilie, heiratete 1814 den Diplomaten und Schriftsteller **Karl August Varnhagen von Ense** (→ Düsseldorf/NRW) und konvertierte zum Christentum. Ihr erster (1793-1808) und zweiter (1810-27) lit. Salon wurden als »Salz und Quirl« der Geselligkeit – neben dem Salon der Henriette Herz – Mittelpunkt des kulturellen Lebens. – »Rahel-Bibliothek« (10 Bde., 1983); »Briefe« (4 Bde.,

Hrsg. F. Kemp 1966-68). K. A. Varnhagen v. Ense, »Journal einer Revolution. Tagesblätter 1848/49« (Hrsg. H. M. Enzensberger, 1986). – **Jägerstraße** 54 erster Salon (Gedenktafel am Nachfolgebau), **Französische Straße** 20 (heute »Galeries Lafayette«) zweiter Salon; Ehrengrab (von Rahel und Karl August) **Kirchhof der Dreifaltigkeitsgem. I, Baruther Straße/Mehringdamm** (02). – Varnhagen-Nachlass in Krakau wiedergefunden.

Ludwig Tieck (Ps. **Peter Lebrecht, Gottlieb Färber**), * 31. 5. 1773 B. (in der nicht mehr existierenden Roßstraße 1 auf der **Fischerinsel**/01), † 28. 4. 1853 ebd. Dramatiker, Kritiker, Erzähler und Übersetzer (Shakespeare). Mit **Wilhelm Heinrich Wackenroder** (1773-98; »Herzensergießungen eines kunstliebenden Klosterbruders«, 1797) Begründer der Berliner Romantik, die F. Schlegel als »Antithese des alten Berlinismus« sah. Theologiestudium in Halle, → Erlangen (BY) und Göttingen; 1799 in → Jena (TH) im Kreis der Frühromantiker; 1802 mit Frau und Tochter nach Ziebingen in der Neumark (heute Cibinka/Polen); 1819-42 sesshaft in → Dresden (SN). Die letzten elf Jahre wieder in B. – W.: Volksmärchen (1797); Franz Sternbalds Wanderungen (1798); Phantasus (1812-17); Ges. Novellen (1835-42). – Grab **Kirchhof der Dreifaltigkeitsgem. II, Bergmannstraße** 39-41 (02). – Nachlass SB B., Slg. FDH Frankfurt a. M. u. a.

Ernst Theodor Amadeus (eig. Wilhelm) **Hoffmann**, * 24. 1. 1776 Königsberg, † 25. 6. 1822 B., der »Physiognomiker von Berlin« (W. Benjamin), weltweite Wirkung. Kam 1798 nach B., 1808-13 in → Bamberg (BY), 16 Regierungsrat am Kammergericht (**Lindenstraße** 14/02; E. T. A.-Hoffmann-Garten im benachbarten Jüdischen Museum von D. Libeskind). Berühmt die Zechgelage bei Lutter & Wegner (damals **Charlottenstraße** 49, Neubau

Nr. 56/01). – Wohnung (1815-22) **Taubenstraße** 31/Ecke **Charlottenstraße** 56 (Gedenktafel und Plakette am Gründerzeithaus), letzte E. »Des Vetters Eckfenster« (auch in »E. T. A. Hoffmann/Gespenster in der Friedrichstadt. Berlinische Geschichten«, Hrsg. G. de Bruyn, 1986); Bronzebüste (Kopie eines demolierten Sandstein-Denkmals nahe der Liebknechtbrücke) am Deutschen Dom (**Gendarmenmarkt**/01); Ehrengrab (Inschrift: »Ausgezeichnet im Amte als Dichter als Tonkünstler als Maler«) **Kirchhof der Jerusalems- und Neuen Kirchen-Gem. III, Baruther Straße** (02). – Slg. SB Bamberg.

Friedrich Baron de la Motte Fouqué/Ps. **Pellegrin** (→ Brandenburg/BB), † 23. 1. 1843 B. Gehörte zum »Nordsternbund« und zur »Christlich-Deutschen Tischgesellschaft« in B. – Winterwohnung 1820-31 **Unter den Linden** 4 (vorm. 20/01); Grab **Alter Garnisonfriedhof, Kleine Rosenthaler Straße** 3-7 (01).

Heinrich von Kleist (→ Frankfurt a. d. O./ BB), † 21. 11. 1811 Kleiner Wannsee. In B. seit 1. 10. 1810 Hrsg. und Autor der »Berliner Abendblätter«, die nur bis März 11 erschienen. Freitod zus. mit Henriette Vogel. – »Kleisthaus« von 1912 mit Gedenktafel **Mauerstraße** 53 (01); Grab beim S-Bhf. Wannsee, **Bismarckstraße** 3 (06); Herme im **Viktoriapark** auf dem Kreuzberg (02).

Berlin: »Nun, o Unsterblichkeit, / bist du ganz mein!«: Grab Heinrich von Kleists am Kleinen Wannsee

Achim von Arnim, * 26. 1. 1781 B. (im Ar-
nimschen Palais am »Quarré«, **Pariser
Platz** 4 (zerstört/01), † 21. 1. 1831 → Wie-
persdorf (Jüterbog/BB). Als Student in →
Göttingen (NI) Freundschaft mit **Cle-
mens Brentano** (→ Koblenz/RP), mit
ihm in → Heidelberg (BW) Edition
»Des Knaben Wunderhorn« (1805-08).
In B. 1809/10 zeitweise gemeinsame Woh-
nung, **Mauerstraße** 34 (zerstört/01), in
einem »Chaos von Guitarren, Büchern
etc.«. 1811 Gründung der konservativen
»Christlich-Deutschen Tischgesellschaft«
durch Arnim und heimliche Heirat mit
Bettina Brentano (→ Frankfurt a. M./
HE). Glückliche Ehe (sieben Kinder).
Achim ab 1814 in Wiepersdorf, Bettina
meist, nach 1831 ständig in B. Wohnung
und lit. Salon: 1835-44 im Palais Raczyn-
ski **Unter den Linden** 21 (heute 39,
Russ. Botschaft/01), von 1847 bis zu ihrem
Tod 1859 **In den Zelten** 5, mit zwei Salons,
einem aristokratischen und einem demo-
kratischen (zerstört, heute dort Haus der
Kulturen der Welt, innen Gedenktafel/
01). 1843 »Dieses Buch gehört dem König«
(d. h. Friedrich Wilhelm IV.): Protokoll
der Missstände im sog. **Vogtland** vor dem
Hamburger Tor (**Torstraße**/Ecke **Garten-
straße** heute/01). – W. von A. v. Arnim:
Die Kronenwächter (R. 1817); Der Stra-
lauer Fischzug (Lsp. 1846); Achim und
Bettina in ihren Briefen (Hrsg. W. Vordt-
riede, 1961). – Nachlass u. a. FDH Frank-
furt a. M., GSA Weimar. – H. Baumgart,
»Bettina Brentano und Achim von Arnim.
Lehrjahre einer Liebe« (1999).

Adelbert von Chamisso (eig. Charles Ade-
laide de Chamisso de Boncourt), * 30. 1.
1781 Schloss Boncourt/Champagne, † 21.
8. 1838 B., Schriftsteller und Naturfor-
scher. Die Familie kam 1796 nach B.,
Ch. wurde Page der Königin Luise, 1798-
1807 preuß. Offizier. Dann auf Reisen.
Seit 1819 Adjunkt, später Kustos am Alten

Botan. Garten (**Kleistpark**/07); Ehren-
doktor der B.er Universität. – Veröffent-
lichte seit 1804 auf Deutsch: »Peter Schle-
mihls wundersame Geschichte« (E. 1814);
Gedichte (1831). – Wohnung ab 1822
Friedrichstraße 235 (Gedenktafel); Grab
Kirchhof III der Jerusalems- und Neuen
Kirchen-Gem., **Baruther Straße** (02); Büs-
te am Eingang zum **Monbijoupark** (01). –
A. v. Ch.-Preis (seit 1984/85 für bedeuten-
de Leistungen ausländ. Autoren zur dt.
Literatur). – Nachlass DSB.

Jacob und **Wilhelm Grimm** (→ Hanau/
HE), † 20. 9. 1863 und 16. 12. 1859 B. Bei-
de, bei den »Göttinger Sieben« und des
Landes verwiesen, 1840 auf Betreiben
von B. v. Arnim von Friedrich Wilhelm
IV. nach B. an die Akademie der Wiss. be-
rufen. Vorlesungen an der Universität, die
beide Anfang der fünfziger Jahre aufga-
ben, um nur noch am »Deutschen Wörter-
buch« zu arbeiten. – Wohnung 1846/47
Dorotheenstraße 47 (01) nicht erhalten;
ebenso die Wohnhäuser im »Geheimrats-
viertel« Lennéstraße 8 (ab 1841) und
Linkstraße 7 (ab 1847). Eine neu angelegte
Straße in der Nähe am Potsdamer Platz
heißt seit 1998 **Brüder-Grimm-Gasse** (01).
Ehrengrabstätte **Alter St.-Matthäus-Kirch-
hof, Großgörschenstraße** 12-14 (07). –
Nachlass SB B. – »Die Brüder Grimm in
Berlin« (Ausstellungskatalog, 2004).

Joseph Freiherr von Eichendorff, * 10. 3.
1788 Schloss Lubowitz/Oberschlesien,
† 26. 11. 1857 Neiße, bedeutendster Dich-
ter (Lyriker) der Hochromantik. Kam
1809 zum Studium nach B. 1831-44 Vor-
tragender Rat im Kultusministerium. Voll-
endete in B. den Roman »Dichter und ihre
Gesellen« (1834) und das Lsp. »Die Freier«
(1837). 1847 und 50-55 abermals in B.,
Quartier u. a. 1837-41 **Potsdamer Platz**
1 (in der Nähe **Joseph-von-Eichendorff-
Gasse**), 1850 im Gartenhaus **Am Karlsbad**
3/5 (vorm. 4/07): »Wie Robinson auf sei-

ner Insel, auf der die Nachtigallen schla-
gen.« – Teilnachlass DSB, Mss. und Doku-
mente Dt. E.-Museum Wangen (BY).

Heinrich Heine (→ Düsseldorf/NW)
studierte 1821-23 als Jurastudent an der
Universität mehr Philosophie (bei G. W. F.
Hegel) und Literatur als die Rechte. Trieb
sich zudem lieber in Cafés und Weinkel-
lern, Theater- und Konzertsälen herum.
Fleißiger Gast im Salon und Verehrer Ra-
hel von Varnhagens. Debüt als Lyriker, fre-
che Feuilletons (»Briefe aus Berlin«, 1822).
– Alle Wohnstätten zerstört, Gedenktafel
am Nachfolgebau **Behrenstraße** 71 (01);
Denkmal (von W. Grzimek, 1955/56) im
Volkspark am Weinbergsweg, Zweitguss
an der Ostseite der **Humboldt-Univer-
sität.**

Biedermeier und Realismus

Karl von Holtei, * 24. 1. 1798 Breslau,
† 12. 2. 1880 ebd. Wirkte seit 1823 als
Spielleiter am Königstädt. Theater (**Ale-
xanderplatz**/01) und begeisterte die Berli-
ner v. a. durch seine Possen: in »Ein Trau-
erspiel in Berlin« (Urauff. 1832) zum ers-
ten Mal die Figur des Eckenstehers Nante.
Wanderleben ab 1833. – Aut. »Vierzig Jah-
re« (1843-50). – H.-Archiv in Köln.
Willibald Alexis (eig. Georg Wilhelm
Heinrich Häring), * 29. 6. 1798 Breslau,
† 16. 12. 1871 → Arnstadt (TH), »deut-
scher Scott, Romancier Preußens« (W.
Goetz). Kam 1806 nach B., war 20-24 Re-
ferendar am Kammergericht, dann freier
Schriftsteller. Sein Haus in der **Wilhelm-
straße** (damals 97/01, abgerissen) frequen-
tiert von Literaten (E. Geibel) und Künst-
lern. – W.: Der Roland von Berlin (R.
1840); Ruhe ist die erste Bürgerpflicht
(R. 1852); Erinnerungen (Hrsg. M. Ewert,
1899).
Ludwig Rellstab (Ps. Freimund Zuschau-
er), * 13. 4. 1799 B., † 28. 11. 1860 ebd.

Einflussreichster Musikkritiker im vor-
märzl. Berlin (Musikzs. »Iris«) und einer
der meistgelesenen Erzähler (»1812«, Na-
poleon-R. 1834). Sieben seiner Gedichte
(u. a. »Leise flehen meine Lieder«) in F.
Schuberts »Schwanengesang«. – Grab **St.-
Petri-Friedhof, Friedenstraße** 81 (02).
August Kopisch, * 26. 5. 1799 Breslau, † 3.
2. 1853 B., volkstüml. Lieder- und Bal-
ladendichter (»Heinzelmännchen von
Köln«), auch Novellist, Dramatiker und
Übersetzer, Maler. Weitgereist, Entdecker
der Blauen Grotte auf Capri. Seit 1833 in
B. als Kunstexperte im Hofmarschallamt,
seit 47 Konservator der → Potsdamer
Schlösser (BB). – »Ges. Werke« (Hrsg. K.
Bötticher, 1856). – Grabstätte (mit Bötti-
cher) **Dreifaltigkeitskirchhof, Bergmann-
straße** 39-41 (02).
Franz Freiherr von Gaudy, (→ Frankfurt
a. d. Oder/BB), † 6. 2. 1840 B., epigonaler
Spätromantiker, machte um die Ein-
bürgerung Bérangers in Dtl. verdient.
1818-33 Offizierslaufbahn, dann freier
Schriftsteller. Seine Wohnung in der heuti-
gen **Markgrafenstraße** 17 (01) beschrieb
er in der Humoreske »Besuch bei einem
Dichter« (1837). – »Sämtl. Werke« (Hrsg.
A. Müller, 1844). – Grab **Kirchhof der
Jerusalems- und Neuen Kirchen-Gem. I,
Zossener Straße** (02).
Franz Theodor Kugler (Ps. **Franz Theo-
dor Erwin**), * 19. 1. 1808 Stettin, † 18. 3.
1858 B. Als Kunsthistoriker – Kunstgesch.
als eigenständige Kulturwiss. – eine B.er
Institution. Seine Wohnung in der **Fried-
richstraße** (benachbart A. v. Chamisso/
02) Mittelpunkt des »Tunnels über der
Spree«. – Seine von A. Menzel illustrier-
te »Geschichte Friedrichs des Großen«
(1840) wurde ein Volksbuch, zum Volks-
lied das G. »An der Saale hellem Strande«.
– Ehrengrab **Alter St.-Matthäus-Kirch-
hof, Großgörschenstraße** 12-14 (07). –
Nachlass Kunst-B. B., BSB.

Theodor Mundt (→ Potsdam/BB),
† 30. 11. 1861 B., Theoretiker des Jungen
Deutschland. Schrieb hist. Romane
(»Thomas Müntzer«, 1841), eine »Ge-
schichte der Literatur der Gegenwart«
(1842) und Reiseberichte. Ehefrau die
»Birch-Pfeiffer des deutschen Unterhal-
tungsromans« **Klara Müller** (Ps. **Luise
Mühlbach**/1814-73). – Grab **Alter St.-
Matthäus-Kirchhof**, **Großgörschenstra-
ße** 12-14 (07).

Adolf Glaßbrenner (Ps. **Adolf Brennglas**),
* 27. 3. 1810 B., † 25. 9. 1876 ebd., »Vater
des Berliner Volkswitzes«. Kaufmanns-
lehrling, seit 1830 Schriftsteller und libera-
ler (zeitw. mit Berufsverbot belegter) Jour-
nalist, u. a. ab 1841 in →Neustrelitz (MV).
1858 Rückkehr nach B., um sein Bürger-
recht nicht zu verlieren. Schrieb »Berlin,
wie es ist – und trinkt« (32 Hefte, von
1832-50), »Buntes Berlin« (15 Hefte, von
1837-41) sowie den »Komischen Volkska-
lender« (1846-67): eine dreibändige Aus-
wahl erschien 1981 u. d. T. »Unterrich-
tung der Nation«. – Ehrengrab **Kirchhof
der Jerusalems- und Neuen Kirchen-
Gem. III, Baruther Straße** (02).

Karl Ferdinand Gutzkow, * 17. 3. 1811 B.,
† 16. 12. 1878 → Frankfurt a. M. (HE),
»brillanter Journalist, der sich das Dichten
angewöhnte« (Th. Fontane). Sohn eines
Leibkutschers in der damaligen Stall-
straße 17, heute **Universitätsstraße** (01):
»Aus der Knabenzeit« (Aut. 1852). Unste-
tes Leben: freisinniger Programmatiker
des Jungen Deutschland. Zuletzt zuneh-
mendes Nervenleiden. – W.: Wally, die
Zweiflerin (R. 1835); Zopf und Schwert
(Lsp. 1844); Die Ritter vom Geiste (»R.
des Nebeneinander«, 1850-52). – **Groß-
beerenstraße** 7 (02), wo G. im Alter lebte,
befand sich bis zum 2. Weltkrieg eine Ge-
denktafel. – Nachlass u. a. StuUB Frank-
furt a. M.

Fanny Lewald (eig. Stahr), * 24. 3. 1811

Königsberg, † 5. 8. 1889 → Dresden
(SN), Frau des Erzählers und Literaturhis-
torikers **Adolf Stahr** (→ Prenzlau/BB),
kämpfte für die Frauenemanzipation. –
Viel gelesene Unterhaltungsromane, be-
deutender ihre ostpreuß. Erzählungen
(»Die Familie Darner«, 1837) und die Me-
moiren (u. a. »Erinnerungen aus dem Jah-
re 1848«). – Salon in der Matthäikirchstra-
ße (heute **Herbert-von-Karajan-Straße**/
01), Schilderung in F. Spielhagens Roman
»Freigeboren« (1902). – Nachlass DSB.

Theodor Mommsen (→ Husum/Gar-
ding/SH), † 1. 11. 1903 B. Seit 1858 Prof.
für Alte Geschichte an der **Universität**
(Denkmal im Westflügel/01). – **Momm-
senstraße** in Lichterfelde-West und Char-
lottenburg, wo M. als Ehrenbürger in sei-
nem (heute zerstörten) Haus **Marchstraße**
6 (04) starb. – Grab **Dreifaltigkeitskirch-
hof, Bergmannstraße** 39-41 (02).

Ernst Dohm, * 24. 5. 1819 Breslau, † 5. 2.
1883 B. Seit 1849 führender Kopf des
pol.-sat. Wochenblattes »Kladderadatsch«,
»Erfinder« des dt. Kalauers (→Calau/BB).
Hielt mit seiner Frau **Hedwig** (1833-1919),
Schriftstellerin der bürgerl. Frauenbewe-
gung (»Schicksale einer Seele«, aut. R.
1899) in der **Potsdamer Straße** 27 a (heute
72) ein gastl. freies Haus in der Tradition
der lit. Salons.

Theodor Fontane (→ Neuruppin/BB),
† 20. 9. 1898 B. »Er schenkte uns die Stadt
an der Spree, wie uns Balzac die Stadt an
der Seine und Dickens die Stadt an der
Themse schenkten« (E. Kästner). Kam
1833 auf Klödens Gewerbeschule (**Wall-
straße**/01) und lebte 55 Jahre – zwei Jahr-
zehnte zuletzt Theaterkritiker (Parkett-
platz 23) im **Schauspielhaus** am **Gen-
darmenmarkt** (01) – im rapid zur Millio-
nen- und Reichshauptstadt avancierten
Berlin: »Die Stadt wächst . . . doch eine ge-
wisse Schusterhaftigkeit bleibt.« – B.er Ro-
mane u. a. »L'Adultera« (1882), »Schach

Berlin: Theodor Fontane am Schreibtisch (1896)

von Wuthenow« (1883), »Irrungen, Wirrungen« (1888), »Stine« (1890), »Frau Jenny Treibel« (1893), »Effi Briest« (1895). Th. F., Große Brandenburger Ausgabe (Hrsg. G. Erler, 1994 ff.). – Von den 18 Wohnungen F.s, bis auf das Ärztehaus des **Bethanien-Krankenhauses** am **Mariannenplatz** (heute **Künstlerhaus Bethanien**, Gedenktafel/02), keine mehr erhalten. Neue Gedenktafel **Alte Potsdamer Straße**/Ecke **Joseph-von-Eichendorff-Gasse** (ehem. Potsdamer Straße 134 c, Sterbehaus, zerstört); Denkmäler Märkisches Museum und im Tiergarten; Grab **Friedhof II der Franz. Gem., Liesenstraße** (01).

Julius Rodenberg (→ Stadthagen / Rodenberg/NI), † 11. 7. 1914 B., zog 1853 als Student in B. ein. Leitete seit 1874 die von ihm begründete »Deutsche Rundschau«. Veröffentlichte neben seinen damals vielgelesenen B.-Romanen (»Die Grandidiers«, 1879) 1885-87 »Bilder aus dem Berliner Leben« (Ausw. n. 1987). – Grab **Zentralfriedhof Friedrichsfelde, Gudrunstraße** (11) eingeebnet, Erinnerungstafel Mittelallee-Rondell.

Friedrich Spielhagen (→ Magdeburg/ST), † 25. 2. 1911 B., galt mit seinen path.-tendenziösen Gesellschaftsromanen (»Problematische Naturen«, 1860) und als Chronist der Gründerjahre (»Sturmflut«, 1876) als Repräsentant der B.er Literatur. – Woh-

nung **Kantstraße** 165 (Gedenktafel); Ehrengrab **Friedhof der Kaiser-Wilhelm-Gedächtnis-Gem., Fürstenbrunner Weg** (beide 04).

Paul Heyse, * 15. 3. 1830 B., † 2. 4. 1914 → München (BY), Epigone klassizist.-romant. Bildungstradition. Von E. Geibel 1846 in den Kreis um F. Th. Kugler und 48 in den »Tunnel über der Spree« eingeführt. 1854 von Maximilian II. nach München berufen. 1910 geadelt und Lit.-Nobelpreis. – W.: Novellen (1855); Kinder der Welt (R. 1873); Jugenderinnerungen und Bekenntnisse (1900). – Archiv BSB, Slg. FDH Frankfurt a. M., LB Kiel, DLA Marbach.

Wilhelm Raabe (→ Holzminden/Eschershausen/NI) kam 23-jährig als Student nach B. und wohnte Spreegasse 11. Die Häuser in der zum 100. Geburtstag des Dichters 1931 in **Sperlingsgasse** umgetauften Straße z. T. kriegszerstört, 1964 abgerissen (01). Am 15. 11. 1854 hier »Federansetzungstag« (nach W. Fuld »Legende«) für sein erstes Werk: »Die Chronik der Sperlingsgasse« (1957). – »Im alten Eisen« (1887) spielt, zwischen Mietskasernen, Trödelkeller und Friedhof, in Kreuzberg (02).

Julius Stettenheim, * 2. 11. 1831 Hamburg, † 30. 10. 1916 B., durchschlagend satirische Begabung. Gründete 1868 die humorist.-satirische Zs. »Berliner Wespen«. Schöpfer des kom. Kriegsberichterstatters »Wippchen« aus Bernau (»Wippchens Sämtl. Berichte«, 18 Bde., 1878-1905). – Wohnte zuletzt **Potsdamer Straße** 52 (heute 130): Grab **Städt. Friedhof Wedding, Gerichtstraße** (01).

Georg Moritz Ebers, * 1. 3. 1837 B., † 7. 8. 1898 → Tutzing (Starnberg/BY), Ägyptologe und Romanautor. Auf einer Ägyptenreise (für K. Baedeker) 1872/73 in Theben Entdeckung (und vorbildl. Edition) des sog. Papyros E. Hauptexponent (ne-

ben F. Dahn) des hist.-ethnographischen »Professorenromans«, der Erstling (von 20): »Eine ägyptische Königstochter« (1864). – »Die Geschichte meines Lebens« (Aut. 1892). – Nachlass SB B.
Paul Lindau (→ Magdeburg/ST), † 31. 1. 1919 B. Gründete 1871 die Zs. »Die Gegenwart«, 78 »Nord und Süd«. 1899-1903 Leiter des »Berliner Theaters«, 1904/05 des »Deutschen Theaters«, schließlich Dramaturg der Kgl. Schauspiele. – »Berlin«-Trilogie (1886-88), »Der Zug nach dem Westen« gewann sprichwörtl. Bedeutung; »Nur Erinnerungen« (Aut. 1916).
Heinrich Seidel (→ Grevesmühlen/Perlin/MV), † 7. 11. 1906 B. Kam 1866 an die Gewerbeakademie B., konstruierte als Ingenieur das Hallendach des Anhalter Bahnhofs (Ruine **Askanischer Platz**/02). Seit 1880 freier Schriftsteller; gründete 82 mit **Johannes Trojan** (→ Rostock/MV) und **Julius Stinde** (→ Plön, Kirchnüchel/SH) den anti-naturalist. »Allgemeinen Deutschen Reimverein«. – W.: Leberecht Hühnchen (vollst. 1899); Von Perlin nach Berlin (Aut. 1894). – Wohnung u. a. **Boothstraße** 29 (Gedenktafel); Ehrengrab **Alter Friedhof Lichterfelde**, **Moltkestraße** 42 (beide 06). – Nachlass DLA Marbach.
Ernst von Wildenbruch, * 3. 2. 1845 Beirut, † 15. 1. 1909 B., pathet.-patriot. Dramatiker und Balladendichter, realist. Erzähler. Kindheit und Studium in B. Staatsdienst, seit 1877 im Auswärtigen Amt. Ruhestand ab 1900 in → Weimar/TH (dort auch das Grab) und B. – W.: Sedan (Ep. 1875); Die Quitzows (Dr. 1888); Letzte Gedichte (1909); Ges. Werke (Hrsg. B. Litzmann, 1912-24). – Nachlass Akademie der Wiss., DLA Marbach, GSA Weimar.
Karl Emil Franzos, * 25. 10. 1848 Czortków/Galizien, † 28. 1. 1904 B., Erzähler, Reiseschriftsteller, Publizist: »Mein Ziel war es stets, ein treuer Deutscher und ein treuer Jude zugleich zu sein . . .« Wiederentdecker G. Büchners. Redigierte, aus Wien kommend, in B. seit 1887 die von ihm gegründete Zs. »Deutsche Dichtung«. – W.: Die Juden von Barnow (Nn.-Slg. 1877); Der Pojaz (aut. R. 1905). – Grab **Jüd. Friedhof Weißensee**, **Herbert-Baum-Straße**. – Nachlass StB Wien. – O. Ansull, »Zweigeist. K. E. F.« (Lesebuch 2005).
Weiterhin zu nennen: **Christian Friedrich Scherenberg** (1798-1881), patriot. Lyriker, zum »Tunnel über der Spree« gehörig. – **Heinrich Stieglitz** (1801-49), den seine Frau **Charlotte Sophie** (1806-34) durch ihren Freitod dichterisch (neu) inspirieren wollte (»Charlotte Stieglitz. Geschichte eines Denkmals«, 1986). – **Theodor Mügge** (1806-61), Mitbegründer 1848 der liberalen »National-Zeitung«, als Unterhaltungs- und Reiseschriftsteller spezialisiert für den nord.-balt. Raum (»Afraja«, R. 1854). – **Louise Aston** (→ Magdeburg/ST): »Meine Emanzipation. Verweisung und Rechtfertigung« (1846), »Freischärler-Reminiscenzen« (1850). – **Albert Brachvogel** (1824-78), seine größten Erfolge: die Tragödie »Narziß« und der (die hist. Wirklichkeit unbedenklich verfälschende) Roman »Friedemann Bach« (beide 1858). Ehrengrab **Friedhof der Domkirchengem.** (01). – **Karl Frenzel** (1827-1914), als Theater- und Literaturkritiker eine Instanz (»Berliner Dramaturgie«, 1877), sprach bei der Beerdigung Fontanes. Grab **Invalidenfriedhof, Scharnhorststraße** 25 (01). – **Karl Frommel** (→ Karlsruhe/BW), wurde 1867 Garnison-, 72 Hofprediger (Gedenktafel »Garnison-Pfarrhaus«, Burgstraße 21, jetzt **Anna-Louisa-Karsch-Straße**). Grab **Alter Garnisonfriedhof, Kleine Rosenthaler Straße** 3-7 (beide 01).

Vom Naturalismus zum Expressionismus

Max Kretzer, * 7. 5. 1854 Posen, † 15. 7. 1841 B., sozialkrit. Erzähler, »Bahnbrecher des Berlin-Romans«, und Dramatiker. Schon als Kind Fabrikarbeiter, Autodidakt. Seit 1867 in B. – W.: Meister Timpe (R. 1888); Der Millionenbauer (R. der Schöneberger Gründerjahre, 1891). – Letzte Wohnung **Mommsenstraße** 60 (04); Grab **Luisenkirchhof II, Königin-Elisabeth-Straße** 46 (04).

Heinrich Hart (→ Wesel/NW), Lyriker, Kritiker, Essayist. Nach Studium seit 1877 in B. Vorkämpfer des Naturalismus, zus. mit seinem Bruder Hrsg. der Zss. »Kritische Waffengänge« und »Kritisches Jahrbuch«. Mitglied des Vereins »Durch!«, seit 1891 im **Friedrichshagener Kreis** (09), 1900 Gründung der Neuen Gemeinschaft. – **Julius Hart** (→ Münster/NW), † 7. 7. 1930 B. Studierte seit 1877 Jura in B., ab 81 hier Schriftsteller und Publizist. Teilte die Aktivitäten seines Bruders. – 1877-85 erste Bleibe der Brüder **Fehrbelliner Straße** 7 (03); **Marienstraße** 25 (01) um 1885 gemeinsame »möblierte Stube in der Luisenstadt ... drei Schritte von der Charité«, Treffpunkt der Boheme. – Ehrengrab von Julius H. **Städt. Friedhof Zehlendorf, Onkel-Tom-Straße** 30 (06). – Nachlass AdK.

Hermann Sudermann, * 30. 9. 1857 Matziken/Memel, † 21. 11. 1928 B., erfolgreichster Dramatiker seiner Zeit, Erzähler. 1881/82 Redakteur am »Deutschen Reichsblatt«, Hauslehrer, danach freier Schriftsteller. – A. Kerr: »Das Drama ward bei dir zum Reißer«: »Sodoms Ende« (1891), »Heimat« (1893); »Frau Sorge« (R. 1887). – Grunewaldvilla **Bettinastraße** 3 (Gedenktafel); Ehrengrab **Städt. Friedhof Halensee-Grunewald, Bornstedter Straße** 11-12 (04). – Nachlass DLA Marbach.

Karl Bleibtreu, * 13. 1. 1859 B., † 30. 1. 1928 Locarno, kraftgenialischer Naturalist (»Revolution der Literatur«, 1887). Romane und Novellen aus der B.er Großstadtwelt: »Schlechte Gesellschaft« (1885), »Größenwahn« (1888); Poet. Schlachtenbilder (sein Vater war der Schlachtenmaler Georg B.), v. a. über den Krieg 1870/71. – Wohnung 1902-08 **Ludwigkirchplatz** 2 (04). – Nachlass SB Berlin.

Bruno Wille (→ Magdeburg/SN), 1889 Sprecher der freirel. Gemeinschaft B., 90 Gründer der »Freien Volksbühne«, 92 der »Neuen Freien Volksbühne«. Im Frühjahr 1890 Übersiedlung mit **Wilhelm Bölsche** (→ Köln/NW) »aus der Weltstadt in die Kiefernheide« nach **Friedrichshagen** (09), dort bis 1920 (Episode 1895 im »Gefängnis zum Preußischen Adler«, Aut. 1914). – Ehrengrab **Parkfriedhof Lichterfelde, Thuner Platz** 2-4 (06).

Clara Viebig (→ Trier/RP), † 31. 7. 1952 B. (Grab in Düsseldorf). Kam 1883 nach B., heiratete 96 den jüd. Verlagsbuchhändler F. Th. Cohn. Nach dessen Tod (1936) ihre Bücher u. a. wegen »jüdischer Versippung« verboten. 1946 aus Schlesien zurück nach B., kärgliches Leben in Zehlendorf (**Königstraße** 3/06). – B. als Schauplatz v. a. in den frühen (an Zola orientierten) Romanen: »Das tägliche Brot« (1900), »Die vor den Toren« (1910), »Eine Handvoll Erde« (1915); »Menschen und Straßen« (Nn. 1923).

Maximilian Harden (eig. Felix Ernst Witkowski), * 20. 10. 1861 B., † 30. 10. 1927 Montana/Wallis, Publizist, Essayist, Kritiker. Gab seit 1892 (bis 1922) die vielbeschriene pol. Wochenschrift »Die Zukunft« heraus. – »Berlin als Theaterhauptstadt« (Ess. 1889). – Wohnte ab 1900 **Wernerstraße** 16 (Gedenktafel am Nachfolgebau/04); Ehrengrab **Städt. Friedhof Heerstraße, Trakehner Allee** 1 (04). – Nachlass Bundes-A. Koblenz.

Ludwig Fulda (→ Frankfurt a. M./HE), »Klassiker des deutschen Lustspiels« (H. Ihering). Mitbegründer der »Freien Bühne«, Gründungsmitglied der Preuß. »Dichterakademie«. Nach 1933 als Jude aller Ämter enthoben, Aufführungsverbot seiner Stücke. Beging am 30. 3. 1939 Selbstmord. – Ehrengrab **Waldfriedhof Dahlem, Hüttenweg** 47 (06).

Gerhart Hauptmann, * 15. 11. 1862 Bad Salzbrunn, † 6. 6. 1946 Agnetendorf/Schlesien (Grab → Rügen/Hiddensee/MV), vielseitiger Dramatiker, Erzähler. Kam nach abgebrochener Bildhauerausbildung 1884 zum Studium nach B. Quartier zunächst im Scheunenviertel und Moabit (Mietskasernen-Milieu der Tragik. »Die Ratten«, 1911). 1885-89 Villa Lassen in → Erkner (BB). Seit 1889 (Dr. »Vor Sonnenaufgang«) enge Verbindung zur Freien Bühne, dann zu den Theatern **Otto Brahms** (1856-1912), skandalumwitterte Uraufführungen (»Die Weber«, 1894). Wandte sich proteushaft bald anderen Stilen und Gattungen zu. Seit 1901 Hauptwohnsitz »Haus Wiesenstein« in Agnetendorf. 1912 Lit.-Nobelpreis, 28 Preuß. »Dichterakademie«, der er auch in der NS-Zeit angehörte. – Über B. »Das Abenteuer meiner Jugend« (Aut. 1937); »Sämtl. Werke« (Hrsg. H.-E. Hass, 1962 ff.). – Wohnungen u. a.: 1884/85 **Kleine Rosenthaler Straße** 11 (01), 1889-91 **Schlüterstraße** 78 (Gedenktafel am Neubau/04); im Grunewald (04) 1898 **Trabener Straße** 54 (heute 2), 1914-18 **Hubertusallee** 25 (zerstört) – Archiv DLA Marbach. – D. Albrecht, »Verlorene Zeit. G. H.« (1997).

Paul Scheerbart, * 8. 1. 1863 Danzig, † 15. 10. 1915 B., phantast. Erzähler, Lyriker. Seit 1887 in B., 92 Gründung des »Verlages deutscher Phantasten«. Boheme-Existenz am Rande der Armut. Verhungerte freiwillig aus Protest gegen den 1. Weltkrieg. –

Berlin: Spaziergänger Gerhart Hauptmann an der Woltersdorfer Schleuse

W.: Tarub (R. 1897); Glasarchitektur (1914). – Gedenktafeln: **Kaiser-Friedrich-Straße** 29 (04), **Marschnerstraße** 15 (06).

Arno Holz (Ps. **Bjarne P. Holmsen**), * 26. 4. 1863 Rastenburg/Ostpreußen, † 26. 10. 1929 B., virtuoser Lyriker, Dramatiker, mit **Johannes Schlaf** (→ Querfurt/ST) Begründer des konsequenten Naturalismus. Seit 1875 in B., Mitwirkung im Verein »Durch!«, Gast im **Friedrichshagener** Kreis (09), erster Schriftleiter der »Freien Bühne« (später »Neue Rundschau«). – W.: Papa Hamlet (Nn. 1889), Familie Selicke (Dr. 1890), beide zus. mit J. Schlaf; Phantasus (G. 1898 f., erw. 1916, 24); Werke (Hrsg. B. Emrich u. A. Holz, 1961-64). – Gedenktafeln: **Reinickendorfer Straße** 11/12 (Wohnort 1882-90, Neubau/01), **Stübbenstraße** 5 (1910-29/07); Ehrengrab **Städt. Friedhof Heerstraße, Trakehner Allee** 1 (04). – Archiv ZBS, Briefe und Mss. AdK.

Richard Dehmel (→ Königs Wusterhausen/Münchehofe-Hermsdorf/BB). Studier-

te 1882-87 u. a. Volkswirtschaft in B. und
Leipzig, dann Journalist und (bis 1895)
Versicherungssyndikus in B. Verkehr mit
den Brüdern Hart, O. E. Hartleben, A.
Holz (»Kartell lyrischer Autoren«) und
A. Strindberg (Stammlokal »Schwarzes
Ferkel« in der damal. Neuen Wilhelmstra-
ße/01). Hrsg. der Zs. »Pan«. 1902 Über-
siedlung nach Blankenese (→ Hamburg).
– Wohnung 1891-93 **Torstraße** 39 (vorm.
Lothringer Straße 15/01).
Alfred Kerr (eig. Kempner), * 25. 12. 1867
Breslau, † 12. 10. 1948 → Hamburg. Seit
1895 bis in die zwanziger Jahre maßgeben-
der und bestgehasster Theaterkritiker B. s.
Weltreisen, 1933 Emigration. – In der Neu-
ausg. der »Werke« von K. im Band »Erleb-
tes I« Feuilletons über die Stadt; »Wo liegt
Berlin? Briefe aus der Reichshauptstadt
1895-1900«, »Warum fließt der Rhein
nicht durch Berlin? Briefe eines europä-
ischen Flaneurs 1895-1900« (Hrsg. G.
Rühle, 1989, 97, 99). – »Die Diktatur des
Hausknechts« (1934). – Wohnungen ab
1912 im Grunewald (04): **Gneiststraße** 9
(1912-21), **Höhmannstraße** 6 (1921-29/
Gedenktafel), **Douglasstraße** 10 (1929-
33/Gedenktafel). – A.-K.-Archiv AdK.
Moritz Heimann (→ Strausberg/Werder/
BB), † 22. 9. 1925 B. Ab 1895 dreißig Jahre
lang Cheflektor des S. Fischer Verlags (Sitz
1897-1936 **Bülowstraße** 90/07): »Fischers
Angler« (G. Hirschfeld). – Wohnungen:
um 1910 **Landhausstraße** 43 (vorm. 53/
04), **Württembergallee** 26 (04) letztes
B.er Domizil; Grab **Jüdischer Friedhof
Weißensee**, Herbert-Baum-Straße (03).
Else Lasker-Schüler (→ Wuppertal/NW)
kam jungverheiratet 1894 nach B. Bald ei-
genes Atelier in der Brückenallee im Tier-
gartenviertel, 1898/99 erste Gedichte.
Scheidung im April 1902, im November
Heirat mit **Herwarth Walden** (eig. Georg
Levin/1878-1941), dem Gründer der ex-
pressionist. Zs. »Der Sturm« (Verlag und

Galerie 1909-12 **Katharinenstraße** 5, Ge-
denktafel am Neubau/04). Unstetes Bo-
heme-Leben im Kostüm oriental. Gestal-
ten, Mittelpunkt im »Café des Westens«,
später im »Romanischen Café«. Nach Tren-
nung von Walden (1911) fortan ohne fes-
ten Wohnsitz: »Sie schlief oft auf Bänken,
und sie war immer arm, in allen Lebens-
lagen« (G. Benn, mit dem sie eine kurze
heftige Freundschaft verband). 1919 Ur-
aufführung des Schauspiels »Die Wupper«
am Deutschen Theater. Im April 1933
Flucht in die Schweiz. Tod in Jerusalem
1945. – Letzte B.er Adresse 1924-33: »Ho-
tel Koschel« (heute »Sachsenhof«), **Motz-
straße** 78 (heute 7/Gedenktafel/07).
Rosa Luxemburg, * 5. 3. 1871 Samostje/
Russisch-Polen, † 15. 1. 1919 B., soz. Poli-
tikerin und Publizistin. Kam 1898 nach B.,
seit 1907 Dozentin an der zentralen Partei-
schule der SPD. Während des 1. Welt-
kriegs inhaftiert (Gedenkstele **Weinstra-
ße**, Nähe Barnimstraße/02), »Briefe aus
dem Gefängnis«. 1919 Mitbegründerin
der KPD. Zus. mit **Karl Liebknecht** (1871-
1919) von Angehörigen der Garde-Kaval-
lerie-Schützen-Division ermordet: Denk-
mal für R. L. am Landwehrkanal oberhalb
der **Lichtensteinbrücke**, für K. L. **Großer
Weg** (am **Neuen See**) im Tiergarten (beide
01). Beider Grabstätte **Zentralfriedhof
Friedrichsfelde**, Gudrunstraße//Gedenk-
stätte der Sozialisten (11). Denkmal für
R. L. auch am **Franz-Mehring-Platz** (02).;
»Denkzeichen« (Zitate) am Rosa-Luxem-
burg-Platz (01).
Heinrich Mann (→ Lübeck/SH) volon-
tierte 1891 im S. Fischer Verlag. Schrieb
als »Pamphletist des Wilhelminismus«
1900 seinen im Tiergartenviertel ange-
siedelten Roman »Im Schlaraffenland«.
1930 Präsident der Preuß. »Dichterakade-
mie«, 33 erzwungener Verzicht auf sein
Amt und Flucht (»Ein Zeitalter wird be-
sichtigt«, 1945). – Letzte Wohnung 1932/

33 **Fasanenstraße** 61 (Gedenktafel/04); Grab **Dorotheenstädt. Friedhof, Chausseestraße** (01). – Teilnachlass AdK. – K. Jarmatz, »Heinrich Mann in Berlin« (Frankfurter Buntbücher 29/2000).

Christian Morgenstern (→ München/ BY). Seit 1894 als Journalist und Schriftsteller in B. Texte für M. Reinhardts Kabarett »Schall und Rauch«. Begegnung und Hinwendung zur Anthroposophie R. Steiners. – Wohnte 1894 Artilleriestraße 31 (heute **Tucholskystraße** 40/01), um die Jahrhundertwende **Stuttgarter Platz** 4 (Gedenktafel/04).

Georg Hermann (eig. G. H. Borchardt), * 7. 10. 1871 B., † 19. 11. 1943 KZ Auschwitz. Kindheit in Schöneberg. Im 1. Weltkrieg und den zwanziger Jahren in → Neckargemünd (BW). 1931-33 wieder in B. (Wohnung im »Roten Block«, Gedenktafel **Kreuznacher Straße** 28/04), Emigration in die Niederlande. – Sozialkrit. Romane angesiedelt im friderizian. B., im jüd. Biedermeier, im B.er Westen und im Zuhältermilieu der Lothringer Straße (heute **Torstraße**/01). »Werke und Briefe« (Hrsg. Gert und Gundel Mattenklott, 1996 ff.). Gedenktafeln im Grunewald am Wohnhaus (1911-14) **Trabener Straße** 19, in der Künstlerkolonie **Laubenheimer Straße** 2 (beide 04).

Artur Landsberger, * 26. 3. 1876 B., † 4. 10. 1933 ebd. (Freitod), Jurist, Kritiker, Romancier. Heute noch von Bedeutung der Roman »Berlin ohne Juden« (1925). – Letzte Wohnung **Haberlandstraße** 4 (früher Nördlinger Straße 6/07); Grab **Städt. Friedhof Wilmersdorf, Berliner Straße** (04).

Theodor Däubler, * 17. 8. 1876 Triest, † 13. 4. 1934 → St. Blasien (BW), Rhapsode, Reiseschriftsteller, Übersetzer. War zeitlebens unterwegs, v. a. im Süden. Lebte seit 1890 zeitw. auch in B., fest seit 1926. Präsident des dt. PEN-Clubs, 1928 Preuß. »Dichterakademie«. – W.: Das Nordlicht (Ep. 1910/21); Dichtungen und Schriften (Hrsg. F. Kemp, 1956). – Ehrengrab **Städt. Friedhof Heerstraße, Trakehner Allee 1** (04). – Archiv AdK.

Heinrich Wolfgang Seidel, * 28. 8. 1876 B., † 22. 9. 1945 → Starnberg (BY), Erzähler. Sohn von Heinrich S. (→ Grevesmühlen/MV), studierte Theol., zuletzt in B., und heiratete hier 1907 seine Kusine **Ina Seidel** (→ Starnberg/BY). 1914-23 gemeinsam in → Eberswalde (BB). 1923-34 Pfarrer an der Neuen-Kirchen-Gem. in B. – W.: Krüsemann (R. 1935); Drei Stunden hinter Berlin (Briefslg. 1951/52). – Ina Seidel: »Berlin, ich vergesse dich nicht« (1962). – Ch. Ferber, »Die Seidels« (1979).

Carl Sternheim (→ Leipzig/SN). Schul- und Studienjahre seit 1884 in B. Häufiger Besuch im Belle-Alliance-Theater (**Mehringdamm**/02). Seit 1912 nicht mehr in B. Seine satir. Gesellschaftskomödien (»Die Hose«, 1911; »Der Snob«. 14) bestimmten neben G. Kaisers Stücken das moderne Repertoire der B. Bühnen. – »Berlin oder Juste milieu« (Ess. 1920).

Erich Mühsam, * 6. 4. 1878 B., † 11. 7. 1934 → KZ Oranienburg (BB), der »menschenliebende Anarchist«. Jugend in → Lübeck (SH). 1902-08 im »Wohnbezirk der Musen« **Friedrichshagen** (09). 1911-14 und 18-19 in → München (BY), Teilnahme an der November-Revolution 18, sechs Jahre Haft. 1924-30 in **Alt-Lietzow** 12/Gedenktafel (04), 1933 in der Hufeisensiedlung Britz, **Dörchläuchtingstraße** 48 (08) verhaftet, Gedenkstein. – »Tagebücher 1910-1924« (Hrsg. Ch. Hirte, 1994), »Unpolitische Erinnerungen« 1927/29), »War einmal ein Revoluzzer« (Slg. 1968). – Ehrengrab **Waldfriedhof Dahlem, Hüttenweg** 47. – Nachlass AdK.

Alice Berend, * 30. 6. 1878 B., † 2. 4. 1938 Florenz. »Die kleine Fontane« lebte 1906-

15 in Florenz, 20-26 in → Konstanz (BW), ab 31 wieder in B. (**Hochwildpfad** 1/ 06). Als »Halbjüdin« 1935 Emigration in ihre »zweite Heimat«. – Ihr wohl schönster B.-Roman »Spreemann & Co.« (1916).

Alfred Döblin (Ps. **Linke Poot**), * 10. 8. 1878 Stettin, † 28. 6. 1957 → Emmendingen (BW), Grab in Housseras/Vogesen. Seit 1888 in B., in bescheidenen Verhältnissen im Osten aufwachsend. Medizinstudium, 1907-09 Assistenzarzt in Buch (03), seit 1911 eigene Kassenarztpraxis. Erste Veröffentlichungen 1910 im »Sturm«. 1924 Vorsitzender des Schutzverbandes Dt. Schriftsteller, 28 Mitglied der Preuß. »Dichterakademie«. Welterfolg mit »Berlin Alexanderplatz« (R. 1929). 1933 Flucht über Zürich nach Paris, dort 36 naturalisiert, 40 in die USA. Ende 1945 als franz. Kulturoffizier in → Baden-Baden (BW). 1951-56, isoliert und enttäuscht, wieder in Paris. – W.: Wadzeks Kampf mit der Dampfturbine (R. 1918); November 1918 (R.-Tril. 1948-50); Schicksalsreise (Aut. 1949). – Wohnung und Praxis 1911-13 **Blücherstraße** 18 (Gedenktafel/02); **Karl-Marx-Allee** 121-31 (früher Frankfurter Allee 340) Praxis 1919-31 (Porträtbüste/02); ab 1931 **Kaiserdamm** 28 (Gedenktafel/ 04); **Alexanderplatz**: Döblin-Zitat an einer Bürohausfront (seit 2000). – Nachlass DLA Marbach.

Georg Kaiser (→ Magdeburg/ST) veröffentlichte 1911 in B. bei S. Fischer ein erstes Drama, »Die jüdische Witwe«. 1918 acht Uraufführungen, u. a. in B. Kaisers wohl bedeutendstes Stück, »Gas« (1918/ 20). 1920 wegen Unterschlagung und Betrugs verhaftet. Ließ sich nach Entlassung in → Grünheide (BB), nah seinem neuen Verleger (G. Kiepenheuer in Potsdam), nieder. Zweitwohnung in B. »Pension Haßfort«, **Luisenplatz** 3 (Gedenktafel/ 04). – Nachlass AdK.

Berlin: Alfred Döblin (Fotomontage von Stone, 1928)

Zeitgenössisch: Die Brüder **Hanns** (1853-1918) und **Fedor** (1857-1934) **von Zobeltitz** aus Spiegelberg in der Neumark, Gesellschaftsromanciers (Hanns: »Lichterfelder Straße Nr. 1«, Aut. 1899; Fedor: »Ich hab' so gern gelebt«, Aut. 1934). Ehrengrab **Städt. Friedhof Wilmersdorf** (04). – **Felix Hollaender** (1867-1931), naturalist. Erzähler, Nachfolger M. Reinhardts am Großen Schauspielhaus. Gedenktafel **Oldenburgallee** 1; Grab **Städt. Friedhof Heerstaße, Trakehner Allee** 1 (beide 04). – **Victor Auburtin** (1870-1928): Verstand sich auf die Kunst des »Federleichten« und war viel, v. a. im Auftrag des »Berliner Ta-

geblatts«, auf Reisen. – **Wilhelm von
Scholz** (1874-1969): Kindheit und Jugend
Am Festungsgraben 1 (01). Seit 1890 vorw.
am Bodensee (»Berlin und Bodensee«,
Aut. 1934). 1926-28 erster Präsident der
Preuß. »Dichterakademie«. – **Bruno
H(ans) Bürgel** (1875-1948): »Vom Arbei-
ter zum Astronomen« (Aut. 1925). Woh-
nung 1907-19 **Beerenstraße** 39 (Gedenk-
tafel/06). Später in → Potsdam-Babels-
berg (BB). – **Berta Lask** (→ Bad Freienwal-
de/BB), soz. Schriftstellerin: »Stille und
Sturm« (aut. R.-Tril. 1955). **Grab Zentral-
friedhof Friedrichsfelde, Gudrunstraße**
(11).

Glanz und Elend: Die zwanziger und dreißiger Jahre

Bernhard Kellermann (→ Fürth/BY) leb-
te seit 1909 in B.-Schöneberg (07), später
u. a. in → Werder/Havel (BB). Welterfolg
mit seinem utop. Roman »Der Tunnel«
(1913). 1926 Mitglied der Preuß. »Dichter-
akademie«, 33 boykottiert. 1945 in Ost-B.
Mitbegründer und Vizepräsident des »Kul-
turbundes«. Zuletzt in und bei → Pots-
dam (BB). – Nachlass AdK.
Paul Gurk (→ Frankfurt/Oder/BB), † 12.
8. 1953 B., Dramatiker, Erzähler, auch
Maler und Komponist, und (bis 1924) »im-
mer ein guter Beamter«. Lebte meist »auf
eine zugleich grauenhafte und schöne Wei-
se allein«. Übersiedelte Mitte der dreißiger
Jahre von Mitte in den Wedding (Gedenk-
tafel **Afrikanische Straße** 144 b/01). –
»Berlin« (aut. R. über die »Riesenbestie
ohne Seele«, 1934). – Ehrengrab **Friedhof
der Domkirchengem.**, **Müllerstraße.** –
Nachlass AdK.
Siegfried Jacobsohn, * 28. 1. 1881 B., † 3.
12. 1926 ebd. Gründete 24-jährig die
Theaterzs. »Schaubühne«, aus der 1918
»Die Weltbühne« wurde. Bis zu seinem
Tod blieb S. J. ihr Leiter (Ges. Schriften,

Hrsg. G. Nickel und A. Weigel, 2005).
Wohnte im Sommer auf → Sylt (SH), wäh-
rend der Theatersaison in B., zuletzt
Wundtstraße 33 (04). – Grab **Wilmers-
dorfer Waldfriedhof Stahnsdorf, Bahn-
hofstraße/Potsdamer Landstraße** (04). –
Briefe DLA Marbach.
Paul Zech, * 19. 2. 1881 Briesen/Westpr.,
† 7. 9. 1946 Buenos Aires, Arbeiterdichter,
Dramatiker, Übersetzer. Nach Studium
u. a. Bergmann im Ruhrgebiet, ab 1910 zu-
meist in B. (Gedenktafel **Naumannstraße**
78/07). 1934 Emigration. – »Deutschland,
dein Tänzer ist der Tod« (R. 1981). – Eh-
rengrab **Dritter Schöneberger Friedhof,
Stubenrauchstraße** 43-45 (07). – Nachlass
AdK, DLA Marbach.
Johannes Tralow (→ Lübeck/SH), † 27. 2.
1968 B., Direktor des Berliner Theater-
verlages 1910-14. Anschließend Regisseur
und Theaterleiter in verschiedenen dt.
Städten. 1951-60 Präsident des dt. PEN-
Zentrums Ost und West. Letzter Wohn-
sitz in B.-Friedrichshagen. – Grab **Do-
rotheenstädt. Friedhof, Chausseestraße**
(01). – Nachlass DSB.
Franz Kafka, * 3. 7. 1883 Prag, † 3. 6. 1924
Sanatorium Kierling b. Wien. K., zum ers-
ten Mal 1913/14 in B., zweimal kurzfristig
verlobt mit Felice Bauer. Logis im »Aska-
nischen Hof« (zerstört) am **Askanischen
Platz** (02). 1923/24 musste er dreimal um-
ziehen, lebte (mit Dora Diamant) aber im-
mer »halb-ländlich«: **Muthesiusstraße** 8
(bis 1925 Miquelstraße/Neubau/06), **Gru-
newaldstraße** 13 (zwei Gedenktafeln/06),
Busseallee 7-9 (damals Heidestraße 25-
29/06/abgerissen). – In B. entstanden die
Erzählungen »Eine kleine Frau« und »Der
Bau«. – U. Krechel, K. Reschke, G. von
Wysocki, »Tribunal im Askanischen Hof«
(3 Theatertexte, 1989).
Joachim Ringelnatz (→ Wurzen/SH),
† 17. 11. 1934 B. Von H. von Wolzogen für
die Kleinkunstbühne »Schall und Rauch«

entdeckt, wo R. bis 1933 mit eigener Lyrik auftrat. – Zwei Gedenktafeln: am Wohnhaus (Neubau) **Brixplatz** 11 (ehem. Sachsenplatz) und am Eingang zum Park; Ehrengrab **Städt. Friedhof Heerstraße, Trakehnerallee** 1 (beide 04).

Oskar Loerke, * 13. 3. 1884 Jungen/Westpreußen, † 24. 2. 1941 B., Lyriker, Erzähler, Essayist. Kam 1903 zum Studium nach B., von 1917 bis zu seinem Tod Lektor bei S. Fischer. Sekretär der Preuß. »Dichterakademie«. – »Gedichte und Prosa« (Hrsg. P. Suhrkamp, 1958). – Gedenktafel **Kreuzritterstraße** 8(12); Ehrengrab **Friedhof Frohnau, Hainbuchenstraße** (beide 12). – Archiv DLA Marbach.

Lion Feuchtwanger (→ München/BY) übersiedelte 1925 nach B. Zusammenarbeit mit B. Brecht. 1933 Verbrennung seiner Bücher und Plünderung des Hauses im Grunewald: »Offener Brief an den Bewohner meines Hauses Mahlerstraße 8 in Berlin« (1935). Heute **Regerstraße** 8, Gedenktafel für Marta und Lion im Gehweg (04). – Archiv AdK.

Karl Schröder, * Polzin/Pommern 13. 11. 1884, † 6. 4. 1950 B., pol. Schriftsteller (»Klasse im Kampf«, R. 1932) und Leiter des »Bücherkreises«. 1936 zu vier Jahren KZ verurteilt (»Die letzte Station«, aut. R. 1947). 1945-49 Direktor der Volkshochschule Neukölln. – Gedenktafel **Fuldastraße** 37 (08).

Wolfgang Goetz, * 10. 11. 1885 Leipzig, † 3. 11. 1955 B., Dramatiker (»Neidhardt von Gneisenau«, Dr. 1925), Kritiker, Historiker. Weite Reisen. – »Begegnungen und Bekenntnisse« (1964). – Wohnte zuletzt **Konstanzer Straße** 64; Grab **Städt. Friedhof Heerstraße, Trakehner Allee** 1 (beide 04). – Nachlass AdK.

Kurt Hiller, * 17. 8. 1885 B., † 1. 10. 1972 → Hamburg: »Leben gegen die Zeit« (Aut. 1969). Mitbegründer des »Neuen Clubs« (1909) und der »Aktion« (1911).

1933 verhaftet, gefoltert und im Zuchthaus. 1934 Flucht über Prag nach London. – Wohnung 1921-34 **Hähnelstraße** 9 (Gedenktafel/07).

Kurt Kluge (→ Leipzig/SN), 1921 Prof. für Erzguss an der Hochschule für Bildende Künste in B. – Wohnung 1935-40 **Krottnauer Straße** 64 (Gedenktafel); Grab **Ev. Kirchhof Nikolassee, Kirchweg** 12 (beide 06).

Gottfried Benn (→ Perleberg/Mansfeld/BB), † 7. 7. 1956 B.: »Er ist ohne Berlin gar nicht zu verstehen, so wenig wie etwa Kafka ohne Prag oder Baudelaire ohne Paris« (W. Lennig). 1918-35 Arztpraxis für Haut- und Geschlechtskrankheiten **Mehringdamm** 38 (früher Belle-Alliance-Straße 12) Ecke Yorckstraße (Gedenktafel/02). 1932 Preuß. »Dichterakademie«; begrüßte den NS-Staat, verstummte 34; Schreibverbot 38. 1937-56 Wohnung (zeitw. auch Praxis) **Bozener Straße** 20 (Gedenktafel/07). 1950 Aut. »Doppelleben«, 51

Berlin: Dr. Benn in seinem Sprechzimmer, Belle-Alliance-Straße (um 1928)

Büchner-Preis. – Ehrengrab **Waldfriedhof Dahlem, Hüttenweg** 47 (06). – Slg. DLA Marbach.

Max Herrmann-Neiße, * 23. 5. 1886 Neiße/Schlesien, † 8. 4. 1941 London, expressionist. Lyriker, auch Romancier und Dramatiker. Kam 1917 nach B., Theater- und Kabarettkritiker. Emigrierte 1933. – W.: Empörung, Andacht, Ewigkeit (G. 1917); Um uns die Fremde (G. 1936); Ges. Werke (Hrsg. K. Völker, 1986 ff.). – Gedenktafel **Kurfürstendamm** 215 (04). – Nachlass DLA Marbach.

Jakob van Hoddis (eig. Hans Davidsohn), * 16. 5. 1887 B., † nach 30. 4. 1942 (Deportation nach Auschwitz). »Stadt-Verzückter«, Mitbegründer des »Neuen Clubs« 1909 und 10 des »Neopathetischen Cabarets«. Erkrankte 1912 an Schizophrenie; zuletzt Heilanstalt → Bendorf-Sayn (Koblenz/RP). – »Weltende. Ges. Dichtungen« (Hrsg. P. Pörtner, 1958). – Gedenktafel Eingang der **Hackeschen Höfe** (01).

Ernst Wiechert, * 18. 5. 1887 Forsthaus Kleinort b. Sensburg/Ostpreußen, † 24. 8. 1950 Rütihof b. Stäfa/Zürichsee. In B. 1930-33 Studienrat (Gymnasium **Cauerstraße**), Wohnung **Höhmannstraße** 6 (beide 04). Dann freier Schriftsteller ab 1936 Hof Gagert (→ Wolfratshausen/BY). 1938 zwei Monate im KZ Buchenwald (→ Weimar/TH). Seit 1948 in der Schweiz. – Aut. »Wälder und Menschen« (1936), »Der Totenwald« (1945), »Jahre und Zeiten« (1949). – Teilnachlass E.-W.-Gedenkstätte im Haus Königsberg in Duisburg.

Georg Heym, * 30. 10. 1887 Hirschberg/Schlesien, † 16. 1. 1912 B. (beim Eislauf auf der Havel). »Zog die Weltstadt Berlin als Erster in die dichterische Mythologie mit ein« (G. Sichelschmidt). – W.: Der ewige Tag (G. 1911); Umbra vitae (G. 1912). – Gedenktafel **Neue Kantstraße** 12/13 (Neubau/04); Grab **Luisenkirchhof**

III aufgelöst. – Nachlass SUB Hamburg.

Arnold Zweig, * 10. 11. 1887 Glogau/Schlesien, † 16. 11. 1968 B., Erzähler, Dramatiker, Essayist. Ab 1923 ständig in B.; 33 Emigration nach Palästina; 1948 Rückkehr, hohe Kulturämter. 1950 DDR-Nationalpreis. – Werksmittelpunkt der Zyklus »Der große Krieg der weißen Männer« (1927 ff.). – Gedenktafeln: **Zikadenweg** 59 (04) Wohnung vor 1933, nach 48 **Homeyerstraße** 13 (03); Grab **Dorotheenstädt. Friedhof, Chausseestraße** (01). – Nachlass AdK.

Vicki Baum, * 24. 1. 1888 Wien, † 29. 8. 1960 Hollywood. Redakteurin bei Ullstein. Ging 1931 zur Verfilmung ihres Erfolgsromans »Menschen im Hotel« (1929) in die USA. – »Es war alles ganz anders« (Aut. 1962). – Wohnung 1926-31 im Grunewald, **Koenigsallee** 45-47 (zerstört, Gedenktafel/04).

Curt Goetz (→ Mainz/RP) gehörte besonders in den zwanziger Jahren (mit V. von Martens, seiner Frau) zur B.er Theaterprominenz (Kleines Theater Unter den Linden, Lessing-Theater). Nach seinem Tod Sarg im **Renaissance-Theater** (04) aufgebahrt. – Gedenktafel **Fredericiastraße** 1 (04).

Friedrich Wolf (→ Neuwied/RP) trat in B. 1928 mit seiner berühmten Rede »Kunst ist Waffe« auf. Im September 1945 Rückkehr aus dem sowjet. Exil. 1946 Mitbegründer der DEFA und des Bundes Deutscher Volksbühnen. 1948 Umzug nach → Lehnitz (BB, dort auch Archiv). 1950/51 Botschafter der DDR in Warschau. – Grab **Zentralfriedhof Friedrichsfelde** (11). – Nachlass AdK.

Ludwig Renn (→ Dresden/SN), † 21. 7. 1979 B. 1928 Mitglied der KPD, bis 32 Sekretär des Bundes proletarisch-revolutionärer Schriftsteller in B., Mithrsg. der Zss. »Linkskurve« und »Aufbruch«. 1933 zu zweieinhalb Jahren Gefängnis verur-

teilt, 36 Flucht in die Schweiz. 1947 Rück-
kehr nach Deutschland, seit 52 freier
Schriftsteller in B.-Kaulsdorf (**Am Korn-
feld** 78/10). – Grab **Zentralfriedhof Fried-
richsfelde** (11).
Carl von Ossietzky (→ Hamburg), seit
1919 in B. Sekretär der »Dt. Friedensgesell-
schaft«, 27 Chefredakteur der »Weltbüh-
ne«. 1931 im Weltbühnen-Prozess verur-
teilt, 33 erneut verhaftet, die »Weltbühne«
verboten. Erhielt 1936 im KZ → Esterwe-
gen (Papenburg/NI) den Friedensnobel-
preis 35. Starb 1938 an den Folgen der
Haft. – Pankow (03): **Ossietzkystraße** 24
(Gedenktafel), davor Denkmal; Grab **Fried-
hof Buchholzer Straße**: »Frieden für im-
mer«.
Kurt Tucholsky (Ps. u. a. **Peter Panter,
Theobald Tiger**), * 9. 1. 1890 B., † 21. 12.
1935 Hindås b. Göteborg (Freitod). »Klei-
ner, dicker Berliner, der mit der Schreib-
maschine eine Katastrophe aufhalten woll-
te« (E. Kästner). 1913-33 Mitarbeiter, ein
Jahr Hrsg. der »Schaubühne« (»Weltbüh-
ne« seit 1918). 1924 als Korrespondent
nach Paris: »... und ruh von meinem Va-
terlande aus«. 1929 Emigration nach
Schweden, seine Bücher 33 verbrannt. –
Geburtshaus **Lübecker Straße** 13 (Ge-
denktafel/01), 1920-24 **Bundesallee** 79
(Gedenktafel/07). – Nachlass AdK, DLA
Marbach. – »T.-Literaturmuseum« in
Schloss Rheinsberg (BB).
Erich Weinert (→ Magdeburg/ST), † 20.
4. 1953 B. 1921 Rezitator und Kabarett-
dichter in B., 24 kommunist. Agitator
(31-33 im »Roten Block«, **Kreuznacher
Straße** 34/04). 1933 Exil, 35 Moskau.
Rückkehr nach B. 1946. DDR-National-
preis 1952. – Letzte Wohnung in Pankow
(03) **Heinrich-Mann-Straße** 22; nahebei,
Ecke **Hermann-Hesse-Straße**, Gedenk-
mauer; Grab **Zentralfriedhof Friedrichs-
felde**, **Gudrunstraße** (11). – Nachlass
AdK.

Ernst Blaß, * 17. 10. 1890 B., † 23. 1. 1939
ebd., »Gehirnlyriker«: »In der Verknüp-
fung seines Lebens mit Berlin erfuhr er
die Doppelbödigkeit der menschlichen
Existenz« (J. Engler). 1933 als Jude Schreib-
verbot. – »Die Straßen komme ich ent-
lang geweht« (G. 1912). – Grab **Jüd. Fried-
hof Weißensee**, **Herbert-Baum-Straße**
(03).
Johannes R(obert) Becher (→ München/
BY), † 11. 10. 1958 B. Kam 1911 nach B.;
Studentenbude in der Memeler Straße
(heute **Marchlewskistraße**), »der Ausgangs-
punkt meiner Entdeckung Berlins«. Schrieb
zunächst expressionist., dann klassenkämp-
fer. Lyrik. 1928 Vorsitzender des »Bundes
proletarisch-revolutionärer Schriftsteller«.
1933 Emigration, ab 35 UdSSR. Juni
1945 Rückkehr. Präsident des »Kulturbun-
des zur demokrat. Erneuerung Deutsch-
lands«, 1954-58 erster Kulturminister der
DDR, deren Hymne er schrieb: »Aufer-
standen aus Ruinen«. – Wohnte zuletzt
Majakowskiring 34 (Gedenktafel); Denk-
mal von F. Cremer im **Pankower Bürger-
park** (beide 03); Grab **Dorotheenstädt.
Friedhof, Chausseestraße** (01). – J.-R.-
B.-Archiv AdK.
Ferdinand Bruckner (eig. Theodor Tag-
ger), * 26. 8. 1891 Wien, † 5.12. 1958 B.
Gründer und (bis 1928) Leiter des **Renais-
sance-Theaters** (04), Bühnenerfolge mit
»Krankheit der Jugend«, »Die Verbrecher«
(beide 1929). 1933 Emigration, 51 Rück-
kehr nach B. – Gedenktafel **Kaiserdamm**
102; Ehrengrab **Friedhof Heerstraße**,
Trakehner Allee 1 (beide 04). – Nachlass
AdK.
Nelly Sachs, * 10. 12. 1891 B., † 12. 5.
1970 Stockholm, Lyrikerin. Kindheit in
wilhelminisch-großbürgerl. Idylle. Geburts-
haus **Maaßenstraße** 12 (Gedenktafel/07);
Siegmunds Hof 16 (zerstört/01). 1930-42
Lessingstraße 5 (damals 33, zerstört), Ge-
denktafel (fehlerhaft) Hansa-Grundschu-

le (01). Floh, als Jüdin, 1942 nach Schweden. Nobelpreis 1966, Ehrenbürgerin von B. 67. – Slg. Arbeiterlit.-Archiv Dortmund; Dokumentenslg. DLA Marbach.

Walter Benjamin (Ps. u. a. **Detlef Holz**), * 15. 7. 1892 B., † 27. 9. 1940 Port Bou/ Spanien, Gesellschafts- und Literaturkritiker, Essayist, auch Übersetzer. Studierte Philos., wurde, beeinflusst von B. Brecht, Marxist. Ab 1926 Mitarbeiter der Zs.»Die literarische Welt«, seit 29 Rundfunkarbeit. 1933 Emigration nach Paris. Freitod auf der Flucht. – »Berliner Kindheit um Neunzehnhundert« (Urtext 1932), »Berliner Chronik« (1970). – »In meiner Kindheit war ich ein Gefangener des alten und neuen Westens«: Geburtshaus **Magdeburger Platz** 4 (07) zerstört; weitere Wohnungen der Familie: **Kurfürstenstraße** 154 (01), **Carmerstraße** 3 (04), **Delbrückstraße** 23 (04) zerstört; zuletzt **Prinzregentenstraße** 66 (Gedenktafel am Neubau/ 04). – Nachlass AdK. – »Glückloser Engel«. Dichtungen zu W. B. (1992).

Theodor Plievier (eig. Plivier), * 12. 2. 1892 B., † 12. 3. 1955 Avegno/Schweiz, soz. Erzähler. Kindheit im Wedding (Geburtshaus **Wiesenstraße** 29, Gedenktafel Neubau/01). In den zwanziger Jahren in Friedrichshain/02 (»Hunger«-Flugschriften). 1933 Emigration, kehrte 45 mit der Roten Armee zurück. – W.: Der Kaiser ging, die Generäle blieben (aut. R. 1932); Romantril. Stalingrad (1945) – Moskau (1952) – Berlin (1954).

Hans Fallada (eig. Rudolf Ditzen) → Greifswald (MV), † 5. 2. 1947 B. »Berlin macht(e) den Zeilenschinder F. zum Schriftsteller der ›Neuen Sachlichkeit‹« (K. Dederke). Seit 1899 in B., Kinderjahre in Schöneberg (**Luitpoldstraße** 11, heute Spielplatz/07). 1930-32 bei Rowohlt (Wohnung **Calvinstraße** 15 a, zerstört). Welterfolg mit »Kleiner Mann – was nun?«. 1945 Rückkehr aus Mecklenburg nach B.

Letzte Wohnung in einem von J. R. Becher besorgten Haus im Pankower Prominentenviertel, heute **Rudolf-Ditzen-Weg** 19/ Gedenktafel (03).

Gabriele Tergit (eig. Elise Reifenberg), * 4. 3. 1894 B., † 25. 7. 1982 London, Journalistin, Erzählerin. Berühmt durch ihren Zeitroman »Käsebier erobert den Kurfürstendamm« (1931 bei Rowohlt). Wohnte zuletzt **Siegmunds Hof** 22 (Gedenktafel Nachfolgebau/01), entkam März 1933 einem SA-Überfall und emigrierte.

Gertrud Kolmar (eig. G. Chodziesner), * 10. 12. 1894 B., † 1943 in einem Vernichtungslager, Lyrikerin. »Die Bärin spricht: Ich habe sie getragen, / Die Stadt in meinem Schoße, Höhlenbrut …« (»Wappen von Berlin«). – Kindheit und Jugend **Ahornallee** 37 (04). Später in → Finkenkrug, heute Ortsteil von Falkensee (Nauen/BB). Januar 1939 Zwangseinweisung Haus Speyerer Straße 10 (heute **Rosenheimer**/Ecke **Münchener Straße**) in B. (07). Deportation mit »32. Osttransport v. 2. 3. 1943«. – »Weibliches Bildnis. Das lyrische Werk« (1987). – Nachlass DLA Marbach. – J. Woltmann, »Gertrud Kolmar. Leben und Werk« (1995); G. Reinshagen, »Die Frau und die Stadt. Eine Nacht im Leben der G. K.« (2007).

Alfred Kurella, * 2. 5. 1895 Brieg/Schlesien, † 12. 6. 1975 B., Romancier, Übersetzer, Kulturpolitiker. 1919 »Unterwegs zu Lenin« (1968), 29-32 vorw. in B. 1934-54 im sowjet. Exil »Ich lebe in Moskau«, 1948). In B. leitender Kulturfunktionär, 55 erster Direktor des Literaturinstituts in → Leipzig (SN). – Grab **Zentralfriedhof Friedrichsfelde** (11). – Archiv AdK.

Arnolt Bronnen, * 19. 8. 1895 Wien, † 12. 10. 1959 B., Dramatiker, Erzähler. Erster Ruhm mit »Vatermord« (Dr. 1920), dem in B. heftig umstrittene Bühnenexperimente mit B. Brecht folgten. 1929 Wechsel von Links nach Rechts, bis 40 bei Funk

und Fernsehen. 1955 zurück nach Ost-B.,
Theaterkritiker. – Grab **Dorotheenstädt.
Friedhof, Chausseestraße** (01). – Archiv
AdK. – Barbara Bronnen, »Das Monokel«
(R. 2000).
Walter Mehring, * 29. 4. 1896 B., † 3. 10.
1981 Zürich. Dadaistenkarriere als »Pipi-
dada« (weil er so klein war). Seine Gedich-
te, Lieder und Chansons (1918-33/1933-
74, Hrsg. Ch. Buchwald, 1978 ff.) mach-
ten ihn früh berühmt und bei den Natio-
nalsozialisten verhasst. 1933 Emigration,
51 Rückkehr nach Europa. – »Die verlo-
rene Bibliothek« (Aut. 1952, erw. 64) be-
fand sich Magdeburger Straße 20 (heute
Kluckstraße 35 (01). – Nachlass AdK.
Bruno E. Werner, * 5. 9. 1896 Leipzig,
† 21. 1. 1964 Davos, Publizist, Erzähler.
Seit 1927 Theater- und Kunstkritiker in
B. (Hrsg. der Bauhaus-Zs. »die neue li-
nie«). 1952-62 Kulturattaché in Washing-
ton. – »Die Galeere« (R. 1949, n. 58). –
Wohnung **Paulsborner Straße** 46 (04);
Grab an der **Dorfkirche Dahlem** (06).
Bertolt Brecht (→ Augsburg/BY), † 14. 8.
1956 B. »Ich liebe Berlin, aber m. b. H.«
Kam im Frühjahr 1920 zum ersten Mal
nach B. (»eine graue Stadt, eine gute
Stadt«) und ließ sich 24 endgültig hier nie-
der. Wohnte 1924-28 im Atelier von **Hele-
ne Weigel** (1900-71), **Spichernstraße** 16
(Gedenktafel am Neubau/04), danach (bis
33) **Hardenbergstraße** 1 a (zerstört/04).
Erfolg im **Theater am Schiffbauerdamm**
(01) 1928 mit der »Dreigroschenoper«.
Floh Februar 1933 (mit Hilfe von P. Suhr-
kamp). Oktober 1948 Rückkehr nach
Ost-B. Gründete mit H. Weigel 1949 das
»Berliner Ensemble«, 54 festes Haus am
Schiffbauerdamm (davor **Brecht-Platz** mit
Denkmal von F. Cremer). Letzte Woh-
nung **Chausseestraße** 125, seit 1978 B.-
Haus (mit Museum, Archiv, Literaturfo-
rum). – Grab »gleich nebenan«: **Doro-
theenstädt. Friedhof** (01).

*Berlin: Bertolt Brecht, der Prinzipal in figura
vor seinem Theater am Schiffbauerdamm*

Fritz Erpenbeck, * 6. 4. 1897 Mainz, † 8.
1. 1975 B., Erzähler, Essayist, Theaterkriti-
ker. Kam als Schauspieler nach B. und war
Dramaturg bei E. Piscator. 1933 Emigra-
tion, 35 mit seiner Frau **Hedda Zinner**
(1907-94/»Auf dem roten Teppich«, Er-
inn. 1978/86) nach Moskau. Nach Kriegs-
ende einer der Aktivisten der ersten Stun-
de in Ost-B. – Wohnte zuletzt in seiner ei-
genen Straße, **Fritz-Erpenbeck-Ring** 10
(03). – Grab **Dorotheenstädt. Friedhof,
Chausseestraße** (01).
Axel Eggebrecht, * 10. 1. 1899 Leipzig,
† 14. 7. 1991 → Hamburg. Mitarbeiter
an der »Weltbühne«, 1933-35 Schreibver-
bot, schrieb danach »ungefährliche« Dreh-
bücher. Nach dem Krieg zum NWDR
nach Hamburg. – »Volk ans Gewehr!
Chronik eines B.er Hauses 1930-44«
(1959): **Herderstraße** 58 (04); »Der halbe

Weg« (Aut. 1975). – Wohnte 1931-33 im »Roten Block«, **Bonner Straße** 12 (Gedenktafel/04).

Erich Kästner (→ Dresden/SN) kam 1927 in die »interessanteste Großstadt der Welt«, saß »täglich stundenlang in unserem Café am **Nürnberger Platz**« (Nr. 2, »Café Carlton«, nicht erhalten/04) und veröffentlichte ein Jahr später seinen ersten Gedichtband »Herz auf Taille«, 1929 dann »Emil und die Detektive«. Neues Stammlokal das »Café Leon«, Ecke **Kurfürstendamm** 155/56/**Albrecht-Achilles-Straße**. 10. Mai 1933 Bücherverbrennung auf dem Opernplatz (heute **Bebelplatz**/01), K. Zeuge. Berufsverbot, Drehbücher unter Ps. Kriegstagebuch u. d. T. »Das Blaue Buch« (2006). – Nach dem 2. Weltkrieg Zweitwohnung **Niedstraße** 5 (07); von 1966-69 in Reinickendorf, **Parkstraße** 3 a (Gedenktafel/ 12).

Elisabeth Langgässer (→ Alzey/RP), seit 1929 in B., dem Kreis um die Zs. »Die Kolonne« nahestehend. 1936 als Halbjüdin Publikationsverbot, 44 dienstverpflichtet. Ihre Tochter Cordelia wurde nach Auschwitz deportiert. – »Märkische Argonautenfahrt« (R. 1950). – Wohnte zunächst »richtig auf dem Lande«, in der heutigen **Seelenbinderstraße** 44 (09), ab 1935 »in Eichkamp im Westen hinter der Heerstraße«, **Eichkatzweg** 33 (04).

Franz Carl Weiskopf, * 3. 4. 1900 Prag, † 14. 9. 1955 B., Erzähler, Publizist, Übersetzer. Ab 1928 Journalist in B. Ging 1933 zus. mit seiner Frau, der Jugendbuchautorin **Alex Wedding** (Grete W./1905-66), zunächst nach Prag, 39 nach New York. 1947-52 im diplomat. Dienst der DDR. – »Abschied vom Frieden« (R.-Zyklus 1950). – Letzte Wohnung **Strausberger Platz** 19 (Gedenktafel/02); beider Grab **Zentralfriedhof Friedrichsfelde**, **Gudrunstraße** (11). – Nachlass AdK.

Walther Kiaulehn (Ps. **Lehnau**), * 4. 7.

1900 B., † 1968 → München/BY: »Ich bin in Berlin nacheinander Schulkind, Laufbursche, Elektromonteur und Zeitungsreporter gewesen.« 1933 Berufsverbot. – »Berlin. Schicksal einer Weltstadt« (1958), »Lob der stillen Stadt« (Feuilletons, n. 1998).

Margret Boveri, * 14. 8. 1900 Würzburg, † 6. 7. 1975 B., Journalistin. Erklärte Gegnerin des NS-Regimes, blieb nach 1933 in B. (um »Gegenarbeit in der Mitarbeit« zu leisten). Lebte nach 45 wieder in B.; Freundschaft mit U. Johnson. – Aut. »Tage des Überlebens« (1968), »Verzweigungen« (1977). – Gedenktafel **Opitzstraße** 8 (06).

Anna Seghers (→ Mainz/RP), † 1. 6. 1983 B. Kam 1928 nach B. Mitglied der KPD und des »Bundes proletarisch-revolutionärer Schriftsteller«; Kleistpreis; 33 Emigration. Rückkehr 1947 nach Ost-B., »weil ich hier ausdrücken kann, wozu ich gelebt habe«. Als »Vorbild einer neuen Generation soz. dt. Schriftsteller« hochgeehrt. – Wohnung 1928-33 **Helmstedter Straße** 24 (Gedenktafel/04), ab 1955 Volkswohl- (jetzt **Anna-Seghers-Straße** 81/Gedenkstätte/09); Grab **Dorotheenstädt. Friedhof**, **Chausseestraße** (01). – Nachlass AdK.

Günther Birkenfeld, * 9. 3. 1901 Cottbus (BB), † 22. 8. 1966 B., Erzähler, Dramatiker, Essayist. Vor 1933 in B. Generalsekretär des Reichsverbandes dt. Schriftsteller, Verlagslektor. – »Dritter Hof links« (R. 1929). – Grab **Waldfriedhof Zehlendorf/ Nikolassee**, **Potsdamer Chaussee** 75-77 (06).

Martin Kessel * 14. 4. 1901 Plauen, † 14. 4. 1990 B. Die Stadt und die lit. Tradition des B.er Romans wurden prägend für sein Werk: »Herrn Brechers Fiasko« (1932, n. 2001), »Lydia Faude« (R. aus der Künstlerkolonie am Laubenheimer Platz, 1965). – »Wo Berlin Heimat ist, ist es Dorf, Viertel, Gegend, Milljöh«: Wohnungen meist

rund um den »Roten Block« (04), u. a.
1928-49 **Kreuznacher Straße** 48, zuletzt
Laubenheimer Straße 5; Urnengemein-
schaftsgrab **Parkfriedhof Neukölln, Leon-
berger Ring** (08).

Kurt Ihlenfeld, * 26. 5. 1901 Colmar/El-
sass, † 25. 8. 1972 B., Erzähler, Essayist,
Lyriker. 1933-43 in B. Redakteur der Zs.
»Eckart«, lit. Leiter des Verlags, Gründer
des »Eckart«-Kreises. – W.: Kommt wie-
der, Menschenkinder (R. 1952); Loses
Blatt Berlin (Ess. 1968). – Wohnung **Hei-
mat** 85 (Gedenktafel); Grab **Waldfriedhof
Zehlendorf/Nikolassee, Potsdamer Chaus-
see** 75-77 (beide 06). – Nachlass AdK.

August Scholtis (Ps. **Alexander Bogen**),
* 7. 8. 1901 Bolatitz/Oberschlesien, † 26.
4. 1969 B. Sieben Jahre Kanzleischreiber
des Fürsten Lichnowsky. Seit 1928 Journa-
list und Schriftsteller in B. – »Ein Herr aus
Bolatitz« (Aut. 1959). – Letzte Wohnung
Grunewaldstraße 6 (06); Ehrengrab **Städt.
Friedhof Heerstraße, Trakehner Allee** 1
(04). – Archiv AdK.

Alexander Abusch, * 14. 2. 1902 Nürn-
berg, † 27. 1. 1982 B., kehrte 1946 aus Me-
xiko nach B. zurück. Befreundet mit J. R.
Becher. 1954-58 Stellvertreter, 1958-61
Minister für Kultur der DDR. – »Der
Deckname« (Aut. 1981). – Grab **Zentral-
friedhof Friedrichsfelde, Gudrunstraße**
(11). – Nachlass AdK.

Gerhart Pohl, * 9. 7. 1902 Trachenberg/
Schlesien, † 15. 8. 1966 B. Nach Studium
Lektor und Hrsg. der »Neuen Bücher-
schau«. Während NS-Zeit freier Schrift-
steller in Wolfshau/Riesengebirge (»Flucht-
burg«, R. 1955), Freund G. Hauptmanns.
1946 wieder in B., Wohnung **Uhlandstra-
ße** 173/74 (04). – Ehrengrab **Waldfriedhof
Zehlendorf/Nikolassee, Potsdamer Chaus-
see** 75-77 (06). – Nachlass AdK.

Hugo Hartung (Ps. **N. Dymion**), * 17. 9.
1902 Merseburg/Netzschkau (ST), † 2.
1. 1972 → München (BY), fabulierfreudi-

ger Erzähler. Dramaturg in München, →
Oldenburg (NI) und Breslau. Nach
Kriegsende (bis 1960) in B. – W.: Der
Himmel war unten (R. 1951); Ich denke
oft an Piroschka (R. 1954); Wir Wunder-
kinder (R. 1957). – »Neuwestender«: Woh-
nung **Sesselmannweg** 9 (04).

Jochen Klepper, * 22. 3. 1903 Beuthen/
Oberschlesien, † 11. 12. 1942 B., Erzähler
und bedeutender ev. Kirchenlieddichter
(»Kyrie«, 1938). Schied mit seiner jüd.
Frau und deren Tochter vor der Deporta-
tion freiwillig aus dem Leben. – »Der Va-
ter« (R. 1937), »Unter dem Schatten deiner
Flügel« (Tg. 1956). – Wohnung 1935-38
Oehlertring 7 (Gedenktafel/06); 1939
Haus in der **Teutonenstraße** 23 in Niko-
lassee; Grab **Ev. Kirchhof Nikolassee,
Kirchweg** 12; Gedenkstein **Jochen-Klep-
per-Weg** (06). – Nachlass DLA Marbach.

Peter Huchel, * 3. 4. 1903 B.-Lichterfelde,
† 30. 4. 1981 → Staufen (Müllheim/BW).
Kindheit in → Alt-Langerwisch (Potsdam/
BB). Seit 1925 freier Schriftsteller in B.
1948-62 Hrsg. der Zs. »Sinn und Form«.
Dann isoliert in → Wilhelmshorst b. Pots-
dam (BB); 1971 Ausreise. – »Die Sternen-
reuse« (G. 1925-47, 1967); Ges. Werke in 2
Bdn. (Hrsg. A. Vieregg, 1984); »Wie soll
man da Gedichte schreiben. P. H., Briefe
1925-1977« (Hrsg. H. Nijssen, 2000). –
Geburtshaus **Hindenburgdamm** 32 (Ge-
denktafel/06); Wohnung 1931-33 **Kreuz-
nacher Straße** 52 (04). – Nachlass DLA
Marbach. – »P. H., Leben und Werk in
Texten und Bildern« (Hrsg. P. Walther,
1996).

Erich Arendt (→ Neuruppin/BB), erste
Gedichte in H. Waldens »Sturm«. Emigra-
tion, 1936-39 Teilnahme am Span. Bürger-
krieg 1941-48 in Südamerika (Nachdich-
tungen lateinamerikan. Lyrik, v. a. Pablo
Nerudas). Ab 1950 in B. (u. a. Raumerstra-
ße 28/03); letzte Lebensjahre in P. Huchels
Haus in Wilhelmshorst. – »Trug doch die

Nacht den Albatros« (G. 1951), »entgrenzen« (G. 1981/83). – Grab **Dorotheenstädt. Friedhof, Chausseestraße** (01). – Nachlass AdK.

Albrecht Haushofer (→ München/BY), wegen Teilnahme an der Verschwörung des 20. Juli 1944 in Moabit April 45 auf der Treppe von der Straße **Alt Moabit** in den ULAP-Park von der SS meuchlings erschossen (»Moabiter Sonette«, Privatdruck 1945). – Grab **Friedhof Alt-Moabit, Wilsnacker Straße**; Fragment des G. »In Fesseln« an der erhalten gebliebenen Gefängnismauer u. a. im **Geschichtspark Ehem. Zellengefängnis Moabit**; Bronzebüste im **Spreebogen** (alle 01).

Bodo Uhse (→ Rastatt/BW), † 2. 7. 1963 B. 1948 Rückkehr aus Mexiko über Leningrad nach B. 1949-58 Chefredakteur der Zs. »Aufbau«, 50-56 Vorsitzender des Schriftstellerverbandes der DDR, kurzzeitig Hrsg. von »Sinn und Form«. – Wohnung **Strausberger Platz** 19 (Gedenktafel); Grab **Dorotheenstädt. Friedhof, Chausseestraße** (beide 01). – Nachlass AdK.

Irmgard Keun, * 6. 2. 1905 B. (Gedenktafel **Meinekestraße** 6/04), † 5. 5. 1982 → Köln (NW), Erzählerin, Journalistin. 1931 erschien ihr erfolgreicher Roman »Gilgi, eine von uns«, 33 ihre Bücher auf der Schwarzen Liste. 1936 Emigration, 40-45 illegal in Deutschland. 1977 lit. Wiederentdeckung. – »Ich lebe in einem wilden Wirbel«. Briefe an Arnold Strauss 1933-47 (1988).

Dietrich Bonhoeffer, * 4. 2. 1906 Breslau, † 9. 4. 1945 → Flossenbürg/Obpf. (BY), ev. Theologe, 1931 Habilitation (Gedenktafel St. Matthäus am Kulturforum/01). Neben seiner Studentenpfarrei an der TH an der **Zionskirche** tätig (Tafel und Bronzeplastik/01). Als Widerstandskämpfer (Gedenkstätte im väterl. Haus, **Marienburger Allee** 43/04) verhaftet: April 1943 bis Oktober 44 im Militärgefängnis

Tegel, **Seidelstraße** 39 (Gedenktafel/12), dann Kellergefängnis Prinz-Albrecht-Straße 8 (»Topographie des Terrors«/01). – Werke (hist.-krit. Ausg. in 16 Bdn., Hrsg. E. Bethge u. a., 1986 ff.). – Nachlass SB B. (Marmorbüste von A. Hrdlicka). – E. Bethge, »D. B. Theologe – Christ – Zeitgenosse« (9. Aufl. 2005).

Jan Petersen (eig. Hans Schwalm), * 2. 7. 1906 B., † 11. 11. 1969 ebd., Chronist der pol. Kämpfe im B. der dreißiger Jahre: »Unsere Straße« (1936), Schauplatz die (ehem.) Wall-, heute **Zillestraße** (04). – Grab **Friedhof Müggelheim, Gosener Landstraße** (09).

Günter Eich (→ Frankfurt a. d. Oder/Lebus/BB), 1918 Übersiedlung nach B. (bis 1922 **Stubenrauchstraße** 1/07, später u. a. **Landgrafenstraße** 12/01). Dort, in Leipzig und Paris Studium der Sinologie. 1930 erster Gedichtband. Ab 1932 freier Schriftsteller in Berlin (Arbeiten für den Rundfunk, u. a. wechselnd mit M. Raschke »Deutscher Kalender, Monatsbilder vom Königswusterhäuser Landboten«) und → Dresden/SN (Zs. »Die Kolonne«). 1939-45 Soldat, Gefangenschaft, 46 Entlassung nach → Geisenhausen bei Landshut/BY. Weiterhin in Süddeutschland.

Mascha Kaléko, * 7. 6. 1907 Schidlow/ Galizien, † 21. 1. 1975 Zürich. Wuchs im Scheunenviertel auf. Veröffentlichte ab 1928 ihre Gedichte von »aufgeräumter Melancholie« (Th. Mann) in den B.er Blättern (»Das lyrische Stenogrammheft«, 1932). Wohnte 1936-38 **Bleibtreustraße** 10/11 (Gedenktafel/04): »Hier besuchten mich meine Freunde/und die Gestapo«. Emigrierte 1938 nach New York. Besuchshalber 1956 in B.: »Wie vieles seh ich, das ich nicht mehr seh!« – J. Rosenkranz, »Mascha Kaléko« (B. 2007).

Weiterhin: **Karl Friedrich Borée** (1886-1964), debütierte mit Erfolg 1930 mit »Dor und der September«, R. im Stil der neuen Sachlichkeit. – **Wilhelm Speyer** (1887-1952): »Das Glück der Andernachs« (1947), R. einer jüd. Familie im B. der Bismarckzeit. – **Heinrich Eduard Jacob** (1889-1967): »Blut und Zelluloid« (1930), krit. R. über Film und Filmwirtschaft in B. – **Karl Grünberg** (1891-1972), soz. Erzähler (»Brennende Ruhr«, R. 1928). Grab **Waldfriedhof Oberschöneweide** (09). – Im Krieg fielen die expressionist. Lyriker **Alfred Lichtenstein** (1889-1914) und **Reinhard Johannes Sorge** (1892-1916): »Metanoeite. Drei Mysterien« (1915). Nachlass DLA Marbach. – **Heinrich Hauser** (1901-55), fuhr als Vollmatrose um die Welt, Journalist. 1929 Gerhart-Hauptmann-Preis für den R. »Brackwasser«; Aut. »Kampf« (1934.). – **Joachim Günther** (1905-90), Erzähler, Essayist, 1954 Mitbegründer und bis zu seinem Tod Hrsg. der »Neuen Deutschen Hefte«. Nachlass DLA Marbach. – **Ulrich Becher** (1910-90), Dramatiker (»Der Bockerer«, 1946) und Erzähler (»Murmeljagd«, R. 1969). Nachlass Exilarchiv DNB Frankfurt a. M.

West-Ost-Berlin

Hans Scholz, * 20. 2. 1911 B., † 29. 11. 1988 ebd., der Chronist Berlins: »Am grünen Strand der Spree« (R. 1955), »Berlin, jetzt freue Dich! Betrachtungen an und in den Grenzen der deutschen Hauptstadt« (1960), »Wanderungen und Fahrten in der Mark Brandenburg« (10 Bde., 1973 ff.). – Grab **Städt. Friedhof Heerstraße, Trakehner Allee** (04).
Stefan Heym (→ Chemnitz/SN), Dezember 1994 bis Oktober 95 Alterspräsident des 13. Deutschen Bundestages. – »Die Architekten« (R. 2000, bereits 1965 fertig gestellt). – Grab **Jüdischer Friedhof Weißensee, Herbert-Baum-Straße** (03).
Stephan Hermlin (→ Chemnitz/SN), der

Grandseigneur – er nannte sich selber einen »spätbürgerlichen Schriftsteller« – unter den DDR-Autoren. F. Dieckmann: H.s »Ich-Erzähler und Ich-Figuren sind poetische Über-Ichs, denen der gealterte Dichter aufgibt, eigene Irrtümer reflektierend aufzuhellen.« – **Hermann-Hesse-Straße** 39 letzte Wohnung in Pankow (03); Grab **Dorotheenstädt. Friedhof, Chausseestraße** (01).
Robert Wolfgang Schnell, * 8. 3. 1916 Barmen (Wuppertal), † 1. 8. 1986 B. 1946 Intendant des Deutschen Theaters, Mitbegründer der satir. Zs. »Ulenspiegel«, 1958-61 Hinterhofgalerie »die Zinke« in Kreuzberg. – »Geisterbahn« (R. 1964), »Die heitere Freiheit und Gleichheit« (En. 1978). – Ehrengrab **Städt. Friedhof Ruhleben, Am Hain** (05).
Peter Weiss (→ Potsdam/BB), lebte ab 1929 in B. (**Preußenallee** 42/04), 1934 Emigration, verschiedene B.-Besuche seit den sechziger Jahren. – Schilderung der Jugendzeit in B. in den aut. R. »Abschied von den Eltern« (1961) und »Fluchtpunkte« (1962). B. vielfach auch Schauplatz in dem dreibänd. Roman, W.s Hauptwerk, »Die Ästhetik des Widerstands« (1975-81). – Nachlass AdK.
Johannes Bobrowski, * 9. 4. 1917 Tilsit, † 2. 9. 1965 B. Nach Krieg und Gefangenschaft bis 1949 Verlagslektor in Ost-B.; mit »ernstem Spaß« ernannter »Präsident des Neuen Friedrichshagener Dichterkreises«. – W.: Sarmatische Zeit (G. 1961); Levins Mühle (R. 1964); Nachbarschaft (1967). – Wohnung **Ahornallee** 26 (Sitz der J.-B.-Gesellschaft); nahebei Ehrengrab auf dem **Friedhof an der Aßmannstraße**, Ausstellung in der 2005 nach B. benannten Stadtteilbibliothek (Köpenick-Friedrichshagen/09). – Nachlass DLA Marbach. – K. Völker, »J. B. in Friedrichshagen 1949-1965« (Frankfurter Buntbücher, 42/2007).

Wolfdietrich Schnurre, * 22. 8. 1920 Frankfurt a. M., † 9. 6. 1989 Kiel. Kam als Kind nach B., Jugend in Weißensee. Nach dem Krieg freier Schriftsteller in West-B., Wohnungen in Zehlendorf. – W.: Als Vaters Bart noch rot war (R. 1958); Spreezimmer möbliert (Hörsp. 1967); Der Schattenfotograf (Aufz. 1978). – Archiv AdK.

Franz Fühmann, * 15. 1. 1922 Rokytnice (Rochlitz/Riesengebirge), † 8. 7. 1984 B., Erzähler, Essayist. Ging nach Krieg und Gefangenschaft 1949 in die DDR. Zweimal Nationalpreis. Seit Ende der sechziger Jahre offene Kritik an der parteipol. Vereinnahmung von Literatur. Lebte zuletzt zurückgezogen in → Märkisch-Buchholz (BB), dort auch sein Grab. – Werkausg. in 8 Bdn. (1993); Briefe 1950-1984 (1994). – Nachlass AdK. – Franz-Fühmann-Freundeskreis. – »Im Berg« (Texte und Dokumente aus dem Nachlass, Hrsg. I. Prignitz, 1991).

Paul Wiens, * 17. 8. 1922 Königsberg, † 6. 3. 1982 B., Lyriker, Publizist, Übersetzer (Majakowski). Kindheit in B., 1933 Emigration. 1947-50 Lektor in Ost-B., freier Schriftsteller. – »Vier Linien aus meiner Hand. G. 1943-1971« (1972). – Wohnte **Leipziger Straße** 41 (01); Grab **Zentralfriedhof Friedrichsfelde**, **Gudrunstraße** (11). – Nachlass AdK.

Ingeborg Drewitz, * 10. 1. 1923 B., † 26. 11. 1986 ebd., Erzählerin, auch Hörspiele und Essays. Ihre B.er »Ortschaften«: Moabit, Oberschöneweide, Friedenau, Zehlendorf (40 Jahre am **Quermatenweg** 178/ Gedenktafel). – postum: I. D. »Die ganze Welt umwenden« – Ein engagiertes Leben (1987). – Ehrengrab **Städt. Friedhof Zehlendorf**, **Onkel-Tom-Straße** 30 (06). – Nachlass AdK.

Peter Hacks, * 21. 3. 1928 Breslau, † 28. 8. 2003 Groß Machnow (BB), »vielleicht Deutschlands letzter Klassiker« (K. Decker). Studium und erster Bühnenerfolg (»Die Eröffnung des indischen Zeitalters«) in München. Übersiedelte 1955 – auf Einladung B. Brechts – nach Ostberlin. Dramaturg und Hausautor am Deutschen Theater, 1963 nach »Die Sorgen um die Macht« entlassen. Am meisten gespielt in Ost und West »Ein Gespräch im Hause Stein über den abwesenden Herrn von Goethe« (1976). – »Werke« (Gesamtausg., 15 Bde., 2003). – Grab **Friedhof II der Franz. Gem.**, **Liesenstraße** 7 (01).

Günter Bruno Fuchs, * 3. 7. 1928 B., † 19. 4. 1977 ebd., »Trinker, Lyriker und Holzschneider«, der Malerpoet par excellence. Mitbegründer der »zinke« und der »Rixdorfer Drucke« in Kreuzberg. – »Das Lesebuch des G. B. F.« (1970). – Grab des »Großen Unordentlichen in einer ordentlichen Zeit« (K. Wagenbach) **Garnisonfriedhof Columbiadamm** (08). – Nachlass SB B.

Heiner Müller (→ Freiberg/Eppendorf/ SN), † 30. 12. 1995 B., Dramaturg, Regisseur, Stückeschreiber. Kam 1950 nach B. 1961 nach Uraufführung »Die Umsiedlerin« Ausschluss aus dem DDR-Schriftstellerverband. 1990-93 Präsident der Akade-

Berlin: »Germania Tod in Berlin«. Szenenfoto aus Heiner Müllers Stück (Deutsche Erstaufführung Januar 1989 Berliner Ensemble)

mie der Künste (Ost). – »Krieg ohne
Schlacht« (Aut. 1992); Werke (Hrsg. F.
Hörnigk, 1998 ff.). – 1979-93 Plattenbau-
wohnung Erich-Kurz-Straße 9/11 (Ge-
denktafel); Grab **Dorotheenstädt. Fried-
hof, Chausseestraße** (01). – Nachlass
AdK. – M.s zweite Frau Inge (1925-66),
Co-Autorin von »Die Korrektur« (1957)
und »Die Lohndrücker« (1958), schrieb
Kinderbücher und Hörspiele; erst postum
erschien ihre Lyrik (»Daß ich nicht ersti-
cke am Leisesein«, Ges. Texte, 2002). –
Grab in Pankow (03).

Irmtraud Morgner (→ Chemnitz/SN),
† 6. 5.1990 B. Lebte seit 1958 als freie
Schriftstellerin in B. 1974 erschien ihr Ro-
man »Leben und Abenteuer der Trobadora
Beatriz nach Zeugnissen ihrer Spielfrau
Laura«, ein in der DDR spielender Schel-
menroman, der zu einem Kultbuch der
Frauenbewegung in Ost und West wurde.
– Grab **Zentralfriedhof Friedrichsfelde,
Gudrunstraße** (11).

Klaus Schlesinger, * 9. 1. 1937 B., † 11. 5.
2001 ebd. »Fliegender Wechsel« 1980
von Ost- nach West-B. »Das ganze Ber-
lin, in seiner realexistierenden Teilung
und Verdoppelung, war und ist dieses
Autors Heimat« (F. Dieckmann). Die Er-
zählungen u. d. T. »Die Seele der Män-
ner«, 2003. – Grab »Hugenottenfriedhof«,
Chausseestraße (01).

Jurek Becker, * 30. 9. 1937 Lodz/Polen,
† 14. 3. 1997 → Sieseby (Eckernförde/
Thumby-S./SH), dort auch Grab. Erzäh-
lungen, Romane, Drehbücher. Kindheit
in Gettos und KZ (»Jakob der Lügner«,
R. 1970). Seit 1945 in B. Übersiedelte im
Dezember 1977 von Ost nach West. In
den 1980er Jahren ist **Riehmers Hofgar-
ten (Hagelberger Straße** 10c/02) sein Zu-
hause.

Jürgen Fuchs (→ Reichenbach im Vogt-
land/SN), † 9. 5. 1999 B. Schauplatz seines
Dokumentarromans »Magdalena« (1998)

ist die DDR-Staatssicherheitszentrale zwi-
schen **Magdalenen-, Rusche-** und **Nor-
mannenstraße** (11). F. saß 1977 hier ein
und wurde anschließend ausgebürgert,
Grab **Heidefriedhof Mariendorf** (07). –
Rudolf Hartung (1914-85), Literaturkriti-
ker, Essayist, Lyriker. Lebte seit 1955 in B.
und war 1963-79 Chefredakteur der »Neu-
en Rundschau«. – **Unica Zürn** (1916-70)
schrieb Anagramme (»Hexentexte«, 1954),
aut. und dokumentar. Prosa. 1953 Über-
siedlung nach Paris zu dem Maler H. Bell-
mer, dort Anerkennung als Zeichnerin. –
Jens Rehn (1918-83), Erzähler (»Nichts
in Sicht«, R. 1954), Komponist, Hörspiel-
autor (»Nichts Außergewöhnliches«, 1963:
Situation B.s als gespaltene Stadt). – **Franz-
Joachim Behnisch** (1920-83): »Rummel-
musik« (R. 1966), »Nicht mehr in Frie-
denau« (R. 1982). Gedenktafel **Katzler-
straße** 11 (07). – **Peter Edel** (1921-83), Ma-
ler und Erzähler (Aut. »Wenn es ans Leben
geht«, 1979). Grab **Zentralfriedhof Fried-
richsfelde, Gudrunstraße** (11). – **Heinz
Knobloch** (1926-2003/→ Dresden/SN),
»Berlins letzter großer literarischer Fla-
neur«: 50 Bücher, 1600 Feuilletons (die
meisten in der »Wochenpost«), in denen
sich »die Berliner Schnauze auf unnach-
ahmliche Weise mit der Herzlichkeit sei-
nes sächsischen Mutterwitzes« verschmolz
(A. Schmitz). 1994 Moses-Mendelssohn-
Preis. Grab in Dresden. – **Gerd Hennin-
ger** (1930-90), Lyriker und Übersetzer
(u. a. Apollinaire, Éluard, Ponge). Grab
**Städt. Friedhof Zehlendorf, Onkel-Tom-
Straße** 30 (06); Nachlass DLA Marbach.
– **Uwe Greßmann** (1933-69), Lyriker.
Sein Freund A. Endler sah in ihm den
»Henri Rousseau der DDR-Literatur, den
einzigen dieser Art«: »U. G. Lebenskünst-
ler«. Texte, Lebenszeugnisse, Erinn. (Hrsg.
R. Pietraß, 1982). – **Ulrich Plenzdorf**
(1934-2007), seine Texte ignorieren die
Grenzen zwischen Theater, Film und epi-

scher Erzählung. »Seine DDR-Helden: Aussteiger, Träumer, Trotzköpfe« (Ch. Funke): »Die neuen Leiden des jungen W.« (1973), »Die Legende von Paul und Paula« (1974), »Legende vom Glück ohne Ende« (1979). – **Thomas Brasch** (1945-2001), Dramatiker, Lyriker, (Shakespeare-) Übersetzer und Filmemacher. Grab **Dorotheenstädtischer Friedhof, Chausseestraße** (01).

A Berlins Literaturgeschichte beginnt so spät wie die Berliner Weltgeschichte. Die Literaturgeschichte, sagt man, begann hier erst, als an einem Herbsttag 1743 der vierzehnjährige Talmudschüler **Moses Mendelssohn** aus Dessau das Rosenthaler Tor (heute **Rosenthaler Platz**/01) passierte. Ein, zwei Jahrzehnte später hatte er mit seinen Freunden **Gotthold Ephraim Lessing** und **Friedrich Nicolai** die Stadt zu einem Zentrum der deutschen Aufklärung gemacht.

Zu Ehren des als »preußischer Augustus« verherrlichten Königs Friedrich I. kreierte der »märkische Poet« **Erdmann Wircker** 1706 den Begriff »Spree-Athen«. Unter **Friedrich II.** (1712-86), »dem Großen«, wurde dieser, dank auch einer listigen Offerte von **Voltaire**, zur geflügelten Devise. Der »Bey Eröffnung des Feldzuges« 1756 **J. W. L.** Gleims »Berlin sey Sparta!« übergestülpt wurde. **Ulrich Bräker** (1735-98), »der arme Mann im Tockenburg«, von einem preußischen Werbeoffizier nach B. verlockt: »An vielen Orten giebt es ungeheuer grosse läre Plätze, die theils zum Exerciren und zur Parade, theils zu gar nichts gebraucht werden.« – »Musen und Grazien in der Mark«: **Goethe** (→ Frankfurt a. M./HE), 1778 in der »Königsstadt«, parodierte den reimfreudigen »Nachwuchs«, **F. W. A. Schmidt von** →**Werneuchen** (BB), einige Zeit Feldprediger am Kgl. Invalidenhaus, voran. Goethe logierte im Gasthof »Zur goldenen Sonne«, Un-

ter den Linden (damals Nr. 22-24, heute 37-39/01), später »Hôtel de Russie«, wo 1804 auch **Friedrich Schiller** (→ Ludwigsburg/Marbach/BW) Quartier nahm. **August Wilhelm Iffland**, der Theatergewaltige, versuchte Schiller vergeblich für Berlin zu gewinnen und servierte einem verzückten Publikum v. a. **Kotzebue** (→ Weimar/TH), von dessen über 200 Lust- und Trauerspielen allein ein Drittel in B. uraufgeführt wurde. (M. Bienert, »Schiller in Berlin oder Das rege Leben einer großen Stadt«, Marbacher Magazin 106/2004.) 1801 verbrachte **Jean Paul** (→ Bayreuth/BY) sechs Sommerwochen im »architektonischen Universum« B. Verkehrte im Salon der **Henriette Herz** (1764-1847) und wurde im Salon von **Johann Daniel Sander** von Karoline Mayer geküsst. Worauf er sich mit ihr verlobte, sie heiratete und nach Meiningen ging. – Von den Brüdern **Schlegel** (→ Hannover/NI) sorgte zunächst **Friedrich** mit seinem Roman »Lucinde« (1799) für Furore, und **August Wilhelm** zog ab 1801 als Privatgelehrter gegen die Aufklärung zu Felde und propagierte die Freiheit der (romantischen) Phantasie. **Madame de Staël**, für ihr geplantes Deutschland-Buch 1804 vor Ort, engagierte ihn als Begleiter und Berater. Von Madames illustren Landsleuten war **Henri Beyle** (**Stendhal**) 1806 Kriegskommissar des franz. Stadtkommandanten (Kommandantur **Unter den Linden** 1/01). B.s Umgebung »ein Sandmeer«, bis auf die »bezaubernde Landschaft« der Havel-Inseln, die ihn an die Borromäischen Inseln im Lago Maggiore erinnerten. (Im Kontext: »Die Franzosen in Berlin 1806«, in Bd. 7 der Aufbau-Ausg. von **Fontanes** »Wanderungen«.) 1821 residierte **François René de Chateaubriand** einen Winter und einen Frühling lang als franz. Gesandter **Unter den Linden** 67 (vormals 5/01), heute dort russische Botschaft.

E Die Salons: Um 1780 entwickelte sich neben den sog. »offenen Häusern« wohlhabender Familien eine neue Form von Geselligkeit, in der Standes- und Berufsunterschiede keine Rolle spielten:»Eine Symbiose von märkischen Adligen, Hugenottensprößlingen und geistvollen, emanzipierten Jüdinnen« (R. Minder), für F. E. D. Schleiermacher das verkörperte Ideal romantischer Geselligkeit.

Im Hause **Herz** in der Neuen Friedrichstraße (ein Rest heute **Littenstraße**/01) gab es sogar einen Doppelsalon: Der Hausherr, der »philosophische« Arzt Markus H., versammelte v. a. Gelehrte um sich. Zu den »Vorzüglichen« von Henriette H. zählten neben Schleiermacher die Schlegels und Humboldts, auch Franzosen fanden sich ein: der Comte de Mirabeau wie Madame de Staël. Im Konkurrenzkampf der »Salondamen« lag Rahel Varnhagen vorn. Ihr Kreis, zuerst (als sie noch Levin hieß) in der Dachstube **Jägerstraße 54** (01), dann (»ehrwürdiger«) 1819 **Französische Straße** 20 (heute »Galeries Lafayette«), bestand z. T. aus den Herz'schen »Vorzüglichen«, Prinz Louis Ferdinand dazu, die Brüder Tieck, voll des Lobes F. Grillparzer und nicht zuletzt H. Heine. Er hieß Rahel die »geistreichste Frau des Universums« und den Salon bis ins Pariser Exil »das Vaterland«. – J. Drewitz, »Berliner Salons« (1965).

Unter den Salongängern auch **Ludwig Börne** (→ Frankfurt a. M./HE). Er schrieb H. Herz leidenschaftliche Liebesbriefe, wurde aber nicht erhört. Vielleicht deswegen sein Verdikt: »Berlin ist ein Markt, wo alles frisch, aber nur roh zu haben ist.« – **Zacharias Werner** aus Königsberg (1768-1823) erregte Aufsehen mit seiner Tragödie »Martin Luther oder die Weihe der Kraft« (1807/Jean Paul: »dafür hätt' ihm der Luther seinen Band Tischreden an den Kopf geworfen«). – Als Privatdozent kam der Danziger **Arthur Schopenhauer** (→ Frankfurt a. M./HE) 1820 nach B. (wo er 1811-13 bereits studiert hatte) und verließ es 31 wegen der Cholera und in seiner Berufserwartung enttäuscht wie

der. – 1822 irrlichterte, Student und Bohemien, **Christian Dietrich Grabbe** (→ Detmold/NW) durch die Stadt. »Ich weiß, daß ich wenigstens ein Kennzeichen des Genies besitze, den Hunger«, schrieb er in einem Briefentwurf an den Kronprinzen. – Nach einem B.-Besuch 1826 verspottete **Wilhelm Hauff** (→ Stuttgart/ BW) in seiner Parodie »Der Mann im Monde« den aus der Lausitz 1820 nach B. übersiedelten Erfolgsautor des pseudoromantischen Romans »Mimili« **Heinrich Clauren** (→ Herzberg/Dobrilugk/BB). – 1826-29 arbeitete der Wiener **Moritz Gottlieb Saphir** (W. Kiaulehn: »ein etwas seifiger Herr zweifelhaften Charakters«) als Journalist in B. Er gründete 1827 die Dichtervereinigung »Der Tunnel über der Spree«, machte sich missliebig und kam in Festungshaft.

Hans Christian Andersen 1831: »Berlin sah immer aus, als müßte Sonntagnachmittag sein.« Traf auch **Adelbert von Chamisso**, der einige Gedichte von ihm übersetzte und ihn damit zum ersten Mal außerhalb Dänemarks bekannt machte. Der norwegische Naturphilosoph **Henrik Steffens** (1773-1845) wurde 1832 Prof. in B. und »ganz zum Berliner« (Aut. »Was ich erlebte«). Im Winter 1841/42 hörte er mit **Søren Kierkegaard** (»Berliner Tagebücher«, Hrsg. T. Hagemann, 2000) sowie **Jacob Burckhardt**, dem russischen Anarchisten **Michail A. Bakunin**, **Alexander von Humboldt** und **Ferdinand Lassalle** (→ Düsseldorf/NRW) **F. W. J. von Schellings** (→ Leonberg/BW) Vorlesungen zur »Philosophie der Offenbarung«.

Vormärz: Der »Demagoge« **Fritz Reuter** (→ Stavenhagen/Demmin/MV) saß 1833 zwei Monate »mang de Rumdrivers un Vogelbunten« in der Stadtvogtei am **Molkenmarkt** (01) ein, ab Neujahr 34 in der Hausvogtei (»Ut mine Festungstid«). Er wurde zum Tode verurteilt, zu 30-jähriger Fes tungshaft begnadigt, nach sieben Jahren amnestiert. – **Karl Marx** (→ Trier/RP) studierte 1836-41 neun Semester an der Universität; seine berühmteste These steht in goldenen Lettern im Universitätsfoyer: »Die Philosophen haben die Welt / nur verschieden interpretiert, / es kommt aber darauf an/sie zu verändern.« **Friedrich Engels** (→ Wuppertal/NW) hospitierte hier 1841/42 während seiner Militärzeit als Einjährig-Freiwilliger. Seit 1986 stehen bei-

Berlin: Der »Schwebende Engels«, Marx-Engels-Forum (Februar 1986)

de überlebensgroß als »Sakko und Jacketti« in Bronze auf dem **Marx-Engels-Forum** vor dem Roten Rathaus (01). – **Emanuel Geibel** (→ Lübeck/SH) hörte 1836-38 Kunstgeschichte bei F. Th. Kugler und befreundete sich mit ihm fürs Leben. **Friedrich Rückert** (→ Schweinfurt/BY) war 1841-48 Prof. für Orientalistik in B.; Vorlesungen hielt er nur im Wintersemester, meist vor nur drei, vier Studenten (u. a. der spätere Orientalist und Lyriker **Paul de Lagarde**, 1827-91) in seiner Wohnung (Winter 1844/45 **Luisenstraße** 16/Ecke **Schiffbauer Damm**/01). – Märzrevolution 1848: Großdemonstration am 18. März vor dem Schloss. In der Folge über 150 Barrikaden in der Stadt. Heftige Kämpfe am Alexanderplatz und vor dem Köllnischen Rathaus (Gedenkstele **Brei-**

te/Ecke **Scharrenstraße**/01). Aufbahrung der 183 Gefallenen auf dem **Gendarmenmarkt** (01), anschließend feierliche Beisetzung in **Friedrichshain** (02), der 18 gefallenen Offiziere und Soldaten auf dem **Invalidenfriedhof** (01). Eine Auswahl der Flugschriften in der Slg. »Berliner Straßenecken-Literatur 1848/49« (1977), der »Revolutionskomödien der Achtundvierziger« u. d. T. »Der deutsche Michel« (1971). Zeitgenössische Berichte u. a. von **Adolf Streckfuß** (1823-95): »Das freie Preußen!« (2 Bde. 1848/49, neu 1983 u. d. T. »1848. Die März-Revolution in Berlin«). Wegen Beteiligung am pfälz.-bad. Aufstand von 1849 ließ Wilhelm IV. den Dichter **Johann Gottfried Kinkel** (→ Bonn/NW) auf Lebenszeit im Zuchthaus Spandau gefangen setzen. Der Student **Carl Schurz** (→ Euskirchen/Liblar/ NW) befreite den Gesinnungsgenossen. »Dichter gibt's eine Menge, an jedem Tisch einen, welche überhaupt vom Handwerk sprechen, ohne zu ahnen, daß in meiner Person ein gefährlicher und ehrgeiziger Nebenbuhler aus der gleichen Schüssel ißt«: **Gottfried Keller** (→ München/BY) vollendete hier (Am Bauhof, heute **Hegelplatz**/01) die erste Fassung des »Grünen Heinrich« (P. Goldammer, »Gottfried Keller in Berlin 1850-1855«, Frankfurter Buntbücher 24/1999). – **Theodor Storm** (→ Husum/SH) war 1852-56 Assessor in → Potsdam (BB). In B. verkehrte er mit P. Heyse, Th. Fontane und J. v. Eichendorff. – Es sei nicht ohne Bedeutung, dass ein »liberalpatriotischer Schriftsteller hier sichtlich ausgezeichnet« werde, schrieb **Berthold Auerbach** (→ Rottenburg/Nordstetten/BW) aus B., wo er von 1859 mit Unterbrechungen bis 81, meist winters, lebte. – **Max Halbe** (→ München/BY) wohnte 1885-87 als Student im Tiergartenviertel und 88-94 in Friedenau; hier schrieb er das zunächst »abgelehnteste«, dann erfolgreichste aller seiner Stücke: das Drama »Jugend«.

»Unser neues Götterbild – die Moderne!«, hieß es im September 1886 im Hinterzimmer einer Kneipe am Spittelmarkt. Der Verein »Durch!« kreierte die neue Berlin-Devise, zwei Westfalen voran: die Brüder **Heinrich** und **Julius Hart.** Wenig später schlossen beide sich dem (1890 gegründeten) »Friedrichshagener Kreis« (09) der »Berliner Vorstadtrealisten« um **Bruno Wille** und **Wilhelm Bölsche** an und riefen im neuen Jahrhundert am Schlachtensee (06) noch eine eigene »Neue Gemeinschaft« ins Leben: eine Zeit der »Gemeinschaftsschwärmer« fürwahr, 13 Gruppierungen allein in einem guten Jahrzehnt, »Naturalismus« als Protest und Programm. Mit einer (die staatliche Zensur umgehenden) »Freien Bühne« und einem eigenen Publikumsorgan an, der »Freien Bühne für modernes Leben«. Mitstreitende »Musenverehrer« über kurz oder lang auch: **Otto Erich Hartleben** (→ Clausthal-Zellerfeld/NI), **Carl Hauptmann** (1858-1921), Gerharts älterer Bruder, der schottische Anarchist **John Henry Mackay** (1864-1933), der Pole **Stanisław Przybyszewski** (1868-1927).

Paris gab weitere Vorbilder: Nach dem »Chat noir« richtete 1901 auf Anregung von **Otto Julius Bierbaum** (→ München/BY), der mit »Stilpe« einen »Roman aus der Berliner Froschperspektive« geschrieben hatte, der Breslauer **Ernst von Wolzogen** (1855-1934/Aut. »Wie ich mich ums Leben brachte«, 1923) ein »Überbrettl« ein, wo **Hanns Heinz Ewers** (→ Düsseldorf/NW) debütierte. Und im »Schwarzen Ferkel« und »Café Größenwahn« etablierte sich die Boheme: »Sanctus **Peter Hille**« (→ Bad Driburg/Erwitzen/NW), **Richard Dehmel**, der Arzt **Carl Ludwig Schleich** (1859-1922/Aut. »Besonnte Vergangenheit«), **August Strind-**berg (»unser aller Zentralstern«) und drum herum alle, spottete der »Arme Teufel« **Erich Mühsam**, »die sich dafür hielten«.

Fin de Siècle und das neue Jahrhundert. Und wieder eine neue Bewegung, diesmal: »Los von Berlin!« Die Kunst galt wieder als freies Spiel aller Möglichkeiten und Gegensätze. **Stefan George** (→ Bingen/RP) fand so (auch in Berlin) seinen Kreis. Zeitgenössisch, auf dem »Schmalen Weg zum Glück«, wie der aut. Roman von **Paul Ernst** (→ Clausthal-Zellerfeld/NI) verheißt: der philippinische Schriftsteller **José Rizal** (»Noli me tangere«, R. 1887; Gedenktafel **Jägerstraße** 71/01) und der Japaner **Mori Ogai** (»Maikime«, 1890 in Japan, dt. »Die Tänzerin«, eine B.er Novelle, die in der **Klosterstraße** spielt, wo O. in Nr. 97, zerstört/01, wohnte). »Berliner auf Zeit« auch: **Rainer Maria Rilke** (→ München/BY), schrieb in Schmargendorf (04) den »Cornet«; **Frank Wedekind** (→ Hannover/NI), an M. Reinhardts Deutschem Theater; die »Reichsländer« **Otto Flake** (→ Baden-Baden/BW) und **René Schickele** (→ Müllheim/Badenweiler/BW); **Rudolf Steiner** (1861-1925), der Anthroposoph; 1905-13 der Schweizer **Robert Walser**; **Rudolf Alexander Schröder** (→Bremen). 1904 gründete **Otto zur Linde** (→ Essen/NW) zus. mit dem Kulturphilosophen **Rudolf Pannwitz** (1881-1969) und **Rudolf Paulsen** (1883-1966) die antinaturalistische Dichtervereinigung (und Zs.) »Charon«.

Mit **Ernst Blaß** kamen die ersten Dichter des Expressionismus »die Straßen entlang geweht«. Um **Kurt Hiller** versammelten sie sich ab 1910 im »Neopathetischen Cabaret« des »Neuen Clubs« (**Kleiststraße** 41/07). »Sturm« (1910, **Kurfürstendamm** 18/19 Redaktion/04) und »Aktion« (1911, **Nassauische Straße** 17 Redaktion/04), die Zeitschriften von **Herwarth Walden** und

Franz Pfemfert (1879-1954) wurden zu ihren Streitschriften. Leidenschaftlich meldete sich die Avantgarde zu Wort: **Johannes R. Becher, Gottfried Benn, Albert Ehrenstein** (1886-1950), **Carl Einstein** (→ Neuwied/RP), **Georg Heym, Jakob van Hoddis, Else Lasker-Schüler, Ernst Toller** (→ München/BY), **Alfred Wolfenstein** (1883-1945), **Paul Zech.** Alfred Lichtenstein, **Ernst Wilhelm Hotz** (1890-1914), **August Stramm** (→ Münster/NW, 1915) fielen im Krieg. Nicht einmal 29 Jahre alt, starb im Oktober 1918 an der grassierenden Grippeepidemie in B. **Alfred Lemm** (eig. Lehmann), »gebürtiger Berliner, Jude, Kriegsgegner, Demokrat« (Grab **Jüd. Friedhof Weißensee**/03). Der Publizist und Kritiker **Kurt Pinthus** (1886-1975) veröffentlichte 1920 (vordatiert auf 1919) seine berühmte Anthologie expressionistischer Lyrik »Menschheitsdämmerung«, eine »Symphonie jüngster Dichtung«. Der Schriftsteller und Philosoph (»Die schöpferische Indifferenz«, 1918) **Salomo Friedlaender** (Ps. **Mynona**/1871-1946) wirkte im Kreis um »Aktion« und »Sturm« und schrieb Grotesken und den »Berliner Nachschlüsselroman« »Graue Magie« (1922, n. 1989). Lebte von 1913 bis zu seiner Emigration 34 **Johann-Georg-Straße** 20 (04).
Als Restaurator einer »großen Vergangenheit« sah sich der in Königsberg geborene **Rudolf Borchardt** (1877-1945). Kindheit und Jugend (bis 1901) in B. Im Januar 1919 entfloh er der »Narrenhölle« der Revolution in der Hauptstadt in die »Königslandschaft« von Potsdam. Aus dem Baltikum kamen **Frank Thieß** (→ Darmstadt/HE), sein Roman »Der Tod von Falern« (1921) zielte als Satire auf die gescheiterte Revolution von 1918/19, und **Sigismund von Radecki** (→ Gladbeck/NW), Karl Kraus regte ihn zum Schreiben an, er war ein Meister der kleinen Form.

Der Krieg brachte den Zusammenbruch der überlieferten Werte und leitete zugleich die dritte Phase der Berliner Moderne ein. Eine neue politisch-künstlerische Kultur prägte die »Roaring Twenties« der Republik. Bereits im Februar 1918 proklamierte **Richard Huelsenbeck** (→ Frankenberg/Frankenau/HE) nach dem Zürcher Vorbild Dada in der »Sezession« am **Kurfürstendamm** Nr. 208/209 (heute **Theater am Kurfürstendamm**/04). Die Wirkung war »ungeheuer und unmittelbar«. Im Malik-Verlag (**Köthener Straße** 38/02, ab 1926 **Passauer Straße** 5/07) der Brüder **Wieland Herzfelde** (1896-1988), des »Progressdada«, und **John Heartfield** (1891-1968), des »Monteurdada«, erschienen bis 1921 die wichtigsten Publikationen (K. Riha, »Da Dada da war ist Dada da«, 1980).

E »Charlottengrad«: In den Jahren 1919 bis 1921 galt Berlin als die Hochburg der russischen Emigration, der »Ort, an dem der Kampf um die Zukunft Rußlands in Europa ausgetragen wurde« (F. Mierau) ... »das russische Berlin produzierte zwischen 1918 und 1924 mehr Bücher als Moskau oder Petrograd – etwa 2100 bis 2200 Titel, herausgegeben von 86 Verlagen« (K. Schlögel).
»Vom Bahnhof geriet ›man‹ in den Teil Berlins, den die Russen ›Petersburg‹ und die Deutschen ›Charlottengrad‹ nennen ... ›Nacht! Tauentzien! Kokain! Das ist Berlin!‹«: so der Symbolist **Andrej Belyj**, damals wohl der berühmteste Schriftsteller Russlands überhaupt, Mitbegründer des B.er »Hauses der Künste«, 1924 im Rückblick. Der Kreis um **Ilja Ehrenburg** (Aut. »Menschen, Jahre, Leben«) traf sich in der »Prager Diele«, am **Prager Platz** (04). Im »Russenhaus von Wilmersdorf« empfing **Marina Zwetajewa** (Gedenktafel **Trautenaustraße** 9/04). »Teil des umgebenden Kreises ... Verlegern Antrieb, Verlegten Auftrieb«: **Viktor Schklowski** (»Zoo oder Briefe nicht über die Liebe«), **Wladimir Majakowski**, mit Erfolg auch in der **Hasenheide** (08) auftretend, **Sergej Jessenin**, und rund um den **Nollendorf-**

platz (07), v. a. im »Café Leon«, u. a. der Philosoph **Nikolai Berdjajew, Boris Pasternak, Alexej Remisow** (mit seiner »Großen und Freien Affenkammer«), **Sergej Tretjakow. Alexej Tolstoi** kam 1923, **Maxim Gorki** überredete ihn zur Rückkehr in die Sowjetunion. Ein Kapitel schließlich für sich: **Vladimir Nabokov,** von 1922 bis 37 »zwischen Halensee und Nollendorfplatz« lebend (Gedenktafel **Nestorstraße** 22/04). Acht Romane – von »Maschenka« bis »Die Gabe« – haben hier ihren Schauplatz; 1925 erschien seine Sk. »Berlin, ein Stadtführer«. »Er hat in Berlin seine Heimat beschworen und deshalb Berlin niemals als seinen Lebensraum akzeptiert« (M. Lüdke). Th. Urban: »V. N. – Blaue Abende in Berlin« (1999).

Herwarth Walden 1923: »Zu Berlin fehlen die Vereinigten Staaten von Europa. Man sollte sie schleunigst gründen. Nicht nur wegen Berlin. Aber um Europas willen.« In der »literarischen Karawanserei« B. (**Hermann Kesten**/→ Nürnberg/BY), mit 50 aktiven Bühnen, 400 Kinos und 100 Tageszeitungen, lebte, schrieb und stritt eine ganze »literarische Welt«: die österreichischen Antipoden **Robert Musil** (1880-1942) und **Joseph Roth** (1894-1939; »Joseph Roth in Berlin«, Hrsg. M. Bienert, 1996); **Alfred Polgar** (1873-1955), ab 1925 Theaterkritiker für die »Weltbühne« und Mosses »Berliner Tageblatt«; der »rasende Reporter« **Egon Erwin Kisch** (1885-1948); **Siegfried Kracauer** (→ Frankfurt a. M./HE), 1930-33 Berliner Feuilletonchef der »Frankfurter Zeitung« (»Berliner Nebeneinander«, Hrsg. A. Volk, 1996), Gedenktafel **Sybelstraße** 35 (04); **Ludwig Marcuse** (1894-1971), bekannt v. a. als Biograph (Börne, Heine), seine Aut. »Mein zwanzigstes Jahrhundert« (1960); **Ehm Welk** (→ Angermünde/Biesenbrow/BB), seit 1923 Journalist und Redakteur in B., wegen seines Artikels »Auf ein Wort, Herr Minister« (gemeint war J. Goebbels) 1934 im KZ Oranienburg interniert; der Franke **Adam Scharrer** (→ Nürnberg/Kleinschwarzenlohe/BY), einer der »Wegbereiter des soz. Realismus«, bis 1929 als Metallarbeiter tätig, dann u. a. Redakteur der »Kommunistischen Arbeiterzeitung«.

Im **Schauspielhaus** am **Gendarmenmarkt** (01) erlebte **Carl Zuckmayer** (→ Mainz/RP) mit seinem Stück »Kreuzweg« (1921) »eine vollkommene Niederlage«, mit »Der fröhliche Weinberg« (1925) im **Theater am Schiffbauerdamm** den Durchbruch, im **Deutschen Theater** mit dem »Hauptmann von Köpenick« (1931) den triumphalen Erfolg. Zugstück der Bühne in der **Schumannstraße** (01) die Jahre vorher: **Klabunds** (→ München/BY) virtuose Nachdichtung des chines. »Kreidekreises«, mit Elisabeth Bergner als Hai-tang. Der expressionist. Dramatiker **Paul Kornfeld** (1889-1942, im KZ Lodz) war eine Zeitlang wie Zuckmayer Dramaturg bei **Max Reinhardt.** Seine Berliner Karriere verdankt **Bertolt Brecht** v. a. **Herbert Ihering** (1888-1977), neben – oder vielmehr gegen – **Alfred Kerr** vor Ort der wichtigste Theaterkritiker. Ausnahmsweise stimmten beide anlässlich der Uraufführung von **Marieluise Fleißers** (→ Ingolstadt/BY) »Fegefeuer in Ingolstadt« an der »Jungen Bühne« im Deutschen Theater (1926) in ihrem (positiven) Urteil überein – eine Sensation für Berlin. Der Rheinländer **Günther Weisenborn** (→ Velbert/NW) kam 1928 an der **Volksbühne** mit seinem Erstling »U-Boot S 4« zu einem außergewöhnlichen Erfolg. **Ödön von Horváth** (→ Weilheim/Murnau/BY), in B. ein Leben ohne festen Wohnsitz führend, erhielt für sein Volksstück »Geschichten aus dem Wiener Wald« 1931 den Kleist-Preis. Zu den großen Theatermachern gehörte **Erwin Piscator** aus Ulm (Greifenstein-U.) bei Wetzlar/HE (1893-1966). Mit **Ernst Tollers** Politrevue »Hoppla, wir leben!«

eröffnete er 1927 seine avantgardist. Bühne im **Theater am Nollendorfplatz** (07). Nach dem 2. Weltkrieg wurde Piscator zum Intendanten der **Freien Volksbühne** (**Schaperstraße** 24/04) berufen. **Ernst Rowohlt** (→ Hamburg) etablierte 1919 seinen zweiten Verlag in der **Potsdamer Straße** 123 B (heute 39/01); ab 1927 **Passauer Straße** 8/9 (07). »Pantagruelisch« versammelte er hier am Abend Freunde und Autoren. Der Stettiner **Franz Hessel** (1880-1941) war bis zur Emigration 1938 im Verlag Lektor. Unvergessen sein Roman »Heimliches Berlin« (1927) und – »Flanieren ist eine Art Lektüre der Straße« – das Vademecum durch die Stadtlandschaft »Spazieren in Berlin« (1929, n. 68 und 84). »Auch ein Buch über die Großstadt Berlin« (H.-U. Treichel) »Das abenteuerliche Herz« (1929) von **Ernst Jünger** (→ Bad Saulgau/Wilflingen/BW), der 1927 übersiedelt war. Es markiert auch Wohn- und Schreiborte Jüngers: »Stralau«, »Osthafen«, »Dahlem« (Botanischer Garten), »Steglitz« (H. Mühleisen, »Ernst Jünger in Berlin 1927-1933«, Frankfurter Buntbücher 20/1998). »Industriegebiet der Intelligenz« nannte **Erich Mühsam** die Cafés und Restaurants im »Neuen Westen« mit dem Zentrum um die Kaiser-Wilhelm-Gedächtniskirche (04), in denen sich seit der Jahrhundertwende Künstler und Bohemiens trafen. Im »**Café des Westens**«, damals **Kurfürstendamm**/Ecke **Joachimsthaler Straße**, galt »der Bau eines Prosasatzes unvergleichlich wichtiger als der Bau eines neuen Panzerkreuzers«, erinnerte sich **Leonhard Frank** (→ Würzburg/BY). Nach dem Krieg zog das Gros mit Aplomb in das »**Romanische Café**« um (heute dort das Europa-Center am **Breitscheidplatz**). Der »Wartesaal des Genius« (G. Birkenfeld) wurde die »größte und wichtigste literarische und journalistische Nachrichtenbörse der zwanziger Jahre«. In Pendelnähe in der **Rankestraße** die Nr. 1 der russischen Lokale, das »Allaverdi«, unter den Gästen die Prominenz: **Gorki, Pasternak, Nabokov**, die Pawlowa und **Eisenstein**. Die Theaterleute trafen sich in »**Maenz' Bierhaus**« (**Augsburger Straße** 6) oder (vornehmer) in »**Schwanneckes Weinstuben**« (**Rankestraße**), die Kabarettisten im »**Café Wien**«, Stammtisch von **Max Herrmann-Neiße**, **Kurfürstendamm** 267. In Nr. 51 befand sich die »**Café-Konditorei Schneider**«, Stammkunden **Joseph Roth** und **Ludwig Marcuse**. In der **Martin-Luther-Straße** (07), »mit den Musen und Grazien in Beziehung«, in 11 a (heute) das »**Restaurant Schlichter**«; **Bertolt Brecht, Alfred Döblin** und **Egon Erwin Kisch** kamen hierher, der Bruder des Kneipiers, der Maler **Rudolf Schlichter** (→ Calw/BW), hat sie porträtiert. **Keithstraße** 17 (damals Lutherstraße 2/07) die »**Jockey-Bar Schulze**«, unter den Gästen auch die **Mann**-Geschwister **Klaus** und **Erika** (→ München/BY). Eine »kleine Insel inmitten der Flut von Hakenkreuzen und Schwarz-Weiß-Rot, die Steglitz und Friedenau überschwemmten« (A. Eggebrecht): Am Ende der zwanziger Jahre vom Schriftsteller-Schutzverband und der Bühnengenossenschaft um den Laubenheimer (heute **Ludwig-Barnay-Platz**/04) errichteten »Roten Block« lebten rund 300 Schriftsteller, Journalisten, Schauspieler und bildende Künstler. In »wacher, streitbarer Freiheitsliebe«: von **Johannes R. Becher** (Laubenheimer Straße 2) und **Ernst**, dem »Barrikaden-Tauber« (Gedenktafel **Bonner Straße** 11), und **Eva Busch** bis **Karl August Wittfogel** (→ Lüchow/Woltersdorf/NI; seine Stücke in der Slg. revolutionärer Bühnenwerke des Malik-Verlages), **Fritz Erpenbeck** und **Hedda Zinner** (Steinrückweg 3). »Und an den Litfaß-Säulen die ersten Ah-

nungen vom Untergang«: so **Hans Sahl**
(→ Dresden/SN) in »Erinnerung an Berlin« (1965).

Yvan Goll (1891-1950/→ Nürnberg/BY)
führte in seinem Roman »Sodome et Berlin« (1929, dt. 75) den Franzosen die Exzentrik Berlins vor. Unter seinen Landsleuten: besuchsweise **André Gide**, in diplomat. Diensten **Jean Giraudoux** (»Rues et Visages de Berlin«, 1930, dt. 87). Weiterhin: **Luigi Pirandello, Nikos Kazantzakis; Wystan Hugh Auden, T. S. Eliot, Edgar Wallace** (»Gänsehaut plus Komik« bescheinigte seinem Kriminalstück »Der Hexer« A. Kerr); **Sinclair Lewis** (unter dem Eindruck des wachsenden Nationalsozialismus sein R. »Das ist bei uns nicht möglich«, 1936), zu den Olymp. Spielen 1936 **Thomas Wolfe**, 38 **Ernest Hemingway**.

Erich Maria Remarque (→ Osnabrück/NI) war Redakteur der Zs. »Sport im Bild«. 1928 erschien als Vorabdruck in der »Vossischen Zeitung« sein Anti-Kriegsroman »Im Westen nichts Neues«. (1925 Kaiserdamm 114, Gedenktafel.) – **Werner Bergengruen** (→ Baden-Baden/BW), in den zwanziger und dreißiger Jahren zweimal »sesshaft« in B. (**Riemeisterstraße** 107/06), Nachbar zeitweilig von **Horst Lange** und **Oda Schaefer** (→ beide München/BY) in Nr. 123, hielt im Rückblick auf seinen Roman »Am Himmel wie auf Erden« (1940), der von der »Sündflutpanik« 1524 unter Kurfürst Joachim handelt, fest: »Immer unheimlicher glich sich die deutsche Realität der Konzeption meines Romanes an.« Zur gleichen Zeit lebte **Reinhold Schneider** (→ Baden-Baden/BW) »in unsäglich bedrückenden Verhältnissen« in B. und Potsdam (BB).

Ricarda Huch (→ Braunschweig/NI) verließ im Mai 1933 aus Protest die »Dichterakademie«, mit ihr u. a. deren »aufrech-

teste Berliner Anwälte«, **Heinrich Mann, Oskar Loerke** und **Alfred Döblin** (der über R. Huch schrieb: »Ihr werdet niemals ihresgleichen sehen«). **Stefan George** und **Ernst Jünger**, auf deren »Mitarbeit« der neue Kultusminister B. Rust großen Wert gelegt hätte, lehnten die Berufung ab (I. Jens, »Dichter zwischen rechts und links«, 1971). – »Nicht gleich geschaltete«, die blieben, überlebten oft verfolgt, zurückgezogen zumeist: u. a. **Hans Fallada, Kurt Ihlenfeld, Elisabeth Langgässer, Gerhart Pohl, August Scholtis**. Opfer des nationalsoz. Rassenwahns wurden, nach **Erich Mühsam** und **Carl von Ossietzky, Ludwig Fulda, Jochen Klepper, Gertrud Kolmar, Else Ury. Albrecht Haushofer** und **Adam Kuckhoff**, aktiv im Widerstand, wurden hingerichtet.

Die große Zäsur brachte der 2. Weltkrieg. 1947 schrieb **Max Frisch** (1911-91) in sein Tagebuch: »Eine baumlose Steppe«, er meinte den Tiergarten. In Friedenau, **Sarrazinstraße** 8 (07), nahm er später Wohnung. – **Günther Weisenborn** gründete 1945 mit K. H. Martin in Kreuzberg das **Hebbel-Theater** (heute HAU, **Stresemannstraße** 29/02). **Heinar Kipphardt** (1922-82) verließ 1959 nach heftigen ideologischen Angriffen die DDR, wo er – seit 1949 zunächst als Nervenarzt an der B.er Charité, seit 50 als Dramaturg und Regisseur am **Deutschen Theater** – gelebt hatte. Im Westteil Berlins sprach am 26. 2. 1946 erstmals **Friedrich Luft** (1911-90) im damals noch amerikan. Sender. Mehr als 40 Jahre sollte er die (Westberliner) »Stimme der Kritik« bleiben. Dokumentation »Rückkehr in die Fremde? Remigranten und Rundfunk in Deutschland 1945 bis 1955« (Begleitbuch zur gleichnamigen Ausstellung, 2000). – In M. Frischs Nachbarschaft kam 1959 **Uwe Johnson** (→ Anklam/MV) unter. **Niedstraße** 14, später zusätzlich auch in der **Stierstraße** 3 (beide

07), lebte er mit Unterbrechungen (u. a. 1966-68 in den USA) bis 1974. Beim Umzug nach Shernees-on-Sea in England schenkte er Frisch seine große Wandkarte der »beiden Städte Berlins«.

Unter den Autoren der »ersten Periode der DDR-Kulturpolitik ... der antifaschistisch-demokratischen Umwälzung«: **Bruno Apitz** (→ Leipzig/SN), **Willi Bredel** (→ Hamburg), **Eduard Claudius** (→ Gelsenkirchen/NW), **Alfred Kantorowicz** (1890-1979/Geburtshaus **Krausnickstraße** 1/01), 1931-33 »rühriger Häuptling des Roten Blocks« (**Kreuznacher Straße** 48/04), Hrsg. der Zs. »Ost-West« 1947-49. **Jan Koplowitz** (1909-2001), Kulturarbeit in mitteldt. Betrieben (»Arbeiterlesebuch« »Unser Kumpel Max der Riese«, 1954), »Bohemia – Mein Schicksal« (aut. R. 1979); **Fritz Selbmann** (1899-1975), 1949 als Minister für Industrie nach B. berufen (»Alternative, Bilanz, Credo. Versuch einer Selbstdarstellung«, 1969); **Ludwig Turek** (→ Stendal/ST), sein Roman »Anna Lubitzke« (1952) ist den B.er Trümmerfrauen gewidmet.

»Von allen möglichen Themen war die DDR selbst immer der **DDR-Literatur** liebstes Kind« (W. Emmerich, »Kleine Literaturgeschichte der DDR«, 1996). Zwischen 1945 und 49 kehrten viele der ins Exil gegangenen kommunist. und sozialist. Autoren in die SBZ zurück. Repräsentanten: **Johannes R. Becher, Erich Weinert** aus der Sowjetunion; aus Mexiko **Walter Janka, Anna Seghers**; aus den USA **Bertolt Brecht, Stefan Heym** (1952); aus Palästina **Arnold Zweig; Stephan Hermlin** aus der Schweiz bzw. Westdeutschland; 1950 **Rudolf Leonhard** (1889-1953) aus Frankreich.

Die Romane der folgenden Jahre thematisieren – wie **A. Zweigs** mehrbändiger Zyklus »Der große Krieg der weißen Männer« (1931-57) – Krieg, Faschismus und Exil. Ebenso die Lyrik, beispielsweise **J. R. Bechers** Slg. »Heimkehr« (1946). **B. Brecht** inszenierte 1949 die als »antirealistische Dekadenzliteratur« angegriffene »Mutter Courage und ihre Kinder«.

In den fünfziger Jahren entstand die sog. »Aufbau-Literatur«, exemplarisch **Otto Gotsches** (→ Eisleben/ST) Roman »Tiefe Furchen« (1949). Abgelöst wurde dieser Literaturtypus von der – nach **Brigitte Reimanns** (→ Burg/ST) 1961 im Jahr des Mauerbaus erschienenem Roman »Ankunft im Alltag« benannten – »Ankunftsliteratur«. In den folgenden Jahren prägten der 1959 verordnete »Bitterfelder Weg« und die nach 61 propagierte »Schaffung einer sozialistischen Nationalliteratur« das (kultur-)politische Klima.

Wolf Biermanns 1976 bei seiner Ausbürgerung auseinandergesägter Schreibtisch (eine Hälfte im Osten, die andere im Westen) als Symbol: für den Exodus der Künstler aus der DDR – oder, wie es **Klaus Schlesinger** nannte –, das »Rübermachen« in die BRD. Berliner Autoren darunter: **Christa Reinig, Peter Huchel, Hans Joachim Schädlich, Günter Kunert, Sarah Kirsch, Jurek Becker, Monika Maron.** 2007 wurde Biermann Berlins 115. Ehrenbürger.

Ein Kapitel für sich die **Prenzlauer-Berg-Szene**: Als Versuch einer Gegenkultur (einer »anderen Literatur aus der DDR«) der Generation der nach 1950 Geborenen, in den siebziger und achtziger Jahren – gezwungenermaßen (und unter den Augen der Staatssicherheit, wie der Fall **Sascha Anderson** bewies). Szenentreffpunkte waren die Cafés in der **Schönhauser Allee**, Veranstaltungen fanden meist in Privatwohnungen statt (»Küche der Weltliteratur« des Liedersängers »Ekke« Maaß). Von einer Lesung des amerikan. Lyrikers **Allen Ginsberg** im Februar 1983 berichtet **Richard Pietraß** in »Ich pendelte zwischen

den Welten« (in der B.er Künstlersozialge-
schichte »Durchgangszimmer Prenzlauer
Berg«, 1999 hg. von B. Felsmann und A.
Gröschner). Die wichtigsten Autoren:
Elke Erb, Adolf Endler (»Tarzan am Prenz-
lauer Berg«, 1994), **Jan Faktor, Durs
Grünbein, Uwe Kolbe, Steffen Men-
sching, Bert Papenfuß, Lutz Rathenow,
Rainer Schedlinski.** »Mit dem Fall der
Mauer wurde die Boheme vom Prenzlauer
Berg zur Legende« (M. Bienert). Die Stasi-
Debatte sprengte die bestehenden lit. Ko-
alitionen und Gruppierungen auseinan-
der. – 2005 erschienen die ersten Bde.
der von I. Geipel und J. Walther hg. »Ver-
schwiegenen Bibliothek« des »Archivs un-
terdrückter Literatur in der DDR«.

Zu den bedeutendsten deutschen Belle-
tristik-Verlagen gehörte seit den fünfziger
Jahren der Aufbau-Verlag (Sitz seit 1996
Neue Promenade 6/01). Den weltweiten
Ruf begründete **Walter Janka** (1914-94),
wichtig seine Bücher »Schwierigkeiten
mit der Wahrheit« (1989) und »Spuren
eines Lebens« (1991). Der ehem. Lehrer

*Berlin: »Kasten im Stil einer imitierten Ritter-
burg«: Literarisches Colloquium am Sandwer-
der 5*

und Schulrat **Erich Brehm** (1910-66)
gründete 1953 das erste Kabarett in der
DDR: »Die Distel« (**Friedrichstraße** 101/
01). – Im Westen wurde nach dem Mauer-
bau das **Literarische Colloquium** (LCB)
am Wannsee (**Am Sandwerder** 5/06) zum

Ort der Begegnungen. Gründer **Walter
Höllerer** (→ Sulzbach-Rosenberg/BY):
»Es gab Neugier und Nachholbedarf«.
1962 tagte die Gruppe 47 im LCB; von
Hans Werner Richter (→ Usedom/Ban-
sin/MV) eingeladen waren u. a. auch **Jo-
hannes Bobrowski** und **Peter Weiss.** Spä-
ter kamen **John Dos Passos** und **John
Steinbeck** aus den USA, **Paul Celan** aus
Paris, **Lars Gustafsson** aus Schweden,
Zbigniew Herbert aus Polen. **Samuel
Beckett,** der im Winter 1936/37 fast einen
ganzen Monat vorwiegend auf der Mu-
seumsinsel verbracht und an Weihnachten
lange Märsche durch den Grunewald un-
ternommen hatte, inszenierte 1967 zum
ersten Mal eines seiner Stücke in der Werk-
statt des **Schillertheaters,** das »Endspiel«
(Erika Tophoven, »Becketts Berlin«, 2005).
Verbunden mit dem LCB auch der Litera-
turwissenschaftler **Peter Szondi** (1929-71;
»Engführungen. P. S. und die Literatur«,
Marbacher Magazin 108/2004) und **Ni-
colas Born** (→ Duisburg/NW), der neben
B. auch im Wendland (→ Lüchow/NI)
lebte. Zu den ersten Gästen des »Berliner
Künstlerprogramms« gehörten der Eng-
länder **Wystan Hugh Auden** und die
Österreicherin **Ingeborg Bachmann:** »Ein
Ort für Zufälle« (1964) ihr Befund. **Bernt
Engelmann** (1921-94) setzte anlässlich der
750-Jahr-Feier Berlins 1987 seinen Super-
lativ dagegen: »Eine Stadt wie keine ande-
re.« Und **Wolf Jobst Siedler:** »Städte leben
von ihren Mythen mehr als von ihren
Wirklichkeiten.« Das Berlin vor und nach
der Jahrhundertwende 2000 ist noch im-
mer Bau- und Schauplatz zugleich. Ob
die neue Hauptstadt das Nachkriegsberlin
auch in der Literatur verdrängt, steht noch
dahin.

L »Ist Berlin ein literarischer Ort? … Die
Stadt zeigte offen ihre Widersprüche und kon-
trären Positionen. Sie spiegelten sich in dem,

was die Schriftsteller hier wurden und schrieben ... Stellte man zusammen, was aus Berlin der deutschen Literatur zufloß bis in die Tage von Günter Grass, Christa Wolf und Heiner Müller, es gäbe eine ganze Bibliothek.«: **Günther Rühle** (1994).

Lyrische Topographien: »... komm ins Lusthaus deiner Märker, das fürstliche Berlin!«, heißt es bereits 1650 im »Huldigungslied zum Einzug des Großen Kurfürsten« des »berühmten Köllnischen Poeten« **Nicolaus Peucker** (1623-74). »Berlin, jetzt freue dich«, hieß 1675 dann ein Chor den Sieger von Fehrbellin willkommen, als er die Stadt betrat. (Mit den gleichen Worten begrüßte Bürgermeister W. Momper am 9. November 1989 die Öffnung der Mauer.) Die erste lyrische Vedute: **Karl Philipp Moritz'** »Sonnenaufgang über Berlin«, geschrieben am 10. August 1780 auf dem »Tempelhofschen Berge«. Hundert Jahre später **Julius Hart**: »Endlos ausbreitest du, dem grauen Ozean gleich, den Riesenleib.« **Alfred Lichtenstein** 1913 in den »Gesängen aus Berlin«: »... du bunter Stein, du Biest.« 1981 **Helmut Heißenbüttels** (→ Wilhelmshaven/NI) »Westberlinstadtlandschaftsgelegenheitsgedicht«: »... dieser schwarze Sack Berlin in den ich immer auf die gleiche Weise rein falle.« **Durs Grünbein** (12. November 1989): »Komm zu dir Gedicht, Berlins Mauer ist offen jetzt«. **Gerhard Falkner** 2005: »Gegensprechstadt – ground zero«. »Berlin! Berlin! Eine Großstadt im Gedicht« schließlich, Hrsg. **Hans-Michael Speier**: 200 Beispiele aus dem mehr als 2000 Berlin-Gedichte umfassenden Archiv eines Forschungsprojekts der FU (1987). Berlin ist noch immer eine Hauptstadt für Lyrik.

Berliner Posse: Der Brandenburger **Julius von Voß** (1768-1832) quittierte den Offiziersdienst und etablierte sich 1798 als Autor in B., 1822 schrieb er das erste B.er (Dialekt-)Volksstück: »Der Strahlower Fischzug«. Als Begründer der B.er Posse gilt der Leipziger Schauspieler **Louis Angely** (1787-1835); von seinen 100 Stücken hielt sich am längsten »Das Fest der Handwerker« (1828), ein im B.er »Vogtland« (1901) spielender komischer Einakter mit Chansons. **Adolf Glaßbrenner** verhalf Angelys

Gestalt des Eckenstehers Nante zu seinem umjubelten Ruhm: »Lebenslauf, ick erwarte Dir!« »Einhunderttausend Taler«, »B. bei Nacht« (Revolutionsposse von 1849), »B. wird Hauptstadt«, das waren Stücke von **David Kalisch** (1820-72) aus Breslau; ab 1846 reüssierte er v. a. im Wallner-Theater (seinerzeit in der **Blumenstraße/02**); eine Slg. der Possen von 1846 bis 1851 erschien 1988 (Hrsg. M. Nöbel). An die 70 Unterhaltungsstücke verfasste **Gustav von Moser** (1825-1903), z. T. mit A. L'Arronge, F. v. Schönthan u. a., »Der Veilchenfresser« (1874) blieb lange Hauptzugstück des B.er Schauspielhauses. Mit Possen und Schwänken (»Kyritz-Pyritz«) hatte **Heinrich Wilken** (1835-86) Erfolg.

Stars der Szene auch: der Hamburger **Adolph L'Arronge** (1838-1908), Mitbegründer und Direktor des Deutschen Theaters, mit »Mein Leopold« (1873) und »Hasemanns Töchter« (1877); der Wiener **Franz von Schönthan** (1849-1913), der 1885 mit seinem Bruder **Paul** (1853-1905) den nicht umzubringenden Schwank »Der Raub der Sabinerinnen« schrieb; **Gustav Kadelburg** (1851-1925) aus Budapest, der zusammen mit dem Berliner **Oskar Blumenthal** (1852-1917) 1898 »Im weißen Rößl« auf die Bühne brachte (Operettenbearbeitung von R. Benatzky); der Märker **Maximilian Böttcher** (1872-1950), seine größten Erfolge die in der damaligen Lothringer Straße Nr. 199 (heute **Torstraße/01**) spielenden Stücke »Krach im Hinterhaus« (1934) und »Krach im Vorderhaus« (1940). »In einer seltsam visionären Nachdichtung« (G. Sichelschmidt) wurde A. Glaßbrenners »Nante« 1942 noch einmal in Szene gesetzt: vom Direktor des B.er Nachrichtenamtes **Hans Brennert** (1870-1942).

Nach dem 2. Weltkrieg pflegten die Tradition des B.er Volksstücks u. a. **Curth Flatow** (»Vater einer Tochter«) und **Horst Pillau** (»Der Kaiser vom Alexanderplatz«) weiter; gemeinsam erfreuten sie ihr Publikum mit »Das Fenster zum Flur« (1959). Mehr und mehr übernahm das Fernsehen den Part: mit der Verfilmung von **Erdmann Graesers** Roman »Die Koblanks« z. B. oder den Serien von **Heinz O. Wuttig** (1907-84) und **Ulrich del Mestre** (»Drei Damen vom Grill«, 1976 ff., über 140

Folgen). **Jurek Becker** schrieb nach seinem Wechsel von Ost- nach Westberlin 1977 für **Manfred Krug** (»Abgehauen«, 1997) die Erfolgsserie »Liebling Kreuzberg«.

Romanschauplatz Berlin im 20. Jh.: »Es gibt Stellen in Berlin, an denen sich die Stadt so gründlich verklärt, dass sie weit mehr darstellt als sich selbst. Dort entsteht die Stadt als Roman«: **Michael Rutschky** (»Berlin. Die Stadt als Roman«, 2001).

1900-1918: **Heinrich Mann**, »Im Schlaraffenland« (1900), **Clara Viebig**, »Das tägliche Brot« (1901), **Georg Hermann**, »Kubinke« (1911), »Die Nacht des Doktor Herzfeld« (1912/Fortsetzung »Schnee«, 1921), **Alfred Döblin**, »Wadzeks Kampf mit der Dampfmaschine« (1914), **Arnold Zweig**, »Junge Frau von 1914« (1931), **Otto Flake**, »Horns Ring« (1916), **Heinz Knobloch**, »Meine liebste Mathilde« (1986/Rosa Luxemburg), **Alfred Döblin**, »November 1918« (1939-1950/v. a. 2., 3., 4. Bd.: »Verratenes Volk«, »Heimkehr der Fronttruppen«, »Karl und Rosa«), »Friedenau erzählt« (2007).

1918-1933: **Curt Corrinth** (1894-1960), »Potsdamer Platz oder Die Nächte des neuen Messias« (1919), **Mynona**, »Graue Magie. Ein Berliner Nachschlüsselroman« (1922/Wiederauflage 1931 u. d. T. »Geheimnisse von Berlin«), **Hans Fallada**, »Wolf unter Wölfen« (1937), »Kleiner Mann – was nun?« (1932), **Yvan Goll**, »Sodome et Berlin« (1929, dt. 1975), **Vicki Baum**, »Menschen im Hotel« (1929), **Alfred Döblin**, »Berlin Alexanderplatz« (1929), **Erich Kästner**, »Emil und die Detektive« (1929), »Fabian« (1931), **Julius Berstl** (1883-1975), »Berlin – Schlesischer Bahnhof« (1930), **Ernst Noth** (1909-83), »Die Mietskaserne« (1931), **Gabriele Tergit**, »Käsebier erobert den Kurfürstendamm« (1931), **Martin Kessel**, »Herrn Brechers Fiasko« (1932).

1933-1945: **Lion Feuchtwanger**, »Die Geschwister Oppermann« (1933), **Axel Eggebrecht**, »Volk ans Gewehr! Chronik eines Berliner Hauses 1930-34« (1959), **Christopher Isherwood**, »Goodbye to Berlin« (1939/dt. »Leb wohl, Berlin«, 1949), **Hedda Zinner**, »Arrangement mit dem Tod« (1984/Jüdisches Theater 1933-41), **Bruno E. Werner**, »Die Galeere«

(1949/58), **Klaus Mann**, »Mephisto« (1936), **Heinz Knobloch**, »Der beherzte Reviervorsteher« (1990/Pogrom November 1938), **Peter Weiss**, »Die Ästhetik des Widerstands« (1975-81), **Hans Fallada**, »Jeder stirbt für sich allein« (1948), **Günther Weisenborn**, »Der Verfolger« (1961), **Heinz Rein**, »Finale Berlin« (1948), **Theodor Plievier**, »Berlin« (1954).

1945-1961: **Elisabeth Langgässer**, »Märkische Argonautenfahrt« (1950), **Annemarie Weber** (1918-91), »Westend« (1966), **Horst Bosetzky**, »Brennholz für Kartoffelschalen« (1995; erster R. der z. T. in Neukölln spielenden Matuschewski-Familiensaga), **Dieter Meichsner**, »Die Studenten von Berlin« (1963), **Ingeborg Wendt**, »Notopfer Berlin« (1956), **Stefan Heym**, »Fünf Tage im Juni« (1974), **Hans Scholz**, »Am grünen Strand der Spree« (1955), **Hugo Hartung**, »Wir Wunderkinder« (1957), **Johanna Moosdorf** (1911-2000), »Die Andermanns« (1969), **Alfred Andersch** (→ München/BY), »Efraim« (1967), **Christa Wolf**, »Unter den Linden« (1974), »Der geteilte Himmel« (1963; handelt im 2. Teil in B.).

1961-1989: **Günter de Bruyn**, »Buridans Esel« (1968), **Manfred Bieler** (→ Zerbst/ST), »Maria Morzeck oder Das Kaninchen bin ich« (1969), **Günter Grass**, »örtlich betäubt« (1969), »Tagebuch einer Schnecke« (1972), **Michel Tournier**, »Zwillingssterne« (frz. 1975, dt. 79; zweitletztes Kapitel: »Die Eingemauerten von Berlin«), **Kurt Bartsch**, »Wadzeck« (1980; für Anleihen und Zitate bedankt sich B. u. a. bei A. Döblin: Wadzeck steht zu Beginn des Romans dort, wo sein älterer literarischer Bruder Franz Biberkopf am Schluss seiner Geschichte steht: an einem von Baugruben aufgerissenen Alexanderplatz), **Wolfdietrich Schnurre**, »Ein Unglücksfall« (1981), **Sten Nadolny**, »Selim oder Die Gabe der Rede« (1990; u. a. über die Zeit von Studentenbewegung und Apo, die türkische Szene), **Friedrich Christian Delius**, »Amerikahaus und der Tanz um die Frauen« (1997), **Peter Schneider**, »Der Mauerspringer« (1982), **Christa Wolf**, »Was bleibt« (1979 geschrieben, 90 veröffentlicht), **Hartmut Lange**, »Das Konzert« (1988), **Monika Maron**, »Stille Zeile Sechs« (1991), **Wolfgang Hilbig** (→ Altenburg/Meuselwitz/TH), »Ich« (1993),

Jürgen Fuchs, »Magdalena« (1998; wie W. Hilbigs R. im Bannkreis der »Firma«, Stasi), Thomas Brussig, »Am kürzeren Ende der Sonnenallee« (1999), »Helden wie wir« (1995). Kindheit und Jugend im Berlin der 50er, 60er und 70er Jahre in der aut. Trilogie von Jörg W. Gronius: »Ein Stück Malheur« (2000), »Der Junior« (2005), »Plötzlich ging alles ganz schnell« (2007). Katja Lange-Müller, »Böse Schafe« (2007).

Die neunziger Jahre. Zwischen Mauerfall und Regierungsumzug: »Gleichsam Stadtgespräch, daß Berlin neu geschrieben werden will«, so Matthias Zschokke 1995 in seinem R. »Der dicke Dichter«. Beispiele: Günter Grass, »Ein weites Feld« (1995), Richard Wagner, »In der Hand der Frauen« (1995), Peter Wawerzinek, »Mein Babylon« (1995), Ingo Schramm, »Fitchers Blau« (1996), Uwe Timm, »Johannisnacht« (1996), Eva Schweitzer, »Hauptstadt-Roulette« (1997), Ralf Rothmann, »Flieh, mein Freund!« (1998), Cees Nooteboom, »Allerseelen« (1999), Sven Regener, »Herr Lehmann« (2001), Th. Brussig, »Wie es leuchtet« (2004). Robert Gernhardt (→ Frankfurt a. M./HE) dazu in seinem »Couplet vom Hauptstadtroman« November 1999: »Hauptstadtberliner! Ich versteh euer Weh, / doch den Hauptstadtroman, den schreib ich euch nicht: / Wenn es hoch kommt, dann pack ich das Hauptstadtgedicht.« »Abtrünnig« (R. aus der nervösen Zeit, 2005): Reinhard Jirgl über B. in der Ära des dt. »Hauptstadtkollers«. Und im gleichen Jahr Edgar Hilsenrath: »Berlin . . . Endstation« (R.).

»Ein neuer Döblin ist (jedenfalls) nicht in Sicht«, so Silvio Vietta 2001 (»Das literarische Berlin im 20. Jahrhundert«). »Vielleicht müsste der Berlin-Roman . . . von Vietnamesen oder Türken oder Russen geschrieben werden, weil die wirklich ganz andere Einblicke haben.« Der Erfolg der Geschichten (»Ich bin kein Berliner«, 2007) des seit 1990 in B. lebenden Moskauers Wladimir Kaminer spräche dafür. Im Kontext 2003 die Polin Iwona Mickiewicz in ihrem Prosagedicht »Milder Berliner Winter«: »Berlin ist eine Traumastadt.« Bei allem zu bedenken, was der »linientreue Dissident« Jürgen Kuczynski (1904-97),

führender Wirtschaftshistoriker der DDR, in seinen Memoiren konstatierte: »Für künftige Historiker wird die Lektüre unserer Gegenwartsromane viel wichtiger sein als die meisten gesellschaftswissenschaftlichen Schriften.«

Kulturgeschichte(n), Anthologien: Günter de Bruyn, »Als Poesie gut – Schicksale aus Berlins Kunstepoche 1786 bis 1807« (2006); »Zwischen zwei Revolutionen. Der Geist der Schinkelzeit (1789-1848)«, 1927 von Ernst Heilborn (1867-1942, gest. im Gestapo-Gefängnis); »Rückwärts gehn die Krebse gern, vorwärts eilt die Zeit«: Berliner Biedermeier in Vers und Prosa, Hrsg. Gerhard Wolf (1988); »Friedrichshagen und seine Dichter. Arkadien in Preußen«, Hrsg. Günter de Bruyn (1992). Als Schöpfer des Berliner, sogar des deutschen Feuilletons wurde Ernst Ludwig Kossak (1814-80) gefeiert (erste Slg. »Berlin und die Berliner« 1851). Heimatschriftsteller Erdmann Graeser (1870-1937) hatte großen Erfolg mit seinen B.-Romanen »Lemkes sel. Wwe.« (1907, n. 28), »Die Koblanks« (1921), »Eisrieke« (1930), »Spreelore« (1950). Eine »Geschichte der größten Mietskasernenstadt der Welt« verfasste 1930 Werner Hegemann (1881-1936): »Das steinerne Berlin«. – Ein Jugendbuchklassiker: »Erlebnisse und Abenteuer der Kinder aus Nr. 67« (9 Bde. 1933-47) von Lisa Tetzner (1897-1963).

Erinnerungen: Käthe Kollwitz, »Die Tagebücher« (mit »Aufzeichnungen«, Hrsg. J. Bohnke-Kollwitz, 1980); Harry Graf Kessler (1868-1937), »Tagebücher 1918-1937« (Hrsg. W. Pfeiffer-Belli, 1961); Willy Haas (→ Hamburg), »Die literarische Welt« (1957); George Grosz (1893-1959), »Ein kleines Ja und ein großes Nein« (1955); Carl Zuckmayer, »Geheimreport« (»Who's Who« 1943/44 in der Dtl. gebliebenen Künstler, Hrsg. G. Nickel und J. Schrön, 2002); Max Tau (1897-1976/Lektor im Verlag Cassirer, 1938 Emigration nach Norwegen), »Das Land, das ich verlassen mußte« (1961); Gershom Scholem (1897-1982), »Von Berlin nach Jerusalem« (erw. Ausg. hebräisch, dt. 1994); Peter Bamm (→ Mönchengladbach/Hochneukirch/NW), »Eines Menschen Zeit« (1972); Gottfried Bermann Fischer

(1897-1995), »Bedroht – Bewahrt – Weg eines Verlegers« (1967), »Wanderer durch ein Jahrhundert« (1994); **Ruth Andreas-Friedrich** (1901-77), »Der Schattenmann. Tagebuchaufzeichnungen 1938-45« (1947, erw. u. d. T. »Schauplatz Berlin«, 1962); **Bernard von Brentano** (→ Offenbach/HE), »Wo in Europa ist Berlin?« (Feuilleton-Slg., postum 1981); **Sebastian Haffner** (1907-99), »Geschichte eines Deutschen« (H.s Jugendwerk, begonnen 1939, erschien postum 2000 aus dem Nachlass); **Stefan Heym**, »Nachruf« (1988); **Walter Janka**, »Schwierigkeiten mit der Wahrheit« (1989), »Spuren eines Lebens« (1991); **Horst Krüger** (→ Magdeburg/ST), »Das zerbrochene Haus« (1966, erw. 76); **Wolfgang Harich** (1923-95), »Ahnenpaß. Versuch einer Autobiographie« (Hrsg. Th. Grimm, 2000); **Joachim Fest** (1926-2006), »Ich nicht« (Kindheit und Jugend in Karlshorst, 2006); **Heiner Müller**, »Krieg ohne Schlacht. Leben in zwei Diktaturen« (1992); **Klaus Schlesinger**, »Fliegender Wechsel« (1990; »persönliche Chronik« übers »Rübermachen« nach Westberlin, zehn Jahre vorher), »Von der Schwierigkeit, Westler zu werden« (1998); **Nicolaus Sombart** (1923-2008), »Jugend in Berlin 1933-1943« (erw. Ausg. 1991); **Christa Wolf**, »Was bleibt« (1990), »Wo ist euer Lächeln geblieben? Brachland Berlin 1990« (1994 in »Auf dem Weg nach Tabou«); **Joachim Seyppel**, »Trottoir & Asphalt. Erinnerungen an Literatur in Berlin« (1994); **Günter de Bruyn**, »Zwischenbilanz. Eine Jugend in Berlin« (1991), »Vierzig Jahre. Ein Lebensbericht« (1996); **Heinz Knobloch**, »Mit beiden Augen: Mein Leben zwischen den Zeilen« (1997); **Günter Kunert**, »Erwachsenenspiele« (1997); **Marcel Reich-Ranicki**, »Mein Leben« (1999); **Wolf Jobst Siedler**, »Ein Leben wird besichtigt. In der Welt der Eltern« (2000), »Wir waren noch einmal davongekommen« (2004); **Barbara Honigmann**, »Ein Kapitel aus meinem Leben« (2004). **Caroline Roeder/Nelly Rau-Haering** (Hrsg.), »Berliner Kindheit im zwanzigsten Jahrhundert«. Eine literarisch-fotografische Spurensuche (2006).
Anthologien: »Sagenhaftes Berlin. Historien, Sagen und Anekdoten rund um die deutsche Hauptstadt«, Hrsg. **Siegfried Neumann** (2000).

Die erste Nachkriegsanthologie erschien 1948 u. d. T. »Junges Berlin« im Westteil der Stadt. »Gesicht einer Stadt. Gedichte über Berlin« hieß eine 1959 publizierte Slg. zum 10. Jahrestag der »Hauptstadt der DDR«. **Herbert Günther** (1906-78): »Hier schreibt Berlin. Ein Dokument der Zwanziger Jahre« (1963; Text folgt der Erstausgabe von 1929); **Rudolf Hartung** im gleichen Jahr 63: »Hier schreibt Berlin heute«. Nach 20 Jahren erschien 1995 die 1975 von **Ulrich Plenzdorf, Klaus Schlesinger** und **Martin Stade** konzipierte Autoren-Anth. »Berliner Geschichten«, die sich bewusst der Zensur widersetzte; die Stasi hatte sie mit dem »Operativen Schwerpunkt Selbstverlag« seinerzeit verhindert. **Karin Kiwus**, »Berlin – ein Ort zum Schreiben« (1996). »Die Stadt nach der Mauer. Junge Autoren schreiben über Berlin«, Hrsg. **Jürgen Jakob Becker** und **Ulrich Janetzki** (1999). **Hermann Glaser**, »Die Mauer fiel, die Mauer steht. Ein deutsches Lesebuch 1989-1999« (1999). – »Meine großartigsten Städte/sind meistens die geträumten/wie Berlin . . .«: der kongolesische Schriftsteller **Alain Mabanckou** 2002. Die jüngsten (und vermehrt nun international ausgerichteten) Berlinanthologien erscheinen jährlich im Kontext des Internationalen Literaturfestivals. **Michael Bienert** (in der Neuauflage seiner »Wege durch den Text der Stadt« 2004): »Noch lange ist Berlin nicht die Metropole, die es gern sein möchte und zu sein behauptet; allein sein Rang als literarische Weltmetropole steht außer Frage.«
Wilfried F. Schoeller (in einer Besprechung von Alfred Kerrs »Briefen aus der Hauptstadt 1894-1900«): »Vielleicht steckt die Vergangenheit von Städten gar nicht in den alten Kulissen, die sie noch heute bereit halten, sondern nur in den Sätzen, die über sie in der Welt sind. Nicht in den architektonischen Zeugnissen, nicht in den Denkmälern, sondern im Delirium der zeitgenössischen Beschreibungen. Demnach wäre die Stadt gar nicht wirklich, sie existierte nur als Wörterstadt. Von Gnaden der literarischen Streuner, Voyeure und Müßiggänger.«
S Staatsbibliothek zu Berlin – Preußischer Kulturbesitz. Hervorgegangen aus der Vereini-

gung der früheren Deutschen Staatsbibliothek (Nationalbibliothek der DDR), Unter den Linden 8, und der Staatsbibliothek Preuß. Kulturbesitz, Potsdamer Straße 33: rd. 10 Mio Bde.; europ. und orient. Hss. (Vergils »Georgica«, Fragm. 5. Jh.), Musikhss. (L. van Beethoven, 9. Sinfonie), Einzelautographen (G. E. Lessings »Minna von Barnhelm«); Inkunabeln (42zeilige Gutenbergbibel); 1400 Nachlässe u. Archive..

Bibliothek Humboldt-Universität: über 6 Mio Bde.; Sonderslgg. u. a. Grimm-Bibliothek, Archiv »Tunnel über der Spree«.

Bibliothek Freie Universität: rd. 8,5 Mio Medien: gut 6 Mio in den Fachbibliotheken, rd. 2,5 Mio in der Universitätsbibliothek (Sozialismusforschung rd. 50 000 Bde.)

Akademie der Künste Berlin-Brandenburg (AdK): Stiftung Archiv der AdK mit über 880 Einzelbeständen, Spezialbibliothek von 540 000 Bdn. und Kunstslg. von 60 000 Objekten; ca. 240 Literatur-Archive und Slgg. (u. a. J. R. Becher, W. Benjamin, B. Brecht, G. Grass, W. Jens, A. Kerr, H. Mann, H. Müller, H. W. Richter, A. Seghers, P. Weiss, Ch. Wolf, A. Zweig); Künstler-Emigration während der Zeit des Nationalsozialismus.

Amerika-Gedenkbibliothek (02) und **Berliner Stadtbibliothek** (01) sind seit 1995 als **Zentral- und Landesbibliothek Berlin (ZLB)** zusammengeführt: über 3,28 Mio elektron. und gedruckte Medien; im Ribbeck-Haus (01) **Zentrum für Berlin-Studien (ZBS)**, die **Berlin-Bibliothek** umfasst 380 000 Medieneinheiten, u. a. ca. 105 000 Bücher, Zeitungen (seit 1740), Zss., Karten, Pläne; unter den Sonderslgg. Flugschriften, Plakate, Zeitungen 1848.

Gesellschaften: Bettina von Arnim, J. Bobrowski, Ch. Bukowski, H. von Doderer, Fouqué, G. Hauptmann, H. von Kleist, Heiner Müller, Wilhelm Müller, Pirckheimer, Sartre, Anna Seghers, Stendhal, K. Tucholsky, P. Weiss, A. Zweig. Geschäftsstelle der Arbeitsgemeinschaft Literarischer Gesellschaften und Gedenkstätten (ALG) im LCB. – 2006 gegr. die »Académie de Berlin« (»im Geiste Voltaires« Gedankenaustausch zwischen Deutschland und Frankreich).

Preise: AdK: Kunstpreis Berlin (1948), darin Fontane-Preis; Heinrich-Mann-Preis (seit 1950); Alfred-Döblin-Preis (1979 von G. Grass gestiftet), Alfred-Döblin-Stipendium; Lion-Feuchtwanger-Preis; F.-C.-Weiskopf-Preis (seit 1956); Alex-Wedding-Preis (für Kinder- und Jugendbücher). – Stiftung Preuß. Seehandlung: Berliner Literaturpreis (seit 1989); Erich-Kästner-Stipendium für Kinder- und Jugendliteratur. – BHF-Bank-Stiftung: »Brücke Berlin«-Literaturpreis. – LCB: Lyrik-Debut-Preis (seit 1950). – Bettina-von-Arnim-Forschungspreis (seit 1987); Johannes-Bobrowski-Medaille (seit 1992); Brüder-Grimm-Preis des Landes B. (Förderung Kinder- und Jugendtheater, seit 1961); Hans-Sahl-Preis (seit 1995); Walter-Serner-Preis (seit 1975); Kurt-Tucholsky-Preis für lit. Publizistik (seit 1995).

Literarisches Colloquium Berlin (LCB), Zehlendorf; **Literaturhaus Berlin**, Charlottenburg; **Literaturforum im Brecht-Haus**, Mitte; **literaturWERKstatt**, Prenzlauer Berg; **LesArt** (Berliner Zentrum für Kinder- und Jugendliteratur), Mitte; **Neue Gesellschaft für Literatur** (seit 2003, Büro im Nikolaiviertel): Ausrichtung von Literaturveranstaltungen (u. a. »Berliner Märchentage«).

Literarische Stadtführungen: »Stattreisen« (seit 1983), u. a. auf den Spuren von B. Brecht, A. Döblin, Th. Fontane, H. Heine, E. T. A. Hoffmann, K. Tucholsky, »Poesie von OstWestberlin«. **Internetportal Literaturport**, Gemeinschaftsprojekt des Literarischen Colloquiums Berlin und des Brandenburger Literaturbüros.

Ⓡ Mitte (01)

Mitte Museum am Gesundbrunnen (Pankstraße 47); Mitte Museum am Festungsgraben (Am Festungsgraben 1).

Die neue **Mitte** umfasst die alte Mitte, im Wesentlichen die Stadt Berlin zu Beginn des 19. Jahrhunderts, und Tiergarten und Wedding dazu. »**Unter den Linden**«, an ihrem krönenden Abschluss, »wollen wir stille stehn«, wie **Heinrich Heine** 1822, »und das **Brandenburger Tor** und die darauf stehende Viktoria betrachten ... Die gute

Frau hat auch ihre Schicksale gehabt.« Am Pariser Platz 4 zog 1907 die Preuß. Akademie der Künste ein; 1926 wurde ihr die Sektion für Dichtkunst angegliedert. Sechs Jahrzehnte nach der Zerstörung im Zweiten Weltkrieg steht das neue Domizil am historischen Ort wieder in Dienst. Zu den Mythen des alten Berlin gehörte das benachbarte **Hotel Adlon, Unter den Linden** 77 (vormals 1). **Gerhart Hauptmann, Georg Kaiser, Carl Sternheim, Thomas Mann** stiegen ab oder dinierten hier. In einem unzerstörten Seitentrakt fanden 1947 **Anna Seghers** und 48/49 **Bertolt Brecht** Quartier. Auf dem Gelände der **Russischen Botschaft** (Nr. 63/65) lag »Das öde Haus« aus **E. T. A. Hoffmanns** »Nachtstücken«. Im Palais Raczynski (Neubau, Nr. 39) führte 1833-44 **Bettina von Arnim** – »die einzige wahrhaft freie und starke Stimme«, so **Varnhagen von Ense** – ihr »offenes Haus«. An der

Berlin-Mitte: Unter den Linden, Bücherverbrennung auf dem Opernplatz, 10. Mai 1933

»weltbekannten Kreuzung« **Unter den Linden/Friedrichstraße** gab es das (auch als literarischer Schauplatz oft bemühte) »Dreigestirn der Cafés«: die »Lesekonditorei Kranzler« (Nr. 35) auf der Südseite, gegenüber das »Café Bauer« (Nr. 23), und auf der Nordseite (im Bereich von Nr. 14) das Hotel und Café »Viktoria«.

Im **Forum Fridericianum** reitet seit 1980 wieder **Friedrich II. Volker Braun:** »Mich freuts ... Hat doch auch **Lessing** zugleich wieder sein Denkmal, am Arsch« (mit **I. Kant** unter den 150 Figuren am Sockel). Der Alte Fritz schaut auf die **Humboldt-Universität,** mit den Standbildern von **Wilhelm** und **Alexander von H.** in Front. Benachbart (Unter den Linden 8) die 1903-14 errichtete **Deutsche** (ehem. Preußische) **Staatsbibliothek;** im Ehrenhof dort Skulptur und Tafel zu **Brechts** »Fragen eines lesenden Arbeiters« (von W. Stötzer).

Die (Kgl.) **Alte Bibliothek,** die »Kommode« (1775-80), liegt gegenüber. **Fichte, Hegel,** die **Brüder Grimm, Mommsen** gehörten zu den Benutzern, **W. I. Lenin** ist die einzige Tafel gewidmet. Auf dem (ehem. Opern-)**Bebelplatz** davor mahnt ein 1995 eingeweihtes Denkmal, eine unterirdische leere Bibliothek, des israelischen Künstlers M. Ullmann an die Bücherverbrennung vom 10. Mai 1933. Im ehem. »Café National« **Hinter der Kath. Kirche** 1 tagte seinerzeit die »Kleindichterbewahranstalt« (so bissig **Emanuel Geibel**), der von **M. G. Saphir** in der Friedrichstraße gegründete »Tunnel über der Spree«.

Wieder auf der anderen Lindenseite liegt die **Neue Wache** (jetzt Mahnmal für die Opfer von Krieg und Gewaltherrschaft) und (Nr. 2) das **Zeughaus** (Deutsches Historisches Museum). Im Kastanienwäldchen blieb **(C. F. Zelters) Singakademie** erhalten, heute hier das **Maxim-Gorki-Theater.** Und nahebei der »doppelte Heinrich«: ein Zweitguss des **Heine-**Denkmals vom Volkspark am Weinberg. Am »Bauhof No. 2 bei Schmidt« (seit 1872 **Hegelplatz**) wohnte 1854/55 **Gottfried Keller** (Tafel irrtümlich **Bauhofstraße** 2). **Am Kupfergraben** 5 steht **Hegels** letztes (1980-83 rekonstruiertes) Haus.

Blick zurück an der **Schlossbrücke** noch einmal mit **Heine**: »Wirklich, ich kenne keinen imposanteren Anblick, als, vor der Hundebrücke stehend, nach den Linden hinaufzusehen.«

Alt-Berlin

Im Mittelpunkt stand das **Schloss**. **Wolf Jobst Siedler**: Das Schloss war »jenseits dessen, was es für sich selbst bedeutete, der Bezugspunkt jener historischen Mitte Berlins, die von dem Pariser Platz im Westen, dem Gendarmenmarkt in der Mitte, dem Alexanderplatz im Osten und dem Belle-Alliance-Platz im Süden begrenzt wurde«. Die Sprengung der Ruine 1950 ließ einen riesigen Platz zurück. **Günter de Bruyn**: der »so deprimierend wirkte, dass 1976 der sogenannte **Palast der Republik** auf Teilen von ihm gebaut wurde. Aber die Ödnis beseitigte er nicht.« (Vom Bau des »Palatzo di Protzo« erzählt **Wolf Biermann** in seiner »Bibel-Ballade«, im gleichen Jahr 76 wurde er ausgebürgert.) Das barocke Schlossportal IV, von dem Karl Liebknecht am 9. November 1918 die »Freie Sozialistische Republik« ausgerufen hatte, blendete man dem (nach 1989 umgewidmeten) **Staatsratsgebäude** vor. G. de Bruyn noch einmal: »Nur der Wiederaufbau der Schlüterschen Schloßfassade, dem der Bundestag im Sommer 2002 zugestimmt hat, kann die häßliche Lücke in Berlins Mitte füllen, das Ensemble von Dom, Altem Museum, Zeughaus und Lustgarten wieder vervollständigen und den Linden einen würdigen Anfang geben« (»Unter den Linden«, 2002). Stand 2007/08: Mit der Originalfassade soll das Schloss als »Humboldt-Forum« ab 2010 wiedererrichtet werden.

»Im Lustgarten«, **Heinz Knobloch** hat 1989 eine »Geschichte zum Begehen« geschrieben. »**Lustgarten**?«, heißt es da gleich zu Anfang, »Das sind Napoleon, Preußenkönige und Thälmann.« **Franz Hessel** erinnert sich der »Roten Pfingsten«. Und 20 Jahre später **Bertolt Brecht**, am 1. Mai 1950 auf der Prominententribüne, angesichts des »Couragewagens« des Berliner Ensembles: »Im Demonstrationszug des 1. Mai / Zeigten die Mütter ihren Kindern / Die Weigel und / Lobten den Frieden.« – Ein Kapitel für sich der **Weihnachtsmarkt**, der bis 1944 zwischen Schloss und Lustgarten abgehalten wurde, und seine Geschichten hat, wie **Wolfdietrich Schnurres** »Flucht nach Ägypten«, die – wie denn auch anders – erst im **Pergamonmuseum** an ihr Ziel kommt.

Leseorte: Im **Ribbeckhaus**, Breite Straße 35/36, sind die Berlinbücher der benachbarten **Stadtbibliothek** (Nr. 32-34) und der Amerika-Gedenkbibliothek zusammengeführt und ohne Umstand präsent. Den Namen eines der größten Berliner Bücher-Allrounders führt das Haus **Brüderstraße** 13: **Ch. F. Nicolai**. Weitere Tafeln würdigen u. a. **C. F. Zelter**, **Th. Körner** und seine Eltern, **Elisa von der Recke** (→ Dresden/SN) und **Ch. A. Tiedge** (→ Salzwedel/Gardelegen/ST). »Die Vogelhecke in der Brüderstraße« (R. aus dem B.er Biedermeier, 1937) von **Hans von Hülsen** (1890-1968). – Die **Sperlingsgasse**, heute eine moderne Wohnstraße, erinnert nur mehr dem Namen nach an **Wilhelm Raabe** und seine »Chronik«. – Auch der historische Stadtgrundriss der **Fischerinsel** ist zerstört. Die (alte) »Roßstraße« existiert nicht mehr, der »König der Romantik« **Ludwig Tieck** kam hier in einer Hinterstube zur Welt. In der **Gertraudenstraße** erinnert eine Stele an den Rosskamm Hans Kohlhase, Vorbild von **Kleists** »Michael Kohlhaas«. – An der **Friedrichsgracht** (in der **Neuen Grünstraße**) verbrachte **Gershom Scholem** (1897-1982), W. Benja-

mins lebenslanger Freund, seine »Berliner Kindheit um 1900« und Jugend, bevor er 1923 nach Palästina auswanderte (Aut. »Von Berlin nach Jerusalem«, 1977).
»Wie vieles seh ich, das ich nicht mehr seh!«, klagte 1968 **Mascha Kaléko** beim »Wiedersehen mit Berlin«. Die alte Mitte (Berlin-Cölln) gibt es nicht mehr. Wenigstens sind ihre Schauplätze »zu Buche geschlagen«. Im hist. »König von Portugal« z. B. (er firmiert da nur als »König von Spanien«) in der damals auch parallel zur Spree verlaufenden **Burgstraße**, gegenüber dem Schloss, geht **Lessings** »Minna von Barnhelm« in Szene. Mit einem Blumenrondell setzt dort jetzt das in **Rathausstraße** rückbenannte Marx-Engels-Forum an, wo ein Drittel von Alt-Berlin (der größte Teil des Marien-Viertels) unter den Rasen gekehrt worden ist. Die Namengeber **Marx** und **Engels** figurieren noch inmitten, als »Sakko und Jacketti« im Berliner Spitznamenregister.
An der Kreuzung **Spandauer/Karl-Liebknecht-Straße** (heute ist hier die Anlage »Zum Neptunbrunnen«) stand das »berühmteste Mietshaus im Herzen von Berlin« (die Nr. 68, später 33), »in welchem die Vögel aus- und einflogen«; unter denen **J. W. L. Gleim** und **K. W. Ramler**, F. **Nicolai** in der Wohnung seiner Mutter und, völlig mittellos, der 19-jährige **G. E. Lessing**. 1762 zog **Moses Mendelssohn** mit seiner Frau Fromet ein und »wirkte Unsterbliches«. (Die beste Spurensuche: **H. Knoblochs** »Herr Moses in Berlin«, 1979, Neuausg. 2006). Verloren zum Fernsehturm am Alexanderplatz hin steht die backsteingotische **Marienkirche**. Der Totentanz in der nördl. Vorhalle (um 1485) gehört mit seinen niederdeutschen Versen zu den ältesten erhaltenen Berliner Dichtungen. (Zentraler Ort auch in der Trilogie »Ästhetik des Widerstands«, 1975-78, von **Peter Weiss**.)

Die Lange, die **Rathausbrücke** heute, verband die 1307 unierten Städte Cölln und Berlin. Im Nikolaiviertel entstand in den 1980er Jahren eine Berliner Altstadt-Simulation. Die **Nikolaikirche** ist heute Museum. Eine Tafel an der Westfront erinnert an **Paul Gerhardt**, der 1657 als zweiter Diakonus berufen wurde. **Samuel von Pufendorf** (1632-94), Staatsrechtler und Historiograph des Großen Kurfürsten, ist an der Nordseite des Chors beigesetzt. Neu erbaut wurde am **Nikolaikirchplatz** 7 (früher Nr. 10) das **Lessing**-Haus, nahe wo L. von 1752 bis 55 gelebt hatte. (Die Gedenktafel stammt allerdings vom ehem. Königsgraben, wo er zehn Jahre später wohnte.) – Ein Original ist in der **Poststraße** 23 das Knoblauch-Haus von 1759. In den »Historischen Weinstuben« verkehrte seinerzeit der halbe nordische Parnass: **B. M. Bjørnson**, **H. Ibsen**, **A. Strindberg**, und mit von der Partie **G. Hauptmann**.
Die verschwundene Szenerie der alten »Königstadt« – heute etwa **Rathaus-, Jüden-, Kloster-, Littenstraße** – ist aufs Schönste bei **Glaßbrenner** oder in **Georg Hermanns** »Jettchen Gebert« festgeschrieben. Letzte Einkehr, wo schon **Döblin**, **Fallada**, **Gorki** und **Zille** festsaßen: in der »Letzten Instanz« am Stadtmauerrest in der **Waisenstraße** 14-16.

Vom Alexanderplatz zum Oranienburger Tor

»Wach sein, wach sein, es geht was vor in der Welt«: Der heutige **Alexanderplatz** verdankt seinen Weltruhm **Alfred Döblins** Roman-Platz von 1929. Viel haben beide nicht mehr gemeinsam. **Michael Bienert** 1999: »Man muss den heutigen Alexanderplatz nur mit der gleichen Wachheit anschauen wie Döblin, dann wird er dem seinen unversehens ähnlich.«
Franz Biberkopf, Döblins Held, der, aus

dem Tegeler Gefängnis entlassen, am **Rosenthaler Platz** sein »Milljöh« wieder betritt, verkriecht sich im Scheunenviertel – dem poweren Quartier (weder Getto noch Schtetl) der vor und nach dem 1. Weltkrieg auf dem Weg nach Amerika hier gestrandeten Ostjuden, im Geviert der heutigen **Almstadt-, Max-Beer-** und **Hirtenstraße**, der **Rücker-, Linien-** und **Mulackstraße**. Der Bülow- (seit 1947 **Rosa-Luxemburg-Platz**), mit der **Volksbühne**, dem Großkino »Babylon« und dem Karl-Liebknecht-Haus, war zu Biberkopfs Zeit, so **Carl von Ossietzky**, »die klassische Berliner Arena erbitterter Partisanenkämpfe«. – Literarische Topographien aus dem »Unort« (G. Kunert): **Arthur Eloesser** (1870-1938), »Die Straße meiner Jugend« (1919/34); **Joseph Roth**, »Juden auf der Wanderschaft« (1927); **Martin Beradt** (→ Magdeburg/ST), »Beide Seiten einer Straße« (1965/93); **Max Fürst** (1905-78), »Talisman Scheherezade« (1976); **Eike Geisel** (Hrsg.), »Im Scheunenviertel« (1981).

Sophienstraße 18: Im ehem. Handwerkervereinshaus im Hinterhof wurde am 19. Oktober 1928 der »Bund proletarisch-revolutionärer Schriftsteller« gegründet. **Johannes R. Becher** war der erste Vorsitzende. Nr. 2-3 der **Alte Sophienkirchhof**: hier sind die **Karschin, K. W. Ramler**, der Historiker und Ehrenbürger **L. von Ranke** (→ Artern/Wiehe/TH) und **C. F. Zelter** (1758-1832) begraben.

»Ich habe am Wannsee Rosen gepflückt und weiß nicht, wem ich sie schenken soll«: eine Tafel in der Durchfahrt zu den **Hackeschen Höfen, Rosenthaler Straße** 40-41, erinnert an **Jakob van Hoddis** und den expressionistischen »Neuen Club« von 1909. Im Hinterhof von Nr. 39 befand sich die Besen- und Bürstenfabrik von Otto Weidt, der bis 1943 jüdische Blinde und Taubstumme vor der Deporta-

tion beschützte (**Inge Deutschkron**, »Ich trug den gelben Stern«, 1975). **Rosenstraße** 2-4 steht Ingeborg Hunzingers Denkmal für den Frauenprotest (für die Freilassung ihrer inhaftierten jüdischen Angehörigen) Februar/März 1943: »Block der Frauen« (Info-Säule und -tafel Ecke **Heidereutergasse**). Von einem Fall »ungewöhnlicher Zivilcourage am **Hackeschen Markt**« erzählt **Heinz Knobloch**: »Der beherzte Reviervorsteher« (1990) Wilhelm Krützfeld verjagte in der Pogromnacht 9./10. November 1938 marodierende SA-Leute aus der **Neuen Synagoge (Oranienburger Straße** 30). Das 1943 dann durch Luftangriffe zerstörte Gotteshaus ist, rekonstruiert, Centrum Judaicum geworden. Oranienburger Straße 67 befand sich **Alexander von Humboldts** letzte Wohnung: Man war inmitten all seiner Sammlungen wie in einer anderen Welt.

Am Eingang zum **Monbijoupark** steht eine Marmorbüste **Adelbert von Chamissos**. Er war, seit 1796 in Berlin, Page bei Königin Luise. Im »Festsaale« des (im 2. Weltkrieg zerstörten) Schlosses M. wurden 1817 zum ersten Mal Szenen aus Goethes »Faust« gespielt (**Walter Bloem** → Wuppertal/NW, »Faust in Monbijou«, R. 1931).

Drei jüdische Gedenkstätten liegen in der **Großen Hamburger Straße** beieinander (Nr. 26-27): Der älteste Friedhof der Jüdischen Gemeinde zu Berlin (1672-1827), zerstört 1943; ein einziger Stein markiert das Gedenkgrab für **Moses Mendelssohn**. Das ebenfalls zerstörte Jüdische Altersheim neben dem Friedhofseingang wurde 1943 Deportationszentrum; heute hier eine rasengedeckte Brachfläche mit einem Erinnerungsmal an die 55696 verschleppten Berliner Juden. Der Pausenhof der ehem. Jüdischen Freischule (heute Jüdische Grund- und Realschule und Gymnasium) grenzt an; an der Fassade Relief von

M. Mendelssohn mit seinem Lebensmotto: »Nach Wahrheit forschen, Schönheit lieben, Gutes wollen, das Beste tun.« Gegenüber der Schule in der Baulücke zwischen Haus Nr. 15 und 16 entstand anlässlich des Ausstellungsprojektes »Die Endlichkeit der Freiheit« im Herbst 1990 das Werk »The Missing House« des französischen Künstlers Christian Boltanski. Das Café im Haus Nr. 16 gehört zu den Schauplätzen von Irina Liebmanns Roman »In Berlin« (1994).

Die Tucholskystraße, die bis 1951 Artilleriestraße hieß, ist Schauplatz von Erich Kästners Kinderbuch »Pünktchen und Anton« (1930). Das Haus Auguststraße 14/16 beherbergte in den 1930er Jahren das jüdische Kinderheim AHAWAH; Regina Scheer hat die bewegende Biographie dieses »Vergessenen Hauses« rekonstruiert (1992). Im Hof von Nr. 24/25 wurde 1913 »Clärchens Ballhaus« eröffnet. Alfred Döblin ging hier ein und aus: »Komm mal rin; kuck mal zu, wie ick mit einem Arm tanze«, lässt er Franz Biberkopf schwadronieren. Beinahe 25 Jahre lebte Günter de Bruyn ab 1961 in Nr. 92. Seine Romane »Buridans Esel« und »Preisverleihung« (1968, 1972) sind hier, im topographisch leicht veränderten »Armeleutstum«, zwischen Ackerstraße und Großer Hamburger, angesiedelt. – »Der verlassene Raum«: am Koppenplatz zu entdecken das gleichnamige Deportationsmahnmal mit Gedichtzeilen von Nelly Sachs: »O die Wohnungen des Todes . . .«

Im Volkspark am Weinberg steht in Bronze (von W. Grzimek) der junge Heinrich Heine, an der Nordwestseite der Zionskirche K. Biedermanns Plastik »Für Dietrich Bonhoeffer«. – Zwischen Brunnen- und Gartenstraße lag das »Vogtland« der armen Weber und Maurer aus dem Sächsischen (Bettina von Arnim, »Dies Buch gehört dem König«, 1843); im Bereich der Chausseestraße das »Feuerland« der Eisengießer und Maschinenbauer (Nr. 13 das Borsighaus). Eine »kirchhofreiche Gegend« (so Fontane in »Stine«) war's dazu: der Garnisonfriedhof (mit Fouqués Grab) in der Spandauer, der Invalidenfriedhof in der Oranienburger Vorstadt. Neben dem »Dorotheenstädtischen«, wo sie auch begraben sind, hatten Bertolt Brecht und Helene Weigel ihre letzte Wohnung (Chausseestraße 125): »Es ist nicht ohne Heiterkeit . . .« Von Nr. 131 heißt es in Wolf Biermanns (der hier bis zu seiner Ausbürgerung aus der DDR wohnte) Lied von 1998 »Mein Kiez«: »Vor unserem Eckhaus Chausseestraße stand / Die Stasi: Tag und Nacht Posten . . .« Beschluss mit einer »Wanderung zu Fontanes Grab«. Heinz Knobloch hat den (einmal gar nicht so einfachen) Weg in die Liesenstraße zum Friedhof II der Franz. Gemeinde 1980 beschrieben.

Friedrich-Wilhelm- und Dorotheenstadt

Mythos Friedrichstraße. Robert Walser 1909: »Die Luft bebt und erschrickt von Weltleben . . .« Richtig »geflegelt« hat sich die Magistrale erst nach dem 1. Weltkrieg (Einschlägiges in Falladas frühen Romanen), der 2. bombte sie nahezu an ihren Anfang zurück. Zwei Dutzend historischer Gebäude blieben gerade mal übrig. Der Neubeginn Ende des Jahrhunderts brachte tiefgreifende Umgestaltungen. Unsere Route beginnt im nördlichen Teil, in der alten Friedrich-Wilhelm-Stadt (vom Anfang des 19. Jh.s) und der älteren Dorotheenstadt (die um 1680 entstand).

Auferstanden als Ruine war am Oranienburger Tor ein Rest der berühmten Friedrichstraßen-Passage, das alternative Kulturzentrum »Tacheles«. Nahebei, Friedrichstraße 133, in der Wohnung von **Christa** und **Gerhard Wolf**, trafen sich nach der Ausbürgerung von **Wolf Biermann** aus der DDR im November 1976 zahlreiche Autoren, um gegen Biermanns Rauswurf zu protestieren (dazu Ch. Wolfs Erzählung »Was bleibt«).

»Fritz, Fritz, die Brücke kommt«, heißt es in **Fontanes** »Von Zwanzig bis Dreißig«. Gemeint ist die **Weidendammer Brücke**: auf ihr verlobte er sich am 8. Dezember 1845 mit Emilie Rouanet. Auf der Brücke kommen auch **Erich Kästners** »Pünktchen und Anton« zusammen. Dem Adler »mit grauen Flügeln aus Eisenguss am Geländer über der Spree« gilt **Wolf Biermanns** »Ballade vom preußischen Ikarus«. Hinter der Brücke liegt links der alte neue **Admiralspalast**. Mit dem (im Sommer 2006 ausgeräumten) »**Tränenpalast**« gegenüber kommt der **Bahnhof Friedrichstraße** in Szene. Das Bild von der »D-Zugslokomo-

Berlin-Mitte: Wolf Biermann auf der Weidendammer Brücke

tive in der Höhe, genau oberhalb der Straßenmitte« (**Siegfried Kracauer**, 1933) war signifikant für den Menschenumschlagplatz von 1882 bis zum 12. August 1961. Als Symbol der geteilten Stadt der Bahnhof dann bis zum November 1989, »im Fadenkreuz von abertausend Geschichten« (**Ingeborg Drewitz**), Ausgangspunkt für »Reisen ohne Rückfahrkarte, Zeitreisen, Traumreisen, Tagtraumreisen . . .« (**Jens Sparschuh** 1989/97).

Hinterm Oranienburger Tor in der **Philippstraße** hauste zuletzt – nachdem er wegen seiner Schrift »Der Einzige und sein Eigentum« (1845) verfemt worden war – verarmt und vereinsamt **Max Stirner** (→ Bayreuth/BY). – Die **Luisenstraße** führt an der Charité (gegründet 1710) entlang. Den berühmten Virchow, seit 1843 hier Arzt, pries sein Schüler **C. L. Schleich**, um 1881 in Nr. 15 (damals) wohnend, als den »großen Dichter des Romans von der Zelle«. – Rund um die **Schumannstraße** gab es zeitweilig sechs Bühnen. »Mittendrin in behütetem Abseits« (F. Hessel) überstanden fast unversehrt das **Deutsche Theater** und die **Kammerspiele** den 2. Weltkrieg. Vier ehem. Intendanten stehen auf dem Vorplatz in Bronze: Neben **Otto Brahm** (1894 Uraufführung von G. Hauptmanns »Weber«) und **Max Reinhardt** nun auch **Heinz Hilpert** (1934-45) und **Wolfgang Langhoff** (1946-63). – Der »mitten in der Trümmerstadt Berlin« stehengebliebenen (inzwischen nachgepflanzten) Pappel vom **Karlplatz** hat **Bertolt Brecht** 1950 eines seiner »Neuen Kinderlieder« gewidmet. – Nah dem »Schauplatz des Naturalismus« suchten sich im Frühjahr 1904 **Otto Flake** und **René Schickele** in der **Marienstraße** (Nr. 13) ihr Quartier. Im Eckhaus **Marien-** 32/**Luisenstraße** 39 wohnte der Mitbegründer der modernen japanischen Literatur **Mori Ogai** im Sommer 1887 als Medizinstudent; heute hier Gedenkstätte. An der Ecke gegenüber befand sich zu DDR-Zeiten der legendäre Künstlerklub »Die Möwe«; jetzt fliegt die Möwe für die Landesvertretung von Sachsen-Anhalt.

»Linkerhand längs der Spree« liegt am **Bertolt-Brecht-Platz** das alte »Theater am Schiffbauerdamm« (Uraufführungsort der »Dreigroschenoper« am 21. April 1928). 1954 bezog das **Berliner Ensemble** das Haus. Seit seinem 90. Geburtstag sitzt der Prinzipal in figura vor seinem Theater. Noch zu Lebzeiten von J. G. Schadow wurde die Kleine Wallstraße in **Schadow-straße** umbenannt. Im gastfreien Haus (Nr. 10) fanden sich auch die Dichter ein: **A. von Arnim, C. Brentano, die Brüder Humboldt, L. Tieck.** – »Friedrichstraße, ganz in der Nähe der Linden« trat **Theodor Fontane** 1845 in die »Polnische Apotheke« ein, sie befand sich Mittel-/Ecke Friedrichstraße. Die Apotheke (später auch als »Dorotheenstädtische« geführt) existiert nicht mehr. Den Namen hat eine neue Offizin, **Friedrichstraße** 154, übernommen, im linken Schaufenster hängt eine Gedenktafel.

Friedrich- und Luisenstadt

»Geschichtsmeile **Wilhelmstraße**«: Die Historie ist fast nicht mehr erkennbar. Hinweistafeln auf den Trottoirs blenden Aufstieg und Niedergang des einstigen Regierungsviertels – die wichtigsten Einrichtungen lagen auf der Westseite zwischen Behren- und Voßstraße – noch einmal auf. **Bertolt Brecht** in der Frühe des 23. Oktober 1948, vom »Adlon« aus »die zerstörte Wilhelmstraße hinunter zur Reichskanzlei« gehend: »Durch Berge von Schutt/(Weiland Straße der Ministerien)/Ziehen fünf Frauen einen Wagen/Beladen mit Maschinenteilen . . .« Perspektivwechsel: wo einmal die Ministergärten la-

gen, breitet sich (60 Jahre nach Kriegsende) P. Eisenmans Holocaust-Mahnmal, das **Denkmal für die ermordeten Juden Europas.** – »Ich wohne hier in einem Paradies«, hatte **Bettina** vor Ort geschwärmt, als sie mit **Achim von Arnim** im März 1811 etwas weiter südlich in das Gartenhaus des Gräflich Vossischen Palais (zerstört) einzog. In »aristokratischer Gegend« heißt es in **Fontanes** »Schach von Wuthenow« von der **Behrenstraße**. Eine »geistreiche« war sie dazu. An Nr. 12 erinnert eine Tafel an **Heinrich Heine**, er wohnte ab 1821 hier für zwei Jahre. 1831 vertrieb die Cholera **Arthur Schopenhauer** aus der Nr. 17 und dem »vermaledeiten Nest« Berlin. Im gleichen Jahr zog **Wilhelm von Humboldt** aus Nr. 30 aus und eine Straße weiter, in die **Französische Straße** 42 (beide zerstört). In der Nachbarschaft (Nr. 44) hatte 1796 **August Wilhelm Iffland** seine Dienstwohnung; der »Arbeitsplatz«, das Kgl. Nationaltheater, lag gerade mal um die Ecke. »Der Bienenstock« (Sitz des Aufbau-Verlages von 1945 bis 91 in Nr. 32) war internationaler Umschlagplatz für Literatur. – **Jägerstraße** 22/23: im ehem. »Colombschen Hause«, das an dieser Stelle stand, dem Stadtwohnsitz der Familie, wurde 1767 **Wilhelm von Humboldt** geboren. Nr. 51: am Stammhaus der Bank erinnert seit deren 200. Gründungstag eine Gedenktafel (mit dem Emblem der Familie, einem Kranich mit einem Stein unter dem Spruch: »Ich wach«) auch an die wiss. und künstl. Bedeutung der Familie **Mendelssohn.** »Unser Eigenthum ist nur das, was uns keiner nachmachen kann«: in der »Dachstube« von Nr. 54 hielt die junge **Rahel Levin** ab 1793 ihren ersten Salon. Den zweiten – seit 1814 war sie mit **Karl August Varnhagen** verheiratet – von 1819 bis 27 in der Französischen Straße 20 (heute »Galeries Lafayette«). 1827 zogen die Varnhagens in die **Mauerstraße 36** (zerstört), pflegten nach wie vor ihren Cercle und blieben bis zum Lebensende: Rahel 1833, Varnhagen 1858. Zusammen wohnten vorher schon in der Straße, in der Nr. 34 (zerstört), **Achim von Arnim** (seit Dezember 1808) und (von Halle kommend seit September 1809) **Clemens Brentano**. B. verfasste hier u. a. die Festkantate zur Eröffnung der Universität am 15. Oktober 1810. Nr. 53 ist das (neue) »Kleisthaus«, **H. von Kleist** lebte die letzten beiden Jahre hier (1810/11). Ecke **Taubenstraße** 3/**Glinkastraße** 16 die »Schleiermacher-Häuser« (Gedenktafel): **F. E. D. Schleiermacher**, Prediger an der Dreifaltigkeitskirche (zerstört), lebte und wirkte hier 1809-16; in der »Franzosenzeit« trafen sich die Patrioten bei ihm.

An der Kreuzung **Unter den Linden/ Friedrichstraße** stand 1822 **Heinrich Heine** und räsonierte: Wenn man rechts und links die Friedrichstraße hinauf- und hinuntersehe, könne man sich »die Idee der Unendlichkeit« veranschaulichen. Literaturtopographische Fixpunkte gibt es, in Richtung Hallesches Tor, abermals an den Kreuzungen: Ecke **Behrenstraße** gründete 1827 **M. G. Saphir** den »Tunnel über der Spree«; Ecke **Französische Straße** (wir erinnern uns) luden die **Varnhagens** in ihren zweiten Salon; Ecke **Jägerstraße** stand 1848 der Schlosserlehrling Ernst Zinna als Letzter auf der großen Barrikade; Ecke **Taubenstraße** hauste 1807/08 der aus Warschau ausgewiesene **E. T. A. Hoffmann** in einem erbärmlichen Quartier.

»Prophete rechts, Prophete links, das Weltkind in der Mitten«, heißt es nach Goethe am **Gendarmenmarkt**: Angesichts des **Französischen** und **Deutschen Doms** und Schinkels **Schauspielhaus** dazwischen. Und Begas' **Schillerdenkmal** davor, das (1871) aufzustellen zwölf Jahre brauchte.

Zwei Tafeln Ecke **Charlotten-** 56/**Taubenstraße** 31 erinnern an **E. T. A. Hoffmanns** letzte Berliner Wohnung. »Des Vetters Eckfenster« nannte er seine letzte Erzählung, sie ist mit dem Vogelblick auf den Markt geschrieben: »Dieser Markt ist auch jetzt ein treues Abbild des ewig wechselnden Lebens.« Weltbekannt – durch H. und Zechkumpan L. Devrient – wurde in der **Charlottenstraße** (damals) 49 der Weinkeller von »Lutter & Wegner«. Das neue Lokal seit 1997 liegt ein paar Häuser weiter (Nr. 56). Schräg gegenüber eine Stele mit Büste Hoffmanns.

Leipziger Straße: »Ein von allen vier Winden, den Stürmen der Zeit und Kriege in alle Winde geblasenes, zerstäubtes Uraltes« (**Peter Edel**, der bis zu seinem Tod 1983 in der seit 1969 neu errichteten Magistrale in Haus Nr. 44 lebte). Im Karree zwischen **Leipziger** und **Kochstraße**, **Friedrich-** und **Jerusalemer Straße** war einmal die Zentrale der »Zeitungsstadt Berlin« (mit 2633 Zeitungen und Zeitschriften 1928). Am 3. Februar 1945 wurde das Viertel bei einem Tagesangriff zerstört. Seit den sechziger Jahren bis Juni 1990 machte mitten im Viertel, **Friedrich-/Ecke Zimmerstraße**, der **Checkpoint Charlie** (als offener Kontrollpunkt in der Mauer) Schlagzeilen. **Heinz Knobloch** 1990 in seinem »Mauerstückchen« (in »Die schönen Umwege«): »Das Pickgeräusch der Mauerspechte ... Es wird einst zu den Stadtgeräuschen gehören.« Der meistbesuchte Mauer-Ort der Stadt seit Sommer 2006 Freiluftmuseum. (»Die Mauer fiel, die Mauer steht«. Ein deutsches Lesebuch 1989-1999, Hrsg. H. Glaser 1999).

»Bei den Mauerspechten« beginnt auch **Günter Grass'** Roman »Ein weites Feld« (1995). Und endet nahebei, in der »Treuhand«. Der Komplex an **Wilhelm-** und **Leipziger Straße**, 1935/36 als Reichsluft-

fahrtministerium errichtet, jetzt Bundes-
ministerium der Finanzen, hat seine eige-
ne Geschichte. Als er »Haus der Ministe-
rien« der DDR war, demonstrierten hier
am 17. Juni 1953 die Bauarbeiter (schlag
nach bei **Stefan Heym**, »5 Tage im Juni«).
Das Denkmal im Boden des Vorplatzes
(2000) nimmt den Aufstand von 53 als
Thema wieder auf.
Entlang der **Niederkirchnerstraße** (der al-
ten Prinz-Albrecht-Straße, Nr. 8 das Ge-
stapo-»Hausgefängnis«) wurde 1997 die
erste Ausstellung »**Topographie des Ter-
rors**« installiert (neues Dokumentations-
zentrum ab 2009). **Günther Weisenborn**
saß 1942 in Zelle 7 ein. Von dem im selben
Jahr hingerichteten **Harro Schulze-Boy-
sen** fand sich 1945 in einer Dielenritze
von Zelle 2 ein Gedicht, in dem es heißt:
»Wenn wir auch sterben sollen, so wissen
wir: die Saat geht auf . . .«
Exkurs zum **Märkischen Museum** am
Köllnischen Park und quasi als Summe
die Devise der neuen Dauerausstellung
dort (auch, nach Ringelnatz, für »die
Dichter und die Maler und auch die Kri-
minaler«): ». . . schaut auf diese Stadt!«
Friedhöfe: Dorotheenstädtischer Fried-
hof, **Chausseestraße** 126, Berlins berühm-
tester (Liegeplan neben der Kapelle): u. a.
J. G. Fichte, G. W. F. Hegel; in der Son-
dergrabanlage der Akademie der Künste
Johannes R. Becher, Bertolt Brecht und
**Helene Weigel, Heinrich Mann, Anna
Seghers; Hans José Rehfisch** (1891-1960),
Dramatiker (»Die Affäre Dreyfus«, 1929);
Werner Krauss (1900-76), Romanist (NS-
Zeit im Widerstand); **Hans Mayer** (1907-
2001/→ Köln/NW), Literaturwissen-
schaftler und -kritiker (»Ein Deutscher
auf Widerruf«, 1982/84); **Karl Mickel**
(1935-2000/→Dresden/SN), »Neue säch-
sische Dichterschule«; **Thomas Brasch**
(1945-2001); seit Sommer 2003 Ehren-
grab für den Philosophen Herbert Marcu-

se (1898-1979), die »Ikone der 68er-Gene-
ration«. »Ich bin des Zufalls schiere Unge-
stalt«: seit Sommer 2007 Grab auch von
Wolfgang Hilbig (→ Meuselwitz/Alten-
burg/TH) sowie das des »großen Spielma-
chers« **George Tabori** (1914-2007). –
Französischer Friedhof, Chausseestraße
127: **Klaus Schlesinger** (1937-2001).
Alter Domfriedhof St. Hedwig, Liesen-
straße 8: **Carl Sonnenschein** (1876-1929),
Berliner »Großstadtapostel« (zum Ge-
denken St.-Karl-Borromäus-Kirche, **Del-
brückstraße** 33/04); **Ernst Thrasolt** (→
Trier/Saarburg/RP), der »ungekrönte Kö-
nig der deutschen Jugendbewegung«.
Kirchhof der Sophien-Gemeinde, Berg-
straße 29: **Max Stirner**.

Tiergarten

Jenseits der Spree siedelten 1716 hugenot-
tische Flüchtlinge und nannten nach Jere-
mias das Land »Terre de moab«: **Moabit**.
In **Alt-Moabit** (Nr. 81a, heute dort Neu-
bau) kam im Januar 1923 **Ingeborg Dre-
witz** zur Welt. »Hinterm Fenster (hatte
sie) die Stadt«: die Gloriole aus Licht,
die Lärmglocke, der braungraue Schleier
über der Stadt waren ihre »Synonyme für
Heimat«. Im »Karree« vor der Tür liegt
der **Kleine Tiergarten**. »Er ist nie beson-
ders hübsch gewesen«, heißt es in **Hans
Falladas** »Kleiner Mann, was nun?« (1932),
das Pärchen »Pinneberg-Lämmchen« hat-
te ums Eck, im Hinterhof beim »Turm-Pa-
last«, eine Unterkunft gefunden. Fallada
selbst wohnte 1930 in der nahen **Calvin-
straße** 15 a (das Haus zerstört). Bomben
und Wirtschaftswunder getrotzt hat **Kurt
Tucholskys** Geburtshaus, es steht **Lübe-
cker Straße** 13. **Dortmunder Straße** 13
wohnte 1931-32 **Ernst Jünger**.
Viele Prozesse – vom Verfahren gegen den
»Hauptmann von Köpenick« bis zu Ho-
necker und Mielke – machten das **Krimi-**

nalgericht **Moabit** am Ostende der **Turm-straße** berühmt-berüchtigt (Zellengefängnis 1958 abgerissen). Über »Richter und Gerichtete« schrieb **Paul Felix Schlesinger** (1878-1928) unter dem Ps. »Sling« seine ebenso bewunderten wie gefürchteten zeitkritischen Reportagen und Leitartikel (Slg. 1929, n. 1969). Auf dem Ehrenfriedhof in der **Wilsnacker Straße**, wo Tote aus den letzten Kriegstagen liegen, befindet sich auch das Grab des von der SS mit 13 anderen Häftlingen Ende April hinterrücks ermordeten **Albrecht Haushofer**; 80 Gedichte fand man bei ihm: die »Moabiter Sonette« (Geschichtspark Ehem. Zellengefängnis Moabit; Bronzebüste vorm **Spreebogen**). Dort, seit Sommer 2007, auch G. Seitz' Büste von **Thomas Mann**. In **Alt-Moabit** 117/118 wurde 1965 der ehem. »Generalsgarten« in **Carl-von-Ossietzky-Park** umbenannt (Gedenkstein).

Tiergarten-Süd, der Norden: Schloss Bellevue kam über Prinz Louis Ferdinand in die Literatur. **Eckart Kleßmann** (1972): »Ein Epos, vier Dramen, ein Dramen-Fragment, fünf Erzählungen, sieben Romane und siebzehn Gedichte haben sich mit Louis Ferdinand beschäftigt ... (Aber) keine Dichtung hat so treffend sein Wesen erfaßt wie Rahel in ihren Briefen.« Die **John-Foster-Dulles-Allee** verläuft etwa wie die frühere (in Krieg und Nachkrieg völlig zerstörte) Zeltenallee. Seit 1745 gab es »In den Zelten« (am heutigen **Großfürstenplatz** etwa) die ersten Zeltwirtschaften, später Holzhütten, dann steinerne Etablissements. Des Volkes wahrer Himmel war hier. **E. T. A Hoffmann** wählte die Zelten gerne als place fixe. **Bettina von Arnim** wohnte seit 1847 in Haus Nr. 5, heute steht hier das **Haus der Kulturen** (Gedenktafel im Eingang). In der Nähe, am **Spreeuferweg**, Denkmal für **Magnus Hirschfeld** (1868-1935), in den

Berlin-Tiergarten: »Eine neue, überraschende ästhetische Gestalt«: Christos umhüllter Reichstag Sommer 1995

Zelten 9A-10 lag das 1919 von ihm gegründete Institut für Sexualwissenschaft.

Im **Reichstag** »November 1918«, **Alfred Döblin**: »... tagten deutsche Dichter, Schriftsteller, Künstler. Es sollte nicht heißen, daß, wo sich alles regte, der Geist beiseite stand.« Reichstag, April 1945, **Theodor Plievier**: »Im Qualm des Brandes (in der Nacht des 28. Februar 1933), der den großen Sitzungssaal zerstörte und die Glaskuppel durchschlug, hatte das Dritte Reich seinen Anfang genommen, und es sah so aus, als ob es auch hier im Qualm und Feuer sein Ende nehmen sollte ... Finis Germaniae!« **Jürgen Leinemann** 1999 angesichts des (erneuerten) Hohen Hauses: »Das Unsichtbare, das dieses Monument umhüllt und Phantasien und Vorstellungen aufheizt, ist noch viel komplexer und brisanter als die gebaute Realität.« »Im Tiergarten, auf einer Bank, behaglich ...«, beginnt **Arno Holz'** Gedicht »Brücke am Zoo«. Der Park, seit 1740 als »Lustpark für die Bevölkerung« offen, war den Dichtern schon immer »sehr lieb«. Vier kamen zu Denkmalehren: **Lessing** an der **Lenné-straße, Goethe Ebertstraße, Richard Wagner** (→ Bayreuth/BY) **Tiergartenstraße**, **Fontane** nahe der **Thomas-Dehler-Straße**. »Mir lieb, weil so nöthig« war vor allem dem alten **Fontane** der Park. In »Meine

Reiselust« (1895) beschreibt er die Route seines obligaten Spaziergangs. Auch manchen Roman-Schauplatz (er)fand er hier, für zwei Romane besonders: »L'Adultera« und »Die Poggenpuhls«.
Poeten und Poeme weiterhin: Schon 1742 bedichtete **J. W. L. Gleim** das Labyrinth beim Großen Stern; **F. Nicolais** »Sebaldus Nothanker« (1773-76) dann, gefolgt von »Hermann und Ulrike« (1780) von **J. K. Wezel** (→ Sondershausen/TH). **E. T. A. Hoffmann** annoncierte Dezember 1821, dass er beim »Karpfenteich« seinen »theuer geliebten Zögling den Kater Murr« begraben habe. Im Sommer des gleichen Jahres fand **F. R. de Chateaubriand** im Park, in einen Buchenstamm geritzt, »zwei Herzen, von einem Dolch durchbohrt«, mit dem Namen Karl Ludwig Sands, der Kotzebue erstochen hatte.
Unter den »Tiergartengängern« auch die Professoren und Studenten, wie die **Brüder Grimm**, die von 1841 an im nahen »Geheimratsviertel« wohnten. **Peter Hille** gehörte zu den »Einliegern«. Er hatte sein Nachtquartier nicht selten auf einer der Parkbänke, aber »er dichtete den Himmel auf die Erde«.
Im Kontext dazu die lyrischen Nachlesen, von **Klabunds** und **M. Herrmann-Neißes** Abend-Gedichten bis **Sarah Kirsch** und **Walter Höllerers** »Denkmalsdämmerung«. Krieg und Nachkrieg schließlich in den Aufzeichnungen von **Margret Boveri, Max Frisch, Thilo Koch** u. a. Und der Epilog der »Effingers« (1951) von **Gabriele Tergit**: »Die ganze Tiergartenstraße lag in Schutt und Asche. Nur der alte Fontane aus weißem Stein, den Mantel über der Schulter, der war stehengeblieben und sah mit weißen Augen auf die Trümmer.«
Tiergarten-Süd, der Süden: In der äußersten Südwestecke liegt der Zoo; er wurde 1844, damals noch weit draußen vor der Stadt, mit der Unterstützung **Alexander**

von **Humboldts** eröffnet. Über die Schleusenbrücke kommt man zu den (von Lenné geschaffenen) Teichen, der größte ist der **Neue See** mit der **Rousseau-Insel**. Am Nordufer steht das Mahnmal für **Karl Liebknecht**, der hier am 15. Januar 1919 erschossen wurde. An **Rosa Luxemburg**, deren Leiche am selben Tag an der nahen **Lichtensteinbrücke** in den Landwehrkanal geworfen wurde, erinnert vor Ort eine Stahlplastik, eine durch das Weggeländer ragende schräge Tafel, die bis ins Wasser reicht, mit ihrem Namen. »Karl und Rosa«, der letzte Band von **Alfred Döblins** Tetralogie »November 1918«, ist den Ermordeten gewidmet. Ihre verwischte, verdrängte Spur ist (auch) ein Motiv des Gedichts von **Paul Celan** »Du liegst im großen Gelausche«.
Die **Tiergartenstraße** führt am südlichen Rand des Großen Tiergartens entlang. Von den zahlreichen Villen und Landhäusern, die sie einst säumten, ist nichts mehr vorhanden. Hier wohnten u. a. **A. W. Iffland** (Nr. 29), 1804 war **F. Schiller** im »Tranquillitati« zu Gast; in Nr. 19 **Hedwig Dohm** von 1900 bis zu ihrem Tod 1919, die »Little Grandma« von Katja Pringsheim, »Frau Thomas Mann« (I. und W. Jens); in Nr. 5 **J. von Eichendorff** 1841-44 mit Familie.
An der **Lessingbrücke** erinnern vier Bronzereliefs an **G. E. Lessings** große Dramen: »Miss Sara Sampson«, »Minna von Barnhelm«, »Emilia Galotti«, »Nathan der Weise«. Am Holsteiner Ufer verbrachten **Kurt Tucholsky** und **Alfred Kantorowicz** (1899 in der **Krausnickstraße** 1 geboren) Kinderjahre. **Alfred Kerr**, der um 1900 in Nr. 17 (heute 18) wohnte – der Bildhauer Eberlein »mein Hauswirt«, der »berlinische Michel Angelo« Begas sein Nachbar –, hat der Uferzeile, »da Häuser und Villen aneinandergedrängt stehen«, einen eigenen Zyklus gewidmet (darin u. a. auch »Wilhelm

besucht uns«, der Kaiser). – **Hansaviertel:**
»Die Liegende« von H. Moore markiert
am **Hanseatenweg** 10 den Eingang zur
1954 neugegründeten und seit 60 hier be-
heimateten **Akademie der Künste** (West,
zus. mit Ost seit 1994 AdK, Hauptsitz tra-
ditionell wieder **Pariser Platz** 4). Seit 1966
bringt in der **Altonaer Straße** 22 das
GRIPS Theater Stücke »für Menschen
ab fünf« heraus: »Es sind immer Stücke,
die Mut machen wollen.«
Eine behütete Kindheit in einer wilhelmi-
nisch-großbürgerlichen Idylle: **Siegmunds-
hof** 16 wuchs **Nelly Sachs** auf. Das Haus
existiert nicht mehr, ebenso wie das **Les-
singstraße** 33, wo sie ab 1930 lebte (fehler-
hafte Gedenktafel am Zaun der Hansa-
Grundschule). – »Wer schießt aus Liebe?«
(1999): wie »Sling« schrieb **Gabriele Tergit**
auch Gerichtsreportagen; sie wohnte vor
ihrer Flucht am 4. März 1933 **Siegmunds-
hof** 22 (Gedenktafel).
Am Südrand des Zoos der Alte Kurfürsten-
damm, seit 1925 **Budapester Straße.** Dem
Aquarium gegenüber, Ecke **Nürnberger
Straße,** stand das Eden-Hotel (heute hier
Neubau der Grundkreditbank). Über die
Ereignisse am Abend des 15. Januar 1919
(Ermordung von **K. Liebknecht** und **R.
Luxemburg**) u. a. auch **Karl Grünberg:**
»Es begann im Eden«.
Am Anfang der **Burggrafenstraße** hielten
um 1900 **Ernst von Wolzogen** und **Samuel
Fischer** großes Haus. Der Verleger (in
Nr. 3) lud zu Lesungen seiner Autoren,
der »Kabarett-Unternehmer« (in Nr. 1)
probte in der buntesten Gesellschaft die
Arrangements für sein »Buntes Theater
(Überbrettl)« in der **Alexanderstraße.** Wol-
zogens »Poet«, **Hanns Heinz Ewers,** wohn-
te ab 1939 **Corneliusstraße** 4 a (zerstört),
hier starb er am 12. Juni 1943. (Am selben
Tag vernichtete ein Bombenangriff Ewers'
Geburtshaus in der Immermannstraße in
→ Düsseldorf/NW.) Sein letztes Berliner

Jahrzehnt – 1928 bis 38, Schreibverbot 33 –
lebte **Franz Hessel** in der (heutigen) **Klin-
gelhöferstraße** (Nr. 15, zerstört).
Wechselnde Zeitläufe, wechselnde Na-
men, heißt es dann wieder, im Alten Wes-
ten zwischen Tiergartenrand und Land-
wehrkanal: von der Friedrichsvorstadt
mutierte er zum Geheimrats- und Diplo-
matenviertel und – nach dem Abräumen
der Trümmer des 2. Weltkriegs, von 529
Gebäuden blieben noch 27 intakt – für
ein Teilstück zum **Kulturforum.** Zunächst
liegt am Ufer des Kanals, **Klingelhöfer-
straße** 14, das (ursprünglich für die Darm-
städter Rosenhöhe entworfene) **Bauhaus-
Archiv.** Unweit, in der **Von-der-Heydt-
Straße** 16 dann – einziger Rest der alten
Villenbebauung – die **Villa von der Heydt,**
heute Sitz der Stiftung Preußischer Kultur-
besitz.
Köbis-(damals Kaiserin-Augusta-)**straße**
und Von-der-Heydt-Straße, »in der die
Kinder zuhause sind«, stehen in **Marie
Luise Kaschnitz**' (→ Karlsruhe/BW) »At
las« der frühen Jahre. In beiden Straßen
lebte von 1917 bis 39, »treu dem Alten We-
sten«, auch **Eckart von Naso** (→ Darm-
stadt/HE). – Aus der »guten und vorneh-
men« Hohenzollernstraße wurde nach
1933 die Graf-Spee- und nach dem 2. Welt-
krieg die **Hiroshimastraße.** Zur Hohen-
zollernstraßenzeit kam 1874 **Wilhelm
von Scholz** hier zur Welt, zog im selben
Jahr **Heinrich von Treitschke** (1834-96)
zu und schrieb an seiner »Deutschen Ge-
schichte im 19. Jahrhundert«, las »Ho-
henzollerndichter« **Ernst von Wilden-
bruch** mit »priesterlichem Pathos« den
Brüdern Hart seine Stücke vor. – Die **Hil-
debrandstraße** ist Schauplatz von **Hein-
rich Manns** frühem »Roman unter feinen
Leuten« »Im Schlaraffenland«. Benach-
bart im Bendlerblock, heute **Stauffen-
bergstraße** 13-14 (Militärarzt Dr. **Gott-
fried Benn** arbeitete hier 1939-43), befin-

det sich die **Gedenkstätte Deutscher Widerstand** (mit umfassendem Dokumentationszentrum).

Im untergegangenen Quartier rund um die **St.-Matthäus-Kirche** an der (heutigen) **Herbert-von-Karajan-Straße** verblieben nur noch die Kirche und in der **Sigismundstraße** 4 a ein letztes Haus, die Villa des Verlegers **Paul Paray**. Von St. Matthäus notierte **Franz Hessel** seinerzeit, sie bewahre noch »eine kärgliche Vornehmheit von der Zeit her, da die Leutnants und Geheimratstöchter (hier) zusammen beteten und tanzten«. Darauf hatte sich 1854 schon **Gottfried Keller** seinen Reim gemacht und titelte sein Gedicht »Polkakirche«. – »Eine Kleinstadt in der Großstadt« (damals): in der Margareten- (heute **Scharounstraße**) lebten um 1900 **Julius Rodenberg** und, jung verheiratet, der Kunsthändler und Verleger **Paul Cassirer** (→ Görlitz/SN) und die Schauspielerin **Tilla Durieux** (T.-D.-Park am Potsdamer Platz).

Die Bauten des Kulturforums, eigenwillige Solitäre, bestimmen heute hier die Szene: H. Scharouns **Philharmonie** (1960-63) am **Kemperplatz**; gegenüber, **Tiergartenstraße** 6, R. Gutbrods **Kunstgewerbemuseum** (1978-84); Mies van der Rohes **Neue Nationalgalerie** (1965-68) **Potsdamer Straße** 50; unweit am **Reichpietschufer** 48-58 das **Wissenschaftszentrum** (1984-88) von J. Stirling; die **Neue Staatsbibliothek** schließlich (1967-78), nach Scharouns Tod von E. Wisniewski zu Ende geführt, **Potsdamer Straße** 33: quer über die alte Potsdamer Straße gestellt, wo **Franz** und **Linda Dunckers** Literarischer Salon einmal war und etwas abseits **Fontanes** letzte Wohnung sich befand.

Potsdamer Platz, Topographie 1997 (als der »Platz« Europas größte Baustelle war), **Cees Nooteboom**: »Wenn das, was ich hier sah, kein Potemkinsches Dorf war,

dann mußte es doch einfach sein . . . eine Vision künftiger Macht. Hier wurden nicht weniger als drei Vergangenheiten zugleich verschüttet.« Die »drei Vergangenheiten«: **Fontane** in den (1888 spielenden) »Poggenpuhls«: ». . . ich ziehe den Potsdamer Platz vor, weil da das meiste Leben ist. Und Leben ist nun mal das Beste, was eine große Stadt hat.« **Paul Boldt** 1912 »Auf der Terrasse des Café Josty«: »Der Potsdamer Platz in ewigem Gebrüll . . .« **Sarah Kirsch** »Naturschutzgebiet« (1982): »Die weltstädtischen Kaninchen/Hüpfen sich aus auf dem Potsdamer Platz . . .« Der peruanische Schriftsteller **Mario Vargas Llosa** 1998: ». . . eine schwindelerregende Phantasielandschaft, die Renzo Piano gleich dem Magier in Borges' Erzählung ›Die kreisförmigen Ruinen‹ erträumt hat und jetzt in Wirklichkeit umsetzt.« Mit dem einzigen alten Versatzstück: dem **Weinhaus Huth**. Seit 2001 gibt es zudem unter dem futuristischen Regenschirm des Sony-Centers das »Café Josty« wieder, und darüber ragt wie in einer Vitrine der »Kaisersaal« des ehem. Grand-Hotels »Esplanade« an der Bellevuestraße. Nach **Henriette Herz** ist der kleine Park zwischen Sony- und Beisheim-Center benannt.

Fontanes letzte Wohnung (von 1872 bis 98) befand sich ca. 100 Meter nördlich der Neuen Staatsbibliothek, Gedenktafel **Alte Potsdamer Straße**/Ecke **Joseph-von-Eichendorff-Gasse**. Die **Brüder-Grimm-Gasse** verweist auf die gemeinsame Wohnung von **Wilhelm** und **Jacob Grimm** samt Familien seit 1847 in der (in ihrer alten Führung nicht mehr erhaltenen) **Linkstraße** (Nr. 7 damals). Jenseits der Potsdamer Brücke in dem Eckhaus (heute Neubau) »Berlin W 35, Potsdamer Straße 123 B« (damals) vor dem »Karlsbad« eröffnete **Ernst Rowohlt** am 1. Februar 1919 seinen (zweiten) Verlag. Mit **Willy Haas** gründete er hier 1925

»Die literarische Welt«. Schon **Joseph von Eichendorff** hatte **Am Karlsbad** gewohnt, ab 1850 in dem Gartenhaus Nr. 4 (heute 3/5). 1880 quartierte sich für 15 Jahre **Heinrich Seidel** mit Familie im ersten Stock von Nr. 11 (damals) ein, zur **Flottwellstraße** hin: »Diese Gegend ist (auch) die, wo die meisten meiner Vorstadtgeschichten spielen.« – Im Juni 1929 bezog **Joseph Roth**, der »rastlose Wanderer, der Gast blieb, wo er auch war«, in der **Potsdamer Straße** 115a (heute 73) ausnahmsweise und nur für kurze Zeit eine feste Unterkunft; nebenan, in der »Joseph Roth Diele«, kann man sich jetzt kundig machen.

Magdeburger Platz 4 (Haus zerstört) wurde **Walter Benjamin** am 15. Juli 1892 geboren. In einer »hochherrschaftlichen möblierten Zehnzimmerwohnung«, **Kurfürstenstraße** 154, verbrachte er die ersten Kinderjahre. »**Blumeshof** 12« lebte W. B.s Großmutter mütterlicherseits: »Hinter der Schwelle dieser (einzig weltbürgerlichen) Wohnung war ich geborgener als in der elterlichen.« Ein Foto zeigt Großmutter und Enkelkinder: W. B. und **Gertrud Kolmar**. In frühester Kindheit auch schon in Blumeshof (der 1871 geb.) **Georg Hermann Borchardt** (**Georg Hermann**). – Blumeshof auch Romanschauplatz: in **Alfred Döblins** »Wadzeks Kampf mit der Dampfturbine« (1918 bei S. Fischer) und in »Käsebier erobert den Kurfürstendamm« (1931 bei Rowohlt) von **Gabriele Tergit**.

Am **Lützowufer** wohnte 1873 Elisabeth Baronin von Ardenne, **Fontanes** »Effi Briest«. – **Derfflingerstraße** 3 (zerstört) kam im April 1896 **Walter Mehring** zur Welt. Sein Vater, **Sigmar Mehring** (1856-1915), Schriftsteller, Übersetzer und Chefredakteur des »Ulk«, machte als scharfer Kritiker der Wilhelminischen Gesellschaft Furore. So erlebte M. früh couragiertes,

oppositionelles Verhalten, was ihn fürs Leben prägte.

Der »**Begas-Winkel**« – **Julius Rodenberg** beschreibt seine Entstehung in den »Bildern aus dem Berliner Leben« (1885-87) –, **Genthiner Straße** 28/30, hat sich bis heute erhalten. **Julius Meier-Graefe** (1867-1935), einflussreicher (Kunst-)Schriftsteller, Mitherausgeber des »Pan« u. a., hielt hier seit 1903 in der Villa Nr. 30 seine extravaganten Cercles. Unter den Gästen: **G. Hauptmann, R. M. Rilke** und Frau Clara Westhoff, **H. von Hofmannsthal, A. Kerr** und **R. Dehmel**. Drei Jahre »Genthiner Winkeldasein«, in »gemeinsamem Haushalt« mit dem Ehepaar Meier-Graefe, verbrachte von 1905 bis 08 **Rudolf Alexander Schröder**; er zählte sie, »wo ich Berliner unter Berlinern sein durfte«, zu den glücklichsten seines Lebens.

Der **Wedding** gehört seit 1861 zu Berlin. Mit der rasanten Industrieansiedlung wuchs die »Mietskasernenstadt«. **Paul Lindenberg** (1859-1943) 1884: »Hohe, vier- und fünfstöckige Häuser sind es, welche die Fahrdämme einsäumen, mit kleinen Höfen und gewaltigen Hintergebäuden. Dazwischen stehen große und kleine Fabriken, aus deren Schornsteinen in dicken Säulen der Qualm zum Himmel aufsteigt und sich in breiten Wolken lagert ... Wenn einmal das socialistische Gespenst Fleisch und Blut annimmt, dann wird es von dieser Berliner Gegend her viel Nahrung bekommen.« »Links, links, links, links! Der ›rote Wedding‹ marschiert!«, skandierte **Erich Weinert** 1929. Der 2. Weltkrieg schlug tiefe Wunden. Durch die Teilung geriet der Bezirk in eine Sackgasse, die Industrie stagnierte. **Dieter Schröder** Ostern 1989: »Der Ostberliner Fernsehturm am Alexanderplatz, fast von jedem Punkt des Bezirks aus zu sehen, ist näher als der Westberliner Funkturm.« Mit der Wende rückte man wieder ins

Zentrum. **Klaus Esche** 1993: »Viel Indus-
trie, viel Mensch . . . ›Der Wedding‹ ist Syn-
onym für Alltag, doch nicht zu verwech-
seln mit Trostlosigkeit.«
»Die Handlungen der Gegenwart pflegen
bisweilen in späteren Zeiten unterzuge-
hen, wenn sie nicht durch die Hilfe der
Schrift befestigt werden«: **Kurt Ihlenfeld**
stellt diesen Satz aus der ersten Urkunde
über den Wedding (1251, am 20. Mai)
seinem »Berlinroman« »Kommt wieder,
Menschenkinder« (1952) als Motto vor-
aus. Fürs Erste ist der Roman gut als litera-
risches Vademecum: **Müller-, See-, Bad-**
und **Brunnenstraße** sind die Magistralen.
»Klassischer Wedding« (nach **Detlev von
Liliencron** und **K. Ihlenfeld**) am **Leopold-
platz**, Ihlenfeld: »Der Schinkel-Tempel
heißt Nazareth, / der Knabe erinnert uns
an Athen«. (Alte Nazarethkirche von 1832-
35; »Betender Knabe«, Bronzenachguss
eines griech. Originals um 325 v. Chr.) –
Amsterdamer Straße 10 wohnte um 1940
das Arbeiterehepaar Elise und Otto Ham-
pel und schrieb seinen Protest gegen Hitler
und Krieg auf Postkarten, die es in Trep-
penhäusern auslegte. **Hans Fallada** hat
den Fall Akten der Gestapo für seinen Ro-
man »Jeder stirbt für sich allein« (1946)
entnommen, den Schauplatz allerdings
in die **Jablonskistraße** 55 (03) verlegt.
Jenseits der Seestraße an der **Edinburger
Straße** der **Schillerpark**, an der **Senegal-
straße** der **Goethepark**. Im **Volkspark
Rehberge Rathenaubrunnen**, in der Nord-
ecke große Freilichtbühne (von 1935). –
Afrikanische Straße 144 b wohnte ab 1935
Paul Gurk, der »Mann ohne Fortune«;
146 c der »Weddinger Heimatdichter«
Jonny Liesegang (eig. Johannes Haasis/
1897-1961). Allein schon vom Titel her
waren seine Weddinger Skizzen geflügelt:
»Det fiel mir uff!«, »Da liegt Musike drin«.
– **Reinickendorfer Straße** 67 wurde **Otto
Nagel** geboren (1894-1965). Er wurde

*Berlin-Wedding : »Klassischer Wedding«: »Der
Schinkel-Tempel heißt Nazareth, / der Knabe er-
innert uns an Athen« (Bronzenachguss eines
griechischen Originals um 325 v. Chr.)*

zum engagierten proletarisch-revolutionä-
ren Maler des Weddings, in der **Badstraße**
befand sich sein Atelier. 1978 erschien Na-
gels 1930/32 verfasster Roman »Die weiße
Taube oder Das nasse Dreieck«, die Ge-
schichte einer Weddinger Kneipe »gegen-
über der Panke«.
Die (heute völlig umgestaltete) **Kösliner
Straße** war nach dem 1. Weltkrieg die
»Rote Gasse«. Der »Blutmai« des Jahres
1929 erreichte hier seinen schrecklichen
Höhepunkt, mehr als 30 Menschen ka-
men ums Leben (Gedenkstein an der **Wie-
senstraßenbrücke**). 1931 erschien von **Klaus
Neukrantz** (1895 – nach 1941) der »Rote
Eine-Mark-Roman« »Barrikaden am Wed-
ding«, er wurde sofort verboten. – Als 13.
Kind eines invaliden Feilenhauers wurde
im Februar 1892 im Hinterhof des Hauses
Wiesenstraße 69 (zerstört) **Theodor Pli-
vier** (ab 1933 **Plievier**) geboren.
Kurz bevor sich die **Badstraße** dreiteilt,
trifft sie auf die Panke. »Pankologen« ver-

sichern, kein anderes Berliner Gewässer sei so oft und innig besungen worden. Sozusagen »Immer an der Panke entlang«, wie es bei – »Kutte kennt sich aus« – **Kurt Pomplun** heißt (sein letztes Buch »Berlin und kein Ende«, 1976). Gesundbrunnen »ganz poetisch«: Auch hier fehlt es seit **Friedrich Nicolai** (1779) nicht an »Schreiben über den Friedrichsgesundbrunnen bei Berlin und die Vergnügungen auf demselben«. Der »Plumpenpickel«, die »Humboldthöhe«, im **Humboldthain** (mit dem Gedenkstein für **Alexander von H.**) steht darüber: »Ringsum breitet sich, in der Ferne verdämmernd und verschwimmend, DIE STADT ...« (K. Ihlenfeld).

Arno Holz in seiner Weddinger Zeit im »Phantasus«: »Ihr Dach stieß fast bis an die Sterne, / vom Hof her stampfte die Fabrik. / Es war die richtige Mietskaserne...« Viel von deren ursprünglichem Gepränge hat sich in den Gewerbehöfen der **Gerichtstraße** noch erhalten, in Nr. 12/13, 17 (hier noch mit einer alten Kastanie) oder 23. Der Prototyp in der **Ackerstraße** (damals Nr. 132-133), der berühmt-berüchtigte »Meyer's Hof«, mit sechs Hinterhöfen, wurde 1973 endgültig abgerissen. Topographien von **J. Rodenberg, E. Graeser, W. Hegemann** und (abermals) **K. Pomplun** und **K. Ihlenfeld**.

Mit dem Mauerbau im August 1961 kam die **Bernauer Straße** zu trauriger Berühmtheit: »Eingemauert von den Knochen der andern / liegen die Toten in vorderer Front« (**R. Pietraß**, »Grenzfriedhof Berliner Sophiengemeinde«). Im August 98 wurde die **Gedenkstätte Berliner Mauer**, im November 99 gegenüber (**Bernauer Straße** 111) ein Dokumentationszentrum, 2000 die »Kapelle der Versöhnung« auf dem ehem. Todesstreifen eingeweiht. Erweiterung zur zentralen Mauergedenkstätte und der Teilung Berlins bis 2011.

Friedhöfe: Domfriedhof, Müllerstraße 72-73: **Albert Brachvogel, Paul Gurk.** – **Städt. Urnenfriedhof, Seestraße** 92-93: **Jonny Liesegang.**

Friedrichshain-Kreuzberg (02)

Bezirksmuseum Friedrichshain-Kreuzberg (Adalbertstraße 95A).

Grünanlagen standen Pate bei den beiden, jetzt vereinten Bezirken. Böse Zungen nannten die Fusion die »Vereinigung von Armut und Elend«.

Erstes Ziel: der »**Friedrichshain**«, **Günter Kunert** über den **Volkspark**: »Rasen, Büsche, Stauden, Bäume bedecken einen Hügel, an die fünfzig Meter emporgegipfelt, unter der grünen Haut ausgestopft mit dem Trümmerschutt Halbberlins, unter welchem wiederum zwei gesprengte Flakbunker die Stunde der Archäologie erwarten.« An der Westecke liegt L. Hoffmanns neobarocker **Märchenbrunnen**, im Südosten an der **Landsberger Straße** der **Friedhof der Märzgefallenen**. Im Trauerzug am 22. 3. 1848 auch **Alexander von Humboldt**. »Es dauerte von Mittag bis nach Sonnenuntergang, ehe die Scharen mit ihren traurigen Bürden bis zu den offenen Gräbern gelangt waren« (**E. L. Kossak**).

Südlich dann die Magistrale: bis 1945 die Große Frankfurter Straße, bis 61 Stalin-, dann **Karl-Marx-Allee.** Im Bereich des heutigen Wohnblocks 121-131 (damals Frankfurter Nr. 340) hatte **Alfred Döblin** von 1919 bis 31 seine Kassenpraxis (Porträtbüste): Friedrichshain und Lichtenberg ... »dieses Steinmeer ist der Mutterboden aller meiner Gedanken«.

»Unsere Straße – unser Sieg«: als »erste sozialistische Straße Berlins« wurde der 2,5 Kilometer lange Repräsentationsboulevard vom **Frankfurter Tor** zum **Strausberger Platz** und, noch einmal verbreitert, zum **Alexanderplatz** gefeiert. Frei nach **Pablo Neruda** (nach dem in der **Mollstraße** 31 die Bibliothek genannt ist) dichtete **Bertolt Brecht** für das **Hochhaus an der Weberwiese:** »Friede in unserem Lande! / Friede in unserer Stadt. / Daß sie den gut behause / Der sie gebauet hat!« Hier formierte sich aber auch der Protestzug der Bauarbeiter am 16. Juni 1953, der zum Aufstand des 17. Juni führte. – **Strausberger Platz** 1 hatte **Franz Fühmann** seit den fünfziger Jahren eine Wohnung; vor Nr. 12 steht eine Büste von **Karl Marx**; an Nr. 19 Gedenktafel für F. C. **Weiskopf** und seine Frau **Grete** (Ps. **Alex Wedding**/1905-66) sowie **Bodo Uhse**.

Südlich zur Spree hin **Franz-Mehring-** und **Comeniusplatz** (mit Büsten der Namensgeber). Direkt am Ufer ließ man zwischen Warschauer Straße und Ostbahnhof entlang der **Mühlenstraße** ein langes, das längste der erhaltenen Mauerstücke stehen und auf der Ostseite von Künstlern bemalen. Es entstand die größte Freilicht-Gemäldegalerie der Welt, die **East Side Gallery.**

Spreeaufwärts kommt **Stralau**. Sein Volksfest, der »Stralauer Fischzug«, war ebenso berühmt wie berüchtigt. Und vielbejubelt und bedichtet, von **Julius von Voß** und **Achim von Arnim** bis **Adolf Glaßbrenner** und **Erdmann Graeser**. Auch Karl Marx war 1837 mit von der Partie. Gesundheitshalber war er nach **Alt-Stralau** gezogen; heute dort (Nr. 25) Erinnerungsstätte.

Zur Friedrichshainer literarischen Topographie: **Julius Stinde**, »Familie Buchholz« (1884 ff.); **Max Kretzer**, »Meister Timpe« (1888); **Theodor Plievier**, »Nacht in einer sterbenden Stadt« (1923); **Julius Berstl**, »Berlin – Schlesischer Bahnhof« (1930); **Hans Fallada**, »Wolf unter Wölfen« (1937); **Stefan Heym**, »5 Tage im Juni« (1974); Ulrich Plenzdorf, »Legende vom Glück ohne Ende« (1979; »auf der Singerstraße«);

Heinz Knobloch, »Meine liebste Mathilde« (1985; Gedenkstele **Weinstraße** für **Rosa Luxemburg**); **Torsten Schulz**, »Boxhagener Platz« (2004).

Kreuzberger Entree im legendären alten Zeitungsviertel, wo heute nur noch das **Springerhochhaus** dominiert, im Kreuz von Koch- und Friedrichstraße am **Checkpoint Charlie**. Mit einer doppelten Rückblende: »Die **Kochstraße** zog eine Grenze zwischen Stadt und Vorstadt; diesseits lag der Lärm, jenseits die Stille«. So begann 1867 **Theodor Fontane**, sich an den Sommer 1850 erinnernd, seinen Essay über **Paul Heyse** und lobte unter »lauter stillen Häusern ein allerstillstes, einst das Wohnhaus **Hitzigs**, das Nachbarhaus **Chamissos**, (nun) das Haus **Franz Kuglers**«. Außer der Hausnummer **Friedrichstraße** 242 und einer Tafel am Nachfolgebau ist von dem alten Haus keine Spur mehr zu finden, es wurde bereits 1893 abgerissen, auch vom Umfeld bis hin zum Halleschen Tor ist (nach den Zerstörungen im 2. Weltkrieg) so gut wie nichts geblieben.

Mit der literarischen Überlieferung steht es besser. **Kochstraße** 14, in der Wohnung des Verlegers **Georg Andreas Reimer** (1776-1842), traf sich von 1800 bis 15 im Geheimen die Napoleon-Fronde: u. a. **Arnim, Arndt, Fichte, Kleist, Schleiermacher, Steffens, Varnhagen von Ense**. Das Domizil von **Eduard Hitzig** (1780-1849), Kriminaldirektor und Schriftsteller, in der **Friedrichstraße** gehörte zu den Treffpunkten der durch **E. T. A. Hoffmanns** Erzählungs- und Märchensammlung bekannt gewordenen »Serapions-Brüder« von 1814 und der 1824 gegründeten »Neuen Mittwochsgesellschaft«, deren Sekretär **Willibald Alexis** war. Das Kugler'sche Haus, so **Heyse** in seinen Erinnerungen, war Sammelpunkt des Kugler'schen Schülerschwarms, **Jacob Burckhardt** »der bedeutendste darunter«, und, »besonders produktiv«, **Emanuel Geibel**. **Fontane** zählte ebenso zum engeren Kreis, **Eichendorff** und **Storm** feierten hier Geburtstage. Friedrichstraße 235, im Gartenhaus (zerstört), wohnte und starb (1838) **Adelbert von Chamisso**, ein, wie ihn **Karl Immermann** (→ Magdeburg/ST) im Herbst 1833 erlebte, »weiß- und langhaariger Erzvater in einer tabakdurchräucherten Stube«. In Nr. 218 lebte von 1833 bis 47 **August Kopisch**; seine Übersetzung von Dantes »Göttlicher Komödie« erschien in dieser Zeit (1842). »Dicht am Belle-Alliance-Platz« schließlich, in Nr. 250, eröffnete 1889 **Carl Ludwig Schleich** seine Privatklinik. »Lebhaft im Kreise« **Dehmel**, **Bierbaum**, **Hartleben**, der »hinreißend Chopin spielende« polnische Dichter **Stanisław Przybyszewski** und die Schweden **Ola Hansson** und **August Strindberg**. »Geht hin und wählt!«: In dem nach ihm benannten Park **Franz-Klühs-/Friedrichstraße** erinnert ein Leitartikel aus dem »Berliner Tageblatt« vom 5. 3. 1933 an den großen Journalisten **Theodor Wolff** (1868-1943).

Der **Mehringplatz**, wie er als »Belle-Alliance-Platz« noch im Buche steht, gehört zu den Hauptschauplätzen in **Clara Viebigs** Roman »Das Eisen im Feuer« (1913) und **Anna Seghers'** Roman »Die Toten bleiben jung« (1949).

Kreuzberg-West: In der **Wilhelmstraße** 3 a (nicht erhalten) – fast schon symbolisch: zwischen Zeitungs- und Regierungsviertel – saß 30 Jahre lang, seit 1892, **Maximilian Harden** und gab seine Wochenschrift »Die Zukunft« heraus. – Als die **Stresemannstraße** noch Hirschelstraße hieß, hausten hier **Friedrich Eggers** (→ Rostock/MV), das »Gesellschaftsgenie«, und **Max Stirner**, der »Einzige«. Im südlichen Teil (heute Nr. 29) überlebte als einziges Kreuzberger Theater das Hebbel-Theater (das ehem., 1909 eröffnete »Theater in der Königgrätzer Straße«) den 2. Weltkrieg, heute **Hebbel am Ufer**. Über ein Jahrhundert war der **Askanische Platz** der Vorplatz des **Anhalter Bahnhofs**. Die »Mutterhöhle der Eisenbahnen« nannte **Walter Benjamin** den »Anhalter«. **Heinrich Seidel** hat das Dach der Ankunftshalle konstruiert und war stolz, etwas vorzeigen zu können, das bewies, dass er »nicht wegen verfehlten Berufes unter die Schriftsteller gegangen« sei. Nur ein kleiner Teil der Fassade mit dem Portikus ist geblieben.

Rund hundert Hotels und Pensionen hatten sich in der Umgebung angesiedelt. Zu den größten zählte das »Excelsior« (Ecke Königgrätzer/Anhalter Straße, heute dort Neubauten). Am 11. November 1918 wurde hier im revolutionären Kreis um **Karl Liebknecht** und **Rosa Luxemburg** der Spartakusbund gegründet. Zehn Jahre später soll sich **Vicki Baum**, Redakteurin bei Ullstein, im »Excelsior«, bevor sie ihren Millionenerfolg »Menschen im Hotel« (1929) schrieb, als Zimmermädchen verdingt haben. Eine Legende, wie in V. B.s Erinnerungen (1962) nachzulesen ist: »Es war alles ganz anders« eben. Im »Askanischen Hof« in der Königgrätzer Straße 21 pflegte 1913/14 **Franz Kafka** zu logieren. Am 23. Juli 1914 notierte er in sein Tagebuch: »Der Gerichtshof im Hotel«, es geht (»Teuflisch in aller Unschuld«) um die Entlobung von Felice Bauer. Beide Hotels existieren im Bereich **Stresemannstraße** nicht mehr.

Köthener Straße 28 schuf Henry van de Velde um 1900 für **Harry Graf Kessler** »eine nach neuen stilistischen Ideen eingerichtete Wohnung«. **Walther Kiaulehn**: »Sie machte den Namen des schreibenden Aristokraten beinahe bekannter, als es bis dahin seine Bücher getan hatten.« Unter den vielen und berühmten Gästen im Laufe der nächsten drei Jahrzehnte: **J. R. Be-**

cher, G. Hauptmann, Th. Plievier, E. M.
Remarque, R. Schickele, R. A. (»Rudi«)
Schröder; die Franzosen A. Gide, R. Mar-
tin du Gard, die Engländer H. Nicolson
und (»etwas vertrocknet, etwas deka-
dent«) Virginia Woolf. Köthener Straße
38 – eine Gedenktafel erinnert daran – be-
fand sich 1923-26 der Malik-Verlag Wie-
land Herzfeldes, mit Buchhandlung und
Galerie George Grosz. Im »Grünen Saal«
Köthener Straße 38 (es gibt ihn noch) las
Jakob van Hoddis im »Neuen Club« seine
Gedichte. Und kam dann mitten in der
Nacht mit Ludwig Meidner »stadt-ver-
zückt« das Tempelhofer Ufer entlang. –
»Gewagtes Leben«: Ernst Niekisch (1889-
1967) wohnte ab 1929 am Halleschen
Ufer 16 und gab die Zeitschrift »Der
Widerstand« heraus; 1932 erschien sein
Buch »Hitler, ein deutsches Verhängnis«.
Gedenktafel Koblenzer Straße 8 (04),
wo er zuletzt wohnte.

Gleisdreieck. Kaum ein Ort in Berlin, der
so als »literarischer und rhetorischer To-
pos« fungiert (M. Bienert 1992 in »Die ein-
gebildete Metropole«). Verse und Feuille-
tons von Victor Auburtin und E. E. Kisch
bis Joseph Roth und Günter Grass. Ekke-
hard Schwerk im Mai 2001: »Gleisdrei-
eck: verklärte Vergangenheit, versaute Ge-
genwart, vage Zukunft.« Jüngste Metamor-
phose: anstelle der Brache Parks.

Der Kreuzberg: »Der ist obligatorisch«,
schrieb Franz Hessel (1929) und suchte
»pflichtgetreu« Schinkels Nationaldenk-
mal im »altdeutschen Style« (mit dem
namengebenden »Eisernen Kreuz« auf
der Spitze) und die »Denkmäler der Frei-
heitsdichter« im Viktoriapark auf. Von
den fünf Porträt-Hermen sind drei erhal-
ten: die von Uhland (→ Tübingen/BW),
Rückert und Kleist. Kreuzberger Berg-
Passagen gibt es darüber hinaus – von
Glaßbrenner (»Besteigung des Monte Cro-
ce«) bis Höllerer (»Übern Damm und

durch die Dörfer«) – zuhauf. Literaturge-
schichte(n) machte ein besonderer Fall:
Der Berg als Zufluchtsort vor der von
dem Astronomen Johannes Carion pro-
phezeiten Sintflut im Sommer 1525, bei-
spielsweise bei Willibald Alexis (»Der
Werwolf«) oder Werner Bergengruen
(»Am Himmel wie auf Erden«).
»Die schönsten Jahre waren doch jene, als
ich in der Belleallianrestraße 12 hauste,
abends mein Bier trank und Sie gelegent-
lich zur Unterhaltung hatte. Long, long
ago.« Mehringdamm 38 (heute)/Ecke
Yorckstraße hatte Gottfried Benn (»Spezi-
alarzt für Hautkrankheiten«) 1917-35 sei-
ne erste Praxis (Gedenktafel zum 50. To-
destag 2006). Sein Bier trank er gegenüber
(und »arbeitete« an seinen Gedichten) in
der »Reichskanzlei«, eine Schnellgaststätte
nimmt heute deren Platz ein (Yorckstraße
90). Unweit, Blücherstraße 18, hatte auch
Alfred Döblin, zuvor Assistenzarzt am
nahen Städt. Krankenhaus Am Urban
(Urbanstraße; A.-D.-Patientenbibliothek
Dieffenbachstraße 1), 1911 seine erste
eigene Praxis eröffnet. Im gleichen Jahr er-
schien der erste Sammelband seiner Erzäh-
lungen »Die Ermordung einer Butterblu-
me«. Blücherplatz 1 wurde 1954 »Zum
Gedenken der Jahre 1948-49« die Ameri-
ka-Gedenkbibliothek errichtet. Nach sie-
ben Jahren Obdachlosigkeit hat die Berli-
nische Galerie in einem ehem. Glaslager
in der Alten Jakobstraße 124-128 ein neu-
es Domizil gefunden. – Das Alte Kgl.
Kammergericht, Lindenstraße 14, war
(nach Fontanes Professor Schmidt im Hau-
se Treibel) »Gott sei Dank immer litera-
risch«. W. H. Wackenroder, E. T. A. Hoff-
mann, J. E. Hitzig, W. Alexis und K. Sim-
rock hockten hier über den Akten. Das
Haus gehört heute zu (D. Libeskinds) Jü-
dischem Museum: »Zwei Jahrtausende
deutsch-jüdische Geschichte«, auch in der
Literatur, von den Memoiren der Glückel

von Hameln und Moses Mendelssohn bis zum Tagebuch der Anne Frank und Gertrud Kolmar; draußen **E.-T.-A.-Hoffmann-Garten** (Garten des Exils) und **Paul-Celan-Hof.**
Kreuzberg Ost. Das Quartier am **Kottbusser Tor** machte in den sechziger und siebziger Jahren durch Kahlschlagsanierung und Hausbesetzungen (**Michael Wildenhain**, »Die kalte Haut der Stadt«, 1991) Schlagzeilen. An die vierzig Jahre dauerte die (alternativ begleitete) »2. Stadterneuerung.« »Der freie Mensch hält nicht die Fresse, / sein Wort lebt durch die Druckerpresse«: **Oranienstraße** 20 befand sich 1963-74 die »Werkstatt Rixdorfer Drucke«, in Nr. 27 die von **G. B. Fuchs, R. W. Schnell** und G. Anlauf 1957 gegründete (und 61 aufgelöste) Hinterhofgalerie »die zinke«. Im selben Haus richtete 1967 **VAUO Stomps** (→ Krefeld/NW), der 1926 bereits in der **Stallschreiberstraße** 30 die »Rabenpresse« unterhielt, die »Neue Rabenpresse« ein.
Am **Mariannenplatz** hielt im Frühling 1848 **Fontane** »unter Flintengeknatter« seinen Einzug in »**Bethanien**«. Hatte dann aber mehr Muße als Arbeit, er bereitete zwei Diakonissen für das Apotheker-Examen vor (Offizin im Hauptgebäude). Das 1970 aufgegebene Krankenhaus wurde von Hausbesetzern vor dem Abriss gerettet und beherbergt von 1975 bis 2008/09 das **Künstlerhaus Bethanien.** Erinnerung an die wilden Jahre hier 1968 ff.: **Gerhard Seyfrieds** R. »Der schwarze Stern der Tupamaros« (2004).
SO 36, »Klein Istanbul«, die größte türkische Gemeinde außerhalb der Türkei, liegt vor der Tür. **Aras Ören** hat ihm im Gedicht das Denkmal gesetzt: u. a. »Was will Niyazi in der Naunynstraße?« (1973), und verblieb: »Die Fremde ist auch ein Haus« (1980). Inzwischen heißt es aber auch (»Multikulturelles Berlin«: »Berlin litera-

risch – diesmal auf Türkisch«): »Die Einwanderer haben die Sprachlosigkeit längst überwunden und schreiten zur Landnahme in der Kultur- und Medienlandschaft« (1993). Zwei neuere Proben aufs Exempel (aus 2003): **Yadé Karas** Roman (jüngster deutscher Geschichte aus der Perspektive einer türkischen Familie) »Selam Berlin« und **Emine Sevgi Özdamars** »Tagebuch« (einer Wanderin zwischen Ost und West) »Seltsame Sterne starren zur Erde«; von Ö. auch der beim Hebbel-Theater angesiedelte R. »Die Brücke vom goldenen Horn« (1998). Das **Kreuzberg-Museum** in der **Adalbertstraße** 95 a gehört zum Kontext.
Beschluss mit **Fontane**. Seine Kreuzberger Wohnadressen sind ausgelöscht. Der Schauplatz einer Hauptinvention hat sich, wenn auch verstellt, in der **Köpenicker Straße** (Nr. 7 z. B.) erhalten: die Treibelsche Villa (deren Vorbild hinwiederum in der **Schlesischen Straße** 26 stand).
Friedhöfe am Halleschen Tor: u. a. **Jerusalems- und Neue Kirchen-Gem. I, Zossener Straße:** Franz von Gaudy (Abtlg. 2/ 3-3,8/9). – II: Ehrengrab für »Salon-Dame« **Henriette Herz** (1764-1847). – III: neben Ehrengrab E. T. A. **Hoffmann Reinhard Lettau** (1929-96), Erzähler und Essayist; **Adolph L'Arronge** (1838-1908). **Friedhöfe** an der **Bergmannstraße:** u. a. **Dreifaltigkeit I:** Ehrengräber für **Charlotte von Kalb** (1762-1843) und **Henrik Steffens** (1773-1845), Philosoph und Naturforscher. – **Dreifaltigkeit II: Ernst Raupach** (1784-1852), Dramatiker (117 Stücke); **Georg Andreas Reimer,** Verleger. – **Jerusalems- und Neue Kirchen-Gem. IV: Charlotte Birch-Pfeiffer** (1800-68), Hofschauspielerin und Stückeschreiberin. (Liegepläne jeweils Friedhofsgärtnerei.)

Pankow (03)

Museumsverbund Pankow: Hauptstandort Prenzlauer 227 (Prenzlauer Allee 227/228); Standort Heynstraße 8; Standort Dunckerstraße 77.

Auftakt mit **Daniela Dahn** zur »**Prenzlauer-Berg**-Tour« (1987): »Auf den Hügeln rund um die Zentren großer Städte stößt man merkwürdigerweise oft auf so eine Art städtisches Bergvolk ... Arbeiter, aber auch Studenten, Künstler, Linksintellektuelle – loses Volk.« Die klassischen Routen führen über **Schönhauser** und **Prenzlauer Allee**.

Noch in Mitte, **Torstraße** 60, lockt das »Kaffee Burger«, der Klassiker der neuen Lesebühnen, mit schrägen Literaturveranstaltungen: **Wladimir Kaminer** lädt zur »Russendisko« ein und erzählt die »ständig merkwürdigen Geschichten« von den »Hexen auf der **Schönhauser Allee**« (2001). Die »**Kulturbrauerei**« an der **Knaackstraße** – »Welch ein labyrinthisches Gemäuer!« – ist Schauplatz in **Günter Grass'** »Ein weites Feld« (1995). Heute finden im »Kesselhaus« Konzerte statt, in der »Alten Kantine« das »Gipfeltreffen der Berliner Lesebühnen«, die »literaturWERKstatt« ist hier etabliert, auch zwei Theater und weitere Institutionen für »Kultur, Politik und Ökologie«. – »Hier stehst Du/ schweigend/Doch/wenn Du/Dich wendest/schweige nicht«: Auf dem **Jüdischen Friedhof Schönhauser Allee** sind u. a. der Komponist G. Meyerbeer, der Maler M. Liebermann, der Verleger **Leopold Ullstein** (1826-99) und der beliebte Possendichter (»Ein blauer Montag« sein großer Erfolg) **Hermann Salingré** (1833-79) beigesetzt. Die Begräbniszüge wurden, weil die Mitglieder des kgl. Hofes Anstoß nahmen, über den »**Judengang**« zur Rückseite des Friedhofs geleitet.

Der **Kollwitzplatz** (früher Wörther Platz)

Berlin-Prenzlauer Berg: »Herzstück des Prenzlbergs«, das Käthe-Kollwitz-Denkmal

mit dem Denkmal von G. Seitz (1958) ist das »Herzstück des Prenzlbergs«. **Käthe Kollwitz** (1867-1945) lebte hier (**Kollwitzstraße** 56a) ab 1891 über 50 Jahre. Das Haus wurde 1943 zerstört (Gedenktafel am Neubau). Der Platz gehörte in DDR-Zeiten zu den Zentren einer schillernden Gegengesellschaft. Die alternative Kunstszene belebte die Straßen und Cafés ringsum, hatte aber auch in Höfen und Wohnungen ihre subkulturelle »Stadtunöffentlichkeit« (D. Dahn). Bei E. und W. Maaß in der **Schönfließer Straße** 21 z. B. las die ältere (von **Franz Fühmann** bis **Christa Wolf**) wie die jüngere Generation (**Uwe Kolbe**, **Bert Papenfuß** etwa, aber auch Stasispitzel **Sascha Anderson**). Nach 1989, während sich der »Prenzlberg« allmählich zur bürgerlichen Wohnstadt mauserte, versuchten sich Teile der Szene im LSD-Viertel neu zu formieren: **Lychener** (mit dem »GALREV-Druckhaus«-Verlag für Poesie in Nr. 73), **Schliemann**-, **Dunckerstraße**. **Holger Tegtmeyer** 2004 in »Breitseite Berlin«: »Eine neue, kunterbunte Schar von Gegenwartsautoren tummelt sich auf dem Prenzlauer Berg, doch könnten sie vermutlich auch anderswo leben und schreiben.« Im Hof **Rykestraße** 53 hat sich die einzige Synagoge Berlins, zugleich Deutschlands größte (1903/04), erhalten. – Ecke **Immanuelkirchstraße** 29/**Winsstraße** – »damals noch eine relativ gute Wohngegend« – wohnte Felice Bauer, **Franz Kafkas** (gleich zweimal) Verlobte. – Ecke **Ostseestraße/Prenzlauer Allee** wird an **Erich Weinert** erinnert (im »Prater« an der **Kastanienallee** hatte er seine großen Auftritte). – Am **Bahnhof Schönhauser Allee** kommt unsere »Berg-LiteraTour« zu ihrem höchsten Punkt. In Sichtweite steht dort an der **Stargarder Straße** die **Gethsemanekirche**. Im Herbst 1989 gehörte sie »eine kurze, aber wesentliche Zeit zu den eigentlichen Parlamenten dieser Republik« (»Berlin zu Fuß«).

Pankow: »Dies seltsame Gemisch von Großstadt und Gartenstadt« rühmte schon 1929 **Franz Hessel**, **Pankow** als ideales Revier für Flaneure. **Schloss Niederschönhausen** war von 1949 bis 60 offizieller Amtssitz des Präsidenten der DDR Wilhelm Pieck, später Gästehaus der Regierung. »Wenn die Republik / Will sehn den Präsidente / Kommt Willem in sein Schloß / Und schüttelt viele Hände«, reimte **Brecht** 1950 für die Kinder. Am **Majakowskiring** gettoisierte sich die Politprominenz. »Vom Volk ›Städtchen‹ genannt, was liebevoller klang, als es gemeint war«: **Monika Marons** Roman »Stille Zeile sechs« (1991) spielt hier. Tafeln erinnern, u. a. an **Johannes R. Becher** (Nr. 34), Archiv und Gedenkstätte sind vor Ort aufgelöst. In der »Grotewohl-Villa« (Nr. 46/48) befand sich von 1991 bis 2001 die »literaturWERKstatt«; berühmt ihre »Open Mike«-Nachwuchswettbewerbe und die »Sommernächte der Lyrik«. **Rudolf-Dit-**

zen-Weg 19 (vorher Majakowskiweg) wohnte in seinem letzten Lebensjahr **Hans Fallada**; hier schrieb er den Roman »Jeder stirbt für sich allein«.

Zum **Bürgerpark** ist es nicht weit. Vor der nach ihm benannten Bibliothek steht in der **Mühlenstraße** 24 eine Büste des rumänischen Dramatikers **Ion Luca Caragiale**, der 1904 seine Heimat verließ und bis zu seinem Tod 1912 in Berlin lebte (Gedenktafel auch **Hohenzollerndamm** 201/04). Beim Parktor gibt es eine kleine **Parkbibliothek**, im Park gleich drei Dichterdenkmäler: in figura lebensgroß **J. R. Becher**, eine Büste von **Heinrich Mann** und ein Ensemble von fünf Stelen für den 1943 in Plötzensee erhängten tschechischen Journalisten und Schriftsteller **Julius Fucik**.

Nördlich des Bürgerparks, in der **Leonhard-Frank-Straße** 11, hatte **Ernst Busch** (1900-80) sein Haus. Nahebei, auf dem **Pankower Friedhof III**, liegt sein Grab. Hier auch das Grab des sozialist. Lyrikers **Wilhelm Tkaczyk** (1902-82/»Fabriken-Gruben«, 1932). Monolithisch beim Friedhofseingang steht die 30 Jahre nach ihrem Tod 1996 gesetzte Steinstele für **Inge Müller** (die Müller'sche Wohnung befand sich **Kissingenplatz** 12).

»Das Dichterviertel der Hauptstadt«, notierte 1969 **Horst Krüger**, »rund um den **Heinrich-Mann-Platz** wohnen sie in vielen kleinen grünen Inseln der Poesie«: nach der Rückkehr aus dem Exil, **Hohmeyerstraße** 13, **Arnold Zweig**; in der Siedlung **Heinrich-Mann-Straße/Hermann-Hesse-** (in der DDR Kurt-Fischer-)**Straße Erich Weinert** (Gedenkmauer, Wohnung **Straße 201**, Nr. 4); benachbart in Nr. 22 **Willi Bredel**, in Nr. 23 **Arnolt Bronnen**; in der **Hermann-Hesse-Straße Walther Victor** (→ Weimar/TH) und (in Nr. 39) **Stephan Hermlin**; in der **Kuckhoffstraße** 39 b **Bodo Uhse**; in Nr. 10 der **Straße**

200 Fritz Erpenbeck (nach dem die »200« dann in **Fritz-Erpenbeck-Ring** umbenannt wurde) und seine Frau **Hedda Zinner.**
Im Privatklinikum Nordend des jüdischen Arztes W. Dosquet, **Mittelstraße 6-8,** starb am 4. Mai 1938 an den Folgen der KZ-Haft **Carl von Ossietzky** (Gedenktafel **Ossietzkystraße 24/26,** damals Schloßstraße, Bronzestatue davor am Straßenrand; Büste auch vor dem O.-Gymnasium, **Görschstraße 42-44**). Das Urnengrab auf dem **Friedhof Pankow IV, Buchholzer Straße** (Abtlg. A1/35), musste anonym bleiben; Inschrift heute: »Frieden für immer«.
»Bei uns in Pankow«, nach **Heinz Knoblochs** Devise, der viele Jahre hier auch zu Hause war: **Volker Braun, Jens Sparschuh, Christa** und **Gerhard Wolf.**
»Zurückgekehrt nach fünfzehnjährigem Exil/Bin ich eingezogen in ein schönes Haus … Immer noch/Liegt auf dem Schrank mit den Manuskripten/Mein Koffer«: In der **Berliner Allee** 185 in **Weißensee** bekam **Bertolt Brecht** im Mai 1949 sein »Neues Haus«. Zeitweise hatte auch **Anna Seghers** hier ein Zimmer. – **Jürgen Kuczynski** (1904-97), der führende Wirtschaftshistoriker der DDR (Titel seiner Memoiren »Ein linientreuer Dissident«) lebte seit 1950 in der **Parkstraße** 94, inmitten seiner legendären Bibliothek. – Im Haus **Woelckpromenade** 3 wohnte bis zu seinem Tod 1988 **Wieland Herzfelde** (Gedenktafel).
»Gedenke Ewiger, was uns geschehen«: der **Jüdische Friedhof Weißensee** an der **Herbert-Baum-Straße** gehört zu den größten Europas. (Die Friedhofsinspektion führt ein Beisetzungs- und Grabstellenregister, in dem bis heute über 115 000 Gräber verzeichnet sind; Lageplan am Eingang). Ehrenreihe G1: **Hermann Cohen** (1842-1918), Philosoph, Gründer der sog.

Marburger Schule des Neukantianismus, und **Micha Josef Bin-Gorion** (1865-1921), Hrsg. der Sammlung jüdischer Märchen, Legenden und Mythen »Der Born Judas« (1916, n. 1978). – A1 R10: **Theodor Wolff** (1868-1943), Chefredakteur des »Berliner Tageblatt«. – M2: **Ludwig Jacobowski** (1868-1900), Gründer der lit. Vereinigung »Die Kommenden«, Aufsehen mit seinem Roman »Werther der Jude«. – Z24 an der Grenzmauer: Gedenkinschrift an die Literaturwissenschaftlerin **Helene** (1877-1944, in Auschwitz verschollen) und den Theaterwissenschaftler **Max Herrmann** (1865-1942, umgekommen in Theresienstadt). – J4: Erbbegräbnis **Samuel Fischer** (1859-1934), Verleger; **Gottfried Bermann Fischer** (1897-1995). – Mauer von U2: **Oskar Blumenthal** (1852-1917), Lustspieldichter, 1889 in dem von ihm gegründeten Lessingtheater Uraufführung von G. Hauptmanns »Vor Sonnenaufgang«. – Jüngere Memoriale u. a. für **Arthur Eloesser** und **Else Ury** (Grabstein der Familie). Im Dezember 2001 wurde **Stefan Heym** hier beigesetzt. – Der Friedhof ist auch Schauplatz von Erzählungen von **Martin Beradt** (»Trauerfeier für Benedikt Lauscher«), **Peter Edel** (»Die Bilder« des Zeugen Schattmann«), **Christoph Hein** (»Die Familiengruft«) sowie in **Wolfdietrich Schnurres** Roman »Ein Unglücksfall«.

Charlottenburg-Wilmersdorf (04)

Heimatmuseum Charlottenburg-Wilmersdorf (Schloßstraße 69).

»Wir frohlocken allzumahle! Im Charlottenburger Thale, Bey gewünschter Friedens-Zeit«: **Christian Reuter** (→ Halle/Kütten/ST) ließ 1710 seiner »Frohlockenden Spree« ein Dito für **Charlottenburg**

folgen. Fünf Jahre vorher war die Siedlung beim Schloss zur Stadt erhoben und nach der »philosophischen« Kurfürstin, inzwischen Königin, benannt worden. Bei deren abendlichen Spaziergängen im Schlosspark mit **Gottfried Wilhelm Leibniz** (→ Leipzig/SN) soll der Grund zu seiner »Theodizee« (1710) gelegt worden sein. 1700 Stiftung der »Sozietät der Wissenschaften«. (Das Schreibkabinett Sophie Charlottens befindet sich im Erdgeschoss des Schlosses.)
Hundert Jahre später huldigten – man mag sich im Schlossgarten vor dem **Mausoleum**, »wo uns're Heilige schlummert«, daran erinnern – die Dichter erneut einer großen Frau: Königin Luise. **Theodor Körners** (→ Dresden/SN) Sonett von 1812, angesichts von Ch. D. Rauchs Büste der Königin, vereinigt die Ingredienzen des Kults noch einmal, so sentimental (»Du schläfst so sanft!«) wie pathetisch (»Dann ruft dein Volk: dann, deutsche Frau, erwache ...«). – Nordöstlich im Park das **Belvedere** (von 1788): »Rokokoschaubühne für eine Geisterkomödie« für Friedrich Wilhelm II. und die »Tage der Lichtenau«, seiner »Schönen Wilhelmine« (Aufschlüsse u. a. im »Havelland«-Band von **Fontanes** »Wanderungen«).
Am Anfang der **Schloßstraße** stehen F. A. Stülers Gardekasernen, heute beherbergen sie Museen, u. a. in Nr. 1 das **Museum Berggruen** (»Picasso und seine Zeit«). – Im November 1913 übernahm **Gottfried Benn** die Leitung des Patholog. Instituts am Städt. Krankenhaus in der **Sophie-Charlotten-Straße**. Ein Jahr vorher war das (im Krankenhaus Moabit/01 inspirierte) »Morgue«-Flugblatt erschienen, »das zu vielen Beanstandungen Anlass gab«. **Else Lasker-Schüler** (jedoch) war zutiefst beeindruckt und schrieb 17 leidenschaftliche Gedichte an ihn. »Die Stadt wuchs, die Landschaft rückte weg – immer aber

blieben die armen Figuren«: an Nr. 88, in seinem »Milljöh«, erinnert eine Tafel an den »Meister des Zeichenstiftes« und »Schilderer des Berliner Volkslebens« **Heinrich Zille**, der hier von 1892 bis zu seinem Tod 1929 lebte.
Luisenplatz 3 hielt 1928-33 **Georg Kaiser** in der »Pension Haßfort« Cercle. Das halbe literarische Berlin – von **Brecht** und **Weill**, der hier die Musik zur »Dreigroschenoper« schrieb, und dem »Jean sans Terre« **Yvan Goll** bis **Carl Einstein** und **Alfred Wolfenstein** – gab sich in der Pension Rendezvous. **Kaiser-Friedrich-Straße** 70 (Gedenktafel am Nachfolgebau) kam im Frühjahr 1905 **Robert Walser** (1878-1956) in der »schlichten Atelierwohnung« seines Bruders Karl unter, »um sich dem Dichten und seinen natürlichen Folgen ganz hinzugeben« (»Geschwister Tanner«, R. 1907).
Die **Zillestraße** ist die alte Wallstraße (die als Synonym für das »rote Charlottenburg« stand). 1936 erschien in der Schweiz unter dem Pseudonym **Jan Petersen** die Roman-Reportage des Charlottenburgers **Hans Schwalm** »Meine Straße. Aufzeichnungen eines deutschen Illegalen« (1947 u. d. T. »Unsere Straße. Eine Chronik ... 1933-34«). – An der **Bismarckstraße**, auf dem Platz gegenüber der **Deutschen Oper**, Ecke **Krumme Straße**, steht seit 1987 **Shakespeare**. Die Bronzebüste ist ein Geschenk der City of London zur 750-Jahr-Feier Berlins. – Die Warburgzeile führt zum alten Dorfkern. **Alt-Lietzow** Nr. 12 wohnte nach seiner Entlassung aus der Festungshaft im Dezember 1924 **Erich Mühsam** (Gedenktafel).
Am »Knie« – ursprünglich zweigte hier ein Spreearm ab – standen früher einmal Vorstadtvillen und Vergnügungspaläste. Aus dem »Knie« wurde 1953 der **Ernst-Reuter-Platz**, aus der Berliner Straße, die hier abknickte, die **Otto-Suhr-Allee**. In

Nr. 45 (heute) wohnte in den 1900er Jahren **John Henry Mackay** (»zwischen einer herrlichen Bibliothek«), in Nr. 93 (Gedenkstele schräg gegenüber vom Rathaus) von 1896 bis 1910 der Arzt und Sexualwissenschaftler **Magnus Hirschfeld**. **Marchstraße 6** (damals 8) stand **Theodor Mommsens** »kleines Häuschen«, in dem im Juli 1880 seine gesamte Bibliothek verbrannte. – »Die **Hardenbergstraße** zwischen Steinplatz und ›Knie‹ … Freies Feld ist da«, gehörte zu **Marie Luise Kaschnitz'** »Orten« der Kindheit.

Zwei Theater in der Platznachbarschaft: Ecke **Schlüterstraße** (in Nr. 78 wohnte 1889-91 **Gerhart Hauptmann**, »Die Weber« entstanden hier) liegt das (1995 geschlossene) **Schillertheater**, jetzt »Musical-Tempel«; **Knesebeck-/Ecke Hardenbergstraße 6** das **Renaissance-Theater**. Zwischen March- und Hardenbergstraße bedeckt weitläufig das Areal beidseits der **Straße des 17. Juni** die **Technische Universität**. Die neobarocke Prunkfassade der **Universität der Künste**, die die Bildenden mit der Musik und den Darstellenden Künsten vereint, dominiert den **Steinplatz** mit seiner kleinen »grünen Oase«. Im großen Hörsaal 3010 im dritten Stock des damals noch bombengeschädigten Hauptgebäudes der TU veranstaltete **Walter Höllerer** die ersten Lese- und Diskussionsreihen »Literatur im technischen Zeitalter«. Neue Bibliothek von UdK und TU **Fasanenstraße 88**. **Hardenbergstraße 22-24** das ehem. **Amerika-Haus**, Schauplatz der ersten Studentendemonstration gegen den Vietnamkrieg im Februar 1966; darüber **Friedrich Christian Delius'** Erzählung »Amerikahaus und der Tanz um die Frauen« (1997). Die **Kantstraße**: Gleich linker Hand (an Haus Nr. 165) erinnert eine Tafel an **Friedrich Spielhagen**. Im Vorgängerhaus von Nr. 162 lebte um 1900 das Malereehepaar R. und S. Lepsius. **Stefan George** hielt

in ihrer eleganten Wohnung Hof und inszenierte Lesungen, **Lou Andreas-Salomé** (→ Göttingen/NI): »Er sah aus wie Dante, wie aus einer anderen Zeit«. Nr. 152: »In diesem Hause wirkte Nobelpreisträger **Carl von Ossietzky** von 1927 bis 1933 als Herausgeber der ›Weltbühne‹ …« **Kurt Tucholsky**, seit 1924 Korrespondent der »Weltbühne« und für die »Vossische Zeitung« in Paris, behielt für seine Berliner Zwischenaufenthalte ebenfalls in Nr. 152 ein Quartier. Im Nachbarhaus (Nr. 151), Ecke **Uhlandstraße**, lebte von 1904 bis 1918 **Hanns von Zobeltitz**, Gründer der »Zeitschrift für Bücherfreunde« (1896-1936).

Gegenüber, **Kantstraße 12**, prunkt in einer merkwürdigen Stilmischung das **Theater des Westens**. Daneben die Delphi-Terrassen mit dem **Delphi-Kino**, im Souterrain spielt die »Vagantenbühne«. Im Herbst 1921 eröffnete im Keller des »TdW« **Trude Hesterberg** die »Wilde Bühne«. **Bertolt Brecht** machte mit seinen »Soldatenballaden« hier Skandal. Auch **Walter Mehring**, **Joachim Ringelnatz**, **Klabund** und **Erich Kästner** schrieben Texte für das Kabarett. In Nr. 10 befand sich der Verlag Gustav Kiepenheuer. Literarischer Leiter »in den letzten sechs Jahren vor Hitler« war **Hermann Kesten**. Im März 33 plünderte die SA die Räume. Der **Savignyplatz** war einmal ein wichtiges Stück des alten Berliner Westens und ein Herzstück des alten Westberlins. »Gefangener des alten und neuen Westens«, ging **Walter Benjamin** in seiner »Berliner Kindheit um Neunzehnhundert« von der **Carmerstraße 3** über den grünen Platz zur (Kaiser-Friedrich-)Schule, »der ganze Bau … von altjüngferlicher, trauriger Sprödigkeit« (heute Joan-Miró-Grundschule). Vor Ort spielt das Dramolett »Claus Peymann kauft sich keine Hose, geht aber mit essen« von **Benjamin von**

Stuckrad-Barre. Sieben Straßen sind stern-förmig auf den Platz ausgerichtet, das Karree zog schon vor dem Krieg Künstler und Intellektuelle an. In der **Fasanenstraße** (heute 13) wohnten und arbeiteten **Ernst von Wolzogen, Felix Hollaender** und **George Grosz** im »Künstlerhaus zum Lukas«. **Uhlandstraße** 197 logierten in der »Pension Steinplatz« im Frühjahr 1914 **Robert Musil** (»Die Amsel«, E. 1967), im Sommer 24, »hungernd und dürstend nach pulsierendem Leben«, **Ernst Toller.** **Knesebeckstraße** 12 (Gedenktafel) wohnte 1914-32 **Hedwig Courths-Mahler** (→ Naumburg/Nebra/ST), **Grolmanstraße** 58 kurzzeitig **Joseph Roth.** **Savignyplatz** 5 erinnert eine Tafel: »In diesem Hause starb **George Grosz**« (1893-1959).
Walter Höllerer brachte wieder literarisches Leben an den Platz. In einer mittlerweile abgerissenen Villa in der **Carmerstraße** 4 gründete er 1962 das Literarische Colloquium Berlin (Kollektiv-Roman »Das Gästehaus«). Buchhandlungen (jeder Spezies) gibt es zu beiden Seiten des Platzes. Berühmt als Gesprächs- und Lesetreffs sind »Buchhändlerkeller« und »Autorenbuchhandlung« (Carmerstraße 1 und 10). Zur Szene gehörig natürlich auch Cafés und Kneipen, wie die »Dicke Wirtin« und der »Zwiebelfisch«.
Kantstraße 26 wohnte 1920-25 **Erwin Piscator.** In Nr. 30 **Else Ury** (1877-1943 in Auschwitz) von 1905-33 (Gedenktafel); zwischen 1918 und 25 erschien ihre zehnbändige Mädchenbuchserie vom »Nesthäkchen«, Auflage bis heute rund sieben Millionen (A. Grünenberg, »Die Welt war so heil«, 2006). Nachbarn im Viertel für kurze Zeit auch: **Christian Morgenstern** am **Stuttgarter Platz** 4 im Herbst 1899; in der **Römerstraße** 4 **Heinrich Hart** 1905; Herbartstraße 15 war **Hans Scholz**' (gest. im November 1988) letzte Berliner Wohnung.

Weiterhin: **Suarezstraße** 39 lebte von 1905 bis 09 **René Schickele**; in »Trimpopp und Manasse« (1914) ist die Szenerie expressionistisch ins Bild gerückt. Die Neue Kantstraße durchquert den **Lietzenseepark.** Seine Brücke besang **Jakob van Hoddis:** »... zu uns tönt der Abendschrei der Stadt.« Er widmete das Gedicht seinem Freund (und dito Expressionisten) **Georg Heym,** der in der **Neuen Kantstraße** 12 lebte ... »in dieser trüben und vor Wahnsinn knallenden Zeit«.
Rund um die **Gedächtniskirche:** Am **Breitscheidplatz** münden **Tauentzien-, Budapester** und **Hardenbergstraße** ein, **Kantstraße, Kurfürstendamm** und **Rankestraße** beginnen hier, dem geographischen Zentrum des Neuen Westens (und des verschollenen russischen Berlin). **Andrej Belyj** 1924 »Im Reich der Schatten«: »Die Spitze der schönen Kirche sieht die Kreuzung der Zeiten und Räume ... (und) ist der Punkt, von dem aus, Radius für Radius, die Russen in Berlin sich über

Berlin-Charlottenburg: Die Kaiser-Wilhelm-Gedächtniskirche im letzten Kriegsjahr

Charlottengrad verteilen.« – In Pendelnä-
he zog **Ernst Rowohlt** mit seinem Verlag
in die **Eislebener Straße** (Nr. 7, im Krieg
zerstört). 1933 wurden 50 Prozent der
Bücher des Verlags verbrannt, beschlag-
nahmt oder verboten. 1934 kamen als
neue Lektoren **Ernst von Salomon** (→
Winsen/Stöckte/NI) und **Friedo Lampe**
(→ Bremen) hinzu.
L'adresse oblige: **Erich Mühsams** »Indus-
triegebiet der Intelligenz«, wie es die
Künstler anzog und »schließlich jene Be-
fruchtung und Durchdringung der Kün-
ste bewirkte, aus der sich das Kunstwun-
der der zwanziger Jahre ergab« (G. Rühle),
hatte (so der Titel einer Kabarettrevue von
1927) »Bei uns um die Gedächtniskirche
rum« seinen Zentralort und Umschlag-
platz. »Der Torso der Kriegsruine ist nun
ein Mahnmal gegen den Krieg, das Beste,
was daraus werden konnte« (M. Bienert).
Im Stil der Kirche entstanden um 1900 die
»Romanischen Häuser«. Das zweite von
1901 lag zwischen Kurfürstendamm und
Tauentzienstraße, es beherbergte ab 1916
das »**Romanische Café**« (heute Europa-
Center). Die bildende Kunst stellte die
Renommiergäste, sie saßen am »Cassirer-
tisch«, M. Slevogt führte den Vorsitz.
Die Literaten bildeten das Gros: von
Brecht und **Heinrich Mann** bis **Roda
Roda** und **Zuckmayer**, **Anton Kuh** aus
Wien und **Alfred Polgar**, die illustren Aus-
länder nicht zuletzt, von **André Gide** bis
Thomas Wolfe. Und »Dichter, die als
Dichter verkleidet waren«, so **Hermann
Kesten. Gabriele Tergit** hat 1931 die Szene
ironisch zugespitzt beschrieben: »Käsebier
erobert den Kurfürstendamm«. 1965 be-
schwor **Wolfgang Koeppen** (→ Greifs-
wald/MV) das »Kaffeehaus« (für K. Wa-
genbachs »Atlas«) noch einmal in einem
einzigen (hinreißenden) Satz, da heißt es
am Schluss: »Wir waren im Purgatorium
zwischen Wittenbergplatz und Zoologi-

scher Garten … das romanische Haus
mit dem Romanischen Café glühte, als
leuchtete im Sieg die Oriflamme eines ge-
heimen Vaterlandes«.
Kurfürstendamm-Lektüre, entlang der li-
terarischen Wegmarken Richtung Halen-
see, à la **Franz Hessel**: »Die Tauentzienstra-
ße und der Kurfürstendamm haben die
hohe Kulturmission, den Berlinern das
Flanieren zu lehren.« **Kurfürstendamm** 15
erinnert eine Tafel: »Hier befand sich von
1917 bis 1986 Mampes Gute Stube, Lieb-
lingslokal des Schriftstellers **Joseph Roth**,
… der hier im Jahr 1932 seinen Roman
›Radetzkymarsch‹ vollendete«. Nicht zu
vergessen, dass Roth hier aber auch warn-
te: »Es ist Zeit wegzugehen. Sie werden un-
sere Bücher verbrennen und uns damit
meinen.«
Am »Kranzler-Eck« (Nr. 18/19) lag das
»**Café des Westens**«, auch »Café Größen-
wahn« genannt, der wichtigste Treffpunkt
der literarischen Boheme vor dem 1. Welt-
krieg: von **Herwarth Walden** (»Sturm«)
und **Else Lasker-Schüler**, ihrem »König
und Tiger« **Gottfried Benn**, **Franz Pfem-
fert** (»Aktion«), **Kurt Hiller**, **Leonhard
Frank**, **Oskar Kokoschka** und **Paul Scheer-
bart** bis **Ernst von Wolzogen** (der 1900
hier das »Überbrettl« gründete) und **Max
Reinhardt** (der »Schall und Rauch« hier
entwarf). – Das benachbarte »**Hotel am
Zoo**« (Nr. 25) gehörte zu den Stammquar-
tieren **Joseph Roths**. Auch **Thomas Wolfe**,
der Amerikaner, logierte 1936 hier, Anlass
die Olympischen Spiele (»Es führt kein
Weg zurück«). – Nr. 26 daneben, eines
der wenigen Beispiele für die »Kurfürsten-
dammarchitektur« der Gründerzeit, be-
herbergte um die Jahrhundertwende die
»**Pension Stern**« (nach 1929 »Fasanen-
eck«): **Heinrich Mann** logierte häufig
hier, 1906 und 1929/31 (zu der Zeit
auch sein Neffe **Klaus Mann**). H. Manns
Freund, der Publizist und Dramatiker

Wilhelm Herzog (1884-1960), war Dauermieter. Ebenfalls im Haus das »**Café Wien**«: **Max Herrmann-Neiße** gehörte zu den »Ständigen«, Kabarettleuten v. a., im Café und schrieb: »Hinter all dem zärtlich Schönen geht die Raserei auf Raub . . .«

»Macke« (Herrmann-Neiße), der »träumende Poet auf der Weltstadtstraße« (G. Pohl), wohnte überm Damm, zwei Jahrzehnte bis zu seiner Emigration 1933, im Gartenhaus von Nr. 215 (Gedenktafel). Jenseits der Fasanenstraße, in Nr. 217 (Gedenktafel), lebte **Robert Musil** 1931 bis 33, hier schrieb er am »Mann ohne Eigenschaften« (Anfang März 33 erschien Band 2). – »Da, wo der **Kurfürstendamm** immer am meisten Kurfürstendamm war ... Ecke **Uhlandstraße**«, findet **Dieter Hildebrandts** Roman »Die Leute vom Kurfürstendamm« (1982) zu seinem furiosen Finale. »Tatorte« überhaupt ringsum: »**Kempinski**« (Nr. 27) in **Günter Grass**' »Tagebuch einer Schnecke« (1969); das benachbarte **Jüdische Gemeindehaus**, Fasanenstraße 79/80 bei **W. Schnurre** (»Ein Unglücksfall«, 1981) und **A. Andersch** (»Efraim«, 1967).

In die 1905 eröffneten Ausstellungsräume **Kurfürstendamm** 208/209 (heute hier das neue Kudamm-Karree) zog von der Kantstraße aus die »Berliner Secession«. Im Kriegswinter 1917/18 trommelte sich **Richard Huelsenbeck** hier durch die ersten Dada-Soireen. 1921 etablierte sich in den umgestalteten Räumen das **Theater am Kurfürstendamm**. Im Haus daneben (Nr. 206/207) richtete 1924 **Max Reinhardt** die »Komödie« ein, 28 war er Intendant beider Boulevardbühnen. – Auf der Nordseite des Boulevards befand sich in »weiland W 15« in Nr. 51, Ecke **Schlüterstraße**, die »Café-Konditorei Schneider«. Bei Schneider, so **Georg Zivier** (1897-1974), »herrschte paradiesische Ruhe«, **J.**

Roth und **L. Marcuse** waren Stammgäste. Ein Kapitel für sich die Querstraßen des Kudamms; 32 verschiedene Namen haben sie, schreibt **Annemarie Weber**, »kein Gedicht erfaßt seine Sphäre besser als ihre einfache Reihung«. Fasanenstraße 34 (Ecke **Lietzenburger**) kam durch **Hans Scholz** zu literarischen Ehren: In der »Jockey-Bar« werden in einer Aprilnacht 1954 die Geschichten seines »Schriftwerks« »Am grünen Strand der Spree« (1955) vorgebracht. **Villa Grisebach** und **Kollwitzmuseum** benachbart liegen in einer grünen Oase – mit einer Buchhandlung im Souterrain und dem Café »Wintergarten« – das **Literaturhaus Berlin** (Nr. 23). Weiter nördlich dann (Nr. 79/80), an Stelle der zerstörten ersten Synagoge im Berliner Westen von 1912, das neue **Jüdische Gemeindehaus**. In der Eingangshalle Büste von **Moses Mendelssohn** (von 1785).

Uhlandstraße 173/174 wohnte von 1945 bis zu seinem Tod 1966 **Gerhart Pohl**. – »**Bleibtreu** heißt die Straße«, schrieb **Mascha Kaléko** 1974 im Rückblick auf die dreißiger Jahre hier (Nr. 10/11): »Hier war mein Glück zu Hause. Und meine Not.« »Eine Tür steht offen«: **Tilla Durieux**, seit 1952 wieder in Berlin, lebte zuletzt **Bleibtreustraße** 15. – Im Sommer 1945 fand **Johannes R. Becher**, aus Moskau zurück, **Schlüterstraße** 45 ein erstes Quartier: »Wenn ich ein Trümmerland auch wiederfand, / Bist du es doch: mein Deutschland, Vaterland . . .« Hier gründete er den »Kulturbund zur demokratischen Erneuerung Deutschlands«. Als »sonderbares, wirres, aber auch wundersam idealistisches Gebilde« beschrieb **Friedrich Luft** die Kammer der Kulturschaffenden in dieser Zeit. – In der **Mommsenstraße** wohnten, meist über kurz nur: **Felix Hollaender** (in Nr. 22, um 1910), **Max Kretzer** (länger, von 1930 bis zu seinem Tod 41, in Nr. 60), **Joseph**

Roth (in Nr. 66, um 1920/21). »Das letzte Mal« von **Mascha Kaléko** setzt der »Mommsenstraße 44« ein Denkmal. – **Clausewitzstraße** 5 hatte **Ernst von Salomon** im Hinterhaus bis 1945 »eine kleine Zweizimmerwohnung«. – Mit dem Erfolg kam das Geld. Also bezog **Erich Kästner** im Herbst 1929 in der **Roscherstraße** 16 die erste eigene Wohnung. 1944 brannte sie aus, es blieben nur »Erinnerungen in jeder Größe und Haarfarbe«.

Vom Westend nach Plötzensee. »Zwischen Eichkamp, dem Theodor-Heuss-Platz, der damals noch Reichskanzlerplatz hieß, und dem Funkturm liegt für mich das, was man Heimat nennt«: **Horst Krüger** (→ Magdeburg/ST) verbrachte Kindheit und Jugend in Eichkamp, **Eichkatzweg** 35. In seinem Erinnerungsbuch »Das zerbrochene Haus« (1966/76) erzählt er von den Nachbarn: »Direkt neben uns« **Elisabeth Langgässer**, »drei Häuser neben uns« **Ludwig Marcuse**. Im »Eichkatznest« auch E. L.s Tochter Cordelia, die 1943 vom nahen **Bahnhof Grunewald** nach Auschwitz transportiert wurde (**Cordelia Edvardson**, »Gebranntes Kind sucht das Feuer«, 1986). **Arnold Zweig** wohnte **Zikadenweg** 59 und hatte am **Kühlen Weg** 9 sein Atelierhaus. **Marienburger Allee** 43, im Haus seiner Eltern, wurde im April 1943 **Dietrich Bonhoeffer** verhaftet. Heute ist dort eine Erinnerungs- und Begegnungsstätte.

Unterm **Funkturm** (von 1926) ist Berlin die Messe wert. Schräg gegenüber liegt an der **Masurenallee** H. Poelzigs **Haus des Rundfunks** (1929-31), seit 1957 Sitz des »Senders Freies Berlin« (RBB seit 2003). Rückblende auf die frühe »Radiozeit« der Literatur vor 33 unter vielen anderen: **W. Benjamin, G. Benn, B. Brecht, A. Döblin, A. Eggebrecht, G. Hauptmann, E. Kästner, H. Kasack, O. Loerke, E. Toller.** Das literarische Ressort unterstand

Edlef Köppen (→ Burg/Genthin/ST), Chef des Hörspiels war **Arnolt Bronnen**. »Nach Hitlers Machtergreifung«, so **Horst Krüger** in »Radiozeit« (1992), »muß sich in diesem Haus vieles abgespielt haben, was beschämend bleibt, bis heute …« Und erinnert an das Schicksal von **Jochen Klepper**, der hier eines der ersten Opfer des »Kampfes von barbarischer Härte« wurde. Seit 2006 Gedenktafel für **Hans Bredow** und seine Mitarbeiter, die von den Nationalsozialisten aus dem Haus des Rundfunks vertrieben wurden.

Kaiserdamm war privilegierte Wohnlage: in Nr. 102 wohnte **Ferdinand Bruckner** (in den 1920er Jahren), in Nr. 28 **Alfred Döblin** (Wohnung und Praxis seit 1931), in Nr. 24 **Else Ury** (1932-39). – In der **Fredericiastraße** 1 hatte ab 1920 **Curt Goetz** sein Domizil, 1932 ging er in die Schweiz. – »Tausend Jahre später« erlebt in der **Soorstraße** Elsa Lewinsky, die Heldin von **Annemarie Webers** Roman »Westend«, die »Stunde Null«, den »Tag Eins«, die »neue Freiheit«. A. W. bewohnte Richtung Olympiastadion eine geräumige Villa in der **Heerstraße** 30, ihre Gartenpartys galten etwas.

Ganz im Westen: Olympische Brücke, -Straße, -Platz, in der Längsachse des Platzes liegt das **Olympiastadion**. **Thomas Wolfe**, der bei den Spielen 1936 »fast jeden Tag« hierher zog: »Bis vor die Tore des Stadions war die Stadt ein erschütternd farbenprächtiges, königliches Fahnenmeer, so überwältigend, daß es schon fast bedrückend wirkte. Das Unheilverkündende lag darin, daß diese Macht-Demonstration offensichtlich über die Erfordernisse des sportlichen Ereignisses hinausging.« Unter dem (1947 gesprengten und 60-62 wiederaufgebauten) Glockenturm die Langemarck-Halle, mit Versen von **Walter Flex** und **Friedrich Hölderlin**: »Lebe droben, o Vaterland, Und zähle nicht die Toten, Dir ist, Liebes, nicht einer zuviel gefallen.« In der **Murellenschlucht**, in der die auch zur olympischen Anlage gehörende **Waldbühne** liegt, wurden 1944/45 auf der Wehrmachtserschießungsstätte 723 deutsche Soldaten füsiliert. Ein Mahnmalweg führt vom Glockenturm vor Ort.

Brixplatz 11 (früher Sachsenplatz 12), im Atelier im 4. Stock, »dichtete, malte, trank und träumte mit seiner wunderbaren Frau ›Muschelkalk‹ zwischen leuchtenden Aquarien« **Joachim Ringelnatz** 1930-34. Die »Westend-Klause« nahebei, **Steubenplatz/Ecke Reichsstraße**, war R.' Stammkneipe; zu den engagierten Ringelnatz-Stammtischlern gehörte nach dem Krieg **Hugo Hartung** (»Ich bin Neuwestender«). – Anrainer in der »reinen Abgeschiedenheit der Alleen«, Tafeln erinnern: **Oldenburgallee** 1 **Felix Hollaender**; **Ahornallee** 37 **Gertrud Kolmar**, in Nr. 31 (bei dem Malerehepaar R. und S. Lepsius) war **Stefan George** vielfach zu Gast.

Im Norden im Winkel zum Wedding liegt am **Hüttigpfad** die **Gedenkstätte Plötzensee**. Für die 2915 (von 1933 bis 2. Mai 45) hier Hingerichteten seien stellvertretend drei Männer des Widerstandes genannt, denen **Carl Zuckmayers** Stück »Des Teufels General« gewidmet ist: Theo Haubach, Wilhelm Leuschner, Hellmuth Graf von Moltke. Am **Heckerdamm** das Ev. **Gemeindezentrum Plötzensee** (mit dem »Plötzenseer Totentanz« von A. Hrdlicka). Nahebei die Kath. Gedenkkirche **Maria Regina Martyrium**; dort in der Gedenkstätte der »Märtyrer für Glaubens- und Gewissensfreiheit« in der Unterkirche auch Inschrift für **Alfred Delp**, Mitarbeiter an den »Stimmen der Zeit« und Berater des Kreisauer Kreises (1907-45).

Städt. Friedhof Heerstraße, Trakehner Allee 1: Ehrengräber für **Ferdinand Bruckner**/Abtlg. 20-Wald-1 f, **Theodor Däubler** /16-B-20, **Paul Cassirer** (1871-1926)

und **Tilla Durieux** (1880-1971) 5-D-4, **Curt Goetz** und **Valerie von Martens**/16-G-11.12, George Grosz/16-B-19, **Joachim Ringelnatz**/12-D-21. – **Helene Lange** und **Gertrud Bäumer**/5-A-1. – **Thea von Harbou** (1888-1954, schrieb F. Langs Drehbücher, Filmgröße auch im Dritten Reich/6-H-10). – **Hans Sahl**/Urnenbeisetzung. – **Walter Höllerer** (»Und alle zehrten von ihm«: G. Grass bei der Beerdigung H.s im Mai 2003 auf dem Waldfriedhof Heerstraße). – **Reinhard Baumgart** (1929-2003), Schriftsteller und Literaturkritiker, wie Höllerer Literaturwissenschaftler an der TU und Fellow des Wissenschaftskollegs (»Damals. Ein Leben in Deutschland«, Aut. 2004).

Erinnerungsort **Prinzregentenstraße** 70: »An dieser Stelle stand einst die Synagoge **Wilmersdorf**«, 1930 eingeweiht, 38 zerstört, die Reste 58 abgerissen. Nahebei – »Berlin W. W. W.«, mit einem »sehr weiten Blick über das alte zugeschüttete Wilmersdorfer Luch« – hatte in Nr. 66 **Walter Benjamin** von 1930 bis 33 seine letzte Berliner Wohnung. »Berliner Kindheit um 1900« ist hier entstanden. Ebenfalls bis zur Emigration 1933 wohnte in der parallel verlaufenden **Helmstedter Straße** 24 seit 1928 **Anna Seghers**. Für ihre erste (hier geschriebene) Erzählung »Der Aufstand der Fischer von St. Barbara« erhielt sie noch im selben Jahr den Kleistpreis. In Haus Nr. 6 wohnte zu dieser Zeit – rechtzeitig vom linksradikalen Snob noch zum engagierten Rechten umgeschwenkt – **Arnolt Bronnen**.

Die Prinzregentenstraße führt zum **Prager Platz**. Die »Prager Diele« dort gehörte Anfang der 1920er Jahre zu den Treffpunkten russischer Künstler. **Ilja Ehrenburgs** Runde tagte in der »Diele«. Gegenüber zweigt die **Prager Straße** ab, in Nr. 17 (heute 6, Neubau, Tafel an Kindertagesstätte) verbrachte **Erich Kästner** bei Witwe Ratkowski seine drei ersten Berlin-Jahre (1927-29). In der **Nachodstraße** 2 (kurz vor der Bundes-, damals noch Kaiserallee, in den siebziger Jahren abgerissen) hatte **Arno Holz**, »eingezwängt wie ein tibetanischer Mönch, der in die Erde vergraben wird und nur mit seinen Dämonen spricht« (so zu H.' Tod 1929 **A. Döblin**), das letzte seiner sieben Wilmersdorfer Quartiere.

Nicht weit vom Kurfürstendamm und seinen Cafés war das »Kreissegment« um den Anfang der **Bundesallee** eine von Künstlern und Literaten bevorzugte Wohngegend. Nach 1945 wurde das stark zerstörte Gebiet rasch wiederaufgebaut. In der **Spichernstraße** 16 (Gedenktafel am Neubau) lebte seit 1922 im Dachatelier **Helene Weigel**, 24 räumte sie die Wohnung für **Bertolt Brecht** und zog mit dem gemeinsamen Sohn Stefan in die nahe gelegene **Babelsberger Straße** 52. In der Nachbarschaft, am **Nürnberger Platz** 3, wohnte zeitweilig **Arnolt Bronnen** und blickte »genau in die Schräge von Helene Weigels Atelierfenster« (»Tage mit Bertolt Brecht«, 1960). In Nr. 2 am Platz befand sich **Erich Kästners** erstes Berliner »Schreibcafé«, das »Carlton«.

»Alles ist Gegenwart. In verschollenen Gräbern beerdigt, schweigt die Vergangenheit ...«, notierte **Bernard von Brentano** (→ Offenbach/HE) 1928 in »Wo in Europa ist Berlin?«. **Schaperstraße** 8 und 22 (nicht erhalten) versammelte er Gleichgesinnte zum Diskurs. Schaperstraße 24 wurde 1962/63 die **Freie Volksbühne** errichtet, Intendant **Erwin Piscator**. Seit Frühjahr 2001 ist die Volksbühne Festspielhaus der »Berliner Festspiele«. – Ecke **Bundesallee/Meierottostraße** ist eine Parkanlage **Gerhart Hauptmann** gewidmet. »Florian Geyer« wird als »Bildlegende« zu G. H.s Denkmal zitiert: »Der deutschen Zwietracht mitten ins Herz«. Das ehem. **Joachimsthaler Gymnasium**, Bun-

desallee 1-12, beherbergt jetzt verschiedene künstlerische Institutionen, darunter Fachbereiche der Universität der Künste. Weitere Stationen auf der Westseite der **Bundesallee**: Nr. 19, lange weit und breit das einzige Haus, das die Kriegszerstörungen und die Abrisswut der Nachkriegszeit nahezu unversehrt überstanden hat: Gedenktafel für **Julius Bab** (1880-1955), der 1906-08 hier lebte, Schriftsteller, Dramaturg und Theaterkritiker, Mitbegründer des »Jüdischen Kulturbundes«, und 1939 in die USA emigrierte. Ansonsten Erinnerungsorte »weit draußen« (**Georg Hermann**): Nr. 20 **Ludwig Fulda** (1912-14) und **Oskar Blumenthal** (der hier im April 1917 starb). Auf der Ostseite: Nr. 137 **Erdmann Graeser** (um 1912); Nr. 170 **Frank Thieß** (1915-20), Th. Wolff holte ihn ans »Berliner Tageblatt«; Nr. 177 **Robert Musil** (1910) und Nr. 205 **Oda Schaefer**, »im zweiten Gartenhaus des mit mächtigen Karyatiden geschmückten Hauptbaues« am 21. Dezember 1900 geboren.

Vom **Fasanenplatz** zum **Ludwig-Barnay-Platz**: **Fasanenstraße** 61 erinnert eine Tafel an das letzte (»ständig bewachte«) Berliner Quartier (Dezember 1932 bis Februar 33) von **Heinrich Mann**. Er war zu dieser Zeit, als sich »Berlin von Feldmoching und Braunau« erobern ließ, Präsident der »Dichterakademie« und floh in letzter Minute über Straßburg nach Nizza.

Am **Ludwigkirchplatz** 12 lebte von 1915 bis zu seiner Emigration **Arthur Holitscher** (1869 in Budapest geb., seit 1907 Lektor in B., 1941 in Genf gest.). 1929 und 31 erschienen seine Romane »Es geschah in Moskau«, »Es geschieht in Berlin«; »Ein Mensch ganz frei« warnte nochmals vor der »Verbrecherherrschaft«, die »Verbrecher« verbrannten 33 seine Bücher sofort. – »Straßen in Berlin und anderswo«, »ich vermute, daß nicht die Menschen in diesen Straßen schreien, sondern die Straßen selber«: **Siegfried Kracauer** wohnte vor 1933 **Pariser Straße** 24/II und **Lietzenburger Straße** 7/III. **Hohenzollerndamm** 201, im Hinterhaus, hatte **George Grosz** 1921-28 sein Atelier. Zur Jahreswende 1922/23 brachte er im Malik-Verlag die Sammlung »Ecce Homo« heraus. Wegen »Verbreitung unzüchtiger Schriften« machte man ihm und seinem Verleger **Wieland Herzfelde** den Prozess. In den »wilden Jahren« vorher (Kriegsende, »Dada«-Unruhen) hauste Grosz **Nassauische Straße** 4; 1928-33 dann in der **Trautenaustraße** 12, »ganz kurz vor zwölf« verließ er im Januar 33 Deutschland. Ende Februar rieten Kriminalbeamte **Franz Pfemfert** – er wohnte seit 1911 **Nassauische Straße** 17, hier war auch der Verlag der »Aktion« – zur Flucht. **Mannheimer Straße** 43 (heute Nr. 27, Gedenkstein im Gehweg) war 1919 letzter Zufluchtsort von **Rosa Luxemburg** und **Karl Liebknecht** vor ihrer Ermordung. Die »Wilmersdorfer Bürgerwehr« verhaftete sie hier, zusammen mit W. Pieck. – Am **Schoeler Park** befand sich früher der Wilmersdorfer See, Dorado der Schwimmer, Tänzer und Liebesleute (**Max Kretzers** »Millionenbauer« und **Georg Hermanns** »Kubinke« haben hier ihre Schauplätze). – »Jugend um 1900«: **Weimarische Straße** 6a Gedenktafel für **Victor Klemperer** (→ Dresden/SN), der 1906-09 als »literarischer Journalist« hier mit seiner Frau Eva lebte. Am 15. 3. 1988 wurde zum 55. Jahrestag des Überfalls der Nazis auf den »Roten Block« am **Ludwig-Barnay-Platz** (früher Laubenheimer Platz) an der Seite zur **Bonner Straße** ein Findling enthüllt, bestimmt als »Mahnmal für die politisch Verfolgten der Künstlerkolonie«: u. a. **Ludwig-Barnay-Platz** 3 **Walter Hasenclever** (→Aachen/NW, Gedenktafel), Nr. 5 **Manès Sperber** (»All das Vergangene ...«, 1983); **Laubenheimer**

Straße 2 **Georg Hermann** (Gedenktafel); **Bonner Straße** 2 **Joachim Ringelnatz**, Nr. 8 **Gustav Regler** (→ Merzig/SL; »Das Ohr des Malchus«, 1958), Nr. 12 **Axel Eggebrecht** (Gedenktafel; »Der halbe Weg«, 1975); **Kreuznacher Straße** 34 **Erich Weinert**, Nr. 48 **Alfred** und **Friedel Kantorowicz**, Nr. 52 **Ernst** und **Karola Bloch** (Gedenktafel) und **Peter Huchel** und Familie.

Schmargendorf ist »ein bißchen Land, ein bißchen Stadt«. »Schmargendorf bei Berlin, im Rheingau 8« lautete ab Oktober 1897 **R. M. Rilkes** erste Berliner Adresse. Für **Lou Andreas-Salomé** begann er hier im Sommer 98 das sog. »Schmargendorfer Tagebuch«, das bis zum Mai 1900 reicht. Um Lou noch näher zu sein, bezog er im August desselben Jahres dann ein Zimmer der »Villa Waldfrieden« in der **Hundekehlestraße** 11 (Gedenktafel am Nachfolgebau). – Am **Roseneck** und am **Wilden Eber** befand sich ab der Mitte des 19. Jahrhunderts, als die Grunewaldgrenze an der Südseite der **Hundekehlestraße** und der Westseite der **Warnemünder Straße** durch ein festes Wildgatter abgeschirmt war, der Einlass für die Ausflüglerscharen: Wenn »in den Grunewald/seit fünf Uhr früh ... Berlin/seine Extrazüge/spie« (wie **Arno Holz**' Gedicht »Berliner Himmelfahrtstag« beginnt).

Zur literarischen Topographie des **Grunewalds**: Lieblingsziele, damals wie heute, das **Jagdschloss Grunewald** (Sage von der im Südflügel eingemauerten »Schönen Gießerin« Anna Sydow) und, in **Fontanes** »Alter Wendenwelt«, das **Schildhorn**, »wo, bezwungen im Streite, / Fürst Jaskow dem Christengott sich weihte«. Die Villenkolonie Grunewald verdankt ihre Entstehung ab 1889 Bismarck, als »quartier résidentiel« der Großbourgeoisie am Ende des Kurfürstendamms, der »Berliner Champs Elysées«.

»Am Übergang vom Halensee zur Kolonie Grunewald«, **Kunz-Buntschuh-Straße** 7, lebten in einem ausgebauten Dachgeschoss 1901-16 die Pädagogin und Vorkämpferin der bürgerlichen Frauenbewegung **Helene Lange** (1848-1930) und ihre Lebensgefährtin **Gertrud Bäumer** (→ Hagen/Hohenlimburg/NW); Gedenktafel am Nachfolgebau entfernt. – **Fritz Mauthner** (→ Überlingen/Meersburg/BW) lebte zwischen 1876 und der Jahrhundertwende **Wangenheimstraße** 46, später in 36. Mit dem dreibändigen Roman »Berlin W« schockierte er mit beißender Ironie die Berliner Gesellschaft seiner Zeit.

Im Wintersemester 1912/13 studierte **Walter Benjamin** in Berlin. Er wohnte in der elterlichen Villa in der **Delbrückstraße** 25 (im 2. Weltkrieg zerstört). Bis 1930 sah er sich wegen seiner desolaten finanziellen Situation zumeist gezwungen, hier auch weiterhin zu leben. In seinem Arbeitszimmer hing Paul Klees Bild »Angelus Novus«, B.s »Engel der Geschichte«. – In die **Furtwänglerstraße** 7 zog sich **Wilhelm Meyer-Förster** (→ Heidelberg/BW) zurück. Hier lebte er, erblindet, bis zu seinem Tod im März 1934. Sein Erfolgsstück »Alt-Heidelberg« (1901) schmähte **Bertolt Brecht** zwar als »Saustück«, aber durch Ernst Lubitschs Stummfilm von 1927 wurde es erst recht weltberühmt. – **Wernerstraße** 16 (Gedenktafel): In dem vormals hier stehenden Haus lebte von 1894 bis 1922 **Maximilian Harden** und gab die politische Wochenschrift »Die Zukunft« heraus. Nach einem Attentat aus rechtsradikalen Kreisen übersiedelte der »Einsame aus dem Grunewald« in die Schweiz.

Die »am schönsten Fleck von Berlin« »als Heimstätte auf Lebenszeit« von **Lion** und **Marta Feuchtwanger** eingerichtete Villa in der damaligen Mahler-, heute **Regerstraße** 8 (Gedenktafel im Gehweg) verblieb ihnen gerade noch zwei Jahre. Sie wurde Anfang 1933, während Lion auf einer Vortragsreise in den USA unterwegs war, von den Nazis verwüstet. »Was fangen Sie wohl mit den beiden Räumen an, die meine Bibliothek enthielten?«, fragte L. F. 1935 in einem bitter sarkastischen »Offenen Brief an den Bewohner meines Hauses Mahlerstraße 8 in Berlin«. – »Ich bin mit Berlin versöhnt, seit ich draußen wohne«, bekannte **Alfred Kerr** 1924 im »Grunewald-Echo«. Er wohnte in dieser Zeit **Höhmannstraße** 6. Unweit bezogen die Kerrs 1930 jenseits der Koenigsallee dann in der **Douglasallee** 10 eine eigene Villa, aus der sie im Februar 33 vor der »Diktatur des Hausknechts« flohen. »Die märkisch-unscheinbare Front dieses betont einfachen Landhäusleins trog über den üppigen Inhalt«: **Koenigsallee** 65 empfing **Walther Rathenau** (1867-1922) 1910-22 eine halbe Welt. **Robert Musil** porträtierte ihn im »Mann ohne Eigenschaften« als »Dr. Paul Arnheim«. In Nr. 45 (zerstört, Gedenktafel am Nachfolgebau) wohnte **Vicki Baum** mit ihrer Familie; 1931/32 Emigration nach Hollywood. Nahebei, **Bettinastraße** 4, die Riesenvilla (Gedenktafel an der Zufahrt) ihres Verlegers **Hans Ullstein** (1859-1935). Bettinastraße 3 hielt sich von 1915 bis 28 in den Wintermonaten **Hermann Sudermann** in »edler Bescheidenheit ganz abseits« (Gedenkstätte 2005 aufgelöst). Auerbachstraße (heute **Auerbacher Straße**) 17 lebte 1908-23 **Julius Bab** mit seiner Familie. **Am Hasensprung** 2 beim Dianasee 1963-65 **Ingeborg Bachmann**: »Ein Ort für Zufälle«.

Im Stil englischer Landhäuser der **S-Bahnhof Grunewald**. Rechts daneben liegt die Rampe des Güterbahnhofs (»**Gleis 17**«). Von Oktober 1941 bis Februar 45 gingen insgesamt 186 Zwangstransporte von hier aus in die Todeslager im Osten:

Berlin-Grunewald: Familie S. Fischer im »Benz« vor ihrer Villa, Erdener Straße 8

»Güterbahnhof Grunewald«, Briefgedicht von **Wolf Biermann** (1998). – Die **Trabener Straße** führt nach Halensee. Von Nr. 54 (heute 2), einem »Strohwitweroder Junggesellenheim«, übersiedelte **Gerhart Hauptmann** im August 1901 nach Schlesien. **Georg Hermann** wohnte die letzten Jahre vor dem 1. Weltkrieg mit seiner Familie in der Villa Nr. 19 (Gedenktafel).

Erdener Straße 8 S. Fischers »festliches Haus«, »darauf eingestellt, die anwachsende Autorenfamilie und den großen Berliner Künstlerkreis zu empfangen und zu bewirten«. In den sechziger Jahren des 20. Jahrhunderts, als das **Literarische Colloquium** hier zeitweise zu Hause war, saßen da »wie auf einem Familienbild« (so W. Höllerer) **Hans Werner Richter** und, aus Ost wie West, Autoren aus dem Umkreis der Gruppe 47. – **Koenigsallee** (unweit, Nr. 65, seine Villa) Ecke **Erdener Straße** Gedenkstein für **Walther Rathenau** (1867-1922): »Er fiel an dieser Stelle durch Mörderhand.« – Endstation **Halensee**. Vom großen »Vergnügungsapparat« der Kaiserzeit (ab 1909 dem **Lunapark**) gibt es keine Spuren mehr vor Ort, nur in der Literatur: bei **Fontane** (»Treibels«), **Julius Stinde** (»Buchholzens«), bei **Gabriele Tergit** und **Oda Schaefer**. – »Szondi was here« lautet der Titel eines Gedichtes von

Sabine Techel: Am 9. November 1971 wurde **Peter Szondi** (1929-71), Gründer des Instituts für Allgemeine und Vergleichende Literaturwissenschaft an der FU, tot aus dem Halensee geborgen.

Markant am **Lehniner Platz** Mendelsohns Ensemble mit der **Schaubühne** (urspr. Universum-Kino). Im Klinker-Flachbau **Kurfürstendamm** 155-156 befand sich das »Kabarett der Komiker« und das »Café Léon«, seit 1929 **Erich Kästners** Stammlokal (lag fast vor seiner Haustür, **Roscherstraße** 16). – **Katharinenstraße** 5 (Neubau) lebten und arbeiteten von 1909 bis zu ihrer Trennung 1911 **Herwarth Walden** und **Else Lasker-Schüler**; W. gründete hier 1910 den »Sturm« (Erstauflage 30 000). Zu Beginn des Ersten Weltkriegs hatte **Leonhard Frank** in Nr. 5 ein »Parterrezimmerchen«, drei Monate arbeitete er hier an der ersten halben Seite seines ersten Romans »Die Räuberbande«.

»Die Schwierigkeit über Berlin zu schreiben«: der Südtiroler **Franz Tumler** (1912-98), 1967/68 Direktor, 1969/70 Stellvertretender Direktor der Abtlg. Literatur der Akademie der Künste, wohnte **Karlsruher Straße** 7; sein Grab **Friedhof Heerstraße, Trakehner Allee** 1. – **Oskar Loerke** wohnte 1912-30 in der **Joachim-Friedrich-Straße** 34, im Gartenhaus. Gleichermaßen **Salomo Friedlaender** (**Mynona**) 1913-34 in der **Johann-Georg-Straße** 20 (Gedenktafel). – Im Haus **Paulsborner Straße** 3, seiner letzten Wohnung in Berlin, wurde am 15. März 1933 **Manès Sperber** (1905-84) verhaftet und in »Schutzhaft« genommen (Aut. »Die vergebliche Warnung«, 1975).

Zeitrisse am **Fehrbelliner Platz**: 1928 verschlägt es **Manfred Hausmanns** (→ Kassel/HE) »Lampioon« hierher: ». . . der halbe Platz ist ein fruchtbarer Garten mit Obstbäumen, Zäunen, Schlackenwegen und allerlei Hütten aus Dachpappe.« Heute: »... weder besonders schön noch wirklich monumental, aber die geschlossenste Architektur-Hinterlassenschaft des Dritten Reiches« (A. Bernhard). – **Wittelsbacher Straße** 5 (Gedenktafel) lebte ab 1925 bis 29 **Erich Maria Remarque**; hier schrieb er »Im Westen nichts Neues«. – **Paul Kornfeld** wohnte bis 1933 in der **Zähringer Straße** 26 und ging dann wieder in seine Heimatstadt Prag zurück. Schauplatz seines einzigen (und schönsten) Buches »Blanche oder Das Atelier im Garten« (1930-41, veröff. 1957) ist Berlin. **Düsseldorfer Straße** 42 bezog im Dezember 1928 **Walter Benjamin** mit der lettischen Regisseurin Asja Lacis eine gemeinsame Wohnung. Anfang 29 verfasste er hier für sie das »Programm eines proletarischen Kindertheaters«. – **Konstanzer Straße** 2 hatte **Ernst Weiß** (1884-1940) seine letzte Berliner Wohnung. »Er war ein Meister des psychologischen Romans«, heißt es auf der Gedenktafel an seinem früheren Domizil, **Luitpoldstraße** 34 (07). 1936 floh er nach Prag. – In der »stillen« **Bregenzer Straße** 4 lebte (»Ich hab so gern gelebt«) **Fedor von Zobeltitz** zuletzt. – **Emser Straße** 21 wohnte in den 1920er Jahren **Bernhard Kellermann**. 1925 erschien sein Roman der Berliner »Roaring Twenties«, »Die Brüder Schellenberg«. Beschluss in der **Uhlandstraße** (in ihrem Wilmersdorfer Verlauf): in Nr. 78 hatten 1924 **Klaus** und **Erika Mann** ihr Logis, bei einem »Puffmütterchen«. Onkel **Heinrich Mann** lebte 1929/31 in Nr. 126 (»Pension Olivia«); »Professor Unrat« wurde in dieser Zeit weltweit berühmt als »Blauer Engel« (Szenario und Dialoge: **Carl Zuckmayer**). In Nr. 108/109 wohnte **Gerhart Pohl**, bevor er 1933, aus der Reichsschrifttumskammer ausgeschlossen, Berlin verließ und wieder nach Schlesien ging. **Friedhöfe: Städt. Friedhof Wilmersdorf, Berliner Straße** 81-103: Kreuzgang der Ur-

nenhalle/Wand B-123 **Fedor von Zobeltitz** (Ehrengrab); **Kurt Pomplun** (1910-77/B1-UW-53). – **Städt. Friedhof Halensee-Grunewald, Bornstedter Straße** 11-12: V-g-58/59 Ehrengrab für **Hermann Sudermann** und seine Frau, die Schriftstellerin **Clara S.** (1861-1924).

Spandau (05)

Stadtgeschichtliches Museum Spandau: Zeughaus, Zitadelle (Am Juliusturm); Gotisches Haus (Breitestraße 32).

Die »heimliche Hauptstadt des Havellandes«, 1920 eher unwillig nach Berlin eingemeindet. Den besten Überblick über Stadt und Land – »Grüß Gott dich, Heimat!« heißt's hymnisch bei **Fontane** zu Beginn des 3. Buches der »Wanderungen« – hat man von **St. Nikolai** in der Altstadt. Vor der Kirche steht das Joachimsdenkmal, 1889 errichtet zum Gedenken an den 350. Jahrestag der Reformation. Auf den Bronzetafeln erscheint neben M. Luther u. a. auch **Philipp Melanchthon** (→ Bretten/BW), er lebte und lehrte zwei Jahre in der Stadt. – Neben St. Nikolai ist die **Zitadelle** das berühmteste (und war weiland auch das berüchtigste) Baudenkmal Spandaus. Unter vielen hundert Staatswie Baugefangenen von der Literatur her **F. A. L. von der Marwitz** (→ Seelow/Friedersdorf/BB): »Wählte Ungnade, wo Gehorsam nicht Ehre brachte«; **Egon Erwin Kisch**, verhaftet im Februar 1933 in der Reichstagsbrandnacht (»In den Kasematten von Spandau«). – Historische Revue im Stadtgeschichtlichen Museum im Zeughaus. – Aus dem (1898 abgebrochenen) Zuchthaus (etwa im heutigen Karree von **Carl-Schurz-, Charlotten-, Jüden-** und **Moritzstraße**) befreite **Carl Schurz** im November 1850 den zu lebenslanger Haft verurteilten rheinischen Revolutionär **Johann Gottfried Kinkel**.

Havelabwärts reicht der Bezirk – rund ein Zehntel der Fläche ist Wasser – bis Kladow. **Pichelsdorf** liegt am Wege. **Jean Paul** schwelgte von der »herrlichen Insel Pickelswerder«. **Gerhart Hauptmann** kam zum literarischen Smalltalk im »Musenhof der Berliner Moderne« **Neukladow**. In Kladow verbrachte **Mascha Kaléko** Jugendzeiten. Heimwehkrank schrieb sie im Exil im »heftigen Vorfrühling Manhattens«: »Ich denke oft an Kladow im April ... Hier hab ich achtzehn Frühlinge gewohnt.«

Steglitz-Zehlendorf (06)

Steglitz-Museum (Drakestraße 64 a); Heimatmuseum Zehlendorf (Clayallee 355).

»Wo die Kastanienallee in die Schloßstraße mündet, fängt **Steglitz** an. Es beginnt hochmodern mit einem stolz ragenden Filmpalast, an dessen Flanken in strahlenden Röhren das Licht flutet ...«: **Franz Hessel** entdeckte beim »Spazieren in Berlin« 1929 den gerade als Großkino erbauten **Titania-Palast**, der sich zur »Kinozeit« in eine »Lichtburg« verwandelte. Am 4. Dezember 1948 fand hier die Gründung der Freien Universität statt (Gedenktafel). Ein »Leben zwischen Idyllen und Katastrophen«: **Jochen Klepper** wohnte seit Frühjahr 1932 im »Villenvorort Südende« (Berliner Straße 20 II/heute **Sembritzkistraße**). Ende September 35 zog die Familie in ihr »Traumhaus« ganz in der Nähe (Karlstraße 6/heute **Oehlertring** 7). **Reinhold Schneider** sowie **Kurt Ihlenfeld** und **Rudolf A. Schröder** (vom Eckart-Kreis) zählten zu den willkommenen Gästen. Ebenfalls im Südende hatte sich **George Grosz**, 1916 aus dem Militärdienst entlassen, im Dachgeschoss eines Mietshauses in der **Stephanstraße** 15 ein Atelier eingerichtet. Mit **Richard Huelsenbeck**, an den **Lessingstraße** 12 eine Tafel erinnert (H.

wohnte da seit 1930 und emigrierte 36), gehörte er im April 1918 zu den Gründern von »Dada Berlin«. Das »Zentralamt des Dadaismus« und der Verlag »Grüne Leiche« hatten **Zimmermannstraße** 34 ihren Sitz, in der Wohnung von »Dadasoph« **Raoul Hausmann** (1886-1971). **Muthesiusstraße** 8 (bis 1925 Miquelstraße) wohnte 1923 kurze Zeit **Franz Kafka**, bis er im November wenige Schritte weiter in die **Grunewaldstraße** 13 zog, wo er bis Februar 24 blieb (2 Gedenktafeln): »Meine Straße ist die letzte annähernd städtische, dann löst sich alles in den Frieden von Gärten und Villen auf ...« »Mein Potsdamer Platz ist der Platz vorm Steglitzer Rathaus«, so noch einmal Kafka. Im ehem. Ratskeller des (heute »alten«) **Rathauses** – **Schloßstraße** 36/37, Ecke **Grunewaldstraße** – wurde im November 1901 auf Initiative des Steglitzer Gymnasiasten **Karl Fischer** (1881-1941) der »Wandervogel« ins Leben gerufen (Gedenktafel auch im Stadtpark, **Johanna-Stegen-Straße**). Auf der verschwundenen Dorfaue steht neben dem »Wrangelschlösschen« das (im November 1945 mit **Curt Goetz**' »Hokuspokus« wiedereröffnete) **Schlosspark-Theater**. Am **Fichteberg** erinnert ein Findling vor dem nach ihr benannten Park an die Journalistin **Ruth Andreas-Friedrich**, Mitbegründerin der Widerstandsgruppe »Onkel Emil«, **Hünensteig** 6 (»Der Schattenmann«, 1947; »Schauplatz Berlin«, 1984). – In seinen Erinnerungen »Spiegel der Jahre« (1958) hat **Friedrich Georg Jünger** (→ Überlingen/BW) dem **Botanischen Garten** einen »kleinen Denkstein« gesetzt: Die »grüne Oase im Gestein der Straße« wurde ein »Lieblingsort für Ernst und mich«. **Ernst Jünger** wohnte 1932/33 **Hohenzollernstraße** 6 (heute **Wulffstraße**, zerstört; »Das abenteuerliche Herz«). Kleine **Lichterfelder** »Tafeltour«: **Unter** den **Eichen** 63 für den griechischen Dichter **Nikos Kazantzakis**; **Opitzstraße** 8 für die »große Dame des politischen Journalismus« **Margret Boveri**; **Marschnerstraße** 15 – »Mensch, sei frei« – für **Paul Scheerbart**; **Hindenburgdamm** 32 für **Peter Huchel.**

Als der Damm noch Chausseestraße hieß, kam 1882 in Nr. 21 **Eduard Spranger** zur Welt. Der Psychologe und Pädagoge wohnte von 1927 bis 46 in Dahlem, **Fabeckstraße** 13, er starb 1963 in → Tübingen/BW. – **Boothstraße** 30 steht heute an der Stelle von **Heinrich Seidels** Haus das »Haus Bethel«. Wenn Seidel seinerzeit in »18 Minuten« nach Berlin fuhr, hatte er das besondere Vergnügen, nur über Brücken zu fahren, die von ihm konstruiert worden waren. Berühmt hat ihn aber die Geschichte des Steglitzer Lebenskünstlers »Leberecht Hühnchen« (aus der **Albrecht**- und **Schützenstraße**) gemacht. Auf dem **Alten Friedhof Lichterfelde, Moltkestraße** 42, bekam Seidel ein Ehrengrab.

Parkfriedhof Lichterfelde, Thuner Platz 2-4: **Otto zur Linde** (gründete in L. mit **R. Pannwitz**, wohnhaft **Schmidt-Otto-Straße** 3, und **R. Paulsen** den »Charon«-Kreis); **Arthur Moeller van den Bruck** (1876-1925), pol. Schriftsteller (»Der preußische Stil«, 1916; »Das Dritte Reich«, 1923) und Übersetzer; seine letzte Wohnung **Unter den Eichen** 127.

Walter Höllerer über **Zehlendorf**: »Berlins Wasserfront . . . Die Gegend im Süden ist erstaunlich sanft und hat erschreckend viele Spuren von Gewalttätigkeit.« Ein Stück »Märkischer Dichtergarten« auch, mit arkadischen Friedhöfen und Inseln. In **Dahlem** formierte sich im September 1933 der erste kirchliche Widerstand. Ein Jahr später lud **Martin Niemöller** (1892-1984), Pfarrer an der St.-Annen-Kirche, zur »Dahlemer Bekenntnissynode« ins **Gemeindehaus Dahlem** ein (**Thielallee** 1/

Gedenktafel); Gedenkraum im M.-N.-Haus, **Pacelliallee** 61. Nach Niemöllers Verhaftung 1937 übernahm **Helmut Gollwitzer** (1908-93) die Pfarrstelle, erhielt 1940 ebenfalls Redeverbot und wurde aus Berlin ausgewiesen.

Folgt man der Thielallee, stößt man bald auf die großflächigen Bauten der **Freien Universität**. Nach ihrer Gründung im Dezember 1948 wurde der Lehrbetrieb zunächst in provisorisch hergerichteten Dahlemer Villen aufgenommen. Gründungsdirektor war der Historiker **Friedrich Meinecke** (→ Salzwedel/ST), der von 1914 bis zu seinem Tod 1954 **Am Hirschsprung** 13 lebte (Gedenkstein auch im **Thielpark**). 1959 wurde **Garystraße** 35 der Henry-Ford-Bau eingeweiht, im Komplex u. a. das Audimax und die **Universitätsbibliothek**. Zwischen **Fabeckstraße** und **Habelschwerdter Allee** entstanden in den sechziger und siebziger Jahren die geisteswissenschaftlichen Institute, wegen ihrer Stahl- und Aluminiumverkleidung bald als »Rost-« und »Silberlaube« apostrophiert.

Aus dem amerikanischen Exil 1947 zurückgekehrt, lebte **Alfred Kantorowicz** in Ost- (**Westerlandstraße** 15 in Pankow) wie in Westberlin (**Argentinische Allee** 162 b in Zehlendorf): »Wir verbringen die Abende mit Freunden, amerikanischen, russischen, deutschen, tschechischen . . .« – **Riemeisterstraße** 107 in Bruno Tauts »Papageiensiedlung« hatte **Werner Bergengruen** sein »Häuschen«, in Nr. 123 – »Wir nannten uns ›Herr Nachbar‹ und ›Frau Nachbarin‹« – saßen **Horst Lange** und **Oda Schaefer** in Untermiete. – **Jochen Klepper** erzählt in seinem Roman »Der Vater«, wie Friedrich Wilhelm I. 1732 die in langen Trecks auf der **Potsdamer Straße** herankommenden vertriebenen Salzburger Protestanten »nicht weit vom Dorfkrug in Zehlendorf« empfing:

»Mir neue Söhne – euch ein neues Vaterland!«
Königstraße 3, im »Haus Clara«, lebte **Clara Viebig** bereits vor der Jahrhundertwende bis zu ihrem Tod 1952. Alle ihre Berlin-Bücher entstanden hier. – Am 4. Mai 1904 um Mitternacht fand auf dem **Bahnhof Zehlendorf** eine Freundin aus der »Neuen Gemeinschaft« **Peter Hille** blutend auf einer Bank, er kam von seinem Cabaret an der Potsdamer Brücke zurück. Wenige Tage später starb der »Bohemien vom Schlachtensee« im Kreiskrankenhaus Lichterfelde. – Im Gartenhaus **Heimat** 85 wohnte von 1952 bis zu seinem Tod 72 **Kurt Ihlenfeld**. In »Hier, wo ich wohne« (»Loses Blatt Berlin«) schildert er eindrucksvoll die Lage in den sechziger Jahren »im Süden Berlins, eine Viertelstunde von der Zonengrenze entfernt ...« Vor Ort (**Alt-Schönow** z. B.) handeln auch **Horst Kammrads** »Deutsche Geschichten 1961-1990« »Die Brücke nach Teltow« (1992).
Wieder jenseits der Potsdamer Straße: »Meine Adresse ist vom 1. Feber ab Berlin-Zehlendorf, Heidestraße 25-26, bei Frau Dr. Busse«: **Franz Kafka** lebte mit Dora Diamant den letzten Monat in Berlin krank (»38 Grad ist zum täglichen Brot geworden«) im Haus der Witwe des Schriftstellers **Carl Busse** (1872-1918; Aut. »Ich weiß es nicht«). Das Haus (**Busseallee** 7-9) 2000 abgerissen. – Nah am Schlachtensee, **Goethestraße** 29, kam **Wolfdietrich Schnurre**, als er 1946 aus dem Krieg zurückkam, unter: »Sandszepter links, Kienapfel rechts, Kiefernkrone zu Häupten ... Man kriegt doch diese karge, von der S-Bahn zerteilte Kiefernlandschaft nicht über.«
Nikolassee: Im Mai 1902 mieteten **Am Schlachtensee** (in der Seestraße 35 damals) Ecke **Terrassenstraße Heinrich** und **Julius Hart** ein großes Haus mit Seegrund-

Berlin: Landpartie am Schlachtensee, um 1856 (oben 3. von links Theodor Fontane, unten 5. von rechts Gottfried Keller)

stück. Ihre (1900 gegründete) »Neue Gemeinschaft« sollte über die »Geistesgemeinschaft« hinaus zur »Lebensgemeinschaft« werden. Das ganze Jahr über gab es Feste, Vorträge, Diskussionen und Theater (**Peter Hilles** »Waldspiele«). »Die ganze Siedlungsidee«, so **Erich Mühsam**, »versackte (jedoch) in einem Kompromiß.« 1904 löste sich die Gemeinschaft auf, das Haus wurde in den zwanziger Jahren abgerissen. Auf der Halbinsel im Schlachtensee wurde der **Paul-Ernst-Park** angelegt (Gedenkstein).
In der Pfingstwoche 1939 bezogen **Jochen Klepper** und seine Familie ihr neues, letztes Haus in Berlin: **Teutonenstraße** 23. Letzter Tagebucheintrag hier am 10. Dezember 1942: »Nachmittags die Verhandlung auf dem Sicherheitsdienst ... Wir gehen heute nacht gemeinsam in den Tod.« Auf dem **Ev. Kirchhof Nikolassee** (**Kirchweg** 12) haben Jochen, Hanni und Reni auch ihr gemeinsames Grab. Nahebei am **Jochen-Klepper-Weg** Gedenkstein (der ev. Kirchengemeinde) mit der Inschrift »Vergib uns unsere Schuld«. Auf dem Friedhof auch das Urnengrab des Erzählers und Biographen **Richard Friedenthal** (1896 München – 1979 Kiel).
Auf der Suche nach einem geeigneten

Haus für die Tagung der Gruppe 47 fand **Walter Höllerer** 1962 das Wannsee-Haus **Am Sandwerder** 5. **Carl Zuckmayer** hatte 1925 hier den »Fröhlichen Weinberg« geschrieben. Höllerer gründete 1963 das »**Literarische Colloquium Berlin**«. Das LCB-Haus wurde zum »Ort der vielstimmigen Verständigungen von Ost und West und Nord und Süd«.

In der **Königstraße** 4 (an der heutigen **Wannseebrücke**) stand bis 1870 »Stimmings Krug«, in dem **Heinrich von Kleist** und **Henriette Vogel** die letzten beiden Tage vor ihrem Selbstmord verbrachten. Über dem Südufer des **Kleinen Wannsees** (**Bismarckstraße** 3) befindet sich ihr Grab. In **Kohlhasenbrück** hat Kleists »Michael Kohlhaas« eine seiner Quellen (**Nathanbrücke, Kohlhaas-Eiche** am **Königsweg** 313).

Auf **Fontanes** Spuren (»Fünf Schlösser«) geht es weiter: nach **Dreilinden** (»Dreilindenlieder« auch von **Balduin Möllhausen**/ 1825-1905), **Stolpe** und **Nikolskoe**, das bereits zur Potsdamer Parklandschaft (auf Berliner Gebiet) gehört. Vor der **Glienicker Brücke** liegt am Rande von **Schloss** und **Park Klein-Glienicke** K. F. Schinkels »Große Neugierde«. Schon **Alexander von Humboldt** pries das Panorama. Vom **Krughorn** aus eröffnet sich die nicht minder großartige Aussicht auf die in **Fouqués** »Undine« ins Märchenhafte entrückte Havellandschaft. »Wie ein Märchen«, heißt es auch in Fontanes »Havelland«, steige die **Pfaueninsel** auf, »ein rätselvolles Eiland, eine Oase, ein Blumenteppich inmitten der Mark«. **Wolf Jobst Siedler** 1986 (»Spaziergänge in Preußens Arkadien«): »Kein Lustgut mehr, kein Zaubergarten, keine Feenwelt... nur ein Stück Land, in die Geschichte gefallen«.

»Der Winter greift/Nach den Puppen des Winters« (R. Wagner): Zwischen **Lind**- und **Schwanenwerder** ertrank **Georg** **Heym** mit seinem Freund E. Balcke beim Schlittschuhlaufen auf der Havel im Winter 1912.

Zehlendorfer Friedhöfe: St.-Annen-Kirchhof und Städt. Friedhof Dahlem, Königin-Luise-Straße 55-57: **Rudi Dutschke** (1940-79), Soziologe/Reihe 28-3 – **Helmut Gollwitzer** – Ehrengräber u. a. **Friedrich Meinecke**/Abtlg. 31-W-17-18, **Edwin Redslob** (1884-1973/→ Weimar/TH), Kunsthistoriker, Mitbegründer der FU/ Reihe 26-3.

Waldfriedhof Dahlem, Hüttenweg 47: Ehrengräber u. a. **Gottfried Benn**/Abtlg. 27-W-31/32, **Ludwig Fulda** (erhängte sich nach brutalen Verfolgungen am 30. 3. 1939 in seinem Haus **Miquelstraße** 86), Abtlg. 17-U-33 – **Erich Mühsam**/Abtlg. 2-A-144.

Waldfriedhof Zehlendorf, Nikolassee, Potsdamer Chaussee 75-77: **Kurt Ihlenfeld**/XIII-W-459/460 – Ehrengräber u. a. **Erwin Piscator**/XX-W-688/89/690, **Gerhart Pohl**/XX-W-CW-1/2.

Städt. Friedhof Zehlendorf, Onkel-Tom-Straße 30: Ehrengräber u. a. **Hans Dominik**/Abtlg. 35-4-83, **Erdmann Graeser**/ Abtlg. 24-47-48, **Julius Hart**/Abtlg. 26-W-135-136, **Ingeborg Drewitz**/Abtlg. 31-W-247 – VAUO Stomps.

Südwestkirchhof der Berliner Synode und Wilmersdorfer Waldfriedhof Stahnsdorf, Bahnhofstraße/Potsdamer Landstraße: Elisabeth Baronin von Ardenne (1853-1952), Vorbild von Fontanes »Effi Briest«/Block Trinitatis-Gartenblock V-Erbb.112 a – Ehrengräber u. a. **Heinrich Zille**/Block Epiphanien-F14, Gst.34/35, **Carl Ludwig Schleich**/Block Erlöser-Gbl I, Gst.47/48: »Grenzstein des Lebens, aber nicht der Liebe«.

Schöneberg-Tempelhof (07)

Jugend Museum im Schöneberg Museum (Hauptstraße 40/42); Tempelhof Museum (Alt-Mariendorf 43).

Der Ruf eines »schrillen« Wohnbezirks haftet **Schöneberg** an. Plätze markieren ihn. Auf dem **Wittenbergplatz** erinnert am westlichen U-Bahn-Eingang eine Tafel von Auschwitz bis Bergen-Belsen an zehn »Orte des Schreckens, die wir niemals vergessen dürfen«. Der Platz gehörte nach der Oktoberrevolution 1917 zu den »geweihten Orten«, an denen sich in Berlin die russische Emigrantenkolonie konzentrierte. **Andrej Belyj**: »... es riecht nach Rußland!« **Vladimir Nabokovs** erster Roman »Maschenka« (1926) spielt in einer der poweren Pensionen vor Ort.

Passauer Straße 5 – das Haus hat den 2. Weltkrieg nicht überdauert – hatte der 1917 von **Wieland Herzfelde**, seinem Bruder **John Heartfield** u. a. gegründete Malik-Verlag ab 1925 bis zum Verbot 33 sein Domizil; in Nr. 8-9 **Ernst Rowohlt**. **Bayreuther Straße** 10 wurde im Sommer 1942 **Günther Weisenborn** und seine Frau Joy von der Gestapo verhaftet. Als er nach drei Jahren wiederkam und »lief dahin, wo ich einst gewohnt. / Wo ich liebte und sie des nachts umarmte, / Freund, da oben sah ich nichts als lauter Luft.« Im »Nollendorf-Casino« (**Kleiststraße** 41, nicht erhalten) trafen sich um 1900 »Die Kommenden«, **Rudolf Steiner** gehörte zu den Protagonisten. Unter der Ägide von **Kurt Hiller**, der »Cabaret als universale Heiterkeit, als panisches Lachen« verstanden wissen wollte, kamen 1909 hier **Jakob van Hoddis** (»Dem Bürger fliegt vom spitzen Kopf der Hut ...«), **Ernst Blaß** (»Die Straßen komme ich entlang geweht ...«), später **Georg Heym**, **Alfred Lichtenstein** u. a. zum »Neuen Club« zusammen und gründeten das »Neopathetische Cabaret«.

Maienstraße 4 erinnert eine Tafel: »Hier wohnte und arbeitete 50 Jahre lang bis zu seinem Tod 1990 **Friedrich Luft**, ›Die Stimme der Kritik‹«. **Nollendorfplatz** und Umgebung haben ihre Legende. Nach dem 1. Weltkrieg gehörte das Viertel mit seinen Künstlerlokalen und -pensionen und dem 1906 als »Neues Schauspielhaus« eröffneten **Theater am Nollendorfplatz** zu den Brennpunkten des »Industriegebietes der Intelligenz« im Neuen Westen. **Erwin Piscator** inszenierte 1927-30 hier sein »revolutionäres Theater«; nach der Premiere von **Ernst Tollers** Politrevue »Hoppla, wir leben!« wurde spontan die »Internationale« angestimmt (Gedenktafel Nebeneingang **Motzstraße**). 1930 ging Piscator pleite. Im Hof, der zum Theater gehört, beziehen **Erich Kästners** »Emil und die Detektive« (1930) ihr letztes Standquartier. Nach mehreren Umzügen verlegte **Samuel Fischer** 1897 seinen Verlag, der »der literarischen Lufterneuerung« diente (Th. Mann), endgültig nach Berlin W., in die **Bülowstraße** 90/91. Hier verblieb »S. Fischer« über den Tod seines Gründers hinaus bis 1936. In der **Dennewitzstraße** an dem nach der Dichterin benannten **Park** Gedenkstein für **Nelly Sachs**. **Maaßenstraße** 12 (früher Nr. 15) kam sie zur Welt. 49 Jahre verbrachte sie in ihrer Geburtsstadt. »Unter meinem Fenster die düstere Straße, eine massive Pracht, Kellerläden, in denen tagsüber Licht brennt, im Schatten gewaltiger balkongeschmückter Fassaden ...«: **Christopher Isherwood** wohnte hier, **Nollendorfstraße** 17, in der Pension von »Fräulein Schröder« (Gedenktafel). 1939 erschien sein »Roman in Episoden« »Goodbye to Berlin« (1979 u. d. T. »Lebwohl, Berlin«). Isherwood bevorzugte das Viertel nicht zuletzt auch der Szene der »Effeminierten, der Alkibiadesse und ihrer Lustknaben« wegen (Oda Schaefer). **Wystan Hugh Auden** führte ihn ein, sein Schulfreund, dem sein erster Berlin-Roman (1935) gewidmet ist (dt. u. d. T. »Mr. Norris steigt um«). Dreieckige Gedenktafel aus rotem Granit (Form des KZ-Häftlingsabzeichens) am U-Bahnhof **Nollendorfplatz** für die »homosexuellen Opfer des Nationalsozialismus«, neu nahebei (und nicht unumstritten) eine Regenbogenstele.

Die »wohl höchste Antiquariatsdichte östlich der Seine« wird der **Motzstraße** bescheinigt. In Nr. 7 (damals 78) befand sich das »Hotel Koschel«, heute der »**Sachsenhof**«. **Else Lasker-Schüler** hatte hier von 1924 bis zu ihrer Emigration im April 1933 eine Dachkammer: »Eine Karawane von Glastieren stand auf dem Mitteltisch, kompaßgenau in der Richtung nach Jerusalem aufgestellt« (**Georg Zivier**). Hotelgäste während und nach dem 1. Weltkrieg auch **Ernst Rowohlt**, sein »wahrhafter Freund und guter Kamerad« **Walter Hasenclever**, dessen Freund **Oskar Kokoschka** sowie **Theodor Däubler**.

Motzstraße 30 (ehemals 17) lebte zwei Jahrzehnte lang (1903-23) **Rudolf Steiner**; 1913 gründete er hier die Anthroposophische Gesellschaft. **Robert Musil** wohnte im Sommer 1927 in Nr. 38 (ehemals 20). »Motzstraße 55, V. Stock« hatte 1920-27 **Ludwig Meidner** (→ Darmstadt/HE) sein Atelier (mit Blick auf den **Viktoria-Luise-Platz**). Die bunteste Gesellschaft traf sich hier – Meidner malte sie alle: von **Johannes R. Becher** bis **Paul Zech** und dem Oberdada **Johannes Baader** (L. M., »Verteidigung des Rollmopses«; Feuilletons 2003).

Um die **Martin-Luther-Straße** reihten sich die berühmten Lokale und Künstlertreffs: »**Schlichter**« z. B. in 11a, ab 1929 (vorher in der Ansbacher Straße 46). Der Maler **Rudolf Schlichter** – 1931 erschien sein Roman »Zwischenwelt« – führte die Prominenz bei seinem Bruder Max ein, auch Literaten darunter, von **Brecht**, **Döblin** und **O. M. Graf** bis **Piscator**, **Toller** und **Tucholsky**; Erinn. auch in **Elias Canettis** (1905-94) »Die Fackel im Ohr« (1980). Anfang der dreißiger Jahre eröffnete **Keithstraße** 17 (damals Lutherstraße 2) die »**Jockey-Bar Schulze**« (heute »Der Dicke Heinrich«). Es ging international zu: **Jean Cocteau** und **André Gide** verkehrten hier, **Ernest Hemingway**, **Klaus** und **Erika Mann**, **Vicki Baum**, **Alfred Kerr** und **Franz Werfel**.

Anfang 1930 lebten etwa 16 000 Juden in Schöneberg, »Jüdische Schweiz« nannte man das **Bayerische Viertel**. 1993 wurden hier an 80 Laternenpfählen Tafeln mit Gesetzestexten aus der NS-Zeit angebracht, die über die damals verordneten und kollektiv weitestgehend akzeptierten Schritte informieren – »Jüdischen Schriftstellern wird jede schriftstellerische oder literarische Tätigkeit in Deutschland untersagt« z. B. –, die Verfolgung, Vertreibung und Holocaust erst möglich gemacht haben.

Die einstige Eckkneipe Grunewaldstraße 55 am **Bayerischen Platz** gehörte zu **Gottfried Benns** »Werkstätten«. Im Nachlass fand sich das Gedicht vom »letzten Abend«: »... du sitzt allein / am kleinen Tisch, an abgeschlossenem Rund / dicht an der Heizung ... dich schlossen immer ziemlich enge Wände / von der Geburt bis diesen Abend ein. / ... doch Zeus und alle Macht, / das All, die großen Geister, alle Sonnen / sind auch für dich geschehn, durch dich geronnen ...« Wohnung (seit 1937) und Praxis (1945-53) hatte Benn ganz in der Nähe, **Bozener Straße** 20 (Gedenktafel). – **Stübbenstraße** 5 erinnert eine Tafel – »Hat auch das Leben Eile, / Lang ward mir manche Meile« – an **Arno**

Holz. Hoch unterm Dach hauste er von 1910 bis 29 »fern der Welt, nahe dem Himmel«, der zerrissene arme Poet par excellence. – **Haberlandstraße 6** (heute Neubau) nahm sich der Jurist und Berlin-Romancier **Artur Landsberger** 1933 aus Angst vor Verfolgungen der SA das Leben. In der Nachbarschaft wohnte von 1918-33 **Albert Einstein.** »Ich bin fremd. / Weil sich die Menschen nicht zu mir wagen, / Will ich mit Türmen gegürtet sein . . .«: Zwangseingewiesen im Januar 1939, lebte **Gertrud Kolmar** bis zum »32. Osttransport v. 2. 3. 43« in dem (nicht mehr existierenden) »Judenhaus«, Speyerer Straße 10 (heute **Rosenheimer** Ecke **Münchener Straße**).
Am **Heinrich-von-Kleist-Park** beginnt die **Potsdamer Straße.** Seit 1801 befand sich hier der doppelt so große Kgl. Botanische Garten. **Adelbert von Chamisso** war von 1819 bis 38 »Aufseher der Pflanzen« und widmete sich zugleich seinen Liedern, um »bei Dichtern und Sängern nicht bloß für einen Heuochsen, sondern auch für einen Blumenmenschen zu gelten«. An illustrem Besuch fehlte es nicht. Der französische Gesandte sprach vor, **F. R. de Chateaubriand**, und die »Gleichgesinnten«: **Eichendorff, Fouqué, Immermann** und **Wilhelm Müller** (→ Dessau/ST), den es aber auch ins »Henselsche Haus« in der Weberkolonie Neu-Schöneberg zog (**Hauptstraße 16**). Die »Enkelin der Karschin«, **Helmina von Chézy** (1783-1856), pries 1816 die »Oasis« im märkischen Sande. Im Mittelpunkt des hier versammelten »Jungmädchenflors« stand die achtzehnjährige **Luise Hensel** (→ Neuruppin/Linum/BB), Wilhelm schwärmte für sie und schrieb die ersten Texte seines »Monodrams« »Die schöne Müllerin«. 1973 wurde das kulturgeschichtlich so bedeutsame Haus abgerissen, ein Supermarkt steht jetzt da (»Wilhelm Müller in Berlin«, in

»W. M. Eine Lebensreise«, Ausstellungsbuch, Dessau 1994).
Vom **Kaiser-Wilhelm-Platz** zur **Dominicusstraße** erstreckt sich Alt-Schöneberg. Auf dem **Dorfanger** blieben nur die Dorfkirche von 1764/66 und der **Kirchhof, Hauptstraße 47**, erhalten; die moderne Paul-Gerhardt-Kirche stammt von 1961/62. **Christian Friedrich Scherenberg** (1798-1881), patriotischer Lyriker, Spezialgebiet »Schlachtengemälde« (»Leuthen«, »Waterloo«), wurde hier beigesetzt. »Ein in Eisen gegossenes, mächtiges Buch, aufgeschlagen« (**Th. Fontane**), ein Geschenk amerikanischer Freunde, liegt auf dem Grab. Erhalten auch eine Reihe prunkvoller Erbbegräbnisse der Schöneberger »Millionenbauern«. Deren aufwendig klassizistische Villen schließen sich nach Nordosten an, so **Hauptstraße** 45, 43, 41/42, 44 und 40. **Max Kretzers** Schlüsselroman »Der Millionenbauer« machte 1891 bereits Sensation.
Die Kolonnenstraße quert die **Schöneberger Insel**, die »Rote Insel«. Der stählerne Gasometer ist ihr Wahrzeichen. Ihre einstige politische Färbung hängt eng mit ihrer stadtgeographischen Besonderheit zusammen, der Einschnürung durch drei Bahnlinien. »Eine lange, kalte Fassadenreihe . . . der Blick über ein endloses Gelände sich kreuzender Eisenbahnschienen«: In der **Cheruskerstraße** 5 bezog der Maler **Hans Baluschek** (1870-1935), der auch als Erzähler hervortrat (1913 »Spreeluft«, 1920 »Enthüllte Seelen«), seine zweite Schöneberger Wohnung. – Kinder der »Insel« auch zwei berühmte Schauspielerinnen: **Leberstraße** 25 (damals noch Sedanstraße) wurde 1925 **Hildegard Knef** geboren (Aut. »Der geschenkte Gaul«), sie starb 2000; wenige Häuser weiter, Leberstraße 65, **Marlene Dietrich** 1901 geboren, der »Blaue Engel«, gestorben 1994. – **Naumannstraße** 78 (damals Königsweg 22)

lebte von 1923 bis zu seiner Emigration 33 **Paul Zech** (»Deutschland, dein Tänzer ist der Tod«). Im Eckhaus Nr. 24 befand sich von 1906 bis 19 die Wohnung des liberalen Politikers und Schriftstellers **Friedrich Naumann** (1860-1919). In der Redaktion seiner Zeitschrift »Die Hilfe« arbeitete von 1905 bis 12 der junge **Theodor Heuss** (→ Lauffen/Brackenheim/BW).

Die Dominicusstraße führt vorbei an der Dorfaue zum **Rathaus Schöneberg** am **John-F.-Kennedy-Platz**. Am Hauptportal u. a. Gedenktafel zur Erinnerung an die Übergabe der Berliner Freiheitsglocke 1950 sowie an John F. Kennedy (mit den historischen Worten von 1963: »Ich bin ein Berliner!«). An der Südseite des Gebäudes Relief für **Freiherr vom Stein** (→ Bad Ems/Nassau/RP) als Schöpfer der preußischen Städteordnung.

Südwestlich des Rathauses überquert die **Carl-Zuckmayer-Brücke** den Rudolph-Wilde-Park. »Am Park« (heute hier die neuangelegte **Fritz-Elsas-Straße**, Nr. 18) lebte von 1926 bis 33 in den Wintermonaten **Carl Zuckmayer** mit seiner Familie, den Sommer verbrachte man in der »Wiesmühl« in Henndorf bei Salzburg (»Als wär's ein Stück von mir«).

»**Friedenau** ist ein Dorf, es steht auch voller Bäume, meistens Kastanien . . .«: **Uwe Johnson** kam 1959 nach seinem »Umzug« aus der DDR in die **Niedstraße** 14 unter, im früheren Atelier des Malers Schmidt-Rottluff (Doppelgedenktafel seit Oktober 2002). Sein Nachbar in Nr. 13 (seit 1964) **Günter Grass**. Anfang Juli 1963 neue Wohnung der Familie Johnson in der **Stierstraße** 3/II. Stock. Die alte Wohnung blieb »Schreibstätte«.

Für »Literaturadressbuchliebhaber« weiterhin (im Uhrzeigersinn rund um den **Friedrich-Wilhelm-Platz**): **Niedstraße** noch einmal: Nr. 5 **Erich Kästner** (Zweitwohnung und Büro nach dem 2. Weltkrieg); Nr. 28

Günther Weisenborn (letzte Berliner Wohnung). – **Sarrazinstraße** 8 **Max Frisch** (»Montauk«, 1975). – **Stierstraße** 14/15 (Gartenhaus) **Max Herrmann-Neiße**. – **Dickhardtstraße** 48 **Nicolas Born**. – **Fregestraße** 80 (gegenüber dem Rathaus) **Theodor Heuss** (1918-30). – **Handjerystraße** 86, die schiere Idylle, ab 1892 **Max Halbe**. – **Bundesallee** (bis 1950 Kaiserallee) 79 **Kurt Tucholsky** (1920-24); Nr. 108 **Georg Hermann** (1901-06). Er zog von dort in die **Stubenrauchstraße** 6. Anstelle des im Zweiten Weltkrieg zerstörten Hauses **G.-H.-Garten**, Gedenkstein am Kinderhort. »**Wolf's Bücherei**« (Nr. 133) und die »**Friedenauer Presse**« (Carmerstraße 10) gehören zu den ersten Adressen der Friedenauer Literaturszene. – **Wilhelmshöher Straße** 21 (nahe dem Südwestkorso) Atelier von **Ludwig Meidner**, an den »Mittwoch Abend«-Treffs Sommer und Herbst 1913 nahm der halbe »Aktion«- und »Sturm«-Kreis teil; Nr. 18 **Adam Kuckhoff** (im Haus befand sich eine Funkstation der »Roten Kapelle«); Nr. 6 **Günter Bruno Fuchs**.

Schöneberger Friedhöfe: Alter St.-Matthäus-Kirchhof, Großgörschenstraße 12-14, der Friedhof des »Geheimratsviertels«. Am Eingang Tafel mit berühmten Namen, Ehrengräber u. a. für den Pädagogen **F. A. W. Diesterweg** (1790-1866), die **Brüder Grimm**, **F. Th. Kugler**. – **Neuer Kirchhof der Zwölf-Apostel-Gemeinde**, Werdauer Weg: **Ernst Wichert** (1831-1902), Dramatiker und Erzähler (»Richter und Dichter«, Aut. 1899), Abtlg. 2-49-4/5). – **Dritter Schöneberger Friedhof** (»Künstlerfriedhof«), **Stubenrauchstraße** 43-45: **Paul Zech**/Abtgl. I 12; **Marlene Dietrich**/Inschrift: »Marlene« – »Hier steh ich an den Marken meiner Tage«; **Heinz Ohff** (1922-2006), einer der großen Feuilletonchefs, Kunstkritiker und Biograph (Königin Luise, Fontane).

Am besten kommt man nach **Tempelhof** von Kreuzberg her, dem alten »Tempelhofer (Wein)Berg«, und hält sich immer nach Süden. Auf Tempelhof folgt Mariendorf, dann Marienfelde und Lichtenrade. In allen vieren, Templerordensgründungen zumeist, der Hauptname besagt's, stehen noch die alten Dorfkirchen.

Der Wandel Tempelhofs vom »freundlichen Kartoffel-, Getreide-, Milch- und weißem Rübendorf« (in **Adolf Glaßbrenners** Posse von 1842) zur Berliner Vorstadt lieferte auch die einschlägigen Romansujets, wie für **Clara Viebigs** »Die vor den Toren« (1910). Das **Tempelhofer Feld** diente bis 1918 der Berliner Garnison als Exerzier- und Paradeplatz, 1883 begann man mit der Nutzung als Fluggelände. Dessen Wahrzeichen im 20. Jahrhundert: die »Hungerharke« auf dem **Platz der Luftbrücke**, die an die drei Luftkorridore erinnert, über die Westberlin 1948/49 während der Blockade versorgt wurde.

Gleich am Anfang von **Mariendorf** (hinter UFA-Fabrik und Teltowkanal) steht das ehem. »Ullsteinhaus« von 1925/27 (mit F. Klimschs »Ullstein-Eule«). Auf dem **Kirchhof der St.-Matthias-Gemeinde**, **Röblingstraße** 91, liegt »Sanctus **Peter Hille**«, wie ihn seine große Liebe **Else Lasker-Schüler** nannte, begraben; auf dem **Heidefriedhof, Reißeckstraße** 14, **Jürgen Fuchs**. – Lichtenrade zieht sich weit in die Mark hinein. **Franziusweg** 48 lebte von 1921 bis zu seinem Tod 1958 der Journalist, Literaturhistoriker und Romancier **Paul Fechter** (1880-1958); sein Grab auf dem **Kirchhof der Ev. Kirchengemeinde L.** an der **Paplitzer Straße**. **Prinzessinnenstraße** 14 steht der Rest des neoklassizist. Musentempels der Malerpoetin (ein »Zwilling von Raubritter und Osterlamm«) **Hermione von Preuschen** (1854-1918). »Erinnern und nicht vergessen« heißt es bei den Hochhäusern am **Bornhagenweg**,

ein Mahnmal erinnert an das Außenlager L. des KZ Sachsenhausen. Mit »chronistischer Treue« dazu **Liselotte Welskopf-Henrichs** (1901-79) Roman »Jan und Jutta« (1965).

Neukölln (08)

Museum Neukölln (Ganghoferstraße 3).

1899 war **Rixdorf** Preußens größtes Dorf und wurde Stadt. Blieb aber die »Arbeiterschlafstube« Berlins. Zwecks Imagepflege nannte man sich 1912 um in **Neukölln** und avancierte 1920 mit Britz, Buckow und Rudow zum Groß-Berliner Bezirk. Neukölln hat den Kelch im Wappen. Was es damit auf sich hat, erfährt man – schlag nach z. B. in den Berliner Reportagen von **Egon Erwin Kisch** – rund um den **Richardplatz**. Friedrich Wilhelm I. siedelte 1737 hier 18 böhmische Familien an, »Exulanten«, v. a. der Herrnhuter Brüdergemeine. **Kirchgasse** Ecke **Richardstraße** erinnert ein Findling mit Medaillon an **Johann Amos Comenius** (1592-1670), den letzten gemeinsamen Bischof der Brüder-Unität. Ein zweites Denkmal steht gegenüber im 1995 (am Platz einer der größten Mietskasernen Berlins) eingeweihten **Comeniusgarten**. – Nahebei, **Ganghoferstraße** 3, befindet sich, den multikulturellen Wandel reflektierend, das **Heimatmuseum**; Karl-Marx-Straße 131-133 die für ihr innovatives Musiktheater berühmte »Neuköllner Oper«.

»In Rixdorf is Musike . . .« ging einmal um die halbe Welt. Die Polka war der Hit von **Louis Angelys** umjubeltem Singspiel »Alle fürchten sich oder Die Hasen in der Hasenheide«. Die **Hasenheide** ist heute Volkspark. **Jahn**-Eiche und -Denkmal huldigen dem »Turnvater«, der hier den ersten deutschen Turnplatz eingerichtet hat. In der »Neuen Welt« (wo es die Rutschbahn, das große Biervergnügen und die größten

Berlin-Neukölln: Günter Bruno Fuchs' »Liege-statt« auf dem Garnisonfriedhof, Columbia-damm

politischen Versammlungen gab) rissen **Ernst Busch**, **Erich Weinert** und **Wladimir Majakowski**, russisch seinen »linken Marsch« rezitierend, ihr Publikum zu Begeisterungsstürmen hin.
Schillerpromenade 11 wurde im August 1941 **Monika Maron** geboren (»Geburtsort Berlin«, 2004), später wohnte sie in Nr. 28. In der »Familiengeschichte« »Pawels Briefe« (1999) ist Neukölln die bestimmende Szenerie. – Hommage auch für den »Großen Unordentlichen in einer ordentlichen Zeit«: Auf dem **Garnisonfriedhof** am **Columbiadamm** 122-158 hat der Holzschneider der »Rixdorfer Drucke« **Günter Bruno Fuchs** seine originelle letzte »Liegestatt«.
Britz: Die Straßen in B. Tauts und M. Wagners »Hufeisensiedlung« (1925-27) berufen sich alle auf **Fritz Reuter**. **Dörchläuchtingstraße** 48 steht ein Gedenkstein für den »Dichter der Freiheit und Menschlichkeit« **Erich Mühsam**. Der Ende Februar 1933 (in der Nacht nach dem Reichstagsbrand) hier verhaftet und »niemals wiedergesehen wurde«. **Günter de Bruyn**, 1926 in der **Rudower Allee** in der Nachbarsiedlung geboren, erzählt vom Schicksal des »Mannes, der Gedichte machte«, in seiner Aut. »Zwischenbilanz. Eine Jugend in Berlin« (1992).

Treptow-Köpenick (09)

Heimatmuseum Treptow (Sterndamm 102); Heimatmuseum Köpenick (Alter Markt 1).

»Mensch, willste Menschen sehn, / Mensch, da musste nach **Treptow** jehn …« Der **Treptower Park** wird hier besungen. Das »**Eierhäuschen**« am Spreeufer beim Pläntnerwald kam sogar in die Literatur. **Fontane** steuerte es an, es ist u. a. Schauplatz im »**Stechlin**«. Schauplatz des Dokumentarromans »Das Lied der Baba« (1979) des franz. Zwangsarbeiters im 2. Weltkrieg **François Cavanna** ist die T.er **Elsenstraße**. »Am kürzeren Ende der **Sonnenallee**«, an der Mauer »nahe dem proletarischen Neukölln«, handelt **Thomas Brussigs** Roman einer Berliner Clique, die zwischen Mauerbau und Perestroika erwachsen wird. – **Anna Seghers**, 1947 aus dem Exil zurückgekehrt, lebte ab 55 in **Adlershof**, in der Volkswohlstraße (heute **Anna-Seghers-Straße**) 81: »Ich mag die Straße gern … Volkswohl, das klingt doch gut?«
»Wo liegt Schloß Köpenick? / An der Spree; / Wasser und Wald in Fern und Näh, / Die Müggelberge, der Müggelsee.« **Alt-Köpenick** (Kunstgewerbemuseum im Schloss) hat seine Sagen und steht unter Denkmalschutz. Geschichte machte allerdings erst ein (auch politisches) »Geschichtchen« aus dem Jahr 1906. Als der Schuster Wilhelm Voigt als falscher Hauptmann den Bürgermeister verhaftete und mit der Stadtkasse entkam. **Carl Zuckmayers** »Deutsches Märchen« »Der Hauptmann von Köpenick« wurde, was Wunder, zum umjubelten Erfolg. Das im Zweiten Weltkrieg zerstörte Schlösschen des Offiziers und Dichters **Bernhard von Lepel** (1818-85) im **Bellevuepark** diente L.s Freund **Fontane** wohl als Modell für das Vaterhaus des »Schach von Wuthenow«. Die Großstadt zu fliehen, ihr gleichzei-

tig aber auch, dank der Niederschlesisch-Märkischen Eisenbahn, nahe zu sein, übersiedelten im Sommer 1890 die »Berliner Literaturnovizen« **Bruno Wille** und **Wilhelm Bölsche** »aus der Weltstadt in die Kiefernheide«, nach **Friedrichshagen** (W.: Kastanienallee 9/Gedenktafel, »Das Gefängnis zum Preuß. Adler« **Rahnsdorfer Straße** 5/B.: Ahornallee 19 und 22, **Müggelseedamm** 254/Gedenktafel). Eine Zeit der Gemeinschaftsschwärmer. Die Brüder **Heinrich** und **Julius Hart** folgten (**Ahornallee** 52, Baulücke/J.: Ahornallee 24). Friedrichshagen wurde »in kurzer Frist ein Hauptmittelpunkt des literarischen Treibens und der sozialen Bewegung« (Gründung der »Freien Volksbühne«). Im Geviert von **Fürstenwalder** und **Müggelseedamm**, **Rahnsdorfer Straße** und **Ahornallee** vor Ort und »Vorstadtrealisten« auf Zeit (**Max Halbe**: »Friedrichshagen war ein Zustand, eine Gemütsverfassung«) auch **Richard Dehmel**, **O. E. Hartleben**, **Peter Hille**, **Detlev von Liliencron** (→ **Kiel/SH**), **Stanisław Przybyszewski**, **Frank Wedekind**, **Ernst von Wolzogen**. **Gerhart Hauptmann** kam von **Erkner** herüber und verlegte in »Einsame Menschen« (1891) die Villa Lassen als »Landhaus am See« an den Müggelseedamm. **August Strindberg** wohnte 1892 bei seinem schwedischen Landsmann, dem Dichter **Ola Hansson** in der **Lindenallee** 2 (heute 20). Die Idylle währte nicht lange. »Friedrichshölle« schimpfte Strindberg und setzte sich nach Berlin ab. Zehn Jahre später mietete sich der »Arme Teufel« (so jedenfalls hieß seine Zeitschrift) **Erich Mühsam** im Nebenraum einer Waschküche in der **Ahornallee** 24 ein. Die Erinnerung an die »jungen Stürmer« war noch »springlebendig, doch aber schon nur als Erinnerung«. Und noch einmal die **Ahornallee**. In seinem »stillen Ort im Grün« im Haus Nr. 26 lebte von 1953 bis zu seinem Tod am 2. September 1965 **Johannes Bobrowski**. Es war der Geburtsort des »Neuen Friedrichshagener Dichterkreises«, einer Vereinigung zur »Beförderung der schönen Literatur und des schönen Trinkens«. Dafür bürgten einschlägig auch **G. B. Fuchs**, **R. W. Schnell** und **Manfred Bieler**; **Klaus Wagenbach** wurde als korrespondierendes Mitglied geführt. Bobrowskis Sohn Justus hütet heute das Haus. Das Ehrengrab auf dem benachbarten **Friedhof an der Aßmannstraße**. »Museum F.er Dichterkreis« des Kulturhistorischen Vereins F., **Scharnweberstraße** 59.

»**Oberschöneweide** ist Rathenau-Gegend« (D. Huhn). Auf dem **Städt. Waldfriedhof O.**, **An der Wuhlheide**, ruht im Familiengrab **Walther Rathenau**. – **Fidus** (eig. Hugo Hoeppener/1868-1948), Jugendstilmaler, »Künstler alles Lichtbaren, baute sich 1907 in **Woltersdorf-Schönblick**, **Köpenicker Straße** 46, sein Haus. Es wurde zur Wallfahrtsstätte der Bündischen Jugend, für Lebensreformer und Lichtkämpfer aller Spielarten.

»Die **Müggelberge**, der **Müggelsee**«: Beschluss der Köpenicker »LiteraTour« »unmittelbar hinter dem **Teufelssee**«, abermals mit **Fontane**. Am größten Berliner See vorbei und auf den höchsten natürlichen Berliner Punkt. Auf der Westkuppe lehnte der »Wanderer« an einer Kiefer und blickte nach West: »Leben überall, kein Fußbreit Landes, der nicht die Pflege der Menschenhand verriete …«, und Ost: »Auf Quadratmeilen hin nur Wasser und Wald … es ist hier wie es immer war.«

Marzahn-Hellersdorf (10)

Bezirksmuseum Marzahn-Hellersdorf (Alt-Marzahn 51).

»Gemeinsame Herausforderung Platte«: Groß- wie Eigenheimsiedlungen stehen um die Reste alter Dorfkerne mit mittelalterlichen Kirchen. In **Alt-Marzahn** wurde 1998 bis 2000 auf dem historischen Dorfanger die denkmalgeschützte Dorfschule von 1911/12 mit Unterstützung des Heimatvereins zum Museum umgebaut. – **Hafersteig** 63 hatte der Stückeschreiber, Regisseur und Schauspieler (Agitproptheater) **Gustav von Wangenheim** (1895-1975) nach der Rückkehr aus dem sowjet. Exil sein Domizil.

Alt-Hellersdorf, Mahlsdorf (Gründerzeitmuseum, Hultschiner Damm 333) und **Kaulsdorf:** In seinem Haus **Am Kornfeld** 78 lebte seit 1952 **Ludwig Renn.** Hier schrieb er weiter an seinen Erinnerungsbüchern, wie »Meine Kindheit und Jugend« (1957), v. a. aber wandte er sich den Kindern zu. 1954 erschien »Trini«, die Geschichte eines mexikanischen Indianerjungen, das erste seiner erfolgreichen Jugendbücher im Alter.

Lichtenberg-Hohenschönhausen (11)

Museum Lichtenberg im Stadthaus (Türrschmidtstraße 24).

Phantastische Szenerie in **Wolfgang Hilbigs** Roman »Ich« (1993): die Cafés an der Frankfurter Allee und die Kellergänge, die, »gleichsam mitten im Unterleib der Stadt«, bis in den Bannkreis der »Firma« führten. **Lichtenberg** zu DDR-Zeiten, so **Jan Eik**, »bestand nur noch aus einer schmalen Randbebauung und aus Staatssicherheit«. »Magdalena« nannten die politischen Häftlinge das Untersuchungsgefängnis in der **Stasi-Zentrale** zwischen **Magdalenen-, Rusche-** und **Normannenstraße** (Informationstafel am Eingang). Schauplatz auch des Dokumentarromans »Magdalena« von **Jürgen Fuchs,** der dort 1977 einsaß und nach der Wende als Mit-

arbeiter der Gauck-Behörde zurückkehrte. – In Karlshorst im »Heimatviertel« (**Dönhoffstraße** 11 Gedenktafel) lebte 1905-14 **Hedwig Courths-Mahler.** **Mies van der Rohe** schuf 1924/26 auf dem **Städt. Zentralfriedhof Friedrichsfelde, Gudrunstraße,** die weltberühmte »Gedenkstätte der Sozialisten«. 1935 wurde diese von den Nazis zerstört, 1951, nunmehr im Eingangsbereich, eine neue Mahnstätte eingeweiht. Hier zentral beigesetzt: **Karl Liebknecht, Rosa Luxemburg, Franz Mehring** (1846-1919), der sozialist. Historiker, Publizist und Politiker. Urnenstätten für **Willi Bredel, Käthe Kollwitz, Fritz Selbmann, Erich Weinert, Friedrich Wolf.** Gräber weiterhin von **Slang** (eig. Fritz Hampel/→ Zwickau/ Crimmitschau/SN), Karikaturist und Publizist, Satiriker; **Irmtraud Morgner, Ludwig Renn, Ludwig Turek, Alex Wedding** (Grete Weiskopf) und **F. C. Weiskopf.** **Hohenschönhausen** – »Plattenbezirk«, das Klischee so fest wie Beton. Und **Mies van der Rohe** noch einmal: sein Backsteinbau von 1933 in der **Oberseestraße** 60 beherbergt heute Kunst der Moderne. – Aus Freude über die deutsche Wiedervereinigung schickten die Japaner 10 000 Kirschbäume: »Unter den Zweigen/Der Kirschbäume in Blüte/Ist keiner ein Fremder hier«, steht an dem kleinen Haiku-Tor am **Hagenower Ring.** – Auf dem **Falkenberger Dorffriedhof** befindet sich die Grabstätte der Eltern von **A.** und **W. von Humboldt.**

Reinickendorf (12)

Heimatmuseum Reinickendorf (Alt-Hermsdorf 35).

»Jottwede« einmal im Grünen Norden. **Tegel** (ein Kapitel für sich in **Fontanes** »Havelland«) ist das Ziel: Schloss, Park und Campo Santo der **Humboldts,** das »stille weiße Haus« am »nord'schen Geistersee«, so 1852 **Gottfried Keller**. Zu den Spukgeschichten von T. empfahl **Friedrich Nicolai** 1799, das Geistersehen durch Ansetzen von Blutegeln am After zu bekämpfen. **Goethe** – »und dennoch spukt's in Tegel« – karikierte ihn im »Faust« als »Proktophantasmist«, vulgo »Steißgeisterseher«.

Seidelstraße 39 erinnert am Tor der Justizvollzugsanstalt eine Tafel an **Carl von Ossietzky**, der 1932 hier »für den Frieden ins Gefängnis ging«. Am Eingang des Kirchenflügels unterhalb der beiden Türme Memento für die ebenfalls hier inhaftierten **Dietrich Bonhoeffer** und **Alfred Delp**. Die Malerin **Hannah Höch** (1889-1978), die einzige Frau von »Dada-Berlin«, zog sich 1939 vor den Anfeindungen der Nazis in ihr Häuschen **An der Wildbahn** 33 in **Heiligensee** zurück. Auf dem **Friedhof** an der **Sandhauser Straße** 78-130 ist ihr Ehrengrab. Der archaische »Erz-Engel vom Heiligensee«, die Skulptur »Hommage à Hannah Höch«, steht an der Landzunge zwischen Großem Malch- und Tegeler See.

Hermsdorf beruft sich in der **Berliner Straße** 53 auf den Schriftsteller und Psychotherapeuten (Wandervogelbewegung) **Hans Blüher** (1888-1955), **Schloßstraße** 17 auf **Gustav Landauer** (→ München/ BV), Theoretiker des anarchist. Sozialismus, **Parkstraße** 3 auf **Erich Kästner** und in der **Ringstraße** 17 auf den Maler **Max Beckmann** (1884-1950), der 1906-14 hier in der Stille am Ende der Stadt sein Atelier hatte (Tagebuch »Leben in Berlin«).

Frohnau: Zeltinger Straße 54 lebte bis 1928 der Expressionist und Experte für die »Kunst des 20. Jahrhunderts« **Carl Einstein**. – Im Dezember 1930 zog **Oskar Loerke** ins eigene Haus in der **Kreuzritterstraße** 8. Hier starb er am 24. Februar 1941. Im Sommer 1944 kam **Wilhelm**

Lehmann (→ Eckernförde/SH) auf den **Frohnauer Friedhof** am **Hainbuchenweg** (Abtlg. G 3,1) und schrieb dem Freund – »Der Tag ist süß und ladet ein, / Noch einmal säßen wir zu zwein . . .« – den bewegendsten Nachruf im Gedicht.

B G. Sichelschmidt, So schrieb Berlin, 1971; Gert und Gundel Mattenklott, Berlin Transit. Eine Stadt als Station, 1987; LiteraturOrt Berlin, Hrsg. G. Rühle, 1994; Berlin – Ein Ort zum Schreiben, Hrsg. K. Kiwus, 1996. – K. Voß, Reiseführer für Literaturfreunde Berlin, 2. Aufl. 1980; Wo hat eigentlich Fontane gewohnt? Stadtplan, Hrsg. G. O. Gauglitz, 2. erw. Aufl. 1998; Von Alex bis Zoo. Auf den Spuren literarischer Figuren, Hrsg. S. Mähne, 1998; F. Oberhauser und N. Henneberg, Literarischer Führer Berlin, n. 2003; M. Bienert, Berlin. Wege durch den Text der Stadt, 2. aktualisierte Aufl. 2004; ders., Literarisches Berlin, Stadtplan, n. 2004; M. Kopleck, Berlin 1933-1945, 2. Aufl. 2004; H. Tegtmeyer, Breitseite Berlin. Literarische Streifzüge, 2004; W. Feyerabend, Berlin. Eine literarische Entdeckungsreise, 2006; Berlin. Ein literarischer Reiseführer, Hrsg. A. Bach, 2007. – U. Eckhardt/ A. Nachama, Jüdische Orte in Berlin, 1996; Sagenhaftes Berlin, Hrsg. S. Neumann, 2000; D. Huhn, Auf beiden Seiten der Spree und andere Spaziergänge in Berlin, 2000; K. Hammer, Friedhofsführer Berlin, 2001; Berliner Chronik 1999-2000, Vorwort D. Grünbein, 2002.
Z Potsdam, Kleinmachnow, Wilhelmshorst, Kloster Lehnin, Lehnitz, Oranienburg, Neuruppin, Rheinsberg, Joachimsthal, Eberswalde, Bad Freienwalde, Buckow, Frankfurt/ Oder, Bad Saarow-Pieskow, Wiepersdorf, Mittenwalde, Grünheide, Erkner (alle BB).

BERNBURG/ST

Museum Schloss Bernburg. – Im Schlossbereich das ehem. Hoftheater, heute Carl-Maria-von-Weber-Theater. – B. war 1252-1468 und 1603-1863 Residenz der Fürsten und Herzöge von Anhalt-Bernburg.

Heinrich von Sachsen, * nach 1300 B.,
Arzt und Theologe in Straßburg, später
in Basel. Verf. eines der frühesten dt. Pest-
traktate (»Schatz der Wisheit«).

Julius Berstl (Ps. **Gordon Mitchell**), * 6. 8.
1883 B., † 8. 12. 1975 Santa Barbara/Kali-
fornien, Kinderbuch- und Hörspielautor.
Dramaturg an Berliner Theatern und In-
haber des Kiepenheuer-Bühnenvertriebs.
1933 Publikationsverbot, 36 nach Lon-
don, wo B. für die BBC arbeitete.

Hans Günther, * 8. 9. 1899 B., † 10. 10.
1938 Wladiwostok, Anfang der 30er Jahre
einer der bekanntesten kommunist. Publi-
zisten. 1932-33 in Moskau Hrsg. der Zs.
»Internationale Literatur«, später der so-
wjet. »Deutsche Zentralzeitung«. 36 Ver-
bannung, in der G. starb. – Hauptwerk:
»Der Herren eigener Geist. Die Ideologie
des Nationalsozialismus« (1935).

Gerhart Herrmann Mostar (eig. **G. Herr-
mann**), * 8. 9. 1901 Gerbitz bei B., † 8. 9.
1973 München. Erzähler. Wurde bekannt
mit dem K.-Marx-Roman »Der schwarze
Ritter« (1933), den die Nazis öffentlich ver-
brannten. Nach 45 lebte M. in München
und verfasste Gerichtsreportagen (»Im
Namen des Gesetzes«, 1950; »Unschuldig
verurteilt«, 1956), Feuilletons und Kaba-
rett-Texte.

Werner Reinowski, * 13. 10. 1908 B., † 22.
11. 1987 Rottleberode bei Stolberg. Wur-
de mit Romanen (»Der kleine Kopf«,
1952; »Vom Weizen fällt die Spreu«,
1953) »zum Dokumentaristen der Boden-
reform« (R. Bernhardt).

A **Ewald Christian von Kleist** (→ Frank-
furt a. d. O./BB) war im Februar/März
1758 als preuß. Major in B. stationiert
und traf hier zum letzten Mal mit sei-
nen Freunden **Johann Wilhelm Ludwig
Gleim** (→ Aschersleben/Ermsleben/ST)
und **Samuel G. Lange** (→ Halle/ST) zu-
sammen. – Der Bibliothekar **Johann Lud-
wig Anton Rust** (1721-85) gründete 1761

im Bergischen Haus am Markt die Anhal-
tische Deutsche Gesellschaft, die zum lit.
Mittelpunkt der Residenzstadt wurde. –
Der aus B. stammende Orientalist **Hein-
rich Friedrich von Diez** (1751-1817) veröf-
fentlichte eine Übersetzung des »Buchs
des Kabus« (1811) sowie »Denkwürdigkei-
ten von Asien« (2 Bde., 1811-15), die Goe-
the (→ Frankfurt a. M./HE) als Quellen-
werke für seinen »West-östlichen Divan«
nutzte. – Auch **Gotthelf Wilhelm Chris-
toph Starke** (1762-1830) war B.er. Seine
Erzählungen »Gemälde aus dem häus-
lichen Leben« (4 Teile, 1793-98) wurden
viel gelesen. – 1805 bis zu seinem Tod
war der Schweizer **Johann Kaspar Häfeli**
(1754-1811) Oberhofprediger in B. und
setzte sich für den mit ihm bekannten
Johann Kaspar Lavater ein. – **Friedrich
Adolf Krummacher** (→ Tecklenburg/
NW) war 1812-24 Generalsuperinten-
dent in B. und in dieser Zeit der Mittel-
punkt eines lit. Kreises. 1817/18 wohnte
Wilhelm von Kügelgen (→ Quedlin-
burg/Ballenstedt/ST) bei ihm. Im April
24 wurde K. sein Schwiegersohn. In den
»Jugenderinnerungen eines alten Mannes«
(1870) hat er über die Zeit in B. geschrie-
ben. Wohnung: Hinterhaus des Gasthofs
»Goldene Kugel« (Gedenktafel).

R In der als Ruine erhaltenen Magnus-
kirche von **Kölbigk** an der Wipper, Orts-
teil von Ilberstedt, soll sich in der Weih-
nachtsnacht 1021 ein »Tanzwunder« ereig-
net haben, bei dem der Priester junge Leu-
te ein Jahr lang den Reigen tanzen ließ.
Der darüber im 11. Jh. in lat. Sprache
abgefasste Bericht ist nicht nur ein frü-
hes Zeugnis für einen Volkstanz, sondern
mehr noch »der wohl älteste literarische
Beleg für eine Sage und Ballade« (W. Woel-
ler, 1979).

Alsleben

Der aus A. stammende **Carl Ludwig Nicolai** (1779-1819) veröffentlichte erfolgreiche Unterhaltungsromane (»Maximilian Hulder und Prascha«, 3 Bde., 1800) und versuchte sich in einer »Theorie des Romans« (1819). – Von 1738 bis zu seinem Tod 81 war **Samuel G. Lange** Pfarrer im nahen **Beesenlaublingen** und entfaltete von hier aus seine weitreichenden lit. Aktivitäten, die bis in die Schweiz reichten. Wohnung: Pfarrhaus Richard-Wagner-Straße 20. Sein Dichterfreund **Immanuel Jakob Pyra** (→ Cottbus/BB) wohnte 1738-42 gleichfalls in B.

B V. Ebersbach, Geschichte der Stadt Bernburg, 2 Bde.,1998.
Z Aschersleben, Halle, Hettstedt, Köthen, Schönebeck (ST).

Biberach: Denkmal »Der Schatten des Esels« (P. Lenk, 2000), nach Wielands »Geschichte der Abderiten«

BIBERACH AN DER RISS/BW

»Keine Luft ist so dick, kein Volk so dumm, kein Ort so unberühmt, daß nicht zuweilen ein großer Mann daraus hervorgehen sollte, sagt Juvenal ... Ich sehe nicht, wie ein Ort sich eines solchen Umstandes bedienen kann, um Ansprüche an den Ruhm eines großen Mannes zu machen. Wer geboren werden soll, muß irgendwo geboren werden.« (Christoph Martin Wieland, 1774)
Braith-Mali-Museum. – Schlachtmetzig (Komödienhaus): Dramatischer Verein B. (ältester Theaterverein Dtl.s, hervorgegangen aus der Bürgerl. Komödiantengesellschaft von 1686; dt. Erstaufführung von Shakespeares »Sturm«; Gedenktafel) – B.er Kabarettherbst; B.er Filmfestspiele (im November)

Johann Baptist Pflug, * 13. 2. 1785 B., † 30. 5. 1866 ebd., Maler des schwäb. Biedermeier. Dokumentar. Rang haben seine »Erinnerungen eines Schwaben« (1874). – Wohnhaus Bachgasse 25 (Gedenktafel).
Christoph Martin Wieland, * 5. 9. 1733 Oberholzheim b. B., † 20. 1. 1813 → Weimar/TH. Der »Voltaire Deutschlands«, feierten ihn Zeitgenossen, bildete als Erster das Wort »Weltliteratur«. Lateinschule in B.; im Sommer 1750 Verlobung mit Sophie Gutermann von Gutershofen (→ Kaufbeuren/BY; W.-Linde/auf dem »Lindele«). Studium in Tübingen (Jura), 1752-54 in der Schweiz. Seit 1760 städt. Kanzleidirektor in B., bis Dezember 1761 Leiter der Komödianten-Gesellschaft. Freundeskreis um den Grafen von Stadion und Sophie von La Roche (geb. Gutermann). Seine »Geschichte des Agathon« (W.s eigentl. B.er Roman) empfahl ihn 1772 als Prinzenerzieher nach Weimar; 1797-1803 auf seinem Gut Oßmannstedt. – W.-Gedenkzimmer im Geburtshaus, Kirchstraße 7. Wohnungen in B.: 1736-47 Waaghausstraße 3, 1760-69 Hindenburgstraße 3. (Hier und in seinem Gartenhaus entstanden die Shakespeare-Übertragungen sowie die Vers- und Prosa-Erzählungen, die W. den Titel

»Graziendichter« einbrachten.) Büste vor
der Stadthalle, Denkmal »Der Schatten
des Esels« von P. Lenk auf dem Markt-
platz. – W.-Archiv Zeppelinring 56; W.-
Schauraum Zeughausgasse 4; W.s Garten-
haus Saudengasse 10/1 (Ständ. Ausstel-
lung »Gärten in W.s Welt«, Marbacher
Magazin 15/2. Aufl. 1999). – Teilnachlass
u. a. GSA Weimar, DLA Marbach. – Auf
36 Bde. angelegt die erste hist.-krit. Ausg.
der Werke W.s ab 2007 (»Oßmannstedter
Ausgabe«).

L Otto Rombach (→ Heilbronn/BW): »Un-
ter dem Weißen Turm. In der alten Reichs-
stadt Biberach«, »Der fliegende Mönch von
Schussenried« (in: »Atem des Neckars«,
1970). – In dem Sammelbd. »Schwäbische Cu-
riosa« (1974) weist Alfred Weitnauer (→
Kempten/BY) nach, dass mit dem sprichwörtl.
»lieben Herrgöttle von Biberach« nicht B., son-
dern Biberbach nordöstl. von Augsburg ge-
meint ist, wo das überlebensgroße »Herrgöttle«
seit 1525 in der Wallfahrtskirche hängt.

S Wieland-Archiv: über 14 500 Bde. und
Zss., über 1000 Autographen, darunter 350
Briefe; Rekonstruktion von W.s Bibliothek. –
Ch.-M.-W.-Übersetzerpreis. – **Stiftung Lite-
raturarchiv Oberschwaben** (seit 1978).

Bad Schussenried

Hauptsehenswürdigkeit ist das ehem. Prä-
monstratenserkloster mit dem Bibliotheks-
saal (1754-61). Die Bücherrücken, die
man zu sehen glaubt, sind nur auf die
Schranktüren aufgemalt. Zu den Kon-
ventsgebäuden gehörte auch ein Komö-
dienhaus. Im Refektorium fand am 10.
11. 1743 die 1. Aufführung des Dialekt-
spiels »Adam und Eva« von Sebastian Sai-
ler (→ Ehingen/Obermarchtal/BW) statt.
Wilhelm Schussen (eig. W. Frick), * 11. 8.
1874 Kleinwinaden (Gem. Sch.), † 5. 4.
1956 → Tübingen/BW, war lange Lehrer
in → Schwäbisch-Gmünd/BW, seit 1937
in Tübingen (»Anekdote meines Lebens«,

Aut. 1953). – Geburtshaus mit Gedenkta-
fel. – Nachlass DLA Marbach.
R Nördl. Biberach Schloss **Warthausen**,
1760-69 Musenhof um Friedrich Graf Sta-
dion. **Sophie von La Roche** (→ Kaufbeu-
ren/BY) lebte neun Jahre als Gesellschafte-
rin des Grafen hier; 1761 führte sie ihren
einstigen Verlobten **Christoph Martin
Wieland** bei Hofe ein (Tor- und Amts-
haus, Lindenallee, Wieland-Turm). Auf-
zeichnungen von **J. B. Pflug**, in den »Erin-
nerungen aus meinem Leben« von **Chris-
toph von Schmid** (→ Dinkelsbühl/BY)
und »An Heggelins Freunde« von **Johann
Michael Sailer** (→ Schrobenhausen/Are-
sing/BY). – Nördl. von Laupheim **Ober-
holzheim** (Achstetten-O.). Neben der Kir-
che das Pfarrhaus, **Ch. M. Wielands** Ge-
burtshaus (Gedenkzimmer und -tafel). –
An der Grenze nach Bay.-Schwaben hin
Kirchdorf an der Iller, das literarhist. be-
deutend wurde durch die Grablieder des
Pfarrers **Michael von Jung** (→ Bad Saul-
gau/BW), Gedenkstätte in der Schule. –
Die heute verschwundene Burg von **Win-
terstettenstadt** (Ingoldingen-W.) galt als
die »Oberschwäb. Wartburg«. **Konrad von
Winterstetten** (bezeugt 1207-43), ein-
flussreicher Ministeriale der Staufer, be-
auftragte **Ulrich von Türheim**, Gottfrieds
von Straßburg »Tristan«-Torso fortzuset-
zen (um 1235). Für ihn übertrug auch **Ru-
dolf von Ems** den polit. Liebes- und Aben-
teuerroman »Willehalm von Orlens« ins
Deutsche (ebenfalls um 1235).

B H. Radspieler, Ch. M. Wieland. Leben
und Wirken in Oberschwaben, Ausstellungs-
kat. 1983; H. Bock, Wieland in Biberach und
Weimar, 1990; Marbacher »Spuren«: W.s Ko-
mödienhaus in B. 15/1991; Sophie von La
Roche in Warthausen 38/1997; Bibliothek
Schussenried 87/1999.
Z Bad Saulgau, Ehingen, Ravensburg, Ulm
(BW).

BIELEFELD/NW

Universität (Bibliothek). – Stadtbibliothek. – Städt. Bühnen. Studio des WDR. – Literatur-Tage.

Ernst Bacmeister, * 12. 11. 1874 B., † 11. 3. 1971 → Wangen/BW, Dramatiker, Lyriker, Essayist. Seine hist. Ideendramen konnten trotz mehrfacher Versuche die Bühne nicht erobern, lebte als freier Schriftsteller seit 1907 in Wangen. – W.: Innenmächte (4 Dr. 1922), Wuchs und Werk (Aut. 1939). – Nachlass Westf. Literaturarchiv Hagen.

Peter Florens Weddigen, * 18. 6. 1758 B., † 6. 9. 1809 Kleinenbremen (Minden), »Herold Westfalens«. Lehrer und Pfarrer in B. und Kleinenbremen. Seine Schriften eine Fundgrube für die Gesch. und Kultur zwischen Rhein und Weser. – W.: Neues Westfäl. Magazin (1788-90); Geistliche Oden und Lieder für Christen (1798).

A Als Stiftsdechant lebte **Gobelinus Person** (→ Paderborn/NW) 1415-18 in B., als Prediger an der »Collegiatkirche« seit 1552 **Hermann Hamelmann** (→ Lemgo/NW). – Im »Politischen Club« des Gastwirts Ch. Nasse trafen sich 1843/44 zahlreiche revolutionär und soz. gesinnte Schriftsteller und Publizisten, wie **Karl Grün** (→ Lüdenscheid/NW), dessen »Bielefelder Monatsschrift« sofort verboten wurde. – Zu den Gästen des Nähmaschinen-Fabrikanten R. Rempel (1815-68), einem Freund von K. Marx (→ Trier/RP), zählten u. a. **A. H. Hoffmann → von Fallersleben** (Wolfsburg/NI) und **Ferdinand Freiligrath** (→ Detmold/NW). Wochenlang verbarg sich **Carl Schurz** (→ Euskirchen/Liblar/NW) in Rempels Haus. Nach 1848 verlegte R. die Wochenschrift »Der Volksfreund«.

L Ins Ravensberger Land führen **Lene Bertelsmanns** (geb. 1903) hist. Romane »Die Möl-ler von Möllenbeck« (1933) und »Der Marschall« (1972). In und um B. sind auch die Romane von **Elisabeth van Randenborgh** angesiedelt, u. a. die Tril. »Neu ward mein Tagewerk«/»Die harte Herrlichkeit«/»Amries Vermächtnis« (n. 1961/62). – In der Stadt selbst spielen der erste Teil von **Isabella Nadolnys** Roman »Vergangen wie ein Rauch« (1955) und die »Lebenserinnerungen« von **Marianne Weber** (→ Lemgo/Oerlinghausen/NW). – »Soll und Haben« nennt **Walter Vollmer** (→ Dortmund/NW) seinen B.-Essay. Und **Karl Wilhelm Krämer** (Jg. 1930), Arbeiter im Großhandel: »nach Feierabend wende ich mich anderer Arbeit zu . . . ich habe mir das Schreiben eingebrockt.« – Die Autorenlesungen im Bunker Ulmenwall seit 1961 wurden von dem Lyriker **Walter Neumann,** der von 1946-90 in B. lebte, in 2 Bdn. herausgegeben (»Im Bunker«, 1974/79).

S Stadtarchiv und Landesgesch. Bibliothek: Westfalia-Slg. – Hertha-König-Gesellschaft, **Forum Vormärz-Forschung.** – **Kulturpreis der Stadt B.** (seit 1956). – **B.er Colloquium Neue Poesie** (jährl. seit 1978, Zs. »Zweitschrift«).

R 1891 gründete A. Oetker, der Erfinder des Backpulvers, in B. seine Nährmittelfabrik. »Dr. Oetkers Back- und Kochbuch« wurde ein millionenfach aufgelegter Longseller, ebenso wie das schon 1844 erstmals erschienene Kochbuch der **Henriette Davidis** (→ Schwelm/Wengern/NW), ein Bestseller des Bielefelder Schulbuchverlages Velhagen & Klasing.
Als Leiter einer Diakonissenanstalt für Epileptiker wurde 1872 Pastor F. v. Bodelschwingh (1831-1910) berufen; dank seiner Initiative entwickelte sich **Bethel** (»Gotteshaus«) innerhalb der Gem. Gadderbaum zur »Stadt der Barmherzigkeit«, zum »größten Krankenhaus Deutschlands«. Der Sohn und Nachfolger **Friedrich von Bodelschwingh** (1877-1946) schrieb die Aut. »Aus einer hellen Kinderzeit« (1947). Beider Grab auf dem Friedhof der Bethelschen Anstalten«. Seit Okto-

ber 1953 wohnte **Gertrud Bäumer** (→ Iser-
lohn/Hohenlimburg/NW) in B., wo sie
am 25. 3. 1954 starb (Grab auf dem Neuen
Zionsfriedhof).
Moritz Schwager (1738-1804) wurde
1768 Pastor in **Jöllenbeck**. Der Volksauf-
klärer trat gegen den Hexenwahn auf und
machte mit einem Anti-Werther (»Die Lei-
den des jungen Franken, eines Genies«)
1777 Furore; seine »Bemerkungen auf
einer Reise durch Westphalen« wurden
1987 nachgedruckt. An der 1877 abgebro-
chenen Kirche von J. predigte von 1838-
69 der »Pietistengeneral« **Johann Hinrich
Volkening** (1796-1877), dessen Lieder-
buch für die ravensberg. Erweckungsbe-
wegung (»Die kleine Missionsharfe«, 1844)
ein Millionenerfolg wurde. – Auf **Haus
Holte** (Schloss Holte-Stukenbrock) des
Fabrikanten Julius Meyer (1793-1865),
einem Brieffreund von K. Marx und F. En-
gels, waren **Georg Herwegh** (→ Stuttgart/
BW), **Karl Grün** (→ Lüdenscheid/NW)
und **Wilhelm Weitling** (→ Magdeburg/
ST) zu Gast; der Hausherr unterstützte
auch **A. H. Hoffmann von** → **Fallersleben**
(→ Wolfsburg/NI). – An **Brackwede**
knüpft sich eine Anekdote, die **Peter Flo-
rens Weddigen** erzählt: Als **Voltaire** in Be-
gleitung des Preußenkönigs Friedrich II.
auf der Durchreise Station machte, habe
man ihn für den Affen des Königs gehal-
ten. Aus Rache habe Voltaire in seinem
»Candide« (1759) den Westfalen ein nicht
gerade schmeichelhaftes Denkmal gesetzt.

B D. H. Klein/H. Rosbach (Hrsg.), Biele-
feld, ein Lesebuch, 1988.
Z Detmold, Gütersloh, Halle i. W., Herford,
Lemgo, Paderborn (NW).

BINGEN/RP

*»Es ist keine verträumte, sondern eine energi-
sche Stadt, bewegt vom Puls der Zeit, vom Puls
des Stroms. Denn für Bingen gehören Zeit und
Geschichte, Leben und Denken unmittelbar
mit dem Rhein zusammen.« (Ernst Glaeser,
1962)*
Historisches Museum am Strom mit Hilde-
gard-Slg.

Hildegard von Bingen (→ Alzey/Ber-
mersheim/RP) gründete 1150 (Bau zwi-
schen 1147 und 52) auf dem der Nahe-
mündung zugewandten Rupertsberg (Bin-
gerbrück) ein Kloster, wo sie bis zu ihrem
Tod am 17. 9. 1179 wirkte. – Grab rhein-
über in Eibingen b. → Rüdesheim/HE;
H.-Brünnlein; Hildegardisaltar in der Ro-
chuskapelle.
Stefan George, * 12. 7. 1868 B.-Büdesheim,
† 4. 12. 1933 Minusio b. Locarno (dort
auch Grab), Lyriker (auch dicht. Überset-
zer), bedeutendster dt. Vertreter symbol-
ist. Dichtung. 1873 Übersiedlung der Fa-
milie nach B.; 1882-88 Gymnasium in →
Darmstadt/HE; Studium und Reisen in
ganz Europa. 1892-1919 »Blätter für die
Kunst«, um die sich der als geist. Elite
sich verstehende G.-Kreis gruppierte.
Seit 1900 mehr und mehr zurückgezogen
lebend, bevorzugt in → München/BY.
Ging 1933 aus Protest in die Schweiz. –
W.: Der siebente Ring (G. 1907); Das
Neue Reich (G. 1928); Gesamtausg. der
Werke. Endgültige Fassung (1927-34). –
Geburtshaus in Büdesheim, Saarlandstra-
ße 101 (Gedenktafel mit Gedicht); in B.
Tafel am Haus St.-G.-Straße 8 (auf dem
Grundstück des 1944 zerstörten Eltern-
hauses) und St.-G.-Straße 20; Gedenkstät-
te im St.-G.-Gymnasium; Museum im St.-
G.-Haus, Freihof 9. – Archiv der St.-G.-
Stiftung in Stuttgart; St.-G.-Gesellschaft
(Sitz Bingen); St.-G.-Preis für junge Über-
setzer aus dem Französ. (seit 1990). – R.

Wolff (Hrsg.), St. G.: »Dichtung aus rheinischer Landschaft«, 1972.

E Auf dem **Mäuseturm** (urspr. Maut-Turm) auf einer Rheininsel soll der unbeliebte Erzbischof Hatto II. von Mainz (968-70) zur Strafe dafür, dass er Hungernde in einer Scheune verbrennen ließ, von Mäusen verfolgt und aufgefressen worden sein. – Das intern. Erzählmotiv taucht um 1300 bei dem Meißener Priester Sigfrid erstmals in Verbindung mit Hatto auf. Volle Ausbildung bei J. Trithemius (»Annalen«, 1509) und G. Rollenhagen (»Froschmeuseler«, 1595); auch in den »Deutschen Sagen« der Brüder Grimm; pol.-polem. Version »Der Adler auf dem M.« von F. Freiligrath (1846).

A Über den Rhein bei B.: »melancholisch und schauderhaft« bei **Johann Georg Forster** (→ Mainz/RP) in den »Ansichten vom Niederrhein« (März 1790), »still und breit majestätisch« bei **Heinrich von Kleist** (→ Frankfurt a. O./BB) im Juli 1801. Weniger dramatisch reagierte **Ludwig Uhland** (→ Tübingen/BW) im Mai 1810; seine Empfindungen haben bereits jene romant. Attitüde (Gedicht »Das Schifflein«), der **Bettina von Arnim** (→ Frankfurt a. M./HE) in den Schilderungen ihres »liebsten Platzes im Rheingau«, des Rochusberges, dann vollends frönte (»Goethes Briefwechsel mit einem Kinde«, 1834). **Goethe** selbst (→ Frankfurt a. M./HE) machte das Rochusfest (vom 16. 8. 1814) berühmt (»Aus einer Reise am Rhein, Main und Neckar«). Votivbild in der Kapelle, das G. als Rochus darstellt; unweit »Goetheruhe« mit weiter Aussicht auf den Rheingau. Inschrift am »Weißen Roß«, Vorstadt 42; gegenüber das »Geschwollene Herz« und al fresco **Franz von Kobells** (→ München/BY) »'s Lob vun Binge!«. – **Victor Hugo**, 1839 in B. und **Aloys Wilhelm Schreibers** (→ Bühl/BW) Rheinreisebuch von 1812 weidlich ausschlachtend, rühmte die Stadt als »ar-

Bingen, Rochuskapelle: Der Heilige mit den Zügen Goethes

chitektonische Antithese« in der »lebendigen Antithese« der Landschaft. – Das »Weiße Roß« noch einmal: der Hausherr J. Soherr versteckte Ende September 1848 **Georg Werth** (→ Detmold/NW), als dieser vor den Preußen aus Köln fliehen musste. Von November 1849 bis Mai 51 lebte **A. H. Hoffmann von → Fallersleben** (→ Wolfsburg/NI) jung verheiratet und als »Sündenbock« der pol. »Rückwärtserei« im (1959 niedergelegten) Hause des Weinhändlers Euler in der Drususstraße 14 in Bingerbrück. – 1896 in B. **Richard Dehmel** (→ Königs Wusterhausen/Münchehofe-Hermsdorf/BB), der Spur der Geliebten folgend, Ida Coblenz, die St. Georges beste Freundin war. – **Robert Boehringer** (1884-1974) war Erbe, Nachlassverwalter und vorbildlicher Vermittler des Werkes von St. George, selbst auch Lyriker (»Späte Ernte«, 1974).

L Erste Nachricht über B. bei **Tacitus** 70 n. Chr. in den »Historiae« und in der »Mosella« des **Ausonius** (→ Trier/RP) 368. – Die »Legende des heiligen Herzog Ruprecht« von **Jakob Köbel** (→ Oppenheim/RP) erschien als erste dt. Übersetzung nach der Rupertus-Vita von Hildegard von B. 1524. – Unter den Rheinbegeisterten des 19. Jh.s auch: **Johanna Schopenhauer, Karl Simrock** (beide → Bonn/ NW) und **W. O. von → Horn** (Simmern/RP). – Friedrich Rudolf **Engelhardt** nennt in seiner »Binger Bibliographie« (1978) an »größeren Arbeiten«: »Das Landhaus am Rhein« (1869) von **Berthold Auerbach** (→ Rottenburg/ Nordstetten/BW), »Ahnen und Enkel« (1936) und »Das Doktorshaus in der Judengasse« (1961, jetzt Rathausstraße) von **Rudolf Frank** (→ Mainz/RP) sowie »Ankemanns Tristan« (1936) von **Wilhelm Schäfer** (→ Schwalmstadt/Ottrau/HE). – Eine kritische Sicht auf die Mittelrhein-Landschaft findet sich in den experimentellen Gedichten des 1957 in B. geb. Lyrikers **Thomas Kling** († 2005) (»nacht. sicht. gerät«, 1993).

Ingelheim am Rhein

Nach **Regino von → Prüm** (→ Bitburg/ RP) »des Weines wegen« 843 Ludwig dem Deutschen zugeschlagen. Karl d. Gr. erbaute die Pfalz, Ludwig der Fromme vollendete den »Saal«, in einem Lobgedicht des **Ermoldus Nigellus** wird er beschrieben. Wie I. zu seinem Namen kam, erzählt **Karl Simrock** (→ Bonn/ NW) in der »Rheinsage« von »Karl und Elbegast« (1837). – Berühmtester Sohn der Stadt ist der Kosmograph **Sebastian Münster** (1489-1552), dessen »Cosmographia universalis« in weniger als 100 Jahren 24 Auflagen erlebte (Gedenktafel bei der Remigiuskirche). – 1814 kam **Goethe** und fand den Palast »halb zerstört«, Ende der 1820er Jahre der Amerikaner **Henry Wadsworth Longfellow**. Der Holländer **Eduard Douwes Dekker** (Ps. **Multatuli**), der mit seinem »Max Havelaer« (1860)

das Kolonialregime seines Landes in Java angeprangert hatte – eine der großen Anklagen der Weltliteratur –, kam 1881 nach I. und starb hier verbittert am 17. 2. 1887 im einsamen Haus beim Obelisken an der Landstraße von Mainz nach Bingen (Gedenktafel).

Nieder-Olm

Wilhelm Holzamer, * 28. 3. 1870 N.-O., † 28. 8. 1907 Berlin, v. a. als Erzähler bedeutend. Lehrer in → Heppenheim/HE, freier Schriftsteller in Paris und Berlin. – W.: Peter Nockler (R. 1902); Der arme Lukas (1902). Im Wirtshaus »Schöne Aussicht« spielt der Roman »Vor Jahr und Tag« (1908, n.1997). – Geburtshaus Pariser Straße 113 (Gedenktafel). – W.-H.-Bund (seit 1929, W.-H.-Plakette), der auch das Werk des in N.-O. geb. **Philipp Faust** (1898-1958) betreut. – Glanz und Elend des Landes in der rheinhess. Franzosenzeit spiegeln sich am Beispiel **Jugenheim** im »Jahrbuch meines Lebens« des längst vergessenen **Ludwig Lindenmeyer** (1762-1820).

Z Alzey, Bacharach, Bad Kreuznach, Mainz, Simmern (RP); Rüdesheim (HE).

BISCHOFSWERDA/SN

Stadtmuseum. – Aus B. stammt der Musikwissenschaftler Hans Volkmann (1875-1946).

Christian Adolph Klotz, * 31. 11. 1738 B., † 31. 12. 1771 → Halle/ST, Philologe. Wurde berühmt mit der Schrift »Über das Studium des Altertums« (1766). In der von ihm hg. »Deutschen Bibliothek der schönen Wissenschaften« (1767-72) Polemiken gegen G. E. Lessing (→ Kamenz/SN) und J. G. Herder (→ Weimar/TH).

Carl Friedrich Bahrdt, * 25. 8. 1741 B., † 23. 4. 1792 Nietleben (→ Halle/ST), Pädagoge und philosoph. Schriftsteller. B.s von Lessing gelobte Übersetzung des Neuen Testaments (»Die neusten Offenbarungen Gottes«, 1773/74) brachte ihm Verfolgung ein. Goethe (→ Frankfurt a. M./HE) verspottete B.s extremen Rationalismus in der Wagner-Szene (»Faust I«, 1808).

Johann Gottlieb Fichte, * 19. 5. 1762 Rammenau bei B., † 29. 1. 1814 → Berlin, Philosoph. Hauptvertreter des dt. Idealismus. Theologie- und Jurastudium. In Königsberg Begegnung mit I. Kant, der F.s Erstling »Versuch einer Critik aller Offenbarung« (1792) empfahl. Anhänger der Ideen der Franz. Rev. 1794-99 Prof. in → Jena/TH, ab 1810 in Berlin. – W.: Über den Begriff der Wissenschaftslehre (1794), Die Bestimmung des Menschen (1800). – Sämtl. Werke (8 Bde., Hrsg. I. H. Fichte 1845/46), Gesamt-Ausg. (bisher 26 Bde., Hrsg. R. Lauth u. a. 1962 ff.).

Arnost Muka (auch **Carl Ernst Mucke**, * 10. 3. 1854 Großhänchen bei B., † 10. 10. 1932 → Bautzen/SN, Mitbegründer der Sorabistik, Verf. von sorb. Wörterbüchern und Sammler sorb. Lieder. Hauptinitiator der Jungsorb. Bewegung und Redakteur ihrer Zs. »Lipa Serbska«. Hrsg. der Werke von H. Zejler (→ Bautzen/SN) und befreundet mit J. Bart-Cisinski (→ Kamenz/SN).

R Nördl. von B. das frühere Weberdorf **Rammenau** mit seinem Schloss. Darin Ausstellung zu Leben und Werk von **Fichte**, im Schlosspark F.-Säule (1862), F.-Denkmal (1912) vor dem Pfarrhaus. Daneben die Dorfkirche. Dass der kleine F. die darin gehaltenen Predigten auswendig nacherzählen konnte, führte zu seiner Förderung durch den Gutsherrn E. H. von Miltitz (→ Meißen/Niederau/SN). – Aus dem nahen **Hauswalde** stammt der Unter-

haltungsschriftsteller **Christian Gotthold Contius** (1750-1816), der die Farce »Wieland und seine Abonnenten« (1775) schrieb.

Z Bautzen, Kamenz, Pirna (SN).

BITBURG/RP

L Eine Skulptur in der Fußgängerzone erinnert an die Sage von den »Beberigern Geißentreppern«, die, gehüllt in Ziegenfelle, schwed. Belagerern Fleischvorräte vortäuschten und so die Stadt retteten. – Mundarterzählungen u. a. von **Ella Hüweler** (1896-1951/Grab Friedhof B.) und **Gerda Dreiser** (1906-1991), von der auch eine B.er Chronik in Versen stammt: »Beberich – ees Heemichtstaadt« (1966). – Schauplatz Air-Base: »Familienzauber« (1991) von **Edwin Klein**.

Prüm

Eifel Literatur Festival.

Wandalbert von Prüm (813-870), Schüler und später Vorsteher der P.er Klosterschule. Schrieb u. a. 839 eine Vita des hl. Goar, 848 ein Martyrologium in Versen (gewidmet dem in der Basilika bestatteten Kaiser Lothar I.) und einen Kalender für Landleute und Jäger. – Der Geschichtsschreiber **Regino von Prüm** aus Altrip (→ Ludwigshafen a. R./RP), der nach den Normanneneinfällen Kloster und Schule als Abt (892-99) zu neuer Blüte führte, verfasste eine Chronik, ein Visitationshandbuch und einen Traktat über den Kirchengesang; er starb am 28. 5. 915 in Trier.

L Landrat **Georg Bärsch** (1788-1866) gab seit 1824 die Slg. »Eiflia illustrata« von **Johann Friedrich Schannat** heraus (neu von F. Gehendges 1980-84); Denkmal in P. – 1933 kurzzeitiger Aufenthalt von **Gerhard Nebel** (→ Dessau/ST): »Wiedersehen mit Prüm« (1964). 1982 erschien der R. »Eifel« des (damals an der Uni in Trier lehrenden) Schreibers **Walter Schenker**. – Erinnerungen an die Internatszeit in Erzählungen und Romanen von **Alfred Gulden** (→ Saarlouis/SL), an ihre Kindheit (»Kindertage«, 1990) von **Irmburg Schaus**, geb. 1944 in P. – Seit 1986 Arbeitsgemeinschaft Eifelliteratur des Geschichtsvereins P.er Land (Zs. »Prümer Landbote«). Für ihren »Sizilianer des Gefühls« erhielt 1994 **Ursula Krechel** den ersten Eifel-Literatur-Preis in Prüm.

R Kindheitserinnerungen schrieb auch **Johannes Nosbüsch** (»Als ich bei meinen Kühen wachte«, 1993) aus **Niederraden**. Aus N. auch: **Johannes Rausch** (Mundartgedichte) und **Hans Theis** (1921-1975, »Die Sage raunt in alten Mauern«, 1991). – »Die Letzten vom ›Schwarzen Mann‹« heißt **Alfred Anderschs** (→ München/BY) Geschichte vom »großen Schmuggel« nach dem 2. Weltkrieg in der Slg. »Geister und Leute« (1958), die in der **Schnee-Eifel** spielt. Im Dreieck **Brandscheid-Bleialf-Winterspelt**: das Dorf W. gab dem im Oktober 1944 kurz vor der Ardennen-Offensive angesetzten Roman »Winterspelt« (1974) von Andersch den Titel. »Ein Kammerspiel auf dem Hintergrund einer Katastrophe«, dem A. ein Zitat aus den »49 Depeschen« von **Ernest Hemingway**, der 1944 in »Frammes Haus« (Gedenktafel) in **Buchet** unterkam (Ernest-Hemingway-Weg von B. nach Halenfeld), voranstellte: »Es war kalt, es goß, ein halber Sturm wehte, und vor uns lagen wie eine Mauer die schwarzen Forsten der Schnee-Eifel, wo die Drachen hausten.« (Als Modell für den Roman wurde jedoch »ein im östlichen Teil des Kreises Bitburg-Prüm gelegenes Dorf«, Rommersheim, benutzt). Alfred-Andersch-Weg von Winterspelt aus (Literaturtafel gegenüber dem Gemeindehaus). – **Dahnen** an der luxemburg. Grenze ist das Eifeler Schilda. Auch **Till Eulenspiegel** (→ Schöppenstedt/Kneitlingen/NI) tauchte eines Tages auf und foppte

die Bauern. Soziale Gerechtigkeit: er prellte ebenso die **Dasburger** Schlossherren. Geprellt soll sich auch in **Auw a. d. Kyll** der wüste Dagobert gesehen haben: vor einem Esel entkamen ihm durch einen Sprung über das Flusstal seine drei »glaubensvollen« Schwestern. – Auf dem Kirchvorplatz von **Sülm** heißt es **Bernhard Lemling** (1904-61) zum Gedenken: »De Hémicht hat mich nie belogen« (seit 1977 Verein zur Förderung seines Lebenswerkes). – Der amerikanische Militärflugplatz **Spangdahlem** hat den Roman »Air Base« (1985) von **Werner Helmes** angeregt.

B J. Reinhold-Tückmantel, Mit Alfred Andersch in Winterspelt und Umgebung unterwegs, 2001.

Z Daun, Trier, Wittlich (RP). Jenseits der Grenze in Luxemburg: Echternach (Springprozession: C. Viebig, V. Sturm); Vianden (V. Hugo).

BITTERFELD/ST

Kreismuseum.

Michael Schneider, * 20. 9. 1612 B., † 18. 4. 1639 Wittenberg, Moralphilosoph und Übersetzer franz. Autoren (Ronsard, d'Urfé, Du Moulin). Als Gelehrter plädierte Sch. für einen Platz moderner Sprachen an Universitäten und für eine dt. Unterrichtssprache.

Johann Gottfried Schnabel (Ps. **Gisander**), * 7. 11. 1692 Sandersdorf bei B., † zw. 1744 und 60 an unbek. Ort (→ Sangerhausen/Stolberg/ST). Erzähler. Verfaßte mit den in der Tradition von D. Defoes »Robinson Crusoe« (1719) stehenden »Wunderliche(n) Fata einiger See-Fahrer . . .« (schon im 18. Jh. »Insel Felsenburg« genannt, 1731, n. G. Dammann, 1997) einen der meistgelesenen dt. Romane sei-

ner Zeit. Eine Beamtenfrau in Ch. M.
Wielands (→ Biberach/BW) »Bonifaz
Schleicher« (1776) »kann sich gar keinen
Begriff« davon machen, dass »außer Bibel,
Gesangbuch, Kalender und der Insel Fel-
senburg … noch irgend ein andres ge-
drucktes Buch in der Welt seyn könnte«.
Erst 1812 wurde Sch.s Ps. aufgedeckt.

L Otto Eduard Schmidt (→ Reichenbach/
SN) teilt in den »Kursächsischen Streifzügen«
(6 Bde., 1902-28) mit, dass B. früher keinen
besonderen Ruf genoss und deshalb in Leipzig
folgendes Schmähwort umging: »Sehn wir uns
nicht in dieser Welt,/So sehn wir uns in Bitter-
feld.« Dass sich die öffentl. Wahrnehmung von
B. auch im 20. Jh. nicht besserte, geht auf die
Industrie und ihre unangenehmen Begleiter-
scheinungen zurück. 1893-99 leitete **Walther
Rathenau** (→ Berlin) die Elektrochemischen
Werke B. Zur DDR-Zeit war die Luftver-
schmutzung geradezu sprichwörtlich. Im »Ta-
gebuch eines Brigadiers« (1960) von **Wolfgang
Neuhaus** (1929-66) liest man freilich darüber
noch nichts, während in **Erik Neutschs** »Bitter-
felder Geschichten« (1961) die Probleme we-
nigstens angedeutet werden. **Monika Marons**
Roman »Flugasche« (1981), der nur im Westen
erscheinen konnte, spielt in der »schmutzigs-
te(n) Stadt Europas«, in die eine Berliner Jour-
nalistin geschickt wird, um über das dortige
Kraftwerk zu schreiben. Am Ende, als ihre Re-
portage nicht gedruckt wird, verlässt sie die
»große Gemeinschaft der Organisierten«: »Sag
ihnen, daß ich nicht komme, daß ich über-
haupt nicht mehr komme.«
E »Bitterfelder Weg«. Der auf DDR-Lit. spe-
zialisierte Mitteldeutsche Verlag Halle war
1959 und 64 Veranstalter zweier Konferen-
zen, die den besonderen kulturellen Weg der
DDR markieren. Tagungsort war der Kultur-
palast des »Elektrochemischen Kombinats«,
der schon viele Schriftsteller-Lesungen erlebt
hatte. Teilnehmer waren hohe Parteifunktionä-
re (darunter W. Ulbricht und A. Kurella),
Schriftsteller und Arbeiter. Die erste Konfe-
renz (24. 4. 1959) stand unter der Werner Bräu-
nig zugeschriebenen Losung »Greif zur Fe-
der, Kumpel, die sozialistische Nationalkultur

*Bitterfeld: Der Kulturpalast, Ausgangsort des
»Bitterfelder Weges«*

braucht dich!«, was die Verabschiedung des
von Kulturminister Johannes R. Becher bis
zu seinem Tod 1958 vertretenen gesamtdt.
Kulturkonzepts bedeutete. Zudem sollte der
Aufruf glauben machen, dass Lit. künftig von
unten (z. B. aus den nun in den Betrieben zu
gründenden »Zirkeln schreibender Arbeiter«)
wachsen würde, während den »gestandenen«
Schriftstellern empfohlen wurde, in die Pro-
duktionsbetriebe zu gehen und neue Erfahrun-
gen zu sammeln. Dass der »Bitterfelder Weg«,
wie man damals sagte, »ein bitterer Feldweg«
werden würde, war schon auf der zweiten Kon-
ferenz (24./25. 4. 1964) abzusehen, als die Bü-
cher von Christa Wolf (»Der geteilte Himmel«,
1964) und Erik Neutsch (»Spur der Steine«,
1964) heftig kritisiert wurden und Ulbricht
den Kulturminister absetzte.

R Sandersdorf, westl. von B. Richtung
Zörbig, bemüht sich seit einigen Jahren
um seinen großen Sohn **J. G. Schnabel**.
Anstelle des 1718 abgebrannten Pfarrhau-
ses Kirchplatz 2 ein Neubau mit Gedenk-
tafel (1955); daneben die Kirche, wo Vater
Johann Georg Schnabel (1668-94) Pfar-
rer war. – Südwestl. **Brehna**, in dessen Be-
nediktinerkloster **Katharina von Bora** (→
Torgau/SN) drei harte Kindheitsjahre ver-
bringen musste. – Nordöstl. von B. **Mühl-
beck-Friedersdorf**, das einen Besuch lohnt,
da es sich zum ersten Buchdorf Dtl.s ge-
mausert hat. Mehrere Antiquariate freu-
en sich auf Kunden, im Juli Internat. Buch-
dorf-Festival. **Frank Quilitzschs** Kindheits-

geschichten »Holunder aus dem Dach« (1987) spielen in dem Heidedorf.

Jeßnitz

Philipp von Zesen, * 8. 10. 1619 Priorau (Ortsteil von Schierau) bei J., † 13. 11. 1689 → Hamburg, einer der vielseitigsten Barockautoren, experimentierfreudiger Sprachreformer und Übersetzer. Lernte in Amsterdam, wo Z. als freier Autor lebte, den hohen Rang der Volkssprache kennen. Für das Dt. schuf Z. neue Wörter (u. a. Anschrift und Vollmacht). Sein »Hochdeutscher Helicon« (1640) war eine der am meisten benutzten Poetiken, seine »Adriatische Rosemund« (1645) einer der ersten dt. Barock-Romane. – In dem Gedicht »Prirau, oder Lob des Vaterlandes« (1680) erinnerte sich Z. seines Heimatdorfes. Z.-Ausstellung im Turm der Dorfkirche.

Hermann Conradi (auch **H. Custo**), * 12. 7. 1862 J., † 8. 3. 1890 → Würzburg/BY, Erzähler und Essayist. Wegbereiter des Naturalismus. Unstetes Boheme-Leben. – C.s Novellen-Bd. »Brutalitäten« (1886) klagt die Doppelmoral der bürgerl. Gesellschaft an. In dem Roman »Phrasen« (1887) erkannten sich J.er Bekannte wieder und gingen gegen den Autor vor. – Ges. Schriften (Hrsg. P. Szymank, 3 Bde., 1911). – Nachlass LB Dessau.

R **J. G.** **Schnabels** Großvater Georg Schnabel war in **Altjeßnitz** 1667-1704 Pfarrer (verwitterter Grabstein auf dem Friedhof). Vermutl. verbrachte hier der Enkel nach dem Tod der Eltern 1694 seine Kinderjahre und ging von hier 1702 nach Halle. Aus A. stammt der Liederdichter (»Geht hin, ihr gläubigen Gedanken«, 1742) und Dresdner Hofprediger **Johann Gottfried Herrmann** (1707-91).

Zörbig

Heimatmuseum. – Aus Z. stammt Johann Jacob Reiske (1716-74), einer der ersten dt. Arabisten.

Victor Blüthgen, * 4. 1. 1844 Z., † 2. 4. 1920 Berlin (Grab in → Bad Freienwalde/BB, wo B. seit 1878 lebte), Lyriker und Romancier. Wurde mit Kinderversen (»Im Kinderparadies«, 1905) bekannt und lässt die Novelle »Das Geheimnis des dicken Daniel« (1902) in seinem »lieben, alten Zörbig« spielen. – Denkmal (1928) von P. Matzdorf, Birkenallee. – Nachlass im Heimatmuseum.

L **Christian Reuters** (→ Halle/Kütten/ST) Urgroßvater war Bürgermeister von Z. und hinterließ ein Legat, dessen jährl. Zinsen der Urenkel erhielt, der dazu ermahnt wurde, »sich in seinen Studiis zu bessern, fleißig und wohl zu erhalten, daß er künftig bei der Stadt Zörbig zu gebrauchen sei«. Stattdessen nahm R. das Städtchen zur Vorlage für die satir. Jahrmarktsschilderungen in seinem Roman »Schelmuffsky« (1696).

R Südwestl. von Z. an der Straße nach Halle **Siegelsdorf**, Ortsteil von Schrenz, mit einem Herrensitz. **Karl May** (→ Glauchau/Hohenstein-Ernstthal/SN) war 1869 dort, um die 23 Jahre ältere Wirtschafterin Malwine Wadenbach zu besuchen. Monate später gab sich M. bei der Polizei als »Albin Wadenbach aus Martinique« aus, vermutl. in Bezug auf den ausgewanderten Bruder der Malwine.

B W. Emmrich, Tauwetter, Terror und Kulturrevolution. Der Weg nach Bitterfeld, in: Kleine Literaturgeschichte der DDR, 1996.
Z Dessau, Halle, Köthen, Wittenberg (ST); Delitzsch (SN).

BOCHUM/NW

»Die große Mutter, das alte Bochum, hat 18 Kinder, die durch einen Bindestrich mit ihr verbunden sind. Mal gleichen sie ihr, mal sehen sie ganz anders aus.« (Walter Vollmer, 1963)
Ruhr-Universität (Bibliothek). – Ruhrgebiets-Archiv (Haus Laer). – Museum B. (Wasserburg Haus Kemnade, Hattingen), Deutsches Bergbau-Museum (Sonderslg. Bergarbeiterlit.). Schulhistor. Sgl. – Dt. Institut für Puppenspiel mit Museum für Figurentheater. – Schauspielhaus, prinz regent theater. – Mocando-Literatur-Festival (seit 2000) – Ruhr-Triennale (seit 2004).

Felix Wilhelm Beielstein, * 30. 1. 1887 B., † 29. 11. 1964 → Essen/NW, Lyriker, Epiker, Dramatiker, Ingenieur und Geologe, bereiste jahrelang Europa. B. ist Kulisse vieler seiner Romane und Novellen. – W.: Rauch an der Ruhr (R. 1932); Wir fördern die Kohle, wir schmieden den Stahl (G. 1934). – Nachlass StA Essen.
Heinrich Kämpchen, * 23. 4. 1847 Altendorf/Ruhr, † 6. 3. 1912 B.-Linden, Lyriker. Bergmann mit 13 Jahren, mit 40 Invalide. Maßgeblich beteiligt am großen Bergarbeiterstreik von 1889 (Theaterstück von **Josef Büscher**: »Sie erkannten ihre Macht«, 1976). – »Indes mein Arm die Keilhau schwingt, Sinnt Kopf und Herz auf schöne Lieder«: u. a. »Aus Schacht und Hütte« (1899). – Wohnhaus Dr.-C.-Otto-Straße 4; Grab auf dem Friedhof B.-Linden (Gedenktafel).
Max Seyppel (1850-1913) geb. in B.-Langendreer, schrieb histor. Romane (»Gudula von Hardenberg«, 1891); – Aus B.-Werne stammte **Arnold Bender** (1904-1978), der 1934 nach England emigrierte (»Die Engländer«, R. 1945) und seine Gedichte und Romane in engl. und franz. Sprache schreiben musste. Nachlass StLB Dortmund.
A Von 1770 an war **Carl Arnold Kortum** (→ Mülheim a. d. R./NW) Bergarzt und

Apotheker in B.; seine »Nachrichten« über die Stadt (1790) für die Ortsgeschichte wichtig. Mit Dr. Bährens in Schwerte täuschte er jahrelang eine große Forschergemeinschaft vor, nachdem beide 1796 über den »Reichsanzeiger« Alchimisten aufgefordert hatten, ihre Erfahrungen einer »Hermetischen Gesellschaft« mitzuteilen. Prozesse und Familienstreitigkeiten machten K. zum »Hypochondristen«, er starb hier am 15. 8. 1824. Grab auf dem Alten Friedhof (jetzt K.-Park); K.-Gedenkstätte Wittener Straße; Jobsiadebrunnen am Husemann-Platz; ständige Ausstellung auf Haus Kemnade (K.-Archiv); K.-Gesellschaft. – Seit 1890 lebte der »Dichter-Kumpel« **Georg Breuker** (1876-1964) aus dem benachbarten Weitmar in B.: Gedichte und »Jörgen der Bergmann« (R.1954). Wohnhaus Hans-Ehrenberg-Platz. – **Karl Vaupel** (1896-1968) veröffentlichte 1926 expressionist. Gedichte, ansonsten Kinderbücher. – In Linden-Dahlhausen praktizierte 1882-1913 **Ferdinand Krüger** (→ Beckum/NW) als Knappschaftsarzt und schrieb hier seine plattdt. Dichtungen (Gedenktafel am L.er Krankenhaus). – Den »B.er Stil« kreierte der Regisseur und Theaterleiter **Saladin Schmitt** (1883-1951), Präsident der Dt. Shakespeare-Gesellschaft (Grab auf dem Friedhof an der Blumenstraße).

L Der B.er Journalist **Wilhelm Herbert Koch** (1905-1983) typisierte die Sprache des Ruhrgebietes in seinen Gestalten »Kumpel Anton und Cervinski«: »Kannzema sehn, die Kunz geht im Folk« (»Kumpel Anton« 1966/69). – B. ist Schauplatz in »Brandeis« (aut. R., 1978) von **Urs Jaeggi**. – Der seit 1965 in B. lehrende Germanist **Gerhard Mensching** (1932-92) schrieb in 9 Jahren 12 Bücher: Romane, Erzählungen (»E. T. A. Hoffmanns letzte Erzählung«, 1989), Kinderbücher. Im Puppenspiel hatte er seine Experimentierwiese. – Weiter seien stellvertretend genannt: **Frank**

Göhre, »Costa Brava im Revier« (1971) und **Liselotte Rauner**, »Schleifspuren«, G. 1970, sowie die Kriminalromane von **Werner Schmitz**.

S Stadtbibliothek: Bibliothek der Dt. Shakespeare-Gesellschaft; Sonderslg(g). Sprach- und Lit.-Wiss., Theater, Film, Rundfunk. – **Stadtarchiv**: Nachlässe von C. A. Kortum und G. Breuker; Sonderslg. Heimatlit. Rhein.-westfäl. Industriegebiet; **B.er Krimi-Archiv**; **Stiftung Bibliothek des Ruhrgebietes** (im »Haus der Geschichte des Ruhrgebietes«); **Bibliothek der IG Bergbau**: Sonderslg. Bergarbeiter-Lit. – **Lit. Gesellschaft B.** (seit 1905); **Gruppe B.er Autoren** (seit 1986); **B.er Underground-Lit.** (seit 1993); **Liselotte und Walter Rauner Stiftung** zur Förderung des lyrischen Nachwuchses. – **Peter-Weiss-Preis der Stadt B.** (seit 1990); **Dt. Krimi-Preis** (seit 1985); **Literaturpreis Kohlenpott**.

B H. E. Käufer/W. Degener, Sie schreiben in Bochum, 1980; M. Wagner-Egelhaaf, Literatur Werk Stadt Bochum, 1998.

Z Dortmund, Essen, Gelsenkirchen, Herne, Witten, Wuppertal (NW).

BOGEN/BY

Mit der Grafschaft B. kam 1242 auch das Rautenwappen an die Wittelsbacher. – Kreis- und Heimatmuseum auf dem Bogenberg.

Die Marienwallfahrt auf dem **Bogenberg** ist die älteste in Bayern, der »Oasiedl von Bog'n« sprichwörtlich, der Rundblick vom Berg auf die »mit Kirchen, Türmen, Gschlössern, Klöstern und Stätt ein- und ausgefüllte Landschaft« (»Azwinischer Bogen«, 1679) berühmt. **Heinrich Lautensack** (→ Vilshofen/BY) schildert in den »Altbayrischen Bilderbogen« (1920) die heute noch lebendige Pfingstwallfahrt. Ludmilla, die junge Witwe des Grafen Albert III. von B., ist die Hauptperson der Novelle »Die drei Zeugen« (1930) von **Werner Bergengruen** (→ Baden-Baden/BW). Ebenfalls im Bereich des Bogen-

berges spielen die Dichtungen »Vitus« von **Maximilian Schmidt** (gen. **Waldschmidt**/→ Furth i. W./Eschlkam/BY) und »Das fressende Haus« (1932) von **Siegfried von Vegesack** (→ Regen/BY). – Aus dem Prämonstratenserkloster **Windberg** stammt die von **Alber** um 1190 in dt. Reime gebrachte »Vision des Tundalus« (→ Regensburg/BY). Über »Adolf Eichmann im Kloster« W. berichten **Ernst Trost** (1968) und **Claudio Magris** (1988) in ihren Donau-Biographien. In der Klostermühle von **Apoig** unweit W. wurde 1753 der »Mühlhiasl, der Waldprophet« geb., über dessen Endzeitvisionen u. a. **Paul Friedl** und **S. von Vegesack** schrieben. Schloss **Saulburg** war heimlicher Treffpunkt von Herzog Albrecht III. und Agnes Bernauer (→ Augsburg/BY). Am Pfingstmontag wird alljährlich in **St. Englmar** »in einer barocken, dramatisch bewegten, bunten und ungezwungenen Schaustellung« das »Englmari-Suchen« abgehalten (M. Peinkofer).

B W. J. Bekh, Das dritte Weltgeschehen, wie bayerische Seher darüber berichten, 1982.

Z Deggendorf, Regen, Straubing, Viechtach (BY).

BONN/NW

»Ist er aber zu Lande und rheinaufwärts reisend hindurchgefahren und hat seinen freundlichen Markt gesehen, so glaubt er, es liege schon mitten in dem rheinischen Paradiese, dessen äußerster Grenzwächter es ist, und er hielt es dessen würdig, so zierlich und schmuck war sein Ansehen.«
(Karl Simrock, 1839)

Von 1949 bis 1999 Bundeshauptstadt, noch immer Sitz von Institutionen der Bereiche Bildung und Wissenschaft. – Rhein. Friedrich-Wilhelm-Universität. – Rhein. Landesmuseum (Hss.-Archiv rhein. Dichter). Stadtmuseum (Sonderslg. B. im Spiegel der Lit.), Haus der Geschichte der BRD (Schriftenslg. zur dt. Geistesgeschichte 1945-50). – Theater der Stadt B.

Aus B. stammt Ludwig van Beethoven (1770-1827): B.-Haus und -Archiv mit Bibliothek Bonngasse 20; in B. starb Robert Schumann (1810-56): Sch.-Haus (Gedenkstätte).

Karl Joseph Simrock, * 28. 8. 1802 B., † 18. 7. 1876 ebd., Germanist und Jurist. Studium in Bonn und → Berlin, dort 1826 Referendar am Kammergericht; entlassen wegen des Gedichts »Drei Tage und drei Farben« auf die Julirevolution 1830. Ab 1832 wieder in B., 1850 Prof. für altdt. Lit. – Übertragungen von alt- und mhd. Dichtungen, u. a. »Nibelungenlied« (1827). Sammelte Rheinsagen, edierte Volksbücher und Heldensagen, schrieb Pseudo-Poetisches, darunter Reimereien auf Stadt- und Zeitereignisse, die er als Stadtpoet absolvierte. – »Das malerische und romantische Rheinland«, 1838/40. – »Haus Parzival« in Menzenberg (→ Bad Honnef/NW); Grab auf dem Alten Friedhof. – Nachlass GSA Weimar; Slg. StA. B. – W. Ottendorf-Simrock, »Das Haus Simrock« (1954).

Moses Hess, * 21. 1. 1812 B., † 6. 4. 1875 Paris, Kaufmann und Autodidakt auf dem Gebiet des Sozialismus und der Gesellschaftslehre – wie F. Engels (→ Wuppertal/NW), aber vor ihm. Gab mit ihm den »Gesellschaftsspiegel« (1845) heraus, die erste dt. Zs., welche die realen Verhältnisse der Arbeiter darstellte; Mitbegründer der »Rheinischen Zeitung«. Verfocht die Idee von Vereinigten Staaten Europas. – W.: Sozialismus und Kommunismus, Philosophie der Tat (1843). – Grab 1962 von Köln-Deutz nach Jerusalem überführt – Nachlass Intern. Inst. voor Sociale Geschiedenis, Amsterdam. – H. Lademacher, »Moses Hess in seiner Zeit«, 1977.

Johann Gottfried Kinkel, * 11. 8. 1815 B.-Oberkassel, † 12. 11. 1882 Zürich, Dichter und Kunsthistoriker. 1836 in B. Dozent für Kirchengesch.; als Hilfsprediger in Köln (1840) wegen unorthodoxer Meinung und Heirat mit geschiedener Katholikin (Johanna Mockel) entlassen. 1845 Übertritt zur philos. Fakultät und publizistisch tätig. 1849 Teilnahme am Sturm auf das → Siegburger (NW) Zeughaus und am Badischen Aufstand, verwundet und gefangen genommen. Zuchthausstrafe, doch aus der Festung Spandau (→ Berlin) von C. Schurz (→ Euskirchen/Liblar/NW) befreit. Flucht nach London, 1866 nach Zürich als Prof. für Archäologie und Kunstgesch. – W.: Gedichte (1843 u. 68); Otto der Schütz (Rheinepos 1846); Selbstbiographie (Hrsg. R. Sander, 1931). – Denkmal vor der Kirche in B.-Oberkassel. – Nachlass UB Bonn; Slg. StuLB Dortmund, StA. B.

Die Konzertpianistin **Johanna Kinkel** (geb. Mockel/1810-58) ließ ihre erste Ehe trennen und heiratete 1843 G. Kinkel, der ihr auf einer Kahnfahrt das Leben gerettet hatte. Sie gründete 1840, einer Mode folgend, ein lit. Kränzchen, den »Maikäferbund«, und war die »Königin« dieses lit. Salons in der K.schen Wohnung im Poppeldorfer Schloss. Zu den Mitgliedern gehörten **Alexander Kaufmann** (1817-93), Jurist und Autor romant. Lieder; **Arnold Schlönbach** (1807-66), Landwirt und Autor historisierender Dichtungen; **Wolfgang Müller von → Königswinter** (→ Siegburg/NW). Neben dem Ehrenmitglied N. Becker (→ Geilenkirchen/NW) als Gäste: E. Geibel (→ Lübeck/SH), F. Freiligrath (→ Detmold/NW), J. Burckhardt. Die Revolution 1848/49 beendete die »Maikäferei«; Johanna folgte dem Gatten nach London, stürzte sich gemütskrank aus dem Fenster. – W.: in Mundart das B.er Lokalstück »Malztier«; unter den Erzählungen die rhein. Bürgergeschichte »Der Musikant« (mit G. Kinkel 1849), »Hans Ibeles in London« (aut. R. 1860).

Balduin Möllhausen, * 27. 1. 1825 Jesuitenhof b. B., † 28. 5. 1905 Berlin, Amerikareisender und Verfasser von 45 gefühlvollen Trivialromanen und 80 Novellen, die meist in Amerika spielen. B. ist Schauplatz des Erfolgsromans »Die Mandanenwaise« (1865). – W.: Ill. Romane, Reisen und Abenteuer (Hrsg. D. Theden, 1906-08).

Hans Eschelbach, * 16. 2. 1868 B., † 14. 3. 1948 Innsbruck. Wuchs in der Rheingasse auf und wurde v. a. der Dichter der »Armen und Elenden« (En. 1909) in den Hinterhöfen des Lebens, des »Auf Abbruch« (N. 1938). – Grab auf dem Alten Friedhof.

Wilhelm Schmidtbonn (eigentl. **Schmidt**), * 6. 2. 1876 B., † 3. 7. 1952 Bad Godesberg, Erzähler und Dramatiker. Zunächst Buchhändler, dann Dramaturg (1906-08) und Hrsg. der Zs. »Masken« in Düsseldorf, später freier Schriftsteller. Neben phantast. und exot. auch aut. und heimatverbundene Schilderungen. – W.: Der dreieckige Marktplatz (R. 1935); An einem Strom geboren (Aut. 1935). – Gedenkstätte in der Endenicher Burg (Zweigstelle Stadtbücherei); Grab auf dem Alten Friedhof. – Nachlass StA. B.

Wilhelm Vershofen, * 25. 12. 1878 B., † 30. 4. 1960 → Tiefenbach (Sonthofen/ BY), die bedeutendste Persönlichkeit unter den »Werkleuten auf Haus Nyland« (→ Tecklenburg/Hopsten/NW), deren Kern aus drei ehem. B.er Studenten bestand: V., J. Winckler (→ Steinfurt/Rheine/NW) und J. Kneip (→ Simmern/ Morshausen/RP); dokumentiert im Gedichtband »Wir drei« (1904). Syndikus in Sachsen, 1923 Prof. für Wirtschaftswiss. an der Handelshochschule → Nürnberg/BY. – W.: Der Fenriswolf (1914); Poggeburg (R. 1934); Erlebnis und Verklärung (Es. 1949). – Aufgewachsen in der Poststraße.

Karl Benno von Mechow, * 24. 7. 1897 B., † 11. 9. 1960 → Emmendingen (BW), Erzähler. Nach dem Studium Landwirt in Brandenburg und Bayern. Gab 1934-45 mit P. Alverdes die Zs. »Das innere Reich« heraus. – W.: Vorsommer (R. 1933); Leben und Zeit (Aut. 1938).

Benno Reifenberg, * 16. 7. 1892 B.-Oberkassel, † 9. 2. 1970 → Kronberg (Bad Homburg/HE), Journalist, Essayist, Kunsthistoriker. 1924-30 Feuilletonchef, danach Pariser Korrespondent, 1932-43 pol. Redakteur der »Frankfurter Zeitung«. 1945-58 Mithrsg. der »Gegenwart«, 58-60 der »FAZ«. – W.: Lichte Schatten (Ess. 1953); Landschaften und Gesichter (Ess. 1973); Offenbares Geheimnis. Ausgewählte Schriften (1992). – Nachlass DLA Marbach.

Aus B. stammen außerdem: der Redakteur **Jean-Baptiste Rousseau** (1802-67), dessen in Köln erscheinende schöngeistige Zs »Agrippina«, das erste lit. hochstehende Blatt im Rheinland, verboten wurde. – **Nikolaus Becker** (1809-45/→ Geilenkirchen/NW) erwarb sich seinen Ruf 1840 als Autor des Rheinliedes »Sie sollen ihn nicht haben, den freien, deutschen Rhein«; seine »Ges. Gedichte« (1841) sind vergessen (Wohnung Sternstraße 64).

Die beiden ersten Bonner »Stadtpoeten«: **Karl Moritz Kneisel** (1793-1872) und **Albert Weinholz** (1821-1901), der u. a. auf 59 berühmte Gräber des Alten Friedhofs in 3 Aufl. »Immortellen in Sonetten« (1876) niederlegte. Beliebter Heimatschriftsteller auch **Felix Hauptmann** (1856-1934). Erfolgreich im 3. Reich war mit Ehe- und Geschichtsromanen, auch Reiseberichten **Heinrich Zerkaulen** (1892-1954), der seit 1923 in → Dresden/SN lebte und in → Hofgeismar/HE starb. – Unter den bönnisch (meist über die »gode ahle Bönnsche Zick«) dichtenden Poeten des 20. Jh.s: **Willi Schüddemage** (1867-1936), **Karl Grosse**, **Paul Delfosse** (1878-1945). – In Stadtarchiv und Wiss. Stadtbibliothek au ßerdem Nachlässe B.er Autoren: **Cornelius Houben** (1838-1923), **Else Nonne** (1880-1955) und **Bernhard Nietgen** (1915-75), Heimat- und Mundartdichter aus B.-Kessenich.

A **Agrippa von Nettesheim** (→ Köln/NW) flüchtete vor seinen Gläubigern aus Mecheln nach B. zum Kurfürsten Hermann von Wied; seine B.er Studierstube wird als faust. Stillleben geschildert. – Kurköln. Regenten gaben sich in der Residenz B. liberaler als im Erzstift Köln. Unter Clemens August lockte das den Satiriker **Heinrich Lindenborn** (→ Köln/NW) nach B., unter Maximilian Franz den angehenden Jakobiner **Eulogius Schneider** (→ Schweinfurt/Wipfeld/BY). – Im Sommer 1815 kam **Goethe** (→ Frankfurt a. M./HE) mit dem **Freiherrn vom Stein** (→ Bad Ems/Nassau/RP) und **E. M. Arndt**; er schrieb über B. in »Kunst und Altertum am Rhein, Main und Neckar«. – **August Wilhelm Schlegel** (→ Hannover/NI) wurde 1818 an die neue Universität berufen, wo er v. a. indische Studien trieb. Er galt als Haupt der Romantik und hielt in seiner kostbar ausgestatteten Wohnung in der Sandkaule (zerstört) Literaturkränzchen für die »schönsten Frauen und Mädchen von Bonn«, »sauber geputzt und mit meinen Ordenpompons angetan« (als Siebzigjähriger an L. Tieck). Er starb am 12. 5. 1845, Grab auf dem Alten Friedhof. – Auch **Ernst Moritz Arndt** (→ Rügen/Schoritz/MV) kam 1818 an die Universität. Wegen des 4. Bandes von »Geist der Zeit« (1819) Haussuchung und Entlassung. Erst 1840 wieder Lehrerlaubnis, 41 Rektor, 48 Mitglied der Nationalversammlung. Er starb in B. am 29. 1. 1860, Grab auf dem Alten Friedhof. E.-M.-A.-Haus in der Adenauerallee 79 (Museum), Denkmal am Alten Zoll. (»Ernst Moritz Arndt in Bonn«, 1969.)

Bonn: Grab von August Wilhelm Schlegel auf dem Alten Friedhof

Der Auerhof bei Plittersdorf wurde »bijou und Herzblatt« der Bankiersfrau **Sibylle Mertens-Schaaffhausen** (1797-1857), der »Rheingräfin«. Dort verkehrten seit 1828 **Johanna Schopenhauer** (→ Weimar/TH) und ihre Tochter **Adele** (1797-1849). Mutter Johanna schrieb winters in B. ihr Reisewerk über Belgien und begann die Slg. ihrer Schriften (24 Bde.), während Tochter Adele in Plittersdorf und Köln Zerstreuung suchte, eine auffällige alte Jungfer im Karneval (ihr Grab auf dem Alten Friedhof). Weitere Gäste: **Annette von Droste-Hülshoff** (→ Münster/Roxel/NW) und die Schriftstellerinnen **Anna Jameson** und **Henriette Paalzow** (1788-1847) aus Berlin. – **Heinrich Heine** (→ Düsseldorf/NW) hörte als Student der Rechts- und Kameralwiss. 1819/20 zwei Semester lang Vorlesungen in B. Er fand nicht zuletzt dank A. W. Schlegel Thema und Ton: Hohn auf die Anempfindelei von Landschaft und Vergangenheit, die entlarvende Pointe nach pathetischem Beginn. Denkmal im Stadtgarten. Zur gleichen Zeit studierte **August Heinrich von → Fallersleben** (Wolfsburg/NI) in B. und wohnte Friedrichstraße 22 (Gedenktafel). – Über das Studentenleben um 1830 berichtete der Engländer **William Makepeace Thackeray**. **Alexandre Dumas** verzichtete 1838 im »Trierschen Hof« auf den Verzehr der angebotenen Fleischspeisen, die ihm den Magen zu verderben schienen. Wenig später kam der Schwede **Johann Wilhelm Snellmann** nach B. und notierte, dass E. M. Arndt auf keiner Feier fehle und die Landsleute ihm huldigten, als einem Vorkämpfer für die Wiedervereinigung des linken Rheinufers anno 1814/15. – Am Haus Sternstraße 32 erinnert eine Gedenktafel an **Emanuel Geibels** Aufenthalt 1886; seine Studentenzeit lag genau 50 Jahre zurück. – **Luigi Pirandello** studierte 1889-92 rom. Philologie und wohnte Breite Straße 37 a (heute 83). Rückkehr 1925 auf einer Deutschland-Tournee mit eigener Theatergruppe. In seinen Werken zahlreiche Spuren B.s, u. a. »Rhein. Elegien«, 1895. (W. Hirdt, »Bonn im Werk Luigi Pirandellos«, 1986). An der Universität – ihr erster Kurator **Philipp Joseph von Rehfues** (1779-1843) reüssierte auch als Reiseschriftsteller und Romancier – wirkten u. a. die klass. Philologen **Friedrich Gottlob Welcker** (1784-1868), **Friedrich Rietschl** (1806-76, Lehrer F. Nietzsches → Weißenfels/Röcken/ST); die Historiker **Barthold Georg Niebuhr** (→ Heide/Meldorf/SH), **Friedrich Christoph Dahlmann** (→ Wismar/MV); die Romanisten **Friedrich Diez** (1794-1876), **Ernst Robert Curtius** (1886-1956); der Literaturhistoriker **Oskar Walzel** (1864-1944; Aut. »Wachstum und Wandel«, 1956). Die Gräber von Rehfues,

Welcker, Niebuhr, Dahlmann und Diez auf dem Alten Friedhof. Ehrengrab Walzel und Grab des Philosophen **Theodor Litt** (1880-1962) auf dem Südfriedhof.

L Früheste Erwähnung Bonns in einer Sequenz aus dem 12. Jh. von **Henricus**, Propst in Köln. – Über Beethoven in B. **Felix Huchs** (→ Braunschweig/NI) »Der junge Beethoven« (1927), **Heinrich Zerkaulens** »Musik auf dem Rhein« (1929) und »Der feurige Gott« (1943), **Josef Wincklers** »Adelaide. Beethovens Abschied vom Rhein« (1936). »Am deutlichsten hat **Romain Rolland** den Einfluß des Rheins auf Beethoven gesehen« (P. Hübner), das gilt auch für den »durch die Gestalt Beethovens inspirierten« Romanzyklus »Jean Christophe« (1905-12). – B. auch Schauplatz des Erfolgsromans »Das Geheimnis der alten Mamsell« (1868) von **Eugenie Marlitt** (→ Arnstadt/TH), der »Novellen« (1885) von **Fritz Zilcken** (1846-1917), der »Radierungen und Momentaufnahmen« (1904) von **Ernst Zitelmann** (1852-1923); »Brumaire« (1902) von **Ernst Muellenbach** (→ Köln/NW) und »Ännchen von Godesberg« (1935) von **Wilhelm Ruland** (1869-1927). Gewichtiger: »Alraune« (1913) von **Hanns Heinz Ewers** (→ Düsseldorf/NW); »Christian Wahnschaffe« (1918) von **Jakob Wassermann** (→ Fürth/BY); »Theodor Chindler« (1945) von **Bernard von Brentano** (→ Offenbach/HE). – Die Geschichte, wie 1949 B. Sitz von Regierung, Bundesrat und Bundestag wurde, erzählt **Klaus Dreher** 1979 in »Ein Kampf um Bonn«. »Kein anderes Volk als die Deutschen«, schrieb seinerzeit der brit. Botschaftsrat David Cornwell (später als Schriftsteller unter dem Namen **John le Carré** weltberühmt), »hätte es fertiggebracht, einen Kanzler (K. Adenauer) zu wählen und ihm dann die Hauptstadt vor die Tür zu legen«. **Wolfgang Koeppen** (→ Greifswald/MV) beschrieb im Roman »Das Treibhaus« (1953) den Untergang eines pazifist. Abgeordneten der Opposition, der sich schließlich in den Rhein stürzt; **Günther Weisenborn** (→ Velbert/NW) schilderte den Kampf eines Mühlenangestellten in B. um ein besseres Lebensmittelgesetz (»Auf Sand gebaut«, R. 1956).

Außerdem: »Gestern war der jüngste Tag« (1960) von **Michael Horbach** (1924-86), »Wenn die Drachen steigen« (1974) von **Alexandra Cordes** (1935-86), »Bonner Bürgerhäuser« (1976) von **Vilma Sturm**. Berichte aus jenen Jahren vom Hofchronisten **Walter Henkels** (→ Solingen/NW): »Keine Angst vor großen Tieren« (1977); »Der rote Teppich. Große Gala in Bonn« (1978); Oder: **Dieter Lattmann** (»Die lieblose Republik«, 1981). – Seit den 80er Jahren ist die Stadt auch Krimi-Tatort, u. a. von **Georg R. Kristan** (d. i. **Georg** und **Renate Cordts**): »Spekulation in Bonn« (1988), oder von **Gisbert Haefs**: »Mord am Millionenhügel« (1981).

S Universitätsbibliothek: 2,2 Mio. Bde., 1000 Hss., 1 350 Inkunabeln. Gelehrtennachlässe; Dt. Lit. im Exil des Dritten Reiches). – **Stadtarchiv und Wiss. Stadtbibliothek**: rd. 100 000 Bde., 40 Hss.; **Stadtbücherei**. Lese- und Erholungsgesellschaft (seit 1787; **Literaturpreis LESE**); Literarhist. Gesellschaft (gegründet von B. Litzmann); **Dt. Lesegesellschaft** (Förderung von Buch und Lesen, seit 1953); **Autorenforum B.**; Literaturbüro; **Haus der Sprache und Literatur** (seit 1995). – **Ernst-Robert-Curtius-Preis für Essayistik** (seit 1985); **Schlegel-Tieck-Übersetzer-Preis** (seit 1956); **Dt. Jugendbuchpreis** (seit 1956), **Kath. Kinderbuchpreis** (der Deutschen Bischofskonferenz); Literaturpreis »**Wahn-Sinn**« (vom Psychiatrie-Verlag); Literaturpreis der **Konrad-Adenauer-Stiftung** (seit 1967); »**Das politische Buch des Jahres**« (Friedrich-Ebert-Stiftung); **Hörspiel- und Erzählpreis des Ostdt. Kulturrates B.**; Hörspielpreis der Kriegsblinden (seit 1951).

R Auf dem Alten Friedhof vor dem Sterntor (an der Bornheimer Straße) ruht die Prominenz des 19. Jh.s: **Ernst Moritz Arndt** pflanzte seinem im Rhein ertrunkenen Sohn Willibald eine Eiche aus seiner Heimat Rügen (Grabinschrift: »Gute Nacht, ihr meine Freunde ...«). Die Brüder **Boisserée** (→ Köln/NW) haben ein neogot. Denkmal, als Förderer des Kölner Dombaus. Weitere Gräber: F. Schillers Frau Charlotte (→ Jena/TH) und der

Sohn Ernst, Robert und Clara Schumann und **Mathilde Wesendonk** (→ Wuppertal/NW), die Reiseschriftstellerin **Marie von Bunsen** (1860-1941). In das 1962 eingemeindete **Bad Godesberg** kamen im 19. Jh. u. a. **Ludwig Tieck** (→ Berlin), **William Wordsworth, Samuel Taylor Coleridge**. 1828 empfahl **Johanna Schopenhauer** ihrer Tochter **Adele** das Gasthaus »Bellevue«, denn im anderen Hause kämen alle Tage Narren an, die um 3 Uhr aufstünden, um auf den Drachenfels zu steigen: »Was das für ein sündliches Treiben ist um die verfluchte Natur.« Zu Füßen der Godesburg das Gasthaus »Zur Lindenwirtin«, ehem. Studentenlokal. Mit der Wirtin Aennchen Schumacher (1860-1935) wird fälschlich **Rudolf Baumbachs** (→ Kranichfeld/TH) Trinklied »Keinen Tropfen im Becher mehr« in Verbindung gebracht (Aennchens Grab auf dem Burgfriedhof). – Am Rhein in **Plittersdorf** (Bonn-P.) der »Schaumburger Hof«, Poetenherberge seit **Heinrich Heine**. Hierher zog sie v. a. das »Gretchen von P.«: die »Maikäferbündler« natürlich und **Ferdinand Freiligrath**, aber auch **Paul Heyse** (→ Berlin), der dem Gretchen in der Novelle »Das Ding an sich« (1879) ein lit. Denkmal gesetzt hat. Auf dem Zentralfriedhof das Grab von **Adolf von Hatzfeld** (→ Olpe/NW). – Auf dem Friedhof von **Bonn-Röttgen** das Grab der Journalistin und engagierten Friedenskämpferin **Vilma Sturm** (→ Mönchengladbach/NW): »Unterwegs an Rhein, an der Mosel und anderswo« (1959); »Barfuß auf Asphalt« (Aut. 1981); »Mühsal mit dem Frieden« (1982). – In **Bornheim-Walberberg** befindet sich die Theolog. Hochschule der Dominikaner mit der Bibliothek St. Albert (Hss. und Inkunabeln). In **Bornheim-Merten** das Grab von **Heinrich Böll**. – »Streifzüge durchs Bonner Jenseits« (P.-A. Drees) nicht zuletzt: nach **Beuel** (Bonn-

B.) zunächst, wo **Guillaume Apollinaire**
dem Ewigen Juden begegnet sein will,
nach **Oberkassel** (Bonn-O.) mit Kinkel-
Denkmal, -Stuben und -Straße und – im
Gefolge von **Karl Simrock** bis **Max Ernst**
(→ Köln/NW) und **Hans Arp** – ins Sie-
bengebirge.

B W. Ottendorf-Simrock, Ein Dichterkreis
im biedermeierlichen Bonn, Almanach 1972;
N. Oellers, Bonn-Ansichten in Erzählungen
und Romanen des 20. Jh.s, in: Rheinische Ge-
schichte 3, 1979; D. u. A. E. Maurer, Bonn er-
zählt. Streifzüge durch das literarische Bonn
1780-1980, 2. Aufl. 1986; D. u. A. E. Maurer,
Bonn. Ein Städte-Lesebuch, 1990.
Z Bad Honnef, Köln, Unkel, Siegburg
(NW); Neuwied (RP).

BOPPARD/RP

Johann Baptist Berger (Ps. **Gedeon von
der Heide**/1806-1888) aus Koblenz war
seit 1833 Pfarrer in B. und schrieb rel. Ly-
rik (»Ges. Gedichte«, 1857). Grab auf dem
Friedhof; Denkmal in den Rheinanlagen.
– Die Jugendschriftstellerin **Helene Pagés**
(1863-1944) war 1885-1913 Lehrerin in B.,
das wie der Vorderhunsrück Schauplatz
der »Nanni-Trilogie« (1920/21) ist. Die
»Christel«-Bücher (1928-33) spielen in
und um das Forsthaus Faas bei Kirchberg
(Simmern/RP). Erinnerungen »Die klin-
gende Kette« (1936) und »Fernes Läuten«
(1939). Geburtshaus die Gastwirtschaft
»Zur guten Quelle« (Neubau) in Sauer-
brunnen (heute Emmelshausen-Leinin-
gen); Gedenktafel am ehem. Karmeliter-
kloster B. – Auf dem Friedhof das Grab
des Erzählers, Dramatikers und Funkau-
tors **Stefan Utsch** (1896-1978); von ihm
u. a. »Der Schinderhannes« (Dr. 1956)
und »Erz« (Industrie-R. 1960); Nachlass
SA Koblenz. – Geboren und begraben in
B. der Erzähler, Lyriker und Dramatiker

Johannes Büchner (1902-1973). Über
B. u. a. »Herbstsonne« (R. 1956). – Im Ge-
meindezentrum St. Michael in der Rhein-
allee 22 ein Gedenkzimmer für **Gertrud
von Le Fort** (→ Minden/NW).

A B.er Marginalien: »Amazonenstadt,
wo ... das schöne Geschlecht (allerdings)
für ganz andere Kriege gebildet zu sein
scheint«, 1790 **Johann Georg Forster** (→
Mainz/RP); »ein ... heiteres Örtchen
von weinfrohem, wohlhabigem Ansehen«,
1835 **Carl Gustav Carus** (→ Leipzig/SN);
»... schmutzige Armseligkeit und nur we-
nige Überreste aus einer besseren Zeit«,
1838 **Karl Simrock** (→ Bonn/NW); »Al-
lerweltsvillen, die aller Romantik längst
den Garaus gemacht hätten, wenn der
Rhein nicht doch stärker wäre als sie«,
1933 **Wilhelm Hermanns** (1885-1958),
in: »Der schöne deutsche Rhein«. – Der
großen Rheinschleife bei B. (»Vier-Seen-
Blick«) hat **Max Ernst** in seinem Bild »Va-
ter Rhein« die Form eines Kopfes gege-
ben: »Hier kreuzen sich die bedeutends-
ten europäischen Kulturströme«.

L **Adelheid von Stolterfoth** (→ Rüdesheim/
Winkel/HE), die fast sämtl. Rheinsagen in
mehr oder weniger gelungenen Romanzen
und Balladen verherrlichte, hat auch den Rit-
ter Konrad Bayer von B. bedichtet, den die
treulos verlassene Braut unerkannt in Ritter-
rüstung zum Zweikampf auffordert und dabei
tödlich getroffen fällt. Der Ritter stiftet als
Buße das Frauenkloster St. Marienberg.
Z Bad Ems, St. Goarshausen, Koblenz, Sim-
mern, St. Goar (RP).

BORKEN/NW

Bocholt

Durch einen Jugendfreund lernte **Clemens Brentano** (→ Koblenz/RP) **Melchior von Diepenbrock** (1798-1853; Mosaik in der D.-Schule) kennen, nachmalig Sekretär J. M. Sailers (→ Schrobenhausen/Aresing/BY) und Fürstbischof von Breslau. D.s Anth. »Geistlicher Blumenstrauß aus spanischen und deutschen Dichtergärten, den Freunden der christlichen Poesie dargeboten« (1829) war ein seinerzeit viel beachtetes Buch. Brentano ließ anonym eigene Gedichte darin aufnehmen sowie bearbeitete Lieder von **Luise Hensel** (→ Paderborn/NW), die D. auf seinem Landsitz Horst (1841 abgebrochen) besuchte. Der Bruder **Konrad Joseph von Diepenbrock** (1808-84) gründete am 2. 3. 1848 die erste »Freie Zeitung« in Deutschland und veröffentlichte neben Gedichten, Dramen und »Döhnkes« den Roman »Ein deutscher Gil Blas oder Das abenteuerliche Leben Friedrichs von der Horst« (1857). Gedenktafel für Melchior von D. an der Rückseite eines Kaufhauses zum Gasthausplatz an Stelle von D.s. Geburtshaus; D.-Slg. im Stadtarchiv. – Die Journalistin **Jeanette Wolff** (1888-1975) verfasste aut. Skizzen über ihre Kindheit in B. – Erinnerungen an seine Jugendjahre in B. in »Wienändken« (E. 1998) von **Helmut Müller** (geb. 1929). – »Sonderbar, dachte ich … vielleicht«: **Werner Warsinsky** (1920-92) aus **Barlo** erhielt 1953 für seinen R. »Kimmerische Fahrt« auf Betreiben von Gottfried Benn in Genf den »Europäischen Literaturpreis«.

S Kulturwettbewerb »Begegnung auf der Schwelle« mit Berufung eines »Stadtliteraten«.

Hoxfeld (Borken-H.)

Heimatmuseum in der Heilig-Geist-Kirche.

Ilse von Stach, * 17. 2. 1879 Haus Pröbsting, † 22. 8. 1941 Münster, kath. Erzählerin, Dramatikerin und Lyrikerin. Lebte 10 Jahre in Berlin, wo 1906 H. Pfitzner ihre Märchendichtung »Das Christelflein« vertonte. Nach längerem Rom-Aufenthalt 1908 Konversion. – In dem Roman »Haus Elferding« (1915) schildert sie die Schicksale ihres Elternhauses. – Geburtshaus heute Tagungsstätte und Restaurant. – Nachlass UB Münster.

R Im Heimatmuseum **Borken** Bildnisse von Berühmtheiten des Kreises, u. a. von **Ilse von Stach** und dem Geschichtsforscher **Jodokus Hermann Nünning** (1675-1753). 1969 erschien der Nachlass des plattdt. Dichters und Ehrenbürgers **Ludewig Walters** (1875-1968) u. d. T. »Et giw mehr een Borken.« – Das Wasserschloss **Raesfeld** und dessen Umgebung schildert **Gustav Sack** (→ Wesel/Schermbeck/NW) in seinem Roman »Ein verbummelter Student« (1917).

Z Ahaus, Stadtlohn, Coesfeld, Dülmen, Wesel, Schermbeck (NW).

BORNA/SN

Museum im Reichstor. – B. wurde bekannt als Zentrum des Braunkohleabbaus. Im Juni 1800 unternahm **Novalis** (→ Hettstedt/Oberwiederstedt/ST) bei B. geolog. Untersuchungen und wies den Nutzwert der »Erdkohle« nach. – B. ist Geburtsort des Politikers Wilhelm Külz (1875-1948) und des Reformpädagogen Otto Scheibner (1877-1961).

Martin Hayneccius (eig. M. Heinecke), * 10. 8. 1545 B., † 28. 4. 1611 → Grimma/SN, Schuldramatiker. Rektor in → Chemnitz/SN, wo H.s erstes Stück (»Almansor«, 1578, n. 1891) entstand.

Gustav Friedrich Dinter, * 29. 2. 1760 B., 29. 5. 1831 Königsberg, Pädagoge (»Wohltäter des sächsischen Volkes«, H. J. Pestalozzi). D.s »Schullehrerbibel« (9 Bde., 1824-30) wirkte das ganze 19. Jh. D. war Pfarrer in den Nachbardörfern Kitzscher und Görnitz. – Geburtshaus (Nachfolgebau): Reichsstraße 22 (Gedenkinschrift); Denkmal auf dem Dinterplatz.

A **Martin Luther** (→ Eisleben/ST) war mehrmals in B. 1522 Predigt in der Katharinenkirche. Wohnung (Nachfolgebau): Markt 9 (Gedenktafel). – **Johann Gottfried Seume** (→ Weißenfels/Poserna/SN) besuchte 1777-79 die Stadtschule in B.

R Der vielbewunderte Prediger **Christian Löhr** (1764-1823) war 1813 bis zu seinem Tod in **Zwenkau** Oberpfarrer. Berühmt wurde L. mit »Räthsel(n) und Charaden für Jung und Alt« (1810). – Bei Böhlen am Rand der Braunkohlengruben **Lippendorf,** wo 1499 **Katharina von Bora** (→ Torgau/SN) geboren wurde (heute Kraftwerksgelände). – In der Nähe, bei **Neukieritzsch,** ein Sandsteindenkmal (1884), das auf Gut Zölsdorf als Stammsitz der Boras verweist. – Ganz in der Nähe **Kahnsdorf,** wo am 1. 7. 1785 **Friedrich Schiller** (→ Ludwigsburg/Marbach/BW) erstmals mit **Christian Gottfried Körner** (→ Leipzig/SN) zusammentraf. Gedenktafel am Nebengebäude des Gutshauses, dessen Besitzer der Philologe und Cicero-Übersetzer **Johann Christian Ernesti** (1756-1802) war, ein Verwandter Körners.

Frohburg

Museum Schloss Frohburg mit Spielzeugausstellung.

L **Guntram Vesper,** »Frohburg. Neue Gedichte« (1985). Vom hier 1941 geborenen Autor auch »Sächsisches Land. Orte der Erinnerung« (1991).

R Letzter Aktuar am Gericht der Töpferstadt **Kohren** (heute K.-Sahlis) war 1831-34 **Julius Mosen** (→ Plauen/Marieney/SN). Wohnung: Markt 98, Gedenkstein unterhalb der Burg. – **Paul Fleming** (→ Zwickau/Hartenstein/SN) hielt sich 1633 auf dem erhaltenen Gut **Sahlis** (heute Kohren-S.) bei der adligen Familie von Löser auf. Auf diesem Gut lebte 1887-1920 mit Unterbrechungen **Börries von Münchhausen** (→ Hildesheim/NI). Über die sehenswerte Anlage: »Park im Frühlingsregen« (G. 1904). – Im Park des nahen Rittergutes **Rüdigsdorf** ein 1829 erbauter Gartensalon, der von M. von Schwind 1838 ausgemalt wurde. 1760 soll **Christian Fürchtegott Gellert** (→ Mittweida/Hainichen/SN) Besucher in R. gewesen sein, später war **Ludwig Richter** (→ Dresden/SN) da.

Geithain

Heimatmuseum. – Aus Osse bei G. stammt **Melchior Osse** (1506-57), dessen »Politisches Testament« (1556, gedr. 1607) den Kameralismus in Dtl. begründete und die Obrigkeit zum Wohl der Menschen verpflichtete. – G.er war **Benjamin Hederich** (1675-1748/→ Großenhain/SN), dessen »Gründliches Lexicon Mythologicum« (1724, Ndr. 1986) alle nachfolgenden Nachschlagewerke beeinflusste.

Groitzsch

Heimatmuseum. – Am G.er Stadtturm beginnt der 7 km lange Ulrike-von-Levetzow-Wanderweg. Er führt durch das Pfarrholz entlang der Schwennigke nach **Löbnitz** (L.-Bennewitz), wo Ulrike von Levetzow (1804-99) geboren wurde. Gedenkstein vor dem umgebauten Herrenhaus (Nr. 37). Goethe (→ Frankfurt a. M./HE) hielt 1823 in Marienbad um L.s Hand an, wurde aber enttäuscht (»Marienbader Elegie«, 1823).

Pegau

Geburtsort des Malers Ferdinand von Rayski (1806-90) und des Historikers Hans Patze (1919-95), der sich als Prof. um die Erschließung der mitteldt. Geschichte bemühte.

Johann Schilter, * 29. 8. 1632 P., † 14. 5. 1705 Straßburg, Rechtshistoriker und Philologe. Veröffentlichte erstmals ma. Rechtsquellen (»Codex iuris Alemannici feudalis«, 1667, darin auch der »Sachsenspiegel«) und ma. Lit.-Denkmäler (»Thesaurus Antiquitatum Teutonicorum«, 3 Bde., Hrsg. G. Scherz 1726-28).

R Nördl. von P. **Wiederau,** Geburtsort des Leipziger Liederdichters (»O Lebensbrünnlein tief und groß«) **Johann Mühlmann** (1573-1613). »Angenehmes Wiederau, freue dich in deinen Auen . . .«, heißt es im von **Christian Friedrich Henrici** (→ Pirna/Stolpen/SN) gedichteten und von J. S. Bach vertonten Preislied (1737, BWV 30a) auf die den Ort umgebende Auenlandschaft.

B D. Bergholtz, Die Heimat der Katharina Luther. Lippendorf und Zölsdorf, 2003; D. Nowak u. a., Ulrike von Levetzow, 2004; H. Krahnstöver, A. Schwart, Sahlis & Rüdigsdorf im Kohrener Land, 2005.

Z Grimma, Leipzig, Mittweida (SN); Merseburg, Weißenfels, Zeitz (ST).

BRAKE/NI

»Unsere kleine Hafenstadt liegt, einige Stundenmärsche von der Wesermündung entfernt, unmittelbar am Strom. Sie steht auf einer blaugrauen Tonschicht, in der sich Herzmuscheln und Schilfreste finden.« (Georg von der Vring, 1955)
Schifffahrtsmuseum der Oldenburgischen Unterweserhäfen.

Georg von der Vring, * 30. 12. 1889 B. (Ehrenbürger), † zw. 28. 2. u. 1. 3. 1968 → München/BY (Freitod), »einer unserer zartesten deutschen Landschaftslyriker, Erzähler und Übersetzer dazu« (K. Krolow). 1904-10 Seminar in → Oldenburg/NI, 12-14 Kunstschule in Berlin. 1915 Soldat, nach dem Krieg Zeichenlehrer in → Jever/NI. Ab 1928 freier Schriftsteller, 30-51 in Stuttgart und → Schorndorf/Waiblingen/BW, zuletzt in München. – W.: Die Lieder 1906-56 (1956); Soldat Suhren (R. 1927); Schwarzer Jäger Johanna (R. 1934); Und wenn du willst, vergiß (R. 1950); Der Mann am Fenster (G. 1964); Gedichte und Lieder (Hrsg. B. Bondy und R. Goldschmidt, 1979). – Geburtshaus und Haus des Großvaters, in dem V. sein »Nest« hatte, Schulstraße 14 (Gedenktafel); Ehrengrab in B.-Hammelwarden (G. »Ländlicher Friedhof«). – »Ein Schattenbild der heimatlichen Landschaft« u. a. »Die Werfthäuser von Rodewarden« (R. 1938), »Die Wege tausendundein« (Aut. 1955) und das unveröff. Ms. »Meine Wälder sind nur Schilf«. – Georg von der Vring, Ausstellungskatalog BSB, 1971; D. Dasenbrock, G. v. d. V., Vier Leben in Deutschland, Biographie, 1997. – Nachlass BSB.

L Niederdeutsche Literatur (»Dat Sunnenhuus«, E. 1965) und regionalhistorische R.e (»Zwischen Himmel und Hölle«, 1949) von der in B. geborenen **Thora Thyselius** (1911-91).

Eckwarden (Butjadingen-E.)

Hinrich Jannssen, * 3. 9. 1863 B., † 8. 3. 1925 Oldenburg/NI, Lehrer, volkstümlicher Dichter und Heimatforscher. – W.: Botterblomen (G. 1905); Van use Slag (Geschn. 1906).

Rodenkirchen (Stadland-R.)

Alma Rogge, * 14. 7. 1894 R.-Brunswar-
den, † 7. 2. 1969 → Bremen-Rönnebeck,
»ein echtes Kind der oldenburgischen
Wesermarsch«, schrieb hoch- und platt-
deutsch. – W.: De Straf (Lsp. 1924); Hin-
nerk mit'n Hot (En. 1937); Hochzeit ohne
Bräutigam (R. 1952); An Deich und Strom
(Ausw. 1958). – Geburtshaus in Brunswar-
den (Einzelhof / »Die Rose von Brunswar-
den«, aut. Sk. 1965); Grab auf dem Fried-
hof von R. – Nachlass LB Oldenburg –
Th. Strahlmann, »A. R., Eine Biographie«
(1994).

R Aus **Ovelgönne** stammte – und in
Varel starb – die Lyrikerin, Erzählerin
und Übersetzerin **Hedwig Hülle** (1794-
1861), Hrsg. der Zs. »Der Bremer Jugend-
freund« (1833-37) und eines »Bremischen
Albums« (1839). – In **Butjadingen** edierte
(und schrieb fast allein) **Theodor Dirks**
(1816-1902), Organist in **Burhave** (Butja-
dingen-B.), den von K. Groth (→ Hei-
de/SH) gerühmten »Plattdütschen Klen-
ner« (Kalender, 1866-71; Ausw. 1901). –
In **Langwarden** (Butjadingen-L.) amtierte
der als Humorist lit. fruchtbare **Theodor
Christian August von Kobbe** (1798-
1845) als Pastor (»Die Zwischenahner«
1826; »Jocosus Bremanus«, 1845); in →
Jena/TH hatte er 1818 eine Begegnung
mit Goethe: »Bald glaubte ich, den Apoll
von Belvedere, bald einen Pfau, bald die
Ruinen des Heidelberger Schlosses vor
mir zu sehen.« – In »Wo sich die Elemente
berühren« (1978) erzählt **Otto Heinrich
Kühner** (→ Kassel/HE) die Geschichte
vom Pastor Thorade aus Langwarden,
der als Erster allein zu Fuß übers Watt
zum Leuchtturm **Hohe Weg** gegangen ist.

Z Bremen; Bremerhaven; Oldenburg, Varel,
Osterholz-Scharmbeck (NI).

BRANDENBURG/BB

Dommuseum (Domstift) im einstigen Chor-
herrenstift, dort die vom B.er Bildhauer A.
Wredow (1805-91) zusammengetragene Slg.
der grafischen Blätter von D. Chodowiecki,
darunter auch die berühmten Kupferstiche
zu Werken von G. E. Lessing (→ Kamenz/
SN), Goethe (→ Frankfurt a. M./HE) und F.
Schiller (→ Ludwigsburg/Marbach/BW); Mu-
seum im Frey-Haus (Slg. zur Stadtgeschichte).
– **Brandenburger Theater.** – Aus B. stammen
der Karikaturist Theodor Hosemann (1807-
85) und die Politiker Gustav Noske (1868-
1946) und Kurt von Schleicher (1882-1934).

Engelbert von Wusterwitz, * nach 1350
B., † 5. 12. 1433 ebd., Verf. einer Chronik
der Mark Brandenburg der Jahre 1391-
1425, überliefert durch P. Haffitz (→
Luckenwalde/Jüterbog/BB). – Grab in
der Katharinenkirche.

Brandenburger Osterspiel, um 1400. Das
Fragm. von 630 Versen wurde erst 1985 im
Domarchiv gefunden. Es steht inhaltlich
dem berühmteren Innsbrucker Osterspiel
nahe.

Georg Sabinus (eig. **G. Schüler**), * 23.
4. 1508 B., † 2. 12. 1560 → Frankfurt
a. d. O./BB, neulat. Dichter. Studium in
Wittenberg bei Ph. Melanchthon (→ Bret-
ten/BW), dessen Schwiegersohn er 1534
wurde. Veröffentlichte »Sechs Bücher Ele-
gien« (1530/31) sowie zahlreiche Epigram-
me.

Johann Thimotheus Hermes, * 31. 5. 1738
Petznick bei Stargard/Pommern, † 24. 7.
1821 Breslau, Erzähler. Späterer Breslauer
Superintendent. War 1764-66 an der be-
rühmten Ritterakademie auf der Domin-
sel Lehrer und schrieb hier seinen Brief-
roman »Sophiens Reise von Memel nach
Sachsen« (1769-73), der ihn berühmt
machte.

Friedrich de la Motte Fouqué, * 12. 2.
1777 B., † 23. 1. 1843 → Berlin, romant.

Schriftsteller. Entstammte einer Hugenottenfamilie und wurde auf der Dominsel als Sohn einer Offiziersfamilie (der Großvater war General Friedrichs d. Gr. und Domherr in B.) geboren. 1802-33 auf Schloss Nennhausen (→ Rathenow/BB). Aus F.s umfängl. Erzählwerk ragt die Trilogie »Der Zauberring« (3 Bde., 1813) heraus, ebenso die phantastische »Undine« (E. 1811), die E. T. A. Hoffmann (→ Berlin) als Vorlage zu seiner gleichnamigen Oper diente. Auf seine Leistung als einfühlsamer psycholog. Erzähler hat erst A. Schmidt (→ Hamburg) mit seiner großen »Fouqué«-Biografie (1958) hingewiesen. – Bronzerelief am Eingang der F.-Bibliothek, Schulstraße 7. – F.-Gesellschaft Berlin-Brandenburg.

Julius von Voß, * 24. 8. 1768 B., † 1. 11. 1832 → Berlin, Begründer der Berliner Lokalposse. Wuchs als Offizierssohn in B. und in Berlin auf. Nach der Niederlage bei Jena schrieb er die krit. »Geschichte eines bei Jena gefangenen preußischen Offiziers« (1807). Mit dem Buch »Ini. Ein Roman aus dem 21. Jahrhundert« (1810) Mitbegründer der utop. Lit. in Dtl.

Paul Mühsam, * 17. 7. 1876 B., † 11. 3. 1960 Jerusalem, Lyriker (»Sonette aus der Einsamkeit«, 1924) und Verf. von Schriften zu ethisch-religiösen Fragen (»Tao. Der Sinn des Lebens«, 1931). Seit 1933 im Exil in Palästina (»Ich bin ein Mensch gewesen. Erinnerungen«, 1989). Vetter von E. Mühsam (→ Berlin).

A **Andreas Heinrich Buchholtz** (→ Helmstedt/Schöningen/NI) lebte 1622-24 bei der Großmutter in B. – **Balthasar Kindermann** (→ Zittau/SN) war 1659-67 Rektor in B. – **Carl Sternheim** (→ Leipzig/SN) trat am 1. 10. 1902 als »Einjährig Freiwilliger« in ein B.er Kürassierregiment ein und wurde schon 03 als »dauernd untauglich« entlassen. – **Rudolf Petershagen** (→ Greifswald/MV) diente 1935-38 in der Garnison von B. Wohnung: Fouquéstraße 5. – **Otto Bernhard Wendler** (→ Burg/ST) kam als 5-Jähriger mit seinen Eltern nach B., wo er Lehrer wurde. In B. entstand das Antikriegsbuch »Soldat Marien« (1929). – Im nahen **Radewege** lebte von 1958 bis zu seinem Tod 85 **Karl Neumann** (→ Delitzsch/Eilenburg/SN). Alle seine in der DDR vielgelesenen Kinderbücher entstanden hier.

E **Zuchthaus Brandenburg-Görden.** »Das hochberüchtigte Zuchthaus steht noch, wo es stand, und ist noch in Betrieb, wenn man das so ausdrücken darf« (Hans Scholz, 1973). Ein Symbol für die NS-Schreckensherrschaft. Dem hier Ende 1939 eingesetzten »Reichsausschuß zur wiss. Erfassung erb- und anlagebedingter schwerer Leiden« (sog. »Kinder-Euthanasie«) fielen bis 1944 5000 Minderjährige zum Opfer. Am 26. 4. 1943 starb im Zuchthaus an Tuberkulose der 1941 in Frankreich in Gestapohaft geratene Johannes Wüsten, am 18. 11. 1944 Carlhans Sternheim (geb. 1901), der Sohn des berühmten Dramatikers. 1937-45 war in B. der kommunist. Jugendfunktionär Erich Honecker inhaftiert. Robert Havemann saß 1943-45 in B. als Mitglied einer Widerstandsgruppe in der Todeszelle, erhielt aber Vollstreckungsaufschub, da er für das Heereswaffenamt in einem im Zuchthaus eingerichteten Labor forschen sollte. Zur DDR-Zeit saß 1955-63 der Journalist und Heimatdichter Alfred Mokry (1909-93) ein, weil er seit 53 für den amerikan. Sender Rias Berichte und Kommentare geschrieben hatte. Dass er in der Haft Schreiberlaubnis erhielt, hatte er Peter Huchel zu verdanken.

L Widukind von Corvey (→ Höxter/NW) berichtet über den Krieg Heinrichs I. mit den slaw. Hevellern und wie er »die Stadt Brennaburg durch Hunger, Schwert und Kälte« eroberte. 948 wurde das Bistum B. gegründet. 983 eroberten die Slawen, wovon **Thietmar** (→ Merseburg/ST) schreibt, die Stadt zurück, bis sie im Juni 1157 von Albrecht dem Bären wieder eingenommen und kolonisiert wurde. Darüber bei Helmold (→ Eutin/Bosau/SH) in der »Chronica Slaworum«, auch bei **Theo-**

dor Fontane (→ Neuruppin/BB) in dem Aufsatz »Die Wenden in der Mark« (1862). – Der Askanier **Otto IV.**, **mit dem Pfeile** (um 1238-1308), »wahrscheinlich der einzige Minnesänger, dessen wir Märker uns rühmen können« (G. Lentz), regierte 1266 bis 1309, als die Mark die erste kult. Blüte erlebte. Als einer der wenigen norddt. Dichter fand er mit sieben Minneliedern Aufnahme in der »Großen Heidelberger Liederhandschrift«. Sein Bild zeigt ihn als Schachspieler. Minnesänger priesen den Brandenburger Hof, darunter **Tannhäuser** (→ Neumarkt/Thannhausen/BY): »Von Brandenburk der hof stet wol.« **Th. Fontane** 1888 an den Verleger Hermann Wiesike in B.: »Zu einem auch nur leidlich gründlichen Studium der einst wichtigsten Stadt des Landes bin ich nie gekommen.« In dem nachgeschickten Bd. »Fünf Schlösser« (1888) aber nimmt das heute zu B. gehörende **Plaue** über 50 Seiten ein, war doch das dortige Schloss einer der Sitze der Quitzows. – Dem Schloss gegenüber wohnte der Schopenhauer-Enthusiast Carl Ferdinand Wiesike, den F. mehrmals besuchte und dem er im Herbst 1880 einen Nachruf schrieb. – Fritze Bollmann (1852-1901), der »Barbier aus Brandenburch«, war schon zu Lebzeiten legendenumwoben, seine »schaurig-traurige« Geschichte lebt im Bollmann-Lied weiter: »Fritze Bollmann wollte angeln,/und da fiel de Angel rin./Fritze Bollmann wollt 'se langen,/doch da fiel er hinterdrin.« In der B.er Hauptstraße der F.-B.-Brunnen (1924). Über das Original auch J. Seyppel (»Die Streusandbüchse«, 1990) und G. Bellmann (»Märkische Dichterwege«, 1995). – **Werner Bergengruen** (→ Baden-Baden/BW) begann 1933 seine »Deutsche Reise« in B.: »Ein Stück der brandenburgischen Stadtseele spricht sehr vernehmlich aus der Lage im See- und Flußland, ein anderes aus den Bauten der Vergangenheit.« – Carl Zuckmayers (→ Mainz/RP) im Militär angesiedelte »Liebesgeschichte« (1933) spielt in B. – Der aus Guben stammende **Otto Tschirch** (1858-1941) schrieb »Bilder aus der Geschichte der Stadt Brandenburg« (1911) und eine »Geschichte der Chur- und Hauptstadt Brandenburg an der Havel« (2 Bde., 1928). – Die aus Berlin stammende **Maria Langner** (1901-67) verfasste mit programmatischem Anspruch einen Roman über den Aufbau des B.er Stahlwerkes (»Stahl«, 1952).

B H. Scholz, »Stahl aus Brandenburg« u. a. in: Wanderungen und Fahrten in der Mark Brandenburg, Bd. 4, 1977.

Z Belzig, Potsdam, Rathenow (BB); Burg (ST).

BRAUNSCHWEIG/NI

»Braunschweig ist massiv. Früher war es die Hauptstadt des deutschen Nordens, der Mittelpunkt des Verkehrs, eine rauhe, starke Stimme unter den deutschen Reichsstädten.« (Heinrich Laube, 1847)

Seit 1745 Collegium Carolinum, aus dem sich die Techn. Universität, Carolo-Wilhelmina, entwickelte; Georg-Eckert-Institut für intern. Schulbuchforschung; Hochschule für Bildende Künste. – Universitätsbibliothek (Märchen- und Kinderbücher, ehem. Kollegiumsbibliothek). – Braunschweig. Landesmuseum für Gesch. und Volkskunde (Ostfäl. Wörterbucharchiv, Autographen), Herzog Anton Ulrich-Museum (mit Burg Dankwarderode), Städt. Museum (Porträtslg.), Naturhist. Museum, Grammophon-Museum, Museum für Photographie, Jüdisches Museum u. Synagoge. – Staatstheater (Großes Haus, Kleines Haus); Niederdeutsche Bühne. – 5 Traditionsinseln in der Innenstadt mit hist. Baudenkmälern, Museen und lit. Erinnerungsstätten. – Norddt. Theatertreffen.

Aus B. stammen der Mathematiker und Physiker Carl Friedrich Gauß (1777-1855), der Publizist und Geograph Karl Andree (1808-75), der Historiker Hermann Baumgarten (1825-93) und der Philologe Georg Baesecke (1876-1951).

Till Eulenspiegel (→ Wolfenbüttel/Schöppenstedt-K./NI) soll laut Volksbuch im »Flohwinkel« die sprichwörtl. »Eulen und Meerkatzen« gebacken haben, die noch heute als Souvenirs verkauft werden. – E.-Brunnen am Bäckerklint.

Andreas Heinrich Buchholtz, * 25. 11. 1607 Schöningen (→ Helmstedt/NI), † 20. 5. 1671 B., seit 1663 Superintendent in B., im Alter Autor von Heldenromanen (»Teutscher Herkules« 1659) und Lehrgedichten.

Johann Joachim Christoph Bode (eig. **Johann Conrad Urban**), * 12. 1. 1730 B., † 13. 12. 1793 Weimar. Aus ärmlichen Verhältnissen stammend, gelang B. der Aufstieg in die Bürgerwelt → Hamburgs, wo er als Verleger, Publizist und Mitarbeiter Lessings Erfolg hatte.

August Heinrich Julius Lafontaine, * 5. 10. 1758 B., † 20. 4. 1831 → Halle/ST, der Modeerzähler (über 160 Bde.) seiner Zeit, von den Kritikern der Zunft arg verspottet, von seiner Leserschaft abgöttisch geliebt. – Seinen Ruf verdankt er v. a. zwei Romanen: »Klara du Plessis und Klairant« (1794) und »Die Familie Saint Julien« (1798).

Gotthold Ephraim Lessing (→ Kamenz/SN) kam von Wolfenbüttel aus oft nach B., wo 1772 im Opernhaus am Hagenmarkt seine »Emilia Galotti« uraufgeführt wurde. Er starb am 15. 2. 1781 während eines Besuches in B. – Grab auf dem Magnifriedhof: »Um Lessings Grab in Braunschweig haben sie freien Raum gelassen. Kein Stein, kein Nichts liegt drauf. Das kommt mir recht groß vor« schrieb C. F. Zelter (→ Berlin) an Goethe. Gedenkstein von 1873 mit Bildnis nach der Totenmaske, lit. Darstellung in G. O. Cotts E. »Lessings Grab« (1997), V. Braun schrieb das G. »Lessings Tod« (in: »Der Stoff zum Leben«, 1990). Denkmal auf dem L.-Platz.

Johann Anton Leisewitz (→ Hannover/NI) kam 1775 als Anwalt nach B., reformierte das Armenwesen und starb hier am 10. 9. 1806. – Grab auf dem ehem. Martini-Friedhof.

Ernst August Friedrich Klingemann, * 31.

Braunschweig: Lessings Grab auf dem Magnifriedhof mit dem Besucher Georg Oswald Cott, Verfasser der Erzählung »Lessings Grab«

8. 1777 B., † 25. 1. 1831 ebd., »... zwar nicht Deutschlands bester Dichter, aber Deutschlands bester Theaterdirektor« (H. Laube). Schuf 1818 das »B.er Nationaltheater« und inszenierte dort 1829 die erste öffentl. Aufführung von Goethes »Faust I«. – Nach neuesten Forschungen Verfasser der »Nachtwachen. Von Bonaventura« (1804, auf 05 vordatiert/→ Bamberg/BY). – Grab auf dem Domfriedhof.

Franz Horn, * 30. 7. 1781 B., † 19. 7. 1837 Berlin, Erzähler, von Heine verspottet, schwankt sein Werk (»Guiskardo«, 1801; »Novellen«, 1819/20) zwischen tiefer Gläubigkeit und Nationalismus. Grab auf dem Dorotheenstädtischen Friedhof Berlin.

Joachim Heinrich Campe (→ Holzminden/Deensen/NI) war 1786-1805 Schul-

rat in B. und reformierte das Schulwesen.
Goethe (→ Frankfurt a. M./HE) lobte
den Pädagogen: »Er hat den Kindern un-
glaubliche Dienste geleistet; er ist ihr Ent-
zücken und sozusagen ihr Evangelium«,
nannte ihn jedoch wegen seiner lit. Beflis-
senheit »das Waschweib von der Oker«.
1787 Gründung einer Buchhandlung,
die F. Vieweg, C.s Schwiegersohn, zu ei-
nem bedeutenden Verlag ausbaute (ehem.
Verlagshaus am Burgplatz). Tod am 22.
10. 1818; Grab (jetzt) auf dem Magnifried-
hof.

*Braunschweig: Wilhelm Raabes Arbeitszimmer
in der Leonhardstraße 29a*

Karl Lachmann, * 4. 3. 1793 B., † 13. 3.
1851 Berlin. »Er war zum Herausgeber
geboren« (J. Grimm), Mitbegründer der
Germanistik. Studium in Leipzig und
Göttingen, Prof. in Königsberg, seit 1825
in Berlin. – Krit. Ausgg. von ma. Texten:
»Der Nibelungen Not mit der Klage«, Wal-
ther v. d. Vogelweide, Wolfram v. Eschen-
bach, »Des Minnesangs Frühling« u. a.

Wolfgang Robert Griepenkerl, * 4. 5.
1810 Hofwiel b. Bern, † 16. 10. 1886 B.,
kraftgenial. Dramatiker. Musiklehrer und
-kritiker in B. – W.: Maximilian Robbes-
pierre (Tr. 1851); Auf St. Helena (Dr.
1859). Ausgew. Werke (Hrsg. H. Ame-
lung, 1921). – Slg. StB B.

Friedrich Friedrich, * 2. 5. 1828 Groß-Vahl-
berg bei B., † 13. 4. 1890 Plauen. Der Er-
zähler, der sich als Vorsitzender des Leipzi-
ger Schriftstellervereins für die Belange
der Autoren einsetzte, verfasste Kriminal-
geschichten (»Nemesis«, 1867) und Zeit-
romane, die u. a. in der »Gartenlaube« ab-
gedruckt wurden; seine Frau schrieb unter
dem Ps. **Emmy von Rhoden** den »Trotz-
kopf« (1885).

Friedrich Gerstäcker (→ Hamburg) ließ
sich 1869 in B. nieder; gest. am 31. 5.
1872. – Wohnung Ecke Adolf-/Kurt-
Schumacher-Straße (Gedenktafel); Grab
auf dem Magnifriedhof, F.-G.-Museum,
Nachlass StA B. – G.-Gesellschaft (seit

1979, »Mitteilungen« und »Beiträge«), F.-
G.-Preis.

Wilhelm Raabe (→ Holzminden/Eschers-
hausen/NI) wohnte seit Juli 1870 in B., im
Südosten der Stadt, dem sog. Krähenfeld,
das er 1879 als Titel für einen Erzählzyklus
wählte. Er starb am 15. 11. 1910 (Ehren-
bürger). Mitglied und Mittelpunkt gesel-
liger Vereinigungen: »Klub der Buern im
Kreienfelde«, »Die Kleiderseller« (Zusam-
menkünfte u. a. im »Grünen Jäger« in B.-
Riddagshausen/R.-Zimmer, und im »Gro-
ßen Weghaus« in → B.-Stöckheim), »Der
Feuchte Pinsel«. In den letzten Lebensjah-
ren beliebter Treffpunkt auch »Herbst's
Weinstube« (die heute nicht mehr besteht)
in der Friedrich-Wilhelm-Straße, wo R.
im Winter 1907/08 mit D. v. Liliencron
(→ Kiel/SH) zusammenkam. Herbst
1909 Besuch von H. Hesse (→ Calw/
BW, »Besuch bei einem Dichter«, 1933,
n. 1956). – Grab auf dem Hauptfriedhof;
Raabe-Haus Leonhardstr 29 a: Gedenk-
stätte (letzte Wohnung R.s mit Arbeits-
zimmer, Bibliothek und Nachlass; Sitz
der W.-R.-Forschungsstelle, Veranstaltun-
gen); Porträt im Städt. Museum. – Raa-
be-Gesellschaft e. V. (Jb.), W.-R. Literatur-
preis.

Rudolf Huch (→ Goslar/Bad Harzburg/
NI) lebte seit 1864 in B. Hier fand H.
»die Motive der schmerzlich-satirischen

Darstellungen seines 1895 erschienenen Buches ›Aus dem Tagebuch eine Höhlenmolches‹, und auch seine Lebenserinnerungen (›Mein Weg‹, 1937) zeichnen ein Zeitbild des Braunschweiger fin de siècle« (I. Seidel). – Grab auf dem Hauptfriedhof.

Ricarda Huch, * 18. 6. 1864 B., † 17. 11. 1947 → Schönberg (Bad Homburg v. d. Höhe/HE), neuromant. Erzählerin und Lyrikerin in trad. Formen, bedeutende Kultur- und Lit.-Historikerin. Schwester von Rudolf H., Schulbesuch in B., Studium und Promotion zum Dr. phil. (als eine der ersten Frauen) in Zürich, anschl. Lehrerin. Seit 1900 in → München/BY, 1907 wieder in B. Zahlreiche Aufenthalte in Italien; ab 1927 u. a. in → Berlin und → Heidelberg/BW. 1933 demonstrativer Austritt aus der Preuß. Akademie der Künste. Grab in → Frankfurt a. M./HE. – W.: Gedichte (1894); Erzählungen (1897); Vita somnium breve (R. 1903, u. d. T. »Michael Unger« 1913); Die Romantik (1908); Der Große Krieg in Deutschland (1912-14); Im alten Reich (1927, auch über B.). Der lautlose Aufstand (Ber. 1953); Ges. Werke (Hrsg. W. Emrich, 1966 ff.); Erinnerungen an das eigene Leben, darin über Braunschweig v. a. »Kindheit und frühe Jugend« und »Braunschweig in meiner Kinderzeit« (1974, 80). – Nachlass-Slg. DLA Marbach, R.-H.-Gesellschaft e. V. – A. Gabrisch, »In den Abgrund werf ich meine Seele. Die Liebesgeschichte von Ricarda und Richard Huch« (Biographie, 2000).

Friedrich Huch, * 19. 6. 1873 B., † 12. 5. 1913 → München/BY, psycholog. Erzähler des Impressionismus. Enkel F. Gerstäckers, Vetter von Ricarda und Rudolf H. – W.: Geschwister (R. 1903); Pitt und Fox (R. 1909); Enzio (R. 1911). Ges. Werke (Einl. Th. Mann, 1925). – Urne im Grab seines Großvaters F. Gerstä-

cker auf dem Magnifriedhof. – Nachlass StA B.

Felix Huch, * 6. 9. 1890 B., † 6. 7. 1952 Tutzing (→ Starnberg/BY), Erzähler und Verfasser biogr. Musikerromane. Bruder von Friedrich H., lebte als Arzt in → Würzburg/BY und Bad Godesberg. – W.: Der junge Beethoven (R. 1927); Mozart (R. 1941); Dresdener Capriccio (Gerstäcker-R., 1948).

Ina Seidel (→ Starnberg/BY) kam 1886 nach B. und verbrachte hier die ersten zehn Lebensjahre, »im Zauberkreis dieser alten Stadt«, wo sich »alte und neue Zeit in einer Harmonie durchdrangen, wie ich es nirgend woanders in Deutschland angetroffen zu haben meine« (»Die Städte meiner Jugend«, 1960).

Willy Seidel, * 15. 1. 1887 B., † 29. 12. 1934 → München/BY, phantast. humorvoller Erzähler. Bruder von Ina S., die in ihren Erinnerungsbüchern (so 1970 in »Lebensbericht 1885-1923«) von ihrer gemeinsamen Kindheit in B. (u. a. in der Adolfstraße 54) erzählt. Viel auf Reisen. – W.: Der Buschkahn (R. 1921); Alarm im Jenseits (Nn. 1927); Jossa und die Junggesellen (R. 1930). – Nachlass DLA Marbach.

Konrad Beste, * 15. 4. 1890 Wendeburg bei B., † 24. 12. 1958 Stadtoldendorf (→ Holzminden/NI), Verfasser idyllisierender Heimatromane (»Löhnefink«-Trilogie) mit hohen Auflagen.

Werner Kraft, * 4. 5. 1896 B., † 14. 6. 1991 Jerusalem, Erzähler, Literaturwissenschaftler. Kindheit und Jugend in Hannover/NI, dort auch Bibliotheksrat. 1933 Emigration, ab 1940 in Jerusalem. – W.: Franz Kafka. Durchdringung und Geheimnis (1968); Spiegelung der Jugend (Aut. 1973); Rebellen des Geistes (Ess. 1968). W. K., Briefe, Gedichte, Prosa, Tagebuchauszüge (Hrsg. J. Drews, 2 Bde. 1996); Zwischen Jerusalem und Hannover. Die Briefe an Curt Ochwadt (Hrsg. U. Breden/C. Ochwadt, 2004). – »Als ob er noch lebte ...« in memoriam W. K. (in: die horen 181/ 1996).

A Eine wiss. Hypothese nimmt **Hermann Bote**, 1493-1502 B.er Zollschreiber, als Verfasser des Volksbuches von Till Eulenspiegel an; sicher ist, dass von B. das »Schichtboick«, eines der wesentl. Denkmäler dt. Städtelebens im MA, stammt. – **Johannes Agricola** (→ Eisleben/ST) war 1514-15 Lehrer in Braunschweig. – Der Kirchenhistoriker **Johann Arndt** wurde 1599 an die Martinikirche berufen, sein Werk »Vom wahren Christentumb« war ein großer lit. Erfolg. – Herzog **Anton Ulrich** (→ Wolfenbüttel/NI), Mäzen der Wandertruppen, ließ das 1690 am Hagenmarkt eröffnete Opernhaus bauen, die erste stehende Bühne Deutschlands (Herzog A. U.-Museum, hervorgegangen aus der fürstl. Gemäldegalerie). – In B. seit 1748 **Justus Friedrich Wilhelm Zachariae** (→ Bad Frankenhausen/TH) als Lehrer am Carolinum, am B.er Hof wirkte seit 1742 als Prinzenerzieher der Theologe und Pädagoge **Johann Friedrich Wilhelm Jerusalem** (1709-89), Vater des »Werther«-Modells Karl Wilhelm J. (→ Wolfenbüttel/NI). (Dazu **James Boswell** im August 1764: ». . . jeder Rang hat seine Plage«. Gedenktafel am Wohnhaus.) Seine Tochter **Friederike Magdalene J.** (1750-1836) stand als Lyrikerin dem Göttinger Hainbund nahe (»An Höltys Schatten« in: Musenalmanach 1785). J. F. W. Jerusalem reorganisierte das Schulwesen und begründete 1775 das Collegium Carolinum. An dieses Collegium kam 1777 als Prof. für Lit.-Wiss. **Johann Joachim Eschenburg** (1743-1820), Freund G. E. Lessings, Dramatiker und bedeutender Shakespeare-Übersetzer. **Goethe** (→ Frankfurt/HE) kam 1784 mit seinem Herzog nach B, wo er »einige schöne Operetten« hörte. – 1795 starb in B. der Lyriker **Johann Arnold**

Ebert (geb. 1723 Hamburg), der Freund → Lessings und Klopstocks (→ Quedlinburg/ST), hatte u. a. Edward Youngs »Nachtgedanken« übersetzt. – In der Katharinenkirche wurden am 1. April 1796 **August Wilhelm Schlegel** (→ Hannover/ NI) und **Caroline Böhmer** (später **von Schelling**/→ Göttingen/NI) getraut. 1815 marschierte **Willibald Alexis** (→ Berlin) als Kriegsfreiwilliger durch B.: »Wie hatte ich mich gefreut auf Heinrich des Löwen Fußstapfen« (»Eine Jugend in Preußen«, Erinn. 1837-46). Vor 1816 ging **Hoffmann von Fallersleben** (→ Wolfsburg/NI) in Braunschweig auf das Gymnasium. – Der Dramatiker und Publizist **Gustav Bacherer** (1813-50) lebte von 1840-48 in B., wo er als Redakteur der »Morgenzeitung« arbeitete. – Über ein Jahr verbrachte der frz. Schriftsteller **Stendhal** in B. und dem benachbarten Wolfenbüttel, er berichtet ausführlich und bissig in seinem Tagebuch von 1808 über diese Zeit (Darstellung bei M. Neumann, »Stendhals Deutschland – Impressionen über Land und Leute«, 2001). – Im September 1813 kam **Benjamin Constant** und notierte, angesichts der pol.-militärischen Ereignisse, in seinem Tagebuch: »Wenn ich mich wieder ins tätige Leben stürzen will, ist jetzt der Augenblick da.« 1886 verlebte **Theodor Storm** (→ Husum/SH) beim Verleger Georg Westermann »in dem prächtigen Hause« Löwenwall 6 »angenehme Stunden«. 1936 besichtigte **Samuel Beckett** Braunschweig, Tagebucheinträge zum Herzog Anton Ulrich-Museum, zum Dom und zur Burg (»klägliche Pseudoromantik«). – Die Lyrikerin und Jugendbuchautorin **Ilona Bodden** (1940-85; → Hildesheim/ NI) wuchs in B. auf.

L B.er Geschichte in Romanen: Der Löwenanteil – »Ein Welfe bewegt die Geschichte«

(**Paul Barz**, 1977) – fällt auf Heinrich den Löwen, von der pro-welfischen **Braunschweigischen Reimchronik** (vor 1400) über **Heinrich Gödings** Volksbuch (1585) und **Paul Ernsts** (→ Clausthal-Zellerfeld/NI) »Kaiserbuch« bis zu den reichsideolog. Romanen der 20er und 30er Jahre des 20. Jh.s, wie **Mirko Jelusichs** »Löwe« (1936); Sagen (auch Georg Klee über »Thedel von Wallmoden«/→ Goslar/NI) bereits in **Heinrich Büntings** »Chronica« (1568). – **Hermann von Maltitz** (→ Hannover/NI), »Der braunschweigische Hof und Abt Jerusalem« (1863); **Werner von der Schulenburg** (→ Pinneberg/SH), »Stechinelli« (1911); **Georg von der Vring** (→ Brake/NI), »Schwarzer Jäger Johanna« (1934). – »Anton Reiser«, Titelfigur des gleichnamigen Romans von **Karl Philipp Moritz** (1785-90/→ Hameln/NI), macht Station in B., das auch **Adolf von Knigge** (→ Hannover/Bredenbeck/NI) in seiner »Reise nach Braunschweig« (1792) schildert.

Erinnerungen und Skizzen: **Fritz Reuter** (→ Demmin/Stavenhagen/MV) schrieb »Die Reise nach Braunschweig« (1820) im Alter von zehn Jahren. 1858 Erinn. von **Otto von Heinemann** (→ Helmstedt/NI) in »Das Königreich Hannover und das Herzogtum Braunschweig«, 1924 von W. Raabes Biograph **Wilhelm Brandes** (1854-1928), 1931 von **Ernst Sander** (1898-1976), Erzähler und meisterhafter Übersetzer, 1955 von **Horst Mönnich**, 1972 von **Karl Krolow**, 1973 von **Hans-Heinrich Welchert**, 1975 von **Gustav Faber** »Denk ich an Deutschland...«. – **Adam Seides** (→ Hannover/NI) E. »Die braunschweigische Johanna« (1986; Theaterstück 1999) handelt von einem Todesurteil gegen eine 17-Jährige aus dem Magni-Viertel im Jahre 1944. **Uwe Friesels** Jugenderinn. an die Nachkriegszeit im Flieger- und Malerviertel u. d. T. »Cadbury und schwebende Klaviere« (in: »Braunschweig zu Fuß«, Anth. 1991). Kriminalromane im B.er Milieu schreibt **Burkhard Ziebolz** (»Morgensterns Erkenntnis«, »Riesen und Zwerge«).

S Universitätsbibliothek der TU, 1 319 000 Bde., 2700 Zss; **Stadtbibliothek:** rd. 400 000 Bde., 3800 Hss. (Fragm. der Alkuin-Bibel; Weltchronik von H. Bote), Inkunabeln (3 Ablassbriefe von 1454), Nachlässe und Mss. (u. a. von J. A. Leisewitz, F. Gerstäcker, W. Raabe, R. u. F. Huch). Sonderslgg. u. a. Braunschweig-Lit., Niederdt. Lit. – **Literaturbüro** B., **Raabe-Haus-Literaturzentrum B.**, **Literarische Vereinigung** B. – **Wilhelm-Raabe-Preis** der Stadt B. (seit 1944). Zur Preisgeschichte: »Rainald Goetz trifft Wilhelm Raabe« (Hrsg. H. Winkels, 2001 ff.; K. Tantow-Jung, »Sieh nach den Sternen, gib acht auf die Gassen – Die Geschichte des W.-R.-Preises und seiner Preisträger« (2003); **Friedrich-Gerstäcker-Preis** der Stadt B. für Jugendliteratur (seit 1947); **Georg-Mackensen-Lit.-Preis** (seit 1960) – »**Griffel**« – Magazin für Literatur und Kritik.

R Auf der Traditionsinsel »Dom« B.s Wahrzeichen: Der Burglöwe (Kopie), Symbol Heinrichs des Löwen, die erste monumentale Freifigur des MAs (1166), Original im Vieweg-Haus. Seit je viel bestaunt und bedichtet: ». . . dem geht kein kundger Wandrer/gedankenlos vorbei«, heißt es bei **Friedrich Wilhelm Rogge** (→ Lüneburg/NI); ». . . schaut ziemlich plump aus Olims Zeiten herüber«, so 1805 **Joseph von Eichendorff**; »selten wird man ein Tier sehen, das im Nachbild zugleich so sehr Natur so sehr Geschichte, so sehr äußere Gestalt und so sehr reines Sinnbild ist« – 1950 **Konrad Weiß** (→ Schwäbisch Hall/Michelbach a. d. Bilz/BW). – Nahe der Stadt und doch schon ländlich: **Riddagshausen** (Braunschweig-R.), mit altem Zisterzienserkloster, dem der Abt **J. F. W. Jerusalem** vorstand. Dort wurde er auch begraben (Gedenkstein im Hohen Chor der Klosterkirche). **Uwe Timm** schrieb das Gedicht »Wolfenbütteler Straße« (in: »Zeit-Gedichte«, 1977) über Jugendjahre in R. – Mit seinen Freunden (u. a. **J. F. W. Zachariae, Johann Joachim Eschenburg, Johann Anton Leisewitz** und **J. F. W. Jerusalem**) traf sich **Gotthold Ephraim Lessing** häufig im Großen Weghaus in **Stöckheim** (Braunschweig-St.). Zachariae heiratete 1773 die Tochter des Weghauswirtes. Seit 1892 tagten dort im Eckzimmer »Die Kleiderseller«, deren Mittelpunkt **Wilhelm Raabe** war. Das alte Gebäude hat R. wohl als Urbild des »Riedhorns« im »Wunnigel« (1878) gedient (Gedenktafel).

B Th. Voges, Sagen aus dem Lande B., 1895, n. 1976; W. Brandes, Braunschweigs Anteil an der Entwicklung der deutschen Literatur, 1924; R. Guddas, Die Stadt Braunschweig in literarischen Zeugnissen, 1979; D. Klein (Hrsg.), B. Ein Lesebuch. 1987; G. Biegel, 300 Jahre Theater in B., (Katalog) 1990; G. Biegel (Hrsg.). Lessing in B. und Wolfenbüttel, 1997; P. Johanek, Orte der Erinnerung, 1996; K. Tantow-Jung (Hrsg.), Braunschweiger Lesebuch, 2008.

Z Gifhorn, Helmstedt, Hildesheim, Peine, Wolfenbüttel, Wolfsburg, Fallersleben (alle NI).

BREISACH AM RHEIN/BW

Museum für Stadtgeschichte. – B.er Festspiele (im Sommer).
L Der Minnesänger **Walther von Breisach** (um 1266) dürfte hier zu Hause gewesen sein. – Martin Schongauer, der Maler, erscheint u. a. in der Erzählung »Das jüngste Gericht von Breisach« (1937) von **Ludwig Mathar** (→ Monschau/NW); der Landvogt Peter v. Hagenbach, 1474 in B. hingerichtet, in dem gleichnamigen Freilichtspiel (1924) von **Wilhelm Fladt** (1876-1941), das mit F.s »Bauernkrieg« (1925) lange auf dem Programm der hist. Festspiele auf dem Münsterplatz stand. – Sagen und Legenden (u. a. von Hans Liefrink/»Meister H. L.«, der den Münsteraltar geschaffen haben soll) hat **Harry Schäfer** in seinem »Breisacher Wegweiser« aufgezeichnet, andere findet man in **Hans Friedrich Blunck** (→ Hamburg) »Sagen vom Rhein« (n. 1980). Vor der Niederrimsinger Sporthalle steht Attila in figura; im alten Steinbruch, dem »Attilafelsen«, soll der Sage nach der Goldsarg des Hunnenkönigs vergraben sein. – Über die be-

rühmte Belagerung der Festung im 30-jährigen Krieg berichten **H. J. Ch. von Grimmelshausens** (→ Gelnhausen/HE) »Simplicissimus« und das Landknechtslied von der »Breisacher Buhlschaft«. – »Breisach gestern und heute« (1949) von **Franz Johannes Weinrich** (→ Lahr/BW) und »Märzfahrt nach Breisach« (in »Besinnliche Wanderfahrten«) von **Wilhelm Hausenstein** (→ Wolfach/Hornberg/BW).

Burkheim
(Vogtsburg i. Kaiserstuhl-B.)

Jörg Wickram, *um 1505 Colmar, † vor 1562 B., Regisseur und Autor von rel. Dramen und Fastnachtsspielen, Anekdoten und Schwänken (»Das Rollwagenbüchlein«, 1555). Verließ 1555 das prot. gewordene Colmar und wurde Stadtschreiber in B. – J.-W.-Stube im »Adler«.

L In »Ritter, Fürsten und Melusinen« (1978) erzählt **Robert Feger** auch vom B.er Schloss (»Türkensieger und Tokayer«) und von der Burg Sponeck (»Idyll im Auwald, betongestört«). Sponeck auch in **Hermann Eris Busses** (→ Freiburg i. Br./BW) Roman »Peter Brunnkant« (1927).

Jechtingen (Sasbach-J.)

Emil Gött, * 13. 5. 1864 J., † 13. 4. 1908 → Freiburg i. Br., neuromant. Dramatiker und Lyriker. Suchte das natürl. Leben, arbeitete als Landwirt und beschäftigte sich mit sozialen Fragen (E. Strauß beschreibt G.s Mühen in »Das Riesenspielzeug«, R. 1935). Als Dramatiker in Berlin erfolgreich. Ab 1894 Hofgut »Leinhalde« in Zähringen. – Ges. Werke (Hrsg. R. Woerner, 1911/14). – Gedenktafel am G.-Haus; E.-G.-Brunnen; Stube im »Rebstock«. – Nachlass UB und StA Freiburg i. B.

Z Emmendingen, Freiburg, Müllheim, Badenweiler (BW). Über dem Rhein, im Elsass:

Colmar, Ensisheim, Kaysersberg, Schlettstadt (Humanistenbibliothek).

BREMEN

»Wer einmal mit mir im Boot durch unsere Wasser- und Wiesenwelt fahren würde, der würde begreifen, warum ich auch heut lieber hier wohne, dichte und male als woanders. Zudem ist der geistige Begriff der ›Provinz‹ für Deutschland ebenso unerheblich wie für Italien.« (Rudolf Alexander Schröder, 1933)

Bremen: Das Haus des Schriftstellers Neander an der St. Martini-Kirche

Universität; Hochschule für gestaltende Kunst und Musik. – Staatsarchiv mit Genealogischer Bücherei. – Landesmuseum für Kunst- und Kulturgesch. (Focke-Museum/u. a. illuminierte Hss., Bucheinbände), Überseemuseum (von Peter Weiss in der »Ästhetik des Widerstands« beschrieben), Kunsthalle (u. a. illustrierte Bücher seit dem 15. Jh.), Neues Museum Weserburg, Gerhard Marcks- und Wilhelm-Wagenfeld-Haus. – Theater Bremen (am Goetheplatz), Junges Theater, Ernst Waldau Theater, freiraum-theater bremen, bremer shakespeare company, Niederdt. Theater in Walle, Packhaustheater im Schnoor. – Radio Bremen. – »Breminale«-Festival.

Bedeutendster Sammler und Mäzen Ludwig Roselius (1874-1934), Erbauer der Böttcherstraße (R.-Haus, P. Becker-Modersohn-Haus), Hrsg. der Zs. »Die Böttcherstraße« (1928-34), zus. mit dem Bildhauer B. Hoetger. (In der B.-Straße auch »Robinson-Crusoe-Haus«; Robinsons Vater stammt, D. Defoe zufolge, aus B.). – Der Historiker Ludwig Quidde aus der Georgstraße (1858-1941) erhielt 1927 den Friedensnobelpreis.

Adam von Bremen, † nach 1081, seit 1066 Domherr in B., »der erste dt. Geschichtsschreiber von Ruf« (H. Leip). Seine »Hamburger Kirchengeschichte« erschien dt. 1926.

Joachim Neander, * 1650 B., † 31. 5. 1680 ebd., rel. Lyriker, am bekanntesten »Lobe den Herrn«. Prediger an St. Martini. – »Joachimi Neandri Glaub- und Liebes-Übung« (1680). – Gedenktafel am N.-Haus (später wohnte dort F. Engels) neben der Kirche (Glockenspiel); Grab auf Kirchhof eingeebnet.

Nicolaus Meyer, * 29. 12. 1755 B., † 26. 2. 1855 Minden, Erzähler, Lyriker, als Arzt in B. tätig, später in Minden. Nach Kontakt mit Goethe (→ Weimar/TH) Briefwechsel (ca. 90 Briefe im GSA, s. a. → Bremerhaven/HB), auch mit Christiane Vulpius. – W.: Tiefurth, eine Phantasie (G. 1801); Schillers Todtenfeyer (Dr. 1806); Lenore (R. 1830).

Samuel Christian Pape, * 22. 11. 1774 B.-Lesum, † 5. 4. 1817 Nordleda (→ Cuxhaven/Otterndorf/NI), Prediger, Übersetzer, Lyriker. 1785-91 auf der B.er Domschule. – W.: Gedichte. Mit einem biograph. Vorwort von de la Motte Fouqué (1821). – A. Schmidt, »S. Ch. Pape. Vergessene Dichtung aus Moor und Heide« (in »Die Ritter vom Geist«, 1965).

Johann Georg Kohl, * 28. 4. 1808 B., † 28. 10. 1878 ebd., Schriftsteller, »der eigentliche Begründer der modernen deutschen Reisebeschreibung« (G. Demarest). Seit 1863 Stadtbibliothekar von B. Von topograph. Interesse: »Nordwestdeutsche Skizzen« (1864, n. 1990, u. a. »Das Block-

land bei B.«, »Das Teufelsmoor im Herzog-
thume B.«); »Episoden aus der Kunst- und
Kulturgeschichte B.s« (1870). – Grab auf
dem Riensberger Friedhof.
Friedrich Wagenfeld, * 3. 1. 1810 B., † 26.
8. 1846 ebd., Folklorist und Historiker,
Schriftleiter am »Bremer Unterhaltungs-
blatt«. – W.: Sanchuniathons Urgeschich-
te der Phönizier ... (1836, geistreiche lit.
Fälschung); Bremens Volkssagen (1845,
n. 1965); Die Kriegsfahrten der Bremer
(1846). – Sieben-Faulen-Brunnen in der
Böttcherstraße nach der gleichnamigen
Sage W.s., Steinbank im Bürgerpark mit
Bezug zur von W. festgehaltenen Sage
»Die Gräfin Emma und der Krüppel«.
Otto Gildemeister (Ps. **Giotto**), * 13. 3.
1823 B., † 26. 8. 1902 ebd., Senator und
(wiederholt) Bürgermeister; Publizist und
Übersetzer). Nach dem Urteil G. Bran-
des' Deutschlands größter Sprachkünstler
»nächst oder neben Paul Heyse« (→ Ber-
lin), der von G. als dem »Übersetzergil-
de-Meister« sprach. – Geburtshaus Kirch-
hof Nr. 5 hinter dem Marcusbrunnen ab-
gerissen, letzte Wohnung Rutenstraße 21;
Grab auf dem Riensberger Friedhof; Por-
trät im Rathaus. – Nachlass UB B.
Peter Johann Willatzen, * 12. 9. 1824 Sil-
berstedt (Schleswig), † 14. 12. 1899 B.,
Lyriker, Epiker. Freiheitskämpfer; volks-
tüml. seine Ballade »Des Sängers Tod«
(im »Liederbuch für Schleswig-Holsteins
Krieger«, 1850). Ab 1851 in B. – Letzte
Wohnung Humboldtstraße 59; Grab auf
dem Riensberger Friedhof.
Arthur Fitger (→ Oldenburg/Delmen-
horst/NI), Malerdichter, gest. 28. 6. 1909
in B.-Horn, erfand »Brema« (Gemälde im
Ratskeller). Epigonenhafte Poesie (»Ro-
land und Rose«, 1871) und Dramatik
(»Adalbert von Bremen«, 1873). – Grab
auf dem Riensberger Friedhof. – Slg. UB
B.
Bernhardine Schulze-Smidt, * 19. 8. 1846

Hof zur Dunge bei B., † 17. 2. 1920 B.,
volkstüml. Erzählerin. – W.: Inge von
Rantum (N. 1881); Demoiselle Engel (Alt-
bremer Hausgeschn. 1904); Die Engels-
wiege (E. aus Lilienthal, 1911). – Grab
auf dem Riensberger Friedhof.
Heinrich Bulthaupt, * 26. 10. 1849 B.,
† 20. 8. 1905 ebd., Bildungsdichter, als
Dramatiker Schiller-Epigone. – W.: Durch
Frost und Gluten (G. 1876); Dramaturgie
des Schauspiels (1880-1901). – Letzte
Wohnung Humboldtstraße 144; Grab
auf dem Riensberger Friedhof, Stein mit
Eigenzitat: »Getreu der Herrlichen, dir
o Schönheit«. – Slg. UB B.
Georg Droste, * 13. 12. 1866 B., † 17. 8.
1935 ebd., Erzähler, Klassiker des brem.
Stadt-Plattdeutsch, dessen Helden, »Kin-
ner und ole Lüde«, vorzugsweise aus der
Ostertorvorstadt kommen (Geburtshaus
Ecke Osterdeich/Reederstraße nicht er-
halten). – W.: Achtern Diek (1908); Ottjen
Alldag (R.-Tril., n. 1966, J.-G. König:
»Ein Standardwerk der plattdeutschen
Literatur«). – Letzte Wohnung (G.-D.-
Haus) Luisenstraße 11; Grab auf dem
Osterholzer Friedhof; »Ottjen-Alldag«-
Brunnen im Schnoor.
Anton Kippenberg, * 22. 5. 1874 B., † 22.
9. 1950 Luzern, Grab in → Marburg/HE;
Buchhändler, Verleger, Kritiker, Überset-
zer. Wurde 1905 Besitzer des von ihm
zur Blüte gebrachten Leipziger Insel Ver-
lags. Nach Verlust des Leipziger Hauses
(1945) Niederlassung in Marburg. Große
Goethe-Slg., heute in → Düsseldorf/NW.
Seine Frau **Katharina K.** (1876-1947),
Freundin R. M. Rilkes (→ München/
BY), trat als Essayistin und Übersetzerin
hervor. – Der Ehrenbürger B.s schrieb
u. a. »Geschichten aus einer alten Hanse-
stadt« (1933), »Aus den Lehr- und Wander-
jahren eines Verlegers« (in: Reden und
Schriften, 1952, u. a. über die Buchhand-
lung »Hampe«, Obernstraße 29) und, un-

ter dem Ps. Benno Papentrigk, Schüttelreime (1932, 37). – Verlags-Archiv und Insel-Bibliothek DLA Marbach; Insel Verlag heute in Frankfurt a. M. und Leipzig.

Wilhelm Scharrelmann, * 3. 9. 1875 B., † 18. 4. 1950 → Worpswede/NI, Erzähler. Begann mit rel. Darstellungen, schilderte später »eigenbrödlerische und kauzige Gestalten« seiner Heimat (Geburtshaus Ostertorsteinweg 4 nicht erhalten). – W.: Geschichten aus der Pickbalge (1916); Rund um St. Annen (Geschn. 1919); Täler der Jugend (R. 1919); In der Pickbalge, Roman einer deutschen Gasse (1934). – Letzte Wohnung Parkallee 27/29. – Nachlass SA B.

Rudolf Alexander Schröder, * 26. 1. 1878 B., † 22. 08. 1962 Bad Wiessee (→ Miesbach/BY), Lyriker, Erzähler, Übersetzer (Homer, Vergil, Molière, Shakespeare, Eliot); auch Maler, Graphiker, Komponist. Abitur am Alten Gymnasium in B. Nach Studienzeit in → München/BY 1899 Gründung der Zs. »Die Insel« und, 1913 in B. (hier wieder seit 1908), der »Bremer Presse« (1910-39, mit W. Wiegand und L. Wolde: die »Königin unter den deutschen Privatpressen«). Erfolgreich als (Innen-)Architekt; 1936 Übersiedlung nach Bergen (→ Traunstein/BY). – W.: Ges. Gedichte (1912); Deutsche Oden (Fragm. 1913); Mitte des Lebens (Geistl. Lieder 1930); Reden und Aufsätze (1939); Ges. Werke (1952-65); Fülle des Daseins (Ausw., Hrsg. S. Unseld, 1958); Rudolf Borchardt – R. A. S. Briefwechsel 1901-45 (2001). – Geburtshaus Ellhornstraße 19; Arbeitszimmer im Focke-Museum; Grab auf dem Riensberger Friedhof (neben A. W. Heymel). – Topograph. Spiegelungen in »Der Wanderer und die Heimat« (1931), »Aus Kindheit und Jugend« (1935) und »Unser altes Haus« (1975). – Archiv StB München. – L. Besch, »Abendstunde

mit R. A. Schröder« (1960). – Rudolf-Alexander-Schröder-Gesellschaft und Stiftung B.

Hermann Korff, * 3. 4. 1882 B., † 11. 7. 1963 → Leipzig/SN, Literaturhistoriker. Professuren in Gießen und Leipzig, Hauptwerk: Geist der Goethezeit (1923 ff.).

Ernst Rowohlt, * 23. 6. 1887 B., † 1. 12. 1960 → Hamburg, Verleger in Leipzig, → Berlin und Hamburg, 1938 aus der Reichskulturkammer ausgeschlossen. Förderer der modernen Literatur. – Wohnung der Eltern Osterdeich 58.

Tami Oelfken (auch **Gina Teelen**), * 25. 6. 1888 B.-Blumenthal, † 17. 4. 1957 → München/BY, Lyrikerin und Erzählerin (Kinderbücher). Schloss sich den Worpswedern an, gründete eine, unter Hitler aufgehobene, soz. Schule in Berlin, die sie in der Emigration weiterzuführen versuchte. 1939 Rückkehr nach Dtl. – W.: Fahrt durch das Chaos (Aut. 1945, n. 2003); Maddo Clüver (R. 1947). – Geburtshaus Landrat-Christian-Straße; Grab auf dem Friedhof Blumenthal.

Wilhelm Julius Tideman, * 12. 8. 1889 B., † 23. 4. 1949 Baden/Weser, Lyriker, auch philos. Schriften und Essays. Kindheit und Jugend Haus Windeck in B.-Grohn (»Windeck. Buch der Erinnerungen«, 1968). Regierungsrat in B. Nach Verlust der B.er Wohnung 1944 Umzug nach Baden. Grab Bremen-Waller Friedhof. – W.: F. Hebbel und die Gegenwart (Es. 1922); Geist und Schicksal. Ein Umriss (1925/26); Europäische Beschwörung (Pol. G. 1935-44, ersch. 1947) Beute des Lichts (G. 1978). – Nachlass UB B., DLA Marbach.

Josef Kastein (eig. **Julius Katzenstein**), * 6. 10. 1890 B., † 13. 6. 1946 Haifa/Israel, Romancier, Historiker. Nach Jahren in B. als Rechtsanwalt seit 1927 in Ascona, 1935 in Palästina. Der überzeugte Zionist schrieb Gedichte (»Logos und Pan«, 1918) und Prosa (»Die Brücke«, n. 1922; »Melchior«. Ein hanseatischer Kaufmannsroman, 1927); große Beachtung fand »Eine Geschichte der Juden« (1931).

Karl Lerbs, * 22. 4. 1893 B., † 27. 11. 1946 (Freitod) → Sonthofen-Tiefenbach/BY, Erzähler, Dramatiker, Sammler und Verfasser von Anekdoten, u. a.: »Der Lachende Roland« (1938), »Lachende Erben und andere Anekdoten nebst einer kleinen Naturgeschichte des Bremers« (1949); »Die besten bremischen Anekdoten« (Hrsg. J. Dierking, 1993).

Friedrich Forster (eig. **Waldfried Burggraf**), * 11. 8. 1895 B., † 1. 3. 1958 ebd., Dramatiker. 1933 Direktor des Staatsschauspiels in München, seit 1938 freier Schriftsteller in Schlehdorf (→ Bad Tölz/BY), dort auch begraben. – W.: Der Graue (Dr. 1931); Robinson soll nicht sterben (Dr. 1932, verfilmt): »Mein Vater war ein Ausländer aus Bremen« – so D. Defoe in »Robinson Crusoe« (1719).

Friedo Lampe, * 4. 12. 1899 B., † 2. 5. 1945 → Kleinmachnow/BB bei Berlin (von russ. Soldaten irrtümlich erschossen), Erzähler, »der hoch begabte und wohl bedeutendste Bremer Schriftsteller des 20. Jahrhunderts« (J.-G. König). Nach Studium Redakteur in B., Bibliothekar in → Hamburg. 1937 holte ihn E. Rowohlt als Lektor nach → Berlin; nach Gleichschaltung des Verlages entlassen. – W.: Am Rande der Nacht (R. 1933, verboten 1934, n. u. d. T. »Ratten und Schwäne« 1950; n. 1999); Septembergewitter (E. 1937, 1976 u. 2002); Von Tür zu Tür (Geschn. postum 1945, n. u. d. T. »Von Tür zu Tür« – Phantasien und Capriccios (Hrsg. J.-G. König, 2002). Das Gesamtwerk (Hrsg. J. Pfeiffer, 1955; n. 1986 mit Nachwort und Bibliographie von J. Dierking und J.-G. König). – Elternhaus Osterdeich 86. – F.-L.-Gesellschaft B. – Katalog: »Ein Autor wird wiederentdeckt« (1999).

Heinrich Schmidt-Barrien, * 19. 1. 1902 in Uthlede in der Wesermarsch, † 9. 12. 1996 in Lilienthal. Lebte in Lilienthal (→ Osterholz-Scharmbeck/NI), Verfasser von Prosa und Theaterstücken in Hoch- und Niederdeutsch, weit mehr als ein »Heimatdichter«. Ab 1932 Leiter der Kulturabtlg. der Böttcherstraße. – W.: Ihr Kleinmütigen (R. 1943); De Moorkeerl (N. 1968); Werke in 5 Bdn. (1975); Not oder Brot (1986); Aus dem alten Bremen (1990); Aus meinen Jungensjahren. Memoiren (1993).

Felix Hartlaub, * 17. 6. 1913 B., † (vermisst) Ende April 1945 → Berlin, Erzähler und Dramatiker. Im 2. Weltkrieg Sachbearbeiter bei der Abtlg. Kriegstagebuch im Führerhauptquartier. Dokumentierte geistige Auseinandersetzungen der Jugend mit dem Staat Hitlers. – W.: Das Gesamtwerk (Hrsg. G. Hartlaub, 1955); Im Sperrkreis (n. 1984); »In den eigenen Umriß gebannt«. Kriegsaufzeichnungen, literarische Fragmente und Briefe aus den Jahren 1939 bis 1945 (Hrsg. von G. L. Ewenz, 2002).

E **Bremer Stadtmusikanten**. Märchen von vier Haustieren, die auf der Wanderschaft nach B. Räuber erschrecken und vertreiben. – Wohl oriental. Ursprungs, in Dtl. seit dem 12 Jh. verbreitet, nacherzählt von H. Sachs, G. Rollenhagen und den Brüdern Grimm. Fortsetzungen von W. Scharrelmann (»Katen im Teufelsmoor« 1928, n. 1983), R. Walter, F. Forster, I. Fetscher, G. B. Fuchs und N. Born; Verse von M. Hausmann. – Bronzeplastik von G. Marcks am Rathaus (Westseite/Endpunkt der »Dt. Märchenstraße«); Fresko von M. Slevogt im Ratskeller; Kleinplastiken von B. Hoetger in der Böttcherstraße. – Überblicke bei B. Kircher u. a. (Hrsg.), »Achthundert Jahre Bremer Stadtmusikanten« (1990), und A. Röpcke u. a. (Hrsg.), »Die Stadtmusikanten in Bremen. Geschichte – Märchen – Wahrzeichen« (1993).

Bremen – ein beliebtes Motiv: Die Bremer Stadtmusikanten

A Jacob H. Lochner, Dramatiker (»Rosimunda«, 1676) und Lyriker (»Bremische Kirchengesänge«), wirkte von 1686 bis zu seinem Tode 1700 an St. Petri (Grab im Dom). – Über die schweren Jugendjahre des in der Langenstraße geborenen Verlegers Georg Joachim Göschen (1752-1828) in Bremen-Arbergen (1664-67) berichtet Karl August Böttiger (→ Reichenbach/SN) in »Literarische Zustände und Zeitgenossen« (n. 1998). Der englische Gelehrte Thomas Nugent (→ Wismar/MV) beschrieb die Stadt 1766. Helferich Peter Sturz (→ Darmstadt/HE) starb während eines Besuchs bei einem Freund in B. am 12. 11. 1779. – Johann Gottfried Seume (→ Weißenfels/ST), von hess. Werbern aufgegriffen und nach Übersee verschifft, 1783 bei der Rückkehr in B. desertiert, fiel hier preuß. Werbern in die Hände (»Mein Leben«, 1813). – Die »gute Stadt, die bisher in der literarischen Welt ein so glückliches Inkognito bewahrte,« rühmte **Johann Caspar Lavater**, 1787 von den »Dickbäuchen in B.« (so Ch. zu Stolberg) überschwänglich gefeiert: »Wahr ists, ich liebe Bremen, wie ich außer Zürich nichts liebe.« 1793 weilte er im Garten »vor dem Stein-Tor« (bei der heutigen Lübecker Straße). **Adolph Freiherr von Knigge** (→ Hannover/Bredenbeck/NI) kam 1790 als neuer Oberhauptmann der hannoverschen Enklave und erster Scholarch der Domschule nach B., wo er am 6. 5. 1796 starb. Grab im Dom (vor der Bleikammer). – **Truxi Knierim** schildert in »Annas Befreiungskrieg« (R. 1996) das Schicksal der Anna Lühring, die als »heldenmütige Bremerin« in Männerkleidung gegen Napoleon kämpfte. 1813 hielt sich auch **Karl A. Varnhagen von Ense** (→ Düsseldorf/NW) in Bremen auf (sein Bericht in den »Denkwürdigkeiten«, n. 1987); ein Denkmal für **Theodor Körner** (→ Dresden/SN) am Körnerwall. – **Friedrich Adolf Krummacher** (→ Tecklenburg/NW) war von 1824 bis zu seinem Tod 1845 Pastor an St. Ansgari (Schrift »St. Ansgar, die alte und die neue Zeit«, 1826). – »Seelig von der Vahr bis Bremen/Schwatzt' ich zu der Holden mein«: **Wilhelm Hauff** (→ Stuttgart/BW); der in Josephe Stolberg (zu Besuch in B.) unglücklich verliebte »schwäbische Musenjüngling« erlebte 1826, während einer »großen Tour«, seine »Phantasien im Bremer Ratskeller«: »Ein Gastgeschenk, wie königlicher keines/Die freundliche Bewirtung je gelohnt« (R. A. Schröder); Fresken von M. Slevogt und Relief des Dichters im H.-Saal des Rathauses. – Im September 1826, auf der Rückreise von Norderney, saß »warm und ruhig« **Heinrich Heine** (→ Düsseldorf/NW) »im guten Ratskeller« und schrieb bald darauf sein Gedicht »Im Hafen«, die Nr. XI des 2. »Nordsee«-Zyklus. Grämlich rea-

gierte er 1843 auf B., als er zur Freimarkts-
zeit am lärmerfüllten Domshof logieren
musste; im Bürgerpark die 1904 aufge-
stellte »Heine-Bank« (Nachbildung von
1989). – **A. H. Hoffmann von Fallersle-
ben** (→ Wolfsburg/Fallersleben/NI) er-
zählt in »Mein Leben« von seiner Begeg-
nung 1836 mit F. Wagenfeld, Bürgermeis-
ter J. Smidt gab ihm einen Ehrenabend
im Ratskeller – den, im gleichen Jahr,
auch **Nikolaj Gogol**, 1842 **Ludwig Uh-
land** (→ Tübingen/BW) und 1872 **Ri-
chard Wagner** (→ Bayreuth/BY) besuch-
ten. – Als kaufmänn. Volontär lebte **Fried-
rich Engels** (→ Wuppertal/NW) 1838-41
im Haus des Martini-Pastors G. Teviranus
(siehe J. Neander); vom Kontor in der Mar-
tinistraße 11 aus (heute 27, Neubau mit
alter Fassade) zeichnete er in einem Brief
die Martini-Kirche; »all die Philister vor
den Kopf zu stoßen«, frequentierte er
mit »schnurrbartsfähigen jungen Leuten«
den Ratskeller (»Über die Bremer«, n.
1966). – Während einer Deutschlandreise
war **Peter Rosegger** 1870 als »vortragender
Abenteurer« in B. und Bremerhaven; er be-
richtet darüber in »Mein Weltleben oder
Wie es dem Waldbauernbuben bei den
Stadtleuten erging« (1898). – **Hermann
Allmers** (→ Cuxhaven/Rechtenfleth/NI)
konnte 1870 schreiben: »Bremen ist längst
zu meiner städtischen Heimat gewor-
den.« Sein Freund, der pol.-satir. Lyriker
und Sozialist **Ludwig Niemann** (1865-
1919), ist heute vergessen. – 1877 war
Arthur Rimbaud in B. – 1878-80 wirkte
Peter Hille (→ Bad Driburg/Erwitzen/
NW), »der geistvollste unter allen leben-
den Poeten« (D. v. Liliencron), als Jour-
nalist in B. und schrieb den R. »Die So-
zialisten«; in der Kunsthalle Hille-Por-
trät von L. Corinth. – Dreimal, in den Jah-
ren 1880-83, machte **Theodor Fontane**
(→ Neuruppin/BB) auf dem Weg nach
Norderney Station in »Hillmanns Hotel«

(im Krieg zerstört, Neubau »Marriott«-
Hotel), das als »ein entzückendes Gast-
haus« in »Cécile« (R. 1887) beschrieben
ist.
1890/91 reist der Engländer **Henry Mon-
tagu Doughty** von Bremen nach Mecklen-
burg: »Our Wherry in Wendish Lands«
(1893, dt. Übers. u. d. T. »Mit Butler und
Bootsmann«, 2001). – 1896 kam **Ricarda
Huch** (→ Braunschweig/NI) für ein Jahr
nach B. (Wohnung Kohlhökerstraße 4).
Zu ihrem Münchner Kreis zählte (später)
auch der in B. geb. **Gerhard Ouckama
Knoop** (1861-1913), dessen Bremer Roma-
ne (u. a. »Das Element«, 1901; »Hermann
Osleb«, 1904) noch immer lesenswert
sind. – **August Freudenthal** (→ Fallingbos-
tel/NI), Hauptschriftleiter der »Bremer
Nachrichten«, starb hier am 6.8.1898;
Grab auf dem Riensberger Friedhof. –
Den Heiligabend 1898 verbrachte **Rainer
Maria Rilke** (→ München/BY) im Hause
des in Bremen geborenen **Heinrich Voge-
ler** (→ Osterholz-Scharmbeck/Worpswe-
de/NI), Schleifmühle 51, der 1905 die Gül-
denkammer des Rathauses im Jugendstil
gestaltete (Erinn. 1952). Am folgenden
Tag fuhr Rilke, dessen Porträt von Clara
Westhoff in der Kunsthalle hängt, erstmals
nach Worpswede. – **Hermann Hesse** (→
Calw/BW) machte um 1908 Urlaub in
der Heide bei Vegesack und entdeckte
die Welt »meines lieben P. Suhrkamp«
(Brief an A. Steen). – **Alfred Walter Hey-
mel** (→ Dresden/SN) lebte zu Beginn des
Jh.s in B. (Wohnungen Rembertistraße 1 a
und Kohlhökerstraße 39), Grab auf dem
Riensberger Friedhof (neben R. A. Schrö-
der), Inschrift: »Dem Meister der Freund-
schaft.« – Von 1903 bis 34 wohnte **Konrad
Weichberger** (1877-1948), Herausgeber
der B.er Literaturzeitschrift »Die Welle«
(1928/29) und Schriftsteller (Ges. Schr.
1995 ff.), in B. – Zwischen 1904 und
1906 lebte hier, als Dandy die Hansestäd-

ter provozierend, **Carl Sternheim** (→ Leipzig/SN). – 1909 besichtigte der Psychoanalytiker **Sigmund Freud** zusammen mit **C. G. Jung** (Erinnerungen, 1962) Bremen; den Bleikeller im Dom, aus dem sich noch Goethe durch N. Meyer einen Mumien-Finger schicken ließ, sah er als »Plädoyer für die gründliche Vernichtung des überflüssig gewordenen Menschen durch das Feuer« (Reisejournal). 1914 kam **Oskar Loerke** (→ Berlin).

Die große Auswandererwelle im 19. Jahrhundert führte sieben Millionen Menschen nach B. und → Bremerhaven/HB. **Arthur Holitscher** (→ München/BY) hat in »Amerika. Heute und morgen« (Reportage, 1912) im Auswandererviertel um die Bahnhofstraße über die Stunden vor der Abreise berichtet. Auch **Gerd Peter Eigner** (»Mitten entzwei«, R. 1988) schildert ein Auswandererschicksal: »Brandig« (R. 85). – In seinen »Reisebriefen eines Artisten« (1927) schrieb **Joachim Ringelnatz** (→ Wurzen/SN): »Hier gelt ich nix, und würde gern was gelten,/denn diese Stadt ist echt, und echt ist selten.« – »Eine merkwürdige Mischung aus Vornehmheit, Naivität und Selbstsicherheit«, bescheinigte **Ludwig Fulda** (→ Frankfurt a. M./HE) den Bremern, die er zwischen 1892 und 1931 wiederholt erlebte. – Der B.er Großkaufmann und Literaturwissenschaftler **Friedrich Wilhelm Oelze** (1891-1978; Wohnung Oberneulander Landstraße 70) war wichtigster Briefpartner **Gottfried Benns** (→Perleberg/Mansfeld/BB), der ihn 1951 besuchte: »Das Haus in Bremen,/das ich nun wirklich sah«; Porträt O.s bei H. D. Schäfer, »Herr Oelze aus Bremen«, 2001. – **Victor Klemperer** (→ Dresden/SN) besuchte 1929 B. (Einträge in »Tagebücher 1929-1932«, 1996), **Rolf Rübsam** dokumentiert u. d. T. »Sie lebten unter uns« (1988) und »Die Brombergers« (1991) jüdische Schicksale in B. Gedenkstein für

die Opfer der Pogromnacht des 9. 11. 1938 in der Dechanatstraße. Über das KZ-Außenlager und die Zwangsarbeit im U-Boot-Bunker B.-Farge berichtet **Raymond Portefaix** in »Die Hölle, wie Dante sie nicht vorsah« (in: Portefaix u. a., »Hortensien in Farge«, 1995). – Nach 1945 besuchte **Martin Heidegger** (→ Meßkirch/BW) mehrmals B. – **Manfred Hausmann** (→ Kassel/HE) lebte von 1950 bis zu seinem Tode im »Dyllenhof« in B.-Blumenthal (Grab Friedhof B.-Rönnebeck), **Frank Thieß** (→ Darmstadt/HE) von 1945-51 in der Oberneulander Landstraße 28. **Heinrich Hannover**, schreibender Jurist (→ Anklam/MV), wohnte seit 1954 in B. – 1960 kam **Henry Miller** mit **Ernst Rowohlt** in den Ratskeller, sein Großvater war in B. Schneider. Der Lyriker und Dramatiker **Thomas Valentin** (→ Lippstadt/NW) arbeitete 1964-66 am B.er Theater, hier wurde sein unter Schülern spielender Roman »Die Unberatenen« (1963) u. d. T. »Ich bin ein Elefant, Madame« 1965 uraufgeführt. Von 1972 bis zu seinem Tode lebte der 1936 emigrierte Sozialphilosoph **Alfred Sohn-Rethel** (1899-1990) in B., die tschechische Schriftstellerin **Libuse Moniková** (1945-98) ab 1977. – **Hans Hellmut Kirst** (geb. 15. 12. 1914 Osterode/Ostpreußen) hatte als Unterhaltungsschriftsteller mit seinen versierten Kolportageromanen, u. a. »08/15«. Die abenteuerliche Revolte des Gefreiten Asch« (1954) und »Fabrik der Offiziere« (1960), Welterfolg, »weil er damit das Gefühl einer ganzen scheußlichen Epoche auf einen Nenner brachte« (J. Kaiser), er starb am 23. 2. 1989 in B. – **Heinrich Albertz** (1915-93), Politiker, Pfarrer und Schriftsteller (»Blumen für Stukenbrock«, 1983; »Am Ende des Weges«, 1989; »Bremer Predigten« 1991) verbrachte die letzten Lebensjahre in B.-Schwachhausen.

L »O Bremen, ich muß dich nun lassen,/O du wunderschöne Stadt«, heißt es im Volkslied (»Des Knaben Wunderhorn«, 1806). »Uralte Stadt am grauen Strom« in **Rudolf Alexander Schröders** Gedicht »Bremen«. **Eulenspiegel** (→ Schöppenstedt/Kneitlingen/NI) trieb auch hier seinen Schabernack (u. a. 71. und 86. Historie). – **Bremer Beiträge** (1744-48), beim Buchhändler Saurmann in B. erschienen, hg. v. Leipziger Studenten (K. Ch. Gärtner u. a.); Mitarbeiter **Ch. F. Gellert** (→ Mittweida/Hainichen/SN) und **J. F. W. Zachariae** (→ Braunschweig/NI); **F. G. Klopstock** (→ Quedlinburg/ST) veröffentlichte 1748 hier die drei ersten Gesänge seines »Messias«. – 1783 erschienen die Reiseerfahrungen des Engländers **Thomas Lediard** (»The German Spy in familiar Letters . . .«), 1785 führte der Lebensweg des »Anton Reiser« im gleichnamigen Roman von **Karl Philipp Moritz** (→ Hameln/NI) nach B. Historische Themen aus versch. Jahrhunderten u. a. von **Hermann Eicke, Trude Wehe, Lulu von Strauß und Torney** (→ Stadthagen/Bückeburg/NI: »Lucifer«, R. 1907), **Ernst Dünzelmann** (»Aus Bremens Zopfzeit«, 1899), über den Gründer des Norddt. Lloyd, H. H. Meier, **Friedrich Lindemann** (1898-1950) in »Sohn seiner Firma« (R. 1939), von der Zeit nach 1918 **Hugo von Waldeyer-Hartz** in »Wagen und Winnen« (1927), von den Wirren nach 1945 **Waldemar Augustiny** (→ Osterholz-Scharmbeck/Worpswede/NI) in »Aber es bleibet die Liebe« (1952), dazu auch »Kriegsende in B. – Erinnerungen, Berichte, Dokumente«, Hg. v. H. Rosenberg (1995). – **Theodor Plieviers** (→ Berlin) im Bremen des Jahres 1933 spielende »Deutsche Novelle« (1947) mit kritischen Anmerkungen zu L. Roselius wurde von F. W. Oelze als »neue literarische Anpöbelung« kritisiert, viel öffentliches Lob dagegen für **Marga Bercks** »Mädchenbriefe: Sommer in Lesmona« (51), **Reinhard Baumgart** berichtet in »Damals« (Aut. 2004) über seine Recherche in B. bei der Verfilmung der Lesmona-Geschichte. Im Observatorium W. Olbers' spielt 1802 eine Szene von **Arno Schmidt** (→ Hamburg), abgedruckt in »Belphegor – Nachrichten von Büchern und Menschen« (1961). – **Peter Weiss**

(→ Potsdam/BB) verbrachte seine Kindheit zusammen mit dem Bruder **Alexander Weiss** (»Bericht aus der Klinik«, 1978) von 1918 bis 1930 in B. (Wohnung der Eltern in der Grünenstraße 23 in B.-Neustadt, später Marcusallee 45, ab 1926 Schleifmühle 27). In P. W.s Dankrede zum B.er Literaturpreis (1982), in der »Ästhetik des Widerstands« (Bd. 1, 1975), den »Notizbüchern 1971-1980« (1981, über einen B.-Besuch 1975) und in den aut. geprägten Texten »Abschied von den Eltern« (E. 1961) und »Fluchtpunkt« (R. 1962) spiegelt sich Bremens Topographie. Die Bremer Räterepublik (10.1.-4. 2. 1919) schildert **Wolfgang Beutin** (geb. 1934 in B.) in »Knief« (R. 2003). Die Jahre 1922 bis 1959 auch im Roman »Alles andere als ein Held« (1959/60, n. 2002) von **Rudolf Lorenzen**. Von **Hanna Johansen** »Die stehende Uhr« (E. 1978), und »Ein Mann vor der Tür« (E. 1988). »Bremen in Reisebeschreibungen des 18. Jh.s« (Hrsg. **Heinz Schecker**, 1934); »Bremen in der Dichtung« und »Bremen in der Erzählung« (Hrsg. **Hans Kasten**, 1946); »Begegnungen mit einer Hansestadt« schildern acht zeitgenöss. Autoren in »Zwischen zwei Zügen« (1968), u. a. **Herbert Heckmann** (→ Frankfurt a. M./HE) und **Paul Schallück** (→ Warendorf/NW), Nachwort **Manfred Hausmann**, aus dessen »Geliebtes Bremen – Eine Art von Geständnis« (1947) der Titel der Slg. stammt (Plastik »Abel mit der Mundharmonika« vor der Volksbücherei in B.-Blumenthal). **Alfred Dreyer** schildert »Kleine Verhältnisse. Erinnerungen an eine Kindheit in B.« (1997). – »Bremen vor meinem Fenster«: Topograph. Skizzen, u. a. auch von **Alma Rogge** (→ Brake/Rodenkirchen/NI) und **Hans Leip** (Merian 7/1965); **Konrad Weiß** (→ Schwäbisch Hall/Michelbach/BW), »Um den Roland von Bremen« (in »Deutschlands Morgenspiegel«, 1950). **Johannes Schenk** beschreibt Familienschicksale (»Gesang des bremischen Privatmannes Johann Jacob Daniel Meyer«, 1982), **André Kaminski** einen Lesungs-Besuch (»Schalom allerseits«, 89); dazu **Jochen Schimmangs** E. »Die Bremer Ereignisse« (in: »Das Vergnügen der Könige«, 89), **Franz Hohlers** »In Bremen« (in: »Der Mann auf der Insel«, 93). – Bremer

Kriminalromane u. a. aus der Feder von **Jürgen Alberts** (»Die Selbstmörder«, 1991). Regionale Bezüge auch im Emigrantenroman **Arthur Beckers** »Der Dadajsee« (97). – **Walter A. Kreye** (u. a. »Twüschen de Tieden«, 1971; »Dascha sagenhaft«, Bremer Sagen neu erzählt, 77).

Beiträge zur B.er Kulturgeschichte von **Herbert Schwarzwälder** (zuletzt »Sehenswürdigkeiten«, 1990). Hg. von **Detlef Michelers** und **Helmut Hornig** erschien 1978 eine Anth. »Bremer Autoren«, 82 dann das »Aktuelle Bremen ABC« der hier aufgewachsenen Autorin **Anna Dünnebier** (»Adieu ihr Helden«, R, 1996), 84 die Lyrik-Anth. »und was ist das für ein Ort« (Hrsg. **P. K. Kirchhof/E. Traumann**), 89 **Inge Buck/Ursel Habermann:** »Mit Fischen leben. Eine Anth. Bremer und Gdansker Autoren«, sowie B. **Klein/J.-G. König** (Hg.), »Goethe und die Heringe aus Bremen. Neue Geschichten aus einer alten Hansestadt.« – 1990 »Bremer Kindheiten«, von **Johann-Günther König** (Hrsg.), ders. 1991: »Bremen im Spiegel der Literatur. Ein Hand- und Lesebuch«.

S Staats und Universitätsbibliothek: rd. 3,1 Mill. Bücher, 10 000 Zss., 62 Nachlässe, 22 000 Theaterzettel und Programme. Unter den rd. 1400 ma. Hss. Psalmen-Kommentar des Petrus Lombardus, 1166, ständig ausgestellt im Focke-Museum; niedersächs. Weltchronik Eikes von Repgow, um 1325. Sonderslgg.: Dt. Barocklit.; Ratsbibliothek; Afrika-Lit.; Theaterwiss.; Schul-, Kinder- und Jugendbuchslg., Dt. Presseforschung (Slg. zu Theorie und Gesch. des Pressewesens), Frauenbibliothek mit Datenbank »Schriftstellerinnen in Deutschland«; **Stadtbibliothek.**

Bremer Literaturkontor Villa Ichon (Bremer Autorenkatalog BAK, audiovisuelles Archiv und rezeptionsgeschichtliche Forschungsstelle, die Villa schon von Gottfried Benn gerühmt); **Verband deutscher Schriftsteller in Niedersachsen und Bremen** (VS-ver.di) mit **Friedrich-Bödecker-Kreis; Landesverband der Verleger und Buchhändler; Sektion Literatur im Kulturrat; Künstlerhaus am Deich;** »Literarische Asservatenkammer« (Präsenzbibliothek deutschsprachiger Kriminalliteratur seit

1965 in der Stadtbibliothek, ca. 3000 Bde.); **Forschungsstelle für Volkskunde** in Bremen und Niedersachsen (Volkslied, Mundart); **Goethebund** in Bremen e. V.; **Medienarchiv Günter Grass** (vergibt »Albatros«-Literaturpreis); **Stiftung Frauen-Literatur-Forschung; Gesellschaft für deutsche Presseforschung; Wittheit zu B.** (1924-41 B.er wiss. Gesellschaft; Jb.); **Institut für Niederdeutsche Sprache** (Bibliothek ca. 10 000 Bde., Publikationen); **De Plattdütsche Kring** (Plattdt. Vereine des Landes B., seit 1924); **Autorenkreis für niederdt. Hörspiel, Epik und Lyrik.** – **Bremer Literaturpreis** (Dokumentation 1954-98, hg. W. Emmerich, 1999) im Rahmen der »**Literarischen Woche Bremen**«; Literaturpreis des Kulturzentrums Westend; **Autorenstipendium der Freien Hansestadt B.; Senatsmedaille für Kunst und Wiss.** (seit 1938); **B.er Förderpreis für Literatur** (seit 1978, alle 2 Jahre); »**Stint**« – Zeitschrift für Literatur.

R »Eenem jeden dat syne!« Das verwitterte Wort auf dem Mantel des Rolands (F. Rückerts »Ries', am Rathaus zu Bremen . . .«) harmoniert mit dem Imperativ »Bremen wees (sei) bedächtig«. Im Ratskeller will **Heinrich Heine** vor Andacht geweint haben, als sich ihm der Apostelkeller (mit den ältesten dt. Fassweinen) öffnete. Auch **Oskar Loerke** (→ Berlin; Tgb.), **Karl Larsen** (Poetische Reisen, 1906), **Norbert Jacques** (→ Lindau/BY; »Mysterium alter Weine«, 1953) und die Wahlbremer **Friedrich Ruperti** (1805-67) und **Karl Tannen** (1827-1904; Wohnung Rembertistift; Grab Riensberger Friedhof) beschrieben und besangen Rathaus und Keller. – Im Pflaster des Domhofs »Spuckstein« an der Hinrichtungsstätte der Giftmörderin Gesche Gottfried (1785-1831); Moritaten, Gedichte, Dramen (**Weißenburg**, »Gesina, die Teufelsbraut oder der 6. März«, 1829; »Bremer Freiheit« (Uraufführung B. 1971, Veröff. 1972) von Filmemacher **Rainer W. Fassbinder** (→ München/BY). – »Sie sintoch aus Brehm . . .

Bremen: Der Roland vor dem Rathaus

Sahng Sie mah ehm: kamman da lehm«
fragt (missingsch) **Dirks Paulun** (→ Hamburg). Man kann durchaus. Man lebt –
und lebt auf im Grünen: in den Wallanlagen, im Bürgerpark, im Stadtwald ...
»Denk ich von fern der Vaterstadt,/so
sind es die alten Gärten«, schrieb **Rudolf
Alexander Schröder.** – Geburtsort des
als »zweiter Klaus Groth« vielfach ausgezeichneten Schriftstellers **Moritz Jahn**
(→ Göttingen/NI) ist am Nordostrand
Bremens **Lilienthal:** Hier spielt auch
Arno Schmidts (→ Hamburg) unvollendeter Roman »Lilienthal 1801 oder Die
Astronomen« (Fragmente, Hrsg. B. Rauschenbach 1996); vom Autor, der schon
1957 hierherziehen wollte und 1958 Dorf
und Umgebung erkundete, wurde das
Werk hoch angesetzt (»Lilienthal würde
das Meisterstück«).
Von **Johann-Günther König** liegt der
reichhaltige Stadtführer »Bremen. Litera-

rische Spaziergänge« (2000) vor, acht Erkundungen (einschließlich einer ausführlichen Bibliographie) zwischen Hauptbahnhof, Markt, Dom, Schnoor und Weser, auch mit Bremen-Bezügen internationaler Autoren wie Georges Simenon
(»Maigret und der Gehängte«), Carl Jonas
Almquist, Mario Puzo (»Die dunkle Arena«, R. 1981), Yves Bertho (»Ingrid«, R.
1976) und Sujata Bhatt (»Mozartstraße
18«).

B W. Mevissen, Bremen im Buch, 1965; Borchardt, Heymel, Schröder – Ausstellungskatalog des DLA Marbach, 1978; Aus der Schatzkammer der Deutschen Märchenstraße, Teil
1: Bremen, Hrsg. M. Iba, 1987; Bremer Literaturkontor e. V. (Hrsg.), Literaturszene Bremen, Bremerhaven & umzu (1993).
Z Cuxhaven (NI); Bremerhaven (HB); Diepholz, Oldenburg, Verden, Worpswede (NI).

BREMERHAVEN

*»Wenn Bremerhaven nur zu oft an die unpoetischen neu erbauten Städte Nordamerikas erinnert, so giebt gerade dieser Umstand, eine solche
transatlantische Probestadt in unserm Deutschland zu sehen, dem Ort etwas Piquantes.« (Th.
Ch. A. Kobbe, 1841)*
Bremer Enklave, gute 60 km nördlich; 1827
von Bürgermeister J. Smidt gegründet, um
durch Verlagerung meerwärts den »Port of Bremen« vor Versandung zu retten; heute »Brücke
nach Übersee«. Stadtbibliothek (ca. 300 000
Bde.), Stadtarchiv. – Morgenstern-Museum
(mit Auswanderer-Datenbank). – Deutsches
Auswandererhaus (DAH). – Stadttheater;
Theater im Fischereihafen; Cosmos factory
theaterproduktion Donnern. – Kunsthalle. –
»Lili-Marleen-Laterne« vor dem Deutschen
Schiffahrtsmuseum; L.-M.-Preis, Denkmal
und Gedenktafel am Geburtshaus der Sängerin Lale Andersen (1905-72).

A Aus B. stammt der Buchmann **Julius
Rodenberg** (1884-1970). Hier wirkte und

starb der Pädagoge und Heimatdichter **Fritz Husmann** (Ps. **Fritz von 'e Waterkant** → Diepholz/Siedenburg/NI); Grab auf dem Städt. Friedhof, Büste in der nach ihm benannten Schule. 1841 machte **Friedrich Engels** (→ Wuppertal/NW) eine »Reise nach Br.« (Rep. n. 1966): »alles rechtwinklig, die Straßen schnurgerade«. Die berüchtigte Br.er »Hunnen-Rede« Kaiser Wilhelms II. aus dem Jahre 1900 hat **Günter Grass** (→ Berlin) in seinen Rückblick »Mein Jahrhundert« (1999) aufgenommen.

Ein typisches Auswandererschicksal (siehe auch Bremen) schildert **Joseph Roth** (→ Berlin) in »Hiob« (R. 1930): »In der Baracke lagerten sie, in Bremerhaven, die Blechmarken krampfhaft in den geballten Fäusten auch während des Schlafs.« Weitere Auswandererliteratur: »Jürnjakob Swehn, der Amerikafahrer« (R. 1914) von **Johannes Gillhoff** (→ Ludwigslust/Glaisin/MV) und **Oswald Andrae** (→ Jever/NI): »Heimat – wat is dat. Von der Liebe zu einem Lande, das mancher verließ« (R. 1996). 1914 fuhr **Oskar Loerke** (→ Berlin) nach Br., um sich nach Amerika einzuschiffen; eine Reise, die zur »Lebenswende und -erfüllung wurde« (Tgb.). 1946 kam der Exilant **Alfred Kantorowicz** (→ Berlin) über Br. zurück nach Deutschland: »Morgen früh dürfen wir an Land. Das Exil ist zu Ende« (Deutsches Tagebuch, Bd. 1, n. 1980).

L Goethe (→ Frankfurt a. M./HE), der 1829 in Weimar mit dem Bremer Bürgermeister Kulenkamp »über den Hafen« sprach und sich auch die techn. Pläne schicken ließ, verarbeitete Mitteilungen seines Freundes **Nicolaus Meyer** (→ Bremen) über die »neuen Anstalten an der Einmündung des Weserflusses« in »Faust II«. – Topograph. Skizzen von **Theodor von Kobbe** (→ Brake/Langwarden/NI) 1841 und **Hermann Allmers** (→ Cuxhaven/Rechtenfleth/NI) in seinem »Marschenbuch«. –

Ein Essay von **Johann Georg Kohl** (→ Bremen) in den »Norddeutschen Skizzen« (n. 1976). »Fishtown ist irgendwie dunkel« von **Hans Happel** (1987) über die Stadt, die auch durch »Hein Mück aus Bremerhaven« bekannt wurde. Mit J. Dierkings und J.-G. Königs Slg. »Die Weser – Ein Kaleidoskop aus literarischen Texten des 19. und 20. Jahrhunderts« (in: B. Küster, Die Weser, 1999) geht es flussaufwärts Richtung → Bremen. **Heiko Postma** erinnert sich in »Der verschwundene Heimatort« an das eingemeindete **Wesermünde** (in: »Peine Paris Pattensen«, hrsg. M. Mertens, 2006).

S »die horen« – Zeitschrift für Literatur, Kunst und Kritik (früher Hannover), hg. vom Lyriker J. P. Tammen (»Wetterpapiere«, 1998; »Das Land. Das Meer.«, 2000). – Zur Erinnerung an die 1941 deportierten Bürgerin wurden die **Jeanette-Schocken-Literaturtage** und der **J.-S.-Literatur-Preis** (»Bürgerpreis für Literatur«), seit 1991 gestiftet; Dok. »10 Jahre J. S.-Preis« (2000).

Z Brake (NI); Bremen (HB); Cuxhaven, Osterholz-Scharmbeck/Worpswede (NI).

BRETTEN/BW

Museum im Schweizer Hof (Stadtgeschichte), Museum »Old America« (Kultur der Indianer). – Gugg-e-mol-Kellertheater. – Peter und Paul Fest (im Juli).

Philipp Melanchthon (gräzisiert aus Schwarzerd), * 16. 2. 1497 B., † 19. 4. 1560 → Wittenberg/ST. Bedeutender Humanist, Mitarbeiter M. Luthers (→ Eisleben/ST) bei der Bibelübersetzung. Studium in → Heidelberg/BW und → Tübingen/BW, seit 1518 fast ununterbrochen bis zu seinem Tod Prof. der griech. Sprache, seit 1526 auch der Theol. Ehrentitel »Praeceptor Germaniae«. – Melanchthonhaus (M.straße 1) 1897-1903 anstelle des 1689 abgebrannten Geburtshauses errichtet, Museum und Bibliothek mit rd. 8000 Werken zur Geschichte von Reformation und Hu-

manismus, darunter über 800 Schriften
M.s; Denkmäler vor der Stiftskirche und
vor dem Gymnasium in der Weißhofer-
straße – M.-Preis (seit 1988).

Michael Heberer, * um 1560 B., † zwi-
schen 1623 und 1633 Heidelberg. Geriet
als Schiffbrüchiger in Gefangenschaft der
Türken, war Galeerensklave und brachte
nach seinem Freikauf unter dem Titel »Ae-
gyptiaca servitus« eine der ersten Reisebe-
schreibungen in dt. Sprache heraus (1610).
Die 2. Aufl. erschien 1747 u. d. T. »Der
pfälzische Robinson«. – Geburtshaus Pforz-
heimer Straße 7.

A Am Marktplatz erinnert eine Tafel
an **Friedrich Schiller** (→ Ludwigsburg/
Marbach/BW), der auf seiner Flucht im
(pfälz.) B. übernachtete, bevor er mit
der Postkutsche nach Mannheim weiter-
reiste.

R Das Urbild des deutschen »Bieder-
meier«, der zum Epochenbegriff wurde,
stammt aus **Flehingen** (Oberderdingen-
F.). Dort veröffentlichte 1845 im Selbst-
verlag der Schulmeister **Samuel Friedrich
Sauter** (1766-1846), der zeitw. auch in
Zaisenhausen tätig war, seine sämtl. Ge-
dichte, von denen man das »Kartoffellied«,
»Das arme Dorfschulmeisterlein« und den
»Wachtelschlag« (vertont von Beethoven
und Schubert) gelegentlich noch hört.
Heimatstube im Geburtshaus, heute Gast-
haus »Zur Sonne«. S.s Werke wurden 1853
vom damaligen Landarzt **Adolf Kußmaul**
(geb. 1822 in **Graben-Neudorf**/BW, Hei-
matstube im Geburtshaus, der »Rose«)
entdeckt. Er machte seinen Freund **Lud-
wig Eichrodt** (→ Karlsruhe/BW) so-
gleich auf den Flehinger Poeten aufmerk-
sam, und beide ließen in den 50er Jahren
in den »Fliegenden Blättern« eine ganze Se-
rie von »Biedermaier«- und »Treuherz«-
Gedichten erscheinen, alles gekürzte und
umgestaltete Sautersche Verse und Neu-
schöpfungen in seiner Manier. Ihre kari-

kierende Anth. »Biedermaiers Liederlust«
machte literarhist. Schule.

S Dr. Otto-Beuttenmüller-Bibliothek: 5000
Bde. aus dem Bereich der Genealogie, Heral-
dik und Landesgeschichte.

B E. Mühlhaupt, Heimaterinnerungen und
Heimatbeziehungen Philipp Melanchthons,
1978; St. Rhein (Hrsg.), Philipp Melanchthon
in Südwestdeutschland, Ausstellungskat. 1997;
Leben mit Melanchthon. Spuren seines Wir-
kens in B., Ausstellungskat. 2000.

Z Bruchsal, Karlsruhe, Maulbronn, Pforz-
heim (BW).

BRILON/NW

Freilichtbühne Hallenberg.

Johann Suitbert Seibertz, * 27. 11. 1788
B., † 17. 11. 1871 → Arnsberg/NW, »Nes-
tor der westfäl. Geschichtsschreibung«:
»Landes- und Rechtsgeschichte des Her-
zogtums Westfalen« (1854-64). – Gedenk-
tafel am Geburtshaus: das alte Pastoratsge-
bäude Schulstraße; Name auch auf einer
Tafel für berühmte Schüler an der heuti-
gen Hauptschule. Wohnhaus 1823-37 heu-
te Hotel »Bärenfänger«.
Aus B.-Scharfenberg kam der Heimatdich-
ter **Franz Rinsche** (1885-1948): »Sunnen-
land« (aut. G. 1955). – Findling mit Ge-
denktafel auf der Sonder Heide.

Olsberg

Maria Kahle, * 3. 8. 1891 Wesel, † 15. 8.
1975 Münster, Lyrikerin und Erzählerin,
1913/20 Korrespondentin in Brasilien.
Ihr Buch »Deutsches Herz zwischen Hei-
mat und Fremde« (G. und Ess. 1937) mar-
kiert ihren Lebensweg – In O. Wohnhaus
Briloner Straße 216; Grab auf dem Fried-
hof. – Nachlass Westf. Lit.-A. Hagen, UB
Münster.
Ein kleines Mädchen aus O. ist Haupt-

figur in den zehn »Bummi«-Büchern der Jugendbuchautorin **Martha Schlinkert** (1913-1979).

Assinghausen (Olsberg-A.)

Friedrich Wilhelm Grimme, * 25. 12. 1827 A., † 3. 4. 1887 → Münster/NW, Mundartdichter, Wegbereiter der sauerländ. Heimatbewegung. Schrieb das Platt des Landkreises Meschede, das Vorbild für die Nachfolger wurde. – W.: Gedichte (1855); Memoiren eines Dorfjungen (1859/67); Suerländsk Platt (Hrsg. W. Uhlmann-Bixterheide, 1920/21). G.-Gedenkbuch (Hrsg. J. Schult, 1927); Ausgew. Werke (Hrsg. G. Grimme-Welsch, 1983). – Gedenktafel am Geburtshaus, nördl. der Kirche; Denkmal in der Dorfmitte; Gedächtniszimmer in der Schule.

R Auf der Kuppe des Istenberges schier alttestamentarisch **Annette von Droste-Hülshoff** (→ Münster/Roxel/NW) und **Levin Schücking** (→ Meppen/NI) beim Anblick der Bruchhauser Steine (Olsberg-**Bruchhausen**): »weit wie ungeheure Warten über die alten Laubwipfel wegschauend wie Saul über das Volk Gottes.« Noch höher hinauf, passte L. Schücking: »Hier auf dem höchsten Gipfel haben wir auch die Grenze landschaftlicher Poesie erreicht …« und rügte den »Schnee im tiefen Mai«. Unweit **Winterberg**, am 674 m hohen Ruhrkopf, entspringt die Ruhr: »Alles Leben kommt aus dem Wasser« (**Max von der Grün** in »Unterwegs in Deutschland«, 1979).

Z Büren, Meschede, Soest (NW); Korbach (HE).

BRUCHSAL/BW

Zweigstelle des Badischen Landesmuseums im Schloss; Heimatmuseum Heidelsheim. – Badische Landesbühne.

Bruchsal und sein ab 1772 erbautes Schloss waren häufig Aufenthaltsort von Schriftstellern, Musikern und Politikern. **Joseph Victor von Scheffels** (→ Karlsruhe/BW) Verse des philosophierenden Katers Hidigeigei aus dem »Trompeter von Säckingen« (1854) entstanden 1851/52 während seiner kurzen Tätigkeit am Hofgericht in B. – **Alban Stolz** (→ Bühl/BW), Religionslehrer am Gymnasium, vollendete im August 1842 hier das Manuskript zum ersten »Kalender für Zeit und Ewigkeit«. – Im Zuchthaus war **Otto von Corvin** (1812-96), der Verfasser des »Pfaffenspiegels«, von 1849-55 inhaftiert (»Aus dem Leben eines Volkskämpfers«, 1861). Dort begann Anfang 1967 auch **Ernst S. Steffen** (1936-70) zu schreiben; 1968 erschien der Gedichtband »Lebenslänglich auf Raten«, 71 »Rattenjagd. Aufzeichnungen aus dem Zuchthaus«.

R Im Heimatmuseum von **Untergrombach** Joß-Fritz-Raum mit Exponaten zu den Bundschuhaufständen im frühen 16. Jh. – In **Philippsburg** (Heimatmuseum) spielt die Geschichte »Der Furtwanger in Philippsburg« von **Johann Peter Hebel** (→Lörrach/Hausen/BW); die Stadt auch Schauplatz von **Wilhelm Jensens** (→ Eutin/Heiligenhafen/SH) Roman »Am Ausgang des Reiches« (1886). – In der Wallfahrtskirche von **Waghäusel** am Wagbach Gedenktafel für den hier am 12. 9. 1712 gest. Volksprediger und Erbauungsschriftsteller **Martin von Cochem** (→ Cochem/RP). – Der späthöf. Spruchdichter **Reinmar von Zweter** (um 1200-um 1260) stammt vermutl. aus **Zeutern** (Ubstadt-Weiher-Z.); Grab in Eßfeld bei →Ochsenfurt/BY. In Z. Minnesängerstube im Gasthaus »Winzerstube«. – In der Abtei **Odenheim** (Östringen-O.; Reste im heutigen »Stifterhof«) soll sich der Dichter des **Nibelungenliedes** (→ Worms/RP) aufgehalten haben. Siegfriedskulptur am Rathaus; an der Landstraße nach Östringen »vliuzet noch der brunne« (Nibelungen-Hs. C), wo Siegfried von Hagen ermordet worden sein soll.

B K. Fischer, Otto von Corvin in Bruchsal und Rastatt, Marbacher »Spuren« 43/1998.
Z Bretten, Heidelberg, Karlsruhe, Maulbronn, Sinsheim (BW); Speyer (RP).

BUCHEN/BW

Bezirksmuseum (Kellereistraße 25-29); Hist. Bücherei »Zwischen Neckar und Main«; Volksliedslg. A Brosch; Narrenringstube. – »Bücherei des Judentums B.« (Obergasse 6): rd. 5000 Bde. v. a. deutschsprach. Literatur.

Der Minnesänger (»minne sinne twinget«) **der von Buochein** stammt mit größter Wahrscheinlichkeit aus B. (um 1220-82); Brunnendenkmal am Marktplatz. **Götz von Berlichingen** (→ Jagsthausen/BW) schloss hier mit den aufständ. Bauern den Pakt, der ihn zu »der Bauern Narr und Hauptmann« (des Volksliedes) machte. Das Colbenbergsche Schloss **Eberstadt** war »Auf Immerwiedersehen« (1977) Lebensmittelpunkt von **Juliana von Stockhausen** (→ Lahr/BW); auf dem Friedhof von E. ist auch ihr Grab.

R Die **Goethe**-Stube in **Hardheim** erinnert an einen Aufenthalt des Dichters (→ Frankfurt a. M./HE), zus. mit **Sulpiz Boisserée** (→ Köln/NW), im »Grünen Baum« (heute »Badischer Hof«) am 7. Oktober 1815. B.s Bericht: »... Mittag-Essen, junges, frisches Mädchen, nicht schön, aber verliebte Augen. Der Alte (Goethe) kuckt sie immer an. Kuß«. – Beim »Blut-

ritt« in **Walldürn** am Ende der vierwöchigen Wallfahrtszeit figuriert auch **Wolfram von Eschenbach** (→ Gunzenhausen/Wolframs-Eschenbach/BY) als Dichter einer Heiligblutsage (»Parzival«). Als geistl. Bittsteller kamen Anfang Juni 1806 auch **Clemens Brentano** (→ Koblenz/RP) und **Sophie Mereau** (→ Altenburg/TH): »das heilige Blut war mir das ewige Leben.« Unter vielen Traktaten und Beschreibungen der Heiligblut-Wallfahrt **Hans Benders** Erzählung »Die Wallfahrt« (1961).

Z Bad Mergentheim, Mosbach, Tauberbischofsheim (BW); Miltenberg (BY).

BÜDINGEN/HE

Fürstlich Ysenburg und Büdingensches Schlossmuseum (Bibliothek); Heuson-Museum im Alten Rathaus.

Durch **Nikolaus Ludwig Graf von Zinzendorf** (→ Löbau/Herrnhut/SN) wurde 1737 auf dem Haag im heutigen Stadtteil Lorbach eine Kolonie der Herrnhuter Brüdergemeine gegründet. Z. zog 1747 selbst in den Herrnhag. Das größte Gebäude war die »Lichtenburg«, das Grafenhaus ist noch erhalten. Heute Sitz der Herrnhut.-ökumenischen Lebensgemeinschaft.

Lindheim (Altenstadt-L.)

Leopold Ritter von Sacher-Masoch (Ps. **Charlotte Arand, Zoë von Rodenbach**), * 27. 1. 1836 Lemberg, † 9. 3. 1895 L., Erzähler, Romancier, Novellist, auch Lustspieldichter. In Galizien aufgewachsen, Studium u. a. in Prag. Seit 1860 Prof. in Lemberg, danach freier Schriftsteller. 1881-86 in Leipzig lebend, seit 1886 mit seiner zweiten Frau Hulda Meister in L. Von dem Psychiater R. v. Krafft-Ebing wurde S.-M. als Urbild eines »Masochisten« bezeichnet. Er gab damit einer Form sexual-pathol. Verhaltens Muster und Namen. – W.: Venus im Pelz (R. 1870), Judengeschichten (1878, 81).

Geb. in B. **Hermann Oeser** (1849-1912), der volkstüml. Erzählungen in der Art seines Vaters Ludwig Rudolf O. (→ Gießen/HE) schrieb.

A **Ludwig Rudolf Oeser** (Ps. O. Glaubrecht) war Pfarrer in L. (Gedenktafel am Pfarrhaus) und starb hier am 13. 10. 1859; Grab auf dem Friedhof. 1842 erschien seine Schrift »Die Schreckensjahre von Lindheim«. – In L. traf die franz. Schriftstellerin **Myriam Perrault-Harry** ihren »Lieblingsschriftsteller« L. von Sacher-Masoch, dessen Marterinstrumente, als ma. Flagellationswerkzeuge getarnt, unter einer Ikone aufbewahrt waren.

Nidda

Carl Friedrich Borberg, * 8. 6. 1800 N., † 22. 8.1850 Mainz, vorw. Publizist, Hrsg. und Übersetzer. Lebte lange in der Schweiz und war Urbild von J. Gotthelfs »Doktor Dorbach, der Wühler« (1849). – W.: Betrachtungen über das Wesen der Preßfreiheit (1836).

R In der »Ketzerlandschaft«, zwischen Büdingen und Hanau, die Ronneburg und Marienborn. Auf der **Ronneburg** fand **Zinzendorf** für einige Zeit Zuflucht, als er 1736 aus Sachsen ausgewiesen worden war. In »Zinzendorf in der Wetterau« (1852 f.) schildert **Ludwig Rudolf Oeser** Begebenheiten aus dieser Zeit (im »Zinzendorfsaal« predigte Dorothea von Reuß, Z.s Gemahlin). **Marienborn** wurde 1737 an Zinzendorf verpachtet, der hier bis 1747 wohnte. Die Herrnhuter Brüdergemeine unterhielt ein theol. Seminar und Pädagogium, auf den Synoden erschienen Abgeordnete aus allen Weltteilen (Versammlungsort und Z.s Wohnhaus erhal-

Die Ronneburg bei Büdingen

ten). – In **Gedern**, nördl. von Büdingen, ist 1835 **Eleonore von Reuß** geb., sie verfasste Geschichten und Lebensbilder, u. a. auch das Neujahrslied »Das Jahr geht still zu Ende«. Sie starb 1903 in Ilsenburg/Harz.

B H.-G. Kemper, Geistliche Liebesspiele. Die Herrnhuter in Büdingen, in: G. K. Kaiser u. G. Kurz (Hrsg.), Literarisches Leben in Oberhessen, 1993.

Z Frankfurt a. M., Friedberg, Gelnhausen, Schlüchtern, Schotten (HE)

BÜHL/BW

Heimatmuseum (Hss. und Drucke des 16. Jh.s, Archiv und Bibliothek). – »Zwetschgenfest«; Festival »Novemberlicht«.

Aloys Wilhelm Schreiber, * 12. 10. 1761 B. (Stadtteil Kappelwindeck), † 21. 10. 1841 → Baden-Baden/BW, Journalist und Volksliedersammler. Prof. für klass. Lit. in Baden-Baden, 1805 für Ästhetik in Heidelberg, 1813 Hofgeschichtsschreiber in Karlsruhe. – »Anleitung den Rhein von Schaffhausen bis Holland zu bereisen« (1822).

Alban Stolz, * 23. 2. 1808 B., † 16. 10. 1883 Freiburg i. Br./BW, Theologe, Volksschriftsteller in der Nachfolge J. P. Hebels.

Lit. Hauptwerk: der »Kalender für Zeit und Ewigkeit« (18 Jgg. ab 1843). – Grab im Chor der Kapelle »Maria zum Trost« (A. St.-Kapelle) auf dem Friedhof im Stadtteil Kappelwindeck. Gedenkstein auf dem Rathausplatz in B.-Neusatz, wo St. Vikar war. – Bühler Stube im »Schwanen«, u. a. für St. und A. W. Schreiber. **A** Ludwig Eichrodt (→ Karlsruhe/BW) war 1864-71 Amtsrichter in B.

Bühlertal

Albert Geiger, * 12. 9. 1866 B., † 15. 1. 1915 → Karlsruhe/BW. Lebte in Karlsruhe, zeitw. auch in Berlin, und veröffentlichte Gedichte, Dramen und Erzählungen aus der Geschichte der bad. Landschaft. 1902 Gründung der Vereinigung für »Heimatl. Kunstpflege«. – Nachlass LB Karlsuhe.

R »Goldene Aue« nannte die Gegend zwischen Rhein und Schwarzwald Otto Flake (→ Baden-Baden/BW), dessen Roman »Schloss Ortenau« (1955, topograph. Modell Schloss Neuweier/Baden-Baden-N.) hier spielt. »Es macht alles einen trüben, toten Eindruck«, schrieb dagegen Alfred Döblin (→ Berlin), als er am 9. 11. 1945 in der Uniform eines franz. Offiziers nach Deutschland zurückkehrte (»Abschied und Wiederkehr«, 1946). – Im »Engel« in Bühlertal Gedenkstätte für Johann Peter Hebel (→ Lörrach/Hausen/BW), Albert Geiger und den Politiker, Schriftsteller und Prälaten Joseph Schofer (1866-1930). – »Das Schönste, sicher, ist seine Lage«, schreibt Horst Krüger (→ Magdeburg/ST) über »Das Schloss im Schwarzwald« (1979), die Bühlerhöhe (traditionelle Mittwochabend-Gespräche). – Vom roman. Münster von Schwarzach (Rheinmünster-Sch.) im Rheintal gibt es eine Beschreibung in den »Sommerfahrten« (1904) von Hein-rich Hansjakob (→ Wolfach/Haslach/BW). – Aufzeichnungen vom Bunkerkrieg am Westwall zwischen Greffern (Rheinmünster-G.) und Iffezheim enthält Ernst Jüngers (→ Bad Saulgau/Wilfingen/BW) Tagebuch »Gärten und Straßen« (1942). – In Lichtenau, wohin im Sommer 1772 J. M. R. Lenz (→ Emmendingen/BW) von Fort Louis aus, auch mit Friederike Brion, öfter in Gesellschaften und zum Tanz ging, gab es im »Schwanen« eine Stube zur Erinnerung an den Husarenoberst und Sagensammler Heinrich Medicus (1743-1828). – Im »Adler« hatte der franz. Marschall Turenne sein Quartier, bevor er in der Schlacht bei Sasbach am 27. Juli 1675 den Tod fand. Die Inschrift auf dem Gedächtnisobelisken (»Monument Turenne«, Schwarzwaldstraße 3) ist von Johann Daniel Schöpflin (→ Müllheim/Sulzburg/BW). Aus Achern stammte Bertolt Brechts (→ Augsburg/BY) Vater; seine Großmutter, die »Unwürdige Greisin« (»Kalendergeschichten«), verbrachte hier ihre letzten Jahre (gest. 1919); Gedenktafel am Brechtschen Haus in der Hauptstraße (gegenüber dem Rathaus). »Aus kranken Tagen« (n. 1992): ein »Gedächtnisweg« erinnert an den Aufenthalt von Heinrich Hansjakobs in der damaligen A.er Heil- und Pflegeanstalt Illenau im Winter 1894. In Oberachern Gedenkstein für Wilhelm Kammerer (→ Lahr/Sulz/BW). – Otto Flake gefiel Sasbachwalden »auf den ersten Blick« (»Es wird Abend«, 1960); in Obersasbach (Sasbach-O.) spielt F.s Roman »Personen und Persönchen« (1938). Erzählungen von Joachim von der Goltz (→ Westerburg/RP) verweisen ebenfalls auf die Landschaft zu Füßen der Hornisgrinde (»Der Steinbruch«, 1938). Goltz lebte als Landwirt und freier Schriftsteller seit 1919 in Obersasbach; hier starb er am 29. 3. 1972 (Grab auf dem Friedhof). – Auf einer Wanderung von Baden-Baden nach Oppenau entwarf **Mark Twain** einen Schwarzwaldroman und kehrte im »Pflug« von **Ottenhöfen** ein. – **Guntram Vespers** »Talgeschichte« »Unten im Schwarzwald« (»Kriegerdenkmal ganz hinten«, n. 1982) spielt auf dem »Günzberg«-Hof bei **Furschenbach** (Ottenhöfen-F.).

E Mummelsee: Eine frühe Beschreibung dieses »wunderlichen Sees«, in dem Wassergeister ins »Centrum terrae« lotsen, gibt Grimmelshausen im 5. Buch des »Simplicissimus«. Auch der Jesuit A. Kircher beschäftigt sich in seiner »Unterirdischen Welt« (1678) mit den Sagen des M.s. Texte auch in den »Deutschen Sagen« der Brüder Grimm und in A. W. Schreibers »Handbuch für Reisende nach Baden«. E. Mörike greift das Motiv der schon bei Paracelsus zitierten »Nymphen« im G. »Die Geister am Mummelsee« noch einmal auf. – Gedenkstein mit Tafeln für Grimmelshausen und O.-E. Sutter, den »verdienstvollen Behüter der Mummelseelandschaft«.

B R. Minder, Brecht und die wiedergefundene Großmutter, in: Dichter in der Gesellschaft, 1966; P. Hübner, Die Mümmele vom Mummelsee, in: Merian 5/1979.

Z Baden-Baden, Kehl, Renchen, Offenburg, Oberkirch, Rastatt (BW). Jenseits des Rheins, im Elsass: Hagenau (Reinmar der Alte), Sessenheim (Goethe, F. Brion, J. M. R. Lenz).

BÜREN/NW

In B. verbrachte seine letzten Lebensjahre **Joseph Pape** (→ Meschede/Eslohe/NW), dessen Epos »Der treue Eckart« einst viel gelesen wurde. Grab auf dem Städt. Friedhof. – Die **Wewelsburg** sei »der interessanteste Punkt in der Nähe Paderborns«, befinden F. **Freiligrath** (→ Detmold/NW) und L. **Schücking** (→ Meppen/NI) im »Malerischen und romantischen Westfalen«; allerdings habe sie »mehr als die Geschichte die Sage bereichert«. Auf dem

Schauplatz ma. Femegerichte spielt **Heinrich Zschokkes** (→ Magdeburg/ST) Roman »Kuno von Kyburg« (1795). **Annette von Droste-Hülshoff** (→ Münster/Roxel/NW) schrieb 1841 die Ballade »Kurt von Spiegel«: »Am Wewelsberge schallt Wald-Hurra«. Im Dritten Reich als Sitz der Reichsführung der SS vorgesehen; Arbeitskräfte für den Umbau aus dem KZ W.-Niederhagen; heute Burg- und Heimatmuseum (mit Dokumentation 1933-45) und Jugendherberge. – Im nahe gelegenen ehem. Augustinerherren-Kloster **Böddeken**, 1822 von den Mallinckrodts in einen Gutshof umgewandelt, befindet sich die einzige erhaltene ma. Klosterbibliothek Westfalens. Hier starb 1421 **Gobelinus Person** (→ Paderborn/NW). – Aus **Niederntudorf** (Salzkotten-N.) stammt der Lehrer **Jakob Loewenberg** (1856-1929), der »Lieder eines Semiten« (1892) und den Roman »Aus zwei Quellen« schrieb.

Z Lippstadt, Meschede, Paderborn, Soest (NW).

BURG/ST

»Im Herbst 1840 verließ ich Berlin und ging zunächst nach Burg, einer ansehnlichen Stadt, von der trotzdem niemand nichts weiß«. Oder doch nicht viel. Die Nähe Magdeburgs hat es von Anfang an in den Schatten gestellt.« (Theodor Fontane)

Carl Philipp Gottlieb von Clausewitz, * 1. 6. 1780 B., † 16. 11. 1831 Breslau, preuß. General, Militärschriftsteller und Kriegsphilosoph. Adjutant des Prinzen August von Preußen, seit 1806 im engeren Kreis der Reformer um Freiherr vom Stein (→ Bad Ems/Nassau/RP). Seine »Bekenntnisdenkschrift« von 1812 begründete seinen Weg als »freier Preuße«. Seit 1812 mit dem Verfassen seines Hauptwerkes »Vom Kriege« beschäftigt, die unvollendete Studie erlangte weltweite Bedeutung bis zu Lenin und Mao Tse-tung. Berühmt wurde sein Diktum vom Krieg als »bloße Fortsetzung der Politik mit anderen Mitteln«. – W.: Schriften (Hrsg. W. Hahlweg, 1966). – Grab auf dem B.er Ostfriedhof. – A. Herberg-Rothe, »Das Rätsel Clausewitz« (2001).

Margarete von Gottschall (Ps. **M. von Witten**), * 10. 2. 1870 B., † 2. 8. 1949 Konstanz/BW, die Verfasserin von Romanen, Dramen und Festspielen brachte es auf 55 Publikationen.

Brigitte Reimann, * 21. 7. 1933 B., † 20. 2. 1973 Berlin, neben Ch. Wolf typische Vertreterin der »Ankunftsliteratur« der sechziger Jahre in der DDR. Abitur in B., dort auch Lehrerin bis 1960. Als junge Autorin, gefördert von Wolfgang Schreyer (→ Magdeburg/ST), schrieb sie in B. ihre ersten En., danach → Hoyerswerda/SN, ab 1968 in → Neubrandenburg/MV. – W.: Die Frau am Pranger (E. 1956); Das Geständnis (E. 1960); Ankunft im Alltag (R. 1961); Die Geschwister (R. 1963); Das Mädchen auf der Lotusblüte. Zwei unvollendete Romane (2003). Ihr postumer Ruhm gründet auf der Neuausgabe des ungekürzten R.s »Franziska Linkerhand« (1974, vollständige Ausgabe 1998, siehe Neubrandenburg/MV), der Tagebücher »Ich bedaure nichts. Tagebücher 1955-1963« (1997), »Alles schmeckt nach Abschied. Tagebücher 1964-1970« (1998) und des Briefwechsels mit Christa Wolf: »Sei gegrüßt und lebe. Eine Freundschaft in Briefen« (1993); »Aber wir schaffen es, verlaß Dich drauf! Briefe an eine Freundin im Westen« (1995); »Mit Respekt und Vergnügen« – Briefwechsel B. R.s mit Hermann Henselmann (2001) sowie mit Irmgard Weinhofen (2003). – Geburtshaus Bahnhofstraße

5. G. de Bruyn berichtet in »Zwischenbilanz« (1992) über seine Kontakte zu R. in ihrer Heimat; Bezüge zur Stadt und zur Familie (Wohnung Neuendorfer Straße 2) finden sich in den Briefen und Tagebüchern R.s: »Meine Heimatstadt kommt mir jetzt ganz winzig vor, die Promenade, über die ich immer zur Schule ging, und das ehemalige Gymnasium und die krummen Straßen« (Brief von 1971 aus Neubrandenburg); die B.er Zeit nach 1945 auch zu Beginn des Romans »Franziska Linkerhand«. – Die in B. beigesetzte Urne R.s wurde Anfang der neunziger Jahre nach Oranienbaum (→ Zerbst/ST) umgebettet. – B. Krause, »Gefesselte Rebellin«, 1996; Porträt in Irina Liebmanns »Letzten Sommer in Deutschland« (1997), D. v. Törne, »B. R. Einfach wirklich leben«, Biographie (2001).

A **Willibald Alexis** (→ Berlin) 1815 im Befreiungskrieg: »Burg, eine alte Stadt, unser nächstes, nicht zu entferntes Nachtquartier, steht besonders gut in meinem Tagebuch notiert« (»Eine Jugend in Preußen«, 1837-46). – **Theodor Fontane** (→ Neuruppin/BB) war 1840 Apothekenhelfer bei Dr. Kannenberg in B.: »In einem alten weitschichtigen Eckhause, weißgetünchter Fachwerkbau, fand ich meine neue Heimstätte, die zunächst was Gruseliges hatte.« Hier entstand das G. »Burg an der Ihle«, eine Theatersatire (1928 veröff.): »Eine Roma unsrer Zeit, liegt auf sieben Hügeln Burg,/Wie ein mäß'ger Rinnstein schlängelt sich der Ihlestrom hindurch …« Als Fontane an seinem Geburtstag B. verließ, trug er sein Werk in der Kutsche zwei Mitreisenden vor (»Von zwanzig bis dreißig«, 1898). – Um 1843 lebte in B. die Schriftstellerin **Louise Aston** (→ Magdeburg/ST). – 1868 machte **Ernst von Wildenbruch** (→ Berlin) in B. sein Abitur, er beschrieb diese Jahre in »Die Waidfrau«; Gedenktafel Jacobistraße 9. – Im 1. Weltkrieg leistete **Erich Weinert** ($\rightarrow$ Magdeburg/ST) seinen Garnisonsdienst in B. ab. – Der Schriftsteller **Otto Bernhard Wendler** (1895-1958) lebte seit seiner Entlassung als Rektor 1933 in B., ab 36 unter Polizeiaufsicht, nach 45 einige Zeit in Jerichow. In B. entstanden viele seiner Jugendbücher und der Roman »Himmelblauer Traum eines Mannes« (1934). Die Romane »Als die Gewitter standen« (1954) und »Von den sieben Seen« (1956) spielen zwischen B. und Brandenburg (BB). W. war Gründungsmitglied des Schriftstellerverbandes der DDR und in der Arbeitsgemeinschaft junger Autoren Förderer von **Brigitte Reimann**. Grab auf dem Friedhof Berliner Chaussee.

Genthin

Im 17. Jh. Wirkungsstätte Johann Luthers, eines Verwandten M. Luthers. Geburtsort von Robert Buchholz (1838-1893), Direktor des Berliner Nationaltheaters.
Franz Ziegler, * 3. 2. 1803 Warchau b. G., † 1. 10. 1876 Berlin, Schriftsteller, als Gegner Bismarcks Gründungsmitglied des Allgemeinen Deutschen Arbeitervereins. Amtsenthebung, Haft und Berufsverbot brachten ihn zur Schriftstellerei, bei der er mit den überwiegend altmärkischen Nn. »Nodamus« (1860), »Landwehrmann Krille« (1864) und den »Gesammelten Novellen« (1873) Erfolg hatte.
Elsa Jutta Rosalie Sybille von Bonin, * 14. 10. 1882 Brettin bei G., † 17. 10. 1965 Berlin, Schriftstellerin, ausgezeichnet mit dem Preis des »Hamburger Fremdenblattes« für den R. »Borwins Lüdekins Kampf mit Gott« (1927); weiter: »Das Leben des Renée von Katte« (E. 1911).
Edlef Köppen (Ps. **Joachim Felde**), * 1. 3. 1893 in G., † 21. 2. 1939 Gießen/HE. Schriftsteller, Rundfunkjournalist. Im 1. Weltkrieg nach einer Verletzung, an deren Spätfolgen er 1939 starb, Dienstverweigerung und Einlieferung ins Irrenhaus; zum Pazifisten geworden, wurde K. Lektor. Berufsverbot 1933 als Redakteur der Literatur-Abteilung beim $\rightarrow$ Berliner Rundfunk. Sein R. »Heeresbericht« (1930, n. 79) beeindruckte K. Tucholsky, G. Benn und E. Toller durch neue Techniken der Montage, 1935 verboten. – W.: Der Bericht (1925); Willkommen und Abschied (E. 1925); Andreas der Stumme (E. 1933).

A **Willibald Alexis** ($\rightarrow$ Berlin) berichtet in seinen Erinnerungen »Eine Jugend in Preußen« von seinen Erfahrungen als Freiwilliger 1813 vor »den Thoren der kleinen Stadt Genthin«. – Im Lehrerseminar G. lehrte von 1907-24 auch **Johannes Gillhoff** ($\rightarrow$ Ludwigslust/Glaisin/MV), zu den Schülern zählten **Willi Fehse** ($\rightarrow$ Salzwedel/Kassieck/ST), der Filmemacher **Robert Adolf Stemmle** ($\rightarrow$ Magdeburg/ST) und der Schriftsteller **Erich Griesbach** (1902-1943).

L Anspielungen und Landschaftsbezüge finden sich in den Werken der in G. geborenen Autoren **Jan Christ** (geb. 1934), »Asphaltgründe« (En. 1976); »Der Morgen auf dem Lande« (R. 1980); »Anna Wentscher« (R. 1995), **Monika Helmecke** (geb. 1943), »Klopfzeichen« (En. 1979), und bei **Gert Loschütz** (geb. 1949) im aut. R. »Flucht« (1990) über seine Kindheit in G.-Altenplathow: »Einmal, wenn die Pole abgeschmolzen sind, werde ich im Boot über die Stadt fahren und sagen: Da unten der Wasserturm, die Brücke, das Dach unseres Hauses.« Von L. auch das Hörspiel »Besichtigung eines Unglücks« (2001) über die Eisenbahnkatastrophe von 1939 mit 196 Toten in G., Denkmal vor dem Bahnhofsgebäude.

R **Jerichow**: Der Name dieses Ortes ist slawischen Ursprungs und hat nichts mit dem biblischen Jericho zu tun. Über **Uwe Johnsons** ($\rightarrow$ Anklam/MV) »Jerichow« im R. »Jahrestage« schreibt **Günter**

Grass in »Ein weites Feld«: »Aber hat er (d. i. Fonty) in seinem Bericht auch erwähnt, dass Wust in der Nähe von Jerichow liegt? Und ist er plaudernd darauf gekommen, dass Johnsons Jerichow keine bloße Erfindung ist, sondern sich, ins Mecklenburgische verpflanzt, von dort herleitet?«

Ehemaliges Prämonstratenser-Stift (1144-1552), Klostermuseum: »Den Ort muss man nicht, die Klosterkirche muss man gesehen haben!«: **Hans Scholz** (→ Berlin), »Wanderungen und Fahrten in der Mark Brandenburg« (1976); lobend schon 1934 **Werner Bergengruen** (→ Baden-Baden/BW) in »Deutsche Reise«. 1876 wird in J. der Theaterwissenschaftler und Bühnenautor **Wolfgang von Gersdorff** (gest. 1936) geboren. – Die Gegend um **Hohenziatz** wählte → **Willibald Alexis** als Schauplatz für seinen Roman »Die Hosen des Herrn von Bredow« (1846). – In **Ziesar** wurde **Albert F. W. Fischer** geboren (1829-1896), der Verfasser des bis heute benutzten »Kirchenlieder-Lexikons« (1878). – In **Schlagenthin** das Schloss (und bis 1945 die Familiengruft) der von Arnims; die Schriftstellerin **Elizabeth von Arnim** (→ Pasewalk/Nassenheide/Blankensee/MV) wohnte hier zeitweilig; eine kurze Reportage über S. in der Arnim-Biographie von K. Jüngling und B. Rossbeck (1996). – **Theodor Fontane** hielt sich im Sommer 1867 in **Scharteuke** bei G. auf: »Und Mond und Wolken sah ich ziehn/ Über Turm und Pappeln« von **Redekin**, das literarische Echo des Besuches im heute verschwundenen Schloss der v. Alvensleben findet sich im »Stechlin«: Graf Barby wird dort als Weltmann geschildert, der »auf einem der an der mittleren Elbe gelegenen Barbyschen Güter geboren« ist. – In **Zerben**, wo noch ein Flügel des alten Schlosses steht (heute Literaturmuseum), wurde **Else (Elisabeth) von Plotho-Zer-**

ben geboren (1853-1952; Grab in → Stahnsdorf/Potsdam/BB), nach der Scheidung von Armand von Ardenne das Vorbild der Effi Briest in Th. Fontanes gleichnamigem Roman. Auch **Rolf Hochhuths** »Effis Nacht. Monolog« (1996) folgt dem Lebensweg P.s; ebenso **Dietmar Grieser**: »Es ist nämlich eine wahre Geschichte – Das zweite Leben der Effi Briest« (»Piroschka, Sorbas & Co. Schicksale der Weltliteratur«, 1978). Biographien zu E. v. Plotho von H. Budjuhn (1985) und M. Franke (1994); vor Ort Heimatkreis »Effi Briest«.

Nahbei Burg in **Niegripp** der von der Autorin **Dorothea Iser** (»Neuzugang«, E. 1986) initiierte und landesweit tätige Verein »Pelikan« – Förderverein für Literatur und neue Schule.

B U. Kaufmann, Die Burger Jahre der Brigitte Reimann, in: J.-F. Dwars (Hrsg.), »Dichter-Häuser in Sachsen-Anhalt«, 1999.
Z Dessau (ST); Brandenburg (BB); Haldensleben, Magdeburg, Stendal, Tangermünde, Schönhausen, Wust (ST).

BURGDORF/NI

Karl Johann Philipp Spitta (→ Hannover/NI) kam 1859 als Superintendent nach B. und starb dort am 28. 9. des gleichen Jahres. – Grab auf dem Alten Friedhof; Pfarrhaus mit Gedenktafel bei der St. Pankratius-Kirche.

R **Gottfried August Bürger** (→ Eisleben/Hettstedt/ST) wurde in **Bissendorf** (Wedemark-B.) am 17. 6. 1785 mit »Molly« (Auguste Leonhart), die dort zeitweise wohnte, getraut. Seiner Ballade »Lenore« liegen B.er Eindrücke zugrunde. Öfter in B. auch **Ernst Schulze** (→ Hannover/NI), seinen Großvater besuchend, der hier Pfarrer war, und **Hermann Löns** (→ Hannover/NI), nach dem ein See bei Mellendorf (Wedemark-M.) benannt ist. Erinnerungen an Bürger, Schulze, Löns und den in Bissendorf seit 1904 lebenden und dort auch begrabenen Mundartdichter **Hinrich Braasch** (1878-1968; »Hinnerk ut de Heid, Book för besinnliche Minschen«, 1942, n. 1954) im Heimatmuseum Bissendorf. – Im Heidehaus »Finkenslag« am Brelinger Berg zwischen **Brelingen** (Wedemark-B.), wo er geboren wurde, und **Oelgenbostel** (Wedemark-Oe.), wo er starb (Grab nahe »Finkenslag«), lebte **Gustav Kohne** (1871-1961). K.s Volksstücke (»Der Vorsteher von Holtebank«, 1916) und Romane (»Die vom Habichtshorst«, 1930) spielen in der Region, ebenso wie **H. Löns'** Roman »Der Wehrwolf« (1910). – Landschaftsmotive im lyrischen Werk des in Wedemark lebenden **Hans Georg Bulla** (u. a. »Verlorene Gegenden«, G. 1990; »Nachtgeviert« G. 1997).

Z Celle, Gifhorn, Hannover, Hildesheim, Peine (alle NI).

BUTZBACH/HE

Museum in der Michaeliskapelle.
Auch B. mit seinem alten Markt erhebt Anspruch, Schauplatz von Goethes Epos »Hermann und Dorothea« zu sein.

Friedrich Ludwig Weidig, * 17. 2. 1791 Oberkleen (Langgöns-O.), † 23. 2. 1837 → Darmstadt/HE. Führend in der liberal-revolutionären Bewegung, gab zus. mit G. Büchner (→ Groß-Gerau/Goddelau/HE) 1834 den »Hessischen Landboten« heraus. Seit 1812 Konrektor, 26 Rektor der Lateinschule in B., 34 als Pfarrer nach Ober-Gleen (Kirtorf-O.-G) strafversetzt. Beging vier Tage nach Büchners Tod im Gefängnis Selbstmord. – W.: Ges. Schriften (Hrsg. H.-J. Müller, 1987) – Rektorhaus Kirchplatz 11 (Gedenktafel);

Gedenkstein auf dem Schrenzer, 1814 erster Turnplatz im Großherzogtum Hessen; Forschungsstelle im Stadtarchiv. – Lit.: O. Müller, »Altar und Kerker« (R. 1884); K. Edschmid, »Wenn es Rosen sind, werden sie blühen« (R.1950; Film von Helmut Herbst, 1982).

Philipp Moritz Carrière, * 5. 3. 1817 Griedel (Butzbach-G.), † 18. 1. 1895 München; Kunsthistoriker, Memoirenschreiber. 1849-53 Prof. in Gießen, Schwiegersohn J. Liebigs, dem er 1857 nach München folgte. – W.: Ges. Werke (1886-93), Lebenserinnerungen (Hrsg. W. Diehl, 1914).

Ernst Glaeser, * 29. 7. 1902 B., † 8. 2. 1963 → Mainz/RP (Grab in → Wiesbaden/HE), Erzähler und Essayist. Kam als Kind nach → Groß-Gerau/HE. Dramaturg in Frankfurt a. M. 1928 über Nacht und bald auch weltberühmt durch den Roman seiner Generation »Jahrgang 1902«, der 1933 als »pazifistisch« auf den Scheiterhaufen kam. Emigration, im Mai 1939 Rückkehr, 41 Schriftleiter einer Wehrmachtszeitung. Rechtfertigungsversuch in »Glanz und Elend der Deutschen« (R. 1960). – Die Erzählbände »Das Unvergängliche« (1936) und »Das Kirschenfest« (1953) verweisen v. a. auf Hessen. – E. Rotermund, Zwischen Exildichtung und Innerer Emigration. Ernst Glaesers Erzählung »Der Pächter«, 1980.

B Hans-Joachim Müller: Butzbacher Autoren-Interviews 1976-1985.
Z Bad Homburg, Friedberg, Gießen, Wetzlar (HE).

CALW/BW

»Wenn ich als Dichter vom Wald oder vom Fluß, vom Wiesental, vom Kastanienschatten oder Tannenduft spreche, so ist es der Wald um Calw, ist es die Calwer Nagold, sind es die Tannenwälder und die Kastanien von Calw, die gemeint sind, und auch Marktplatz, Brücke und Kapelle, Bischofstraße und Ledergasse, Brühl und Hirsauer Wiesenweg.« (Hermann Hesse, 1949) Stadtmuseum (Palais Vischer). – Gerbersauer Lesesommer.

Calw: Hermann Hesses Geburtshaus am Marktplatz

Hermann Hesse, * 2. 7. 1877 C., † 9. 8. 1962 Montagnola. Kindheit in C. und Basel, Lateinschule in → Göppingen/BW, 1891/92 Seminarist in → Maulbronn/BW, Fluchtversuch. Buchhändlerlehre in → Tübingen/BW, dann in Basel. Nach dem Erfolg von »Peter Camenzind« (1904) in → Gaienhofen (Singen/BW). 1912-19 in Bern, dann in Montagnola (Tessin); seit 1923 Schweizer Staatsbürger. 1946 Nobelpreis. – Die Stadt C. als lit. Museum: Geburtshaus Marktplatz 6 (Gedenktafel); Nikolausbrücke und H.-H.-Platz (Brunnen); H.-H.-Museum, Marktplatz 30; Bischofstraße 4 Sitz des C.er Verlagsvereins (1854-1905), dort auch Wohnung von H.s Großeltern und Eltern (Gedenktafel); Lederstraße 24 Wohnung Familie Hesse 1889-1893 (Gedenktafel); Gräber der Familien Hesse-Gundert auf dem Friedhof an der Hirsauer Straße – C., das während seiner ersten 18 Lebensjahre dreimal H.s Wohnort war, erscheint v. a. in den frühen Werken; u. d. T. »Gerbersau« sammelte H. später (1949) alle Erzählungen, die in C. und in Schwaben spielen. – H.-H.-Medaille (seit 1964), H.-H.-Stipendium der Stadt C. – »Slg. H. H.« im Stadtarchiv; H.-H.-Archiv DLA Marbach.

A **Johann Valentin Andreae** (→ Sindelfingen/Herrenberg/BW) war 1620-38 Stadtpfarrer in C. (A.-Haus Lederstraße 32); »Threni Calvenses«/»Calwer Totenklagen« (1635). – Viele Jahre lebte auch **Auguste Supper** (→ Pforzheim/BW) hier, wo ein Teil ihrer Schwarzwälder Dorfgeschichten entstand (»Frauenwege durch Calw«, 2002). – Der gebürtige C.er Maler und Schriftsteller **Rudolf Schlichter** (1890-1955) porträtierte viele Künstler seiner Zeit (Marbacher »Spuren« 39/1998).

L Johann Kaspar Riesbeck (→ Frankfurt a. M./Höchst/HE) nannte C. in den »Briefen eines reisenden Franzosen über Deutschland« (1783) »die beste Stadt in dieser Gegend«, sie zeige »ungemein viel Mut, Freiheitsliebe und Anhänglichkeit an ihre Verfassung«. – Sagen vom »Mann im Mond« und vom »Grafen Hubert von C.«, der Schloss und Gattin verließ, um im Dorf Deislingen bei Rottweil Kuhhirt zu werden (Nr. 530 in Grimms »Dt. Sagen«; Gedicht von **Karl Philipp Conz** → Schwäbisch Gmünd/BW).

Dobel

Christian Gottlieb Abt, * 17. 8. 1820 D., † 10. 7. 1877 Speyer, Philologe, Theologe, Journalist. Beteiligte sich an der 48er Revolution in Baden, Flucht nach Genf. Später Journalist in Wiesbaden, Wien, Frankfurt a. M., → Stuttgart/BW. Festungshaft auf dem Hohenasperg. – W.: Die Revolution in Baden und die Demokraten (1849).

Wildbad

Ludwig Wilhelm Friedrich Seeger, * 30. 10. 1810 W., † 22. 3. 1864 Stuttgart, Philologe, Übersetzer, Verfasser pol. Gedichte (»Der Sohn der Zeit«, 1843). Schulzeit in Calw und Schöntal, Stift in Tübingen, von L. Uhland gefördert. 1835 Prof. für alte Sprachen in Bern, 1848 Redakteur in Ulm.

A Berühmt der »Überfall im Wildbad« (Ball. und Lesebuchklassiker von **Ludwig Uhland** → Tübingen/BW) auf Graf Eberhard den Greiner 1376; Gedenkstein L.-U.-Weg. – Unter den Badegästen: **Ulrich von Hutten** (→ Schlüchtern/Vollmerz/ HE), **Friedrich von Matthisson** (→ Stuttgart/BW). **Justinus Kerner** (→ Ludwigsburg/BW) war 1810-12 Badearzt (»Auf das Wildbad«). – Oft zur Kur auch der Romancier und Archäologe **Georg Moritz Ebers** (→ Berlin); E.-Hütte bei der nach ihm benannten Brücke, in der der hist. Roman »Eine ägyptische Königstochter« (1864) entstand.

R Bad Teinach (Bad T.-Zavelstein), wo **Eduard Mörike** (→ Ludwigsburg/BW) mehrfach zur Kur weilte, »inmitten einer kleinen buntscheckigen Welt«, besang als ein »Städtlein, rußig, eng und schmal« auch **Joseph Victor von Scheffel** (→ Karlsruhe/BW), der Quartier und Einkehr in »Lamm« und »Krone« fand. Im Juli 1862 datiert eine Badekur **Mörikes** in **Röthenbach** bei Nagold (Heimatmuseum; Marbacher »Spuren« 67/2004). – Im 11. Jh. lebte im Kloster **Hirsau**, das sich der Reform von Cluny angeschlossen hatte, der Mönch **Notker**, von dem das berühmte

frühmhd. »Memento Mori« (Ende 11. Jh.) stammt. Die Sage von der Gründung des Klosters behandelten **Justinus Kerner** und **Gustav Schwab** (→ Stuttgart/BW). **Ludwig Uhland** schrieb ein Gedicht auf die Ulme, die sich über die Schlossruine wölbt. Für **Hermann Hesse**, der oft mit seinen Eltern von Calw herüberkam, blieb der Baum »von Knabenzeiten her eine wichtige und ehrwürdige Erscheinung«. »Der Mönch von Hirsau« heißt eine Erzählung (1898) von **Auguste Supper**. Klostermuseum; im Kreuzgang im Sommer »Klosterspiele«. – Auf dem Friedhof von **Bad Liebenzell** Grab und Gedenkstein für die aus Buchsweiler im Elsass stammende Mundartdichterin **Marie Hart** (1856-1924). In **Möttlingen** erinnert das Gottliebin-Dittus-Haus an **E. Mörike** und den Pfarrer **Johann Christoph Blumhardt** (1805-80), der durch seine Gebetsheilungen weithin bekannt war; sein Grab in **Bad Boll** (→ Göppingen/BW).

B V. Michels u. a., Hermann Hesse 1877-1962, Marbacher Magazin 54/1990; H. Schnierle-Lutz, Hermann Hesse. Schauplätze seines Lebens, 1997; S. Greiner, Hermann Hesse – in Calw daheim. Briefwechsel und Begegnungen mit Calwer Bürgern und Freunden der Schwarzwaldstadt, 2002.

Z Pforzheim, Sindelfingen, Herrenberg, Stuttgart (BW).

CELLE/NI

»Die Stadt ist klein; nur durch die angenehmen Vorstädte wird sie ausgedehnt … Einige wohlhabende Einwohner haben da reizende Pflanzungen in englischem Geschmack angelegt. Hierdurch vereinigt Celle, besonders im Sommer, ungeachtet der öden Gegend umher, mit den geselligen Stadtfreuden die Annehmlichkeiten des Landlebens.« (Adolf von Knigge, 1793) Schlosstheater im Herzogschloss, ältestes heute noch bespieltes Fürstentheater Dtl.s (1674).

Johann Arnd, * 27. 12. 1555 Edderitz/ST,
† 11. 5. 1621 C., bedeutender Pietist, des-
sen Erbauungswerk »Vier Bücher vom
wahren Christentum« (1605) weit verbrei-
tet war.

Ludwig Christoph Heinrich Hölty (→
Neustadt/Mariensee/NI) besuchte von
1765-69 die Lateinschule in der Kaland-
gasse. Erste lyrische Versuche; »Höltys
Poesie sind seine Todesahnungen« (J. v.
Eichendorff). – Gedenktafel Schuhstraße
22.

Ernst Schulze, * 22. 3. 1789 C., † 29. 6.
1817 ebd., eleg. Lyriker. Lateinschule
wie Hölty, Studium in → Göttingen/NI,
1813/14 Freiwilliger in Frankreich. Im üb-
rigen ein Leben wie Novalis. Seinerzeit be-
kannt v. a. durch die beiden Epen »Cäci-
lia« (1818), die frühverstorbene Braut be-
schwörend, und »Die bezauberte Rose«
(1818). – »Sämtl. Werke« (Hrsg. Fr. Bou-
terwek, 1818-20). – Grab auf dem Alt-
städter (Helenentor-)Friedhof. – H. D.
Zschokke, »Schulze von Celle und Cä-
cilie« (1825 ff.); W. Pfeiffer-Belli, »E. S.,
Dichter der Rose« (1971); Ausstellungska-
talog der StB C. (1989).

Karl Goedeke (Ps. **Ernst Fröhlich, Karl
Stahl**), * 15. 4. 1814 C., † 28. 10. 1887 →
Göttingen/NI. Einer der wesentlichen Be-
gründer der dt. Lit.-Wiss. (»Grundriß zur
Gesch. der dt. Dichtung« 1856 ff., Neu-
druck 1975), der das reine C.er Deutsch
hoch lobte: »Du darfst auf der Straße fra-
gen, wen Du willst, jeder gibt Dir freund-
lich Auskunft. Und in einer Sprache! in
einer Sprache, bei der . . . das Herz im Lei-
be lachen muß.« Weniger bekannt als Ver-
fasser von Novellen und der pol. Satire
»König Kodrus« (1839). – Gedenktafel
am Geburtshaus, Bullenberg 19. – Mss.
SUB Göttingen.

A Auf seiner Rückreise vom Harz geriet
Joseph von Eichendorff (→ Berlin) in
die »weltberüchtigte Lüneburger Heide«

(1805). Über C., wo er nächtliche Rast
machte: »Der helle Mondschein ließ uns
von diesem Städtchen wenigstens so viel
erraten, daß wir nicht bedauern dürften,
es nicht bei Tage gesehen zu haben.« **Jere-
mias Gotthelf** dagegen erschien C. als an-
genehme Oase: »Des Mondes matter
Schimmer ging eben über Celle auf, als
wir in dieses Städtchen fuhren, das nied-
lich sein soll, so viel ich sehen konnte, es
auch wirklich ist.« (1821) Für **Hermann
Löns** (→ Hannover/NI) war C. die »viel-
schöne Stadt«; vielfache Spiegelungen im
Gesamtwerk, u. a. in »Der letzte Hansbur«
(1909) und im »Niedersächsischen Skiz-
zenbuch« (1924). **Swaantje Swantenius**
(eig. **Hanna Fueß**/1886-1972), das Vor-
bild der Swaantje im »Zweiten Gesicht«:
F. Castelle »Hermann Löns und die
Swaantje« (1921); Leo Mielke, »H. L.
und Celle« (in: Celler Beiträge 16/1988);
»Das ›Löns-Land‹ ist von einer gewaltigen
Ausdehnung. Es reicht von Hamburg bis
nach Hannover, von Bremen bis Celle«:
Friedrich Castelle (→ Münster/NW)
»Der Heidgänger«).

Schüler am Gymnasium: **Johann Anton
Leisewitz** (→ Hannover/NI), der in C.
Kindheit und Jugend verlebte, und 1881-
85 **Otto Erich Hartleben** (→ Clausthal-
Zellerfeld/NI), der sich hier erstmals als
Dichter versuchte. – **Hans Fallada** (→
Greifswald/MV), der zwischen 1900 und
1910 regelmäßig seine Großmutter in C.
besuchte, beschreibt seine Erlebnisse in
»Damals bei uns daheim« (1941). – Über
seine C.er Zeit als Flüchtlingsbeauftragter
nach 1945 der Politiker und Pastor **Hein-
rich Albertz** (→ Bremen) in: »Blumen für
Stukenbrock. Biographisches« (1981) und
»Die Reise. Vier Tage und siebzig Jahre«
(1985). In den fünfziger und sechziger Jah-
ren in Celle: **Fritz Grasshoff** (→ Quedlin-
burg/ST).

L Mit C. verbunden, »leidenschaftlich, rankenreich, romanhaft« (D.-J. Leister), sind drei Frauengestalten: **Eleonore Desmier d'Olbreuse** (1639-1722), Herzog Georg Wilhelms große Liebe, die franz. Kultur und Savoir-vivre an den Hof brachte; ihre Tochter **Sophie Dorothea** (gen. **Prinzessin von Ahlden**/1666-1726), die nach der Ermordung ihres Geliebten, des Grafen Ph. Ch. von Königsmarck als Ehebrecherin auf Schloß A. verbannt wurde (»Korrespondenz der Prinzessin Dorothea von Hannover mit dem Grafen Philip Christoph Königsmarck«, 1690-94, Krit. Gesamtausg., Hrsg. G. Schnath, 1952); sowie deren Urenkelin **Caroline Mathilde** (1751-75), Königin von Dänemark, der ihr Favorit, J. F. v. Struensee (1737-72), zum Schicksal wurde. Gräber in der Fürstengruft der Stadtkirche von Celle; Denkmäler für Caroline Mathilde (von Goethes Leipziger Zeichenlehrer A. F. Oeser) im Franz. Garten und im Garten des Stadtarchivs (Palais Mecklenburg), Prinzengarten 2.

Noch zu Sophie Dorotheas Lebzeiten erschien **Anton Ulrich von Braunschweigs** Schlüsselroman von der »Römischen Octavia«, 1707 die »Zugabe« von der »Prinzessin Solane«. Erste Dramatisierung durch **C. von Reitzenstein** 1792, Dramatisierungsplan **F. Schillers** 1804, am bekanntesten wohl **P. Heyses** Dr. »Graf Königsmarck« (1877). Romane u. a. von **G. Hesekiel** (1860), **Th. Hemsen** (1869) und **P. Burg** (1927). »Auf Struensees Kosten entstand eine Caroline-Mathilde-Legende« (E. Frenzel), u. a. Prosahymnus des dänischen Dichters **J. Baggesen** anläßl. eines Besuches in C. (1792). Bes. folgenreich: »Aufenthalt und höchstmerkwürdige Aufklärungen über die Geschichte der Grafen Struensee und Brandt« (1788); Augenzeugenberichte ab 1826. Französ. (**A. Duval**, 1802; **E. Scribe**, 1834) und dt. Dramatisierungen (**M. Beer**, 1827; **H. Laube**, 1845; **C. Schawaller**, 1911; **E. W. Möller**, 1937). Historische Romane von **E. v. Hollander-Lossow**, **E. Maass** (1950) und **R. Neumann** (1935). Eine neue Deutung ihres Schicksals vom schwedischen Autor **P. O. Enquist** in »Der Besuch des Leibarztes« (R. 1999, dt. Ausgabe 2001). 1956 verknüpfte **A. Schmidt** die Gegenwartshandlung des Romans »Das steinerne

Herz« mit der Historie der Prinzessin von Ahlden. – Halb Mär, halb mehr: die Geschichten, die sich ums C.er Schloß ranken, u. a. vom »plattdütsch snakkenden« letzten Herzog Georg Wilhelm und seinem venezianischen Günstling Stechinelli. – »Celler Sagen aus Stadt und Land« gaben **Paul Alpers** und **Georg Breling** 1949 heraus. – **Jörn Ebeling**: »Altenceller Rosengarten« (1969). – Topograph. Essays u. a. von **Otto von Heinemann** (→ Helmstedt/NI, 1858) und von **Bernhard Flemes** (→ Hameln/NI) in seinem »Niedersachsen-Heimatbuch« (2. Aufl. 1922). Vom Celler **Oskar Ansull** Lyrik mit Anklängen an die Jugendjahre in C.: »Entsicherte Zeit« (1988); »Sieben Gedichte über Oma Möcker und mich« (1992).

S **Bomann-Museum**, 1892 als »Vaterländ. Museum« gegr. (Briefe und Mss. von H. Allmers, G. A. Bürger, A. und F. Freudenthal, K. Goedeke, G. Ch. Lichtenberg, H. Löns, B. von Münchhausen, E. Schulze und Karl Söhle; Bildnisse von Hanna Fueß, L. Ch. H. Hölty sowie Löns, dazu die Adligen Eleonore, Sophie Dorothea, Caroline Mathilde, Königsmarck und Struensee). – **Schnabelsteherpreis** für Kinderbuchliteratur.

Bargfeld (Eldingen-B.)

»Heideflecken mit Wacholdern eingesprengt. Waldungen nicht ideal, da allzusehr verpitzelt, (wie der Schlesier sagt); aber doch die erforderliche Landschaft für Bücher mühelos hergebend. Mond, Nebel & Regen erste Qualität; auch im Trinkwasser war, selbst mit dem bösesten Willen, kein Jauchegeschmack spürbar./Vieh draußen auf freier Weide. – Im Winter kommen Rehe, Hasen, Füchse, bis vors Haus ...« (A. Schmidt, 1958)

Arno Schmidt (→ Hamburg), lebte seit 1958 bis zu seinem Tode (1979) in B., wo ein Großteil des S.schen Werkes entstand: u. a. »Kaff auch Mare Crisium« (1960); »Kühe in Halbtrauer« (En. 1964); »Zettels Traum« (1970); »Die Schule der Atheisten« (1972); »Abend mit Goldrand«

Bargfeld: Arno Schmidt vor seinem Haus Ende 1958

(1975); zahlreiche postume Editionen: u. a. »Lilienthal 1801« Fragment, Hrsg. B. Rauschenbach und S. Fischer, 1996): das Werk immer wieder »in der mir gemäßen Landschaft« angesiedelt. – Urne im Garten. Arno Schmidt-Gedächtnisstätte in Bargfeld (Haus, Archiv, Forschungsstelle und Ausstellung); Arno Schmidt Stiftung von 1981, Gründer die Witwe Alice Schmidt und Jan Philipp Reemtsma (→ Hamburg), A. Schmidt-Preis (1982-88, heute Stipendium, 2004 an R. Jirgl); Sommerseminar für schriftstellerisch hochbegabten Nachwuchs in → Rendsburg/SH.
Zahlreiche Reportagen und Erinnerungen an den Autor und Bargfeld in: »Über Arno Schmidt« Bd. II (Hrsg. H.-M. Bock und Th. Schreiber, 1987), Zs. »Bargfelder Bote«.

B. war und ist auch Wohnsitz anderer Künstler wie Jörg W. Gronius, dem Co-Autor von B. Rauschenbach (Vorstand der Arno Schmidt Stiftung), und S. Fischer (»Anderswo«, E. 2002) oder dem Verleger, Karl May-Herausgeber und Rezitator H. Wiedenroth (»Das Bücherhaus«-Antiquariat und Verlag).

🄡 Ein Abstecher nach Südosten führt zum Kloster **Wienhausen** mit den einzigartigen frühgot. Bildteppichen. Sie werden jährl. in der Woche nach Pfingsten ausgestellt. Darunter der große Tristanteppich (um 1300), der in 22 Szenen die Sage von **Tristan und Isolde** erzählt, in den Friesen von niederdt. Texten begleitet. Außerdem niederdt. Liederbücher (»Vogelhochzeit«) und Textbücher zu Klosterspielen. – Bei **Burg** (Celle-B.) befindet sich der von **Hermann Löns** im »Wehrwolf« beschriebene »Burgwall«, den L. fälschlich für eine Fluchtburg aus dem 30-jähr. Krieg hielt. Auf dem **Wietzer** Berg L.-Denkmal. – In **Müden-Faßberg** a. d. Örtze starb am 22. 6. 1938 **Felicitas Rose** (→ Arnsberg/NW); »Heideschulmeister Uwe Karsten« (1909) war ihr erster und großer Erfolg. Grab auf dem Alten Friedhof M. – **Hermannsburg** wurde bekannt durch die 1849 von **Ludwig Harms** (→ Soltau/Walsrode/NI) gegr. »Hermannsburger Mission« (Südafrika). Heimat- und Missionsmuseum im L.-H.-Haus mit Erinnerungsstücken an Harms, der hier 1865 starb (Grab auf dem Friedhof). – Die großen Höfe um H. Anregung für die Schilderung des »Wehrwolfs« von H. Löns.
Weiter westl., immer noch in dem von Löns besungenen »wunderschönen Land«: **Bergen-Belsen**: »Man läßt den Frieden eines winzigen Ortes hinter sich am Wege. Der Obelisk von Belsen, schlank, weiß, ist weit im Lande zu sehen, wie ... die lange hohe Steinwand mit den unzähligen Inschriften der Umgekommenen, der

Bergen-Belsen: Im Konzentrationslager Bergen-Belsen starb Anne Frank

Gemordeten des Konzentrationslagers« (K. Krolow). Im KZ von B. starb **Anne Frank** (→ Frankfurt a. M./HE); Gedenkstein. Dazu W. Lindwer (Hrsg.), »Anne Frank. Die letzten sieben Monate. Augenzeuginnen berichten« (dt. Ausg. 1990); ergänzend E. Kolb, »Bergen-Belsen 1933-45« (2. Aufl. 1986). Von der Niederländerin **Hetty E. Verolme** der KZ-Kinderhausbericht »Wir Kinder aus Bergen-Belsen« (2000, dt. Ausgabe 2005). Der junge **Peter Szondi**, später ein namhafter Literaturwissenschaftler, kam mit seinen Eltern 1944 ins Lager. Von ihren Kindheitsjahren dort berichtet die Serbin **Ildi Ivanji** u. d. T. »Wetten am Tor« (E. 2000). **Renata Laqueur** schrieb das »Bergen-Belsen Tagebuch 1944/45« (1983). **Arnold Zweig** (→ Berlin) gab u. d. T. »Fahrt zum Acheron« (1951) die Aufzeichnungen des Häftlings Hilde Hupperts über Haft und Befreiung aus dem KZ heraus (erstmals ersch. 1947). Die Zerrissenheit der »Lebensläufe« sechs Überlebender aus Bergen-Belsen und Buchenwald stellt der gleichnamige R. **Tim Waterstones** gegenüber (dt. Ausg. 1997). **Gabriele Goettle** über »Bergen-Belsen – Deponie für Kranz und Würde« (in: »Deutsche Sitten«, 1991). Der italienische Autor **Giovanni Guareschi**, Schöpfer von »Don Camillo und Peppone«, berichtet in seinem »Heimlichen

Tagebuch« über seine Zeit im Kriegsgefangenenlager bei **Wietzendorf**, **Margarete Buber-Neumann** über das Kriegsende bei Celle und Bergen-Belsen in »Als Gefangene bei Stalin und Hitler« (1985).

In **Eschede** nennt sich der Veranstalter ironisch »Randlage Eschede« und bietet Kulturveranstaltungen sowie alle drei Jahre das Festival »Heide(n)spektakel«, sekundiert von der nahen Arno Schmidt Stiftung in Bargfeld. Im Schulmuseum **Steinhorst** (Bibliothek) jährlich der »Lesesommer« mit Schwerpunkt Kinder- und Jugendliteratur.

B H. Fueß, Hermann Löns und Celle, in: C.er Heimatbuch, 1921; P. Alpers, Kleine Celler Literaturgeschichte, in: Heimatchronik der Stadt und des Landkreises C., 1959 u. 1973; W. Gröll, Auf alten Heidewegen. Die Entdeckung einer Landschaft, 1979; Celle-Lexikon, hg. RWLE Möller, 1987; L. Harig, Auf der Suche nach den verlorenen Dichtern, in: Merian 3/ 1980; R. Minder, Lüneburger Heide, Worpswede und andere Heide- und Moorlandschaften, 1966, n. 2000; Bargfelder Bote. Materialien zum Werk A. Schmidts, Hrsg. J. Drews, 1972 ff.

Z Braunschweig, Burgdorf, Hannover, Soltau (NI).

CHAM/BY

Im ehem. Armenhaus das SPUR-Museum, das an die gleichnamige Künstlergruppe der 1950er Jahre erinnert. Europa-Brunnen im Pflegschloss.

Über C., Treffpunkt bay. Volksmusik und Tanzgruppen, berichtet **August Sperl** (→ Fürth/BY) in seinen »Ahnenbildern und Jugenderinnerungen« (1922). »Aus 70 Lebensjahren« heißen die Erinnerungen von **Felix Graf von Luckner** (1881-1966), der als »Seeteufel« berühmt wurde. Straubinger Straße 2 wird an einen anderen Luckner erinnert, Graf Nikolaus, Marschall von Frankreich, der 1794 in Paris unter der Guillotine endete. Dazu: **Eugen Oker**, »Glockenkrieg um ein Kriegslied« (»Bayern, wo's kaum einer kennt«/2, 1983). – Gedenktafel am Geburtshaus des Heimatforschers **Joseph Rudolf Schuegraf** (1790-1861) in der Sch.-Straße. – In C. ist der große bay. Historiker **Karl Bosl** geboren (1908-93) – **Friedrich Nietzsche** (→ Weißenfels/Lützen/ST) machte Station in C., mit seinem Reisebegleiter Erwin Rohde, der eine hymnische Beschreibung der gemeinsamen Bayerwaldwanderung verfasste; Friedrich-Nietzsche-Wanderweg zum Lamberg bei **Chammünster**. – Der Bahnhof von C. findet in **Franz Kafkas** Reisetagebüchern Erwähnung: »Erinnerung an das strafhausähnliche Stationsgebäude in Cham, dessen Aufschrift in biblischem Ernst ausgeführt ist.« – Im nahe gelegenen **Wald** schreibt **Harald Grill** (Jg. 1951) Mundartgedichte, z. B. »einfach leben. bairische gedichte« (1994), und Erzählungen, z. B. »Hochzeit im Dunkeln« (1995), über das Leben am Fuß des Bayerischen Waldes nach dem Krieg. – Im Schloss **Loifling** b. Cham entstand der hist. Waldlerroman »Elendvolk« des Malers und Heimatdichters **Georg Achtelstetter** (1883-1973). – Unter dem Titel »Hexen, Tod und Teufel« hat **Oskar Döring** Sagen vom **Lamer Winkel** gesammelt.

Waldmünchen

Im Sommer findet in W. das Freilichtspiel »Trenck der Pandur vor Waldmünchen 1742« von **Karl Jentsch** nach einer Idee von Otto Peisl statt (Grenzland- und Trenck-Museum). – **François René de Chateaubriand** wurde 1833 in W. drei Tage lang vom Zoll aufgehalten (Bericht in den »Mémoires d'outre-tombe«; Gedenktafel am Pfarramt, ehem. Postgasthof; Zimmer im Museum). Im Mai 1945

verschlug es den 20-jährigen **Heinz Piontek** (→ München/BY) aus amerikan. Kriegsgefangenschaft in Kötzting nach W.: aut. R. »Stunde der Überlebenden« (1989). – Seit 1990 lebt der Münchener **Bernhard Setzwein** als bay.-böhm. Grenzgänger (»Ein Fahneneid aufs Niemandsland«, Ess. 2001; »Die grüne Jungfer«, R. 2003; »Ein seltsames Land«, R. 2007) in W. – Im ehem. Kloster **Schönthal** starb am 20. 9. 1713 der in Ingolstadt geb. Barockprediger **Ignatius Ertl**: »Ich bin ein Teutscher und predige der teutschen Wahrheit zu lieb.« – Aus **Rötz** stammt **Marcelin Sturm** (1760-1812), zuletzt Pfarrprovisor in **Hiltersried** (»Lieder zum Theil in baierischer Mundart«, 1819). Auf der **Schwarzenburg** bei R. gehen seit 1996 wieder die Sch.er Freilichtspiele über den einstigen Burgherrn Heinrich von Guttenstein (Text von **Sigfrid Färber**) in Szene.

B F. Fabian, J. Hrubý, B. Setzwein, Zwischen Radbuza und Regen. Ein bayrisch-böhmisches Lesebuch, 1993.
Z Furth i. W., Kötzting, Oberviechtach, Regensburg (BY).

CHEMNITZ/SN

Technische Universität. – Schlossbergmuseum (Stadtgeschichte und Kunstwerke des 14.-18. Jh.s), Kunstsammlungen am Theaterplatz und Henry-van-de-Velde-Museum Villa Esche, Industriemuseum. – Theater mit Opernhaus, Schauspielhaus und Figurentheater. – 1953-90 Karl-Marx-Stadt, obwohl K. Marx (→ Trier/RP) in keinerlei Bezug zu Ch. stand. K.-M.-Denkmal (1978) von L. Kerbel. – Aus Ch. stammen der Altphilologe Christian Gottlob Heyne (1729-1812) und der Maler Karl Schmidt-Rottluff (1884-1976).

Georgius Agricola (→ Glauchau/SN) besuchte 1506-11 die Ch.er Lateinschule. 27 Heirat in Ch. und 31 Stadtarzt. 1547-53 mehrmals Bürgermeister. A. starb 1555 in Ch., wurde aber in → Zeitz/ST beigesetzt. In Ch. entstanden medizin., meteorolog., grammat. und polit. Schriften sowie eine erw. Fassung seines Haupt-W.s »De re metallica libri XII« (1556), des »opus nobilissimus« (P. Albinus) der Bergbau-Lit. – Gedenktafel am Rathaus.

Georg Fabricius (eig. **G. Goldschmidt**), * 23. 4. 1516 Ch., † 15. 7. 1571 → Meißen/SN, Pädagoge und Historiograph. 1536-38 Lehrer in Ch. Bedeutend F.s Vergil- und Horaz-Ausgaben sowie seine lat. Reisebeschreibungen (»Itinerum liber unus«, 1547).

Anton Ohorn, * 22. 7. 1846 Theresienstadt/Böhmen, † 30. 6. 1924 Ch., Lyriker und Erzähler (»Es werde Licht«, R. 1866). Seit 1877 Lit.-Lehrer an der Gewerbeschule Ch. Berühmt wurde O. mit der enthüllenden Aut. »Aus Kloster und Welt. Das Buch meines Lebens« (1918).

Ernst Klaar, * 25. 12. 1861 Ch., † 13. 10. 1920 Dresden, Lyriker, Erzähler und Publizist. Hauptvertreter der während des Sozialistengesetzes entstandenen sozialdemokrat. Lit. – W.: Aus dem Klassenkampf. Soziale Gedichte (1894, n. K. Völkerling 1978); Knute und Bombe. Lieder und Gesänge für ein freies Rußland (1905).

Gertrud Caspari, * 22. 3. 1873 Ch., † 7. 6 1948 Dresden, Illustratorin und Kinderbuchautorin. Setzte das kunstpädagog. Programm von A. Lichtwark und K. Lange in ihren Kinderbilderbüchern (»Das lebende Spielzeug«, 1903) um.

Emil Rosenow (→ Köln/NW) war 1892-1900 Journalist in Ch. Schrieb hier das Lustspiel »Kater Lampe« (→ Marienberg/Zwönitz/SN). 1898 für den Wahlkreis Ch. als jüngster Abgeordneter im Reichstag.

Hedwig Courths-Mahler (→ Naumburg/Nebra/ST) kam 1895 nach Ch. Hier schrieb sie Romane, die Paul Hermann Hartwig vom »Chemnitzer Tageblatt« durch Zufall las: »Was sie schreibt über Liebe, Treue und Träume, das wollen Tausende lesen. Wie sie schreibt – mit Seele, Herz und Gemüt – das ist einmalig, unnachahmlich.« Mit dem Abdruck von »Scheinehe« (1905) begann C.s Weltkarriere.

Albert Soergel, 15. 6. 1880 Ch., † 27. 9. 1958 ebd., Literaturhistoriker. Seit 1911 Lit.-Lehrer an der Ch.er Akademie für Technik. Verf. der populärsten Lit.-Geschichte der Epoche (»Dichtung und Dichter der Zeit«, 1911, n. 1961; Fortsetzung »Im Bann des Expressionismus«, 1925, n. 1963). – Wohnung: Hoffmannstraße 58.

Karl Otto (auch **Otto Karl Friedrich**), * 8. 6. 1902 Ch., † 18. 10. 1978 ebd., Lyriker und Erzähler. Redakteur der Tageszeitung »Der Kämpfer«. Sowohl in der Weimarer Republik als auch unter dem NS-Regime mehrfach inhaftiert. Mit dem Poem »Und setzet ihr nicht das Leben ein« (1958) prägte O. durch Spartakus, Th. Müntzer (→ Sangerhausen/Stolberg/ST) und K. Liebknecht (→ Berlin) das Erbeverständnis der DDR. Spiegelung des Ch.er Lebens in »Vom Anwaltsstift zum Hochverräter« (Aut. 1961). – Wohnung: Würzburger Straße 25.

Stefan Heym (eig. **Helmut Flieg**), * 10. 4. 1913 Ch., † 16. 12. 2001 Ein Bokek/Israel, Erzähler und Essayist. Sohn eines jüd. Kaufmanns aus Schrimm/Provinz Posen. Wegen eines krit. Gedichts 1931 vom Ch.er Staatsgymnasium verwiesen. Exil vor allem in den USA, wo er Soldat wurde und auf Englisch zu schreiben begann (»The Crusaders«, 1948, »Kreuzfahrer von heute«, 1950). 1952 Übersiedlung in die DDR, wo H. seit 56 nach und nach in polit. Bedrängnis geriet, doch an sozialist. Positionen festhielt. – W.: Der König-David-Bericht (R. 1974), Fünf Tage im Juni (1974), Ahasver (R. 1981). Über seine Jugend in Ch.: »Nachruf« (Aut. 1999). Werke (18 Bde., 1998). Geburtshaus: Gerhart-Hauptmann-Platz 13 (Nachfolgebau/Gedenktafel); Wohnung 1919-31: Hoffmannstr. 58-60 (Gedenktafel).

Walter Janka (→ Berlin), 1914 in Ch. geboren, stammt, so der Adlige L. Renn (→ Dresden/SN) 1955, »aus einer wirklich proletarischen und dabei klassenbewußten und politisierten Familie«. Bis zur Verhaftung 1933 Leiter der kommunist. Jugendverbände im Erzgebirge.

Stephan Hermlin (eig. **Rudolf Leder**), * 13. 4. 1915 Ch., † 6. 4. 1997 → Berlin, Lyriker und Erzähler. Sohn einer aus Galizien kommenden Mutter und eines aus der rumän. Moldau stammenden jüd. Textilhändlers, der es zu Reichtum und Bildung brachte, doch durch die Inflation bankrott ging. 1920 nach Berlin. 1925-30 Ch.er Staatsgymnasiums. Mitglied im Kommunist. Jugendverband. Exil in Frankreich. Rückkehr nach Ost-Berlin, wo H. sich als anerkannter Stilist den Ruf eines »sozialist. Grandseigneurs« erwarb und sich für andere Autoren einsetzte, am Ende aber doch das DDR-System nicht in Frage stellte. – W.: Zwölf Balladen von den großen Städten (1945), Zeit der Gemeinsamkeit (E. 1950); Abendlicht (1979). – Geburtshaus: Heinrich-Beck-Straße 53 (kriegszerstört). – **Karl Corino**, »Außen Marmor, innen Gips«. Die Legende des Stephan Hermlin (1996).

Johannes Arnold, * 17. 7. 1928 Ch., † 5. 12. 1987 ebd. Erzähler. Gestaltete als Vertreter der sog. »Flakhelfergeneration« die Kriegs- (»Das letzte Urteil«, 1958) und Nachkriegszeit (»In erster Stunde«, 1961).

Arne Leonhardt, * 20. 4. 1931 Ch., † 16. 5. 1982 ebd., Dramatiker und Kriminalschriftsteller. Das Hörspiel »Der Abiturmann« (1968, Theaterstück 69) stellte DDR-Auswahlkriterien zum Erwerb höherer Bildung in Frage.

Irmtraud Morgner, * 22. 8. 1933 Ch., † 6. 5. 1990 → Berlin, Erzählerin. Germanistik-Studium in → Leipzig/SN, anschließend Redaktionsassistentin der Zs. »Neue deutsche Literatur«. Seit 1958 in Berlin. M.s in der DDR spielender »Schelmenroman« »Leben und Abenteuer der Trobadora Beatriz nach Zeugnissen ihrer Spielfrau Laura« (1974) wurde zu einem Kultbuch der Frauenbewegung in Ost und West. – W.: Das Signal steht auf Fahrt (E. 1959), Hochzeit in Konstantinopel (R. 1968), Amanda. Ein Hexenroman (1983).

Werner Bräunig, * 12. 5. 1934 Ch., † 14. 8. 1976 → Halle/ST, Erzähler und Lyriker, auch Hörspiel- und Fernsehautor. Zunächst unstetes Leben. Machte als »Volkskorrespondent« auf sich aufmerksam. Das DDR-Schulbuchgedicht »Du, unsere Zeit« steht für B.s emphatische Soz.-Begeisterung. – W.: Prosa schreiben (Ess. 1968), Gewöhnliche Leute (R. 1969), Die einfachste Sache der Welt (1970), Rummelplatz (R. 2007).

🅐 **Paulus Niavis** (→ Bautzen/SN) wurde 1486 erster Rektor der Lateinschule. – Einer seiner Nachfolger **Martin Heyneccius** (→ Borna/SN), 1578-82 Rektor, hätte einer Theatervorrede nach nie begonnen, »Komödien zu schreiben«, »wo ich nicht bei euch zu Chemnitz ... angereizt wäre worden«. – Der kriegsverwundete **Theodor Körner** (→ Dresden/SN) kam Ende Juni 1813 in das Haus des Ch.er Kaufmanns Kunstmann in der Lohstraße. – Nach dem Dresdner Mai-Aufstand 1849 wurden im Gasthof »Zum blauen Engel« Kronenstraße/Ecke Markt **Michail Bakunin** und **Otto Heubner** (→ Plauen/SN) verhaftet, während **Richard Wagner** (→ Bayreuth/BY) wegen verspäteter Ankunft von der Polizei übersehen wurde und am 10. 5. aus der Stadt flüchten konnte. – **Paul Göhre** (→ Grimma/Wurzen/SN) arbeitete 1890 unter falschem Namen in einer Ch.er Fabrik. Daraus entstand der aufsehenerregende Reportage-Bd. »Drei Monate Fabrikarbeiter und Handwerksbursche« (1891). – **Alfred Matusche** (→ Leipzig/SN) lebte von 1969 bis zu seinem Tod 73 in Ch., wo es eine fruchtbare Zusammenarbeit mit dem Theater gab und M. mit der Uraufführung von »Van Gogh« (1971) seinen größten Erfolg erlebte. – Der Lyriker und Übersetzer **Richard Leising** (1934-97) war Ch.er. Obwohl L. nur in B. Jentzschs schmaler »Poesiealbum«-Reihe veröffentlicht (1975) wurde, besaß er in der DDR ein großes Renommee.

L **Lothar-Günther Buchheim** wuchs zwar (wie St. Heym und St. Hermlin) in den 20er Jahren im Nobelviertel »auf dem Kaßberg« auf, doch gehörten zu seinen frühesten Eindrücken »Straßenschlachten am Fuß des Kaßbergs«.

R Westl. des Zentrums **Rabenstein**. Friedrich de la Motte Fouqué (→ Brandenburg/BB) kannte den dortigen Gutsbesitzer. Zus. mit seiner Frau **Caroline von Rochow** (→ Rathenow/BB) kehrte er 1822 bei ihm ein und genoss die unversehrte Natur, stellte diese aber in seinen »Reise-Erinnerungen« (1823) schon der entstehenden Ch.er Industrielandschaft gegenüber. – **Karl May** (→ Glauchau/Hohenstein-Ernstthal/SN) war 1861 Lehrer an der Fabrikschule der Fa. C. F. Solbrig & Söhne **Altchemnitz**, Paul-Gruner-Straße 14, wurde aber bald wegen eines Diebstahls entlassen und 1862 zu einer sechswöchigen Haftstrafe verurteilt, die er im ma. Brettturm an der Stadtmauer verbüßte. – **Goethe** (→ Frankfurt a. M./HE) kam 1810 nach Ch. und besichtigte in dem südl. liegenden **Harthau** die »Spinnmaschinen« der Gebrüder Bernhard, die als techn. Wunderwerk galten. Kontor und Wohnhaus erhalten, Klaffenberger Straße 47. In »Wilhelm Meisters Wanderjahre« (R. 1821-29) erzählt G. davon, wie sich das »überhandnehmende Maschinenwesen . . . wie ein Gewitter« heranwälze.

B T. Richter, Der Kaßberg. Ein Chemnitzer Lese- und Bilderbuch, 1996.
Z Aue, Freiberg, Glauchau, Marienberg, Mittweida, Zwickau (SN).

CHIEMSEE/BY

»Eine Landschaft, die sich in ein Kunstwerk, und ein Kunstwerk, das sich in eine Landschaft verwandelt.« (Heinz Friedrich, 1984)
Drei Inseln liegen im Chiemsee: Herrenwörth, Frauenwörth und die Krautinsel. »Herren- und Frauenchiemsee« bilden zusammen die kulturellen Stammeltern des ganzen Chiemgaus. Der Überlieferung nach 766 Gründung eines Nonnenklosters auf der Fraueninsel durch Herzog Tassilo III., zeitgleich mit der Männerabtei auf der Herreninsel.

Für die Kunst entdeckt hat **Frauenwörth** der Münchner Maler Maximilian Haushofer, der bereits als Student 1828 mit einigen Freunden auf die Insel geraten war. Eine von Haushofer 1841 angelegte »Inselchronik« wuchs auf fünf Bände an (deren drei erste allerdings bei der Bombardierung des Münchner Künstlerhauses verlorengingen); sie enthält neben den Namen von Malern auch solche von Schriftstellern, wie F. Dahn, Ch. Morgenstern, J. V. von Scheffel, K. Stieler, L. Thoma, L. Ganghofer. **Felix Dahn** (→ Hamburg) zollt in seinen »Erinnerungen« (1891) der Familie Haushofer seinen Dank und beschreibt die Tage seiner Jugend auf den »seligen Inseln«. In einer der alten Weiden auf dem »Frauengang« vor der Klostermauer fand er seinen Platz: »Dann atmete ich Poesie und brauchte sie nicht zu dichten.« **R. M. Rilke** (→ München/BY): »Eine Welt der Einkehr mit vielen Mauern und Unzugänglichkeiten, in deren lichte

Frauenchiemsee: »Die Insel Frauenwörth trägt noch eine Welt der Einkehr« (R. M. Rilke)

reine Ordnung manchmal ein Gittertor zögernd erlaubten Einblick gewährt.« Und **Eugen Gottlob Winkler** (→ München/BY): eine Inselwelt, »die ihr Maß in sich selbst trägt«. »Im Bann beglückend schöner Sommerzeit«: die »Chiemsee-Sonette« (1943) des Leipziger Kulturhistorikers **Valerian Tornius** (1883-1970). **Lion Feuchtwangers** »Die häßliche Herzogin Margarete Maultasch« (1923) endet auf F.: »Am Ufer der kleinen Insel, vernachlässigt, grellweiß geschminkt, unter Gerank und sehr farbigen Bauernblumen, saß die Herzogin, schaute dem Boot nach.« Der Friedhof von F. gehört zu den berühmtesten in Bayern. **Felix Schlagintweit** (1868 Bamberg – 1950 Urfahrn) hat ihm die letzten Seiten seiner Aut. »Ein verliebtes Leben« (1943/46) gewidmet und darin die Inschrift seines künftigen Grabes bestimmt. In seiner Nachbarschaft ruhen u. a. M. Haushofers Sohn **Max Haushofer** (1840-1907) und seine Frau, die Schriftstellerin **Emma Haushofer** (1854-1925), **Wilhelm Jensen** (→ Eutin/Heiligenhafen/SH) und die Ehrenbürgerin (»Haus Bergwald«, Nr. 14) **Anna Mayer-Bergwald** (→ Traunstein/BY).

Herrenchiemsee: Das ehem. Klostergebäude, sog. Altes Schloss, war 1948 Tagungsort des Verfassungskonvents, der die Basis für das Grundgesetz erarbeitete (Ausstellung). – Das Vorbild für das Neue Schloss Ludwigs II. war Versailles, hier jedoch die »Architektur als Kulisse für eine vergeistigte Welt aus Geschichte und Dichtung«. König-Ludwig II.-Museum, mit Dokumenten, Modellen u. a. zum Bühnenwerk **Richard Wagners** (→ Bayreuth/BY). Die Beziehung zwischen König und Komponist hat **Annette Kolb** (→ München/BY) 1963 in »König Ludwig II. von Bayern und Richard Wagner« dargestellt.

Prien

Heimatmuseum (u. a. Erinnerungen an F. Dahn). – Galerie im Alten Rathaus: Dauerausstellung der Künstlergruppe »Bären und Löwen« (Frauenchiemsee).

Pächterin des Wirtshauses »Kampenwand« (Seestraße 23, heute L.-Th.-Haus, Gedenktafel, Büste) war die Mutter von **Ludwig Thoma** (→ Oberammergau/BY), dessen »Lausbubengeschichten« zum Teil auf Erlebnissen in Prien beruhen (»Erinnerungen«, 1919). In P. bildete sich von München aus eine Künstlerkolonie, zu der auch **Berthold Auerbach** (→ Rottenburg/Nordstetten/BW) und **Joseph Victor von Scheffel** (→ Karlsruhe/BW) gehörten. **Oskar Gluth** (→ München/BY) lebte 30 Jahre bis zu seinem Tod 1955 in seinem Landhaus an der Ernsdorfer Straße. Auf dem Friedhof das Grab von **Karl Aloys Schenzinger** (1886-1962), Verfasser populär.-wiss. Romane aus der Geschichte der Technik. F.-H.-Straße 1 Brunnendenkmal für die P.er Ehrenbürgerin **Franziska Hager** (→ Traunstein/BY), die Kindheit und Schulzeit in P. verbrachte und 1893/94 hier Schulpraktikantin war (»Schulmeis-

terkinder«, 2. Aufl. 2000). – In **Ernsdorf**
(Berching-E.) lebte F. Dahns Schwester,
Konstanze von Bomhard (Ps. C. Hirun-
do/1846-1933), die »erste Heimatschrift-
stellerin des Chiemgaus«.

Rimsting

St. Salvator (Rimsting-St. S.) war Som-
mersitz von **Wilhelm Jensen**, der hier seine
»Chiemgaunovellen« (1895) schrieb.
Am ehem. Bahnhof von **Rimsting** befand
sich ein Nebengleis für den Hof-Sonder-
zug von **König Ludwig II.** Ein eigener
Empfangssalon am Bahnhof wurde für
ihn eingerichtet; an seiner Stelle steht heu-
te eine Linde mit dem Hinweisschild:
»1885/86 kam König Ludwig II. von Bay-
ern öfter nach Rimsting, um den Schloß-
bau auf der Herreninsel zu besichtigen.
Hier stand der Empfangssalon. Zur Erin-
nerung wurde 1895 diese Linde gepflanzt.«
Von einer einsamen Uferstelle bei Urfahrn
beobachtete er heimlich die Baufortschrit-
te auf Herrenchiemsee (Grundsteinlegung
1878; regelmäßige Aufenthalte zwischen
1881 und 85). In diese Zeit fällt eine Wen-
de in Ludwigs Privatleben: »Er verläßt sei-
ne Lebensspur, und in dem neuen Zeitab-
schnitt wird er seine Freunde unter Kam-
merdienern, Lakaien, Reitburschen und
Soldaten suchen« (R. Holzschuh, »Das ver-
lorene Paradies Ludwigs II.«). Seiner Ver-
wandtschaft versperrte L. den Zutritt zu
seinen Schlössern. Erst nach seinem Tod
1886 betraten staunend erste Besucher
die Bauten des Königs.
Felix Schlagintweits Haus an der alten
Überfahrt in **Urfahrn** war Treffpunkt
der Künstler; seit 1944 lebte er ständig
hier (»Ein verliebtes Leben«).
In **Gstadt** verbrachte **Felix Dahn** viele
Sommer, unter der »Tejaföhre« auf dem
Einödhof Aisching oberhalb von G.
schrieb er an dem R. »Ein Kampf um

Rom« (1876). In **Gollenshausen** (Gstadt-
G.) schuf **Eugen Ortner** (→ Traunstein/
BY) Teile seines Hauptwerkes (u. a. »Meier
Helmbrecht«, Tr. 1928). Grab O.s auf dem
Kirchhof.

Breitbrunn

Hans Leip (→ Hamburg) baute sich 1948
in der Wolfsbergerstraße ein Haus, »gera-
dezu auf Schreibbedürfnisse eingerich-
tet«, wie **Horst Mönnich** auch für sich be-
fand, der 1952 das Haus übernahm. Nach-
zulesen in L.s Ant. »Das Tanzrad« (1979). –
Günter Eich (→ Frankfurt a. d. O./Le-
bus/BB), der 1954-56 mit seiner Frau
Ilse Aichinger in B. wohnte: »Ludwig woll-
te nicht, daß man ihn essen sah. / Zu un-
sichtbaren Kerkern gerinnt der Föhn«
(G. »Herrenchiemsee«).

Seebruck

Römermuseum Bedaium (einschlägig **F.
Dahns** hist. R. aus der Völkerwanderung
»Vom Chiemgau«, 1896). Im von der Mut-
ter gekauften Gasthof »Post« (Gedenk-
tafel, L.-Th.-Stub'n) verbrachte **Ludwig
Thoma** zwei Jugendjahre und bekam
dort auch Anregungen für die »Lausbu-
bengeschichten« (1903). Die Mutter ist
auf dem Dorffriedhof begraben.

Alztal

Altenmarkt: »Die bitteren Leiden des sü-
ßen Wassers« (1985): **Ruth Rehmann**, seit
1958 im Chiemgau lebend, hat zu der
Slg. »Die Geschichte der idyllischen Alz«
beigesteuert. 1968 erschien ihr preisge-
krönter R. »Die Leute im Tal«, 87 »Die
Schwaigerin«. »Chiemgauer Geschichten«
(1977), »Der Mondscheinknecht« (1981):
Franz Xaver Kroetz hat seit 1974 in **Kirch-
berg** ein zweites »Zuhaus«. – Vademecum

für **Baumburg, Rabenden** und **Seeon** **Josef Hofmillers** (→ Sonthofen/Kranzegg/BY) »Wanderbilder«; für Seeon **Heinz Friedrichs** »Liebeserklärung an eine Heimat« »Die Natur als Dramaturg« (1984). In **Roitham** (Seeon) in einem 250 Jahre alten bäuerl. Holzhaus Bibliothek, dtv-Archiv u. a. von **Heinz** (→ Dieburg/Roßdorf/HE) und **Maria Friedrich**. – In **Truchtlaching** (Seeon-Seebruck-T.) war der Augustiner-Chorherr **Johann Albert Poißl** (1622-92), der weltl. Lieder und pol. Gedichte schrieb, Pfarrer; Grabtafel auf dem Pfarrhof von Kloster **Baumburg** (Altenmarkt-B.). In **Felix Dahns** R. »Die schlimmen Nonnen von Poitiers« erscheint T. als »Truchtilinga«. – Auf seinem Gut **Poing** (»in meinem Chiemgauer Landhause«) wurde 1944 der Schriftsteller **Friedrich Reck-Malleczewen** (→ Dachau/BY) von der Gestapo verhaftet (»Tagebuch eines Verzweifelten« (1947, n. 66).

In **Chieming** bauten sich die **Nadolnys** in den 1930er Jahren ein Sommerhaus; es spielte eine schicksalhafte Rolle im Leben seiner Besitzer: **Burkhard Nadolny** (1905-68), der v. a. als Romancier und Reiseschriftsteller (»Der Fall Cauvenburg«, 1962) bekannt wurde. Von seiner Frau **Isabella N.** (1917-2004) über Haus, Dorf und Region u. a. »Ein Baum wächst übers Dach« (1959) und das »Seehamer Tagebuch« (1962). Beider Grab auf dem Friedhof von **Stöttham**. Sohn **Sten Nadolny** (1942 in Zehdenick/BB geb.) beschreibt am Schluss seines lit. Erstlings »Netzkarte« (1981) in einer köstlichen Paraphrase, wie man von **Bayern** nach **Übersee** »zu Fuß« gelangen kann. Die Orte gleichen Namens liegen nämlich südwärts mehr oder weniger vor der Ch.er Tür. – Im Schlösschen von **Winkl** bei **Grabenstätt** verbrachte **Franziska von Reventlow** (→ Husum/SH) 1903-09 mit Kind und Kegel ihre Sommerfrischen (Tagebücher!). – Das

»Bonn-Schlösschen« in **Bernau** war Sitz des Schriftstellers und Schauspielers **Ferdinand Bonn** (1861-1933). Der Erzähler **Rudolf Stratz** (→ Heidelberg/BW) verstarb 1936 auf Gut Lambelhof bei B.

B Chiemgau, Merian 7/1984; H. Heyn (Hrsg.), Lesebuch aus der Provinz Chiemgau, 1988; R. Just, Krumme Touren 2. Reisen in die Nähe (u. a. Chiemgau), überarbeitete Ausg. 2007.

Z Altötting, Berchtesgaden, Rosenheim, Wasserburg a. I. (BY).

CLOPPENBURG/NI

Berühmt: Deutschlands größtes Freilichtmuseum, das 1922 gegr. »Museumsdorf«. Der niederdeutsche Schriftsteller **Karl Bunje** (1897-1985) lebte von 1937-53 in C. – Die Gemeinde **Saterland** bildet eine letzte (verschwindende) Sprachinsel des Ost-Friesischen (**Piet Kramer**, »Seelter Woudebouk«, 1962; **Gesina Lechte-Siemer**, »Ju Seelter Kroune«, 1977). – Mit dem Titel einer späten Erzählung kehrte die Volksschriftstellerin und Sagensammlerin **Elisabeth Reinke** (1882-1981) in ihre Heimat »Hemmelsbühren« (1965) zurück, sie lebte zuletzt in Vechta.

S Kunstpreis der Stadt C.
B C.-L. Langen, Das Oldenburgische Münsterland, in: Dt. Landschaften, 3. Folge, 1976; D. Stellmacher, Das Saterland und das Saterländische, 1998.
Z Bremen, Oldenburg, Quakenbrück (NI).

COBURG/BY

»Coburg fällt aus der fränkischen Rolle. Es ist eine Bürger- und Fürstenstadt geblieben. Die Coburger Herzöge leben im Herzen der Coburger fort. Sie haben den Coburgern mit der Veste, den fürstlichen Bauten, den Sammlungen, dem Hoftheater und dem Hofgarten ein Spektaku-

lum und ein Tuskulum zum Weiterspielen auf eigener Bühne hinterlassen.« (Hans Max von Aufseß, 1967)
Staatsarchiv C. – Kunstsammlungen Veste C.; Schloss Ehrenburg (Landesbibliothek; Lesekabinett der Herzogin Luise mit Porträts von Ch. M. Wieland bis J. G. Fichte, 1820). – Landestheater C.

Melchior Franck, * 1580 Zittau, † 1. 6. 1639 C., Komponist und Liederdichter. Seit 1603 Kapellmeister am C.er Hof. Schuf den Typ der »Sing-Comoedie«. – W.: Newes liebliches Musicalisches Lustgärtlein (1622). – Gedenkstein anstelle des Wohnhauses an der Ostseite des Schlossplatzes.

Andreas Libavius (→ Halle/ST) war erster Rektor des 1605 von Herzog Johann Casimir (1564-1633) gegründeten Gymnasiums (»Casimirianum«), dessen Statuten W. Heider (→ Ohrdruf/TH) schrieb. – Denkmal des Herzogs am Gymnasium; Grabplatte in der Stadtkirche St. Moriz.

Johann Matthäus Meyfart (→ Jena/TH) war seit 1617 Lehrer, seit 23 Rektor am »Casimirianum«. In C. entstand die »Teutsche Rhetorica« und die Predigt-Slg. »Tuba novissima« (1626), in der das kunstvolle Chorallied »Jerusalem, du hochgebaute Stadt« steht und in dessen 4. Strophe das C.er Schloss genannt wird. – Wohnung: Casimirianum (Zwischengeschoss über dem linken Eingang).

Moritz August von Thümmel, * 27. 5. 1738 Gut Schönfeld (→ Leipzig/SN), † 26. 10. 1817 Neuses bei C. Seinen lit. Ruhm begründete Th. mit dem »prosaisch-komischen Gedicht« »Wilhelmine oder Der vermählte Pedant« (1764). 1761 Kammerjunker am C.er Hof, 64 Geheimer Hofrat. Lebte seit 1783 meist auf seinen Gütern Sonneborn (→ Gotha/TH) und Neuses bei C. – Grabmal mit Obelisk und Gedenkplatte im Park des Schlösschens Falkenegg in C.-Neuses.

Jean Paul (→ Wunsiedel(BY) lebte von Frühjahr 1803 bis August 04 in C., wo er mit dem Gartenhäuschen auf dem Adamiberg mit Blick über die Stadt hinauf zur Veste ein »göttliches Logis« fand und die »Flegeljahre« vollendete. – Wohnung: Gymnasiumsgasse 5 (Gedenktafel); Büste und Gedenktafel am Jean-Paul-Haus auf dem Adamiberg.

Friedrich Rückert (→ Schweinfurt/BY), jungvermählt (Zyklus »Liebesfrühling«), wohnte 1820-26 in C., 1841-48 war Neuses (heute zu C.) sein Sommerwohnort, von 48 bis zu seinem Tod 1866 sein »Lebensabenddomizil«. – Wohnung: Rückertstraße 2 (Gedenktafel), wo drei seiner Söhne geboren wurden; Gutshaus Neuses mit Arbeitszimmer (Gedenkstätte); Gartenhaus auf dem Goldberg; Grab hinter der Dorfkirche; Denkmal im Rückert-Park in Neuses.

Friedrich Hofmann, * 18. 4. 1813 in C., † 14. 8. 1888 → Ilmenau/TH, Lyriker und Dramatiker. Studium in Jena; Tätigkeiten in → Hildburghausen/TH und Leipzig, wo H. seit 1861 Redakteur der »Gartenlaube« war. – W.: Die Harfe im

Coburg: Das Goldberghäuschen von Neuses, Friedrich Rückerts »Lieblingsstätte seines Ruhens und dichterischen Sinnens«

Sturm (Aut. 1872); Nach fünfundzwanzig Jahren (G. 1886). – Geburtshaus: Leopoldstraße 28 (Gedenktafel).

Ernst II., Herzog **von Sachsen-Coburg und Gotha**, *21.6.1818 C., †22.8. 1893 Schloss Reinhardsbrunn bei Friedrichroda, einer der populärsten Fürsten seiner Zeit, Opernkomponist (»Santa Chiara«, 1854) und Verfasser einer Aut. (»Aus meinem Leben und aus meiner Zeit«, 3 Bde., 1887-89). Freund von **Gustav Freytag** (→ Gotha/Siebleben/TH), der mehrfach C. besuchte (und in »Ingo« mit der »Idisburg« der »Veste« C. ein lit. Denkmal setzte), und Förderer von **Friedrich Gerstäcker** (→ Hamburg), der ab 1854 in der »Schweizerei« im Park Rosenau lebte (E. »Herrn Mahlhubers Reiseabenteuer«) und mit dem Herzog auf Reisen ging. – Reiterstandbild des Herzogs (1899) im Hofgarten.

Georg Schneider (Ps. **Erno P. Scheidegg**), *15.4.1902 C., †24.11.1972 → München/BY, Lehrer und Lyriker, Mitglied der verfassunggebenden bay. Landesversammlung. – W.: Atem der Jahre (Ges. G. 1960); Protestantisches Rom en miniature. Coburger Kindheitserinnerungen (1976).

A **Martin Luther** (→ Eisleben/TH) wohnte während der Zeit des Augsburger Reichstages vom 23.4. bis 4.10.1530 in C., die erste Woche im Franziskanerkloster (heute Schloss), dann auf der Veste (»Reich der Dohlen«), wo er Psalmen übersetzte (»Coburger Psalter«), den »Sendbrief vom Dolmetschen« verfasste und 13 Fabeln schrieb (»Coburger Äsop«). Gedenktafel im Innenhof der Veste, im Fürstenbau L.-Kapelle und L.-Gedenkstätte; L.-Büste von E. Rietschel in der St.-Moritz-Kirche (in der L. siebenmal predigte). **Hans von Wolzogen** (→ Bayreuth/BY), »Luther auf der Coburg« (Festspiel 1918). – 1613 beauftragte Johann Casimir seinen Heldburger Superintendenten **Johann Gerhard** (→ Quedlinburg/ST) mit der Visitation aller Kirchen und Schulen im Herzogtum. Aus G.s Schriftstück ging die »Coburger Kirchen- und Schulordnung« (sog. »Casimiriana«, 1626) hervor. Sie wurde Vorbild für ähnliche Ordnungen in ganz Deutschland.

Goethe (→ Frankfurt a.M./HE), dessen Vater 1725-30 Schüler am »Casimirianum« war, hielt sich dienstlich im Mai 1782 am C.er Hof auf und besuchte M.A. von Thümmels »Marmel-Mühle« beim Kammergut Oeslau. 1788 und 90 übernachtete G. nochmals in C. – **Gustav von Heeringen** (1800-51) war erster Bibliothekar bei Hofe; nur seine fränk. Reisebücher sind noch bekannt. Gedenktafel Leopoldstraße 28. – Aus C. stammt **Heinrich von Stein** (1857-87), der Erzieher der Kinder von R. Wagner (→ Bayreuth/BY) und Verfasser von »Dramatischen Bildern und Erzählungen« (1888). – C.s bedeutendster Heimatdichter ist **Georg Eckerlein** (gen. **Schursch**, 1874-1940: »Mei Coburg is doch ahnzig schö!«), dessen »Gedichtla in Coborger Sproch« (7 Bde., 1921-38) populär geblieben sind. Wohnung: Judengasse 48 (Gedenktafel).

L C.s bedeutendster Chronist ist **Philipp Karl Gotthold Karche** (1780-1854; »Jahrbücher der Herzoglich Sächsischen Residenzstadt Coburg«). Wohnung: Johannisgasse 6 (Gedenktafel). – **Ludwig Bechstein** (→ Meiningen/TH) veröffentlichte einen »Sagenschatz des Frankenlandes« (1842), **Josias Nordheim** (eig. Oskar Bagge/1814-73) in C. angesiedelte »Volksbücher« (1862) und »Stadt- und Dorfgeschichten« (1865) sowie **Robert Gertloff** das Buch »Coburgisch-nordfränkische Sage und Geschichte im Gewande der Poesie« (1906). – Die Residenzgeschichte ist Mittelpunkt u.a. in den Romanen »Anna von Coburg« (1836) von **Wilhelm Lenz** und »Der deutsche Herzog« (1915) von **Paul Schreckenbach** (→ Apolda/Neumark/TH). – **Wilhelm Raabes**

(→ Holzminden/Eschershausen/NI) Roman »Gutmanns Reisen« (1892) spielt in C. – **Uwe Timm**, »Der Mann auf dem Hochrad« (R. 1984).

S Kunstsammlungen Veste C.: Autographen-Slg. von rund 7000 Briefen, 16.-20. Jh. (u. a. M. Luther, Goethe, F. Schiller, Jean Paul, F. Rückert). – C.er Literaturkreis.

R Das »Kleinod« C. ist seit den Zeiten (1611) des schwed. Reisenden **Bengt Bengtson Oxenstierna** bis ins 20. Jh. gerühmt worden. Alle Wanderungen durch Oberfranken, deren Reize **Karl Immermann** (→ Düsseldorf/NW) 1837 »Deutschlands geheimste, jungfräulichste« nannte, enden in C. oder nehmen hier ihren Anfang: etwa durch das Wiesental, das **Johann Gottfried Herder** (→ Weimar/TH) in einem Brief an seine Frau im August 1788 »die schönste Gegend von der Welt« nannte. – **Horst Krüger** (→ Magdeburg/ST), »Brief aus Coburg« (in »Die Grenze. Fränkische Impressionen«, 1975). Nordwestlich von C. liegt nahe der thüringischen Grenze **Bad Rodach** (Heimatmuseum): **Jörg Bernhard Bilke**, »Rodach – meine Pforte nach Thüringen« (1994). Als am 17. 12. 1989 hier die Grenze geöffnet wurde, eine alte Frau: »Vierzig Jahr' war'n doch a wenig arch lang!« Im Sommer 1814 kehrte **Friedrich Rückert** im R.er Pfarrhaus ein: Idyll »Rodach, Denkmal einer Gastfreundschaft«. – Im durch seine Spielzeugindustrie bekannten **Neustadt b. Coburg** (Museum) predigte Karfreitag 1530 in der Stadtkirche **Martin Luther**. »Von aussterbenden Schustern, einem Neustadter Verräter mit dem zweiten Herzen und dem Ausverkauf in Bayern« erzählt fast 500 Jahre später »Der Grenz-Gänger« **Landolf Scherzer** in seinem gleichnamigen Tagebuch (2005). Südl. von C. **Ahorn**, wo 1721 der Romanschriftsteller **Michael Erich Franck** (→

Sonneberg/Schalkau/TH) starb. – Nahebei **Scherneck**. In dem Dorf kam 1575 der Dramatiker **Jacob Rosefeldt** (→ Hildburghausen/Römhild/TH) zur Welt. – **Seßlach**, wo sein Vater würzburg. Amtmann war (Gedenktafel), war 1807/08 **Friedrich Rückerts** Sommerdomizil (Sagengedicht »Das Irrglöcklein«; R.-Hain).

B N. Klüglein, Steingewordene Erinnerungen an berühmte Coburgerinnen und Coburger, 1995; U. Stamer, Coburg – Ein deutscher Kontrapunkt, in: Luthers Land, 2002; E. Frey/R. Heinritz (Hrsg.), Coburg aus dem »Dintenfas«. Literarische Streifzüge durch vier Jahrhunderte, 2006.

Z Hildburghausen, Sonneberg (TH); Kronach, Lichtenfels, Staffelstein, Ebern (BY).

COCHEM/RP

Reichsburg C.

Martin von Cochem (eig. **Martin Linius**), * 13. 12. 1634 C., † 10. 9. 1712 → Waghäusel (Bruchsal/BW), Volksprediger an Rhein, Main und Mosel, als rel. Schriftsteller von großem Einfluss auf die kath. geistl. Lit. Dtl.s (bis C. Brentano und F. Grillparzer). – An die 70 Schriften, sein Hauptwerk »Leben und Leiden Jesu Christi« (1677), 4. Aufl. mit dem Vermerk: »so aus dem C.er Blumen-Garten radicaliter und ursprünglich entsprossen«. – Kapuzinerkloster auf »Kemplon«; Statue an der Pfarrkirche St. Martin.

A Im 1692 wiederhergestellten Kloster war der rel. Volksschriftsteller **Dionysius von Luxemburg** bis 1705 Guardian. – Das Hotel »Brixiade«, vormals Gasthaus »Zur Traube«, in Cond (Uferstraße 13) kam durch **Joseph von Lauffs** (→ Köln/NW) weinseliges komöd. Epos (1915) zu Ruf und Namen: »Brixiadenstube«, u. a. mit Karikaturen zu der Tril. »Brixiade«/»Martinsgans«/»Sauhatz« und mit Er-

innerungen an **Julius Wolff** (→ Quedlin-
burg/ST) und **Rudolf Herzog** (→ Wup-
pertal/NW). L. starb am 22. 8. 1933 in
»Haus Krain«, seinem Sommersitz im heu-
te eingemeindeten Sehl (J.-v.-L.-Straße
32). – **Rudolf G. Bindings** (→ Starn-
berg/BY) »Moselfahrt aus Liebeskum-
mer« (1932) beginnt eigentlich erst in C.,
denn hier lernte er bei »Moselaal blau«
das »kleine Scheusal« kennen, dem diese
»heilsame Landschaft« aus dem Kummer
helfen sollte.

L Sprichwörtlich die »Cochemer Stückel-
chen«: Schildbürgerstreiche, wie der von der
Ziege, die man flugs kelterte, weil sie die Trau-
ben gefressen hatte. – **Julius Wolff**, »Der
Landsknecht von Cochem« (1898); **Ludwig
Mathar** (→ Monschau/NW), »Unter der Gei-
ßel. Das Trauerspiel eines Volkes« (1924). –
Zur vergnüglichen Lektüre empfehlen: die
einschlägigen Kapitel in **Walter Henkels'** (→
Solingen/NW) »Bacchus muß nicht Trauer
tragen« (1973), wo auch die Heimatdichter
wie **Leonhard Probst** aus Ediger zu Wort kom-
men. Nachdenklicher die mit dokumentari-
schen und erzählerischen Mitteln gestaltete
Chronik jüngster Vergangenheit von **Ernst
Heimes** (1956 in C. geb.): »Ich habe immer
nur den Zaun gesehen« (1992, des KZ-Außen-
lagers C. nämlich), »Jude in Lehmen« (1993)
und »Schattenmenschen« (Erz. 1996).

R Im Krampen **Bruttig** (B.-Fankel): zwi-
schen hohen Giebelhäusern am Moselufer
eingezwängt das Geburtshaus (Gedenkta-
fel) von **Petrus Mosellanus** (eig. **P. Schade**/
1493-1524), Humanist, zuletzt Lehrer in
Leipzig und Rektor der Universität. – In
Beilstein spielt **Heinrich Spoerls** (→ Düs-
seldorf/NW) (als Film bes. erfreulicher)
Roman »Wenn wir alle Engel wären«
(1936). – Über den »Christus in der Kelter«
in der Kreuzkapelle über **Ediger** (E.-Eller)
steht bei **Rudolf Binding** das schöne Wort:
»Blut und Wein, so nahe zusammenge-
bracht von der Kirche: erst der Weinbauer

dieser Landschaft ließ sie ganz zusammen-
fließen.« – Von **Zell** zitiert **Stefan Andres**
(→ Trier/Schweich/RP): »Ferme (fest)
wie'n Zeller us dem Hamm« und »Ich
fahr auf diesem Faß zur Höll–/Is dat nicht
Jungfernberg aus Zell« (Schröterbruder-
schaftslied, 1951). – Bereits in der Eifel:
Büchel; hier ist der Erzähler (»Aus mei-
nen Bergen«, 1920) **Wilhelm Hay** geb.
(1891-1962); Geburtshaus Pfarrer-Stein-
metz-Straße 1, Wohn- und Werkstatt in
der ehem. Windmühle, Grab auf dem
Friedhof. – **Bad Bertrich** nannte **Alexan-
der von Humboldt** (→ Berlin) das »mil-
de Karlsbad«, **Clara Viebig** (→ Trier/
RP), 60-mal in Bad B., schlichter »das Bäd-
chen« (»Der Lebensbaum«, 1903), Stele
im Kurgarten. **Heinrich Hoffmann** (→
Frankfurt a. M./HE) schrieb unter dem
Ps. Polykarpus Gastfeger eine Satire:
»Bad Salzloch«. Am 27. 10. 1927 starb in
Bad B. **Emmi Elert** (als von Eelking
1864 in Bremen geb.): Eifelromane »Auf
vulkanischer Erde« (1903) und »Die
Grundmühle« (1908). – B. ist Sitz der Cla-
ra-Viebig-Gesellschaft.

B H. Erschens, Literarische Schauplätze an
der Mosel (Ess. u. a. über die »Brixiade« und
R. G. Binding), 1990.
Z Daun, Koblenz, Mayen, Simmern, Witt-
lich, Bernkastel-Kues, Traben-Trarbach (RP).

COESFELD/NW

In der Bauernschaft Flamschen, wo das
»Annthrinken« 1774 geboren wurde, war
Clemens Brentano (→ Koblenz/RP) Ende
September 1818. Das Haus, das B. mit
dem Stall von Bethlehem verglich, wurde
1980 vom Anna-Katharina-Emmerick-Ver-
ein renoviert. – Das Wohnhaus von **Natz
Thier** (eig. Bernhard T., Ps. A. Berndt/
1886-1957), der plattdt. Volksstücke schrieb,
soll Museum werden. – Der Gymnasial-

lehrer **Gerhard Löbker** (1809-99) war mit seinen »Wanderungen durch das Ruhrtal« (1852) und »Wanderungen durch Westfalen« (1862-82) ein Fontane-Vorläufer. – In C. spielt der hist. Roman »Kord Kamphues« (1920) von **Felix Ernst Cosepius.** – Auf dem Hünsberg in der C.er Heide ein Denkmal für **Hermann Löns** (→ Hannover/NI).

Dülmen

Zum Besuch der seit 1812 stigmatisierten Nonne Anna Katharina Emmerick (1774-1824), die seit Aufhebung des Klosters Agnetenberg in der Stadt lebte, traf **Clemens Brentano** am 24. 9. 1818 in D. ein (Wohnung in der Coesfelder Straße). Statt der geplanten drei Wochen blieb er, von wenigen Unterbrechungen abgesehen, fast sechs Jahre bis zu ihrem Tod: »Ich fühle, daß ich hier eine Heimat finde, und es ahnet mir, als könne ich dieses wundervolle Wesen vor seinem Tod nicht mehr verlassen.« B. veröffentlichte aus seinen umfangreichen Aufzeichnungen der Visionen der E. nur den Band »Das bittere Leiden unseres Herrn Jesu Christi ...« Das von ihm noch vorbereitete »Leben der hl. Jungfrau Maria« erschien erst 1852; aus seinem Nachlass veröffentlicht noch ein »Leben Jesu« (1858/60) sowie das »Leben der gottseligen Anna Katharina Emmerick« (1867/70, Hrsg. Pater K. E. Schmöger). – **Luise Hensel** (→ Paderborn/NW) weilte 1819 zum erstenmal in D., wo sie ein Porträt von A. K. Emmerick zeichnete. Bei ihrem 2. Aufenthalt 1821 kam es zu einem Wiedersehen mit C. Brentano, der ihr später das Sterbekissen der Nonne sandte. Am 20. 3. 1824 ließ die H. auf das Gerücht hin, Holländer hätten die Leiche geraubt, das Grab öffnen. – Geburtshaus von A. K. Emmerick der Emmerick-Weg 20; Grab in der Hl.-Kreuz-Kirche; Gedenkstätte

im neuen Augustinerkloster vor der Stadt: Sterbekammer, Erinnerungen an C. Brentano und L. Hensel. – Pilgerweg von Flamschen nach D.

A **Friedrich Leopold zu Stolberg** (→ Bad Segeberg/Bad Bramstedt/SH) weilte 1813 zum ersten Mal in D.; **Christian Brentano** (→ Frankfurt a. M./HE) besuchte die Nonne 1817; **Achim von Arnim** (→ Berlin) traf 1820 hier seinen Freund und Schwager C. Brentano. 1900 besuchte der dänische Dichter **Johannes Jørgensen** das Grab. – Aufgewachsen in D. ist der Heimatdichter **Max von Spiessen** (1852-1921, Nachlass StA).

L Der Coesfelder **Kaspar Franz Krablee** (1794-1866) veröffentlichte 1861 »Erinnerungen an die selige Anna Katharina Emmerick«. Die »Erinnerungen« **Luise Hensels** wurden 1916 in der Zs. »Hochland« abgedruckt. Vom Tod der Nonne handelt **Ruth Schaumanns** (→ München/BY) Erzählung »Der Federkranz«. – **Werner Bergengruen** (→ Baden-Baden/BW): »Die wilden Pferde und das Nönsken« (in »Deutsche Reise«, 1934).

S Der v. a. als Lyriker und Aphoristiker (»Alles Leben ist Wagnis«, G.-Zyklus 1987) geschätzte **Peter Coryllis** (1909-97) gründete 1960 in D. den lit. »Kreis der Freunde«; Initiator der »Vier Groschen Bogen«. – **Zenta-Maurina-Sachpreis für Lit.** (seit 1975).

R Erinnerungen an **Amalia von Gallitzin** (→ Münster/NW) beschwört eine der schönsten Wasserburgen Westfalens: Haus **Darfeld.** Im Archiv u. a. Briefe von F. L. zu Stolberg. – Haus **Buldern** ist als »Bullbergen« in die Lit. eingegangen. Die z. T. verbürgten Schelmenstreiche des vormaligen Besitzers, Freiherr Giesbert von Romberg (1839-97), schildert **Josef Winckler** (→ Steinfurt/Rheine/NW) in seinem Erfolgsroman »Der tolle Bomberg« (1924). **Billerbeck** bewahrt das Andenken des hl. **Ludgerus** (gest. 809); der Ludgeri-Brunnen erinnert an die Taufstelle des

Missionars und die Legende von den Gänsen, mit deren Hilfe L. einen Brunnen ausfindig machte. In B. Freilichtbühne; die Kolvenburg Kulturzentrum.

Z Ahaus, Stadtlohn, Borken, Burgsteinfurt, Lüdinghausen, Münster (NW).

COTTBUS/BB

»Von Cottbus hat noch keiner je behauptet, es sei eine schöne Stadt. Dies darf der Berliner feststellen, denn mit seinem auswüchsigen Spreeathen war und ist es größtenteils ja nicht anders ... Cottbus ist für Berliner Begriffe immer anheimelnd gewesen, weil's ein Südostpendant Berlins ist, keine Filialstadt wie Frankfurt, keine Gegenspielerin wie Potsdam, aber wie Berlin eine Spreegegebenheit.« (Hans Scholz, 1973)
Brandenburgische Technische Universität Cottbus, Fachhochschule Lausitz. – Niederlausitzer Landesmuseum und Brandenburgische Kunstsammlungen. – Staatstheater Cottbus, einziges Jugendstiltheater (1908) Europas. – In C. wurde der Landschaftsmaler Carl Blechen (1798-1840) geboren.

Johannes Briesmann, * 31.12.1488 C., † 1.10.1549 Königsberg, Franziskanermönch niedersorb. Herkunft. Hielt im Dom von Königsberg 1523 die erste ev. Predigt. B.s »Kurze Ordnung des Kirchendienstes« (1530) war die Grundlage für die Reformation in Preußen und im Baltikum.
Jakob Immanuel Pyra, * 25.7.1715 C., † 14.7.1744 Berlin, Lyriker und Kritiker. Studium in → Halle/ST. In seinem Debüt »Der Tempel der wahren Dichtkunst« (1737) brüskierte er J.Ch. Gottsched (→ Leipzig/SN), indem er auf die engl. Autoren als Vorbilder verwies und den von diesem propagierten franz. Klassizismus ablehnte.
Arno Schirokauer, * 20.7.1899 C., † 24. 5.1954 Baltimore/USA, Kritiker, Hör-

spielautor und Erzähler. Wuchs als 6. Kind einer jüd. Arztfamilie auf und war nach dem Germanistikstudium in München beim Mitteldt. Rundfunk in Leipzig tätig, wo er sich in Anlehnung an B. Brechts (→ Augsburg/BY) Theorie vom epischen Theater um neue Ausdrucksmöglichkeiten im Hörspiel bemühte. Als Sch. 1937 aus dem Schweizer Exil nach Leipzig fuhr, wurde er verhaftet und 13 Monate in den KZ Dachau und Buchenwald festgehalten. Seit 39 in den USA.
Herbert Scurla, * 21.4.1905 Kleinräschen bei C., † 7.4.1981 C., Erzähler und Biograph (»Deutsche, auf die wir stolz sind«, 1955-58; »Alexander von Humboldt«, 1955; »Wilhelm von Humboldt«, 1970). Begann als Mitarbeiter an Werken des Afrika-Forschers H. Schomburgk (→ Querfurt/ST). Lebte seit 1952 in C. – Grab auf dem Zentralfriedhof.
A Das Gymnasium in C. besuchten: **Christian Gueintz** (→ Halle/ST) um 1605, **Johann Franck** 1628-34, **Ludwig Leichhardt** (→ Beeskow/BB) 1823-31, **Georg Moritz Ebers** (→ Berlin) 1847-55. – Um 1890 betrieb **Arnost Muka** (→ Bischofswerda/SN) in C. niedersorb. Studien und ist darüber erfreut, wie gut in der Sandower Vorstadt Sorbisch gesprochen wird. – Der als Erzähler (»Zwei Seelen«, 1904) bekannt gewordene **Wilhelm Speck** (1861-1925) war 1892-99 in C. Gefängnisgeistlicher. Der Arbeiterschriftsteller und in einem der Stalinschen Gulags ermordete **Albert Hotopp** (1886-1942) saß 1923-26 wegen Vorbereitung zum Hochverrat im C.er Gefängnis und arbeitete hier an seinen Erzählungen (»Stürme überm Meer«, 1933). – 1981 verbrachte **Karl Winkler** (»Made in GDR. Jugendszenen aus Ost-Berlin«, 1983) im C.er Gefängnis einige schlimme Monate und »fieberte« als polit. Gefangener dem Freikauf durch den Westen entgegen.

L **Gustav Moritz** (1842-1898) war seit 1879 in C. Homöopathiearzt und schrieb hier seine »Spreewaldlieder« (1890). – Der aus dem nahen Drebkau stammende und seit 1882 in C. als Mittelschullehrer wirkende **Ewald Müller** (1862-1932) ist der bedeutendste Niederlausitzer Heimatdichter (»Aus der Streusandbüchse«, 1893; »Spreewaldgrüße«, 1901) und Volkskundler (»Das Wendentum in der Niederlausitz«, 1894). Wohnung Karlstraße 10. – »Geschichten aus dem alten Cottbus« erzählt **Carlheinz Walter** in dem Roman »Die Torliesel und der Puppenspieler« (1935). – Spreewaldsagen (»Die goldene Brücke«, 1967) gab **Klaus Hallacz** (1913-75) heraus, der seine letzten Lebensjahre in C. verbrachte. – Vom Leben einer jüd. Familie berichtet **Wolfgang Hammerstein** in dem Erinnerungs-Bd. »Spurensuche« (1996).

E **Niedersorbische Literatur.** Ihr Zentrum war bis ins 20. Jh. hinein C. Die frühesten Zeugnisse sind die Übersetzung des Neuen Testaments (1548) durch **Miklaws Jakubica** und das Gesangbuch (1574) von **Albin Mollerus** (→ Lübben/BB). Der C.er **Jan Choijnan** (1600-66) verfasste die erste sorb. Grammatik (»Grammatica Sorabica-Slavonica«, 1650). **Jan Boguwer Rychtar** (1703-65), Sohn eines vorstädt. Schuhmachers, studierte in Halle Theologie und wirkte in verschiedenen Gemeinden der Niederlausitz als prot. Pfarrer. Sein lit. Werk ist eng mit der Herausbildung des Niedersorb. als Schriftsprache verbunden. 1848 brachte in C. der Pfarrer **Mato Nowka** mit dem Wochenblatt »Bramborski Serbski Casnik« (Brandenburgische Sorbische Zeitung) das erste niedersorb. Presseorgan heraus. 1879 erschien in C. der Volkskalender »Gotthold« mit einer niedersorb. belletrist. Beilage, aus der ab 80 der niedersorb. Buchkalender »Pratyja« hervorging und mit Unterbrechungen bis 1937 erschien. **August Trinius** (→ Waltershausen/TH) hat im 3. Bd. seiner »Märkischen Streifzüge« (1887) dem Niedergang des »Wendentums« in der Gegend von C. ein ganzes Kap. (»Am Sterbebette eines großen Volkes«) gewidmet und dessen Geschichte mit viel Sympathie beschrieben.

R **Hermann Fürst von Pückler-Muskau** (→ Görlitz/Bad Muskau/SN) lebte seit 1845 in dem heute zu C. gehörenden Schloss **Branitz**. In der »flachen Cottbusser Sandwüste« ließ er einen weiträumigen engl. Landschaftsgarten anlegen, künstliche Hügel aufrichten und Teiche ausheben. Bewundernd nannte ihn R. Varnhagen von Ense (→ Berlin) deshalb einen »Erdbändiger«. 1871 starb er in B. und wurde in der Wasserpyramide des Parkes beigesetzt. Erinnerungen im Fürst-Pückler-Museum im Schloss. – Gleichfalls im Weichbild von C. liegt **Kahren**, wo **Erwin Strittmatter** 1932 kurze Zeit Bäckergeselle war.

Im westl. von C. liegenden Spreewalddort **Burg** wurde die niedersorb. Erzählerin, Lyrikerin und Publizistin **Mina Witkojc** (1893-1975) geboren. Nachdem sie 1921 ihren Heimatort verlassen hatte, wurde sie Redakteurin des »Serbski Casnik« und 1925-28 Hrsgn. des Kalenders »Pratyja«. Später übersetzte W. die sorb. Klassiker H. Zejler (→ Hoyerswerda/SN) und J. Bart-Cisinski (→ Kamenz/SN) ins Deutsche. Grab auf dem Friedhof. Der Ethnograph **Willibald von Schulenburg** (1846-1934) erlernte in B. die niedersorb. Sprache und erwarb sich große Verdienste um die niedersorb. Volkskultur (»Wendische Volkssagen und Gebräuche aus dem Spreewald«, 1880, und »Wendisches Volkstum in Sage, Brauch und Sitte«, 1882).

Cottbus: Fürst Pücklers Grabpyramide im Branitzer Schlosspark.

Das Gebiet östl. des Spreewaldes ist eng mit der Familie **Heinrich von Kleists** (→ Frankfurt a. d. O./BB) verbunden. In **Guhrow**, auf halbem Wege zwischen Burg und Cottbus, ersteigerte 1781 Joachim Friedrich von Kleist (1728-88), der Vater des Dichters, das bis heute existierende »Schlösschen« (Dorfstraße 71). – Und Auguste Helene von Massow (1736-1809), geb. von Pannwitz, die Schwester von Kleists Mutter, die nach deren Tod 1793 den Frankfurter Haushalt versorgte und sich um ihren Neffen kümmerte, starb im nahen **Gulben**, wo sie im erhaltenen Pannwitzschen Erbbegräbnis (hinter der Dorfkirche an der Hauptstraße) beigesetzt wurde. Dort auch Grab von K.s älterer Schwester Maximiliane Auguste Katharina (1776-1818). – Aus **Müschen** bei Burg stammt Juliane Ulrike von Kleist (1746-93), geb. von Pannwitz, die Mutter Kleists. – In **Werben**, zwischen Burg und Guhrow, besaßen die mit der Familie Kleist verwandten Schönfeldts ihr Gut. **H. von Kleist** kannte es von mehreren Besuchen her und erwog 1811, sich dort das Leben zu nehmen. Aus **W.** stammt **Mato Kosyk** (1853-1940), niedersorb. Lyriker und Erzähler (»Die sorbische Hochzeit im Spreewald«, 1880), der bei der Dresden-Leipziger Eisenbahn beschäftigt war und für den niedersorb. Teil der »Brandenburgischen Zeitung« schrieb. 1883 wanderte er in die USA aus und wurde dort Pfarrer und Farmer. Gedenktafel an der Gemeindeverwaltung. Vor der Schule von W. ein Mina-Witkojc-Denkmal. – In **Schorbus**, nahe Drebkau, wurde der niedersorb. Volks- und Sprachforscher **Bogumil Swjela** (1873-1948) geboren. 1912 gehörte er zu den Mitbegründern der Domowina. Gedenktafel an der alten Schule neben der Kirche. – Zwischen Cottbus und Guben lag das Dorf **Horno**, mitten im Braun-

kohlenfeld des Kraftwerks Jänschwalde. Es wurde weggebaggert: »Was wollen wir opfern für diese Kohle? Sieben Millionen Bäume, viereinhalbtausend Hektar Feuchtgebiete in der Oder-Neiße-Niederung. Unsere sogenannte Regulierung stellt nichts wieder her – nicht Vegetation, nicht Heimat, nicht Identität.« (**Christoph Dieckmann**, »Lausitzer Passion: Geil auf Horno«, 1993.)

Forst

Aus der ehem. Tuchmacherstadt F. stammt der Publizist, DDR-Parteifunktionär und Kulturpolitiker **Max Seydewitz** (1892-1987), der 1955-67 Generaldirektor der Staatl. Kunstsammlungen Dresden war und Anteil daran hatte, dass die UdSSR die 1945 geraubten Gemälde an die DDR zurückgab. »Erkenntnisse und Bekenntnisse« (Aut. 1976).

Guben

In G. wurde als Tochter eines sächs. Militärmusikers **Corona Schröter** (→ Ilmenau/TH) geboren. – Seit 1945 gehört die Altstadt unter dem Namen Gubin zu Polen.

Johannes Crüger, * 9. 4. 1598 Groß-Breesen (heute zu G.), † 23. 2. 1663 Berlin. Gastwirtssohn. Lebte seit 1615 in Berlin, zunächst als Hauslehrer, dann als Kantor an der Nikolaikirche. Berühmt als Gesangbuch-Hrsg. (bis ins 18. Jh. in mehr als 40 Aufl.) und als Verf. musikpädagog. Schriften.
Johann Franck (auch **Frank**), * 1. 6. 1618 G., † 18. 6. 1677 ebd., Liederdichter. Studierte bei S. Dach (→ Wittenberg/ST) in Königsberg und war ab 1641 Bürgermeister seiner Heimatstadt. F.s Lieder (»Schmücke dich, o liebe Seele«, 1649; »Jesu, meine Freude«, 1659; »Herr Jesu,

Licht der Heiden«, vor 1669) wirkten bis ins 20. Jh.

Gottfried Kirch, * 18. 12. 1639 G., † 25. 7. 1710 Berlin, Astronom und Kalenderschriftsteller (»Neues und gewisses Wunder am Himmel«, 1676). Studium bei E. Weigel (→ Jena/TH) und bei J. Hevelius in Danzig. 1667 erschien sein erster Kalender, darauf zahlreiche kleinere Schriften für den interessierten Laien. Mitglied der Berliner Akademie der Wissenschaften.

Erdmann Uhse, * 1. 12. 1677 G., † 5. 9. 1730 Merseburg, Verf. eines »Wohlinformirte(n) Redner(s)« (1709, Ndr. 1974), eines populären rhetor. Regelwerks, das sich anders als seine Vorgänger an den Bedürfnissen des bürgerl. Lebens ausrichtet.

Klaus Herrmann, * 4. 8. 1903 G., † 22. 4. 1972 → Weimar/TH, Romancier und Dramatiker. Sohn eines Fabrikanten. Studium in → Jena/TH und Berlin. War Journalist, Verlagslektor und Rundfunkredakteur, bevor er vor dem Hintergrund spätröm. Geschichte spannende und in der DDR vielgelesene histor. Romane (»Die ägyptische Hochzeit«, 1953; »Der Brand von Byzanz«, 1955; »Die Zauberin von Ravenna«, 1957) verfasste. In »Die guten Jahre« (1963) erzählt H. die Geschichte der G.er Tuchfabrikantenfamilie Lehmann.

A In Kohlo bei G. (heute Polen) wurde 1592 der Sprachforscher **Christian Gueintz** (→ Halle/ST) geboren. – **Karl August Böttiger** (→ Reichenbach/SN) war 1784-90 Rektor des Lyzeums von G. – Am 14. 6. 1938 fand in G., organisiert von dem Nazi-Chefideologen **Alfred Rosenberg** (1893-1946), das »I. Reichs-Frontdichtertreffen« statt. Unter den mehr als 100 Teilnehmern: **Rudolf G. Binding** (→ Starnberg/BY), **Hans Friedrich Blunck** (→ Hamburg) und **Edwin Erich Dwinger** (→ Kiel/SH).

Spremberg

Niederlausitzer Heimatmuseum.

Johannes Vogel (Ps. E. A. Witschas), * 29. 6. 1895 S., † 2. 3. 1962 Hamburg, Unterhaltungsschriftsteller. Gymnasium in S., später Redakteur beim »Spremberger Anzeiger«. Nach dem 2. Weltkrieg verzog V. nach Hamburg. – W.: Altbackene Semmeln (R. 1943); Am sausenden Webstuhl der Zeit (R.-Trilogie, 1958-63).

Erwin Strittmatter, * 14. 8. 1912 S., † 31. 1. 1994 Dollgow (→ Gransee/BB), einer der erfolgreichsten dt. Erzähler in der 2. Hälfte des 20. Jh.s, dessen Bücher in mehr als 40 Sprachen übersetzt wurden. St. blieb im Westen lange unbekannt, was mit den frühen Ehrungen in der DDR zusammenhängen mag, aber auch mit den scheinbar DDR-spezifischen Themen seiner Bücher. 1924-29 Realgymnasium in S. 1930/31 Lehre in der Bäckerei von H. Jurk. 1950-52 wieder in S. – W.: Tinko (R. 1954); Der Wundertäter (R.-Trilogie, 1957-80); Ole Bienkopp (R. 1963); Der Laden (R.-Trilogie, 1983-92). – Geburtshaus: Karl-Marx-Straße 85 (Gedenktafel am Nachfolgebau); Erinnerung im Heimatmuseum.

R In **Bohsdorf** (in der »Laden«-Trilogie Bossdom genannt) wuchs E. **Strittmatter** ab 1919 auf und ging von hier auf das Spremberger Gymnasium. Im Herbst 45 kam er nach B. zurück, beackerte das ihm zugewiesene Land, schrieb am »Ochsenkutscher« (R. 1951) und wurde Amtsvorsteher für sieben Gemeinden, wechselte aber schon Ende des Jahres in den Redakteursberuf (→ Lübbenau/Senftenberg/BB). Sein Elternhaus, der Dorfladen (»Bäckerei und Lebensmittel Heinr. Strittmatter«), Schauplatz des Romans, ist seit 1999 Gedenkstätte. Ein Strittmatter-Rundweg geht vom »Laden« zu »Tinkos« Neubauernhaus und zum ehemaligen Gasthof »Zu den vier Linden« sowie zum Friedhof, wo neben den Eltern auch die »Anderthalbmeter-Großmutter« (»Der Laden«) und der Bruder Heinrich begraben sind. Seit 2000 im ehemaligen Dorfkonsum Begegnungsstätte »Unter Eechen«, eingerichtet vom 1996 gegründeten Strittmatterverein.

Im nahen **Graustein** verlebte E. **Strittmatter** seine frühen Kinderjahre und wurde Ostern 1919 eingeschult (Gedenktafel am Schulgebäude). Seine Mutter betrieb hier 1914-19 einen Kolonialwarenladen. – Im Oktober 1952, also wenige Monate vor der Uraufführung seines Bauern-Stückes »Katzgraben« (1953), betrieben E. **Strittmatter** und **Bertolt Brecht** (→ Augsburg/BY) im nahen **Klein-Kölzig** Milieustudien.

Heiner Müller (→ Freiberg/Eppendorf/SN) und seine Frau **Inge Müller** (→ Berlin) recherchierten im Sommer 1957 zwei Wochen auf der Großbaustelle des Braunkohlenkombinats **Schwarze Pumpe**, damals das größte Industrieprojekt der DDR. Es entstand das gemeinsame Hörspiel »Die Korrektur« (1958). In den »Gedanken über die Schönheit der Landschaft bei einer Fahrt zur Großbaustelle Schwarze Pumpe« (G. 1958) schwingt noch naive Begeisterung mit, 30 Jahre später wird H. Müller darin nur ein »Renommierobjekt von Ulbricht« sehen. 1957/58 war **Siegfried Pitschmann** (→ Suhl/TH) hier Hilfsarbeiter; seine Frau **Brigitte Reimann** (→ Burg/ST) kam 60, um für ihren Roman »Ankunft im Alltag« (1961) Material zu sammeln. 1958/59 war der junge **Volker Braun** vor seinem Leipziger Philosophiestudium »im mitteldeutschen Loch« Tiefbauarbeiter: »An einem Wohnlager stieg ich aus, rostrot gestrichene Baracken in geraden Reihen, Sandwege, Kiefern zwischen den Baracken, Radiomusik. Ich

meldete mich an als Arbeitssuchender, sie nahmen hier jeden, wußte ich, mich auch. ›Größter Bauplatz des Kontinents.‹« (»Der Schlamm«, 1959, 1972 in den Bd. »Das ungezwungene Leben Kasts« aufgenommen). Auch das Stück »Die Kipper« (1962-65, UA 1972) bezieht sich auf Sch.

Z Beeskow, Lübben, Lübbenau (BB); Hoyerswerda, Görlitz (SN). Jenseits der Grenze in Polen: Zary/Sorau (M. Neander, E. Neumeister, G.Ph. Telemann), Starosiedle/Starzeddel (P. Tillich).

CUXHAVEN/NI

»Hier beginnt dann freilich ein etwas altjüngferliches, fast matronenhaftes Schlurfen und Schleichen, bis die beiden alten Muhmen, die Weser und die Elbe, den gesamten Schwarm einfangen und ihn richtig der wackeren und munteren Großmutter, der Nordsee, abliefern, welche bei Bremerhaven und Kuxhaven ihre Türen weit genug offen hält«. (Wilhelm Raabe, 1870) Schloss Ritzebüttel, Künstlerhaus Cuxhaven, Wrack-Museum (C.-Stickenbüttel), Museum Fort Kugelbarke (C.-Döse). – Vorwerk »Alte Liebe« an der Elbmündung (Sage).

Barthold Hinrich Brockes (→ Hamburg) lebte 1735-41 als Hamburger Amtmann auf Schloss Ritzebüttel; sein Amtssitz war ein Barockanbau der Feste Steenborg. – Gedenkstein im Schlosspark, nahebei der »Brockeswald«. – Das »Landleben in Ritzebüttel« schildert B. im 7. Teil seines Hauptwerkes »Irdisches Vergnügen in Gott« (1721-48). – Schriftenreihe der Vorträge beim »Brockesessen« (1988 ff.). **Heinrich Heine** (→ Düsseldorf/NW) hielt sich vom 23. 7. bis 2. 9. 1823 in C. (Gasthof »Harmonie« in der Osterreihe, abgerissen) zum ersten Mal länger am Meer auf: »Ich bin in diesem Augenblick wie zerschlagen, die ganze Nacht habe

Cuxhaven: Brockes' Amtssitz Schloss Ritzebüttel

ich auf der Nordsee herumgeschwommen, ich wollte nach Helgoland reisen, doch in der Nähe dieser Insel mußte der Capitän wieder umkehren, weil der Sturm gar zu entsetzlich war ... Das Seebad, das ich hier brauche, bekömmt mir sehr gut; wären nur nicht die fatalen Gemüthsbewegungen« (Brief aus Ritzebüttel v. 23. 8. 1823). – Die erste Gruppe von Seebildern in H.s Dichtung, 7 Gedichte aus dem Zyklus »Die Heimkehr« (darunter »Der Sturm spielt auf zum Tanze«, »Das Meer erglänzte weit hinaus«), sind im Zusammenhang mit diesem Aufenthalt entstanden. Vom Gedicht über das Vorwerk »Alte Liebe« ist nur der Anfang überliefert: »Am Werfte zu Kuxhaven/Da ist ein schöner Ort/Der heißt ›Die alte Liebe‹/Die meinige ließ ich dort. etc. etc.«

A 1639 schrieb **Paul Fleming** (→ Hamburg) hier das Lied »Ein getreues Herz wissen«. – **Georg Christoph Lichtenberg** (→ Damstadt/Ober-Ramstadt/HE) war gegen Ende des 18. Jh.s mehrfach in C. zu Gast; in dem Aufsatz »Warum hat Deutschland noch kein großes öffent-

liches Seebad?« (1793) plädierte er für die Einrichtung eines Bades in »diesem glücklichen Winkel«. Nach ihm ist ein Platz in Döse benannt. – In seiner Aut. »Mein Leben« (1813) berichtet **Johann Gottfried Seume** (→ Weißenfels/ST) von einem Todesfall bei C. – 1848 besuchte **Justinus Kerner** (→ Ludwigsburg/BW) seinen Neffen, der hier als Wasserbaumeister lebte; K. war als Arzt sehr an den Heilwirkungen des Bades interessiert. – Mit der Absicht, seinen Freund, den dän. Maler und Schriftsteller **Holger Drachmann**, um Geld zu bitten, kam 1893 der schwed. Dramatiker und Erzähler **August Strindberg** nach C., leider war D. kurz zuvor abgereist. – Weitere Gäste in C.: 1839 **Friedrich K. von Gerok** (→ Vaihingen/BW); 1864 reiste **Wilhelm Raabe** (→ Holzminden/Eschershausen/NI) nach C.; Reiseskizzen aus dem gleichen Jahr in **Johann Georg Kohl** (→ Bremen), »Reisen durch das weite Land« (n. hg. G. Demarest, 1990). 1901 kam **Rainer Maria Rilke** (→ München/BY) mit Clara Westhoff und schrieb das Gedicht »Die Insel« über **Neuwerk**, auf der ihn **Hans Leip** (→ Hamburg) beobachtete (»Frühe Begegnung«, n. 1985; später verfaßte Leip die auf der Nachbarinsel spielende Erzählung »Der Nigger auf Scharhörn«, n. 1957); zu Neuwerk auch **Gustav Falke** (→ Lübeck/SH): »Gesang der Muscheln« auf dem Gedenkstein des Friedhofs der Namenlosen. – **Joachim Ringelnatz** (→ Wurzen/SN) verbrachte im Ersten Weltkrieg in C.-Seeheim seine Garnisonszeit (J. R.-Museum der Ringelnatz-Stiftung gegenüber dem Schloss Ritzebüttel; Joachim-Ringelnatz-Preis für Lyrik, u. a. an P. Rühmkorf, R. Gernhardt und Wolf Biermann). Den »ermüdenden Wachdienst auf Sperrschiffen« (K. Jürgens) hielt R. in Tagebüchern und in der Autobiographie »Als Mariner im Krieg« (1928) fest. **Victor Klemperer** (→

Dresden/SN) wohnte im April 1929 in Dölles Hotel (»Tagebücher 1929-1932«; 1996) und besuchte Ritzebüttel: »So ist das Ganze etwas für sich Bestehendes, Freundliches, Eigentümliches, Küstenfernes.« – Nach dem Zweiten Weltkrieg kamen auch Schriftsteller als Gäste ins Atelier der Künstlergilde Esslingen, das der Bildhauer Franz Rotter in C. eingerichtet hatte, sein Band »Gästebücher erzählen« (1986) spiegelt die Nachkriegsjahrzehnte wieder.

Otterndorf

A Der Hamburger Reiseschriftsteller **Friedrich J. L. Meyer** (1760-1844, »Darstellungen aus Norddeutschland«, 1816) erhielt in O. seine Schulbildung. **Johann Heinrich Voß** (→ Waren/MV) wirkte von 1778-82 als Rektor an der Lateinschule, während dieser Zeit übersetzte er Homers »Odyssee« (1781), zudem entstanden Landschaftsidyllen. In der heutigen J.-H.-V.-Straße 8 das Voß-Museum im ehemaligen Wohnhaus »mit einem ins Feld schauenden Gärtchen, nach meiner Bequemlichkeit eingerichtet« (Voß, 1820). Gegenüber der Lateinschule Voß-Büste an der Kirche: »Auch unser krummer Kirchturm, mein Nachbar, hat nicht gerne Sturm, sonst fällt das alte Übel noch gar auf meinen Giebel« (Voß). – T. Crepon, »Odysseus in Haduloha. J. H. V. in Otterndorf« (1994); H. V. Feldmann, »Gedanken über J. H. V. in Otterndorf« (in: »Zwischen Elbe und Weser«, 2/2001).

S Stadtschreiber-Stipendium »Gartenhaus am Süderwall«; **Voß-Preis** der Stadt Otterndorf (2000 an P. Rühmkorf). Im **Museum Kranichhaus** eine 20 000 Bde umfassende Bibliothek.

Rechtenfleth (Sandstedt-R.)

Hermann Allmers wurde am 11.2.1821 in R. geboren, dort starb er auch am 9.3.1902. A., Dichter und Bauer, stand in Kontakt mit L. Uhland, E. Geibel und P. Heyse, er begeisterte sich für die 48er Revolution und war Mitbegründer der Heimatbewegung (1892 »Rüstringer Heimatbund«). In die Schullesebücher gelangten die Gedichte »Friesensang«, »Der Halligmatrose« und »Feldeinsamkeit«. Studenten intonierten: »Dort Saaleck, hier die Rudelsburg«. – W.: Marschenbuch (1858, n. 1979); Römische Schlendertage (1869); Aus längst und jüngst vergangener Zeit (Drr. u. En. 1895). Gesamtwerk (n. 1965); Briefe (Hrsg. K. Schulz, 1968). – Grab (Findling mit Bronzerelief) auf dem Friedhof nahe dem Geburtshaus, als H.-A.-Heim ausgebaut (Nachlass, Erinnerungsstücke, Relief und Statue des Dichters). – Der junge **Georg von der Vring** (→ Brake/NI) war der letzte Besucher, der sich am Todestag H. A.s ins Gästebuch eintrug: »Besuch zur Unzeit«, in »Die Wege tausendundein« (1955). – H.-A.-Preis; H. A.-Gesellschaft; H.-A.-Tag.

R In **Nordleda** bei Cuxhaven, wo er seit 1801 als Pfarrer lebte, starb 1817 der Lyriker **Samuel Christian Pape** (→ Bremen). In **Lüdingworth** bei C. erinnert eine Gedenktafel an der St. Jacobi-Kirche an den Orientforscher **Carsten Niebuhr** (1733-1815).

Das (niedersächsische) Land zwischen Bremen und Bremerhaven heißt **Osterstader Marsch**: »Ein Land, dessen Erde . . . so weit ist, daß es gar keinen Horizont gibt, nur einen diffusen Grauschimmer. Im Westen aber steht immer der Deich« (**Ruth Gerisch**, »Deutsche Landschaften. Neue Folge«, 1974). **Manfred Hausmanns** Roman »Abel mit der Mundharmonika« (1932) spielt hier. – Ostwärts **Hagen im**

Bremischen, bis 1822 Ort eines Volksgerichts, das **Hermann Allmers** beschrieben hat. Nahebei **Driftsethe**, von hier stammt der Schriftsteller (»Dorpslüe. Aus dem Leben eines Geestdorfes«, 1925) **Diedrich Steilen** (1880-1961/Gedenktafel Haus Nr. 39). – Links der Lune **Stotel** (Loxstedt-St.), Geburtsort des schriftstellernden Juristen **Peter Biedenweg** (1812-74/»Harte Smaten und Begebenheiten, bunte Biller ut mien Lebenstied« (1873). Aus **Loxstedt** kommt der Historiker **Heinrich Luden** (1778-1847), Urheber der Grundsätze und Beschlüsse des Wartburgfestes, Autor einer »Geschichte des Teutschen Volkes« (1825-37).
Nördl. von Bremerhaven das **Land Wursten**. Am Weddewarder Deich (bei Langen-**Imsum**), beim Gasthaus »Schloß Morgenstern« gründete 1882 **Hermann Allmers** den Verein der »Männer vom Morgenstern«. An »eine alte Wurth oder Hofstelle in der Nähe des Dorfes **Cappel** im Norden von Dorum, der Hauptstadt des Landes«, knüpft sich nach **Johann Georg Kohl** die »Wurster Faustsage« (→ Maulbronn/Knittlingen/BW).
Am Westufer des gleichnamigen Sees liegt **Bederkesa**. Im Waldschlösschen Böse-Hof lebte 1842 **A. H. Hoffmann von Fallersleben** (→ Wolfsburg/NI) als Gast beim Freiheitskämpfer Hauptmann Böse, den auch Allmers zum Helden einer Erzählung machte (1882). – **Peter Rühmkorf** verbrachte seine Nachkriegsjugendzeit in **Warstade-Hemmoor**. »Als Dichter und Denker allerdings nur von der Hemmoorer Falkengruppe akzeptiert. Schrieb für das interne Sangesbedürfnis deutsche Texte zu dämlichen Antischlagern und für den öffentlichen Dienst Agitationssongs, Antikriegslyrik« (»Die Jahre die Ihr kennt«, 1972), Erinnerungsstücke zu der ebenfalls schreibenden Mutter in der »Kulturdiele« (Lit. Abteilung des Heimatmuseums Hem-

moor), auch von anderen niederdeutschen Dichtern der Region (**Johann Rathje**, Alfred Vagts, Bernhard Koch).

B B. E. Siebs, Sagenbuch des Landes Wursten, 1969; Cuxhaven. Ein Lesebuch, Hrsg. S. Matthes, 2000; Otterndorf. 600 Jahre Stadtgeschichte, Hrsg. A. Behne, 2000.
Z Bremerhaven (HB); Stade, Osterholz-Scharmbeck (NI).

DACHAU/BY

Bezirksmuseum D.

Ludwig Thoma (→ Oberammergau/BY) verbrachte als »erstansässiger Advokat« 1893-97 »eine stille, liebe Zeit« im Hause eines Schneidermeisters. Im D.er Hinterland lernte er die »derb zugreifende altbayerische Lebensfreude« kennen, die u. a. in seinen Bauerngeschichten »Agricola« (1897) und den Romanen »Andreas Voest«, »Der Wittiber«, »Der Ruepp« ihren Niederschlag fand. – Wohnung und Kanzlei Augsburger Straße 13 (Gedenktafel und L.-Th.-Tür mit Porträt-Medaillon und Zitaten aus den Werken); Bild im Gerichtssaal des Amtsgerichts; Denkmal in den Anlagen an der L.-Th.-Straße. – »Erinnerungen« (1919); R. Lemp, »L. Th. und Dachau« (1986). – L.-Th.-Verein.
Alois Wohlmuth (Ps. Errats), * 25. 6. 1847 Brünn/CZ, † 15. 7. 1930 D., Schauspieler, Dramatiker. – W.: Die kleine Residenz (Lsp. 1904); Ein Schauspielerleben (Aut. 1920).
Fritz Reck-Malleczewen, * 11. 8. 1884 Gut Malleczewen/Ostpreußen, † 16. 2. 1945 D. (an Fleckfieber im KZ), Erzähler, Essayist und Arzt. Freier Schriftsteller, 1913-33 in Pasing, zuletzt auf Gut Poing bei → Truchtlaching (Chiemsee/BY). 1944 von der Gestapo verhaftet. – W.: Bomben auf Monte Carlo (R. 1930); Bockelson,

Geschichte eines Massenwahns (Hist. St. 1937); Tagebuch eines Verzweifelten (1936-44, hg. 1947). **A** R. M. Rilkes (→ München/BY) berühmtes G. »Herbsttag« (»Herr: es ist Zeit . . .«) ist der ehem. Moosschwaige, wo seine Tochter Ruth lebte, gewidmet. – 1936-38 lebte der österr. Schriftsteller **Heimito von Doderer** (→ Landshut/BY) in der Münchner Straße 33, irritiert, »weil die Menschwerdung in Dachau erst vollzogen wird, wenn der Spiegel des Alkohols über dem Scheitel steht und eine seltsame Unterwasser-Atmung, nein, Unter-Bier-Atmung, eintreten kann . . .« (Tagebücher 1920-1939, Bd. 2).

E KZ Dachau: In den Hallen einer alten Pulverfabrik am Rande der Stadt wurde 1933 das erste Konzentrationslager der Nationalsozialisten errichtet. Gedenkstätte mit Museum seit 1965, Archiv und Bibliothek. Das KZ ist Gegenstand weitreichender dokumentar. und literar. Reflexion. Exemplarisch: **Nico Rost** (1896 Groningen – 1967 Amsterdam), wichtiger Vermittler dt. Lit. in den Niederlanden durch Übersetzungen von A. Döblin, H. Fallada, L. Feuchtwanger, J. Roth u. a., 1943 im KZ D. inhaftiert, dokumentarisch die Bücher »Goethe in Dachau« (1946, n. 99) und »Ich war wieder in Dachau« (1955). »Stacheldraht, mit Tod geladen,/Ist um unsre Welt gespannt . . .«: 1938 entstand das »Dachaulied« des öst. Juden **Jura Soyfer** (1912 Charkow – 1939 Buchenwald).
Am 27. 4. 1945 wurden Tausende von KZ-Häftlingen von der SS durch das Würmtal Richtung Tirol getrieben. An der Strecke des Todesmarsches seit 1989/90 acht identische Denkmäler, in München-Allach und -Pasing, Gräfelfing, Planegg, Krailling, Gauting und weiter südlich in Berg-Aufkirchen und Wolfratshausen.

R Nach **Mitterndorf** (heute Stadtteil von D.) flüchtete **Ludwig Thoma** oft zu seinem Freund, dem Bildhauer und Architekten I. Taschner (gest. 1913. Die Grabkreu-

ze der beiden Freunde in M. und Rottach-Egern sind die gleichen; sie stammen von Taschner). Zehn Gemeindejagden hatte Thoma im Dachauer Land gepachtet. Im Zentrum des Reviers **Unterweikertshofen** (Forsthaus), weiter nördl. **Kleinberghofen** (Gasthaus Rottenfusser). »Altaich« spielt in **Altomünster**. In Mitterndorf hielt sich **Regina Ullmann** (→ München/BY) von 1917-23 im »Rosée-Schlößchen« auf; hier entstand die E. »Die Landstraße« (1921). – Im Augustinerkloster **Taxa** (Odelzhausen-T.) hielt **Abraham a Sancta Clara** (→ Meßkirch/Kreenheinstetten/BW) im 17. Jh. Wallfahrtspredigten und schrieb das »Wallfahrtsbüchlein von der wunderseltzamen Hennen von Maria Stern« (»Gack, Gack, Gack, Gack a Ga«, 1685). Kapelle am Ortsende. – Die Geschichte der »Doktorbäuerin« Amalie Hohenester, die mit dem Heilbad **Mariabrunn** nördl. von D. bei Röhrmoos ein florierendes Kurzentrum aufgebaut, allerdings auch wieder heruntergewirtschaftet hat, wird in dem 1992 erschienenen R. »Die Pfuscherin« von **Norbert Göttler** erzählt.

B Ch. Krügel, Landpartie literarisch, 2003.
Z Aichach, Freising, Fürstenfeldbruck, München (BY).

DARMSTADT/HE

»Darmstadt hat sein ganz eigenes Gesicht: klar, nobel, nicht sehr phantasievoll, im Grunde konservativ, trotzdem von allen neuen Dingen immer wieder erregt und in Bewegung gehalten. Es ist eine Stadt, die zweiflerisch und begeisterungsfähig zugleich ist und die eine seltsame Mischung von Ruhe und Aggressivität besitzt.« (Kasimir Edschmid, 1962)
Techn. Universität; Akademie für Tonkunst; Int. Musikinstitut (»Kranichsteiner Musiktage«); Deutsche Akademie für Sprache und

Dichtung; Deutsches Polen-Institut; Dt. Werk-
bund. – Hess. Staatsarchiv (Familienarchive
u. Nachlässe), Stadtarchiv. – Hess. Landesmu-
seum, Schlossmuseum, Jugendstil-Museum
(Mathildenhöhe). – Neue Künstlerkolonie auf
der Rosenhöhe. – Staatstheater, Hess. Spielge-
meinschaft, D.er Puppenspiele. – Literarischer
März, Gesprächsforum Mathildenhöhe. –
Heinerfest (1. Wochenende im Juli).

**Karoline (Henriette Christiane) von Hes-
sen-D.,** * 9. 3. 1721 Bischweiler/Elsass,
† 30. 3. 1774 D., Goethes »Große Land-
gräfin«. Während ihr Mann in Pirmasens
Soldaten drillte, sorgte sie – »der Geist
ging zu Hofe und kam vom Hofe«
(H. W. Sabais) – für D.s geistige Kontakte:
Mentorin der »Empfindsamen«, Verkehr
mit Goethe (→ Frankfurt a. M./HE),
J. G. Herder (→ Weimar/TH), Ch. M.
Wieland (→ Biberach/BW), J. W. L.
Gleim (→ Halberstadt/Ermsleben/TH);
Verehrerin Friedrichs d. Gr. (→ Berlin),
der ihr den Spruch für das Grab im Herrn-
garten schrieb: »Femina sexu, ingenio vir«.
– Briefwechsel (Hrsg. Ph. A. Walther,
1877).

Friedrich Karl Freiherr von Moser, * 18.
12. 1723 Stuttgart, † 11. 11. 1798 Ludwigs-
burg, »Patriot für drei Zeitalter« (J. G. Her-
der). Stoppte als Staatskanzler in den 70er
Jahren den landgräfl. Schuldenschlendri-
an, kam mit weiteren Reformplänen je-
doch nicht durch. Ludwig IX., dem der
pietist.-progressive Schriftsteller schon nicht
gepasst hatte, verwies ihn aus Stadt (1780)
und Land (1783). – M.s »Patriotisches Ar-
chiv für Deutschland« (1784-90, 1792-
94) wurde für die hist.-pol. Bildung von
großer Bedeutung. – M.-(Prinz-Emil-)
Schlösschen und -Garten (Gedenktafel)
an der Heidelberger Straße. – Prozessak-
ten StuUB Frankfurt a. M., Aktenreste
StA D., Hss UB Tübingen.

Helferich Peter Sturz (eig. H. P. Stürz),
* 16. 2. 1736 D., † 12. 11. 1779 → Bre-

*Darmstadt: Grab der »Großen Landgräfin« im
Herrengarten*

men, klass. Prosaist (Reisebriefe, Ess.,
Charakteristika), satir.-anekdot. Erzähler.
Trat in dänische Dienste; in Kopenha-
gen im Kreis um F. G. Klopstock (→
Quedlinburg/ST). Begleitete Christian
VII. nach Hamburg (Bekanntschaft mit
G. E. Lessing → Kamenz/SN), London
(S. Johnson) und Paris (C. A. Helvétius).
1772 entlassen, 1775 oldenburg. Staatsrat.
– W.: Auswahlbände von F. Blei (1904),
R. Riembeck (1948) und K. W. Becker
(1976).

Johann Heinrich Merck (Ps. **J. H. Reim-
hardt d. J.**), * 11. 4. 1741 D., † 27. 6. 1791
ebd. (Freitod). Als Dichter weniger bedeu-
tend, als Kritiker – »treffend und scharf zu
urteilen, war ihm gegeben«, so Goethe,
den er im Februar 1772 nach D. brachte
– universaler Kopf und von großem Ein-
fluss. Besuchte das Pädagog, 1774 wurde
M. Kriegsrat, war dann viel unterwegs, 79
Gast in Weimar, ging mit einer Kattunfa-
brik bankrott und lebte im Paris der Revo-
lution noch einmal auf. Hier das Ende. –
Zeitw. Leiter der »Frankfurter Gelehrten
Anzeigen« in D., Mitarbeiter an Ch. M.
Wielands »Teutschem Merkur« und F. Ni-
colais (→ Berlin) »Allgemeiner Deutscher
Bibliothek«. – »Werke, Briefe« (hg. von A.
Henkel/H. Kraft, 1968). – D.-Arheilgen,

Messeler Straße 12 (Gedenktafel); Name
auf dem Erinnerungsstein am Kapellplatz
(ehem. Friedhof); Denkmal im Herrngar-
ten; Plakette am Pädagog. – »Johann Hein-
rich Merck 1741-1791«, Zeitdokumente,
1991.

Georg Büchner (→ Groß-Gerau/Godde-
lau/HE) kam 1816 nach D. und besuchte
von 1825 bis Ostern 31 das Ludwig-Ge-
orgs-Gymnasium. In D. weiterhin wäh-
rend der Semesterferien, April 1834 Grün-
dung einer Sektion der »Gesellschaft der
Menschenrechte« und von September 34
bis zur Flucht Anfang März 35 Nieder-
schrift von »Dantons Tod«; Steckbrief im
Juni gleichen Jahres. Sein »Woyzeck«: der
spektakuläre Mordfall, geschah zwischen
Woog und Rheintor – Gedenktafel Gra-
fenstraße 39, im Hof an der Mauer (Flucht-
weg 1835); Denkmal »Grande Disco« vor
dem Staatstheater; Bronzeplastik Neues
Rathaus; Plakette am Pädagog. – In D.
seine Geschwister geb.: die Schriftstelle-
rin **Luise B.** (1821-77/ Grab Alter Fried-
hof), der Arzt und Philosoph **Ludwig B.**
(1824-99/Grab Alter Friedhof) und der
Novellist und Literarhistoriker **Alexander
B.** (1827-1904, gest. in Hannover).

Ernst Elias Niebergall (Ps. **E. Streff**), * 13.
1. 1815 D., † 19. 4. 1843 ebd., volkstüml.
Mundartdichter. Studium in → Gießen/
HE, Hauslehrer in → Dieburg/HE, seit
1840 am Schmitzschen Privatinstitut in
D. – Der »Datterich« (Lsp. 1841) »bittere
Heimatkunst« (E. Bloch); D.er Zeit und
Ortskolorit auch in »Des Burschen Heim-
kehr oder Der tolle Hund« (Lsp. 1837),
»Der Hergottsberg. Eine Sage« (1838)
und »Das Griesheimer Haus« (E. 1841).
– W.: Ges. Erzählungen (Hrsg. F. Harres,
1896); Dramat. Werke (Hrsg. K. Essel-
born, 1925). – Gedenktafel am Geburts-
haus, Elisabethenstraße 30; Erinnerungs-
mal auf dem Alten Friedhof; N.-Brunnen
auf der Insel, Datterich-Brunnen am Jus-

tus-Liebig-Haus. – G. Hensel (Hrsg.),
»Der Datterich im Darmstäder Bieder-
meier«, 1975.

Otto Roquette, * 19. 4. 1824 Krotoschin
b. Posen, † 18. 3. 1896 D., Lyriker, jungdt.
Erzähler, Dramatiker. In Berlin im Kreis
des »Tunnels über die Spree«. Seit 1869
in D., Literarhistoriker am Polytechni-
kum, 84-86 Theaterkritiker der »Darm-
städter Zeitung«. – W.: Waldmeisters
Brautfahrt (1851); D.er Erinnerungen in
der Aut. »Siebzig Jahre« (1893). – Grab
auf dem Alten Friedhof. – Nachlass SB
Berlin, Mss. und Briefe DLA Marbach.

Karl Wolfskehl, * 17. 9. 1869 D., † 30.
6. 1948 Bayswater-Auckland/Neuseeland,
Lyriker, auch Essayist und Übersetzer.
Aus einer der ältesten jüd. Familien des
Rhein-Main-Gebietes, sein Elternhaus
(Karlstraße 84) gesellschaftl.und geisti-
ger Mittelpunkt D. s. Germanistik-Stu-
dium u. a. in → Gießen/HE. 1893 in →
München/BY erster Kontakt mit St. Geor-
ge (→ Bingen/RP), folgenreiche und le-
benslange Freundschaft; 1933 Emigration
nach Italien. – W.: Ges. Dichtungen (hg.
M. Ruben/C. V. Bock, 1960). – Geburts-
haus Kasinostraße 22; Denkmal auf der
Mathildenhöhe, Erich-Ollenhauer-Pro-
menade. – Archiv in London, Nachlass
DLA. Marbach. – »K. W.«. Leben und
Werk in Dokumenten (Hrsg. M. Schlös-
ser, 1969).

Friedrich Gundolf (eig. **F. Gundelfinger**),
* 20.6. 1880 D., † 12. 7. 1931 → Heidel-
berg/BW, Literarhistoriker. Im April 1899
von K. Wolfskehl vermittelte Begegnung
mit St. George, Bruch erst in G.s letzten
Lebensjahren. Mitarbeit an den »Blättern
für die Kunst«, Hrsg. (mit F. Wolters)
der »Jahrbücher für die geistige Bewegung«.
– W. Shakespeare und der dt. Geist (1911);
Goethe (1916); Stefan George (1920, 22). –
Nachlass Privatbesitz, London.

Ludwig Meidner, * 18. 4. 1884 Bernstadt/

Schlesien, † 14. 5. 1966 D., Doppelbegabung: Maler und Dichter. Kunstschule Breslau, Studium in Paris, 1907-33 → Berlin (Künstlergruppe »Sturm«, Porträts expressionist. Dichter), Weltkriegsteilnehmer. 1933 verfemt, Zeichenlehrer am jüd. Gymnasium »Jawneh« in Köln; 1939 Emigration nach London. Rückkehr nach Dtl. 1953. – W.: Im Nacken das Sternemeer (Dicht. 1918); Hymnen und Lästerungen (1959). – Wohnung seit 1963 Nieder-Ramstädter Straße 23 (Gedenktafel); Grab auf dem Jüd. Friedhof D.-Bessungen, Seekatzstraße.

Hermann Graf von Keyserling, * 20. 7. 1880 Könnö/Estland, † 26. 4. 1946 Innsbruck, Philosoph, ind. und ostasiat. Einflüsse, der »Weise von D.«; Neffe von E. v. Keyserling (→ München/BY). Gründete 1920 in D. seine »Schule der Weisheit«, deren Tagungen mit Gelehrten aus Europa und Übersee, u. a. R. Tagore (1921) weltberühmt waren. Nach 1933 Veröffentlichungsverbot, Verlust von Wohnung (Prinz-Christians-Weg 4) und Bibliothek 1944. – W.: Reisetagebuch eines Philosophen (1919); Die ges. Werke (Neuausg. 1956 ff.). – Archiv in D. – K.-Gesellschaft für freie Philosophie.

Frank Thieß, * 13. 3. 1890 Eluisenstein b. Uexküll/Livland, † 22. 12. 1977 D., Romancier, Polemiker, Dramatiker, Essayist. Studium in → Berlin und Tübingen, 1920/ 21 Dramaturg in Stuttgart, dann Theaterkritiker in → Hannover/NI. Ab 1923 freier Schriftsteller, winters in Berlin, sommers Steinhude. Nach 1933 meist in Rom, später in Wien. Nach dem 2. Weltkrieg Auseinandersetzung mit Th. Mann (→ Lübeck/SH) über »innere Emigration«. 1952-54 Hrsg. der »Neuen literarischen Welt«, seitdem in D., wohnte zuletzt auf der Rosenhöhe. – W.: Der Tod von Falern (R. 1921); Tsushima (R. 1936); Verbrannte Erde/Freiheit bis Mitternacht/Jahre des

Unheils (Aut. 1963/65/72). – Grab auf dem Waldfriedhof. – Nachlass LuHB D.

Kasimir Edschmid (eig. **Eduard Schmid**), * 5. 10. 1890 D., † 31. 8. 1966 Vulpera/ Schweiz, lit. Wortführer des Expressionismus, Roman- und kosmopolit. Reiseschriftsteller. Nach dem Studium Literaturkritiker und freier Schriftsteller in D.; 1918-22 Hrsg. der »Tribüne für Kunst und Zeit«. Reisen in Europa, Afrika, Kleinasien, Südamerika. 1933 seine Bücher verbrannt, 41 Schreibverbot. Wohnte zuletzt auf der Rosenhöhe. – W.: Die sechs Mündungen (Nn. 1915); Italien (Reiseb. 1935-48). Aut. und topographisch von Interesse u. a. »Tagebuch 1958-60« (1960); »Lebendiger Expressionismus« (Ess. 1969); »Porträts und Denksteine« (1962). – Grab auf dem Alten Friedhof.

Hans Schiebelhuth, * 11. 11. 1895 D., † 14. 1. 1944 East Hampton/New York, Lyriker und Übersetzer (Th. Wolfe). Aus Bessungen, Gymnasiast und Kriegsfreiwilliger; »Dachstuben«- und »Tribunal«-Autor. Später in Italien und Kalifornien, 1930-37 wieder in D. – W.: Schriften: Gedichte 1916-36; Prosa, Briefe (Hrsg. M. Schlösser) 1966/67. – Wohnung Friedrich-Ebert-Platz 15 (Gedenktafel). – Nachlass LuHB D.

Carlo Mierendorff (→ Großenhain/SN) absolvierte das Ludwig-Georgs-Gymnasium und arbeitete an der Zs. »Die Dachstube« mit, in deren Verlag auch Novellen und Skizzen M.s erschienen. Mit dem »Dachstuben«-Verleger J. Würth und den gleichen Mitarbeitern (H. Schiebelhuth, W. Michel u. a.) 1919 Gründung der »Hessischen radikalen Blätter«: »Das Tribunal«. SPD-Reichstagsabgeordneter, über 4 Jahre im KZ, dann Kreisauer Kreis. Am 22. 4. 1944 auf dem Waldfriedhof in D. beigesetzt.

Wolfgang Weyrauch, * 15. 10. 1907 Königsberg, † 7. 11. 1980 D., Lyriker, Erzäh-

ler, Hörspielautor, der »Progressivität im
Formalen mit politischem Engagement«
vereinte. Aufgewachsen in Frankfurt a. M.,
Schauspieler, Studium, 1940-45 Soldat.
Weihnachten 1945-49 Redakteur der Zs.
»Ulenspiegel«; 1950-58 Lektor bei Ro-
wohlt. Lebte zuletzt in D.: Alexandraweg
23 (Haus der Dt. Akademie für Sprache
und Dichtung, Mathildenhöhe). – W.:
Der Main (1934); Mit dem Kopf durch
die Wand (Geschn., G., Ess., Hörsp.
1929-77). – Grab auf dem Waldfriedhof.
– Nachlass DLA Marbach.

Heinz Winfried Sabais, * 1. 4. 1922 Bres-
lau, † 11. 3. 1981 D., Lyriker. Wiss. Assis-
tent am GSA Weimar, begleitete 1949
Thomas Mann von Frankfurt a. M. nach
→ Weimar/TH zu den dortigen Goethe-
Feierlichkeiten; 1951 Redaktion der Zs.
»Neue Literarische Welt« in D.; dort 1954
Kulturreferent und 71 Oberbürgermeister.
– W.: Mein Acker ist die Zeit (G. 1948);
Darmstädter Ansichten (Ess. 1972). –
Grab auf dem Alten Friedhof.

In D. auch geb.: **Johann Georg Zimmer-
mann** (1754-1829), Rektor und Pädago-
giarch des Ludwig-Georgs-Gymnasiums,
1797 »Vademecum für Dichterfreunde«,
1818 »Gedichte«. Sein Sohn **Ernst Z.**
(1786-1832) Hofprediger, Grab auf dem
Alten Friedhof. – **Carl Christian Wil-
helm Baur** (1788 D.-Wixhausen – 1877),
Deutschlehrer Büchners, 1845 »Ein Tau-
send Distichen«. Grab auf dem Alten
Friedhof. – **Wilhelm Friedrich Schulz**
(1797-1860). In → Gießen/HE in K. Fol-
lens Bund der »Schwarzen«. Sein hochpol.
»Frag- und Antwortbüchlein« brachte ihn
1819 um die Karriere, weitere Kampfschrif-
ten 1833 vor das Kriegsgericht. Flucht aus
der Festung Babenhausen (Dieburg) nach
Zürich, dort u. a. mit G. Herwegh (→
Stuttgart/BW), F. Freiligrath (→ Det-
mold/NW) und G. Keller (→ München/
BY) zusammen. – **Karl Buchner** (1800-

1872), Lyriker, Erzähler, Dramatiker. Gä-
ste in seinem Haus u. a. J. Kerner (→ Lud-
wigsburg/BW), G. Schwab (→ Stuttgart/
BW), E. Geibel (→ Lübeck/NI); in ei-
nem Gedicht zu L. Tiecks (→ Berlin)
D.er Aufenthalt 1841 Beschreibung der
Ludwigshöhe; Aut. »Ein deutscher Advo-
kat« (1844). Grab auf dem Alten Friedhof.
Seine Gedichte gab 1872 sein Sohn **Wil-
helm Josef B.** (1827-1900), Literarhisto-
riker und Lyriker, heraus. – **Luise von
Ploennies** (1803 Hanau – 1872, Grab auf
dem Alten Friedhof) schrieb Gedichte und
bibl. Dramen, Spezialistin für fläm. Lite-
ratur. Ihr Sohn **Wilhelm von Ploennies**
(1828-1871), Militärschriftsteller, schrieb
»Leben, Wirken und Elend weiland Seiner
Exzellenz des Oberfürstlich Winkelkram-
schen Generals der Infanterie Freiherrn
Leberecht vom Knopf« (1867, n. 1909).
Materialslg. und Briefe LuHB D. Beider
Grab auf dem Alten Friedhof. – **Georg
Zimmermann** (Ps. **G. Wilhelm**), 1814-81,
Mitschüler G. Büchners, später in Gießen
Literarhistoriker. Schrieb u. a. ein Th.-
Körner-Drama (1863) und eine Monogra-
phie über J. H. Merck (1871). Grab auf
dem Alten Friedhof. – **Friedrich Maximi-
lian Rieger** (1828-1909), Germanist und
konservativer Politiker. Großneffe F. M.
Klingers (→ Frankfurt a. M./HE), dem
er eine Monographie (1880-96) widmete.
Lebte seit 1858 als Privatgelehrter in D.,
Grab auf dem Alten Friedhof. – **Karl
Schaffnit** (1849 → Dieburg/HE – 1899
D.) publizierte 1886-97 »Allerhänd Späß«
(Gedichte, »vorablich for Hesse-Darm-
städter«); lang im Schwange auch sein
Schwank »Die Kummideesitzung« (1887).
Grab auf dem Alten Friedhof. – **Gottfried
Schwab** (1851-1903) erhielt 1900 den ers-
ten Preis für sein dt. Flottenlied »Michel,
horch! Der Seewind pfeift«. Grab auf dem
Alten Friedhof; Denkmal auf der Mathil-
denhöhe. Nachlass LuHB D. – **Wilhelm**

Diehl (1871 Groß-Gerau – 1944 D.), theol. Schriftsteller und Präsident der Landeskirche, bedeutender und populärer Volkskundler und Historiker von Hessen-D. Unter rd. 1000 Veröffentlichungen: »Hassia sacra«; Hrsg. der »Hess. Volksbücher« (100 Bde.) und der »Hess. Chronik« (1912-42); »Alt-Darmstadt. Kulturgesch. Bilder« (1913). Stationen (außer D.): Hirschhorn, Friedberg, Gießen. Grab auf dem Alten Friedhof; Gedenktafel in der Turmhalle der Stadtkirche, Glocke nach ihm benannt. Nachlass LuHB D., StA D. – **Gustav Waldt** (1883-1959 Nieder-Ramstadt-Trautheim), Maler und Dichter. Lehrer u. a. in Offenbach, Worms und Traisa. »Die Reise nach Rückwärts« (R. 1942). Grab auf dem Alten Friedhof. – **Nikolaus Schwarzkopf** (1884 Urberach bei D. – 1962 D.), Volkstums- und Landschaftsdichter (Odenwald, Rheinhessen), u. a. Urberacher Häfnergeschichten. 20 Jahre Lehrer u. a. in Bensheim, Rheinhessen und Neckarsteinach, seit 1924 in D. freier Schriftsteller: »Mein Leben« (1935). Grab auf dem Alten Friedhof. – **Eckart von Naso** (1888-1976 Frankfurt a. M.), Dramaturg in Berlin, Frankfurt a. M. und Stuttgart, seit 1957 freier Schriftsteller. »Preußische Legende« (E. 1939), »Ich liebe das Leben« (Aut. 1953). Grab auf dem Hauptfriedhof Frankfurt a. M. – **Georg Hensel** (* 1923 D.-Arheilgen – 1996 D.), Theaterkritiker, Feuilletonchef beim »Darmstädter Echo«. »Glück gehabt« (Aut. 1994). Grab auf dem Waldfriedhof. Auf dem Waldfriedhof auch die Gräber der Lyrikerin und Erzählerin **Dorothea Hollatz** (1900-1987) und des Übersetzers **Janheinz Jahn** (1918-1973).

A D.s Entree in die dt. Literatur hat ein »empfindsames« Vorspiel am Hof der »Großen Landgräfin«: das »Zephirgesäusel« der »Gemeinschaft der Heiligen«. **J. H. Merck** inszenierte; Aktricen: **Luise** von Ziegler (»Lila«), **Caroline Flachsland** (»Psyche«), **Henriette von Roussillon** (»Urania«); **Goethe** debütierte als »Wanderer«: »›Faust‹ war schon vorgerückt, ›Götz von Berlichingen‹ baute sich nach und nach in meinem Geiste zusammen« (Merck ließ den »Götz« 1773 in D. drucken), und schrieb den »Fels-Weihegesang. An Psyche« (auf dem Hergottsberg am Goethe-Teich Gedenktafel), »Pilgers Morgenlied. An Lila« und »Elysium. An Uranien«. Im Seelenbunde, auf seinem »Busenberg« (Rosenhöhe) Minnesänger und Klopstock rezitierend, **Johann Gottfried Herder**; am 19. 8. 1770 predigte er in der Schlosskirche, die Flachsland hörte die »Stimme eines Engels«, am 2. 5. 1773 heirateten sie in D. Schließlich, ständig auf eine Hauptrolle bedacht, mit sentimentalen Briefen wedelnd und sich allmählich allgemeiner Unbeliebtheit erfreuend, **Franz Michael Leuchsenring** (1746-1827); Goethe schrieb ihm die Rolle auf den Bauch: als »Pater Brey, der falsche Prophet«. (Goethe-Denkmal im Herrngarten, mit Medaillons auch für Merck und C. Flachsland). – Gäste in diesen Jahren im Haus Merck: **J. W. L. Gleim**, **Christoph Martin Wieland**, **Sophie von La Roche** (→ Kaufbeuren/BY), **Johann Caspar Lavater** und **Friedrich Gottlieb Klopstock**, von dem die »Empfindsamen« im März 1771 in 34 Exemplaren 47 Gedichte, darunter 5 falsche, herausgebracht hatten; die **Stolbergs** (→ Hamburg, Bad Segeberg/Bad Bramstedt/SH), im Mai 1775 mit Goethe auf der Schweizer Reise; sie badeten zum Entsetzen der Darmstädter nackt im Großen Woog; **Johann Martin Miller** (→ Ulm/BW), **J. M. R. Lenz** (→ Emmendingen/BW) »8 Tage Schwärmerey«.

Georg Christoph Lichtenbergs (→ Ober-Ramstadt) Vater **Johann Conrad** (1689-1751) wurde 1745 erster Stadtpfarrer in Darmstadt (Gedenktafel Luisenstraße 12);

seit 1718/19 schrieb er mehr als 1500 Texte für die Kantatenfolgen des D.er Hofkapellmeisters Ch. Graupner, seines Schwagers. Von 1752-61 besuchte sein Sohn, »Musje Schorsch«, das Pädagog (Plakette an der Außenfront; Denkmal im Hof des Polizeipräsidiums. L.-Forschungsstelle TU D.). Unter seinen Mitschülern **Helfrich Bernhard Wenck** (1739-1803), der als Direktor das »Piu« in ein Gymnasium umwandelte (sein Name auf dem Erinnerungsstein am Kapellplatz). – 1776 kam **Matthias Claudius** (→ Bad Oldesloe/Reinfeld/SH) als Mitglied der Oberlandkommission 1776 für ein Jahr nach D., berufen und entlassen von F. K. v. Moser: »Er mochte nichts thun, als Vögel singen hören, Clavierspielen und spazieren gehen, konnte die hiesige Luft nicht vertragen …« Doch verdankte man ihm die »Hessen-Darmstädtische privilegierte Landzeitung«: in der trat an die Stelle des Wandsbecker »Asmus« der D.er »Invalide Görgel«. Angeblich soll C.s »Abendlied« am Schnampelweg entstanden sein (Gedenktafel am Weg zwischen Böllenfalltor und Marienhospital). Besucher u. a.: **Maler Müller** (→ Bad Kreuznach/RP) und **Gotthold Ephraim Lessing** (→ Kamenz/SN). – Am 2. Weihnachtstag 1784 las **Friedrich Schiller** (→ Ludwigsburg/Marbach/BW), pathetisch und noch immer schwäbelnd, vor dem Landgrafen den 1. »Don-Carlos«-Akt.
Am 20. 5. 1805 wurde in D. **Georg Gottfried Gervinus** (→ Heidelberg/BW) geb., der als erster Historiker die Literatur in einen geschichtl. Zusammenhang stellte. Gedenktafel am wieder aufgebauten väterl. (Wirts-)Haus, der »Bockshaut«, Kirchstraße 7. (»Lebenserinnerungen«, 1893).
Am 23. 2. 1837 starb **Friedrich Ludwig Weidig** (→ Butzbach/HE) in D.; Selbstmord im Gefängnis nach dem zeitübl. Verhören; Grab auf dem Alten Friedhof. – An

der Goethe-Geburtstagsfeier von 1830 (G. selbst September 1815 zum letzten Mal in D.) nahm auch **Karl von Holtei** (→ Berlin) teil und improvisierte launige Verse, als bei der Enthüllung der Büste Schiller statt Goethe zum Vorschein kam. 1841/42 lebte **Ferdinand Freiligrath** in D.; 1865-72 **David Friedrich Strauß** (→ Ludwigsburg/BW); auf der Durchreise für 2 Wochen im Sommer 1872 **Robert Louis Stevenson** in der (abgerissenen) Rosengasse 13. **Stefan George** besuchte 1882-88 das Ludwig-Georgs-Gymnasium; Mitschüler **Carl August Klein** (1867-1951), der langjährige Mithrsg. der »Blätter für die Kunst«.
Das »Weihespiel« zur Eröffnung der Künstlerkolonie auf der Mathildenhöhe 1901 schrieb **Wilhelm Holzamer** (→ Bingen/Nieder-Olm/RP), den Spruch für die Portalwand des Ernst-Ludwig-Hauses **Hermann Bahr** (1863-1934), den Sonnenuhr-Spruch für den Hochzeitsturm **Rudolf G. Binding** (→ Starnberg/BY). 1905 ließ sich **Ernst von Wolzogen** (→ München/BY) in D. nieder. – Auf dem Jüdischen Friedhof, Rat-Beil-Straße, fand 1910 **Saul Pinchas Rabinowitz** (geb. 1845, in Warschau lebend) seine letzte Ruhestätte. Nach dem Tode des Vaters zog 1909 **Elisabeth Langgässer** (→Alzey/RP) mit der Familie nach D., wo sie bis zum Abitur die Victoria-Schule (Gedenktafel in der Schule) besuchte. Im Juli 1950 wurde sie auf dem Alten Friedhof in D. beigesetzt. »E. L.s Darmstädter Jahre«, Hrsg. E. Johann, 1979/81. – 1915, mitten im Kriege, begann ein Fünfzehnjähriger in der Dachstube Hoffmannstraße 19 (heute Heinrich-Hoffmann-Schule, Gedenktafel) zu drucken: **Joseph** (»Pepy«) **Würth** (1900-48/Grab auf dem Waldfriedhof). Unter seinen Autoren: **Carlo Mierendorff, Hans Schiebelhuth, Fritz Usinger** (→ Friedberg/HE), **Wilhelm Michel** (1877-1942/

Darmstadt: Hochzeitsturm auf der Mathilden-
höhe (1908)

Grab auf dem Alten Friedhof) und **Theo Haubach** (1896-1945). 1976 erschien, hg. von L. Breitwieser, F. Usinger, H. Klippel: »Die Dachstube. Das Werden des Freundeskreises und seiner Zeitschrift«. – Dramaturgen am Hess. Landestheater in den zwanziger Jahren: **Peter Suhrkamp** (→ Kirchhatten/Oldenburg/NI) und **Paul Kornfeld** (→ Berlin), in den 50er Jahren der Essayist und Reiseschriftsteller **Egon Vietta** (1903-59, Grab auf dem Waldfriedhof). Der Teepavillon im ehem. Wolfskehl'schen Garten ist das Urbild für das Atelier im Roman »Blanche oder Das Atelier im Garten« (n. 1999) von P. Kornfeld. Nach dem 2. Weltkrieg ebenfalls in D., einem dt. Literaturzentrum: Die Lyrikerin, Schauspielerin und Malerin **Paula Ludwig** (1900 Altenstadt b. Feldkirch/ Vorarlberg, † 1974 D.). Sie lebte 1923-33 in Berlin, musste emigrieren und kehrte

1953 aus Brasilien nach Europa zurück. Zuletzt in D., Karlstraße 19; Grab auf dem Waldfriedhof. (Yvan Goll – P. L., »Ich sterbe mein Leben. Briefe 1931-40«, 1991). – **Ernst Kreuder** (→ Zeitz/TH) zuletzt in Mühltal lebend, starb am 24. 12. 1972 in D., Grab auf dem Alten Friedhof. – 1955-58 wohnte **Arno Schmidt** (→ Hamburg) in der Inselstraße 42 (Gedenktafel), 1962-65 im Alexandraweg 5 **Hans Erich Nossack** (→ Hamburg); 1956 kam **Karl Krolow** (→ Hannover/NI) und schrieb: »... die Stadt ist groß genug. / Man kann in ihren Straßen sagen, / Was man träumt«; er starb am 21. 6. 1999; Grab auf dem Waldfriedhof. – Seit 1963 lebte **Ilse Langner** (eig. Ilse Siebert/1899-1987) in D., Martinstraße 75, eine weitgereiste sozialkrit.-pazifist. Dramatikerin und Erzählerin (»Die purpurne Stadt«, R. 1937). Ihr Grab auf dem Waldfriedhof. Dort auch die Gräber der Erzählerin **Edith Mikeleitis** (1905-64) und von **Arnold Krieger** (1904-65), seit 1953 in D., der erst spät den großen Erfolg mit seinem Afrika-Buch »Geliebt, gejagt und unvergessen« (1955) hatte. Gedenktafel an seiner Studio-Wohnung Adelung- Ecke Saalbaustraße); A.-K.-Eiche im Herrngarten; Freundeskreis. – Präsident der Dt. Akademie für Sprache und Dichtung war 1953-63 **Hermann Kasack** (→ Potsdam/BB). Sein Nachfolger **Hanns Wilhelm Eppelsheimer** (→ Frankfurt a. M./HE) war in den 20er Jahren Bibliotheksdirektor in D. Als Akademie-Sekretär fungierte 1952-54 **Karl Friedrich Borée** (→ Görlitz/ SN); er starb in D. am 28. 7. 1964, Grab auf dem Alten Friedhof. Von 1960-78 in diesem Amt der Pfälzer **Ernst Johann** (→ Ludwigshafen/RP; Grab in Groß-Gerau).

L Eine Art Kulturgeschichte von »D. in der Dichtung« hat **Karl Esselborn** (1879-1940/

Grab Alter Friedhof) 1917 in der »Hessischen Chronik« veröffentlicht, dazu: »Die Werke über Darmstadt und ihre Verfasser« (1920), »Darmstädter Erinnerungen. Ein Führer durch die D.er Memoirenliteratur« (1924). – D.s Sagen und Geschichte wurden v. a. von **Ernst Pasqué** (Alsbach) bedichtet: in Reimen von »Philipp dem Großmütigen und seinem Testament« bis »Ludwigs VI. Glockenspiel«, in Geschichten wie »Der Schatz im Schlosse zu D.« (1890) oder »Es steht ein Baum im Odenwald«. – D.er Topographien auch von: **Christian Karl Gottlieb Merck** (1796-1859), **Philipp Alexander Ferdinand Walther** (1812-87, Grab Alter Friedhof), **Wilhelm Hamm** (1820-80) mit Jugenderinnerungen, **Otto Müller** (→ Schotten/HE) mit dem Weidig-Roman »Altar und Kerker« (1884); **Wilhelm Walloth** (1856-1932), **Hans Otto Becker** (1877-1956), **Rudolf Stratz** (→ Heidelberg/BW) u. a. – Niebergall-Nachfolger und -eiferer (mehr saftig allerdings als scharf): **Hermann Müller** (1841-1934); **Ernst Beck** (1844-1922); **Heinrich Hohmann** (1855-1940); **Wilhelm Kaminsky** (1857-1943); **Willi Wilbrand** (1851-1957/Grab Alter Friedhof); **Robert Schneider** (Ps. »Bienche Bimmbernelle«/1875-1945/Grab Waldfriedhof, Denkmal Herrngarten); **Heinrich Rüthlein** (1886-1949/Grab Alter Friedhof); **Georg Lotter** (1889-1977/Grab Bessunger Friedhof), **Hartmuth Pfeil** (1893-1962/Grab Waldfriedhof); **Hans Herter** (Ps. »Mickedormel«/1907-72/Grab Alter Friedhof); **Georg Wiesenthal** (1909-72/Grab Bessunger Friedhof); **Klaus Schmidt** (1926-76/Grab Alter Friedhof). Texte von allen und vielen anderen in »Das große Buch vom Darmstädter Humor« (1978/79) von **Karl Eugen Schlapp**. – Essays: »D.er Nationalgesichter« (1925) von **Karl Wolfskehl**, »D.s Geist im Schrifttum« (1938) von **Wilhelm Michel** (1877-1942), »Über Maler – über Dichter« (1975) von **Heinz Schöffler** (1921-73); von **Heinz Winfried Sabais** hg. die Sammelwerke »Vom Geist einer Stadt« (1956) und »Lob der Provinz« (1967) und von **Erich Zimmermann** »Darmstadt im Buch« (1975). **§** Hessische Landes- und Hochschulbibliothek (im Schloss): rd. 1,5 Mio. Bde., über 4000 Hss., 2 050 Inkunabeln, Nachlässe, Autogra-

phen. Theaterslg. zur Theatergeschichte D.s, Musikslg.; angebl. Totenmaske Shakespeares; Büsten von St. George und K. Edschmid. – **P. E.N-Zentrum Deutschland; Dt. Friedrich Schiller-Stiftung** (seit 1859, neugegr. 1953): **Heimatverein D.er Heiner** (seit 1950). – Im **Literaturhaus** mit den Bibliotheken »Literarisches Gedächtnis D.s«, Alexander-Haas-Bibliothek (Judaica) und Luise-Büchner-Bibliothek (Frauenlit.) beheimatete lit. Gesellschaften: **Arnold-Krieger-Archiv, D.er Goethe-Gesellschaft, Elisabeth-Langgässer-Gesellschaft, Frank-Wedekind-Gesellschaft, Gesellschaft Hessischer Literaturfreunde, Lichtenberg-Gesellschaft, Literaturinitiative D., Martin-Behaim-Gesellschaft** (zur Förderung des deutschen Buches im Ausland, seit 1951), **Società Dante Alighieri D.** – Die **Dt. Akademie für Sprache und Dichtung** (seit 1949) verleiht seit 1951 den **Georg-Büchner-Preis** (gestiftet 1927), seit 1958 den **Johann-Heinrich-Merck-Preis** (für lit. Kritik und Essay), **Sigmund-Freud-Preis** (für wiss. Prosa), **Friedrich Gundolf-Preis** (für lit. Vermittlung im Ausland), seit 1964 auch **Preisfrage der Akademie**. – Der **Dt. Literaturfonds** verleiht den **Kranichsteiner Lit.-Preis** (seit 1983) und den **Paul-Celan-Preis** für dt.sprachige Übersetzer (seit 1988). – Das **Dt. Poleninstitut** verlieh 1981 erstmals einen Übersetzerpreis, das **P. E. N.-Zentrum** seit 1985 die **Hermann-Kesten-Medaille**. – **Verdienstplakette der Stadt D.** (seit 1954); **Johann-Heinrich-Merck-Ehrung** (seit 1955), **Leonce- und Lena-Preis** (seit 1968), **Ricarda-Huch-Preis** (seit 1978). Lyrikwettbewerb »Literarischer März«.

Griesheim

Elisabeth Langgässer war von 1920-28 Lehrerin an der Schillerschule in G., wohin sie täglich von Darmstadt aus mit der Straßenbahn fuhr. Unter dem Eindruck der Eigenart dieser Landschaft entstand ihr erstes großes Werk: »Gang durch das Ried« (ersch. 1936). Vorher: »Grenze. Besetztes Gebiet. Ballade eines Landes.« (1932, n. 83). – Gedenktafel am Kochschen Schulhaus, Platz Bar-le-Duc. – E.-L.-Rundwanderweg im Naturschutzgebiet Kühkopf-Knoblochsaue, auf den Spuren des Romans (»Erlenhof« = Bensheimerhof, »Lumpenmühle« = Gasthaus »Zur Mühle« an der Straße nach Wolfskehlen u. a.). Am »Schwarzen Ort« bei **Biebesheim** an der großen Rheinschleife soll angeblich der Nibelungenschatz (→ Worms/RP) versenkt worden sein.

Ober-Ramstadt

Heimatmuseum im Alten Rathaus (erbaut von G. Ch. Lichtenbergs Vater, dem Pfarrer Johann Conrad L. 1732) mit Lichtenberg-Gedenkzimmer. (Sonderausstellungen), L.-Bibliothek im Alten Bahnhof. Tagungen der Lichtenberg-Gesellschaft.

Georg Christoph Lichtenberg, * 1. 7. 1742 O.-R., † 24. 2. 1799 → Göttingen/NI): »Morgenstern plus Hebbels Tagebüchern plus franz. Klarheit plus engl. Groteske plus dt. Herzen« (K. Tucholsky). 1745 nach Darmstadt, 63-67 Studium in Göttingen, 70 Prof. der Experimentalphysik. 1770 und 74-75 Englandreisen. – Korrespondenz mit den Größen der Zeit, Kalenderaufsätze und Streitschriften; die aphorist. Aufzeichnungen in den Sudelbüchern erst nach seinem Tode veröffentlicht. – W.: Schriften und Briefe (Hrsg. W. Promies, 1967-92). – Gedenktafel am

Darmstadt: Pfarrhaus zu Ober-Ramstadt, Geburtshaus von G. Ch. Lichtenberg

Pfarrhaus (an Stelle des Geburtshauses L.s). – Nachlass SuUB Göttingen. – W. Promies, »G. Ch. Lichtenberg« (1964); »G. Ch. L. Wagnis der Aufklärung« (Ausstellungskatalog 1992).

Alsbach

Ernst Pasqué, * 3. 9. 1821 Köln, † 20. 9. 1892 A., Sänger. Seit 1844 mit Unterbrechungen in Darmstadt, wo er ein viel schreibender und -gelesener Erzähler aus Hessen-Darmstadts Vergangenheit und der Welt des Theaters wurde. – Villa »Haus Geyersberg« (Gedenktafel) in der von P. angelegten Lindenstraße 18; Grab und Denkmal auf dem Friedhof; Gedenktafel am Randweg in Geyersberg. – Im A.er Wald spielen »Die vier Haimonskinder« (Plastik in der Neuen Schule) und »Herzog Ulrichs Ruhe« (Gedenkstätte). – Nachlass LuHB Darmstadt.

L Auf dem A.er Schloss um 1300 der Minnesänger **Konrad II. von Bickenbach.** – **Ernst Elias Niebergalls** Erzählung »Der vermauerte Turm« (1836) spielt hier.

Jugenheim (Seeheim-J.)

Schuldorf Bergstraße; Pädagog. Fachinstitut.

Helene Christaller, * 31. 1. 1872 Darmstadt, † 24. 5. 1953 J., wo sie seit 1903 lebte. Verheiratet mit **Erdmann Gottreich Ch.** (1857-1922), der wegen seines sat. Romans »Prostitution des Geistes« (1901) sein Amt als Pastor verlor. Ihre Unterhaltungsromane siedelte sie denn auch meistens in Pastorenhäusern an (»Gottfried Erdmann und seine Frau«, 1907). An der Bergstraße spielen u. a.: »Als Mutter ein Kind war« (1927); in Darmstadt: »Ruths Ehe« (R. 1909); im Odenwald: »Das Reich des Markus Neander« (R. 1924). »Aus meinem Leben« (1937). – »Blaues Haus«, H.-

Ch.-Weg 3 (Gedenktafel); Grab auf dem Friedhof.

A Heitere Kindheitstage verbrachte zwischen 1752 und 56 **Georg Christoph Lichtenberg** (Ober-Ramstadt) bei seinem älteren Bruder Christoph Gottlieb im Amtshaus an der Villastraße (Gedenktafel). – In ihrem »Dichterheim« (abgerissen, Gedenktafel Hauptstraße 41) empfing 1848-1855 **Luise von Ploennies** (→ Darmstadt) auch **Ludwig Uhland** (→ Tübingen/BW); U.-Ruhe beim Felsberg. – In der Jugendherberge tagte im April 1948 die »Gruppe 47«. – In seinen letzten zehn Jahren lebte hier **Leo Weismantel** (→ Mellrichstadt/Obersinn/BY): Wohnung Jahnstraße 16; W. starb während eines Kuraufenthaltes am 16. 9. 1964 in Rodalben b. Pirmasens; Grab auf dem Friedhof von J. – In **Seeheim** lebte nach seiner Heirat 1908-1918 **Georg Kaiser** (→ Magdeburg/SA).

R Im Nordosten **Darmstadts**, jenseits von **Mathilden-** und **Rosenhöhe** (Jugendstil-Freiluftmuseum und Neue Künstlerkolonie) sowie der **Fasanerie** (dem Schwarmplatz der »Empfindsamen«, deren Geschichte 1826 **Ludwig Karl Wittich**, 1805-70, in Distichen schrieb), liegt **Jagdschloß Kranichstein** (Museum und Gaststätte), heute auch Ort der Literaturtage des Dt. Literaturfonds. Von den 8 Fenstern des Rundturms aus konnte der Landgraf die Hetzjagden in 8 Waldschneisen verfolgen. – Den **Herrgottsberg** (vielzitierte D.er Goethe-Stätte) zitiert auch **E. E. Niebergall** für eine seiner frühen Erzählungen (1838). – Auf dem **Traisaer** Feld (Mühltal-T.) der **Dippelshof**, den **Johann Konrad Dippel** (1673-1734), um hier Gold zu machen, gebaut haben soll. Im Forsthaus der sagenumwobenen Burg **Frankenstein** oberhalb der Alten Bergstraße geb., führte der »Darmstädter Faust« als radikaler Pietist ein bewegtes Leben, das unterwegs in Berleburg endete (→ Laasphe/

Bad Berleburg/NW). Angeblich soll die Burg Namenspate für die Hauptfigur im Roman der **Mary Shelley** (1818) gewesen sein. F.er Geschichten und Gedichte haben u. a. **Joseph Victor von Scheffel** (→ Karlsruhe/BW), **Karl Schaffnit** und **Ernst Pasqué** geschrieben. – Auf dem Friedhof **Mühltal** das Grab des Volkskundlers **Will-Erich Peuckert** (1895-1969). Im Ortsteil **Traisa** erinnert am Speckebrünnchen eine Bronzetafel an den »Datterich« des Elias Niebergall (Darmstadt). – An die Sage vom Drachentöter Georg erinnern in **Nieder-Beerbach** (Mühltal-N. B.) Lindwurmbrunnen und Georgsdenkmal. – »Hier der alten Burg nahe«, notierte **Goethe** am 30. 10. 1775 im »Ochsen« zu **Eberstadt** (Darmstadt-E.), »hier läge denn der Grundstein meines Tagbuches!« – und: »Lili Adieu Lili zum zweitenmal!« Drei Jahre vorher hatte es »Lila« adieu! geheißen. – Die **Tanne** und das »Griesheimer Haus«, D.s beliebtes Wald-, Jagd- und Spukrevier, auch Tummelplatz für Erzähler aller Arten, von dem Oberforstrat G. Bekker, der Vogelstimmen wie Sagen sammelte, bis zu E. E. Niebergall und E. Pasqué.

B W. Gunzert, Darmstadt und Goethe, 1949; W. Weyrauch/F. Deppert (Hrsg.), Von Darmstadt nach Darmstadt, 1972 (über D.er Autoren); G. Sauder, Darmstadt in der Zeit des Barock und Rokoko, 1980; G. Hensel, Da wo wir lieben, ist Vaterland. Freunde und Freundschaft in der Darmstädter Literatur, 1981; K. Müller, Literarische Spaziergänge in Darmstadt, 1993; K. Schleucher, Teilhaber des Lebens. Darmstadts literarisches Gedächtnis, 1999; W. Scheele, Burg Frankenstein. Mythos, Wahrheit, Legende, 2001. **Z** Aschaffenburg (BY); Dieburg, Frankfurt a. M., Groß-Gerau, Goddelau, Heppenheim, Offenbach a. M. (HE).

DAUN/RP

Krimi-Festival »Tatort Eifel«.

»Kein unwirtliches Land«, schrieb schon **Karl Simrock** (→ Bonn/NW). »Heidevegetation, Ginster, Lavaboden, Gras«: Dauner Topographien in **Andreas Höfeles** Roman »Das Tal« (1975). Die Maare, »im Sommer von Ginster umblüht, im Winter Orte der Verlassenheit«, beschwören immer noch altes Sagengut, eine klassische Sammlung 1853: »Die Eifel. Geschichte, Sage, Landschaft und Volksleben im Spiegel deutscher Dichtung« von **J. B. W. Heydinger** (1825-1907), Pfarrer und Heimatforscher. 100 Jahre später: **Armin Renker**/→ Düren/Zerkall/NW: »Zwischen Venn und Maar« (1948). Eine der merkwürdigsten Sagen wird vom Totenmaar bei **Weinfeld** erzählt: der umherirrende Pontius Pilatus habe hier Selbstmord begangen. »Am Totenmaar« (1897) spielt auch **Clara Viebigs** (→ Trier/RP) »Eifelkindergeschichte« vom Tod des Mädchens Anne-Marie. Lyrische Skizzen vom **Schalkenmehrener** Maar finden sich in »Mein Eifelbuch« (1923) des Siegburgers **Peter Wiemar** (1889-1956). – Auf der Höhe des Mäuseberges erinnert der Dronke-Turm an den 1. Vorsitzenden des Eifelvereins **Adolf Dronke** (1837-98), dessen »Bilder aus der Eifel« 1892 erschienen. – Aus **Meisburg** kam der spätere Kölner Prälat **Jakob Hubert Schütz** (1857-1936), der volkstüml. Erbauungsliteratur schrieb (»Goldenes Büchlein vom Anstand gegen Gott«, 1923); **Josef Böffgen** (1914-81), der »schreibende Pater von Gerolstein«, beließ es bei einem »Gerolsteiner Schmunzelbüchlein« (1978). – »Spass äm Platt om Jirrelsteener Land« (1994) verspricht **Wilma Herzog**. Aus **Hillesheim** stammt die Romanautorin **Franziska Bram** (1860-1932): »Der Zorn Gottes« (Dorf-R. 1913). Dort

befindet sich im »Kriminalhaus« eine Slg. von 26 000 Bdn. Kriminalromane. In **Berndorf** bei H. schreibt **Jacques Berndorf** (eig. Michael Preute), der »Guru der Eifel-Krimis«, in nicht nachlassender Folge seit 1989, Debüt u. d. Titel »Eifel-Blues«. – Auf Burg **Kerpen** lebte 1949-52 **Alfred Andersch** (→ München/BY) mit seiner Frau Gisela; hier begann er Ende Dezember 50 mit dem aut. Bericht »Die Kirschen der Freiheit«.

B J. Zierden, Mordsappetit auf Eifelkrimis, in: Literarischer Reiseführer Rheinland-Pfalz, 2001.
Z Cochem, Mayen, Prüm (Bitburg), Wittlich (RP).

DEGGENDORF/BY

Stadtmuseum (u. a. krit. Dokumentation der »Wallfahrt zur Gnad«).

Karl Theodor Müller aus Berching/Opf., Arzt und Volksdichter, dessen derbe und burleske »Gedichte, Aufsätze und Reden« (1834) ihm den Beinamen »Saumüller« eintrugen, starb am 7. 7. 1873 in D. – **Anton Westermayer**, Verfasser von »Bauernpredigten« und theol. Schriften, wurde am 2. 1. 1816 in D. geb.

L Sage von den »Deggendorfer Knödeln«, die als Wurfgeschosse 1266 den belagernden Soldaten Ottokars von Böhmen zu schaffen machten und heute nach altem Rezept als Spezialität verzehrt werden. – **Breitenbach**, südlich von **Mietraching** (zu D. gehörig) war **Herbert Achternbuschs** Kindheitsort. In dem Prosaband »Breitenbach« (1986) und den Theatermonologen »Ella« (1979) und »Gust« (1980) rechnet er gnadenlos mit dieser seiner dörfl. Herkunftswelt ab: »Mir wird schlecht«.

R In der barocken Bibliothek der Abtei **Metten** (u. a. M.er Antiphonale von 1452) wird in »vierzehn Deckenbildern das Buch als fundamentum der Kirche und als fundamentum des richtigen Lebens behandelt« (**Alois Fink**, 1957). Den Eingang beherrscht die Benediktinerregel: »Jeder Mönch muss in der Fastenzeit aus der Bibliothek ein Buch holen und ganz lesen.« Unter den Mönchen, v. a. im 18. Jh., namhafte gelehrte Autoren, so **Roman Märkl, Lambert Kraus, Leonhard Grueber, Anselm Rixner**; im 19. und 20. Jh. **Benedikt Braunmüller, Ildephons Poll, Angelus Sturm, Wilhelm Fink**. – In dem Roman »Burggeflüster« gehen vier Autoren unter dem Ps. **F. W. Castellus** der Vergangenheit der »schönsten Burg des Bayerischen Waldes«, **Egg** (nördl. von Metten), nach. Die Sage vom Egger Vizedomus Peter zeichnete der Humanist **Caspar Bruschius** (→ Lindau i. B./BY) anlässl. einer Reise auf. – Aus **Niederalteich** (Ökumen. Institut, Zs. »Una sancta«) kommt u. a. der bedeutendste humanist. Lyriker Altbayerns, **Johannes Aurpach**, der 1554 in Ingolstadt seine erste Gedichtslg. veröffentlichte. Seinem Büchlein »Waldweihnachten« (1922) verdankt **Max Peinkofer** (→ Passau/Tittling/BY) die Stelle des Schulleiters an der Volksschule von N., die samt Wohnung in einem Flügel des Klosters untergebracht war (weitere Aufsätze über N. in der Slg. »Der Brunnkorb«). – **Plattling** ist das »Pledelingen« des **Nibelungenlieds** (→ Worms/RP); Skulptur am Rathaus, Festspiele. Hier geb., in der Dr.-Zacher-Straße, **Eduard Stemplinger** (1870-1964), der als Mundartdichter und Bühnenautor (»Horaz in der Lederhos'n«, 1906, »Das Altbayrische Komödienspiel«, 49) bekannt wurde. Von **Herbert Achternbusch** gibt es das Theaterstück »Plattling«: »Früher ist hier Bayern gewesen. Jetzt herrscht hier die Welt . . . Je mehr die Welt regiert, desto mehr wird die Welt vernichtet, werden wir, die wir dieses Stück Erde bewohnen, vernichtet.«

Z Landau a. d. Isar, Regen, Straubing, Vilshofen (BY).

DELITZSCH/SN

Aus D. stammen der Naturforscher Christian Gottfried Ehrenberg (1795-1876), der zus. mit A. von Humboldt (→ Berlin) 1829 eine Asien-Reise unternahm, und der Begründer der genossenschaftl. Vorschussvereine, Hermann Schultze-Delitzsch (1808-83).

Bad Düben

Auf Burg D. begann im Mai 1533 der Prozess zwischen dem Junker von Zaschwitz und Hans Kohlhase, der H. von Kleists (→ Frankfurt a. d. O./BB) Novelle »Michael Kohlhaas« (1810) zugrunde liegt. Im Oktober 1532 hatte der Adlige den »Roßkamm«, der auf dem Weg zur Leipziger Messe war, im Dorf **Wellaune** zweier Pferde beraubt. Gegen diese »Wegelagerei« focht Kohlhase einen jahrelangen vergebl. Kampf. – **Christoph Hein**, der in D. aufwuchs, lässt den Roman »Horns Ende« (1985) im Sommer 1957 in einem D. sehr ähnlichen Bad Guldenburg spielen. Der Titelheld versucht vergeblich, auf der Burg ein Heimatmuseum einzurichten.

Eilenburg

Stadtmuseum. Zu sehen sind auch die E.er Reformationsdrucke (darunter H. Sachs/→ Nürnberg/BY »Wittenbergisch Nachtigall« und Schriften von Th. Müntzer/→ Sangerhausen/Stolberg/ST).

Martin Rinckart, * 24. 4. 1586 E., † 8. 12. 1649 ebd., Liederdichter und Dramatiker, der erst die Lateinschule in E., dann die Thomasschule in Leipzig besuchte. Seit 1616 Erzdiakon in E., wo ihn mit dem Choraltext »Nun danket alle Gott« (1630, veröffentlicht im »Jesu-Hertz-Büchlein«, 1636) ein großer Wurf gelang. Ferner entstand in E. das Schuldrama »Der aufrührerische Müntzer« (1625), in dem dieser erstmals in der Lit. behandelt wird. – Geburtshaus: Eckartstraße 6, Wirkungsstätte: Pfarrkirche (Gedenktafel).

Karl Neumann, * 30. 7. 1916 E., † 1. 7. 1985 Radewege (→ Brandenburg/BB), Kinderbuchautor, am erfolgreichsten die Bücher »Frank« (1958) und »Das Mädchen hieß Gesine« (1966).

A **Martin Luther** (→ Eisleben/SN) kam erstmals im November 1518 nach E., das er »eine gesegnete Schmalzgrube« nannte. Er wartete hier vergeblich auf **Georg Spalatin** (→ Altenburg/TH) 1520 verhandelte L. auf dem Schloss von E. zus. mit **Philipp Melanchthon** (→ Bretten/BW) mit Sp. Als L. 1522 wiederkam, hatte sich die Lage radikalisiert, so dass er in der Schlosskapelle gegen die Aufrührer, die gerade das Pfarrhaus stürmten, predigen musste. 1536 traute L. **Caspar Cruziger** (→ Wittenberg/ST) in der Schlosskapelle. Nikolai- und Marienkirche, in beiden hat L. gepredigt, existieren noch, das Schloss dagegen nicht mehr. L.-Eiche (1917), L.-Erinnerungen in der L.-Stube des Ratskellers. – **Christian Ludwig Liscow** (→ Hagenow/Wittenburg/MV) verbrachte auf seinem E.er Gut Berg, Weinbergstraße 8, nach seiner polit. bedingten Entlassung seine letzten Lebensjahre und starb hier 1760.

Z Grimma, Leipzig, Torgau (SN); Bitterfeld, Halle, Wittenberg (ST).

DEMMIN/MV

Pommernbibliothek.

Joachim Lütkemann, * 15. 12. 1608 D., † 18. 10. 1655 Wolfenbüttel, Verfasser christlicher Erbauungsliteratur. Später in Rostock. – W.: Der Vorschmack göttlicher Güte (1653).

Demmin: »Reuternotgeld« mit dem Geburtshaus des Dichters in Stavenhagen (1922/23)

Hans Ehrke (Ps. **Willi Walter**), * 10. 4. 1898 D., † 29. 10. 1975 → Kiel/SH, Verfasser mundartl. Theaterst. und Lyrik. – W.: Frühlicht (G. 1921); Narrenspegel (K. 1925); November (K. 1927). In der Nazi-Zeit propagandist. Lyrik (»Gewappnetes Herz«, 1943). – Klaus-Groth-Preis 1968.

A **Fritz Reuter** war zwischen 1842 und 56 beruflich mehrmals in D. (Quartier Rosestraße 25). 1854 hinterlegte er im Rathaus (1945 zerstört) sein erstes Testament. Auf dem Kamp-Friedhof in **Loitz** bei D. Gedenktafel für die Schriftstellerin **Maria Osten** (1908-42); »Hubert im Wunderland« (Jugendbuch 1935).

L Von **Adolf Pompe** (1831-89) stammt das 1852 geschriebene Pommernlied »Heimat« (»Wenn in stiller Stunde . . .«). Grab auf dem Friedhof Jarmener Chaussee.

Stavenhagen

Fritz Reuter, * 7. 11. 1810 in der heutigen »Reuterstadt« S., † 12. 7. 1874 → Eisenach/TH, wichtigster Dichter der realistischen niederdeutschen Prosa, urwüchsiges Talent mit einer Mischung aus Volkstümlichkeit, Humor, Sozialkritik und Lokalkolorit. Geschätzt von den Kollegen G.

Keller, Th. Fontane und Th. Mann. – Schulzeit in Friedland (→ Neustrelitz/MV) und → Parchim/MV, ab 1831 Studium in → Rostock/MV und → Jena/TH. 1833 Verhaftung in → Berlin wegen burschenschaftlicher Umtriebe und nach dem zunächst erfolgten Todesurteil (1836) zu 30 Jahren Festungshaft »begnadigt«. Nach der Haft in den Festungen Silberberg, Glogau, → Magdeburg/ST und Graudenz 1840 auf der Festung Dömitz (→ Ludwigslust/MV) begnadigt (»Ut mine Festungstid«, 1862). Unstete Jahre in der Landwirtschaft, als Lehrer und Redakteur u. a. in → Altentreptow und → Neubrandenburg/MV, auch politisch engagiert, danach in Eisenach. – W.: Gesammelte W. und Briefe (Hrsg. K. Batt, Bde. 1-9, 1967 ff.; herausragend die »Läuschen un Rimels« (1853 ff.), das sozialkritische »Kein Hüsung« (1857) und der »Dörchläuchting« (1866); dazu Gedichte, Reiseberichte, Erinnerungen (»Ut de Franzosentid«, 1859). Übertragungen der Werke R.s ins Hochdeutsche durch F. Meyer-Scharffenberg (→ Ludwigslust/Wittenburg/MV) sowie B. und F. Minssen (1975 ff.). Nachlass SWK. – Zahlreiche Biographien und Bibliographien (so K. Batt, 1967; M. Töteberg, 1978; A. Hückstädt, 1982, n. 1986); Fritz-Reuter-Gesellschaft mit Sitz in Neubrandenburg, Zs. »Beiträge« (1989 ff.). – E. Schroeder, »Verlorener Sohn«. Eine Geschichte um F. R. In: »Mein Mecklenburger Land« (1957), F. Meyer-Scharffenberg, »Des Bürgermeisters Sohn« (E. 1960); J. Borchert, »Reuter in Eisenach« (R. 1982).

Reuter und Stavenhagen. »Alle meine Gedanken sind einmal von dieser engen Welt ausgefüllt worden, alle Fibern meines Empfindens haben einmal dieses kleine Heimwesen umsponnen«: Das ehemalige Ackerbürgerstädtchen ist ein einziges Freilichtmuseum zur Erinnerung an Fritz Reuter, der hier 14 Kinderjahre verbrachte, ab 1848 für zwei weitere Jahre in S. wohnte und auch später immer wieder die Vaterstadt besuchte.

Ausgehend vom reichhaltigen R.-Museum im Alten Rathaus, dem Geburtshaus R.s und dem davor stehenden R.-Denkmal von W. Wandschneider (1911) mit Reliefdarstellungen aus R.s Werken, bietet ein Rundgang viele Erinnerungsstätten: Das »Stemhäger Sloss« genannte Schloss liegt »ein paar Schritte ... um die Ecke des Rathauses (»Meine Vaterstadt«), Schauplatz im Roman »Ut de Franzosentid«. Gedenktafel an der von R. besuchten »Rekterscheul« (Schule, Neubrandenburger Straße 2); zahlreiche Häuser der Verwandtschaft tragen ebenfalls Gedenktafeln. Das Gasthaus Grammelin an der Kirche war Tagungsort des Reformvereins. Die ehemalige R.sche Bierbrauerei (Wallstraße 13) liegt gegenüber dem Friedhof mit neun Gräbern der Familie Reuter, unter ihnen das des Vaters (dazu A. Hückstädts Biographie »Georg Johann Reuter, Stavenhagens tüchtiger Bürgermeister«, 1999), sowie einiger Jugendfreunde R.s. Am Ortsausgang Richtung Neubrandenburg die angeblich vom Autor gepflanzte R.-Eiche mit Gedenktafel: »Schonet den Baum, daß Ihr Euch dereinst in seinem Schatten labet.« Erschöpfend Auskunft geben die Literaturführer »Reisen zu Reuter« (1990) und »Auf Fritz Reuters Spuren in Mecklenburg-Vorpommern« (2006) von Arnold Hückstädt. Kuriosum: im Sockel des R.-Denkmals sind auch mecklenburgische Dichtungen von R. Tarnow (→ Parchim/MV; »Ein Rangdewuh im Rathaus zu Stavenhagen«, 1910), eingemauert, in denen Reuters Denkmal verspottet wird.

In R.s Werken ist Stavenhagen allgegenwärtig, hochdeutsch die Skizze »Meine Vaterstadt Stavenhagen«; »Ut de Franzosentid« und »Ut mine Stromtid« behandeln die Ereignisse um 1813 bzw. 1848 in S. So sind auch zahlreiche Gestalten in R.s Werk wie Bäcker Swenn, Dr. med. So und So, Oll Moses, Moses Isaak Salomon oder Farwer Meinswegens S.er Bürgern nachempfunden. Für Touristen: »Natur und Literatur – Auf den Spuren von Fritz Reuter« (Rad- oder Autotour).

S Das **Fritz-Reuter-Museum Stavenhagen** ist seit 1960 ein Zentrum der R.-Forschung mit Archiv und Fachbibliothek (13 000 Bde.) zu Reuter und zur niederdeutschen Literatur und Sprache. In drei Häusern Ausstellungen mit R.-Autographen, Erstausgaben, Gemälden, Möbeln, Illustrationen; Handschriftenabteilung, u. a. von K. Groth, Fothotek (3 500 Abb.); Zeitungs-Archiv (13 200 Artikel), dazu die Ausstellungen »Franzosenzeit 1806-1813« und »Ernst Lübbert – Leben und Werk«. Katalog zur 2001 neueröffneten ständigen Ausstellung von C. Nenz. Redaktion der niederdeutschen Zs. »Kikut«; Förderverein Reuter-Museen e. V. – **Reuter-Festspiele** in S. seit 1996.

R Der 1956 in S. geborene **Bert Papenfuß-Gorek** hat in seinem Gedicht »MAGNOPOLIS; HAB ACHT! Eine mecklenburgische Hochfahrt« (in: »dreizehntanz«, 1988) niederdeutsche und alltagssprachliche Elemente zu einer literarischen Geisterfahrt durch das Reuterland arrangiert: »einige eigentümliche übergriffe/eigentlich aufwartenden personals/ wurden unbedenklich bescheinigt/nickt fritz aus'm arrest herüber.« Auch das Umfeld Stavenhagens bietet zahlreiche **Reuter**-Stätten und Schauplätze seiner Literatur: Auf dem Rittergut **Scharpzow** traf sich Reuter im April 1844 mit **Hoffmann von Fallersleben** (→ Wolfsburg/Fallersleben/NI): R. »erzählte uns stundenlang von seinem siebenjährigen Gefängnisleben so lebendig, so humoristisch, daß wir uns gar nicht satt hören konnten« (H. v. Fallersleben, »Mein Le-

ben«). – Die **Gielower** Mühle (abgebrannt) südlich Malchins ist ein Schauplatz von »Ut de Franzosentid«. Nahebei das Rittergut **Demzin**, auf dem Reuter 1842 eine Volontärsstelle bei Pächter Franz Rust annahm, dessen Zwillingstöchter als »Lining und Mining« in die »Stromtid« eingingen. R. erlebte in Demzin eine gesellige Zeit mit vielen Kontakten zur liberalen Opposition, Satiren wie »Ein gräflicher Geburtstag« und Beiträge im »Jahrbuch« W. Raabes (→ Holzminden/ Eschershausen/NI) zeugen von dieser Periode, die 1845 mit dem Tode des Vaters und der Enterbung R.s in einer Lebenskrise endete. Im heutigen Gutshaus eine R.-Gedenkstube mit Bibliothek. – In der Nähe der Park von **Faulenrost**, wo Reuter dem Teufel begegnet sein will (siehe die »Urgeschicht«), und **Rittermannshagen**, in dessen Pfarrhaus R. seine Frau Luise Kuntze (→ Grevesmühlen/MV) kennenlernte; im sog. »Luisenzimmer« soll 1847 die Verlobung stattgefunden haben. In **Altentreptow** (damals Treptow) lebte Reuter von 1850 bis 56 als Privatlehrer, Redakteur und Lokalpolitiker. Hier schrieb er über die »Notwendigkeit des Turnunterrichts für die Jugend« (1850) im Geiste F. L. Jahns (→ Perleberg/Lanz/BB), verfasste die ersten »Läuschen un Rimels« (1853) und »De Reis' nah Belligen« (1855). Als Redakteur für das »Unterhaltungsblatt für beide Mecklenburg und Pommern« (Reprint 1989) lieferte er Artikel u. a. über Stavenhagen. R. wohnte in der Oberbaustraße 52 (Gedenktafel, allerdings mit falscher Jahreszahl: 1849 statt 1850) und in der Demminer Straße 12 (Gedenktafel wieder mit falscher Jahreszahl). Im nahen »Deutschen Haus« (damals »Hotel zur Post«) hielt R. seinen legendären Stammtisch der »zwölf Apostel« ab (Gedenktafel). 1869 letzter Besuch. Auf dem Städtischen Friedhof an der Stralsunder Straße

die zusammengelegten Gräber u. a. von
Ludwig Schröder und Eduard Schuma-
cher, der Freunde R. s. Am Klosterberg
das von R. geschaffene Turnfeld (Gedenk-
stein).

Im benachbarten **Kleinteetzleben** besuch-
te Reuter oft seine Braut. Auf dem Gut des
Freundes Peters in **Siedenbollentin** ent-
standen Kapitel der »Stromtid« mit An-
klängen an die Örtlichkeit, die mit ihrer
Reuter-Grotte das Andenken an den Au-
tor bewahrt. Im Gutshaus von **Thalberg**
südlich Altentreptow machte R. ab 1844
oft Station beim befreundeten Ehepaar Pe-
ters, wo ihn eine familiäre Umgebung zum
Schreiben (u. a. »Der gräfliche Geburts-
tag«) anregte. – Im Stavenhagen benach-
barten **Ivenack** liegt die umfangreiche
Grafschaft der Familie von Maltzahn-Ples-
sen, deren Mundkoch mit dem sprechen-
den Namen **Traugott Hammerl** ein »Nord-
deutsches Kochbuch für die herrschaft-
liche, sowie für die feinere bürgerliche Kü-
che« (1898, n. 1985) schrieb. Das geschlos-
sene Ensemble von Schloss, Kirche und
Park mit den berühmten tausendjährigen
Eichen bildete das »Jungsparadies« Reu-
ters, der hier 1816 Blücher (→ Rostock/
MV), den »Marschall Vorwärts«, sah und
im Epos »Hanne Nüte« das Lied vom
»Eickboom« sang. Aus der Napoleon-Zeit
stammt die Geschichte vom in den Eichen
versteckten Hengst Herodot; auch von
den sieben Nonnen, die in die sieben Bäu-
me verwandelt wurden, geht die Sage. –
Ivenack war einst Schauplatz für eine Tra-
gödie: Den Freitod der Gräfin Caroline
nahm **Theodor Fontane** (→ Neuruppin/
BB) zur Vorlage seines Romans »Unwie-
derbringlich« (1891), der Ort der Hand-
lung wurde allerdings nach Dänemark ver-
legt (→ Flensburg/SH). – Beim Ein-
marsch der Roten Armee 1945 nahm sich
das Ehepaar von Plessen das Leben, Grab
und Gedenkstein vor der Kirche. Kurz

vor der Grenzöffnung schrieb **Marlies
Menge** ihre Reportage über das »LPG-
Vieh im Schloßpark« (in: »Mecklenburg«,
1989).

Aus **Röckwitz** bei Stavenhagen stammt
Otto Piper (1841-1921), späterer Bürger-
meister von **Penzlin** (→ Waren/MV) und
Vater des dort geborenen Verlegers **Rein-
hard P.**, der in der Aut. »Jugend und Erin-
nerung« (1942) das Wirken Otto P.s wür-
digt. Dessen »Deutsche Burgenkunde«
(1895) erfasst auch die Anlagen seiner Hei-
mat; weitere plattdt. Dichtungen (»Ut 'ne
lütte Stadt«, 1898). **Ernst Moritz Arndt**
(→ Rügen/MV) flüchtete am 28. 1. 1812
bei **Trantow** vor den Franzosen über die
Peene (Gedenkstein vor dem Friedhof,
auf dem das Grab des Vaters liegt, der in
T. 1805-08 Gutspächter war). – In **Pustow**
hatte **Friedrich Spielhagen** (→ Magde-
burg/ST) 1852 eine Hauslehrerstelle auf
dem »Braunschen Gut«: »einer der land-
schaftlich schönsten Landsitze« (»Erinne-
rungen aus meinem Leben«, 1889/90), li-
terarische Nachklänge auch in »Problema-
tische Naturen« (1861). – Aus **Dargun**
stammt **Johann Friedrich Barth** (1789-
1847), der 1830 »Scherz und Ernst« ver-
öffentlichte und in → **Neustrelitz**/MV
mit Adolf Glaßbrenner zusammenarbei-
tete.

In **Malchin**, wo der Lyriker und Rhetori-
ker **Martin Braschius** (→ Rostock/MV)
Lateinschulrektor war, wurde 1845 die
Schriftstellerin **Cordula Peregrina** (eig.
C. Schmid) geboren (gest. 1916 Schwaz/
Tirol). **Max Dreyer** (→ Rostock/MV)
war kurze Zeit Lehrer in M. Südlich davon
Zettemin, über dessen Schicksale **Georg
Graf von Schwerin** (1886-1971) berichtet:
»Zettemin. Erinnerungen eines mecklen-
burgischen Gutsherrn« (n. 1995). – Aus
Tressow bei Malchin stammt **Ida von
Hahn-Hahn** (1805-80), Reiseschriftstelle-
rin und Verfasserin ehemals populärer Ro-

mane (»Gräfin Faustine«) in 45 Bdn. Lebensabend in → Mainz/RP. Nördlich der Kummerower See, doch für **Ehm Welks** (→ Angermünde/Biesenbrow/BB) Romanwelt gilt: »Sein Kummerow ist nicht unmittelbar gleichzusetzen mit dem gleichnamigen kleinen Ort südlich vom Kummerower See, es ist eigentlich kein fester geographischer Punkt, sondern der Inbegriff eines Dörfchens in Pommern« (H. Pleticha). – Südlich Malchins in **Basedow** das Schloss der von Hahns, zu deren Familie berühmte Gelehrte zählen; an der Kirche das Grab des Landesbischofs Tolkien, der sich hierher vor den Nazis zurückgezogen hatte. Zwischen Malchin und Teterow **Remplin**, wo sich der »Theatergraf« **Friedrich von Hahn-Neuhaus** (1782-1857) um 1800 eine nicht mehr erhaltene Liebhaberbühne ins Schloss baute, 1806 kam Freund **A. W. Iffland** (→ Hannover/NI), **Goethe** (→ Frankfurt a. M./HE) zeigte sich interessiert: »Das ist für mich völlige terra incognita«.

Z Anklam, Greifswald, Grimmen, Güstrow, Neubrandenburg, Neustrelitz, Waren (MV).

DESSAU/ST

Hochschule Anhalt/Hochschule für Angewandte Wissenschaften. – Museum für Stadtgeschichte; Museum für Naturkunde und Vorgeschichte; Sammlung der »Stiftung Bauhaus« im Bauhaus; Anhaltische Gemäldegalerie Schloss Georgium; Museum Schloss Mosigkau; Schloss Luisium. – Anhaltisches Landestheater.
1471-1918 Residenz der Fürsten von Anhalt-Dessau. Leopold III. Friedrich Franz (1740-1817) machte D. zum Mittelpunkt eines reformfreudigen »Musterstaates«, der für die Zeitgenossen »Zierde und Inbegriff des 18. Jahrhunderts« (Ch. M. Wieland) war. – 1925-32 hatte das Bauhaus seinen Sitz in D.

Tobias Hübner, * 5. 4. 1578 Halle an der Saale, † 5. 5. 1636 D., Übersetzer. Wuchs als Sohn des anhaltischen Kanzlers in D. auf. 1614 bis zu seinem Tod wieder in D. Mit der Übersetzung von G. Du Bartas Schöpfungsepos »La Semaine ou Creation du monde« (Die erste Woche oder die Erschaffung der Welt, 1619) setzte H. Maßstäbe.

Moses Mendelssohn, * 6. 9. 1729 D., † 4. 1. 1786 → Berlin, Philosoph und Schriftsteller und Kritiker, Vertreter der dt. Spätaufklärung und Unternehmer. Sohn eines armen jüd. Gemeindeschreibers. Wurde von dem Rabbiner **David Fränkel** (1707-62) in die jüd. Philosophie eingeführt. 1743 folgte M. diesem nach Berlin. – W.: Gesammelte Schriften (27 Bde., 1971 ff.) – Geburtshaus 1952 abgerissen, Gedenktafel (1880) seit 1979 am Haus August-Bebel-Straße 16; Bronzebüste (1979) von G. Geyer im Stadtpark. – M.s erste Biographie (1787) schrieb F. W. von Schütz (→ Freiberg/Flöha/SN). Nach wie vor lesenswert H. Knoblochs (→ Berlin) originelle wie geistreiche M.-Biografie »Herr Moses in Berlin« (1979).

Johann Bernhard Basedow (→ Hamburg) wurde 1771 nach D. berufen, um das Schulwesen zu reformieren. 74 eröffnete er mit dem Philanthropin eine Schule der »Menschenfreundlichkeit«, die bald in ganz Europa bewundert wurde, während B. selbst als Schulmann wenig erfolgreich war. 90 verließ er D.
Um der Kritik entgegenzuwirken, lud B. 1776 zu einem großen »Werbeexamen« nach D. ein, an dem immerhin **Johann Gottfried Herder** (→ Weimar/TH) und **Johann Gottlieb Schummel** (→ Magdeburg/ST) teilnahmen. H. kam »alles wie ein Treibhaus vor oder vielmehr ein Stall voll menschlicher Gänse«, während Sch. beeindruckt war und das Erlebte zu dem Bericht »Fritzens Reise nach Dessau«

(1776) verarbeitete. – Der aus Merseburg stammende **Christian Gottlob Hempel** (1748-1824) verspottete den sehr von sich eingenommenen B. in seiner Verskomödie »Der Lehrmeister nach der Mode« (1778). Für Schummel wurde B. das Vorbild für den projektemachenden und schließlich scheiternden Pastor Matthias Theophile Spitzbart im gleichnamigen Roman (1779). – Von den Lehrern am Philanthropin ragen heraus: **Joachim Heinrich Campe** (→ Holzminden/Deensen/NI/1776/77), der mit der Schule in das Palais des Prinzen Dietrich umzog und dort eine Buchhandlung mit philanthrop. Lit. eröffnete. In seiner D.er Zeit arbeitete C. bereits an seiner berühmten Defoe-Adaption »Robinson der Jüngere« (1779/80). **Karl Philipp Moritz** (→ Hameln/NI/1778) äußerte sich im Roman »Andreas Hartknopf« (1786) eher krit. über das Unternehmen. **Christian Gotthilf Salzmann** (→ Sömmerda/TH/1781-84) entwickelte hier die Ideen zu einer eigenen Schulgründung (→ Waltershausen/Schnepfenthal/TH). Der von der Damenwelt bewunderte Modepoet **Friedrich von Matthisson** (→ Oschersleben/Hohendodeleben/ST/1781-84) gab schnell auf, kehrte aber 1795 nach D. zurück und wurde fürstl. Sekretär. **Wilhelm Müller**, * 7. 10. 1794 D., † 1. 10. 1827 ebd., Lyriker von geradezu namenloser Berühmtheit (»Das Wandern ist des Müllers Lust«, »Am Brunnen vor dem Tore«, »Im Krug zum grünen Kranze«). Teilnahme an den Befreiungskriegen. Bekanntschaft mit C. Brentano (→ Koblenz/RP) u. a. Romantikern. Verkehrte in Rom in der dt. Künstlerkolonie (»Rom, Römer und Römerinnen«, 1820). Ab 1819 in D. als Lehrer und Bibliothekar. Verheiratet mit einer Tochter von Basedow. Wortführer des dt. Philhellenismus (»Griechen-Müller«). M.s Liederzyklen »Die Winterreise« und »Die schöne Müllerin«

wurden durch F. Schuberts Vertonung weltberühmt. – »Werke, Tagebücher, Briefe« (Hrsg. M.-V. Leistner, 5 Bde., 1994). – Geburtshaus Steinstraße 10 (kriegszerstört); auch das Gebäude der Hofbibliothek, Wallstraße 10, wo M. wohnte, steht nicht mehr. Grab auf dem Historischen Friedhof (Gedenkplatte), Denkmal (1891) im Stadtpark. – N. Michels (Hrsg.), »Wilhelm Müller. Eine Lebensreise« (Ausstellungskat. 1994). – Nachlass Anhaltische Landesbücherei.

Gerhard Nebel, * 26. 9. 1903 D., † 23. 9. 1974 Stuttgart, philosoph. Schriftsteller und konservativer Denker (»Tyrannis und Freiheit«, 1947). Studium bei K. Jaspers (→ Oldenburg/NI). 1933 aus dem Schuldienst entlassen. Zuletzt in Steinkirchen bei Schwäbisch Hall.

Werner Steinberg (Ps. **Udo Grebnitz**), * 18. 4. 1913 Neurode/Niederschlesien, † 25. 4. 1992 D., Erzähler. 1934 Widerstand in Breslau und Gefängnishaft. Danach Buchhändler und Vertreibung nach Bayern. 56 Übersiedlung in die DDR. – Mit dem Roman über den Untergang Breslaus »Als die Uhren stehenblieben« (1957) Eröffnung eines vierbändigen Dtl.-Zyklus (1957-65). St.s Roman-Biographien über H. Heine (»Der Tag ist in die Nacht verliebt«, 1955) und G. Büchner (»Protokoll der Unsterblichkeit«, 1969) machten ihn zu einem der auflagenstärksten DDR-Autor. – Seit 1959 in D., wo St. zunehmende Schwierigkeiten mit der Obrigkeit bekam. – Grab auf dem Städtischen Friedhof. – Nachlass Anhaltische Landesbücherei.

Willi Meinck, * 1. 4. 1914 D., → 7. 4. 1993 Zittau, Kinder- und Jugendbuchautor, dessen oft in fernen Ländern angesiedelte Bücher (»Die seltsamen Abenteuer des Marco Polo«, 1955; »Salvi Fünf oder Der zerrissene Faden«, 1966) in der DDR eine große Leserschaft hatten.

Georg Seidel, * 28. 9. 1945 D., † 3. 6. 1990

Berlin. Dramatiker. Werkzeugmacher und Bühnenarbeiter am Theater von D. Wehrdienstverweigerung. Die in Berlin geschriebenen Stücke (»Jochen Schanotta«, 1987; »Carmen Kittel«, 1990), in denen DDR-typische Widersprüche behandelt werden, erregten Aufsehen, wurden aber von der Wende 89 überholt.

A **Martin Luther** (→ Eisleben/ST) predigte am 7. 6. 1534 in der D.er Marienkirche. Das berühmte Bild (1565) von L. Cranach d. J., auf dem L. zus. mit anderen Reformatoren in einem Saal des Schlosses von D. gezeigt wird, befindet sich in der Kirche von D.-Mildensee. – **Joachim Greff** (→ Zwickau/SN) war 1536-49 Rektor der D.er Lateinschule und verfasste hier mehrere dt. Schuldramen (»Judith«, 1536) zur Festigung der luth. Lehre. – **Johann Wilhelm Ludwig Gleim** (→ Aschersleben/Ermsleben/ST) war 1745 Sekretär Leopolds I., des »Alten Dessauers«. 1779 besuchte er Basedow in D. 97 kam er hierher, um den Maler J. F. A. Tischbein und den Architekten F. W. von Erdmannsdorff zu treffen. Erfreut war G., als er auch **Karl August Böttiger** (→ Reichenbach/SN) in D. begegnete. – **Ernst Wolfgang Behrisch** (1738-1809), Leipziger Mentor des jungen Goethe und Opernlibrettist, war seit 1770 Erzieher des D.er Grafen Waldersee, dessen Palais ein geistiges Zentrum der Stadt war. – Sein Nachfolger wurde **August von Rode** (1751-1837), dessen Übersetzung (1783) des »Goldenen Esels« von Apuleius bis heute gültig ist. Später wurde R. Oberaufseher der Fürstl. Bibliothek. Grabmal auf dem Friedhof. – Weil **Carl August** (→ Weimar/TH) und Leopold III. Friedrich Franz miteinander befreundet waren und sich eine Zeitlang regelmäßig besuchten, erfuhr auch **Goethe** (→ Frankfurt a. M./HE) viel von den Veränderungen in D. Viermal hat er die Residenz zwischen 1776 und 94 besucht. Der (heute zum Park umgestaltete) Begräbnisplatz, den F. W. von Erdmannsdorff 1787 errichtete, ist das Vorbild für den von Charlotte in den »Wahlverwandtschaften« (2. Teil, 1. Kap.) angelegten Kirchhof.

1792 ließ sich **Ludwig Tieck** (→ Berlin) die Schule zeigen, nutzte den Aufenthalt aber auch, um sich mit **Wilhelm Heinrich Wackenroder** (→ Berlin) in D. zu treffen. – **Friedrich Hölderlin** (→ Lauffen/BW) besuchte von Jena aus auf einer 7-tägigen Fußreise Ende März/Anfang April 1795 auch D., wo er an dem »neuen Kirchhof« eine »seltne Freude« hatte. – **Jean Paul** (→ Wunsiedel/BY) war im Sommer und im Herbst 1800 in D, nochmals nach seiner Hochzeit im Mai 01. – Der Theaterdichter und Reiseschriftsteller **Carl Martin Plümicke** (1749-1833), der die Buchfassung der »Räuber« von F. Schiller (→ Ludwigsburg/Marbach) besorgt hatte, war ab 1808 Regierungsrat in D. und starb hier. – **Richard Wagner** (→ Bayreuth/BY) besuchte im Mai 1835 das Musikfest in D. Ende 72 bereiste er einige dt. Opernhäuser. Seine Anerkennung fand allein die D.er Bühne, die immer wieder durch W.-Aufführungen aufgefallen war. – **Karl May** (→ Glauchau/Hohenstein-Ernstthal/SN) hat D. mehrfach besucht und 1903 in zweiter Ehe eine Dessauerin geheiratet. Klara Beibler (1864-1944) war die Tochter des Kastellans der Amalienstiftung. – D.er war **Heinz Rusch** (1908-65), der in der frühen DDR als parteinaher Lieder- und Kantatendichter (»Der neue Kolumbus«, Musik von K. Schwaen, 1961) Erfolg hatte.

S **Anhaltische Landesbücherei** (1922 gegründet durch Aufnahme verschiedener Bibliotheken, darunter auch der D.er Hofbibliothek und der Bernburger Fürstl. Bibliothek); reicher Bestand an Büchern des 16.-18. Jh.s; Ausstellung zur Buchgeschichte.

L Fürst Leopold I. (1676-1747), gen. »Der alte Dessauer«, führte den Gleichschritt in der preuß. Armee ein und gewann für Friedrich d. Gr. (→ Potsdam/BB) Schlachten. **Theodor Fontane** (→ Neuruppin/BB) widmete dem Haudegen eine seiner schönsten Balladen (1846). Episoden aus seinem Leben teilte **Karl August Varnhagen von Ense** (→ Düsseldorf/NW) in den »Biographischen Denkmalen« (1872) mit, die vermutl. **Karl May** zu neun »Dessauer Erzählungen« (1875-83, Bd. 42 der Gesamt-Ausg, 1878 ff.) anregten, darüber Ch. Heermann, »Karl May, der Alte Dessauer und eine ›alte Dessauerin‹« (1991). – **Karl Emil Franzos** (→ Berlin), der die Stadt 1881 und 1901 besuchte, beschrieb sie in seinem Buch »Aus Anhalt und Thüringen« (1903).

Roßlau (Dessau-R.)

Johann Christian Schmohl, * 12. 8. 1756 Pülzig bei R., † (ertrunken) 1783 auf den Bermuda-Inseln, einer der radikalsten polit. Schriftsteller seiner Zeit und Bewunderer der amerikan. Rev. Lehrte am Philanthropin in Dessau und an der Universität Halle. Als er in der »Sammlung von Aufsätzen verschiedener Verfasser, besonders für Freunde der Kameralwissenschaften und der Staatswirtschaft« (1781) die absolutistische Willkür in Anhalt-Zerbst scharf kritisierte, wurde ihm der Prozess gemacht. Sch. floh nach England und wollte in die USA übersiedeln.
Hermann Cohen, * 4. 7. 1842 Coswig bei R., † 4. 4. 1918 → Berlin (Ehrengrab auf dem Jüd. Friedhof Weißensee), Philosoph. Gelangte über das Studium am Jüd.-theolog. Seminar in Breslau zur kantischen Ethik. Im Berliner Antisemitismus-Streit vertrat C. ein liberales Judentum (»Bekenntnis in der Judenfrage«, 1880). – Weitere W.: Kants Begründung der Ethik (1877); Begriff der Religion im System der Philosophie (1915).

Bernhard Seeger, * 6. 10. 1927 R., † 14. 3. 1999 Potsdam, Erzähler, Hör- und Fernsehspielautor. Neulehrer in märk. Dörfern. Beschrieb den sozialen Aufstieg von Bauern und Arbeitern in der DDR. – W.: Herbstrauch (R. 1961); Hannes Trostberg. Die Erben des Manifests (Fsp. 1968); Der Harmonikaspieler (R. 1981).

Wörlitz

Staatliche Schlösser und Gärten. – Bedeutung erlangte W. mit Leopold III. Friedrich Franz (→ Dessau/ST), der nach engl. Vorbild die Auen von Elbe und Mulde zu einem »Gartenreich« umgestalten ließ. Seinen aufgeklärten Geist bezeugt das 1782 im W.er See aufgestellte Denkmal für **Jean-Jacques Rousseau**, den der Fürst noch 75 in Paris kennengelernt hatte. Diese R.-Insel wurde »der eigentliche Kern des Wörlitzer Parkes« (E. Hirsch 1965). Ganz in der Nähe, am Eingang zum Labyrinth, folgten Büsten für **Christian Fürchtegott Gellert** (→ Mittweida/Hainichen/SN) und **J. C. Lavater**. Und 1797, noch zu dessen

Dessau: Blick zur Rousseau-Insel im Wörlitzer Park

Lebzeiten, ein Stein für **J. G. Herder** auf der später nach ihm benannten Insel im Großen Walloch.

Friedrich von Matthisson kannte W. von seinen Dessauer Jahren her. 1795-1811 kam er als Sekretär Luises von Anhalt-Dessau jeden Sommer. Wohnung im Grauen Haus, dem Palais der Fürstin. Als M. 1810 die 30 Jahre jüngere Tochter des Hofgärtners heiratete, deren Tante die Mätresse des Fürsten war, hatte W. seine Provinzposse, die dazu führte, dass M. nach dem Tod der Fürstin W. verlassen musste. Alt und einsam kehrte er 1828 in die Familie des Hofgärtners zurück. 31 starb M. in W. Grab auf dem Friedhof.

Friedrich von Raumer, * 14. 5. 1781 W., † 14. 6. 1873 Berlin, Politiker und Historiker. Mit seiner weitverbreiteten »Geschichte der Hohenstaufen und ihrer Zeit« (6 Bde., 1823-25) trug R. zur romant. Stilisierung des MA.s bei. Von hohem Quellenwert R.s »Lebenserinnerungen und Briefwechsel« (2 Bde., 1861).

Ⓐ Karlstadt (→ Wittenberg/ST) lebte nach seiner Ausweisung 1523 einige Wochen in W. – **Goethe** sah den Park von W. schon 1776, als er mit **Carl August** dort zur »Schweinhetze« weilte. Als G. 78 erneut W. besuchte, fand er die »Elisischen Felder« mit ihren Schlössern, Seen, Kanälen, Brücken und Monumenten »unendlich schön« (Gedenkinschrift im Park). G. und C. A. ließen sich bei der Umgestaltung des Weimarer Ilmtales zu einem Park von W. anregen. 82 setzten sie Leopold III. Friedrich Franz im Weimarer Park ein Denkmal. Darüber H. Holtzhauer (→ Weimar/TH): »Wie ein leises Traumbild. Goethe und Wörlitz« (1965).

Georg Forster (→ Mainz/RP) war in England Leopold III. Friedrich Franz begegnet und hatte ihn mit Erzählungen von seiner Weltreise beeindruckt. Am 14. 3. 1779

traf er in W. ein und blieb zwei Wochen. F. zeigte dort seine mitgebrachte Südsee-Slg., was vermutl. J. H. Campe (→ Holzminden/Deensen/NI) zu »Robinson der Jüngere« (1779/80) anregte. – Schon 1775 hatte **Christoph Martin Wieland** (→ Biberach/BW) seinen Freund Gleim wissen lassen, dass er »über lang oder kurz« W. besuchen würde. Doch erst Mitte Juni 83 kam es dazu, als er mit **Friedrich Justin Bertuch** (→ Weimar/TH) nach W. reiste. – **J. C. Lavater** kam im Juli 1786 nach W. und brachte die im Auftrag des Fürsten besorgten Glasmalereien mit. Diese sind noch heute an ihrem ursprüngl. Standort im Gotischen Haus zu sehen. – **Novalis** (→ Hettstedt/Oberwiederstedt/ST) war im April 1793 in W. nicht nur vom Park, sondern auch von den »Chausséen, Pappel- und Obst-Alleen, die überall die Wege angenehm machen«, beeindruckt. – **Georg Friedrich Rebmann** (→ Kitzingen/BY) kam 1794 nach W.: »Die Natur hat sehr wenig getan, aber die Kunst desto geschmackvoller nachgeholfen.« – **J. W. L. Gleim** traf sich im August 1797 in W. mit dem aus Weimar angereisten **K. A. Böttiger**, der darüber Aufzeichnungen hinterlassen hat (Hrsg. E. Hirsch u. d. T. »Reise nach Wörlitz 1797«, 1976). – **F. Hölderlin** verbrachte Ende März/Anfang April 1795 einen »herrlichen Tag« im Park von W. Der Besuch klingt nach in der nichtvollendeten Ode »An eine Fürstin von Dessau«. Häufiger Besucher auch **Hermann Fürst von Pückler** (→ Niesky/Bad Muskau/SN), der schon in seiner Dessauer Schulzeit 1795/96 in W. Anregungen für die eigenen Landschaftsgärten erhalten hatte. – **Sophie Mereau-Brentano** (→ Altenburg/TH) besang »das Tal, bewegt von leichten Schatten,/von klarer Flut und Sonnenschein geküßt« (»Der Garten zu Wörlitz«, 1799). – **Jean Paul** war 1799 von den Anlagen so beeindruckt, dass im »Titan«

(1800/01) W. neben dem Idealpark Lilar genannt wird. – **Theodor Körner** (→ Dresden/SN) hielt sich 1810 als Leipziger Student in W. auf und schrieb die Liebesgeschichte »Reise nach Wörlitz« (1810), in der einige Lokalitäten eine beziehungsreiche Rolle spielen. – Am ausführlichsten äußerte sich **K. E. Franzos**, der 1901 hier war, über W. (»Elysäische Felder«, in: »Aus Anhalt und Thüringen«, 1903).

R Auf dem Friedhof im nahen **Oranienbaum** wurde 1991 die Urne von **Brigitte Reimann** (→ Burg/ST) beigesetzt.

B M. Jendryschik, Ankunft oder ein zwei Sätze über D, in: Städte und Stationen in der DDR, 1969; K. Lein, Führer durch den Landschaftspark Wörlitz. Geschichte und Beschreibung, 1979; A. Hartmann, Der Wörlitzer Park und seine Kunstschätze, 1991; E. Hirsch/Th. Höhle, Zwischen Wörlitz und Mosigkau, 1992; E. Hirsch, S. Klaps, Dessau. Im Gartenreich des Fürsten Franz von Anhalt-Dessau; H. Erfurth, Dessauer Ansichten, 1998; N. Eisold, Das Dessau-Wörlitzer Gartenreich. Der Traum von der Vernunft, 2000.

Z Bitterfeld, Köthen, Wittenberg, Zerbst (ST).

DETMOLD/NW

»Es war eine hübsche, reinliche Stadt, an einem der malerischsten Punkte des nördlichen Deutschland gelegen, von Hügeln, mit herrlichen Buchenwäldern bedeckt, umgeben, an die sich historische Erinnerungen ferner Vorzeit knüpften.« (Malwida von Meysenbug, 1876)
Nordwestdt. Musikakademie. – Lipp. Landesmuseum (Slgg. zur Geschichte des Hoftheaters und des Hermannsdenkmals); Westfäl. Freilichtmuseum (mit »Judenbuche«-Haus aus Höxter-Ovenhausen). Landestheater. – Literatur- und Musikfest »Wege durch das Land« (seit 1992).
Aus D. stammt **Leopold Zunz** (1794-1886), der Begründer der Wiss. des Judentums.

Johann Friedrich Wilhelm Pustkuchen(-Glanzow), * 10. 2. 1793 D., †2. 1. 1834 → Wiebelskirchen (Neunkirchen/SL), Lehrer und Pfarrer. Bekannt u. a. durch seine falschen »Wilhelm Meisters Wanderjahre«(1821-28), eine anonym erschienene Parodie auf Goethe (→ Frankfurt a. M./HE), der sich in den »Zahmen Xenien« rächte. – »Die Poesie der Jugend« (En., Gedanken und Lieder, 1817).

Christian Dietrich Grabbe, * 11. 12. 1801 D., † 12. 9. 1836 ebd., neben G. Büchner (→ Groß-Gerau-Goddelau/HE) der bedeutendste Dramatiker zwischen Romantik und Realismus. Jurastudium u. a. in → Berlin. In D. Advokat und Militärauditor. November 1834 auf Einladung K. Immermanns nach → Düsseldorf/NW. Rückkehr am 22. 5. 1836 als Todkranker. – W: Scherz, Satire, Ironie und tiefere Bedeutung (K. 1827); Die Hermannsschlacht (Dr. 1838); Werke und Briefe, Hist.-krit. Gesamtausgabe (Hrsg. A. Bergmann/R. C. Cowen, 1960-77). – Gedenktafeln am Geburtshaus, Bruchstraße 27 (1754-1849 Zuchthaus, heute Dependance der Lipp. Lit.-Bibliothek mit G.-Archiv Alfred Bergmann), und am Sterbehaus, Unter der Wehme 7; Grab auf dem Alten Friedhof Weinbergstraße (heute Park eines Seniorenheimes); Büsten vor der Lipp. Landesbibliothek und im G.-Gymnasium; Gedenkstein im Vorgarten Palaisstraße 42 (ehem. elterl. Laube, in der G. 1818/19 am »Gothland« schrieb). – Archiv LB D., Slg. SuUB Dortmund. – G.-Gesellschaft (seit 1937). G.s Leben gab Stoff zu zahlreichen Romanen und Dramen (A. Bergmann, G. als Gestalt des Dramas, in »Das Grabbe-Buch«, 1923); G.s Freund **Karl Ziegler** (1806-67/ Wohnung Lange Straße 32) veröffentlichte 1855 »Grabbe's Leben und Charakter«, eine der ersten Biographien. – A. Bergmann (1887-1975), »Grabbe, Chronik seines Lebens« (1954).

Ferdinand Freiligrath, * 17. 6. 1810 D., † 18. 3. 1876 → Stuttgart/BW, Lyriker des Vormärz von großer Popularität, auch Übersetzer. Kaufmannslehre in → Soest/NW, lebte in Amsterdam und → Wuppertal/NW, ab 1839 als freier Schriftsteller u. a. in → Unkel (Neuwied/RP). 1845 Flucht nach Brüssel, 51 nach London. Nach Amnestie 1868 Rückkehr. – W.: Ein Glaubensbekenntnis (G. 1844). Sämtl. Werke (Hrsg. L. Schröder, 1907, n. 1974). – Geburtshaus Unter der Wehme 5 (Gedenktafel); Büste im Giebel eines Privathauses in der F.-Straße. – Nachlass GSA Weimar; Slgg.: LB Detmold, StuLB Dortmund, UB Münster, StB Soest, DLA Marbach, Heine-Institut Düsseldorf.

Georg Weerth, * 17. 2. 1822 D., † 30. 7. 1856 Havanna/Kuba, »erster und bedeutendster Dichter des dt. Proletariats« (F. Engels). Sohn des Generalsuperintendenten Ferdinand W. (Denkmal auf dem W.-Platz). 1836 Kaufmannslehre in Wuppertal, 43 nach Bradford/England (Bekanntschaft mit F. Engels → Wuppertal/NW), 1846-48 in Brüssel (enger Kontakt mit K. Marx → Trier/RP). Zuletzt kaufmänn. Geschäftsreisen, starb auf Kuba am Tropenfieber (W.-Schule in Havanna). – W.: Sämtl. Werke (Hrsg. B. Kaiser, 1956 f.); Vergessene Texte (Werkausw. 1975/76). – Geburtshaus Bruchstraße 2 (Gedenktafel). – Nachlass und Slg. LB D., Briefe und Mss. Intern. Institut für Sozialgesch. Amsterdam. – U. Zemke, »Georg Weerth. Ein Leben zwischen Literatur, Politik und Handel« (Ausstellungskat. 1989).

Weitere aus D. stammende Autoren: **Friedrich Adolf Lampe** (1683-1729), geistl. Liederdichter. – **Johann Arnold Kanne** (1773-1824) schrieb histor. und religiöse Schriften, war zuletzt Lehrer für morgenländ. Literaturen in Erlangen. (»Aus meinem Leben«, postum 1919). –

Theodor Althaus (1822-1852), gest. in → Gotha/TH als Folge der Kerkerhaft. Idealist. Vorkämpfer der Revolution, befreundet mit G. Weerth und Malwida von Meysenbug. Jugend seit 1836 in G. Weerths Geburtshaus, Bruchstraße 2. – **Joseph Plaut** (1879-1966), Vortragskünstler. Sohn eines Rabbiners, wurde Kaufmann und Opernsänger. 1933 Emigration, Rückkehr 52 nach D. (Wehrenhagenstraße 16). Zahlreiche humorist. Buch- und Schallplatten-Veröffentlichungen: »Erinnerungen« 1961. Grab auf dem Jüd. Friedhof, Spitzenkamptwete. – **Otto Franzmeier** (1885-1980), ebd., Lyriker und Erzähler: »Land des Glücks. Kindheitserinnerungen aus einer kleinen Residenz« (1964), »Geliebtes Lipperland« (G., En., Erinn. 1967). Wohnhaus Richthofenstraße 54; Grab auf dem Alten Friedhof.

In der Lipp. Landesbibliothek Nachlässe von D.er Autoren, u. a. **Ludwig Altenbernd** (1818-90), Lyriker und Übersetzer aus dem Englischen; **Friedrich Fischer-Friesenhausen** (1886-1960), Lyriker und Verleger; **Wilhelm Oesterhaus** (1840-1927): »Juse Platt« (G. 1883), »Hermann, der Cheruskerfürst« (Hist. Tr. 1894).

🅰 A. Lortzing weilte 1826-33 als Schauspieler, Opernsänger und Kapellmeister am Hoftheater; in der einzigen Aufführung von Ch. D. Grabbes »Don Juan und Faust« am 29. 3. 1829 spielte er den »Don Juan«. (Denkmal gegenüber dem Theater). – **Karl Immermann** lernte Grabbe 1831 bei einem kurzen Aufenthalt in D. kennen. – **Malwida von Meysenbug** (→ Kassel/HE) kam 1832 nach D., ihr Schwager war hier Hofmarschall und Theaterintendant. Wohnhaus Hornsche Straße 29 (Tafel im Durchgang zur alten Superintendentur). Ging 1849 nach Hamburg. In den »Memoiren einer Idealistin« (1876) erzählt sie von ihrer Zeit in D. und ihrer einzigen, unglücklichen Liebe zu Th. Althaus. – 1839 besuchten die Stadt Ferdinand Freiligrath und **Levin Schücking** (→ Meppen/NI), der von einem Besuch bei Grabbes Witwe berichtete. – Eine Zeitlang wohnte die früher vielgelesene Jugendschriftstellerin **Frieda Schanz** (1859-1944) in D.; sie war befreundet mit der ebenfalls schriftstellernden D.er Lehrerin **Luise Koppen** (1855-1923): »Kinderleben in einer kleinen Residenz« (1922). – **Friedrich Georg Jünger** (→ Hannover/NI) war Schüler am Leopoldinum in D., Aufzeichnungen in »Grüne Zweige« (1951). Erinnerungen an D. auch im aut. Roman »Im Haus des Prinzen« (1968) von **Fritz von Unruh** (→ Koblenz/RP), dessen Vater hier als Generalleutnant verstarb. – Jüdisches Leben bis 1933 beschrieb **Ruth Michaelis-Jonas**: »Auch wir waren des Kaisers Kinder« (1985).

S Lippische Landesbibliothek: rd. 420 000 Bde., 183 Hss., 90 Inkunabeln, 6000 Autographen und Werkmss. Sonderslgg. u. a. Grabbe-, Freiligrath- und Lortzing-Archiv (im Grabbe-Haus); Bandel-Slg. – **Literaturbüro Ostwestfalen-Lippe**. – **Grabbe-Gesellschaft** – **Christian-Dietrich-Grabbe-Preis** (für Nachwuchsdramatiker, seit 1994).

E Arminius. Der Cheruskerfürst Armin (fälschlicherweise Hermann) schlug im Jahre 9 n. Chr. das Heer des röm. Statthalters Qu. Varus und brach damit die Vorherrschaft der Römer über die Germanen. Schauplatz der Schlacht umstritten, neuerdings im Wiehengebirge (Museumspark Kalkriese b. → Osnabrück/NI), nicht im Teutoburger Wald (wie von Ph. Melanchthon 1599 vermutet. – Wichtigste ältere Erwähnung bei Tacitus. Literarisches. Thema seit U. von Huttens lat. Dialog »Arminius« (1529). Bearbeitungen als Roman (D. C. v. Lohenstein 1689/90), als Epos (Ch. M. Wieland 1751) und als Drama (J. Möser, F. G. Klopstock, F. de la Motte- Fouqué); auch zahlreiche Opern. Am bekanntesten die Dramen »Die Herrmannsschlacht« von H. v. Kleist (1821) und Ch. D. Grabbe (1838). In neuerer Zeit auch Stoff der Unterhaltungslite-

ratur. – Der Erbauer des 1836-1875 erbauten, einst schon von F. G. Klopstock angeregten Hermannsdenkmals, **Ernst v. Bandel** (1800-76), hinterließ »Erinnerungen aus meinem Leben« (1937); zu Bandel R. Schneiders E. »Das Schwert« (1959). – R. Wiegels/W. Woesler (Hrsg.), »Arminius und die Varusschlacht. Geschichte, Mythos, Literatur«, 1995.

R »Lippe-Detmold, eine wunderschöne Stadt«, behauptet ein vielgesungenes Lied, das von dem traurigen Schicksal eines Soldaten handelt. Dichter und Musiker kehrten mit Vorliebe im »Frankfurter Hof« in der Langen Straße ein (Tafel am Hoteleingang: »Hier wohnte Brahms / Hier hat Lortzing, Grabbe und Freiligrath getrunken, / Bis die Sonne durchs Fenster gewunken, / Dann sind sie leise nach Hause gehunken!«). Im Hause Bruchstraße 2 verlebten drei Schriftsteller ihre Jugend, Söhne und Töchter von Generalsuperintendenten: **Georg Weerth**, **Theodor Althaus** und **Luise Koppen**. In der gleichen Straße **Christian Dietrich Grabbes** Geburtshaus.
Berühmt der Rundblick vom Hermannsdenkmal auf die Grotenburg bei **Hiddesen** (Detmold-H.). Die bekannteste Parodie auf die Schlacht stammt von **Joseph Victor von Scheffel** (→ Karlsruhe/BW): sein Kommerslied »Als die Römer frech geworden . . .« entstand um 1847 und blieb bis heute populär. **Gustav Faber** (→ Müllheim/Badenweiler/BW) in »Denk ich an Deutschland . . .« (1975): »Die Hermann-Tradition machte sich in Hiddesen gewinnbringend breit, wo Arminius-Stuben und ein Tusnelda-Café ein welthistorisches Ereignis ausmünzen.« – Über die Externsteine bei **Horn** (H.-Bad Meinberg) berichtete **Goethe** 1824 in »Kunst und Altertum«. **Ferdinand Freiligrath** sah Bilder von den Steinen in Grabbes Wohnung und verglich sie mit dessen Werken. In **Peter Hilles** R. »Die Hassenburg« Skizzen über

die Steine und das Hermannsdenkmal. Essays auch von **Reinhold Schneider** (→ Baden-Baden/BW) 1934 und **Konrad Weiß** (→ Schwäbisch-Hall/Michelbach a. d. Bilz/BW) 1950. – In **Bad Meinberg** (Horn-Bad M.) weilten u. a. **Gottfried August Bürger** (→ Hettstedt/ST), **J. W. Gleim** (→ Halberstadt/Ermsleben/ST) und die Grafen **Stolberg** (→ Hamburg/HH, Bad Segeberg/Bad Bramstedt/SH) als Kurgäste.

In der Kirche zu **Barntrup** erinnert eine Gedenktafel an den hess. Generalleutnant Bernd Simon von Kerssenbrock (gest. 1714), den man mit der Entstehung des Soldatenliedes »Es zogen drei Regimenter wohl über den Rhein« in Verbindung bringt. – Aus **Lügde** stammt der Organist **Josef Seiler** (1823-77), der »Sagen und Märchen aus Heimat und Fremde« (1849) sammelte. Der Ort erregte **Goethes** lebhaftes Interesse, als er 1801 zur Kur in Bad Pyrmont weilte (Eintragungen in den »Tag- und Jahrheften«). – In **Schwalenberg** (Schieder-Sch.) seit 1992 »Literaturbegegnungen« des Literaturbüros Ostwestfalen-Lippe. – Auf dem **Brakelsieker** Friedhof Gedenkstein für den »Zieglerdichter« **Friedrich Wienke** (1863-1930), der als Wanderarbeiter auf Ziegeleien außer Landes tätig war (»Zieglerlieder«, 4. Aufl. 1908). »Gedichte in lippsken Platt« (1954) schrieb sein Sohn **Heinrich W.**, der außerdem ein »Lippisches Wörterbuch« (1962) verfasste. – An einen vollendeten und einen misslungenen Mord erinnern die Ruinen des Klosters **Falkenhagen** am Fuße des sagenumwobenen Köterbergs: das Kloster sei als Sühne für die Ermordung des Kölner Erzbischofs Engelbert errichtet worden; um sich von einem Anschlag zu erholen, weilte 1629 **Friedrich von Spee** (→ Düsseldorf/NW) hier (R. Schneider, »Der Tröster«, 1934).

B H. L. Arnold, Der germanische Hermann im Teutoburger Wald, in: Wallfahrtsstätten der Nation, 1971.
Z Bielefeld, Bad Driburg, Lemgo, Paderborn (NW); Hameln (NI).

DIEBURG/HE

Kreis- und Schlossmuseum. – Georg-Christoph-Lichtenberg-Preis für Kunst und Literatur (im Wechsel) des Landkreises Darmstadt-Dieburg.

Der Park des 1850 abgebrochenen Lustschlosses »Auf der Stockau« war Ende des 18. Jh.s berühmt. Die Groschags hielten sich ihren Musenhof hier. Den Ehrentitel hatte, nach Weimar schielend, **Sophie von La Roche** (→ Kaufbeuren/BY) geprägt, die Weimaraner machten Visite: Silvester 1779 **Goethe** (→ Frankfurt a. M./HE), Herzog Carl August, **Christoph Martin Wieland** (→ Biberach/BW); der → Darmstädter (HE) Kriegsrat **Johann Heinrich Merck** kam und **Ch. F. D. Schubart** (→ Aalen/Obersontheim/BW). – Später, 1835-40, hatte **Ernst Elias Niebergall** (→ Darmstadt/HE) als Hauslehrer beim Forstmeister Reitz sein Auskommen; das alte Schulzimmer eingerichtet in der Marienschule. Dieburger auch **Friedrich Schoedler** (1813-84), der weniger durch seine Novellen und die Komödie »Der verwünschte Brief« bekannt wurde, sondern durch seine Bearbeitung von »Brehm's Tierleben« für Schule und Haus (1867-69); der Lyriker **Karl Emil Scriba** (1823-83), der sich 1848 der revolutionären Bewegung anschloss und Redakteur eines demokrat. Blattes in Friedberg wurde (seine E. »Die Belagerung von D.« (1929) spielt in der Zeit der Hexenprozesse); der Mundartdichter **Karl Schaffnit** (→ Darmstadt/HE) sowie **Franz Herz** (1870-1944), der sich in seinen Gedichten noch auf die Urform des D.er Dialektes verstand. – An »Mein Dorf« erinnerte sich 1987 der in **Roßdorf** geborene Münchner Verleger (Deutscher Taschenbuch Verlag) und Publizist **Heinz Friedrich** (1922-2004), Mitgründer der Gruppe 47. – Aus **Heubach** (Groß-Umstadt-H.) stammt **Johann Luft** (1798-1880), dessen aut. Roman »Leben und Schicksale des Friedrich Flut« (1842) als kulturhist. Dokument für eine Schulmeister-Laufbahn Interesse verdient.

Z Aschaffenburg (BY); Darmstadt, Frankfurt a. M., Offenbach (HE).

DIEPHOLZ/NI

Geburtsort des hess. Hofbaumeisters (u. a. Schloss Wiesbaden) **Georg Moller** (1784-1852), der als Fachschriftsteller »Denkmäler der dt. Baukunst« (1816-52) edierte. **Klaus Seehafer** gab den Briefwechsel M.s mit **Goethe** (→ Frankfurt a. M./HE) heraus (in: »Da kommt man fremd in eine Stadt … Diepholz im Spiegel der Literatur«, 1980), in der auch andere Autoren vorgestellt werden: so **Hermann Löns** (→ Hannover/NI), **Ricarda Huch** (→ Braunschweig/NI), **Dieter Wellershoff** und **Arno Schmidt**, der seine E. »Seelandschaft mit Pocahontas« in D. beginnen lässt: »Und dies also ist Diepholz (kritisch vorm Stadtplan): Lange Straße, Bahnhofstraße, Schloß, ähä.« – Als Superintendent wirkte hier 1744-52 der erste Geschichtsschreiber der Grafschaft D., **Ernst Ludwig Rathlef** (1709-68). – Gut **Ehrenburg** bewohnte 1859-74 **Luise Ahlborn** (→ Melle/NI). Ihre Romane (»Das schlimme Jahr«, 1880; »Zwei Herzoginnen«, 1903 u. a.), geschrieben unter dem Ps. **Lulu Haidheim**, fanden seinerzeit ihre Leser. – **Siedenburg**: Der plattdt. Lyriker (»Bornwater«, 1923) und Erzähler (»Min Dorpslüh«, 1927) **Fritz**

Husmann (1877-1950) stammt aus S.; er lebte zuletzt in → Bremerhaven-Speckenbüttel. – **K. J. Ph. Spitta** (→ Hannover/NI) war 1820-30 in **Sudwalde** Hilfsgeistlicher. – In **Barnstorf** fand **Wilhelm Busch** (Sommer 1898: »Inzwischen machte ich meine Rundfahrt zu Verwandten. Erst nach Hunteburg, dann nach Barnstorf …«) vermutlich schon früher Anregung zu seinem Bild »Diepholzer Junge« (→ Nienburg/Wiedensahl/NI).

S **Kulturpreis** des Landkreises D. – **Künstlerstätte Stuhr-Heiligenrode** (Ateliers, Stipendien); **Literarischer Salon Wassermühle Barrien** (Syke).

Z Cloppenburg, Osnabrück, Quakenbrück (NI).

DILLENBURG/HE

Geschichtsbibliothek. – Oranien-Nassau-Museum.

In Dillenburg organisierte, auch mit Propagandaschriften, Wilhelm I. von Oranien während seiner Verbannung den Widerstand der Niederlande gegen die spanische Gewaltherrschaft. In **Goethes** (→ Frankfurt a. M./HE) Drama »Egmont« (1788) tritt Wilhelm als Freund und Warner Egmonts auf. Von dem Stadtschreiber (1619-26) **Johann Textor** aus Haiger stammt die erste gedruckte »Nassauische Chronik« (1617). Geb. 1908 in D. der Lyriker, Erzähler und Maler **Hermann Stahl**. Dort spielen »Die Orgel des Waldes« (R. 1932) und »Langsam steigt die Flut« (R. 1943). – In **Eiershausen** das Grab des Lyrikers und Erzählers **Roderich Feldes** (1946-96). – In **Herborn** befand sich von 1584-1817 die von Wilhelms I. Bruder Johann VI. d. Ä. von Nassau-Dillenburg gegründete »Hohe Schule« (danach ev.-theol. Seminar), untergebracht im alten Rathaus

(Fachwerkhaus von 1606). Seit 1585 hier auch Druckerei und Verlag unter Ch. Corvinus (gest. 1620), der bis zur Auflösung über 3000 Drucke herausbrachte, darunter die sog. Piscatorbibel und in 16 Ausgg. die Lutherbibel. Lehrer u. a. die Theologen **Caspar Olevian** (gest. 1587) und **Johann Piscator** (gest. 1625), der Rechtsgelehrte **Johannes Althusius** (→ Bad Berleburg/Diedenshausen/NW); unter den Studenten 1611-13 der böhmische Theologe und Pädagoge **Johann Amos Comenius** (→ Berlin), der spätere Bischof der böhm. Brüdergemeine. In der ev. Pfarrkirche Grabplatten u. a. von Olevian, Piscator und Corvinus.

Z Marburg, Weilburg, Wetzlar (HE); Siegen (NW).

DILLINGEN AN DER DONAU/BY

Bay. Akademie für Lehrerfortbildung (Studienbibliothek, u. a. 480 Hss., 825 Inkunabeln). – Stadt- und Hochstiftsmuseum.

Um die Mitte des 16. Jh.s errichtete Kardinal Otto Truchseß von Waldburg hier ein Studienkolleg, das bald zur Universität erhoben und 1563-1773 von den Jesuiten geleitet wurde. Diese machten D. zu einem Zentrum der Gegenreformation und der neulat. Barockliteratur. Der aus Böhmen stammende und später in → Augsburg/BY wirkende **Jakob Pontanus** war Schüler in D. Unter den Professoren **Jakob Bidermann** (→ Ehingen/BW). Zwischen 1615 und 22 schrieb er hier u. a. seine Theaterstücke »Philemon Martyr«, »Josaphatus« und »Cosmarchia«. 1784-94 bildete sich noch einmal ein Kreis von Schülern um **Johann Michael Sailer** (→ Schrobenhausen/Aresing/BW), zu dem auch der → Dinkelsbühler/BY **Christoph von Schmid**

gehörte. Sailer-Denkmal vor dem ehem. Jesuitenkolleg, Kardinal-von-Waldburg-Straße 6. – Zu Beginn des 20. Jh.s kam **Ludwig Derleth** als Gymnasiallehrer nach D., bevor er zum → Münchener/BY Georgekreis stieß.

Die Ambivalenz von Idylle und Provinz im hier »Dissingen« genannten D. spiegelt der 1925 geb. **Heinz Piontek** (→ München/BY) in »Dichterleben« (1976): »Gleichmäßig schnell, dann und wann lispelnd, glitt die Donau durch ihr Bett. Sie verbreitete den Widerschein der Sterne wie ein eigenes Leuchten aus der Tiefe. ... Jemand ohne Jacke und Krawatte schrie: Wir brennen die verfluchte Schule nieder! Ein anderer zuckte über Dissingen bloß noch die Achseln: Nichts wie weg!«

»Das war der **Bayerische Hiasl**«: Matthäus Klostermaier, auch Brentanhiasl gen. (nach seinem Geburtshaus in der Gegend von Kissing bei Friedberg), war Hauptmann einer Wildschützenbande zwischen Iller und Lech. Die Beute teilte er gern mit den Bauern und wurde darum bei Lebzeiten schon zum Volkshelden. Die schwäb. Standesherren und Städte setzten ihn schließlich gefangen. Am 6. 9. 1771 wurde er in D. öffentlich hingerichtet. – Seine abenteuerl. Taten fanden rasch Eingang in Volkslieder, -stücke und Kriminalgeschichten. Ein Lied beginnt mit den Versen: »I bin da Boarisch Hiasl / Koa Kugel geht ma ei. / Drum fürcht i aa koan Jaga, / Und sollt's da Teifi sei!« Lit. Bearbeitungen u. a. von L. Tieck (1791, n. nach über 200 Jahren 2005). – W. Hansen, »Das war der Bayerische Hiasl« (u. a. mit Puppen- und Volksschauspieltexten, Liedern und Dokumenten, 1978).

Lauingen

Heimathaus.

Albert von Lauingen (gen. **Albertus Magnus**), * um 1193 oder 1200 L., † 15. 11. 1280 → Köln/NW, Dominikaner, Theologe und Philosoph, Lehrer des Thomas von Aquin. 1245-48 Magister an der Universität Paris, dann in Köln. Seit 1254 Provinzial der dt. Dominikaner, 60 Bischof von → Regensburg/BY. Kreuzzugprediger. – Hirnschale des »Doctor universalis« in der Stadtpfarrkirche; Denkmal vor dem Rathaus, Relief Herzog-Georg-Straße 28. In **Bollstadt** (Amerdingen-B.), woher (allerdings nicht gesichert) A.s Familie stammen soll, Brunnendenkmal in der Dorfmitte und Gedenktafel Haus Nr. 60.
Hyazinth Wäckerle (eig. Joseph Fischer), * 16. 5. 1836 Ziemetshausen b. Augsburg, † 2. 2. 1896 L. Mundartdichter: »Gau! Stau! Bleiba lau!« (1875).

L Der vielgereiste **Karl Julius Weber** (→ Langenburg/BW) beschrieb die Stadt der Tore und weißen Türme voll Bewunderung; über die Malereien am Schimmelturm (Sage vom »Großen Pferd«) heißt es: »Lauingen besaß einst den gelehrtesten Mann, die schönste Frau und das größte Pferd . . .« (»Deutschland oder Briefe eines in Deutschland reisenden Deutschen«, 1826-28). – **A. M. Miller** (→ Mindelheim/BY): L.-Kapitel in der Aut. »Das Haus meiner Kindheit« (1972).

R Eine Landschaft berühmter militär. Aktionen. **Stendhal** allerdings notierte 1809, sie erinnere ihn »an die Bilder des Claude Lorrain«, und **Heinrich Hansjakob** (→ Wolfach/Haslach/BW) 1906, nur die »Gänse in ganzen Regimentern rückten von den umliegenden Dörfern auf der Wiese an« (»Sonnige Tage«, 1906). Schloss **Höchstädt** Ausgangspunkt für den Besuch des größten Schlachtfeldes in Bayern (Stelen in H. und **Blindheim**). Aus **Höchstädt**

Lauingen: »In dieser Stadt sollen sich die drey merkwürdigsten Stücke zugleich befunden haben, als: der gelehrteste Mann Albertus Magnus, die schönste Frau und das größte Pferd« (»Der Antiquarius des Donaustroms«, 1785)

stammt **Franz Xaver Bronner** (1758-1850), Novize im Benediktinerkloster Donauwörth, aus dem er 1785 nach Zürich floh. In den Fischeridyllen und v. a. in seinem »Leben, von ihm selbst beschrieben« (1795-97) schildert er seine Heimat. – In der Klosterkirche Maria Medingen bei **Mödingen** befindet sich in der barocken Ebnerkapelle das Ehrengrab der Mystikerin **Margarete Ebner** (→ Donauwörth/BY) aus der Mitte des 14. Jh.s.

B A. Layer, Albert von Lauingen 700 Jahre, 1980.
Z Donauwörth, Günzburg, Neu-Ulm, Nördlingen (BY).

DINGOLFING/BY

Museum (Herzogsburg).

Unterhalb von Landshut liegt an der Isar die »Tassilostadt« D. **Andreas Schachtner** (»Poetischer Versuch in verschiedenen Arten von Gedichten«, 1765), u. a. Librettist W. A. Mozarts, stammt von hier (geb. 9. 3. 1731). – Die Marktgemeinde **Reisbach** errichtete 1834 eine Mariensäule für drei ihrer großen Söhne, unter ihnen der Dichter und spätere Bischof von Regensburg **Franz Xaver Schwäbl** (geb. 14. 11. 1778); er verfasste »Parabeln und Erzählungen« (1814) und »Geschichtspredigten« (1819). In R.-**Anterskofen** lebte seit 1973 der Regisseur und vielseitige Autor **Hans Dieter Schwarze** (→ Münster in W./NW); er starb hier 1994, Grab in R.-**Untergünzkofen.** – »Dem besten Kenner und unvergleichlichen Dichter altbayerischen Volkstums«, **Joseph Schlicht** (→ Straubing/ BY), ist in **Tunding** (Mengkofen-T.) am Pfarrhaus, wo er 1869-70 wirkte, eine Gedenktafel gewidmet.

B F. Markmiller, Begegnung mit Dingolfing, 1979.
Z Landau a. d. I., Landshut, Straubing (BY).

DINKELSBÜHL/BY

»Du meine Herkunft! Stadt, in der vorzeiten / Die Väter lebten: Reichsstadt Dinkelsbühl! / Ich sehe dich von ferne mich begleiten, / mein Giebeldach, mein Dom, mein Marktgewühl – / . . . Mit dir ward ich erbaut, mit dir zerstört, / Du Stadt voll Krieg, du Stadt voll Pest und Pocken . . . Du meiner Herkunft Stadt! Wie ich zerschunden! / Du Stadt des Leids, verworfen und verdammt! / Ich kenn mein Leid und weiß, woher es stammt . . .« (Johannes R. Becher) Hist. Museum im Spital. (u. a. Vitrine für die Übersetzerin und Lyrikerin **Elisabeth Kottmeier**, 1902-83). – Fränk.-Schwäb. Städtethea-

ter (Freilichttheater am Wehrgang, Juni-August). – Festspiel »Die Kinderzeche« (3. Wochenende im Juli).

Christoph von Schmid, * 15. 8. 1768 D., † 3. 9. 1854 → Augsburg/BY, einst vielgelesener Jugendschriftsteller (Weihnachtslied »Ihr Kinderlein kommet«). Studienjahre in → Dillingen a. d. Donau/BY. Kaplan u. a. in → Nassenbeuren (Mindelheim/BY), Schulinspektor in → Thannhausen (Günzburg/BY), 1827-54 Domherr in Augsburg. – W.: Ges. Schriften des Verfassers der Ostereier . . . (Ausg. letzter Hand, 24 Bde., 1841-46); Erinnerungen aus meinem Leben (1853-57). – Geburtshaus Klostergasse 19 (Gedenktafel); Denkmal vor St. Georg am Markt; Ch.-v.-Sch.-Zimmer im Hist. Museum. – U. Creutz, »Christoph von Schmid 1768-1854« (2004).
A Der Ritter und Jerusalempilger **Stephan von Gumppenberg** kam 1419 nach D. (beschrieben in: H. Dussler, »Reisen und Reisende in Bayerisch-Schwaben«, 1968-74). – Von seiner 3. Schweizer Reise kehrte **Goethe** (→ Frankfurt a. M./HE) Anfang November 1797 über Ellwangen und D., das er »alt aber reinlich« nennt, nach Weimar zurück; Gedenktafel Segringer Straße 37 (»Drei Mohren«). – Auf der gleichen Straße spielt **Johann Peter Hebels** (→ Lörrach/Hausen/BW) Geschichte von den »Zwei Postillionen« und im südwestl. gelegenen Segringen »Der Barbierjunge von Segringen«. – Ein »Asyl und Arbeitsnest« war D. für den Kulturphilosophen **R. H. Francé** von 1919-24, er beschreibt D. in »Der Weg der Kultur« (1919). – Bei **Kasimir Edschmid** (→ Darmstadt/HE) heißt es von der Stadt: »Rothenburg ohne Trompetenklang in der Luft, ohne das Drama des Blutes, ohne den Spuk der Geschichte in der hellen Sonne: das ist Dinkelsbühl . . .«

L Sebastian Münster (→ Bingen/Ingelheim/RP) beschreibt D. in seiner »Cosmographia universalis« (1550), Karl Julius Weber (→ Langenburg/BW) in »Briefe eines in Deutschland reisenden Deutschen« (1826-28). Karl Götz (→ Aalen/BW), der in Bernhardsweiler seine erste Lehrstelle hatte: »Dinkelsbühl« (Skizzenbuch 1927), »Im Abendrot« (Aut. 1985); Theodor Heuss (→ Lauffen/Brackenheim/BW): »Von Ort zu Ort« (1959); Reinhard Knodt (geb. 1951 D.): »Mein Geburtshaus und sonst nichts« (in: »Funkfeuer D.«, 1976).

Z Aalen (BW); Ansbach, Gunzenhausen, Wolframs-Eschenbach, Nördlingen (BY).

DIPPOLDISWALDE/SN

Lohgerber-, Stadt- und Kreismuseum, Osterzgebirgsgalerie im Schloss.

Johann Samuel Adami (1638-1713) war im nahen Pretzschendorf Pfarrer und veröffentlichte mehr als 70 Schriften. – Anfang August 1758 kam mit der preuß. Armee Ewald Christian von Kleist (→ Frankfurt a. d. O./BB) nach D. und arbeitete an seinem Epos »Cissides und Paches« (1758).

Altenberg

Bergbaumuseum.

Johann Kuhnau, * 6. 4. 1667 Geising bei A., † 15. 6. 1722 → Leipzig/SN, Komponist und Romanautor. Amtsvorgänger J. S. Bachs im Thomaskantorat. Schrieb den satir. Musiker-Roman »Der musikalische Quacksalber« (1700).
R Südl. von A. der Grenzort Zinnwald, den Goethe (→ Frankfurt a. M./HE) am 10. 7. 1813 von Teplitz aus besuchte, um den Zinnbergbau zu studieren. G.-Gedenkstein (1913) am Aschergrabenweg in A., Gedenktafel am Gasthof »Sächsischer

Reiter« in Z.-Georgenfeld. Aus Z. stammt der Mundartdichter Max Tandler (1895-1982), der populär wurde mit Spruchweisheiten (»De Spatzen, was bill suchen kinn, ward immer ooh e Karnl finn!«) und der Erzählung »Bergwind« (1937). – Nördl. von A. Hirschsprung, wo Otto Eduard Schmidt (→ Plauen/Reichenbach/SN) 1897 ein Haus, Kohlgrundweg 19, erwarb. – Ganz in der Nähe Bärenstein. Hierher zog sich Frieda von Bülow (→ Gotha/Neudietendorf/TH) 1899 nach ihrer Rückkehr aus Afrika zurück Aus B. stammt der Heimatschriftsteller Arthur Klengel (1881-1954), dessen »Sagenbuch für das östliche Erzgebirge« (1938) bis heute Gültigkeit besitzt. Gedenkstein in Hirschsprung.

Freital

Städtische Sammlungen im Schloss Burgk. – Aus den Dörfern im Weißeritztal wurde in namentl. Anlehnung an Freiberg 1921 die Stadt F. gegründet, wo bis 1959 Steinkohle abgebaut wurde.

Friedrich Christian Schlenkert, * 8. 2. 1757 Dresden, † 16. 6. 1826 Tharandt bei F., Verf. von Ritter- und Abenteuerromanen. Am erfolgreichsten: »Friedrich mit der gebißnen Wange« (4 Bde., 1785-88) und »Rudolph von Habsburg« (4 Bde., 1792-94).
Marianne Bruns, * 31. 8. 1897 Leipzig, † 1. 1. 1994 Dresden, Erzählerin, Kinder- und Jugendbuchautorin. Lebte seit 1945 in F. Wurde bekannt mit dem Frauenroman »Uns hebt die Flut« (1952). Bedeutend B.s psychol. Künstlerroman »Der neunte Sohn des Veit Stoß« (1967).
R Nordöstl. von F. Kesselsdorf, wo am 15. 12. 1745 Friedrich d. Gr. (→ Potsdam/BB) mit seinem Sieg den 2. Schles. Krieg entschied. In seinem »Bericht« »Die Schlacht bei Kesselsdorf« (1984) zeigt Wulf Kirsten, dass das »blutige Hand-

werk« nichts »Heroisches und schon gar
nichts Ästhetisches« hat. Dasselbe Thema
schon im Gedicht »schlachtfeld« (1968):
»nach der schlacht bei Kesselsdorf galt:/
alles fleisch wird gras«. – Das nahe Städt-
chen **Wilsdruff** ist **Kirstens** Vorlage für das
feuilletonistische »Kleinstadtbild« »Klee-
wunsch« (1984). – Weiter südl. **Rabenau**
im Tal der Roten Weißeritz, wo **Ludwig
Richter** (→ Dresden/SN) oft weilte. Ge-
denktafel an der Mühle.
Westl. von F. am gleichnamigen Wald **Tha-
randt**, eine beliebte Sommerfrische der
Dresdner (»Wer in Dresden ist, muß Tha-
randt sehen«, K. von Nostitz 1848). **Fried-
rich Schiller** (→ Ludwigsburg/Marbach/
BW) hielt sich April/Mai 1787 hier auf
und schloss den »Don Carlos« ab. **Chris-
tian Gottfried Körner** (→ Leipzig/SN)
brachte ihn »hoch zu Roß« in dieses »Exi-
lium«, um ihn von der aussichtslosen Lie-
be zu Henriette von Arnim abzulenken.
Wohnung: Gasthof »Zum Hirsch«, Dresd-
ner Straße 4 (Gedenktafel). Im September
1800 wanderte **Heinrich von Kleist** (→
Frankfurt a. d. O./BB) »durch schroffe Fel-
sen, die Tannen und Birken tragen« nach
Th. und war »unbeschreiblich bewegt«.
1811 übersiedelte **Heinrich Cotta** (1763-
1844) von Thür. mit seiner Forstschule
nach Th. und hielt im »Hirsch« seine ers-
ten Vorträge. Wohnung: Talmühlenstraße
2 (Gedenktafel). **Goethe** besuchte ihn
hier 1813 und besichtigte den gerade an-
gelegten Forstgarten. 1830 war **Alexander
von Humboldt** (→ Berlin) C.s Gast. Da
war aus C.s Schule längst eine »Königlich
Sächsische Forstakademie« (heute Teil der
Techn. Universität Dresden) geworden,
an der **F. Ch. Schlenkert** Deutschunter-
richt erteilte. Von 1830 bis 49 lehrte dort
der berühmte Zoologe **Emil Adolf Roß-
mäßler** (1806-67), dessen Buch »Der
Wald« (1862) viele Leser fand. **Karl May**
(→ Glauchau/Hohenstein-Ernstthal/SN)

Freital: Schloss Nöthnitz

lässt seinen Einwanderer Adolf Wolf im
»Ölprinz« (1893) die Th.er Forstakademie
absolvieren und mit Wissen »über die Wäl-
der« brillieren. Der aus Döbeln stammen-
de **Ernst Siedel** (1820-1908) war 1851-91
in Th. Pfarrer und schrieb hier seine einst
vielgelesene Aut. »Wie einer jung war und
jung blieb« (1908).
Schloss **Nöthnitz** (Ortsteil von Bannewitz)
gehörte 1740-62 **Heinrich Graf von Bü-
nau** (→ Apolda/Oßmannstedt/TH), der
hier seine 42 000 Bde. umfassende Biblio-
thek (»die besten Werke in allen Spra-
chen«) aufgestellt hatte. Ihr Betreuer war
1748-54 **Johann Joachim Winckelmann**
(→ Stendal/ST), der sich hier die Grund-
lagen für seine spätere kunsthist. und
archäolog. Tätigkeit erarbeiten konnte.
Im Schlossmuseum (Studienstätte Schloss
Nöthnitz e. V.) Ausstellung zu Leben
und Werk B.s und W.s. – Südl. davon **Pos-
sendorf**, wo Ferdinand von Schill (1776-
1809/→ Stralsund/MV), der »Rebell« ge-
gen Napoleon, geboren wurde. Nach dem
Tod seines Ziehvaters gab man 1821 **Ri-
chard Wagner** (→ Bayreuth/BY) für et-
liche Wochen zum P.er Pfarrer Christian
Ephraim Wetzel, der ihm von W. A. Mo-

zart erzählte. Gedenktafel an der Fried-
hofsmauer. – Im Ortsteil **Börnchen** wurde
der Maler Curt Querner (1904-76) gebo-
ren. **W. Kirsten** behandelt ihn im Gedicht
»Querner« (1968): »ausgebrochen ist er/
aus sächsischen armutwintern«.

Z Freiberg, Dresden, Meißen, Pirna (SN).
Jenseits der Grenze in Tschechien: Duchow/
Dux (G. Casanova), Lovosice/Lobositz (Fried-
rich d. Gr., P. Hacks), Teplice/Teplitz-Schön-
au (Goethe, J. G. Seume).

DÖBELN/SN

Mittelsächsisches Theater Freiberg-D. – Aus
D. stammen: Peter Ambrosius Lehmann (1663-
1729), Verf. des genealog. Handbuches »Das
jetzt herrschende Europa« (1694-1700) und
Hrsg. zahlreicher Werke von G. F. Krebel
(→ Naumburg/ST). Die Schauspielerin Hen-
riette Hendel-Schütz (1772-1849), eine eu-
rop. Berühmtheit. Goethe bewunderte sie
(»unvergleichlicher weiblicher Proteus«) und
J. P. Hebel widmete ihr eine Kalenderge-
schichte.

Eugen Mogk, * 19. 7. 1854 D., † 4. 5. 1939
Leipzig, Philologe und Volkskundler. M.
edierte die »Altnordische Sagenbibliothek«
(1892) und verfasste wirkungsreiche Bü-
cher zur german. Mythologie.
Hanna Klose-Greger, * 9. 5. 1892 Weste-
witz bei D., † 14. 1. 1973 Karl-Marx-Stadt
(heute Chemnitz), Verf. hist. Romane
(»Inka, Sohn der Sonne«, 1958; »Die Stadt
der Elefanten«, 1972).
A Friedrich Gerstäcker (→ Hamburg)
war 1835-37 Landwirtschaftseleve in D.
und wanderte von hier nach Amerika aus.
– Aus D. stammt der sächs. »Achtundvier-
ziger« und Teilnehmer am Dresdner Mai-
Aufstand **Hermann Semmig** (1820-97),
dessen Drama »Schloß und Fabrik oder
Die schlesischen Weber« (Hrsg. H. Adler
1988) im amerikan. Exil entstand.

L **Erich Kästner** (→ Dresden/SN) erzählt in
»Als ich ein kleiner Junge war« (aut. R. 1957)
von den aus D. stammenden Vorfahren seiner
Mutter, die selbst im nördl. von D. gelegenen
Kleinpelsen geboren wurde. K. erinnert sich
an Besuche bei »Tante Alma« im Tabakladen
in der D.er Bahnhofstraße: »Und die alte Frau,
neben der ich hinterm Ladentisch stand, war
eine Dame. So hätte es ausgesehen, wenn die
Kaiserin Maria Theresia in Döbeln Kautabak
verkauft hätte!« – **Helmut Baierl** (1926-2005)
versuchte mit der Komödie »Johanna von Dö-
beln« (1969) F. Schillers (→ Ludwigsburg/
Marbach/BW) Johanna-Drama für die DDR
zu aktualisieren: »Johanna kam nach Dö-
beln,/die Leute aufzumöbeln.«

Leisnig

Aus L. stammt der General und Widerstands-
kämpfer Friedrich Olbricht (1888-1945).

Von 1902 bis zu seinem Tod 57 war **Fran-
ciscus Nagler** (→Großenhain/Riesa/SN)
in L. Kirchenmusikdirektor und schrieb
hier eine sächs. Musikgeschichte (»Das
klingende Land«, 1936). L.er war auch
Herbert Mühlstädt (1919-88), dessen hist.
Erzählungen durch das Werk »Der Ge-
schichtslehrer erzählt« (3 Bde., 1962-74)
jedem DDR-Schüler bekannt waren.

Waldheim

Sächsisches Strafvollzugsmuseum. – Geburts-
ort des Bildhauers Georg Kolbe (1877-1947).

Im W.er Schloss wurde 1716 ein Zucht-
haus (»Bist du einmal in Waldheim, so
kommst du nicht so bald heim.«) einge-
richtet. **August Röckel** (1814-76), Diri-
gent und Hrsg. der polit. Wochenschrift
»Volksblätter«, wurde wegen seiner Teil-
nahme am Dresdner Mai-Aufstand 1849-
62 hier festgehalten. R.s Buch »Sachsens
Erhebung und das Zuchthaus zu Wald-
heim« (1865) nutzte A. Bebel (→ Köln/

NW) zu Agitationszwecken. **Karl May** (→ Glauchau/Hohenstein-Ernstthal/SN) verbüßte in W. seine längste und entbehrungsreichste Haftstrafe (1870-74). **Erich Loest** beginnt seinen K.-M.-Roman »Swallow, mein wackerer Mustang« (1980) mit einem Kap. »Waldheim«. **August Otto-Walster** (→ Dresden/SN) starb nach kurzer Inhaftierung 1898 in W. – Zu den in W. in der NS-Zeit Inhaftierten gehörten: **Fritz Selbmann** (→ Berlin), **Hasso Grabner** (→ Leipzig/SN), **Friedrich Schlotterbeck** (→ Potsdam/Werder/BB), **Bruno Apitz** (→ Leipzig/SN) und **Helmut Holtzhauer** (→ Weimar/TH); **Marja Grólmusec** (→ Bautzen/Radibor/SN) und **Eva Lippold** (→ Luckenwalde/Zossen/BB). – Über W. zur DDR-Zeit: **Jörg Bernhard Bilke**, »Wo mein Großvater Gefangenenaufseher war. Besuch im Zuchthaus Waldheim 1998« (Palmbaum 2/98). Berüchtigt war das Zuchthaus auch wegen der »Waldheimer Prozesse«, in denen 1950 nach dem Vorbild der Moskauer Schauprozesse vor allem Jugendliche abgeurteilt wurden.

Z Grimma, Großenhain, Meißen, Mittweida, Torgau (SN).

DONAUESCHINGEN/BW

»... hier fand ich die Donau, in einem kleinen Bau, der für sie errichtet, wo sie fein gefaßt war wie ein Edelstein.« (René Schickele, 1922) Donaueschinger Musiktage (im Oktober). – Fridolinsfest (im Frühling).

Joseph Maria Christoph von Laßberg, * 10. 4. 1770 D., † 15. 3. 1855 → Meersburg (Überlingen/BW), Sammler altdt. Dichtungen und Hss.; verfasste selbst Lieder und Erzählungen in altertümlichem Stil. 1834 Heirat mit Jenny von Droste-Hülshoff (Annettes Schwester), seit 1838

auf Schloss Meersburg. – Nachlass LB Karlsruhe.

Max Rieple, * 13. 2. 1902 D., † 16. 1. 1981 ebd., Lyriker, Übersetzer. Erneuerer und langjähriger Leiter der D.er Musiktage (»Musik in Donaueschingen«, 1959). Veröffentlichte zahlreiche Landschaftsbücher. – Wohnhaus Max-Egon-Straße 2; Grab auf dem Friedhof.

A **Friedrich Nicolai** (→ Berlin) fand 1781 alles »froh und wohlhabend« und machte über den Bassinabfluss der Donauquelle einen eineinhalb Fuß breiten Schritt, um »sagen zu können, wir wären über die Donau geschritten«. – Als »un mensonge« bezeichnete der franz. Schriftsteller **Jules Michelet** 1842 den Namen der Stadt. – **Joseph Victor von Scheffel** (→ Karlsruhe/BW) war 1857-59 Bibliothekar der Fürsten zu Fürstenberg (Gedenktafel am Eingang zur Hofbibliothek). – 1864 trat **Heinrich Hansjakob** (→ Wolfach/Haslach/BW) hier seine erste Stelle als Gymnasiallehrer an, er war der »lateinische Schulmeister«; der Expressionist **Otto Wirz** (1877-1946) ging hier zur Schule. – **René Schickele** (→ Müllheim/Badenweiler/BW) in seinem Essay »Blick vom Hartmannsweilerkopf« (1922): »Nach dem Besuch der Quelle strich ich durch den Schlosspark, der keinen anderen Reichtum aufzuweisen hatte als seine Verlassenheit.«

Hüfingen

Lucian Reich, * 26. 2. 1817 H., † 2. 7. 1900 ebd., Zeichner; lit. interessant sein Hauptwerk »Hieronymus, Lebensbilder aus der Baar und dem Schwarzwald« (1835, n. 1958). – Geburts- und Wohnhaus Hauptstraße 22 (Gedenktafel); Grab auf dem Friedhof; L.-R.-Stube im »Ratsstüble«.

R Die ältesten Quellen über die Donau-

quelle bei **Strabo, Plinius d. Ä., Ausonius**
(→ Trier/RP). Eine Beschreibung der Do-
nau von den Quellen ab dann von **Sig-
mund von Birken** (→ Nürnberg/BY)
1684 in »Der vermehrte Donaustrand«.
1938 erschien **Otto Rombachs** (→ Heil-
bronn/BW) »Roman von der jungen
Donau« (»Der standhafte Geometer«). –
In der »Linde« von **Achdorf** spielt eine
Szene von **Joseph Victor von Scheffels**
Novelle »Juniperus« (Sch.-Stube). – Stich-
wort Baar: »Eine Landschaft der Über-
gänge«, schreibt **Manfred Bosch** in »Hier-
geblieben oder Heimat und andere Ein-
bildungen« (1997), »bunt wie ein Narren-
häs.«

Z Rottweil, Singen, Tuttlingen, Villingen-
Schwenningen (BW).

DONAUWÖRTH/BY

*»Da trifft sich alles, was in die Stadt kommt:
Bauern vom Donauried – sie schwäbeln – und
in blauen Kitteln und Schaftstiefeln die vom
Ries – sie fränkeln; endlich die von der unteren
Donau, aus der Gegend von Rain und Neuburg,
sie sprechen bayrisch, und wer's noch nicht weiß,
hier kann er's erkennen: Bayrisch ist die schönste
Sprache, die von Menschenzungen klingt ...«*
(Hans Mayr, 1919)
Haus der Stadtgeschichte (Rieder Tor), Hei-
matmuseum (Hintermeierhaus). – D.er Kul-
turtage (im Oktober).
Im Stadtteil Auchsesheim geb. der Komponist
Werner Egk (1901-83): Gedenktafel, Büste auf
dem W.-E.-Platz; in D. W.-E.-Begegnungs-
stätte (Dokumente zu Leben und Werk); Eh-
rengrab auf dem städt. Friedhof; Zaubergei-
genbrunnen vorm Ochsentörl; W.-E.-Preis.

Margarete Ebner, * um 1291 D., † 20. 6.
1351 → Mödingen (Dillingen a. d. Do-
nau/BY), Dominikanerin und Mystikerin.
Ihr Briefwechsel (1332-50) mit dem Pre-
diger Heinrich von → Nördlingen/BY
ist die älteste erhaltene dt. Briefslg. Ihre

myst. Erfahrungen hielt sie in aut. Auf-
zeichnungen fest. – Ihr Leben schilderte
E. G. Kolbenheyer (→ München/BY) in
seinem Roman »Das gottgelobte Herz«
(1938).

A In der »Engelhofstatt« (Gedenktafel
Reichsstraße 10) »triben« die D.er **Meis-
tersinger** im 16. Jh. »übung und gewerb«.
– Eine Büste auf der oberen Wörnitzbrü-
cke erinnert an den »Francus Werdensis«,
den 1499 in D. geb. Historiographen **Se-
bastian Franck** (→ Ulm/BW). – Wie Dil-
lingen und Neuburg war auch D. seit dem
MA. eine (Hoch-)Schulstadt der kath. Or-
den. Unter den Prof. der »Polyhistor baro-
cken Zuschnitts« **Beda Mayr** (→ Aichach/
Taiting/BY). Er starb am 28. 4. 1794 in D.
– Noch bis ins 19. Jh. konnte man in D. von
der Eisenbahn aufs Dampfboot umstei-
gen, so **Eduard Mörike** (→ Ludwigsburg/
BW) im Herbst 1850, zus. mit seiner
Schwester Klara auf einer Reise nach Re-
gensburg. Die beiden besichtigten Stadt
und Eisenbahnanlagen, nahmen im Gast-
haus »Zum Krebs« Käse und Wein zu
sich, und »um 9 Uhr schwammen wir mit
zahlreicher Gesellschaft die Donau hin-
ab«. – **Ludwig Auer** (→ Neumarkt/Laa-
ber/BY) gründete 1875 im ehem. Kloster
Hl. Kreuz das Cassianeum (1910 Pädagog.
Stiftung C.). 1897 erschien sein Trauer-
spiel (um den sog. Gattenmord von D.
1256) »Maria von Brabant«. Im Oktober
1904 machten **Karl May** (→ Glauchau/
Hohenstein-Ernstthal/SN), im Juni 05
Heinrich Hansjakob (→ Wolfach/Has-
lach/BW) ihre Aufwartung. Onkel-Lud-
wig-Denkmal; Grab in der Gruftkapelle
des Friedhofs von Hl. Kreuz.

R In seinem Capriccio »Bildnis des Künst-
lers als junger Affe« (1967) beschreibt der
frz. Schriftsteller **Michel Butor** eine Fahrt
ins Hl. Röm. Reich, in eine Landschaft
von Theosophen, Mystikern, Magiern, He-
xenprozessen und Vampiren. B. hielt sich

u. a. auf der **Harburg**, oberhalb des Wörnitztals, auf, wo er in der Fürstl. Oettingen-Wallersteinschen Bibliothek die Anregungen für seine Phantasmagorien fand. (Die Bibliothek mit 140 000 Bdn., 1500 Hss., 1000 Inkunabeln und 140 000 Druckschrr. des 16.-19. Jh.s seit 1980 Universität Augsburg.) Von hier aus besuchte B. in **Donaumünster** (Topfheim-D.) den alten **Alexander von Bernus** (→ Lindau/BY), der dort im ehem. Amthaus des Klosters Hl. Kreuz seit 1939 lebte und am 6. März 65 starb (Grab Friedhof Donauwörth). Meiergasse 10 in **Ebermergen** (Harburg-E.) erinnert eine Tafel an die »zweite Heimat« des Rieser Heimatdichters **Melchior Meyr** (→ Nördlingen/Ehringen/BY). – In **Oberndorf** am Lech Gedenkstein für den Dramatiker und Romancier **Franz Xaver Kratter** (1758-1830). – In **Lauterbach** (Buttenwiesen-L.) am Rande des Rieds lebt **Alois Sailer**, Bauer und Heimatpfleger »von schwäbischer Doppelsinnigkeit«.

B J. W. König, Donauwörth – literarisch gesehen, 1984; ders., Der Literatur auf der Spur. Von Lech und Donau ins Ries, 2005.
Z Dillingen a. d. Donau, Neuburg a. d. Donau, Nördlingen (BY).

DORNBURG/TH

»Da sah ich vor mir auf schroffer Felskante eine Reihe einzelner Schlösser, in den verschiedensten Zeiten erbaut, zu den verschiedensten Zwecken errichtet.« (Goethe, 1828)
Renaissance-Schloss mit Goethe-Gedenkstätte und Rokoko-Schlösschen (Klassik-Stiftung Weimar); Altes Schloss (Tagungszentrum der Universität Jena). – Rosenfest letztes Juni-Wochenende.

A Goethe (→ Frankfurt a. M./HE), »der eigentliche Wiederentdecker« (H. Wahl) D.s, war 1776-1830 20 Mal hier und leb-

Dornburg: Das Rokoko-Schlösschen, viele Male Aufenthaltsort von Goethe

te meist einige Tage »gut und fröhlich« im fast leeren Rokoko-Schlösschen. Vom 7. 7.-11. 9. 1828 (»Großer D.er Aufenthalt«), unmittelbar nach dem Tod Carl Augusts (→ Weimar/TH), Wohnung im Renaissance-Schloss. Schon in den ersten Tagen Übers. der lat. Portalinschrift (1608): »Freudig trete herein und froh entferne dich wieder!/Ziehst du als Wanderer vorbey, segne die Pfade dir Gott.« G.-Gedenkstätte im Renaissance-Schloss, Einrichtung der Zimmer (»Bergstube«) erhalten. **Paul Burg** (→ Quedlinburg/Wedderstedt/ST), »Dornburger Idylle. Ein Tag aus Goethes Alter« (R. 1910). – 1796-1802 besuchte **Sophie Mereau** (→ Altenburg/TH) mehrmals D. Ihr Gedicht »Die Landschaft« (1795) bezieht sich darauf: »Einsam, auf des Berges ödem Gipfel,/Schau ich über die bewegten Wipfel/Tief hinunter in das weite Tal...« – **Frieda von Bülow** (→ Gotha/Neudietendorf/TH) lebte 1905 bis 09 im Alten Schloss. Urnengrab auf dem Friedhof. – **Sophie Hoechstetter** (→ Weißenburg/Pappenheim/BY) wohnte nach 1905 ebenfalls dort. Auch **Ina Seidel** (→ Starnberg/BY) konnte sich »keinen besseren Erholungsort« (»Lebensbericht«, 1970) wünschen. Weitere Besucherinnen: **Toni Schwabe** (→ Rudolstadt/Bad Blankenburg/TH), die ihre Zs. »Das Landhaus« (1916-21) hier redigierte, und

Lulu von Strauß und Torney (→ Stadtha-gen/Bückeburg/NI).

L Ein Bild von D. entwarf zuerst **Johann Samuel Gottlob Schwabe** (»Historisch-antiquarische Nachrichten von der ehemaligen kaiserlichen Pfalzstadt Dornburg an der Saale«, 1825). Über Goethes Aufenthalt hinterließen Erinnerungen: **Carl August Christian Sckell** (1864) sowie die Ehefrau des Amtsaktuars, **Bertha Weber** (1806-97/Hrsg. F. Rapp, 1932). – Auf das frühe 20. Jh. nehmen die Bücher von **Carola von Crailsheim** (1895-1982) »Das schlechtverteidigte Herz« (1922), »Kampf um Dorrit« (1935) und der Spätling »Gute Zeit des Alters« (1980) Bezug. – D.-Gedichte von **Reinhard Johannes Sorge** (→ Berlin) und **Hermann Kasack** (→ Postdam/BB). – Im bes. Maße lit. ertragreich die Besuche von **Hanns Cibulka** (→ Gotha/TH), »Dornburger Blätter« (1972).

R Als Jenaer Student war 1832/33 **Fritz Reuter** (→ Demmin/Stavenhagen/MV) in **Dorndorf** und kehrte im Gasthof »Blaues Schild«, Brückenstraße (Gedenktafel), ein. – Auf der **Hohen Lehde**, über dem Saaleufer, beging **Eugen Diederichs** (→ Naumburg/ST) seit 1908 mit dem Sera-Kreis (»Sera, sera sancti nostri Domine«) die Sonnenwendfeste. Sera-Stein (1919) mit Weihespruch (»In unsere Spiele/brach der Krieg«). – Im nahen **Golmsdorf** das Fest der Bornfege (Brunnenreinigung). Am 20. 5. 1799 gehörten **Goethe** und **Christiane Vulpius** (→ Weimar/TH) mit Sohn August zu den Besuchern des »famosen« Festes. – Auf der Höhe **Hainichen**, Geburtsort von **Paul Johann Anselm Feuerbach** (1775-1833), Strafrechtler und illegitimer Nachfahre von Herzog Ernst August, Bauherr des Dornburger Rokoko-Schlösschens. F.s Schriften (u. a. »Kaspar Hauser«, 1832) sind von hohem lit. Anspruch. Nahe der Kirche Gedenkstein.

Camburg

A **Sophie Mereau** lebte 1800/01 »fürchterlich zerstört« in C. Nach dem Tod ihres Sohnes gab M. ihre »Versorgungsehe« auf und überprüfte ihr Liebesverhältnis zu C. Brentano (→ Koblenz/RP). **Friedrich Schlegel** (→ Hannover/NI), mit dem sie ein »festeres Verhältnis« eingegangen war, besuchte sie in C. – **Fritz Reuter** lebte 1833 in C., weil er sich in Jena aufgrund seiner burschenschaftl. Aktivitäten nicht mehr sicher fühlte. Wohnung (Gedenktafel) gegenüber dem Rathaus.

Tautenburg

A **Friedrich Nietzsche** (→ Weißenfels/Röcken/ST) lebte vom 25. 6.-27. 8. 1882 in T. und verbrachte hier eine glückliche Zeit mit **Lou Andreas-Salomé** (→ Göttingen/NI). Wohnung: Lindenstraße 50 (Gedenktafel). Darüber der Pfarrer **Hermann Otto Stölten** (1847-1928) in seinen »Erinnerungen« (1997). **Helene Böhlau** (→ Starnberg/Widdersberg/BY) wohnte bei ihm und schrieb dort an ihrem ersten Buch (»Novellen«, 1882). – Um 1900 war T. eine beliebte Sommerfrische. **Georg Bötticher** (→ Jena/TH) war oft mit seiner Fam. in der T.er Sommerfrische. Wohnung: Lindenstraße 8. – **R. S. Sorge** lebte 1913 in T. Wohnung: Im Vogelgrund 43. – Am 20. 3. 1945, ein Tag nach dem Bombenangriff auf Jena, übersiedelte die greise **Ricarda Huch** (→ Braunschweig/NI) mit ihrer Fam. von dort nach T.: »Soweit man davon absehen kann . . . habe ich in Tautenburg Tage reinsten, vollkommensten Glückes erlebt.« Wohnung: Zum Sommerberg 5 (Gedenktafel). – In dieser Zeit war auch **James Krüss** (→ Helgoland/SH) »sieben lange zweigeteilte Tage . . . in dem winzigen Dorf im Wald«. Wohnung: An der Bastei 9 (Gedenktafel).

B R. Gothe, Dornburg. Von Otto I. bis Goethe, 1991; D. Ignasiak, Dornburg an der Saale. Die Schlösser, die Stadt und ihre Umgebung, 1998; G. Schaumann, Tautenburg bei Jena. Kulturgeschichte einer thüringischen Sommerfrische, 1998.
Z Apolda, Eisenberg, Jena (TH); Naumburg (ST).

DORTMUND/NW

Universität; Sozialakademie. – Museum am Ostwall, Museum für Kunst und Kulturgeschichte, Westfäl. Schulmuseum. – Theater D., Festival »Theaterzwang« (alle 2 Jahre). – Literaturfestival LesArt. – Studio D. des WDR.

Hugo Wolfgang Philipp, * 2. 2. 1883 D., † 18. 3. 1969 Zürich, Erzähler, Lyriker, Dramatiker. War Opernsänger, 1923-33 Theaterdirektor in Dresden. Emigrierte 1936 nach Italien, lebte seit 1938 in der Schweiz. – W.: Der Clown Gottes (Tr. 1921).
Paul Heiling, * 27. 4. 1893 D.-Hörde, † 22. 2. 1961 → Castrop-Rauxel (Herne/NW), Kritiker, Schriftsteller und Maler. Gründete 1921 in D. den lit. Einmann-Verlag »Der Garten Eden«. – W.: Tanz der Nächte (G. 1921). – Nachlass StuUB D., mit über 20 unveröff. Mss.
Erich Grisar, * 11. 9. 1898 D., † 30. 11. 1955 ebd., Gedichte, Romane, Reportagen. Gab 1946 einen Sammelband Emigrantenlyrik heraus: »Denk ich an Deutschland in der Nacht«. – W.: Brüder, die Sirenen schrei'n! (G. 1921), Kindheit im Kohlenpott (Aut. 1946). – Grab Südwestfriedhof. – Nachlass StLB D.
Bruno Gluchowski, * 17. 2. 1900 Berlin, † 14. 11. 1985 D., Erzähler, Dramatiker, Hörspiel. 25 Jahre im Bergbau. Mitbegründer der »Gruppe 61«. – W.: Der Durchbruch (Sch. 1937, Hörsp. 54, R. 55); Der Honigkotten (R. 1965). Wohnte Neuer Graben 82. – Nachlass StLB D.

Walter Vollmer, * 2. 7. 1903 D.-Westrich, † 17. 2. 1965 → Arnsberg (NW), Erzähler. Bergmann, dann Dramaturg und Journalist, schließlich freier Schriftsteller. – W.: Die Pöttersleute (R. 1940); Westfälische Städtebilder (1963). – Nachlass StuLB D.
Fritz Hüser, * 4. 10. 1908 Heissen b. Mülheim a. d. R., † 4. 3. 1979 D., Direktor der Stadtbücherei D. 1945-73. Mitgründer der »Gruppe 61«. Stiftete sein privates Archiv für Arbeiterdichtung und Soziale Lit. (45 Nachlässe, 37 000 Bde., 1400 Zs.) dem heutigen F.-H.-Institut für dt. und ausländ. Arbeiterlit. – Zahlreiche Veröff.en zur Arbeiter- und Industriedichtung und von Autorenporträts. – Grab auf dem Waldfriedhof Groß-Holthausen (D.) – Fritz-Hüser-Gesellschaft.
Aus D. weiterhin: **Arnold Mallinckrodt** (1768-1825), Verleger und Publizist (»Bemerkungen über Deutschlands Literatur und Buchhandel«, 1815). Gründete 1796 das »Magazin von und für Dortmund« (später »für Westphalen«). – **Karl Prümer** (1846-1933), Buchhändler und Zss.-Hrsg.: »Dä Westfölische Ulenspeigel« (1880); »Dä Chronika van Düöpn« (Stadtporträt 1891), »Westfäl. Dorfgeschichten« (1920/21). – **Alfred Funke** (1869 D.-Wellinghofen – 1941), Pfarrer in Brasilien, Redakteur in Berlin; Westfalenromane (»Der Bruch im Lande«, 1924). – **Wilhelm Schleef** (1889 Holzwickede bei D.-1968): »Dortmunder Wörterbuch« (1967), Mundarterzählungen. Grab auf dem Aplerbecker Friedhof. – **Walter Dirks** (1901 D.-Hörde – 1991), Publizist (1935-43 Kulturredakteur der »Frankfurter Zeitung«, 1946 Mithrsg. der »Frankfurter Hefte«; Ges. Schriften, 1987-91. – **Paul Polte** (1905-1985), Journalist, schrieb Lyrik, Berichte, Kurzgeschichten; gründete 1930 in D. das Kabarett »Gruppe Henkelmann«. – **August Kracht** (1906 D.-Benninghofen – 1987 Bad Salzuflen/NW), Kunsthistori-

ker und Redakteur in Soest und Münster. Gedichte, u. a. »Gesang in der Börde« (1935); zahlreiche Veröffentlichungen zur Kunst und Kulturgeschichte Westfalens. Nachlass StLB D.

A Auf einer Studienwanderung kam **Ferdinand Freiligrath** (→ Detmold/NW) auch nach D. Als Einleitung zum von ihm nie vollendeten Sammelwerk »Malerisches und romantisches Westfalen« schrieb er 28 pathet. Strophen auf den »Freistuhl zu Dortmund« (heute durch eine »Femlinde« ersetzt). – Auf dem Ostenfriedhof Gedenkstein für **Henriette Davidis** (→ Schwelm/Wengern/NW). – Die Stadt missfiel 1889 **Hermann Löns** (→ Hannover/NI): »wildwirbelnder Kohlenstaub«, »Hochöfenfeuer«, »Dampfschnauben« und des »Rauches verworrene Gespenster«. – **Alfred Richard Meyer** (**Munkepunke**/→ Schwerin/MV) verbrachte Schul- und Jugendjahre in D. Ebenso wie **Richard Huelsenbeck** (→ Frankenberg/HE), ehe er 1916 nach Zürich ging (»Ruhrkrieg«, N. 1932). Grab auf dem Südwestfriedhof in der Familiengruft F. Hüsers. Nachlass u. a. StLB D. – Bis zu seiner Emigration 1934 lebte **Arnold Bender** (→ Bochum/NW) in D. – Anfang der 1930er Jahre war **Hans Leifhelm** (→ Mönchengladbach/NW) beim Landesarbeitsamt tätig, verließ jedoch D. enttäuscht nach zwei Jahren. **Wilhelm Uhlmann-Bixterheide** (→ Iserlohn/NW), Mitbegründer des Immermann-Bundes, starb am 23. 3. 1936 in D. Nachlass StLB D. Schriftsteller, die als Redakteure an Arbeiterzeitungen in D. tätig waren: Der Hannoveraner **Franz Diederich** (1865-1921) gab 1911 die Slg. sozialer Lyrik, »Von unten auf«, heraus; **Konrad Haenisch** aus Greifswald (1876-1925) v. a. pol. Publikationen; das Bergarbeiter-Sch. »Die im Schatten leben« (1912) von **Emil Rosenow** (→ Köln/NW) handelt in D.; der Minde-

ner **Fritz Droop** (1875-1913) brachte 1919 die 1. Anth. moderner »Arbeiterdichtung« heraus.

Nach 1945 fand **Udo von Alvensleben** (1897-1962) in Haus Bodelschwingh b. Dortmund Zuflucht; seine Tagebuchaufzeichnungen über »Schlösser und Schicksale« gab H. von Koenigswald heraus. – Auf dem Ostenfriedhof das Grab von **Albert Schulze-Vellinghausen** (1905-67), Kritiker, Übersetzer und Sammler moderner Kunst (Haus Kley in D.). – Nach dem 2. Weltkrieg kam der 1938 nach Norwegen emigrierte **Max Tau** aus Beuthen (1897-1976) oft nach D., hier erhielt er 1965 den Nelly-Sachs-Kulturpreis (Teilnachlass StLB D.). – Auf dem Friedhof D.-Kirchhörde das Grab des schlesischen Mundartdichters **Wilhelm Menzel** (1898-1980). – Am 7. 4. 2005 starb in D. der Erzähler und Dramatiker **Max von der Grün** (geb. 1926 in → Bayreuth). Mitgründer der »Gruppe 61«. 1951-63 Bergmann auf der Zeche Königsborn (R. »Irrlicht und Feuer«, 1963).

E **Ruhrgebiet** in Lit. und Dichtung: Der Zusammenschluss von Schriftstellern in Gruppen, die versuchten, beeindruckt von den Gegensätzlichkeiten des Reviers, ihre Eindrücke literar. zu gestalten, ist bezeichnend. Am Anfang gab es um Josef Winckler und Paul Zech die »Werkleute auf Haus Nyland«, in den 1920er Jahren die Autoren der Gemeinschaft »Ruhrland« um Otto Wohlgemuth, nach dem 2. Weltkrieg die von Fritz Hüser und Max von der Grün gegründete »Dortmunder Gruppe 1961« (1961-72), von der sich 1970 der »Werkkreis Lit. der Arbeitswelt« um Erasmus Schöfer und Günter Wallraff abspaltete. Die erfolgreichen Werkkreis-Bücher wurden fester Bestandteil der lit. Landschaft nicht nur des Ruhrgebietes. – Verbreitet wurde die Literatur in diesem Zeitraum auch durch die Zss. »Quadriga« und »Nyland«, die Kulturzss. »Ruhrgebiet« (1959-61) und »Revier-Kultur« (1986-97); sowie durch zahlreiche Antho-

Dortmund: Titelblatt von L. Meidner zu Paul Zechs lyrischem Flugblatt 1913

logien: vom »Ruhrland-Almanach« von 1924 bis zu der Slg. von Erzählungen und Protokollen 1977 »Da bleibst du auf der Strecke«. – Ein Sonderkapitel Ruhrkampf (1920) und Ruhrbesetzung (1923). Sie fanden ihren Niederschlag v. a. in Romanen unterschiedlicher pol. Tendenz. Einer der ersten K. Grünbergs »Brennende Ruhr« (1928). 1960 erschien H. Marchwitzas »Sturm auf Essen«.
W. Köpping (Hrsg.), »100 Jahre Bergarbeiterdichtung«, 2. Aufl. 1984; L. Fittkau/A. Schlüter, »Ruhrkampf 1920. Die vergessene Revolution. Ein politischer Reiseführer«, 1990. H. Fischer, »Erzähllandschaft Ruhrgebiet. Märchen und Sagen im Revier«, in: »Volkskultur an Rhein und Maas« 17/1-2, 1998; D. Hallenberger, »Industrie und Heimat. Eine Literaturgeschichte des Ruhrgebietes«, 2000; Autorenporträts: H. E. Käufer/H. Wolff, »Sie schreiben zwischen Moers und Hamm. 43 Autoren im Ruhrgebiet«, 1974; B. Kortländer (Hrsg.), »Literatur von nebenan. 1900-1945«, 1995.
L Die Sage schreibt den Aufstieg D.s dem hl. Reinold zu, einem der 4 Haimonskinder, Neffen Karls d. Gr. Reinold wird in Köln beim Bau von St. Peter (Kölner Dom) erschlagen und im Rhein versenkt. Die Leiche taucht wieder auf, die Dortmunder bewerben sich um den Leichnam, von selbst fährt der Sarg nach D., am Haltepunkt wird die Reinoldikirche gebaut.
Lat. Dramen schrieb **Johann Schöpper**, nach 1544 Prediger in D. – In D. spielen, von D. handeln (Auswahl): **Friedrich Spielhagen** (→ Berlin/BE), »Frei geboren« (1902); **Bernhard Faust** (1899-1963), »Die letzte Schicht« (1929); **Ludwig Turek** (→ Stendal/ST), »Ein Prolet erzählt« (1930, n. 72); **Werner Warsinsky** (→ Bocholt/Borken/NW), »Kimmerische Fahrt« (1953); **Günter Wallraff**, »Winterreise ins Revier« (1969); **Josef Reding**, »So fast as Düorpm« (in »Städte 1945«, 1970); **Bruno Gluchowski**, »Blutiger Stahl« (1970); **Erich Lotz**, »Im Zwischenreich« (1971); **Max von der Grün**, »Stellenweise Glatteis« (1973), »Friedrich und Friederike« (1983) u. a.; **Horst Mönnich** (→ Senftenberg/BB), »Ein Dortmunder Agent« (1974); **Wolfgang Körner**, »Wo ich lebe« u. a. (1975); **Paul Polte**, »Unverbesserlich« (Lyrik, Berichte, Kurzgeschn. 1923-77).
S Stadt und Landesbibliothek (mit Westfalica-Slg. und Westfäl. Hss-Slg; Nelly-Sachs-Archiv; im Hatzfeld-Nachlass das gesamte Material zum »Rhein. Dichterbund«). – **Stadtbücherei** (Lit. des 20. Jh.s; intern. Autorendokumentation, laufende Publikationen: u. a. Neue Bücher aus und über D.). – **Fritz-Hüser-Institut für dt. und ausländ. Arbeiterlit.** (mit Sonderslgg., Autorennachlässen, u. a. H. Lersch, Teilnachlass P. Zech; Archiv »Gruppe 61« und Gesamtarchiv Werkkreis »Lit. der Arbeitswelt«). – **Institut für Zeitungsforschung** (mit Sonderslgg.: Dt. Presse; Frankreich; Publizistik des Vormärz und der Märzrevolution 1848; Presse der Arbeiterbewegung). – **Deutsches Kochbuchmuseum**: v. a. Werke der Autorin Henriette Davidis. – **Literaturwerkstatt**; **Initiative Gefangenenliteratur** (verleiht Ingeborg-Drewitz-Preis); **Verein für Literatur** (seit 1989). – **Kulturpreis der Stadt D.**, Nelly-Sachs-Preis (seit 1961), Förderpreis für junge Literatur.
Z Bochum; Hagen, Hamm, Herne, Iserlohn, Recklinghausen, Unna, Witten, Hattingen (NW).

DRESDEN/SN

»Dresden war eine wunderbare Stadt, voller Kunst und Geschichte und trotzdem kein von sechshundertfünfzigtausend Dresdnern zufällig bewohntes Museum. Die Vergangenheit und die Gegenwart lebten miteinander im Einklang. Eigentlich müßte es heißen: im Zweiklang. Und mit der Landschaft zusammen, mit der Elbe, den Brücken, den Hügelhängen, den Wäldern und mit den Gebirgen am Horizont, ergab sich sogar ein Dreiklang.« (Erich Kästner, 1957)

Technische Universität, Hochschule für Bildende Künste, Hochschule für Technik und Wirtschaft; Sächsische Akademie der Künste.
– Residenzschloss, Staatliche Kunstsammlungen: Gemäldegalerie Alte Meister (Sempergalerie), Galerie Neue Meister (Albertinum), Grünes Gewölbe (Residenzschloss), Kupferstichkabinett (Residenzschloss), Mathematisch-Physikalischer Salon (Zwinger), Porzellansammlung (Zwinger), Rüstkammer (Sempergalerie), Kunstgewerbemuseum (Schloss Pillnitz), Deutsches Hygienemuseum, Verkehrsmuseum, Stadtmuseum im Landhaus, Puppentheater-Sammlung (Garnisonkirche). – Sächsische Staatsoper (Semperoper), D.er Philharmonie, Staatsoperette, Staatsschauspiel (Schauspielhaus am Zwinger), Kleines Haus in der D.er Neustadt, Komödie, Societaetstheater, Studiobühne der Landesbühnen Sachsen, Theaterkahn, D.er Brettl, Kabarett »Die Herkuleskeule«, D.er Kabarett Breschke und Schuch.
Aus D. stammen die Maler Paula Modersohn-Becker (1876-1907) und Conrad Felixmüller (1897-1977).

Hieronymus Emser, * 26. 3.1478 Weidenstätten bei Ulm, † 8. 11. 1527 D., Humanist (»Eyn deutsche Satyra«, 1505). Kam 1504 an den sächs. Hof, wohin er 1518 noch **Martin Luther** (→ Eisleben/ST) einlud. L.-Denkmal (1885) von A. Donndorf vor der Frauenkirche. Nach 19 erbitterter Luther-Feind und Verf. von gegen ihn gerichteter Streitschriften. E.s Nachfolger **Johann Cochläus** (→ Schwabach/Roth/

Die am 30. Oktober 2005 geweihte Frauenkirche beherrscht wieder den Dresdner Neumarkt

BY) blieb bis zur Einführung der Reformation 1539 in D.

Johann von Besser, * 8. 5. 1654 Frauenburg/Ostpreußen, † 10. 2. 1729 D., Lyriker. Hofdichter in Berlin (dort 1690 geadelt), 1717 in D. Seine 18 000 Bde. umfassende Bücher-Slg. verkaufte B. an die Landesbibliothek. – **Johann Christian Günther** (→ Jena/TH) wollte 1719 vergeblich an B.s Seite zweiter Hofpoet werden. – Dazu **Joachim Walther**, »Bewerbung bei Hofe« (R. 1982). – 1720 wurde **Johann Ulrich König** (→ Esslingen/BW) zweiter Hofpoet und nach B.s Tod dessen Nachfolger. Verdienste um das dt. Lustspiel (»Der Dreßdner Frauen Schlendrian«, 1725).

Christian Gottfried Körner (→ Leipzig/SN), Rat am D.er Oberappellationsgericht. Bezog 1783 das »Faustsche Haus« am Kohlmarkt (auf der Neustädter Seite).

Es war bis 1815 der geistige Mittelpunkt der Stadt. 1875 bis zur Zerstörung 1945 K.-Museum. Heute dort Hotel »Bellevue«, Große Meißner Straße; daneben K.-Denkmal, an der Mauer Gedenktafel; Erinnerungen im Kügelgenhaus, Hauptstraße 13. – Zu K.s Gästen: **Goethe** (→ Frankfurt a. M./HE/1790, 94, 1810, 13), **Wilhelm von Humboldt** (→ Berlin/ 1792), **Jean Paul** (→ Wunsiedel/BY/1798) L. **Tieck, F. Schlegel, Johann Gottfried Herder** (→ Weimar/TH/1803).

Friedrich Schiller (→ Ludwigsburg/Marbach/BW) lebte als Gast der Fam. Körner von September 1785 bis Juli 87 in D.: »Ich bin hier, im Schoße unserer Lieben, aufgehoben wie im Himmel.« – Wohnung (kriegszerstört): Wilsdruffer Gasse 7, Kohlmarkt (Gedenktafel Große Meißner Straße), Sch.-Denkmal (1914) von S. Werner Haupt-/Ecke Königstraße; am Mittelzugang zur Semperoper ebenfalls Sch.-Statue (1841) von E. Rietschel, drinnen Wandbilder mit Szenen aus Sch.s Dramen; Erinnerungen im Kügelgen-Haus.

Theodor Körner, * 23. 9. 1791 D., → 26. 8. 1813 (gefallen) Rosenow (→ Gadebusch/MV), Lyriker und Dramatiker, bedeutendster Dichter der Befreiungskriege. Kreuzschule. Nach Erfolg von K.s Drama »Zriny« (1812) Theaterdichter in Wien. März 1813 Lützower Jäger und Teilnahme am Krieg gegen Napoleon. Von großer Nachwirkung K.s Lieder (darunter »Lützows wilde Jagd«, »Schwertlied«), die der Vater Ch. G. Körner u. d. T. »Leyer und Schwerdt« (1814) herausgab. – Werke (2 Bde., Hrsg. H. Zimmer 1893). – Denkmal (1871) Bürgerwiese/Parkstraße; Erinnerungen im Kügelgen-Haus.

Friedrich Schlegel (→ Hannover/NI) lebte 1794-96 als Autor in D., das er 1798 zus. mit **Novalis** (→ Hettstedt/Oberwiederstedt/ST) und **Joseph Schelling** (→ Leonberg/BW) zum sog. »Romantiker-

treffen« nochmals besuchte. 1828 hielt Sch. in D. philosoph. Vorlesungen und starb hier 1829. Grab auf dem Inneren Kath. Friedhof, Friedrichstraße 54. Erinnerungen im Kügelgen-Haus. – **Gisela Kraft**, »Madonnensuite. Romantiker-Roman« (1998).

Ludwig Tieck (→ Berlin) lebte 1800-03 und 1819-41 in D. Legendär T.s Leseabende am Altmarkt (»Burg des alten Romantikers«). Stellte in D. umfängl. Ausg. der Werke von Novalis und H. von Kleist zusammen und schloss mit Tochter **Dorothea Tieck** (1799-1841), die in D. starb, die Shakespeare-Übersetzungen (9 Bde., 1825-33) ab. Grab von D. T. auf dem Inneren Kath. Friedhof, Friedrichstraße 54. – Wohnung (kriegszerstört): Altmarkt/Ecke Kreuzgasse (Gedenktafel), Erinnerungen im Kügelgen-Haus. – Teilnachlass LB Dresden.

Heinrich von Kleist (→ Frankfurt a. d. O./ BB) war 1800 erstmals in D., dessen Galerie ihn stark beeindruckte. Dann wieder im April 01 und April bis Juli 03. Im August 07 zog K. ganz nach D. und blieb bis April 09. Zus. mit **Adam Müller** (→ Berlin), der 1805-09 in D. lebte und hier mit »Vorlesungen über die deutsche Wissenschaft und Literatur« berühmt wurde, gab K. das Kunstjournal »Phöbus« heraus, schrieb »Michael Kohlhaas« (N. 1810) und »Das Käthchen von Heilbronn« (Sch. 1810). – Wohnung (kriegszerstört): Wilsdruffer Straße 1; Erinnerungen im Kügelgen-Haus.

E. T. A. Hoffmann (→ Berlin) sah D. und seine Galerie im Sommer 1798 zum ersten Mal. 1813/14 war H. als Musikdirektor einer Operntruppe öfter in D. Am 26./ 27. 8. 13 erlebte er Napoleons letzten großen Sieg in Dtl. Darauf entstand die allegor. »Vision auf dem Schlachtfelde bei Dresden« (1813). H.s D.er Hauptwerk wurde das Märchen »Der goldene Topf«

– Wohnung (kriegszerstört): Altmarkt, Erinnerungen im Kügelgen-Haus.

Friedrich Kind, * 4. 3. 1768 Leipzig, † 25. 6. 1843 D., Lyriker (»Lenardos Schwärmereyen«, 2 Bde., 1793/94), Erzähler. Gründete die lit. Vereinigung »Dichter-Thee«, aus der der »Dresdner Liederkreis« hervorging. Für C. M. von Weber schrieb K. das Libretto zum »Freischütz« (1822).

Friedrich Laun (eig. **Friedrich August Schulze**, Ps. **Jeremias Helldunkel**), * 1. 6. 1770 D., † 4. 9. 1849 ebd., Unterhaltungsschriftsteller (»Der Mann auf Freiersfüßen«, 1800). Seit 1800 in D., wo er in Kontakt zu den Romantikern stand. Befreundet mit F. Schlegel und J. A. Apel (→Leipzig/SN), an dessen »Gespensterbuch« (4 Bde., 1810-12) L. mitarbeitete.

Carl Gustav Carus, * 3. 1. 1789 Leipzig, † 28. 7. 1869 D., Arzt, Maler und Naturphilosoph. 1814 Prof. an der Chirurg.-Medizin. Akademie D. Goethe, J. Schelling und L. Oken (→ Offenburg/Bohlsbach/BW) prägten sein Naturbild. Lit. bedeutsam: »Lebenserinnerungen und Denkwürdigkeiten« (1865/66, Erg.-Bd. 1931). – Wohnung: Orangeriestraße 26 (heute Parkcafé, Gedenktafel); Grab Trinitatisfriedhof.

Elisa von der Recke (eig. **Elisabeth Reichsgräfin von Medem**), * 1. 6. 1754 Schloss Schönberg/Kurland, † 13. 4. 1833 D., Lyrikerin und Reiseschriftstellerin (»Nachricht von des berüchtigten Cagliostro Aufenthalte in Mitau …«, 1787). Seit 1819 zus. mit **Christoph August Tiedge** (→ Salzwedel/Gardelegen/ST) in D. – Wohnung (kriegszerstört): Große Meißner Straße (Gedenktafel Hotel Bellevue), Grab Innerer Neustädter Friedhof, Friedensstraße. – Teilnachlass LB Dresden.

Otto Heinrich Graf von Loeben, * 18 8. 1786 D., † 4. 4. 1825 ebd., Erzähler und Lyriker. Gehörte in Heidelberg zum Kreis um J. von Eichendorff (→ Berlin).

L.s Erzählung »Loreley, eine Sage vom Rhein« (1821) regte vermutl. H. Heine (→ Düsseldorf/NW) zu seinem Gedicht an. L. lebte seit 1814 wieder in D.

Karl Gustav Nieritz, * 2. 7. 1795 D., † 16. 12. 1876 ebd., einer der meistgelesenen Volks- und Jugendschriftsteller des 19. Jh.s, der noch E. Kästner beeindruckte. D.er Lehrerseminar. Schulrektor. – W.: Das Pommeranzenbäumchen (1830), Edelmann und Bauersmann (1854), Selbstbiographie (1872). – Geburtshaus (kriegszerstört): Antonstraße 6, Bronzebüste (1878) Theresienstraße 9, Grab Innerer Neustädter Friedhof.

Wilhelm von Kügelgen (→ Quedlinburg/Ballenstedt/ST) kam 1805 als Kind nach D. 1818-25 Studium an der D.er Kunstakademie. Seit 1833 im anhalt. Hofdienst. – In K.s Elternhaus in der Neustädter Hauptstraße gaben sich Maler und Dichter ein Stelldichein: Schilderung in K.s »Jugenderinnerungen eines alten Mannes« (1870). – Gedenkstein mit Porträtmedaillon an der Loschwitzer Kirche, Pillnitzer Landstraße 8. – K.s Vater war der Maler Gerhard von Kügelgen (1772-1820). Als K. 1808/09 in Weimar lebte, porträtierte er Goethe und Ch. M. Wieland (→ Biberach/BW), nach Vorlagen dann auch F. Schiller. Schülerin: **Louise Seidler** (→ Weimar/TH/1811-14).

Ludwig Richter, * 28. 9. 1803 D., † 19. 6. 1884 Loschwitz (heute D.), Maler und Verf. einer bed. Aut. (»Lebenserinnerungen eines deutschen Malers« (1885/86, n. 1985). Bis heute nachwirkend R.s Holzschnitt-Illustrationen zu L. Bechsteins (→ Meiningen/TH) »Märchenbuch« (1853) und zu Klassiker-Ausgaben (»Goethe-Album«, 1856). – Grab auf dem Äußeren Kath. Friedhof.

Philalethes (eig. **Johann**, König von Sachsen 1854-73), * 12. 12. 1801 D., † 29. 10. 1873 Pillnitz (heute D.), Gelehrter. Schuf

früh eine Übersetzung von Dantes »Göttlicher Komödie« (3 Bde., 1833-49) und ließ sich in Kunstdingen von L. Tieck und C. G. Carus beraten. – Reiterstandbild (1889) von J. Schilling, Theaterplatz. **Julius Mosen** (→ Plauen/Marieney/SN) erlebte in D. 1834-44 eine fruchtbare Schaffenszeit (Polenlieder; »Der Kongress von Verona«, R. 1842).
Richard Wagner (→ Bayreuth/SN) war 1842-49 Hofkapellmeister in D. und schrieb hier den »Fliegenden Holländer« (1843) und den »Tannhäuser« (1845). **August Röckel** (→ Döbeln/Waldheim/SN), seit 1843 Musikdirektor in D., machte ihn mit rev. Ideen bekannt. W. stand Anfang Mai 49 an der Seite der Aufständischen und verteilte R.s Schrift »Seid Ihr mit uns gegen fremde Truppen?« 8. 5. Flucht. – Wohnung (kriegszerstört): Ostra-Allee 6.
Theodor Fontane (→ Neuruppin/BB) war 1842/43 Lehrling in der Salomonisapotheke, Neumarkt 8 (kriegszerstört). 79 wohnte F. als Sommerfrischler in der Seestraße und arbeitete an »Ellernklipp«, 98 auf dem Weißen Hirsch, wo F. »das Sächsische sehr sympathisch« fand.
Otto Ludwig (→ Hildburghausen/Eisfeld/TH) lebte von 1849 bis zu seinem Tod 65 in D., wo der größere Teil seines lit. Werkes entstand. Befreundet mit K. Gutzkow und L. Richter. – Wohnung: Pillnitzer Straße 50; Porträt-Herme (1911) Bürgerwiese/Parkstraße; Grab Trinitatisfriedhof, Fiedlerstraße. – O.-L.-Bibliothek im Stadtmuseum.
Robert Reinick, * 22. 5. 1805 Danzig, † 7. 2. 1852 D., Lyriker und Jugendbuchautor. Kam 1844 nach D., wo er Mit-Hrsg. des »Deutschen Jugendkalenders« wurde. R.s bekanntestes Kinderlied: »Der Winter ist gekommen«.
Berthold Auerbach (→ Horb/Nordstetten/BW) kam 1846/47 oft nach D., wo

er R. Reinick kennenlernte, der ihn zu den »Schwarzwälder Dorfgeschichten« anregte. 1849-59 ständig in D. Befreundet mit O. Ludwig. Beide verkehrten in der lit. »Dresdner Montagsgesellschaft«. – Wohnung (kriegszerstört): Lüttichaustraße 4c.
Karl Gutzkow (→ Berlin) wurde 1847 Dramaturg am D.er Hoftheater, dann aber freier Autor bis 61 in D. Das Goethe-Stück »Der Königsleutnant« (1852) entstand hier, auch der umfängl. Zeitroman »Die Ritter vom Geiste« (9 Bde., 1850-52).
Jósef Ignacy Kraszewski, * 28. 7. 1812 Warschau, † 19. 3. 1887 Genf, poln. Romancier, Lyriker, Dramatiker und Publizist. Mit 600 Büchern (viele zur poln. Geschichte) einer der produktivsten Autoren der Welt-Lit. 1831 in Russland zum Tode verurteilt, begnadigt und 63 ausgewiesen. Lebte bis 83 in D., wo K.s Hauptwerk (sog. »Sachsen-Trilogie«: »Gräfin Cosel«, 1874; »Brühl«, 1875; »Aus dem Siebenjährigen Krieg«, 1876) entstand. – Wohnung: Nordstraße 28 (seit 1960 K.-Museum mit Bibliothek), Erinnerungen auch an andere mit D. verbundene poln. Autoren: **Kazimierz Brodzinski** (1791-1835), 1831 bis zu seinem Tod in D. **Adam Mickiewicz** (1799-1855), Dichter des »Pan Tadeusz« (1834), 1831 selbst im D.er Exil, nannte B. den »Heerführer der romantischen Schule in Polen«; der Lyriker **Juliusz Słowacki** (1809-49), 1831 in D.; der Dramatiker und Erzähler **Zygmunt Krasinski** (1812-59), 1843 und 45 in D.
Hermann Hettner, * 12. 3. 1821 Niederleisersdorf bei Goldberg/Niederschlesien, † 29. 5. 1882 D., Lit.- und Kunsthistoriker. Seit 1855 in D., zunächst Museumsleiter, dann Prof. am 1851 gegr. Polytechnikum. Stellte in der »Literaturgeschichte des 18. Jahrhunderts« (6 Bde., 1856-70) die Aufklärung als europ. Geistesbewegung dar.

Von weiteren in D. wirkenden Lit.-Historikern seien genannt: **Adolf Stern** (1835-1907); dessen »Geschichte der neueren Literatur« (7 Bde., 1883-85) alle anderen Darstellungen beeinflusste. Nachlass: LB Dresden. **Friedrich Kummer** (1865-1939), Feuilleton-Red. des »Dresdner Anzeigers« und Verf. der vielgelesenen »Deutschen Literaturgeschichte des 19. und 20. Jahrhunderts« (1922). **Ferdinand Avenarius** (→ Berlin), Gründer der Zs. »Kunstwart« (1887), um die sich ein lit. Kreis bildete (**Karl Söhle**/1861-1947/, **Jeanne Berta Semming**/1867-1958/, **Ottomar Enking**/1867-1945/, **Oskar Schwär**/1890-1968). **August Otto-Walster**, * 5.11.1834 D., † 20.3.1898 Waldheim (→ Döbeln/SN), Erzähler, Dramatiker und Publizist. Sozialdemokrat und Redakteur beim D.er »Volksboten«. Im Roman »Am Webstuhl der Zeit« (1873) schildert O. einen Volksaufstand, der zum »freien Volksstaat« führt. **Max Kegel**, * 6.1.1850 D., † 10.8.1902 München, Lyriker und Publizist. Redakteur der polit.-satir. Zs. »Der Nußknacker«. Am bekanntesten wurde der »Sozialistenmarsch« (»Auf, Sozialisten, schließt die Reihen«, 1891). **Karl Gjellerup**, * 2.6.1857 Roholte/Dänemark, † 11.10.1919 D., dän. Erzähler. Seit 1892 in D., wo sein Legendenroman »Pilgrimmen Kamanita« (1906, dt. »Der Pilger Kamanita«, 1907) entstand, für den G. 1917 den Lit.-Nobelpreis erhielt. – Wohnung (Nachfolgebau): Goethestraße 11, Grab auf dem Alten Friedhof in D.-Klotzsche. **Heinrich Mann** (→ Lübeck/SH) war, weil es in D. eine »kleine lübische Kolonie und Mannsche Anverwandte« (P. de Mendelssohn) gab, 1889-91 Buchhändlerlehrling in D. (Zahn & Jaensch Schloßstraße/kriegszerstört) und verfasste hier seine ersten drei Novellen. M.s erster Roman, »In einer Familie« (1894), spielt in D.

Felix Nikolaus Alexander Georg Graf von Luckner, * 9.6.1881 D., † 13.4.1966 Malmö, begann in Hamburg ein Seefahrerleben. Sein Buch über den 1. Weltkrieg (»Seeteufel. Abenteuer aus meinem Leben«, 1921) wurde ein Bestseller. Später warb L. für Völkerverständigung (»Aus siebzig Lebensjahren«, Aut. 1955).

Victor Klemperer, * 9.10.1881 Landsberg an der Warthe, † 11.2.1960 D., Romanist und Verf. von Tagebüchern, die zu den wichtigsten Augenzeugenberichten aus der NS-Zeit gehören. Sohn eines Rabbiners. 1920 bis zu seiner Entlassung 35 und 1945-47 Prof. an der Techn. Hochschule D., dann in Greifswald, Halle und Berlin. – W.: LTI. Notizbuch eines Philologen (1947), »Ich will Zeugnis ablegen bis zum letzten«. Tagebücher 1933-45 (2 Bde., Hrsg. W. Nowojski 1995), »Und so ist alles schwankend. Tagebücher Juni bis Dezember 1945« (Hrsg. G. Jäckel 1995), »Leben sammeln. Nicht fragen wozu und warum. Tagebücher« 1918-32 (2 Bde., Hrsg. W. Nowojski 1996). – Wohnung mit Unterbrechungen 1934-60: Am Kirschberg 19. Grab auf dem Friedhof Dölzschen.

Auguste Lazar (eig. **A. Wieghardt**, Ps. **Mary Macmillan**), * 12.9.1887 Wien, † 7.4.1970 D., Kinderbuchautorin. Seit 1920 in D. Im Widerstand. Exil in England. 1949 Rückkehr nach D. L.s gegen Rassenhass geschriebenes Kinderbuch »Sally Bleistift in Amerika« (1935) hatte in der DDR eine große Wirkung. – Wohnung: Donndorfstraße 41, Grab auf dem Heidefriedhof.

Ludwig Renn (eig. **Arnold Friedrich Vieth von Golßenau**), * 22.4.1889 D., † 21.7.1979 → Berlin, Erzähler, Kinder- und Jugendbuchautor (»Der Neger Nobi«, 1955).

Fahnenjunker im 1. Sächs. Leib-Grena-
dier-Regiment. Offizier im 1. Weltkrieg.
Studium. Reisen (»Zu Fuß zum Orient«,
1966). 1928 nach Berlin und Mitglied
der KPD. Teilnahme am Span. Bürger-
krieg (»Der spanische Krieg«, 1955). 1937
Exil in den USA und Mexiko. Bis 1952 wie-
der in D. – W.: Krieg (1928), Nachkrieg
(1930), Adel im Untergang (1944), Mei-
ne Kindheit und Jugend (1957). – Ge-
burtshaus (kriegszerstört): Glacisstraße 15,
Wohnung: 1901-10 Arndtstraße 9 (Ge-
denktafel), 1947-49 Großschönauer Stra-
ße 30, 1949-51 Plattleite 38.
Max Barthel, * 17. 11. 1893 D., † 17. 6.
1975 Waldbröl, Lyriker und Erzähler.
Wandelte sich vom Pazifisten (»Verse aus
den Ardennen«, 1916) zum Kommunisten
(Mitbegründer der Jugend-Internationa-
le) und Nationalsozialisten. Darüber in
»Kein Bedarf an Weltgeschichte« (Aut.
1950).
Karl Liebmann, * 13. 5. 1897 Dessau, † 3.
8. 1981 D., Lyriker (»Im Tal des Todes«,
1947) und Essayist. Kam 1929 nach D. –
Wohnung: Elsterwerdaer Straße 7, Grab
auf dem Heidefriedhof.
Erich Kästner, * 23. 2.1899 D., → 29. 7.
1974 → München/BY, Lyriker und Erzäh-

Dresden: Erich Kästner mit seinen Eltern

ler. Erfolgreicher Kinderbuchautor. 1913
Besuch des Fletcherschen Lehrerseminars
(Fiedlerplatz 6/kriegszerstört). 1919 Stu-
dium in Leipzig. Blieb D. als »regelmä-
ßiger Heimkehrer« bis zum Tod des Va-
ters (1957) treu. »Wenn es zutreffen sollte,
daß ich nicht nur weiß, was schlimm und
häßlich, sondern auch, was schön ist, so
verdanke ich diese Gabe dem Glück, in
Dresden aufgewachsen zu sein.« – W.:
Emil und die Detektive (1928), Fabian
(1931), Das fliegende Klassenzimmer
(1933), Als ich ein kleiner Junge war
(aut. R. 1957). – Geburtshaus: Königs-
brücker Straße 66 (Gedenktafel), 1901-10
Königsbrücker Straße 48, 1911-19 Königs-
brücker Straße 38, Antonstraße 1 (»Haus
des Onkels«, Bronzeplastik auf der Gar-
tenmauer), dort E.-K.-Museum, Denkmal
vor dem Café Kästner Bautzner/Ecke
Alaunstraße.
Ossip Kalenter (eig. **Johannes Burck-
hardt**), * 15. 11. 1900 D., † 14. 1. 1976 Zü-
rich, Erzähler, Essayist und expressionist.
Lyriker (»Sanatorium«, 1922). Lebte in Ita-
lien, in Prag und im Schweizer Exil. Wur-
de vor allem mit Reisebildern bekannt:
»Das goldene Dresden« (1922); »Von irdi-
schen Engeln und himmlischen Land-
schaften«, 1955). – Geburtshaus: Conrad-
straße 18.
Hans Sahl, * 20. 5. 1902 D., † 27. 4. 1993
→ Tübingen/BW, Lyriker, Dramatiker,
Erzähler und Kritiker. Verließ 1920 D. Kri-
tiker beim »Berliner Börsen-Courier«. Exil
in Frankreich und den USA. Bekannt als
Übersetzer amerikan. u. engl. Lit. (Wil-
der, Williams, Osborne, Miller). 1989
Rückkehr nach Dtl. – W.: Die hellen
Nächte (G. 1941); Die Wenigen und die
Vielen (R. 1959); Memoiren eines Mora-
listen (I 1983, II 1990).
Kurt Arnold Findeisen (→ Zwickau/SN)
kam 1918 als Lehrer nach D. 1925-34 Re-
dakteur beim Mitteldt. Rundfunk. Behan-

delt in mehreren Romanen (»Der goldene
Reiter und sein Verhängnis«, 1954) D.er
Themen. – Wohnung: Löbauer Straße 3
(kriegszerstört), Nordstraße 8; Grab auf
dem Trinitatisfriedhof.

Martin Raschke (Ps. **Otto Merz**), * 4. 11.
1905 D., † 24. 11. 1943 Nevel/Russland,
Erzähler, Hörspielautor und Essayist. 1929-
32 Mit-Hrsg. der nachexpressionist. Zs.
»Die Kolonne«, an der auch Günter Eich
(→ Seelow/Lebus/BB) mitarbeitete. Seit
1932 wieder in D. Schrieb zus. mit Eich
70 Hörfolgen des »Deutschen Kalenders«
(1933-39).

Rudolf Braune, * 16. 2. 1907 D., → (Bade-
unfall) † 12. 6. 1932 → Düsseldorf, Erzäh-
ler. Am Wettiner-Gymnasium. 1926 Re-
dakteur und Mitarbeit im »Bund proleta-
risch-revolutionärer Schriftsteller«. Die
Romane »Das Mädchen an der Orga Pri-
vat« (1930) und »Junge Leute in der Stadt«
(1932) sind Beispiele für die proletar. Lit.
der Weimarer Republik. – Geburtshaus:
Bonhoefferplatz 17, Grab auf dem Neuen
Annenfriedhof.

Max Zimmering (→ Pirna/SN) lebte
1946 bis kurz vor seinem Tod 73 in D., an-
fangs als Kulturredakteur (»Zeit im Bild«),
dann in kulturpolit. Ämtern. – Wohnung:
Collenbuschstraße 7, Grab auf dem Hei-
defriedhof, Moritzburger Landstraße. Im
Ehrenhain Verse von Z.

Martin Andersen Nexø, * 26. 6. 1869 Ko-
penhagen, † 1. 6. 1954 D., dän. Erzähler.
Als Kind Hütejunge und Knecht. Bauern-
volkshochschule. Lehrer. Dtl.-Aufenthal-
te 1905, 1910-15, 1922-30. Seit 1951 in
D. – W.: Pelle Erobreren (1906-10, dt. Pel-
le der Eroberer 1912); Ditte Menneske-
barn (1917-21, dt. Ditte Menschenkind
1918-23). – Wohnung: Collenbuschstraße
4, 1958-90 A.-N.-Gedenkstätte, Denkmal
(1969) Kretschmer Straße 27.

Annemarie Reinhard, * 29. 11. 1921 D.,
† 10. 11. 1976 ebd., Erzählerin. Griff als

erste DDR-Autorin das Vertreibungsthe-
ma (»Treibgut«, R. 1949) auf. Verheiratet
mit dem aus Schlesien stammenden Kin-
derbuchautor (»Nik auf der Wasserburg«,
1962) **Götz Gode** (1905-69). – Wohnung:
Cunewalder Straße 11.

Heinz Knobloch (→ Berlin) wurde 1926
in D. geboren (»Das Haus, in dem ich ge-
boren bin, ist ein richtiges Entbindungs-
heim gewesen, bis Hitler es in eine Kaserne
verwandelte, folglich in ein Lazarett und
1945 in einen Steinhaufen«, 1968). »Eier-
schecke. Eine Kindheit in Dresden« (1995).
K. starb 2003. – Grab auf dem Tolkewitzer
Friedhof, Wehlener Straße.

Manfred Streubel, * 5. 11. 1932 Leipzig,
† (Freitod) 10. 7. 1992 D., Lyriker und Dra-
matiker. Redakteur in Berlin. Enttäuscht
vom DDR-Lit.-Betrieb, zog S. 1963
nach D., wo er für das Jugendtheater
(»Icke und die Hexe Yu«, Musik von T.
Medek 1973) arbeitete und sechs Ge-
dicht-Bde. entstanden. – W.: Zeitansage
(1968), Inventur (1978), Tag- und Nacht-
gesichte (1990). – Wohnung: Gartenstraße
9, Grab auf dem Heidefriedhof.

Karl Mickel (Ps. **Adam Schrank**), * 12. 8.
1935 D., † 20. 6. 2000 → Berlin, Lyriker,
Dramatiker und Essayist. Redakteur. Dra-
maturg am »Berliner Ensemble«. Prof. an
der Schauspielschule. In M.s Lyrik, »deren
Hauptkategorien Strenge und Einfachheit
sind« (R. Kirsch 1976), immer wieder D.er
Themen: »Dresdner Häuser« (1965), »Frau-
enkirche« (1984). – W.: Vita nova mea
Mein neues Leben (G. 1966), Eisenzeit (G.
1975), Volks Entscheid. 7 Stücke (1987),
Schriften (6 Bde. 1990-2000). – Geburts-
haus: Leßkestraße 12, aufgewachsen bis
1953 Fliederberg 5.

Ⓐ An der D.er Staatskapelle studierte
Heinrich Albert (→ Schleiz/Bad Loben-
stein/1622/23) Komposition. – Im Mai
1624 konnte **Jakob Böhme** (→ Görlitz/
SN) am D.er Hof seine Ansichten vortra-

gen. Die erhoffte Unterstützung blieb aber aus. – **Christian Brehme** (→ Leipzig/SN) war in D. erfolgreich mit einem Schäferroman (»Die vier Tage Einer Newen und Lustigen Schäfferey ...«, 1647). – **David Schirmer** (→ Mittweida/Pappendorf/SN) wirkte bis zu seinem Tod 1687 am D.er Hof. – Um 1646 trat der Komponist und Liederdichter **Constantin Christian Dedekind** (1628-1715) in die von Heinrich Schütz geleitete Staatskapelle ein. Die Lieder-Slg. »Aelbanische Musen-Lust« (1657) entstand in diesem Umfeld. – **Philipp Jakob Spener** (→ Berlin) war 1686-91 Oberhofprediger in D. Als er den Kurfürsten der Trunksucht bezichtigte, musste er sein Amt aufgeben. Kurz zuvor war Sp. noch mit dem als Hauslehrer in D. tätigen **Gottfried Arnold** (→ Annaberg-Buchholz/SN) bekannt geworden. **Nikolaus Ludwig von Zinzendorf** (→ Zittau/Herrnhut/SN), als Ministersohn 1700 in D. geboren, verbrachte hier nur die Kindheit bis 1710 und ein Hofratsjahr 1721/22. – 1700 stand **Christian Reuter** (→ Halle/Kütten/ST) im Dienst des D.er Hofes, verlor aber durch die Komödie »Graf Ehrenfried« (1700) schnell die Gunst. – Auch **Christian Ludwig Liscow** (→ Wittenburg/MV), 1741-50 Privatsekretär des Grafen Brühl, fiel in Ungnade. **Johann Joachim Winckelmann** (→ Stendal/ST) kam in seiner Nöthnitzer Zeit (→ Dippoldiswalde/Freital/SN) oft nach D., um die Galerie zu besuchen (»Beschreibung der vorzüglichsten Gemälde der Galerie«, 1752). 1754/55 lebte W. zus. mit dem Zeichner Johann Adam Oeser in D. Mit den hier aufgeschriebenen »Gedanken über die Nachahmung der Griechischen Werke in der Mahlerey und Bildhauerkunst« (1755) eröffnete W. eine neue Kunstbetrachtung, eingeleitet mit einer Eloge auf August III., der gerade die »Sixtinische Madonna« erworben hatte. Woh-

nung: Königstraße 17 (Gedenktafel). – **Giacomo Casanova** lernte D. anlässlich der Aufführung seiner Racine-Parodie »La Moluccheide« im Februar 1752 kennen. 1766 und 88 weilte er wieder in D. – **Gottlieb Wilhelm Rabener** (→ Leipzig/Wachau/SN) war 1753-71 Obersteuersekretär in D. Unter dem preuß. Bombardement fiel 60 auch R.s neben der Kreuzkirche stehendes Haus in Trümmer. – **Johann Heinrich Merck** (→ Darmstadt/HE) studierte 1762 an der D.er Kunstakademie. – **Gotthold Ephraim Lessing** (→ Kamenz/SN) kannte D. von zahlreichen Durchreisen. 1776 schlug er die ihm angetragene Leitung der D.er Kunstakademie aus. – **August Friedrich Ernst Langbein** (→ Kamenz/Radeberg/SN) lebte 1785-1800 in D. und hatte hier Erfolg mit humoristischen »Gedichten« (1788) und »Schwänken« (1791/92). **Arthur Schopenhauer** (→ Frankfurt a. M./HE) verbrachte 1814-18 in D. die schöpferischsten Jahre seines Lebens, die er rückblickend als »Gärungsprozeß« seines Denkens bezeichnete. – **Franz Grillparzer** traf 1826 in D. mit L. Tieck zusammen. Im »Reisetagebuch« (27. 8.): »Die Sprache dieser Leute beleidigt mein Ohr.« – Der amerikan. Erzähler **James F. Cooper** wohnte 1830 während seiner Europa-Reise mehrere Monate in D. und ließ hier seinen »Seeroman« »Waterwitch« drucken. – 1840 und 42 besuchte der russ. Romancier **Iwan Turgenjew** jeweils für mehrere Monate D. und traf hier den russ. Anarchisten **Michail Bakunin** und den dt. 48er **Georg Herwegh** (→ Stuttgart/BW). – **Friedrich Gerstäcker** (→ Hamburg) lebte 1843-46 in D. und schrieb hier sein Erfolgs-Buch »Die Regulatoren von Arkansas« (1846). – Der dän. Märchendichter **Hans Christian Andersen** war 1854-72 mehmals in D. – Der russ. Romancier **Fjodor Dostojewski**, der perfekt deutsch sprach, lebte 1867-71 in D. In den hier geschriebenen »Dämonen« (R. 1873) nennt er die Stadt »einen Schatz in der Tabakdose«. Wohnung (kriegszerstört): Lingnerallee; Denkmal (2006) am Elbufer beim Landtag. – Der große norweg. Dramatiker **Henrik Ibsen** lebte 1868-75 in D. Wohnung (kriegszerstört): Schweriner Straße. – **Jakub Bart-Čišinski** (→ Kamenz/Panschwitz-Kuckau/SN) war 1888 an der Hofkirche Kaplan. **Ernst Barlach** (→ Pinneberg/Wedel/SH) studierte an der D.er Kunstakademie. Der D.er Arzt Hermann Klencke-Mannhardt, den B. oft in Loschwitz, Wachwitzer Bergstraße 5 (Nachfolgebau) besuchte, ist das Vorbild für den »Doktor« im Roman »Seespeck«. – Kurz vor dem 1. Weltkrieg, in dem er den Tod fand, lebte der aus Westpreußen stammende expressionist. Lyriker **Ernst Wilhelm Lotz** (1890-1914) in D. und schrieb hier seine besten Gedichte. Wohnung: Bautzner Straße 4. – **Walter Hasenclever** (→ Aachen/NW) verbrachte das Jahr 1916 in einem D.er Lazarett. Sein Wandel zum Pazifisten zeigt sich in seinem ersten Stück »Der Sohn« (1916). 1919-25 erlebte H. in D. produktive Jahre. – Als Verwundeter kam auch der Maler **Oskar Kokoschka** (1886-1980) 1916 nach D., avancierte schon 19 zum Prof. an der D.er Kunstakademie. K.s expressionist. Dramen »Hiob« und »Der brennende Dornbusch« wurden 1917 in D. uraufgeführt. – 1921-29 arbeitete **Reinhold Schneider** (→ Baden-Baden/BW) in der Kunstanstalt Stengel & Co., Bärensteiner Straße 29. – 1929-40 war **Erhart Kästner** (→ Augsburg/BY) »wissenschaftlicher Hilfsarbeiter« in der Landesbibliothek im Japan. Palais und gestaltete Dichter-Ausstellungen. Wohnung: Wolfshügelstraße 7. – D.er war **Hermann Werner Kubsch** (1911-83), der den Wiederaufbau D.s mit Agitationsstücken (»Das tägliche Brot«, 1948) begleitete. – Im Werk des 1947 in

D. geborenen **Thomas Rosenlöcher** immer wieder Gedichte und Essays zur Stadt, von dem Lyrik-Bd. »Ich lag im Garten bei Kleinzschachwitz« (1982) über das Wende-Tagebuch »Die verkauften Pflastersteine« (1990) bis zur Satire »Wie ich in Ludwig Richters Brautzug verschwand« (2006).

E Der Untergang Dresdens. Die Stadt (»Mag's größere Städte geben: Schönere weiß ich nicht«, Rudolf Alexander Schröder) wurde am 13./14. 2. 1945 durch Bomben so zerstört, dass Erich Kästner polemisch feststellte: »Die Stadt Dresden gibt es nicht mehr.« Unter den Toten auch Otto Eduard Schmidt. Der greise Gerhart Hauptmann, der sich im Februar 45 im Stadtteil Loschwitz aufhielt, erlebte das Bombardement als »biblisches Ereignis«: »Wer das Weinen verlernt hat, der lernt es wieder beim Untergang Dresdens.« Dennoch hat das Ereignis in der Lit. keine großen Spuren hinterlassen. Einige Romane: Zuerst Bruno Werners »Die Galeere« (1949), in dem der Romanheld die Zerstörung zunächst als Spektakel erlebt, dann aber mit dem zehntausendfachen Tod konfrontiert wird. Dagegen stellt Wolfgang Paul (»Dresden 1953«, 1953) das Ereignis aus der Sicht des Kalten Krieges dar. Und Max Zimmering lieferte mit »Phosphor und Flieder« (1954) das soz. Gegenstück, in dem er zwar mit dem Bombardement beginnt, die Handlung aber schnell in den »Wiederaufstieg« im Soz. führt. Eberhard Panitz verknüpft in »Die Feuer sinken« (1960) das eigene Erleben mit einer fiktiven Handlung. Unter den Büchern aus dem Westen ist der Roman des Deutsch-Amerikaners Kurt Vonnegut, »Slaughterhouse Five« (1969) die bekannteste Darstellung. Weniger epochal angelegt ist Martin Walsers Roman »Verteidigung der Kindheit« (1991), dessen Held ein Dresdner ist: »Wenn man nach zweitausend Jahren den Pergamon-Altar wieder aufbauen konnte, kann man auch seine Kindheit wieder aufbauen!« Volker Braun schreibt in dem Essay »Dresdens Andenken« (1998) von einer »dresdner Haltung«, die auf eigenen Erfahrungen als kleiner Junge bei den Bombennächten beruht und für ihn »An-Denken gegen die Vernichtung« herausfordert. Ähnlich zeitgeistnah die meisten in Dresden geborenen Dichter, für die der Untergang ihrer Stadt Vorgeschichte ist: Thomas Rosenlöcher (»Die Elbe«, G. 1988); Michael Wüstefeld (»Kurzer Februar bis Aschermittwoch«, 1989); Christian Lehnert (»Heidefriedhof«, 1997); Durs Grünbein (»Heimliche Rückkehr«, 2002). Zusammengefasst: W. Kempowski (Hrsg.), Der rote Hahn. Dresden im Februar 1945 (2001) und R. Deckert (Hrsg.), Die wüste Stadt. Sieben Dichter über Dresden (2005).

S **Sächsische Landesbibliothek** (Staats- und Universitätsbibliothek). 1556 von Kurfürst August gegründet. Blütezeit unter **Johann Christoph Adelung** (→ Anklam/MV), der sie öffentl. zugänglich machte. Raritäten: das spätma. **Dresdner Heldenbuch** (um 1300) und der **Codex Dresdensis**, eine umfängl. Maya-Hs.-Slg. 13 600 Bde. umfassende Hs.-Slg. (Katalog, 4. Bde., 1979-83), darunter Hss. und Briefe von H. Sachs, Ch. F. Gellert, Ch. M. Wieland, L. Tieck und J. Mosen. **Deutsche Fotothek**, 2 Mio. Bilddokumente zur Kunst- und Kulturgeschichte. – **Dresdner Literaturbüro**, Literaturverein EDIT e. V., **Dresdner Lyrikpreis**.

R Nördl. der Altstadt die ab 1911 erbaute Gartenstadt **Hellerau**, zu der auch ein klassizist. Festspielhaus (heute Europäisches Zentrum der Künste/»Grüner Hügel der Moderne«) gehört. Am 5. 10. 1913 hatte darin Paul Claudels »Verkündigung« Dtl.-Premiere. Unter den Besuchern: **Gerhart Hauptmann** (→ Berlin), **Rainer Maria Rilke** (→ München/BY), **Else Lasker-Schüler** (→ Wuppertal/NW). Initiator war der Verleger **Jakob Hegner** (1882-1962), zu dessen Freundeskreis auch E. **Barlach** und der 1910-26 in H. lebende **Peter de Mendelssohn** (→ München/BY), Wohnung: Moritzburger Weg 73, gehörten: »Hellerau. Mein unverlierbares Europa. Erinnerungen« (1993). Mitbegründer der H.er Künstlerkolonie war der Deutschböhme **Paul Adler** (1878-1946), Erzähler

(»Nämlich«, 1915; »Die Zauberflöte«, R. 1916) und Sachbuchautor. 1912-21 und 1923-33 in H. Wohnung: Tännichtweg 6, Heideweg 6. Ende Juni 1914 besuchte **Franz Kafka** (→ Berlin) H. Wohnung: Karl-Liebknecht-Straße 10. Der Wiener Dichter **Berthold Viertel** (1885-1955), damals Regisseur am D.er Schauspiel, wohnte 1918-22 in H.

In **Loschwitz**, »in der himmlischsten Gegend«, besaß **Ch. G. Körner** einen Weinberg, dazu ein Landhaus, in dem **Schiller** sommers ein Zimmer zur Verfügung stand. Körnerweg 6 (Gedenktafel). Die Szene »Körners Vormittag« zeigt satir. den Alltag im Haus. Hier entstand auch das humorist. Gedicht über die »Waschdeputation in Loschwitz (»Die Wäsche klatscht vor meiner Tür,/Es schnarrt die Küchenzofe . . .« Sch. nutzte auch einen Pavillon (»Schillerhäuschen«), heute Museum, Schillerstraße 19, am oberen Ende des Grundstückes, wo er die Ode »An die Freude« vollendete, am »Don Carlos« arbeitete und den »Geisterseher« schrieb. 1792 und 1801 war Sch. nochmals Gast in L. Im Garten steht noch eine der beiden Weymouthskiefern, die Körner zur Geburt seiner Kinder pflanzte. Gegenüber Denkmalbrunnen (1905). – Gern überquerte **Schiller** mit der Fähre die Elbe, um die Schänke (heute »Schillergarten« mit Sch.-Linde) in **Blasewitz** zu besuchen. Sch. soll die Gastwirtstochter Justine Segedin als »Gustel von Blasewitz« in »Wallensteins Lager« verewigt haben. Denkmal am ehem. Rathaus, Neumannstraße 5. – **Caroline Neuber** (→ Reichenbach/SN) starb 1760 in **Laubegast**, wohin sie sich 1756 zurückgezogen hatte. Laubegaster Ufer 22 (Gedenktafel), Ausgang Fährstraße Denkmal (1776) mit Medaillon (1952). Grab auf dem Leubener Friedhof.

Dresden: Das Neuberin-Denkmal am Elbufer in Laubegast

B K. Nitzschke, Dresden. Literarische Spaziergänge, 1991; K. Günzel, Romantik in Dresden. Gestalten und Begegnungen, 1997; N. Weiss/J. Wonneberger, Dichter, Denker, Literaten, 1997; M. Fasshauer, Das Phänomen Hellerau, 1997; M. Stresow, Auf den Spuren Erich Kästners in Dresden, 1999; N. Weiss/J. Wonneberger, Dresdner Dichterhäuser, 2002; K. Smikalla/D. Heißerer, Thomas Mann und die Engel von Dresden. Dokumentation und Spurensuche, 2005.
Z Bischofswerda, Dippoldiswalde, Kamenz, Meißen, Pirna (SN).

DUDERSTADT/NI

Heimatmuseum (für das Untereichsfeld).

Neben Heiligenstadt, wo **Theodor Storm** (→ Husum/SH) 1856-64 Kreisrichter war, ist D. der wichtigste Ort des bis 1989 durch die Grenze getrennten Eichsfelds

(»Goldene Mark«). **Albert Kunne**, bedeutender Inkunabel-Drucker des 15. Jh.s, stammte von hier. **Karl Philipp Moritz** (→ Hameln/NI) lässt seinen Helden »Anton Reiser« (R., 1785-90) von Hildesheim auf Duderstadt zu wandern. **Goethe** (→ Frankfurt a. M./HE) erreichte auf der 1. Harzreise trotz »Nebel, Koth und unwissendem Boten« am 13. Dezember 1777 D. und legte sich in der »Tanne« (Hotel »Zur Tanne«, Gedenktafel) »vor Langeweile schlafen . . .« – **Theodor Fontanes** (→ Neuruppin/BB) Roswitha aus »Effi Briest« bekennt, »daß ich eine Katholsche bin. Aus'm Eichsfeld.« – An Kardinal **Georg Kopp** (1837-1914), der zur Beilegung des Bismarck'schen Kulturkampfes beitrug, erinnert eine Tafel in der Steinstraße 34. – Über ihre Flucht aus dem Osten ins Eichsfeld 1945 berichten **Carola Sterns** Memoiren »In den Netzen der Erinnerung« (1986). – Von dem heute eingemeindeten **Werxhausen**, seiner Kinderheimat, schreibt **Hans Jürgen Fröhlich** (→ Hannover/NI) »auf dem Sprung nach W.« (Zeitmagazin Mai 1977): »Das Dorf meiner Erinnerung und das Dorf, in dem ich mich für eine Woche aufhalte, haben nichts mehr miteinander zu tun.« – Der Heimatpflege des Eichsfelds widmete sich **Erich Hugo Wagner** (1904-59) als Schriftsteller.

B D. Blum, Das Eichsfeld, in: Dt. Landschaften. 3. Folge, 1976.
Z Göttingen, Goslar (NI); Mühlhausen (TH); Northeim (NI).

DUISBURG/NW

Gerhard-Mercator-Universität, Gesamthochschule. – Stadtbibliothek, Stadtarchiv. – Kulturund Stadthist. Museum (mit Mercator-Slg.); Museum Stadt Königsberg (mit Ernst-Wiechert-Gedenkstätte, Teilnachlass). – Theater D. (gemeinschaftlich mit Düsseldorf) – »Akzente«-Wochen (Theatertreffen seit 1977).

Nicolas Born, * 31. 12. 1937 D., † 7. 12. 1979 Breese b. Dannenberg), Lyriker und Erzähler. Erste Gedichte als Chemigraph in → Essen/NW. Lebte dann in → Berlin als freier Schriftsteller, Kritiker und Hrsg. (u. a. von Rowohlts »Literaturmagazin«), in den letzten Jahren auch in Gümse bei → Dannenberg/NI (Grab auf dem Friedhof in Damnatz), wo er sich besonders in der Bürgerinitiative gegen die Atommülldeponie Gorleben engagierte. – W.: Gedichte 1967-1978; Ein paar Notizen aus dem Elbholz (G. 1976); Die Fälschung (R. 1979); Die Welt der Maschine (Ess. 1980) u. a.
In D. geb. der Geograph und Kartograph **Gerhard Mercator** (1512-94/Grabtafel in der Salvatorkirche, M.-Brunnen vor dem Rathaus) und der Arzt **Johann Philipp Lorenz Withof** (1725-1789), Verfasser der »Akademischen Gedichte« (1782).

A Auf dem Rückzug von der Kanonade bei Valmy besuchte **Goethe** (→ Frankfurt a. M./HE) 1792 seinen Freund F. V. L. Plessing, Philos.-Prof. an der Universität, dem er in der »Harzreise« ein Denkmal gesetzt hat. G. wohnte im ehem. Gasthof »Zur Krone« in der Oberstraße. – Das Studentenleben jener Jahre schildert **Carl Arnold Kortum** (→ Mülheim a. d. Ruhr/NW) in seiner »Jobsiade«. – **Friedrich Adolf Krummacher** (→ Tecklenburg/NW) war unter beengten Umständen 1800-07 Prof. für Eloquenz und Theol. in D. und schrieb dort sein erfolgreichstes Werk, die »Parabeln« (1895). – Im Kreuzgang der ehem. Minoritenkirche (heute Karmelkirche) wurden die »Nebenbuhler« von **August von Kotzebue** (→ Weimar/TH) aufgeführt, der 1777-79 in D. Jura studierte. – Als Redakteur der »Rhein-

Ruhr-Zeitung« und von »Der Bote am Niederrhein« (1865/66) wirkte **Friedrich Albert Lange** (→ Solingen/NW) in D. – Als Adoptivkind jüdischer Eltern ist der 1924 in Berlin geb. **Walter Kaufmann** (»Jenseits der Kindheit«, Aut.1985) in D. aufgewachsen: hier auch sein letzter Aufenthalt vor der Flucht nach England. – Auf dem Waldfriedhof das Grab des »Dichters der Preußendramen« **Hans Rehberg** (1901-63).

L **Caesarius von Heisterbach** (→ Heisterbacherrot/Bad Honnef/NW) erzählt die Legende von der D.er Witwe, die beim Stadtbrand die Bierkrüge heraustrug und betete, wenn sie je den Gefäßen ein falsches Maß gegeben, solle das Haus verbrennen. – Sagen auch vom Buschmannshof in D.-Meiderich. – In D. spielen die Romane »Kornelius Vanderwelts Gefährtin« (1928) von **Rudolf Herzog** (→ Wuppertal/NW), »Walzwerk« (1930, n. 60 u. d. T. »Treue«) von **Hans Marchwitza** (→ Essen/NW), »Die feurige Säule« (1953) von **Rolf Bongs** (→ Düsseldorf/NW), »Die Weststraße« (1970) von dem in D. geb. **Carl Mandelartz** (1908-82), »Der Mann im Feuer« (1989) von **Willi Fährmann** und »Wasserspiele« (1997) von **Heinz Knappe** (1924-97). Über seine Kindheit in D.-Beeck: **Heiner Feldhoff** in »Waffelbruch« (1996). – Revier-Reportagen vom »Roten Grafen« **Alexander Stenbock-Fermor** (→ Neustrelitz/MV) von 1928, **H. Hauser** (→ Berlin) von 1929 (und 1952) und **Roland Kirbach** (»Mittendrin«, 1992). – Mundartgeschichten von **Amalie Weidner-Steinhaus** (1876-1963/Nachlass im St. A.). – »Duisburger Sagen, neu erzählt« (1967) von **Karl Heck** und **Hans Homann**.

S Verein für Literatur und Kunst (seit 1912); Niederrhein. Gesellschaft für Heimatpflege (seit 1921); Mercator-Gesellschaft D.; Autorengruppe Derhartekern.

Walsum (D.-Walsum)

Heinrich Burhenne, * 26. 6. 1891 Kassel, † 30. 3. 1945 Essen-Borbeck, Lehrer in Rheydt und W. Schrieb Märchen- und Legendenspiele, auch Gedichte und Erzählungen (»Der junge Fritz Schiller«, 1924). – Grab auf dem Friedhof Essen-Borbeck. – Nachlass Heine-Institut Düsseldorf.

B W. Twellmann, Duisburg – seine Dichter und Schriftsteller, in: Heimat 4/1962; Duisburgische Anthologie, 1980; H.-M. Große-Oetringhaus/S. Kruse (Hrsg.), Duisburg auf den zweiten Blick, 1990; H.-M. Große-Oetringhaus, Duisburg und ich, 1998. R. Giordano, Streifzug durchs Revier (auch über Dortmund und Essen), in: Deutschlandreise, 1998; G. Elbin, Die »Stadt Montan«. Duisburg und der Strukturwandel, in: Th. Geus (Hrsg.), Reiselesebuch Deutschland, 1999.
Z Düsseldorf, Krefeld, Moers, Mülheim a. d. Ruhr, Wesel (NW).

DÜREN/NW

Leopold-Hoesch-Museum/Papiermuseum.

Christian Joseph van der Giese, * 3. 3. 1803 D., † 3. 8. 1850 ebd., Goldschmied und Feierabend-Poet, schrieb 75 hdt. und 150 Mundartgedichte, auch 8 mundartl. »Scherzspiele«. – Ges. Werke (Hrsg. H. J. Werners, 1876 ff.).
Josef Schregel, * 13. 3. 1865 Jülich, † 23. 12. 1946 → Neumagen/Wittlich/RP, Mundartdichter (»Dürener Lävve«, 1902; Auslese u. d. T. »Heemat«, 1949). – Gedenktafel am Wohnhaus in der nach ihm benannten Sch.-Straße 40.
A In D. lebte und starb **Christel Broehl-Delhaes**, (1904-43), deren histor. Romane am Niederrhein und in den Eifelbergen spielen. – In **Heinrich Manns** (→ Lübeck/SH) Roman »Die Jagd nach Liebe«

(1903) entweicht die Gejagte, eine Schauspielerin, nach D., der Jäger folgt ihr, lässt sich dort aber von einer anderen verführen.
R In **Zerkall** starb 1961 **Armin Renker** (im Schoellershammer b. D. 1891 geb.), Papiermacher und -forscher (»Das Buch vom Papier«, 1934, n. 1950) und heimlicher Dichter (»Die Heimat ist das Bleibende«, 1954), der die Sagen und Märchen zwischen »Venn und Maar« erzählte; Grab auf dem Friedhof **Bergstein** (beide Orte heute zu Hürtgenwald). – Der in **Lendersdorf** 1905 geb. **Tillmann Gottschalk** schrieb Mundartgedichte (»Eefelblome«, 1938). – Die Kämpfe im **Hürtgenwald** 1944/45 behandelt der Roman »Das verstummte Hurra« (1985) von **Kurt Kaeres** (geb. 1927). – Der Hof in **Langenbroich** war seit 1966 Sommersitz von **Heinrich Böll** (→ Köln/NW), er starb dort 1985. Nach seiner Ausbürgerung aus der UdSSR hier auch 1974 Zufluchtsstätte von **Alexander Solschenizyn**. Heute Museum (Arbeitszimmer) und Begegnungsstätte.

L Sagen von der Hexe »Hackefey«, von »Sankt Annens Haupt« und vom »Glockenspiel«, dessen Meister, von den Dürenern geblendet, das vergoldete Brustbild im Balkongitter am Rathaus zeigen soll. – Mundarterzählungen von **Jakob Müller**, **Anni Kroll** und **Dieter Kühn** (»Op de Parkbank«, 1976).
Z Aachen, Euskirchen, Liblar, Grevenbroich, Köln, Monschau, Schleiden (NW).

DÜSSELDORF/NW

»C'est petit Paris!« (Napoleon, 1811)
Heinrich-Heine-Universität; Staatl. Kunstakademie. – Stiftung museum kunst palast; Historisches Museum; Rhein.-Westfäl. Akademie der Wissenschaften. – Universitäts- und Landesbibliothek, Stadtbücherei. – Gerhart-Hauptmann-Haus (ehemals Haus des Deutschen Ostens, mit Bibliothek). – Opernhaus, Schau-

spielhaus, Theater Rhein. Marionetten; Kabarett »Das Kom(m)ödchen«. Landesstudio WDR; Filmmuseum. – Literaturbüro Nordrhein-Westfalen (seit 1980); – »Fastelovend« (Karneval), »Zintmäte« (St. Martinszug).

Friedrich Spee von Langenfeld, * 25. 2. 1591 D.-Kaiserswerth, † 7. 8. 1635 → Trier/RP, Jesuit, Moraltheologe, rel. Lyriker. Lernte und lehrte u. a. in → Köln/NW. In Franken Beichtvater vieler als Hexen verurteilter Frauen: daher seine Schrift gegen Hexenprozesse: »Cautio criminalis« (1631). – W.: Trutz-Nachtigall (G. 1649). – Büste gegenüber der Kaiserpfalz. – S. als lit. Figur: E. Duller, »Die Feuertaufe« (E. 1834); R. Schneider (Ess. 1938); H. Eschelbach, »Hexenkampf« (R. 1939); W. Lohmeyer, Spee-Trilogie (R. 1976-81).

Johann Georg Jacobi, * 2. 9. 1740 D., † 4. 1. 1814 → Freiburg i. Br./BW, Theologe und Jurist, anakreont. Dichter. 1766 Philosophieprof. in → Halle/ST, 68 Kanonikus in → Halberstadt/ST, ab 84 in Freiburg. Gab 1774-77 die Zs. »Iris« heraus. – »Sämtl. Werke« (1807-22). – Nachlass UB Freiburg.

Friedrich Heinrich Jacobi, * 25. 1. 1743 D., † 10. 3. 1819 → München/BY. Wie sein Bruder mehr ein gesellschaftl. als lit. Talent, ein »Gefühlsphilosoph«. Auf dem Landsitz Pempelfort 20 Jahre lang großzügiger Gastgeber (Büste am »Malkasten«). Lebte nach der Flucht vor den anrückenden Sansculotten 1794 in → Eutin/SH und Hamburg und wurde 1805 Präsident der Akademie der Wiss. in München. – In seinen Briefromanen, v. a. im »Woldemar« (1777 ff.), waren die Anspielungen auf **Goethe** (→ Frankfurt a. M./HE) so deutlich, dass dieser in → Weimar/TH vor versammelter Hofgesellschaft auf dem Ettersberg das Buch an den Stamm einer Buche nagelte und eine Strafpredigt hielt. – »Werke, Nachlass, Briefwechsel« (Hrsg. O. F.

Bollnow, 1963 ff.). – Nachlass GSA Weimar, Goethe-Museum D., Heine-Institut D., UB Münster, UB Erlangen.

Karl August Varnhagen von Ense, * 21. 2. 1785 D., † 10. 10. 1858 → Berlin, Schriftsteller und Diplomat in öst. Diensten. Gatte der Rahel Varnhagen (→ Berlin). – »Denkwürdigkeiten« (9 Bde. 1837-46 u. 59). – Slg. DLA Marbach.

Düsseldorf: Heine-Vexiermonument am Schwanenmarkt

Heinrich (eig. Harry) **Heine**, * 13. 12. 1797 D., † 17. 2. 1856 Paris, Dichter, Journalist. Schulzeit in D. (Kindheitsbericht im »Buch Le Grand« von 1826), kaufmänn. Lehre in → Frankfurt a. M./HE, Banklehre in → Hamburg/HH, Studium in → Bonn/NW, → Berlin und → Göttingen/NI. 1825 Übertritt zum Protestantismus. 1827/28 Redakteur in → München/BY, 1831 als Korrespondent nach Paris; 35 Verbot seiner Schriften in Deutschland. Wegen Rückenmarksleiden seit 1848 bettlägerig (»Matratzengruft«). Grab auf dem Montmartre-Friedhof. – H.s Lyrik ist teils innig und sangbar, teils ironisch; sein Prosastil vorbildlich, er leitete geradezu das ›feuilletonist. Zeitalter‹ ein. – W.: Buch der Lieder (1827); Deutschland. Ein Wintermärchen (1844); Sämtl. Werke (Hrsg. u. a. O. Walzel, 1910-20); Hist.-krit. Gesamtausgabe (1956-97). – Das Geburtshaus Bolkerstraße 53 (Neubau/Gedenkta-

fel) ist heute Gedenkstätte mit Literatur-
kneipe »Schnabelewopski«; Büste in der
Stadtbibl.; Denkmal im Hofgarten (Frau-
entorso »Harmonie« von A. Maillol) und
am Schwanenmarkt (»Fragemal« von B.
Gerresheim), vor der UuLB H.s Bronze-
Denkmal von H. Lederer. Schule war das
Franziskaner-Kloster (Ecke Citadell-/Schul-
straße, vor der Kirche Brunnen mit Por-
trättafel); am Haus Mertensgasse 1 weist
eine Tafel auf die in den »Memoiren« er-
wähnte »Arche Noä« (Wohnhaus des On-
kels) hin. – H.-H.-Institut (seit 1970)
mit Archiv (Nachlass Slg. Strauß), Biblio-
thek und Museum (mit Totenmaske). –
H.-H.-Gesellschaft (seit 1956), verleiht die
H.-H.-Ehrengabe (seit 1965). – G. Söhn,
»Heinrich Heine in seiner Vaterstadt Düs-
seldorf« (1966); J. Seidel, »Harry Heine
und der Morgenländer« (1997).

Ferdinand Lassalle, * 11. 4. 1825 Breslau,
† (im Duell) 31. 8. 1864 Genf, Politiker
und Publizist. Verlebte in D. nach seinem
Erfolg im langwierigen Scheidungsprozess
der Gräfin Sophie von Hatzfeld »glück-
liche« Jahre in D., wo er 48 den revolutio-
nären Widerstand organisierte. 10 Jahre
später schrieb er sein Revolutionsstück
»Franz von Sickingen« (1859), das erst
1969 in stark verkürzter Bühnenfassung
in Oldenburg aufgeführt wurde. – In sei-
nem Roman »Lasalle« (dt. 1969) schildert
St. Heym L.'s letztes Lebensjahr.

Hanns Heinz Ewers, * 3. 11. 1871 D.,
† 12. 6. 1943 → Berlin; Erzähler, Lyriker,
Dramatiker; unter dem Einfluss von E. A.
Poe Neigung zum Grausigen und Exoti-
schen. Nach Jurastudium seit 1897 freier
Schriftsteller, viel auf Reisen, wohnte ab-
wechselnd in D. und Berlin. – W.: Das
Grauen (En. 1909); Alraune (R. 1913);
Ges. Dramen (1921). – Grab auf dem
Nordfriedhof. – Nachlass Heine-Institut
D., Slg. DLA Marbach. – W. Kugel,
»Der Unverantwortliche« (1992).

Hans Müller-Schlösser, * 14. 6. 1884 D.,
† 21. 3. 1956 ebd., Heimatschriftsteller und
Theaterleiter (1945-48). Siedelte seinen
»Schneider Wibbel« (Lsp. 1913) in der Alt-
stadt (Citadellstraße) an, wo er selber auf-
gewachsen war (»Aus alten Häusern und
von kleinen Leuten«, 1917). Heute gibt
es »Schneider-Wibbel-Stuben« in der
Schneider-Wibbel-Gasse (mit Glocken-
spiel). – Grab auf dem Nordfriedhof.

Heinrich Spoerl, * 8. 2. 1887 D., † 25. 8.
1955 → Rottach-Egern (Miesbach/BY);
Rechtsanwalt, seit 1937 als freier Schrift-
steller Erzähler humorvoller Unterhaltungs-
romane (u. a. »Die Feuerzangenbowle«, R.
1935; »Der Maulkorb«, R. 1936). Sein
Sohn **Alexander Spoerl** (* 3. 1. 1917 D.,
† 16. 10. 1987 Rottach-Egern) schrieb die
»Memoiren eines mittelmäßigen Schülers«
(R. 1950), dann abwechselnd weitere Ro-
mane und heitere Sachbücher über Tech-
nik und Hobbys (»Mit dem Auto auf
Du« usw.).

Heinz Risse, * 30. 3. 1898 D., †17. 7. 1989
→ Solingen/NW. Wirtschaftsprüfer und
Verfasser zeitnaher Romane und Erzäh-
lungen, Essayist. – W.: Dann kam der
Tag (R. 1953).

Rose Ausländer (eig. **Rosalie Scherzer-A.**),
* 11. 5. 1901 Czernowitz, † 3. 1. 1988 D.,
Lyrikern. Erlebte Ghetto und Verfolgung,
emigrierte 1946 in die USA und lebte seit
1965 in D.: »Immer zurück zum Pruth«.
Ein Leben in Gedichten. (Hrsg. H. Braun,
1989). – Ges. Werke (7 Bde. 1984 ff.).

Rolf Bongs, * 5. 6. 1907 D., † 20. 11. 1981
ebd., Lyriker, Essayist, Dramatiker und
Erzähler (»Flug durch die Nacht«, G.
1951; »Herz und Zeit«, En. 1956; »Das
amerikanische Mädchen«, R. 1980). –
Wohnung Bonifaciusstraße 40 A.

A Der Kirchenliederdichter **Bartholo-
mäus Crasselius** (1667-1724) wurde als
Pfarrer seit 1706 an der luth. Kirche in
der Bergerstraße seiner oft zügellosen Pre-

digten wegen seines Amtes enthoben und zu Geld- und Gefängnisstrafen verurteilt, er starb in D. Bekannter ist durch seine Kirchenlieder **Joachim Neander** (→ Bremen/HB), 1674-79 Rektor an der Reformierten Schule und Hilfsprediger in D. Nach ihm benannt die N.-Kirche in der Bolkerstraße und das von ihm bevorzugte N.-Tal (»Christenergetzungen im Grünen«). – **Johann Jakob Wilhelm Heinse** (→ Ilmenau/Langewiesen/TH) wurde 1774 von J. G. Jacobi als Mitarbeiter an die Zs. »Iris« berufen. In D. schulte der Besuch der berühmten Gemäldegalerie sein Kunstverständnis; nach der Rückkehr von einer Italienreise 1783 schrieb er in D. den Briefroman »Ardinghello und die glückseligen Inseln«. – In D. geb. und in der Bolkerstraße 20 aufgewachsen ist **Johanna Fahlmer** (1743-1821), der **Goethe** 1772 in Frankfurt a. M. begegnete und die ihn mit den Brüdern Jacobi aussöhnte. Nach dem Tode von G.'s Schwester Cornelia heiratete Johanna den verwitweten J. G. Schlosser (→ Emmendingen/BW). Ihr Haus in D. wurde in der Franzosenzeit Sammelpunkt der Patrioten **E. M. Arndt** (→ Rügen/MV), **J. J. v. Görres** (→ Koblenz/RP) u. a. Auf Pempelfort waren z. Z. der Jacobis zu Gast: **Goethe**, **Georg Hamann** (→ Münster/NW), **Wilhelm von Humboldt** (→ Berlin), **Johann Gottfried Herder** (→ Bückeburg/NI), **Johann Georg Forster** (→ Mainz/RP), **Amalia von Gallitzin** (→ Münster/NW) mit ihrem Philosophen **Frans Hemsterhuis**. Bis 1848 blieb Pempelfort in der Familie, 60 kaufte es der Künstlerverein »Malkasten«. Seitdem wurden Haus und Garten mehrfach umgestaltet (J. Heyerhoff [Hrsg.], »Die Hausgeister von Pempelfort«, 1939). 1819/20 wohnte **Luise Hensel** (→ Neuruppin/Linum/BB) in der Bilker Straße 14 (Gedenktafel). Seit 1827 lebte **Karl Leberecht Immermann** (→ Magdeburg/

ST) als Landgerichtsrat in D. 1832 gründete er einen Theaterverein, doch das von ihm 1835-37 als »Musterbühne« geleitete Theater scheiterte aus Geldmangel. Er starb am 25. 8. 1840 in D. (Grab auf dem Alten Nordfriedhof, Denkmal im Hofgarten). – Eingeladen wurde von K. L. Immermann 1834 **Christian Dietrich Grabbe** (→ Detmold/NW), den er in D. als Dramaturg zu beschäftigen suchte. G. versuchte sich als Theaterkritiker (»Das Theater in Düsseldorf«, 1835). Gedenktafel Ritterstraße 21, Bronzebüste im Historischen Museum, Denkmal im Hofgarten. – Mai 1848 bis Mai 51 zeitw. in der Stadt **Ferdinand Freiligrath** (→ Detmold/NW). Sein Gedicht »Die Toten an die Lebenden« brachte ihm eine Anklage wegen »Aufreizung zum Umsturz« ein. Er wurde unter dem Jubel des Publikums jedoch freigesprochen. Gräber seiner Angehörigen auf dem (aufgelassenen) Bilker Friedhof. In der Nähe die Gruft von Marie Melos, **Gottfried Kellers** (→ München/BY), mit dem Freiligrath im Sommer 49 zusammengetroffen war, unsterblicher »Judith«. **Clara Viebig** (→ Trier/RP) verlebte ihre Jugend in D. Ihr Roman »Die Wacht am Rhein« (1902) spielt hier. Wunschgemäß ist sie neben ihrem Vater auf dem Nordfriedhof bestattet (Grabstein von E. Barlach). – Ebenfalls mit einer Barlach-Plastik geschmückt das Grab der »rheinischen Neuberin des 20. Jh.s«, **Luise Dumont** (1862-1932) und ihres Mannes **Gustav Lindemann** (1872-1960). Am Schauspielhaus waren als Dramaturgen: **Paul Ernst** (→ Goslar/Clausthal-Zellerfeld/NI) 1904/05; danach zus. mit H. Eulenberg der jüd. Lyriker **Ludwig Strauß** (→ Aachen/NW); 1914-21 **Hans Franck** (→ Ludwigslust/Wittenburg/MV), der in seinem »Dichterleben in 111 Anekdoten« (1961) von dieser Zeit erzählt. – Lehrer in D.-Gerresheim war 1905-19 **Karl Röttger** (→

Lübbecke/NW). Er starb in D. am 1. 9.
1942, Grab auf dem Waldfriedhof Gerres-
heim. Sein Gedichtzyklus »Die Siedlung«
(1932) ist D.-Heinefeld gewidmet. – Dra-
maturg am Schauspielhaus war 1906-09
Herbert Eulenberg (→ Köln/NW), blieb
auch als freier Schriftsteller in D. In sei-
nem »Haus Freiheit«, Burgallee 4 (Ge-
denktafel) in Kaiserswerth trafen sich u. a.
Th. Mann (→ Lübeck/SH), F. Werfel,
G. Hauptmann (→ Berlin). E. starb hier
am 4. 9. 1949 und wurde in seinem Garten
begraben.
Von 1955 an lebte Emil Barth (→ Solin-
gen/Haan/NW) erneut in D., er starb
hier am 14. 7. 1958, Grab auf dem Nord-
friedhof; Jugenderlebnisse im »Zauber-
schloss« Benrath in »Der Wandelstern«
(1939). – Auf dem Itterfriedhof in D.-
Holthausen das Grab von Wilhelm Len-
nemann (→ Witten/NW). – Mit D. ver-
bunden (Nachlässe im Heine-Institut):
Sophie Hasenclever (1824-92), »Rhein.
Lieder«; Heinrich Kruse (Bückeburg/
NI), Chefredakteur der »Köln. Zeitung«,
Dramatiker; Karl Gabriel Pfeill (1889-
1943), 1920 u. a. Hrsg. des Sammelbuches
für neue rel. Kunst und Dichtung »Der
weiße Reiter«; Detmar Heinrich Sarnetz-
ky (1878-1961), Schriftsteller und Feuille-
tonchef der »Kölnischen Zeitung«; Wil-
helm Nikolaus Stehling (1812-68), Gra-
veur, Xylograph, Lyriker und Erzähler.

L D.er Sagen und Geschichten, u. a. über Jan
Wellem und sein Denkmal vor dem Rathaus
(hist. N. »Grupello«, 1840 von Eduard Har-
tenfels, Festspiel »Jan Wellem« 1958 von Kurt
Loup); den Schelm von Bergen (H. Heine,
K. Simrock → Bonn/NW), die Linde in Ger-
resheim in H. F. Bluncks (→ Hamburg) »Sa-
gen vom Rhein«. Im ehem. Residenzschloss
(Turm als Rest) spukt die enthauptete Herzo-
gin Jakobe von Baden, die nach prunkvoller
Hochzeit 1585 angeblich ermordet wurde:
dazu Ricarda Huch (→ Braunschweig/NI),

Werner Beumelburg (→ Wittlich/Traben-
Trarbach/RP), Nanny Lambrecht (→ Sim-
mern/Kirchberg/RP). – Rudolf Herzog (→
Wuppertal/NW) schrieb den D.er Ro-
man »Die vom Niederrhein« (1903), Friedrich
Spielhagen (→ Magdeburg/ST) den Roman
»Frei geboren«(1902), Wilhelm Schäfer (→
Schwalmstadt/Ottrau/HE), der in D.-Gerres-
heim aufgewachsen ist, die Erzählung »Die
Mißgeschickten« (1932).
Dem in D. geb. Groteskenschreiber Harry
Hermann Schmitz (1880-1913/»Buch der Ka-
tastrophen«, 1916) ist das »H.-H.-S.-Institut«
im Uhrenturm an der Grafenberger Allee ge-
widmet. – Schloss Benrath erscheint als Aus-
flugsziel »Holterhof« in Thomas Manns Er-
zählung »Die Betrogene« (1953). Auch Episo-
den in Theodor Fontanes (→ Berlin) Roman
»Effi Briest« (1895) handeln hier. – Heinrich
Böll (→ Köln/NW) reklamierte ein Denkmal
für »Mutter Ey« in der Altstadt, die seit 1910
in ihrer Bäckerfiliale bildende Künstler, auch
verfemte, unterstützte und moderne Bilder
ausstellte. D. weiterhin bei Günter Grass, der
1947-52 als Steinmetzlehrling und Kunststu-
dent hier lebte, im Roman »Die Blechtrom-
mel« (1959); bei Karl Ude (→ München/BY)
in »Damals, als wir Rollschuh liefen« (aut. E.
1956), Hansferdinand Döbler (»Der Preisträ-
ger«, R. 1962), Günter Seuren (»Das Gatter«,
R. 1964), Rolf Bongs (»Düsseldorf«, Ess.
1974). Die dreiteilige, bis in die Zeit nach
dem 2. Weltkrieg reichende Familienchronik
von Dieter Forte (1935 in D. geb.) spielt in
D.-Oberbilk: »Das Muster« (1992), »Der Junge
mit den blutigen Schuhen« (1995) und »In der
Erinnerung« (1998), auch »Auf der anderen
Seite der Welt« (R. 2004). Ein Betriebsroman
um eine griech. Gastarbeiterin: »Elephteria
oder Die Reise ins Paradies« von Hermann
Spix (1976). – 76 D.er Mundartschreiber sind
in Theo Lückers Anth. »Ons Stadt op Platt«
(6. Auflage 1999) versammelt.

S Universitäts- und Landesbibliothek: 2,4
Mio. Bde., 423 Hss., 998 Inkunabeln; mit
Thomas-Mann-Slg H.-O. Mayer. – Goethe-
Museum. Anton-und-Katharina-Kippenberg-
Stiftung (Schloss Jägerhof): Dokumentation
zu Goethe und seine Zeit, ca. 30 000 Objek-

te; auch Wechselausstellungen. – **Heinrich-Heine-Institut** mit Museum (mit Dauerausstellung: »Heinrich Heine und seine Zeit«), Archiv und Bibliothek. – **Dumont-Lindemann-Archiv** (Hofgärtnerhaus): mit D.er Schauspiel-Museum zur Theatergeschichte; Gustaf-Gründgens-Sammlung. **Autorenkreis West** (seit 1972); **Literaturwerkstatt** des »Werkkreises Lit. der Arbeitswelt«; **Europa Forum für Lit.** (seit 1976) vergibt Schiller-Stipendium; D.er Literaturbüro (seit 1980); Freundeskreis D.er Buch mit Förderpreis für Heimatlit.; Gebrüder-Jacobi-Plakette. – Heinrich-Heine-Preis der Stadt D. (seit 1972), Förderpreis für Literatur der Landeshauptstadt D.; Stefan-George-Preis der Universität D. für junge Übersetzer (seit 1990). – Land Nordrhein-Westfalen: Förderpreis für junge Künstlerinnen und Künstler (auch für Lit., seit 1957); Arbeitsstipendien für Schriftstellerinnen und Schriftsteller (auch Übersetzer, seit 1973); Oberschlesischer Kulturpreis (seit 1965); Drehbuch-, Film- und Fernsehpreis; Gustav-Heinemann-Friedenspreis für Kinder- und Jugendliteratur. – Leo-Baeck-Preis (seit 1956, zum Andenken an den jüd. Theol. und Philos.); **Kulturpreis des DGB** (seit 1964).

R In der Anlage gegenüber der Kaiserpfalz-Ruine von **Kaiserswerth** stehen die Büsten von **Friedrich von Spee**, dem Bibel- und Psalmenübersetzer **Kaspar Ulenberg** (1549-1617) und dem Pfarrer und Philanthropen **Theodor Fliedner** (1800-64, Grab auf dem Diakonissenfriedhof) und von **Florence Nightingale** (1820-1910), die Fliedners Diakonissenanstalt von 1836 besuchte und darüber berichtete.

B H. Stolz, Düsseldorfer Dichter, 1929; L. Schaumann, Düsseldorf schreibt. 44 Autorenporträts, 1974; L. A. Pfeffer (Hrsg.), Straßenbilder. Düsseldorfer Schriftstellerinnen über ihr Quartier, Anth. 1998. **Z** Duisburg, Köln, Krefeld, Mülheim, Neuss, Solingen, Wuppertal (NW).

EBERN/BY

Heimatmuseum.

Am spätbarocken Finanzamt in E. ist eine Tafel angebracht: »Hier lebte und hier schuf unsterbliche Werke im Frieden des Elternhauses 1809-1821 **Friedrich Rückert**, der große Dichter und Meister der deutschen Sprache.« Während der Amtszeit seines Vaters in E. lernte R. (→ Schweinfurt/BY) in **Rentweinsdorf** Agnes Müller kennen, mit der er den Frühsommer 1812 verlebte, bevor sie 16-jährig starb; Gedenksäule auf dem Friedhof: »Hier ruhet die Hülle eines guten Mädchens« (Sonettenkranz »Agnes Totenfeier«). Noch im gleichen Sommer verliebte sich R. in die Wirtstochter vom Gasthaus »Zur Specke« in **Eyrichshof** (Ebern-E.) Marie Elisabeth Geuß, die er als »Amaryllis« in über 70 Sonetten feierte. – »Der alte Zauber jüdischer Friedhöfe«: Texte von **Godehard Schramm** (»Fränkische Heimat«, 1987) und **Harald Grill** (»einfach leben«, 1994).

Z Bamberg, Haßfurt, Dankenfeld, Schweinfurt (BY).

EBERSBERG/BY

Glonn

Lena Christ (eig. L. Benedix), * 30. 10. 1881 G., † 30. 6. 1920 (Freitod) → München/BY, Erzählerin. Unehel. Kind einer Schustertochter (Magdalena Bichler) und eines Geschäftsreisenden (Karl Christ). Kinderzeit beim Großvater Mathias in G., siebenjährig nach München, als »Wirtsleni« im Gasthaus der Mutter tätig. Zweite Ehe mit dem Schriftsteller **P. Benedix** (1877-1954). In den »Erinnerungen einer Überflüssigen« (1912) und den »Lausdirndlgeschichten« (1913) wird das G.er

Glonn: Geburtshaus von Lena Christ

Hügelland beschrieben, »Die Rumplhanni« entstand auf dem Wimmerhof in Lindach: »Die Landschaft um Glonn und ostwärts ist allgegenwärtig« (R. Just). – W.: Mathias Bichler (R. 1914); Madam Bäuerin (R. 1919). – Gedenktafel am Geburtshaus (Umbau/L.-Ch.-Straße 10); gegenüber L.-Ch.-Stube beim Neuwirt; Büste im Eingang des Rathauses. – P. Benedix, »Der Weg der Lena Christ« (1940); G. Goepfert, »Das Schicksal der Lena Christ« (4. Aufl. 1993)

R Im Benediktinerkloster **Ebersberg** schrieb um 1065 der Abt **Williram** (→ Bamberg/BY), gest. 5. 1. 1085 in E., eine dreiteilige Paraphrase des Hohen Liedes. 1595 kamen die Jesuiten nach E. Einer ihrer namhaftesten Vertreter, **Jakob Balde** (→ Neuburg a. d. Donau/BY), feierte während seiner Sommeraufenthalte um die Mitte des 17. Jh.s in Oden die »Felder

und den Waldesbogen, / Der rund um Ebersberg gezogen«, ebenso wie den **Eggelburger See** und **Kirchseeon**. Der 1802 in E. gestorbene Theologe **Johann Joseph Huber** stellte erstmalig vor J. Gotthelf das Leben auf einem christl. Bauernhof dar (»Isidor, der Bauer in Ried«, 1797). – Eichendorff-Denkmal (→ Berlin) auf der Ludwigshöhe. – **Regina Ullmann** (→ München/BY) wurde 1959 von ihrer Tochter Camilla in **Eglharting** bei Kirchseeon aufgenommen und gepflegt. R. U. starb am 6. 1. 1961 in **Ebersberg**; Grab in **Feldkirchen**. – Der »Deutschland deine Franken«-Franke **Eugen Skasa-Weiß** (→ Nürnberg/BY) fand in **Grafing** sein letztes Domizil; er starb 1977 in London. Grab auf dem Friedhof von G.

B R. Just, Die Landschaft der Handschusterleni, in: Krumme Touren 2, 2007.
Z Erding, München, Wasserburg a. I. (BY).

EBERSWALDE/BB

Forstakademie. – Stadt- und Kreismuseum.

Friedrich Brunold (eig. **August Ferdinand Meyer**), * 19. 11. 1811 Pyritz/Pommern, † 27. 2. 1894 Joachimsthal bei E., Heimatdichter. Von A. von Chamisso (→ Berlin) und W. Alexis (→ Berlin) gefördert. Lehrer an der Joachimsthaler Gemeindeschule. Weil B. sich als »48er« verdächtig gemacht hatte, blieb ihm der Aufstieg versagt. – W.: Märkische Liederchronik (En. 1844); Bei der Knallhütte (2 Bde., R. 1862); Ausgew. Werke (Hrsg. H. Schilling, 1925).

Ernst Krause (Ps. **Carus Sterne**), * 22. 11. 1839 Zielenzig/Neumark, † 24. 8. 1903 E., Apotheker und Naturforscher. Machte mit seinem Haupt-W. »Werden und Vergehen. Eine Entwicklungsgeschichte des Naturganzen …« (1876) und mit seiner Zs.

»Kosmos« (1877-86) den Darwinismus und die monistische Weltanschauung in Dtl. bekannt.

Heinrich Wolfgang Seidel (→ Berlin), Pfarrer an der Maria-Magdalena-Kirche, lebte mit seiner Frau **Ina Seidel** (→ Starnberg/BY) 1914-23 in E. Hier entstand der Roman »Die Varnholzer. Ein Buch der Heimat« (1918). Über ihre gemeinsame Zeit in E.: I. Seidel, »Lebensbericht« (1970). Zu ihren Gästen gehörten **Albrecht Schaeffer** (→ Hannover/NI) und **Agnes Miegel** (→ Bad Nenndorf/NI). – Wohnungen: Schillerstr. 20, Carl-von-Ossietzky-Straße 4.

Christian Ferber (auch **Simon Glas, Lisette Mullère**, eig. **Georg Seidel**), * 31. 10. 1919 E., † 26. 6. 1992 London, Verf. kunstvoller und sprachwitziger R.e (»Das Netz«, 1951; »Das war's. Satiren«, 1966), Satiriker (»Die Moritat vom Eigenheim«, 1967) und Hörspielautor (»Gäste aus Deutschland«, 1964). Der Sohn von H. und I. Seidel schrieb die Familiengeschichte (»Die Seidels. Geschichte einer bürgerlichen Familie«, 1979).

Fritz Helke (Ps. **Ruby Cross**), * 1. 5. 1905 Biesenthal bei E., † 13. 9. 1967, Jugendbuchautor und Verf. nationalist. histor. Romane. Einige davon behandeln brandenburg. Themen (»Fehde um Brandenburg«, 1936; »Die Quitzows«, 1942).

A **Ernst von Wildenbruch** (→ Berlin) amtierte 1876/77 als Richter in E. – **Heinrich Lautensack** (→ Vilshofen/BY), seit 1907 in Berlin lebend, starb 1919 in der Nervenheilanstalt von E. – Der russ. Lyriker und Schauspieler **Wladimir Wyssotzki** (1938-80) verlebte Anfang der 50er Jahre nach der Scheidung der Eltern einen Teil seiner Kindheit in der sowjet. Garnison von E.

R Im nahen **Lichterfelde** verbrachte **Anna Karbe** (→ Prenzlau/BB) 1873-75 ihre letzten Lebensjahre. Grab auf dem

Friedhof. – Nordwestl. von E. der **Werbellinsee**, das größte Gewässer des Barnim. **F. Brunold** besang ihn: »Wie ein Gottesauge glänzet,/drüber dunkle Brauen glühn,/liegt, von Wald und Berg umkränzet,/märchenhaft der Werbellin.« Der Sage nach versank eine Stadt im See. Dafür interessierte sich auch **Theodor Fontane** (→ Neuruppin/BB) und widmete dem See ein Kap. in den »Wanderungen« (»Oderland«, 1863). Zugleich verwies er auf den Forst am Nordwestufer: Wilhelm II. jagte in der an ihn grenzenden **Schorfheide** ebenso wie Hermann Göring und Erich Honecker, was **Christian Graf von Krockow** (→ Göttingen/NI) in seinen »Fahrten durch die Mark Brandenburg« (1993) im Kap. »In der Schorfheide« kritisch beschreibt. Erläuterungen dazu im Jagdschloss (Schorfheide-Museum) von **Groß-Schönebeck**. – Am Werbellinsee standen im 13./14. Jh. mehrere Askanierburgen (Aussichtsturm bei **Eichhorst**). **Otto IV.** (→ Brandenburg/BB) hielt sich oft auf der Burg **Grimnitz** auf, wo später Joachim I. residierte. Dem hatte auf der Jagd ein Bär das lederne Gewand aufgeschlitzt, Anlass zu **Willibald Alexis'** (→ Berlin) Roman »Die Hosen des Herrn von Bredow« (2 Bde., 1846-48).

Histor. Bedeutung hat **Joachimsthal** wegen der dort 1607 gegründeten Fürstenschule. **Georg Lentz** in seinen »Märkische(n) Spaziergänge(n)« (1996): »Nach Joachimsthal komm'n die Leute nich.« In J. erinnert einiges an **F. Brunold**: Sein Haus in der Mühlenstraße 5 und die Bronzebüste (1899) in der Rosenstraße, die erst aufgestellt wurde, nachdem Th. Fontane eine solche Ehrung angemahnt hatte. Grab auf dem Friedhof mit der Inschrift: »Geht leise über meines Grabes Flur/ich schlafe nur.« – Auf der Südseite des Sees **Altenhof**, dort zur DDR-Zeit nicht nur das größte Kinderferienlager (»Pionierrepublik Wil-

helm Pieck«), sondern auch ein Erholungs-
heim für höhere Funktionäre, in dem
Anna Seghers (→ Mainz/RP) in den 60er
Jahren mehrmals Urlaub machte.
Nordöstl. von Eberswalde **Kloster Chorin**:
»Unter den Töchtern Lehnins war Chorin
die bedeutendste.« **Th. Fontane**, der so
sein »Chorin«-Kap. in den »Wanderungen«
(untergebracht allerdings im Bd. »Havel-
land«, 1873, gleich nach dem »Lehnin«) be-
ginnt, besuchte 1863 das Kloster. **Klabund**
(→ München/BY) lässt im Roman »Bra-
cke« (1918) neun Nonnen im Kloster woh-
nen, in denen der Held die neun Musen
zu erblicken glaubt. »Choriner Musiksom-
mer«.

Bernau

Heimatmuseum im Steintor.

Georg Rollenhagen, *22. 4. 1542 B.,
† 20. 5. 1609 → Magdeburg/ST, Verf.
von Schuldramen und Lehrdichter. In B.
bis 1555. In der auf den antiken »Frosch-
mäusekrieg« zurückgreifenden Moralsati-
re »Froschmeuseler. Der Frösch und Meu-
se wunderbare Hoffhaltunge« (1595) ver-
dammt R. den Krieg und glaubt ganz auf-
klärerisch an die Erziehung des Menschen-
geschlechts. – Gedenktafel an der ehem.
Lateinschule Kirchplatz 10; Erinnerungen
im Heimatmuseum.
Willi Layh, *12. 10. 1903 Berlin, †25. 12.
1977 Zepernick bei B. Verf. von DDR-
Pionierliedern (»Vorwärts, unser Weg ist
gut«, 1953). Einige davon wurden von P.
Dessau vertont. – Wohnung: Schillerstra-
ße 5; Grab auf dem Friedhof.

L Der aus B. stammende **Tobias Sailer** (1681-
1741) verfasste eine »Beschreibung der König-
lichen und Churfürstlichen Brandenburgi-
schen mittelmärkischen Stadt Bernau« (7
Bde., 1720-36). Darin erzählt S. von der Ab-
wehr der Hussiten 1432, wie sie durch List

kampfunfähig gemacht wurden (»Bernauer
Bier und heißer Brei/Machten die Mark hussi-
tenfrei«). – 1945 kamen die Russen nach B.,
mit ihnen als russ. Offizier der spätere
DEFA-Filmregisseur **Konrad Wolf** (1925-82),
der Sohn des Dramatikers F. Wolf (→ Neu-
wied/RP): »Leutnant, ich ernenne Sie hiermit
zum zeitweiligen Stadtkommandanten der So-
wjetarmee von Bernau.« W.s Erlebnisse flossen
ein in den Film »Ich war neunzehn« (1980). –
Hans Scholz (→ Berlin), der 1977-79 mehr-
fach mit der S-Bahn von Westberlin hierher
kam, hat über den Abriss der Altstadt geschrie-
ben (»Wanderungen und Fahrten in der Mark
Brandenburg«, Bd. 8, 1980).

R **Friedrich Wilhelm August Schmidt**
besang in dem Gedicht »Der See bei Lan-
ke« den **Liepnitzsee**: »Ein Dummbart nur/
Kann deinen Reiz bezweifeln /.../Und
blüht uns kein/Zitronenhain,/So blüht
uns doch Holunder.« **August Trinius** (→
Waltershausen/TH) wanderte 1884 zu
»dieser lieblichen märkischen Oase«. G.
Rollenhagen ließ seine Frösche, nachdem
sie den Frieden erkämpft hatten, dorthin
gelangen: »Kamn im Bernawischen Wald
zu recht.« – In der Nähe von **Lanke** am Bo-
gensee hatte Joseph Goebbels (1897-1945)
seit 1937 seinen Fluchtort, in den er sich
vor allem mit UFA-Schauspielerinnen zu-
rückzog. 1946 wurde auf dem Gelände die
Jugendhochschule der DDR gegründet. –
Nicht weit von L., im Wald versteckt, **Lo-
betal**, wo 1905 **Friedrich von Bodel-
schwingh** (→Bielefeld/NW) seine »Hoff-
nungstaler Anstalten« als Pflegestätte für
Alte, Behinderte und Kranke gründete.
Pfarrer **Paul Gerhard Braune** (1887-
1954) protestierte am 16. 7. 40 mit einer
»Denkschrift« gegen den Behinderten-
mord und konnte ihn wenigstens ein-
schränken. Im selben Pfarrhaus Bodel-
schwinghstraße 5 fand am 31. 1. 90, als
er die Wandlitzer Waldsiedlung verlassen
musste, Erich Honecker (1912-94, »Aus

meinem Leben«, Aut. 1980) für ein paar Wochen Unterschlupf. – Seit 1960 lebte die DDR-Führung, darunter Walter Ulbricht und E. Honecker, in der eigens für sie erbauten und völlig abgeschirmten Waldsiedlung (heute Brandenburg-Klinik) bei **Wandlitz**. Darüber R. Andert/W. Herzberg, »Der Sturz. E. H. im Kreuzverhör« (1990); A. Schalck-Golodkowski, »Deutsch-deutsche Erinnerungen« (2000).

Werneuchen

Friedrich Rudolf Ludwig Freiherr von Canitz, * 27. 11. 1654 Berlin, † 27. 11. 1699 ebd. (nach anderer Ang. Blumberg bei W.), Lyriker. Wurde mit Oden, Elegien und Idyllen wegbereitend für die Lyrik des 18. Jh.s. – W.: Neben-Stunden unterschiedener Gedichte (Hrsg. J. Lange, 1700); Des Freiherrn von Canitz satirische und sämtliche übrige Gedichte . . . (Hrsg. J. J. Bodmer, 1737). – Gutshaus 1945 abgerissen. Beigesetzt (nach Fontane) im Röbelschen Erbbegräbnis in der Berliner Marienkirche.

Friedrich Wilhelm August Schmidt (gen. **Schmidt von Werneuchen**) * 23. 3. 1764 Fahrland (→ Potsdam/BB), † 26. 4. 1838 W., Lyriker, als solcher der poetische Entdecker der märk. Landschaft. 1795 bis zu seinem Tod Pfarrer in W. Aufsehen erregte Sch. mit dem »Calender der Musen und Grazien in der Mark« (1795-97). Goethe (→ Frankfurt a. M./HE) antwortete mit der Parodie »Musen und Grazien in der Mark«. Die Brüder Grimm/→ Hanau/HE (»ein wirklicher Dichter, und ein begabter«) und Th. Storm/→ Husum/SH (»eine gewisse heimliche Liebe«) schätzten ihn, **Th. Fontane** (1862) und **G. de Bruyn** (1981) widmeten ihm Essays. – Gedenktafel am Pfarrhaus (Neubau von 1930); Grab auf dem Friedhof bei der Kirche.

Z Oranienburg, Prenzlau, Seelow, Strausberg (BB); Berlin.

ECKERNFÖRDE/SH

»Aus dem zaudernden Dunst/Hebt eine himmlische Gunst/Ostsee, glyzinienblau,/Und italienische Stadt« (Wilhelm Lehmann, 1962)

Christian Graf zu Stolberg (→ Hamburg) verbrachte die letzten 21 Jahre seines Lebens auf Gut Windeby bei E., wo er am 18. 1. 1821 starb. Er wurde in der Kirche von Horslunde auf Lolland/Dänemark beigesetzt.

Wilhelm Lehmann, * 4. 5. 1882 Puerto Cabello/Venezuela, † 17. 11. 1968 E., einer der bedeutendsten modernen Naturlyriker. Kindheit und Jugend in Hamburg-Wandsbek. Seit 1923 Lehrer u. a. in Kiel und E. Nach der Pensionierung (1947) für kurze Zeit in Klein-Wittensee, bevor er sich endgültig in E. niederließ (Wohnungen: bis 1950 Jungmannufer/Ecke Liliencronweg, dann Lützowstraße 5). 1953 Hamburger Lessingpreis. – W.: Antwort des Schweigens (G. 1935); Mühe des Anfangs (Aut. 1952); Ruhm des Daseins (R.

Eckernförde: Wilhelm Lehmanns Grab auf dem Friedhof Westerthal bei Eckernförde (Aufnahme um 1974)

1953, später u. d. T. Der Provinzlärm); Meine Gedichtbücher (1957); Gesammelte Werke in acht Bdn., 1982). – In vielen Texten (»Der stumme Laufjunge«, »Die Kastanien«, »Der Provinzlärm«, »Der Abgesang« u. a. spiegeln sich Eckernförde, Gut Windeby (»Ein Wind weht durch den Park Christian zu/Stolbergs Namen«), Hemmelmark und das Umland. Wilhelm-Lehmann-Gesellschaft (W.-L.-Tage seit 2005, »Sichtbare Zeit« – Journal der W.-L.-Gesellschaft), Grab auf dem Friedhof Westertal bei Windeby. – Nachlass DLA Marbach (»Wilhelm Lehmann«, Marbacher Magazin 22/1982), Slg. LB Kiel. – »Wissen Sie, daß Ihre Bücher auf meinem Regal in der Ehrenreihe stehen?« – Alfred Döblin an Wilhelm Lehmann.

Hans Harbeck, * 25. 12. 1887 E., † 18. 5. 1968 → Hamburg, Grab Friedhof Ohlsdorf. Lyriker, Schauspieler. Dramaturg an den Hamburger Kammerspielen, ab 1922 freier Schriftsteller, Kontakt u. a. zu Ringelnatz. Ab 1944 »Schutzhaft« in Hamburg. Mitglied des Kabaretts »Die Wendeltreppe«. – W.: Verse aus dem Gefängnis (1946); Schauspieler, gezaust und gezeichnet (Erinn. 1966). – Nachlass StUB Hamburg.

A Der 1784 in E. verstorbene Alchimist Graf Saint-Germain (Grab in St. Nicolai verschollen), eine der geheimnisvollsten Figuren des Barock, findet sich in den Erinnerungen und Texten so verschiedener Autoren wie Casanova, Voltaire, Montesquieu, Alexander Lernet Holenia, Umberto Eco und **Karl May** (→ Glauchau/Hohenstein/Ernstthal/SN), der ihn in »Das Zauberwasser« (E. 1880) beschrieb.

Johann Hinrich Fehrs (→ Itzehoe/Mühlenbarbek/SH) besuchte von 1859-62 das Lehrerseminar in E. – **Detlev von Liliencron** (→ Kiel/SH) war 1879/80 Referendar am Landratsamt, Wohnung Jungmannweg 2. Hier schrieb er seine ersten Gedich-

te, die der heute noch bestehende Verlag Schwensen herausbrachte. Bericht über die »Schlacht bei Eckernförde« im Frühjahr 1849 in »Up ewig ungedeelt«, 1898. – **Theodor Eschenburg** (→ Kiel/SH) schildert seine E.er »Sommerferien mit U-Booten« in seinen Erinn. »Also hören Sie mal zu« (1995). **Gustav Falke** (→ Lübeck/SH) berichtet in seiner Aut. »Die Stadt mit den goldenen Türmen« (1912) über seine Besuche im Vorort Borby. Aus Borby stammt **Erika Petersen**, deren »Moorburg«-Tril. (1977/79) in Ostholstein angesiedelt ist. – Mundart: **Magna Petersen** (1895-1980), ihr Hauptwerk: »De Küselwind« (Lsp. 1948). – Zusammenfassend R. Beuthel und S. Wlassack (Hrsg.), »Eckernförder Lesebuch« (2002), das auch jüngere und niederdeutsche Autoren aufnimmt.

Thumby

Helene Voigt-Diederichs, * 26. 5. 1875 Gut Marienhoff (Gem. Th., bei Sieseby), † 3. 12. 1961 → Jena/TH, Lyrikerin und Erzählerin. 1898 heiratete sie den Verleger E. Diederichs und zog nach Jena. – W.: Schleswig-Holsteiner Landleute (En. 1898, n. 1926); Aus Kinderland (En. 1907); Auf Marienhoff (Aut. 1926); Waage des Lebens (R. 1952). – Nachlass LB Kiel.

R **Schwansen** zwischen der Eckernförder Bucht und der Schlei ist reich an Herrensitzen. **Louisenlund** sollte man allein schon wegen der Eremitage im Park besuchen; **Johann Caspar Lavater** war hier zu Gast. – Auf dem Gut **Saxtorf** ließ sich **Detlev von Liliencron** zu seinem Gedicht »Die Anbetung der heiligen drei Könige« (1880) anregen, das mit den Zeilen beginnt: »Im Saale vor mir Veroneses Bild,/ als Nachbarin die schönste aller Frauen ...« – Eine der Sagen, die sich um die Landzunge »Finsternstern« bei dem Gut

Büstorf ranken, hat Liliencron in der Ballade »Die Kapelle zum finstern Stern« (1880) nacherzählt. In **Sieseby** an der Schlei urlaubte von 1990 bis zu seinem Tode 1997 der Schriftsteller **Jurek Becker** (→ Berlin) im Pastoratsweg 4: »Sicher sieht es in Kalifornien anders aus, aber auch unsere kleine norddeutsche Welt hat ihre Vorzüge. Wir liegen nicht unter Palmen, sondern unter umweltfreundlichen Windrädern.« (»Jurek Beckers Neuigkeiten an Manfred Krug & Otti«, Hrsg. M. Krug, 1997; über Becker in S. auch E. Maletzkes »Poeten in ländlicher Idylle«, 1996). Grab auf dem lindenbestandenen S.er Friedhof, über den **Helene Voigt-Diederichs** das Gedicht »Sommerglück« schrieb. – In **Felde** und **Resenis** am Westensee lebte bis zu seinem Tode 1989 der Schriftsteller **Wolfdietrich Schnurre** (→ Berlin).

S Das S.-H. Künstlerhaus zog 1996 von **Selk** nach Eckernförde, wo es u. a. drei Stipendien für Literaten oder Musiker vergibt. Über **Selk** das Tagebuch »Unterbrochene Orte« von **Walter Aue** (2000).
Z Kiel, Rendsburg, Schleswig (SH).

EGGENFELDEN/BY

»Ist ein sehr fruchtbarer Traid-Boden allhier, samt guter Viehzucht«, so **Anton Wilhelm Ertl** 1687. »Geboren zu Bayrn, zu Egkhenfeldten« (vor 1400) ist der Verfasser eines Spruchgedichts von den bay. Adelsfamilien, **Hans Hollant von Eggenfelden.** Der fahrende Schulmeister **Christoph Huber** wirkte um 1476 im Ort. Sein »Modus legendi« (1477) dürfte eine der ältesten Schriften zum Schulwesen sein. – **Max Leerdörf**, »Das Eggenfeldener Reimwerk« (1986). – Das Rottal als »Roßtal«: **Renate Ettl**, »Die Roßnarrischen« (in »Niederbayern«, 1997); Ross-Denkmal von H.

Wimmer in **Pfarrkirchen**, mit Vers aus **Richard Billingers** (→ Passau/BY) Sch. »Rosse«.

B H. Schindler, Rottaler Reise, in: Reisen in Niederbayern, n. 2005.
Z Altötting, Mühldorf, Vilshofen (BY).

EHINGEN/BW

Jakob Locher (gen. **Philomusus**), * Ende Juli 1471 E., † 4. 12. 1528 Ingolstadt, Humanist, neulat. Dichter, Übersetzer (1. Horaz-Ausg. und lat. Fassung von S. Brants »Narrenschiff«). 1497 von Maximilian I. zum Dichter gekrönt.
Jakob Bidermann, * 1578 E., † 20. 8. 1639 Rom, einer der wichtigsten Dramatiker des neulat. barocken Schultheaters. In → Augsburg/BY Schüler von J. Pontanus, Jesuitennovize in Landsberg a. Lech, Studium u. a. in → Ingolstadt/BY. In → München/BY 1606-14 Prof. der Rhetorik und Leiter des Schultheaters. Seit 1615 in → Dillingen a. d. Donau/BY, 22 in Rom Zensor und Assistent des Ordensgenerals. Namentlich sein »Cenodoxus« (1602) erwies sich als ungemein wirkmächtig.
Karl Borromäus Weitzmann, * 25. 6. 1767 Munderkingen, † 30. 5. 1828 E., volkstüml. Dialektdichter. Seine »Sämtlichen Gedichte in reindeutscher und schwäbischer Mundart und Poetischer Nachlaß« erschienen postum 1853 (n. 1956/78).
Michel Buck (→ Saulgau/Ertingen/BW) lebte seit 1874 als Oberamtsrat in E. und starb hier am 15. 9. 1888.

Obermarchtal

Sebastian Sailer (→ Neu-Ulm/Weißenhorn/BY) war seit 1730 Prämonstratenser am Reichsstift. Zum Aufenthalt von Marie-Antoinette auf ihrer Brautfahrt von

Wien nach Paris (1./2. Mai 1770) verfasste er eine Festkantate. Grab in der Mönchsgruft des Klosters. – Auch nach dem Ende des Reichsstifts 1802 blieb ein aristokrat. Ambiente erhalten: »In einigen Bosketts erging ich mich wohl eine halbe Stunde ganz mit den Empfindungen eines Parisers aus dem Zeitalter Ludwigs XIV.«, schrieb **Eduard Mörike** (→Ludwigsburg/BW) im Juli 1831.

R **Dieterskirch** (Uttenweiler-D.) am Fuß des Bussen war seit 1757 für mehrere Jahre Pfarrei **Sebastian Sailers** (Gedenkstätte im Pfarrhaus). – Auch **Oberstadion** hatte 1816-27 einen berühmten Pfarrherrn: **Christoph (von) Schmid** (→ Dinkelsbühl/BY), Pfarrhaus in der Mühlhauser Straße; Gedenkstätte im Rathaus. – Ein Fall für den »Pitaval«: die Kriminaljustiz (mit den edelsten Absichten) des Franz Graf Schenk von Castell (1736-1821) in **Oberdischingen**. (Der Maler **Johann Baptist Pflug** aus →Biberach/BW berichtet darüber in seinen Erinn. »Aus der Räuber- und Franzosenzeit Schwabens«.) Als »Malefizschenk« wurde er zur Romanfigur, u.a. bei **Peter Dörfler** (→ Kaufbeuren/Unter-Germaringen/BY). »Einkehr beim Malefizschenken« heißt das einschlägige Kapitel in **Max Rieples** (→ Donaueschingen/BW) »Donaufahrt mit Dir« (1969). – In **Laupheim** findet man im Museum zur Geschichte der Christen und Juden (im Schloss) u.a. Materialien zum Bankier Kilian von Steiner (1833-1903), dem Mitbegründer des Schiller-Nationalmuseums in Marbach, sowie zum Hollywood-Pionier und Gründer der Universal-Studios Carl Laemmle (1867-1939), der 1884 17-jährig in die USA auswanderte.

B H.A. Oehler, Sebastian Sailer, Marbacher Magazin 76/1996; ders., Christoph von Schmid in Oberstadion, Marbacher »Spuren« 46/1999.

Z Bad Saulgau, Biberach a. d. Riß, Münsingen, Ulm (BW).

EICHSTÄTT/BY

»Der Weg, zwei Stunden vor Eichstätt, sehr malerisch. Ein Tal zwischen zwei Bergketten; düstre Tannen; Schläge im innern Walde; blauer Himmel darüber … Eichstätt liegt schön in einem Bergkessel, ist freundlich.« (Friedrich Hebbel, 1839)

Kath. Universität Eichstätt-Ingolstadt. – Diözesanmuseum. – Eichstätter Sommerspiele.

Albrecht von Eyb (→Ansbach/BY), frühhumanist. Dichter und Übersetzer; starb als Domherr am 24.7.1475 in E. – Familienepitaph im Dom. **Willibald Pirckheimer**, *5.12.1470 E., †22.12.1530 → Nürnberg/BY, Humanist, Übersetzer und Hrsg. antiker Autoren. Seit 1495 in Nürnberg, dort Ratsherr. Briefwechsel (Hrsg. E. Reicke u.a., 1940 ff.). – Laut (irriger) Gedenktafel Geburtshaus Marktplatz 15. – »Willibald Pirckheimer 1470/1970. Dokumente, Studien, Perspektiven« (hg. W.-P.-Kuratorium, 1970). – Nachlass StB Nürnberg. – N. Holzberg, »W. P. Griechischer Humanist in Deutschland« (1981). – W. P.s Schwester **Caritas Pirckheimer** (1467-1532), Äbtissin, Humanistin, stammt ebenfalls aus E.

A Am 13.3.1839 traf **Friedrich Hebbel** (→ Heide/Wesselburen/SH) von Ingolstadt kommend, mittags in E. ein und wanderte weiter nach Weißenburg (Reisejournal). Im 19. Jh. außerdem: **Karl Julius Weber** (→Langenburg/BW) und der ital. Dichter **Antonio Fogazzaro**, der in »Das Geheimnis des Dichters« auch über E. schreibt; im 20. Jh.: **Josef Hofmiller** (→ Sonthofen/Kranzegg/BY), **Theodor Heuss** (→ Lauffen/Brackenheim/BW), **Anton**

und **Friedrich Schnack** (→ Karlstadt/Rieneck/BY).

L Beherrschend im Stadtbild die Kloster- und Pfarrkirche St. Walburg: Sagenkranz um das Grab der hl. Walburga und das dort kondensierende »Walburgis-Öl«. – **Dieter Kühn** beschreibt in »Neidhart und das Reuental« (Neuausg. 1996) das in der Kapuzinerkirche befindliche Hl. Grab (eine architektonische Nachbildung des Hl. Grabes von Jerusalem, um 1160). – Im 17. und 18. Jh. gab es in E. ein florierendes Jesuitentheater: **Ignaz Weitenauer** verfasste 1745 das Singspiel »Das glorreiche Eichstädt«. – »Eichstädt ist das elendste Nest, worin jemals ein teutscher Bischof nistete . . .«: aus der Klerus-Schelte des Aufklärers **Ignaz Geiger** (1756-91) in seiner »Reise eines Engelländers durch Mannheim, Baiern und Oesterreich nach Wien« (1790, n. 1996). Schilderung der Bischofsresidenz bereits in der »Reise nach Eichstädt« (1611) des Augsburgers **Philipp Hainhofer**, sowie in **Franz Xaver Bronners** (→ Dillingen/Höchstädt/BY) »Leben, von ihm selbst beschrieben« (1795) und **Klement Alois Baaders** »Reisen durch verschiedene Gegenden Deutschlands in Briefen« (1797). – **Sophie Hoechstetter** (→ Weißenburg i. Bay./Pappenheim/BY) schrieb die Erzählung »Reise nach Eichstätt« (1917); E. auch in **Karl Brögers** (→ Nürnberg/BY) Aut. »Der Held im Schatten« (1919); **Wilhelm Hausenstein** (→ Wolfach/Hornberg/BW) nannte in seinen »Wanderungen«(1935) E. die »stattlich erhobene Allegorie des Südens«.
S Universitätsbibliothek: rd. 1,8 Mio Bde., rd. 3700 fortlaufende Zss. u. Ztg., über 6000 Hss., über 1200 Inkunabeln. – **Diözesan-Archiv**: Pontifikale Gundekarianum (Codex mit nachgetragenen Miniaturen, Bischofsbiographien und liturg. Texten).

R Im Hessental östl. von E. das Figurenfeld (78 meist überlebensgroße Figuren), das der Bildhauer und Maler A. Wünsche-Mitterecker als Mahnmal gegen Krieg und Gewalt entworfen hat. – Im ehem. Augustiner-Chorherrenstift im Stadtteil **Rebdorf** (mit schönem Arkadenhof) sollen **Dr. Faustus** (→ Maulbronn/Knittlingen/BW) und der gelehrte Prior von R., »homo trilinguis« **Kilian Leib**, zusammengetroffen sein. Im einstigen Augustinerinnenkloster **Marienstein** entstand 1631-51 das Tagebuch der Priorin **Clara Staiger** (Hrsg. O. Fina 1981, Hs. BSB), ein hist. und volkskundl. Dokument für die Zeit des 30-jähr. Krieges. – Im Altmühltal **Dollnstein**: Vom Faschingstreiben der Frauen von D. berichtet schon **Wolfram von Eschenbach** (→ Gunzenhausen/Wolframs-Eschenbach/BY) im »Parzival« (VIII, 318 ff.).

B H. Baier, Eichstätts literarische Bilanz aus 12 Jahrhunderten, in: Der Eichstätter Raum in Geschichte und Gegenwart, 1984.
Z Ingolstadt, Nördlingen, Weißenburg i. Bay. (BY).

EISENACH/TH

Wartburg (Wartburg-Stiftung); Thüringer Museum im Schloss und Slg. »Mittelalterliche Kunst in Thüringen« in der Predigerkirche; Lutherhaus; Bachhaus; Reutervilla mit Richard-Wagner-Slg.. – Landestheater. – Frühlingsfest »Sommergewinn«. – In E. wurde Johann Sebastian Bach (1685-1750) geboren. Denkmäler am Frauenplan und in der Vorhalle der Georgenkirche am Markt. E.er auch die Maler Friedrich Preller d. Ä. (1804-78) und Hermann Wislicenus (1825-99) sowie der Physiker und Unternehmer Ernst Abbe (1840-1905).
Wo sich wann der Thüringer Landgrafenhof (1131-1247) aufhielt, ist unbekannt. Sicherlich auf der hoch über E. gelegenen, 967 von Ludwig dem Springer (»Wart Berg, du sollst mir eine Burg werden«) gegründeten Wartburg; doch auch auf dem Steinhof von E., auf der nahen Creuzburg, auf der Runneburg in Weißensee, auf der Eckartsburg bei Naumburg und vor allem auf der Neuenburg bei Freyburg an der Unstrut. Von den meisten ma. Dichtern wissen wir nur, dass sie am Landgrafenhof wirk-

ten. Ob sie aber auch in E. waren und sich am Sängerkrieg beteiligten, kann nur vermutet werden. Erst später wurde die Wartburg ständige Fürstenresidenz der sächs. Wettiner. Fresken von Moritz von Schwind auf der Wartburg.

Hermann I. von Thüringen (reg. 1190-1217), *um 1155, †25. 4. 1217 Gotha, machte seinen Hof zu einem Zentrum der höf. Dichtung in Dtl. – **Herbort von Fritzlar** (→ Fritzlar/HE) schuf nach 1200 für H. das »Liet von Troye« und **Albrecht von Halberstadt** (→ Sondershausen/TH) 1210-17 eine Reimübersetzung von Ovids »Metamorphosen«. – **Walther von der Vogelweide** (→ Würzburg/BY), 1201-16 oft Gast H.s (»Ich bin des milten lantgraven ingesinde«), kritisierte anfangs das laute Hofleben, am Ende aber war W. des Lobes voll und sah in H. »der Düringe bluome«. – **Wolfram von Eschenbach** (→ Gunzenhausen/Wolframs-Eschenbach/BY), 1201-03 am Hof, erhielt von H. die franz. Vorlage für sein (unvollendetes) Epos »Willehalm«. Auch einige Bücher des »Parzival« sind vermutl. hier entstanden: **Der Wartburgkrieg** (Titel 19. Jh.), um 1240-60, bedeutendstes Zeugnis ma. thür. Spruchdichtung. Der behandelte »Sängerkrieg« soll 1206/07 stattgefunden haben, an dem auch der sagenhafte Heinrich von Ofterdingen beteiligt gewesen sein soll. Lit. Darstellungen zuerst bei **Johannes Rothe**, seit 1387 in E. nachweisbar, Kaplan am Landgrafenhof. Dann in der Romantik: **Ludwig Tieck** (→ Berlin), »Phantasus« (1812-16), **E. T. A. Hoffmann** (→ Berlin), »Die Serapionsbrüder« (1819-21), **Friedrich de la Motte Fouqué** (→ Brandenburg/BB), »Der Sängerkrieg auf der Wartburg« (1828), **Richard Wagner** (→ Bayreuth/BY), »Tannhäuser und der Sängerkrieg auf der Wartburg« (1845). W. hatte die Wartburg 1842 gesehen und sie im Mai 49 besucht. Später **Friedrich**

Eisenach: Ausschnitt aus dem »Sängerkrieg«-Fresko (1853) von Moritz von Schwind auf der Wartburg

Lienhard (→ Weimar/TH), Wartburg-Trilogie: »Heinrich von Ofterdingen«, »Die heilige Elisabeth«, »Luther auf der Wartburg« (1903-06). 1929 in E. gestorben, Grab auf dem Neuen Friedhof. Satirische Romane von **Hans Christoph Buch**, »Der Burgwart der Wartburg« (1994), und **Franz Hodjak**, »Der Sängerstreit« (2000).

Über die **heilige Elisabeth** (1207-31), Gemahlin Landgraf Ludwigs IV., schrieben u. a. **Otto Roquette** (→ Darmstadt/HE) den von F. Liszt vertonten Oratoriumstext »Legende der heiligen Elisabeth« (1866); **Leo Weismantel** (→ Gemünden/BY), »Elisabeth« (1931); **Agnes Miegel** (→ Rinteln/Bad Nenndorf/NI), »Herbstabend« (1934), **Johanna Hoffmann**, »Die verratene Heilige« (1966, n. 1996).

Das Eisenacher Spiel von den zehn Jungfrauen, 1321 (n. C. Höfer 1922), verfasst von einem unbek. Dominikaner, ist eine Parabel von der Prophezeiung des Jüngsten Gerichtes; auf dem Markt von E. auf-

geführt. Landgraf Friedrich der Freidi-
ge versetzte das Dargestellte in solchen
Schrecken, dass ihn der Schlag ereilte.
Jodocus Trutfetter, * um 1460 E., † 9. 5.
1519 Erfurt, Philosoph. Fasste das gesamte
philos. Wissen seiner Zeit zusammen (»Su-
mule totius logice«, 1501). Wichtigster
Lehrer M. Luthers an der Erfurter Univer-
sität.
Martin Luther (→ Eisleben/ST), dessen
Mutter einem E.er Bürgergeschlecht ent-

*Eisenach: Die Reutervilla am Fuße der Wart-
burg*

stammt, besuchte Sommer 1498 bis April
1501 die Pfarrschule St. Georg (hinter der
Georgenkirche beim 1507 erbauten Resi-
denzhaus) in E. (seiner »lieben Stadt«).
Vom 4. 5. 1521 bis 1. 3. 1522 lebte L. als
»Junker Jörg« auf der Wartburg und über-
trug des Neue Testament ins Dt. – Woh-
nung als Schüler: Georgenstraße 50 (Ge-
denktafel) bei der mit ihm verwandten Ur-
sula Cotta. Wohnung auch im Fachwerk-
haus am heutigen Lutherplatz: L.-Haus,
seit 1956 Museum. L.-Denkmal (1895)
von A. Donndorf auf dem Karlsplatz; L.-
Stube auf der Wartburg.
Christian Franz Paullini, * 25. 2. 1643 E.,
† 10. 1. 1712 ebd., Polyhistor. Arzt in Müns-
ter und Wolfenbüttel. Seit 1688 in E. Verf.
von populärwiss. Schriften (»Kleine doch
curieuse Bauern-Physic«, 1705).
Julie von Bechtolsheim (→ Erfurt/TH)
kam 1776 nach E. B.s Gedicht »Der erste
September 1810 in Eisenach« schildert die
verheerenden Folgen einer Munitionsex-
plosion. – Wohnung: Jakobsplan 4 (durch
B. kult. Mittelpunkt der Stadt)..
Heinrich Schwerdt, * 7. 1. 1810 Neukir-
chen bei E., † 2. 9. 1888 → Waltershau-
sen/TH, Heimatschriftsteller (»Thürin-
ger Dorfgeschichten«, 1860) und Lyriker.
Fritz Reuter (→ Demmin/Stavenhagen/
MV) lebte von 1863 bis zu seinem Tod
74 in E. und arbeitete an der »Urgeschicht
von Meckelnborg«. – Wohnungen: Schloss-
berg 15, seit 1868 Reuterweg 2 (»Reuter-

villa«, seit 1896 Museum, darin unterge-
bracht auch die Richard-Wagner-Slg.).
Von R. aufgesuchte Lokale: Goldener Lö-
we, Friedrich-Engels-Straße 57; Deutsches
Haus, Johannisstraße 21; Phantasie, Ma-
riental 33. Grab (mit R.-Büste/1875) auf
dem Neuen Friedhof. – Besucher u. a.:
Heinrich Hoffmann von Fallersleben (→
Wolfsburg/NI), **Friedrich Rückert** (→
Schweinfurt/BY), **Gustav Freytag** (→ Go-
tha/TH).
Walter Flex, * 6. 7. 1887 E., † (gefallen)
15. 10. 1917 Insel Ösel/Estland, Erzähler
und Lyriker. Germanistikstudium. Haus-
lehrer. Kriegsfreiwilliger. F.s nation. gepräg-
te aut. Kriegserzählung »Wanderer zwischen
zwei Welten« (1916) beeinflusste die Ju-
gendbewegung bis in die NS-Zeit. – Ge-
burtshaus: Marienthal 19, aufgewachsen
Wartburgallee 37 (Gedenktafel im Garten).
Maximilian Böttcher, * 20. 6. 1872 Schön-
walde (→ Rathenow/BB), → 16. 5. 1950
E., Dramatiker und Erzähler. Seit 1930
in E. Erfolg mit Berliner Volksstücken
(»Krach im Hinterhaus«, 1934) und Tier-
geschichten. – Wohnung: Bornstraße 1,
Grab auf dem Neuen Friedhof.
Rudolf Weiß, * 5. 4. 1920 E., † 17. 12.
1974 ebd., Erzähler. Verf. erfolgreicher
Kriegsromane (»Zum Sterben geboren«,
1949, »Und drüben singen sie«, 1952). –
Wohnung: Lucas-Cranach-Straße 15.

A **Justus Menius** (1499-1558), 1529-56 Superintendent in E., ließ den Wiedertäufer Fritz Erbe 15 Jahre lang auf der Wartburg gefangen halten. Am Südturm Gedenktafel. Wohnung: Obere Predigergasse 1, wo 1540 auch Luther übernachtete. – M.s Nachfolger der 1547 bis zu seinem Tod 65 in E. lebende **Nikolaus von Amsdorf** (→ Torgau/SN). Grabstein in der Georgenkirche. – **Kaspar Stieler** (→ Erfurt/TH) war 1667-77 in E. In dieser Zeit entstand der erfolgreiche Briefsteller »Teutsche Sekretariatskunst« (1673). Wohnung: Hellgrevenhof Georgenstraße 43. – **Johann Karl August Musäus** (→ Weimar/TH) wuchs in E. auf. Hier fand er später Zeit zur Konzeption des Romans »Grandison der Zweite« (1760-62). – **Charlotte von Stein** (→ Weimar/TH) wurde 1742 in E. geboren, 1752 auch **Luise von Göchhausen** (→ Weimar/TH). Beider Geburtshaus das Schloss, Markt 24 (Gedenktafel). – **Goethe** (→ Frankfurt a. M./HE) kam erstmals 1777 nach E. Häufige Besuche bei der Fam. von Bechtolsheim am Jakobsplan. Hinter dem Haus G.-Garten. Mehrfache Zeichnung der Wartburg. Wohnung: Schloss (Gedenktafel), G.-Plastik am Burschenschaftsdenkmal. – **Joseph Victor von Scheffel** (→ Karlsruhe/BW) wollte 1857 einen Wartburg-Roman schreiben, er blieb Fragment. – **August Becker** (→ Bad Bergzabern/Klingenmünster/RP) lebte 1868 bis zu seinem Tod 91 in E. Befreundet mit F. Reuter. Wohnung: Schmelzerstraße 18 (Gedenktafel). – Am 9. 4. 1869 wurde im Gasthof »Zum Mohren«, Friedrich-Engels-Straße 57, von **August Bebel** (→ Köln/NW) und **Wilhelm Liebknecht** (→ Berlin) die »Sozialdemokratische Arbeiterpartei« gegründet. Dabei auch der Publizist **Wilhelm Bracke** (1842-80) und der Lyriker **August Geib** (1842-79). – 1884 wurde **Richard Voß** (→ Berchtesgaden/BY) auf der Wartburg Bibliothekar.

Von den Besuchern seien genannt: **Theodor Fontane** (→ Neuruppin/BB/1873), **Joachim Ringelnatz** (→ Grimma/Wurzen/SN/1913), »Kuddeldaddeldu im Binnenland« (G. 1932), **Gerhart Hauptmann** (→ Berlin/1928), »Der Neue Christophorus« (R.-Fragm. 1943). – Unter der Schirmherrschaft von **Börries von Münchhausen** (→ Hildesheim/NI) fand 1935 auf der Wartburg ein von den Nationalsozialisten geprägter »Deutscher Dichtertag« statt. – **Johannes R. Becher** (→ München/BY) hielt am 22. 5. 1954 zur Wiedereröffnung der Wartburg eine Festrede. – **Otto Riedel** (→ Zwickau/SN) organisierte 1954 und 55 Schriftstellertagungen auf der Wartburg.

E **Das Wartburgfest.** In Erinnerung an Reformation und Völkerschlacht trafen sich unter Führung der Universität Jena am 17./ 18. 10. 1817 die dt. Burschenschaften auf der Wartburg, um eine demokrat. Umwälzung einzuleiten. Aus dem Rückblick mutet es unheimlich an, dass dieser »Aufbruch nach Deutschland« mit einer Bücherverbrennung eingeleitet wurde und zus. mit dem »Code Napolèon« auch Saul Aschers gegen Antisemitismus und »teutonische Borniertheit« gerichtete Schrift »Die Germanomanie« (1815) den Flammen übergeben wurde. Peter Hacks' »Ascher gegen Jahn. Ein Freiheitskrieg« (Ess. 1991). Buschenschaftsdenkmal (1902).

Creuzburg

Burgmuseum. – Die Creuzburg war Residenz der Thüringer Landgrafen und Lieblingsaufenthalt der heiligen Elisabeth (Kemenate erhalten, Fresken in der Liborius-Kapelle bei der Werrabrücke).

Johannes Rothe, * um 1360 C., † 1434 Eisenach, Lehrdichter (»Ritterspiegel«, nach 1410) und bedeutender Chronist, dessen »Düringische Chronik« (1421) ein wichtiges Quellenwerk zur ma. thür. Gesch. ist und u. a. von Ludwig Bechstein (→ Meiningen/TH) für sein erstes thür. Sagenbuch (1835-38) genutzt wurde.

Michael Praetorius, *1572 C., † 15. 2. 1621 Wolfenbüttel, bedeutendster Komponist seiner Zeit und Musikschriftsteller. 1604 Kapellmeister am Wolfenbütteler Hof. 1614 Bekanntschaft mit H. Schütz. P.s dreiteiliges Hauptwerk »Sytagma musicum« (1615-19) steht am Anfang der Musikgeschichtsschreibung.

Ernst Christoph Homburg, * 1. 3. 1605 Mihla bei C., † 27. 6. 1681 → Naumburg/ST, Lyriker und Übersetzer. Lebte in Hamburg, Dresden und Jena. Seine Gedicht-Slg. »Schimpff- und Ernsthaffte Clio« (1638) gilt als Muster der Opitz'-schen Kunstdichtung. – Geburtshaus: Pfarrhaus in Mihla (Gedenktafel).

Ruhla

Heimatmuseum. – Dichterhain (1863) auf dem Bermberg.

Hartmann Schenk, * 7. 4. 1634 R., † 2. 5 1681 Ostheim vor der Rhön, Liederdichter (»Nun Gott Lob, es ist vollbracht«, 1664). – Porträttafel im Dichterhain.

Ludwig Storch, * 14. 4. 1803 R., † 5. 2. 1881 Kreuzwertheim am Main, Erzähler und Lyriker (»Thüringen, du holdes Land«). Zss.- und Verlagsgründer. Unruhiges Leben. Zählt zu den Pionieren des hist. Romans (»Der Freibeuter«, 3 Bde., 1834; »Das Haus Fugger«, 1850) in Dtl. Von St. stammt die Bezeichnung »Grünes Herz Deutschlands« für Thür. – Geburtshaus: Köhlergasse 29 (Gedenktafel); Porträttafel im Dichterhain.

Alexander Ziegler, * 20. 1. 1822 R., † 8. 4. 1887 Wiesbaden, Reiseschriftsteller. Schrieb über Afrikaexpeditionen und dt. Auswanderer nach Amerika (»Skizzen einer Reise durch Nordamerika«, 1848). Wichtige

Vorlage für K. May (→ Glauchau/Hohenstein-Ernstthal/SN). Heute noch interessant Z.s »Neuestes Reisehandbuch für Thüringen« (zus. mit H. Schwerdt, 1864). – Wohnung: Villa Urso Montana, Bermberg 1; Gedenktafel im Dichterhain.

A Heimat- und Mundartdichter: **Arno Schlothauer** (1872-1942), »Dear Rühler Kirchenstriet« (Volksstück, 1908), und **Otto Böttinger** (1867-1942), »Rühler Schorrpfiffen« (»Gott schötz, mie Ruhl, för alle Zieht«). – **Arthur Richter** (→ Pößneck/Neustadt a. d. Orla/TH), 1905 bis zu seinem Tod 47 in R., Begründer (1908) der »R.er Heimatbücher«.

L Berühmt ist die Sage vom »Schmied von Ruhla«, in der Landgraf Ludwig II. vom Schmied aufgefordert wird, gegen die das Land drückenden Adligen vorzugehen: »Landgraf, Landgraf, werde hart, hart wie dieses Eisen!«

Wutha-Farnroda

Im Ortsteil Schönau Hörselbergmuseum.

Friedrich Mosengeil, * 26. 3. 1776 Schönau (heute W.), † 2. 6. 1839 → Meiningen/TH, Lyriker und Erzähler. Blieb nur als Hrsg. der ersten stenograph. Schriften in Erinnerung. – Geburtshaus: Pfarrhaus Schönauer Hauptstraße (Gedenktafel).

R J. K. A. **Musäus** wagte 1760 als Pfarranwärter in **Farnroda** ein Tänzchen, weshalb ihn die Gemeinde als Ortspfarrer ablehnte und er Zeit für seine lit. Versuche fand. – Am östl. Ende der Hörselberge **Sättelstedt,** wo Georg Heinrich Lux (1779-1861) geboren wurde. Vermutl. Komponist des Liedes »Ach, wie ist's möglich denn« (Text von **Helmina von Chézy**/→ Berlin). **Gustav Jänner** (1862-1941), der »Nestor der Hörselbergforschung«, war Lehrer in S. – Von **Schönau** aus kommt man zum Jesusbrünnlein, einem Quell,

der mit Frau Holle in Verbindung ge-
bracht wurde. Daran erinnert auf einer
Marmortafel **Adolf Bubes** (→ Gotha/
TH) Gedicht »Das Jesusbrünnlein« (1839)
und seit 1535 alljährlich eine Woche nach
Pfingsten der »Kräutersonntag« (Waldgot-
tesdienst).

L Die Hörselberge gehören zu den sagen-
reichsten Landschaften Thüringens. Ludwig
Bechstein sah in ihnen den »hauptsächlichsten
Träger des Mythentums im Thüringer Lande«.
Die Sagen um Frau Holle haben hier ihre Wur-
zeln. Und der getreue Eckart soll hier in sturm-
erfüllten Spätherbstnächten unterwegs sein,
um den Wanderer vor dem »wilden Heer« zu
warnen. **Christian August Vulpius** (→ Wei-
mar/TH), **L. Bechstein** und **L. Storch** verorte-
ten den mit der Sage vom Tannhäuser verbun-
denen Venusberg in den Hörselbergen. Gedich-
te verfassten u. a.: **Ricarda Huch** (→ Braun-
schweig/NI) »Hörselberg« (1894), **Kurd Laß-
witz** (→ Gotha/TH), »Hörselberg« (1919),
Hanns Cibulka (→ Gotha/TH), »Spätherbst
am Hörselberg« (1968).

B G. Bergmann, Ältere Geschichte Eise-
nachs. Von den Anfängen bis zum Beginn des
19. Jahrhunderts, 1994; Bilderzählungen der
Romantik. Die Fresken Moritz von Schwinds,
Ausstellungskat. 1995; B. Igel, K. Büttner, Hol-
des Land. Eisenach und die Wartburg in litera-
rischen und künstlerischen Darstellungen aus
neun Jahrhunderten, 2000; H. Weigel, Der Sa-
genkreis der Hörselberge, 2001; H. Weigel,
Die Hörselberge bei Eisenach. Kulturge-
schichte einer magischen Landschaft, 2002.

Z Bad Langensalza, Bad Salzungen, Gotha,
Mühlhausen, Waltershausen (TH); Bad Hers-
feld, Eschwege (HE).

EISENBERG/TH

Stadtmuseum im Klötznerschen Haus.

Karl Christian Friedrich Krause, * 7. 5.
1781 E., † 27. 9. 1832 München, Philo-
soph. Schüler von J. G. Fichte (→ Bi-
schofswerda/Rammenau/SN). Lehrer u. a.

in Jena. Trotz 50 originärer Werke blieb
K. in Dtl. wirkungslos. In Spanien und La-
teinamerika aber höchste Geltung (»Krau-
sismo«). – Geburtshaus (Nachfolgebau):
Markt 13/14; Denkmal (1881) am Krause-
platz.

Bruno Bauer, * 6. 9. 1809 E., † 13. 4. 1882
Rixdorf (heute Berlin-Neukölln), Philo-
soph und Religionskritiker. Schüler G.
W. F. Hegels (→ Stuttgart/BW) und
Freund K. Marx' (→ Trier/RP). In Bonn
Mitarbeiter von A. Ruge (→ Rügen/
MV) und Beginn seiner von D. F. Strauß
(→ Ludwigsburg/BW) angeregten religi-
onskrit. Lebensarbeit. – W.: Kritik der
evangelischen Synoptiker (1842); Christus
und die Cäsaren (1877).

A Die E.erin **Ursula Weida** (gest. nach
1541) ist eine der wenigen Frauen, die
während der Reformation zur Feder grif-
fen (»Wider das unchristlich schreyben
…«, 1524). – Unter den Besuchern der
1684 von Herzog Christian, Sohn Ernst
d. Fr. (→ Gotha/TH), veranstalteten E.er
Opernaufführungen **Christian Weise** (→
Zittau/SN). – Im September 1757 kam
Christian Fürchtegott Gellert (→ Mitt-
weida/Hainichen/SN) nach E. und staun-
te über »stille Jungfern«, die seine Werke
kannten. – Der Fabrikant **Carl Spahn**
(1803-65) schrieb romant. Verse (»Früh-
lingskränze«, 1826) und rev. Gedichte.
Wohnung: Markt 10 (Gedenktafel).

L Das Wahrzeichen E.s ist der Mohr (Sand-
steinplastik von 1727 auf dem Markt), mit
dem eine Sage aus der Zeit der Kreuzzüge ver-
bunden ist. – Studien zur Regionalgesch. vom
Sprachforscher **Oskar Weise** (1851-1933), dem
Heimatdichter **Franz Fischer** (1859-1932) und
dem Sagensammler **Paul Heinicke** (1905-86).
– Inge von Wangenheim (→ Weimar/TH) setz-
te mit »Station 5. Romanze einer Genesung«
(E. 1985) der orthopäd. Spezialklinik ein lit.
Denkmal.

R Aus **Etzdorf** kommen die Vorfahren von **Robert Schumann** (→ Zwickau/SN). – In **Rauda** lebte **Friedrich Theil** (1834-1912), ein »gelehrter Bauer«, dem die E.er den Ehrennamen »Philosoph von Rauda« gaben. Grab auf dem Dorffriedhof.

Bürgel

Keramisches Museum. – Töpfermarkt. – Im nahen Thalbürgel roman. Klosterkirche (12. Jh.), Konzertsommer.

R **Goethe** (→ Frankfurt a. M./HE) verbrachte die Weihnachtstage 1775 zus. mit **Friedrich Justin Bertuch** (→ Weimar/TH) in **Waldeck**, um »wilde Gegenden und einfache Menschen aufzusuchen«. G.s in W. geschriebene Briefe (»... denn ich vermisse Sie wahrlich schon«) an **Carl August** (→ Weimar/TH) stehen am Anfang einer lebenslangen Freundschaft. Wohnung: Forsthaus (Gedenktafel).

Crossen an der Elster

Barockschloss (Wand- und Deckengemälde mit Szenen aus Ovids »Metamorphosen«).

Elisabeth von Heyking, * 10. 12. 1861 Karlsruhe, † 4. 1. 1925 Berlin, Erzählerin. Enkelin von A. und B. von Arnim (→ Berlin). Lebte lange in Übersee. 1908 bis kurz vor ihrem Tod auf dem C.er Schloss (»In Crossen ist mir so wehmütig zumute«), wo die Erzählung »Die Orgelpfeifen« (1918) angesiedelt ist. Berühmt wurde H. mit dem in Peking spielenden Roman »Briefe, die ihn nicht erreichten« (1903).

Hermsdorf

Die Holzländer Mundart hat in **Werner Peuckert** (1903-88) noch spät einen Dich-

ter gefunden (»Holzlandgeschichten«, 1979). – Die alten Handwerke der Schirrmacher und Leiternhersteller (»Als Leddermann bin ich bekannt/im ganzen deutschen Vaterland«) beschrieb **Annerose Kirchner** (»Der Rausspeller«, 1999).

B M. Köhler (Hrsg.), Der Hexentaler. Sagen und ausgewählte Begebenheiten aus dem Saale-Holzland-Kreis, 1996; D. Ignasiak, An der Saale und im Holzland. Ein kulturhistorischer Führer, 1997.
Z Dornburg, Gera, Jena, Stadtroda (TH); Naumburg (ST).

EISLEBEN/ST

Regionalgeschichtliches Museum; Geburtshaus und Sterbehaus Martin Luthers (Stiftung Luthergedenkstätten). – Landesbühne Sachsen-Anhalt.

Gertrud von Helfta (auch **G. die Große**), * 6. 1. 1256, → 17. 11. 1301 Helfta (heute zu E.), Mystikerin thür. Herkunft. Kam im Alter von 5 Jahren in das 1258 von Mansfeld nach Helfta verlegte Zisterzienserinnen-Kloster Beatae Mariae Virginis, in dieser Zeit die »Krone deutscher Frauenklöster«, wo **Mechthild von Hackeborn** (bezeugt 1251-98) Äbtissin war. G.s Werk besteht aus Schilderungen myst. Begegnungen mit Christus, die die Herz-Jesu-Verehrung in ganz Westeuropa beeinflussten. **Mechthild von Magdeburg** (→ Zerbst/ST) lebte ab 1270 in Helfta. Sie starb hier um 82. Ihren Tod schildert Gertrud, hagiographisch verklärt, in ihrem Haupt-W. »Legatus divinae pietatis« (Bote der göttlichen Liebe), das auch sprachschöpferisch bedeutend ist (u. a. einleuchten, einbilden, Eindruck). – An der Kirche (Ruine) Gedenktafel: »Im Herzen Jesu/Ist die Welt geborgen.« 1998/99 Revitalisierung des Klosters und Bau einer neuen Kirche.

Martin Luther, * 10. 11. 1483 E., † 18. 2.
1546 ebd., Theologe und Reformator, Be-
gründer des Protestantismus und der luth.
Landeskirche; Schriftsteller, Liederdich-
ter und Übersetzer. In E. eher zufällig ge-
boren, da die Eltern auf ihrem Weg von
Thüringen nach Mansfeld dort weilten.
Dennoch: E. ist das »Bethlehem« und das
»Jerusalem« unter den L.-Orten. – W.:
Krit. Gesamtausgabe (Weimarer Ausgabe,
in 4 Reihen, insges. 113 Bde., 1883-1996);
Werke in Auswahl (Hrsg. O. Clemen, 8
Bde., 1962-68); Ausgew. Schriften (Hrsg.
K. Bornkamm und G. Ebeling, 5 Bde.,
1990). – Geburtshaus: Lutherstraße 15,
als es 1689 abbrannte (Neuaufbau 1693),
blieb das Geburtszimmer im Erdgeschoss
verschont, auch die Eingangshalle stammt
aus dem 15. Jh., über dem Eingang sand-
steinernes L.-Bild und L.-Rose mit Um-
schrift (1693): »Gottes Wort ist Luthers
Lehr, darum vergeht sie nimmermehr.«
Im Hof L.-Büste (1817). Seit 1817 Mu-
seum. Sterbehaus: Andreaskirchplatz 7,
nach dem Stadtbrand von 1498 errichtet,
danach mehrfach umgebaut, insgesamt
aber besser erhalten als das Geburtshaus.
L. wohnte beim Stadtschreiber Albrecht
im Obergeschoss. Seit 1894 Museum. L.-
Denkmal (1882) auf dem Markt; an den
Seiten Relieftafeln mit Szenen aus L.s Le-
ben. Weitere L.-Stätten: Peter-und-Pauls-
Kirche Petrikirchplatz, Taufkirche L.s
(Taufstein in der Turmkapelle, 1817); An-
dreaskirche, in der L. am 15. 2. 46 seine
letzte Predigt hielt und in der er aufgebahrt
wurde; in der Vorhalle Bronzebüsten L.s
und Ph. Melanchthons (→ Bretten/BW).

Gestalt und Leben L.s wurden schon in der
Frühphase der Reformation Thema in der
Lit. (**Hans Sachs**/→ Nürnberg/BY, »Witten-
bergisch Nachtigall«, 1523). Versuche, den Le-
benslauf L.s im Drama zu poetisieren (**Zacha-
rias Werner**/→ Berlin, »Die Weihe der Kraft«,
1806; **August Strindberg**, »Luther«, 1900),

*Eisleben: Eingangsportal zu Martin Luthers Ge-
burtshaus*

sind fehlgeschlagen. Dagegen war L. im 19.
und frühen 20. Jh. Gegenstand zahlreicher
Festspiele (u. a. **Otto Devrient** (1838-94),
1883; **Friedrich Lienhard**/→ Weimar/TH,
1906). Im 20. Jh. versuchte man, L. zu entmy-
thisieren und ihn in Beziehung zu Th. Münt-
zer (→ Sangerhausen/Stolberg/ST) zu setzen
(**Ernst Lissauer**, 1882-1937, »Luther und Tho-
mas Müntzer«, 1929; **Dieter Forte**, »Martin
Luther und Thomas Müntzer oder die Einfüh-
rung der Buchhaltung«, 1971). In der Prosa
trat L. seit der Mitte des 19. Jh.s verstärkt in Er-
scheinung (**Levin Schücking**/→ Meppen/NI,
»Luther in Rom«, 1870; **Ricarda Huch**/→
Braunschweig/NI, »Luthers Glaube«, 1917;
Walter von Molo/→ Weilheim/Murnau/BY,
»Mensch Luther«, 1928; **Hans Lorbeer**/→
Wittenberg/ST, »Das Fegefeuer«, 1956 und
»Der Widerruf«, 1959).

Johannes Agricola (eig. **Schneider** oder
Schnitter), * 20. 4. 1494 E., † 22. 9. 1566
Berlin, Verf. geistl. Schriften und Lieder-

dichter, »der erste Sprichwortsammler im Dienste der deutschen Sprachpflege« (J. Grau): »Drey hundert Gemeyner Sprichworter/der wir Deutschen uns gebrauchen« (1529). 1525-36 Rektor der E.er Lateinschule und Prediger an der Nikolaikirche.

Johann Spangenberg, * 29. 3. 1484 Hardegsen bei Hildesheim, † 13. 6. 1550 E., Theologe und Schulreformer. Hrsg. von Lehrbüchern, Verslehren und Grammatiken. Auf Anraten Luthers 1546 nach E. berufen. Sp.s »Postille … für die jungen Christen« (1544) mit einem Vorwort von Luther wurde bis ins 18. Jh. aufgelegt. – Sp.s Sohn **Cyriakus Spangenberg** (→ Nordhausen/TH) war 1547-53 Prediger an der Andreaskirche. Verf. einer »Mansfeldische(n) Chronica« (1572). Wohnung: Superintendentur Andreaskirchplatz 11 (Gedenktafel).

Martin Rinckart (→ Delitzsch/Eilenburg/SN) war 1611-13 Diakon an der Annenkirche. In E. entstand das Reformationsdrama »Der Eißlebische Christliche Ritter« (1613), mit dem Luther gemeint ist und das zum Vorbild eines ganzen Genres wurde. Die »Eislebisch Mansfeldische Jubel-Comoedia« (1618) stellt Luthers Kampf gegen den Ablasshandel dar. – Wohnung: Augustinerkloster Annenkirchplatz 3, Gedenktafel im Gemeindesaal.

Otto Gotsche, * 3. 7. 1904 Wolferode bei E., † 18. 12. 1985 Berlin, Erzähler und Publizist. Verschrieb sich als Autor »reportagehafter, typenhaft vorgeprägter Romane« dem Kampf der Arbeiter im Mansfelder Land (»Märzstürme«, 1933-53, 2. Bd. 71) und der Bodenreform (»Tiefe Furchen«, 1949). Nach 1945 vor allem SED-Parteifunktionär, 60 unter W. Ulbricht Sekretär des Staatsrates der DDR.

A **Johannes Aurifaber** (→ Weimar/TH) war als Hauslehrer der Mansfelder Grafen 1546 Augenzeuge von Luthers Tod. – Andreas **Fabricius** (→ Chemnitz/SN) war 1569 bis zu seinem Tod 77 Pfarrer in E., 1609-11 **Johann Arndt** (→ Köthen/ST). – Der aus E. stammende **Christian Heinrich Schmid** (1746-1800) leistete mit »Skizzen einer Geschichte der teutschen Dichtkunst« (1780-89) einen wichtigen Beitrag zur Methodik von Lit.-Geschichtsschreibung. – E.er war auch **Wilhelm Hebenstreit** (1774-1854), Verf. des ersten Wien-Führers (»Der Fremde in Wien und der Wiener in der Heimath«, 1829). – **Novalis** (→ Hettstedt/Oberwiederstedt/ST) wurde am 1790 in die Prima des Gymnasiums in E. aufgenommen. Erste Liebesgedichte. Blieb bis Oktober 90: »Einige der glücklichsten Tage meiner Jugend verlebte ich in Eisleben« (Brief an Ph. Büttner, 1792). – **Richard Wagner** (→ Bayreuth/BY) verbrachte 1821/22 ein paar Kindheitsmonate in E. Ludwig Geyer (1779-1821) kam wie seine Vorfahren aus E. Sie waren Stadtmusici und Kantoren. Einer hatte 1672 sogar die Leichpredigt für H. Schütz gehalten. Lange hat die W.-Forschung G. als R. Wagners Vater angesehen, was heute verneint wird.

R Südwestl. von E. **Wolferode**. Otto Gotsche: »Die Natur hat mein Dorf nicht sehr begünstigt, es liegt in einem hügeligen, abschüssigen Gelände, fast könnte man sagen, in schichtartigen Bergeinschnitten und war über lange Jahrhunderte ein Doppeldorf« (»Mein Dorf«, 1974). – Etwas nördl. **Ahlsdorf**, wo **Christian Thomasius** (→ Leipzig/SN) 1719 ein Gut (Park) erwarb. – **M. Luther** kam am 17. 4. 1525 auf seiner Fahrt ins Bauernkriegsgebiet durch **Seeburg** und predigte in der Fleckenkirche »wider die räuberischen und mörderischen Rotten der Bauern«.

L Im März 1921 kam es im Mansfelder Land zu Arbeitskämpfen. Obwohl wegen anarchist. Umtriebe gerade aus dem Kommunist. Partei ausgeschlossen, übernahm **Max Hoelz** (→ Großenhain/Riesa/SN) in E. die Führung des Aufstandes. Schon 1922 veröffentlichte **Joseph Schneider** darüber seinen Tatsachenbericht: »Die blutige Osterwoche im Mansfelder Land«. Zur Erinnerung an die »Märzkämpfe« fanden Pfingsten 25 in E. »Rote Müntzertage« statt, auf denen **Berta Lask** (→ Seelow/Bad Freienwalde/BB) von Arbeitern eine dramat. Gestaltung der Ereignisse vorgeschlagen wurde: »Um das historische Material zu bekommen, wanderte ich durch das Mansfelder Land von Dorf zu Dorf, suchte die Leunakämpfer auf und ließ mir von ihnen erzählen« (»Hammer und Feder«, 1929). Das Stück »Leuna 1921« (1927) wurde als »landesverräterisches Druckerzeugnis« beschlagnahmt. Ein zweites Drama stammt von **Rudolf Fuchs** (1890-1942), einem Schriftsteller tschech.-jüd. Abstammung. »Aufruhr im Mansfelder Land« (1928) besteht aus 28 kurzen Szenen, die u. a. auf dem E.er Marktplatz, auf dem Gelände der Mansfeld-AG und in Klostermansfeld handeln. **Max Hoelz** ließ aus der Haft seine Erinnerungen u. d. T. »Vom ›Weißen Kreuz‹ zur roten Fahne« (1929) folgen.

Otto Gotsches »Märzstürme« (1933-53) handeln 1918-24 ebenfalls in der Region. Ebenso sein Roman »Zwischen Nacht und Morgen« (1959), in dessen letztem propagandist. Kap. die Geschichte eines von Arbeitern geretteten Lenin-Denkmals erzählt wird. **Martha Nawrath** (→ Halle/ST) schrieb darüber eine Kantate (1968). – 1950 wurde in E. **Stephan Hermlins** (→ Chemnitz/SN) »Mansfelder Oratorium« (Buchausg. 1951) mit der Musik von E. H. Meyer uraufgeführt. – **Theo Harych** (1903-58) schrieb den Roman »Im Geiseltal« (1952), der vor allem die Zeit des Kapp-Putsches behandelt. – **Axel Schulze** blickt in seinem Gedicht »Mansfelder Gegend« (1977) als Nachgeborener auf Geschichte und Industrialisierungsfolgen: »Jäh vom Roten reißt das Land in/Abendröte hoch die/riesig aufzieht über tauben Schiefer,/über Städten grau in grau.«

Mansfeld

Basilika in Klostermansfeld. – Bergbauhalde »M.er Brocken«.

Martin Luther lebte 1484-97 in M., seinem »gute(n), harte(n) Kindheitsort«, und wusste: »Mein Vater ist gegen Mansfeld gezogen und daselbst ein Berghäuer worden.«
Schon 91 gehörte Hans Luder zu den Viermännern des Magistrats, war Hüttenmeister und Pächter einer Kupfermine, hatte also im aufstrebenden Kupferbergbau von M. einen einzigartigen sozialen Aufstieg genommen. – L.s Elternhaus, Lutherstraße 26, von H. Luder um 1490 erworben und von ihm bis zu seinem Tod 1530 bewohnt; Stadtkirche St. Georg, wo L. Ministrant war; östl. davon L.s Schule (Nachfolgebau aus dem 17. Jh.), Junghuhnstraße 2, die er ab 1487/88 besucht haben könnte; erste Heimstätte der L.-Familie in M. Mahlgasse 2, erhalten nur die Grundmauern (Nachfolgebau 1926); L.-Brunnen (1913) am Lutherplatz.
Georg Aemilius (eig. **G. Oemler**), * 25. 6. 1517 M., † 22. 5. 1569 → Stolberg (→ Sangerhausen/ST), Verf. von Bibel-Epen. Luther regte ihn zum Versifizieren sämtl. Evangelien (1549) an. Immer wieder nachgedruckt Ae.s Übersetzung der franz. Bildunterschriften von H. Holbeins »Bilder des Todes« (1542).
Wolfhart Spangenberg, * 6. 11. 1567 M., † um 1636 vermutl. Buchenbach/Jagst (heute zu Mulfingen/BW), Theologe und Dichter. Gehörte zu den Straßburger Meistersingern. Lit. Ruhm erwarb Sp. mit den in Knittelversen abgefassten Tierepen »Ganßkönig« (1607) und »Eselkönig« (1608).

L Wilhelm von Kügelgen (→ Quedlinburg/Ballenstedt/ST) besichtigte die »halbverfallenen Räume« des Schlosses: »Überhaupt war mir's auf dem Mansfelder Schlosse, der ersten alten Burg, die ich zu sehen bekam, gar wundersam zumute.« – **Werner Eggerath** (1900-77) behandelt in dem Produktions-Roman »Wassereinbruch« (1960) eine Grubenkatastrophe, die im September 1958 im Otto-Schacht von M. stattfand. – **Franz Fühmann** (→ Berlin) verarbeitete Erfahrungen, die er in den Schächten von M. gemacht hat, in seinem Fragm. gebliebenen Werk »Im Berg. Bericht eines Scheiterns« (postum 1991).

R In **Gorenzen**, schon am Harzrand, bei der Familie seines Onkels und zweiten Vormunds E. Oehler, verbrachte der junge **Friedrich Nietzsche** (→ Weißenfels/Röcken/ST) die Sommerferien 1860, 62 und 65.

B W. Schulz, Führer zu den Lutherstätten, 1982; P. Ambros/U. Rößling, Reisen zu Luther, 1983; G. Piltz, Daher bin ich. Ein Gang durch Lutherstätten, 1983; W. Hoffmann, Luther (Reiseführer zum 450. Todestag), 1995.
Z Bernburg, Halle an der Saale, Hettstedt, Quedlinburg, Querfurt, Sangerhausen (ST).

EMDEN/NI

»Neerlands Sleutel, Duitslands Slot,/Emden blijf betrouw an God!«: Der Niederlande Schlüssel, Deutschlands Schloss: Emden bleib Gott getreu!
(Albert Albertoma, um 1570)
Stadtarchiv. – Kunsthalle Stiftung Henri und Eske Nannen (Schwerpunkt Expressionismus, Neue Sachlichkeit); Ostfries. Landesmuseum (mit Bibliothek) und Städt. Museum im »Rathaus am Delft«. – Neues Theater E., Niederdt. Bühne.
Johannes Althusius (1557-1638), Begründer der Lehre von der Volkssouveränität, war hier Stadtsyndikus, aus E. stammt der Altphilologe Eduard Norden (1868-1941).

Johann Christian Hermann Gittermann, * 27. 7. 1767 → Dunum/Wittmund/NI, † 29. 1. 1834 E., Prediger, Lyriker und Erzähler; Hrsg. von Kalendern und Taschen-

büchern. – W.: Die beste Welt (G. 1799); Romantische Erzählungen (1803). – Grab in Leer.

Berend de Vries, * 31. 12. 1883 E., † 25. 11. 1959 ebd., Lyriker und Erzähler (→ Leer/Borkum/NI), 1952 K.-Groth-Preis für niederdt. Lit. – W.: Marsch und Meer (G. 1920); Das Logbuch des Ostindienfahrers (Geschn. 1943); Nebel über dem Wattenmeer (Geschn. 1955). – Grab auf dem Friedhof der Neuen Kirche.

A **Johannes Canter** (1420-1497) und **Jacobus Canter** (1469-1529) aus Groningen, Verfasser humanistischer Schriften, wirkten in E. – 1530 floh **Melchior Hoffmann**, Verfasser apokalyptischer Traktate, von Straßburg nach Emden. – **Hendrik Niclaes** (um 1502-80) machte E. von 1540-60 zum Zentrum seiner missionarisch-prophetischen Schrr. **Johannes a Lasco** (1499-1560), als Superintendent in E., dem »Genf des Nordens«, Humanist; J. a. L.-Bibliothek. – Der Lyriker **Johann Nikolaus Götz** (→ Worms/RP) lebte 1742 als Hausprediger beim E.er Kommandanten von Kalckreuth. – 1783 wurde **Johann Gottfried Seume** (→ Poserna/Weißenfels/ST) bei Oldenburg als Deserteur gefangen und in einem Lager bei Emden inhaftiert. – 1919 war der Erzähler **Peter Kast** (1894-1959) Mitglied im Emder Arbeiter- und Soldatenrat.

L Die Sagen, u. a. von der »Klunderburg« und dem »Geisterschiff«, in **Hermann Lübbings** Slg. »Friesische Sagen von Texel bis Sylt« (1928) und in dem Band »Die grüne Küstenstraße von Emden nach Westerland« von **Eberhard Michael Iba** und **Walter Iba** (1981). – Der englische Dramatiker **Christopher Marlowe** lässt »Doctor Faustus« (1588) vom Teufel für seine Seele die Herrschaft über E. und seine Schätze fordern.
Die Stadt – topograph.-hist. Skizzen von **Otto von Heinemann** (→ Helmstedt/NI) und **Bernhard Flemes** (→ Hameln/NI) – ist Ku-

lisse in den Romanen »Grüner Rasen, blaue Wellen« (1920) von **Otto von Gottberg**, »Der Auftakt« (1922) von **Margarete Boie** (→ Lüneburg/NI), »Hasko« (1935) von **Martin Luserke** (→ Meldorf/SH), »Das Muschelhorn. Schicksal und Vollendung des Abdenas« (1940) von **Hans Leip** (→ Hamburg). – **Luise Lüken** (1897-1978), »Damals in Ostfriesland« (1981), Erinn. an die Kindheit am Fentjer Tief. – **Curt Hohoff**, Publizist, Kritiker und Autor, gebürtiger Emder (geb. 1913), beschreibt in seiner Aut. »Unter den Fischen« (1982) u. a. seine Freundschaft mit Henri Nannen.

S **Johannes a Lasco-Bibliothek** der Großen Kirche zu Emden, auch Moederkerk: 100 000 Bde; Forschungsstätte für den reformierten Protestantismus und die Konfessionsgeschichte der frühen Neuzeit, von der ZEIT-Stiftung als »Bibliothek des Jahres 2001« ausgezeichnet.

B Emden. Ein Lesebuch, Hrsg. D. H. Klein, 1990.

Z Aurich, Leer, Norden, Norderney (NI).

EMMENDINGEN/BW

Städt. Museum im Markgrafenschloss (Schlosser, Goethe, u. a. E. als Schauplatz von »Hermann und Dorothea«, Lenz); Jüdisches Museum. – Badische Kammerschauspiele.

Johann Georg Schlosser (→ Frankfurt a. M./HE), der Schwager Goethes, war 1774-83 Amtmann in E. Seine Frau Cornelia starb am 8. 6. 1777 (Grab auf dem Alten Friedhof). Gäste im Hause des »Genies der Freundschaft« Sch. (Landvogteistraße 6; Gedenktafel): u. a. **J. J. Heinse** (→ Aschaffenburg/BY), **J. G. Jacobi** (→ Düsseldorf/NW), **J. C. Lavater**, **J. M. R. Lenz**, **G. K. Pfeffel** und eben **Goethe** (28. 5.-5. 6. 1775 und 27./28. 9. 1779). – Goethe-Park mit Gedenksäule; Gedenkstein an der »Heimatbrücke«; Marktbrunnen: G.s Kopf à la Tischbein.

Jakob Michael Reinhold Lenz, * 12. 1. 1751 Seßwegen/Livland, † 24. 5. 1792 Mos-

Emmendingen: Marktbrunnen mit Goethes Kopf à la Tischbein. »Wes das Herz voll ist, des läuft der Mund über.« (B. Bührer, 1983)

kau. Neben Goethe, als dessen »Affe« er apostrophiert wurde, und F. M. Klinger (→ Frankfurt a. M./HE) Wortführer des »Sturm und Drang«. Nach Studienjahren in Dorpat und Königsberg (u. a. bei I. Kant) Hofmeister. Seit 1771 in Straßburg, 75 erste Reise (im Werther-Kostüm) mit Goethe nach E. 1776 Aufenthalt in Weimar. 1777/78 Anzeichen von Geisteskrankheit. Unstet zwischen E. (wo L. zeitw. mit Ketten ans Bett gebunden in Schlossers Haus lebte, dann drei Monate bei Meister Süß in der Lammgasse 12 das Schusterhandwerk lernte), dem Elsass (G. Büchners »Lenz«) und der Schweiz. Schließlich bei der Familie in Riga, 1780 nach Russland »abgeschoben«. – An L. erinnern in E. das sog. Lenzhäuschen auf dem Schlossplatz und eine Inschrift auf der Säule im Goethe-Park; Lieblingsaufenthalt draußen die Hochburg über E.

(Shakespeare-Phantasie »Das Hochburger Schloß«). – S. Damm, »Vögel, die verkünden Land« (1985); K. Agthe, »Bain de surprise. Lenz in E.« (2001).

A Der Astronom **Johannes Kepler** (→ Leonberg/Weil der Stadt/BW) besuchte zu Beginn des 16. Jh.s die Lateinschule in E. Auch der Historiker **Johann Daniel Schöpflin** (→ Müllheim/Sulzburg/BW) verbrachte hier einen Teil seiner Jugend. – Wenn **Johann Peter Hebel** (→ Lörrach/Hausen/BW) zu Besuch kam, logierte er im Pfarrhaus. Dort soll auch sein Gedicht »Wächterruf« entstanden sein. – Am 26. 6. 1957 starb im Landeskrankenhaus (Neubronnstraße 25) **Alfred Döblin** (→ Berlin), am 11. 9. 1960 **Karl Benno von Mechow** (→ Bonn/NW), der seit Kriegsende in Freiburg i. Br. gelebt hatte (Grab dort auf dem Hauptfriedhof).

S Deutsches Tagebucharchiv e. V. (Marktplatz 1): aut. Dokumente von rund 1100 Einsendern.

Waldkirch

Elztalmuseum.

Max Barth, * 22. 1. 1896 W., † 15. 7. 1970 ebd., freier Schriftsteller und Journalist. 1933 Flucht in die Schweiz, später u. a. in Frankreich, Spanien, Polen, Schweden und Norwegen; 1950 Rückkehr nach Deutschland. Von 1959-65 gab B. den »Waldkircher Heimatbrief« heraus. – W.: Spur im Ufersand (Werk-Ausw., hg. F. Bentmann und W. Thoma, 1971). – M.-B.-Preis (für Abiturienten, seit 1990). – Nachlass Lit. Gesellschaft Karlsruhe, Scheffelbund.

L »Der Wolf bellt, wir richten nichts aus«, heißt es in einer W.er Hexensage: Das Läuten der großen Glocke von St. Margarethen war für die Hexen »wie das Bellen eines Wolfes«. Tiersagen aus dem Elztal, Simonswäldertal,

Prechtal und Glottertal hat **Willi Thoma** gesammelt (1986). – Ein »Trachtenfest im Elztal 1897« beschreibt **Heinrich Hansjakobs** (→ Wolfach/Haslach/BW) »In der Kartause« (1901), die Fastnacht in Elzach **Hermann Eris Busse** (→ Freiburg i. Br./BW) in »Peter Brunnkant« (1927). Slg. und Fundgrube: **Hermann Hesses** (→ Calw/BW) »Alemannenbuch« (1920, n. 86).

R Auf den Spuren von **H. J. Ch. von Grimmelshausen** (→ Gelnhausen/HE) befindet man sich auf der Ruine **Lichteneck** sowie in **Kenzingen** und **Endingen** am Kaiserstuhl. Aus E. stammt der Autor der ersten deutschen Schwanklsg. (1486), **Augustin Tünger** (geb. 1455). Auf eine Begebenheit im 15. Jh. geht das »Endinger Judenspiel« zurück (dazu **Heinrich Hansjakob** in seinem Reisebuch »Sommerfahrten«, 1904). Im »Heimatsaal« in der Stadthalle von E. wird u. a. an den Bürgermeister und Sagensammler **Franz Michael Kniebühler** (1813-74) und den Freiburger Erzähler **Franz Hirtler** (1885-1947), der zuletzt Direktor der Pädagog. Akademie in Lörrach war, erinnert. – In **Kiechlinsbergen** im Schloss: Wein- und Landgut **Karl Wolfkehls** (→ Darmstadt/HE), »Kiech« genannt; hier lebte W.s Familie seit 1918 (Marbacher »Spuren« 30/1995). In **Wyhl** wurde 1975 im Protest gegen das geplante AKW demonstriert, wie »Volkssprache« zur »Protestsprache« werden kann: »Die Lieder aus Wyhl« (5. Aufl. 1977). W. hatte Tradition: »In ainem dorf, **Lehen** genannt«, wie es im Bundschuhlied von 1513 heißt, hatte der aus Untergrombach (→ Bruchsal-U./BW) stammende Leibeigene **Joß Fritz** die Bauern wieder unter dem Symbol des Bundschuhs versammelt. Die lit. Rezeption von J. Fritz und Bundschuh reicht von **Thomas Murners** satir. Kritik in der »Narrenbeschwörung« (1512) und den Spruchgedichten von **Pamphilius Gengenbach** (1514) bis zu den 1936 ersch.

Romanen »Die Saat« von **Gustav Regler**
(→ Merzig/SL), »Der Bundschuhhaupt-
mann Joss« von **Norbert Jacques** (→
Lindau/Schlachters/BY), **Will Vespers** (→
Wuppertal/NW) E. »Der Bundschuh zu
Lehen« (1924), **Franz Josef Degenhardts**
Ball. »Joß Fritz« und »Sancho Pansa/
Chauffeur bei Don Quijote/Wie HAP
Grieshaber in den Bauernkrieg zog« von
Margarete Hannsmann (1977).

B P. Maisack, Schlosser, Cornelia und ihre
Freunde in Emmendingen, Marbacher »Spu-
ren« 20/1992; K. Kaufmann, Wahlbruder Lenz.
Eine Spurensuche, 2003.
Z Breisach, Freiburg i. Br., Burkheim, Lahr
(BW). Überm Rhein: Schlettstadt (Humanis-
tenbibliothek), Waldersbach (J. M. R. Lenz);
Housseras (Döblin-Grab).

ERBACH/HE

Deutsches Elfenbeinmuseum.

Die kleine (827 vollendete) Basilika **Ein-
hards** (→ Seligenstadt/HE) bei **Steinbach**
(Michelstadt-St.), schreibt **Kasimir Ed-
schmid** (→ Darmstadt/HE), erinnere ihn
an Italien, »an ein sehr frühes«, und die
Krypta gleiche den »etruskischen Grabpa-
lästen unter der Erde in Chiusi und Veji«.
Nischen sollten die Sarkophage für Ein-
hard, der 815-28 in St. lebte, und seine
Frau bergen, »sie sind aber leer«. »Abseits
und bescheiden« steht der Sarg, »der nicht
nur den Mythos der frühen christlichen
Epoche karolingischer Prägung, sondern
auch seine Legendenwelt beschwört«, drü-
ben in der Einhards-Kapelle des **Erbacher**
Schlosses, die Graf Franz nach dem legen-
dären Stammvater seines Hauses benann-
te und als Erbach'sche Gedenkstätte ge-
staltete. Droben in den Sammlungen des
Grafen Franz I. (1754-1823) wird in der
Antikengalerie Italien abermals beschwo-
ren: »Die römische große Geschichte wird

lebendig« (u. a. Porträtbüsten Ciceros und
Caesars). – **Martin Luther** (→ Eisleben/
ST) traf einen der Grafen, den »Schenk
von Erbach« (Gedicht von **Paul Heyse**
(→ Berlin), auch **Philipp Melanchthon**
(→ Bretten/BW) weilte dort. – **Amalie
Katharina Gräfin von Erbach** gab 1692
eine Kirchenlieder-Slg. heraus. – **Ernst
von Wolzogens** (→ München/BY) R.
»Wenn die Türme stürzen« (1925) wurde
vom Grafen aufgekauft. – **Rudolf Ha-
gelstange** (→ Nordhausen/TH) siedelte
sich Am Schlehdorn in E. an. Sein Grab
auf dem Friedhof Erbach. Im »Städtel«
wurde **Greta Bickelhaupt** (1865-1919)
geb., Grab ebenfalls auf dem E.er Fried-
hof: »Aus dem Oudewald«, den »Oude-
wäller Leit« galten ihre Gedichte (Werke
1991/92). Eine Auswahl gab **Hans Mül-
ler-Erbach** heraus, als Mundartautor selbst
mit dem echten »Loabserdeitsch« vertraut.
In der Kirche von **Michelstadt** befindet
sich die 1499 von Niklas Matz aus M.,
dem späteren Domherrn zu Speyer, ge-
stiftete Kirchenbibliothek mit kostbaren
Hss. und Inkunabeln. – Aus **Langen-
Brombach** (Brombachtal-L.-B.) stammt
der Mundartdichter und Folklorist **Georg
Volk** (1861-1915); seine Landes- und Volks-
kunde des »Odenwalds« erschien 1900. –
In **Bad König** lebte 1799-1802 **Karl Julius
Weber** (→ Langenburg/BW) als Kanz-
leidirektor der Grafschaft Erbach-Schö-
neberg. – **Karl Schäfer** (1849-1915) aus
Brensbach schrieb »Odenwaldgeschich-
ten« (1886), seine Lieder vertonte F. v. Flo-
tow in Darmstadt.

E Ruine **Rodenstein** (Gem. Fränkisch-Crum-
bach/HE) und **der Rodensteiner**: Die Sage
(eine Variante der vom »Wilden Heere«) zu-
nächst auf dem nahen Schnellertsberg lokali-
siert, wo der »Schnellertsherr« ausziehe, wenn
ein Krieg naht, und erst zurückkehrt, wenn
sich der Frieden abzeichnet (Brüder Grimm,
»Deutsche Sagen«, Nr. 170). – Zahlreiche, im

18. und 19. Jh. protokollierte Augen- und Ohrenzeugenberichte. Zu Beginn des 19. Jh.s Übertragung auf einen Angehörigen des 1671 ausgestorbenen Rittergeschlechts von R., der verflucht sei, bei Kriegszeiten aus dem Grabe aufzustehen (C. F. A. Langbein, »Der Kriegs- und Friedensherold«, 1807). Bearbeitungen als Ballade, Epos, Erzählung, Drama und Oper, schließlich mit nationaler Sinngebung nach den Freiheitskriegen als ein anderer Barbarossa (L. Tieck, A. L. Grimm, W. Müller v. Königswinter). Entromantisierung durch J. V. v. Scheffel (»Die Lieder vom Rodensteiner«, 1868): Der R. nun als Saufaus, eine Variante, die sich im Odenwald nicht einbürgerte. – Ruine R. restauriert, Burgschänke im ehem. Vorwerk (Gedenktafel für Scheffel; Gästebuch in Darmstadt), Rodensteiner Dichterweg. In der Pfarrkirche von Fränkisch-Crumbach Grablege der R., Epitaph für den 1500 in Rom gest. Hans v. R. – W. Bergengruen, »Im R.schen Spukland« (»Deutsche Reise«, 1934), »Das Buch Rodenstein« (1950).

Z Darmstadt, Dieburg, Heppenheim (HE); Miltenberg, Amorbach (BY).

ERDING/BY

Städt. Heimatmuseum.

In der Zirbelstraße wohnte der Schriftsteller **Gert Hofmann** (geb. 29. 1. 1931 in Limbach/SN) bis zu seinem Tod am 1. 7. 1993, dem Geburtstag Lichtenbergs, dem sein letztes Werk »Die kleine Stechardin« (1994) gewidmet ist. – W.: Gespräch über Balzacs Pferd (Nn. 1981); »Vor der Regenzeit« (R. 1988), »Der Kinoerzähler« (R. 1990), »Das Glück« (R. 1992). – Grab Friedhof München-Pasing; Nachlass LA Monacensia. – P. B. Heim, »Erdinger Spaziergänge als besondere Inspiration« (in: »Landpartie literarisch«, Hrsg. Ch. Krügel, 2003).

R **Heinar Kipphardt** (→ Berlin) lebte von 1965 bis zu seinem Tod 82 in der Strommühle am Fluss Strogn in **Angelsbruck**. Hier entstanden u. a. die Drr. »Die Soldaten« (1968), »Bruder Eichmann« (1983) und die »Angelsbrucker Notizen« (1977): »Meine Nachbarn, die Bauern irritiert stark / mein intimes Verhältnis zu dem Privatgelehrten / Karl Marx …«. 1970/71 war K. Chefdramaturg der Münchner Kammerspiele; eine Inszenierung von W. Biermanns »Der Dra-Dra« 71 führte zur Trennung vom Theater. Grab hinter dem Chor der Kirche von **Reichenkirchen** (nordöstl. von Erding). – Unter den Besuchern in der Strommühle auch **Stefan Heym** (→ Chemnitz/SN).

Taufkirchen a. d. Vils

Josef Martin Bauer, * 11. 3. 1901 T., † 16. 3. 1970 Dorfen, Erzähler, Hörspieldichter. Verließ Priesterseminar, Land- und Fabrikarbeiter, 1927 Redakteur in D., seit 1935 freier Schriftsteller. – W.: Achtsiedel (R. 1931); Die Notthafften (R. 1931); So weit die Füße tragen (R. 1955); Der Kranich mit dem Stein (1958), Schlüsselroman um den Münchner Kardinal Faulhaber; Der Abhang (R. 1961); Auf gut bayerisch/Eine Fibel unserer eigenen Sprache (1969). – Gedenktafel am Geburtshaus in T.

R **Joseph von Obernberg** schrieb 1816 von den »Vergnügungen der Anschauung einer anmuthigen Landschaft«, womit er die Umgebung von **Dorfen** meinte. **J. M. Bauer** lebte hier in seinem Haus am Dorfrand (Parkstraße 17); Grab auf dem Friedhof. Der 1862 geb. Mitbegründer der oberbay. Bauernbühne und Volksschauspieler **Xaver Terofal** (→ Miesbach/Schliersee/BY) stammt ebenfalls aus dem Ort (Gedenktafel). – Das Dorf **Finsing** brachte **Hans Sachs** (→ Nürnberg/BY) mit zwei Fastnachtspielen in die Literatur: »Der Roßdieb zu Fünsing« (1553)

und »Die Fünsinger Bauern« (1558). – In der Volksschule von **Langenpreising** Gedenktafel für den Philosophen **Martin Deutinger** (1815-64), geb. in der Schachtenmühle bei L.

B U. Neumann/M. Töteberg (Hrsg.), In der Sache Heinar Kipphardt, Marbacher Magazin 60/1992.
Z Ebersberg, Freising, Landshut, München, Wasserburg a. I. (BY).

ERFURT/TH

»Eine so außerordentlich begünstigte Stadt ... hätte eine ruhmreichere und glücklichere Geschichte haben sollen; reich wurde sie auch, gewann aber nie die ausschlaggebende Stellung, die ihr, wie man meinen könnte, als Mittelpunkt Deutschlands gebührt hätte.« (Ricarda Huch, 1929)

Universität mit Max-Weber-Kolleg für kultur- und sozialwiss. Studien, Fachhochschule. – Angermuseum (Bildende Kunst); Stadtmuseum im Haus zum Stockfisch, Museum für Thüringer Volkskunde. – Theater am Brühl (Opernhaus), Puppentheater im Waidspeicher, Kabarett »Arche«. – Aus E. stammt die Orientalistin Annemarie Schimmel (1922-2003). – **Bonifatius** (→ Fulda/HE) erhob E. 742 zum Bistum und ließ auf dem Marienberg einen Dom bauen. Heutiger Dom nach 1349. Im Turm eine der größten ma. Glocken. Ihren Guss behandelt **Bodo Kühn**: »Gloriosa« (R.1962).

Ebernand von Erfurt, * nach 1150. 1192-1217 in E. erwähnt. Verf. der Reimlegende »Heinrich und Kunigunde« (um 1220).
Erfurter Judeneid, Ende des 12. Jh.s. Ältestes Dokument dieser Art in dt. Sprache. Die E.er Judengemeinde war die größte in Mitteldtl. Nach der Pest 1349 Vertreibung der E.er Juden.
Dietrich von Apolda, * zw. 1220-30 → Apolda/TH, † 1302/03 E., Dominikaner. Seit 1247 in E. Verf. der lat. »Legende der heiligen Elisabeth« (n. hg. R. Kößling

1997), auf die alle anderen Darstellungen zurückgehen.
Meister Eckhart (→ Ohrdruf/Tambach-Dietharz/TH) bezog vor 1277 das E.er Dominikanerkloster. Dort Prior und Provinzial. In den in E. entstandenen dt. Predigten (u. a. »Vom edlen Menschen«) verbindet M. die Frage nach Gott mit der Frage nach dem Sein der Menschen. – Bronzerelief am Nordportal der Predigerkirche, Meister-Eckhart-Straße, mit Zit. aus dem Johannes-Ev., über das M. eine seiner berühmten Predigten hielt.

E Vom »Studium generale Erfordense« zur Universität. Schon im 12. Jh. unterhielten die beiden Kollegiatkirchen auf dem Domhügel, St. Marien und St. Severi, bedeutende Schulen. Um 1300 zog das aus ihnen hervorgegangene E.er »Studium generale«, lehrplanmäßig abgestimmt mit dem der Pariser Artistenfakultät, Scholaren von weither an. Wenn dieser Schulverband auch noch nicht den Status einer

Erfurt: Das Innere der Predigerkirche; Wirkungsstätte von Meister Eckhart

Universität hatte, so kann er aus heutiger Sicht doch als Hochschule bezeichnet werden, mithin als älteste in Mitteleuropa. Erst 1392 ging daraus auf Initiative der E.er Bürger die Universität hervor, im 15. Jh. die nach Wien am meisten frequentierte dt. Hochschule.

Von den E.er Gelehrten des 14./15. Jh.s, der Blütezeit der Stadt, ragen heraus: Der Sprachgelehrte **Thomas von Erfurt** (auch **Th. de Erfordia**), † um 1350 E. Lehrte am Schottenkloster und erhob die Grammatik zur Wiss. (»Modi significandi«). Th.s bedeutendster Schüler **Konrad von Megenberg** (1309-74) schrieb die erste dt. Naturlehre (»Buch der Natur«). – **Claus Cranc**, der bedeutendste Übersetzer seiner Zeit, übertrug um 1350 in E. die prophet. Bücher des AT ins Dt. – **Hartwig von Erfurt** (auch **Hartung von E.**), Mitte des 14. Jh.s. in E., verfasste myst. Predigten in der Diktion Meister Eckharts. – Der Theologe **Jakob von Paradies** (eig. **J. Kuniken**, 1381-1465 E., 1441 bis zu seinem Tod in E., hinterließ mehr als 100 Werke, darunter kirchenkrit. Traktate und Predigtzyklen. – **Hartung Cammermeister** (1400-67), der bedeutende E.er Chronist, knüpfte an J. Rothe (→Eisenach/Creuzburg/TH) an. Als 1452 **Johannes von Capestrano** in E. für ein Siedlungsverbot für Juden sorgte, gehörte H. zu seinen schärfsten Kritikern. Grab in der Augustinerkirche. – H.s Nachfolger **Conrad Stolle** (1430-1505), 1454 Vikar an St. Severi, gab in seinem »Memoriale« dem Alltagsleben breiten Raum.

E Erfurt als frühes Zentrum des Buchdrucks. Vermutl. war Johannes Gutenberg 1418 E.er Student. Der erste E.er Drucker, Johannes Fogel, druckte im Haus zum Güldenen Stern, Allerheiligenstraße 11, 1473 mit aus Mainz stammenden Lettern. Aus seiner Werkstatt kam auch der Einband der 42-zeiligen Gutenberg-Bibel. 1499 druckte Wolfgang Schenck im Haus zum Schwarzen Horn, Michaelisstraße 48, das erste dt. Griech.-Lehrbuch, 1518 seine Werkstatt das erste Rechenbuch von Adam Ries, der bis 1522 in E. produktive Jahre verbrachte. Bedeutend auch die Offizin von Matthes Maler, der im Umfeld der Reformation 252 Bücher herausbrachte, darunter Luthers »Kleinen Katechismus«. Melchior Sachse d.Ä. und Melchior Sachse d.J. druckten im Haus Arche Noae, Michaelisstraße 38, 1525-86 die Rechenbücher von Ries, 1532-38 das »Eulenspiegel«-Buch. An Ries erinnern dort eine Bronzebüste in der Tradition ma. Gaffköpfe sowie eine Tafel und ein in das Straßenpflaster eingelassenes Rechenbrett (1992). Erst nach 1550 verlor E. seine führende Rolle im mitteldt. Druckwesen an Jena und Leipzig.

Die große Zeit des E.er Buchdrucks fällt zus. mit der Blüte des Humanismus: **Peter Luder** (→ Heidelberg/RP) wurde 1460 begeistert an der E.er Universiät aufgenommen. – Auch der Wanderprediger **Samuel Karoch von Lichtenberg** (gest. nach 1485) hielt 1470/71 und 1484/85 in E. Vorlesungen und trug lat. Gedichte vor, »die in ihrer einprägsamen Art an die Carmina Burana erinnern« (H. Wolf). – **Konrad Celtis** (→ Schweinfurt/BY) war 1486 in E. und scharte einen Freundeskreis um sich. – Der erste dauerhaft in E. lehrende Humanist war **Nikolaus Marschalk** (→ Sangerhausen/Kelbra/ST/1492-1502). – **Conradus Mutianus Rufus** (→ Gotha/TH), E.er Student 1486-92, gründete 1502 den »Älteren Mutianischen Kreis«. Aus der Feder M.s stammt eines der wenigen Zeugnisse (»ein bloßer Prahler und Narr«) über **Johann Faust** (→ Vaihingen/Knittlingen/BW), der sich 1513 in E. aufhielt. Durch das heutige Faustgässchen (Verb. zw. Schlössserstraße und Borngasse) soll er der Sage nach seine schnaubenden Rösser getrieben und im nahen Haus zum Anker Schlösserstraße 21 seine »Künste« gezeigt haben. – **Crotus Rubianus** (→Arnstadt/TH) lernte 1501 hier Lu-

ther kennen, 03 auch **Ulrich von Hutten**
(→ Schlüchtern/Vollmerz/HE), durch
den er zum Mit-Verf. der »Dunkelmänner-
briefe« (1515-17) wurde. – In **Eoban Hes-
sus**' Idylle »Bucolicon« (1509) sind un-
schwer seine E.er Lehrer zu erkennen.
Wohnung: Haus zur Engelsburg (mit
sog. »Humanistenerker«), Allerheiligen-
straße 21 (Gedenktafel). – 1516-21 lebte
auch **Euricius Cordus** (→ Marburg/HE)
in E. und schrieb die bissigen »Epigramma-
ta« (1517). C.s Sohn **Valerius Cordus** (1515-
44) wurde der bedeutendste botan. Fach-
schriftsteller seiner Zeit.
Martin Luther (→ Eisleben/TH), 1501-
05 E.er Student, sah in E. »ein fruchtbar
Bethlehem«. Im Juli 05 trat L. in das
Augustinerkloster ein, wo er als Theologie-
student bis 11 blieb. 1507 Priesterweihe im
Dom. Triumphaler Einzug in E. 21. Weite-
re Besuche 1527, 37, 40. – Wohnung: Bur-
se Augustinerstraße 26a, Augustinerklos-
ter (L.-Gedenkstätte mit L.-Zelle), Augus-
tinerstraße 10; L.-Denkmal (1889, die Re-
liefs am Sockel beziehen sich auf L.s Auf-
enthalte in E.) vor der Kaufmannskirche
am Anger; Wandgemälde (1882) im Rat-
haus.
L.s Freund und E.er Reformator **Johannes
Lang** (1488-1548) war Pfarrer an der Mi-
chaeliskirche (Grab) und wurde bekannt
mit der Übersetzung des Matthäus-Ev.s
(1521). Der L.-Freund **Johannes Aurifaber**
(→ Weimar/TH) war Pfarrer an der E.er
Predigerkirche. Dort Grabmal.
Erfurter Enchiridion, ältestes dt. ev. Ge-
sangbuch, das 1524 der E.er Drucker Jo-
hannes Loersfelt herausbrachte. Vorwort
vermutl. von Eberlin (→ Günzburg/BY),
der 1524/25 in E. war.
Valentin Ickelsamer, * um 1500 Rothen-
burg o. d. Tauber, † nach 1541 vermutl.
Augsburg, Grammatiker. Studium 1518-
20 in E., wo sein epochales Werk »Die rech-
te Weis, auffs kürzest lesen zu lernen«,

*Erfurt: Der sogenannte Humanistenerker am
Haus zur Engelsburg in der Allerheiligenstraße*

Vorläufer der »Teutsche(n) Grammatica«
(1534) erschien.
Ludwig Helmbold (→ Mühlhausen/TH)
war 1554-70 E.er Poesie-Prof. und Grün-
der eines späthumanist. Dichterkreises,
zu dem u. a. der E.er Hymnendichter
Johann Gallus (1535-87) und der seit
1566 in E. lebende **Bruno Seidel** (→ Quer-
furt/ST) gehörten.
Wolfgang Ratke (auch **Ratichius**), * 8. 10.
1571 Wilster (→ Itzehoe/SH), → 27. 4.
1635 E., Pädagoge. Kam 1630 nach E. Aus-
gehend von Luthers Predigtlehre hatte R.
eine dt. Rhetorik für den muttersprachl.
Unterricht entwickelt. Im »Memorial«
(1612) der Kernsatz: »Omnia primum in
Germanico« (Alles zuerst in deutsch).
Johann Matthäus Meyfart (→ Jena/TH),
1633-36 Prof. in E., dann Pfarrer an der
Predigerkirche. Im zweikonfessionellen E.

konnte er die mutige Schrift (»Christliche Erinnerung/An gewaltige Regenten/Und gewissenhafte Prädikanten«, 1635) gegen den Hexenwahn veröffentlichen, in der eine sprachgewaltige »Höllenfahrt der Hexenmeister« steht. – Wohnung: Predigerstraße 4 (Gedenktafel).

Hiob Ludolf, * 24. 6. 1624 E., † 8. 4. 1704 Frankfurt a. M., Orientalist. Diplomat. Begründer der dt. Afrika-Studien (»Historia Aethiopica«, 1681).

Kaspar Stieler (Ps. **Filidor der Dorfferer**), * 25. 3. 1632 E., † 24. 6. 1707 ebd., Lyriker und Dramatiker, Verf. poetolog. und sprachwiss. Werke. Zunächst Hauslehrer und Offizier in Königsberg, wo die »Geharnischte Venus« (1660, n. H. Zeman 1975), eine der bedeutendsten Gedicht-Slgg. des Barocks, entstand. Nach 1690 freier Autor in E., wo St. sein sprachwiss. Hauptwerk (»Der Teutschen Sprache Stammbaum und Fortwachs« (1691, n. St. Sonderegger 1968) abschloss, auf das noch J. und W. Grimm (→ Hanau/HE) zurückgriffen. – Geburtshaus (Nachfolgebau): Schlösserstraße 8, Grab Kaufmannskirche (nicht erhalten).

Johann Gottfried Walther, * 18. 9. 1684 E., † 23. 3. 1748 → Weimar/TH, Musiktheoretiker und Lexikograph. 1702-07 Organist an der E.er Thomaskirche. Sein »Muscalisches Lexicon« (1732, n. R. Schaal 1953) ist das erste seiner Art in Dtl. und bis heute von hohem Quellenwert.

Sidonia Hedwig Zäunemann, * 16. 1. 1711 E., † (verunglückt) 11.12. 1740 in der Nähe von Plaue (→ Ilmenau/TH), Lyrikerin. 1738 von der Göttinger Universität zur Kaiserl. Poetin gekrönt. – W.: Poetische Rosen in Knospen (1738); Die von denen Faunen gepeitschte Laster (1739). – Wohnung (Nachfolgebau): Gotthardtstraße 33.

Julie von Bechtolsheim, geb. von Keller, * 21. 6. 1752 Stedten bei E., † 6. 7. 1847

→ Eisenach/TH, Dichterin. Mit Wieland bekannt, der B. seine »Psyche« nannte und ihre Schwestern seine »Grazien«.

Karl Theodor von Dalberg (→ Mannheim/BW) war 1772-1802 als letzter Mainzer Statthalter in E., mit Wieland, W. von Humboldt, Herder, Goethe und Schiller, den er materiell förderte, befreundet. – Wohnung: Kurmainzische Statthalterei (heute Thür. Staatskanzlei), Regierungsstraße 72.

Friedrich Justus Riedel, * 10. 7. 1742 Vieselbach bei E., † 2. 3. 1785 Wien, Lit.-Theoretiker. Wurde bekannt durch die »Theorie der schönen Künste und Wissenschaften« (1767). 1768-72 Phil.-Prof. in E. Setzte Berufung Wielands durch.

Christoph Martin Wieland (→ Biberach/BW), schon E.er Student 1749/50, wo sein Vetter Prof. war und ihn in die von ihm 1754 gegründete E.er Akademie der Nützlicher Wissenschaften aufnahm. Verlebte 1769-72 als E.er Prof. anfangs »eine seiner glücklichsten Lebensperioden« (K. A. Böttiger 1794). – Wohnung: Haus zum Schwan Gotthardtstraße 27 (Gedenktafel).

Rudolph Zacharias Becker, * 9. 4.1752 E., † 28. 3. 1822 → Gotha/TH, Journalist und Buchhändler. Hörte Wielands Vorlesungen, dann Hofmeister bei C. F. von Dacheröden. Dort Bekanntschaft mit Dalberg. Gewinn einer Preisaufgabe der Berliner Akademie (»Ob es nützlich sein könne, das Volk zu täuschen?«) 1780 Mitglied der E.er Akademie der nützlichen Wissenschaften.

Sophie Albrecht, geb. Baumer, * Dezember 1757 E., † 16. 11. 1840 Hamburg, Schauspielerin und Schriftstellerin. Heiratete 1772 Johann Friedrich Ernst Albrecht (→ Stade/NI). Schrieb Dramen und Gedichte, von denen einige in Schillers »Thalia« erschienen. 1787 war A. die erste Eboli (»Don Carlos«).

Wilhelm von Humboldt (→ Berlin) verkehrte seit 1789 bei Dalberg und beim Kammerpräsidenten Dacheröden, dessen Tochter Caroline er 91 heiratete. Wohnung: Dacherödenschen Haus, Anger 37/38 (Gedenktafel).

Georg Friedrich Rebmann (→Kitzingen/BY) kam 1794 nach E., wo er die polit. Zs. »Das neue graue Ungeheuer« (1795) gründete. Darüber in »Hans Kickindiewelts Reisen« (1796) und »Die Zauberlaterne« (1799).

Julius Waldemar Grosse, * 25. 4. 1828 E., † 9. 5. 1902 Torbole/Gardasee, Dramatiker (»Cola di Rienzi«, 1851), Lyriker und Erzähler. Über die E.er Kindheit in »Ursachen und Wirkungen« (Aut. 1896). Gehörte in München zum lit.Kreis um P. Heyse (→ Berlin) und E. Geibel (→ Lübeck/SH).

Max Weber, * 21. 4. 1864 E., † 14. 6. 1920 München, Sozialphilosoph und polit. Schriftsteller, Mitbegründer der Religionssoziologie, Wissenschaftshistoriker, Wegbereiter einer modernen philosoph.-polit. Theoriebildung. W.s Bruder ist der Kulturphilosoph **Alfred Weber** (1868-1958). – Beider Geburtshaus: Juri-Gagarin-Ring 10-12 (Gedenktafel).

Kurt Pinthus (Ps. **Paulus Potter**), * 29. 4. 1886 E., † 21. 7. 1975 → Ludwigsburg/Marbach/BW, Lit.-Wissenschaftler und Journalist. Über den Kurt-Wolff-Verlag (→ Leipzig/SN) Kontakt zu vielen expressionist. Autoren, die P. in der epochalen Anthologie »Menschheitsdämmerung. Symphonie jüngster Dichtung« (1920) versammelte.

Willi Münzenberg, * 14. 8. 1889 E., † Juni 1940 bei St. Marcellin, Frankreich, Politiker und Publizist. Arbeiter in der E.er Schuhfabrik. Später nach Zürich, wo M. 1915 Lenin kennenlernte. Gründer der Kommunist. Jugendinternationale. »Braunbuch über den Reichstagsbrand und Hitlerterror« (1933). Wegen Stalin-Kritik 1937 aus der Kommunist. Partei ausgeschlossen.

Hildegard Jahn-Reinke, * 3. 12. 1906 Augsburg, † 3. 8. 1995 E., Lyrikerin. Kam 1940 nach E. In den 60er Jahren fand J. Anschluss an einen christl.-lit. Kreis und wurde durch I. von Wangenheim (→Weimar/TH) gefördert. – W.: Spur im Licht (1983), Lichtzeichen (1987), Lieber Baum (1995). – Wohnung: Ernst-Schneller-Straße 16, Grab auf dem Friedhof.

Günter Kaltofen, * 12. 7. 1927 E., † 11. 5. 1977 Berlin, Verf. von Märchenstücken, Pionier der Fernsehdramatik (»Das Bild, das deine Sprache spricht«, Ess. 1962).

Reinhard Lettau, * 10. 9. 1929 E., † 17. 6. 1996 Karlsruhe, Erzähler und Lit.-Wissenschaftler, auch Lyriker (»Gedichte«, 1968). Bis 1947 in E., das ihn tief prägte (1980 Besuch in E.). Mit Unterbrechungen 1955-91 in den USA, dann in Berlin. Dort polit. Engagement. – W.: Täglicher Faschismus. (Ess. 1971); Flucht vor Gästen (R. 1994); Alle Geschichten (1998). – Geburtshaus: Domplatz 3.

Harald Gerlach (→ Hildburghausen/Römhild/TH) arbeitete 1962-86 am E.er Theater. In dieser Zeit profilierte sich G. als vielfältiger Autor.

A Im Sommer 1203 wurde die Gegend um E. Kriegsschauplatz, dabei wurden auch die »Erffurter wingarte« verwüstet, wie **Wolfram von Eschenbach** (→ Wolframs-Eschenbach/BY) im »Parzival« bezeugt. – **Nikolaus von Kues** (→ Bernkastel-Kues/RP) predigte im Juni 1451 auf dem E.er Petersberg. – **Thomas Müntzer** (→ Sangerhausen/Stolberg/ST) war vermutl. 1521/22 Lehrer am E.er Peterskloster. – **August Hermann Francke** (→ Halle/ST) war 1679-91 E.er Student und Diakon an der Augustinerkirche. – **Wilhelm Heinse** (→ Ilmenau/Langewiesen/TH) lebte 1763-69 mit Unterbrechungen in

E. Als Student wurde H. von Wieland ge-
fördert und an J. W. L. Gleim (→ Aschers-
leben/Ermsleben/ST) weiterempfohlen. –
Christian Gotthilf Salzmann (→ Söm-
merda/TH) war Pfarrer an der Andreas-
kirche und schrieb hier sein berühmtes
»Krebsbüchlein« (1780). – **Karl Philipp
Moritz** (→ Hameln/NI) kam 1776 zum
Studium nach E., zog aber schon ein
Jahr später mit einer Schauspielergesell-
schaft nach Leipzig.
Goethe (→ Frankfurt a. M./HE) war
1776-1814 oft in E., meist mit **Carl August**
(→ Weimar/TH), wenn dieser zu polit.
Gesprächen bei Dalberg weilte. Die »Blu-
menstadt« E. bewunderte er: »Ja, es sind
die bunten Mohne,/die um Erfurt sich er-
strecken/und, dem Kriegsgott zum Hoh-
ne,/Felder streifweis freundlich decken.«
Wohnung: Geleitshaus, Regierungsstraße
73 (Gedenktafel) – Nach Veröffentlichung
der »Räuber« hatte der E.er Kritiker **Chris-
tian Friedrich Timme** (1752-88) prophe-
tisch in der »Erfurtische(n) gelehrte(n)
Zeitung« (24. 7. 81) über **Friedrich Schil-
ler** (→ Ludwigsburg/Marbach/BW) ge-
schrieben: »Haben wir je einen teutschen
Shakespeare zu erwarten, so ist es dieser.«
1787-1803 folgen häufige Besuche in E.,
oft bei Dalberg, dem Sch. das Gedicht
»Antritt des neuen Jahrhunderts« (1802)
widmete, bei Dacheröden, wo er W. von
Humboldt traf, und zu Aufführungen sei-
ner Stücke im Ballhaus (heute Kaisersaal),
Futterstraße 15/16. Wohnung: Gasthof
Schlehendorn, Lange Brücke 29, Haus
zum Bürgerstreit, Lange Brücke 36 (Ge-
denktafel).
E.er Trivialautor war **Ignaz Ferdinand Ar-
nold** (1774-1812), der Schillers »Räuber«
zu einem erfolgreichen Roman (»Die Gra-
fen von Moor«, 1802) ausweitete. – Erfolg-
reich auch der Offizier **August von Witz-
leben** (Ps. **A. von Tromlitz**, 1773-1839),
dessen »Sämtliche Schriften« 1829-42 er-

schienen sind, darunter das »Taschen-
buch« »Vielliebchen« (1828-41). – **Max
Kegel** (→ Dresden/SN) widmete dem
von **August Bebel** (→ Köln/NW) gelei-
teten E.er Parteitag der SPD 1891 den
»Sozialistenmarsch« (»Auf, Sozialisten,
schließt die Reihen!/Die Trommel ruft,
die Banner wehn«). Futterstraße 15/16.

L Nicolaus von Bibra (→ Naumburg/ST),
Kanoniker an St. Marien und St. Severi, ver-
fasste das 2000 lat. Verse umfassende Gedicht
»Occultus Erfordensis« (n. Ch. Mundhenk
1997) über E.er Personen und Ereignisse der
Jahre 1279-82. – **Leberecht Fischer** (1814-90)
machte die E.er Mundart literaturfähig (»Er-
furter Schnozeln«). – **Karl Emil Franzos** (→
Berlin) war 1901 ein paar Tage in E. (E.-Kap.
im Bd. »Aus Anhalt und Thüringen«, 1903).
– **Heinrich Böll** (→ Köln/NW) in »Ansichten
eines Clowns« (R. 1963) über eine Kabarett-
aufführung in E.: »Sitzung des Aufsichtsrats«,
für eine Auff. in E. in »Sitzung des Kreiskomi-
tees« umgeschrieben: »Es war scheußlich. Wir
waren im ganzen nur sechs oder sieben Stun-
den in Erfurt gewesen, aber wir hatten es mit
allen verdorben: mit den Theologen und mit
den Funktionären.« – Seit den 70er Jahren ge-
hörte **Gabriele Stötzer** zur DDR-Opposition
und wurde von der Staatssicherheit verhaftet.
Im Roman »erfurter roulette« (1995) spiegeln
sich diese Jahre. – **Jürgen K. Hultenreich**,
»Mein Erfurt« (1994). – Durch den Amoklauf
eines entlassenen Schülers geriet die E.er Gu-
tenberg-Schule weltweit in die Schlagzeilen.
Darüber **Ines Geipel**, »Für heute reicht's.
Amok in Erfurt« (2004).

S **Universitätsbibliothek** mit der Biblio-
theca Amploniana (ca. 4000), größte spät-
ma. dt. Hss.-Slg., gestiftet von **Amplonius
Ratingk de Berka** (um 1365-1435), unter-
gebracht hinter dem wiederaufgebauten
Collegium maius, Michaelisstraße 39;
Dombibliothek: Hss. seit dem 13. Jh., 210
Inkunabeln, reicher Bestand Reformation/
Gegenreformation); **Bibliothek des Evan-
gelischen Ministeriums** (60 000 Bde.), dar-

Erfurt: Luther-Gedenkstein in der Nähe von Stotternheim. Hier soll Martin Luther am 2. 7. 1505, nach seiner Rettung vor einem Gewitter, den Eintritt ins Kloster beschlossen haben.

unter reformationsgeschichtl. Slg. (1 400 Bde.) des Religionspädagogen **Karl Reinthaler** (1794-1863), untergebracht im Augustinerkloster; **Stadt- und Regionalbibliothek** mit reichem Thuringia-Bestand, Domplatz.

R Nördl. von E. **Stotternheim**, der Ort von M. Luthers »Gewittererlebnis« (2. 7. 1505). Gedenkstein. – Südl. Schloss **Molsdorf**, ein Lustschloss. Gustav Adolph Reichsgraf von Gotter war nach den Worten Friedrichs d. Gr. (→ Postdam/BB) »ein Zögling der Grazien und Musen, aber auch ein Diener des Bacchus und der Venus«. Museum. **Bodo Kühn**, »Die Bauern von Molsdorf« (R. 1979). – Nahebei **Stedten**, dessen Schloss 1946 abgebrochen wurde. **Ch. M. Wieland** besuchte die Fam. von Keller. 1777 kam auch **Goethe**.

B K.Königshof, Zur Geschichte des geistlichen Theaters in der Stadt Erfurt und ihrer Umgebung, 1992; A. Märker, Geschichte der Universität Erfurt 1392-1816, 1993; M. Friedrich u. a., Kirchen, Lettern, Gründergeist. Sieben Spaziergänge durch Erfurt, 1997; L. Schmelz/M. Ludscheidt, Luthers Erfurter Kloster, 2005; M. Ludscheidt, Aufklärung in der Dalbergzeit. Literatur, Medien und Diskurse in Erfurt im späten 18. Jahrhundert, 2006.

Z Arnstadt, Bad Berka, Gotha, Sömmerda (TH).

ERLANGEN/BY

»Dieser fränkische Kreis bildet eigentlich das ganze Deutschland recht hübsch im Kleinen ab. Hier (in Erlangen) sind wir nun wieder in der sandigen Mark Brandenburg, Tirol im Kleinen ist nicht fern, der Rhein und die Donau werden von dem artigen Mainstrom recht hübsch gespielt und Schwaben und Bayern liegen in dem fruchtbaren und heiteren Landesgarten dieses anmutigen Kreises, in welchem die Physiognomie der Natur immer so schnell wechselt.« (Ludwig Tieck, 1834)

Friedrich-Alexander-Universität E.-Nürnberg. – Stadtmuseum. – Theater E. (Markgrafentheater/1718 errichtet, 43/44 neu ausgestattet). – E.er Poetenfest (letztes Augustwochenende); Comicsalon; ARENA ... der jungen Künste; Skulpturenpark Heinrich Kirchner (1902-84) im Burgberggarten.

Johann Georg Meusel, * 17. 3. 1743 Eyrichshof b. Ebern, † 19. 9. 1820 E., Lexikograph: »Lexikon der 1750-1800 verstorbenen teutschen Schriftsteller« (1802/16).

Karl Siegmund Freiherr von Seckendorf, * 26. 11. 1744 E., † 26. 4. 1785 Ansbach. Gehörte von 1775-84 als weimar. Kammerherr dem Kreis um Goethe (→ Frankfurt a. M./HE) an, dessen Singspiele er u. a. vertonte.

August Graf von Platen (→ Ansbach/BY)

studierte und war Bibliothekar in E. von 1819-26. P.s produktivste Periode. – Wohnung Marktplatz 4; Burgbergstraße 92 a »Platenhäuschen« (Erinnerungen an P.). **Johann Heinrich August Ebrard**, * 18. 1. 1818 E., † 23. 7. 1888 ebd., Pfarrer der frz.-reformierten Gemeinde in E. – Neben theol., hist. und philolog. Werken unter Ps. (z. B. »Gottfried Flammberg«) auch Gedichte, Romane, Dramen und Erzählungen (»Die Rose von Urach«, 1869). Aut. »Lebensführungen. In jungen Jahren« (1888). **Ernst Penzoldt**, * 14. 6. 1892 E., † 27. 1. 1955 → München/BY, vielseitiger Erzähler, Dramatiker und Lyriker. Gymnasium in E., Studium an den Kunstakademien in Weimar und Kassel. Bildhauer und freier Schriftsteller in München. – W.: Die Powenzbande (R. 1930); Squirrel (E. 1954, Dr. 55). – Gedenktafel Hindenburgstraße 44, wo P. seine Jugend verlebte. – Erinnerungen an E. (verschlüsselt als »Regnitz« und »Mössel an der Maar«) im erzähler. Werk.

A **Ch. F. D. Schubart** (→ Schwäbisch Hall/Obersontheim/BY) studierte 1758 in E. Theologie und wurde ins Schuldgefängnis geworfen. Ebenfalls Theologie studierte 20 Jahre später **Johann Peter Hebel** (→ Lörrach/Hausen/BW). Außerdem an der Universität: **Georg Friedrich Rebmann** (1781; »Briefe über Erlangen«, 1792), **Karl Julius Weber** (1786-88; → Langenburg/BW), **Wilhelm Heinrich Wackenroder** (1793; → Berlin). **Ludwig Tieck** (→ Berlin) beschrieb die Stadt 1834 in »Eine Sommerreise«. **Friedrich Hebbel** (→ Heide/Wesselburen/SH) kam im März 1839 auf der Fußreise von München nach Hamburg nach E.; 44 nahm die Philos. Fakultät der Universität sein »Wort über das Drama« als Dissertation an. **Walter Flex** (→ Eisenach/TH) promovierte 1910 (Gedenktafel Friedrichstraße 16),

Ende 1916 erschien sein Bekenntnisbuch »Der Wanderer zwischen beiden Welten«. – Unter den Professoren: 1805/06 **Johann Gottlieb Fichte** (→ Bischofswerda/Rammenau/SN), »Vorlesungen über das Wesen des Gelehrten«; 1819-27 **Gotthilf Heinrich von Schubert** (1780-1860), Naturforscher und Philosoph; 1820-26 **F. W. J. von Schelling** (→ Leonberg/BW), Friedrichstraße 28 Gedenktafel; unter seinen Schülern der → Bayreuther/BY **Max Stirner**; 1826-41 **Friedrich Rückert** (→ Schweinfurt/BY), Prof. für oriental. Sprachen (Wohnung Stadtmauerstraße 28, seit 1837 Goethestraße, heute 23); auf dem Friedhof der Neustädter-Kirchengemeinde das Grab seiner Kinder »Messerchen und Gäbelchen«, denen die von G. Mahler vertonten »Kindertotenlieder« gewidmet sind. **Ludwig Feuerbach** (→ Landshut/BY) war 1828 Privatdozent, »Gedanken über Tod und Unsterblichkeit«. – Gedenktafel für **Goethe** (→ Frankfurt a. M./HE), der im November 1797 auf der Heimreise von der Schweiz hier logierte, Calvinstraße 31. – Seit 1945 lebte **Sigmund Graff** (1898-1979) in E.; sein mit C. E. Hintze verfasstes Frontstück »Die endlose Straße« (1926) erregte seinerzeit großes Aufsehen.

L Inge Meidinger-Geise (Hrsg.), »Erlangen 1950-1980. Ein literarisches Lesebuch« (1982); **Wolf Peter Schnetz**, E.er Kulturreferent 1974-2000, »Lauter Leguane« (1990); **Johannes Wilkes**, »Kant kann nicht – Geschichten über Dichter und Denker in E.« (2001). – Mundart: **Helmut Haberkamm**, »Frankn lichd nedd am Meer« (1992); »Leem aufm Babbier« (1995).

S Universitätsbibliothek: rd. 2 276 400 Bde., 2 353 Hss. (Fuldaer Evangeliar, um 850; Hugo von Trimberg, »Der Renner«, 1347), 2136 Inkunabeln (Konrad v. Megenburg, »Buch der Natur«, 1475), Autographen (Briefwechsel F. H. Jacobi – J. G. Hamann). – **Neue Gesellschaft für Literatur E. e. V.** (seit 1976); **Regio-**

nalgruppe des VS (seit 1983). – E.er Literaturpreis für Poesie als Übersetzung (der Kulturstiftung E., 2005).

R Im Norden des Landkreises bei Höchstadt a. d. Aisch stand der Sage nach im
Wolfsgraben von **Lonnerstadt** das Schloss
der berühmten fränk. Seherin **Sibilla
Weiß**. Nahebei auf dem sog. Lauberberg
bei **Sterpersdorf** befindet sich neben der
Antoniuskapelle ihr Grab. Lit. Behandlung bei **Leo Weismantel** (→ Karlstadt/
Obersinn/BY), »Die Sibylle« (1938), und
Friedrich Deml (1901-94), »Das Antlitz
der Sibylle« (1948).
Weiter westlich im Steigerwald **Sugenheim.**
Im dortigen Schloss wurde am 8. 11. 1768
Andreas Georg Friedrich Rebmann geb.
(gest. 16. 9. 1824 in Wiesbaden). Beeinflusst von den Ideen der Franz. Revolution, ließ er 1794 anonym eine Flugschrift
erscheinen, die ihn als »deutschen Jakobiner« in Verruf brachte (»Vollständige
Geschichte meiner Verfolgungen und Leiden«, 1796; Werke und Briefe, 3 Bde.
1990).

B W. P. Schnetz (Hrsg.), Erlangen in Bildern
der Literatur, 1977.
Z Bamberg, Bayreuth, Forchheim, Nürnberg (BY).

ESCHWEGE/HE

Der »König der hessischen Berge«, der
Meißner, liegt im Kreis (siehe auch Witzenhausen/HE). Frau Holle haust hier,
von der das gleichnamige Märchen der
Brüder Grimm (→ Hanau/HE) handelt.
Von hier aus beginnt auch die »Frau-Holle-Route« der »Märchenstraße«. Der »Frau-
Holle-Teich« (»Deutsche Sagen«, 1816-
18) liegt an der felsenübersäten Ostwand
und ist Eingang zu ihrem unterirdischen
Garten und Schloss. An der Westwand
hielt sie in der »Kitzkammer«, einem Fel

senloch, ihre heiligen Katzen. In einem
Waldtal soll ihre »Badestube« und ein weiterer Eingang zu ihrem Reich gewesen
sein. Am Südhang ist ein großer Wiesenplan als die »Morgengabe« bekannt, im
Winter nennt man ihn »Weiberhemd«.
Hier auch der »Frau-Holle-Stuhl«. – In
Eschwege setzte man der guten alten
Frau im Hofgeviert des Landgrafenschlosses einen achteckigen Brunnen. Im Schloss
lebte 1809-15 **Elise von Hohenhausen** (→
Minden/NRW). In der Brückenstraße 25
in E. erinnert eine Gedenktafel an **Eugen
Höfling** (gest. 21. 7. 1880), den Verfasser
des Studentenliedes »O alte Burschenherrlichkeit«. – **Burkard Waldis** (→ Witzenhausen/Bad Sooden-Allendorf/HE) ist
1556 in **Abterode** (Meißner-A.) gest.; er
war hier seit 1544 als Pfarrer tätig. – In
Bischhausen (Waldkappel-B.) machte **Goethe** (→ Frankfurt a. M./HE) im September 1779 Rast auf der 2. Schweizer Reise
und zeichnete den Ort. – Einige Szenen
in **Ernst von Wildenbruchs** (→ Berlin/)
Drama »Das neue Gebot« (1886) spielen
in der Kirche von **Vockerode** (Meißner-
V.). – Aus **Wanfried** stammt **Petrus Paganus** (1532-76), Poeta laureatus und seit
1561 Professor für Poetik und Geschichte
in Marburg.

B K. Paetow (Hrsg.), Frau Holle. Märchen
und Sagen, 1952; R. Hochhuth, In einem kühlen Grunde … Bilder verschwundener Mühlen von Wilhelm Schott, 1978; D. Grieser,
Märchenlandschaft 1 (Meißner), in: Mit den
Brüdern Grimm durch Hessen, 1985.
Z Bad Hersfeld, Kassel, Spangenberg, Witzenhausen, Bad Sooden-Allendorf (HE); Heiligenstadt, Eisenach (TH).

ESSEN/NW

»Monumentale Industrieanlagen, die nahezu ein Jahrhundert lang das Bild geprägt hatten, fielen der Abrissbirne zum Opfer . . . Nun entstanden auf ›entsorgtem‹ Gelände ganze Ensembles funktioneller Bauten, häufig eingebettet in noch junges Grün . . .« (Günther Elbin, 1999)

Universität/Gesamthochschule; Hochschule für Musik; Folkwang-Hochschule Musik/Tanz. – Stadtbibliothek im Gildehof; Dokumentationszentrum Alte Synagoge. – Museum Folkwang, Bauhütte Zeche Zollverein mit Design-Zentrum; – Theater der Stadt E.

Otto zur Linde, * 24. 4. 1873 E., † 16. 2. 1938 → Berlin, Lyriker, Essayist. Bekämpfte mit Gesinnungsgenossen in seinem »Charon-Kreis« (Monatsschrift »Charon« 1904-14) den Naturalismus. Vorübergehend Sammelpunkt einer Gemeinde, lebte zuletzt, verstummt seit 1925, von Unterstützung. – W.: Die Kugel, eine Philosophie in Versen (1909); Ges. Werke (10 Bde., 1910-25); Prosa, Gedichte, Briefe (Hrsg. H. Röttger, 1974). – Lit. Nachlass Heine-Institut Düsseldorf.

Hans Siemsen, * 27. 3. 1891 Mark b. Hamm, † 23. 6. 1969 E., soz. Schriftsteller und Reformpädagoge, Hrsg. einer linkslit. Zs. in Berlin. 1933 Emigration, 1950 Rückkehr. Starb im Heim Otto-Ruhe der Arbeiterwohlfahrt; Grab in Osnabrück. – W.: Die Geschichte des Hitlerjungen Adolf Goers (1944); Schriften (Hrsg. M. Förster-Düppe, 1968-88).

Weitere Autoren aus E.: der kath. Priester und spätere Altkatholik **Friedrich Wilhelm Tangermann** (1815-1907), der kulturhistorische und philosophische Schriften verfasste (»Morgen und Abend«, Aut. 1895). – **Victor Hardung** (1851-1919), zuletzt Zeitungsredakteur in der Schweiz (»Die Brokatstadt«, R. 1909). – **Ludwig Kessing** (1869-1940), kath. Arbeiterdich-ter (»Im Reich der Kohlen«, 1900). Gedenkstein in E.-Kupferdreh. – **Christoph Wieprecht** (1875-1942), Arbeiterdichter (»Hammer und Schwert«, G. 1918). Freund von H. Lersch (→ Mönchengladbach/NW) und im »Bund der Werkleute auf Haus Nyland« (→ Steinfurt/Rheine/NW). Grab auf dem Südwestfriedhof; Nachlass Fritz-Hüser-Institut Dortmund; – Die Brüder **Kükelhaus: Hugo K.** jun. (1900-84) schrieb seit 1948 dichterische Bildgeschichten und Parabeln; Nachlass StA Soest; **Heinz K.** (1902-46), Walzbruder, Bergarbeiter und Siedler, dann freier Schriftsteller in → Kahla/Niederkrossen/TH (»Erdenbruder auf Zickzackfahrt«, 1931), Teilnachlass Westf. Lit.-A. Hagen. Der Lyriker **Hermann K.** (1920-44), Soldat, begraben in Niederkrossen (»Ein Narr der Held«, 1964).

A Ansehen gewannen die »Neuesten Essendischen Nachrichten«, eine der ältesten dt. Zeitungen unter dem Drucker und Buchhändler **Gottschalk Diederich Baedeker** (1778-1841/B.-Haus in der Kettwiger Straße), dessen Sohn **Karl** (→ Koblenz/RP) die weltberühmten Reisehandbücher schrieb. – Der Journalist **Erik Reger** (→ Koblenz-Bendorf/RP) war 1919-27 bei Krupp tätig, bes. im Pressebüro. Die erfolgreichsten seiner Romane (»Union der festen Hand«, 1931; »Das wachsame Hähnchen«, 32; »Napoleon und der Schmelztiegel«, 35) spielen an Rhein und Ruhr (Plakette am Wohnhaus Rellinghauser Straße 202). Auf dem Friedhof von E.-Borbeck befindet sich das Grab von **Heinrich Burhenne** (→ Duisburg/Walsum/NW). – **Felix Wilhelm Beielstein** (→ Bochum/NW) erhielt 1931 den Preis der Stadt E. für seinen Roman »Rauch an der Ruhr«. – **Richard Euringer** (→ Augsburg/BY), 1933 Leiter der Stadtbücherei und mitbeteiligt an der dortigen Bücherverbrennung, starb am 28. 9. 1953 in

E. Sein Roman »Metallarbeiter Vonholt« (1932) spielt hier in der Zeit der Wirtschaftskrise. – **Rolf Dieter Brinkmann** (→ Vechta/NI) machte seine Buchhandelslehre 1959-62 in E. – **Nicolas Born** (→ Duisburg/NW) begann als Chemigraph in E. zu schreiben: »Täterskizzen« (1966).

L Ein verkappter Krupp-Roman ist **Rudolf Herzogs** (→ Wuppertal/NW) »Die Stoltenkamps und ihre Frauen« (1917). Zum Thema auch: **Karl-Heinz Helms** in »Krupp & Krause« (R. 1965); **Bernt Engelmann**: »Krupp – Legenden und Wirklichkeit« (1969). – Ruhrkampf 1920: **Karl Grünberg** (1891-1972), »Brennende Ruhr« (R. 1929); **Hans Marchwitza** (→ Potsdam/BB), »Sturm auf Essen« (1930, n. Fassung 1952); **Kurt Kläber** (→ Jena/TH), »Barrikaden an der Ruhr« (En. 1925); **Yaak Karsunke**, »Ruhrkampf-Revue« (1976). – E.-Romane von **Jürgen Lodemann**: »Anita Drögemöller und Die Ruhe an der Ruhr« (R. 1975), »Der Solljunge oder Ich unter den anderen« (aut. R. 1982), »Viehofer Platz oder Langensiepens Ende« (R. 1985). – Reportagen von **Jules Huret** (1907), **Egon Erwin Kisch** (1924) und **Joseph Roth** → Berlin (1926, 31). – Altessener Kinderleben schildern **Theodor Imme** (1847-1921) in »Voßkühlers Pitt« (En.1914) und **Gerhard Steinhauer** (1904-1969) in »Ein Esser mehr« (1999). – »Beweis dafür, daß keine Story so hirnrissig ist wie das Leben«; »Steeler Straße« ist die Adresse eines maroden Detektivbüros in E. **Conny Lens** hat eine ganze Serie von »Steeler-Straße-Krimis« geschrieben.

S Stadtbibliothek. Stadtarchiv: u. a. Nachlässe von F. W. Beielstein, H. Spethmann und H. J. Müller (»Straßenbahnlyrik«, 1936). – **Kulturpreis der Stadt E., Preis der Stadt E. zur Förderung junger Künstler; poet in residence** der Universität/Gesamthochschule E. (seit 1975).

R In der ehem. Abtei **Werden** wurde bis ins 16. Jh. der »Codex argenteus«, die got. Bibelübersetzung von Ulfilas (gest. 383), aufbewahrt; in der Schreibstube im 9. Jh. der »Heliand«, eine altsächs. Nachdich-

tung des Lebens Jesu, niedergeschrieben. Die Bücher der bedeutenden Bibliothek kamen nach Uppsala und Wolfenbüttel. – Wichtiger Ausstellungsort ist die **Villa Hügel** der Krupps geworden.

B W. Schulze, Das große Essener Sagenbuch, 1990; W. Wehner (Hrsg.), Essener Lesebuch, 1984; E. Schmidt, Essen erinnert, 1994; G. Elbin, »Düster, zweckhaft, aber machtvoll«. Ansichten über Essen, in: Th. Geus (Hrsg.), Reiselesebuch Deutschland, 1999.

Z Bochum, Duisburg, Gelsenkirchen, Herne, Mülheim a. d. Ruhr, Velbert (NW).

ESSLINGEN/BW

»Das ist eine Stadt ... kein Schritt ohne besondere Merkwürdigkeiten.« (Achim von Arnim, 1820)
Stadtarchiv (ehem. Allerheiligenkapelle, mit ca. 10 000 Urkunden aus reichsstädt. Zeit). – Stadtmuseum im Gelben Haus. – Württ. Landesbühne (ehem. Zehntscheuer). – Literaturtage LesART.

Dem ma. »**Schulmeister von Esslingen**« (um 1300-40) wird von allen Spruchdichtern der »ungewaschenste Mund« bescheinigt. Namhaft sind auch die Humanisten **Heinrich Steinhöwel** (→ Leonberg/Weil der Stadt/BW) und **Niklas von Wyle** (→ Konstanz/Radolfzell/BW) sowie die Meistersinger des 16. Jh.s mit **Martin Meier** (1511).
Johann Ulrich König, * 8. 10. 1688 E., † 1744, Verfasser von Singspielen und Operntexten. In → Hamburg zus. mit B. H. Brockes Gründer der »Teutschübenden Gesellschaft«. Hofpoet in Weißenfels und Dresden.
Adolf Bacmeister (Ps. **Theobald Lernoff**), * 9. 7. 1827 E., † 25. 3. 1873 Stuttgart, Journalist, Lyriker und Übersetzer. 1848 Freischärler, Gefangenschaft auf dem Hohenasperg (→ Ludwigsburg/BW). Lesens-

wert seine »Alemannischen Wanderungen« (1870). – Nachlass DLA Marbach.
Anna Schieber, * 12. 12. 1867 E., † (Freitod) 7. 8. 1945 → Tübingen/BW, schrieb Kindergeschichten und volkstüml. Romane und Erzählungen: »Doch immer behalten die Quellen das Wort« (Aut. 1937). – Geburtshaus Augustinerstraße 2 (Plakette). – Teilnachlass DLA Marbach.

A Zu Gast in der »Stadt aus dem Musterbuch der Romantik« waren **Achim von Arnim** (→ Berlin), der hier auch für seinen Roman »Die Kronenwächter« Anregung fand, sowie **Nikolaus Lenau** (→ Stuttgart/BW). Auch **Eduard Mörike**, **Justinus Kerner** (beide → Ludwigsburg/BW) und **Gustav Schwab** (→ Stuttgart/BW) hielten sich gern hier auf.
Hermann Kurz (→ Reutlingen/BW), der 1848 in Stuttgart als Redakteur in den »Beobachter« eingetreten war, nahm 59 für drei Jahre mit seiner Frau, **Marie** geb. **von Brunnow** (1826-1911; Plakette Reichstadt am Marktplatz) in **Oberesslingen**, wo diese aufgewachsen war, Wohnung. »In meiner Vorstellung ist es in Obereßlingen immer Sommer gewesen«, berichtet **Isolde Kurz** (→ Stuttgart/BW) »Aus meinem Jugendland« (1918). – »Natur – Freiheit – Einsamkeit« genoss in den 1880er Jahren **Albert Dulk** (→ Gotha/TH) in seinem »Häusle« am Rande des Schurwalds über E. – **David Friedrich Weinland** (→ Münsingen/BW) lebte, als 1878 in Leipzig sein Bestseller »Rulaman« erschien, im Gelben Haus am Hafenmarkt. Eine Plakette am Theatergebäude in der Strohstraße 1 erinnert an **Elise Henle** (1831-92), sie schrieb Theaterstücke (»Aus Göthes lustigen Tagen«, 1876) und Kochbücher. **Agnes Sapper** (→ Würzburg/BY) lebte 1888-92 in der Oberen Neckarstraße 21. Hier schrieb sie für ihr Töchterchen Anna, das bei der Großmutter in Würzburg war, ihre ersten Kindergeschichten. – **Hermann Hesse** (→ Calw/BW) hielt es im Oktober 1893 gerade mal drei Tage in der Lehre beim Buchhändler Mayer aus.
Theodor Haecker (→ Langenburg/Eberbach/BW) verbrachte Kindheit und Jugend in E. und holte 1903 hier sein Abitur nach. – Zwei prominente NS-Autoren und Kulturfunktionäre stammen aus E. und sind auch hier begraben: **Georg Schmückle** (1880-1948/→ Göppingen/Geislingen/BW) und der Lyriker **Gerhard Schumann** (1911-95). – 1946 kamen **Josef Mühlberger** (→ Göppingen/Eislingen/BW) und der Kunsthistoriker und Lyriker **Kurt Leonhard** in die Stadt; M. wurde Kulturredakteur der E.er Zeitung, L. baute das Lyrikprogramm des Bechtle Verlags auf und brachte W. Bächler, H. Heißenbüttel, H. Piontek, J. Poethen und P. Härtling heraus.

L An die Sage vom unschuldig hingerichteten Postmichel (in **Wilhelm Friedrich Munders** Slg. von 1844: »Das Steinkreuz auf der Esslinger Steige bei Stuttgart«) erinnert der Fischbrunnen, heute Postmichelbrunnen; über den »schwäb. Thriller« auch **Otto Rombach** (→ Heilbronn/BW) in »Vorwärts, rückwärts, meine Spur«, 1974. – E.er Szenen auch in den Memoiren von **Karl von François** (1785-1855), in **August Lämmles** (→ Ludwigsburg/BW) Mundartgedichten und **Anne Birks** R. »Astern im Frost« (1999). – Bestes Vademecum: »Das ist eine Stadt«. Lit. Spuren in E., hg. **I. Ferchl**, **U. Harbusch**, **Th. Scheuffelen** (2003).
S Verlagsgeschichte im **J. F. Schreiber-Museum** (Salemer Pfleghof). – Nach dem 2. Weltkrieg wurde E. Pflegestätte lit. und künstler. Traditionen aus Ostdtl.: **Künstlergilde** (seit 1948) verleiht **Andreas-Gryphius-Preis** für Literatur (seit 1957), **Georg-Dehio-Preis** für Kultur und Geistesgesch. (seit 1963), **Nikolaus-Lenau-Preis** für Lyrik (seit 1985), außerdem Förderpreise. – **Theodor-Haecker-Preis** für pol. Mut und Aufrichtigkeit (Stadt E., seit 1995);

Bahnwärterstipendium (seit 1992). – **E.**er **Begegnungen** (jährlich).

Denkendorf

Das Kloster in D. beherbergte 1713-1810 eine der berühmtesten und berüchtigsten Schulen Württembergs. Unter den Präzeptoren 28 Jahre **Johann Albrecht Bengel** (1687-1752; Bild im südl. Seitenschiff, Gedenktafel an der Vorhalle, ständige Ausstellung im B.-Stüble im Kloster). Internatsschüler waren u. a. **Friedrich Hölderlin** (→ Lauffen/BW), **Rudolf Magenau** (→ Ludwigsburg/Markgröningen/BW), **Karl Friedrich Reinhard** (→ Waiblingen/Schorndorf/BW). Schilderungen des Lebens in D. u. a. in der Aut. von **Jakob Friedrich Abel** (1751-1829) und in **R. Magenaus** »Skizze meines Lebens« (1793). **Fritz Alexander Kauffmann**, * 26. 6. 1891 D., † 19. 5. 1945 bei Ebersbach a. d. Fils (→ Göppingen/BW). D. ist Schauplatz seines Romans »Leonhard. Chronik einer Kindheit« (1956). – Geburtshaus Klosterhof 5. – Nachlass DLA Marbach.

R Das Schlösschen **Serach** (erbaut 1828), Schlößlesweg 39, war im 19. Jh. Treffpunkt schwäb. Literaten. **Alexander Graf von Württemberg** (→ Stuttgart/BW), der selbst als Lyriker hervortrat, empfing hier und im Oberen Palm'schen Bau (heute Neues Rathaus) seine Dichterfreunde **Justinus Kerner**, **Karl Mayer** (→ Sinsheim/Neckarbischofsheim/BW), **Gustav Schwab** und **Nikolaus Lenau** (→ Stuttgart/BW); Lenau-Denkmal in der Mülbergerstraße. 1888 kam S. in Besitz der Familie Cotta. – **Eduard Mörike** war Mai bis Dezember 1827 Vikar in **Köngen**; in **Plattenhardt** (Filderstadt-P.), Mai bis Dezember 1829, schrieb er am »Maler Nolten« und verlobte sich mit Luise Rau (Gedenktafel am Pfarrhaus, Pfarrstraße 2, und an der Kirchhofmauer der Antholianuskir-

che). »Arm in Arm den langen Gang auf- und abgehend«, machte er mit Luise »das schöne ›Du‹« in der Kirche von **Bernhausen** (Filderstadt-B.) aus, wo er am Gründonnerstag 1824 noch als Student seine erste Predigt gehalten hatte.

B Marbacher »Spuren« zu Tony (58/2002) und Christian Buddenbrook (71/2005) in Esslingen.

Z Nürtingen, Kirchheim, Stuttgart, Tübingen (BW).

EUSKIRCHEN/NW

Thomas Esser, * 15. 5. 1870 Schwerfen b. E., † 30. 11. 1948 E., Zentrumspolitiker und Erzähler, dessen Werke im weiteren Stadtgebiet, auch in Zülpich und der Nordeifel spielen (»Der Hüttenmeister Steinmanns«, R. 1937; »Joseph, der Küfer von Euskirchen«, E. n. 1991). Grab auf dem Städt. Friedhof.

L Eine Jugend im Dritten Reich und das Kriegsende in E. schildert der Roman »Simplicius 45« (1963) von **Heinz Küpper**, im Franziskaner-Internat E. spielt sein R. »Knieriesen« (1992). Öskerche Mundartautoren: **Theodor Niessen** (1877-1966), **Alex Handwerk**. – Das »Bleiland« um **Mechernich** findet sich in **Bernd Beckers** »Segen des Bleibergs« (1952) und beim »dichtenden Kumpel« **Severin Kirfel** (1980). In M. schreibt **Ralf Kramp** seine Eifel-Kriminalromane (Wochenenden für Hobbydetektive der Agentur »Blutspur«). In **Niederkastenholz** starb am 15. 10. 1975 **Paul Coelestin Ettighofer** (geb. 1896 in Colmar); mit dokumentar. Romanen und Reportagen aus dem 1. Weltkrieg (u. a. »Gespenster am Toten Mann«, 1931) war er erfolgreich. – In **Liblar** (Erftstadt-L.) auf Schloss Gracht (heute Schloss Liblar) wurde am 2. 3. 1829 **Carl Schurz** geb. Als Bonner Student floh er nach 1848 in die Schweiz; G. Kinkel (→ Bonn/NW) befreite ihn im Sommer 50 aus der Festungshaft Spandau (→ Berlin). 1852

ging er in die USA, wurde Bürgerkriegsgeneral und Innenminister, starb am 14.5.1906 in New York (»Lebenserinnerungen« 1906-12). Plakette im Innenhof des Schlosses, Büste vor dem Rathaus. – In **Kerpen** kam am 8.12.1813 **Adolf Kolping** zur Welt, »Gesellenvater« (Gründer der kath. Gesellenvereine) und rel. Volksschriftsteller. Er starb als Domvikar am 4.12.1865 in → Köln/NW. Geburtshaus Obermühle 21 (Gedenktafel), Gedenkraum daneben im ehem. Schafstall.
Z Bad Neuenahr-Ahrweiler (RP); Bonn, Köln, Schleiden (NW).

EUTIN/SH

Eutin: Das im Jahre 2006 abgebrannte Voß-Haus

»Ich schwelge in der Schönheit der hiesigen Gegenden und sammle Honig für die Langeweile des übrigen Tages. ... Gestern sah ich seitwärts am Ufer ein rundes Ländchen mit hohen Bäumen bewachsen, ich wollte hingehen, aber es war eine Insel, ich hatte es für eine Halbinsel gehalten. Ich nannte sie Isola bella della frustrazione.« (Friedrich Leopold zu Stolberg, 1779)
Kulturelle Blütezeit um die Wende des 18. Jh.s; unter Herzog Friedrich Ludwig (1785-1829) »Weimar des Nordens« mit »Eutiner Kreis« um J. H. Voß, F. L. zu Stolberg und H. C. Boie. – Theater am Schloss. – E.er Sommerspiele (Weber-Tage), v. a. mit Werken des hier 1786 geb. Komponisten Carl Maria von Weber (Geburtshaus Lübecker Straße 48/Gedenktafel).

Friedrich Heinrich Jacobi (→ Düsseldorf/NW) lebte in den Jahren von 1797-1804 häufig in E., wo er ein Haus besaß (Stolbergstraße 5). Er schrieb hier seine wichtigsten philos. Werke.
Friedrich Leopold Graf zu Stolberg-Stolberg (→ Bad Segeberg/Bad Bramstedt/SH), 1776 in den eutin. Staatsdienst berufen, wohnte seit 1781 meist in E., trat sein Amt als Regierungspräsident erst 93 an. Mit J. H. Voß verband ihn eine enge Freundschaft, die jedoch mit St.s Übertritt

zum Katholizismus ein Ende nahm. – Wohnung St.-Straße 8-10 (Gedenktafel für St. und Tischbein).
Johann Heinrich Voß (→ Waren/MV) war ab 1782 Rektor der E.er Gelehrtenschule, ab 1802 Privatgelehrter in → Jena/TH, dann in Heidelberg/BW. Goethe (→ Frankfurt a. M./HE): »Ich ... hatte zu Voß, dessen Ernst man nicht verkennen konnte, immer ein stilles Vertrauen und wäre, in jüngeren Jahren oder andern Verhältnissen, wohl einmal nach Eutin gereist.« In E. wurde der Sohn **Abraham Voß** geboren (1785-1845), der sich als Übersetzer einen Namen machte. Wohnungen: Wasserstraße 1 (Gedenktafel), V.-Platz 6-8, das »Voß-Haus« mit dem »Luisenzimmer« brannte 2006 ab; Denkmal vor dem Carl-Maria von Weber-Gymnasium, Plöner Straße 15. – J.-H.-Voß-Gesellschaft e. V. (Förderung der Werk- und Briefausgaben, »Vossische Nachrichten«). – Nachlass BSB, LB Kiel. – H. A. Stoll, »Der Löwe von Eutin« (autobiogr. R. 1966); Ch. D. Hahn, »J. H. Voß. Leben und Werk« (1977).
Johann Heinrich Wilhelm Tischbein, *15.2.1751 → Frankenberg (Haina/HE), † 26.6.1829 E., Maler und Restau-

rator. Begleitete J. W. Goethe auf dessen Italienreisen (»Goethe auf den Ruinen in der Campagna«). – »Aus meinem Leben« (Hrsg. C. G. W. Schiller, 1861). – Wohnte seit 1808 im Stolberghaus; Grab auf dem Friedhof. – Porträts und Historienbilder im Schlossmuseum, Gedächtnisstube im Gartenhaus Stolbergstraße 8.

A Von März bis Juli 1770 hielt sich **Johann Gottfried Herder** (→ Weimar/TH) als Erzieher des Prinzen Peter Friedrich Wilhelm in E. auf. – **Heinrich Wilhelm von Gerstenberg** (→ Hamburg) lebte hier von 1784-86. Seine Freundschaft mit J. H. Voß wich bald nach seiner Übersiedlung nach E. einer beiderseitigen Antipathie. – **Georg Heinrich Ludwig Nicolovius** (1767-1839), Reiseschriftsteller und Pädagoge, wurde 1791 von F. L. zu Stolberg nach E. berufen (Wohnung Lübecker Straße 41). **Amalia Fürstin von Gallitzin** →Münster/NW kam 1793. – **Johann Georg Schlosser** (→ Frankfurt a. M./HE) trieb von 1796-98 in E. krit. Studien zur Philos. I. Kants und übersetzte Werke des Aristoteles; Wohnung Stolbergstraße 6. **Johann Gottfried Seume** (→ Poserna/Weißenfels/ST) berichtet in »Mein Sommer 1805« (1806, n. 1968) über einen kurzen, »schweigsamen« Eutin-Besuch. – »Teils kürzer oder länger, teils besuchsweise, teils miteinander, teils nacheinander in Freundschaften und Feindschaften« (E. Schulz) in E.: **Christian Adolf Overbeck** (→ Lübeck/SH), **Matthias Claudius** (→ Bad Oldesloe/Reinfeld/SH), **Wilhelm von Humboldt** (→Berlin), **Friedrich Gottlieb Klopstock** (→ Quedlinburg/ST), **Heinrich Christian Boie** (→ Heide/Meldorf/SH), **Johann Caspar Lavater** und **Jens Baggesen**. – Im Gästebuch (seit 1890) des Voß-Hauses haben sich u. a. eingetragen: **Hermann Allmers** (→ Cuxhaven/Rechtenfleth/NI), **Gustav Frenssen** (→ Heide/Barlt/SH), **Klaus Groth** (→ Hei-

de/SH), **Ernst von Wildenbruch** (→ Berlin) und der isländ. Dichter **Gunnar Gunnarsson**. – An der Stolbergstraße 18 erinnert ein Gedenkstein daran, dass die hier stehende Linde von **Gerhard Anton von Halem** (→ Oldenburg/NI) gepflanzt wurde; Halem starb in E. 1819, Grab auf dem Friedhof.

Der »Eutiner Dichter-Kreis«, im Namen bewusst auf den »Eutiner Kreis« der Autoren um 1800 bezogen, war eine einflussreiche nationalsozialistische Vereinigung von Schriftstellern (u. a. **Hans Friedrich Blunck** → Hamburg) in der Nachbarschaft zur Napola-Schule im Plöner Schloss. Der »Eutiner Kreis« gab nach 1945 den »Eutiner Almanach« (u. a. 1961, 1977 über J. H. → Voß) heraus.

Auf dem Friedhof die Gräber der Lyriker **Alfred Domes** (1901-84) und **Hans Langer** (1912-88). Der Schriftsteller **Heinz Schwitzke**, langjähriger Hörspielleiter beim NDR, lebte in den 60er Jahren in E.

Neustadt in Holstein

Europ. Trachtenwochen. – Im Kreisheimatmuseum die Moritatenschilder des N.er Malers Adam Hölbing, 1855-1929, die im gesamten dt. Sprachraum dargeboten wurden.

Neustadt bildet – verschlüsselt – den Hintergrund für **Kay Hoffs** Roman »Bödelstedt oder Würstchen bürgerlich« (1966, n. 69). Kulisse für den Roman »Mitteilung an den Adel« (1976) von **Elisabeth Plessen** (die wie K. Hoff in N. geb. wurde und auf Gut Sierhagen aufwuchs) ist das Land, die »Grafenecke«.

Günter Grass lässt in seinem Roman »Die Rättin« (1986) ein Kind aus Neustadt die Katastrophe der Versenkung des KZ-Schiffes »Cap Arcona« am 3. Mai 1945 (→Grevesmühlen/Boltenhagen/MV) schildern: »Die Schiffe lagen da wie gemalt.

Und am Küchentisch hab ich sie auch gemalt. Mit Buntstiften, alle drei. Die Erwachsenen sagten: da sind Kazettler drauf.« Und nach der Bombardierung: »Standen auch viele Erwachsene aus Neustadt da und guckten zu, wie die Kazettler, kaum aus dem Wasser, bibbernd noch, abgeknallt wurden. Die wollen natürlich nichts gesehen, nichts gehört haben, bis heute.« Dazu auch **Arno Surminskis** »Mai in der Neustädter Bucht« (in: »Die Reise nach Nikolaiken«, En. 1991). – Cap-Arcona-Museum im Ostholstein-Museum Neustadt (Kremper Tor); weitere Gedenkstätten in Niendorf, Grömitz, Grube, Ahrensbök und in → Lübeck/SH. Der Bildhauer A. Hrdlicka schuf am Stephansplatz in Wien die »Fluchtgruppe Cap Arcona«.

Heiligenhafen

Stadtbibliothek und Heimatmuseum.

Wilhelm Jensen, * 15. 2. 1837 H., † 14. 11. 1911 → München/BY, volkstüml. Erzähler und Lyriker. Gehörte 1863-65 dem Kreis um E. Geibel in München an. Später Redakteur in → Stuttgart/BW und → Flensburg/SH. Danach in → Kiel/SH und Freiburg i. Br., seit 1888 abwechselnd am Chiemsee und in München. Grab auf dem Friedhof von → Frauenchiemsee (Traunstein/BY). – W.: Nordlicht (Nn. 1872); Aus den Tagen der Hansa (Nn. 1885). – Slg. im Heimatmuseum. – Nachlass LB Kiel.

A **Theodor Storm** (→ Husum/SH) war mehrfach Gast im Haus seiner Tochter Lisbeth, die mit dem Pastor G. L. Ch. Haase verheiratet war (Erinnerungsstücke im Heimatmuseum). St.s Novelle »Hans und Heinz Kirch« (1882) spielt in Heiligenhafen (Kirche), das auch als »Hilgenstedt« Vorbild für **Toni Harten-Hoenckes** Roman »Reifende Saaten« (1922) war.

Fehmarn

»Der Dichter Ottomar Enking überschrieb einen seiner Romane: ›Das Pünktlein auf der Welle‹, und mit diesem ›Pünktlein‹ meinte er Fehmarn. – ›Ve mere‹, wie sie in alten Urkunden auch genannt wird, ist eine fruchtbare Insel . . .« (Jep Nissen Andersen, 1972)

Burg auf Fehmarn

Ernst-Ludwig-Kirchner-Dokumentation in der Stadtbücherei.

Amalie Schoppe, * 9. 10. 1791 B., † 25. 9. 1858 Shenectady/New York, populäre Unterhaltungsschriftstellerin des 19. Jh.s und Förderin F. Hebbels (→ Heide/Wesselburen/SH). – W.: Die Minen von Pasco (R. 1826); Volkssagen und Erzählungen (1833); Erinnerungen aus meinem Leben (1838). – Wohnhaus Breite Straße 44. – Briefe LB Kiel.

Charlotte Niese, * 7. 6. 1854 B., † 8. 12. 1935 → Hamburg-Altona, Heimatschriftstellerin. – W.: Aus dänischer Zeit (Sk. 1892); Geschichten aus Holstein (1896); Ges. Romane und Erzählungen (Hrsg. F. Castelle, 1922). – Geburtshaus Priesterstraße 3, Wohnhaus Breite Straße 45. – Der Schauplatz ihrer Romane und Erzählungen, z. T. auch ihrer Aut. »Von Gestern und Vorgestern« (1924), ist Ostholstein und die Insel Fehmarn. – Mss. StuUB Hamburg. – Werke und Hss. von A. Schoppe und Ch. Niese im Museum.

Landkirchen auf Fehmarn

A **Klaus Groth** (→ Heide/SH) lebte von 1847-53 im Haus seines Freundes L. Selle in L. und schrieb hier den ersten Teil seiner Gedichtslg. »Quickborn« (1852-71).

L Erinnerungen an K. Groths Aufenthalt gab 1949 der aus dem nahen **Bisdorf** stammende Heimatforscher **Peter Wiepert** (1890-

1980) u. d. T. »Dor kem dorna en swore Tied«
heraus; von W. auch »Volkserzählungen und
Sagen von Fehmarn« (1964), von **Zsuzsa
Bánk** das Inselporträt »Zwischen Brücken-
geländern über ein bleiblaues Meer« (in:
»Deutsche Landschaften«, Hrsg. T. Steinfeld,
2003).

R In **Niendorf** an der Ostsee verbrachte
Hermann Löns (→ Hannover/NI) 1911
und 13 seinen Urlaub (Strandstraße 56):
»Als Mann, dem das Herz fror, kam ich
dort an. Trotz aller Dummheiten hat Nien-
dorf mir genützt, denn es hat mir mein
Herz wiedergegeben.« Einige seiner Erzäh-
lungen und naturkundl. Schilderungen
sind dort entstanden. Aussichtsturm (»H.-
L.-Blick«) am Hemmelsdorfer See (Details
über den Besuch in »Hermann-Löns-Blät-
ter« 1/2003). – In seinem Roman »Ein
ernstes Leben« (1932) hielt **Heinrich
Mann** (→ Lübeck/SH) die Kindheitser-
innerungen seiner Frau Nelly Kröger
(1898-1944) fest, die in N. aufwuchs.
Ernst Barlach (→ Wedel/SH): »Lieblich
ist's hier« (Brief vom 1. 8. 1890). **Georges
Arthur Goldschmidt**, 1928 geb. in Rein-
bek (→ Ratzeburg/SH), schildert in
»Ein Garten in Deutschland« (aut. E., dt.
Ausgabe 1988) einen Urlaub mit den El-
tern in N. – Vom 23. bis 25. 5. 1952 fand
die 10. Tagung der »Gruppe 47« im Erho-
lungsheim des NWDR in N. statt, zum
ersten und einzigen Mal Gäste der Gruppe
um **Hans Werner Richter** (→ Usedom/
Bansin/MV): **Paul Celan**, der seiner Frau
brieflich berichtete, und **Karl Krolow**
(→ Hannover/NI). Den Preis der Gruppe
erhielt **Ilse Aichinger**.
William von Simpson, 1881 in Ostpreu-
ßen geb., der Autor des Longsellers »Die
Barrings« (1937), starb 1945 im Ostseebad
Scharbeutz; Grab auf dem Friedhof **Tim-
mendorfer Strand. Thomas Mann** (→ Lü-
beck/SH) schrieb in Timmendorf 1921
seinen Essay über »Goethe und Tolstoi«.

Im Meeresaquarium »Sea-Life« Hinweise
auf die literarische Darstellung des See-
pferdchens, das auch »**Ringelnatz**« (→
Wurzen/SN) genannt wird. – Über **Kling-
berg** am Pönitzer See **Uwe Herms**: »Die
Siedlung auf den sieben Hügeln« (in:
»Im Land zwischen den Meeren – Reisen
in das unbekannte Schleswig-Holstein«,
1996).
»Es gibt ohne Zweifel Landschaften von
auffallenderer Schönheit, von großartige-
rer Wirkung, von größerer Fruchtbarkeit
des Bodens«, notierte **Johann Heinrich
Voß** (→ Waren/MV) 1794, »sicherlich
aber keine, die lieblicher zum Auge und ge-
winnender zum Herzen guter, sinniger
Menschen spricht, als unser **Ostholstein**.«
Die hügelige, waldreiche und von Seen
durchzogene Landschaft schildert V. in
seiner Idylle »Luise«, die, so langatmig
und wirklichkeitsfern man sie heute emp-
finden mag, realistischere Vorstellungen
weckt als die vermutlich aus der Pionier-
zeit der »Weißen Industrie« stammende
Bezeichnung »**Holsteinische Schweiz**«. –
Malente, das Voß »Grünau« nennt, ist
zum Luftkurort **Malente-Gremsmühlen**
geworden. Im Pastoratsgarten die alte Lin-
de, wie Voß berichtet, damals »voll Bie-
nengesumms«. Die romantisch gelegene
Gremsmühle war zu jener Zeit ein Wirts-
haus, in dem sich auch Voß einfand. An
der Nordspitze des in den Kellersee vor-
springenden Prinzenholzes liegt der »Born
der Luise«, jener Platz, den Voß in seinem
»Fest im Walde« liebevoll beschreibt. **So-
phie Wörishöffer** (→ Pinneberg/SH) fand
in Malente ihre Schreibruhe. Die land-
schaftl. Reize der Gegend hätten den dän.
Dichter **Jens Baggesen** beinahe zum Un-
gehorsam gegenüber seinem Landesvater
verleitet, denn als er 1791, auf der Reise
zu F. Schiller (→ Ludwigsburg/Marbach/
BW), den Ausblick vom Holzberg bei **Ne-
versfelde** genoss, rief er aus: »Es ist der

schönste Fleck auf dem Erdenkreise – oh, ich will nicht weiterreisen, die Schönheit der Natur zu bewundern! Unmöglich! Ich sehe nie eine Stelle wieder wie diese hier ist! Auf der ganzen Kugel blüht kein Paradies so wie dies!« – Für **Klaus Groth** (→ Heide/SH) blieb »der schönen Landschaft höchster Reiz« **Bruhnskoppel** am Krummsee: »der Rigi-Kulm von Holsteins Schweiz«. – Den sagenumwobenen **Ukleisee** pries schon **Wilhelm von Humboldt** (→ Berlin) als »göttlich« und **Emanuel Geibel** (→ Lübeck/SH) besang ihn in seinem Gedicht »Von Hügeln dicht umschlossen«. Mit diesem See – »ein dunkles Auge, das zur Sonne/Nur um die Stunde des Mittags aufblickt« – sind einige der schönsten schleswig-holstein. Sagen verknüpft. Wie reich diese Gegend überhaupt an Sagen war, beweisen die Werke zweier Einheimischer: des aus **Klenzau** stammenden »Märchenprofessors« **Wilhelm Wisser** (1843-1935, Grab auf dem E.er Friedhof), der mehr als 600 plattdt. Volksmärchen wortgetreu aufzeichnete (Gedenktafel am Hause Albert-Mahlstedt-Straße 37 in E., Grab auf dem Friedhof in E.), sowie des 1878 in **Pönitz** geb. Volkskundlers **Gustav Friedrich Meyer**. Sein Grab – er starb 1945 – befindet sich auf dem Friedhof von **Gleschendorf**. In **Braak** hat W. Wisser die Dorfschule besucht; die W.-Kate steht heute noch. – An der Kirche von **Bosau** am Großen Plöner See wirkte seit 1134 als Pfarrer **Helmold**, der Verfasser der »Slawenchronik« (1170), einer hist. genauen Darstellung der Geschichte Ostholsteins im 12 Jh.

Wagrien: »Herrenhäuser stehen in prächtigen Parks mit alten, hohen Bäumen. Sie besitzen als Zentren der großen Gutshöfe eine eigene Kultur ...« (Hinrich Jens-Jensen, »Im Wagrischen Winkel«, 1972). Hauptort dieses Landes ist **Oldenburg**, das Starigard der Wagerwenden, deren

Fürsten, wie die Sage geht, »noch immer im Wall hausen«. Von O. aus unternimmt die 1945 gegründete Bühne »Der Morgenstern« ihre Tourneen. – In **Lensahn** befindet sich das Grab **Julius Stindes** (→ Plön/Kirchnüchel/SH), Ende des 19. Jh.s einer der erfolgreichsten dt. Unterhaltungsschriftsteller. – Aus **Grube** stammt **Johannes Stricker** (um 1549-1599), Prediger und Dramatiker, 1570 Pastor des Klosters Wismar. Wegen seiner Angriffe auf den holstein. Adel des Amtes enthoben, fand er Zuflucht in → Lübeck/SH. »De düedesche Schlömer« (Dr. 1584); Luthers Katechismus (niederdeut. Übers. 1594). Pfarrscheune mit Name und Jahreszahl 1569. – Im 1959 abgebrochenen 2. Pfarrhaus wohnte **Theodor Storm** 1885 und 87 und arbeitete an seiner Novelle »Der Schimmelreiter«.

In **Dahmeshöved** bei **Dahme** machte **Uwe Johnson** (→Anklam/MV) 1960 und 1965 Urlaub. – Das Künstlerhaus Kloster **Cismar** bei **Grömitz** (»eine verzauberte Klosteridylle«, schrieb **Th. Storm** 1885) bietet Stipendien für je zwei Schriftsteller. Im Nachbarhaus lebt seit 1976 die Schriftstellerin **Doris Runge**, deren Sprache (»eher herb, eher spröde, eher norddeutsch«, so R. W. Leonhardt) die Landschaft erfasst, u. a.: jagdlied (G. 1985); kommt zeit (G. 1988); wintergrün (G. 1991); grund genug (G. 1995). Seit 1993 Lesungen (»Dialog«, »Premiere«, »Lesenacht«) bei der »Literatur im Weißen Haus e. V.«.

S **Eutiner Landesbibliothek:** Autographen-, Porträtslg.; allgem. wiss. Bibliothek des 18. Jh.s (rd. 55 000 Bde.). E.er **Forschungsstelle zur historischen Reisekultur** (Katalog, 2 Bde., 1990) der E.er **LB** mit historischen Beständen. Das **Ostholstein-Museum** hat seinen Schwerpunkt in der Präsentation von J. H. Voß, J. H. W. Tischbein, und C. M. v. Weber. – Die 1804 gegr. **Literarische Gesellschaft** tagt noch heute im Voß-Haus; Protokolle in der

Kreisbibliothek. – **Landesberufsschule für Buchhändler** in Malente.

B P. Rathgens, Grünau-Malente, der Schauplatz von Voß' »Luise«, 1904; E. G. Prühs, Eutin – Kulturhistorischer Stadtführer, 1990; U. Herms, Weimar des Nordens – ohne Goethe. Eutin, das schöne Osterei. In: Im Land zwischen den Meeren – Reisen in das unbekannte Schleswig-Holstein, 1996; K. Reschke, Eutin, in: Von Schleswig nach Holstein. Skizzen vom Ostseestrand, 1999; K. Langenfeld, Eutin und seine Dichter. Die große Zeit der kleinen Residenz, 2001; H. Kutzer, Das ist die Ostsee. Anth. 1998.

Z Bad Segeberg, Lübeck, Plön (SH).

FEUCHTWANGEN/BY

Fränkisches Museum.

Im roman. Kreuzgang der Stiftskirche von F. Freilichtaufführungen. Am Fuß des Klosterberges Taubenbrünnlein, wo der Sage nach Karl d. Gr. Kirche und Kloster zu bauen gelobt habe. – Bei **Mögersbronn** (Feuchtwangen-M.) soll sich nach örtl. Überlieferung Lehen und Geburtsstätte **Walthers von der Vogelweide** (→ Würzburg/BY), einer der über 100 Vogelweidhöfe des dt. Sprachraums, befunden haben.

B E. Oker, Feuchtwangen. Barmherzige Hinternstütze, in: Bayern wo's kaum einer kennt 4, 1986.

Z Ansbach, Dinkelsbühl, Gunzenhausen, Wolframs-Eschenbach, Rothenburg o. d. T. (BY).

FLENSBURG/SH

»Eigensinnig versucht die Flensburger Förde, ein norddeutscher Lido zu sein: Unter arglosem Blau bietet sie sich an, gibt sich sorglos, fröhlich, von gleitenden Segeln bestückt, sie hat stille Hei-

terkeit angelegt und möchte gern von Dufy gemalt werden.« (Siegfried Lenz, 1966)

Pädagog. Hochschule (Bibliothek). – Landeszentralbibliothek Schleswig-Holstein; Dansk Centralbibliotek; Stadtbücherei; Stadtarchiv (Bibliothek und Dokumentation heimischer Schriftsteller). – Städt. Museum (Arbeitsbibliothek). – Schleswig-Holstein. Landestheater und Sinfonieorchester (Musiktheater F.); Niederdt. Bühne; Theaterwerkstatt Pilkentafel; Studio des NDR. – Aus Flensburg stammt der Historiker und Paulskirchen-Parlamentarier Georg Waitz (1813-86).

Heinrich Harries, * 9. 9. 1762 F., † 28. 9. 1802 Brügge b. Kiel, Lyriker, Unterhaltungsschriftsteller, verfasste Erbauungsschriften (»Weihnachtsbüchlein für die Jugend«, 1791). – W.: Gedichte (1804); sein »Kriegslied« (1790) »Heil Dir, dem lieben den Herrscher des Vaterlands« wurde Vorlage für die preußische Hymne »Heil Dir im Siegerkranz« (1793).
Johann Peter Lyser, * 4. 10. 1804 F., † 29. 1. 1870 Altona, Erzähler, Kritiker. Ein unstetes Leben prägte diesen »wundervollen Kauz« (H. Heine). – W.: Novellen und Freskosonette (1834); Lieder eines wandernden Malers (1834); Benjamin. Aus der Mappe eines tauben Malers (aut. R. 1830, n. 1920).
Adolf H. Strodtmann, * 24. 3. 1829 F., † 17. 3. 1879 Berlin-Steglitz, Lyriker, Herausgeber, Kritiker. Nach politisch bedingter Haft Amerika-Aufenthalt, 1856 Rückkehr nach Hamburg, seit 71 in Steglitz. – W.: Gedichte (1857, n. 78); Heine – Leben und Werk (1867-69); Dichterprofile. Literaturbilder des 19. Jahrhunderts (1878); Hrsg. der Briefe von und an Gottfried August Bürger (1874, n. 1970) und der Sämmtlichen Werke Heinrich Heines (1861 ff.).
Alma Heismann, * 14. 11. 1885 F., † 5. 7. 1943 Schleswig, Lehrerin, verbrachte den größten Teil ihres Lebens in Schleswig. –

W.: Sonette einer Liebenden (1957). – Grab Friedhof am Friedenshügel – Teilnachlass StB F.

Emmy Ball-Hennings, * 17. 1. 1885 als Emmy Cordsen in F., † 10. 8. 1948 Sorengo/Lugano. Lyrikerin, Mitarbeiterin am »Simplicissimus«, verheiratet mit Hugo Ball (→ Pirmasens/RP). – W.: Die letzte Freude (G. 1913); Hugo Ball, Sein Leben in Briefen und Gedichten (1930); Märchen am Kamin (1943); Das irdische Paradies und andere Legenden (1945); Ruf und Echo (Aut. 1953); Briefe an Hermann Hesse (n. 1985). – Ihr Buch »Blume und Flamme. Geschichte einer Jugend« (1938) gilt als eine der schönsten Kindheitserinnerungen aus Schleswig-Holstein.

Jens Rehn (eig. **Otto J. Luther**), * 18. 9. 1918, † 3. 1. 1983 Berlin, Erzähler, Hörspielautor, später Redakteur beim RIAS in Berlin. Verfasser existentialistisch geprägter Prosa. – W.: Nichts in Sicht (R. 1954); Feuer im Schnee (R. 1956); Die Kinder des Saturn (R. 1959); Der Zuckerfresser (En. 1961); Das neue Bestiarium der deutschen Literatur (Sat. 1963, n. 70); Morgenrot (sat. R. 1976); Die weiße Sphinx (R. 1978).

A Auf der Durchreise übernachtete der dän. Dramatiker **Ludvig Holberg** im Juni 1725 in F. – **Johann Heinrich Voß** (→ Waren/MV) hielt sich 1774 im Hause des Pastors (und Lyrikers) **Heinrich Christian Boie** (→ Heide/Meldorf/SH) auf, dessen Tochter Ernestine er 1777 heiratete (D. Puls: »Ankunft in Flensburg«/»Polyphem am Mühlenteich«/»Die Entführung«, 1976). Auch **Friedrich Gottlieb Klopstock** (→ Quedlinburg/ST) war in jener Zeit mehrmals im Pastorat auf dem Südermarkt zu Gast. – **Hans Christian Andersen** übernachtete, auf der Durchreise nach Wyk auf Föhr, 1844 im Hotel »Stadt Hamburg«. – Ende September 1864 wohnte **Theodor Fontane** (→ Neuruppin/BB)

im Hotel Raasch (heute Kaufhaus), überliefert sind Tagebuchnotizen. Im Roman »Unwiederbringlich« (1891) lässt F. den Grafen Holk im Hotel am Rathaus absteigen, auch Effi Briest macht im gleichnamigen Roman (1895) hier Station. – 1870 besuchte **Wilhelm Raabe** (→ Holzminden/Eschershausen/NI) **Wilhelm Jensen** (→ Eutin/Heiligenhafen/SH), der hier von 1869-72 Schriftleiter der »Norddeutschen Zeitung« war. **Timm Kröger** (→ Rendsburg/Haale/SH) lebte von 1876-79 in F.; Wohnung Große Straße 16. – **Detlev von Liliencron** (→ Kiel/SH) war 1881 für ein Vierteljahr hier Hardesvogt. – Eine von **Emil Noldes** letzten Schnitzarbeiten Mitte der 80er Jahre in F. waren vier »tiefsinnige Eulen« für den Schreibtisch Th. Storms. – 1914 diente **Gerrit Engelke** (→ Hannover/NI) als Sanitäter im Garnisonslazarett; von hier aus schrieb er Briefe an Jakob Kneip → Simmern/Morshausen/RP (in: G. E., »Das Gesamtwerk«, 1979). – Das benachbarte Dänemark war in der NS-Zeit Zuflucht für viele deutsche Künstler wie **Bert Brecht** (→ Augsburg/BY), dazu W. Dähnhardt/B. Nielsen, »Geflüchtet unter das dänische Strohdach – Schriftsteller und bildende Künstler im dänischen Exil nach 1933« und H. Detering, »Grenzgänge« – Skandinavisch-deutsche Nachbarschaften (1997). – **Ivo Braak**, Verfasser niederdeutscher Stücke, unterrichtete bis 1973 an der PH in Flensburg.

L Die Novelle »Im Nachbarhaus links« (1875) von **Theodor Storm** (→ Husum/SH) spielt im Haus Große Straße 46. – Weiterhin: **Ottomar Enking** (→ Kiel/SH), »Johann Rolfs« (R. 1898); **Charlotte Niese** (→ Eutin/Burg auf Fehmarn/SH), »Tilo Brand und seine Zeit« (R. 1922). Der dt.-dän. Schriftsteller **Willy-August Linnemann** schildert in seinen Romanen (u. a. in »Fabrikanten«) Geschichte und Gegenwart der Grenzstadt, ebenso **Peter Langeland** (». . .und alles vergeht«, 1952). Der iri-

sche Autor **Erskine Childers** (Vater des gleich-
namigen Ministerpräsidenten) beschreibt in
seinem Spionageroman »Das Rätsel der Sand-
bank« (1903, dt. Erstausgabe 1975) u. a. die
F.er Förde. – Mundart: »Plattdüütsch Dagwie-
ser« (1948) u. a. von **Klaus Witt** (1890-1964),
Gründer des »Niederdt. Bühnenbundes«.
Von **Wolf Biermann** u. a. das G. »Erntezeit
an der Flensburger Förde« (»Heimat«, 2006).
– Topograph. Skizzen von **Hinrich Jens-Jen-
sen** (1972) und **Hans-Heinrich Welchert** (auch
über Glücksburg, 1978). »Die Düppeler Chan-
cen« (E. 1974) und »Flensburg – so wie es war«
(1977) von **Wilhelm Hambach**, »Flensburger
Anekdoten« von **Paul Selk** (1978), »Mörderi-
sches Flensburg. Kriminalgeschichten aus der
Fördestadt«, Hrsg. **Eckhard Bodenstein** (1998),
der auch einen F.er »Campus-Roman« u. d. T.
»Das Ernie-Prinzip« schrieb (1999), dazu »Fal-
sche Flensburger« (R. 2000), von **Gunter Ger-
lach**, dem ersten F.er »Krimistadtschreiber«. –
Horst Kutzer (Hrsg.), »Flensburg. Ein Lese-
buch« (1978, 2. Aufl. 99) und **Uwe Herms'**
Stadt-Porträt (in »Im Land zwischen den Mee-
ren«, 1996).
S **Akademie Sankelmark** (Literarische Wo-
chen), **Deutsche Dostojewski-Gesellschaft**.

Glücksburg

A 1884 und 1919 urlaubte **Thomas
Mann** (→ Lübeck/SH) in G., zu 1919 Ta-
gebucheinträge. 1955 machte **Gottfried
Benn** (→ Perleberg/Mansfeld/BB) hier
Station und las am 15. August in Flens-
burg. Dazu **Uwe Herms'** Studie »Glücks-
burg, dieser Name, dieses Wort« (in »Im
Land zwischen den Meeren«, 1996).

S Im 1582-87 erbauten Wasserschloss Her-
zog Hans d. J. **Schlossmuseum**: u. a. Biblio-
thek mit rd. 10 000 Bdn.; Herzogl. Hausar-
chiv; Gobelinfolge (um 1700) mit Szenen
aus Ovids »Metamorphosen«. – **Schleswig-
Holstein. Heimatbund**, Zs. »Schleswig-Hol-
stein« mit Beilage »Uns' Moderspraak«.

*Glücksburger Schloß: In der Gobelin-Samm-
lung im Museum sind Szenen aus Ovids »Meta-
morphosen« zu sehen.*

R »Eine Meile südlich von Glücksburg,
auf einer dicht an die See herantretenden
Düne, lag das von der gräflich Holkschen
Familie bewohnte Schloß Holkenäs, eine
Sehenswürdigkeit für die vereinzelten Frem-
den …«: **Theodor Fontanes** Schloss aus
dem Roman »Unwiederbringlich« (1891)
existiert nur in der Phantasie des Dichters.
– Dänemark lockt mit einem Abstecher
in das südl. Jütland. Die Inschrift der in
Gallehus gefundenen goldenen Hörner
(400-450 n. Chr.) gilt als eines der ältesten
Zeugnisse gebundener Sprache im nordeu-
rop. Raum. Der dän. Romantiker **Adam
Gottlob Oehlenschläger** (1779-1850) ließ
sich durch die Goldhörner zu seinem Ge-
dicht »Guldhornene« anregen. – In **Ran-
derup** wurde der dän. Kirchenlieddichter
und spätere Bischof von Ribe **Hans
Adolph Brorson** (1694-1764) geb. Am
Haus Storegade 26 im dän. **Tønder** (Ton-
dern) erinnert eine Inschrift daran, dass B.
hier 1732 seine Weihnachtslieder schrieb.
Fünf Jahre später wurde in T. **Heinrich
Wilhelm von Gerstenberg** (→ Hamburg)
geb.; Gedenktafel Haus Søndergade 10.
Klaus Groth (→ Heide/SH) besuchte
1837 das Lehrerseminar in T.; Wohnung
Westerstraße, später Spiekerstraße.
Aus dem östl. von Tondern gelegenen Dorf

Nolde stammt der Maler **Emil Nolde** (eig. Hansen → Husum/Niebüll/SH), den **Siegfried Lenz** in den Mittelpunkt seines Romans »Deutschstunde« (1968) stellte. – In **Gråsten** (Gravenstein) war **Hans Christian Andersen** 1845 Gast des Herzogs von Augustenburg und schrieb dort sein Märchen »Das kleine Mädchen mit den Schwefelhölzern«. – Den Ort **Dybbøl** (Düppel) und die Geschehnisse um die militär. Niederlage der Dänen 1864 – die **Theodor Fontane** als Kriegsberichterstatter erlebte und beschrieb – schildert **Herman Bang** (1857-1912) in seinem Roman »Tine« (1889). – In **Asserballe** (Atzerballig) auf der Insel Alsen steht das Geburtshaus (»Das weiße Haus«) H. Bangs; Gedenktafel am Pastorat. – Noch einmal **Siegfried Lenz**, der jahrzehntelang ein Ferienhaus auf Alsen besaß und dort u. a. »Das Feuerschiff« (E. 1960) schrieb: »Die deutsch-dänische Grenze ist eine schöne Grenze: Sie verläuft durch einen Fjord, der sich als Postkarte eignet, schwingt sich über hügeliges Ufer, trennt Äcker, Wäldchen und Wiesen, zieht sich an fischreichen Seen hin und teilt Weideland, auf dem deutsche und dänische Schafe ergebnislos über ihren Unterschied grübeln.« (»Blick auf die Grenze«, 1980).

B H. P. Johannsen, Reise zu Schriftstellern und Dichtern in Dänemark ..., in: Parkplätze der Literatur, 1969; Deutsch-dänische Begegnungen um 1800. Kunst, Dichtung, Musik, Ausstellungskatalog, Hrsg. N. Schiørring und N. M. Jensen, 1974; H. Kutzer, Das ist die Ostsee, Anth. 1998.
Z Husum, Niebüll, Schleswig (SH).

FORCHHEIM/BY

Pfalzmuseum für die Fränk. Schweiz.

»Forchemii natus/Pontius ille Pilatus«, behauptet die Sage, und **Eugen Oker** hinterfragt (in »Bayern wo's kaum einer kennt« Bd. 3): »Pilatus war Bayer?«. – Der zu pol. Erkundung ausgesandte **Karl Roger von Ribaupierre** notierte 1802, dass es in F. trotz Elend der Bewohner »eine ungewöhnlich große Anzahl Bierhäuser« gebe. (Das Elend resultierte nicht zuletzt aus dem Verfall der ehem. fränk. Königspfalz.) – Die »Forchheimer Klosterbilder« (1905) von **Hans Leygeber** enthalten außer Chronik und Beschreibung 59 hist. Gedichte. Sein vaterländ. Festspiel »In Treue fest« wird »nur noch im Gemüt« aufgeführt: so 1973 **Godehard Schramm** (»Forchheim in drei Briefen«). – Im nahen Schloss **Kunreuth** wurde am 13. 4. 1779 **Friedrich von Müller** geb., ab 1815 Kanzler in Weimar, gest. 1849. Lit. Frucht seines Wirkens: »Goethes Unterhaltungen mit dem Kanzler von Müller« (krit. Ausg. von E. Grumach, 1956).

Gräfenberg

Wirnt von Grafenberg, um 1200, mhd. Epiker aus Oberfranken, nach G. – alte Burg Grafenberc – benannt; schrieb den Artusroman »Wigalois oder der Ritter mit dem Rad«. – Geburtshaus wahrsch. »Wolfsberger Schloss« am Marktplatz, dort auch Brunnen mit Standbild; Inschriftentafel und Gedächtnisfenster im Rathaus. – W. ist Held der Dichtung »Der Welt Lohn« Konrads von → Würzburg/BY.
R Fränkische Schweiz: Die ersten romantischen Reiseberichte stammen von den Erlanger Studenten (aus → Berlin) **W. H. Wackenroder** (»Herzensergießungen«) und **L. Tieck** (»Sternbalds Wande-

rungen«) von ihrer Pfingstreise 1793. Zwei-
hundert Jahre später hat man ihnen in
Ebermannstadt einen Gedenkstein ge-
setzt. In **Streitberg** erinnern am alten Kur-
haus eine Gedenktafel und die hist. »Pil-
gerstube« an **Joseph Victor von Scheffel**
(→ Karlsruhe/BW), der hier alle Erwar-
tungen übertroffen sah: »ich fand es schö-
ner, großartiger, origineller, als ich ver-
mutet.« Ergebnis seiner Begeisterung war
die »Bambergischer Domchorknaben Sän-
gerfahrt« (Exodus cantorum, 1859). **Karl
Immermann** (→ Düsseldorf/NW) ließ
auf dem Weg nach Bayreuth in St. an-
halten; er fühlte sich hier »versteckt wie
der Hase im Kohl« (1837). **Jean Paul** (→
Wunsiedel/BY) in »Palingenesien« (1798)
über die Täler um St. und **Muggendorf**
(Quartier wie auch **Tieck, Wackenroder**
und **E. M. Arndt** im »Goldenen Stern«):
»Der Weg lief von einem Paradies durch
das andere.« Der »Rosenhof« wurde zu Eh-
ren des Dichters 1929 wieder angelegt.
Die Oswaldhöhle bei M. erhielt ihren Na-
men nach dem Roman »Heinrich von Nei-
deck« von **A. G. F. von Rebmann** (→ Er-
langen/Sugenheim/BY). – **Arndt** (→ Rü-
gen/MV) beschreibt in den »Bruchstü-
cken aus einer Reise von Bayreuth bis
Wien im Sommer 1798«, wie er am 21.
6. abends »auf einem hohen Gestein«
über **Waischenfeld** (Gedenktafel am »Ro-
ten Roß«) stand: »Du längster Tag des Jah-
res sollst einer meiner schönsten sein.«
Anderntags sah er die **Riesenburg** bei
Doos und den **Adlerstein** bei Engelhards-
berg, Burg **Rabeneck** und **Rabenstein** und
kehrte nach W. zurück, wo er im Gasthof
Förster, heute »Rotes Roß«, übernachtete.
In der Pulvermühle bei W. fand 1967 die
letzte große Tagung der Gruppe 47 statt,
bei der **Jürgen Becker** den Preis der Grup-
pe erhielt. (**Guntram Vesper**: »Eingela-
den, meiner Hinrichtung beizuwohnen«,
1983.) – **August Graf von Platen** (→ Ans-
bach/BY) verzeichnet in seinem Tagebuch
v. a. Wanderungen über **Wiesenthau, Kun-
reuth**, »dessen Lage vorzüglich hübsch
ist«, im Mai 1820 und nach Gößweinstein
im Juli 22; ein weiterer Lieblingsausflug
führte zur Walberla-Kirchweih auf der Eh-
renburg bei **Kirchehrenbach**. – In **Leuten-
bach** wirkte fast 40 Jahre **Georg Kanzler**
(1894-1975), »Priester und Poet dazu«
(»Das stille Tal«, G. 1941; »Der Burgka-
plan«, »Geliebter Berg«, En. 1949, 76); Ge-
denktafel Moritzkapelle. – Gefeierter
Gast in **Gößweinstein: J. V. von Scheffel**,
der G. auf einer längeren Wanderung
durch die Fränk. Schweiz im Spätsommer
1859 und als »Belletriste« 83 besuchte;
Sch.-Stube im Sch.-Gasthof, ehemals
Distler (Gedenktafel), Sch.-Denkmal ge-
genüber. 1879 dort auch **Richard Wagner**
(→ Bayreuth/BY); einer Überlieferung
nach ist Schloss G. Wagners »Gralsburg«.
– 1835 pilgerte **Hermann Fürst Pückler-
Muskau** (→ Görlitz/Bad Muskau/SN)
von **Burggailenreuth** über **Tüchersfeld**
(Gößweinstein-T.) zur Ruine Rabenstein.
– Zu Reparaturarbeiten kam 1804 der →
Nürnberger/BY Stadtflaschner **Johann
Konrad Grübel** nach **Betzenstein**; poet.
Frucht des Aufenthaltes: Briefgedichte in
Mundart aus »Betznsta« und dem nahen
Kühlenfels (Pottenstein-K.). Betzenstein
war auch bevorzugtes Wanderziel von **Wal-
ter Flex** (→ Eisenach/TH) während seiner
Erlanger Studentenzeit (Gasthof Post). –
In **Pretzfeld** Gedenktafel am Geburts-
haus des Heimatforschers **Christian Beck**
(1874-1939).

L H. M. **Enzensberger**, »fränkischer kirsch-
garten im januar« (G. 1963); **Godehard
Schramm**, »Fränkische Heimat« (1987); **Karl-
heinz Deschner**, »Dornröschenträume und
Stallgeruch« (1989).
B K. Gasseleder, Ins Wiesental in der Fränki-
schen Schweiz, in: LiteraTourLand Franken,
2000.

Forchheim/Waischenfeld: Im nahe gelegenen Gasthaus »Pulvermühle« fand im Herbst 1967, begleitet von Demonstrationen Erlanger Studenten, die letzte Tagung der Gruppe 47 statt.

Z Bamberg, Bayreuth, Erlangen, Nürnberg (BY).

FRANKENBERG/HE

Kreisheimatmuseum (im ehem. Zisterzienserinnen-Kloster).

Ein Bild der Stadt vor dem verheerenden Brand von 1476 zeichnet **Wigand Gerstenberg** (1457-1522) in seiner »Frankenberger Chronik«. – »Über die merkwürdige Formation zu Frankenberg« (sog. »Kornähren«) wünschte schon **Goethe** (→ Frankfurt a. M./HE) Näheres zu wissen. – Sein berühmter Porträtist **Johann Heinrich Wilhelm Tischbein** (→ Eutin/SH) aus der weit verbreiteten Malerdynastie kam am 5. 2. 1751 in **Haina** zur Welt (Geburtshaus mit Gedenktafel und Museum). Das Kloster von H., heute Hospital und Nervenheilanstalt, habe ihn vor »Torheiten und leidenschaftlichen Verirrungen« bewahrt, schreibt er in seinen Erinnerungen (»Aus meinem Leben«, 1822, n. 1957). – Aus **Halgehausen** (Haina-H.) stammt der »Dichterkönig« **Eoban Koch** (gen. **Helius Eobanus Hessus**/→ Marburg/HE), Ge-

denkstein in der Schweinefeststr. – Durch die Sage vom »Schneider mit den Ablaßbriefen« und **Wilhelm Schäfers** (→ Schwalmstadt/Ottrau/HE) Anekdote »Die Gräfin von Hatzfeld« kam die Stadt **Hatzfeld** in die Literatur. – **Johann Christoph Rube** (Ruben/um 1665 – nach 1748), Amtmann in **Battenberg**, hinterließ »Poetisch-christliche Liedergedanken...« (1737). Geb. in **Frankenau** als Apothekerssohn wurde **Richard Huelsenbeck** (* 23. 4. 1892 F., † 20. 4. 1974 Minusio/Schweiz), Arzt, Weltfahrer und Schriftsteller. Jugend in → Dortmund/NW. Ging 1916 nach Zürich; dort Mitbegründer des Dadaismus im »Cabaret Voltaire« mit H. Ball (→ Pirmasens/RP), H. Arp, T. Tzara und M. Janco; 1918 Dada auch in → Berlin. 1936 Emigration in die USA; lebte bis 1970 in New York. – W.: Phantastische Gebete (G. 1916); Der Traum vom großen Glück (R. 1933); Mit Witz, Licht und Grütze (Erinn. 1957). Gedenktafel am Geburtshaus Alte Apotheke, Lindenstr. 16 (Gedenkstätte: H.-Slg.). Grab in → Dortmund/NW. Nachlass StuLB Dortmund, DLA Marbach.

B D. Grieser, Der Wald (Haina), in: Mit den Brüdern Grimm durch Hessen, 1985.
Z Fritzlar, Marburg, Korbach, Schwalmstadt (HE).

FRANKENTHAL/RP

Erkenbert-Museum.

Verdienst und Glanz brachte im 18. Jh. das Porzellan; **Diderot** und **d'Alembert** lobten es in ihrer Enzyklopädie, **Sophie von La Roche** (→ Kaufbeuren/BY) interessierte 1787 allerdings mehr das »Backzimmer« im Mädchenphilanthropin. – In F. geb. der Lyriker, Dramatiker und Erzähler (»Geschütztes Land«, 1939) **Reinhold Schnei-**

der-Baumbauer (1894-1942) und der
»schreibende Doktor auf der Grenze«
Paul Bertololy (1892-1972), der seit 1919
in Lembach/Unterelsass lebte (Aut. »Im
Angesicht des Menschen«, 1956; sein
Pfalzroman »Die Lausbuben«, 1976, spielt
v. a. in **Grünstadt**).

S Pfälzer Mundarttheaterpreis der Stadt F.
(seit 1997, alle zwei Jahre).
Z Bad Dürkheim, Ludwigshafen, Speyer,
Worms (RP); Mannheim (BW).

FRANKFURT AM MAIN/HE

Frankfurt a. M.: Das Poster der Frankfurter Buchmesse 2007

*»Immer wenn ich hier war, spürte ich beides:
Weite einer Weltgesinnung und Nähe eines Hei-
matgefühles: Goethe und Friedrich Stoltze.«
(Theodor Heuss, 1959)*
Johann Wolfgang Goethe-Universität mit In-
stitut für Jugendbuchforschung; Staatl. Hoch-
schule für Musik und Darstellende Kunst, Dt.
Akademie der Darstellenden Künste; Schulen
des Deutschen Buchhandels. – Stadtarchiv
(Institut für Stadtgeschichte), Dt. Rundfunk-
archiv, Albert-Schweitzer-Archiv und Gedenk-
stätte, Dt. Exil-Archiv. – Goethe-Museum, Hist.
Museum, Dt. Filmmuseum, Museum für
Kommunikation; Jüdisches Museum; Städel-
sches Kunstinstitut. – Städt. Bühnen, Fritz-Ré-
mond-Theater, Die Komödie, Volkstheater F.
u. a.; Hess. Rundfunk (Aktion »Literaturland
Hessen«, auch gemeinsam mit dem ADAC
Hessen-Thüringen). – Literaturhaus, Litera-
turforum im Mouson-Turm, Akademisches
Zentrum Rabanus Maurus (Haus am Dom),
Romanfabrik; Literaturbetrieb, Literaturge-
sellschaft Hessen. – Intern. Buchmesse (Vor-
gänger im 16.-18. Jh., erster Meßkatalog 1564)
– Römerberg-Gespräche, Literaturfest.

Johann Spies (auch **Spieß**), 1540-1623,
Drucker und Hrsg. der 1587 in F. erschie-
nenen »Historia von D. Johann Fausten«
(→ Maulbronn/Knittlingen/BW), Grund-
lage für die spätere Behandlung des Stof-
fes.

Heinrich Leopold Wagner, * 19. 2. 1747
Straßburg, † 4. 3. 1779 F., Jugendfreund
Goethes, als »Stürmer und Dränger« vorw.
Dramatiker. War 1773/74 Hofmeister in
→ Saarbrücken/SL und ließ sich 1774
als Advokat in F. nieder, wo er einen Mu-
senalmanach herausgab. – W.: Die Kin-
dermörderin (Tr. 1776) – ein aktuelles
Thema: noch 1772 wurde Susanna Marga-
retha Brandt dieses Deliktes wegen vor der
Hauptwache hingerichtet. Ges. Werke
(Hrsg. L. Hirschberg, 1923 ff.).
Johann Wolfgang von Goethe, * 28. 8.
1749, † 22. 3. 1832 → Weimar/TH. Kind-
heit und Jugend in F., 1765-68 Jurastudi-
um in → Leipzig/SN, 70/71 in Straßburg.
Die nächsten vier Jahre meist wieder in F.,
Mai-September 1772 in → Wetzlar/HE;
Kontakt zum Kreis der → Darmstädter/
HE »Empfindsamen«; Verlobung mit Lili
Schönemann (→ Offenbach a. M./HE).
1775 folgte G. der Einladung Herzog
Karl Augusts nach → Weimar/TH, wo
er in den nächsten Jahren hohe Staats-
ämter innehatte. Drei Schweizer Reisen
(1775, 79, 97), zwei Reisen nach Italien

*Frankfurt a. M.: Goethes Arbeitszimmer im
Goethe-Haus*

(1786-88, 90); Erstes Zusammentreffen
mit F. Schiller (→ Ludwigsburg/Marbach/BW) 1788. Geburt des Sohnes August 1789, dessen Mutter Christiane Vulpius G. 1806 heiratete. 1791-1817 Direktor des Weimarer Hoftheaters. 1792/93 »Kampagne in Frankreich«. Seit 1794 Freundschaft mit Schiller. 1808 Begegnung mit Napoleon in → Erfurt/TH. 1814/15 Reisen ins Rhein- und Maingebiet, wiederholt in F. und → Wiesbaden/HE. 1818-20 jährliche Kur in Karlsbad, 1821-23 in Marienbad. 1823 Bekanntschaft mit J. P. Eckermann (→ Winsen/NI). – W.: Götz von Berlichingen mit der eisernen Hand (Dr. 1773); Die Leiden des jungen Werthers (R. 1774); Wilhelm Meisters Lehrjahre/Wanderjahre (R. 1795 f./1821); Faust (Tr. 1808); Weimarer oder Sophien-Ausgabe (143 Bde., mit Briefen und Tagebüchern, 1887-1920). – Geburtshaus (»Goethe-Haus«), Großer Hirschgraben 23 (20 Zimmer mit Einrichtungsgegenständen

aus der Zeit und dem Besitz der Familie); daneben G.-Museum (Lit. und Gemäldeslg., Dokumente zu Leben und Werk G.s und seiner Zeitgenossen); in der Katharinenkirche nahe der Hauptwache wurde G. getauft und Ostern 1763 konfirmiert. – Denkmal in der Gallusanlage; Standbild über dem Eingang der Alten Oper, Opernplatz; Denkmal »Haus für Goethe« in der Taunusanlage; G.-Turm, Sachsenhäuser Berg; G.-Ruhe am Eingang zum Waldspielpark. – G. schildert seine Kindheit und Jugend in F. in »Dichtung und Wahrheit« (1811-22). Die »Schlimme Gasse« (an der heutigen Stiftstraße), in der es spuken sollte, Anstoß für das Märchen »Der neue Paris«. Die Stadt auch Kulisse für den Osterspaziergang im »Faust«. – Nachlass GSA Weimar; Slgg.: FDH F., G.-Museum Düsseldorf, DLA Marbach. – G.-Gesellschaft; Preise der Stadt F. u. a.. E. Beutler, »Goethes Vater, Schwester und Mutter«, in: »Briefe aus dem Elternhaus«, 2. Aufl. 1973; H. Heckmann/W. Michel (Hrsg.), »Frankfurt mit den Augen Goethes«, 1982; D. Grieser, »Goethe in Hessen«, 1982; P. Maisak/H.-G. Dewitz, »Das Goethe-Haus«, 1999.
Seine Mutter **Catharina Elisabeth Goethe** (geb. Textor, »**Frau Aja**« genannt), * 19. 2. 1731 F., † 13. 9. 1808 ebd. (»Die Briefe der Frau Rath Goethe«, Hrsg. A. Köster, 1904). Wohnung nach dem Tode ihres Mannes Johann Caspar (1710-82) am Roßmarkt im Haus »Zum Goldenen Brunnen« (Gedenktafel An der Hauptwache 2); Grab auf dem Peterskirchhof (heute Liebfrauen-Schulhof, Grabstein an einer Hauswand); Denkmal im Rosengarten des Palmengartens. – **Johann Georg Schlosser**, * 9. 12. 1739 F., † 17. 10. 1799 ebd., wurde 1769 Advokat in F. und heiratete 1773 Goethes Schwester Cornelia (gest. 1777). Oberamtmann in → Emmendingen/BW; 1778 Heirat mit Johanna Fahlmer (→

Düsseldorf/NW). Kleinere Schriften (6
Bde., 1779-93). Geburtshaus Töngesgasse
10; Grab auf dem Peterskirchhof. – **Susanna
Katharina von Klettenberg**, * 18. 12.
1723 F., † 16. 12. 1774 ebd. Verfasserin
geistl. Lieder, der zur Erinnerung Goethe
die »Bekenntnisse einer schönen Seele«
(»Wilhelm Meisters Lehrjahre«, 6. Buch)
schrieb. – **Marianne von Willemer** (geb.
Jung), * 20. 11. 1784 Linz/Öst., † 6. 12.
1860 F., die »Suleika« in Goethes »West-
östlichem Divan« (1819), der auch einige
Gedichte von ihr enthält. Lernte G. Au-
gust 1814 kennen und heiratete ihren Pfle-
gevater Johann Jakob von W. einen Monat
später (Briefwechsel mit Goethe, Hrsg.
u. a. H. J. Weitz, 1965). Landsitz der W.s
die Gerbermühle b. Oberrad (Gedenkta-
fel an Goethe, der hier 1815 seinen Ge-
burtstag feierte); W.-Häuschen (1964 wie-
der aufgebaut) mit Gedenktafel auf dem
Mühlberg in Sachsenhausen (Hühnerweg
74); Grab auf dem Hauptfriedhof, D 261.
Friedrich Maximilian von Klinger, * 17.
2. 1752 F., † 9. 3. 1831 Dorpat, Dramati-
ker und Romanschriftsteller des »Sturm
und Drang«, der nach K.s gleichnamigem
Drama (1776) den Namen führte. Nach
Studium in → Gießen/HE, zeitweise mit
Unterstützung seines Jugendfreundes Goe-
the, seit 1780 in russ. Kriegsdiensten.
1803-17 Kurator der Universität Dorpat.
– W.: Fausts Leben, Taten und Höllen-
fahrt (R. 1791); Werke (Hrsg. H. J.
Geerdts, 1958). – Stammte wie Goethe
aus dem Großen Hirschgraben: Geburts-
haus »Palmbaum« zerstört, Gedenktafel
Allerheiligenstraße 15. – Slg. FDH F.
Bettina von Arnim (geb. Brentano); * 4.
4. 1785 F., † 20. 1. 1859 → Berlin. Tochter
der mit Goethe befreundeten Maximilia-
ne, Enkelin der Sophie von La Roche
(→ Kaufbeuren/BY). Wurde nach dem
Tod ihrer Eltern in der Klosterschule →
Fritzlar/HE und bei ihrer Großmutter in

Frankfurt a. M.: Willemerhäuschen

→ Offenbach/HE erzogen. Lebte dann
in → Landshut/BY, → München/BY,
Wien, Berlin und bei ihrem Schwager
F. K. v. Savigny in → Marburg/HE. 1811
Heirat mit Achim von A., übersiedelte
mit ihm 1814 nach → Wiepersdorf/Bär-
walde/BB und lebte seit 1831 ständig in
→ Berlin. Lit. Freundeskreis, soziale Tä-
tigkeit. – W.: Goethes Briefwechsel mit
einem Kinde (1835); Werke und Briefe
(Hrsg. G. Konrad, 1959-61). – Die B.-v.-
A.-Gesellschaft (seit 1985) vergibt mit For-
schungspreis die B.-v.-A.-Plakette. – Teil-
nachlass FDH F., GSA Weimar, Slg. DSB.
– C. Perels (Hrsg.), Bettina von Arnim
(1985). – Biographien von I. Seidel (1944),
H. Lilienfein (1949), I. Drewitz (1969);
G. Dischner (1977) u. a. – Zusammen mit
der Schwester verbrachte **Clemens Bren-
tano** (→ Koblenz/RP) seine Jugend z. T.
in F., im Haus »Zum goldenen Kopf« in
der ehem. Großen Sandgasse (heute Teil
der Berliner Straße); Gedenkstein zwi-

schen Brentano- und Feuerbachstraße. – In F. ist der Bruder **Christian Brentano** (1784-1851) geb., der als rel. Schriftsteller seit 1813 hier auch lebte, später u. a. in der Schweiz, in Rom und → Aschaffenburg/BY (dort auch sein Grab). – Erhalten ist das Petri-Häuschen (urspr. Badehaus) und der Ginkgobaum im Park des Landhauses von **Georg Brentano** in **Rödelheim**, einem weiteren Bruder. – K. Günzel, Die Brentanos. Eine deutsche Familiengeschichte (1993).

Ludwig Börne (eig. **Löb Baruch**), * 6. 5. 1786 F., † 13. 2. 1837 Paris, pol. Schriftsteller und Satiriker. Studium in Halle, → Berlin und → Gießen/HE. 1811 Polizeiaktuar in F., nach seiner Entlassung 1814 hier als Journalist lebend (1818-21 Zs. »Die Wage«). Später auch in Berlin und Hamburg, seit 1830 ständig in Paris. Seine »Briefe aus Paris« (1832-34) wurden vom F.er Bundestag verboten. Führende Rolle unter den Jungdeutschen. – W.: Die Juden in Frankfurt (Schr. 1807); Sämtl. Schriften (Hrsg. I. u. P. Rippmann, 1964-68). – Gedenkplatte am Nebbienschen Gartenhaus, Bockenheimer Anlage. – Nachlass StuUB F.

Arthur Schopenhauer, * 22. 2. 1788 Danzig, † 21. 9. 1860 F., Philosoph, Hauptvertreter des modernen Pessimismus (»Die Welt als Wille und Vorstellung«, 1818). Aufgewachsen in → Hamburg, Studium in → Göttingen/NI und → Berlin. 1814-22 Privatdozent in Berlin, seit 1831 Privatgelehrter in F. – W.: Hist.-krit. Gesamtausg. (Hrsg. P. Deussen u. A. Hübscher, 1911 ff.). – Sch.-Haus, Schöne Aussicht 16/17 (Wohnung seit 1843, Neubau mit Gedenktafel); Grabplatte am Alten Portal des Hauptfriedhofs (A 24); Denkmal Obermainanlage (Rechneigraben). – Sch.-Gesellschaft (seit 1911). – Nachlass SB Berlin, Sch.-Archiv StuUB F.

Heinrich Hoffmann, * 13. 6. 1809 F., † 20.

9. 1894 ebd., Schöpfer des weltberühmten Kinderbuches »Der Struwwelpeter« (1. Ausg. 1845). War seit 1834 als Arzt in F. tätig, lehrte ab 45 am Senckenberg-Institut und leitete 51-89 die damals vorbildliche Irrenanstalt am Affenstein. Verfasste weitere Kinderbücher und Lebenserinnerungen (Hrsg. E. Hessenberg, 1926). – Wohnung Hochstraße 45 (Gedenktafel) und seit 1859 Grüneburgweg 95 (Gedenktafel); Grab auf dem Hauptfriedhof. – Struwwelpeter-Museum, Schubertstr. 20 mit Freundeskreis; Struwwelpeter-Brunnen an der Hauptwache. – Grab des »Paulinchen mit dem Feuerzeug« (P. Schmidt 1840-56) auf dem Hauptfriedhof; das »brennende P.« auch am Struwwelpeter-Brunnen an der Hauptwache (D. Grieser, Paulinchen war allein zu Haus, 1992). – Teilnachlass StA F. – H.-H.-Gesellschaft (seit 1977).

Friedrich Stoltze, * 21. 11. 1816 F., † 28. 3. 1891 ebd., Poet, Politiker und Patriot, Altmeister der F.er Mundartdichtung. Gastwirtssohn, Hauslehrer. Teilnahme an der revolutionären Bewegung 1848/49, Flucht in die Schweiz 66. Gab 1860-66 und 1872-91 die pol.-sat. »Frankfurter Latern« heraus. – W.: Ges. Werke (1892); Werke in F.er Mundart (Hrsg. F. Grebenstein, 1961, n. 1976). – Geburtshaus Gasthaus »Zum Rebstock«, Braubachstraße 13 (heute Hauptzollamt, Gedenktafel); Grab auf dem Hauptfriedhof (J 306), Denkmal und Brunnen hinter der Katharinenkirche; Büste am Rathaus, hinter der Katharinenkirche und in der F.-St.-Schule, Lange Straße 30-36; St.-Museum im St.-Turm, Töngesgasse 34-36. – Stoltze-Preis (seit 1978) und Stoltze-Laternenpreis (seit 1985). – Nachlass StuUB F. – J. Proeßl/G. Vogt, »Friedrich Stoltze. Ein Bürger von Frankfurt« (1978). – Sein Sohn **Adolf Stoltze** (* 10. 6. 1842 F., †19. 4. 1933 ebd.), Verfasser u. a. von Volksstücken (»Alt-

Frankfurt a. M.: Stoltze-Denkmal

Frankfurt«, 1888) und Journalist, redigierte 1870-82 das pol. Witzblatt »Schnaken«. – Wohnung Bockenheimer Landstraße 92 (Neubau mit Gedenktafel); Grab auf dem Hauptfriedhof. – Teilnachlass StA F.

Ludwig Fulda, * 15. 7. 1862 F., † 30. 3. 1939 → Berlin (Freitod), Lustspieldichter und Übersetzer. Studium in Heidelberg, Berlin und Leipzig. Lebte bis 1884 in F., dann abwechselnd in München und Berlin; dort Mitbegründer der »Freien Bühne«. 1933 aus rass. Gründen verfemt. – W.: Die Aufrichtigen (Dr. 1883), Die gepuderte Muse (1922). – Nachlass FDH F.

Karl Ettlinger, (Ps. **Karlchen, alde Frankforder** u. a.), * 12. 1. 1882 F., † 5. 4. 1939 Berlin, Verfasser von Humoresken und Lustspielen. In München einige Zeit Chefredakteur der Zs. »Jugend«; Bestsellerautor des Georg Müller Verlages. 1933-45 verboten. – W.: Kraut unn Riewe (Ges. Gedichtcher, 2. Aufl. 1907); Der ewige Lausbub (Ausw. 1931). – Grab auf dem Jüdischen Friedhof. – Teilnachlass StA F. – S. Hock, »Karlchens Erfolg und Verfolgung« (1997).

Carl Haensel, * 12. 11. 1889 F., † 25. 4. 1968 Winterthur/Schweiz, vorw. Verfasser von Tatsachenromanen und Biographien. Rechtsanwalt in F., seit 1920 in Berlin, 45 in Freiburg i. B., 52 Prof. in Tübingen. – W.: Der Kampf ums Matterhorn (R. 1933); Der Bankherr und die Genien der Liebe (Willemer-R. 1938, u. d. T. »Frankfurter Ballade« n. 1964).

Theodor W(iesengrund) Adorno, * 11. 9. 1903 F., † 6. 8. 1969 Brig/Schweiz, Philosoph und Soziologe, mit **Max Horkheimer** (1895-1973/Gedenktafel Westendstraße 79, Grab Hauptfriedhof) Begründer der »Frankfurter Schule«. Kompositionsschüler von A. Berg, 1931 Habilitation in F., 1934 Emigration nach England, später in die USA. Lehrte seit 1949 wieder in F., seit 57 Direktor des Instituts für Sozialforschung. – W.: Ästhetische Theorie (1970); Gesamtausg. (Hrsg. R. Tiedemann u. a., 1970 ff.). – Wohnung Kettenhofweg 123 (Gedenktafel); Grab auf dem Hauptfriedhof. Denkmal (Universität). – Nachlass Institut für Sozialforschung F. – Mitglied des Instituts war zeitweise der in F. geborene Sozialphilosoph und Psychoanalytiker **Erich Fromm** (1900-1980), der 1934 in die Emigration ging. (Geburtshaus Liebigstraße 27).

Herbert Heckmann, * 25. 9. 1930 F., † 18. 10. 1999 → Bad Vilbel/HE, Erzähler, auch Autor von Kinderbüchern und kulturhist. Werken. Nach dem Studium der Germanistik in F. lehrte er an den Universitäten Münster und Heidelberg. 1963 Mithrsg. der »Neuen Rundschau«, zuletzt Präsident der Dt. Akademie für Sprache und Dichtung. – W.: Benjamin und seine Väter (R. 1962); Hessisch auf deutsch (1973); Die Weinpredigt (1983). – Aufgewachsen in der Kuhwaldsiedlung (aut.

»Die Trauer meines Großvaters«, 1994).
Grab in Bad Vilbel.
Robert Gernhardt, * 13. 12. 1937 Reval
(Talinn)/Estland, † 30. 6. 2006 F., paro-
distisch-satirischer Lyriker und Erzähler
»absurder Konstellationen«, seit 1964 Tex-
ter und Zeichner in F., Mitarbeiter satir.
Magazine (»Pardon«, später »Titanic«),
seit 1979 Mitbegründer der »Neuen Frank-
furter Schule«. – Wörtersee (G. 1981), Ich
ich ich (R. 1982), Ges. Gedichte (2006). –
Grab Hauptfriedhof F. – Lit. Nachlass
DLA Marbach.
Weitere in F. geb. Autoren: der geistl. Lyri-
ker **Johann Jakob Schütz** (1640-90). – **Jo-
hann Konrad Friederich** (Ps. **C. Strahl-
heim**/1789-1858), wurde wegen seiner
originellen Memoiren zu Unrecht der »dt.
Casanova« genannt (»Vierzig Jahre aus
dem Leben eines Toten«, 1848/49; Forts.
1854). – Der Festungsarchitekt und Thea-
terdirektor **Karl Malß** (1792-1848) begrün-
dete mit seinem »heroisch-borjerlichen«
Lustspiel »Die Entführung oder Der alte
Bürger-Capitain« (1821) das F.er Lokal-
stück. Grab auf dem Hauptfriedhof (A
94-98). – »Humoristische Memoiren eines
alten Frankfurters« (1892) schrieb **Johann
Jacobus Fries** (1826-1901); »Humoristi-
sches Allerlei aus Sachsenhausen« (1883)
Paul Quilling (1846-1904); »Frankfur-
ter Novellen« (1897) **Elisabeth Mentzel**
(1848-1914); »Aus der Jugendzeit« (1928)
und »Ich gehe durch mein Haus« (Aut.
1935) **Rudolf Presber** (1868-1935).
A **Johannes Gutenberg** musste 1454 sei-
ner Gläubiger wegen → Mainz/RP verlas-
sen und druckte in F. Ablassbriefe und
Schriften über die Türkengefahr. Denk-
mal auf dem Goetheplatz. – **Hans Sachs**
(→ Nürnberg/BY) trat in F. 1516 erstmals
als Meistersinger auf. – Auf der Reise zum
Wormser Reichstag übernachtete **Martin
Luther** (→ Eisleben/ST) am 14. 4. 1521
im Gasthof »Zum Strauß« am Kornmarkt,

heute Buchgasse 11 (Gedenktafel am Bank-
haus). – **Philipp Melanchthon** (→ Bret-
ten/BW) weilte oft bei seinem Verleger
Christian Egenolff (Porträt am Guten-
berg-Denkmal) und wohnte bei seinem
Schüler C. Bromm auf der Zeil (heute
Kaufhaus); Standbild am Lessing-Gym-
nasium. – **Philipp Jakob Spener** (→ Ber-
lin) wurde 1666 als Senior des Prediger-
seminars nach F. berufen und gründete
hier die »Collegia pietatis«, veröffentlichte
1675 seine Schrift »Pia desideria« und
errichtete ein Armen- und Waisenhaus.
1686 ging er nach → Dresden/SN (Pla-
kette im S.-Haus, Dominikanerkloster;
Gedenktafel Paulskirche). – Im Frühsom-
mer 1753 wurde **Voltaire** im »Goldenen
Löwen« in der Fahrgasse auf Befehl Fried-
richs d. Gr. widerrechtlich verhaftet, um
ihm Orden, einen Gedichtband und die
Briefe des Königs abzunehmen.
Anfang der 1770er Jahre zu Besuch im
Hause Goethe: **Johann Heinrich Merck**
(→ Darmstadt/HE), **Sophie von La Ro-
che, Johann Caspar Lavater, Heinrich
Christian Boie** (→ Meldorf/SH), **Johann
Heinrich Jung-Stilling** (→ Siegen/Grund/
NW), **Friedrich Gottlieb Klopstock** (→
Quedlinburg/ST), die Brüder **Stolberg**
(→ Hamburg und Bad Segeberg/Bad
Bramstedt/SH). – Regelmäßig kam **Adolph
Freiherr von Knigge** (→ Bredenbeck/
Hannover/NI) seit 1778 nach F., 1780-
83 lebte er hier. – Zu Fuß kam am 5. 10.
1782 **Friedrich Schiller**, nahm Quartier
im »Storchen« in Sachsenhausen gegen-
über der Mainbrücke und schrieb eine
Anzahl Auftritte zu »Luise Millerin«: Ur-
aufführung u. d. T. »Kabale und Liebe«
am 13. 4. 1784 im Komödienhaus, am 3.
5. umjubelte Aufführung in Sch.s Beisein.
Schiller wohnte damals im »Schwarzen
Bock« nahe der Hauptwache. Gedenkstein
(»Schillerruhe«) Kesselbruchschneise im
südl. Stadtwald, wo der Dichter im Sep-

tember 1782 mit seinem Freund A. Strei-
cher gerastet haben soll. Denkmal in der
Taunusanlage. – **Friedrich Hölderlin** (→
Lauffen/BW) bekam 1796 eine Hausleh-
rerstelle beim Bankier J. F. Gontard, der
»Zum Weißen Hirschen« im Großen
Hirschgraben wohnte. G.s. Frau Susette
(1769-1802) wurde zur »Diotima« seiner
Dichtungen. H. verließ F. 1798, kehrte
aber immer wieder zurück, um sich mit
S. Gontard heimlich zu treffen. Letztes
Wiedersehen am Adlerflychtschen Hof
am 8. 5. 1800. Grab der »Diotima« auf
dem Peterskirchhof; Büste im Goethe-
Museum. – Hofmeister in der Familie Go-
gel am Roßmarkt war 1798-1800 **G. W. F.
Hegel** (→ Stuttgart/BW). – Zur gleichen
Zeit (1797-99) lebte **Karoline von Gün-
derode** (→ Karlsruhe/BW) als Stiftsdame
im Cronstetten Stift (Gedenktafel Kaiser-
straße 1), benachbart dem Haus der Fami-
lie Gontard. – Die Goethe-Verehrerin **Ra-
hel Varnhagen von Ense** (→ Berlin) traf
den Dichter, der »in seine Jugend wallfahr-
ten« ging, am 20. 8. 1815 bei einem Aus-
flug nach Niederrad: »Der Schreck, die
Freude machten mich zum Wilden: ich
schrey mit der größten Kraft und Eile:
Da ist Goethe!« Ihrem Mann **Karl August**
(→ Düsseldorf/NW) war »die ganze
Stadt ... sein (Goethes) geweihtes Denk-
mal«.
Friedrich Schlegel (→Hannover/NI) war
1815 Legationsrat bei der öst. Gesandt-
schaft am Deutschen Bundestag in F.;
Dorothea Schlegel (→ Berlin) lebte seit
1831 bei ihrem Sohn aus erster Ehe, Ph.
Veit, dem Direktor des Städelschen Kunst-
instituts, und starb hier am 3. 8. 1839
(Grab Hauptfriedhof). – Der Erzähler
und Dramatiker **Wilhelm Friedrich von
Meyern** (1762-1829) war zeitw. Diplomat
in F., wo er auch starb. In seinem Roman
»Dya-Na-Sore oder Die Wanderer« (1787-
91) propagierte er »als erster in unserer

neuen Literatur« die Phantasmagorie ei-
nes »SS-Staates« (A. Schmidt, »Dia Na
Sore. Die Blondeste der Bestien«, 1958).
– Auf dem Jüdischen Friedhof Rödelheim
(Zentmarkweg) das Grab des Verlegers
und Erforschers geistl. jüd. Literatur **Wolf
Heidenheim** (1757-1832), der Oden in
jüd. Sprache dichtete. – An der Paulskir-
che Gedenktafel für **Freiherr vom Stein**
(→ Bad Ems/Nassau/RP), der sich 1814
für die Unabhängigkeit der Stadt einge-
setzt hatte. Auf seine Anregung entstand
1819 in F. die »Gesellschaft für ältere dt.
Geschichtskunde«, Hrsg. der »Monumen-
ta Germaniae historica«. – »Die Herrlich-
keit dieser Stadt« priesen **Justinus Kerner**
(→ Ludwigsburg/BW) 1809, **Wilhelm
Waiblinger** (→ Heilbronn/BW) 1829 und
Karl Immermann (→ Düsseldorf/NW)
1837. – **Heinrich Heine** begann 1815 seine
kaufmänn. Lehre in F.; Denkmal von G.
Kolbe (1913) in der Taunusanlage. –
Christian Dietrich Grabbe (→ Det-
mold/NW) lebte 1834 kurze Zeit hier.
Karl Gutzkow (→ Berlin) kam 1835 als
Redakteur nach F. Im gleichen Jahr wur-
den sein Roman »Wally, die Zweiflerin«
und alle Schriften des Jungen Deutsch-
land verboten. Lebte 1842-46 wieder in
F. und schrieb das Lustspiel »Der Königs-
leutnant«, das im Goethe'schen Haus im
Großen Hirschgraben spielt. Er starb am
16. 12. 1878 in Sachsenhausen. Wohnung
Stegstraße 29 (Gedenktafel am Neubau);
Grab auf dem Hauptfriedhof (D 272a).
– Im Kaisersaal des Römers fand 1846
der erste Gesamtdt. Germanistentag statt:
berühmte Reden von **Ludwig Uhland** (→
Tübingen/BW) und **Jacob Grimm** (→Ha-
nau/HE). – Die 1848 einberufene Natio-
nalversammlung wurde auch zum Sam-
melpunkt der Patrioten und pol. Schrift-
steller, u. a. L. Uhland, **A. H. Hoffmann
von Fallersleben** (→ Wolfsburg/NI), **Ernst
Moritz Arndt** (→ Rügen/MV) und der

mythisch-nationale Weltanschauungsdichter und Übersetzer **Wilhelm Jordan** (1819-1904): »Die Nibelunge« 1867-74. Nachlass StuUB F., Grab auf dem Hauptfriedhof (F 946). Dort auch die Gräber des 1847 gest. **Johann Georg August Wirth** (→ Homburg/SL) und **Johann Friedrich Funcks** (1804-57), der mit einer F.er Delegation auf dem Hambacher Fest 1832 Wirth das »Deutsche Schwert« überreicht hatte. – 1869 und auch später noch war **Wilhelm Busch** (→ Nienburg/Wiedensahl/NI) Gast im Hause des Bankiers Keßler (Wiesenau, Ecke Bockenheimer Landstraße); Freundschaft mit Johanna K., deren Dienstmädchen das Vorbild der »Frommen Helene« gewesen sein soll.

Der »Faust«-Übersetzer **Gérard de Nerval** (Der Schleier im Main, R., n. 2004) war 1838 mit **Alexandre Dumas** und 1850 auf der Durchreise nach Weimar in F. **Victor Hugo** besuchte die Stadt auf seiner 2. Rheinreise im Oktober 1840. – **Iwan Turgenjew** kam 1840, um die »Ariadne von Dannecker zu sehen«, und besuchte das Goethe-Haus. Der »Vater der russischen Romantik« **Wassilij A. Schukowskij** lebte von 1844-49 in F., wo er die Odyssee ins Russische übertrug, 1847 besuchte ihn **Nikolaj Wassiljewitsch Gogol**. Auf einem Einkaufsbummel 1867 in der Stadt: die **Dostojewskis**. – Spätere Gäste: 1911-13 war **Paul Claudel** frz. Generalkonsul in F.; 1921-24 besuchte **Elias Canetti** das Wöhler-Realgymnasium; 1928 traf **Thomas Wolfe** hier auf **James Joyce**.

An der von L. Sonnemann 1856 gegründeten »Frankfurter Zeitung« wirkten als Redakteure: **Rudolf Geck** (1868-1936), der 1907-24 das Feuilleton leitete. Ihm folgte 1924-29 **Benno Reifenberg** (→ Bonn/NW/Goethe-Preisträger), »Das Einzigartige von Frankfurt«, 1979). Bis 1933 gehörte auch der Soziologe und Essayist **Siegfried Kracauer** (→ Berlin) dem Redak-

tionsverband an, der in F. aufgewachsen war (Wohnung Sternstraße 29, Gedenktafel). Korrespondent mit ihm **Joseph Roth** (→ Berlin), zwischen 1923 und 31 oft in F., 1923/24 auch **Walter Benjamin** (→ Berlin). Als Berichterstatter wirkte lange Zeit **Alfons Paquet** (→ Wiesbaden/HE), der seit 1918 als freier Schriftsteller in F. (Schaumainkai 17) lebte und am 8. 2. 1944 im Luftschutzbunker einem Herzschlag erlag; Grab auf dem Hauptfriedhof (A 276a). – Im »Generalanzeiger« saß u. a. **Carl Mathern** (→ Alzey/Eppelsheim/RP), der mit dem »Komiker der Stadt« **Toni Impekoven** (1881-1947, Grab Hauptfriedhof) zusammen 40 z. T. höchst erfolgreiche Schwänke geschrieben hat. Später schrieb der F.er Journalist **Ernst Nebhut** (1898-1974) auch Chansons, Revuen, Musicals und Operetten, zusammen mit **Just Scheu** (1903-1956) musikal. Lustspiele und F.er Volksstücke, beider Grab auf dem Hauptfriedhof. – In der »Frankfurter Neuen Presse« veröffentlichte seit den 30er Jahren der → Wormser/RP **Richard Kirn** (1905-1979/Grab Südfriedhof) seine Tagebuchblätter. – **Fritz von Unruh** (→ Koblenz/RP), dessen pazifist. Schauspiel »Ein Geschlecht« 1918 in F. uraufgeführt worden war, erhielt 24 den hist. Rententurm auf Lebenszeit als Wohnung zugesichert; 32 wurde der Turm nach der Uraufführung der Komödie »Zero« geplündert, U. wieder enteignet. – **Rudolf G. Binding** (→ Starnberg/BY) verbrachte einen Teil seiner Jugend in F. (Aut. Erlebtes Leben/1927). Nach dem 1. Weltkrieg war er zeitweise Bürgermeister der Villenkolonie **Buchschlag** (Dreieich-B.), wo er seit 1910 lebte. 1932 erhielt er die Goethe-Medaille. – Ihre Kindheit verlebten in F. auch 1903-13 **Ernst von Salomon** (→ Winsen/Stöckte/NI) und etwas später **Wolfgang Weyrauch** (→ Darmstadt/HE). – **Eckart von Naso** (→ Darmstadt/HE) war 1953/

54 Dramaturg an den Städt. Bühnen F.;
Grab auf dem Hauptfriedhof.
Der jüd. Religionsphilosoph und Übersetzer **Martin Buber** (1878 Wien -1965 Jerusalem) lebte 1917-38 in → Heppenheim/
HE, erhielt 1923 einen Lehrauftrag und
1930-33 eine Honorarprofessur für Religionswiss. und jüd. Ethik an der Univ. F.
1938 Auswanderung nach Israel. 1953 erhielt er den Friedenspreis des Deutschen
Buchhandels. Sein jüngerer Kollege **Pinchas Lapide** (1922-1997) lebte seit 1947
in F. – **Anne Frank**, am 12. 6. 1929 in F.
geb., starb März 1945 im KZ → Bergen-
Belsen (Celle/NI). Ihr postum veröffentlichtes Amsterdamer Tagebuch vom 12.
6. 1942 bis 1. 8. 44 (dt. 1955) ist eines der
erschütterndsten Dokumente aus der Zeit
nationalsoz. Terrorherrschaft. Gedenktafel an der Wohnung Ganghoferstraße 24;
Porträtbüste A.-F.-Schule, Jugendbegegnungsstätte A. F., Hansa-Allee 150. – In
einem F.er Hinterhaus überlebte der spätere Rundfunkredakteur **Valentin Senger** (1918-97): »Kaiserhofstraße 12« (Aut.
1978); »Das Frauenbad und andere jüdische Geschichten« (En. 1994). Als Überlebender der Konzentrationslager schrieb
der in Bedzin/Ostpolen 1924 geb. **Arno
Lustiger** »Sing mit Schmerz und Zorn«
(R. 2004). – Eine dt.-jüd. Familienchronik von **Silvia Tennenbaum** (1928 in F.
geb., seit 1938 in USA): »Straßen von gestern« (R. 1981, dt. 83).
Am 7. 11. 1947 starb **Ricarda Huch** (→
Braunschweig/NI) im nahen Schönberg
(→ Bad Homburg/HE), Grab auf dem
Hauptfriedhof F. (II 204). **Marie Luise
Kaschnitz** (→ Karlsruhe/BW) kam 1941
nach F., wohnte zeitweise in Kronberg/
Taunus und seit 1958 wieder in F., Wiesenau 8 (Gedenktafel). 1960 Gastdozentur
für Poetik, 66 Goethe-Plakette der Stadt
F. Poetikdozent war 1965-68 auch **Hans
Erich Nossack** (→ Hamburg) »Frankfurt:

Beton und Brutalität« (»Stadtpläne«, 1967).
– »Ein Gefühl von Zuhause« (»Tiefer deutscher Traum«, 1983): 1965-99 lebte **Horst
Krüger** (→ Magdeburg/ST) in F., 1980
erhielt er die Goethe-Plakette der Stadt.
Grab Waldfriedhof F.-Oberrad, IV 91. –
Als Literaturredakteur bei Radio F. von
1945-1949: **Stephan Hermlin** (→ Chemnitz/SN); 1948 führte **Alfred Andersch**
(→ München/BY) das »Abendstudio« am
Sender ein. – Eine erste Analyse: der »SS-
Staat« (1946) von **Eugen Kogon** (1903-
87), seit 1945 im Taunus lebend, der mit
Walter Dirks (1901-91) die »Frankfurter
Hefte« herausgab. – Der Essayist und Verleger **Peter Suhrkamp** (→ Kirchhatten/
Oldenburg/NI) gründete 1946 in F. die
dt. Niederlassung des von ihm geleiteten
S. Fischer-Verlages, 50 seinen eigenen Verlag; er wohnte in Königstein (Nachlass
Suhrkamp-Archiv, F., Klettenbergstraße
35). Seine Eremitenpresse betrieb der
Handpressenverleger **Victor Otto Stomps**
(→ Krefeld/NW) 1947-53 in F. – Erstmals kam 1949 **Thomas Mann** (→ Lübeck/SH) wieder nach Dtl. und hielt in
F. (und → Weimar/TH) seine »Ansprache
im Goethe-Jahr«. **Theodor Heuss** (→
Lauffen/Brackenheim/BW) erhielt 1959
den Friedenspreis des Dt. Buchhandels
(Gedenktafel am Ostportal der Paulskirche).
Unter den Professoren an der Universität: der Religionsphilosoph **Paul Tillich**
(1886-1965); der klass. Philologe und
Übersetzer **Karl Reinhardt** (1886-1958);
die Literaturhistoriker **Ernst Beutler** (1885-
1960, Grab Hauptfriedhof C 214a), seit
1932 Leiter des Goethe-Museums und
des Freien Dt. Hochstifts (»Essays um
Goethe«, 1980), und **Hanns Wilhelm
Eppelsheimer** (1890-1972), Gründer und
1947-59 Direktor der Dt. Bibliothek
(Grab Südfriedhof). Auf dem Hauptfriedhof Grab des Kulturhistorikers **Carl Ale-**

xander von Gleichen-Rußwurm (→ Hammelburg/BY).

L Lyrische Zeugnisse, markiert etwa von Johannes von → **Soest** (NW), beigesetzt im Dom, »Lobspruch auf die Stadt F.« von 1502 bis zu **Karl Zimmermanns** »Frankfurter Gesängen« (1956), **Walter Höllerers** »Ffm. Hbf.« (1969) oder **Marie Luise Kaschnitz'** »Zumutungen« von 1972; von **Friedrich Stoltzes** »Un es will merr net in mein Kopp enei: / Wie kann nor e Mensch net von Frankfort sei!« (1865) bis **Wolfgang Weyrauchs** (→ Darmstadt/HE) »Ei, isch möchte net sein isch selwer, / wenn isch net von Frankford wär« (1966) oder dem »bees Maul« **Kurt Sigel** (»Krumm de Schnawwel – Grad de Kerl«, 1980).

Erzählendes (Auswahl): E. T. A. **Hoffmann** (→ Berlin/BE), »Meister Floh« (Märchen 1822); **Karl Spindler** (→ Baden-Baden/BW), »Der Jude« (R. 1827); **Friedrich Spielhagen** (→ Berlin/BE), »Die von Hohenstein« (R. 1864); **Wilhelm Heinrich Riehl** (→ Wiesbaden/HE), »Reiner Wein« (N. 1867); **Wilhelm Raabe** (→ Holzminden/Eschershausen/NI), »Eulenpfingsten« (E. 1879); **Horst Wolfram Geißler** (1893-1983), »Der letzte Biedermeier« (R. 1916); **Jakob Wassermann** (→ Fürth/BY), »Der Fall Mauritius« (R. 1928, spielt in der Lindenstraße im Westend); **Anna Seghers** (→ Mainz/RP), »Das siebte Kreuz« (R. 1942, Verfolgungs-Szene im ehem. Hotel »Savoy«); **Max Frisch**, »Tagebuch 1946-49« (1950); **Thea Sternheim**, »Sackgasse« (R. 1952); **Hans-Christian Kirsch**, »Mit Haut und Haar« (R. 1961); **Ernst Herhaus**, »Die homburgische Hochzeit« (R. 1967; **Dahn Ben-Amotz**, »Masken in Frankfurt« (R. 1970); **Hermann Peter Piwitt**, »Rothschilds« (R. 1971); **Gerhard Zwerenz**, »Die Erde ist unbewohnbar wie der Mond« (R. 1973); **Walter E. Richartz** (→ Dreieich/Offenbach/HE), »Büroroman« (R. 1976); **Jörg Fauser** (1949-1987), »Rohstoff« (R. 1984); **Eva Demski** (»Scheintod«, R. 1984); **Peter Kurzeck** (»Mein Bahnhofsviertel«, 1991; »Ein Kirschkern im März«, R. 2004); **Martin Mosebach**, »Westend« (R. 1992); »Mein Frankfurt« (2002); im Bahnhofsviertel spielt »Der Mond und das Mädchen« (R. 2007); **Wilhelm Genazino** (»Ein Regenschirm für diesen Tag«, R. 2001); **Otmar Hitzelberger** (»Schritt für Schritt ins Paradies«, aut. R. 2003). **Eckhard Henscheid** (»Vollidioten«) u. a. – Gegen Ausgang des 20. Jh.s Reportagen über den Widerstand gegen Abrisse im Westend: **Helga Novak/Horst Karasek** (»Wohnhaft im Westend«, 1970); **Jürgen Roth** (»z. B. Frankfurt: Die Zerstörung einer Stadt«, 1975). Oder gegen den Bau der Startbahn West: **H. Karasek** (»Das Dorf im Flörsheimer Wald«, 1981).

Erinnerungen (Auswahl): **Paul Arnsberg**, »Bilder aus dem jüdischen Leben im alten Frankfurt« (1970); **Selma Spier**, »Vor 1914« (geschrieben in Israel, 2. Aufl. 1968); **Karl Korn** (1908-1991), »Lange Lehrzeit« (1975); **Franz Taucher**, »Frankfurter Jahre« (1977); **Erich Pfeiffer-Belli** (1901-89), »Junge Jahre im alten Frankfurt und eines langen Lebens Reise« (1986); **Mile Braach**, geb. E. Hirschfeld (1898-1998), »Rückblende« (1992). »Der Muschelsaal« betitelte **Fried Lübbecke** (1883-1965), der »Vater der F.er Altstadt«, seine Erinnerungen (Teilnachlass StA F.).

Mundartdichtung u. a. von **Friedrich Karl Ludwig Textor** (1775-1881), **Georg Wilhelm Pfeiffer** (1795-1881), **Johann Wilhelm Sauerwein** (1803-47), **Ferdinand Happ** (1886-1952), in jüngerer Zeit von **Erich Fries**, **Heinz Müller**, **Anne Rumpf-Demmer**, **Walter Weisbecker**, **Ferdinand Happ**, **Anneliese Brustmann**. – Sagenslgg. von **Karl Enslin**, **Georg Listmann** (beide 1856), **Carl Bertling** (1907), **Karl Wehrhan** (1923) oder **Helmut Bode** (1927).

Frankfurt als Literaturstadt (um die letzte Jahrhundertwende) in summa: »Literatur in Frankfurt. Ein Lexikon zum Lesen« (Hrsg. P. Hahn, 1987); »Die Stadt am Fluß. Ein Lesebuch« (hg. R. Stüblein, C. Romahn, H. Kulessa, 2002).

S Stadt- und Landesbibliothek: 2,8 Mio. Bde., ca. 10 000 Hss., 2700 Inkunabeln, 214 Nachlässe; Sonderslgg. Schopenhauer-Archiv; Manskopf-Slg. für Musik und Theatergeschichte; Francofurtensien; Flugschriftenslg. G. Freytag, Lit. zu Elsaß-Lothringen (Erwin-von-Steinbach-Stiftung). – **Deutsche Nationalbibliothek:** Archiv-B. des gesamten dt. und des im Ausland erschienenen dt.sprachigen Schrifttums seit 1945, Aufgabenteilung mit der Deutschen Bücherei in Leipzig seit 1990. Sonderslgg.: u. a. Exil-Lit. 1933-45; fremdsprachige Lit. über Deutschland, ausländ. Übersetzungen aus dem Deutschen, Bibliothek des Börsenvereins des Deutschen Buchhandels. – **Bibliothek des Freien Dt. Hochstifts** (F.er Goethe-Museum): Spezialbibliothek für dt. Lit. von ca. 1750-1850 (40 000 Hss., 120 000 Bde.), Rekonstruktion der Bibliothek von Goethes Vater (bisher 900 Bde. von 1500 Bden.). – **Büchergilde Gutenberg** (gegr. 1924/1947); F.er Kunstgemeinde (seit 1948); **Gesellschaft für Theaterwiss.** (seit 1959); **Stiftung Buchkunst** (seit 1965). – **Friedenspreis des Dt. Buchhandels** (seit 1950) und **Alfred-Kerr-Preis** für Literaturkritik (seit 1977); **Christian-Felix-Weiße-Preis** des Dt. Jugendschriftenwerks (seit 1969); **Preis der jungen Literatur** des F.er Forum für Literatur (seit 1965). **Deka-Bank-Preis** und **Blauer Salon-Preis** des Literaturhauses Frankfurt. – **Goethe-Preis** (seit 1926) und **-Plakette** (seit 1932) der Stadt F.; **G.-Plakette** des Landes Hessen (seit 1949); **Theodor-W.-Adorno-Preis** der Stadt F. (seit 1977); **Erwin-von-Steinbach-Preis** (seit 1962); **Dr. Kurt-Magnus-Stiftung der ARD** (Förderpreis des Hörfunks, seit 1962); **Jahreskunstpreis** des F.er Vereins für Künstlerhilfe; **Literaturförderpreis der Jürgen-Ponto-Stiftung; Suhrkamp-Dramatiker-Stipendium** (seit 1969); **Siegfried Unseld Stiftung** mit Preis für Literatur und Wissenschaften (seit 2002); **Rainer-Maria-Rilke-Preis** für Lyrik (seit 1975); **Hermann-Kesten-Preis** (seit 1975); **Luise-Rinser-Preis** (seit 1980).

R »In keiner Stadt der Welt sind mehr Schriftsteller über das Pflaster gegangen, kein Bahnhof und Flughafen hat so viele Autoren unter seinen Passagieren gehabt, kein Hotel so viele Schriftsteller wie der ›Frankfurter Hof‹.« Frankfurt sei, so **V. Auffermann**, die »ideale Literaturstadt«, auch weil sie »von einer anonymen und gleichmütigen Unaufdringlichkeit geprägt« sei: »Man kann leben, nehmen, kommen und gehen«, wie es **Goethe** im »Tasso«

formuliert habe: »Frei will ich sein im Denken und im Dichten. Im Handeln schränkt die Welt genug uns ein.« – »Es ist der Main, dem Frankfurt angeboren ist und bleibt«, so **Benno Reifenberg** in »Das Einzigartige von Frankfurt«, 1979. **Chlodwig Poth** hat die »schlichte wie dichte Lösung« gefunden: »Der Main ist mein.« Zusätzlich noch ein paar Hinweise auf Denkmäler und Tafeln … für **Lessing, Theodor Körner, Hans Thoma, Gerhart Hauptmann, Mierendorff, Spranger.** »Der Ort, wo Frankfurt am liberalsten ist«, sagt **Horst Bingel**, ist **Sachsenhausen.** »Frankforts Krone, Frankforts Glanz!« singt **Adolf Stoltze** … und macht den »Sachsenhäuser Äppelweifiehrer«. 1961 wurde beim Brunnenfest in der Klappergasse der frechste Brunnen zu Ehren von Frau Rauscher eingeweiht. – »Auf dem Wege nach Frankfurt liegen viele Vorurteile … Aber es gewinnt durch den kritischen Blick, den es selbst fordert.« (**Herbert Heckmann** 1977).

Bergen-Enkheim
(Stadtteil seit 1977)

E Schelm von Bergen: Sage vom Henker, der von Barbarossa zum Ritter geschlagen wird. Als Schelm verkleidet, hatte der Henker auf einem Maskenball mit der Kaiserin getanzt, wofür er hätte zum Tod verurteilt werden müssen. Grabstein in der Kirche von Groß-Umstadt. Die Schelmenburg wurde Stammsitz der Sch.e von B. – H. Heine verlegte in seinem Gedicht »Schelm von Bergen« (1851) die Begebenheit nach Düsseldorf. Weitere Bearbeitungen von K. Simrock (Ballade 1837), O. Roquette (Lustspiel 1890) und C. Zuckmayer (Schauspiel 1934). – Von C. Weil das Freilichtspiel vor dem alten Rathaus in B.-E. alle drei Jahre.

S Stadtschreiber von Bergen: Stipendium seit 1973, freies Logis im Stadtschreiberhaus Borngasse 4.

Höchst (seit 1928 eingemeindet)

Johann Kaspar Riesbeck, * 12. 1. 1754 H., † 8. 2. 1786 Aarau. Als Jurastudent im Kreis der Stürmer und Dränger, Schauspieler in Wien, Redakteur der »Zürcher Zeitung«, als freisinniger Publizist zu seiner Zeit berühmt, »Briefe eines reisenden Franzosen über Deutschland an seinen Bruder in Paris« (1783, n. 1967).
Frieda Düsterbehn (Ps. F. Reuting), * 6. 8. 1878 H., † 2. 5. 1954 Darmstadt, Mundartdichterin (»Höchster Scherwe«, 2. Aufl. 1928; »Höchster Wörterbuch«). Grab auf dem H.er Friedhof.

L In den »verschiedenen Gesellschaften junger Leute«, die mit dem Marktschiff nach H. fuhren und sich im Gasthof »Zum Karpfen« neben dem Zolltor gütlich taten, auch **Goethe**; er sah das Schloss noch als Ruine (1770) und verfertigte »so gut als möglich« Zeichnungen. Topograph. Notizen auch vom Kunstfreund und Sammler **Heinrich Sebastian Hüßgen** (1745-1807), der mit Goethe zusammen schreiben gelernt hatte, in den »Verrätherischen Briefen von Historie und Kunst« (1776 und 83). – Die Situation eines Pendlers vom Taunus nach Höchst wird zu Beginn des Romans »Das siebte Kreuz« (1942) von **Anna Seghers** geschildert.
B H. Heckmann (Hrsg.), Frankfurter Lesebuch, 1985; H. Kathrein/L. Krüger (Hrsg.), Liebe zu Frankfurt. Im Urteil von Dichtern, Denkern, Diplomaten, 1990; R. Brandt/R. Chotjewitz-Häfner, Literarisches Frankfurt, 1999; »Franckfurt bleibt das Nest«. J. W. Goethe und seine Vaterstadt, Ausstellungskat. 1999; M. Gazzetti, Frankfurt. Literarische Spaziergänge, 2005; K.-H. Braun/S. Diehl, Frankfurt. Ein Reiseführer, 2006;
Z Bad Homburg, Darmstadt, Friedberg, Hanau, Offenbach a. M., Wiesbaden (HE); Mainz (RP).

FRANKFURT AN DER ODER/BB

»Herrliche Städte, Mark, hast du / und schön gelegene Burgen. Dort, wo Frankfurt gelegen, / zwischen Bergen und Strom, Heimstatt edler Künste, / entfalt dich!« (Ulrich von Hutten, 1507) Europa-Universität Viadrina; Stadtarchiv im Collegienhaus. – Museum Viadrina im ehem. Junkerhaus, Museum Junge Kunst im got. Rathaus, Schulmuseum August-Bebel-Realschule. – Konzerthalle »Carl Philipp Emanuel Bach« in der ehem. got. Franziskanerklosterkirche (der Taufkirche H. von Kleists). – Kleist-Festtage (im Oktober).

E **Alte Frankfurter Universität.** Die von Joachim I. 1506 eröffnete »Viadrina« orientierte sich an Leipzig, woher Rektor und Professoren kamen. Bald war die Hochschule ein Zentrum im Kampf gegen die Reformation. Insbesondere Konrad Wimpina profilierte sich als Gegner M. Luthers. Joachim II. führte mit Hilfe Ph. Melanchthons 1537 die Reformation ein. Generalsuperintendent des Landes wurde 1543 der Luther-Schüler Johann Agricola.
Wie Leipzig verfügte auch die Oderstadt im 16. Jh. über ein Messeprivileg und über Buchdruckereien, seitdem Martin Tretter dort 1502 die erste Offizin Brandenburgs eröffnet hatte. Um 1700 galt die Universität wegen der in F. herrschenden Toleranz als ein »Amsterdam des Ostens«. Erstmals wurden hier an einer dt. Hochschule Studenten jüd. Glaubens zugelassen und 1715 von dem Orientalisten Ernst Jablonski der »Talmud« gedruckt. Unter den Professoren am Ende des 18. Jh.s ragen heraus: der Philosoph Thomas Abbt (1760/61), der Philologe Johann Friedrich Heynartz (1791-1811) und der Jurist Karl Friedrich Eichhorn (1805-11). 1811 wurde die »Viadrina« aufgehoben und mit der Breslauer »Leopoldina« zusammengelegt.

Ulrich von Hutten (→ Schlüchtern/Vollmerz/HE), F.er Student, schrieb anlässlich der Eröffnung der Universität das lat. Gedicht »Laus Marchiae« (1507). Anfangs scharte sich um den Universitätskanzler

Dietrich von Bülow (→ Seelow/Lebus/
BB) ein Humanistenkreis. H.s Freund
Helius Eobanus Hessus (→ Marburg/
HE) kam im Frühjahr 1513 nach F. und
vollendete hier sein »Heroiden«-Epos. –
Thomas Müntzer (→ Sangerhausen/Stolberg/ST) schrieb sich 1512 in die Matrikel
ein, was zu den wenigen gesicherten Daten
seiner Biographie gehört. Vermutl. studierte M. Theologie beim Gründungsrektor
Konrad Wimpina (→ Leipzig/SN). – Im
16./17. Jh. studierten in F. u. a.: **Caspar
von Schwenckfeld** (1489-1561/1510), **Michael Praetorius** (→ Eisenach/Creuzburg/
TH/1585/86), **Handros Tara** (→ Niesky/
Bad Muskau/SN/1588-95), **Martin Opitz**
(→ Heidelberg/BW/1618/19), **Friedrich
von Logau** (1604-55/1625), **Christian
Knorr von Rosenroth** (→ Sulzbach-Rosenberg/BY/1651), **Heinrich Anshelm von
Ziegler und Kliphausen** (→ Leipzig/
Liebertwolkwitz/SN/1682-84), **Christian Thomasius** (→ Leipzig/SN/1675-
79), **Benjamin Neukirch** (1665-1729/
1684-87).
Georg Sabinus (→ Brandenburg/BB) war
1538-44 Rhetorik-Prof., wo sein Hauptwerk (»Poemata«, 1558) entstand. In einem Lob-Gedicht auf F.: »Hier sanft gleitet, gewunden im Bogen, die liebliche
Oder,/Schmücket das Ufer ihr doch Bacchus hier prächtig mit Wein.« Einer von
S.s Schülern der neulat. Lyriker **Michael
Abel** (1542-um 1609), nach abenteuerlichem Leben 1587-94 Rektor des F.er Lyzeums.
Christophorus Stymmelius (eig. **Christoph
Stummel**), * 22. 10. 1525 F., † 19. 2. 1588
Stettin, Schuldramatiker. Sein im Universitätsmilieu angesiedeltes kulturkrit. Lsp.
»Studentes« (1549) wurde lange nachgedruckt.
Andreas Musculus (eig. **A. Meusel**), * 29.
11. 1514 Schneeberg (→ Aue/SN), † 29.
9. 1581 F. Seit 1540 Theologie-Prof. in F.

Später brandenburg. Superintendent. Bediente sich einer derben Sprache. M.s
Buch »Vom zerluderten, zucht- und ehrenvermögenen, pludrigsten Hosen-Teufel . . .« (1555) gilt als Hauptwerk der »grobianischen« Lit.
Bartholomäus Ringwaldt, * 28. 11. 1532
F., † 9. 5. 1599 Langenfeld/Neumark, Liederdichter. Studierte seit 1543 in F. Theologie. Ab 59 Pfarrer in neumärk. Dörfern,
zum Schluss in Lagow. Dort entstand das
vielgesungene Lied »Es ist gewißlich an
der Zeit« (1582).
Alexander Gottlieb Baumgarten, * 17. 6
1714 Berlin, † 26. 5. 1762 F., Philosoph.
Seit 1740 war der Schüler von Ch. Wolff
(→ Halle/ST) in F. Philosophie-Prof.
und schrieb hier sein Hauptwerk »Aesthetica akromatica« (1750-58), mit dem er zum
Begründer der wiss. Ästhetik in Dtl. wurde und die Aufklärung nachhaltig beeinflusste.
Ewald Christian von Kleist, * 7. 3. 1715
Zeblin bei Köslin/Pommern, † 24. 8. 1759
F., Naturlyriker. Aus alter pomm. Adelsfamilie (aus der 2 Feldmarschälle und 16
Generäle hervorgingen). Nach dän. Militärdienst und vergeblichem Bemühen um
Anstellung im poln.-sächs. Staatsdienst
1741 Eintritt in die preuß. Armee (→ Potsdam/BB). Schwere Verwundung am 12. 8.
59 in der Schlacht beim nahen (und heute
poln.) Kunersdorf, in der Friedrich d. Gr.
eine katastrophale Niederlage erlitt. K.
starb im Haus von G. S. Nicolai. Russ.
Kriegsgegner begruben ihn auf dem Friedhof an der Gertraudenkirche (heute Gertraudenpark/Zehmeplatz). Ein Obelisk
(1778) markiert die Grabstelle: »Für Friedrich kämpfend, sank er nieder,/So wollte
es sein Heldengeist./Unsterblich groß durch
seine Lieder,/Der Menschenfreund, der
Weise, Kleist.« – Sämtl. Werke und ausgew. Briefe (»Märkischer Dichtergarten«),
Hrsg. G. Wolf, 1982.

Gotthold Ephraim Lessing (→ Kamenz/ SN), der am 10. 7. 1755 die Urauff. seiner »Miß Sara Sampson« in F. besuchte, ließ den Freund in der Figur des Tellheim (»Minna von Barnhelm«, 1767) lit. auferstehen. **Heinz Czechowski**: »Klirrend brach sein Blick und kalt die Welt« (G. 1982).

Joachim Georg Darjes, * 23. 6. 1714 Güstrow, † 17. 7. 1791 F., Philosoph und Jurist. Wurde 1763 nach F. berufen, wo er die Kameralistik in den Universitätsbetrieb eingliederte und durch philosoph. Vorträge (»Meine Gedanken von den Gränzen des Rechts der Natur«, 1775) glänzte. – Denkmal (1796) von G. Schadow mit Porträtmedaillon im Gertraudenpark/Zehmeplatz.

Gustav Graf von Schlabrendorf, * 22. 3. 1750 Stettin, † 21. 8. 1816 Batignolles bei Paris, Publizist. Sohn des preuß. Kriegsministers. 1767-69 Jura-Studium in F. Reiste durch Europa und ließ sich 1790 in Paris nieder, wo der Republikaner mit G. Forster (→ Mainz/RP) verkehrte. Verf. der in ganz Europa gelesenen und gegen den Franzosenkaiser gerichteten Schrift »Napoleon Bonaparte und das französische Volk unter seinem Consulate« (1804). – **Martin Gregor-Dellin** (→ Naumburg/ ST) widmete ihm die Erzählung »Schlabrendorf oder Die Republik« (1982).

Heinrich von Kleist, * 8. 10. 1777 F., † (Freitod) 21. 11. 1811 am Kleinen Wannsee (heute → Berlin), »der preußischste aller Dichter« (W. Goetz), genialer Dramatiker, Erzähler und Journalist. Verbrachte, von einem mehrmonatigen Gymnasial-Aufenthalt 1788 in Berlin abgesehen, die Kinderjahre bis zum Eintritt ins Militär im Sommer 92 in F. Den Tod der Mutter im Februar 93 erlebte K. hier. Unterricht im Elternhaus u. a. von dem Theologiestudenten Christian Ernst Martini (1762-1833), dessen Grabmal sich im Garten

Frankfurt an der Oder: Das Kleist-Museum

des Kleist-Museums befindet. Weil K. kein »unwissender Junker« bleiben wollte 1799-1800 Studium der Philosophie (Bekanntschaft mit der Philosophie I. Kants), Physik und Mathematik in F. Nach Übersiedlung Mitte August 1800 nach Berlin war K. nur noch selten in F., im Dezember 1800, Ende November/Januar 09/10 und im September 11. – W.: Amphitryon (Lsp. 1807); Erzählungen (u. a. Michael Kohlhaas, Das Erdbeben in Chili, 1810); Der zerbrochne Krug (Lsp. 1811). Hinterlassene Schriften (u. a. »Prinz Friedrich von Homburg«, Hrsg. L. Tieck, Dr. 1821); Sämtl. Werke u. Briefe (Hrsg. H. Sembdner, 1952, n. 1961 und 85). W. Barthel, Heinrich von Kleist und Brandenburg. Schauplätze. Erinnerungen (1994). – K.-Gedenk- und Forschungsstätte seit 1968 Faberstraße 7. Geburtshaus Große Oderstraße 25 (Neubau mit Gedenktafel); K.-Denkmal (Reliefporträt und Sockelrelief mit drei Szenen aus Dramen K.s) 1910) von G. Elster Zehmeplatz. K.-Sandsteinskulptur (1977) vor der neuen Universität.

Franz von Gaudy, * 19. 4. 1800 F., † 5. 2. 1840 → Berlin, epigonaler Spätromantiker. Gehörte zum Freundeskreis um A. von Chamisso (→ Berlin), dessen »Deutschen Musenalmanach« er mitherausgab.

– W.: Sämtl. Werke (Hrsg. A. Müller, 1844).

Paul Gurk (Ps. **Franz Grau**), * 6. 4. 1880 F., † 12. 8. 1953 → Berlin, Dramatiker und Erzähler. 1885 nach Berlin. – W.: Thomas Müntzer (Tr. 1922, Kleistpreis); Die Wege des teelschen Hans (R. 1922); Berlin (aut. R. 1934). – An der Stelle des Geburtshauses heute der Oderturm. – Nachlass DLA Marbach, Slg. AdK Berlin.

Gottfried Benn (→ Perleberg/Mansfeld/BB) besuchte 1897-1903 das F.er Friedrichs-Gymnasium, Gubener Straße 21a, und legte hier das Abitur ab. Zunächst bewohnte er ein Zimmer, Gubener Straße 31a, mit einem Sohn aus der mit den Benns befreundeten Adelsfamilie Finck von Finckenstein (seine Schwäche für preuß. und adlige Umgangsformen dürfte hier ihren Anfang genommen haben).

Herbert Böhme, * 17. 10. 1907 F., † 23. 10. 1971 Lochham bei München. Lebte bis 1928 in F. Ab 33 in der J. Goebbels unterstehenden Reichsschrifttumskammer für Lyrik zuständig. Als Hrsg. mehrerer Anthologien nationalsoz. Gedichte (»Führer und Fanfaren«, 1933) gilt er als der »Erfinder« der Hitler verherrlichenden »Führer«-Gedichte. 1950 in München Gründung des rechtsgerichteten »Deutsche(n) Kulturwerk(s) europäischen Geistes«.

A Johann Tetzel (→ Pirna/SN) disputierte 1518 in F. über von K. Wimpina verfasste Thesen und veröffentlichte eine eigene Schrift (»Vorlegung«) gegen M. Luthers »Sermon von Ablass und Gnade«. Im selben Jahr in F. Promotion. – **Christoph Kaldenbach** (→ Tübingen/BW) lebte von 1622 bis 31 in F. und bereitete sich hier auf sein Studium in Königsberg vor. – **Johann Christian Günther** (→ Jena/TH) kam 1715 aus seiner schles. Heimat hoffnungsfroh nach F. Da ihm die Universität »befremdlich kalt« vorkam, zog er schon bald weiter. An die Tage in F. erinnert

das Gedicht »An seine Magdalis, Frankfurt an der Oder, 1715, den 15. Nov.« – **Christiana Mariana von Ziegler** (→ Leipzig/SN) kam 1741 mit ihrem Mann, dem Philosophie-Prof. Wolf Balthasar von Steinwehr, nach F., wo sie 1760 starb. **Friedrich Nicolai** (→ Berlin) absolvierte 1749-52 in F. eine Buchhandelslehre. Viel lernte N. von dem später in Nordafrika verschollenen Dichter **Johann Joachim Ewald** (1727- nach 1762), der 1750 nach F. kam und dort engl. Poesie (u. a. »Die Jahreszeiten« von James Thomson) übertrug. Der ältere Bruder **Gottlob Samuel Nicolai** (um 1725-1765) war 1753-60 in F. Philosophie-Prof. – **Matija Antun Reljkovic** (1732-98), bedeutender kroat. Dichter, geriet als Offizier 1757 in Gefangenschaft, wurde nach F. verbracht und dort »einem gebildeten Bürger« anvertraut. Dieser erlaubte R. die Benutzung seiner Bibliothek und die Beschäftigung mit zeitgen. Autoren. In F. entstand R.s Hauptwerk, das Vers-Epos »Satyr oder Der wilde Mensch« (1762). Später übersetzte er die Fabeln Äsops vom Deutschen ins Kroatische. – **Josias Friedrich Christian Löffler** (→ Saalfeld/TH), Instrukteur bei der Familie von Humboldt, wurde 1783 an die F.er Universität zum Theologie-Prof. berufen. 1787/88 studierten **Alexander** und **Wilhelm von Humboldt** (→ Berlin) seinetwegen ein Semester in F.

In der Hoffnung auf eine Professur lebte **Heinrich Daniel Zschokke** (→ Magdeburg/ST) 1790-92 in F. Als die Berufung ausblieb, ging er in die Schweiz. Wohnung: Forststraße1. – Der baltendt. Schriftsteller **Garlieb Merkel** (→ Berlin) wurde 1797 in F. zum Dr. phil. promoviert und lehrte hier kurze Zeit. – **Joseph von Eichendorff** (→ Berlin) beendete am 19. 10. 1809 in F. eine Schiffsfahrt auf der Oder und fuhr von hier nach Berlin weiter. – **Leopold von Ranke** (→ Artern/Wiehe/

TH) kam nach dem Studium in Leipzig nach F., wo er 1818-26 Lehrer am Friedrichs-Gymnasium war und hier seine quellenkrit. »Geschichte der romanischen und germanischen Völker« (1824) schrieb. – **Ernst von Wildenbruch** (→ Berlin) war 1871-77 Referendar und Assessor am Gericht in F., wo seine Gedicht-Slg. »Die Söhne der Sibyllen und Nornen« (1872) entstand. F.-Reminiszenzen in »Kindertränen« (E.n 1884) und »Neid« (E.n 1900). – **Otto Roquette** (→ Darmstadt/HE) verbrachte einen Teil seiner Kindheit im Haus der Großeltern, Oder-/Ecke Breite Straße, und besuchte in F. das Gymnasium.

Klabund (→ München/BY) besuchte 1906-09 das F.er Friedrichs-Gymnasium und teilte das Zimmer, Oderstraße 25, mit G. Benns jüngerem Bruder. – Vor dem 1. Weltkrieg kam **Joachim Ringelnatz** (→ Grimma/Wurzen/SN) durch F. und schrieb eine Postkarte: »Grüße aus Frankfurt an der Entweder.« – **Hans Weber** (→ Strausberg/BB) war 1966-68 Mitarbeiter am Haus des Lehrers in F. und schrieb hier seinen im Lehrerstudentenmilieu spielenden Erfolgs-Roman »Sprung ins Riesenrad« (1968).

L Der Mediziner **Wolfgang Jobst** (1521-75) verfasste eine »Kurtze Beschreibung der alten löblichen Stadt Frankfurt an der Oder« (1561) und der Kammergerichtsrat **Martin Friedrich Seidel** (1621-93) ein »Unsterbliches Märcker-Lob« (1670), zudem das erste Verzeichnis märk. Schriftsteller (»Bilder-Sammlung, in welcher hundert gröstenteils in der Mark Brandenburg geborhne... wohlverdiente Männer vorgestellet werden«, 1657, 1751). – **Johann Christoph Becmann** (1641-1717), 1667 bis zu seinem Tod Prof. für griech. Sprache, verfasste eine »Historia von der Churmark Brandenburg«, die erst sein Neffe Ludwig Becmann veröffentlichte (2 Bde., 1751/52). – In **Theodor Fontanes** (→ Neuruppin/BB) Roman »Vor dem Sturm« ist die Lebuser Vorstadt

von F. ein wichtiger Schauplatz. – Der 8. und 9. Gesang von **Joachim Seyppels** »Roman aus der Mark Brandenburg« »Die Streusandbüchse« (1990) sind F. und der Oder von Stettin bis Crossen gewidmet.

S Kleist-Gedenk- und Forschungsstätte: Literaturmuseum zu H. von Kleist, Forschungsbibliothek (6000 Bde.), Archiv; Publikationsreihen: »Beiträge zur K.-Forschung«, »Frankfurter K.-Kolloquium«, »Frankfurter Buntbücher/Literarische Miniaturen« (aus BB). – Deutsches Literaturforum östliches Europa e. V.

B H. Scholz, Vom poetischen Frankfurt, u. a. in: Wanderungen und Fahrten in der Mark Brandenburg, Bd. 2, 1974; Frankfurter Buntbücher zu H. von Kleist (1/1991, 13/1994), J. G. Darjes (2/1991), G. Benn und Klabund (3/1991), E. von Kleist (11/1994), G. Benn (23/1998).

Z Beeskow, Seelow (BB). Jenseits der Grenze in Polen: Kunowice/Kunersdorf (Friedrich d. Gr., E. von Kleist); Radachów/Radach (H. Fallada); Sulęcin/Zielenzig (M. R. Fischer).

FREIBERG/SN

Technische Universität Bergakademie; Stadtarchiv. – Stadt- und Bergbaumuseum im Domherrenhof. – Mittelsächsisches Theater am Buttermarkt (älteste Spielstätte eines Stadttheaters in Dtl.). – Am 22. 7. (»Streittag«) Bergparaden. – Bis um 1900 war F. Zentrum des dt. Silberbergbaus. – 1710-51 betrieb Gottfried Silbermann in F. seine berühmte Orgelbauwerkstatt.

Heinrich von Freiberg, * vermutl. um 1230 F. Schrieb nach 1261 eine Fortsetzung des Gottfried'schen »Tristan und Isolde«-Romans, dann eine dem Parzival-Stoff nahe »Ritterfahrt« (330 Verse).
Dietrich von Freiberg, * um 1240 F., † um 1320, Theologe und Mystiker. Um 1270 am F.er Dominikanerkloster. Verf. von 24 Traktaten zur Philosophie und Naturforschung.

Christoph Demantius (auch **Demant**), * 15. 12. 1567 Reichenberg/Böhmen, † 20. 4. 1643 F., Musiktheoretiker. Seit 1604 F.er Kantor. Verf. des ersten Musiklexikons (»Isagoge artis musicae ...«, 1602). – Wohnung: Untermarkt 21 (Gedenktafel).

Karl Christian Gärtner, * 24. 11. 1712 F., † 14. 2. 1791 → Braunschweig/NI. Literaturkritiker. Bedeutend als Mithrsg. der »Neuen Beiträge zum Vergnügen des Verstandes und des Witzes« (1744-48).

Christian Heinrich Spieß, * 4. 4. 1755 Helbigsdorf bei F., † 17. 8. 1799 Schloß Bezdiekau bei Klattau/Böhmen, Dramatiker (»Maria Stuart«, 1784) und Romanschriftsteller. Mit Ritterschauspielen (»Klara von Hoheneichen«, 1791) und Schauerromanen (»Die zwölf schlafenden Jungfrauen«, 2 Bde., 1791/92) gehörte Sp. zu den am meisten gelesenen Autoren seiner Zeit.

Carl Eduard Vehse, * 18. 12. 1802 F., † 18. 6. 1870 Neustriesen bei Dresden, Historiker. Studium 1819/20 in F. Unstetes Leben. Verf. der illusionslosen, kultur- und sittenhist. ausgerichteten »Geschichte der deutschen Höfe seit der Reformation« (48 Bde. 1851-58, n. W. Schneider 1991 ff.). H. Heine (→ Düsseldorf/NW): »Jetzt fange ich an zu glauben, daß wir Deutschen einmal eine ordentliche Nationalgeschichte bekommen werden. Vehse ist der Anfang.«

A **Ulrich Rülein von Kalbe** (um 1465-1523, »Nutzlich Bergbuchlein«, 1505), war 1497-1519 Stadtphysikus und Bürgermeister in F. Wohnung: Petriplatz 3. An der von R. gegründeten Lateinschule: **Johannes Rhagius** (→ Wittenberg/ST/1514-17), **Johann Rivius d. Ä.** (→ Meißen/SN/1537-40), **Georg Fabricius** (→ Chemnitz/SN/1538/39) und der für F. wichtige Chronist (»Theatrum Freibergense chronicum«, 1631) **Andreas Möller** (1598-1660/1624-38). Wohnung: Obermarkt 12 (Gedenktafel), Grab auf dem Grünen Friedhof. –

Caroline Neuber (→ Reichenbach/SN) gastierte 1727 mit ihrer Truppe in F. Wohnung: Obermarkt 16.

1765 wurde mit der F.er Bergakademie die erste montanwiss. Hochschule der Welt gegründet. An ihrem Vorläufer studierte 1738/39 der russ. Gelehrte und Schriftsteller **Michail Lomonossow** (1711-65). Lomonossowstraße 41 (Gedenktafel). – Christlieb Ehregott Gellert (1713-95), der Bruder von Ch. F. Gellert (→ Mittweida/Hainichen/SN), war seit 1762 Leiter aller F.er Schmelzhütten und seit 65 erster Prof. für Chemie. – **Goethe** (→ Frankfurt a. M./HE) kam 1790 nach F., dann noch einmal 1810, um den Oberberghauptmann Heinrich von Trebra zu besuchen. Die Diskussion um den Vulkanismus schlug sich nieder in der »Klassischen Walpurgisnacht« (»Faust II«). Wohnung: Kirchgasse 15 (Gedenktafel). – **Alexander von Humboldt** (→ Berlin) studierte 1791/92 in F. bei Abraham Gottlob Werner (1749-1817), dem er einen wichtigen Teil seiner Bildung verdankt. Die Vormittage verbrachte H. untertage, die Nachmittage im Hörsaal. Weitere Aufenthalte.: 1797 und 1826, als er das Grab Werners auf dem Grünen Friedhof besuchte. Wohnung: Weingasse 2 (Gedenktafel).

Novalis (→ Hettstedt/Oberwiederstedt) studierte von 1797 bis 99 in F. und arbeitete mehrmals untertage. Dezember 98 Verlobung mit Julie von Charpentier (1776-1811), Tochter eines Bergrats. In F. schrieb N. »Die Lehrlinge zu Sais« (1802), darin Bezüge zu A. G. Werner. Wohnung: Burgstraße 31 (Gedenktafel), Wohnung der Fam. Charpentier: Burgstraße 9 (Gedenktafel). – August von Herder (1776-1838), Sohn von J. G. Herder (→ Weimar/TH), kam 1804 nach F. und brachte es dort bis zum Oberberghauptmann. – **Theodor Körner** (→ Dresden/SN) studierte 1808-10 in F. In dem Gedicht-Bd. »Knospen« (1810) finden sich Bergmannslieder über »das ew'ge Dunkel« und »das Labyrinth der Gänge«. Wohnung: Untermarkt 2 (Gedenktafel). – Seit 1843 war **Otto Heubner** (→ Plauen/SN) Kreisamtmann in F. Während des Dresdner Mai-Aufstandes ermöglichte er dem gefährdeten **Richard Wagner** (→ Bayreuth/BY) ein Unterkommen in seiner F.er Wohnung: Heubnerstraße 15 (Gedenktafel). – **August Peters** (→ Mittweida/Taura/SN) lebte 1856-60 in F. – Im August 1886 wurde **August Bebel** (→ Köln/NW) im F.er Landgericht, Beethovenstraße 8 (Gedenktafel), im sog. Geheimbundprozess zu einer Gefängnisstrafe verurteilt.

R Nördl. von F. **Siebenlehn**, wo die Botanikerin Amalie Dietrich (1821-91) geboren wurde. Über sie **Renate Feyl** in: »Der lautlose Aufbruch« (1981). Ihre in S. geborene Tochter **Charitas Bischoff** (1848-1925) schrieb ihre Biographie (»A. D. Ein Leben«, 1909) sowie erfolgreiche aut. Bücher (»Augenblicksbilder aus einem Jugendleben«, 1905, und »Bilder aus meinem Leben«, 1912). – Im nördl. gelegenen **Halsbrücke** gab es bis 1857 eine Erzaufbereitungsanlage (Südflügel erhalten), die viele Reisende ob ihrer Einzigartigkeit besichtigten. Genannt seien: **Friedrich Karl von Savigny** (→ Berlin/1799), **Heinrich von Kleist** (→ Frankfurt a. d. O./BB/1801) und **Goethe** (1810). – Südwestl. von F. **Langenau**, wo der Erbauer der Meißner Albrechtsburg, Arnold von Westfalen, 1479 ein Rittergut erwarb. Von dessen Frau Margarete Rülke leitete **Rainer Maria Rilke** (→ München/SN) seine Herkunft ab. In der Prosadichtung »Weise von Liebe und Tod des Cornets Christoph Rilke« (1906) nimmt er darauf Bezug und zit.

ein vermeintl. Dokument: »... den 24. November 1663 wurde Otte von Rilke/auf Langenau/Gränitz und Ziegra/zu Linda mit seines in Ungarn gefallenen Bruders Christoph hinterlassenen Antheile am Gute Linda beliehen.«

Augustusburg

Schloss.

Heinrich Eppendorf, * um 1490 Eppendorf bei A., † nach 1551 Straßburg, Humanist. Verf. des populären Geschichtsbuchs »Römischer Historien Bekürtzung« (1536). Lernte Erasmus von Rotterdam kennen, dessen Gegner er später wurde.
Karl Veken, * 22. 7. 1902 Essen, † 21. 7. 1971 Chemnitz, Jugendbuchautor (»Jagd ohne Gnade«, 1969). Lehrer. Von den Nazis inhaftiert (→ Oranienburg/BB). Von 56 bis kurz vor seinem Tod in A. – Wohnung: Schlossstraße 9, Grab auf dem Friedhof.
Heiner Müller, * 29. 1. 1929 Eppendorf bei A., † 30. 12. 1995 → Berlin, einer der bedeutendsten Dramatiker des 20. Jh.s, auch Lyriker und Erzähler, Regisseur und Theaterleiter. Aufgewachsen in Bräunsdorf (→ Glauchau/Hohenstein-Ernstthal/SN) und → Waren/MV. Seit 1951/52 in Berlin, wo M. zunächst an B. Brechts (→Augsburg/BY) Lehrstücke anknüpfte, dann sein Lebensthema (»die Folgen der versäumten und der Terror der vollzogenen Revolutionen«, J.-Ch. Hauschild, 2000), fand und in der DDR ein »Neuerer« wurde, »auf den man Steine schmiß« (V. Braun 1996). Wie kaum ein anderer gestaltete M. Geschichtsthemen und zwang zur Auseinandersetzung mit der nationalsoz. Vergangenheit. – W.: Der Lohndrücker (Dr. 1957/58), Die Umsiedlerin oder Das Leben auf dem Lande (Dr. 1961), Der Bau (1964), Leben Gundlings . . . (Dr.

1976), Hamletmaschine (Dr. 1986), Krieg
ohne Schlacht. Leben in zwei Diktaturen
(Aut. 1992). W.-Ausgabe (Hrsg. F. Hör-
nigk, seit 1998). – Geburtshaus: Freiberger
Straße 61 (Gedenktafel).

Flöha

Samuel Pufendorf (→ Stollberg/Dorf-
chemnitz/SN) verbrachte seit 1634 seine
Kindheit in F. – Südl. von F. **Erdmanns-
dorf**, Geburtsort des Publizisten **Friedrich
Wilhelm von Schütz** (1756-1834), der
in der »Apologie, Nathan den Weisen be-
treffend« (1781) die rechtl. Gleichstellung
der Juden forderte und die Ideen der
Franz. Revolution verfocht. – Aus dem
östl. von F. liegenden **Oederan** stammt
Konrad Fiedler (1841-95), Kunstschrift-
steller (»Über den Ursprung der künstleri-
schen Tätigkeit«, 1887).

Seyda

Erzgebirgisches Heimatmuseum.

Otto Rühle (Ps. **Carl Steuermann, Car-
los Timonero**), * 23. 10. 1874 Großvoigts-
berg bei S., † 24. 6. 1943 Mexico-City, So-
zialpädagoge und Publizist. Für die Linke
ein »Pestalozzi«, für die Rechte ein Um-
stürzler. Lehrerausbildung in Oschatz und
Redakteur u. a. in Chemnitz. Emigration
nach Mexiko, wo R. Umgang mit Leo
Trotzki pflegte. Seine Schriften hatten
Einfluss auf die Propagierung antiautori-
tärer Erziehung durch die 68er.
R In seiner Aut. »Meine Kindheit und Ju-
gend« (1957) erinnert sich **Ludwig Renn**
(→ Dresden/SN) an einen Urlaub, den
der 12-Jährige 1901 in **Mulda**, nördl. von
S., auf einem Gut verbrachte. – Aus **Klein-
bobritzsch** stammt der Orgelbaumeister
Gottfried Silbermann (1683-1753). G.-S.-
Museum im Schloss Frauenstein. Über

ihn: **Bodo Kühn**, »Das Werk macht den
Meister« (R. 1974) und **Wulf Kirsten**,
»Gottfried Silbermann« (G. 1973): »kein
bild, kein grab blieb nach.«

B M. Pfannstiel, Die Tulpenkanzel. Bilder
aus der Geschichte Freibergs und des Erzgebir-
ges,1980.
Z Chemnitz, Dippoldiswalde, Marienberg,
Meißen, Mittweida (SN).

FREIBURG
IM BREISGAU/BW

*»Die Stadt ist intakt, wie nur sehr alte, historisch
gewachsene Städte sein können, die immer auf
sich hielten und gut katholisch waren.« (Horst
Krüger, 1970)*

Albert-Ludwigs-Universität; Pädagog.
Hochschule; Staatl. Hochschule für Mu-
sik. – Augustinermuseum (»Schatzkam-
mer F.s«), Wentzingerhaus (Museum für
Stadtgesch.), Uniseum (Museum der Hoch-
schule in Alter Universität). – F.er Thea-
ter; Wallgraben-Theater; Alemann. Büh-
ne, Galli-Theater. – SWR Studio F. –
Grenzenlos Festival (März); Intern. F.er
Theaterfestival (Juni); Rathaushofspiele
(Juli); Lirum Larum Lesefest (Kinderlit.,
im Oktober).
Johann Georg Jacobi (→ Düsseldorf/
NW) erhielt 1784 den Ruf als Prof. der
Schönen Wiss. nach F. (zweimal Rektor).
Als Lyriker geschätzt, passte er gut in die
liberale und aufklär. Atmosphäre in Ba-
den am Ende des 18. Jh.s. Er starb am
4. 1. 1814 in F.; Grab auf dem Alten Fried-
hof; Denkmal Jacobistraße 25.
Joseph von Auffenberg, * 25. 8. 1798 F.,
† 25. 12. 1857 ebd., Dramatiker und Er-
zähler, Schiller-Epigone. Eiferte auch By-
ron nach und reiste als Freiheitskämpfer
nach Griechenland. 1842-49 Theaterin-

tendant in Karlsruhe. – Grab auf dem Alten Friedhof.

Alban Stolz (→ Bühl/BW), seit 1833 Studium in F., 1847-80 Prof. für Pastoraltheologie und Pädagogik. Gest. 16. 10. 1883 in F.; Denkmal vor der Seminarkirche des Collegium Borromaeum; Grab in → Bühl-Kappelwindeck/BW.

Heinrich Hansjakob (→ Wolfach/Haslach/BW) war 1884 bis 1913 Stadtpfarrer an St. Martin, deren Kreuzgangkapelle er einrichtete (Gedenktafel) und hatte von 1897-1913 in der »Kartaus« sein Refugium. Dort entstand nahezu sein ganzes erzählerisches Werk (»In der Kartause«, Tagebuchblätter, 1901). – Gedenkstätte in der vollständig erhaltenen Wohnung, jetzt Altenpflegeheim, Kartäuserstraße 119; Pfarrhaus St. Martin, Rathausplatz 5: Amtswohnung. – H.-H.-Gesellschaft (gegr. 1956). – H. Bender, »Hansjakob und Freiburg« (1986).

Hermine Villinger, * 6. 2. 1849 F., † 4. 3. 1917 → Karlsruhe/BW. In ihren zahlreichen Romanen und Erzählungen schilderte sie das Leben der kleinen Leute in den bad. Städten (»Aus dem Kleinleben«, 1888).

Emil Gött (→ Breisach/Jechtingen/BW) absolvierte in F. einen Teil seiner Studien und kehrte als bekennender Freiburger von seinen Wanderungen immer wieder hierhin zurück. Er starb am 13. 4. 1908 in F.; Grab auf dem Hauptfriedhof. – E.-G.-Gesellschaft (seit 1958).

Emil Strauß (→ Pforzheim/BW) studierte zunächst in F., ließ sich 1924 hier nieder. Hohes Ansehen nicht erst in der NS-Zeit, 1946 Aberkennung der Ehrenbürgerschaft. Starb am 10. 8. 1960 in F.; Grab in Pforzheim.

Karl Willy Straub, * 12. 3. 1880 Karlsruhe, † 20. 4. 1971 → Saarbrücken/SL, Lyriker, Erzähler, Essayist: »Die hundert Sonette eines Zeitlosen« (1957), »Erinnerungen an das Elsaß« (1965). Lebte über drei Jahrzehnte in F.

Franz Schneller, * 18. 1. 1889 F., † 23. 11. 1968 ebd., Lyriker und Erzähler, Dramaturg am Stadttheater, später Direktor der Volksbibliothek. 1947 Hebelpreis. – W.: Brevier einer Landschaft (1947/n. 84); Alt Freiburg (1957). – Grab auf dem Hauptfriedhof.

Hermann Eris Busse, * 9. 3. 1891 F., † 15. 8. 1947 ebd., »der berufene Künder deutschen Volkstums der Landschaft zwischen Schwarzwald und Vogesen« (F. Lennartz, 1938): »Bauernadel« (R.-Tril. 1929/30). 1939 Hebelpreis, 41 Ehrenbürger der Universität F. – Haus der »Badischen Heimat« Hansjakobstraße 10; Wohnhaus Oberlinden 19; Grab auf dem Hauptfriedhof. – H.-E.-B.-Stube in »Busses Waldschänke« am Waldsee.

Reinhold Schneider (→ Baden-Baden/BW) lebte seit 1938 in F., wohnte seit 41 in der Mercystraße 2 (Gedenktafel) am Lorettoberg, den er als »Schlachtberg« mehrfach beschrieben hat. Sonett »An den Turm des Freiburger Münsters« wenige Monate vor dem Bombenangriff von 1944 (auf der Turmplattform Gedenkplatte mit dem Text des Sonetts). Texte über F. auch in den aut. Aufzeichnungen »Verhüllter Tag«. 1956 Friedenspreis des Dt. Buchhandels. Nach dem »Winter in Wien« (1957/58) wohnte er zeitw. in Oberkirch. Nach seinem Tod am 6. 4. 1958 im Münster aufgebahrt; Grab in Baden-Baden. – R. Sch.-Gesellschaft e. V. (seit 1970).

Eberhard Meckel, * 22. 3. 1907 F., † 7. 6. 1969 ebd., Lyriker, Erzähler, Essayist und Hörspielautor. Als Hrsg. betreute er J. P. Hebel und E. Gött (Nachlass). Kam 1929 nach Berlin; dort befreundet u. a. mit G. Eich und P. Huchel. 1966 Hebelpreis. – Grab auf dem Hauptfriedhof. – Ch. Meckel, »Suchbild. Über meinen Vater« (1980).

A Die Münsterstadt mit ihren zahlreichen Klöstern, Schulen und ihrer Universität übte seit dem MA. große Anziehungskraft auf Theologen, Humanisten und Wissenschaftler aus. **Albertus Magnus** (→ Dillingen a. d. Donau/Lauingen/BY) lehrte 1240-42 als Lektor am Predigerkloster (Relief Fahnenbergplatz 2, wo früher das Kloster stand). **Heinrich von Laufenburg** (→ Bad Säckingen/Laufenburg/BW), bedeutender geistl. Liederdichter des 15. Jh.s, lebte 1429-45 in F., seit 1441 Münsterkaplan. – An der 1457 gegr. Universität lehrten im 15. und 16. Jh. **Johannes Geiler von Kaisersberg, Jakob Wimpfeling, Johannes Reuchlin** (→ Pforzheim/BW), **Thomas Murner** (Gedenktafel im Kreuzgang am Rathausplatz), **Jakob Locher** (→ Ehingen/BW), **Ulrich Zasius** (→ Konstanz/BW; Grab im Münster, Universitätskapelle) und **Johannes Eck** (→ Memmingen/Egg a. d. Günz/BY). **Erasmus von Rotterdam** lebte von 1529-35 in F. Er wohnte im »Haus zum Walfisch«, Franziskanergasse 3 (Gedenktafel). Hier empfing er wohl auch noch **Philipp Melanchthon** (→ Bretten/BW). – Mit dem Ende der Habsburgerzeit in F. schien auch das Ende der Universität gekommen. In diesen kritischen Jahren war **Josef Albert von Ittner** (1754-1825), der auch als Schriftsteller hervorgetreten ist, Kurator. Unter den Historikern im 19. Jh.: **Carl von Rotteck** (1775-1840; Gedenktafel Rotteckring 14, Grab auf dem Alten Friedhof, Denkmal am Werthmannplatz) und **Heinrich von Treitschke** (→ Berlin). – 1806 erhielt **Johann Peter Hebel** (→ Lörrach/Hausen/BW) einen Ruf als Stadtpfarrer und Universitätsprediger nach F., zog es aber vor, in Karlsruhe zu bleiben (R. Schneider, »Der Wächterruf«, 1959). 1808 siedelte **Bartholomä Herder** (→ Rottweil/BW) mit seinem jungen Verlag nach F. Er starb am 11. 3. 1839 ebd.; Grab auf dem Alten Friedhof. Gäste waren u. a.: 1808 **Sulpiz Boisserée** (→ Köln/NW), 1813 **Wilhelm von Humboldt** (→ Berlin), 1828 **Marianne von Willemer** (→ Frankfurt a. M./HE), 1837 **Gustav Schwab** (→ Stuttgart/BW), 1839 **Victor Hugo**. – Badische Schriftsteller in F.: im 19. Jh. **Albert Bürklin** (→ Offenburg/BW), **Ludwig Eichrodt** (→ Karlsruhe/BW), **Adolf Kußmaul** (→ Bretten/Graben-Neudorf/BW; 1863-79 Direktor des Medizin. Klinikums); im 20. Jh. **Albert Geiger** (→ Bühl/Bühlertal/BW), **August Ganther** (→ Offenburg/Oberkirch/BW), **Anton Fendrich** (→ Offenburg/BW). **Rudolf G. Binding** (→ Starnberger See/Starnberg/BY) verbrachte seine Jugend in der Stadt und liegt auf dem Hauptfriedhof begraben. Eine Gedenktafel Wallstraße 10 erinnert an die russ. Dichterin **Marina Zwetajewa**, als Kind 1904/05 in F. Im Sommer 1923 war **Maxim Gorki** zur Kur in Günterstal (Schauinslandstraße 106, Dorfstraße 5).

Philosophen im Kollegiengebäude I: Nachfolger von **Heinrich Rickert** (Ruf nach → Heidelberg/BW) wurde 1916 der Phänomenologe **Edmund Husserl** (1859-1938; Gedenktafel Lorettostraße 40 in Günterstal, Familiengrab Liebfrauenkirchhof); dessen Nachfolger 1928 **Martin Heidegger** (→ Meßkirch/BW; unrühmliches Rektorat 1933/34, Lehrverbot 1946-49; Haus am Rötebuck 47, zuletzt Fillibach 25). Unter den Schülern **Edith Stein** (→ Köln/NW), Gedenktafeln Goethestraße 63 in Günterstal und in der Seitenkapelle der Universitätskirche, E.-St.-Fenster im südl. Chor des Münsters; **Hannah Arendt** (→ Hannover/NI; Briefwechsel mit M. Heidegger 1925-75, 1998). Zum widerständ. »Freiburger Kreis« (Denkschrift 1943) gehörte auch der Historiker **Gerhard Ritter** (1888-1967). Für den jüd. Philosophen **Franz Rosenzweig** (1886-1929), der hier als Student wohnte, Gedenktafel neben der Alten Münsterbauhütte, Kirchstraße 49 für **Walter Benjamin** (→ Berlin), 1912 in F. »in einem wundervollen Sommersemester«. Unter den »Verbotenen und Verbrannten« **Hans Arno Joachim** (geb. 1902 in F.), Essayist und Hörspielautor. »Gelehrter« steht auf einer Abschubliste für Auschwitz vom 27. 3. 1944. – Auf dem Hauptfriedhof die Gräber des Kirchenhistorikers und Archäologen **Franz Xaver Kraus** (→ Trier/RP) sowie von **Ernst Robert Curtius** und **Karl Benno von Mechow** (beide → Bonn/NW). – Am 26. 10. 1957 starb in einer F.er Klinik der griechische Schriftsteller **Nikos Kazantzakis**; von letzten Besuchen berichtet **Max Tau** (→ Dortmund/NW) in seiner Aut. »Auf dem Weg zur Versöhnung« (1968).

L Eine Stadtbeschreibung schon in **Sebastian Münsters** (→ Ingelheim/Bingen/RP) »Cosmographia universalis« (1550). Der Theologe und Folklorist **Heinrich Schreiber** (1793-1872) veröffentlichte 1825 eine Topographie samt Reiseführer, worin ausführlich auf das lit. Leben der Stadt eingegangen wird. – Vor-Ort-Texte weiterhin: bei **Ricarda Huch** (→ Braunschweig/NI; »Im alten Reich«, 1927), **Werner Bergengruen** (→ Baden-Baden/BW; »Deutsche Reise«, 1934); **Käthe Vortriede** (1891-1964; »Mir ist es noch wie ein Traum ...«, 1998); den Studenten im Krieg **Horst Krüger** (→ Magdeburg/ST), **Walter Jens**, **Peter Wapnewski**; auf der zornigen Suche nach M. Heidegger der Held W. M. in den »Hundejahren« (1963) von **Günter Grass**; **Heinrich Weis** (1901-76; »Gestalt und Stimme einer Landschaft«, 1966). Als eine alemann. Dreiheit beschwor **Wilhelm Hausenstein** (→ Wolfach/Hornberg/BW) die Städte F., Straßburg und Basel. – Spätestens seit Beginn des 19. Jh.s gibt es in F. eine reiche volkstüml. Literatur, breit gefächert: vom Erbauungsbuch (in der Tradition eines A. Stolz) über den Trivialroman (Bauern- und Heimatromane des Schwarzwalds) bis zur Mundartdichtung. Alemann. Ge-

dichte z. B. von **Gertrud Albrecht** (1909-85), von der auch ein hochdt. Gedichtzyklus um das Münster (»Der Klang im Stein«) vorliegt. Hierher gehören auch die zahlreichen Slgg. badischer, F.er Stadt- oder Schwarzwälder Sagen: »Ursprung der Zähringer«, »Mädchenkreuz im Münster«, »Bild am Schwabentor«. – Wiederzuentdecken: Zu seinem 80. Geburtstag 2007 erschien, Hrsg. U. Pörksen, u. d. T. »Umkreisung« das Gesamtwerk des Dichters **R. M. Gerhardt** (1927 Karlsruhe – 1954 F.).

S **Universitätsbibliothek**: über 3,5 Mio Bde., rd. 1480 Hss., 3450 Inkunabeln, ca. 35 000 Drucke des 16. und 17. Jh.s. – **Deutsches Volksliedarchiv**. – **Arbeitsstelle für Int. Volksliedforschung**: ca. 250 000 Liedbelege, ca. 14 000 Liedflugblätter und -schriften, 20 000 Schallaufzeichnungen, 60 000 Bde. Fachbibliothek. – **Reinhold-Schneider-Kulturpreis** der Stadt F. (seit 1960); **Oberrhein. Kulturpreis** (seit 1966). – **Freiburger Literaturgespräche**.

Merzhausen

Kurt Heynicke, * 20. 9. 1891 Liegnitz/Schlesien, † 18. 3. 1985 M., expressionist. Lyriker im »Sturm«-Kreis, in der Anth. »Menschheitsdämmerung« (1920) vertreten; später vorwiegend Drama (auch Hör- und Fernsehspiele, Filmdrehbücher) und Roman. In den 1920er Jahren Dramaturg und Spielleiter in Düsseldorf, ab 1932 in Berlin (Ufa). Seit 1943 freier Schriftsteller in M. – Wohnhaus Schloßweg 3; Grab auf dem Friedhof. – Nachlaßteile DLA Marbach.

Friedrich Franz von Unruh, * 16. 4. 1893 Berlin, † 16. 5. 1986 M., Erzähler und Essayist. Bruder von Fritz von Unruh (→ Koblenz/RP). 1924-32 Journalist, dann freier Schriftsteller in M.: »Wo aber Gefahr ist« (Erinn. 1965). – Wohnhaus Am Mühlebuck 1; Grab auf dem Friedhof.

Neben → Rottenburg/Obernau/BW wurde als Herkunftsort **Hartmanns von Aue** auch der »Schwabenhof« im südlichen Teil von **Au** in Betracht gezogen.

Bollschweil: Marie Luise Kaschnitz vor dem Schloss, ihrem »Vaterhaus«

R Zu Füßen des Schlossbergs von **Freiburg** liegt der **Alte Friedhof**, idyllische Schaubühne des Todes: »Hier schlafft das Kindt dort ewig wacht / Weil ihm der Tod ein Music macht«, heißt es im »sanften Spiel voll Kunst und feierlicher Grazie« des Totentanzes in der Friedhofskapelle. – Der F.er »Hausberg« ist der **Schauinsland**. Von seiner Kuppe hat man den schönsten Rundblick, vergleichbar dem Vogelblick, mit dem **Marie Luise Kaschnitz** (→ Karlsruhe/BW) »ihr« Dorf, **Bollschweil**, sah (»Beschreibung eines Dorfes«, 1966). Haus Nr. 84 ist dort »das Vaterhaus, das Bruderhaus ... da säße ich gern, später, und bewachte das Haus«. Auf dem Friedhof auch ihr Grab (»Das Begräbnis in Bollschweil«, G. 1974 von **Elisabeth Borchers**; Marbacher »Spuren« 14/1991). Man erreicht B. am besten durch das Hexental, das »mit Hexen nichts zu tun hat, sondern auf eine alte Form des Wortes Hecken zurückgeht« (M. L. Kaschnitz). Eine Topographie des Tals auch bei **René Schickele** (→ Müllheim/Badenweiler/BW). – In den Hochschwarzwald führt das **Höllental**, noch bei **Gustav Schwab** von einer »furchtbaren, selbst im rauhesten Schwarzwald unerwarteten Wildheit«. In der Nähe von **Kirchzarten** (Bad. Kammerschauspiel) liegt **Buchen-**

Todtnauberg: Martin Heidegger am Brunnen mit dem Sternwürfel bei seinem »Lachenhäusli«

bach, Sitz der 1955 gegr. »Muettersproch-Gesellschaft«. Im Sanatorium Wiesneck verbrachte **Alfred Döblin** (→ Berlin) die letzten Lebenswochen, bevor er nach Emmendingen überführt wurde. – Kurz vor Neustadt kommt **Höllsteig**. Im »Sternen«, den am 29. 9. 1779 **Goethe** (→ Frankfurt a. M./HE) mit Herzog **Carl August von** → **Weimar** (TH) und seinem Schwager **J. G. Schlosser** (→ Emmendingen/BW) besuchte, wurde eine G.-Stube eingerichtet. Hier auch Erinnerungen an **Marianne von Willemer** (→ Frankfurt a. M./HE), den engl. Schriftsteller **Anthony Trollope** und **Emil Gött**. Der Dramatiker **Friedrich Wolf** (→ Neuwied/RP) praktizierte hier in den 1920er Jahren als Arzt. – **St. Peter** besitzt seit dem Barock einen wohl erhaltenen Bibliothekssaal (in der Bibliothek des Seminars u. a. 10 Hss., 100 Inkunabeln). – In **Todtnauberg** baute sich **Martin Heidegger** sein »Lachenhäusli«, wo er seit 1922 vorwiegend arbeitete: »Arnika, Augentrost, der / Trunk aus dem Brunnen mit dem / Sternwürfel drauf, / in der / Hütte«, beginnt **Paul Celans** Gedicht »Todtnauberg« vom Sommer 1967. »M.-H.-Pan-

orama-Rundweg« (Lehrpfad mit Schauta-
feln); Literaturtage »Lesen auf dem Berg.«.
– Am Pfarrhaus von **Wolfenweiler** (Schall-
stadt-W.) hängt eine Gedenktafel für **Jo-
hann Philipp Glock** (1849-1925), der hier
1896-1916 Pfarrer war. 1909 erschien sein
»Breisgauer Volksspiel« mit Sprichwörtern,
Redensarten, Erzählungen, Kinder- und
Volksliedern aus W. und Umgebung. In
der Heimatstube im »Ochsen« (Hauptstra-
ße 98) sind Bilder von Glock und dem
»Volkspoeten von W.« **Wilhelm Fotteler**
(1843-1914).

B D. Kayser, Ortsbeschreibung. Autoren se-
hen Freiburg, 1980; M. Rayers (Hrsg.), Frei-
burg in alten und neuen Reisebeschreibungen,
1991; Marbacher »Spuren« zu M. L. Kaschnitz
(14/2. Aufl. 1998), P. Celan und M. Heidegger
(60/2002); C. Weise, Gelehrtes Freiburg und
Umgebung, 2003.
Z Breisach, Emmendingen, Haslach, Müll-
heim, Badenweiler, Staufen (BW).

FREISING/BY

*»Mit Weihenstephan fängt Bier an. Mit Freising
fängt Literatur an!« (Bernhard Setzwein, 1993)*
Wissenschaftszentrum Weihenstephan der TU
München. – Dombibliothek. – Diözesanmuse-
um, Heimatmuseum.

Auf drei Hügeln, um 725 durch den hl.
Korbinian gegründet, lange Zeit Sitz der
Erzdiözese. »Nährberg« und »Lehrberg«
ergänzen sich: **Johann Pezzl** (→ Mallers-
dorf-Pfaffenberg/BY) 1784: »Das höchste
Gut eines Freysingers ist ein unversie-
gender Bierkrug.« Vom Dom heißt es bei
Josef Hofmiller (→ Sonthofen/Kranz-
egg/BY), der in F. Lehrer war, jedes Jahr-
hundert habe ihn »durch den Gestalt ge-
wordenen Ausdruck der ihm eigentüm-
lichen Frömmigkeit bereichert«. Bischof
Arbeo (765-83), Gründer der Dombiblio-
thek, ließ den spätantiken »Abrogans«

mit dt. Glossen versehen. Seine lat. Lebens-
beschreibungen der Heiligen Korbinian
und Emmeran gelten als die ältesten lit.
Schöpfungen eines Bayern. Zwischen
1143 und 46 schrieb Bischof **Otto** (von
F.), der Onkel Friedrich Barbarossas, ein
»Chronicon« (Weltgeschichte bis Konrad
III.) und die »Gesta Friderici« (1157/58),
die der Geheimschreiber und Notar **Rahe-
win** fortsetzte.
500 Jahre später beschwört **Jakob Balde**
(→ Neuburg a. d. Donau/BY) in einer dra-
matischen Vision (Epode 15) nach P. P.
Rubens' Hauptaltarbild im Dom (1625)
Maria als »Das apokalyptische Weib«, in
dessen Licht der Dom über den grünen
Isarauen erglänzt wie das himmlische Je-
rusalem. – Das 1697 gegr. Ordensgym-
nasium der Benediktiner machte F. zum
Treffpunkt der Gelehrten und Schriftstel-
ler, darunter die »Patres comici« des Or-
dens: **Wolfgang Rinswerger, Gregor Zödl,
Gualpert Seger, Egilbert Cronninger.** Un-
ter den Epitaphen im Kreuzgang: Doktor
Martinus Tatius Alpinus, Dichter und
Humanist, gest. 12. 6. 1562. – In **Thomas
Manns** (→ Lübeck/SH) »Doktor Faus-
tus« wird F. (die »Freisinger Klause«) ab
23. Mai 1943 der Schreibort Serenus Zeit-
bloms, bis 1933 Lehrer am Dom-Gymnasi-
um und Dozent an der theol. Hochschule,
für seine Chronik Adrian Leverkühns. –
Ein Zögling des Gymnasiums ist die
Hauptfigur von **Carl Amerys** (→ Mün-
chen/BY) F.er Endzeit-Szenario »Das Ge-
heimnis der Krypta« (1990). Die Bestien-
säule inmitten der Korbinianskrypta ist
sein Symbol.
In der Savoyer Au lag das Forstrevier des
Roider Jakl (1906-75), »Großmeister in
der schwierigen Kunst des Gstanzlsingens«.
Wohnhaus in F.-Lerchenfeld, Grab auf
dem Stadtfriedhof St. Georg, Gedenktafel
am Bahnhof in F., Inschrift: »Jetzt muaß i
aufhörn zum singa, / sonst wer i no berühmt /

und kriag aa a Denkmal / wo's Wasser raus-
rinnt«. Geb. ist R. in **Weihmichel**, wo auch
Heimito von Doderers (→ Landshut/BY)
Geschichte »Das vergrabene Pfund« spielt.
An der dt. Hopfenstraße bei **Enzelhausen**
die Kapelle, in der der Sage nach der von
Pferdedieben zurückgelassene »Hallertau-
er Schimmel« den Hungertod gefunden
haben soll; einen »Grundriß des Schelmen-
ländels der Roßdiebe in der Hallertau«
lieferte der **Moosburger** Pfarrer (→ Pfaf-
fenhofen/BY) **Anton Nagel** (1742-1812).
Alois Johannes Lippl (→ Starnberger See
/Gräfelfing/BY) schrieb 1937 die Komö-
die »Der Holledauer Schimmel«.
Im Süden des Kreises liegt – »Heimat zum
Standort verkommen« (S. Beck) – die ein-
stige Moorkolonie **Hallbergmoos**. Von
Schloss Birkeneck aus gründete sie 1824
der »**Eremit von Gauting**« (→ Starn-
berg/BY), Grab in **Weng** (Fahrenzhausen-
W.). Nördlich von H. versank der kleine
Ort **Franzheim** unter der Startbahn-Süd
des Franz-Josef-Strauß-Flughafens. **Bernd
Schroeder** hat mit seinem R. »Versunkenes
Land« (2001) dem versunkenen Dorf ein
Denkmal gesetzt. Südlich von H. ging das
Dorf **Fröttmaning** (München-F.) buch-
stäblich verschütt. Unter einem mächtigen
Müllberg, nur die Hl.-Kreuz-Kirche blieb
erhalten. Mai bis Juli 2007 wurde in ei-
nem Projekt von **Christiane Zöbeley**, ei-
ner Freilichtgalerie mit »Bildern und Bal-
laden«, der Hügel zum »Nymphenberg« de-
klariert.

B B. Setzwein, Freising/Moosburg, in: An
den Ufern der Isar, 1993.
Z Dachau, Landshut, München (BY).

FREUDENSTADT/BW

Heimatmuseum.

»Man konnte stundenlang laufen mit dem
Gefühl, an den unerschöpflichen Schwarz-
wald verloren zu sein ...«: **Otto Flake** (→
Baden-Baden/BW) in seiner Aut. »Es wird
Abend« (1960). Von F. nach **Wittlenswei-
ler** (Freudenstadt-W.) »mitten im Wald«
zog **Wolfgang Altendorf** 1962. 1976 erschie-
nen seine »Freudenstädter grün-weißen Ge-
schichten«, 87 der Sonettenkranz »Schwarz-
wald«, 90 die Erz. »Fichtentod«. Altendorf
Kulturstiftung F. (seit 1971). – Unter den
Flößern, Waldbauern und Bergleuten zwi-
schen Kinzig- und Murgtal spielen **Hein-
rich Hansjakobs** (→ Wolfach/Haslach/
BW) Erzählungen von den »Waldleuten«
(1897). – Der **Kniebis** war für **Joseph
Victor von Scheffel** (→ Karlsruhe/BW)
»Kriegswiese, Mordfleck, Richtstatt«. – Im
Mummelsee lässt **H. J. Ch. von Grim-
melshausens** (→ Gelnhausen/HE) Simpli-
cissimus allein das »Centrum terrae« fin-
den. – Den **Wildsee** hielt **H. Hansjakob**
für den »feinsten des ganzen Schwarzwaldes
des ... weil er der düsterste ist und voll
von Melancholie«. Hier spielt seine E.
»Die Buren am Wildsee«. – Im Murgtal
Schönmünzach-Schwarzenberg: Dort, wo
heute Kurhaus und Kurgarten sind, stand
früher eine Glashütte, Schauplatz von
Wilhelm Hauffs (→ Stuttgart/BW) Mär-
chen »Das kalte Herz«. **Baiersbronn** prä-
sentiert die zugehörige Slg.: Hauffs Mär-
chen-Museum.

B H. Beuter, Ritter, Schurken, Schloßge-
spenster, 1997.
Z Baden-Baden, Calw, Haslach, Hornberg,
Offenburg, Oberkirch, Wolfach (BW).

FREYUNG/BY

Heimatmuseum im Schramlhaus. – Wolfsteiner Herbst.

Maximilian Schmidt (gen. **Waldschmidt**/ → Furth i. W./Eschlkam/BY) beschreibt im »Goldenen Steig« (1893) den alten Handelsweg von Passau nach Prachatitz in Böhmen (W.-Denkmal in **Freyung**). Durch das Buch wurde auch das Lied des Glasmachers Andreas Hartauer aus Goldbrunn »Tief drinn' im Böhmerwald« weithin bekannt. – In der Gegend von **Mauth**, ehem. Mautstätte, heute bekannt durch das »Säumerfest« am »Goldenen Steig«, spielt **Alois Johannes Lippls** (→ Starnberger See/Gräfelfing/BY) »Pfingstorgel« (1933). – Für **Hannes Burgers** »Roman eines Dorfes« »Feichtenreut« (1973) stand u. a. auch **Mitterfirmiansreut** Pate. – **Hans Carossa** (→ Bad Tölz/BY) verzeichnete während eine Krankenbesuchs bei einem sterbenden Kind in **Finsterau** »Stimmungen, aus denen allmählich ›Die Flucht‹, ein monologisches Gedicht, hervorging«. Als junger Student besuchte er in **Waldkirchen** die »Heimatdichterin aus Oberndorf« **Emerenz Meier**. E. M., geb. 1872 in **Schiefweg** (E.-M.-Haus mit Wirtshaus »Zur Emerenz«, in dem sie aufgewachsen ist, am Dorfplatz), gest. 1928 in Chicago; Ges. Werke (Hrsg. H. Göttler, 1991). E.-M.-Preis. »Museum Goldener Steig« in Waldkirchen. **Adalbert Stifters** (→ Passau/BY) Lieblingsaufenthalt war das Gut des Kaufmanns Rosenberger nördl. von **Lackenhäuser** (Gedenkstätte). Hier schrieb er am »Witiko« (1865-67) und erlebte den berühmten Schneesturm von 1866: »... ein Naturereignis, das ich nie gesehen hatte, das ich nicht für möglich gehalten hätte, und das ich nicht vergessen werde, so lange ich lebe« (»Aus dem bairischen Walde«, 1868). Der Witikosteig verbindet **Breitenberg** mit

Schwarzenberg/Öst. (Dauerausstellung A. St. im Heimatmuseum) und dem Rosenberger Gut zu Füßen des Dreisesselberges, dessen Sage in St.s »Hochwald« (1842) verwoben ist. A.-St.-Steig vom Dreisessel über das Steinerne Meer nach Lackenhäuser. **Heinrich von Reder** (1824-1909) weist in seinem Buch »Der Bayerwald« (1861) darauf hin, dass die Sage den Dreisessel mit den drei Burgen Wolfstein, Hauzenberg und Riedl in romant. Verbindung gebracht hat. Im Rosenberger Gut endet der Roman einer Wanderung quer durch Niederbayern »Endstation Dreisessel« (1990) von **Gerd Holzheimer**. Themenwanderweg **Neureichenau**: Kunst und Literatur. Auf den Spuren A. St.s (vier Einzelrouten). – **Georg Britting** (→ Regensburg/BY): »Es hat ihn, in seiner schwarzen Gewalt, / Den Böhmischen Wald / Noch keiner gemalt wie er ist.«

B E. Dünninger, Die literarische Entdeckung des Bayerischen Waldes, 1993; H. Ettl (Hrsg.), Bayerischer Wald. Reise-Lesebuch, 1993.
Z Grafenau, Hauzenberg, Passau (BY). Jenseits der Grenze in Tschechien: Pleckenstein und A. Stifters Geburtsort Oberplan (Horní Planá).

FRIEDBERG/HE

Wetterau-Museum mit Sammlung Usinger.

Der **F.er Christ und Antichrist**, um 1125 (wahrsch. im nahen Kloster Ilbenstadt) geschrieben, behandelt fragmentarisch die Geschichte des Neuen Bundes. – Das F.er Passionsspiel (Dirigierrolle, verloren) entstand Mitte des 15. Jh.s.
Henry Benrath (eig. **Albert H. Rausch**), *5. 5. 1882 F., † 11. 10. 1949 Magreglio/Comer See, Lyriker und Romancier, stand anfangs St. George (→ Bingen/RP) nahe.

Nach Studium der Germanistik, Romanistik und Philosophie war er viel auf Reisen, seit 1940 in Oberitalien. Erfolgreich mit Geschichtsromanen (u. a. Die Kaiserin Theophano, 1940), auch Gesellschaftskritiker und Satiriker. – W.: Nachklänge, Inschriften und Botschaften (G. 1910); Traum der Landschaft (1952). – Gedenktafel am Elternhaus, Kaiserstraße 41; Urnengrab auf dem Friedhof. – B.-Achiv im Alten Rathaus.

Fritz Usinger, * 5. 3. 1895 F., † 9. 12. 1982 ebd., Lyriker, Essayist, Übersetzer (aus dem Franz.). Studienrat an versch. hess. Gymnasien, viele Reisen, seit 1949 wieder in F. – W.: Der ewige Kampf (G. 1918); Das Sichtbare und das Unsichtbare (Ess. 1980); Werke (Hrsg. S. Hagen, 6 Bde.), 1985 ff. – Wohnhaus 1954-1982 In der Burg 28 (ehem. Zeughaus, Gedenktafel). – Nachlass DLA Marbach. – A. Nentwich: F.-U.-Bibliographie, 1989.

Aus F. überdies: der Dramatiker **Siegfried Schmid (Schmidt)** (1774-1859), Briefpartner u. a. von Goethe, Schiller und Hölderlin (»Dramat. Werke«, 1842 ff.); der Lyriker **August Fresenius** (1789-1813): »Gedichte«, 1812; »Hinterlassene Schriften« (Hrsg. F. de la Motte Fouqué, 1818); er war Sohn des Lyrikers und Dramatikers **Johann Christian Ludwig F.** (1749-1811).

A An die Übernachtung **Martin Luthers** (→ Eisleben/ST) auf der Rückkehr vom Wormser Reichstag 1521 erinnert eine Gedenktafel Kaiserstraße 32. Durch die Förderung **Philipp Melanchthons** (→ Bretten/BW) wurde 1543 eine Lateinschule gegründet. In der Engelsgasse eine Gedenktafel für **F. Hölderlin** (→ Lauffen/BW). **Karl Gutzkow** (→ Berlin) unternahm am 14. 1. 1865 in F. einen Selbstmordversuch aus Verfolgungswahn.

R »Des Heiligen Röm. Reiches Deutscher Nation Kornkammer und Schatzkästlein« war die **Wetterau.** In »Deutsche

Reise« (1934) vergleicht **Werner Bergengruen** (→ Baden-Baden/BW) ihre Lage mit der der »Hauptstadt« **Friedberg:** »Die Wetterau als eine schmale, nordsüdlich sich hinziehende Ebene hat etwas von einer Straße. Merkwürdig entspricht diesem Charakter die Stadt F. mit ihrer überraschend breiten, den eigentlichen Stadtkern bildenden Hauptstraße.« In der Gegend spielt der Dorfroman »Wäldchestag« (2000) von **Andreas Maier.**

Heilsamer als Ischia nannte **Hans Carossa** (→ Bad Tölz/BY) die Quellen von **Bad Nauheim.** Ansonsten waren die lit. Kronzeugen hier später politisch nicht ganz unumstritten: **Gustav Frenssen** (→ Meldorf/Barlt/SH) schickt in seiner freidenkerischen Christus-Interpretation »Hilligenlei« (R. 1905) den Helden nach Bad N.; **Agnes Miegel** (→ Rinteln/Bad Nenndorf/NI) rühmt die Blutbuchen vor dem Kurhaus. **Manfred Hausmann** lässt ein Kapitel seines Romans »Salut gen Himmel« (1929) hier spielen. Auch **Jakob Wassermanns** (→ Fürth/BY) Held des »Falls Maurizius« (1928) sucht das Bad auf. In den Hotels »Deutscher Hof« und »Excelsior« spielt »Die allertraurigste Geschichte« (»The good soldier«, 1915, dt. 62) des Engländers **Ford Madox Ford,** der sich im Herbst 1910 mit Violet Hunt hier aufhielt und im Hotel »Alexandre« wohnte. Alle sechs Jahre führte es den russ. Symbolisten **Alexander Blok** nach N., wie er 1915 in seiner Autobiographie schreibt. In »Die Welt der Rose« (1928) rühmt **Henry Benrath** die Rosenfelder von **Steinfurth,** das heute zu Bad N. gehört. Das »Besondere« beider Orte hat in jüngerer Zeit **Erich Milius** (1972/74) beschrieben.

Auf Burg Ziegenberg bei **Usingen** spielt **Goethes** (→ Frankfurt a. M./HE) Roman »Die Wahlverwandtschaften« (1809); ein von G. entworfener Gedenkstein erinnert daran. Geboren wurde in U. der Erzähler,

Historiker und Folklorist **Philipp August Pauli** (1782-1854): »Gemälde von Rheinhessen« (1816). – Der Roman »Ein Dorf wacht auf« (1935) des Frankfurters **Friedrich Carl Butz** (1877-1941) behandelt die Geschichte von **Emmershausen** (Weilrod-E.) nach dem 30-jährigen Krieg. – Das Schlossmuseum von **Assenheim** (Niddatal-A.) bewahrt Briefe und Widmungen u. a. von **Christoph Martin Wieland** (→ Biberach/BW), **Johann Caspar Lavater**, **Karl Ludwig von Knebel** (→ Nördlingen/Schloss Wallerstein/BY) und **Bruno Wille** (→ Berlin/W). – Die Geburtsstätte des Streitschriften-Autors und Fabeldichters **Erasmus Alberus** (→ Bad Homburg/Oberursel/HE) ist **Bruchenbrücken** (heute Friedberg 5). Der Dialektdichter **Peter Geibel** (»Mein schinste Grüß d'r Wearreraa«, 1895) wurde 1841 in **Klein-Karben** (Karben-K.) geboren; Gedenktafel am Wohnhaus, P.-G.-Platz. Er starb 1901 in Frankfurt-Höchst. – **Herbert Heckmann** (→ Frankfurt a. M./HE) hat zuletzt lange in **Bad Vilbel** gelebt und ist dort gestorben. Grab auf dem Friedhof.

B D. Vogt, Die Wetterau, in: Deutsche Landschaften. 1972.
Z Bad Homburg, Büdingen, Butzbach, Frankfurt a. M., Gießen, Hanau, Weilburg (HE).

FRIEDRICHSHAFEN/BW

»In Friedrichshafen entstieg man der königlich württembergischen Staatseisenbahn. Stuttgart, Ulm und Biberach, das war die klassische, bänkelsangreife Strecke, Friedrichshafen ihr stolzer Seepunkt. Vor allem: der Zeppelin wohnte dort.« (Gerd Gaiser, 1967)
Bodenseebibliothek. – Schulmuseum. – Intern. Bodenseefestival.

Emanuel Freiherr von und zu Bodman, * 23. 1. 1874 F., † 21. 5. 1946 Gottlieben b. Konstanz (Schweiz), »Landedelmann mit dem Silberstift« (R. Faesi) in der Tradition von Neuromantik und Neuklassizismus. Nach Studien in Zürich, München und Berlin lebte er vorw. auf seinem Besitz in der Dorfmitte von Gottlieben am Untersee.

L Das Reisetagebuch aus dem Jahr 1589 von **Michel de Montaigne** enthält Aufzeichnungen über die »kaiserliche und katholische« Reichsstadt Buchhorn, wie F. vor 1811 hieß. – In **Raderach** (heute Stadtteil von F.) spielt **Christoph von Schmids** (→ Dinkelsbühl/BY) »Rosa von Tannenburg« (1823), in der Umgebung von **Jettenhausen** und **Berg** (heute ebenfalls eingemeindet) **Felix Dahns** (→ Hamburg) »Bissula« (1883). – Eine Schilderung von F. vor seiner Zerstörung gab **Wilhelm Hausenstein** (→ Wolfach/Hornberg/BW) 1942 in seinem »Notizbuch vom Bodensee«. An F. erinnert sich auch **Gerd Gaiser** (→ Reutlingen/BW) in »Durchblicke« (1967).

Ein See, drei Länder, »nur die Sprache reicht um ihn herum« (M. Walser): Eine **literarische Landschaft** ist der **Bodensee** seit den lateinischen Dichtungen der Mönche St. Gallens und der Reichenau. Lyrische Topographien: von Walahfrieds »Augia felix« und Oswalds von Wolkenstein »Überlingen-Song« (J. Kühn), Hölderlin, der Droste, Hesse und F. G. Jünger bis zu den »Gegen-Strophen« der Neueren: »Zu schön«, beginnt **Werner Dürrsons** G. »Am Bodensee«, »um wahr zu sein«; »Natur bei der Arbeit« titelte **Peter Salomon** seine ges. Bodenseegedichte (2000). Mundart: **Maria Menz** (1903-92), der Malerpoet **Bruno Epple**, **Hanspeter Wieland** u. a. Ch. Hierholzer (Hrsg.), »150 Bodensee-Gedichte aus 12 Jahrhunderten« (2005). Scheffel (»Ekkehard«) und die Folgen: Hist. Romane und E.n von K. Spindler, F. Dahn, N. Jacques, H. W. Geißler, O. Rombach. Sagenslgg. von P. Dorpert (1934) und B. Möking (1938). – Der Schauplatz von E. Mörikes »Idylle vom Bodensee« (1845/

46) ist »an der württ. Landesgrenze gen Bayern, südöstlich von Friedrichshafen zu denken« (Antoniuskapelle bei Selmnau). G. Schwabs Ballade (Denkmal in den Uferanlagen von Friedrichshafen) »Der Reiter und der Bodensee« (1826) liegt die »Seegfrörne« (das Zufrieren des Sees) zu Grunde. Das gleiche Thema bei H. Hansjakob (→ Wolfach/Haslach/ BW); Parodien von E. Roth, K. Wittlinger und R. Gernhardt. Anthologien: »Das Bodenseebuch« (1914-65); P. Fässler, »Bodensee und Alpen. Die Entdeckung einer Landschaft in der Literatur« (1985); M. Bosch, »Unser aller Weg führt übern Bodensee« (2000). Von M. B. auch das Standardwerk über Literarisches Leben am See von 1900 bis 1950 »Bohème am Bodensee« (1997).
R Vademecum: »Heimatkunde« (1968) und »Heimatlob« (»mit Legende«, 1982) von **Martin Walser**. **Annette von Droste-Hülshoff** unternahm im Mai 1842 von → Meersburg (Überlingen/BW) aus einen Ausflug nach **Langenargen**. Schloss Montfort war für sie noch eine »herrliche Ruine . . ., die schönste, die ich je gesehen habe«, die Stukkaturen in den Fensternischen »eine grandiose Stickerei«. – Am Uferweg nach Meersburg **Immenstaad** »am Herzen des Bodensees«, unter den Uferschlössern **Helmsdorf** und **Kirchberg**, »ungemein heiter am Ufer gelegen« (**August von Platen**/→ Ansbach/BY). Mit K. verbunden der spätma. Minnesänger und Übersetzer des »Speculum humanae salvationis«, **Konrad von K.** Oft zu Gast hier, von Hagnau (→ Überlingen/BW) aus, **Heinrich Hansjakob**. Von den letzten Herren von K. erzählt **Lucian Reich** (→ Donaueschingen/Hüfingen/BW). – »Vor den hohen Bergen, nicht weit bis zum großen See«: die Topographie von **Maria Beigs** (1920 in der Nähe von **Tettnang** geb.) »Chroniken aus Oberschwaben« (u. a. »Ra-

benkrächzen«, 1982; »Hochzeitslose«, 1983; »Aus Oberschwaben. Paradies vorm Ausverkauf«, 1985; »Töchter und Söhne«, 1995).

B Doris und Dieter Schiller, Bodensee. Literarische Erkundungen, 1996; O. Burger, Was zählt. Maria Beig zum 75. Geburtstag, 1995.
Z Ravensburg, Überlingen, Meersburg (BW); Lindau (BY).

FRITZLAR/HE

». . . sieht man zuweilen Kirchen, die zur Zeit, wo sie gebaut wurden, in einem weiten und bedeutenden Umkreis Macht ausübten, groß und verlassen zwischen unscheinbaren Häusern liegen, abseits von den begangenen Straßen und vom Treiben des Tages; so ist es in Fritzlar.« (Ricarda Huch, 1927)

Herbort von Fritzlar, * um 1180 F. Er besuchte hier die Klosterschule, die erste Schule Hessens, und war um 1210 am Hof des Landgrafen Hermann von Thüringen. In dieser Zeit schrieb er nach Benoît de Sainte-Maure das Epos »Liet von Troye« (18 458 Verse); älteste bekannte dt. Bearbeitung der Troja-Sage.
In F. 1529 geb. der Prediger und rel. Dichter **Jeremias Homberger**, der 1595 in Znaim/Mähren starb.
A **Bettina von Arnim** (→ Frankfurt a. M./HE) kam nach dem Tod ihrer Mutter mit ihren Schwestern Lulu und Meline als Schülerin in das Ursulinenkloster. »Bettina-Laube«. 1795 verewigte sie sich mit einer Einkerbung in einen Lindenstamm. – Im Stift, wo er sein Altenteil hatte, Grab von **Paul Heidelbach** (→ Kassel/HE). – In F. lebte während des 1. Weltkrieges der Schweizer Autor **Jakob Schaffner**, der die zweite Hälfte seines Lebens ganz in Dtl. (u. a. auch in → Berlin) verbrachte; sein Roman »Der Dechant von Gottsbüren« (1917) bezieht sich auf die Stadt.

L F. ist Schauplatz des Dramas »Der deutsche König« (1909) von **Ernst von Wildenbruch** (→ Berlin/BE). – **Ricarda Huch** (→ Braunschweig/NI) widmete der Stadt ein Kapitel ihres Buches »Im alten Reich« (1927), ebenso **Konrad Weiß** (→ Schwäbisch Hall/Michelbach a. d. Bilz/BW) in »Deutschlands Morgenspiegel« (1950). Das Schicksal der Bauern im 1. Weltkrieg behandelt **Horst Bodemer** in »Ein Dorf im Kriege« (heute F.-Werkel). **S** **Domschatz und Museum des St. Petri-Domes** mit Stiftsarchiv und -bibliothek: rd. 9 000 Bde., 99 ma. Hss., 66 Inkunabeln.

Singlis (Borken-S.)

Ernst Koch (Ps. **E. Helmer, Leonhard Emil Hubert**), * 3. 6. 1808 S., † 24. 11. 1858 Luxemburg, Erzähler, Humorist, Satiriker. Jugend in → Witzenhausen/HE, Studium in → Marburg/HE und → Göttingen/NI. Der »lit. Spitzweg« führte ein abenteuerl. Leben: 1835 Fremdenlegion, schließlich Regierungssekretär und Lehrer in Luxemburg. Sein Hauptwerk, ein »Potpourri von Stimmungs- und Erinnerungsbildern aus der Kindheit, Schul- und Universitätszeit«, der »Prinz Rosa-Stramin« erschien 1834 (n. 1966). – Gedenktafel am Haus seines Großvaters.
R **Bonifatius** (→ Fulda/HE) startete 721 von der Amöneburg (Marburg) aus seinen Missionsfeldzug, fällte 723 die Donareiche bei **Geismar** (Fritzlar-G., der Ort damals bekannter als Fritzlar) und baute aus ihrem Holz »ein Bethaus und weihte es zu Ehren des heiligen Apostels Petrus«, der Überlieferung nach Grundlage des heutigen Doms von **Fritzlar.** »Um seine Stadt aus ihrer Bedrängnis zu retten«, geht die Sage, erschien Bonifatius noch im Siebenjährigen Krieg und fing auf der Mauer mit einem großen weißen Tuch die Kugeln der Feinde auf. – Aus **Wabern** gebürtig (1571/72) ist **Wilhelm Dilich** (eig. **Schäfer**), der eine der besten hess. Chroniken

(1605) schrieb. Harlekinade-Comedy-Festival. – Der Theologe und Humanist **Konrad Muth** (gen. **Mutianus Rufus** oder **Mut der Rothaarige**) wurde am 16. 10. 1471 in **Homberg a. d. Efze** geb.; er starb am 30. 3. 1526 in Gotha. Ebenfalls aus H. stammt der Südamerikafahrer und Reiseschriftsteller **Hans Staden** (um 1526-1576). Auf einer seiner Reisen (1547 und 54) geriet er in die Gefangenschaft südamerik. Indianer und beschrieb erstmals deren Sitten und Gebräuche. Erinnerungen im Heimatmuseum; begraben ist St. in → Wolfhagen. In H. lebte auch der in Neukirchen bei Fulda geb. **Heinrich Ruppel** (1886-1974), zuletzt in seinem Haus an der Ziegenhainer Straße 28. Als Erzähler (»Rhönbauern«, 1919), Stückeschreiber und »Schnurrant aus Hessenland«, zus. mit **J. H. Schwalm** (→ Schwalmstadt/HE), wurde er zwischen Rhön und Rothaargebirge bekannt und beliebt. Sein Grab auf dem Homberger Friedhof. Aus der Engels-Apotheke am Marktplatz stammt der Grimm-Forscher **Wilhelm Schoof** (→ Schwalmstadt/Willingshausen/HE).

Z Bad Hersfeld, Kassel, Schwalmstadt, Spangenberg (HE).

FULDA/HE

»Die Kirchen mit Doppeltürmen und Kuppeln, mit Helmen und Spitzen und welschen Hauben bilden die alte, reich konturierte Silhouette, durchschossen von den gebündelten Vertikalen der Schornsteine, eingefaßt in die Kuben der Hochhäuser, die die steilen Ränder der Außenbezirke im Osten und Norden besetzt halten.«
(Eva-Maria Wagner, 1968)
Philos.-Theol. Hochschule (Bibliothek); Bibliotheken der Fachhochschule F. und des Franziskanerklosters Frauenberg. – Vonderau-Museum, Dom-Museum. – Schlosstheater.

Fulda: Rotunde der Michaelskirche

Hildebrandslied, das älteste, als Bruchstück erhaltene, germ. Heldenlied, wurde um 830 von Mönchen im Kloster F. aufgeschrieben (Hs. GHB Kassel). – **Einhard** (→ Seligenstadt/HE) erhielt seine Erziehung in der Klosterschule und wurde von hier 791/92 zur weiteren Ausbildung an den Hof Karls d. Gr. nach → Aachen/NW geschickt. – **Hrabanus Maurus** (→ Mainz/RP) kam 788 in das Kloster F., wurde um 801 Leiter der Klosterschule und 822 Abt. Der »Primus Praeceptor Germaniae« musste aus pol. Gründen 842 sein Amt aufgeben. Lebte danach auf dem Petersberg. In F. entstand wahrsch. die Hymne »Veni Creator Spiritus«. – **Ulrich von Hutten** (→ Schlüchtern/Vollmerz/HE) kam 1499 zur Erziehung in die Klosterschule; er verließ F. 1505. – **Franz von Dingelstedt** (→ Marburg/Halsdorf/HE) lebte 1838-41 als Lehrer in F. Seinen Ärger über die aus pol. Gründen erfolgte Strafversetzung ließ er aus in dem R. »Die Argonauten« (1839) und im anonym erschienenen Band »Lieder eines kosmopolitischen Nachtwächters« (1841). Aus F. stammen: der Historiker und Publizist **Heinrich Josef König** (1790-1869): »Ein Stilleben«, Erinn. 1861; »Ges. Schriften«, 20 Bde. 1854-68. – **Adam Trabert** (1822-1914) trat für eine

freiheitliche Verfassung in Kurhessen mit der 1848 gegründeten Zs. »Wacht auf!« ein und wurde zu 4-jähriger Haft auf der Festung → Spangenberg/HE verurteilt; wanderte später nach Österreich aus (Hist.-lit. Erinnerungen, 1912). – Hist. Erzählungen verfasste die in **Schlüchtern** geb. **Josephine Grau** (Ps. **Joseph Grimau**) (1852-1920 F.): u. a. »Das Lob des Kreuzes« (1899), »Der Dombaumeister« (n. 1980). – Der Bürstenbindermeister **Wilhelm Hauck** (1889-1966) betätigte sich erfolgreich als Heimatschriftsteller und Mundartdichter (»Aus stillen Gassen«, Erinn. 1958, n. 79); Grab auf dem Friedhof.
A Über Abt Eigil, Hrabanus Maurus' Vorgänger, schrieb der Mönch **Candidus Brun** (gest. 845) zwei Bücher, in denen er auch die karoling. Rotunde der Michaelskirche rühmt, das »zirkelförmige Kirchlein«. – Zu den Schülern der durch H. Maurus berühmt gewordenen Klosterschule zählten u. a. **Walahfrid Strabo** (→ Konstanz/Reichenau/BW), 826-29 in F., und **Otfried von Weißenburg** (um 790 – um 870), in F. um 820-25. Otfried, der erste namentlich bekannte Dichter in dt. Sprache, vollendete um 868 seine Evangelienharmonie in 5 Büchern (auch »Evangelienbuch« oder »Krist« gen.; Hs. BSB). – 1058 kam der Geschichtsschreiber **Marianus Scotus** (geb. in 1028 Irland) nach F.; in der Krypta der Michaelskirche, wird überliefert, habe er 10 Jahre gelebt und täglich am Grabe Eigils gebetet; er starb in Mainz 1082 (83?). – **Philipp Melanchthon** (→ Bretten/BW) hielt sich zeitw. in F. auf; ebenso **Friedrich von Spee** (→ Düsseldorf/NW). – Auf der Spur von **Karl Julius Weber** (→ Langenburg/BW) **Johanna Schopenhauer** (→ Bonn/NW): ». . . alles erinnert daran, daß dieser Ort lange vom Krummstab beherrscht war.« Jahre zuvor hatte **Germaine de Staël** festgestellt: »In Fulda ist alles durch die Anwesenheit des

Bischofs geprägt. Überall Heiligenbilder, überall Reliquien. Das geht bis zu den Servietten im Gasthof, die in Form einer Mitra gefaltet waren« (»De l'Allemagne«, 1810). – Das Fuldaer Gymnasium besuchte **Josef Magnus Wehner** (→ Bad Langensalza/TH).

L Sagen u. a. von **Ludwig Bechstein**. – F.er Romane u. a. von **Hermann Walser**, »Ulrich von Hutten« (1930), **Josef Magnus Wehner**, »Erste Liebe« (1914).

S Hess. **Landesbibliothek:** 300 000 Bde., 636 Hss., 428 Inkunabeln (Codices Bonifatiani; Welfenchronik, um 1180); Briefe und Nachlässe; Ulrich-von Hutten-Slg.

Bieberstein (Hofbieber-B.)

Reinhard Goering, * 23. 6. 1887 Schloss B., 14. 10. 1936 in der Flur → Bucha b. Jena tot aufgefunden (Freitod), Erzähler, Lyriker, einflussreicher Dramatiker des Expressionismus. Studierte Medizin, 1914-18 nach Tbc-Infektion in Davos. Später unstetes Leben. Skandal und Erfolg mit seinem, ein Jahr nach Skagerrak, 1917 ersch. Drama »Seeschlacht« – »Prosa, Dramen, Verse« (Hrsg. D. Hoffmann, 1961).

Hünfeld

Philos.-Theol. Hochschule der Oblaten. – Heimatmuseum.

A **Goethe** (→ Frankfurt a. M./HE) schrieb auf der Durchreise am 26. 7. 1814 das Gedicht »Der Jahrmarkt zu Hünfeld«.

L »In der Umgebung von Hünfeld wohnten ehemals Riesen oder Hünen. Davon hat die Stadt ihren Namen erhalten«, heißt es in **Emil Schneiders** »Hessischem Sagenbüchlein« (1905). – In H.-Rasdorf das Grenzmuseum »Point Alpha«, wo im »Kalten Krieg« bis 1989 der Vorstoß der Truppen des Warschauer Paktes erwartet wurde. – **Jürgen Blum**, der Begründer des Museums »Moderne Art«, war

der Initiator der Aktion »Das Offene Buch«: Texte »Konkreter Poesie« wie die von **Eugen Gomringer**, **Václav Havel**, **Franz Mon** inzwischen an 120 Hausfassaden der Stadt. – 1973 lebte **Peter O. Chotjewitz** in **Kruspis** (Haunetal-K.). In dieser oberhess. Landschaft liegt auch der (fiktive) Ort »Saumlos«, in dem sein gleichnamiger Roman (1979) spielt. Den hist. Hintergrund dokumentierte er zus. mit seiner Frau **Renate Ch.-Häfner** im »Israelischen Reisejournal«: »Die mit Tränen säen« (1980). Die Reise galt den in Israel noch lebenden Juden von **Rhina** (Haunetal-R.), seinerzeit einziger Ort Preußens mit überwiegend jüd. Einwohnern. – In **Wehrda** (Haunetal-W.) wuchs nach dem 2. Weltkrieg **Friedrich Christian Delius** auf; hier spielt, im Schatten der Dorfkirche, seine E. »Der Sonntag, an dem ich Weltmeister wurde« (1994).

R **Fulda** ist die Stadt des »Apostels der Deutschen«, **Bonifatius** (672/73-754). Hier, wo 744 sein Schüler Sturmius das Benediktinerkloster F. gründete, ist sein Grab. Auf dem **Petersberg**, der zu den vier in unmittelbarer Nähe gelegenen Klosterbergen zählt, lebte **Hrabanus Maurus** 843-47 bis zu seiner Ernennung zum Erzbischof von Mainz. Von ihm stammen auch die lat. Verse auf die Reliquien der hl. Lioba, die er in die Krypta der Klosterkirche hatte überführen lassen. – Sagenumwoben in der Hess. Rhön die **Milseburg**. – **Ernst Wiecherts** (→ Berlin) Verbitterung der Nachkriegsjahre spiegelt sich in dem Roman »Missa sine nomine« (1950), der vom Leben Heimatvertriebener in der Gegend des **Roten Moores**, südöstlich der Wasserkuppe in der Hess. Rhön handelt.

B W. Böhme (Hrsg.), Hrabanus Maurus und seine Schule, 1980 (u. a. über Fulda und die althochdt. Literatur).

Z Bad Brückenau, Bad Hersfeld, Lauterbach, Schlüchtern (HE); Meiningen (TH).

FÜRSTENFELDBRUCK/BY

In der Klosterbrauerei der ehem. (1263 gegr.) Zisterzienserabtei (Kirche 1701/54) Stadtmuseum (Slg. F.er Literaten). – Autorengruppe ISKRA.

Schillernd unter den Fürstenfelder Äbten **Johannes Pistorius** (1490-1554): »Carmen de Fundatori nostris Monasterii Campi Principum« (um 1517). In F. geboren: **Karl Förg** (1755-99), Verfasser geistl. Singspiele (»Isaak, ein Sinnbild des Erlösers«, 1778). **A** Übersiedelt und in F. gestorben: **Ferdinand Feldigl** (1861-1928), »Der Weg übers Moor« (R. 1921); **Erwin Schmidhuber** (Ps. Michael Kohlhaas/1866-1937), »Von Papst Urban dem Vierten bis zur Schallhammer Kathl« (En. 1925). – **Hans Erich Blaich** (Ps. **Dr. Owlglass**/→ Wangen i. A./Leutkirch/BW), lebte von 1911 bis zu seinem Tod 1945 als Arzt (1913-25), Redakteur am Münchener »Simplicissimus« (1912-24) und freier Schriftsteller in F.; Wohnhaus Dachauer Straße 54; »Montaigne reist durch Bruck«. – In der Dachauer Straße 8 lebte 1911 **Lena Christ** (→ Ebersberg/Glonn/BY). – 1969 ließ sich der tschechische Autor **Leo Brod** in F. nieder (»Geschichten aus dem Böhmerland«, 1969), Grab auf dem Brucker Waldfriedhof.

L Schauplatz F., Stadt und Land: bei **Johannes Aventinus** (→ Kelheim/Abensberg/BY) 1519-21, **Michel de Montaigne** 1589. – Über »Kaiser Ludwigs Tod bei Fürstenfeld«: **Lorenz von Westenrieder** 1792, **Franz Graf von Pocci** 1855 (beide → München/BY). – »Das Zimmer der Jugend« (1920) von **Hans Brandenburg** (→ Wuppertal/NW); »Die Kumuluswolke und der Sonnenstrahl« (1977) von **Joseph Buck** (1904-77); »Affen zeichnen nicht« (1999), »Frl. Ursula« (R. 2003) von **Heiner Link** (1960-2002); »Trümmerkind« von **Bernd Späth** (Jg. 1950). – Mundart: **Hermann Well** (1913-96), 25 Jahre Lehrer in Günzlhofen: »Leid gibbs!!« (G., Szz. 1980).

R Im Westen **Puch** (Fürstenfeldbruck-P.), eine Säule erinnert an Ludwig den Bayern, der hier auf dem »Kaiseranger« 1347 verstarb. Auf dem Friedhof von P. ist unter der Edigna-Linde (Sage) der »Rembrandtdeutsche« **Julius Langbehn** (gest. 1907 in → Rosenheim/BY) begraben. Seine 1890 ersch. Schrift »Rembrandt als Erzieher« galt lange Zeit als pangermanist. »Bibel«. **Otto Falkenbergs** (→ Koblenz/RP) Villa an der Amper in **Emmering**, wo er von 1903 bis 17 lebte, war vielfrequentierter Treffpunkt Münchener Theaterleute und Schriftsteller. – **Martin Gregor-Dellin** (→ Naumburg/ST), 1958 in die BRD übergewechselt, zog 1969 nach **Gröbenzell** (Kochelseestraße 88), wo auch sein Grab ist. Auf dem Friedhof auch das Grab von **Günter Metken** (1928-2000), Kunstkritiker, Essayist und – »Reisen als schöne Kunst betrachtet« (1983) – Reiseschriftsteller. »Wie Betonsilos zur neuen Heimat werden«: die Stadt **Germering** hat ihren Kulturpreis 1983 nach **Walter Kolbenhoff** (→ München/BY) benannt, der 1964-93 hier lebte; einschlägig der Roman »Das Wochenende« (1970). Grab auf dem Friedhof von G. – Die Votivkirche St. Maria und Georg von **Hoflach** (Alling-H.) an der Bundesstraße 2 erinnert an die Schlacht von Alling 1422 und dito, wo **Ludwig Ganghofers** »Ochsenkrieg« (→ Kaufbeuren/BY) zu Ende ging. In **Wildenroth** (Grafrath-W.), »nicht weit vom Ammersee, am Flüßchen Amper gelegen«, sucht Carl Steinitz, der Held in **Arnold Zweigs** (→ Berlin) aut. R. »Versunkene Tage« (1938), Erholung von einer unglücklichen Studentenliebe; im Biergarten beim »Alten Wirt« kommt er mit einem Herrn mit »Schnurr- und Knebelbart« ins Gespräch: **Heinrich Mann** (→ Lübeck/SH), wie ihm später bewusst wird. Das Gasthaus gibt es nicht mehr, wohl aber am alten Anlege-Steg des Amper-Dampfers in **Graf-**

rath die »Dampfschiff«- Wirtschaft. **Waldemar Bonsels** (→ Bad Oldesloe/SH) lebte im 1. Weltkrieg in G. – In **Schöngeising** hatte Orlando di Lasso seine ländliche Zuflucht.

B A. Mundorff, E. von Seckendorff, Fürstenfeldbruck – literarisch, 2004.
Z Dachau, Landsberg a. L., München, Starnberg (BY).

FÜRSTENWALDE/BB

Museum.

A **Theodor Fontane** (→Neuruppin/BB) war von der Marienkirche beeindruckt. Dagegen ärgerte den Großstädter bei seinem Besuch 1881 das »holprige Pflaster« in F. – Nach seiner Verhaftung wurde **Hans Fallada** (→ Greifswald/MV) am 16. 4. 1933 ins Amtsgerichtsgefängnis von F., Eisenbahnstraße 153, gebracht. Durch die Hilfe seines Verlegers E. Rowohlt konnte er am 30. 4. wieder entlassen werden: »Ich begriff, daß ich wirklich in Gefahr war.« Dazu der Erlebnisbericht »Ostern mit der SA« (1945). – Nach einem Verkehrsunfall starb in F. der aus Bulgarien stammende DEFA-Filmregisseur und Drehbuchautor (»Unser täglich Brot«, 1948) **Slatan Dudow** (1903-63). – Anfang der 80er Jahre arbeitete **Franz Fühmann** (→ Berlin) mit Behinderten in F. Daraus ging der Bildband »Was für eine Insel in was für einem Meer« (1985) hervor.

L **Jacobus Lotichius**, 1679 Bürgermeister von F., bedichtete den Blick auf die Stadt: »Von Frankfurt liegt sie schmal; wann von Berlin ich richte / die Augen nach ihr hin, so scheint sie lang zu sein! / Der sieht sie recht und wohl, wer kömmt von Storkow ein.« – Chronist von F. ist der Theologe **George Friedrich Gottlob Goltz** (1802-52): »Diplomatische Chronik der ehemaligen Residenzstadt der Lebusischen Bischöfe Fürstenwalde« (1837).

Fürstenwalde: Das Finckenstein-Schloss in Alt Madlitz

– **Hans Scholz** (→ Berlin) teilt 1973 mit, dass »nach 1945 (...) Engagierte vom Ortsnamen Fürstenwalde nichts mehr wissen (wollten), der beiden ominösen Silben wegen«. – Erlebnisse im F.er Reifenwerk gaben den Anstoß für **Joachim Knappes** (→ Zeitz/ST) Roman »Mein namenloses Land« (1965).

R **Alt Madlitz**, östl. von F., ist mit Schloss und Park wieder ein Kleinod in der märk. Landschaft. **Günter de Bruyn** hat die Geschichte eindringlich erzählt (»Die Finckensteins. Eine Familie im Dienste Preußens«, 1999). **Ludwig Tieck** (→ Berlin) 1803: »Wer etwas über Natur dichten will ..., dem fehlt sehr viel, wenn er den Garten in Madlitz nicht gesehn hat.« Auch in der Rahmenerzählung zu T.s »Phantasus« spielt die A.er Anlage eine Rolle sowie die Familie selbst in der Novelle »Eine Sommerreise«. Auch **Wilhelm** und **Alexander von Humboldt** (→ Berlin), **Adelbert von Chamisso** (→ Berlin) und **Friedrich de la Motte Fouqué** (→ Brandenburg/BB) haben A. besucht. »Man sieht, der bilderreiche Garten ist auch ein literarischer Garten und Alt Madlitz – ein Musenhof.« (Renate Hoffmann, 2001).
H. Fallada wohnte von Mitte November 1932 bis Mitte 33 in **Berkenbrück** etwas außerhalb des Ortes an der Spree. F. begann hier den Gefängnis-Roman »Wer einmal aus dem Blechnapf frißt«. Am 16. 4. wurde F. aufgrund einer Denunziation

verhaftet. Tollkühn fragte er: »Wollen die Herren zuerst das Waffenlager oder die Flugblattpresse besichtigen?« Wohnung: Roter Krug 12, heute Pension mit kleiner F.-Ausstellung.

Bad Saarow-Pieskow

A Der russ. Dichter **Maxim Gorki** (1868-1936) lebte 1922/23 im Sanatorium »Eibenhof«, Karl-Marx-Damm 15 (Gedenktafel). **Egon Erwin Kisch** (→ Berlin) besuchte ihn hier im Januar 23: »Er war ein schmaler, langer Mann mit grauem Haar, und seine großen Augen lagen müde in dem mageren Gesicht.« 1972-97 gab es in dem Blockhaus Ulmenstraße 9 eine Gorki-Gedenkstätte. 1935-41 wohnte **Hans Rehberg** (→ Duisburg/NW), der mit seinen Preußen-Dramen im Dritten Reich gut ankam, in Saarow.
Von Herbst 1948 bis zu seinem Tod 58 bewohnte **Johannes R. Becher** (→München/BY) in Saarow, Friedrich-Engels-Damm 107, ein Sommerhaus, sein »Traumgehäuse«, in das er sich von Berlin aus immer wieder zurückzog, auch 56, als er nach der Verhaftung W. Jankas (→ Berlin) »mit einer Flasche Wodka ins Krankenbett am Scharmützelsee« floh. »Der See: ein blaues Schauen / Im grünen Hügelland, / Wie eingewiegt vom Blauen / Ein Traumglück: Saarow-Strand.« 1981-91 Gedenkstätte; Denkmal von F. Cremer (1964) in der Nähe der Schwanenwiese.
1950 arbeiteten **Ehm Welk** (→ Prenzlau/Angermünde/BB), **Becher** und **Kuba** (→ Mittweida/Garnsdorf/SN) gemeinsam im »Eibenhof« an einem Filmdrehbuch. Auf Initiative Bechers fanden seit dieser Zeit dort Kulturbund-Tagungen statt, auf denen junge Schriftsteller geschult wurden. **Heiner Müller** (→ Freiberg/Eppendorf/SN) hat in »Krieg ohne Schlacht« (Aut. 1992) nicht ohne Ironie davon erzählt.

Auch **Wieland Herzfelde** (→ Berlin) hatte in Saarow eine Sommerwohnung, An den Rehwiesen. – Und im benachbarten **Diensdorf** lebten bis zu ihrem Tod das Schriftstellerehepaar **Fritz Erpenbeck** (→ Berlin) und **Hedda Zinner** (→ Berlin). Wohnung: Uferstraße 13.

L Von den Rauener Bergen kommend, erreichte Th. **Fontane** am 8. 4. 1881 den Scharmützelsee, auf dessen rechter Seite Saarow (»mit dem roten, hohen Herrenhausdach«) und auf dessen linker Pieskow (mit dem »kleinen Kirchturm«) liegt. Kap. »Zwischen Spreewald und Wendischer Spree« im Bd. »Spreeland« (1881) der »Wanderungen«. F. beschreibt auch die Sagen um die Markgrafensteine, so die von **Willibald Alexis** (→ Berlin) aufgegriffene Geschichte vom »Falschen Waldemar«.

Erkner

Gerhart Hauptmann (→ Berlin) zog im September 1885 nach E.: »Diesem Wechsel des Wohnortes verdanke ich es nicht nur, daß ich mein Wesen zu seinen reifen Geistesleistungen entwickeln konnte, sondern daß ich überhaupt noch am Leben bin.« Bis 89 Wohnung Villa Lassen, wo seine drei Söhne geboren wurden und er seinen lit. Durchbruch erlebte. Zunächst als Erzähler (»Fasching«, 1887), dann als Dramatiker (»Vor Sonnenaufgang«, 1889). Zahlreiche Werke haben E. zum Schauplatz. So spielt im Ortsteil Schönschornstein (»eine kleine Kolonie an der Spree, herüber nach Neu-Zittau«) die Novelle »Bahnwärter Thiel« (1887); und in dem nördl. an E. grenzenden Flakensee ertrinkt der Segelmacher Kielblock (»Fasching«), auch dessen Haus am Ende der Schiffbauergasse kann genau bestimmt werden. Seit 1962 G.-H.-Museum im Wohnhaus (mit originaler Ausstattung aus dem Nachlass), Gerhart-Hauptmann-Straße 1-2; Veranstaltun-

gen; G. Erdmann, Das Gerhart-Haupt-
mann-Museum in Erkner (1994), Hrsg.
Loseblattreihe »Literarische Schauplätze«.
Walter Dehmel, * 9. 5. 1903 Berlin, † 20. 6.
1960 Schöneiche bei E., Liederdichter
(»Wir sind die Jungen, die Unruhvollen«,
1954). Sah sich in der Tradition der prole-
tar.-rev. Lyrik der 20er Jahre. Von D.s Nach-
dichtungen wurde das »Weltjugendlied«
(1951) am bekanntesten. Seit 54 in Schön-
eiche; Grab auf dem Friedhof Friedens-
aue.
Robert Havemann, * 11. 3. 1910 München,
† 9. 4. 1982 Grünheide bei E., Naturwissen-
schaftler und Publizist. In der Nazi-Zeit
verfolgt und zum Tode verurteilt (→ Bran-
denburg/BB). Nach dem Krieg Prof. an
der Berliner Humboldt-Universität. Seit
Ende der 60er Jahre prominentester Kri-
tiker der SED. 1977-79 unter Hausarrest.
– W.: Ein deutscher Kommunist. Rück-
blicke und Perspektiven aus der Isolation
(1978); Morgen. Die Industriegesellschaft
am Scheideweg (1980).
Otto Häuser (Ps. **Ottokar Domma**), * 20.
5. 1924 Schankau/Böhmen, † 15. 7. 2007
Woltersdorf bei Berlin, einer der erfolg-
reichsten Kinderbuchautoren der DDR
(»Der brave Schüler Ottokar«, 1967;
»Das dicke Ottokar-Buch«, 2004). Lebte
in Schöneiche bei F.

R Auf den Spaziergängen, die **G. Haupt-
mann** von E. aus unternahm, kam er oft
nach **Woltersdorf**, das in »Fasching« Steben
heißt. Die W.er Schleuse ist einer der Schau-
plätze der Diebskomödie »Der Biberpelz«
(1893) und mit der Figur des Schiffers
Wulkow, der mit Mutter Wolffen (ihr Vor-
bild Marie Heinze starb 1935 in Erkner)
Geschäfte macht, verbunden. Seit 1906
lebte der Maler und Illustrator **Fidus** (→
Berlin) in W. und war mit G. Hauptmann
befreundet. 1909-15 war **Gertrud Prellwitz**
(→ Suhl/Oberhof/TH) seine Lebensge-
fährtin. Wohnung: W.-Schönblick, Köpe-

nicker Straße 46 (»Fidus-Haus«), Grab auf
dem Friedhof. In der am Peetzsee östl. von E. liegenden
Waldsiedlung **Grünheide** verbrachte **Wil-
helm Bölsche** nach 1880 manchen Som-
merurlaub, was in der Erzählung »Die Mit-
tagsgöttin« (1887) nacherlebbar ist. In den
20er Jahren wurde G. fast ein Künstlerort.
Am längsten lebte **Georg Kaiser** (→ Mag-
deburg/ST/1921-38) hier. Erfolgsstücke wie
»Kolportage« (1924), »Zwei Krawatten«
(1928) und »Der Silbersee« (1933), dessen
landschaftl. Hintergrund der Peetzsee ist,
entstanden in K.s Wohnung Waldeck 4
(Gedenktafel); seit 1991 G.-K.-Literatur-
verein e. V., im Juni G.-K.-Tag; G. Valk,
Georg Kaiser in Grünheide (Frankfurter
Buntbücher, 10, 1993). 1922 wurde **Ernst
von Salomon** (→ Winsen/Stöckte/NI) im
Zusammenhang mit dem Mord an W. Ra-
thenau (→ Eberswalde/Bad Freienwalde/
BB) in einer G.er Gaststätte verhaftet. **Ernst
Rowohlt** (→ Hamburg) bewohnte 1933/
34 und 1943-45 in G. ein Landhaus, Karl-
Marx-Straße 1 (Gedenktafel). Unter den
Gästen auch **H. Fallada**. **Friedo Lampe**
(→ Bremen) lebte 1937-39 in der Walther-
Rathenau-Straße 5.
Im G.er Ortsteil **Alt-Buchhorst** wohnte
bis zu seinem Tod 1982 **R. Havemann**.
Sein Haus (mit Garten bis zum Möllen-
see), Burgwallstraße 4, war fast zwei Jahr-
zehnte lang Treffpunkt der krit. DDR-In-
telligenz. Von der Stasi beobachteter Be-
sucher: **Jürgen Fuchs** (→ Reichenbach/
SN). Grab auf dem Waldfriedhof von G.
– Bei **Fangschleuse** die Försterei Schma-
lenberg, wo **Erwin Strittmatter** (→ Cott-
bus/Spremberg/BB) im Sommer und
Herbst 1952 ein Zimmer bewohnte und
an dem Bauernstück »Katzgraben« (1953)
arbeitete.
Am Liebenberger See das Bauerndorf **Ka-
gel**, in dem **Moritz Heimann** (→ Straus-
berg/BB) seit 1870 aufwuchs. Auch als H.

in Berlin lebte, nutzte er das elterliche Haus als Sommerwohnung (»Kagel meinte er, wenn er den Ausdruck Heimat benutzte«). Seine »Meistererzählung« (Th. Mann) »Dr. Wislizenus« spielt hier. Wohnung: Gerhart-Hauptmann-Straße 22. Häufiger Gast sein Schwager G. **Hauptmann**, der in K. vom Schmied erfuhr, wie im benachbarten **Kienbaum** Bauern einen großen Versicherungsbetrug organisiert hatten. Daraus entstand das Schauspiel »Der rote Hahn« (1901). Eine »Hahnenfigur« mitten im Dorf erinnert daran.

Z Beeskow, Königs Wusterhausen, Strausberg (BB); Berlin

FÜRTH/BY

Stadtmuseum; Jüd. Museum Franken (Spezialbibliothek »Jüd. Leben in Bayern«; Wassermann-Slg.) – Stadttheater. – Jakob-Wassermann-Literaturpreis.

August Sperl, 5. 9. 1862 F., † 7. 4. 1926 → Würzburg/BY. Histor. Erzähler in der Nachfolge G. Freytags (→ Gotha/Siebleben/TH). W.: »Die Fahrt nach der alten Urkunde« (1893); »Castell« (1908).

Jakob Wassermann, * 10. 3. 1873 F., † 1. 1. 1934 Alt-Aussee, intern. erfolgreicher Erzähler, Theaterkritiker und Essayist. Schulzeit in F., später in → München/BY und Wien; mit H. von Hofmannsthal und Th. Mann (→ Lübeck/SH) befreundet. – W.: Caspar Hauser oder Die Trägheit des Herzens (R. 1908); Das Gänsemännchen (R. 1915); Mein Weg als Deutscher und Jude (1921); Der Fall Maurizius (R. 1928). – Geburtshaus Alexanderstraße 13 (Neubau/Gedenktafel); Wohnhäuser: Blumenstraße 28 (R. »Engelhart«, n. 1973), Mathildenstraße 17, Theaterstraße 17. – Der R. »Die Juden von Zirndorf« (1897) spielt in F.; Bezüge auch in der aut. Erzählung »Schläfst du, Mutter?« (1897). – Nachlass DLA Marbach.

Bernhard Kellermann, * 4. 3. 1879 F. (Hallemannstraße 6), † 17. 10. 1951 Klein Glienicke b. → Potsdam/BB. Zu Beginn impressionist. Erzähler, wandte sich später techn.-utop. Stoffen und dem Unterhaltungsroman zu. Jugend in Süddtl. Später viel auf Reisen (USA, UdSSR). Nach 1933 boykottiert; stellte sich nach 45 in der DDR dem kulturellen Wiederaufbau zur Verfügung. – W.: Der Tunnel (R. 1913); Totentanz (R. 1948). – Nachlass Akademie der Künste Berlin.

Eugen Gürster (Ps. **H. Steinhausen**), * 23. 7. 1895 F. (Königstraße), † 2. 5. 1980 München. 1933-41 Kulturkritiker an der »Baseler Nationalzeitung«, dann Dozent für dt. Sprache und Lit. in den USA. – W.: Unser verlorenes Ich (1969).

L Schilderungen und Erinnerungen, die teilw. auf die 1835 eingeweihte Bahnlinie Nürnberg-F. anspielen, in Aut., Reisebeschreibungen, Briefen und Tagebüchern, u. a. von **Goethe** (→ Frankfurt a. M./HE), **Jacob Grimm** (→ Hanau/HE), **Friedrich Hebbel** (→ Heide/Wesselburen/SH), **Hermann Kesten** (→ Nürnberg/BY), **Moritz Gottlieb Saphir**, **Ludwig Tieck**, **Wilhelm Heinrich Wackenroder** (alle → Berlin), **Richard Wagner** (→ Bayreuth/BY) und **Karl Julius Weber** (→ Langenburg/BW). – Die alte Judenstadt von F. Schauplatz in **Sophie Hoechstetters** (→ Weißenburg i. B./Pappenheim/BY) N. »Rebekka Elkan«. **Ewald Arenz**, »Der Golem von Fürth« (En. 1994). **Bernd Noack**, »Mit Licht und Schatten gepflastert« (Elf lit. Erkundungen in F., 2007). Aus **Vogtsreichenbach** stammt **Georg Reichert** (1919-97), als Rangauer Mundartdichter bekannt: »Af där Wält is oalles mögli« (1967), »A wenig was vo der heitin Zeit« (1991). Grab auf dem Friedhof von **Zautendorf**.

Z Ansbach, Erlangen, Nürnberg (BY).

FURTH IM WALD/BY

Eschlkam

Maximilian Schmidt (gen. **Waldschmidt**), * 25. 2. 1832 E., † 3. 12. 1919 München/ BY), beliebter Volkserzähler und Gründer des Bay. Fremdenverkehrsverbandes (1890). Studium am Polytechnikum in München, 1853 wurde er Topograph des Generalstabs der bay. Armee. 1884 Hofrat, zuletzt freier Schriftsteller. – W.: Ges Werke, Volksausg. (1898-1910); Meine Wanderungen durch 70 Jahre (Aut. 1902). – Geburtshaus Nr. 5 1/2; Dauerausstellung im Gasthaus zur Post. – Nachlass LA Monacensia. – W.-Preis (seit 1985).
Denkmal in Furth sowie, noch zu Lebzeiten (1909), auf dem Riedelstein. – Sch.s »Am Goldenen Steig« (1894) behandelt die Geschichte des alten Salzhandelsweges zwischen Passau und Prachatitz in Böhmen.
R In **Furth i. W.** führt man seit mehr als 500 Jahren vom 2. bis 3. Augustsonntag das Spiel vom »Drachenstich« auf, das auf eine Sage aus den Hussitenkriegen zurückgeht (Neufassung 1951 durch **J. M. Bauer** → Erding/Taufkirchen a. d. V./BY). Deutsches Drachenmuseum. – Aus F. stammt der Schriftsteller und Sagensammler **Adelbert Müller** (1802-79), Mithrsg. des Sammmelwerks »Der baierische Wald« (1846). – Unter den Landsassen auf **Lixenried** (Furth i. W.-L.) im 19. Jh. **Karl von Reinhardstöttner** (1847-1909), der Begründer der »Bayerischen Bibliothek«, deren 17. Band »Land und Leuten im Bayerischen Wald« gewidmet ist; 1896/99 erschienen außerdem kulturgesch. Erzählungen »Vom Bayerwalde«.
B R. Schmidt, Auf den Spuren des Waldschmidt, 1982.
Z Cham, Waldmünchen, Kötzting (BY).

FÜSSEN/BY

Museum der Stadt F. im ehem. Kloster St. Mang (um 850 gegründet; Schreibschule); Totentanz von 1602 in der Annakapelle.

L Beginn einer religiösen Theatergeschichte im Allgäu: **Füssener Osterspiel** und **Marienklage** (Ende 14./15. Jh.). – **Benedikt Furtenbach**, Abt 1480-1524 (gest. 1531) von St. Mang, und **Gallus Knöringer** (gest. 1532), zeitw. Subprior, verfassten Werke über St. Mang. – »Bilder aus dem Füssener Totentanz« veröffentlichte 1938 **Alfred Weitnauer** (→ Kempten/BY). – Die Geschichte von Kloster und Stadt behandelt auch **Peter Dörflers** (→ Kaufbeuren/Unter-Germaringen/BY) Erzählung »Siegfried im Allgäu« (n. 1950 u. d. T. »Minne dem heiligen Mang«). – **Jörg Modlmayr** (1905-63): »Füssener Jahr« (Gedichtbd.).

R »Strahlend und im Sonnenlicht stand sie vor mir, die göttliche Burg, als ich, in meinen Wagen steigend, Abschied von ihr nahm«, schrieb **Heinrich Hansjakob** (→ Wolfach/Haslach/BW) über **Neuschwanstein**. Die Innenräume des Schlosses ließ Ludwig II. mit Szenen aus den Opern von **Richard Wagner** (→ Bayreuth/BY) ausmalen. (Moderne L.II.-Musicals reüssierten nicht.) **Hohenschwangau** (Wandgemälde mit Motiven aus der Lohengrin- und Karls-Sage) gehört zu den Schauplätzen von **Karl Gutzkows** (→ Berlin) gleichnamigem großen Roman aus der Zeit der Reformation (1864-68); Gedichtzyklus von **Karl Stieler** (→ München/BY). Die ehem. Burg Schwangau war Stammsitz von **Hiltbold von Schwangau** (ca. 1195-1254), der sich als Neutöner im »Tanzlied« Meriten im höf. Minnesang erwarb. 1417 heiratete **Oswald von Wolkenstein** (→ Konstanz/ BW) Margareta von Sch., die er als »Grett« besingt. – Anfang September 1947 fand am **Bannwaldsee** im Haus von **Ilse Schneider-Lengyel** (1903-72; »Innerfern«, R. von G. Köpf) die erste Tagung der **Gruppe 47**

statt: ». . . nachbarlich grüßte die Avantgar-
disten König Ludwigs Traumschloß Neu-
schwanstein« (H. Friedrich). Gedenktafel
am Haus Campingplatz B, Münchener
Straße 151.
Johann Michael Feneberg (1751-1812)
war als Pfarrer von **Seeg** von 1793 bis
1805 der Mittelpunkt der Allgäuer Erwe-
ckungsbewegung. 1795/96 war **Chri-
stoph von Schmid** (→ Dinkelsbühl/BY)
F.s Kaplan (Denkmal vor der Ch.-von-
Sch.-Schule). – Irgendwo im Allgäu liegt
Gerhard Köpfs (Jg. 1948, aus **Pfronten**)
Seldwyla »Thulsern«, an dessen Chronik
er mit seinen Romanen schreibt, »Die
Strecke« z. B. (1985).

B T. Richter, Die Gruppe 47, 1997.
Z Bad Tölz, Sonthofen, Kranzegg, Gar-
misch-Partenkirchen, Oberammergau (BY).

GAILDORF/BW

Um G. liegt das Gebiet der »Schenken von
Limpurg«. In die Literatur kamen sie im
13. Jh. durch den Minnesänger **Konrad**
und die Manessische Liederhs. (→Heidel-
berg/BW) sowie durch **Ludwig Uhlands**
(→ Tübingen/BW) Ballade »Der Schenk
von Limpurg«, zu der er durch eines der
Grabmale in der Stadtkirche angeregt wur-
de, als er **Justinus Kerner** (→ Ludwigs-
burg/BW) besuchte. K. war von Juni 1815
bis Januar 19 Oberamtsarzt in G.; sein
Sohn **Theobald**, der auch als Schriftsteller
hervorgetreten ist, wurde hier im Juli 1817
geboren.

Murrhardt

F. W. J. von Schelling (→ Leonberg/BW)
wurde am 26. Juni 1803 hier von seinem
Vater mit **Caroline Schlegel** (→ Göttin-
gen/NI) getraut. Caroline in einem Brief:
»Die Prälatur ist außerhalb . . . das Haus ist

*Gaildorf: Konrad der »Schenke von Limpurg«
(Manessische Liederhandschrift, 1. Hälfte 14. Jh.)*

wohlgebaut, hat einen großen freundlichen
Vorhof und Gärten, Seen und Wald hinter
sich; auf einem kleinen Hügel liegt jenseits
des Sees eine Wallfahrtskirche aus alten
Zeiten.« – »Querfeldein wie durch Instinkt
geführt«, tauchte in diesen Tagen auch
Friedrich Hölderlin (→ Lauffen/BW) in
M. auf. Nach eineinhalb Tagen »schmerz-
licher Abschied auf der Landstraße« vor
Sulzbach.

L **Edith Biewendt**, »Caroline reist nach Murr-
hardt« (E. 1977); **Otto Heuschele** (→ Waiblin-
gen/BW), »Der Schwäbische Wald« (1964);
Otto Rombach (→ Heilbronn/BW), »In einem
Schwäbischen Wald-Gasthaus« (in: »Atem des
Neckars«, 1970).
Z Aalen, Schwäbisch Gmünd, Lorch, Schwä-
bisch Hall (BW).

GARMISCH-PARTEN-KIRCHEN/BY

»In Garmisch sind auch die Anfänge meiner Philosophie schriftlich entstanden – also eine bayerische Geburt, mit dem Willen, der Alpen würdig zu sein, die ich vor meinem Fenster hatte.« (Ernst Bloch, 1958)

Werdenfelser Museum. – Richard-Strauss-Institut (RSI); R.-St.-Tage (Juni). – Kultursommer (August/September). – Philosophenweg (bis Farchant).

Michael Ende, * 12. 11. 1929 G., † 28. 8. 1995 (Grab Waldfriedhof → München/BY). Geb. im »Bunten Haus« in der Bahnhofstraße 47 (Gedenktafel) als Sohn des surrealist. Malers Edgar E. Michael wuchs in der Schwabinger Kunstszene auf, Schüler der Otto-Falckenberg-Schauspielschule. Begann als Filmkritiker sowie mit Arbeiten für das Kabarett. Von 1970-85 freier Schriftsteller in Genzano di Roma in den Albaner Bergen, seit 85 wieder in München. Kindern die Angst vor der Welt der Erwachsenen zu nehmen: sein Ziel in »Jim Knopf und Lukas, der Lokomotivführer« (1960), sowie der Forts. »Jim Knopf und die Wilde 13« (1962). Weltweiter Erfolg, ebenso mit »Momo« (1973) und mit »Die unendliche Geschichte« (1979). »Das Michael Ende Lesebuch« (1989). – Dauerausstellung »Der Anfang vom Ende« im Kurhaus; im Kurpark M.-E.-Linde und Rasenlabyrinth. – Phantast. Gesellschaft e. V. (zur Förderung phantast. Lit. und des Werkes von M. E.).

A Im Haus Zufriedenheit, heute Samwebergasse 8, in P. war ab 1908 **Arthur Schnitzler** (1862-1931) regelmäßiger Gast des Schauspielers und Regisseurs A. Steinrück. Ebenfalls hier die Wiener Literaten **Richard Beer-Hofmann** (1866-1945) und **Jakob Wassermann** (→ Fürth/BY), später auch **Kasimir Edschmid** (→ Darmstadt/HE). In der ehem. Villa Christina (heute RSI), Schnitzschulstraße 19, in P. verbrachte **Albrecht Haushofer** (→ München/BY) seine Jugendjahre. – **Ernst Bloch** (→ Ludwigshafen/RP), von 1912-15 mit festem Wohnsitz in G. (Haus Erdmann, heute Höllentalstraße 36a), heiratete hier am 17. 6. 1913 die Bildhauerin aus Riga Else von Stritzky. – Operettendiva und Charakterkomiker, Fritzi Massary und Max Pallenberg, hielten in den 1920er Jahren in G. Alleestraße 33 ein gastfreundliches Haus: 1923 kamen **Max Reinhardt**, **Hugo von Hofmannsthal** und **Alfred Polgar**, der 26 hier mit **Kurt Tucholsky** (→ Berlin; Logis im heutigen Wittelsbacher Hof, Von-Brug-Straße 24) Texte für eine Reinhardt-Revue »Der Untergang des Abendlandes« schrieb.

Victor Auburtin starb im Juni 1928 unterwegs von Rom nach → Berlin in Partenkirchen, Grab auf dem P.er Friedhof. Dort auch das Grab von **Margarete zur Bentlage** (→ Quakenbrück/Menslage/NI), gest. 16. 2. 1954. – **Hans Reisiger** (1884-1968), Übersetzer und Erzähler (»Ein Kind befreit die Königin«, 1939), gerne in Pensionen und Hotels lebend (in G. zuletzt im »Roten Hahn«, Landschaftsstraße 2), ist in G. begraben.

In seiner Garmischer Villa an der Zöppritzstraße 42 (Tafel), wo er zwischen 1908 und 50 v. a. in den Sommermonaten lebte, starb am 8. 9. 1949 der Komponist **Richard Strauss**, geb. 1864 in München. In Zusammenarbeit mit **H. von Hofmannsthal** (Briefwechsel, 1954) entstanden hier seine bedeutendsten Tonschöpfungen. Grabstätte auf dem G.er Friedhof; R.-St.-Brunnen auf dem R.-St.-Platz.

L **Max Krell** (1887-1962) über G.-P. vor ihrer Zwangsvereinigung 1935: »Ein Bach, ein Wiesengürtel und ein gründlicher Haß schied Partenkirchen von Garmisch« (»Das alles gab es einmal«, Aut. 1961). In der »Post« von P. (Ludwigstraße 49) spielt **Josef Ruederers** (→ München/BY), der den Sommer 1894 im nahen Farchant verbrachte, böse Komödie »Die Fahnenweihe« (1895/96). – Fritz Müller-Partenkirchen (→ Miesbach/Hundham/BY), »Das verkaufte Dorf« (R. 1928). – G. und P. in den 1920er Jahren, »Treffpunkt von Großkopfigen aus aller Welt«: Lion Feuchtwanger (→ München/BY) »Erfolg« (R. 1920). – Klaus Mann (→ München/BY): »Weekends« im Inflationsjahr 1923 in »Jeschkes Hotel« in P.: »Kind dieser Zeit« (1932); 1945 in der Uniform der US-Army bei Richard Strauss in G.: »Scham und Takt sind seine Sache nicht« (»Der Wendepunkt«, dt. 1952). – Kreuzeck und Höllentalklamm: Ödön von Horváth (→ Weilheim/Murnau/BY) bekam hier Anregungen für sein erstes Schauspiel »Die Bergbahn« (1928).

R »Wer Frieden, Rast, Versenkung suchen will – dort findet er's«: in seinen »Moabiter Sonetten« hat **Albrecht Haushofer** das **Werdenfelser Land** als Heimat noch einmal beschworen. Auf einem Bergbauernhof in der Nähe **Partenkirchens** wurde er am 7.12.1944 von der Gestapo verhaftet und nach Berlin verbracht.

In einem Hochtal am Fuß der Wettersteinwand Schloss **Elmau**: Als »Ort der Sammlung, der Wiederherstellung, der inneren Erfahrnis« (A. Talhoff) 1916 von Johannes Müller und Elsa von Michael erbaut. Unter den Gästen: **Hermann Bahr** (1863-1934), **Ricarda Huch** (→ Braunschweig/NI), **Carl Orff** (→ München/BY). **Erich Ebermayer** (1900-70) schrieb den E.er Schlüsselroman »Werkzeug in Gottes Hand« (1933, u.d.T. »Schloß Egers« 59). 1959 Tagung der Gruppe 47. Heute Hotel mit reichem Kulturprogramm (Musik, Literatur, Kosmo-Politik).

Mittenwald: Unterwegs nach Italien, Quartier in der ehem. Posthalterei (Obermarkt 2): 1580 **Michel de Montaigne**, 1786 **Goethe** (→ Frankfurt a.M./HE), Gedenktafel. – Über den Geigenbau in M., den M. Klotz 1683 einführte (Denkmal), be-

richtet der R. »Der Geigenmacher von M.« (1895) von **Otto Denk** (→ Pfaffenhofen a.d. Ilm/Schaching/BY). Unter demselben Titel die »Dorfkomödie« von **Ludwig Ganghofer** (→ Kaufbeuren/BY), der öfters hier auf der Durchreise ins Gaistal in Tirol Station machte. – **Horst Lange** und **Oda Schaefer** (beide → München/BY) lebten von Ostern 1945 bis 1949 in M., seit 46 im Haus an der Sonne (heute »Der liebe Augustin«, Ludwig-Murr-Straße 15). H. Lange half kurz vor Kriegsende, dass KZ-Häftlinge aus Dachau auf ihrem »Todesmarsch« nach Österreich in M. noch freikamen. Erinn. von O. Schäfer: »Auch wenn du träumst, gehen die Uhren« (1970) und »Die leuchtenden Feste über der Trauer« (1977).

B J. von Vignau, Werdenfelser Land, 1984; E. Tworek, Spaziergänge durch das Alpenvorland der Literaten und Künstler, 2004.

Z Bad Tölz, Füssen, Oberammergau, Schongau, Weilheim (BY). Jenseits der Grenze, in Österreich: Ehrwald (L. Ganghofer, Y. Goll, P. Ludwig, E. Mann), Leutasch (L. Ganghofer).

GEILENKIRCHEN/NW

Nikolaus Becker (→ Bonn/NW) wurde 1835 Schreiber am Friedensgericht in G.-Hünshoven und schrieb hier als Antwort auf Victor Hugos Schrift »Le Rhin« (»Frankreich muß den Rhein wieder erwerben«) und »An Alphons de Lamartine« sein Rheinlied: »Sie sollen ihn nicht haben«. Am 18.8.1845 ist er in Hünshoven gestorben. Sein Grabdenkmal wurde Ende des 2. Weltkriegs zerstört, das erhalten gebliebene Medaillon in die Wand der Pfarrkirche St. Johannes eingelassen. Im Wohn- und Sterbehaus, Konrad-Adenauer-Straße 59, heute N.-B.-Stube.

Straeten (Heinsberg-St.)

Joseph Nießen, * 27. 3. 1864 St., † 11. 6. 1933 Bonn, Lehrer und Heimatschriftsteller. Seine Pflege des köln. Puppenspiels brachte ihm den Ehrennamen »Hänneschenvater« ein.

B »Sie sollen ihn nicht haben«, in: Rheinreise. Gedichte und Lieder, hg. von W.-D. Gumz und F. J. Hennecke, 1986.
Z Aachen, Mönchengladbach (NW).

GELDERN/NW

Henriette Brey, * 25. 11. 1875 G.-Kapellen, † 27. 5. 1953 Bonn-Ramersdorf, Dichterin aus dem Gelderland. Schrieb zwischen 1918 und 39 über 40 Romane und Novellen. Internationale Erfolge mit »Der Heidevikar« (R. 1924) und »Wenn ich dein vergäße« (bibl. R. 1931). – Gedenktafel für die »Dichterin der Seele« am Geburtshaus, Lange Straße 22. – Werke StA G.

Kevelaer

Seit dem 30-jährigen Krieg Wallfahrtsort: Gegenstand der Verehrung in der Gnadenkapelle ein unscheinbarer Kupferstich, den ein hess. Soldat 1642 aus Luxemburg mitgebracht haben soll. – Kreisheimatmuseum im Haus Riesbroeck.

Franziska Rademaker, * 19. 7. 1878 Amsterdam, † 3. 2. 1961 K., Erzählerin, Lehrerin am Lyceum. Lebte im Ruhestand in Olsberg b. Brilon. – W.: Das Ave der Heimat (R. 1920), Das Paradies (R. 1951). – Grab auf dem Kath. Friedhof.

L Heinrich Heine (→ Düsseldorf/NW) spöttelte: »Die Mutter Gottes zu Kevelaer / Trägt heut ihr bestes Kleid; / Heut hat sie viel zu schaffen, / Es kommen viel kranke Leut

...« – Romane 1905 von **Ferdinand Strunk** (geb. 1842) und 1910 von **Joseph von Lauff** (→ Köln/NW).

Straelen

Elmar Tophoven, * 6. 3. 1923 S., † 23. 4. 1989 ebd., Übersetzer (u. a. der Werke von S. Beckett in Zusammenarbeit mit dem Autor) und wichtiger Vermittler franz. Gegenwartsliteratur. Gründer des Europäischen Übersetzer-Kollegiums in S., gemeinsam mit dem Übersetzer **Klaus Birkenhauer**. Lektor für Deutsch in Paris, wo er auch lebte, und an der Universität Düsseldorf. – Grab auf dem Friedhof.

L Ein verwittertes Steinbild vor dem Kloster Zand erinnert an die allerorten am Niederrhein verbreitete Sage von Stärk-Helmes. Für ledige Mädchen auf der Wallfahrt nach Kevelaer galt: »On die de Stehen gekößt hei, / Die kreeg 'ne staatse Moan ...« (**Fritz Meyer**, »Riesen und Zwerge am Niederrhein«, 1980).
S Europ. Übersetzer-Kollegium Nordrhein-Westfalen in St. (seit 1978) mit Bibliothek (90 000 Bde.) und Appartements für Literatur- und Sachbuchübersetzer (Veröffentlichung »Straelener Manuskripte«). – **Friedrich-Brücker-Preis der Stadt St.** (für niederrhein. Mundartpflege, seit 1969).
Z Kleve, Krefeld, Kempen, Moers, Wesel (NW).

GELNHAUSEN/HE

Kaiserpfalz, deren heutige Reste von allen staufischen Pfalzen die »relativ besterhaltenen und künstlerisch edelsten«. (G. Dehio)

Hans Jakob Christoffel von Grimmelshausen, * um 1622 G., † 17. 8. 1676 → Renchen (Kehl/BW), bedeutendster dt. Prosadichter des 17. Jh.s, gesellschaftskrit. Erzähler, Satiriker: G. zeichnete nur wenige seiner Werke mit seinem Namen, sondern erfand spielend Synonyme (z. B.

»Simplicius Simplicissimus«). Im 30-jäh-
rigen Krieg verschleppt, tat er seit 1635
in den verschiedensten Armeen Dienst.
Seit 1650 Gutsverwalter in → Ober-
kirch-Geisbach (Offenburg/BW), 1662-
65 Burgvogt auf der Ullenburg, dann Gast-
wirt; 1667 Schultheiß in Renchen. – W.:
Der Abentheuerliche Simplicissimus
Teutsch (R. 1669); Trutz Simplex: Oder
... Lebensbeschreibung der Ertzbetrüge-
rin und Landstörtzerin Courasche (1670);
Ges. Werke (Hrsg. R. Tarot, 1967 ff.). –
Geburtshaus Schmidtgasse 12, »Weißer
Ochse« (heute »Grimmelshausen Hotel«/
Gedenktafel); Gedächtniszimmer und G.-
Bücherei im Heimatmuseum; Gedenk-
stein im Stadtgarten. – H. J. C. v. Grim-
melshausen-Gesellschaft. – »Simplicius
Simplicissimus. G. und seine Zeit« (Hrsg.
P. Berghaus/G. Weydt, Ausstellungskata-
log 1976).
Geb. in G.: **Theodor Schulze** (Ps. **Schulze-
Etzel**) (1873-1930), Erzähler und Hrsg.
(u. a. mit Roda Roda) der »Lustigen Bü-
cher«; »Fabeln« (Gesamtausg. 1923).
A Goethe (→ Frankfurt a. M./HE) kam
im Oktober 1814 auf seiner Reise an den
Rhein durch G. und bezog Fürstenhofstra-
ße 3-5 (ehem. Amtsgericht) Quartier. –
Ebenfalls 1814 wurde **Max von Schenken-
dorf** (→ Koblenz/RP) bei einem Besuch
zu dem Gedicht »Das Bild in Gelnhausen«
angeregt. – **Friedrich August Strubberg**
(→ Kassel/HE) lebte 5 Jahre, 1884 bis
zu seinem Tod am 3. 4. 1889, in G., Haile-
rer Straße 1.
R G.s. Slogan: »Stadt Kaiser Barbaros-
sas«. Die Sage erzählt von einer wunder-
schönen Godula, deren Tod den Stadt-
gründer bewog, nie wieder nach G. zu
kommen; nachzulesen bei **Ricarda Huch**
(→ Braunschweig/NI), »Im alten Reich«
(1927). **Kasimir Edschmid** (→ Darm-
stadt/HE) rühmte die »melancholische Würde«
der Kaiserpfalz-Ruine. – Im Mai 1506

trat **Dr. Faustus** (→ Maulbronn/Knittlin-
gen/BW) der Überlieferung nach in der al-
ten Gaststätte »Zum Löwen« auf; seine Vi-
sitenkarte: »Magister Georgius Sabellicus,
Faustus der Jüngere, Urquell der Nekro-
mantik, Astrolog, der Zweite Magier, Chi-
romantiker, Äromantiker, in der Wasser-
kunst der Nächstgrößere.« In einem Brief
bestätigte **Johannes Trithemius** (→ Trier/
Trittenheim/RP) die Existenz des sagen-
haften Magiers, von dem man sich »frivole
Kunststücke« erzählt, der sich jedoch ver-
drückt, nachdem er von der Anwesenheit
des T. erfahren habe. – In der Nähe von
Somborn (Freigericht-S.) liegt Hof Tra-
ges, Sitz von **Friedrich Karl von Savigny**
(→ Marburg/HE), dessen Familie T. seit
dem 18. Jh. gehört (in der Kapelle S.s
Grab; Archiv und Bibliothek wurden
1998 versteigert). Hier fand W. Schoof
200 Briefe der **Brüder Grimm** (→ Ha-
nau/HE) an Savigny. Trages wurde zum
»Tuskulum der Poeten« (F. Bayer), v. a.
der Verwandtschaft: **Achim** (→ Berlin)
und **Bettina von Arnim** (→ Frankfurt
a. M./HE), **Clemens Brentano** (→ Ko-
blenz/RP). An **Karoline Günderode** (→
Karlruhe/BW) erinnert das G.-Häuschen,
wo sie bei ihren langen Aufenthalten
wohnte. Im sog. Brentanozimmer des Her-
renhauses hat sich Clemens als Poeta lau-
reatus mit Tusche selbst an die Wand ge-
malt. Auf einer Seitenwand Spottverse
und Illustrationen von Clemens und
Christian B. zum Weimarer Herderkult.
Ein Teil von Clemens' »verwildertem Ro-
man« »Godwi« (1801) und sein Märchen
»Gockel, Hinkel und Gackeleia« (1838)
sind hier entstanden und spielen auch
»in einem wilden Walde zwischen Geln-
hausen und Hanau ...«. Den Erlös aus
dem Verkauf des Märchens bestimmte B.
für die Ausstattung der 1837 erbauten Jo-
hanniskirche in Gelnhausen. – **Ludwig
Rudolf Oesers** (→ Gießen/HE) »Heide-

Gelnhausen: Illustration zu Brentanos »Gockel, Hinkel und Gackeleia«

haus« (1854) spielt teilw. in **Lohrhaupten** (Flörsbachtal-L.). – In **Bieber** (Biebergemünd-B.) wurde 1842 der Erzähler **Wilhelm Rullmann** (»Seltsame Geschichten«, 1891) geb; er starb 1918 in Schlüchtern. – **Theodor Heinrich Bindewald** (→ Schotten/Altenschlirf/HE), der »Grimm des Vogelsbergs«, ist 1880 in **Fischborn** (Birstein-F.) gest.; Grab auf dem Friedhof.

🅱 W. Ratz, Der große Magier Dr. Faust, 1980; B. von Savigny, Sommerfrische der Romantik: Gut Trages, in: Merian 6/1976.
🆉 Aschaffenburg (BY); Hanau, Nidda, Büdingen, Schlüchtern (HE).

GELSENKIRCHEN/NW

Künstlersiedlung Halfmannshof (Kunstausstellungen, Puppentheater). – »Musiktheater im Revier«.

Eduard Claudius (eig. **E. Schmidt**), * 29. 7. 1911 G.-Buer, † 13. 12. 1976 → Potsdam/BB. Der Bauarbeitersohn trampte durch Europa, trat 1932 der KPD bei, emigrierte 34 in die Schweiz, kämpfte in Spanien bei den Intern. Brigaden, wurde dank H. Hesse (→ Calw/BW) interniert und nicht nach Deutschland ausgeliefert. Ging 1947 in die damalige SBZ und war zuletzt Botschafter der DDR in Nordviet-

nam. Sein bedeutendstes Werk der Spanienroman »Grüne Oliven und nackte Berge« (1945). – Weitere W.: Menschen an unserer Seite (R. 1961), Ruhelose Jahre (Aut. 1968). – Nachlass Akademie der Künste, Berlin.
In G. geb.: der Erzähler **Ernst Adam** (1879-1919/»Arbeit und Leben«, En. 1910); die Kabarettistin und Chansonette **Claire Waldoff** (1884-1957/»Weeste noch?«, aut. 1953), die in → Berlin berühmt wurde; der Sozialist und Reiseschriftsteller **Alfons Goldschmidt** (1879-1940, zuletzt im mexikan. Exil); der Erzähler, Kinderbuchautor und Puppenspieler **Heinrich Maria Denneborg** (1909-87/»Das Wildpferd Balthasar«, Kinder-R. 1959), auch der Erzähler und Hörspielautor **Philipp Wiebe** (Ps. **Ernst-Adolf Kunz**/1923-81) »Vor unserer Tür« (R. 1963, 79).
🅰 Aufgewachsen in G. sind **Otto zur Linde** (→ Essen/NW) und der Lit.wissenschaftler **Philipp Witkop** (1880-1942). In G. lebten: seit 1880 der Jugendschriftsteller **Rudolf Scipio** (1837-1903); von 1920-48 der Pazifist und Lyriker **Adolf Wurmbach** (1894-1968/»Die schwarze Stadt«, G.1922); als Mitarbeiter der »Ruhrland«-Anthologie **Josef Voß** (1898-1961) und als Stadtbibliothekar 1926-33 **Otto Wohlgemuth** (→ Witten/Hattingen/NW), der 1923 in Buer den »Ruhrlandkreis« ins Leben rief. Als Journalist zuletzt in G. lebend: **Paul Klose** (1899-1968), dessen »Bergwerk« und andere Gedichte W. Haas in die »Sinfonie moderner Industriedichtung« (»Antlitz der Zeit«, 1926) aufnahm. – Weiter seien genannt: die Arbeiterdichter **Josef Büscher** (1918-1983/»Sie erkannten die Macht«, Dr. 1976) und **Richard Limpert** (geb. 1923). – **Hugo Ernst Käufer** (geb. 1927) und Detlef Marwig (»Freiheit klein geschrieben«, R. 1977) bauten ab 1967 mit J. Büscher die **Literaturwerkstatt G.** auf; 1970 fand hier die 1. Delegier-

tenversammlung des **Werkkreises Literatur der Arbeitswelt** statt.

L G. ist Schauplatz in »Ein Samowar für Gelsenkirchen« (1984) von **Hans Rudolf Thiel** und »Komm, wir schießen Kusselkopp« (1999) von **Thomas Althoff.**

S **Stadtbücherei:** Sonderslgg. Josef Büscher, Hugo Ernst Käufer, Richard Limpert, Liselotte Rauner, Josef Voß, Otto Wohlgemuth; **Archiv der Gruppe G.**er Autoren: Nachlässe Josef Büscher, Michael Klaus, Richard Limpert, Liselotte Rauner. – **Künstlerstipendium der Stadt G.**, Xylos-Literaturpreis (für Lyrik, seit 1977).

Bottrop

B.s Name ist mit den 1968 von **Erika Runge** aufgezeichneten »Bottroper Protokollen« verbunden. 1974 erschienen die Gedichte des Bergmanns **Kurt Küther**: »Ein Direktor geht vorbei«.

S B.er Lesewettbewerb.

Gladbeck

Sigismund von Radecki (Ps. Homunculus), * 19. 11. 1891 Riga, † 13. 3. 1970 G., Meister der kleinen Form, Essayist und Übersetzer. Freundschaft mit K. Kraus in Wien, der ihn zum Schreiben anregte. Wurde 1931 kath., seit 1946 in Zürich. Starb 6 Wochen nach seiner Übersiedlung im Städt. Vincenz-Heim in G. – W.: Welt in der Tasche (Feuilleton-Slg. 1937); Rückblick auf meine Zukunft (1943); Bekenntnisse einer Tintenseele (En. 1957); Gesichtspunkte (Ess., 1964). – Grab auf dem Friedhof Gladbeck-Mitte, Lindenstraße.

S Literaturbüro Ruhr vergibt den **Literaturpreis Ruhrgebiet** (seit 1986); **Gladbecker Satirepreis.**

L H. E. Käufer/H.-J. Loskill (Hrsg.), Sie schreiben in Gelsenkirchen, 1977; P. Fischbach u. a. (Hrsg.), 10 Jahre Werkkreis Literatur der Arbeitswelt, 1979: H. Hering/M. Klaus (Hrsg.), Und das ist unsere Geschichte. Gelsenkirchener Lesebuch, 1984; H. Knorr, Zwischen Poesie und Leben. Geschichte der Gelsenkirchener Literatur und ihrer Autoren von den Anfängen bis 1945, 1995.

Z Bochum, Essen, Herne, Recklinghausen (NW).

GERA/TH

Stadtmuseum; Museum für Angewandte Kunst; Kunstsammlung in der Orangerie; Museum für Naturkunde. – Bühnen der Stadt. – Geburtsort des Malers Otto Dix (1891-1969), Museum O.-D.-Haus. – 1564-1918 Residenz der Fürsten von Reuß jüngere Linie.

Heinrich von Kolmas, Minnesänger. 1262-79 Vasall des reußischen Vogts Heinrich I. von G. Vermutl. aus dem 1970 dem Bergbau zum Opfer gefallenen **Culmitzsch** bei G. Von H. stammt ein Lied über die Vergänglichkeit des Lebens.

Heinrich d. J. Posthumus, Herr von **Reuß-G.**, * 10. 6. 1572 G., † 3. 12. 1635 ebd., Textautor der »Musikalischen Exequien« (1635) von H. Schütz und Verf. einer »Sterbens-Erinnerung« (Hrsg. H. Karg, 1997). – Sarkophag in der Johanniskirche.

A Schüler an dem von H. gegründeten Gymnasium »Ruthenum«: **Heinrich Albert** (→ Schleiz/Bad Lobenstein/TH/ 1619-22), **Johann Thomas** (→ Altenburg/ TH/1636-40) und **Gottfried Arnold** (→ Annaberg-Buchholz/SN/1678-84). Rektor (1646-66) **Johann Sebastian Mitternacht** (→ Sömmerda/Hardisleben/TH) machte es zum Zentrum des Schultheaters.

Heinrich Gottfried Koch, * 9. 1. 1705 G., † 3. 1. 1775 Berlin, Schauspieler und Theaterleiter. Mitglied der Theatertruppe von

C. Neuber (→ Reichenbach/SN), 1749 eigene Truppe, mit der K. ganz Dtl. bereiste und sich u. a. um die Stücke von G. E. Lessing (→ Kamenz/SN) bemühte. Brachte 74 in Berlin Goethes (→ Frankfurt a. M./HE) »Götz« zur Uraufführung.

Ernst Bornschein (auch **Johann Friedrich Kessler**), * 20. 7. 1774 Prettin bei Gräfenhainichen, † 1. 4. 1838 G., Unterhaltungsschriftsteller. Verf. der ersten dt. Napoleon-Biografie (1802) und des Räuberromans »Antonia della Roccini, die Seeräuberkönigin« (1801).

Otto Erler, * 4. 8. 1873 G., † 8. 10. 1943 Dresden, Dramatiker. Studium in Berlin, wo ihn H. von Treitschke (→ Berlin) beeinflusste. Hatte in der NS-Zeit mit völk. Stücken (»Thors Gast«, 1936) Erfolg.

Horst Salomon, * 6. 5. 1929 Pilkallen/Ostpreußen, † 20. 6. 1972 G., Dramatiker. Bis 1958 Kumpel im Uranbergbau der Wismut (»Getrommelt, geträumt und gepfiffen«, G. 1961). Erfolg mit im Bergbaumilieu spielenden Stücken (»Katzengold«, 1964; »Ein Lorbaß«, 1967). – Wohnung: Juri-Gagarin-Straße 54; Grab auf dem Ostfriedhof. – **Adolf Endler** über S. in »Traditionslinie« (G. 1990).

A Aus G. stammt **Johann Christian Schmidt** (1692-nach 1728), dessen Russland-Reisebuch u. d. T. »Der reußische Robinson« (1781, n. M. Rudolf 1991) erschien. – **Eduard Amthor** (→ Hildburghausen/Themar/TH) lebte 1854 bis zu seinem Tod 84 in G., wo er die »Amthorsche Handelsschule« (Gebäude in der Humboldtstraße) führte. – **Harry Graf Kessler** (→ Berlin) hatte enge Kontakte zu Caroline von Sachsen-Weimar, geb. Prinzessin von Reuß-G. Die Fam. wurde 1881 in G. in den Grafenstand erhoben. – An dem 1902 eröffneten Theater sorgte Erbprinz **Heinrich XLV. Reuß** (1895-1945) für Aufführungen von Dramen der wichtigsten zeitgen. Autoren. Mit **Ernst Barlach** (→

Wedel/SH) verband ihn eine enge Freundschaft. **Carl Zuckmayer** (→ Mainz/RP) 1926: »Selten habe ich in einer so guten, produktiven Theater-Atmosphäre gearbeitet.«

L Topographien G.s von **Johann Christoph Klotz**, »Beschreibung der Herrschaft und Stadt Gera« (1816), und **Georg Brückner** (→ Hildburghausen/TH), »Volks- und Landeskunde des Fürstentums Reuß j. L.« (1870). – Der G.er Museumsleiter **Robert Eisel** (1826-83) war der wichtigste Sagensammler der Region. Neu an seinem »Sagenbuch des Vogtlandes« (1871) war die Einbeziehung geolog. und prähistor. Aspekte. – **Heinz Gerisch** (1913-81) schrieb Wanderbücher. – Die Sagen G.s wurden herausgegeben von **Annerose Kirchner**, »Der Otternkönig vom Zoitzberg« (1995). – **Günter Herburger**: »Die Augen der Kämpfer. Zweite Reise« (1983) beginnt in G., »der Bezirksmetropole von Thüringen«.

Bad Köstritz

Geburtsort von Heinrich Schütz (1585-1672), Forschungs- und Gedenkstätte im Geburtshaus, dem »Goldenen Kranich«, Schütz-Akademie; im Oktober »Bad Köstritzer Schütz-Tage«.

Julius Sturm (Ps. **Paulus Stern**), * 21. 7. 1816 K., † 2. 5. 1896 Leipzig, Lyriker, Fabel- und Märchendichter. Lieder wie »Nun geh uns auf du Morgenstern« (1871) und das bis heute beliebte »Gott grüße dich!« (1876) machten St. bekannt. – W.: Neue Märchen für die Jugend (1844); Werke und Briefe (Hrsg. A. Sturm, 1916). – Pfarrhaus (Gedenktafel); Denkmal (1912), Julius-Sturm-Platz; Grab auf dem Friedhof; St.-Ausstellung im Rathaus, Heinrich-Schütz-Straße 4.
Sohn **August Sturm** (→ Schleiz/Göschitz/TH) schrieb das K.-Gedicht »O Rosental, o Heimattal,/wie warst du hold dem Glück«. Der in K. geborene Enkel **Julius Kühn** (1887-1970) veröffentlichte Gedichte (»Thüringer Skizzenbuch«, 1921).

A Am 7. 5. 1975 trat **Jürgen Fuchs** (→ Reichenbach/SN) in der K.er Galerie »Die Gucke« auf; diese Lesung wurde Anlass zu seiner Exmatrikulation.

Ronneburg

August Schumann, * 2. 3. 1773 Endschütz bei R., † 10. 8. 1826 → Zwickau/SN, erster dt. Taschenbuchverleger (»Etui-Bibliothek der Deutschen Classiker«, 1815-27 100 Bde.), Scott- und Byron-Übersetzer sowie Verf. von Ritterromanen. Lehre in R., wo Sch. 1795-1808 einen Verlag betrieb. Vater von Robert Schumann (→ Zwickau/SN).

L Am 26. 8. 1841 erhoben sich die R.er Weber und zerstörten die sie ersetzenden Maschinen in der Fabrik (»Schnalle«). Das darauf entstandene »Ronneburger Schnallenlied« (»Wir wollen sie nicht haben, / die schön alleine gehen, / drum hab'n wir sie zerschlagen, / das wolln wir frei gestehn«) wurde noch zu Beginn des 20. Jh.s in R. gesungen. – Nach dem 2. Weltkrieg wurde R. Zentrum des DDR-Uranbergbaus (**H. Gerisch**, »Ronneburg«, 1961). Noch immer lastet die Vergangenheit schwer auf dieser Region: eine Milliarde Tonnen schwach radioaktiven Gesteins blieben zurück. **Lutz Sailer,** aufgewachsen in **Korbußen** bei Gera, fand eine eigene Sprache für die »Romantik der Abraumhalden« (»pech & blende«, G. 1994; »Schwarze Abfahrt: Gera-Ost«, G. 2003).

Weida

Museum auf der Osterburg.

Marcus von Weida, * um 1450 W., † nach dem 26. 7. 1516, Dominikanerprediger. Betont in Traktaten (»Spigell des ehlichen ordens«, 1487) die Bedeutung der Gnade und greift damit M. Luther (→ Eisleben/ST) vor. Wirkte in Leipzig und Erfurt. **Paul Quensel** (Ps. **Alexander Wieden**),

* 9. 5. 1865 W., † 8. 12. 1951 Weimar, Dramatiker und Erzähler. Wurde bekannt als Verf. von Volksstücken (»Um die Scholle«, 1898) und Festspielen (»Luther«, 2 Teile, 1917). Qu.s »Thüringer Sagen« (1922, n. 91) sind die umfänglichste Slg. ihrer Art.

L **Stephan Krawczyk** hat zur DDR-Zeit Kindheit und Jugend in W. verbracht (»Das irdische Kind«, aut. R. 1996).
Z Altenburg, Eisenberg, Greiz (TH).

GERMERSHEIM/RP

»Von Schieß-Scharten angeklotzt, über Wassergräben und hallende Brücken gehend, kommt man in Germersheim an. Die martialische Entschlossenheit täuscht. Hinter den Schieß-Scharten leere Gänge und eine offene Stadt.« (Hans Trott, 1967)
Dolmetscherinstitut der Johannes-Gutenberg-Universität Mainz. – Forum Literatur-Übersetzen (FLÜGE), Deutsches Straßenmuseum.

Felix Dhünen (eig. **Franz Sondinger**), * 5. 1. 1896 G., † 8. 12. 1939 Berlin, Dramatiker. Lebte als Bildhauer in München, Italien und Naumburg a. d. Saale, als Schauspieler und Regisseur in Berlin. – W.: Uta von Naumburg (Sch. 1934), Als Spiel begann's (1939).
A In G. geb. **Johann Posthuis** (1537-97), Humanist, Arzt, von Rudolf II. gekrönter Poet; Verfasser lat. Elegien und Epigramme. – In G. am 3. 4. 1863 gest. **Friedrich Blaul** (→ Speyer/RP), seit 56 hier Dekan; topograph. Notizen in den »Träumen und Schäumen vom Rhein« (1838); Grab auf dem Friedhof.

L G. ist Handlungsort in den Romanen »Unkebunk« (1917) von **Anna Croissant-Rust** (→ Bad Dürkheim/RP) und »Der mißratene Vikar« (1933) von **Adam Ritzhaupt** (→ Ludwigshafen/RP). – Mundart: **Eugen Croissant** (1862-1918), hauptberuflich Leiter des »Pfälz.

Merkur« und der Zs. »Der Pfälzerwald«, »Heimliche Liebe« (R. 1900). – Im nahen Lingenfeld ist **Willi Gutting** (1901-86) geb., seine Welt der Altrhein: »Die Aalfischer« (1944), »Unweit vom Strom« (1961).

R Unter dem Namen »**Bellemer Heiner**« schrieb **August Heinrich** (1881-1965) die Geschichte seines abenteuerl. Lebens in Reimen. Was er sonst schrieb (»Ich war zufriede mit de Welt«, 1981) war gänzlich unliterarisch, aber wie er seine »Knepp un Schnitz« vortrug, das machte ihn populär (Bildbiographie von H. Blinn, 1991). Grab auf dem Friedhof von **Bellheim**. – In **Rülzheim** lebt der Mundartautor **Kurt Kupper** (»Im Kerzenschein«, 1992). – **Georg Heger** (1856-1915) aus **Westheim** sammelte die »Volkslieder aus der Rheinpfalz« (1909), deren Singweisen **Wilhelm Wüst** (1868-1947) aus **Siebeldingen** b. Landau beibrachte. – **Rheinzabern**, »eine glückliche Gegend«: am 24. 9. 1779 übernachteten auf der Reise in die Schweiz Herzog Carl August und **Goethe** (→ Frankfurt a. M./HE) hier. Zunächst im Gasthaus »Zur Krone«, dann im Haus »Sankt Hubertus« (»Das Wirtshaus am Dorfende«, E. 1950) verbrachte in R. **Elisabeth Langgässer** (→ Alzey/RP) die beiden letzten Lebensjahre: »Ein köstliches Stückchen Erde mit einem wundervollen Blick über die Felder bis zum Waldrand, umschlossen von den hohen Tabakscheuern des Dorfes und anschließend an deren Bauerngärten.« Seit 1921 lebt in R. der Mundartdichter (»So, des war's«, 1992) **Marcel Schuschu**, geb. 1912 in Straßburg. – Die Mundartdichterin **Lina Sommer** (→ Speyer/RP) lebte lange in **Jockgrim**; hier ist auch ihr Grab; Denkmal auf dem L.-S.-Platz. Geboren in R. ist der Theologe und hebräische Sprachwissenschaftler **Paul Fagius** (1504-49) – Aus **Kandel** stammt **Franz Michael Leuchsenring** (1746-1827), der »Empfindsamkeitsapostel« der → Darmstädter/HE »Heiligen«. Seine »Briefschatulle« wurde sein Lebenszweck und der Alptraum seiner Zeitgenossen. – Heute in K. wohnhaft: **Lutz Stehl** (»Nicht seßhafte Bekannte«, G. 1991) und **Werner Laubscher** (»Wortflecht und Lautbeiß«, Sprech- und Lautgedichte, 1989). Die Ruine der Burg Guttenberg in Oberotterbach war einst Sitz der Familie, der der Minnesänger **Ulrich von Gutenburg** (um 1180) entstammte.

B W. Diehl, Der Rhein und die Ebene; in: Chaussée 9/2002.
Z Bad Bergzabern (RP); Bruchsal, Karlsruhe (BW); Landau, Speyer (RP).

GIESSEN/HE

»Leben Sie wohl, so wohl sichs in Gießen leben läßt. Ich meine immer das wäre vor Euch Dichter eine Kleinigkeit, auch die schlechtesten Orte zu Idealisiren, könnt ihr aus nichts etwas machen, so müßt es doch mit dem sey bey uns zugehen, wenn aus Gießen nicht eine Feen Stadt zu machen wäre.« (Catharina Elisabeth Goethe, 1776)
Justus-Liebig-Universität. – Oberhessisches Museum im Burgmannenhaus (erbaut 1350); Liebig-Museum (ehem. Chem. Laboratorium von Justus L., 1803-73; Bibliothek). – Stadttheater.

Johann Balthasar Schupp(ius), * 1. 3. 1610 G., † 26. 10. 1661 → Hamburg, griff als volkstüml. Prediger, geistl. Lyriker und v. a. als Satiriker die Laster und Ungerechtigkeiten seiner Zeit an. Studium ab 1625 in → Marburg/HE, dort seit 34 Prof. für Geschichte und Beredsamkeit. 1648 hielt er die Friedenspredigten in Münster, seit 49 Hauptpastor in Hamburg; dort Publikationsverbot. – W.: Salomo oder Vorbild eines guten Regenten (1657); Streitschriften (Hrsg. C. Vogt, 1910 f.).
Ernst Eckstein, * 6. 2. 1845 G., † 18. 11. 1900 Dresden, Schöpfer der Gymnasial-

humoreske. Lebte ab 1885 als Schriftsteller in Dresden; umfangreiches Romanwerk. – W.: Aus Secunda und Prima (1875), daraus »Der Besuch im Carcer«; Ausgew. Romane (1910).

Alfred Bock, * 14. 10. 1859 G., † 6. 3. 1932 ebd., begann als Lyriker und Komödiendichter, als bedeutender hess. Heimaterzähler erhielt er 1924 den Büchner-Preis. – W.: Aus einer kleinen Universitätsstadt (En. 1896); Der Flurschütz (R.1901); Tagebücher (Ausw. W. Bock, 1959). – Geburtshaus Ecke Marburger Straße/Nordanlage (Gedenktafel). – Sein Sohn, der Essayist und Lyriker **Werner Bock** (* 14. 10. 1893 G., † 3. 2. 1962 Zürich) emigrierte 1939 nach Buenos Aires und wurde 46 Prof. für dt. Lit. in Montevideo. – W.: Blüte am Abgrund (Prosa 1951). – Beider Grab auf dem Neuen Friedhof.

Weiter in G. geb.: der Volksschriftsteller **Ludwig Rudolf Oeser** (Ps. **O. Glaubrecht**/»o, glaub recht«), 1807-1859 (→ Büdingen/Lindheim/HE). Schrieb u. a. »Erzählungen aus dem Hessenlande« (1853), Ausgew. Schriften (1866, n. 94). – Als Prof. für dt. Sprache und Literatur lebte der Lyriker und Erzähler **Georg Edward** (1869-1969) lange in Amerika (Balladen und Lieder, 1897; Komödie des Lebens, R. 1959). Grab: Neuer Friedhof.

Gest. in G. ist der Polyhistor **Melchior Goldast,** gen. **von Haiminsfeld** (1578-1635/ »Virorum clarorum er doctorum epistolae«, 1688), der Liederdichter **Johann Jacob Rambach** (1693-1735/»Ges. geistliche Gedichte«, 1740) sowie der Hrsg. dt. Musenalmanache und Literaturkritiker **Christian Heinrich Schmid** (1746-1800/→ Eisleben/ST).

A Als **Helferich Peter Sturz** ging, begann **Johann Heinrich Merck** (beide → Darmstadt/HE) in G. zu studieren (1757-59). Über die Auftritte der Studenten jener Zeit, »die sich in tiefster Roheit gefielen«,

berichten **Goethe** (→ Frankfurt a. M./ HE) im 12. Buch von »Dichtung und Wahrheit« und **Friedrich Christian Laukhard** (→ Alzey/Wendelsheim/RP). – Im Frühjahr 1774 kam **Friedrich Maximilian Klinger** (→ Frankfurt a. M./HE) nach G. und brach sein Jurastudium 76 kurz vor dem Examen ab. Er beendete hier sein erstes Drama »Otto«, es folgten drei weitere. – Prominenz, die in den 70er Jahren in G. Station machte: **Friedrich Gottlieb Klopstock** (→ Hamburg), 1771 **Christoph Martin Wieland** (→ Biberach/ BW), **Matthias Claudius** (→ Bad Oldesloe/Reinfeld/SH); 1808 an der Universität **Ludwig Börne** (→ Frankfurt a. M./ HE).

Unruheherd in der »G.er Winkelpolitik« nach 1815 der radikal-republikan. Flügel der Burschenschaft, die sog. Schwarzen; ihr Führer **Karl Follen** (1795-1840). Von den → Darmstädter Studenten schloss sich ihm **Wilhelm Friedrich Schulz** an. – **Georg Büchner** (→ Groß-Gerau/Goddelau/HE), 1833/34 Student in G. (Gedenktafel Seltersweg 46/Ecke Wolkengasse, Bronzekopf am alten Schloss), ging eigene Wege. Er gründete 1834 die geheime »Gesellschaft der Menschenrechte« und verfasste im gleichen Jahr mit **Friedrich Ludwig Weidig** (→ Butzbach/HE) die revolutionäre Flugschrift »Der Hessische Landbote« (Motto: »Friede den Hütten! Krieg den Palästen!«); Dokumente im Burgmannenhaus.

Ernst Elias Niebergall (→ Darmstadt/ HE) führte während seines Theologiestudiums 1832-35 ein ausgedehntes Kneipenleben. – Im ehem. Stift auf dem Schiffenberg lebte 1843/44 **Wilhelm Heinrich Riehl** (→ Wiesbaden/HE); Erinnerungen an seine Studienzeit im Roman »Die Geschichte vom Eisele und Beisele« (1848). – Auch **Ludwig Fulda** (→ Frankfurt a. M./HE), **Henry Benrath** (→ Friedberg/HE), **Karl Wolfskehl** und **Kasimir Edschmid** (beide → Darmstadt) studierten an der Universität, deren germanist. Zelebrität in diesen Jahren **Otto Behaghel** (1854-1936) war. – In G. 1910/11 der engl. Dichter **Ford Madox Ford** (Pension Nordanlage 29 und Friedrichstraße 15);. **Ezra Pound** besuchte ihn im August 1911 und rezitierte in der Kirchenruine auf dem Schiffenberg dramatisch eigene Gedichte. Überstürzt verließ **Thomas Stearns Eliot** beim Kriegsausbruch 1914 die Universität. – Auf dem Neuen Friedhof die Gräber der Lyriker **Hans Thyriot** (1898-1948) und **Hans Joachim Leidel** (1915-62).

L G. ist Schauplatz der Romane »Der Entgleiste« (1910) von **Wilhelm Holzamer** (→ Bingen/Nieder-Olm/RP), »Die Mühle zu Husterloh« (1906) und »Erlebnisse eines Erdenbummlers« (1923) von **Adam Karrillon** (→ Heppenheim/Wald-Michelbach/HE), »Mutter der Weisheit« (1933) von **Henry Benrath**. Der aut. Roman »Martin« (1919) von **Ludwig Beil** (1890-1961) spielt gut zur Hälfte in G. Und Fahrten zwischen G. und Frankfurt a. M. in »Keiner stirbt« (R. 1990) von **Peter Kurzeck**. – Mundartgedichte (»De fidehle Owwerheß« 1978) schrieb **Karl Brodhäcker** (Ps. K. Broker), daneben heimatkundliche Bücher. Ebenso **Heinrich Bitsch** (»Gießen Reporte«, 1967, und 1975) und **Hermann Otto Vaubel** (»Hessenbuch«, 1955).

S Universitätsbibliothek: 1,5 Mio Bde., 2300 Hss. (»Iwein« von Hartmann von Aue), 880 Inkunabeln, zahlreiche Nachlässe; unter den Sonderslgg. Romane des 19. Jh.s; Schulgeschichts- und Lesebücher des 19./20. Jh.s. – **Rambach-Bibliothek** in der Landgraf-Karl-Schule: rd. 460 Bde. aus dem 16.-19. Jh. – Sitz des »**Syndikats**« (Vereinigung von Krimi-Autoren, seit 1986) mit **Friedrich-Glauser-Preis**. – **LiteraturBüro**.

R Das eher nüchterne und industrielle **Gießen** bot am Ende des 18. Jh.s noch das Bild eines ma. Städtchens: »keine Straße ist gerade. Die Wälle sind fast überall höher als die Häuser, daher die Stadt in ihren Wällen vergraben liegt«, schrieb der Theologieprof. **Carl Friedrich Bahrdt** (1741-92) in der »Geschichte seines Lebens, seiner Meinungen und Schicksale« (1790 f.). Die von ihm 1773-75 in G. verfassten »Neuesten Offenbarungen Gottes in Bildern und Erzählungen« verspottete **Goethe** in seinem an- und diesbezügl. »Prolog«. – Auf der Ruine **Badenburg** an der Lahn hatten die oberhess. Verschwörer am 3. 7. 1834 eine geheime Zusammenkunft, an der u. a. auch **Georg Büchner** teilnahm. – Östlich von **Lich**, wo der militär. Fachschriftsteller Graf Reinhard I. (gest. 1562) sich eine eigene Druckerei eingerichtet hatte, liegt am Westrand des Vogelsberges **Laubach**. Im L.er Schloss sind das Museum und die 1555 gegründete Bibliothek mit 50 000 Bänden untergebracht, darunter Teile der **Arnsburger** (Lich-A.) Klosterbücherei. Auf dem Ramsberg bei Laubach lebte und starb am 27. 5. 1953 nach Reisen durch Europa die in Kiel geborene Essayistin und Erzählerin **Editha Klipstein** (1880-1953). Ihr Haus gesellschaftl. und künstler. Mittelpunkt; ihr Grab auf dem Laubacher Friedhof, K.-Turm, Auf der Planke 11.

Z Butzbach, Marburg, Wetzlar, Schotten (HE).

GIFHORN/NI

Triangel (Sassenburg-T.)

L »In diesem Haus bin ich aufgewachsen, Triangel, Gau Ost-Hannover, Triangel, BN (British-Niedersachsen), Triangel, 3171, Kreis Gifhorn, Regierungsbezirk Lüneburg, Land Niedersachsen, Bundesrepublik Deutschland, Europa, Erde, Weltall – es gibt einige Gründe dafür, daß die eine Reise hier endet, die andre von hier ausgehen wird …« So **Bernward Vesper**

(1938-71) in »Die Reise« (Ausg. letzter Hand 1979), einem Buch, in dem V. »Auskunft gibt über uns selbst, keine erfreuliche, in seiner Selbstentblößung entblößt er uns mit« (H. Böll). Bernward V. über seinen Vater **Will Vesper** (→ Wuppertal/NW), der seit 1936 das Gut Triangel verwaltete und hier 62 auch gestorben ist: »in hitler, dem aufsteiger, erkannte er sich selbst wieder.« **Hermann Peter Piwitt** über B. Vesper und Triangel in »Deutschland, Versuch einer Heimkehr« (1981).

R Die alte Herzogstadt **Gifhorn** mit dem Schloss (Kreisheimatmuseum) blieb trotz Fabriken und wachsender Erdölindustrie sehenswert. Unweit der Stadt liegt der Heidsee, den **Hermann Löns** (→ Hannover/NI) schwärmerisch beschreibt: »Und dann kommt der große Trumpf, ein dunkler Waldsee mit hellgrüner Uferumrahmung, lustig in der Mittagssonne blitzend und unheimlich glühend, wenn das Abendrot seinen Spiegel färbt ...« Auch **Winkel** (G.-Winkel) am Allerkanal war ein Lieblingsaufenthalt von Löns (»Lönskrug«, »Lönsstein«). – In **Essenrode** (Lehre-E.) wurde am 31. 5. 1750 der spätere Staatskanzler von Preußen, K. A. von Hardenberg, geb. – In **Wittingen** lebte der Liederdichter **Karl J. Ph. Spitta** (→ Hannover/NI) von 1847-53 als Superintendent. – Über seine »Jugend im deutsch-deutschen Grenzland« bei W. **Hans Pleschinski** in »Ostsucht« (1993) und »Die Ost-Heide, das tolle Nichts« (in: T. Steinfeld, Hrsg., »Deutsche Landschaften«, 2003). »Fahrt doch ma nach **Hankensbüttel:** Inne Kirche, anne Degge, sinn putzige Bilder ...« rät **Arno Schmidt** (→ Celle/NI) in: »Kaff auch Mare Crisium« (R. 1960).

S **Künstlerhaus Meinersen** mit interdisziplinären Stipendien.
Z Braunschweig, Celle, Peine, Wolfsburg, Fallersleben (NI).

GLAUCHAU/SN

Museum und Kunstsammlung Schloss Hinterglauchau (Landesgeschichte und »Weberleben«).

Georgius Agricola (eig. **Georg Bauer**), * 24. 3. 1494 G., † 21. 11. 1555 → Chemnitz/SN, Naturforscher und Humanist. In Venedig Mitwirkung an der Edition der Werke von Galen und Hippokrates. Im böhm. Joachimsthal entstand A.s Haupt-W. (»Bermannus sive de re metallica dialogus«, 1530, mit Vorrede von Erasmus von Rotterdam), mit dem A. die Montanwissenschaften begründete. – Geburtshaus nicht erhalten, Gedenktafel mit Porträt Nicolaistraße 1, A.-Gedenkstätte im Museum.

Otto Ruppius, * 1. 2. 1819 G., † 25. 6. 1864 Berlin, Erzähler. Führte in seiner »Webergeschichte« (1846) den schles. Weberaufstand in die überregionale Lit. ein.
A **K. May** war 1861 Hilfslehrer an der Armenschule in G. – Was **August Bebel** (→ Köln/NW) in G. an Weberelend zu sehen bekam, wurde für ihn zum entscheidenden Erlebnis und trug zu seinem Bekenntnis zum Marxismus bei. 1867-77 Wahlreden in G. Gedenktafel am Stadttheater.

Hohenstein-Ernstthal

Museum »Buntes Holz« im Postgut; Memorialmuseum Karl-May-Haus. – Seit 1898 bilden beide Weber-Orte eine Stadt (»Modellpunkt des sozialen Elends der Zeit«, H. Wollschläger 1976). – Aus H. stammt der Naturforscher Christian Ernst Wünsch (1744-1812), der in Beziehung zu H. von Kleist stand. Goethe bedachte ihn für seine »Versuche und Beobachtungen über die Farbe des Lichts« (1792) mit einem bissigen Xenion.

Gotthilf Heinrich Schubert, * 26. 4. 1780 H., † 1. 7. 1860 Laufzorn/Oberbayern, Naturphilosoph und Reiseschriftsteller. Lebte in Freiberg und Dresden, wo er auf die Romantiker wirkte. – W.: Die Symbolik des Traumes (1814), Krankheiten und Störungen der menschlichen Seele (1845). – Geburtshaus: Hinrich-Wichern-Straße 1 (Gedenktafel), Denkmal (1880) vor der Trinitatiskirche.

Karl May (Ps. u. a. **Karl Hohental, Ernst von Linden**), * 25. 2. 1842 E., † 30. 3. 1912 Radebeul (→ Meißen/SN), Verf. von Abenteuer- und Reiseromanen. Mit einer Weltaufl. von mehr als 80 Mio. in 30 Sprachen einer der meistgelesenen dt. Schriftsteller.»Ich bin im niedrigtsten, tiefsten Ardistan geboren, ein Lieblingskind der Not, der Sorge, des Kummers. Mein Vater war ein armer Weber.« M. verließ 1856 E., kehrte aber immer wieder hierher zurück. Über die E.er Zeit in der Aut.»Mein Leben und Streben« (1910). Begann 74 in E. unter Polizeiaufsicht zu schriftstellern (»Die Rose von Ernstthal«, 1875). Mit den im Orient und in Nordamerika spielenden Reiseerzählungen hatte er Erfolg. – W.: Durch die Wüste (1881), Der Schatz im Silbersee (1890), Winnetou (3 Bde., 1893-97), Im Reiche des silbernen Löwen (4 Bde., 1897-1903), Und Friede auf Erden (1904). Werke (Züricher Ausgabe, 33 Bde., Hrsg. H. Wiedenroth und H. Wollschläger 1987 ff.). – Geburtshaus: Karl-May-Straße 54 (Gedenktafel), seit 1985 Gedenkstätte mit Ausstellung zu Leben und Werk sowie zum Weberelend. Die K.-M.-Stätten in E. sind durch Tafeln gekennzeichnet, darunter die Wohnungen Altmarkt 33 (1878-80) und Altmarkt 2 (1880-83). K.-M.-Stein (1942) Karl-May-Straße/Ecke Lungwitzer Straße.

Signor Saltarino (eig. **Hermann Otto**), * 14. 4. 1863 H., † 11. 1. 1941 Düsseldorf, Verf. von im Zirkusmilieu spielenden Erzählungen (»Hopplah. Zwei Geschichten aus dem Circusleben«, 1890; »Kamarin-

Hohenstein-Ernstthal: Karl Mays Geburtshaus

ski«, R. 1896). – Geburtshaus: Weberstraße 8.

Werner Legère, * 28. 5. 1912 H., † 2. 5. 1998 ebd., Kinder- und Jugendbuchautor (»Unter Korsaren verschollen«, 1955), Verf. von hist. Romanen (»Die Stiere von Assur«, 1969). Lebte seit 1954 wieder in H.

🄡 Nördl. von H. die Dörfer **Falken** und **Langenberg**, wo sich **May** 1869 vor der Polizei versteckte, die aber auch Schauplätze früher Erzählungen (»Die Fastnachtsnarren«, 1875) sind. Im Forst bei der L.er Höhe die K.-M.-Höhle, in der er Zuflucht fand. – Südl. von H. **Lichtenstein** mit seinem Schloss, das **Heinrich von Kleist** (→ Frankfurt a. d. O./BB) beeindruckte: »Jetzt habe ich das Schönste auf meiner ganzen Reise gesehen ... Es war das Schloß Lichtenstein.«

Limbach-Oberfrohna

Heimatmuseum »Fronfeste«.

Gert Hofmann, * 29. 1. 1931 L., † 1. 7. 1993 Erding bei München, Erzähler. Lehrte als Germanist an ausländ. Universitäten. In dem Roman »Unsere Eroberung« (1984) beschreibt H. aus der Perspektive von Kindern den ersten Tag nach dem 2. Weltkrieg in L. Ingeborg-Bachmann-Preis (1979). – W.: Die Denunziation (N. 1979), Die Fistelstimme (R. 1980).

R Im nahen **Bräunsdorf** stahl **May** Anfang Juni 1869 aus dem Stall des Gasthofes »Erbschänke« (heute Wohnhaus Hopfenweg 10) ein Pferd und wurde festgenommen. Das ist dasselbe Dorf, in dem die Großeltern von **Heiner Müller** (→ Freiberg/Eppendorf/SN) lebten. M. besuchte dort 1935-38 die Schule. Wohnung: bei den Großeltern Dorfstraße 19, dann Dorfstraße 38.

Meerane

Heimatmuseum.

Erich Knauf, * 21. 2. 1895 M., † (hingerichtet) 2. 5. 1944 → Brandenburg/BB, Publizist und Schlagertexter (»Heimat deine Sterne«, 1941; »Mit Musik geht alles besser«, 1943). 1928-33 Leiter der Büchergilde Gutenberg Berlin, dann Mitarbeiter der UFA.

Günter Ebert, * 19. 2. 1925 M., † 17. 7. 2006 Berlin, Verf. von Kinderbüchern (»Der Junge aus dem Henkerhaus«, 2004) und Lit.-Kritiker. Nach Krieg und Gefangenschaft Journalist. Seit 1964 in Neustrelitz.

Waldenburg

Naturalienkabinett und Heimatmuseum. – Hauptort der Fürsten von Waldenburg-Schönburg.

Zöglinge des Lehrerseminars, August-Bebel-Straße 1: **K. May** (1856-60) und **Slang** (→ Zwickau/Crimmitschau/SN/1909-12). 1921-39 fanden im Schloss die W.er Tafelrunden statt, unter den Gästen **Max Hecker** (→ Weimar/TH) und **Anton Kippenberg** (→ Bremen). Darüber **Otto Eduard Schmidt** (→ Reichenbach/SN) in seinen »Lebenserinnerungen« (1936).

→ Chemnitz, Mittweida, Zwickau (SN); Altenburg (TH).

GÖPPINGEN/BW

Stadtarchiv im »Alten Kasten«. – Städt. Museum im »Storchen« (»Stauferhalle«); Dokumentationsraum für stauf. Geschichte, Kaiserbergsteige 22. – G.er Theatertage.

Göppingen ist Geburtsstadt des »Schwabenvaters« **Friedrich Christian Oetinger** (1702-82) und war – wie Calw – Zentrum der »Stillen im Lande«. Als Stadtpfeifer, Kantor und Kollaborator ließ sich hier der aus Ungarn geflüchtete **Daniel Speer** (1636-1707) nieder. 1683/84 erschien seine stark aut. bestimmte Roman-Tril. »Ungarischer oder Dacianischer Simplicissimus«, »Türkischer Vagant«, »Simplicianischer Lustig-Politischer Haspel-Hannß«; 1689 »Der durch das Schorndorffische und Göppingische Weiber-Volck geschüchterte Hahn«. – **Hermann Hesse** (→ Calw/BW) verbrachte in G. einen Teil seiner Schulzeit (Februar 1890 bis Sommer 91). – Eine Episode aus der Geschichte der württ. Herzöge war Anlass für **Gustav Schwabs** (→ Stuttgart/BW) Ballade »Eberhard der Gütige zu Göppingen am Brunnen«. Die Badequelle war schon seit dem 15. Jh. bekannt, als Gesundbrunnen wurde sie in vielen Reisebeschreibungen gerühmt. – In **Eislingen** unterhalb Staufeneck über Salach ist **Anselm Schott** (1843-96) geb.; 1884 erschien sein dt. Volksmeßbuch: der sog. »Schott«. Der 1903 in Trautenau in Böhmen geb. Schriftsteller, Übersetzer und Journalist **Josef Mühlberger** lebte 35 Jahre bis zu seinem Tod 1985 in Eislingen: »Das Paradies des Herzens« (Erinn. 1982); Gedenktafeln in der Stadtbücherei im Schloss und auf dem Friedhof von **Bärenbach**; Nachlass und Gedenkstube im Schriftgut-Archiv Ostwürttemberg; J.-M.-Preis (seit 1993).

Ebersbach an der Fils

Stadtarchiv (Bibliothek). – Stadtmuseum Alte Post (J. F. Schwahn, F. A. Kauffmann, H. Diem).

A Der Kunstpädagoge und Schriftsteller **Fritz Alexander Kauffmann** (→ Esslingen/Denkendorf/BW) lebte hier 1933-45. Ehem. Areal der Firma K. hinter dem Rathaus; Grab auf dem Friedhof (Marbacher »Spuren« 65/2004).

E Leben und Schicksal des Sonnenwirt-Sohnes **Johann Friedrich Schwa(h)n**, geb. 1729, wegen Raubes und Mordes 1760 verurteilt und in Vaihingen hingerichtet, wurden Thema einer Reihe von Erzählungen, Romanen und Theaterstücken. Am wichtigsten Schillers »Verbrecher aus verlorener Ehre« (Erstdruck 1786 in der »Thalia« u. d. T. »Verbrecher aus Infamie«). Weitere Bearbeitungen: J. F. Abel (1787), H. Kurz (1854), H. Donner (1929). O. Borst, »Die heimlichen Rebellen« (1980).

Geislingen an der Steige

Aus G. stammt der Humanist **Wolfgang Rychart** (1486-1544). – **Ch. F. D. Schubart** (→ Schwäbisch Hall/Obersontheim/BW) war hier 1763-89 Präzeptor, Organist und Hilfsprediger. Er wohnte in der Schloßgasse 3, bezeichnete seine Arbeit als »algierische Sklaverei« und verheiratete sich 1764 mit der Tochter eines Zollbeamten (Erinnerungsstücke im Heimatmuseum). Eine Erinnerungsstunde im »Goldenen Löwen«, »wo dieser arme Bruder in Apoll so manchen guten Schluck getan«, hielt **Eduard Mörike** (→ Ludwigsburg/BW) im Juli 1831. – G. ist auch Geburtsstadt des Dialektdichters **Gustav Schwegelbaur**, dessen »Schwobastroich« v. a. auf der Rauhen Alb spielen. – In G.-**Stötten** lebte zuletzt der nationalsozialistische Autor **Georg Schmückle** (1880-1948), engagierter Autor der NS-Zeit (»Engel Hiltensperger«, R. 1930, Dr. 1936); Grab in Esslingen. – Ev. Akademie **Bad Boll**: Zwischen 1852 und 1919 wirkten hier **Johann Christoph Blumhardt** und sein Sohn **Christoph** als Pfarrer und Therapeuten (»Blumhardts Literatursalon« in der Villa Vopelius; Badfriedhof: Grabstätten von Vater und Sohn Blumhardt). Erinn. an B.s Gäste, u. a. **Eduard Mörike**, **Ottilie Wildermuth** (→ Rottenburg/BW), **Hermann Hesse**, **Gottfried Benn** (→ Perleberg/Mansfeld/BB).

Hohenstaufen (Göppingen-H.)

E Hohenstaufer. Der Staufen, »Deutschlands höchste Kaiserzinne« (H. Knapp), wurde im Zeitalter des erwachenden Nationalismus zu einem symbol., von der Historie romant. verklärten Berg. Erste Impulse bereits Mitte des 18. Jh.s durch J. J. Bodmer und J. G. Herder. Konradin, der letzte Staufer, fand dabei das nachhaltigste Interesse (C. Ph. Conz,

1782; F. M. Klinger, 86; B. Naubert, 88). H.-
Gedichte von J. Kerner, G. Schwab (»der Stau-
fen ist gesunken in abendliche Nacht«), L. Uh-
land (»aller schwäb'schen Berge schönster«); K.
Gerok, A. Knapp. Epoche machte dann F. von
Raumers »Geschichte der Hohenstaufen«,
1823-25. So stammt z. B. von E. Raupach ein
Zyklus von 16 Dramen. Bei A. von Platen,
Ch. D. Grabbe, K. Immermann und C. F.
Meyer blieb es meist bei den Entwürfen. Dra-
men weiterhin: J. G. Fischer, M. Greif, K. Lan-
genbeck, F. Lützkendorf, E. Weiss, B. von Hei-
seler. Gedichte und Balladen: F. Rückert, F.
von Gaudy, M. Graf Strachwitz, G. Herwegh,
F. Dahn, St. George. Außerdem »Christoph
Pechlin« (E. 1873) von W. Raabe sowie P.
Ernsts »Kaiserbuch« (1928). – Zus. mit dem
H. werden auch Rechberg und Stuifen als »Kai-
serberge« angesprochen; »Staufergedächtnis-
stätte« im Wäscherschlößle (O. Rombach). –
Touristikroute »Straße der Staufer«.

Süßen

Johann Georg Fischer, * 25. 10. 1816
Groß-S., † 4. 5. 1897 → Stuttgart/BW, Ly-
riker und Dramatiker. Volksschullehrer,
seit 1848 Gymnasialprof. in Stuttgart. Be-
rühmt als Schillerfestredner. – Geburts-
haus J.-G.-Fischer-Straße 2 (Gedenkta-
fel); Denkmal vor J.-G.-Fischer-Schule. –
Nachlass DLA Marbach.

Z Esslingen, Nürtingen, Schwäbisch Gmünd,
Lorch (BW).

GÖRLITZ/SN

Hochschule Zittau-G.; Oberlausitzische Ge-
sellschaft der Wissenschaften, Ratsarchiv. –
Kulturhistorisches Museum mit Kaisertrutz,
Reichenbacher Turm und Barockhaus Neiß-
straße 30, Schlesisches Museum im Schönhof.
– Theater. – Am 6. 7. 1950 erkannte die DDR
im Kulturhaus der nunmehrigen Nachbarstadt
Zgorzelec die Oder-Neiße-Grenze an.

Adam Puschmann, * 1531/32 G., † 4. 4.
1600 Breslau, Meistersinger. Schüler von
H. Sachs (→ Nürnberg/BY). Betrieb
1561-68 in G. einen Kramladen. Dann
in Breslau, wo P. in der Meistersingerschu-
le mitwirkte und die umfassendste Slg. der
im 16. Jh. gebräuchl. Meistertöne (»Gründ-
licher Bericht des deutschen Meisterge-
sangs«, 1571) veröffentlichte.
Bartholomäus Scultetus, * 14. 5. 1540 G.,
† 21. 6. 1614 ebd., Fachschriftsteller. Rats-
herr und Bürgermeister. Verf. zahlreicher
astronom.-astrolog. Schriften. Forderte
1613 J. Böhme zur Aufgabe seines religiö-
sen »Enthusiasmus« auf. – Wohnung: Pe-
tersstraße 4 (Gedenktafel); die Uhr (1584)
am Alten Rathaus geht auf S. zurück. –
Grab auf dem Nikolaifriedhof.
Martin Moller (auch **M. Moeller**), * 9. 11.
1547 Leißnitz (heute Kropstädt) bei Wit-
tenberg, † 2. 3. 1606 G., Liederdichter
(»Heilger Geist, du Tröster mein«, 1584).
Kam 1566 nach G. und erwarb autodi-
daktisch theolog. Bildung. 1600 Pastor
primarius in G. – Porträt in der Peters-
kirche.
Jakob Böhme, * 1575 Alt-Seidenberg bei
G., † 16. 11. 1624 G., Theosoph und Mys-
tiker, für G. W. F. Hegel (→ Stuttgart/
BW/1817) »der erste deutsche Philosoph«.
Bauernsohn. Schumacherlehre in G. 1599
Bürger von G. Aus der »Offenbarung
Gottes« entwickelte B. eine eigene Welt-
schau, in der jeder Mensch Individuum
und zugleich kollektives Wesen ist. B.s
Frühwerk »Aurora oder Die Morgenröte
im Aufgang« stieß auf Kritik der Obrig-
keit, die ihm fortan bis zum Vorwurf der
Ketzrei Schwierigkeiten bereitete. – W.:
Die Beschreibung der drei Prinzipien gött-
lichen Wesens (1619), De signatura re-
rum (1621). Das Fünklein Mensch. Aus-
gew. Texte (Hrsg. J. Sanchez de Murillo
1997). – Wohnung: 1599 Werkstatt am
Untermarkt und Haus vor dem Neißtor

Görlitz: Grab Jakob Böhmes auf dem Nikolai-friedhof

(1903 abgebrochen), 1610-24 in der heute poln. Neißvorstadt, Daszynskiego 12 (Gedenktafel), erreichbar über die Stadtbrücke, Museum (mit nachgebauter B.-Werkstatt). – Grab auf dem Nikolaifriedhof (Grabstein 1869, Grabplatte 1922), Denkmal (1898) im Stadtpark. B.-Ausstellung in der Nikolaikirche.

Novalis (→ Aschersleben/Oberwiederstedt/ST) über B. (1800): »Du wirst das Reich verkünden,/Das tausend Jahre soll bestehen;/Wirst überschwänglich Wesen finden/Und Jakob Böhmen wiedersehen.« Romane über B.: **Erwin Guido Kolbenheyer** (→ München/BY), »Meister Joachim Pausewang« (1910), **Hans Eberhard von Besser**, »Der silberne Schleier« (1936), **Suse von Hoerner-Heintze**, »Die Schusterkugel« (1954).

Ehrenfried Walther von Tschirnhaus, * 10. 4. 1651 Kieslingswalde bei G., † 11. 10. 1708 Dresden, Naturforscher und Philosoph. 1666-68 Gymnasium in G., dann Studium. Freundschaft mit G. W. Leibniz (→Leipzig/SN). Seit 1692 in sächs. Diensten, in denen T. u. a. die Erfindung des Porzellans vorantrieb. Beeinflusste Ch. Wolff (→ Halle/ST).

Johannes Wüsten (→ Hamburg), der schon seit 1897 seine Kindheit in G. verbracht hatte, leitete seit 1926 die Graphikklasse der »Görlitzer Malschule«. 34 Exil in Prag. – »G.-Trilogie«/Heimatspiele (»Das heilige Grab«, »Die Verrätergasse«, »Trotzkayser«, Hrsg. W. Weissig 1993). – Wohnung: Johannes-Wüsten-Straße 7 (Gedenktafel), Bronzeplastik (1981) von Th. Balden, Klosterplatz 20.

Werner Finck, * 2. 5. 1902 G., † 31. 7. 1978 München, Schauspieler und Kabarettautor. 1929 Gründung der Berliner »Katakombe«, 35 Verhaftung. 1937-39 beim Berliner »Kabarett der Komiker«. Nach 45 in der Hamburger »Mausefalle« und der Münchner »Lach- und Schießgesellschaft«. – W.: Finckenschläge. Ausgabe letzter Hand (1965); Alter Narr, was nun? (Aut. 1972). – Geburtshaus: Grüner Graben/Ecke Demianiplatz, Erinnerungen in der Apotheke.

🅰 Der aus G. kommende **Tobias Kober** (um 1570-nach 1612) machte die Türkenkriege in seinen lat. Stücken (»Mars sive Zedlicus«, 1596) erstmals zum Gegenstand der Lit. – G.er auch der Lyriker **Gottfried Hegenitz** (1598-zw. 1646-69), Verf. des ersten Niederlande-Reiseführers (»Itinerarium Frisio-Holandicum«, 1630). – Die in M. Opitz' (→ Heidelberg/BW) »Aristarchus« (1617) geäußerten Gedanken von der Schönheit der dt. Sprache und der Notwendigkeit dt. Kunstgedichte gehen auf H. zurück. 1608-15 G.er Gymnasialrektor. – Schüler des Gymnasiums: **Andreas Gryphius** (1616-64/1631) und der 1663 im östl. der Neiße gelegenen Radmeritz geborene **Heinrich Anshelm von Ziegler und Kliphausen** (→ Leipzig/Liebertwolkwitz/SN/1679-82). Rektor in der Aufklärungszeit: **Samuel Großer** (1651-1736), der die erste Geschichte der Oberlausitz verfasste. – **Johann Burkhard Mencke**

(→ Leipzig/SN) gründete 1697 die G.er Poetische Gesellschaft, aus der 1727 die berühmte Leipziger Deutsche Gesellschaft hervorging. – **Jan Hórcanski** (→ Zittau/Löbau/SN) war von 1759 bis zu seinem Tod 99 Lehrer am G.er Gymnasium und gehörte zu den ersten Mitgliedern der Oberlausitzischen Gesellschaft der Wissenschaften. **Goethe** (→ Frankfurt a. M./HE) kam im Sommer 1790 zweimal durch G. Wohnung »Brauner Hirsch« Untermarkt 26; Denkmal (1902) Blockhaus-/Ecke Goethestraße. An G. erinnert auch das Grab der 1865 als Insassin der Kahlbaumschen Nervenheilanstalt in G. gestorbenen **Minchen Herzlieb** (→ Jena/TH) auf dem Nikolaifriedhof. Auf der Grabtafel: »Goethes Liebe verklärte Dir einst die glückliche Jugend,/Goethe-Liebe, sie schmückt Dir das erlösende Grab.« H. **Lauerwald**, Goethes Minchen in Görlitz. Erzählung (2005). – **Theodor Körner** (→ Dresden/SN) war mehrmals in G. 1809 als Besucher der Oberlausitzischen Gesellschaft der Wissenschaften, 1813 als Lützower Jäger mit seinem Freund **Otto Heinrich von Loeben** (→ Dresden/SN). Gedenkstein (1895) auf der Landeskrone, dem G.er Hausberg. – 1813 kam auch **Ernst Moritz Arndt** (→ Rügen/MV). Langenstraße 41 (Gedenktafel). – G.er war der von L. Tieck (→ Berlin) geförderte Dramatiker (»Alexander und Darius«, 1827) **Friedrich von Uechtritz** (1800-75), der seit 1863 wieder in G. lebte. Wohnung: Alexander-Puschkin-Straße 10. – Auch **Gustav von Moser** (→ Berlin), der bis 1856 in G. war, kehrte 89 hierher zurück. Die Aut. »Vom Leutnant zum Lustspieldichter« (Aut. 1908) entstand in G., wo M. 1903 starb. Sterbehaus: Elisabethstraße 16 (Gedenktafel). – **Paul Mühsam** (→ Brandenburg/BB) führte 1905-33 in G. eine Anwaltskanzlei und schrieb an seinem Gedichtbuch »Sonette aus der Einsamkeit« (1926).

Gerhart Hauptmann (→ Berlin) machte in den 20er und 30er Jahren auf dem Weg in sein Agnetendorfer Haus oft in G. Station, zumal das G.er Theater viele seiner Dramen aufführte. Deshalb trug es zur DDR-Zeit den Namen des Dichters. – Der baltendeutsche Erzähler **Herbert von Hoerner** (1884-1950) lebte 1920-39 in G., schrieb hier in seiner Heimat spielende Novellen (»Die Kutscherin des Zaren«, 1936; »Der graue Reiter«, 1940) und übersetzte die großen russ. Autoren. – **Arno Schmidt** (→ Hamburg) übersiedelte nach dem Tod des Vaters mit der Mutter ins schles. Lauban und besuchte 1932/33 die Oberrealschule in G. (Ostern 33 das Abitur). In dem Aufsatz »Begegnung mit Fouqué« (1959) berichtet Sch., wie er den Romantiker in der G.er Schulbibliothek entdeckte. – In der G.er Stadthalle, in der noch 1938 W. **Finck** (»Und jetzt bitte den rechten Arm hoch – 33 … Was soll denn das heißen? … Aufgehobene Rechte.«) aufgetreten war, hielt J. Goebbels am 8. 3. 1945 seine letzte Propagandarede.

L Aus der Zeit der G.er Zunftkämpfe ist der Tuchmacheraufstand (1527) in Erinnerung geblieben. Langenstraße 12 (Gedenktafel). In der »Verrätergasse« die die Aufständischen diffamierende Inschrift »D.V.R.T. 1527« (Der verräterischen Rotte Tür). Die Aufzeichnungen des G.er Chronisten **Johannes Hass** Quelle der Heimatspiele: Zuletzt **Hermann Rueth** (»Der verräterischen Rotte Tor«, 2003). – Historisch gesehen, ist G. der Oberlausitz zuzurechnen, doch gehörte die Stadt 1815-1945 zu Schlesien, dem sie kulturell und sprachlich eng verbunden ist. In der dem Niederschlesischen sehr ähnl. Stadtmundart schrieben **Emil Barber** (1857-1917), »Aus derr Heemte« (1885), und **Wilhelm Kirchner** (1879-1961), »Ernst und Spoß fer jeden wos!« (1925). – Mit G. verbunden die Romane: **Albert Klaus** (1905-83),

»Die Hungernden« (1932), **Hugo Hartung** (→ Reichenbach/SN), »Gewiegt von Regen und Wind« (1953).

S Oberlausitzische Gesellschaft der Wissenschaften (gegr. 1779), Neißstraße 30, eine Institution der Aufklärung. Mitglieder u. a.: J. Grimm (→ Hanau/HE), A. von Humboldt (→ Berlin), J. G. Fichte (→ Bischofswerda/Rammenau/SN), A. H. Hoffmann von Fallersleben (→ Wolfsburg/NI). Aus der Gesellschaft hervorgegangen die **Oberlausitzische Bibliothek der Wissenschaften** mit mehr als 100 000 Bd. (darunter eine bedeutende Flugschriften-Slg. und seltene J.-Böhme-Drucke).

B W. Haupt, Görlitzer Sagen, 2001; E.-H. Lemper, Görlitz. Eine historische Topographie, 2001; St. Pfeiffer, Görlitz-Zgorzelec. Zwei Seiten einer Stadt, 2005.

Z Bautzen, Niesky, Zittau (SN). Jenseits der Grenze in Polen: Bolesławiec/Bunzlau (M. Opitz, A. Tscherning, A. Scultetus, H. Gerlach), Jelenia Góra/Hirschberg (H. W. Salice-Contessa, G. Hauptmann, G. Heym), Zawidów/Seidenberg (J. Böhme), Zgorzelec/Görlitz (J. Böhme).

GOSLAR/NI

»Durch die Wolken fällt hell / Auf die Stadt ein Geleucht. / Der Dachschiefer glänzt, / Silbergrau, feucht. / Im Lichte scheint / Die Stadt alt, uralt. / Die Kaiserpfalz kam aus dem Wald.« (Friedrich Georg Jünger, 1952)

G.er Museum, Huldigungssaal im Rathaus (Evangeliar, um 1230), Mönchehaus Museum für moderne Kunst. – Kulturpreis der Stadt G. (seit 1955). – G.er Kulturtage.

Aus G. stammt Adolf Grimme (1889-1963), Pädagoge, Kultusminister, NWDR-Generaldirektor.

A In der Romanik Zentrum der Buchillustration und -malerei. **Konemann von Jerxheim** (um 1240/50), Verfasser des in G. geschriebenen Versewerkes »Sunte Marien wortegade«, war von 1275-85 Pfarrer an St. Thomas. **Antonius Corvinus** (→

Goslar: Das Mönchehaus Museum für moderne Kunst

Hannover/NI) wirkte als Prediger in G. – **Georg Klee** (gen. **Thym**/um 1520-60), kam 1551 als Rektor nach G., seit 54 in Wernigerode. Schöpfte aus dem Sagenkreis Heinrichs des Löwen sein vielbeachtetes (und 1926 durch E. König in Prosa erneuertes) Buch »Thedel von Wallmoden« (1558). 1647 starb in G. der Dramatiker **Johannes Nendorf** aus → Verden/NI. Der Schriftsteller und Lit.-Wissenschaftler **Friedrich Ludewig Bouterweck** (→ Göttingen/NI) besuchte die Stadtschule.

Goethe (→ Frankfurt a. M./HE), dreimal den Harz bereisend (Dezember 1777, September 83, August/September 84 → Clausthal-Zellerfeld/NI), hat auf der 1. Reise in G. im Gasthaus Scheffler, Worthstraße 2 (heute Schule/Gedenktafel), gewohnt. »Hier bin ich nun wieder in Mauern und Dächern des Altertums versenkt«, schrieb er an Frau von Stein (4. 12. 1777). Er entdeckte manch »lieblichen Fleck« und empfand hier »eine reine Ruhe und Sicherheit«. G. besichtigte das damals schon 800 Jahre alte Erzbergwerk Rammelsberg. In der »Campagne in Frankreich« erwähnt G. Goslar. – Romantische Verherrlichung des MA.s löste der Besuch in G. (1802) bei **Achim von Arnim** (→ Berlin) aus: »Die engen Gassen mit dem durchfließenden Strome, der Marktplatz mit den alten Gebäuden und Schnitzwerk, die Ruhe umher, alle Erinnerungen erwachen, mit ihnen meine alte heiße Sehnsucht nach jener schöneren Zeit«: z. T. wortwörtlich übernommen in der Gesch. »Armut, Reichtum, Schuld und Buße der Gräfin Dolores« (1810). Skeptisch und sarkastisch dagegen **Heinrich Heine** (→ Düsseldorf/NW) 1824: »Ich fand ein Nest mit meistens schmalen, labyrinthisch krummen Straßen ... und ein Pflaster, so holprig wie Berliner Hexameter« (eine ausführliche Schilderung der Innenstadt G.s in den »Reisebildern«). Die einzig erfreuliche Episode soll sich in einem Hause am Hohen Weg ereignet haben: Dort sah Heine jenes »wunderschöne Lockenköpfchen«, das er im Gedicht »Bergidylle« verewigte. Gedenktafel für Heine an der Domvorhalle.

Im Frühjahr 1899 kam **Peter Hille** (→Bad Driburg/Erwitzen/NW) im Keitel'schen »Gasthaus am Breiten Tor« und im »Brusttuch« unter. Über seine Ankunft: »Schon als ich mich im Zuge von Vienenburg her Goslar näherte, wehte es mir der Wind zu, dass diese Stadt etwas sehr Schönes und Kostbares sei.« Zwei Gedichte dazu: »Maifrühe bei Goslar« und »Waldesstimme«. – Andere lit. berühmte Gäste waren der englische Romantiker **William Wordsworth** (im Winter 1798/99) und

der Däne **Hans Christian Andersen** (1831). – Zusammenfassend konstatiert **Ricarda Huch** (→ Braunschweig/NI), die oft in G. war: »Bald mahnt den Wanderer romantische Phantastik an die Berg- und Waldstadt, bald eine große Linie an die Kaiser, die sie gründeten, bald ein traulichholder Winkel an die eingeschränkte Welt frommer Bürger« (1927).

L Sagen umranken die Stadt: die vom Ritter Ramm, dessen scharrendes Pferd die erste Silberader des Rammelsberges freigelegt haben soll, »Berg mit dem silbernen Fuß« hat **Ricarda Huch** ihn genannt. Oder die Gründungssage, der zufolge König Heinrich auf der Jagd von seinem Lagerplatz an der Gose so angetan war, dass er schwor, dort eine Pfalz zu errichten. Die ma. Blütezeit G.s unter Heinrich IV. steht im Mittelpunkt vieler Balladen, so von **Gustav Schwab** (→ Stuttgart/BW) und **Albert Möser** (→ Göttingen/NI). Auch die Tragödie »Heinrich und Heinrichs Geschlecht« (1896) von **Ernst von Wildenbruch** (→ Berlin) spielt u. a. in G., ebenso die hist. N. von **Hermann Wilhelm Hoffmeister** (1839-1916) »Am Kaiserhof zu Goslar« (1889). – »Acht Geschichten zu den Wandgemälden im Kaisersaal« schrieb 1902 **Hermann Tiemann** (»Im Kaiserhause zu Goslar«). – Passagen zu G. und Harzburg in **Th. Fontanes** (→ Neuruppin/BB) R. »Cécile« (1887). – Häufige Erwähnung G.s in den Romanen (»Schüdderump« u. a.) **Wilhelm Raabes** (→ Holzminden/Eschershausen/NI). Über die »Karawanserei der deutschen Wandermonarchen« auch **Gustav Faber** (→ Müllheim/Badenweiler/BW) in »Denk ich an Deutschland ...« (1975). – **Paul Ernsts** (Clausthal-Zellerfeld) »Kaiserbuch« (1922-28) und »Der Schatz im Morgenbrotstal« (1926) enthalten En. aus G.; der R. »Das Glück von Lauthental« (1933) beginnt hier. – »Goslarer Stücke« verfasste **Ernst Jünger** (→ Saulgau/Wilflingen/BW), der zeitweise in G. lebte, und fügte sie ein in »Das abenteuerliche Herz« (1929). Die Richtstätte »Köppelsbleek« am Georgenberg nahm er in den Roman »Auf den Marmorklippen« (1939) auf. – »Sagen und Geschichten aus dem

Harz« (1971) und »Kleine Goslarer Volkskunde« (1974) von **Ursula Vollbrecht**; **H. Hahnemann**, »G. im Spiegel der Literatur« (1980).

Clausthal-Zellerfeld

Techn. Universität (Naturw. Bibliothek). – Calvörsche Bibliothek (Hss. aus der Reformationszeit). – Oberharzer Bergwerks- und Heimatmuseum.

Johann Friedrich Löwen, * 13. 9. 1727 C., † 23. 12. 1771 → Rostock/MV, Lyriker und Dramatiker der Aufklärung und der Empfindsamkeit, Theaterhistoriker (»Geschichte des deutschen Theaters«, 1766). Gründer und Direktor des Nationaltheaters in Hamburg (1767). Ab 1768 Registrator in Rostock. – »Ges. Schriften« (1765 f.).

Georg Schulze, * 30. 12. 1807 C., † 2. 9. 1866 Scharzfeld, Mitarbeiter am Grimmschen Wörterbuch (→ Hanau/HE) und Sagensammler. Gab 1833 »Harzgedichte« heraus und schrieb Dialektgedichte (»Ewerharzische Zitter«, 1878/79).

Julius Adolf Ey, * 18. 1. 1844, † 18. 9. 1934 Hannover. Seine 1914 ersch. »Bekenntnisse eines alten Schulmeisters« berichten aus C., teilw. über die gleichen Ereignisse (Hinrichtung einer Kindsmörderin u. a.) wie Paul Ernst. – Geburtshaus Osterode-Straße.

Otto Erich Hartleben, * 3. 6. 1864 C., † 12. 2. 1905 Salò/Gardasee, Lyriker, Dramatiker und Erzähler des Naturalismus; Verspotter enger Moralvorstellungen. Seit 1890 freier Schriftsteller in → Berlin und München. Sein größter Bühnenerfolg: »Rosenmontag« (1900). – »Ausgew. Werke« (hg. F. F. Heitmüller, 1909). – Geburtshaus Rollstraße 36 (Gedenktafel). – Teilnachlass BSB, Slg. StB Hannover. – Freundeskreis »Halkyonische Akademie für unangewandte Wissenschaften zu Salò«.

Paul Ernst, * 7. 3. 1866 Elbingerode, † 13. 5. 1933 St. Georgen/Steiermark. Begann als Naturalist, später bedeutender Vertreter des Neoklassizismus, Erneuerer der Novellenform, seit 1900 freier Schriftsteller. Lebte u. a. in → Berlin, 1904/05 in → Düsseldorf/NW, seit 1918 in Oberbayern, seit 25 in der Steiermark. – W.: Demetrios (Tr. 1905); Der Weg zur Form (Ess. 1906); Erdachte Gespräche (1921); Das Kaiserbuch (Ep. 1922-28); Ges. Werke (1927 ff.). – Wohnungen u. a. Schulstraße 17 (bei »Tante Meier«), Rollstraße 23 (1877-84/ Gedenktafel). – In seinen »Jugenderinnerungen« (1930) berichtet E. detailliert über das Leben in C. – »Der junge Paul Ernst. 1866-86«, in: Jb. 1937 der P.-E.-Gesellschaft. – Nachlass DLA Marbach; Bibliothek UB Bochum.

Carl Heinz Kurz, * 23. 9. 1920 C., † 1993 Göttingen. Nach Kriegsteilnahme Studium in Göttingen und Prag. Vielseitiger Schriftsteller mit einem umfangreichen Werk: Reiseskizzen, biographische Studien, auch zur literarischen Landeskunde Niedersachsens. – W.: Wohin ich auch ging. Reiseskizzen in lyrischer Prosa (1980); Sagen aus dem südlichen Niedersachsen (1980); Der Sänger mit dem hohen Hut. Memoiren (1982, 83); Liebesbriefe an den Harz (Ess. 1977).

A Goethe (→ Frankfurt a. M./HE) erreichte auf seiner 1. Harzreise am 7. Dezember 1777 Clausthal. Tags darauf fuhr er in die Grube Dorothea (der Weg von C. dorthin seit 1977 G.-Weg), Caroline und Benedicte ein. Das heute im Oberbergamt aufbewahrte Gästebuch der Grube Dorothea vermerkt: »Johann Wilhelm Weber aus Darmstadt, den 8. Dez. 1777« (Goethe reiste incognito). Geolog. und mineralog. Studien veranlassten G. zur 2. und 3. Harzreise: September 1783 zu Besuch bei dem Vizeberghauptmann F. W. H. von Trebra in Zellerfeld (». . .

ich finde, ich sei auf dem rechten Wege mit meinen Spekulationen über die alte Kruste der neuen Welt«), August 84 im Gefolge des Herzogs Carl August von Weimar; Fragment »Über den Granit«, 1784. Lothar Meyer, populärwiss. Schriftsteller, schrieb dazu die Clausthal-Erzählung »Goetheberg« (1977). – 1784 heiratete Caroline Michaelis (→ Göttingen/NI) den Bergarzt J. F. W. Böhmer in C. und lebte hier bis 1788: »Diese Gegenden fangen an, mir zu gefallen, da ich sie näher kennen lerne. Clausthal sieht von vielen Seiten äußerst hübsch aus«. – Mit den Verhältnissen der Bergarbeiter beschäftigte sich 1826 Heinrich Heine (→ Düsseldorf/NW): »Ich besuchte mehrere dieser wackeren Leute, betrachtete ihre kleine häusliche Einrichtung, hörte einige ihrer Lieder ... So stillstehend ruhig auch das Leben dieser Leute erscheint, so ist es dennoch ein wahrhaftiges, lebendiges Leben.«

R »Es grüne die Tanne, es wachse das Erz ...«, heißt ein Oberharzer Volksspruch. Es wuchs v. a. in den »Sieben Bergstädten« (**Otto von Heinemann**/→ Helmstedt/NI), zu deren »geheimem und vornehmem Zentrum« **Clausthal** durch seine Bergakademie wurde (K. Krolow). – Bei **Hahnenklee-Bockswiese** (Goslar-H.-B.) spielt u. a. **Paul Ernsts** Roman »Der Schatz im Morgenbrotstal« (1926), in **Lautenthal** »Das Glück von Lautenthal« (1932). In **Wilhelm Raabes** (→ Holzminden/Eschershausen/NI) Novelle »Die Innerste« (1876) besitzen L. im »wilden Harz« und Wildemann ebenfalls topograph. Bedeutung: »... diese arme herzynische Najade oder Nymphe (die Innerste) ... Wildemann nimmt sie beim Schopfe, Lautenthal und Langelsheim mit ihren Hütten und Pochwerken tun ihr alle erdenkliche Schmach an.« – Am Abend des 9. Dezember 1777 ritt **Goethe** von Clausthal nach **Altenau**, nahm Wohnung im Rathaus (Markt 2,

noch heute Hotel: »Nirgends im Harz kann man so goethenah wohnen wie in diesem Haus«, R. Denecke) und brach am 10. noch im Dunkeln zum Brocken auf. Erreichte in der Frühe die Försterei **Torfhaus**, an der Stelle gelegen, wo heute die Straße nach A. von der B 4 abbiegt (Erinnerungstafel). G.s Weg auf den Brocken, 1881 von H. Pröhle ausgemacht, 92 als »Goetheweg« bezeichnet, 1975 bis zur damaligen DDR-Grenze ausgeschildert, heute wieder grenzenlos frei.

In **Altenau**, in der Breiten Straße 3, Gedenktafel für den Heimatdichter **Karl Reinecke** (1885-1943), Verfasser u. a. eines »Harzheimat«-Buches (1924); Grab auf dem Bergfriedhof. – In **St. Andreasberg** im Rathaus übernachtete **Goethe** am 12. Dezember 1777 (Einfahrt in die Grube Samson, heute hist. Silbererzbergwerk) sowie auf der 2. Harzreise mit F. W. H. von Trebra am 22. September 1783, nach einer ausgedehnten Exkursion vom Brocken herab über Kaiserweg, Oderteich und Rehberger Graben, wo heute der Name »Goethe-Platz« die Entdeckung des »Übergangsgesteins« markiert. Rektor und Diakon in St. A. war **Erich Christian Heinrich Dannenberg** (1747-1805), von dem »Der Harz – Gedicht in sieben Gesängen« stammt (1781). Der auf die Heide eingeschworene **Hermann Löns** (→ Hannover/NI) äußerte sich kritisch über St. A.: »Selbst im Winter ist Andreasberg alles voll Stadtleuten, die vor Langeweile mit Kinderschlitten die Berge herunterrutschen.« Über die Entwicklung des Skisports informiert u. a. das Heimatmuseum in **Braunlage**; dort auch Bücherei mit Werken seit 1700. – Bei **Bad Sachsa** befindet sich der 1910 angelegte »Märchengrund«, Grenzlandmuseum.

Bad Harzburg

Rudolf Huch (Ps. **A. Schuster**), * 28. 2. 1862 Porto Alegre/Brasilien, † 12. 1. 1943 Bad H., Grab auf dem Hauptfriedhof Braunschweig. Erzähler und kulturkrit. Essayist, schildert den Weg des dt. Kleinbürgertums zur Bourgeoisie. Bruder von Ricarda H. Ab 1888 Rechtsanwalt und Notar in → Wolfenbüttel/NI, 1897 bis zu seinem Tod (unterbrochen durch Helmstedter Aufenthalt 1915-20) in Bad H. – W.: Aus dem Tagebuch eines Höhlenmolches (R. 1896); Mehr Goethe (Es. 1899); Komödianten des Lebens (R. 1906); Die Rübenstädter (R. 1910); Altmännersommer (R. 1925); Humorist. Erzählungen (1936); Mein Weg (Aut. 1937). – Nachlass StB Braunschweig.

A **Wilhelm Raabe** (→ Holzminden/Eschershausen/NI) wohnte 1873 als Sommergast in Bad H., Kurhausstraße 6, und begann dort die Erzählung »Zum wilden Mann«, die in der Bündheimer Apotheke (jetzt Markthotel, Breite Straße 38) spielt. 1874 erneut Sommeraufenthalt in Bad H. Auf dem Grundstück Sternstraße 19 konzipierte R. die E. »Frau Salome«. – Der Romancier (»Eisland«, 1928) und Sachbuchautor **Hellmuth Unger** (1891-1953 → Nordhausen/TH) lebte abwechselnd in Berlin und Bad. H.

L »Keine Feste des alten Sachsenlandes kann sich an Berühmtheit mit der Harzburg messen, keine ist für den Freund der Geschichte merkwürdiger, um keine hat die Sage üppiger und phantastischer ihre Ranken geschlungen«: **Otto von Heinemann** (→ Helmstedt/NI) in »Das Königreich Hannover und das Herzogtum Braunschweig« (n. 1977). **Hans-Heinrich Welchert**: »In Bad H. kann man . . . mit der Schwebebahn in das 11. Jahrhundert fahren.« Zitate und Verweise auf das anonyme »Carmen de bello saxonico«, **Lampert von Hersfeld** (→ Bad Hersfeld/HE), »Das Lied vom tausendjährigen Kaiserbrunnen«, »Canossa«-Obelisk und »Kaiserweg«, Heinrichs IV. Fluchtweg (»Der Wald verschlang den Mann . . .«: **Paul Ernst** im »Kaiserbuch«). In den Burganlagen auch Gedenkstein für **Ludwig Uhland** (→ Tübingen/BW), der 1842 von dort aus eine Wanderung nach dem Brocken unternahm.

S »Harzburger Eselohr« – H.er Jugendliteraturpreis.

Vienenburg

A **August Winnig** (→ Bad Blankenburg/TH) kam nach 1945 (»Aus zwanzig Jahren«, Erinn. 1948) nach V., wo er anfangs auf der Domäne lebte, ab 1948 in seinem Haus »Frührot« im Ortsteil Wöltingerode. Grab auf dem Waldfriedhof Goslar.

R Aus **Oker** stammt **Friedrich L. Bouterweck**, Poet und Philosoph (→ Göttingen/NI), von dessen »Virtualismus« A. Schopenhauer (→ Frankfurt a. M./HE) Anregungen empfing. Im Faktoreigebäude (Brunnenstraße 29) der Messinghütte von O. war **Goethe** auf seiner 1. Harzreise am 6. Dezember 1777 Gast des »Zehntgegenschreibers« Volkmar. Auf der 3. Harzreise brach G. am 3. September 1784 von O. aus zur Wanderung nach dem Brocken auf.

B R. Denecke, Hrsg., Romantische Harzreisen, 1969; Ch. u. M. Meissner, In der Freiheit der Berge. Auf Goethes Spuren im Harz, 1989; G. Schwedt, Literarische Harzreise, 1998 (ausführliche und erschöpfende Darstellung aller im Harz reisender Dichter von Arnim bis Wolff).

Z Bad Gandersheim (NI); Blankenburg (ST); Braunschweig (NI); Brocken, Elbingerode, Halberstadt (ST); Hildesheim, Osterode (NI); Wernigerode (ST); Wolfenbüttel (NI).

GOTHA/TH

Thüringisches Staatsarchiv. – Schloss Friedenstein mit Schlossmuseum und Museum für Regionalgeschichte und Volkskunde (Ausstellung zur Theatergeschichte); Museum der Natur. – Ekhoftheater (eines der ältesten dt. Schlosstheater), Gastspielaufführungen im Sommer. – Gothardusfest in Erinnerung an den Stadtpatron (Godehard von Hildesheim) Anfang Mai. – 1640-1918 Residenz der Herzöge von Sachsen-G. bzw. von Sachsen-Coburg und G.

Gotha: Schloss Friedenstein. Kupferstich 1656

Heinrich von Friemar d. Ä., *um 1245 Friemar bei G., † 18. 10. 1340 Erfurt, Theologe. Um 1265 Klosterjahre in G. 1305-12 Prof. in Paris. Aus H.s Traktaten ragt heraus: »De decem praeceptis«, eine Erklärung der »10 Gebote«.

Conradus Mutianus Rufus (eig. **Conrad Muth**), * 16. 10. 1471 Homberg bei Fritzlar, † 30. 3. 1526 G., einer der wirkungsreichsten Humanisten. Seit 1503 Kanonikus am G.er Marienstift. Briefwechsel u. a. mit Erasmus, J. Reuchlin (→ Pforzheim/BW), W. Pirckheimer (→ Nürnberg/BY). – M.s nicht mehr vorhandenes Haus »Beata Tranquilitas« (Seelige Ruhe) unterhalb der Burg (heute Schloss) war Mittelpunkt des »Mutianischen Humanistenkreises«.

Unter M.s Besuchern: **Georg Spalatin** (→ Altenburg/TH/1504); **Johannes Trithemius** (→ Trier/Trittenheim/RP/1505); **Ulrich von Hutten** (→ Schlüchtern/HE/1506); **Crotus Rubianus** (→ Arnstadt/TH/1524), **Eoban Hessus** (→ Marburg/HE/1524).

Friedrich Myconius (eig. **F. Mekum**) * 26. 12. 1491 Lichtenfels/Oberfranken, † 7. 4. 1546 G., Theologe. Seit 1524 in G., wo er »die stürmisch begonnene Reformation in seine Hand« nehmen sollte. – W.: Geschichte der Reformation (entst. 1541, Hrsg. O. Clemen 1914). – Wohnung: Myconiusplatz 1 (Gedenktafel); Grabstein in der benachbarten Augustinerklosterkirche.

Johann Stigel (auch **Ioannes Stigelius**) * 13. 5. 1515 Friemar bei G., † 11. 2. 1562 → Jena/TH, Rhetoriker und neulat. Dichter. 1522-31 Schulbesuch in G. (»ist Heimat mir, rings prangend von üppigen Fluren«). Prof. in → Wittenberg/ST und Jena. – W.: Poemata (8 Bücher, 1566-69).

Ernst der Fromme, Herzog **von Sachsen-G.**, * 25. 7. 1601 Altenburg, † 26. 3. 1675 G., Schulreformer (1642 erstes dt. Schulpflichtgesetz) – Über dem Hauptportal des von E. erbauten Schlosses Friedenstein Spruchband-Strophe nach dem 85. Psalm (»Mit Gott ihr Friede macht / so wird sich Friede finden«). – Grab Margarethenkirche am Neumarkt; Denkmal (1904) vor dem Schloss.

Modell stand das G.er Herzogtum für **Veit Ludwig von Seckendorffs** (→ Altenburg/Meuselwitz/TH/, 1645-64 in G.), »Teutschen Fürsten-Staat« (1656), lange »das beliebteste Handbuch der deutschen Politik« (L. von Ranke 1872). – Ernsts Sohn **Friedrich I.** (1646-91) hinterließ »Tagebücher« (Hrsg. R. Jacobsen 1999-2002), »die ihm als Mitglied der Fruchtbringenden Gesellschaft alle Ehre machen«.

Andreas Reyher, * 4. 5. 1601 Heinrichs (→ Suhl/TH), † 2. 4. 1673 G., Reformpädagoge und Schulbuch-Verf. Seit 1641

Rektor. R.s »Schulmethodus« (1642) gilt als die »Gründungsurkunde der deutschen Volksschule« (W. Flitner), der »Kurze Unterricht von Natürlichen Dingen« (1657) als erstes dt. Schullesebuch. – Schüler u. a.: **Georg Neumark** (→ Bad Langensalza/TH/1641) und **August Hermann Francke** (→ Halle/ST/1676/77).

Ludwig Andreas Gotter, * 26. 5. 1661 G., † 19. 9. 1735 ebd., Liederdichter (»Herr Jesu, Gnadensonne«, 1695). Großvater von F. W. Gotter. Lange wirksam G.s »Erbauliche Passionsgedancken« (1735).

Luise Dorothee, Herzogin von Sachsen-G. und Altenburg, * 10. 8. 1710 Coburg, † 22. 10. 1767 G. Sorgte für den Einzug der europ. Lit. am G.er Hof. Hinterließ eine franz. Korrespondenz (Hrsg. B. Raschke 1998) mit Voltaire.
Von L.s Besuchern ragen heraus: **Voltaire** (→ Potsdam/BB/1753), **Johann Christoph Gottsched** und seine Frau **Luise G.** (→ Leipzig/SN/54). – L.s ältester Sohn Ernst II. (1745-1804) war mit Goethe befreundet. Über ihn **Hjalmar Kutzleb**, »Herzog Sterngucker« (R. 1950).

Emmanuel Christoph Klüpfel, * 29. 1. 1712 Hattenhofen bei Tübingen, † 21. 11. 1776 G. Gab ab 1763 den berühmten »Almanac de Gotha« (Gothaischer Hof-Kalender) heraus, den »Gotha«, wie man ihn bald nannte.

Friedrich Melchior von Grimm (→ Regensburg/BY) begann 1753 für Luise Dorothee Berichte über franz. Lit. und das Leben in Paris zu schreiben (»Correspondence litteraire«, 1753-92). 1790 fand G. Asyl in G., bis zu seinem Tod 1807 um ihn ein lit. Kreis.

Ludwig Christian Lichtenberg, * 5. 1. 1737 Ober-Ramstadt bei Darmstadt, † 29. 3. 1812 G., Archivar und Zss.-Hrsg. Seit 1765 in G., nach Klöpfels Tod Hrsg. des »Almanac de Gotha«. – **Georg Christoph Lichtenberg** (→ Darmstadt/Ober-Ram-

stadt/HE) besuchte seinen Bruder 1767-74 mehrmals in G.

Schack Hermann Ewald (eig. **Jacques H. E.**), * 6. 2. 1745 G., † 5. 5. 1822 ebd., Oden-Dichter (1772) und Hrsg. der »Gothaischen Gelehrten Zeitung« (1774-1804). Enge Kontakte zum »Göttinger Hain«.

Friedrich Wilhelm Gotter, * 3. 9. 1746 G., † 18. 3. 1797 ebd., Lyriker und Übersetzer, Verf. von Singspielen und Melodramen. Ab 1772 dauernd in G., wo er mit Stücken und Libretti (»Romeo und Julie«, 1779; »Die Geisterinsel«, 1797) nachhaltige Wirkungen erzielte. Aus G.s Liebhabertheater ging das von Conrad Ekhof (1720-78) geleitete G.er Hoftheater hervor, an dem die Schauspieler erstmals in Dtl. fest angestellt waren. – Nachlass LFB G.

Johann Caspar Steube, * 25. 1. 1747 G. † 12. 4. 1795 Stedtfeld bei Eisenach, Verf. einer krit. Aut. (»Wanderschaften und Schicksale«, 1791, u. d. T. »Von Amsterdam nach Temeswar« n. J. Golz 1969).

Johann Georg August Galletti, * 19. 8. 1750 Altenburg, † 26. 3. 1828 G., Historiker. Gymnasiallehrer in G. – W.: Lehrbuch für die Thüringer Geschichte (1795); Geschichte der französischen Revolution (1808-11). – Nachruhm erwarb G. aber mit unter seinem Namen (»Gallettiana«, Hrsg. G. Parthey 1866, n. G. Schaumann 1995) posthum erschienenen »Kathederblüten«. Darüber: Kurt Tucholsky (→ Berlin), »Gallettiana – Südamerika ist krumm« (1929). – Grabstein im Kreuzgang des Augustinerklosters.

Heinrich August Ottokar Reichard, * 3. 3. 1751 G., † 17. 10. 1828 ebd., Theaterleiter und -kritiker, Hrsg. und Übersetzer. R.s »Theaterkalender« (1775-1800) hat als Quellenwerk große Bedeutung, das »Handbuch für Reisende aus allen Ständen« (1784) wurde zum Wegbereiter einer ganzen Gattung. »Selbstbiographie«

(Hrsg. H. Uhde 1877). – Wohnung: Gasthof »Zur Schelle« am nördl. Hauptmarkt.
Rudolph Zacharias Becker (→ Erfurt/TH), seit 1784 in G. Sein »Noth- und Hülfsbüchlein für Bauersleute« (1788), Vorläufer der Ratgeberbücher, war einer der größten Bucherfolge der Zeit (bis 1838 eine Million). – Wohnung: Hauptmarkt 23.
Friedrich Jacobs, * 6. 10. 1764 G., † 30. 3 1847 ebd., Philologe und Übersetzer (Longos und Heliodor). Gymnasiallehrer in G. Von großer Bedeutung J.s »Griechische Anthologie« (1798-1814).
Karl Ernst Adolf von Hoff, * 1. 11. 1771 G., † 24. 5. 1837 ebd., Begründer der romant. Thüringer-Wald-Lit. (»Der Thüringer Wald, besonders für Reisende geschildert«, 1807, n. Th. Martens 1987).
Wilhelm Hey, * 26. 3. 1789 Leina bei G., † 19. 5. 1854 Ichtershausen (→ Arnstadt/TH), Fabeldichter und Verf. von Kinder-Gedichten (»Weißt du, wieviel Sternlein stehen«, 1816; »Alle Jahre wieder kommt das Christuskind«, 1837). H.s »Fünfzig Fabeln für Kinder« (1833, n. F. Hamouda 2004) ein Welterfolg. 1828-32 Hofprediger in G., 52 G.er Landtagsabgeordneter.

E **Gotha als Verlagsstadt.** Zu ihrem Aufstieg trug Karl Wilhelm Ettinger (1738-1804) bei, der 1774 die Buchhandlung des nach Göttingen übergesiedelten Johann Christian Dieterich übernahm. Aus E.s Unternehmen ging die »Geographisch-Kartographische Anstalt« von Johann Georg Justus Perthes (1749-1816) hervor, die unter Sohn Wilhelm Perthes (1793-1853) ein Weltunternehmen wurde. Der Neffe Friedrich Christoph Perthes (1772-1843), der seit 1806 in Hamburg die erste dt. Sortimentsbuchhandlung geführt hatte, gründete 1822 in G. einen eigenen Verlag. P.s Bedeutung liegt aber im berufspolit. Engagement: In der Schrift »Der deutsche Buchhandel als Bedingung des Daseyns einer deutschen Literatur« (1816) wies er den Buchhändlern eine kultur-stiftende nat. Aufgabe zu und prägte damit für Generationen das ethische Bewusstsein des ganzen Berufsstandes. In P.s Haus Querstraße 24 (Gedenktafel) verkehrten die bedeutendsten Geister der Stadt. Aufklärerisches Denken fand in P.s Wirken ebenso eine spezifische Fortsetzung wie in dem 1826 in G. gegründeten, bald aber nach Hildburghausen verlegten »Bibliographischen Institut« des aus G. stammenden Joseph Meyer. Geburtshaus: Querstraße 5 (Gedenktafel).

Max Roderich (eig. **Maximilian Dietzsch**), * 10. 2. 1797 G., † 11. 7. 1860 ebd., Verf. von hist. Romanen (»1814 und 1815«, 1843), in denen vor allem Napoleon behandelt wird. Mit dem Buch »Verbrechen und Strafe« (1850) Wegbereiter der dt. Kriminal-Lit.
Adolf Bube, * 23. 9. 1802 G., † 17. 10. 1873 ebd., Verf. volkstüml. Romanzen und Balladen (»Deutsche Sagen und sagenhafte Anklänge«, 1839). Konsistorialsekretär in G.
Gustav Freytag, * 13. 7. 1816 Kreuzburg/Oberschlesien, † 30. 4. 1895 → Wiesbaden/HE, Erzähler und Dramatiker. Bis zum 1. Weltkrieg einer der meistgelesenen dt. Autoren. »Als historischer Dichter war er nur zu oft Seminarist, als dichtender Historiker ist er einer der feinsten Pastellmaler« (E. Friedell). Privatdozent für Lit. in Breslau und Journalist in → Leipzig/SN. 51 Umzug nach G.-Siebleben. – W.: Die Journalisten (Lsp. 1854); Soll und Haben (R. 1855), Bilder aus der deutschen Vergangenheit (Ess. 1859-67), Die Technik des Dramas (Ess. 1863), Die Ahnen (R. 1873-81), Erinnerungen aus meinem Leben (1887). – Wohnung: ehem. Franckenbergsches Haus, Weimarer Straße 145 (Gedenktafel); Grab auf dem Friedhof von G.-Siebleben. – Teilnachlass GSA Weimar, Archiv und Museum in Wangen (BW), Briefe SB Berlin.
Kurd Laßwitz, * 20. 4. 1848 Breslau, † 17.

10. 1910 G. Begründer der dt. »Science-fiction«-Lit. (»Auf zwei Planeten«, R. 1897). Seit 1876 Gymnasialprof. in G. – Wohnung: 1878-80 Lindenallee 12, 1880-1902 Waltershäuser Straße 10, 1902-10 Seebachstraße 1 b; Gedenktafel am Gymnasium Ernestinum, Bergallee. – Nachlass FLB Gotha. – A. Schmidt (→ Hamburg): »Laßwitz hat viel an mir, als Jungem, verschuldet.« – L.s Schüler **Hans Dominik** (→ Zwickau/SN/1888-90).

Josef Kürschner, * 20. 9. 1853 G., † 29. 7. 1902 Windisch-Matrei/Tirol. Überwiegend in Berlin und Stuttgart. Gab eine 220 Bde. umfassende Ausw. aus der dt. Dichtung u. d. T. »Deutsche Nationalliteratur« heraus. Ab 1882 Leitung des bis heute unter K.s Namen erscheinenden »Deutschen Literaturkalenders«.

Hjalmar Kutzleb (eig. **Hermann K.**), * 23. 12. 1885 Siebleben (heute G.), † 19. 4. 1959 Celle, Erzähler und Lyriker, Verf. von Jugendbüchern. Prof. in → Weilburg/HE. – W.: Landfahrerbuch (G. 1921); Morgenluft in Schilda (R. 1933); Grimmenstein (R. 1939); Jugendpfade (Aut. 1948).

Kurt Kauter (Ps. **José Maria Rocafuerte**, **Peter Kanin**), * 7. 5. 1913 Limburg/Lahn, † 23. 2. 2002 G., Jugendbuchautor. Als Erdölspezialist in Südamerika. Aktiv in der westdt. Friedensbwegung, seit 1958 in der DDR. – W.: Im Schatten des Chimborazzo (1964); Der Mann aus den Kordilleren (1973).

Hanns Cibulka, * 20. 9. 1920 Jägerndorf/Mähren, † 20. 6. 2004 G., Lyriker und Prosaautor. Seit 1952 bis 1985 Leiter der Stadtbibliothek. C.s »Tagebücher« reflektieren die DDR-Zeit und die in ihr tabuisierten Umweltfragen auf eigenständig krit. Weise. – W.: Märzlicht (G. 1953); Swantow. Die Aufzeichnungen des Andreas Fleming (1982); Losgesprochen. Gedichte (1986); Ostseetagebücher (1990); Sonnenflecken über Pisa (2000). – Wohnung: Wilhelm-Külz-Straße 10; Grab auf dem Friedhof.

A **Martin Luther** (→ Eisleben/ST) kam 1537 schwerkrank nach G. Bei Johann Löwe, Hauptmarkt 42, diktierte er **Johannes Bugenhagen** (→ Wittenberg/ST) sein Testament, erholte sich aber wieder. – **Johann Matthäus Meyfart** (→ Jena/TH) besuchte 1599-1608 das G.er Gymnasium und wurde den Humanisten **Andreas Wilcke** (1562-1631) und **Johann Weitz** (1576-1642) unterrichtet. **Martin Opitz** (→ Heidelberg/BW) hielt sich 1625 bei Weitz in G. auf. – **Karl Philipp Moritz** (→ Hameln/NI) war 1775 drei Wochen lang in G. Wie er als Schauspieler von Ekhof abgelehnt wurde, hat M. im »Anton Reiser« dargestellt. – **Friedrich Maximilian Klinger** (→ Frankfurt a. M./HE) kam 1776 nach G., um dort **Christoph Kaufmann** (→ Zittau/Herrnhut/SN) aus seinem Drama »Wirrwarr« vorzulesen. Auf K.s Rat hin veröffentlichte er es unter dem Titel »Sturm und Drang« (1776), was dann einer ganze Lit.-Epoche den Namen gab. – **Johann Karl Wezel** (→ Sondershausen/TH) wohnte 1780/81 bei Gotter, der sein Lustspiel »Ertappt, ertappt« aufgeführt hatte.

August Ludwig Schlözer (→ Göttingen/NI), dessen Bücher bei Ettinger in G. erschienen, besuchte die Stadt 1781, weil seine Schwester dort mit **Johann Heinrich Gelbke** (1746-1822), dem Biographen Ernsts d. Fr., verheiratet war. – **Caroline von Schelling** (→ Göttingen/NI) wurde 1774-76 in einem Pensionat in G. erzogen. Weitere Aufenthalte in G.: 1777, 91 und nach ihrer Mainzer Verhaftung 94/95 (ihr »schweres G.er Jahr«). – **Goethe** (→ Frankfurt a. M./HE) hielt sich 1775-1801 mehr als 30-mal in G. auf. Vieles spricht dafür, dass seine Vorstellung von einem geselligen und kulturfördernden

Hof in G. die entscheidende Prägung erhielt. Wohnung: Gasthof »Zum Mohren«, Mohrenstraße 18a (Gedenktafel), später in der Steingalerie des Schlosses. Stein mit dem G.-Gedicht »Der Park« unterhalb des Schlosses Ecke Lindenauallee. – Das G.er Gymnasium erlebte seit 1786 unter Rektor **Friedrich Wilhelm Döring** (1756-1837) eine Blütezeit. Dessen Catull- und Horaz-Übersetzungen begründeten eine bedeutende Editoren-Tradition (Plutarch-Ausg. des in G. geborenen **Johann Friedrich Salomon Kaltwasser**, 1752-1813). Unter den Schülern: **Arthur Schopenhauer** (→ Frankfurt a. M./HE/1807). – **Adam Weishaupt** (→ Ingolstadt/BY) fand 1787 durch Fürsprache Ernsts II. ein neues Wirkungsfeld in G., wo er 1830 starb. – **Ludwig Storch** (→ Eisenach/Ruhla/TH) lebte 1818-22 und 1825-50 beruflich erfolglos in G. – **Bertha von Suttner** (1843-1914), Erzählerin (»Die Waffen nieder!«, 1889) und Friedensnobelpreisträgerin (1905) war mit K. Laßwitz bekannt. In der Urnenhalle des Hauptfriedhofs, Langensalzaer Straße, Urne mit S.s Asche.

L Friedrich Rudolphis (1642-1722) »Gotha diplomatica« (1717) ist nicht nur die erste Beschreibung Sachsen-G.s, sondern die erste dt.sprachige Landeskunde überhaupt. Es folgten: **J. G. A. Galletti**, »Geschichte und Beschreibung des Herzogthums Gotha« (1779), und **Albert Klebe**, »Gotha und die umliegende Gegend« (1796). Darstellungen der G.er Kulturgeschichte finden sich in **Karl Kohlstocks** (1864-1935) »Entdeckungsreisen in der Heimat« (30 Wanderhefte, 1904 ff.) – **Sigrid Damm** schildert in dem Roman »Ich bin nicht Ottilie« (1992) ihre Kindheit und Jugend in G.

S Forschungs- und Landesbibliothek (Zweigstelle der Universitätsbibliothek Erfurt) im Schloss: 5500 europ. und 3500 oriental. Hss. sowie über 1000 Inkunabeln.

R Vom 1948 abgebrochenen Untergut in **Sonneborn** der Familie von Thümmel sind in der Wilhelm-Külz-Straße nur kägliche Reste erhalten. Hier lebte **Moritz August von Thümmel** (→ Coburg/BY) von 1783 bis zu seinem Tod 1817. In der Abgeschiedenheit hielt es der »Dorf-Homer« aber nur aus, weil Freunde wie F. W. Gotter ihn besuchten. – Östl. von G. **Friemar**, wo **Marcus Wagner** (1528-97), der erste Landesgeschichtsschreiber Thür.s, geboren wurde. Auch Johann Andreas Heyn (1712-72), Großvater mütterlicherseits von **Friedrich Hölderlin** (→ Lauffen/BW), stammt aus F. **Willi Münzenberg** (→ Erfurt/TH) verbrachte in der F.er Riethgasse eine harte Kindheit. – Südöstl. von G. **Wechmar**, Stammort der Musiker-Familie Bach. B.-Gedenkstätte Bachstraße 4 (Gedenktafel). Aus W. kommt **Arno Franz** (1880-1930), Verf. erfolgreicher Fortsetzungsromane (»Sohr der Knecht«, 1922; »Sohr der Herr«, 1923). W. nennt er darin Finkenschlag, nach dem Haus, das F. seit 1922 in der Schwabhäuser Straße 42 bewohnte. – Südl. von G. **Leina**, wo 1789 **Wilhelm Hey** im Pfarrhaus (Gedenktafel) geboren wurde.

Gräfentonna

Georg Michael Pfefferkorn, * 1646 Ifta bei Creuzburg, † 3. 3 1721 G., Historiker. Superintendent in G. Verfasste hier eine »Merckwürdige und Auserlesene Geschichte von der berühmten Landgrafschaft Thüringen« (1684), in der erstmals den Künsten Platz eingeräumt wird.
Georg Hirth, * 13. 7. 1841 G., † 28. 3. 1916 Tegernsee, Redakteur und Verleger. Seit 1870 in München. Wurde berühmt mit der humorist.-satir. Wochenschrift »Jugend«, die mit ihren Illustrationen (»Jugendstil«) dem ganzen »Fin de siècle« den Stempel aufdrückte.

R Östl. von G. die Fahner Höhen. Dort **Kleinfahner**, wo der Pfarrer **Johann Volkmar Sickler** (1742-1836) die Zs. »Der teutsche Obstgärtner« (22 Bde., 1794-1822), Vorläufer aller dt. Gartenjournale, redigierte und dadurch eine europ. Berühmheit wurde.

Neudietendorf

Ev. Akademie im Zinzendorfhaus. – Sie geht zurück auf die pietist. Brüdergemeine, die **Nikolaus Ludwig Graf von Zinzendorf** (→ Zittau/Herrnhut/SN) beförderte. Z.-Denkmal (1950) vor dem Gebäude.

Johann Christoph Sachse, * 13. 8. 1762 Cobstädt bei N., † 20. 6. 1822 Teplitz/Böhmen, Verf. einer Aut. »von unten«, die Goethe u. d. T. »Der deutsche Gil Blas . . .« (1822, n. J. Golz 1977) herausgebracht hat.

Frieda von Bülow, * 12. 10. 1857 Berlin, † 12. 3. 1909 Jena, Romanautorin. Kindheit im türk. Smyrna, dann in Berlin und Deutsch-Ostafrika. Nach 70 immer wieder in N. Prägte die Genre-Bezeichnung »Kolonialroman« (»Im Lande der Verheißung«, 1899).

Margarethe von Bülow, * 23. 2. 1860 Berlin, † (ertrunken) 2. 1. 1884 im Rummelsburger See (heute Berlin), Romanautorin. Lebte 1869-81 in N. und Ingersleben. Beiden Orten setzte sie mit der »Chronik derer von Riffelshausen« (R. 1887) ein lit. Denkmal.

Herman Anders Krüger, * 11. 8. 1871 Dorpat/Estland, † 10. 12. 1945 N., Romancier. Sohn eines Predigers der Brüdergemeine. Lit.-Prof. an der Techn. Hochschule Hannover. Für die Nat.-Lib. Partei im Thür. Landtag. Seit 1914 in N. Sehr erfolgreich der brüderische Schüler-Roman »Gottfried Kämpfer« (1904). – Wohnung: Thomas-Müntzer-Straße 16 (»Krügerei« mit parkähnl. Garten).

A **Theodor Fontane** (→ Neuruppin/BB) hat am 9. 4. 1871 in N. viel erlebt, als sein Zug, der ihn auf den Schauplatz des Dt.-Franz. Krieges bringen sollte, dort Aufenthalt hatte und in der Bahnhofsrestauration dt. und entlassene franz. Offiziere aufeinandertrafen. Beschrieben im Kriegsbuch »Aus den Tagen der Okkupation. Eine Osterreise durch Nordfrankreich und Elsaß-Lothringen« (1871). – Das N.er Lyzeum besuchten 1869-74 F. und **M. von Bülow**, 1876-78 auch die schönen Schwestern Marie und Martha Thienemann (→ Meißen/Radebeul/SN), die späteren Ehefrauen von **Carl** und **Gerhart Hauptmann** (→ Berlin).

Wandersleben

Museum auf der Gleichenburg.

E Die Graf-von-Gleichen-Legende vom zweibeweibten Grafen geht auf Ernst III. von Gleichen zurück, der um 1230 vom Kreuzzug eine Sarazenin, die ihm das Leben gerettet hatte, mitgebracht und mit ihr und seiner Frau in einer Ménage à trois glücklich gelebt haben soll. Ludwig Bechstein hat die Geschichte in seinem »Sagenschatz und die Sagenkreise des Thüringerlandes« (1835-38) populär gemacht. Wegen ihrer Pikanterie wurde sie auch schon vorher gestaltet. So von Johann Jakob Bodmer im Gedicht (1771) und von Goethe im (allerdings in die Gegenwart verlegten) Schauspiel »Stella« (1776). Am bekanntesten die Erzählung »Melechsala« (1785) von Johann Karl August Musäus. Weniger erfolgreich war die Dramenfassung (1819) Achim von Arnims. Später formte der Wiener Eduard von Bauernfeld den Stoff zu einer romant. Oper, zu der Franz Schubert eine Musik hinterlassen hat. In neuerer Zeit haben Herman Anders Krüger ein Schauspiel (1906) und Agnes Miegel eine Ballade (1907) geschrieben. Gerhart Hauptmann übertrug den Stoff in der Erzählung »Der Schuß im Park« (1939) in ein modernes Milieu und hinterfragte damit die NS-Rassenpolitik.

Christian Friedrich Hunold (Ps. **Menantes**), * 29. 9. 1680 W., † 6. 8. 1721 → Halle/ST, Romancier und Lyriker, Literaturtheoretiker. Schulbesuch in → Weißenfels/ST, Studium in → Jena/TH, 1700 freier Autor in Hamburg und enger Kontakt zur Gänsemarkt-Oper; 1707/08 wieder in W. – W.: Die liebenswürdige Adalie (R. 1702), Der europäischen Höfe Liebes- und Heldengeschichte (R. 1705). – Gedenkstele (2003) mit H.-Vers auf dem Platz neben dem Pfarrhaus; auf dem Pfarrhof M.-Lit.-Gedenkstätte. – M.-Förderkreis und -Preis.

R W. verlässt man durch das **Freudental** (»Wo hat diß Freuden-Thal den Uhrsprung hergenommen?/Davon/weil Lieb' und Treu zusammen da gekommen«), in dem **Hunold** die Eingangsszene seines Erstlings (»Die verliebte und galante Welt«, 1700) spielen lässt. – Nahebei **Mühlberg**, auf dessen Burg die Thüringerprinzessin **Radegunde** (nach 510-587) ihre Kindheit verbrachte. Gedenkstein (1987), im Turm der Dorfkirche R.-Gedächtniskapelle. 531 wurde R. entführt und mit dem Frankenkönig Chlothar verheiratet. Später lebte sie im franz. Poitiers, wo sie **Gregor von Tours** und dem Dichter **Venantius Fortunatus** (»Leben der heiligen Radegunde«; »Das Klagelied der Radegunde«, nach 587) ihr Schicksal erzählte. Die Mühlburg ist einer der Schauplätze in **G. Freytags** »Nest der Zaunkönige« (»Die Ahnen«). Auf der Burg beginnt der G.-F.-Weg. Den M.er »Spring«, eine Karsthöhlenquelle, hat **Ludwig Bechstein** (→ Meiningen/TH) im Märchen »Selinde« (1823) beschrieben.

B H. Roob, Gotha. Ein historischer Führer, 1991; H. Raschke, Gotha. Die Stadt und ihre Bürger, 1992; H. Roob, Das Gothaer Land. 7000 Jahre Geschichte und Kultur der Landschaft zwischen Rennsteig und Unstrut, 1996; H. Roob/G. Scheffler, Gothaer Persönlichkeiten, 2000; D. Ignasiak, Das literarische Gotha, 2003.

Z Arnstadt, Bad Langensalza, Erfurt, Ohrdruf, Sömmerda, Waltershausen (TH).

GÖTTINGEN/NI

»Die Stadt Göttingen, berühmt durch ihre Würste und Universität, gehört dem Könige von Hannover und enthält 999 Feuerstellen, diverse Kirchen, eine Entbindungsanstalt, eine Sternwarte, einen Karzer, eine Bibliothek und einen Ratskeller, wo das Bier sehr gut ist.« (Heinrich Heine, 1826)

»Die Dichter blieben in Göttingen Passanten.« (Karl Krolow, 1972)

Georg-August-Universität, Akademie der Wiss.; Max Planck-Institut (u. a. für Geschichte). – Stadtbücherei. – Städt. Museum (Abtlg. Universitäts- und Studentengesch.). – Deutsches Theater. – Händel-Festspiele. – Künstlerhaus Göttingen.

Albrecht von Haller, * 16. 10. 1708 Bern, † 12. 12. 1777 ebd., Universalgelehrter, Lehrgedichte und Staatsromane. Schrieb sein didakt. Hauptwerk »Die Alpen« (1729), bevor er einem Ruf an die 1733 gestiftete Georgia Augusta folgte. In G. 1736-53 Anatom, Chirurg und Botaniker; Präsident der von ihm 1751 erweiterten »Kgl. Societät der Wissenschaften«; Redakteur der »Göttingischen Zeitungen von gelehrten Sachen« (heute: »Götting. Gelehrte Anzeigen«). – W.: Versuch Schweizerischer Gedichten (1732); Tagebücher seiner Reisen nach Deutschland, Holland und England (Hrsg. L. Hirzel, 1883). – Denkmal im Botan. Garten, den er 1738 gründete; Gedenktafel Untere Karspüle 2; Kirche der von H. gegr. Reformierten Gemeinde. – Nachlass Burger-B. Bern.

Abraham Gotthelf Kaestner, (→ Leipzig/SN), † 20. 6. 1800, in G. E. Lessings Urteil ein »tiefsinniger Weltweiser«. Kam 1756 als Mathematiker und Physiker nach G. Schrieb scharfzüngige Epigramme. – Wohnung Nikolaistraße 25 (Gedenktafel); Grab auf dem Bartholomäus-Friedhof. – Nachlass SUB G.

Georg Christoph Lichtenberg (→ Darmstadt/Ober-Ramstadt/HE) lebte von 1763 bis zu seinem Tod (1799) in G., unterbrochen von Englandreisen (1770, 75/76). Prof. für Mathematik 1770, für Experimentalphysik 75. Im Verlag seines Freundes J. Ch. Dieterich gab L. 1776-99 den »Göttinger Taschenkalender«, 80-85 gemeinsam mit Johann Georg Forster (→ Mainz/RP) das »Göttingische Magazin der Wissenschaften und Literatur« heraus. Besucht u. a. von G. E. Lessing (→ Kamenz/SN) 1777, J. H. Merck (→ Darmstadt/HE) 79, J. W. v. Goethe (→ Frankfurt a. M./HE) 83. – Langjährige Wohnung nebst Hörsaal Gotmarstraße 1 (»Lichtenberg-Haus«, Gedenktafel); L.s Gartenhaus (ehemals neben dem Bartholomäus-Friedhof) steht heute im Brauweg. Grab auf dem Bartholomäus-Friedhof (P. Neumann, »L.s Grab«, in: die horen 1/99). L.-Denkmäler vor der alten Universitätsbibliothek und auf dem Marktplatz. In die »Sudelbücher« trug L. auch die »geheime Geschichte von G.« ein, eine Welt von »Stolz, Besoldungsvermehrung und Büchergeschwätz«. – Nachlass SUB G., (dort auch Edition L.-Briefwechsel/Arbeitsstelle der G.er Akademie der Wiss.).

H. Janssen, »Mit Georg Christoph Lichtenberg« (1988); D. Lamping, »Lichtenbergs literarisches Nachleben« (1992). Neuere Romane über L. und sein Leben in G.: W. Schnurre, »Der Schattenfotograf« (1978), H. Boetius, »Der Gnom« (1992); G. Vesper, »Bürger, Lichtenberg und wir, die heute lebenden Personen« (1992); G. Hofmann, »Die kleine Stechardin« (1994). B. Klepper, »Tumult der Seele. L. und Maria Dorothea Stechard« (1998).

Göttingen: Lichtenbergs Grab auf dem Bartholomäus-Friedhof

– G. C. L. – Wagnis der Aufklärung (Ausstellungskatalog 1992), Lichtenbergs Funkenflug der Vernunft. Eine Hommage (Hrsg. J.-D. Kogel u. a., 1992); G. C. L. Nachrichten vom kleinen L. – L.s Göttinger Ansichten (Hrsg. P. Köhler/T. Schaefer, 1999).

Gottfried August Bürger (→ Hettstedt/Molmerswende/ST), seit 1768 Studium in G., wo er lit. Kontakte mit H. C. Boie und F. W. Gotter aufnahm und die Mitglieder des G.er Hain-Bundes kennenlernte. 1772-84 südlich von G. als Justizamtmann des Gerichtsbezirks Altengleichen (1776: »Wenn ich nur aus diesem isolierten Winkel heraus wäre«). Von 1784 bis zu seinem Tod ärmliches Leben in G. als unbesoldeter Dozent, außerord. Prof. und Almanach-Redakteur. Sein Begräbnis durch das Perspektiv beobachtend: G. Ch. Lichtenberg. – Gedenktafel am Wohnhaus (1761-71) Rote Straße 28; Wohnung

(1784-94) und Sterbehaus Gartenhaus sei-
nes Verlegers J. Ch. Dieterich an der Stelle
der heutigen (alten) Universitätsbiblio-
thek; Grab auf dem Bartholomäus-Fried-
hof unbekannt, Büste seit 1895 auf dem
Friedhof, seit den 90er Jahren an der Bür-
gerstraße. – Briefe und Mss. SUB G. – M.
Jahn, »Die Gleichen« (N. um G. A. Bürger,
1939); G. Vesper, »Galeere meiner Sklave-
rei. Zu Gottfried August Bürger in G.«
(1994); »Bürgers Liebe« (n. H. Kinder
2002). – Im Gartetal scheint der B.-Kult
noch lebendig: »Bürgergrotte«, »Seufzeral-
lee«, »Negenborn«.

Friedrich Wilhelm Gotter (→ Gotha/
TH) studierte 1763-66 in G. Jura, blieb
bis 70 als Hofmeister. Gemeinsam mit
H. C. Boie besorgte er den 1. Jg. des »Mu-
senalmanachs« (1770), ging dann nach
Wetzlar.

Heinrich Christian Boie (→ Heide/Mel-
dorf/SH) kam nach G. (1769-76) als Hof-
meister und zur Fortsetzung des in Jena be-
gonnenen Jurastudiums. Selbst zwar »Mu-
senaccoucheur« (J. G. Herder), weniger
aber durch eigene Lyrik bedeutend, sam-
melte B. die Dichter des G.er »Hain« um
den 1. dt. »Musenalmanach«, den er 1770-
74 redigierte. Seine Wohnung, Barfüßer-
straße 16 (Gedenktafel), war die sog. »Bar-
dei« der norddt. Stürmer und Dränger,
die hier im September 1774, zwei Jahre
nach dem Bundesschwur »für Gott, Frei-
heit und Vaterland«, ihren »liebsten Klop-
stock« (→ Quedlinburg/ST) empfingen.
Christian (→ Hamburg) und **Friedrich
Leopold zu Stolberg** (→ Bad Segeberg/
Bad Bramstedt/SH) studierten 1772/73
in G. Jura und Lit. Sie gehörten zum enge-
ren Kreis des »Hain«; ihr Abschied von den
Bündlern, zelebriert in der Barfüßerstraße
16, »ward ein lautes Weinen« (J. H. Voß). –
Gedenktafel für Friedrich Leopold Got-
marstraße 1.
Ludwig Christoph Heinrich Hölty (→

Neustadt/Mariensee/NI), den Georg Chr.
Lichtenberg als einziges »wahres Dichter-
genie« des »Hain« bezeichnete, studierte
hier Theologie (1769-72) und war dann
Hauslehrer und Übersetzer. – Wohnung
Nikolaistraße 17 (Neubau/Gedenktafel).
Johann Martin Miller (→ Ulm/BW),
»Hain«-Lyriker, später Romancier, stu-
dierte 1770-74 Theologie in G. – Woh-
nung Obere Maschstraße 8.
Johann Heinrich Voß (→ Waren/MV)
sandte 1771 lyrische Proben an H. Ch.
Boie, der ihm den Weg zum Studium der
klassischen Philol. (1772-75) bei Ch. G.
Heyne ebnete. V. begann in G. die »Odys-
see«-Übers. und betrieb den Zusammen-
schluss der am »Musenalmanach« arbei-
tenden Dichter zum Bund, dem er – frei-
lich erst 1803 – nach F. G. Klopstocks Ge-
dicht »Der Hügel und der Hain« (1767)
die Bezeichnung »Hain« gab. Von H.
Ch. Boie übernahm er 1775 die Redaktion
des »Musenalmanachs«. – Wohnung Bar-
füßerstraße 16 (Gedenktafel).
Johann Anton Leisewitz (→ Hannover/
NI), war 1770-74 Jura-Student in G., wo
sein Trauerspiel »Julius von Tarent« ent-
stand. Freund L. Ch. H. Höltys und
H. Ch. Boies, wurde L. im Juli 1774 Mit-
glied des »Hain«. – Wohnung Theater-
straße 5.
Gründung des »Hain« in der »zwölften
Septembernacht« 1772, der Überlieferung
nach in einem Eichengrund bei G.-Ween-
de durch J. M. Miller, L. Ch. H. Hölty,
J. H. Voß, J. F. Hahn (→ Zweibrücken/
RP), **Karl Friedrich Cramer** (1752-1807/
Wohnung Rote Straße 21) sowie Johann
Thomas Ludwig Wehrs (1751-1881) und
Gottlieb Dietrich Miller (1753-1822), die
selbst nicht schrieben. – Denkmal an der
Herzberger Landstraße seit 1872; Erinne-
rungen im Städt. Museum; Bundesjournal
SUB G.
Caroline von Schelling, * 2. 9. 1763 G.,

† 7.9.1809 → Maulbronn/BW. Tochter des Orientalisten und Theologen **Johann David Michaelis** (1717-91), der 45 Jahre der Universität angehörte. Caroline wurde durch ihre zweite Ehe mit A.W. Schlegel (1796) zu einer der bedeutendsten Frauen im Kreise der Frühromantik. 1803 heiratete sie den Philosophen F. W. J. von Schelling (→ Leonberg/BW). – Ihre Persönlichkeit und ihr Wesen versuchte F. Schlegel in der »Lucinde« (1799) zu beschreiben (Aufenthaltsverbot, auch für Schlegel, in G. 1800), sie vermitteln sich aber stärker in der postum edierten Korrespondenz »Caroline. Briefe aus der Frühromantik« (1871). – Kindheit und Jugend im »Michaelis-Haus« (auch »Londonschenke« genannt) Prinzenstraße 21 (Gedenktafel); enge Freundschaft u. a. mit Therese Heyne, die schräg gegenüber im »Heyne-Haus« aufwuchs.

August Wilhelm Schlegel (→ Hannover/NI) bezog 1786 die Georgia Augusta, um Theologie zu studieren. Zum eig. Lehrer des Pastorensohns wurde jedoch G. A. Bürger (»Ich habe Schlegel jetzt förmlich zu meinem Jünger auf- und angenommen«). Die gemeinsame Übersetzerarbeit am »Sommernachtstraum« (1798) legte bei Sch. den Grund zu den späteren Shakespeare-Übersetzungen. – Mit seinem Bruder **Friedrich** (→ Hannover/NI), der 1790/91 in g. die Rechte studierte, wohnte August Wilhelm bei Prof. Ch. G. Heyne, Papendiek 16. Weitere Wohnungen Prinzenstraße 9 und Goetheallee 15 (Gedenktafel).

Wilhelm von Humboldt (→ Berlin) kam 1788 nach G. Neben Jura hörte er Vorlesungen bei Ch. G. Heyne, mit dessen Tochter Therese und Schwiegersohn J. G. Forster er Freundschaft schloss. 1789 begab sich H., begleitet von J. H. Campe (→ Holzminden/Deensen/NI), ins Paris der Revolution. – »In Göttingen, dieser berühmten Hochschule, habe ich den edleren Teil meiner Bildung empfangen«, äußerte **Alexander von H.** (→ Berlin). Unter seinen Lehrern 1789/90 J. F. Blumenbach, der Begründer der modernen Anthropologie. – Wohnungen der Brüder Mühlenstraße 4 (Gedenktafel).

Clemens Brentano (→ Koblenz/RP) widmete sich 1801/02 kaum der Philos., für die er sich eingeschrieben hatte, um so mehr dem Abschluss seines »Godwi«-Romans (»Er ist wüst, wüst, wüst …«) und des Lustspiels »Ponce de Leon«. – Wohnung Weender Straße 30 (Ratsapotheke/ Gedenktafel).

Achim von Arnim (→ Berlin) war 1800/01 Student der Naturw., entschloss sich aber in diesem G.er Jahr für die literarische Laufbahn. Der R. »Hollins Liebesleben« entstand hier (1804), wichtiger aber: die Freundschaft mit C. Brentano. – Wohnungen: Prinzenstraße 10/12 (Gedenktafel), »Michaelis-Haus«, Prinzenstraße 21.

Ernst Schulze (→ Celle/NI), Philos.-Dozent seit 1810, bei dem A. Schopenhauer (→ Frankfurt a. M./HE) hörte, wurde von den Zeitgenossen als empfindungsreicher Lyriker geschätzt. Seiner 1812 gest. Verlobten, Cäcilie Tychsen (Gedenktafel Gotmarstraße 3), von F. L. Bouterweck geschildert, setzte er in »Cäcilie« (1813) und »Die bezauberte Rose« (1813) ein erstes lit. Denkmal; ihr Grab auf dem Bartholomäus-Friedhof.

Wilhelm Hey (→ Gotha/Leina/TH), Verfasser des Liedes »Weißt du, wieviel Sternlein stehen«, kam 1810/11 als Student nach G. – Wohnung Paulinerstraße 3 (Gedenktafel).

Heinrich Albert Oppermann, * 22.7. 1812 G., † 16.2.1870 → Nienburg/NI. Nach dem Abitur in G. Rechtsanwalt in Hoya und ab 1852 in Nienburg, Mitglied des preuß. Abgeordnetenhauses. Sein 1835 unter dem Ps. Hermann Forsch veröff. R.

»Studentenbilder« brachte ihn in Konflikt mit der Regierung. – W.: Das Lesebuch »H. A. O. – Unruhestifter und trotziger Demokrat« (Hrsg. K. Palandt u. H. J. Kusserow, 1996) enthält ein Verzeichnis aller Schrr. O. s. Über seine Zeit- und Lebensbilder »Hundert Jahre 1770-1870« u. a. sein Neuentdecker Arno Schmidt (→ Hamburg). In Nienburg/NI die H. A. O.-Gesellschaft.

August Heinrich Hoffmann von Fallersleben (→ Wolfsburg/NI) bezog 1816 die Universität, um Theologie zu studieren, widmete sich aber, von Prof. G. F. Benecke angeregt, der dt. Lit.- und Sprachgesch. 1819 nach Bonn. – Wohnung Johannisstraße 27 (Gedenktafel).

Heinrich Heine (→ Düsseldorf/NW) erkannte im Oktober 1820 nach einem Monat G.er Jurastudiums: »Du hättest in Bonn bleiben sollen.« Intensive Arbeit an der Tragödie »Almansor« (1822), die er »bis auf einen halben Akt« vollendete, vergebliche Versuche, einen Verleger für die »Gedichte« (1822) zu finden. Februar 1821 musste er G. – Wohnung Jüdenstraße 16 – auf Anordnung der Universitätsbehörden »wegen Übertretung der Duellgesetze« wieder verlassen. Im Januar 1824 zum Abschluss seines Studiums wieder in G. Eine »Fußreise nach dem Harz« im Herbst 1824 gab Material zum »Harzreise«-Fragm. der »Reisebilder I« (1826). Sommer 1825 heimliche Konversion zum prot. Glauben in → Heiligenstadt/Eichsfeld/TH und Promotion zum Dr. jur. – Wohnungen u. a. Groner Straße 4, Goetheallee 15 und 16, Weender Straße 50 (Gedenktafel).

Jacob und Wilhelm Grimm (→ Hanau/HE): »Mit bitterem Schmerz« verließen die Brüder Ende 1829 ihre langjährige Wirkungsstätte Kassel um, einem Ruf an die Georgia Augusta folgend, Stellen als Bibliothekare – Jacob auch als Professor

– anzutreten. Wilhelm, der 1831 einen Lehrstuhl bekam, klagte, ihm komme »die hiesige verlebte Gegend, in welcher die Georgia Augusta ihre Schafe weidet, wie eine Verbannung vor, die einen dumm macht.« Dennoch erschienen in der G.er Periode: »Reinhart Fuchs« (1834), »Freidanks ›Bescheidenheit‹« (1834), »Deutsche Mythologie« (1835), »Der Rosengarten« (1836); die »Deutsche Grammatik« (1831/37) wurde fortgesetzt. Zu den »Göttinger Sieben« gehörend (→ Hannover/NI), 1837 entlassen. – Wohnung Goetheallee 6, (1981 abgerissen); Brüder G.-Stein Ecke Hainbundstraße/Brüder-Grimm-Allee; Arbeitsstelle »Deutsches Wörterbuch« der Akademie d. Wiss.

Albert Möser, * 7. 5. 1835 G., † 21. 1. 1900 Dresden, Pädagoge und Lyriker. Schrieb so vaterländisch und umfassend, »daß man aus seinen Gedichten eine ganze dt. Geschichte zusammenstellen kann« (E. Rosendahl). – »Deutsche Kaiserlieder« (1889). – Wohnung Untere Karspüle 6 (Gedenktafel).

Hans Ellissen (Ps. **Victor Welten**), * 1. 1. 1845 G., † 26. 5. 1901 Leipzig, Buchhändler und als Sohn des Literaturhistorikers A. Ellissen (1815-72) lit. vorbelastet. E. trug mit »Kriegsstimmungen eines Daheimgebliebenen« (G. 1870) und »Berühmtheiten der Welt« (B. 1882) sein Pfund in die Welt vergessener Bücher ein.

Lou Andreas-Salomé, * 12. 2. 1861 St. Petersburg, † 5. 2. 1937 G., Essayistin und Erzählerin. Lebte ab 1903 als Frau des Orientalisten F. Andreas in G., wo sie nach ihrem Studienjahr (1912) bei S. Freud in Wien eine psychoanalytische Heilpraxis ausübte. – »Rainer Maria Rilke« (1928) und der »Lebensrückblick« (1951, n. E. Pfeiffer, der auch den Nachlass verwaltete, 1974) entstanden in den G.er Jahren. – Wohnung Haus »Loufried« (beschrieben in der E. »Das Haus«) am Hang des Hainbergs (»Lou-Andreas-Salomé-Weg«), Herzberger Landstraße 101 (jetzt Neubau, mit Gedenktafel vom alten Haus); Grab auf dem Alten Stadtfriedhof im Grab ihres Mannes. – U. Sákárny, »Im Häuschen will ich sterben . . . – L. A.-S. in Göttingen« (in: die horen, Heft 212/2003).

Ernst Honig (Ps. **Schorse Szültenbürger**), * 12. 2. 1861 G., † 5. 3. 1930 ebd., Bäckermeister und Bürgervorsteher, humorist. Erzähler in G.er Mundart. Slgg. »Aus dem alten Göttingen« (1896) und »Vergangene Zeiten« (1917). – Wohnung Theaterstraße 23 (Gedenktafel und -stein); Grab auf dem Stadtfriedhof.

Moritz Jahn, * 27. 3. 1884 Lilienthal (→ Osterholz-Scharmbeck/NI), † 22. 2. 1979 G.-Geismar, niederdt. Dichter, der sich mit seinen Lyrikslgg. »Unkepunz« (1931, 38) und »Ulenspegel un Jan Dod« (1933, 40) einen Namen machte. Kindheit und Jugend in → Hannover-Linden/NI. Lehrte in Aurich und Melle, von 1921-44 Rektor in Geismar, aktiver Nationalsozialist. – »Ges. Werke« (Hrsg. H. Blome, 1963 ff.). – In seiner Schulwohnung, »Alte Kantorei«, Geismar, Am Tie 2, Gedenkstätte, die der »Arbeitskreis für dt. Dichtung« betreut; Gedenkstein auf dem alten Schulhof. Grab in Hannover-Ricklingen.

Hans Jürgen von der Wense, * 10. 11. 1894 Ortelsburg/Ostpreußen, † 10. 11. 1966 G., Schriftsteller und Komponist. Seit 1940 in G. lebend; die literarischen Großprojekte »Wanderbuch« und das als Anthologie der Nachdichtungen konzipierte »All-Buch« (ab 1956) scheiterten vor der Drucklegung. Werke (2 Bde.) 2005. – M. Lisseck (Hrsg.), »Laß uns immer aufbrechen und nie ankommen« – Zu Werk und Leben H. J. v. d. W. (2003). – Grab auf dem Diemardener Friedhof bei G.

Christian Graf von Krockow, * 26. 5. 1927 Rumbske (Kreis Stolp in Pommern, heute Polen), † 17. 3. 2002 Hamburg, Historiker, Sachbuchautor, Essayist. Nach der Flucht Studium und Professuren in G., Saarbrücken und Frankfurt a. M., danach freier Publizist in G. und Hamburg. – W. (Auswahl): Scheiterhaufen – Größe und Elend des deutschen Geistes (1983); Die Stunde der Frauen (1988); Die Deutschen in ihrem Jahrhundert (1989). Zahlr. Biographien (u. a. zu Stauffenberg) und Reiseberichte: Fahrten durch die Mark Brandenburg (1991); Die Elbreise (1996); Die Rheinreise (1998). – In seinen »Erinnerungen. Zu Gast in drei Welten« (2000) widmet K. Göttingen das Kapitel »Bilder einer Universitätsstadt«.

Willi Fehse (→ Salzwedel/Kassieck/ST) kam 1948 nach G., wo er Rektor der Hölty-Schule wurde. Gest. 2. 3. 1977 in G., Grab auf dem Friedhof Junkernberg.

A **Goethe** (→ Frankfurt/HE) hielt sich im September 1783, im Juni 1801 (Gasthof »Zur Krone«, Weender Straße) und im Juli/August des gleichen Jahres in G. auf; Gedenktafel G.-Allee 12, ausführliche Darstellung bei G. Schwedt, »Goethe in Göttingen und zur Kur in Bad Pyrmont« (1999). – Während eines neunmonatigen Aufenthalts in Deutschland ließ sich der engl. Dichter **Samuel Taylor Coleridge** auch in G. einschreiben; Gedenktafel Weender Straße 80. – In der Universitätsbibliothek, während seines Hardenberger und G.er Aufenthaltes 1813 (→ Northeim/NI) oft arbeitend: **Benjamin Constant**; im Februar 1814 noch einmal hier. Fleißiger Benutzer der Bibliothek 1829 auch der Amerikaner **Henry Wadsworth Longfellow**; Gedenktafel Rote Straße 25.

Unter den Professoren an der Georgia Augusta (am Eingang der alten Aula u. a. Standbild von **G. W. Leibniz**/→ Hannover/NI): **Johann Matthias Gesner** (1691-1761), Altphilologe und Erneuerer der klass. Pädagogik; Gedenktafel an der alten Universitätsbibliothek, Prinzenstraße 1. Sein Nachfolger in der Bibliothek war **Christian Gottlob Heyne** (1729-1812), der 1763 nach G. kam und 70 Sekretär der »Societät der Wiss.« wurde; Wohnhaus mit Gartenpavillon am Papendiek 16 (Gedenktafel), Grab auf dem Bartholomäus-Friedhof. Im »Heynehaus« nicht nur des gelehrten Vaters wegen oft zu Gast **Johann Georg Forster**, der 1785 denn auch die vielgeliebte und dito besungene, literarisch überdies nicht untalentierte Tochter **Therese Heyne** (1764-1829) heiratete (I. Seidel, »Das Labyrinth«, 1922). Weiterhin: **Johannes von Müller** (→ Kassel/HE), Historiker (Gedenktafel Prinzenstraße 14); **August Ludwig Schlözer** (1735-1809), Historiker und einflussreicher Publizist der dt. Aufklärung, Grab Bartholomäus-Friedhof. Seine Tochter **Dorothea Sch.-Rodde** (1770-1825) war der erste weibliche Doktor phil. in Deutschland und gehörte mit **Magdalene Philippine Gatter-Engelhard** (1756-1831) zu den schreibenden »Professoren-Mamsells«. – Germanisten und Literaturhistoriker: **Georg Friedrich Benecke** (1762-1844), Gedenktafel Groner-Tor-Straße 16, Grab Alter Marien-Friedhof; der Philosoph **Friedrich Ludewig Bouterweck** (→ Goslar/Oker/NI), Gedenktafel Weender Straße 77, Grab auf dem Bartholomäus-Friedhof; **Karl Lachmann** (→ Braunschweig/NI), Gedenktafel Kurze Geismarstraße 3; **Karl Goedeke** (→ Celle/NI), Gedenktafel Hansenstraße 1 b, Grab auf dem Stadtfriedhof; **Moritz Heyne** (1837-1906), Gedenktafel Wöhlerstraße 6, Grab auf dem Stadtfriedhof. – Philosophen: **Johann Friedrich Herbart** (→ Oldenburg/NI), »der Pädagoge unter den Philosophen«, Gedenktafel Lange Geismarstraße 68, Grab auf dem Albani-Friedhof; **Rudolph Hermann Lotze** (1817-81), Gedenktafel

Walkemühlenweg 30/32, Grab auf dem Albani-Friedhof; der Orientalist und Sprachwiss. **Theodor Benfey** (1809-81), Gedenktafel Theaterstraße 5, Grab auf dem Bartholomäus-Friedhof; der Kunsthistoriker **Georg Dehio** (→ Tübingen/BW), Gedenktafel Jüdenstraße 32 seit 1956 verschwunden.
1837 annullierte König Ernst August II. die 1833 gegebene Verfassung von Hannover. Sieben G.er Prof. erhoben dagegen Protest, darunter die Historiker **Friedrich Christoph Dahlmann** (→ Wismar/MV, Gedenktafel Weender Landstraße 1) und **Georg Gottfried Gervinus** (→ Heidelberg/BW/Gedenktafel Mühlenstraße 3), die wie **Jacob Grimm**, dem ein Jahr später sein Bruder **Wilhelm** folgte, des Landes verwiesen wurden (→ Hannover/NI). Am 12. 4. 1957 protestierten im sog. »G.er Manifest« 18 dt. Atomwissenschaftler gegen die atomare Aufrüstung. – Auf dem Stadtfriedhof (Kasseler Landstraße) die Gräber des Philosophen **Nicolai Hartmann**, (→ Marburg/HE), der Historiker **Karl Brandi** (1868-1946/Gedenktafel Herzberger Landstraße 44) und **Hermann Onkken** (→ Oldenburg/NI), der Pädagogen **Hermann Nohl** (1879-1960) und **Gustav Wyneken** (1875-1964) sowie des Orientalisten, Kulturphilosophen und pol. Schriftstellers **Paul de Lagarde** (→ Berlin/Gedenktafel Friedländer Weg 11).
Unter den Studenten: 1742/43 **Justus Möser** (→ Osnabrück/NI); 69-72 **Adolph von Knigge** (→ Hannover/Bredenbeck/NI); 73 **Christian Adolf Overbeck** (→ Lübeck/SH); 92/93 **Ludwig Tieck** (→ Berlin), Gedenktafel Weender Straße 23/25; 1805/06 **Friedrich Ludwig Jahn** (→ Perleberg/Lanz/BB), der »Turnvater«, Gedenktafel Groner Straße 48; 1809/10 **Arthur Schopenhauer**: »Es ist die merkwürdigste, vielleicht die erste Universität der Welt«, Gedenktafel Lange Geismarstraße 64;

1821/22 **Jeremias Gotthelf**, Gedenktafel Papendiek 10, und **Johann Peter Eckermann** (→ Winsen/NI); 35-37 **Levin Schücking** (→Meppen/NI), Gedenktafel Kurze Straße 12; 55/56 **Heinrich von Treitschke** (→ Dresden/SN), Gedenktafel Jüdenstraße 46; 57/58 **Georg Moritz Ebers** (→ Berlin), Gedenktafel Weender Straße 58. An **Otto von Bismarcks** (→ Stendal/Schönhausen/ST) G.er Studienjahre 1832/33 erinnern u. a. eine Tafel Rote Straße 27 und das »B.-Häuschen« auf dem Wall, Bürgerstraße 27a; B.-Turm auf dem Hainberg. R. u. a. von **Karl H. Strobl**/1877-1946, »Der wilde Bismarck« (1932).
Ein G.er Spezifikum, von Studenten initiiert, Hainbund-Nachahmungen: u. a. 1816-19 Lit. Gesellschaft um **A. H. Hoffmann von Fallersleben**; 1817-18 »Poetische Schusterinnung an der Leine« von **August von Haxthausen** (→ Bad Driburg/Bökendorf/NW); 1821-24 »Tafelrunde« um **Karl J. Ph. Spitta** (→ Hannover/NI/Gedenktafel Weender Straße 57).
1913-15 an der Universität, v. a. der »Phänomenologie und Phänomenologen« (**Edmund Husserl**/→ Freiburg i. B./BW) wegen: **Edith Stein** (→ Köln/NW), Gedenktafel für die in Auschwitz ermordete Philosophin am Haus Lange Geismarstraße 2; 1979 erschien »Mein erstes Göttinger Semester« (n. 1985); Gedenktafel für Husserl Hoher Weg 7. Zur gleichen Zeit als Student **Arnold Zweig** (→ Berlin): »Göttingen, Hochburg des Geistes« (1962, n. 2001). – Der Historiker **Percy Ernst Schramm** (→ Hamburg) wurde 1929 als junger Ordinarius nach G. berufen; er starb hier 1970, Gedenktafel Herzberger Landstraße 66.
Theodor Storm (→ Husum/SH) übernachtete 1856 im Hotel »Zur Krone«, Weender Straße 12/14), den G.er Bahnhof sah er als »bittere Station« der Erinnerung an die verstorbene Frau: »Wie oft haben wir uns dort empfangen ...« – Als Sohn des Botanikers A. R. Grisebach 1845 hier geb. **Eduard Grisebach**, gest. 1906 in Berlin-Charlottenburg; »Der neue Tannhäuser« (Ep. 1869), »Schopenhauer« (B. 1897). **Börries von Münchhausen** (→Hildesheim/NI), der seine Kinderzeit bis 1887 u. a. auf dem nahen Gut Moringen verbracht hatte, studierte auch in G. Ebenfalls hier aufgewachsen und später studierend **Manfred Hausmann** (→ Kassel/HE). – **Victor Klemperer** (→ Dresden/SN) kam 1927 (»Hotel zur Krone«): »In Goettingen hat unsere ganze Klassik studiert u. jedes Haus trägt eine Gedenktafel.« (Tagebücher 1925-1932; 1996). Für **Gottfried Benn** (→ Perleberg/Mansfeld/BB) endete ein G.-Besuch 1936 bitter: »Das Schwarze Korps hängt ja jetzt überall in Kästen aus u. wird viel gelesen. Ich hatte in der Göttinger Universität zu tun, da hing es, es war gerade Pause u. die Studenten standen alle es lesend herum. Hätten sie geahnt, wie nahe ihnen der Teufel in Person stand, sie hätten eine Kerze angezündet.« (Brief an T. Wedekind).
Heinz Hilpert (1890-1967) schrieb von 1950 bis 1966 Theatergeschichte am Deutschen Theater (Gedenktafel Hainbundstraße 5). – **Günter Grass** (→Berlin) brach 1946 im Nachkriegs-Göttingen den Versuch ab, noch einmal zur Schule zu gehen: »Zwei Unterrichtsstunden habe ich mitgemacht, eine Lateinstunde, und die war, wie Latein ist ...«. Bericht darüber in der Aut. »Beim Häuten der Zwiebel« (2006). **Robert Gernhardt** hielt dagegen von 1946 bis 56 durch: »Gernhardts Göttingen« (1997), 1999 erhielt er den »Göttinger Elch« (Satire-Preis). Der Satiriker **F. W. Bernstein**, von 1972-84 in G., bilanziert in »Der Untergang Göttingens und andere Kunststücke in Wrt & Bld«. **Walter Kempowski** (→ Rostock/MV) über sei-

ne Studienzeit in »Herzlich willkommen«
(R. 1984). – Bundespräsident **Richard
von Weizsäcker** begann hier sein Studium
(»Vier Zeiten«, Erinn. 1997), so wie auch
der Politiker **Horst Ehmke** (»Mittendrin«,
Erinn. 1994) oder **Christian Graf von
Krockow** und **Hartmut von Hentig**.
Über die Nachkriegszeit auch **Klaus Wet-
tigs** Bericht »Spurensuche und Fundstü-
cke« (2007). – G. als bedeutende Film-
stadt nach 1945 u. a. bei **Curt Goetz**,
»Wir wandern, wir wandern« (Aut. 63). –
Otto Erich Hartlebens (→ Goslar/Claus-
thal-Zellerfeld/NI) Urne wurde 1948 auf
dem Stadtfriedhof beigesetzt. **Wolfgang
Koeppen** (→ Greifswald/MV) besuchte
1956 die Stadt: »Seit 1824 hat sich kaum
etwas geändert, abgesehen von den Auto-
mobilen, den Rollern und den Betriebs-
ausflügen« (»Schöne, gekämmte, frisierte
Gedanken«, 1956, n. in »Auf dem Phanta-
sieroß«, 2000). – 1972-74 »Literarische
Werkstatt G.«, maßgeblich unter den Initi-
atoren **Klaus Schadewinkel** (»namen aufs
pflaster« 1973). Der seit langem in G. le-
bende **Guntram Vesper** hat die Stadt
und ihre Kulturgeschichte immer wieder
in Gedichten, En. und Romanen be-
schrieben, »Kriegerdenkmal ganz hinten«
(1970), »Heimat Göttingen« (in: »Daheim
ist daheim«, 1973), »Nördlich der Liebe
und südlich des Hasses« (1979), zuletzt
»Wer ertrinkt kann auch verdursten« (Es.
2002). Die in G. aufgewachsene Verlege-
rin **Inge Schoenthal-Feltrinelli** (»Hunger
hatten wir immer«) besuchte häufig ihre
Stadt (Tgb. in **Carlo Feltrinelli**, »Senior
Service«, 2001).

L G.er Literaria in Unterhaltungsromanen
aufgearbeitet: Über L. Ch. H. Hölty »Hölty«
(1844) von **Friedrich Voigts** (1792-1861);
»Höltys letzter Frühling« (1920) von **Emil Ha-
dina**; über G. A. Bürger »Bürger, ein deutsches
Dichterleben« (1845) von **Otto Müller** (→

Schotten/HE), »Überall Molly und Liebe«
(1919) von **Julius Berstl** (→ Berlin), »Dämo-
nen der Tiefe« (1922) von E. **Hadina**; über
die Stolbergs »Graf Stolberg« (1855) von **Fried-
rich Hermann Klencke** (→ Hannover/NI);
über C. v. Schelling »Caroline« (1921) von
Henriette von Meerheim, »Madame Lucifer«
(1926) von E. **Hadina**, »Die blaue Blume«
(1948) von **Edith Mikeleitis** (→ Darmstadt/
HE), weiterhin – »unglückliche Zwitter« von
Eckart Kleßmann in seiner Biographie »Ca-
roline« (1975) – **Thekla von Düring** (1943),
Eckart von Naso (→ Frankfurt/HE/1969),
Irma Brandes (1970).
»Schön Göttingen« in Versen beschrieb **Karl
Mävers** (1865-1944/Grab Stadtfriedhof). 1919-
50 erschienen die »Göttingischen Nebenstun-
den«; Hrsg. **Otto Deneke** (1875-1956/Ge-
denktafel am Wohnhaus Weender Straße 3,
Grab Stadtfriedhof), »der beste Kenner aller
früheren Menschen und Zustände hierzulan-
de« (P. Neumann). 1923 gründete **Wilhelm
Seedorf** (geb. 1881) den Plattdeutschen Verein
in G.
Topograph. Essays, Skizzen und Erzählungen
u. a. von **Johann Kaspar Riesbeck** (→ Frank-
furt a. M./Höchst/HE) 1783, **Karl Julius We-
ber** (→ Langenburg/BW) 1826/28, von **Otto
von Heinemann** (→ Helmstedt/NI) in »Wan-
derungen durch Niedersachsen« 1858, n. 1977;
Karl Krolow, »Göttingen is de hooge Schaul«
(in: »Deutschland deine Niedersachsen« 1972),
Wolfgang Bittner (Hrsg.), »Wem gehört die
Stadt?« (1974) und »Zum Beispiel Göttingen
– Bericht aus einer kleinen Großstadt« (1975).
Brigitte Kronauer, »Der unvermeidliche Gang
der Dinge« (En. 1974). – 1974/75 gab es den
bisher letzten »G.er Musenalmanach« (Hrsg.
B. Schlender), 1976 eine Slg. »Göttinger Ge-
dichte« (Hrsg. B. O. Oltimann). Ein »literari-
sches Gästebuch und historisches Poesieal-
bum« der Stadt erschien anlässlich des Interna-
tionalen Germanistenkongresses 1985 u. d. T.
»Göttinger Vademecum« vom G.er Hoch-
schullehrer **Albrecht Schöne**, der auch die
»Gottingensia«-Reihe (u. a. über die Bücher-
verbrennung in G. 1933; 1983) herausgab.
Weiter: »Göttingen – Eine Universität für die
Welt« in: **Engelhard Weigl**, »Schauplätze der

deutschen Aufklärung. Ein Städterundgang«
(1997). Die Anthologie »In Göttingen erlebt.
Lebenszeugnisse bedeutender Persönlichkei-
ten des 20. Jahrhunderts« (Hrsg. R. Schmidt,
2001) versammelt neben den bekannten Na-
men aus der Geisteswissenschaft auch Natur-
wissenschaftler wie M. Born (Gedenktafel
Wohnung Planckstraße 21) und O. Hahn (Ge-
denktafel Wohnhaus Gervinusstraße 5), Erin-
nerungen des G.er Rabbiners Zvi Hermon
und des Studentenpfarrers Christian Winners.
»Wege zum Buch« über die Buchhandlungen
G.s. – Im Lesebuch »Hier trieft der Honig
der Erkenntnis« (Hrsg. P. Köhler/T. Schaefer,
2002) überwiegen – der Titel verrät es – die
skeptischen Stimmen des 20. Jahrhunderts.

S Niedersächs. Staats- und Universitäts-
bibliothek: rd. 4,5 Mill. Bde, 13 000 Hss.,
3100 Inkunabeln (Gutenberg-Bibel, um 1455);
16 000 Zss.; 350 Nachlässe von Wissenschaft-
lern; Porträt-Slg. der Universität. Arbeitsstelle
Luther-Münzer-Rezeption; Arbeitsstelle »En-
zyklopädie des Märchens« der **Akademie der
Wissenschaften.** – **Literaturbüro, Literarisches
Zentrum Göttingen** im Lichtenberghaus; G.er
Literaturherbst; **Arbeitsgemeinschaft Jugend-
buch** (seit 1972); **Samuel-Bogumil-Linde-
Preis** der Partnerstädte G. und Thorn (seit
1966), **Preis der Stadt G.**, Buchpreis des Deut-
schen Verbandes evangelischer Büchereien,
»**Göttinger Elch**«-Satire-Preis.
Heinz Ludwig Arnolds Redaktion der Litera-
turzeitschrift »**Text & Kritik**« sowie des »**Kriti-
schen Lexikons zur deutschsprachigen Ge-
genwartsliteratur**« (KLG), »**Sudelhefte**«.

R Gottfried August Bürger erhielt 1772
die Amtmannsstelle der gräfl. Familie
von Uslar im Gerichtsbezirk Altenglei-
chen und »führte in den Dörfern der Ge-
gend/ein erbärmliches Leben« (Guntram
Vesper). Er lebte in **Gelliehausen** (1772/
73), wo er im Haus am Teich 73 die Ballade
»Lenore« schrieb, (Erinnerungstafel), in
Niedeck (1774/75), hier heiratete er Do-
rette Leonhardt, schließlich in **Wöllmars-
hausen** (1775-80) und **Appenrode** (1780-
84), wo viele seiner lyrischen Selbstzeug-

*Göttingen: Das Denkmal Gottfried August Bür-
gers mit dessen Biographen, dem Göttinger
Schriftsteller Guntram Vesper*

nisse, Widerspiegelungen des Liebesver-
hältnisses zu seiner Schwägerin (»Molly«),
entstanden. G. Vesper: »Von Zeit zu Zeit/
traf in den Städten ein Brief ein:/holt mich
heraus . . .« (Die vier Orte heute in **Glei-
chen** eingemeindet). – »Kein Ort«, schrieb
Wilhelm Busch (→ Nienburg/Wieden-
sahl/NI) 1876, »ist mir so vertraut wie
Ebergötzen . . ., wo ich den letzten und
schönsten Theil meiner Kinderjahre ver-
lebte«. Von seinem Onkel, Pastor G. Klei-
ne, wurde er 1841-46 privat unterrichtet
und erzogen (Gedenktafel am Pfarrhaus,
Herzberger Landstraße 38). Jugendstrei-
che, die B. mit seinem Freund E. Bach-
mann (»der liebste und beste, den ich
habe«) in E. beging, sollen Eingang in
»Max und Moritz« (1865) gefunden ha-
ben. Bachmanns Mühle 1976 als »Mu-
seum Wilhelm-Busch-Mühle« wiederher-

gestellt (Erinnerungen an die Freundschaft, Bilder aus den Werken W. Buschs).
– Auf der Route der Deutschen Märchenstraße schließlich weiter durchs Göttinger Land: »Das stille Volk zu **Plesse**« – »Göttinger Eselfresser« und »**Dransfelder Hasenmelker**« – »Vom Werwolf« von **Friedland** (F.-Gedächtnisstätte) – »Die Gleichen« von **Gleichen** (Brüder Grimm-Waldbühne in G.-Bremke). – **Goethe**, im Sommer 1802 auf Burg Plesse, schrieb 15 Jahre später: »Auf diesen Trümmern hab' ich auch gesessen,/Vergnügt getrunken und gegessen« 1964 wurde hier von C. H. Kurz, R. O. Wiemer u. a. der **Autorenkreis Plesse** gegründet.

B A. Saathoff, Göttinger Friedhöfe, 1954; W. Nissen, Göttinger Gedenktafeln, 1962, n. 2002; Der Göttinger Hain, Hrsg. A. Kelletat, 1967; D. Grieser, Einiges ist wirklich passiert ... Am Tatort von Max und Moritz, in: Schauplätze der Weltliteratur, 1976. B. O. Oltimann, Gedichte und Texte – nicht »vom Winde verweht«, in: Göttinger Jahresblätter, 1981; Der gute Kopf leuchtet überall hervor – Goethe, Göttingen und die Wissenschaft. Ausstellungskatalog, Hrsg. E. Mittler u. a., 1999; Göttinger Gelehrte. Die Akademie der Wissenschaften zu Göttingen in Bildnissen und Würdigungen 1751-2001, Hrsg. K. Arndt u. a., 2001.

Z Osterode, Northeim (NI); Witzenhausen (HE); Heiligenstadt (TH).

GRAFENAU/BY

Marbach (Eppenschlag-M.)

Franz Schrönghamer-Heimdal, * 12. 7. 1881 M., † 3. 9. 1962 → Passau-Haidenhof/BY. Der »bayerische Rosegger« war bis 1911 Schriftleiter der »Fliegenden Blätter«. Dann freier Schriftsteller, 1925 nach Haidenhof. – W.: Mein Dörfl im Krieg (En. 1916); Bei uns im Wald (E. 1921); Der Haupttreffer (E. 1954). – Geburts-

haus Hessensteinweg 5 (Gedenktafel). – »Wenn ich wieder einmal auf die Welt komme, dann bitte ich den lieben Gott, er möge es wieder in dem Dörflein geschehen lassen und in dem nämlichen Vaterhaus wie das erstemal« (»Waldsegen«, 1918).

R Aus der Waldstadt **Grafenau** (Stadtmuseum) stammt der Mundartforscher **Otto Maußer** (1880-1942). – Das Haus des »Waldmalers« R. Koeppel in **Waldhäuser** (Neuschönau-W.) unterm Lusen beherbergte Künstler wie **Alfred Kubin, Max Peinkofer** (beide → Passau/BY), **Siegfried von Vegesack** (→ Regen/BY) und **Hans Watzlik** (→ Regensburg/BY), dessen E. »Faust im Böhmerwald« in einem Wirtshaus bei G. spielt, »Der wilde Eisengrein« in St. Oswald. Als junger Lehrer in **St. Oswald** schrieb **August Biberger** (1895-1950) Sagen in Mundart auf: »Scheichtsame Gschichten um Rachel und Lusen« (o. J.). – Eine Gedenktafel am Schulhaus von **Schönberg** erinnert an **Dietrich Bonhoeffer** (→Berlin), der hier auf dem Transport vom KZ Buchenwald zum KZ Flossenbürg am 8. April 1945 mit seinen Mitgefangenen eine letzte Andacht hielt. – Im Gasthaus »Zum Ludwigstein« in **Klingenbrunn** erholte sich **Friedrich Nietzsche** (→ Weißenfels/Röcken/ST) im Sommer 1876: »In einem tief in Wäldern verborgenen Ort des Böhmerwalds, Klingenbrunn, trug ich meine Melancholie und Deutschen-Verachtung wie eine Krankheit mit mir herum« (»Ecce Homo«, 1908). Das Unterkunftshaus auf dem Großen Rachel ist nach **Maximilian Schmidt**, gen. »**Waldschmidt**« (→ Furth i. W./Eschlkam/BY) benannt.

Z Deggendorf, Passau, Vilshofen (BY).

GRANSEE/BB

Heimatmuseum.
Am 25. 7. 1810 übernachtete in G. der Leichenzug mit dem Sarg von Königin Luise (→ Rathenow/BB) auf dem Weg nach Charlottenburg. Daran erinnert das von K. F. Schinkel gefertigte eiserne »Luisen-Denkmal« am Schinkelplatz, von dem **Theodor Fontane** (→ Neuruppin/BB) meinte, dass es »rein persönlich in dem Ausdruck seiner Trauer« rühre. In **Erwin Strittmatters** »Ole Bienkopp« (R. 1963) fragt der Parteisekretär: »Was soll uns ein Sarg auf dem Marktplatz? Hatten wie nicht Särge genug von dreiunddreißig bis fünfundvierzig?«

L G. ist Bahnstation für Stechlin in **Th. Fontanes** »Der Stechlin« (R. 1898). Von hier werden Melusine und Armgard von Barby mit dem Schlitten abgeholt. Das Dorf **Neuglobsow** mit seinem »Fontane-Haus« (ehemaliger »Lipartscher Krug«), wo der Dichter übernachtet haben soll (F.-Linde im Garten), muss herhalten für das fiktive Dorf Stechlin. Den See aber gibt es wirklich: F. hat ihn im September 1873 besucht. Beschrieben schon im Kap. »Der Menzer Forst und der Große Stechlin« im 1. »Wanderungen«-Bd. (»Die Grafschaft Ruppin«, 1862). – **Hans Fallada** (→ Greifswald/MV) erzählt in »Damals bei uns daheim« (1942) im Kap. »Sommerfrische« von einer Ferienfahrt (um 1905) an den Stechlin, nach Neuglobsow: »Es war das Verlassenste, Einsamste, Schönste, was man sich nur denken konnte.« – Im August 1955 war die junge **Brigitte Reimann** (→ Burg/ST) mit ihrem Geliebten am Stechlin. Dem »Tagebuch« vertraute sie an, dass es »wunderbar schön« war. – **Joachim Seyppel**, noch zukunftsgläubig, sah in dem DDR-Atomkraftwerk am Stechlin »eine zeitgemäße Metamorphose« (»Kremserfahrt zum Stechlin und nach Utopia«, in: »Ein Yankee in der Mark«, 1969).

R Südwestl. von Gransee Park und Schloss **Meseberg**, das **Th. Fontane** im Mai 1889 besuchte. Beim wiederhergestellten Lessing'schen Erbbegräbnis befindet sich ein Granitfindling mit der Darstellung dreier verschlungener Ringe (Verweis auf die »Ringparabel« aus G. E. Lessings/ → Kamenz/SN »Nathan der Weise«). Carl Robert Lessing, 1850-1910 Hrsg. der Berliner »Vossischen Zeitung« und mit dem Dichter verwandt, pflegte hier ein bildungsbürgerl. Kulturleben. Heute ist das Schloss Gästehaus der Bundesregierung und nicht zugänglich.
Am 18. 6. 1954 zogen **Erwin Strittmatter** (→ Cottbus/Spremberg/BB) und seine spätere Ehefrau Eva Braun (die aus Neuruppin stammende Lyrikerin **Eva Strittmatter**, »Ich mach ein Lied aus Stille«, 1972; »Liebe und Haß. Die geheimen Gedichte«, 2002), die ihm »kritische erste Leserin« war, in das heute zu **Dollgow** gehörende frühere Arnim'sche Vorwerk Schulzenhof, wo er alle wichtigen Bücher schrieb. Im »Tagebuch«: »Ich lebe zwei Leben. Eines als Pferdezüchter und eines als Schriftsteller. Eines weiß vom anderen nichts, aber sie profitieren voneinander.« Bezeichnend dafür »Pony Pedro« (E. 1959). Mit dem »Schulzenhofer Kramkalender« (1966) und den »3/4 hundert Kleingeschichten« (1971) begann St., »sich einen endgültigen literarischen Kosmos aus biographischen Erinnerungen und den Erfahrungen vieler Jahre zu schaffen« (G. Drommer, 2000). Die von Eva St. hg. Slg. »Briefe aus Schulzenhof« (3 Bde., 1977-95) ergänzt das lit. Werk. St. starb 94 in Schulzenhof. Grab am Waldrand auf dem Friedhof in der Nähe das des Sohnes Matthes. **Marlies Menge** war 97 hier: »Die Gegend um Schulzenhof könnte nicht märkischer sein.« (»Spaziergänge«, 2000); St.-Archiv im Aufbau.
Von Menz und Dollgow aus erreicht man **Zernikow**, das geprägt ist vom Wirken seines Gutsherrn Michael Gabriel Fredersdorff (1708-58), des Kammerdieners Friedrichs d. Gr. (→ Potsdam/BB). Erbbe-

gräbnis vor der Kirche. Seine Witwe Caroline war später Großmutter **Achim von Arnims** (→ Berlin), der als Kind oft hier war: »Zernikow hatte im Leben des Dichters Achim von Arnim keine geringere Rolle gespielt als Wiepersdorf«, hebt **Clara von Arnim** in »Der Grüne Baum des Lebens. Lebensstationen einer märkischen Gutsfrau« (Aut. 1989) hervor. Erinnerungen im A.-Zimmer im Gutshaus. – Beim nahen **Burow** Grabstätte von Annois von Arnim (1865-1927) mit dem A.-von-Arnim-Vers »Gib Liebe mir und einen frohen Mund«.

Armin T. Wegner (→ Wuppertal/NW) lebte 1920-25 mit seiner Frau, der Schriftstellerin **Lola Landau** (1892-1990), in **Neuglobsow**. Hier schrieb er »Der Knabe Hussein. Türkische Novellen« (1921). Von 1954 bis zu ihrem Tod 1986 wohnte **Lori Ludwig** (→ Sondershausen/Himmelsberg/TH) in N. Wohnung: Glashüttenweg 4; Grab auf dem versteckt liegenden Friedhof.

Fürstenberg

Mahn- und Gedenkstätte Ravensbrück mit Museum in der ehem. Kommandantur (Stiftung Brandenburgische Gedenkstätten).

Heinrich Schliemann (→ Bad Doberan/Neubukow/MV) begann seine Kaufmannslaufbahn 1836 als Lehrling in dem Krämerladen Brandenburger Straße 46 (Gedenktafel). 1841 ging Sch., nachdem er sich bei der Arbeit verletzt hatte, »aus Verzweiflung zu Fuß nach Hamburg«.
René Schickele (→ Berlin) besaß 1913/14 in F. ein Haus und schrieb hier an dem Gedicht-Bd. »Die Leibwache« (1914) und »in nur zehn Tagen« sein berühmtes Stück »Hans im Schnakenloch« (1915).
Anja Lundholm (eig. **Helga Erdtmann**, Ps. **Ann Berkeley**, **Alf Lindström**), * 18.

4. 1918 Düsseldorf, † 4. 8. 2007 Frankfurt a. M., Journalistin und Übersetzerin. Aufgewachsen in Krefeld. Musikstudium in Berlin. Der Vater trieb seine jüd. Frau in den Selbstmord und ließ die Tochter in Italien verhaften. 1943-45 KZ Ravensbrück. – W.: »Morgengrauen« (1970), Das Höllentor. Bericht einer Überlebenden (1988).

A **Gottfried Kinkel** (→ Bonn/NW) übernachtete nach seiner Flucht aus dem Zuchthaus am 17. 11. 1850 in der Brandenburger Straße 46, konnte sich aber nach London durchschlagen und wurde dort Lit.-Prof. – 1940 verbarg sich **Tami Oelfken** (→ Bremen) vor der Gestapo für einige Zeit bei Freunden in F.

E Frauenkonzentrationslager Ravensbrück. Das Lager wurde 1938/39 gegründet. Die Museumsbibliothek hält 300 Überlebensberichte bereit, darunter auch Texte, die in der DDR-Zeit zur Sperrliteratur gehörten, z. B. die Bücher von Anja Lundholm und Margarete Buber-Neumann, die 41 von der UdSSR an Hitler-Dtl. ausgeliefert und in R. eingewiesen wurde. Kurz vor der Befreiung durch die Rote Armee konnte sie fliehen und sich in die amerikan. Zone absetzen (»Als Gefangene bei Stalin und Hitler«, Aut. 1957). Im Lager begegnete sie der tschech. Publizistin Milena Jesenská (1892-1944), die seit 1920 zum Prager Schriftsteller F. Kafka eine komplizierte Liebesbeziehung unterhalten hatte und hier nach einer Operation am 17. 5. 1944 starb. M. Buber-Neumann hat über sie geschrieben (»Kafkas Freundin Milena«, 1963). Die sorb. Publizistin Marja Grólmusec (→ Bautzen/Radibor/SN) wurde 1941 vom Zuchthaus Waldheim hierher verbracht, wo sie 44 starb. Die mit einem brasilian. Kommunisten verheiratete Olga Benario wurde in R. ermordet. Ruth Werner hat über sie den biograph. Roman »O. B. Die Geschichte eines tapferen Lebens« (1961) geschrieben. In den Zellenbau für »Sonderhäftlinge« wurde im Februar 1944 Helmuth James Graf von Moltke (1907-45), der Begründer des »Kreisauer Kreises«, eingeliefert, bald aber in das kleine Polizeigefängnis im nahe gelegenen Drögen verlegt, wo ihn seine Ehefrau Freya von Moltke (»Erinnerungen an Kreisau«, 1997) besuchte. Der Urgroßneffe des berühmten Feldherrn hatte auf seinem Gut in Niederschlesien Nazi-Gegner unterschiedl. Herkunft und polit. Einstellung zusammengeführt und mit ihnen die ethischen Grundlagen für ein Dtl. nach Hitler ausgearbeitet. Carl Zuckmayers »Des Teufels General« ist ihm u. a. gewidmet. Den ersten Bericht über das Frauen-KZ verfasste Isa Vermehren, »Reise durch den letzten Akt« (1946). Einen der letzten Christa Wagner, »Geboren am See der Tränen« (1987).

Z Eberswalde, Neuruppin, Oranienburg, Prenzlau, Rheinsberg, Prenzlau (BB); Neustrelitz (MV).

GREIFSWALD/MV

»Greifswald als pommersche Universitätsstadt – vielleicht ist deren wunderbare Geschichte noch gar nicht so recht ins Bewußtsein gekommen.« (Günter Grass, 2000)

Ernst-Moritz-Arndt-Universität, U.-Archiv (Gelehrtennachlässe). – Landeskirchenarchiv; Vorpommersches Landesarchiv (VLA). – Museum der Stadt G., Pommmersches Landesmuseum. – Geburtsort des Malers Caspar David Friedrich (Gedenktafel am Nachfolgebau des 1901 abgebrannten Geburtshauses Lange Straße 57, C.-D.-F.-Zentrum) und des Verlegers Georg A. Reimer, Mitbegründer des Börsenvereins des Deutschen Buchhandels.

Bartholomäus Sastrow, * 21. 8. 1520 G., † 7. 2. 1603 → Stralsund/MV, Bürgermeister, Historiograph in → Rostock/MV. »Ein unorthodoxer, unbequemer Geist« (H. Zenker). Aut. »Bartholomäi Sastrowen Herkommen, Geburt und Lauff seines gantzen Lebens« (Hrsg. G. C. Mohnicke, 1823 ff.), gekürzte Ausg. u. d. T. »Lauf meines Lebens« (Hrsg. C. Coler, 1956). – Geburtshaus (Gedenktafel) Lange Straße 54.

Die Aula der Greifswalder Universität

Sibylla Schwarz, * 14. 2. 1621 G., † 31. 7. 1638 ebd., Lyrikerin seit dem 13. Lebensjahr, Mitglied des Pegnitz-Ordens, gerühmt als »Jungfer unvergleichlich« (G. Morhof): »Was mir der Himmel hat an Schönheit nicht gegeben,/das hat ersetzt Verstand und Tugend in mein Leben« (zeitgen. Spruch). – Aufgewachsen im Elternhaus Baderstraße 2, erlebte sie Wallensteins Einzug in G., 1637 die Einäscherung des geliebten Familiengutes Fretow (»Trost-Getichte an unser Fretow«). Beisetzung der 17-Jährigen in der Nicolai-Kirche, dort auch Epitaph für Christian Schwarz mit Sibylla-Porträt. – W.: Susanna (Dr.); Faunus (E.); Deutsche Poetische Gedichte (2 Bde., 1650, n. 1980, Hrsg. H. Ziefle). H. Ziefle, »S. S. – Leben und Werk« (1975); S. Tuttas, »S. S. – Die Pommersche Sappho« (1994).

Daniel Schönemann, Ps. **Sincerus**, * 1695 G., † 1737 Koppen bei Glogau. Lyriker. Lehrer in Rostock, Güstrow und Strelitz, später in Potsdam und Berlin. W.: Der Grünenden Jugend erste Früchte (G. 1718); Poetische Ergötzlichkeiten (G. 1718).

Anna Christina Ehrenfried Balthasar, * 24. 1. 1737 G., † 5. 7. 1808 Richtenberg/MV, Literaturwissenschaftlerin. Hielt 1750 die Rede zur Eröffnung der G.er UB (heute Hauptgebäude) über »Bibliotheken als sicherste Werkstätten wahrer Freundschaft«.

Johann Gottfried Lucas Hagemeister,
* 15. 1. 1762 G., † 4. 8. 1806 Anklam/MV, Hrsg. der Wochenschrift »Lehrreiche Nebenstunden«, Schauspieler, Rektor.

Johann Karl Rodbertus, * 12. 8. 1805 G.,
† 2. 12. 1875 Jagetzow/MV (dort Gedenktafel und Grab), Nationalökonom, Schriftsteller. Der »Seher von Jagetzow« stand F. Lassalle (→ Düsseldorf/NW) nahe und war »einer der ersten Theoretiker des Sozialismus in Deutschland«. (H. W. Richter). – W.: Die Forderungen der arbeitenden Klasse (1839); Die Handelskrisen (1850).

Edmund Hoefer, * 15. 10. 1819 G., † 22. 5. 1882 Cannstadt/BW. Erzähler, Herausgeber. – Populäre Lesestoffe und volkstümliche Redensarten prägten das Werk des Autodidakten. – W.: Kriegserzählungen eines alten Tambours (1843); Bewegtes Leben – Wie das Volk spricht – 2008 Sprichwörter und Redensarten (1873, n. 1997); Pap Kuhn (plattdt. R. 1978). – Geburtshaus Fischstraße 11.

Georg J. L. Engel (Ps. **Johannes Jörgensen**), * 29. 10. 1866 G., † 19. 10. 1931 Berlin, heute vergessener Erzähler, Journalist, Vors. Reichsverband des deutschen Schrifttums. – W.: Im Hafen (R. 1904); Hann Klüth (R. 1906); Erlebtes und Erträumtes (1923). – G. »Meiner Vaterstadt Greifswald«; Grab im G.er Elisenhain bei Eldena.

Hans Fallada (eig. **Rudolf Ditzen**), 21. 7. 1893 G., † 5. 2. 1947 → Berlin, Schriftsteller und Journalist, populärer Verfasser von großen Zeitromanen und Trivialliteratur, Mischung aus Humor, Idylle, Milieu und Reportage zugleich. Nach Schuljahren in Berlin landwirtschaftliche Berufserfahrungen, schwere persönliche Krisen, Selbstmordversuch, Haftstrafen. Als Au-

Greifswald: Hans Falladas Geburtshaus mit Gedenktafel nach der Wende 1989

tor und Journalist in Berlin, später → Neumünster/SH. Aufenthalte auch in → Leipzig/SN, → Rudolstadt/TH, → Hamburg, auf → Rügen/MV und in → Celle/NI. 1933 Angriffe durch die NS-Kulturpolitik, zeitweise Verhaftung, Umzug nach Feldberg-Carwitz (→ Neustrelitz/MV). Nach erneuten Krisen Tod in Berlin. – W.: (Auswahl) Bauern, Bonzen und Bomben (R. 1931); Kleiner Mann – was nun? (R. 1932); Wolf unter Wölfen (R. 1937); Heute bei uns zu Haus (Aut. 1943); Der Trinker (R. 1950); Fridolin, der freche Dachs (E. 1955). – Geburtshaus Steinstraße 58/59 (heute Fallada-Museum des Pommerschen Literaturvereins); ab 1896 Wohnung Karlsplatz 17, dann Bismarckstraße 21, heute J.-S.-Bachstraße. G.er Kinderjahre gespiegelt in »Damals bei uns daheim« (1941). 1924 wegen Unterschlagung drei Monate Haft in der »Pengsjohn zum roten Stein«, dem Gefängnis Domstraße 6/7: »In der Stadt ist Schützenfest, von der Vogelwiese kommen manchmal Musikklänge ... Das Haus ist totenstill, nichts rührt sich in ihm. Draußen ist die Welt voll von Tönen, Bewegungen, Geschehnissen, dies ist der enge Sarg ...« (»Strafgefangener, Zelle 32«. Tagebuch 22. Juni – 2. September 1924, 1998). Die Haft ist auch Erfahrungshintergrund für den R. »Wer einmal aus dem Blechnapf frißt« (1934). – Biographien von J. Manthey, »H. F. – mit Selbstzeugnissen und Bilddokumenten« (1963); W. Liersch, »H. F. – Sein großes kleines Leben« (1981, n. 1993), und »H. F. – Damals bei uns zu Haus. Orte seines Lebens« (1993); T. Crepon, »Leben und Tode des H. F.« (1978) und »Kurzes Leben – langes Sterben. Hans Fallada in Mecklenburg« (1998); G. Müller-Waldeck, »Neues von Daheim und zu Haus. Erinnerungen an H. F.« – Gespräche, Betrachtungen, Dokumente (1993); »Er war der Eiserne Gustav« (1994) und »H. F. – sein Leben in Bildern und Briefen« (1997); J. Williams, »Mehr Leben als eins. H.-F.« (2002). – Hans-Fallada-Verein Greifswald.

Otthinrich Müller-Ramelsloh, * 6. 10. 1904 G., † 21. 1. 1991. Lebte zuletzt in Reinbek bei Hamburg. Verfasser biographischer Romane und En. – W.: Martin Luther (1970), Heinrich Schliemann (1972), Karl V. (1975), Bismarck (Dr. 1979), Europa in der Krise (Es. 1983).

Wolfgang Koeppen, * 23. 6. 1906 G., † 15. 3. 1996 München/BY, bedeutender Autor der Nachkriegsjahre mit unkonventioneller formaler Gestaltung und kritischer Sicht, sein »Verstummen« nach den drei großen Romanen wurde als »Fall Koeppen« diskutiert. Theaterarbeit in G., Würzburg, Hamburg, Redakteur in → Berlin; ab 1934 »freiwilliges Exil« in Scheveningen/Holland; dort Kontakt zu K. und E. Mann (→ München/BY); 38 Rückkehr nach Deutschland. Nach 1945 in München. Verschiedene Reisen, Gastdozentur in Frankfurt/M. 1982. – Geburtshaus Bahnhofstraße 4, spätere Wohnung Anklamer Straße 1. Nach Kinderjahren ab 1908 in Thorn und Ortelsburg (Masuren) Rückkehr 1919 (»Mir gefiel das Wiedersehen mit Greifswald nicht. Ich stand vor der Universität und konnte nicht hinein.

Ich hatte keine Freunde …«), Buchhändlerlehre, Volontariat am Stadttheater; erste Publikation K.s ist eine Theaterkritik in der »Greifswalder Zeitung«; Anklänge an G. in der E. »Jugend«, 1933 noch einmal Besuch der Stadt (»wie bin ich froh, sagte ich mir, daß ich hier abgehauen bin«), Ehrendoktor der Universität Greifswald 1990, 93 Ehrenbürger. – W.: Eine unglückliche Liebe (R. 1934); Die Mauer schwankt (R. 1935); Tauben im Gras (R. 1951); Das Treibhaus (R. 1953), Der Tod in Rom (R. 1954); Nach Rußland und anderswohin (Rep. 1958); Amerikafahrt (Rep. 1959); Reisen nach Frankreich (Rep. 1961); New York (Rep. 1961); Romanisches Café (En. 1972); Jugend (E. 1976); Die elenden Skribenten (Ess. 1981), Morgenrot (E. 1987); Angst (E. 1987); Es war einmal in Masuren (E. 1991); Jakob Littners Aufzeichnungen aus einem Erdloch (R. 1992); Ges. Werke (Hrsg. M. Reich-Ranicki, 6 Bde. 1986); Einer der schreibt. Gespräche und Interviews (1995); Auf dem Phantasieroß (Prosa aus dem Nachlass 2000); Die Jawang-Gesellschaft (nachgel. Fragment von 1937, 2001). – Internationale W.-K.-Gesellschaft mit Jahrbuch seit 2001; W.-K.-Archiv (Nachlass, 11 000 Bücher, 6 000 Briefe, Manuskripte, Möbel) der Universität im Geburtshaus; Koeppen-Konferenzen, dokumentiert von G. Müller-Waldeck (1999). – Über K.: G. Müller-Waldeck (Hrsg.), »Nach der Heimat gefragt« – Texte von und über W. K. (1995), Andrea Beu, W. K.: »Jugend« – Beiträge zu einer Poetik der offenen Biographie (1995); U. Greiner (Hrsg.), »Über W. K.« (76); Jörg Döring, »… ich stellte mich unter, ich machte mich klein …« Wolfgang Koeppen 1933-1948 (2001); »W. K. in Greifswald. Menschen und Orte«, hg. v. Bernd E. Fischer (2005).

Dieter Waldmann, * 20. 5. 1926 G., † 5. 12. 1971 Bühlertal/Baden/BW, Dramatiker, Journalist; nach Emigration mit den Eltern ab 1958 in Freiburg/Br., 66 Chefdramaturg SWF in Baden-Baden. – G.er Kindheitsjahre in der Robert-Blum-Straße 12. – W.: Der blaue Elefant (Sch. 1959); Atlantis (Sch. 1963); Die Schwätzer (K. 1965); Der Unfall (Fernsehspiel 1968); Dreht Euch nicht um! (Fernsehspiel 1971).

Herbert Nachbar, * 12. 2. 1930 G., † 25. 5. 1980 Berlin, Romancier, Dramaturg, Lektor. Ab 1931 in Wolgast (→ Anklam/MV), später auf → Rügen/MV und in Graal-Müritz (→ Bad Doberan/MV). Redakteur im Aufbau-Verlag in Berlin. – W.: Der Mond hat einen Hof (R. 1956); Die Hochzeit auf Länneken (R. 1960, von Claus Hammel als »Die Fischerkinder« auf die Bühne gebracht); Haus unterm Regen (R. 1965); Ein dunkler Stern (R. 1973); Der Weg nach Samoa (E. 1976). – Besonders in den R. spiegelt sich N.s Heimat G. und Wieck, wo der Onkel Brückenwärter über den Ryk (»Riecka« im Werk) war. – »Zu Nachbar« – Almanach, 1982.

A Der frühverstorbene **Philipp Ernst Raufseysen** (1743-75) galt mit seinen sinnenfrohen Gedichten als »interessante Figur der G.er Literaturszene« (H. Langer). **Thomas Thorild,** der »schwedische Lessing«, war seit 1795 Bibliothekar in G., Grab in Neuenkirchen bei G. – 1796 übernachtete **Wilhelm von Humboldt** (→ Berlin) in der Baderstraße 3. 1797 beschrieb **Carl Friedrich Rellstab** (1759-1813) die Stadt in seiner »Ausflucht nach der Insel Rügen...«. Die Schriftstellerin **Ida Hahn-Hahn** aus Tressow (→ Grevesmühlen/MV) lebte nach 1821 einige Jahre am Fischmarkt 30. – Am 26. 10. 1818 starb hier der Lyriker **Gotthard Ludwig Kosegarten** (→ Grevesmühlen/MV), der in G. von 1775-77 studiert hatte und 1808 von Rügen/MV als Professor an die Universität ging. Seine »Rede am Napoleons-

tag des Jahres 1809 im größern akademischen Hörsaal zu Greifswald«, erfüllt vom Ideal der Fürstenerziehung, wurde scharf kritisiert, der Textkorpus auf dem Wartburgfest verbrannt. Später besuchte ihn hier der schwedische Romantiker **Per Daniel Atterbom** (»Reise durch Deutschland 1817-19«, Ber. 1851). Kosegarten starb im Haus Domstraße 9 (Gedenktafel); K.-Gesellschaft. – 1823 unternahm **Adelbert von Chamisso** (→ Berlin) eine Exkursion nach Rügen und Greifswald. – Im Wirtshaus »Zum Deutschen Hause« schrieb **Willibald Alexis** (→ Berlin) das erste Kapitel seines Romans »Walladmor« (1824) und berichtete darüber in seinen Erinn. »Eine Jugend in Preußen« (1837-46). 1841 starb in G. **Gottlieb C. Mohnicke** (→ Grimmen/MV).

Theodor Heuss (→ Brackenheim/Lauffen/BW) 1904: »Stralsund, Greifswald, eine Wanderung nach Eldena gaben dann den Blick über die Ostsee. Ich will nicht behaupten, daß sie mir sehr interessant gewesen ist.« 1908 starb nach 60 G.er Jahren in der C.-D.-Friedrich-Straße 3 **Alwine Wuthenow** (→ Anklam/Neuenkirchen/MV); Grab Neuer Friedhof. Schwierige Jugendjahre 1877-79 erlebte der Reformpädagoge **Hermann Lietz** (1868-1919) in G.

Ab 1920 wohnte die Schriftstellerin **Annemarie Langen-Koffler** (1898-1968; »Liebe in Kilometern«, 1936) in der Goethestraße 11; sie war Präsidialrätin des Deutschen Kulturbundes, oft besucht von **Friedrich Wolf** (→ Neuwied/RP), Grab auf dem Friedhof Eldena.

1929-37 leitete **Max Liedtke** die »Greifswalder Zeitung«; für die Rettung von über 100 Juden im Jahr 1942 wurde er 1994 postum als »Gerechter unter den Völkern« in Yad Vashem (Israel) geehrt, Gedenktafel am Redaktionsgebäude J.-S.-Bach-Straße 32. Autobiogr. E. »Vatermax«

(1994) vom Sohn **Götz Liedtke**. – 1933 kam **Werner Bergengruen** (→ Baden-Baden/BW) nach G.: »Schwer auf dem Boden lastend, an einem veródeten Platz, lag ein breites, dunkles Ungetüm, die Marienkirche.« 1934 traf **Jochen Klepper** (→ Berlin) auf einer Ostsee-Reise den oppositionellen Theologen Rudolf Hermann (Wolgaster Straße 73).

1946 gründet **Ehm Welk** (→ Angermünde/Biesenbrow/BB) die Volkshochschule Greifswald, 1956 wurde er Ehrendoktor der Universität, die gleiche Würdigung erfuhr 1961 **Walther Victor** (Bad Oeynhausen/NW). Im Werk **Eva Zellers** findet sich die Auseinandersetzung mit NS-Zeit und DDR-Staat, den sie 1956 nach einem Studium in G. verließ (»Auf dem Wasser gehen«, G. 1979; »Solange ich denken kann«, R. 1981). Mitte der fünfziger Jahre bewarb sich **Uwe Johnson** (→ Anklam/MV) vergeblich um eine Assistentenstelle an der Universität.

An der 1456 gegr. **Universität** (550-Jahres-Festschrift u. d. T. »Universität und Gesellschaft«, Hg. K.-H. Spieß und D. Alvermann, 2006), die 1933 den Namen Ernst Moritz Arndts erhielt, studierten u. a.: der Lyriker **Hermann von dem Busche** (→ Wahrendorf/Sassenberg/NW); von 1502-04 **Johannes Bugenhagen** (1485-1558; Sockelfigur am Rubenow-Denkmal), Theologe und Reformator (»Pomerania«, 1728); Gedenken an **Philipp Melanchthon** → Bretten/BW auf dem Croÿ-Teppich der Universität von 1554 und in der Marienkirche; der Lyriker **Valens Acidalius** (→ Rostock/MV); 1509 **Ulrich von Hutten** (→ Schlüchtern/Vollmerz/HE), der schlecht behandelt und ausgeraubt wurde (»Klage gegen Wedeg Loetz ...« 1510). Ab 1730 studierte **Johann Joachim Spalding** (→ Barth/Grimmen/MV) in G. 1791-93 Studium von **Ernst Moritz Arndt** (→ Rügen/MV), der hier 1800 Privatdo-

zent und 1805 Professor für Geschichte und Philosophie wurde (weitere Aufenthalte 1809-11), Wohnhaus/Gedenktafel J.-S.-Bachstraße 17. Vor 1803 »Turnvater« **Friedrich Ludwig Jahn** (→ Perleberg/BB) als »Student Fritz« bei E. M. Arndt; 1813-15 der Erzähler **Wilhelm Meinhold** (→ Usedom/MV), Wohnung Lange Straße 20; 1814 der Lyriker **Heinrich L. Giesebrecht** (→ Neustrelitz/Mirow/MV); **Friedrich Spielhagen** (→ Magdeburg/ST) belegte 1851 Jura und Philologie, Wohnung Lange Straße 122, Erinnerungen in »Finder und Erfinder« (1890); der Philologe **Eduard Schwartz** (1858-1940) studierte bei **Ulrich von Wilamowitz-Moellendorff** (»Erinnerungen 1848-1914«, 1928); der Romancier und Freund R. Dehmels, **Carl Ludwig Schleich** (1859-1922), studierte – wie der 1916-17 in der Schützenstraße 11 (Gedenktafel) wohnende Dada-Chronist **Richard Huelsenbeck** (→ Frankenberg/NW) – Medizin (Gedenktafel F. Loefflerstraße 23b), Aut. »Besonnte Vergangenheit« (n. 1977). Weiter der Literaturwissenschaftler und Vormärz-Spezialist **Heinrich Hubert Houben** (→ Aachen/NW); **Wilhelm Speyer** (→ Berlin), Freund W. Benjamins, Roman- und Jugendbuchautor; **Rudolf Majut** (1887-1981), Literaturwissenschaftler und Verwandter A. Kerrs; 1898 promovierte der Pädagoge **Gustav Adolf Wyneken** (→ Göttingen/NI).

Hermann Löns (→ Hannover/NI) studierte 1887/88 Medizin (Wohnungen Baustraße 33 und Martin-Lutherstraße 2, Gedenktafel) und schrieb Erzählungen (»Platonische Liebe«) sowie Gedichte über Stadt und Land (»Auf dem Greifswalder Bodden«, »Fischerdorf Wieck«). 1906-07 **Gustav Sack** (→ Wesel/Schermbeck/NW; Wohnungen Karl-Marx-Platz 5, Kapaunenstraße 15, Hunnenstraße 30; Ortsbezüge u. a. in »Ein verbummelter Student«

(R. 1917), Studentenjahre vor 1907 beim ehem. G.er Studenten **Ferdinand Sauerbruch** (»Das war mein Leben.« Aut., 1954), später **Ilse von Hülsen** (1893-1989), Biographin der Frauenbewegung; 1913 schloss der in Karlsbad geborene Dichter **Walter Serner** (1889-1942) sein Jura-Studium ab; der Romancier **Josef Kastein** (→ Bremen) promovierte 1917. Nach dem 1. Weltkrieg studierte der Feuilletonist **Georg Zivier** (→ Berlin) Philosophie, auch **Arnold Krieger** (→ Darmstadt/HE) und **Kurt Ihlenfeld** (→ Berlin; Wohnung Böhmkestraße 15), Freund J. Kleppers, waren Studenten.

1927 erhielt **Selma Lagerlöf** den Ehrendoktor, 1949 **Martin Andersen Nexø**, nach ihm wurde die von H. Kant beschriebene Arbeiter- und Bauernfakultät benannt; Gedenkstein mit Porträt am Nexöplatz. Der in der DDR als Schriftsteller erfolgreiche **Hermann Kant** besuchte die nach 1945 eingerichtete Arbeiter- und Bauernfakultät, später studierte er in G. Germanistik und wurde Dozent. – **Uwe Saeger** (→ Pasewalk/Ueckermünde/MV) studierte 1966-70 in G. Pädagogik, seine Texte spiegeln die nordostdeutsche Region.

Als **Professor** in G. u. a. 1559 der »poeta laureatus« **Zacharias Orth** (→ Neubrandenburg/MV); **Johann G. L. Kosegarten** (→ Rügen/MV) wirkte als Orientalist und Forscher zur pommerschen Literaturgeschichte, Gedenktafel Domstraße 9; Grab Alter Friedhof. 1872 lehnt **Friedrich Nietzsche** (→ Weißenfels/Lützen/ST) eine Berufung nach G. ab, 1876 – in diesem Jahr wird durch Prof. **Wilhelm Wilmanns** (1842-1911; Gedenktafel Domstraße 30) das Deutschphilologische Seminar eröffnet – kommt der Philologe **Ulrich von Wilamowitz-Moellendorff** (1848-1931), er bleibt bis 1883, »Erinnerungen« (Aut. 1928); ab 1909 lehrte der Germanist **Gus-** tav **Ehrismann** (1855-1941; Gedenktafel Domstraße 9a); 1921-28 der Germanist **Paul Merker** (1881-1945), Hrsg. des »Reallexikons der deutschen Literaturgeschichte« und der »Zeitschrift für deutsche Philologie«; 1922-25 der Germanist **Helmut de Boor** (1891-1976); der G.er Literaturwissenschaftler **Bruno Markwardt** (1899-1972), Verf. der »Geschichte der deutschen Poetik« (1956-67), trat auch mit dem Lyrikband »De Brandung schwiggt« (1944) an die Öffentlichkeit. Von 1924-36 der Germanist **Wolfgang Stammler** (1886-1965), Hrsg. des »Reallexikons der deutschen Literaturgeschichte« (zusammen mit Paul Merker) sowie einer »Geschichte der niederdeutschen Literatur«, **Eduard Engel** (1851-1938), jüdischer Literaturhistoriker, erhielt 1933 Publikationsverbot.

Im September 1947 nahm **Victor Klemperer** (→ Dresden/SN) die Berufung an die Universität G. an (»es war der schwerste Fehler«). Seine Tagebücher 1945-49 u. d. T. »So sitze ich denn zwischen allen Stühlen« (1999) berichten ausführlich von den schwierigen Lebensbedingungen (Wohnung Rudolf-Petershagen-Allee 8), noch im gleichen Jahr ging er nach Halle. Von **Hanns Schwarz** Erinnerungen an seine G.er Professur (1946-65): »Jedes Leben ist ein Roman«, 1975; Wohnung Ellernholzstraße, Grab auf dem Friedhof Eldena. Die in den Westen geflüchtete Germanistin **Hildegard Emmel** (1911-96) rechnet in ihren Erinn. »Die Freiheit hat noch nicht begonnen« (1991) mit den pol. Verhältnissen der 50er Jahre ab. Der G.er Germanist und Goethe-Biograph **Hans Jürgen Geerdts** (1922-89) schrieb auch biogr. Romane zu Forster und Büchner (»Rheinische Ouvertüre«, 1954; »Hoffnung hinterm Horizont«, 1956); Grab Alter Friedhof.

L Von Professor **Theophilus C. Piper** (1745-1814) stammt der »Frosch- und Mäusekrieg, ein scherzhaftes Heldengedicht« in antiker Tradition (1775). Neuere Wege ging **Johann C. L. Haken** mit den En. »Die graue Mappe aus Ewald Ringks Verlassenheit« (1790 ff.). Mundartdichtung wie der »Pommernspegel« oder die E. »Russelbläder« vom G.er **Otto Vogel** (1838-1914) und »Olle Scharteken« von **Wilhelmine Weyergang** (Ps. **Ellen Lucia**/1830-1903). Der Mediziner **Carl Gustav Carus** schrieb G.er »Lebenserinnerungen und Denkwürdigkeiten« (1865/66). – **Goethe** (→ Frankfurt/HE) besprach 1818 mit J. G. L. Kosegarten in Weimar die »Verhältnisse von Greifswald«, 1823 beschäftigte er sich mit der »Geschichte der Greifswalder Kugeln«. – Von **Johannes Trojan** (→ Rostock/MV) gibt es eine kleine Skizze vom St. Spiritus-Hof, »ein mitten in der Stadt gelegenes Idyll« (Aufs. »Etwas von Greifswald«, 1895).
Rudolf Petershagen (1901-1969/Ehrenbürger, Gedenktafel Wohnung Petershagenallee 10, Grab Neuer Friedhof) berichtet in »Gewissen in Aufruhr« (1957, ergänzt durch den 1961 ersch. R. »Das Leben ist kein Würfelspiel« und die Erinnerungen seiner Frau **Angelika P.** »Entscheidung für Greifswald« 1981) von seiner kampflosen Übergabe G.s an die Rote Armee 1945. Porträt in **Arnolt Bronnens** (→ Berlin) Reisereportage »Deutschland – kein Wintermärchen« (1956): »Ich traf ... seit zwölf Jahren auf die erste unzerstörte deutsche Stadt«. Dazu auch: »Die kampflose Übergabe der Stadt G.« (Hrsg. Buske, 1993). Zur gleichen Zeit lebte **Alexander von Stenbock-Fermor** (→ Neustrelitz/MV) in der Bachstraße 21 (»Der rote Graf«, Erinn. 1973). **Victor Klemperer** in seinen Tagebüchern über Greifswald: »Ein schöner großer Marktplatz mit sehr wohl erhaltenen immer wieder renovierten alten stattlichen Häusern, Barockgiebel u. baltische Giebel. ... Dann zur Universität. Eine weißgetünchte Flucht hoher alter Häuser.« Auch im Werk des G.ers **Wolfgang Koeppen** finden sich zahlreiche Erinnerungen an Kindheit und Jugend in der Stadt, so in den E.n. »Kirchhofstimmung« und »Der Tod meiner Mutter Maria« (»ich sitze an meinem improvisierten Schreibtisch in

der Dachstube, meiner Wohnung in der Langen-Reihe. Und vor mir steht Dein Krankenbild, Dein Sterbebild.«), »Die Mensur« und der Skizze »Der Ryk« (alle in W. K., »Auf dem Phantasieroß«, 2000), die auch die Klosterruine Eldena beschreibt: Sie wird, von K. F. Schinkel beschrieben, von **Hermann Löns** besungen: »Hoch ragen die Mauerreste, und leer in ihnen die schlanken Kapellenfenster.«
Hermann Kants vielgelesener R. »Die Aula« (1965) schildert mit viel Lokalkolorit das Schicksal junger Menschen an der Arbeiter- und Bauernfakultät (ABF) am Ende der Franz-Mehring-Straße. Der Titel nimmt Bezug auf den 1747 errichteten Barockbau im Zentrum G.s. Im Haus das Porträt Adolf Friedrichs IV., des Helden aus F. Reuters Erzählung »Dörchläuchting«(1866). Über H. Kants G.er Aktivitäten für die Stasi berichtet K. Corino (Hrsg.) in »Die Akte Kant. IM ›Martin‹, die Stasi und die Literatur in Ost und West« (1995).
Wolf Deinert, 1944 in G. geboren, schrieb den aut. geprägten R. eines Übersiedlers u. d. T. »Meine Heimat« (1980). Von **Gerhard Dallmann** stammen historische Romane zur Stadtgeschichte (»Dornenzeit«, 1993). **Fritz Rudolf Fries** bietet in »Auf Fotojagd« ein eigenwilliges Porträt der Stadt (in: »Erlebte Landschaft Rostock«, 1979) mit C.-D.-Friedrich-Bezügen: »Wo zum Teufel war der Alte gestanden, als er dieses Bild malte mit den springenden Pferden im Vordergrund?«.
S Vita Pomeranorum, Slg. von ca. 8 800 Titeln aus dem 16. bis 19. Jh. in der **Universitätsbibliothek** (2,2 Mio. Bde., 270 Inkunabeln), in der sich auch die **Ernst-Moritz-Arndt-Slg.** und die **Wolgaster Kirchenbibliothek** befinden; die Stolbergsche Slg. zu pommerschen Städten heute in der HAB Wolfenbüttel/NI; **Stadtbibliothek**. – **Arbeitsstelle Literaturgeschichte Mecklenburg-Vorpommern** e. V.; **Reuter-Stammtisch** (seit 1894); **Literatursalon** G. e. V. – **Wolfgang-Koeppen-Preis** (erster Preisträger der Lyriker R. Anders); **Fallada-Stiftung**, **Archiv, Gedenkhaus. – Pommersche Literaturgesellschaft** pom.lit.de, **Literaturzentrum Vorpommern**; **Deutsch-Litauische Literari-**

sche Gesellschaft, Internationales Kulturaustausch-Zentrum (IKAZ). – Leseherbst-Literaturtage.

R Ein literarischer Rundgang zwischen den drei Kirchen in G. am besten mit **Andrea Beus** und **Gabriele Sokolls** »Greifswalder Tafelrunde. Gedenktafeln der Hansestadt« (1996); hier finden sich 74 (!) vorgestellte Tafeln, zu Stein gewordene Literatur-, Kultur- und Wissenschaftsgeschichte, vom Widerstandskämpfer bis zum Nobelpreisträger. Dazu ergänzend **Birgit Dahlenburg** und **Dirk Alvermann** (Hg.), »Greifswalder Köpfe. Gelehrtenporträts und Lebensbilder des 16. bis 18. Jahrhunderts aus der Pommerschen Landesuniversität« sowie **Gunnar Müller-Waldecks** »Literarische Spurensuche in Greifswald« (1990), die alle wichtigen Autoren der Stadt vereint. Kulturhistorisch angelegt **Ruth Schmekels** Bilder- und Zitatensammlung »Nun ging ich Greifswald zu« – Das Bild einer Stadt in fünf Jahrhunderten (1980).
Eine G. vorgelagerte Insel rühmte **Friedrich Franz Kosegarten** (→ Grevesmühlen/MV) in seinem Gedicht »Schilderung der **Greifswalder Oie**« (1842): »Hoch liegt sie, gethürmt im Meeresschoße, / Eine Stund im Umfang, zwar nur klein / Doch im Kleinen liegt versteckt das Große …« 1932 schildert **Wolfgang Koeppen** die Dreharbeiten mit Hans Albers auf dem Eiland zu dem Film »FP 1 antwortet nicht«. – Nahebei G. das kleine Örtchen **Wieck**: »mehr ein Fischerdorf als ein Badeplatz. Anstelle der Cafés und Ladenstraßen berühmter Kurplätze schlängelten sich noch krumme, grasbewachsene Gassen durch eine Siedlung einstöckiger Häuser« (W. Koeppen, »Die Mensur«, o. J.). Hier lebte **Herbert Nachbar**. 1912 promovierte **Oskar Kanehl** (1888-1929) in G., er gab hier die Franz Pfemferts (→ Berlin) »Aktion«

nahestehende frühexpressionistische Zs. »Der Wiecker Bote« heraus (1913, 1914 verboten, 1995 neu gegründet), mit der er »in das schwarze Ketzernest Greifswald eine Bombe« werfen wollte. Wohnung Lutherstraße 11, ab 1913 am Ende der Wiecker Dorfstraße: »Ich bin der letzte, der die Straße kommt. Oststurm fegt über die See«. – Nahbei in der Eldenaer Hainstraße die ehem. »Staats- und landwirtschaftliche Akademie«, die auch **Otto von Bismarck** (→ Stendal/Schönhausen/ST) 1838 besuchte; 1843 dann **Alexander von Humboldt** (→ Berlin) und der »Romantiker auf dem Königsthron«, Friedrich Wilhelm IV. – **Victor Klemperer** in den Tagebüchern: »... richtige See, wenn es auch nur der Bodden ist, große bewegte Flächen, Wellen, das klatschende Geräusch, das Gefühl, der Geruch der See, in der Ferne die blasse Linie: Rügen.«

B Ein literarischer Spaziergang durch Greifswald, in: J. Grambow/G. Müller-Waldeck, »Auf Dichters Spuren«, (2003).
Z Demmin, Grimmen, Rügen, Stralsund, Wolgast-Usedom (MV).

GREIZ/TH

Thüringisches Staatsarchiv. – Staatliche Bücher- und Kupferstich-Sammlung im Sommerpalais; Museum im Unteren Schloss. – Vogtland Philharmonie Reichenbach/G. – 1564-1918 Residenz der Herren, Grafen und Fürsten von Reuß ältere Linie.

Manfred Wittich, * 5. 2. 1851 G., † 9. 7. 1902 Leipzig, Literaturkritiker, Lyriker. Propagandist in Arbeiterbildungsvereinen. – W.: Das Volk und die Literatur (1881); Gelegenheitsgedichte und Prologe für Arbeiterfeste (1891).
Hansgeorg Stengel (Ps. **Jonas Janus**), * 30.

7. 1922 G., † 30. 7. 2003 Berlin, Kabarett-dichter, Satiriker. Seit 1951 in Berlin, wo St. als »Wortjongleur« der Wochenzeitung »Eulenspiegel« Kultstatus erlangte. Erfolg-reiche Neufassung des »Struwwelpeter« (1970). – W.: Mit Stengelszungen (1967); Stenglisch for you (1971).

E **Der Greizer Kreis.** Wie in kaum einer an-deren DDR-Provinzstadt hatte sich in den spä-ten 60er und den frühen 70er Jahren in G. eine lit. Szene entwickelt, in der anfangs Reiner Kunze, der von 1962 bis zu seiner Ausweisung aus der DDR 77 in G. lebte, eine Rolle spielte. Der Band »Die wunderbaren Jahre« (1976) ist das Produkt dieser Zeit. In keinem anderen Buch wurde auf so authentische Weise über Anpassung und leises Aufbegehren in der DDR berichtet. Dass die jungen Literaten den Weg in die Öffentlichkeit gehen konnten, war Ibrahim Böhme (1944-1995) zu danken, der 1968-80 als Kulturbundsekretär in G. wirkte und die Szene bald dominierte, über diese aber auch der Staatssicherheit berichtete. »Er ist anders als alle Spitzel in meiner Akte. Er hat sich eine Welt geschaffen mit lebendigen Menschen. Er wollte Gott sein.« (R. Kunze, »Deckname Lyrik«, 1991). In der Wende-Zeit war B., der auch Gedichte schrieb, »Mitbe-gründer der Ost-SPD, Medienstar und charis-matischer Kandidat für die Ministerpräsident-schaft« (B. Lahann, »Genosse Judas. Die zwei Leben des I. B.«, 1994). Zu den von B. bespit-zelten Autoren gehörten auch Jürgen Fuchs und der aus G. stammende Lyriker Günter Ull-mann (»erdlicht. Gedichte und Prosa aus 30 Jahren«, 1999), Schlagzeuger der Jazz-Forma-tion »media nox«. Doch ausgerechnet U. »ließ sich nicht ausreden, daß die Stasi den Freund im Grunde etwas Gutes gewollt hat« (Volker Müller, »Prominente Pilzvergiftungen. Portraits«, 2002).

S Das **Sommerpalais,** das »preußische Sans-souci«, in einem Landschaftspark. Darin die **Bibliotheken** des Geraer **Gymnasiums** »Ru-theneum« (1608) und die des Fürsten **Hein-rich XI. Reuß** (1747), die **Kupferstich-Slg.** (1841) der engl. Prinzessin Elisabeth und die **Karikaturen-Slg.** »Satiricum« (1975), darin

über 10 000 Blätter aus Zss. des 19. Jh.s (u. a. »Wahrer Jacob«, »Simplicissimus«).

L Das ohnehin kleine Fürstentum G. war lan-ge in noch kleinere Herrschaften zersplittert. **Heinrich Heine** (→ Düsseldorf/NW) spöt-telte deshalb von »Schleiz-Greiz-Hinterpom-mern«; und in **Karl Gutzkows** (→ Berlin) »Zopf und Schwert« (1844) will eine Prinzes-sin lieber eine von »Reuß-Greiz-Schleiz-Lo-benstein« sein, denn einen ungeliebten Mann ehelichen. **Heinrich Hoffmann von Fallersle-ben** (→ Wolfsburg/NI) »kommentierte« 1845 eine amtl. Verlautbarung eines Reußenfürsten sarkastisch: »O wär ich doch so auch einer,/ Ein Greiz-Schleiz-Lobensteiner!« – Über G. in der Nazizeit, in Krieg und Nachkrieg **Diet-rich Geyer**, »Reußenkrone, Hakenkreuz und Roter Stern« (Aut. 1999).

Berga

In der Nähe **Hohenleuben** mit Museum Rei-chenfels, darin Bibliothek des »Vogtländischen Altertumsforschenden Verein(s) H.« (darunter frühe Münchausen-Ausgaben). Im Verein eine Sagenkommission, deren Slg. von L. Bechstein (→ Meiningen/TH) und R. Eisel (→ Gera/TH) ausgewertet wurde.

L Aus dem nahen **Dörtendorf** stammt der Volksheld Georg Kresse (1604-41), der im 30-jährigen Krieg die Dörfer schützte. **Ludwig Bechstein** beschreibt ihn im »Sächsischen Volks-kalender« (1846) als »Schirmer der Gegend ge-gen die landverderblichen räuberischen Solda-ten«. Darauf gehen alle anderen Bearbeitun-gen zurück: **Richard Ulenrod**, »Bauerngeneral Kresse« (R. 1941), **Gerhard Kunzelmann**, »Der Bauerngeneral« (Dr. 1952), **Herbert Schauer/Otto Bonhoff**, »Männer mit Musketen« (R. 1969).

B H. R. Jung, 150 Jahre Musikleben in der Residenz- und Industriestadt Greiz, 1998; G. Ullmann, Schreiben in Greiz. Eine Antholo-gie, 2005.

Z Gera, Schleiz (TH); Plauen, Reichenbach, Zwickau (SN).

GREVESMÜHLEN/MV

Heimatmuseum, u. a. zum Untergang der Cap Arcona, zum hier geborenen Kaufhausgründer Rudolph Karstadt (1856-1944) und zu Luise Reuter.

Gotthard Ludwig Theobul Kosegarten, * 1.2.1758 G., † 26.10.1818 → Greifswald/MV; zu Lebzeiten erfolgreicher, aber auch geschmähter Lyriker (»äußerst fratzenhaft«, J. W. Goethe → Frankfurt a. M./HE), einige Gedichte durch F. Schubert und F. Zelter vertont, Dramatiker und Übersetzer. Nach dem Studium in Greifswald Hauslehrer und Rektor auf Rügen bzw. in Wolgast, 1792 Präpositus in Altenkirchen (→ Rügen/MV; dort auch sein Grab), ab 1808 Dozent, später Professor in → Greifswald/MV. – W.: Ida von Plessen (R. 1800), Jucunde (Idylle, 1803), Die Inselfahrt (Idylle, 1804). K.s Legenden (1804) dienten Gottfried Keller als Vorbild für die »Sieben Legenden« (1872); Geschichte seines fünfzigsten Lebensjahres (Aut. 1816); Uferpredigten (1831 ff.); Dichtungen, Hrsg. J. G. L. Kosegarten, 12 Bde., 1824-27. – Gedenktafel am Nachfolgebau des Geburtshauses, »Kosegartenlinde« im Pastorengarten.

Christian Kosegarten, * 1770 G., † 21.4.1821 Hamburg, Lyriker, Philosoph, der Stiefbruder → Gotthard Ludwig Kosegartens arbeitete als Jurist in Hamburg. W.: Gedichte (1794), Kritik der Humanität (1796).

Friedrich Franz Kosegarten, * 1.11.1772 G., † 1849 Reval, der als »der kleine Kosegarten« bezeichnete Halbbruder Gotthard Ludwig K.s versuchte sich in Lyrik (Spät-Rosen, 1842) und Romanen (Julie von Steinau, anonym 1796).

Gerd Tolzien (Ps. **Erasmus**), * 18.6.1902 G., † 23.3.1992 München, Autor zahlreicher historischer Romane und Biographi-

en (u. a. Heinrich Schliemann → Bad Doberan/Neubukow/MV), Journalist: Reisereportage »Hinter dem Eisernen Vorhang« (1947). Berufsjahre in Rostock, Neustrelitz, wo am 10. Mai 1933 die Nazis seine Bücher verbrannten. Ab 1960 beim Kindler-Verlag in München, Grab in Pinnow bei Schwerin.

L Im Schulgebäude am Kirchenplatz wurde Luise Kuntze, die spätere Frau **Fritz Reuters** (→ Demmin/Stavenhagen/MV) geboren. Gedenktafel am Nachfolgebau. Über Reuters Lebensgefährtin die Dokumentation »Auf immer und ewig Dein Fritz Reuter. Aus dem Leben der Luise Kuntze« Hrsg. Cornelia Nenz (1998). – Siehe auch Exkurs »Uwe Johnsons Mecklenburg« (→ Anklam/MV).

S Gedenksteine für Karl Marx (→ Trier/RP) und Maxim Gorki ohne lokalen Bezug. Das **Mecklenburgische Künstlerhaus Schloss Plüschow** östlich von Grevesmühlen bietet Ateliers auch für Schriftsteller.

Boltenhagen

Im Strandbad machte Fritz Reuter immer wieder Urlaub: »ein Leben . . . wie die Fliege in der Buttermilch« (Brief vom 27. 8. 1855). Erlebnisse und Begegnungen in B. fanden Eingang in R.s Werke, so im Roman »De Reis' nah Konstantinopel« der Hausdiener Jochen: »ich bün tau Boltenhagen . . .« Gedenktafel am Bauernhaus Fritz-Reuter-Weg 13 a, wo der Dichter mehrmals wohnte, eine Reuter-Eiche steht am Dünenweg. Im »Goethehain« ein Goethe-Gedenkstein.

Bei **Uwe Johnson** (→ Anklam/MV) ist B. als »Rande« im Roman »Jahrestage« (1970 ff.) zu erkennen, der nahe Flughafen Tarnewitz fungiert bei ihm als »Mariengabe«. J. hatte ausführliche Fragen zu den Örtlichkeiten an seinen Verleger Unseld geschickt (siehe Briefwechsel J.-U., 1999). Bei einem Bombenangriff britischer Flieger am 3. Mai 1945 auf die in der Lübecker Bucht liegenden Schiffe »Cap Arcona«, »Thielbeck« und »Athen« kamen Tausende von KZ-Häftlingen aus → Neuengamme/HH ums Leben. Uwe Johnson widmete dieser Katastrophe eins der erschütterndsten Kapitel aus den »Jahrestagen«: »Sterben konnten die Häftlinge in Feuer und Rauch (die Feuerwehrschläuche waren abgeschnitten), an den Bordwaffen der deutschen Besatzung (die Besatzung hatte Schwimmwesten), eingeklemmt von gehorteten Lebensmitteln, eingequetscht im panischen Gedränge, an der Hitze der ausglühenden Arcona, in den abstürzenden Rettungsbooten, am Sprung ins Wasser, im Wasser an der Kälte, an den Schlägen und Schüssen von den deutschen Minensuchbooten und an Land an der Erschöpfung.« Johnson griff dabei auf den Bericht des ehemaligen KZ-Häftlings Rudi Goguel zurück: »Cap Arcona. Report über den Untergang der Häftlingsflotte in der Lübecker Bucht am 3. Mai 1945« (1972), eine genaue Darstellung von Günther Schwarberg, »Angriffsziel CAP ARCONA« (1983, n. 1998); Gedenkstätten für die Toten u. a. in → Poel, → Klütz, → Grevesmühlen, s. a. **Günter Grass'** Perspektive des Geschehens aus Neustadt (→ Eutin/SH).

Klütz

K. und der Klützer Winkel: Hier spielt **Fritz Meyer-Scharffenbergs** (→ Ludwigslust/Wittenburg/MV) Reformations-R. »Der Angstmann« (1975). **Uwe Johnsons** »Jahrestage« (1970 ff.) handeln in wesentlichen Teilen in Klütz, das der Autor »Jerichow« nennt (vgl. Exkurs: U. J.s Mecklenburg→Anklam/MV): ». . . eine der kleinsten Städte in Mecklenburg-Schwerin, ein Marktort mit zweitausendeinhunderteinundfünfzig Einwohnern, einwärts der Ost-

Grevesmühlen/Klütz: Das Literaturhaus »Uwe Johnson« am Klützer Markt

see zwischen Lübeck und Wismar gelegen, ein Nest aus niedrigen Ziegelbauten entlang einer Straße aus Kopfsteinen« (U. J., Jahrestage). Geschildert sind Umgebung und Nachbarorte, Bahnhof, Markt und Kirche mit der vielbeschriebenen »Bischofsmütze« als Turmspitze, schließlich das Schloss der von Bothmer (1726-32 erbaut, dem Blenheim House des Herzogs von Marlborough nachempfunden, im Barockgarten ein jährliches Musik-Sommer-Festival): Johnson widmet Hans Caspar von Bothmer, der 1945 im Schloss bei der Typhus-Krankenpflege starb (Grab an der Stelle der ehemaligen gräflichen Kapelle), ein paar Zeilen des Gedenkens in den »Jahrestagen« (Bd. II). Berühmt wurde Johnsons prophetisches Gedankenspiel »Wenn Jerichow zum Westen gekommen wäre« (Jahrestage, Bd. III). Das im Jahre 2004 eröffnete Uwe-Johnson-Literaturhaus in K. zeigt eine Ausstellung

zum Autor. – Erinn. des Hans C. v. Both-
mer, hg. v. K. Bothmer und G. Schnath
(1936).

Gadebusch

Wolf Biermann (→ Hamburg) machte in
G. sein Abitur, über erste Anwerbungsver-
suche der dortigen Stasi: »Auch ich war bei
der Stasi« (in: B., Über das Geld . . ., 1991).
1971 notierte Biermanns Lebensgefährtin
Eva Maria Hagen: ». . . die saubere, rotbe-
dachte Stadt G. habe ich aufgenommen,
als ich sie durchfuhr, anhielt: Da hat
mein Lieb 'n großen Schritt ins Leben ge-
tan, Abitur, erste Liebe. Schon da haben
die Genossen den Rauhreif auf eine un-
geschützte Blüte gesenkt: Wollten einen
Judas, eine Filzlaus, aus ihm machen.«
(E. M. H., Eva und der Wolf, 1998). – G.
ist Geburtsort des Dichters **Peter Colbov**
(geb. um 1620, † nach 1667), der englische
Gelehrte **Thomas Nugent** (→ Wismar/
MV) beschrieb die Stadt 1766. **Joseph
von Eichendorffs** (→ Berlin) Tagebuch
vermerkt unter dem 25. 9. 1805: ». . . lang-
ten durch traurige Gegenden, die der Din-
te nicht werth sind, zu Mittag in dem klei-
nen Städtchen Gadebusch.« Nahe bei G.
fiel in einem Gefecht bei **Rosenow** (Obe-
lisk und Gedenkstein im Wald) der »Sän-
ger der Befreiungskriege«, **Theodor Kör-
ner** (→ Dresden/SN), begraben in Wöb-
belin (→ Ludwigslust/MV); Ausstellung
zu Körner im G.er Heimatmuseum. In
Demern nordwestlich von G. Gedenkta-
fel am Geburtshaus und Büste in der Dorf-
straße 1 für **Rudolf Hartmann** (→ Blüs-
sen).

Perlin

Im Pfarrhaus (Gedenktafel) wurde am 25.
6. 1842 **Heinrich Seidel** geboren († 7. 11.
1906 Großlichterfelde bei → Berlin), der

Sohn des Pfarrers und Dichters Heinrich
Alexander Seidel (»Balthasar Scharfen-
berg«, E. 1851, und das eigentümliche
Werk »Das Saufen, im Lichte des Evange-
liums betrachtet«); Verfasser der R. »Le-
berecht Hühnchen« (1880, n. 1985) und
»Reinhard Flemmings Abenteuer zu Was-
ser und zu Lande« (1904 ff.). Er wuchs
hier (»ein richtiges Kinderparadies«, H. S.
1894) und ab 1852 in → Schwerin/MV
auf, ehe er nach Berlin ging, aber immer
wieder auf Urlaub nach → Doberan/
MV und Warnemünde (→ Rostock/MV)
kam, Perlin sah er 1895 wieder. Regionale
Bezüge im »Flemming«-Roman, Autobio-
graphie u. d. T. »Von Perlin nach Berlin«
(1894), Briefwechsel mit Theodor Storm
(Hrsg. G. Eversberg, 1996); über den Au-
tor der Sohn **Heinrich Wolfgang Seidel**
(→ Berlin): »Erinnerungen an Heinrich
Seidel« (1912); Christian Ferber, »Die Sei-
dels« (1979); »Zwischen Perlin und Ber-
lin« (Hrsg. Freundeskreis H. S., 1997),
Friedrich Mülder, »H. S. – ein Lebensbild«
(1998), und Jürgen Borchert (→ Schwe-
rin/MV), »Heinrich Seidels Lebenswel-
ten oder Die Nachtigall singt keine Klage«
(autobiogr. R. 1997).
R Die Wismar vorgelagerte Insel **Poel**
wurde feuilletonistisch von **Fritz Rudolf
Fries** (in: »Seestücke«, 1973) und **Fritz
Meyer-Scharffenberg** (→ Ludwigslust/
Wittenburg/MV) beschrieben: »Die Insel
Poel und der Klützer Winkel« (1962).
Über den Maler Carl Hinrichs aus **Blo-
watz** auf Poel Jürgen Borcherts (→ Schwe-
rin/MV) Biographie »Ut minen Maler-
leben« (1986). – Im Heimatmuseum in
Kirchdorf eine Dokumentation zur Ver-
senkung der »Cap Arcona« am 3. Mai
1945 (→ Boltenhagen), Ehrenmal am
Schwarzen Busch.
Auf Gut **Tressow** bei Grevesmühlen und
in **Klein-Trebbow** nordwestlich Schwe-
rins lebte zeitweise **Fritz-Dietlof von der**

Schulenburg (geb. 1902, hingerichtet 1944). Mitglied des Widerstands vom 20. Juli. Ostern 1944 besuchte ihn Klaus von Stauffenberg. »›Mit Trebbow ist es aus!‹ sagte der niederträchtige Ortsbauernführer am Tag nach dem 20. Juli. ›Der Graf war beteiligt, und Stauffenberg war Ostern hier!‹« (Erinnerungen von **Tisa von der Schulenburg**, geb. 1903, gest. 2001, Brüche einer Biographie, 1995; und: Ich hab's gewagt. 5. Aufl. 1997). Seit 1985 Gedenktafel in der Tressower Kirche.

In der Kirche von **Roggenstorf** bei Dassow heiratete 1851 **Fritz Reuter** (→ Demmin/Stavenhagen/MV) die Pfarrerstochter Luise »Lowising« Kuntze (→ Grevesmühlen), die Trauung nahm der Onkel des Archäologen Heinrich → Schliemann, Präpositus Friedrich Schliemann, vor. Gedenktafel am Pfarrhaus, Reuter-Gedenkstein in der Reuter-Straße. –

Ende Mai 1950 wurden am Grenzübergang Lübeck-**Herrnburg** jugendliche westdeutsche Besucher eines FDJ-Treffens von Westbehörden an der Rückkehr in die Bundesrepublik gehindert, **Bert Brecht** (→ Augsburg/BY) verspottete daraufhin Adenauer und Schumacher im »Herrnburger Bericht«, einer Kantate von Paul Dessau; das Stück blieb in Ost und West umstritten. **Marie Luise Scherers** Reportage über die »Hundegrenze« (in: Der Akkordeonspieler, 2004) spiegelt den Alltag der Bewacher bei Herrnburg. **Uwe Johnson** (→ Anklam/MV) berichtet im 4. Band der »Jahrestage« von einer kritischen Schullektüre im fiktiven Gneez. – In **Schönberg** wurde **Johann Albrecht von Mandelslo**, Verfasser der »Morgenländischen Reisebeschreibung« (1658) geboren (1616-44), ebenso **Heinrich Krüger** (1878-1964), Literaturwissenschaftler und Begründer der »Plattdeutschen Gilde« (1913); hier wuchs in der Siemzer (August-Be-

bel-) Straße 57, später Ratzeburger Straße 6 (Gedenktafeln) von 1872-76 und 84-88 auch **Ernst Barlach** (→ Wedel/SH) auf: »mit leiser Inbrunst gefüllte Stunden« der Kindheit, Schulzeit auf dem Gymnasium in »Ein selbsterzähltes Leben« (1927). – In **Blüssen** bei Schönberg lebte seit 1925 der niederdeutsche Schriftsteller **Rudolf Hartmann** (→ Demern, 1885-1945), dessen Geschichten hier entstanden (Auswahl in: Ick weit en Land, Hrsg. J. Grambow und W. Müns, 1984; Ik seig allerhand Gesichter. Gedichte und Prosa, Hrsg. J. Grambow und R. Hartmann, 2000). Ein Schreibverbot verhinderte 1938 eine eigenständige Publikation, nach Haftjahren in Bützow (→ Güstrow/MV) Ermordung in Mauthausen.

Aus **Veelböken** bei G. stammt **Heinrich Erichson** (1852-1911), Musiker und zu seiner Zeit hochgelobter Verfasser des heute fast völlig vergessenen niederdeutschen Romans »Ut Kraug un Katen« (1906), ergänzt durch die ›Rimels‹ in »Knallschoten« (1907). Neuausgaben u. d. T. »De Hund un de Brümmer« (Hrsg. H. Brun, 1992) und »Ne gräßliche Nacht« (Hrsg. H. Brun, E. 1991). **Carl Guesmer** (geb. 1929) stammt aus **Kirch Grambow** bei Rhena, bekannt wurde er durch »Geschehen und Landschaft. Lyrische Prosa« (1967). Der Romancier **Wolfgang Rohner-Radegast** (1920-2002; »Semplicità«, R. 1982; »Kinderblitz, Jambudvipa ...«, R. 1999) stammt aus **Rhena**. – In **Brüsewitz** bei G. wurde 1815 **Adolf Friedrich Graf von Schack** geboren (nach anderen Angaben in → Schwerin/MV), Bericht über seine Kinderzeit: »Die Einsamkeit auf jenem Gut war fast absolut« (Erinn. »Ein halbes Jahrhundert«, 1888). In → München/BY verbrachte S. verbittert den Lebensabend, gest. 1894 in Rom, beigesetzt in der Grabkapelle von **Stralendorf** bei Schwerin. Der weitgereiste Diplomat und Kunsthistoriker (»Geschichte der dramatischen Literatur und Kunst in Spanien« 1845/46) wurde auch als Übersetzer gerühmt, so mit »Firdusi. Heldensagen« (1851), weitere epigonale Gedichte und Theaterstücke (»Lothar«, 1872); Ges. Werke 1887/99; C. Lenz (Hrsg.), A. v. S., Kunstsammler, Literat, Reisender. Theodor Fontane (→ Neuruppin/BB) über S.: »Ein feiner Dichter – es fehlt ihm nur eins: Kraft.« Der Brüsewitzer Gedenkstein zur Kollektivierung der Landwirtschaft nach 1945 mit dem Zitat **J. R. Bechers** (→ München/BY): »Es herrscht kein Herr mehr/Und es dient kein Knecht ...« wurde 1990 abgetragen.

Christa Wolf (→ Berlin und → Schwerin/MV), die 1945 nach Gammelin in Mecklenburg flüchtete, lebte 1974-83 mit ihrem Mann **Gerhard** sommers in dem Dorf (Neu-)**Meteln** nördlich Schwerins, befreundet mit den »Sommergästen« wie **Maxie** und **Fred Wander** (→ Potsdam/Kleinmachnow/BB), dem griechischen Schriftsteller und C. Wolf-Übersetzer **Thomas Nicolaou** oder **Sarah Kirsch** (→ Limlingerode/ST), die unverschlüsselt in »Allerleih-Rauh. Eine Chronik« (1988) berichtet: Ein Haus im Dorf »an einem geringen kreisrunden Teich gelegen, den sechs ehrwürdige Kopfweiden umstanden, bewohnte Christa im Sommer, und Gerhard, und ihre gemeinsamen Kinder und Kindeskinder«. Der Dorf-Alltag nicht idyllisch, sondern kontrastiv zur Katastrophe von Tschernobyl intensiv gespiegelt in »Sommerstück« (E. 1989): »Auf dem Sandberg müßt ihr anhalten. Dann seht ihr auf einmal euer Dorf daliegen, und ihr versteht gleich, warum es die Leute hier Kater nennen. Von rechts her, wo der Schwanz des Katers ist, springen euch die einzelnen weißen Häuser in die Augen ...«. Der Brand des Hauses 1983 beendete »eine neue Erfahrung, dieses Le-

ben auf dem Lande, der Freundeskreis um uns herum« (C. Wolf, 1989). Dazu auch Landschafts- und Dorfschilderungen bei der Nachbarin **Helga Schubert** (»Der Baum«, E. in: »Das verbotene Zimmer«, Gesch.n 1982; »Die Silberkrone«, E. in: »Anna kann Deutsch«, Gesch.n 1985); nördlich **Drispeth**, wo der Kinderbuchautor **Werner Lindemann** lebte (1926-93, »Die Schule macht die Türen auf«, 1976; »Aus dem Drispether Bauernhus«, Gesch., 1980; Grab auf dem Zickhusener Kirchhof), in der Nähe wohnten auch **Wolf Spillner** (»Land unter dem Wind«, 1971) und **Joachim Seyppel** (»Ein Yankee in der Mark«, Rep. 1970), der über sein Dorf mit dem fiktiven Namen »Wismin« in »Schlesischer Bahnhof. Erinnerungen« (1998) berichtet: »Das Kuhdorf ... war jedenfalls eine explosive Mischung von Literatur und Kuhdung.« – In **Bad Kleinen** starb 1925 der Sprachphilosoph **Gottlob Frege** (Wohnhaus Waldstraße; → Wismar/MV), **Uwe Johnson** (→ Anklam/MV) schrieb 1957 an Hans Mayer: »Ich erlaube mir Ihnen mitzuteilen dass in Bad Kleinen wieder ein Boot mich und die nächsten Wochen auf der Seenplatte erwartet.« – Der tödliche Schusswechsel mit RAF-Terroristen auf dem K.er Bahnhof ist Grundlage des Romans »In seiner frühen Kindheit ein Garten« von Christoph Hein. – Das Lehrerseminar in **Neukloster** besuchte u. a. um 1901 der Schriftsteller **Hans Franck** (→ Ludwigslust/Wittenburg/MV).

Literarische Reisefeuilletons der Städte Gadebusch, Rhena, Schönberg, Grevesmühlen, Dassow und Klütz in **Jürgen Borcherts** (→ Schwerin/MV) »Lüttstadtland Westmecklenburg« (1998).

Z Hagenow, Schwerin, Wismar (MV); Lübeck, Ratzeburg (SH).

GRIMMA/SN

Kreismuseum (Geschichte der G.er Fürstenschule). – Aus G. stammt der Theologe **Otto Clemen** (→ Zwickau/SN).

Martin Hayneccius (→ Borna/SN) war 1588-1610 Rektor der Fürstenschule, für die er »Hans Pfriem oder Meister Kecks« (1582) schrieb; u. d. T. »Hans Pfriem oder Kühnheit zahlt sich aus« ließ B. Brecht (→ Augsburg/BY) »dieses echte Volksstück« 1954 am Berliner Ensemble aufführen.
Georg Joachim Göschen, * 22. 4. 1752 Bremen, † 5. 4. 1818 G., Verlagsbuchhändler und Publizist (»Meine Gedanken über den Buchhandel und dessen Mängel«, 1802). – Wohnung: Schillerstraße 25 (östl. vom Stadtzentrum im Ortsteil Hohnstädt), heute Göschenhaus/Seume-Gedenkstätte, seit 1795 Sommersitz (an Ch. M. Wieland/→ Biberach/BW: »Ich habe mir einen Zuwachs an Gesundheit und Leben erkauft«; **Seume**, der unzählige Male hier war: »Göschens herrliche Siedeley«), seit 1812 ständig. – G.s Grab auf dem G.er Friedhof.
Unter G.s zahlreichen Besuchern: **Christian Gottfried Körner** (→ Leipzig/SN/ 1770-72 Fürstenschule) mit seinem Sohn **Theodor Körner** (→ Dresden/SN) und **Friedrich Schiller** (→ Ludwigsburg/Marbach/BW) 1801 (Gedenktafel am Haus). Sie bewunderten den Garten mit dem Freundschaftstempel. Daran erinnert der Seume-Gedenkstein und die Schiller-Tafel. Hinter dem Haus Erinnerungstafel für die charismatische Museumsgründerin **Renate Sturm-Francke** (1903-79).
Johann Gottfried Seume (→ Weißenfels/ Poserna/ST) war 1797-1801 Korrektor in Göschens Druckerei, wo die bedeutenden Werkausgaben von Ch. M. Wieland, F. G. Klopstock (→ Quedlinburg/ST), Goethe

Grimma: Der Freundschaftstempel im Garten des Göschenhauses

(→ Frankfurt a. M./HE) und F. Schiller hergestellt wurden. 1801 begann S. von G. aus (»Ich schnallte in Grimma meinen Tornister, und wir gingen ...«) seine berühmte Fußreise nach Sizilien (»Spaziergang nach Syrakus im Jahre 1802«). – Wohnung in der Druckerei, Markt 11 (Gedenktafel), als »S.-Haus« Begegnungsstätte mit S.-Ausstellung und Sitz des Internats. J.-G.-S.-Vereins »Arethusa«.
A **Martin Luther** (→ Eisleben/ST) visitierte 1516 das G.er Augustinerkloster. Später war er noch achtmal in G. L.-Büste (1883) auf dem Frauenkirchhof. Vom Kloster nur noch Kirche erhalten. – **Adam Siber** (1516-84), Schüler Ph. Melanchthons (→ Bretten/BW) und als »christlicher Vergil« gefeiert, war Rektor der sächs. Fürstenschule (Gebäude 1820 abgerissen). Schüler u. a.: **Paul Gerhardt**

(→ Wittenberg/Gräfenhainichen/1622-27) und **Samuel Pufendorf** (→ Stollberg/Dorfchemnitz/SN/1645-50). – Gedenktafel für den G.er Stadtchronisten **Gottlob Lorenz** (1804-73) am Wohnhaus, Lorenzstraße 15. – Aus G. stammt **Johann Georg Gräße** (1814-85), Direktor des Grünen Gewölbes in Dresden, dessen »Sagenschatz des Königreichs Sachsen« (1855) viele Aufl. erlebte. – **Ferdinand Stolle** (1806-72) lebte seit 1835 in G. Das Leben in der Pensionärsstadt schildert er in »Die deutschen Pickwickier« (R. 1841). Wohnung: Paul-Gerhardt-Straße 15 (Gedenktafel), Gartenhaus auf der Stadtmauer; Denkmal im Stadtwald.

R Im an der Mulde gelegenen Ortsteil **Nimbschen** die Ruine des Klosters Marienthron, in dem **Katharina von Bora** (→ Torgau/ST) 1509-23 als Nonne lebte (»... eine traurige Kindheit – ohne Wärme, ohne Freude«, G. Piltz). Die Flucht der Nonnen in Fässern beauftragte M. Luther. Gedenktafel an der Ruine; Informationen in der Klosterschänke. **Ralph Grüneberger**, »Die Sonne steht über Nimbschen. Gedichte«, (2005). – Nicht weit davon im Muldetal, das **Seume** oft durchwanderte (»der Fluß wand sich gekrümmt durch die Bergschluchten hinab«, 1802), **Großbothen**, wo der Naturphilosoph **Wilhelm Ostwald** (1853-1932), Nobelpreis für Chemie 1909, von 1906 bis zu seinem Tod lebte. Sein Landsitz Haus »Energie« mit weitläufigem Park, Grimmaer Straße 15 (Gedenktafel), kann besichtigt werden. Archiv und Begegnungsstätte. Gelehrtenbibliothek 22 000 Bde. Grab im ehem. Steinbruch hinter dem Haus. Aut. »Lebenslinien«, 3 Bde., 1926/27. Über seine Zeit in G.: **Grete Ostwald**, »W. O. Mein Vater« (1953). Befreundet mit O. der Kulturpsychologe (»Völkerpsychologie«, 10 Bde., 1900-20) und Philosoph **Wilhelm Wundt** (1832-1920), der sein letztes Le-

bensjahr in G. verbrachte. Wohnung: Grimmaer Straße 28 (Gedenktafel). – Jenseits der Mulde **Motterwitz**, wo **Johann von Staupitz** (um 1468-1524), Förderer M. Luthers, herkommt. In seiner postum gedruckten Schrift »Vom heiligen rechten christlichen Glauben« (1525) distanziert sich St. allerdings von der Lehre seines Schülers.

Colditz

Städtisches Museum (u. a. zum in C. geborenen Mitbegründer der Bibliothekswissenschaften Johann David Köhler, 1684-1755). Renaissance-Schloss.

Wenzeslaus Linck, * 8. 1. 1483 C., † 12. 3. 1547 Nürnberg, Theologe und Reformator. Mit M. Luther befreundet. Bemühte sich vergebl. um die Reformation in den Rheinlanden. Seit 1525 Prediger in Nürnberg. – W.: Annotationes (zum Alten Testament, 3 Bde., 1543-45). Erinnerungen im Städt. Museum, Tiergartenstraße 1.

Wurzen

Museum. In der Galerie am Markt (Ringelnatz-Sommer, Dichter-Maler-Ausstellung). – Geburtsort des Opernkomponisten (»Der zerbrochene Krug«, 1969) Fritz Geißler (1921-84).

Johann Christian Schöttgen, * 14. 3. 1687 W., † 15. 12. 1751 Dresden, Historiker und Lexikograph. Publizierte zur sächs. Gesch. und zur Bibel-Exegese, für die er die Rolle jüd. Schriften hervorhob (»Horae Hebraicae et Talmudicae ...«, 2 Bde., 1733-42).
Magnus Gottfried Lichtwer, * 30. 1. 1719 W., † 7. 7. 1783 → Halberstadt/ST, Fabeldichter. Sein Haupt-W. »Vier Bücher Äsopischer Fabeln, in gebundener Schreib-

Art« (1748, n. H. Petzsch u. d. T. »Blinder Eifer schadet nur«, 1971) sicherte ihm einen festen Platz in der Lit. – Geburtshaus: Domplatz 4 (Gedenktafel), Erinnerungen im Museum.

Paul Göhre, * 18. 4. 1864 W., † 4. 6. 1928 Buchholz bei Ratzeburg, Theologe und Publizist. Wurde berühmt mit einer sozialkrit. Reportage (→ Chemnitz/SN). Gründete zus. mit F. Naumann (→ Leipzig/Störmthal/SN) den »Nationalsozialen Verein«. Später linke Positionen (»Wie ein Pfarrer Sozialdemokrat wurde«, Aut. 1906).

Joachim Ringelnatz (eig. **Hans Bötticher,** Ps. u. a. **Pinko Meyer, Fritz Dörry, Gustav Hester**), * 7. 8. 1883 W., † 17. 11. 1934 → Berlin, Lyriker, Kabarettist und Maler. Unstetes Leben, bis er 1909 im Kabarett »Simplicissimus« (→ München/BY) entdeckt wird. 1920 an der Berliner Kleinkunstbühne »Schall und Rauch«. Seit dem Erfolgsbuch »Kuttel Daddeldu« (1920) publizierte R. unter der seemännischen Bezeichnung für Seepferdchen. Meister des humorist.-grotesken Gedichtes, oft mit skurrilen Wortschöpfungen und unkonventioneller Thematik. – W.: Turngedichte (1920), Als Mariner im Krieg (1928), Mein Leben bis zum Kriege (Aut. 1931), Gedichte dreier Jahre (1932). W.-Ausg.: Kuttel Daddeldu und weitere 604 Gedichte (1994). In W. Ringelnatz – Weg mit Tafeln zu Leben u. Werk. – R.s Vater **Georg Bötticher** (→ Jena/TH) betrieb von 1875 bis zu seiner Übersiedlung 88 nach → Leipzig/SN in W. ein Entwurfsatelier für Textilien und Tapeten. – Geburtshaus: Crostigall 14 (Gedenktafel), R.-Slg. im Museum Domgasse 2, dort auch R.-Büste (1998); R.-Brunnen (1983) auf dem Markt.

A Otto Julius Bierbaum (→ München/BY), 1884 am W.er Gymnasium, erzählt vom damaligen »unerquickliche(n) Dasein« in »Stilpe« (aut. R. 1897).

B E. Zänker, G. J. Göschen. Ein Leben in Leipzig und Grimma, 1996; A. Müller, Sagenhaftes Muldenland. Vom Kobold, Nix und Weißer Frau, 2003; B. E. Fischer, Göschen & Seume in Grimma, 2005.

Z Leipzig, Delitzsch, Torgau, Großenhain, Döbeln (SN).

GRIMMEN/MV

»Meine Heimat ist Mecklenburg. Meine Vaterstadt Grimmen. Meine Muttersprache wohnt in der Gesichtsfarbe der wetterfesten Bauern.«
(Peter Wawerzinek, 1994)

Gottlieb Christian Mohnicke, * 6. 1. 1781 G., † 8. 7. 1841 → Stralsund/MV, Schriftsteller, Theologe. Nach dem Studium in Greifswald und Jena Verwaltungstätigkeiten in Schule und Kirche, u. a. in Stralsund. – W.: Hrsg. der Lebensbeschreibung des B. Sastrow (→ Greifswald/MV); Schriften zu U. v. Hutten (→ Schlüchtern/Vollmerz/HE) und M. Luther (→ Eisleben/ST), Balladen, Gedichte. – Gedenktafel Geburtshaus Sundische Straße 5 (Nachfolgebau); Ausstellung im Heimatmuseum Mühlentor.

Ahrenshoop/Darß/Fischland

Die Malerkolonie um Paul Müller-Kaempf und Fritz Koch-Gotha, die das Fischland und seine Fischerdörfer um die Jahrhundertwende berühmt machte, verteilte sich auf **Ahrenshoop, Wustrow, Niehagen, Prerow** und **Darß.** Über die Künstler mehrere literarische Zeugnisse, wie der Roman »Hilde Vangerow und ihre Schwester« (1906) von **Heinz Tovote** (→ Hannover/NI) oder »Die Heilige Insel« von **Lely Kempin. Margarethe von Keyserlings** E. »Brandtmanns Tochter« (1894) spielt in Prerow. **Alfred Richard Meyer** (→ Schwerin/MV) schrieb den Lyrik-Zyklus »Ah-

renshooper Abende« (1907). – 1930 machte **Gerhart Hauptmann** (→ Berlin) in A. Urlaub (Wohnung Dorfstraße 50) und schrieb die N. »Die Spitzhacke«. **George Grosz** (→ Berlin) schimpfte in seinen Briefen aus Ahrenshoop, Wustrow und Prerow 1931 auf die »Heil Hitler«-Parolen auf den Sandburgen: »Fehlt noch, daß man durch Verbeugen und Hosennaht-Gruß diese Kulturbauten ehren muß. Toll das.« (in: »G. G. am Strand«. Ostsee-Skizzenbücher 1928-1931, Hrsg. Ch. Fischer-Defoy, 2001). **Heinrich Hauser** (→ Berlin) lebte in **Barnstorf** bis zur Emigration 1938, der R. »Brackwasser« (1928) entstand hier. **Marie Luise Kaschnitz** (→ Karlsruhe/BW) läuft »morgens mit Geschrei in die kalte Ostsee« (1935). **Günther Weisenborn** (→ Velbert/NW) gehörte zur Widerstandsbewegung »Rote Kapelle«, die sich 1938-42 Pfingsten in Ahrenshoop und am Darß traf. **Victor Klemperer** (→ Dresden/SN) berichtet in seinen Tagebüchern 1945-1949 u. d. T. »So sitze ich denn zwischen allen Stühlen« von einem Urlaub im Juli 1946 in der A.er Pension »Charlottenburg«, die Landschaft noch geprägt vom Krieg: »eine gesprengte Batteriestellung: Scheinwerfer, ein unterirdischer Betonbau in Trümmern, Eisen- und Schienenwerk, Maschinenteile als rostige verbogene unkenntliche Metallwirrnisse. – Verlassene u. beschädigte Häuser ... Die Tage schleichen, die Stimmung ist sehr gedrückt.«
Peter Erichson (1881-1963; Grab auf dem Schifferberg), Inhaber des Hinstorff-Verlages, galt als der »ungekrönte König des Fischlandes« (F. Meyer-Scharffenberg). In den vierziger und fünfziger Jahren kamen als Kurgäste u. a.: **Alexander Abusch** (→ Berlin), **Johannes R. Becher** (→ München/BY; Wohnung »Dünenhaus«, Schifferberg 9), er schrieb Lobendes (zum Darß: »Waldung, wie ich sie seit meiner

Kindheit nicht mehr erlebt habe. Traumdickicht mit riesenhaften Gespensterfarnen«), sowie ein skeptisches »Ahrenshooper Tagebuch« von 1950 (»Unerträglich diese Zusammenballung von Intelligenz«); kritisch gegenüber Becher **Joel Agee** in »Zwölf Jahre« (Erinn. 1982). – **Bert Brecht** (→ Augsburg/BY): »eine reine nazigegend hier«; **Willi Bredel** (→ Hamburg; »Ein neues Kapitel«, R. 1959), **Hanns Eisler**, **Stefan Heym** (→ Chemnitz/SN): »Die Stunden am Strand von Ahrenshoop ... erweisen sich als fruchtbar für Ideen und Beschlüsse« (in: »Nachruf«, Erinn. 1988); **Bodo Uhse** (→ Rastatt/BW; Tgb.); **Paul Wiens** (→ Berlin); **Friedrich Wolf** (→ Neuwied/RP); **Arnold Zweig** (→ Berlin; »Strand und See: Künstler in Ahrenshoop«, in: »Bildende Kunst«, Zs. 1954; Notizen über A. auch im Briefwechsel Zweig/Feuchtwanger, 2.Bd., 1984). – Von 1964 bis zu ihrem Tod 1981 lebte in A. **Elfriede Paul**, in deren Berliner Arztpraxis sich die »Rote Kapelle« traf (»Ein Sprechzimmer der Roten Kapelle«, 1981). In **Darß** Ehrengrab für den Romancier (»Die Brackenburg«, 1922) **Ferdinand von Raesfeld** (→ Recklinghausen/Dorsten/NW), sein Museum in **Born**.
Konrad Weiß (Schwäbisch Hall/Michelbach/BW) »Auf dem Fischland« in: Deutschlands Morgenspiegel, 1950). – **Uwe Johnson** (→ Anklam/MV) überarbeitete 1956 die Fassung des Romans »Ingrid Babendererde« in Ahrenshoop-Althagen, Hauptstraße 3. Gesine Cresspahl in Johnsons »Jahrestagen«: »Das Fischland ist das schönste Land in der Welt. Das sage ich, die ich aufgewachsen bin an einer nördlichen Küste der Ostsee.« Briefe aus A. in: U. J., »Leaving Leipsic next week« (Hrsg. E. Wizisla, 2002). Siehe auch Exkurs »Uwe Johnsons Mecklenburg« (→ Anklam/MV). – »Von ›Bau‹ gibt es mindestens vier Fassungen. Die letzte Fassung

habe ich in einem Wutanfall am Nacktba-
destrand Ahrenshoop hergestellt«: **Heiner
Müller** (→ Freiberg/Eppendorf/SN) in
»Krieg ohne Schlacht« (Erinn., 1992, erw.
1994). **Brigitte Reimann** (→ Burg/ST)
urlaubte 1956, 63 und 65 in A. (»Alles
schmeckt nach Abschied« – Tagebücher
1964-70, 1998). Während der Rostocker
Inszenierungen seiner Stücke kam der Dra-
matiker **Peter Weiss** (→ Potsdam/BB)
nach A. **Hermann Glander** (1902-94) pu-
blizierte mehrere Textbildbände über **Ah-
renshoop** (1963, 67, 68). In der »Ahrens-
hooper Deutschstunde« (in: »Deutschland-
reise«, 1998) berichtet **Ralph Giordano**
(→ Hamburg) über den in A. lebenden
Wolfgang Schreyer (→ Magdeburg/ST).
Schreyer, der auch den Piratenroman
»Die Beute« schrieb (2. Aufl. 2001), be-
richtet in der Aut. »Der zweite Mann«
(2000) über die wechselvolle Geschichte
seines A.er Hauses. Im August 2003 starb
der die letzten Jahre in A. wohnende »Auf-
bauliterat« **Herbert Otto**, geb. 1925 in
Breslau; W.: »Die Lüge« (R. 1956); »Zeit
der Störche« (E. 1966); »Zum Beispiel Jo-
sef« (R. 1970). – Briefe, Gedichte (»An den
Darß«) und Zeichnungen des von 1933-45
in Niehagen lebenden Bildhauers **Gerhard
Marcks** in »Bilder aus Niehagen. Briefe
nach Mecklenburg« (Hrsg. D. Hamer,
1989).
Wustrow ist Handlungsort in **Johannes
Trojans** (→ Rostock/MV) E. »Das Wus-
trower Königsschießen« (1894), ein an-
gebliches Treffen beider in W., von dem
Heinrich Seidel (→ Grevesmühlen/Per-
lin/MV) berichtete, dementierte T. in sei-
nen »Erinnerungen« (1912). 1938 erschien
die E. »Fischländer Volk« von **Gerhard
Ringeling** (→ Bad Doberan/MV). Auf
dem W.er Friedhof das Grab von **Käthe
Miethe** (geb. 1893 in Rathenow/BB –
gest. 1961 in Ahrenshoop). Die gelernte Bi-
bliothekarin lebte seit 1939 in ihrem Katen

(Hauptstraße 20) in **Althagen** auf dem
Fischland (wo auch **Ottomar Enking** →
Kiel/SH urlaubte und schrieb). Bewohner
und Landschaft boten der eigenwilligen
Autorin »eine Überfülle an Stoff« für ihr
Werk: »Unterm eigenen Dach« (E. 1949);
»Das Fischland. Ein Heimatbuch« (1951);
»Bark Magdalena« (R. 1951); »Die Flut«
(1959); »Rauchfahnen am Horizont« (R.
1959) ».. . und keine Möwe fliegt allein«
(E. 1960). **Heiner Müller** berichtet in sei-
nen Erinn. »Krieg ohne Schlacht« (n. 94)
von seinem Konflikt mit K. Miethe. –
Über das Leben einer sozialreformerisch
orientierten Familie in **Prerow** schrieb
Hugo Hertwig (1891-1959, Wohnung Berg-
straße) die E. »Der blaue Heiland« (1932).
In »Suchbild über meinen Vater« (1980)
berichtet **Christoph Meckel**: »Huchel,
Eich und mein Vater in den Dünen von
Prerow. Das Hafergras ging in die Verse
ein, der Regen, die Sterne und was sie
für zeitlos hielten. Sie arbeiteten gemein-
sam, spielten Tischtennis und lasen sich
abends neue Gedichte vor« (ein weiterer Be-
richt u. d. T. »Eine Freundschaft« in: »Text
& Kritik«, Heft 157/2003). Auf dem Fried-
hof P. das Grab der Jugendbuch-Autorin
Edith Klatt (1895-1971).
Frühe Regionalliteratur (»De Darsser
Smuggler«, R., 1884) vom erzkonservati-
ven »Darsser Bismarck« **Johann P. C. Se-
gebarth** (1833-1919). In **Althagen** bei A.
starb im April 1990 der Dramatiker **Claus
Hammel** (→ Parchim/MV). – In der Lin-
denstraße 7 im Fischerdorf **Zingst** wohnte
Martha Müller-Grählert (→ Barth), ihr
von S. Krannig vertontes Lied »Wo die Ost-
seewellen trecken an den Strand« (in:
»Sünnenkringel«, 1907), wurde, auch als
»Nordseewellen« (umgetauft von Fischer-
Friesenhausen aus Soltau) berühmt. Ge-
denkzimmer im Heimatmuseum Zingst;
Grab auf dem Friedhof mit der Inschrift:
»Hier ist mine Heimat, hier bün ick tau

Zingst: Das Grab der Dichterin des Liedes »Wo die Ostseewellen trecken an den Strand« in Zingst

Hus«. Literatur: »M. M.-G., Mine Heimat«, Hrsg. und Nachwort M. Krüger, 2001). – Im »Zingsthof«, dem Haus der rheinischen Schülerbibelkreise, hielt **Dietrich Bonhoeffer** (→ Berlin) 1935 ein Predigerseminar ab (Gedenktafel im Seminarraum), »hundert Meter hinter der Stranddüne lag ein Fachwerkhaus inmitten von Nebengebäuden, die sich mit ihren tief herabreichenden Strohdächern gegen das Moor und den Barther Bodden hinstreckten. … Wenn die Maisonne es irgend erlaubte, fand man sich in einer Dünenmulde zu Diskussionen« (E. Bethge, »D. B. – Eine Biographie«, 1989). Ein letztes Mal traf man sich hier 1938; Gedenktafel und Informationen auch in der Z.er Kirche, wo Bonhoeffer predigte. – Über sein Leben als Weidemeister auf einer Boddeninsel bei Zingst schrieb **Fritz Meyer-Scharffenberg** (→ Ludwigslust/Witten-

burg/MV) die Reportage »Der Mann auf dem Kirr« (1969) und im R. »Die Grasinsel« (1975), beide zählen zur Literatur des »Bitterfelder Weges«. – Die Anth. »Ahrenshoop literarisch« (1998) von Friedrich Schulz versammelt neben vielen der obengenannten Autoren weitere bekannte Besucher, wie den Nobelpreisträger Albert Einstein (Wohnung Dorfstraße 6) oder Paul Müller-Kaempff, und unbekanntere Dichter wie **Toska Lettow** und **Ernst Duis**. Ein Landschaftsporträt zeichnet **Ingo Schulze** in »Ein Hühnergott, der Ostsee zustrebend« (in T. Steinfelds Slg. »Deutsche Landschaften«, 2003).

S **Künstlerhaus Lukas** der Stiftung Kulturfonds in **Ahrenshoop** mit einem Aufenthaltsstipendium für Schriftsteller, Kooperation mit Kunsthaus Guttenberg, Galerie im Kloster und Kunstkaten. – **Kunstverein Lesehalle Kühlungsborn** e. V.

R Im Schloss von **Barth** starb 1325 **Wizlaw III. von Rügen** (→ Rügen/MV), 1579 wurde hier **Zacharias Orth**, Dichter und Professor für Poesie, begraben. 1582 war B. Standort der »officina ducalis«, einer fürstlichen Druckerei, die u. a. die »Barther Bibel« (1588) in der niederdeutschen Übertragung des Reformators J. Bugenhagen druckte. Im B.er Bibelzentrum in St. Jürgen (Museum) ca. 90 lat. Inkunabeln und ein Exemplar der »Barther Bibel«. Ab 1757 war der Theologe **Johann Joachim Spalding** Prediger in B. Porträt in der Marienkirche; Hs.-Slg. in der Kirchenbibliothek, Wohnhaus Papenstraße 7, wo ihn 1763 J. C. Lavater besuchte. – Über die sagenhafte meerversunkene Stadt Vineta informiert das B.er V.-Museum, (→ Usedom/MV). In B. lernte **Ernst Moritz Arndt** (→ Rügen/Groß-Schoritz/MV) seine spätere Frau Charlotte Quistorp kennen. **Fritz Worm** (1863-1931), Schriftsteller und Heimatforscher auf → Rügen/

MV, stammt aus B.: »Ut de olle Heimat unglückliche Kindertied« (1923). Hier gebürtig auch die Lyrikerin (»Ostseewellenlied«) **Martha Müller-Grählert** (1876-1939; Lange Straße 19/20), die im »Barther Tageblatt« erste niederdeutsche Texte veröffentlichte. Seit den zwanziger Jahren lebte sie in Zingst, später in Franzburg.

Ein Bericht des ungarischen Juden Ernst Fleischer über seine Haft im Barther KZ in Irene Diekmanns »Wegweiser durch das jüdische Mecklenburg-Vorpommern« (1998). Erwähnung des Lagers auch in **Uwe Johnsons** (→ Anklam/MV) R. »Jahrestage« (Bd. 2); Mahnmal an der Chausseestraße mit Reliefs von Jo Jastram, ein weiterer Gedenkstein für das Kriegsgefangenenlager Stalag Luft I.

In **Löbnitz**, wo der Vater 1887 den Gutshof pachtete (im Gutshaus heute E. M. A.-Ausstellung), Gedenkstein für **Ernst Moritz Arndt**. »Wossidlo-Linde« in **Körkwitz** und in **Ribnitz-Damgarten** das Grab von **Richard Wossidlo** (→ Waren/MV) auf dem Schleusenbergfriedhof, dort auch das Grab **Helmuth Schröders** (→ Parchim/Spornitz/MV), in **Völkshagen** Gedenktafel. – Lyonel Feininger zeichnete 1927 die Klarissenkirche in **Ribnitz-Damgarten**. Die Gedenktafel am Rathaus erinnert daran, dass am 1. Mai 1945 Bürger SS-Wachmannschaften daran hinderten, KZ-Häftlinge zu erschießen. Gerd Lüpke hat den Vorfall beschrieben (»Rathäuser in M.-V.«, Hrsg. H. Brun, 2001). – Nördlich von R.-D. in **Kückenshagen** die »Kultur Scheune«. – Grab (Lage unbekannt) des Fürsten und Minnesängers **Wizlaw III.** (→ Rügen/MV) im Kloster Neuenkamp in **Franzburg**, dort auch Gedenktafel am Altersheim für **Martha Müller-Grählert** → Zingst und Barth.

In **Marlow** fand man 1827 die Leiche des unglücklichen Dichters **Friedrich August Lessen** (→ Waren/Malchow/MV). – In **Tribsees** wurde der Theologe und Philosoph **Johann Joachim Spalding** geboren (1714-1804 → Berlin), 1735 war er hier Hilfsprediger. Auch **Heinrich Bandlow** (1855-1933), »der Reuter Vorpommerns«, stammt aus T., seine Heimatstadt, über die er auch eine Chronik (1881) schrieb, ernannte ihn 1930 zum Ehrenbürger. Die Skizze »Aus meinem Leben« (in: »Unser Pommerland«, Heft 4/1925) schildert die Verhältnisse in T., Franzburg, Richtenberg und Greifswald. B.s Werk bietet niederdeutsche E.n (»Stratenfegels«, 1896-1902) und Gereimtes (»Dor rük an«, 1920). Von **Max Darmer** aus T. (1891-1961) die Gedichtslg. »Mang Fleederboom un Hekken« (1925). – Aus **Richtenberg** stammt der Jugendbuch- und Science-Fiction-Autor (»Der Samenbankraub«, 1983) **Gert Prokop.**

B Ahrenshoop. Eine Künstlerkolonie an der Ostsee, hg. B. Bohn, V. Bombor, W. Karge, 3. Aufl. 1995; Kunststück Ahrenshoop, hg. G. Creutzburg u. a., 2004.

Z Demmin, Greifswald, Rügen, Rostock, Stralsund (MV).

GROSSENHAIN/SN

Museum Alte Lateinschule, in der Karl Preusker (→ Zittau/Löbau/SN) 1828 die erste dt. »Bürgerbibliothek« einrichtete.

Valentin Weigel, * 7. 8. 1533 G., † 10. 6. 1588 Zschopau (→ Marienberg/SN), Theologe und Philosoph. Studium in → Leipzig/SN und → Wittenberg/ST, Pfarrer. W. ist eine Schlüsselfigur im oppositionellen Denken in Dtl. zw. Reformation und Aufklärung. W.s (erst nach dem Tod veröffentlichte) Schriften wurden noch 1721 verbrannt. Im Traktat »Kirchen Oder Hauspostill« greift W. die Kirche an (»der Mensche selber solle der Tempel seyn«) und stellt sich in die Nähe von J.

Böhme (→ Görlitz/SN). – W.: Sämtl. Schriften (Hrsg. W.-E. Peuckert und W. Zeller, 1962-78); Ausgew. Werke (Hrsg. S. Wollgast 1977).

Benjamin Hederich (→ Borna/Geithain/SN) war von 1705 bis 48 Rektor der G.er Lateinschule und verfasste hier seine berühmten Lexika.

Max Geißler, * 26. 4. 1868 G., † 26. 2. 1945 Capri, Verf. von mehr als 50 Unterhaltungsromanen. Am erfolgreichsten: »Tom der Reimer. Eine romantische Geschichte aus alter Zeit« (1904).

Reinhard Buchwald, * 2. 2. 1884 G., † 13. 1. 1983 Heidelberg, Germanist. Besuch der Fürstenschule Grimma. Machte sich als Goethe- und Schiller-Forscher einen Namen. Aut. »Miterlebte Geschichte. Lebenserinnerungen 1884-1930« (1992).

Riesa

Städtisches Zentrum für Geschichte und Kunst.

Franciscus Nagler, * 22. 7. 1873 Prausnitz bei R., † 4. 6. 1957 Leisnig (→ Döbeln/SN), Komponist und Erzähler. Kantorsohn. Wurde bekannt mit den aut. Erzählungen »Dorfheimat« (1915) und »Ein lustiger Musikante« (1920). – Erinnerungen im Gasthof »Zur Dorfheimat« (neben der Kirche).

Max Hoelz, * 14. 10. 1889 Moritz bei R., † vermutl. 18. 9. 1933 Nishni-Nowgorod, einer der bekanntesten Politiker der Weimarer Republik mit anarchist. Überzeugungen (→ Zwickau/SN). Aufschlussreich H.s Aut. »Vom ›Weißen Kreuz‹ zur roten Fahne« (1929).

Hanns Johst, * 8. 7. 1890 Seerhausen bei R., † 23. 11. 1978 Ruhpolding/Oberbayern, Dramatiker, Erzähler und Publizist. Begann mit expressionist. Stücken (»Der Einsame«, 1917). Mit »Schlageter« (1932)

schuf J. den Prototyp des nationalsoz. Dramas (»Wenn ich das Wort Kultur höre, entsichere ich meinen Browning«). Nach 33 als Präsident der Reichsschrifttumskammer und der Deutschen Akademie für Dichtung einflussreich. Mit seiner Publizistik hatte J. die NS-Herrschaft geistig vorbereitet.

L Den 1873 eröffneten Truppenübungsplatz von **Zeithain** lernte 1944 **Erich Loest** kennen. In seinem ersten Roman »Jungen die übrigbleiben« (1950) erzählt er davon. – Das Rittergut im südl. von R. liegenden **Seerhausen** gehörte dem sächs. Staatsmann **Thomas von Fritsch** (1700-75), der in seinen dort verfassten »Zufälligen Betrachtungen in der Einsamkeit« (1763) Sachsens Platz nach der Niederlage im 7-jährigen Krieg neu festlegte. Zu seinen Beratern gehörte **Gottlieb Wilhelm Rabener** (→ Leipzig/Wachau/SN).

Z Kamenz, Meißen, Oschatz (SN); Cottbus, Herzberg (BB).

GROSS-GERAU/HE

A Ende Oktober 1794 bis Februar 95 war der 17-jährige Kornett **Friedrich de la Motte Fouqué** bei den »Weimar«-Kürassieren (→ Brandenburg/BB) in G. stationiert und unternahm von hier aus Besuche in Frankfurt a. M. – Als Kind kam **Ernst Glaeser** (→ Butzbach/HE) nach G.; »Jahrgang 1902« handelt ausschließlich hier.

Goddelau (Riedstadt-G.)

Georg Büchner, * 17. 10. 1813 G., † 19. 2. 1837 Zürich, Dramatiker zwischen Romantik und Realismus: »Er stand außerhalb seiner Zeit« (E. Johann). Als Dreijähriger nach → Darmstadt/HE. Medizinstudium in Straßburg und seit 1833 in → Gießen/HE. Dort im März 1834 Gründung der »Gesellschaft der Menschenrech-

Groß-Gerau/Goddelau: Geburtshaus von Georg Büchner

te«, Kampfschrift »Der Hessische Landbote« mit F. L. Weidig (→ Butzbach/Friedberg/HE). Wegen Polizeiaktionen im August Rückkehr ins Darmstädter Elternhaus, Arbeit an »Dantons Tod«. März 1835 Flucht nach Straßburg, Oktober 36 Zürich, dort Privatdozent. Tod durch Typhus. – Die meisten Werke (»Lenz«, »Leonce und Lena«, »Woyzeck«) erst in den »Nachgel. Schriften« 1850 (Hrsg. L. Büchner), veröffentlicht. »Sämtl. Werke und Briefe«. Hist.-krit. Ausgabe (Hrsg. W. R. Lehmann, 1967 ff.). – Geburtshaus Weidstraße 9 (Gedenktafel, Museum), Büchnerhaus, Bahnhofstraße 1 (Archiv und Begegnungsstätte). – Nachlass GSA Weimar, B.-Archiv LuHB Darmstadt.
R. Walser, »Büchners Flucht« (1947); K. Edschmid, »Wenn es Rosen sind, werden sie blühen« (1950); G. Salvatore, »Büchners Tod« 1972.

R **Groß-Gerau** liegt im Ried: »Rechtsrheinisch, feucht ... wir haben es mit dem ernsteren Ufer zu tun ... eine Radfahr-Gegend«, schreibt **Ernst Johann** (→ Darmstadt/HE, Grab Waldfriedhof G.-G.) in »Deutsche Landschaften« (1972). Mit dem Fahrrad kam auch **Werner Bergengruen** (→ Baden-Baden/BW); in seiner »Deutschen Reise« (1934) erinnert er an die Reichstage von **Trebur** und erzählt von fahrenden Komödianten in **Erfelden** (Riedstadt-E.). Literaturfähig hat das Ried erst **Elisabeth Langgässer** (→ Alzey/RP) gemacht, die Lehrerin in → **Griesheim** (Darmstadt/HE) war. In **Gernsheim** erinnert eine Säule auf dem Markt an den Drucker Peter Schöffer (um 1430-1503).

B E. Johann, Georg Büchner in Selbstzeugnissen und Bilddokumenten, 1958; Georg Büchner 1813-1837. Revolutionär, Dichter, Wissenschaftler, Ausstellungskat. 1987; H. Boehncke/H. Sarkowicz, Ein Haus für Georg Büchner, 1997.
Z Darmstadt, Frankfurt a. M., Heppenheim (HE); Mainz, Worms (RP).

GUMMERSBACH/NW

Theodor-Heuss-Akademie der Friedrich-Naumann-Stiftung.

Engelskirchen

Erich Bockemühl, * 12. 6. 1885 Bickenbach bei E., † 12. 5. 1968 Schermbeck, Lehrer und Heimatschriftsteller. Gründete mit O. zur Linde (Essen/NW) die Zs. »Charon«. – W.: Im Spiegel der Heimat (En. 1928); Wiesen und Wege im Kinderland (Aut. 1939); Das goldene Spinnrad. Niederrhein. Sagen, Märchen und Legenden (3. Aufl. 1980) – Grab auf dem Friedhof von Drevenack (Hünxe-D.), wo er 1914-41 Lehrer war.

Waldbröl

Anton Wilhelm von Zuccalmaglio (nannte sich **Wilhelm von W.**), * 12. 4. 1803 W., † 23. 3. 1869 Nachrodt-Wiblingwerbe b. → Altena (Lüdenscheid/NW), Dichter, Musiker, Volksliedforscher. Erzieher in Polen und Russland, Rückkehr 1838. Unstetes Leben als Hauslehrer in Freiburg i. Br., Frankfurt a. M., Elberfeld, Hagen und Nachrodt. – »Deutsche Volkslieder in ihren Originalweisen« (1838-40); etwa 700 Lieder, davon 2 Drittel aus lit. Quellen, der Rest meist eigene Texte (»Die Blümelein, sie schlafen«) zu alten Melodien, daher volkskundl. begrenzte Bedeutung. – Gedenktafel am Geburtshaus Hochstraße (Nähe kath. Kirche); Denkmal gegenüber dem Rathaus im Z.-Park. – Mss. und Tg. StB Aachen.

In W. starb am 17. 6. 1975 **Max Barthel** (→ Dresden/SN); Grab auf dem Friedhof in Ruppichteroth-Winterscheid.

Z Bergisch Gladbach, Bensberg, Lüdenscheid, Altena, Siegburg, Siegen (NW).

GÜNZBURG/BY

Heimatmuseum.

Johann Eberlin von Günzburg, * um 1470 G., † Oktober 1533 Leutershausen b. Ansbach, Franziskaner, dann luth. Prediger in Süddeutschland. Volksschriftsteller mit rel.-soz. Ideen. Erster Übersetzer der »Germania« des Tacitus (1526). – Sämtl. Schriften (Hrsg. L. Enders, 1896-1902).

Am 31. 5. 1984 starb hier der NS-Autor **Franz Schauwecker** (geb. 26. 3. 1890 Hamburg). – W.: Aufbruch der Nation (R. 1930); Der Panzerkreuzer (R. 1938).

L »Ein zierlich und fein gebautes Oesterreichisches Städtlein« heißt es von G. in der »Denkwürdigen Reisebeschreibung durch Teutschland . . .« von **Johann Limberg von Roden** (1690). Hierher verlegte der → Ulmer/BW **Johann Martin Miller** auch einen Teil seiner empfindsamen Klostergeschichte »Siegwart« (1776). Schilderungen über Söldnerwerbung in G. finden sich in »Deutschland oder Briefe eines in Deutschland reisenden Deutschen« (1826-28) von **Karl Julius Weber** (→ Langenburg/BW). – Reisenotizen in »Sonnige Tage« (1906) von **Heinrich Hansjakob** (→ Wolfach/Haslach/BW) und in »Wanderungen auf den Spuren der Zeit« (1935) von **Wilhelm Hausenstein** (→ Wolfach/Hornberg/BW).

R In **Ichenhausen** (Bay. Schulmuseum), seit dem 16. Jh., im 19. Jh. größte jüd. Landgemeinde in Bayern (Synagoge Haus der Begegnung), wirkte 1543/45 der aus Prag stammende Buchdrucker Chaim Ben David Schachor (Schwarz). **Ernst Hardt** (→ Köln/NW) fand nach seiner Entlassung als Kölner Rundfunkintendant durch die Nationalsozialisten (1933) im Haus der Familie Striebel Aufnahme und lebte dort die letzten Jahre bis zu seinem Tod am 3. 1. 1947 (Gedenktafel Günzburger Straße 31); Gedenkstein Park »Wilhelmshöhe«. – **Christoph von Schmid** (→ Dinkelsbühl/BY) wirkte in **Thannhausen** 1795-1816 als Schulinspektor; Denkmal auf dem Platz zwischen Kirche und Rathaus. Wenige Schritte weiter verweist eine Tafel auf das ehem. Geburtshaus des Arztes und Autors hist. Erzählungen, Sagen und Parabeln **Wilhelm Bauberger**, Ps. **Verfasser der Beatushöhle** (1809-83). – **Ursberg**, ehem. Prämonstratenser-Reichsabtei: im nördl. Nebenchor der Kirche Grabplatte des dt. Chronisten **Konrad von Lichtenau**, Propst 1226-40; am südwestl. Rundturm des ehem. Klostergebäudes Gedenktafel für den »Theolog, Philosoph, Dichter« **Joseph Bernhart** (→ Mindelheim/Türkheim/BY), der am 8. 8. 1881 hier »direkt unterm Storchennest« geb. wurde. 1898/99 war **Lena**

Christ (→Ebersberg/Glonn/BY) Novizin im Kloster.

Z Dillingen a. d. D., Lauingen, Neu-Ulm, Weißenhorn (BY); Ulm (BW).

GUNZENHAUSEN/BY

A **Goethe** (→ Frankfurt a. M./HE) logierte im Juni 1788 auf der Rückreise von Italien in der »Post« (Gedenktafel). Möglicherweise Anregungen zu »Hermann und Dorothea«.

L Das Leben in G. schildert **Jakob Wassermann** (→ Fürth/BY) in der N. »Der niegeküßte Mund« (1903), auch in dem R. »Das Gänsemännchen« (1915), der in Wolframs-Eschenbach beginnt und endet. W. hatte verwandtschaftl. Beziehungen zu G., ebenso wie **Bernhard Kellermann** (→ Fürth/BY). – Die E. »Suchen und Finden« von **Adeline Elisabeth Rohns** (1868-1945), Dichterin des Altmühltals, spielt in G.; Grab auf dem Friedhof.

Wolframs-Eschenbach

Wolfram von Eschenbach, * um 1170 W.s-E., † nach 1220 ebd., bedeutendster mhd. Epiker. Hauptwerk: »Parzival« (1200-10). – Gedenktafel und neues Epitaph im Liebfrauenmünster; Brunnen auf dem Marktplatz; W.-v.-E.-Museum (Fachbibliothek). Eschenbach wurde 1917 nach Wolfram benannt. – W. v. E. ist eine der Hauptfiguren im Minnestreit in R. Wagners »Tannhäuser« (1845). – A. Heuberger, »Wolfram von Eschenbach und seine Stadt« (1961). – Münchner Parzival-Hs. BSB.
Aus **Windsbach** sollen der oder die Verfasser der Lehrgedichte »Winsbecke« und »Winsbeckin« (1210/20?) stammen. – **Thannhausen** reklamiert, wie auch Thannhausen bei Neumarkt und Siegsdorf bei Rosenheim, Herkunftsort des mhd. Lieddichters **Tannhäuser** zu sein.

R Auf dem Friedhof von **Ornbau** Grabmonument für den 1789 an den schwarzen Blattern gestorbenen **Marquis de Bièvre**, emigrierter franz. Marschall und Meister des kalauernden »Calembour«, über den er 1771 noch einen Almanach zusammengetragen hatte. – Im Pfarrhaus zu **Dornhausen** (Theilenhofen-D.) lebte seit 1860 der fränk. Schriftsteller **Christian Wilhelm Redenbacher**, dessen E. »Die Salzburgerin« den gleichen Stoff wie Goethes »Hermann und Dorothea« behandelt; Grab auf dem Friedhof.

Z Ansbach, Dinkelsbühl, Nürnberg, Weißenburg i. Bay. (BY).

GÜSTROW/MV

Museum der Stadt G., dort auch Theaterzettelslg., Schlossmuseum im Renaissance-Schloss, Ernst-Barlach-Theater. – Geburtsort des Malers Georg Friedrich Kersting (1785-1847) und des Brinckman-Verlegers und Buchhändlers F. Opitz (1805-57).

Sophie Elisabeth von Braunschweig-Lüneburg, * 20. 8. 1613 G., † 12. 7. 1676 → Lüchow/NI, Schriftstellerin, Komponistin. Verheiratet mit Herzog August von Braunschweig-Lüneburg (→ Lüchow/Dannenberg/NI) schrieb Gedichte und Singspiele (»Ein Frewden Spiell«, 1656). – Nachlass Herzog August Bibliothek Wolfenbüttel.
Fanny Tarnow, * 17. 12. 1779 G., † 20. 6. 1862 Dessau/ST; Erzieherin mit literarischen Ambitionen in Neparmitz auf Rügen, in Wismar, dort zusammen mit Amalie Schoppe (→Eutin/Fehmarn/SH), und in Hamburg, später Dresden und Dessau. Kontakte u. a. zu Ernst Moritz Arndt (→ Rügen/MV) und August von Kotzebue (→ Weimar/SN). Die auch in Rügen und Wismar angesiedelten Erzählungen

(»Alwina von Rosen«, 1804) waren zu ihren Lebzeiten beim Publikum beliebt. – W.: Auswahl (Hrsg. C. Focke, 15 Bde., 1830); Briefe (1817).

Georg Sibeth, * 10. 11. 1793 G., † 13. 3. 1880 ebd., gilt als »niederdeutscher E. T. A. Hoffmann« (W. Stammler). – W.: Dumm Hans (E., 1868); De Geschicht von de gollen Weig (1874).

Ernst Barlach (→ Wedel/SH), in G., wo B. seit 1910 lebte, entstanden seine wichtigsten literarischen und plastischen Werke, u. a. »Die echten Sedemunds«; »Der blaue Boll« und »Der gestohlene Mond«, der am Heidberg anzusiedeln ist, auch das Güstrower Tagebuch 1914-17 (1943). Hier geriet er in Konflikt mit der Kulturpolitik der Nazis, die fast 400 seiner Werke verboten und z. T. vernichteten. »Weil er für einen Juden gehalten wurde, war er in Güstrow auf der Straße angespuckt worden. Den hatten sie mit Verboten von Arbeit und Ausstellungen gehetzt, bis er sich hinlegte und starb« (U. Johnson). – Wohnungen und Werkstätten: Plauer Straße 2 (abgerissen), Schweriner Straße 22, Schützenstraße 30, Walkmühlenstraße 21; Haus und Atelier am Heidberg (das heute von der E.-B.-Stiftung unterhalten wird), wo am 27. 10. 1938 auch die Trauerfeier für B. stattfand (unter den Gästen: K. Kollwitz, H. Körtzinger, G. Marcks, H. F. Reemtsma, K. Schmidt-Rottluff); heute Museum. Werke auch in der Gertrudenkapelle. Im Dom wieder die Plastik (Zweitguss) »Der Schwebende Engel«: »Im Nordschiff ... hing, tief in sich ruhend, im tönenden Ton seines Schweigens der Engel« (F. Fühmann, 1966). »Die drohende Figur, in strenger und unbewegter Waage schwebend« (F. Schult), Bert Brecht: »Er hat das Gesicht der unvergeßlichen Käthe Kollwitz. Solche Engel gefallen mir«. (über den Zweitguss → Lüchow/Schnega/NI). – Über B.s Lebensgefährtin: Ditte Clemens, »Marga Böhmer« (1996). – Freundschaft mit Friedrich Schult (→ Schwerin/MV; »Barlach im Gespräch«, 1939, erw. 1963 und 85), der B.s Werk betreute und ein dreibändiges Werkverzeichnis anlegte.

Zahlreiche Autoren wie Th. Mann, B. Brecht, U. Johnson und A. Andersch schrieben über B. und sein Werk. Dazu zählen auch M. Neumann (»Der Geistkämpfer«, 1986), F. Fühmann (»Das schlimme Jahr«, 1963, später als »Barlach in Güstrow«, n. 93). – T. Crepon, Leben und Leiden des E. B. (1988) und B. Birnbaum, E. B. – Annäherungen (96). Erinnerungen an einen Atelierbesuch in Chr. Wolfs »Ein Tag im Jahr 1960 – 2000« (Tgb. 2003). In einem fiktiven Gespräch seines R.s »Ein weites Feld« (1995) lässt G. Grass den Schriftsteller U. Johnson (→ Anklam/MV) wegen der Missachtung B.s die »ihm seit Schülerjahren, wie er sagte, anhängliche Stadt verlassen.«

John Brinckman (→ Rostock/MV), lebte von 1849 bis zu seinem Tode in G. (Grab mit W. Wandschneider-Relief Städt. Friedhof St. Gertruden. In G. entstanden zahlreiche Werke B.s, u. a. die E.n »Kasper-Ohm un ick« (1855/68) sowie die plattdeutsche Lyrik-Slg. »Vagel Grip« (1859). Im Stadt-Museum Gedenkausstellung; »Voß- und Swinegel«-Brunnen (1908) am Stadtwall; Wohnung ab 1860 in der Hansenstr. 19 (Gedenktafel); Gedenkstätte in der Schule am Wall.

Rudolf Pechel, * 30. 10. 1882 G., † 28. 12. 1961 Zweisimmen/Schweiz, Publizist. Schulzeit in G., danach Kultur-Redakteur, dem Kreis um Moeller van den Bruck (→ Berlin) nahestehend. Nach KZ-Haft 1942-45 Neu-Begründer der »Deutschen Rundschau«.

A Der Schriftsteller und Historiker **Friedrich Christian Neubur** (→ Parchim/MV) besuchte 1698-1700 die G.er Domschule. – Vor 1721 hatte **Daniel Schöne-mann** (→ Greifswald/MV) ein G.er Lehramt. Der englische Reiseschriftsteller **Thomas Nugent** (→ Wismar/MV) besichtigte auf seiner Mecklenburg-Rundreise 1766 die Stadt G., die er zu den schönsten des Landes zählte. – 1807 starb in G. der Dichter (Singspiele, Briefroman »Briefe an seine Lieben« 1776 im »Werther«-Ton) und Schauspieler **Johann K. C. Fischer** (geb. 1752 in Leipzig), der auch als Sammler mecklenburgischer Sagen bekannt wurde. – **Karl Julius Weber** (→ Langenburg/BW) schilderte das auch »Klein-Paris« genannte G. in seinen »Briefen eines in Deutschland reisenden Deutschen« (1826 ff.). Am Ende seines Lebens verfasste **Theodor Cordua** (1796-1857) in G. seine Memoiren (»Von Mecklenburg nach Übersee«, n. 2001). – Im April 1848 war **Fritz Reuter** (→ Demmin/Stavenhagen/MV) Vertreter des Reformvereins im G.er Schauspielhaus am heutigen Franz Parr-Platz, wobei er auch **John Brinckman** und **Ludwig Reinhard** (→ Ratzeburg/Mustin/SH) näher kennenlernte. R. wohnte bei späteren Besuchen in Brinckmans Haus am Pferdemarkt.

Das Schauspielhaus (Ernst-Barlach-Theater) engagierte 1860 die Schriftstellerin **Minna Kautsky**. 1861 kam **Heinrich Seidel** (→ Grevesmühlen/Perlin/MV) für kurze Zeit als Schlosser nach G. (Wohnung Eisenbahnstraße 8), wo er stolz darauf war, »vier Taler die Woche mit den Händen verdient zu haben«. Für **Theodor Fontane** (→ Neuruppin/BB) blieb ein Stadtrundgang im August 1870 ohne bleibende Eindrücke. – Ab 1914 war **Friedrich Schult** (→ Schwerin/MV) Lehrer am Gymnasium; seine Gedichte und Erzählungen erinnern an ein Bürgertum, das für ihn zwar ausgestorben, aber »in den geschnittenen, gezeichneten und den gemalten Zeugen noch überall lebendig und täg-

lich zu greifen ist«. – Der Autor **Alexander von Stenbock-Fermor** (→ Neustrelitz/MV) berichtet in »Der rote Graf« (Erinn., 1973) von seiner Übernachtung Mai 1945 im Notquartier im Dom. Seit 1957 wirkte der Literaturwissenschaftler **Egon Schmidt** (1927-83) als Dozent am Pädagogischen Institut; er war Herausgeber literarischer Sammlungen (u. a. »Die Dichter sind des Sturmes Möwen« (1955). – Bei Güstrow lebte der Jugendbuchautor **Horst Beseler** (»Die Moorbande«, 1953; »Käuzchenkuhle«, 1965).

Uwe Johnson (→ Anklam/MV) wohnte in der Prahmstraße 30, Rostocker Chaussee 20, Spaldingplatz, Ulrichplatz 19 und Lange Stege 36. Er besuchte von 1948 bis zum Abitur 52 den Unterricht in Klassenzimmer 207 der John-Brinckman-Oberschule am Wall: »Der lange Streifen Sandsteins in dem endlosen tiefroten Gemäuer sagte dies sei die Gustav-Adolf-Oberschule« (»Ingrid Babendererde«). Autobiographische Züge werden in der Romanfigur Dieter Lockenvitz gesehen. Die Stadt G. hat u. d. T. »Uwe Johnson. Die Güstrower Jahre« (1997) einen Literatur-Führer herausgegeben, der u. a. den Spuren des Romans »Ingrid Babendererde« folgt. Dem fiktiven »Wendisch-Burg« des Romans entspricht Güstrow in Teilen ebenso wie dem fiktiven »Gneez« der »Jahrestage«, in die auch ein Schauprozess im »Hotel Stadt Güstrow« einging. Vgl. Exkurs »Uwe Johnsons Mecklenburg« (→ Anklam/MV). 1992 lasen in G. J. Becker, Chr. Hein, W. Kempowski und S. Lenz aus J.s Werken: »Die Heimkehr war geglückt.«

L Die Zeit Wallensteins in G. steht wieder auf in **Carl Beyers** historischem Roman »Die alte Herzogin« (1899). 1813 nahm der G.er Jude **Löser Cohen** an den Befreiungskriegen teil, E. Lindner gab 1993 dessen »Memoiren des Freiwilligen Jägers L. C.« heraus. In **Jo-**

hann Friedrich Barths (→ Demmin/Dargun/MV) »Ausflug nach Güstrow« (1830) lugen, so J. Borchert, Heines Reisebilder »an verschiedenen Stellen (un)angenehm stachlig hervor.« **Ricarda Huch** (→ Braunschweig/NI) über »das zarte Bäumchen« G. in »Im alten Reich. Lebensbilder deutscher Städte« (1927). Autobiographische Züge trägt der R. »Alpträume aus der Provinz« (1984) der 1939 in G. geb. **Rosemarie Zeplin**. **Wolfgang Beutin** schildert in »Das Jahr in Güstrow« (R. 1985) das Kriegsende 1944/45 in G. – **Brigitte Birnbaum** unternimmt »Spaziergänge durch Güstrow« (1992). Von **Jürgen Grambow** und **Wolfgang Müns** stammt die Anth. »Güstrow – Eine Stadt wie in der Toskana« (2000), um Schloss, Dom und Stadt versammelte Texte, die die Balance halten zwischen Heimatkunde, Weltverknüpfung und Kulturerbe: von E. Barlach zu F. R. Fries und F. von Flotow, auf den Spuren U. Johnsons und F. Schults, F. Fühmanns und W. Koeppens.

S Uwe Johnson-Bibliothek G. – Leseherbst-Literaturtage (jew. Nov.)

Bützow

»Wo die Fluten der Warnow das liebliche und nahrhafte Land der Obotriten, Welataben und Wagrier durchströmen, liegt am Arm der Nixe des Flusses die Stadt Bützow, jener Winkel der Welt, welcher mir vor allen lacht.« (Wilhelm Raabe, 1869)

1760 wurde die Stadt Sitz einer Kleinst-Universität mit anfangs 83 Studenten, die 1789 wieder Rostock angegliedert wurde. Zu den Lehrenden und Lernenden zählte **Ernst J. F. Mantzel** (1689-1768), der die »Bützowschen Ruhestunden« herausgab. – »Lebenserinnerungen« des jüdischen Galanteriewarenhändlers **Aaron Isaak** (1994) aus der Zeit ab 1751. Bis zu seinem Tode 1785 lebte hier der Reiseschriftsteller **Johann Christoph Wolf** (→ Waren/Röbel/MV). – Der Publizist **Johann Erich Biester** (1749-1816) lehrte 1773-75 am Pädagogium; wegen einer

Klopstock-Feier wurde er unter dem Verdacht des »Heidentums« entlassen. An der Universität ab 1760 **Oluf Gerhard Tychsen** (geb. 1734 Tondern in Dänemark, gest. 1815 Rostock). Auch **Johann Jakob Engel** (→ Parchim/MV) studierte hier; Informationen dazu im Heimatmuseum.

In die Literaturgeschichte ging die Stadt durch **Wilhelm Raabes** (→ Holzminden/Eschershausen/NI) E. »Die Gänse von Bützow« (1869) ein. Der Gänsebrunnen von W. Preik (1980) am Markt bezieht sich auf den historisch belegten Streit um das Recht auf freilaufende Gänse von 1794-99, der Raabe den Stoff für seine Satire auf den Spießer lieferte. Auch die »Gänsemarkttage« erinnern an den Konflikt.

In der Haftanstalt und Hinrichtungsstätte

Bützow: Der Gänsebrunnen von W. Preik (1980) am Markt zeigt als Motiv Raabes »Gänse von Bützow« (1869).

Bützow-Dreibergen (Gedenkstätte) büßten nach 1848 die Demokraten **Moritz** (1816-1894) und **Julius Wiggers** (1811-1901; »44 Monate Untersuchungshaft«, 1861; »Aus meinem Leben«, 1901), **Julius Polentz** (→ Schwerin/MV); nach 1860 der Publizist **Johann Heinrich Sievers** (→ Wismar/MV). Auch der Schriftsteller **Rudolf Hartmann** (→ Grevesmühlen/Schönberg/MV) saß 1942-44 ein, aus der Haftzeit mehrere Gedichte H. s. – Über die ehem. Synagoge (Manzelstraße 10) **Oluf Gerhard Tychsen** in »Bützowische Nebenstunden«.

Im Roman »Fluß ohne Ufer« (Bd. II, 1949 f.) schrieb **Hans Henny Jahnn** (→ Hamburg), der 1905/06 in B. Verwandte besuchte: »Die alte Stiftskirche ... besaß eine Orgel aus dem sechzehnten Jahrhundert. Ein dünner, scharf näselnder salziger Klang strömte von der Westempore herab ...« Das Leben in der Stadt, im Roman »Nebel« genannt, wird von der Hauptfigur Gustav Anias Horn positiv gezeichnet: »Hier ... ließ sich für mich in der ersten Stunde schon alles lichter und freudvoller an.« (Zuerst als »Jugendtage in der Stadt Nebel«, in: »Sinn und Form«, 3/1951.)

R Gut **Tellow** bei Güstrow wurde vom Landwirt und Sachbuchautor **Johann H. von Thünen** (1783-1850; »Der isolierte Staat«, 1826) bewirtschaftet; heute Th.-Museum. In **Koppelow** kaufte sich **Fred Wander** nach dem Tod seiner Frau **Maxie Wander** (→ Potsdam/Kleinmachnow/BB) ein Bauernhaus: »Das also waren die weiten mythischen Ebenen, Hügel und Gewässer Mecklenburgs, von wo – wie mir jemand warnend sagte – Hitler viele seiner besten Gefolgsleute bezogen hatte« (»Das gute Leben«, Erinn. 1996). – **Krakow am See**: Jüdischer Friedhof mit Grab des Heimatdichters **Joseph Nathan** (1867-1927), dessen Bruder Benno den Reuter-Gedenk-

stein auf der Halbinsel Lehmwerder stiftete. Auf dem Jörnberg wurden 1325 wegen eines angeblichen Hostienfrevels alle Juden der Stadt gerädert. K.s Synagoge ist heute Kulturzentrum; Druckereimuseum K. – Nach 1945 war der Schriftsteller **Benno Voelkner** (→ Schwerin/MV) einige Jahre Bürgermeister in K., im benachbarten **Linstow-Hinrichshof** lebte von 1954 bis zum Tode 1975 der Romancier (»Flucht ins Feuer«, 1961) und Kinderbuchautor **Wolfgang Zeiske**. **Alfred Wellm** (geb. 1927 in Neukrug/Polen) lebte bis zu seinem Tode im Jahr 2001 in **Lohmen**; der Schulrat, Kinder- und Jugendbuchautor wurde durch seinen Lehrer-R. »Pause für Wanzka oder die Reise nach Descansar« (1968) bekannt, später schrieb er »Pugowitza« (R. 1975) und den aut. geprägten R. »Morisco« (1987).

In **Laage** wirkte der aus Schwerin gebürtige Pfarrer **Carl Beyer** (1847-1923; Gedenktafel am Pfarrhaus; Grab auf dem Friedhof, dem die Titel »der mecklenburgische Gustav Freytag« (O. Vitense) oder »Mecklenburgs Karl May« zugesprochen wurden: Autor mehrerer historischer Romane (»Pribislav«) sowie Herausgeber und Verfasser der »Kulturgeschichtlichen Bilder aus Mecklenburg« (1903), auch über Laage verfasste er eine lesenswerte Chronik (1887). Aus **Groß-Lantow** bei Laage stammt **Friedrich Cammin** (1860-1924), neben eigenen niederdeutschen Texten (»Nahschrapels«, 1901) von ihm auch ein 175 Titel umfassendes »Verteiknis von plattdütsche Theaterstücke« (1906). Südlich Laages das Dorf **Recknitz**, in dem **Uwe Johnsons** (→ Anklam/MV) Familie beim Onkel, dem Dorfschmied Wilhelm Milding, auf der Flucht 1945 Unterschlupf fand, heute wird das Haus als »Kultur-Schmiede Recknitz« genutzt, 1999 »Uwe-Johnson-Tage«. – In **Groß-Roge** bei Teterow kam **August Seemann** (1872-1916) zur Welt; niederdeutsche Lyrik (7 Bände, u. a. »Tweilicht«, 1907) in der Tradition R. Dehmels sowie Prosa (»As dat Leben schoelt«, E. 1911) machten ihn bekannt. In der Stadt **Teterow**, die sich gern »Schilda des Nordens« oder »Mecklenburgs Abdera« nennt (die Schildbürgerstreiche sammelte **Heinrich Alexander Stoll** → Parchim/MV), wuchs der Literaturwissenschaftler **Kurt Batt** (→ Rostock/MV) auf, sein Grab auf dem Friedhof. **Fritz Reuter** (→ Demmin/Stavenhagen/MV) schrieb den Einakter »Blücher in Teterow« (1857). Der Hechtbrunnen vorm Rathaus erinnert mit Versen **Paul Warnckes** (→ Parchim/Lübz/MV) an einen alten Streit zwischen Teterow und Malchin.

Südlich **Burg Schlitz** am Malchiner See, Hausherr **Hans Graf von Schlitz**, mit Achim von Arnim (→ Berlin) verwandt, tauschte Briefe mit Goethe (→ Frankfurt a. M./HE), den er in Weimar kennengelernt hatte (G. Böhmer, »Graf Hans von Schlitz und Goethe«, in: »Carolinum«, Göttingen 1972). In **Walkendorf** bei Gnoien lebte **Johann C. F. Wundemann** (1763-1827), Verf. der Landeskunde »Mecklenburg in Hinsicht auf Kultur, Kunst und Geschmack« (2 Bde., 1800/03).

B D. Albrecht, Barlach in Wedel, Hamburg, Ratzeburg und Güstrow (1990).
Z Bad Doberan, Rostock, Schwerin, Waren (MV).

GÜTERSLOH/NW

Freilichtbühne im Freizeitpark Nord.

In Gütersloh, einst das »Klein-Nazareth« der Erweckungsbewegung, war **Johann Hinrich Volkening** (→ Bielefeld/Jöllenbeck/NW) 1827-38 Pastor. Sein Liederbuch »Kleine Missionsharfe« brachte dem Verlagsbuchhändler Carl Bertelsmann

(1791-1850) einen seiner ersten Erfolge (fast 2 Mill.). Aus dem pietist.-ev. Verlag ist inzwischen ein weltweit aktiver Medienkonzern geworden. **Förderpreis** »**Goldene Feder**« des Bertelsmann-Buchclubs. – Aus G. stammt **Otto Lüning** (1818-68), seit 1839 Arzt in **Rheda** (R.-Wiedenbrück), der dort mit Freunden von Schloss Holte und Bielefeld den »Rhedaer Kreis« bildete. L. veröffentlichte »Gedichte« (1844) und gab die soz. Monatsschrift »Das Westphälische Dampfboot« (1844-48) sowie das Sammelwerk »Das Buch gehört dem Volke« (1845) heraus. Unter seinen Mitarbeitern und Gästen: **Friedrich Engels** (→ Wuppertal/NW).

In **Wiedenbrück** verbrachte seit 1803 **J. D. H. Temme** (→ Beckum/Lette/NW) seine Kindheit und Jugend. Von W. handeln die »Erinnerungen« (Hrsg. Stephan Born, 1883), zahlreiche Romane und Erzählungen, u. a. »Im Amtshause zu Sinningen« (1876, u. d. T. »Mord beim Sandkrug«, 1981). **Luise Hensel** (→ Paderborn/NW) lernte bei ihren Aufenthalten 1823-26 (Langestraße 53) W. kennen und lieben, 1852 zog sie in das Haus am Marktplatz (1964 für das neue Rathaus abgebrochen) und wohnte dort bis 1872 (Gedenktafel St. Aegidius-Kirche). Oft kehrte **Wilhelmine Hensel** (1812-83) bei ihr ein; die beiden Schwestern gaben 1858 gemeinsam einen Band »Gedichte« heraus. – In den Jahren 1851-58 wohnte Luise H. zeitw. auch im Kaplanhaus am Kirchplatz (heute Schulneubau) im nahen **Langenberg**. Für die Kirche fertigte sie Krippenfiguren an und schrieb das Sakramentslied: »Kirchlein arm und klein«.

In der »Münte« in **Rietberg**, im 19. Jh. Herrenhaus des Unternehmers F. L. Tenge (1793-1865), war u. a. 1867 **Karl Marx** (→ Trier/RP) zu Gast. In **Schloß Holte** (Sch. H.-Stukenbrock, seit 1838/39 Eisenhüttenwerk), ebenfalls im Besitz von T., verkehrten bei dessen Schwiegersohn J. Meyer in der Vormärz-Zeit u. a. **Robert Blum** (→ Köln/NW), **F. Engels, Karl Grün** (→ Lüdenscheid/NW), **Georg Herwegh** (→ Stuttgart/BW), **K. Marx** und **Wilhelm Weitling** (1808-71). Auch die aus Böhmen stammenden pol. Dichter **Moritz Hartmann** (1821-72) und **Alfred Meißner** (1822-85) waren Gäste auf H.. – Seine Kindheit in **Verl** schildert **Norbert Johannimloh** in »Appelbaumchaussee« (1983) und »Roggenkämper macht Geschichten« (R. 1996). – Die Senne charakterisierte **Georg Weerth** (→ Detmold/NW) in seinem Feuilleton »Die Armen in der Senne« (1845) als »ödesten Teil« einer »weiten Ebene«, während **Hermann Löns** (→ Hannover/NI) in »Da draußen vor dem Tore« (1910) nur die Schönheit der unberührten Natur sah; für ihn war die Senne seine »Frau Langsamkeit«.

Z Beckum, Bielefeld, Halle i. W., Lippstadt, Paderborn, Warendorf (NW).

HAGEN/NW

Aufstieg mit der Industrialisierung: Friedrich Wilhelm Harkort (1773-1887), bes. Interesse für und Schriften über soziale Probleme und Fragen der Volksbildung (Haus Harkorten in Haspe); Karl Ernst Osthaus (1874-1921) holte Künstler der Moderne nach H. und gründete das Folkwang-Museum, nach dessen Verkauf an Essen (1922) K.-E.-O.-Museum (u. a. Graphik des 20. Jh.s, illustrierte Bücher, Slg. zur Kulturgeschichte H.s); Haus Hohenhof (im Park Osthaus-Mausoleum). – Fernuniversität-Gesamthochschule (Archiv unveröff. Autobiographien aus der Slg. des Schriftstellers W. Kempowski). – Städt. Bühne; Schloss-Spiele Hohenlimburg.

Ernst Meister, * 3. 9. 1911 H., † 15. 6. 1979 ebd., Lyriker, »bekannt als verkannter Dichter« (P. Sager). Wohnte seit 1940 in H.-Haspe in der väterl. Fabrik. – W.: Wandloser Raum (G. 1979); Ausgewählte Gedichte 1932-79 (erw. Neuausg. 1979). – Grab Städt. Friedhof H.-Delstern (Ehrenhain). – E.-M.-Gesellschaft Aachen (seit 1989; Jahrbuch seit 1990/91). – B. Albers/R. Kiefer, »Ernst Meister 1911-1979. Leben und Werk in Texten, Bildern, Dokumenten« (1991).

Aus H. stammen auch: der Journalist und Heimatschriftsteller **Kaspar Butz** (1825-1885); beteiligt am westfäl. Aufstand 1848, floh er in die USA und gab in Chicago die »Dt. Monatshefte« heraus (»Gedichte eines Deutsch-Amerikaners«, 1879). – **Karl August Gerhardi** (1864-1944), seit 1893 Arzt in Lüdenscheid, Verfasser von medizin., philos. und lit. Schriften (»Herbstlese. Erzählungen, Schauspiele und Gedichte«, 1932); Nachlass Westfäl. Lit.-A. H. – **Hans Roselieb** (1884-1945), vor dem 1. Weltkrieg in H., danach in und bei → Münster/NW ansässig. Zunächst rel. Autor, später kosm. und völk. Versepen (»Die Fackelträger«, R. 1920). Geburtshaus Breddestraße 5 (Oberhagen/Eilpe). Nachlass Westfäl. Lit.-A. H. – **Carlo Ross** (1928-2004), Hauptwerke: »Aber die Steine reden nicht« (1987) und »Im Vorhof der Hölle« (1991). In diesem Buch »gegen das Vergessen« schildert er aus der Sicht des jüdischen Jungen David Rosen die Jahre 1938 bis 45, die er bis 1942 in H. und danach im KZ Theresienstadt erlebte.

L Die viel gelesene Zs. »Hermann« (seit 1814) gab **Johann Wilhelm Aschenberg** (→ Remscheid/NW) heraus, seit 1802 in H. lebend. Grab auf dem Buschenfriedhof. – Die »Sagen und Bilder aus Westfalen« (1856) von **Karl Friedrich Gisbert von Vincke** (1813-92) erlebten zu seinen Lebzeiten drei Auflagen. – **Ellen Soeding** (1904-87), Autorin der Familiengesch. »Die Harkorts« (1956), lebte auf dem Hamperhof bei H. – Auf dem Kath.

Friedhof H.-Beele das Grab der Erzählerin **Maria Blucha** (1909-89). – Mundart: **Richard Althaus**, »Boa Isenliett un Eicken wasset« (1970); **Josef Veldtrup**, »Bargunsch oder Humpisch. Die Geheimsprache der westfäl. Tiötten« (1974).

S Im Westfäl. Literaturarchiv außer den bei den Autoren genannten auch Nachlässe bzw. Teilnachlässe von **Heinrich Benfer** (1889-1973), **Emma Cramer-Crummenerl** (1875-1964), **Florentine Goswin-Benfer** (1883-1968), **Heinrich Kleibauer** (1882-1973), **Karl Hermann Limberg** (1885-1963), **Franz Predeek** (1881-1965), **Adolf Thiele** (1896-1971), **Aloys Vogedes** (1887-1956), **Robert Zürndorf** (1896-1943) u. a. – Autorenkreis »Ruhr-Mark« (seit 1961). – Ernst-Meister-Preis der Stadt H. (seit 1980); Alfred-Müller-Felsenburg-Preis für aufrechte Literatur (ideeller Lit.-Preis alle 4 Jahre).

Hohenlimburg (Hagen-H.)

Freilichttheater Schloss-Spiele, Werkhof H.

Gertrud Bäumer, * 12. 9. 1873 H., † 25. 3. 1954 → Bethel (Bielefeld/NW), sozial- und kulturpolit. Schriftstellerin, hist. Romane. Mit Helene Lange und Friedrich Naumann führend in der Frauenbewegung, 1920-33 Reichstagsabgeordnete. Nach 1933 freie Schriftstellerin, zuletzt in H. lebend. – W.: Adelheid, Mutter der Königreiche (R. 1936/37); Eine Woche im May. 7 Tage des jungen Goethe (E. 1947); Im Licht der Erinnerung (Aut. 1953). – Grab auf dem Neuen Zionsfriedhof.

A »Auf den Gebirgen des Süderlandes nährte sich sein Geist an vaterländischer Geschichte«: **Johann Friedrich Möller** (1750-1807), dem »Pfarrer zu Elsey«, hat man Auf dem Klippchen ein Denkmal gesetzt. Der Volkserzieher im Sinne Justus Mösers (→ Osnabrück/NI) veröffentlichte Aufsätze über Sagen und Bräuche, zu kirchl. und polit. sowie zu naturkundl. und volkswirtschaftl. Fragen.

Z Bochum, Dortmund, Iserlohn, Lüdenscheid, Schwelm, Witten, Hattingen (NW).

HALBERSTADT/ST

Historisches Stadtarchiv. – Dom und Domschatz; Städtisches Museum in der Spiegelschen Kurie; Berend Lehmann Museum für jüdische Geschichte und Kultur/Moses-Mendelssohn-Zentrum; Gleimhaus (Literaturmuseum und Forschungsstätte). – Nordharzer Städtebundtheater.

Albrecht von Halberstadt (→ Sondershausen/TH), vermutl. um 1180 in H. geboren. Seine Reimübersetzung von Ovids »Metamorphosen« schließt mit dem Satz: »Bin ein Sachse und heiße Albrecht,/geboren in Halberstadt,/der dieses Buch gemachet hat.«

Heinrich Ammersbach (auch **H. Hansen, Christian Warner**) * 1632 H., † 17. 7. 1691 ebd., Verf. kulturkrit. Schriften und Übersetzer. Pfarrer an der Petrikirche in H. Prangerte in seinen Schriften (»Philosophischer Sauffmantel«, 1663; »Teutscher Vielfraß, des Teufels Leibpferd«, 1664) das unchristl. Leben an und kritisierte die Lobhudelei in den Leichpredigten, in denen »alle Diebe und Meineidige fromm gesprochen werden«.

Johann Wilhelm Ludwig Gleim (→ Aschersleben/Ermsleben/ST) wurde vom H.er Domherrn Christian von Berg 1747 als Sekretär des Domkapitels nach H. berufen. Diese finanzielle Absicherung erlaubte dem allseits verehrten »Papa Gleim« ein nahezu »anakreontisches Leben«. – Wohnhaus: Domplatz 31, seit 1862 Museum, größte erhaltene Porträt-Slg. (A. Graff, J. H. Tischbein d. Ä., J. H. Tischbein d. J., H. Pfenninger) von Dichtern und Denkern des 18. Jh.s (»Freundschaftstempel«), Bibliothek und Nachlass mit einer der größten Brief-Slgg. des 18. Jh.s.

Halberstadt: Das Gleimhaus, eines der sehenswertesten literarischen Museen in Sachsen-Anhalt

– Grab in G.s Garten vor dem Gröpertor.

Zum H.er Dichterkreis gehören u. a.: **Johann Georg Jacobi** (→ Düsseldorf/NW), 1766-74 in H., sowie **Johann Benjamin Michaelis** (→ Zittau/SN), der 72 in H. starb. Von Wernigerode aus kam der Fabeldichter (»Fabeln für Kinder«, 1770) **Lorenz Benzler** (1747-1817). Zeitweilig auch **Friedrich Leopold Günther Goeckingk** (→ Oschersleben/Gröningen/ST) während seines Referendariats (1768-70) an der Kriegs- und Domänenkammer. – Die Liste der prominenten Besucher ist lang: **Gotthold Ephraim Lessing** (→ Kamenz/SN) 1750, 66, 80; **Friedrich Gottlieb Klopstock** (→ Quedlinburg/ST) 1751, 52, 54, 59, 62, 63, 65; **Christoph Martin Wieland** (→ Biberach/BW) 1775; **Gottfried August Bürger** (→ Hettstedt/Molmerswende/ST) 1776; **Johann Gottfried Herder** (→ Weimar/TH) 1776, 83, 94, 97, 1800; **Matthias Claudius** (→ Bad Oldesloe/Reinfeld/SH) 1784; **Elisa von der Recke** (→ Dresden/SN) 1784, 89; **Friedrich Nicolai** (→ Berlin) 1789, 1802; **Johann Heinrich Voß** (→ Waren/MV) 1796, 97, 1802; **Jean Paul** (→ Wunsiedel/BY) 1798; **Johann Gottfried Seume** (→ Weißenfels/Poserna/ST) 1798; **Heinrich von Kleist** (→ Frankfurt a. d. O./BB) 1801. – Auf der Gedenktafel werden Klopstock, Lessing, Wieland, Bürger, Herder, Goethe, Jean Paul und Kleist genannt.

Magnus Gottfried Lichtwer (→ Grimma/Wurzen/SN) wurde 1749 Kanonikus in H., ohne je zu Gleim in ein persönl. Verhältnis zu treten. Später avancierte L. zum hochdotierten preuß. Zivilbeamten, schrieb aber kaum noch. L. starb 1783 in H. – Grabmal an der Moritzkirche.

Friedrich Wilhelm Eichholz (Ps. **Drymantes**), * 18. 2. 1720 H., † 15. 5. 1800 ebd., Unterhaltungsschriftsteller. Mit dem »Gespräch eines Insulaners mit einem Europäer« (1755), in dem E. als einer der Ersten das Motiv vom »Edlen Wilden« verwendete, wurde er berühmt. Freund von M. G. Lichtwer, dessen Biographie (1784) E. schrieb.

Johann August Eberhard, * 31. 8. 1739 H., † 6. 1. 1809 Halle, Theologe und Philosoph. 1759 in H. Hofmeister. 63 Konrektor am Gymnasium Martineum, dann in Berlin. E.s Religionskritik (»Allgemeine Theorie des Denkens und Empfindens«, 1776) wirkte bis ins 19. Jh.

Klamer Eberhard Karl Schmidt, * 29. 4. 1746 H., † 12. 11. 1824 ebd., Lyriker und Übersetzer. Verwaltungsbeamter. Enger Freund Gleims. Veröffentlichte 1769-76 zehn Gedicht-Bde., davon blieb »Als der Großvater die Großmutter nahm« bis ins 20. Jh. lebendig. Hrsg. von F. G. Klopstocks Briefen (1810).

Adolf Lepp, * 21. 6. 1847 H., † 2. 12. 1906 Zwickau, Lyriker und Erzähler. Entwickelte sich als Autodidakt vom Vormärz-Epigonen zum »Sprechdichter« (»Wilde Blumen«, 1889) der Sozialdemokratie. Viele seiner Gedichte erschienen im »Wahren Jacob«.

Clara Blüthgen (auch **C. Eysell-Kilburger**), * 25. 5. 1856 H., † 24. 1. 1934 Berlin, ausgebildete Malerin. Frau von V. Blüthgen (→ Bitterfeld/Zörbig/ST). Schrieb unterhaltsame Novellen und Romane (»In Seeleneinsamkeit«, 1898) sowie die Aut. »Aus der Jugendzeit« (1919), in der das alte H. beschrieben wird.

Lily Braun (eig. **Amelia von Kretschmann**), * 2. 7. 1865 H., † 9. 8. 1916 Berlin, Publizistin und Frauenrechtlerin. Mitarbeiterin der Zs. »Die Frauenfrage«. Trat der SPD bei und zog nach Teltow (→ Potsdam/BB). – W.: Memoiren einer Sozialistin (1908-11, n. E. Fetscher 1985).

Bert Brennecke, * 13. 12. 1898 H., † 31. 8. 1970 ebd., Erzähler und Dramatiker. Verwaltungsangestellter. Kam über die Sozialist. Arbeiterjugend zur Lit. Verfasste Agitprop-Spiele (»Der Henker von Braunau«, 1933) und Jugendbücher über G. Büchner (»Ihr Maß ist voll«, 1954) und W. Weitling (»Am Tor der Zukunft«, 1956). Lebte seit 55 wieder in H.

Christa Johannsen, * 7. 11. 1914 H., † 10. 4. 1981 Magdeburg, Erzählerin und Publizistin. Promovierte Philosophin. Befasste sich aus christl. Weltsicht in »Leibniz. Roman seines Lebens« (1966) und in dem Einstein-Buch »Zeitverschiebungen« (1979) mit der Verantwortung des Forschers.

A **Eike von Repgow** (→ Köthen/Reppichau/ST) hat sich vermutl. auch in H. aufgehalten. Vor dem Gericht, Richard-Wagner-Straße 52, Standbild. – **Thomas Müntzer** (→ Sangerhausen/Stolberg/ST) wurde 1513 vermutl. im Dom von H. zum Priester geweiht. – **Crotus Rubianus** (→ Arnstadt/TH) kam um 1537 als Domherr nach H. und starb hier um 1545. – 1717 wurde in H. der durch G. E. Lessings Fehdeschrift bekannt gewordene **Johann Melchior Goeze** (→ Hamburg) geboren. – **Anna Luise Karsch** (→ Berlin) sah in Gleim, den sie 1761 besuchte, mehr als einen gönnerhaften Freund; wenn sie diesbezüglich auch enttäuscht wurde, ermög-

lichte er ihr doch Publikationen und erhob die erste preuß. Dichterin in einem Brief (1762) an J. P. Uz (→ Ansbach/BY) zur »deutsche(n) Sappho«. Ihre mehr als 1500 Briefe an G. gehören »zu den aufschlussreichsten jener Zeit überhaupt« (G. Wolf, 1981). – 1762 wurde **Friedrich Eberhard von Rochow** (→ Brandenburg/BB) Domherr in H. 1779 lernte er im Hause Gleims **Johann Bernhard Basedow** (→ Hamburg) kennen. – **Wilhelm Heinse** (→ Ilmenau/Langewiesen/TH) war durch Gleims Vermittlung 1773/74 Hauslehrer in H. – Am 16. 9. 1783, während seiner 2. Harz-Reise, kam **Goethe** (→ Frankfurt a. M./HE) nach H., um sich mit **Anna Amalia** (→ Weimar/TH) und ihrer Hofgesellschaft zu treffen. G. sah auch Gleim wieder, doch konnte er »kein Verhältnis zu ihm gewinnen«. Noch 1797 spottete Goethe: »›Sag, wie kommst du zu dem Besen/ Und, was schlimmer ist, zum Reim‹//›Bin in Halberstadt gewesen/bei dem guten Vater Gleim.‹« Dennoch suchte G. 1805 **Friedrich Wilhelm Körte** (→ Aschersleben/ST) auf und ließ sich durch Gleims Haus führen. Wohnung vermutl. Dompropstei. – **Gottlob Nathanael Fischer** (→ Saalfeld/TH) übersiedelte 1775 von Halle nach H, wo er 1783-1800 Rektor der Domschule war und seinen Erziehungs-Roman »Olavides und Rochow« (1779) schrieb. **Otto von Corvin** (→ Wiesbaden/HE) besuchte 1822-24 das H.er Domgymnasium. – **August Bebel** (→ Köln/NW) hielt sich 1879, in der Zeit des Sozialistengesetzes, einige Wochen in der Stadt bei sozialdemokrat. Freunden versteckt. – **Carl Sternheim** (→ Leipzig/SN) war im Frühjahr 1894 ein halbes Jahr Schüler des Domgymnasiums. – Um 1900 besuchte der aus Westpreußen stammende spätere dt.-israelische Dramatiker **Sammy Gronemann** (1875-1952) die Talmud-Schule in H. – **Franz Kafka** (→ Berlin) war Anfang Juli

1912 – auf dem Weg in das Harzer Natur- heilsanatorium Jungborn – in H. (Tage- bucheinträge). – **Alexander Kluge**, der in H. aufwuchs, hat die Bombardierung und Zerstörung der Altstadt beschrieben (»Chronik der Gefühle«, Bd. II »Lebens- läufe«, 2000). – Über ihre Kindheit die in H. geb. **Wibke Bruhns**, »Meines Vaters Land« (2004).

R Im Westen, zum Großen Bruch hin, das Fachwerkstädtchen **Osterwieck**, wo **Johannes Riemer** (→ Halle/ST) 1687 eine Pfarrstelle annahm und von der polit. Schriftstellerei in das Erbauungsschrift- tum wechselte. – Am Fuß des Huy **Aspen- stedt**. Nahe der Kirche ein kleiner antiker Tempel, in seinem Giebelfeld Leier und Lorbeer. Inschrift: »Klopstock hat aus die- ser Quelle getrunken – Zum Andenken von Gleim.« Dieser ließ 1802 das Denk- mal errichten und schrieb an K.: »Das Denkmal zu Aspenstedt findet allgemei- nen Beifall. Wallfahrten geschehen da- hin.« – Nordöstl. **Haus Nienburg** (Ortsteil von **Schwanebeck**), das **Goethe** von Helm- stedt kommend am 21. 8. 1805 besuchte, um den Gutsbesitzer Carl Ernst von Ha- gen kennenzulernen. In den »Tag- und Jah- resheften« berichtet er von diesem »höchst wunderlichen Edelmann«, dem »tollen Ha- gen«. Darüber auch in **Johann Weitz'** »Rückblick eines evangelischen Predigers«, der damals Hauslehrer bei Hagen war. Vor W. übte **Christoph August Tiedge** (→ Oschersleben/Gröningen/ST) dieses Amt aus.

Hangabwärts von der **Huysburg** (Ortsteil von **Dingelstedt**) weisen Wegschilder zur Daneilshöhle: Sage vom Räuber Daneil, der hier eine junge Frau gefangen hielt, die aber das Versteck verraten konnte. »Marai, das Mädchen der Daneilshöhle. Eine Geschichte aus dem 12. Jahrhun- dert«, Roman des 1764 in Halberstadt geb. und 1848 im nahen **Eilsdorf** gestorbe-

nen Predigers **Johann Andreas Karl Hil- debrandt**, dessen Ritter-, Räuber-, Geister- und Schauerromane gegen 140 Bde. um- fassen! – Nicht weit davon, am Großen Bruch, **Aderstedt**, wo **Johann Heinrich Friedrich Müller** (1738-1815) geboren wurde. Nach 1763 war er in Wien ein nam- hafter Theaterdichter. Seine Aut. »Ab- schied von der k. k. Hof- und National- Schaubühne« (1802) ist theatergeschichtl. von Wert. – Südl. von H. die **Spiegelsber- ge**, die auf Anregung des H.er Domde- chanten Ernst Ludwig Christoph Spiegel zum Desenberg (1711-85) aufgeforstet und in einen für die Bevölkerung zugängl. Landschaftsgarten verwandelt wurden. **Anna Amalia** zu Ehren wurde dort 1783 ein Fest gegeben, an dem auch **Goethe** und **Gleim** teilnahmen. Spiegels Mauso- leum im Park. Gleims Grabspruch: »Un- ter den Todten beweint ein jeder die Sei- nen; um Dich weint,/Spiegel! Die Stadt und das Land, aber die Freunde noch mehr« (»Blumen auf unsers Spiegels Grab«, 1785).

Ganz in der Nähe **Langenstein**. Die Ge- gend der Zwieberge (weil zwischen zwei Bergen, dem Tönnesberg und dem Hop- pelberg, gelegen), die **Wilhelm von Hum- boldt** (→ Berlin) als »eines der sieben schönsten Gebiete in Deutschland« bezeich- nete, hat **Goethe** zweimal besucht. Mehr noch als die Landschaft (»O Hoppelberg«) bewunderte er die Gutsbesitzerin Maria Antoinette von Branconi, die er in der Schweiz kennengelernt und nach Weimar eingeladen hatte. Doch war die Neigung zu Ch. von Stein (→ Weimar/TH) so groß, dass er am 10. 9. 1783 auch in Lan- genstein mehr an sie denken musste. Im April 1793 kam auch **Novalis** (→ Hett- stedt/Oberwiederstedt/ST) auf dem Weg nach Wernigerode durch die Spiegelsberge und hatte eine »schöne Aussicht« (»Reise- journal«) auf Halberstadt. Im Sommer

1944 wurde auf dem Gut ein Außenlager des KZ Buchenwald eingerichtet. Unter den Häftlingen von Februar bis April 45 der aus Prag stammende und in London gestorbene dt.-jüd. Soziologe (»Theresienstadt 1941-1945. Das Antlitz einer Zwangsgemeinschaft«, 1955) und Erzähler **H. G. Adler** (1910-88). Erinnerungen an die KZ-Haft u. a. von dem Belgier **Bernard Klieger** (»Der Weg, den wir gingen«, 1957) und dem Serben **Ivan Ivanji** (»Schattenspringen«, 1992). Heute Mahn- und Gedenkstätte Langenstein-Zwieberge. Ein Obelisk trägt den Häftlingswinkel und den Brecht-Vers (»Die Maßnahme«, 1935) »Tretet vor/für einen Augenblick/Unbekannte verdeckten Gesichts/und empfangt unseren Dank.«

🅱 H. H. F. Schmidt/G. Große, Über den Huy kommen, in: Von Magdeburg bis zum Harz, 1988; U. Pott, Das Jahrhundert der Freundschaft. J. W. L. Gleim und seine Zeitgenossen, Ausstellungskat. 2004; J. Westphal/U. Pott (Hg,), Halberstadt. Ein Lesebuch, 2004. 🆉 Oschersleben, Quedlinburg, Wernigerode (ST); Wolfenbüttel (NI).

HALDENSLEBEN/ST

Aus Calvörde bei H. stammt Wilhelm von Bode (1845-1929), Generaldirektor der staatlichen Museen zu Berlin, der »Bismarck der Museen«.

Samuel Christoph Abraham Lütkemüller, * 30. 11. 1769 Erxleben bei H., † 9. 9. 1833 Wildberg bei Neuruppin/BB. Studium in Halle/ST, Zusammenarbeit mit C. M. Wieland (→ Biberach/BW) in Weimar (»Wielands Eckermann«). Übersetzer (Ariost); »Aimar und Lucine« (R. 1802); Parodie auf Schauerromane »Magister Scriblerus« (1803).

Philipp von Nathusius, * 5. 11. 1815 H., † 16. 8. 1872 Luzern (Schweiz), konserva-

tiver Schriftsteller, Übersetzer und Redakteur des »Volksblattes für Stadt und Land«. Gedenktafel in den Neinstedter Anstalten am Harz (→ Quedlinburg/ST). – 1839 besuchte Bettina von Arnim (→ Frankfurt a. M./HE) N., den sie zusammen mit Julius Döring aus Wolmirstedt als »liebenswürdige(n) Stellvertreter des jungen Deutschlands« schätzte; ihr Briefwechsel erschien unter dem Titel »Ilius Pamphilius und die Ambrosia« 1848. Hoffmann von Fallersleben (→ Wolfsburg/Fallersleben/NI) hat N. und seine schriftstellernde Frau **Marie** (»Das Tagebuch eines armen Fräuleins«, 1854) zwischen 1842 und 49 oft in Althaldensleben und → Hundisburg besucht und beide in seinen Erinn. »Mein Leben« beschrieben. – Der Vater, Johann Gottlieb Nathusius (1760-1835), wurde von K. L. Immermann (→ Magdeburg/ST) verschlüsselt in seinem Roman »Die Epigonen« porträtiert; Clemens Brentano (→ Koblenz/RP), der N. in Magdeburg besuchte, schrieb über ihn die Satire »Kommanditchen« (1811). – Verwandt mit der Familie N.: die Schriftstellerin **Johanna Overbeck-Achten** (1828-1886) aus H.; Erinnerungen auch von **Gabriele Reuter** (→ Weimar/TH), die ab 1873 ihre Jugendjahre in H. verbrachte, in ihrem »deutschen Familienroman« »Grüne Ranken um alte Bilder« (1937).

🅰 **Victor Klemperer** (→ Dresden/SN) berichtet in seinen Tagebüchern 1945-1949 u. d. T. »So sitze ich denn zwischen allen Stühlen« (1999) von seiner Ansprache für den Kulturbund in H. im Februar 1949: »Aula einer Oberschule, von den etwa 70 Hörern gewiß die Hälfte Primaner. Sehr guter Erfolg.«

🅻 Der 1787 in H. geborene Hutmacher **Johann Christoph Pickert** war 20 Jahre lang Soldat, seine Erinnerungen erschienen u. d. T. »Die Lebensgeschichte des Johann Christoph

Die Brüder-Grimm-Ausstellung in Haldensleben

Pickert« (Hrsg. G. Frühsorge und C. Schreckenberg, 2006). Das Kleinstadtleben um 1848 in H. beschreibt **Julius Grosse** (→ Magdeburg/ST) in seinen Erinn. »Ursachen und Wirkungen« (1889).

S Teilnachlass (Bücher, handschr. Notizen, Möbel, Kleidungsstücke) der Gebrüder **Jacob und Wilhelm Grimm** (→ Hanau/HE) sowie der Söhne **Herman** und Rudolf **Grimm** aus dem Besitz der Enkelin Wilhelm G.s, Albertine Plock, im Museum H., ständige Ausstellung zu Leben und Werk.

R In **Erxleben** machte 1815 **Willibald Alexis** (→ Berlin) als Kriegsfreiwilliger Station: »Hier strotzte alles von Üppigkeit« (»Eine Jugend in Preußen«, Erinn. 1837-46). – Aus **Weferlingen** stammt **Christian J. L. Niemeyer** (1772-1857), der die deutsche Geschichte popularisierend umschrieb (»Heldenbuch. Ein Denkmal der Großtaten in den Befreiungskriegen«, 1816). – In **Seggerde** wirkte von 1863 bis 66 der antisemitische Pastor **Adolf Stoecker** (1835-1909), später Hofprediger in Berlin, dem Bismarck ein »Maul wie ein Schwert« attestierte.

Schloss **Hundisburg**, in enger Nachbarschaft zum Kloster **Althaldensleben**, wurde im 30-jährigen Krieg verwüstet, 1630 nahm General Pappenheim im Renaissanceschloss Quartier. Für den humanistischen Gelehrten **Johann Friedrich von Al-**

vensleben (* 1514 H., † 1588 Alvensleben/ST) baute der mit Herzog Anton Ulrich von Braunschweig befreundete Hofbaumeister H. Korb nach dem Vorbild von Salzdahlum ein Barockschloss, dessen beeindruckende Pracht u. a. **Gottfried Wilhelm Leibniz** (→ Hannover/NI) 1704 nach H. lockte. Die zweigeschossige Saalbibliothek galt 1791 als bedeutendste des Landes. Das Schloss, von **Udo von Alvensleben** (→ Stendal/Wittenmoor/ST) in seiner Studie »Als es sie noch gab ... Adelssitze zwischen Altmark und Masuren« (n. 1996) beschrieben, brannte 1945 aus; Barock- und Landschaftsgarten (ab 1811 von Johann Gottlieb Nathusius geschaffen, im Park Gräber der Familie Nathusius); Sitz der **Internationalen Sommermusikakademie Schloss Hundisburg**, Symposien des Vereins Kultur-Landschaft Haldensleben-Hundisburg, Schulmuseum Hundisburg: »Das Schloss/nach vierzig Jahren **auferstanden/als Ruine** & nun **der Zukunft zugewandt** –« (**Wolfgang Rischer**, »Hundisburg, Osterbild«, in: »Zeitansage«, G. 2000). Ausführliche Dokumentation der Literaturgeschichte des Schlosses, u. a. mit **Bettina von Arnim**, **Hoffmann von Fallersleben** und der Familie Nathusius, in: **Detlef Gärtner**, »»Es dichtete für mich genug der ganze Park« – Althaldensleben-Hundisburg im Spiegel der Literatur des 19. Jahrhunderts« (1997) und »Kommt und singet. Hoffmann von Fallerslebens Althaldensleber Lieder« (2001).

In **Rogätz** erholte sich 1943-45 der kranke Max Planck bei seinem Freund Still (Gedenktafel am Herrenhaus). Landeinwärts, in der Letzlinger Heide, **Burgstall**. Hier erinnert nur ein Erdhügel daran, dass dort Klaus von Bismarck nach seiner Vertreibung aus → Stendal/ST (W. Flex, »Zwölf Bismarcks«) zum schlossgesessenen Adel erhoben wurde. – **Walbeck** ist Sitz eines

Adelsgeschlechtes, dem der Bischof und Historiograph **Thietmar von Merseburg** (→ Merseburg/ST) angehörte; vor Ort die Ruine der Stiftskirche. Im Pfarrhaus lebte seit 1751 für einige Zeit **J. W. L. Gleim** (→ Aschersleben/ST). – Aus **Wolmirstedt** stammen **Siegmund Jacob Baumgarten** (1706-57), Theologe und Schriftsteller, von Voltaire als die »Krone der deutschen Gelehrten« bezeichnet, und der Jugendschriftsteller **Wilhelm Noeldechen** (1839-1916). 1839 besuchte **Bettina von Arnim** in W. ihren Briefpartner Julius Döring. **Christian Wilhelm Harnisch** (→ Salzwedel/ST) war 1842 Pfarrer in **Elbeu** bei W.

Ralph Giordano (→ Hamburg) beschreibt in seinem Roman »Die Bertinis« (1982) den autobiographisch gefärbten »Einzug Alf Bertinis mit den Seinen in Bodendorf über Obenwalde, einem Ort in der Altmark von bisher fünfhundertzweiundneunzig Seelen, ungefähr auf halber Strecke zwischen den Städten Braunschweig und Magdeburg gelegen, aber etwas nach Norden hin«: Der dritte Teil des Romans spiegelt die Erfahrungen des Autors (im Buch Roman Bertini) 1943-44 in **Bösdorf** bei **Oebisfelde** (d. i. Obenwalde) wider, in das er mit seiner jüdischen Familie nach einem Bombenangriff auf Hamburg geflohen war. Hier reifte auch der Plan, den »Bertini«-Roman zu schreiben: »Neun Monate nach ihrer Ankunft verließen die Bertinis am Morgen das Altenteil ... Lea, Ludwig und Cesar, alle beladen. Hinter ihnen, ein Packen unter den linken, die **Manuskripte** unter den rechten Arm gepreßt, Roman Bertini.« Dazu die Aut. Giordanos »Erinnerungen eines Davongekommenen« (2007).

Z Burg, Halberstadt (ST); Helmstedt (NI); Magdeburg, Salzwedel, Stendal (ST).

HALLE AN DER SAALE/ST

»*Oberflächlich ist das verbreitete Urteil, welches Halle für eine physiognomielose Industriestadt erklärt. Halle lebt stark aus seinen Traditionen, unter welchen freilich die des Salzes und die eines kaufherrischen Tatendranges die ursprünglichsten sind.*« (Werner Bergengruen, 1934)

Martin-Luther-Universität H.-Wittenberg, Burg-Giebichenstein-Hochschule für Kunst und Design; Fernseh-Akademie Mitteldeutschland-Institut H., Akademie der Naturforscher Leopoldina. – Stadtmuseum mit Christian-Wolff-Haus; Händel-Haus mit Musikinstrumenten-Slg. im Marktschlösschen; Technisches Halloren- und Salinemuseum; Landesmuseum für Vorgeschichte; Staatliche Galerie Moritzburg; Universitätsmuseum »Burse zur Tulpe«; Archäologisches Museum Robertinum; Franckesche Stiftungen.

In H. starb der Maler Matthias Grünewald (um 1480-1528), Denkmal Mühlgasse/Ecke Mühlberg. Über ihn **Erik Neutsch** in »Nach dem großen Aufstand« (E. 2003). In H. geboren der Komponist Georg Friedrich Händel (1685-1759). **Louise von François** (→ Weißenfels/ST) bei einem Besuch 1858: »Man hegt in Halle eine mächtige Verehrung für den großen Landsmann und bringt regelmäßig alljährlich eines seiner Oratorien.« Das ist bis heute so geblieben, nur dass inzwischen auch seine Opern aufgeführt werden (Händel-Festspiele). Verdienste darum **Johanna Rudolph** (→ Zwickau/Crimmitschau/SN), »Händel-Renaissance« (2 Bde. 1960-69).

Hallische Schöffenbücher nennen sich die seit 1266 entstandenen Rechtstexte, die weit über Mitteldt. hinaus wirkten und die Selbstständigkeit der Stadt dokumentierten, die erst 1479 an die Erzbischöfe von Magdeburg fiel.

Michael Vehe, *um 1480 Biberach, † April 1539 H., Theologe und Liederdichter. 1520 Dominikaner in H. Seit 30 im Dienst Kardinals Albrecht von Brandenburg. Gab das erste kath. dt. Gesangbuch (»Ein neu Gesangbüchlein Geistlicher Lieder«, 1537) heraus. – Grab im Dom.

Neben Texten von V. enthält das »Gesangbüchlein« auch 25 Lieder des reformationsfeindl. Bürgermeisters **Caspar Querhamer**, der 1546 von aufgebrachten Lutheranern im Brunnen seines Hauses ertränkt wurde. **Crotus Rubianus** (→ Arnstadt/TH), 1531-37 Rat in H., verfasste eine »Apologia« zur Verteidigung Albrechts. C. sollte Rektor eines »Trutz-Wittenberg« (einer neuen kath. Universität) werden.

Justus Jonas (→ Nordhausen/TH) setzte 1541 in H. die Reformation durch und wurde 46 Oberpfarrer an der Marktkirche. Sommer 50 musste er H. verlassen. Wohnung: »Goldenes Schlösschen« Schmeerstraße 2; Bildnis in der Kirche.

Andreas Libavius (eig. **Liebau**, auch **Basilius de Varna**), * um 1550 H., † 25. 7. 1646 → Coburg/BY, wiss. Schriftsteller. Verf. des ersten systemat. Chemiebuches (»Alchimia«, 1597).

Christian Gueintz, * 13. 10. 1592 Kohlo bei Guben, † 3. 4. 1650 H., Pädagoge und Sprachforscher. 1621 Rektor des Gymnasiums von H., wo er die erste dt. Grammatik (»Deutscher Sprachlehre Entwurf«, 1641) verfasste und grammatikalische Ausdrücke eindeutschte (u. a. Mit- und Selbstlaut, Zeitwort).

Von G.s Schülern ragen heraus: **Philipp von Zesen** (→ Bitterfeld/Priorau/ST), **David Schirmer** (→ Mittweida/Pappendorf/SN) und **Ahasverus Fritsch** (→ Merseburg/Mücheln/ST).

August, Herzog **von Sachsen-Weißenfels**, * 13. 8. 1614 Dresden, † 4. 6. 1680 H. Residierte seit 1642 in H. und blieb dort auch, als er 56 Regent des Herzogtums Sachsen-Weißenfels wurde. Unter A.s Herrschaft wurde H. ein Zentrum barocker Kultur. 1643 als »der Wohlgeratene« Mitglied der Fruchtbringenden Gesellschaft, 67 deren letztes Oberhaupt. – A.s Sekretär **Christian Weise** (→ Zittau/SN/1668-70), sein Konzertmeister **Johann Beer** (→ Weißenfels/ST/1676-80).

Christoph Cellarius (eig. **Keller**), * 22. 11. 1638 Schmalkalden, † 4. 6. 1707 H., Polyhistor. 1663 erster Rhetorik- und Geschichts-Prof. in H. Bemühung um eine dt. Unterrichtssprache. In C.s »Historia Universalis« (1709) Gliederung der Geschichte erstmals in Antike, Mittelalter und Neuzeit.

Johannes Riemer (Ps. u. a. **Clemens Ephorus**, **Erasmus Grillandus**), * 11. 2. 1648 H., † 10. 9. 1714 Hamburg, Epiker, Dramatiker und Rhetoriker. – W.: Der Regenten bester Hoff-Meister (1679); Der politische Maul-Affe (1679); Die politische Colica (1679); Der politische Stock-Fisch (1681).

August Bohse (Ps. **Talander**), * 2. 4. 1661 H., † 11. 8. 1742 Liegnitz, Romanautor und Übersetzer. Um 1700 erfolgreichster dt. Autor. – W.: Der Liebe Irregarten (1684); Liebes-Cabinet der Damen (1685, Ndr. 1980); Die liebenswürdige Europäerin Constantine (1698, n.1970).

Christian Thomasius (→ Leipzig/SN) übersiedelte 1690 nach H. und unterrichtete an der Ritterakademie, aus der 94 unter seiner Leitung die H.er Universität hervorging, zu deren erstem Kanzler er 92 **Veit Ludwig von Seckendorff** (→ Altenburg/Meuselwitz/TH) bestellte. – Th. erarbeitete in H. rechtsstaatliche Grundsätze für das 1701 gegründete Königreich Preußen, wozu auch die berühmten Abhandlungen gegen Hexerei (»De criminae magiae«, 1701) und Folter (»De tortura es foris Christianorum proscribenda«, 1705) gehörten.

Über die Gründung der Universität **Johann Dietz** (1665-1738) in der Aut. »Die getreue, von ihm selbst gemachte Beschreibung seines Lebens« (Hrsg. E. Consentius

1915, n. 1966). – An der Universität H. studierten im 18. Jh. u. a: **Barthold Hinrich Brockes** (→ Hamburg), **Johann Joachim Winckelmann** (→ Stendal/ST), **Samuel G. Lange, Gottfried August Bürger** (→ Hettstedt/ST), **Leopold Friedrich Günther von Goeckingk** (→ Oschersleben/Gröningen/ST), **Johann Gottlieb Schummel** (→ Magdeburg/ST), **Friedrich von Matthisson** (→ Oschersleben/Hohendodeleben/ST).

August Hermann Francke, * 12. oder 22. 3. 1663 Lübeck, † 8. 6. 1727 H., Theologe. Durch Vermittlung Ph. J. Speners (→ Berlin) wurde F. 1692 an die Universität H. berufen. Bis 1715 auch Pfarrer in der Vorstadt Glaucha (in H. aufgegangen), wo sich gleich Widerstand gegen F.s Kirchenzuchtpraxis artikulierte.

1695 Gründung der Armenschule und des Waisenhauses (der später sog. »Franckeschen Stiftungen«), woraus eine »Schulstadt« von überregionaler Bedeutung hervorging. F. selbst verstand sein Unternehmen als Ausgangspunkt einer weltweiten »Generalreformation« (»Großer Aufsatz«, 1704). – Der Gebäudekomplex der Franckeschen Stiftungen südl. von Waisenhausring und Franckeplatz entstand 1698-1745, im Hauptgebäude das Cansteinsche Bibelkabinett, das F.-Kabinett und die

Halle an der Saale: Das Hauptgebäude der Franckeschen Stiftungen

Kunstkammer als einer der ältesten dt. Museumsräume; F.- Wohnhaus am Schwarzen Weg, Haus 28 (Gedenktafel); Denkmal (1829) von D. Ch. Rauch Ende des Lindenhofes vor dem Direktorenhaus, Ehrenurne am Schwarzen Weg.

Johann Anastasius Freylinghausen, * 2. 12. 1670 Gandersheim, † 12. 2. 1739 Halle, Theologe und Liederdichter. Seit 1695 Mitarbeiter Franckes, dann auch dessen Schwiegersohn und 1727 sein Nachfolger. Schuf mit dem »Geistreichen Gesang-Buch« (1704, n. D. M. McMullen/W. Miersemann 2004), kurz »der Freylinghausen« genannt, die einflussreichste Lied-Slg. des Pietismus, auf die zahlreiche Texte und Melodien in Lieder-Slgg. unserer Zeit zurückgehen.

An den Franckeschen Stiftungen wurden u. a. erzogen: **Johann Gottfried Schnabel** (→ Bitterfeld/ST/1702-08), dessen Denken durch die hier gelehrte pietist. Arbeitslehre entscheidend geprägt wurde. **Nikolaus Ludwig Graf von Zinzendorf** (→ Zittau/Herrnhut/SN), **Samuel G. Lange, Gottfried August Bürger** (→ Hettstedt/Molmerswende/ST). Einer von F.s frühen Gegnern: **Albrecht Christian Rotth** (→ Sömmerda/Ottenhausen/TH), 1677-92 Lehrer und Diakon in H. **Christian Friedrich Hunold** (→ Gotha/Wandersleben/TH) lebte 1708 bis zu seinem Tod 21 in H., wo er promovierte, Poetik und Rhetorik lehrte und sich den Pietisten annäherte. Einige von H.s Kantaten-Texte vertonte der im nahen Köthen wirkende J. S. Bach. **Christian Wolff**, * 24. 1. 1679 Breslau, † 9. 4. 1754 H., Philosoph, dessen aufklär. Rationalismus auf ganz Europa ausstrahlte. 1707 Mathematik-Prof. in H. Veröffentlichte seit 1713 philosoph. Grundlagenwerke in dt. Sprache und wurde dadurch Mitschöpfer einer dt. wiss. Terminologie. Friedrich Wilhelm I. entließ ihn 1723, während ihn Friedrich d. Gr. (→ Pots-

dam/BB) 40 zurückberief. – Gesammelte
Werke (Hrsg. J. Ecole, 1968 ff). – Wohnung:
Große Märkerstraße 10 (Gedenktafel).
Samuel Gotthold Lange, * 22. 3. 1711 H.,
† 25. 6. 1781 Beesenlaublingen (→ Bern-
burg/ST), Lyriker und Übersetzer. Sohn
von J. Lange (→ Salzwedel/Gardelegen/
ST). L. griff in die von J. Ch. Gottsched
(→ Leipzig/SN) geführte lit. Debatte ein,
wandte sich aber von dessen Regelpoetik
ab und verscherzte es sich später auch
mit G. E. Lessing (→ Kamenz/SN).
Zus. mit **Jacob Immanuel Pyra** (→ Cott-
bus/BB), 1734-38 H.er Student, war L.
Haupt des Älteren Hallischen Dichterkrei-
ses, zu dem anfangs auch **Johann Wilhelm
Ludwig Gleim** (→ Aschersleben/Ermsle-
ben/ST), H.er Student 1739-41, gehörte,
dann aber Haupt des Jüngeren Hallischen
Dichterkreises, der sich der lebenszuge-
wandten Anakreontik widmete. Zu ihm
gehörten u. a. **Johann Nikolaus Götz** (→
Worms/RP) 1739-42, **Johann Peter Uz**
(→ Ansbach/BY) 1739-43 und der hoff-
nungsvolle **Paul Jakob Rudnick** (um 1718-
1740/41), von dem das Prosagedicht
»Ode über die durch Unvorsichtigkeit ab-
gebrannte Kirche zu Glaucha bey Halle«
(1746) postum veröffentlicht wurde. För-
derung erfuhr der Kreis durch **Alexander
Gottlieb Baumgarten** (1714-62), 1730-
40 Philosophie-Prof. in H. **Christian
Adolph Klotz** (→ Bischofswerda/SN)
gab in H. die »Deutsche Bibliothek der
schönen Wissenschaften« (1767-72) her-
aus. G. E. Lessing (»Briefe antiquarischen
Inhalts«): »Es gelang Herrn Klotzen, sich
einen Anhang zu erschimpfen und einen
noch größern sich zu erloben.« Zu den Pro-
fessoren, die K. protegierte: **Johann Georg
Jacobi** (→ Düsseldorf/NW), 1766-68
in H.
Christian Wilhelm Kindleben, * 4. 10.
1748 Berlin, † vermutl. 1785 Dresden, Ly-
riker und Erzähler, Publizist und Hrsg.

Nach H.er Studium Wanderleben. Von
K.s zahlreichen Werken überlebten die
in H. konzipierte und veröffentlichte »Stu-
dentenlieder«-Slg. (mit der noch heute ge-
läufigen Fassung des »Gaudeamus igitur«,
1781) und das »Studenten-Lexicon« (1781,
n. 1971), dessen Druck die H.er Behörden
zu unterbinden suchten. K. verließ H. im
selben Jahr.
Carl Friedrich Bahrdt (→ Bischofswerda/
SN) kam 1779 nach H., fand aber nur
schwer Zugang zur Universität. In H. ent-
standen wichtige Teile seines kirchen- und
zeitkrit. Werkes (»Kirchen- und Ketzer-Al-
manach aufs Jahr 1781«, »Über Preßfrei-
heit und deren Grenzen«, 1787).
Christian Gottfried Schütz, * 19. 5. 1747
Dederstädt (→ Eisleben/ST), † 1832 H.,
Pädagoge und Publizist. Besuch der La-
teinschule des Waisenhauses und 1765-
68 der Universität in H., dort 1773-79
und ab 1804 Prof. Unter dem Einfluss
von **G. F. Meier** entdeckte Sch. die Philo-
sophie I. Kants (den man vergeblich ver-
suchte, nach H. zu berufen).
Johann Friedrich Reichardt, * 25. 11. 1752
Königsberg, † 27. 6. 1814 Giebichenstein
bei H., Komponist und Musikjournalist.
Wurde wegen seiner Sympathie für die
Franz. Revolution aus der Berliner Königl.
Oper vertrieben. 1791 kam er nach H. und
wurde Salinendirektor an der Königl. Salz-
koktur. – Denkmal (1947) im ehem. Gar-
ten Seebener Straße; Grab auf dem Fried-
hof am Bartholomäusberg in H.-Giebi-
chenstein.
R.s Schwiegersohn wurde 1803 der nor-
weg.-dt. Naturforscher **Henrik Steffens**
(1773-1845), der sich wiederholt in H. auf-
gehalten hatte und 1804-11 H.er Prof. war
(»Über die Idee der Universitäten«, 1809).
In St.s Wohnung Große Märkerstraße 21
lebte 1807-09 auch R., nachdem dessen
Giebichsteiner Gut von den Franzosen
verwüstet wurde. – Durch R. kam **Ludwig**

Tieck (→ Berlin) 1792 zum Studium nach H., 97 auch **Clemens Brentano** (→ Koblenz/RP) und 98 **Achim von Arnim** (→ Berlin).

H.er Studenten auch: **Friedrich Ludwig Jahn** (→ Perleberg/Lenzen/1798-1800), dessen Schrift »Über die Beförderung des Patriotismus im preußischen Reiche« (1800) hier entstand, und **Ludwig Börne** (→ Frankfurt a. M./HE/1803-06). **Joseph von Eichendorff** (→ Berlin) studierte 1805-07 in H. (Aut. »Erlebtes«, 1857). – **Arnold Ruge** (→ Rügen/MV) war 1821-24 H.er Student, bis er als Burschenschafter verhaftet und zu 6-jähriger Haft verurteilt wurde. 1830-38 war R. Privatdozent in H. und begründete zus. mit **Ernst Theodor Echtermeyer** (→ Herzberg/Bad Liebenwerda/BB), 1831-38 Lehrer an den Franckeschen Stiftungen, die »Hallischen Jahrbücher für deutsche Wissenschaft und Kunst« (1838-41). Zum Kreis um R. gehörte der aus Stettin stammende H.er Student **Robert Eduard Prutz** (1816-74), späterer Verf. der ersten »Geschichte des deutschen Journalismus« (1845), der auf Vorschlag A. von Humboldts (→ Berlin) 1849 als Prof. für Lit.-Geschichte nach H. zurückkehrte und als »Fahnenträger der Hallenser liberalen Jugend« (J. Grosse) bis zu seiner Entlassung 58 gefeiert wurde.

George Hesekiel, * 12. 8. 1812 H., † 26. 2. 1874 Berlin, Romancier und Journalist. Verf. der ersten Bismarck-Biographie (»Das Buch vom Grafen Bismarck«, 1869) und von histor. Romanen (u. a. den mit einer H.er Sage verbundenen »Schellenmoritz«, 1869).

Julius Thümmel, * 26. 11. 1818 Weißenfels, † 5. 12. 1885 H., Dramatiker. Seit 1849 als Jurist in H. und wurde mit »Shakespeare-Charakteren« (1881-87) bekannt. In seinem Haus verkehrten **Otto Roquette** (→ Darmstadt/HE), dessen Hauptwerk »Waldmeisters Brautfahrt« (1851) Th.s Frau gewidmet war, und **L. von François**.

Richard von Volkmann (auch **R. Leander**), * 17. 8. 1830 Leipzig, † 28. 11. 1889 Jena, Mediziner und Verf. von kunstvollen Märchen (»Träumereien an französischen Kaminen«, 1870). Studium in H., wo sich V. 1857 für Chirurgie habilitierte und als Arzt mit internat. Renommee wirkte. – Wohnung: Wilhelmstraße 9, »ein überraschend schönes Haus«, wie **Friedrich Nietzsche** (→ Weißenfels/Röcken/ST) im Juli 1868 an die Mutter schrieb. Denkmal (1894) vor der Chirurg. Klinik Magdeburger Straße.

Alfred Wolfenstein, * 28. 12. 1883 H., † (Selbstmord) 22. 1. 1945 Paris, Lyriker und Dramatiker. Kindheit und Jugend vor allem in Berlin. Hauptvertreter des Expressionismus (»Die gottlosen Jahre«, 1914). W. erhielt für seine Rimbaud-Übertragung den ersten dt. Übersetzerpreis (1930). Exil in Prag und Paris.

Martha Nawrath, * 1. 9. 1906 Gleiwitz, † 11. 7. 1980 H., Lyrikerin und Dramatikerin. Seit 1929 in Naumburg, 54 in H., wo N. Lieder und Kantatentexte im Agitpropstil (»Mein Lied ist laut«, 1960) verfasste, später für das Kabarett und die DDR-Singebewegung aktiv. – Wohnung: Schwuchtstraße 2.

🅐 **Thomas Müntzer** (→ Sangerhausen/Stolberg/ST) war vermutl. 1513 Hilfslehrer an den Parochialschulen von Gertrauden- und Marienkirche in H. 1522 wurde M. Kaplan an der Georgenkirche in Glaucha, Anfang März 23 entlassen. – **Martin Luther** (→ Eisleben/ST) hatte sich 1521 den Zorn des Erzbischofs zugezogen und fortan H. gemieden. Erst 1545 kam L. nach H. und predigte in der Marktkirche. 46 war L. wieder in H., es war seine letzte Reise. Wohnung: Schmeerstraße 2 (Gedenktafel); vor der Universitätsaula (Universitätsplatz) L.-Büste. – **Friedrich Christian Laukhard** (→ Alzey/Wendelsheim/RP) erwarb 1784 in H. den Magistertitel und kehrte bis 1802 immer wieder nach H. zurück. – 1785 wurde **Georg Forster** (→ Mainz/RP) in H. zum Dr. med. promoviert. Schon sein Vater **Reinhold Forster** (1729-98), der Naturforscher und Teilnehmer an der Cook'schen Weltumseglung, hatte in H. studiert und dort von 1780 bis zu seinem Tod die Naturgeschichtsprofessur inne. Grab auf dem Stadtgottesacker.

Friedrich August Wolf (→ Nordhausen/Hainrode/TH) lehrte 1783-1810 in H. und machte die Stadt zum Geburtsort der klass. Altertumswissenschaft. Wohnung: Brüderstraße 3. – Seit 1795 stand W. mit **Goethe** (→ Frankfurt a. M./HE) in Verbindung, der ihn 1802 in H. besuchte. Dabei traf G. auch den Theologen **August Hermann Niemeyer** (1754-1828), den Urenkel von A. H. Francke, dessen Haus am Großen Berlin 15 ein geistiges Zentrum H.s war. Büste (1827) N.s seit 1994 im Lindenhof der Franckeschen Stiftungen. Förderung durch W. erfuhr **Friedrich Wilhelm Riemer** (→ Weimar/TH); 1801 wurde er als Hauslehrer an W. von Humboldt (→ Berlin) und Goethe vermittelt. Als sich der Salinendirektor Johann Christian Reil 1811 um die Wiedereröffnung des H.er Theaters bemühte, steuerte Goethe einen »Prolog« bei.

Als die Universität 1813 wiedereröffnet wurde, gehörte **Karl Leberecht Immermann** (→ Magdeburg/ST) zu den neuberufenen Professoren. – Durch die Zusammenlegung mit der Wittenberger Universität 1817 wurde **Johann Gottfried Gruber** (→ Naumburg/ST) H.er Prof. und blieb es bis zu seinem Tod 51. – Unter den damaligen Studenten: **Adolf Stahr** (→ Prenzlau/BB/1825/26), **Heinrich Laube** (→ Leipzig/SN/1826-28) und **Hein-**

rich Hoffmann (→ Frankfurt a. M./HE/1830-33). – **Louise Brachmann** (→ Mittweida/Rochlitz/SN) nahm sich 1822 in H. in einem Nebenarm der Saale das Leben. A. Müllner (→ Weißenfels/ST) widmete der »deutschen Sappho« einen Nachruf. – **Heinrich Heine** (→ Düsseldorf/NW) kam 1824 durch H. An den Roland erinnert er sich im Gedicht »Die Heimkehr« (»Buch der Lieder«, 1827): »Zu Halle auf dem Markt,/Da steht ein großer Riese./Er hat ein Schwert und regt sich nicht,/Er ist vor Schreck versteinert.« – **Friedrich de la Motte Fouqué** (→ Brandenburg/BB) lebte 1833-41 in H., wo er außerhalb des Universitätsbetriebes Vorlesungen zur Lit. hielt und weiterhin Bücher schrieb, die keinen Verleger mehr fanden. – **Ina Seidel** (→ Starnberg/BY) wurde 1885 in H. geboren, verlebte aber ihre Kindheit seit 86 in Braunschweig. – **Oswald Spengler** (→ Wernigerode/Blankenburg/ST) besuchte ab 1890 die Latina der Franckeschen Stiftungen und studierte 1899/1900 Mathematik und Naturwissenschaften in H. – H.er Student war 1885/86 auch **Johannes Schlaf** (→ Querfurt/ST). **August Stramm** (→ Münster/NW) und **Adam Kuckhoff** (→ Aachen/NW) wurden in H. promoviert. – **Thomas Mann** (→ Lübeck/SH) besuchte 1909 und 21 H. In dem Roman »Doktor Faustus« (1947) lässt er den Haupthelden Adrian Leverkühn in H. vier Semester Theologie studieren; Anlass genug, auf die reiche Kulturgeschichte H.s zu verweisen.

In den 20er Jahren trat **Joachim Ringelnatz** (→ Grimma/Wurzen/SN) öfter in H. auf und wohnte im Hotel »Stadt Hamburg«, Große Steinstraße/Ecke Hansering. Im Gedicht »Brief auf Hotelpapier« (»Die Stadt ist nämlich etwas trüb gemixed«) erzählt er davon. – **Curt Goetz** (→ Mainz/RP) verbrachte einen Teil sei-

ner Kindheit in H., der Heimatstadt seiner
Mutter. Die Privatklinik, in der sie arbeite-
te, findet sich in der Gesellschaftskomödie
»Dr. med. Hiob Prätorius« (1934). Ein lie-
bevolles H.-Bild zeichnet G. in den »Me-
moiren des Peterhans von Binningen«
(1962). Reminiszenz am Goebel-Brunnen
auf dem Hallmarkt. – **Victor Klemperer**
(→ Dresden/SN) lehrte seit 1948 an der
H.er Universität. – **Martin Gregor-Dellin**
(→ Naumburg/ST) war 1951-58 Lektor
beim Mitteldeutschen Verlag, Robert-
Blum-Straße 37. Er betreute u. a. B. Apitz'
(→ Leipzig/SN) von der Partei zunächst
abgelehnten Buchenwald-Roman »Nackt
unter Wölfen« (1958). –**Werner Bräunig**
(→ Chemnitz/SN) zog 1967 nach H.-
Neustadt, dessen Aufbau er mit mehreren
Reportagen (»So viel Sand hat nicht mal
die Sahara«, 1966; »Städte machen Leute«,
1969) begleitete. B. starb 76 in H.

L Die Sagen erzählen von der zufälligen Ent-
deckung der Salzquellen und der Halloren, de-
nen dann auch die Stadtgründung zugeschrie-
ben wird. Dem vom Giebichenstein herunter-
gekommenen Bischof erklärten sie: »Han mer
hüte water und holt,/so han mer morne silber
unde gold.« Erstmals aufgezeichnet von **Ernst
Brothuff**, »Aufrichtige Chronika von den Salz-
bornen und der Erbauung der Stadt Halle«
(1554). – Die ersten Stadtbeschreibungen ver-
fassten **Johann Georg Brieger** (geb. 1764),
»Historisch-topographische Beschreibung der
Stadt Halle im Magdeburgischen« (1788),
und **Christian Friedrich Bernhardt Augustin**
(1771-1856), »Bemerkungen eines Akademi-
kers über Halle und dessen Bewohner« (1795).
Der aus H. stammende Historiker und Publi-
zist **Gustav Hertzberg** (1826-1907) schrieb
eine »Geschichte der Stadt Halle«, die lange
als Maßstab jeder quellenkrit. Auseinander-
zung galt. – Über Kindheit und Jugend in H.
schrieb die Professorentochter **Anselma Heine**
(1854-1930), »Mein Rundgang. Erinnerun-
gen« (1926). – **Rainer Kirsch** porträtierte drei
H.er Wissenschaftler (»Kopien nach Origina-

len«, 1974). – Prosa und Lyrik zu H. und seiner
Geschichte schrieb der hier lebende **Wilhelm
Bartsch**, so im Gedicht »Halle Händelstraße
Halloween« (in: »Gnadenorte Eiszeitwerften«,
2003). – Aus der H.er Mundartdichtung ra-
gen **Robert Moritz**' (1873-1963) »Hallorenge-
schichten« (1907, n. 1997) und **Reinhold
Hoyers** »Jedichte un Brosa uff althall'sch«
(1927) heraus. Auch der aus H. stammende
Conferencier **Günter Krause** (1926-97) veröf-
fentlichte Mundartgedichte (»Hallische Je-
schichten im Dialekt erzählt«, 1991).

S **Universitätsbibliothek H.:** mehr als 5 Mil-
lionen Bücher, darunter 1600 Inkunabeln, gro-
ßer Bestand an Drucken des 17./18. Jh.s; 400
ma. Hss.; zu den Sonder-Slgg.gehören: Biblio-
thek der Deutschen Morgenländischen Gesell-
schaft und die Ponickauische Bibliothek (sächs.
Geschichte); 50 Nachlässe.

R Zwei Kilometer nördl. der Altstadt
Giebichenstein, wo Otto der Große eine
Burg bauen ließ, auf der der Thüringer
Graf Ludwig gefangen gehalten wurde
und sich der Sage nach durch einen
Sprung in die Saale rettete (daher der Bei-
name »der Springer«). Burgmann Hein-
rich von G. war so bekannt, dass er von
Spervogel (→ Sinsheim/Weiler/BW) be-
trauert wurde. **J. von Eichendorff** sah
die Burgruine 1805, was er im Gedicht
»Bei Halle« wehmütig reflektiert. **J. F.
Reichardts** Landschaftsgarten beschrieb
A. von Arnim im Roman »Hollins Liebes-
leben« (1802). R.s Anwesen war ein Anzie-
hungspunkt vor allem für die romant.
Dichter. **L. Tieck** wanderte oft nach G.,
wo er R.s Schwester Amalie kennenlernte
und später heiratete. Mit ihm kam auch
der zurückhaltende **Wilhelm Heinrich
Wackenroder** (→ Berlin), dessen »Herzens-
ergießungen eines kunstliebenden Kloster-
bruders« (1797) hier entstanden. Auch **C.
Brentano** war mehrmals hier. Im Sommer
1799 brachte Tieck seinen Freund **Novalis**
(→ Hettstedt/Oberwiederstedt/ST) mit.
Weitere Besucher: **August Wilhelm** und

Friedrich Schlegel (→ Hannover/NI), Jean Paul (→ Wunsiedel/BY), Wilhelm Grimm (→ Hanau/HE). Im Mai und Juli 1802 und im Juni 03 kam auch Goethe und söhnte sich mit Reichardt aus. Dieser hatte seit 1780 G.-Gedichte vertont und manche dadurch erst bekannt gemacht. G. sah in R. aber seinen polit. »Widersucher«, den er 1795 in den »Xenien« als »Spitz von Gibichenstein« verspottet hatte. Dennoch steht in R.s Garten Seebener Straße ein Philomelenstein mit G.-Versen. Friedrich Daniel Ernst Schleiermacher (→ Berlin), 1787-89 H.er Student, verbrachte Weihnachten 1805 in G. und lernte hier A. von Arnim kennen. Von 1801 bis zu seinem Tod 31 lebte August Heinrich Julius Lafontaine (→ Braunschweig/NI) in seinem G.er Haus, wo der größte Teil seiner mehr als 100 Familienromane entstand.

Westl. der Saale am Rande der Dölauer Heide wuchs ab 1964 Halle-Neustadt als Siedlung für die Arbeiter der großen Chemiebetriebe Leuna und Buna. Volker Ebersbach 1972: »Kollernd naht ein verstaubter zementlader / bläst meinen antiquarischen fund in den wind / biegt ab zu den blocks von Halle-Neustadt.« Heinz Czechowski 1983: »Von diensteifrigen Ingenieuren lustlos vom Reißbrett aufs Flachland der Passendorfer Wiesen übertragen« (»Herr Neidhardt geht durch die Stadt«). – Westl. Nietleben, wo C. F. Bahrdt einen Weinberg und seit 1787 sogar ein Wirtshaus besaß, in dem er Studenten zur Disputation einlud (und 92 starb). Auch Siegmar von Schultze-Galléra (1865-1945) lebte bis zu seinem Tod in dem Dorf und schrieb hier seine kulturhistor. Arbeiten (»Das mittelalterliche Halle«, 1896, und »Wanderungen durch den Saalkreis«, 1902, Ndr. 1991). – Aus dem nahen Ammendorf stammt der Philosoph Georg Friedrich Meier (1718-77), seit 1747 H.er

Prof. (»Anfangsgründe der schönen Wissenschaften«, 1749). Die A.er Waggonfabrik ist einer der Schauplätze von Christa Wolfs früher Erzählung »Der geteilte Himmel« (1964).

Landsberg

Karl Witte, * 1. 7. 1800 Lochau bei L., † 6. 3. 1883 Halle, Dante-Forscher und Übersetzer. Sohn von K. H. G. Witte (→ Perleberg/BB). 1823 Prof. in Breslau, 55 in Halle. Bis heute wirksamer Übersetzer von Boccaccios »Decamerone« (1830) und Dantes »Divina Commedia« (1865), die er 62 erstmals krit. ediert hatte. Mitbegründer der Dt. Dante-Gesellschaft (1865). Markgraf Dietrich von Meißen ließ um 1170 das »castrum Landesberc« errichten, von dem die berühmte, weithin sichtbare roman. Doppelkapelle erhalten ist. 1986 stand Wilhelm Bartsch auf dem »Berg« »zwischen Wolfen, Bitterfeld und Halle/ Und Rom« und hielt »die rauchgeschwärzten/Zerbrochenen Tafeln der Landschaft fest« (»Die Doppelkapelle in Landsberg«, 1986). 1536 soll Luther in der Doppelkapelle übernachtet und gepredigt haben. Im Januar 46, auf dem Weg nach Eisleben, war er nochmals dort und schrieb mit Kreide in die Fensternische des ersten Obergeschosses: »O lieber Gott in Ewigkeit/Erbarm dich deiner Christenheit!/So seufzt mit Hand und Mund/Martin Luther D.« L.-Stube mit L.-Büste und Abguss der L.-Totenmaske.

Löbejün

Aus L. stammt Carl Loewe (1796-1869), der Schöpfer der neueren Ballade für Singstimme und Klavier sowie der Melodien zu zahlreichen Gedichten von Goethe, Schiller, L. Uhland und F. Rückert. Denkmal (1896) auf dem Markt.

Christian Reuter, * (getauft) 9. 10. 1665 Kütten bei L., † nach 1712 an unbek. Ort, Dramatiker und Erzähler. Besuchte das Domgymnasium (→ Merseburg/ST) und die Universität (→ Leipzig/SN). 1700 in Dresden, 03 in Berlin. R.s zwischen Barock und Aufklärung einzuordnende spritzige gesellschaftskrit. Komödien (»Der ehrlichen Frau Schlampampe Krankheit und Tod«, 1696; »Graf Ehrenfried«, 1700) und »Schelmuffsky«-Romane (1690-97) wurden erst in der Romantik wiederentdeckt. – Gedenkstein (1937) im südöstl. von L. liegenden Geburtsort.

R Auf dem **Petersberg** (bei der gleichnamigen Ortschaft), dem 250 Meter hohen Wahrzeichen des Saalkreises und beliebten Ausflugsziel, entstand 1124 ein Augustiner-Chorherrenstift, dessen frühe Entwicklung in einem anonymen »Chronicon montis sereni« (um 1230) dargestellt ist. Die Ruine zog zahlreiche Besucher an. 1792 erlebte **L. Tieck** hier auf dem Weg von Halle in den Harz einen Sonnenaufgang, an den er sich noch 60 Jahre später in einem Brief als »eines der fesselndsten Naturschauspiele« erinnerte. **Goethe** bestieg am 7. 5. 1803 den Berg und zeichnete die Ruine. **F. D. E. Schleiermacher** und **H. Steffens** kamen am 23. 3. 05.

Wettin

Die nach dem Städtchen benannte und auf einem Bergrücken am rechten Saaleufer liegende Burg gilt als Stammsitz der sächs. Wettiner. Doch fiel sie schon 1288 in andere Hände. Daran anknüpfend **Heinz Czechowski**: »Die vor uns kamen über den Fluß,/Wälder rodeten,/Städte gründeten,/Sind tot« (»Ostern Wettin«, 1972). – Aus W. stammt der Philosoph **Ludwig Heinrich von Jakob** (1759-1827), Prof. in Halle und im russ. Char-

kow, der wesentlich zur europ. Verbreitung der Ideen I. Kants beigetragen hat.

B W. Piechocki, Halle, alte Musenstadt. Streifzüge durch die Geschichte einer Universität, 1994. K. Adolphi (Hrsg.), Halle – eine Wassermusik, 2001; H. Obst/P. Raabe, Die Franckeschen Stiftungen zu Halle (Saale). Geschichte und Gegenwart, 2004; B.-E. Lochner (»Schnatzjer«), E seltnes Eksemblar. Texte in hallischer Mundart, 2006; Blicke auf Halle. Streifzüge durch die deutsche Literatur, 2006. **Z** Bernburg, Bitterfeld, Eisleben, Köthen, Merseburg, Querfurt (ST); Leipzig (SN).

HALLE IN WESTFALEN/NW

Hesseln (Halle-H.)

Margarete Windthorst, * 3. 11. 1884 H., † 9. 12. 1958 Bad Rothenfelde (Osnabrück/NI), kath. Erzählerin in der Tradition des westfäl. Heimatromans. Die Gutsbesitzerstochter, Großnichte des Politikers L. Windthorst, verbrachte fast ihr ganzes Leben auf dem ererbten Heimathof. – W.: Mit Leib und Leben / Mit Lust und Last / Zu Erb und Eigen (R.-Tril. Des Ravensberger Landes, 1937 ff.); Weizenkörner (Erlebtes und Erlauschtes, 1954). – Geburtshaus Haus H., Grab nahebei im Erbbegräbnis der Familie; Gedenkzimmer im Museum Halle. – Nachlass StuLB Dortmund.

R Auf der Wasserburg Haus Brinke in **Barnhausen** (Borgholzhausen-B.) war **Friedrich Leopold zu Stolberg** (→ Bad Segeberg/Bad Bramstedt/SH) häufiger Gast. Der franz. Regierung in Münster verdächtig, zog sich St. im Oktober 1812 ganz aufs Land zurück; er mietete das Wasserschloss **Tatenhausen**, wo er die Siege der Verbündeten in »Vaterländischen Gedichten« feierte. Im November 1816 übersiedelte er nach → Sondermühlen (Melle/NI). Sein

Leichnam wurde – nach seinem letzten Willen – auf den im Walde gelegenen Friedhof von **Hörste-Stockkämpen** (Halle-H.) überführt (Marmorkreuz). – Erzählungen in Ravensberger Mundart von der in H. geb. **Minna Schrader** (1850-1902/Slg. StA Halle).

S **Tatenhauser Kreis**, vergibt jährl. **Agnes-Miegel-Plakette.**

Z Bielefeld, Gütersloh, Herford, Osnabrück, Warendorf, Sassenberg (NW).

HAMBURG

»Hamburg, Stadt: Steinwald aus Türmen, Laternen und sechsstöckigen Häusern; Steinwald, dessen Pflastersteine einen Waldbogen mit singendem Rhythmus bezaubern, auf dem du selbst noch die Schritte der Gestorbenen hörst, nachts manchmal.« (Wolfgang Borchert, 1947)
Universität; Freie Akademie der Künste, Akademie für Publizistik, Evangelische Akademie der nordelbischen Kirche, UNESCO-Institut für Pädagogik; Staatl. Hochschule für bildende Künste, Staatl. Hochschule für Musik und darstellende Kunst. – Staatsarchiv; Centralbibliothek für Blinde, Norddt. Blindenhörbücherei. – H.er Kunsthalle und Galerie der Gegenwart (Dichterporträts, u. a. M. Greif, H. Mann; Bibliothek), Deichtorhallen, Bucerius Kunst Forum, Hamburgmuseum (ehem. Museum für Hamburg. Geschichte: Literatur in Hamburg mit Arno-Schmidt-Gemälde von Schlotter, Klopstock-Zimmer; Juden in Hamburg; Klaus Störtebeker), KZ-Gedenkstätte Neuengamme, Museum für Kunst und Gewerbe (Figuren der Commedia dell'arte; Büste G. Benns; Bibliothek), Internationales Schifffahrts- und Meeresmuseum Peter Tamm, Altonaer Museum/Norddt. Landesmuseum (Außenstelle Jenisch-Haus), Museum der Arbeit (Außenstelle Speicherstadtmuseum), Museum für Völkerkunde, Museum für Archäologie und die Geschichte Harburgs, Museum Rade/Slg. Rolf Italiaander (Völkerkundler, Zeitgeschichtler u. Schriftsteller, Grab Ohlsdorf); Kampnagel-Kulturfabrik, Kunsthaus und Kunstverein,

Johannes-Brahms-Gedenkstätte (bedeutendste B.-Slg. Dtl.s, mit Dichter-Autographen). – Hamburg. Staatsoper (1678 Eröffnung der 1. ständ. Oper Dtl.s am Gänsemarkt), Kammeroper, Operettenhaus, Musikhalle, Dt. Schauspielhaus (1767 Gründung des Dt. Nationaltheaters), Thalia Theater, H.er Kammerspiele, Altonaer Theater, Ernst-Deutsch-Theater (1964-73: Das Junge Theater), Ohnsorg-Theater, St.-Pauli-Theater, Theater für Kinder, Theater am Besenbinderhof, Komödie Winterhuder Fährhaus, Neue Flora. – Norddeutscher Rundfunk (Tagesschau). – »Quod libet« – Internationale Antiquariatsmesse in der Börse.
Der Komponist Carl Philipp Emanuel Bach starb in H., Grab St. Michaelis; aus H. auch die Komponisten Felix Mendelssohn-Bartholdy (Gedenktafel Ost-West-Straße, Ecke Erste Brunnenstraße) und Paul Dessau, der Komponist Gustav Mahler lebte hier von 1891-97.

Philipp Nicolai (→ Korbach/Mengeringhausen/HE) war seit 1601 Hauptpastor an St. Katharinen und starb hier am 26. 10. 1608.
Johann Rist (→ Wedel/SH), 1607 in Ottensen geb., gründete 1656 in H. den »Elbschwanenorden«. – Sage von den »Unterirdischen zu Blankenese und Herrn Rist«.
Paul Fleming (→ Zwickau/Hartenstein/SN) starb am 2. 4. 1640 in H. auf der Reise nach Reval, seine berühmte Grabrede verfasste er selbst. – Gedächtnistafel in St. Katharinen.
Johann Balthasar Schupp(ius) (→ Gießen/HE), der »Hamburger Abraham a Sancta Clara«, wirkte von 1649 bis zu seinem Tod 61 als Hauptpastor an St. Jakobi.
Christian Heinrich Postel, * 11. 10. 1658 Freiburg/Elbe im Land Hadeln, † 22. 3. 1705 H., »aller niedersächsischer Poeten Großvater«. Operndichter und Verfasser eines unvollendeten Epos über Wittekind (1724).
Michael Richey, * 1. 10. 1678 H., † 10. 5. 1761 ebd., Prof. am Akad. Gymnasium

und Hrsg. eines H.er Wörterbuchs (»Idioticon Hamburgense«, 1755). »Deutsche Gedichte« (3 Bde. 1764-66). Freundeskreis u. a. mit dem aufklärerischen Historiker J. A. Fabricius (1668-1736), gründete mit B. H. Brockes die »Teutschübende Gesellschaft«, aus der später die »Patriotische Gesellschaft« wurde. – Medaillon in der Rathausdiele – Briefe StUB H.

Barthold Hinrich Brockes, * 22. 9. 1680 H., † 16. 1. 1747 ebd., versuchte als Lyriker und Erzähler Sinn und Nützlichkeit der Schöpfung durch genaue Naturschilderungen zu beweisen. Jurastudium in Halle; Reisen nach Italien, Frankreich und Holland. Kehrte 1704 nach H. zurück und gründete 1714 die »Teutschübende Gesellschaft«, 1720 Ratsherr. Von 1735-41 hamburg. Amtmann auf Schloss Ritzebüttel (→ Cuxhaven/NI). – W.: Der für die Sünden der Welt gemarterte und sterbende Jesus (Oratorium 1712, von G. Händel 1717 vertont); Irdisches Vergnügen in Gott (G. 1721-48, Faks. 1970; P. Rühmkorf griff den Titel später wieder auf). Werke (Hrsg. J. J. Eschenburg, 1800); Selbstbiographie (Hrsg. J. M. Lappenberg, 1847). – Barockgarten am Besenbinderhof nicht erhalten; Porträts im Hamburgmuseum und in der Kunsthalle; Medaillon in der Rathausdiele. – Archiv der »Teutschübenden Gesellschaft« StUB H. – E. Kleßmann, B. H. Brockes – Hamburger Köpfe (Biogr. 2003).

Hinrich Borkenstein, * 21. 10. 1705 H., † 29. 11. 1777 ebd., Lustspieldichter; Verfasser der ersten bedeutenden Lokalposse »Der Bookesbeutel« (1741/42). – Grab in der Krypta der Großen St.-Michaelis-Kirche. – B. ist der Vater von Susette Gontard, der »Diotima« F. Hölderlins (→ Frankfurt a. M./HE).

Friedrich von Hagedorn, * 23. 4. 1708 H, † 28. 10. 1754 ebd., Verfasser anakreont. Lieder, Oden und Fabeln, der »deutsche

Horaz«. Jurastudium in Jena. 1729-31 in London. Seit 1733 Sekretär am »English Court«, der Vereinigung engl. Kaufleute in H., Freundeskreis u. a. mit Georg Behrmann (Dramatiker, 1704-1756) und dem Schweizer Salomon Geßner (Idyllendichter, 1730-1788). – W.: Versuch in poetischen Fabeln und Erzählungen (1738, n. 1974); Sammlung Neuer Oden und Lieder (1742-52); Poet. Werke (1757; hg. J. J. Eschenburg; n. und erw. 1800); Gedichte (Hrsg. A. Anger, 1968). – Porträt in der Kunsthalle; H.s Lieblingsplatz am Harvestehuder Alsterufer, nahe der Krugkoppelbrücke, unter der nach ihm benannten Linde; Gedenkstein im Eichenpark. (An dessen Rand in der Heilwigstraße 1 steht das ehemalige Wohnhaus des Humoristen **Heinz Erhardt**, 1909-1979, »Das große H. E. Buch«, 1970). – Nachlass StUB H.

Friedrich Gottlieb Klopstock (→ Quedlinburg/ST), seit 1770 in H., wo er auch seine Frau (»Cidli«) kennenlernte. Seinen Geburtstag pflegte Klopstock auf G. H. Sievekings Landsitz Neumühlen (heute »Donners Park«) an der Elbchaussee zu feiern, wo u. a. auch der dän. Dichter J. Baggesen (→ Kiel/SH), J. W. L. Gleim (→ Aschersleben/ST), A. u. W. von Humboldt (→ Berlin; dazu A. v. H. in Hamburg, Hrsg. I. Schwarz, 1990; Wilhelm H. fand K. »geschwätzig und langweilig«), Heinrich C. Boie (→ Heide/Meldorf/SH) und Karl Friedrich Reinhard (→ Waiblingen/Schorndorf/BW) verkehrten. – Von 1770 bis zu seinem Tode 1803 Wohnung Poststraße 36 (früher Königsstraße 50, Büste); Gartenhaus heutige Warburgstraße; Grab Friedhof der Christianskirche H.-Ottensen (H. Heine: »Ich kenne keine Gegend, wo ein toter Dichter so gut begraben liegen kann wie dort«), daneben Meta K.'s Grab. Über das ehrenvolle Begräbnis K.s unter Teilnahme des H.er Senats und der Bürgerschaft schrieb Hans

Hamburg: Peter Rühmkorf 1977 vor dem Grab Friedrich Gottlieb Klopstocks in Ottensen. Zwei Jahre zuvor hatte er »Walther von der Vogelweide, Klopstock und ich« veröffentlicht.

Henny Jahnn: »Wem galt diese außergewöhnliche Ehrung? – Dem Dichter? – Wir wollen es vermuten und nur feststellen, dass eine so rührende und allgemeine Anerkennung eines schöpferischen Menschen selten ist.« (»K.s 150. Todestag«, 1953). Medaillon in der Rathausdiele. P. Rühmkorf pflegte und förderte K.s Andenken. K.-Kabinett im Jenisch-Haus; K.-Zimmer im Hamburgmuseum. – Teilnachlass StUB H., Arbeitsstelle der H.er K.-Ausg., Hrsg. H. Gronemeyer u. a., 1974 ff.

Gotthold Ephraim Lessing (→ Kamenz/SN) wirkte seit April 1767 am Dt. Nationaltheater in H. (dort auch K. Ekhof, der »Vater der dt. Schauspielkunst«), Uraufführung der »Minna von Barnhelm« 1767, und schrieb die »Hamburgische Dramaturgie« (1767-69). Ging 1770 nach → Wolfenbüttel/NI. – Denkmal (mit fehlerhafter Inschrift) auf dem Gänsemarkt;

Medaillon in der Rathausdiele; Gemälde im Hamburgmuseum. – Sein nicht erhaltenes H.er Wohnhaus am Holländischen Brook beschrieben bei E. Maass, »Das große Feuer« (R. 1939), I. v. Wangenheim, »Hamburgische Elegie« (L.-Roman 1977), zusammenfassende Darstellung: Jan Philipp Reemtsma, »Lessing in Hamburg« (2007).

Heinrich Wilhelm von Gerstenberg, * 3. 1. 1737 Tønder/Dänemark, † 1. 11. 1823 H.-Altona, erster Dramatiker und Kritiker des Sturm und Drang (»Schleswigische Literaturbriefe«, 1766/67). Jurastudium in Jena. Trat 1760 ins dän. Heer ein (»Kriegslieder eines königlich dänischen Grenadiers«, 1762) und gehörte in Kopenhagen zum Klopstock-Kreis. 1775-83 dän. Konsul in → Lübeck/SH, dann bis 1786 in → Eutin/SH. Anschließend ließ er sich in Altona nieder. – W.: Ugolino (Dr. 1768); Rezensionen (1904); Vermischte Schriften (1815 f., Faks. 1971). – Wohnung Große Freiheit 49 (abgerissen); Grab ehem. Hl.-Geist-Kirchhof H.-Altona. – Nachlass BSB, Briefe und Hss. LB Kiel.

Christian Graf zu Stolberg-Stolberg, * 15. 10. 1748 H., † 18. 1. 1821 → Eckernförde/Gut Windeby/SH, zu seiner Zeit einer der bekanntesten Elegiendichter, Übersetzer. Jugendfreund Goethes (→ Frankfurt a. M./ HE). 1772/73 Studium in → Göttingen/NI, Mitglied des Hainbundes. Von 1777 bis 1800 Amtmann in Tremsbüttel (→ Bad Oldesloe/SH). Anschließend, bis zu seinem Tod, auf Gut Windeby. – W.: Vaterländische Gedichte (mit F. L. zu Stolberg, 1815), Ges. Werke der Brüder Stolberg (1820-25, n. 1974). – Briefe und Hss. LB Kiel, FDH Frankfurt a. M.

Matthias Claudius (→ Bad Oldesloe/Reinfeld/SH) kam 1768 nach H. In Wandsbek (das Wohnhaus stand Wandsbeker Marktstraße 20/22) gab er dann von 1770-75 den »Wandsbecker Boten«

heraus (Nachdruck in 5 Bdn., Hrsg. K. H.
Rengstorf/A. Koch, 1978). Kontakte u. a.
zu Wilhelm v. Humboldt (→ Berlin; Tage-
bucheintragungen) und J. G. Herder (→
Weimar/TH), der ihn 1770 und 1783
besuchte. Seit 1777 freier Schriftsteller.
1814 zog er zu seinem Schwiegersohn,
dem Buchhändler F. C. Perthes; in dessen
Haus Große Bleichen 22 / Ecke Jungfern-
stieg starb er am 21. 1. 1815 (Gedenktafel).
– Grab auf dem aufgelassenen Friedhof
hinter der Christus-Kirche in H.-Wands-
bek. Gedenkstätte Wandsbek, Böhmestra-
ße 20; Relief am M.-C.-Gymnasium, dort
auch C.-Gesellschaft (Jahresschriften) und
C.-Archiv; Gedenkstein im W.er »Ersten
Gehölz« (Erzählung von I. Frapan-Akuni-
an in »Hamburger Kalender für Kinder«,
1899). – »Mein Neujahrslied« (1773) ent-
stand im Eichtal. – W. Röpke (Hrsg.),
»In Wandsbek zuhause. M. C.« (Ess. 1990),
W. Killy, »Wandsbeck« (in: »Von Berlin
bis Wandsbeck«, Ess. 1996).

Joachim Heinrich Campe (→ Holzmin-
den/Deensen/NI) eröffnete 1777 in Ham-
mer Deich bei H. eine Erziehungsanstalt,
die er 1781 nach → Trittau/Bad Oldesloe/
SH verlegte. Damals bearbeitete er D. De-
foes »Robinson Crusoe«, den er u. d. T.
»Robinson der Jüngere« (1779/80) heraus-
gab. – Medaillon in der Rathausdiele; Ge-
denkstein im Hammer Park.

Georg Nicolaus Bärmann, * 19. 5. 1785
H., † 1. 3. 1850 ebd., Lehrer und Überset-
zer, Dichter der H.er »Nationalhymne«,
»Stadt Hamburg an der Elbe Auen . . .«
(1828). – Grab auf dem Ohlsdorfer Fried-
hof. – Gedichte StUB H.

Ludolf Wienbarg, * 25. 12. 1802 H., † 2.
1. 1872 → Schleswig/SH, Wortführer
des Jungen Deutschland. Studium in
Kiel und Bonn. Gründete 1835 zus. mit
Karl F. Gutzkow (→ Berlin) in Frankfurt
a. M. die radikale »Deutsche Revue.« Teil-
nahme am Feldzug gegen Dänemark 1848,

ließ sich dann in H. nieder. – W.: Ästheti-
sche Feldzüge (1834); Zur neuesten Litera-
tur (Ess. 1835); Geschichte Schleswigs
(1861 f.). Ausgew. Werke (Hrsg. W. Diet-
ze, 1964).

Friedrich Gerstäcker, * 10. 5. 1816 H.,
† 31. 5. 1872 → Braunschweig/NI, Autor
populärer Reise- und Abenteuerbücher.
Nach kaufmänn. Lehre und Tätigkeit in
der Landwirtschaft unternahm er ausge-
dehnte Reisen. Lebte seit 1868 in Dres-
den, später in Braunschweig. – W.: Die Re-
gulatoren in Arkansas (R. 1845); Die Fluß-
piraten des Mississippi (R. 1848). Ges.
Schriften (1872-79); Ges. Werke (1937).
– Gedenktafel Geburtshaus Poststraße 19.
– Teilnachlass StB Braunschweig, Briefe
und Hss. HAB Wolfenbüttel. – Th. Ost-
wald, »Friedrich Gerstäcker. Leben und
Werk« (2. Aufl. 1977).

Heinrich Heine (→ Düsseldorf/NW)
»kam nach H. als Kaufmannslehrling und
verließ es als werdender Dichter« (H. Mey-
er-Benfey). Von 1816-18 absolvierte er
Bankhaus seines Onkels Salomon H., des-
sen Tochter Amalie seine große unerwider-
te Liebe war, eine kaufmänn. Lehre. H.s
eigenes Kommissionsgeschäft für engl.
Manufakturwaren (»Harry Heine & Co.«)
in der Kleinen Bäckerstraße wurde schon
1819 liquidiert. Später hat Heine H., die
»schöne Wiege meiner Leiden«, noch oft
besucht. So wohnte er 1830 am Neuen
Wall 28, 1844 in der Esplanade 19, seine
Schwester, Charlotte Embden, lebte in
Nr. 39 (abgerissen). Spiegelungen u. a. in
den »Memoiren des Herren von Schnabe-
lewopski« (1834) und »Deutschland. Ein
Wintermärchen« (1844). – Gedenkstätte
Elbchaussee 31, ehem. Gartenhaus Salo-
mon H.s, wo laut H. Heine »gar manche
Träne . . . geronnen« (Außenstelle des Alto-
naer Museums); Gedenkplakette Harves-
tehuder Weg 41 (Hoffmann und Campe
Verlag, Verleger und Autor H. trafen sich

Hamburg: Das Heinrich Heine-Denkmal am Rathausmarkt. Am Sockel wird die Bücherverbrennung von 1933 dargestellt.

im alten Verlagsgebäude Schauenburger Straße 59); seit 1982 Denkmal (von W. Otto in Anlehnung an H. Lederers Denkmal, das 1926-33 im Stadtpark stand) auf dem Rathausmarkt. – H.-H.-Gesellschaft, Sektion Hamburg. – »Schöne Wiege meiner Leiden« (Hamburgische Miniaturen, Hrsg. W. Vontin, 1981); E. Lüth, »Das Heine-Haus an der Elbchaussee« (1979); F. J. Raddatz, »Von Geist und Geld. – H. H. und sein Onkel, der Bankier Salomon« (1980); S. Wiborg, »Salomon Heine. Hamburgs Rothschild – Heinrichs Onkel« (1994 / Gedenktafel für S. Heine Jungfernstieg 30).

Felix Dahn, * 9. 2. 1834 H., † 3. 1. 1912 Breslau, Lyriker, Epiker, Dramatiker mit völk. Pathos, Vertreter des »Professorenromans«. Aufgewachsen in → München/ BY. Mitglied von Dichtergesellschaften in → Berlin (»Tunnel über der Spree«) und München (»Das Krokodil«). Prof. in München, → Würzburg/BY, Königsberg und Breslau. – W.: Ein Kampf um Rom (R. 1876); Balladen und Lieder (1878). Ges. Werke (1921-24). – Hss. und Briefe UB Münster.

Friedrich Hebbel (→ Heide/Wesselburen/SH) kam 1835 durch die Schriftstellerin Amalie Schoppe (→ Eutin/Fehmarn/ SH) nach H. Erste Begegnung mit Elise Lensing (1804-54), die seine aufopfernde Geliebte wurde (von 1842-44 Wohnhaus Lange Reihe 7, Gedenktafel; Grab Ohlsdorfer Friedhof). Nach dem Studium in München kam er 1839 nach H. zurück und vollendete hier seine Tragödien »Judith« und »Genoveva«. Hamburger Bilder in »Die einsamen Kinder« (M. 1835). Ende 1842 nach Kopenhagen. – S. Knauss, »Ach Elise oder Lieben ist ein einsames Geschäft« (Roman-Biographie, 1981).

Sophie Wörishöffer, * 6. 10. 1838 → Pinneberg/SH, † 8. 11. 1890 H.-Altona, Jugendbuchautorin. Die Kusine D. v. Liliencrons wurde wegen ihrer Abenteuerbücher »Karl May von Altona« genannt. – W.: Robert des Schiffsjungen Fahrten ... (1877); Onnen Visser (R. 1885).

Otto Ernst (eig. **Otto Ernst Schmidt**), * 7. 10. 1862 H.-Ottensen (Geburtshaus heutige Rothe-Straße), † 5. 3. 1926 H.-Groß-Flottbek, Verfasser von humoristischen Dramen und Erzählungen. Zunächst Volksschullehrer, seit 1901 freier Schriftsteller. – W.: Flachsmann als Erzieher (K. 1901); Appelschnut (En. 1906, n. 1998); Semper-Romane (1904/08/16); Ges. Werke (1922 f.). – Wohnung O.-Ernst-Straße 17 (Gedenktafel / S. R. Möller-Ernst, »Appelschnut über Appelschnut und eine Chronik des Otto-Ernst-Hauses«, 1990); Gedenktafel im Park Fischers Allee; Grab Friedhof in Groß-Flottbek. – Nachlass StUB Hamburg.

Margarete Susman (verh. **von Bende-**

mann), * 14. 10. 1874 H., † 18. 1. 1966 Zürich, Lyrikerin und Essayistin (religionsphilos. Fragen). – W.: Mein Land (G. 1901); Das Buch Hiob und das Schicksal des jüdischen Volkes (Ess. 1946); Ich habe viele Leben gelebt (Erinn. 1964).

Fritz Stavenhagen, * 18. 9. 1876 H., † 9. 5. 1906 H.-Groß-Borstel, der »niederdt. Anzengruber«. Drogist in H. und Thüringen, später Journalist in H., München und Berlin. – W.: Mudder Mews (Dr. 1904); De dütsche Michel (Dr. 1905); De ruge Hoff (Dr. 1906). – Grab auf dem Ohlsdorfer Friedhof; Denkmal an der Borsteler Chaussee. – Nachlass StUB Hamburg.

Hermann Boßdorf, * 29. 10. 1877 Wiesenburg b. → Belzig/BB, † 24. 9. 1921 H., niederdt. Dramatiker. – W.: De Fährkrog (Dr. 1919); Bahnmeester Dood (Tr. 1919); De rode Ünnerrock (K. 1921). Ges. Werke (Hrsg. W. Krogmann, 1952 ff.). – Gedenktafel Kottwitzstraße 19, Stele im Garten des B.-Hauses Frustbergstraße 4; Grab auf dem Ohlsdorfer Friedhof. – Mss. und Briefe StUB H.

Detlev von Liliencron (→ Kiel/SH) kehrte 1877 von Amerika nach H. zurück. Lebte 1891-99 in Ottensen, zeitw. in Altona (Palmaille Nr. 5 und Nr. 100, Gedenktafel) und von 1901 bis zu seinem Tod 1909 in Alt-Rahlstedt. – D.-von-L.-Haus Bahnhofstraße 39 (abgerissen); Grab auf dem Rahlstedter Friedhof; Denkmal in der L.-Anlage an der Wandse; Gedenktafel am »Decke-Haus«, Große Bergstraße 60; Porträt im Hamburgmuseum. Totenmaske und Nachlass StUB.

Gustav Falke (→ Lübeck/SH) studierte in H. und arbeitete ab 1878 als Klavierlehrer in Groß-Borstel. Seit 1903 freier Schriftsteller, versehen mit einer Ehrenpension des Senats. Sein Roman »Landen und Stranden« (1895) spielt im H.er Milieu; »Der Mann im Nebel« (1899). F. starb am 8. 2. 1916 im Groß-Borsteler Haus

Brückwiesenstraße 27; Grab auf dem Ohlsdorfer Friedhof; Gedenkstein an der Frustbergstraße; Büste Gustav-Falke-Straße/Beim Schlump, Porträt im Hamburgmuseum.

Robert Garbe, * 16. 1. 1878 Hohnstorf (gegenüber Lauenburg/SH), † 21. 2. 1927 H., Lehrer, verfasste Dialektgedichte und Lieder (»Upkwalm«, »Görnrik«). – Grab auf dem Ohlsdorfer Friedhof. – Nachlass StUB H.

Hermann Claudius (→ Bad Oldesloe/Grönwohld/SH), 1878 in Langenfelde bei Altona/Holstein geb., Geburtshaus an der Altona-Kieler Chaussee nicht erhalten. Der Urenkel von Matthias C. kam mit 7 Jahren nach H. und war von 1900-34 hier Schulmeister, 1933 mit anderen Autoren Treuegelöbnis für Hitler. Seit 1910 wohnte C. am Primelweg 8 in H.-Fuhlsbüttel. 1940 zog er in sein »Eschenhus« in H.-Hummelsbüttel (Dorfstraße 26) und 1960 nach Grönwohld. – Autobiographisch-topographisch u. a.: »Mank Muern« (1912 ersch. Slg. von Gedichten, die C. ab 1906 zwei Jahre lang jeden Sonnabend für die »Hamburger Neue Zeitung« geschrieben hatte), »Das Silberschiff« (spielt in der Gegend um den, längst stillgelegten, Eidelstedter Bahnhof, 1923), »Armantje« (En. 1935), »Wie ich den lieben Gott suchte« (1935), »Eschenhuser Elegie« (1942), »Ulenbütteler Idylle« (1957); ergiebig das »Skizzenbuch meiner Begegnungen« (1963).

Adalbert Alexander Zinn, * 18. 3. 1880 Coburg/BY, † 17. 4. 1941 Stuttgart/BW, Dramatiker und Erzähler. Zunächst Journalist, später Senats- und Staatsrat in H., schrieb erfolgreiche Dramen (»Gewitter«, 1914) und Romane (»Wöldermanns Park«, 1936, n. 1948; »Die schmale Stiege«, 1938). – Grab auf dem Ohlsdorfer Friedhof; H.er »Zinn-Preis« seit 1965.

Gorch Fock (eig. **Hans Kinau**), * 22. 8.

1880 H.-Finkenwerder, gef. 31. 5. 1916 in der Skagerrak-Seeschlacht, niederdt. Erzähler, Lyriker und Dramatiker. – W.: Finkenwerder Fischer- und Seegeschichten (1910); Hein Godenwind (E. 1911); Seefahrt ist not! (R. 1913, kritischer Reflex auf das Buch: Albert Hotopps »Fischkutter H. F.«, R. 1930); Sämtl. Werke (Hrsg. J. Kinau, 1937); Hapag-Fahrt zu Odins Thron (Hrsg. M. Mainholz, 1999). – Geburtshaus Finkenwerder, Nessdeich 6 (Gedenktafel); Gedenkstein auf Grab der Eltern in Finkenwerder. Grab auf der Insel Stensholmen b. Göteborg/Schweden. – Nachlass StUB.

Ernst Barlach (→ Wedel/SH) besuchte 1888-91 die Kunstgewerbeschule am Steintorplatz und war hier 1897-99 als Bildhauer im Atelier an der Museumsstraße tätig (Wohnung Lornsenplatz 14). – E.-B.-Haus (Stiftung H. F. Reemtsma) im Jenisch-Park (Klein-Flottbek). Auf einer »buschbewachsenen Heide in der Nähe der Oberelbe« und im Alten Gasthaus am Wittenbergener Strand neben dem (stählernen) Leuchtturm, wo B. oft eingekehrt war, spielt »Der arme Vetter« (im Gasthaus Bildnis der Wirtin Trina Wiggers, »Thinka«, von B.). Das H.er Ehrenmal B.s am Rathausmarkt von 1931 wurde 1939 demontiert, 49 rekonstruiert. – E.-B.-Gesellschaft, E.-B.-Preis-Stiftung Andreas Schmolze. – D. Albrecht, »Barlach in Wedel, Hamburg, Ratzeburg und Güstrow« (1990).

Richard Dehmel (→ Königs Wusterhausen/Münchehofe/Hermsdorf/BB) ließ sich 1901 in Blankenese nieder. Nach D. v. → Liliencrons Tod wurde er der Wortführer der »Quadriga«, einer Vereinigung junger Arbeiterdichter, zu der u. a. G. Engelke (→ Hannover/NI) und H. Lersch (→ Mönchengladbach/NW) gehörten. Er starb am 8. 2. 1920 in Blankenese. »Mein Leben« (Autobiogr. 1922). – Woh-

nung Palmaille 100; D.-Haus Blankenese, R.-D.-Straße 1, dort Urne in der Bibliothek; Bildnis und Büste in der Kunsthalle. – Archiv und Nachlass StUB. – Gedenktafel für seine Frau Ida Dehmel, die im R. »Zwei Menschen« (1903) porträtiert wird und die 1926 im Hamburger Hof, Jungfernstieg 30 (Gedenktafel), die Künstlerinnenvereinigung GEDOK gründete. 1942 nahm sie sich als Jüdin das Leben (M. Wegner, »Aber die Liebe. Der Lebenstraum der I. Dehmel«, 2000).

Rudolf Kinau, * 23. 3. 1887 H.-Finkenwerder, † 19. 11. 1975 ebd. Bruder von Gorch Fock. 7 Jahre Fischer, 20 Jahre Schreiber in der H.er Fischhalle, dann freier Schriftsteller »up de letzte Eck van Finkwarder« (Nessdeich 190). – W.: Blinkfüer (Skk. 1918); Ein fröhlich Herz (1941); Mit eegen Oogen. Biller ut mien Leben. (1957); De beste Freid (En. 1970). – Grab Kirchlicher Friedhof Finkenwerder.

Hans Friedrich Blunck, * 3. 9. 1888 H.-Altona, † 25. 4. 1961 H.-Groß-Flottbek, Lyriker, Erzähler und Dramatiker mit völk.-nationalist. Tendenz. 1925-28 Syndikus der Universität H. 1933-35 Präsident der Reichsschrifttumskammer, seit 35 freier Schriftsteller in Grebin (→ Plön/SH). – W.: Nordmark (Ball. 1912); Die Urvätersaga (R.-Tril. 1934); Die Sage vom Reich (Ep. 1941); Unwegsame Zeiten (Aut. 1952); Licht auf den Zügeln (Aut. 1953). – Wohnungen Fischersallee 61, Parkallee 35; Grab Ohlsdorfer Friedhof. – Ein großer Teil der »Märchen von der Niederelbe« (1923) spielt in H. – Nachlass StUB, LB und UB Kiel. – Gesellschaft zur Förderung des Werkes von H. F. B. (unkritisch-apologetisch, seit 1963, Sitz Plön).

Wilfried Wroost, * 13. 9. 1889 H., † 14. 8. 1959 ebd., Autor volkstüml. plattdt. Stücke, u. a. »Wrack« (1919), »Slagsiet« (1920), »Mien Mann de fohrt to See« (1950),

»Wenn du Geld hesst« (1957). – Grab Ohlsdorfer Friedhof.

Ludwig Tügel, * 16. 9. 1889 H., † 25. 1. 1972 → Ludwigsburg/BW, origineller und fabulierfreudiger Erzähler. Abenteuerl. Leben in mehr als 20 Berufen und auf Reisen. Seit 1928 freier Schriftsteller in Ludwigsburg. – W.: Die Treue (N. 1932); Pferdemusik (R. 1935); Die Charoniade (R. 1950, u. d. T. »Auf dem Strom des Lebens«, 61). Auch der Bruder **Tetjus T.** (1892-1973) schrieb (»Es drängt mich zum Wort«, Hrsg. H. Stelljes, 1992).

Carl von Ossietzky, * 3. 10. 1889 H., † 4. 5. 1938 → Berlin, pazifist. Publizist, Sekretär der »Deutschen Friedensgesellschaft« in Berlin, seit 1927 Hrsg. der »Weltbühne«. Aufgewachsen in Hafennähe, zunächst Hilfsschreiber, später Lektor. 1919 Umzug nach Berlin. Von 1933 an verbrachte er seine letzten Lebensjahre in nationalsoz. Konzentrationslagern, u. a. in Esterwegen-Papenburg (→ Meppen/NI). 1935 erhielt er den Friedensnobelpreis, woraufhin die dt. Regierung allen Reichsdeutschen die Annahme des Nobelpreises verbot. – W.: C. v. O.-Lesebuch (1989); W. in 8 Bdn. (1994 ff.). – Geburtshaus Michaelistraße 10, Wohnungen: Grindelallee 1 (abgerissen), vorher: Koppel 106, Neuer Wall 61, Schmilinskystraße 6 (Gedenktafel); Medaillon in der Rathausdiele. Der C. v. O.-Platz in H.-St. Georg erinnert an sein dortiges Wirken, die StUB Hamburg trägt seinen Namen. – Nachlass Universität Oldenburg. – E. Suhr, »C. v. O. Eine Biographie« (1988), W. v. Sternburg, »Es ist eine unheimliche Stimmung in Deutschland. – C. v. O. und seine Zeit« (1996). – Die Zeitschrift »Ossietzky« wurde 1997 von Publizisten der 1993 eingestellten »Weltbühne« gegründet.

Paul Schurek, * 2. 1. 1890 H., † 22. 5. 1962 ebd., hoch- und plattdt. Erzähler und Dramatiker. – W.: Stratenmusik (K. 1921);

Entfesselung (E. 1924); Das Leben geht weiter (R. 1940); As ik anfüng (Aut. 1953) – Grab Friedhof H.-Blankenese, Sülldorfer Kirchenweg, L 243.

Franz Schauwecker, * 26. 3. 1890 H., † 31. 5. 1984 Günzburg, radikal-nationalistischer Erzähler des 1. Weltkriegs (»Im Todesrachen«, R. 1919), dem E. Jünger auch noch ein Vorwort schrieb (»Der feurige Weg«, 1926). 1930 dann der den NS-Staat vorbereitende R. »Aufbruch der Nation«.

Albert Mähl, * 5. 6. 1893 → Kiel/SH, † 19. 1. 1970 H. Lyrik, Erzählung, Drama: zeitlebens um Erneuerung »Niederdeutscher Art und Sprache« (1934) und »Plattdeutschen Dichtens« (1949) bemüht. Lebte in Blankenese (Mühlenberg 77). – W.: Utsaat (Ball. und G. 1931); Hart vull Duft (G. 1940); Hintern Deich (En. 1943); De verlaren Söhn (Kammersp. 1950); Magischer Strom – Verse aus der Elblandschaft (1952).

Hans Leip, * 22. 9. 1893 H., † 6. 6. 83 Fruthwilen (Schweiz), »Lili Marleen«, entstanden 1915, gesungen von Lale Andersen (Langeoog, → Wittmund/NI), hörten Soldaten aller Fronten im 2. Weltkrieg als »unmilitärisches Soldatenlied«: »Ach, Lili Marleen, du weißt doch, daß wir uns nie unter die Laterne gestellt haben!« (Heinrich Böll). – W.: Godekes Knecht. Störtebeker (R. 1925, n. 75); Jan Himp und die kleine Brise (R. 1934); Die Lady und der Admiral (R. 1933); Das Muschelhorn (R. 1940); Das Tanzrad oder die Lust und Mühe eines Daseins (Aut. 1979). – Geboren in Hohenfelde, aufgewachsen im Haus Lange Reihe 91 (Gedenktafel, in der Nachbarschaft mit Nr. 71 das Geburtshaus von Hans Albers, in der Pension St. Benedict die Wohnung von James Krüss). Später Neuer Wall 2, Övelgönne an der Himmelsleiter (in »Jan Himp« beschrieben) und Blankenese, Süllbergterrassen 37. – Ein literarisches Porträt H.s

in »Die unaufhörliche Gartenlust« (1953);
»Gemalt mit Allerzonendunst« (über Övel-
gönne, die Elbchaussee und Blankene-
se, Merian 9/1961). – Nachlass StUB
und Hamburgmuseum, H.-L.-Gesellschaft
Hamburg. – R. Schütt, »Dichter gibt es
nur im Himmel« – Leben und Werk von
H. L. Biographie und Briefedition, 2001.
Peter Gan (eig. **Richard Moering**), * 4. 2.
1894 H., † 6. 3. 1974 ebd., Lyriker und
Essayist, auch Übersetzer. Freier Schrift-
steller in Paris, Verlagslektor in Berlin.
1938 Emigration, Inhaftierung; 42-46 in
Madrid, dann in Paris. Seit 1958 wie-
der in H. – W.: Von Gott und der Welt
(Ess. 1935); Die Holunderflöte (G. 1949);
Herbstzeitlose (G. 1975). Ges. Werke
(Hrsg. F. Kemp, 3 Bde., 1997). – In seinen
Gedichten auch Erinnerungen an den
Brand von St. Michaelis 1906. Wohnung
Heimhuder Straße 26; Grab auf dem
Ohlsdorfer Friedhof.
Peter Martin Lampel, * 15. 5. 1894 Schön-
born/Schlesien, † 22. 2. 1965 H., Maler,
Erzähler und Dramatiker, Freikorpskämp-
fer, 1933 Verbot seiner Werke und Emigra-
tion. Nach seiner Rückkehr freier Schrift-
steller in H. – W.: Revolte im Erziehungs-
haus (Sch. 1928); Verratene Jungen (R.
1929); Giftgas über Berlin (Sch. 1929);
Helgolandfahrer (E. 1952). – Wohnung
Grindelberghochhaus; Grab auf dem
Ohlsdorfer Friedhof. – Nachlass StUB.
Hans Henny Jahnn, * 17. 12. 1894 H.-
Stellingen, † 29. 11. 1959 H.-Blankenese,
dem Expressionismus nahestehender Lyri-
ker, Epiker und Dramatiker von großer
sprachschöpfer. Begabung. Förderte Auto-
ren wie H. Fichte und H. J. Fröhlich (→
Hannover/NI). Orgelbauer und Organist
in H., Aufenthalte in Bützow (→ Güs-
trow/MV) und Eckel bei Klecken (→
Winsen/NI). 1933 wurden seine Bücher
verboten. Emigration in die Schweiz und
später auf die dän. Insel Bornholm. 1947

kehrte er nach Dtl. zurück und ließ sich
50 wieder in H. nieder; 56 Lessingpreis.
– W.: Medea (Dr. 1925); Perrudja (R.
1929); Fluß ohne Ufer (R. 1949/50); Tho-
mas Chatterton (Dr. 1955); Die Nacht aus
Blei (R. 1956). Werke in Einzelbänden,
H.er Ausgabe (Hrsg. U. Bitz/U. Schwei-
kert, 1988, n. 94) – Geburtshaus Högen-
straße 7 (später 65) in H.-Stellingen 2001
abgerissen, vor dem Grundstück Gedenk-
tafel im Boden. Vor 33 Wohnung Rothen-
baumchaussee 187, später Elbchaussee
74a, danach »Witthüs« im Hirschpark;
dort auch Bornholmer Findling, Toten-
maske; Grab auf dem Friedhof H.-Nien-
stedten (16 D, Nr. 348a), Peter Rühmkorf
über die Beerdigung Jahnns mit P. Huchel
und H. E. Nossack in »Die Jahre die ihr
kennt«. – Nachlass StUB, H.-H.-J.-Ar-
beitsstelle Universität H. – H. H. J. –
Fluß ohne Ufer. Eine Dokumentation in
Bildern und Texten (Hrsg. J. Hengst
u. a., 1994); F. J. Raddatz, »Auf den Spuren
von H. H. J.« (in: Merian/94); Jan Bürger,
»Der gestrandete Wal. Das maßlose Leben
des H. H. J.« (2003).
Käte Hamburger, * 21. 9. 1896 H., † 1992,
Germanistin. Die jüdische Bankierstoch-
ter emigrierte 1933, nach 45 Hochschul-
lehrerin in Stuttgart. Mehrere Werke
über Thomas Mann, mit dem sie in Brief-
kontakt stand (»Der Humor bei T. M.«,
1965). – W.: Die Logik der Dichtung
(1957, n. 68), Philosophie der Dichter
(1966).
Martin Beheim-Schwarzbach, * 27. 4.
1900 London, † 7. 5. 1985 H., individua-
listischer Erzähler, Lyriker. Schulzeit in
H.-Rotherbaum. Verschiedene Berufe, be-
vor er Schriftsteller wurde. Londoner Exil
bis 1946. Erster Alexander-Zinn-Preis-
träger 1964. – W.: Die Runen Gottes
(En. 1927); Die Michaeliskinder (R. 1930);
Die Krypta (G. 1935); Das Mirakel (En.
1980); Novalis (Biographie 1939). – Über

Kinderjahre am Mittelweg »Die Insel Matupi« (R. 1955); letzte Wohnung Marienthaler Straße 64c.

Ida Ehre, * 9. 7. 1900 Prerau (heute Tschechien), † 16. 2. 1989 H., Schauspielerin. Berufsverbot unter den Nazis, 1943 KZ-Haft Fuhlsbüttel, nach 45 Gründerin und langjährige Prinzipalin der H.er Kammerspiele, an denen 47 W. Borcherts »Draußen vor der Tür« uraufgeführt wurde. W. Jens schrieb ihr das Stück »Die Friedensfrau« (nach Aristophanes, 1986). Ehrenbürgerin H. s. – W.: Gott hat einen größeren Kopf, mein Kind . . . (Aut. 85). – Gedenktafel Hallerstraße 74, wo sie von 1945 bis zu ihrem Tode wohnte; Grab Ohlsdorf. – I.-E.-Stipendium.

Hans Erich Nossack, * 30. 1. 1901 H., † 2. 11. 1977 ebd. Zunächst Fabrikarbeiter, Angestellter und Journalist. 1933 Publikationsverbot und Eintritt in die Firma des Vaters. 1943 verbrannten alle Mss. bei einem Bombenangriff (»Der Untergang«, 1948, n. 1976). Bis 1956 Kaufmann, dann freier Schriftsteller in Aystetten b. Augsburg, → Darmstadt/HE, Frankfurt/HE, ab 69 wieder in H. – W.: Nekyia. Bericht eines Überlebenden (1947); Spätestens im November (R. 1955); Nach dem letzten Aufstand (Ber. 1961); Ein Sonderfall (Sch. 1963); Die schwache Position der Literatur (Reden u. Aufs.1966); Pseudoautobiograph. Glossen (1971); Bereitschaftsdienst (R. 1973); Ein glücklicher Mensch (R. 1975); Dieser Andere. Ein Lesebuch mit Briefen, Gedichten, Prosa (Hrsg. Ch. Schmid, 1976); Die Erzählungen (1987); Aus den Akten der Kanzlei . . . (Glossen, 1987); Die Tagebücher 1943-1977 (Hrsg. G. Söhling, 1997). – Über den Leinpfad zwischen Eppendorf und Barmbek, in dessen Umgebung schon Rudolf G. Bindings (→ Starnberg/BY) Novelle »Der Opfergang« (1892) spielt, die Novelle »Das Geländer« (1945). – Die Wohnung

Brahmsallee 11 wurde 1943 zerstört: »Die Häuser links und rechts stehen noch, aber das unsrige ist fort« (»Der Untergang«); ab 1948 Pfeilshoferweg 27, 1956 Schlüterstraße 44; Tod in der Wohnung Hansastraße 20; Grab auf dem Ohlsdorfer Friedhof. – Nachlass DLA Marbach. – G. Söhling, »Hans Erich Nossack. Biographie« (2003); auf N.s Spuren in Hamburg: S. Bienwald, »H. E. N., Nachts auf der Lombardsbrücke« (2007).

Willi Bredel, * 2. 5. 1901 H., † 27. 10. 1964 Berlin, kommunist. Schriftsteller und Journalist. Lehre als Eisendreher. Festungshaft 1930-32 wegen »lit. Hoch- und Landesverrats«. Nach der Entlassung aus dem KZ Fuhlsbüttel (1934) floh er über Prag nach Moskau. Seit 1954 Mitglied des ZK der SED, von 62 bis zu seinem Tod Präsident der Dt. Akademie der Künste. – W.: Die Prüfung (R. 1934); Verwandte und Bekannte (R.-Tril. 1941-53); Unter Türmen und Masten (Geschichte einer Stadt in Geschichten, 1960); Ges. Werke (1961-68). – Der Roman »Rosenhofstraße« (1931) beschreibt das politische Leben im Schanzenviertel; »Maschinenfabrik N & K« (R. 1930) das Barmbeker Eisenwerk »Nagel & Kaemp«, heute »Kampnagel-Kulturfabrik« Ecke Jarrestraße/Barmbeker Straße. – Wohnung 1915-31 Glashüttenstraße 113. – B.s Privatbibliothek in der Forschungsstelle für Zeitgeschichte; Nachlass Akademie der Künste, Berlin. – R. Richter, »W. B. – Ein deutscher Weg im 20. Jahrhundert«, Hrsg. W.-B.-Gesellschaft (2000), die auch Erinnerungsstücke B.s bewahrt.

Erich Lüth, * 1. 2. 1902 H., † 1. 4. 1989 ebd., Schriftsteller, Politiker. L.s literarisches Werk widmet sich der Geschichte H.s im 20. Jahrhundert, der Judenverfolgung und dem Wiederaufbau, hinzu kommen biogr. Studien (Max Brauer, 1971). W.: Viele Steine lagen am Weg (1966);

Ein Hamburger Querkopf schwimmt gegen den Strom (Aut. 1981).

Hans Georg Brenner, * 13. 2. 1903 Barranowen/Ostpreußen, † 10. 8. 1961 H., Lyriker, Erzähler, Übersetzer. Gründungsmitglied der »Gruppe 47«, ab 1953 Lektor in H. – W.: Fahrt über den See (R. 1934); Das ehrsame Sodom (R. 1950); Treppen (En. 1962).

Heinz Liepmann (→ Osnabrück/NI), ab 1927 Hilfsdramaturg bei den H.er Kammerspielen. 1933 Verhaftung, KZ Wittmoor, noch 33 Flucht und Exil, 47 als Korrespondent von »Time« zurück nach H., 62 »zweite Emigration« nach Zürich. – W.: Nächte eines alten Kindes (R. 1929); Die Hilflosen (R. 1930); Der Frieden brach aus (R. 1930); Das Vaterland (R. 1933); ... wird mit dem Tode bestraft (R. 1935); Der Ausweg (1961); Ein deutscher Jude denkt über Deutschland nach (1961); Karlchen oder die Tücken der Tugend (1964). – Wohnungen Colonnaden 5, Grindelhof 62, Hallerstraße 5d. – J. Hans, »H. L.s Dokumentarromane aus Nazi-Hamburg«. In: I. Stephan u. a. (Hrsg.), »Liebe, die im Abgrund Anker wirft« – Autoren und lit. Feld im Hamburg des 20. Jahrhunderts (1989).

Arie Goral, (eig. **Walter L. Sternheim**), * 16. 10. 1909 Rheda/Westfalen, † 23. 4. 1996 H., Romancier, Lyriker, Sachbuchautor. Lebte seit frühester Kindheit in H. Als Jude 1933 ins Exil, erste Gedichte in Jerusalem, seit 53 wieder in H. (Wohnung Bornstraße 22). – W.: H.s zwei ehemalige Heine-Denkmäler (1980); Der Hamburger Carl von Ossietzky. Dokumentation (n. 1988); Um Mitternacht. Lyrik 1943-83 (1983); Jiskor. Hamburger Juden Memento (Dichtungen, 1988); Jeckepotz. Eine jüdisch-deutsche Jugend 1914-1933 (1989); An der Grenzscheide. Publizistik 1962-94 (1994); Im Schatten der Synagoge, 2. erw. Aufl. 1994. – Teil-Nachlass

im Hamburger Institut für Sozialforschung. – A.-G.-Sternheim-Gesellschaft e. V. (Schrr.-Reihe; A.-G.-Schülerpreis; A.-G.-Bibliothek in der Israelitischen Töchterschule).

Marion Gräfin Dönhoff * 2. 12. 1909 Schloss Friedrichstein bei Königsberg, † 11. 3. 2002 Schloss Crottorf/Siegerland/NW, Grab in Friesenhagen bei Crottorf. Studium, Kontakte zum Widerstandskreis vom 20. Juli 1944, Flucht aus Ostpreußen 45. Seit 1946 in H. Mitarbeiterin, Chefredakteurin (seit 68) und Herausgeberin (seit 73) der »Zeit«. Publizierte aut. Bücher (»Namen, die keiner mehr kennt« 1962; »Kindheit in Ostpreußen« 1988; »Amerikanische Wechselbäder« (Ess. 1983); »Gestalten unserer Zeit« (pol. Porträts, 1990); »Um der Ehre willen. Erinnerungen an die Freunde vom 20. Juli« (1994); »Was mir wichtig war. Letzte Aufzeichnungen und Gespräche«, Hrsg. H. v. Kuenheim und Theo Sommer (2002). – Friedenspreis des Dt. Buchhandels. – Biographien: A. Schwarzer, »M. D. – Ein widerständiges Leben« (1996), H. von Kuenheim, »M. D., Eine Biographie« (2002).

Axel von Ambesser, * 22. 6. 1910 H., † 6. 9. 1988 München, Theaterschriftsteller (H.er Kammerspiele), Regisseur. Wurde mit Lustspielen bekannt (»Der Reisebegleiter«, 1967).

Arno Schmidt, * 18. 1. 1914 H., † 3. 6. 1979 Celle/NI (Grab in Bargfeld), bedeutender Erzähler, Übersetzer: »Ein Weltkorrektor unter der Maske des Clowns, ... von merkwürdig ehrgeizigem Anspruch universalen Bescheidwissens« (J. Manthey). Aufgewachsen in H.-Hamm, 1928 Umzug nach Schlesien (»Wu Hi? A. S. in Görlitz – Lauban – Greiffenberg«, Hrsg. J. P. Reemtsma und B. Rauschenbach, 1986), nach Abitur Kriegsdienst u. a. in Hirschberg, später Norwegen; Kriegsgefangenschaft. Nach dem Krieg Umzug

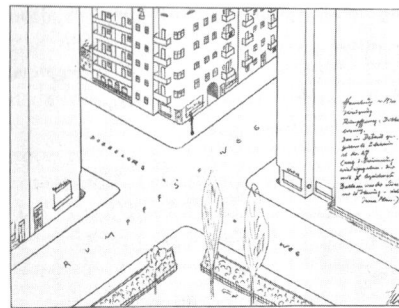

Hamburg: Arno Schmidts Zeichnung seines Geburtshauses im Rumpffsweg 27, 3. Stock (eingezeichnetes Kreuz am Balkon). Das Haus wurde im Weltkrieg zerstört.

nach Cordingen, Gau-Bickelheim (→ Kastel/RP) und → Darmstadt/HE, 1958 endgültig nach Bargfeld (→ Celle/NI). – W.: Bargfelder Ausgabe (1986 ff.); Briefwechsel (u. a. mit A. Andersch, E. Schlotter, W. Michels, 1985 ff.); zahlreiche Übersetzungen (u. a. Bulwer, Cooper, Collins, Faulkner, Joyce, Poe). – Fontane-Preis, Frankfurter Goethe-Preis. – Geburtshaus (Gedenktafel) Rumpffsweg 27 / Ecke Dobbelersweg in H.-Hamm (zerstört): »Ich bin auf dem 2-3 Meter hohen Schutthaufen, der mein Geburtshaus darstellte, geklettert: ringsum, kilometerweit, Alles flach!« (1948). Besuch der Volksschule Pröbenweg und der Realschule Brekelbaumspark. H.er Topographien u. a. in »Aus dem Leben eines Fauns« (1953) und »Abend mit Goldrand« (1975). Die von A. S. konzipierte Dokumentation der H.er Schulzeit »Porträt einer Klasse« (u. a. A. S., »Meine Erinnerungen an Hamburg-Hamm«) wurde postum von E. Krawehl herausgegeben (82). Der H.er Jan Philipp Reemtsma wurde ab 1977 A. S.s Mäzen, dazu Erik Lindner, »Die Reemtsmas« (2007). – »A. S. 1914-1979«, Katalog zu Leben und Werk, Hrsg. A. Dunker (1990); W. Martynkewicz, »Arno Schmidt

mit Selbstzeugnissen und Bilddokumenten« (1992); »Arno Schmidt? Allerdings!« Katalog zur gleichnamigen Ausstellung. Hg. Deutsches Literaturarchiv Marbach, 2006.

Wolfgang Hildesheimer, * 9. 12. 1916 H., † 21. 8. 1991 Poschiavo/Graubünden, Schriftsteller, Maler. Kindheit u. a. in Berlin und Mannheim. 1933 Emigration, nach Jahren in London und Tel Aviv/Israel ab 1946 Dolmetscher bei den Nürnberger Prozessen. Danach Wohnsitz in Ambach in Obb., ab 1957 Poschiavo. Mitglied der »Gruppe 47«, 1983 erklärte H. seine Zeit als Schriftsteller für beendet. – W.: Lieblose Legenden (1952); Das Ende kommt nie (Hsp. 1952); Spiele, in denen es dunkel wird (Sch.e 1958); Tynset (R. 1965); Masante (R. 1973); Marbot (fiktive Biogr. 1981); Gesamtausgabe (7 Bde., 1991). – W. H. – Biographie, Hrsg. V. Jehle (1989).

Ben Witter, * 20. 1. 1920 H., † 12. 12. 1993 H., Journalist und Schriftsteller. 1943 als »untragbarer Intellektueller« beim Hamburger Fremdenblatt entlassen. Nach dem 2. Weltkrieg Chefreporter bei der »Welt«, ab 1953 Kolumnist der »Zeit«. – Neben Lyrik und En. bes. Reportagen u. d. T. »Nachrichten aus der Unterwelt« (1976); »Prominentenporträts« (1977); »Ben Witters Nebbich« (1979); »Sensationen im Sessel« (1983).

Wolfgang Borchert, * 20. 5. 1921 H., † 20. 11. 1947 Basel, gab als Lyriker, Erzähler und Dramatiker der Verzweiflung seiner durch den Krieg gezeichneten Generation Ausdruck. Buchhändler und kurzzeitig Schauspieler in Lüneburg/NI. Ab 1941 Soldat, aus pol. Gründen mehrfach im Gefängnis. Seit 1945 wieder in H. Starb während eines Kuraufenthalts in der Schweiz. – W.: Laterne, Nacht und Sterne (G. 46); An diesem Dienstag (En. 1947); Die Hundeblume (En. 1947); Draußen vor der Tür

(Hörsp. und Dr. 1947); Die traurigen Geranien und andere Geschichten aus dem Nachlass, Nachwort P. Rühmkorf (1962); Das Gesamtwerk (Hrsg. B. Meyer-Marwitz, 1949, n. 98); Allein mit meinem Schatten und dem Mond. Briefe, Gedichte und Dokumente (Hrsg. G. A. Burgess/ M. Töteberg, 1996). – Gedenktafel Tarpenbekstraße 82; Erinnerungen an Eppendorf u.a in »Der Stiftzahn . . .«; sein Text »sag nein!« seit 1984 neben der Friedenseiche am Eppendorfer Markt; Denkmal von T. Ulrichs am Schwanenwik, mehrere Straßen und eine Schule sind nach ihm benannt; Grab auf dem Ohlsdorfer Friedhof. – Internationale W.-B.-Gesellschaft (Jb.); Nachlass im B.-Archiv StUB H., dort auch Nachlass der Mutter **Hertha Borchert**, die niederdeutsche Schriftstellerin war (→ Cuxhaven/NI). – Biographien von P. Rühmkorf (1961), C. B. Schröder (1985) und G. A. Burgess (1985).

Werner Riegel, * 19. 1. 1925 Danzig, † 11. 7. 1956 H., Lyriker, Essayist. Gab 1952-56 mit Peter Rühmkorf die H.er Zs. »Zwischen den Kriegen. Blätter gegen die Zeit« heraus. – W.: Heiße Lyrik (1956, zus. mit P. Rühmkorf), Gedichte und Prosa (1962). – P. Rühmkorf, »W. R. . . . beladen mit Sendung, Dichter und armes Schwein« (1988).

Walter E. Richartz (eig. **Erich Karg von Bebenburg**), * 14. 5. 1927 H., † 1. 3. 1980 Klingenberg/Main, Romancier, Übersetzer. Aufgewachsen in Süddeutschland → Offenbach/Dreieich/HE, ab 1952 Studium in H.

Horst Janssen, * 14. 11. 1929 H., † 31. 8. 1995 ebd., Grab und Museum in → Oldenburg/NI; Zeichner, Graphiker (zahlreiche Dichterporträts), Buchillustrator, Schriftsteller: »An die 200 Janssen-Titel stehen zur Wahl. Eine erdrückende Zahl von Büchern, Bänden, Heften, Broschüren, Folianten. Ein Ende war zu keiner

Zeit abzusehen. Erst recht nicht, nachdem der Schreiber immer häufiger dem Zeichner den Rang streitig machte« (St. Blessin). – Jugendjahre in Oldenburg und Haselünne (→ Meppen/NI). Ausbildung an der Landeskunstschule und erste Veröff. in H., später im eigenen St. Gertrude Verlag. 1975 Schiller-Preis der Stadt Mannheim. – W.: Anmerkungen zum Grundgesetz (1981); Das Pfänderspiel (1983); Die Litze (1984); Querbeet. Aufsätze, Reden, Traktate, Pamphlete, Kurzgeschichten, Gedichte und Anzüglichkeiten (1982); An und für mich (1986); Summa summarum – Ein Lebenslesebuch. Hrsg. G. Tietjens (2006). – Wohnung Warburgstraße 33 (abgerissen), dazu Jugenderinnerungen in »Hinkepott. Autobiographische Hüpfereien« (3. Aufl. 1988), letzte Wohnung Mühlenberger Weg 22 (H.-Blankenese). – St. Blessin, »H. J. – Leben und Werk« (1999); ders., »Alle Macht geht vom Auge aus – Goethe besucht Janssen« (E. 1986); Joachim Fest, »Horst Janssen – Selbstbildnis von fremder Hand« (2001); »Ach Liebste, flieg mir nicht weg« – Briefe H. J.s an Gesche, Hrsg. G. Tietjens (2004).

Kurt Batt, * 11. 7. 1931 H., † 20. 2. 1975 → Rostock/MV. Literaturwissenschaftler, Biograph. Aufgewachsen in Teterow/ Mecklenburg, Studium in Leipzig (Lehrer E. Bloch, H. Mayer), seit 1961 Cheflektor im Hinstorff-Verlag Rostock.

Hubert Fichte, * 21. 3. 1935 Perleberg/BB, † 8. 3. 1986 H., Schriftsteller, Schauspieler, Weltreisender, Ethnologe. Wuchs in H.-Lokstedt, Julius Vosseler-Straße 84, auf, Prägung durch H. H. Jahnn (Spiegelung in: »Versuch über die Pubertät«, 1974); Auslandsaufenthalte: »Ich wollte in die Welt. Europa war mir kaum groß genug. Der Äquator war meine Heimat.« – W.: »Aufbruch nach Turku« (E. 1963); »Die Palette« (R. 1968; spielt am Gänsemarkt; das Lokal »Die Palette« stand in der ABC-Straße am heutigen Marriott-Hotel); »Das Waisenhaus« (R. 1965); »Detlefs Imitationen ›Grünspan‹« (R. 1971; das gleichnamige Lokal in der Großen Freiheit 58 in Nähe des Beatles-»Star-Club«); »Xango« (1976), »Wolli Indienfahrer« (1978), »Petersilie« (1980); »Die zweite Schuld« (Glossen 2006; Abschluss der »Geschichte der Empfindlichkeit«, 19 Bde., 1987-2006). – Wohnung H.-Othmarschen, Dürerstraße 9; Grab auf dem Nienstedter Friedhof (Abtlg. 21, Nr. 84a). – Nachlass StUB, Arbeitsstelle H. F. Universität H. – H. Eppendorfer, »Der Ledermann spricht mit H. F.« (1977), H. Böhme, »H. F., Riten des Autors und Leben der Literatur« (1992), ein kritisches Porträt in F. J. Raddatz' »Unruhestifter«, 2003.

A Das Gymnasium Johanneum wurde 1529 von **Johannes Bugenhagen** (→ Wittenberg/ST) gegründet, urspr. Standort Johanniskloster (heute Rathausmarkt), ab 1840 Speersort, heute Maria-Luisen-Straße, dort auch B.-Denkmal), zu den Schülern zählten u. a. **Harry Graf Kessler** (→ Berlin), **Hans Erich Nossack**, **Walter Jens** und **Ralph Giordano**.

Philipp von Zesen (→ Bitterfeld/ST), lebte seit 1683 bis zu seinem Tod 1689 in H. (»Die schöne Hamburgerin«, 1688, Original-Druck in StUB). 1686 starb der → Magdeburger/ST Bürgermeister und Schriftsteller **Otto von Guericke** in H., wo er die letzen fünf Jahre gelebt hatte. **Eberhard Werner Happel** (→ Marburg/Halsdorf/HE), Lehrer in H., starb hier am 15. 5. 1690.

Über das jüdische Leben in H.-Altona vor 1700 schrieb **Glückel von** → **Hameln**/NI. Von 1694-96 erschien das »Journal de Hambourg« des Hugenotten **Gabriel d'Artis** (1660- um 1730), H. war zu dieser Zeit ein Zentrum hugenott. Lebens. – 1746-47 erschien die Zs. »Der Schutzgeist« des Lyrikers und Theologen **Johann**

Andreas Cramer (1723-1788). Von hier stammt der berühmte Erzieher **Johann Bernhard Basedow** (1723-90, »Vorstellung an Menschenfreunde …«, 1768), der v. a. die Pflege der Muttersprache, der modernen Sprache überhaupt forderte. 1751 kam der Arzt und Aufklärer **Johann Friedrich Struensee** für 17 Jahre nach H.-Altona (Gedenktafel Wohnhaus Kirchenstraße 3-5). Sein tragisches Schicksal am dänischen Hof hat viele Schriftsteller angeregt (→ Celle/NI). Der englische Gelehrte **Thomas Nugent** (→ Wismar/MV) beschrieb die Stadt 1766. **Johann J. C. Bode** (→ Braunschweig/NI) wirkte von 1757-78 als vielseitiger Verleger (Lessings »Hamburgische Dramaturgie«, Gerstenberg, Klopstock, Claudius) und Redakteur. – **Johann Melchior Goeze** (1717-86), mit dem Lessing eine rel.-lit. Fehde führte (»Anti-Goeze«, 1778; G. auch Vorbild des heuchler. Patriarchen im »Nathan«), war seit 1755 Hauptpastor an St. Katharinen. Auf Goezes Betreiben wurde der Rest der Erstauflage von **Johann Matthias Dreyers** (1717-69) Gedichtslg. »Schöne Spielwerke beym Wein, Punsch, Bischof und Krambambuli« (1763) vom Henker öffentlich an der Trostbrücke verbrannt.

Johann Heinrich Voß (→ Waren/MV) redigierte 1777 in Wandsbek den »Göttinger Musenalmanach«. 1773 und 78 besuchte **Georg Christoph Lichtenberg** (→ Darmstadt/Ober-Ramstadt/HE) die Stadt und traf **F. G. Klopstock**; 1792 kam **P. A. C. de Beaumarchais**. Von 1793 bis 1807 verbrachte **Arthur Schopenhauer** (→ Frankfurt a. M./HE) schwere Jugendjahre bei der schriftstellernden Mutter **Johanna** (→ Weimar/TH) in H.: Neuer Wandrahm 92, später Kohlhöfen 87, heute Nr. 29, dort Gedenktafel; Biographie: C. Stern, »Alles, was ich in der Welt verlange« – das Leben der J. S., 2003). **Antoine de**

Rivarol emigrierte 1794 nach H., wo er seinen »Discours sur l'homme intellectuel et moral« (97) schrieb. Im gleichen Jahr kam **Ludwig Tieck** (→ Berlin) nach H., 1795 der Weimarer »Magister ubique« **Karl August Böttiger** (→ Reichenbach/SN). – **Johann Curio** (→ Helmstedt/NI) lebte als Mitarbeiter des »Wandsbecker Boten« und Hrsg. der Zs. »Hamburg und Altona« von 1797 bis zu seinem Tode in H. (Grab auf dem Ehrenfriedhof H.-Ohlsdorf). – Die engl. Dichter **Samuel Taylor Coleridge** und **William Wordsworth** besuchten F. G. Klopstock; C. berichtete 1798 darüber.

1805 kam **Joseph von Eichendorff** (→ Berlin) ins »schöne, längstersehnte Hamburg«; 1807 **Stendhal**, 1809 **Justinus Kerner** (→ Ludwigsburg/BW), der seinen schriftstellernden Bruder, den späteren Armenarzt **Johann Georg K.** (1770-1812, Gedenktafel Großer Burstah 31) besuchte. **Elise Averdieck** (1808-1907, Wohnung u. a. Stiftstr. 4, Grab auf dem Hammer Friedhof) war keine professionelle Schriftstellerin, zeitlebens ging ihr die soziale Tätigkeit vor. Ihre Kindererzählungen wurden H.er Bestseller: u. a. »Kinderleben« (4 Bde., 1850-88), »Lebenserinnerungen« (1909-12). 1814 starb bei der Bekämpfung einer Typhus-Epidemie in Altona der Arzt, Unterhaltungsschriftsteller und Rousseau-Übersetzer **Johann F. E. Albrecht** (geb. 1752; »Altona vor hundert Jahren«, 1804). 1821 war **Jeremias Gotthelf** da, 1829 ff. **Ferdinand Raimund**, 30 **Adelbert von Chamisso** (→ Berlin) in den 40er Jahren **Johann Nestroy** und **Franz Grillparzer**. **Johann Heinrich Wichern** (1808-1881), Sozialpädagoge und Schriftsteller (Werke, hg. P. Meinhold u. a., 1958-88) gründete 1833 sein sozial vorbildliches »Rauhes Haus«. **Karl F. Gutzkow** (→ Berlin) lebte 1836-40 u. a. »in einer der düstersten Gassen, der ABC-Straße« und gab hier seinen

»Telegraph für Deutschland« heraus. Der Kaufmann Baron **Caspar Voght** (1752-1839, »Lebensgeschichte«, Hrsg. C. Schoell-Glass, 2001), ein Goethe-Freund, hatte u. a. **Beaumarchais, Stendhal** und **Madame de Staël** zu Besuch; sein Haus wurde später zum Jenisch-Haus im gleichnamigen Park, Medaillon in der Rathausdiele. **A. H. Hoffmann von Fallersleben** (→ Wolfsburg/Fallersleben/NI) weilte des öfteren in H.; Gedicht »Die Stadt Hamburg« (1871). – **Heinrich Schliemann** (→ Bad Doberan/Neubukow/MV) besuchte 1842 noch vor dem großen Brand H. Über die zerstörte Stadt nach dem Feuer, bei dem sich Heinrich Heines Onkel Salomon als Retter und Wohltäter erwies, berichtet **Hans Christian Andersen** in seiner Aut. »Märchen meines Lebens« (1845 f.; Reiseerlebnisse auch in »Eines Dichters Basar«, n. 1984). Der jüdische Lyriker **David Assing** (**Assur**, geb. 1787) starb 1842 in H., wo er seit 1815 gelebt hatte; seine Frau Rosa M. führte einen Salon, in dem u. a. H. Heine, K. F. Gutzkow und F. Hebbel verkehrten. Die hier geborene Tochter Rosa A. führte in Berlin nach 1842 den Salon der verwandten Rahel Varnhagen von Ense weiter und edierte den Nachlass K. A. Varnhagens. Der Satiriker **Adolf Glaßbrenner** (→ Berlin) zog nach der Revolution von 1848 aus → Neustrelitz/MV nach H., wo er mit Adele Peroni in der Ferdinandstraße 39, später in der Fehlandstraße wohnte. 1864 besuchte **Wilhelm Raabe** (→ Holzminden/Eschershausen/NI) die Stadt, literarische Spuren u. a. in »Der Schüdderump« (R. 1870). Zwei Jahre später wurde ein Schiller-Denkmal vor der Kunsthalle enthüllt, allerdings war der Dichter nie in Hamburg und hat auch nichts über die Stadt geschrieben (heutiger Standort Gustav-Mahler-Park). **Karl Marx** (→ Trier/RP) kam zu Verlegergesprächen 1867 ins Haus Bergstraße 26 (abgerissen). Im gleichen Jahr ging **Matthäus F. Chemnitz** (→ Pinneberg/Barmstedt/ SH) als Amtsrichter nach Altona, der Dichter des Liedes »Schleswig-Holstein, meerumschlungen …« Gedenktafel am Nachfolgebau in der Wilhelmstraße, jetzt Chemnitzstraße 75, Denkmal an der Rainvilleterrasse, Grab und Gedenkstein auf dem Friedhof Norderreihe. – **Sigmund Freud** lernte 1882 seine Frau in H.-Wandsbek kennen. Jugendjahre ab 1890 »mitten im grünen Herzen des grünen Wandsbek« (Gedenktafel Nähe Kurvenstraße 7) beschreibt der junge **Wilhelm Lehmann** (→ Eckernförde/SH) 1898. Zu einem Vortrag besuchte **Rainer Maria Rilke** (→ München/BY) 1906 die Stadt. 1890/91 reiste der Engländer **Henry Montagu Doughty** von Groningen aus über Bremen und H. nach Mecklenburg: »Our Wherry in Wendish Lands« (1893, dt. Ausgabe u. d. T. »Mit Butler und Bootsmann«, 2001).

Als »Genie der Einfühlung« seiner Zeit gerühmt: **Carl Albert Lange** (1892-1952), seine Domäne: Lyrik, Feuilleton, »Kuriosa«. – »Dicht an der Alster« (»Heute steht das große Hotel Atlantic an der Stelle des kleinen Geburtenheims«) wurde im August 1899 **Ruth Schaumann** (→ München/BY) geb. – Über seinen H.-Besuch um die Jahrhundertwende berichtet der engl. Schriftsteller **John Cowper Powys** in seiner »Autobiography« (1934, dt. Ausg. 1989). – Im von Dichtern und Malern geschätzten Blankenese wohnte 1906-12 **Gustav Frenssen** (→ Heide/ Barlt/SH), Baurs Weg 8 (»Lebensbericht«, 1941), Bronzerelief Ferdinandstraße 6. **Golo Mann** (→ München/BY) schreibt über seine Zeit im Blankeneser »Haus am Rutsch« in »Erinnerungen und Gedanken. Eine Jugend in Deutschland« (1986). Zu Beginn des Jahrhunderts und nach dem 2. Weltkrieg lebte **Norbert Jacques**

(1880-1954) hier, von H. handeln die Werke »Auf Jan Focks Ewer« (1918) und »Glück und Leid im Hause Benedum« (»Mit Lust gelebt«, Aut. 1950). – Die Brüder **Edgar** und **Joachim Maass**, beide in H., Schwanenwik 33, geb.: 1896 und 1901, hatten v. a. als Erzähler Erfolg. Edgar: »Verdun« (1936), »Der Traum Philipps II.« (1951); Joachim: »Die unwiederbringliche Zeit« (Erinn. 1935), »Ein Testament« (1939, H.er Familien- und Entwicklungsroman), »Der Fall Gouffé« (1952), »Zwischen Tag und Traum« (Lesebuch, 1961). Beide lebten lange Jahre in den USA und starben dort auch: Edgar 1964, Joachim 1972.

Lothar Schreyer (→ Dresden/SN) war 1911-18 Dramaturg am Dt. Schauspielhaus in H., seit 1916 Schriftleiter der express. Zs. »Sturm«. Lebte ab 1932 in H.-Wohldorf (Wohnung Bredenbek 9), wo er 1966 starb, Grab auf dem W.er Waldfriedhof. – **Paul Claudel** wurde 1913 franz. Generalkonsul in H. (Wohnung Außenalster 42) und schrieb hier sein Drama »Protée« (1914), den Kriegsausbruch erlebt er als Schock: »Jungfernstieg – Große Bleichen. Die Menschenmenge dumpf und schweigsam.« Für **Hans Grimm** (→ Wiesbaden/HE) dagegen war das H.er Studiensemester 1914 die »Inkubationszeit seines monumentalen Propagandawerks« (K. U. Scholz). – Der »Oberdada« **Johannes Baader** (1875-1955) und **Raoul Hausmann** (→ Berlin) schockierten 1920 das Publikum im H.er Curiohaus mit ihren »Wortorgien«. Expressionistische Wege ging der Wandsbeker Lyriker **Karl Lorenz** (1888-1961; »Liebe – Friede – Freiheit«, G. 1913), **Hans Much** (1880-1932) stieß als Buddhist zur Literaturvereinigung »Hamburger Gruppe«, und 1919 begründete **Johannes Wüsten** (1896-1943) die »Hamburgische Sezession«. Einen kritischen Rückblick auf seine Jahre als Feuilleton-

Hamburg: Die Kulturwissenschaftliche Bibliothek Aby Warburgs (KBW) in der Heilwigstraße 116

chef der »Neuen Hamburger Zeitung« veröffentlichte **Hans W. Fischer** (1876-1945) im »Hamburger Kulturbilderbogen« (1923). Der Goethe-Forscher **Ernst Beutler** (→ Frankfurt a. M./HE) arbeitete 1918-25 als Bibliothekar an der StUB.

Aby Warburg (1866-1929) eröffnete 1926 in der Heilwigstraße 116 (H.-Eppendorf) den Neubau seiner berühmten »Kulturwissenschaftlichen Bibliothek (KWB)« mit einer Rede des später emigrierten Hochschullehrers **Ernst Cassirer** (Einzelheiten bei Toni Cassirer, Mein Leben mit E. C., 1981). – 1995 restauriert, Forschungs- und Gedenkstätte, Plakette am Haus, Warburgs Wohnhaus nebenan. Von größter Bedeutung für die Forschung, musste die Bibliothek 1933 nach London in Sicherheit gebracht werden; heute ist sie mit ca. 300 000 Bdn. Bestandteil des War-

burg-Institute der Universität London. Aby Warburg, »ein Meister von Charakterstudien in feuilletonistischer Kürze« (K. Wippermann) schrieb das kulturgeschichtlich bedeutende »Tagebuch der KWB Warburg« (Hrsg. K. Michels/Ch. Schoell-Glass, 2001). Über A. W.: B. Roeck, Der junge Aby Warburg (Biographie, 1997), R. Galitz/B. Reimers (Hg.), Aby M. Warburg (1995) und Karen Michels, A. W. – Im Bannkreis der Ideen (2007). Ernst Barlach schuf das Grabmal der mit ihm befreundeten Familie Warburg, Hamburg ehrt seinen Sohn mit dem A.-W.-Preis. – Aby M. Warburg, Ausgew. Schrr. (1979); Ekstatische Nymphe ... trauernder Flußgott. (Porträt, 1995); Schlangenritual. Ein Reisebericht (1995); Ron Chernow, Die Warburgs (1996), M. Diers (Hrsg.), Porträt aus Büchern, Bibliothek ... (1993).

Der englische Schriftsteller **Cecil S. Forester** begann 1929 in H. »Eine Bootsfahrt in Deutschland«, so auch der Titel seiner Reiseskizzen (n. 1999). Im gleichen Jahr besuchte **Victor Klemperer** (→ Dresden/SN) H.: »Ein Spaziergang ins Innere der Stadt: Repetition bekannter Bilder« (»Tagebücher 1929-1932«; 1996). **Friedo Lampe** (→ Bremen) leitete 1932 die Bücherhalle im »Tempelchen« an der Mönckebergstraße. – 1933 stellte die Buchhandlung Felix Jud nur das neue Buch des Reise-Schriftstellers **Richard Katz** (1888-1968) ins Schaufenster, es hieß: »Heitere Tage mit braunen Menschen« (Nachzulesen in: »Und wer besorgt das Spielzeug? 75 Jahre Hamburger Bücherstube Felix Jud & Co«, Hrsg. W. Weber u. M. Krauth, 1998). Zur Erinnerung an die zwei (sic!) H.er Bücherverbrennungen von 1933 (Kaiser-Friedrich-Ufer und Lübeckertorfeld) ein Relief am Sockel des Heine-Denkmals (Rathausmarkt); ein Eisenbahnwaggon als Deportations-Mahnmal vor der Gesamtschule Winterhude, eine Gedenkta-

fel am Hauptbahnhof und ein Gedenk-
stein am Platz der jüdischen Deportierten
(Moorweidenstraße). Passagen in **Ralph
Giordanos** »Die Bertinis« (R. 1982), einem
zentralen Werk über Terror und Verfol-
gung in H., erinnern daran, dass es bald
tödlicher Ernst wurde. Dazu die Aut.
Giordanos »Erinnerungen eines Davonge-
kommenen« (2007). Das Gedenkbuch
des Staatsarchivs hält 8877 Namen jüdi-
scher Opfer fest. Dazu auch **Günther
Schwarberg**, »Der SS-Arzt und die Kin-
der. Bericht über den Mord vom Bullenhu-
ser Damm« (1979, n. 95) und »Meine 20
Kinder« (1996), Gedenktafel im Treppen-
haus in der Janusz Korczak-Schule am Bul-
lenhuser Damm. **Justin Steinfeld** (1886-
1970, Wohnungen Hallerstraße 6 und
Rutschbahn 40) hat in »Ein Mann liest
Zeitung« (R. 1984) die Entrechtung und
Vertreibung der Juden am Beispiel von
Leonhardt Glanz beschrieben. Jüdische
Bürger wie der Schriftsteller **Wolfgang
Hildesheimer** emigrierten nach Palästina.
Georges Arthur Goldschmidt, 1928 in
Reinbek (→ Ratzeburg/SH) geboren,
schildert in zwei aut. Werken: »Ein Garten
in Deutschland« (E., dt. Ausgabe 1988)
und in »Über die Flüsse« (2001) Besuche
in H. um 1935, wo er u. a. Hitler sah.
Robert Muller schildert Kindheitserleb-
nisse um 1936 in Harvestehude (»Die
Welt in jenem Sommer« (R. 1993), **Cecilie
Landau** (eig. Lucille Eichengreen) in »Von
Asche – zum Leben« (1992), **Geno Hart-
laub** Kriegserlebnisse u. a. in »Gefangene
der Nacht« (1961).

Kurt Schwitters (→ Hannover/NI) in sei-
nem Bericht »Flucht nach Norwegen« aus
dem Jahre 1938: »In Hamburg war starker
Nebel. Das Tuten der Schiffe war ganz ab-
scheulich. Den Paß- und Devisenkontrol-
leur nahm ich menschlich ...« **Samuel
Becketts** Tagebuch seiner Deutschlandrei-
se 1936 (R. Quadflieg, »Beckett was here.

Hamburg im Tagebuch Samuel Becketts
von 1936«, 2006, dazu M. Giesing u. a.,
»Das Raubauge in der Stadt, Beckett liest
Hamburg«, 2007) verzeichnet lebhafte
Streitgespräche über die »entsetzlichen Na-
zis« bei seinem Aufenthalt in H. (Woh-
nung u. a. Schlüterstraße 44), aber: »Die
Stadt ist superb . . . nichts ist älter als Mitte
neunzehntes Jahrhundert.« Respektvolle
H.-Reminiszenzen auch beim engl. Lyri-
ker **Stephen Spender** (u. a. im aut. R.
»Der Tempel« und »Welt in der Welt«,
Aut. 1952, n. 92).

Alltäglicher Rassismus u. a. im Bericht
von **Hans J. Massaquoi** »Neger, Neger,
Schornsteinfeger. Meine Kindheit in
Deutschland« (1999). 1944-45 »Schutz-
haft« für den Lyriker **Hans Harbeck** (→
Eckernförde/SH), der darüber die »Verse
aus dem Gefängnis« schrieb (1946). Im
Boden des Audimax der Universität eine
Gedenktafel für die H.er Studentengrup-
pe der »**Weißen Rose**« (→ München/
BY), eine zweite Tafel am Jungfernstieg
50 (ehemals Buchhandlung Anneliese Tu-
chel), wo sich die Widerständler um Rein-
hold Meyer (1920-44, hingerichtet) trafen
(→ Bad Segeberg/Bad Bramstedt/SH). –
Wolf Biermanns »Hamburg«-Gedicht
(»Alle Gedichte«, 1995) erinnert an die
Bombardierung im 2. Weltkrieg: »Seit je-
nem Tag hat mir der Glücksgott meinen
Stern bewahrt / doch blieb ich immer, in
der Liebe wie im Haß, verflucht.« Im
Nachwort zur Slg. Schilderung des Feuer-
sturms von 1943. Der 1936 in H. geborene
B. zog 1953 nach Gadebusch (→ Greves-
mühlen/MV), später nach → Berlin
(Ost); seit seiner Ausbürgerung 1976 lebt
er wieder in H. Zu den Bombennächten
auch »Der Untergang« (1961) von **Hans
Erich Nossack, Hubert Fichtes** R. »Det-
levs Imitationen ›Grünspan‹« (1971) und
Hans Leips Gedicht »Lied im Schutt«, ver-
sammelt in der Anthologie »Hamburg

1943. Literarische Zeugnisse zum Feuersturm«, Hrsg. V. Hage, 2003). Weitere Texte zum Thema in **Walter Kempowskis** »Tadellöser & Wolff« (R. 1971), **Ralph Giordanos** »Die Bertinis«, die autobiographisch geprägten Ereignisse spielen in der Barmbeker Hufnerstraße Nr. 113 (zerstört, im Buch Lindenallee), die Verstecke der untergetauchten Familie lagen im Diesterweg 5 und Alsterdorfer Straße 6. Hamburg im Krieg und Nachkrieg auch bei **Uwe Timm**: »Die Entdeckung der Currywurst« (1993, n. 2003) und »Am Beispiel meines Bruders« (2003). Von den Zerstörungen und Aufräumarbeiten im Hafen erzählt **Siegfried Lenz** in »Die Stunde der Taucher« (»Zaungast«, En. 2002). Eine Sicht von außen auf die zerbombte Stadt in »European Witness« (dt. Ausg. 1995 u. d. T. »Deutschland in Ruinen«) des englischen Schriftstellers **Stephen Spender**, der 1945 Hamburg besuchte. Stadtgeschichte auch in **Liane Dirks** R. »Vier Arten meinen Vater zu beerdigen« (R. 2002). Am 12. 10. 1948, kurz nach seiner Rückkehr aus der Emigration, starb in H. der Kritiker **Alfred Kerr** (→ Berlin), der schon 1927 das Heine-Denkmal eingeweiht und ein Jahr später die Stadt feuilletonistisch beschrieben hatte; Grab auf dem Ohlsdorfer Friedhof. Sein Sterben schildert **Willy Haas** in »Die literarische Welt« (Erinn. 1960). Der Kritiker und Essayist Haas (1891-1973), Schulfreund von F. Werfel und F. Kafka in Prag, lebte bis 1933 in → Berlin, nach dem 2. Weltkrieg als »Caliban« in H. (Emil-Janßen-Straße 4, ab 1961 Sierichstraße 164); Grab auf dem Ohlsdorfer Friedhof.

Der Publizist und Literaturhistoriker **Alfred Kantorowicz** (→ Berlin), »Emigrant der ersten und letzten Stunde« (F. J. Raddatz), kam nach 1945 auf Besuch nach H., lebte hier seit 1962 (Sierichstraße 148/Innocentiastraße 47) und starb am 27. 3. 1979; Grab auf dem Ohlsdorfer Friedhof. – Über die ersten Jahre nach Kriegsende an der H.er Universität **Peter Wapnewski** (→ Kiel/SH) in: »Mit dem anderen Auge. Erinnerungen 1922-1959« (2005). – Erst 1952 kehrte die am 5. 9. 1900 in H. geborene Unterhaltungsschriftstellerin **Alice Ekert-Rotholz** (»Reis aus Silberschalen«, R. 1954) wieder in die Heimat zurück und wurde als »deutsche Pearl S. Buck« gefeiert. Sie starb am 17. 6. 1995 in London. Noch später als für sie endete das Exil **Kurt Hillers** (→ Berlin), der erst 1955 zurückkam und hier im Grindelberghaus Block 6 (Hallerstraße 5e) bis zu seinem Tod wohnte (»Leben gegen die Zeit«, Erinn. 1969/73).

Der Wiener Feuilletonist **Alfred Polgar** fand 1953 Hamburg »unvergleichlich«, der Romancier **Gregor von Rezzori** (→ Winsen/NI) veröffentlichte im gleichen Jahr hier seine »Maghrebinischen Geschichten«. **Gottfried Benn** (→ Perleberg/Mansfeld/BB) war schon 1936 in H., 54 erneut Gast. Er »las seine Sachen herunter, als ob er sie selbst nicht verstanden hätte« (P. Rühmkorf). Dazu auch der sehr persönliche Bericht der Hamburg-Woche im Hotel Kronprinz (Kirchenallee 46) von B.s Geliebter **Ursula Ziebarth** in »Hernach« (Br. 2001). 1955-63 war **Gustaf Gründgens** (schon 1925 zusammen mit **Erika** und **Klaus Mann** → München/BY in H.) Intendant am Deutschen Schauspielhaus und inszenierte hier »seinen« Faust. Grab in Ohlsdorf. 1960-61 leitete der französische Philosoph **Michel Foucault** (1926-84) das Institut Français de Hambourg in der Heimhuder Straße 55. – **Thomas Mann** (→ Lübeck/SH) hielt sich 1953, aus Zürich kommend, einige Tage in H. auf.

Kurt Kusenberg (1904-1983, Wohnung Abteistraße 28), bekannt durch seine »magischen Bagatellen« (1940; 1942), war

Hrsg. von »Rowohlts Monographien«. Seit 1951 in H.-Othmarschen, 50 Jahre später Ehrenbürger: Der Ostpreuße **Siegfried Lenz** (»Leute von Hamburg«, »Die Wracks von Hamburg«, »Meine Straße«, En., n. 1986), weiter: »Deutschstunde« (1968), »Einstein überquert die Elbe bei Hamburg« (1975). **Wolfgang Schreyer** über einen Besuch bei **Ralph Giordano** an der Elbchaussee Ende der fünfziger Jahre in der Aut. »Der zweite Mann« (2000). In einem »monologischen Dasein« saß der Literaturkritiker **Marcel Reich-Ranicki** von 1959 bis 73 »isoliert und vereinsamt in unserer kleinen Wohnung im Hamburger Vorort Niendorf und produzierte ein Manuskript nach dem anderen« (»Mein Leben«, Aut. 1999). Weitere Bürger **Helmut Heißenbüttel** (→ Wilhelmshaven/NI, Wohnungen Parkallee 42 und Hartwicusstraße 13a): Hamburg-Bezüge in »Nulluhralsterpromenade« (G. 1952), »D'Alemberts Ende« (R. 70), »Die goldene Kuppel des Comes Arbogast oder Lichtenberg in Hamburg« (1979) und »Fünf kleine Landschaften elbabwärts« (1980), **Walter Jens** (Wohnungen Breitenfelder Straße 56 und Husumer Straße 33, Kindheitsmilieu in »Der Blinde«, R. 1951): 1947 erschien mit der E. »Das weiße Taschentuch« die erste Publikation des am 8. 3. 1923 in H. geborenen Philologen und Kritikers, der anfangs der 40er Jahre in seiner Heimatstadt studiert hatte. J. wollte den Eimsbütteler Fußballsturm seiner Jugendzeit noch nennen, »wenn er den letzten Goethe-Vers vergessen« hat. **Günter Grass** (wohnte 1984-86 Schwanenwik 31). Grass in einem Brief an Helen Wolff: »In Hamburg leben wir uns nur schwer ein, so schön, elegant und einladend die Stadt ist.« Die H.er Studentenproteste der 68er finden sich in **Uwe Timms** »Heißer Sommer« (R. 1974). Ein (fast) vollständiges Autorenregister und weitere literaturhistorische Erläuterungen

in »Hamburg literarisch. Ein Adreßbuch« (Hrsg. Kulturbehörde Hamburg, 1990), viele Autoren auch in: »Hamburg, Menschen wie Schiffe. Großstadtgeschichten« (Hrsg. C. Ueckert/J. Beißner, 1988) und im »Hamburger Ziegel«. Jahrbuch für Literatur (hg. im Auftrag der Kulturbehörde, 8 Bde., 1992 ff.).

L **Hammonia**, so der neulateinische Namen für Hamburg, den **B. H. Brockes** 1710 in der »extraordinären Serenata« als allegor. Gestalt zur offiziellen Schutzgöttin H.s proklamierte, geistert durch **H. Heines** und **W. Biermanns** »Wintermärchen« (1844/1972). Von Hamburgs Sagen (versammelt in: »Die Schwarzen Führer. Hamburg – Schleswig-Holstein«, Hrsg. A. Paulsen/U. Looft-Gaude,1998) finden sich wenig Spuren in der zweimal zerstörten Stadt. Der Mythos des **Klaus Störtebeker** (→ Rügen/MV und Usedom/MV) wird auch in Hamburg lebendig, **Klabund** (→ München/BY) schrieb 1926 den R. »Störtebeker«; Denkmal auf dem Grasbrook am Hafen.

Klein Erna, eine frühreife Göre aus dem Kleine-Leute-Milieu, ist die Verkörperung einer speziellen Variante des Volkswitzes. Nicht weniger populär ist **Hummel-Hummel**, dem die Hamburger sogar an der Ecke Rademachergang/Breiter Gang ein Denkmal gesetzt haben.

Frühe Topographien: 1537 »Carmen in laudem Hamburgi« von **Johannes Freder** (1510-62); 1674 »Des Nordischen Mercurij Verbässerter Wegweiser von 10 Hauptreisen aus der Stadt Hamburg« (n. C. Walther, 1889) von **Georg Greflinger** (um 1620-77); 1675 »Hertzfliessende Betrachtungen von dem Elbe-Strom« von **Peter Hessel** (1639-77), seit 1671 Prediger am Pesthof vor den Toren; 1696 »Kurtze Historische Beschreibung der Uhr-Alten, Kayserlichen und des Heiligen Römischen Reichs Freyen-An-See-Kauff-und-Handels-Stadt Hamburg« von **Wolfgang Heinrich Adelungk** (1665-1746); 1787-92 »Hamburg topographisch, politisch und historisch beschrieben« von **Jonas Ludwig von Heß** (1756-1823, Grab in Ohlsdorf); 1801 »Briefe über Hamburg und Lübeck« von **Garlieb Merkel** (1769-1850);

1834 »Des Hamburgischen Dampf-Boots Ge-
fährte bei Lustfahrten auf der Nieder-Elbe«
von dem seit Anfang des 19. Jh.s hier leben-
den Engländer **James Edward Marston** (1771-
1855).
H.er Affären sind – verschlüsselt – Gegen-
stand der Romane des um 1700 bei H. leben-
den **Polander** (»Der entlarvte Cupido«, 1704).
– 1732 gab es eine Kontroverse zwischen **Vol-
taire** und dem H.er Autor **Johann Richey**
(1706-38) über die Niederbrennung Altonas
(»Lettre d' un Anonyme . . .«, 1732). **Jean Pauls**
(→ Wunsiedel/BY) »Hesperus« (R. 1795) ent-
hält ebenso H.-Bezüge wie die »Flegeljahre«
(R. 1804) und **Johann G.** Seumes (→ Poser-
na/Weißenfels/ST) Reisebild »Mein Sommer
1805« (1806). – Der franz. Schriftsteller **Jacob
Gallois** (1793-1872), der von 1817-67 als Hilfs-
lehrer am Johanneum wirkte, schildert das vor-
märzl. H. in der 1835 geschriebenen, aber erst
1950 veröff. Satire »L'espion chinois à Ham-
bourg«. »Für Kinder erzählt von einer Ham-
burgerin«: die 1863 ersch. »Erinnerungen aus
der Franzosenzeit in H.« von **Marianne Prell**
(1805-77). – Zahlreiche Bezüge zu H. auch
im Werk **Theodor Fontanes** (Neuruppin/BB),
der die Stadt zwischen 1844 und 91 oft be-
suchte: »Euer Hamburg, an das ich nicht den-
ken kann, ohne daß mir das Herz lacht« (»Frau
Jenny Treibel«, R. 1892; dazu auch Tagebuch-
einträge«, und bei **Theodor Storm** (→ Hu-
sum/SH), u. a. in »Aquis submersus« (N.
1877). Über Storm in Altona auch **Gerd Evers-
berg**, »Storms erste große Liebe« (1995). –
»Zwischen Elbe und Alster« (H.er Novellen,
1880) und »Erich Hertebrinck« (H.er R. 1907):
Kultur- und Lebensbilder mit sozialem Ein-
schlag von **Ilse Frapan-Akunian** (eig. **I. Le-
vien**/1849-1908); »Wie ich lernte. H.er Erinne-
rungen und Stimmungsbilder aus den Jahren
1813 bis 1872« (1929) von **Theodor Birt(h)**
(1852-1933); »Der junge Perthes« (R. 1924,
mit der Schilderung des Weihnachtsfestes auf
dem Wandsbeker Schloss 1796), »Perthes der
Mann« (R. 1925) u. a. von **Albert Petersen**
(1883-1943). In der Welt von Handel und See-
fahrt v. a. spielen die Werke, wie »Konsul
Möllers Erben« (1914, n. 83), von **Adolph
Wittmaack** (1887-1957; Grab auf dem Fried-

hof Blankenese) aus Itzehoe, der früh in H.
Fuß gefasst hatte. **Wilhelm Lamszus** (1881-
1965) verursachte mit »Das Menschenschlacht-
haus. Bilder vom kommenden Krieg« (R.
1912) einen Stadtskandal. **Larissa Reisner**
schildert in »Hamburg auf den Barrikaden«
(R. 1925) den kommunistischen Aufstand
von 1923.
Thomas Mann (→ Lübeck/SH) lässt im »Zau-
berberg« (R. 1924) Hans Castorps Großvater
im Haus Esplanade 37 wohnen. **Karl Scheffler**
(1869-1951) beschreibt in »Der junge Tobias«
(R. 1927) den Wandel in H.-Eppendorf. Zum
geflügelten Wort in den 30er Jahren wurde
der Titel von **Ludwig Jürgens'** (1893-1966,
Grab Ohlsdorf) Roman »Stadt im Seewind«
(1931, n. 54). **Joachim Ringelnatz** (→ Wur-
zen/SN), schon 1905 in der Großen Reichen-
straße 49 wohnend, dichtete 1923: »Hier trink
ich morgens Bier auf nüchtern Magen / Und
häufe Wurst auf grobes schwarzes Brot.« Oft
kam er bei Freund Wilkens im Neuen Wall/
Ecke Jungfernstieg unter (Nr. 2, abgerissen);
auf die Ringelnatztreppe in Övelgönne schrieb
Peter Rühmkorf das Gedicht »Kringel für
Ringel« (in: »wenn – aber dann«. Vorletzte Ge-
dichte, 1999). **Harry Reuss-Löwenstein** (1880-
1966): »Zwischen Süllberg und Chimborasso«
(1965); **Ascan Klée Gobert** (1894-1967): »Kind-
heit im Zwielicht« (1946). Beinahe schon eine
(missingsch) Institution **Dirks Paulun** (1903-
76; Wohnung Elbchaussee-Jenisch-Park, Grab
auf dem Ohlsdorfer Friedhof): »Libhes Ham-
burch – schenkich dihr!« (1963), »Is doch ge-
diegen« (1973) u. a.
Romane und Erzählungen: **Otto Julius Bier-
baum** (→ München/BY), »Prinz Kuckuck«
(1908); **Rudolf G. Binding** (→ Starnberg/
BY), »Der Opfergang« (1911); **Helmuth Warn-
ke** (1908-2003) schrieb »Bloß keine Fahnen«
(Erinn. 1923-54, 1988); **Kurt Schwitters** (→
Hannover/NI) schildert 1925 die groteske
»Rundfahrt im Hamburger Hafen«. Von **Ida
Boy-Ed** (→ Lübeck/SH), »Gestern und mor-
gen« (1926); **Hermann Claudius**, »Meister
Bertram von Mynden, Maler zu H.« (1927)
u. a.; **Hans Fallada** (→ Greifswald/MV), »Wer
einmal aus dem Blechnapf frißt« (1934);
Hans Franck (→ Ludwigslust/Wittenburg/

MV), »Ein Dichterleben in 111 Anekdoten«
(1961); **Gustav Frenssen**, »Klaus Hinrich Baas«
(1909); **Gerhart Hauptmann** (→ Berlin),
»Das Abenteuer meiner Jugend« (1937), schon
um 1930: »In Hamburg habe ich zum ersten
Male das Licht der Welt erblickt, das Licht
der weiten, breiten, großen Welt erblickt.« **Ru-
dolf Herzog** (→ Wuppertal/NW), »Hansea-
ten« (1909); **Karl von Holtei** (→ Berlin), »Der
letzte Komödiant« (1863); **Ricarda Huch** (→
Braunschweig/NI), »Erinnerungen von Lu-
dolf Ursleu dem Jüngeren« (1893); **Kurt Ihlen-
feld** (→ Berlin), »Das glückliche Ufer« (1970);
Wilhelm Jensen (→ Eutin/Heiligenhafen/
SH), »Doppelleben« (1890); **Edgar Maass**,
»Das große Feuer« (1939); **Charlotte Niese**
(→ Eutin/Fehmarn/SH), seit 1888 in H.-Alto-
na, »Licht und Schatten« (1895), »Damals«
(1919) u. a.; **Carl August Reinhardt** (1818-
77), »Der fünfte Mai« (n. 1949); **Arnold Zweig**
(→ Berlin), »Das Beil von Wandsbek« (1947).
Hamburg-Bezüge in **Uwe Friesels** »Sonnen-
flecken« (R. 1965) und »Spiegel verkehrt« (R.
1984); bei **Hans Eppendorfer** (1942-99) mit
»Szenen aus St. Pauli« (1982, 94), **Viola Rog-
genkamp** mit »Familienleben«, dem Roman
jüdischer Bürger um 1967 (2004). Vom 1935
in Volksdorf geb. **Hermann Peter Piwitt** der
»Versuch einer Heimkehr« und »Ein unver-
söhnlich sanftes Ende« (R. 1998), die Betrach-
tung »Zuhause« über H-Barmbek in »Bocche-
rini und andere Bürgerpflichten« (Es. 1976)
und »Steinzeit. Notate zur Nacht 1989-2002«
(2003); von **Walter Kempowski** »Herzlich
Willkommen« (R. 1984).
»Liebe«: ein DDR-spezifischer Blick – wie
schon in **Franz Fühmanns** (→ Berlin) Reporta-
ge »Herrliches graues Hamburg« (1959) – auf
Hamburg von **Rolf Schneider** in »Annäherun-
gen & Ankunft« (1982), H.-Bezüge auch im
Werk von **Hermann Kant**, hier geb. 14. 6. 1926
(»Die Aula«, R. 1965).
Christian Ferbers H.-Porträt in »Beschrei-
bung einer Stadt« (Hrsg. R. Hagen, 1963);
Eckart Kleßmann, »Telemann in Hamburg«
(1980).
Literatur der Arbeitswelt: Gedichte des »Ham-
burger Echo«-Redakteurs **Jakob Audorf** (1835-
98, Wohnung Neue ABC-Straße 9 zerstört);

populär: »Lied der deutschen Arbeiter«, »Gruß
an meine Vaterstadt«) und **Wilhelm Leopold
August Geib** (1842-79); Reportagen von
Günter Wallraff (u. a. »Auf der Werft«, 1966)
und **Peter Schütt** (»Mein Niederelbebuch«,
1976); **Carl Wüsthoff**, »Der Rote Großvater er-
zählt« (1974), »Geschichte zum Anfassen«
(1980).
Angelsächsischer Literaturtradition folgend,
spielt **Dietrich Schwanitz'** R. »Der Campus«
(1995) im H.er Universitätsmilieu. Die Reihe
der Kriminalromane mit wiedererkennbarem
H.-Bezug führen u. a. **Hansjörg Martin**, **Doris
Gercke** (»Duell auf der Veddel«, 2002), **Petra
Oelker** (»Tod am Zollhaus«, 1997; »Die zerbro-
chene Uhr«, 2000), **Uta-Maria Heim**, **Nor-
bert Klugmann**, **Frank Göhre** und **Regula
Venske** an (»Das Hoch im Morden«, in: Me-
rian 9/98), ergänzt durch die Krimi-Reihe
»Schwarze Hefte« (33 Bde., 2002), dazu
Geno Hartlaubs R. »Lokaltermin Feenteich«
(1972). – **Brigitte Kronauers** Roman »Teufels-
brück« (2000) spielt in Künstlerkreisen, die ins
gegenüberliegende Alte Land flüchten; ihr
Porträt der Niederelbe »Schweiz meiner Seele,
im Flachland?« in: T. Steinfeld, Hrsg., Deut-
sche Landschaften, 2003. Hamburger (und
Lüneburger) Lokalkolorit auch in **Ulf Erd-
mann Zieglers** »Hamburger Hochbahn« (R.
2007). **Gerd Fuchs'** »Die Auswanderer« (R.
2003) führt ins die choleraverseuchte Ham-
burg von 1892.
Hamburg wurde nach 1945 zur Medienstadt.
»Ich denke an jene Zeit wie an eine Saga«: **Gre-
gor von Rezzori** (1914-1998) in seinen Erinn.
und Kollegen-Porträts von **Peter Bamm**
(→ Mönchengladbach/Hochneukirch/NW),
Ernst Schnabel (→ Zittau/SN) u. a. (»Grei-
sengemurmel«, 1994). Über den Neuanfang
bei »Radio Hamburg, a Station of Military Go-
vernment« berichtet **Axel Eggebrecht** (→ Leip-
zig/SN), der für K. U. Scholz »eine der wich-
tigsten Gestalten im kulturellen Leben der
Hansestadt« ist, in der Aut. »Der halbe Weg«
(1975), 1973 **Alfred Behrens** (geb. 1944 H.)
mit »Künstliche Sonnen« und **Ralf Dahren-
dorf** in »Über Grenzen. Lebenserinnerungen«
(2002). Anfang der 50er Jahre wirkte auch **Al-
fred Andersch** (→ München/BY) beim Radio

(Wohnung Ohlstedter Stieg 15); schon ab 1937 hatte er im Horner Weg 29 (1943 kriegszerstört) gelebt und geschrieben, u. a. über seinen Bruder, den Schriftkünstler **Martin A.** (»Brüder«, E. 1971). Über H.s Verleger und Journalisten der folgenden Jahre schrieben Hermann Schreiber: »**Henri Nannen.** Drei Leben« (1999); Michael Jürgs, »Der Verleger. Der Fall **Axel Springer**« (1995); in der Zs. »konkret« kritische Stimmen wie **Klaus Rainer Röhl, Ulrike Meinhof** oder die in H. geb. **Peggy Parnass** (Prozesse, 1978). Im Überblick Hans-Jürgen Jakobs/Uwe Müller, »Augstein, Springer & Co. Deutsche Mediendynastien« (1990) und Wolf Schneider, »Die Gruner & Jahr-Story« (2000), Leo Brawand, »Die Spiegel-Story. Wie alles anfing« (1987); s. a. **Marion Gräfin Dönhoff** und **Rudolf Augstein** (→ Hannover/NI). **Fritz J. Raddatz** über seine Jahre im Rowohlt-Verlag und Tätigkeiten bei der »Zeit« in »Unruhestifter. Erinnerungen« (2003). **Alexander Osangs** R. »die nachrichten« (2000) reflektiert die Medienwelt zwischen »Spiegel« und Tagesschau, vor ihm schon **Hellmuth Karasek** in »Das Magazin« (1996). **Rudolf Augstein**, »Spiegel«-Herausgeber, prägte über Jahrzehnte seinen eigenen Journalismus-Stil. Bis heute gilt, was schon **M. G. Saphir** 1828 erkannte: Hamburg ist Deutschlands »zeitungsreichste Stadt«.

»Hamburg. Ein Städte-Lesebuch«, Hrsg. E. Kleßmann (1991), versammelt alle Lektüre-Klassiker. Weitere Lesebücher: »Kindheitserinnerungen aus Hamburg« (Hrsg. G. Paulsen, 1982) u. a. von H. Deiters, Therese Devrient, Marianne Prell, B. Meyer-Marwitz. G. Spiekermann sammelte Texte u. a. von Willi Bredel, Norbert Eberlein und Heidi Kabel: »Geschichten aus Hamburg« (1995), R. Fiedler-Winter gab die Anth. »... denk ich an Hamburg. Geschichten von gestern und heute« heraus (2004).

S **Staats- und Universitätsbibliothek Carl von Ossietzky**: rd. 3 Mio. Bde., 6300 Zs., 8800 Hss., 240 Inkunabeln, 68 000 Autographen und Briefe (v. a. Gelehrtenbriefe aus dem 16./18. Jh.), 430 Nachlässe (bes. von Dichtern, Schriftstellern und Gelehrten, die mit H. verbunden waren, u. a. F. G. Klop-

stock, D. v. Liliencron, R. Dehmel, H. H. Jahnn, W. Borchert, H. Fichte); 15 000 Porträts; Walter-A. Berendsohn-Forschungsstelle für deutsche Exilliteratur (Bibliothek, Archiv); Theaterslg; Forschungsstelle für Zeitgeschichte; Arbeitsstellen »Hamburger Klopstock-Ausgabe«, »Mittelhochdeutsches und Mittelniederdeutsches Wörterbuch«, »Goethe-Wörterbuch. – **Nordelbische Kirchenbibliothek** (Inkunabeln-Slg.), **Deutsches Bibel-Archiv** der Univ. H.; **UB der Universität der Bundeswehr;** **Bibliothek d. Staatsarchivs; Commerzbibliothek; Bücherhallen; Gerd Bucerius Bibliothek** im Museum für Kunst und Gewerbe; **Musikbibliothek; Niederdeutsche Bibliothek; Denk(t)räume-Bibliothek** d. Frauenbildungszentrums.

Freie Akademie der Künste in H. (seit 1948, Lesungen, Werkstattgespräche, Jahrbuch, Hamburger Bibliographien) verleiht **Plakette** (seit 1955) und **Hans-Henny-Jahnn-Preis** (seit 1963); **Akademie für Publizistik; – Kurt-Tucholsky-Stiftung; – Zentrum für Theaterforschung; – HIS – H.er Institut für Sozialforschung** (Zs. »Mittelweg 36«, Archiv). – **Reinhold-Schneider-Stiftung; Verband Dt. Antiquare.**

Gesellschaften: **Patriot. Gesellschaft zu H.** (als »Gesellschaft zur Beförderung der Künste und nützlichen Gewerbe« 1765 gegr.); »**Quickborn**«-Vereinigung für niederdt. Sprache und Literatur (seit 1904), Zs. »Quickborn«, Q.-Bücher, Quickbornpreis (seit 1960); **Gesellschaft der Bücherfreunde** zu H. (seit 1908); **Maximilian-Gesellschaft** (Förderung der dt. Buchkunst und der Wiss. vom Buche, seit 1911); **Fehrs-Gilde** (Verein von Niederdeutschen, seit 1916); **GEDOK** (Gemeinschaft der dt. und öst. Künstlerinnen und Kunstfreunde, seit 1926) verleiht **Ida-Dehmel-Preis** (seit 1968). – **Verein zur Förderung des Niederdeutschen, Intern. Peter Weiss-Gesellschaft, Claudius-Gesellschaft** e. V. mit Jahresschriften und C.-Archiv im M.-C.-Gymnasium Wandsbek, **Lichtenberg-Gesellschaft** e. V. – **Karl-May-Gesellschaft** H. – **Künstlerhaus** Hamburg e. V. – **writers' room** des Künstlerhauses Dosenfabrik mit Machtclub e. V., **Poetry slam** im »Molotow« und »fool's garden«, **Literaturnacht** im

*Hamburg: Das Literaturhaus am Schwanen-
wik 38*

Japanischen Garten, – Künstlerhaus Sootbörn
H.-Niendorf – Künstlerhaus Bergedorf – **web-
lesungen** Hamburg, H.er **Lesetage, Literatur
im Gespräch.**
Im Zentrum lit. Aktivität, »manchmal Hort,
manchmal stacheliges Nest« (F. J. Degen-
hardt): das **Literaturhaus Hamburg** in denk-
malgeschützter Villa (Schauplatz von R. Vens-
kes Krimi »Mord im Literaturhaus«), Sitz lit.
Geschäftsstellen: **Literaturzentrum** H. e. V.,
Freier Deutscher Autorenverband/Hamburg
e. V., **VS (ver.di)**, **Norddeutscher Verleger
und Buchhändler Verband** (Börsenverein), Be-
richte über Lesungen und den Literaturbetrieb
H.s bei P. Rühmkorf in seinen »Tabu I – Tage-
bücher 1989-1991« (1995) und »Tabu II – Tage-
bücher 1971-72« (2004); Festivals (**Nordische
Literaturtage**), »**Der Neue Klub**« (Kulturge-
sellschaft, gegr. 2001).
Preise: **Stiftung F. V. S.** (gegr. 1931 von Alfred
Toepfer, gemeinnützige Stiftung zur Anre-
gung, Förderung und Auszeichnung auf kultu-
rellen und wiss. Gebieten), verleiht rd. 2 Dtzd.

Preise, u. a. **Hanseat. Goethe-Preis** (seit 1950),
Joost-van-den-Vondel-Preis (seit 1960), **Gott-
fried-von-Herder-Preis** (seit 1964), **Conrad-
Borchling-Preis** (für niederdt. und fries.
Sprach- und Lit.-Wiss., seit 1964), **Hannelore
Greve-Literaturpreis** der Hamburger Autoren-
vereinigung (seit 2004), **Henrik-Steffens-
Preis** (seit 1966), **Shakespeare-Preis** (erneuert
1967), **Montaigne-Preis** (seit 1968), **Ossian-
Preis** (zur Erhaltung und Förderung gefährde-
ter Sprach- und Kulturgemeinschaften), außer-
dem 4 niederdt. Lit.-Preise: **Hans-Böttcher-
Preis** (Hörspiel), **Klaus-Groth-Preis** (Lyrik),
Fritz-Reuter-Preis (Epik), **Fritz-Stavenha-
gen-Preis** (Dramatik) sowie **Richard-Ohn-
sorg-Preis.**
**Lessing-Preis, Alexander-Zinn-Preis, Hubert-
Fichte-Preis, Egon-Erwin-Kisch-Preis** der Zs.
»Stern«, **Bettina von Arnim-Preis** der Zeit-
schrift »Brigitte«, **Astrid-Lindgren-Preis** (Kin-
der- und Jugendliteratur), **Mara-Cassens-Preis**
»Der erste Roman«, **Italo Svevo-Preis, Ri-
chard-Schönfeld-Preis** für lit. Satire, H.er **För-
derpreis für Literatur und literarische Über-
setzungen** für Landeskinder, Übersetzerpreis
der **Heinrich-Maria-Ledig-Rowohlt-Stiftung,
Literaturpreis der Irmgard-Heilmann-Stif-
tung, Karl-Heinz-Zillmer-Verlegerpreis,** »**Eule
des Monats**« (Literaturpreis).

R »Litera-Tour – Spaziergänge durch
Hamburg« (1995) bietet **Matthias Gretz-
schel** in neun Rundgängen an, von »Dich-
tern auf Denkmalssockeln« bis zur »Faszi-
nation des Hafens«. Ebenfalls als Kultur-
rundgang angelegt: die von A. Brenken/
E. Kossak hg. »Spaziergänge Hamburg«
(7. Aufl. 2000); sehr informativ: W.
Skrentny, »Zu Fuß durch Hamburg. 20
Stadtteilrundgänge durch Geschichte und
Gegenwart« (3. Aufl. 2003) und – eher
historisch-kulturgeschichtlich – »Kiek mol.
Neue und bewährte Stadtteilrundgänge«,
Hrsg. H.er Geschichtswerkstätten, 1998.
Detaillierte Auskunft in Text und Karte
über »99 Autoren und ihre Orte in der
Stadt« (so der Untertitel) gibt K. U.
Scholz' »Literarisches Hamburg« (2002),

als Anth. »Hamburg. 69 Dichter und ihre Stadt«, Hrsg. O. Irlenkäuser und S. Samtleben (2006). Die »Hamburger Textgänge« (Hrsg. H. Brandstädter und T. Flüth, 2001) gehen eigene Wege: Kapitel wie »Hamburg im Blick ausländischer Autoren« oder »Das Völkerkundemuseum als literarischer Ort« bereichern H.s Kulturtopographie. Alle Autoren sind sich einig, dass es für literarische Rundgänge bestimmte Schwerpunkte gibt: Neben der Innenstadt mit dem angrenzenden Hafen (u. a. **B. H. Brockes**, **F. G. Klopstock**, **G. E. Lessing**, **M. Claudius**, **H. Heine**, **E. Barlach**, **Th. Mann**, **J. Ringelnatz**, **H. E. Nossack**, **H. Fichte**) sind das die Stadtteile Harvestehude-Rotherbaum und Eppendorf (u. a. **F. v. Hagedorn**, **H. Heine**, **A. Warburg**, **E. Maass**, **H. E. Nossack**, **W. Borchert**, **A. Eggebrecht**, **M. Beheim-Schwarzbach**, **W. Jens**), das Universitätsgelände mit dem ehemaligen Wohnviertel vieler Juden, dem Grindel (u. a. **A. Goral**, **C. v. Ossietzky**, **K. Hiller**, **H. Liepmann**), die Viertel am Elbufer (Övelgönne, Blankenese, darüber Altona, Ottensen) mit **Klopstock**, **Dehmel**, **Leip**, **Jahnn**, **G. Mann**, **Fichte**, **Lenz**, **Rühmkorf**, **Kronauer**) und Wandsbek-Barmbek (mit **Claudius**, **Warnke**, **Giordano**).

Ein literaturhistorisches »memento mori« bietet der **Hauptfriedhof Ohlsdorf**, in seiner Größe und Schönheit als Parklandschaft einmalig in Europa. **Franz Werfel**, der hier an einem »windigen, wolkenbewegt zartblauen Aprilsonntag« 1911 das Grab der Schauspielerin **Anni Kalmar** (1878-1901 / J 9,70) besuchte, notierte: »Ich verdanke dieser blauen, windzerrissenen Stunde, diesem Stehenbleiben vor einem schönen Frauendenkmal unter unvergeßlichen Bäumen eine plötzlich stürmische Erschütterung meines Lebens.« Bis zu seinem Tod (1909) hatte **Detlev von Liliencron** das Grab der von Karl

Kraus als »schönste, genialste, sanfteste, kindlichste Frau« Verehrten gepflegt. – **Samuel Beckett** in der 1945 entstandenen Erzählung »Premier amour / Erste Liebe«: »Autobusse kommen an und fahren ab; sie sind zum Bersten voll mit Witwern, Witwen und Waisen. Grotten und Teiche mit Schwänen spenden den Betrübten Trost.«

Vademecum (vom Haupteingang her): Althamburgischer Gedächtnisfriedhof: **Vincent Placcius** (1642-99), Lehrer am Johanneum und Verfasser zahlreicher jurist., philos. und theol. Schriften; **Johann Martin Lappenberg** (1794-1865), Historiker; **Alfred Lichtwark** (1852-1914), Kunsthistoriker und -erzieher, Direktor der H.er Kunsthalle; M. Prell; **Johann Gustav Gallois** (1814-72), Rechtsanwalt, Journalist und Schriftsteller (u. a. einer »Geschichte der Stadt H.«); **Johann Jakob Rambach** (1772-1812), Arzt (»Versuch einer physisch-medicinischen Beschreibung von Hamburg«, 1801); **Georg N. Bärmann** (1785-1850, als Verfasser der H.er »Nationalhymne« bekannt: »Stadt Hamburg an der Elbe Auen«), **J. L. von Heß** (Grabmäler Freilichtmuseum; an Heß erinnert auch das Hudtwalcker-Grabdenkmal, W 21); hier außerdem Ruhestätten der Schauspieler und Theaterleiter **Friedrich Ludwig Schröder** (1744-1816), der Shakespeare für die dt. Bühne gewann, **Gustaf Gründgens** (1899-1963), **Ida Ehre** sowie des Malers **Philipp Otto Runge** (→ Anklam/Wolgast/MV): »Er hat sehr gelitten, aber meisterlich, das muß man ihm lassen«, so Matthias Claudius zum Tod des Freundes. – Bereich Kapelle I **Julius Campe** (1792-1867), »aller Verleger Blüte« (Y 13, 266/270; Grabmal, Turm, keine Inschrift); **P. Gan** (AA 11,69); **D. Paulun** (P 10, 142). – Bereich Kapelle II **H. E. Nossack** (U 22, 8-27); **Percy Ernst Schramm** (1894-1970), Historiker, als

Kriegstagebuchführer beim Oberkommando der Wehrmacht im 2. Weltkrieg »Notar des deutschen Untergangs«; »Hamburg, Deutschland und die Welt«, 2. Aufl. 1952, »Neun Generationen«, 1963/64 (S 23, 43/62). – Bereich Kapelle IV **Elise Lensing** (1804-54), F. Hebbels Freundin (J 10, 241); **H. Boßdorf** (B 14, 22/24); **A. Kantorowicz** (H 8, 140). – Bereich Kapelle VI **P. Möhring** (AC 31, 368); **A. Zinn** (Z 27, 140/142) – Bereich Kapelle VII **O. Tenne** (1904-71), Schriftsteller und Komponist (AC 15, 95); **H. F. Blunck** (AC 15, 7/14); **A. Kerr** (Z 21, 217). – Bereich Kapelle VIII (nach Goecke/Schoenfeld »Dichterecke«) **R. Garbe** (AC 5, 15); **W. Haas** (AD 5, 124); »Seeteufel« **F. v. Luckner** (AB 13, 89-90); **H. C. Meier** (AD 5, 156-57); **W. Wroost** (AD 5, 152/153); **W. Borchert** (AC 5, 6); **H. Quistorf** (AC 5, 7); **F. Stavenhagen** (AC 5, 14; Grab auf dem Hügel); **A. Woderich** (AC 5, 20); **G. Falke** (AC 7, 109/113). – Bereich Kapelle XIII **P. M. Lampel** (Bf 66, 542). – Bereich Kapelle XIII **L. Jürgens** (Bq 73, 337). – Im Anonymen-Urnenhain, alter Teil **A. Eggebrecht** und seine Lebensgefährtin, die Autorin **Inge Stolten** (1921-1993, »Das Tagebuch der Jutta S.« 1970).

Ehrenhain der Widerstandskämpfer – Ehrenmal für die KZ-Opfer – Friedhof der Kriegsgefangenen und Zwangsarbeiter – Ehrengruft der Bombenopfer – Soldatenfriedhöfe – Denkmal für die Gefallenen der Revolutionsjahre 1918-1920. – Jüdischer Friedhof **Salomon Heine** (1767-1844), H. Heines Onkel, (A 9; nach 1945 errichteter Gedenkstein); **Betty Heine** (1771-1859), Heines Mutter (ZX 12). Gedenkstätte für NS-Opfer.

H. Diercks gab im Auftrag der Willi Bredel-Gesellschaft Geschichtswerkstatt e. V. den Führer »Friedhof Ohlsdorf – Auf den Spuren von Naziherrschaft und Widerstand« heraus (1992), u. a. zu **Wolfgang Borchert, Heinrich Christian Meier, Ida Ehre, Mirjam Horwitz, Alfred Kerr** und **Erich Ziegel**. – R. Bark/B. Reimers (Hrsg.), »Stadt der toten Frauen – Frauenporträts und Lebensbilder vom Friedhof Hamburg Ohlsdorf« (2. Aufl. 1997, u. a. zu **Elise Lensing, Betty Heine, Elisabeth Campe**). Kultbuch-Status beansprucht **Wolfgang Siegs** »Ohlsdorf lebt oder der Sarg-Discounter« (1999).

Heinrich Heine beschrieb sein zwiespältiges Verhältnis zur Stadt und ihren Bürgern mit den Worten: »Ort, den ich detestiere und am meisten liebe, wo mich die abscheulichsten Gefühle martern und wo ich mich dennoch hinwünsche.« **Gotthold Ephraim Lessing** in seiner »Hamburgischen Dramaturgie«: »Der süße Traum, ein Nationaltheater hier in Hamburg zu gründen, ist schon wieder geschwunden.« Die meisten Poeten rühmen weniger die Stadt selbst als die Schönheit ihrer Umgebung. **Stendhal** etwa pries den Blick über die Elbe bei Blankenese als eines der schönsten Panoramen; **Georg Christoph Lichtenberg** und **Rudolf Alexander Schröder** zählten ebenfalls zu den Bewunderern dieser Landschaft. Und **Richard Dehmel** verbrachte die letzten Jahre seines Lebens in Blankenese.

H.s Küche bietet u. a. Labskaus und Aalsuppe, sie zählten zu den Spezialitäten des ehem. Restaurants Ehmke am Gänsemarkt, wo u. a. **Detlev von Liliencron** und **Richard Dehmel** tafelten. Epilog: ». . . längerer Spaziergang mit den Freunden an der Elbe lang, an Teufelsbrück vorbei, Othmarschen . . ., der Ringelnatztreppe, die Övelgönne runter, Himmelsleiter, Schulberg, Lüdemanns Weg, Neumühlen, Kühlhaus, dann schräg rechts über die Geleise rüber zu den Kaianlagen mit dem offenen Blick aufs illuminierte Lüfterbauwerk Süd, könnte man da nicht fast zum Heimatautor werden?« So **Peter Rühmkorf**

(† 2008) am Schluß seiner 1972 erschienenen »Anfälle und Erinnerungen – Die Jahre, die Ihr kennt«. Dazu: P. R., »Lütt bei Lütt. Övelgönne«, in: Merian »Hamburg« (1972) und »Kringel für Ringel«-G. zur Ringelnatztreppe beim Halbmondweg in Övelgönne (1998). Eine Ortsbesichtigung beim Dichter in Hamburg in E. Maletzkes »Poeten in ländlicher Idylle« (1996).
KZ **Neuengamme** (1938-45) mit 70 nordd. Außenlagern, insgesamt starben hier 55 000 Menschen. Der Schriftsteller **Heinrich Christian Meier** (5. 4. 1905-30. 8. 1987; »Das Weib des Soldaten«, Dr. 1929, n. 47; Grab Ohlsdorf) setzte sich für die Gedenkstätte des KZ ein und schrieb »So war es. Das Leben im KZ Neuengamme«. Ein Todesmarsch von Neuengamme führte 8000 Häftlinge zu den Schiffen Cap Arcona, Athen und Thielbek, deren Versenkung u. a. von **Günter Grass** (→ Eutin/Neustadt/SH) und **Uwe Johnson** (→ Grevesmühlen/MV) beschrieben wurde. Dok.-Bd. »Haus des Gedenkens« (1996). Am Haus Meßberghof Mahntafel an die ehem. hier ansässige Firma, die Zyklon B für die Gaskammern in Auschwitz lieferte. Sachbericht von **Detlef Garbe**: »Ein schwieriges Erbe« in: »Das Gedächtnis der Stadt« (1997). Über das KZ **Fuhlsbüttel** (Gedenkstätte Suhrenkamp), wo auch **Ida Ehre**, **Justin Steinfeld**, **Helmuth Warnke**, **Willi Bredel** (»Die Prüfung«, R. 1934) und **Tönnies Hellmann** (»Ich war bestimmt kein Held« – Die Lebensgeschichte. Hg. F. Dönhoff/J. Barenberg, 1998) inhaftiert waren, das Gedenkbuch »Kola-Fu« von **H. Dierks** (1996). Gedenkstätte Plattenhaus Poppenbüttel, Kritenbarg 8 (KZ-Außenlager Sasel). Gedenktafeln auch beim KZ **Wittmoor** (Segeberger Chaussee), über das **Heinz Liepmann** nach seiner Flucht in den R.n »Das Vaterland« (1933, n. 81)

Hamburg: Gedenkstätte Konzentrationslager Neuengamme

und ». . .wird mit dem Tode bestraft« (1935) berichtete. Gedenktafel auch an der Gestapozentrale Stadthausbrücke.
Harburg: »Wer zwei Pferde vor den Wagen lenken kann, kann nicht auch viere lenken, und ein guter Bürgermeister in Harburg ist deswegen auch nicht ein guter Bürgermeister in der Stadt jenseits des Flusses« – so machte schon **Johann G.** **Seume** die Distanz zwischen den beiden ehemals getrennten Städten klar. Eine Gedenktafel Salzburger Häuser 4 erinnert an die Aufnahme der 1733 ausgewiesenen Protestanten des Berchtesgadener Landes, die hier eine neue Heimat fanden.

🅱 D. Albrecht, Barlach in Wedel, Hamburg, Ratzeburg . . . 1990; Hamburg: Die Aufklärung einer Stadt (in: E. Weigl, Schauplätze der deutschen Aufklärung. Ein Städterundgang, 1997); Fünfzig Jahre Literatur in Hamburg 1919-1969, Hrsg. H. C. Meier, 1969; Liebe, die im Abgrund Anker wirft. Autoren und literarisches Feld im H. des 20. Jahrhunderts. Hrsg. I. Stephan/H.-G. Winter 1989; F. Kürschner-Pelkmann, Jüdisches Leben in H. Ein Stadtführer, 1997; K.-H. Walloch, Die Elbchaussee. Geschichte und Geschichten von Hamburgs schönster Straße, 1998; Beatles, Hagenbeck & Schopenhauer. Menschen und Ereignisse in Hamburg. Gedenktafeln der Patriotischen Gesellschaft von 1765, 2002; M. Wegner, Ja, in Hamburg bin ich gewesen. Dichter in Hamburg, 2000; Medienhandbuch Hamburg, 1995; Hamburg für Leser. Leseorte, Bibliotheken, Antiquariate, Buchhandlungen, Hrsg. K. Duggen, A. Küpper, 2002.

Z Bad Oldesloe (SH); Buchholz (NI); Lauenburg (SH); Lüneburg (NI); Pinneberg (SH); Stade (NI); Wedel (SH); Winsen (NI).

HAMELN/NI

»Inniger und enger verwuchs ich in dem grünen Nest. Mit seines Stromes Wehr und fröhlicher Welle. Mit seines Ohrbergs wildumbuschten Geklüft. Mit den alten Mähren vom Rattenfänger, der die Kinder in den Berg lockt. Mit Hochzeitshaus und Münster.« (Theodor Lessing, 1935)

Theater, Kunstkreis (Vorträge, Ausstellungen). Der Musiktheoretiker A. F. J. Thibaut wurde 1772 in H. geboren; 1844 der Theologe J. Wellhausen; Friedrich W. Sertürner (1783-1841), Entdecker des Morphiums (Gedenktafel Hochzeitshaus), lebte in H.

Karl Philipp Moritz, * 15. 9. 1757 H., † 26. 6. 1793 → Dresden/SN, sein Erziehungsroman »Anton Reiser« (1785-90) gehört zu den großen Zeugnissen aut. Literatur (A. Schmidt: »seelisches Hochland«). Kam als Kind nach → Braunschweig/NI in die Hutmacherlehre, später nach → Hannover/NI aufs Gymnasium (Mitschüler war A. W. Iffland). Erfolgloser Versuch als Schauspieler, zuletzt Lehrer und Prof. in Berlin. 1786 Reise nach Italien, dort Freundschaft mit Goethe (→ Frankfurt a. M./HE), der ihn nach Weimar einlud. – W.: Denkwürdigkeiten (1786 ff.); Versuch einer dt. Prosodie (Schr. 1786); Über die bildende Nachahmung des Schönen (Schr. 1786); Götterlehre oder Mytholog. Dichtungen der Alten (1791); Reisen eines Deutschen in Italien (1792 ff.). – Teilnachlass HAB Wolfenbüttel. – Über M. Dieter Kühn »Das Heu, die Frau, das

Messer« (N. 1993), dazu Christof Wingertszahn, »Anton Reisers Welt« (2006). **Bernhard Flemes,** * 25. 10. 1875 Hannover, † 15. 3. 1940 H., Sohn des Heimatdichters Christian F. (→ Springe/Völksen/NI). Naturschilderer des Weserberglands (»Strom und Hügel«, 1923), Erzähler (»Das Haus am Rebenstein«, R. 1937) und Hrsg. (»Niedersachsen. Ein Heimatbuch«, n. 1980). »Erlebte Landschaft« (Hrsg. R. Flemes, 1975). – Wohnhaus Finkenborner Weg 5; Grab auf dem Wehlfriedhof. **Elsa Sophia Baronin von Kamphoevener** (auch **Else Marquardsen-Kamphoevener**), * 14. 6. 1878 H., † 27. 7. 1963 Traunstein, bedeutende Märchenerzählerin. Kam als Kind nach Konstantinopel und durchstreifte in Männerkleidung Anatolien, gewann das Vertrauen des Märchenerzählers Fehim Bey. Nach ihrer Rückkehr (zuletzt Marquardtstein) zahlreiche Romane. – W.: An Nachtfeuern der Karawan-Serail (M. 1956 ff.); Damals im Reiche der Osmanen (1959).

Hameln: Die lebendige Tradition der Rattenfänger-Sage

E Der Rattenfänger von Hameln soll am 26. 6. 1284 der Sage nach mit seiner Pfeife (Flöte) die Kinder der alten Mühlenstadt in den Koppenberg entführt haben, aus Rache darüber, dass ihm die Ratsherren den Lohn für die Befreiung von einer furchtbaren Rattenplage verweigerten. – Der historische Kern ist noch immer umstritten (dazu R. Huchs Es. über H. »Im alten Reich«, 1927). Populärste Gestaltung durch die Brüder Grimm, (»Deutsche Sagen«, 1816-18). Erste schriftl. Fixierung durch J. Weier in der 2. Hälfte des 16. Jh.s (»Über die Blendwerke der Dämonen«, 1577). Im 19. Jh. erneutes Interesse: Ballade (1804) von Goethe, Gedichte von K. Simrock und E. Geibel, ep. Dichtung (1875) von J. Wolff (H.er Ehrenbürgerschaft), auch in L. Bechsteins »Deutschem Sagenbuch« (1853). Erwähnung der Rattenfängersage in Fontanes »Stechlin«, Heines »Romantischer Schule« und Tiecks »Der junge Tischlermeister«. 1869 erschien W. Raabes Erzählung »Die Hämelschen Kinder«, zehn Jahre später wurde eine »Rattenfänger«-Oper Victor Nesslers in Leipzig uraufgeführt. – Eine eigene Deutung gab M. Beheim-Schwarzbach in seinem Roman »Die Michaelskinder« (1930). Zeitgen. Dramatisierungen: u. a. »Der Rattenfänger« (1938) von B. Flemes, »Die Pest« (1946) von F. Denger. Günter Grass hätte in seinem Roman »Die Rättin« (1986) »lieber erzählt, was vor siebenhundert Jahren wirklich geschah. Doch will man dort von gotischen Punks, die eins waren mit ihren verzärtelten Ratten, nichts hören.« Weitere Dichtungen von G. Britting, Bert Brecht, Hannes Wader, G. Kunert. In der angelsächs. Welt wurde die Sage durch R. Brownings Dichtung »The Pied Piper of Hamelin« (1849) bekannt; 1934 machte Walt Disney aus dem Stoff den Zeichentrickfilm »The Pied Piper«. In Frankreich erzählte sie P. Merimée in seinem Roman »Die Bartholomäusnacht« (1829), 1971 drehte der Franzose Jacques Demrey den Film »The Pied Piper«. Der Prager O. Knapp konfrontiert den Verführer mit Doktor Faust in der Erzählung »Des Rattenfängers Botschaft« (1969). 1971 wurde in Barcelona das Stück »Das Altarbild des Flötenspielers« des katal. Dichters J. Teixidor uraufgeführt, 1975 in Zürich C. Zuckmayers letztes Stück »Der Rattenfänger«. – »Der liebe Sänger von Hameln, auch mein Freund«, begrüßt Mephistoteles in der »Walpurgisnacht« den »vielbeliebten Rattenfänger«. Auf der Bühne ist diese Szene nicht zu sehen, sie steht nur in Goethes Paralipomena zu »Faust I«, der Dichter schrieb um 1802 auch ein Ballettlibretto zum Thema. – Erst 1884, zum 600. Jahresgedenken an die Sage, erhielt die Stadt ein Rattenfängerdenkmal, nach 1951 verschwand es. Dafür gibt es Souvenirs in Brotteig, im ältesten Renaissancehaus der Stadt in der Bäckerstraße 16 einen »Rattenkrug« und einen R.-Brunnen von 1975 auf dem Rathausplatz, zwei alte Inschriften am Hochzeits- (Glockenspiel) und Rattenfängerhaus (Ecke Bungelosenstraße). Rattenfängerspiele auf der Terrasse des »Hochzeitshauses« (Pfingstsonntag bis September), Rattenfängerrelief im Bürgergarten – Zusammenfassende Darstellung bei Norbert Humburg, »Der Rattenfänger von Hameln« (2. Aufl. 1990) und in »Damals« (Heft 9/2001): »Inbegriff des Verführers«.

A **Andreas Heinrich Buchholtz** (→ Braunschweig/Schöningen/NI) war 1632 Konrektor in H. – Die Hamburger Jüdin **Glückel von Hameln** (1645 oder 46-1724), die hochbedeutsame »Denkwürdigkeiten« (1896, n. 1987, 94 u. d. T. »Die Memoiren . . .«) über das jüd. Leben ihrer Zeit hinterließ, verbrachte ihr erstes Ehejahr (1660) in der Heimatstadt ihres Mannes Chaim H. – In Vergessenheit geraten ist die Geschichte vom Wilden Peter, einer Art Kaspar Hauser, der Jonathan Swift als Modell für »Gullivers Reisen« gedient haben soll. (Erzählung in »Die schönsten Wesersagen« von K. Paetow, 1961). – Der Däne **Jens Baggesen** reist 1789 nach Hameln: »Von allem, das ich bis dahin an perspektivischen Landschaften gesehen hatte, hat mich nichts so sehr ergriffen wie die Einfahrt nach Hameln.« – 1806 gehörte **Adelbert von Chamisso** (→ Berlin) als Besatzungsoffizier zur Festung, dargestellt im R. »Der Mann ohne Schatten« von **Hans Natonek** (1936, n. 1958). Im April besuchte ihn sein Freund **Karl August Varnhagen von Ense** (→ Düsseldorf/NW). Ch. schrieb in H. »Adelberts Fabel«.

1815 marschiert **Willibald Alexis** (→ Berlin) als Kriegsfreiwilliger »unter laut schallendem Gesange durch die Stadt an der Weserbrücke« (»Eine Jugend in Preußen«. Erinn., 1837-46). – Von 1830-37 war **Karl J. Ph. Spitta** (→ Hannover/NI) Garnisons- und Gefängnishilfsprediger in H. (Gedenktafel an der ehem. Garnisonskirche und am Wohnhaus Kleine Straße 19). – 1853/54 weilte **Wilhelm Busch** (→ Nienburg/Wiedensahl/NI) oft im Haus seines Onkels in der Fischpfortenstraße 11 (Inschrift); das Fachwerkhaus Pferdemarkt 10 (um 1500) konnte anhand einer Zeichnung von Busch wieder den originalen Giebel erhalten. 1912-13 war **Ernst Jünger** (→ Heidelberg/BW) Schüler des Ratsgymnasiums. **Theodor Lessings** (→ Hannover/NI) Aut. »Einmal und nicht wieder« (1935) enthält Erinn. des Schülers, der hier sein Abitur machte. – Um 1937 lebte der Jugendbuchautor **Fritz Steuben** (→ Pinneberg/SH) in H. Besucher waren 1839 **Ferdinand Freiligrath** (→ Detmold/NW) und 1900 **Hermann Löns** (→ Hannover/NI).

L Gertrud von Le Forts (→ Minden/NW) R. »Die Magdeburgische Hochzeit« (1938) spielt – im Kapitel »Der Ehrentanz« – im H.er Hochzeitshaus: »Die prächtigen Linien seiner drei stolzen Giebel schwangen sich in den abendlichen Himmel . . .« Die Nachkriegszeit um 1945 spiegelt sich in **Dieter Lattmanns** R. »Die Brüder« (1985). Die in Hameln lebende Autorin **Hannelies Taschau** (»Klarträumer«, G. 1998) bekennt: »Besonders im Schienenbus/im Oktober/ist die Vereinsamung kaum/noch aufzuhalten/das letzte Stück zwischen/Vlotho und Hameln/die Weserberge im kostbaren Blau/und die Weser ein rosiger/eisiger Riss zum Mittelpunkt/der Erde.« (In: »Hameln – ein Lesebuch«, Hrsg. B. Bruns, 1998). 2006 schrieb sie »mein dein sein ihr unser euer ihr – Hameln.« (In: »Peine Paris Pattensen«, Hrsg. M. Mertens, 2006). Ein Porträt H.s und des Weserberglandes von **Felicitas**

Hoppe u. d. T. »Die Idyllen des Verschwindens« (in: T. Steinfeld, Hrsg., »Deutsche Landschaften«, 2003).
S Museum (im »Leist'schen Haus« und »Stiftsherrenhaus« aus dem 16. Jh.): u. a. **Rattenfängerslg.** (Lit., Bilder, Skulpturen); Werke und Porträts von K. Ph. Moritz, K. J. Ph. Spitta u. a.; Stadtansichten von W. Busch; Bibliothek. → **Rattenfänger-Literaturpreis** – **Narrenschiffbrunnen** (nach Sebastian Brants »Narrenschiff«) vor dem Hauptpostamt.

Bad Pyrmont

Museum im Schloss Pyrmont zu den berühmten Gästen des Bades (u. a. Bildnis von Goethes Pyrmonter Freundin Caroline Scholing). – Klassizist. Kurtheater (1817).

Heinrich August Schumacher, * 4. 9. 1790 Korbach, † 18. 1. 1864 Moskau. Archivar, seit 1854 im Ruhestand in Bad P. – W.: Kriegslieder (1815); Der Luzerner Löwe (Dr. 1821); Die Klapperjagd im Arolser Holz (1838); Jagd und Pferd (G. 1865). – Grabmal auf dem Oesdorfer Friedhof.
Levin Schücking (→ Meppen/NI) starb am 31. 8. 1883 in Bad P. im Sanatorium seines Sohnes Adrian Schücking (1852-1914), der gleichfalls schriftstellerte (»Erlebnisberichte als Feldarzt im Türkenkrieg 1877/78«). Grab auf dem Friedhof an der Lortzingstraße.
Hans Künkel, * 7. 5. 1896 Stolzenberg/Warthe, † 17. 11. 1956 Bad P., Erzähler in humanist. Tradition. – W.: Anna Leun (R. 1932); Schicksal und Liebe des Niklas von Cues (R. 1936); Das Labyrinth der Welt (R. 1951). – Grab auf dem Neuen Friedhof auf dem Königsberg.
A Kaum eine andere Straße in Deutschland kann sich rühmen, von so vielen Schriftstellern durchwandelt worden zu sein (und Gedenktafeln erinnern an sie, v. a. im alten Teil der Stadt), wie »die welt-

berühmte Allee von vierfachen Lindenreihen« in Bad P., wie Karl Julius Weber (→ Langenburg/BW) sie nennt. **Johann Friedrich Jugler** (1714-1791), Lüneburgs schreibender Ritterakademiedirektor, spottete in seinen Satiren u. d. T. »Wie ich mich beim Brunnentrinken habe ärgern müssen« (1776, n. 2002): »in P** ist nichts wohlfeil, als das Wasser«. – »Dort ragt des hohen Mösers ehrwürdiges Haupt über alle anderen hervor«, heißt es in **Jens Baggesens** »Humoristischen Reisen« (1801). **Justus Möser** (→ Osnabrück/ NI), der von 1746 an fast in jedem Sommer in Bad P. weilte, lernte hier 1787 **Johanna Schopenhauer** (→ Weimar/TH) kennen, die »literarische Notabilitäten« zu sehen wünschte (Bad P.er Porträt in »Jugendleben und Wanderbilder«, 1839, n. u. d. T. »Im Wechsel der Zeiten, im Gedränge der Welt«, 2000). In Bad P. fand auch Mösers Begegnung mit **Gotthold Ephraim Lessing** (→ Kamenz/SN) statt. **Johann Gottfried Herder** (→ Weimar/ TH) berichtet 1772, er befände sich in »der schönsten, kühnsten, deutschesten romantischsten Gegend der Welt!« Drei Jahre später versuchte **Johann Wilhelm Ludwig Gleim** (→ Halberstadt/ST) Herder bei einem Treffen in Bad P. vergeblich für Halberstadt zu gewinnen. Zu dieser Zeit ebenfalls hier: **Karl Wilhelm Ramler** (→ Berlin), von ihm stammt die Inschrift auf dem Gedenkstein für Friedrich d. Gr. am Königsberg.

Im Juli 1788 lernte der 21-jährige Student **Wilhelm von Humboldt** (→ Berlin) in Bad P. Charlotte Hildebrandt kennen; seine über 200 Briefe an sie erschienen 1847 u. d. T. »Briefe an eine Freundin«. – Zur Kur in Bad P. außerdem: 1716 **Gottfried Wilhelm Leibniz** (→ Hannover/NI), 1760 **Friedrich Gottlieb Klopstock** (→ Quedlinburg/ST), 1776 **Heinrich Christian Boie** (→ Heide/Meldorf/SH), **Charlotte von Stein** (→ Weimar/TH), 1779 **Friedrich Leopold zu Stolberg** (→ Bad Segeberg/Bad Bramstedt/SH), 1785 **Friedrich Nicolai** (→ Berlin), 1790 **August von Kotzebue** (→ Weimar/TH), 1792 **Adolph von Knigge** (→ Hannover/Bredenbeck/NI), 1806 **Adelbert von Chamisso** (→ Berlin), 1819 **Johann Peter Eckermann** (→ Winsen/NI), 1834 **Emanuel Geibel** (→ Lübeck/SH); im 20. Jh. **Börries von Münchhausen** (→ Hildesheim/NI), **Rudolf Preber** (→ Frankfurt a. M./HE), **Hermann Sudermann** (→ Berlin). Im Sommer 1936 besuchte **Gottfried Benn** (→ Pritzwalk/BB) Bad P. und beobachtete im Kurpark das »Chimpansenvolk«. – 1885-89 wohnte **Peter Hille** (→ Bad Driburg/Erwitzen/NW) in der Bahnhofstraße 4.

L Die älteste bekannte Beschreibung des Brunnens stammt aus dem Jahre 1350 von **Heinrich von Herford** (→ Herford/NW). – Der R. »Anton Reiser« von **Karl Philipp Moritz** (→ Hameln) enthält einige Kindheitseindrücke von Bad P., u. a. auch den Hinweis auf den Kuraufenthalt von **Moses Mendelssohn** (→ Berlin). – Das »Wundergeläuf« im Jahr 1556 wollte **Goethe** (→ Frankfurt a. M./ HE) märchenhaft behandeln, doch blieb es bei dem Entwurf »Aufenthalt in Pyrmont 1801«. G. war am 13. 6. 1801 mit seinem Sohn August und dem Diener Geist eingetroffen (»Vater, Sohn und heiliger Geist« spotteten die Pyrmonter); später folgte Herzog Carl August nach. Sie wohnten bis zum 17. Juli Am Hylligen Born 6, heute »Haus Goethe« (Gedenktafel). Zu wiss. Experimenten weilte G. gern auch in der Dunsthöhle (Bismarckstraße). Ausführliche Darstellung bei G. Schwedt, »Goethe in Göttingen und zur Kur in Bad Pyrmont« (1999).

Matthias Claudius (→ Bad Oldesloe/Reinfeld/SH), zwischen 1792 und 1805 öfter hier, schrieb einen »Gesang in der Allee zu Pyrmont/Morgens beim Aufgang der Sonne« und das Gedicht: »O du lieber Brunnen/Bitte, bitte/Mache mir mein Liebchen doch ge-

Bad Pyrmont: Ein populärer Kulturführer durch Pyrmont von G. Käppel aus dem Jahre 1810

sund!« – »Mehr als jemals war im Sommer 18. Pyrmont besucht«, beginnt **E. T. A. Hoffmanns** (→ Berlin) E. »Spielerglück« (in »Serapionsbrüder«, 1820). – 1850 gab **Fanny Lewald** (→ Berlin) ihre P.er Novelle »Auf roter Erde« heraus; sie weilte 1849 im Bad. – »Das Wundergeläuf« wählte **Wilhelm Raabe** (→ Holzminden/Eschershausen/NI) für seine 1861 ersch. E. »Der heilige Born«. – Kindheitserinnerungen an Bad P. auch in **Theodor Lessings** (→ Hannover/NI) Aut. »Einmal und nicht wieder«.

In dem 1939 ersch. Band »Im Dämmerschein der Hauptallee« von **Karl Friedrich Hauck** (1860-1939/Grab auf dem Friedhof Lortzingstraße) finden sich Erzählungen über die Aufenthalte von Goethe, W. v. Humboldt, G. E. Lessing, B. Franklin und die Begegnung von

Königin Luise und A. v. Chamisso. – Sage von der »Wasserfee« in **Eberhard Michael Ibas** Märchenstraßenbuch »Auf den Spuren der Gebrüder Grimm von Hanau nach Bremen« (1978). Landschaftsimpressionen vom Bad und seiner Umgebung bei **Klaus-Dieter Brunotte** »Im Ottensteiner Land – Lyrische Notate« (1989).

R **Bad Münder**: Früher Mitsammler für das »Wörterbuch der dt. Sprache« (1852) der Brüder Grimm (→ Hanau/HE) war der prot. Geistliche **Georg August Friedrich Goldmann** (1785-1855). Seine Tragödie »Karl V.« veröffentlichte G. in der »Zeitschrift für Poesie«, die er selbst herausgab (1812 f.). **Friedrich Lehnhoff** (1838-1911), Bürstenmacher, trugen Heimatdichtungen einen Gedenkstein im Kurpark des Bades ein. **Leo Wispler** (1890-1958), Architekt und Jugendschriftsteller, wählte für seine Geschichten gern Stoffe aus der Geschichte seines Geburtsortes (»Das Nest Irgendwo«, 1946); Geburtshaus Wermuthstraße 11. – Prunkstück der Weserrenaissance ist die **Hämelschenburg** (Emmerthal-H.); hier verbrachte **Victor von Strauß und Torney** (→ Bückeburg/NI) gerne seine Sommerferien. **Franz von Dingelstedts** (→ Marburg/Halsdorf/HE) Beschreibung in »Das Wesertal von Münden bis Minden« (1838) hält sich wie die von Hameln in Grenzen, »nur die Vergangenheit vermag ein lebhaftes Interesse zu erwecken«. – **Hastenbeck** (Hameln-H.), berühmt durch eine Schlacht im 7-jährigen Krieg, übernahm **Wilhelm Raabe** als Titel für eine Erzählung (1896). – Im einzigen nieders. Karmeliterkloster **Marienau** (Coppenbrügge-M.) findet man im Chor der Kapelle das Grab von **Johannes von Hildesheim** (um 1315-75). Seine »Legende von den Heiligen Drei Königen« war eine der beliebtesten E. der Zeit (Hs. StB Hildesheim). – Den »schönsten aller Münchhausen-Sitze, ein Prunkstück« nannte **Carl Haensel** (→ Frankfurt/HE) Schloss **Schwöbber** (Königsförde-Sch.). **Otto von Münchhausen,** (1716-74), Zeitgenosse und Verwandter des »Lügenbarons«, machte sich einen Namen als naturwiss. Schriftsteller (»Der Hausvater«, 1764).

B J. Garfs, Begegnung mit Bad Pyrmont, 6. Aufl., 1995; D. Lösche u. a., Schloß Pyrmont, 1995; R. Kuhnert, Urbanität auf dem Lande. Badereisen nach P. im 18. Jh., 1984; Von Dichterfürsten und anderen Poeten. Bd. 1 u. 2, 1993/94 (zu Baggesen, Benn, Hille).
Z Detmold, Höxter (NW); Holzminden (NI).

HAMM/NW

A Rektor in H. war 1548-50 der bedeutende westfäl. Schulmann **Hermann Kerssenbroich** (um 1519-85), der eine Geschichte der Wiedertäufer in Münster schrieb. **Peter Hille** (→ Bad Driburg/Erwitzen/NW) lebte 1891-95 im Kath. Gesellenhaus (heute Kolpinghaus, Oststraße 53) bei seinem Bruder Philippe, Kaplan an St. Agnes, und nannte sich »Peter von Hamm«. Freundschaft mit **Wilhelm Uhlmann-Bixterheide** (→ Iserlohn/NW). – Im Wasserschloss Haus **Heessen** (heute Landschulheim, Freilichtspiele) weilte **Annette von Droste-Hülshoff** (→ Münster/NW) »zwischen lauter Verwandten . . .« (1835).

L »Gedanken über die große Feuersbrunst der Stadt Hamm« von **Ludolf Borchard Gesenius** (1704-53, »Geistl. Oden«, 1736). – **F. H. Otto Weddigen** (1851-1940), Gymnasiallehrer in H. 1878-88, wurde vom durchreisenden Kaiser Wilhelm I. für seine im 70er Krieg gedichteten »Schwertlieder« ausgezeichnet; ansonsten schrieb er u. a. westfäl. Dorfgeschichten (»Von der roten Erde«, 1887). – »S. G. V. oder de Reise in't Suerland. Eine

woahre Leiwesgeschichte vertallt von **Eduard Raabe«** (1851-1929). – Von den 16 Romanen der **Clara Ratzka** (1872-1928) spielen »Familie Brake« (1919) und »Frau Doldersum und ihre Töchter« (1921) in H. – Ehrenbürger von H. war **Heinrich Luhmann** (→ Soest/Hultrop/NW). – **Sophie Modiano** (eig. **Gerda Brockmann**) vermittelt in dem »Roman einer jüdischen Familie« (»Spät erklingt, was früh erklang«, 1962) auch kulturhist. Eindrücke aus H. um die Wende vom 18. zum 19. Jh. Um diese Zeit wanderte **Justus von Gruner** (→ Minden/NI) durch das Hellwegland. Seine »Wallfahrt zur Ruhe und Hoffnung« füllte zwei Bände (1802 f.). – Über das Kernkraftwerk H.-Uentrop schrieb **Dieter Schliewka** (»Kinder der Taublume«, 1987).
S Literarischer Herbst.
B Hammer Autoren, Ausstellungskatalog 1973.
Z Beckum, Dortmund, Lüdinghausen, Soest, Unna (NW).

HAMMELBURG/BY

In der 1. Hälfte des 19. Jh.s machte **Karl Heinrich Ritter von Lang** (→ Nördlingen/Balgheim/BY) H. durch seine »Merkwürdige Reise über Erlangen, Dreßden, Kassel und Fulda nach Hammelburg« (1818) bekannt. In wenigen Wochen wurden über 8000 (!) Exemplare des satir.-pol. Reiseromans verkauft. Bis 1833 erschienen insgesamt 11 Folgen der »Fortgesetzten Reise . . .«, 1819 anonym ein »Hammelburger Conversations-Lexikon«. – **Hugo von Trimberg** (→ Bamberg/BY), Verfasser des »Renner« (1300), leitet seinen Namen von **Trimberg** (Elfershausen-T.) her. **Süßkind von Trimberg** ist der einzige bekannte jüd. Lyriker des dt. MA.s, von dem in der Großen Heidelberger Liederhs. 6 Spruchgedichte mit 12 Strophen überliefert sind. (»Süßkind von Trimberg«, Roman von **Friedrich Torberg**, 1972.) – Auf Schloss **Greifenstein ob Bonnland**

(heute Truppenübungsplatz) wurde am
6. 11. 1865 der Kulturphilosoph und -historiker **Carl Alexander von Gleichen-
Rußwurm** geb. 1914 veröffentlichte der
Urenkel F. Schillers eine »Schillerbiographie«, 29-31 eine 12bändige »Kultur- und
Sittengeschichte aller Zeiten und Völker«. Im Sommer war das Schloss Mittelpunkt eines lit.-philos. Kreises (u. a. **H.
Mann**/→ Lübeck/SH, **F. Thieß**/→ Darmstadt/HE). 1945 erhielt G.-R. die Ehrenbürgerwürde Frankreichs. Am 25. 10.
1947 starb er in Baden-Baden; sein Grab
in Frankfurt a. M. – Hammelburg 1866:
in **Theodor Fontanes** (→ Neuruppin/
BB) »Der deutsche Krieg von 1866« (n.
1979) und **Leo Weismantels** (→ Karlstadt/Obersinn/BY) R. »Die Geschichte
des Hauses Herkommer« (1932). H. ist
auch Schauplatz in **Friedrich Schnacks**
(→ Karlstadt/Rieneck/BY) R. »Sebastian
im Wald« (1926), auch Kloster Altstadt
und Burg Saaleck.

B P. Ziegler, Abseits der breiten Wege, 1977.
Z Bad Kissingen, Karlstadt, Schweinfurt
(BY).

HANAU/HE

Kuranlage Wilhelmsbad mit Komödienhaus. –
Zeichenakademie (seit 1772). – Hist. Museum
Schloss Philippsruhe. – Brüder-Grimm-Märchenfestspiele.
In H. beginnt die **Deutsche Märchenstraße**,
die über Steinau, Marburg, Kassel (HE), Hameln (NI), Bad Oeynhausen (NW) nach Buxtehude (NI) führt.

Jacob Ludwig Karl Grimm, * 4. 1. 1785
H., † 20. 9. 1863 → Berlin, Begründer
der modernen Germanistik, Forschungen
über Grammatik, Lit.- und Sprachgesch.,
Altertumskunde, Märchen und Sagen.
Lebte ab 1791 in → Steinau (Schlüchtern/HE), 1798-1802 in → Kassel/HE.

*Hanau: Denkmal der Brüder Grimm auf dem
Neustädter Markt*

Studium danach in → Marburg/HE, als
Mitarbeiter von F. K. v. Savigny 1804 in
Paris. 1808-29 Bibliothekar in Kassel;
1814/15 in Paris und Wien. Seit 1829
Prof. für dt. Altertumswissenschaft in →
Göttingen/NI, wo er 1837 als einer der
»Göttinger Sieben« des Landes verwiesen
wurde. Seit 1840 Mitglied der Akademie
der Wiss. und Prof. in Berlin. Mit seinem
Bruder Wilhelm ab 1852 Hrsg. des »Deutschen Wörterbuches«. – W.: Kinder- und
Hausmärchen (mit Wilhelm G., 1812, 15,
23); Dt. Sagen (mit Wilhelm G., 1816-18);
Dt. Grammatik (1819-37); Kleinere Schriften (mit Aut., 1864-90).
Wilhelm Grimm, * 24. 2. 1786 H., † 16.
12. 1859 → Berlin, Hauptsammler und
Erzähler der Märchen. Lebte und arbeitete
größtenteils zus. mit seinem Bruder Jacob.
Studierte 1803-06 in → Marburg Jura und

war dort Privatgelehrter. 1814-29 Bibliothekssekretär, 30 Bibliothekar in → Kassel/HE. Ab 1831 Prof. in → Göttingen/NI; ebenfalls ausgewiesen und seit 41 Mitglied der Akademie der Wiss. in → Berlin. – W.: Die dt. Heldensage (1829); Kleinere Schriften (mit Aut. 1881-87). Brüder Grimm: Gedenkstein, schräg gegenüber dem ehem. Geburtshaus am Freiheitsplatz; Nationaldenkmal auf dem Neustädter Markt; G.-Raum (»Märchenzimmer«) mit Erstausgaben und Erinnerungsstücken im Hist. Museum. – Förderkreis Brüder G., Gelnhausen; Brüder Grimm-Gesellschaft Kassel. – Nachlass SB zu Berlin, Kreismuseum Haldensleben; Slg. DSB, Brüder-Grimm-Museum Kassel, LB Kassel, UB Marburg (Volksliederslg.). – »200 Jahre Brüder Grimm. Dokumente ihres Lebens und Wirkens.« Ausstellungskat. (Hrsg. D. Hennig, B. Lauer, 1985).
Zwei weitere Brüder: **Ferdinand Philipp Grimm** (1788-1844) veröffentlichte unter dem Ps. Philipp von Steinau die Slg. »Volkssagen der Deutschen« (1838). **Ludwig Emil Grimm** (1790-1863), der »Malerbruder«, war seit 1832 Prof. an der Akademie in → Kassel/HE (»Lebenserinnerungen«, Hrsg. A. Stoll, 1913; Nachlass LB Kassel).
Geb. in H. auch: der Lyriker und Epiker **Otto von Ries** (1763-1846/»Knüttelgedichte, Erzählungen, Schwänke und ernste Balladen«, 1822); **Helfrich Bernhard Hundeshagen** (1784-1858), Verfasser hist. Schriften (u. a. Materialslg. zum »H.schen« Nibelungen-Codex; Slg. SB Berlin, Stb Mainz, LB Kassel).
A **Johann Michael Moscherosch** (→ Kehl/Willstätt/BW) lebte 1656-60 in H. und wurde wegen seiner aufklärer. Schriften als »Landverderber« der Stadt verwiesen. – Der in Kassel missliebig gewordene **Adolph von Knigge** (→ Hannover/Bre-

denbeck/NI) leitete nach 1777 vorübergehend in H. ein Liebhabertheater. – In **Wilhelmsbad** weilte im August 1799 **Karoline von Günderode** (→ Karlsruhe/BW) zur Kur; im Juni 1803 wurde »Frau Aja« (→ Frankfurt a. M./HE) vom preuß. Königspaar hier empfangen und mit einem »kostbaren goldenen Halsgeschmeide« beschenkt. Auch **Goethe** kannte die Stadt, ihn interessierten bes. die Arbeiten der 1808 gegründeten »Wetterauischen Gesellschaft für die gesamte Naturkunde«. – **Friedrich Rückert** (→ Schweinfurt/BY) war 1812-14 Lehrer an der Hohen Landesschule. – **Karl Spindler** (→ Baden-Baden/BW) lebte 1825-28 als freier Schriftsteller Schlossstraße 11 (H.er Erzählungen: »Friedmüllers Sannchen«, 1826; »Der Gang ins feindliche Lager«, 1830). – Auf Verwandtenbesuch als Bonner Student: 1835 **Emanuel Geibel** (→ Lübeck/SH). – **Karl Gutzkow** (→ Berlin) wohnte 1867-69 in H.-Kesselstadt, Hintergasse 1, und vollendete hier seinen Roman »Hohenschwangau«. – Am 5. 8. 1984 starb in H. **Rudolf Hagelstange** (→ Nordhausen/TH), der verschiedene Werke in Pauli Schmorells Gartenhaus, Hochstädter Landstraße, schrieb (Gedenkstätte, Büste im Garten).
L H. J. C. **Grimmelshausen** (→ Gelnhausen/HE) berichtet über die Belagerung von H. im »Simplicissimus« (1669). – Topograph. Texte auch bei **Johanna Schopenhauer** (→ Bonn/NW), **Heinrich Laube** (→ Berlin) und **Joachim Ringelnatz** (→ Wurzen/SN).
S Brüder-Grimm-Preis (seit 1983).
B E. M. Iba, Auf den Spuren der Brüder Grimm von Hanau nach Bremen, 1978; G. Seitz, Die Brüder Grimm. Leben – Werk – Zeit, 1984; D. Grieser, Mit den Brüdern Grimm durch Hessen, 1985.
Z Aschaffenburg (BY); Frankfurt a. M., Gelnhausen, Offenbach a. M., Seligenstadt (HE).

HANNOVER/NI

»Sicher ist auch der normale Hannoveraner davon überzeugt, daß es sich bei der Literatur um keine ganz überflüssige Sache handelt, ... aber wenn er die Ruhmestitel seiner Stadt aufzählt, wird er erst nach dem Gummireifen, der Tinte, dem Keks und dem Fleischsalat den Namen des Dichters nennen.« (Friedrich Rasche, 1950)*

Universität, Staatl. Hochschule für Musik und Theater (Bibliothek). – Niedersächs. Hauptstaatsarchiv, Stadtarchiv (Autographen). – Niedersächs. Landesmuseum, Hist. Museum am Hohen Ufer (mit Porträtslg. niedersächs. Persönlichkeiten), Sprengel Museum (K. Schwitters), Kestner Museum, Theatermuseum (Stimmen der Dichter). – Nieders. Staatstheater (Oper, Schauspiel), Landesbühne, Theater am Aegi, Neues Theater, Theater für Kinder, Theater am Küchengarten; im Sommer »Festwochen Herrenhausen« (1666-1766 Sommerresidenz der Welfen und erster Musenhof Dtl.s; Gartentheater von 1690). – NDR-Funkhaus H. (Lesereihe: Autoren im Funkhaus) – Künstlerhaus Hannover.

Antonius Corvinus, * 27. 2. 1501 Warburg/NW, † 5. 4. 1553 H., niedersächs. Reformator, Verfasser einer Auslegung der Episteln und Evangelien (1538), kam 1552 nach 3-jähriger Haft auf der Feste Calenberg nach H. – Grab in der Marktkirche.

Jacobus Sackmann, * 1643 H. (Calenberger Neustadt), † 1718 Limmer (heute Stadtteil von H.), wo er seit 1680 Pfarrer war. Predigte derb und witzig plattdeutsch: »Ich habe von herzen gelacht über die schöne predigt vom Dorfpfaff« (Liselotte von der Pfalz, 1710). Slg. der Predigten erstmals 1827. – »Jacobus Sakmann« (B. und krit. Ausgabe der Predigten, Hrsg. R. Brill, 1955); Predigten, Hrsg. R. Hansen, Breeser Blätter 4 (1981); H. Zimmermann, J. S., 1984. – Denkmal an der Kirche in Limmer.

Gottfried Wilhelm Leibniz (→ Leipzig/SN), † 14. 11. 1716 H., Grabstätte Neustädter Kirche. L. verpflichtete sich dem Herzog von H. und blieb bis zu seinem Tode in der wenig geliebten Stadt als Historiograph und Bibliothekar; berühmt die Gespräche mit Kurfürstin Sophie. – Anstelle des L.-Hauses in der Schmiedestraße heute Parkhaus, Wiederaufbau 1981 am Holzmarkt; Statue am Künstlerhaus, Sophienstraße 2; L.-Tempel (1790 auf der Esplanade errichtet) seit 1935 im Georgengarten (Herrenhäuser Königsgärten). – Nachlass LB H., SUB Göttingen, SB Berlin. – »Leibniz. Eine Chronik«, bearbeitet von K. Müller und G. Krönert, 1969; Eike Chr. Hirsch, »Der berühmte Herr Leibniz«, 2000.

Johann Georg Zimmermann, * 8. 12. 1728

Hannover: Im Leibnizhaus von 1499 wohnte der Philosoph bis zu seinem Tode. Nach der Zerstörung 1943 wurde es an anderer Stelle am Holzmarkt neu errichtet.

Brugg/Schweiz, † 7. 10. 1795 H., medizinische Berühmtheit. Briefpartner Katharinas II. von Russland, Gesprächspartner Friedrichs II. von Preußen, wurde 1768 in H. Leibarzt des engl. Königs. Freundschaftl. Umgang u. a. 1774 mit J. G. Herder (→ Weimar/TH), 75 mit Goethe (→ Frankfurt a. M./HE), 76 mit H. P. Sturz (→ Darmstadt/HE). Später mit fast allen Zeitgenossen in lit. Fehden zerstritten. – W.: Über die Einsamkeit (1. Fassung 1756, 3bändige Ausgabe 1784/85); Fragmente über Friedrich den Großen (1789). – Grab auf dem Neustädter Friedhof. – Nachlass LB H.

Rudolf Erich Raspe, getauft 28. 3. 1736 H., † Ende 1794 Muckross/Irland, war 1760-67 in H., bis 74 in → Kassel/HE Bibliothekar. Flucht wegen Unterschlagung nach England, Schottland und Irland. In Oxford publizierte R. 1785 »Baron Munchhausens Narrative of his Marvellous Travels and Campaigns in Russia«, aus der dann zus. mit der Übers. G. A. Bürgers (→ Hettstedt/Molmerswende/ST) das Volksbuch wurde (→ Holzminden/Bodenwerder/NI). – R.s schottische Abenteuer sollen W. Scott Vorlage zu »The Antiquary« (hist. R. 1816) gewesen sein. – Nachlass LB Kassel.

Johann Anton Leisewitz, * 9. 5. 1752 H., † 10. 9. 1806 → Braunschweig/NI (Grabstätte Magnifriedhof), Dramatiker. Besuchte das Gymnasium in → Celle/NI. War 1770-74 Jurastudent in → Göttingen/NI und Hainbündler. 1774 entstand sein Trauerspiel »Julius von Tarent«, G. E. Lessing (→ Kamenz/SN): »Ein solcher junger Mann und ein solches erstes Stück sind gewiß aller Aufmerksamkeit wert.« 1774-76 Advokat in H., 78 Hofdienst in Braunschweig. Nach dem »Julius«, von dem F. Schiller (→ Ludwigsburg/Marbach/BW) für die Gestaltung des »Don Carlos« »Blut und Nerven« entlieh, veröffentlichte L. keine Dramen mehr. – W.: Sämmtl. Schrr. (Hrsg. L. A. Schweiger, 1838, Neudruck 1970). »J. A. Leisewitzens Briefe an seine Braut« (Hrsg. H. Mack, 1906); »Tagebücher« (Hrsg. H. Mack und J. Lochner, 1916-20). – Gedenktafel Calenbergerstraße 15, wo das Geburtshaus stand.

Karl Philipp Moritz (→ Hameln/NI) besuchte in H., wohin seine Eltern nach dem 7-jährigen Krieg gezogen waren, eine Armenschule. Erhielt eine Freistelle am Lyzeum; Freundschaft mit A. W. Iffland. – Die Jahre in H. sind im 1.-3. Teil des aut. R. »Anton Reiser« (1785-90) beschrieben.

August Wilhelm Iffland, * 19. 4. 1759 H., † 22. 9. 1814 → Berlin, Schauspieler, Bühnenschriftsteller. Besuchte in H. das Lyzeum. »Ohne Vorwissen seiner Aeltern« 1777 ans Gothaer Hoftheater, 79 nach → Mannheim/BW. Ab 1796 Direktor des Nationaltheaters in Berlin. – I.s effektvolle, daher erfolgreiche Repertoire-Stücke (»Verbrechen aus Ehrsucht«, 1784; »Die Jäger«, 1785) wurden bis ins 1. Drittel des 19. Jh.s allgemein gespielt und füllten 1802 bereits 16 Bände (dort auch Aut. »Meine theatralische Laufbahn«). – Geburtshaus »Leibnizhaus« (Gedenktafel).

Johann Adolf Schlegel, auch **Nisus**, **Hanns Görge** (→ Meißen/SN), † 16. 9. 1793 H., kam 1759 als Pastor, später Generalsuperintendent nach H. (Marktkirche, Neustädter Kirche).

August Wilhelm Schlegel, * 5. 9. 1767 H., † 12. 5. 1845 → Bonn/NW, Übersetzer, Kritiker, Philologe. Sohn von Johann Adolf Schlegel. Besuchte in H. das Lyzeum, 1786-91 Studium in → Göttingen/NI, 1795-1801 in → Jena/TH: literaturwiss. Vorlesungen, 1796 Heirat mit Caroline von Schelling, zu dieser Zeit verwitwete Böhmer (→ Göttingen/NI), 1798-

1800 zus. mit seinem Bruder Friedrich Hrsg. der Zs. »Athenäum«, in der das theoretische Programm der Jenaer Romantik erschien. 1801-04 Prof. in → Berlin, bis 18 dann vorw. im Ausland. 1818 Professur in Bonn. – W.: Shakespeares Dramat. Werke (Übers. 1797-1810); Blumensträuße ital., span. und port. Poesie (Übers. 1804). Vorlesungen über schöne Literatur und Kunst (Hrsg. J. Minor, 1884); Krit. Schriften und Briefe (Hrsg. E. Lohner, 1962-73). Nachlass LB Dresden, Slg. StA Bonn.

Friedrich Schlegel, * 10. 3. 1772 H., † 12. 1. 1829 → Dresden/SN, Kritiker, Dichter und Theoretiker, Anreger der Frühromantik. Studium in → Göttingen/NI und → Leipzig/SN. 1796-1801 in → Jena/TH, Umgang mit Novalis (→ Hettstedt/Wiederstedt/ST) und L. Tieck (→ Berlin). 1802-09 Vorlesungen in Paris (Zs. »Europa«) und → Köln/NW; Reisen in Frankreich, Belgien, Dtl. 1809-29 Wien: Hofsekretär, Literatur- und Geschichtsvorlesungen. – W.: Lucinde (R. 1799); Über die Sprache und Weisheit der Inder (1808). Krit. Ausg. (Hrsg. E. Behler, 1958 ff.). – Teilnachlass Görres-Gesellschaft Bad Godesberg; Mss. SB Berlin, FDH Frankfurt a. M., StB Trier. – Gedenktafel für die Brüder Schlegel Hanns Lilje-Platz 3 (hier stand bis 1883 das Pfarrhaus der Marktkirche, das Geburtshaus der Brüder).

Charlotte Kestner (geb. **Buff**/1753-1828) wurde literaturträchtig in Goethes »Die Leiden des jungen Werthers« und Th. Manns (→ Lübeck/SH) »Lotte in Weimar« (1939). Sie lebte ab 1773 in H., wo sie am 16. 1. 1828 starb. – Grab auf dem Gartenfriedhof an der Marienstraße. – Nachlass im Stadtarchiv H. – Das 1889 eröffnete K.-Museum, Tramm-Platz 3, geht auf eine Stiftung ihres Enkels Hermann zurück. – R. Rahmeyer, »Werthers Lotte

– Ein Brief – Ein Leben – Eine Familie« (B., 1994).

Ludwig Christoph Heinrich Hölty (→ Neustadt a. Rübenberge/Mariensee/NI) hielt sich 1775/76 in H. zur Behandlung seiner Lungen-Tbc durch J. G. Zimmermann auf. Er starb hier am 1. 9. 1776 im Haus Leinstraße 8 (zerstört); Denkmal auf dem Nikolaifriedhof.

Johann Georg Karl Harrys, * 19. 1.1780 H., † 11. 12. 1838 ebd., Hospitalinspektor. U. d. T. »Büchse und Zither« veröffentlichte er 1816 Schützenlieder und gab 1831-38 die Zs. »Die Posaune« heraus. – Gedichte und Mss. StB H.

Wilhelm Blumenhagen, 15. 2. 1781 H., † 6. 5. 1839 ebd., einer der beliebtesten Taschenbuch-Erzähler seiner Zeit. Seine »Ges. Werke«, heute längst vergessen, füllen 25 Bände (1837-40). – Grab auf dem Nikolaifriedhof.

Karl Johann Philipp Spitta, * 1. 8. 1801 H., † 28. 9. 1859 → Burgdorf/NI. Nach Kindheit und Schulzeit in H. Studium der Theologie in → Göttingen/NI. 1830 Garnisons- und Gefängnishilfsprediger in → Hameln/NI, 37 Pfarrer in Wechold (→ Hoya/NI), ab 47 Superintendent in Wittingen (→ Peine/NI) und Burgdorf. – Der »Künder des neu erwachten lutherischen Glaubenslebens« veröffentlichte zahlreiche Predigten und die in vielen Auflagen verbreitete Slg. geistl. Lieder »Psalter und Harfe« (1824). – Gedenktafel Burgstraße 23.

Johann Hermann Detmold, * 24. 7. 1807 H., † 16. 3. 1856 ebd. Studium in Heidelberg und Göttingen, seit 1827 mit H. Heine (→ Düsseldorf/NW) befreundet. 1830 Advokat in H.; Mitgründer des Kunstvereins (Sat. »Anleitung zur Kunstkennerschaft«, 1834); einer der Führer der Opposition im hannoverschen Verfassungskonflikt 1838-41; Paulskirchenabgeordneter 48, Reichsminister 49 (Sat. »Taten und

Meinungen des Herrn Piepmeyer, Abgeordneten ...«). – Weitere W.: Die todte Tante (N. 1845). – Grabstätte auf dem Gartenkirchhof nicht mehr vorhanden.
Friedrich Hermann Klencke (Ps. u. a. **Hermann von Maltitz**), * 16. 1.1813 H., † 11. 10. 1881 ebd., Arzt in seiner Geburtsstadt und in Braunschweig. Schrieb ein halbes Hundert Romane, darunter Dichterbiographien und nieders. Historien: »Der Herzog von der Leine« (1860/61), »Altadelige Haus-, Hof- und Familiengeschichten« (1865/66), »Aus Hannovers Gegenwart« (1867).
Georg Freiherr von Ompteda, * 29. 3. 1863 H., † 10. 12. 1931 München, war Offizier, wechselte dann zur Schriftstellerei. Ab 1927 in München. Anfangs in der Zola-Tradition (»Deutscher Adel um 1900«, R.-Tril. 1897-1901), zunehmend zur Unterhaltungslit. tendierend (»Der jungfräuliche Gipfel«, R. 1927); bedeutender Maupassant-Übersetzer. – Aut. »Sonntagskind« (1929).
Heinz Tovote, * 12. 4. 1864 H., † 14. 2. 1946 → Berlin, Romancier. Seine Romane, zunächst noch sozialkritisch (»Im Liebesrausch«, 1890), verwässerten allmählich zur Trivialität. – »Ges. Novellen« (1916-24); »Ges. Romane« (1919-24). – Geburtshaus in der Kreuzkirchengemeinde, Schillerstraße 20 (bereits 1865 Neubau Nr. 27).
Karl Friedrich Henckell, * 17. 4. 1864 H., † 30. 7. 1929 → Lindau/BY, frühnaturalist. Lyriker. Studierte u. a. in Berlin Philol. und Nationalökonomie. In Zürich im lit. Kreis von C. und G. Hauptmann (→ Berlin), O. J. Bierbaum (→ München/BY) und F. Wedekind; lyr. Flugblätter »Sonnenblumen«. 1902 nach → Berlin, 1908 nach → München/BY. – W.: Diorama (G. 1890); Weltmusik (G. 1918); Ges. Werke (1923).
Frank Wedekind, * 24. 7. 1864 H., † 9. 3.

1918 → München/BY, Dramatiker, Wirkung durch seine schonungslosen Angriffe auf die bürgerliche Scheinmoral. Jugend auf Schloss Lenzburg/Aargau. 1884-86 Jurastudium in München und Beginn der lit. Tätigkeit. 1886 Werbechef bei Maggi in Zürich, 88 Zirkussekretär. 1891-94 u. a. in Paris und London. Dann Schauspieler, Kabarettist, Dramaturg und freier Schriftsteller in → Berlin und München (ab 1907 ständig). – W.: Frühlings Erwachen (Dr. 1891); Erdgeist (Tr. 1895); Marquis von Keith (Dr. 1901); Die Büchse der Pandora (Tr. 1904). Lautenlieder (1920); Ges. Werke (Hrsg. A. Kutscher und R. Friedenthal, 1912-21); Prosa, Dramen, Verse (Hrsg. H. Maier, 1960-64). – Nachlass StB München, Kantons-B. Aargau; Slg. StB H.
Hermann Löns, * 29. 8. 1866 Kulm/Westpreußen, † (gefallen) 26. 9. 1914 bei Reims. Als Heide-, Jagd- und Wanderdichter berühmt und oft vertont, lesenswert noch immer seine Tierschilderungen. Besuchte in → Münster/NW die Schule, studierte Medizin und Naturwiss. in Münster, → Greifswald/MV und Göttingen/NI. 1893-1909 Redakteur (»Fritz von der Leine«) in H. und → Bückeburg/NI, ab 1912 freier Schriftsteller in H. Grab auf der Heide bei Tietlingen (→ Fallingbostel/NI). – W.: Mein grünes Buch (Sk. 1901); Aus Wald und Heide (Sk.1909); Der Wehrwolf (R. 1910); Der kleine Rosengarten (G. 1911). Sämtl. Werke (Hrsg. F. Castelle, 1924). – Wohnung Am Bokemahle 8 (Gedenktafel). – Archiv StB H., Slg. StLB Dortmund, UB Münster. – M. Angers, »H. L., Schicksal und Werk aus heutiger Sicht« (1986); kritisch: Th. Dupke, »H. L., Mythos und Wirklichkeit« (1994).
Ludwig Klages, * 10. 12. 1872 H., † 29. 7 1956 Kilchberg b. Zürich, Philosoph und Psychologe, Ausdruckslehre und Charakterkunde. Kindheit und Jugend in H.

(Warmbüchenstraße, Hildesheimer Straße), erste Gedichte, Freundschaft mit Th. Lessing. 1893 nach → München/BY, »die großen Jahre Schwabings«, George-Kreis. Um die Jahrhundertwende Hinwendung zur wiss. Forschung. 1915 in die Schweiz, 1920-33 im Hause C. F. Meyers in Kilchberg wohnend. Ausgedehnte Vortragsreisen. – W.: Handschrift und Charakter (1917); Rhythmus und Runen (dichter. Nachlass, 1944). Sämtl. Werke (1954 ff.). – Über H. »Jugenderinnerungen« (unveröff., Auszüge im Katalog der Centenar-Ausstellung, 1972). – Archiv und Bibliothek, K.-Gesellschaft, DLA Marbach.

Albrecht Schaeffer, * 6. 12. 1885 Elbing, † 4. 12. 1950 → München/BY, neuklass. Lyriker, Erzähler und Essayist, auch Übersetzer. Kindheit und Jugend in H., wo er 1913-19 noch einmal als freier Schriftsteller lebte. »Des Michael Schwertlos vaterländische Gedichte« (1915) und der Roman »Josef Montfort« (1918) entstanden hier. Von 1919 bis zum Beginn des 2. Weltkriegs in → Neubeuern und Rimsting (Rosenheim/BY). 1939 Emigration, Heim für Emigrantenkinder in Cornwall on Hudson/USA. 1950 Rückkehr nach Dtl. – W.: Die Meerfahrt (G. 1912); Helianth. Bilder aus dem Leben zweier Menschen nach der Jahrhundertwende. (R. 1920-24, n. 1995, Hrsg R. Bulang); Parzival (Ep. 1922); Dichter und Dichtung (Ess. 1923); Demetrius (Tr. 1923); Der Roßkamm von Lemgo (R. 1933). Mythos (Ess., Hrsg. W. Ehlers, 1958). – Grab auf dem Stadtfriedhof Engesohde. – Archiv DLA Marbach. – »Dossier A. S.«, in: Juni. Magazin für Literatur und Politik, Nr. 22/1995.

Julie Schrader, * 9. 12. 1881 H., † (Freitod) 17. 11. 1939 Oelerse b. Peine, der »welfische Schwan« (B. von Münchhausen) und neben Friederike Kempner die (freilich von ihrem Hrsg. auch hochstilisierte und vermutlich größtenteils erfundene) Vizekönigin der Naiven. Verbrachte die ersten Lebensjahre in H., ab 1900 Haustochter einer Konsulsfamilie in Bremen, 1922 nach Oelerse. Für die Sch. »erwärmten« sich u. a. A. Holz, C. Sternheim (beide → Berlin) und E. v. Schönaich-Carolath (→ Haseldorf/Pinneberg/SH). – W.: Willst Du still mich kosen (G. 1968); Links am Paradies entlang (G. 1969); Ich bin Deine Pusteblume (Hrsg. B. Wessling, 1971); J. S.s ges. Köstlichkeiten (1980). – Zum Fälschungsvorwurf vgl. G. Stadler, »Julchen Schrader, der welfische Schwan, der eine Ente war«, in: »Gefälscht! Betrug in Literatur . . .« (1988).

Kurt Schwitters, * 20. 6. 1887 H., † 8. 1. 1948 Ambleside/Westmoreland, Maler, Bildhauer und Schriftsteller. Studierte 1909-14 an der Dresdner Kunstakademie; 1919-37 in H. Maler und Werbegraphiker. 1937-48 Emigration in Norwegen und England. – Erfinder der dadaist. »MERZ«-Kunst, zu der er in Analogie »MERZ«-Gedichte schrieb. – W.: Anna Blume und ich. Die ges. A. B.-Texte (Hrsg. E. Schwitters, 1965); Das lit. Werk (Hrsg. F. Lach, 1974 ff.). Über H.: Hannover (E. 1920); Der schnelle Graben (E. 1946). – Geburtshaus Rumannstraße 2 (heute 8), das Wohnhaus (mit »Merzbau«) stand in der Waldhausenstraße; Grab auf dem Stadtfriedhof Engesohde. – Archiv StB H., Catalogue raisonné Band 1: 1905-1922, hg. v. Kurt Schwitters-Archiv im Sprengel-Museum Hannover (2000). »Schon erstaunlich, wie die Provinz sich posthum ihrer Grenzüberschreiter rückversichert« (Peter Rühmkorf): Zur Expo-Weltausstellung 2000 wurde die Übertragung des Anna-Blume-Textes in alle Sprachen das offizielle Gast-Geschenk des Landes: »Anna Blume und zurück« – Poetische Antworten (2000), und: »A-N-N-A« – Kurt Schwit-

Hannover: Kurt Schwitters, Aus dem Zyklus »Die Kathedrale« (1920)

ters' Gedicht in 154 Nachdichtungen (Hrsg. G. Weiberg u. a., 2000).

Gerrit Engelke, * 21. 10. 1890 H., † 13. 10. 1918 Feldlazarett Etaples b. Boulogne, Lyriker, stand dem Expressionismus nahe: »Mit frischen Augen eines Erstlings sah er die Welt in ihrer Unerschöpflichkeit und Einheit« (W. Bauer). Volksschule in H., Anstreichergeselle. Ab 1909, neben dem Beruf, lit. tätig; Förderung durch R. Dehmel (→ Königs Wusterhausen/Münchehof-Hermsdorf/BB), P. Zech (→ Berlin) und die »Werkleute auf Haus Nyland« (→ Tecklenburg/Hopsten/NW). 1914 in → Flensburg/SH, 14-18 Soldat. – W.: Rhythmus des neuen Europa (G. 1921); Das Gesamtwerk (Hrsg. H. Blome, 1960, n., mit aktualisierter Einleitung, 79). – Geburtshaus Wörthstraße 1945 zerstört. – Nachlass Institut für Dt. und Ausländ. Arbeiterlit. Dortmund und StB H. – K. Mo-

rawietz, »Mich aber schone, Tod« – G. E. 1890-1918 (1979).

Richard Gerlach, * 12. 5. 1899 H., † 2. 8. 1973 ebd., Reiseschriftsteller und ein »echter Tierenzyklopädist« (K. Krolow). Studium u. a. in Leipzig; Promotion. Nach 1923 ausgedehnte Europareisen. – W.: Dalmatinisches Tagebuch (1940); Die Geheimnisse im Reich der Säugetiere (1948-68); Glanz über dem Bodensee (G. 1972). – Grab auf dem Stadtfriedhof Lahe.

Gustav Schenk, * 28. 9. 1905 H., † 3. 5. 1969 → Ebersteinburg/Baden-Baden/BW, Romancier und Verfasser populärwiss. Werke. Autodidakt in H., beeinflusst von Th. Lessing. Wanderleben in Europa und Afrika.; später »sesshaft« in → Worpswede/NI, Berlin, Ebersteinburg. – W.: Straßen der Unrast (aut. R. 1939); Der Rattenkrieg (E. 1947); Das Buch der Gifte (1953); Die Grundlagen des 21. Jahrhunderts (1965).

Hannah Arendt, * 14. 10. 1906 H., † 4. 12. 1975 New York, bedeutende Philosophin und Essayistin, deren Werke um die totalitäre Herrschaftsform kreisen. Schulzeit in Königsberg, danach Studium in Marburg, ab 25 in Heidelberg, ab 26 in Freiburg, 28 Promotion. 1933 Emigration: Prag, Genf, Paris, ab 1941 USA. Kontakte und Zusammenarbeit u. a. mit W. Benjamin (→ Berlin), Th. W. Adorno und M. Horkheimer (→ Frankfurt a. M./HE). 1961 Berichterstatterin im Jerusalemer Eichmann-Prozess, Tätigkeit als Professorin. – W.: Elemente und Ursprünge totaler Herrschaft (dt. Ausg. 1955); Rahel Varnhagen (Biographie, dt. Ausg. 1959); Eichmann in Jerusalem (1963). Briefwechsel u. a. mit Karl Jaspers (1985) und Uwe Johnson (2004). – H.-A.-Raum StB H. mit Ausstellungsstücken aus dem Nachlass; seit 1998 H.-A.-Tage.

Hans Joachim Haecker, * 25. 3. 1910 Königsberg, † 20. 2. 1994 H., Dramatiker,

Lyriker. – W.: Der Tod des Odysseus (Dr. 1948); David vor Saul (Dr. 1951); Michelangelos Werke (G. 1975). – Grab auf dem Friedhof H.-Lahe.

Karl Krolow, (auch: **Karol Kröpke**), * 11. 3. 1915 H., † 21. 6. 1999 Darmstadt/HE, Lyriker mit Spektrum von der Naturlyrik über das politische Engagement bis zur experimentellen Moderne, Erzähler. Nach der Kindheit in H. Studium in Göttingen und Breslau, seit den vierziger Jahren regelmäßige Publikationen, die viel Beachtung fanden. Lebte ab 51 in Hannover und seit 56 in Darmstadt; Präsident der Akademie für Sprache und Dichtung. – W.: Gedichte (1948); Auf Erden (G. 1949); Aspekte zeitgen. deutscher Lyrik (Frankfurter Poetikvorlesung, 1961); Ausgew. G. (Hg. von H. Friedrich, 1962); Der Einfachheit halber (G. 1977); Das andere Leben (Prosa, 1979); Ges. Gedichte (1965-85); zahlreiche Übersetzungen und Nachdichtungen, u. a. aus dem Französischen und Spanischen.

Rudolf Augstein, * 5. 11. 1923 H., † 7. 11. 2002 Hamburg (Grab auf Sylt), als Journalist, Herausgeber des »Spiegel«, Sachbuchautor und Politiker »ein Glück für die deutsche Demokratie« (I. Fetscher). Nach Kindheit und Jugend in Hannover (Linden) dort auch erste publizistische Tätigkeiten. 1946 Übernahme der Zs. »Diese Woche«, der »Spiegel« erschien am 4. Januar 1947 erstmals hier in H. (R. A., »So wurden wir angefangen«, in: »Schreiben, was ist«, 2002), ab 1952 in →Hamburg. – W.: Preußens Friedrich und die Deutschen (1968); Jesus Menschensohn (1972); Überlebensgroß Herr Strauß. Ein Spiegelbild (1980); Deutschland, einig Vaterland? (Zus. mit G. Grass, 1990). – Sein erster und einziger literarischer Gehversuch, das (bis heute ungedruckte) Drama »Die Zeit ist nahe . . .« fiel 1947 in H. durch (Verriss in: »Der Spiegel«, Heft 45/1947) und blieb

Episode. Bleiben werden die Gespräche A.s mit K. Jaspers, E. Bloch, Th. W. Adorno, M. Heidegger, E. Jünger, A. Solschenizyn und R. Dutschke. – Leo Brawand, »Rudolf Augstein« (Biogr. 95), Otto Köhler, »R. A. – Ein Leben für Deutschland« (2002); Ulrich Greiwe, »Augstein. Ein gewisses Doppelleben« (n. 2003).

Adam Seide, * 2. 7. 1929 H.-Linden, † 29. 4. 2004 Frankfurt a. M./HE, Grab auf dem Hauptfriedhof F. Galerist, Kunstkritiker, Verleger, Dozent, Autor. Nach Jahren in H. (bis 1962, 1970-81) Umzug nach Frankfurt a. M., dort Mitbegründer des ersten deutschen Literaturbüros. – W.: Das ABC der Lähmungen (En. 1979); Taubenkasper (R. 1985); Die braunschweigische Johanna (R. 1986, n. 2001); Rebecca (R. 1987); Es ist nur eine Reise (R. 2000).

Kurt Morawietz, * 11. 5. 1930 H., † 16. 7. 1994 ebd. Langjähriger Kulturamtsleiter in H. Mitbegründer der Zs. »die horen«, zahlreiche lyrische und feuilletonistische Arbeiten, Literaturkritiker, Herausgeber. – W.: Leibniz (Es. 1962); Judas Dupont (En. 1982); »Leg auf die andere Seite deinen Scheitel«, Lyrik und Prosa (Hrsg. V. App, 2005).

Hans Jürgen Fröhlich, * 4. 8. 1932 H., † 22. 11. 1986 Dannenberg (Grab in München), Romancier, Hörspielautor. Nach Kompositionsstudien Hinwendung zur Literatur. Lebte in Hamburg, Italien und München. – W.: Aber egal (R. 1963); Tandelkeller (R. 1967); Engels Kopf (R. 1971); Anhand meines Bruders (Aut. 1974); Im Garten der Gefühle (R. 1975); Schubert – Eine Biographie (1978); Mit Feuer und Flamme (R. 1986); Das Haus der Väter (Fragmente, 1987).

Heinz E. A. Koch, 18. 4. 1937 H., † 1992, niederdeutscher Autor, Satiriker, Verleger. – W.: Einst und jetzt (Streitschrift 1961); Weites Land (G. 1964); Wanderungen im Lönsland (En. 1967).

A Städt. Schreibmeister war von 1646-84 **Johann Hemeling**; »durchs Keysers macht« wurde er 1656 »gekrönter Poet«. – **Georg Christoph Lichtenberg** (→ Darmstadt/Ober-Ramstadt/HE) lebte März bis September 1772 in H., um eine genaue astronom. Ortsbestimmung vorzunehmen, »nahe bei der Aegidienkirche« und musste »alle Nacht geladenes Gewehr in der Stube haben, weil in Hannover sowie in Göttingen die Leute nicht alle gleich ehrlich sind . . .« **Adolph von Knigge** (→ Bredenbeck) lebte zeitweilig als Schriftsteller in H., veröffentlichte hier sein aufklärerisches Hauptwerk »Über den Umgang mit Menschen«, das sprichwörtlich nur als Anleitung zu gutem Benehmen missverstanden wurde (». . . in mein Vaterland zurückgekehrt« – A. F. v. K. in Hannover 1787-1790, Hrsg. P. Raabe, 2003). – 1776-81 als Stabssekretär in H. **Heinrich Christian Boie** (→ Heide/Meldorf/SH), Hrsg. der Zs. »Deutsches Museum« und Zentralgestalt des literarischen Lebens in der Stadt. – Mittler und Vermittler im lit. und gesellschaftl. Leben in den letzten Jahrzehnten des 18. Jh.s auch **Ernst Brandes** (1758-1810); »Betrachtungen über den Zeitgeist . . .« (1808). – In H. auch **Johann Peter Eckermann** (→ Winsen a. d. Luhe/NI); hier »widerfuhr ihm die größte, folgenreichste Bezauberung seines Lebens: er las Goethes Schriften« (H. Rischbieter), 1823 schrieb E. im Dorf Empelde bei H. seine »Beiträge zur Poesie«, 1844 lebte er für kurze Zeit in Linden. Herbst 1828 bis Frühjahr 29, an der Ausgabe seiner Schriften arbeitend, **Ludwig Börne** (→ Frankfurt a. M./HE): »Die Bücher der Leihbibliothek sind von der Polizei gestempelt. Das Wappen ein galoppierendes Pferd.« – **Heinrich Heine** (→ Düsseldorf/NW) kam 1843 auf der Reise nach Hamburg »nach Hannover um Mittagszeit«; literarisch fixiert in »Deutschland.

Ein Wintermärchen« (1844). – **Wilhelm Busch** (→ Nienburg/Wiedensahl/NI) begann 1847 am Polytechnikum Maschinenbau zu studieren, brach aber 51 die Ausbildung ab und ging zur Kunstakademie nach Düsseldorf. (Die W.-B.-Gesellschaft H. gibt ein Jahrbuch heraus und betreut die Gedenkstätten, so das W.-B.-Museum im »Georgengarten«.) **Heinrich Seidel** (→ Grevesmühlen/Perlin/MV) besuchte ebenfalls das Polytechnikum 1860-62. – »Mein Aufenthalt in der Stadt an der Leine hat zwei Jahre gewährt, die ich zu den glücklichsten meines Lebens zähle«: so **Friedrich Spielhagen** (→ Magdeburg/ST) in den »Erinnerungen aus meinem Leben« (1911). S. wurde im Herbst 1860 zum Leiter des Feuilletons der »Zeitung für Norddeutschland« ernannt; er hatte v. a. den 2. Teil seines Romans »Problematische Naturen« abzuliefern, nachdem der erste überall Beifall gefunden hatte. – **Wilhelm Meyer-Förster** (→ Heidelberg/BW) wurde am 12. 6. 1862 in H. geboren und verbrachte hier seine Kindheit und Jugendjahre. – 1850-72 in H. lebend: **Emilie Heinrichs** (1823-1901), deren Roman der hannoverschen Hofgesellschaft »Auf der Menschheit Höhen« (1868) Skandal machte. – Nach 1866 als Spion Bismarcks verdächtigt, lebte ab 1859 **Oskar Meding** (1828-1903) als »Pressechef« und »Vorleser« des blinden Königs Georg V. am Hof; unter dem Ps. **Gregor Samarow** erschienen seine Romane aus der »großen Politik« (u. a. »Europ. Minen und Gegenminen«, 1873-75; »Memoiren zur Zeitgeschichte«, 81). Der Philosoph **Theodor Lessing**, 1872 in H. geb. und 1933 von Nationalsozialisten in Marienbad ermordet, musste 1925 seine Vorlesungen an der TH, in denen er häufig zu zeitpol. Problemen Stellung nahm, einstellen (»Geschichte als Sinngebung des Sinnlosen«, 1919; Aut. »Einmal und nicht wieder«, 1969); noch im gleichen Jahr (1925) erschien L.s Buch über den Massenmörder Haarmann: »H. – Die Geschichte eines Werwolfs«. (Ergänzende Lektüre: **Friedhelm Werremeier**, »H. Nachruf auf einen Werwolf«, 1992, auf der Bühne: **Romuald Karmakar**, »Der Totmacher«, 1995, und **Marius von Mayenburgs** »Haarmann«, 2001). Mit Th. Lessing verwandt ist **Carl Sternheim** (→ Berlin); in »Vorkriegseuropa im Gleichnis meines Lebens« (n. 1976) erinnert er sich »der Zeit in H. (ab 1880) vom ersten bis sechsten Lebensjahr« und an die »weitläufigen Wohnungen in der Boedecker-Marienstraße«, die Nachmittagsausflüge und das Theater. – In Linden, das sich »noch viel vom alten dörflichen Charakter bewahrt« hatte, wurde um die Jahrhundertwende **Moritz Jahn** (→ Göttingen/NI) groß; Grab auf dem Stadtfriedhof Ricklingen. – Von 1866-1908, als er einen Ehrensold der Stadtverwaltung erhielt, war **Christian Flemes** (→ Springe/Völksen/NI) Buchbinder in H. – **Gottfried Benn** (→ Perleberg/Mansfeld/BB) flüchtete 1935-37 in die Anonymität einer Stelle bei der Heeressanitätsinspektion H., »um aus allen politischen und kulturellen Bindungen herauszukommen«. Literarisch produktive Phase, u. a. »Weinhaus Wolf« (E. 1949; das reale Weinhaus stand Große Aegidienstraße 32, im Krieg zerstört). B. spricht von »kompletter Dop-

pelexistenz«, er wohnte u. a. Arnswaldtstraße 3 (heute Nr. 4, Gedenktafel). Lit. Topographie zum Freundeskreis und Alltag B.s in: **Paul Raabe** »G. B. in Hannover 1935-37« (1986), über die Recherchen zum Buch Raabe in »Mein expressionistisches Jahrzehnt« (Erinn. 2004). – Im aut. Bericht »Auswanderung vorläufig nicht möglich« (2002) hat **Ruth Herskovits-Gutmann** die Geschichte ihrer jüdischen Familie festgehalten. – »Wer darf das reimen? So Totes – so Holdes!«, schrieb 1944 noch **Friedrich Rasche** (1900-65/Grab Stadtfriedhof Engesohde) gegen den Untergang an. – Im 20. Jh. mit H. verbunden auch **Ernst** und **Friedrich Georg Jünger** (→ Bad Saulgau/Wilflingen/BW und Überlingen/BW); über die Zeit von 1900-1918 u. a. Ernsts »Gläserne Bienen« (1957) und Friedrich Georgs »Grüne Zweige« (1951). Außerdem: **Joachim Ringelnatz** (→ Wurzen/SN), »Mein Leben bis zum Kriege« (1951); **Vicki Baum** (→ Berlin) »Es war alles ganz anders« (1962); **Frank Thieß** (→ Darmstadt/HE), »Freiheit bis Mitternacht« (1965). **Günter Grass** hörte 1946 »in dem völlig zerbombten Hannover Schumacher sprechen . . . mit einer schreienden, überschrillen Stimme, die mich erschreckte und in Opposition brachte, aber mit Überzeugungen, denen ich zustimmte«. Bericht dazu in der Aut. »Beim Häuten der Zwiebel« (2006) – ein Schlüsselerlebnis. 1956 wurde der unter dem Ps. **Munkepunke** bekannte **Alfred Richard Meyer** (→ Schwerin/MV) auf dem Friedhof Engesohde im Familiengrab beerdigt. 1964 begann **Marcel Reich-Ranicki** im »längst nicht mehr existierenden Weinhaus Wolf in H., von dem bei Gottfried Benn die Rede ist« (»Mein Leben«, Aut. 1999) mit der Funkserie »Literarisches Kaffeehaus«, dem Vorgänger des »Literarischen Quartetts«. 1975 fand **Peter Bamm** (→ Mönchengladbach/

Hannover: Gottfried Benns Postkarte vom 1. 9. 1935 mit einem Vermerk an F. W. Oelze

Hochneukirch/NW) auf dem Stadtfriedhof Stöcken seine letzte Ruhestätte.

L Ältere Reisebeschreibungen u. a. von **Matthäus Merian** (→ Frankfurt a. M./HE) 1654, **Johann Kaspar Riesbeck** (→ Frankfurt a. M./Höchst/HE) 1783, **Otto von Heinemann** (→ Helmstedt/NI) 1858/n. 1976, **Julius Rodenberg** (→ Rinteln/NI) 1874. – Das von Bodoni geschaffene Denkmal für die »Göttinger Sieben« vorm Landtag erinnert an den Widerstand der Gebrüder Grimm und anderer gegen den Verfassungsbruch des Königs von 1837; eine literarische Darstellung des Professoren-Protests (→ Göttingen/NI) in **Heinrich Albert Oppermanns** (→ Göttingen/NI) R. »Hundert Jahre« (6. Buch). Bewegende Momente H.scher Geschichte: Blieb **Karl Philipp Moritz** (»Anton Reiser«, 1785-90) noch bei familiären Schilderungen, bemühten 1863 **Wilhelm Andreä** (1822-72) und 1934 **Egmont Colerus** bereits G. W. Leibniz. Vollends auf den Plan brachte die Dichter die Annexion H.s 1866 durch Preußen: so **Edmund Hahn** (eig. **Karoline Pierson**/1811-99), »Die beiden Könige oder Hohenzollern und Welfen« (R. 1869); **Bernd von Guseck** (1803-71), »Der Welfenlegionär« (R. 1869); **Friedrich Hermann Klencke**, »Die Politik des Herzens oder Die Annektierten« (R. 1969); **Gustav Ayrer** (1810-92), »Hannovers Fall« (Dr. 1887). Erinn. an das alte H.: »Kreutz- und Querzüge« (1922) von **August Ludolf Friedrich Schaumann** (1778-1840), »Erinn. eines deutschen Arztes« (1875) von **Georg Friedrich Louis Stromeyer** (1804-76), »Hann. Jugenderinnerungen« (1905) von **Wilhelm Spengemann**, »Bekenntnisse eines alten Schulmeisters« (1914) von **Julius Adolf Ey** (→ Goslar/Clausthal-Zellerfeld/NI), »Zwischen Dorn und Korn« (1934) von **Heinrich Sohnrey** (→ Münden/Jühnde/NI), »Aus Leben und Arbeit« (1944) von **Carl Schuchardt** (1859-1943), »Der Theaterprofessor« (1960) von **Artur Kutscher** (→ München/BY), »Hinterm Hoftheater gleich links« (1950) von **Karl Escher** (1885-1972), »Begegnungen mit Zeit und Menschen« (1963) von **Herbert Ihering** (→ Berlin), »Kaiserwetter« (1931, n. 1971) von **Karl Jakob Hirsch** (1892-1952), »Talisman Scheherezade« (1976) von **Max Fürst** (→ Berlin), »Versetzung zweifelhaft« (1962) von **Hansjürgen Weidlich**, »Abenteuer der Jugend« (1969) von **Georg Grabenhorst** (→ Neustadt/NI), »Hanno dazumal« (1971) von **Hans J. Toll**, »Spiegelung der Jugend« (1973, n. 96) von **Werner Kraft** (→ Braunschweig/NI), »Memorabilia, Schwerpunkte eines Lebens« (1973) von **Hanns Lilje** (→ Nienburg/Loccum/NI).

Kurt Schwitters weist in H.sche Zukunft mit seinem Text »Hannover« (1922), darin die Zeilen: »Hannover strebt vorwärts, und zwar ins Unermessliche. Anna Blume hingegen ist von hinten wie vorne: A-N-N-A.« Schw.s »Vorwärts nach weit« setzte dann 1972 **Karl Krolow** über das H.-Kapitel seiner Topographie des »Landes, das es nicht gibt« (»Deutschland deine Niedersachsen«). – »Alt-Heidelberg«-Dichter **Wilhelm Meyer-Förster** siedelte seinen »Heidenstamm« (R. 1901) in H. an, **Hermann Löns** u. a. seine Humoreske »Der zweckmäßige Meyer« (1911), **Albrecht Schaeffer** z. T. den Roman »Helianth – Bilder aus dem Leben zweier Menschen« (1920-24, n. Hrsg. R. Bulang, 1995).

Eine Auswahl nach 1945: **Arno Schmidt** (→ Hamburg), »Das steinerne Herz« (1954); **Wolfgang Hildesheimer** (→ Hamburg), »Tynset« (1965); **Sigrid Brunk**, »Ledig, ein Kind« (1972). Die auch in H. zu beobachtende Tendenz zum »Krimi vor Ort« befriedigt der Klassiker »Sein erster freier Fall« von **Uwe Friesel** (1983, n. 2001), weitere Autoren: **Mike Jaeger** (d. i. Jürgen Alberts), **Jens Richter**, **Egbert Osterwald**. – **Friedhelm Kändler** folgt der Schwitters-Tradition mit seiner »WoWo«-Literatur (zuletzt: »Wo Wo jagt Dr. Ey«, 2001). – **Kurt Morawietz**, »Westwärts, ostwärts« (G. und Impresssionen, 1972); **Guntram Vesper**, »Künstliches Licht« (in: »Lichtversuche Dunkelkammer«, En. 1992). – Mundart: »Eck segge man bloß« usw. (n. 1977) von **Wilhelm Henze** (→ Northeim/Einbeck/NI; Ehrengrab Stadtfriedhof Stöcken); »Plattdeutsche Lieder und Reime vom Rande der Großstadt Hannover« (in: »Niederdt. Zs. für Volkskunde«, Bd. 16/1938) von **Richard Brill** (1879-1965). – 1878 gab **Hermann Weichelt** eine Slg. »Han-

noverscher Geschichten und Sagen« in 4 Bdn.
heraus. – Summe und Vademecum par excellence: **Henning Rischbieters** »Hannoversches
Lesebuch oder: Was in H. und über H. geschrieben, gedruckt und gelesen wurde«, 1.
Bd. 1650-1850 (1975), 2. Bd. 1850-1950 (1978);
2000 erschien Heft 150 der Zs. »**Wegwarten**«
zum Thema »Hannover in der Literatur«, **Peter Struck** fasst 2004 in seinem Führer »Literarisches Hannover« zusammen (so der Untertitel): »50 Dichter, Schriftsteller und Publizisten. Wohnorte, Wirken und Werke«. **Jörg
W. Gronius** versammelt in »Das Wunder Hannover« (2002) 13 Kurzgeschichten aus der
Stadt. **Hanjo Kesting** denkt zurück an das Literaturstudio im NDR: »Und was heißt schon
New York? Begegnungen und Erinnerungen«
(in: »Peine Paris Pattensen«, Hrsg. M. Mertens, 2006). **Ales Rasanau,** erster Hannah-
Arendt-Stipendiat aus Weißrussland, verfasste
seine Stadtimpressionen u. d. T. »Hannoversche
Punktierungen« (2002): »Ins Sprechen der
Leute/mischt sich Krächzen von Krähen:/
Hannover polyphon.«
S Gottfried Wilhelm Leibniz Bibliothek
(ehem. Nieders. Landesbibliothek): rd. 1,4
Mill. Bde., 4373 Hss., über 370 Inkunabeln
(Ciceros »de officiis«, 1465; Biblia pauperum,
um 1450), mehr als 80 000 Autographen. Slg.
von Personalschr.; Opernauffführungsbücher
(17. u. 18. Jh.); Bucheinband-Slg.; Leibniz-Archiv und L.-Forschungsbibliothek; Geschäftsstelle der intern. L.-Gesellschaft; Nachlässe
u. a. J. G. Zimmermann, Familie Meibohm,
M. Fogel, H. Bienek; Regionalbibliothek für
Niedersachsen; **Stadtbibliothek:** rd. 680 000
Bde., 74 ma. Kodizes und Fragmente, 241 Inkunabeln (größtenteils in Einbänden aus dem
15. Jh.), 5000 Autographen (vorwiegend nieders. Autoren). Trivialllit. des 19. Jh.s; Archive
(u. a. K. Schwitters, H. Löns, G. Engelke),
Plattdt. Lit. (Slg. Börsmann); Moderne Buchkunst (Katalog: 550 Jahre Schatzkammer StB
H., Hrsg. M. Beaujean, 1990); **Technische Informationsbibliothek und Universitätsbibliothek** H. (naturw. Schwerpunkt); **Bibliothek
des ev.-luth. Landeskirchenamtes.** – **Wilhelm-
Busch-Museum:** (betreut von der **W.-B.-Gesellschaft,** gegr. 1930).

Stiftung Niedersachsen (Autorenförderung);
Heimatbund Niedersachsen (u. a. Erforschung
und Erhaltung plattdt. Sprache, seit 1901; ständiges Forum »Autoren in Niedersachsen«, seit
1979). – **Deutscher Autorenverband, Verband
deutscher Schriftsteller in Niedersachsen und
Bremen** (VS-ver.di), **Landesverband der Buchhändler und Verleger; Gruppe Poesie, GE-
DOK**-Hannover, **Friedrich Bödecker-Kreis
in Niedersachsen** (seit 1954); **Literarischer Salon; LiteraturBüro** H. e. V.; **Goethe-Gesellschaft; Intern. Leibniz-Gesellschaft.** – Zs:
»**die horen**«, Nachfolge-Zs. F. Schillers, seit
1955; eine der »größten und gewichtigsten Literatur-Zs. dt. Sprache«, seit 1951); weiter:
»**Welfengarten**«, »**Griffel**«, »**Wegwarten**« (seit
1961 Hrsg. W. Lobenstein, Lyriker: »Instrumente«, G. 1971).
Fördererkreis dt. Schriftsteller in Niedersachsen und Bremen (seit 1974). – **Niedersächsischer Kulturpreis für schlesische Künstler**
(seit 1977); **Niedersachsenpreis für Literatur**
(seit 1978, 2000 umbenannt in **Nicolas Born-
Preis** (→ Lüchow/NI); **Niedersächsischer
Verlagspreis**; Preis »Buchhandlung des Jahres«; Preis der **LiteraTour Nord** (Lesewettbewerb u. a. in H., Oldenburg, Lüneburg); **Arbeitsstipendien für Literatur des Landes Niedersachsen** (seit 1978); **Gerrit-Engelke-Literatur-Preis** der Landeshauptstadt und **Kurt-
Morawietz-Preis** bis 2007, danach Hölty-Preis;
**Literaturpreis des Landesverbandes der VHS/
NI; Hannah Arendt-Jahres-Stipendium** der
»Stadt der Zuflucht« (2001 der weißrussische
Autor Ales Rasanau). – **Buchmesse »Buchlust«.**

Bredenbeck

Adolph Freiherr von Knigge, * 16. 10.
1752 Schloss B., † 6. 5. 1796 → Bremen,
Schriftsteller der Aufklärung. 1769-72 Jurastudium in → Göttingen/NI. Dann
in wechselnden Diensten, ab 1783 freier
Schriftsteller in Heidelberg, ab 84 in Hannover. 1790 bis zu seinem Tod Oberhauptmann der braunschweig.-lüneburg. Regierung in Bremen. K.s Bedeutung als Aufklärer und Sympathisant der Franz. Revo-

lution führte zur Diffamierung seiner Bücher; lediglich seine Schrift »Über den Umgang mit Menschen« (1788) blieb (als Titel) bekannt. – W.: Der Roman meines Lebens (1781-83); Die Reise nach Braunschweig (R. 1792); Briefe auf einer Reise aus Lothringen nach Niedersachsen geschrieben (1793). A. F. v. K. – Friedrich Nicolai, Briefwechsel 1779-1795 (Hrsg. M. u. P. Raabe, 2004). – »Ob Baron Knigge auch wirklich todt ist?« Katalog der Ausstellung zum 225. Geburtstag (1977).

R »Man nehme den Mittelpunkt des Kleeblatts« (das **Hannover** im Wappen führt) »als den Stadtkern, setze für das Blättchen links Herrenhausen, für das rechte Eilenriede, für das untere Maschpark, Maschsee, und man hat eine grob vereinfachende schematische Topographie H.s: Gärten, Wald, Park und See reichen bis nahe an das Zentrum der Stadt – man hat die Großstadt im Grünen.« So empfiehlt 1968 **Hans J. Toll** »Hannover für Anfänger«. **Hermann Löns**, dessen Name ein weiteres »Grün« trägt: Der H.-L.-Park führt die Fortgeschrittenen weiter in den vor den Toren der Stadt gelegenen Deister: »Rot ist der Deister« (1899), »Weiß ist der Deister« (1902), »Tief unterm Deister« (1903) »Grün ist der Deister« (1904), »Am Ende des Deister« (1907). »Man machte sich aus vielem« eben »übern Deister«, wie **Karl Krolow** sagte, nach **Bernhard Flemes** (→ Hameln/NI) »die früheste und wahrscheinlich dauerndste Liebe jedes wanderfreudigen Hannoveraners«. – In **Kirchhorst** (Isernhagen-K.) im Pfarrhaus lebte vor und nach dem 2. Weltkrieg **Ernst Jünger** (→ Bad Saulgau/Wilflingen/BW), Aufzeichnungen u. a. in »Gärten und Straßen« (1942), in den »Kirchhorster Blättern« (1949) und »Die Hütte im Weinberg« (u. d. T. »Jahre der Okkupation«, 1958). Ein Bericht in »European Witness«

(deutsche Ausg. 1995 u. d. T. »Deutschland in Ruinen«) des englischen Schriftstellers **Stephen Spender**, der Jünger 1945 besuchte. **Guntram Vesper** über Jünger in Kirchhorst (in: K. Seehafer, Hrsg., »Dichter Denker Eigenbrötler«, 2003).

B F. H. Hesse, Hannoversche Wahrzeichen. 2. Aufl. 1953; Hannover, Porträt einer Stadt, Hrsg. H. Lauenroth, 1959; H. Weidlich, U. Stille, H. J. Toll, Hannover, so wie es war, 1972; Literatur in Hannover – Hannover in der Literatur, Katalog der StB H. von I. Fricke und R. Kramer, 1976; Niedersachsen literarisch, Hrsg. D. P. Meier-Lenz und K. Morawietz, 1981; H. Zimmermann, Hannöversche Porträts (2 Bde.) 1983 ff.; Geschichte der Stadt Hannover, Hrsg. K. Mlynek/W. Röhrbein, 1992 ff.

Z Burgdorf, Celle, Hildesheim, Neustadt a. R., Peine, Springe (NI).

HANNOVERSCH MÜNDEN/NI

»Beinah von jedem Punkte der alten Stadt aus erblickt man das Waldgrün der Hügel und die jungen Wasser.« (Ricarda Huch, 1927)
Städt. Museum im Welfenschloss, Museum der Arbeit.

A Den Erfurter **Constantin Bellermann** (1696-1758) krönte man 1734 in M., wo er seit 1719 Kantor, später Rektor war, zum Poeten. Panegyr. Dichtungen (»Serenata . . . bey der Gegenwart des Königs in Münden«, 1728) auf den regierenden Hannoveraner Georg II. boten Anlass. – **Georg Friedrich Grotefend** (1775-1853), Altertumsforscher, Sohn eines Schuhmachers, erhielt in M. seine Schulbildung, studierte in Göttingen/NI, wo er 1802 erstmals die altpers. Keilschrift entzifferte. Später war er Pädagoge in Frankfurt a. M. und in Hannover (dort auch Grab). Inschrift am Geburtshaus Ziegelstraße 39 (Mss. und Briefe SUB Göttingen.) – Eine Gedenktafel Lange Straße 67 (am Marktplatz) verweist auf »Mündens Geschichtsschreiber« **Wilhelm Lotze** (1800-79). – Als »Therese« verewigte **Johann Martin Miller** (→ Ulm/BW) **Charlotte von Einem** (1756-1833) in seinem »Siegwart« (1776). Sie, Tochter des Konrektors in M., bei dem durchreisende Dichter wie **Friedrich Gottlieb Klopstock** (→ Quedlinburg/ST) einzukehren pflegten, war die Muse, »das kleine Entzücken« der Jungdichter des »Göttinger Hains«; Geburtshaus Lange Straße 21, dazu Erzählung von **Willi Fehse** (→ Salzwedel/Kassieck/ST) in: »Blühender Lorbeer«, 1953. – Am 11. 11. 1727 starb **Johann Andreas Eisenbart** in M., geb. 1663 in → Schwandorf/Oberviechtach/BY, Arzt mit marktschreierischer Reklame, an den hier das sonntägliche »Das Spiel vom Doktor Eisenbart« von **Alfred Hennig** (1911-75) erinnert, dazu ein Glockenspiel vom Rathaus. Wohn- und Sterbehaus Lange Straße 79 (Plastik mit Inschrift: »Er war anders als sein Ruf«); Grab (mit 1661 als Geburtsjahr) an der Nordseite von St. Aegidien. – Der Lyriker **Karl Graf von Berlepsch** (1882-1955) hielt, auch nachdem er sich auf seine Besitzungen bei Kassel zurückgezogen hatte, weiter enge Verbindung mit der Stadt; seinerzeit als Lese- und Kommersbuchlyriker bekannt (»Trinken will ich dein Gold«, 1914). »Hier und Da« schreibt A. Straub, »entdeckt der Leser, zwischen den Zeilen versteckt, auch Schloss Berlepsch«, das werraaufwärts bei Witzenhausen liegt.

L »In Münden auf der Wiese« wurde 1781 **Johann Gottfried Seume** (→ Weißenfels/SN), als Soldat gemustert und nach Amerika verkauft. Er schreibt darüber in »Mein Leben« (1813), Fresko in der Rathausdiele. – Von »Münden bis Minden« führt **Franz von Dingelstedts** (→ Marburg/Halsdorf/HE) Wesertal-Führer (1838). – Essay von **Ricarda Huch** (→ Braunschweig/NI) »Im alten Reich«

(1927). – »Die schönsten Wesersagen« von **Karl Paetow** (1961) und »Auf den Spuren der Brüder Grimm** von Hanau nach Bremen« von **Eberhard Michael Iba** (1978).

Jühnde

Heinrich Sohnrey, * 19. 6. 1859 J., † 26. 1. 1948 Neuhaus (→ Holzminden/NI), »Dichter des Sollings«, Journalist, Volkstumsforscher und ländl. Sozialreformer. Volksschullehrer in Nienhagen (→ Northeim/NI) und Möllensen b. Alfeld. 1894-1944 in Berlin-Steglitz als freier Schriftsteller und Hrsg. von Periodika: u. a. »Deutsche Dorfzeitung« (1896-1926), »Sohnreys Dorfkalender« (1902-32), »Zeitschrift für das ländliche Fortbildungswesen« (1910-39). Ausgebombt 1944, seitdem bis zu seinem Tod in Neuhaus im Solling. – W.: Die Leute aus der Lindenhütte (En. 1886); Die hinter den Bergen (En. 1894); Die Dorfmusikanten (Vst. 1901); Die Sollinger (1923); Wulf Alke (R. 1933). – Tafel am Haus seiner Kindheit »Lindenhütte« an der Breeke in J., das als »Hilgenthal« und »Wulveshagen« in den Werken erscheint; Grab vor der St. Martinskirche; Gedenkstätte und Archiv im Mautturm des Schlosses. – H.-S.-Gesellschaft (seit 1949, Sitz Jühnde).
R In der Nähe von **Volkmarshausen** der **Hölty**-Gedenkstein zur Erinnerung an die Hainbündler, die hier auf dem Weg von → Göttingen/NI nach Münden rasteten. – In **Lutterberg** (Staufenberg-L.) wurde 1876 **Wilhelm Kothe** (gest. nach 1937) geboren; er schrieb Dramen mit christl. (»Maria Magdala Richter«, 1918) und patriotisch-niedersächsischer (»Heinrich der Löwe«, 1918) Thematik. – In **Wiershausen** (Münden-W.) verbrachte **Adelbert von Chamisso** (→ Berlin) als Offizier im Dezember 1805 einige Zeit im ehem. Mühlenhaus Lippoldshäuser Straße 12 (Gedenktafel).

B H. Eggeling (Hrsg.), Heinrich Sohnrey, gestern – heute – morgen, 1963; G. Vesper, Eine Verabredung am Ende des Tals (über Sohnrey), in: Lichtversuche – Dunkelkammer, 1992.
Z Göttingen (NI); Hofgeismar, Kassel (HE).

HASSFURT/BY

Die Stadt liegt zu Füßen der Haßberge, über deren »Landesnatur, Bevölkerung und Wirtschaftskultur« 1914 **Leo Weismantel** (→ Karlstadt/Obersinn/BY) seine Doktorarbeit schrieb. **Hermann Fürst Pückler-Muskau** (→ Görlitz/Bad Muskau/SN): »Bei Haßfurt erreicht die Gegend ihren Kulminationspunkt … Ein Amphitheater bewaldeter Berge zieht sich um sie her, und der schon breit und majestätisch strömende Fluß wird von hohen Silberweiden, Schwarzpappeln und Linden auf das anmutigste bekränzt.« – **Karlheinz Deschner**, wohnhaft seit 1966 in H.: »Die Haßberge« (in »Dornröschenträume und Stallgeruch«, 1989).

Dankenfeld (Oberaurach-D.)

Inschrift im Ostflügel des 1714-18 erbauten Schlosses: »Hier fand am 25. Oktober 1782 die Trauung Charlotte Marschalks von Ostheim, der nachmaligen Freundin Schillers und Jean Pauls, mit dem franz. Hauptmann Heinrich von Kalb statt.« Den nahe gelegenen »Friedleins-Brunnen« nannte **Charlotte von Kalb** (→ Mellrichstadt/Waltershausen/BY) »einen Opferhain mit drei uralten Eichen, steinernen Tischen und Sitzen«. Die Gedenktafel am Brunnen stiftete **Ludwig Klarmann** (1846-1928/Grab auf dem Friedhof), der u. a. eine Geschichte der Familie von Kalb (1902) schrieb und »Sagen und Skizzen des Steigerwaldes« herausgab.

Z Bamberg, Ebern, Hofheim, Schweinfurt (BY).

HECHINGEN/BW

Städt. Museen im Alten Schloss (Hohenzoll. Landesslg., H.er Heimatmuseum, Steuben-Museum u. a.).

Ludwig Egler, * 24. 8. 1828 H., † 2. 8. 1898 ebd., Seifensieder, Wanderschaft in Dtl., Öst. und der Schweiz. Redigierte seit 1871 die »Hohenzollernschen Blätter«. – Wohnhaus Am Rain (Gedenktafel).
A Im November 1921 ließ sich **Friedrich Wolf** (→ Neuwied/RP) als Arzt in H. nieder. Hier entstand die erste Fassung seines Bauernkriegsstückes »Der arme Konrad« (→ Waiblingen/Schorndorf/BW), dessen »eigentlicher Herzpunkt« das »Ehrsame Narrengericht«, ein Fastnachtsspiel im nahen **Grosselfingen**, ist. Sommer 1926 übersiedelte W. nach Höllsteig im Höllental (Hochschwarzwald).

L Der Blick von der Stadt zum Vulkankegel des **Hohenzollern** mit seiner Burg (Mitte des 19. Jh.s auf Wunsch von Friedrich Wilhelm IV. in neugot. Stil umgebaut) erregte schon 1797 die Bewunderung **Goethes** (→ Frankfurt a. M./HE). – **Johann Kaspar Riesbeck** (→ Frankfurt a. M./Höchst/HE) mokierte sich: »Wer sollte glauben, daß Friedrich der Große … ein Abkömmling eines jüngeren Astes des hohenzollerischen Stammes ist …« (»Briefe eines reisenden Franzosen über Deutschland«, 1783). – Zu Geschichte, Sagen und Romanzen auch **Gustav Schwab** (→ Stuttgart/BW) in den »Wanderungen durch Schwaben« (1837). – Als »Geschichte einer Sendung« bezeichnete **Reinhold Schneider** (→ Baden-Baden/BW) seine Monographie »Die Hohenzollern« (1933). – **Clara Menck** 1976: »In einer Beziehung, nämlich in optischer, beherrschen Berg und Burg die Umgebung, aber sonst haben hundert Jahre preußischer Herrschaft keine Spur hinterlassen außer im Schloß H. selber« (»Die Zollernalb«).

Z Reutlingen, Bad Urach, Rottenburg, Nordstetten, Tübingen (BW).

HEIDE/SH

»Mir ward es hinter den Deichen immer schon eigen zumut, die gegen Stürme und Fluten uns das Ländchen beschirmen. Das Schrillen und Kreischen der Vögel. Mit den langen Hälsen und oft noch längeren Schnäbeln.« (Friedrich Hebbel, 1859)
Museum für Dithmarscher Vorgeschichte; Heider Heimatmuseum. – Stadttheater.

Klaus Groth, * 24. 4. 1819 H., † 1. 6. 1899 → Kiel/SH, der Klassiker der niederdt. Lit. Seine Kindheit verbrachte er abwechselnd in Tellingstedt (Gedenktafel am »Deutschen Hof«), und in H., wo er, nach dem Besuch des Seminars im dän. Tønder, seit 1841 als Lehrer wirkte: »Jede Koppel hatte ein Gesicht und eine Geschichte.« Von 1847-53 lebte er in Landkirchen auf Fehmarn (→ Eutin/SH), dann in Kiel, wo er 1866 Professor für dt. Lit. und Sprache wurde. – W.: Quickborn (niederdt. G. 1852-71, n. 1998); Lebenserinnerungen (Hrsg. E. Wolff, 1891). Sämtl. Werke (Hrsg. F. Pauly, I. Braak u. R. Mehlem, 1952-65). – Geburtshaus Lüttenheid 48, heute K.-G.-Museum (Bibliothek, Gemälde, Erstausgg., Handbücherei, Briefe, Teile des Nachlasses; 5000 Bde. niederdt. Lit.); Gedenkstein in der Neuen Anlage. – Aus der Meldorfer und H.er Geschichte: die Ballade von »Heinrich vun Zütphen« (11. 12. 1524), einem der ersten Märtyrer der Reformation (Denkmal); Gedicht »De Steen bi Schalkholt« zum Gedenkstein bei Schalkholz. – Teilnachlass LB Kiel. – K.-G.-Gesellschaft (seit 1949, Sitz im Museumshaus, Jahresgaben); K.-G.-Preis für niederdt. Lyrik der Stiftung

Geburtshaus Klaus Groths in Heide, heute Museum

F. V. S. in Hamburg. – I. und U. Bichel/ J. Hartig, »K. G. – Eine Bildbiographie« (1994); »K. G., Mein Jungsparadies« (Hrsg. M. Weihmann, 2. Aufl. 1982); Heiner Egge, »In der Kajüte«. Roman um K. G. (2004).

L **Waldemar Krause:** »Alte Geschichten aus Dithmarschen« (1976); **Robert Junks** »Wiben Peter« (R. 1996) aus der Zeit der Dithmarscher Bauernrepublik. **Dierk Puls:** »Nebeltag« (in: »Besuch auf Emkendorf«, 1976); **Hans-Heinrich Welchert:** »Modersprak und Vaderhus« (in: »Wanderungen zu den Schlössern und Domen in Schleswig-Holstein«, 1978); **Johann Wilhelm Thomsen:** »Unter der roten Buche. Eine Kindheit in Dithmarschen«, 1978). – Sage von den »Söben Büsumer an de Himmelsdoer«; Ballade »Ool Büsum« von **Klaus Groth**. – **Konrad Weiß** (→ Schwäbisch Hall/Michelbach a. d. Bilz/BW): »Durch die Heimat Friedrich Hebbels« (in »Deutschlands Morgenspiegel«, 1950). Auf den Spuren der aus H. stammenden Familie des Komponisten J. Brahms ist **M.-M. Langner** in: »Brahms und seine schleswig-holsteinischen Dichter« (1990). Fiktive Zeitungsgeschichten der Gegenwart in **Heiner Egges** »Der Eiderbote« (R. 2001).

Auf dem Zütphen-Friedhof die Gräber der Schriftsteller **Hans Gross** (1893-1981), **Fritz Kudnig** (1888-1979) und **Hellmuth von Ullmann** (1913-87).

S **Plattdeutsche Kulturtage** im Januar.

Barlt

Gustav Frenssen, * 19. 10. 1863 B., † 11. 4. 1945 ebd., um die Jahrhundertwende einer der erfolgreichsten dt. Erzähler; der »germanomanische Vielschreiber« (K. Ihlenfeld). Pastor in Hennstedt und Hemme/Dithmarschen, seit 1902 freier Schriftsteller in Meldorf, Hamburg-Blankenese und von 1920 bis zu seinem Tode wieder in B. – W.: Jörn Uhl (R. 1901); Hilligenlei (R. 1906); Der Untergang der Anna Hollmann (E. 1911); Otto Babendiek (R. 1926, n. 1996); Der Glaube der Nordmark (Bek. 1936); Lebensbericht (Aut. 1940). – Geburts- und Wohnhaus neben der Kirche, Grab am Wodansberg bei Windbergen. – B. ist Schauplatz der »Chronik von Barlete« (1929). Der Ort, schreibt F. in seinen »Grübeleien« (1919/38), ist »eine einzige, fast gerade Klinkerstraße, an der zu beiden Seiten die Häuser stehen; bunt nebeneinander das Häuschen des Arbeiters, das etwas größere des Handwerkers und das große Gewese des Bauern, fast alle noch unter dem grünbemoosten Strohdach.«
A. Schmidt, »Ein unerledigter Fall. Zum 100. Geburtstag von G. F.« (1963); K. Dohnke/D. Stein (Hrsg.), G. F. in seiner Zeit (1997). – Nachlass LB Kiel.

Lunden

Joachim Rachel, * 28. 2. 1618 L., † 3. 5. 1669 → Schleswig/SH, »Deutschlands zweiter Opitz«. 1652 wurde er Schulleiter in Heide, in dieser Zeit schrieb er das niederdt. Lied »Nun min dochter seg van Harten«. Seit 1667 Rektor in Schleswig. – W.: Das Poetische Frauenzimmer oder Böse Sieben (Sat. 1659); Teutsche Satyrische Gedichte (1664).

Marne

Klaus Harms, * 25. 5. 1778 Fahrstedt bei M., † 1. 2. 1855 Kiel, volkstüml. Prediger und Kirchenlieddichter. 1806 Diakonus in Lunden, seit 1816 Propst in Kiel. – W.: Sommer- und Winterpostillen (1808-11); Gnomon (rel. Volksbuch, 1843). – Gedenktafel am Müllerhaus in Fahrstedt; Denkmal in der K.-H.-Straße in M.
Karl Victor Müllenhoff, * 8. 9. 1818 M., † 19. 2. 1885 Berlin, Germanist und Volkskundler (in Kiel und Berlin), Förderer K. Groths. – »Sagen, Märchen und Lieder der Herzogthümer Schleswig, Holstein und Lauenburg« (1845, n. 1975). – Gedenktafel am Geburtshaus (Neubau), Ecke Bahnhofstraße; M.-Märchen-Brunnen auf dem Marktplatz.

L Die Geburtsstadt **Ivo Braaks** (1906-91; »Tieden«, R. 1983, »Tieden twee«, R. 86), des Professors für niederdeutsche Literatur, wählte der aus Hamburg gebürtige DDR-Schriftsteller **Hermann Kant** als Schauplatz seines R.s »Der Aufenthalt« (1977). – **Uwe Herms'** Reportage »Zum Karneval nach Marne« (in: »Im Land zwischen den Meeren«, 1996). **Walter Jens** (→ Hamburg): »Zu meinen ersten Kindheitserinnerungen gehört, wie ich bei Marne auf dem Deich stand und mitverfolgt habe, wie die Fischfangflotte wieder einlief, und die Frauen zählten die Schiffe. Ist mein Mann dabei?« (in: E. Maletzke, »Poeten in ländlicher Idylle«, 1996). Ein Überblick »Die Südermarsch in der Literatur« bei **F. Trende**, »Marne. Ein Führer durch die Stadt und ihre Geschichte« (1990).

Meldorf

»Und dann vom Deich bei blauem Himmel über die endlose Marsch zu sehen, wo überall im tiefen Grün jetzt die goldgelb blühenden Rapsfelder leuchten: Da schmeißt man wirklich den Hut in die Luft!« (Richard Dehmel, 1899) Dithmarscher Landesmuseum: Bibliothek und Kreisarchiv; gedruckte Werke und Mss. D.er Autoren, Chroniken; Porträts von H. Ch. Boie, B. G. Niebuhr, F. Hebbel, K. Groth und G. Frenssen.

Heinrich Christian Boie, * 19. 7. 1744 M., † 3. 3. 1806 ebd., Anakreontiker, Mitglied des Göttinger Hainbundes, »Intendant des deutschen Parnasses«. Studium in Jena und → Göttingen/NI; gründete 1770 den »Musenalmanach«, den er bis 75 redigierte. 1781 Landvogt von Süderdithmarschen, 90 dän. Etatsrat. – W.: Lieder der Freude (G. 1804); »Ich war wohl klug, daß ich dich fand« – Briefwechsel mit Luise Mejer (Hrsg. I. Schreiber, 2. erw. Aufl. 1980). – Sein Wohnhaus befand sich an der Stelle, wo heute das Rathaus steht. – Nachlass LB Kiel, Dt. Akademie der Wiss. Berlin.

Barthold Georg Niebuhr, * 27. 8. 1776 Kopenhagen, † 2. 1. 1831 → Bonn/NW, Begründer der krit. Geschichtsschreibung. Sohn des Arabienforschers Carsten N. (→ Cuxhaven/Otterndorf/NI). Jugendzeit in M., später preuß. Gesandter beim Vatikan und Prof. in Bonn. – »Römische Geschichte« (1811-32). – Gedenktafeln an der »Domgoldschmiede« Nordermarkt 9.

Martin Luserke, * 3. 5. 1889 Berlin, † 1. 6. 1968 M., Erzähler, Laienspieldichter und Shakespeare-Forscher. Wurde Lehrer und gründete die »Schule am Meer« in Juist (→ Aurich/NI), 1934 aufgelöst. Lebte fortan im Sommer auf seinem Kutter »Krake«, ab 1939 in M. – W.: Hasko (R. 1935); Obadjah und die ZK 14 (R. 1936). –

Wohnhaus Jungfernstieg 37; Grab in Hage b. Norden. – Nachlass LB Kiel.

Ⓐ H. Ch. Boies Haus war ein Treffpunkt bedeutender Schriftsteller und Gelehrter; zu den Gästen zählten u. a. **Johann Heinrich Voß** (→ Waren/MV), die Brüder **Christian** (→ Hamburg) und **Friedrich Leopold zu Stolberg** (→ Bad Segeberg/ Bad Bramstedt/SH) und **Matthias Claudius** (→ Bad Oldesloe/Reinfeld/SH). Über die glanzvollen Feste in B.s Haus berichtet **Klaus Groth** (→ Heide/SH) in seiner Erzählung »Trina« (1859). – Aus M. stammt **Rudolf Muuß,** der 1925 »Plattdütsche Karkenleeder« herausgab und 47 den »Preester-Krink« (plattdt. Pastorenkreis) gründete.

Ⓛ »Des Landvogts schwerster Tag«, Boie-Erzählung in der Slg. »Besuch auf Emkendorf« (1976) von **Dierk Puls;** eine »Geschichte aus Landvoigt Boies Zeiten« nennt **Dietrich Stein** seinen R. »Das Leben des Tagelöhners Johann Wiese« (1994). – Das Brauhaus in der Klosterstraße (1968 abgerissen) war der Schauplatz von **Theodor Storms** (→ Husum/SH) Novelle »Im Brauerhause« (1878/79). – **Walther Killy,** »Meldorf« (in: »Von Berlin bis Wandsbeck«, Ess. 1996).

Wesselburen

Friedrich Hebbel, * 18. 3. 1813 W., † 13. 12. 1863 Wien, einer der bedeutendsten Dramatiker des 19. Jh.s: »Dieser ringende Hyperboräer« (S. Jacobsohn) verbrachte die ersten 22 Jahre seines Lebens in äußerster Dürftigkeit in W. Seit 1827 Laufjunge, seit 29 Schreiber des Kirchspielvogtes. 1835 nach → Hamburg, 36-39 Studium in → Heidelberg/BW und → München/ BY, anschließend wieder in Hamburg. Seit 1842 Aufenthalte in Kopenhagen, Paris, Rom und Wien. – W.: Judith (Dr. 1840); Maria Magdalene (Dr. 1844); Herodes und Mariamne (Dr. 1850); Agnes

Bernauer (Dr. 1851); Gyges und sein Ring (Dr. 1854); Mutter und Kind (Epos 1859). Sämtl. Werke, Hist.-krit. Ausg. (Hrsg. R. M. Werner, 1901-20); Werke (Hrsg. G. Fricke u. a., 1963-67). – H.-Museum in der Kirchspielvogtei, Österstraße 6 (Totenmaske, Dokumente, Mss., Erstdrucke, Bilder, Briefe, Spezialbibliothek, 7000 Bde., Zeitungsarchiv). Vor dem H.-Haus, Süderstraße 49, Denkmal. – Nachlass GSA Weimar, Slgg. von Mss. und Briefen im Institut für Lit.-Wiss. der Universität und LB Kiel. – H.-Gesellschaft (seit 1926, Sitz im Museum, Jahrbuch, Symposion); Stiftung (seit 1903), Promotions-Stipendium der Stadt W., Hebbel-Preis. – »Hebbel in W.«, Hrsg. B. Wellhausen (2. Aufl. 1987); dies., »F. H. – Sein Leben in Texten und Bildern« (1988)

Adolf Bartels, * 15. 11. 1862 W., † 7. 3. 1945 Weimar/TH. Als einer der Hauptvertreter der den Rassegedanken propagierenden »Heimatkunst« wollte er die Deutschen »zum Bewußtsein deutscher Art erziehen«. Literaturhistoriker, Gründer des dt. Schillerbundes. Seit 1896 in Weimar. – W.: Die Dithmarscher (R. 1898); Geschichte der deutschen Literatur (1901/02). – In »Kinderland« (1914) schildert er seine Jugend in W. – Grab Friedhof Dohrnstraße.

🅐 **Gottfried Benn** (→ Perleberg/Mansfeld/BB) 1940 an F. W. Oelze (→ Bremen): »Dank für die schauerliche Karte aus Wesselburen. Was für Straßen, Straßenecken u. Gebäude!« (1973).

🆁 Am Jungfernstieg in **Meldorf** liegt die »Holländerei«, ein hist. Gasthaus, zu dessen Gästen neben dän. und schwed. Königen schon **Heinrich Christian Boie** und **Barthold Georg Niebuhr**, später dann **Detlev von Liliencron** (→ Kiel/SH) und der irische Dichter **George Bernard Shaw** zählten. – In der Österstraße das ansehnliche Haus, das sich **Gustav Frenssen**

1903 von den Tantiemen seines Erfolgsromans »Jörn Uhl« baute.

Der Bau des bei **Brunsbüttel** beginnenden **Nord-Ostsee-Kanals** ist literarisch von **Otto Felsing** in »Sturmesbrausen« (R. 1893) beschrieben; der irische Autor **Erskine Childers** schildert eine Kanalpassage um 1903 in »Das Rätsel der Sandbank« (1903, dt. 1975); **Hanns von Zobeltitz** (→ Berlin) schrieb 1905 den Roman »Zwischen zwei Meeren«, und **Friedrich Ernst Peters** (→ Rendsburg/Luhnstedt/SH) dichtete »Zwischen Nord-Ostsee-Kanal und Eider« (G. 1958): »Über die Fluren der Heimat geht mein befremdeter Blick.« **Arno Surminskis** Geschichte »Alex kommt« (in: »Die Reise nach Nikolaiken«, En. 1991) um die Flucht eines russischen Matrosen spielt hier: »Der Intercity nach Westerland rasselte über die Hochbrücke. Im Westen leuchteten die Industrieanlagen von Brunsbüttel.«

Arno Schmidt (→ Hamburg), der 1963 und 69 in **Tellingstedt** recherchierte, widmet der Stadt und ihrer Umgebung in »Die Schule der Atheisten« (1972) ein paar Zeilen: »Tellingstedt 8 Uhr morgens./Errötende Häuser und Straßen . . .« Die Lyrikerin **Sarah Kirsch** lebt seit 1983 im alten Schulhaus in **Tielenhemme**, ihre Gedichte und ihre Prosa (über 15 Bde.; u. a. »Landwege«. Eine Auswahl 1980-85, 1985; »Allerlei-Rauh«, 88; »Schwingrasen«, 91; »Bodenlos«, 96; »Luftspringerin«, Ges. Gedichte und Prosa, 97) umkreisen die Landschaft: »Ab Glückstadt bin ich stets glücklich. Auf leerem Plan befindet sich nichts außer Koppelpfählen und Maulwurfshügeln.« Ein Besuch vor Ort in **E. Maletzkes** »Poeten in ländlicher Idylle« (1996).

🅱 D. Pauly, Literarisches Leben in Dithmarschen, 1923; D. Cölln, Dithmarscher Dichterbuch, 1927; R. Vollmann, Im Lande Kolderups unter den Laubengängen der Eider. Eine Reise auf den Spuren von Arno Schmidt, 1988; F. Wagner, Wesselburen – Streifzüge durch eine tausendjährige Geschichte, 1996.

Z Husum, Friedrichstadt, Rendsburg, Tönning, Garding (SH).

HEIDELBERG/BW

»Heidelberg ist ein Mythos, begründet von deutschen Dichtern, in Geld umgesetzt von der Tourismusindustrie.« (Ulrich Greiner, 1982)
Ruprecht-Karls-Universität, Päd. Hochschule, Hochschule für Jüdische Studien; Akademie der Wissenschaften (u. a. Goethe-Wörterbuch). – Kurpfälzisches Museum. – Theater der Stadt H., Zimmertheater; Schlossfestspiele. – Musikfestival »H.er Frühling«; H.er Literaturtage. – Hist. Gasthöfe und Studentenlokale: »Goldener Hecht« (1717, heute »Holländer Hof« bei der Alten Brücke), »Roter Ochsen« (1703), »Schnitzelbank«, »Schnookeloch« (1407), »Zum Seppl« (1634), »Zur Alten Brücke«.
In H. geb. Liselotte von der Pfalz (1652-1722), »Madame« am Hofe Ludwigs XIV. (Briefe); Gedenkstein am Philosophenweg.

Johann von Dalberg, * 1445 Oppenheim, † 23. 7. 1503 H. Sein Haus, der Wormser Bischofshof (Nachfolgebau Hauptstraße 108-110), war Mittelpunkt eines berühmten Humanistenkreises.
Rodolphus Agricola (eig. Roelof Huysman), * 31. 8. 1443 Baflo/Groningen, † 28. 10. 1485 H. Humanist. Wirkte mehr durch Umgang und Beispiel als durch Schrift und Lehre. – Grab in der Franziskanerkirche. – Briefnachlass UB Erlangen.
Jakob Wimpfeling, * 27. 7. 1450 Schlettstadt/Elsass, † 17. 11. 1528 ebd., bis 1501 Prof. der Poesie in H. – W.: Stylpho (K. 1494, n. H. Holstein, 1892); Pädagog. Schriften (Hrsg. H. Freundgen, 1892).
Johannes Reuchlin (→ Pforzheim/BW) wirkte 1496-98 an der Universität. In dieser Zeit entstanden seine Komödien »Ser-

gius« und »Henno« (dessen Aufführung durch Studenten in J. v. Dalbergs Haus am 31. 1. 1497 als Markstein der dt. Theatergeschichte gewertet wird).
Konrad Celtis (→ Schweinfurt/Wipfeld/BY) kam 1484 nach H. und erfuhr hier entscheidende Bildungseinflüsse. 1491 stiftete er von Mainz aus die H.er »Sodalitas literaria Rhenana«; 1496 noch einmal in H. In seiner Ode an J. Vigilius frühe dichterische Gestaltung der H.er Landschaft.
Paul Schede (gen. **Paulus Melissus** → Mellrichstadt/BY), ab 1586 bis zu seinem Tod 1602 Leiter der Bibliotheca Palatina (die auf den Emporen der Seitenschiffe der Heiliggeistkirche untergebracht war). – Wohnung in der Kettengasse; Grab auf dem Bergfriedhof.
Julius Wilhelm Zincgref, * 3. 6. 1591 H. (Augustinergasse), † 12. 5. 1635 → St. Goar (Bacharach/RP), barocker Lyriker. Ließ sich 1617 in H. nieder, musste jedoch die Stadt schon 1623 wegen drohender Kriegsgefahr wieder verlassen. Sein lit. Hauptverdienst war die Herausgabe der »Teutschen Poemata« (1624) von M. Opitz, allerdings ohne dessen Zustimmung.
Martin Opitz, * 23. 12. 1597 Bunzlau/Schlesien, † 20. 8. 1639 Danzig, barocker Dichter und Übersetzer. Lebte 1619/20 in H. Schrieb 1624 das immer noch wichtige »Buch von der Deutschen Poeterey«, 27 den Text der ersten dt. Oper (»Dafne«, Musik von H. Schütz). – Durch H. angeregt u. a. die Sonette »An einen gewissen Berg« (Königsstuhl), »Vom Wolfsbrunnen bey Heidelberg«.
Johann Joseph von Görres (→ Koblenz/RP) kam 1806 nach H., wo er sich habilitierte. Schloss sich C. Brentano an und veröffentlichte 1807 seine berühmte Schrift über »Die teutschen Volksbücher«.
Clemens Brentano (→ Koblenz/RP) und **Achim von Arnim** (→ Berlin): Als B.s Freund F. Creuzer den Ruf nach H. als Pro-

fessor annahm, folgte ihm B. dorthin (Juli
1804). Für seinen Plan einer Slg. von Lie-
dern des Volkes und eigenen Dichtungen
gewann er A., der Ende Mai 1805 in H. ein-
traf. Zur Michaelismesse 1805 erschien
der 1., Goethe gewidmete Band von »Des
Knaben Wunderhorn« mit 210 Liedern.
1808 Bde. 2 und 3, Gründung der »Zei-
tung für Einsiedler« durch A. (Einstellung
noch im gleichen Jahr). – Gedenktafel
Hauptstraße 151, wo A. und B. an der 1.
Aufl. der Liederslg. arbeiteten. Dazu Brie-
fe der beiden und von J. v. Eichendorff auf-
gezeichnete Erzählungen über ihr Leben,
u. a. im »Faulpelz, einer ehrbaren, aber ob-
skuren Kneipe am Schloßberg« (Zwinger-
straße 18), wo die letzte Redaktion des 1.
Bd.s erfolgt sein dürfte.

Johann Heinrich Voß (→ Waren/MV)
kam 1805 von Jena nach H. Der »Großin-
qisitor der Aufklärung« verurteilte die ro-
mant. Bestrebungen des Kreises um A. v.
Arnim und C. Brentano. Deren polem.-
witzige Antwort wurde durch V. bärbeißig
gekontert: »Wunderhorn nichts als ein
heilloser Mischmasch von butzigen, trut-
zigen, schmutzigen, nichtsnutzigen Gas-
senhauern.« – Seine »Burg« stand auf dem
Gelände der heutigen Friedrich-Ebert-
Schule, Ecke Plöck/Sandgasse; Grab vom
St.-Anna-Friedhof auf den Bergfriedhof
verbracht.

Joseph Freiherr von Eichendorff (→ Ber-
lin) kam im Mai 1807 mit seinem Bruder
Wilhelm nach H. Als »Florens« u. a. An-
schluss an den »Eleusischen Bund« um
O. H. v. Loeben (Ps. **Isidorus Orientalis**/
→ Dresden/SN). Mai 1808 Rückkehr
nach Schlesien. – Logis ab 1. 7. 1807 in
der »Mannheimer Vorstadt beim Bäcker
Förster« (Hauptstraße 59); Gedenkstein
im Philosophengärtchen am Philosophen-
weg; E.-Stube im »Schnookeloch«, Has-
pelgasse 8. Im Stadtteil Rohrbach, Rat-
hausstraße 72 und 55, Gedenktafeln für

*Heidelberg: Titelkupfer, 2. Band »Des Knaben
Wunderhorn« von Achim von Arnim und Cle-
mens Brentano (1808)*

E. und seine Jugendliebe Katharina Bar-
bara Förster; ihr galt wohl sein Gedicht
»In einem kühlen Grunde« (Erinnerungen
im Heimatmuseum). – Auskunft über die
Zeit in H., in der an die 70 Gedichte ent-
standen, geben v. a. die Tagebücher. Erin-
nerungen und Anspielungen auch in »Die
Freier« (Lsp. 1833), »Dichter und ihre Ge-
sellen« (R. 1834), »Robert und Guiskard«
(Ep. 1855) und »Halle und Heidelberg«
(1876).

Georg Gottfried Gervinus, * 20. 5. 1805
→ Darmstadt/HE, † 18. 3. 1871 H., Lite-
raturhistoriker. Kam 1825 zum Studium
nach H., 30 Habilitation. 1836 Ruf nach
→ Göttingen/NI. 1844 wieder in H.,
Gründung der »Deutschen Zeitung« zus.
mit dem Historiker L. Häusser. – Wohnte

zuletzt Friedrich-Ebert-Anlage 5 (Gedenktafel); Grab auf dem Bergfriedhof. – Nachlass UB H.

Karl Christian Gottfried Nadler, * 19. 8. 1809 H., † 26. 8. 1894 ebd., Mundartdichter (»Fröhlich Palz, Gott erhalts!«, 1847) in der Tradition J. P. Hebels (→ Lörrach/Hausen/BW). – Geburtshaus Augustinergasse 7 (Gedenktafel); Wohnhaus, vor dem ihn im Sommer 1849 Revolutionäre als »Hauptreaktionär« erschießen wollten, am Karlsplatz/Ecke Mönchsgasse; Grab auf dem Bergfriedhof; N.-Stube im Gasthaus »Zum Hutzelwald«, Gaisbergstraße 93; Brunnen und Relief am Klingentor; Bronzebüste auf dem Kranenplatz. – Nachlass UB H.

Adolf Hausrath (Ps. **George Taylor**), * 13. 1. 1837 Karlsruhe, † 2. 8. 1909 H., Kirchengeschichtler. Verfasser didaktischer Romane, u. a. »Klytia« und »Jetta« aus der H.er Geschichte. – Wohnhaus Fallenstein-Villa (Ziegelhäuser Landstraße 17); Grab auf dem Bergfriedhof.

Wilhelm Meyer-Förster, * 12. 6. 1862 Hannover, † 17. 3. 1934 Berlin, Erzähler und Dramatiker: Sein Rührstück »Alt-Heidelberg« (1903) wurde trotz oder gerade wegen seiner verlogenen Studiker-Romantik zum meistgespielten Drama in der ersten Hälfte des 20. Jh.s. Es spielt im Restaurant »Scheffelhaus«, bis 1965 Ziegelhäuser Landstraße 21 (Bearbeitung »The Student Prince« seit 1974 bei den Schlossfestspielen).

Rudolf Stratz, * 6. 12. 1864 H. (Bienenstraße 7), † 17. 10. 1936 Gut Lambelhof bei Bernau (→ Chiemsee/Alztal/BY), Erzähler und Dramatiker; um 1900 waren seine patriot. und Bergromane Bestseller. – W.: »Alt-Heidelberg, du feine …« (R. 1902); »Schwert und Feder«; »Reisen und Reifen« (Aut. 1927).

Otto Frommel, * 14. 5. 1871 H., † 31. 7. 1951 ebd. Pflegte die christl. Volkserzäh-

lung in der Nachfolge J. P. Hebels: »Theobald Hüglin« (R. 1908), »Pilgram der Mensch« (R. 1920) u. a. handeln in Nordbaden. Aut. »Mein Leben« (1947) als Ms. zugänglich. – Grab auf dem Handschuhsheimer Friedhof.

Adolf Schmitthenner (→ Sinsheim/Neckarbischofsheim/BW) war von 1893 bis zu seinem Tode 1907 Stadtpfarrer an der Heiliggeistkirche. Sein R. »Das deutsche Herz« (1908) spielt u. a. in H. Außerdem legte er eine Slg. von »Heidelberger Erzählungen« (1936) vor. – Sch.-Haus Heiliggeiststraße 17; Grab auf dem Bergfriedhof.

Alfred Mombert (→ Karlsruhe/BW) studierte u. a. in H. und war hier seit 1906 freier Schriftsteller, bis zu seiner Deportation ins Lager Gurs in Südfrankreich. Gedächtnisplatte auf dem M.-Platz. – Wohnungen: Friesenberg 1b, wo später **Ricarda Huch** (→ Braunschweig/NI) lebte, und Klingenteichstraße 6 (Gedenktafel). In der Nähe (Nr. 18) hatte der Freund **Richard Dehmel** (→ Königs Wusterhausen/Münchehofe-Hermsdorf/BB) gewohnt.

Emil Belzner, * 13. 6. 1901 Bruchsal, † 8. 8. 1979 H. Veröffentlichte seine ersten Gedichte mit 17 Jahren (»Letzte Fahrt«, 1918), schrieb Versepen und Romane und lebte zuletzt 1946-69 als Leiter des Feuilletons der »Rhein-Neckar-Zeitung« wieder in H. – Aut. »Die Fahrt in die Revolution« (1969). – Wohnung Klingenteich 15; Grab auf dem Bergfriedhof.

Gert Kalow, * 20. 8. 1921 Cottbus, † 11. 8. 1991 H. Seit 1950 Publizist, ab 1963 Rundfunkredakteur (Leiter der Lit.abteilung und des Abendstudios) beim HR. – 1956 zog K. in den Turm der Alten Brücke; Grab auf dem Bergfriedhof.

A H. hat die Bewunderer seiner Stadtlandschaft ebenso angezogen wie die, denen es sein »lebendiger Geist« angetan hatte. Nach ihrem Gründer nennt sich die Universität »Ruperto« – **Marsilius von**

Inghen (1342-96; Grab auf dem Peters-kirchhof) war der erste Rektor –, nach ihrem Erneuerer (zu Beginn des 19. Jh.s) »Carola«. **Peter Luder** (nach 1400 bis nach 1476) aus Kislau im Kraichgau (heute zu Bad Mingolsheim) hielt trotz aller Anfeindungen seiner Kollegen am 15. Juli 1456 die erste humanist. Vorlesung. **Philipp Melanchthon** (→ Bretten/BW) bezog 1509 zwölfjährig die Universität, verließ sie drei Jahre später. **Martin Luther** (→ Eisleben/TH) stellte sich im April 1518 der H.er Disputation (Gedenkstein am Universitätsplatz). Im 30-jährigen Krieg war der Antwerpener **Janus Gruterus** (1560-1627) Bibliothekar der Palatina. Im westl. Eingang der Nordseite der Peterskirche Grabmal der 1555 verstorbenen jüdischen Renaissancedichterin **Olympia Fulvia Morata** aus Ferrara, die zum ev. Glauben übergetreten war.

Unter den Wiederentdeckern des Schlosses im 18. Jh. war **Friedrich Müller** (gen. **Maler Müller**/→ Bad Kreuznach/RP), der 1766 bereits in H. war, später mit **Gotthold Ephraim Lessing** (→ Kamenz/SN) am Wolfsbrunnen einen Freundschaftsbund besiegelte und das Schloss als »Denkmal der Vorwelt« feierte; **Friedrich von Matthissons** (→ Oschersleben/Hohendodeleben/ST) »Elegie in den Ruinen eines alten Bergschlosses geschrieben« entstand 1786. – **Johann Heinrich Jung-Stilling** (→ Siegen/Grund/NW), der 1784-86 bereits als Professor in H. gewirkt hatte, wurde durch Markgraf Karl Friedrich 1803 wieder in die »so heimatlich geliebte Stadt« geholt; Verkehr mit C. Brentano und dessen Frau Sophie. – Dreimal kam **Friedrich Hölderlin** (→ Lauffen/BW) in »der Vaterlandsstädte Ländlichschönste«: Juni 1788, Dezember 95 und Mai 1800. »Hölderlin hat alles gesagt, was den diese einzige Stadt liebenden Menschen bewegt«, so **Gertrud von Le Fort** (→ Min-

den/NW) über H.s Ode »Heidelberg« (zweiseitiger handschriftl. Entwurf im Kurpfälz. Museum; Gedenkstein in der H.-Anlage am Ende des Philosophenwegs). Die mannigfachen Beziehungen **Goethes** (→ Frankfurt a. M./HE) zu H. zwischen 1775 und 1815 sind in ihren wesentl. Etappen auf einer Reihe von Gedenktafeln festgehalten: Hauptstraße 196 (Haus von Helena Dorothea Delph), Ruf nach Weimar, November 1775; Palais Sickingen am Karlsplatz (hier 1810-19 die berühmte Gemäldesammlung der Brüder **Sulpiz** und **Melchior Boisserée**/→ Köln/NW), entscheidende Begegnung mit altdt. und niederländ. Malerei, September/Oktober 1814 und 15; Palais Moraß (Kurpfälz. Museum): Festmahl am 29. September 1815; Gedenktafel an den Aufenthalt in diesem Herbst auch Oberdorfstraße 1 (Kirchheim); Schloss, Brücke am Torturm: hier entstand 1779 G.s Zeichnung vom gesprengten Turm; Stückgarten am Schloss, Lieblingsplatz G.s und **Marianne von Willemers** (→ Frankfurt a. M./HE); Herbst 1815 Entstehung des Kernstücks des Buches Suleika (»West-östlicher Divan«): »Hier war ich glücklich; liebend und geliebt« (M. v. W. an G. zum 28. 8. 1824): Gedenktafel an der westlichen Mauer des Stückgartens; im mittleren Stückgarten der als »Selam« der Liebenden besungene Ginkgo biloba; Goethe-Marianne-Bank (zum 100. Jahrestag der Herausgabe des »Divans«) am Ostrand der großen Terrasse, nahebei der übergroße Goethe-Kopf von David d'Angers.

Karoline von Günderode (→ Karlsruhe/BW) traf im August 1804 auf dem Schlossaltan zum ersten Mal mit dem Philologen und Mythologen **Friedrich Creuzer** (Grab Bergfriedhof; Hss. und Briefe UB H.) zusammen: Beginn einer romantischen Liebestragödie, die mit Karolines Freitod endete. – **Jean Paul** (→ Wunsiedel/BY) war zweimal in der Stadt. Sommer 1817 bereitete man ihm einen rauschenden Empfang, die Universität überreichte – durch den Rektor **G. W. F. Hegel** (→ Stuttgart/BW; Gedenktafel Plöck 48/50) und F. Creuzer – das Doktordiplom, die Studenten feierten ihn beim »Akademischen Schmaus« im »Goldenen Hecht« als »Lieblingsdichter der Deutschen«. – Nach **August von Platen** (→ Ansbach/BY, 1822), **Ludwig Börne** (→ Frankfurt a. M./HE, 1824), **Karl Immermann** (→ Düsseldorf/NW, 1831) und **Gustav Schwab** (→ Stuttgart/BW, »Wanderungen durch Schwaben«, 1837) kam **Nikolaus Lenau** (→Stuttgart/BW) nach H., wo er im Wintersemester 1831/32 im »König von Portugal« (Hauptstraße 146, Gedenktafel) zwei Zimmer gemietet hatte; er schrieb hier u. a. den »Schilflieder«-Zyklus. – »Ich bin gegenwärtig Student und in Heidelberg. Letzteres mit ganzer, ersteres mit halber Seele«, heißt es in einem Brief **Friedrich Hebbels** (→ Heide/Wesselburen/SH). Er lebte, »grenzenlos sparsam«, in der Unteren Straße 16 (Gedenktafel). – An den Aufenthalt von **Fritz Reuter** (→ Demmin/Stavenhagen/MV) 1840 und 41 erinnert in der Oberen Neckarstraße 5 ebenfalls eine Gedenktafel. **Gottfried Keller** (→ München/BY), April 1849 bis April 50 in der Stadt (Gedenktafel Neckarstaden 62), hörte im Rathaus mit Studenten und Arbeitern v. a. **Ludwig Feuerbach** (→ Landshut/BY) und erlebte den Badischen Aufstand vom Mai 1849: »Die Freiheit ist den Deutschen für einmal wieder versalzen worden.« In K.s Nachlass fand sich u. a. das im Spätherbst 1849 entstandene Gedicht »Schöne Brücke, hast mich oft getragen«. – Unter den 51 Liberalen im »Badischen Hof« (heute Volksbank, Hauptstraße 113) im März 1848 waren auch die Radikalen **Friedrich Hecker** (→ Sinsheim/Eichtersheim/BW) und **Gustav von**

Struve (→ Mannheim/BW), die sofort die Republik ausrufen wollten. – **David Friedrich Strauß** (→ Ludwigsburg/BW) wohnte 1854-60 Plöck 65 (Gedenktafel). – **Joseph Victor von Scheffel** (→ Karlsruhe/BW) wurde in H., wo er studiert hatte und Ehrenbürger war, populär wie kein zweiter Dichter, nicht zuletzt dank seines Liedes »Alt-Heidelberg, du feine« (Glockenspiel am Rathaus; Gedenktafel Friedrichstraße 8). Die Trinklieder aus der Sammlung »Gaudeamus« (1868) wurden für den »Engeren« geschrieben, eine von dem Historiker **Ludwig Häusser** 1846 gegründete Kneipgesellschaft, die im »Waldhorn ob der Bruck« (später »Scheffelhaus«) an der Ziegelhäuser Landstraße 21 tagte (1965 abgerissen, Inschrift über einem stillgelegten Waldbrunnen in der Nähe). Talüber »Scheffelterrasse« im Schlosspark, dort seit 1976 wieder ein Gedenkstein.

Um die Jahrhundertwende gelangten Universität und Stadt zu neuem (internationalem) Ruhm. Zwei Zirkel v. a. vertraten, neben- und gegeneinander, die »Heidelberger Geistigkeit«: ein liberaler Kreis um den Nationalökonomen **Max Weber** (→ München/BY) und ein mönchisch strenger Bund um **Stefan George** (→ Bingen/RP). In der Villa von **Max** und **Marianne Weber** (1870-1954, Publizistin und führend in der Frauenbewegung) in der Ziegelhäuser Landstraße 17 versammelten sich v. a. die Wissenschaftler, aber auch Literaten und Künstler, u. a. **Georg Lukács** und **Ernst Bloch** (→ Ludwigshafen/RP), der in der Ziegelhäuser Landstraße 65 wohnte, sowie **Armin T. Wegner** (→Wuppertal/NW) und **Ernst Toller** (→ München/BY), an den in der Friedrichstraße 8 eine Tafel erinnert. **Walter Benjamin** (→ Berlin) fand keinen Anschluss. Stefan George und sein »erster Jünger«, der Literaturwissenschaftler **Friedrich Gundolf**

Heidelberg: Der George-Kreis auf der Terrasse der Villa Lobstein (1919)

(→ Darmstadt/HE), wohnten zwischen 1910 und 15 in der »Pension Neuer« am Schloßberg 49. Ab Pfingsten 1919 kam der »Kreis der Freunde« in der Villa Lobstein (Schloßberg 55) zusammen. – In den zwanziger Jahren galt H. wieder als »deutsches Athen«, aber 1933 verbrannte man auch hier, vor der Neuen Universität, Bücher. **Karl Jaspers** (→ Oldenburg/NI) wurde 1937 wegen »jüdischer Versippung« zwangsemeritiert. 1923-48 wohnten Karl und Gertrud J. im Haus Plöck 66. In »Sfaira der Alte« hatte **Alfred Mombert** 1936 noch die »Stimme der Linde auf dem Heidelberger Schloss« beschworen: »Einem schönen Lande zugehörig ganz / bin ich tief verwurzelt meiner guten Erde«. 1940 wurde er ins Lager Gurs verschleppt. – **Theodor Heuss** (→ Lauffen/Brackenheim/BW) fand 1943 in einem Häuschen am Kehrweg in Handschuhsheim Unterschlupf; die wiederaufgebaute Friedrichsbrücke ist nach ihm benannt. – Die romantische Universitätsstadt rüstete nach dem 2. Weltkrieg endgültig zur Großstadt um. Über der Neuen Universität steht noch immer F. Gundolfs Wort nach F. Hölderlin: »Dem lebendigen Geist«.

»Dichter und ihre Gesellen«, sie sind, Studenten wie Besucher, Legion in H. Von **Walter Scott** und **Victor Hugo** bis **Mark Twain** und **William Somerset Maugham** im 19. Jh., und von **Eugen Liviné** und **Ossip Mandelstam** bis **Thornton Wilder** und **Charles Bukowski** (→ Andernach/RP) im 20. Mark Twain stieg auf seinem »Bummel durch Europa« 1878 im »Schloßhotel« (Schloß-Wolfsbrunnenweg 1-3) ab. **Richard Wagner** (→ Bayreuth/BY) war mit Cosima und den Kindern ein Jahr zuvor zu Gast. **Gerhart Hauptmann** (→ Berlin) und **Erich Maria Remarque** (→ Osnabrück/NI) logierten u. a. während der Schlossspiele in den 20er Jahren hier.

Mit der Universität verbunden, Gedenk- und Grabstätten: **Anton Friedrich Thibaut** (1772-1840); vom Berggarten hinter seinem Haus, Karlstraße 16 (heute Neubau des Germanist. Seminars), stieg Goethe öfters zum Schloss hinauf. Der Theologe **Richard Rothe** (1799-1867; Gedenktafel Friedrich-Ebert-Anlage 41); der Philosoph **Kuno Fischer** (1824-1907; Gedenktafel Plöck 48/50), die Neukantianer **Wilhelm Windelband** (1848-1915) und dessen Nachfolger **Heinrich Rickert** (1863-1936; Wohnung Scheffelstraße 4) sowie **Karl Jaspers** und dessen Nachfolger **Hans-Georg Gadamer** (1900-2002; Grab Ziegelhausen), der **Karl Löwith** für H. gewann (1897-1973; Grab Neuenheimer Friedhof). Die Philologen und Literarhistoriker **Erwin Rohde** (1845-98; Freund und Vertrauter F. Nietzsches) und **Friedrich Gundolf**; ferner die Nationalökonomen und Soziologen **Max** und **Alfred Weber** (1868-1958), der Mediziner **Adolf Kußmaul** (1822-1892; Gedenktafel Plöck 48/50). – Gräber von A. F. Thibaut, R. Rothe, K. Fischer, W. Windelband, E. Rohde, F. Gundolf, Max und Marianne Weber, A. Kußmaul sowie der Germanisten **Karl Bartsch** (1832-88), **Gustav Ehrismann** (1855-1941) und des Historikers **Friedrich Christoph Schlosser** (→ Jever/NI) auf dem Bergfriedhof. – Lauerstraße 5 wohnte

1829-32 als Student der »Struwwelpeter«
Heinrich Hoffmann (→ Frankfurt a. M./
HE), am Heumarkt 1 im Sommersemester
1835 **Berthold Auerbach** (→ Rottenburg/
Nordstetten/BW). Mittelbadgasse 12 er-
innert eine Gedenktafel an **Max Halbe**
(→ München/BY), 1883/84 an der Uni-
versität. Wie Halbe studierte der Expres-
sionist **Ernst Blaß** (→ Berlin) 1913-15
Jura und gab die lit.-philolog. Zs. »Die Ar-
gonauten« heraus (Wohnung Brückenstra-
ße 1). **Carl Zuckmayer** (→ Mainz/Nak-
kenheim/RP) bewohnte 1919 in der Krä-
mergasse 6 eine Dachstube, im »Café
Wachter« (heute »Palmbräuhaus«, Haupt-
straße 187) gehörte er zum Kreis um den
Kulturhistoriker **Wilhelm Fraenger** (1890-
1964). **Dolf Sternberger** (→ Wiesbaden/
HE), von K. Jaspers um 1930 entscheidend
beeinflusst, lehrte von 1947-72 Polit.
Wiss. in H. – **Walter Höllerer** (→ Sulz-
bach-Rosenberg/BY) wohnte 1952 Graim-
bergweg 5 unterm Dach; mit **Hans Ben-
der**, der damals in H. die Zs. »Konturen«
herausgab, gründete er 1954 in München
die »Akzente«. »Eine Universität neben der
Universität«: **Richard Benz** (1884-1966;
wohnte Hutzelwaldweg 4, Grab Bergfried-
hof): »Heidelberg – Schicksal und Geist«
(1961).

L **Jean Paul** lieferte 1817 eine topographische
Parade-Devise: »Heidelberg, göttlich in Umge-
bung und schön im Innern«. Die erste ausführ-
liche Beschreibung H.s steht in **Peter Luders**
lat. Elegie auf Friedrich I. (Mitte 15. Jh.). **Se-
bastian Münster** (→ Ingelheim/RP), Lehrer
für Hebräisch, arbeitete seit 1526 an seiner
»Cosmographia«, die 1544 erstmals erschien.
Die älteste Stadtansicht stammt von ihm, ein
Holzschnitt-Medaillon von 1526 (»Cosmogra-
phia«-Brunnen auf dem Karlsplatz). 1620 schuf
Matthäus Merian (→ Frankfurt a. M./HE)
die große Kupferstichvedute (»Merianblick«
am Oberen Philosophenweg). 1816 erschien
Helmina von Chézys (→ Berlin) »Gemälde

von Heidelberg, Mannheim, Schwetzingen,
dem Odenwald und dem Neckartale«. – Die
lyr. Variationen des Themas H., »vom Genia-
len zum Trivialen«, füllen Bände, von **Oswald
von Wolkensteins** (→ Konstanz/BW) »Ich
rühm dich, Haidelberg« bis zum Operetten-
schlager von 1925: »Ich hab mein Herz in Hei-
delberg verloren«.
H. als Schauplatz in neueren Erzähltexten:
Ernst Jünger (→ Bad Saulgau/Wilflingen/
BW), geb. 29. 3. 1895 im Haus Sofienstraße
15, befiel 1920 ein »starkes Heimatgefühl«
beim Anblick der Neckarberge (»In Stahlgewit-
tern«). Ferner: Die Kapitel »Poeten und Philo-
sophen« und »Dichter, Goldmacher, Mönche«
(über Stift Neuburg) in **Werner Bergengruens**
(→ Baden-Baden/BW) »Deutscher Reise«
(1934); »Allerseelen« (1952) und die Aut.
»Wachsen als Wunder« (n. 1973) von **Alexan-
der von Bernus** (→ Lindau/BY); »Im Schatten
des Heiligen Berges« (1928), Titel einer Slg.
von »Dichternovellen« um H. von **Irma von
Drygalski** (1892-1953/Grab Bergfriedhof); »Die
Monthiver-Mädchen« (1959) von **Otto Flake**
(→ Baden-Baden/BW); »Bevor uns Hören
und Sehen vergeht« (1975) von **Walter Helmut
Fritz**; »Salut gen Himmel« (1929) von **Man-
fred Hausmann** (→ Bremen); »Der Kranz
der Engel« (1946; Relief über dem got. Ein-
gangstor zum Ruprechtsbau des Schlosses)
von **Gertrud von Le Fort** (→ Minden/NW);
»Andere Tage« (1968) von **Hermann Lenz**
(→ Stuttgart/BW); »Rheinisches Zwischen-
spiel« (1937) von **Josef Ponten** (→ Aachen/
NW); »Die Gefährten« (1932) von **Anna Se-
ghers** (→ Mainz/RP); »Das Grab zu Heidel-
berg« (1930) von **Emil Strauß** (→ Pforz-
heim/BW); »Spanische Wände« (1981) von
Jürgen Theobaldy; »Auch Arkadien: Jahresta-
ge-Roman« (1999) von **Wolfgang Gast** – Hei-
delberg-Kapitel u. a. auch in **Harry Domelas**
»Der falsche Prinz« (1927, n. 1979), **Golo
Manns** (→ München/BY) »Erinnerungen und
Gedanken« (1986) sowie in den Aut. »Das
Ohr des Malchus« (1958) von **Gustav Regler**
(→ Merzig/SL), »Eine Jugend in Deutschland«
(1933) von **Ernst Toller**. – »Es sind zu viele Er-
innerungstafeln hier«, lässt **Geno Hartlaub**
(1915-2007; Tochter des Förderers moderner

Kunst **Gustav Friedrich H.**, gest. 1963 in H.) 1949 einen Studenten in »Die ›stehengebliebene‹ Stadt« sagen, und bei **Heinrich Böll** (→ Köln/NW) findet sich 1977: »Du fährst zu oft nach Heidelberg.« **Hilde Domin** (1909 Köln – 2006 H.; Grab Bergfriedhof) wohnte seit den 1960er Jahren Graimbergweg 5 und notierte: »Die Nachtigall? Das ist vorbei. Die Industrie hat sie ermordet« (»Hilde Domin interviewt Heinrich Heine 1972 in Heidelberg«, in: »Von der Natur nicht vorgesehen«, 1974; dort auch der aut. Essay »Meine Wohnungen«). **Michael Buselmeier** schließlich: »Nichts soll sich ändern« (G. 1978), »Der Untergang von Heidelberg« (1981) und (natürlich!) seine »Lit. Führungen durch H.« (3. Aufl. 2007). **Klaus Staeck** 1985 zum Schluss von »Alt-Heidelberg, das meine«: »Heidelberg hat schon viele Zerstörungen überlebt. Es wird auch uns überleben. Das hat etwas Tröstliches.« **August Heinrich Lafontaine** (→ Braunschweig/NI) eröffnete mit »Clara du Plessis und Clairant« (1794) den Reigen des trivialsentimentalen Genres; **Vicki Baum** (→ Berlin), zählt mit »Stud. chem. Helene Wilfüer« (1929) wohl auch dazu. **Amadeus Siebenpunkt** erinnert in »Deutschland deine Badener« (1975) im Kapitel über den »Homo Heidelbergensis« an »The Student Prince« (nach W. Meyer-Försters »Alt-Heidelberg«), der fröhlich Urständ feiert und nicht minder gefragt ist als der Zwerg Perkeo, der das berühmte Große Fass im Schlosskeller ausgetrunken haben soll. Inschrift auf einer Säule im »Goldenen Hecht«: »Hier hätte Goethe beinahe übernachtet – aber unser Haus war leider überfüllt (25. August 1778).« – **Walther Eggert**: (1893-1976): »H.er Tagebuch« (G. 1949); **Fritz Nötzoldt** (1908-87): »H.er Anekdoten« (1960, 79); **Elsbeth Janda**: »Humor unserer Stadt: Heidelberg« (1971). Kurpfälzer Mundart u. a. in der Slg. »Muddersprooch« (3 Bde., Hrsg. R. Lehr, P. Waibel, K. Bräutigam, 1978/80/81).

S Universitätsbibliothek: 3,02 Mio. Bde, über 486 000 Non-Book-Materialien, rund 6600 Hss. (u. a. die deutschen Hss. der Bibliotheca Palatina sowie Kopien der gesamten Handschriftenbestände der alten, 1623 nach Rom verbrachten und heute im Vatikan befindlichen Bibliothek: Evangelienharmonie Otfrieds von Weißenburg, um 867; Sachsenspiegel, 1209-33; Manessische Liederhandschrift, 1. Hälfte 14. Jh.), ca. 1800 Inkunabeln, 110 500 Autographen. – **Stadtarchiv**: Wiss. (ehem. Kurpfalz-) Bibliothek (u. a. Heidelberger Katechismus, 1563). – **Kurpfälzisches Museum**: u. a. »Heidelberger Geistesgeschichte 1803-1920« (Universität, Goethe, Dichter der Romantik, Dokumente über A. v. Bernus u. a.). – **Lit.** Ausstellungen im Palais Boisserée. – **Philosoph.-Lit.** Gesellschaft (philiges). – **Clemens Brentano Förderpreis für Lit.** (1992); **Karl-Jaspers-Preis** (1983); **Richard-Benz-Medaille** (1976); **Literatur im Exil** (1992; erste Preisträgerin H. Domin); **Autorenpreis des H.er Stückemarkts** (1996).

R Abseits im Wald hinterm Schloss der »**Wolfsbrunnen**«. Die Seherin Jetta (vom Jettenbühl) soll, wie der Humanist **Leodius** 1555 berichtet, hier an der Quelle des Schlierbachs von einer Wölfin zerrissen worden sein. Die Dichter kamen bald zuhauf: **Martin Opitz, Maler Müller, Friedrich v. Matthisson** u. a.; **August Heinrich Lafontaines** »Clara du Plessis und Clairant«, in den Wirren der Französischen Revolution auseinandergerissen, treffen im Roman hier wieder zusammen, selbst **Heinrich von Kleist** (→ Berlin) fand »etwas Wahres an dieser Geschichte«. Noch ein Jh. später, nach dem Ersten Weltkrieg, erzählt **Carl Zuckmayer** (»Als wär's ein Stück von mir«), traf man sich an Sommerabenden im »Wolfsbrunnen«, spielte Theater und sang die »Carmagnole«. Neckaraufwärts Stift **Neuburg**, eine Lorscher Gründung von 1130, im 19. Jh. als »Romantikerklause« berühmt. Im Jahr 1826 erwarb das Anwesen Goethes Rechtsbeistand und Neffe seines Schwagers, der Frankfurter Gelehrte, Literat, Übersetzer und Sammler **Johann Friedrich Heinrich Schlosser** (1780-1851) und gestaltete es nach seinem romant.-nazaren. Geschmack um. (Für die Jungdeutschen war es allerdings eine »ultramontane Gespensterburg«.) Gäste waren Musiker (C. M. von Weber hatte hier bereits 1810 in einem Gespensterbuch Anregungen für den »Freischütz« gefunden), Maler (F. Overbeck, P. Veit) und alle »Heidelberger« Poeten, wie Clemens Brentano, Achim von Arnim, Joseph von Eichendorff; Ludwig Tieck (→ Berlin), Justinus Kerner (→ Ludwigsburg/BW); dazu die Professoren Johann Joseph von Görres und Friedrich Creuzer, Wilhelm von Humboldt (→ Berlin) und Friedrich Schlegel (→ Hannover/ NI), nicht zuletzt Marianne von Willemer, die alljährl. bis in ihr hohes Alter kam. Hundert Jahre später, 1926, übernahmen die Benediktiner wieder das Hausrecht, nachdem das Stift von einem Nachfahren der Schlossers, Alexander von Bernus, veräußert worden war. Zu dessen Kreis der »Dichter und ihrer Gesellen« gehörten v. a. Richard Dehmel, Alfred Mombert, Karl Wolfskehl (→ Darmstadt/HE), Friedrich Gundolf und Stefan George, der für seinen Kreis zudem die Stiftsmühle bevorzugte, sowie Friedrich Schnack (→ Karlstadt/Rieneck/BY), dessen Roman »Beatus und Sabine« (1927) so etwas wie eine N.er Schlüsselgeschichte ist, Melchior Lechter und Alfred Kubin (→ Passau/BY). – Bei Schriesheim liegt die Ruine Strahlenburg. Hier soll das Käthchen von Heilbronn dem Grafen Wetter vom Strahl seine Liebe im Traum gestanden haben.

Wieder am Neckar, gegenüber der Bergfeste Dilsberg (Neckargemünd-D.), liegt Neckarsteinach (HE), die Heimat des Minnesängers Bligger von Steinach, vielbesucht und beschrieben von Helmina von Chézy bis Mark Twain und Otto Rombach (→ Heilbronn/BW). In Neckargemünd lebte »berlinmüde« Georg Hermann zwischen 1914 und 33/34; Poststraße 2 war sein »Tuskulum«. – Die Was-

serburg von Wiesloch, von der nur noch ein Turm steht, verweist abermals auf die Minnesänger. Konrad von Wizzenlô lebte in der ersten Hälfte des 12. Jh.s hier und starb gegen 1250 (Statue auf dem ev. Kirchplatz; Dokumente und Materialien im Heimatmuseum und in der »Sickingenstube« des »Freihofs«). Der Reformationsdramatiker Thomas Naogeorgus aus → Straubing/BY starb nach einem unsteten Leben in W. als Pfarrer. Aus W. stammt auch Heinrich Zimmermann (1741-1805), der, entgegen dem Verbot der brit. Admiralität, Aufzeichnungen über J. Cooks 3. Weltreise, 1776-79, machte: »Reise um die Welt mit Captain Cook« (n. 1978); Materialien im Heimatmuseum.

B R. K. Goldschmidt, H. als Stoff und Motiv der deutschen Dichtung, 1929; M. Buselmeier, H.-Lesebuch, 1986; K. Manger/ G. v. Hofe (Hrsg.), H. im poetischen Augenblick, 1987; H. Kiesel (Hrsg.), H. im Gedicht, 1996; St. Büttner/O. Fink, Poetisches H., 2000.

Z Ludwigshafen, Speyer (RP); Mannheim, Schwetzingen, Sinsheim (BW); Heppenheim (HE).

HEILBRONN/BW

»Wer die alte Stadt mit ihren verwinkelten Gassen kannte ... der fühlt sich beim Gang durch die neu entstandene Stadt jeweils mit Wehmut genötigt, die alten Bilder hinter den neuen zu sehen.« (Otto Rombach, 1970)

Deutschhof: Stadtbücherei; Stadtarchiv; Städt. Museen (Erinn. an Götz von Berlichingen, Käthchen von H., Th. Heuss). – Theater H. – Studio H. des SWR. – Neckarfest (alle zwei Jahre).

Otto Heinrich Freiherr von Gemmingen-Hornberg, * 8. 11. 1755 H., † 15. 3. 1836 Heidelberg, Dramatiker der Geniezeit. Beeinflusste mit seinem Schauspiel »Der deutsche Hausvater« nach D. Diderots

»Père de famille« das dt. bürgerl. Familien-Rührstück.

Friedrich Wilhelm Waiblinger, * 21. 11. 1804 H., † 17. 1. 1830 Rom, genialer, phantasiebegabter Erzähler und Lyriker. Besuchte das Gymnasium in → Stuttgart/BW, studierte, befreundet mit E. Mörike und G. Schwab, in → Tübingen/BW. Lernte dort auch F. Hölderlin (→ Laufen/BW) kennen, durch dessen »Hyperion« er zu seinem Erstlingsroman »Phaeton« (1823) angeregt wurde. Aus finanziellen Gründen 1826 nach Italien, wo ihn A. v. Platen (→ Ansbach/BY) unterstützte. – W.: Werke und Briefe (Hrsg. H. Königer, 1980-88). – Nachlass LB Stuttgart, DLA Marbach.

Ludwig Pfau, * 25. 8. 1821 H., † 12. 4. 1894 → Stuttgart/BW, Lyriker, Publizist. Gründete 1848 die Zs. »Eulenspiegel«, das erste polit. Karikaturenblatt Dtl.s, und musste, in einen Hochverratsprozess verwickelt, in die Schweiz fliehen. Ging 1852 nach Paris, wo er mit H. Heine (→ Düsseldorf/NW) in Verbindung stand. 1863 Rückkehr nach Stuttgart. – Ausgew. Werke (Hrsg. R. Moritz, 1993).

Otto Rombach, * 22. 7. 1904 H.-Böckingen, † 19. 5. 1984 → Bietigheim (Ludwigsburg/BW), wo er aufwuchs und sich 1945 niederließ. Sein eigentliches Metier das Erzählen und, als leidenschaftl. Reisender, große Reiseessays. Aut. »Vorwärts, rückwärts, meine Spur« (1970). – R.-Zimmer im Bürgerhaus von Böckingen. – Nachlass DLA Marbach. – O.-R.-Stipendium.

E Das **Käthchen von Heilbronn** (in H. v. Kleists Ritterschauspiel, 1810) ist keine hist. Gestalt, die moderne Forschung verweist auf Motive aus den verschiedensten, etwa engl. Stoffgebieten und v. a. auf die Präfiguration der Kleist'schen Marionette, in der Gestalt des Käthchens. Dennoch bemühte man sich lange um hist. Vorbilder, namentlich um Elisa-beth (Lisette) Kronacher, die Tochter des letzten Stadtschultheißen von H., eine »magnetische Schlafrednerin« (geheilt von Dr. E. Gmelin), und ernannte in der Folge etwa ein mehrfach umgebautes Patrizierhaus an der Südwestecke des Marktplatzes (aus dem 14. Jh.), in dem im 16. Jh. zeitw. der Reformator J. Lachmann gewohnt hatte (Porträtrelief in Gestalt des Propheten Habakuk), zum »Käthchenhaus«. Ein »Käthchenbrunnen« (beim alten Museum) kam 1965 hinzu. Als »Käthchenwein« schließlich – und so erhält sich die Legende wohl am besten – bezeichnet man jeweils den besten Tropfen des Jahres auf dem »H.er Herbst«. – Grab mit Grabplatte (»Lisette Klett«) auf dem Alten Friedhof an der Weinsberger Straße. – Kleist-Archiv Sembdner, Berliner Platz 12 (K3), mit der Zs. »H.er Kleist-Blätter«.

Mit **Götz von Berlichingen** (→ Jagsthausen/BW) ist **Goethe** (→ Frankfurt a. M./HE) ebenso frei verfahren, denn dieser ist keineswegs in H. gestorben, obwohl er tatsächlich im Bollwerksturm am Neckarufer saß (nicht im nach G. v. B. benannten Götzenturm), allerdings nur eine einzige Nacht. Aus seiner »Lebensbeschreibung« (1731) erfährt man, dass der »Ritter mit der eisernen Hand« während seiner Haft in der Herberge des Dietz Wagenmann am Marktplatz wohnte (»Gasthaus zur Krone«), und zwar mit seiner ganzen Familie (einschlägig dazu das H.-Kapitel in **Gustav Schwabs**/→ Stuttgart/BW »Wanderungen durch Schwaben«, 1837).

A Zwei der nachmals berühmten Schüler der H.er Lateinschule waren der aus Weinsberg stammende **Johannes Heußgen** (gen. **Oekolampadius,** 1482-1531) und **Philipp Melanchthon** (→ Bretten/BW), dessen Schwester in H. verheiratet war und in der Sülmerstraße wohnte. – Im Sommer 1793 weilte **Friedrich Schiller** (→ Ludwigsburg/Marbach/BW) mehrere Monate in H., lobte den Wein und ließ sich von Dr. Gmelin behandeln. In dieser Zeit freundschaftl. Verhältnis mit dem Bürgermeister und Senator Ch. L. Schübler, der das Vorbild für den Astronomen Seni im »Wallenstein« sein soll. – 1797 kam, auf seiner 3. Schweizer Reise, **Goethe** am Vorabend seines Geburtstags in die Stadt: »ihrer glücklichen Lage, ihrer schönen und fruchtbaren Gegend nach auf Garten-, Frucht- und Weinbau gegründet«. – **Eduard Mörike** (→ Ludwigsburg/BW) hat H. oft besucht, v. a. um seinen Freund E. F. Kaufmann zu treffen, der hier von 1842-51 als Komponist und Lehrer an der Realschule arbeitete. Mit ihm kehrte er im Februar 1843 im heute eingemeindeten **Sontheim** bei **David Friedrich Strauß** (→ Ludwigsburg/BW) ein, der dort im – in einer Fabrik noch erhaltenen – Gartenschlösschen des Deutschordens lebte. – **Justinus Kerner** (→ Ludwigsburg/BW), dessen »Bilderbuch aus meiner Knabenzeit« (1849) auch von H. berichtet, nannte sich »Weinsbergs Bürger, Heilbronns Gast«.

L Beschreibungen H.s enthalten u. a. der Roman »Der Prophet« (1860) von **Theodor Mügge** (→ Berlin), die Erzählungen »Der Bürgermeister und sein Sohn« (1896) und »Der Steinmetz von St. Kilian« (1901) von **Philipp Spieß** (eig. W. K. A. Stähle) sowie der Essay »Der heilige Brunnen« (in: »Deutsche Reise«, 1934) von **Werner Bergengruen** (→ Baden-Baden/BW). Vieles und Aufschlussreiches über die Stadt auch in »Vorspiele des Lebens« (1953) von **Theodor Heuss** (→ Lauffen/Brackenheim/BW). – Mundart: **Heinrich Hoser** (1778-1851) und **Karl Häfner** (1885-1981). – »bis zur sanften behauptung der dunkelkeit«: H.er Anth. 2000.
S **Stadtarchiv**: Wiss. Bibl. mit ca. 50 000 Medieneinheiten, Schwerpunkte: Orts- und Landesgeschichte; darunter 2000 Bde. der 1575 gegr. Stadtbibliothek (rd. 300 Inkunabeln), H.er Musikschatz (Slg. geistl. und weltl. Lieder, 16./17. Jh.). – **Lit Verein H. e. V.** – In **Flein**: Archiv Werner Schweikert der Weltliteratur des 20. Jh.s in dt. Übersetzung.

Cleversulzbach (Neuenstadt-C.)

Vom C. der Zeit **Eduard Mörikes** sind noch Glockenturm, Taufstein und Kanzel des M.-Kirchleins erhalten, und nicht weit davon steht der breite Giebelbau des Pfarrhauses, in dem M. von 1834-43 mit Mutter und Schwester lebte: Er schnitzte und zeichnete, konnte »das Predigen nicht vertragen«, machte Gelegenheitsverse und schrieb Gedichte, wie »Der alte Turmhahn«, ein Motiv, das auch in dem Märchen »Der Schatz« (1835) verarbeitet wurde. Auf dem Friedhof ließ er seine Mutter neben der Mutter F. Schillers bestatten, die 1802 im Pfarrhaus gestorben war (Marbacher »Spuren« 6/1989). – Die vielbesuchte M.-Stube im Gasthaus »Zum alten Turmhahn« ist nun auch selbst Gegenstand des M.-Museums im Alten Schulhaus. »Mörike-Pfad« zu Stationen im Ort und in der Umgebung.

Löwenstein

Friederike Hauffe (geb. Wanner), * 1801 Prevorst (Oberstenfeld-P.), † 5. 8. 1829 L., wurde als J. Kerners »Seherin von Prevorst« bekannt: »du hast nicht zu sterben, weil du schon jetzt ein Geist«, schrieb K. in ihrem Todesjahr. – Geburtshaus Gasthaus »Zum Ochsen«, Ortsstraße 46, Sterbehaus Maybachstraße 21 (Gedenktafel); Grab auf dem Bergfriedhof, Inschrift: »Wie soll ich euch denn nennen, / Ihr, die Ihr mich betrübt? / Ich nenn auch Euch nur Freunde, / Ihr habt mich nur geübt.« – Neben seinem »von des Markts Gewimmel«, wie er meinte, verworfenen Buch hat **Justinus Kerner** noch einen kleinen Zyklus von Widmungsgedichten an die »Seherin« geschrieben. Von K. auch

die Ballade über »Die Stiftung des Frauen-
klosters Lichtenstein« nahe L.
Manfred Kyber, * 1. 3. 1880 Riga, † 10. 3.
1933 L., Lyriker und Erzähler. Publizist
in Berlin und Stuttgart. Seit 1923 in L.,
wo zahlreiche seiner damals beliebten Tier-
geschichten (1934) und Märchen (1935)
entstanden. – Gedenktafel am Wohnhaus,
Maybachstraße 14; Grab auf dem Berg-
friedhof. – Nachlass, Bücher, Erinne-
rungsstücke im M.-K.-Museum im Frei-
haus.

*Weinsberg: Justinus Kerner und sein Freun-
deskreis im Kerner'schen Garten (nach H. Rus-
tige)*

Weinsberg

E Vom 19. 1. 1819 bis zu seinem Tod am
21. 2. 1862 war **Justinus Kerner** in W. Ober-
amtsarzt. In dieser Zeit beschäftigte er sich,
wie auch G. A. Bürger, A. von Chamisso und
L. Uhland, mit der Burg **Weibertreu** und ihrer
Paradegeschichte von den »Weibern von Weins-
berg«, die aus der eroberten Stadt mitnehmen
dürfen, was sie tragen können. Also laden sie
gattentreu ihre Männer auf und tragen sie hin-
aus. Inschrift am achteckigen Turm (J. Ker-
ner): »Getragen hat mein Weib mich nicht, /
Aber – ertragen! / Das war ein schwereres Ge-
wicht, / Als ich mag sagen.« Dazu O. Rom-
bach: »Die Bilder der Weiber von Weinsberg«
(in: »Glückliches Land«, 1976). – Besucher
der »Weibertreu«, wie die zu Dutzenden v. a.
im »Turm der Äolsharfen« eingemeißelten Na-
men beweisen: von A. von Arnim, C. Brenta-
no, F. de la Motte Fouqué bis H. von Pück-
ler-Muskau, F. Schleiermacher, R. Varnhagen
von Ense u. v. a.

Wegen seiner Verdienste um W. wurde
Kerner 1822 ein Grundstück geschenkt.
Dort baute er unter Einbeziehung eines
alten Stadtturms ein »Häuschen«, das –
nicht zuletzt auch dank der Hausfrau,
der berühmten »Rickele« – zum Mittel-
punkt des Schwäb. Dichterkreises wurde.
Hier trafen sich aber nicht nur **Eduard
Mörike, Alexander Graf von Württem-
berg** (→ Stuttgart/BW), der in einem
nach ihm benannten Häuschen auf dem
ehem. Friedhof wohnte, oder das Freun-
desdreigestirn **Ludwig Uhland** (→ Tübin-
gen/BW), von dem der Zimmerspruch
zum Neubau stammte, **Karl Mayer**
(→ Sinsheim/Neckarbischofsheim/BW)
und **Gustav Schwab**. Es kamen ebenso
Nikolaus Lenau (→ Stuttgart/BW), der
im »Geisterturm« Teile seines »Fausts«
schrieb, **Johann Joseph von Görres** (→
Koblenz/RP), **Ludwig Tieck** (→ Berlin)
und zahlreiche andere Romantiker, der
»Griechenmüller« **Wilhelm Müller** (→
Dessau/ST), **Willibald Alexis** (→ Berlin)
und **Ferdinand Freiligrath** (→ Detmold/
NW).

Friederike Hauffe brachte dem Haus den
Ruf als »Geisterhaus« ein. **Kerner,** der die
kranke junge Frau drei Jahre lang behan-
delte, publizierte 1829 seine »Eröffnungen
über das innere Leben des Menschen und
über das Hereinragen einer Geisterwelt in
die unsere«. 1846 erkrankte K. am Grauen
Star und beschäftigte sich bei fortschrei-
tender Erblindung viel mit Klecksogra-
phien. 1857 entstand daraus das »Hades-
buch«. – Kernerhaus (Dichtermuseum),
K.-Denkmal; Grab auf dem Friedhof
von W. – J.-K.-Verein und Frauenverein
e. V.

L Franz von Gaudy (→ Berlin), »Der Pfarrer von Weinsberg«; **Wilhelm Zimmermann** (→ Stuttgart/BW), »Die Blutrache zu Weinsberg« und »Autodafé des Adels am Neckar und im Weinsberger Tal« (in: »Allgemeine Geschichte des großen Bauernkrieges«, 1841-44); **Theobald Kerner** (1817-1907), »Das Kernerhaus und seine Gäste« (n. 2005); **Joachim Fernau** (1909-88), »Weinsberg oder Die Kunst der stacheligen Liebe« (1974).

R Dass es »drunten im Unterland ... halt fein« ist, ist seit **Gottlieb Weigle** (1814-55), der als Missionar in Ostindien starb und den niemand mehr kennt, längst sprichwörtlich. An die »Trauben im Unterland« kommt man am besten von **Heilbronn** aus, das sich einmal rühmen konnte, Württembergs größte Weinbaugemeinde zu sein. – Lit. Exkurse lassen sich mit **Mark Twain** beginnen, der 1878 von H. nach Heidelberg reiste (»Bummel durch Europa«). »Dort wo die Sulm in den Neckar fällt«, in **Neckarsulm** also, »will ich ans Amtsgericht klopfen«, pflegte **Joseph Victor von Scheffel** (→ Karlsruhe/BW) sich bei **Wilhelm Ganzhorn** (→ Sindelfingen/BW) anzukündigen. G. war seines gastfreien Hauses und eines 14-strophigen (von F. Silcher vertonten) Liedes wegen berühmt, von dem später noch drei gesungen wurden: »Im schönsten Wiesengrunde / ist meiner Heimat Haus.« – **Bad Wimpfen** beschwört v. a. am Berg stauf. Reminiszenzen. An der Neckarseite des Steinhauses Gedenktafel für den seinerzeit vorw. als (auch Mundart-)Erzähler bekannten **Richard Weitbrecht** (1851-1911). Dem Kreuzgang der Ritterstiftskirche im Tal gilt das Kapitel »Das Vogelnest« in **Nikolaus Lenaus** »Albigensern«. Zuvor hatte **Gustav Schwab** über »Die beiden Wimpfen« geschrieben, wie **Werner Bergengruen** 100 Jahre später seinen Exkurs nach Bad W. in der »Deutschen Reise« nannte. – **Neunstadt am Kocher**, auch

»an der Linde« wegen seines Wahrzeichens genannt (Freilichttheater), ist **Eduard Mörikes** Ahnenstädtchen: M.-Apotheke Hauptstraße 15; Friedhof: Erbbegräbnis der Familie M., daneben die Gräber von E. M.s Schwester Klara (gest. 1903) und Tochter Fanny (gest. 1930); M.-Gedenkstätte im Museum im Schafstall. – **Langenbeutingen** (Langenbrettach-L.): Pfarrhaus Hohenloher Straße 11 Geburtshaus von **Albrecht Goes**, davor Gedenkstein; im Unteren Kirchle, Lindenstraße, A.-G.-Stube. – **Möckmühl** an der Jagst zählt zu den Götz-Stätten. **Götz von Berlichingen** war hier Burgvogt und wurde 1519 in der »Mäusfallen« M. vom Schwäbischen Bund gefangen genommen und nach Heilbronn gebracht. Im Heimatmuseum Erinn. an Schillers Schwester Luise und H. Hesses »Lulu«. – Im Leintal liegt **Schwaigern**, wohin **Friedrich Wilhelm Hackländer** (→ Aachen/Burtscheid/NW) von Stuttgart aus oft kam. – In **Schluchtern** (Leingarten-Sch.) wurde **Albert Ludwig Grimm** geb. (1786-1872), Dramenschreiber, Sagensammler und Kinderbuchautor. – Rechts des Neckars über der Schozach **Ilsfeld**. Aus der Stadt stammt der Reformator **Johannes Geyling** (1485-1559), gest. in **Großbottwar**; aus **Beilstein Friedrich Julius Krais** (1807-78), vorw. rel. Dichter und Verfasser von (vaterländ.) »Liedern und Erzählungen in Versen für die Jugend« (1864) in »weltentrückten Pfarreien«.

B H. Müller, Heilbronn/Weinsberg/Bad Wimpfen, in: Der Neckar, 1994; Marbacher Magazine zu: W. Waibling (14/1979), L. Pfau (67/1994), J. Kerner (39/2. Aufl.1990), Weibertreu (53/1990).
Z Lauffen, Brackenheim, Ludwigsburg, Marbach, Mosbach, Öhringen, Sinsheim (BW).

HEILIGENSTADT/TH

Eichsfelder Heimatmuseum. – Jährl. Höhepunkt im kath. Eichsfeld ist neben den Wallfahrten die Palmsonntagsprozession (Storms Novelle »Veronika«, 1861). – Dass Tilman Riemenschneider (um 1460-1531) in der Klausmühle von H. geboren wurde, steht heute fest.

Wernher von Elmendorf, gen. 1171, schrieb eine durch Zitate antiker Autoren auffallende »Tugendlehre«. Überlieferung in der Klosterneuburger Hs. (14. Jh).
Theodor Tilike, * 18. 11. 1811 Allendorf/ Werra, † 14. 12. 1884 H., Liederdichter. H.er Gymnasium. Theologie-Studium (Priesterweihe 1840). Ab 1861 Rendant in H., wo T. das »Kath. Gesang- und Gebetbuch« (1870) herausgab.
Theodor Storm (→ Husum/SH) war 1856 bis 64 Kreisrichter in H.: »Da ich nicht in Husum sein kann, so wünsche ich nur in Heiligenstadt zu sein.« Hier entstanden: »Auf dem Staatshof« (N. 1858), »Im Schloss« (N. 1861) »Auf der Universität« (N. 1862) sowie die Spukgeschichten-Slg. »Am Kamin« (1861), auch das berühmte Weihnachtsgedicht »Knecht Ru-

precht«. – Wohnung: Wilhelmstraße 73 (Gedenktafel), Kreisgericht im Schloss, Friedensplatz 8 (heute Landratsamt); Lit.-Museum »Theodor Storm« im Mainzer Haus, Am Berge 2, mit St.-Bibliothek und Slg. von Originalgraphiken zum Werk sowie Märchenzimmer; davor St.-Denkmal (1988) sowie Puppenspieler-Denkmal (1998). Seit 1992 im Juni St.-Tage; Hrsg. der »H.er St.-Blätter«; St.-Verein. – **Maria Wrede** (1890-1969/»Heiligenstadt in Theodor Storms Leben und Entwicklung«, 1915).
Hans von Kahlenberg (eig. **Helene Kessler**, geb. von Monbert), * 23.2. 1870 H., † 8. 8.1957 Baden-Baden, Erzählerin und Dramatikerin. Lehrerin. Von K.s Büchern erregten die mit erot. Hintergrund (»Nixchen. Ein Beitrag zur Psychologie der höheren Töchter«, 1899) Aufsehen.
A Am Jesuitenkolleg, Ausgangspunkt der erfolgreichen Rekatholisierung des Eichsfeldes, lehrte 1624/25 **Athanasius Kircher** (→ Bad Salzungen/Geisa/TH). – Der Jesuit **Johannes Müller** (1604-76) gab 1668 in H. das erste Eichsfelder Gesangbuch heraus. – **Friedrich von Raumer** (→ Dessau/Wörlitz/ST) wirkte 1802/03 als Kammerreferendar in H. und berichtet in den »Lebenserinnerungen« (1861) von seinen Schwierigkeiten. – **Heinrich Heine** (→ Düsseldorf/NW) kam am 28. 6. 1825 von Göttingen nach H., um sich im Pfarrhaus der Martinsgemeinde vom ev. Pfarrer auf die Namen Christian Johann Heinrich taufen zu lassen (bis dahin Harry), was ihm eine diplomat. oder universitäre Laufbahn öffnen sollte. **Harald Gerlach** (→ Hildburghausen/Römhild/TH), »Heine im Eichsfeld« (G. 1984). Gedenkzimmer im Lit.-Museum. Im Kurpark H.-Denkmal (1999). – 1838 trafen sich **Jacob** und **Wilhelm Grimm** (→Hanau/HE) in H., um sich über die Hrsg. des »Deutschen Wörterbuches« zu verständigen.

Heiligenstadt: Das Theodor-Storm-Denkmal (1988) von Werner Löwe

L Der Sage nach sollen der Mainzer Erz-
bischof Aureus und der Diakon Justinus vor
den Hunnen ins Eichsfeld geflohen sein. In
dem Dorf **Rustenfelde** schlugen ihnen die Sol-
daten König Attilas die Köpfe ab. 200 Jahre
später kam der kranke Frankenkönig Dago-
bert dorthin: »Wahrlich, hier ruhen Heilige;
ich befehle, daß sie in Zukunft heilige Stätte
heißt.« Über den Gräbern der Heiligen die
Martinskirche, die Mutterkirche des Eichsfel-
des. **Hrabanus Maurus** (→ Mainz/RP) ließ
den Bau 855 erweitern.

R In **Hagis** südl. von H. erinnert eine Ge-
denktafel am Küsterhaus an **Carl Duval**
(→ Nordhausen/TH). – In der Nähe,
bei **Geismar**, der **Hülfensberg**, zur DDR-
Zeit durch die nahe Grenze unzugänglich.
Bonifatius (→ Fulda/HE) soll auf ihm um
720 eine Donareiche gefällt haben. Als
Karl d. Gr. 774 den Berg bestieg, dankte
der Sieger in der Schlacht mit den Worten:
»Hier hat uns Gott und sonst niemand ge-
holfen.« Seit 1360 Wallfahrten (Erlöser-
kirche). **J. Müller** verfasste die erste »Be-
schreibung deß durch Wallfahrten weitbe-
rühmten im Eichsfeld gelegenen Hülffen-
bergs« (1671) und der Franziskaner **Her-
mann Schwethelm** (1879-1956) mit »Der
Hülfensberg bei Geismar« (1927) eine gül-
tige Kulturgeschichte.

L **Johannes Wolf** (1743-1826) gilt als Vater
der eichsfeldischen Heimatgeschichtsschrei-
bung (»Kirchengeschichte des Eichsfeldes«
(1797), »Geschichte und Beschreibung der
Stadt Heiligenstadt«, 1800). – Mitbegründer
der Orts- und Landesgeschichte des Eichsfel-
des: **Georg Heinrich Daub** (1880-1939), Verf.
viel aufgeführter Heimatspiele (»Im Banne
der Heimatglocken«, 1926). – **Heinz Siebert**
(1914-86), Pfarrer in **Gernrode**, beschrieb
die neuere Geschichte: »Das Eichsfeld unterm
Hakenkreuz« (1981) und »Das Eichsfeld unter
dem Sowjetstern« (1992).

Dingelstädt

Christian Joseph Jagemann, * 25. 10. 1735
D., † 5. 2. 1804 Weimar, Mitbegründer
der dt. Italianistik, wichtige Nebenfigur
der Weimarer Klassik. Absolvent des Jesui-
tenkollegs in Heiligenstadt. Augustiner-
eremit und Priester. Später Konversion
und Bibliothekar in Weimar.
Franz Huhnstock, * 16. 5. 1891 Helms-
dorf bei D., † 4. 7. 1965 D., Volkserzähler.
Lehrerseminar in Heiligenstadt und Du-
derstadt. Mehr als 500 Schul- und Dorf-
Erzählungen. Nach wie vor populär H.s
Heimatspiele »Der letzte Bischofssteiner«
(1921) und »Der Goldene Ring« (1959).

Leinefelde-Worbis

Museum »Gülden Creutz«. – Aus L. stammt
Johann Carl Fuhlrott (1803-77), Entdecker
des Neandertalers (1856).

Joseph Fuhlrott, * 21. 6. 1821 Birkungen
bei L., † 13. 2. 1905 Kirchworbis bei W.,
Theologe. Gymnasium in Heiligenstadt.
Pfarrer in Kirchworbis. F. wirkte mit sei-
nen Predigt-Slgg. (»Fastenpredigten«, 1856-
90, »Sonntagspredigten«, 1861-87) weit
über das Eichsfeld hinaus.
Hermann Iseke, * 9. 3. 1856 Holungen bei
L., † 14. 1. 1907 Kalkfontain/Südwestafri-
ka, Lyriker (»Dichter des Eichsfeldes«).
Kaplan in Dingelstädt und in Wachstädt.
Militärseelsorger in China und Südwest-
afrika. – W.: Gottfried der Student
(Epos 1895, n. 1997); Aus Eichsfelds Vor-
zeit in Geschichte und Sage (G. 1897). –
I.-Verein in Holungen. – I.s »Eichsfelder
Sang« (»Hast du mein Eichsfeld nicht ge-
sehn mit seinen burggekrönten Höhn?«)
wurde im Herbst 1989 zum Abschluss
aller Kundgebungen gesungen.
R Aus **Breitenbach** kommen die Eltern
von **Otto Reutter** (→ Salzwedel/Gardele-

gen/ST), der selbst einige Zeit Gehilfe in der Lebensmittelgroßhandlung von W. war und sich dem Eichsfeld verbunden fühlte. – Von B. aus erreicht man **Hundeshagen**, das als Wandermusikantendorf bekannt war. Das Lied »Die Harfenmädchen von Hundeshagen« erzählt von der soz. Not der Spielleute und von ihrer Heimatliebe. – **C. Duval** unternahm von **Großbodungen** aus, wo er mit Unterbrechungen 1832-47 lebte, ausgedehnte Wanderungen und verfasste den Bd. »Das Eichsfeld oder historisch-romantische Beschreibung aller Städte, Burgen, Schlösser, Dörfer . . .« (1845).

B B. Opfermann, Gestalten des Eichsfeldes (1968, erw. 99); ders.: Geschichte des Heiligenstädter Jesuitenkollegs, 2 Bde. (1989-92); A. Günther (Hrsg.), Heiligenstädter Storm-Lesebuch, 1992; F. Schlingensiepen, Heinrich Heines Taufe in Heiligenstadt, 2000.
Z Mühlhausen, Nordhausen, Sondershausen (TH); Duderstadt, Göttingen (NI); Eschwege, Witzenhausen (HE).

HELGOLAND/SH

»Ich wandelte einsam am Strand in der Abenddämmerung. Ringsum herrschte feierliche Stille. Der hochgewölbte Himmel glich der Kuppel einer gotischen Kirche. Wie unzählige Lampen hingen darin die Sterne, aber sie brannten düster und zitternd. Wie eine Wasserorgel rauschten die Meereswellen, stürmische Choräle . . .« (Heinrich Heine, 1830)
»Irgendwo ins grüne Meer / Hat ein Gott mit leichtem Pinsel / Lächelnd, wie von ungefähr / Einen Fleck getupft: Die Insel« (James Krüss, 1988)
Museum Helgoland, Themenweg Kultur.

James Krüss (Ps. **Markus Polder, Felix Ritter**), * 31. 5. 1926 H., † 2. 8. 1997 Gran Canaria, Kinderbuchautor mit internationaler Reputation. Kindheit und Jugend auf der Insel, 1948-56 Herausgeber der

Die Insel Helgoland. Lithographie von Cornelius Suhr, um 1850

Zs. »Helgoland«, ab 1956 in München, ab 66 Gran Canaria. W.: Hanselmann hat große Pläne (1953); Der wohltemperierte Leierkasten (G. 1961); Timm Thaler (1962); Nele oder das Wunderkind (R. 1986); Naivität und Kunstverstand (Ess. 1969). – Ebenso liebenswert wie authentisch sind die Schilderungen Helgolands in seinem Jugendbuch »Mein Urgroßvater und ich« (1961) und in der gereimten »Historie der schönen Insel Helgoland« (1956, n. 1988) – Gedenkausstellung seit 2006, »Hummerbuden«-Museum seit 2007.

L Die erste sichere Nachricht über H., das nach einer Föhrer Sage vom Teufel aus Norwegen geholt wurde, stammt aus der von **Alkuin** um 800 verfassten Lebensbeschreibung des hl. Willibrord; dort wird die Insel »Fosites-Land« genannt. Im 11. Jh. erwähnt sie **Adam von** → **Bremen** in seiner Chronik als »Heiligland«. In den folgenden Jahrhunderten war H. in wechselndem, schließlich dänischem Besitz. Während der Kontinentalsperre wurde sie 1807 englisch und diente als Flucht- und Schmuggelinsel.
Der englische Gelehrte **Thomas Nugent** (→ Wismar/MV) beschrieb die Insel 1766; 1773 kam **Georg Christoph Lichtenberg** (→ Darmstadt/Ober-Ramstadt/HE), der H. in seinem Reisebericht vom 17. Juli des Jahres und in seinem grundlegenden Seebad-Aufsatz als »außerordentlich« pries. Schon 1810 schrieb **Heinrich von Kleist** (→ Frankfurt/BB) über die »mürbe, zwischen den Fingern zerreibliche

Substanz« des Insel-Sandsteins. Nach der See-
badgründung wurde H. rasch unter den Intel-
lektuellen beliebt, als literarische Propagandis-
ten galten damals **Heinrich Heine** (→ Düssel-
dorf/NW), der im Sommer 1829 H. besuchte,
und **Ludolf Wienbarg** (→ Hamburg, »Tage-
buch von Helgoland«, 1838, n. 1973). Hinzu
kamen **Fanny Lewald** und Ehemann **Adolf
Stahr** (→ Berlin), **Franz von Dingelstedt** (→
Marburg/Halsdorf/HE), **Julius Rodenberg**
(→ Stadthagen/Rodenberg/NI) u. a. **Hein-
rich Heine**: »Daß die Insel Helgoland unter
britischer Herrschaft steht, ist mir schon hin-
länglich fatal. Ich bilde mir manchmal ein,
ich röche jene Langeweile, welche Albions
Söhne überall ausdünsten.« Er schrieb hier
seine »Briefe aus Helgoland« (1830). Genaue-
res bei E. **Wallmann**, »Heinrich Heine auf Hel-
goland – Briefe, Berichte und Bilder«, 2002.
1830 kam **Adelbert von Chamisso** (→ Berlin);
1834, krank und depressiv, **Johann Peter
Eckermann** (→ Winsen/NI). Der Satiriker
Adolf Glaßbrenner (→ Berlin) kurte mit
Adele Peroni. – Auch **Goethe** (→ Frankfurt
a. M./HE) zeigte Interesse an der Insel und
ließ sich Fossilien schicken. Von **Georg Joa-
chim Schlachter** (1785-1860) erschien unter
dem Pseudonym **Georg Rittschlag** die reli-
giöse Kampfschrift »Das Asyl auf dem Felsen-
eiland« (Hrsg. E. Wallmann, n. 1999).
A. H. Hoffmann von Fallersleben (→ Wolfs-
burg/Fallersleben/NI), schon mehrmals Bade-
gast, floh 1841 vor der preuß. Obrigkeit nach
H. und »bezog eine kleine Wohnung in einem
kleinen Hause ... oben auf der Klippe bei Oel-
richs, es war eigentlich nur eine Schlafstelle«.
Hier schrieb er am 26. 8. 1841 sein »Lied der
Deutschen« und verkaufte es wenig später sei-
nem Verleger J. Campe. (C.: »Wenn es ein-
schlägt, so kann es ein Rheinlied werden«).
Eine Büste des Dichters steht an den Lan-
dungsbrücken am Südstrand (ein Heine-Ge-
denkstein aus rotem Granit davor wird als kri-
tische Ergänzung der um 1890 überschäumen-
den Nationalbegeisterung gesehen). 1848 kam
der Schriftsteller **Friedrich Oetker** (→ Kassel/
HE) als Flüchtling.
Friedrich Hebbel (→ Heide/Wesselburen/
SH) 1853 kritisch: »Denken Sie sich einen ko-

lossalen steinernen Würfel, notdürftig mit
Erde bedeckt, so daß Kartoffeln und Rüben
eben gedeihen, überall steil abschüssig, viel-
fach zerklüftet und zersägt, so haben Sie Hel-
goland vor sich.«
1893 ließ sich der schwed. Dramatiker und Er-
zähler **August Strindberg** auf der »Hochzeits-
insel« mit Frida Uhl trauen. Wie Frau St.
1936 in ihren Memoiren »Lieb, Leid und
Zeit« schreibt, wäre die Zeremonie fast zu
einer Farce entartet (Details in E. Wallmann,
»Strindbergs Hochzeit auf Helgoland«, 2000).
1895 kam **Christian Morgenstern** (→ Mün-
chen/BY) zu Besuch. **Rudolf Lindau** (→ Salz-
wedel/Gardelegen/ST) lebte die letzten sieben
Jahre in einem »Schweizerhäuschen« auf der
Insel, Grab ebd. **Franz Kafka** (→ Berlin) be-
suchte H. 1901. – Von **Gorch Fock** (→ Ham-
burg) stammt die E. »Helgoland« (1913),
Theodor Lessing (→ Hannover/NI) schrieb
kritisch über das Seebadleben der zwanziger
Jahre, 1934 kam **Ernst Jünger** (→ Saulgau/
Wilflingen/BW) auf die Insel. **Peter Martin
Lampel** (→ Hamburg) schrieb »Kampf um
Helgoland« (Dr. 1951), »Helgolandfahrer« (E.
1952). Nach dem 2. Weltkrieg britisch besetzt,
gelang die »friedliche Invasion« 1950/51 durch
zwei deutsche Studenten, von **René Leudes-
dorff** geschildert in »Wir befreiten Helgoland«
(1987). **Uwe Herms'** Insel-Studie »Der Fels in
der Brandung – Das wahre Helgoland« (in:
»Im Land zwischen den Meeren«, 1996). **Ar-
nold Stadlers** R. »Sehnsucht« (2002) erinnert
an eine Schulklassenfahrt nach H., von **Mar-
cus Jensen** die Jugenderkundung »Oberland«
(R. 2004).

B E. Lüth, Flucht nach Helgoland. H. Heine
und H. Hoffmann von Fallersleben (Nord-
friesland, Nr. 6/1967); M. Herms, Flaggen-
wechsel auf Helgoland, 2002; D. Meyer, Hel-
goland-Bibliographie, 1987.

HELMSTEDT/NI

»Die steigenden, stürzenden, gewundenen Gassen mit den zurück- und vorspringenden Fluchten ihrer Häuser möchten sich um die Kirchen und Kapellen zu den Märkten stolzer Gilden und Gewerke weiten ... aber immer ist nur die schattenhafte Andeutung prächtiger Städtebilder geworden.« (Jochen Klepper, 1937)

Universität (Academia Julia, 1574-1810; Universitätsmuseum): Besonders im 17. und 18. Jh. Mittelpunkt des wiss. Lebens und Modeuniversität für den nordd. Adel. Zu den schriftstellernden Studenten zählten u. a.: **Caspar Abel** (→ Stendal/ST), **Joachim Heinrich Campe** (→ Holzminden/Deensen/NI), **Otto von Guericke** (→ Magdeburg/ST) und **August Lafontaine** (→ Braunschweig/NI). Der Aufklärer **Christoph Friedrich Nicolai** (→ Berlin) wurde 1799 Ehrendoktor in H. – Professoren, die hier lehrten: Die Theologen **Johannes Caselius**, Melanchthon-Schüler (1533-1613), und **Lorenz von Mosheim**, Begründer der wiss. Kirchengesch. und Verfasser der »Heiligen Predigten« (1694-1755/Bötticherstraße 15); **Heinrich Meibom** (1555-1625), Prof. der Gesch. und der Poesie; der Historiker (»Historia Julia«) **Reiner Reineccius** aus → Steinheim (Bad Driburg/NW); **Hermann Conring**, einer der Väter der dt. Rechtswiss. (1608-81/Ziegenmarkt 7); **Giordano Bruno** (1548-1600), der die revolutionierenden Erkenntnisse des N. Kopernikus verbreitete; **Gottfried Christoph Beireis** (1730-1809/Bahnhofstraße 18), Arzt, Alchimist und Polyhistor, dem 1805 ein Besuch **Goethes** (→ Frankfurt a. M./HE, Übernachtung im Hotel »Erbprinz« nahe dem Markt, Gedenktafel am Marktplatz) galt: In seinen »Tag- und Jahresheften« bezeichnete der berühmte Gast das Prof.-Kollegium als »auf alle Weise bedeutend«. Gedenktafeln außerdem für: **Cornelius Martini**, Philologe (1592-1621/Heinrichsplatz 9); **Hermann von der Hardt**, Philologe (1690-1727/Bötticherstraße 51). – In seinem Tagebuch charakterisiert **Johann Hermann Stöver** den allmählichen Verfall der U. und beschreibt den Studententyp von H., 16 Jahre vor der Hochschulauflösung: »Einen kleinen Anstrich von bramarbasierender Burschikosität und dragonermäßiger Fidelität hat er zwar noch behalten, aber auch dieser verliert sich mehr und mehr.«

Die Blütezeit der U. ist Gegenstand der leicht elegischen Erinnerungen in **Wilhelm Raabes** (→ Holzminden/Eschershausen/NI) Erzählung »Die alte Universität« (1858). Noch heute kann man am einstigen Hauptgebäude, dem Juleum, einen »zarten Abglanz von Venedig und Florenz« entdecken, wie **Jochen Klepper** (→ Berlin) über »Die bunte Stadt im Schatten« schreibt. (»Nachspiel« 1960). Vom »Haus der Margarethe Friederich« vermerkte K., dass er darin »Katharina von Bora auf der Flucht wohnen lassen werde« – Der Roman blieb Fragment. (Hrsg. K. Pagel, 1951). – Im Juleum ehem. **Universitätsbibliothek** (40 000 Titel aus der Zeit von 1500-1800; Autographenslg.; Materialien zur Gesch. der Universität); in den Gewölberäumen Kreisheimatmuseum). Im nahen Bad Helmstedt ehemaliges Theater. **Enoch Gläser**, * 2. 3. 1628 Landeshut/Schlesien, † 12. 9. 1668 H., Jurist und Lyriker. Seit 1661 Prof. in H., Liederbuch »Schäffer-Belustigung« (1653), dazu Lobgedichte auf das Haus Braunschweig-Lüneburg.

Johann Carl Daniel Curio, * 3. 11. 1754 H., † 30. 1.1815 Hamburg, Grab Hamburg-Ohlsdorf. Pädagoge und Gelegenheitsdichter mit Beiträgen im »Wandsbecker Boten« (»Lob der Windbeutelei«, 1791).

Karl von Reinhard, * 20. 8. 1769 H., † 24.

5. 1840 Zossen, Verfasser von Idyllen, romantischen En. und Nn. 1795-1802 Hrsg. des Göttinger Musenalmanachs. Literaturgesch. interessant, weil er als einer der letzten dem Pegn. Blumenorden (→ Nürnberg/BY) angehörte und der letzte gekrönte Dichter war. **Eduard Schmelzkopf**, * 23. 6.1814 in Saalsdorf bei H., † 18. 5. 1896 Bevern. Vormärzliche Gedichte (»Immen«, 1846), Agitator in der 48er Revolution; S.s Reden festgehalten in Raabes E. »Gutmanns Reisen« (1891).

Otto von Heinemann, * 7. 3. 1824 H., † 6. 6. 1904 → Wolfenbüttel/NI. Debütierte mit einer hist. und topograph. Beschreibung: »Das Königreich Hannover und das Herzogtum Braunschweig« (1858, n. u. d. T. »Wanderungen durch Niedersachsen«, 1977); u. a. auch Exkurse über H., Schöningen und Königslutter. 1882-92 erschien in 3 Bdn. seine »Geschichte von Braunschweig und Hannover«. – »Aus vergangenen Tagen« (Erinn. 1902).

Heinrich Bauer, * 29. 3. 1896 H., † 24. 12. 1975 Berlin, Chefredakteur der Zs. »Der Aufbau«, Verfasser historischer Romane mit »nordisch«-antisemitischer Tendenz (»Geburt des Ostens«, 1932).

L Im April 1812 kam **A. Hoffmann von Fallersleben** (→ Wolfsburg/NI) auf das Pädagogium in H. (Wohnung Ecke Kybitzstraße/ Krumme Gasse, Gedenktafel); er berichtet darüber in »Mein Leben« (1868). – 1815 besuchte **Willibald Alexis** (→ Arnstadt/TH) als Kriegsfreiwilliger H. (»Eine Jugend in Preußen«, Erinn. 1837-46). – »Herbste in Helmstedt!« fordert **Werner Bergengruen** (→ Baden-Baden/BW) in seinem gleichnamigen Reisebericht aus »Badekur des Herzens« (1932). **Arno Schmidt** (→ Celle/Bargfeld/NI) schrieb 1954 die hist. E. »Der Zauberer von Helmstedt« (in: »Griechisches Feuer«, 1989). **Wolfgang Rischer** widmete Stadt und Region einige Gedichte (»Prospektblatt für das Helmstedter Land«) in »Zeitansage« (2000).

R Ein Abstecher nach **Schöningen** ist nicht nur wegen der romant.-got. Pfarrkirche, des Schlosses und der reizvollen Lage anzuraten. Sch. ist auch Schauplatz von **Wilhelm Raabes** Roman »Der Schüdderump« (1870). Am 25. 11. 1607 wurde hier **Andreas Heinrich Buchholtz** geb., der gelehrt-erbauliche Romane, »Wundergeschichten«, schrieb. B. starb am 20. 5. 1671 in → Braunschweig/NI. Ebenfalls aus Sch. stammt der Erbauungsschriftsteller (»Weisemunde«) **Konrad H. Viebing** (1630-1691). – **Königslutter** (»**Reinhold Schneiders** Königslutter«, notiert **Jochen Klepper** am 4. 9. 1937 in »Unter dem Schatten deiner Flügel«) wurde berühmt durch den 1135 von Kaiser Lothar gegründeten Dom; noch bevor der Bau vollendet war, fand der Kaiser 1137 hier sein Grab. Die seltene Friesdarstellung an der Apsis vom Jäger, der von den Hasen zu Tode gehetzt wird, korrespondiert mit dem lit. Motiv der »verkehrten Welt«.

Hans Pleschinskis Jugendinn. »Ostsucht. Eine Jugend im deutsch-deutschen Grenzland« (1993) schildern die Unannehmlichkeiten beim Passieren des DDR-Grenzübergangs **Helmstedt-Marienborn** (heute Museum und Gedenkstätte, ein weiteres Zonengrenzmuseum mit literarischen Zeugnissen in Helmstedt). »An allen Grenzen regiert der Stempel«, hatte schon **Heinrich Böll** (→ Köln/NW) bei einer Interzonenreise über H.-Marienborn nach Berlin geschrieben: »Nervosität macht sich bemerkbar: typische Grenzernervosität. Jeder, der sich einer Grenze nähert, hat ein schlechtes Gewissen.« (H. B., »Besuch auf einer Insel«, 1952). Ebenso **Georg Oswald Cott** in seiner »Transit«-Lyrik (Veröff. des Kreismuseums Helmstedt, Bd. 3/2000), **Wolfgang Rischers** »Rückfahrt über Marienborn« und »Magdeburger Warte« (in: »Zeitansage«, G. 2000) und **Jürgen Becker** im Gedicht »Reiseland« (in: »Journal der Wiederholungen«, 1999): »Der Junge am Fenster versteht nicht, was/die Erwachsenen sagen: Marienborn, damals die Zone –/Zwischen Zaunresten leeres Gelände ... Die Hand/ in der Herzgegend, der Griff nach dem Paß ...« **Jochen Laabs** dann nach der Grenzöffnung im Gedicht »Momentaufnahme Altes Grenzland« (1994): »Nun eskortieren uns nicht mehr/oberleitungsgeführte Wölfe/.../Kaum/noch hebt einer der Reisenden das Gesicht/vom Buch, vom Laptop, von der Zeitung/Nach Magdeburg kommt Braunschweig/und umgekehrt.« Dazu auch **Axel Hackes** Rep. »Marienborn« (in: »Deutschlandalbum«, 2004); siehe auch den Exkurs »Die innerdeutsche Grenze« in → Lüchow/NI.

B R. Volkmann, Academia Julia. Die Universität Helmstedt 1576-1810. Katalog zur EXPO 2000-Ausstellung, 2000.
Z Braunschweig, Fallersleben (NI); Halberstadt, Haldensleben (ST); Wolfenbüttel, Wolfsburg (NI).

HEPPENHEIM/HE

Volkskundemuseum Odenwald-Bergstraße-Ried. – Festspiele (jährl. im August).

Martin Buber (→ Frankfurt a. M./HE) hatte seit 1916 bis zu seiner Emigration 38 hier sein Domizil, Ziel vieler Rat- und Trostsuchenden. 1919 Tagung zur Erneuerung des Volksbildungswesens. Seit 1925 gemeinsam mit dem jüd. Philosophen und Theologen F. Rosenzweig (gest. 1929) Eindeutschung der hebr. Bibel; 1933 »Mittelstelle für jüd. Erwachsenenbildung«. – Wohnhaus Werléstraße 2 (heute Begegnungsstätte M.-B.-Haus/Gedenktafel). – Einige Werke von B.s Frau **Paula** (Ps. **Georg Munk**/1877-1958), wie »Die Gäste« (En. 1927), entstanden ebenfalls

in H., 1953 erschien »Muckensturm. Ein Jahr im Leben einer kleinen Stadt.«
Aus H.: der Fabel- und Fibeldichter **Anton Schmitt** (1801-1876), dessen Erfindung der Rohrpost ihm mehr Ruhm einbrachte als seine gereimten Bildunterschriften (»Aus dem Leben des Gewerbe- und Künstlerstandes«, 1853).

A **Ludwig Tieck** (→ Berlin) schrieb über seinen Besuch der Ruine **Starkenburg** 1803 die Erz. »Sommerreise«. – **Wilhelm Holzamer** (→ Bingen/Nieder-Olm/RP) lehrte 1893-1902 als Realschullehrer in H., ehe er 1901 Leiter der »Darmstädter Spiele« und großherzogl. Kabinettsbibliothekar wurde. (»Der Entgleiste«, aut. R. 1910); Wohnhaus Lorscher Straße 21. Hier wurde am 30.6.1901 sein Sohn **Hans Detlev H.** geb., der Heimatspiele für die damaligen »H.er Sommernächte« schrieb. Sein größter Erfolg die Komödie »Der Herr Borjemoaschder«; außerdem »De Hepprumer Kernberjer«. Er starb wahrsch. 1947 in russ. Gefangenschaft.

Bensheim

Bergsträsser Heimatmuseum. – Jüdisches Theater in Deutschland (seit 1986).

Der Heimatschriftsteller **Karl Henkelmann** (1858-1928) war seit 1899 Gymnasialprof. in B.: »Auf dem Frankenstein« (E. 1912). Grab auf dem Friedhof. – Geb. in B. der Heimatforscher und Mundartdichter **Josef Stoll** (1879-1956), Begründer der Vereinigung »Oald Bensem«. Geburtshaus Hauptstraße 27 (Gedenktafel); Gedenkstätte in der J.-St.-Passage; Grab auf dem Friedhof. – Eine Keramikfigur am J.-St.-Platz erinnert an die sprichwörtlich gewordene »Fraa vun Bensum«, die 1644 bei der Besetzung B.s durch die Franzosen die Bayern durch einen unterirdischen Gang in die Stadt geführt haben soll. **H. J. Ch. von Grimmelshausen** (→ Gelnhausen/HE) berichtet im »Springinsfeld« (1670) von der Affäre.

A Eingemeindet wurde 1939 das »noch schönere **Auerbach**, wobei ein altes Schloß auf einem hohen Berge« (**J. J. W. Heinse**/ Aschaffenburg/BY, 1796). »Von der Plattform des Turmes«, schreibt **Karl Julius Weber** (→ Langenburg/BW), »sieht man die ganze deutsche Lombardei zu Füßen …« (1826-28). **Kasimir Edschmid** (→ Darmstadt/HE) erinnerte sich, dass **Carl Hauptmann** (→ Berlin) »in einer sehr bedrängten Zeit … tief erschüttert auf die von der Sonne beglänzte Ebene des Rieds, die von zartem Silber eingehüllt war, hinunterschaute.« Im Frühjahr 1849 blieb während der Bad. Revolution **Joseph Victor von Scheffel** (→ Karlsruhe/BW) in A. bei den Konstitutionellen hängen und half sich »bei fleißigem Zeichnen und Maiweintrinken über die üble Lage hinweg«. Gedenktafel an der Terrasse des »Kurhotels Krone«, Darmstädter Straße. – Nahebei, ländlich-bürgerlich, das **Fürstenlager**, Sommerresidenz der Landgrafen von Hessen-Darmstadt. Bei der Eremitage spielt der Anfang von **Ernst Pasqués** (→ Darmstadt/Alsbach/HE) Liebesgeschichte »Es steht ein Baum im Odenwald« (1891/Gedenktafel an der Friedhofsmauer von A.). Erinnerungen an die Sommeridyllen im F. auch in **Helene Christallers** (→ Darmstadt/Jugenheim/HE) »Meine Mutter – ein erfülltes Leben«. Im Tal bei **Hochstädten** (Bensheim-H.) »Gesundbrunnen«, heute »Goethebrunnen«. – Seit 1904 lebte in B. der Mörike-Epigone **Karl Ernst Knodt** (1856-1917); unter den Besuchern **Hermann Hesse** (Calw/BW), **Agnes Miegel** (→ Rinteln/Bad Nenndorf/NI).

Lindenfels

A **Werner Bergengruen** war im Sommer 1925 hier und ließ sich zu seinem »Buch Rodenstein« (En. 1927) anregen. Nach dem 2. Weltkrieg siedelte sich der Dramatiker (»Achill unter den Weibern«, 1940) **Hans Jüngst** (1888-1975) hier an; Grab auf dem Friedhof.

Lorsch

Museumszentrum mit klostergeschichtl. und volkskundl. Slg.

Von dem 763 gegr. »Reichskloster« blieb nur die karoling. Torhalle (um 800 Scriptorium) und ein Teil der Vorkirche (Weihe der Basilika 774). Die berühmte Bibliothek (mit dem »L.er Codex Aureus« und dem »L.er Livius«) kam über die »Biblioteca Palatina« (→ Heidelberg/BW) 1622 nach Rom. Abt Sigehard von Schauenburg (1167-98) wird die Fassung C des **Nibelungenliedes** (heute Württ. LB Stuttgart) zugeschrieben: in L. Grabstätte Siegfrieds (»langer Sarg« in der Vorkirche) und Witwensitz von Kriemhilds Mutter Ute (Kloster»Hagen ze Lorse«; erhalten Bruch- oder Pferdehäuschen an der Alten Weschnitz). – Wandbilder im Nibelungensaal des Alten Rathauses.

Neckarsteinach

Maler. »Vierburgenstadt«: Hinter- (um 1150), Mittel- (gegen 1170), Vorderburg (um 1200). Schadeck (»Schwalbennest«, 13. Jh.).

Des Minnesängers **Bligger II. von Steinach** (urkundl. zwischen 1165 und 1209 belegt) Versnovellenslg. »Umbehanc« (Teppich, Vorhang) ist verloren. Bild und Texte in der Maness. Liederhs. (UB Heidelberg). Stammsitz die Hinterburg; Harfe im Stadtwappen von N., Restaurant »Zur Harfe«,

Neckarstraße 49. – Nibelungen-Garten in der Stadtmitte mit Sandsteinköpfen der 5 Helden des Nibelungenliedes. Ⓡ Zusätzl. Vademecum ... für die Bergstraße: Auf dem Friedhof von Zwingenberg das Grab von **Christian Wilhelm Stromberger** (1826-1900), geistl. Lyriker, Hrsg. und Biograph. – Bereits im Odenwald der **Felsberg**; die röm. Riesensäule im Felsenmeer versuchte 1814 **August von Kotzebue** (→ Weimar/TH) vergeblich als Völkerschlachtsdenkmal Nr. 1 nach Leipzig zu bringen. Im Herbst 1833 zeichnete der Straßburger Alexis Muston bei einer Wanderung nach Heidelberg seinen Freund **Georg Büchner** (→ Groß-Gerau/Goddelau/HE) auf einer Klippe im Felsenmeer. – In **Ober-Hambach** (Heppenheim-O.-H.) gründete 1910 **Paul Geheeb** (1870-1961) die Odenwaldschule (Schulgebäude nach Dichtern und Philosophen benannt); unter den Schülern **Eri**-

Neckarsteinach: Georg Büchner im Felsenmeer, Zeichnung von Alexis Muston, 1833

ka und **Klaus Mann** (→ München/BY, von letzterem »Kind dieser Zeit«, 1932), **Felix Hartlaub** (→ Bremen); unter den Gästen: **Rabindranath Tagore, Ellen Key, Martin Buber, Romain Rolland, Albert Schweitzer.** – In **Lampertheim** Gedächtniskapelle (Ostseite der Andreaskirche) für den am 15. 9. 1907 in L. geborenen und wegen »Hochverrats« 1945 in → Berlin-Plötzensee hingerichteten Jesuitenpater **Alfred Delp** (»Im Angesicht des Todes«, 1948). Im südhess. Ried spielt **Jochen Zilligs** Bauernroman »Gelegenheit macht Liebe« (1979).
... für die **Nibelungen-** und **Siegfriedstraße** in Hessen: In **Bensheim** kreuzt die Nibelungenstraße, von → Worms/RP kommend, die Bergstraße und führt (etwas eigensinnig) quer durch den Wald nach Osten: über **Lindenfels, Erbach, Michelstadt** in Hessen nach **Amorbach** (→ Miltenberg/BY, wo sie sich wieder mit der Siegfriedstraße vereinigt, die ab **Lorsch** eigene Wege im nibelung. Jagdrevier gegangen war. Hier eine Konkurrenz der Brunnen, wo »dâ der herre Sîfrit ... tranc« und Hagen »in durch das kriuze schôz«. Zunächst verweist **Heppenheim** auf seinen Brunnen »zu den zwei Linden«, eine alte Riedquelle südwestl der Stadt; dann wirbt der Ortsteil **Grasellenbach**, als »Nibelungendorf« abseits der Route (»Friedenssäule« für Siegfried, Kriemhild und Hagen hinter der Nibelungenhalle), mit Quelle und Kreuz auf dem Spessartskopf (»Spechtsharte« der Nibelungen), wo schon 1845 **Victor von Scheffel** »forschte« und hundert Jahre später **Horst Mönnich** seine Illusionen verlor (»Von Menschen und Städten«); im Ortsteil **Hammelbach** Plastik aus Lindenholz zur Erinnerung an Siegfried; schließlich **Hüttenthal** (Mossautal), an der Grenze zu **Ober-Hiltersklingen**, mit seinem schon 773 erwähnten Lindelbrunnen und der Stahlskulptur

»Hagen und Siegfried«. – A. Geiger, »Sagenhafter Odenwald. Ein Führer durch das Reich der Nibelungen zwischen Worms und Würzburg«, 2000.

... für den **Überwald**: Aus **Wald-Michelbach** stammt der Weltreisende (»Moderne Kreuzfahrt«, 1897) und Romanautor (»Michael Hely«, 1901) **Adam Karrillon** (1853-1938), Arzt in → Weinheim/BW (dort sein Grab); Gedenktafel am Geburtshaus A.-K.-Straße 7 (Nachlass LuHB Darmstadt). In einem Seitental der Lichtenklinger Hof, dessen Sagen **Georg Jungmann** sammelte.

... für die **hess. Neckarseite**: In der alten Touristen-Herberge »Zum Naturalisten« (an dessen Stelle heute Bürger- und Kurhaus) in **Hirschhorn** nahm **Mark Twain** Quartier (»Bummel durch Europa«). Unter den Besuchern des »Glücks im Neckarwinkel« fehlt auch sonst kaum ein illustrer → Heidelberg-Pilger, so 1926 **Theodor Heuss** (→ Lauffen/Brackenheim/BW). Lektüre: **Adolf Schmitthenner** (→ Heidelberg/Neckargemünd/BW), »Das deutsche Herz« (1908); **Heinrich Weis** (→ Freiburg i. Br./BW, »Gestalten der Kindheit«, 1947, n. 68).

Z Darmstadt, Erbach (HE); Mannheim, Weinheim (BW); Worms (RP).

HERFORD/NW

Aus Herford stammen: der Dominikanermönch **Heinrich von Herford** (um 1300-1370 → Minden/NW), der die Weltchronik »Liber de rebus memorabilibus« verfaßte; der Schauspieler und Dramatiker **Karl Ludwig Costenoble** (1769-1837), gestorben in Prag, der neben Lustspielen und Dramen auch Tagebuchaufzeichnungen (»Aus dem Burgtheater 1818-37«, 1889) hinterließ; **Henriette von Hohenhausen** (1781-1843), »Tante Ittchen« in den Briefen der A. v. Droste-Hülshoff (→ Münster/Roxel/NW), schrieb »Zeichnungen

aus dem Gemütsleben« (Nn. u. G. 1829). – Die »Versuche in Westphälischen Gedichten« (1751) des H.er Bürgermeisters **Florens Arnold Consbruch** (1729-1784) wurden von G. E. Lessing (→ Kamenz/SN) gelobt. – Bei seinem Jugendfreund, dem Arzt **Karl Hermann Schauenburg** (1819-76), Lyriker und Hrsg. des »Allgemeinen deutschen Kommersbuches«, verbrachte **Jacob Burckhardt** 1846 »glückselige Septembertage.«

Bieren (Rödinghausen-B.)

Hertha König, * 18. 11. 1884 Gut Böckel, † 12. 10. 1976 ebd., Lyrikerin (»Sonnenuhr«, 1910), Erzählerin (»Emilie Reinbek«, Lenau-R. 1913). »Rilkes Mutter«: im Sommer 1917 wohnte R. M. Rilke (→ München/BY) längere Zeit im Turm (heute »R.-Turm«) des Herrenhauses. Zu Gast dort auch M. Heidegger (→ Meßkirch/BW), Th. Heuss (→ Lauffen/Brackenheim/BW), M. Picard (→ Lörrach/Schopfheim/BW), O. von Taube (→ Starnberg/Gauting/BY) und viele andere. – Familiengrab Fuchsloch in Bieren. – H.-K.-Gesellschaft.

E Das einzige **Wittekind**-Denkmal steht in Herford, doch die eigentliche Stadt W.s (oder Widukinds) ist **Enger**. Dort in der ehem. Stiftskirche befindet sich das Grabmal des sagenumwobenen Sachsenherzogs, dessen Kampf gegen Karl d. Gr. und Bekehrung zum Christentum vielfach lit. Vorwurf war. – Sagen vom »König Weking« (u. a. in A. Kuhns »Sagen, Gebräuche und Märchen aus Westfalen«, 1859). Erste Nachrichten in Einhards Jahrbüchern. – 1893 von O. Weddigen und H. Hartmann »Das Buch vom Sachsenherzog Wittekind«. Von H. auch: »Wittekind« (Vaterländ. G. 1868), »Wanderungen durch das Wittekinds- oder Wiehengebirge« (1876) und »Auf der Wittekindsburg« (Altsächs. Erinn. 1895). Bekanntestes Epos der älteren Zeit: »Der große Wittekind« (1724) von Ch. H. Postel (1658-1705). Balladen und Gedichte schrieben u. a. A. von Platen, K. Simrock, F. Dahn. Neuere (teilweise Tendenz-)Romane von A. Werner (1930), W. Jansen (1932), E. Kiß (1935), F. Vater (1938), K. Pastenaci (1939). In ihrem Buch »Im alten Reich« (1927) setzte R. Huch der Wittekind-Stadt ein Denkmal, ebenso W. Vollmer in seinen »Westfälischen Städtebildern« (1963). – Widukind-Haus (Museum) in Enger und am 6. Januar, dem angebl. Todestag des Sachsenherzogs, »Timpkenfest«. W.-Stein bei Exter. – In Verbindung mit Überlieferung und Sage um W. Brauchtum um die Höfe der »Sattelmeier« (die stets ein gesatteltes Pferd bereithielten, um den Herzog zu begleiten) im Umkreis von Enger. Weitere W.-Stätten u. a. in → Lübbecke/NW, Minden/NW, Osnabrück/NI; W.-Weg im Wiehengebirge. – »Die Wittekindsage«, zusammengestellt und neu erzählt von K. Paetow (1960), mit topograph. Hinweisen sowie Bibliographie).

R Aus **Wallenbrück** (Spenge-W.) stammen die Altmeister der niederdt. Sprachforschung und Volkskunde **Hermann Jellinghaus** (1847-1924) und der Heimatforscher **Heinrich Specht** (→ Nordhorn/NI).

Z Bad Oeynhausen, Bielefeld, Halle i. W., Lemgo, Lübbecke (NW).

HERNE/NW

Stadtbücherei; Martin-Opitz-Bibliothek (früher Bücherei des deutschen Ostens, 150 000 Bde.). – Westfäl.Museum für Archäologie. – Flottmann-Hallen mit »Theater Kohlenpott«.

In **Leonhard Reiners** (1898-1958) aus Viersen, seit 1927 in H. lebend, hat die Stadt ihren Lokalhistoriker gefunden. – Der aus Matzdorf/Schlesien stammende Lyriker, Hrsg. und Übersetzer **Robert Grabski** (1912-90) gründete in H. 1955 »Das Boot« (»Blätter für Lyrik der Gegenwart«,1955-61, 1969 f.); er starb hier am 24. 12. 1990, Grab auf dem Hauptfriedhof. – Der aus Koblenz zugezogene Schauspieler **Jürgen von Manger** (1923-94) er-

fand den »Herrn Tegtmeier«: ein netter, bildungswilliger, aber ungebildeter, dummpfiffiger Durchschnittsbürger. M.s Tegtmeier-Monologe machten diese Figur volkstümlich und die Ruhrgebiets-Sprache allseits bekannt (»Bleibense Mensch«, 1966, 77).

Zu H. gehört seit 1975 das vormals selbständige **Wanne-Eickel**, jetzt zwei Stadtteile. Einen Teil seiner Kindheit und Jugend verbrachte der witzige Reimer, Conférencier und Schauspieler **Fred Endrikat** (→ München/BY) hier, von dem der Schauspieler **Heinz Rühmann** (1902-94) in seiner Aut. »Das war's!« zu berichten wußte. Populär wurde der Tango, den zuerst F. Hensch und die Cypris sangen: »Nichts ist so schön, wie der Mond von Wanne-Eickel«; Gegenstrophen: »Wen soll ich nach Rosen schicken« (G., Ball., Chansons, 1972) von **Hildegard Wohlgemut**, geb. in W.-E. – **Walter Vollmer** (→ Dortmund/NW): »Die goldene Stadt«, »Schornsteinwälder und Roggenfelder«, »Die Stadt der Zechen, Züge und Häfen« (bereits hist.-dokumentar. Essays über Herne, Castrop-Rauxel, Wanne-Eickel, in: »Westfälische Städtebilder«, 1963).

S H.er Förderpreis für satirische Literatur (seit 1998, 2-jährig); Tegtmeiers Erben – Wettbewerb für Bühnenoriginale (seit 1997). **Deutscher Krimi-Preis** (mit Bochumer Krimi-Archiv).

Castrop-Rauxel

Stadtbibliothek. – Westfälisches Landestheater. Studio.

Auf Gut Henrichenburg (C.-R.-H.) ist die später in → Münster/NW lebende Heimatschriftstellerin **Hedwig Kiesekamp** (Ps. **L. Rafael**/1844-1919) geboren: Gedichte, Erzählungen, Märchen (»Neuer

Märchenschatz«, 1876); Slg. UB Münster.
– In den Büchern von **Heinrich Haslinde**
(1876-1938) wird »die Stadt ganz unmittel-
bar und echt lebendig« (W. Vollmer);
Grab auf dem Kath. Friedhof, Wittener
Straße. – Der Malerdichter **Paul Heiling**
(→ Dortmund/NW) lebte 30 Jahre in
C.-R. und starb hier am 22. 1. 1961. – In
C.-R.-Habinghorst 1929 geboren der Er-
zähler **Josef Reding** (»Menschen im Ruhr-
gebiet«, Rep. 1974). Sein Bruder, der Gra-
phiker **Paul Reding**, schrieb in »Federn fal-
len leise« (1979) die »Geschichte einer Ju-
gend 1942-54«. Im Stadtteil Ickern spielt
der Roman von **Hans Dieter Baroth**,
»Streuselkuchen in Ickern« (1980). **Hans
Dieter Schwarze** (→ Münster/NW),
1968-73 Intendant des Landestheaters in
C.-P., widmete eine Reihe von Gedichten
der Stadt.

Z Bochum, Dortmund, Essen, Gelsenkir-
chen, Recklinghausen (NW).

HERSBRUCK/BY

Dt. Hirtenmuseum (6. Januar Hirtentag).

Nikolaus Selnecker, * 6. 12. 1530 H., † 22.
5. 1592 Leipzig. Schüler Ph. Melanch-
thons (→ Bretten/BW); verfasste ev. Kir-
chenlieder. – Geburtshaus Martin-Lu-
ther-Straße 13.

L Im Herbst 1949 recherchierte **Hans Wer-
ner Richter** (→ Usedom/Bansin/MV) im
Flüchtlingslager von H. für seinen R. »Sie fie-
len aus Gottes Hand« (1951), um »die Schick-
sale, die ich hier antraf, in einer Auswahl so
zu bündeln, daß sie ein menschliches Panora-
ma des Zweiten Weltkrieges ergaben«. – **Eck-
hard Henscheid**, »Hersbrucker Trilogie« (1993).

R In der Hersbrucker Alb Dorf und
Burg **Hohenstein** (Kirchensittenbach-H.):
Konrad Grübel (→ Nürnberg/BY) nutzte
seinen Aufenthalt (Mai 1790) in H. und

Artelshofen (Vorra-A./Sommer 1775) für
seine poet. Mundart-Briefe (Gasthof »Zur
Felsenburg« in H. Gedenktafel, Grübel-
Ecke). – Aus der in und um Nürnberg be-
kannten Familie »Pfinzing von **Henfen-
feld**« stammt **Melchior Pfinzing** (1481-
1535), Redakteur und Hrsg. des (von **Kai-
ser Maximilian I.** mitverfassten) »Teuer-
dank« (1517); **Paul Pfinzing** (1544-99),
Verfasser des für die fränk. Kulturgesch.
wichtigen sog. »Pfinzing-Atlas«. Aus H.
stammt auch der geistl. Liederdichter
Johann Heinrich Witschel (1769-1847).

Z Altdorf, Amberg, Nürnberg (BY).

HERZBERG/BB

Johann Clajus (eig. **Johannes Klaj**), * 24.
6. 1535 H., † 11. 4. 1592 Bendeleben (→
Bad Frankenhausen/TH), Philologe. Er-
hielt 1550 eine Freistelle der sächs. Fürsten-
schule Grimma. 1558-60 Lehrer in H. Ver-
dienste um eine eigenständige dt. Gram-
matik (»Grammatica germanicae linguae«,
1578).

Louise von François (→ Weißenfels/ST)
kam 1817 eher zufällig in H. zur Welt,
da ihr Vater, ein preuß. Major, dorthin ver-
setzt wurde. Nach dessen Tod im Jahr dar-
auf kehrte die Mutter mit den Kindern
nach Weißenfels zurück.

A **Martin Luther** (→ Eisleben/ST)
nahm an Kirchen- und Schulvisitationen
in H. 1522 und 1533 teil. – **Philipp Me-
lanchthon** (→ Bretten/BW) entwickelte
1538 für die H.er Lateinschule (heute
M.-Gymnasium) eine Schulordnung. Bil-
der von beiden in der Stadtkirche, Büste
von M. mit Luther-Rose am Schulge-
bäude.

L »Die Geschichte der Stadt H.« (1901)
schrieb **Karl Franz Pallas** (1860-1933), seit
1887 Archidiakon in H.

R In **Falkenberg an der Elster** verbrachte der Bearbeiter des »Lalebuches« (1597) **Johann Friedrich von Schönberg** (→ Torgau/Schildau/SN) sein letztes Lebensjahr. Gedenktafel in der Von-Schönberg-Gasse.

Bad Liebenwerda

Kreismuseum.

H. Clauren (eig. **Carl Gottlieb Samuel Heun**), * 20. 3. 1771 Dobrilugk (heute Doberlug-Kirchhain) bei L., † 2. 8. 1854 Berlin, Unterhaltungsschriftsteller (»Das Dijon-Röschen«, 1822). Wurde von W. Hauff (→ Stuttgart/BW) in dem Roman »Der Mann im Mond« (1825) parodiert. **Ernst Theodor Echtermeyer**, * 12. 8. 1805 L., † 6. 5. 1844 Dresden, Literarhistoriker. Gab zus. mit A. Ruge (→ Rügen/MV) die gegen die Romantik gerichteten »Hallischen Jahrbücher für deutsche Wissenschaft und Kunst« (1838-41) und den »Deutschen Musenalmanach« (1840/41) heraus. Seine »Auswahl deutscher Gedichte für gelehrte Schulen« (1836, zuletzt 1990) ist die am weitesten verbreitete Anthologie ihrer Art.
A M. **Luther** traf sich 1519 in L. mit dem päpstl. Nuntius Miltitz; 44 predigte er in L. und setzte den 1. ev. Superintendenten Martin Gilbert ein. L.-Büste vor der Nikolauskirche.
R Aus **Gorden** stammt der Kulturhistoriker **Ludwig Salomon** (1844-1911), Verf. der ersten umfängl. »Geschichte des deutschen Zeitungswesens« (3 Bde., 1900-06). – **Walther von der Vogelweide** (→ Würzburg/BY) erwähnt das 1165 gegründete Kloster **Doberlug-Kirchhain**, wichtigster Kolonisationsort der Niederlausitz, in dem Gedicht »Winterqualen«. – Die kleine Niederlausitzer Tuchmacherstadt **Finsterwalde** wurde zu Beginn des 20. Jh.s durch das Couplet aus der gleichnamigen Posse »Die Sänger von Finsterwalde« (1899) des Berliners Wilhelm **Wolff** bekannt. **Günter Eich** (→ Seelow/Lebus/BB) verbrachte einen Teil seiner Kindheit in F., bevor er mit seiner Familie nach Berlin zog.

Z Lübben, Lübbenau, Luckenwalde (BB); Wittenberg (ST); Torgau (SN).

HETTSTEDT/ST

Mansfeld-Museum. – Nachdem der »locus Heiczstete« 1046 erstmals erwähnt wurde, entdeckten – der Sage nach – zwei Goslarer Bergknappen um 1199 auf dem nahen Kupferberg das erste Kupferschieferflöz.

Andreas Hoppenrodt, * 1524, † 19. 6. 1584 H., Verf. geistl. Schauspiele. Seit 1570 Pfarrer in H. – W.: Wider den Huren Teuffel ... (1558), Das Gulden Kalb ... (1563).
Gottfried August Bürger, * 31. 12. 1747 Molmerswende bei H., † 8. 6. 1794 → Göttingen/NI, Lyriker und Balladendichter. – W.: Lenore (Ball. 1773); Wunderbare Reise zu Wasser und zu Lande, Feldzüge und lustige Abenteuer des Freiherrn von Münchhausen (Rückübers. und Bearb. von R. E. Raspes, Londoner Ausg. 1786). Sämtl. Werke (Hrsg. W. von Wurzbach, 1904; Hrsg. G. und H. Häntzschel, 1987). – Molmerswende gehört schon in den Harz. Der heutige Besucher wird es deshalb eher von der Burg Falkenstein aus erreichen als vom fast 20 km entfernten H.: »Ich rühme mir / Mein Dörfchen hier! / Denn schönre Auen, / als rings umher / Die Blicke schauen, / Blühn nirgends mehr« (1771). Der Vater war dort seit 41 Pfarrer. G.-A.-B.-Gedenkstätte seit 1969 im Pfarrhaus, davor B.-Büste (1973).
Novalis (eig. **Friedrich von Hardenberg**),

Hettstedt: Gottfried August Bürgers Geburtshaus in dem kleinen Harzdorf Molmerswende

* 2. 5. 1772 Schloss Oberwiederstedt (heute Wiederstedt bei H.), † 25. 3. 1801 → Weißenfels/ST, Lyriker, Erzähler, Essayist und Philosoph der Romantik. Entstammt einer Linie der Hardenbergs. Wuchs in Oberwiederstedt auf, bis die Familie nach Weißenfels zog. Rechtsstudium in → Jena/TH, → Leipzig/SN und → Wittenberg/ST, dann Bergwerkskunde in → Freiberg/SN. – W.: Hymnen an die Nacht (G. 1797/99); Die Christenheit oder Europa (E. 1799); Heinrich von Ofterdingen (R. 1800). Sämtl. Werke, Tagebücher und Briefe (Hrsg. H.-J. Mähl und R. Samuel, 1978). – Romane über N. von **Gisela Kraft**: »Prolog zu Novalis« (1990), »Madonnensuite. Romantiker-Roman« (1998), »Planet Novalis« (2006).

R **Wiederstedt** liegt nördl. von H. an der Wipper. Auf Initiative der Dorfbewohner entstand 1989 im teilabgebrochenen und sanierungsbedürftigen Schloss, dem Geburtshaus von **Novalis**, eine N.-Gedenkstätte, Schäfergasse 6, die nach 90 insgesamt und um eine Forschungsstätte für Frühromantik erweitert wurde; seit 92 Internat. Novalis-Gesellschaft e. V. Von der anlässlich von N.s Geburt vom pietistisch-frommen Vater Ulrich Erasmus von Hardenberg gepflanzten Lindenallee haben

sich einige Bäume erhalten. – Aus **Quenstedt**, einem Dorf an der Straße nach Aschersleben, stammt der weit herumgekommene neulat. Dichter **Salomon Cruselius** (um 1570-nach 1637), der hochgelobte Reise-Gedichte verfasste, darunter den ersten »Türkenfahrtbericht«. – Östl. von H. **Welfesholz**, wo 1115 die Truppen Heinrichs V. den Sachsen unterlagen. Ballade von **Theodor Körner** (→ Dresden/SN): »Graf Hoyer von Mansfeld oder die Schlacht am Welfesholze«.

Südl. davon **Helmsdorf** (Ortsteil von Heiligenthal), wo **Friedrich Gottlieb Klopstocks** (→ Quedlinburg/ST) Schwester Marie Sophie 1758-68 als Pfarrfrau lebte. Gedenktafel im Schlosspark. – Gottlieb Heinrich Klopstock war 1732-36 Pächter des Amtsgutes **Friedeburg**, das er zu einem ertragreichen Unternehmen entwickeln wollte, dabei jedoch sein Vermögen einbüßte. Sein Sohn **F. G. Klopstock** verbrachte dort unbeschwerte Kinderjahre und erfuhr die erste schulische Ausbildung. Grab des Vaters und die mehrerer Geschwister auf dem Dorffriedhof. – Im August 1788 besuchte **Wilhelm von Humboldt** (→ Berlin) Caroline von Dacheröden auf ihrem väterlichen Gut **Großörner**, zwischen H. und Mansfeld. Schon der erste Brief (1. 9. aus Göttingen), den H. ihr danach schrieb, zeigt an, wie »so unendlich glücklich« er dort war. Im Januar 1789 lernte H. bei einem zweiten Besuch in G. **Caroline von Wolzogen** (→ Rudolstadt/TH) kennen.

Z Aschersleben, Bernburg, Eisleben, Halle (ST).

HILDBURGHAUSEN/TH

Stadtmuseum in der »Alten Post«, von wo aus J. Meyers »Conversations-Lexikon« in alle Welt ging. – Im Herbst Theresienfest, das an die Hochzeit (1810) der H.er Prinzessin mit dem Bayernprinzen Ludwig erinnert, auf die auch das Münchner Oktoberfest zurückgeht. – 1680-1825 Residenz der Herzöge von Sachsen-H.

Friedrich Sickler, * 3. 11. 1773 Gräfentonna bei Gotha, † 8. 8. 1836 H., wiss. Schriftsteller. Hauslehrer bei W. von Humboldt (→ Berlin) in Rom. Wurde berühmt mit dem »Plan topographique de la Campagne de Rome« (1811). 1812 Rektor (»Sphinx von H.«) des H.er Gymnasiums. – Grab auf dem Städt. Friedhof, Schleusinger Straße.

Carl Ludwig Nonne, * 6. 12. 1785 H., † 17. 7. 1853 ebd., Publizist. Begründete als Schulrat den Ruf H.s als »Stadt der Schulen«. 1818 Gründer der überregional beachteten »Dorfzeitung« (»Wahrheit bei aller Vorsicht«). – Wohnung: Bürgerschule Obere Marktstraße 46 (Gedenktafel); Grab auf dem Städt. Friedhof, Schleusinger Straße.

Joseph Meyer, * 9. 5. 1796 → Gotha/TH, † 27. 6. 1856 H., Verleger und Publizist. Kam 1828 mit dem »Bibliographischen Institut« nach H. Sein Markenzeichen wurde das »Große Conversations-Lexikon für die gebildeten Stände« (52 Bde., 1839-55). M.s Klassiker-Ausgaben machten die Dichter populär und ihre Werke Deutschlehrern leicht zugänglich. 1874 Verlegung des Verlags nach Leipzig. – Wohnung und Verlag: Brunnquellsches Haus Obere Marktstraße/Ecke Knappengasse (Gedenktafel); Grab mit Bronzerelief (1882) auf dem Städt. Friedhof. – Im Stadtmuseum, Apothekergasse 11, Ausstellung »J. M. und das B. I.«; dort Slg. aller 1828-74 erschienenen Bücher.

Lexikon-Mitarbeiter: **Friedrich Hofmann** (→ Coburg/BY/1841-58). Wohnung: Am Schulersberg (Gedenktafel), **Ludwig Köhler** (→ Meiningen/TH), 1844 bis zu seinem Tod 62 in H.

Gerhard Steiner, * 27. 5. 1905 H., † 11. 11. 1995 Berlin, Lit.-Wissenschaftler. Seit 1950 in Berlin, wo sein wiss.-lit. (»Jakobinerschauspiel und Jakobinertheater«, 1972) und volksbildnerisch-editorisches Werk (»Lesebücher für unsere Zeit«) entstand.

Ⓐ Goethe (→ Frankfurt a. M./HE) führte 1782 als Minister am unter Zwangsverwaltung stehenden H.er Hof Verhandlungen. Wohnung: Markt 3 (Gedenktafel). – 1785 kam Charlotte von Mecklenburg-Strelitz (1769-1818), Schwester Königin Luises (Denkmal im Schlossgarten, 1815), als Gemahlin des letzten H.er Herzogs nach H. und entfaltete ein reges Kulturleben. Von den Dichtern hatte es ihr **Jean Paul** (→ Wunsiedel/BY) angetan, der im Mai 99 ihr Gast war und sich gleich in ihre Hofdame Karoline von Feuchtersleben verliebte. – **Friedrich Rückert** (→ Schweinfurt/BY), dessen Großvater in H. Inspektor des Waisenhauses war, hielt sich oft bei Verwandten auf. Wohnung: Schleusinger Straße 17 (Gedenktafel). – Seit 1830 lebte der aus Eisfeld stammende Goldschmied **Carl Barth** (1787-1853), Rückerts »lieber Freund und Kupferstecher«, in H. B.s Erzählung »Federzeichnungen nach dem Leben von einem alten Kunstjünger« (1840) schildert das biedermeierliche H. – **Gustav Falke** (→ Lübeck/SH), 1872 Lehrling in der Kesselringschen Buchhandlung am Markt (Gedenktafel), zeichnete in »Die Stadt mit den goldenen Türmen« (R.1912) ein idyllisches Bild.

»Die Dunkelgräfin«. Jede Stadt braucht ein Geheimnis. In H. ist es das Mysterium um eine Madame Royale, hinter der Marie Thèrèse Charlotte, eine Tochter Ludwigs XVI., vermutet wird. An der Seite eines geheimnisvollen Begleiters, Leonardo Cornelius van der Valck, lebte sie von 1807 bis zu ihrem Tod 1837 in H. und im nahen Eishausen. Grab auf dem Schulersberg. Romane über das in Zurückgezogenheit und Anonymität lebende Paar u. a. von L. Bechstein, »Der Dunkelgraf« (1854) und A. E. Brachvogel, »Das Rätsel von Hildburghausen« (1871), K. Kluge, »Nocturno« (1939).

S Margarete-Braungart-Preis für Kunst und Literatur der Stadt H. seit 1999.

R Im südl. von H. gelegenen **Bedheim** heiratete 1788 Charlotte von Wolzogen (→ Meiningen/Bauerbach/TH) den Gutsherrn A. F. F. von Lilienstern. Schloss erhalten; Grabstein für sie und ihre Mutter Henriette von Wolzogen in der Kirche. – In dem östl. von H. liegenden **Hessberg** lebte der Mundartdichter **Arthur Schmid** (1898-1942), dessen Texte ungewöhnl. krit. sind (»M'r wörcht sich Tag fer Tag ganz ah – un doch kömmt net viel raus!«) und der nach Gestapohaft starb.

Bad Colberg-Heldburg

1606-15 war **Johann Gerhard** (→ Quedlinburg/ST) Superintendent in H. Im »Französischen Bau« der Veste H. (»Fränkische Leuchte«) lebte Ende des 19. Jh.s **Georg II.** (→ Meiningen/TH).

Friedrich Konrad Müller von der Werra (eig. **F. K. Müller**), * 14. 11. 1823 Ummerstadt bei C., † 26. 4. 1881 Leipzig, Lyriker und Erzähler. Hrsg. des »Reichskommersbuches« (1875). – W.: Schwert und Schild. Vaterlandslieder (1860); Thüringen. Reisehandbuch (1861); Deutscher Liederhort (1869). – Grab auf dem Johannisfriedhof in Leipzig.

R In **Haubinda**, Ortsteil von Westhau-

sen, eröffnete **Hermann Lietz** (1868-1919,/ »Lebenserinnerungen«, 1920) unter Mitarbeit von **Paul Geheeb** (→ Bad Salzungen/Geisa/TH) 1901 ein Landerziehungsheim (»Gegen ein Zeitalter ohne ethische Werte«). 1904-06 war **Walter Benjamin** (→ Berlin) Schüler in H. (»Die Landschaft von Haubinda«, Fragm. 1913, Marbacher Ausstellungskat., 1991). Schüler in H. auch: **Bruno Frank** (→ Stuttgart/BW) und **Wilhelm Speyer** (→ Berlin/»Der Kampf der Tertia«, E. 1928, Forts. »Die goldene Horde«, 1930). – Aus **Gompertshausen** kommt **Johannes Hauck** (1806-80), der in seinen Mundartgedichten soziale Fragen anspricht (»Der mürrische Bauer«, 1848) und die Auswanderung nach Amerika thematisiert (»'s zieht ölles uf Amerika!«).

Eisfeld

Museum »Otto Ludwig« im Schloss. – Aus E. stammt der Reformationsdrucker **Georg Rhaw** (1488-1548). **Justus Jonas** (→ Nordhausen/TH) war von 1553 bis zu seinem Tod 55 Superintendent in E. Gedenktafel an der Gottesackerkirche; Grab auf dem Alten Friedhof.

Otto Ludwig, * 12. 2. 1813 E., † 25. 2. 1865 → Dresden/SN, Erzähler und Dramatiker. Musikstudium bei F. Mendelssohn-Bartholdy in Leipzig. Die naturalist. geprägte Tragödie »Der Erbförster« (1850)

Eisfeld: Otto Ludwigs Gartenhaus mit Denkmal

hielt sich lange in den Spielplänen. Auch L.s Erzählungen fanden ihr Publikum. Dach und Turm der Stadtkirche von E. gaben ihm die Anregung für »Zwischen Himmel und Erde« (R. 1856). »Die Heiterethei und ihr Widerspiel« (E. 1857) hat Schauplätze rund um den Schlossberg und in der Stadt. – L.-Denkmal (1891) auf dem Schlossplatz; Gedenkstätte Gartenhaus, Unterm Heinig, davor Bronzeplastik (1934). – Nachlass im Museum.

Römhild

Museum Schloss Glücksburg; Steinsburgmuseum auf dem Kleinen Gleichberg. – Aus R. stammt der Mainzer Erzbischof **Berthold von Henneberg** (1442-1504), der als erster dt. Fürstensohn eine Universität besuchte und Kirchenreformen anmahnte, aber auch 1486 die Bücherzensur einführte.

Hans Hut, * um 1490 Haina bei R., † 6. 12. 1527 Augsburg, Wiedertäufer und Prediger um Th. Müntzer (→ Sangerhausen/ Stolberg/ST). Nur wenige seiner Texte sind überliefert. – H. Gerlach, »Der Pfahl« (Stück, 1983).
Lucas Mai, * 14. 10. 1522 R., † 1579 Kassel, nachreformatorischer Dramatiker (»Schöne und neue Comedie von der wunderbaren Vereinigung göttlicher Gerechtigkeit und Barmherzigkeit . . .«, 1562).
Jacob Rosefeldt, * 1575 Scherneck bei Coburg, † 9. 11. 1634 R., neulat. Dramatiker (»Carabonna«, 1600) und Lyriker. Pfarrer in Milz bei R.
Johann Peter Uz (→ Ansbach/BY) lebte 1752/53 als Sekretär einer kaiserl. Exekutionskommission in R. (»Ich denke mit Vergnügen und mit Zärtlichkeit an Römhild«), wo er glaubte, sein Arkadien gefunden zu haben. – Gedenktafel am Grötznerschen Haus. – H. Gerlach, »Abschied von Arkadien« (N. 1988).
Harald Gerlach, * 7. 3. 1940 Bunzlau/Nie-

derschlesien, † 19. 6. 2001 Leimen bei Heidelberg, Lyriker, Erzähler, Dramatiker und Essayist. Kam 1945 als Vertriebener nach Haina bei R. und wuchs 1948-58 in R. auf. Im Schloss der Jugendwerkhof, Dreh- und Angelpunkt von G.s Erzählung »Graupenhaus« (1974). 1960/61 Journalistik-Studium in Leipzig, dann im Westen. 1962 Rückkehr nach R., dann in → Erfurt/TH und → Rudolstadt/TH. – W.: Sprung ins Hafermeer (G. 1973); Vermutungen um einen Landstreicher (En. 1978); Spiele. Theaterstücke (1983); Windstimmen (R. 1997). – Grab auf dem Friedhof, Nachrufe: »Letzte Ausfahrt: Römhild« (Hrsg. B. Olbrich, 2002).

R **Großer** und **Kleiner Gleichberg** beherrschen das Henneberger Land. Beide gelten als Wetterpropheten. Mauerreste, die der Sage nach der Teufel gesetzt hat: Über sie **J. P. Uz**: »Der Steinsburg kahle Glatze strecket/sich in des Donners Aufenthalt./ihre breiten Schultern decket/ Furcht, schwarze Finsternis und Wald.« Im Frühjahr 1794 wanderte **Friedrich Hölderlin** (→ Lauffen/BW) durch den Milzgrund dorthin. Gedichte von **Walter Werner** (→ Meiningen/TH), »Hölderlin auf dem Gleichberg« (1974), und **Gerlach**, »Hölderlins Ätna« (1994).

Schleusingen

Naturhistorisches Museum Schloss Bertholdsburg. – 1274-1583 Residenz der Henneberger Grafen. Das Sch.er Gymnasium war lange Zeit das geistige Zentrum Südthüringens. Unter den Schülern: **Andreas Reyher** (→ Suhl/ TH), **Georg Neumark** (→ Bad Langensalza/ TH) sowie die aus Sch. stammenden Kirchenlieddichter **Sebastian Franck** (1606-68), **Michael Franck** (1609-67) und **Peter Franck** (1616-75); Ges. und ausgew. Werke der Sch.er Dichterbrüder (Hrsg. H. Cornelius 1914-15). **Christian Juncker** (1668-1714) verfasste das Geschichtswerk »Ehre der gefürsteten Grafschaft Henneberg«, das aber nicht gedruckt werden durfte. J. beschreibt im Kap. »Das Allersonderbarste auf dem Thüringer Wald« als einer der Ersten den Rennsteig. Auch **Wilhelm Heinse** (→ Ilmenau/Langewiesen/TH) war kurz Sch.er Gymnasiast.

Themar

Johann Michael Dilherr, * 14. 10. 1604 T., † 8. 4. 1669 Nürnberg, Liederdichter (»Gehab dich wohl, du schöne Welt«) und Verf. von Erbauungsbüchern.
Eduard Gottlieb Amthor, * 17. 7. 1820 T., † 3. 7. 1884 → Gera/TH, Reiseschriftsteller und Übersetzer aus dem Arab. und Pers. (»Klänge aus dem Osten«, 1841). Bekanntschaft mit F. Rückert. 1847-54 in Hildburghausen (wo er die »Amthorsche Kaufmanns- und Fabrikantenschule« eröffnete).
Margarete Braungart, * 27. 3. 1947 Grimmelshausen bei Th., † 10. 11. 1998 Hildburghausen. Erzählerin (»Grüß Gott – wenn d'n siehst!«, 1993) und Verf. unterhaltsamer volkskundl. Bücher. – Grab auf dem Friedhof ihres Heimatortes.
R Das Geschlecht der Herren von **Grimmelshausen**, das dem Ort den Namen gegeben hat, ist seit 1177 bezeugt. Im Heimatmuseum Ausstellung über den berühmten Spross des Geschlechts, **Hans Jakob Christoffel von Grimmelshausen** (→ Gelnhausen/HE), der nie am Ort seiner Ahnen war. H. Gerlach, »nachricht aus grimmelshausen« (G.-Bd. 1984). – Im **Kloster Veßra** wurden »Annalen« geschrieben. Heute Hennebergisches Museum für regionale Geschichte und Volkskunde. **Uwe Grüning**, »Kloster Veßra« (G. 1977). – Vom Werraort Vachdorf führt die Straße nach **Dillstädt**. Dort spielt **Friedrich Gerstäckers** (→ Hamburg) Erzählung »Germelshausen«, in der ein Maler in ein untergegangenes Dorf gerät, das »alle hun-

dert Jahre an einem bestimmten Tage wieder ans Licht gehoben wird«.

B G. Steiner, Geschichte des Theaters zu Hildburghausen, 1990; H. Rühle von Lilienstern, Dunkelgraf und Dunkelgräfin im Spiegel von Zeugen und Mitwissern, 1997.
Z Ilmenau, Meiningen, Sonneberg, Suhl (TH); Coburg, Ebern, Mellrichstadt (BY).

HILDEN/NW

In H. lebte und starb (Grab auf dem Hauptfriedhof, Kirchhofstraße) der in → Saarbrücken/SL geb. Arbeiterdichter **Mathias Ludwig Schröder** (1904-50). Seine bekannteste Erzählung ist »Das Beichtrohr« (1941); »Das Mädchen auf der Brücke« (R. 1951) spielt auf einer Brücke zwischen Solingen und Remscheid. – Kindheit und Jugend verbrachte **Manfred Franke** (→ Haan/Solingen/NW) in H.; sein dokumentar. Roman »Mordverläufe 9./ 10. XI. 1938« (1973) schildert die Ereignisse der sog. »Kristallnacht« in H.
Auf der anderen Rheinseite, in **Dormagen-Zons** Freilichttheater in Schloss Friedestrom. Die Stadt D. verleiht seit 1979 den Literaturpreis »**Dormagener Federkiel**«.

Z Düsseldorf, Köln, Neuss, Solingen, Wuppertal (NW).

HILDESHEIM/NI

»Noch heute, wenn ich den Bahnhof verlasse, um die Stadt zu betreten, ist das Unterbewußtsein auf eine tausendjährige Herrlichkeit gefaßt, und jedesmal befällt mich derselbe peitschende Schreck... Wer die Augen schließt, kann die seiende Stadt noch einmal beschwören, sie scheint aufgehoben zu sein für immer wie ein Sternbild am Nachthimmel des Gedenkens...« (Hans Egon Holthusen, 1959)
Universität. – Roemer- und Pelizaeus-Muse-

Hildesheim: Marktplatz mit wiederaufgebautem Knochenhaueramtshaus (links)

um. – Stadttheater (Großes Haus, Studio-Bühne). – In H. geboren: Eduard Pestel (1914-1988), Mitglied im Club of Rome (Jugenderinn.: »Uns fehlte der geistige Kompaß«, 1984).

August Friedrich Siegfried von Goué, * 2. 8. 1742 H., † 26. 2. 1789 Burgsteinfurt. Lyriker, Philosoph, bekannt durch seine gemeinsame Zeit mit Goethe (→ Frankfurt a. M./HE) in Wetzlar, der ihn in »Dichtung und Wahrheit« als Ritter der Tafelrunde beschrieb. – W.: Der Einsiedler (Dr. 1771); Masuren oder der junge Werther (1775).

Friedrich Konrad Hornemann, * Oktober 1772 H., † Februar 1801 Bokani/Nigeria. Sein Reisetagebuch »… von Kairo nach Mursuk« (1802) »gehört zu den frühesten Denkmälern dieser Art und läßt sich, erstaunlich einfach, schlicht und sachlich, nur mit der klass. Prosa von Forsters Reisebüchern vergleichen« (J. Nadler). Als lit. Gestalt findet sich H. bei den H.er Autoren Heinrich Kese, Fritz Hirschner und Erich Heinemann (»Ritt durch die Wüste«, 1964).

August Ernst Freiherr von Steigentesch, * 12. 1 1774 H., † 30. 12. 1826 Wien. Neben A. von Kotzebue (→ Mannheim/BW) erfolgreichster Bühnenautor seiner Zeit. General und österreichischer Gesandter. – W.: Gedichte (1799); Lustspiele (1813).

Karl Seifart, * 24. 11. 1821 H., † 28. 3. 1885 Lüneburg, Verf. regional geprägter En. Besuchte das Andreanum in H. und gründete die Zs. »Der Kurier«. – W.: Sagen, Märchen, Schwänke und Gebräuche aus Stadt und Stift H. (1860); Blätter und Blüten vom 1000jährigen Rosenstock zu H. (1867).

Börries Freiherr von Münchhausen, * 20. 3. 1874 H., † 16. 3. 1945 Windischleuba bei Altenburg/SN. Bedeutender dt. Balladendichter des 20. Jh.s, Erzähler und Lyriker neuromantischer Lieder, die die Jugendbewegung begeistert aufnahm. Entstammt dem Geschlecht des »Lügenbarons« (→ Holzminden/Bodenwerder/NI). 1897, 1901, 05 und 23 Hrsg. des »Göttinger Musenalmanachs«. 1945 Freitod aus pol. Gründen. – W.: Gedichte (1897); Das Balladenbuch (1924); Idyllen und Lieder (1928); Das dichterische Werk (1950 ff.). – Nachlass UB Jena, Slg. StB Hannover.

Ilona Bodden, * 8. 2. 1940 H., † (Freitod) 17. 4. 1985 Hamburg, Lyrikerin, Jugendbücher. – W.: Pappeln schwarze Federn aus Nacht (G., 1960); Erinnerungen an einen Obelisken (G., 1974).

A 1451 besuchte **Nikolaus von Kues** (→ Wittlich/Bernkastel-Kues/RP) H. und trug zur Einführung der dt. Sprache im kirchl. Bereich bei; er ließ in den Kirchen Tafeln aufhängen u. a. mit dem Vaterunser (eine der Tafeln im Roemer- und Pelizaeus-Museum). – **Justus Georg Schottelius** (→ Einbeck/NI) wurde nacheinander Handwerker, Kaufmann und Student in H. – **Friedrich de la Motte Fouqué** (→ Berlin) kam zuerst im Mai 1795 auf dem Rückmarsch von einem Feldzug nach H., 1815 gelangt **Willibald Alexis** (→ Arnstadt/TH) auf dem Vormarsch gegen Napoleon in die Stadt: »Mein Herz schwamm in Wonne, als ich ihre vielen Türme in der Morgensonne vor mir liegen sah.« (»Eine Jugend in Preußen«, Erinn. 1837-46). – Im Gelben Stern (Straße) wohnte **Julius Wolff** (→ Berlin), Butzenscheibenbestseller seiner Zeit, als er an dem H.er Roman »Renata« (1891) schrieb. – **Victorine Endlers** (1853-1932) En. und Romane »Das goldene Dach zu Hildesheim« (1894) und »Bernward von Hildesheim« (1893) behandeln religiöse Themen. – **Gertrud von Le Fort** (→ Minden/NW) kam in H. »mit 14 Jahren endlich in eine richtige Schule«. Sie lebte von 1880-97 hier: »Meine unvergeßlichsten Eindrücke kreisen um die Stadt selbst«, schreibt sie in »Hälfte des Lebens« (1965), doch »der mittelalterliche Traum« liegt nur noch »in der Erinnerung begraben«.

1902 kam **Apollinaire** nach H. und setzte seine Bewunderung der Stadt in der Erzählung »Die Rose von Hildesheim« (1902) literarisch um. – **Gustav Falkes** (→ Lübeck/SH) Jugendbuch »Herr Henning« (1912) spielt im H. des späten 15. Jh.s. – **Hermann Löns** (→ Hannover/NI) bewunderte an H. die Kombination von großer Vergangenheit und abwechslungsreicher, lebendiger Gegenwart: »Was ich . . . so schön finde, das ist das bewegte Gelände. Hier geht es in den Wall hinauf, man sieht den spitzen, giftgrünen Domturmspitzen fast ins Gesicht. Hier wieder geht es bergab, und man muß den Kopf in den Nacken legen, um sie zu sehen. Das reizt zum Spazierengehen in den Straßen.« – 1946 arbeitete **Günter Grass** in einem Kalibergwerk südlich von H. als Koppeljunge, prägende Erfahrungen, die sich im letzten Kapitel der »Hundejahre« (R. 1963) spiegeln und über die in der Aut. »Beim Häuten der Zwiebel« (2006) berichtet wird. **Konrad Weiß** (→ Schwäbisch Hall/Michelbach a. d. Bilz/BW) erzählt von seinem Gang durch H. (»Bei dem tausendjährigen Rosenstock«, in: »Deutschlands Morgenspiegel«, 1950). – Im Bericht über seine Wanderschaft »Deutschland umsonst. Zu Fuß und ohne Geld durch ein Wohlstandsland« (1983) beschreibt **Michael Holzach** (1947-83) u. a. die H.er Bahnhofsmission. – Auf dem Zentralfriedhof liegt das Grab der 1947 gest. Hunsrücker Heimatdichterin **Wanda Icus-Rothe** (→ Birkenfeld/Sensweiler/RP).

L Stefan George (→ Bingen/RP) im »Siebenten Ring« (1907): »Daß euch die schändung nicht zu sehr erbose/Der heiligen örter durch die niedre brut!/Denn goldne knospe trieb in treuer hut –/so schien es jüngst/die Tausendjährige Rose« – **Heinrich Heine** (→ Düsseldorf/NW) beschreibt in seiner »Geschichte der Religion und Philosophie in Deutschland« das Unwesen eines Kobolds namens Hüdeken im Jahre 1132 in H. – Anton Reiser aus dem gleichnamigen Roman (1785 ff.) von **Karl Philipp Moritz** (→ Hameln/NI) wandert nach H., denn er war hier »so gut wie in Hannover zu Hause.« – **Adolph Freiherr von Knigges** (→ Hannover/Bredenbeck/NI) Roman »Die Reise nach Braunschweig« (1792) enthält auch ein H.-Kapitel. – **Karl Uhdens** (1864-1940) E. »Die unter St. Andreas« (1910) spielt in den Winkeln und Ecken der Eckemekerstraße. – Anklänge und Bezüge zur Stadt finden sich auch in den Werken **Wilhelm Raabes** (»Die Innerste«, »Aus dem Lebensbuch«, »Der heilige Born«), der im Tagebuch vom 3. 5. 1883 H. genauer beschrieben. Essays von **Otto von Heinemann** (→ Helmstedt/NI) in den »Wanderungen durch Niedersachsen« (n. 1977), **Norbert Jacques** (→ Lindau/BY) in **Bernhard Flemes'** Buch »Niedersachsen« (n. 1980), **Ricarda Huch** (→ Braunschweig/NI) in der Slg. »Im alten Reich« (1927). **Ina Seidels** (→ Starnberg/BY) R. »Das unverwesliche Erbe« (1954) hat H. als Vorlage des fiktiven Gerdesheim mit seinem »selbstzufriedenen Kreislauf des Lebens in dieser Provinzstadt«. – **Hans Egon Holthusen** (→ Rendsburg/SH): u. d. T. »Unwiederbringliche Stadt« in »Mysterium Heimat« (1959) sowie das Vater-Porträt »Pastor an St. Andreas« (in: »Pfarrerskinder«, Hrsg. M. Greiffenhagen, 1982), **Hans-Heinrich Welchert**: u. d. T. »Hier-

archie der Engel. St. Michael zu Hildesheim«
(in: »Wanderungen zu den Burgen und Do-
men in Niedersachsen«, 1973). – »Geschichten
und Sagen von Bauten und Brauchtum« hat
Hermann Blume in dem Bd. »Hildesheimer
Rosen« (1951) gesammelt. 1952 erschien
»Mein Alt-Hildesheim« (Geschn. und G.)
von **Wilhelm Kaune,** 1970 folgte »Besinn-
liches und Heiteres«. »Wie Hildesheim zu sei-
nem Wappen kam«, erzählt **Martin Boyken**
in »Die Jungfrau und der halbe Adler« (Merian
1/1973). »Hildesheim – Wege der Erinnerung«
von **Erich Heinemann** (in: »niedersachsen lite-
rarisch« 1978). – In **Alfred Anderschs** Roman
»Die Rote« (1972) gelangt der Agent O'Malley
1944 in die Innenstadt H.s, wo er das Kno-
chenhaueramtshaus bewundert.
Erschöpfende Auskunft über H.er Schriftstel-
ler und deren literarische Stadtbeschreibungen
gibt das von **Dirk Kemper** 1996 hg. »H.er Lite-
raturlexikon von 1800 bis heute«; von **Aanen-
bruch** bis zu **Ziesenis** stellen Seminaristen des
H.er Studiengangs Kulturpädagogik 213 Au-
toren mit regionalem Bezug vor. Unter ihnen
der aus H. gebürtige **Manfred Hausin** mit sei-
nen Grotesken »Hildesheimer Pumpernickel«
(1988) und **Peter Herwig** mit seiner Anth. Hil-
desheimer Autoren »Die Nacht hat geweint«
(1988). Die Anth. »Grenzenloses Land« (Kul-
turamt H., 1993) vereint Texte aus Halle und
H., u. a. von **Lothar Jegensdorf.** Der H.er
Heinz Kattner ruft in seinem Poem »Unauffäl-
liges Zittern« (1984) H.er Jugenderinnerungen
aus der Nachkriegszeit zurück: »Für mich wa-
ren die Trümmer/das Paradies, von einem En-
gel bewacht,/der alle Kinder dort spielen ließ.«
Auch der Karl-May-Forscher **Erich Heine-
mann** (1929-2002) schrieb u. d. T. »Da kam
ein stolzer Reiter. Jugendjahre in H.« (n.
1995) seine Erinn.
S Die H.er **Universität** bietet den Studien-
gang »Kreatives Schreiben« an (u. a. mit dem
Dozenten und Schriftsteller **Hanns-Josef Or-
theil**); **Universitätsbibliothek** H. (Nachlässe
H. E. Holthusen, U. Koch). – **Stadtarchiv
und Stadtbibliothek**: rd. 115 000 Bde., 200 In-
kunabeln (u. a. Heldenbuch »Wolf-Dietrich«,
angebunden »Wormser Rosengarten«, 1484;
Justinians »Novellae«). – In der **Dombiblio-**

thek die sog. Beverina mit fast 1000 Hss.
und 1420 Urkunden. – **Domschatz** mit Hss.
aus den Schreibstuben Bischof Bernwards
(u. a. Kleines, 10. Jh., und Kostbares Evangeli-
ar, um 1015). – **Forum-Literatur-Büro.** – Zs.
SUBH – Zs. für junge Literatur.

Mechtshausen

Wilhelm Busch (→ Nienburg/Wieden-
sahl/NI) zog sich in den letzten Lebensjah-
ren nach M. zurück. Er lebte hier beim
Pastor O. Nöldeke von Herbst 1898 bis
zu seinem Tode am 9. 1. 1908. – Grab
auf dem Friedhof; Gedenkstätte im Pfarr-
haus (»W.-B.-Sterbehaus«, Pastor-Nölde-
ke-Weg 7).
R Geschichte und Geschichten ranken
sich um das 1000-jährige H. Der Rosen-
stock an der Domapsis ist sprichwörtlich
geworden, seine Legende wurde vielfach
erzählt. Dem »Huckup« hat man am Ho-
hen Weg ein Denkmal gesetzt. Obwohl
die Stadt »im Potte« (d. h. in einer Talmul-
de) 1945 schwer zerstört wurde, lohnt
ein Rundgang immer noch, denn »die Ge-
genwart ist mit dem, was blieb, einen an-
genehm anzusehenden Kompromiß einge-
gangen« (**Karl Krolow/→** Hannover/NI).
– Aus **Holle** stammt der höf. Dichter
Berthold von Holle (um 1200-60); am
Welfenhof in Braunschweig schrieb er 3
Ritterromane, von denen »Crane«, ein
Loblied auf die Treue, bis ins 15. Jh. als
Fastnachtspiel weiterlebte.
B J. M. Raffert, Hildesheim. Porträt einer
Stadt, 1964; H. Nowak, Hildesheim. Impres-
sionen und Profile, 1976.
Z Bad Gandersheim, Braunschweig, Hanno-
ver, Peine, Springe (alle NI).

HOF/BY

*»Hier in Hof ist so ein Straßenknoten, wo ich
gern hin und wieder einen halben Tag verweile,
mich auf die Bank setze und dem Getreibe nach
den vier Himmelsstrichen nachsinne. Franken
hat aufgehört, Sachsen beginnt, gen Böhmen
deuten Postcurse und Wegweiser. Lange Züge
von Frachtwagen bedecken die Straße.« (Karl
Immermann, 1837)*
Museum Bayer. Vogtland. – Theater H. (Gro-
ßes Haus, Studio). – Intern. Filmtage.

Nikolaus Decius, * um 1480 H., † um
1546 Königsberg, Pfarrer und Kirchenlie-
derdichter, u. a. »Allein Gott in der Höh sei
Ehr«.
Johann Christian Reinhart, * 24. 1. 1761
b. Hof, † 8. 6. 1847 Rom, Maler, Radierer,
Schriftsteller. Seine satir. Dichtungen wa-
ren wegen ihres scharfen Witzes berühmt.
– Graphik im Museum.

*Joditz: Jean Pauls Jugendheimat »Hukelum« –
Erinnerungsstätten Pfarrhaus und Pfarrgarten,
Kirche und ehem. Schule, der Jean-Paul-Felsen*

Jean Paul (→ Wunsiedel/BY) besuchte
das Gymnasium 1779-80 und wohnte
84-86 bei seiner Mutter in H., erneut
von 94 bis zu ihrem Tod 97. In H. entstan-
den u. a. »Siebenkäs« (1796), »Quintus
Fixlein« (1796), »Jubelsenior« (1797) und
»Das Kampaner Thal« (1797). – Gedenk-
tafeln J.-P.-Gymnasium, J.-P.-Gäßchen/
Schloßplatz 12 a; Gedenkstein im Stadt-
park Theresienstein (»Siebenkäs«). – Un-
ter dem Namen »Scheerau« kommt H.
in der »Unsichtbaren Loge« vor (die »Ge-
würzinseln« aus dem »18. Sektor« sind die
seit der Saaleregulierung 1933 verschwun-
denen Inseln zwischen Saale und Mühl-
graben), als »Flachsenfingen« im »Hespe-
rus« und »Quintus Fixlein«, als »Reichs-
marktflecken Kuhschnappel« im »Sieben-
käs«. – »Vielleicht hat Hof in der Lebens-
geschichte Jean Pauls mehr bedeutet als
Wunsiedel und Bayreuth zusammen« (B.
Hubensteiner).
Jean-Paul-Stätten um Hof: In **Joditz** (Kö-
ditz-J.) an der Saale, nördl. Hof, das Dorf

»Hukelum« im »Quintus Fixlein«, ver-
brachte J. P. als Sohn eines mittellosen
Lehrers, Organisten und späteren Pfarrers
1765-76 die entscheidenden Jahre seiner
Kindheit (Pfarrhaus, Kirche, ehem. Schu-
le, Gedenkstein am Dorfplatz; J.-P-Mu-
seum, J.-P.-Felsen; Wanderweg »Von Hu-
kelum nach Kuhschnappel«); Auensee
im Auenthal, J.-P.-Stube (»Schulmeister-
lein Wuz«). – In **Töpen** wurde J. P. auf
dem Gutshof 1787 als Hauslehrer in der
Familie des Kammerrats J. G. von Oerthel
angestellt, Urbild des »Kommerzienagen-
ten Röper« in »Die unsichtbare Loge«.
Auf diese Zeit (und die Schwarzenbacher
Elementarschule) geht wohl das 1790
ersch. »Leben des vergnügten Schulmeis-
terlein Maria Wuz in Auenthal« zurück.
T. erscheint außerdem im »Siebenkäs«
und, als »Maußenbach«, in »Der unsicht-
baren Loge«. Dort auch **Venzka**: »O Lilien-
bad, du bist nur einmal in der Welt, und
wenn du noch einmal vorhanden bist, so
heißest du V-zka.« – Von der »schönen eng-

Oberfranken

Jean Paul

Töpen
1787-89
»Schulmeisterlein Wuz«
»Unsichtbare Loge«
(T. = »Maußenbach«)
»Siebenkäs«

Venzka
»Unsichtbare Loge«
(V. = »Lilienbad«)

Joditz
1765-76
»Selberlebensbe-
schreibung«
»Quintus Fixlein«
(J. = »Hukelum«)
Auensee im Auenthal
(»Schulmeisterlein Wuz«)

Zedtwitz
»Fälbel«
»Quintus Fixlein«
(Z. = »Schadeck«)

Köditz
»Quintus
Fixlein«
»Jubelsenior«

Hof

Hof
1779-80 / 84-86 / 94-97
»Unsichtbare Loge«
(H. = »Scheerau«)
»Hesperus« / »Quintus Fixlein«
(H. = »Flachsenfingen«)
»Siebenkäs«
(H. = »Kuhschnappel«)

Gattendorf
»Biographische
Belustigungen«
(G. = »Waldkappel«)
»Flegeljahre«
(Schloss G. = »Elterlein«)

← **Coburg**
1803-04

Schwarzenbach a. d. Saale
1776-79 / 90-94
»Selberlebensbe-
schreibung«
»Wuz«

Saale

Bayreuth
1804-25
»Hier wollen wir bleiben,
bis uns der Himmel einen
Wohnort zwischen Sonne und
Milchstraße einräumt.«
† 14.11.1825

Wunsiedel
* 21.3.1763
»Ich bin gern in dir
geboren, Städtchen am
langen, hohen Gebirge,
dessen Gipfel wie Adler-
häupter auf uns nieder-
sehen!«

FICHTELGEBIRGE
»Selberlebensbe-
schreibung«
»Fälbel«
»Unsichtbare Loge«
»Quintus Fixlein«
»Palingenesien« u. a.

FRÄNKISCHE SCHWEIZ
»Palingenesien« u. a.

lischen Pappelinsel des Schloßweihers« von **Zedtwitz** (Feilitzsch-Z.) ist in »Rektor Fälbel« die Rede; der Schlossherr selbst, Christoph Freiherr von Plotho, erscheint im »Quintus Fixlein« (wo Z. den Namen »Schadeck« trägt) als »Baron von Aufhammer«. (»Bey dem Gute Zettwitz des Herrn v. Ploto vorbey, welches schöne Gebäude und Anlagen hat«: so Goethes Tagebuchnotiz vom 7. 8. 1806.) – Für die Mutter Fixleins stand die Frau des **Köditzer** Pfarrers Christian Hagen Modell; einer seiner Söhne lieh dem »Jüngling Ingenuin« im »Jubelsenior« seine Züge. – Schloss **Gattendorf** spiegelt sich wider im Schloss »Elterlein« in den »Flegeljahren«; der Ort erscheint auch als »Waldkappel« in den »Biographischen Belustigungen unter der Gehirnschale einer Riesin«. – In **Schwarzenbach a. d. Saale** war J. P.s Vater – ein Grabstein erinnert noch an ihn – 1776-79 Pfarrer von St. Gumbertus (»Selberlebensbeschreibung«). Nach elf Jahren kam J. P. wieder und wurde Lehrer an einer priv. Lateinschule (Anregungen für »Levana«), bis er 94 zu seiner Mutter nach Hof zog. In Sch. entstanden u. a. »Die Rede des toten Christus vom Weltgebäude herab, daß kein Gott sei« (1790) und die ersten Romane »Die unsichtbare Loge« (1793) und »Hesperus« (1795). Die »Birkenpredigt« wurde nicht zuletzt vom Ausflugsort Birke angeregt: »Verdammt sind bloß die, die keinen Spaß verstehen, denn diese verstehen auch keinen Ernst.«

Johann Simon Buchka, * 27. 4. 1705 Arzberg, † 25. 3. 1752 H., studierte Theol. in Wittenberg, wurde 1735 Konrektor in Hof und später Hilfsprediger. – W.: Muffel, der neue Heilige oder die entlarvte Scheinheiligkeit (1731); Des Herrn J. S. B. auserlesene Gedichte (1755).

A Goethe (→ Frankfurt a. M./HE) war neunzehnmal in H. und wohnte fünfmal allein im »Goldenen Hirschen« (heute Bank, Gedenktafel); Tagebuch 1. 5. 1812: »Hübsche Lage des Gasthofs zum Hirsch auf der Höhe vor dem Obertor ...«.

L »Hof – literarisch« hat **Claus Henneberg** mit Zitaten von **Nikolaus Decius**, **Jean Paul**, **Goethe** und **Wilhelm Heinrich Wackenroder** (→ Berlin) bis **Ernst Wiechert** (→ Berlin), **Friederike Mayröcker** und **Ludwig Harig** für »Hof – quer Beet« (1979/80) zusammengesetzt. Von Henneberg auch »Hofer Miniaturen« (1974) und Aut. »Zeitsprünge«, »Selbstporträt« (2003). – Mundart: u. a. die Plaudereien des »Hofer Spaziergängers« **Karl Roeder** (1890-1975; Grab Städt. Friedhof).

Tauperlitz (Hof-T.)

Thea von Harbou, * 27. 12. 1888 T., † 1. 7. 1954 → Berlin, wurde v. a. durch die Verfilmung ihrer Romane (»Das indische Grabmal«, 1917, verfilmt u. a. von R. Eichberg; »Das Nibelungenbuch«, 24, »Metropolis«, 26, »Frau im Mond«, 29, alle verfilmt von ihrem Mann, F. Lang) berühmt. – **Gattendorf:** Fritz H. Chelius (Ps. **Fred Geiger**), geb. 1. 5. 1890 Darmstadt, gest. 18. 3. 1960 Hersbruck, Dramatiker (»Die Himmelsstürmer«, Dr. 27), Essayist (»Jugend in Ketten«, 1939), Librettist (»Dr. Eisenbart«, 1949; »Der Lügenbaron«, 1950). Festspiel »In nomine domini« anlässl. des G.er Kirchenjubiläums 1953 aufgeführt.

Rehau

Museumszentrum im Alten Rathaus am Maxplatz.

Am 28. 7. 1821 fuhr **Goethe** auf der Reise nach Marienbad durch R.: »Zu bemerken war unterwegs, daß das vor einigen Jahren abgebrannte Rehau nach einem wohlüberdachten und weitläufigen Plane meist aufgebaut steht. Der Marktplatz, so groß als einer sein kann, die Straßen sehr breit; alles im rechten Winkel und regelmäßig«

(Tagebuch). – Im Kunsthaus R. befindet sich das von **Eugen Gomringer** gegründete institut für konstruktive kunst und konkrete poesie/archiv e. g. Skulpturengarten.

R **Mödlareuth** war zur DDR-Zeit durch eine Mauer geteilt: »Little Berlin« hieß es bei den Amerikanern (Dt.-Dt.es Museum M.). Ein »Mikrokosmos der Geschichte« auch **Schwarzenbach a. d. Saale** zwischen 10. November 1989 und 3. Oktober 1990. **Theodor Schübel** erzählt u. d. T. »Vom Ufer der Saale« seine »Geschichten aus der Zwischenzeit« (1992). In **Weißenstadt** Poesie um den W.er See: die 14 Stelen von **Eugen Gomringers** »Stundenbuch«.

B K. Gasseleder, Fahrt auf den Spuren Jean Pauls, in: LiteraTourLand Franken, 2000.
Z Bayreuth, Kronach, Kulmbach, Wunsiedel (BY); Marieney, Plauen (TH).

HOFGEISMAR/HE

Ev. Akademie (seit 1952). – Stadtmuseum (Slg. franz.-reformierter Bibelausgaben; Abt. Jüdische Kultur in Nordhessen mit Archiv und Bibliothek). – Denkmal für den Waldenserprediger David Clement (1645-1725) vor der Neustädter Kirche.

A Im früheren Staatsbad »Gesundbrunnen«, das im späten 18. Jh. aufblühte und nach 1866 aufgegeben wurde, weilten u. a. **Johann Caspar Lavater** und **Adolph von Knigge** (→ Hannover/Bredenbeck/NI), begegneten sich 1781 **Amalia Fürstin von Gallitzin** (→ Münster/NW) und **Johann Georg Forster** (→ Mainz/RP). **Ernst Koch** (→ Fritzlar/Singlis/HE) berichtet über das Badeleben in »Prinz Rosa-Stramin« (1834). – In H.-Schöneberg erhielt **Dorothea Pierson** (→ Kassel/HE), Urenkelin hugenott. Einwanderer und »Märchenfrau« der Brüder Grimm (→ Hanau/HE), wesentliche Erzählanstöße für

viele ihrer ursprünglich franz. Märchen. – In der Eulengasse erinnert eine Tafel an **Nataly von Eschstruth**, die am 17. 5. 1860 in H. geb. wurde und 1939 in Schwerin starb. Ihre Salonromane (»Gänseliesel«, 1886; »Hofluft«, 89 u. a.), 1909 waren es bereits 53, gefielen dem Lesepublikum in ihrer Mischung von »Salonparfüm und Stallgeruch« und erreichten Millionenauflagen. – Am 13. 12. 1954 starb in H. **Heinrich Zerkaulen** (→ Bonn/NW); Grab auf dem Friedhof Gesundbrunnen. – Märchen und Sagen sammelten der Volkskundler **Werner Boette** (1862-1932), die Erzähler **Heinrich Rohde** (1863-1946) und **Walter Iba** (1915-1985).

Bad Karlshafen

Deutsches Hugenotten-Museum (erste Ansiedler der 1699 gegründeten Stadt waren Hugenotten und Waldenser).

L Wegen ihrer Buchmalerei (Evangeliar Heinrichs d. Löwen) und Goldschmiedekunst im MA. bedeutend die Benediktinerabtei Helmarshausen. **Roger von Helmarshausen** (um 1100) wird eines der wichtigsten kunsttechn. Lehrbücher des MA.s, die »Diversarum artium schedula«, unter dem Ps. **Theophilus Presbyter**, zugeschrieben. – »Spiegelung in Karlshafen« heißt eine N. von **Bernhard Flemes** (→ Hameln/NI).

R Von **Bad Karlshafen** (Hermann-Löns-Stein am Weg) in den Reinhardswald, über **Gottsbüren** (Trendelburg-G.), eine alte Wallfahrt, zur **Sababurg** an der Deutschen Märchenstraße. Die Burg, heute Hotel, gilt als »Dornröschens Schloss« (Aufführungen in der Ruine des Palas und im Gewölbekeller). – Zur Weser hin, am linken Ufer (heute Gemeinde Oberweser) franz. Exulantendörfer; die Namen verweisen auf die frommen Anlässe: **Gottstreu**, **Gewissensruh**. – Hans Grimm (→ Wiesbaden/HE) kaufte 1918 Gut Klosterhaus in **Lippoldsberg**. Hier, an der Ober-

Hofgeismar: Sababurg. »Rings um das Schloß aber begann eine Dornenhecke zu wachsen ...« (Brüder Grimm, Dornröschen)

weser, setzt auch sein 1926 erschienener Roman »Volk ohne Raum« ein. Seit 1934 und 45 »Lippoldsberger Dichtertreffen«. Der »literarische Exponent des deutschen Kolonialismus« wird damit nach dem Kriege auch »geistiger Wortführer des deutschen Neofaschismus« (E. Loewy). G. starb in L. am 27. 9. 1959 in L., hier auch sein Grab; H.-G.-Archiv.

B W. Stubenvoll, Die deutschen Hugenottenstädte, 1990; E. M. Iba, Auf den Spuren der Brüder Grimm, 2000.
Z Höxter (NW); Kassel, Wolfhagen, Escheberg (HE); Hann. Münden (NI).

HOFHEIM/BY

Die zwischen H. und Manau gelegene **Bettenburg**, ein Wahrzeichen der Haßberge, war im 18. und frühen 19. Jh. ein Literatentreffpunkt. **Christian Truchseß von Wetzenhausen** (1755-1826), den **Goethe** (→ Frankfurt a. M./HE) als jungen Offizier in Kassel kennengelernt hatte, führte hier eine fast fürstl. Hofhaltung. Seine lit. Interessen waren so groß, dass er die Gästezimmer der Burg Goethe-, Schiller-, Lessing-, Wieland-, und Musäus-Zimmer nannte und mit Motiven aus deren Werken ausschmücken ließ. Gäste der »Tafelrunde« waren u. a. **Jean Paul** (→ Wunsiedel/BY), **Gustav Schwab** (→ Stuttgart/

BW) und der Sohn des Homer-Übersetzers, **J. H. Voß d. J.** (1771-1822). Besonders verdient machte sich W. um **Friedrich Rückert** (→ Schweinfurt/BY). Dem 18-Jährigen räumte er Heimrecht auf der Burg ein und verschaffte ihm die Stellung des Schriftleiters von Cottas (→ Stuttgart/BW) »Morgenblatt für gebildete Stände«. Mit dem Romantiker **Friedrich de la Motte Fouqué** (→ Berlin) unterhielt W. einen lebhaften Briefwechsel. Im Wald »Dichtergarten«, mit Denkmälern u. a. für **Götz von Berlichingen** (→ Jagsthausen/BW), **Ulrich von Hutten** (→ Schlüchtern/Vollmerz/HE), die Minnesänger sowie einem Totenhäuschen für die Teilnehmer der »Tafelrunde«. – In **Oberlauringen** (Stadtlauringen-O.) war **F. Rückerts** Vater 1792-1802 Truchsessischer Rentamtmann. Den vom ehem. Wohnhaus erhaltenen Türstock schmückt eine Gedenktafel; die Klassenzimmertüren der nach R. benannten Dorfschule überschrieb man mit R.-Sprüchen. R.s Gedichtzyklus »Erinnerungen aus den Kinderjahren eines Dorfamtmannsohns« (1829) bezieht sich auf O.: »Wo die Leinach und die Lauer / Suchen sich im Wiesengrund.« Im kath. Pfarrhaus von **Königsberg** (Heimat des Mathematikers und Astronomen Regiomontanus) wohnte Hans von Selbitz, der in **Goethes** »Götz von Berlichingen« (1773) lit. verewigt wurde. Regiomontanus ist der R. »Ein Weltbild zerbricht« (1951) von **Thomas Klingg** (eig. Peter Franz Stubmann/1876-1962), der von 1935 bis 60 in K. wohnte, gewidmet. K.er Lobsprüche auch von **Hermann Glaser** und **Karlheinz Deschner**. Am Wiesenhang über **Dörflis** lebte zuletzt **Hans Wollschläger** (→ Bamberg/BY): »Anderrede vom Weltgebäude herab« (2007).

Z Bad Kissingen, Dankenfeld (Haßfurt), Ebern, Schweinfurt (BY).

HOLLFELD/BY

In der St.-Gangolfskirche in H. Denkmal für den im nahen Schönfeld am 7. 11. 1525 geb. Humanisten **Erasmus von Neustetter** (gen. **Stürmer**). Seinem Aufenthalt in H. 1833 widmete **François-René de Chateaubriand** zwei Seiten seiner »Mémoires d'outre-tombe« (1848). – In **Wonsees** wurde am 15. 5. 1565 **Friedrich Taubmann** geb. (am Geburtshaus zwei Gedenktafeln; Werke in der Bayreuther Kanzlei-Bibliothek). Er starb am 24. 3. 1613 in → Wittenberg/ST. Der Professor der Dichtkunst, Dekan und Spaßmacher am Hof zu Dresden preist seine Heimat u. a. in einem Gedicht, in dem auch die heute verschwundene Ortschaft Hundschiß, die Burg Zwernitz und das Felsennest Krögelstein beschrieben werden. – In W.-**Sanspareil** der von **Markgräfin Wilhelmine** von → Bayreuth/BY angelegte Felsengarten. Ihm liegt ein vollständiges lit. Programm zugrunde: die harmonische Zauberinsel Ogygia aus dem Erziehungsroman »Les Aventures de Télémaque« von **Fénélon**. Unter den Besuchern: 1793 **Ludwig Tieck** und **Wilhelm Heinrich Wackenroder** (beide → Berlin), 98 in dieser »artig auseinandergebrochenen Schweiz, wahrscheinlich von Riesen, um sich ein wenig damit zu steinigen«, **Jean Paul** (→ Wunsiedel/BY). – **Ernst Moritz Arndt** (→ Rügen/MV) brach am 9. 6. 1798 von Bayreuth nach Wien auf und erreichte »eine halbe Stunde vor Troppach dicht am Wege eine Kapelle des heiligen Rupertus, wohin mit vielen Opfern von Landesprodukten noch jährlich viele Menschen wallfahrten . . .« Gemeint ist das heute noch besuchte »Käppala« östl. von **Obernsee** (Mistelgau-O.).

Z Bamberg, Bayreuth, Kulmbach (BY).

HOLZMINDEN/NI

»Weg ohne Ende. Ein jüdischer Roman« (1934), so nannte der am 7. 7. 1874 in H. geborene **Gerson Stern** sein Hauptwerk, das zehn Auflagen erlebte; der Verf. emigrierte 1939 nach Palästina, wo er mit **S. Ben-Chorin** die Anthologie »Menora« (1941) veröffentlichte. Stern starb am 15. 1. 1956 in Jerusalem. – **Michael Holzach** (1947-1983), der im H.er Landschulheim (wo früher der Lyriker **Wilhelm Lehmann** → Eckernförde/SH unterrichtet hatte) Abitur machte, nimmt in seiner Reisereportage »Deutschland umsonst. Zu Fuß und ohne Geld durch ein Wohlstandsland« (1983) H. immer wieder zum Ausgangspunkt seiner Wanderungen.

Bodenwerder

Karl Friedrich Hieronymus Freiherr von Münchhausen, * 11. 5. 1720 B., † 22. 2. 1797 ebd., bekam von Goethe bestätigt: »Wer so versteht, Lügen von genialischtem Effekte in die Welt zu setzen, muß ein großer Mann sein, vor dem alle Welt den Hut zu ziehen hat.« Seit 1738 in russ. Diensten, 50 Rückkehr aufs Gut in B., wo er seine phantasievollen Erzählungen »cavalierement, mit militärischem Nachdruck, aber mit der leichten Laune eines Weltmannes zum Besten gegeben« hat. Diese offenbar Quelle für »Baron Munchhausens Narrative of his Marvellous Travels and Campaigns in Russia«, 1785 in London erschienen, gesammelt von R. E. Raspe (→ Hannover/NI). – M.-Museum (Urkunden, dt.- und fremdsprachige Ausgaben, Archiv und Forschungsstätte); Denkmal (mit dem halbierten Pferd) im Park davor; im Berggarten zweistöckiges Grottenhäuschen, die hist. Fabulierstätte. Grab in der roman. Klosterkirche im benachbarten Kemnade. – Münchhausen-Preis der Stadt B. (seit 1997).

E Münchhausen. Erstmals in der Lit. als
»Herr von M-h-s-n« in dem anonym ersch. »Va-
demecum für lustige Freunde« (1781-83) ge-
nannt. R. E. Raspes engl. M.-Ausgabe erwei-
terte G. A. Bürger 1786 und gab sie u. d. T.
»Wunderbare Reisen zu Wasser und zu Lande,
Feldzüge und lustige Abenteuer des Freiherrn
von M., wie er dieselben bei der Flasche im Zir-
kel seiner Freunde zu erzählen pflegt« heraus.
1795 folgte A. G. F. Rebmanns »Leben und Ta-
ten des jüngeren Herrn von M.«, 1838/39 K.
Immermanns »M.«-Roman. Auf die Bühne
brachten den »Lügenbaron« F. Keim (»M.s letzte
Züge«, 1899), H. Eulenburg (1900), F. Lien-
hard (1900), H. von Gumpenberg (»M.s Ant-
wort«, 1901) und O. Lengerken (»M. in Göt-
tingen«, 1909). P. Scheerbart gestaltete die Fi-
gur in zwei Romanen (»M. und Clarissa«,
1906, »Das große Licht, ein M.-Brevier«,
1912), E. G. Kolbenheyer in der E. »M. über
uns« (1912). Zu dem dt. Film (1942) schrieb
E. Kästner das Buch.

Deensen

Joachim Heinrich Campe, * 26. 6. 1748
D., † 22. 10. 1818 → Braunschweig/NI,
in dem G. E. Lessing »einen festen un-
schwärmerischen Mann zu schätzen« wuss-
te, war Pädagoge und Sprachwissenschaft-
ler. Gymnasium in Holzminden, Theolo-
giestudium in Halle. 1776 Direktor am
Philanthropin in → Dessau/ST, 1777
Gründung eines Erziehungsinstitutes in
→ Trittau (Bad Oldesloe/SH). 1787, ei-
nem Ruf des Herzogs zur philanthrop.
Reform des Schulwesens folgend, nach
Braunschweig. – W.: Robinson der Jünge-
re (1779/80); Wörterbuch der dt. Sprache
(1807-11); Sämtl. Kinder- und Jugend-
schriften (1807-14). – Geburtshaus Robin-
son-Crusoe-Straße 2 (Gedenktafel).

Eschershausen

Wilhelm Raabe, (auch Jacob Corvinus)
* 8. 9. 1831 E., † 15. 11.1910 → Braun-
schweig/NI, nach Theodor Fontane »ein
großes erzählerisches Talent, aber nur ein
mäßig ausgebildeter Künstler«. Nach Kind-
heit und Jugend in E. 1845 Gymnasium in
→ Wolfenbüttel/NI und 1849-53 Buch-
händlerlehre in → Magdeburg/ST. 1854-
56 Universität → Berlin, Beginn der schrift-
stell. Tätigkeit (»Die Chronik der Sper-
lingsgasse«, 1857). In Wolfenbüttel (1856-
62) erste Romane und Novellen, Mitarbeit
an »Westermanns Monatsheften«. 1862
Umzug nach → Stuttgart/BW; von 1870
bis zum Tod in Braunschweig. – W.: Der
Hungerpastor (R. 1864); Abu Telfan (R.
1868); Der Schüdderump (R. 1864); Stopf-
kuchen (E. 1891); Die Akten des Vogel-
sangs (R. 1896). Sämtl. Werke (Hrsg. K.
Hoppe und J. Schillemeit 1951 ff.). – Ge-
burtshaus R.-Straße 5, heute Museum
»Raabe-Haus« (Wohnzimmer von 1862,
Büsten und Bilder, Werke, Briefe und Er-
innerungsstücke, Totenmaske). Auf dem
Großen Sohl, an der Straße nach Alfeld,
R.-Turm und -Stein. Erich Heinemann
folgte in »Auf den Spuren eines Dichters.
Mit Wilhelm Raabe durch Niedersach-
sen« (in: Zs. »Niedersachsen«, 1995) dem
Lebensweg des Autors, seit 2006 ein 60
km langer »Wilhelm-Raabe-Wanderweg«,
der auch zu den Wohnungen der Familie
Raabe in Stadtoldendorf und Holzminden
führt. – Nachlass StB Braunschweig. – R.-
Gesellschaft in Holzminden (Jb. Braun-
schweig). – Werner Fuld, »Wilhelm Raa-
be. Eine Biographie« (1993); Thomas Krue-
ger (Hrsg.), »Hastenbeck. Die Wackerhahn-
sche, Fürstenberg und Wilhelm Raabe«
(Katalog, 2006).

Raabe-Stätten im Umkreis: »Es ist eine
Gegend, in der man schon mit erkleck-
lichem Behagen geboren sein kann, eine

recht schöne Gegend in der wirklichen Be-
deutung des Wortes« (W. Raabe). – In **Holz-
minden** lebte R. als Kind; Wohnung der
Eltern im Haus »Goldener Winkel«, Post-
haus des Großvaters am Markt. 1836-40
Volksschule, dann bis 42 Gymnasium. R.-
Brunnen Ecke Ober-/Unterbachstraße,
mit Standbild des Klaus Eckenbrecher
aus »Der heilige Born« (R. 1861). H. ist
z. T. auch Kulisse für »Die Kinder von
Finkenrode« (1859), »Horacker« (1876)
und »Alte Nester« (1879); letztere spielen
auch in **Bodenwerder** und **Eschershausen**.
– An die Schuljahre in **Stadtoldendorf**
(1842-45) erinnert eine Gedenktafel Markt
3. Anneke Mey aus »Der Junker von De-
now« (1859) setzte man 1955 ein Denkmal
am Bahnhofsberg. St. ist Schauplatz des
postum erschienenen fragm. Romans »Al-
tershausen«. – Die hist. E. »Das Odfeld«
(1889) handelt in und um Kloster **Ame-
lungsborn**, so auch in der Rothesteinhöhle
bei **Holzen**. – In **Boffzen** beginnt Pold
Willes, des **Fürstenberger** Porzellanma-
lers, »braunschweigische Odyssee« von der
Weser bis zum Harz. In **Derental** hält er
Hochzeit (»Hastenbeck«, 1899).
Otto Elster, * 11. 11. 1852 E., † 1. 12. 1922
Braunschweig, wechselte 1882 von der Of-
fiziers- in die Schriftstellerlaufbahn. Seine
Romane (»Auf dem Schlachtfeld des Le-
bens«, 1894) und Theaterstücke (»Welfen-
stolz und Welfenliebe«, 1899) sind ebenso
zahlreich wie literarisch unerheblich.

Stadtoldendorf

Konrad Beste, * 15. 4. 1890 Wendeburg b.
→ Braunschweig/NI, † 24. 12. 1958 St.,
humorvoller, gelegentlich heimattümeln-
der Erzähler und Dramatiker. Jugend in
St., wohin er 1938 zurückkehrte. – W.:
Grummet (R. 1923); Das heidnische Dorf
(R. 1933); Zwischen Heide und Weser
(E. 1934); die drei »Löhnefink«-Romane

(1934, 37, 50) spielen im nahen Hunzen.
– Bewohnte das Sperberhaus am Kellberg;
Grab in → Wolfenbüttel/NI.

R **Neuhaus** im Solling gehört zu **Holz-
minden**. Die Sage – was Wunder im Wald-
land – ist hier v. a. hinter dem Wilden Jä-
ger Hackelberg her. Nach Neuhaus zog,
nachdem er 1944 in Berlin ausgebombt
worden war, **Heinrich Sohnrey** (→ Mün-
den/Jühnde/NI). Er lebte bis zu seinem
Tod am 26. 1. 1948 hier; Wohnhaus mit
Gedenktafel in der S.-Straße, daneben
»S.-Eiche«. Das Grab wurde 1949 nach
Jühnde (St. Martinskirche) verlegt. S.s »Sol-
linger« (1924) ergänzen **Hermann Löns'**
(→ Hannover/NI) »Niedersächsische Skiz-
zen« (postum 1924): »Ein Sonntag im Sol-
ling« und »Das Hellental«.

B A. Weiss, Wer war Münchhausen wirk-
lich?, 1960; E. Wackermann, Münchhausiana,
Bibl. 1969; A. Lucé, Wilhelm-Raabe-Stadt
Eschershausen, 1901; H. und M. Gömann,
Wilhelm Raabe und das Weserbergland, 1979.
Z Bad Gandersheim, Bad Pyrmont, Einbeck,
Hameln (NI); Höxter (NW).

HOMBURG/SL

Medizin. Fakultät der Universität des Saarlan-
des. – Siebenpfeiffer-Haus. – Freilichtmuseum
Römerhaus Schwarzenacker.

A **Philipp Jakob Siebenpfeiffer** (→ Lahr/
BW) war 1818-30 bay. Landcommissär in
H. (S.-Haus in der St.-Michael-Straße, im
Foyer hist. Handpresse). Die Julirevolu-
tion 1830 machte ihn zum Politiker, er
gründete in → Zweibrücken (RP) die radi-
kalen Zss. »Rheinbayern« und den »West-
boten« und wurde 32 zwangspensioniert.
Initiator des »Hambacher Festes« (→ Neu-
stadt a. d. W./RP), zus. mit dem Publizis-
ten **Johann Georg August Wirth** (1798-
1848), der Anfang 1832 in H. die »Deut-
sche Tribüne« druckte. Darauf gewalt-

same Schließung von W.s Druckerei und
Wohnung, am 23. 3. 1832 Verhaftung. –
Freiheitsbrunnen (Rondell). Dauerausstellung im Foyer des Landratsamtes, Am Forum 1. – Siebenpfeiffer-Preis.

L Über den Karlsberg, die größte Landesresidenz Europas zum Ausgang des 18. Jh.s, informieren die Lebenserinnerungen (n. u. d. T. »Rokoko und Revolution«, 1966) eines der Schöpfer dieses »plan gigantesque«, **Johann Christian von Mannlich** (1741-1822), und die »Briefe auf einer Reise aus Lothringen nach Niedersachsen geschrieben« (1793) von **Adolph von Knigge** (→ Hannover/Bredenbeck/NI). – **Friedrich Aulenbach** (→ Landau/Annweiler/RP) inszenierte sich seine Karlsberg-Idylle selbst, weltabgewandt in einem der erhaltenen Ökonomiegebäude am Fuß des Berges wohnend, und bedichtete 1842 den Tulpenbaum »tief im Walde«, im Zentrum der früheren Wundergärten. Unter den Besuchern: der »pfälzische Anakreon« **Karl Geib** (→ Ludwigshafen/Lambsheim/RP). – Romane u. a. von **Ernst Pasqué** (→ Darmstadt/Alsbach/HE), »Der Karlsberg« (1876, n. 1953); **Franz Grau** (Ps. für **Paul Gurk**/→ Berlin), »Serenissimus. Im Schatten der Französischen Revolution« (1940).

Blieskastel

Nikolaus Lauer, * 11. 5. 1897 B.-Lautzkirchen, † 13. 2. 1980 → Hainfeld (Landau/RP), Priester, Journalist und Erzähler. Ab 1927 und 45-66 Chefredakteur des »Pilgers«, der Kirchenzeitung des Bistums Speyer. Als Religionslehrer an der Lehrerinnenbildungsanstalt in Speyer enge Zusammenarbeit mit Edith Stein (→ Köln/NW). – W.: Lindelbrunn (E. 1949); Pirminius (R. 1959), Die Blutstaufe (R. 1979). – Gedenktafel am Geburtshaus, St. Ingberter Straße 60; 1972 Ehrenbürger von B.; Grab auf dem Friedhof in Lautzkirchen.
A Die Reichsgräfin Marianne von der Leyen war ein Glück für ihr Ländchen.

Die Dichter kamen nicht nach **Blieskastel**, nur **Heinrich Jung-Stilling** (→ Siegen/Grund/NW) stellte sich aus Kaiserlautern Ende 1782 ein, wohl mehr als Pietist und »Kameral-Akademiker«; dafür kam die Gräfin selbst in die Dichtung. Ihre abenteuerliche Flucht vor den Revolutionstruppen, in ihrem »Tagebuch« festgehalten, machte bis hinunter in die Bliesmühle von **Gersheim** Geschichten: **August Becker** (→ Bad Bergzabern/Klingenmünster), »Reichsgraf Jockel« (1891, n. 1924); **Nikolaus Lauer,** »Das Schloss an der Blies« (R. 1951). – **Ludwig Scharf** (→ Bad Dürkheim/Meckenheim/RP) verlebte seine Jugend am Schlossberg in B. (den im gleichen Jahrzehnt **Victor Hugo** inspizierte), ging bis 1884 in Zweibrücken aufs Gymnasium und fand auch später, manchmal mit seinem Freund **Max Halbe** (→ München/BY), immer wieder nach B. zurück (»Eine Aprilnacht im Bliestal«, N.). – »Rund um den Gollenstein« heißt eines der B.er Geschichtsbücher in Versen von **Theo Schwalb** (1910-78) aus »Schwalwe Eck«; Grab auf dem Friedhof.

L Von **Ludwig Eid** (→ Kirchheimbolanden/Obermoschel/RP), der u. a. auch Präparandenlehrer in B. war (Gedenkstein an der nach ihm genannten Straße) stammt das letzte große Werk über »Marianne von der Leyen« (1937, n. 80). Hist. Reminiszenzen an die Kämpfe in der Rheinkampagne im November 1793 auch in **Joseph Christoph Sachses** (→ Weimar/TH) »Der deutsche Gil Blas« (1822, n. 1983), in **Theodor Fontanes** (→ Neuruppin/BB) »Wanderungen durch die Mark Brandenburg« (»Die Grafschaft Ruppin«) und in **August Beckers** »Die Pfalz und die Pfälzer« (1858). – Die Erzählung »Das Römerschwert« aus **Karl Schworms** (→ Bad Kreuznach/Odernheim/RP) Slg. »Der letzte Christoffeltrunk« (1937) spielt im »Schwalbennest«. – Sagen vom Gollenstein und aus »Alt- und Neu-Blieskastel«, wie es in **Lotty Fabers** (1907-85) Mundartslg. »De Kaschtler« (1972) heißt, von

Niederwürzbach bis Brenschelbach in den pfälz. Slgg. von **Friedrich Wilhelm Hebel** (→ Kaiserslautern/Rothselberg/RP) und **Victor Carl** sowie in den »Sagen der Saar« von **Karl Lohmeyer** (→ Saarbrücken/SL). Von einer Grabhügelgruppe der älteren Hallsteinzeit im Schornwald auf dem **Wolfersheimer Bann** heißt es, »Attilas Grab« befände sich hier: Sonett von **Ludwig Harig** »Der Riese von Rubenheim« (1987).

Limbach (Kirkel-L.)

Theobald Hock, * 10. 8. 1573 L., † nach 1618, vorbarocker Lyriker. Stipendiat in Hornbach (Zweibrücken/RP). Wanderung nach Italien; 1598 in Prag und ab 1601 Sekretär beim böhm. Magnaten Peter Wok von Rosenberg in Wittingau. Wegen Begünstigung der Ev. Union zum Tode verurteilt, 1618 befreit, als Oberst der Armee verschollen. – »Schönes Blumenfeldt« (G. 1601, n. 2007). – Gedenkstelen Ev. Gemeindehaus, Straße und Platz nach Th. Hock benannt.

R »In einem Talgrund liegt das Dorf **Kirkel** und am Ende des Tales ragt(e) das alte, längst verfallene Bergschloß empor«: die Geschichten dazu bei **J. Ch. von Mannlich** und aus jüngster Zeit von **Martin Bettinger** (Jg. 1957) »Der Panflötenmann« (1999). – Vom **Eschweilerhof**, zwischen Kirkel und Menschenhaus, stammt **Karl Leibrock** (1877-1923), Eisenbahner und Poet. Zunächst imitierte er F. Blaul (→ Speyer/RP) und schrieb »Träumereien aus dem Westrich« (1911); dann mit größerem Erfolg Stücke: »Mei Herzkersch« (1913), »Marlene« (1922, eine Episode aus dem Leben der Marianne von der Leyen). – Bliesabwärts in der Parr **Niedergailbach** (Gersheim-N.); hier vollendete im Spätherbst 1815 auf dem Rückmarsch aus Frankreich der bay. Leutnant **August von Platen** (→ Ansbach/BY) eine »Erzählung in Prosa und Legende«: »Die Bergkapelle«. In Quar-

tier lag er möglicherweise bei dem Krämer B., Vater des am 9. 8. 1828 hier geb. und ein halbes Jh. später wohl meistgelesenen dt. Autors in Amerika: **J. E. K. Bischoff**, als »Konrad von Bolanden« bekannter (→ Speyer/RP). – Nach dem 1. Weltkrieg war **Alfons Schreieck** (→ Neustadt a. d. W./RP) Lehrer in **Eschringen** (Saarbrücken-E.); hier ist »Das Land unter dem Regenbogen« seines Romans (1924). – Auf der Grenze der unteren Blies der Europ. Kulturpark/Parc Archéologique Européen **Bliesbrück-Reinheim**: Begegnungen auf der Grenze, Intern. Märchenfestival. – Die Naturbühne **Gräfinthal** bei **Bliesmengen-Bolchen** (Mandelbachtal-B.-B.) besteht seit 1932. – Die Grenzbrücke nahebei bekam im Sommer 1989 einen neuen Namen: »Europäische Freundschaftsbrücke/ Pont de l'Amitié Européenne«. **Alf Betz** (1933-2004), »Landsässigkeit« (G. 1981): »C'est tout bon oder Gründe für genüßliche Grenzgänge zu Cora & Co« (2003).

B K. Schauder (Hrsg.): Homburg und der Bliesgau, in »Wie Arme breiten sich die Hügel aus«. Das Westrich-Lesebuch, 1988; F. Oberhauser, B. Becker, M. Baus (Hrsg.), »Einatmen will ich die Zeit«. Ein Saarpfalz-Lesebuch, 2003.

Z Kaiserslautern (RP); Neunkirchen, Saarbrücken, St. Ingbert (SL); Zweibrücken (RP).

HÖXTER/NW

Widukind von Corvey, * um 925, † nach 973 C., erster dt. Geschichtsschreiber, Verfasser von Heiligenviten. Etwa seit 940 Mönch in C., später Rektor der Klosterschule. Geschichte der Sachsen: »Rerum gestarum Saxonicarum libri tres«.
August Heinrich Hoffmann von → Fallersleben (Wolfsburg/NI) kam 1860 als Schlossbibliothekar nach Corvey, das seit 1834 dem Herzog von Ratibor gehört. H.

Corvey: Erinnerungsblatt zum 100. Geburtstag von A. H. Hoffmann von Fallersleben

schrieb hier u. a. seine Aut. »Mein Leben« (1868). Er starb am 19. 1. 1874. – Grab auf dem Klosterfriedhof; Bronzebüste an der Westseite der Kirche; Denkmal in H. am Eingang der C.er Allee; Glockenspiel am Rathaus von H.

In H. geb. der zum Poeta laureatus gekrönte Humanist **Heinrich Böger** (vor 1450-1505); seine lat. Gedichte erschienen u. d. T. »Etherologum« 1506.

A Zu den bedeutendsten Mönchen im Kloster C. gehörten **Hrabanus Maurus** (→ Mainz/RP) und der Kölner **Ruotger** (2. Hälfte 10. Jh.). – 1629 hielt sich **Friedrich von Spee** (→ Düsseldorf/NW) nach einem Attentat in C. zur Erholung auf, er arbeitete hier an den Liedern der »Trutz-Nachtigall«. – Im Januar 1820 trat **Annette von Droste-Hülshoff** (→ Münster/Roxel/NW) in H., ihrer »zweiten Heimat«, als Sängerin in einem öffentl. Konzert auf. – **Peter Hille** (→ Bad Driburg/Erwitzen/

NW) war 1874 Supernumerar (»überzähliger Beamter«) beim Kreisgericht in H.; hier entstanden seine ersten »Gedichte eines Supernumerars«, von denen 1876 nur »An die Dummheit« veröffentlicht worden ist. – 1954-64 wiederholt **Agnes Miegel** (→ Rinteln/Bad Nenndorf/NI) in Corvey zu Gast, im Auftrag des Fürsten schrieb sie einen »Führer durch Corveys Vergangenheit und Gegenwart«.

L Der Abt von Corbie, **Paschasius Radbertus** (756-856) beschrieb in seiner »Vita Adalharda« das Weserland um Corvey. – Die Sage von der »Lilie im Kloster Korfei« nahmen die **Brüder Grimm** (→ Hanau/HE) in ihre Slg. »Deutsche Sagen« (1816-18) auf. – Von C.s Glanz und H.s Elend erzählen **Franz von Dingelstedt** (→ Marburg/Haldorf/HE) und **F. Freiligrath**/ **L. Schücking** (→ Detmold/NW/Meppen/NI) in ihren Weser- und Westfalenbüchern (1834/41). – C. ist auch Schauplatz in **Friedrich Wilhelm Webers** (→ Bad Driburg/Alhausen/NW) Epos »Dreizehnlinden« (1878). – Ins Jahr 1673 legte **Wilhelm Raabe** (→ Holzminden/Eschershausen/NI) seine hist. Erzählung »Höxter und Corvey« (1879) vor. In die Gegend um H. führt auch sein Roman »Alte Nester« (1880). – Einen Besuch in C. schildert **Konrad Weiß** (→ Schwäbisch-Hall/Michelbach a. d. Bilz/BW) in seinem Reisebuch »Deutschlands Morgenspiegel« (1950). **Josefa Berens-Totenohl** (→ Meschede/Grevenstein/ NW) wohnte eine Zeitlang als Lehrerin und Malerin in Godelheim; ihre Novelle »Die Liebe des Michael Rother« (1953) spielt zur Zeit der Hexenverfolgung im C.er Land. – Mundartautoren im »Höxter Heimatgebiet« u. a. **Fritz Kukuk, Heinz Mönkemeyer, Wilhelm Westkamp** (Jb. Des Kreises H. 1980).

S Die Klosterbibliothek ist im 30-jährigen Krieg fast vernichtet worden; hier fand sich 1517 die einzige erhaltene Hs. der ersten 5 Bücher der »Annalen« des Tacitus (heute Florenz). Die **Schlossbibliothek** (70 000 Bde.) der Herzöge von Ratibor und Fürsten von C. entstand nach 1840. In den Nebenräumen das **Heimatmuseum** mit Dichterzimmer: Hss., Werke und Erinnerungsstücke an J. Berens-Totenohl, A. v.

Droste-Hülshoff, die Brüder Grimm, A. v. Haxthausen, P. Hille, A. H. Hoffmann v. Fallersleben, H. Löns, W. Raabe, L. Schücking, H. Sohnrey (→ Münden/Jühnde/NI), F. v. Spee, F. W. Weber, P. Wiegand.

R Mit Vorliebe hielt sich die **Droste** zwischen 1820 und 1834 im alten Wachtturm (D.-Turm) der Weserburg **Wehrden** (Beverungen-W.) auf; hier entstand ihre Ballade »Der Fundator«. – Das Schloss in **Herstelle**, errichtet 1826-32 von der Schwester der Brüder **von Haxthausen** (→ Bad Driburg/Bökendorf/NW), wurde ein geselliger Treffpunkt des Kreises um die Familie; die Droste: »Bei dem neuantiken Schlosse hat die Landschaft ihren Höhepunkt erreicht . . .«

Z Bad Driburg, Detmold, Paderborn (NW); Holzminden (NI).

HOYERSWERDA/SN

1955 wurde der Grundstein für die H.er Neustadt gelegt, die 10 Jahre später schon 40 000 Einwohner hatte, von denen die meisten im Braunkohlentagebau und in den umliegenden Kraftwerken tätig waren. Aus DDR-Sicht der Reportage-Roman »Stürmische Jahre« (1960) von **Heinrich Ernst Siegrist** (1903-70).

Brigitte Reimann (→ Burg/ST) war 1959 erstmals in H., das sie »überwältigend« fand und »den ganzen Tag wie besoffen herumlief«. Anfang 60 Übersiedlung dorthin mit Ehemann **Siegfried Pitschmann** (→ Suhl/TH). R. blieb nur bis 68; wegen ihrer krit. Haltung kaum mehr geduldet. In H. entstand der Roman »Ankunft im Alltag« (1961), nach dem ein ganzer Abschnitt der DDR-Lit. benannt wurde und mit dem ihr der Durchbruch gelang. In »Franziska Linkerhand« (R.-Fragm. 1974) setzte R. der Stadt ein lit. Denkmal. »Was wir auf dem Herzen haben.« 59 Zeitzeugenberichte aus H. (2008).

A Im barocken Amtshaus (»Lessinghaus«) am Markt wohnte 1748-89 ein Onkel von **Gotthold Ephraim Lessing** (→ Kamenz/SN), der hier mehrfach zu Besuch weilte. – Der junge **Volker Braun** kam 1960 in die »Stadt/Über dem Schlamm« (»Bericht der Erbauer der Stadt Hoywoy«/G. 1965) und glaubte, hier in die Zukunft zu schauen. Als er nach 10 Jahren zurückkehrte, war »das Bier gleich schlecht«.

L Aus einem der sorb. Dörfer bei H. soll Pumphut, der sorb. Eulenspiegel, stammen. Im Unterschied zu seinem norddt. Vorbild beherrschte er die Zauberkunst und unterwies darin auch große Herren.

R Nördl. von H. **Partwitz**, wo 1787 **Kito Fryco Stempel** (→ Lübbenau/BB) geboren wurde. – Aus dem durch den Braunkohlentagebau verschwundenen **Märzdorf** stammt **Jan Arnost Smoler** (→ Bautzen/SN). – **Handrij Zejler** (→ Bautzen/SN) war ab 1835 Pfarrer im südöstl. liegenden **Lohsa**, wo sein Gedicht-Zyklus »Pocasy« (1845-60) entstand, den J. Brězan (→ Kamenz/SN) ins Deutsche (»Die Jahreszeiten«) übertragen hat. 1872 starb Z. hier. Denkmal und Grab an der Kirche. 1839-41 hielt sich **J. A. Smoler** bei seinen Eltern in L. auf und stand in regem Austausch mit Zejler (Hrsg. der »Volkslieder der Wenden . . .«, 1840). H. Zejler: »Auf die sorbische Lausitz«: »Lausitz, schönes Land,/wahrer Freundschaft Pfand!/Meiner Väter Glücksgefild,/meiner Träume holdes Bild,/heilig sind mir deine Fluren!« – Weiter südl. **Driewitz**, wo 1735 bis zu seinem Tod 57 **Johann Basilius Küchelbecker** (→ Pößneck/Neustadt a. d. O./TH) als Syndikus »residierte«.

Z Görlitz, Kamenz (SN); Cottbus (BB).

HUSUM/SH

*»Der Deich streckt seinen Rücken und dehnt
seine Meilen zu einer für unsere Schrittbeine un-
ermeßlichen Länge; er ringelt sich um die Mee-
resbuchten und kriecht zwischen Häusern und
Brandung hindurch wie eine grüne Schlange
ohne Kopf und Schwanz.« (Ernst Barlach, 1899)*
Husum-Hus, Ludwig-Nissen-Haus/Nordfries.
Museum, KZ-Gedenkstätte H.-Schwesing. –
Harro-Harring-Gesellschaft.

Theodor Storm, * 14. 9. 1817 H., † 4. 7.
1888 Hademarschen (→ Rendsburg/SH),
Erzähler und Lyriker (G. Lukács: »ein un-
sagbar feiner, tiefer und unbeirrbar siche-
rer musikalischer Klang«) des poet. Realis-
mus. Besuchte die Gelehrtenschule in H.,
dann das Katharineum in → Lübeck/SH.
1837-42 Jurastudium in → Kiel/SH, 43
Advokat in H. Musste 1853 aus pol. Grün-
den SH verlassen. Zunächst Assessor in
→ Potsdam/BB, wo er mit Th. Fontane

*Husum: Jan Hamkens Zeichnung des Geburts-
hauses von Theodor Storm am Markt 9*

(→ Neurupppin/BB), P. Heyse (→ Ber-
lin) befreundet und mit J. v. Eichendorff
(→ Berlin) bekannt war. Seit 1856 Kreis-
richter in → Heiligenstadt/TH. 1864
Rückkehr nach H., Landvogt und Amts-
richter; 1880 Übersiedlung nach Hade-
marschen. – Gesammelte Werke (Bd. 1-6,
1983); Sämtl. Werke (Hrsg. Laage/Loh-
meier, 4 Bde. 1987/88).
St.-Stätten in H., der »grauen Stadt am
Meer«: Geburtshaus Markt 9 (Gedenkta-
fel/»Drüben am Markt«); Elternhaus Hoh-
le Gasse 3 (Gedenktafel/»Ein Bekenntnis«,
»Geschichten aus der Tonne«, »Unter dem
Tannenbaum«); Wohnhäuser: 1845-53 Neu-
stadt 56 (Gedenktafel/»Immensee«, »Der
kleine Häwelmann«, »Der Herr Etatsrat«
u. a.), 1864-66 Süderstraße 12 (Gedenk-
tafel/»Von Jenseits des Meeres«), 1866-80
Wasserreihe 31 (Museum mit Dauerausstel-
lung »T. S. – Leben und Werk«, Storm-Ar-
chiv (Hs.- und Dokumentenslg.), Spezial-
bibliothek mit 6000 Bdn., Edition aus
dem Storm-Haus; Sitz der Th.-St.-Gesell-
schaft, gegr. 1948, Schriftenreihe; Storm-
Preis der Stadt H. seit 1998; St.-For-
schungsstelle; Grab auf dem St.-Jürgen-
Friedhof (Osterende; dazu K. Schuma-
cher, T. S.s Grab auf St. Jürgen zu Husum,
2001); Denkmal im Schlosspark (Schloss
und Park beschreibt St. häufig, so in den
Novellen »Im Schloss« und »Aquis sub-
mersus«; auf die Wappenlöwen an der Zu-
fahrt bezieht sich u. a. das Gedicht »Mit
einer Handlaterne«). – Schauplätze: Rat-
haus (»Der Amtschirurgus«); »Aquis-sub-
mersus-Haus« Ecke Markt/Krämerstraße;
Haus des Urgroßvaters Schiffbrücke 16
(»Immensee«, »Carsten Curator«); Hohle
Gasse 4 und 8 (»Die Söhne des Senators«);
Langenharmstraße 9 (»Lena Wies«); Oster-
ende 18 (»In St. Jürgen«, »Bötjer Basch«);
Schützenhof Süderstraße 42 (Gedenkta-
fel/»Pole Poppenspäler«). Alle Stätten aus-
führlich dokumentiert bei K. Dohnke,

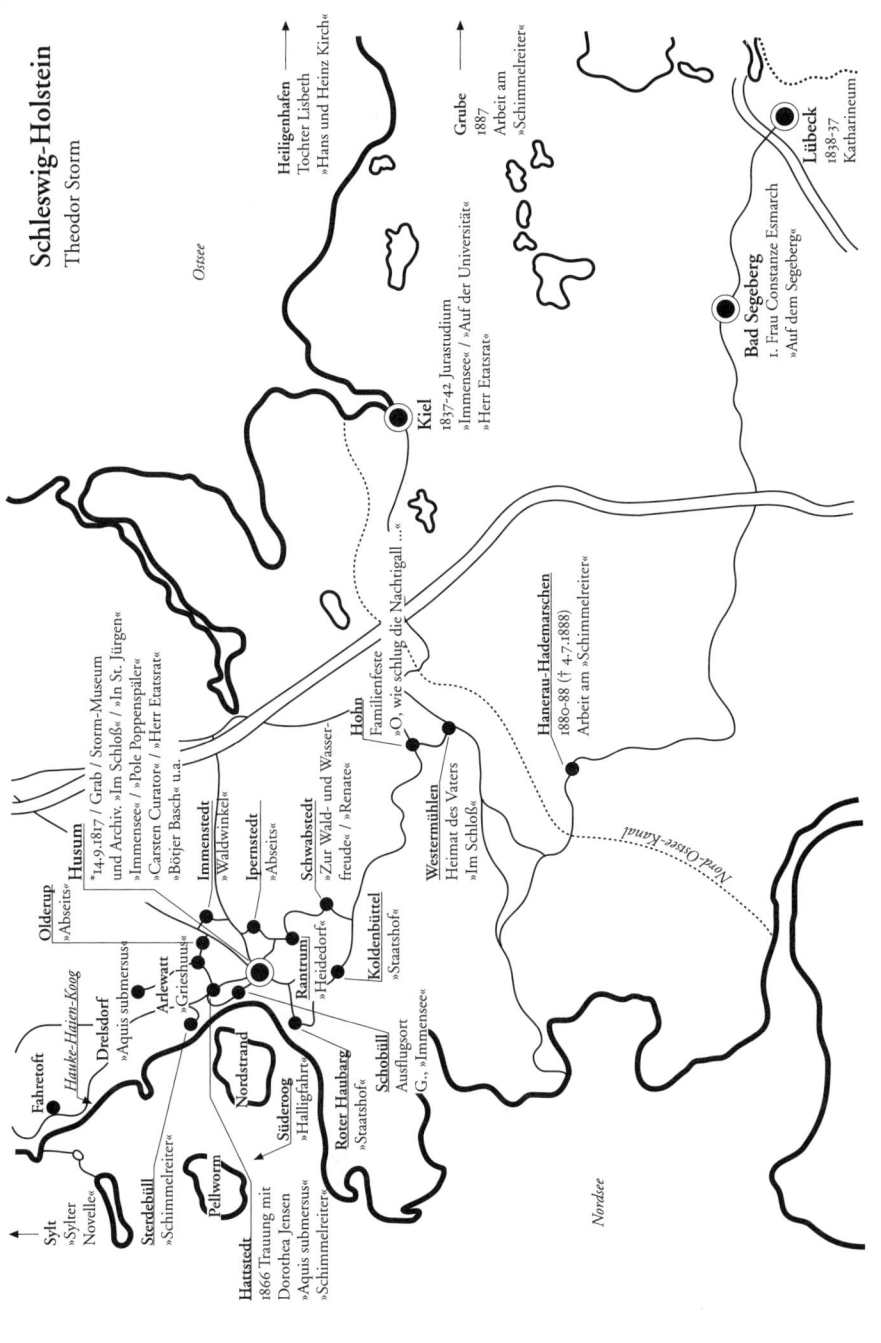

Schleswig-Holstein
Theodor Storm

Ostsee

Heiligenhafen →
Tochter Lisbeth
»Hans und Heinz Kirch«

Grube
1887
Arbeit am
»Schimmelreiter«

Lübeck
1838–37
Katharineum

Bad Segeberg
1. Frau Constanze Esmarch
»Auf dem Segeberg«

Kiel
1837–42 Jurastudium
»Immensee« / »Auf der Universität«
»Herr Etatsrat«

Nord-Ostsee-Kanal

»O, wie schlug die Nachtigall ...«

Hohn
Familienfeste

Hanerau-Hademarschen
1880–88 († 4.7.1888)
Arbeit am »Schimmelreiter«

Westermühlen
Heimat des Vaters
»Im Schloß«

Husum
*14.9.1817 / Grab / Storm-Museum
und Archiv. »Im Schloß« / »In St. Jürgen«
»Immensee« / »Pole Poppenspäler«
»Carsten Curator« / »Herr Etatsrat«
»Bötjer Basch« u.a.

Olderup
»Abseits«

Immenstedt
»Waldwinkel«

Ipernstedt
»Abseits«

Schwabstedt
»Zur Wald- und Wasser-
freude« / »Renate«

Koldenbüttel
»Staatshof«

Rantrum
»Heidedorf«

Drelsdorf
»Aquis submersus«

Arlewatt
Grieshuus

Fahretoft

Sterdebüll
»Schimmelreiter«

Hattstedt
1866 Trauung mit
Dorothea Jensen
»Aquis submersus«
»Schimmelreiter«

Sylt
»Sylter Novelle«

Pellworm

Süderoog
»Halligfahrt«

Nordstrand

Roter Haubarg
»Staatshof«

Schobüll
Ausflugsort
»G., «Immensee«

Hauke-Haien-Koog

Nordsee

»Schleswig-Holstein literarisch« (1996) und K.-E. Laage, »Unterwegs mit Theodor Storm« (2002), »Kulturpfad der Stadt Husum«.
St.-Stätten in Nordfriesland: Schobüll, Sch.er Berg, beliebtes Ausflugsziel. – **Hattstedt:** 13. Juni 1866 im Pastorat Trauung mit Dorothea Jensen durch St.s »alten Schulkameraden« P. Ohlhues, mit dem ihn viele Kindheitserinnerungen in H. verbanden (»Aquis submersus«); auf dem Kirchhof Grab von J. I. Schmidt, 1837-75, Deichgraf im Neuen H.er Koog. Die H.er Marsch und **Sterdebüll** gelten als – durch zahlreiche Hinweisschilder ausgewiesene – Schauplätze des »Schimmelreiters« (1888); Rahmenhandlung im heutigen »Schimmelreiterkrug«. Der weiter nördl. gelegene »**Hauke-Haien-Koog**« (aus dem nahen **Fahretoft** stammt ein zweites H.-Vorbild: Hans Momsen, 1755-1811) wurde 1959-62 eingedeicht, eine Schleuse zeigt das von **Detlev von Liliencron** (→ Kiel/SH) bedichtete Motto des Pidder Lüng: »Lewer duad as Slaav«; Zufahrt über **Bredstedt,** wo ein auch von Th. Storm organisiertes politisches »Friesenfest«1844 stattfand. – Südöstl. von B. **Drelsdorf:** Von einem Knabenbildnis auf dem Bonnix'schen Epitaph in der Kirche ließ sich St. zu »Aquis submersus« (1877) anregen (Brief an P. Heyse: »Der eine Knabe war noch einmal als Leiche gemalt . . . Unter diesem Totenbilde standen, oder stehen noch, die merkwürdigen, harten Worte: Incuria servi aquis submersus.«). – **Arlewatt**-Hof und die Kirche von **Olderup** sind Schauplätze der »Chronik von Grieshuus« (1884); auf dem Weg nach O. entstand im Spätsommer 1847 das Gedicht »Abseits«. – In der Nähe von **Immenstedt** spielt »Waldwinkel« (1874). – »Für Lustfahrten nicht zu weit« **Schwabstedt:** im »Hotel zur Treene« (damals Kirchspielkrug) und auf dem Sch.er Hof spielen »Zur

Wald- und Wasserfreude« (1878) und, mit dem »Wilden Moor« und **Ostenfeld,** »Renate« (1878). – »Draußen im Heidedorf« (1872) verweist nach **Rantrum,** die Novelle »Abseits« (1863) auf den »Wilheitsberg« bei **Ipernstedt.** – An den »Staatshof« (1857-58) bei **Koldenbüttel** erinnert nur noch ein Gartenpavillon, der »Rote Haubarg« nördl. **Witzworts** veranschaulicht die Szene besser. – **Nordstrand,** 1868 von Th. Storm besucht, ist »drüben am andern Ufer« im »Schimmelreiter«. Zwischen N. und Pellworm liegt → Rungholt, von dessen Untergang in »Eine Halligfahrt« (1871) erzählt wird; die Hallig selbst ist **Süderoog.** – Siehe auch Sylt/SH.
Margarete Böhme, * 8. 5. 1867 H., † 23. 5. 1939 Hamburg, Verfasserin sozialkritischer Romane. Ab 1902 Wohnung in Berlin. – W.: Tagebuch einer Verlorenen (1905); Dida Ibsens Geschichte (1907); Christine Immersen (R. 1913); Meine Schuld, meine große Schuld. Bekenntnisse einer armen Sünderin (1922).
Franziska Gräfin zu Reventlow, * 18. 5. 1871 H., † 26. 7. 1918 Muralto/Tessin, die Bohèmienne par excellence. Geb. im Schloss, Tochter des mit Th. Storm befreundeten Landrats. Seit 1889 in Lübeck, dann – nach dem Tag ihrer Mündigkeit – nach → Hamburg und 1893, endgültig 95 nach → München/BY. Seit 1909 in Ascona. – W.: Ellen Olestjerne (aut. R. 1903); Herrn Dames Aufzeichnungen (N. 1913); Der Geldkomplex (R. 1916); Amouresken (2. Aufl. 1997). Ges. Werke (1926) Romane (1976); Tagebücher 1895-1910 (1971); Briefe 1890-1917 (1975; alle Hrsg. E. Reventlow). – Teilnachlass StB München.
A 1864 besuchte **Theodor Fontane** (→ Neuruppin/BB) Storm in H. und notierte: »Husum und Storms Haus sehr nett. Jahrmarkt; die Stadt flaggt.« 1964 kam **Arno Schmidt** (→ Hamburg). Der Schrift-

steller **Udo Steinke** (u. a.: »Ich kannte Tal-
mann«, En. 1980; »Die Buggenraths«, R.
1981) wohnte ab 1981 für acht Jahre in H.

L Sprichwörtlich »Das Mütterchen von Hu-
sum«, das sein Haus anzündet, um die Schlitt-
schuhläufer vom Eis der Nordsee zu holen. –
Der 1909 geb. dän. Schriftsteller **Palle Lauring**
beschreibt in seinem Roman »Jürgen und der
goldene Zweig« H. in der Reformationszeit. –
»Aus meinem Leben« (1909): Erinnerungen
des Pädagogen **Friedrich Paulsen** aus Langen-
horn bei H. – Topographien auch in den
Storm-Erzählungen »Die graue Stadt – die lich-
ten Frauen« (1922) von **Emil Hadina**, »Unter
fremdem Joch« (1934) von **Albert Petersen**
(1883-1943) und »Du gibst der Jugend letzten
Gruß« (1976) von **Dierk Puls**. **Ingrid Bachér**
(→ Rostock/MV), die Urenkelin Theodor
Storms, schildert in ihrem R. »Woldsen oder
Es wird keine Ruhe geben« (1982) einen Va-
ter-Sohn-Konflikt im Haus des Dichters. Mit
»Hauke Haiens Tod« (R. 2001) nehmen **An-
drea Paluch** und **Robert Habeck** ein Storm-
Motiv auf. **Ludwig Harigs** Reise-Essay u. d. T.
»Die Rosen blühen wie dazumal – in Theodor
Storms Landschaft« (in: »Spaziergänge mit
Flaubert. Reisegeschichten«, 1997). **Horst Kut-
zer** (Hrsg.), »Husum. Ein Lesebuch« (1985).

St. Peter-Ording (Eiderstedt)

St. Peter-Ording ist in **Werner Kloses** Kri-
minalroman »Mord in Sanderup« (1982)
ebenso unschwer wiederzuerkennen wie
Tönning in »Sonntagsmörder« (1983). Frü-
here literarische Bilder der Halbinsel in
Käthe Feddersens (Ps. **K. v. d. Eider**) »Kihr-
wedder« (R. 1906) und bei **Thusnelda
Kühl** aus **Oldenswort** (»Die Leute von
Effkebüll«, R. 1905), in der Nähe Gut
Hoyerswort, Schauplatz einer von **Fried-
rich Hebbel** (→ Heide/Wesselburen/SH)
bedichteten Sage vom »Teufel auf dem Tanz-
boden«. – **Axel Marquardt** analysierte »Die
Marschmenschen« (3. Aufl. 1998), Ebbe
und Flut als Symbol des Weltschmerzes in

Hartmut Langes »Die Wattwanderung«
(N. 1992). Eine Anthologie zur Nordsee-
Literatur des 19. und 20. Jahrhunderts
von **Horst Kutzer** »Unter diesem Himmel«
(1996).

Ingeborg Andresen-Bodewadt (1878-1955)
ist als niederdt. Erzählerin volkstüml. Stof-
fe bekannt geworden: »Hinter Deich und
Dünen« (Nn. 1907, n. 1993); »De Roop«
(Dr. 1924); »Blauer Amidaam« (Lsp. 1930),
»Unse olen Dage« (Sch. 1930); »Nebelland«
(En. 1988).

Der Schriftsteller **Uwe Herms**, Jg. 1937,
beschreibt sein Domizil, ein altes Hebam-
menhaus, bei **Westerhever** »in einer Land-
beuge, unterhalb derer die Halbinsel Ei-
derstedt armstumpfähnlich ins Watten-
meer vordringt« (»Das Haus in Eiderstedt«,
1985, n. 1997); von H. auch die Übersicht
»Schleswig-Holstein – Schlupfwinkel der
Literatur« (1988, erw. 2003), »Wundertüte
eines halben Tages« (En. 1997) und die li-
terarischen Reportagen »Im Land zwi-
schen den Meeren – Reisen in das unbe-
kannte Schleswig-Holstein« (Vorwort Sieg-
fried Lenz, 1996), darin: »Ich sehe was,
was du nicht siehst – vor meiner Haustür
auf Eiderstedt«; Werkauswahl: »Schrauben,
aha« – Prosa und Gedichte (2001).

Garding

Theodor Mommsen, * 30. 11. 1817 G.,
† 1. 11. 1903 → Berlin, Historiker und be-
deutender Erforscher der röm. Gesch.,
der »auf wundervolle Weise die ewige Wahr-
heit, daß das Genie nichts ist als der
menschlichste Mensch, in eine neue und
glänzende Beleuchtung gerückt« hat (E.
Friedell). Kindheit in G., wo sein Vater Vi-
kar war; 1821 zog die Familie nach → Bad
Oldesloe/SH. Studium u. a. in → Kiel/
SH, 1852 Ordinarius in Zürich, seit 58
Prof. für alte Gesch. in Berlin. Als Mitglied
des preuß. Abgeordnetenhauses Gegner

Otto v. Bismarcks (→ Stendal/Schönhausen/ST). 1902 Nobelpreis für Lit. – W.: Römische Geschichte (1854-56). Ges. Schriften (1905-10). – Geburtshaus »altes Diakonat« Markt 6, nebenan Erinnerungsstätte »Th.-M.-Gedächtnisfoyer« des Gemeindehauses. – Nachlass DSB, Dt. Akademie der Wiss. Berlin. – M.-Gesellschaft (seit 1950). S. Rebenich, »Theodor Mommsen« (2002), H.-W.Wulf, »Übermütig sieht's nicht aus!« Von Th. M.s Elternhaus, Schule und Studium, in: Eiderstedter Museumsspiegel 4/2001; und U. Herms' Studie »Chchaarn! Oder auch Garding genannt. Gruß an Theodor Mommsen als Kleinkind« (in: »Im Land zwischen den Meeren«, 1996). – Adelheid Mommsen, »Mein Vater. Erinnerungen an Th. M.« (1992).

Tönning

»Eine liebenswerte Kleinstadt mit vielen Häusern aus dem 16. bis 18. Jahrhundert, mit der schönen Kirche am Markt ... und den Anlagen und Gassen, in denen viel Holländisches atmet.«
(Hanns Christian Jessen, 1972)

L Sprichwörtlich der Trinkspruch der kleinen Martje Floris bei der Belagerung T.s durch die Dänen 1700: »Et gah uns wol up unse olen Dage!« (Ballade von **Klaus Groth** → Heide/SH). – Der hohe Kirchturm von T. erinnert an den plattdt. Spottvers, den **Theodor Storm** in »Von heut und ehedem« zitiert, mit dem die Husumer »ihr eigenes Tun verhöhnten, als sie mit unsäglicher Mühe ihr ältestes Baudenkmal zerstörten«: »De Tönninger Torn ist hoch un spitz:/De Husumer Herrn hemm Verstand in de Mütz!« – Der französische Schriftsteller **Jules Verne** startete 1881 in T. seine Schiffsreise über Rendsburg nach Kiel (Bericht des Bruders Paul V. u. d. T. »Von Rotterdam nach Kopenhagen«, 1881, als Anhang zu Vernes R. »Die Jangada«).

Friedrichstadt

»Water rein und hell / is de wohre Lebensquell.«
(Widmung für die Marktpumpe von 1878 von Klaus Groth)
Gründung im September 1621 (Gedenktafel Eckhaus Binnenhafen/Vörstenburgwall) durch niederländ. Remonstranten: »De Friestatt«, wie es in einem Gedicht von **Hinrich Kruse** heißt, für »Remonstranten,/Lutheraner,/Protestanten,/Katholiken-/Frie Christen,/Mennoniten,/Calvinisten,/die von Jehova/un Juden, ja/ok Juden ...« 1850 mehr als die Hälfte der von den Dänen besetzten Stadt bei der Beschießung durch schleswig-holstein. Truppen zerstört. Beim Wiederaufbau ursprüngl. Anlage zwischen Sielzügen und Grachten voll erhalten.

Ludwig Friedrich Hudemann, * 3. 9. 1703 F., † 16. 2. 1770 Hennstedt, Lyriker, Dramatiker. Anwalt in Hennstedt, Kontakte zu Dichterkreisen und -gesellschaften. Gilt als Anakreontiker. – W.: Harmonische Belustigungen des Geistes (1749).

Johann Christoph Biernatzki, * 17. 10. 1795 Elmshorn, † 11. 5. 1840 F., 1822 Predigerstelle auf der Hallig Nordstrandischmoor, 1825 – nach der großen Sturmflut – Pastor in F. 1836 erschien sein Hauptwerk »Die Hallig«. – Ehem. Pastorat Mittelburgwall 30 (Tafel mit goldener Feder); Grab auf dem Friedhof der ev.-luth. Kirche. 1858 kam **Theodor Storm** ins nahe gelegene **Koldenbüttel** (»Auf dem Staatshof«, N.).

Niebüll

Richard-Haizmann-Museum N.

»Rauh und stoßweise kam der Wind von der See und rief hinter der Tür Tumulte hervor. Keine Möwe war jetzt zu sehen, nicht mal die Wächter waren in der Luft.« Diese Zeilen entstammen **Siegfried Lenz'** Roman »Deutschstunde« (1968), dessen Schauplatz die Landschaft westlich von

Seebüll ist. Im Mittelpunkt des Werkes der expressionist. Maler **Emil Nolde** (→ Flensburg/SH; Autobiographie Bd. 1-4, 1931 ff.), der von 1927 bis zu seinem Tod 56 in S. lebte; sein Haus heute Museum, Grab im Garten.

Der aus **Satrup** stammende **Jochen Mißfeldt** (geb. 1941) hat in seinen zwei Romanen »Solsbüll« (1989) und »Gespiegelter Himmel« (2001) sowie in den »Fliegergeschichten« aus »Capo Frasca« (1984) die Gegend um Niebüll literarisch vermessen. M.s Landschaftsporträts »Angeln: Im Knick« in: »Seid gut zum Unkraut« (En. 2002). – In **Ladelund** eine Gedenk- und Begegnungsstätte des ehem. KZ-Außenlagers von Neuengamme (→ Hamburg). Dazu: **Dieter Alpheo Müller**, »Und Gott wird trocknen alle Tränen« (dokument. R. 1983) – In **Enge** bei Stedesand wurde **Moritz Momme Nissen** (1822-1902), einer der bedeutendsten nordfries. Lyriker, geboren: »Den freske Sjemstin«, 1868. Ein von ihm verfasstes Wörterbuch seines Heimatdialekts befindet sich in der UB Kiel. – Auf dem Friedhof von **Süderlügum** Grab der balt. Schriftstellerin **Mia Munier-Wroblewski** (→ Itzehoe/SH).

Die Sprachenlandschaft in Nordfriesland zählt »zu den bestgehüteten Geheimnissen in Deutschland«; über die neun inselnord- und festlandnordfriesischen Dialekte informiert **Jens Quedens** in »Literarische Reise durch Schleswig-Holstein« (1999), dort auch weiterführende Literatur.

Amrum

Aus **Norddorf** stammt **Christian Johansen** (1820-71), dessen Erzählung in fries. Sprache »Aramud an Döggenhaid« (»Armut und Tugend«, 1848-49) auf die Insel ebenso aufmerksam machte wie seine Schrift über die »Nordfries. Sprache nach der Föhringer und Amrumer Mundart« (1862).

Theodor Fontane lobte bei einem Besuch 1891 A. und Föhr als »gesegnete Gegenden, wo man schon die Kultur und das Wohlleben der Skandinaven und Hanseaten empfindet« (Tagebücher, n. 1994). Am 12.7.1991 ertrank vor A. der Lyriker und Literaturwissenschaftler **Ludwig Greve** (geb. 1924).

Föhr

Dr. Haeberlin-Friesen-Museum in Wyk.

Theodor Storm kam als Knabe auf die Insel, zu deren Gästen auch der Musiker Johann Strauß (Walzer »Nordsee-Bilder«, Gedenktafel am Kurhaus) und der Maler Wilhelm von Kügelgen zählten. **Hans Christian Andersen** besuchte sie 1844; Gedenktafel am Haus des »Insel-Boten« in **Wyk** (Große Straße 16; lit. bearbeitet in K. H. Thiele, »Empfindsame Reise«, 1975, und U. Herms' Studie »Kein Märchen – H. Ch. A. badete in Wyk auf Föhr«, in: »Im Land zwischen den Meeren«, 1996). **Detlev von Liliencron** (→ Kiel/SH) kam 1865, **Wilhelm Raabe** (→ Holzminden/Eschershausen/NI) 1867, **Theodor Fontane** (→ Neuruppin/BB) begann 1891 hier mit der Niederschrift seines Romans »Mathilde Möhring«, wobei er »trotz des scheußlichen Wetters sehr angenehme Tage verlebte« (Tagebücher, n. 1994); Gedenktafel am Wyker Sandwall/Ecke Süderstraße. 1909 geriet **Hans Henny Jahnn** (→ Hamburg) zusammen mit **Rainer Maria Rilke** (→ München/BY) bei der Überfahrt in einen lebensgefährlichen Sturm vor der Insel (Walter Muschg, »Gespräche mit H. H. J.«, 1967).

In **Wyk** 1884 geb. und 1966 gest.: **Ferdinand Zacchi**, nationalsozialistischer Romancier (»Volk an der See«, 1934) und 1919-41 Hrsg. der »Plattdütschen Klock«; Grab auf dem Friedhof der St. Nicolai-

Kirchengemeinde in Wyk. – Über den St. Johannis-Friedhof in **Nieblum** schrieb **Christian Morgenstern** (→ München/BY) 1905: »Zu Nieblum will ich begraben sein,/am Saum zwischen Marsch und Geest ...« – **Peter Wapnewski**: »Steine, die reden« (Merian 5/1975): »Auf Föhr läßt man den Gottesacker weiter von seinen Toten reden ...« F.er Erinn. bei **Stine Andresen** »Briefe und Gedichte« (1987). **Horst Kutzer** (Hrsg.), »Föhr. Ein Lesebuch« (1988, 2. Aufl. 99).

R Auf dem Friedhof der Hallig **Oland** fand **Wilhelm Lobsien** (→ Kiel/SH), der »Halligdichter«, seine letzte Ruhestätte. Die Hallig östlich Wyks, die **Hans Christian Andersen** 1844 zu dem Roman »Die zwei Baronessen« inspirierte, wurde von der Schriftstellerin **Elfriede Rotermund** (1884-1966) in »Einsame Ufer« (E. 1925), »Die große Stille« (E. 1926) und »Godber Godbersen« (R. 1928) beschrieben. »Good Eten un Drinken höllt Liev un Seel tosamen«, behaupten die Westküstenbewohner, und so mag es auch **Detlev von Liliencron** gehalten haben, als er 1882/83 als Deichhauptmann und Hardesvogt auf der Insel **Pellworm** amtierte (L.-Hof, Gedenktafel); Gedichte: u. a. »Auf dem Deiche«, Rungholt-Ballade »Trutz, Blanke Hans« (1882), Novellen: u. a. »Auf der Marschinsel«, »Die Könige von Norderoog und Süderoog«, »Hinrich und Heinrich«. Über die sagenhafte versunkene Stadt **Rungholt** auch **Karl Holms** gleichnamiger Roman (1915), **Johannes Doses** »Rungholts Ende« (R. 1920) und zuletzt Hans Peter Duerrs »Rungholt. Die Suche nach einer versunkenen Stadt« (2005). Über **Alfred Kerr** (→ Berlin) auf Pellworm schrieb **Uwe Herms** die Studie »Aus Liebe dichtete er plattdeutsch« (in: »Im Land zwischen den Meeren«, 1996). Auf **Nordstrand** soll der »Pharisäer« erfunden worden sein, ein anekdotenumwobe-

nes Getränk aus Kaffee, Rum und Sahne. – Auf dem **Ibenshof** wurde der pol. Lyriker und Schriftsteller **Harro Paul Harring** (1798-1870) geb. Aus dem weiter nördl. gelegenen **Langenhorn** stammt der Philosoph und Pädagoge **Friedrich Paulsen** (1846-1908), dessen Hauptwerke »Geschichte des gelehrten Unterrichts« (1895) und »Pädagogik« (1912) über seine Zeit hinaus Bedeutung erlangten. – »Porträt einer untergehenden Gesellschaft« nennt **Christoph Ransmayr** im Untertitel seine Reportage »Ein Leben auf **Hooge**« (in: »Der Weg nach Surabaya«, 1997).

S Nordfriisk Instituut in **Bredstedt** (zentrale Einrichtung zur Erforschung der nordfriesischen Literatur und Sprache).

B K. E. Laage, Th. Storm in Husum und Nordfriesland; 1979; ders., Das Storm-Haus in Husum, 1980; H.-H. Welchert, Von Schleswig bis Schwabing/Die Welt als Fabel/Im Gebot der Freiheit/Chronik der Fluten, in: Wanderungen zu den Schlössern und Domen in Schleswig-Holstein, 1978; K. Möller/M. Petersen, Liliencron auf Pellworm, 1982.

Z Flensburg, Heide, Schleswig, Wesselburen (SH).

IDAR-OBERSTEIN/RP

Deutsches Edelstein-Museum.

A In »unschuldigem Exilio« lebte 1602 **Friedrich (von) Hellbach** (→ Bad Kreuznach/Kirn/RP) in Idar. 1719 starb in Oberstein der Prediger **Leonhard Goffiné** (geb. 1648 in Köln); seine »Christkatholische Hauspostille« (1687) wurde ein europ. Hausbuch.

L **Karl Simrock** (→ Bonn/NW) zitiert im »Malerischen und romantischen Rheinland« den Küster der Felsenkirche, der über den Brudermord zu erzählen pflegte, zu dessen »Büßung« die Kirche »in den harten Stein gemeißelt« wurde: dass der eine dem anderen, der

Katzen nicht leiden konnte, einen alten Kater in den Stiefel gesteckt habe, das sei die Ursache gewesen (Ballade auch in S.s »Rheinsagen«). – **Ludwig Starklof** (1789-1850) schrieb die nicht nur in der Region seinerzeit viel gelesene »Schlösser- und Höhlengeschichte« »Sirene« (1846). – Weitere Autoren u. a. **Johann Jakob Leyser** (1799-1868/»Zur Geschichte und Kunde des ehem. Nahegaues«, 1853), **Friedrich Wilhelm Wild** (1827-88/mundartl. und hochdt. Gedichte), **Ernst Falz** (1870-1950/»Von Menschen und edlen Steinen«, 1939), **Otto Conradt** (1897-1969/»Ich habe die weite Welt nicht gebraucht«, Sammelbd. aus dem Nachlass, 1979), **Rudolf Casper** (1900-1987/»Schmunzelgeschichten aus Oberstein und von der Oberen Nahe«, 1977) und **Armin Peter Faust**: »Die Flügel der Nike. Aufzeichnungen eines Gemmenschneiders« (N. 1995). – Gräber von Wild, Falz, Conradt auf dem Alten Friedhof Idar. **S** Autorengruppe Nahe (seit 1972).

Herrstein

Von der Sponheimer Burg der sog. Schinderhannes-Turm erhalten, wo Sch. um 1800 eingesessen haben soll. – 1978 Autorengruppe »Fachwerk« im »Herrsteiner Kreis«.

L Fischbach ist die Heimat von **Friedrich Boor** (1844-1919); eine Slg. seiner Mundartgedichte erschien 1972. – In **Kirschweiler** lebt Albert Pütz: »Aufrührer und Glückssucher« (En. 1989) spielt in den Jahren der Pfälzer Revolution 1848/49; »Villa mit Gästen« (R. 1997) in **Herborn**. – Aus **Sensweiler** (altes Pfarrhaus an der Hauptstraße) stammt **Wanda Icus-Rothe** (1875-1947); von ihrer »Jugend auf den Höhen des Hunsrück« erzählt sie in »Sonne der Heimat« (1920). – In **Veitsrodt** hauste, amtierte 1804-11 **Friedrich Christian Laukhard** (→ Alzey/Wendelsheim/RP); der Roman »Wilhelm Steins Abentheuer« und die »Vertrauten Briefe eines Landpredigers« entstanden hier; Erinnerungsstücke im »Sonnenhof«.

R Entree an der oberen Nahe: mit **Vilma Sturm** (→ Mönchengladbach/NW) kommt man nach **Birkenfeld** (»Meine lieben Flüsse«, 1962), mit **Karl Lohmeyers** (→ Saarbrücken/SL) Slg. »Die Sagen von der Saar, Blies, Nahe, vom Hunsrück, Soon- und Hochwald«(1935) kann man als Vademecum durchs Land fahren. – »In den Wäldern verborgen« lebte im 15. Jh. in **Niederbrombach** der Verfasser eines seinerzeit viel beachteten astrolog. Werkes, der »Prognosticatio in Latino« (n. 1923), **Johannes Lichtenberger** (um 1440-1503), der fürstliche Karriere machte und zuletzt doch in seiner heimischen Pfarre blieb. – Der schriftstellernde Staatsrat **Laurenz Hannibal Fischer** (1784-1868) wurde durch die Versteigerung der Flotte des Deutschen Bundes berüchtigter als durch seine Bücher; in **Birkenfeld** schrieb er »Des teutschen Volkes Not und Klage« (1845). 1880-83 besuchte **John Henry Mackay** (→ Berlin), bis 1902 **Reinhard Goering** (→ Bieberstein/Fulda/NW) das Gymnasium in B. **Friedrich Sieburg** (→ Lüdenscheid/Altena/NW) wurde 1945 von den Franzosen als angeblicher Virusträger, wie **Albert Pütz** schreibt, in »quarantaine«, d. h. ins Zwangsdomizil nach B. geschickt. 1990 starb in B. der seit 1973 in **Leisel** lebende Kinderbuchautor **Andreas Bauer** (1906-1990), einst Direktor der Komischen Oper in Berlin-Ost.

B K. E. Wild/A. Pütz, Signale landeinwärts. Literatur an der Nahe, 1987; U. Anhäuser, Sagenhafter Hunsrück, 1994.
Z Bad Kreuznach, Simmern, Trier, Wittlich (RP); St. Wendel (SL).

ILMENAU/TH

Technische Universität.

Wilhelm Heinse (eig. **Heintze**), * 15. 2. 1746 Langewiesen bei I., † 22. 6. 1803 → Aschaffenburg/BY, Romancier und Kunstschriftsteller. Von J. W. L. Gleim

Goethe-Wanderweg Ilmenau–Stützerbach

1 Ilmenau
Markt, Rathaus, Amtshaus (Museum), davor G.-Denkmal Obertorstraße, Friedhof (Grab Corona Schröter) Altes Zechenhaus / 1691–1829 Sitz der Ilmenauer Bergverwaltung

2 Neuer Johannesschacht
Eröffnung 24.2.1784 durch G., Gedenkstein Mittlerer Berggraben, Sturmheide (altes Bergbaugebiet)

3 Schwalbenstein
19.3.1779 4. Akt »Iphigenie auf Tauris«, G.-Medaillon mit »Iphigenie«-Zeilen

4 Gasthaus Schöffenhaus
Schauplatz von Kurt Kluges R. »Das Flügelhaus« (1937, erw. 38 u.d.T. »Der Herr Kortüm«)

5 Bornwiese
Marienquelle

6 Manebach
31.8.1777 Zeichnung G.s »Manebacher Grund« Oft Einkehr im Kantorhaus, Goethestraße 13

7 Helenenruh
Aussichtspunkt über Manebach

8 Großer Hermannstein
22 m hoher Porphyrfelsen Besuch u.a. 6.8.1776 zus. mit Charlotte von Stein, Tafel mit G.-Distichon

9 Kickelhahn
861 m hoher Berg, Goethehäuschen 6.9.1780 Gedicht »Über allen Gipfeln ist Ruh«, letzter Besuch 28.8.1831

10 Gabelbach
Jagdhaus (Museum), 1783 von Herzog Carl August errichtet

11 Finsteres Loch / Hirtenwiese
Atmosphärisch Ort des Waldlagers in G.s Gedicht »Ilmenau« (»Wo bin ich? Ist's ein Zaubermärchenland?«)

12 Gasthof Auerhahn / Rennsteig

13 Stützerbach
Ehem. Glashüttensiedlung. Aufenthalte: Glasersches Haus, Auerhahnstraße 12 Gundelachsches Haus, Sebastian-Kneipp-Straße 18 (Museum)

(→ Halberstadt/ST) gefördert. 1780-83 in Italien, dann Bibliothekar am kurmainzischen Hof. H.s »Ardinghello und die glückseligen Inseln« (1787) ist der erste dt. Künstlerroman. – Geburtshaus in Langewiesen: Ratsstraße 9 (Gedenktafel), H.-Museum; im H.-Park Reliefporträt (1935). – H.-Verein in Langewiesen.

Corona Schröter, * 14. 1. 1751 Guben (→ Cottbus/BB), † 23. 8. 1802 I., Schauspielerin und Sängerin. 1776-98 in → Weimar/TH, dort Star des Hoftheaters. Schrieb die Musik zu Goethes Singspiel »Die Fischerin«. – Sterbehaus: »Sächsischer Hof«, Straße des Friedens/Ecke Marktstraße (Gedenktafel); Grab auf dem Friedhof. – **Jutta Hecker** (→ Weimar/TH), »Corona« (R. 1969).

A **Goethe** (→ Frankfurt a. M./HE) kam 1776-96 oft nach I., meist wegen des Bergbaus, der seit 77 revitalisiert werden sollte. Der Erfolg blieb aus, doch empfingen G.s naturwiss. Forschungen hier wichtige Impulse. Seinen letzten Geburtstag feierte G. in I. Dazu: **Sigrid Damm**, »Goethes letzte Reise« (2007). Wohnung: Alte Försterei, Wetzlarer Platz (Gedenktafel), Friedrich-Hofmann-Straße 7 (Gedenktafel), Gasthof »Zum Löwen« (Nachfolgebau), Lindenstraße 1 (Gedenktafel) und Lindenstraße 12 (Gedenktafel); seit 1967 G.-Gedenkstätte im Amtshaus, Markt 8 (Gedenktafel), davor G.-Denkmal (1996). Hier beginnt der mit dem »G.«-Initial gekennzeichnete G.-Wanderweg, der auf einer Länge von 18 Kilometern alle G.-Stätten bis hin nach Stützerbach berührt. Nach wie vor grundlegend **Julius Voigt** (1874-1946), »Goethe und Ilmenau« (1912, Ndr. 1990).

Karl Ludwig von Knebel (→ Jena/TH) lebte nach seiner Heirat mit der jungen Louise Rudorf 1798-1803 in I., wo ihm aber geistige Anregung fehlte. Wohnung: Wenzelsches Haus, Lindenstraße 12 (Ge-

denktafel). – **Jean Paul** (→ Wunsiedel/BY) kam Anfang Mai 1800, begleitet von **Johann Gottfried Herder** (→ Weimar/TH), und löste dort die Verlobung mit Karoline von Feuchtersleben. – **Theodor Fontane** (→ Neuruppin/BB) unternahm mit Mathilde von Rohr (→ Kyritz/BB) im August 1867 in der I.er Umgebung »reizende Spaziergänge«. – **Joseph Victor von Scheffel** (→ Karlsruhe/BW) wohnte 1878 drei Wochen in der I.er »Champagnerluft«. Gasthof »Tanne« (Nachfolgebau), Lindenstraße 39 (Gedenktafel); Gedenkstein (1888) an der Waldstraße. – Auch **Friedrich Hofmann** (→ Coburg/BY) kam in den 70er und 80er Jahren oft nach I. und starb hier 1888. Sterbehaus: Friedrich-Hofmann-Straße 14 (Gedenktafel); Grab auf dem Friedhof.

L **Hedwig Sidonia Zäunemann** (→ Erfurt/TH), die oft in I. weilte, schrieb das erste Gedicht über den I.er Bergbau (»Das Ilmenauische Bergwerck . . .«, 1737). – Am 24. 2. 1784 wurde in I. der neue Johannesschacht, Erfurter Straße, eröffnet. **Goethe** hielt dazu im »Sächsischen Hof« eine Rede.

R Über die nach Süden aus I. hinausführende Waldstraße kommt man zum **Gabelbach**, einer Waldhöhe unterhalb des Kickelhahns. Das als Museum zugängl. Jagdhaus wurde 1783 von **Carl August** (→ Weimar/TH) errichtet. **Goethe** war dort oft Gast. Das Gedicht »Ilmenau am 3. September 1783« (»Anmutig Tal! du immergrüner Hain!«) erinnert atmosphärisch an G. Heute führt von dort ein Waldweg zum 861 Meter hohen **Kickelhahn**, auf dem G. am Abend des 6. 9. 1780 auf die Bretterwand des Pirschhauses sein berühmtestes Gedicht schrieb: »Über allen Gipfeln/Ist Ruh,/In allen Wipfeln/Spürest du/Kaum einen Hauch;/Die Vögelein schweigen im Walde./Warte nur, balde/Ruhest du auch.« Am 28. 8. 1831 »re-

cognoscirte« G. das vor 51 Jahren eingeritz-
te Grafitto. Das »Goethehäuschen« brann-
te 1870 ab und wurde 84 rekonstruiert.
Darin Ausstellung mit dem G.-Gedicht
in zahlreichen Sprachen. Im April 1878
war **Scheffel** mehrmals im Jagdhaus, wo
Ilmenauer Honoratioren als »Gemeinde
Gabelbach« ihren Stammtisch abhielten
und Kontakte zu Dichtern knüpften. Sch.
wurde vor **F. Hofmann** (1888) und **Rudolf
Baumbach** (→ Bad Berka/Kranichfeld/
TH/1893/B.-Denkmal gegenüber) ihr »Ge-
meindepoet«.
Am nordwestl. Hang, Richtung Manebach,
der **Hermannstein**, ein 22 Meter hoher
Porphyrfelsen, einer der liebsten Aufent-
halte **Goethes**. Am 6. 8. 1776 war er gemein-
sam mit **Charlotte von Stein** (→ Weimar/
TH) hier. An der von G. gezeichneten
Höhle myst. Verse: »Felsen sollten nicht
Felsen und Wüsten nicht Wüsten blei-
ben/Drum stieg Amor herab, sieh und
es lebte die Welt.« – In **Manebach** Ein-
kehr **Goethes** immer wieder beim Kan-
tor Matthäus Schellhorn, Goethestraße 13
(Gedenktafel). – Nahebei der **Schwalben-
stein**, wo **Goethe** am 19. 3. 1779 den 4. Akt
der »Iphigenie« niederschrieb. – Richtung
Elgersburg auf einem Berg der Gasthof
»Schöffenhaus«, in dem **Kurt Kluge** (→
Leipzig/SN) 1930-32 Gast war und des-
sen Wirt, Alexander Wörmer, das Urbild
von K.s bekanntester Romanfigur, dem
»Herrn Kortüm« (1938), abgab. – Südl.
die Glashüttensiedlung **Stützerbach**. Dar-
über der aus St. stammende **Bodo Kühn**:
»Die gläserne Madonna. Roman über
Schicksale italienischer Glasbläser in Thü-
ringen« (1974), »Licht über den Bergen«.
Roman um das erste deutsche Thermome-
ter« (1955). **Goethe** war mehr als 10-mal
hier und übernachtete meist bei dem Glas-
hüttenbesitzer Johann Daniel Gundelach.
Seit 1962 G.-Museum im Gundelach-
schen Haus (»Großes Wohnzimmer« ori-

*Ilmenau: Der Stützerbacher Grund, Tuschla-
vierung (1782) von Goethe*

ginal erhalten), Sebastian-Kneipp-Straße
18. – Von Stützerbach ist es nicht weit
bis zum Rennsteig und zur **Schmücke**
mit dem berühmten Gasthaus. Darüber
Julius Kober (→ Suhl/TH), »Vom groben
Joel auf der Schmücke. Leben und Anek-
dotisches des Schmückewirtes« (1939).

Elgersburg

A **Goethe** besuchte E. und seine felsige
Waldgegend von Ilmenau aus, so am 7. 8.
1776. Im Körnbachtal G.-Felsen (Gedenk-
tafel). – Der Ort entwickelte sich zu einem
weithin bekannten Kurbad, dem **August
Trinius** (→ Waltershausen/TH) 1886
»den Preis der Schönheit unter allen Bade-
orten Thüringens« zubilligte. – 1862 war
Fritz Reuter (→ Demmin/Stavenhagen/
MV) dort. In »Ut mine Stromtid« (1862)
erzählt Inspektor Bräsig »sine Erlebnisse
möt de Wasserdoktors«. Wohnung: Kur-
haus (Gedenktafel). – **Jakob van Hoddis**
(→ Berlin) wurde im Spätsommer 1914
nach seinem geistigen Zusammenbruch
nach E. gebracht und in eine Heilanstalt
eingewiesen.
R Richtung Arnstadt das Städtchen
Plaue, wo **H. S. Zäunemann** am stürmi-
schen 11. 12. 1740 in der Hochwasser füh-
renden Zahmen Gera ertrank. Gedenk-
stein mit Porträtmedaillon bei der Kirche.

– Nahebei **Dörrberg**, wo **Friedrich Lienhard** (→ Weimar/TH) 1903-16 zurückgezogen lebte. 1917 verkaufte er sein Haus an **Artur Dinter** (1876-1948), der dort den antisemit. Roman »Die Sünde wider das Blut« (1918) schrieb. – Richtung Ohrdruf **Frankenhain**, wo **J. van Hoddis** 1915-22 beim Volksschulrektor Emil Siegling, Ohrdrufer Straße 20, in Pflege war. In diesen Jahren unternahm H. immer wieder ausgedehnte Wanderungen, so dass die Leute ihn nur noch den »Schnelläufer« nannten. 19 lief H. sogar bis Erfurt. 1998 gingen 14 Thür. Schriftsteller diesen Weg nach und schrieben darüber: **Wulf Kirsten** (Hrsg.), »Wandern über dem Abgrund. Jakob van Hoddis nachgegangen. Eine Hommage« (1999). – In der Nähe der **Lütschegrund** mit seiner Talsperre. Das Dorf Lütsche wurde 1859 geschleift, um herzoglichen Jagdgrund zu schaffen: **Herman Anders Krüger** (→ Gotha/Neudietendorf/TH), »Verjagtes Volk« (E. 1924), und **J. Kober**, »Der letzte Schulze von der Lütsche. Tragödie eines Thüringerwalddorfes« (1934).

Stadtilm

Heimatmuseum im Schloss. – Aus St. stammt der Komponist und Sänger Albert Methfessel (1785-1869), Hrsg. des »Allgemeine(n) Commers- und Liederbuches« (1818); Denkmal auf dem Markt.

Berthold Sigismund, * 19. 3. 1819 St., † 13. 8. 1864 → Rudolstadt/TH, Lyriker und Historiker. Bedichtete den Thüringer Wald. – W.: Acht Tage in einer Thüringer Waldhütte (G. 1859); Ausgewählte Schriften (Hrsg. K. Markscheffel 1900).

A **Friedrich Fröbel** (→ Saalfeld/Oberweißbach/TH) verbrachte 1792-97 in St. bei seinem Onkel, dem Superintendenten Christoph Hoffmann, glückliche Kinderjahre. – **Goethe** kam oft durch St. Am 26.

8. 1813 schrieb er hier das Gedicht »Gefunden« (»Ich ging im Walde/So für mich hin,/Und nichts zu suchen./Das war mein Sinn«) und schickte es noch am selben Tag nach Weimar an »Frau von Goethe« – im Gedenken an ihr Zusammentreffen vor 25 Jahren.

B C. Fiala, J. Riederer, V. Wahl, Goethes Amtstätigkeit für den Ilmenauer Bergbau, Ausstellungskatalog 1998; R. Döring, Die Ilmenauer Promenaden. Auf den Spuren alter Gedenkstätten und Ruheplätze, 1999; U. Schadwinkel, Wilhelm Heinse. Langewiesens großer Dichtersohn, 2003.
Z Arnstadt, Bad Berka, Hildburghausen, Ohrdruf, Rudolstadt, Saalfeld, Suhl (TH).

INGOLSTADT/BY

»Aber Ingolstadt! Man hat sich ein städtebaulich unmögliches Soldatenlager eingebildet, und entdeckt eine charaktervolle alte bayrische Stadt, so edel, so bedeutend wie Landshut: Bürgerstadt, nicht nur Herzogsstadt.« (Josef Hofmiller, 1927)
Wiss. Stadtbibliothek. – Stadtmuseum (Dokumente zur Geschichte der Universität). – Theater I. – I.er Literaturtage (im Frühjahr).

Universität (Einweihung 26. 6. 1472 durch Herzog Ludwig den Reichen): **Konrad Celtis** (→ Schweinfurt/Wipfeld/BY) hielt am 31. 8. 1492 seine berühmte Humanismus-Rede: »Macht euch, deutsche Männer, die Sinnesart eurer Ahnen zu eigen.« Unter C.s Schülern **Aventinus** (→ Kelheim/Abensberg/BY). Am 1. 9. 1516 Gründung der »Sodalitas litteraria Angilostadensis«. 1520 hielt **Johannes Reuchlin** (→ Pforzheim/BW) hebr. und griech. Vorlesungen. – **Martin Luther** (→ Eisleben/TH) antwortete 1524 auf die Ablehnung seiner Thesen durch den Prof. **Johannes Eck** (→ Memmingen/Egg a. d. Günz/ BY) mit »Wider das blind und tolle Verdamm-

niss der siebenzehn Artikel von der elen-
den schändlichen Universität Ingolstadt
ausgegangen«; Eck-Gedenktafel am Ster-
behaus, Kupferstraße 34, Epitaph im Lieb-
frauenmünster. – 1549 Berufung der Jesui-
ten nach I.; unter ihnen der geist. Führer
der Gegenreformation **Petrus Canisius**,
1550 Rektor. (Im 16. Jh. Streitschriften-
produktion der Druckereien Weißenhorn
und Sartorius.) Seit 1554 der Humanist
und Schuldramatiker **Hieronymus Zieg-
ler** (um 1514-62) Prof. der Dichtkunst.
Lit. Hauptereignis des Jesuitentheaters die
Aufführung des »Cenodoxus« von **Jakob
Bidermann** (→ Ehingen/BW) am 18. 10.
1617, der seit 1615 Philos. lehrte. **Jakob
Balde** (→ Neuburg a. d. Donau/BY), u. a.
zwei Jahre Prof. für Rhetorik, inszenierte
1637 seinen »Jephtias«. – 1746-65 war
der Staats- und Völkerrechtler **Johann
Adam Ickstatt** an der Universität tätig;
I.-Haus Ludwigstraße 5. **Adam Weishaupt**
(1748-1830), Prof. der Rechte, stiftete
1776 den Illuminatenorden. Höhepunkt
des theol. Lehrbetriebs mit **Johann Mi-
chael Sailer** (→ Schrobenhausen/Aresing/
BY). – 1800 Verlegung der Universität
nach → Landshut/BY. – Das Gebäude
der »Hohen Schule« Goldknopfgasse 7
(im Lehrerzimmer die Stuckdecke des Il-
luminaten-Saals).
Marieluise Fleißer, * 23. 11. 1901 I., † 1.
2. 1974 ebd. »Atem einer Begabung, wel-
che in dieser Art, in unserer Zeit, als Frau-
endichtung, in dieser Stärke und Ur-
sprünglichkeit sicherlich nicht ihresglei-
chen hat« (K. Pinthus, 1928). Bekannt-
schaft mit L. Feuchtwanger (→ Mün-
chen/BY) und B. Brecht (→ Augsburg/
BY), zu dessen lit. Gruppe sie 1926/27 in
→ Berlin gehörte. Trennung 1929 (»Der
Tiefseefisch«). Schreibverbot 1935, zu-
rückgezogen und eingesperrt in der »un-
heimlichen Idylle« Ingolstadt. 1961 Verlei-
hung des Kunstförderungspreises der Stadt;

*Ingolstadt: Fleißerhaus in der Kupferstraße,
Rückseite mit Altane, Schauplatz von »Fegefeuer
in Ingolstadt« (5. Bild)*

Wiederentdeckung Ende der 60er Jahre. –
I.er Stücke: »Fegefeuer in I.« (1926), »Pio-
niere in I.« (1928), »Der starke Stamm«
(1950); »Eine Zierde für den Verein« (I.er
R. 1972); Ges. Werke (Hrsg. G. Rühle,
1972/89); Aus dem Nachlaß (Hrsg. G.
Rühle, 1994); »Aus der Kupferstraße. I.er
Texte aus 50 Jahren« (Vorwort S. Hofmann,
o. J.). – Geburtshaus Kupferstraße 18 (Do-
kumentationsstätte), letzte Wohnung Hof-
millerstraße 13; Grab Westfriedhof. –
Nachlass (M.-F.-Archiv) StA I. – M.-F.-
Preis (alle 2 Jahre). – M.-F.-Gesellschaft
e. V. (»Fleißers Ingolstadt. Eine literarische
Topographie«, 1998.)
A Dr. Faustus (→ Maulbronn/Knittlin-
gen/BW) soll sich nach dem Ratsproto-
koll 1528 in der Stadt aufgehalten haben;
Gedenktafel Harderstraße 7 (»Faustus-

Café«). – **Johann Pezzl** (→ Mallersdorf/ BY) 1784 in seiner »Reise durch den Baierschen Kreis«: »Die Baiern sagen, Ingolstadt sey noch eine Jungfer. Dieß läßt sich jetzt nicht mehr behaupten . . .« – **Gertrud Fussenegger** 1976 in »Eines langen Stromes Reise«: »Die Festung Ingolstadt ist zwar geschleift, aber die Landschaft um Ingolstadt hat eine neue, nicht um so viel weniger gefährliche Rüstung angezogen. Unsterblich ist der genius loci. – Ist er's?«. – **I.** 75 Jahre nach Hofmiller: »Wir wollen mal nicht übertreiben. Ingolstadt ist keine Kapitale und kein Schatzhaus, sondern eine katholische, mittelgroße, mittelbayerische Industriestadt, und daß es hier erbärmlich eng und borniert zugehen konnte, das hat Marieluise Fleißer . . . bitter erfahren«: **Renate Just**, »Krumme Touren. Reisen in die Nähe« (2001).

L Mary W. **Shelleys** moderner Prometheus »Frankenstein« (1818; »Frankenstein oder Der moderne Prometheus«. Die Urfassung, dt. 2006) studiert in I. und kreiert hier seinen monströsen Homunkulus (ehem. »Anatomisches Theater« im Dt. Medizinhist. Museum). – Im »Ticktack des kleinen Glücks«: Unterrichten am Gymnasium, Lese-Wanderungen im »Glacis«: **Albert von Schirnding** in »Alphabet meines Lebens« (2000). – »Asams Pfeil« von **Helga Beyersdörfer** (1999): Tatort die Asamkirche Maria de Victoria.

R **Pförring** ist das »Vergen« des **Nibelungenlieds** (→ Worms/RP): Kriemhilde setzt auf ihrer Brautfahrt hier über die Donau; **Großmehring** erscheint als »Möringen«: Hagen erschlägt hier den Fergen und wirft den Kaplan ins Wasser, um die Weissagung der drei Nixen, nur dieser werde aus dem Hunnenland zurückkehren, zu erproben.

Z Eichstätt, Kelheim, Neuburg a. d. Donau (BY).

ISERLOHN/NW

Robert Lecke, * 12. 5. 1805 I., † 14. 10. 1862 ebd., Sohn des Malerdichters **Franz Arnold L.** (1766-1832/ u. a. Hrsg. der Zs. »Monatsrosen«). Lebte 1833-62 als Theater- und Kunstkritiker in München und veröffentlichte »Übersetzungen alter Kirchenhymnen« (2. Aufl. 1843). – W.: Die Braut von Toledo (Lustsp. 1843); Chronik der Stadt Iserlohn (1862).

Wilhelm Uhlmann-Bixterheide, * 14. 3. 1872 I., † 12. 3. 1936 → Dortmund/NW, Erzähler, Folklorist, Hrsg. zahlreicher Sammelwerke über westfäl. Dichtung (»Westfalens Dichterbuch«, 1920/21) und Landschaft (»Die rote Erde«, 1912). Mit **Karl Hülter** (1873 in I. geb.) gab er 1896 eine mundartl. Geschichte seiner Vaterstadt heraus, die »Chronica von Iserliaun«. – Nachlass StuLB Dortmund.

A Der aus I. stammende Komponist und Musikschriftsteller **Ludwig Nohl** (1831-85) hielt 1876 bei der Eröffnung des Richard-Wagner-Festspielhauses in → Bayreuth/BY die Weiherede. – In der »Post« (an der Stelle heute Fabrik/Gedenktafel) dichtete **Emil Rittershaus** (→ Wuppertal/NW) 1869 das Westfalenlied. – »Sauster und Iserlohner« heißt eine Geschichte von **Ludwig Schröder** (1863-1935/ Grab auf dem Friedhof), Stadtarchivar in I. und Freund von P. Hille (→ Bad Driburg/Erwitzen/NW). – Der → Wittener/NW Lyriker und Erzähler **Wilhelm Lennemann** war um 1900 15 Jahre lang Lehrer in Iserlohn.

L Auf schwarzem Ross soll um Mitternacht Widukind von der »Sigiburg« (Hohensyburg) zur sagenhaften Feste I. reiten; weitere Wittekindsburgen: Seiler, Arnsberg und die Eresburg. – Die »Dechenhöhle« besang **Emil Rittershaus**. Sagen auch von »Pater und Nonne« und den »Sieben Jungfrauen«, Versteinerungen im Lennetal westl. I. – Die Erzählung »Der

Haken« (1927) von **Hans Franck** (→ Witten-burg/MV) spielt in den »Iserlohner Revolutionstagen 1849« (St. von **Julius Köster**); Grab des Hauderers Lips mit dem Zweiten Gesicht im alten Teil des Stadtfriedhofs.

S **Haus der Heimat** mit Stadtarchiv, Varnhagen'scher Bibliothek und Erinnerungen an F. Woeste. In **Haus Ortlohn** Ev. Akademie. – **Literaturstipendium der Märkischen Kulturkonferenz I.** (seit 1980).

R Im märk. Sauerland **Hemer**: hier wurde 1807 der Sprachforscher (Wörterbuch der westfäl. Mundarten) und Volkskundler **Fritz Woeste** geb., der 1878 in Iserlohn starb. Seit 1948 lebte in H. für einige Jahre **Rudolf Hagelstange** (→ Nordhausen/TH). – Beim späteren Gut **Bertingloh** b. Menden-Halingen, der Überlieferung nach eine altgerm. Weihestätte, haben jahrhundertealte Eichen **Emil Rittershaus** zu seinem Westfalenlied angeregt; drei Findlinge dort als Denkmal. – Aus **Barge** (Menden-B.) stammt der »Lehrer des Sauerlandes« **Friedrich Adolf Sauer** (1765-1839); sein Grab in → Arnsberg/NW, wohin er 1803 gekommen war.

B Sagen des Stadt- und Landkreises Iserlohn, Hrsg. H. Kleibauer, 4. Aufl. 1961.

Z Arnsberg, Dortmund, Hagen, Lüdenscheid, Unna (NW).

ITZEHOE/SH

»Rechts, na't Noorn to, duuk sik de Möhl ünner de hoge Dann, blenker de breede Diek un darachter drömen Wischen un Koornfelder in'n Sünnschien.« (Johann Hinrich Fehrs, 1907)
Heimatmuseum Prinzeßhof (u. a. zu J. H. Fehrs und J. G. Müller), Wenzel-Hablik-Museum.

Johann Gottwerth Müller (gen. **Müller von Itzehoe**), * 17. 5. 1743 Hamburg, † 23. 6. 1828 I., bekannt als Verfasser des Romans »Siegfried von Lindenberg« (1779).

Lebte seit 1773 als Buchhändler und Privatgelehrter in I. – Auf ihn sollen sich die Verse in F. Schillers »Wallensteins Lager«: »Und er ist wohl gar, Mußjö,/der lange Peter aus Itzehö?« beziehen. – Grab in Münsterdorf; Denkmal am Prinzesshof.

Eliza Wille, 9. 3. 1809 I., † 23. 12. 1893 Marienfeld/Schweiz, Erzählerin, Lyrikerin, Kontakte zu R. Wagner, F. Nietzsche. – W.: Der Sang eines fremden Sängers (1836); Felicitas (1850); Johannes Olaf (3 Bde. 1871); Stilleben in bewegter Zeit (Erinn. 1878).

Johann Hinrich Fehrs (→ Mühlenbarbek) war hier von 1863-1903 zunächst Waisenlehrer und später Leiter einer Privatschule. In I. ist er am 17. 8. 1916 gest. – Wohnung am Klosterhof; Grab auf dem Städt. Friedhof; Arbeitszimmer im Heimatmuseum; Denkmal im Stadtpark.

Heinrich Hornig, * 12. 10. 1876 Schlotfeld-Oesau, † 8. 10. 1958 I. »Bet to Enn an de Volksschool«. – W.: Lank holsteensche Straten (G. 1918); Heimat, wi blievt di tru (Ausw. 1941); Mank Holstenlüüd (1953).

Mia Munier-Wroblewski, * 20. 2. 1882 Schlek/Kurland, † 19. 10. 1965 I., (Grab in Süderlügum bei Niebüll), Romanschriftstellerin. Lebte in Mecklenburg und Holstein (→ Husum/SH), ihr Werk thematisiert das Deutschtum im Baltikum. – W.: Unter dem wechselnden Mond (6 Bde. 1927-31, n. 1966-67); Das Tor zur Freiheit (R. 1936); Zeitenwende (R. 1940).

Hans Leybold, * 2. 4. 1892 Frankfurt a. M., † 8. 9. 1914 I., Lyriker mit Kontakten zu Pfemferts »Aktion«, Hugo Ball und Klabund. Erschoss sich, eingezogen und bald darauf verwundet, in seiner Garnison. – W.: Gegen Zuständliches – Glossen, Gedichte, Briefe (Hrsg. E. Faul, 1989).

A 1928 war **Bodo Uhse** (→ Rastatt/BW) Chefredakteur der ersten NS-Zeitung SHs in Itzehoe. – Der Kunstkritiker und Schriftsteller **Bazon Brock** besuchte nach dem Ende des 2. Weltkrieges in I. das Gymnasium, wo er die Lehrer-Schmähung »Bazon« (griech. »Schwätzer«) als Kunstname übernahm; sein erster Lyrikband »Bazon Phönix Phlebas Brock-Kotflügel, Kotflügel« erschien hier 1957.

L Sage von der vergebl. Belagerung I.s durch die »swarte Greet«. – Dem I.er **Christian von Eggers** (1758-1813) attestierte man einen Hang zur Vielschreiberei (»Skizzen und Fragmente«, 1786). – Itzehoe in der Literatur: **Felix Dahns** (→ Hamburg) hist. E. »Bis zum Tode getreu« (1887); **Peter Freder Rist**, »Bei den leichten Dragonern in Itzehoe« (ca. 1890); »Itzehoe im Jahre 2010« (1910), eine frühe Science-Fiction-Geschichte von **Leopold Hüttmann**, von **Günter Kunert** mit »Itzehoe anno 2037« apokalyptisch fortgeschrieben. **Theodor Piening**, »Im Ständehaus zu Itzehoe« (E. 1912); **Charlotte Niese** (→ Eutin/Fehmarn/SH), »Das Tagebuch der Ottony von Kelchberg« (R. 1929); bedeutender: **Bodo Uhse**, »Söldner und Soldat« (R. 1935); I. als »Halenhude« in **Bruno Voltners** R. »Die sich nicht fallenlassen« (1954). **Horst Kutzer** (Hrsg.), »Itzehoe. Ein Lesebuch« (1999). – **Günter Grass**, der im benachbarten → Wewelsfleth lebte, siedelt ein Lehrerehepaar als Hauptfiguren seines R.s »Kopfgeburten oder Die Deutschen sterben aus« (1980) in Itzehoe an, »einer Kreisstadt in Holstein, zwischen Marsch und Geest gelegen, mit rückläufiger Einwohnerzahl und wachsenden Sanierungsschäden«. – Topograph. Essays über die »Stadt im Grünen« von **Jep Nissen-Andersen** (1972), die »Stadt am Fluß« von **Hans-Heinrich Welchert** (1978). – **Günter Kunert** kam 1979 nach I. Seit 1980 lebt er im alten Schulhaus in **Kaisborstel**, »an einem insularen Flecken und inmitten von Feldern und geringfügigen Forsten ..., in einer noch wenig zersiedelten Gegend dennoch in einem Maße den apokalyptischen Verhältnissen jenseits meines Gartenzauns emotional ausgesetzt« (»Der Fensterblick«, in: »Im toten Winkel«, 1992). Dazu sein Gedicht »Bei Itzehoe«: »Hier/sind die bergenden Nebel zuhaus/ und die Wikinger seit langem/archiviert« (in: »Abtötungsverfahren«, G. 1980). Weiter »Vom Leben in Kaisborstel«, in: »Die Botschaft des Hotelzimmers an den Gast« (Ess. 2004). Ein Besuch vor Ort in E. **Maletzkes** »Poeten in ländlicher Idylle« (1996).

Glückstadt

Detlefsenmuseum im ehem. Brockdorff-Palais.

Hieronymus Dürer, * 1641 G., † 6. 7. 1704 Osnabrück/NI, Romancier. Albrecht Dürers Urenkel wurde Lehrer und Pfarrer. – W.: Lauf der Welt und Spiel des Glücks (R. 1668, n. 1984).

Fritz Lau, * 10. 8. 1872 Möltenort (Kieler Förde), † 7. 7. 1966 G., plattdt. Erzähler. Seit 1898 in G. ansässig – W.: Katenlüd (En. 1909); Elsbe (R. 1918); Kinnerland (En. 1927); Wi möt dat henlank (E. 1934). – Grab am Grap; F.-L.-Stube im Detlefsenmuseum (dort auch Nachlass).

A »Der Städte Meisterstück«, wie **Johann Rist** (→ Wedel/SH) Glückstadt 1640 besang, präsentiert sich dem Reisenden als ein Städtchen mit einem Hauch von holländ. Behaglichkeit.

L Schon **Jacob Schwieger** lässt seinen Barock-Roman »Die verführte Schäferin Cynthie« (1660) in G. spielen. 1838 dann **Heinrich Smidts** »Die Belagerung von Glückstadt« (R., 3 Bde). In **Theodor Storms** (→ Husum/SH) N. »Ein Doppelgänger« (1887) nennt sich die Hauptfigur John Hansen »John Glückstadt« nach dem Ort, wo er im Gefängnis saß. 1950 erschienen die »Aufzeichnungen eines Verschollenen: Unterm Elbdeich« des G.er Unikums **Harry Moellers**. – Spiele für die G.er Speeldeel: u. a. »Fährmann Uhl« (1953), »All mien Geld« (nach Molière, 1963), von **Hans Hinrich Münster**, 2005 dann **Gabriela Jaskullas** R. »Glückstadt«. – Topograph. Ess. von **Hinrich Jens-Jensen** (1972), **Claus Lafrenz** (1976) **Hans-Heinrich Welchert** (1978),

Charly Wüllner (»Expedition Glückstadt. die reise in die realität & fiktion einer stadt«, 1980) und **Uwe Herms** (1996). Literarische Studien vor Ort auch von den Stadtschreibern Glückstadts (u. a. **Hansjörg Martin**).

Kellinghusen

Heimatkdl. Museum.

Aus K. stammt der Schriftsteller und Kirchenkritiker **Paul Egard** (1580-1655), dessen »Auserlesene Schriften« J. Spener ab 1679 edierte.
Detlev von Liliencron (→ Kiel/SH) lebte in K. 1883-85 als Kirchspielvogt und danach, bis 1889, als freier Schriftsteller; kritischer Rückblick auf K. als »Wüstenhamme«. – Gedenktafel an der Kirchspielvogtei, Neue Straße 13; L.-Ecke im Museum; Erinnerungen im Hotel »Altdeutsches Haus«. In der Villa »Fernsicht« am Stör-Ufer trafen sich L. und Theodor Storm (→ Husum/SH). Lieblingsspaziergang durch die Lieth (»Einen Sommer lang«): Gedenksteine in Springhoe und in der Nähe von Rensing. – Der Schauplatz der Ballade »Die Schlacht bei Stellau 1201« ist der gleichnamige Ort bei K. – D. Puls: »Besuch im Zylinder« (1976).

Mühlenbarbek

Johann Hinrich Fehrs, * 10. 4. 1838 M., † 17. 8. 1916 Itzehoe, niederdt. Erzähler und Lyriker. Nach dem Besuch des Lehrerseminars 1859-62 in → Eckernförde/SH wirkte er als Hilfslehrer in Reinfeld (→ Bad Oldesloe/SH), seit 1863 in Itzehoe. Das Elternhaus in M. ist noch vorhanden, Findling mit niederdeutschem Fehrs-Spruch. – W.: Sämtliche Werke in 5 Bdn., (Hrsg. K. Dohnke 1986 ff.). – F. s. Erzählungen und sein Roman »Maren« (1907) spielen in Mittelholstein, v. a. in der Gegend um M., das er »Ilenbek« nennt (»Ut

Ilenbek«, 1901). – Mss. und Briefe LB Kiel. – Die von ihm gegründete F.-Gilde hat ihren Sitz in → Hamburg.

Wilster

Wolfgang Ratke (→ Erfurt/TH) wurde 1571 in W. geboren. Nach Auslandsaufenthalt legte er auf dem Frankfurter Reichstag (1612) sein Bildungs-Reformwerk vor. **Johann Meyer**, * 5. 1. 1829 W., † 16. 10. 1904 → Kiel/SH. Kindheit in einem Geestdorf in Süderdithmarschen (in dessen Mundart er fortan schrieb). Müller, Zimmermann, Lehrer in Altona und, 1859-62, Redakteur der »Itzehoer Nachrichten«. Gründete 1862 in Kiel eine Anstalt für Geisteskranke. – F. Hebbel (→ Heide/Wesselburen/SH), dessen »Maria Magdalene« M. ins Plattdeutsche übertrug, lobte M.s Gedichte (Gesamtausg. 1886). Von M. auch »Plattdeutscher Hebel« (1859, freie Übertragung der »Alemannischen Gedichte«). – Denkmal im Stadtpark.
R **Wewelsfleth** bei Glückstadt: Günter Grass, der hier 1979 seine Frau Ute Grunert im eigenen Anwesen heiratete, initiierte in den achtziger Jahren die literarischen »W.er Gespräche«. 1985 stiftete er sein Haus der Akademie der Künste Berlin als »Alfred-Döblin-Haus«; es bietet Aufenthaltsstipendien für Berliner Autoren einschl. der Bewerbung um den Alfred-Döblin-Preis. – Lit. Zeugnisse u. a. bei **Walter Aue**, »Wewelsflether Tagebuch« (in: »Unterbrochene Orte«, 2000), **Marcel Reich-Ranicki** (»Mein Leben«, 1999) und in »Damals, hinterm Deich. Geschichten aus dem Alfred-Döblin-Haus« (Hrsg. D. Stolz, 2002), u. a. mit Texten von **Bodo Morshäuser**, **Felicitas Hoppe**, **Tim Staffel** und **Judith Hermann**); »rechts rauschen gemächlich Kühlaggregate«, schrieb **Michael Wildenhain** im Gedicht »Wewels-

fleth« (in: »Das Ticken der Sterne«, G. 1989). Aus W. stammt **Ekkehard Sachse**, der mit »Nachgetragene Liebe an eine Landschaft« (1985) seine »amphibische« Heimat erfasst.

In **Brokdorf**, das **Paul Trede** noch 1879 im Roman »Abel« (n. 1993) niederdeutsch liebevoll umschrieb, kam es beim Atomkraftwerk ab 1976 zu zahlreichen Protesten. **Wolf Biermann** spöttisch im Gedicht »Meleken«: »Es glänzte im letzten Licht/die goldene Kuppel von Brokdorf« (1995); dazu **Uwe Herms**' an Brecht geschulte »Brokdorfer Kriegsfibel« (1977). **Günter Grass** im R. »Kopfgeburten« (1980): »Und ungerührt von dem gesperrten, noch immer bedrohlich zukünftigen Bauvorhaben … grasen die Kälber.« Kritisch auch **Arno Surminski** in »Die toten Augen« (E., in: »Gewitter im Januar«, 1989) und **Bernd Michels** im Kriminalroman »Restrisiko« (1994).

In **Borsfleth** bei G. seit 1981 das Wohnhaus (Dorfstraße 7, Gedenktafel) **Helmut Heißenbüttels** (→ Wilhelmshaven/Rüstringen/NI), hier auch sein Grab. (Ein Ortsbesuch bei **E. Maletzke**: »Poeten in ländlicher Idylle«, 1996).

S Stadtarchiv: **Doos'sche Bibliothek**, rd. 2700 Bde. aus dem 16. bis frühen 19. Jh., **Witt'sche Bibliothek**, rd. 1700 Bde., 18. bis 20. Jh.). – Arbeitsstelle »**Steinburger Studien**«.

B R. Irmisch, Persönlichkeiten und Geschichten aus Itzehoes Vergangenheit, 1956; A. Kamphausen, Steinburg – Land am Strom, 1967; J. G. Müller von Itzehoe und die deutsche Spätaufklärung, Hrsg. A. Ritter, 1978.

Z Meldorf, Neumünster, Pinneberg, Wedel (SH).

JAGSTHAUSEN/BW

Götz von Berlichingen, * 1480 J., † 23. 7. 1562 Burg Hornberg (→ Mosbach/Neckarzimmern/BW), büßte 1504 im Landshuter Erbfolgekrieg seine rechte Hand ein, die durch eine künstliche ersetzt wurde. Kämpfte 1519 gegen den Schwäbischen Bund; in den Bauernkriegen »der Bauern Narr und Hauptmann« (Volkslied). Über drei Jahrzehnte schließlich auf Burg Hornberg, wo seine 1731 erstmals gedruckte »Lebensbeschreibung« entstand. – In der »Götzenburg« J. Archiv und Museum, u. a. die Eiserne Hand und das 1789 angelegte Stammbuch. Im hist. Burghof von Juni bis August Festspiele, u. a. mit Goethes »Götz«. Brunnen-Denkmal beim Rathaus.

Schöntal

Im Kreuzgang der Klosterkirche befindet sich das Grabmal des **Götz von Berlichingen**, er »harret allhie seiner fröhlichen Auferstehung«. – Im 1. Viertel des 18. Jh.s war **Benedikt Knittel** (1646-1732) aus → Lauda (Tauberbischofsheim/BW) Abt, der sprichwörtlich wurde durch seine »Knittel-Verse«, die er lat. und deutsch auf Türen, Bilder, Statuen und Altäre setzte, nicht einmal der Abtritt war vor ihm sicher. – Von 1810-1975 in den Konventsgebäuden ev.-theol. Seminar; unter den Schülern **Max Eyth** (→ Nürtingen/Kirchheim u. T./BW) und **Gerd Gaiser** (→ Reutlingen/BW), der in »Ortskunde« (1977) »Abt Knüttel und Ritter Götz« ein Kapitel gewidmet hat. – Eine Tafel am Bildungshaus (Klosterhof 6) erinnert an **August Lämmle** (→ Ludwigsburg/BW), der hier »Schulmeister« war.

Jagsthausen: »Götz«-Festspiele im historischen Burghof

Krautheim

In **K.**-Tal verweist ein 1962 an hist. überlieferter Stelle errichteter Stein mit der Inschrift »Er kann mich hinden leckhen« an jenen Ausspruch Götz von Berlichingens, der – in veränderter Fassung – durch **Goethes** (→ Frankfurt a. M./HE) Drama zum geflügelten Wort wurde und G. v. B. den Titel »der fränkische Ritter mit dem schwäbischen Gruß« einbrachte.

B K. Schumm, Auf den Spuren des G. v. Berlichingen, 1968; F. Albrecht, Abt Benedikt Knittel und das Kloster Schöntal als literarisches Denkmal, Marbacher Magazin 50/1989. **Z** Bad Mergentheim, Buchen, Heilbronn, Langenburg, Öhringen (BW).

JENA/TH

Friedrich-Schiller-Universität, Fachhochschule; Stadtarchiv. – Stadtmuseum Göhre mit Literaturmuseum Romantikerhaus, Schiller-Museum, Goethe-Gedenkstätte, Phyletisches Museum, Ernst-Haeckel-Haus, Optisches Museum (Ernst-Abbe-Stiftung). – Theaterhaus; Kurz- und Kleinkunstbühne. – Im Juli Kulturarena. – Am Rathaus Kunstuhr mit dem »Schnapphans« nach der Narrenfigur aus S. Brants »Narrenschiff«, (1494). – Aus J. stammen Erich Schmidt (1853-1913), Entdecker des Goethe'schen »Urfaust«, Curt Unckel-Nimuendajú (1883-1945), Erforscher der Indianer Brasiliens und Hrsg. ihrer Märchen, der Theoretiker der freien Marktwirtschaft Walter Eucken (1891-1950) und der Komponist Tilo Medek (1940-2006).

Philipp Melanchthon (→ Bretten/BW) lehrte 1527/28 und 1535/36 in J., was nach dem Verlust der Wittenberger Universität für Johann Friedrich I. (Denkmal auf dem Markt) den Ausschlag zur Gründung der neuen Landeshochschule 1548-58 in J. gab. M. gilt als ihr »Gründungsvater«. – Wohnung: Collegium Jenense (Gedenktafel Kollegiengasse). – M. s. Schüler **Johann Stigel** (→ Gotha/TH) wurde erster J.er Rektor. Verse von St. am Ernestinischen Staatswappen im Kollegienhof. Gedenktafel (Kollegiengasse)
Georg Rörer (auch **Rorarius**), * 1. 10. 1492 Deggendorf/Niederbayern, † 24. 4. 1557 J., Theologe. Kam 1553 nach J., um im Auftrag **Nikolaus von Amsdorfs** (→ Torgau/SN), der an der Universitätsgründung mitgewirkt hatte, die J.er Luther-Ausgabe (8 dt., 4 lat. Bde., 1555-58), »das wiss. Glanzstück Jenas im 16. Jahrhundert« (G. Steiger 1978), zu besorgen.
Johann Matthäus Meyfart, * 9. 11. 1590 J., † 26. 1. 1642 → Erfurt/TH, theolog. Schriftsteller. Prof. in → Coburg/BY und in Erfurt. Große Wirkung ging von M.s »Teutscher Rhetorica« (1634) und den

sprachgewaltigen eschatolog. Schriften (»Tuba novissima«, 1626; »Das himmlische Jerusalem«, 1627) aus. Bedeutend bis heute die kulturkrit. Traktate, darunter die erste dt. Schrift gegen den Hexenwahn.

Johann Gerhard (→ Quedlinburg/ST), 1615 bis zu seinem Tod 37 Theologie-Prof. in J. G.s »Loci theologici« (1622-25) gilt als das Hauptwerk der luth. Orthodoxie. – Wohnung (kriegszerstört): »Güldener Stern« Jenergasse 10.

Erhard Weigel, * 16. 12. 1625 Weiden, † 20. oder 21. 3. 1699 J., Mathematiker und Astronom, päd. Autor. Seit 1653 in J. Wegen seiner Erfindungen »Jenaischer Archimedes« gen. Verf. zahlreicher Schriften, darunter des »Wiener Tugend-Spiegels« (2 Bde., 1687). – W.s Wohnhaus in der Johannisstraße (abgebrochen 1898) gehörte zu den »Sieben Wundern Jenas«; Gedenkstein (1974) im Hof der westl. Weigelstraße (Zugang über die Jenergasse). – W.s J.er Schüler: **Samuel Pufendorf** (→ Marienberg/Dorfchemnitz/SN/1656-59) und **Gottfried Wilhelm Leibniz** (→ Leipzig/SN/1663), Gedenktafel im Foyer des Universitätshauptgebäudes.

Quirinus Kuhlmann, * 25. 2. 1651 Breslau, † (hingerichtet) 4. 10. 1689 Moskau, Lyriker, Mystiker. 1670-73 J.er Student. Veröffentlichte in J. mehrere poet. Werke (»Himmlische Libesküsse«, 1671; »Lehrreicher Geschicht-Herold«, 1672) und entwickelte eine myst. Gotteslehre (»Kuhlmanntum«). Später Missionsreisen. – Wohnung (kriegszerstört): Jenergasse 10, Erinnerung Café Quirinus, Jenergasse 2.

Johann Christian Günther, * 8. 4. 1695 Striegau/Niederschlesien, † 15. 3. 1723 J., Lyriker. Kam im Oktober 1722 mittellos nach J. Förderung durch den Historiker **Burkhard Gotthelf Struve** (1671-1738), bei dem G. verkehrte. – Goethes Verdikt, wonach ihm »wie sein Leben auch sein Dichten zerrann«, trug zur Legendenbildung bei. – W.: Gesammelte Gedichte (Hrsg. G. Fessel 1724), Sämtl. Werke (Hrsg. W. Krämer, 6 Bde., 1930-37). – Wohnung: Leutragasse (existiert nicht mehr); Struves Haus Unterm Markt 4; Grab auf dem Johannisfriedhof an unbek. Stelle, Gedenktafel mit Porträt dort an der Mauer hinter der Friedenskirche.

Johann Franz Buddeus (eig. **Budde**), * 25. 6. 1667 Anklam, † 10. 11. 1729 Gotha, Theologe. Lehrte 1705 bis zu seinem Tod in J. und scharte Literaten um sich. In B.s Umfeld wirkten der Rhetoriker (»Vernünftige Anleitung zur gelehrten und galanten Beredsamkeit«, 1724) **Johann Andreas Fabricius** (1696-1769), 1719-23 Lehrer in J., und der Philosoph **Gottlieb Stolle** (1673-1744), seit 1708 J.er Prof., Gründer (1728) der »Teutschen Gesellschaft«. Mitglieder: **Johann Karl August Musäus** (→ Weimar/TH, 1754/58), 1735 in J. geboren; **Friedrich Gottlieb Klopstock** (→ Quedlinburg/ST/1745/46) schrieb hier die ersten drei Gesänge des »Messias« (1748); **Heinrich von Gerstenberg** (→ Hamburg/ 1757-59), verfasste anakreontische »Tändeleyen« (1759), Wohnung (Nachfolgebau): Saalstraße 17 (Gedenktafel); **Matthias Claudius** (→ Reinfeld/Bad Oldesloe/SH/ 1759-63), Wohnung: Markt 19 (Gedenktafel).

Goethe (→ Frankfurt a. M./HE) lebte 1776-1830 insgesamt fast 5 Jahre) in J., meist im Zusammenhang mit naturwiss. Studien und administrativen Aufgaben (»Oberaufsicht über die unmittelbaren Anstalten für Wissenschaft und Kunst«), seit 94 als Besucher Schillers, Frommanns oder Knebels. – Wohnung: bis 1806 Schloss (an der Stelle heute Universitätshauptgebäude, Schlossgasse 1), Inspektorhaus des von G. 84 gegr. Botan. Gartens Fürstengraben 26 (G.-Gedenkstätte), daneben der berühmte J.er Ginkgo-Baum; Gedenktafeln auch UB, Bibliotheksplatz, Anatomieturm (1784 Entdeckung des Zwischenkieferknochens) Löbder-/Ecke Leutragraben, Adler-Denkmal (mit G.-Versen, 1821, Rekonstruktion 1979) im Prinzessinnengarten (Zugang Am Planetarium). **Friedrich Schiller** (→ Marbach/Ludwigsburg/BW) war 1789-99 J.er Prof. für Gesch. An Ch. G. Körner: »Kein Ort in Deutschland würde mir das sein, was Jena und seine Nachbarschaft mir ist.« Mit J. verbunden: Kant-Studien, ästhet. Schriften, Beginn der Freundschaft mit Goethe (1794), »Wallenstein« (1799) und das »Balladenjahr« 97. – Wohnung: 1789-93 Jenergasse 19 (»Schrammei«, kriegszerstört, gegenüber dem Gasthaus »Weintanne«); 1793 Gartenhaus Zwätzengasse 9 (Gedenktafel); 1794/95 Unterm Markt 1 (Kirstensches Haus, Nachfolgebau, Gedenktafel); 1795-99 Löbdergraben 15 a (Griesbachsches Haus, kriegszerstört), erhalten der Hörsaalanbau (»Griesbachsches Auditorium«), in dem Sch. am 26. 5. 89 seine Antrittsvorlesung (»Warum und zu welchem Ende studiert man Universalgeschichte?«) hielt; 1797-1802 besaß Sch. ein Garten-

Jena: Die »Gartenzinne« Friedrich Schillers

haus, Schillergäßchen 2 (gegenüber dem Theaterhaus), 1798 »Gartenzinne« (Abbruch 1818, Rekonstruktion 1979), Gedenkstein zum »Wallenstein« daneben, in der Nähe der Steintisch, an dem Sch. mit Goethe saß (Gedenkstein), Sch.-Museum. Porträtbüste (1973, Kopie der Büste von Dannecker) mit Sockelinschrift aus der Antrittsvorl. vor dem Universitätshauptgebäude, Löbdergraben.
Unter den Hörern der Antrittsvorl.: **Georg Friedrich Rebmann** (→ Kitzingen/BY/ 1787-89): »Briefe über Jena« (1793, n. W. Greiling 1984). Von Sch. gefördert: **Novalis** (→ Hettstedt/Oberwiederstedt/ST/ 1790/91), Wohnung: Fürstengraben 25 (Gedenktafel). – **Thomas Mann** (→ Lübeck/ SH), »Schwere Stunde« (N. 1905).
Christian Gottfried Schütz (→ Halle/ST), 1779-1804 Prof. der Poesie in J., Kantianer. 1785 Gründung der »Allgemeine(n) Literatur-Zeitung« (das wichtigste Rezensionsorgan der Weimarer Klassik), die die wiss. Glanzzeit J.s einleitete. – Wohnung und Redaktion: Schoemannsches Haus Engelplatz (Nachfolgebau Hauptpost).
Carl Leonhard Reinhold, * 26. 10. 1757 Wien, † 10. 4. 1823 Kiel, Philosoph. 1787-94 Prof. in J. (»Briefe über die kantische Philosophie«, 1787; »Über die bisherigen Schicksale der Kantischen Philosophie«, 1789). Er machte die J.er Universität zum Zentrum der philosoph. Klassik. – Wohnung: Schlottersches Haus (1970 abgebrochen) neben dem Johannistor.
Johann Gottlieb Fichte (→ Bischofswerda/Rammenau/SN), 1780/81 J.er Student. Reinholds Nachfolger. Hielt am 26. 4. 94 im »Griesbachschen Auditorium« seine Antrittsvorlesung. In F.s »Wissenschaftslehre« fand die Kantische Philosophie ihre Fortschreibung zum Idealismus. – Wohnung: Unterm Markt 12 a (Gedenktafel), dort Museum der deutschen Frühromantik; F.-Büste (1919) im Universitäts-

hauptgebäude. Die Maxime »Handeln, handeln, das ist es, wozu wir da sind!« bestimmte die von F. gegründete »Gesellschaft der freien Männer« (1795-99), durch deren krit. Geist er zum »Abgott der Studenten« wurde. Dazu gehörten u. a.: **August Ludwig Hülsen** (→ Köthen/Aken/ ST/1795/96); und **Johann Friedrich Herbart** (→ Oldenburg/NI/1795-97). – F. gab das »Philosophische Journal« (1795-99) heraus, in dem **Karl Forbergs** (→ Altenburg/Meuselwitz/TH), in J. 1792-97, Aufsatz »Entwicklung des Begriffs der Religion« (1798) erschien, der im »Atheismusstreit« zu F.s Entlassung führte. **Friedrich Hölderlin** (→ Lauffen/BW) kam im November 1794 nach J., wo er die für ihn wichtigsten Persönlichkeiten (Fichte und Schiller) kennenlernte. Im Juni 95 verließ er J. – Wohnung: Winter 1794/95 Zwätzengasse 9 (Gedenktafel).

E Die Jenaer Frühromantik. J. war zwischen 1796 und 1801 der Hauptort der entstehenden romantische Schule, die Dichtung, Philosophie und Wissenschaft zu vereinen suchte. Ihr geistiges Oberhaupt war F. Schlegel, der den Fichte'schen Gedanken vom produzierenden »Ich« zu einem neuen Begriff des künstlerischen Genies weiterentwickelte. Für das Zusammenwirken von Kunst und Wissenschaft prägte er die Begriffe »Symphilosophie« und »Sympoesie«, die durch J. Schellings Naturphilosophie noch erweitert wurden. In J. haben die Brüder Schlegel die Literaturwiss. und die Idee vom »Gesamtkunstwerk«, das alle Gattungen und Gehalte in sich vereinigen sollte, begründet. Sommer und Herbst 1799 gelten als Höhepunkt dieser Entwicklung.

August Wilhelm Schlegel (→ Hannover/ NI) und seine Ehefrau, die spätere **Caroline von Schelling** (→ Göttingen/NI), kamen im August 1796 nach J., wo sie zus. mit **Friedrich Schlegel** (→ Hannover/ NI) und dessen Lebensgefährtin **Dorothea Veit** (→ Berlin) den romant. Dichter-

Jena: Museum der Jenaer Frühromantik, einstige Wohnstätte von Johann Gottlieb Fichte. Im Bildvordergrund Büsten für Caroline von Schelling und die Brüder Schlegel

kreis begründeten. In der Zs. »Athenäum« (1798-1800) steht ihr Programm: »Die Französische Revolution, Fichtes Wissenschaftslehre und Goethes Meister sind die größten Tendenzen des Zeitalters.« Ihre lit. Werke waren wenig erfolgreich, doch wurde die gemeinsame Übersetzung von 16 Dramen W. Shakespeares ihre bedeutendste Leistung in J. – Wohnung: A. W. und F. Schlegel 1796, F. Schlegel auch 1799 Markt 23 (Gedenktafeln am Nachfolgebau), A. W. Schlegel und Caroline, später auch F. Schlegel 1796-1800 Leutrastraße 5 in einem Hinterhaus zur Kollegiengasse (kriegszerstört), F. Schlegel 1800/01 in der Nähe des Roten Turmes, Caroline 1802/03 Lutherplatz neben dem »Schwarzen Bären«; Bronzebüsten (1990) der Schlegels und Carolines im Garten des Romantikerhauses, Löbdergraben. Zum Romantiker-Kreis gehörten: **Sophie Mereau** (→ Altenburg/TH), 1795-1801 in J. Veröffentlichungen in Schillers Zss. Wohnung: Jenergasse 16 (Gedenktafel Fürstengraben 13). – **Novalis**, der 1795 Fichte in J. kennenlernte, war ab 96 häufiger Besucher in J. – **Ludwig Tieck** (→ Berlin) wohnte Oktober 1799 bis Juni 1800 bei den Schlegels in J., wo er sich als der vielseitigste Poet des Kreises erwies. Enge

Freundschaft mit Novalis. – **Clemens Brentano** (→ Koblenz/RP), 1798-1801 in J., wo er sich mit dem Naturforscher **Johann Wilhelm Ritter** (1776-1810), in J. 1796-1804, Wohnung: Zwätzengasse 9, befreundete. B. lernte Mereau kennen, die ihn in eine Liebesbeziehung verwickelte. Wohnung in einer Stube mit T. F. Kestner, einem Sohn von Charlotte Buff (→ Wetzlar/HE), Jenergasse 19. – **Friedrich Wilhelm Joseph Schelling** (→ Leonberg/BW) lehrte als Nachfolger Fichtes 1798-1803 in J. und verfasste hier das »System des transzendentalen Idealismus« (1800). Wohnung: Johannisplatz 22 (Gedenktafel), später Fürstengraben 16.

Jakob Friedrich Fries (→ Schönebeck/Barby/ST), 1796-1801 J.er Student, war später bis zu seinem Tod 43 Philosophie-Prof. in J. – Grabstein an der Friedenskirche, Johannisfriedhof; F.-Denkmal (1873), Fürstengraben. – Nachlass: UB Jena.
Begeisterte Zuhörer: **Wolfgang Menzel** (→ Stuttgart/BW/1818-20), **Karl Ludwig Sand** (1795-1820, 1817-19), der spätere Mörder **August von Kotzebues** (→ Weimar/TH), dieser J.er Student 1777-80, und **Julius Mosen** (→ Plauen/Marieney/SN/1822/23), der in J. zum Dichter wurde. Wohnung: Jenergasse 6 (Gedenktafel).

Georg Wilhelm Friedrich Hegel (→ Stuttgart/BW) kam 1801 nach J. und griff sofort in die philosoph. Debatten ein. Bis zu seinem Weggang Ostern 07 entstand in J. mit der »Phänomenologie des Geistes« (1807) H.s zentrales Denkgebäude. – Wohnung: Löbdergraben 11 (Gedenktafeln am Nachfolgebau und im Universitätshauptgebäude), von hier sah H. am 13.10.1806 den vorbereitenden Napoleon (»Weltgeist zu Pferde«); H.-Denkmal (1987) am Löbdergraben.

Karl Ludwig von Knebel, * 30.11.1744 Schloss Wallerstein bei Nördlingen, † 23.

2.1834 J., Lyriker und Übersetzer. Kam 1803 nach J., wo sein Hauptwerk, die Übersetzung von Lukrez' »Natur der Dinge« (1826), entstand. – Wohnung: Neugasse 23 (Gedenktafel), 1810 im eigenen Haus, in dem ihn Goethe oft besuchte und vom Eckzimmer im 1. Stock (»Kajüte«) den Ausblick auf die Saale genoss (Knebelstraße/Grietgasse, 1971 abgerissen); Fam.-Grab auf dem Johannisfriedhof. – Nachlass GSA Weimar.

Carl Friedrich Ernst Frommann, * 14.9.1765 Züllichau/Neumark, → 12.6.1837 J., Buchhändler und Verleger. Seit 1797 in J. Sein Haus war 1800-30 Zentrum des geist. Lebens. Zu F.s Freundeskreis zählten Goethe, die Schlegels, Schelling. F.s Sohn **Friedrich Johannes Frommann** (1797-1886), Mitbegründer und erster Historiograph des damals so genannten »Börsenvereins der Dt. Buchhändler« (→ Leipzig/SN), Begründer des dt. Urheberrechts. Verf. des Buches »Das Frommannsche Haus und seine Freunde« (1870, n. G. H. Wahnes 1927). – Wohnung: Frommannsches Anwesen Fürstengraben 18 (Gedenktafel), Frommannsches Haus Markt 19 (Gedenktafel); Fam.-Grab auf dem Johannisfriedhof. – C. F. E. F.s Pflegetochter **Minchen Herzlieb** (1789-1865) machte auf Goethe großen Eindruck. Die unerwiderte Liebe spiegelt sich im »Pandora«-Drama (1807). Wohnung als Ehefrau des Juristen K. W. Walch: Johannisstraße 16 (Gedenktafel).

Heinrich Luden, * 10.4.1778 Loxstedt bei Bremen, † 23.5.1847 J., Historiker und polit. Publizist. Seit 1805 J.er Prof. L.s patriot. Vorlesungen über dt. Gesch. und die von ihm hg. Zs. »Nemesis« (1814-18) machten ihn zum »Helden der Burschenschaft« (1815 in J. gegründet). – W.: Allgemeine Geschichte der Völker und Staaten (3 Bde., 1814-22), Geschichte des teutschen Volkes (12 Bde., 1825-37). – Wohnung:

Unterm Markt 2 (Gedenktafel); Denkmal (1983) vor den Rosensälen, Fürstengraben; Grabtafel an der Friedenskirche, Johannisfriedhof.

Lorenz Oken (→ Offenburg/Bohlsbach/BW) lehrte 1807-19 in J. und folgte der Philosophie Schellings. In der Zs. »Isis« Einsatz für die Burschenschaft. – Denkmal (1857) am Fürstengraben.
O.s polit. Freunde: **Ludwig Wieland** (→ Weimar/TH), 1818 in J. Hrsg. der Zs. »Volksfreund«, und **Arnold Ruge** (→ Rügen/MV), 1822/23 J.er Student. O.s »Lehrbuch der Naturgeschichte« (1813), aus dem die »Allgemeine Naturgeschichte für alle Stände« (1831-44) erwuchs, wirkte auf den 1853-55 in J. studierenden **Alfred Edmund Brehm** (→ Stadtroda/Renthendorf/TH).

Heinrich Doering, * 8. 5. 1789 Danzig, † 14. 2. 1862 J., Biograph und Übersetzer. Kam 1814 nach J. und veröffentlichte auf Goethes Anraten schon 16 einen Gedicht-Bd. Mit einer »Galerie weimarischer Schriftsteller« (2 Bde., 1822-24) und der ersten Goethe-Biographie (1828) ging D. in die Lit.-Geschichte ein.

Wilhelm Treunert, * 27. 1. 1797 J., † 1. 7. 1860 ebd., Heimatdichter (»Mein Gärtchen an der Saale«, 3 Hefte, 1852-62, darin das immer wieder zit. Gedicht »Mein Jena / Wie ist mein Jena doch so schön / In seinem Kranze sanfter Höhn!«). – Grab auf dem Johannisfriedhof.

Oskar Ludwig Bernhard Wolff, * 26. 7. 1799 Hamburg, † 13. 9. 1851 J., Romancier und Germanist. Gefeierter Improvisationskünstler. Auf Empfehlung Goethes 1830 erster J.er Prof. für neuere Sprachen. Verf. von mehr als 100 lit. und wiss. Werken (»Allgemeine Geschichte des Romans«); Hrsg. des lange nachwirkenden »Poetischen Hausschatzes des deutschen Volkes« (1839). Bekannt mit H. Heine (→ Düsseldorf/NW). – Wohnung: Beim Roten Turm am Löbdergraben und Fürstengraben 18 (Gedenktafel).
W. vermittelte die Diss. von **Karl Marx** (→ Trier/RP), der 1841 in J. in absentia promoviert wurde. Gedenktafel im Universitätshauptgebäude. – 1849 versteckte sich der verfolgte **Richard Wagner** (→ Bayreuth/BY) in W.s Wohnung am Löbdergraben (Gedenktafel am Nachfolgebau). Besucher W.s u. a.: **Berthold Auerbach** (→ Horb/Nordstetten/BW/1846) und **Hans Christian Andersen** (1846, Gedenktafel Markt 19).

Hermann Rollett, * 20. 8. 1819 Baden bei Wien, † 30. 5. 1904 ebd., Lyriker und Dramatiker. Floh im Vorfeld der 48er Revolution 1845 nach J., wo er bis 49 zu den »Thüringer Demokraten« gehörte. – W.: Politisches Wanderbuch eines Wiener Poeten (1845); Thomas Müntzer (1851); Die Goethe-Bildnisse, biographisch-kunstgeschichtlich dargestellt (5 Bde., 1881-83).

Georg Bötticher (Ps. **Rentier Quengler**, **C. Engelhard**), * 20. 5. 1849 J., † 15. 1. 1918 → Leipzig/SN, Unterhaltungsschriftsteller. Vater von **Joachim Ringelnatz** (→ Grimma/Wurzen/SN). Ließ sich in Wurzen nieder. Kam alljährl. nach J. – W.: Das lustige Jena (1895, n. D. Ignasiak 2006); Lyrisches Tagebuch des Leutnants Versewitz (2 Bde., 1901-04). – Geburtshaus: Jenergasse 6 (Gedenktafel).

Ernst Haeckel, * 16. 2. 1834 → Potsdam/BB, † 9. 8. 1919 J., Zoologe und Popularphilosoph. Seit 1862 in J., wo H. auf der Grundlage der Ideen Ch. Darwins seinen naturhistor. Monismus entwarf und mit dem Buch »Die Welträtsel« (1899) weltweite Wirkungen erzielte. – Wohnung: Neugasse 20 (Gedenktafel), ab 1883 »Villa Medusa« Berggasse 7 (Gedenktafel), darin E.-H.-Museum (Arbeitszimmer erhalten) und Institut für Geschichte der Med., Naturwiss. und Technik; H.-Büste (1908) im

Garten, wo auch H.s Asche verstreut wurde.

Rudolf Eucken (→ Aurich/NI), 1874 bis zu seinem Tod 1926 Philosophie-Prof. in J. Erreichte internat. Wirkung (Nobelpreis für Lit. 1908). – Wohnung: Neugasse 21, Forstweg 22 (Gedenktafel), Botzstraße 5 (Gedenktafel). – Nachlass: UB Jena.

Gottlob Frege, * 8. 11. 1848 → Wismar, † 26. 7. 1925 Bad Kleinen, Mathematiker und Philosoph, als solcher einer der bedeutendsten Denker am Beginn der Moderne. Übte nachhaltigen Einfluss auf Wissenschafts- und Technologieentwicklung, insbes. Informatik und Sprachphilosophie, aus. 1874-1918 J.er Prof. – Wohnung: Forstweg 29 (Gedenktafel).
F. hatte großen Einfluss auf den Philosophen **Ludwig Wittgenstein** (1889-1951), der F. 1911 in J. besuchte. – Wohnung: Forstweg 29 (Gedenktafel). **Gershom Scholem** (1897-1982), jüd. Religionshistoriker, studierte 1917/18 bei F. in J. Wohnung: Jenergasse 9 (Gedenktafel).

August Ludwig (→ Bad Berka/Hochdorf/TH), 1910 bis zu seinem Tod 51 J.er Pfarrer Sein Ps. **August Rabe** bezieht sich auf die Gaststätte »Rabenburg« in der Neugasse. Verf. bienenkundl. Standardwerke (»Handbuch der Bienenkunde«, 1906). – Wohnung: Von-Hase-Weg 11 (Gedenktafel); Grab auf dem Nordfriedhof.

Eugen Diederichs (→ Naumburg/ST) übersiedelte 1904 mit seinem Verlag von Leipzig nach J. – Verlagsanschrift: Carl-Zeiß-Platz 5 (heute Hotel Esplanade, Gedenktafel mit Löwensignet); Wohnung: 1904-28 Ebertstraße 8, 1928-30 Beethovenstraße 30; Grab auf dem Nordfriedhof. D.s Haus wird einer der »Brennpunkte des literarischen Lebens« (M. Werner 2003). Unter den Gästen: **Rainer Maria Rilke** (→ München/BY/1910), **Paul Heyse** (→ Berlin/1912) und **Ina Seidel** (→ Starnberg/BY/1913). Unter D.s Verlagsmit-

beitern: **Reinhard Buchwald** (→ Großenhain/SN/1913-30/»Miterlebte Geschichte«, Aut. 1992) und **Alexander Stenbock-Fermor** (1902-72/1926-29/»Der rote Graf«, 1973).

Helene Voigt-Diederichs (→ Eckernförde/Thumby/SH), Ehefrau von E. Diederichs. V.s Roman »Waage des Lebens« (1952) spielt im Nachkrieg in J. – Wohnung: Rosa-Luxemburg-Straße 32, Beethovenstraße 21; Grab auf dem Nordfriedhof.

Lulu von Strauß und Torney (→ Stadthagen/Bückeburg/NI) lebte als zweite Ehefrau von E. Diederichs 1916 bis zu ihrem Tod 56 in J. – Wohnung: Beethovenstraße 30, ab 1935 Beethovenstraße 15; Grab auf dem Nordfriedhof. – Mehrere Besuche von **Agnes Miegel** (→ Bad Nenndorf/NI) in J. M.s Gedicht »Am Abend« (Hrsg. U. Diederichs 2005) bezieht sich auf verschiedene J.er Lokalitäten.

Reinhard Johannes Sorge (→ Berlin) kam 1909 nach J., wo sein ges. lit. Werk entstand. Bedeutend die Freundschaft mit dem Kunsthistoriker Botho Graef (1857-1917), in dessen Wohnung Erfurter Straße 64 (Gedenktafel) S. 1910 **Stefan George** (→ Bingen/RP) begegnete. – Wohnung: Weinbergstraße 3, 1912/13 Cospedaer Grund 3a.

Rahel Sanzara (eig. **Johanna Bleschke**), * 9. 2. 1894 J., † 8. 2. 1936 Berlin, Tänzerin und Schauspielerin (berühmt als F. Wedekinds Lulu). Seit 1913 in Berlin, Lebensgefährtin des Prager Schriftstellers Ernst Weiß (1882-1940). – W.: Das verlorene Kind (R. 1926, n. 1983); Die glückliche Hand (R. 1936, n. 1985). – Geburtshaus: Mittelstraße 27; Wohnung: Magdelstieg 9.

Johannes R. Becher (→ München/BY) hielt sich 1916-19 immer wieder in J. auf, um sich von dem Psychiater Otto Binswanger (1852-1929), Philosophenweg 3 (Gedenktafel), wegen seiner Morphiumsucht behandeln zu lassen. Gedichte »Jena 1917 Sommer« und »Sommer-Sonett 1917«, im Exil »Jena oder Die schwebende Stadt« (1938). – Wohnung: Sophienstraße 9 (Gedenktafel) und 22.

Kurt Kläber (Ps. **Kurt Held**), * 4. 11. 1897 J., † 9. 12. 1959 Sorengo bei Lugano, Lyriker und Jugendbuchautor. 1928 in Berlin Mitbegründer des kommunist. Bundes proletar.-rev. Schriftsteller. 38 Austritt aus der KPD. – W.: Barrikaden an der Ruhr (1925); Die rote Zora und ihre Bande (1941). – Geburtshaus (Nachfolgebau): Frauengasse 20 (Gedenktafel), aufgewachsen Katharinenstraße 9.

Lisa Tetzner (→ Zittau/SN): »Das war Kurt Held. Vierzig Jahre Leben mit ihm« (1961). T. als Hrsg. der »Märchen der Weltliteratur« bei Diederichs in J. 1924 heirateten Kläber und T. hier.

Ricarda Huch (→ Braunschweig/NI) lebte 1936-47 in J., wo ihr Schwiegersohn Franz Böhm (1895-1977) 1936-38 eine Lehrstuhlvertretung übernahm. 45 kehrte H. von J. aus in die polit. und lit. Öffentlichkeit zurück (Alterspräsidentin des Thür. Landtags, J.er Ehrendoktorwürde, Ehrenvorsitzende des Kulturbundes), spürte aber bald die undemokrat. Entwicklung.

Jena: Ricarda Huch vor ihrem Haus am Oberen Philosophenweg (heute Ricarda-Huch-Weg 26) um 1939

Die Zerstörung der J.er Altstadt am 14. 3. 45 fand lit. Niederschlag in der Erzählung »Tag in Jena 1945«. – Wohnung: 1936-38 Forstweg 16, 1938/39 Sophienstraße 1, 1939-47 Ricarda-Huch-Weg 26 (Gedenktafel).

Erich Weber, * 26. 6. 1898 Ringenhain/ Böhmen, † 21. 12. 1976 J., Lyriker und Erzähler. Seit 1945 Redakteur in J. – W.: O du mein Österreich (aut. R. 1956), Himmelmann und der Sternpflücker (R. 1968). – Wohnung: Ziegenhainer Straße 43.

Joachim Lehmann, * 27. 11. 1935 Dresden, † 31. 7. 2000 J., Lyriker. 1961 bis zum Tod Pfarrer in J.-Cospeda. – W.: An der Weltwand (1974); Im Park von Sanssouci (1984); Alfa (1991). – Wohnung: Pfarrhaus Cospeda, dort J.-L.-Gedenkgalerie (Gedenktafel).

Gino Hahnemann, * 24. 9. 1946 J., † 17. 4. 2006 Berlin, Lyriker und Erzähler, Aktionskünstler und Filmemacher. Architekturstudium in Weimar. Arbeit unter H. Henselmann. 1976-89 Texte für die im Untergrund erscheinenden Zss,. »Schaden« und »Ariadnefabrik«. Förderung durch G. Wolf. – W.: Allegorie gegen die vorschnelle Mehrheit (1991), Sizilien schweigt (1998).

Jürgen Fuchs (→ Reichenbach/SN), 1971-75 J.er Student. Trat im 1973 von Lutz Rathenow im Lobedaer Kulturhaus gegründeten »Arbeitskreis Literatur« auf (»Der Mustermai«, 1974). Kurz vor Studienabschluss Exmatrikulation wegen »Schädigung der Universität«. Die »Gedächtnisprotokolle« (1977) reflektieren die Verhörmethoden der Stasi an der Universität. – Wohnung: Lutherstraße 25.

A Mit **Karlstadt** (→ Wittenberg/ST), der 1523 am Markt eine Druckerei eröffnete und dort eigene Flugschriften herstellte, kam die Reformation nach J. und mit ihr **Martin Luther** (→ Eisleben/ST), der die Stadt schon 22 als »Junker Jörg« besucht und im »Schwarzen Bären« übernachtet hatte. Im Foyer des Hotels, Lutherplatz 2 (Gedenktafel), Gemälde (1861) von O. Schwerdtgeburth. 1524 disputierte L. mit Karlstadt dort, 29 er in der Stadtkirche (Kanzel erhalten). Dort seit 1571 die für die Wittenberger Schlosskirche bestimmte L.-Grabplatte (Cranach-Werkstatt) mit lat. Versen von **Hieronymus Osius** (→ Mühlhausen/Schlotheim/TH). – **Nikolaus Reusner** (1545-1602), seit 1589 J.er Prof., war der Mittelpunkt eines Humanistenkreises, zu dem 1591-1602 **Lorenz Rhodomann** (→ Nordhausen/Ilfeld/TH) gehörte. Bedeutendste Schüler: **Caspar Dornau** (→ Pößneck/Ziegenrück/1592/ 93); **Jacob Rosefeldt** (→ Hildburghausen/Römhild/1594-1602), **Diederich von dem Werder** (→ Köthen/ST/1598/99). Unter den »poetischen« Studenten der Barockzeit ragen heraus: **Martin Hanke** (1633-1709/1652-56), mit »Hundert Teutschen Gedichten« (1656) der Begründer der J.er Studentendichtung; der Dramatiker und Hrsg. **Christian Gryphius** (1649-1706/ 1668-72); **Johannes Riemer** (→ Halle/ ST/1670-72) und **August Bohse** (→ Halle/ST/1681/82), der 1700 hier Rhetorikvorlesungen hielt, die auch **Christian Friedrich Hunold** (→ Gotha/Wandersleben/TH/1698-1700) besuchte; **Kaspar Stieler** (→Erfurt/TH), 1662 J.er Student, war 1678-80 Universitätssekretär. **Friedrich Christian Laukhard** (→ Alzey/Wendelsheim/RP) kam 1776 nach J., 83 arbeitete er hier am Roman »Leben und Thaten des Herrn Magister Weitmaul« und reicherte ihn mit J.er Schnurren an. – **Jean Paul** (→ Wunsiedel/BY) beklagte 1796 die »Abscheulichkeit des Jenaer Bieres«; 1798 pries er die Stadt als »Entbindungsanstalt mehrerer Philosophen« (»Friedenspredigt an Deutschland«, 1808). – **Johann Heinrich Voß** (→ Waren/MV) lebte 1802-05 in J., wo er mit Goethe verkehrte. Woh-

nung (Nachfolgebau): Bachstraße 27. – **Friedrich Rückert** (→ Schweinfurt/BY) hielt 1811 in J. Vorlesungen über oriental. und griech. Mythologie. Wohnung Fürstengraben 25 (Gedenktafel). R.s Sohn **Heinrich Rückert** (1823-75) gehörte 1845 zu den Mitbegründern der Germanistik in J. Wohnung Jenergasse 14 (Gedenktafel). – In der ersten Hälfte des 19. Jh.s studierten in J. bedeutende Vertreter der slowak. Intelligenz: der Sprachforscher **Josef Safarik**, der Dramatiker (und Schiller-Übersetzer) **Jan Chalupka** und der Lyriker **Jan Kollar**. 1823 promovierte der Begründer der serb. Schriftsprache **Vuk Stefanović Karadžić** in J. Goethe ließ sich dessen Volkslieder-Slg. zeigen. – **Caroline von Wolzogen** (→ Rudolstadt/TH) lebte 1825 bis zu ihrem Tod 47 in J. und verfasste hier ihre Schiller-Biographie. Wohnung: Prinzessinnenschlößchen, ab 27 Saalbahnhofstraße 12 (Gedenktafel); Grab auf dem Johannisfriedhof. – **Johanna Schopenhauer** (→Weimar/TH) übersiedelte 1837 ganz nach J. und arbeitete bis zu ihrem Tod 38 an ihren »Jugenderinnerungen« (Hrsg. A. Schopenhauer, 1839). Grab auf dem Johannisfriedhof. – Sch.s Sohn **Arthur Schopenhauer** (→ Frankfurt a. M./HE) war 1813 in J. in absentia promoviert worden. **Fritz Reuter** (→ Demmin/Stavenhagen/ MV) trat 1832 als J.er Student der Burschenschaft »Germania« bei, was 33 in Berlin im Zuge der »Demagogenverfolgung« zu seiner Verhaftung führte. In einem Abschnitt (»Ich würde doch nach Jena gehn«) des Versepos »Hanne Nüte« (1860) Bekenntnis zu den Idealen der Jugend. Besuch in J. 58. Wohnung: Markt 8 (Gedenktafel); Denkmal (1888) am Fürstengraben. – 1868 hielt sich **Theodor Storm** (→ Husum/SH) in J. auf. Spuren im »Doppelgänger« (N. 1886). Im »Schwarzen Bären« St.-Erinnerung. – **Friedrich Nietzsche** (→ Weißenfels/Röcken/ST) wurde nach sei-

nem Zusammenbruch 1890 von O. Bins-
wanger in dessen Anstalt, Philosophenweg
3, behandelt. Als der Erfolg ausblieb, pfleg-
te ihn seine Mutter, Ziegelmühlenweg 3. –
Otto von Bismarck (→ Stendal/Schön-
hausen/ST) hielt 1892 auf dem Markt
eine Rede (»Ohne Jena kein Sedan«). Woh-
nung »Schwarzer Bär« (B.- Zimmer); Denk-
mal-Brunnen auf dem Markt, B.-Porträt
im Hof des Universitätshauptgebäudes.
Carl Hauptmann (→ Berlin) studierte
1880-83 bei E. Haeckel. Sein jüngerer
Bruder **Gerhart Hauptmann** (→ Berlin)
war im Wintersemester 1882/83 Student
in J., das ihm »wie ein erweiterter Garten
des Epikur« (»Abenteuer meiner Jugend«,
1937) vorkam. – 1912 wurde **Kurt Tuchol-
sky** (→ Berlin) in J. zum Dr. jur. promo-
viert. – J.er Studenten Anfang des 20.
Jh.s: **Alfons Paquet** (→ Wiesbaden/HE/
1905-07), Wohnung St.-Jacob-Straße 37;
Reinhard Goering (→ Fulda/Bieberstein/
HE/1906/07), Wohnung Johannisstraße
14 (Gedenktafel), **Jakob van Hoddis** (→
Berlin/1908), **Franz Jung** (→ Stuttgart/
BW/1908/09), Wohnung Zwätzengasse 14
(Gedenktafel), **Georg Heym** (→ Berlin/
1910), Wohnung Zwätzengasse 14 (Gedenk-
tafel). – Im Herbst 1922 kam **Gottfried
Benn** (→ Perleberg/Mansfeld/BB) nach
J., als seine Frau hier nach einer Operation
starb. Das ironisch-skeptische Gedicht
»Jena im lieblichen Tale« entstand 1926.
Emil Ludwig (1881-1948), der Verf. viel-
fach übersetzter Roman-Biographien
(»Goethe«, 1920), war Ende April 1945
als amerikan. Soldat in J. und sorgte für
die Rückführung der seit 44 im Bunker
Knebelstraße untergebrachten Sarkopha-
ge Goethes und Schillers nach Weimar. –
Die Entlassung des Philosophen **Hans
Leisegang** (→ Rudolstadt/Bad Blanken-
burg/TH) 1948 zeigte dogmatische Züge
an der Universität. – Auch **Max Bense**
(→ Stuttgart/BW), 1945-49 Universitäts-

kurator, wurde die Arbeit unmöglich ge-
macht. – Nach Zuchthaus und Konzentra-
tionslager (»Nur ein Mensch«, Rep. 1947)
lebte 1945-47 der kommunist. Schriftstel-
ler und spätere thür. Ministerpräsident
Werner Eggerath (1900-77) in. J. Die Er-
zählung »Die Stadt im Tal« (1952) porträ-
tiert J. – **Thomas Mann** (→ Lübeck/SH)
wurde 1955 im Weimarer Schloss J.er Eh-
rendoktor. Über die Laudatio des J.er
Germanisten **Joachim Müller** (1906-86):
»Spricht auffallend gut.« – **Franz Fühmann**
(→ Berlin) spazierte 1970, G. Benns
»Jena«-Gedicht zitierend, mit T. Medek
durch J. und empfahl dessen Vertonung,
was der Komponist 1998 einlöste. – Chris-
ta Wolf schreibt in ihrem E.-Band »Mit
anderem Blick« (2005) auch über ihre
Studentenzeit in Jena.

L **Adrian Beier d. Ä.** (1600-78), Prediger der
J.er Stadtkirche, ist der bedeutendste Stadt-
chronist: »Geographus Jenensis« (1673) und
»Architectus Jenensis« (Hrsg. H. Koch 1936).
– **Johann Nikolaus Bach** (1669-1753), Vetter
von J. S. Bach, schrieb das Singspiel »Der Je-
naische Wein- und Bierrufer« (1720-45. Woh-
nung: Jenergasse 6 (Gedenktafel). – Stadttopo-
graphien: **Johann Christoph Mylius** (1710-
57), »Das in dem Jahre 1743 blühende Jena«
(1749) und **Johann Ernst Basilius Wiedeburg**
(1733-89), »Beschreibung der Stadt Jena«
(1785). – Die am 14. 10. 1806 auf den Höhen
bei J. von Napoleon gewonnene Schlacht
fand in **Heinrich von Kleists** (→ Frankfurt a.
d. O./BB) »Anekdote aus dem letzten preußi-
schen Kriege« (1810) ihen Niederschlag. Von
den Erinnerungen sei genannt: **Johann Trau-
gott Leberecht Danz** (1769-1851), »Bericht
der Stadt Jena aus den Oktobertagen 1806«
(1808, n. 2006). **Friedrich Thieme** (→ Mitt-
weida/Burgstädt/SN), Redakteur des »J.er Volks-
blattes«, »Zwei Kriegshochzeiten« (E. 1936).
Klaus Herrmann (→ Cottbus/Guben/BB),
J.er Student 1922-25, lässt in »Die Stunde
des Mars« (R. 1970) seine Helden die Schlacht
miterleben. – Am 12. 6. 1815 wurde im Gast-
hof »Grüne Tanne« die Dt. Burschenschaft ge-

gründet. **Gustav Schwab** (→ Stuttgart/BW),
Augenzeuge, wünschte, »daß diese schöne Idee
durchgehen möge«. Als sie 1819 verboten wur-
de, verfasste der J.er Student **August Daniel
von Binzer** (1793-1868) sein trotziges Lied
mit dem Vers »Das Band ist zerschnitten/War
schwarz, rot und gold« und thematisierte da-
mit »zum ersten Male den Dreiklang der künf-
tigen deutschen Trikolore« (G. Steiger 1967).
Die Nachklänge weniger polit.: **Julius Wagner**,
1852-54 J.er Student, verfasste das bekannteste
J.-Lied: »Und in Jene lebt sich's bene/und in
Jene lebt sich's gut.« Der J.er Student (1836-
38) **Leberecht Dreves** (1816-70) schrieb das
J.-Lied »Auf den Bergen die Burgen«. – Früher
vielgelesene J.er Burschenschaftsromane schrie-
ben: **Paul Grabein** (1869-1945), »Du mein
Jena!« (1903) und »Die Flammenzeichen rau-
chen« (1913), **Paul Schreckenbach** (→ Apolda/
Buttelstedt/TH), »Eiserne Jugend« (1921), und
Hugo von Waldeyer-Hartz, »Alt-Jena« (1926).
Über das Zeiss-Werk (»überragt wie eine
Stadtburg das Gewirr der Firste, Schlöte und
Dächer«) verfassten Romane: **Fritz Scheffel**
(→ Stadtroda/TH), »Gläserne Wunder. Drei
Männer schaffen ein Werk« (1938), **Wolfgang
Held**, »Die gläserne Fackel« (1990). – Das J.
der späten DDR-Zeit (»zwischen Resignation
und Hoffnung«) spiegelt sich in **Lutz Rathe-
nows** »Jenaer Elegien« (»Bei uns verwest die
Zeit frohtrüb«), **Bernhard Windischs** »Comic
Strips« (R. 1994) und **Michael Kumpfmüllers**
»Hampels Fluchten« (R. 2000).

S Universitäts- und Landesbibliothek, geht
zurück auf die Wittenberger Bibiotheca Elec-
toralis. Mit ihr kam auch die **Jenaer Lieder-
handschrift** (um 1350). – **Ernst-Abbe-Büche-
rei**, deren Leiter 1936-48 der spätere Verleger
Joseph Caspar Witsch (1906-67) war. – **Lenz-
Preis** für Dramatik (seit 2003); **Caroline-Preis**
für Feuilleton und Essay. – **Thüringische Lite-
rarhistorische Gesellschaft Palmbaum** e. V.
(1993); **Lesezeichen** e. V. (1998).

R Am Neubau (1946) der nach **Wenigen-
jena** (zu J.) führenden Camsdorfer Brücke
eine Tafel mit dem Spruch von **R. Huch**:
»Danke denen, die gebaut den Bogen,/
Daß dich das Gewässer nicht verschlin-

ge./Fehlt die Brücke der wilden Wogen,/
Fasse Mut und schwimme oder springe.«
Am 22. 2. 1790 heiratete **Schiller** in der
Dorfkirche Schlippenstraße 22 **Charlotte
von Lengefeld** (→ Rudolstadt/TH). Ge-
denktafel in der Kirche. 1817/18 lebte
Goethe fast ausschließlich in der »Grünen
Tanne« (Gedenktafel), der »Zinne über dem
rauschenden Brückenbogen«. Obwohl G.
die Ballade »Der Erlkönig« (1782) in Wei-
mar schrieb, ging die Legende, er habe sie
in W. verfasst. »Erlkönig«-Skulptur (1893)
beim »Schlösschen« Thalstein. – Nicht
weit **Wöllnitz**. Auf dem Weg dorthin die
sagenumwobenen »Teufelslöcher«, beschrie-
ben von **Friedrich von Hagedorn** (→ Ham-
burg), 1726/27 J.er Student, und **Alexan-
der von Humboldt** (»die Teufelslöcher im
blättrigen Gips habe ich besehen«, 1792).
Davor H.-Gedenkstein (1989).
Im Städtchen **Lobeda** (zu J.) lebte seit
1755 **Johanna Susanna Bohl** (1738-1806).
Christoph Martin Wieland (→ Bibe-
rach/BW) veröffentlichte 1782 im »Teut-
schen Merkur« B.s erstes Gedicht. Seit-
dem pilgerten die großen Geister Jenas
nach L. 1784 fiel in der Bohl'schen Garten-
laube in Anwesenheit von Wieland und
Friedrich Justin Bertuch (→ Weimar/TH)
die Entscheidung zur Gründung der »All-
gemeinen Literaturzeitung«. Kontakt auch
zu **Knebel**, der immer wieder **Goethe**
mit nach L. brachte. **J. Kollar**, Vertreter
der slowak. Lit., heiratete 1835 die L.er
Pfarrerstochter Friederike Schmidt. K.
übertrug hier slowak. Volkslieder ins Dt.
und verfasste sein poet. Hauptwerk (»Die
Tochter der Slawa«, 1824). Grabstein von
Friederikes Vater an der L.er Kirche, am
nahen Pfarrhaus Gedenktafel, in der Su-
sanna-Bohl-Straße K.-Gedenkstein (1984)
mit slowak. und dt. Versen. – Unterhalb
der Lobdeburg **Drackendorf**, wo der mit
Goethe befreundete August F. C. von Zie-
gesar (1746-1813) Gutsherr war. 1801-03

hielt sich G. häufig in D. bei dessen Tochter Silvie von Ziegesar (1785-1858) auf. Zum Gedicht »Bergschloß« (1802): »Das hat Goethe in der Eckstube an meinem Nähtisch sitzend für mich gedichtet.« 1814 heiratete Silvie in der D.er Kirche **Friedrich August Koethe** (→ Sangerhausen/Allstedt/ST). Rittergut 1948 abgebrochen. Park erhalten. Ziegesar-Gräber auf dem Friedhof. Erinnerungen im Heimatmuseum.

In **Zwätzen** (nördlichster J.er Stadtteil) unternahm **Goethe** mit dem Chemiker Johann Wolfgang Döbereiner (1780-1849) Schmelzversuche an verschiedenen Gesteinsarten. Max-Gräfe-Gasse 10 (Gedenktafel). Jenseits der Saale **Kunitz**. **Ringelnatz** schmeckten die »Kunitzburger Eierkuchen«. Nach dem Gestein der dortigen Saalehänge nannte er seine Frau »Muschelkalk« – Im auf der Höhe gelegenen **Bucha** setzte **R. Goering** 1936 seinem Leben selbst ein Ende.

B N. Hinske/E. Lange/H. Schröpfer, »Das Kantische Evangelium«. Der Frühkantianismus an der Universität Jena von 1785-1800. Ein Begleitkat., 1993; F. Strack, Evolution des Geistes. Jena um 1800, 1994; G. Horn, Romantische Frauen, 1995; A. von Schirnding, Geisterversammlung. Jena 200 Jahre nach Goethes Begegnung mit Schiller, in: Literarische Landschaften, 1998; U. Scheer, Vision und Wirklichkeit. Die Opposition in Jena in den 70er und 80er Jahren, 1999; Ch. Theml, Friedrich Schillers Jenaer Jahre, 1999; J.-F. Dwars, Nietzsche in Jena, 2000; M. G. Werner, Moderne in der Provinz. Kulturelle Experimente im Fin de Siècle Jena, 2003; J.-F. Dwars, Der Jenaer Goethe, 2003; B. Hellmann, Bürger, Bauern und Soldaten. Napoleons Krieg in Thüringen 1806 in Selbstzeugnissen, 2005; G. Schmidt/V. Wahl, Der Jenaer Schiller. Lebenswelt und Wirkungsgeschichte, 2005.

Z Apolda, Dornburg, Eisenberg, Kahla, Stadtroda (TH).

JEVER/NI

»Mitten im Land grüßt der weithin sichtbare, zierlich geschwungene Zwiebelturm des schönen Schlosses zu Jever. . . . Das Jeverland ist Friesenland, und nicht nur durch das Teetrinken sind die Menschen den Ostfriesen mehr verwandt als dem Nachbar von der Geest.« (Alma Rogge, 1952)

Aus der 1573 gegr. Lateinschule sind zahlreiche Gelehrte hervorgegangen, u. a. die Orientalisten Ulrich Jasper Seetzen (1767-1811) und Peter von Bohlen (1796-1840). – Schloss und Heimatmuseum.

Christian Hinrich Wolke, * 21. 8. 1741, J., † 18. 1. 1825 Berlin. Philologe. Verkehrte in Leipzig mit Ch. F. Gellert und war in Dessau Mitarbeiter J. B. Basedows (→ Hamburg) am »Philanthropinum«. 1817 konstatierte Professor J. A. Zeune »Vom Friesenstamm bis hin zu Ruriks Volke/ Kennt alles Dich, du biedrer deutscher Wolke.« – »Düsge or Sassisge Singedigte . . .« (1804).

Friedrich Christoph Schlosser, * 17. 11. 1776 J., † 23. 9. 1861 → Heidelberg/BW. Historiker (seit 1817 Prof.), formte das Geschichtsbild des liberalen Bürgertums. – W.: Weltgeschichte für das deutsche Volk (19 Bde., 1843-57). – In den Anlagen Denkmal mit seinen Worten: »Weh dem Volke, dem die Wahrheit nicht mehr heilig ist.«

Richard Deye (Ps. **Richard von Jever**), * 25. 3. 1853 J., † 18. 12. 1903 München, Heimatdichter (»Schönes, stolzes Land der Friesen, Vaterland, bin ewig dein . . .«), Freund H. Allmers (→ Cuxhaven/Rechtenfleth/NI).

Hein Bredendiek, * 18. 9. 1906 J., † 24. 1. 2001 Oldenburg. Niederdeutscher Erzähler. – W.: Kreiensiehl (En. 1966); Ut Barlach sin Warkstääd (Bildbetrachtungen 1973); Thulstedt (E. 1979); De Spegel (E. 1984).

Oswald Andrae, * 25. 6. 1926 J., † 19. 2.

1997 ebd., Verfasser niederdt. Lyrik und Prosa, Hörspielautor. Engagierter Autor, der historische Themen und Gegenwartsprobleme wie Umweltverschmutzung aufgriff. Klaus Groth-Preis 1971. – W.: Hoppenrök geiht üm (G. 1975); Hollt doch de Duums för den Sittich (G. 1983); Laway (Dr. 1983); Dreeundartig Mullsbülten (G. 1987); Heimat – wat is dat (R. 1996). – Über den letzten jüdischen Bürger J.s, den ehemaligen Emigranten Fritz Levy, schrieb A. die »Erinnerungen eines Unbequemen« (Ostfriesland-Journal 11/1991); von ihm stammt auch die E. »Vom Strand der verlassenen Häuser« (1994) über eine in der Sturmflut 1717 versunkene Stadt bei J. – Grab auf dem Friedhof Jever.

Das sagenhafte Fräulein Maria ernannte Jever zur Stadt

A Georg von der Vring (→ Brake/NI) war 1910 Junglehrer in **Horumersiel** (Wangerland-H.) »hoch an der See«, von 1918-28 in der »entgötterten Kleinstadt« J. Zeichenlehrer am Marien-Gymnasium. Hier entstanden expressionistische Verse, satir. Skizzen und »Soldat Suhren« (1923 vollendet). Über die Stadt u. a. in »Die Wege 1001« (1955). – Die Schule in Jever besuchten u. a. die Schriftsteller **Hinrich Janßen** (1697-1737), **Christian Hinrich Wolke** und **Otto Erich Hartleben** (→ Goslar/Clausthal-Zellerfeld/NI).

L Goethe (→ Frankfurt a. M./HE) stand in Kontakt mit dem Sekretär am Landgericht und »Amateurnaturwissenschaftler« (J. Drews) **Christian Dietrich von Buttel** (1801-78): »Goethe und Buttel – Briefwechsel 1827«, Hrsg. M. Wenzel, 1992. – **Karl Steinhoff** schrieb »Das Seilerrad. Eine norddeutsche Kleinstadtjugend um 1900« (1980). – **Friedrich A. Wagner** 1972: »Jeden Abend um neun Uhr klingt eine Glocke über die Stadt. Das gnädige Fräulein Marie hat dieses ›Marienläuten‹ angeordnet.« So wurde sie auch v. a. bei den Heimatdichterinnen Haupt- und Staatsperson: 1936 **Marie Ulfers** (→ Aurich/NI), 1955/56 **Thora Thyselius** (aus Brake).

R In **Dangast**, das von den Künstlern der Dresdner »Brücke« neu entdeckt wurde, das Atelierhaus (heute Museum) des Malers Franz Radziwill: »In den Lahnungen schäumen Pinsel/toter Maler (Einer hieß Franz und/horchte am Stein an den Fugen)« (**Johann P. Tammen**, »Lahnungen«). Aut. Roman der Tochter **Konstanze Radziwill**: »Eine Art von Verwandtschaft« (1979), von ihr auch »F. R. – Raum und Haus« (1988). Ortsporträt von **Uwe Herms**, »Radziwill oder die Schönheit des Alleinseins« (in »Wundertüte eines halben Tages«, 1997). – Die schon um 1800 eingerichtete Seebadeanstalt D. wurde von **Th. Ch. A. von Kobbe** (→ Brake/Langwarden/NI) in seinen »Humoresken aus dem Philisterleben« (1841, n. u. d. T. »Es war ein Dangastischer Urlaub«, 2004) geschildert; **Albert Gloys** E. »Sommerwind über Thormölenhof« spielt ebenfalls hier. In **Varel** wurden 1751 **Dorothea Fuhrken** aus **Neustadtgödens** (Stadtteil von **Sande**) und **Luise Sophie Hagen** aus **Elsfleth** von der Dt. Gesellschaft in Göttingen mit dem Rang »kaiserlich gekrönter Poetinnen« ausgezeichnet. Die »Bentinck-Zeit« schildert der Märchensammler **Ludwig Bechstein** (→ Meiningen/TH) in seinem R. »Der Dunkelgraf« (1854). Aus V. stammt **Ferdi-**

nand **Hardekopf** (1876-1954), Expressionist und Journalist, in Berlin, Frankreich und in der Schweiz lebend: »Wir Gespenster« – Dichtungen, Hrsg. W. F. Schoeller (2004). In V., wo **Theodor Storm** (→ Husum/SH) 1878 seinen Sohn Karl (Grab auf dem V.er Friedhof) besuchte, wohnte seit 1940 der Stettiner **Gerd Lüpke** (1920-2002), als Schriftsteller (insgesamt 51 Bücher), niederdeutscher Rundfunkmoderator (»Hör mal' n beten to!«) und Literaturwissenschaftler (u. a. Verfasser einer pakistanischen Literaturgeschichte in 3 Bdn., 2000-02) dem Land Mecklenburg eng verbunden, aber auch der neuen Heimat (»Achter Dünen un Diek«, G. u. Geschn. 1976; »Küstenland«, G. 1992). Über Varel »Stadt zwischen Wald und Meer« 1981 und als Hg. »Stadt im Seewind. Varel-Gedichte aus 250 Jahren« (1996). Bekannt wurde seine literarische Figur des »Käppen Möhlenbeck« (1998). Aus V. stammen auch der naturalistische Erzähler **Wilhelm Hegeler** (1870-1943; »Ingenieur Horstmann«, R. 1900; »Pastor Klinghammer«, R. 1903) und **Albert Gloy** (1893-1960), der langjährige Leiter der **Niederdeutschen Bühne Varel**.

Schloss **Neuenburg** (Zetel-N.) war Sitz eines Landgerichts, das 1785-88 von **Friedrich Leopold zu Stolberg** (→ Bad Segeberg/Bad Bramstedt/SH) geleitet wurde; hier entstand seine idyll. Dichtung »Die Insel«. – In **Zetel Martin Bückings** (1868-1954) R. »Zeteler Markt« (1919). – Im Kanonikerstift Oestringfelde bei **Schortens** entstand die »Oestringer Chronik«.

In der Nordsee **Wangerooge**, Bad seit 1804; **Fritz Strahlmann** (1924/ → Wildeshausen/Oldenburg/NI) und **Alma Rogge** (1938/→ Brake/Rodenkirchen/NI) schrieben Bücher über die Insel. **Enno Littmann** (→ Oldenburg/NI) gab 1897 »Friesische Erzählungen aus Alt-Wangerooge« heraus (n. 1979). Die Insel (auch in »Wanderun-

gen an der Nord- und Ostsee« von **Theodor von Kobbe** und **Wilhelm Cornelius/** → Brake/NI, n. 1973) wurde nach 1871 militär. Außenposten des »Marine-Etablissements« → Wilhelmshaven/NI. Im Wangerland das **Künstlerhaus Hooksiel** (Ateliers, Stipendien) im gleichnamigen Fischerdorf.

S **Historische Bibliothek** (Slg. Seediek) im Marien-Gymnasium Jever.
B G. Lüpke, Givers uf dem Saut. Aus der alten Friesenstadt Jever, 1978; Das Fräulein und die Renaissance. Marie von Jever, Schrr. des Schlossmuseums Jever, 2000.
Z Aurich, Brake, Westerstede, Wilhelmshaven (NI).

KAHLA/TH

Heimatmuseum; Museum auf der Leuchtenburg (Mittelalterfeste, am 30. 4. Walpurgisfeier).

Johann Walter (eig. **J. Blankenmöller**), * 13. 4. 1496 K., † 24. 6. 1570 → Torgau/SN, Liederdichter und Hrsg. des ersten ev. Chorgesangbuches (1524). Musikal. Berater Luthers
Paul Rebhun (→ Plauen/Oelsnitz/SN), 1529-35 Pfarrer in K., wo sein formstrenges Bibeldrama »Von der gottesfürchtigen und keuschen Frauen Susannen« (1535, n. H.-G. Roloff 1967), das »Paradestück dramatischer Dichtkunst des Reformationsjahrhunderts« (H.-G. Roloff), entstand. Weitere Schuldramatiker: **Hans Tirolf** (um 1500-nach 1580), in K. geboren (»Die schöne Historia von der Heirat Isaaks und seiner lieben Rebeccen«), und **Thomas Naogeorgus** (→ Straubing/BY), 1542-46 Pfarrer in K. (»Pammachius«). N.s Pfarrnachfolger **Stephan Reich** (1512-88), Verf. reformat. Traktate.
A **Martin Luther** (→ Eisleben/ST) predigte 1524 in der Stadtkirche (Gedenktafel)

vor einer mit **Karlstadt** (→ Wittenberg/ ST) sympathisierenden Gemeinde (zerschlagenes Kruzifix auf der Kanzel).

L Die Silhouette K.s bestimmen drei Bergkuppen am Saaleufer, von denen der Kegel mit der Leuchtenburg herausragt. 1914 fand hier die erste Walpurgisfeier statt, zu der der K.er Kulturhistoriker **Richard Denner** (1867-1937) ein Festspiel beisteuerte. – **Inge von Wangenheim** (→ Weimar/TH) lässt in »Professor Hudebraach« (R. 1961) die Heldin das K.er Porzellanwerk besuchen und DDR-stolz verkünden, »dass die gute Hälfte der Gesamtproduktion in 47 Länder der Erde« gehe.

R Die Wettiner nutzten die Leuchtenburg als Gefängnis. 1535 hielten sie hier Wiedertäufer gefangen, die **Philipp Melanchthon** (→ Bretten/BW) verhört hatte. – Aus **Gumperda** stammt der Kunsthistoriker **Heinrich Bergner** (1863-1918), dessen »Grundriß der kirchlichen Altertümer in Deutschland« (1913) bis heute als Standardwerk gilt. – Häufiger Besucher in **Hummelshain** war **Wilhelm von Kügelgen** (→ Quedlinburg/Ballenstedt/ST). In seinen »Jugenderinnerungen eines alten Mannes« (1870) hat er auch über das »Rieseneck«, eine in Dtl. einzigartige (und gut erhaltene) Jagdanlage aus dem frühen 18. Jh., geschrieben. – In der Kirche des Saaledorfes **Rothenstein** Grabstein für Johann Friedrich Vulpius d. Ä. (1676-1752), Urgroßvater von Goethes Frau Christiane Vulpius (→ Weimar/TH).

Orlamünde

Albrecht von Orlamünde, 13. Jh., Philosoph. Verf. der im MA. vielgenutzten und mit didakt. Geschick kommentierten »Philosophia pauperum« (Philosophielehrbuch für arme Studierende).

A **Thomas Müntzer** (→ Sangerhausen/ Stolberg/ST) fand nach seiner Vertreibung aus → Jüterbog/BB im Frühsommer

1519 in O. Asyl. – **Karlstadt** war als Wittenberger Archidiakon zugleich Pfarrer von O., amtierte hier aber erst seit 1523 und predigte in O. erstmals in dt. Sprache. Gedenkstein vor der Kirche. – **Luther** kam 1524 nach O., wo er mit den Bürgern im Rathaus, Markt 44-46 (Gedenktafel), wenig erfolgreich disputierte. Karlstadt selbstbewusst: »Ich will euer Feind bleiben . . .«

L **I. von Wangenheims** »Entgleisung« (R. 1980) spielt in O. Das Auffinden für den Export bestimmter Pornohefte mit dem Eindruck »Printed in GDR« ist dabei Anlass, die Zustände in der DDR zu hinterfragen. – **Wulf Kirstens** Gedicht »feldwegs nach Orlamünde« (1993) bezieht sich auf die Gaststätte »Erholung« am Markt: »saalüberwärts ins Orlatal geblickt/ein biergarten schäumt/unter endlos zerdehnter traueresche.«

E **Sage von der weißen Frau.** Sie ist mit den Grafen von O. und ihrer Kemenate, L. Bechsteins »Adlerhorst«, verbunden, hinter der sich die Witwe Ottos VII., Kunigunde (1305-82), verbirgt. Aus Liebe zu dem Nürnberger Burggrafen Albrecht, einem Hohenzollern, soll sie ihre zwei Kinder kaltblütig ermordet haben und dazu verurteilt worden sein, als ewige Büßerin um Mitternacht an ihren ehem. Wohnstätten ihr Unwesen zu treiben. A. von Arnim und C. Brentano haben den Stoff zur Ballade »Die Herzogin von Orlamünde« geformt und in ihre Slg. »Des Knaben Wunderhorn« (1805-08) aufgenommen. Den Stoff bearbeiteten auch J. K. A. Musäus in dem Märchen »Die Nymphe des Brunnens« (1782), Th. Körner im Gedicht »Wallhaide« (1810), Ch. Graf zu Stolberg in der Ballade »Die weiße Frau« (1814) und L. Bechstein in der Sagen-E. »Die Gräfin von Orlamünde« (1858).

B M. Wähler, Die weiße Frau, 1931, n. 1984; H. Weinhold, Wanderungen im Kirchenkreis Kahla, 1985; D. Ignasiak, An der Saale und im Holzland, 1997.

Z Jena, Pößneck, Rudolstadt, Stadtroda (TH).

KAISERSLAUTERN/RP

»Der sprachschöpferisch nicht unbegabte Bayernkönig Ludwig I. bezeichnete Kaiserslautern erstmalig als ›Barbarossastadt‹ ... Die Heimatdichter polierten unentwegt an diesem klangvollen Namen, die Stadtväter zitierten ihn markig und traditionsbewußt, und einige ganz verwegene exhumierten die Sagengestalt des schlafenden Barbarossa im Kyffhäuser und setzten sie im Kaisersberg oberhalb des Lauterer Gefängnisses bei. Seitdem fliegen die Raben auch in den pfälzischen Lesebüchern.« (Hansgeorg Baßler, 1965)

Universität K. – Fachhochschule K. – Pfalzbibliothek mit Palatina-Slg.. – Institut für Pfälzische Geschichte und Volkskunde (mit Arbeitsstelle Wörterbuch der pfälz. Mundart). – Pfalzgalerie; Theodor-Zink-Museum. – Pfalztheater. – SWR Studio K.

Johann Heinrich Jung-Stilling (→ Siegen/Grund/NW) wurde 1776 als o.ö. Professor der Landwirtschaft, Technologie, Handlungswiss. und Vieharzneikunde an die »Kameral-Hohe-Schule« in K. berufen und blieb bis zu deren Verlegung 1784 nach Heidelberg. Werke aus dieser Zeit lauter »Geschichten«: die des »Herrn von Morgenthau«, »Florentins von Fahlendorn«, »Theodores von der Linden« sowie »Theobald oder die Schwärmer«. – In »Heinrich Stillings häusliches Leben« (1789) K. als »Rittersburg« verschlüsselt, in »lauter traurigen Tannenwäldern«.

Oskar von Redwitz (→Ansbach/Lichtenau/BY), der »Messias der Poesie«, kam nach K. 1847 als Rechtskandidat. Hier vollendete er, mit der schönen Erbin von Gut Schellenberg b. Weilerbach als Muse, die Versnovelle »Amaranth«; erfolgreich damit, heiratete er die Muse und lebte fortan als freier Schriftsteller bis 1854 auf Sch., »im einsam alten Meierhaus«. – K. Schauplatz im Roman »Hermann Stark« (1879).

Paul Münch (1879-1951): Jugend in Kusel,

Kunsterzieher seit 1907 in K. Zwei Jahre später erschien seine »Pälzisch Weltgeschicht«, wohl das originellste pfälz. Mundartbuch (Urschrift im Heimatmuseum Kusel). – Weitere Werke (»Pfälzers Höllen- und Himmelfahrt«, Lsp. 1928) in der Gesamtausg., Hrsg. F. L. Pelgen, 1981 f. – »Auf dem Seß«: Wohnhaus Amselstraße 36 (Gedenktafel); P.-M.-Brunnen in der Nähe, Alex-Müller-Straße; Grab auf dem Waldfriedhof; Reliefplastik im Theodor-Zink-Museum. – P.-M.-Gesellschaft (seit 1980).

Der Gefängnisgeistliche und pol. engagierte Schriftsteller **Otto Fleischmann** (1833-1913) aus Sembach b. K. schrieb »Optimistische Novellen« (1882) und die »Geschichte des Pfälzischen Aufstandes im Jahre 1849« (1899). – Von dem aus Thüringen stammenden Erzähler **Max Braun-Rühling** (1874-1967) handeln von K. und der Pfalz: »Anno ... Ergötzliche Geschichten aus Alt-Kaiserslautern« (1927); »Der junge Schiller am Rhein« (R. 1929); »Nibelungenland« (R. 1931); »Eine Stadt im Feuerregen« (1953). Wohnhaus Riesenstraße 8 (Gedenktafel); Grab auf dem Waldfriedhof. – Der Volkskundler **Ernst Christmann** (1885-1974) verfasste neben seinem wiss. Hauptwerk, »Die Siedlungsnamen der Pfalz« (1952-64), auch Mundartlyrik (»Grummet«). Grab auf dem Waldfriedhof.

A »Der Kaiser ist in allen Landen«, sang der Minnesänger **Friedrich von** → **Hausen** (→ Bad Kreuznach/RP) und zog mit ihm; die Lauterer Pfalz war beliebt, wahrscheinl. entstanden viele seiner Lieder hier. – Der um 1150/60 geb. synagogale Dichter **Menachem ben Jacob** stammt entweder aus K. oder war längere Zeit hier ansässig, da er in einer jüd. Gebetshandschrift »de Lutra« genannt wird. – Auch Lauterer Theologen standen in gutem Ruf: **Peter von L.** (14. Jh.), **Johann von L.** (15. Jh.),

Johannes Braun (17. Jh.). – Im Juli 1794 meldete eine Frau von Türckheim aus K., »nach einer 15stündigen Pilgrimschaft« mit ihren Kindern, vorbei an französ. Vorposten, ihre »glückliche Ankunft in meinem Vatterlande«. Es war Lili Schönemann, Goethes (→ Frankfurt a. M./HE) ehem. Verlobte. Dieweil ritt in der Nähe im Kürassierregiment »vacant Weimar« ein 17-jähriges Offizierchen, Dienstgrad »überkompletter Kornett«: **Friedrich de la Motte Fouqué** (→ Berlin). – Nach dem »Hambacher Fest« (Neustadt a. W./RP) saß **J. G. A. Wirth** (→ Homburg/SL) für zwei Jahre im Zentralgefängnis ein; man beschäftigte die Gefangenen mit Strumpfestricken, W. schrieb an den »Fragmenten der Kulturgeschichte der Menschheit«. 1836 wurde er entlassen. Als zur gleichen Zeit **François René de Chateaubriand** mit der Kutsche zu nächtlicher Stunde in K. ankam, hätte er am liebsten die »Träume aller Bewohner« notiert, denn die Nacht war voller »Nachtigallen, Grasmücken, Drosseln und Wachteln, klagende Gefangene«, die den Vorüberfahrenden »durch die Gitter ihrer Gefängnisse grüßen«. – Zwölf Jahre später wurde K. Mittelpunkt der revolutionären Bewegung in der Pfalz: die demokr. provisor. Regierung tagte im Main/Juni 1849 in der Fruchthalle (Gedenktafel). Kritischer Beobachter in der (heutigen) »Stadtschänke« (Steinstraße 5) **Friedrich Engels** (→ Wuppertal/NW); **Gottfried Kinkel** (→ Bonn/NW) und **Carl Schurz** (→ Euskirchen/NW) traten hier in die Volkswehr ein. Als Augenzeuge der Ereignisse veröffentlichte der Kaufmann **Friedrich Albrecht Karcher** (1814-55) die Novelle »Die Freischärlerin« (n. 1977, Hrsg. H. G. Haasis). – **Hermann Löns** (→ Hannover/NI) hatte 1891/92 seine erste Anstellung als Schriftleiter bei der »Pfälzischen Presse«.

L **Friedrich Blaul** (→ Speyer/RP) 1838 in K.: »Welche Ironie der Zeit! Hohenstaufenpalast und Zentralgefängnis!« Ähnlich **August Becker** (→ Bad Bergzabern/Klingenmünster/RP) 1858, im »Zimmer, wo Dr. Wirth gesessen«. – K.er Sagen in **Karl Simrocks** (→ Bonn/NW) »Rheinsagen« (1837) und in den Slgg. von **Friedrich Wilhelm Hebel** (1875-1931) aus **Rothselberg**, dessen »Sagenbuch« 1912 in K. erschien, und von **Victor Carl** (1967/69).

»Keine Stadt der Literatur, doch nicht sprachlos«, heißt es in **Gerd Forsters** (»Unter dem Eulenkopf«, G. 1977) K.er Literaturgeschichte (1976). Wie **Theo Schneider** (»Kein Gedicht für k.-town«) gehörte er zu den Gründern der Autorengruppe K. Zu den in K. geb. Mundartautoren zählen auch **Hansgeorg Baßler** (1928-2001/»De Jammerlabbe«), **Michael Bauer** (»Heimatmaladie«, 1997), **Kurt Baumann** (»Domols un hei«, 1981), **Anni Becker** (Ps. »Pälzer Krott«), **Eugen Damm** (mit seinen Zeitungsglossen »De Hannewackel un's Jakobine«) und **Susanne Faschon** (→ Kirchheimbolanden/Jakobsweiler/RP). – Kindheitserinnerungen in »Zeit der Brennessel« (1981) von der 1934 in K. geb. **Marlies Fuhrmann**.

S **Autorengruppe K.** (seit 1975). – **Pfalzpreis für Literatur**. – **Else-Lasker-Schüler-Dramatiker-Preis des Pfalztheaters, Else-Lasker-Schüler-Stückepreis der Stiftung Rheinland-Pfalz**.

Landstuhl

Sickingen-Museum (mit Bibliothek). – Pfälzer Komödie – Freilichtspiele auf der Burg.

A Über der Stadt steht der Nanstein im Hang, die Sickingen-Burg. **Ulrich von Hutten** (→ Schlüchtern/Vollmerz/HE) weilte 1519 und 1520 dort, **Franz von Sickingen** (→ Bad Kreuznach/Bad Münster a. St.-Ebernburg) hätte gern eine zweite »Herberge der Gerechtigkeit« aus ihr gemacht. Aber das Fürstentriumvirat Trier/Pfalz/Hessen schloss Nanstein 1523 ein und schoss es zusammen. Franz v. S. wurde bei der Belagerung verwundet und starb am 7.5.1523, Lied und Legende »Kein besser krieger ins land nie kam ...« bereits zu Lebzeiten. Grabdenkmal in der Pfarrkirche St. Andreas; Sickingen-Museum in der Zehntenscheune. **Eduard Jost** (→ Neustadt a. W./RP): »Sickingens letzte Tage«, 1900; **Karl Anton Vogt** (1899-1951/Grab Städt. Friedhof): »Franz von Sickingen«, 1951. – **Ludwig Thoma** (→ Garmisch-Partenkirchen/Oberammergau/BY) besuchte Dezember 1874 bis 76 die Volks- und Lateinschule in L. – Der Biograph und Militärhistoriker (»Soldatentum und Rebellion«, 1961) **Gert Buchheit** (1900-78) lebte lange Zeit in L., wohnte zuletzt im nahen Hütschenhausen: »Große Liebe zu einer kleinen Stadt«. Grab auf dem Städt. Friedhof L.

L »... dort, wo der brave Sickingen getroffen ward« auch **Maler Müller** (→ Bad Kreuznach/RP) in der »Schaafschur-Idylle« (1775). Später u. a. **Willibald Alexis** (→ Berlin) und, historisch-topographisch wie **Franz Weiß** (1803-43) in seiner »Malerischen und romantischen Pfalz« (1840), **Friedrich Blaul** und **August Becker**. Von **Karlheinz Schauder** das Sickingen-Lesebuch »Franz haiß ich, Franz pleib ich« (1999) und das Westrich-Lesebuch »Wie Arme breiten sich die Hügel aus« (1988).

S Pfälzer Volksschauspiel-Wettbewerb der Heimatfreunde L.

R Um 1190 verlegten die Zisterzienser ihr Kloster in **Otterberg** vom Schlossberg ins Tal und bauten die mächtige Kirche. Um 1370 starb **Nikolaus von** → Landau/RP hier, Verfasser einer Slg. von 170 (teilw. von Meister Eckhart/→ Köln/NW entliehenen) deutschen Predigten. 1580-82 wirkte der reformierte Pfarrer **Franziskus Junius** (1545-1602) in O.; er war als Glaubensflüchtling 1566 in die Pfalz gekommen und hatte (zus. mit I. Tremelius) das AT übersetzt; 1595 erschien seine Autobiographie. – Eine der ältesten Freilichtbühnen der Pfalz hat **Katzweiler**. – Nach einem **Jettenbacher** Ms. schrieb 1940 **Hermann Moos** (1896-1950) den Roman der Westpfälzer Musikanten: »Auf den Straßen der Welt«. – »Im Bohe laaft de Glaan um s' Dorf erum«: in **Miesau** (»Off huwwelische Pädcher«, 1987) lebt, ungebrochen produktiv, **Heinrich Kraus**. – Auf Burg **Diemerstein** verbarg sich **Ulrich von Hutten** (→ Vollmerz/Schlüchtern/HE) 1522 als Gast des Ritters Bonn von Wachenheim (Gedenktafel über dem Eingang). – In einer Hütte unterhalb von Burg **Hohenecken** finden die Liebenden in dem Roman »Clara du Plessis und Clairant« (1795) von **August Lafontaine** (→ Braunschweig/NI) Zuflucht. – Im alten »Holzland« **Trippstadt**. Von hier stammt der Westricher Stürmer und Dränger **Ludwig Philipp Hahn** (→ Zweibrücken/RP). **Emil Dietzsch** (1829-90) aus T.-Karlstal wanderte 1853 nach den USA aus und schrieb 1881 in Chicago die Geschichte der Deutsch-Amerikaner. Im Schloss, das Forsthaus wurde, war **Theodor Heuss** (→ Lauffen/Brackenheim/BW) »zwei-, dreimal« in Ferien: »Geblieben ist als mächtiger Kindheitseindruck dies eine: Wald.«

B D. Mack (Hrsg.), Aspekte und Perspektiven einer Stadt, 1976; Th. Schneider, W. Schumacher, G. Forster, Kaiserslautern schreibt I-III, 1977/78; K. Schauder, Wort und Landschaft. 21 Autoren des Landkreises Kaiserslautern, 1981; G. Westenburger, Kaiserslautern kennen, Lautern lieben, 2002.

Z Bad Dürkheim, Neustadt a. d. W., Pirmasens, Zweibrücken (RP); Homburg (SL).

KAMENZ/SN

Museum der Westlausitz, Lessing-Museum. –
»Kamenzer Lessing-Tage« im Januar/Februar.

Gotthold Ephraim Lessing, * 22. 1. 1729
K., † 15. 2. 1781 → Braunschweig/NI, Vollender der dt. Aufklärung, erster bedeut.
Kritiker, Ästhetiker und Dramaturg, Dramatiker und Fabeldichter. Vorfahren K.er
Bürgermeister. 1737-41 K.er Ratslateinschule (Annenkirche). Gymnasium in →
Meißen/SN. Studium in → Wittenberg/
ST und → Leipzig/SN. Dann in → Berlin
und 60 in Breslau. Theaterarbeit in →
Hamburg. Seit 70 Bibliothekar in → Wolfenbüttel/NI. – W.: Minna von Barnhelm
(Lsp. 1767); Emilia Galotti (Tr. 1772); Nathan der Weise (Dr. 1779); Laokoon oder
Über die Grenzen der Malerei und Poesie
(Ess.1766); Die Erziehung des Menschengeschlechts (Ess. 1780). Sämtl. Schriften
(23 Bde. Hrsg. K. Lachmann/F. Muncker,
1886-1924, Ndr. 1968). – Geburtshaus:
Schulhaus (1842 abgebrannt), Gedenktafel mit Relief des Hauses Lessinggässchen.
In der Marienkirche L.s Taufstein und
Kanzel (1566), von der L.s Vater gepredigt
hat, Grabsteine der Eltern und Großeltern; L.-Büste (1863) und L.-Stele (1979)
vor dem L.-Museum (erbaut 1931), Lessingplatz 1-3, darin Ausstellung zu Leben,
Werk und Wirkungsgeschichte.
In der Szenenfolge »Leben Gundlings Friedrich von Preußen Lessings Schlaf Traum
Schrei« (1976) »hat« sich **Heiner Müller**
(→ Freiberg/Eppendorf/SN) »in der Figur
des 47 Jahre alten Lessing... selbst porträtiert« (J.-Ch. Hauschild 2000). **Inge von
Wangenheim** (→ Weimar/TH), »Hamburgische Elegie. Eine lebenslängliche Beziehung« (1977).
Karl Gotthelf Lessing, * 10. 7. 1740 K., →
17. 2. 1812 Breslau, Dramatiker und Übersetzer. Schrieb Lustspiele (»Der stumme

Plauderer«, 1768). Bedeutung hat L. als
Hrsg. der »Sämmtlichen Schriften« (1793-1825) seines Bruders G. E. L.
Jakub Bart-Cišinski (eig. **Jakob Bart**), * 20.
8. 1856 Kuckau (Panschwitz-K.) bei K.,
† 16. 10. 1909 Panschwitz, Lyriker und
Erzähler. Klassiker der sorb. Lit. Theologiestudium in Prag. 13 Gedicht-Bde.,
Versepen (»Der Bräutigam«/»Nawozenja«;
1877) und der Roman aus der sorb. Gesch.
»Der Patriot und der Renegat«/»Narodowc
a wotrodzenc« (1878). – Werke/Spisy (14
Bde., 1969-80).
Jan Skala, * 17. 6. 1889 Nebelschütz bei
K., † Frühjahr 1945 Namslau/Niederschlesien, Journalist, Lyriker und Erzähler.
Stand mit dem Kreis um C. von Ossietzkys (→ Hamburg) »Weltbühne« in Verb.
und gilt als »der profilierteste Publizist
und Ideologe der sorbischen nationalen
Bewegung in der Zwischenkriegszeit« (K.
Lorenc). – Geburtshaus: Hauptstraße 27
(Gedenktafel).
Jurij Brězan, * 9. 6. 1916 Räckelwitz bei
K., † 12. 3. 2006 K., Erzähler und Kinderbuchautor. Bedeutendster sorb. Autor des
20. Jh.s. In den märchenhaft-parabol. Erzählwerken »Die schwarze Mühle« (1968)
und »Krabat oder die Verwandlung der
Welt« (1976) transportiert B. sorb. Sagenmotive (»ein bißchen Fauststoff«) in die
Gegenwart und thematisiert den kultur.
Überlebenskampf der Sorben. – W.: Die
Leute von Salow (R. 1997), Mein Stück
Zeit (Aut. 1998), Ohne Paß und Zoll (»Erinnerungen aus meinem Schreiberleben«,
1999); Ges. Werke (in sorb. Sprache, 7
Bde. 1965-71).
R Ein paar Kilometer östl. liegt **Piskowitz**, wo Eva und **Victor Klemperer** (→
Dresden/SN) nach dem 13. 2. 1945 bei
ihrem ehem. sorb. Hausmädchen untertauchen konnten und dadurch ihr Leben
retteten. – In der Nähe **Wittichenau**, wo
der sorb. Aufklärer und spätere Bautzner

Bischof **Franc Jurij Lok** (1751-1831) geboren wurde. Sein Briefwechsel mit H. Zejler (→ Bautzen/SN) ist der älteste erhaltene in sorb. Sprache. – Südl. davon **Schönau**, Heimatort des sorb. Lit.-Wissenschaftlers **Jurij Mlynk** (1927-71). Gedenktafel am Geburtshaus Nr. 4c. – Unweit davon **Naußlitz**, Geburtsort von **Miklaws Jacslawk** (1827-62), erster humorist. Autor der sorb. Lit. (Geschichten im Wochenblatt »Jutnicka«, 1848-50). – Aus **Räckelwitz** kommt der sorb. Philologe **Michal Hórnik** (1833-94). Gedenktafel am Geburtshaus. Denkmal (1956) im Dorfpark. Für **J. Brězans** vielgelesene »Felix Hanusch«-Trilogie (1958-64) gibt R. ebenso den Handlungshintergrund wie für den aut. Roman »Das Bild des Vaters« (1983). – **Horka** ist Geburtsort des sorb. Lyrikers (»Poesie der kleinen Kammer«/»Poezia malej komorki«, 1971) **Jurij Chezka** (1917-44). Gedenktafel am Geburtshaus Nr. 17.

Über Nebelschütz gelangt man nach **Panschwitz-Kuckau**. Die Zisterzienserinnen-Abtei St. Marienstern ist ein Zentrum der sorb. Kultur. Museum in der Schatzkammer. Unter den gezeigten Kunstwerken auch ma. Hss. P. ist Ausgangspunkt für das Osterreiten. 1903 kehrte **J. Bart-Cišinski** als Pensionär in seinen Geburtsort Kuckau zurück, 06 zog er ins benachbarte Panschwitz. Geburtshaus (Nachfolgebau): Crostwitzer Straße 6 (Gedenktafel), Denkmal (1949) im Klosterpark, Grab auf dem Friedhof von Ostro; Erinnerungen an B. im Kloster-Museum. Aus Panschwitz stammt auch der Publizist **Miklaws Andricki** (1871-1908), Anreger des jungsorb. Lit.

Pulsnitz

»Pfefferkuchenstadt«. – Aus P. stammt der Bildhauer Ernst Rietschel (1804-61), der mit Dichter-Denkmälern (Lessing in Braunschweig, 1848, Goethe und Schiller in Weimar, 1857, Luther in Worms, 1858-68) das lit. Erbeverständnis des 19. Jh.s entscheidend prägte. »Erinnerungen aus meinem Leben« (Hrsg. E. Rietschel, 1954); Denkmal (1872) auf dem Markt, R.-Gedenkzimmer im Heimatmuseum.

Der Reformationsdramatiker (»Historia Jobs«, 1546) **Johan Narhamer** (um 1520-nach 1571) wirkte seit 1546 als Schulmeister in P. Später Pfarrer im nahen **Seifersdorf**. – P. ist der Geburtsort des Missionars **Bartholomäus Ziegenbalg** (1682-1719), mit der von ihm hg. »Bibliotheca Malabarica« (1716) Mitbegründer der Indologie. Ausstellung in der Nicolai-Kirche. **Max-August Schreyer** (→ Aue/Johanngeorgenstadt/SN) starb 1922 in P. Grab auf dem Friedhof. – Aus **Großröhrsdorf** stammt der Dramatiker **Paul Börner** (1891-1945), der mit dem Antikriegsstück »Der Aufstand der Maulwürfe« (1930) Aufsehen erregte. Nachlass im Heimatmuseum.

Radeberg

Museum Schloss Klippenstein.

August Friedrich Ernst Langbein, * 6. 9. 1757 R., † 2. 1. 1835 Berlin, Verf. von Unterhaltungsromanen und Lustspielen. Seine Geschichte »Die Fledermaus« (1793) wurde Quelle für die klass. Operette von J. Strauß. – Sämmtliche Schriften (31 Bde., 1835-37). – Geburtshaus: Schloss (Gedenktafel an der Vorburg), Erinnerungen im Museum (L.-Zimmer).

R 1901 wurde **J. Bart-Cisinski** in R. Pfarradministrator, 03 vorzeitig pensioniert, war er froh, ins »Sorbenland« zurückzukehren. Westl. von R. **Langebrück**, wo schon im 19. Jh. Dresdner Künstler zur

Sommerfrische weilten. 1918-20 wohnte **Friedrich Wolf** (→ Neuwied/RP), damals Arzt im L.er Hilfslazarett, mit seiner Fam. in seinem »Zauberhäuschen«, und schrieb an dem expressionist. Drama »Das bist Du« (1919/»Die Welt wird umgestürzt werden von oben nach unten, von unten nach oben«), mit dem ihm der Durchbruch gelang. Wohnung: Jakob-Weinheimer-Straße 21 (Gedenktafel). – Von hier aus gelangt man nach **Seifersdorf** und ins Seifersdorfer Tal, das Hans Moritz Graf von Brühl (1746-1811) und seine Frau Tina von Brühl (1756-1816) zu einem Landschaftspark umgestalten ließen. **Christoph Martin Wieland** (→ Biberach/BW) bewunderte sie (»Nimm, schöne Tina, dieses Freundschafts-Pfand/Gewogen an aus eines Freundes Hand«, 1772 im »Oberon«). Besuch 1794. 1798 kam **Jean Paul** (→ Wunsiedel/BY), später **Elisa von der Recke** (→ Dresden/SN).

Z Bautzen, Bischofswerda, Dresden, Großenhain, Hoyerswerda, Meißen (SN); Cottbus (BB).

KARLSRUHE/BW

»Erst viel später habe ich gesehen, was das für eine Stadt war, eine geometrische, eine klassizistische, eine schöne Ordnung, Kreise und Strahlen, großer Stern.« (Marie Luise Kaschnitz, 1973) Universität Fridericiana K. (TH); Päd. Hochschule; Staatl. Akademie der Bild. Künste; Staatl. Hochschule für Musik; Staatl. Hochschule für Gestaltung. – Generallandesarchiv. – Bad. Landesmuseum (Schloss); Pfinzgaumuseum (Prinzessinenbau Durlach); Stadtmuseum im Prinz-Max-Palais; Zentrum für Kunst- und Medientechnologie. – Bad. Staatstheater; Kammertheater; Sandkorntheater. – SWR Studio K. – K.er Bücherschau.

Johann Heinrich Jung-Stilling (→ Siegen/Grund/NW) kam 1806 als geistl. Berater des Markgrafen Karl Friedrich nach

Karlsruhe: Hebel-Stätten Ev. Stadtkirche und Altes Lyzeum

K. Wohnte bis 1811 im Schloss, dann Waldstraße 10 (Gedenktafel). Schrieb hier u. a. seine »Theorie der Geisterkunde« (1808/ 09). – Grab auf dem Hauptfriedhof.
Johann Peter Hebel (→Lörrach/Hausen/ BW) besuchte 1774-78 das Gymnasium in K., dessen Direktor er später (1808-14) wurde. Bis kurz vor seinem Tod gab er den »Badischen Landcalender« heraus, der 1808 u. d. T. »Der Rheinländische Hausfreund« erschien. – Wohnungen: 1808-12 im südl. Seitengebäude der ev. Stadtkirche am Marktplatz (Gedenktafel), bis 1822 im rechten Flügelbau des Lyzeums (Ecke H.-/Kirchstraße, Gedenktafel); Denkmal im Schlossgarten; Slg. im Museum für Lit. am Oberrhein.
Karoline von Günderode, * 11. 2. 1780 K., † 26. 7. 1806 → Winkel (Rüdesheim/ HE), romant. Lyrikerin und Dramatikerin. 1797-99 Stiftsdame in → Frankfurt a. M./HE und mit Clemens (→ Koblenz/ RP) und Bettina Brentano befreundet (»Die Günderode«, 1840). In → Heidelberg/BW lernte sie 1804 den Mythologen F. Creuzer kennen. Nach gescheiterten Heiratsplänen Freitod in Winkel a. Rhein. – Nachlass StUB Frankfurt a. M. – Ch. Wolf (Hrsg.), »K. v. G.: ›Einstens lebt ich süßes Leben‹. Gedichte, Prosa, Briefe« (2006).
Christoph Vorholz, * 1801 K., † 1. 6. 1865

ebd., Bäckermeister, gilt mit seinem Gedicht »Rückkunft eines alten Karlsruhers im Jahr 1840« als K.s erster Mundartdichter. – Sterbehaus Ecke Ritter-/Kriegsstraße (Gedenktafel).

Joseph Victor von Scheffel, *26. 2. 1826 K., † 9. 4. 1886 ebd., Lyriker, Versepiker und Erzähler, der gut- und großbürgerl. Lieblingsschriftsteller: »Der Trompeter von Säckingen« (E. 1854), »Ekkehard« (R. 1855), »Gaudeamus« (G. 1868). – Geburtshaus Steinstraße 25; Sterbehaus Stephanienstraße 16 (Gedenktafel); Ehrengrab auf dem Hauptfriedhof; Büste auf dem Sch.-Platz. – Die 1924 gegr. Lit. Gesellschaft (Scheffelbund) hat sich die Pflege des Oberrhein. Dichtermuseums zur Aufgabe gemacht, in seinem Archiv Sch.s Nachlass; Sch.-Schulpreis-Stiftung.

Ludwig Eichrodt, *2. 2. 1827 K.-Durlach, † 2. 2. 1892 → Lahr/BW, Lyriker und Mundartdichter. Kreierte 1866 mit seinen ges. Parodien der Gedichte des Flehinger Schulmeisters S. F. Sauter (→ Bretten-F./BW), zus. mit A. Kußmaul, den Epochenbegriff »Biedermaier«. Auch Mithrsg. des »Allg. Dt. Kommersbuches«. – Wohnung u. a. Karl-Friedrich-Straße 18. – Nachlass Museum für Lit. am Oberrhein.

Emil Frommel, *5. 1. 1828 K., † 9. 11. 1896 → Plön/SH, Volkserzähler; »Aus dem untersten Stockwerk« (1914): seine Erinnerungen. 1872 Hofprediger in Berlin, später Erzieher der kaiserl. Prinzen in Plön. – Geburtshaus Adlerstraße 32.

Hermine Villinger (→ Freiburg i. Br./BW) kam schon in früher Kindheit nach K. und lebte dort die meiste Zeit als »Schreiberle«, wie sie es nannte (Waldstraße 25). Grab auf dem Hauptfriedhof. – K. u. a. in dem Erinnerungsbuch »Simplicitas« (1906). – Nachlass LB K.

Heinrich Vierordt, *1. 10. 1855 K., † 16. 6. 1945 → Triberg (Villingen-Schwenningen/BW), zu Lebzeiten Lesebuchklassiker,

heute vergessen. K.er Erinnerungen im »Buch meines Lebens« (1925); Gedenktafel am Geburtshaus, Waldstraße 48.

Albert Geiger (→ Bühl/Bühlertal/BW) kam 1901 nach K., wo er 02 eine Künstlervereinigung für heimatl. Kunstpflege gründete mit dem Ziel, der Vorherrschaft Berlins auf lit. Gebiet entgegenzuwirken (1903-05 Hrsg. des »Badischen Jahrbuchs«). Geringe Resonanz, Abrechnung mit K. in dem R. »Die versunkene Stadt« (postum 1924). – Letzte Wohnung Karlstraße 87; Gedenkstein auf dem Hauptfriedhof.

Alfred Mombert, *6. 2. 1872 K., † 8. 4. 1942 Winterthur/Schweiz, frühexpressionist. Lyriker und Dramatiker (Dichtungen, Gesamtausg. 1963.). Rechtsanwalt in → Heidelberg/BW, seit 1906 freier Schriftsteller. Wurde 1933 aus der Preuß. Akademie der Künste ausgeschlossen, 1940 deportiert und starb, von H. Reinhart befreit, an den Folgen der Haft in Winterthur. – Geburtshaus Kaiserstraße (damals Lange Straße) 180 (Gedenktafel); Asche in einem Kästchen unterhalb der Büste M.s im Foyer der LB. – Nachlass und die (von R. Benz gerettete) Bibliothek LB K.

Alfred Schmid Noerr, *30. 7. 1877 K.-Durlach, † 12. 6. 1969 → Percha (Starnberger See/BY), Dichterphilosoph, der sich »als Bewahrer und Künder alten Kulturguts« verstand. Ab 1918 Privatgelehrter und freier Schriftsteller in Percha. – »Der Durlacher Zwiewelewick« (E. 1959).

Richard Sexau, *11. 1. 1882 K., † 23. 8. 1962 München, Historiker und Erzähler (»Kaiser oder Kanzler«, Skk. 1936). Im diplomat. Dienst; Privatgelehrter auf → Schloss Ascholding (Wolfratshausen/BY).

Otto Gmelin, *17. 9. 1886 K., † 22. 11. 1942 → Bensberg (Bergisch Gladbach/NW), Erzähler, bevorzugte hist. Themen aus Völkerwanderungszeit und MA. (Reichsidee). 1917-36 Studienrat in Solin-

gen-Wald, dann freier Schriftsteller. – Grab auf dem Hauptfriedhof.
Marie Luise Kaschnitz, *31. 1. 1901 K., † 10. 10. 1974 Rom, Lyrikerin, Erzählerin, Tagebuchaufzeichnungen, Hörspiele. – »Orte« (1973): Potsdam, Berlin; Rom, Königsberg, Marburg. Seit 1941 → Frankfurt a. M./HE. Grab in → Bollschweil (Freiburg i. Br./BW), der Familienheimat. – »Häuser der Kindheit« in K.: Waldstraße 66 (Geburtshaus), Hardtstraße 37, Stephanienstraße 25. – Nachlass DLA Marbach.

A 1774 berief Markgraf Karl Friedrich **Friedrich Gottlieb Klopstock** (→ Quedlinburg/ST) als Hofrat an seinen »Musenhof«. K. blieb nur bis März 1775, erhielt jedoch bad. Jahresgehalt bis zu seinem Tode. **Goethe** (→ Frankfurt a. M./HE) kam im gleichen Jahr mit den Grafen **Stolberg** (→ Hamburg und Bad Segeberg/Bad Bramstedt/SH), 1779 mit Herzog **Carl August von Weimar**, 1815 mit **Sulpiz Boisserée** (→ Köln/NW). In »Dichtung und Wahrheit« (IV, 18) kompilierte er zeitlich und räumlich auseinanderliegende Erlebnisse und sorgte so für einige Legenden. 1815 Begegnungen u. a. mit **J. H. Jung-Stilling**, **J. P. Hebel** und **F. Weinbrenner** (Hermann und Dorothea-Denkmal im Schlosspark; Gedenktafel Ecke Ritter-/Kaiserstraße). – Gäste für kürzere Zeit auch **Voltaire**, **Johann Caspar Lavater**, **Christoph Martin Wieland** (→ Biberach a. d. Riß/BW) und **Heinrich von Kleist** (→ Berlin). Anfang des 19. Jh.s war für ein paar Jahre Star des »amtlichen wie des literarischen K.« der Mainzer **Karl Christian Ernst Graf von Bentzel-Sternau** (1767-1849), der 1802 mit seinem Jean Paul'schen Arabesken-Roman »Das goldene Kalb« reüssiert hatte. – **Max von Schenkendorf** (→ Koblenz/RP) lebte 1812/13 in K. (Gedenktafel Erbprinzenstraße 10). In der Schlosskirche wurde er mit Henriette Elisabeth Barcklay getraut. Das G. »Liebes Kirchlein an der Straßen« bezieht sich auf die Kapelle in Rüppurr (Gedenktafel). – 1816-19 als preuß. Geschäftsträger in der Residenz **Karl August Varnhagen von Ense** mit seiner Frau **Rahel** (→ Berlin; Wohnung Kreuzstraße 18). – 1852 übernahm **Eduard Devrient** (gest. 4. 10. 1877 in K., Grab auf dem Hauptfriedhof) die Leitung des Hoftheaters und baute es zu einer modellhaften Klassikerbühne aus. Seine letzte Inszenierung, die Operette »Der letzte Zauberer« von Pauline Viardot, Libretto **Iwan Turgenjew**, im Januar 1870 endete im Skandal. – 1880-1903 lebte der junge **Carl Einstein** (→ Neuwied/RP) in der »Stadt der Langeweile«, sein Vater war Direktor am Israelit. Landesstift. – **Hans Thoma** (→ St. Blasien/Bernau/BW) wurde 1899 an die Kunstakademie berufen; er übernahm auch (bis 1920) die Leitung der Gemäldegalerie, die ein eigenes Th.-Museum bekam (Grab auf dem Hauptfriedhof). – **Albert Bürklin** (→ Offenburg/BW), Erbauer der Neckartalbahn, Mitarbeiter am »Lahrer Hinkenden Boten«, zeitw. in K. ansässig (zuletzt Kriegsstraße 71) und hier gest. (Mausoleum auf dem Hauptfriedhof), veröffentlichte 1859 seine lokalgeschichtl. reizvolle E. »Der Kanzleirat«. – Von **Heinrich Hansjakob** (→ Wolfach/Haslach/BW) erschienen 1878 seine Erinnerungen als bad. Landtagsabgeordneter »In der Residenz«. – Von 1905-19 lebte der aus Mückenloch bei Heidelberg stammende Theologe und Erzähler **Karl Hesselbacher** (1871-1943) in K.; er hinterließ eine Literaturgeschichte von J. P. Hebel bis zum 1. Weltkrieg u. d. T. »Silhouetten neuerer badischer Dichter«.

L Eine der ersten lyr. Topographien von K. (Gründungssage u. a. in den »Volkssagen aus dem Lande Baden«, 1851, von **Bernhard Baader**/→ Baden-Baden/BW) stammt von **Bart-**

hold Hinrich Brockes (→ Hamburg): »Unver-
welcklich-blühendes Ehrenmal«. Aus dem K.
während der Franz. Revolution berichtet **Lulu
Schlosser**, die Tochter von Goethes Schwes-
ter Cornelia, in Briefen. »Bilder aus der badi-
schen Revolution«, eigentl. gegen die Revolu-
tion, verfasste **Karl Gustav Fecht** (1813-91).
Dagegen zu setzen **Ludwig Pfaus** (→ Heil-
bronn/BW) »Badisches Wiegenlied«. – Poe-
tisch verklärt der Geograph **Friedrich Ratzel**
(1844-1904) die Stadt in seinen Jugenderinne-
rungen. Ebenfalls über seine Kindheit in K. be-
richtet **Emil Strauß** (→ Pforzheim/BW) in
»Ludens« (1955); auch seine Romane »Freund
Hein« (1900), »Der nackte Mann« (1912)
und »Der Spiegel« (1919) handeln teilw. hier.
Weitere Memoirenwerke über K.: »Lux per-
petua« (1947) von **Wilhelm Hausenstein** (→
Wolfach/Hornberg/BW) und der romanhafte
Bericht »Kadetten« (1933) von **Ernst von Sa-
lomon** (→ Winsen/Stöckte/NI). – »Die Fä-
cherstadt«, wie ein 1965 ersch. Gedichtband
von **Ludwig Egler** heißt, ist u. a. auch Schau-
platz bei: **Otto Flake** (→ Baden-Baden/BW),
»Die Monthiver-Mädchen« (1959); **Adolf von
Grolman** (1888-1973), »Karlsruher Novellen«
(1946); **Hermine Maierheuser** (1882-1968),
»Erlöster Klang« (1953), »Mein Linkenheim«,
1967); **Alfred Neumann** (→ München/BY),
»König Haber« (1926); **Lotte Paepcke** (1910-
2000), u. a. »Ein kleiner Händler, der mein Va-
ter war« (1972); **Juliana von Stockhausen** (→
Lahr/BW), »Greif« (1928). – Jüd. Schicksale
behandeln die z. T. aut.-dokumentar. Werke
»Die Antwort« (R. 1951) von **Otto Schrag** und
»Heimatkunde« (1979) von **Paul J. Schrag**, bei-
de in K. geboren. – Zwei »Brigande-Deutsch«-
Dichter, die sich »von innewendich« auf die
K.er Mundart verstanden: **Friedrich Gutsch**
(1838-97) und **Fritz Römhildt** (Ps. **Romeo**,
1857-1933). Was es mit dem »Brigande« über-
haupt auf sich hat, erfährt man in **Amadeus
Siebenpunkts** »Deutschland deine Badener«
(1975). – »Tägliche Stadt«, heißt es in einem
G. von **Walter Helmut Fritz** (1929 in K.
geb.): »an diesem Ort gerecht zu leben versu-
chen«. Seine Romane, wie »Die Beschaffenheit
solcher Tage« (1972), sind ebenfalls in K. ange-
siedelt. – Einen Querschnitt durch 250 Jahre

»K. im Blickfeld der Literatur« gibt **Friedrich
Bentmann** (1900-1980) in seiner 1969 ersch.
gleichnam. Anthologie.

🆂 Badische Landesbibliothek: rd. 2,3 Mio.
Medieneinheiten., 4224 Hss., 1361 Inkuna-
beln, 75 000 neuzeitl. Autographen; Nachlässe
von bad. oder mit Baden verbundenen Persön-
lichkeiten; Sonderslgg.: u. a. Oberrhein. Lit.,
Kaspar Hauser. – **Museum für Lit. am Ober-
rhein** der **Lit. Gesellschaft K.** (Scheffelbund):
Ständ. Ausstellung (von der Klosterkultur
zur Literatur der Gegenwart, Schwerpunkt
Dokumentationen J. P. Hebel, J. V. von Schef-
fel); Oberrhein. Bibliothek über 8000 Bde. –
Scheffelarchiv, Sammelstelle der rhein. Litera-
tur Oberrhein. Literaturstraße/Route Littérai-
re du Rhin Supérieur im Aufbau. – **Goethe-
Gesellschaft K. e. V.** – **Scheffel-Preis** der Lit.
Ges. K. e. V. (seit 1928); **Hermann-Hesse-
Preis** (seit 1956); **K.er Hörspielpreis** (seit
1998); **Apollinaire-Preis** (seit 2001). – **K.er Li-
teraturforum** (alle 2 Jahre); **KinderLiteratur-
tage** mit Schreibwettbewerb (alle 2 Jahre).

🆁 Die Altstadt Karlsruhes ist das »Dörf-
le«, die Mutter der Vorort: **Durlach**. Von
der Residenz von 1565 blieb nur der »Prin-
zessinnenbau« (heute Pfinzgaumuseum).
Am musischen Hof hatten schon die Prin-
zessinnen Anna (1617-72) und Elisabeth
(1620-92) fromme und empfindsame Ge-
dichte und Reimsprüche geschrieben. Mit
ihnen wetteiferten die Hofpoeten, panegy-
rischer allerdings, **Johann Christian Keck**
(1631-87), später **Carl Friedrich Drol-
linger** (1688-1742). Vom Turmberg geht

*Karlsruhe: Scheffel-Raum im Museum für Lite-
ratur am Oberrhein*

die von **Max von Schenkendorf** und dem Heidelberger **Otto Frommel** versifizierte Sage, hier hätten, »als das obere Rheintal bis Bingen noch ganz mit Wasser bedeckt war«, Seeräuber gehaust. Über den einschlägigen Wein befand **Karl Joho** (1875-1944), es gehe ihm wie Maria Stuart, er sei »besser als sein Ruf.« – An **Bulachs** Dorfzeit erinnert wohl nur noch ein Gedicht von **Heinrich Vierordt** in seinem »Badischen Heimatbüchlein« (1925); an **Beiertheim Walter Helmut Fritz'** Verse über **Johann Peter Hebel**, der »im Grasgarten des Hirschen« Jean Paul liest. – Ein Gasthaus machte **Berghausen** (Pfinztal-B.) berühmt, das 1558 erbaute »Zum Laup«. Napoleon übernachtete hier, dann kamen die 48er Revolutionäre, schließlich **Hans Thoma** und **Joseph Victor von Scheffel** (Gästebücher). – Im Süden: **Ettlingen** und sein Schloss (Schlossfestspiele; Albgaumuseum). Drei berühmte Humanisten des 16. Jh.s stammen von hier: **Kaspar Heydt, Matthias Erb, Franz Friedlieb**. Im Frühjahr 1945 ging der pfälz. Schriftsteller **Roland Betsch** (→ Pirmasens/RP) hier in den Tod.

B J. Meyer, H. Schmidt-Bergmann (Hrsg.), Geschichte der Literatur am Oberrhein. Ein Querschnitt, 1998; R. Braunschweig-Ullmann, Die Residenz und die Dichter, 1993, n. 2003; Marbacher »Spuren« zu M. L. Kaschnitz (54/2001) und C. Einstein (19/1992).
Z Bretten, Pforzheim, Rastatt (BW); Landau (RP).

KARLSTADT/BY

Rieneck

Friedrich Schnack, * 5. 3. 1888 R., † 6. 3. 1977 → München/BY. »Am Zaune einer berühmten Schreibstube geboren ... Der Türpfosten meiner Knabentür, die später

in die Welt aufging, war von der fränkisch-fuldischen Weinrebe umrankt« (»Versuch, ein Selbstporträt zu zeichnen«, 1971). Bankbeamter, Angestellter, Journalist, ab 1926 freier Schriftsteller. Zuletzt in Baden-Baden und München. – W.: Die brennende Liebe (»R.-Tril. der drei Lebensalter«, 1935); Ges. Werke (1950-54, 1961). – Nachlass LA Monacensia.

Anton Schnack, * 21. 7. 1892 R. (»Dörfer, Kleinstädte, hügeliges fränkisches Land ... Geliebt wurde alles, was ins Weite führte«), † 26. 9. 1973 Kahl a. M. »Liebhaber der Idylle und der sonderbaren Nebensächlichkeiten«. Viele Jahre Journalist und Feuilletonredakteur. – Aut. und topograph. geprägt u. a.: »Die Flaschenpost« (G. 1936); »Die bunte Hauspostille« (Skk. 1938, veränd. u. d. T. »Die Angst des Robinson«, 1946); »Weinfahrt durch Franken« (Prosa und G. 1964). – Nachlass DLA Marbach. – Gedenktafel für die beiden Frankendichter am Geburtshaus, Hauptstraße 35.

A Nach dem 1. Weltkrieg lebte **Walter Bloem** (→ Wuppertal/NW) auf Burg R.; Grab auf dem Stadtfriedhof.

R Aus **Karlstadt** stammen M. Luthers (→ Eisleben/TH) Lehrer und späterer Gegner **Andreas Bodenstein** (gen. **Dr. Carlstadt**/um 1480-1541) und Luthers Schüler **Michael Beuther** (1522-87), der 1544 den »Reineke Vos« hochdt. herausbrachte. – Aus **Lohr** stammt **Katrine von Hutten** (Jg. 1944). Ihre E. »Im Luftschloß meines Vaters« (1983) hat hier ihre Schauplätze. – Oberhalb »Bayerns kleinster Stadt« **Rothenfels** die gleichnam. Burg, Quickborn-Jugendburg: »Dort oben zur eigenen Freiheit kommen«, so das Motto seit 1919. – In **Marktheidenfeld** lebt **Peter Roos** (Jg. 1950). Sein »Roman einer Krankheit«, die Tril. »Hitler Lieben« (1998/2000) hat M. im Visier. – Nach Norden, am Sinn, über Rieneck hinaus, **Obersinn**.

Hier in »Haus Nr. 71« geb. der Erzähler, Dramatiker, Pädagoge und Kulturpolitiker **Leo Weismantel** (1888-1964). Im Mittelpunkt seiner Rhöndichtungen die Tril. »Das alte Dorf«, »Das Sterben in den Gassen«, »Die Geschichte des Hauses Herkommer« (1928/32). Aut. »Mein Leben« (1936), »Jahre des Werdens« (1940), »Das Jahr von Sparbrot« (o. J.). – Am Rastplatz vor dem Eisenbahnviadukt nahe der hess. Grenze Denkmal zur Erinnerung an das »Schloß in der Sünfte« (Slg. 1988), das der Sage nach wegen der Hartherzigkeit seiner Bewohner vom Erdboden verschlungen wurde.

Z Aschaffenburg, Hammelburg, Würzburg (BY).

KASSEL/HE

»Als ich in das mit 100 und aberhundert Lampen erleuchtete Cassel hineinfuhr, entwickelten sich vor meiner Seele alle Vorteile eines bürgerlichen städtischen Zusammenseins, die Wohlbehäbigkeit eines jeden Einzelnen in seiner von innen erleuchteten Wohnung und die behaglichen Anstalten zur Aufnahme der Fremden.« (Goethe, 1792)
Gesamthochschule, Musikakademie, Kunsthochschule. – Stadtarchiv; Stadtmuseum. Archiv der dt. Frauenbewegung; Archiv Frau und Musik. – Schlossmuseum Wilhelmshöhe, Staatl. Kunstsammlungen (mit Graphischer Slg. und Antikenslg.), Neue Galerie; Caricatura (Galerie für komische Kunst im Kultur-Bahnhof). – Hess. Landesmuseum, Deutsches Tapetenmuseum, Museum und Zentralinstitut für Sepulkralkultur. Künstler-Nekropole am Blauen See auf der Wilhelmshöhe (1925-97, initiiert von H. Kramer). – Staatstheater, Komödie. Studio des Hess. Rundfunks. – Weltkunstausstellung »documenta« (seit 1955, alle 5 Jahre), documenta-Archiv. K.er Musiktage (jährl. im Herbst), Bergpark-Konzerte.

Hans Wilhelm Kirchhoff, * um 1525 K., † 30. 9. 1603 → Spangenberg/HE. Ursprünglich Landsknecht, dann Komödien-, Schwank- und Historiendichter (»Wendunmut«, 1562).
Jacob Grimm (→ Hanau/HE) besuchte 1798-1802 das Lyceum Fridericianum in K. Nach Beendigung seines Jurastudiums in → Marburg/HE und einer Studienreise nach Paris (1805) kehrte er nach K. zurück und wurde 1806 Sekretär beim Kriegskollegium, 1808 Privatsekretär des Königs Jérôme von Westphalen, 1809 Staatsrats-Auditor. Nach dem Abzug der Franzosen 1813-15 Legationssekretär im diplom. Dienst des Kurfürstentums Hessen. Seit 1816 zweiter Bibliothekar an der Kurfürstl. Bibliothek. Nach seiner Ausweisung 1837 aus → Göttingen/NI lebte er bis 1840 nochmals in K. 1838 Plan und Beginn des »Deutschen Wörterbuches« zusammen mit seinem Bruder Wilhelm.
Wilhelm Grimm (→ Hanau/HE) war wie sein Bruder Jacob 1798-1803 Gymnasiast in K. Nach dem Studium in → Marburg/HE krankheitshalber jahrelang verhindert, einen Beruf zu ergreifen. Wurde 1814 Bibliothekssekretär an der Kurfürstl. Bibliothek, blieb bis 1829 und kam nach seiner Ausweisung aus → Göttingen/NI 38 nach K. zurück. – Jacob und Wilhelm Grimm lebten 1805-14 im »Brüder-Grimm-Haus« Marktgasse 17 (1943 zerstört), bis 1822 im Obergeschoss des nördl. Wachthauses am Wilhelmshöher Tor (heute Brüder-Grimm-Platz, Gedenktafel, Denkmal seit 1985). – Die Brüder-Grimm-Gesellschaft (seit 1897/1942) gründete 1959 das Brüder-Grimm-Museum (im Palais Bellevue, Schöne Aussicht 2).
Ludwig Emil Grimm (→ Hanau/HE) folgte seinen beiden älteren Brüdern 1803 nach K. und besuchte ebenfalls das Gymnasium Fridericianum. 1806 studierte er an der Kunstakademie K., nach weiteren

Kassel: Geschwister Grimm in der Wohnung am Wilhelmshöher Tor, Skizze von L. E. Grimm (1829)

Studien und einer Italienreise kehrte er 1817 als freischaffender Künstler nach K. zurück, wurde 1832 dort Lehrer an der Akademie der Bildenden Künste. (»Erinnerungen aus meinem Leben«, 2. Aufl. 1912). Er starb am 4. 4. 1863 in K.; Grab auf dem Hauptfriedhof.

Der »unbekannte Bruder« **Ferdinand Philipp Grimm** (→ Hanau/HE) kam 1805 mit der verwitweten Mutter Dorothea Grimm und den anderen Geschwistern 1805 nach Kassel, wo die wiedervereinte Familie in der Marktgasse 17 wohnte. D. starb am 27. 5. 1808, ihr Grab auf dem Alten Friedhof an der Lutherkirche. – Zu den wichtigsten Beiträgerinnen der von den Brüdern Grimm in K. aufgezeichneten Kinder- und Hausmärchen gehörten: die in der Erzähltradition ihrer hugenottischen Familie stehende **Dorothea Viehmann**, geb. Pierson, geb. 1755 im Gasthaus »Knallhütte« (heute Baunatal/Gedenktafel und -raum); die »Zwehrer Märchfrau« lebte bis zu ihrem Tod 1815 im heutigen K.er Stadtteil Niederzwehren (Gedenktafeln Märchenweg 11 und Brüder-Grimm-Str. 46, Relief an der D.-V.-Schule, Gedenkstein vor der Matthäuskirche); **Marie Hassenpflug** (1788-1856), die spätere Schwägerin der Brüder Grimm.

Malwida Freiin von Meysenbug, * 28. 10. 1816 K., † 26. 4. 1903 Rom. Teilnahme an der revolutionären Bewegung 1848; wegen Verbindung zu fortschrittl. Politikern 1852 aus Berlin ausgewiesen. In London als Erzieherin im Haus des russ. Sozialisten A. Herzen, in Paris Vorkämpferin R. Wagners (→ Bayreuth/BY). Seit 1877 Schriftstellerin in Rom. – W.: Memoiren einer Idealistin (1876); Der Lebensabend einer Idealistin (Aut. 1898). Ges. Werke (Hrsg. B. Schleicher, 1920). – Nachlass LB Weimar. – Malwida von Meysenbug-Gesellschaft (seit 1984, Jahrbücher).

Salomon Ritter von Mosenthal (Ps. **Friedrich Lehner**), * 14. 1. 1821 K., † 17. 2. 1877 Wien, Dramatiker und Librettist von O. Nicolai, F. v. Flotow und H. Marschner. – W.: Ein deutsches Dichterleben (D. 1850). Ges. Werke (1878). – Seine »Erzählungen aus dem jüdischen Familienleben« (1877, n. 1996) schildern die Verhältnisse in K.

Herman Grimm, * 6. 1. 1828 K., † 16. 6. 1901 → Berlin, ältester Sohn von Wilhelm G., verheiratet mit Gisela von Arnim, der ältesten Tochter von Bettina v. A. Kunsthistoriker, Essayist, auch Dramatiker und Erzähler. – W.: Das Leben Michelangelos (1860-63); Vorlesungen über Goethe (1876). – Nachlass FDH Frankfurt a. M., StA Marburg; Kreismuseum Haldensleben.

Kurt Kersten, * 19. 4. 1891 K.-Wehlheiden, † 18. 5. 1962 New York, Historiker, Essayist, Übersetzer, Literatur- und Theaterkritiker; Jugend in K., lebte seit 1911 in Berlin und emigrierte 1934 nach Prag; weitere Stationen waren Paris und Martinique, seit 1946 New York. Zu seinen letzten Arbeiten gehört eine Forster-Biographie (1957). – Grab auf dem Wehlheider Friedhof.

Manfred Hausmann, * 10. 9. 1898 K., † 6. 8. 1986 → Bremen/NI), Lyriker, Erzähler, Dramatiker. Nach Kaufmannslehre in

Bremen 1924/25 Zeitungsredakteur, seit 1927 freier Schriftsteller; lebte jahrelang in Worpswede, zuletzt in Bremen-Rönnebeck. – W.: Lampioon küßt Mädchen und kleine Birken (R. 1928); Abel mit der Mundharmonika (R. 1932); Die Gedichte (1949); Im Spiegel der Erinnerung (Aut. 1974); Ges. Werke in Einzelausgaben (1949-85). – Aufgewachsen Mönchebergstraße 33.

Christine Brückner (→ Korbach/Schmillinghausen/HE) besuchte bis 1943 das Oberlyceum (heute Jacob-Grimm-Schule) in K. Kam 1960, als Regieassistentin am Staatstheater, zurück, 65 Kauf des Hauses in der Hans-Böckler-Straße 5, 67 Heirat mit **Otto Heinrich Kühner**. 82 Wappenring der Stadt für beide. Mit O. H. K. 1984 Stiftung »Kasseler Literaturpreis für grotesken Humor«, 86 Ch. B. Ehrenbürgerin. – Wohnhaus heute Gedenkstätte (Sitz der Stiftung B.-K., Nachlass des Ehepaares), Gedenktafel B.-K.-Platz. – Ch. Brückner, »Ständiger Wohnsitz. Kasseler Notizen« (1998).
In K. geb.: **Christoph Philipp Höster** (1721-?, Grab in Köln), Kaiserl. Gekrönter Poet (»Historische Nachrichten der neuesten merkwürdigen Begebenheiten der Welt«, 1749-51). – **Georg Sartorius** (1765-1828), Historiker und Publizist, lehrte an der Universität Göttingen. – **Friedrich August Strubberg** (Ps. **Armand**, 1806-89 → Gelnhausen/HE) flüchtete 1826 und 37 nach Amerika jeweils nach einem Duell, kehrte nach einem abenteuerlichen Leben an der »Indianergrenze« 1854 nach Dtl. zurück, lebte 1860-85 in K. und berichtete Erlebtes und Erfundenes in 19 Romanen (»Aus Armands Frontierleben«, Aut. 1868; »Ausgew. Romane«, 1894-96). – **Karl Preser** (1828-1910/Ehrengrab auf dem Hauptfriedhof), Lyriker, Epiker, Dramatiker (»Heimatliche Bilder und Gestalten«, 1882). – **Elisabeth Wigand** (Ps. **H. Brand**, 1833-94) schrieb vorw. hist. Erzählungen (»Heinrich von Brabant, das Kind von Hessen«, 1883; »Unter König Jerome«, 1894). – **Franz Treller** (1839-1908/Grab auf dem Wehlheider Friedhof), Erzähler, Dramatiker, Jugendschriftsteller. – **Heinrich Jonas** (1840-1905), Mundartdichter (»Fimf Geschichderchen vun Casseläneren, die de in d'r Wulle gefärwed sinn«, 1899, n. 1980). – **Wilhelm Bennecke** (1846-1906), Erzähler, Lyriker, Heimatforscher (»Reinhold Lenz«, N. 1871; »Revisor Morgelhahn«, R. 1902); seit 1900 war er Schriftleiter der Zs. »Hessenland«, die seit 1906 der in K. aufgewachsene **Paul Heidelbach** (1870-1954, Grab in → Fritzlar) fortführte; veröffentlichte neben Mundart-Erzählungen auch eine umfangreiche Stadtgeschichte (1957). – **Georg Mohr** (1870-1928), Dramatiker und Erzähler, dessen Werke v. a. in K. angesiedelt sind. – **Will Scheller** (1890-1937/Grab auf dem Hauptfriedhof), Lyriker, Erzähler, Essayist (»Hessische Köpfe«, 1923/32). – In K. lebte der Märchen- und Sagenforscher **Paul Zaunert** (1879-1959): »Deutsche Märchen seit Grimm« (1912); »Deutsche Natursagen« (1921); »Hessen-Nassauische Sagen« (1929).
Als Mundartautoren haben sich überdies hervorgetan u. a. **Hartmann Herzog** (1833-97), **Gustav Wentzell** (1856-1946), **Wilhelm Lüttebrandt** (1861-1922/Grab auf dem Hauptfriedhof), **Konrad Berndt** (1872-1935/Grab auf dem Hauptfriedhof) und **Hermann Elsebach** (Ps. **Christejahn Duckefett**/1883-1935). Der Politiker und spätere K.er Oberbürgermeister **Philipp Scheidemann** (1865-1939/Grab auf dem Hauptfriedhof) schrieb unter dem Ps. **Henner Piffendeckel** mundartliche »Geschichderchen« (1910).

A Der Barocklyriker und Tasso-Übersetzer **Diederich von dem Werder** (1584-

1657) war bis 1622 Oberhofmarschall und Vorsteher der Hofschule in K. – **Wilhelm Johann Casparson** (1729-1802), Hofdichter und Lehrer am Collegium Carolinum, verfasste neben aufklär. und histor. Schriften auch vaterländische Dramen mit Stoffen aus der germanischen Mythologie (»Thafnhilde«, 1768); Nachlass LB Kassel, SA Marburg. – 1767-75 war **Rudolf Erich Raspe** (→ Hannover/NI) als Prof. der Altertümer auch Leiter des Münzkabinetts in K.; wegen Unterschlagungen floh er nach England. **Johann Heinrich Merck** (→ Darmstadt/HE) wäre gern sein Nachfolger geworden; er war 1767 bereits für einige Zeit in K., wo v. a. die Kunstslg. nachhaltigen Eindruck auf ihn machte; seine »mineralogischen Spaziergänge« führten ihn 1781 u. a. auf den Weißenstein (Schloss Wilhelmshöhe) und in den Habichtswald. – Wegen seiner liberalen Denk- und Handlungsweise musste **Adolph von Knigge** (→ Hannover/Bredenbeck/NI) die Stadt verlassen; er war hier 1772-75 Hofjunker und Kammerassessor (»Der Roman meines Lebens«, 1781). – Als Prof. der Naturwissenschaften am »Collegium Carolinum« hatte **Georg Forster** (→ Mainz/RP) 1779-84 auch die Aufsicht über das Naturalienkabinett; er verlobte sich in K. mit **Therese Heyne** (→ Göttingen/NI) und ging von hier nach Wilna. Ina Seidels Roman »Das Labyrinth« von 1922 behandelt vorw. diese Zeit. – **Goethe** (→ Frankfurt a. M./HE) besuchte K. 1779 mit Herzog Carl August und 83 mit Fritz von Stein; 92 und 1801 hielt er sich nochmals hier auf; unfreiwillig allerdings **Johann Gottfried Seume** (→ Weißenfels/ST), den der Landgraf 1781 von K. nach Nordamerika schickte. – **Magdalene Philippine Engelhardt**, geb. Gatterer (→ Göttingen/NI) kam durch ihren bei der kurfürstl. Regierung angestellten Mann 1780 nach K. und schrieb weiter-

hin Gedichte. – Der Schweizer Historiker und Publizist **Johannes von Müller** (1752-1809) lebte 1781-83 und ab 1807 bis zu seinem Tod in K., er war Unterrichtsminister des Königreichs Westphalen. Seine »Geschichte Schweizerischer Eidgenossenschaft« (1786-1808) diente F. Schillers »Wilhelm Tell« als Quelle. Grabmal (z. T. zerstört) heute auf dem Hauptfriedhof. – Als Begleiter der Familie Gontard lernte **Friedrich Hölderlin** (→ Lauffen/BW) im Hochsommer 1796 in K. **Wilhelm Heinse** (→ Ilmenau/Langewiesen/TH) kennen. Hölderlins Gedicht »Hälfte des Lebens« bezieht sich auf den »Lac« im Schlosspark Wilhelmshöhe. Besucher der **Brüder Grimm**: stellvertretend für viele **Achim** (→ Berlin) und **Bettina von Arnim** (→ Frankfurt a. M./HE); **Clemens Brentano** (→ Koblenz/RP), der 1807/08 mit Auguste Bußmann in K. lebte; Pfingsten 1818 der → Bökendorfer Märchenkreis (Bad Driburg/NW), **Jenny** und **Annette von Droste-Hülshoff** darunter; **A. H. Hoffmann von** → **Fallersleben** (→ Wolfsburg/NI); **F. D. E. Schleiermacher** und **Ludwig Tieck** (beide → Berlin); **August von Platen** (→ Ansbach/BY), **August Wilhelm Schlegel** (→ Hannover/NI). **Wilhelm von Humboldt** (→ Potsdam/BB) sprach auf seiner Reise nach Paris 1828 ebenfalls hier vor; auch traf er Charlotte Diede, die Adressatin seiner »Briefe an eine Freundin«. Hinzu kommen zahlreiche ausländ. Besucher, wie 1817 der dän. Dichter **Adam Gottlob Oehlenschläger**. – **Franz von Dingelstedt** (→ Halsdorf/Marburg/HE) war 1836-38 Lehrer am Fridericianum. Wegen seiner gesellschaftl. liberalen Ansichten in den »Bildern aus Hessen-Kassel« (1836) und den »Spaziergängen eines Casseler Poeten« (1838) wurde er nach → Fulda/HE strafversetzt. Der Roman »Die neuen Argonauten« (1839) beschäftigt sich ebenfalls mit den Verhältnissen in K. – **Friedrich Oetker** (1809-81) gründete 1848 die liberale »Neue Hessische Zeitung«, die bald unterdrückt wurde und ihn ins Gefängnis brachte. Nach seiner Flucht kehrte er 1859 nach K. zurück und gab die »Hessische Morgenzeitung« heraus; seine »Lebenserinnerungen« erschienen 1877-86. Weitere Besucher im 18. und 19. Jh. in K.: **Matthias Claudius** (→ Reinfeld/Bad Oldesloe/SH) **Joachim Heinrich Campe** (→ Holzminden/Deensen/NI), **Wilhelm Heinrich Wackenroder** (→ Berlin), **Jean Paul** (→ Bayreuth/BY), **Heinrich von Kleist** (→ Frankfurt a. O./BB), **Ludwig Börne** (→ Frankfurt/M./HE), **G. W. F. Hegel** (→ Stuttgart/BW), **Johanna Schopenhauer** (→ Bonn/NW); **Heinrich Heine** (→ Düsseldorf/NW), der sich 1827 von Ludwig Grimm porträtieren ließ; **Friedrich von Bodenstedt** (→ Peine/NI), **Wilhelm Heinrich Riehl** (→ Wiesbaden/HE), **Jacob Burckhardt** (1875), **Theodor Fontane** (→ Neuruppin/BB). Der Lyriker und Pazifist **Kurt Finkenstein** (1893-1944) unterhielt in K. seit 1919 ein Zahnlabor; 1935 wurde er wegen Unterstützung der illegalen KPD verhaftet und nach Zuchthaus und KZ später nach Auschwitz deportiert. – Der Dichter des »Joggeli«, **Wilhelm Speck** (→ Witzenhausen/Großalmerode/HE), zuletzt Gefängnisgeistlicher in Berlin-Moabit, starb am 31.3.1925 in K.-Wilhelmshöhe; Grab auf dem Wehlheider Friedhof. – **Samuel Beckett** weilte zwischen 1928 und 32 oft bei der Kunsthändler-Familie Sinclair in K., die Liebesbeziehung zu seiner Cousine Peggy S. († 1933), Bodelschwinghstr. 5, spiegelt sich in seinem ersten Roman. – In seinen Tagebüchern berichtet **Oskar Loerke** (→ Berlin) von der Tagung »Dichtung und Rundfunk« im Oktober 1929. – In der K.er Hindenburg-Kaserne wird im November 1943 **Wolfgang Borchert** (→ Hamburg) wegen geäußerter »Goebbels-Witze« denunziert und verhaftet. – **Gottfried Benn** (→ Perleberg/BB) traf sich mit Astrid Claas im Frühsommer 1954 in K. und hielt sich auf den Spuren Hölderlins in Wilhelmshöhe auf. Topograph. Spiegelungen in: **Ernst Kochs** (→ Fritzlar/Singlis/HE) »Prinz Rosa-Stramin« (1834) und **Karl Gutzkows** (→ Berlin) »Der Zauberer von Rom« (1858-61); in »Der Schatz des Kurfürsten« (1870) von **Levin Schücking** (→ Meppen/NI), »Die Amouren des Magister Döderlein« (1920) von **Robert Hohlbaum** und »Der Kampf um Gott« (1923) von **Ludwig Huna**; weiter **Ludwig Bäte** (→ Osnabrück/NI), »Die Brüder Grimm« (1924); **Joachim Ringelnatz** (→ Wurzen/SN), »Reisebriefe eines Artisten« (1927); **Josef Winckler** (→ Steinfurt/Rheine/NW), »Ein König in Westfalen« (1933); **Ch. Brückner** und **O. H. Kühner**, »Erfahren und erwandert« (1982).

S Landesbibliothek und Murhardsche Bibliothek der Stadt K.: 1,3 Mio. Bde., 4500 Hss. (Hildebrandslied-Codex, Ende 8. Jh.s; Willehalm-Codex, 14. Jh.), rd. 10 000 Autographen, rd. 70 Nachlässe; Brüder-Grimm-Archiv und Forschungsstätte. – **Brüder-Grimm-Museum K.**: Briefe, Manuskripte, Erstausgaben, Handzeichnungen, Gemälde, Möbel und andere Zeugnisse zu Leben, Werk und Wirken der Brüder Grimm. – **Werkstatt K.** mit **Autoren-Café** (seit 1978). – **Arbeitsgemeinschaft Deutsche Märchenstraße**. – **K.er Literaturpreis für grotesken Humor** der Stiftung Brückner-Kühner (seit 1985).

R Wer K. besuchen will, für den gilt immer noch der Spruch, der gelegentlich den Soldatenwerbern angelastet wird, aber eigentlich erst seit Napoleon III. im Schwange ist: »Ab nach Kassel.« Die Stadt genoss stets den Ruf, kultureller Mittelpunkt Kurhessens zu sein. 1603-06 wurde das erste feste Theater (Ottoneum) errichtet, das

Kassel: Riesenschloss Herkules im Park Wilhelmshöhe

Fridericianum war der erste Museumsbau auf dem europ. Festland. – **Goethe** (→ Frankfurt a. M./HE) lobte: »Wir gehen unter den Kasseler Herrlichkeiten herum und sehen eine Menge in uns hinein«; wie auch schon vorher (1774) **Friedrich Gottlieb Klopstock** (→ Hamburg) den Herkules auf dem Kamm des Habichtswaldes pries: »Mein Gott, welch einen großen schönen Gedanken hat euer Fürst da in unseres Gottes Schöpfung hineingeworfen.« – Das Schlösschen **Schönfeld** war Treffpunkt der »Kasseler Romantiker«, bis es von Jérôme, dem »König Lustik«, für seine Liebesabenteuer beansprucht wurde. Im Park **Wilhelmshöhe** u. a. die romant. Löwenburg (1793-98), die Eremitage des Sokrates (1780) und als Nachbildung des Originals das Vergilgrab (1775). – In **Hoof** (Schauenburg-H.) wohnten zwei weitere Beiträger der Brüder Grimm: der verabschiedete Dra-

gonerwachtmeister J. F. Krause, bei dem sie gegen abgelegte Anzüge 5 Märchen einhandelten (Tafel am Geburtshaus Breitenbach, Friedrichstraße 2), und auf dem Gutshof Marie v. Dalwigk, geb. Hassenpflug. – Im Ortsteil **Breitenbach** als Mittelpunkt des »Schauenburger Märchenpfades« die »Schauenburger Märchenwache« (Lange Straße, davor Stele) und »Wassernixe«-Brunnen.

🅱 K. W. Nolte, Kasseler Dichterbuch, 1910; P. Schröder u. a. (Hrsg.), Kasseler Literatur-Spaziergang, 1995; H. Kobitz u. a. (Hrsg.), Nordhessen antwortet, 1995; B. Nübel, Adolph Freiherr Knigge in Kassel, 1997.
🆉 Fritzlar, Hofgeismar, Wolfhagen, Escheberg (HE); Hannoversch-Münden (NI).

KAUFBEUREN/BY

»Kleines Kunsthaus Kaufbeuren«. – Im Stadttheater ältester Theatervorhang Dtls. – Tänzelfest (ältestes Kinderfest Bayerns, Ende Juli). – In K.-Neugablonz ein aus Gablonz (Jablonec) stammendes Brunnendenkmal Rüdigers von Bechelaren (Nibelungenlied → Worms/RP).

Thomas Naogeorgus (→ Straubing/BY) war in K. nach seiner Flucht aus Kursachsen 1546-48 Pfarrer. Von einem seiner Nachfolger (1561-68), **Michael Hecht** (aus Augsburg), stammt das wohl erste K.er Passions- und Osterspiel.
Crescentia (Anna) Höß (1682-1744), Klosterfrau, Mystikerin und Erbauungsschriftstellerin. Ihr »Trost- und Leidenslied« wurde u. d. T. »Letzter Zweck aller Krüppeley« in »Des Knaben Wunderhorn« (→ Heidelberg/BW) aufgenommen. 2001 heiliggesprochen (C.-Gedenkstätte Obstmarkt 5).
Sophie von La Roche (geb. Gutermann von Gutershofen), * 6. 12. 1731 K., † 18. 2. 1807 → Offenbach a. M./HE, »Dichtermutter« des Sturm und Drang. Be-

rühmt durch den empfindsamen Briefro-
man »Geschichte des Fräuleins von Stern-
heim«, den 1771 ihr Verlobter aus den fünf-
ziger Jahren Ch. M. Wieland (→ Bibe-
rach/BW) herausgab. – Geburtshaus Lud-
wigstraße 2 (Gedenktafel). – Nachlass GSA
Weimar. – Freundeskreis S. von La Roche.
– C. Bamberg, »Sophie von La Roche«
(2007).

Christian Jakob Wagenseil, * 23. 11. 1756
K., † 8. 1. 1839 Augsburg, Freimaurer,
Lyriker im Stil des Hainbunds, Erzäh-
ler (»Schildheim« 1779) und Dramatiker.
»Der regste unter den Volksaufklärern im
Allgäu« (E. T. Mader). Gab 20 Zeitungen,
Zss. und Almanache heraus, bedeutend
v. a. sein »Gemeinnütziges Wochenblatt
für Bürger ohne Unterschied des Standes
und der Religion . . .« (1780-86 und 1790).

Ludwig Ganghofer, * 7. 7. 1855 K., † 24.
7. 1920 → Tegernsee/BY. Mit seinen
über 70 (und vielfach verfilmten) Heimat-
romanen (R. Dippel: »inszenierte Alpen-
prosa«) einer der erfolgreichsten dt. Un-
terhaltungsschriftsteller. Kindheit und Ju-
gend in → Augsburg/BY und Welden
(BY). Später u. a. in → München/BY
und Tegernsee. Im 1. Weltkrieg Kriegsbe-
richterstatter, von K. Kraus in »Die letzten
Tage der Menschheit« satir. angeprangert.
– Geburtshaus Kirchplatz 5 (Gedenkta-
fel), G.-Café; »G. Stuben« im »Goldenen
Hirsch«, Kaiser-Max-Straße 39. – Nach-
lass LA Monacensia. – Deutsche Gangho-
fer-Gesellschaft e. V. – Stadtführung »Auf
Ganghofers Spuren«.
E. T. Mader, »L. G. in seiner Geburtsstadt
K.« (1994); A. Pellengahr und J. Kraus,
»Kehrseite eines Klischees« (Begleitbuch
zur Jubiläumsausstellung 2005).

A Der Lyriker (»Leise werden«, 1989)
Gerhard Deesen (1904 Halberstadt –
1989 K.) war Rechtsanwalt in K.; hier
auch sein Grab. – »Später erfuhr ich, daß
es ein Freitag war, / da ich herausfuhr,

schreiend . . .«: **Hans Magnus Enzensber-
ger** ist am 11. 11. 1929 in K. geboren.

S Autorenkreis Allgäu (1990 von J. von Ru-
mohr gegründet); »**Poetentreff**« im Gangho-
fer-Café.

Unter-Germaringen
(Germaringen)

Peter Dörfler, * 29. 4. 1878 U., † 10. 11.
1955 → München/BY, wo er seit 1915 leb-
te. Volkstüml.-realistischer Erzähler mit
rel.-konservativer Grundhaltung. Viele sei-
ner Romane und Erzählungen spielen im
Allgäu, auch in der Umgebung von Kauf-
beuren, so die Apollonia- (1930-32) und
die Allgäu-Trilogie (1934-36). – J. Bern-
hart, »Schwäbische Porträts« (mit Werk-
verzeichnis P. D.s, 1984).

R Nordöstl. von Kaufbeuren liegt das
Dorf **Waal.** Seit 1791 finden hier nach
volkstüml. Überlieferung Passionsspiele
(Text 1975 von A. M. Miller), Muttergot-
tes- oder Franziskusspiele statt. In einem
der schönen Bauernhöfe in W.-**Waalhaup-
ten** ist **Peter Dörfler** aufgewachsen (»Als
Mutter noch lebte«, 1922). – **Irsee:** Im
(ehem.) 1183 gegr. Benediktinerkloster
(heute u. a. Schwäb. Bildungszentrum)
im Barock reichhaltiges Musik-Theater.
– **Blöcktach** (Friesenried-B.): im Verlag
an der Säge erschien 1994 das Standard-
werk »Literarische Landschaft bayerisches
Allgäu« von **Ernst T. Mader,** selbst Mund-
artautor (»Allgäuer WundeRn«, 1990).

Z Landsberg a. L., Memmingen, Ottobeu-
ren, Mindelheim (BY).

KEHL/BW

In Frankreich verboten, in Kehl gedruckt: Beaumarchais' 1780 in der ehem. Zitadelle gegr. »Franz. Druckerei« brachte Rousseau in 32, Voltaire gar in 72 Bdn. heraus.

»An diesem Gränzort zweyer Reiche lauschet / Der Contreband, und wälzt den wuchernden Gewinn / Verbotnen Tands, den es von Einem tauschet, / Für gleichen Tand dem Andern hin« – so **Moritz August von Thümmel** (→ Coburg/BY) Ende des 18. Jh.s über den »etwas zweideutigen Ruf« K.s. Die Schilderungen des Rheinübergangs reichen denn auch von knappen Anmerkungen (**Heinrich von Kleist**, → Berlin, 1801) bis zu pathet. Empfindungen (**Victor Hugo**, 1838); von **Ernest Hemingways** Skizzen von 1922/23 (»Einreise nach Deutschland«, 1969) bis zur Notiz des nach Dtl. zurückkehrenden **Alfred Döblin** (→ Berlin) am 9. 10. 45: »Da liegt wie ein gefällter Elefant die zerbrochene Eisenbahnbrücke im Wasser« (»Abschied und Wiederkehr«, 1962). Beschreibungen auch bei **René Schickele** (→ Müllheim/Badenweiler/BW) und **Wolfgang Koeppen** (→ Greifswald/MV). – In der »Krone« in K.-Odelshofen »Hanauer Hebelstube«. Sagen und Anekdoten aus dem »Hanauer Ländle« hat **Heinz Bischof** gesammelt: »Im Schnookeloch« (1980). – Die **Europabrücke/Pont de l'Europe** ist seit 1999 auch ein lit. Denkmal: Schautafeln mit Texten in allen Sprachen Europas flankieren sie.

Renchen

H. J. Ch. von Grimmelshausen (→ Gelnhausen/HE) amtierte hier von 1667 bis zu seinem Tod am 17. 8. 1676 als bischöfl.-straßburg. Schultheiß. Während dieser Zeit veröffentlichte G. seine wichtigsten Bücher, darunter auch den »Simplicissi-

mus« mit allen »Continuationen«. – 1879 Errichtung eines Obelisken (über der vermutl. Grabstelle) auf Veranlassung des bad. Demokraten und republikan. Volksvertreters **Amand Goegg** (1820-97; Wohn- und Sterbehaus Hauptstraße 37; behandelt auch in St. Heyms R. »Lenz oder die Freiheit«, 1965). – Rathaus (G.-Archiv; Fresken); Simplicissimus-Haus (Illustrationen-Slg.); G.-Brunnen (von G. Manzù, 1977); Mummelsee-Brunnen und Simplicius-Brunnen; G.-Stube im »Bären«.

Willstätt

Johann Michael Moscherosch (Ps. **Philander von Sittewald**), *5. 3. 1601 W., †4. 4. 1669 → Worms/RP, bedeutender und sprachgewaltiger Satiriker der Barockzeit. 1635-42 Amtmann in Finstingen a. d. Saar (Fénétrange), 1656 Kriegs- und Kirchenrat in Hanau. – Hauptwerk: »Wunderbarliche und Wahrhaftige Gesichte Philanders von Sittewald« (1643). – Denkmal neben der Kirche; M.-Stube im »Adler«. Johann Michaels jüngerer Bruder **Quirin Moscherosch** (1623-75) war Pfarrer in **Bodersweier** (Kehl-B.). Er fungierte als »Hanauischer Lob-Lied-Lust-Lehr-und-Leidgedichte«-Poet. **Sigmund von Birken** (→ Nürnberg/BY) nahm ihn 1673 in den Pegnesischen Blumenorden auf; **Grimmelshausen** widmete aus Renchen »Seinem wehrten H. Nachbarn« für dessen »Poetisches Blumen-Paradieß« (1673) ein Huldigungsgedicht.

B St. Woltersdorff, Büchermacher und Bücherverbrenner – die Nachbarstadt Kehl, in: Straßburg für Leser, 2000; Marbacher Magazin 99/2002 für Grimmelshausen, »Spuren« 23/1993 für Moscherosch.
Z Bühl, Lahr, Offenburg, Oberkirch (BW). Jenseits des Rheins: Straßburg (u. a. Gottfried von S., J. Fischart, Goethe, G. Büchner, E. Stadler, H. Arp).

KELHEIM/BY

»Kelheimer Hexenhammer« (Hs. von 1487
StA K.), wohl erster erhaltener Fragebogen
dt. Sprache: »Fragstuckh auf alle Articul, in
welchen die Hexen und Unholden auf daß
aller bequemist mögen Examinirt werden«.

 Die Befreiungshalle bei K. ist (nach der
Walhalla) der zweite Bau, den Ludwig I. be-
wusst als Nationaldenkmal geplant hat: »Ein
König wollte die Naturwunder des Donau-
durchbruchs übertreffen, der heroischen Land-
schaft gleichsam die Krone aufsetzen – aber es
wurde nur ein steifer Hut für alldeutsche Va-
terlandsbegeisterung, eine bombastische Gu-
gelhupfform für deutsches Einigungsstreben,
ein Gasometer des Ruhmes...«, so **Ernst Trost**
in seinem »Donau-Buch« (1968). Kritisches
über die »Wallfahrtsstätte der Nation« (1971)
auch von **Wolfgang Weyrauch** (→ Darm-
stadt/HE): »Wanderer kommst du nach Kel-
heim«, **Fritz Raab**: »Nationaldenkmäler. Sym-
bole der Größe oder des Größenwahns?«
(1979), und **Claudio Magris**: »Donau. Biogra-
phie eines Flusses« (1988).

*Abensberg: Aventinus im Schnee – Denkmal auf
dem Aventinusplatz*

Stahleder, »Aventinus zum 450. Todestag«
(1984).

Abensberg

Aus A. stammt Ritter Josef von Hazzi
(1768-1845), Verfasser krit. Schriften zur
Landeskunde (Gedenktafel am Geburts-
haus in der Von-Hazzi-Straße).
Aventinus (eig. Johannes Turmair), * 4.
7. 1477 A., † 9. 1. 1534 → Regensburg/
BY, Humanist und »Vater der bay. Ge-
schichte«. 1517 zum Hofhistoriographen
ernannt, hat er zwei Jahre lang »alle Stifte
und Klöster durchfahren« und »alle Win-
kel durchschloffen und durchsucht«. –
W.: Bayerische Chronik (1533, n. Ausw.
G. Leidinger 1926/75). – Geburtshaus
mit Gedenktafel am Stadtplatz (Hofbräu);
Standbild auf dem Aventinusplatz; Büste
im Aventinus-Museum, Karmelitenplatz
5. – Nachlass BSB. – Stiftung Aventi-
num für Altbayern. – E. Dünninger, E.

Riedenburg

Die Rosenburg (heute dort u. a. Museum)
über R. im Altmühltal ging mit den Min-
nesängern **Friedrich** (»Burggraf von Re-
gensburg«, 1150-81 nachweisbar) und
Heinrich (»Burggraf von Riedenburg«,
bis 1184/85 nachweisbar) in die Litera-
turgeschichte ein. – Auf der Burg **Prunn**
(Riedenburg-P.) wurde 1575 eine Hs. des
Nibelungenliedes (→ Worms/RP), »Prun-
ner Codex«, gefunden. – »Ein Schlößlein,
wohlummauert an einem Weiher« in ei-
nem »schnörkeligen Tal nordhalb der Do-
nau« ist Schauplatz von **Hans Watzliks** (→
Regensburg/BY) E. um den Büchernarren
»Pütrich« (**Jakob Püterich von Reicherts-
hausen** → München/BY).

R Über **Eining** (Neustadt a. d. D.-E.),
Staubing und **Thaldorf** gelangten die **Ni-**

belungen (→ Worms/RP) unter Führung von **Volker** (→ Alzey/RP), dem »hie wol bekannt stîge und strâze«, an die Donau. Das Hauptheer hielt auf dem Ringberg zwischen **Saal** und **Alkofen** (Vilshofen-A.) Nachtlager, während Hagen mit der Vorhut bei **Teugn** die Bayernherzöge Gelpfrat und Else zurückschlug. **Aventinus** verlegt die Schlacht zwischen den Römern und dem »fabelhaften« Herzog Theodo im Jahre 508 in die Aue bei Saal (Epos »Theodo« von **Josef Sutner**, 1825). – Von Burg **Wildenberg** stammt Aventins Vorläufer **Ebram von W.** (um 1425 – um 1503), der v. a. durch seine Chronik von den Fürsten aus Bayern bekannt wurde. – Sagen um die »Teufelsmauer« (Rätischer Limes) bei Eining und den Donaudurchbruch bei **Weltenburg** (Kelheim-W.).

B H.-H. Welchert, Feder und Schwert sowie das Lied der Nibelungen, in: Wanderungen zu den Burgen und Klöstern in Bayern, 1974; E. Dünninger, Reise auf der Teufelsmauer, in: Erlebtes Bayern, 1978.
Z Eichstätt, Ingolstadt, Neumarkt i. d. Opf., Regensburg (BY).

KEMPTEN/BY

Allgäu-Museum. – Allgäuer Festwoche (Mitte August).
Bis 1802 bestand K. aus dem Neben- und Gegeneinander des kath. Stiftlandes und der protestant. Reichsstadt, in der Wiss. und Lit. dominierten.

Thomas Naogeorgus (→ Straubing/BY) war hier nach dem Verlust seiner Kaufbeurer Stelle von 1548-50 Pfarrer von St. Mang und schrieb das Epos »Agricultura sacra« (1550). 1553-61 folgte ihm der »slovenische Luther«, Übersetzer und Begründer der sloven. Schriftsprache, **Primus Truber** (1508-86) nach; Gedenktafel am Pfarrhof St. Mang. – 1582 publizierte

der K.er Arzt und Botaniker **Leonhard Rauwolf** (1540-96) seine »Aigentliche beschreibung der Raiß so er vor diser zeit gegen Auffgang inn die Morgenländer ... selbs volbracht« (n. 1971).
Alfred Weitnauer, * 1. 2. 1905 K., † 3. 6. 1974 Obergünzburg. Bis 1970 Bezirksheimatpfleger, u. a. Hrsg. der »Allgäuer Heimatbücher« (75 Bde., 1935-71), auch Sagensammler und Mundartautor. – Gedenktafel am Weidle-Haus, Residenzplatz; Grab auf dem Ev. Friedhof. – Über die Stadt u. a. »Der Bautyrann von Kempten« (Merian 5/1972).

L »Man speiste auf Silbergeschirr«, diktierte **Michel de Montaigne** 1580 in sein Reisetagebuch über die Gasthäuser, »so reich, wie man es bei uns kaum in vornehmen Häusern findet.« – Von **Peter Dörflers** Büchern (→ Kaufbeuren/Untergermaringen/BY) spielt u. a. der 3. Bd. der Apollonia-Trilogie hier: »Um das kommende Geschlecht« (1932).
S **Allgäu-Bibliothek** (in der Stadtbibliothek): u. a. 1100 belletrist. Titel,; **Bibliothek St. Mangkirche**: 47 Hss., 95 Inkunabeln; Sonderslgg. Leichenpredigten, Kantatenhss. (18., 19. Jh.).

R Nördlich K. **Altusried**: Seit 125 Jahren spielt man alle vier Jahre hier auf der Naturbühne am Riedbach »Freiheitsdramen«. – Südlich K.: Am **Öschlesee** hatte **Werner Koch** (→ Köln/NW) über 30 Jahre ein Refugium; hier schrieb er seine preisgekrönte Tril. »See-Leben« (1971-79). **Dieter Lattmann**, »Im Allgäu, angesiedelt an die Landesliste« (»Die Einsamkeit des Politikers«, 1977), hatte 1972-80 in **Eckarts** seine Wohnung; 2006 erschien »Einigkeit der Einzelgänger«.

B E. T. Mader, Literarische Landschaft bayerisches Allgäu, 1994.
Z Füssen; Memmingen, Sonthofen (BY).

KIEL/SH

»Jetzt liegt mir Kiel in schönem Lichte, auch des zwanglosen, vermischten Umgangs, der schönen Gegend und Nachbarschaft wegen.« (Johann Gottfried Herder, 1800) – *»Sonne strahlendrot, Himmel strahlendblau, die Förde strahlendgrau, auch kein Fluß mehr wie einfach nur Elbe, sondern richtig offene See, weites Meer.«* (Peter Rühmkorf, 1995)

Christian-Albrechts-Universität. – Kunsthalle, Stadtgalerie, Antikensammlung, Hans-Kock-Skulpturenpark Gut Seekamp, Stadt- u. Schifffahrtsmuseum. – Bühnen der Landeshauptstadt (Opernhaus am Kleinen Kiel, Schauspielhaus, Studiobühne u. Jugendtheater), Kulturscheune Hof Akkerboom, Niederdt. Bühne. – NDR-Funkhaus K. – In der Nikolaikirche Gedenkstätte für den Komponisten Carl Loewe (1796-1869). Max Planck, Physiker (1858-1947), wurde in der Küterstraße 17 geb. (Gedenktafel), der Widerstandskämpfer Harro Schulze-Boysen in der Feldstraße 68 (Gedenktafel) und der Schauspieler Hans Söhnker (1903-81) in der Augustenstraße 40 (zerstört), Gedenktafel an der Wohnung Harmsstraße 73.

Klaus Groth (→ Heide/SH) kam 1853 nach K. und arbeitete mit **K. V. Müllenhoff** (→Heide/Marne/SH) an einer plattdt. Orthographie. 1857 kehrte er zurück; zunächst Dozent, seit 66 Prof. für dt. Sprache und Lit. Er starb hier am 1. 6. 1899. – Gedenkstein im Vorgarten des Krankenhauses »Quickborn« am ehem. Groth-Haus am K.-G.-Platz 1/Schwanenweg, in dem sich u. a. Theodor Storm, Clara Schumann und Johannes Brahms einfanden (dazu G. Seelig in seinen Erinn. u. d. T. »Eine deutsche Jugend«, n. 1977); Grab auf dem Südfriedhof; Denkmal am Kleinen Kiel.

Detlev (eig. **Friedrich Adolf Axel**) **von Liliencron**, * 3. 6. 1844 K., † 22. 7. 1909 → Hamburg, bedeutender impressionist. Lyriker, Balladendichter und Erzähler. 1875 nahm er seinen Abschied als preuß. Offi-zier und wanderte nach Amerika aus. 1879/80 Referendar in → Eckernförde/SH, 82 Hardesvogt auf Pellworm (→ Husum/SH), 83-85 Kirchspielvogt und bis 89 freier Schriftsteller in Kellinghusen (→ Itzehoe/SH). Von 1889 bis zu seinem Tod lebte er in Hamburg, Freundschaft mit R. Dehmel (→ Königs Wusterhausen/Münchehof/Hermsdorf/BB) und G. Falke (→Lübeck/SH). – W.: Adjutantenritte (G. 1883); Kriegsnovellen (1895); Poggfred (Ep. 1896-1908). Ges. Werke (Hrsg. R. Dehmel, 1911 f.); Werke (Hrsg. B. von Wiese, 1977). – Geburtshaus Herzog Friedrich-Straße 22 (jetzt Neubau Sophienhöfe/Gedenktafel); Porträts in der Kunsthalle und in der Landesbibliothek, an der Universität Liliencron-Dozentur für Lyrik (seit 1997). – In dem biograph. Roman »Leben und Lüge« (1908) Erinnerungen an K. – Nachlass StUB Hamburg, Briefe und Mss. LB K. – H. Stolte, »D. v. L. Leben und Werk« (1980), M. Mainholz u. a., »Artist, Royalist, Anarchist« (Biographie 1994).

Timm Kröger (→Rendsburg/Haale/SH) besuchte seit 1864 die K.er Gelehrtenschule und die Universität. Von 1892 bis zu seinem Tod 1918 lebte er zunächst als Justizrat, später als freier Schriftsteller in K. – Wohnung Niemannsweg 26 (Haus nicht erhalten, Gedenktafel am Grundstück). Grab in Elmshorn (→ Pinneberg/SH).

Ottomar Enking, * 28. 9. 1867 K., † 13. 2. 1945 Dresden, norddt. Erzähler und Lyriker. Redakteur in K., Köln und → Wismar/MV, seit 1904 in Dresden, ab 1906 freier Schriftsteller. – W.: Johann Rolfs (R. 1898); Familie P. C. Behm (R. 1902); Patriarch Mahnke (R. 1905). – Mss. und Briefe LB K.

Wilhelm Lobsien, * 30. 9. 1872 Foldingbro/Dänemark, † 23. 4. 1948 Niebüll, der »Halligdichter«. Lebte als Lehrer in K. –

W.: Der Halligpastor (R. 1914, n. 96); Landunter (R. 1921); Segnende Erde (R. 1942). – Grab auf dem Friedhof der Hallig Oland (→ Husum/SH). – Mss. und Briefe LB K.

Karl Otto, *29. 10. 1894 K., † 25. 12. 1962 ebd., rief 1948 den »Quickborn von 1896« und 1950 die »Kieler Plattdütsch Gill« wieder ins Leben. Schrieb Mundart-Lyrik und -Stücke: »Dat Leben geiht wieder« (N. 1950).

Hans Heitmann, *5. 1. 1904 Großflintbek b. K., † 4. 9. 1970 Lübeck (dort Grab auf dem Vorwerker Friedhof). Sonderschullehrer in Holstein, Dithmarschen, Nordfriesland. Lit. Debüt mit den plattdt. Stücken »Grise Wulf« (1937) und »Schimmelrieder« (1938); weiterhin u. a. »Olenklinten, das versunkene Dorf« (R. 1948), »Rode Hahn« (E. 1960).

A Unter den zahlreichen berühmten Gästen der Fördestadt sind nur wenige bedeutende Schriftsteller zu finden: **Johann Gottfried Herder** (→ Weimar/TH, 1770), **Friedrich Gottlieb Klopstock** (→ Quedlinburg/ST, 1776), **Johann Gottfried Seume** (→ Poserna/Weißenfels/SN), dem es nicht »in«, sondern nur »bei« Kiel gefiel, wie er in »Mein Sommer 1805« (1806, n. 1968) berichtet, und **Jules Verne** (um 1895). **Christian C. L. Hirschfeld** (→ Plön/Kirchnüchel/SH), dem Kieler Professor für »schöne Wissenschaften«, ist eine Gedenktafel am Hirschfeldblick (Bismarckallee) gewidmet. – **Theodor Storm** (→ Husum/SH) studierte von 1837-42 in K. (»Auf der Universität«, N. 1862; Gedenkstein im Düsternbrooker Gehölz Nähe Niemannsweg) und verfasste hier gemeinsam mit den Brüdern **Tycho** und **Theodor Mommsen** (→ Heide/Garding/SH) das »Liederbuch dreier Freunde« (1843); Gedenktafel Flämische Straße 6-10, Denkmal eines »beständigen, lebendigen Gedankenaustausches« (Storm). Besu-

che bei **Klaus Groth**; literarische Bezüge auch zu K.-Molfsee und Preetz.

Theodor Fontane (→ Neuruppin/BB) war Gast in der Villa des Naturforschers Adolph Meyer im Diederichsen-Park (zerstört, Gedenktafel), auf die sich das Gedicht »Haus Forsteck« bezieht: »Ein heller Giebel und ein helles Haus,/Und wie von Tauben fliegt es ein und aus«. 1864 kam **Wilhelm Raabe** (→ Holzminden/Eschershausen/NI) in die Stadt. An der Universität lehrten u. a. die Historiker **Friedrich Christoph Dahlmann** (→ Wismar/MV), **Georg Waitz** (von 1842-48, dann Abgeordneter im Frankfurter Paulskirchen-Parlament, Gedenktafel Sophienblatt/Hauptbahnhof), **Johann Gustav Droysen** (1808-84) und **Heinrich von Treitschke** (→ Berlin).

Eine Tafel erinnert am Gewerkschaftshaus in der Legienstraße 22 daran, dass 1918 von hier aus die Revolution der Kieler Arbeiter- und Soldatenräte ausging, die dann zur Ausrufung der ersten deutschen Republik führte; literarisch dargestellt u. a. in **Alfred Döblins** (→ Berlin) »November 1918« (R. n. 1978) und **Theodor Plieviers** (→ Berlin) Roman der deutschen Kriegsflotte »Des Kaisers Kulis« (1930). Der israelische Schriftsteller **Yehuda Offen** hielt die Rede zur Einweihung des Mahnmals für die 1938 zerstörte Synagoge (Goethe-Straße 13/Ecke Humboldtstraße). 1963 kam **Arno Schmidt** (→ Hamburg) nach K. und Barlt, um Frenssen-Studien (→ Heide/Barlt/SH) zu betreiben.

In Kiel leben seit 1953 bzw. 58 die Lyriker **Annemarie Zornack** (»Eingeholte Jahreszeit«. Ges. Gedichte und Prosa, 1991; »Strömungsgefahr«, G. 1999) und **Hans-Jürgen Heise** (»Gedichte und Prosagedichte« 1949-2001, 2002; »Die Süße des Fliegenpapiers«. Stationen meines Lebens, Aut. 1998; »Am Mischpult der Sinne«. Ausgew. Schrr. 2004): »Wir haben früh in der Dichtung das Grüne thematisiert« (zitiert nach E. Maletzke, »Poeten in ländlicher Idylle«, 1996). Die ebenfalls in K. lebende **Therese (Resi) Chromik** schreibt Lyrik (u. a. »Kores Gesang«, 1997); vom K.er Literaturwissenschaftler und Lyriker **Bodo Heimann** u. a. »Frei vorm Wind« (G. 1993).

L Eine neuere Slg. bietet **G. Hubrich-Messow** mit »Sagen und Märchen aus Kiel« (1999), u. a. das Märchen »Die beiden Wanderer«, das die **Brüder Grimm** (→ Hanau/HE) übernahmen. – Der dän. Dichter **Jens Baggesen**, 1764 auf Seeland geb., mit den bedeutendsten dt. Schriftstellern der Zeit bekannt, war 1811-14 Prof. für dän. Sprache in K. Er starb 1826 in Hamburg und wurde auf dem St.-Jürgen-Friedhof in K. begraben, jetzt Friedhof Eichhof. In seinem Buch »Das Labyrinth oder Die Reise durch Deutschland, die Schweiz und Frankreich« (1792/93) berichtet er über die Stadt und ihre Studenten (Porträt und Briefe UB K.). – Weitere Schilderungen K.s in **Theodor Storms** Novellen »Immensee« (1849), »Auf der Universität« (1863), »Der Herr Etatsrat« (1881) und in **Wilhelm Jensens** (→ Eutin/Heiligenhafen/SH) Erzählung »Die persianischen Häuser« (1882), sowie »Vor Sonnenuntergang« (R. 1879) und »Aus meiner Vaterstadt« (Erinn. 1889). – »Meine Jugendjahre in Kiel« (1961), aut. Erzählung von **Albert Mähl** (→ Hamburg), 1893 in K. geb., vielfach ausgezeichneter niederdt. Dichter. Kinder- und Jugendjahre am Düsternbrooker Weg schildert **Theodor Eschenburg** in seinen Erinn. »Also hören Sie mal zu. Geschichte und Geschichten 1904-1933« (1995), zwischen Kieler Woche, Flottenverein und Kaiserkult. **Axel Eggebrecht** (→ Leipzig/SN) erlebte 1920 an der K.er Universität die Fernwirkungen des Kapp-Putsches (»Der halbe Weg«, 1975), und der 1922 in K. geborenen Germanist **Peter Wapnewski** schildert Kindheit, Jugend und Gelehrtenschuljahre in »Mit dem anderen Auge. Erinnerungen 1922-1959« (2005).

Weiterhin: **Dierk Puls**, »Zwischen Kiel und Rom« (E. um Th. Mommsen, 1976); **Harald**

Eschenburgs Trilogie »Schlagseite« (R. aus der Weimarer Republik, 1979), »Wind von vorn« (R. einer Machtergreifung, 1980) und »Im Schlepp« (R., 1982). Die schleswig-holsteinische Landschaft und Geschichte auch im Werk des 1933 in K. geborenen **Konrad Hansen** (»Die Männer vom Meer«, R. 1992; »Die Rückkehr der Wölfe«, R. 2000). Lyrik von **Henning Ahrens**, »Lieblied was kommt« (G. 1998); Kriminalromane mit Lokalkolorit von **Bernd Michels'** »Laubenleiche« (1999) und **Hans S. Petersen** »Die Täuscher« (1988). Kiel und Deutschland aus der Sicht eines hier aufgewachsenen Türken in **Feridun Zaimoglus** »Abschaum« und »Kanak Sprak« (beide 2. Aufl. 1997).

Niederdeutsche Texte von **Irmgard Selk-Harder**, »Gustav un ick un anner Lüd« (1973, 76) und **Walter Volbehr**, »Uns Heimat un Tohuus« (1979). – **Uwe Carstens** Anth. »Kiel – Eine Liebe auf den zweiten Blick« (1993); **Uwe Herms'** Essay »Der Hauptstadtgedanke – Kiel und Kilian« (in: »Im Land zwischen den Meeren«, 1996); schließlich **Horst Kutzers** »Kiel. Ein Lesebuch« (2. Aufl. 1999).

S **Schleswig-Holsteinische Landesbibliothek**, umfassender Bestand zur Literatur des Landes: rd. 140 000 Bde. (v. a. Lit. über SH, niederdt. u. fries. Lit.); Hss.-Abtlg. mit 195 Nachlässen von Dichtern und Wissenschaftlern und Einzelautographen; Lit.-Archiv der Schönen Lit. SHs; Musikalien- und Liederbuchslg; Volkskunde-Archiv; schleswig-holstein. Dichterzimmer.

Universitätsbibliothek: rd. 4,3 Mill. Bde., 2114 Hss., 370 Inkunabeln (u. a. aus der ehem. Klosterbibliothek der Augustiner-Chorherren zu Bordesholm; darunter die Hs. der B.er Marienklage, 1475), 10 000 Zss., Nachlässe und Mss., Sondersammelgebiet »Geschichte, Sprachen und Literaturen der Nordischen Staaten«. – Im **Institut für Literaturwiss.** der Universität Theatergesch. Slg. und Hebbel-Slg.: Mss., Briefe und Erinnerungsstücke an Hebbel und seinen Kreis; Dokumente zur Bühnengesch.; Mss. von K. Groth, D. von Liliencron u. a.; Schleiermacher-Forschungsstelle, Nordfriesische Wörterbuchstelle, Preußisches Wörterbuch.

Hermann Ehlers-Akademie (Seminare »Geschichte und Literatur«). **Landeszentrale für politische Bildung** (Gegenwartsliteratur, »Klassikertagungen«) – **Deutsche Zentralbibliothek für Wirtschaftswissenschaften** im Universitäts-Institut für Weltwirtschaft (2 500 000 Bde.).
Literaturhaus Schleswig-Holstein e. V. im alten Botanischen Garten (zentrale Anlauf- und Koordinationsstelle für Literatur in Schleswig-Holstein; Veranstalter für »Bücherfrühling«, »Literatursommer«, und »Literatour Nord«, Freundeskreis); am Haus Gedenktafel für die schwedische Autorin Selma Lagerlöf); **Nord-Buch e. V.**, Förderverein für zeitgenössische Literatur (Hrsg. »Fundstücke« – NordBuch-Jahrbuch, seit 2001); **Euterpe-Literaturkreis** (1990 bis 1992 Jahrbuch »Euterpe«, »Edition euterpe«, Literarische Werkstatt); **Landesverband deutscher Schriftsteller** (VS in ver.di); **Verband Schriftsteller in S.-H.** e. V.; **Friedrich-Bödecker-Kreis**; **Buchhändler- und Verlegerverband S.-H.**; **Literaturtelefon**; **Quickborn**; K.er Plattdütsch Gill. – **Kunstpreis des Landes Schleswig-Holstein** (seit 1950); **Kulturpreis der Stadt K.** (seit 1951, jährl. zur »Kieler Woche«); **Kurt-Tucholsky-Preis** des K.-T.-Kreises (seit 1955); **Internat. Scheersbergpreis** für Spiel und Amateurtheater (seit 1964).

Ⓡ Jules Verne prophezeite bei einem Besuch der Stadt eine große Zukunft als exklusiver Badeort. Ob er recht hatte, erscheint zweifelhaft, wenn man dem plattdt. Spruch im Ratskeller glauben darf, der lautet: »Dat is noch lang nich daan, dat fangt erst an to gaan.«
Friedrich Gottlieb Klopstock (→ Quedlinburg/ST) während eines Bades im Jahre 1776 vor den Augen der Einheimischen, die solchem Tun skeptisch gegenüberstanden: »Stolberg deklamierte einmal Verse aus Homer, und ich machte die Gestus dazu.« Die Kieler haben sich jedenfalls darauf beschränkt, Schiffe und Sprotten zu produzieren, eine Delikatesse, die schon **Matthias Claudius** (→ Bad Oldesloe/Reinfeld/SH) schätzte, und die Badefreu-

den den Bewohnern und Gästen der benachbarten Fördedörfer überlassen.
Am Kleinen Kiel, heute ein Stadtteich, entstand im Haus von »Mutter Brandis« (Gedenktafel, Faulstraße 17) 1855 »Lütt Matten de Has«, **Klaus Groths** liebenswertes Gedicht; der Vermieterin galt Groths »Mutter B.«, Denkmal für den Dichter, dem die Stadt von 1853 bis 1899 zur Heimat wurde, am Lorentzendamm/Ecke Dahlmannstraße. An der Nikolaikirche steht **Ernst Barlachs** (→ Wedel/SH) Bronze »Geistkämpfer« (zur wechselvollen Geschichte der Plastik K. Hupp, »Der Kieler Geistkämpfer«, 1992).
In der Nähe des Alten Marktes eine Gedenktafel am Nachfolgebau des Rantzau-Hofes, wo u. a. **Ludwig Uhland** (→ Tübingen/BW) verkehrte.
Auf dem K.er Süd-Friedhof die Gräber der Dichter **Hans Ehrke** (→ Demmin/MV), **Johann Grönhoff** (1884-1976) und Jo-

Kiel: Ernst Barlachs Plastik »Geistkämpfer« vor der Nikolai-Kirche

hann Meyer (→ Itzehoe/Wilster/SH; Gedenktafel am Rondeel/Lübecker Chaussee).

»Ein Morgenspaziergang durch Düsternbrook nach der Mündung des Kanals und an diesem hinauf bis **Knoop** ist ein Genuß, den zehen Seestädte nicht gewähren«, schwärmte **Johann Gottfried Seume** im Spätsommer 1805. Knoop – das klassizistische Herrenhaus am neuen Kanal für die **Baudissins** erbaut – hatte in **Caroline von B.**, Schwester der berühmten Julia Reventlow von Emkendorf (→ Rendsburg/SH), ihren schöngeistigen Mittelpunkt; sie schrieb Romane und veröffentlichte 1791 ein Lesebuch im Geiste J. H. Pestalozzis: »Die Dorfgesellschaft«. Der heutige »Literaturkreis Euterpe« auf Gut Knoop veranstaltet das jährliche Literaturfest. – Auf Gut **Eckhof** b. Schilksee war **F. G. Klopstock** 1778 Gast des Grafen Holck; den später so genannten K.-Hain in der näheren Umgebung des Gutes schildert er in seiner Ode »Mein Wäldchen«.

B H. Kardel, Die Stadt Kiel in der Literatur, 1926; D. Puls, Dichtung und Dichter in Kiel, 1962; H. P. Johannsen, Parkplätze der Literatur, 1969; G. Kaufmann, Das alte Kiel, 1975; P. Selk, Sagen aus Schleswig-Holstein, 1977; G. Stolz, Kleiner Führer über den Kieler Park-Friedhof Eichhof, 2000; G. Stolz, Menschen und Ereignisse – Gedenktafeln in Kiel, 2001.
Z Eckernförde, Plön, Rendsburg (SH).

KIRCHHEIMBOLANDEN/RP

Heimatmuseum. – Schiller-Hain mit Sch.-Statue.

A An die 17 Freischärler, die im Pfälzisch-Badischen Aufstand 1849 in »Kirchheims Garten den Heldentod gestorben«, erinnern Massengrab und »Trauernde Germania« auf dem Friedhof, Fahnen, Bilder

und Dokumente im Museum (Freischarenzimmer), ein paar Verse der → Mainzerin/RP **Kathinka Zitz** und die 1851 ersch., die Ereignisse nur streifende Novelle »Die Freischärlerin« von **Friedrich Albrecht Karcher** (→ Kaiserslautern/RP). Gedichte und Lieder aus den 1840er Jahren hat **Konrad Lucae** 1979 in dem Band »Kirchheimbolanden und der pfälzisch-badische Aufstand 1848-49« zusammengetragen. Seit 1998 »Freischaren-Rundweg« (15 Stationen). – In K. gest. und begraben der »Dunnersberger Vetter« **Ernst Kiefer** (1869-1936), dessen »Pälzer Schnitz und Späß« und »Kiefernoodle« beliebt waren. – Der 1971 in die BRD emigrierte syrische Erzähler **Rafik Schami** (geb. 1946), der zu den »meistgelesenen ausländ. Autoren, die hierzulande in Deutsch schreiben« (L. Tantow) gehört, »der Erzähler der Nacht« (1980) lebte in K., heute in München.

L 1777 gab es in K. Streit um ein ABC-Buch, weil man gegen ein in fürstl. Auftrag erschienene Fibel revoltierte. **Carl Arnold Kortum** (→ Mülheim a. R./NW) brachte den Fall in die »Jobsiade«. – Im Gasthaus »Zur Traube« (heute Kaufhaus in der Vorstadt) soll **Ludwig Uhland** (→ Tübingen/BW) nach alter Überlieferung sein Lied »Es zogen drei Burschen wohl über den Rhein« geschrieben haben. – Mundart, Volks- und Heimatkundliches u. a. von **Erwin Burgey**, **Franz Diepold** (1888-1959/»Nikel Güldenschlag«, 1958) und **Konrad Lucae**.

Obermoschel

Freilichtspiele (alljährl. Pfingstmontag).

Richard Müller, * 17. 7. 1861 O., † 5. 8. 1924 ebd., bedeutendster neuerer pfälz. Mundartdichter, zeitlebens »Hinnerm Dunnerschberg« (1899) daheim. – Volkstüml. Hauptwerke: »Das Schneiderche vun Mackebach« (1905) und »Die Budderbärwel vun Diefedahl« (1908). Gedenktafel am Wohnhaus, R.-M.-Straße 3; Grab auf dem Friedhof.

A Unter den Prädikanten und Pfarrherrn: 1528-32 der ev. Erbauungsdichter **Johann Odenbach**; Mitte des 17. Jh.s **Friedrich Göller** (um 1570 – etwa 1669), Verfasser eines »Spiegels des Teutschen Landes«; 1784-86 **Johann Karl Bonnet** (1737-86), theol. und dicht. Schriften. – In O. geb. der Pädagoge, Heimatforscher und Publizist **Ludwig Eid** (1865-1936), der 1902 die »Rosenheimer Nibelungenhandschrift« entdeckte. Leitete 1910-22 den Lit. Verein der Pfalz und veröffentlichte zahlreiche Schriften zur pfälz. Volks- und Landeskunde.

Winnweiler

Hippolyt August Schaufert, * 5. 3. 1835 W., † 18. 5. 1872 → Speyer/RP, Jurist. Tagesberühmtheit durch sein am Burgtheater preisgekröntes Lustspiel »Schach dem König« (1869); außerdem das christl.-soziale Trauerspiel »Vater Brahm« (1871). – Gedenktafel am Geburtshaus, Kirchstraße 20. – Nachlass LB Speyer.

R Im Mittelpunkt der Donnersberg, »dessen Granitstein mit einer Krone von Ruinen umgürtet ist«, wie **Alexandre Dumas** in der Einleitung zu »Joseph Balsamo« (1846) romantisch schwärmt. – An die Zweikönigsschlacht von 1298 wird am »Königskreuz« von **Göllheim** erinnert, an den Tod des unglücklichen Adolf und der schönen Imagina im **Rosenthalerhof** b. **Kerzenheim** (heute Ruine). – Als einer der Hauptredner beim »Hambacher Fest« (→ Neustadt a. d. W./RP) trat der Winzinger **Johann Heinrich Hochdörfer** (1799-1851) auf, 1827-34 prot. Pfarrer in **Sembach**. Nach Einkerkerung in Kaiserslautern und Exil schaltete er sich 1848 wieder in den pol. Kampf ein. – **Höringen** ist die Heimat von **Daniel Kühn** (1859-1920),

dessen Slg. »Aus der Hamet« für die Mundartforschung wichtig geworden ist. – Aus **Jakobsweiler** stammt **Hermann Wenz**, als der Mundartdichter des »Hermannunkel aus Joxwiller« bekannt. Für die aus Kaiserslautern stammende **Susanne Faschon** (1925-1995) war J. so etwas wie eine zweite Heimat, hier ist sie auch begraben. In ihren »Geschichten vom Glück mit Johannes« erzählt sie von ihrem »Traum von Jakobsweiler« … und wie sie mit **August Beckers** (→ Bad Bergzabern//Klingenmünster/RP) »Pfalz und die Pfälzer« als Vademecum das »angestammte Umfeld«, von **Dannenfels** bis **Zell** »ausgiebig« erkundete. Auch Alsenztal und **Rockenhausen** (wo die Familie des großen **Daniel Henry Kahnweiler** herstammt) sind noch einmal in ihrem schönen letzten Werk versammelt: dem Nordpfälzer Lesebuch »Wie der Kaiser unter Edelleuten« (1991). – Auf dem **Weierhof** (Kirchheimbolanden-W.), schon 1867 eine mennonitische »Lehr- und Erziehungsanstalt«, befindet sich das Zentralarchiv der Mennoniten.

B H. G. Haasis, Oberrheinische Freiheitsbäume, 1999.

Z Alzey, Bad Dürkheim, Bad Kreuznach, Kaiserslautern, Worms (RP).

KITZINGEN/BY

Hans-Joachim-Schumacher-Haus (Zentralarchiv des Bundes Deutscher Karneval e. V.); Städt. Museum (u. a. Richard-Rother-Stube mit vollst. Exlibris-Werk).

Paul Eber, * 8. 11. 1511 K., † 10. 12. 1569 Wittenberg, Verfasser zahlreicher Kirchenlieder: »Herr Jesu Christ, wahr Mensch und Gott«, »In Christi Wunden schlaf ich ein«.

Johann Klaj (→ Nürnberg/BY), Barocklyriker und Mitbegründer des Pegnesischen

Hirten- und Blumenordens, lebte seit 1650 als Pfarrer in K.

Einige der bekanntesten älteren fränk. Mundartdichter stammen aus K.: **Alfred Buchner** (1868-1942), **Wilhelm Widder** (1849-1953/»Landsleut«), **Hanns Rupp** (1898-1971/»Unter fränkischer Sonne«) und **Engelbert Bach** (1929-99/»Schießbuednbluma«).

Marktbreit

Ludwig Friedrich Barthel, * 12. 6. 1898 M., † 14. 2. 1962 → München/BY, wo er seit 1930 Staatsarchivrat war. Vorwiegend Naturlyriker und »mythisierender und heroisierender Apologet des Krieges« (E. Loewy), im Alter von tiefer Religiosität. – W.: Denn wer die Freude nicht liebt (Ausgew. G. 1978). – Erinnerungsstücke in der Stadtbücherei; Dichterstube in der Bachgasse. – Teilnachlass LA Monacensia.

A Leo Weismantel (→ Karlstadt/Obersinn/BY), seit 1920 in M. ansässig (Fleischmannstraße 9), gründete 28 eine Lehr- und Forschungsanstalt; Schließung durch die Nazis 1933. – Im April 1949 tagte im Renaissance-Rathaus die Gruppe 47 (**H. W.** Richter/→ Usedom/Bansin/MV): »Tränen in Marktbreit« (in: »Im Etablissement der Schmetterlinge«, 1986). – Main-über **Segnitz**: Italo Svevo (damals Ettore Schmitz) war 1873-77 Zögling im »Brüsselschen Institut« für »jüdische Söhne« (Mainstraße 24): E. »Die Zukunft der Erinnerungen« (dt. 1978).

R »Umgebungen müssen heiter sein, wo Weinberge mit Laubwäldern und Wiesen abwechseln«, notierte **August von Platen** (→ Ansbach/BY) zwischen **Kitzingen** und **Iphofen** in sein Tagebuch. Das Gasthaus »Zum Hirschen« in **Iphofen** ist Schauplatz in **Michael Georg Conrads** (→ Ochsenfurt/Gnodstadt/BY) R. »Der

Herrgott am Grenzstein« (1904), den er in der Turmstube von Schloss **Schwanberg** (heute ev. Tagungs- und Bildungsstätte) über I. schrieb; Denkmal für Conrad an der Straße kurz vor der Höhe. In der Stadtpfarrkirche St. Veit von I. Figur des hl. Johannes von T. Riemenschneider, Beschreibung in **Hermann Hesses** (→ Calw/BW) »Narziß und Goldmund«.

Münsterschwarzach: In der Abteikirche Seitenaltar für die großen dt. Mystikerinnen: **Hildegard von Bingen** († 1179), **Mechthild von Hackeborn** († 1299), **Gertrud die Große von Helfta** († 1302). Bibliothek der Abtei (rd. 240 000 Bde.: Liturgie, Missionsgesch., Franconica). – »Die Herberge von Schloss Schwarzenberg« über **Scheinfeld** ist der Schauplatz der 1. Szene von **Goethes** (→ Frankfurt a. M./HE) »Götz von Berlichingen«. – Vademecum für den südl. Steigerwald: **Godehard Schramms** »Hinter dem Tannenberg beginnt ein Paradies« (1978) und »Ein Dorf. Auf der Frankenhöhe« (1981): **Neidhardswinden**. – Im Rathaus von **Volkach** ist der Sitz der »Deutschen Akademie für Kinder- und Jugendliteratur«. Nahebei – man muss sie gesehen haben – T. Riemenschneiders »Maria im Weingarten«.

B Doris und Dieter Schiller, Literaturreisen. Der Main, 1994.

Z Ochsenfurt, Rothenburg o. d. T., Würzburg (BY).

KLEVE/NW

»Es gibt deutsche Grenzstädte von weit ausgesprochenerem niederländischen Charakter wie Kleve, aber wohl keine, welche solch ein vollendetes Doppelbild gäbe: deutsche Art auf dem Berge und holländische im Tale.« (Wilhelm Heinrich Riehl, 1869)
Theater am Niederrhein. – Dt.-Niederländische Kulturbörse.

Heinrich von Veldeke, * um 1140 in Veldeke b. Maastricht, † Anfang 13. Jh., Minnesänger: »Er impfte das erste Reis in deutscher Zunge« (Gottfried von Straßburg). Sein bedeutendstes Epos »Eneit« ist die Übertragung einer franz. Bearbeitung von Vergils »Aneis«. Um 1174 gastierte er auf der Burg von K., dort wurde das in Arbeit befindliche Manuskript (10 000 Verse) einer Hofdame gestohlen. Nach 9 Jahren fand der Dichter das Fragment beim Pfalzgrafen Hermann in → Neuenburg a. d. Unstrut/ST. Dieser hieß ihn das Gedicht vollenden. Auf der → Wartburg/Eisenach/TH kamen noch 3500 Verse dazu. – »Sente Servas«, gereimte Heiligenleg. in limburg. Mundart um 1170.

Erich Brautlacht, * 5. 8. 1902 Rheinberg b. Dinslaken, † 28. 12. 1957 K., wo er Amtsrichter war und aus dessen kleiner und großer Welt er erzählte: »Das Testament einer Liebe« (1936), »Der Spiegel der Gerechtigkeit« (1942). – Letzte Wohnung Siegener Straße 3; Grab auf dem Städt. Friedhof.

A Auf der Schwanenburg war **Erasmus von Rotterdam** häufig zu Gast. Unweit davon, im ehem. Wasserschloss Moyland (heute Museum), trafen sich am 11. 9. 1740 **Friedrich d. Gr.** (→ Berlin) und **Voltaire** zum ersten Mal. **Otto Brües** (→ Krefeld/NW) hat 1967 darüber geschrieben, als wäre er dabei gewesen. Voltaire träumte noch 1766 von einer Philosophenkolonie

in K., er wollte dort eine »Manufaktur der Wahrheit« gründen.

E Mit dem 1439 neu erbauten Schwanenturm wurde die Lohengrin-Sage in Verbindung gebracht. Das älteste erhaltene Ms. der Sage von der Schönen Beatrix und dem **Schwanenritter** Elias Grail um 1480: »Chronik von Kleve und Mark« des Ritters Gerd van der Schüren aus Xanten. Allerdings erscheint der Schwanenritter schon in einem »Chanson de geste« als »Chevalier au Cigne« Anfang 13. Jh. und als Ahnherr des Klevener Hauses bei Konrad von Würzburg um 1260/70. »Das Schwanenschiff am Rhein« und 5 weitere Versionen in den »Deutschen Sagen« der Brüder Grimm; Ballade von K. Simrock in den »Rheinsagen« (1837). Am bekanntesten wohl R. Wagners Oper »Lohengrin« (1847). – Im Innenhof der Burg seit 1953 stilisierter Bronze-Schwan.

L 1704 gab der luth. Prediger **Johannes Kayser** (1645-1720) die Slg. »Parnassus Clivensis« heraus: »histor. Sachen« und »rare Begebenheiten«. – Die Sage von »Otto der Schütz« (→ Spangenberg/HE) auch als Ballade bei **Karl Simrock** (→ Bonn/NW). – K. erscheint weiterhin in »Der große Krieg in Deutschland« von **Ricarda Huch** (→ Braunschweig/NI) und »Die Heilige vom Niederrhein« von **Joseph von Lauff**.

Kalkar

Städt. Museum (Sachsenspiegel-Hs.).

Joseph von Lauff (→ Köln/NW) hat »Jan van Kalker« 1887 zum Gegenstand eines gutgemeinten Versepos im Stile J. V. v. Scheffels (→ Karlsruhe/BW) gemacht. L. ist in K. aufgewachsen. Seine gemütvollen niederrh. Romane (»Kärrekiek«, »Pittje Pittjewitt« u. a.) geben manchmal des Guten zuviel, aber er hat als lit. Entdecker dieser Landschaft und ihres Volkstums Verdienste. Sein Grab auf dem Friedhof von K.; L.-Zimmer im Städt. Museum. – »Spiegel meines Lebens« (aut. R. 1932).

Kleve: Die Schwanenburg (19. Jh.)

Wardhausen (Kleve-W.)

E »Zum Andenken der siebzehnjährigen Schönen, Guten aus dem Dorfe Brienen, die am 13. Januar 1809 bei dem Eisgange des Rheins und dem großen Bruche des Dammes von Cleverham Hülfe reichend unterging.« **Johanna Sebus**: Goethe hat ihr ein Gedicht gewidmet; Roman von J. Derksen (»Johanna Sebus. Die Heldin vom Niederrhein«, 1953). – Auf dem Banndeich ein J.-S.-Denkmal; Gedenktafel vom Haus der Mutter im Gasthof am Ende des Spoykanals; Grab von J. in St. Willibrord in Kleve-Rindern (Bronzetafel im Chor).

R In der Düffel **Mehr** (Kranenburg-M.), dort war 1906-35 **Augustin Wibbelt** (→ Beckum/Vorhelm/NW) Pfarrer: »Der versunkene Garten« (Erinn. 1945). – In **Kessel** (Goch-K.) soll nach der Legende – **Henry Benrath** (→ Friedberg/HE) erzählt es in seinem Roman – die Kaiserin Theophano in einem Jagdhaus mit einem Sohn niedergekommen sein, dem späteren Kaiser Otto III. – Um 1820 öfters in **Goch** bei R. von Haeften zu Gast: **Alexander von Humboldt** (→ Berlin). Auf dem Friedhof das Grab des Erzählers und Lyrikers **Irmfried Benesch** (Ps. **Fridolin Aichner**/1912-87) aus Aichen (Mähren), »Auf verwehter Spur« (R. 1965). – In den pfälz. Kolonistensiedlungen **Pfalzdorf**, **Louisendorf** und **Neulouisendorf** ist Pfälzisch nach wie vor Umgangssprache. Der Mundartdichter **Jakob Imig** ist bester Kenner der Sprachinsel. – »An gönne Kant« (auf der anderen Seite des Stroms) **Elten** und **Hauberg** (beide heute zu Emmerich). Die »Blutige Gräfin« Adela, je nach dem auch »Medea des Nordens« oder »Weiblicher Herodias« genannt, hauste hier. In der Gegend um **Emmerich**, auf Wesel zu, hat der Schlesier **Hermann Stehr** (1864-1940) seinen Doppelroman »Der Heiligenhof« (1918) und »Peter Brindeisener« (1940) angesie-

delt. Die Hauptfiguren sind westfälisch, die Nebenfiguren schlesisch geraten.

B H. Plönes (Hrsg.), Der Niederrhein im Schrifttum alter und neuer Zeit, 1977; F. Meyers, Riesen und Zwerge am Niederrhein, 1980. **Z** Geldern, Wesel, Xanten (NW).

KOBLENZ/RP

»In der Koblenzer Luft begreift der Ankömmling den Rhein als den Strom der Freude, Strom gesteigerter Empfindung; daß er zugleich der Strom aller deutschen Tragik ist, dies kann einem bei so erhöhten Herzensgefühlen ein wenig abseitsrücken.« (Werner Bergengruen, 1934) Universität Koblenz-Landau/Abt. K. – Bundesarchiv, Landeshauptarchiv. Rheinische Landesbibliothek. Stadtbibliothek. – Landesmuseum K. (Festung Ehrenbreitstein), Mittelrhein-Museum, Mutter-Beethoven-Haus (Gedenkstätte, Wambachstraße 204). – Theater der Stadt. – »Rhein in Flammen«.

Johann Joseph von Görres, * 25. 1. 1776 K., † 29. 1. 1848 → München/BY, »Revoluzzer, Wissenschaftler, Publizist, Mystiker«. In St. Kastor getauft, Gymnasium in K., Studium in Bonn; Anhänger der Franz. Revolution. 1808-06 und 1808-14 Gymnasiallehrer in K.; in der Zwischenzeit Privatdozent in → Heidelberg/BW. Ab 1814 Hrsg. des »Rheinischen Merkurs« (Napoleon: die »Fünfte Großmacht«), 1816 Verbot der Zeitung und Entlassung. Zeitw. in Straßburg und der Schweiz. 1826 als Prof. für Geschichte nach (→ München/BY) berufen. – W.: Die teutschen Volksbücher (Abh. 1807); Die christl. Mystik (1836-42); Ausgew. Werke (Hrsg. W. Frühwald, 1978). – Denkmal in den Rheinanlagen. – Archiv StB K. – »Revolution und Zeitgeist. Eine Dokumentation zum 200. Geburtstag« (1976).

Sein Sohn **Guido Görres** (1805-52), spät-

Koblenz: Görres-Denkmal in den Rheinanlagen

romant. Lyriker und Epiker, auch kath. Publizist, erneuerte alte Literaturdenkmäler (»Der hürnen Siegfried und sein Kampf mit dem Drachen«, 1843). – Nachlass BSB.

Clemens Brentano, * 9. 9. 1778 K.-Ehrenbreitstein, † 28. 7. 1842 → Aschaffenburg/BY, bedeutendster Spätromantiker und »als der erste unter den Deutschen Dichter und sonst nichts« (H. M. Enzensberger). Kindheit und Jugend in → Frankfurt a. M./HE und K., Mitschüler von J. J. v. Görres. 1797 Studium in Halle, dann 2 Jahre in → Jena/TH und hier im Verkehr mit so ziemlich allen lit. Berühmtheiten der Zeit. 1801 Göttingen, Freundschaft mit A. v. Arnim (→ Berlin), dem späteren Mann seiner Schwester Bettina (→ Frankfurt a. M./HE), 1802 Rheinreise. 1803 in → Marburg/HE Heirat mit **Sophie Me-**

reau (1770-1806), die auch mit modischen Briefromanen (»Amanda und Eduard«, 1803) erfolgreich war; 1804 → Heidelberger Romantik. 1807 Ehe mit Auguste Bußmann. 1808-18 meist in → Berlin. 1816 Bekanntschaft mit Luise Hensel (→ Paderborn/NW), rel. Krise. Herbst 1818 in → Dülmen (Coesfeld/NW), Aufzeichnung von A. K. Emmericks Visionen. Unstete Jahre am Rhein und in Süddtl. (u. a. → München/BY). – W.: Godwi (R. 1801); Des Knaben Wunderhorn (Hrsg. mit A. v. Arnim, 1805/08); Geschichte vom braven Kasperl und dem schönen Annerl (1838); Gedichte (1854); Sämtl. Werke und Briefe. Hist.-krit. Ausgabe (Hrsg. J. Behrens, W. Frühwald, D. Lüders, 1975 ff.). – Geb. im La Roche'schen Haus, Hofstraße 262. (Gedenktafel am Neubau). – Schauplätze des »Märchens von dem Rhein und dem Müller Radlauf« fast alle berühmten Stätten von Mainz bis K. – Slg. FDH Frankfurt a. M., UB Mainz; Material zum »Wunderhorn« UB Heidelberg. – »Clemens Brentano 1778-1842« (Ausstellungskatalog FDH 1978); H. Schultz, »Schwarzer Schmetterling. Zwanzig Kapitel aus dem Leben des romantischen Dichters C. B.« (2000).

Max von Schenkendorf, * 11. 12. 1783 Tilsit, † 11. 12. 1817 K., bekannt v. a. als Lyriker der Befreiungskriege (»Freiheit, die ich meine«). Aufenthalte in Königsberg und → Karlsruhe/BW, seit 1815 Regierungsrat in K., dort Mitglied der »Tafel am Rhein«. – Werke (Hrsg. E. Groß, 1910). – Grab auf dem Hauptfriedhof Beatusstraße; Denkmal in den Rheinanlagen.

Hermann Stegemann, * 30. 5. 1870 K., † 8. 6. 1945 Merlingen/Thuner See, Erzähler, Lyriker und Dramatiker. Studium in München und Zürich, nach dem 1. Weltkrieg Prof. für Neuere Gesch. in München. – W., die z. T. in K. spielen: Der Gebieter (R. 1903); Die Herren von Höhr (R. 1932); Geschichte des Krieges 1914-18 (1917-22); Ausgew. Werke (1921); Erinnerungen (1929).

Otto Falckenberg, * 5. 10. 1873 K., † 25. 12. 1947 → München/BY, Kritiker und Dramaturg, auch dramat. Arbeiten (»Doktor Eisenbart«, 1908). Er gehörte in München zu den »Elf Scharfrichtern« und machte 1916-44 die Kammerspiele zu einem der führenden dt. Theater.

Fritz von Unruh, * 10. 5. 1885 K., † 28. 11. 1970 in → Diez (Bad Ems/RP), führender expressionist. Dramatiker, Erzähler; ein »Soldat des Friedens« (A. Einstein). Offizier, wurde unter dem Eindruck des 1. Weltkrieges zum Pazifisten. Ging 1932 nach Italien, dann nach Frankreich; 40 Flucht in die USA. 1952 Rückkehr, 1955 abermals in die USA; 62 wieder in Dtl., endgültig nun auf Hof Oranien bei Diez. – W.: Offiziere (Dr. 1912); Opfergang (E. 1919); Der Sohn des Generals (aut. R. 1957), Im Haus der Prinzen (aut. R. 1964). Sämtl. Werke (Hrsg. H. M. Elster u. a., 1970 ff.). – Geburtshaus Rheinstraße 9 (Gedenktafel).

Joseph Breitbach, * 20. 9. 1903 K.-Ehrenbreitstein, † 9. 5. 1980 → München/BY, Dramatiker und Erzähler in dt. und franz. Sprache. Väterlicherseits aus einer lothring., mütterlicherseits aus einer Tiroler Familie. Jugend im Rheinland, seit 1929 in Paris und in der Normandie. Seine Bibliothek und Mss. (u. a. der Roman »Clemens«) fielen 1940 der Gestapo zum Opfer. Nach dem 2. Weltkrieg Einsatz für dt. Kriegsgefangene und für eine dt.-frz. Verständigung. – W.: Rot gegen Rot (En. 1929); Die Wandlung der Susanne Dasseldorf (R. 1932, n. 81); Bericht über Bruno (R. 1962); Die Rabenschlacht (En. 1973). – Geburtshaus K.-Ehrenbreitstein, Charlottenstraße 53 a; Gedenktafel am Rhein-Museum (ehem. Grundschule, die B. besuch-

te); Grab in München. – »Reminiszenzen an Koblenz« (Merian 2/1978). – Teilnachlass DLA Marbach. – J.-B.-Preis der Breitbach-Stiftung Vaduz.

Geb. sind außerdem in K.: **Johanna Franul von Weißenthurn** (Ps. **Johanna W.**/ 1773-1847), Burgtheater-Schauspielerin in Wien, die 14 Bde. mit eigenen Stücken füllte, darunter das erfolgreiche Schauspiel »Wald bei Hermannstadt«; **Christian von Stramberg** (eig. **Stramberger von Großburg**/1785-1868/Grab auf dem Städt. Friedhof), sein (unvollendetes) Hauptwerk »Denkwürdiger und nützlicher Rheinischer Antiquarius …« in 39 Bdn. seit 1845; **Hanns Gisbert**, eig. **Johanna Gisberta Mostert** (1864-1922/Grab Städt. Friedhof), ihre Romane »Die vom Spillerberg« und »Die Sündenmühle« (beide 1921) topographisch interessant; Novellen wie »Moselwind und -wellen« oder Skizzen wie »Moseleisgang« entstanden u. a. in der M.schen Villa in Lay (Bundesstraße 49, heute Hotel); **Alexander Baldus** (1900-71/Grab auf dem Städt. Friedhof), Lyriker (»Musik der Seele«, G. 1924), Erzähler, Essayist und Hrsg. nord. Literatur (Wohnung Florinsmarkt 19).

Auf dem Städt. Friedhof auch die Gräber von **Karl Baedeker** (1801-59), der die 1828 erschienene »Rheinreise von Mainz bis Köln« von **Johann August Klein** (1778-1838) erwarb und u. d. T. »Rheinreise von Straßburg bis Rotterdam« bearbeitete, als Erstling der später weltberühmten Reiseführer; von **Anton Gabele** (→ Meßkirch/Buffenhofen/BW), der 1913 als Studienrat nach K. kam und hier am 16. 1. 1967 starb. Sein aut. Roman »Talisman« (1932, später u. d. T. »Haus zur Sonne«) spielt z. T. in K., ebenso der Roman »Pfingsten« (1934). Gest. in K. **Susanne von Bandemer** (1751-1828), eine Nichte B. Franklins, die Gedichte, Dramen und »prosaische Kleinigkeiten« schrieb; in-

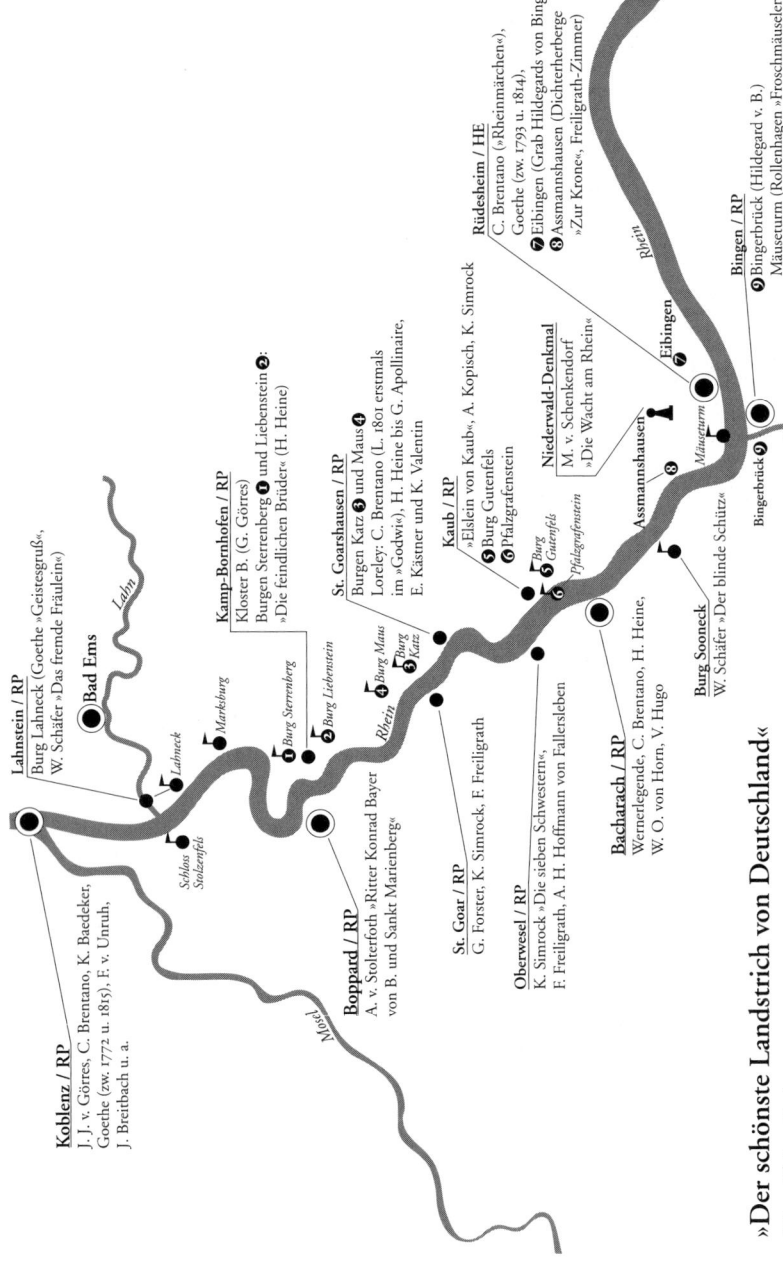

»Der schönste Landstrich von Deutschland«

(H. v. Kleist, 1803)

Weltkulturerbe Oberes Mittelrheintal

Koblenz / RP
J. J. v. Görres, C. Brentano, K. Baedeker, Goethe (zw. 1772 u. 1815), F. v. Unruh, J. Breitbach u. a.

Lahnstein / RP
Burg Lahneck (Goethe »Geistesgruß«, W. Schäfer »Das fremde Fräulein«)

Kamp-Bornhofen / RP
Kloster B. (G. Görres)
Burgen Sterrenberg ❶ und Liebenstein ❷:
»Die feindlichen Brüder« (H. Heine)

St. Goarshausen / RP
Burgen Katz ❸ und Maus ❹
Loreley: C. Brentano (L. 1801 erstmals im »Godwi«), H. Heine bis G. Apollinaire, E. Kästner und K. Valentin

Kaub / RP
»Elslein von Kaub«, A. Kopisch, K. Simrock
❺ Burg Gutenfels
❻ Pfalzgrafenstein

Niederwald-Denkmal
M. v. Schenkendorf
»Die Wacht am Rhein«

Rüdesheim / HE
C. Brentano (»Rheinmärchen«), Goethe (zw. 1793 u. 1814),
❼ Eibingen (Grab Hildegards von Bingen)
❽ Assmannshausen (Dichterherberge »Zur Krone«, Freiligrath-Zimmer)

Bingen / RP
❾ Bingerbrück (Hildegard v. B.)
Mäuseturm (Rollenhagen »Froschmäuseler«, F. Freiligrath)
❿ Rochuskapelle (Goethe)
⓫ Büdesheim (St. George)

Boppard / RP
A. v. Stolterfoth »Ritter Konrad Bayer von B. und Sankt Marienberg«

St. Goar / RP
G. Forster, K. Simrock, F. Freiligrath

Oberwesel / RP
K. Simrock »Die sieben Schwestern«, F. Freiligrath, A. H. Hoffmann von Fallersleben

Bacharach / RP
Wernerlegende, C. Brentano, H. Heine, W. O. von Horn, V. Hugo

Burg Sooneck
W. Schäfer »Der blinde Schütz«

Mosel · Lahn · Rhein · Nahe

Bad Ems · Markburg · Burg Sterrenberg · Burg Liebenstein · Lahneck · Schloss Stolzenfels · Burg Maus · Burg Katz · Burg Gutenfels · Pfalzgrafenstein · Mäuseturm · Eibingen · Assmannshausen · Bingerbrück · Rochuskapelle · Büdesheim teressant ist ihr aut. Roman »Klara von Bourg« (1798).

A **Ludolf von Sachsen** (um 1300-78), Verfasser einer »Vita Jesu Christi«, war 1343-48 Prior der Kartause; **Nikolaus von Kues** (→ Wittlich/Bernkastel-K./RP) 1427-39 Dekan am Stift St. Florin; **Winand Ort von Steeg** (→ Bacharach/RP) 1439-48 Dechant von St. Kastor. – **Georg Michael** (1720-88) und **Sophie von La Roche** (→ Kaufbeuren/BY) führten ab 1771 in Thal-Ehrenbreitstein ein großes Haus (Hofstraße 262), bis 1780 der kurtrier. Geheime Rat wegen seiner freisinnigen »Briefe über das Mönchswesen« in Ungnade fiel. Unter den Gästen: **Christoph Martin Wieland** (→ Biberach/BW), **Johann Heinrich Merck, Franz Michael Leuchsenring** (beide →Darmstadt/HE) und die Brüder **Jacobi** (→ Düsseldorf/NW). **Goethe** kam zum ersten Mal September 1772 von Wetzlar herüber. Maximiliane, die älteste Tochter der Gastgeberin, hatte es ihm v. a. angetan, sie wurde bald mit P. A. Brentano verheiratet und Mutter von Clemens und Bettina. Die »arme Maximiliane« und der »böse Brentano« kamen später noch einmal ins Spiel, z. Z. des »Diné zu Koblenz«, im Sommer 1774 (im zerstörten Gasthof »Zu den drei Reichskronen«, Neubau im Entenpfuhl 2): »Prophete rechts« (**Johann Caspar Lavater**), »Prophete links« (**Johann Bernhard Basedow** → Hamburg), »das Weltkind in der Mitten.« Goethe abermals in K. im November 1792 und im Juli 1815 mit dem **Freiherrn vom Stein** (→ Bad Ems/Nassau/RP) bei J. J. von Görres, der am 29. 7. zu Ehren G.s ein Frühstück auf der Kartause gab. – **Achim von Arnim** 1811: »Görres hat mich in Coblenz wieder ganz in Ordnung und aufs reine gebracht.« – **Luise Hensel** (→ Paderborn/NW) war 1825/26 Armenpflegerin im Hospital. – 1829 in K.: der Amerikaner **James Feni-** more **Cooper**, 33 die Engländerin **Frances Trollope**, 38 der Franzose **Alexandre Dumas** (der auf Burg Stolzenfels vom späteren preuß. König Friedrich Wilhelm IV. inkognito empfangen wurde), 40 sein Landsmann **Victor Hugo** und der finnische Philosoph **Wilhelm Snellmann**, 49 der Amerikaner **Herman Melville**. In der Nacht vom 16. auf den 17. 8. 1843 kam es zwischen **Ferdinand Freiligrath** (→Detmold/NW) und **A. H. Hoffmann von** → **Fallersleben** (→ Wolfsburg/NI) im »Riesen« zu jener entscheidenden Aussprache, die F.s endgültige Wandlung zum polit. Dichter bewirkte. – 1865/66 in Bad Laubach zur Wasserkur **Fritz Reuter** (→ Stavenhagen/MV); hier wurde »Durchläuchting« vollendet. – In K.-Ehrenbreitstein geb.: **Franz Anton Meyer** (1744-1805), »Die Dichterin oder Wissenschaft ist schön, Vernunft ist noch schöner« (Lsp. 1785); **Joseph Marius von Babo** (1756-1822), reüssierte v. a. mit Ritterstücken im Zeitgeschmack (»Albrechts Rache für Agnes«, 1808, eine Fortsetzung der »Bernauerin« →Augsburg/BY); **Johann Anton Friedrich Reil** (1773-1843), wahrsch. bekannter als kaiserl. Kammerdiener als durch sein Lustspiel »Der erste Mai« (1816). – Erinnert sei auch an die Erzählerinnen **Luise Huyn** (Ps. **M. Ludolff**/1843-1915), »Vor hundert Jahren« (R. 1902), und **Maria Homscheid** (1872-1948) sowie an den Kulturschriftsteller und Pädagogen **Severin Rüttgers** (1876-1938) mit seinen Neuausgaben germ. Götter- und Heldensagen. Seit 1931 lebte in K. der Reformpädagoge und Jugendschriftautor **Hans Maria Lux** (1900-67), der Schöpfer des Liedes »Deutsch ist die Saar«. – Joseph Breitbach erzählt in seinen »Reminiszenzen« von (teils von ihm angeregten) Aufenthalten v. a. franz. Schriftsteller in K.: **Guillaume Apollinaire, Maurice Barrès, Jean Cocteau, Jules Laforgue, Jean Prévost, Jean**

Schlumberger; nach dem 1. Weltkrieg der Amerikaner **John Dos Passos** und der wallonische Surrealist **Eric de Hauleville**. – Der in Luxemburg 1880 geb. Erzähler und Journalist **Norbert Jacques** starb am 15. 5. 1954 auf einer Fahrt an die Mosel in K. (»Mit Lust gelebt«, Aut. 1950, n. 2004); sein Grab in Schlachters (→ Lindau/Bodensee/BY).

L Der K.er Gymnasiallehrer und Prediger **Joseph Gregor Lang** (um 1750-1834) schrieb 1789/90 eine poetisch-farbige »Reise auf dem Rhein«, die bereits 91 ins Franz. übersetzt wurde (n. W. Leson, 1975). K.er Gedichte (»St. Riza«, »Corporal Spohn« u. a.) sammelte **Karl Simrock** (→ Bonn/NW) 1837 in den »Rheinsagen«. Ein Hilfswerk für die Opfer der Eis- und Flutkatastrophe vom 10. Februar 1830 in Lay: **Clemens Brentanos** »Mosel-Eisgangs-Lied«. – Romane und Erzählungen: **Clara Viebig** (→ Trier/RP), »Rheinlandtöchter« (1897), »Prinzen, Prälaten und Sansculotten« (1931); **Julius R. Haarhaus** (→ Wuppertal/NW), »Der Marquis von Marigny« (1903), »Maria Gloriosa« (1924); **Hans Franck** (→ Ludwigslust/Wittenburg/MV), »Alexander Lange« (1927); **Wilhelm Matthießen** (1891-1966), »Görres« (1928). – Ende der 20er Jahre Tagungsstätte des 1927 gegr. »Rheinischen Dichterbundes«: Rhein-Dichtungen und -schilderungen u. a. von **Ernst Bertram** (→ Köln/NW), **Otto Brües** (→ Krefeld/NW), **Herbert Eulenberg** (→ Düsseldorf/NW), **Ludwig Mathar** (→ Monschau/NW), **Alfons Paquet** (→ Wiesbaden/HE), **Josef Ponten** (→ Aachen/NW), **Wilhelm Schäfer** (→ Schwalmstadt/Ottrau/HE), **Leo Sternberg** (→ Rüdesheim/HE). – K.er Jugenderinnerungen von **Gerhard Nebel** (→ Dessau/ST) in »An der Mosel« (1948) und »Orte und Feste« (1962) und von **Gerd Bayer** (geb. 1939) in »Arm aber ziemlich glücklich« (R. 1994). – Das älteste Mundartlied, »Zo Cowelenz in der Weißergaß« (1829), stammt von **Johann Anton Leroy** (1804-80), die K.er Nationalhymne, »Dat Kowelenzer Schängelche« (1914), von **Josef Cornelius** (1849-1943/Grab auf dem Städt. Friedhof, Schängelchesbrunnen am Rathaus). »Ons

Moddersproch« (1932) nannte ihr erstes Mundartbuch **Josefine Moos** (1869-1967/Grab auf dem Städt. Friedhof), viele weitere folgten. **S** Koblenzer Literaturpreis (seit 2000).

R Das **Deutsche Eck** ist noch immer eine »Wallfahrtsstätte der Nation«. »Lerne lachen ohne zu weinen« meinte 1931 **Kurt Tucholsky** (→ Berlin): »ein Faustschlag aus Stein«. Tatort auch neuer K.-Krimis, wie »Das Katzenhaus« (1999) von **Udo Marx** oder »Rheingold« (1998) von **Klaus-Dieter Regenbrecht**. Ein zweiter R. von Regenbrecht, »Die Reinland-Papiere« (1999), hat einen seiner Schauplätze in der kuriosen »Landschaftsbibel« um die Wallfahrtskirche St. Nikolaus von **Arenberg** (hinter Ehrenbreitstein). – Rheinaufwärts zu **Rhens** kommt die einschlägige patriot. Lit. (**Ferdinand Freiligrath**, **Christian von Stramberg** u. a.) abermals zu Stuhle: beim »Königsstuhl« des »Kurvereins«. In der alten »Wackelburg«, am Rhein, im 19. Jh. beliebte Maler- und Dichtereinkehr, verlebte der Maler **Wilhelm von Kügelgen** (→ Ballenstedt/ST) ein Jahr der Kindheit (K.-Zimmer); er erzählt davon in seinen »Jugenderinnerungen eines alten Mannes« (1870). – Rheinabwärts **Vallendar**: in der (heutigen) »Marienburg« (Heerstraße 52), bei der Familie d'Ester, kehrte **Goethe** im Sommer 1774 ein; Gedenktafel an der Toreinfahrt, Gedenkstein auch am nördl. gelegenen Wüstenhof, wo einer (falschen) Überlieferung nach G. das Lied »Sah ein Knab' ein Röslein stehen« geschrieben haben soll. Die zwei dramat. Gedichte »Des Künstlers Erdenwallen« und »Des Künstlers Vergötterung« hat G. in **Bendorf** geschrieben. In die Heilanstalt B.-Sayn wurde 1933 **Jakob van Hoddis** (→ Berlin) eingeliefert und im April 42 als Jude abtransportiert und ermordet. Am 8. 9. 1893 in B. geb. **Erik Reger** (eig. **Hermann Dannenber-**

ger, gest. 1954 in Wien), Journalist und zeitkrit. Erzähler (Reportageromane von Rhein und Ruhr); unter seinen Werken »Schiffer im Strom« (R. 1933), »Vom künftigen Deutschland« (Ess. 1947). Seit 1999 E.-R.-Preis der Zukunftsinitiative R.-P. (ZIRP).

B J. Wegeler, Coblenz in seiner Mundart und seinen hervorragenden Persönlichkeiten, 2. Aufl. 1906; W. Kalb, Coblenz. Stätten und Ereignisse der K.er Kulturgeschichte, 1975; D. H. Klein/T. Müller-Roguski, Koblenz. Ein Lesebuch, 1987.; H. Erschens, Goethe in Koblenz und Vallendar. Wirklichkeit und Legende, in: Lit. Schauplätze an der Mosel, 1990.

Z Bad Ems, Boppard, Mayen, Montabaur, Neuwied (RP).

KÖLN/NW

»Alles, was überlebenswichtig ist in Köln am Rhein, beginnt wie der Name der Stadt mit einem großen ›K‹: Karneval, Kirche, Kunst, Klüngel, Kneipen und Kölsch.« (Volker Skierka, 1994)

Köln: Büste des Albertus Magnus am Hauptgebäude der Universität

Universität, Musik-Hochschule, Fachhochschule für Bibliotheks- und Dokumentationswesen, Schulen für Medienberufe und -technik. – Osteuropäisches Kultur- und Bildungszentrum (Ignis). – Historisches Archiv der Stadt K., Rheinisches Bildarchiv, Deutsches Tanz-Archiv. – Wallraf-Richartz-Museum, Museum Ludwig; Köln. Stadtmuseum; Röm.-Germ. Museum; Schnütgen-Museum; Erzbischöfl. Diözesanmuseum; Museum für Ostasiat. Kunst. – Bühnen der Stadt K., Comedia Colonia, Volkstheater Millowitsch, Hänneschen Theater (Stockpuppen) und zahlreiche kleinere Theater. – WDR, Deutschlandfunk, Deutsche Welle, RTL Television. (In K. 250 Medienfirmen.) – Literaturfestival Lit. Cologne, Intern. Pantomimenfest »Gaukler«, K.er Karneval. – Bücherherbst, Antiquariatstage.

Albertus Magnus (→ Dillingen a. d. D./ Lauingen/BY) lehrte 1248-54, 57-60 und 70-15. 11. 1280 an der K.er Ordenshochschule der Dominikaner und wertete als »Doctor universalis« jüd., arab., byzantin. Kommentare sowie v. a. Aristoteles aus. Wahrsch. Augenzeuge der Grundsteinlegung des Doms am 15. 8. 1248. – Grab in der Krypta St. Andreas; Denkmäler am Hauptgebäude der Universität und vor St. Andreas; Gedenkplatte An den Dominikanern/Ecke Stockgasse (an Stelle des Klosters heute Postgebäude). – Autographen Hist. A. der Stadt Köln. – Bei ihm lernte 1248-52 **Thomas von Aquin** (ca. 1225-74), der »doctor angelicus«, der von K. als Magister nach Paris ging (ein »Ochse« auf dem Turm des Maternushauses soll an den Heiligen erinnern). – Der Dominikaner und Mystiker **Meister Eckhart** (→ Tambach/Gotha/TH) war 1320-26 Lesemeister in K. und starb 1328 in Avignon (Skulptur Nordseite Rathausturm).

Johannes Duns Scotus, *um 1265 Schottland, † 8. 11. 1308 K., Franziskaner, lehrte Philos. und Theol. in Oxford, Paris und seit 1307 in Köln. Sein System revolutionierte die Scholastik. – Grab in der Minoritenkirche.

Agrippa von Nettesheim, * 14. 9. 1486 K., † 18. 2. 1535 Grenoble, Schriftsteller, Arzt, Philosoph, berühmter Schwarzkünstler. Auch Hauptmann im Heere Kaiser Maximilians, Leibarzt der Mutter des Königs Franz I. von Frankreich. Wegen Parteinahme für M. Luther (→ Eisleben/ST) vertrieben. – »De occulta philosophia« (1510).

Joost van den Vondel, * 17. 11. 1587 K., † 5. 2. 1679 Amsterdam. Seine Eltern waren als Wiedertäufer aus Antwerpen nach K. geflüchtet. Sie zogen später nach Amsterdam, wo der Sohn 1608 das väterl. Strumpf- und Seidenwarengeschäft übernahm. Beteiligte sich lebhaft am kirchl. Streit und wurde 1641 kath., verlor 1656 sein Vermögen. Bedeutender niederländ. Barockdichter, der 32 Dramen nach griech. Muster, viele Gedichte (»Der Rheinstrom«) schrieb. – W.: Gysbreght van Aemstel (Dr. 1637, dt. 1867); Lucifer (Weltschöpfungsspiel 1654, oft ins Dt. übersetzt). – Geburtshaus »Zur Fyolen« (zum Veilchen) Große Witschgasse 5 (zerstört, Gedenktafel); Gedenkplatte an der inneren Kirchhofsmauer »Maria im Elend« am Katharinengraben; Skulptur am Rathausturm (Ansicht vom Rathausplatz), Büste in der V.-Slg. des Instituts für Niederländ. Philologie der Universität.

Friedrich von Spee (→ Düsseldorf/NW) besuchte 1603-10 das Jesuitengymnasium und lehrte 1631-33 in K. Schöne Wiss., Philos. und Moraltheologie. – Gedenktafel Marzellenstraße 32-40; Skulptur Westseite Rathausturm.

Joseph von Lauff, * 16. 11. 1855 K., † 22. 8. 1933 Haus Krain (→ Cochem/RP), Offizier, Dramaturg in Wiesbaden bis 1903,

danach freier Schriftsteller, geadelt 1913. Von Kaiser Wilhelm II. geförderter Dramatiker und Erzähler nationalhist. und rhein. Stoffe: »Im Rosenhag« (G. aus dem alten Köln, 1897); »Pittje Pittjewitt« (R. 1903); »O du mein Niederrhein« (R. 1930).

Wilhelm Bölsche, * 2. 1. 1861 K., † 30. 8. 1939 Schreiberhau/Schlesien, Romanschriftsteller, volkstüml. Aufklärer. Kam 1886 in den Friedrichshagener Dichterkreis (→ Berlin). Mitbegründer der »Freien Volksbühne« (1890). G. Hauptmann veranlasste ihn zum Umzug nach Schreiberhau: er wurde dort Senior der Literatenkolonie und Sehenswürdigkeit für die Kurgäste. – W.: Die Mittagsgöttin (R. 1891); Das Liebesleben in der Natur (1898-1902); Ausgew. Werke (1930). – Nachlass StLB Dortmund, DLA Marbach.

Herbert Eulenberg, * 25. 1. 1876 K.-Mülheim, † 4. 9. 1949 → Düsseldorf/NW, Romancier, Dramatiker, Essayist. Als Dramaturg bei Louise Dumont am Düsseldorfer Schauspielhaus veranstaltete er 1906-09 berühmte Morgenfeiern, deren Texte (»Schattenbilder«, 1910 ff.) intern. Bucherfolge wurden. 1936 Schreibverbot; 1949 Nationalpreis der DDR. – W.: Ausgew. Werke (1925); Ein rheinisches Dichterleben (Aut. 1927, u. d. T. »So war mein Leben« 1948). – Slg. Heine-Institut Düsseldorf.

Ernst Hardt, * 9. 5. 1876 Graudenz, † 3. 1. 1947 → Ichenhausen (Günzburg/BY), Schriftsteller, der in neuromant. Gedichten St. George (→ Bingen/NW), in lyrischen Dramen dem jungen Hofmannsthal nacheiferte. Lebte seit 1898 in Dresden und Berlin, seit 1907 in → Weimar/TH. 1925 Intendant des K.er Schauspielhauses, 26-33 Leiter der WeRAG (Vorläufer des WDR) und Förderer des Hörspiels. Nach Amtsenthebung und zeitweiliger Haft seit 1935 als Übersetzer aus dem Franz. tätig.

– W.: Tantris der Narr (Dr. 1907); Don Hjalmar (E. 1947). – Nachlass DLA Marbach.

Ernst Bertram, * 27. 7. 1884 → Wuppertal/NW, † 2. 5. 1957 K., aus dem George-Kreis hervorgegangener Lyriker und Aphoristiker, 1922-46 Prof. für dt. Lit.-Gesch. in K. Befreundet mit Thomas Mann (→ Lübeck/SH). Propagierte eine nord. Seele des Rheinlandes (»Der Rhein«, 1922), rief als Essayist und »Rügedichter« die Jugend zu Dienst und Opfer auf. – W.: Das Gedichtwerk (1922); Möglichkeiten (Ess. 1958). – Nachlass DLA Marbach, StB Wuppertal.

Edith Stein, * 12. 10. 1891 Breslau, † 9. 8. 1942 Auschwitz, Philosophin. Jüdin, konvertierte 1922 in → Bad Bergzabern/RP zum kath. Glauben. Studium in → Göttingen/NI, Assistentin von E. Husserl (→ Freiburg/BW); 1933-38 Karmeliterin als Teresia Benedicta a Cruce in K.-Lindenthal (1944 zerstört, Wiederaufbau 1949; Gedenktafel Dürener Straße 89). Später in Echt/Niederlande. 1987 in K. im Müngersdorfer Stadion von Papst Johannes Paul II. heilig gesprochen. – W.: Endliches und ewiges Sein (1950). – Gedenkstein in der Krypta von »Maria zum Frieden«, Vor den Siebenburgen 6; Denkmal vor dem Priesterseminar am Börsenplatz; Skulptur Nordseite Rathausturm. – M. A. Neyer, »Edith Stein. Ihr Leben in Dokumenten und Bildern« (3. Aufl. 1987).

Heinz Steguweit, * 19. 3. 1897 K., † 25. 5. 1964 Halver/NW, Dramatiker, auch Lyriker und Erzähler. Von der kathol. Jugendbewegung über den Volksbühnenbund zur völkischen Bewegung geraten. Grab auf dem kath. Friedhof Halver, wo er seit 1945 lebte. – W.: Sooneck (Festspiel 1925); Der Jüngling im Feuerofen (R. 1932); Das fröhliche Steguweitbuch (En. u. Spiele 1936).

Irmgard Keun, * 6. 2. 1905 → Berlin, † 5.

5. 1982 K. Mit 8 Jahren nach K., mit 16 Schauspielschule, mit 18 Heirat mit J. Tralow (→ Lübeck/SH, 1937 Scheidung), mit 26 erfolgreich mit »Gilgi – eine von uns« (R. 1931). 1935 Emigration nach Belgien, Holland, USA; Beziehungen zu J. Roth (→ Berlin). Von 1940-45 illegal in Deutschland. Dann 30 Jahre für Leser wie Literaturhistoriker so gut wie verschollen. Erst 1979 als Schriftstellerin wiederentdeckt. Wohnte zuletzt Trajanstraße 10. – W.: Das kunstseidene Mädchen (R. 1932); Kind aller Länder (R. 1938); Bilder und Gedichte aus der Emigration (1947). – Grab Melatenfriedhof (Flur 12 in G.); Skulptur Südseite Rathausturm.

Heinrich Böll, * 21. 12. 1917 K., † 16. 7. 1985 Langenbroich/Eifel, bedeutender, zeitkrit. Erzähler der Nachkriegszeit, auch Übersetzer. Nach Buchhandelslehre und Arbeitsdienst als Soldat Kriegsteilnahme und Gefangenschaft. Seit 1951 freier Schriftsteller in K., wohnte zuletzt Hülchrather Straße 7 (Gedenktafel). 1982 Umzug nach Merten (→ Bonn/Bornheim/Merten/NW). 1970 Präsident des dt., 1971-74 des intern. PEN-Clubs; 1972 Lit.-Nobelpreis, 1982 Ehrenbürger der Stadt K. – W.: Der Zug war pünktlich (En. 1949); Billard um halbzehn (R. 1959); Ende einer Dienstfahrt (R. 1966); Gruppenbild mit Dame (R. 1971); Was soll aus dem Jungen

Köln: Heinrich Böll auf einem Spaziergang am Rheinufer

bloß werden? (1981); Ges. Werke (Hrsg.
K. Bullivant, R. Schnell u. a., 1999 ff.);
Briefe aus dem Krieg (Hrsg. J. Schubert,
2 Bde. 2001). – Geburtshaus Teutoburger
Straße 26; Grab auf dem Friedhof Born-
heim-Merten; Skulptur Südseite Rathaus-
turm. – H.-B.-Stiftung Köln (seit 1987);
H.-B.-Stiftung Saar, Berlin; H.-B.-For-
schungsstelle der Univ. Wuppertal (Hrsg.
der krit. Gesamtausgabe). – H.-B.-Preis.
– »Heinrich Böll ... gebunden an Zeit
und Zeitgenossenschaft«, Ausstellungska-
talog 1987; V. Böll (Hrsg.), »H. B. und
Köln«, 1990; H. Vormweg, »Weil die Stadt
so fremd geworden ist. Gespräche mit
H. B.« (1985); ders. »Der andere Deut-
sche«, 2000. – Mit H. B. unterwegs:
»Köln liegt für mich am Perlengraben
und auf dem Platz von Sankt Severin, es
ist die Stadt der Unbekannten, die ich
kenne.«
Paul Schallück (→ Warendorf/NW) mach-
te K. zu seiner Wahlheimat, wo er als Publi-
zist, zuletzt Chefredakteur der dt.-franz.
Zs. »Dokumente«, bis zu seinem Tod am
29. 2. 1976 lebte (»Don Quichote in
Köln«, R. 1967). Grab auf dem Müngers-
dorfer Friedhof. – **Rolf Dieter Brinkmann**
(→ Vechta/NI), Protagonist der »Kölner
Schule« (»Keiner weiß mehr«, R. 1968),
studierte 1963-65 in K. Pädagogik, lebte
dort als freier Schriftsteller bis zu seinem
Unfalltod 1975 (Wohnhaus Engelbertstra-
ße 65).
Weitere (in K. geb.) Autoren: Der Satiriker
Heinrich Lindenborn (1706-50 → Bonn/
NW) gab als bedeutendster rhein. Publi-
zist des 18. Jh.s von 1740 an die moral. Wo-
chenschrift »Der die Welt beleuchtende
Cöllnische Diogenes« heraus. – Eine Ge-
schichte und Beschreibung des Doms
(1822-31) lieferte **Sulpiz Boisserée** (1783-
1854), der gemeinsam mit seinem Bruder
Melchior (1786-1851) unter Anleitung F.
Schlegels (→ Hannover/NI) von 1804

an die verschleuderten Kunstschätze der
Kirchen und Klöstern sammelte. Die Slg.
kam über Heidelberg und Stuttgart 1827
nach München. Sulpiz regte den Weiter-
bau des K.er Domes an; um ihm nahe zu
sein, übersiedelten die Brüder 1845 nach
→ Bonn/NW. Nachlass Hist. A. Köln. –
Der Buchhändler und pol. Schriftsteller
Robert Blum (1807-1848 Brigittenau b.
Wien) gab 1847 im Verlag seiner Leipziger
Buchhandlung u. a. ein Staatslexikon her-
aus, gründete 48 »Vaterlandsvereine« und
wurde als Führer der Linken im Frank-
furter Parlament wegen seiner Teilnahme
am Wiener Aufstand vom öst. Militär
standrechtlich erschossen. Gedenktafel am
Standort des ehem. Geburtshauses Mauth-
gasse 5; Skulptur Nordseite Rathausturm.
– Die Erzählerin und Sozialreformerin
Adele Gerhard (1868-1956) heiratete 1889
in → Berlin und emigrierte von dort 1938
in die USA. Köln ist u. a. Schauplatz in
»Die Geschichte der Antonie van Heese«
(R. 1906) und »Vom Sinken und Werden«
(E. 1912); Aut. »Das Bild meines Le-
bens« (1948). Nachlass DLA Marbach. –
Der Zeitungsredakteur und sozialdemo-
krat. Reichstagsabgeordnete **Emil Ro-
senow** (1871-1904 Berlin) zog 1900 nach
Berlin und wurde als Dramatiker v. a.
mit seiner sächs. Dialektkomödie »Kater
Lampe« (1906) bekannt. Ges. Dramen
(Hrsg. Ch. Gaede 1912). – An seinem Ge-
burtshaus in K.-Dünnwald, Prämonstra-
tenserstraße 7, erinnert eine Gedenkplatte
an den Mundartdichter **Franz Peter Kür-
ten** (1891-1957 Leverkusen); sein Grab
auf dem Friedhof ebd.
Weiter in bunter Reihe: der Kunstschrift-
steller **Max Osborn** (1870-1946); der ex-
pressionist. Lyriker **Walter Rheiner** (1895-
1925 Berlin); der Erzähler und Hörspiel-
autor **Anton Betzner** (1895-1976/»Basalt«,
R. 1942); der Literaturwissenschaftler **Hans
Mayer** (→ Tübingen/BW/»Ein Deutscher

auf Widerruf«, Aut. 1982-84), Geburtshaus Genter Straße 30, Grab Berlin; der Essayist **Albrecht Fabri** (1911-98/Grab auf dem Südfriedhof); der Sellerautor der Triviallit. **Heinz G. Konsalik** (1921-99); der Romancier **Günter Steffens** (1922-1985).

Den beliebtesten Meister des K.er Karnevalsliedes, den Liederdichter und Komponisten **Wilhelm Ostermann** (1876-1936), verehrte H. Mayer als »Volksdichter und Poeten der kleinen Leute«. O.s letztes Lied ist fast ein Volkslied geworden: »Ich mööch zo Foss noh Kölle jon!« Gedenktafeln an der Feuerwache in K.-Mülheim, Ecke Mülheimer Ring/Bergisch Gladbacher Straße, wo das Geburtshaus, und Neumarkt 33, wo das Sterbehaus stand; O.-Brunnen auf dem O.-Platz (Nähe Heumarkt); Grab auf dem Melatenfriedhof. – Erster »Hofpoet« des Kölner Karnevals war **Christian Samuel Schier** (1791-1824); später Lieder von **Joseph Roesberg** (1824-71), **Hubert Ebeler** (1866-1946), **Hans Jonen** (1892-1958), **Karl Berbuer** (1900-77/Grab auf dem Südfriedhof), **Jupp Schmitz** (1901-91/ Denkmal auf dem J.-Sch.-Plätzchen, Grab Melatenfriedhof) u. a. Das 1978 von **Heribert A. Hilgers** hrsg. Lese- und Vortragsbuch »Kölsche Klassiker« will zeigen, »dass Kölsch sich nicht in Klamauk und Karneval erschöpft«. Es enthält Texte von **Peter Berchem** (1866-1922), **Suitbert Heimbach** (1894-1969), **Wilhelm Hoßdorf** (1890-1962), **Josef Klersch** (1893-1969), **Wilhelm Räderscheidt** (1856-1926). – Bemerkenswert die vielen Parodien seit dem späten 19. Jh.: u. a. von **Jakob Dreesen** (1842-1907), **Wilhelm Koch** (1845-91), **Fritz Hönig** (1833-1903/ Nachlass Hist. A. Köln), **Wilhelm Schneider-Clauss** (1862-1949/»Allaaf Kölle«, R. 1907).

E Kölner Dom: Seit J. G. Forsters Klage 1790 erhoben sich Stimmen für die Vollendung des unvollendeten Baues: u. a. von F. Schlegel (1804/05), Z. Werner (1808), J. J. von Görres (1814/das rechte westl. Fenster im Südquerhaus des Doms ihm gewidmet), den Brüdern Boisserée (u. a. 1821/31), auch von M. von Schenkendorf und K. Simrock. – Bei der Grundsteinlegung für den Weiterbau am 4. 9. 1842 wurde v. a. der Gedanke eines »nationalen Denkmals« (A. Reichensperger, W. Smets) herausgestellt; kritisch dazu H. Heine, F. Grillparzer. Zur »Jubelfeier der Vollendung« am 15. 10. 1880 u. a. Gedicht von M. Greif; 1901 Erzählung »Das Dombaufest« von E. Pasqué. – Weiterhin: G. Apollinaire, A. Strindberg, Th. Däubler, E. Bertram, B. von Münchhausen, Y. Goll, E. Kästner, D. Wellershoff, H. Böll, (z. B. »Und sagte kein einziges Wort«, 1953), M. Scharpenberg (»Dom Gespräche«, 26 Gedichte, 1980). – J. Theele, »Der Kölner Dom in der dt. Dichtung«, 1923; J. Stremmel, »Der deutsche Dom und die Dichter«, in: »Der Kölner Dom im Jh. seiner Vollendung«, 1980; M. Klein (Hrsg.), »Der Kölner Dom. Ein lit. Führer«, 1998. – Postskripta »Auf der Kölner Domplatte«: 1998 von R. Giordano, 99 von L. Witzam.

A Der Straßburger **Johannes Tauler** war Schüler von Meister Eckhart und lebte 1339/44 in K. – **Francesco Petrarca** kam 1333 in die Stadt; in einem berühmten Brief an Kardinal Colonna schrieb er über die Johannisnacht zu K., wo sich am Rheinufer die Frauen wüschen, um altem Brauch zufolge das Unheil des Jahres abzuwaschen. 1798 war der Rhein schon ziemlich untauglich für Wäschereien, befand **Samuel Taylor Coleridge**. – Student in K. 1505 **Ulrich von Hutten** (→Schlüchtern/Vollmerz/HE). – Produktiver Schuldramatiker des Jesuitenordens war **Jakob Masen** (1606-81), der als Prof. der Rhetorik und Poetik in K. lehrte und dort am 27. 9. 1681 starb (»Palaestra eloquentiae«, 1654-57). – **Giacomo Casanova** ist zweimal in K. gewesen, erstmals zur Karnevals-

zeit 1760, während der er die Frau des Bürgermeisters verführt haben will. Beim
zweiten Besuch im Juli 1767 habe er die
Dame wiedergesehen, doch sie sei inzwischen fromm geworden (Lokalhistoriker bezweifeln das angebliche Liebesabenteuer). **Goethe** (→ Frankfurt a. M./HE) war im
Juli 1774 zus. mit **Johann Georg Jacobi**
(→ Düsseldorf/NW) in K. Den unfertigen Dom empfand er als ein »mitten in seiner Erschaffung fern von der Vollendung
schon erstarrtes Weltgebäude«. Erneute
Dombesichtigung im Juli 1815 mit dem
Freiherrn vom Stein (→ Bad Ems/Nassau/RP), beide alt, berühmt und politisch
verschiedener Meinung. **Ernst Moritz
Arndt** (→ Rügen/MV) wurde von Stein
dazu gerufen, der ihn warnte, politische
Themen in Gegenwart Goethes anzuschneiden, das möge der nicht. Arndt wurde später Ehrenbürger von K. – **Johann
Kaspar Riesbeck** (→ Frankfurt/Höchst/
HE) fand 1780 K. der vielen Bettler und
Pfaffen wegen abscheulich, und **Johann
Georg Forster** (→ Mainz/RP) erzürnte
sich 10 Jahre später über die Unsittlichkeit
der Bettler, »daß sie den Müßiggang systematisch treiben«. – An den Aufenthalt
Friedrich und **Dorothea Schlegels** 1804-
06 und ihre Konversion am 16. 4. 1808 erinnern eine Tafel am ehem. Äbtissinnenhaus von St. Maria im Kapitol (Kasinostraße 3) und ein von Dorothea gestifteter
Kelch im Domschatz. – 1840 lobte **Victor
Hugo** auf seiner Rheinreise K. und das
»großartige Schauspiel« des Doms. –
Der Gesellenvater **Adolf Kolping** (→ Euskirchen/Kerpen/NW) wurde 1849 Domvikar in K. und starb hier am 4. 12. 1865.
Grab in der Minoritenkirche; Denkmal
davor; Gedenkrelief Kolumbahof 3. – Defilee der durchreisenden oder für kurze
Zeit im 19. Jh. in K. ansässigen Dichter:
1826 **Annette von Droste-Hülshoff** (→

Münster/Roxel/NW), 28 **Johanna Schopenhauer** (→ Bonn/NW), **Karl Simrock**
(→ Bonn/NW). 1840 sprach der finn.
Philosoph **Johan Vilhelm Snellmann** vom
gleichsam mystischen Reiz K.s, 41 hielt
Gottfried Kinkel (→ Bonn/NW) in der
Antoniterkirche seine erste Predigt, 43
Kurzbesuch von **Heinrich Heine** (→
Düsseldorf/NW). – 1842/43 war **Karl
Marx** (→ Trier/RP) Chefredakteur der
»Rheinischen Zeitung« und kam im April
48 abermals, um die »Neue Rheinische
Zeitung« (Gedenktafel Heumarkt 65) zu
redigieren; die letzte Nr. erschien am 18.
5. 49. Einen Tag später wurde Marx als
Staatenloser aus Preußen ausgewiesen. Als
Mitredakteur seit Oktober 1848 **Ferdinand Freiligrath** (→ Detmold/NW) in
K. (Wohnung in der Kostgasse). Mitstreiter **Friedrich Engels** (→ Wuppertal/NW).
Unter den debattierenden Besuchern auch
der Student **Gottfried Keller** (→ München/BY); 1848 **Fanny Lewald** (→ Berlin). – Die »Neue Kölnische Zeitung«, herausgegeben von der in K. lebenden **Mathilde Franziska Anneke** (1817-84), wurde
1847 nach 14 Tagen verboten, in Milwaukee/USA gründete sie die »Deutsche
Frauenzeitung«. (Skulptur Ostseite Rathaus). – 1850 der Engländer **William M.
Thackeray**, 57 **Friedrich Hebbel** (→ Heide/Wesselburen/SH), 1862 und 66 der
Russe **Fjodor Michailowitsch Dostojewski** in K. Am Apostelnkloster 27 stand
das 1864 errichtete neugot. Haus von
Wolfgang Müller von → **Königswinter**
(→ Bad Honnef/NW, Grab auf dem Melatenfriedhof). Sein Nachbar war **Levin
Schücking** (→ Meppen/NI), 1845-52 Chefredakteur der »Kölnischen Zeitung« (»Die
Marketenderin von Köln«, R. 1861). **Friedrich Nietzsche** (→ Weißenfels/Lützen/
ST) sang 1865 beim Niederrhein. Musikfest im Chor auf der Gürzenich-Bühne
mit.

Seit 1903 war **Detmar Heinrich Sarnetzky** (1878-1961/→ Bremen) Kunstredakteur der »Kölnischen Zeitung«, 1922-44 arbeitete **Otto Brües** (→ Krefeld/NW) dort als Feuilleton-Redakteur beim »Stadt-Anzeiger« und publizierte in den »Rhein. Blättern« (»K. im lit. Werk von O. B.«, in: E. Brües, »Zwischen Rhein und Maas war ich jung«, 1997). Haus am Krieler Dom 20 (Bibliothek) in Lindenthal. – Der russische Dichter **Andrej Belyj** traf am 7. 5. 1912 **Rudolf Steiner** (→ Berlin) in K. und begleitete ihn dann auf Vortragsreisen. – Seit 1919 lehrte **Max Scheler** (1874-1928/Grab auf dem Südfriedhof) als Philosophieprof. in Köln. Von 1919-34 lebte **Ludwig Mathar** (→ Monschau/NW) hier.

Im November 1919 das erste Auftreten der Dadaisten in der K.er Öffentlichkeit, voran »minimax dadamax« **Max Ernst** (1891-1976) aus Brühl, Wohnung Kaiser-Wilhelm-Ring 14 (zerstört), auch **Hans Arp**, der bis 1921 oft seinen Vater in K. besuchte. Das berühmte Bild E.s »Rendez-vous der Freunde« von 1922 im Museum Ludwig. Dada-Texte von dem seit 1902 in K. lebenden **Johannes Theodor Baargeld** (eig. **Alfred Emanuel Ferdinand Gruenwald**, 1892-1927/Grab auf dem Melatenfriedhof). – 1924-31 war **Richard Seewald** (→ München/BY) Lehrer an der Kölner Werkschule. – 1944 starb im Ehrenfelder Franziskus-Hospital der v. a. durch seine »Nonni«-Bücher bekannt gewordene isländ. Schriftsteller **Jon Svensson** (geb. 1857); Grab in der Gemeinschaftsgruft der Jesuiten auf dem Melatenfriedhof. – Der engl. Schriftsteller **Stephen Spender** erkannte 1946: »Die Stadt ist tot, und die Bewohner spuken nur durch die Keller und Fundamente.« Zwölf Jahre später konnte **Carl Oskar Jatho** (1884-1971; Grab auf dem Melatenfriedhof; Nachlass Hist. A. St K.), dessen Paddelbootbücher

einmal beliebt waren, feststellen: »Eine Stadt von Welt.« – Auf Einladung von H. Böll kamen 1980 der russische Dissident **Lew Kopelew** (1912-97) und seine als Übersetzerin tätige Frau **Raissa Orlowa-Kopelew** (1918-89; »Wir lebten in Köln«, 1996) nach K. Am 8. 2. 2000 starb in K. **Angelika Mechtel** (→ Dresden/SN). Sie gehörte zu den Initiatoren der ersten Intern. Literaturtage »Interlit '82« in K.

L Das Gedicht »Die Heinzelmännchen« (»Wie war zu Köln es doch vordem …«) von **August Kopisch** (→ Berlin) ist Am Hof durch ein Brunnen-Denkmal neuromantisch versteinert worden. Die vielen Sagen und Legenden v. a. um die Kölner Kirchen in den Slgg. von **Karl Simrock** (1837), **Goswin Peter Gath** (1939, 48, 56), **Paul Weitershagen** (1899-1981/ u. a. 1959, 65) oder **Tilman Röhrig** (1987). Sagenhaft ist auch der »Urkölner« Schmitz, in dem »Kölns Standardfiguren Tünnes und Schäl vereint sind« (W. Henkels); im Brigittengäßchen haben alle drei ihr Denkmal bekommen. – Eine K.er Sagen- und Liederslg. gab 1839-40 auch **Ernst Weyden** (1805-69) heraus, seine Jugenderinn. »Köln am Rhein vor fünfzig Jahren« erschienen 1862; »Deutsche Rheinlieder« (1841) trug **Johann Kreuser** (1795-1870) zusammen. **Hermann Cardauns** (1847-1925), Herausgeber der »Kölnischen Volkszeitung«, veröffentlichte 1899 »Geschichten aus dem alten Köln«; 1920 **Hermann Ritter** (1864-1925) »Mein altes Köln«. K. verortet durch den Roman »Haus Voosen« (1910) von **Julia Jobst** (1853-1935), sowie die Kindheitserinnerungen von **Helma Cardauns**: »Riehler Straße 13« (1985). – Weiterhin u. a.: **Karl Gutzkow** (→ Berlin), »Der Zauberer von Rom« (R. 1859/61); **Paul Gurk** (→ Frankfurt a. d. O./ BB), »Meister Eckehart« (R. 1925); **Hermann Broch**, »1903/Esch oder die Anarchie« (R. 1931); **Henry Benrath** (→ Friedberg/HE), »Kaiserin Theophano« (R. 1940), deren Grab in St. Pantaleon; **Gerhard Zwerenz**, »Casanova oder Der kleine Herr in Krieg und Frieden« (1966); schließlich stellvertretend der Roman eines in K. lebenden türk. Autors: **Akif Pirinçci**, »Tränen sind immer das Ende« (1980). – In der Nähe der Kirche St. Maria Lyskirchen wurde **Ernst Muellenbach** (1862-1901) geb. (»Die Siebolds von Lyskirchen«, Aut. 1899), 1912 in der Riehler Straße 23 **Hilde Domin** (»Von der Natur nicht vorgesehen«, Aut. 1974). – »Immer wenn ich aus dem Aquarium der Halle des Hauptbahnhofs hüpfe, singe ich und springe ich hoch wie der Dom«, so **Jürgen Becker** (Jg. 1932) 1962. Er verwandelte die Stadt und ihre Umgebung in ein Kaleidoskop von Eindrücken und Erfahrungen, die er unter den Titeln »Felder« (1964), »Ränder« (1968) und »Umgebungen« (1970) formierte. Becker gehört wie **Hans Bender** (»Wie die Linien meiner Hand«, Aufzeichnungen 1999), **Heinrich Böll**, **Peter Faecke**, **Dieter Wellershoff** u. a. zu den »Neun Autoren – Wohnsitz Köln«, deren Notizbuch 1972 **Heinrich Vormweg** (1928-2004) herausbrachte; Wellershoff initiierte Mitte der 60er Jahre die »Kölner Schule« eines »Neuen Realismus«; 1990 erschienen seine »Ansichten von Köln« (»Pan und die Engel«). Als Kulturredakteur und Theaterkritiker in K.: **Werner Koch** (1923-1992/Grab auf dem Friedhof Köln-Rodenkirchen).

»Op got Kölsch« zu guter Letzt die Mundartdichter: **Gerhard Schnorrenberg** (1847-1913), **Willy Vierkötter** (1873 Deutz-1925), **Albrecht Bodde** (1891-1962); von **Goswin Peter Gath** (1898-1959) »Kölsche Rümcher« in »Us dem Hätzenskühlche« (1973); **Jakob Werner** (1898-1962), **B. Gravelott** (eig. **Albert Vogt**/»Kölsche Feschers Famillich«, 1973); weiter **Jean Jenniches** (1894-1979), **Ria Wordel** (»Psalmen op Kölsch«, 1975/76), **Jupp Blank** (1904-79), **Heinz Weber** (»Kölsche Verzällcher . . .«, 1964-68), **Cilli Martin** (»Kölsche Rusinge«, 1978), **Will Albers** (1912-78), **Gustav Wodarczyk** (»Bei uns derheim«, 1979) u. a., die **Heribert Klar** 1977 in einer Anth. zusammengebracht hat: »die Kölsche schrieve weiter«. Im Hist. A. der Stadt K. der Nachlass von **Fritz König** (1922-76).

S Universitäts- und Stadtbibliothek: rd. 3 Mio. Bde., 300 Hss., 2500 Inkunabeln; Bibliothek von F. F. Wallraf, G. v. Mevissen, H. Erkes, O. Wolff; Gebet- und Gesangbuchslg. W. Bäumker; Thomas a Kempis-Slg.; Rhein. Abtg. (darunter Slg. rhein. Dichter und Schrift-

steller). – **Stadtbücherei**: Slg. Kölner Autoren. – **Bibliothek der Akademie für kölsche Sprache** (Schaafenstraße 7). – **Erzbischöfl. Dom- und Diözesanbibliothek**: 360 000 Bde., 686 Hss., 400 Inkunabeln; den ältesten Bestand bildet die 880 gegründete Bibliothek des alten Domstifts. – **Domschatzkammer**: u. a. Hss. vom frühen MA. bis zur Gegenwart. – **Evangel. Bibliothek**: u. a. Reformationsdrucke, Gesangbücher-Slg. – **Germania Judaica**, Bibliothek zur Geschichte des dt. Judentums (seit 1959); unter den Sonderslgg. Bild des Juden in der dt. Lit. – **Theatermuseum Schloß Wahn**: Theatergesch. Slgg. des Instituts für Theater-, Film- und Fernsehwiss. der Universität mit Bibliothek. – **LiK-Archiv – Literatur in Köln**: Nachlässe Kölner Autoren. – **Holtei-Archiv**: Nachlass des schles. Schriftstellers und Theatermannes **Karl von Holtei** (1798-1880).

Literaturhaus Köln. – Heimatverein »Alt-Köln« (Pflege köln. Geschichte, Sprache und Eigenart, seit 1902); **Bibliophilen-Gesellschaft Köln** (seit 1930); **Heinrich-Böll-Stiftung**; **Deutsche Tolkien-Gesellschaft**. – **Heinrich-Böll-Preis der Stadt K.**, R. D. Brinkmann-Stipendium, Goldene Ostermann-Medaille (seit 1967), Heimito-von-Doderer-Literaturpreis (seit 1998). – **Kulturkreis im Bundesverband der Dt. Industrie** (seit 1951), mit Hans-Erich-Nossack-Preis, Förderpreis und Ehrengabe; **Lit.-Preis der Bundesärztekammer**, **Lit.-Preis der Deutschen Welle**.

R »Der Rhein«, so **Heinrich Böll**, »der wird ja wohl bleiben, auch wenn es Köln nicht mehr gibt.« Rechtsrheinisch liegt die »schääl Sick«, die scheele Seite, mit der Vorstadt **Deutz**. »Lieber in Deutz wohnen und Köln sehen, als in Köln wohnen und Deutz sehen«, meinte **Victor Hugo**. In Alt-St. Heribert (heute Ruine) war **Rupert von Deutz** 1120-35 Abt; seine Bibelkommentare und Gedanken über Tier-, Stein- und Farbsymbolik waren wichtig für die bildende Kunst und Buchmalerei des MA.s. Ein Gedenkrelief Kasemattenstraße 8 erinnert an den sozialdemokrat.

Politiker **August Bebel** (1840-1913/Aut. »Aus meinem Leben«, 1911-14). Auf dem Friedhof Gedenktafel für **Moses Hess** (→ Bonn/NW). – In K.-**Mülheim**, ein Stück stromab, hält eine Legende die jährl. Schiffsprozession, die »M.er Gottestracht«, wach. **Johann Caspar Lavater** besuchte 1774 auf der Rheinreise mit **Goethe** hier seine pietist. Freunde J. G. Hasenkamp und S. Collenbusch. – Linksrheinisch, halbwegs auf Bonn zu, liegt **Brühl** mit Schloss Augustenburg, ehem. Sommerresidenz der Kölner Erzbischöfe. Unter den Gästen: **Giacomo Casanova** und der Österreicher **Aloys Blumauer** (1735-98), Verfasser einer frivolen »Aeneis«-Travestie (1783 ff.). Das Schlösschen Falkenlust bewohnte **Karl Friedrich Reinhard** (→ Waiblingen/Schorndorf/BW) nach seiner Entlassung aus russ. Haft (1806). Von dort aus knüpfte er Beziehungen zu F. Schlegel in Köln und vermittelte zwischen Goethe und S. Boisserée.

B N. Schachtsiek-Freitag (Hrsg.), Köln im Gedicht, 1991; J. Arlt (Hrsg.), Ganz unten fließt der Rhein. 18 Kölner Autoren über ihren Lieblingsplatz, 1993; J. Schimmang (Hrsg.), Köln, Blicke. Ein Lesebuch, 1999; A. Bach, Literarisches Köln, 2002; E. Stahl, Kölner Autoren-Lexikon. Bd. 1: 1750-1900 (2000), Bd. 2: 1900-2000 (2002); H. Fussbroich, Gedenktafeln in Köln, 1985;
Z Bonn, Düsseldorf, Leverkusen, Siegburg, Solingen (NW).

KÖNIGS WUSTERHAUSEN/ BB

». . . und mit Recht wechselte der Flecken seinen Namen und erhob sich aus einem Wendisch Wusterhausen zu einem Königs Wusterhausen.«
(Theodor Fontane, 1884)

Handros Tara (auch **Handrij Tarej** und **Andreas Thareus**), * um 1570 Muskau (→

Niesky/SN), † um 1638 Wendisch Buchholz (heute Märkisch B.) bei K., Philologe und Übersetzer sorb. Herkunft. 1628 Pfarrer in Wendisch Buchholz. Verfasste 1595 ein Gutachten (»Enchiridion Vandalicum«) über sorb. Dialekte, heute das einzige Denkmal der ausgestorbenen westniedersorb. Sprache. Neben geistl. Texten hinterließ T. auch eine Komödie (»Weiber-Spiegel«, 1628).

Richard Dehmel, * 18. 11. 1863 Hermsdorf (Münchehofe-H.) bei K., † 8. 2. 1920 Blankenese (heute zu Hamburg), Lyriker und Erzähler. Wuchs in Kremmen (→ Oranienburg/BB) auf. Studium in → Berlin und Leipzig. Bis 1895 Angestellter. Zus. mit O. J. Bierbaum (→Dresden/SN) Gründung der Kunst-Zs. »Pan«. Freundschaft mit D. von Liliencron (→ Kiel/ SH). Freiwilliger im 1. Weltkrieg. D.s »Erntelied« mit der Anfangszeile »Es steht ein goldnes Garbenfeld« fehlte früher in keinem dt. Schullesebuch. – W.: Aber die Liebe (G. und En. 1893); Zwei Menschen (Ep. 1903); Mein Leben (Aut. 1922); Ges. Werke (1913); Dichtungen, Briefe und Dokumente (Hrsg. P. J. Schindler, 1963). – D.-Archiv SuUB Hamburg.

L **Theodor Fontane** (→ Neuruppin/BB) fand es 1862 in K. »sehr reizend« und besuchte das 1717/18 aus einer ma. Wasserburg erbaute Schloss, wo der »Soldatenkönig ... als Knabe seine ›Kadetten‹ und einige Jahre später auch ›Leibcompagnie‹ exerzieren« ließ. Im Schloss wird auch der Raum gezeigt, in dem das legendäre Tabakskollegium tagte. – **Jacob Paul von Gundling** (→ Potsdam/BB) war auf dem Schloss oft den Launen des Königs ausgesetzt. Darüber sowie zum Verhältnis des Königs zum Kronprinzen Friedrich: **Jochen Klepper** (→ Berlin), »Der Vater« (R. 1937); **Martin Stade**, »Der König und sein Narr« (R. 1975).

R Auf seinem Gut in **Schenkendorf** starb der Berliner Zeitungsverleger (»Berliner Tageblatt«) und Hrsg. des »Reichsadreß-

buches« **Rudolf Mosse** (1843-1920). –
Bei **Zeuthen**, in einer Bucht des nach
dem Ort benannten Sees, stand der Gast-
hof »Hankels Ablage«, der **Th. Fontane**
im Mai 1884 als Refugium diente, als er
an »Irrungen, Wirrungen« (R. 1888) arbei-
tete. Gedenkstein in Z. (Richtung Wild-
au); F.-Ausstellung im Institut für Hoch-
energiephysik Platanenallee 6; auf dem
nahen Miersdorfer Friedhof Grabstätten
der Gastwirtsfamilie Hankel. F.-Wander-
weg von Schmöckwitz (Berlin) über K.
nach Z. – Wenige Kilometer südl. von K.
Zeesen, wo der Schauspieler und Inten-
dant des Berliner Schauspielhauses **Gus-
taf Gründgens** (1899-1963) 1935-45 sein
»Schlösschen« (»Fluchtburg«) bewohnte.
Dazu **Curt Riess** (1902-93) in seiner G.-
G.-Biographie (1965): »Zeesen erschien
ihm wie ein Paradies ... Es ist nicht über-
trieben zu sagen, daß er eigentlich nur in
Zeesen richtig gelebt hat.« Hier wurden
rauschende Feste gefeiert, die Stars von
Theater und UFA gingen ein und aus. In
seiner »Effi Briest«-Verfilmung (1939) be-
nutzte G. das Haus als märk. Original-
schauplatz. In **Klaus Manns** (→ Mün-
chen/BY) »Mephisto« (R. 1936) ist das
Höfgen'sche Domizil eine Villa in Ber-
lin-Grunewald, die sein Besitzer einem
jüd. Bankdirektor »günstig« abgekauft hat-
te. Nach 1990 war die Z.er Villa lange von
Jugendlichen besetzt, die darin einen »Me-
phisto«-Club unterhielten.
Im benachbarten **Bestensee** bewohnte
Paul Zech (→ Berlin) 1918-22 das Haus
Puschkinstraße 10. Bis zur Emigration 33
besuchte Z. seine Familie hier noch regel-
mäßig. Auf dem Grundstück Gedenk-
stein. – Ein paar Kilometer östl., in **Prie-
ros**, besaß **Anna Seghers** (→ Mainz/RP)
am Langen See seit den später 50er Jahren
ein Wochenendhaus. – An der Dahme das
Städtchen **Märkisch-Buchholz**, seit 1959
Rückzugsort des von der DDR-Staatssi-

*Königs Wusterhausen: Das Grab von Franz Füh-
mann auf dem Dorffriedhof von Märkisch
Buchholz*

cherheit beobachteten **Franz Fühmann**
(→ Berlin). Das kleine Häuschen steht
versteckt beim Weg nach Birkholz: »Die
Waldbleibe war zwar primitiv, indes för-
derlich fürs Schreiben ab sechs Uhr mor-
gens bis zum mittleren Nachmittag ...
An eine Wand war der Spruch gepinnt:
›Bleibe im Lande und wehre dich täglich.‹«
(G. Bellmann, 1995) F. starb 84 in Berlin.
Grab auf dem Dorffriedhof von M. Auf
dem Grabstein: »Ich grüße alle jungen
Kollegen, die sich als obersten Wert ihres
Schreibens die Wahrheit erwählt haben.«
Seit 1997 F.-Ausstellung in der Schule
Münchehofer Straße 1.
»Habe dich ins Herz geschlossen, / Städt-
chen **Teupitz**, klein und sauber, / werde nim-
mermehr vergessen / deiner milden Reize
Zauber«, dichtete **Th. Fontane** etwas klap-
pernd über den Ort. An seinen Aufenthalt
1862 erinnert am Gasthof »Zum Golde-
nen Stern« am Markt eine Tafel, ebenso

an der Bootsanlegestelle am See. – An der Moritzkirche von **Mittenwalde** war **Paul Gerhardt** (→ Wittenberg/Gräfenhainichen/ST) 1651-57 Propst. 1655 heiratete er hier Maria Berthold. G.s erste Tochter starb 57 (Grabtafel in der Kirche). In M. entstanden die bekannten Kirchenlieder »O Haupt voll Blut und Wunden« (Altar-Predella in der Kirche) und »Befiehl du deine Wege« (beide 1656). Die Propstei, in der G. lebte, ist in der Puschkinstraße erhalten. Denkmal (2001). M. ist auch verbunden mit dem hist. Hintergrund der Novelle »Michael Kohlhaas« (1810) von **Heinrich von Kleist** (→ Frankfurt a. d. O./BB). Als 1539 auf Geheiß des sächs. Kurfürsten der enge Vertraute des hist. Hans Kohlhase, Paul Stolz, hingerichtet wurde, kam es hier zu offener Empörung.

Z Beeskow, Lübben, Luckenwalde (BB); Berlin

KONSTANZ/BW

»Wie es so daliegt, am Eingang des unendlichen Sees und an beiden Rheinufern, ist Konstanz ein kleines, friedliches Konstantinopel.« (Gérard de Nerval, 1839)
Universität K. – Rosgartenmuseum (u. a. Hss. und Frühdrucke). – Stadttheater (ältestes Theatergebäude Dtl.s). – Kulturzentrum am Münster. – Litera-Touren des Intern. Bodensee-Clubs (seit 1987).

Heinzelin von Konstanz, um 1320, sein Vorbild Konrad von → Würzburg (BY). Bekannt sind zwei »Streitgedichte«: »Von dem Ritter und von dem Pfaffen« und »Von den zwei Sanct Johansen«.
Heinrich Seuse (lat. Suso), * 21. 3. 1295 K., † 25. 1. 1366 → Ulm/BW, Dominikaner, Wanderprediger. Neben Meister Eckhart (→ Köln/NW) und J. Tauler der bedeutendste dt. Mystiker. Novize im Domi-

nikanerkloster auf der Insel (heute Inselhotel), Studium bei Meister Eckhart. Seit 1327 in K., 1339-46 Seelsorger in Diessenhofen b. Stein a. Rh., seit 1348 in Ulm. – Sein »Briefbüchlein« erste Aut. in dt. Sprache. – Geburtshaus Hussenstraße 39 (Gedenktafel).
Ulrich von Richental (Reichental), K.er Bürger, schildert in einer tagebuchartigen Chronik 1420-30 das Konzil; Original im Rosgartenmuseum, Faksimile im Stadtarchiv (»Haus zur Katz«, Katzgasse 3).
Ulrich Zasius, * Januar 1461 K., † 24. 11. 1535 → Freiburg i. B./BW, Stadtschreiber in Freiburg und Prof. der Jurisprudenz. Befreundet mit Erasmus v. Rotterdam und W. Pirckheimer (→ Eichstätt/BY).
Johann von Botzheim, † 1536, stammte aus dem Elsass. Domherr in K., Humanist, umfangreicher Briefwechsel, berühmte Bibliothek. – Gedenktafel am Wohnhaus Inselgasse 2.
Seit 1890 lebte **Wilhelm von Scholz** (→ Berlin) vorw. auf dem Familienbesitz Seeheim bei K., Eichhornstraße 86. Er starb hier am 29. 5. 1969. Viele seiner Werke behandeln den »Bodensee« (»Skizzen«, 1907), auch »Hohenklingen« (G. 1898), »Der Jude von Konstanz« (Tr. 1905), »Berlin und Bodensee« (Aut. 1934). Grab auf dem Friedhof von K.-Allmannsdorf. – Der Malerdichter **Heinrich Ernst Kromer** (→ Waldshut-Tiengen/Riedern a. W./BW), der schon in K. zur Schule gegangen war, kehrte 1891 an den See zurück. Seine »Denkwürdigkeiten eines Porzellanmalers« von 1915 »Gustav Hänfling« lassen sich (nach M. Bosch) auch als kleines Schlüsselwerk zur Konstanzer Kunstszene um 1900 lesen. – **Alice Berend** (→ Berlin) ließ sich 1920 in K. nieder (Gottlieber Straße 23, dann im »Schreiberhäusle«, Eichhornstraße 22). Vor Ort spielt u. a. »Der Kapitän vom Bodensee« (1932). – Der Elsässer **Eduard Reinacher** (1892-1968),

Dramatiker (Kleist-Preis) und früher »Hörspieler«, nahm 1929 satirisch im R. die »Bohème in Kustenz« ins Visier. Sein Freund, der Sundgauer **Oskar Wöhrle** (1890-1946) wurde in den zwanziger Jahren zum wichtigsten Verleger im expressionist. K. Unter den »Inflations-Expressionisten« auch die Verleger-Autoren **Rudolf Adrian Dietrich** (1894-1969; »Der Gotiker«, 1918) und **Willy Küsters** (1888-1949). – Die Reisebücher von **Fritz Mühlenweg** (1898-1961), geb. und aufgewachsen in K., berichten von seinen abenteurl. Reisen in die Mongolei oder die Wüste Gobi und waren als Jugendlit. Bestseller. – **Ludwig Emanuel Reindl** (geb. 16. 2. 1899 Brunnthal bei München), »ein Poet bleibt Journalist«, leitete u. a. 1947-50 im K.er Südverlag die Zs. »Die Erzählung«. Er starb am 4. 6. 1983 in K. (Grab auf dem Hauptfriedhof). – »Ich schreibe Gedichte, um Tradition herzustellen«: **Peter Salomon** (»Gegenfrost«, 1979).

E Johannes Hus, der Rektor der Prager Universität, wurde 1415 als Häretiker verurteilt und vor den Toren der Stadt verbrannt. A. von Platen schrieb die Verserzählung »Hussens Verbrennung«. E. Mörike berichtet in einem Brief (1851), wie er nach Schloss Gottlieben wanderte, um H.s Gefängnis zu sehen. »Hussens Kerker« beschwört auch C. F. Meyer. Von Th. Fontane stammt eine Beschreibung der Fresken im sog. Konzil mit Darstellungen von H.s Prozess (1875). In einem Gedicht auf K. von R. M. Rilke erhebt sich an der Stelle des Münsterturms »ein Heldenhaupt mit dem Ketzerhut«. »Die Fackel des Hus« (1929) von K. H. Strobl, »Huß im Konzil« (1939) von J. Mühlberger, »Jan Hus. Der letzte Tag« (1932) von O. Wöhrle. – J.-H.-Museum, Hussenstraße 64, wo H. bis zu seiner Verhaftung 3.-28. 11. 1414 wohnte (Gedenktafel tschech. und dt.); Gedenkstein an der Richtstätte auf dem Brühl (Zum Hussenstein/Ecke Alter Graben). – M. Müller, »Jan Hus und Konstanz«, Ausstellungskat. 1988.

A Während des Konzils 1414-18 befand sich eine Reihe berühmter Literaten im Gefolge der geistl. und weltl. Herren: u. a. war **Oswald von Wolkenstein** (1377-1445) ungefähr ein Jahr in K.; rund 40 Lieder entstanden in dieser Zeit, »er hatte das wohl beste Publikum seines Lebens« (D. Kühn). – **Niccolò Machiavelli** kam Anfang des 16. Jh.s. Der traditionsreiche »Adler« (Marktstätte 8, jetzt Commerzbank, Gedenktafel) hatte 1580 **Michel de Montaigne** zu Gast (der allerdings bald in den »Hecht« umzog), im Dezember 1779 und im Sommer 88 **Goethe** (→ Frankfurt a. M./HE), Treffen mit Barbara Schultheß aus Zürich. **August von Platen** (→ Ansbach/BY) wohnte im Sommer 1816 hier, »dem besten Gasthofe«, und rühmte die »göttlichen Spaziergänge«. – Der Vorarlberger **Laurentius von Schnüffis**, von Kaiser Leopold I. zum Dichter gekrönt, verstarb am 7. 1. 1702 in K. – Im 19. Jh. kamen die Schwaben: 1801 **Friedrich Hölderlin** (→ Lauffen/BW); dann **Justinus Kerner** (→ Ludwigsburg/ BW), **Gustav Schwab** (→ Stuttgart/BW) und **Ludwig Uhland** (→ Tübingen/BW); 1840 **Eduard Mörike** (→ Ludwigsburg/ BW), den Hafen zeichnend und sich an der Aussicht vom Münsterturm »berauschend«, abermals 1851 mit seiner Schwester Klara, um ein Mädchenpensionat aufzumachen. – Berühmte ausländ. Gäste: 1830 **James Fenimore Cooper**; 1832 **François René de Chateaubriand**, Treffen mit Juliette Récamier (F. Sieburg beschreibt in seinem »Chateaubriand«, 1959, die Szene, wie Ch. am Seeufer einen Text über die Schweizer Alpen vorliest); **Alexandre Dumas**, der K. 1838 ein »elendes Nest« nannte, und **Gérard de Nerval**, der es 1839 mit Konstantinopel verglich. – **Friedrich Hecker** (→ Sinsheim/Eichtersheim/BW) 1848: »Donnerstag, den 14. April, in der Frühe wurde Generalmarsch geschlagen

. . .« Großes Mosaik am Stephansplatz unter dem Balkon, von dem H. die Republik ausrief, von J. Grützke; »Hecker-Zug« von Konstanz nach Kandern, u. a. in: »Weg der Revolutionäre« (LpB B-W, 1998). – Der Erzähler (und erste Arbeiterdichter Dänemarks) **Martin Andersen Nexø** wohnte 1923-30 in **Allensbach**; 1925 heiratete er (in 3. Ehe) eine junge Deutsche: Johanna May aus Karlsruhe.

L Als kulturgesch. Fundgrube, auch für K., kann noch immer **Gustav Schwabs** Reisebuch »Der Bodensee« (1827) gelten. Ebenso **Karl Spindlers** (→ Baden-Baden/BW) »Schwertberger«-R. von 1844 (n. 1982). – Als eine Dreiheit von got., barocker und südl. Stadt hat **Wilhelm Hausenstein** (→ Wolfach/Hornberg/BW) K. gerühmt (»Badische Reise«, 1930). – Texte auch von **Werner Bergengruen** (→ Baden-Baden/BW), **Ludwig Finckh** (→ Reutlingen/BW), **Hermann Hesse** (→ Calw/BW), **Norbert Jacques** (→ Lindau/BW), **Emil Strauß** (→ Pforzheim/BW) und **Stefan Zweig**. – Über den Wissenschaftsbetrieb der jungen Universität Roman von **Hermann Kinder** (»Vom Schweinemut der Zeit«, 1979). – Topographisch mustergültig (»Ähnlichkeiten, Entsprechungen zwischen dem K. damals und dem K. heute«) ist **Dieter Kühns** Biographie »Ich Wolkenstein« (1977). **Ursula Flügler** 1992: »Die alten Straßen / übers Gebirge / nach Süden / beginnen hier // Ich sehe sie wunschlos.«

S Bibliothek der Universität K.: 2 Mio. Bde. (Bodenseeslg.); integriert die **Städt. Wessenberg-Bibliothek**. – Bibliothek des **Heinrich-Suso-Gymnasiums**: ca. 24500 Bde., ca. 50 Hss. aus dem 15./16. Jh., über 80 Inkunabeln. – **Erich-Bloch-und-Lebenheim-Bibliothek** der Israelit. Kultusgemeinde K.: ca. 2400 Bde. in hebr. und dt. Sprache. – **Förderpreis für junge Künstler** (seit 1983). – **Forum Allmende e. V.** (seit 1998; Regionalkultur im europ. Kontext).

Radolfzell

Stadtmuseum R.

A Um die Mitte des 15. Jh.s war der Aargauer Humanist und Übersetzer lat. und ital. Schriften **Niklas von Wyle** (um 1410-78) hier Stadtschreiber. – 1872 kaufte **Joseph Victor von Scheffel** (→ Karlsruhe/BW) in R. ein Grundstück, baute sich ein Landhaus (Scheffelstraße 14) und erwarb außerdem 1876 einen Teil der Halbinsel **Mettnau** (Scheffelschlösschen, Strandbadstraße 104); Erinnerungsstätte auch im Stadtmuseum. Unter Sch.s Gästen öfter auch **Berthold Auerbach** (→ Rottenburg/Nordstetten/BW). – Das Haus Mettnaustraße 10 war seit 1928 Alterssitz des Pfarrers und Mundartdichters **Hermann Sernatinger** (1870-1950). – **Ludwig Finckh**: Der Stadtgarten beim Bahnhof dürfte der »schönste Wartesaal Deutschlands« sein. – Eine Jugend in R. beschreibt **Bruno Epple** in »Den See vor Augen« (E. 1992). – **Elisabeth Rupp** (1888-1972), seit 1960 in R. lebend: »Im Zweige« (Aut. 2005). – In **Iznang** bei R. das Geburtshaus (Gedenktafel) von **Franz-Anton Mesmer** (1734-1815).

Mainau

L Aufzeichnungen von der Insel (seit 1974 Lennart-Bernadotte-Stiftung), die »den Wanderer für Augenblicke der wirklichen Welt entreißt« (**Gustav Schwab**): 1791 **Friedrich Leopold zu Stolberg** (→ Bad Segeberg/Bad Bramstedt/SH), 1805 **Johann Peter Hebel** (→ Lörrach/Hausen/BW), 1816 **August von Platen**, 1920 **Rudolf Borchardt** (→ Berlin) u. a. Von **Friedrich Schnack** (→ Karlstadt/Rieneck/BY) stammt die E. »Der Baumfreund« (1950). In einer Ideallandschaft von Bodanrück, der, nach **Friedrich Georg Jünger** (→ Überlingen/BW), unter den Halbinseln der Preis gehört, und der Mainau spielt **Achim von Arnims** (→ Berlin) R. »Die Kronenwächter« (1817).

Reichenau

Benediktinerabtei R.: um das Jahr 1000 bedeutendste Malerschule des Abendlandes, 4000 illuminierte Hss. (Faks. im Museum R.). In St. Georg/Oberzell Fresko (um 1308) mit der sprichwörtl. »Kuhhaut«.

Walahfrid Strabo (Strabo = der Schielende), * um 808 Schwaben, † 18. 8. 849 in der Loire, Dichter und Theologe. Mönch im Kloster R., Schüler von Hrabanus Maurus in → Fulda/HE. 829-838 Erzieher Karls des Kahlen, dann Abt auf R. Ertrank während einer Gesandtschaftsreise. – Neben geistl. Lyrik und karoling. Hofgedichten verfasste er ein »Liber de cultura hortorum« mit Schilderungen des R.er Klostergartens. – Kräutergarten am Münster St. Maria und St. Markus in Mittelzell. **Hermann von Reichenau** (gen. der Lahme), * 18. 7. 1013 Altshausen/Oberschwaben, † 24. 9. 1054 R., Mönch, Geschichtsschreiber und Hymnendichter. Kachelbild, auch von Walahfrid, in der Schatzkammer.

L Ein Gedicht auf die R. schon von W. Strabos Schüler **Ermenrich**, später Abt von Ellwangen. Seine Verse auf das »blühende Eiland« zitiert **Joseph Victor von Scheffel** in seinem Roman »Ekkehard« (1855), der teilw. auch hier spielt. Als eine »Illustration zu den ›Georgica‹ des Vergil« rühmte **Wilhelm Hausenstein** die Insel (»Abendländische Wanderungen«, 1951). Weitere Topographien der »Glücklichen Insel« (**Max Rieple**, → Donaueschingen/BW) und ihrer drei Kirchen u. a. von **Emanuel von Bodman** (→ Friedrichshafen/ BW), **Lilly Braumann-Honsell** (1876-1954), **Bruno Epple** (»Walahfrid Strabos Lob der Reichenau«. Auf Alemannisch, 2000), **Margarete Hannsmann, Ricarda Huch** (→ Braunschweig/NI), **Lothar Schreyer** (→ Dresden/ SN); Sagen vom Gnadensee und St. Pirmin, dem Klostergründer; »Der Wanderer Gottes« (1959), R. von **Nikolaus Lauer** (→ Homburg/Blieskastel/SL).

Reichenau: »De cultura hortorum« – Münster Reichenau-Mittelzell mit Walahfrid Strabos Kräutergarten

B M. Bosch, Bohème am Bodensee, 1997; W. Berschin, W. Strabo und die Reichenau, Marbacher »Spuren« 49/2000; P. Salomon, Lit. Expressionismus in K., in: Expressionismus am Bodensee, Ausstellungskat. 2001; ders., UNIVERS. Zur Geschichte einer Konstanzer Literaturzeitschrift 1974-1981, 2007. Z Donaueschingen, Überlingen, Meersburg (BW). Grenznah in der Schweiz: Kreuzlingen (A. Döblin); Schloss Arenenberg (F.-R. de Chateaubriand u. a.); Emmishofen (E. Strauß); Uttwil (R. Schickele, C. Sternheim).

KORBACH/HE

Heimatmuseum.

Aus K. stammen: der Lyriker und Dramatiker **August Schumacher** (1790-1864 Moskau), Schulrektor und Archivar in Arolsen, seit 1854 Ruhestand in → Bad Pyrmont/NI (»Kriegslieder«, 1815; »Die Klapperjagd im Arolser Holz«, 1838); der Staatsmann und Gelehrte **Ch. C. J. Bunsen** (Gedenktafeln: Ascher 10, B.-Straße 6); der Erzähler und Bühnenautor **Heinrich Vollrad Schumacher** (Ps. **Heinz Suter**) (1861-1919 Berlin), der nach unstetem Wanderleben seit 1892 in Berlin lebte (»Der Herr im Hause«, R. 1892; »Unse-

re blauen Jungens«, Vaudeville 1907). –
Otto Anthes (→ Lübeck/SH) besuchte
1881-86 das Landesgymnasium in K., sein
R. »Klosterjungen« gibt ein Bild davon.

L **Ludwig Bender**: »De Leggenskoster. Lustege un besinnleke Geskichten in Waldegger
Platt«.

Mengeringhausen (Arolsen-M.)

Philipp Nicolai, * 10. 8. 1566 M., † 26.
10. 1608 → Hamburg. Schrieb als »Philippus Raffenbolius Mengerhusanus« 1573
ein lat. Gedicht in 174 Hexametern, dessen Wörter alle mit C beginnen, 74 eines
in 241 Hexametern, in dem alle mit P anfangen. Am bekanntesten aber sind seine
geistl. Lieder, u. a. »Wie schön leuchtet
der Morgenstern« und »Wachet auf, ruft
uns die Stimme«. – Gedenkstätte im N.-
Haus, N.-Straße 3.

Schmillinghausen

Christine Brückner, * 10. 12. 1921 Sch.,
† 21. 12. 1996 → Kassel/HE, Erzählerin,
Essayistin. Die Pfarrerstochter arbeitete
seit 1951 als Redakteurin in Nürnberg
und Düsseldorf, lebte seit 1960 ständig
in → Kassel/HE; höhere Schule in Arolsen und Kassel, wohin die Familie 1934
zog. 1946 Diplom-Bibliothekarin in Marburg, Nürnberg, Düsseldorf, seit 1960
ständig in Kassel. 1967 Heirat mit dem
Hörspielautor, Erzähler (»Nikolskoje«, R.
1953) und Satiriker **Otto Heinrich Kühner** (1921-96). – Erfolgreich v. a. mit ihrer
zeitgenöss. Frauen- und Flüchtlingsschicksale schildernden Romantrilogie »Jauche
und Levkojen«, »Nirgendwo ist Poenichen«, »Die Quints« (1975-85). Aut. Texte
und Aufzeichnungen: »Mein schwarzes
Sofa« (1981), »Hat der Mensch Wurzeln?«
(1988), »Die Stunde des Rebhuhns«

(1991). Gedenktafel am Pfarrhaus neben
der Kirche (»Dort habe ich laufen und
sprechen und schreiben gelernt: das Wichtigste.«); gemeinsames Grab auf dem
Friedhof; Ch.-Brückner-Wanderweg. –
Nachlass Stadtmuseum Kassel. – Stiftung
Brückner-Kühner, Kassel (Kasseler Literatur-Preis für Grotesken Humor).

R **Bad Arolsen**: Aus der kleinen Residenzstadt stammt **Heinrich Stieglitz** (→ Berlin), der als Philhellene und biedermeierlich »zerrissen« mehr zu Auf- als Ansehen
kam, und **Wolrad Kreusler** (1817-1901),
dem seine Heimatstadt als Dichter des
Liedes »König Wilhelm saß ganz heiter«
(→ Bad Ems/HE) ein Denkmal setzte.
Im Schloss Hss.- und Bücherslg. (35 000
Bde., v. a. Reisebeschreibungen: »Lektüre
im Kleinstaat. Schätze der Fürstl. Waldeckschen Hofbibliothek«, Ausstellungskat. 1997), Goethe-Büste von A. Trippel
(1789).

Z Brilon (NW); Frankenberg, Fritzlar, Kassel, Wolfhagen, Escheberg (HE).

KÖTHEN/ST

Hochschule Anhalt/Hochschule für Angewandte Wissenschaften. – Schloss mit Spiegelsaal und Schlosskapelle; Historisches Museum
mit Bach-Gedenkstätte im Schloss; Naumann-Museum, benannt nach Johann Friedrich Naumann (1780-1857), dem Mitbegründer der
wiss. Ornithologie. – 1603-1847 Residenz
der Fürsten von Anhalt-Köthen. Johann Sebastian Bach war 1717-23 Leiter der Hofkapelle.
1821-35 praktizierte der Begründer der Homöopathie Samuel Hahnemann in K.

Eike von Repgow, * um 1180 vermutl. in
Reppichau bei K., urkundl. erwähnt zwischen 1209 und 33, wahrscheinl. bald darauf gestorben, ist der Verf. des »Sachsenspiegels«, des bedeutendsten dt. Rechtsbuches vor dem »Bürgerlichen Gesetzbuch«.

Köthen: Renaissanceflügel des Schlosses, wo die ›Fruchtbringende Gesellschaft‹ unter Fürst Ludwig I. ihren Sitz hatte

Original nicht erhalten, doch die über 400 Abschriften (vier davon mit kunstvollen Illustrationen) verweisen auf die große Wirkung bis weit in den Osten Europas.
Johann Arndt, * 27. 12. 1555 Edderitz bei K., † 11. 5. 1621 Celle, Verf. von Erbauungs- und Gebetbüchern. Hat wie kein anderer Theologe die protestant. Religiosität des 17. und 18. Jh.s beeinflusst. Vor allem die Pietisten beriefen sich auf sein Hauptwerk »Vier Bücher vom wahren Christentum« (1605-09).
Ludwig I., Fürst **von Anhalt-Köthen**, * 17. 6. 1579 Dessau, † 7. 1. 1650 K., wurde im calvinist. Glauben erzogen. Bildungsreisen nach England und nach Italien. 1617 wurde L. der Mitbegründer und das erste Oberhaupt der Fruchtbringenden Gesellschaft (→ Weimar/TH), deren Zentralort K., gleichsam ein »Weimar an der Ziethe«, durch ihn bis 1650 war. 527 Mitglieder nahm L. persönlich auf, darunter »die Elite des protestantischen Adels und beste Vertreter der Dichtkunst« (M. Bircher 1980), 1629 als 200. Mitglied und unter dem ehrenvollen Gesellschaftsnamen »der Bekrönte« auch **Martin Opitz** (→ Heidelberg/RP), der selbst im Sommer 25 in K. war. L.s lit. Berater war **D. von dem Werder**. – L.-Denkmal vor dem Schloss. Ausstellung »Die Fruchtbringen-de Gesellschaft in K.« im Historischen Museum.
Wolfgang Ratke (→ Erfurt/TH) beförderte, ganz im Sinne der Fruchtbringer, 1618-21 in K. den dt. Sprachunterricht. Seine dt. Lehrwerke wurden in K. gedruckt. Um ihn Gelehrtenkreis, dem auch **Christian Gueintz** (→ Halle/ST), 1619-22 Lehrer in K., angehörte.
A **Gottlieb Krause** (1804-88), seit 1842 K.er Bibliothekar, publizierte das im K.er Archiv aufbewahrte Material zur Fruchtbringenden Gesellschaft (»Der Fruchtbringenden Gesellschaft ältester Ertzschrein«, 1855). – Durch ihn kam **A. Heinrich Hoffmann von Fallersleben** (→ Wolfsburg/NI) 1848/49 mehrmals nach K.; zudem hatte Hofkapellmeister Eduard Thiele H.s »Lied der Deutschen« 1847 vertont und im K.er Ratskeller aufführen lassen. – **Joseph von Eichendorff** (→ Berlin) zog sich im Mai 1849 vor den Unruhen in Berlin und Dresden nach K. zurück, wo Verwandte seiner Frau lebten, denen er später das K.er Haus abkaufte. Von Mai bis Oktober 55 lebte E. in K. (Bernburger Straße 1, Gedenktafel) und fuhr von hier nach Karlsbad. – **Horst Bienek** (→ München/BY) flüchtete 1945 vom oberschles. Gleiwitz nach K.

L Johann Sebastian Bach hatte engen Kontakt zur Fürstin-Mutter Maria Agnes, der Erbauerin der barocken Agneskirche; dort auch ihr Bild von A. Pesne. Über sie der 1865 geborene K.er Pfarrer **Friedrich Heine**: »Gisela Agnes. Kulturhistorischer Roman« (1909). Über Bach und seine Zeit in K. **Mia Munier-Wroblewski** (→ Niebüll/Süderlügum/SH): »Gottes Zeit ist die allerbeste Zeit. Zwei Geschichten um Johann Sebastian Bach« (1935), und der K.er Pfarrer **Wolfgang Sachse** (1910-61): »Menuett und Motette. Erzählungen um Johann Sebastian Bach« (1959); »Präludium und Fuge. Erzählungen um Johann Sebastian Bach« (1961).

R Aus **Großpaschleben**, nordwestl. von K., kommt der spätere Zerbster Archivar **Hermann Wäschke** (1850-1926), der in seinen »Paschlewwer Geschichten« (1900-02, n. 1988) das Dorfleben schildert. Im örtl. Dialekt über die Kirche:»... 's is doch de beste un de schennste Kirche, die's jiwwet, denn 's is ämn de Paschlewwer Kirche.« Gedenktafel am Geburtshaus Hermann-Wäschke-Straße 47. – Etwas abseits **Reppichau**, wo ein Denkmal (1934) an **Eike von Repgow** erinnert. Seit 2000 hat der Förderverein »Eike von Repgow« im Dorf zahlreiche Häuser mit farbigen Bildern aus dem »Sachsenspiegel« zieren und am Wegesrand überlebensgroße Skulpturen aufstellen lassen, so dass der Ort wie ein Freilichtmuseum in Sachen ma. Recht aussieht.

L Neue Fruchtbringende Gesellschaft (2007).

Aken

Heimatmuseum. – Aus A. kommt der Historiker Theodor von Sickel (1826-1908), der Neubegründer der wiss. Urkundenlehre.

August Ludwig Hülsen, * 2. 3. 1765 A., † 24. 9. 1809 Lentzke (→ Neuruppin/Fehrbellin/BB), Philosoph und Pädagoge. Lernte in Halle F. de la Motte-Fouqué (→ Brandenburg/BB) und über diesen F. G. Fichte (→ Bischofswerda/Rammenau/SN) kennen. H. gehörte zu dessen »Gesellschaft der freien Männer« und zum Kreis F. Schlegels (→ Hannover/NI) um die Zs. »Athenäum«, worin die meisten Texte H.s erschienen.

A **Johann Gottlieb Schummel** (→ Magdeburg/ST) war 1769-72 Hauslehrer in A., wo, wie es in seinem Nachruf (1814) heißt, »bei sieben Stunden täglichen Unterrichts, mit zweien seiner Zöglinge in einem ungesunden Zimmer wohnend, seine Schriftstellerei« begann.

Gröbzig

Die 1796 erbaute Synagoge (heute Museum) gehört zu den wenigen jüd. Sakralbauten in Dtl., die die NS-Zeit überdauerten. Seit 1728 bestand in G. eine relativ große Jüd. Gemeinde.

Diederich von dem Werder, * 17. 1584 Werdershausen bei G., † 18. 12. 1657 Reinsdorf bei G., Lyriker und Übersetzer. Seit 1622 auf seinem Gut in Reinsdorf. Bedeutend W.s Übersetzung (Alexandriner-Verse) von T. Tassos Kreuzzugsepos »Gerusalemme liberata« (Gottfried von Bulljon. Oder das Erlöste Jerusalem, 1626, Ndr. 1976).

Heymann Steinthal (auch **Chajim** und **Heinemann**), * 16. 5. 1823 G., † 14. 3. 1899 Berlin, Sprachforscher. Ging aus der G.er Jüd. Gemeinde hervor. Bedeutend als Humboldt-Forscher (»Die sprachphilosophischen Werke Wilhelms von Humboldt«, 1884). St. war der erste, der psycholog. Fragen in die Sprachwissenschaft zuließ.

B I. Steuber, Der Dichter Joseph von Eichendorff und Köthen in Anhalt, 2005.
Z Bernburg, Bitterfled, Dessau, Halle an der Saale, Schönebeck, Zerbst (ST).

KÖTZTING/BY

Berühmt ist der traditionelle K.er Pfingstritt; **Maximilian Schmidt** (gen. »Waldschmidt«/→ Furth/Eschlkam/BY), dem man auf dem **Riedelstein** (Kaitersberg) ein Denkmal gesetzt hat, hat ihn und die »Pfingsthochzeit« liebevoll beschrieben. Auf der Freilichtbühne im Burggraben Festspiel »Pfingstritt-Ehr« von **Eugen Hubrich**. – Um 1200 Gast auf der ehem. Burg **Haidstein**: **Wolfram von Eschenbach** (→ Gunzenhausen/Wolframs-Eschenbach/BY). An seinen Aufenthalt erinnert auch die »Wolframslinde« bei **Ried am Haidstein** (Kötzting-R. a. H.). – Aus **Neukirchen b. Heiligenblut** stammen **Xaver Siebzehnriebl** (»Grenzwaldsagen«, 1922) und **Klara Hackelsperger-Rötzer** (»Die Sonnleitnerin«, R. 1949). In **Rimbach** unterhalb **Lichteneck** lebte zuletzt **Johannes Linke** (1900-45), der durch seine Bauernromane aus dem Bay. und Böhmerwald (»Ein Jahr rollt übers Gebirg«, 1934) bekannt wurde. – Zielpunkt der Bergwanderer seit Jahrhunderten der sagenumwobenen Burgstall auf dem **Hohen Bogen**. – Am **Kreuzfelsen**, einem Gipfel des Kaitersberges, war der »Schluf«, die Behausung des Landstreichers Heigl, der auf der Flucht vor der Strafe zum Räuber wurde (**Oskar Döring**, »Der Räuber Heigl«, R. 1957). Der **Osser** steht im Mittelpunkt der Dichtungen **Hans Watzliks** (→ Regensburg/BY): Im hist. »Ring des Ossers«, im **Künischen Gebirge**, spielen u. a. die E. »Am Schwarzen See«, in der **Püterich von Reichertshausen** (→ München/BY und **Oswald von Wolkenstein** (→ Konstanz/BW) auf der vergeblichen Suche nach dem legendären »Laurinsbuch« durch den Wald irren, und der R. »Aus wilder Wurzel«, sowie **Waldschmidts** Volkserzählung »Die Künischen Freibauern«.

B E. Hubrich, Maximilian Schmidt als Wanderer durch den Bay. Wald, 1929.
Z Furth i. W., Regensburg, Viechtach (BY).

KREFELD/NW

»Irgend etwas aus dem bergischen Land scheint da auf die linke Rheinseite geweht; ganz deutlich spürt man den Protestantismus, der sich einmal vor Verfolgungen hierher retten durfte, und der die Seidenindustrie mitbrachte.« (Wilhelm Schäfer, 1939)
Fachhochschule Niederrhein. – Stadtarchiv, Stadtbücherei. – Krefelder Kunstmuseum. –

Städt. Bühnen, »Kriewelsche Pappköpp« (Puppenspielbühne). – »Klaskerle« am Nikolaustag.

Otto Brües, * 1. 5. 1897 K., † 18. 4. 1967 ebd., Erzähler, Lyriker, Dramatiker, Feuilletonredakteur 1921-44 in → Köln/NW. Als freier Schriftsteller lebte er seit 1945 in Au b. Bad Aibling/BY, seit 1953 in K. – W.: Das Mädchen von Utrecht (R. 1933); Der Silberkelch (aut. R. 1948); Und immer sang die Lerche (Aut. 1967). – K.er Histörchen in »Kette und Schuß« (1963), Jugenderinn. in »An den vier Wällen« (1937). – Wohnhaus Gutenbergstraße 21 (seit 1998 Niederrhein. Literaturhaus, mit Bibliothek von B.); Grab auf dem Alten Friedhof. – Otto-Brües-Freundeskreis (seit 1993). – Mss. StA K. – E. Brues, »Zwischen Rhein und Maas war ich jung« (1997).

Victor Otto Stomps, * 26. 9. 1897 K., † 4. 3. 1970 → Berlin, Fabeldichter, Handdrucker, Kleinstverleger. Gründete in Berlin 1926 »Die Rabenpresse« mit den Zss. »Der Fischzug« und »Der Weiße Rabe«. Neuanfang nach dem 2. Weltkrieg mit dem Einmann-Verlag »Die Eremiten-Presse« in → Stierstadt (Bad Homburg/HE). 1956 »Streit-Zeit-Schrift«, 67 in Berlin »Neue Rabenpresse«. – W.: Gelechter. Eine poetische Biographie (1962). – R. Ruhl, »Die Eremiten-Presse und ihr Gründer V. O. Stomps« (1985).

A Die Übersetzungen griech. und lat. Dichter des klass. Philologen **Johann Jakob Christian Donner** (1799-1875) aus K. waren im 19. Jh. beliebt. – Auf dem Hauptfriedhof das Grab der aus Tilsit stammenden Lyrikerin und Erzählerin **Annemarie in der Au** (1924-98).

L Topographien von K. u. a. von **Hermann Keußen** (1829-94), **Wilhelm Heinrich Riehl** (→ Wiesbaden/HE, 1869), **Wilhelm Schäfer** (→ Schwalmstadt/Ottrau/HE, 1939), **Josef**

Winckler (→ Steinfurt/Rheine/NW, 1954) und **Otto Brües**. – Örtlichkeiten um K. und Duisburg geben dem kom. Roman »Tausendgüldenunkraut« (1953) von **Carl Mandelartz** (1908-82) einen Schein von Wirklichkeit. Den Roman der K.er Seidenindustrie schrieb **Kasimir Edschmid** (→ Darmstadt/HE): »Der Zauberfaden« (1949). **Ursula Völkel**, »Krefeld – Porträt einer Stadt« (Kurzprosa 1973). – Mundartautoren: u. a. **Heinrich Oelhausen** (1853-1938), »Gedichte in Krefelder Mundart« (1928); **Josef Brocker** (1892-1977/Grab auf dem Hauptfriedhof), »E joldig Käntsche« (1955), Hrsg. der Slgg. »Os Art« (1940, 56); **Johanna Overdiek** (Ps. **Hannche van't Ennert**/ 1899-1976/Grab auf dem Hauptfriedhof), »Tösche Brock on Feld« (1960); **Willy Hermes**, »Krieewelsch van A bis Z« (Mundartwörterbuch, 1978). – Die Anth. »Krefeld zwischen den Zeiten« (1962) von **Walter Kordt** enthält Beiträge u. a. von **Friedrich Wilhelm Hackländer** (→ Aachen/Burscheid/NW), **David Friedrich Strauß** (→ Ludwigsburg/BW), **Karl Leberecht Immermann** (→ Düsseldorf/NW) und dem amerikan. Erzähler **Bret Harte**, der, 1878-80 Konsul in K., den »Karneval auf dem Ostwall« beschreibt.

S Niederrheinisches Literaturhaus (seit 1989). – **Niederrheinischer Literaturpreis** – Gertrud von Le Fort-Gesellschaft zur Förderung christlicher Literatur.

Kempen

Städt. Kramer-Museum.

Thomas von Kempen (eig. **Th. Hemerken**), * 1380 K., † 25. 7. 1471 St. Agnetenberg b. Zwolle, asket.-myst. Theologe. Besuchte die Schule der Brüder vom gemeinsamen Leben in Deventer, trat 1407 ins Kloster St. Agnetenberg ein, später Subprior. Sein Andachtsbuch »De imitatione Christi« (Nachfolge Christi) wurde in alle Kultursprachen übersetzt (3000 versch. Ausgaben). »Asketische Schriften« (dt. W. Meyer, 1950 ff.). – Geburtshaus; Th.-Archiv im Kulturforum Franziskanerklos-

ter, Burgstraße 19; Th.-Zimmer im Kramer-Museum; Denkmal auf dem Kirchplatz. – Slg. UuStB Köln. – Thomas-Verein (seit 1993).

Süchteln

Albert Vigoleis Thelen, * 28. 9. 1903 S., † 9. 4. 1989 Dülken, Erzähler, Lyriker, Übersetzer. Nach Studium und Tätigkeit auf der Geflügelfarm seines Bruders 1931-36 Aufenthalt auf Mallorca (dort Privatsekretär von Harry Graf Keßler). Flucht in die Schweiz, 39-47 in Portugal, später in Amsterdam und wieder in der Schweiz (»Ich anerkenne keine Vaterländer, nur Geburtsorte«), 1986 Übersiedlung nach Dülken. – W.: Die Insel des zweiten Gesichts (R. 1953); Der schwarze Herr Bahßetup (R. 1956). – J. Pütz, »Lauter Vigoleisiaden« (»die horen«, Nr. 199/ 2000).

R Die »Narrenakademie« in **Dülken** (seit 1554) zählt zu den »Doctores humoris causa« neben A. V. Thelen (1967) u. a. auch Goethe, Schlegel und Adenauer. Gedichte in D.er Platt schrieb **Paul Weyers** (1890-1972/»Allenengen ös jett Sonn«, 1973). – Auf dem Friedhof in **Breyell** (Nettetal-B.) das Grab von **Paul Therstappen** (1872-1949), Erzähler, Lyriker, Kunsthistoriker (»Der Strom Gottes«, 1932) – In **Lobberich** geb. der klass. Philologe **Werner Jäger** (1888-1961), zuletzt Prof. an der Harvard-Universität in Boston/USA. (»Paideia, die Formung des griechischen Menschen«, 1934-47).

Z Düsseldorf, Duisburg, Mönchengladbach, Moers (NW).

KRONACH/BY

Festung Rosenberg mit Frankenwaldmuseum.
– Schwedenprozession (Sonntag nach Fron-
leichnam). – K. 2003 als bay. »Hauptstadt der
Poesie« gekürt: 1000 Kurzgedichte aus 33 Län-
dern der Welt, überall an Leinen befestigt, als
Hommage für die tausendjährige Stadt (Litera-
turwerkstatt von Ingo Cesaro).

»Die Zierde und Krone dieser ganzen
Landschaft ist und bleibt Cronach«, heißt
es 1692 beim Geschichtsschreiber **Johann
Will** (1645-1705) in »Das Teutsche Para-
deiß in dem vortrefflichen Fichtelberg«.
Unter den Fachwerkbauten der alten
Oberstadt das Geburtshaus (Gedenktafel)
des Malers L. Cranach d. Ä. (**Heinrich
Zerkaulen**/→ Bonn/NW, »Herr Lukas
aus Kronach«, R. 1938; **Renate Krüger**,
»Malt, Hände, malt«, R. 1975). Nahebei
logierte im November 1797 **Goethe** (→
Frankfurt a. M./HE) in der »Post« (heute
Amtsgericht, Gedenktafel). – Als heimi-
scher Mundartdichter kam **Andreas Bauer**
(1897-1964) zu Denkmalsehren; unter sei-
nen rd. 60 Bühnenwerken das Festspiel
zur 300-Jahrfeier der Belagerung 1632/34
»Die Schweden vor Kronach«; »De Selbst-
mörde«, »Die Schneimülle« (Lsp. 1936,
48); Denkmal im Hof des Kolpinghauses.
– **Oskar von Redwitz** (→ Ansbach/Lich-
tenau/BY) kündigte seine Professur in
Wien und übernahm Herbst 1853 für
acht Jahre die Verwaltung seiner Familien-
güter **Schmölz** (Küps-Sch.) und Theisen-
ort. – Wo der Franken- an den Thüringer
Wald grenzt, liegt **Lauenstein** (Ludwigs-
stadt-L.); hier spielt zur Zeit des 30-jähri-
gen Krieges die Erzählung »Die Entfüh-
rung« von **Johann Karl August Musäus**
(→ Jena/TH: »Volksmärchen der Deut-
schen«, 1782-86). Die Burg kaufte 1896
Erhard Meßmer, der 1902 »Sagen und
Sänge vom Lauenstein und Lognitztale«
veröffentlichte, und richtete sie als Hei-

matmuseum ein. Ab 1917 kam auf der
Burg der »Lauensteiner Kreis« zusammen:
Dichter (u. a. »Werkleute auf Haus Ny-
land«/→ Tecklenburg/Hopsten/NW), Po-
litiker, Wissenschaftler. **Joachim Ringel-
natz** (→ Wurzen/SN) war in den 1920er
Jahren Burgführer; im Rittersaal erklärte
er: »Meine Damen und Herren, hier sehen
Sie die Hellebarden – die dunklen sind wo-
anders«, und in ein finsteres Loch zeigend:
»Das Burgverlies – 83 Meter tief, 97 Meter
Knochen«.

B L. Scherzer, Der Grenz-Gänger, 2005.
Z Bayreuth, Coburg, Kulmbach (BY).

KULMBACH/BY

*»Hättest du nichts als deinen würzigen Gers-
tentrank, o Kulmbach, so gebührte dir schon des-
halb ein Platz in der Weltgeschichte.« (F. Menk-
Dittmarsch, 1843)*
Plassenburg, mit Landschaftsmuseum Ober-
main und Dt. Zinnfigurenmuseum. – K.er
Literaturverein e. V.

Ludwig Bechstein (→ Meiningen/TH)
schrieb den R. »Grumbach« (1839); Ritter
G. ist Burghauptmann auf der Plassen-
burg. – Ebenfalls mit der P. verknüpft ist
die Sage von der Weißen Frau, die dem
Hause Hohenzollern Unheil ankündigt.
Zu den Sagenstätten der Weißen Frau
gehört auch das ehem. Zisterzienserin-
nenkloster **Himmelkron** (Stiftskirchenmu-
seum) im Süden des Landkreises. Romane
u. Erzählungen u. a. in den »Deutschen Sa-
gen« (1816-18) der **Brüder Grimm** (→ Ha-
nau/HE), 1894 von **Alphons Steinberger**
(1852-1925) und 1930 von **Heinz Schau-
wecker** (→ Neumarkt i. d. Opf./Ber-
ching/BY). – Von **Berthold Auerbach**
(→ Rottenburg/Nordstetten/BW) stammt
die E. »Der Bierbrauer von Kulmbach«
(1858); von **Karl Gutzkow** (→ Berlin)
der »Roman aus der Markgrafenzeit in

Kulmbach« »Fritz Ellrodt« (1874); von **Wilhelm Jensen** (→Oldenburg/Heiligenhafen/SH) die N. »Wolfgang Ruprecht« (1877), die im 16. Jh. in K. spielt; von **Jakob Wassermann** (→ Fürth/BY) die N. »Die Gefangenen auf der Plassenburg« (1923). – **Franz Dittmar** (→ Nürnberg/BY) hinterließ neben anderen Festspielen auch das Volkssch. »Alt Kulmbach«. – **Julius Rauh** aus **Burghaig** bei K. schrieb um 1900 Erzählungen aus dem fränk. Volksleben; der R. »Gewitter im Winkel« (1905) ist in einer Talbucht hinter K., etwa in Petzmannsberg oder Kirchleus, angesiedelt.

B E. Oker, Kulmbach. Die weiße Frau, in: Bayern wo's kaum einer kennt 3, 1985.

Z Bamberg, Bayreuth, Coburg (BY).

KUSEL/RP

Stadt- & Heimatmuseum (mit Mss. von Paul Münch → Kaiserslautern/RP und Jacob Gilcher); Druckereimuseum. – Das »Kusellied« stammt von dem hier geb. Sänger Fritz Wunderlich (1930-66/Gedenktafel am Geburtshaus Trierer Straße 27, Gedenkstein in der Winterhell).

St. Remigius kam nur in der Legende auf seinen Berg; nach Burg **Lichtenberg** 1529 **Ulrich Zwingli**; **Martin Butzer**, **Kaspar Heydt** und **Johannes Oekolampadius** (→ Heilbronn/BW) unter seinen Begleitern (Gedenktafel an der Burgkapelle). Geb. in K. der Oberforstmeister und Mundartdichter **Carl Eduard Ney** (1841-1915/»Lieder und Reimereien des Grünrocks aus der Pfalz«, 1896-1903) und der dichtende Nagelschmied **Christian Forsch** (1856-1944/»Ernste und heitere Stunden«, 1926) von **Konken**; sein Grab auf dem Dorffriedhof **Etschberg**. Aus K. auch **Maria Bauer** (geb. 1898), die ihre 1971 erschienenen Erinnerungen mit »Sieben Farben hat der Regenbogen« überschrieb. »Spuren aus so

manchem Jahr« heißt ein Gedichtband von **Oskar Denger**, bis 1980 Schulleiter in K. »Schreibender Arzt oder als Arzt praktizierender Literat« in K.: **Reiner Gödtel** (1938-2002). »Erzählungen aus dem Glantal« von Jörg Matheis: »Mono« (2003).

In **Bosenbach** wirkte der Pfarrer und Lyriker (»Remigiusberg«) **Christian Böhmer** (1823-77). Auf dem Friedhof von **Wolfstein** ist das Grab von **Pauline König** (1868-1938/Gedenktafel an einem Felsen am Eisenknopf), deren Erzählungen (»Um Glück und Heimat«, 1926) v. a. hier im Westrich handeln. – **Hermann Lorch** (1878-1964) aus **Mittelbach** (Zweibrücken-M.) sammelte Sagen der Pfalz und schrieb »Die Chronik der Musikantenschule«. Das Musikantenland-Museum gibt es auf Burg **Lichtenberg** (Thallichtenberg).

Z Bad Kreuznach, Idar-Oberstein, Kaiserslautern (RP); Homburg, St. Wendel (SL).

KYRITZ/BB

Eingebürgert hat sich, von »Kyritz an der Knatter« zu sprechen, obwohl diese nie existiert hat. Doch als noch Postkutschen von Berlin vorbeifuhren, störten sich die Reisenden an den beiden Mühlen, wegen ihres Geräusches spöttisch als »Knattermühlen« bezeichnet. **Manfred Schmidt** (1913-99) ließ seinen »Meisterdetektiv« Nick Knatterton (1950) von dem fiktiven K.er Adelsgeschlecht gleichen Namens abstammen. – Aus K. der Komponist Justus Hermann Wetzel (1879-1933). **Franz Karl Wilhelm Brümmer**, * 17. 11. 1836 Wusterhausen bei K., † 31. 1. 1923 München, Lexikograph und Hrsg. des »Hausschatzes deutscher Dichtung« (1913). B.s Hauptwerk ist das »Lexikon der deutschen Dichter und Prosaisten von den ältesten Zeiten bis zur Gegenwart« (1884-1913).

A **Fritz Reuter** (→ Demmin/Stavenhagen/MV) kehrte 1839 als Häftling auf dem Weg in die Festung Dömitz in der Posthalterei ein, Maxim-Gorki-Straße 26. – **Johann Heinrich Ludwig Bauer** (1773-1846), der Potsdamer Lehrer H. von Kleists, war seit 1826 Prediger an der Stadtkirche von K. und nebenher Verf. dt. Sprachbücher.

R Am südl. Ende der Kyritzer Seenkette liegt **Wusterhausen** an der Dosse, wo **Heinrich von Kleist** (→ Frankfurt a. d. O./BB) 1807, als ihn die Franzosen der Spionage verdächtigten, eine Nacht lang in einem unterirdischen Gefängnis festgehalten wurde, das »nicht abscheulicher gefunden werden kann«. – Aus dem nahen **Trieplatz** kam **Mathilde von Rohr** (1810-89/→ Parchim/Dobbertin/MV), an deren lit. Zirkel in der Berliner Behrenstraße **Theodor Fontane** (→ Neuruppin/BB) gern teilnahm. Die Rohrs waren eine alte preuß. Offiziersfamilie, über die Fontane reimte: »Bei Leuthen, Lipa, Leipzig,/An der Katzbach und an der Schlei,/Von Fehrbellin bis Sedan,/Ein Rohr war immer dabei.« – **Neustadt an der Dosse**. »Berühmter als Neustadts Hengste ist Kampehls Gutsherr Christian Friedrich Kahlbutz ...«, beginnt **Georg Lentz** sein Kap. über den mumifizierten Ritter von Kampehl in den »Märkischen Spaziergängen« (1998). **Th. Fontane**, der 1860 und 73 hier war, fand dessen Geschichte »für die Wanderungen nicht geeignet«. Dennoch hat er darüber geschrieben (Anmerkungen zum Kap. »Buch« im 4. »Wanderungen«-Bd. »Spreeland«, 1881). Viel mehr interessierte F., dass in Neustadt 1662-94 der wirkliche Prinz Friedrich von Hessen-Homburg, den H. von Kleist in seinem gleichnamigen Drama zur Kunstfigur erhob, residiert hat. – Zu N. gehört

auch das Dorf **Plänitz**, aus dem der Theologe **Andreas Fromm** (1615 oder 1621-1683) stammt, der mutmaßliche Verf. der »Lehninschen Weissagungen« (→ Belzig/BB).

Wittstock

Museum »Alte Bischofsburg« mit Ausstellung zur Geschichte des 30-jährigen Krieges (im Torturm) und Ostprignitzmuseum.

Valens Acidalius (eig. **Velten Hauckenthal**), * 1567 W., † 25. 5. 1595 Neiße/Oberschlesien, Späthumanist. Studium in Helmstedt, wo A. Giordano Bruno kennenlernte. In Schlesien war er der führende Kopf eines Humanistenkreises. Besang W. in einem lat. Distichon (»Ad Wistochium Patriam«).

L **Hans Jakob Christoffel von Grimmelshausen** (→ Gelnhausen/HE) beschrieb in seinem Hauptwerk »Der abenteuerliche Simplicissimus Teutsch« (1669) aus eigenem Erleben eine Schlachtszene, die sich am 4. 10. 1636 südl. von W. abgespielt hat. Damals stießen hier die Heere der kath. Liga und der unter schwed. Führung stehenden prot. Union aufeinander.

R **Samuel C. A. Lütkemüller** (→ Haldensleben/ST) war in **Papenbruch** 1805-23 Pfarradjunkt. Das unter L. erbaute Pfarrhaus von P. steht noch. Sein in P. geborener Sohn **Ludwig Paul Wieland Lütkemüller** (1810-57), theolog. Schriftsteller (»Von dem Zustande nach dem Tode bis zur Auferstehung«, 1852) und Redakteur, konvertierte 1853 zum Katholizismus. – Aus dem Städtchen **Freyenstein**, nördl. von W., stammt **Minna Cauer** (1841-1922), Vorkämpferin der Frauenemanzipation und Hrsg. der Zs. »Frauenbewegung«.

Z Neuruppin, Perleberg, Rathenow (BB); Neustrelitz (MV).

LAHR/BW

Stadtmuseum (Villa Jamm im Stadtpark; Dokumente zu L.er Autoren); Geroldsecker Museum im Storchenturm.

In Dinglingen und Mietersheim zeigen es die Wegweiser mit dem stelzbeinigen Boten bereits an: 1800 erschien die 1. Ausg. »Des Lahrer Hinkenden Boten neuer historischer Kalender für den Bürger und Landmann«, eines am Oberrhein beliebten Kalendertyps, der unverdrossen fortgeführt wird. Seine erste große Zeit hatte er unter **Albert Bürklin** (→ Offenburg/BW); Literatenzirkel um Hrsg. und Redakteure (Lahr, nach **J. V. v. Scheffel** → Karlsruhe/BW, »Schutter-Athen«). Mitarbeiter war auch **Ludwig Eichrodt** (→ Karlsruhe/BW), der seit 1858 das »Allgemeine Deutsche Kommersbuch« (»Lahrer Kommersbuch«) betreute. E. starb in L. am 2. 2. 1892. Wohnung im damaligen Amtsgericht, Gerichtsstraße 6; Grab auf dem Alten Friedhof, Büste im Stadtgarten; Erinnerungsstücke im Museum im Stadtpark; L.-E.-Stube im »Löwen« (jährlich hier Anfang Mai »Hebelschoppen«).
Philipp Jakob Siebenpfeiffer, * 12. 11. 1789 L., † 14. 5. 1845 Bümplitz b. Bern. Bay. Landcommissär 1818-32 in → Homburg/SL. Hrsg. der radikalen Zs. »Rheinbayern«, einer der Initiatoren des »Hambacher Festes« 1832 (→ Neustadt a. d. W./RP).
Friedrich Geßler, * 14. 11. 1844 L., † 3. 1. 1891 ebd., Zentralfigur des L.er Dichterkreises (»Reinhold Lenz«, Dr. 1867). – Wohnung »Haus Sonneck«, Bürklinstraße 3 (Gedenktafel); Grab auf dem Alten Friedhof. – Schriften und Briefe im Museum im Stadtpark; Nachlass z. T. im Stadtarchiv.
Emil Rudolf Weiß, * 12. 10. 1875 L., † 7. 11. 1942 → Meersburg (Überlingen/BW),

Maler, bedeutender Buchillustrator, Lyriker (»Pan«, 1894). – Beim Storchenturm Gedenktafel (an der Stelle des ehem. Geburtshauses).
Emil Baader, * 18. 2. 1891 Göschweiler (Hochschwarzwald), † 2. 11. 1967 L., Heimatforscher und -schriftsteller. Initiator von über 200 Heimat- und Dichterstuben in ganz Baden. – Wohn- und Sterbehaus Geroldsecker Vorstadt 125; Grab auf dem Bergfriedhof.
Franz Johannes Weinrich (Ps. **Heinrich Lerse**), * 7. 8. 1897 Hannover/NI, † 24. 12. 1978 Ettenheim. Gehörte um 1920 zur Gruppe express. Katholiken um die Zs. »Der weiße Reiter«; trug zur Wiederbelebung kath. Legenden- und Mysterienspiele bei (»Das Welttheater Luzifers«, 1956). – Grab auf dem Bergfriedhof in Breisach a. Rh.

A Der erste L.er Dichter von Rang: der Lyriker **Christian Heinrich Müller** (1760-1835). Seit 1804 war er prot. Stadtpfarrer, seine Gedichte erschienen postum 1838. – Häufig in L. zu Besuch bei F. Geßler war **Heinrich Hansjakob** (→ Wolfach/Haslach/BW); H.-Stube im »Kreuz«-Wirtshaus bei den »Höhenhäusern«. Seit 1894 lebte sein ev. Kollege **Hermann Albrecht** (1835-1906) in L.-Dinglingen im Ruhestand (Gedenktafel am Wohnhaus, Eisenbahnstraße 24). – 1883/84 hier Gymnasiast, später Mitarbeiter am »Hinkenden Boten« war **Emil Gött** (→ Breisach/Jechtingen/BW); Gedenktafel im früheren Scheffelgymnasium. – Der Heidelberger **Friedrich Roth** (1897-1970), Lyriker, Erzähler, Dramatiker und ein Jahrzehnt auch Hrsg. des Jb.s »Geroldsecker Land«, lebte lange als Lehrer in L. (Grab auf dem Bergfriedhof).

L Über die große Zeit des L.er Dichterkreises im 19. Jh. berichtet **Heinrich Vierordt** (→ Karlsruhe/BW) in seinen Erinn. »Das Buch meines Lebens« (1925). – Der Klassiker der

L.er Mundartdichtung ist **Alfred Siefert** (1861-1910; Gedenktafel Bertholdstraße 13), 1888 ersch. in »Lohrer Ditsch« seine »Grüselhornklänge«; auf seinen Spuren **Hans Bauer** (1881-1945). Beider Gräber auf dem Bergfriedhof. – Neue Geschichten in alemann. Mundart: »Striiwili« (1982) u. a. von **Philipp Brucker**. – **Juliana von Stockhausen** (geb. 1899 in L., gest. 1998 in Ingelheim/RP, Grab → Buchen-Eberstadt/BW) verbrachte ihre frühe Kindheit hier. Erinn. in »Auf Immerwiedersehen« (1977).

R Schloss **Hohengeroldseck** (Seelbach-H.), schreibt **H. J. Ch. von Grimmelshausen** (→ Gelnhausen/HE), habe »das Ansehen wie der König in einem ausgesetzten Kegel-Spil« (»Simplicissimus«, 5. Buch). – Im Schuttertal **Seelbach**: Hier lebte bis zu seinem Tod (1882) **Ludwig Auerbach** (→ Pforzheim/BW), Mitarbeiter des »Lahrer Hinkenden Boten«; volkstüml. sein Lied »O Schwarzwald, o Heimat«. – An **J. P. Hebel** (→ Lörrach/Hausen/BW) erinnern in **Friesenheim** der hist. »Adler« und das ev. Pfarrhaus in **Kippenheim**. – Aus **Kippenheimweiler** (Lahr-K.) stammt **Elisabeth Walter** (1897-1956), von dem sie u. a. in »Madleen kann nichts wissen« (1934) erzählt (Gedenktafel am Geburtshaus, Wylerter Hauptstraße 33). – In der »Dammenmühle« bei **Sulz** (Lahr-S.) Gedenkstätte für den hier geb. Heimatdichter **Wilhelm Kammerer** (1847-1924), den S.er »Lohrer« **Hans Bauer** und **Karl Hesselbacher** (→ Karlsruhe/BW). – **Mahlberg** ist die Heimat von **Karl Kromer** (1865-1939), dessen Lied »Nach der Heimat möcht ich wieder« zum Volkslied wurde (Wohnhaus mit Gedenktafel Am Roßmarkt, K.-K.-Stube in der »Sonne«). – In der Rheinebene: **Ottenheim** (Schwanau-O.), die Heimat der 1481 in Hagenau (Elsass) als Hexe hingerichteten »Schönen Bärbel« (Heimatstube im »Adler«; der Stoff als R. von **Hermine Maierheuser** (→ Karlsru-

he/BW). O. gilt auch als Schauplatz des **Nibelungenliedes** (→ Worms/RP): In der Gemarkung »Am Brunnen« soll Hagen Siegfried ermordet haben. – In der Ill in Straßburg fand im September 1796 der schwäb. Dichter **Gotthold Friedrich Stäudlin** (→ Stuttgart/BW) den Tod. Wegen seiner offenen Sympathie für die Ideen der Franz. Revolution musste er 1794 Württemberg verlassen. In **Lahr** hatte er sich vergeblich bemüht, als Schriftsteller eine neue Existenz zu finden. (Einige wenige Exemplare seiner Zs. »Klio« im Museum im Stadtpark in L.)

B B. Maier, Literatur im Land des »Lahrer Hinkenden Boten«, in: Einwohnerbuch für Stadt und Landkreis L., 1969.
Z Emmendingen, Haslach, Kehl, Renchen, Willstätt, Offenburg (BW). Über dem Rhein, im Elsass: Obernai (R. Schickele), Odilienberg, Waldersbach (J. M. R. Lenz, G. Büchner).

LANDAU AN DER ISAR/BY

»Landau an der Isar Auen / Ist des Himmels liebste Stell' / Wer's nicht glaubt, kommt in die Höll!« (Johann Baader)

L. ist Geburtsort (um 1470) des Humanisten und Universalgelehrten **Jakob Ziegler** (gest. 1549 in Passau).
A »Auf einem Landkartenausschnitt, der die Alpen zeigt, ist in großen Buchstaben ›hit! hitler! am hitlersten!‹ geklebt. Diese Collage fertigte der Dadaist Johannes Baader 1945 zu Landau an der Isar« (J. Sandmaier, »Der Oberdada« J. Baader in Landau, 1997). Nach der Bombardierung von Hamburg verschlug es **Johannes Baader** (geb. 1875 in Stuttgart) nach L., wo er zunächst in der Fleischgasse 288 (damals) lebte, später im »Gasthof zum scharfen Eck« beim Sebastiansplatz; danach Einweisung ins Altersheim in Adldorf bei L. in einen Trakt des Schlosses des Grafen

Landau a. d. Isar: Der »Oberdada« Johannes Baader, evakuiert in Niederbayern (ca. 1944)

Arco. Dort starb der Mann, der sich selbst als »Präsidenten des Club Dada«, »Oberdada«, »Präsidenten des Erd- und Weltballs« und »Leiter des Weltgerichts« bezeichnete, von aller Welt vergessen am 14. 1. 1955. Weil er als Glaubensbekenntnis »ggl.« für »gottgläubig« angab, wurde sein Name nicht auf den Gemeinschaftsgrabstein des Altersheims aufgenommen. »DADA-CO« gehört zu seinen Hauptwerken, ein dadaistischer Weltatlas; in L. entstand auch die Schr. »Das Oberdada – Die Geschichte einer Bewegung von Zürich bis Zürich« (1945).

L Manfred Böckl, 1948 in L. geb., Autor u. a. von »Agnes Bernauer« und »Jennerwein« schreibt in »Hasenbrote« über L.

R Im nördl. gelegenen **Pilsting** verlebte **Hans Carossa** (→ Bad Tölz/BY) die Volksschulzeit: »Am nördlichen Ende des Marktplatzes, im Gasthaus zu den drei Helmen, erhielten wir eine Wohnung mit vielen großen Zimmern ...« (»Eine Kindheit«, 1922): P. heißt »Kading« im Buch, das »Gasthaus

zu den drei Helmen« ist der heutige »Landshuter Hof«. – Aus dem Weiler **Jahrsdorf** (Eichendorf-J.) stammt der Minnesänger **Albrecht von Johannsdorf** (um 1200, urkdl. 1185-1209 nachgewiesen).

B H. Ettl (Hrsg.), Niederbayern. Reise-Lesebuch, 1997; R. Just, Krumme Touren 3. In Niederbayern, 2007.
Z Deggendorf, Straubing, Vilshofen (BY).

LANDAU IN DER PFALZ/RP

»Wir sahen die Vogesen pflaumenblau, / Im Park die Muschel tönte von Musik, / Uns hütete – o freundliches Geschick! – / Die schönste Stadt des Landes, Landes Au.« (Martha Saalfeld, 1958).
Universität Koblenz-Landau: Erziehungswiss. Abt. – Städt. Heimatmuseum, Städt. Galerie Villa Streccius, Frank-Loebsches Haus (Dokumentation zur Geschichte der L.er Juden).

Konrad Krez, * 27. 4. 1828 L., † 9. 3. 1897 Milwaukee/USA, Lyriker zweier Welten. Nachhilfelehrer M. Greifs in → Speyer/ RP. 1848 Freiwilliger in Schleswig-Holstein, dann Mitglied einer Studentenlegion im bad.-pfälz. Aufstand. Zum Tode verurteilt und Flucht in die Schweiz und nach Frankreich, 1850 nach Amerika. Dort Advokat, Staatsanwalt und im Bürgerkrieg General. – W.: Dornen und Rosen von den Vogesen (G. 1848); Aus Wisconsin (G. 1875). – Geburtshaus »Zum grünen Baum« in der Königstraße (Gedenktafel). – L. Finckh, »Ein starkes Leben« (R. 1936); W. Diehl, »Konrad Krez, Freiheitskämpfer und Dichter in Deutschland und Amerika«, 1996.
Hans Erich Ufer, * 16. 7. 1896 Karlsruhe, † 6. 6. 1920 München, expressionistischer Dichter. In L. erzogen, im 1. Weltkrieg auf der Insel Man interniert, auf dem Rücktransport nach Dtl. gingen die Mss. seiner Dichtungen verloren. – K. Ph. Spitzer

(Hrsg.), »Erste und zweite Auslese« der
nachgel. Gedichte (1921, 24).
Martha Saalfeld, * 15. 1. 1898 L., † 14. 3.
1976 → Bad Bergzabern/RP, Lyrikerin,
Erzählerin, Theaterautorin. Kindheit und
Jugend in L. Studium in Heidelberg,
1928 Heirat mit Werner vom Scheidt.
1933-45 Veröffentlichungsverbot und Apo-
thekerin u. a. in Worms, Düsseldorf, Ba-
benhausen. 1945-48 in Wasserburg a. Inn.
Dann als freie Schriftstellerin in Bad Berg-
zabern. – W.: Gedichte (1931); Beweis für
Kleber (Tragik. 1932); Herbstmond (G.
1958); aut. u. a. »Idyll in Babensham«
(En. 1947), Judengasse (R. 1965). Isi
oder die Gerechtigkeit (R. 1970); Werk-
ausgabe (Hrsg. B. Roland, 1998 ff.). – Ge-
burtshaus Theaterstraße 13 (Gedenktafel);
Familiengrab auf dem Friedhof von L.;
Werke des Künstlerehepaares im Frank-
Loebschen-Haus. – Martha-Saalfeld-Preis.
A Tagungsstätte des »Landauer Bundes«
1522 war das ehem. Gasthaus »Zum Maul-
beerbaum«, Ecke Markt-/Westbahnstraße
(Gedenktafel und Medaillons von Franz v.
Sickingen, Ulrich v. Hutten, Götz v. Ber-
lichingen u. a.). – **J. M. R. Lenz** (→ Em-
mendingen/BW) weilte 1772 hier und
übersetzte in jedem der vier Monate eine
Komödie des Plautus. – Im September
1793 wurde **Friedrich Christian Laukhard**
(→ Alzey/Wendelsheim/RP) mit dem
Auftrag, »die Festung ohne militärischen
Angriff an die Preußen zu bringen, und
zwar durch Geld«, nach L. eingeschleust
und blieb nach deren Entsatz durch die
Sansculotten »18 Monate in der Gewalt
der Franzosen« (»Leben und Schicksale«).
– Über die einheimische Sprache mokier-
ten sich 1802 **Johann Gottfried Seume**
(→ Weißenfels/Poserna/ST), ein Viertel-
jahrhundert später **Karl Julius Weber**
(→ Langenburg/BW). **Victor Hugo** fand
L. 1863 »vaubanisiert und von Ludwig
XIV. mit einer Sonne verziert.«

Seine Jugend verlebte der Maler und spät-
romant. Lyriker (»Epheuranken«, 1841/
42) **Heinrich Jakob Fried** (1802-70) in
L. – Im Sommer 1833 wurden die führen-
den Redner des Hambacher Festes (→
Neustadt a. d. W./RP), darunter **Ph. J.
Siebenpfeiffer** und **J. G. A. Wirth** (→
Homburg/SL) von den Geschworenen
des Assisengerichts, das im »Goldenen
Schwan« in der Gerbergasse tagte, als
»nicht schuldig« erklärt. – In der »Roten
Kaserne« (heute Schule, Gedenktafel) wur-
de 1840 **Thomas Nast** geb., der Begründer
der amerikan. pol. Karikatur (Symbolfigu-
ren für Republikaner und Demokraten:
Elefant und Esel); er starb 1902 in Ecuador
(Th.-N.-Stiftung seit 1977, Th.-N.-Me-
daille seit 78). – Der 1847 in Siebenbürgen
geb. Dramatiker (»Ulfilas«, 1884) und arg
patriot. Barde **Friedrich Christian Maurer**
(gest. 1892) war seit 1874 Direktor der Hö-
heren Töchterschule. – In L. seit 1859 in
Garnison: Artillerie-Leutnant Friedrich
Hermann Frey; zu Rang und Namen kam
er erst als **Martin Greif** (→ Speyer/RP).
– L. er Ehrenbürger der Ethnologe **Ludwig
Kohl-Larsen** (1884-1969); unter seinen
Werken seien v. a. die afrikan. Anth. ge-
nannt, wie »Das Elefantenspiel« (1956),
»Der schwarze Eulenspiegel« (1963/64).
– In L. starb am 21. 2. 1969 der Apotheker
und Lyriker **Lorenz Wingerter**, geb. 1890
in Speyer, ein Kenner und Förderer der
pfälz. Literatur und Schriftleiter der Speye-
rer »Palatia«: »Pfälzische Gedichte« (1928);
»Mei(n) Rosabrill« (1953); Grab auf dem
Friedhof. – Nach dem 1. Weltkrieg war
der Journalist, Lyriker und Librettist **Paul
Ginthum** (geb. 1894 Heidelberg) 30 Jahre
Schriftleiter in L.: »Pfälzer Sagen und Bal-
laden«, Schauspiele »Oberlin«, »Franz v.
Sickingen«, »Das schöne Bärbel von Ot-
tenheim«. Er starb am 28. 12. 1959 in L.,
Grab auf dem Friedhof.

L Im heute eingemeindeten **Nußdorf**, wo **W. O. von Horns** (→ Simmern/RP) Bauernkriegserzählung »aus dem Jahre 1525« spielt, erinnert am ehem. prot. Pfarrhaus in der Kirchstraße eine Tafel an den pfälz. Geschichtsschreiber **Johann Georg Lehmann** (1797-1876). – Von »Ferien in der Pfalz« (1847) erzählte **Hermann Kurz** (→ Reutlingen/BW). – »Literarisches in, um, aus und über die südpfälz. Herzstadt« hat 1969 **Wolfgang Schwarz** »Landau zum Lob« herausgebracht: von **Franz von Sickingen** (→ Bad Kreuznach/Bad Münster a. Stein-Ebernburg/RP) über **August Becker** (→ Bad Bergzabern/Klingenmünster/RP) und **Friedrich Blaul** (→ Speyer/RP) bis zu den »Jüngsten«. Erinnerungen von W. Sch.: »Die Heimkehr« (1991), »Abland« (1995). – »Landau lockt zum Widerspruch« heißt es im Gedichtband »Linksrheinisches« (1975) des 1940 in L. geb. Lyrikers, Erzählers und Essayisten **Wolfgang Diehl**: D.s Werk »ein Plädoyer für einen kritischen Heimatbegriff im Sinne des Pfälzers Ernst Bloch« (J. Zierden). – **Karl-Friedrich Geißler**, »Lenz in Landau« (1981). – In **Godramstein** lebt der Mundartdichter **Gerd Runck**; 1980 kam eine erste Auswahl seiner Gedichte (»E bissel mol gucke«) heraus, 2003 die Slg. »E rundi Sach«. – Von **Eugen Fried** (1880-1974) erschienen 1922 u. d. T. »Die Elwetrittschejagd« dessen »Gedichte in Pfälzer Mundart«. – In **Herxheim** lebt seit einigen Jahren der Kaiserslauterer **Michael Bauer**; Mundart seine Domäne, gesellschaftskritisch: »Dem Maier Jean soi Määnung« hieß sein erster Gedichtband (1976), »Es Landauer Jaköbsche« die »erscht pälzisch Vampirgeschicht« (1987).

Annweiler

Museum unterm Trifels.

Friedrich Aulenbach, * 20. 6. 1810 A., † 30. 1. 1882 Zweibrücken, Lyriker. Der Untertitel seines letzten Werkes, »Poesie und Bekenntnisse« (1875), resümiert das Leben: »Natur- und Gemüts-Lyrik« (1868), Trifels-Balladen natürlich, 48er (die kleinen Revolten vom Schreibtisch, aber berufl. Konsequenzen). – »Aus sonnigen Tagen« (Erinn. 1874).

E **Trifels**. Unter den Saliern und bes. den Staufern (Friedrich Barbarossa) ist der T. Sinnbild der Macht und Größe: »Wer den Trifels hat, der hat das Reich«. Staatsgefängnis (1193/94 Richard Löwenherz), Reichsschatz- und Reichskleinodienkammer (seit 1125 anderthalb Jhh.). Niemals erobert, 1662 durch Blitzschlag zerstört. Nach 1820 romant. Wiederentdeckung, im Dritten Reich »Wiederaufbau« (auch ideologisch), jetzt als Gedenkstätte ausgebaut. – Lit. Spiegelungen: »Weltchronik des Rudolf von Ems« (1. Hälfte 13. Jh.); Geschichte und Sage von Barbarossas »Bett« und der angeblichen Befreiung des Richard Löwenherz durch den Sänger Blondel de Nesle (K. Simrock, F. W. Hebel, E. Bertram, J. v. Stockhausen u. a.); Sturm und Drang (J. M. Lenz, Maler Müller); Kulturgesch. und Reiselit. des 19. Jh.s (F. Blaul, der Engländer W. Howitt, W. H. Riehl, A. Becker, V. Hugo, H. Hansjakob); Historismus und Neuromantik (J. V. v. Scheffel: »Burgendreifaltigkeit« Scharfenburg, Anebos, T. – seit 1926 »Scheffelbank« am kleinen Adelberg; die »Trifelsträume« von H. Culmann); reichsideologisch K. Kölschs Balladenslg. »Der Trifels« (1939); jüngeres Capriccio von K. Heinz: »Annweiler oder Löwenherz und die Blondelei.« – Nach E. Sprater auch die »Gralsburg« in Wolframs von Eschenbach »Parzival«; nach H. Reetz hier »Gastspiele des Archipoeta«.

R An J. F. Coopers »Lederstrumpf«-Vorbild, **Johann Adam Hartmann** (1748-1836), erinnert am Stadthaus von **Edenkoben** eine Gedenktafel (mit falschem Datum) und am »Goldenen Eck« der »Lederstrumpf«-Brunnen (Dokumente im Museum); »drüben«, im Mohawktal (Kentucky) ließ sich Cooper die Erlebnisse des weiland Pfälzer Wilddiebs, der nun zum berühmten »Wildtöter« avanciert war, zwischen Weiß und Rot erzählen. »Lederstrumpf« am Stadthaus gegenüber hat ein »königlicher Poet«, **Ludwig I.** von Bayern (→ München/BY), sein Denkmal; die

»Villa Ludwigshöhe« am Rande der Haardt beherbergt heute eine Bildergalerie mit dem Slevogt-Nachlass, in der Graph. Slg. u. a. die »Lederstrumpf«-Illustrationen. Ein weiteres Kulturzentrum: das »Künstlerhaus Edenkoben« mit »Weg der Gedichte«, das seit 1987 deutsche wie internationale Autoren und Künstler als Gäste unter einem Dach vereint. Im Programm u. a. »Poesie und Musik«, »Poesie der Nachbarn«, »Literatur im Lande«. – Die »Catholisch Schul« von 1766 (Gedenktafel) ist das Geburtshaus des Pfarrers und Geschichtsschreibers **Franz Xaver Remling** (1803-73). Auf dem Friedhof ruht sein Amtskollege **Johann Martin Jäger** (1853-1923), Mitbegründer des »Pfälzerwald-Vereins« (1902), und Mundartdichter »**Fritz Claus**«. Seit 1950 lebte der in Köln geb. Kunsthistoriker **Hans Reetz** (1899-1984) in E. – »Den um **St. Martin** verdienten Dichtern gewidmet« ist ein »Dichterhain« von 1921 mit Medaillons an einer Felsenwald: **August Heinrich** (→ Germersheim/RP), **Lina Sommer** (→ Speyer/RP) und Fritz Claus. – In **Edesheim** wurde **Paul Thiry von Holbach** geb. (1723/Gedenktafel am Gemeindehaus); er schrieb in Paris, wo er 1789 starb, für D. Diderots Enzyklopädie über 400 Artikel; 1770 erschien sein »Système de la nature«. Im nahen **Hainfeld** hatte **Nikolaus Lauer** (→ Homburg/Blieskastel/SL) im Alter sein »Tusculum«. – **Fritz Eckerle** (1877-1925) aus **Frankweiler**, in Bamberg Notar, Lyriker, Epiker, Dramatiker, debütierte 1910 in der Münchner »Jugend«; sein Hauptwerk, »Das Hohe Lied« (1921), handelt vom Pfälzer Vormärz; unvollendet blieb der aut. Roman »Der Weinberg«; Grab auf dem Friedhof. – In **Gleisweiler** und den angrenzenden Winzerdörfern spielt der »Land«-Roman »Schoppe« (1989) von **Michael Buselmeier**.

Literarischer Verein der Pfalz (seit 1878, wiedergegr. 1951; Literaturmagazin »neue literarische Pfalz«).

B H. Blinn/W. Achtermann, Annweiler und Joseph Victor von Scheffel, 1977; H. Blinn, Der Landauer Maler-Poet Heinrich Jakob Fried, 1982; A. H. Kuby, Johann Adam Hartmann aus Edenkoben, 1973.; W. Söllner, Freundschaft der Dichter. Ein Lesebuch des Künstlerhauses Edenkoben, 1997; W. Diehl, Heimat, Provinz und Region im Spiegel der Literatur. 125 Jahre Literarischer Verein Pfalz, 2003.

Z Bad Bergzabern, Neustadt a. d. W., Pirmasens, Speyer (RP); Karlsruhe (BW).

LANDSBERG AM LECH/BY

»In halben Bogen von der blaugrünen Flut umflossen, hat sich hier aus dem Gehänge des rechten Flußufers ein schmuckes Städtchen angebaut. Umfangen von Wall und Graben, mit Toren und dräuenden Türmen besetzt, zwischen schützenden Mauern eingebettet, grüßt Landsberg in seinem reizenden altertümlichen Gewande zu uns herüber.« (Alois Frietinger, 1923) Neues Stadtmuseum. – Ruethenfest (hist. Kinderfest, alle vier Jahre).

Karl Theodor Freiherr von Perfall (Ps. **Theodor von der Ammer**), * 24. 3. 1851 L., † 31. 8. 1924 Köln, Erzähler. Schriftleiter der »Kölnischen Zeitung«. – W.: Münchner Bilderbogen (1877).
Anton Freiherr von Perfall, * 11. 12. 1853 L., † 3. 11. 1912 → Schliersee (Miesbach/BY), Erzähler von Gesellschafts- und Jagdromanen. – W.: Dämon Ruhm (R. 1889).
Luise Rinser, * 30. 4. 1911 Pitzling (heute eingemeindet in L.), † 17. 3. 2002 Unterhaching (Grab in Wessobrunn), »Rebellin« mit »hoher moralischer Integrität und Integrationskraft« (Ch. Ude, 2002). Von 1935-39 Lehrerin in verschiedenen oberbay. Orten. 1944 wegen »Wehrkraft-

zersetzung« verhaftet. 1953 Heirat mit Carl Orff (→ München/BY), Trennung 59. Seit 1963 in und bei Rom. – 1970 »Baustelle«, das erste von über zwei Jahrzehnte fortgeführten zeitkritischen Tagebüchern. Weitere W.: Die gläsernen Ringe (E. 1941/ → Weilheim/Wessobrunn/BY); Den Wolf umarmen (Aut. 1981); Saturn auf der Sonne (Aut. 1994); Aeterna (mit H. Ch. Meiser, 2000).

L L.er Motive in »Der lebendig-tote Apotheker« (Werther-Thema) von **Maximilian Böck-Ernst**; »Der Feuerschlucker« und »Der rote Reiter« (beide in »Erwachte Steine«, 1916) von **Peter Dörfler** (→ Kaufbeuren/Untergermaringen/BY). – »Ein Ort wie jeder andere. Bilder aus einer deutschen Kleinstadt. Landsberg 1923-1958« (Hrsg. u. a. M. Paulus, 1995) thematisiert die Festungshaft A. Hitlers in L. sowie das KZ-Außenlager Dachaus in Kaufering.

R Aus **Kaufering** bei L. stammt **Heinrich Kaufringer** (um 1400), Autor teils lehrhafter, teils derb-volkstüml. Sprüche und Schwänke. – In **Vilgertshofen** wirkte lange der aus → Burghausen (Altötting/BY) stammende »Prediger des Pfaffenwinkels« **Christoph Selhamer** (1630-1708), dessen »Gei-Predigten« berühmt waren. Seit 1708 gibt es in V. die »Stumme Prozession«, bei der, in lebenden Bildern, Szenen aus dem Alten und Neuen Testament dargestellt werden (Sonntag nach dem 15. August).

B R. Weigand (Hrsg.), Das Landsberger Lesebuch, 1979.
Z Fürstenfeldbruck, Kaufbeuren, Starnberg (BY).

LANDSHUT/BY

»Hinter dem Chor des Domes in den schmalen Gäßchen klopft es aus den Werkstätten, geht der kleine Verkehr über die Fahrbahn, duftet's oder stinkt's – wahrlich, ich sah gestern in dieser alten Stadt noch das fünfzehnte oder siebzehnte Jahrhundert ganz konkret eingeschoben ins zwanzigste, und dieses wieder ins neunzehnte, und so fort: die Gleichzeitigkeit der Zeiten ...« (Heimito von Doderer, 1964)

Südostbay. Städtetheater im Stadttheater L., Kleines Theater im Rottkolberstadel. – Festspiel »Landshuter Hochzeit« (alle 3 Jahre Ende Juni/Anfang Juli). – Landshuter Literaturtage (seit 1996 jeden Herbst); LiteraturCafé im Röcklturm.

Ulrich Füetrer, * in L., † vor 1502, Chroniknschreiber, Epiker, Hofdichter Herzog Albrechts IV. – W.: Bairische Chronik (1481), mit der Legende von der Geburt Karls d. Gr.
Ludwig Feuerbach, * 28. 7. 1804 L., † 13. 9. 1872 Rechenberg b. → Nürnberg/BY, Philosoph. Beeinflusste K. Marx, G. Keller, F. Nietzsche, S. Freud. – W.: Das Wesen des Christentums (1841). Werke. (Hrsg. E. Thies, 1975-97). – Gedenktafel Eckhaus Neustadt-Steckengasse. – Nachlass UB München.
Karl Tanera, * 9. 6. 1849 L., † 5. 10. 1904 Lindau, »bekanntester bayrischer Darsteller der Ereignisse von 1870/71« (L. Thoma). – W.: Aus dem friedlichen Krieg (1891); Heiteres und Ernstes aus Altbayern (1895).
Hanns Freiherr von Gumppenberg (Ps. **Jodok, Immanuel Tiefbohrer**), * 4. 12. 1866 L., † 29. 3. 1928 → München/BY, Dramatiker und Parodist. Mitbegründer des Kabaretts »Die Elf Scharfrichter«. – W.: Das teutsche Dichterroß, in allen Gangarten geritten (Parodien 1901); Überdramen (1902); Lebenserinnerungen (1930). – Nachlass LA Monacensia.

A **Neidhart von Reuenthal** (vermutl. 1170-1240): **Dieter Kühn** stellt L. als topographischen Fixpunkt für die »Lebensreise« des adligen »Berufsdichters und Reisenden Sängers« dar. – **Tannhäuser** (→ Neumarkt i. d. Opf./Thannhausen/BY) weilte in L. einige Jahre am Hofe Herzog Ottos des Erlauchten. – Am 6. 3. 1707 starb hier **Marcellinus Dalhover**, der u. a. originelle »Victori-Predigten« auf die Siege Kurfürst Max Emanuels in den Türkenkriegen hielt. – Mit der Verlegung der Universität von Ingolstadt nach L. 1800 kam auch **Johann Michael Sailer** (→ Schrobenhausen/Aresing/BY). Um ihn bildete sich ein Romantikerkreis, zu dem u. a. **Bettina** (→ Frankfurt a. M./HE) und **Clemens Brentano** (→ Koblenz/RP) gehörten. Bettina (»heimatlich ist die Stadt«) wohnte 1808-10 im Haus ihres Schwagers **Friedrich Karl von Savigny** (→ Marburg/HE), »vorn an der Neustadtecke« (Gedenktafel); Clemens (mit dem letzten Akt seiner Mesalliance mit Auguste Bußmann beschäftigt) schrieb 1808/09 in der Herrngasse überm »Goldenen Löwen« an den »Romanzen vom Rosenkranz«. – Kriegsschauplätze besichtigend kam **Stendhal** 1809 nach L., die Stadt – cherchez les femmes – machte auf ihn »denselben Eindruck wie Italien«. (Sein Landsmann **Jean Giraudoux** kam »am 21. März 1922 pünktlich wie der Frühling« in L. an.) – **Franz Graf von Pocci** (→ München/BY) studierte in L. und komponierte hier (das aus Herders Volksliederslg. überlieferte) »Wenn ich ein Vöglein wär...« als Kommerslied für seine Burschenschaft (Gedenktafel an den »Kasperldichter« und »Simplizissimus der Romantik« Altstadt 78). – **Ludwig Thoma** (→ Oberammergau/BY) besuchte in der »wohlhäbigen Stadt, Mittelpunkt der reichsten Bauerngegend«, das Gymnasium und machte hier sein Abitur. Wohnung Freyung 594 (Ge-

denktafel Nachbarhaus, Nr. 597). – Ebenfalls Gymnasiast in L., 1888-97, war **Hans Carossa** (→ Bad Tölz/BY). Über diese Zeit berichtet er v. a. in »Verwandlungen einer Jugend« (1928). Porträtbüste in der Aula des H.-C.-Gymnasiums, Gedenktafel Freyung 615. – Von Herbst 1917 bis Januar 19 lebte **Lena Christ** (→ Ebersberg/Glonn/BY) in L., zunächst Unter den Bögen in der Altstadt, dann in der Neustadt, Maximilianstraße 8 (Gedenktafel). – Seit seiner Verheiratung mit der Thoma-Nichte Emmi Maria Thoma 1952 wohnte **Heimito von Doderer** (1896-1966) bis zu seinem Tod »interimistisch« (vulgo in einer »kleinbürgerl. Doppelexistenz«) in L., zunächst am Moniberg, dann im Tal-Josaphat-Weg 2. Hier schrieb er an den »Dämonen« (R. 1956) und den »Merowingern« (R. 1962) sowie an seinem letzten Projekt »Roman No 7« (»Die Wasserfälle von Slunj«, 1963). – H.-v.-D.-Literatur- und Förderpreis (seit 1996, Vergabe in Köln), H.-v.-D.-Gesellschaft (Berlin).

L »Die Domdohlen lärmen und zanken, / St. Martin hat gute Gedanken«, heißt es in **Georg Brittings** (→ Regensburg/BY) G. »Stunde in Landshut«. – Eine der vielen Sagen um L. spielt auf der Narrentreppe der Burg Trausnitz. Dort befinden sich Fresken mit Commedia dell'arte-Motiven (2. Hälfte 17. Jh.), die als früheste Darstellungen berufsmäßiger Schauspielkunst auf dt. Boden gelten. – Die Vorgänge der »Landshuter Erzählungen« (Sch. 1967) von **Martin Sperr** (1944 Steinberg/Ndrbay. – 2002 L., in seinem Haus auf dem Moniberg) »können in jeder deutschen Kleinstadt passieren, also auch in Landshut«. – »Wie vielschichtig das Erlebnis L. sein kann«, dokumentiert die von **Alfons Beckenbauer** hg. Anth. »Begegnung mit Landshut« (1979), mit Texten von **Veit Arnpeck** (1440 – nach 1498) bis **August Sperl** (→ Fürth/BY). – Schier ideal als Vademecum für L. (und bes. seine Literaten) das Eröffnungskapitel »Landshuter Euphorien« in **Renate Justs** »Krumme Touren« 3 (2007).

Landshut: Narrentreppe auf Burg Trausnitz, Figuren aus der Commedia dell'arte

R Bei **Altdorf** verlor **Götz von Berlichingen** (→ Jagsthausen/BW) die »fleischerne Faust« (W. Bergengruen). – Seine im MA. angesiedelten Romane lässt der in **Ergolding** lebende **Richard Dübell** (geb. 1962 in Landshut) z. T. in L. spielen, etwa der »Tuchhändler« (1997). – Nordöstl. von L. Schloss **Stallwang**. Hier war – auf der Flucht vor seinem »Ehekreuz«, der »Gift-Marzibille« Auguste Bußmann, dennoch: »meine ganze Lage höchst Jean Paulisch« – **Clemens Brentano** zu Gast. – Auf dem Friedhof in **Weng** ist **Theodor Freiherr von Hallberg-Broich** (gen. **Eremit von** → **Gauting**/Starnberger See/BY) begraben. – Nach **Geisenhausen** kam **Günter Eich** (→ Frankfurt a. d. O./Lebus/BB) im Sommer 1945, entlassen aus amerikan. Kriegsgefangenschaft und fand in der Spenglerei Schmid gegenüber der Kirche Quartier; er wohnte dort bis 1954 (Ge-

denktafel). Lyr. Bezüge gibt es vielfach, u. a. G. »Geisenhausen«: »Das Gras auf dem Turmgesimse/erzittert im Glockenschlag./Die Flüge der Dohlen teilen/den Himmel hier und den Tag ...«.

B A. Beckenbauer, Die Ludwigs-Maximilians-Universität in ihrer Landshuter Epoche 1800-1826, 1992.; G. Sommer (Hrsg.), »Modus vivendi«. Vom Hin und Her des Dichters H. v. D., 2003.
Z Dingolfing, Erding, Dorfen, Taufkirchen, Freising, Landau a. d. I. (BY).

LANGENBURG/BW

Karl Julius Weber, * 16. 4. 1767 L., † 19. 7. 1832 → Kupferzell (Öhringen/BW), Satiriker. Studierte Jura in Erlangen und Göttingen. Ausgedehnte Reisen durch Europa. 1792-1802 Privatsekretär in → Bad Mergentheim/BW. Von 1804 bis zu seinem Tod Privatier in Jagsthausen, Weikersheim, Künzelsau und Kupferzell. – W.: »Deutschland oder Briefe eines in Deutschland reisenden Deutschen« (Schr. 1826-28); »Demokritos oder hinterlassene Papiere eines lachenden Philosophen« (Schr. 1832-40). – Geburtshaus/Gedenkstube (auch für A. Günther), Hauptstraße 15 (Rathaus). – M. Blümcke, »K. J. Weber, der Demokrit aus Hohenlohe« (Marbacher Magazin 70/1994).
Agnes Günther (geb. **Breuning**), * 21. 7. 1863 Stuttgart, † 16. 2. 1911 → Marburg/HE, lebte hier 1891-1906 mit ihrem Mann, dem Dekan Rudolf G. Seine Chronik »Kirchliches Leben in Langenburg« hat sie u. a. zu »Die Heilige und ihr Narr« (R. 1913) angeregt; »Seelchens Heimat« sind L. (»Brauneck«) und die nahe gelegenen Schlösser Morstein (»Thorstein«) und Tierberg (»Schweigen«). – Gedenktafel am Dekanatsgebäude am Markt. Im Schloss wurde 1906 A. G.s Schauspiel

»Von der Hexe, die eine Heilige war« uraufgeführt.

A Auf dem Alten Friedhof Epitaph des Hof- und Stadtpredigers **Johann Christian Wibel** (1711-72), des hohenloh. Geschichtsschreibers.

Eberbach

Theodor Haecker, * 4. 6. 1879 E., † 9. 4. 1945 → Ustersbach (Augsburg/BY), Kulturkritiker und Übersetzer. Redakteur, dann freier Schriftsteller in → München/BY; Arbeiten für »Brenner« und »Hochland«. Rede- und Veröffentlichungsverbot in der NS-Zeit (»Tag- und Nachtbücher 1939-1945«, 1947). – Nachlass DLA Marbach (H. Siefken, »Th. H. 1879-1945«, M.er Magazin 49/1989).

R Götz-Stätten: **Blaufelden** (im »Adler« 1528 Gefangennahme) und **Schrozberg** (Schloss einst im Besitz der **Berlichingen**). – Lektüre für Schloss **Bartenstein: Heimito von Doderers** (→ Landshut/BY) »Die Merowinger oder die totale Familie« (R. 1962); das G. »Der Hofgarten des Schlosses zu Bartenstein« von **Hermann Lenz** (→ Stuttgart/BW), in »Wie die Zeit vergeht« (1977).

Z Bad Mergentheim, Jagsthausen, Öhringen, Kupferzell, Schwäbisch Hall (BW); Rothenburg o. d. T. (BY).

LAUFEN/BY

Schiffertheater: Seit dem 18. Jh. sind die L.er Salzachschiffer, die sich während der Zeit der Schiffsruhe als Wanderschauspieler betätigten, bekannt. Sie führten volkstüml. Stücke mit moral. Tendenz (»Don Juan«, »Heinz von Stein, der Wilde«, »Hl. Johannes von Nepomuk«) auf Tourneen zwischen Passau, Salzburg und Landshut auf. Die berühmtesten Theaterunterneh-

mungen waren die von Pfaffenberger und Standl (Konzessionen 1811). »Was mich besonders frappierte, war, daß viele dieser Matrosen ihre jämmerlichen Rollen nicht bloß mittelmäßig, sondern wirklich gut spielten«, berichtete 1784 **Johann Pezzl** (→ Mallersdorf-Pfaffenberg/BY).

Erwin Schmidhuber (Ps. **Michael Kohlhaas**), * 14. 1. 1866 L., † 3. 10. 1937 → Fürstenfeldbruck/BY, Erzähler aus dem altbayr. Bauern- und Kleinbürgerleben. – W.: Die beiden Gugelich (1927). – Gedenktafel am Geburtshaus am Marienplatz.

Z Altötting, Burghausen, Berchtesgaden, Traunstein (BY). Jenseits der Grenze, in Österreich: Oberndorf (Uraufführung »Stille Nacht, heilige Nacht« von J. Mohr, 1818).

LAUFFEN/BW

Friedrich Hölderlin, * 20. 3. 1770 L., † 7. 6. 1843 → Tübingen/BW, zentraler Dichter des dt. Idealismus. Seminarist in → Denkendorf (Esslingen/BW) und → Maulbronn/BW. 1788-93 Stiftler in Tübingen, dort u. a. mit G. W. F. Hegel (→ Stuttgart/BW) und F. W. J. Schelling (→ Leonberg/BW) befreundet. Dann Hauslehrerjahre, so 1796-98 in → Frankfurt a. M./HE im Hause des Bankiers Gontard: Liebe zu dessen Frau Susette – die »Diotima« im »Hyperion« (1797-99) trägt ihre Züge. 1801 in der Schweiz und zu Fuß nach Frankreich; nach der Rückkehr zu seiner Mutter in → Nürtingen/BW Ausbruch der Krankheit. Auf eine vorübergehende Genesung hin 1804 Bibliothekar in → Bad Homburg v. d. Höhe/HE, bereits 1806 in eine Heilanstalt in Tübingen eingewiesen. Dort seit 1807, die letzten 37 Jahre seines Lebens, in Pflege bei dem Tischlermeister Zimmer. – Das vermeintliche Geburtshaus im »Dörfle«, die ehem. Klosterhofmeisterei, wurde

Lauffen: »Hölderlin im Kreisverkehr« (P. Lenk, 2003)

1918 abgerissen; im Garten Gedenkstätte; nahebei »H. im Kreisverkehr« von P. Lenk (2003); im ev. Pfarramt, Kirchberg 9, Taufbuch mit Eintragung von H.s Taufe in der Regiswindiskirche; Nordheimer Straße 5: Wohnhaus der Mutter mit ihren Kindern, 1772-74; H.-Zimmer im Museum (Klosterhof 4). – H.-Archiv LB Stuttgart, Slg. DLA Marbach. – Aus der neueren H.-Dichtung seien beispielhaft genannt: Peter Weiss, »Hölderlin« (Dr. 1971) und Peter Härtling »Hölderlin. Ein Roman« (1976).

Gustav Schoder, * 29. 3. 1785 L., † August 1813 bei Schleswig (ertrunken in der Ostsee), Pfarrer. Als Vikar in Feuerbach 1808 des Landes verwiesen, weil er angebl. Führer einer »staatsgefährdenden« Gruppe junger Leute war, die in der Südsee eine Republik gründen wollten. Wurde dann Hauslehrer und stand im Briefwechsel mit F. Schiller, L. Uhland und J. Kerner.

Brackenheim

Theodor Heuss, * 31. 1. 1884 B., † 12. 12. 1963 → Stuttgart/BW, Publizist und Politiker. 1905-12 Redakteur an der Naumannschen »Hilfe« in → Berlin, 1912-18 Chefredakteur der »Neckar-Zeitung« in → Heilbronn/BW, 1920-33 Dozent an der Hochschule für Politik in Berlin. Nach Ende der NS-Zeit pol. Karriere als Nationalliberaler: 1945-46 württ.-bad. Kultusminister, 1949-57 erster dt. Bundespräsident. 1959 Friedenspreis des Dt. Buchhandels. – Über B. »Vorspiele des Lebens« (Erinn. 1953). – An der Stelle des Geburtshauses neue Kelter (Th.-H.-Straße 2), Gedenkstein; gegenüber Th.-H.-Museum (Obertorstraße 27). – Lit. Nachlass DLA Marbach.

R Die Legende vom **Michelsberg** erzählt **Eduard Mörike** (→ Ludwigsburg/BW) in dem Gedicht »Erzengel Michaels Feder« (1837). **Justinus Kerner** (→ Ludwigsburg/ BW) pointierte sie im »Bilderbuch aus meiner Knabenzeit« (1849) noch einmal: Weil ein Stuttgarter Stadtschreiber St. Michaels Feder gestohlen, habe der Erzengel in seinem Zorn »die Strafe der Vielschreiberei über Württemberg ausgeschüttet«.

E Per Pedal zur Poesie: Lit. Radweg Lauffen-Brackenheim (hier auch D. Ch. Seybold, 1747-1804, und sein R. »Hartmann«) – Michaelsberg (am Fuß »Altweibermühle« von Trippsdrill) – Katharinenplaisir (1809 Intermezzo von Barbara Juliane von Krüdener, 1764-1824) – Bönningheim (Sophie von La Roche) – Kirchheimer Tunnel: »Ein Mord den jeder begeht« von Heimito von Doderer (→ Landshut/BY), vgl. Marbacher Spuren 84/2008.

B O. Kies, Wiederentdeckt: Hölderlins Geburtshaus . . ., Marbacher »Spuren« 5/1989; I. Günther, Zabergäu, 1986.

Z Bretten, Heilbronn, Weinsberg, Maulbronn, Knittlingen, Ludwigsburg (BW).

LEER/NI

»Nächst Emden der principalste Ort in Ostfriesland«, so ein Chronist über die alte Handelsstadt »Hleri« (8. Jh.) an der Leda. Der englische Gelehrte **Thomas Nugent** (→ Wismar/MV) beschrieb die Stadt 1766. 1834 starb in L. der Erzähler **Johann C. H. Gittermann** (→ Wittmund/NI), Grab auf dem Friedhof. Aus **Leer** Erinn. an die »Liebe kleine Stadt« um die Jahrhundertwende von **Carl Theodor Saul** und sozialkritische R.e von **Wilhelmine Siefkes** (1890-1984): »Keerlke«, n. 1973. Von hier stammen der Historiker (»Geschichte Ostfrieslands«) **Onno Klopp** (1822-1903), der Naturphilosoph **Bernhard Bavink** (1879-1947) und der Übersetzer und Dramatiker (»Spök«; »Kean«, nach A. Dumas) **Bruno Loets** (1904-69). An der Lateinschule wirkte 1587-93 **Ubbo Emmius** (→ Norden/Greetsiel/NI). Alljährlich »Universitätstage«, alle zwei Jahre (im Oktober) »Ostfrieslandschau« (»Gallimarkt«, seit 1508) mit Heimatfestspielen; Heimatmuseum.

R Aus dem Dorf **Rhaude** (Rhauderfehn-R.) kommt **Johann Christian Reil** (1759-1813/Gedenktafel am Pastorat), ein Arzt, der mit **Goethe** (→ Frankfurt/HE) befreundet war; in einer »Ehrentafel für Reil« rühmten Goethe und F. W. Riemer »Das meerentrungne Land voll Gärten, Wiesen,/Den reichen Wohnsitz jener tapfern Friesen« und ihren »deutschen Biedersinn«. (Ein Fehn- und Schifffahrtsmuseum befindet sich in **Westrhauderfehn**.) – In **Weener** (Grenzlandmuseum des Heimatvereins Rheiderland mit Bibliothek »Itzen-Bücherei« im »Gasthuis« von 1791) amtierte als Propst von 1528 an der Chronist **Eggerik Beninga** (→ Norden/Grimersum/NI); hier wurde der expressionistische Lyriker **Hermann Plagge** geboren (1888-1918). – Flussabwärts, rechts der Ems, **Oldersum** (Moormerland-O.), wo 1526 das »Oldersumer Religionsgespräch« stattfand. **Sabine Peters** wünscht dem Rheiderland »Viel Glück« (in: »Peine Paris Pattensen«, Hrsg. M. Mertens, 2006).

»Medius transquillus in undis«, »ruhig inmitten der Wogen«: **Borkum**, die westlichste und größte der dt. Nordsee-Inseln, schon den Römern als »Burchana« oder »Fabaria« bekannt, nach ostfries. Sage soll **Störtebeker** seine Schätze in den Woldedünen versteckt haben, seit 1846 Seebad (Heimatmuseum). B. ist Szene des Romans »Tage in Thule« (1927) von **Rudolf Heubner**, der Wanderskizzen »Inselfrühling« (1934) von **Berend de Vries** (→ Emden/NI) und der Reiseerzählung »Kurzurlaub« (1976) von **Hugo Dittberner**. B. gab einige Jahrzehnte zuvor **Wilhelm Busch** (→ Nienburg/Wiedensahl/NI) Gelegenheit, »Einer Hotelbeschließerin ins Stammbuch« zu reimen: ». . . und also hüh!/Fährt jetzt mein Geist per Phantasie/Nach Borkum, legt sich auf die Düne/Und dichtet was für die Hermine«.

L Jochen Schimmang, gebürtiger Northeimer (Jg. 1948), wuchs in Leer auf, Anklänge in seinem aut. geprägten Roman »Der schöne Vogel Phönix« (1978). Der Jemgumer **Joost Kirchhoff** schrieb Landschaftslyrik (»Es ebbt die Zeit«, 1998). Über das Rheiderland schrieb **Georg Klein** das Porträt »Was man zum Leben braucht« (in: »Deutsche Landschaften«, Hrsg. Th. Steinfeld, 2003).

S Wilhelmine Siefkes-Preis für niederdt. Literatur.

Z Aurich, Emden, Papenburg (NI).

LEIPZIG/SN

»Da, wo die Pleiße sich mit krummen Fluten schlingt/Und manches bunte Schiff auf frohe Dörfer bringt,/Liegt eine stolze Stadt, die hoch die Dächer zeiget,/Groß durch die Musen prangt und durch den Handel steiget.« (Friedrich Wilhelm Zachariä, 1744) Universität, Hochschule für Technik, Wirtschaft und Kultur, Hochschule für Grafik und Buchkunst, Hochschule für Musik und Theater, Deutsches Literaturinstitut; Sächsische Akademie der Wissenschaften; Stadtarchiv, Bacharchiv, Literaturarchiv der L.er Stadtbibliothek, Archiv Bürgerbewegung mit Dauerausstellung »Bürger auf dem Weg – friedliche Revolution von 1989«. – Stadtgeschichtliches Museum im Alten Rathaus mit 100 000 Bde. umfassender Fachbibliothek, Deutsches Buch- und Schriftmuseum der Deutschen Bücherei, ältestes Fachmuseum seiner Art in der Welt, mit Dauerausstellung »Merkur und die Bücher – 500 Jahre Buchplatz Leipzig«, Museum für Druckkunst im einstigen »Quartier typographique« im Stadtteil Plagwitz, Bachmuseum, Museum im Mendelssohn-Haus, Ägyptisches Museum der Universität, Antikenmuseum der Universität, Museum der bildenden Künste, Grassimuseum für Völkerkunde und Kunsthandwerk, Gedenkstätte in der »Runden Ecke« (ehem. Stasizentrale) mit Dauerausstellung zur Geschichte von Diktatur, Widerstand und Zivilcourage in der DDR. – Oper, Schauspiel, Musikalische Komödie, Theater der Jungen Welt, Off-Theater-Haus; Kabaretts Pfeffermühle und academixer. – Mitteldeutscher Rundfunk. – J. S. Bach war 1723 bis zu seinem Tod 50 L.er Thomaskantor. Das Völkerschlachtdenkmal (1913) erinnert an den Sieg von Preußen, Österreichern und Russen vom 14.-18. 10. 1813 über die Armeen Napoleons. Aus L. stammen die Pianistin Clara Schumann (1819-96), der Pianofabrikant Julius Blüthner (1824-90), der Maler Julius Schnorr von Carolsfeld (1794-1872) und Max Beckmann (1884-1950).

Heinrich von Morungen (→ Sangerhausen/ST) starb 1222 im L.er Augustiner

Leipzig: Nikolaikirche mit der Gedenksäule für den Herbst 1989

Chorherrenstift St. Thomas. – Gedenktafel an der Thomaskirche.
Johannes Fabri de Werdea (auch **Faber**, eig. **Obermayer**), * 1440/50 Donauwörth, † 19. 5. 1505 L., scholastischer Autor. Studium in L., 1480-99 Universitätssekretär. F.s Hauptwerk sind die »Proverbia metrica et vulgariter rytmisata« (um 1493), die erste Sprichwörter-Slg. in Dtl.
Joachim Camerarius (eig. **Kammermeister**), * 12. 4. 1500 Bamberg, † 17. 4. 1574 L., Humanist. L.er Student 1512-18. Auf Anraten Ph. Melanchthons (→ Bretten/BW) Gymnasiallehrer in Nürnberg und Prof. in Tübingen, bevor er 41 an die L.er Universität zurückkehrte und höchste Anerkennung fand. – Wohnung: Universitätsstraße 97, wo 1550 auch **Katharina von Bora** (→ Torgau/SN) unterkam.
C.s Schüler: **Michael Barth** (1530-84), seit 1550 in L., zuletzt als Med.-Prof. Verf. zahl-

reicher lat. Gedichte, darunter ein »Reise-
gedicht« (1563), in dem **Eulenspiegel** (→
Wolfenbüttel/Kneitlingen/NI) erwähnt
wird (Volksbuch-Episode:»Wie Eulenspie-
gel den Kürschnern zu Leipzig eine leben-
dige Katze für einen lebendigen Hasen ver-
kaufte«).

Caspar Cruciger d. Ä. (eig. **Creutzinger**),
* 1. 1. 1504 L., † 16. 11. 1548 → Witten-
berg/ST., Theologe. 1539 beteiligt an der
Einführung der Reformation, zu der M.
Luther eigens nach L. kam (Festrede in
der Thomaskirche).

Michael Lindener, * um 1520 L., † 7. 3.
1562 Friedberg bei Augsburg, Schwank-
dichter. Nach Studium in L. Lehrer in
Augsburg, wo er wegen Mordes hingerich-
tet wurde. Bedeutung haben die Schwank-
Slgg.»Rastbüchlein« und »Katzipori« (bei-
de 1558).

Valentin Schumann, * um 1520 L., † nach
1559, Schwankdichter. Nach 1543 unste-
tes Leben in Ungarn, dann Drucker in
Nürnberg, wo die Schwank-Slg. »Das
Nachtbuechlein« (1559) entstand.

Heinrich Khunrath (auch **Ricenus Thra-
sibulus**), * 1560 L., † vermutl. 1605 ebd.,
Fachschriftsteller. Berühmt wurde K. mit
dem »Amphitheatrum sapientiae aeternae
solius verae« (1595), aus dem fortan alle
Alchimisten schöpften. In der Esoterik
genießt K.s Buch noch heute Anerken-
nung.

Cornelius Becker, * 24. 10. 1561 L., † 25.
5. 1604 ebd. Schuf einen »Psalter Davids
Gesangweis« (1602), der von H. Schütz
(1661) vertont wurde.

Caspar von Barth, * 22. 6. 1587 Küstrin,
† 18. 9. 1658 Sellershausen bei L., Verf.
neulat. und dt. Gedichte, Philologe. Mit
seinem vielfältigen Werk und einer ganz
Europa einschließenden Korrespondenz
lit. Schlüsselgestalt des frühen 17. Jh.s.

Benedikt II Carpzow (auch **Ludovicus de
Montesperato**), * 27. 5. 1595 → Witten-

berg/ST, † 31. 8. 1666 L., berühmter Mit-
begründer eines einheitl. dt. Rechtssys-
tems (»Practica nova Imperialis Saxonica
Rerum Criminalium«, 1638). Seit 1620
am L.er Schöppenstuhl, an der Universität
und am Dresdner Hof.

Paul Fleming (→ Zwickau/Hartenstein/
SN) besuchte 1622-29 die L.er Thomas-
schule. Dann bis 33 Medizinstudium in
L. Durch Freundschaft zu dem Schlesier
Georg Gloger (1603-31), der in Epigram-
men das Kriegsgeschehen um L. verfolgte,
konnte F. 1630 in L. zweimal den durchrei-
senden **Martin Opitz** (→ Heidelberg/
BW) treffen. 1632 Beginn der Freund-
schaft mit dem in L. studierenden **Adam
Olearius** (→ Aschersleben/ST).

Christian Brehme, * 26. 4. 1613 L., † 10.
9. 1667 → Dresden/SN, Lyriker und
Romancier im Dichter-Kreis um P. Fle-
ming und G. Finckelthaus. – W.: Aller-
handt Lustige/Trawrige/und nach gele-
genheit der zeit vorgekommene Gedichte
(1637).

Gottfried Finckelthaus, * 23. 2. 1614 L.,
† 4. 8. 1648 → Bautzen/SN, Lyriker.
Freund P. Flemings, der ihm Vorbild wur-
de. »Deutsche Lieder« (1644).

Jakob Thomasius, * 27. 8. 1622 L., † 9. 9.
1684 ebd., Philologe und Philosoph. Bru-
der des 1624 in L. geborenen **Johann Tho-
mas** (→ Altenburg/TH) und Vater von
Ch. Thomasius. Lehrer von Leibniz und
Christian Weise (→ Zittau/SN/1660-68).
1653 Prof. der Moralphilosophie in L. Mit
seinem umfängl. wiss. Werk eine europ.
Größe. Über den Krieg: »Trawriger Schaw-
platz/Des im Jahr 1642 belagerten Leip-
zig/Dem billichen Mitleiden vorgestellet«
(1643).

Johann Georg Schoch, * 28. 2. 1627 L., †
um 1690 ebd., Dramatiker und Lyriker.
Verf. der sich auf L. beziehenden »Comoe-
dia vom Studentenleben« (1657).

David Elias Heidenreich, * 21. 1. 1638

L., † 6. 6. 1688 → Weißenfels/ST, Übersetzer und Lyriker. L.er Nikolaischule und Dresdner Kreuzschule, wo Ch. Brehme auf ihn aufmerksam wurde. 1656-64 in L., wo er u. a. P. Corneilles »Horace« (1662) übersetzte und die Kirchenlieder-Slg. »Geistliche Oden« (1665) herausgab. H. gilt als Verf. anonym erschienener Singspiele (»Liebe krönt Eintracht«, 1669).

Gottfried Wilhelm Leibniz, * 1. 7. 1646 L., † 14. 11. 1716 → Hannover/NI, Philosoph und Universalgelehrter, als solcher führender Denker des dt. Barock und der vorkantischen Philosophie, auch Mathematiker und Historiker. 1653-61 Nikolaischule, Nikolaikirchhof 2 (Gedenktafel). 1661-66 Studium in L., → Jena/TH und → Altdorf/BY. 1676 Bibliothekar und Rat in Hannover. Nach L.s Plänen stiftete Friedrich III. von Brandenburg 1700 die Akademie der Wiss. in Berlin, deren 1. Präsident L. wurde. L.s Schriften und seine umfangreiche Korrespondenz stellen ein Werk von universellem Ausmaß dar. Mit den »Unvorgreiflichen Gedanken« (1694) trug der sonst lat. und franz. Schreibende zur Kultivierung des Dt. bei. – W.: Theodizee (franz. 1710); Monadologie (franz. 1714). Sämtl. Schriften und Briefe (Hrsg. Preuß./Dt. Akademie der Wiss., 1923 ff.) – Nachlass LB Hannover, SuUB Göttingen, SB Berlin. – Geburtshaus (kriegszerstört): Ritterstraße 10; Denkmal (1883) vor der Universität.

Christian Thomasius, * 1. 1. 1655 L., † 28. 9. 1728 → Halle/ST, Jurist und Philosoph, gilt als »Vater« der dt. Aufklärung. 1670-76 Studium in L. und Frankfurt a. d. O. Hielt 1687 an der L.er Universität Vorlesungen in dt. Sprache (von den L.er orthodoxen Theologen bekämpft). Nach Gründung der »Monats-Gespräche« (1688/89), der ersten dt.-sprachigen wiss. Zs., musste er L. verlassen. – W.: Einleitung zur Vernunftlehre (1691), Einleitung zur Sitten-

lehre (1692). Ausgew. Werke (Hrsg. W. Schneiders, 1993 ff.). – Geburtshaus (kriegszerstört): Markt 10. – **E. Bloch**, »Christian Thomasius. Ein deutscher Gelehrter ohne Misere« (1953).

Johann Albert Fabricius, * 11. 11. 1668 L., † 30. 4. 1736 Hamburg, Polyhistor von internat. Rang. Nikolaischule und L.er Universität. Später in Kiel und in Hamburg, wo sein vielbändiges wiss. Werk entstand. Bedeutend auch als Hrsg. griech.-byzant. Schriftsteller.

Christian Reuter (→ Halle/Kütten/ST), 1688-97 sinnenfroher L.er Student, setzte seiner Wirtin in der Komödie »Die ehrliche Frau zu Plißine« (1695) als »Frau Schlampampe« ein satir.-lit. Denkmal, was ihm Untersuchungshaft und Relegierung einbrachte. R.s Antwort der noch heute lesenswerte Schelmenroman »Schelmuffskys Wahrhafftige Curiöse und sehr gefährliche Reisebeschreibung zu Wasser und zu Land« (1696). – Wohnung (kriegszerstört): Brühl 34. Im selben Haus wohnte 1717-19 als L.er Student auch **Johann Christian Günther** (→ Jena/TH).

Johann Burkhard Mencke (auch **Philander von der Linde**), * 8. 4. 1674 L., † 1. 4. 1732 ebd., Historiker und Zss.-Hrsg., Lyriker. Studium in L., dort 1699 Prof. für Gesch. Berühmter Quelleneditor. M.s akadem. Reden machten ihn in ganz Europa bekannt. Seit 1707 Hrsg. der »Acta Eruditorum« und 1615 der »Neuen Zeitungen von gelehrten Sachen«. 1727 Gründer der Deutschen Gesellschaft, deren Vorsitz nach M.s Tod dessen Schüler Gottsched übernahm. M. besaß eine der bedeutendsten Gelehrten-Bibliotheken Dtl.s.

Adam Bernd (Ps. **Christianus Melodius**), * 31. 3. 1676 Siebenhufen bei Breslau, † 5. 11. 1748 L., Theologe. Wegen Abweichung vom Luthertum 1728 Entlassung als Pfarrer der L.er Peterskirche. Verfasste darauf eine »Eigene Lebens-Beschreibung«

(1738, Ndr. 1973), die die moderne Anthropologie mitbegründete.

Gottlieb Siegmund Corvinus (auch **Amaranthes**), * 15. 5. 1677 L., † 27. 1. 1746 ebd., Lyriker. Einer der fruchtbarsten Gelegenheitsdichter seiner Zeit (»Proben der Poesie . . .«, 2 Bde. 1710/11). C.s »Frauenzimmer-Lexicon« (1715) frühes Zeugnis der Aufklärung um die Frauenbildung.

Christiane Mariane von Ziegler, * 28. 6. 1695 L., † 1. 5. 1760 → Frankfurt a. d. O./BB, Poetin (»Versuch in gebundener Schreib-Art«, 2 Teile, 1728/29). Tochter des L.er Bürgermeisters F. C. Romanus (R.-Haus, Brühl/Ecke Katharinenstraße). Z. führte seit 1722 einen lit. Salon, in dem auch Gottsched verkehrte. 1733 von der Universität Wittenberg als erste Frau zur Kaiserl. Poetin gekrönt.

Johann Christoph Gottsched, * 2. 2. 1700 Juditten bei Königsberg, † 12. 12. 1766 L., Literaturtheoretiker (»Literaturpapst«), Dramatiker und Lyriker. Floh 1724 aus Preußen. 1730 Prof. der Poesie in L. Prägte als Zss.-Hrsg. (1725-66), darunter die »Vernünftigen Tadlerinnen« (1725/26), das lit. Leben der Frühaufklärung. Verband in seinen theoret. Schriften barocke Gelehrsamkeit mit Positionen der Aufkl.: »Versuch einer Critischen Dichtkunst« (1729), »Erste Gründe der gesammelten Weltweisheit« (1733/34) und »Ausführliche Redekunst« (1736). G.s Dramen-Slg. »Die deutsche Schaubühne« (1741-45) stellte Musterstücke vor. – Wohnung: Neumarkt 16 (heute Passage zur Petersstraße 15), Universitätsstraße 11 (kriegszerstört). – Briefnachlass: UB Leipzig.

Luise Adelgunde Viktorie Gottsched, geb. Kalmus (gen. **die Gottschedin**), * 11. 4. 1713 Danzig, † 26. 6. 1762 L., Dramatikerin und Übersetzerin. Seit 1735 »musterhafte Gehilfin« ihres Ehemannes und unermüdl. Übersetzerin engl. und franz. Autoren. Zunehmend aber eigenständig und

ihrem Ehemann an lit. Talent überlegene Dichterin. Erfolgreich G.s Komödie »Die Pietisterey im Fischbein-Rocke« (1736). – **Renate Feyl**, »Idylle mit Professor« (R. 1986).

Christian Fürchtegott Gellert (→ Mittweida/Hainichen/SN), L.er Student 1734-38. Seit 1751 Prof. der Poesie mit großer Ausstrahlung. Am 18. 12. 60 Gespräch mit **Friedrich d. Gr.** (→ Potsdam/BB) über dt. Lit. im Königshaus am Markt. – Wohnung (Nachfolgebau): Goethestraße 3-5; Denkmal (1909), Schillerstraße und im Garten des Gohliser Schlösschens, Menckestraße 23; Grabtafel im Hof des Grassimuseums, Johannisplatz 5; Sarkophag auf dem Südfriedhof. G.-Slg. im Alten Rathaus.

Johann Joachim Schwabe, * 29. 9. 1714 Magdeburg, † 12. 8. 1784 L., Übersetzer, Hrsg. und Publizist. Einer der vielseitigsten Vertreter der dt. Aufklärung. Studium in L. 1765 dort Prof. Sch.s »Belustigungen des Verstandes und des Witzes« (1741-45) waren das erste lit. Journal Dtl. s. Wichtigster Beiträger: **Johann Elias Schlegel** (→ Meißen/SN), 1739-42 L.er Student. Auf Anregung Gottscheds hatte Sch. das Trauerspiel »Hermann« (1743) verfasst, mit dem 66 das alte L.er Schauspielhaus auf der Rannischen Bastei eröffnet wurde.

Friedrich Wilhelm Zachariä (→ Bad Frankenhausen/TH), 1743-48 L.er Student. Veröffentlichte in K. Ch. Gärtners (→ Freiberg/SN) »Neue(n) Beiträg(e) zum Vergnügen des Verstandes und Witzes« (nach ihrem Verlagsort »Bremer Beiträge« gen.) sein im L.er Studentenmilieu angesiedeltes »Komisches Heldengedicht« »Der Renommist« (1744). – Wohnung: »Kaffeebaum«, Kleine Fleischergasse 4.

Friedrich Gottlieb Klopstock (→ Quedlinburg/ST), L.er Student 1746-48, veröffentlichte die ersten drei Gesänge des »Messias« (1748) in den »Neuen Beiträgen« und begründete damit seinen Dichterruhm. Lernte in L. die »Fanny« seiner Oden kennen. – Wohnung: Petersstraße 20 (Gelände des Petershofes).

Abraham Gotthelf Kästner, * 27. 9. 1719 L., † 20. 6. 1800 → Göttingen/NI, Mathematiker, Epigrammatiker. Gottsched-Schüler. Bemühte sich um Verbindung von Lit., Wiss. und Sprachpflege (»Über den Vortrag gelehrter Kenntnisse in der deutschen Sprache«, 1787). – Gesammelte poetische und schönwissenschaftliche Werke (1841, Ndr. 1971). – Teilnachlass: UB Leipzig.

Gotthold Ephraim Lessing (→ Kamenz/ SN), 1746-48 L.er Student. Lernte in L., »wo man die ganze Welt im kleinen sehen kann«, **Caroline Neuber** (→ Reichenbach/ SN) kennen, die oft in L. gastierte und L.s »Jungen Gelehrten« (1748) aufführte. 1755-58 lebte L. erneut in L. und arbeitete an der »Emila Galotti«. – Wohnung (kriegszerstört): Grimmaische Straße 30 und »Große Feuerkugel« Neumarkt 3 (Gedenktafel am Nachfolgebau).

Goethe (→ Frankfurt a. M./HE) war 1765-68 wenig erfolgreicher L.er Jurastudent. Hörte Vorlesungen von Gottsched und Gellert. Lernte bei Adam Oeser Zeichnen. Verkehrte im Gasthof Brühl 19, wo er Käthchen Schönkopf (»Annette«, 1767) kennenlernte, und in Auerbachs Keller, Grimmaische Straße 2-4 (»Faust I«: »Mein Leipzig lob ich mir, es ist ein Klein-Paris und bildet seine Leute«). – Wohnung (kriegszerstört): »Große Feuerkugel« Neumarkt 3, vermutl. in Lessings ehem. Zimmer; Denkmal (1903) von C. Seffner auf dem Naschmarkt; Figurengruppe (1913) »Faust-Mephisto« von M. Molitor vor Auerbachs Keller, Mägdebrunnen am Roßplatz mit Brunnenszene aus dem »Faust«.

Johann Karl Wezel (→ Sondershausen/ TH) studierte 1765-69 in L. und wurde

Leipzig: Das Goethe-Denkmal auf dem Naschmarkt

von Gellert gefördert. 1775-88 lebte W. mit kurzen Unterbrechungen als freier Autor in L. – Wohnung (Nachfolgebau): Petersstraße 4.

Christian Wilhelm Kindleben (Ps. **Michael Brephobius**) * 4. 10. 1748 Berlin, † 1785 Dresden, Lyriker und Erzähler, Publizist und Hrsg. Schrieb »Studentenlieder« und das »Studenten-Lexicon« (beide 1781), dessen Druck die Universitätsbehörden in → Halle/ST vergeblich untersagten. Auf K. geht die heute geläufige Fassung des »Gaudeamus igitur« zurück.

Christian Gottfried Körner, * 2. 7. 1756 L., † 13. 5. 1832 Berlin, Verf. lit.-krit. und polit. Schriften. Sohn von Johann Gottfried Körner (1726-85), Prediger an der Thomaskirche. Hielt seit 76 Vorlesungen über Philosophie und Ökonomie. 81 Konsistorialbeamter (→ Dresden/SN). Stand einem lit. Zirkel vor, der Kontakt zu F.

Schiller knüpfte. K. veröffentlichte in von
Schiller hg. Zss., gab dessen Werke (20
Bde., 1812-18) heraus und schrieb die ers-
te verlässl. Schiller-Biographie (1812). Be-
deutend der Briefwechsel zwischen Schil-
ler und K. (4 Bde., Hrsg. L. Geiger 1893).
In enger Verbindung zu K. (und später
auch zu Schiller) stand seit 1782 der in
L. aufgewachsene Publizist und Übersetzer
Ludwig Ferdinand Huber (1764-1804). –
K.s Sohn **Theodor Körner** (→ Dresden/
SN) studierte 1810/11 in L., musste aber
wegen Verwicklung in zahlreiche Händel
aus der Stadt fliehen. Niederschlag in der
Posse »Der Nachtwächter« (1812).
Friedrich Schiller (→ Ludwigsburg/Mar-
bach/BW) folgte am 17. 4. 1785 der Ein-
ladung Ch. G. Körners nach L., Universi-
tätsstraße 18: »Vielen wollte es gar nicht
zu Kopfe, dass ein Mensch, der die ›Räu-
ber‹ gemacht hat, wie andre Muttersöh-
ne aussehen soll.« – Wohnung: Gasthof
»Blauer Engel« Petersstraße 20 (heute Pe-
tershof-Passage), Hainstraße 5-7 (Gedenk-
tafel); Denkmal (1914), Schillerstraße.
Durch Körner lernte Sch. 1785 in »Rich-
ters Kaffeehaus« Katharinenstraße 23 **Ge-
org Joachim Göschen** (→ Grimma/SN)
kennen, der bald den »Don Carlos« verleg-
te und seit 1793 in L. eine eigene Drucke-
rei besaß, an der Körner finanziell beteiligt
war und in der die berühmten Prachtaus-
gaben der Klassiker entstanden. **Johann
Gottfried Seume** (→ Weißenfels/Poser-
na/ST), 1779-81 L.er Nikolaischule, 1787-
91 L.er Studium, war dort 97 Korrektor.
1802-05 lebte S. wieder in L. Wohnung:
»Barthels Hof«, Markt 8.
Johann August Apel, * 17. 9. 1771 L., † 9.
8. 1816 ebd., Dramatiker und Erzähler.
Als Freund F. de la Motte-Fouqués (→
Brandenburg/BB) Hinwendung zur Ro-
mantik. Aus A.s »Gespensterbuch« stammt
die Vorlage für Webers »Freischütz«.
Jean Paul (→ Wunsiedel/BY), 1781-84

L.er Theologiestudium, das er aufgeben
musste. In L. entstand sein erstes Werk
(»Grönländische Prozesse oder Satirische
Skizzen«, 2 Bde., 1783/84). 1797 wurde
J. von L.er Verehrerinnen in einem Tri-
umphzug ins Gewandhauskonzert gelei-
tet. – Wohnung: Petersstraße 2 (Gedenkta-
fel).
Friedrich Schlegel (→ Hannover/NI) stu-
dierte hier 1791-94. Im Januar 92 lernte er
in L. **Novalis** (→ Hettstedt/Oberwieder-
stedt/ST) kennen, der 1791-93 L.er Stu-
dent war.
Karl Herloßsohn (eig. **Georg Karl Rein-
hold**, Ps. **Heinrich Clauren, Eduard
Forstmann**), * 1. 9. 1802 (oder 04) Prag,
† 10. 12. 1849 L., Erzähler (»Treu bis in
den Tod«, N. 1820) und Publizist. Seit
1825 in L. Hrsg. des »Damen-Conversa-
tions-Lexikons« (10 Bde., 1834-38) und
des »Theater-Lexikons« (7 Bde., 1839-42).
– Wohnung: Hainstraße 19; Grab auf dem
Johannisfriedhof.
Heinrich Laube, * 18. 2. 1806 Sprottau/
Niederschlesien, † 1. 8. 1884 Wien, Dra-
matiker und Erzähler. Wortführer des
»Jungen Deutschland«. 1833/34 und 1842-
44 Redakteur der L.er »Zeitung für die ele-
gante Welt«. 1848 Abgeordneter der Frank-
furter Nat.-Vers. 1869/70 Leiter des L.er
Stadttheaters. – W.: Das junge Europa (R.
5 Bde., 1833.37), Die Karlsschüler (Sch.
1846).
Roderich Benedix, * 21. 11. 1811 L.,
† 26. 9. 1873 ebd., Dramatiker und Erzäh-
ler (»Bilder aus dem Schauspielerleben«,
1847). Thomasschule. Sänger und Schau-
spieler. Redakteur. Schrieb mehr als 100
bühnenwirksame Lustspiele und Possen.
1861 Rückkehr nach L. – Geburtshaus:
Reichsstraße 4-6 (Gedenktafel Durch-
gang zu Specks Hof). – Nachlass: Stadtge-
schichtl. Museum L.
Richard Wagner (→ Bayreuth/BY) wur-
de am 22. 5. 1813 in L. als 9. Kind eines

Polizeischreibers geboren. 1828-30 Nikolaischule; 1830/31 Thomasschule. Dann bis 33 Musikstudium in L. – Geburtshaus (1886 abgebrochen): Brühl 3 (Gedenktafel am Warenhaus); Denkmal am Ausgang Käthe-Kollwitz-Straße, Büste (1903) am Opernhaus; Gräber von W.s Mutter und Schwester (dem ersten Gretchen der L.er »Faust«-Auff.) auf dem Johannisfriedhof. – W.-Slg. Stadtgeschichtl. Museum L.

Theodor Fontane (→ Neuruppin/BB) war 1841/42 Lehrling in der Adlerapotheke, Hainstraße 9, und veröffentlichte im »Leipziger Tageblatt« seine ersten Gedichte. »Die Schlachtfeldwanderungen im Oktober 41 waren wunderschöne Tage für mich.« (»Von zwanzig bis dreißig«, Aut. 1898).

Gustav Freytag (→ Gotha/Siebleben/TH) lebte 1848-70 in L. War Redakteur der polit.-lit. Zs. »Die Grenzboten« und schrieb hier seinen Erfolgsroman »Soll und Haben« (1855). – Wohnung: Goldschmidtstraße 16.

Luise Otto-Peters (→ Meißen/SN) lebte 1858 bis zu ihrem Tod 95 in L. 1855 Gründung der Frauen-Zs. »Neue Bahnen«. – Wohnung: Kreuzstraße 29 (Gedenktafel), Grab auf dem Johannisfriehof

August Bebel (→ Köln/NW) wohnte von 1860-90 in L. Fertigte 1863-84 im eigenen Betrieb (Hof Petersstraße 32/Messehaus »Drei Könige«) seine berühmten Fenster- und Türgriffe aus Büffelhorn. Von L. aus fand B. den Weg in die Pol. – Wohnung: Gustav-Adolf-Straße 15 (Gedenktafel). – Über B.s frühe L.er Zeit **F. May**, »Ein Drechslergeselle namens Bebel« (1960).
1863 war B. in L. Teilnehmer an der von **Ferdinand Lassalle** (1825-64/»Franz von Sickingen«, Tr. 1859) geführten Gründungsvers.des Allgemeinen Deutschen Arbeitervereins (ADAV). Freundschaft B.s mit dem 1865 nach L. gekommenen **Wilhelm Liebknecht** (→ Berlin). – **Clara Zetkin** (→ Mittweida/Wiederau/SN) besuchte seit 1875-82 das L.er Lehrerseminar. Wohnung: Moschelesstraße 8. – **Franz Mehring** (→ Berlin), schon 1866-68 L.er Student, war 1902-07 Chefredakteur der sozialdemokrat.»Leipziger Volkszeitung«. Wohnung: Rosa-Luxemburg-Straße 19-20.

Georg Bötticher (→ Jena/TH), der schon 1870-75 in L. ein Atelier betrieben hatte, lebte 1887 bis zu seinem Tod 1918 in L. – Wohnung: Friedrich-Ebert-Straße 14, ab 94 Gottschedstraße 12, Gedenktafel am Alten Rathaus (Naschmarktseite). – B.s Sohn **Joachim Ringelnatz** (→ Grimma/Wurzen/SN), der die Realschule Gottschedstraße 30 besuchte, schildert in »Mein Leben bis zum Kriege« (1932) seine L.er Kindheit. Im Gedicht »Leipzig«: »Die Berge sind so schön, so erhaben! – / Aber es gibt hier keine.«

Carl Sternheim, * 1.4.1878 L., † 3.11.1942 Brüssel, Dramatiker und Erzähler. Schul- und Studienjahre u. a in L. und Berlin. Seit 1912 wechselnde Wohnsitze. Starb einsam und vergessen. Die bühnenwirksamen Gesellschaftskomödien (»Die Hose«, 1911; »Die Kassette«, 12, »Bürger Schippel«, 13; »Der Snob«, 14) bestimmten lange die dt. Spielpläne. – Das Gesamtwerk (Hrsg. W. Emrich, 1963-76). – Geburtshaus: Lortzingstraße 17.

Wilhelm Klemm, * 15.5.1881 L., † 23.1.1968 Wiesbaden, Lyriker. Leitete 1922-37 in L. den Verlag seines Schwiegervaters Alfred Kröner (1861-1922). Begann mit expressionist. Gedichten (»Schlacht an der Marne«, 1915). – Gesammelte Gedichte (Hrsg. H.-J. Ortheil, 1981). – Wohnung: Karl-Tauchnitz-Straße 33.

Kurt Kluge, * 29.4.1886 L., † 26.7.1940 Fort Eben-Emael bei Lüttich, Erzähler. Kunstschulbesuch in Dresden und L. Vor-

bilder W. Raabe (→ Braunschweig/NI)
und Jean Paul (→ Wunsiedel/BY). – W.:
Der Glockengießer Christoph Mahr (R.
1934); Der Herr Kortüm (R. 1938); Die
Zaubergeige (R. 1940); Lebendiger Brun-
nen (Briefe, Hrsg. C. Kluge, 1952).

Hans Reimann (Ps. u. a. **Max Bunge,
Hanns Heinz Vampir**), * 18. 11. 1889 L.,
† 13. 6. 1969 Schmalenbeck bei Hamburg,
Mundartdichter, Parodist (»Sächsische Mi-
niaturen«, 5 Bde. 1921 ff.). Hrsg. der satir.
Zs. »Der Drache«, für die ab 1923 **Joseph
Roth** (→ Berlin) Feuilletons schrieb.
Gründer des Kabaretts »Retorte« (Gäste:
Walter Mehring/→ Berlin; **Kurt Schwit-
ters/**→ Hannover/NI; **Erich Weinert/**→
Magdeburg/ST). Seit 1925 in Berlin.
Mit-Verf. des Schulromans »Die Feuerzan-
genbowle« (1933). Auch über die L.er Zeit:
»Mein blaues Wunder« (Aut. 1959).

Lene Voigt (eig. **Helene Wagner**), * 2. 5.
1891 L., † 16. 7. 1962 ebd., Mundartdich-
terin (mehr als eine »sächsische Ulknudel«)
und Erzählerin. Kindergärtnerin und Ver-
lagskontoristin. Durch Veröffentlichun-
gen vor allem in linken Zss. (u. a. »Der
Drache«) große Popularität. 1929-40 u. a.
in Bremen, dann wieder in L. – W.: Säk'-
sche Balladen (2 Bde. 1925/26, n. 1972),
Säk'sche Glassigger (2 Bde. 1925-34, n.
1972), Ausgaben: Mally der Familien-
schreck. Satiren, Gedichte und noch mehr
(Hrsg. W. U. Schütte 1986); Werke (6
Bde., Hrsg. M. und W. U. Schütte, 2005-
07). – Wohnung: 1914-26 Schletterstraße
18, 1926/27 Reichpietschstraße 51, 1927-
29 Oststraße 104. Grab auf dem Südfried-
hof (seit 1986 Grabmal mit dem Vers
»Sachsen sin von echtem Schlaach,/die
sin nich dod zu griechn . . .«). – L.-V.-Ge-
sellschaft.

Ferdinand May, * 16. 1. 1896 Pfungstadt
bei Darmstadt, † 8. 11. 1977 L., Verf. hist.
Romane (»Die Verschwörung des Grac-
chus Babeuf«, 1957). Vater der Diseuse Gi-

sela May. Seit 1926 in L., dort Rundfunk-,
Kabarett- und Theaterarbeit. 45 Grün-
dung des Kabaretts »Die Rampe«. 1951-
58 Chefdramaturg der L.er Theater. Dar-
über in »Die bösen und die guten Dinge«
(Aut. 1977). – Wohnung: Christianstraße
26, Grab auf dem Südfriedhof.

Hanns Eisler, * 6. 7. 1898 L., † 6. 9. 1962
Berlin, Komponist (DDR-National-Hym-
ne/»Auferstanden aus Ruinen«, 1949) und
Librettist. Sohn des öst. Philosophen **Ru-
dolf Eisler** (1873-1926), Bruder der Publi-
zistin **Ruth Fischer** (1895-1961), »Stalin
und der deutsche Kommunismus« (1948),
und des Politikers Gerhart Eisler (1897-
1968). Aufgewachsen in Wien. Schüler
von A. Schönberg. Exil in den USA. E.s
»Doktor Faustus« (1953, n. H. Bunge
1983) löste eine der großen Kunstdebatten
in der DDR aus. – Geburtshaus: Hofmeis-
terstraße 14 (Gedenktafel).

Bruno Apitz, * 28. 4. 1900 L., † 7. 4. 1979
Berlin, Romancier (»Nackt unter Wölfen«,
1958). Früh zur KPD. Als Redakteur seit
1930 lit. tätig. Fast die gesamte NS-Zeit
in Haft (→ Weimar/Buchenwald/TH).
1945-55 am L.er Theater. Im Roman »Der
Regenbogen« (1976) Erinnerungen an
die L.er Jugendzeit. – Geburtshaus: Elisa-
bethstraße 49.

Werner Krauss, * 7. 6. 1900 Stuttgart,
† 28. 8. 1976 Berlin, Romanist von inter-
nat. Rang. Verf. des Widerstandsromans
»PLN. Die Passionen der Halkyonischen
Seele« (1946). In der NS-Zeit nur knapp
der Hinrichtung entronnen. 1947-58
Prof. an der L.er Universität. Epochema-
chender Aufsatz: »Literaturgeschichte als
geschichtlicher Auftrag« (1950).

Ernst Bloch (→ Tübingen/BW) folgte
1948 einem Ruf an die L.er Universität.
57 zwangsemeritiert. In L. entstanden die
Hauptwerke: das Hegel-Buch »Subjekt-
Objekt« (1951) und »Das Prinzip Hoff-
nung« (1954-59), in der DDR erschienen,

später aber verboten. 1961 ging B. in den Westen.

Hans Mayer (→ Köln/NW) war nach der Rückkehr aus dem Exil 1948-63 Prof. für dt. Lit.-Gesch. und Weltlit. an der L.er Universität. Neben **Hermann August Korff** (1882-1963) und **Theodor Frings** (1886-1968) war M. der dritte L.er germanist. Ordinarius von internat. Rang. Hielt seine Vorlesungen im legendären Hörsaal 40, Germanist. Institut, Universitätsstraße 3-5 (1968 zus. mit der Universitätskirche gesprengt). – Wohnung: Tschaikowskistraße 23.
Von M. eingeladen, lasen im Hörsaal 40 u. a. **Bertolt Brecht** (→ Augsburg/BY), **Peter Huchel** (→ Berlin), **Stephan Hermlin** (→ Chemnitz/SN) und **Ingeborg Bachmann** (1926-73). Darüber in »Ein Deutscher auf Widerruf« (Aut. 1993). – Unter M.s Schülern 1954-56 **Uwe Johnson** (→ Anklam/MV), der in L. mit der Niederschrift von »Mutmassungen über Jakob« (1959) begann. Manfred Bierwisch, »Uwe Johnson und Leipzig – Ausschnitte einer Beziehung« (in: R. Berbig/Hrsg., Uwe Johnson in der DDR, 1994). Wohnung: Ludwigstraße 105.

Georg Maurer, * 11. 3. 1907 Sächsisch Regen/Siebenbürgen, † 4. 8. 1971 Potsdam, Lyriker und Essayist. In der DDR von großem Einfluss. 1926-34 L.er Student. Nach Kriegsgefangenschaft seit 45 in L. Seit 55 Lehrer am Literaturinstitut, wo er eine ganze Gen. von DDR-Autoren prägte. – W.: Die Elemente (G. 1955); Drei-Strophen-Kalender (1961), Essays I und II (1968-73). – Wohnung: Stallbaumstraße 12, seit 1951 Menckestraße 18; Grab auf dem Südfriedhof.

Alfred Matusche, * 8. 10. 1909 L., † 31. 7. 1973 Karl-Marx-Stadt (→ Chemnitz/SN), Hörspielautor und Dramatiker. Abgebrochenes Studium. Wanderleben. Verlust aller Ms.e in der NS-Zeit. Hörfolgen

für den Sender L. vor 1933 und nach 45. Galt in der DDR als eigenwilliges Talent. B. Brecht wies früh auf M. hin: »Bei Ihnen ist jede Zeile wahr, die Sie schreiben«. – W.: Die Dorfstraße (1955); Kap der Unruhe (1970). – Grab auf dem Dorotheenstädtischen Friedhof Berlin.

Hildegard Maria Rauchfuß, * 22. 2. 1918 Breslau, † 15. 3. 2000 L., Erzählerin. Seit 1947 in L. Griff in »Schlesisches Himmelreich« (R. 1968) das in der DDR tabuisierte Vertreibungsthema auf. Kabarett-Texte für die L.er »Pfeffermühle«. – Grab auf dem Südfriedhof.

E Buchstadt Leipzig. 1481 wurde in L. das erste Buch gedruckt. Doch der Aufschwung kam erst mit der Reformation, als die Druckaufträge aus Wittenberg vornehmlich an den L.er Melchior Lotter gingen. Im 18. Jh. beeinflussten L.er Verleger wie Johann Gottlob Immanuel Breitkopf (1719-94), einer der besten Typographen seiner Zeit, Johann Friedrich Weygand (1743-1806), der die wichtigsten Stürmer und Dränger unter Vertrag hatte, und Georg Joachim Göschen mit seinen Klassiker-Ausgaben das Buchwesen in Dtl. maßgeblich. 1825 wurde in L. mit dem Börsenverein der deutschen Buchhändler die einflussreiche Standesorganisation gegründet. Auch die Druckindustrie nahm in L. einen erheblichen Aufschwung. 1871 gab es hier 50 Druckereien, 1912 300. Friedrich Arnold Brockhaus (1772-1823) kam mit seinem berühmten Lexikonverlag 1817 nach L., wo eine ganze Verlegerdynastie das Weltunternehmen fortentwickelte. Er war auch der Mitinitiator für die Einrichtung des »Graphischen Viertels«. Benedictus Gotthelf Teubner (1784-1856) wurde mit Ausgaben antiker Autoren weltberühmt. Anton Philipp Reclam (1807-96) gründete 1867 die »Universal-Bibliothek«, die »ein Erscheinen sämtlicher classischer Werke zu wohlfeilen Preisen« versprach. Goethes »Faust I« war die Nr. 1, 1945 erschien die Nr. 7610. Wenn auch Berlin, Stuttgart und München am Ende des 19. Jh.s zu erheblichen Konkurrenten geworden waren, so blieb L. doch noch bis

Mitte des 20. Jh.s das unangefochtene Zentrum des dt. Verlagswesens, in dem in zunehmendem Maße auch die moderne Lit. Platz fand. Anton Kippenberg (1874-1950) übernahm 1906 den fünf Jahre zuvor in L. gegründeten Insel Verlag, in dem seit 1912 die »Insel-Bücherei« erscheint. Kurt Wolff (1884-1963) protegierte in seinem 1912 in L. gegründeten Verlag die wichtigsten Expressionisten. Den hohen Rang der Buchstadt unterstrichen die Internat. Buch- und Graphikausstellung (BUGRA) 1914 und die Internat. Buchkunstausstellung 1927. Der Niedergang begann mit dem Rückgang der Handelsbeziehungen nach dem verlorenen 1. Weltkrieg und setzte sich mit der Gleichschaltung in der NS-Zeit fort. Im Bombenkrieg 1943/44 wurde das »Graphische Viertel« zu 80 Prozent zerstört. Doch blieb L. in der DDR ein wichtiger Verlagsort. Heute gibt es in über einem Dutzend dt. Mittelstädte mehr Verlage als in L. Trotz des großen Erfolges der in jedem Frühjahr stattfindenden L.er Buchmesse konnte nach der »Wende« nicht mehr an die einstige Bedeutung angeknüpft werden.

A An der 1409 gegr. L.er Universität gab die Scholastik den Ton an. Ihr Hauptvertreter war der Theologe **Konrad Wimpina** (um 1460-1531), von dem auch der erste »Lobgesang« auf L. stammt. – Das L.er Paulinerkloster war 1489 bis zu seinem Tod 1519 Heimstatt **Johann Tetzels** (→ Pirna/SN). Von den frühen L.er Studenten ragen heraus: **Hartmann Schedel** (→ Nürnberg/BY/1455-63) und **Paulus Niavis** (→ Bautzen/SN/1479-82). Die Humanisten waren Bewunderer von **Konrad Celtis** (→ Schweinfurt/Wipfeld/BY), der 1487/88 in L. Vorlesungen hielt und seine Poetik »Ars versificandi et carminum« (1486) in L. drucken ließ. Am längsten von allen Humanisten hielt es **Hermann von dem Busche** (→ Warendorf/Sassenberg/NW/1504-07) in L. aus. Obwohl angeklagt, beschenkte er L. mit dem Lobgedicht »Lipsica« (1504). – Erfolgreich war **Johannes Rhagi-**

us (→ Wittenberg/ST/1508-11), der einen großen Schülerkreis um sich scharte. Berühmt als Hrsg. von Tacitus' »Germania« (1509). Später musste Rh. die Universität verlassen. Auch **Ulrich von Hutten** (→ Schlüchtern/Vollmerz/HE) hatte in L. wenig Glück, da er sich hier die Syphilis zuzog. Wie sehr H. sich über die L.er Scholastiker empörte, zeigt der Plan eines 3. Bd.s der »Dunkelmännerbriefe« u. d. T. »Epistolare magistrarum lipsiensium«. Enttäuscht wurde auch **Helius Eobanus Hessus** (→ Marburg/HE), der 1513 vergebl. auf einen Poesie-Lehrstuhl hoffte. H. veröffentlichte in L. zwei Werke unter der Sammelbezeichnung »Sylvae« (also »Wälder«), die bald in der europ. Lit. Furore machen sollten.

Thomas Müntzer (→ Sangerhausen/Stolberg/ST) ließ sich für das WS 1506 an der L.er Universität immatrikulieren; das ist das erste gesicherte Datum seiner Biographie. Im Januar und im Juni/Juli 1519 hielt er sich erneut in L. auf. **Hans Hergot**, 1524 Hrsg. seiner Schriften, wurde 27 auf dem L.er Markt hingerichtet. – **Martin Luther** (→ Eisleben/ST) hielt sich 1512-45 siebenmal in L. auf. Am längsten 1519 während der berühmten Disputation mit Johannes Eck (1486-1543), in der L. offiziell mit der Papstkirche brach. L.s Mitstreiter in der Hofstube der Pleißenburg (heute Neues Rathaus, Martin-Luther-Ring 2, Gedenktafel): **Karlstadt** (→ Wittenberg/ST) und **Philipp Melanchthon** (→ Bretten/BW). Vermutl. war auch Müntzer zugegen. Der L.er Prof. **Christoph Hegendorff** (1500-40) berichtete über das Ereignis. Luther hatte in dem Drucker **Melchior Lotter** (vor 1470-1549) in L. einen leidenschaftl. Anhänger. Letztmals kam L. am 12. 8. 1545 nach L., um die Universitätskirche zu weihen. Wohnung: 1519 in Lotters Haus Hainstraße 16 (Gedenktafel am Nachfolgebau), oft in Auerbachs Hof (Mädlerpassage) und 45 Universitätsstraße 97. – **Caspar Peucer** (→ Bautzen/SN) wurde 1574-86 auf der L.er Pleißenburg gefangen gehalten. – **Sethus Calvisius** (→Artern/Heldrungen/TH) war 1594 bis zu seinem Tod 1615 Thomaskantor und L.er Musikdirektor. – Sein Nachfolger wurde **Johann Hermann Schein** (→ Aue/Grünhain/SN), dessen»Wald-Liederlein« (1621) große Beachtung fanden. – Unter den L.er Dichter-Studenten der Barockzeit: Die großen Schlesier **Daniel Czepko von Reigerswald** (1605-60/1623/24, »Coridon und Phyllis«, 1647) und **Daniel Casper von Lohenstein** (1635-83/1651-55, »Sophonispe«, 1666). **Kaspar Stieler** (→ Erfurt/TH/1648-50), **Samuel Pufendorf** (→ Stollberg/Dorfchemnitz/SN/1650-55) und **Johann Beer** (→ Weißenfels/ST/1676/77). – **Christian Wolff** (→ Halle/ST) lehrte 1702-06 an der L.er Universität und habilitierte sich 03. – **Johann Kuhnau** (→Dippoldiswalde/Geising/SN) kam 1682; er wurde 1701 Thomaskantor. J. S. Bach war sein Nachfolger.

Caroline Neuber (→ Reichenbach/SN) kam 1727-45 alljährl. nach L. Spielstätte oft der Naschmarkt, aber auch der Platz bei den Fleischbänken (Reichsstraße 3-5), der Große Blumenberg (Richard-Wagner-Platz) und Zotens Hof Nicolaistraße 24. Zusammenarbeit mit Gottsched. Gedenktafel im Foyer des Schauspielhauses, Bosestraße 1. – **Ewald Christian von Kleist** (→ Frankfurt a. d. O./BB) kam 1757 nach L., wo er Ch. F. Gellert und Ch. F. Weiße kennenlernte und mit G. E. Lessing Freundschaft schloss. – **E. T. A. Hoffmann** (→ Berlin) war 1813/14 Musikdirektor der Secondaschen Operngesellschaft. Innerhalb von neun Monaten brachte H. 40 Opern zur Aufführung und vollendete hier seine Oper »Undine«. Wohnung: Fleischergasse 1.

Christian Dietrich Grabbe (→ Detmold/NW) wollte 1820-23 am L.er Theater Fuß fassen, was misslang. – **Georg Büchner** (→ Groß-Gerau/Goddelau/HE), zwar nie in L., griff im »Woyzeck« (1835) die auf dem L.er Markt 1824 erfolgte (letzte öffentliche) Hinrichtung des Barbiers Woyzeck auf. Richtschwert im Stadtgeschichtl. Museum. – **Adelbert von Chamisso** (→ Berlin) reiste 1837 mit der Post nach L., um von dort auf der ersten Teilstrecke der Leipzig-Dresdner Eisenbahn zu fahren, besichtigte aber auch die berühmte Brockhaussche Druckerei. – **Friedrich Nietzsche** (→ Weißenfels/Röcken/ST), 1865-68 L.er Student, lernte im Haus des Orientalisten Hermann Brockhaus, Querstraße 15, R. Wagner kennen. Wohnung: Scherlstraße 4. – **Paul Heyse** (→ Berlin) verfasste 1886 für den heute vor dem Gewandhaus stehenden Mende-Brunnen eine Inschrift, was insofern delikat war, als man in der Stifterin eine Bordellbesitzerin vermutete, was noch **Egon Erwin Kisch** (→ Berlin) eine Rep. (»Das Vermächtnis der Frau Mende«) wert war. – **Ludwig Ganghofer** (→ Kaufbeuren/BY) wurde 1879 an der L.er Universität zum Dr. phil. promoviert, **Hans Carossa** (→ Bad Tölz/BY) 1903 zum Dr. med.

Von den bedeutendsten L.er Gelehrten um 1900 seien genannt: **Karl Lamprecht** (→ Wittenberg/Jessen/ST) und der aus Berlin stammende **Georg Witkowski** (1863-1939). Bis zu seiner Entlassung durch die Nazis 1933 Lit.-Prof. (»Goethe«, 1899, »Von Menschen und Büchern«, 2003). Verf. einer »Geschichte des literarischen Lebens in Leipzig« (1909). – Bei ihm studierte seit 1906 **Kurt Pinthus** (→ Erfurt/TH), der in dem Feuilleton »Aus einem Leipziger Tagebuch« (1912) die Atmosphäre der Stadt erfasst. Um P. versammelt die Expressionisten: **Walter Hasen-**

clever (→ Aachen/NW), 1909-14 L.er Student, und **Franz Werfel** (1890-1945), 1909-12 L.er Student, bis 14 Lektor im Kurt-Wolff-Verlag, wo drei Gedicht-Bde. W.s (u. a. »Wir sind«, 1913) erschienen. Mitarbeit an der Reihe »Der jüngste Tag« (86 Bde., 1913-21), eine einzigartige Dokumentation des lit. Expressionismus. – Von den Autoren, die L. besuchten, seien genannt: **Rainer Maria Rilke** (→ München/BY), mit dessen »Cornet« 1910 Anton Kippenberg die »Insel-Bücherei« eröffnete; **Johannes R. Becher** (→ München/BY); **Else Lasker-Schüler** (→ Wuppertal/NW); **Franz Kafka** (→ Berlin). – 1909 wurde Wilhelm Ditzen an das in L. ansässige Reichsgericht berufen. Sein Sohn **Hans Fallada** (→ Greifswald/MV) unternahm 1911 einen Selbstmordversuch und wurde von der Schule genommen. Konfliktverarbeitung in »Der junge Goedeschal« (R. 1920). Wohnung: Schenkendorfstraße 61. – **Erich Kästner** (→ Dresden/SN) war 1919-24 L.er Student. 1925 Dr. phil. Wohnung: Senefelderstraße 3.

Von 1926 bis zu ihrem Tod lebte **Lenka von Koerber** (1886-1958) in L., wo sie mit Büchern über den Strafvollzug auffiel: »Meine Erlebnisse unter Strafgefangenen« (1928); »Menschen im Zuchthaus« (1930). – L.er war **Karl Zuchardt**, (1887-1968), dessen hist. Romane (»Wie lange noch, Bonaparte?«, 1956; »Stirb, du Narr«, 1960) in der DDR ein großes Publikum fanden. – Der 1904 geborene **René Schwachhofer** (→ Rathenow/Falkensee/BB) wuchs in L. auf und studierte hier Germanistik. 1945 Lit.-Referent beim Sender L. – L.er war **Hasso Grabner** (1911-76), in der NS-Zeit neun Jahre inhaftiert. Der Gedichte (»Der Takt liegt auf dem linken Fuß«, 1958) in der Manier E. Weinerts schrieb. Grab auf dem Südfriedhof.

E **Erich Loests Leipzig-Romane.** Wie kaum ein anderer L.er Autor wurde er der epische Chronist seiner Stadt. Schon in »Es geht seinen Gang oder Mühen in unserer Ebene« (1977) ist L. präsent. In »Völkerschlachtdenkmal« (1984) wird die Handlung »zu einem Parforceritt durch die Historie Sachsens« (St. Reinhardt) entwickelt. Der Roman handelt auch vom Anfang des Endes der DDR, als 1968 auf Befehl W. Ulbrichts die 700 Jahre alte L.er Universitätskirche gesprengt wurde, weil nach damaligem Parteiverständnis an einem Karl-Marx-Platz kein Gotteshaus zu stehen habe. Für Loest war dieser staatliche Gewaltakt, dem kaum Widerstand entgegengesetzt wurde, ein Schlüsselerlebnis. In »Nikolaikirche« (1995) gelingt ihm dann ein Epochengemälde, an dessen Ende der zweite Oktobermontag 1989 steht, als die 70 000 Demonstranten auf dem L.er Ring noch nicht wussten, wie die DDR-Staatsmacht handeln würde.

S **Universitätsbibliothek** (3,6 Mio. bibliograph. Einheiten), hervorgegangen 1543 aus der Paulinerbibliothek. Im Sonderbestand 8600 Hss., darunter eine 42-zeilige Gutenberg-Bibel; 170 000 Autographen umfassende Brief-Slg. – **Deutsche Bücherei**, gegründet 1912 als Gesamtarchiv des dt.-sprachigen Schrifttums. Mit 13.5 Mio. bibliograph. Einheiten die größte Bibliothek Dtl.s. – **Deutsche Zentralbücherei für Blinde**, gegründet 1894 als erste ihrer Art in der Welt. Bestand über 40 000 Bde. Punktschrift-Lit. – **Deutsches Literaturinstitut**, gegründet 1955, Hochschulstatus 1958, Schließung 1990. Wiedereröffnung 1995. Mehr als 1000 Direkt- und Fernstudenten, darunter Sarah Kirsch, Heinz Czechowski, Adolf Endler, Angela Krauß, Dieter Mucke. – **Literaturhaus** L.

R Das noch im Weichbild der Stadt liegende **Rosental** hat von jeher die Dichter angezogen. Stellvertretend **G. Maurer**, der es auf dem Weg ins Literaturinstitut immer wieder durchquerte: »Alles, was darin an Bäumen, Sträuchern, Blumen, Wasser, Fröschen und Vögeln vorkommt, verdanke ich diesen Anlagen« (Über den »Drei-Strophen-Kalender«, 1961). – **Schil-**

ler wohnte Mai-September 1785 in **Goh-
lis**, wohin man durch das Rosental ge-
langt. Dank finanzieller Unterstützung
Ch. G. Körners durchlebte er hier die un-
beschwerteste Zeit seines Lebens. Sch. ar-
beitete am »Don Carlos« und schrieb die
erste Fassung der Ode »An die Freude«.
Wohnung: Menckestraße 42 (Schiller-Ge-
denkstätte). In der Nähe das G.er Schlöss-
chen. – Auf der anderen Seite der Elster
Plagwitz, wo **Friedrich Gerstäcker** (→
Hamburg) 1852- 60 lebte. – Weiter südl.
Kleinzschocher, dessen Gutsherr **Christi-
an Friedrich Henrici** (→ Pirna/Stolpen/
SN) rechenschaftspflichtig war. Das ist
der Hintergrund für die Entstehung der
von H. gedichteten und von J. S. Bach
vertonten »Cantate en burlesque« (»Bau-
ernkantate«, BWV 212), die hier 1742 auf-
geführt wurde. Gutshaus kriegszerstört,
Eingangsportal erhalten, Windorfer Stra-
ße/Ecke Schlossweg (Gedenktafel). In
Erinnerung blieb H. vor allem als Text-
autor der Bachschen »Matthäuspassion«,
1727 in der L.er Thomaskirche uraufge-
führt.
Über die Elsteraue gelangt man in den L.er
Süden nach **Probstheida** und auf einen
Teil des Schlachtfeldes vom Oktober 1813.
Max von Schenkendorf (→ Koblenz/RP)
hat als Mitglied des russ. Generalstabs an
der »Völkerschlacht« teilgenommen. Auch
Ernst Moritz Arndt (→ Rügen/MV) kam
mit russ. Truppen nach L. und besichtigte
den Kriegsschauplatz einige Tage später.
Auf ihn geht der Vorschlag eines Gefalle-
nendenkmals zurück, das dann 100 Jahre
später gebaut wurde. **Ernst Anschütz** (→
Suhl/TH), 1820 bis zu seinem Tod 61 Mu-
siker in L., erlebte das Ereignis aus näch-
ster Nähe und hinterließ »Tagebuch-Auf-
zeichnungen« (Hrsg. E. Seemann 1924).
Der L.er **Guido Theodor Apel** (1811-90),
ein Schulfreund R. Wagners, schrieb den
meistgenutzten »Führer auf die Schlacht-

*Leipzig: Kirche und Gutsschloss von Stötteritz,
Wohn- und Wirkungsstätte von Christian Felix
Weiße. Stich Anfang des 19. Jh.s*

felder Leipzigs« (1863). A.-Steine auf dem
Schlachtfeld. – Richtung Stadtzentrum
Stötteritz, wo **Christian Felix Weiße** (→
Annaberg-Buchholz/SN) 1790-1804 auf
seinem Landgut, Oberdorfstraße 15, lebte.
W. war 1745 nach L. gekommen und wur-
de immer mehr als »Patriarch« der L.er Lit.
angesehen. Als beziehungs- und einfluss-
reicher Mann versorgte W. die Adelshäu-
ser mit Hofmeistern und einige Dichter
mit Einkommen. In St. besuchten ihn
A. M. von Thümmel, **Christoph Martin
Wieland** (→ Biberach/BW) und **Jean
Paul**. – Nahebei **Sellershausen**, von dem
Gottfried Keller 1847 in der Zeitung las,
dass sich dort »ein Jüngling von 19 Jahren
und ein Mädchen von 17 Jahren liebten,
beide Kinder armer Leute, die aber in einer
tödlichen Feindschaft lebten«. Diese un-
glückliche Liebe wurde zum Sujet seiner
Novelle »Romeo und Julia auf dem Dorfe«
(1855). – Ganz nahe **Schönefeld**, in dessen
Kirche 1840 **Robert Schumann** (→ Zwi-
ckau/SN) und Clara Wieck getraut ge-
traut wurden. Im Schloss wurde 1738 **Mo-
ritz August von Thümmel** (→ Coburg/
BY) geboren. Während seines L.er Studi-
ums hatte er Ch. F. Gellert, G. W. Rabe-
ner und Ch. F. Weiße kennengelernt.

Markkleeberg

Museum im Torhaus (Erinnerung an die Kämpfe in der Völkerschlacht 1813 um den Pleiße-Übergang).

Heinrich Anshelm von Ziegler und Kliphausen, * 6. 1. 1663 Radmeritz (→ Görlitz/ SN), † 8. 9. 1696 Liebertwolkwitz bei M., Romanschriftsteller und Lyriker. Nach abgebrochenem Studium (→ Frankfurt a. d. O./BB) seit 1684 auf seinem Gut in Liebertwolkwitz. Berühmt wurde Z. mit dem höf.-hist.Roman »Die Asiatische Banise/ Oder Das bluthig- doch muthige Pegu ...« (1689)

Gottlieb Wilhelm Rabener, * 17. 9. 1714 Wachau bei M., † 22. 3. 1771 → Dresden/ SN, Satiriker. Aufgewachsen auf dem väterl. Rittergut, Bauernhaus-/Ecke Markkleeberger Straße. 1734-39 Studium in Leipzig. 1741-53 Steuerrevisor für den Kreis Leipzig. Berühmt mit Beiträgen in der Zs. »Belustigungen des Verstandes und des Witzes«; »Sammlung satirischer Schriften« (1755).

R Im nahen **Knautkleeberg** verbrachte **Johann Gottfried Seume** (→ Weißenfels/Poserna/SN) 1770-77 einen Teil seiner Kindheit bei seiner mittellosen Mutter. – In **Holzhausen** lebte bis zu seinem Tod **Hans Albert Förster** (1898-1954), dessen Bergsteiger-Bücher (»Bezwinger der Titanen«, 1949) einst Bestseller waren.

Schkeuditz

Museum der Stadt.

Gerhard W. Menzel, * 18. 12. 1922 Sch., † 14. 3. 1980 Leipzig, Verf. hist. Romane. Sohn eines Hörspieldramaturgen beim Sender Leipzig. Erfolgreich die Bücher über P. Brueghel (»Pieter der Drollige«, 1969) und G. E. Lessing (»Wolfenbütteler Jahre«, 1975). – Wohnung in Leipzig:

Magdalenenstraße 3, Grab auf dem Leipziger Südfriedhof.

Taucha

Städtisches Museum.

Unmittelbar nach dem 2. Weltkrieg lebte **A. Matusche** in **Portitz,** schrieb Hörspiele für den Sender Leipzig, aber auch die ersten Stücke. – Als **A. Bebel** und **W. Liebknecht** 1881 aus Leipzig ausgewiesen wurden, nahmen sie Wohnung im nahen **Borsdorf** (sog. »Villa Liebknecht«), Leipziger Straße 1 (Gedenktafel). – 1813 wurde in **Kitzen** das Lützow'sche Freikorps nahezu aufgerieben. Lützow und sein verwundeter Adjutant **Theodor Körner** entkamen. K.-Denkmal. – In **Störmthal** wurde der Sozialpolitiker **Friedrich Naumann** (1860-1919) geboren. Werke (6 Bde., Hrsg. W. Uhsadel, 1964-69). – Nahebei **Klein-Dölzig,** wo **Ch. Wolff** ein Gut besaß.

B A. Herzog (Hrsg.), Das literarische Leipzig. Kulturhistorisches Mosaik einer Buchstadt, 1995; H.-Ch. Mannschatz, Stadt und Bibliothek. Die Entstehung einer städtischen Bibliothekslandschaft in Leipzig, 1996; B. Weinkauf, Leipzig mit Goethes Augen, 1999; W. Marx, Leipzig. Literarische Spaziergänge, 2001; A.-K. Mai, Ch. F. Weiße. Ein Leipziger Literat zwischen Aufklärung, Bühne und Stötteritzer Idyll, 2003; A. Bode, H. Hoyer, Europa erlesen, Leipzig, 2005.
Z Borna, Delitzsch, Grimma (SN); Halle, Merseburg (ST).

LEMGO/NW

»Man geht durch die Stadt, wie wenn man ein großes Bilderwerk durchblättert, ein Tausend-undein-Haus Bilderbuch voll Märchen, Fabeln, Schwänken und Balladen, die bald traurig, bald lustig und auch schaurig sind.« (Ricarda Huch, 1927)

Druckereien seit 1560; im 18. Jh. das »westfälische Leipzig«. – Heimatmuseum (Hexenbürgermeisterhaus), Weser-Renaissance-Museum (Schloss Brake).

Engelbert Kaempfer, * 16. 9. 1651 L., † 2. 11. 1716 ebd., bedeutender Forschungsreisender und erster Europäer in Japan. Zehnjährige Asienreise; kehrte 1694 als Lipp. Leibmedikus nach L. zurück und wohnte auf dem Steinhof in Lieme. Zu seinen Lebzeiten wurden 1721 nur die »Amoenitates exoticae« gedruckt. – W.: Geschichte und Beschreibung von Japan (1777); Die Reisetagebücher E. Kaempfers (Hrsg. K. Meier-Lemgo, 1968). – Denkmal auf dem Wall; Gedenkzimmer im Heimatmuseum. – K.s Wohnhaus wurde 1820-27 vom damaligen Pfarrer **F. W. Pustkuchen** (→ Detmold/NW) bewohnt.

In L. geb. der preußische Diplomat **Christian Conrad Wilhelm von Dohm** (1751-1820), dessen »Denkwürdigkeiten meiner Zeit...« (1814 ff.) Goethe ein »treffliches Werk« nannte. Als erster Deutscher schrieb er über die Emanzipation der Juden: »Über die bürgerliche Verbesserung der Juden« (1781).

A Der Osnabrücker Geschichtsschreiber **Hermann Hamelmann** (1526-95) war 1555-68 Pastor an St. Marien; er begründete die erste Zeitung und den ersten Heimatkalender in Westfalen; Werke im Heimatmuseum. – **Andreas Heinrich Buchholtz** (→ Helmstedt/Schöningen/NI) war von 1637-39 Rektor des Gymnasiums. – **Johann Gottfried Herder** (→ Weimar/TH) ritt von → Bückeburg gern nach L., um dort Bücher zu kaufen.

L Die alte Stadt und die Zeit der Hexenverfolgungen in der Lit.: **Georg Ludwig Herschel**, »Der Buchführer von Lemgo« (1873); **Dorothee Theobold** (1866-1926), »Der Hexenrichter von Lemgo« (N. 1919); **Albrecht Schaeffer** (→ Hannover/NI), »Der Roßkamm von Lemgo« (R. 1933, n. 49 u. d. T. »Janna du

Cœur«) und **Karl Meier-Lemgo** (1882-1969), »Der Hexenbürgermeister von Lemgo« (R. 1935). – Als Mundartdichter bekannt: **Gustav Hackemack** (1872-1958): »Hanken Jüsken« (1959).

R »Nichts trägt meine Heimat als Schinken und Würste und das habt Ihr ja alles bei Euch viel besser. Denn dieser Distrikt schließt das äußerste Westfalen ab. Und er ist ebenso durch die Güte seiner Schweine berühmt, wie durch seiner Bewohner athletische Gestalt und Kraft...«, schrieb **Engelbert Kaempfer** nach Amsterdam. Das Gut des Unternehmers F. L. Tenge in **Niederbarkhausen** (Oerlinghausen-N.) nannte man »den westfäl. Hof von Ferrara«, wie **Levin Schücking** (→ Meppen/NI) die dortige Gastfreundschaft rühmte; weitere illustre Gäste: **Ferdinand Freiligrath** (→ Detmold/NW), **Robert Blum** (→ Köln/NW), **Wolfgang Müller von → Königswinter** (→ Bad Honnef/NW), **Moritz Carrière** (→ Friedberg/Butzbach/HE); **A. H. Hoffmann von → Fallersleben** (→ Wolfsburg/NI) reiste von hier aus mit dem demokrat. und musischen Unternehmer 1844 nach Italien. – Aus dem Bergstädtchen **Oerlinghausen** stammt **Marianne Weber** (1870-1954), von 1919-23 Vorsitzende des Bundes Dt. Frauenvereine. Am bekanntesten ihr Buch »Die Frau und die Liebe« (1935) und die Biographie ihres Mannes Max Weber (1926); »Lebenserinnerungen« (1948). In O. auch ein Hermann-Löns-Gedenkstein. – In Schloss **Iggenhausen** (Lage-I.) wurden die Brüder **Alexander** (1788-1813) und **Wilhelm von Blomberg** (1786-1813) geb. Die »Hinterlassenen poetischen Schriften« des als Offizier vor Berlin gefallenen Alexander gab 1820 F. de la Motte-Fouqué (→ Berlin) heraus;. Wie sein Bruder schrieb Wilhelm Tragödien, darunter »Hermanns Tod«. – Vielbesucht **Bad Salzuflen** (mit dem Deutschen Bädermuseum), seit 1817 Kurstadt.

Agnes Miegel (→ Rinteln/Bad Nenndorf/
NI) starb hier am 26. 10. 1964 (Grab auf
dem Friedhof). Ebenfalls verstarb hier
1977 der Lyriker und Essayist **Kurt Mey-
er-Rotermund**. Im Asental lebte seit 1936
Richard Euringer (→ Augsburg/BY). Auf
Gut Volkhausen Gedenkstein für den Arzt
und Mundartdichter **Karl Biegemann**
(1854-1937): »Twisken Biege un Weern«
(1908), »Iut Deppels äolen Dagen« (1929).

Z Bielefeld, Detmold, Herford (NW); Ha-
meln, Rinteln (NI).

LEONBERG/BW

Friedrich Wilhelm Joseph Schelling, * 27. 1.
1775 L., † 20. 8. 1854 Bad Ragaz/Schweiz,
Philosoph, einer der Hauptvertreter des
dt. Idealismus im Übergang zur Roman-
tik. Seit seiner → Tübinger (BW) Stiftszeit
mit F. Hölderlin (→ Lauffen/BW) und
G. W. F. Hegel (→ Stuttgart/BW) befreun-
det. Erste Professur 1798 in → Jena/TH.
1806 geadelt und Generalsekretär der Aka-
demie der Bildenden Künste in → Mün-
chen/BY. 1820-26 in → Erlangen/BY, seit
1841 in → Berlin. – Sch.-Haus (Gedenkta-
fel, auch für die hier geb. Theol.- und Phi-
los.-Prof. **H. E. G. Paulus**, 1761-1851, und
K. W. Hochstetter, 1781-1811) Pfarrstra-
ße 14; Sch.-Gedenkraum im Stadtmu-
seum. – Nachlass Lit. Archiv der Akade-
mie der Wiss. Berlin, DLA Marbach. – In-
tern. Sch.-Gesellschaft e. V.
Christian Wagner, * 5. 8. 1835 **Warmbronn**,
† 15. 2. 1918 ebd., Bauer (und Ehrenbür-
ger) von W. (Leonberg-W.). Er war nicht
der landesübliche »Bauerndichter«; Karl
Kraus etwa galt er als lyr. Exempel gegen
die Zeit. »Märchenerzähler, Brahmine und
Seher« hieß sein erstes Buch (1885), sein
letztes bringt Geschichten aus seiner Ju-
gend (»Eigenbrötler«, 1915, n. 1976). –
Ch.-W.-Haus (Ch.-W.-Straße 3); Grab

*Warmbronn: »Die Katzen steigen an ihm auf
und ab wie die Engel an der Jakobsleiter« (Dr.
Owlglaß, 1916) – Christian Wagner im Garten*

auf dem Friedhof (G. »Besuch in W.«,
1973, von **Georg Schwarz**/→ Nürtingen/
BW); Ch.-W.-Dichterpfad. Auf den Spu-
ren seiner »Sonntagsgänge«. – Die Ch.-
W.-Gesellschaft e. V. verleiht seit 1992
den Ch.-W.-Preis. – Nachlass DLA Mar-
bach.
Daniel Speer (1636-1707), Provisor 1670-
72 an der L.er Lateinschule, Komponist,
veröffentlichte 1683 den R. »Ungarischer
oder Dacianischer Simplicissimus ...« –
L.-**Eltingen**: der Reimchronist **Hans Rö-
rach** (um 1517-78) kommt aus E. Johann
Friedrich Ostertag (1803-85) war Pfarrer,
Schriftsteller und Ehrenbürger von E. Als
Pfarrverweser fungierte August 1831 – Ja-
nuar 32 **Eduard Mörike** (→ Ludwigsburg/
BW) hier, »ein Verbannter in Sibirien«. –
August Julius Lämmle (→ Oßweil/Lud-
wigsburg/BW) zog 1943 nach L. (Ramtel
22, später A.-L.-Weg 18, abgerissen 1976),
Ehrenbürger, starb hier 1962. – Von 1938

bis 54 hatte **Albrecht Goes** (→ Stuttgart/ BW) in L.-Gebersheim im Pfarrhaus seinen Wohnsitz.

A Johannes Kepler, seit 1577 in L., dem Geburtsort seiner Mutter, lebend, legte 1583 hier das »Landexamen« ab. – **Friedrich Schillers** (→ Ludwigsburg/Marbach/ BW) Mutter, Elisabeth Dorothea Schiller, geb. Kodweiß (1732-1802), wohnte 1796-1801 im Schloss; eine Gedenktafel erinnert daran. – In L. lernte **Friedrich Hölderlin** (→ Lauffen/BW) seine Jugendliebe Louise Nast kennen, die Cousine seines Freundes Immanuel N. (Gedenktafel Marktplatz 26).

R Aus **Weil der Stadt** stammen der Humanist **Heinrich Steinhöwel** (1412-73/ → Ulm/BW) und der Reformator **Johannes Brenz** (1499-1570/→ Stuttgart/BW). W.s Stolz jedoch ist **Johannes Kepler** (geb. 27. 2. 1571 in W., gest. 15. 11. 1630 in → Regensburg/BY), der die Planetenbewegung beschrieb und N. Kopernikus bestätigte. Seine Grabschrift: »Habe die Himmel erforscht, / jetzt irdische Schatten erforsch ich; / Himmelsgeschenk war der Geist, / schattenhaft liegt nun der Leib.« Das Geburtshaus neben dem Rathaus ist als K.-Museum eingerichtet; Denkmal auf dem Marktplatz. – **Heimsheim** und **Döffingen** sind durch Balladen von **Ludwig Uhland** (→ Tübingen/BW) in die Literatur gekommen: »Die drei Könige zu Heimsen« bzw. »Die Döffinger Schlacht«. **Aidlingen** an der Aid erscheint als »Eyltingen an der Eyl« im »Gegenparadies« in **Gerhard Vescovis** (→ Sindelfingen/BW) »Hippokrates im Heckengäu«.

B U. Keicher, »Schlummert sanft ihr moderne Gebeine«. Leonberger Lit.geschichte vom Mittelalter bis heute, 1994; Marbacher Magazin zu Ch. Wagner 6/1977.
Z Calw, Pforzheim, Sindelfingen, Stuttgart, Vaihingen (BW).

LEVERKUSEN/NW

Stadtbibliothek. – Städt. Museum Schloss Morsbroich.

Vinzenz von Zuccalmaglio (gen. **Montanus**), *26. 5. 1806 L.-Schlebusch, † 21. 11. 1876 → Grevenbroich/NW, vaterländ. Schriftsteller, Justizrat und Notar. Sammelte wie sein Bruder Anton Wilhelm (→ Gummersbach/Waldbröl/NW) Volkslieder, Sagen, Märchen und veröffentlichte unzählige Flugschriften und hist., volkskundl., landwirtschaftl. Aufsätze. – W.: Geschichte der Vorzeit (1836); Deutsche Kokarde (pol. Katechismus 1848); Kleinere Schriften (1881). – Geburtshaus Bergische Landstraße 53. – Mss., Tgb. StB Aachen, StA L., Berg. Geschichts-Verein Wuppertal.

L Am Nordende des Schlossparks in L.-Schlebusch die 1868 erneuerte Gezelinkapelle. Der Sage nach tat sich vor dem Mönch Gezelin dort in sommerl. Dürre eine Quelle auf. – »Nicht ohne uns!«, Arbeiterbriefe, Berichte und Dokumente zur chemischen Industrialisierung von 1760 bis heute, ges. und kommentiert von **Hilla Peetz** (1981).
Z Bergisch Gladbach, Bensberg, Köln, Siegburg, Solingen (NW).

LICHTENFELS/BY

Die »Umgegend« von L. ist Szenerie von **Friedrich Gerstäckers** (→ Hamburg) humorist. E. »Herrn Malhubers Reiseabenteuer«. – **Mauritius Knauers**, Abt des ehem. Klosters von **Langheim**, Wetterbeobachtungen (1650-55) werden noch heute als »Hundertjähriger Kalender« missbraucht. – Aus **Burgkunstadt** stammt **Kuni Tremel-Eggert** (eig. Kunigunde Tremel/1889-1957); ihre Romane (u. a. »Die Rotmansteiner«, 1921; »Barb«, 1933) spielen in Stadt und Landschaft. Gedenktafel am Geburtshaus An der Lend; Grab auf dem Friedhof.

Staffelstein

Am Rathaus Gedenktafel für den sprichwörtl. gewordenen Rechenmeister Adam Riese (1492-1559); Erinnerungsstücke im Heimatmuseum, auch an J. V. von Scheffel.

A Joseph Victor von Scheffel (→ Karlsruhe/BW) dichtete auf dem Staffelberg 1859 das (zum »Frankenlied«) avancierte »Wanderlied«: »Wohlauf, die Luft geht frisch und rein«, mit den Versen: »Zum heiligen Veit von Staffelstein / Komm ich emporgestiegen / Und seh die Lande um den Main / Zu meinen Füßen liegen.« – Denkmal unterhalb der Klippen am Staffelberg; auf dem Hochplateau Gasthof »Scheffelklause«.

Banz (Staffelstein-B.)

Ende des 18. Jh.s erschien im Konvent die »Literaturzeitung des katholischen Deutschlands«.
A Valentin Rathgeber, unterfränk. Schulmeister; 1707-29 und 38-50 Pater in B.; einer der vielseitigsten Komponisten, Singspiel- und Lieddichter seiner Zeit. **Johann Baptist Schad** (1758-1834), seit 1768 im Kloster B., schrieb eine »Lebens- und Klostergeschichte. Mit einer freyen Charakteristik der Mönche zu Banz, und des Mönchthumes überhaupt« (2 Bde., 1804). – **Joseph Victor von Scheffel**, erstmals in B. 1845, dann 59, ließ sich von der Petrefakten-Sammlung u. a. zum »Ichthyosaurus«-Lied anregen; Zyklus »Der Mönch von Banth« im Buch »Frau Aventiure« (1863).

L Gustav von Heeringen (→ Coburg/BY) über B.: »Ein Blick in das Paradies« (»Wande-

rungen durch Franken«). – **Eugen Roth** (→ München/BY): »Abenteuer in Banz« (1952).
Z Bamberg, Bayreuth, Coburg, Kronach, Kulmbach (BY).

LIMBURG AN DER LAHN/HE

Diözesanmuseum.

Tilemann Elhen von Wolfhagen, geb. 1351 in → Wolfhagen/HE, war Stadtschreiber in L. und verfasste die deutschsprachige »Limburger Chronik«, eine Zeit- und Sittengeschichte des 14. Jh.s, die eine Anzahl Minne- und Volkslieder enthält. Er starb um 1420 in L. – In L. geb. der Lyriker, Erzähler, Dramatiker und Essayist **Leo Sternberg** (1876-1937/Geburtshaus S.-Gasse), zuletzt Amtsgerichtsrat in → Rüdesheim/HE: »Der Westerwald« (1911); »Nassauische Literaturgeschichte« (1912); »Der ewige Strom« (1922). – Weitere Autoren: eine Gedenktafel in der Frankfurter Straße 13 erinnert an **Heinrich Joseph Dippel** (1825-70), Verfasser des Liedes »Es liegt eine Krone im grünen Rhein« (1854); auf dem Alten Friedhof befinden sich die Gräber des Erzählers **Anton Abt** (Ps. **Walther v. Münich**/1841-95), der den Nassauer Bauernkalender herausgab, und von **Matthias Höhler** (→ Montabaur/RP).

L Sagen und Geschichten vom »Wiener Schmied zu Limburg« und »Schinderhannes im Limburgischen«; die Anekdote »Der Bäcker von Limburg« von **Wilhelm Schäfer** (→ Schwalmstadt/Ottrau/HE). – Topographisches u. a. bei **Ricarda Huch** (→ Braunschweig/NI), »Im alten Reich« (1927), **Konrad Weiß** (→ Schwäbisch Hall/Michelbach a. d. Bilz/BW), »Deutschlands Morgenspiegel« (1950) und **Helmut Domke** (1914-1986), »Alter Berg und feuchtes Tal« (1957). – In L. spielen die Novelle »Die Heimkehr« (1938) von **Friedrich Franz von Unruh** (→ Freiburg-Merzhausen/BW) und der »Schicksalroman einer Epoche«, »Die Kunterbunts« (1979) von **Wilhelm Albert Henninger.**

R Eine Fahrt auf der Lahn von Limburg nach **Dietkirchen,** wo um den 13. Oktober das Lubentius-Fest stattfindet, beschreibt **Jakob Kneip** (→ Simmern/Morshausen/RP). Die Stiftskirche mit dem Grab des Heiligen Lubentius behandelt **Wilhelm Schäfer** in einer Erzählung. – In **Hadamar,** zeitweise Residenz von Nassau-H., wurde der Lyriker **Franz Alfred Muth** (1839-90/Gedenktafel am Neumarkt 1) geb., dessen Lieder vielfach vertont wurden. Eine Episode aus dem 30-jähr. Krieg erzählt **Börries von Münchhausen** (→ Hildesheim/NI) in seiner Ballade »Die Glocke von Hadamar«. Die Judenverfolgungen in der NS-Zeit schildert **Maria Mathi** (1889-1961) in ihrem Roman »Wenn nur der Sperber nicht kommt« (1956). In **Ludwig Harigs** »Weh dem, der aus der Reihe tanzt« (1990) findet sich auch ein Bericht über die im Krankenhaus auf dem Mönchsberg seit 1941 praktizierte Tötung Geisteskranker.

Z Bad Schwalbach, Weilburg, Wiesbaden (HE); Bad Ems, Diez, Montabaur (RP).

LINDAU/BY

»Ich habe Lindau zuerst vom Hoyerberg gesehen. Behütet von den ausgestreckten Bergen zu beiden Seiten des Rheintals, schwimmt es angekettet im Wasser.« (René Schickele, 1921)
Stadtbibliothek und Stadtarchiv im Alten Rathaus. – Stadtmuseum im »Haus zum Cavazzen«. – Nobelpreisträgertreffen.

Marquard von Lindau (gest. 1392 Konstanz), Verfasser zahlreicher katechet. und myst. Werke (»Buch der zehen gepot«).
Achilles Pirmin Gasser, * 3. 11. 1505 L., † 5. 12. 1577 Augsburg, Arzt, Historiker, Humanist. Verfasser eines Pestbuchs (1544) und einer Weltchronik (1532).
Hermann von Lingg, * 22. 1. 1820 L., † 18. 6. 1905 → München/BY, »bei aller Fülle von Geist und dichterischer Kraft ... im ganzen unrein und peinlich betäubend und dumpf« (E. Mörike). In München von E. Geibel (→ Lübeck/SH) gefördert, Mitglied des »Krokodils«. Maximilian II. setzte ihm ein Jahresgehalt aus. – W.: Vaterländische Balladen und Gesänge (1868); Dramatische Dichtungen (1897-99); Meine Lebensreise (Aut. 1899). – Geburtshaus L.-Straße 8, daneben L.-Brunnen. – Nachlass BSB München.

Alexander von Bernus, * 6. 2. 1880 L. (Stadtteil Aeschach), † 6. 3. 1965 Schloss → Donaumünster (Donauwörth/BY), Lyriker und Dramatiker mit Vorliebe für Symbolismus und Pansophie, Übersetzer lat. und engl. Lyrik. Lebte seit 1908 in → München/BY oder in → Stift Neuburg (Heidelberg/BW), seit 39 in Donaumünster. – W.: Wachsen am Wunder (Aut. 1943, n. 73); In der Zahl der Tage (G., Sp., Prosa 1960). – Nachlass LB Karlsruhe.
Alfred Otto Stolze, * 2. 10. 1889 L., † 17. 3. 1954 München, Lyriker, Dramatiker, Erzähler. Bekannt durch seinen Roman »Angela« (1926) und die Geschichten »Aus der alten Reichsstadt« (1947). Nach dem 2. Weltkrieg Stadtarchivar in L.
A 1546 kam der neulat. Lyriker **Caspar Bruschius** (1518-57) als Rektor der Lateinschule nach L. (»Idyllion De Wasserburgo«). Befreundet mit dem Stadtarzt **Renatus Hener** (um 1532-68), von dem 1551 in Paris ein Bd. »Bucolica« erschien. – Im Oktober 1580 logierte **Michel de Montaigne** auf der Insel in der »Krone« und ließ in sein Reisetagebuch v. a. Bemerkungen über Ess- und Wohnkultur der Einheimischen eintragen. – Über den See, vom Schweizer Ufer herüber, erreichte **Friedrich Hölderlin** (→ Lauffen/BW) im April 1801 die In-

selstadt. In der großen Elegie »Heimkunft« preist er das »glückselige Lindau«: »Eine der gastlichen Pforten des Landes ist dies . . .« – **Eduard Mörike** (→ Ludwigsburg/ BW) war wenigstens zweimal in L., der »vergnüglichen Stadt« (»Idylle vom Bodensee«, 1846): im September 1840 zus. mit seinem Bruder Ludwig und im Juli 57 mit seiner Frau Margarete auf einer »verspäteten Hochzeitsreise«. – **August Strindberg** kam 1887; er wohnte zunächst in einem Landhaus am Isigatsbühl, wo er am »Vater« schrieb, dann bei einem Bauern auf dem Eichbühl (Aeschach). E. »Der letzte Schuß« (Ludwigstraße 5, früher Gasthaus »Zur Krone«). – **Bruno Wille** (→ Berlin) lebte seit 1918 auf Schloss Senftenau, wo sein Roman »Die Maid von Senftenau« (1922) spielt; er starb in L. am 31. 8. 1928. Einer der Wortführer des lit. Naturalismus, **Karl Friedrich Henckell** (→ Hannover/NI), starb ebenfalls hier (30. 7. 1929); Teilnachlass in der Kantonsbibliothek Aarau (Schweiz). – Der Lyriker **William Becher** (geb. 1898 in Dresden) kam nach dem 1. Weltkrieg nach L., wo er 1969 starb (»Erinnerung an die Erde«, G. 1990).

🇱 **Carl Gustav Carus** in seinen »Lebenserinnerungen und Denkwürdigkeiten« (1865) über L. im Jahre 1821: »Über der schönsten Abendröte schimmerte das erste Viertel des Mondes, der See selber streckte sich in zauberhaft duftigem Grau den Hochgebirgen entgegen«. »Lindau mit dem Obersee und Gebirge« in **Gustav Schwabs** (→ Stuttgart/BW) »Wanderungen durch Schwaben« (1847). – Alte L.er Historien übernahm **Wilhelm Raabe** (→ Holzminden/Eschershausen/NI) in seine Erzählung »Der Marsch nach Hause« (1873). – **Horst Wolfram Geißlers** (1893-1983) Romanheld »Der liebe Augustin« kam erst nach Erscheinen des Buches (1921) zu Denkmalsehren: so am »Wohnhaus« Dammgasse 8, Plastik Ludwigstraße 29, hist. Weinstube im »Goldenen Lamm« (Schafgasse), Bronzedenkmal (von Gustl und Friederike) auf der Seeprome-

nade, H.-W.-G.-Zimmer im Stadtmuseum. Grab auf dem Friedhof (bei Kirche und Pfarrhaus) von **Wasserburg**, wo Augustins Weg »in die Welt hinaus« beginnt. – 1925 erschien die Alt-Lindauer E. »Die Moorhexe« der Heimatdichterin **Celida Sesselmann** (1883-1937). – »Es ist nämlich eine wahre Geschichte. Das zweite Leben der Effi Briest«, deren Vorbild, Else von Ardenne (→ Berlin), in Aeschach, Hochbucher Weg 48, lebte (**Dietmar Grieser**, »Piroschka, Sorbas & Co«, 1978).

🇷 Die Landschaft um L. war für **Ferdinand Gregorovius** (→ München/BY), der im Sommer 1868 bei **Bad Schachen** (inzwischen Stadtteil von Lindau) ein Haus gemietet hatte und hier an seiner »Geschichte der Stadt Rom« arbeitete, ein »meilenweiter Garten«. – Wie man die Gedichte **Friedrich Hölderlins** als Wanderführer benutzen kann, erzählt **Martin Walser** in seiner »Heimatkunde« (1967). Dort über Bad Sch., Modebad seit dem 19. Jh.: »Wir haben dem See dem alten Kaiser jedes Jahr zur Verfügung gestellt, Galland und Kameraden ließen Eichenlaub und Schwerter in Bad Schachen vom Wasser spiegeln, jetzt ruft Axel Springer seine Verteiler ans Ufer, daß der See sie entspanne für die vaterländische Marketing-Predigt.« Einige Strandszenen von W.s Romans »Das Einhorn« (1966) spielen zwischen **Bad Schachen**, **Wasserburg** (der R. über seine Kindheit in W. »Ein springender Brunnen« erschien 1998; Ausstellung zu Leben und Werk M. W.s im Heimatmuseum), **Nonnenhorn** und dem württ. **Kreßbronn**. Im gleichen Landstrich wie 120 Jahre früher **Eduard Mörikes** Idylle vom Fischer Martin, Bellevue von der Antoniuskapelle bei **Selmnau**.
In die »Feriengegend« kamen auch **Heinrich Mann** (→Lübeck/SH) und **Otto Flake** (→ Baden-Baden/BW). – »Sesshaftigkeit und Reisen«: der Autor des Welterfolges »Dr. Mabuse« (1920) **Norbert Jacques**

(1880-1954), geb. Luxemburger, lebte nahezu fünf Jahrzehnte immer wieder »Am Bodensee« (so der Titel einer ersten, 1923 ersch. Skizzen-Slg.). Wohnsitz seit 1920 der Adelinenhof (**Schlachters**). Aut. »Mit Lust gelebt« 1950 (wesentl. erw. Neuausg. 2004). Grab auf dem Friedhof von Schlachters (Sigmarszell-Sch.). – Der Philosoph und Mythenforscher **Leopold Ziegler** (→ Überlingen/BW) wohnte in der ehem. hohenzoller.-preuß. Enklave **Achberg**. – Der Verleger und Hrsg. der Heimatzeitung »Der Westallgäuer« in **Weiler** (W.-Simmerberg) **Fridolin Holzer** (1876-1939/Grab auf dem Friedhof), schrieb Gedichte und Volksstücke in Allgäuer Mundart. – **Grünenbach: Katharina Adlers** (Jg. 1919) »Lebenslandschaft: Mitteilungen aus dem Allgäu« (1985) haben über die Region hinaus exemplarische Bedeutung.

B M. Bosch, Bohème am Bodensee, (1997).
Z Friedrichshafen, Überlingen, Meersburg, Wangen (BW). Jenseits der Grenze, in Österreich: Bregenz, Schwarzenberg (E. Mörike); in der Schweiz: St. Margrethen (E. Mörike), Hauptwil (F. Hölderlin), St. Gallen (Bibliothek); in Liechtenstein: Vaduz (C. Brentano).

LIPPSTADT/NW

Thomas Valentin, * 13. 1. 1922 → Weilburg/HE, † 22. 12. 1980 L., Erzähler und Dramatiker. Von 1947-62 Realschul-Lehrer und Dozent in L. Bis 1966 Chefdramaturg in Bremen; seitdem freier Schriftsteller in L. und Cefalù/Sizilien. – W.: Hölle für Kinder (R. 1961); Die Unberatenen (R. 1963); Grabbes letzter Sommer (R. 1980); Schnee vom Ätna (En. 1981). – Grab auf dem Städt. Friedhof. – Th.-V.-Gesellschaft. Der in L. geb. Parabeldichter und geistl. Schriftsteller **Johann Heinrich Christoph Nonne** (1785-1853) war Sohn des Lyrikers und Fabeldichters **Johann Gottfried Chris-**

tian **Nonne** (1749-1821), Gymnasialdirektor in L., der das bekannte Lied »Flamme empor« schrieb. – Auf dem Städt. Friedhof das Grab des Natur- und Jagdschriftstellers **Franz Kesting** (1872-1948).

L In L. spielt eine Episode aus **H. J. Ch. Grimmelshausens** »Simplicissimus« (→ Gelnhausen/HE): der Held wird im Bett der Tochter eines Obristleutnants vom Vater erwischt und zur Heirat gezwungen. – Der »vaterstädtische« Roman »Pater peccavi« von **Julius Petri** (1868-94) erschien 1892; L. erscheint dort als »Almrode«. Aus P.s Nachlass gab E. Schmidt die Slg. »Rote Erde« heraus.

R **Bökenförde** (Lippstadt-B.) ist die Heimat von **Friedrich Wilhelm Helle** (1834-1901), der v. a. als Dichter der kath. Epopoe »Jesus Messias« (1. Bd. 1870) bekannt wurde. Gedenkstein an der kath. Pfarrkirche; W.-H.-Gesellschaft.

Z Arnsberg, Beckum, Paderborn, Soest (NW).

LÖRRACH/BW

Museum am Burghof. – Burghof (Spielstätte für Musik, Tanztheater, Kabarett). – Nellie Nashorn (Alternativkultur). – s'Bühneli (Alemann. Theater). – L.er Bibliotheksgespräch (seit 1998).

Johann Peter Hebel (Hausen) war 1783-91 Päzeptoratsvikar in L. Während dieser Zeit Wanderungen im Schwarzwald, zum Feldberg und Belchen. »Wörterbuch des Belchismus« 1791 zus. mit F. W. Hitzig; Freundeskreis »Proteuserbund«. – »Der Präzeptoratsvikari«. J. P. Hebels Lörracher Jahre, erzählt von H. Albrecht (n. 1980). – Hebelbund L.
Hermann Burte (Maulburg) wohnte seit 1910 zeitw. in L., wo er am 21. 3. 1960 starb. Sitz der H.-B.-Gesellschaft.

L Ein Bild der Stadt entwarf **Eduard Kaiser** (1813-1903) in seiner Aut. »Aus alten Tagen –

Lebenserinnerungen eines Markgräflers«. K. war Arzt in L. und mit J. Burckhardt befreundet. Seine Memoiren boten Anregung für **Otto Flakes** (→ Baden-Baden/BW) R. »Fortunat« (1946). – In L. spielt auch die E. »Die Geschichte vom Moschus« (1917) von **Jakob Schaffner** (1875-1944). – Eine Stadtskizze aus dem Jahre 1952 gibt **Benno Reifenberg** (→ Bonn-Oberkassel/NW) in »Lichte Schatten« (1953); er erzählt auch von Jugenderinn. des Kulturphilosophen **Max Picard** (Schopfheim), der in L. Gymnasialschüler war. – **Hermann Vortisch**, Arzt und Missionar (1874-1944), veröffentlichte 1907 eine Slg. »Uus Hebels Haimet«, 1925 die Hebel-Biographie »Vom Peterli zum Prälaten« (»Doktorhaus« Schützenstraße 26, Grab auf dem Friedhof). – »35 heitere Geschichten aus dem alemann. Land« enthält »Das Geheimfach« von **Hermann Landerer** (→ Emmendingen/Oberrotweil/BW), der in L. lebte (Flachslandstraße 3) und hier am 12.10.1976 starb (Grab auf dem Friedhof). – »Warum brüllt Frau Bichler Frau Kirkowski so an?«. Literarische Texte von **Walther von Klingen** bis zur neueren Mundartlit. wie von **Manfred Marquardt**) aus dem Raum Lörrach, ges. und erläutert von **Manfred Bosch** (2002).

Hausen

Johann Peter Hebel, * 10.5.1760 Basel, † 22.9.1826 → Schwetzingen/BW, ist in Basel und H. aufgewachsen. Vikar in Hertingen (→ Müllheim/BW) und Lörrach. Dann in hohen Schul- und Kirchenämtern in → Karlsruhe/BW. – W.: Alemannische Gedichte (1803); Schatzkästlein des rheinischen Hausfreundes (1811). – Nachlass BLB Karlsruhe.

Hebel-Stätten und -Ehrungen:
Lörrach: Gedenktafel am Museum am Burghof, dem ehem. Pädagogium; ständ. Ausstellung in der »ExpoTriRhena« im Museum, in der Bibliothek ca. 1000 Bde. H.-Spezialliteratur; Denkmal im H.-Park; Brunnenplastik nach H.s Kalendergesch.

»Der Heiner und der Brassenheimer Müller« am Bahnhofsplatz. In L.-**Hauingen** Gedenktafel an der Kirche zur Erinnerung an die Trauung von H.s Eltern. – Vom H.-Bund L. wird seit 1949 beim jährl. »Schatzkästlein« am Samstag nach dem 10. Mai der »Hebeldank« vergeben; am 22. Sept. veranstaltet die H.-Schule jährlich am H.-Denkmal eine kleine Feier.
Hausen: »Hebelhöhe«, unterhalb der Hohen Möhr; Heimatmuseum im »H.-Haus«, dem Elternhaus der Mutter, Bahnhofstraße 2; Büste vor der Kirche (1860); Gedenktafel für H.s Eltern, die »auf dem alten Gottesacker ihre letzte Ruhestätte« fanden; Hebelglocke. – J.-P.-H.-Preis (seit 1936, ab 75 alle zwei Jahre); J.-P.-H.-Gedenk-Plakette (seit 1960). Seit 1870 jährl. beim H.-Fest am 10. Mai das »Hebelmähli«, bei dem die Hausener H.-Stiftung u. a. die 12 ältesten Männer des Ortes bewirtet und diverse Beihilfen gewährt. Seit 1860

Hausen: Wegweiser im »Hebeldorf«

alle 25 Jahre das »Große Hebelfest«, mit hist. Festzug.

Schopfheim: Bereits 1826, im Todesjahr H.s, Einweihung einer »Hebelhöhe«; dort auch Denkmal im Sengelwäldchen (1860); Gedenktafel an der alten Lateinschule, Torstraße 3 (G. »Der Wegweiser«); Museum der Stadt Sch. (J. P. H.). – H.-Feier am Geburtstag im Sengelwäldchen (seit 1860). H. Albrecht, »J. P. Hebel. Sein Lebensgang vom Wiesentäler Bauernbub zum Prälaten in der badischen Residenz« (1980); G. Moehring, »Den Blick zum Belchen gewendet« (Marbacher Magazin 23/1982); M. Bosch, »Der J. P. H.-Preis 1936-1988« (Dokumentation, 1988).

Schopfheim

Museum der Stadt Sch. (u. a. Sch. 1848/49).

Robert Reitzel (1849-1898) aus Weitenau bei Sch. wanderte 1871 nach Amerika aus und gründete 1884 in Detroit die Wochenzeitschrift »Der arme Teufel«. Sie wurde zur größten deutschsprachigen Literaturzs. Amerikas. – »Ich will nur auf einem Ohr schlafen, damit ich keinen Weckruf zur Freiheit verpasse ...« (Hrsg. M. Bosch, 2004).

Max Picard, * 5. 6. 1882 Sch., † 3. 10. 1965 Neggio b. Lugano, Kulturphilosoph und Schriftsteller. Arzt u. a. in München. Als freier Schriftsteller im Tessin ansässig. Hebelpreis 1952. »Das alte Haus in Schopfheim«, 1958 (Hauptstraße 41 Gedenktafel).

Maulburg

Hermann Burte (eig. H. Strübe), * 15. 2. 1879 M., † 21. 3. 1960 Lörrach, Dramatiker, Maler und Lyriker (»Wiltfeber der ewige Deutsche«, R. 1912). Nach 1933 geschätzt wg. seines »völkischen Bewußt-

seins«, erster Hebelpreisträger. Sohn des Dialektdichters **Friedrich Strübe** (1842-1912). – Grab auf dem Friedhof. – H.-B.-Gesellschaft (seit 1960); Nachlass im H.-B.-Archiv im M.er Rathaus.

R Von **Fahl** zur Wiesenquelle am Feldberg führt seit 1899 das »Hebelwegli«. Die **Wiese** entspringt oben am Berg, »wo der Dengelegaist in mitternächtige Stunde / uf em silberne Gschir sy goldeni Sägese denglet«. **Hebels** Gedicht »Die Wiese« gibt im Übrigen eine Topographie von H.s Heimattal, vom Feldberg bis Basel. – Der »Häfnetjungfrau« im Häfnetbrunnen über der Straße von **Steinen** nach **Weitenau** gilt H.s gleichnamiges Gedicht. Einige Verse sind auf einer Steinplatte im Brunnengewölbe zitiert. Zwischen **Steinen** und **Brombach** trägt sich das Gespräch zwischen dem »Ätti« und dem »Buеb« über die »Vergänglichkeit« zu. Unterhalb der Burgruine **Rötteln** (Festspiele) starb H.s Mutter im Oktober 1773 auf dem Heimweg nach Hausen (Heimatstube in den »Markgrafen-Stuben« in **Haagen**). – In **Weil** wohnte seine langjährige Freundin Gustave Fecht (1768-1828); Gedenktafel an der Kirchenmauer. Erinn. an G. F. auch im Hotel »Zum Ochsen« in **Eimeldingen** und im »Römischen Hof« in **Blansingen**, wo ein Kapitel der Hebel-Erzählung »Der Präzeptoratsvikari« (1882) von **Hermann Albrecht** (→ Lahr/BW) spielt, der zeitw. Pfarrer in **Kleinkems** (Efringen-Kirchen-K.) war. – Kurz nach dem Friedhof von **Istein** ragt der sagenumwobene Isteiner Klotz aus der Ebene auf. Die Sage vom Ritter Veit und seiner verlassenen Braut hat **Joseph Victor von Scheffel** (→ Karlsruhe/BW) für seine E. »Hugideo« übernommen.

In der »Heimatstube Kleines Wiesental« im Gasthaus »Zum Adler« in **Raich-Ried** Gedenkstätte für **Hedwig Salm-Lohrer**, geb. 1890 in **Neuenweg**, gest. 1981 in Freiburg i. Br. (Grab ebd.); 1936 schrieb sie das »Waldkircher Festspiel«, 79 »Erlebter Hochschwarzwald«. – Gedichte und Prosa in Wiesentaler Mundart auch von **Gerhard A. Jung** aus **Zell im Wiesental** (1926-98), der in Lörrach lebte und 1974 den Hebelpreis erhielt: »D'Heimet uf em Wald« (1960); Grab in Zell. – Aus **Kandern** stammt **Ida Preusch-Müller** (→ Müllheim/BW), Gedenktafel am Elternhaus, ehem. Buchdruckerei Müller. Erinnert wird auch an des »edlen Hecker« »wahren Freiheitsfestzug«, der hier bös endete (**Martin Walser**, 1999). – In **Brombach** (Lörrach-B.) Gedenkstein (1968) für Hebels Mutter; **Rolf Hochhuths** »unerhörtes Ereignis« aus dem 2. Weltkrieg »Eine Liebe in Deutschland« (1978) handelt hier. Oberhalb von **Rheinfelden** liegt die ehem. Deutschordens-Kommende **Beuggen. Kaspar Hauser** (→ Ansbach/BY) soll, abgeschirmt von allen Menschen, hier aufgewachsen sein. Nach den napoleonischen Kriegen gründete die Basler Missionsgesellschaft in B. eine Anstalt zur Erziehung verwahrloster Kinder; **Heinrich Pestalozzi** war voll des Lobes: »Das war's, was ich wollte.« Der Basler **Jakob Schaffner** verbrachte sechs Jahre (bis 1891) in der »Zuchtanstalt«. Diese Jahre bilden den aut. Hintergrund zum ersten Teil seiner »Johannes«-Tetralogie (1922). Beuggen kommt von »Buck (ein)« = Bogen des Rheins. »Das Badische ist in den Rhein gefaßt«, schreibt **Wilhelm Hausenstein** (→ Wolfach/Hornberg/BW), und die »Rheinkurve« bei Basel macht es »vollends zu einer natürlichen Einheit«. ». . . je nachdem, wie der Wind weht, hört man die Glocken von Basel oder die Schüsse im Elsass«: **Hilde Ziegler** (1939-99) in ihren 198 Kindheitserinn. aus **Weil** (1988).

B H. Baum, K. Kurrus, H. Lehmann (Hrsg.), Alemannische Gedichte von Hebel bis heute,

1989; A. Stadler, Johann Peter Hebel. Die Vergänglichkeit, 1997.
Z Müllheim, Badenweiler, Säckingen (BW). Jenseits der Grenze, in der Schweiz: Basel (Erasmus v. R., J. Burckhardt, F. Nietzsche, H. Arp).

LÜBBECKE/NW

Kahle-Wart-Spiele (plattdt. Laienspielbühne) im Wiehengebirge, Oberbauerschaft.

Karl Röttger, * 23.12.1877 L., † 1.9.1942 → Düsseldorf/NW, Neuromantiker, kosm.-myst. Dichtungen. Schuhmachersohn, seit 1898 Lehrer. Gehörte zum Kreis um O. zur Linde (→ Essen/NW), Mithrsg. der Zs. »Charon« (1909-14), Hrsg. der Zs. »Die Brücke« (1911-14), später der Zs. »Das Kunstfenster«. – W.: Die Lieder von Gott und dem Tod (G. 1912); Die fernen Inseln (Aut. 1920); Ausgew. Werke (Hrsg. H. Röttger und H. M. Elster, 1958). – In zahlreichen Werken die Atmosphäre seiner Heimatstadt und der Landschaft um Preuß. Ströhen, wo R. eine Zeitlang als Junglehrer lebte. – Nachlass Heine-Institut Düsseldorf.

L 1967 erschienen die »Erinnerungen« (bearbeitet von H. Ch. Meyer) von **Max Lazarus** (1869-1949) aus Trier, seit 1892 Lehrer, Kantor und Prediger der jüd. Gemeinde in L. Bis zur Ausreise nach Palästina 1939 wohnte er in der Bahnhofstraße 16. – Von **Walter Vollmer** (→ Dortmund/NW) der Essay »Die alte Dame am Wiehengebirge« (1963).

R Im Wiehengebirge südwestl. L.s die alte Wallburg **Babilonie**. Nach der Sage sei **Wittekind** (→ Herford/NW) hier geboren (Gedenkstein), seine goldene Wiege stehe noch tief im Berg. Am 6. Januar 807 »schloß er auf der Burg seiner Geburt für immer die Augen und ging heim in den Frieden des neuen Glaubens«. Auch im südöstl. **Reineberg** (Hüllhorst-R.), »einem der niedrigsten Gipfel in der Kette des Süntels«, heißt es, habe »König We-kings Wiege« gestanden, hier allerdings in Silber. In **Bergkirchen** (Bad Oeynhausen-B.), einem weiteren der rd. 20 sagenhaften Tauforte Wittekinds, soll das Pferd des Sachsenherzogs mit einem Hufschlag den »Wittekindsborn« bei der Kirche zum Sprudeln gebracht haben.

Z Bad Oeynhausen, Herford, Minden (NW); Melle (NI).

LÜBBEN/BB

Paul Gerhardt (→ Wittenberg/Gräfenhainichen/ST) war seit 1669 Archidiakon an der Nikolaikirche und starb 76 in L. Denkmal (1907) vor der seit 1950 nach dem Dichter benannten Kirche; auf dem Sockel die G.-Verse: »Gottlob nun ist erschollen/Das edle Fried- und Freudenwort,/Daß nunmehr ruhen sollen/Die Spieß und Schwerter und ihr Mord.« **Ernst Christoph von Houwald**, * 29. 11. 1778 Straupitz bei L., † 28. 1. 1845 Gut Neuhaus (heute zu L.), Erzähler und Dramatiker. War in Halle u. a. L. Tieck (→ Berlin), Novalis (→ Weißenfels/ST) und J. von Eichendorff (→ Berlin) begegnet. 1802 erwarb H. das Gut Craupe, und 1806 fiel ihm durch Heirat Gut Sellendorf zu. Von 1821 bis zu seinem Tod in Neuhaus. Größere Wirkung mit Bühnenwerken (»Das Bild«, 1821), die jedoch von L. Tieck und L. Börne (→ Frankfurt a. M./HE) verspottet wurden. Im Herrenhaus, heute Musikschule, H.-Gedenkzimmer. Familiengrab auf dem Friedhof in L.-Steinkirchen (Grabplatte für H. an der Mauer der Dorfkirche). **Karl Wilhelm Salice-Contessa**, * 19. 8. 1777 Hirschberg/Niederschlesien, † 2. 6. 1825 Berlin, romant. Märchendichter und Verf. von Lustspielen. Lebte nach dem Tod seiner zweiten Frau seit 1816 bei sei-nem Freund E. Ch. von Houwald. Von Gut Neuhaus aus besuchte S. regelmäßig E. T. A. Hoffmann (→ Berlin). Dieser verewigte seinen Bewunderer in der Figur des Sylvester in den »Serapions-Brüdern« (1819-21).

Erich Köhler, * 28. 12. 1928 Karlsbad, † 16. 7. 2003 Alt Zauche bei L., Erzähler, Dramatiker und Kinderbuchautor. War Landarbeiter in Mecklenburg (»Wo bin ich bloß hingeraten!«), bevor er 1958-61 am Leipziger Literaturinstitut studierte. Seit 62 in Alt Zauche im Oberspreewald (»Der Gespensterwald von Alt Zauche«, 1976). – W.: Der Krott oder das Ding unterm Hut (R. 1976); Der verwunschene Berg (Dr. 1983).

L 1738 veröffentlichte **Jan Boguwer Rychtar** (→ Cottbus/BB) in der L.er Monatsschrift »Destinata Litteraria et Fragmenta Lusatica« seine »Gedancken von Gelehrten Nieder-Lausitzern«.

R Albin Mollerus (um 1542-1625), Pfarrer in **Straupitz**, veranlasste 1574 in Bautzen den ersten sorb. Druck, ein Gesangbuch nebst Katechismus in Niedersorbisch. – In **Lieberose** wurde die Leibniz-Forscherin und Leiterin des Berliner Leibniz-Archivs **Sigrid von der Schulenburg** (1885-1943) geboren

Luckau

Heimatmuseum.

Arthur Zapp, * 15. 9. 1852 L., † 15. 4. 1925 Berlin, Erzähler. Schrieb erfolgreiche Unterhaltungsromane (»Versorgungsehe«, 1896; »Mädchen, die man nicht heiratet«, 1912). **A** Otto Erich Hartleben (→ Goslar/Clausthal-Zellerfeld/NI) war 1887/88 am Amtsgericht (heute Stadtverwaltung) Referendar und wohnte am Markt im heute noch bestehenden Hotel »Zum Goldenen Ring«, wo er in der Wirtin Selma Hesse seine spätere Ehefrau kennenlernte.

E **Zuchthaus Luckau**. Prominentester Gefangener war Karl Liebknecht, der von 1916 bis 18 in L. einsaß und hier Beiträge für die »Spartakusbriefe« und Flugblätter verfasste. Denkmal (1968) auf dem Markt. Günther Weisenborn wurde 1942 verhaftet und wegen der Verbindung zur Widerstandsgruppe »Rote Kapelle« zum Tode verurteilt. »Drei endlose Jahre, die nicht vorübergehen wollten«, war er im Zuchthaus L. inhaftiert, wo sein berühmtes Schauspiel »Die Illegalen« (1946) über den dt. Widerstand gedankliche Gestalt annahm. Über das Erlebte berichtet er in dem Buch »Memorial« (1947). Im Mai 45 wurde er für kurze Zeit Bürgermeister für die Gemeinden rings um L.
Z Cottbus, Herzberg, Königs Wusterhausen, Lübbenau, Luckenwalde (BB).

LÜBBENAU/BB

Spreewaldmuseum in der Schlosskanzlei. – In der Orangerie reiche Slg. von reformat. Büchern und Streitschriften, u. a. Erstausgaben von M. Luther und Ph. Melanchthon.

Kito Fryco Stempel (auch **Christian Friedrich St.**), * 1. 4. 1787 Groß Partwitz (→ Hoyerswerda/SN), † 2. 12. 1867 L., erster niedersorb. Dichter. Schrieb das niedersorb. didakt. Epos »Die drei tüchtigen Posaunen: Schall, Stimme und Sprache« (1859-63), das umfänglichste sorb. Verskunstwerk überhaupt, und übersetzte Phädrus' Fabeln ins Niedersorbische.
Ehm Welk (→ Prenzlau/Angermünde/BB) lebte 1935-40 zurückgezogen in L., nachdem er 34 als Chefredakteur mit einem Leitartikel in der »Grünen Post« (»Herr Reichsminister, ein Wort, bitte!«) mit J. Goebbels in Konflikt geraten und kurzzeitig verhaftet worden war. **Bruno H. Bürgel** (→ Potsdam/BB) besuchte ihn hier mehrfach. In L. entstanden die Romane »Die Heiden von Kummerow« (1937), »Die Lebensuhr des Gottlieb Gram-

bauer« (1938) und »Der hohe Befehl« (1939). – Wohnung: Maxim-Gorki-Straße 26.

L **Theodor Fontane** (→ Neuruppin/BB) schrieb über den Spreewald in den »Wanderungen« (»Spreeland«, 1881, 4. Kap.): »Erste Station war Lehde, ein bäuerliches Venedig, die Lagunenstadt im Taschenformat.« Für F. war diese Fahrt auch eine Begegnung mit den Sorben, die sich in den abgeschiedenen Dörfern noch ihrer slaw. Sprache bedienten (»Die Wenden in der Mark«, 1867). Den Schlesier **Paul Keller** (1873-1932) dagegen interessierten die Gegensätze zwischen Deutschen und Sorben (»Die alte Krone. Ein Roman aus dem Spreewald«, 1909). **Joachim Seyppel** über L. in »Ein Yankee in der Mark« (1969): »Im Anschlagkasten unweit der Kirche hängt die Traueranzeige: ›Es verstarb im 91. Jahr der Gurkeneinleger Wilhelm Peth.‹« S. erzählt dann, wie schon Fontane der Beerdigung des Großvaters, »unseres Wilhelm Peth«, beigewohnt hat. 1973 brach der Thüringer **Landolf Scherzer** in L. zu »Spreewaldfahrten« (1975) auf.

Calau

Heimatmuseum.

A Um 1650 war **Juro Ermel** Rektor der C.er Stadtschule und gab das erste sorb. ABC-Büchlein heraus. Aber auf Betreiben der sächs. Landesverwaltung wurde 59 der öffentl. Gebrauch der sorb. Sprache verboten: »In den Städten … muß mit der Ausrottung des Wendischen ein Anfang gemacht werden.« – **Ernst Dohm** (→ Berlin) war oft in C. zu Gast und verfasste hier für die Berliner Satire-Zs. »Kladderadatsch« seine Kolumne »Aus Calau wird geschrieben«, von der sich die gebräuchliche Bezeichnung »Kalauer« für einen nicht eben geistreichen Witz ableiten soll. »Warum liegt der Bahnhof fast zwei Kilometer außerhalb der Stadt? Weil ihn die klugen Ratsherren dicht bei den Gleisen haben wollten!« Gedenktafel Cottbusser Straße

16. – Im Haus Gottschalkstraße 35 wurde der Schauspieler **Joachim Gottschalk** (1904-41) geboren, der den Nationalsozialisten die Scheidung von seiner jüd. Frau verweigerte. Angesichts der drohenden Deportation wählten beide den Freitod. Nach der Novelle »Es wird schon nicht so schlimm« von **Hans Schweikart** (1895-1975), in dem dieser das Schicksal seines Freundes nachzeichnete, drehte Kurt Maetzig den erfolgreichen DEFA-Film »Ehe im Schatten« (1947).

Senftenberg

Kreismuseum. – Neue Bühne Senftenberg. 1555 erzwang die sorb. Bevölkerung, um ihr Recht auf die Muttersprache durchzusetzen, die Einrichtung eines »Wendischen Zirkels«, des ersten in Kursachsen, wozu S. bis 1815 gehörte. Von nun an wurde in der Kirche sorbisch gepredigt und gesungen.

Erwin Strittmatter (→ Cottbus/Spremberg/BB) war von 1947 bis 50 in S. Lokalredakteur der »Märkischen Volksstimme« und arbeitete hier am »Ochsenkutscher« (R. 1951). Im 3. Teil des »Wundertäter« (R. 1980) taucht S. als »Kohlhalden« wieder auf. »Es gibt in der gesamten Literatur der DDR kein anderes Werk, in dem das Versagen der grundsätzlichen Machtstrukturen auf oberer und unterer Ebene von innen her so genau analysiert wird« (G. Drommer, 2000).

R **Golo Mann** (→ München/BY) erinnerte sich an das Jahr 1928: »Von Paris fuhr ich Ende Juni nach einem Ort namens Zschipkow (d. i. **Schipkau**), nahe dem Städtchen Senftenberg in der Niederlausitz, um dort in einem Braunkohlenbergwerk zu arbeiten.« (»Erinnerungen und Gedanken. Eine Jugend in Deutschland«, 1986).

Vetschau

Johannes Bocatius (eig. **Johann Bock**, sorb. **Jan Bok**), * vermutl. 1569 V., † 1621 Ungarisch Brod, bedeutendster Humanist Ungarns. Verf. von Gelegenheitsgedichten, darin Bekenntnis zur sorb. Heimat (»O mein Geburtsland, du Erdstrich, den Lausitzern lieb über alles«), und populären Geschichtswerken.

Z Beeskow, Herzberg, Königs Wusterhausen, Lübben (BB); Hoyerswerda (SN).

LÜBECK/SH

»*Stand nicht ohne Rührung (u. mehr) vor dem Haus der Manns. Diese Stadt, reizvoll gewiß, wäre doch für dieses Jahrhundert ohne jede Bedeutung, wenn nicht dies Ereignis dort stattgefunden hätte.*« (Gottfried Benn, 1936)
Musikhochschule L., Academia Baltica, Ostsee-Akademie im Pommern-Zentrum (Travemünde). – Bibliothek der Hansestadt L. – St. Annen-Museum (kulturgesch. Abtl.), Stadtgesch. Museum im Holstentor, Museum Behnhaus/Drägerhaus, Museum für Kunst und Kultur L.s im 19 Jh., Völkerkunde-Sammlung, Museum für Puppentheater, Museum für Natur und Umwelt, GEDOK-Atelierhaus. – Overbeck-Gesellschaft, Kulturforum Burgkloster. – Theater Lübeck, Marionettentheater, combinale/das Theater, Theater partout, Vita-Theater.

Johannes Stricker (→ Eutin/Grube/SH) fand, wegen seiner Angriffe auf den holstein. Adel seines Amtes enthoben, in L. Zuflucht und wirkte hier bis zu seinem Tod als Prediger an der Burgkirche.
August Hermann Francke, * 22. 3. 1663 L., † 8. 6. 1727 → Halle/ST, (Grab ebd.). Pietistischer Schriftsteller und Theologe, Begründer der F.schen Stiftungen in Halle. Aufgewachsen in Gotha, Studium in Erfurt und Kiel, Habilitation in Leipzig. Berufung an die Universität in Halle samt

Pfarrstelle im Vorort Glaucha, wo er bis an sein Lebensende wirkte. – W.: Werke in Auswahl (Hrsg. E. Peschke, 1969), darin »Lebenslauf« (1690/91) und Glaubenszeugnis »Fußstapffen Des noch lebenden und waltenden liebreichen und getreuen GOTTES«; Pädagogische Schriften (1957).

Christian Ludwig Liscow (→ Ludwigslust/Wittenburg/MV) lebte 1728-34 in L. und schrieb hier seine bedeutendsten Satiren, in denen er die »Elenden Scribenten« und die orthodoxe Geistlichkeit verspottete. »Einen witzigern Mann habe ich nie unter einer Nation gefunden, als diesen, den die seinige vergißt.« (J. von Müller).

Christian Adolf Overbeck, * 21. 8. 1755 L., † 9. 3. 1821 ebd., Bürgermeister und Lyriker. Sein bekanntestes Gedicht: »Komm, lieber Mai, und mache die Bäume wieder grün« (1794). – Grab auf dem St.-Lorenz-Friedhof (Vorwerker-F.).

Emanuel Geibel, * 17. 10. 1815 L., † 6. 4. 1884 ebd., epigonaler Spätromantiker. Nach dem Besuch des Katharineums studierte G. Theol. und Philol. in → Bonn/NW und → Berlin. 1852 berief ihn König Maximilian II. von Bayern nach → München/BY, 1869 kehrte G. nach L. zurück. – W.: Gedichte (1840); Heroldsrufe (G. 1871); Juniuslieder – Lieder – Gedichte – Balladen (1984); Werke (Hrsg. W. Stammler, 1920). Seine bekanntesten Gedichte sind: »Der Mai ist gekommen« (1835) und »Wer recht in Freuden wandern will« (1840). – Geburtshaus Fischstraße 25 (im Krieg zerstört, heute an der Stelle Berufsschule), Wohnhaus Breite Straße 8, Sterbehaus mit Gedenktafel, Königstraße 12; Grab auf dem Burgtor-Friedhof; Denkmal beim Hl.-Geist-Hospital; G.-Tisch im Hause der Schiffergesellschaft, Breite Straße 2; »Die Rose«, Zimmer im Ratsweinkeller, mit Wandmalereien zu G.s Dichtungen. – Reste des Nachlasses StA L. – G.-Gesellschaft (seit 1939).

Ida Boy-Ed, * 17. 4. 1852 Hamburg-Bergedorf, † 13. 5. 1928 Travemünde, die »lübsche Madame de Staël«. Verfasserin von Romanen und Erzählungen, deren Schauplätze größtenteils L., wo sie seit 1863 lebte, und Holstein sind. Th. Mann: »Sie war die erste, die an mich geglaubt hat in Lübeck.« – W.: Geschichten aus der Hansestadt (En. 1909); Ein königlicher Kaufmann (R. 1910). – Gedenktafel am Burgtorhaus, das die Stadt der Dichterin als Ehrenwohnung seit 1912 zur Verfügung stellte, dort auch B.-E.-Garten; Grab auf dem Burgtor-Friedhof; Porträt (von M. Slevogt) im Behnhaus.

Gustav Falke, * 11. 1. 1853 L., † 8. 2. 1916 → Hamburg, Lyriker, Erzähler und Mundartdichter. Zunächst Buchhändler, ging 1878 nach Hamburg, wo er bis zu seinem Tod als freier Schriftsteller lebte. – W.: Mynheer der Tod (G. 1892); Die Kinder aus Ohlsens Gang (R. 1908); Ges. Dichtungen (1912). – Wohnhaus Breite Straße 71. – In dem aut. Roman »Die Stadt mit den goldenen Türmen« (1912) schildert F. seine Heimat. – Nachlass StUB Hamburg.

Otto Anthes, * 7. 10. 1867 Michelbach/Taunus, † 19. 11. 1954 Wiesbaden/HE (dort auch Grab), »Dichter und Schulmeister« (1904), nach dem in L. eine Schule benannt ist. – W.: Lübische Geschichten (1922); Unter den sieben Türmen (1926); Lübeck du seltsam schöne Stadt (1943); Lübecker ABC (1944); Der Graf von Chasot (R. 1948); Lübecker Miniaturen (1948). – Nachlass StA L.

Heinrich Mann, * 27. 3. 1871 L., † 12. 3. 1950 Santa Monica/Kalifornien. »Unter den Schriftstellern, die sich vorsetzen, unser Jahrhundert nicht nur in ihren Büchern zu gestalten, sondern es durch sie zu verändern, ist er der größte« (L. Feuchtwanger). Besuch des Katharineums und Buchhändlerlehre in Dresden, Tätigkeit

im S. Fischer Verlag in → Berlin. Studium
in Berlin und → München/BY. Aufenthal-
te in Frankreich und Italien, 1925 Rück-
kehr nach Berlin. Präsident der Sektion
Dichtung in der Preuß. Akademie der Künste.
1933 Emigration in die Tschechoslowa-
kei, von dort 1940 über Frankreich und Spa-
nien in die USA. – W.: Professor Unrat
(1905); Die kleine Stadt (R. 1909); Der
Untertan (R. 1918); Jugend und Vollen-
dung des Königs Henri Quatre (R. 1935-
38); Ein Zeitalter wird besichtigt (Aut.
1946). Ausgew. Werke in Einzelausgg.
(1958 ff.); Ges. Werke (hg. Dt. Akademie
der Künste zu Berlin, 1965 ff.). – »Hein-
rich- und Thomas-Mann-Zentrum im
Buddenbrookhaus« Mengstraße 4, Ge-
denktafel (mit falschem Sterbedatum) am
ehem. Geburtshaus Breite Straße 52-54
(»Die Straße reicht für einen kleinen Jun-
gen vom Krämer Dreifalt bis zum Hotel
Duft«: in der N. »Das Kind«); Lübeck-
Porträt im R. »Eugénie oder die Bürger-
zeit« (1928). – Grab auf dem Dorotheen-
städt. Friedhof in Berlin. – H.-M.-Archiv
Akademie der Künste Berlin, Briefe und
Hss. DLA Marbach.

Thomas Mann, * 6. 6. 1875 L., † 12. 8. 1955
Kilchberg b. Zürich, »gilt mit Recht allge-
mein als der repräsentative deutsche Schrift-
steller der Gegenwart, der ersten Hälfte
unseres Jahrhunderts« (G. Lukács). Der
Bruder Heinrich M. s. verbrachte Kind-
heit und Jugend in L. Nach dem Tod des
Vaters zog M. 1893 nach → München/BY.
Ab 1899 Redakteur des »Simplicissimus«,
dann freier Schriftsteller. 1929 Literatur-
nobelpreis. Emigration in die Schweiz
1933, Aberkennung der dt. Staatsbürger-
schaft 36, Übersiedlung in die USA 38.
Ab 1952 in Kilchberg. – W.: Buddenbrooks
(1901); Der Tod in Venedig (N. 1912);
Betrachtungen eines Unpolitischen (Ess.
1918); Der Zauberberg (R. 1924); Joseph
und seine Brüder (R. 1933-43); Lotte in

*Lübeck: Thomas und Katia Mann 1953 vor dem
zerstörten Buddenbrookhaus*

Weimar (R. 1939); Doktor Faustus (R.
1947); Bekenntnisse des Hochstaplers
Felix Krull (R. 1954); Stockholmer Ge-
samtausg. (1938-56); Frankfurter Ausga-
be (1980 ff.); Große kommentierte Frank-
furter Ausgabe in 38 Bänden (2002 ff.);
zahlreiche Briefausgg. – Mengstraße 4
»Buddenbrookhaus«, 1942 bis auf die Fas-
sade zerstört, 57 wieder aufgebaut, seit 93
»Heinrich- und Thomas-Mann-Zentrum
im Buddenbrookhaus«, Ausstellungs-, For-
schungs- und Veranstaltungsstätte, Sitz
der Th.-M.-Gesellschaft und der Erich
Mühsam-Gesellschaft (Th. Radbruch/H.
Wißkirchen, »Das Buddenbrookhaus«,
2001); Porträt-Skulptur von Th. Mann
im Th.-M.-Gymnasium. – In der Rede

»Lübeck als geistige Lebensform« (1926) stellte M. die Bedeutung seiner Vaterstadt für sein Werk heraus (der Roman »Buddenbrooks« spielt zum großen Teil in L., die Novelle »Tonio Kröger«, 1903, u. a. am Lindenplatz 2, unweit des Bahnhofs, und am Klingenberg); im »Doktor Faustus« ein weiteres Stadtbild. Am 11.6. 1953 ist Th. Mann erstmals seit 1931 wieder in L.; 55 Ehrenbürger. – Th.-M.-Archiv in Zürich; Th.-M.-Slg. UB Düsseldorf, Briefslg. StB L. – Deutsche Th.-M.-Gesellschaft und Th.-M.-Jahrbuch; Th.-M.-Preis.

Katia Mann (→ München/BY) berichtet in ihren »Ungeschriebenen Memoiren« (1974) über den »programmreichen Lübeck-Besuch« 1955. **Golo Mann** (→ München/BY) enthüllte 20 Jahre später an der Stelle, wo früher das Geburtshaus Th. Manns stand (Ecke Breite Straße/Beckergrube), einen Gedenkstein: »Thomas Mann, geboren in Lübeck«.

Johannes Tralow (Ps. **Hanns Low**), * 2. 8. 1882 L., † 27. 2. 1968, → Berlin, Verfasser historischer Romane, Publizist. Chefredakteur des »Lübecker Tageblatt«, ab 1910 Verlagsleiter in Berlin, Theaterleiter in Köln/NW (»Gründung eines Theaters des werktätigen Volkes«). Nach 1933 in Gauting/BY. 1945-47 Oberster Richter der 1. Spruchkammer in Starnberg, Präsident des dt. PEN-Zentrums Ost und West 1951-60. Letzter Wohnsitz Berlin-Friedrichshagen. – W.: König Neuhoff (R. 1929); Gewalt aus der Erde (R. 1933; 47 u. d. T. »Cromwell«); Osmanische Tetralogie (R. 1942-56); Der Beginn (En. u. Drr. 1958); Kepler und der Kaiser (R. 1961). – Nachlass DSB.

Erich Mühsam (→ Berlin) verbrachte Kindheit und Jugend in L. (Wohnung Moislinger Allee 2c). Seinem Vater gehörte die St.-Lorenz-Apotheke (Gedenktafel). Nach Besuch des Katharineums und einer Apothekerlehre verließ er L. 1900. – Preis der E.-M.-Gesellschaft.

Gustav Hillard (eig. **Steinbömer**), * 24. 2. 1881 Rotterdam, † 3. 7. 1972 L., Erzähler und Essayist. Jugend in L.; später in der Prinzenschule Plön. Studium, Dramaturg bei M. Reinhardt am Dt. Theater → Berlin. Dann freier Schriftsteller; ab 1944 wieder in L. – W.: Spiel mit der Wirklichkeit (R. 1936); Herren und Narren der Welt (Aut. 1954); Kaisers Geburtstag (R. 1959); Wert der Dauer (Ess. 1961); Quintessenz (Ess. 1971). – Wohnung Am Burgfeld 12a; Grab auf dem Burgtor-Friedhof.

A Friedrich Gottlieb **Klopstock** (→ Quedlinburg/ST) hielt sich mehrfach als Gast des Ratsherrn und späteren Bürgermeisters P. H. Tesdorp im Haus Königstraße 11 (Behnhaus) auf. Der englische Gelehrte **Thomas Nugent** (→ Wismar/MV) beschrieb die Stadt 1766. **Heinrich Wilhelm Gerstenberg** (→ Hamburg) lebte hier von 1775-83 als dän. Konsul, **Johann Gottfried Seume** (→ Weißenfels/SN), berichtete in »Mein Sommer 1805« (1806, n. 1968) aus L., **Matthias Claudius** (→ Bad Oldesloe/Reinfeld/SH) kam im Winter 1813/14 als Flüchtling.

Wichtigstes Ereignis in der Geschichte der Reformierten Kirche war im Jahre 1847 die »Germanistenversammlung«, an der auch die **Brüder Grimm** (→ Hanau/HE) und **Karl Victor Müllenhoff** (→ Heide/Marne/SH) teilnahmen. Ende der 1880er Jahre kam **Franziska zu Reventlow** (→ Husum/SH) nach L. und wohnte in der Moislinger Allee, bis sie, das Leben »zwischen zwei Welten« aufgebend, ihre »eigenen Wege« ging (Briefe an E. Fehling). – **Theodor Storm** (→ Husum/SH), dessen N. »John Riew« (1885) auch in L. spielt und dessen Gedicht »Der Bau der Marienkirche« (1837) eine Sage aufgreift, besuchte von 1835-37 das Katharineum. Später ebenso dort Schüler: **Korfiz Holm**

(→ München/BY) und **Werner Bergengruen** (→ Baden-Baden/BW). Schuljahre ab 1922 schildert auch der in → Kiel/SH geborene **Theodor Eschenburg** in seinen Erinn. »Also hören Sie mal zu. Geschichte und Geschichten 1904-1933« (1995), er erinnert sich an die damaligen Pflichtlektüren von Felix Dahn über Gustav Freytag zu Willibald Alexis, Thomas Mann war dem Deutschlehrer »zu heikel«, Eschenburgs erstes Kapitel zeigt die Wunden, die die »Buddenbrooks« in der Stadt schlugen.

In L. geboren: **Willy Brandt** (1913-1992), 1969-74 Bundeskanzler – »Er ist ein Schriftsteller, ohne Frage«, so Hans Mayer über den Sozialdemokraten und homme de lettre, der zeit seines Lebens Kontakt zu Schriftstellern wie G. Grass hielt und selbst fünf Memoirenbände publizierte. – Über den Jugendjahren in Lübeck (Wohnung Moislinger Allee 49) liegt ein »undurchsichtiger Schleier ..., grau wie der Nebel über dem Lübecker Hafen.« (W. B., »Mein Weg nach Berlin«, Aut. 60). Auf dem Sterbebett las er Thomas Manns Romane. Von Travemünde aus floh B. 1933 mit einem Kutter nach Norwegen ins Exil, erst im November 1945 sah er seine Vaterstadt wieder. – Willy-Brandt-Haus (Museum) in der Königstraße. »Hitler ist nicht Deutschland. Jugend in Lübeck – Exil in Norwegen 1928-1940« (Hrsg. E. Lorenz, 2002).

Über **Franz Kafkas** Besuch 1914 in L. und Travemünde (»durch die nackten Füße als unanständig aufgefallen«) schrieb **Uwe Herms** die Studie »Franz Kafkas heimliche Liebe – Sie kam aus Lübeck« (in: »Im Land zwischen den Meeren«, 1996, darin auch das Lübeck-Porträt »Eine Stadt zum Reinbeißen«). – Über seinen ersten Besuch in L. 1938, dessen Ehrenbürger er nach dem 2. Weltkrieg wurde, schrieb **Carl J. Burckhardt** in einem »Dank an Lübeck«

u. a.: »Ich hoffte – plötzlich wurde es mir bewußt –, Tony Buddenbrook zu begegnen ...«

Seit 1995 hat auch der Literaturnobelpreisträger **Günter Grass** ein Haus in L., das ihn an seine Geburtsstadt Danzig erinnert: das **Günter-Grass-Haus** in der Glockengießerstraße 21 mit dem bildkünstlerischen Werk seit 1951 und dem literarischen Vorlass seit 1995, u. a. Manuskript und Typoskript »Mein Jahrhundert« und »Im Krebsgang«. (»Wortbilder und Wechselspiele – Das G.-G.-Haus – Forum für Literatur und bildende Kunst«. Hrsg. K. Artinger/H. Wißkirchen, 2002). In dem Roman »Die Rättin« (1986) hatte Grass auch den Skandal um die von Lothar Malskat gefälschten Deckengemälde in der Lübecker Marienkirche beschrieben.

L 1494 wurde in L. die erste niederdt. Bibel und 1498 das Epos »Reinke de vos« gedruckt.

Lübeck: Der Innenhof des Günter-Grass-Hauses mit der Plastik »Butt im Griff«

– **Konrad Hansens** R. »Simons Bericht« (1998) über das Leben des Simon Gronewech, gest. 1402 in L. – Den »Lübecker Totentanz« von 1489 übertrug **Nathanael Schlot(t)** (1666-1703) ins Hochdeutsche. – In den »Lübischen Geschichten und Sagen« (1852, n. 1972) erzählt **Ernst Deecke** auch die Geschichte des »ehrlichen« Buchdruckers **Johann Balhorn** (1574 gest., Druckerei Breite Straße 60), dessen angeblich »verschlimmbesserte« Editionen das Wort »verballhornen« in Schwang brachten.
Theodor Fontane (→ Neuruppin/BB) lässt seine »Grete Minde« (N. 1880) bis nach L. wandern, wo sie das Holstentor »mit seinen grünen und roten Ziegeln ansah«. **Norbert Klugmanns** historischer Kriminalroman »Das Karpfenkind« (2001) spielt im L. des Jahres 1599.
Schilderungen der Stadt und ihrer Umgebung finden sich in: **Wilhelm Jensens** (→ Eutin/Heiligenhafen/SH) »Lübecker Novellen« (1868), **Hans Francks** (→ Ludwigslust/Wittenburg/MV) Bachnovelle »Die Pilgerfahrt nach Lübeck« (1935), **Ricarda Huchs** (→ Braunschweig/NI) »Im Alten Reich« (1927), **Konrad Weiß'** (→ Schwäbisch Hall/Michelbach a. d. Bilz/BW) »Deutschlands Morgenspiegel« (1950), **Ingrid Bachérs** (→ Rostock/MV) »Lübeck: Mengstraße« (»Straßen und Plätze«, o. J.) sowie in **Jan Herchenröders** Slg. »Städte in Schleswig-Holstein« (1972) und **Hans-Heinrich Welcherts** »Wanderungen zu den Schlössern und Domen in Schleswig-Holstein« (1978) und in »Lübeck in alten und neuen Reisebeschreibungen« (Hrsg. H. Berkefeld, 1991).
Rolf Winter schrieb 1991 seine Kindheitserinnerungen u. d. T. »Hitler kam aus der Dankwartsgrube (und kommt vielleicht mal wieder)«. – Die Zeit nach 1945 in L. und Travemünde in **Wolfgang Koeppens** (→ Greifswald/MV) kleiner E. »Wiedersehen mit der Trave« (o. J., n. in »Auf dem Phantasieroß«, 2000): »Kleine Mädchen spielten Himmel und Hölle auf dem rumpligen Pflaster. Hier schien sich nichts geändert zu haben. Erst wenn man die Mengstraße hinaufging, sah man, daß bis zur Marienkirche alles ein einziges Trümmerfeld war.« – »Lübeck habe ich ständig beobachtet«

– die Thomas-Mann-Preis-Rede **Uwe Johnsons** (→ Anklam/MV) von 1979 ist auch ein sehr persönliches Porträt der Stadt und eine Reverenz an Thomas Mann. Eine Reiseskizze des italienischen Autors **Giorgio Manganelli** u. d. T. »Lübeck beim Psychoanalytiker« (in: Freibeuter 26/1985); **Karin Reschke**, »Zweidrei Dinge über Lübeck« (in: »Von Schleswig nach Holstein. Skizzen vom Ostseestrand«, 1999).
1907 erschien **Oskar Dohses** »Meerumschlungen. Ein literarisches Heimatbuch für Schleswig-Holstein, Hamburg und Lübeck« (n. 1985). Reden, Essays, Erinnerungen und Skizzen hat **Gustav Hillard** in dem Band »Worte und Werte um Lübeck« (1961) gesammelt, ebenso **Ahasver von Brandt** in dem Band »Lübeck, Bild und Wesen einer alten Großstadt« (1972). Später **Tom Crepon** (Hrsg.), »Eine Stadt wie aus Marzipan. Das große Lübeck-Lesebuch« (1993) und **Horst Kutzer** (Hrsg.), »Lübeck. Ein Lesebuch« (1993, 2. Aufl. 1999). – »Plattdütsch Spraak un Aart in Lübeck« (1958), Hrsg. **Carl Budich**; von B. auch ein »Niederdt. Totentanz für die Marienkirche in L.« (1961).
S Bibliothek der Hansestadt Lübeck (»in dieser Form einmalig in Norddeutschland«): 1,1 Mill. Bde. – **Gesellschaft zur Beförderung gemeinnütziger Tätigkeit** (seit 1798 Pflege des sozialen, wiss. und kulturellen Lebens in L., Bücherei); »Die Mole« (jährl. Dichterlesungen); L.er Autorenkreis (Veranstalter der »Internationalen L.er Literaturwoche«, »Lit. Frühschoppen«, »Lit. Freizeit«, »Litera-Tour«, Jahrbuch »Treffpunkt«). – **Thomas-Mann-Preis der Hansestadt L.** (seit 1975), **Aufenthaltsstipendium für Autoren des Landes** SH. – Die 1960 in L. gegr. **Fritz Reuter-Gesellschaft** wurde 1991 nach → Neubrandenburg/MV verlegt. – **Erich Mühsam-Gesellschaft** e. V., (**Mühsam-Magazin**, 1989 ff. und Schriften der EMG, 1989 ff.). **Ostseeakademie Travemünde.** – **Literaturtelefon**.

R »Diese in Wagrien gelegene vornehme und mit Pasteyen und Gräben wol versehene Reichs-Statt vnd Haupt des Hanseatischen Bundes hat sieben sehr grosse und starcke Thürme so man gar weit sehen

kann«, rühmte schon um 1650 **Matthäus Merian** (→ Frankfurt/HE). . . und führte zu den »vornemsten Gebäwde in der Höhe« wie in die »engen Gäßlein vnnd Abwege oder Winckel, da jedwedem Wohnungen seyn« (wie noch heute die »Stiftungshöfe« und »Wohngänge« an der Glockengießerstraße z. B.) und zum »Lustwald« vor der Stadt. – **Emanuel Geibel** liebte die Seufzerallee und das Lachswehr, einen idyllischen Kaffeegarten am Wasser; die Krempelsdorfer Allee inspirierte ihn zu seinem bekanntesten Gedicht »Der Mai ist gekommen . . .« Eine der sieben Sandsteinfiguren auf der Puppenbrücke besang er folgendermaßen: »Zu Lübeck auf der Brücken / da steht der Gott Merkur / er zeigt in allen Stücken / olympische Figur / Er wußte nichts von Hemden / in seiner Götterruh / drum kehrt er allen Fremden / den bloßen Podex zu.«
Sehenswert in der Altstadt die Gänge mit den sog. Gangbuden aus der Renaissancezeit, wo die Gassen Großer Kiesau, Lüngreens Gang, Fischergrube, Engelswisch, Hellgrüner und Dunkelgrüner Gang oder Römisches Reich heißen. Das norddt. Spitzwegidyll hat **Gustav Falke** in seiner Aut. beschrieben. Im Figurenzyklus der Westfassade der Katharinenkirche u. a. »Frau im Wind«, »Bettler« und »Singender Klosterschüler« (1932/33) von **Ernst Barlach** (→ Wedel/SH).
Gedenktafel am Getreidespeicher im Hafen für die Toten der »Cap Arcona« (→ Eutin/Neustadt/SH und Grevesmühlen/MV). In dem alten Fischerdorf **Gothmund** wird am 8. Tag nach Johanni das »Treibelfest« zur Erinnerung an den legendären Fischer Luba gefeiert, der der Sage nach die Stadt rettete.
Traveaufwärts, an der Grinau, Schloß **Rothenhausen**. 1804 erbte **Carl Friedrich von Rumohr** (1785-1843) den Besitz, schuf seinen Freunden (wie dem Philosophen

Henrik Steffens → Berlin) ein Asyl und wurde durch seine mehr skurrilen Bücher (wie der »Geist der Kochkunst« oder die »Schule der Höflichkeit«) beinahe bekannter als durch seine grundlegenden kunstwiss. Schriften (u. a. die »Italienischen Forschungen«).
»Es gab Tage«, schreibt **Thomas Mann** über **Travemünde** in den »Buddenbrooks«, »an denen der Nordostwind die Bucht mit schwarzgrüner Flut überfüllte, welche den Strand mit Tang, Muscheln und Quallen bedeckte und die Pavillons bedrohte.« Und doch hat Mann hier die »unzweifelhaft glücklichsten Tage meines Lebens verbracht« (»Lübeck als geistige Lebensform«, 1926), ausführlich und liebevoll dokumentiert bei **Volker Hage**, »Eine Liebe fürs Leben – Thomas Mann und Travemünde« (1993, n. in: »Auf den Spuren der Dichtung«, 1997). Das alte Fischerdorf an der Mündung der Trave wurde 1802 zum Seebad; heute ist T. ein Stadtteil L. s. »Das Buch von Travemünde« zählt eine Reihe berühmter Gäste auf, darunter 1805 **Joseph von Eichendorff** (→ Berlin); er schrieb über den Leuchtturm, **Iwan Turgenjew** (1831) und **Nikolaj Gogol** (1836). **Fjodor M. Dostojewski** kam 1866, auf der Flucht vor seinen Gläubigern, mit dem Schiff nach T. Auf einer Reise nach Riga 1837 blieb **Richard Wagner** (→ Bayreuth/BY) in T. hängen. Er wohnte in einer Fischerkneipe, las »Till Eulenspiegel« und fasste den Plan, eine »echte deutsche Komische Oper« zu schreiben. Zweimal, 1864 und 1907, hielt sich **Wilhelm Raabe** (→ Holzminden/Eschershausen/NI) in Lübeck und T. auf. – Über T., wie er es am meisten liebte, schrieb **Willy Haas** (→ Hamburg) in der Anth. »Geliebte Städte«, 1967. Von **Andreas Rostock** der Roman »Verliebt in Travemünde« (1997).
Weit mehr, als der Titel verspricht, bietet **Hans Wißkirchens** Literatur-Cicerone

»Spaziergänge durch das Lübeck von Heinrich und Thomas Mann« (n. 2003).

B J. Havemann, Geschichte der schönen Literatur in Lübeck; P. Brockhaus, Der Turmhahn, Ein Lübecker Dichterbuch, 1960; E. Groenewold, Lübeck, so wie es war, 1973; J. Geist, Versuch, das Holstentor zu Lübeck im Geiste etwas anzuheben, 1976; O. v. Fisenne, Franz Kafkas Reise nach Schleswig-Holstein, in: Freibeuter, Heft 61/1994; K. Reschke, Schröders Travemünde, in: Von Schleswig nach Holstein. Skizzen vom Ostseestrand, 1999.

Z Bad Oldesloe, Reinfeld, Bad Segeberg, Eutin, Hamburg; Ratzeburg, Mölln (SH).

LÜCHOW/NI

L Das Wendland zwischen Elbe und Drawehn mit seiner slawischen Vergangenheit im grenznahen Abseits reizte stets die Schriftsteller. Erste Aufzeichnungen von **Johann Parum Schultze** (1677-1740) in der »Wendland-Chronik« rettete 1794 der polnische Autor **Jan** Graf **Potocki** (1761-1815) auf einer Wendlandreise vor dem Vergessen, und im 19. Jahrhundert **Karl Hennings** mit seinem Buch »Sagen und Erzählungen, Volkskunde und Kulturgeschichtliches« (Hrsg. C. T. Hennings, 1906, n. 1981). Die Sprachreste des Wendischen (u. a. ein »Wendisches Brautlied«, das Goethe übernahm) sammelten die Slawisten um **Reinhold Olesch** (z. B. in »Fontes linguae Dravaeno-Polabicae Minores« 1967).

Die nach dem 1. Weltkrieg am Höhbeck an der Elbe sesshaft gewordenen »Wandervögel« pflegten hier ihre Traditionen weiter (**Albin Stuebs**, »Romantisches Vorspiel«, R. 1946, und **Karl** und **Margret Voelkel**, »Höhbeck. Lebenserinnerungen der Siedler«, 1988). In den siebziger Jahren des 20. Jh.s waren es zumeist Hamburger und Berliner Künstler, die sich das »zweite Worpswede« eroberten (dazu A. Kahrs, »Die Intellektuellen im Grünen«, 12. Jb. »Hannoversches Wendland«, 1987/88). Später zog es viele Stipendiaten des »Künstlerhofes **Schreyahn**« auf Dauer in den Landkreis, so den Büchner-Preisträger **Arnold Stadler**,

der zusammen mit **Katharina Höcker, Tina Stroheker** und **Uwe Friesel** in Tagebuchauszügen u. d. T. »Die Uhren ticken anders – Notate in Schreyahn« (Hrsg. A. Kahrs, 2001) über die Faszination des Landstriches schrieb.

Literarische Wendland-Spuren finden sich auch in der Prosa von **Jutta Heinrich** (»Eingegangen«, E. 1987), **Reinhard Lettau** (»Flucht vor Gästen«, R. 1994), **Ludwig Homann** (»Klaus Ant«, R. 1996), **Martin Kurbjuhn** (»Der Mann und die Stadt«, R. 1999), **Adam Seide** (»Es ist nur eine Reise«, R. 2000). **Reinhard Jirgl** (»Gewitterlicht«, E. 2002, »Abtrünnig«, R. 2005), **Arnold Stadler** (»Sehnsucht«, R. 2002), **Andreas Maier** (»Kirillow«, R. 2005), **Gert Loschütz** (»Dunkle Gesellschaft«, R. 2005) und **Sophie von Dannenberg** (»Das bleiche Herz der Revolution«, R. 2004). Von **Hermann Schulz** die En. »Auf dem Strom« (1998), »Flucht durch den Winter« (2002), »Schluss mit lustig« (2004) und »Leg nieder Dein Herz« (2005).

Lüchow: Die Niedersächsische Stipendiatenstätte »Künstlerhof Schreyahn« liegt in einem Rundlingsdorf des Wendlandes

Das Wendland im Gedicht bei **Guntram Vesper** (»Schreyahn-Zyklus«), dazu bei **Wilhelm Bartsch, Harald Gerlach, Ralph Grüneberger, Rolf Haufs, Uwe Herms, Franz Hodjak, Heinz Kattner, Richard Pietraß, Wolfgang Rischer, Silke Scheuermann, Tina Stroheker, Hannelies Taschau** und **Ron Winkler**. Zahlreiche Reportagen, u. a. von **Gabriele Goettle, Andreas Maier, Jochen Mißfeldt, Toralf Staud, Horst Vetten, Guntram Vesper, Michael Zeller** u. a. in der Slg. »Im Wendland ist man der Wahrheit näher« (Hrsg. A. Kahrs, 2007). Regionale Literatur von **Otto Koke** (»Das Jahr des Jägers«, 1956); niederdeutsche Prosa u. a. von **Magda Hartwig-Koosmann** (»Von Immen und sülwst knütt Strümp. Een Kinnertid in'n Wendland«, 1985), ein neuerer Wendland-Krimi von **Anke Cibach**: »Rat der Raben« (2004); jetzt schon ein Klassiker: **Doris Gerckes** »Weinschröter, du mußt hängen« (Kriminalroman, 1988).

R In **Woltersdorf** bei Lüchow wurde am 6. 9. 1896 **Karl August Wittfogel** geboren (gest. 25. 5. 1988 New York), Sinologe und Dichter, nach der Schulzeit in Lüneburg führend in den literaturästhetischen Auseinandersetzungen der Weimarer Republik, 1933 Verhaftung und KZ-Internierung in Esterwegen (→ Meppen/Papenburg/NI). Darüber sein R. »Staatliches Konzentrationslager VII. Eine ›Erziehungsanstalt‹ im Dritten Reich« (1936 unter dem Ps. **Klaus Hinrichs**, n. 1991). Später in den USA glühender Antikommunist.

In **Schnega** verbarg der Bildhauer und Lyriker **Hugo Körtzinger** (1892-1967) ab 1943 die Plastiken »Geistkämpfer« und »Schwebender Engel« seines Freundes **Ernst Barlach** (→ Wedel/SH) vor der Gestapo; von K. auch das Gedicht »Ligg du man sachten. Ernst Barlach nachgerufen«; »H. K. – Bilder, Plastiken, Schriften« (Hrsg. C. Ochwadt, 1991).

Im Forst **Göhrde** das Denkmal an die Schlacht vom 16. 9. 1813 in den Befreiungskriegen, in der die Potsdamerin **Eleonore Prohaska** (1785-1813), unter dem Namen August Renz, als Jäger verkleidet, tödlich verwundet wurde, Grab in **Dannenberg** (Gedenktafel Sterbehaus Lange Straße 32; P.-Bibliothek im Stadtarchiv). Bald rankten sich zahlreiche Gedichte und Geschichten um das »Heldenmädchen« (ähnliche Schicksale in Neubrandenburg/MV und Lüneburg/NI), u. a. von **Friedrich Förster, Friedrich Rückert** (→ Schweinfurt/BY), **Hans Ferdinand Maßmann** (→ Görlitz/Bad Muskau/SN) bis zu Ludwig van Beethoven, der für sie 1813 ein Singspiel komponierte. Literarische Spuren führen auch zu **Theodor Körner** (→ Dresden/SN) in **Hitzacker** und **Dannenberg** (sog. »Körner-Stein« auf dem St. Annen-Friedhof unweit des Grabes von Eleonore Prohaska).

In der **Göhrde** lebte nach 1945 der Schriftsteller **Joseph Wittig** (1879-1949); W., der in Gegensatz zur katholischen Kirche geriet, schrieb die En. »Kirche im Waldwinkel« (1924), »Osterbrunnen« (1926) und die Aut. »Roman mit Gott« (1950). – Im ehemaligen Jagdschloss **Göhrde** tagte 1961 die **Gruppe 47** um **Hans Werner Richter** (→ Usedom/MV) mit **Günter Grass, Martin Walser** und **Hans Magnus Enzensberger, Fritz J. Raddatz** und **Marcel Reich-Ranicki**. Gedenktafel am Tagungshaus (A. Kahrs, »Die Gruppe 47 und ihre Herbst-Tagung in Göhrde«, in: Mare Baltikum, hg. Ostsee Akademie Lübeck, 1998).

In **Dannenberg**, dem Geburtsort des Historikers **Harry Bresslau** (1848-1926; Gedenktafel am Markt), wurde 1579 **August der Jüngere** geboren, Herzog von Braunschweig-Lüneburg, später bibliophiler Regent in **Hitzacker** und → Wolfenbüttel/NI. Nahebei die Dörfer **Breese in der Marsch** und **Gümse**: 1974 zog die 1963 gegründete Fachwerkstatt »Rixdorfer Drucke« von Berlin nach G.; die Künstler **Johannes Vennekamp, Albert Schindehütte, Arno Waldschmidt** und **Uwe Bremer** veranstalteten hier 1975 das »1. Rixdorfer Laboratorium zur Erstellung von literarischen & bildnerischen Simultan-Kunststücken«; gleichnamige Dokumentation (1975) von K. Hermann und J. Aick über die Gäste **Nicolas Born, Jürgen Theobaldy, Gert Loschütz, Christoph Derschau** (1938-95) und **Helmut Eisendle**. 1991 ein zweites Treffen, nachzulesen im Band »Landschaft mit Gästen« (Hrsg. U. Bremer, 1992), für den u. a. **Reinhard Lettau, Hans Christoph Buch, Sarah Kirsch, Peter Rühmkorf, H. C. Artmann, Hans Joachim Schädlich** und **Uwe Kolbe** schrieben, letzterer vermerkte kritisch: »Im Wendland stehen Utopiens Gartenlauben.« **Uwe Bremer**, von R. Lettau in »Versuchtes Bild des Landsmannes U. B.« (1974) porträtiert, schrieb mehrere Romane zwischen Science-Fiction und Voodoo-Kult, z. T. aber angesiedelt im Wendland: »Alter Kapitän« (R., 1984), »Clairin« (E., 1987), »Verschiedene Witwen« (R., 1989), »Der dreibeinige Doktor« (R., 1993, n. 96). **Gerhard Schröder**, damals noch nicht Bundeskanzler, aber gern gesehener Gast auf »Schloss Gümse«, schrieb dazu die kleine literaturkritische Betrachtung »Zu Uwe Bremers Romanen« (1987/89, n. im Katalog »Uwe Bremer. Aus der Sammlung Großhaus«, Landesmuseum Oldenburg, 2000). 1985 fand ein »Gümser Gipfel« statt, zu dem **Uwe Bremer** und **Günter Grass** mit **Willy Brandt** (→ Lübeck/SH) und **Horst Janssen** (→ Hamburg) einluden, Erinn. daran in Gerhard Schröders Memoiren »Entscheidungen« (2006). **Jan Peter Bremer**, Sohn des Graphikers, schreibt ebenfalls Romane, u. a. »Einer der auszog das Leben zu ordnen« (R. 1991, mit Wendland-Reminiszenzen). Ebenso aus dem »Damnatzer Poetenwinkel« stammt **Till**

Müller-Klug, Vertreter des Poetry-Slam und Kurzgeschichten-Erzähler (»Die sprechende Droge«, En. 2000; »November 3D«, Roman 2001). In der Nachbarschaft und über das Wendland schreibend u. a. der Journalist und Autor **Kai Hermann** (»engel & joe«, R. 2001), die Journalistin **Marie Luise Scherer** (»Der Akkordeonspieler«, 2004) und der Bühnenautor **Bernard Fathmann** (Familienserie »Kastendiek un Bischoff«).

Nahbei auch **Breese in der Marsch**, wo **Nicolas Born** (→ Duisburg/NW) nach dem Brand seines Hauses in **Langendorf** ab 1976 die letzten Lebensjahre verbrachte und 79 starb. Borns Roman »Die Fälschung« (1979) und Teile seiner Lyrik (»Gedichte«, Hrsg. K. Born, 2004) wie das »Elbholz«-Gedicht spiegeln die Faszination der Elb-Landschaft; sein Engage-

Damnatz: Nicolas Borns Grab auf dem Elbfriedhof

ment gegen die geplanten atomaren Anlagen in Gorleben schlug sich u. a. in der »Rede in Gorleben« (1977) nieder. Frühes, kritisches Born-Porträt bei **Hans Christoph Buch** (»Nicht versöhnt. Kein Nachruf«, 1980). Grab auf dem Friedhof **Damnatz**. Zahlreiche Weggefährten von **G. Grass** bis **P. Handke** würdigten den toten Freund in dem Band »Der Landvermesser – Gedenkbuch für Nicolas Born« (Hrsg. A. Kahrs/Chr. Beyer, 1999). Seit 2000 ist der Niedersächsische Landesliteraturpreis (→ Hannover/NI) nach N. B. benannt. In **Dannenberg** trägt die Bücherei seinen Namen, am Waldemarturm ein kleines Gedenkkabinett. – In **Breese im Bruche** stand 1781, noch im Todesjahr des Dichters, das erste Lessing-Denkmal Deutschlands (heute in Wrestedt bei Uelzen/NI). In späteren Jahren wohnten im Pfarrhaus an der Kapelle die schriftstellernden Pastoren bzw. Maler **Rudolf** (1822-1905; »Christopherus – Altes und Neues aus Wald und Haide«, 1867) und **Theodor Rocholl** (»Ein Malerleben«, Aut. 1921). Ihre und andere Texte gab der hier ab 1979 wohnende Germanist **Alfred Kelletat** (1916-95) in den literarischen »Breeser Blättern« (1-6, 1977 ff.) heraus. In **Lanze** lebte und starb der Literaturwissenschaftler **Franz Schonauer** (1920-1989; »Deutsche Literatur im Dritten Reich«, 1961), der auch an der Tagung der »Gruppe 47« in der → **Göhrde** teilnahm, Grab auf dem Lanzer Friedhof.

Gorleben ist jahrzehntelanger Brennpunkt der Auseinandersetzungen um die Atomenergie geblieben, seit 1977 die Pläne für ein Zwischen- und Endlager bekannt wurden, die Castor-Transporte seit den 90er Jahren verschärften die Konflikte: Stets begleitet von Autoren, die sich fast ausnahmslos auf die Seite der Kritiker und Mahner stellten: Von **Nicolas Born** (»entsorgt«) und **Hans Christoph Buch** (»Be-

richt aus dem Inneren der Unruhe«, Tgb. 1979) über **Wolf Biermann** (»Gorleben-Lied«, 1978) und **Walter Moßmann** (»Lied vom Lebensvogel«, 1978) bis zu **Liz Wieskerstrauch** (»Mitten im Film«, R. 2001), **Arnold Stadler** (»Notate«, Tgb. 2001) und **Andreas Maier** (»Die Legende vom Salzstock«, Es. 2003, »Kirillow«, R. 2005). In **Gartow** war **Friedrich G. Klopstock** (→ Quedlinburg/ST) ab 1752 mehrfach Gast im Schloss des Grafen Johann Hartwig von Bernstorff, der ihn an den Hof in Kopenhagen vermittelte und dem der Dichter seinen Odenband widmete. Sehr viel später, 1898, kam **Karl May** nach G., wo er versehentlich kurzfristig »als frz. Spion arretiert« wurde, dazu **Willi Fehses** (→ Salzwedel/Kassieck/ST) E. »Der kleine Winnetou« (1971). Gedenktafel am ehem. Hotel Mays in der Hauptstraße 15.

Hitzacker: Hier legte **Herzog August der Jüngere** aus **Dannenberg** nach der Übernahme der Regentschaft den Grundstein für seine später in → Wolfenbüttel/NI angesiedelte (und dann nach ihm benannte) »Herzog-August-Bibliothek«. Ausstellung zum »Bücherfürsten« im »Museum altes Zollhaus« (u. a. Porträt und Bücherrad-Nachbau), Gedenktafeln für den Herzog Am Markt 7 und an der Kirche. Am Markt auch Gedenktafel für den hier geborenen Germanisten **Conrad Borchling** 1872-1946), Begründer des Deutschen Seminars der Universität Hamburg. Sohn der Stadt H. ist auch der Geograph **Bernhard Varenius** (1622-50/Gedenktafel am Geburthaus gegenüber der Kirche).

Die Sagenwelt der Stadt um die Riesenkastanie wird dargestellt in **Hans Leips** (→ Hamburg) Roman »Die Lady und der Admiral« (1933), der einen Besuch Lord Nelsons im Jahr 1800 (Gedenktafel an der Jeetzel-Brücke) schildert. 1969 kam **Arno**

Schmidt (Hamburg) zu einem Tagesbesuch, das Motiv der Riesenkastanie ging ein in »Zettels Traum« (R. 1970). Und **Erich Loest** lässt in seinem Roman »Fallhöhe« (1989) Wolf Biermann auf der Elbe vor Hitzacker Boot fahren: »Die Grenzer drüben, noch immer unsichtbar, steckten der Mauer Lichter auf, gelblich strahlten sie von Türmen und Pfeilern . . .«

E **Die innerdeutsche Grenze**

Schwerin 1945: »An der Demarkationslinie tauschten die Alliierten die Leute aus. Jeder nahm seine zurück, sie wollten nicht, daß sich da was mischte. Alle Slawen nach Osten, alle Westeuropäer nach Westen.« (Liana Millu, »Die Brücke von Schwerin«, Erinn. 1978, dt. 1998): So entstand, was für Jahrzehnte unter den Begriffen »Schandmauer« und »Eiserner Vorhang« (West) bzw. »Antifaschistischer Schutzwall« oder »Staatsgrenze West« (Ost) als sichtbarstes Zeichen der Blockbildung im Kalten Krieg die Menschen drangsalierte. Zahlreiche Museen, Gedenkstätten und Denkmale erinnern an die 1393 Kilometer lange Grenze und ihre oft tödliche Bedrohung vom Priwall bei Travemünde bis nach Hof in Bayern. Eine »Arbeitsgemeinschaft Grenzmuseen« in Mödlareuth koordiniert die Aktivitäten.

Historische Darstellungen u. a. von J. Ritter/ P. J. Lapp, »Die Grenze. Ein deutsches Bauwerk« (1997); D. Schultke, »Keiner kommt durch« (mit Beiträgen von G. Wallraff und J. Fuchs, 1999); B. Müller, »Faszination Freiheit. Die spektakulärsten Fluchtgeschichten« (2000); ein kurioser west-ostdeutscher Grenzkontakt im Wendland bei F. Klier, »Jagd-Szenen« (in: »Wir Brüder und Schwestern«, 2000). Geschichten Betroffener sammelten u. d. T. »Grenzgeschichten. Berichte aus dem deutschen Niemandsland« (1990) A. Hartmann und S. Künsting, aus Sachsen liegt das Lesebuch »Grenz-Erfahrungen« (hg. von der Landeszentrale für politische Bildung, 2000) vor, ähnlich »Grenzgedanken – Ein Lesebuch der Autoren der Grebendorfer Gespräche« (1991). R. Grafe leistet mit »Die Grenze durch Deutschland. Eine Chronik von 1945 bis

1990« (2002) eine Detailstudie am Beispiel des Ortes Propstzella, ebenso Heinrich Thies mit »Weit ist der Weg nach Zicherie – Die Geschichte eines geteilten Dorfes an der deutschdeutschen Grenze« (2005).

Die Fluchtbewegungen und Vertreibungen nach 1945 in der Erinnerungsliteratur u. a. von Christa Wolf, Bernhard Minetti, Gottfried Benn oder Margarete Buber-Neumann wurden von A. Kahrs: »Was ich weiß, hat mehr als zwei Seiten – Flucht und Vertreibung in Mecklenburg im Spiegel der Literatur« (in: »Ein Land und seine Erinnerungszeichen«, Hrsg. Politische Memoriale, 1999) und – für das Wendland – in: »Die Grenzen in der Literatur« (in: A. Kahrs, »Dichter reisen«, 1990) dokumentiert. Berichte und Erinnerungen an Interzonenfahrten und Transitstrecken bei F. C. Delius/P. J. Lapp, »Transit Westberlin. Erlebnisse im Zwischenraum« (2000), Jörg W. Gronius über Ängste auf der Interzonenstrecke: »Meine Mutter sagte: Eh man sich versieht, ist man in Sibirien« (in: »Ein Stück Malheur«, R. 2000). Leben an der Grenze aus Westsicht bei Hans Pleschinski in »Ostsucht« (1993), Georg Oswald Cott erkundet das »Grenzland an Aller und Ohre« (in: »Peine Paris Pattensen«, Hrsg. M. Mertens, 2006). Axel Hackes Reportage von der Besichtigung der Grenzanlagen bei Marienborn zählt die Überwachungsinstrumente auf: »Streckmetallgitterzaun, Grenzsignalzaunanlage, Funkmessaufklärungsgerät, Vibrationsmeldungsgeber, Funkstrahlsignalgebersystem, Paßkontrolleinheit . . .« (»Deutschlandalbum«, 2004); siehe auch Helmstedt/NI. Die Literatur der DDR mied bis auf kleinere Anspielungen (H. Kant, V. Braun) jahrelang das brisante Thema.

Der in Rostock geborene Walter Kempowski schrieb über seine Gefühle bei der Grenzöffnung in »Alkor. Tagebuch 1989« (2001). Gert Loschütz verließ 1957 die Geburtsstadt Genthin, sein R. »Flucht« (1990) schildert Abreise und Ankunft im Westen: »Der Kristallaschenbecher, die Porzellanvase, das Besteck – alles war schon jenseits der Grenze, während wir noch diesseits waren, noch da.« Von Richard Pietraß die schon in der DDR entstandene Lyriksammlung »Grenzfriedhof« (1998), U. Schacht und J. Ritter gaben 1989 die Anthologie »Nicht alle Grenzen bleiben. – Gedichte zum geteilten Deutschland« heraus.

Jochen Missfeldt schildert den Grenzverlauf aus dem Flugzeug in »Etappen« aus »Capo Frasca« (En. 1984), Marie Luise Scherer recherchiert in »Die Hundegrenze« (in: »Der Akkordeonspieler«, 2004) das Schicksal der Wachhunde. Die zerstörerische Wirkung einer Grenzkontrolle nach einer Westreise in Helga Schuberts E. »Landleben« (1987, erstmals veröff. 1990, n. in »Die Andersdenkende«, En. 1994). Sarah Kirsch dagegen beschreibt in »Allerlei-Rauh« (E. 1988) eine Reise von Westdeutschland nach Mecklenburg: »... gelangte mit halbwegs gültigen Papieren über die nahe Grenze, und es lächerte mich stark, daß es geglückt war ..., aber bald begannen die träumerischsten Lindenalleen wie vor zweihundert Jahren uns ins Land zu ziehen, der flirrende winkende Blätterschatten rief die frühesten Erinnerungen wach ...«

Eine Reisereportage entlang der Zonengrenze u. d. T. »Grenze '78. Ein deutsches Tagebuch« (in: »Die Spur. Rep. aus einer gefährdeten Welt«, 1984) von Ralph Giordano. Und Rolf Nobel sieht in »Mitten durch Deutschland. Reportage einer Grenzfahrt« (1986) die Bundesrepublik, »wie ich sie schöner, entlegener, verschlafener und natürlicher nirgendwo gesehen habe«. Wer wissen will, was sich demgegenüber seit 1989 geändert hat, kann das bei der Lektüre von Wolfgang Büschers Rep. »Deutschland, eine Reise« (2005), bei Landolf Scherzers »Der Grenzgänger« (2005) oder bei Andreas Greves »Grenzerfahrungen« (2004) erkennen: Greves Weg führte in »In achtzig Tagen rund um Deutschland«, in Sichtweite stets Polen oder Frankreich, Dänemark oder Österreich, Tschechien oder Holland ...

Eine erste Bilanz: »Geteilte Ansichten. Erinnerungslandschaft deutsch-deutsche Grenze« (Hrsg. M. Ullrich, 2006)

S Nieders. Stipendiatenstätte **Künstlerhof Schreyahn** (zwei Literaturstipendien), mit den Veranstaltungen »Lüchow-Dannenberger Bücherfrühling« und »Schreyahner Herbst«; dort auch das Archiv der **Nicolas Born-Stiftung** (gegr. 2000) und die **Adam-Seide-Bibliothek** des Literaturzentrums Norddeutschland. – Sommerliche Musiktage Hitzacker (auch Lesungen); **Kulturelle Landpartie.**

B A. Kahrs, Wendland literarisch. Von Herzog August bis Nicolas Born. Ein Streifzug durch die Literaturgeschichte des Landkreises Lüchow-Dannenberg, 1985; Wendland Lexikon (Hrsg. W. Jürries/B. Wachter), Band I: A–K, 2000, Bd. II: L–Z, 2008.

Z Lüneburg, Uelzen (NI); Salzwedel, Stendal, Havelberg (ST); Dömitz, Ludwigslust (MV); Wittenberge (BB).

LUCKENWALDE/BB

Kreisheimatmuseum am Markt.

Rudi Dutschke (eig. **Rudolf D.**), * 7. 3. 1940 Schöneweide bei L., † 24. 12. 1979 Aarhus, Studentenführer und polit. Publizist. Wuchs in L. auf und besuchte dort 1954-58 die Lenin-Oberschule, Parkstraße 59 (Gedenktafel). Nach Studienablehnung nach Westberlin. Bald führender Kopf des Sozialist. Dt. Studentenbundes (SDS). – W.: Versuch, Lenin auf die Füße zu stellen (Ess. 1977); Mein langer Marsch. Schrr., Tgb. (Hrsg. G. Dutschke u. a., 1980); Jeder hat sein Leben ganz zu leben. Tgb. 1963-1979 (2005). – Gretchen Dutschke, Wir hatten ein barbarisches, schönes Leben (Biogr. R. D., 1996).

A Theodor Fontane (→Neuruppin/BB) verbrachte 1855 einige Tage im Haus des Färbereibesitzers August Knochenhauer am L.er Markt (Gedenktafel).

R Johann Tetzel (→ Pirna/SN) soll im November 1517 in der Nähe von **Holbeck** überfallen worden sein. Die Episode findet sich u. a. im »Werwolf«-Roman von **Willibald Alexis** (→ Berlin) und im »Deutschen Michael« von **Albert Emil Brachvogel** (→ Berlin). – In der Kleinstadt **Baruth** verbrachte **Moses Mendelssohn**

(→ Dessau/ST) beim Oberförster Johann Caspar Jung, einem »richtig denkenden Kopf«, einige Tage. Darüber **Heinz Knobloch** (→ Berlin) in »Herr Moses in Berlin« (1979).

Dahme

Heimatmuseum.

Hermann von Damen, * vermutl. D., dichtete vor 1287 ein Loblied auf seinen Landesherrn Otto IV. (→ Brandenburg/BB). Frauenlob (→ Meißen/SN) nannte den Spruchdichter seinen Lehrmeister.

L **Johann Gottfried Krause** (1658-1746), bis zu seinem Tod Superintendent in D., gab ein »Dahmer Gesangbuch« (1745) heraus. – Eine Person der Lokalgeschichte ist auch der Münzmedailleur **Friedrich Wilhelm Kullrich** (1821-87), der auch als Lyriker (»Das Grab der Märzgefallenen im Friedrichshaine bei Berlin«, 1848) hervortrat. Geburtshaus: Hauptstraße 61 (Gedenktafel am Nachfolgebau), Erinnerungen im Museum. – Die Heimatdichterin **Klara Brünig** (1858-1915) verfasste »Bilder aus Dahmes Vergangenheit« (1903).

R Das in der Nähe von D. gelegene »Ländchen Bärwalde«, wozu auch Wiepersdorf und sieben Dörfer gehörten, kam 1780 zus. mit dem Gut Zernikow (→ Gransee/BB) an die Familie von Arnim. Im Frühjahr 1814 gab **Achim von Arnim** (→ Berlin) seine Berliner Wohnung auf und zog mit seiner Frau **Bettina von Arnim** (→ Frankfurt a. M./HE) dorthin. Er lebte sowohl in **Bärwalde** als auch in **Wiepersdorf**. **Clemens Brentano** (→ Koblenz/RP) besuchte 1814 seine Schwester in W. und arbeitete dort an Erzählungen. 1816 traf er dort **Wilhelm Grimm** (→ Hanau/HE). 1817 ging Bettina mit den Kindern zurück nach Berlin, während ihr Ehemann zumindest den Sommer über blieb und »Die Kronenwächter« (R. 1817-54)

schrieb. Nach Arnims Tod 1831 in W. verließ Bettina das Gut ganz, kehrte aber ab 38 immer mal wieder für längere Zeit dorthin zurück, wo sie am Brief-Roman »Die Günderode« (1840) und an der sozialkrit. Schrift »Das Buch gehört dem König« (1843) arbeitete. W. ist heute »wahrscheinlich (das) am besten gehaltene Ensemble« (G. Bellmann, 1995) seiner Art in Brandenburg. Dazu W. Grimm: »Arnims Gut liegt für die dortige, ganz ebene und außer einer gewissen Heimlichkeit und außer den zierlichen Birkenwäldchen wenig reizenden Gegend recht schön.« Grabstätten der Arnims beim Schloss auf dem Familienfriedhof neben der »Kirche (dort Tafel mit Auszug aus den »Kronenwächtern«). Erinnerungsstätte für beide Schriftsteller im Schloss. Schloss Bärwalde wurde 1945 gesprengt; bescheidene Reste am Ende einer schönen Allee.

Um 1935 besuchten die Freunde **Peter Huchel** (→ Berlin), **Günter Eich** (→ Seelow/Lebus/BB) und **Eberhard Meckel**

Dahme: Bettina von Arnims Grab in Wiepersdorf

(→ Freiburg/BW) W. und schrieben darüber. H. fragt im Sonett »Wiepersdorf«: »Wo gingt ihr hin? – Geliebte Stimmen,/ unsterblich, wo seid ihr wohl?« In E.s Gedicht »Wiepersdorf. Die Arnimschen Gräber« (1946) heißt es bildlicher: »Dem Leben, wie sies litten,/aufs Grab der Blume Lohn:/Für Achim Margeriten/und für Bettina Mohn!« Seit 1949 im Schloss ein Schriftstellerheim: Kaum ein Haus in der DDR dürfte so viel Autorenprominenz gesehen haben. **Christian Graf von Krockow** (→ Göttingen/NI) blätterte 1992 in den Gästebüchern (»Wiepersdorf«-Kap. in den »Fahrten durch die Mark Brandenburg«, 1993): Von **Arnold Zweig** (→ Berlin) über **Johannes R. Becher** (→ München/BY), **Anna Seghers** (→ Mainz/RP), **Erwin Strittmatter** (→ Cottbus/Spremberg/BB) bis hin zu **Stephan Hermlin** (→ Chemnitz/SN) und **Hermann Kant**. Im Mai 73 kam auch **Sarah Kirsch**. Im Gedicht »Wiepersdorf« heißt es: »Dieser Abend, Bettina, es ist/Alles beim alten. Immer/Sind wir allein, wenn wir den Königen schreiben/Denen des Herzens und jenen/Des Staats.« – Seit 1992 Künstlerhaus-Publikation, Hrsg. V. Nolte und D. Sossenheimer.

Jüterbog

Heimatmuseum im Abtshof.

Peter Hafftiz (auch **Hafftizius**), * um 1530 J., † Mai 1601 Berlin, wichtiger brandenburg. Historiograph (»Kurtze und warhafftige Beschreibung des Zustandes des Kurmark von 1388 bis 1595«. H.s »Märkischem Zeitbuch« entnahm H. von Kleist (→ Frankfurt a. d. O./BB) den Stoff zum »Michael Kohlhaas« (1810).
Helmut Sakowski, * 1. 6. 1924 J., † 9. 12. 2005 → Neustrelitz/MV, Fernsehdramatiker und Romancier, Kinderbuchautor.

Angestellter und Revierförster. Seit 61 überwiegend in Mecklenburg. Im Fernsehspiel »Wege übers Land« (1968, R. 69) erzählt S. die Geschichte einer Frau, die in der Nazizeit ins besetzte Polen folgt, mit dem Kriegsende in den Flüchtlingsströmen nach Mecklenburg zurückkehrt und sich der neuen Zeit stellt. – W.: Daniel Druskat (Fsp. 1976), Wie ein Vogel im Schwarm (R. 1984), Wendenburg (R. 1996).

🄰 **Johann Tetzel** betrieb den »heiligen Handel« mit Ablassbriefen 1517 in J., von wo aus sich M. Luther (→ Eisleben/ST) über dessen Predigten vor der Nikolaikirche unterrichten ließ. Als Luther die »Thesen« an die Tür der Wittenberger Schlosskirche schlug, hatte er vor allem T.s Vorgehen in J. im Auge. Dieser verbrannte sie schon Tage später auf dem J.er Marktplatz und kündigte einen Gegenschlag an. In der Kirche eisenbeschlagene Truhe, im Volksmund »Tetzelkasten« genannt. Beim Dammtor eine T. darstellende überlebensgroße Holzskulptur – daneben die Gaststätte »Tetzelstuben«. – **Thomas Müntzer** (→ Sangerhausen/Stolberg/ST) war 1519 in J. und predigte in der Marienkirche gegen die dortigen Franziskaner. Bei der daraufhin von den Mönchen verfassten Flugschrift »Articuli contra Lutheranos« handelt es sich »um das erste Zeugnis über das öffentliche Auftreten Müntzers« (G. Brendler, 1989).

🄻 Am Dammtor von J. ist folgender, ins 13. Jh. zurückgehender Spruch zu lesen: »Wer seinen Kindern giebt das Brodt und leidet nachmals selber Noth, den soll man schlagen mit der Keule todt.« Der Hintergrund ist eine Volkssage, in der ein alter Mann sein Vermögen den Kindern schon zu Lebzeiten überließ. – Zu den Lokalsagen gehört auch die vom »Schmied von Jüterbog«, der zuerst den Tod und dann den Teufel überlistet. – Im Fürstenzimmer des Rathauses von J. fand 1534 und 37 ein offiziell anberaumter »Rechtstag« im Streit zwischen dem Cöllner »Roßkamm« Hans Kohlhase und Günther von Zaschwitz statt. Auch H. von Kleist lässt im »Michael Kohlhaas« die Gerichtssitzungen dort stattfinden.

Trebbin

Bartholomäus Krüger, * um 1540 Sperenberg bei T., † nach 1597 T. oder anderswo, Schuldramatiker (»Von dem Anfang und Ende der Welt«, 1580) und Schwankdichter (»Hans Clawerts Werckliche Historien«, 1587). 1580-97 Stadtschreiber und Organist in T. Der histor. Hans Clauert (1506-60), »der märkische Eulenspiegel«, hat in T. gelebt. Sein Leben illustrierende Bilder im Ratskeller.

L Johannes Bobrowski (→ Berlin) hat die Clauert-Geschichten 1956 für Kinder neu erzählt. **Klabund** (→ München/BY) dienten sie als Vorlage für den Eulenspiegel-Roman »Bracke« (1918), dessen Held »ein Mensch auf dem Wege zu sich selbst ist« und dessen Schauplatz T. und die Mark.

R In der Autowerkerstadt **Ludwigsfelde** wird Heinrich Heine (→ Düsseldorf/NW) mit einem Denkmal (1956) geehrt. – Unweit davon der Siedlungsort **Mahlow**, wo **Hans Maaßen** (→ Potsdam/Teltow/BB) im Haus Tschaikowskiring 23 seine letzten Lebensjahre verbrachte. 1951 heiratete **Heiner Müller** (→ Freiberg/Eppendorf/SN) in M. die schon schwangere Krankenschwester Rosemarie Fritzsche. – Südl. von Ludwigsfelde liegt **Thyrow**, wo **Heinrich Alexander Stoll** (→ Parchim/MV) von 1958 bis zu seinem Tod 77 in seinem Haus »Ithaka« Wilhelmstraße 1 wohnte. Dort schrieb er u. a. den vielgelesenen Winckelmann-Roman »Tod in Triest« (1968) und bearbeitete klass. Sagen für Kinder (»Prometheus und andere griechische Sagen«, 1968). Grab auf dem Dorffriedhof bei der Kirche. – **Hermann Sudermann**

(→ Berlin) lebte als freier Autor seit 1897 im 1739 errichteten Thümenschen Barockschloss in **Blankensee**, wo er eindringliche, seiner Heimat verpflichtete Erzählungen (u. a. die mehrfach verfilmte »Reise nach Tilsit«, 1917) verfasste. Dazu die anschauliche Aut. »Bilderbuch meiner Jugend« (1922, n. 1988). Schloss (jetzt Tagungszentrum) und Park (»ein Stück südliche Welt«) wurden wiederhergestellt. S.-Gedenkraum.

Zossen

Eva Lippold (eig. E. Brockdoff), * 15. 4. 1909 Magdeburg, † 12. 6. 1994 Z., Erzählerin. Lebte seit 1952 in Kallinchen bei Z. Bedeutend ihr Roman »Haus der schweren Tore« (1971), in dem sie ihre Zeit im Zuchthaus Waldheim (→ Döbeln/SN) in der Nazizeit beschreibt.
A Friedrich Rudolf Ludwig von Canitz (→ Eberswalde/Werneuchen/BB) war Ende des 17. Jh.s Amtshauptmann von Z. – **Karl von Reinhardt** (1769-1840), Hrsg. des Göttinger Musenalmanachs und der Werke von G. A. Bürger (→ Eisleben/Molmerswende/ST) starb hier.

B H. J. Rehfeld, Hermann Sudermann in Blankensee, 1997.
Z Belzig, Herzberg, Königs Wusterhausen, Lübben (BB); Berlin; Wittenberg (ST).

LÜDENSCHEID/NW

In L. geb. der Publizist **Karl Grün** (1813-1887 Wien), Mitglied der Frankfurter Nationalversammlung und seit 1868 in Wien literarisch tätig. Sein Bruder, der Erzähler und Sachbuchautor **Albert Grün** (1822-1904 Straßburg) war als Agitator, Bevollmächtigter der provisor. sächsischen Regierung und Zivilkommissar in der Pfalz an den revolutionären Ereignissen 1848/

49 aktiv beteiligt (W.: »Deutsche Flüchtlinge«, 1851; »Friederike von Sesenheim«, Sch. 1859). – Als Studienrat am Zeppelin-Gymnasium in L. wirkte 1902-24 der Erzähler und Dramatiker **Hans Raithel** (→ Bayreuth/BY).

L In L. spielen Gedichte (»Trauben und Schlehen«, 1926) und die Aut. »Die Geister, die ich rief« von **Emma Cramer-Crummenerl** (1875-1964), auch die völkisch-nationalistisch geprägten Romane (»Das Haus der Väter«, 1934; »Die jungen Leute«, 1935) von **Fritz Nölle** (1899-1945) und das Schauspiel »Die Bergstädter« (1969) von **Walter Liß**. »Das Gefühl, es fehlt was. Spurensuche in Lüdenscheid« von **Christian Linder** (in »Reiselesebuch Deutschland«, Hrsg. Th. Geus, 1999).

Altena

Auf Burg A. seit 1912 erste Jugendherberge der Welt (Museum).

Friedrich Sieburg, * 18. 5. 1893 A., † 19. 7. 1964 Gärtringen (→ Stuttgart/BW), Literaturkritiker und Essayist; als Lyriker von St. George und F. Hölderlin beeinflusst. 1926 Korrespondent der »Frankfurter Zeitung« in Paris (»Gott in Frankreich?«, 1929). Weltweite Reisen, deren Ertrag berühmte Reportage-Bücher. 1942 Rückkehr in die Redaktion der »Frankfurter Zeitung«. Nach dem Krieg Schreibverbot für drei Jahre, dann Mithrsg. der »Gegenwart« und seit 1956 verantwortlich für das Literaturblatt der »FAZ«. – W.: Die Lust am Untergang (1954); Chateaubriand (1959); Lauter letzte Tage (1961). Werkausgabe (1981 ff.). – Gedenktafel am Geburtshaus Lüdenscheider Straße 19.

A Die Jahre nach dem 2. Weltkrieg in A. im Roman »Was ich wandre dort und hier« (1954) von der hier geb. **Hertha Trappe** (1903-1989); Wohnhaus Graf-Adolf-Straße 10. – In A.-**Dahle**, wo er als Pfarrer und theol. Schriftsteller gewirkt hatte, starb

1814 **Johann Heinrich Hasenkamp**, geb. 1750 in Tecklenburg-Wechte, der Freund Jung-Stillings (→ Siegen/Grund/NW). – Im benachbarten **Nachrodt** hatte **Anton Wilhelm von Zuccalmaglio** (→ Gummersbach/Waldbröl/NW) seine letzte Hauslehrerstelle. Er starb dort am 23. 3. 1869; Grabmal und Platte im oberen Burghof der Burg.

S Märkisches Stipendium für Literatur.

R Gest. in **Kierspe** ist der im nahen Sankel geb. Schlosser und Mundartdichter **Fritz Linde** (1882-1935/»Plattdütsch Kleintüg«, 1962 u. a.). – Der in **Schalksmühle** lebende **Johann Caspar Schmidt** (1801-70) veröffentlichte 1827 einen Gedichtband mit einer Übersetzung des ma. Epos »Certamen amoris« (Minnestreit) von Phyllis und Flora. – Im Lehngut Dresel bei **Werdohl** starb etwa 1359 der Lütticher Domkapitular **Levold von Northof**, geb. 1279 Northof b. Hamm. Er schrieb u. a. die Chronik der Grafen von der Mark, eine (unvollendete) Weltchronik und eine Slg. von Sentenzen und Gebeten.

Aus einer Seitenlinie der von Neuhoff auf Burg Pungelscheid stammt Theodor Baron Neuhoff (1694-1756). Der Abenteurer in wechselnden Diensten ließ sich 1736 zum König von Korsika ausrufen, konnte sich aber gegen innere und äußere Feinde nicht behaupten. – Aus der Erzählung »Prinz Friedrich« von C. F. van der Velde machte J. Nestroy sein 1. Drama: »Friedrich, Prinz von Korsika« (Uraufführung 1841). Umfangreiche hist. Skizze von F. Gregorovius in seinem »Korsika«-Buch (1851). Romane: »Der Abenteurer in Purpur« von H. Roselieb (1922), »König Neuhoff« von J. Tralow (1929); »Der König von Korsika« von M. Kleeberg (2001).

Z Arnsberg, Gummersbach, Hagen, Iser-
lohn, Schwelm (NW).

LÜDINGHAUSEN/NW

Münsterlandmuseum (Wasserburg Vische-
ring).

Karl Wagenfeld, * 5. 4. 1869 L., † 19. 12.
1939 → Münster/NW. Klassiker der
westfäl. Mundartdichtung. Lehrer in →
Recklinghausen (NW) und Münster. Mit-
begründer des »Westfäl. Heimatbundes«,
Hrsg. der »Heimatblätter der Roten Erde«
1919-27. – Ges. Werke (Hrsg. F. Castelle
u. A. Aulke, 1954 ff.). – Geburtshaus Mühl-
straße 25 (Gedenktafel); W.-Stube in der
Burggaststätte Vischering. – In seinen Er-
zählungen hat W., in Drensteinfurt aufge-
wachsen, auch seine Heimat und das El-
ternhaus in D. geschildert. – Nachlass
UB Münster.
In L.-Seppenrade das Grab von **Anni Sie-
pe** (1895-1978), die Gedichte und Erzäh-
lungen in plattdt. Sprache schrieb.

Herbern (Ascheberg-H.)

In H. ist der Arzt und westfäl. Mundart-
dichter **Hermann Wette** (1857-1919) geb.,
der zuletzt als Schriftsteller in Darm-
stadt-Eberstadt lebte und zus. mit seiner
Frau Adelheid für seinen Schwager E.
Humperdinck das Textbuch zur Oper
»Hänsel und Gretel« schrieb. »Westfäli-
sche Gedichte« (1896); »Widukind« (Tr.
1894). – Geburtshaus Südstraße 2. – H.
ist das »Latorp« in seinem aut. Roman
»Krauskopf« (1903). – Nachlass Westf.
Lit.-A. Hagen.

Werne

Freilichtbühne im Stadtpark.

In der Steinstraße 6 steht das Geburtshaus
(Gedenktafel) der kath. Schriftstellerin
Antonie Jüngst (1843-1918 Münster),
die W. früh verlassen mußte und bei den
Ursulinerinnen in Rheine erzogen wurde.
Befreundet mit Ch. B. Schlüter (→ Wa-
rendorf/NW); schrieb u. a. »Leben und
Weben« (G. 1894); »Die Eichhöfer« (E.
1910). Nachlass Franziskanerkloster Müns-
ter. – Am Kirchplatz 5 (Gedenktafel)
wohnte 1933-82 die in Billerbeck geb. Leh-
rerin **Antonia Schmeding-Elpers** (1894-
1985), von ihr plattdt. Gedichte und Ge-
schichten (»Nu luster«).
R Die **Davert**, zwischen Ottmarsbocholt
und Münster, die Landschaft von **Annette
von Droste-Hülshoffs** (→ Münster/Ro-
xel/NW) Ballade »Der Knabe im Moor«,
war klassisches Gespensterrevier, in dem
die bösartige »Juffer Eli« und der bestech-
liche Amtmann »Timpoet« nebst »allerlei
ernstzunehmenden Ganoven und Räubern
ihr Unwesen trieben« (S. Gerbaulet). –
Schloss **Nordkirchen** ist das westfäl. »Ver-
sailles«. Burg **Cappenberg** (Selm-C.) an
der Lippe, Anfang des 12. Jh.s in ein Prä-
monstratenser-Kloster umgewandelt (Bal-
lade der Droste), erwarb nach der Säku-
larisation 1816 **Freiherr vom Stein** (→
Bad Ems/Nassau/RP). »Dort fühlte er
sich ganz heimisch«, schrieb **Ernst Moritz
Arndt** (→ Rügen/MV), häufiger Gast auf
dem Schloss, in seinem Nekrolog auf St.,
der hier am 29. 6. 1831 starb (**Reinhold
Schneiders** Erzählung »Der Herr auf Kap-
penberg«, 1959). Im Schloss Freiherr-vom-
Stein-Archiv.

Z Coesfeld, Dülmen, Dortmund, Münster,
Recklinghausen, Unna (NW).

LUDWIGSBURG/BW

Pädagog. Hochschule; Filmakademie BW. – Städt. Museum (Abt. »Menschen in und aus L.«). – Schlossfestspiele, z. T. im Barocktheater.

Christian Friedrich Daniel Schubart (→ Schwäbisch Hall/Obersontheim/BW) war 1769-73 Organist und Musikdirektor am Hof in L. Wegen seiner »von jeher gezeugten schlechten Aufführung« und seiner satir. und parodist. Veröffentlichungen wurde er von Herzog Karl Eugen aus Württemberg ausgewiesen und 1777 auf dem Hohenasperg gefangen gesetzt. – Wohnung Kirchstraße 18 (Gedenktafel).
Friedrich Schiller (→ Marbach) lebte als Kind 1762/63 in L. und dann wieder ab Ende 1766. Die Familie wohnte zunächst Hintere Schloßstraße 26 (heute Mömpelgardstraße; Gedenktafel), dann in der Druckerei von Ch. F. Cotta, Stuttgarter Straße 26. Hinter der Wohnung Baumgarten des Vaters. Sch. ging vom 8. Jahr an in die Lateinschule (Obere Marktstraße 1), 1772 Konfirmation in der Garnisonskirche. Im September 1793 kam Sch. wieder nach L. (Wilhelmstraße 17, Gedenktafel). Aus dieser Zeit das bekannte Bild Sch.s von der Malerin Ludovike Simanowiz. – Denkmal Sch.-Platz.
Justinus Kerner, * 18. 9. 1786 L., † 21. 2. 1862 → Weinsberg (Heilbronn/BW), spätromant. Lyriker und Erzähler. Nach dem Tode des Vaters kehrte die Familie 1799 von → Maulbronn/BW nach L. zurück. 1804-08 Medizinstudium in → Tübingen/BW. Seit 1819 in Weinsberg. – L. als »Grasburg« in »Reiseschatten« (R. 1811); Aut. »Das Bilderbuch aus meiner Knabenzeit« (1849). – Geburtshaus Marktplatz 8 (Gedenktafel).
Friedrich Notter, * 23. 4. 1801 L., † 15. 2. 1884 → Stuttgart/BW, freier Schriftsteller

in Stuttgart. 1848-55 Abgeordneter der württ. Ständekammer, 1871-73 Reichstagsabgeordneter. Biograph L. Uhlands und E. Mörikes, Übersetzer. – Nachlass DLA Marbach.
Eduard Mörike, * 8. 9. 1804 L., † 4. 6. 1875 → Stuttgart/BW, besuchte 1811 die Lateinschule in L., ab 1818 das »Niedere Theol. Seminar« in → Urach (Reutlingen/BW). 1822-26 Theologiestudium am → Tübinger/BW Stift; Freundschaftsbünde. Dezember 1826 Beginn der fast 8-jährigen Vikariatszeit in der weiteren Umgebung von → Nürtingen/BW, 1834-43 Pfarrer in → Cleversulzbach (Heilbronn/BW). 1843 Pensionierung auf eigenen Wunsch. 1851 in → Bad Mergentheim/BW. Heirat mit Margarethe Speeth und Übersiedlung nach Stuttgart, wo er bis 1866 Literaturunterricht am Katharinenstift erteilte. – Geburtshaus Kirchstraße 2, Gedenktafel; auch am Haus Obere Marktstraße 2, wo M. seine Kindheit verlebte; schräg gegenüber Lateinschule. – Topograph. Spuren in »Maler Nolten« und »Lucie Gelmeroth« (das barocke Naturtheater des »Salons«). – Nachlass DLA Marbach.
Friedrich Theodor Vischer, * 30. 6. 1807 L., † 14. 9. 1887 Gmunden/Traunsee (Öst.), Kritiker und Ästhetiker, humorist.-satir. Erzähler (»Auch Einer«, R. 1879). Seminar in → Blaubeuren (Ulm/BW), zus. mit D. F. Strauß (»Geniepromotion«). Studium in → Tübingen/BW, 1844 Prof. für Philos. und Ästhetik; wegen seiner freimütigen Antrittsrede für zwei Jahre suspendiert. 1848 Abgeordneter der gemäßigten Linken in der Frankfurter Nationalversammlung. Im Herbst 1855 nach Zürich, seit 1866 wieder in Tübingen (bis 1869) und am Stuttgarter Polytechnikum (bis 1877). – Geburtshaus Stadtkirchenplatz 1 (Gedenktafel). – Nachlass UB Tübingen, DLA Marbach.

Schwaben

Eduard Mörike

Bad Mergentheim
1844-51
Heirat mit Margarete von Speeth
»Auf einen Kirchturm«
»Abreise« u. a.

Wermutshausen
1843-44
bei »Urfreund«
W. Hartlaub

Neuenstadt a. K.
M.s »Ahnenstädtchen«
»Auf einer Wanderung«

Cleversulzbach
(Neuenstadt a. K.-C.)
1834-43 Pfarrer
»Der alte Turmhahn«
»Ländliche Kurzweil«
»Pastoral-Erfahrung« u. a.

Schwäbisch Hall
April - Oktober 1844

Cleebronn
»Erzengel Michaels Feder«

Heilbronn
Besuche bei Freund
E. F. Kaufmann

Oberboihingen 1826

Möhringen
(Stuttgart-M.) 1826

Köngen 1827

Pflummern
Pfarrverweser 1829

Plattenhardt
(Filderstadt-P.)
Pfarrverweser 1829
Verlobung mit
Luise Rau

Ludwigsburg
*8.9.1804
Kindheit,
Lateinschule

Fellbach
(Stuttgart - F.)
1873 Wohnort

Owen 1829-31, 1834
»Poetenwinkel
unter der Teck«

Eltingen

Stuttgart
1817 /18 Gymnasium illustre
1851-67 Lehrer am Katharineum
1871-75, † 4.6.1875, Grab

Lorch
1867-69
Wohnort

Eltingen
(Leonberg-E.)
Pfarrverweser 1831

Ochsenwang
(Bissingen a. d. T.-O.)
Pfarrverweser 1832
»Ein wildes Paradies,
ein Reihernest«

Möhringen

Köngen

Ötlingen

Plattenhardt

Oberboihingen

Weilheim a. d. T.
Diakonatsverweser 1833

Weilheim a. d. T.

Bebenhausen
(Tübingen-B.)
1863, 1874
Ferienaufenthalt
»Bilder aus
Bebenhausen«

Nürtingen
1826 Umzug der Familie,
Schul- und Vikariatsferien
1870/71 Wohnort

Ochsenwang

Owen

Ötlingen
(Kirchheim u. T.-Ö.)
Pfarrverweser 1834

Tübingen
1822-26 Ev. Stift
»Der letzte König von Orplid«
(H. Hesse »Im Presselschen
Gartenhaus«)

Metzingen
»Stuttgarter
Hutzelmännlein«

Bad Urach
1818-22
Niederes Ev.-theol. Seminar
»Besuch in Urach«

Blaubeuren
»Historie von
der schönen Lau«

Scheer
Frühjahr 1828 und 29

Buchau
Sommer 1828

Pflummern
Frühjahr 1829 Pfarrverweser

David Friedrich Strauß, * 27. 1. 1808 L.,
† 8. 2. 1874 ebd., Theologe und Philo-
soph, Begründer der krit. Leben-Jesu-For-
schung. 1825-30 am → Tübinger/BW
Stift, dann Repetent. Stellte in dieser
Zeit die Schrift »Das Leben Jesu, krit. be-
arbeitet« (1835/36) fertig, die ihn mit
einem Schlag berühmt machte. Zurückge-
zogenes Gelehrtenleben (1836-42) in →
Stuttgart/BW. Die beiden letzten Jahr-
zehnte wechselnd u. a. zwischen Mün-
chen, Köln, Berlin und L. – Geburtshaus
Marstallstraße 1 (Gedenktafel); Sterbehaus
Schillerstraße 6; Grab auf dem Alten Fried-
hof an der Schorndorfer Straße; Denkmal
in den Schlossanlagen. – Nachlass DLA
Marbach.

Am Ende der Unteren Marktstraße Obelisk
mit Gedenktafeln für J. Kerner, E. Mörike, F.
Th. Vischer und D. F. Strauß; Erinnerungs-
stücke, Briefe, Bilder, Bücher im Städt. Mu-
seum.

Tony Schumacher, * 17. 5. 1848 L., † 10.
7. 1931 ebd., Großnichte J. Kerners.
Schrieb v. a. Kinderbücher (über 40). Für
L. von Interesse: »Was ich als Kind erlebt«
(1900), »Aus früher Jugendzeit« (1923),
»Mein Kindheitsparadies« (1925). – Ge-
burtshaus Marstallstraße 6; wohnte nach
dem 1. Weltkrieg in den Wernerschen An-
stalten; Grab in Stuttgart. – Dokumenta-
tion und Slg. im Städt. Museum. – R.
und H. Augustin, »›Gelebt in Traum
und Wirklichkeit‹ … T. Sch. – eine Re-
cherche« (2002).
August Julius Lämmle, * 3. 12. 1876 L.-
Oßweil, † 8. 2. 1962 → Leonberg/BW,
Heimatdichter, »eher idyllisierend, denn
problematisierend« (Irene Ferchl). 1956
Bürgermedaille von L. Aut. »Was mir
lieb ist« (1958), »A.-L.-Lesebuch« (1973).
– Grab Waldfriedhof Stuttgart. – Slg. im
Städt. Museum.
A Im Schloss wurde am 12. Juli 1759 der

»Vater des dt. Staatsrechts«, **Johann Jacob
Moser**, verhaftet und auf den → Hohen-
twiel (Singen/BW) geschafft. – Prominen-
te Besucher L.s: 1779 und 97 **Goethe** (→
Frankfurt a. M./HE); 1819 **Ludwig Uh-
land** (→ Tübingen/BW); 1877 **Berthold
Auerbach** (→ Rottenburg/Nordstetten/
BW). – **Auguste Supper** (→ Pforzheim/
BW) lebte von 1923 bis zu ihrem Tod
(14. 4. 1951) in L., von 1928 an der →
Hamburger **Ludwig Tügel**; T. starb hier,
fast vergessen, am 25. 1. 1972 (Grab auf
dem Friedhof). – Zwischen 1931 und 37
hat **Hans Henny Jahnn** (→ Hamburg)
die Orgelbaufirma Walcker in L. besucht:
J.-W.sche Hausorgel (Dokumente im Städt.
Museum; Marbacher »Spuren« 40/1997).

L Am reizvollsten spiegeln sich Glanz und
Niedergang der Residenz in **Justinus Kerners**
»Bilderbuch aus meiner Knabenzeit«. – Eben-
falls in L. und Stuttgart angesiedelt: die Le-
bensgeschichte Karl Eugens »Der tolle Her-
zog« (1935) von **Hans Henning von Grote**.
Auch »Schillers Heimatjahre« (1843) von **Her-
mann Kurz** (→ Reutlingen/BW), der »Schil-
ler-Roman« (1912-16) von **Walter von Molo**
(→ Weilheim/Murnau/BY) und der Roman
»Hier sind die starken Wurzeln deiner Kraft!«
(1927) über den Komponisten F. Silcher von
Max Schilling, sowie die Schubart-Romane
von **Albert Emil Brachvogel** (→ Berlin),
»Sturm und Drang. Ch. Sch. und seine Zeit-
genossen« (1863), **Heinrich Lilienfein** (→
Stuttgart/BW), »In Fesseln – frei« (1938),
Fritz Meichner (1895-1969), »Das flammende
Wort« (1942), **Heinz Rainer Reinhardt**, »Ich,
Schubart ein Genie« (1964) und **Eduard
Thorn** (1887-1964), »Genie in Fesseln«
(1935), haben L. teilw. als Schauplatz. – »Lud-
wigsburger Lesebuch« (Hrsg. Th. Stierle,
1994).
S **Mörike-Gesellschaft e. V.** – **Forum-Litera-
tur-Preis** des Forums Literatur L. – **Literari-
scher Gesprächskreis L. e. V.**

Asperg

Namhaft unter den namenlosen Gefangenen auf dem Hohenasperg: 1737-38 der Finanzmann Josef Süß Oppenheimer (Novelle von W. Hauff, Roman von L. Feuchtwanger), 1756-64 die Sängerin Marianne Pyrker, 1764 der Politiker und Schriftsteller **Johann Ludwig Huber**, 1824-25 der Nationalökonom **Friedrich List** (→ Reutlingen/BW) und der Theologe Karl Hase. – »Schubart-Straße, -Stube, -Turm und -Loch« erinnern an den berühmtesten Häftling: **Christian Friedrich Daniel Schubart**, der zehn Jahre, davon 377 Tage in einem bes. düsteren Verlies, eingekerkert war. Es entstanden hier die Kaplieder, das Gedicht von der »Aussicht« von des »Thränenberges Höhen«, die Aut. »Leben und Gesinnungen« und die »Ideen zu einer Aesthetik der Tonkunst«. Unter den Besuchern: **Johann Caspar Lavater**, **Goethe** und **Friedrich Schiller**. Am 11.5.1787 kam Sch. frei (Arsenalbau; Sch.-Denkmal am Löwentor). – Weitere Literaten unter den pol. Gefangenen: 1824-26 **Gustav Kolb** und **Karl August Mebold**, 1832 **Friedrich Seybold**, 1837 **Berthold Auerbach**, 1835-36/37-39 **Johannes Nefflen** (Pleidelsheim), 1848 **Adolf Bacmeister** (→ Esslingen/BW), 1848-49 **Theobald Kerner** (→ Gaildorf/BW): »So war es und wird's ewig sein: / Wer Freiheit liebt, den sperrt man ein«.

Kornwestheim

Jakob Vogel, * 1584 K., † nach 1630. Barbier und Wundarzt in Stößen. Krönung zum Poeten 1622 in Leipzig. Verfasser des Liedes »Kein sel'ger Tod ist in der Welt«.

Marbach

Friedrich Schiller, * 10.11.1759 M., † 9.5.1805 → Weimar/TH. Die Stätten der Kindheit: Ludwigsburg (seit 1762), → Lorch (Schwäbisch Gmünd/BW, seit 1764) und wieder Ludwigsburg (seit 1766). Ab 1773 Militär-Pflanzschule (später Karlsschule) auf der Solitude; Regimentsmedikus in → Stuttgart/BW. Wegen unerlaubter Anwesenheit bei der Uraufführung der »Räuber« in → Mannheim/BW (13.1.1782) und einer 2. Reise dorthin Arrest und Schreibverbot. Am 22.9.1782 endgültige Flucht nach Mannheim. Dezember 1782 bis Juli 83 in → Bauerbach b. Meiningen/TH. Rückkehr nach Mannheim, ein Jahr lang Theaterdichter des Nationaltheaters. Entlassung im April 1785, Reise auf Einladung Ch. G. Körners nach → Leipzig/SN. Im

Marbach: Schiller und die Schüler – Schiller-Denkmal auf der Schillerhöhe

Juli 1787 Weimar, 1789 Berufung als Prof. für Gesch. nach → Jena/TH, wo Sch. 1790 Charlotte von Lengefeld heiratete. Juli 1794 Beginn der bis zu seinem Tod andauernden Freundschaft mit Goethe, seit 1799 wieder Weimar. – Geburtshaus Niklastorstraße 31, seit 1859 Gedenkstätte; Geburtshaus der Mutter, der Gastwirtstochter Elisabeth Dorothea, geb. Kodweiß (1732-1802), der ehem. Gasthof »Zum Goldenen Löwen«, in der Nachbarschaft; auf der Sch.-Höhe Denkmal (von E. Rau). – Nachlass GSA Weimar, DLA Marbach.

Marbach: Literaturmuseum der Moderne (LiMo) auf der Schillerhöhe

A Ottilie Wildermuth (→ Rottenburg/BW) verbrachte ihre Jugend 1819-32 in M. und gründete hier die erste Kleinkinderschule. – Elternhaus W.-Straße 5.

Otto von Günther (1858-1949), der geistige Vater und Schöpfer des Schiller-Nationalmuseums (»Mein Lebenswerk«, 1948), lebte seit 1944 in M., Grab auf dem Friedhof. Dort auch das Grab des 1887 in Bonn geb. Verlegers **Kurt Wolff**, der auf einer Reise nach M. 1963 in Ludwigsburg verunglückte. Auch **Kurt Pinthus** (1886-1975 → Berlin), der 1919 mit seiner Anthologie »Menschheitsdämmerung. Symphonie jüngster Dichtung« Epoche machte, ist hier begraben. Erinnert sei noch an die Gräber des Jean-Paul-Forschers **Eduard Berend** (1893-1973) und des G.-Hauptmann-Chronisten **Carl Friedrich Wilhelm Behl** (1889-1968).

S Deutsches Literaturarchiv Marbach: Deutsche Schillergesellschaft e. V. (seit 1947, gegr. 1895 als »Schwäb. Schillerverein«), Trägerin des DLA Marbach mit Archiv, Collegienhaus. **Schiller-Nationalmuseum:** (Schiller, Schubart, Wieland, Hölderlin; Mörike) und **Literaturmuseum der Moderne** (LiMo/20. und 21. Jh.: »Schaufenster zum Archiv«). **Literaturarchiv:** 1200 Nachlässe und Slgg. von Schriftstellern und Gelehrten von 1750 bis zur Gegenwart. Cotta-Archiv, Verlagsarchive

(S. Fischer, Insel, Luchterhand, Piper). **Bibliothek** (neuere dt. Lit. und Lit.wiss.): 750 000 Bde. Bildabtlg.: 200 000 Sammlungsstücke. **Veröffentlichungen:** u. a. M.er Kataloge, M.er Magazine, M.er »Spuren«: Hefte der **Arbeitsstelle für lit. Museen, Archive und Gedenkstätten in Baden-Württemberg** (seit 1980). – **Schiller-Preis der Stadt M.** (seit 1959). – **Bad.-Württ. Literaturtage.**

R In **Markgröningen** findet alljährl. am Bartholomäustag (24. August) der seit 1443 belegte Schäferlauf statt. Er ist das älteste Volksfest des Neckarlandes. Aus M. stammt F. Hölderlins Freund **Rudolf Magenau** (1767-1846), der nach seiner Tübinger Stiftszeit als Pfarrer in **Niederstotzingen** b. Ulm und in **Hermaringen** lebte; Grab in H. – Lit. Stätten an der »3B-Kultour«: **Bietigheim** (B.-Bissingen): Stadtmuseum Hornwaldhaus; »Skulptour«, u. a. mit Büste von **Dietrich Bonhoeffer** (→ Berlin) von A. Hrdlicka bei der Stadtkirche. **Otto Rombach** (→ Heilbronn/BW) kehrte 1945 in seine Kinderheimat B. zurück, sein »Häuschen« Freiberger Straße 11. Grab auf dem Friedhof; Porträt-Medaillon an der Villa Visconti, Stadtbücherei nach ihm benannt; Aut. u. a. »Vorwärts, rückwärts, meine Spur« (1974). In B., wo er nach dem 2. Weltkrieg, kaum noch Resonanz findend, zurückgezogen lebte, starb **Eberhard Wolfgang Möller** (1906-72), einer der meistgespielten Dramatiker der NS-Zeit (»Frankenburger Würfelspiel«, 1936). – Die »Post« zu **Besigheim** kam durch **Eduard Mörikes** Sommerwesten-Gedicht (»An meinen Vetter«, Juni 1837) in die Literatur. – **Bönnigheim:** Sophie von La Roche (→ Kaufbeuren/BY) fand zwischen 1763 und 71 immer wieder Zuflucht im Neuen Schloss von B. Hier entstand ihre »Geschichte des Fräuleins von Sternheim« (1771); Museum Sophie La Roche in ehem. Forstgefängnis (»Das wahre Glück ist in der Seele des Rechtschaffenen«, Ausstellungskatalog o. J.). – Die »Landverderberin« Gräfin von Grävenitz hatte in nahen **Freudental** zeitw. ihren Sitz; 1731 wurde sie des Landes verwiesen (N. von **Wilhelm Zimmermann** → Stuttgart/BW). – In »Geister in einer schwäb. Wasserburg« (1976) erinnert **O. Rombach** an das »Klopferle«, von dem schon die Zimmerische Chronik (→ Meßkirch/BW) berichtet, und an **Hermann von Sachsenheim** (1363-1458).

In **Oberstenfeld** im Bottwartal wurde der Volksschriftsteller **Johannes Nefflen** (1789-1858) geb.; Schultheiß in **Pleidelsheim**, als Abgeordneter in engem Kontakt mit **Ludwig Uhland** und **Paul Pfizer** (→ Stuttgart/BW; »Briefwechsel zweier Deutschen«, 1831). Geburtshaus Großbottwarer Straße 44 (Informationstafel); J.-N.-Stube im Alten Bahnhof. – Der **Wunnenstein** wurde bekannt durch **L. Uhlands** Balladen um Graf Eberhard den Greiner: Der »gleißend' Wolf« vom W. überfällt den Grafen beim Baden in → Wildbad (Calw/BW).

B A. Berger-Fix, Menschen aus Ludwigsburg, 1997; I. Ferchl/W. Setzler, Mit Mörike von Ort zu Ort, 2004; F. Druffner/M. Schalhorn, Götterpläne & Mäusegeschäfte. Schiller 1759-1805, Marbacher Katalog 58, 2005; F. Pfäfflin, Marbacher Magazin. Bibliographie 1976-2002, 2002; Denkbilder und Schaustücke. Das Literaturmuseum der Moderne, Marbacher Katalog 60, 2006.
Z Esslingen, Lauffen, Stuttgart, Vaihingen, Waiblingen (BW).

LUDWIGSHAFEN AM RHEIN/RP

»Am feierlichsten Fluß Deutschlands, mitten zwischen Speyer und Worms, mitten im Nibelungenlied gleichsam, dicht neben Jesuitenkirche, Rokoko-Bibliothek, Schillers Hof- und Nationaltheater in Mannheim. Selten hatte man die Wirklichkeiten des Industriezeitalters so nahe beisammen, den Schmutz und das residenzhaft eingebaute Geld...« (Ernst Bloch, 1964)
Stadtarchiv; Stadtbibliothek. – Stadtmuseum, Wilhelm-Hack-Museum. – Theater im Hemshof.

Ernst Bloch, * 8. 7. 1885 L., † 4. 8. 1977 → Tübingen/BW, Philosoph: »Marxist und Metaphysiker, Materialist und Denker auf dem Weg der Religion« (W. Jens). 1933 Emigration: Zürich, Wien, Prag, USA. 1948 Professur in → Leipzig/SN, 57 Zwangsemeritierung. Seit 1961 Gastprofessur an der Universität Tübingen. – W.: Das Prinzip Hoffnung (1954/59); Gesamtausg. (1959 ff.). – Geboren in der Maxstraße, heute Stabelstraße. Erinnerungen an die Jugendzeit in L. u. a. in »Spuren«, »Erbschaft dieser Zeit«. – E.-B.-Zentrum (seit 1997) mit Archiv. – W. Diehl, E. B., Philosoph aus L. (in: »Linksrheinisches«, 1975).
Geb. in L. **Hedwig Laudien** (1884-1968), die mit der preisgekrönten Erzählung »Das Buckelche« (1924) bekannt wurde und deren Slgg. »Von den kleinen Wundern unserer Stadt« und »Wo es geistert und raunt« in den 50er Jahren erschien; 1964 »Es war ein Haus mit vielen Fenstern« (Erinn. und G.). – Auf dem Hauptfriedhof das Grab des aus Kaiserslautern stammen-

den Arbeiterdichters **Josef Lenhard** (1886-1965), dessen 1932 ersch. Roman »Mensch unterm Hammer« 33 sofort verboten wurde.

A Nach seiner Flucht aus Stuttgart nahm **Friedrich Schiller** (→ Ludwigsburg/Marbach/BW) als »Dr. Schmidt« mit seinem Freund A. Streicher (»Dr. Wolf«) im Oktober und November 1782 im Gasthaus »Zum Viehhof« in Oggersheim (heute eingemeindet) Quartier. Gedenkstätte mit Dokumenten, Erstdrucken und Bildern, Sch.-Straße 6; Schiller-Büste, Streicher-Denkmal. Hier entstanden erste Szenen der »Luise Millerin«, wurde der »Fiesko« umgearbeitet. (A. Streicher, »Schiller auf der Flucht von Stuttgart . . .«, 1836; M. Braun-Rühling, »Der junge Schiller am Rhein«, R. 1929). – 1788 auf Schillers Spur **Friedrich Hölderlin** (→ Lauffen/BW): ». . . ich sah nichts als Häuser und Gärten, denn schon Schiller ging mir im Kopf herum.« – Für ein Jahrzehnt lebte ab 1895 **Anna Croissant-Rust** (→ Bad Dürkheim/RP) in L.; sie kam sich wie im Exil vor. Mit der »großen Arbeiterstadt« in »Industria« (Teil eines Totentanzes aus 17 Bildern, 1914) ist L. gemeint. – **Hermann Sinsheimer** (→ Bad Dürkheim/Freinsheim/RP), der einige Jahre später in L. Rechtsanwalt war, hielt es auch nur, weil er in Mannheim zugleich Theaterkritiker sein konnte.

L Über die Anfänge von L. im 19. Jh. Berichte u. a. von **August von Platen** (→ Ansbach/BY) 1815, **Friedrich Blaul** (→ Speyer/RP) 38, **Wilhelm Heinrich Riehl** (→ Wiesbaden/HE) 57: »ein echt amerikanisches Bild«, und **August Becker** (→ Bad Bergzabern/Klingenmünster/RP) 58: »das pfälzische Altona, das ›All zu nah‹ für die Mannheimer Kaufleute« (die 1849 mit Geld und Wein die Revolutionstruppen ermuntert haben sollen, »das Nest da drüben zusammenzuschießen«). – Der 1892 in L. geb. Pfarrer **Adam Ritzhaupt**

(gest. 1976 in Erfurt) schrieb das Erinnerungsbuch »In Sonne und Rauch« (1932); in L. spielt auch seine Erzählung »Jungschmied Fassold« (1935). Zur BASF: **Karl Aloys Schenzinger** (→ Rosenheim/Prien/BY) »Anilin. Roman eines Farbstoffs« (1936). – Sozialkrit. L.er »Geo- und Autobiographica« auch bei E. Blochs Freund, dem Schriftsteller, Übersetzer und Schiller-Biographen **Friedrich Burschell** (1889-1970), dem es mit der »gemeinsamen Vaterstadt« ähnlich wie Bloch erging: »Für ihn war sie nicht die triste Industriestadt, die man möglichst bald hinter sich lassen wollte; für ihn war sie der unvergeßliche und faszinierende Ort seiner Herkunft« (1970). – L. als Schwerpunkt in: »Die Alkoholraffinerie« (R. 1966) von **Dieter Berkel**, »Indianer-Leo und andere Geschichten aus dem wilden West-Deutschland« (1977) von **Fanny Morweiser**. Gedichte (»Pylon-Harfe«, 1969) von **Arno Reinfrank** (1934-2001) und **Dieter M. Gräf** (»Treibender Kopf«, 1997). – Mundart: **Ludwig Hartmanns** (1881-1967) »Deheem isch deheem« (G. und En. 1928) und das Bilderbuch »Kinnersprich vum Ludewig« (1920), sowie **Bruno Hains** Mundarthaikus (»Ich, net ich«, 1993) und Pfälz. Dorftheater (1992).

S Literaturwerkstatt Ludwigshafen-Mannheim (»LiLaLu«, Lit.landschaft L., 2004). – **Ernst-Bloch-Preis der Stadt L.** – **Otto-Ditscher-Preis für Buchillustration** des Landkreises L.

R Altrip ist die Heimat **Reginos von → Prüm** (Bitburg/RP); Denkmal bei der Kirche. Ebenfalls aus A. stammt **Wilhelm Michael Schneider** (Ps. **Wilhelm Perhobstler**/1891-1975), dessen Kriegsroman »Infanterist Perhobstler« (1929) als »ungeschminktes Bekenntnis« gerühmt wurde. – Geb. in **Schifferstadt** der Journalist, Generalsekretär der Dt. Akademie für Sprache und Dichtung (→ Darmstadt/HE) 1960-78 und Büchner-Biograph **Ernst Johann** (1909-1980): »Deutschland, deine Pfälzer« (1971). Ebenfalls Sch.er **Emil Schuster** (Jg. 1921), aut. und topogr. von Interesse: »Randfiguren« (R. 1960), »Der

Schatten« (E. 1964), »Der Schelius« (R. 1991). Mundartwettbewerb **Dannstädter Höhe** (Dannstadt-Schauernheim). Nicht zu vergessen: Auf dem Bahnhof von Sch. übermittelte am 7. 8. 1942 **Edith Stein** (→ Köln/NW) ein letztes Lebenszeichen: »Ich bin auf der Fahrt zum Osten!« – In **Lambsheim** lebte **Karl Geib** (1777-1852), Deutschrepublikaner in Paris, Offizier unter Napoleon, dann freier Schriftsteller in L.: Lyriker, Übersetzer, Hrsg. von Zss. (»Palatia«, 1839/40) und Reisehandbüchern für Mosel, Pfalz und Neckar, Sagensammler. Gedenktafel am Geburtshaus, Hauptstraße 59; Grab auf dem Friedhof.

Z Bad Dürkheim (RP); Heidelberg, Mannheim (BW); Neustadt a. d. W., Speyer, Worms (RP).

LUDWIGSLUST/MV

Ehemalige Residenz, Schloss mit Park von Lenné. Geschlossenes Stadtbild unter Denkmalschutz.

Franz Passow, * 20. 9. 1786 L., † 11. 3. 1833 Breslau, Philologe, Professur in Breslau, Anhänger von »Turnvater« Jahn (→ Perleberg/Lanz/BB). – W.: Vaterländische Gedichte (1813); Turnziel (1818).
Bertha Clément, * 25. 8. 1852 L., † 22. 8. 1930, ebd., Jugendbuchautorin. Die bald vergessene Schriftstellerin verfasste En. über die Welt der Töchter aus »gehobenen Kreisen« (»Libelle«, 1901; »Tage des Glücks«, 1893).
Johannes Gillhoff, * 24. 5. 1861 Glaisin b. L., † 16. 1. 1930 Parchim/MV, Volkskundler. Der gelernte Lehrer war von 1925-30 Herausgeber der »Mecklenburgischen Monatshefte«. Redaktion im Haus der Hinstorff'schen Hofbuchhandlung (Schloss-Straße 51, Gedenktafel); Auswahl-

ausgaben der »Monatshefte« 1990 und 2000; Grab auf dem L.er Friedhof. – W.: Mecklenburgische Idiotismen (1889); Das mecklenburgische Volksrätsel (1892, n. 2001); Bilder aus dem Dorfleben (1905, n. 2000). Der vielgelesene Roman »Jürnjakob Swehn, der Amerikafahrer« (1917, Fortsetzung u. d. T. »Möne Markow, der neue Amerikafahrer«, 1957) schildert die Auswandererfrage, basierend auf Briefwechseln aus G.s Heimatdorf Glaisin (dort Sitz der J.-G.-Gesellschaft, Jb. ab 2006).
Walter Pegel, * 2. 11. 1899 Laupin b. L., † 18. 5. 1963 Güstrow, Romancier. – W.: Das Fräulein auf dem Regenbogen (R. 1937); Die Zauberische (R. 1943).
A Der englische Gelehrte **Thomas Nugent** (→ Wismar/MV) besuchte und beschrieb die Stadt 1766. **Karl von Stein**, Sohn der Goethe-Freundin **Charlotte von Stein** (→ Weimar/SN), schilderte in seinem Briefwechsel (u. d. T. »Vertrauliche Mitteilungen aus Mecklenburg-Schwerin und Sachsen-Weimar«, 1999) die Jahre zwischen 1780 und 93 in L., wo in der Schlosskirche »gewöhnlich alle Kavaliers« im Gottesdienst einschliefen. Über den Gast aus Weimar der historische R. **Klaus Albrechts**: »Karl von Stein. Charlottens Sohn« (in: »Mecklenburgische Monatshefte«, 1927). **Wilhelm Raabe** (→ Holzminden/Eschershausen/NI) spottete dagegen im »Abu Telfan«: »Wir ersterben alleruntertänigst vor den durchlauchtigsten Herrschaften und rufen Vivat, wenn sie in ihren Staatskarossen nach Monbrillant, Monplaisir, Monrepos, nach Ludwigsburg, Ludwigslust, Herrenhausen, Salzdahlum, Schwetzingen oder Nymphenburg zur Erholung von ihren anstrengenden Staatsgeschäften fahren.« Karoline Luise, Tochter des Goethe-Förderers Herzog Karl August, heiratete 1810 nach L., die literarisch interessierte Frau litt am langweiligen »Le-

ben eines Hoflagers«, sie unterhielt daher intensive Briefkontakte mit Goethe, C. M. Wieland, K. L. Knebel u. a. in Weimar. Nach ihrem frühen Tod 1816 (Mausoleum in Schlosspark) widmete ihr Goethe (→ Frankfurt a. M./HE) die Trauerloge »An dem öden Strand des Lebens«. **Klaus Albrecht** schrieb dazu 1932 die E. »Trauerloge« (n. in: »Die Revolution der Königin Luise«, 1990). Schon 1805 war die spätere Schwiegertochter Goethes, Ottilie von Pogwisch, zu Besuch bei ihrer Tante, der Oberhofmeisterin der mecklenburgischen Prinzessin Charlotte.

Eine »Humoristische Reise durch Mecklenburg« (1812) führte **Johann Stephan Schütze** (→ Magdeburg/ST) auch nach L.: »Alles drängte und trieb uns nach Ludwigslust, von welchem Orte man uns ... gesagt hatte: Sie haben nichts gesehen, wenn Sie Ludwigslust nicht sahen ...« **Karl Julius Weber** (→ Langenburg/BW) schätzte L. in seinen »Briefen eines in Deutschland reisenden Deutschen« (1826 ff.) mehr noch als Schwerin. – Bis 1843 unterrichtete hier **Ludwig Reinhard** (→ Ratzeburg/Mustin/SH), sein Spott zielte auf die Rückständigkeit der Stadt: »In den Ehen ist die Leibeigenschaft noch nicht aufgehoben. Metall führt man hier teils auf der Brust, teils in den Kehlen, teils in den Taschen.« – 1889 war **Theodor Fontane** (→ Neuruppin/BB) wieder in L., das er schon seit 1847 vom Besuch seiner Braut Emilie kannte, deren Schwester hinter der Kaskade nahe dem Schloss wohnte (Details in Fontanes »Von zwanzig bis dreißig«, 1898). Seine Bilanz: »Ludwigslust hat sich in vierzig Jahren sehr verändert, worauf mir Ludwigslust antworten wird: Du dich auch.« **Rudolf Tarnow** (→ Parchim/MV) diente 1896-1906 beim L.er Militär. **Gertrud von Le Fort** (→ Minden/NI) lebte 1898-1915 in L. (Gedenktafel Clara Zetkin-Straße 9); Erinnerungen in der Aut. »Hälfte des Lebens« (1965) und der N. »Das fremde Kind« (1961): »... ob wohl gegenüber dem weiten Schlossplatz der strömende Niederfall der Kaskaden immer noch mit seiner großen Wasserschleppe gleichsam den Hofknicks vor der einstigen Residenz macht?« Auf dem Friedhof von L. die Gräber von **Ernst Voß** (→ Bad Doberan/MV) und **Johannes Gillhoff, Leontine von Winterfeld-Platen, Helene von Krause, Otto Kaysel.**

L Leontine von Winterfeld-Platens (→ Neustrelitz/Lübberstorf/MV) »Lebenserinnerungen« (1957) schildern ihre L.er Jahre 1914-18. **Helene von Krause** (1841-1915), seit 1889 in L., schrieb die mecklenburgischen Reiseskizzen »Unter der Wendischen Krone« (1912), **Albrecht Wilhelm Sellin** (1841-1933) verfasste eine »Ode an Ludwigslust«. – **Theodor Heuss** (→ Lauffen/Brackenheim/BW) schildert in »Herbststreife durch Mecklenburg« (in: »Von Ort zu Ort«, 1959) den L.er Park: Der »liebenswürdigste Schlussakkord« einer Wanderung im Jahre 1920. – Die Stadt beschreibt auch **Edmund Schroeder** (→ Parchim/Karow/MV) in »Mein Mecklenburger Land« (1957). – Von **Dieter Kühn** (geb. 1935 Köln) stammt der En.-Band »Ludwigslust« (1977). **Peter Rühmkorf** in seinem »Tabu I – Tagebücher 1989-1991« (1995): »Schlossstraße von beachtlicher Breite und mit bemerkenswert domestikenhaft geduckten Gebäuden ... Eindrücke wieder mal wie von Langzuvor und Fastnichtmehrwahr«. **Uwe Kolbe** schrieb das Gedicht »Ludwigslust I-IV« (1998), **Hans Joachim Schädlichs** E. »Concert spirituel« (in: »Vorbei« – Drei Erzählungen, 2007) handelt vom L.er Komponisten Antonio Rosetti. Ein L.-Lesebuch u. d. T. »... die Überraschung aber ist das Städtchen« (Hrsg. H. Brun, 2001) versammelt alle wichtigen Texte.

Dömitz

Die Stadt am Elbstrom ist Geburtsort von **Joachim Slüter** (um 1491-1532), Luther-Freund und Reformator in → Rostock/MV. Festung und Stadt mit ihrer wechselvollen Geschichte sind immer wieder in der Literatur behandelt worden, so die Epoche des 30-jährigen Krieges in »Die Zauberische« (R. 1943) von **Walter Pegel**. Die Zeit Napoleons findet sich in **Willi Fehses** (→ Salzwedel/Kassieck/ST) E. »Die dreißig Schillschen Pikeniere« (aus: »Der Waffensegen«, 2. Aufl. 1943). 1777 schrieb **Heinrich Julius Tode** (1733-97) das »entsetzliche Poem« (C. Schröder) »Dömitz oder das Seufzen der Gefangenen«: »Da liegt des Schreckens finstre Wohnung/Weit offen, wie das Grab vor mir ...«.

Fritz Reuter (→ Demmin/Stavenhagen/MV) sah D. erstmals 1823 auf einer Reise: »Den folgenden Tag benutzten wir dazu, den gewaltigen Elbstrom und die Titulär-Festung so recht ins Auge zu fassen« (»Kurze Beschreibung meiner Reise ...«, Hrsg. A. Hückstädt, 2001). 1839 kam Reuter wieder: nun als Häftling. In diesen Jahren saß hier auch der Lyriker **Peter Düberg** (→ Wismar/MV) ein: »Ich aber gung mit Weinen/zu Däms woll über die Steinen«. Die Festung wurde Reuters letzter Haftort. Am 18. August 1840 amnestiert, erfolgte wenig später seine Entlassung. In »Ut mine Festungstid« werden die eher liberalen Haftbedingungen geschildert. Der Kommandant von Bülow schritt nur ein, als R. sich in eine seiner Töchter verliebte: Der junge Häftling musste unterschreiben, dass ihm die Töchter »von jetzt an alle gleichgültig« seien. In D. entstand sein Gedicht »St. Jacobi«. In der weitläufigen Bastion, einzige erhaltene Flachlandfestung des Nordens, erinnert die **Fritz-Reuter-Gedenkhalle** an den Dichter (u. a.

Kuriosum: »Reuter-Notgeld«). Im Wachhaus (Gedenktafel) das ehemalige Zimmer des Häftlings. – Nördlich von D., in der **Kalisser Heide**, erinnert der Reuterstein, 1885 erstes Denkmal für den Dichter überhaupt, an die Stelle, an der R. seinem Hund die Entscheidung überließ, welcher Weg nach der Haftentlassung nun der richtige sei: »Schüten, lop vöran!« Die jährlichen Wandertage zum R.-Stein spiegeln sich in H. Bruns Dokumentation »Der Reuterstein und seine Dichter« (1996).

Aus Dömitz stammt **Ludwig Kreutzer** (1833-1902), Verfasser regionalhistorischer Skizzen (»Die Elbe«), die er regelmäßig im »Voß- un Haas-Kalender« veröffentlichte; er starb in **Neukalen**). Auch der Dramatiker **Thilo Schmidt** (1876-1946) kommt aus D., er schrieb das Stück »Fritzing in Däms«. – Vom englischen Schriftsteller **Cecil S. Forester** (→ Hamburg) D.er Reiseskizzen aus dem Jahre 1929.

In **Neu-Kaliß** wirkte von 1942-47 der Pastor und Autor **Werner May** (1903-75), dessen heiterer R. »Otto. Mein Küster von Gottes Gnaden« (1956) hier spielt. – Fabrik und Park von Neu-Kaliß waren Ort der dramatischen Ereignisse nach dem Kriegsende 1945, als Flucht, wechselnde Besatzung, Demontage, Wiederaufbau und Enteignung das Leben der Fabrikantenfamilie Bausch prägten. Festgehalten von **Erika von Hornstein** (1913-2005; »Der gestohlene Phönix«, erw. Ausg. 1993), die auch einen Großteil der Werke ihrer Lehrer und Freunde, der Maler K. Schmidt-Rottluff und C. Hofer, in Neu-Kaliß verbarg (»So blau ist der Himmel«, Erinn. 1999); Museum in **Alt-Kaliß**.

Boizenburg

Museum am Elbberg; KZ-Gedenkstätte.

Denkmalgeschütztes Wandbild mit **Goe-the**-Zitaten an der Rudolf-Tarnow-Schule. In der Wallstraße die ehemalige Synagoge, Gedenktafel von 1988; über den Jüdischen Friedhof am Lauenburger Postweg **Knuth Wolfgramms** Gedicht »Jüdischer Friedhof in Boizenburg« (in: »Elbniederung bei Boizenburg«, 1992). – Um 1694 wurde **Michael Christoph Brandenburg** (gest. 1766) in B. geboren, Lyriker und Freund von **Johann Christian Günther** (→ Jena/TH), der auch Oratorien (»Gideon«, 1716) und Beiträge für die Zs. »Patriot« schrieb. Eine »Humoristische Reise durch Mecklenburg« (1812) führte **Johann Stephan Schütze** (→ Magdeburg/ST) auch nach B. Schon 1806 gab es von **Friedrich August Schilling** für B. als »die netteste, freundlichste, anmutigste aller Duodezstädte« ein Lob. **Ludwig Reinhard** (→ Ratzeburg/Mustin/SH) lebte ab 1843 als Rektor (Schulhaus bei der Kirche) in B. **Jürgen Borcherts** (→ Schwerin/MV) Reinhard-Roman »Je dunkler der Ort« (1980) spielt auch in B., dessen Schule heute den Namen ihres großen Rektors trägt. Im Heimatmuseum die Büste Reinhards, im Neubauviertel an der L.-R.-Straße ein Gedenkstein.

Im Fluchtbericht von **Margarete Buber-Neumann** (→ Potsdam/BB) spiegeln sich die Grenzlage von Boizenburg-Lauenburg und die Nachkriegswirren des Jahres 1945: »Als Gefangene bei Stalin und Hitler« (1985). – In **Arno Surminskis** »Kein schöner Land« (R. 1993) besichtigt ein geflohener DDR-Bürger nach der Wende den Grenzstreifen. **Peter Rühmkorf** besuchte damals die Stadt, »die wir bislang immer nur tangential, d. h. von der krumpeligen, sich am Hafen entlang windenden Berlin-

Verbindung her hatten wahrnehmen können« (»Tabu I – Tagebücher 1989-1991«, 1995). R.s Mutter war 1915-16 Hauslehrerin auf einem Gut bei **Vellahn** (nahe B.) gewesen, ihre Erinnerungen in R.s »Tabu I«. Ein Überblick bei U. Wieben, »Boizenburger Biographien. Lebenswege aus zwei Jahrhunderten.« (1999).

Wittenburg

Hans Franck, *30.7.1879 W., †11.4. 1964 Frankenhorst bei → Schwerin/MV, Erzähler und Lyriker. Bis 1921 in Hamburg und Düsseldorf, danach in Schwerin-Wickendorf (»Frankenhorst«). Seinerzeit Auflagenmillionär, bekannt durch seine Novellen wie »Das Pentagramm der Liebe« (1918) und den Weltanschauungsroman »Das dritte Reich« (1922). F., der sich als »völkischer Dichter« sah (»Wesen und Wirken«, Aut. 1933; »Ein Dichterleben«, 1961) publizierte über 100 z. T. epigonale Werke (St. Zweig: »Nicht nur Licht, sondern auch Qualm«). – Gedenktafel am W.er Geburtshaus. Bibliothek und Nachlass in der Meckl. Landesbibliothek Schwerin.

Fritz Meyer-Scharffenberg, *19.10.1912 W. †24.12.1975 in → Rostock/MV, Erzähler und Sachbuchautor. Seine regionalkundlichen Studien über Mecklenburg sind Standardwerke. Die Übertragung wichtiger Fritz Reuter-Romane ins Hochdeutsche durch M.-S. wurde als erste gültige Übersetzung gelobt (»Die Franzosengeschichte«, 1962; »Seine Majestät Dörchläuchting«, 1963). Eigene Erzählungen in »Dörpgeschichten« (1959); »Die Liebe der Johanna Olsen« (1966); »Unter dem Poetenhut« (1977) und »Boddengeflunker« (E. 1978). – Aufgewachsen im Haus der Großmutter in der Wallstraße/Ecke Wasserstraße: »Es ist ganz niedrig, ein groß gewachsener Mann reicht gut und

gern mit der Hand bis an die Dachrinne.«
Sohn **Klaus Meyer** (»Land unterm Möven-
schrei«, Jugendbuch, 1989) trat in die Fuß-
stapfen des Vaters.
Wittenburg ist auch Geburtsort des von
Jean Paul (→ Wunsiedel/BY)und L. Wien-
barg (→ Hamburg) hochgeschätzten Sati-
rikers **Christian Ludwig Liscow** (1701-
1760). Der »deutsche Swift« (G. Gervi-
nus) lebte lange in → Lübeck/SH, seine
Offenheit trug ihm Ungnade, Entlassung
und Haft ein.
Aus W. stammen auch der plattdeutsche
»Vagel Strauß«-Satiriker **Otto Metters-
hausen** (1861-1943) sowie die Lyrikerin
Ursula Kurz (geb. 1923, »Plietsch möt
man sin«, G. 1998).
R Grenzübergang **Gudow-Zarrentin**, Au-
gust 1990: »Ließen das Auto stehen und
tänzelten über einen schwankenden Not-
steg zum anderen Ufer, dann zu Fuß bis
nach Boize. Wie verloren und kehricht-
haft sich die vorgelagerten Siedlungen
gleich wieder hinstreckten. Menschenlee-
re Straßen, die auf elefantengrau verputzte
Wohnkartons zuführten« – **Peter Rühm-
korf** in seinem »Tabu I – Tagebücher
1989-1991« (1995). Über das bei **Lassahn**
am Schaalsee gelegene **Stintenburg** der
Familie von Bernstorff (→ Lüchow/Gar-
tow/NI) schrieb **F. G. Klopstock** (→
Quedlinburg/ST) die gleichnamige Ode:
»Insel der froheren Einsamkeit ...«.Vor
dem Herrenhaus Gedenktafel für den
1945 von den Nazis ermordeten Wider-
standskämpfer Albrecht von Bernstorff
(K. v. Stutterheim, »Majestät des Gewis-
sens – In memoriam A. B.«, Vorwort von
Th. Heuss, 1962). – **Lank** bei Lübtheen
ist Geburtsort des Lyrikers **Karl Puls**
(1898-1962), dessen »Schulmeister von
Jässenitz« (N. 1932) seinerzeit viel gelesen
wurde. Aus **Lübtheen** die Lyrikerin **Ida
Heincke** (1860-1936, W.: »In Freud und
Leid«, 1898; »Sommermetten«, 1904).

In **Dreilützow** das Grab der Augusta Loui-
se Gräfin von Bernstorff, verw. Stolberg
(1758-1835), Goethes (→ Frankfurt a. M./
HE) »Gustchen«, dem der Dichter 19 Brie-
fe schrieb (n. Hrsg. E. Plath-Langheinrich,
1999). Auch **F. G. Klopstock** war hier Gast
der Bernstorffs, ein Zitat von ihm als In-
schrift am Schloss.
In **Neustadt-Glewe** befand sich bei der
Liebsiedlung ein Außenlager des KZ Ra-
vensbrück (Gedenkstein) mit ca. 5000
Häftlingen, von denen über 500 starben.
Halina Birenbaums Erinnerungen an das
Lager und die Befreiung durch die Rote
Armee u. d. T. »Die Hoffnung stirbt zu-
letzt«, 1995; weitere Lit. bei K. H. Schütt
(Hrsg.), »Ein vergessenes Lager? Über
das Außenlager Neustadt-Glewe«, 1997,
Ausstellung im Museum der Burg.
Nahebei **Glaisin**, wo **Johannes Gillhoff**
geboren wurde: »In wendischer Hufeisen-
form liegt das Dorf frei und schön auf ei-
ner niedrigen Anhöhe«. Gedenkstein bei
der »Gillhoff-Stuv« im alten Schul- und
Wohnhaus, ein zweiter an der Hornkate-
ner Landstraße; Sitz der J.-G.-Gesellschaft;
seit 1993 Ort der Verleihung des J.-G.-
Preises (gestiftet 1978; »Hier ist nicht
Spiel noch Nachahmung. Gillhoff-Preis-
träger. Ein Lesebuch«, Hrsg. H. Brun,
2002).
Die »Griese Gegend« wird auch beschrie-
ben in **Friedrich Schults** (→ Schwerin/
MV) »Herkunft und Landschaft«, 1947.
Der Lyriker und Volkskundler **Richard
Giese** aus **Warlow** (1890-1965, Gedenk-
stein vor dem Sterbehaus, Grab ebd.) gilt
als »der Dichter der Griesen Gegend«, ob-
wohl die Anerkennung als Schriftsteller
(»Zwei Jahresringe«, G. 1948; »In Holt
un Heid«, G. und En., 1989, »Griese Ge-
gend«, Sagen, 1992, Hrsg. H. Brun) zu
Lebzeiten ausblieb. – Aus **Liepe** stammt
Franz Bardey (1865-1936), Pfarrer in Wis-
mar und Verfasser von 116 Liedern im

»Lütt plattdütsch Gesangbauk« (1921/22) und niederdeutscher Erzählungen (»Bi Pip un Knütt«, 1911).

Gustav Ritter (1867-1945) schrieb aus seiner Vaterstadt **Grabow** für den »Voß- un Haas-Kalender« und die »Mecklenburgischen Monatshefte« (Werkauswahl in: »Ick weit en Land«, 1984). Im Heimatmuseum Dokumente zu **Theodor Körner** und **Fritz Reuter** sowie die Korrespondenz **Thomas Manns** (→ Lübeck/SH) mit dem G.er Dr. Havemann: Die Vorfahren Manns stammen u. a. aus Grabow. Im Roman »Buddenbrooks« steht, wie »ein Buddenbrook, der älteste, der bekannt, in Parchim gelebt und sein Sohn zu Grabau Ratsherr gewesen sei.« (Forschungsüberblick bei L. Kalbe in: »Stier und Greif«, 11/2001). **Fritz Reuter** machte in G. im Rathaus (Gedenktafel) am 20. 6. 1839 auf dem Weg in die Festunghaft in → Dömitz Station, auch nach der Entlassung kam er 1840 wieder durch G., beide Male festgehalten in der »Festungstid«. – Porträts der Stadt bei **Edmund Schroeder** (→ Parchim/ Karow/MV) in: »Mein Mecklenburger Land« (1957), **Christian Madaus** (»Grabow«, 1999) sowie in **Axel Kahrs'** »Dichter Reisen« (1990). Dazu **Gerd Lüpkes** (→ Jever/Varel/NI) Gedicht »Grabow« (1986/90). – **Hagenow**: Geburtsort von **Wilhelm Harms** (1881-1977), Romancier, Mitarbeiter der Gillhoffschen »Monatshefte«, 1904-26 Lehrer in **Lübtheen**. – In **Sülstorf** Gedenkstein für 53 jüdische Frauen, die im April 1945 hier starben. Das Schicksal der Opfer, die in einem abgestellten Eisenbahnwaggon verhungerten, behandelt **Willi Bredels** (→ Hamburg) N. »Das schweigende Dorf« (1954); Gerhard Neef schrieb eine gleichnamige Oper; 1991 Uraufführung des Tondokumentes »Schweigendes Dorf« von Th. Heise in Berlin. Dokumentation »Der Zug von Sülstorf« (W. Ehlers, 1997/98) in Wöbbe-

lin, der ältesten Mahn- und Gedenkstätte in Mecklenburg.

In **Wöbbelin** das Grab **Theodor Körners** (→ Dresden/SN und → Grevesmühlen/ Rosenow/MV) und seiner Familie. Museum mit ständiger Ausstellung; T.-K.-Fest im August jedes Jahres. Darstellung der Ereignisse bei H. Brun: »Theodor Körner und der Krieg an der Niederelbe« (1991). Schon **Fritz Reuter** wanderte als Schüler von Parchim aus nach W. ans Grab des verehrten Freiheitsdichters: »Wir Knaben, wir zogen zu Deinem Grab,/ Die Tränen, sie rollten die Wangen hinab,/mit blitzendem Auge, mit Druck der Hand/so schwuren wir Treue dem Vaterland« (1863). Körners Kriegsgefährte **Friedrich Förster** schon 1813: »Bei Wöbbelin im freien Felde/auf Mecklenburger Grunde,/ Da ruht ein jugendlicher Held/an seiner Todeswunde«; und **Friedrich Rückert** (→ Schweinfurt/BY) beschwört »Körners Geisterstimme« im Gedicht. Weitere Literatur: **Wilhelm Schäfer** (→ Schwalmstadt/ Ottrau/HE): »Lützows wilde verwegene Jagd« (»Die Anekdoten«, 1928); **Heinrich Zerkaulen** (→ Bonn/NW): »Theodor Körners Liebesfrühling« (1923). **Peter Rühmkorf** in seinem »Tabu I – Tagebücher 1989-1991« (1995) zu Wöbbelin: »Wieder mal eine von unseren nationalen Gedenkstätten, die gut durch sämtliche Zeiten gekommen sind.« Auf dem Gelände ein Gräberfeld der Opfer des KZ-Außenlagers Reiherhorst mit einem Denkmal von Jo Jastram (beschädigt), im Museum Dokumentation und Ausstellung. Zur wechselvollen Geschichte der Denkmalsanlage R. Schillings kritische Studie »Kriegshelden – Deutungsmuster heroischer Männlichkeit in Deutschland 1813-1945« (2002).

Aus **Fahrbinde** (seinem »Weitendörp«) stammt **Felix Stillfried** (Ps. für **Adolf Brandt**, 1851-1910). Nach Jugendjahren

in → Schwerin/MV folgte das Studium in
→ Rostock/MV, wo er dann 32 Jahre als
Lehrer wirkte. Mit seinen Erzählungen
und Romanen (»De Wilhelmshäger Kös-
terlüd«, 1887/88) mit Bezügen zum Lud-
wigsluster Land (Werkauswahl in: »Ick
weit en Land«, 1984) gilt er den einen
als »berufenster Erbe Reuters«, den ande-
ren als Vertreter eines »leerlaufenden Epi-
gonentums« (K. Batt). Geburtshaus mit
Gedenktafel, Gedenkstein an der Schule
von **Stralendorf**; im benachbarten **Klein
Rogahn** bei Schwerin, dem Dorf sei-
ner Kinderzeit, erinnert ein Denkmal an
Stillfried. – Literarische Reisefeuilletons
der Städte Boizenburg, Dömitz, Lüb-
theen, Hagenow, Wittenburg und Zarren-
tin in **Jürgen Borcherts** (→ Schwerin/
MV) »Lüttstadtland Westmecklenburg«
(1998).

Z Lüchow-Dannenberg, Lüneburg (NI); Par-
chim, Schwerin (MV); Wittenberge (BB).

LÜNEBURG/NI

*»Lüneburg – das müssen Sie sehen, es ist das rei-
ne norddeutsche Mittelalter, ich ging wie in
einer versunkenen und wiederauferstandenen
Stadt.« (Theodor Storm, 1881)*
*»Eine Architektur, als wäre sie von Naiven ent-
worfen worden, alles stand irgendwie schief,
aber nichts brach zusammen.« (Franz Hodjak,
2000)*
Lenphana-Universität. – Museum für das Fürs-
tentum Lüneburg, Ostpreußisches Landesmu-
seum, Halle für Kunst. – Theater Lüneburg,
Kulturforum Lüneburg-Wienebüttel, Künst-
lerstätte Bleckede. – Geburtsort des Soziolo-
gen Niklas Luhmann (1927-1998).

Friedrich Dedekind (→ Neustadt a. R./
NI), Satiriker, kam 1575 als Pastor nach
L. und verfasste kämpferische Reforma-
tionsdramen, u. a. »Papista conversus«
(1596). Er starb hier am 25. 2. 1598.

*Lüneburg: Das Heinrich-Heine Haus am Och-
senmarkt 1 um 1908. Im 2. Stock wurde 1901
eine Gedenktafel aus Granit für Heine ange-
bracht.*

Heinrich Heine (→ Düsseldorf/NW)
hielt sich von Mai bis Dezember 1823 in
L. bei seinen Eltern im »Witzendorffschen
Haus« (Ochsenmarkt 1, heute H.-H.-
Haus, Gedenktafel, Zimmer) auf. Von
Herbst 1826 bis Januar 1827 war H. wie-
der in L., das ihm »eine Residenz der Lan-
geweile« zu sein schien: »Ich glaube, auf
dem Rathaus steht ein Kulturableiter«.
Erst allmählich fand er Eingang in die Ge-
sellschaft: »Meine Verse roulieren in der
Stadt«. H. schrieb hier eine Reihe von Ge-
dichten, darunter »Ich weiß nicht, was soll
es bedeuten« sowie den 2. »Nordsee«-Zy-
klus.
Margarete Boie, * 22. 10. 1880 Berlin, † 4.
2. 1946 L., Erzählerin. Ihre Wahlheimat
war → Sylt/SH. – W.: Der Auftakt (L. er

R. 1922); Hugo Comwentz und seine Heimat (Erinn. 1940). – Grab auf dem Friedhof eingeebnet.

A Uneingeschränktes Lob sprach **Albrecht von Haller** (→ Göttingen/NI) im 18. Jh. aus: »Eine der schönsten niedersächsischen Stätten, ganz von gebackenen Steinen und Erkern.« Nicht minder angetan war **Hans Christian Andersen** im Mai 1831, als er die »wunderliche alte Stadt mit den spitzen Giebeln, die Erker und Altane rings im Mondenschein« wahrnahm. – Waagestraße 1 Gedenktafel für **Abraham Peter Schulz**, geb. »im März des Jahres 1747«, dazu »ein echter Liedermann des Volkes«. Vergessen ist der Lyriker und Dramatiker **Friedrich Wilhelm Rogge** (1808-89), der nach schwerer Kindheit in und bei L. in späteren Jahren als Journalist viel gefragt war. 1897 kam **Hermann Löns** (→ Hannover/NI; »Lüneburg – Eine Herbstfahrt«, Hrsg. W. Preuss, 2004). 1993 in Lüneburg begraben: der Autor **Heinz Ischreyt** aus Lettland (geb. 1917), ein Jahr später **Robert Müller-Sternberg** (1916-94), Verfasser hist. Romane (»Feuer vom Himmel«, 1952). – 1902 in L. geboren: der bedeutende Sammler und Forscher expressionistischer Literatur, **Wilhelm Bardenhop** (gest. 1961), dem **Paul Raabe** (→ Oldenburg/NI) in seinen Erinn. »Mein expressionistisches Jahrzehnt« (2004) ein eindringliches Porträt widmet.

L Lukas Lossius (1508/10-82): »Lunaeburga Saxoniae« (1566). – Anekdotisch **Hans-Heinrich Welchert** in seinen »Wanderungen und Fahrten zu den Burgen und Domen in Niedersachsen« (1973) über L. und Kloster Lüne. – Als »Träumerei in Backstein« rühmte **Ricarda Huch** (→ Braunschweig/NI) L., als »trotzige, phantastische Stadt …, die viel von ihrer fremdartigen Schönheit bewahrt hat« (»Im alten Reich«, 1927). **Ulrike Längle** schrieb über den zeitweise hier wirkenden Komponisten die Erzählung »Bachs Bisse oder Eine Liebe in Lüneburg« (2000). **Werner Bergengruen** (→ Baden-Baden/BW) schildert in seiner »Deutschen Reise« (1934) L.er Regentage. – »Der Sülfmeister«, E. von **Julius Wolff** (→ Berlin); »Johanna Steegen«, eine Episode aus den Befreiungskriegen von **Friedrich Freudenthal** (→ Soltau/Fallingbostel/NI) in B. Flemes' »Niedersachsen«-Buch (n. 1980). Von **Kurt Schwitters** (→ Hannover/NI) die Erzählung »Das geliehene Fahrrad« (1925): »Ich war seinerzeit in Lüneburg. Sie wissen wohl, alte Stadt, romantisch gelegen, umgeben von schönen Punkten …«. **Dieter Kühns** »Flaschenpost für Goethe« spielt in L. um 1809 (E. 1985). 1984 löste der im Schulmilieu spielende Roman »Die Konferenz« des als Lehrer in L. lebenden Autors **Heinrich Raumschüssel** Spekulationen über einen »Schlüsselroman« zum Johanneum aus. Im Hochhausviertel Kaltenmoor nimmt **Jan Böttchers** R. »Lina oder: Das kalte Moor« (2003) seinen Ausgang, L.er Lokalkolorit auch in **Ulf Erdmann Zieglers** »Hamburger Hochbahn« (2007).

Texte aus sechs Jahrhunderten versammelt die Anthologie »Lüneburg literarisch« (Hrsg. **R. Poerzgen** und E. Schade, 2005), unter den neueren viele der Stipendiaten des Heinrich-Heine-Hauses.

S Universitätsbibliothek (350 000 Bde., 1 300 Zss.) mit »Sammlung Schulz« (Erstausgaben **Arno Schmidts**); **Ratsbücherei** (185 000 Bde., Sachsenspiegel, 700 Hss., Inkunabeln, Sonder-Slg. Sternsche Druckerei, einzige Niederschrift der Rattenfängersage in einer Chronik um 1400); **Büchereizentrale** L. – **Literarische Gesellschaft** L. e. V. (Schr.-Reihe »Literatur im Heine-Haus«), **Literaturbüro** L. und **Heinrich-Heine-Stipendium** für Schriftsteller im Heinrich-Heine-Haus; Festschrift zur Eröffnung, 1993; Anth. der Gäste unter dem Heine-Titel »Küßt mir aus der Brust das Leben« (1998). – **Hedwig-Meyn-Preis** (Literatur und Musik).

R Eine sagenumwobene Namensverdrehung um die Mondgöttin Luna soll der Stadt den Namen »Lunaeburg« oder »Selenopolis« gegeben haben. Eine andere Sage bezieht sich auf die Salzvorkommen und eine sich darin suhlende Sau. **Ludwig Bechstein** (→ Meiningen/TH): »... da fanden sie, dass eitel gutes reines Salz an den Borsten kristallisiert war.« – Nach **Lüne** kam 1824 **Karl J. Ph. Spitta** (→ Hannover/NI) als Hauslehrer. Hier spielt auch **Wilhelm Jastrams** E. »Kloster Lüne« (1914). Von **Bardowieck**, der »versunkenen Stadt im Langobardenland«, heißt es 1934 bei Werner Bergengruen: »ein weitgedehnter Gemüsebauernort«, 1961 bei **Rudolf Walter Leonhardt**: »vielleicht stünde dort heute eine Großstadt, und Hamburg wäre nur ihr Elbhafen . . ., wenn nicht Heinrich der Löwe . . . diese einst mächtige Hansestadt 1189 bis auf das letzte Haus hätte niederbrennen lassen. Nur der Dom blieb stehen, und über dem Südportal ist ein Holztäfelchen befestigt mit der Inschrift: leonis vestigium – die Spur des Löwen.« **Karl Julius Weber** (→ Langenburg/BW) vor anderthalb Jahrhunderten: »Warum zeigten auch die groben Bardewiker Heinrich dem Löwen – den Hintern?« **Hans Henny Jahnn** (→ Hamburg) lobte in der Studie »Einige Elementarsätze . . .« (1921) die »unbezweifelbare Schönheit des Westbaus« am Dom, **Kurt Schwitters** (→ Hannover/NI) in seinem Bericht »Flucht nach Norwegen 1938«: »Bei Lüneburg wurde es hell. Ich begrüßte Bardowieck«. Ein groteskes Revolutionsdrama u. d. T. »Ich bin allein gegen 2.000 Tiger oder Wo ist das Problem« (1985) von **Jörg W. Gronius** und **Bernd Rauschenbach** spielt auf dem Domvorplatz. – Im Gedicht »Wanderung« (1982) des Basler Lyrikers **Rainer Brambach** (1917-83) heißt es: »Ein Wegweiser, zweiarmig, zeigt nach Vögelsen/und Sankt Dionys –/ Über all dem liegt die Stille,/ein lautloses O–«. **Otto Jägersberg** hielt 2003 dem Merlin Verlag in **Gifkendorf** die Festrede: »Merlin sammeln« (»Heidewanderer«-Beilage der AZ Uelzen).

In **Bleckede** besuchte **Johann Peter Eckermann** (→ Winsen/NI) 1826 seine Braut Johanne beim Schwager und Deichbauingenieur Christian Bertram (»Eckermann-Weg« mit Tafel am Deich, E.s Erkenntnisse über den Deichbau sollen von hier in den »Faust II« gelangt sein). Eine Gedenktafel für die in B. am 30. 11. 1828 geborene Schriftstellerin **Auguste von der Elbe** (Ps. für **A. v. d. Decken**) hing am alten Schloss von B. bis 2000; die zu ihrer Zeit erfolgreiche Autorin veröffentlichte zahlreiche Romane und Erzählungen (»Lüneburger Geschichten«, 1883, »Kaiser und Arzt«, 1901) und setzte **Clemens Brentanos** (→ Koblenz/RP) »Aus der Chronica eines fahrenden Schülers« (Fragment 1818) fort (2. Aufl. 1880). Aus B. stammt der Lyriker und Komponist **Friedrich Wilhelm Kücken** (1810-82, »Ach wie ists möglich dann«, später in → Schwerin/MV. In **Vastorf** lebte und schrieb **Magdalene Stange-Freerks** (1886-1982, »Das Haus am Sonnenberg«, 1948, n. 2006). Jenseits der Elbe das **Amt Neuhaus**, dessen Nach-Wendegeschichte in **Thomas Balzers** Reportage »Lieber Torte als trocken Brot« in »Gemischte Gefühle«, Hrsg. R. Busch, 1993, und in Jan Böttchers R. »Nachglühen« (2008) nachzulesen ist. In **Neuhaus** wurde **Carl Peters** (1856-1918) geboren, ein Kolonialist in extremer Ausprägung. Auszüge aus seinen »Lebenserinnerungen« (1918) im Gedenkzimmer am Markt. **U. Wieben** schrieb »C. P. – Das Leben eines deutschen Kolonialisten« (Biographie, 2000). Darstellung P.s auch in **J. Mißfeldts** »Steilküste« (R. 2005). Niederdeutsche Geschichten vom Strachauer **Wilhelm Keetz** (1870-1909; Gedenktafel im gegenüberliegenden Hitzacker/→ Lüchow/NI) in »De Schult von Strachau und andere Geschichten aus der Elbmarsch« (Hrsg. C. Keetz, 1998). **Gottfried Benn** (→ Perleberg/Mansfeld/

BB), dessen Frau Hertha von Wedemeyer ins westelbische Häcklingen bei Lüneburg flüchten sollte, wo Benns Freund **F. W. Oelze** (→ Bremen) ein Gut hatte (Benn, Briefe, Hrsg. H. Steinhagen/J. Schröder, 1979), besuchte 1945 das Grab seiner Frau in Neuhaus, wo sie aus Angst vor der Roten Armee Selbstmord begangen hatte (A. Kahrs, »Dichter reisen«, 1990).

Z Boizenburg (MV); Lauenburg (SH); Lüchow, Soltau, Uelzen, Winsen (NI).

MAGDEBURG/ST

»Eine Stadt verschmerzt ihre Zerstörung in anderthalbhundert Jahren nicht. Tilly und der Teufel galten in Magdeburg ungefähr gleich viel.« (Karl Leberecht Immermann, 1838/39) Otto von Guericke-Universität. – Kulturhistorisches Museum (Original des Magdeburger Reiters von 1240 aus dem Dom, Kopie auf dem Marktplatz); Otto-Guericke-Museum in der Lukasklause, Hundertwasser-Haus »Grüne Zitadelle«. – Dom mit Grablege Ottos des Großen und Königin Edithas, Barlachs Gefallenen-Ehrenmal von 1929. – Kloster Unser Lieben Frauen, Plastikensammlung der DDR (seit 1976), Klosterschulbibliothek ca. 22 000 Bände 15.-20. Jh. – Stasi-Gedenkstätte Moritzplatz. – Staatsarchiv, Stadtarchiv. – Georg Philipp Telemann (1681-1767): Zentrum für T.-Pflege und -Forschung, Konzerthalle, Telemann-Festspiele »Georg Philipp Telemann«. – Kammerspiele, Theater der Landeshauptstadt, Landeszentrum Spiel & Theater, Kabaretts »Kugelblitze« und »Zwickmühle«. – August-Gottfried-Ritter-Orgelwettbewerb. – Die »Steuben-Parade« auf der Fifth Avenue in New York City (seit 2004 auch in M.) erinnert an den hier geborenen General und Militärschriftsteller Baron Friedrich Wilhelm von Steuben (1730-94), Gedenktafel, Denkmal Harnackstraße. Von 1921-23 wirkte der Architekt Bruno Taut in M. (»buntes Magdeburg«).

Johann Gottlieb Schummel, * 8. 5. 1748 Seitendorf bei Hirschberg/Niederschlesien, † 23. 12. 1813 Breslau, Romanschriftsteller und Pädagoge, nach Studium in Halle 1772-79 Präzeptor am Kloster »Unser Lieben Frauen« in M., bevor er in seine Heimat zurückkehrte. Einen Platz in der Literaturgeschichte hat er durch den sat. Roman »Spitzbart. Eine komi-tragische Geschichte für unser pädagogisches Jahrhundert« (1779, n. Hrsg. E. Haufe, 1974), in dem man zeitgen. Pädagogen wiedererkannte.

Wilhelm Heinrich Brömel, * 21. 4. 1754 in Loburg bei M., † 28. 11. 1808 Berlin, Unterhaltungsschriftsteller, über sein Leben in Hamburg und Berlin ist wenig bekannt. Seine seichten Stücke wurden oft gespielt, einen Skandal löste »Gerechtigkeit und Rache« (Dr. 1783) aus.

Christian F. F. A. Bonin, * 16. 6. 1755 M., † 14. 2. 1813 Neustrelitz/MV, Komödienautor, Intendant. Kongenialer, bis heute grundlegender Übersetzer von Choderlos de Laclos' »Die gefährlichen Bekanntschaften« (1782, n. 1987/88); W.: »Hass und Liebe« (Dr. 1786).

Friedrich Johann Christoph Schulz, * 1. 1. 1762 M., † 9. 10. 1798 Mitau/Kurland, der von Goethe geschätzte Unterhaltungsschriftsteller war wie sein M.er Zeitgenosse J. H. Zschokke glühender Verfechter der Frz. Revolution.

Johannes Heinrich Zschokke (Ps. **Johann**

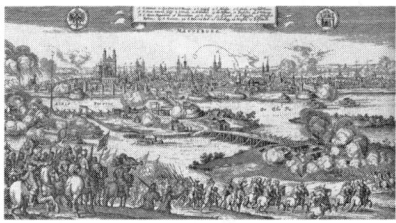

Magdeburg: 1631 wurde die Stadt von Tillys Truppen erobert und völlig zerstört (Stich von Merian).

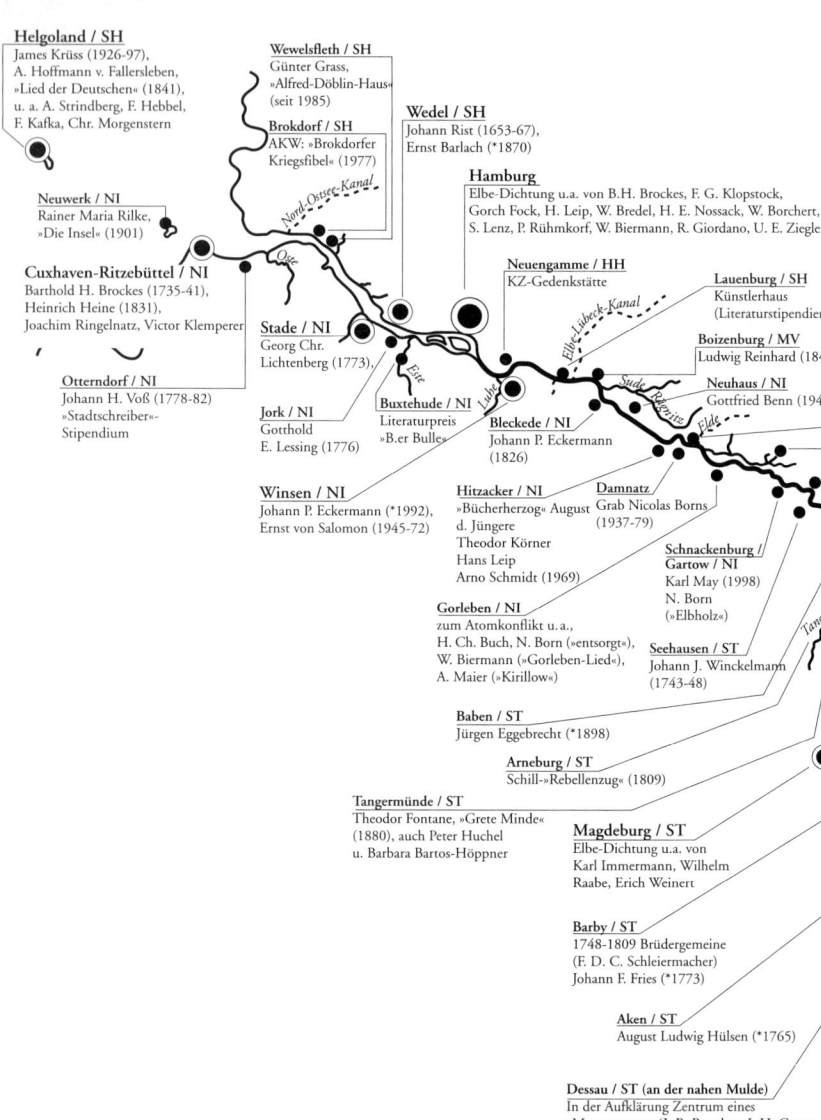

Helgoland / SH
James Krüss (1926-97),
A. Hoffmann v. Fallersleben,
»Lied der Deutschen« (1841),
u. a. A. Strindberg, F. Hebbel,
F. Kafka, Chr. Morgenstern

Wewelsfleth / SH
Günter Grass,
»Alfred-Döblin-Haus«
(seit 1985)

Wedel / SH
Johann Rist (1653-67),
Ernst Barlach (*1870)

Brokdorf / SH
AKW: »Brokdorfer
Kriegsfibel« (1977)

Hamburg
Elbe-Dichtung u.a. von B.H. Brockes, F. G. Klopstock,
Gorch Fock, H. Leip, W. Bredel, H. E. Nossack, W. Borchert,
S. Lenz, P. Rühmkorf, W. Biermann, R. Giordano, U. E. Ziegler

Neuwerk / NI
Rainer Maria Rilke,
»Die Insel« (1901)

Neuengamme / HH
KZ-Gedenkstätte

Lauenburg / SH
Künstlerhaus
(Literaturstipendien)

Cuxhaven-Ritzebüttel / NI
Barthold H. Brockes (1735-41),
Heinrich Heine (1831),
Joachim Ringelnatz, Victor Klemperer

Boizenburg / MV
Ludwig Reinhard (1843

Stade / NI
Georg Chr.
Lichtenberg (1773),

Neuhaus / NI
Gottfried Benn (1945)

Otterndorf / NI
Johann H. Voß (1778-82)
»Stadtschreiber«-
Stipendium

Jork / NI
Gotthold
E. Lessing (1776)

Buxtehude / NI
Literaturpreis
»B.er Bulle«

Bleckede / NI
Johann P. Eckermann
(1826)

Winsen / NI
Johann P. Eckermann (*1992),
Ernst von Salomon (1945-72)

Hitzacker / NI
»Bücherherzog« August
d. Jüngere
Theodor Körner
Hans Leip
Arno Schmidt (1969)

Damnatz
Grab Nicolas Borns
(1937-79)

**Schnackenburg /
Gartow / NI**
Karl May (1998)
N. Born
(»Elbholz«)

Gorleben / NI
zum Atomkonflikt u.a.,
H. Ch. Buch, N. Born (»entsorgt«),
W. Biermann (»Gorleben-Lied«),
A. Maier (»Kirillow«)

Seehausen / ST
Johann J. Winckelmann
(1743-48)

Baben / ST
Jürgen Eggebrecht (*1898)

Arneburg / ST
Schill-»Rebellenzug« (1809)

Tangermünde / ST
Theodor Fontane, »Grete Minde«
(1880), auch Peter Huchel
u. Barbara Bartos-Höppner

Magdeburg / ST
Elbe-Dichtung u.a. von
Karl Immermann, Wilhelm
Raabe, Erich Weinert

Barby / ST
1748-1809 Brüdergemeine
(F. D. C. Schleiermacher)
Johann F. Fries (*1773)

Aken / ST
August Ludwig Hülsen (*1765)

Dessau / ST (an der nahen Mulde)
In der Aufklärung Zentrum eines
»Musterstaates« (J. B. Basedow, J. H. Campe,
Ch. G. Salzmann; F. Matthisson)
Moses Mendelssohn (*1729), Wilhelm Müller
(*1794), Th. Fontane («Der Alte Dessauer")
Karl Emil Franzos (»Aus Anhalt und
Thüringen«)

Nord-Ostsee-Kanal

Oste

Elbe

Lühe

Este

Elbe-Lübeck-Kanal

Sude

Rögnitz

Elde

Tanger

Dichter und Dichtung an der Elbe

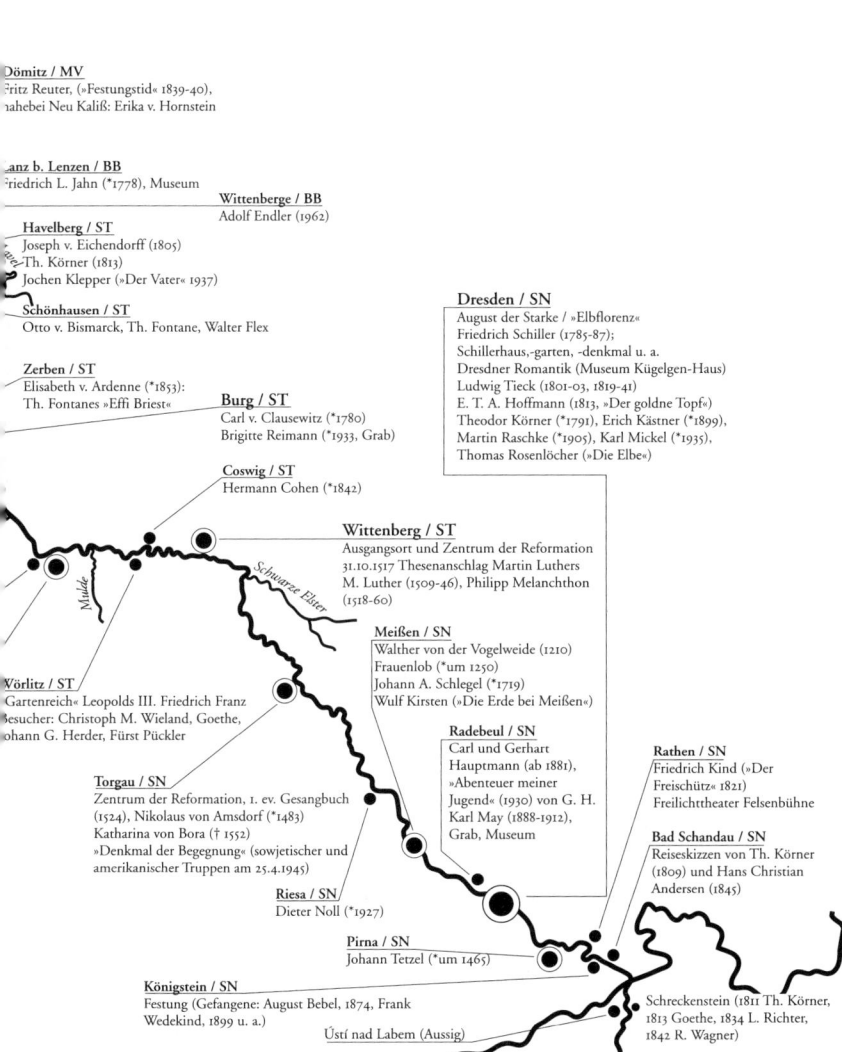

von Magdeburg), * 22. 3. 1771 M., † 27.
6. 1848 Aarau/Schweiz, Volksschriftstel-
ler heute noch lesenswerter Erzählungen
und Romane, Pädagoge, ein zu seiner Zeit
hochgeschätzter Demokrat und Aufklä-
rer, er gilt als einer der Väter der Schweizer
Verfassung. Bis 1787 Gymnasium M., da-
nach kurzfristig Hauslehrer in → Schwe-
rin/MV, Lehrtätigkeiten, 1798 Flucht in
die Schweiz. – Werke in 12 Bd. (Hrsg.
von H. Bodmer, 1910 ff.). Mehrfach
M.er Erwähnungen, die Aut. »Eine Selbst-
schau« (1842, n. 1977) schildert die hier
verbrachten Jugendjahre. – Z.-Lesegesell-
schaft bis 1858, Ehrenbürger, Gedenktafel
am Nachfolgebau des zerstörten Elternhau-
ses Schrotdorfer Str. 2/3 (jetzt Zschokke-
Straße). – In Aarau/Schweiz Z.-Gesell-
schaft.

Johann Stephan Schütze, * 1. 11. 1771 M.-
Olvenstedt, † 20. 3. 1839 →Weimar/TH,
Schriftsteller, Journalist. Schulbesuch und
Hofmeister in M. Zählte später zum
Freundeskreis um Goethe, der S.s Lust-
spiel »Der Dichter und sein Vaterland«
(1806) schätzte. – W.: Theorie des Reims
(1802); Taschenbuch der Liebe und Freund-
schaft (1811 ff.); Humoristische Reisen
durch Mecklenburg, Holstein ... (1812,
→ Wismar/MV). – Geburtshaus Kirch-
straße neben Pfarrhaus.

Karl Leberecht Immermann, * 24. 4.
1796 M., † 25. 8. 1840 → Düsseldorf/
NW. Lyriker, Dramatiker, Romancier, Dra-
maturg und Intendant. Bekannt durch sei-
ne Zeitromane »Die Epigonen« (1836),
»Münchhausen« (1838/39). Jugendjahre
im Viertel um das Kloster Unser Lieben
Frauen bis 1813 in der Aut. »Memorabi-
lien« (1840-43, n. 1966) geschildert; gut
20 Jahre vorher, in einem Brief an Varn-
hagen, durchaus kritisch gegenüber M:
»Wenn man die Dichtung glücklich aus-
rotten wollte, so müßte man die Dichter
nach Magdeburg senden; wir haben hier

nur Kanonen, Beamte und Krämer.« Teil-
nahme an den Befreiungskriegen, 1824-
26 Richter in M., wo er im April 24 von
H. Heine (→ Düsseldorf/NW) besucht
wurde; später wiederholte Aufenthalte I.s
in M. (1831, 38). – W.: Ges. Werke (Hrsg.
B. v. Wiese 1971-77); Keine Weisheit
ohne Narrheit – Ein Lesebuch (1995). –
Nachlass HAAB Weimar – I.-Gesellschaft
in M. 1990 gegr. (Gedenkschrift, Kollo-
quien). Der 1899 gestaltete I.-Brunnen
mit Münchhausen-Motiven heute hinter
dem Kulturhistorischen Museum, Ge-
burtshaus Gr. Klosterstraße 18 zerstört,
Gedenktafel Immermann-Straße. – M. v.
Königswinter, »Karl Immermann und
sein Kreis« (1861), C. L. I.-Gedenkschrift
1990.

Wilhelm Chr. Weitling, * 5. 10. 1808 M.,
† 25. 1. 1871 New York/USA. Utopischer
Autor, Mitglied im »Bund der Gerechten«;
autodidaktische Bildung »im bittersten
Elend« M.s, bis 1828. Ausweisung 1844,
aut. aufgearbeitet in der Schr. »Gerechtig-
keit« (1844/45, n. 1929). – W.: Kerkerpoe-
sien (G. 1844); Garantien der Harmonie
und Freiheit (Es. 1842). – Geburtshaus
am Neuen Weg (heute Weitlingstraße) zer-
stört. Würdigung auf Reliefplatte H. Apels
an der Rathaustür; Schriften in der Stadt-
bibliothek (Breiter Weg).

Marie Nathusius, * 10. 3. 1817 M., † 22.
12. 1857 Neinstedt (→Quedlinburg/Tha-
le/ST), verheiratet mit dem Schriftsteller
Philipp N., Verfasserin religiöser Lieder
und Lehrgeschichten, »Bilder aus der Kin-
derwelt« (1848). Ab 1841 in → Haldensle-
ben/ST Freundschaft mit Hoffmann von
Fallersleben (→ Wolfsburg/Fallersleben/
NI). Ges. Schriften 1868.

Friedrich Spielhagen, * 24. 2. 1829 M.,
† 25. 2. 1911 → Berlin. Romanschriftstel-
ler mit umfangreichem Werk, Th. Fontane
(→ Neuruppin/BB) lobte ihn als einen
»der angesehensten deutschen Schriftstel-

ler der Gegenwart«; sein R. »Zum Zeitvertreib« behandelt das gleiche Thema wie »Effi Briest«. Heute als Autor fast vergessen. Die Aut. »Finder und Erfinder« (1890) auch über die sechs Jugendjahre in M. Später in → Stralsund/MV, → Greifswald/MV und Berlin. – W.: Sämtl. Romane (1859 ff.).

Emmy von Rhoden, (eig. **E. Friedrich**), * 15. 1. 1829 M., † 17. 4. 1885 Dresden/SN, Jugendbuchautorin. Die postum ersch. »Pensionsgeschichte für erwachsene Mädchen« mit dem Titel »Trotzkopf« (1885, n. 1983) wurde einer der größten kommerziellen Erfolge im Jugendbuchbereich. Zahlreiche Fortsetzungen, die die Tochter **Else Wildhagen** schrieb.

Paul Lindau, * 3. 6. 1839 M., † 31. 1. 1919 → Berlin (Grab in → Eisenach/TH), Schriftsteller und Journalist, Theaterkritiker. Galt in Berlin als »Verkörperung eines hauptstädtischen Literatentyps« (J. Linder) der Gründerjahre. »Nur Erinnerungen« (Aut., 1916) schildert die Jahre auf dem M.er Pädagogium und die Bekanntschaft mit O. E. Hartleben (→ Goslar/Clausthal-Zellerfeld/NI). Der Bruder Rudolf L. stammt aus Gardelegen (→ Salzwedel/ST). – W.: Romane und Novellen (10 Bde., 1909 ff.).

Bruno Wille, * 6. 2. 1860 M., † 4. 9. 1928 Lindau/BY. Wichtiger Autor im Friedrichshagener Dichterkreis (→ Berlin), Mitbegründer der »Freien Volksbühne«. Jugendjahre in M. in der Aut. »Aus Traum und Kampf« (1902) sowie im Anfangskapitel von »Glasberg« (R., 1920) geschildert. – W.: Ges. Werke (Hrsg. E. Wille, 1929/30).

Georg Kaiser, * 25. 11. 1878 M., † 5. 7. 1945 Ascona/Schweiz (Grab Friedhof Morcote/Luganer See). Bedeutendster Dramatiker des Expressionismus in Dtl., großes, formen- und sprachreiches Werk, das ab 1917 auf den Bühnen dominierte. Im

Rückblick des Autors: »Viele spätere Ereignisse erklären sich dadurch, daß ich in Magdeburg geboren bin«. 1885-94 dort Schulzeit, »ein nervöses Kind, das unter Zuckungen und Unruhe litt«, in den zwei Jugenddramen »Der brave Schüler Vehgesack« und »Rektor Kleist« dargestellt. Nach Abbruch der Lehre und Südamerika-Aufenthalt 1901 Heimkehr nach M., 1905 Heirat mit der M.erin Margarete Habenicht, später → Grünheide/BB und → Berlin. 1938 Emigration. – W.: »Die Bürger von Calais« (Uraufführung 1917); »Von morgens bis mitternachts« (Dr. 1916); »Die Koralle« (1917) und, am wichtigsten, »Gas I/Gas II« (Dr. 1918/20). – Ges. Werke (Hrsg. W. Huder, 1970-72); Briefe (Hrsg. G. M. Valk, 1989). – Nachlass im G. K.-Archiv AKBB. – G. K. – Begleitheft zur Ausstellung im Literaturhaus M., 1995.

Martin Beradt, * 28. 8. 1881 M., † 1949 New York/USA, Sohn orthodoxer Juden, der Jurist war Syndikus des Schutzverbandes dt. Schriftsteller. Den Erfolg seines expressionistischen Romans »Go« (1909) konnte B. nicht wiederholen. Der aut. R. »Erdarbeiter« (1916) zählt zu den frühesten (und anfangs verbotenen) Darstellungen des 1. Weltkrieges. Bis 1939 in → Berlin, dann Emigration.

Erich Weinert, * 4. 8. 1890 M., † 20. 4. 1953 → Berlin, pol.-sat. Lyriker, Kabarettist, Publizist. 1908-10 Besuch der M.er Kunstgewerbeschule, Garnisonsdienst im 1. Weltkrieg. Erste Gedichte in der Zs. der M.er Künstlervereinigung »Die Kugel«, bis 1921 Lehrtätigkeit, dann Umzug nach Berlin. Nach der Teilnahme am Span. Bürgerkrieg von 1943-45 Präsident des »Nationalkomitees Freies Deutschland« in der Sowjetunion. – W.: Ges. Werke (1955 f.), Ges. Gedichte (1970 ff.); »Genauso hat es damals angefangen« – E.-W.-Lesebuch (2003). – Ehrenbürger, Gedenkstätte Geburtshaus Thiemstraße 7 (heute Literaturhaus).

René König, * 5. 7. 1906 M., † 21. 3. 1992 Köln/NW, Soziologe. 1936 Emigration in die Schweiz, danach Lehrtätigkeit in Köln. Erinn. u. d. T. »Leben im Widerspruch. Versuch einer intellektuellen Autobiographie« (1980).

Nomi Rubel (Geburtsname **Senta Petzon**), * 31. 1. 1910 M., † 11. 9. 1996 New York, Schriftstellerin, Journalistin. Nach Kindheit und Jugend in M. 1934 Emigration, bis 1947 in Israel, danach in New York. – W.: Odette. Ein Spiel für den Frieden (Sch. 1932); Der Zirkus des fliegenden Kamels (R. o. J.). – Ihr autobiographischer R. »Schwarz-braun ist die Haselnuß« (1992) schildert jüdisches Alltagsleben in den Jahren bis zur Emigration.

Horst Krüger, * 17. 9. 1919 M., † 21. 10. 1999, Essayist, Rundfunkredakteur, Filmemacher, Reiseschriftsteller: »Seine kritischen Beobachtungen sind die eines Heimkehrenden oder Ankommenden« (H. Heckmann). Abitur in → Berlin, Kontakte zum Widerstand, Wehrdienst, nach 1945 in Berlin und Süddeutschland. – W.: Das zerbrochene Haus (Aut. 1966); Stadtpläne (1967); Deutsche Augenblicke (1969); Ost-Westpassagen (1975); Tiefer deutscher Traum (1983); Zeit ohne Wiederkehr (1989); Diese Lust zu leben. Zeitbilder (1993).

Helmut Lamprecht, * 7. 4. 1925 Ivenrode b. M., † 2. 2. 97 Bremen. Studium in Halle und Frankfurt a. M., 1977-90 Leiter »Kulturelles Wort« bei Radio Bremen. – W.: Gedichte (1953); Die Hörner beim Stier gepackt (Aphorismen u. a. 1975); Deutschland – Deutschland – Politische Gedichte (Hrsg. 1963); Wenn das Eis geht – Ein Lesebuch zeitgen. Lyrik (Hg. 1983 u. 85).

Jochen Ziem, * 5. 4. 1932 M., † 19. 4. 1994 Berlin, Dramatiker, Verfasser von Fernseh-

spielen. Nach dem Studium in Leipzig und ersten Berufserfahrungen 1956 Übersiedelung in die Bundesrepublik, 61-66 Chefredakteur der Zs. »DM«, dann freier Schriftsteller. – W.: Brief aus Halle, Juni 53 (En., Kursbuch 4/66); Die Einladung (Dr. 1967); Die Versöhnung (Dr. 1967); Zahltage (En. 1968); Die Klassefrau (En. 1974); Der Junge (autobiogr. R. 1980); Boris, Kreuzberg, 12 Jahre (Rep. 1988). – Seine Freundschaft zu Uwe Johnson (→ Anklam/MV) ist dokumentiert in: »Uwe Johnson – leaving leipsic next week« – Briefe an J. Z./Texte von J. Z. (Hrsg. E. Wizisla, 2002).

Wolfgang Promies, * 4. 1. 1935 M., † 25. 1. 2002 → Darmstadt/HE. Literaturwissenschaftler, Hrsg. der Schr. G. C. Lichtenbergs. – W.: BrandEnde (R. 1997).

A Die 968 gegründete Domschule hatte bedeutende Lehrer und Schüler, unter ihnen den Historiographen **Thietmar von Merseburg** (→ Merseburg/ST) und **Eike von Repgow** (→ Eisleben/Hettstedt/ST; Denkmal Hallesche Straße). – Den M.er Reichstag König Philipps von Schwaben im Jahr 1199 schildert **Walther von der Vogelweide** (→ Würzburg/BY): »ez gieng eins tages ... ze Megdeburc der künec Philippes schone«. – Das seit 1230 bestehende Generalstudium der Franziskaner zählte berühmte Autoren wie **Berthold von →** **Regensburg** (BY) und **Heinrich von Merseburg** unter seinen Schülern. – **Mechthild von Magdeburg** (geb. um 1207, gest. um 1282/83), bedeutendste deutsche Mystikerin des 13. Jhs., zog als 20-Jährige nach M., um hier die ersehnte Form der vita religiosa zu erreichen. In M. beendete sie, als Begine in engem Kontakt zum Dominikanerorden, ihr Hauptwerk »Das fließende Licht der Gottheit«.

Von **Till Eulenspiegel** (→ Wolfenbüttel/Schöppenstedt/NI) sind auch M.er Streiche überliefert; E.-Brunnen auf dem Alten

Markt. **Doktor Faust** soll 1521 am Breiten Weg Proben seines Könnens gegeben haben, H. J. Krenzkes Erzählung »Storms Keller« (1991) berichtet davon. – 1451 predigte **Nikolaus von Kues** (→ Wittlich/ Bernkastel-Kues/RP) auf dem Domplatz. **Martin Luther** (→ Eisleben/ST), der von 1497 bis 98 in M. die Schule besucht hatte, sprach 1524 in der Klosterkirche und in der Ratskirche St. Johannis »Von der wahren und der falschen Gerechtigkeit« (dort auch das L.-Denkmal E. Hundriesers von 1886; H. J. Krenzke, »M. L. und Magdeburg«, 1995). Die von Luther durchgeführte und von N. v. Amsdorf gefestigte Reformation führte zum Bildersturm im Dom. Im Streit der Christen um die rechte Lehre wurde M. als »unseres Herrgotts Kanzlei« berühmt, wobei der aus Wittenberg geflohene **Matthias Flacius Illyricus** (1520-75) eine herausragende Rolle spielte; seine »Magdeburger Zenturien« (1559) stel-

Die »Magdeburger Zenturien« – erste protestantische, in lateinischer Sprache abgefasste Kirchengeschichte von 1559 ff.

len die erste lutherische Kirchengeschichte dar. – Der aus Bernau (→ Eberswalde/ BB) gebürtige Schriftsteller **Georg Rollenhagen** (1542-1609) lebte die meiste Zeit in M., wo er auch 1595 sein satirisches Tierepos »Froschmäuseler« veröffentlichte. Sein Sohn **Gabriel R.** (1583-1619) war Vikar am Dom, er verfasste das Lustspiel »Amantes amantes« (1609). Der aus Me-

mel gebürtige **Simon Dach** (→ Wittenberg/ST) ging 1625 in die Stadtschule. Der »Wunderdoktor« **Johann Andreas Eisenbart** (→ Oberviechtach/BY) wirkte ab 1703 im M.er Haus »Zum güldenen Apfel« (heute davor E.-Brunnen). Von **F. G. Klopstock** (→ Quedlinburg/ ST) als einer seiner »liebsten Freunde« gerühmt, wirkte der Aufklärer **Friedrich Gabriel Resewitz** (1729-1806) in Magdeburg. **Johann Christoph Adelung** (→ Anklam/MV), Sprachwissenschaftler und Kulturgeschichtler, besuchte bis 1751 das Pädagogium im Kloster Unser Lieben Frauen. Der Schriftsteller **Gottfried Funk** (1734-1814) arbeitete am »Wandsbecker Boten« mit; Plastik von C. D. Rauch im Dom. Sein Zeitgenosse **Johann Samuel Patzke** (1727-87), mit G. E. Lessing (→ Kamenz/SN) befreundet, war zusammen mit dem Schriftsteller **Johann Gottlieb Schummel** (1748-1813) rühriger Zeitschriftenherausgeber. Lessings späterer Gegner, **Johann Melchior Goeze** (→ Hamburg), war 1750-55 Prediger in M. Den Pädagogen und Schriftsteller **Gotthelf Sebastian Rötger** (1749-1831) lobte C. L. Immermann in einem Huldigungsgedicht. Die Mittwochsgesellschaft, später Literarische Gesellschaft (1760 gegr.), versammelte berühmte Autoren wie **F. G. Klopstock** (1764 längere Zeit in M.) und – häufig in M. – **J. W. L. Gleim** (→ Aschersleben/ST), die hier z. B. aus dem »Messias« lasen und diskutierten, aber auch M.er Größen wie **Friedrich von Köpken** (1737-1811) und **Heinrich Wilhelm Bachmann** (1737-76). Kontakte auch zu **Christoph Martin Wieland** (→ Biberach/BW), der 1747-50 Schüler am Kloster Berge war, Zeiten intensiver Lektüre im »Treibhaus der Jugend- und Bildungsjahre« (K. Manger), ein Bericht über W.s Ausbildung bei **Karl August Böttiger** (Reichenbach/SN), »Literarische Zustände und Zeitgenossen«

(n. 1998). – **Johann Joachim Winckel-mann** (→ Stendal/ST) hielt sich zwischen 1743 und 47 mehrmals in M. auf, wo er die Privatbibliothek des Schriftstellers **Friedrich Boysen** aus Halberstadt/ST einsah; über Winckelmann schrieb der M.er Gelehrte **Johann Gottfried Gurlitt** (1754-1827). – **August Tiedge** (→ Salzwedel/Gardelegen/ST) ging 1758-70 in M. zur Schule. Die »Karschin«, **Anna Luise Karsch** (→ Berlin), hielt sich 1762 für längere Zeit in M. auf und verfasste zwei der Stadt gewidmete Oden. – 1770-72 gab **Johann G. Müller von** → Itzehoe/SH in M. die Zs. »Der Deutsche« heraus. Von 1786-88 lebte der Schriftsteller **Leopold F. G. Goeckingk** (→ Halberstadt/ST), zeitweise Herausgeber des »Göttinger Musenalmanachs«, in M. Der heute so gut wie vergessene, damals hochgeschätzte **Friedrich Matthisson** (→ Oschersleben/Hohendodeleben/ST) besuchte mehrfach die Stadt, in der er seine Schulzeit verbrachte. 1790 starb in M. der Pädagoge und Schriftsteller **Johann Bernhard Basedow** (→ Hamburg), der die Stadt oft besucht hatte.

Goethe (→ Frankfurt/HE) kam im August 1805 für zwei Tage nach M. und besichtigte den Dom, zusammen mit Sohn August weitere Ausflüge und eine Elbfahrt: »Stadt, Festung, und, von den Wällen aus, die Umgebung ward mit Aufmerksamkeit und Theilnahme betrachtet.« Zu dieser Zeit lebte der Trivialautor **August H. J. Lafontaine** (→ Braunschweig/NI) in M. – 1815 kam **Willibald Alexis** (→ Berlin): »Mein Herz schlug vor Wonne, als ich die altersgrauen Türme von M. vor mir sah« (»Eine Jugend in Preußen«, Erinn. 1837-46). Der »Turnvater«-Jahn-Schüler **Hans Ferdinand Maßmann** (→ Luckenwalde/Bad Muskau/BB), Verfasser des Liedes »Ich hab mich ergeben mit Herz und mit Hand«, wirkte 1819-20 als Lehrer

in M. – Die Schriftstellerin und Frauenrechtlerin **Louise Aston** (1814-1871 → Wangen/BW) heiratete 1835 in M. den Fabrikanten Samuel Aston; die 1838 erfolgte Scheidung wurde in den Romanen »Aus dem Leben einer Frau« (1847) und »Lydia« (1848) literarisch aufgearbeitet. **Karl F. Gutzkow** (→ Berlin) kam 1838. – Im (inzwischen geschleiften) Magdeburger Zitadellenstern auf der Elbinsel, 1764 von **Casanova** besichtigt, saßen als prominente Häftlinge u. a. der Schriftsteller **Friedrich von der Trenck** (»Lebensgeschichte«, 1787), der Theologe **Carl Friedrich Bahrdt** (1741-92; 1790 »Geschichte und Tagebuch meines Gefängnisses«) und 1837 für einen Tag **Fritz Reuter** (→ Demmin/Stavenhagen/MV), 1837-38 dann im 1933 abgerissenen Gefängnis am Tränsberg. Für R. ein bitteres Wiedersehen mit der Stadt, die er schon 1823 im Reisebericht »Kurze Beschreibung meiner Reise durch großer und kleiner Herren Länder« geschildert hatte. Die Hafterfahrungen sind im 7. Kapitel von »Ut mine Festungstid« wiedergegeben, sie zählen zu den schlimmsten, die R. gemeinsam mit seinen Mithäftlingen H. Grashof, A. Giutienne und W. Cornelius zu erdulden hatte. Weitere Schriftsteller als Häftlinge im Vormärz: **Edgar Bauer** (1820-86), **Wilhelm Held** (1813-72) und **Fedor Wehl** (1821-90), die in der Zitadelle u. a. von **Karl F. Gutzkow**, **Theodor Mundt** (→ Potsdam/BB)und **Karl von Holtei** (→ Berlin) besucht werden durften. **Julius Grosse** (1828-1902) beschreibt diese Haft in seiner Aut. »Ursachen, Wirkungen, Lebenserinnerungen« (1896). 1884-85 saß der auf Betreiben O. v. Bismarcks (→ Stendal/Schönhausen/ST) verurteilte polnische Exil-Schriftsteller **Jósef Ignacy Kraszewski** in der Zitadelle.

Nach der 48er-Revolution war **Helmuth**

von Moltke (→ Parchim/MV) M.er Generalstabschef, 1871 wurde er Ehrenbürger. – Von 1849-53 absolvierte **Wilhelm Raabe** (→ Holzminden/Eschershausen/NI) in der Creutzschen Buchhandlung im Haus »Zum goldenen Weinfaß« (im Krieg zerstört) am Breiten Weg eine Lehre, die ihn »davor bewahrte, ein mittelmäßiger Jurist, Schulmeister oder gar Priester zu werden«; später häufige Besuche. Über Magdeburg zur Zeit der Reformation schrieb Raabe in »Unseres Herrgotts Kanzlei« (E. 1862); die N. »Eine Grabrede aus dem Jahre 1609« widmet sich dem Schicksal G. Rollenhagens; über M. auch in »Else von der Tann« (E. 1869). – **Otto Erich Hartleben** (→ Goslar/Clausthal-Zellerfeld/NI) war 1889 Referendar in der Stadt, in der er auch seine N. »Vom gastfreien Pastor« spielen lässt. **Johannes Schlaf** (→ Querfurt/SN) ging in M. zur Schule. Hier traf er auf **Hermann Conradi** (→ Würzburg/BY), zu dem sich eine Freundschaft entwickelte: »Es hätten sich in jener Abendstunde da vorm Magdeburger Rathaus wohl kaum zwei gegensätzlichere Naturen begegnen und mit einer gewissen Sympathie begrüßen können, als wir beide.« 1895 zog Schlaf wieder hierher, ehe er 1904 nach Weimar übersiedelte. In M. schrieb er Gedichte und Dramen; »Familie Selicke«, 1890 in M. uraufgeführt, verkannte ein Kritiker: »Nichts als Schmutz, Elend und Verkommenheit.«

1919 wurde die Künstlervereinigung »Die Kugel« gegründet, zu der auch die Künstler **Rudolf Bosselt** (1871-1938), **Robert Seitz** (1891-1938, Librettist der Hindemith-Oper »Wir bauen eine Stadt«, Zusammenarbeit mit P. Dessau), **Heinrich Benühr** (1883-1939), **Maximilian Rosenberg** (1885-1969), **Erich Weinert** und **Kurt Pinthus** (→ Erfurt/TH) gehörten. Pinthus stellte in M. Teile seiner Anthologie »Menschheitsdämmerung« (1919/20)

zusammen. P., der 1918 im Arbeiter- und Soldatenrat M.s wirkte, verfasste 1919 auch das »Kugel«-Manifest »Rede an junge Dichter« (»Dichtung: Aufrütteln! Enthüllen! Auffordern! Erwecken!«) und gab später die Gedichte des M.er Lyrikers **Paul Kraft** (1896-1922) in der Buchreihe »Der jüngste Tag« heraus. Über die »Kugel« Kontakte der Autoren zum Musikkritiker **Hans Heinz Stuckenschmidt** (1901-1988; »Zum Hören geboren – Ein Leben für die Musik unserer Zeit«, Aut. 1979), der den Dadaismus förderte. – An eine Lesung **Hans Carossas** (→ Bad Tölz/BY) im Jahre 1928 erinnert sich **Georg Grabenhorst** in »Carossa in Magdeburg« (»Hall und Widerhall«, 1974). Vom englischen Schriftsteller **Cecil S. Forester** (→ Hamburg) M.er Reiseskizzen aus dem Jahre 1929. Der aus M. stammende Regisseur **Robert Adolf Stemmle** (1903-54; dazu auch K. Wuschek, »Das Leben des R. A. Stemmle«, Hörspiel 1993) verarbeitete vor 1933 literarische Stoffe und Motive (»Rose Bernd«, »Affaire Blum«). Der in Berlin geb. Schriftsteller und Journalist **Wolf von Niebelschütz** (1913-60) verbrachte seine Kindheit in M.; vor seinen Jahren in → Düsseldorf/NW arbeitete er bis 1937 als Kritiker für die M.er Zeitung; sein Vater Ernst v. N. wurde wegen seiner Kritik an Hitlers »Mein Kampf« als Redakteur entlassen.

Gustav-Adolf »Täve« Schur, Radweltmeister aus Heyrothsberge bei M., diente **Uwe Johnson** (→ Anklam/MV) als Vorlage für seinen R. »Das dritte Buch über Achim« (1961), werbewirksam hieß die Sportler-Aut. auch »Das vierte Buch über Täve« (1992, n. u. d. T. »Täve«, 2001). Über »Brigitte Reimann in Magdeburg« schrieb **Wolfgang Schreyer** (in »europäische ideen«, Heft 92/1995). Seit 1956 lebte in M. die Autorin und Bezirks-SV-Vorsitzende **Christa Johannsen** (»Leibniz«,

1966; »Flug nach Zypern«, 1969) aus → Halberstadt/ST; gest. 1981, Grab auf dem Nordfriedhof.

E Die **Elbe** durchfließt auf 769 Kilometern Länge heute sieben Bundesländer: »All' ihr anderen, ihr sprecht nur ein Kauderwälsch – unter den Flüssen Deutschlands rede nur ich, auch in Meißen nur, deutsch.« (F. Schiller). In der norddeutschen Tiefebene ist sie der größte, landschaftsprägende Fluss mit einzigartigen Auwäldern. Zwischen Magdeburg und Cuxhaven bietet sie in den ehemaligen Hansestädten mit ihren Schlössern und Burgen, aber auch in den Fischerorten und Dörfern in ländlich strukturierten Räumen am Fluss eine Fülle kultureller Angebote, die allerdings lange Zeit, bedingt auch durch die deutsche Teilung, eher ein Schattendasein führten. Zudem stand der Unterlauf oft im Schatten des kultursatten Oberlaufs um Dresden, heute Welterbe der UNESCO. Obwohl ohne Mythos wie der Rhein, ist auch die Elbe immer wieder Gegenstand der Dichtung gewesen. Vom barocken B. H. Brockes in Ritzebüttel oder J. Ringelnatz und R. M. Rilke in Cuxhaven, von Hamburgs zahlreichen Poeten zwischen Lessing, Barlach, Leip und Rühmkorf, J. P. Eckermann in Winsen, F. Reuter in Dömitz, N. Born in Lüchow-Dannenberg, Th. Fontane in Tangermünde, J. J. Winckelmann in Stendal, ob Magdeburgs Literaten oder Dresdens Schriftsteller um Th. Körner und F. Schiller bis zu V. Klemperers Tagebüchern oder Th. Rosenlöchers Gedichten. Anthologien: V. Wildgruber, »Elbische Impressionen« (2003), U. Frank-Planitz, »Streiflichter von der Elbe« (2003) und (fehlerhaft) N. Kircher, »Die Elbe in Mythen, Märchen und Erzählungen« (1988). K. Nölle-Fischer bietet den derzeit kundigsten literarischen Reisebegleiter: »Die Elbe – von der Mündung bis zum Riesengebirge« (1999), dazu J. Sparschuh und W. Kempowski, »Die Elbe« (2000). Von interessanten Fahrten auf dem Strom berichten u. a. die Engländer H. M. Doughty (»Mit Butler und Bootsmann«, 1892, dt. Ausgabe 2002), C. Forester (»Eine Bootsfahrt in Deutschland«, 1929, dt. Ausgabe 1999), H.

Leips historischer Elbe-Roman »Die Lady und der Admiral« (1933) und R. Höhnes »Elbefahrt durch Deutschland« (1956), aus jüngerer Zeit Chr. v. Krockows »Die Elbreise« (1996). Umfassend in der Gesamtdarstellung B. Bartos-Höppners »Elbsaga – Ein Fluß erzählt Geschichte« (1985) und der Ausstellungskatalog des Deutschen Historischen Museums »Die Elbe – Ein Lebenslauf« (1992). Zum Beschluss mit R. Höhne 1956 auf dem Elbhang bei Hitzacker: »Nichts von Ecken und Kanten! Nichts von Schroffen und Schründen! Sanftrundliche Schwünge, ein Hügelreigen, keine Wachtparade. Das wich schmollend zurück, anstatt trotzig vorzudringen, das schmeichelte, statt zu dräuen. Wahrhaftig, käme die Loreley an die Elbe zu Gast, hier, nicht auf der Bastei, ließe sie sich nieder!«

L Die **Brüder Grimm** überliefern die Sage von den Magdeburger Nixen, die Schwimmer in den Tod rissen, **Christian August Vulpius** (→ Weimar/TH) schreibt von den Silbernen Läusen. – Als »Magedeburg« wird die Stadt im Diedenhofer Kapitular Karls des Großen erstmals 805 n. Chr. erwähnt. Weitere Beschreibungen in **Thietmar von Merseburgs** Chronik, in der Schädelschen Weltchronik von 1493 und in **Merians** »Topographia Germania« von 1642. Das »Magdeburger Recht« galt als das wichtigste deutsche Stadtrecht im MA. M.s »Schicksalsstunde« schlug am 10. Mai 1631, als kaiserliche Truppen unter Pappenheim und Tilly die Stadt stürmten und danach zur Plünderung freigaben. **H. J. Chr. von Grimmelshausen** (→ Gelnhausen/HE), der an der Belagerung von 1636 teilnahm, schildert sie in seinem R. »Der Abentheuerliche Simplicissimus Teutsch« (1669), **Simon Dach** (→ Wittenberg/ST) schrieb die »Klage über den endlichen Untergang« (1641). Der 1602 in M. geborene **Otto von Guericke** (gest. 1686), von 1646-76 Bürgermeister, verfasste die »Wahrhaftige Beschreibung von der dritten Belagerung der Stadt Magdeburg« (Hrsg. F. Hoffmann, 1860); zu G.s Lebzeiten erschienen lediglich »experimenta nova (ut vocantur) Magdeburgica de vacuo spatio« (1672, n. 2002), wegbereitend für das moderne wissenschaftliche Weltbild. Autobiogr. geprägte

Romane über G. u. a. von **W. Basan** »Das Geheimnis der Magdeburger Halbkugeln« (1954) und »Falken über der Stadt« (1956), **M. Jordans E.** »Zwischen Ruhm und Haß« (1956); dazu »O. v. G. – Die Welt im leeren Raum« (Katalog, Hrsg. M. Puhle, 2002), A. Börner, »Die Macht des Nichts« (E. 2002), mit einem Führer zu den G.-Stätten in M.), und **M. Köppes** »Auch noch diese Stunde« (N. 2003). – Der aus Burg/ST stammende **Mauritius Zacharias** (1585-1657) führte ein Tagebuch der Eroberung (ersch. 1633). Weiter **Goethes** Gedicht »Die Zerstörung Magdeburgs«; **Friedrich Schiller** (→ Ludwigsburg/Marbach/BW): »Eine Würgeszene fing jetzt an, für welche die Geschichte keine Sprache und die Dichtkunst keinen Pinsel hat« (»Geschichte des Dreißigjährigen Krieges«, 1790-93); **Gertrud von Le Forts** (→ Minden/NW) E. »Die Magdeburgische Hochzeit«, 1938), **Bruno Willes** R. »Die Abendburg« (1909) und **Ricarda Huchs** »Der große Krieg in Deutschland« (1912-14, n. 1931). Über die Geschichte der Stadt und ihre berühmten Drucker (Duncker, Faber) **Bogislav von Archenholz** in »Bürger und Patrizier« (1970).

Heimatlieder und volkstümliche Gedichte auf M. schrieben nach 1800 u. a. **Wilhelm Ribbeck** (1793-1863; »Zum Musikfest in Magdeburg«) und **Heinrich Möwes** (1793-1834). – Prinz Louis Ferdinand (1772-1806) war in M. der »Abgott der Soldaten und der jüngeren Offiziere« (Clausewitz), seine Sehnsucht nach seiner Geliebten Pauline Wiesel beschrieb **Theodor Fontane**, der M. auch 1844 besuchte, in dem Gedicht »Prinz Louis Ferdinand«: »Nach Magdeburg auf Ehre, das ist ein schlimmer Ort« (1857). – **Erwin Lampe** (gest. 1978) schrieb einen Roman aus der Zeit um 1800 u. d. T. »Die Kriegskasse oder Als Nelson auf der Elbe fuhr« (1979). Die Zeit auf dem M.er Pädagogium Kloster Unser Lieben Frauen von 1818-23 beschrieb der Germanist und Hegel-Schüler **Johann K. F. Rosenkranz** (1805-79) in seiner Aut. »Von Magdeburg bis Königsberg« (1873); der M.er Vertreter des »Jungen Deutschland«, **Gustav Kühne** (1806-88), schildert in der N. »Eine Quarantäne im Irrenhaus« (1835) Jugenderlebnisse. – **Willibald**

Alexis lässt die Handlung seines Romans »Der falsche Waldemar« (1842) im Magdeburger Land und in der Altmark spielen. – **Uwe Johnson** nahm M. und Wittenberge als Ortsvorlage für seine fiktive Eisenbahnerstadt an der Elbe in »Mutmaßungen über Jakob« (R. 1959). **Volker Brauns** »Unvollendete Geschichte« (1977) spielt in M., in Brauns Berichten »Das Ende der unendlichen Geschichte« (1996) und »es bleibt . . .« (1997) wird deutlich, dass seine Quelle eine Stasi-Mitarbeiterin war. Bezüge zur Stadt auch in den Bestseller-Romanen (»Der sechste Sinn«) und Hörspielen des am 20. 11. 1927 in M. geborenen Autors **Wolfgang Schreyer**, der 2000 seine Aut. u. d. T. »Der zweite Mann« vorlegte: M.er Schulzeit (»Das düstere Realgymnasium in der Brandenburger Straße, schräg gegenüber der Kunstgewerbeschule mit ihren feschen Mädchen und Magdeburgs Feuerwehr, wird zum Grab meiner Freizeit, ja der Freiheit überhaupt«), Militärdienst, Kulturpolitik, der 17. Juni 1953 und Privatleben im Haus Birkenweg 24. – **Annett Gröschner** verfasste die Familiengeschichte der Kobes auf einer M.er Elbinsel in »Moskauer Eis« (R. 2000). Der 1956 in M. geborene **Rainer Schedlinski** veröffentlichte 1990 die Essay-Sammlung »Innenansichten DDR«. – **Friedrich Hobeck** lässt seinen Kriminalroman »Der Taubnesselturm« (1992) im fiktiven, aber altmärkisch eingefärbten Babenburg spielen. Auch die Romane und Erzählungen **Erich Günther Sasses** (»Der Brunnen«, 1980, »Manisch«, 1990) spiegeln M. und das Umland; S. ist der Mitherausgeber der 1998 ersch. Anth. »Das Kind im Schrank und andere Texte sachsen-anhaltinischer Autoren« (u. a. **Jutta Bartus**, **Kurt Wünsch**, **André Schinkel**, **Birgit Herkula**, **Erik Neutsch**, **Werner Bräunig** und **Dirk Heidicke**), dazu »Querbeet. Das Sachsen-Anhalt-Lesebuch«, Hrsg. **H. Kruschel/D. Iser** (1993). Literatur und Kulturgeschichtliches aus M. und Umgebung dokumentieren und schildern die Autoren **Bernd Wolff** (»Sachsen-Anhalt«, 1992) und **Hanns H. F. Schmidt** (»Zwischen Magdeburg und dem Harz«, »Magdeburg und die Börde«, 1992), der »Literaturkalender Sachsen-Anhalt« (seit 1994) und **Martin Selber**.

S Zettelkataloge und Regionalia zur Lit.-Geschichte M.s und des Umlandes in der **Stadtbibliothek** und der Arbeitsbibliothek des M.er **Stadtarchivs.** – In M.-Buckau das städtische **Literaturhaus** (Thiemstraße 7), dort das seit 1997 existierende **Literaturbüro Sachsen-Anhalt** (aus den seit 1994 existierenden Literaturbüros in M. und Halle hervorgegangen), es gibt die lit. Zeitschrift »Ort der Augen. Blätter für Literatur aus Sachsen-Anhalt« heraus. Im Literaturhaus ständige **Ausstellungen** zu Erich Weinert (1990 neu gestaltet, u. a. Arbeitszimmer, Bibliothek) und »Georg Kaiser in M.«; Sonderausstellungen; Sitz der **Literarischen Gesellschaft** M. (Hrsg. des »Literaturalmanachs«, Veranstalter der »Literaturreise«-Projekte); des **IG Medien-VS-Landesverbandes** Sachsen-Anhalt (Veranstalter der »Landes-Literaturtage«); des **Fördervereins der Schriftsteller;** des **Friedrich-Bödecker-Kreises** (Veranstalter »Bücherfrühling« und M.er Literaturwochen »InterLese«); des Freien Deutschen Autorenverbandes **FDA** (Hrsg. der ST-Anthologie »Morgenlicht«); **Pegasus** – Verein für Literatur in ST; **Deutsche Dante-Gesellschaft.**
Literaturpreis alternierend als **Friedrich-Nietzsche-Preis** (Essay, Philosophie) sowie **Wilhelm-Müller-Preis; Georg-Kaiser-Förderpreis** des Landes; **Stipendien** des Landes ST für Landeskinder; **Preis** der Lit.-Zs. »**Ort der Augen**«.
Arbeitskreis ostfälisches Platt (Veranstalter der Mundarttage/Ostfalentreffen, Zs. »Ostfalenpost« ST), **Arbeitsstelle Niederdeutsch** am Institut für Germanistik der Universität.

R Das Stadtbild, geprägt von den Kaisern Karl d. Große und Otto I., von den Häusern der Barockzeit am Breiten Weg bis hin zu den Schinkel-Bauten, P. J. Lennés Bürgergarten und Klosterbergegarten sowie den Entwürfen der Architekten B. Taut und H. Tessenow, wurde durch den verheerenden Bombenangriff vom 16. Januar 1945 ausgelöscht. Die Johanniskirche ist seitdem Gedenkstätte: Neben Dresden und Köln erlitt M. die größten Verluste, die nicht wieder ausgeglichen werden konnten. Noch heute ist die Innenstadt von diesem Schicksalstag geprägt, auch wenn Traditionsinseln um Rathaus, Dom, Kloster und Elbpromenade Reste des ehemaligen Stadtbildes bewahren. Nur in der Literatur (und in Malerei und Fotografie) überleben Eindrücke, Erfahrungen, Bilder der alten Stadt. Schon **Karl Gutzkow** schrieb 1838 in »Eindrücke von Magdeburg«: »Der eigentliche Zauber, der mich an Magdeburg fesselte, war bei allem die Erinnerung. Man sieht im Geist die Flammen des Dreißigjährigen Krieges …« – **Ilja Ehrenburg** schildert in seinen Memoiren einen Besuch im Jahr 1922 in der Innenstadt, deren Fassaden ein Jahr zuvor durch den Stadtbaurat Max Taut farbig gestaltet worden waren: »Es ist nicht nur ein einziges Haus eines Sonderlings, nein, es sind ihrer zehn, zwanzig, hundert.« Die als »Krokodilabsatz«, »Zebrablödsinn« und »Fieberdelirien« abgelehnte Straßenkunst führte zur Flucht: »Ich würde um keinen Preis in dieser Stadt bleiben«. – Ein glücklicheres Ende fand der Bummel durch das alte, unzerstörte M., über den **Joseph Roth** im Feuilleton »Breiter Weg« (1931) schrieb und auf dem er Lob (Dom: »alt und in wirklicher Schönheit«) und Tadel (Reichsbankgebäude: »schauderhaftes Muster neuzeitlicher Kasematten- und Fabrikkultur«) verteilte. Spaziergänge auch zur Stadthalle auf der Rothehorn-Insel (»Achtung … für dieses modernste aller Bauwerke in Deutschland«) und zum Hafen, Besuche in Buchhandlungen, im Café und im Dom; Roths Resümee: »Man kann nicht lange in ihr fremd bleiben.« Fast zeitgleich **Ernst Barlach** (→ Wedel/SH): »Über das Magdeburger Mal« (um 1930).
Die Schäden des Krieges zeichneten noch die Stadt, als **Arnolt Bronnen** (→ Berlin) in den fünfziger Jahren M. besuchte:

»Deutschland – kein Wintermärchen«
(1956): »Ein entsetzlicher Kahlschlag, hin-
gemordetes Stadtzentrum.« Kritisch auch
die M.-Reportage **Heinz Knoblochs** (→
Berlin): »Rundgang 1977«, die DDR-ty-
pische Erfahrungen widerspiegelt. Aus
westdeutscher Sicht mit vielen kulturge-
schichtlichen Rückblicken schrieb **Willi
Fehse** (→ Salzwedel/Kassieck/ST) nach
einem Kurzbesuch 1964 sein Reise-Feuil-
leton »Magdeburg« (in: »Deutsche Mit-
te«). 1989 dann **Peter Rühmkorf** über
das Kloster: »... in der kunstgewerblich
gestylten Cafeteria mit Seitenausblick auf
den Kreuzgang und korkenzieherhaft ver-
wundene Efeustämme. Im hohen, nun
schon angegilbten Gras verstreute Kapitel-
le, Säulenbasen, Gebälke mit Baumeister-
zeichen« (»Tabu I – Tagebücher 1989-
1991«, 1995). Das sich radikal verändern-
de Stadtbild nach der Wende von 1989
wartet auf seine literarische Gestaltung,
eine erste Reportage von **Steffen Kopetzky**
1998 in der Zeitschrift DU (Heft 5): »Vor-
stoß ins Leere. Ein Tagesausflug nach
Magdeburg«.
Zusammenfassend **Hanns H. F. Schmidts**
Darstellung »Ein Spaziergang durch die
Literaturgeschichte der Stadt« (2005) und
die Anth. »Schauplatz Magdeburg – Die
Stadt in der schönen Literatur« (Hrsg. P.
Peetsch, 2005).

B M. Wiehle, Magdeburger Persönlichkei-
ten, 1993; H. J. Krenzke, Magdeburger Ge-
schichte(n),1992; Schätze der Stadtbibliothek
M., 1992; W. Leinung, Aus M.s Sage und Ge-
schichte, n. 1992; Magdeburg – Porträt einer
Stadt, 2. Aufl. 2004.
Z Burg, Dessau, Halberstadt, Haldensleben
(ST).

MAINZ/RP

*»Diese neue Stadt wird für die heranwachsen-
den Citoyens de Mayence ebenso unvergeßlich
bleiben und heimatlich wirken, wie für meine
Generation die alte«. (Carl Zuckmayer an OB
J. Fuchs, 1975)*
Johannes-Gutenberg-Universität; Akademie der
Wiss. und der Lit. (Bibliothek, Lion-Feucht-
wanger-Gedächtnisraum als Arbeitsstelle für
Exillit., Carl-Zuckmayer-Forschungsstelle); Aka-
demie für Weltkultur; Staatl. Hochschulinsti-
tute für Musik, Kunst- und Werkerziehung. –
Stadtarchiv; Dt. Kabarettarchiv; Minipressen-
Archiv. – Röm.-German. Zentralmuseum,
Bischöfl. Dom- und Diözesanmuseum, Mit-
telrhein. Landesmuseum. – Staatstheater, Stu-
dio-Bühne TIC; Kabarett »unterhaus« (Dt.
Kleinkunstpreis). – ZDF; SWR Landessender
R.-P. (Funkhaus M.). – M.er Fastnacht; Gu-
tenberg-Woche und Johannisfest im Juni; Mi-
nipressen-Messe alle 2 Jahre.

Hrabanus Maurus, *um 780 M., † 4. 2.
856 → Winkel (Rüdesheim/HE), Gelehr-
ter und Theologe, »Praeceptor Germa-
niae«. Seit 788 Erziehung im Kloster →
Fulda/HE, dort 822 Abt, 842 Rücktritt.
Fünf Jahre später Erzbischof von M.,
Grab zunächst in St. Alban in M., später
nach Halle und Aschaffenburg verlegt,
seitdem verschollen. – Bibelkommentare,
theol. Schriften, Glossen, Enzyklopädien;
(»De rerum naturis seu De universo«, nach
842); ihm zugeschrieben auch die Hym-
ne »Veni, creator spiritus«. – Hrabanus'
(über 60) weltl. Gedichte wurden von E.
Dümmler in der »Poeta Latini Aevi Caro-
lini« veröffentlicht. – »R. M. in seiner Zeit,
780-1980« (Ausstellungskat.).
Heinrich von Meißen (gen. **Frauenlob** →
Meißen/SN) war seit 1312 in M. ansässig
und starb hier am 29. 11. 1318. Legendär
die Gründung einer Musikschule, eben-
so F.s feierliche Grablegung durch die
Frauen von M. – Im Domkreuzgang Grab-
stein von 1783, missverstandene Nachbil-

dung des Originals, und Denkmal von L. Schwanthaler; F.-Barke am Ausgang Frauenlobstraße; Minnesänger-Brunnen am Frauenlobplatz. – Wie F. einer der 12 Alten Meister, Anfang des 14. Jh.s der mhd. bürgerl. Minnesänger und Spruchdichter **Barthel Regenbogen**. Schmied in M. und ein Vorläufer des Meistergesangs, der mit Frauenlob in einen berühmten Wettstreit über die Bedeutung von »vrouwe« und »wîp« trat.

Johannes Gutenberg, * um 1397 M., † 3. 2. 1468 ebd., Erfinder des Buchdrucks mit gegossenen bewegl. Lettern. Zwischen 1434 und 44 als Emigrant in Straßburg, ab 1448 in M. urkundl. nachweisbar. 1452-55 Druck der 42-zeiligen lat. Bibel. Prozess mit seinem Geschäftspartner J. Fust, dessen Offizin P. Schöffer (um 1430-1503) aus Gernsheim zu intern. Ansehen brachte (M.er Psalter von 1457 in der westl. Kulturwelt das erste Buch mit Impressum). G., verarmt, 1462 in der Erzstiftsfehde aus M. verbannt; Verbindung zu den Brüdern Bechtermünze → Eltville (Rüdesheim/HE). – Gedenkstätte in St. Christoph, der Taufstätte G.s; Gedenktafel am Sterbehaus »Algesheimer Hof«; bestattet in der 1742 abgerissenen Franziskanerkirche (Gedenktafel am »Domus Universitatis«, Universitätsstraße); Denkmal am G.-Platz; Plakette vor dem G.-Museum und Büste in der Einfahrt »Römischer Kaiser«, Liebfrauenplatz 5. – G.-Gesellschaft. – J. Frederiksen, »Gutenberg in der Literatur« (in »Lit. Reiseführer Rheinland-Pfalz«, 2001).

Johann Georg Forster, * 27. 11. 1754 Nassenhuben b. Danzig, † 10. 1. 1794 Paris, Begründer der künstler. Reisebeschreibung, »eher zum Briefsteller als zum Lexikographen bestimmt.« Mit seinem Vater Johann Reinhold F. 1772-75 Teilnahme an der 2. Weltreise J. Cooks. 1778 Prof. für Naturgesch. in → Kassel/HE, später in Wilna, 88 in M. Universitätsbibliothekar. 1790 mit A. von Humboldt (→ Berlin) durch Westeuropa; begeisterter Anhänger der Franz. Revolution. Anschluss an die M.er Klubisten; Anfang Januar 1793 deren Führer, im März als Deputierter nach Paris. Reichsacht, da er dort die »Einverleibung« des linken Rheinufers »in die Franz. Republik« beantragte. – W.: J. R. Forsters Reise um die Welt ... (1778-80); Ansichten vom Niederrhein (1791-94); Sämtl. Schriften, Tagebücher, Briefe (Hrsg. G. Steiner, 1958 ff.). – Wohnung in den »Professorenhäusern« (Gedenktafel, Neue Universitätsstraße 5-9); Büste Forum der Universität; Denkmal Eingang »Römischer Kaiser«. – Nachlass GSA Weimar, FDH Frankfurt a. M. – »G. F. Weltbürger, Europäer, Deutscher, Franke« (Ausstellungskat. Mainz 1994); K. Harpprecht, »Georg Forster oder Die Liebe zur Welt« (1987).

Niklas Vogt, * 6. 12. 1756 M., † 19. 5. 1836 Frankfurt a. M., Historiker, Folklorist und v. a. »launiger Rheinbegeisterter« (B. v. Arnim). In M. Geschichtslehrer Metternichs, der V. auf dem → Johannisberg (Rüdesheim/HE) den Grabstein setzte, während Herz und Hirn auf dem Mühlstein im Rhein gegenüber der Nahemündung beigesetzt wurden. – W.: Über die europ. Republik (1787-92), Heinrich Frauenlob (1792), Rheinische Geschichten und Sagen (1817-36). – Rhein. »Faust«-Fragm., in dem Faust, Fust, Gutenberg und Don Giovanni phantastisch in M. zusammentreffen.

Curt Goetz, * 17. 11. 1888 M., † 12. 9. 1960 Grabs b. St. Gallen. Lustspielautor, der als »Schauspieler für Schauspieler« schrieb. Seit 1925 mit seiner Frau, Valerie von Martens, und seinen Stücken auf Gastspielreisen. 1923 Übersiedlung in die Schweiz; 39 Hollywood, Hühnerfarm bei Los Angeles; Herbst 46 Rückkehr nach

Dtl. – W.: Der Lügner und die Nonne (Lsp. 1929); Dr. med. Hiob Prätorius (K. 1934); Die Memoiren des Peterhans von Binningen (Aut. 1960). Sämtliche Bühnenwerke (1963). – Geburtshaus Gartenfeldstraße 20.

Carl Zuckmayer, *27.12.1896 → Nackenheim (Alzey/RP), † 18.1.1977 Saas-Fee/Wallis: »Ich wollte an die Natur heran,

Carl Zuckmayer in Mainz, Mai 1970

ans Leben und an die Wahrheit, ohne mich den Forderungen des Tages, vom brennenden Stoff meiner Zeit zu entfernen«. 1900 Übersiedlung der Familie nach M., Gymnasiast und 1914 Kriegsfreiwilliger. Studium in Frankfurt a. M. und Heidelberg. 1920 nach → Berlin, wo sein Drama »Kreuzweg« durchfiel. Dramaturg in Kiel, München und zus. mit B. Brecht (→Augsburg/BY) am Deutschen Theater Berlin. 1925 Heirat mit Alice von Herdan. Im gleichen

Jahr Uraufführung »Der fröhliche Weinberg«, 27 »Schinderhannes«, 28 »Katharina Knie«, 31 »Der Hauptmann von Köpenick«. Seit 1933 in Henndorf b. Salzburg (in der bereits 1926 erworbenen »Wiesmühle«) lebend. 1938 Emigration in die Schweiz, dann in die USA; 1941-46 Farmer in Vermont. 1943/44 »Geheimreport« (2002). Seit 46 wieder in Deutschland. Welterfolg mit »Des Teufels General« (1946). 1952 Ehrenbürger von Nackenheim, 62 von M. Seit 1958 in Saas-Fee; dort auch sein Grab. – Weitere W.: (v. a. aut. und topographisch von Interesse): Ein Bauer aus dem Taunus (En. 1927); Abschied und Wiederkehr (G. 1948/60); Die Fasnachtsbeichte (E. 1959); Als wär's ein Stück von mir (Aut. 1966); Werkausg. in 10 Bdn. (1976). – Archiv in Saas-Fee und DLA Marbach, Slg. Akademie der Künste Berlin u. a. – C.-Z.-Gesellschaft (seit 1972). – J. Becker, »C. Z. und seine Heimaten« (1989); »Ich wollte Theater machen« (Ausstellungskatalog DLA Marbach 1996).

Anna Seghers (eig. **Netty Radványi** geb. **Reiling**), *19.11.1900 M., †1.6.1983 → Berlin, sozialist. Erzählerin. 1918 Abitur, dann Studium in Heidelberg, mehrere Auslandsreisen. Seit 1925 in Berlin; 28 Mitglied der KPD. 1933 Emigration nach Frankreich, 41 nach Mexiko. 1947 Rückkehr nach Ost-Berlin; Vizepräsidentin des »Kulturbundes« und 52-78 Vorsitzende des DDR-Schriftstellerverbandes. Mehrfache Nationalpreisträgerin der DDR. Ehrenbürgerwürde der M.er Universität (1977), Ehrenbürgerschaft der Stadt M. (1981). – W.: Der Aufstand der Fischer von St. Barbara (E. 1928), Das siebte Kreuz (R. 1942); Der Ausflug der toten Mädchen (aut. En. 1946); Ges. Werke (1951 ff.). – Geburtshaus Parcusstraße 5 (Gedenktafel), spätere Wohnung Kaiserstraße 34. – Nachlass Akademie der Künste Berlin. – A.-S.-Gesellschaft Berlin und Mainz (seit 1991), A.-S.-Preis.

Aus dem 11. Jh. stammen sechs erhaltene Grabsteine auf dem alten Friedhof am Judensand, zwischen Mombacher und Wallstraße, der 1880 geschlossen wurde. Es war die Zeit der größten wirtschaftl. und geistigen Blüte des jüd. »Magenza«. Im MA ein Anziehungspunkt die weithin anerkannte Rabbinerhochschule (»Jeschiba«), für **Jehuda ben Meir Hakohen I.** (ca. 980-1010), den Begründer eines gründl. Talmudstudiums in Deutschland und Frankreich, sowie für **Meschullam ben Kalonymus** (gest. zwischen 1012 und 27) und **Simeon ben Isaak d. Gr.** (um 1000), deren beider Grabmonumente in Nachbildungen des 13. Jh.s erhalten blieben. Die »Tekkanot SCHUM«, die Synagogalverordnungen des Gemeindeverbandes »Spira« (→ Speyer/RP), »Vormeiza« (→ Worms/RP) und »Magenza« hatten Geltung bis nach Italien und Spanien. »SCHUM ist auch eine poetische Chiffre« (A. M. Keim). – In M. geb. Rabbi **Gerschom ben Jehuda** (960-1028 oder 40), »Leuchte der Diaspora« und Autorität unter den Gesetzeslehrern. Sein Schüler Rabbi **Jakob ben Jakar** (gest. 1063/64/Grab), der Lehrer des Rabbi **Schelomo ben Isaak** aus Troyes (→ Worms/RP), dessen Grab ebenso erhalten ist wie das des Schriftgelehrten und rel. Dichters **Meschullam ben Mosche ben Ithiel** (gest. 1094/95). – Ein Jahr später klagt der Liturgiker **Kalonymos ben Jehuda** in seinem Trauergesang auf die Märtyrer der mittelrhein. Gemeinden während des Kreuzfahrerpogroms von 1096 auch über den Tod der »Großen von Mainz«, fast alle Schriftgelehrten waren umgekommen. – **Anton Maria Keim**: »Liturgie und Tradition. Orte und Exempla jüdischer Poesie« (in: »Lit. Reiseführer R.-P.«, 2001).

Mainzer Autoren weiterhin (18./19. Jh.): Der Zeichenlehrer **Nikolaus Müller** (1770-1851), Mitglied des Jakobiner-Klubs, schrieb republikanische Gedichte (1795-1800), später Lieder für Veteranen der napoleon. Armee (1837) und für den Karneval (1839). Ein gleiches Schicksal hatte sein Freund **Friedrich Lehne** (1771-1836) aus Gernsheim (Groß-Gerau/HE), ein Reden- und Hymnenlieferant für die revolutionären Feiern und Napoleon-Verehrer. Gräber auf dem Hauptfriedhof, Nachlässe StB M. – Der Dramatiker und Publizist **Theodor Haupt** (Ps. **Th. Peregrinus**/ 1784-1832) marschierte 1813 mit den Verbündeten nach Paris, wo er bei seiner Wiederkehr nach der Juli-Revolution 1830 in wirtschaftl. Not starb: »Schauspiele« (1825), »Tell« (hist.-romant. Oper 1829); Nachlass StB Bamberg. – Gedichte in »Pälzer Mundart« und hochdt. Sprache (»Etwas zum Lachen«, 1824-30) oder M.er Lokalszenen (»Die Weinprobe«, Kom. 1836) verfasste **Friedrich Lennig** (1796-1838). Gedenktafel am Geburtshaus Markt 7-9 (Neubau); Grab auf dem Hauptfriedhof. – Die »Mainzer Courths-Maler« **Kathinka Zitz** (Ps. **K. Halein** u. a./1801-77) war für zwei Jahre Frau des Karnevalspräsidenten, Volkshelden vom März 1848 und Freischarführers F. Zitz. Neben Revolutionslyrik (1850) zahlreiche Jugendschriften sowie »Der Roman eines Dichterlebens« (11 Bde. über Goethe). Geburtshaus Kirschgarten 21; Grab Hauptfriedhof. Nachlass StB. M., LB Wiesbaden. – Der Erbauungs- und Volksschriftsteller **Anton Hungari** (1809-81) wurde Pfarrer in Rödelheim b. Frankfurt a. M. – Der Dramatiker und Lyriker **Johannes Andreas Schumacher** (1810-88) gründete 1835 die liberale Zs. »Ahasver am Rhein« und nach deren Verbot 37 »Das Rheinland«; aus dem gleichen Jahr das Lustspiel »Das Gutenbergfest in Mainz«.

In M. geb. der Erzähler **Karl Marquard Sauer** (1827-96), Skizzen u. a. »Am Rhein und an der Adria« (1872). – 1858 wurde in Weimar die Oper »Der Barbier von Bagdad« des Dichterkomponisten **Peter Cornelius** (1824-74) aus M. uraufgeführt. Werke außer Operntexten: »Lieder« (1861), »Gedichte« (Hrsg. A. Stern, 1890). Gedenktafel am Sterbehaus, Kupferbergterrasse 23; Grab auf dem Hauptfriedhof; Bildnisbüste in den P.-C.-Anlagen am Drususwall. Nachlass StB M.; P.-C.-Plakette. – Im M. der Kurfürstenzeit spielt einer der Romane (»Das Freihaus am Dome«, 1886) von **Auguste Arens von Braunrasch** (Ps. **Julius Rasch** u. a./1824-1901); Grab auf dem Hauptfriedhof. – Die hist. und frühen sozialen Romane von **Philipp Wasserburg** (Ps. **Laicus**/1827-1897) spielen z. T. in M.: »Ringende Mächte« (1872), »Der Arzt« (1876), »Die Waise« (1886). Vorher 48er Barrikadenlyriker, 1852 wegen »kommunist. Gesinnung« ins Zuchthaus, 56 Um- und Rückkehr; 72/73 Schriftleiter des »Mainzer Journal«. Grab Hauptfriedhof. Nachlass StB M. – In M. lebte und starb die aus Trier stammende Schriftstellerin **Maria Krug** (Ps. **Alinda Jacoby**/1856-1929). Werke: »Ida Gräfin Hahn-Hahn« (Novellist. Lebensbild 1894); »Altarblüten« (G. 1893); viele Kinder- und Jugendbücher.

E Mainz 1792/93: Besetzung der Stadt durch die franz. Revolutionsarmee unter General Custine im Oktober 1792, im November neue Regierung, in der v. a. Mitglieder der »Gesellschaft der Freunde der Freiheit und Gleichheit«, des Jakobiner-Klubs, beteiligt sind. Rege publiz.-lit. Tätigkeit (Zss.-Hrsg. u. a. J. G. Forster); National-Bürgertheater v. a. mit den aktuellen revolutionären Bühnenstücken N. Müllers; vielfach anonyme Agitationslyrik und Flugschriften. März 1793 »Rhein.-dt. Nationalkonvent«, seit Juni Belagerung und verheerende Beschießung; 23. 7. Kapitulation.

Augenzeugenberichte von F. Ch. Laukhard, Goethe und dem »Dt. Gil Blas« J. Ch. Sachse; Teilnahme auch des 15-jährigen H. v. Kleist als preuß. Infanterist. 1793 als Fragm. »Darstellung der Revolution in M.« von J. G. Forster, Briefe der verwitweten Caroline Böhmer: »Welch ein Wechsel ... Die fremden Töne, die der Freiheit fluchten, stimmen vivre libre ou mourir an.« – Romane: H. König, »Die Clubisten in M.« (1847); I. Seidel, »Das Labyrinth« (1922); E. Hadina, »Madame Lucifer« (1926); E. von Naso, »Caroline Schlegel oder Dame Lucifer« (1969). Krit. Überblick in E. Kleßmanns Biographie »Caroline« (1975). – Theaterstücke: N. Müller, »Der Aristokrat in der Klemme« (1792); »Die Mainzer Klubisten zu Königstein. Ein tragi-komisches Schauspiel« (1793); W. S. Vogler, »Die Gruschel von Mayntz« (1975); R. Schneider, »Die Mainzer Republik« (1980). – Kataloge: »Deutsche Jakobiner. Mainzer Republik und Cisrhenanen 1792-98« (3 Bde. 1981); »O Freyheit! Silberton dem Ohr ... Franz. Revolution und deutsche Literatur« (Marbacher Katalog 44/1989).

A Am 23. 4. 990 starb in M. **Ekkehard II.**, Lehrer der Herzogin Hadwig von Schwaben; sein Schicksal und das Ekkehards I. verwob J. V. v. Scheffel (→ Karlsruhe/BW) in seinem gleichnamigen Roman. – **Heinrich von Veldeke** (→ Kleve/NW), der die Stadt in der »Eneid« glorifizierte, und **Friedrich von** → **Hausen** (→ Bad Kreuznach/RP) nahmen 1184 an Barbarossas berühmtem Reichsfest, **Walther von der Vogelweide** (→ Würzburg/BY) 1198 an der Krönung Philipps von Schwaben in M. teil. – Drei Jahrhunderte später zogen kurfürstl. Hof und Universität die Humanisten an: **Johannes Reuchlin** (→ Pforzheim/BW), **Konrad Celtis** (→ Schweinfurt/Wipfeld/BY), **Ulrich von Hutten** (→ Schlüchtern/Vollmerz/HE) und **Philipp Nikodemus Frischlin** (→ Erzingen/Balingen/BW). **Georg Witzel** (1501-73) aus Vacha (Rhön) lebte von 1553 an hier; in seiner Schrift »Via regia« trat er für einen Vergleich der Konfessionen ein. – 1667 wurde **Gottfried Wilhelm Leibniz** (→ Hannover/NI) als Jurist »zu Mainz behalten«. Von 1753-63 lebte im »Stadioner Hof« (Große Bleiche 15, heute Bank) **Sophie von La Roche** (→ Kaufbeuren/BY), hier kam ihre Tochter Maximiliane zur Welt. – Am 11. Oktober 1782 traf **Friedrich Schiller** (→ Ludwigsburg/Marbach/BW) mit dem Marktschiff von Frankfurt a. M. ein: Stadt und Dombesichtigung (Sch.-Denkmal auf dem Sch.-Platz). – **J. J. W. Heinse** (→ Ilmenau/Langewiesen/TH) war seit 1786 Vorleser des Kurfürsten, veröffentlichte 87 den »Ardinghello« und ging 89 als Hofrat und Bibliothekar nach → Aschaffenburg/BY; 93 noch einmal für zwei Jahre in Mainz. – In den »Professorenhäusern« (Rest in der Neuen Universitätsstraße 5-9) wohnten seit den späten 1780er Jahren **Georg Forster** mit seiner Frau **Therese**, geb. **Heyne** (→ Göttingen/NI), verheiratet seit 1794 mit L. F. Huber (Th. Huber, »Die rechte Frauenliebe, die reinste Männerliebe«. Ein Lebensbild, Hrsg. A. Hahn, 1989), sowie **Johannes von Müller** (→ Kassel/HE). Häufige Gäste: die benachbarten **Caroline von Schelling** und **Meta Forkel** (beide → Göttingen/NI), später die Brüder **Humboldt** (→ Berlin) und Goethe. – **Goethe** (→ Frankfurt a. M./HE) im Dezember 1774 zum ersten Mal, im August 1815 mit **Sulpiz Boisserée** (→ Köln/NW) zum letzten Mal in M. Den Mai bis Juli 1793 (»Belagerung von Mainz«) verbrachte er im Gefolge des Herzogs von Weimar im Feldlager vor M.: Vom Quartier im Chausseehaus Marienborn (Gedenktafel) aus suchte er die bald darauf niedergebrannte Kirche von Weisenau auf (heute am Eingang Gedenktafel); vorher schon besuchte er den preußischen

Gesandten im Ober-Olmer Forsthaus (Gedenktafel). Im Frühjahr hatte man **Caroline v. Schelling** beim Versuch, die belagerte Stadt zu verlassen, als Geisel für den ihr befreundeten J. G. Forster verhaftet und nach → Königstein (Bad Homburg/HE) geführt. – 1799 in der seit zwei Jahren abermals von den Franzosen besetzten Stadt: **Ernst Moritz Arndt** (→ Rügen/MV) und **Friedrich Hölderlin** (→ Lauffen/BW); Zusammenkunft und rasche Freundschaft H.s mit dem Lyriker und pol. Publizisten **Friedrich Joseph Emerich** (1773-1802), der im Wahnsinn im Julius-Spital in Würzburg starb.

1801 Gründung der pol. Zs. »Egeria« durch **Johann Ignatz Weitzel** (→ Wiesbaden/HE), der später auch Chefredakteur der »Mainzer Zeitung« wurde (»Das Merkwürdigste aus meinem Leben und meiner Zeit«, 1820). – 1808 in den »Drei Reichskronen« **Madame de Staël**. »Gestern mit der Staël zu Nacht gegessen«, schrieb **Bettina von Arnim** (→ Frankfurt a. M.) an »Frau Aja«, »keine Frau wollte neben ihr sitzen bei Tisch, da hab ich mich neben sie gesetzt«. 1814 wohnte **Johann Joseph von Görres** (→ Koblenz/RP) als »Direktor des öffentl. Unterrichts im Gouvernement des Mittelrheins« im »Römischen Kaiser« (Liebfrauenplatz 5), wo vor ihm schon **Voltaire** (1753) und **Goethe** logiert hatten. – **Jean Paul** (→ Wunsiedel/BY), der 1808 vom letzten M.er Kurfürsten mit einem Jahresgehalt geehrt worden war, glaubte in den »Faschingstagen« 1817 bei den Bällen »in den Himmel versetzt zu sein«; die »Frauenzimmer« hatten es ihm wie immer angetan. Deren Vorkämpferin, **Ida Gräfin von Hahn-Hahn** (1805-80), machte 1850 mit ihrer Konversion zum Katholizismus Sensation und zog sich 54 in das von ihr gegründete Kloster »Zum Guten Hirten« (bei St. Stephan, im 2. Weltkrieg zerstört) zurück, nun (Bekehrungs-)Romane produzierend (in der kath. Zeit allein 45 Bde., gegenüber 21 in der protestant.). Sekretärin der Gräfin die Exschauspielerin und Erzählerin **Sophie Christ** (1836-1931); beider Gräber auf dem Hauptfriedhof (Feld 14 der Reihe 17). – Seit 1830 war der rel. Schriftsteller **Markus Fidelis Jäck** (1768-1854) Regens und Domherr in M.; sein Grab der Tradition nach im Domkreuzgang. – **Ludwig Kalisch** (1814-82, Bruder von David K. → Berlin), von 1843-46 scharfzüngig opponierender Redakteur der »Narhalla«, gründete im März 48 die Zeitung »Der Demokrat« und musste ein Jahr später nach Paris emigrieren. – Von Paris zurückgekehrt, weilte **Richard Wagner** (→ Leipzig/SN) in seiner Biebricher Zeit öfter in M.; am 5. 2. 1862 Lesung der »Meistersinger« beim Verleger F. Schott (W.-Zimmer im Verlagsgebäude, Weihergarten 1-9; Plastik zu Ehren W.s hinter der Rheingold-Halle). Unter den ausländischen »Pilgern des Rheins«, zu denen auch der Russe **Nikolaj M. Karamsin** (1799), der Däne **Jens Baggesen** (1801) und **Victor Hugo** (1840) gehörten, war **Edward Bulwer-Lytton** 1835 einer der größten M.-Enthusiasten: »Ewig denkwürdiges Mainz! – gleich denkwürdig für die Freiheit und für die Poesie«. Im 20. Jh. mit M. verbunden: **Richard Knies** (→ Worms/Herrnsheim/RP) kam 1906, machte am Karmeliterplatz einen Verlag auf, gab 20 in dem Roman »Servaz Duftigs Frühlingswoche« einen Rückblick über 20 Jahre und starb am 27. 3. 57 (Grab auf dem Hauptfriedhof) – Die Stadt ist bevorzugter Schauplatz der Erzählungen von **Nikolaus Schwarzkopf** (→ Darmstadt/Urberach/HE), z. B. des Grünewald-Romans »Der Barbar« (1930). – Schauplatz in **Ina Seidels** (→ Halle a. d. Saale/ST) Roman »Das Wunschkind« (1930) ist der Karmeliterplatz; auch »Das Labyrinth« (1922) spielt in M., das die

Schriftstellerin 1917 und 25 besuchte. – Nach dem 2. Weltkrieg wohnte **Alfred Döblin** (→ Berlin/»Reise zur Mainzer Universität«, 1946) zeitweise Philippsschanze 14; er leitete die Lit. Klasse der von ihm mitbegründeten »Akademie der Wiss. und Literatur«, der auch **Elisabeth Langgässer** (→ Alzey/RP) angehörte; ihre Familie stammt aus M., hier spielt ihre Erzählung »Das erfüllte Versprechen«. Am 8. 1. 1962 starb in M. **Ernst Glaeser** (→ Butzbach/HE), Grab in → Wiesbaden/HE. – Ein Kapitel für sich zwei große M.er Theatermänner: **Rudolf Frank** (1886-1980), geb. in der M.er Altstadt (Aut. »Spielzeit meines Lebens«, 1960, »Der Mainzer Dekamerone«, 1971), Nachlass StA M.; **Ludwig Berger** (1892-1969/Grab Mombacher Waldfriedhof). Aut. »Wir sind vom gleichen Stoff, aus dem die Träume sind«, 1953; Aufsatz-Slg. »Die goldenen Jahre und die anderen«, 1971 (Büste im Städt. Theater; Nachlass Akademie der Künste, Berlin).
»In Määnz konn ich alt wern und schdeerwe«: »Alter Määnzer« (G. 1991) von **Kurt Mautz** (1911-2000), Lyriker und Erzähler (»Passiver Widerstand«, E. 1982). – Der Lyriker und Erzähler **Nino Erné** (1921-1994), zuletzt Fernsehredakteur und Rom-Korrespondent in M. (»Kinder des Saturn«, Nn. 1987) starb hier am 11. 12. 1994, Grab auf dem Hauptfriedhof. – Seit 1966 Redakteur beim ZDF in M. **Hans Peter Renfranz** (1941-90), Erzähler und Dramatiker: »Das Dorf« (R. 1978), »Die Stadt« (R. 1981). – **Hanns Dieter Hüsch** (→ Moers/NW): »Ich komme von der holländischen Grenze / Und bin in Mainz hängengeblieben / Südlicher will ich nicht mehr«, leitete 1956-62 das Ensemble »arche nova« in M. – M.er Literaturszene 2000: **Sigfrid Gauch** (»Vaterspuren«, E. 1979; »Winterhafen«, R. 1999), Mithrsg. des »Rheinland-pfälz. Jahr-

buchs für Literatur« (seit 1994). – Stadt-
schreiber der Stadt Mainz 2000 **Hanns-
Josef Ortheil** (»Fermer«, R. 1979), 2001
Ror Wolf (»Fortsetzung des Berichts«,
1964).

L Dichtungen des späten MA.s von M.er
Meistersingern: **Peter Ageduch** (1391) und
Velzo Erdenbold (1460). – Stadtbeschreibung
von **Sebastian Münster** (→ Bingen/Ingel-
heim/RP) 1564; Berichte und Essays von
und bei **Johann Kaspar Riesbeck** (→ Frank-
furt a. M./Höchst/HE) 1783; **Karl Julius
Weber** (→ Langenburg/BW) 1826-28; **Karl
Simrock** (→ Bonn/NW) 1838-40; **W. O.
von** → **Horn** (→ Simmern/RP) 1866; **Ricarda
Huch** (→ Braunschweig/NI) 1927; **Kasimir
Edschmid** (→ Darmstadt/HE) 1933; **Werner
Bergengruen** (→ Baden-Baden/BW) 1934;
Karl Korn (→ Wiesbaden/HE) 1959, **Gustav
Faber** (→ Müllheim/Badenweiler/BW) 1975
u. v. a. – **Helmut Presser** (1914-95) hat Stim-
men über Mainz von **Enea Silvio Piccolomini**
bis **Alfons Paquet** (→ Wiesbaden/HE) in dem
Band »Gepriesenes Mainz« (1962) gesammelt.
Von **Werner Hanfgarn** (1925-99/Grab auf dem
Hauptfriedhof) Sachbücher über M. (»Mainz.
Bilder aus einer geliebten Stadt«, 1975), von
Franz Bissinger M.er Begebenheiten in »Main-
zer Erinnerungen« (1965). Erinnerungen von
Jakob Hohmann (1891-1977/Grab auf dem
Hauptfriedhof) in »Dämonie der Enge« (1971).
Ihre M.er Kindheit spiegeln Gedichte der
1939 nach England geflohenen **Lotte Kramer**
u. d. T. »Heimweh. Homesick« (1999).
Romane und Erzählungen: über J. Gutenberg
von **Franz von Dingelstedt** (→ Marburg/Hals-
dorf/HE) 1841, **Christian Spielmann** (→ Neu-
wied/RP) 1897, **Günther Birkenfeld** (→ Ber-
lin) 1936; über Maria Anna Lux (1787-1814)
von **Kathinka Zitz** 1853, **Elisabeth Klee**
1877; über die 48er-Revolution von **Maria Re-
gina Kaiser** (»Der Habicht blieb am Himmel
stehn«, 1987); über Bischof W. E. v. Ketteler
von **Franz Herwig** (→ Magdeburg/ST, 1930).
Wilhelm Holzamer (→ Bingen/Nieder-Olm/
RP), »Peter Nockler« (1902) u. a.; **Adam Kar-
rillon** (→ Heppenheim/Wald-Michelbach/
HE), »Die Mühle von Husterloh« (1906);

Detlev von Liliencron (→ Kiel/SH), »Leben
und Lüge« (1908); **Heinrich Bechtolsheimer**
(→ Alzey/Wonsheim/RP), »Im Martinsturm«
(1926); **Eduard Stucken** (→ Berlin), »Larion«
(1926); **Otto Flake** (→ Baden-Baden/BW),
»Die Monthiver-Mädchen« (1952); **Joachim
Tettenborn**, »Die Anstalt bedauert« (Schlüssel-
R. ZDF, 1977); **Lothar Schöne**, »Sahlheimer«
(R. 1984); **Dieter Kühn**, »Mainz in zwei Au-
genwinkeln« (E. 1998). – Mundart: »Määnzer
Geschwätz« (1955), »Määnzer Gebabbel« (1990)
von **Inge Reitz-Sbresny**, »Wann moi Mudder
domols« (1993) von **Rosemarie John-Hain**
aus Nieder-Olm.

S Universitätsbibliothek: rd. 1,7 Mio. Bde.;
unter den Sonderslgg C.-Brentano-, St.-Geor-
ge-, R.-M.-Rilke-Slg. – **Stadtbibliothek** (aus
der 1477 gegr. UB hervorgegangen): rd.
600 000 Bde., 1200 Hss., 2400 Frühdrucke
(dem Gutenberg-Museum zur Verfügung ge-
stellt). – **Gutenberg-Museum mit -Biblio-
thek**: Weltmuseum der Druckkunst mit Do-
kumenten zur Gesch. des Buches, von Schrift,
Papier, Druck, Illustration und Einband. Aus-
stellungen. – **Bibliothek des Bischöfl. Pries-**

*Mainz: Gutenberg-Werkstatt im Gutenberg-
Museum*

terseminars: rd. 200 000 Bde., 250 Hss., 250 Inkunabeln.
Wilhelm Holzamer-Bund (seit 1929, verleiht W.-H.-Plakette); **Stiftung Lesen** der Dt. Lesegesellschaft; **Förderkreis deutscher Schriftsteller in Rheinland-Pfalz; Arbeitskreis dt.-sprachiger Kultur-Zss.** (seit 1972); **Literaturbüro M.; Kulturtelefon M.; Gesellschaft der Freunde des M.er Theaters** (verleiht seit 1977 den **M.er Theaterpreis**).
Literaturförderpreis der Stadt M. für junge Autorinnen und Autoren; **Stadtschreiber-Literaturpreis des ZDF und der Stadt M.**, **Förderpreis Rheinland-Pfalz für junge Künstler; Kunstpreis Rheinland-Pfalz; Carl-Zuckmayer-Medaille** für besondere Verdienste um die dt. Sprache (seit 1985); **Wilhelm-Heinse-Medaille** zur Förderung essayist. Literatur (seit 1978); **Joseph-Breitbach-Preis** (seit 1998); **Nossack-Akademie-Preis** für Dichter und Übersetzer (seit 1993); **Georg-K.-Glaser-Preis** (seit 1998), **Martha-Saalfeld-Förderpreise; V. O. Stomps-Preis**.

R Im Schatten des »Domgebirges« erinnert im Asphalt ein Sternmosaik an den berühmtesten Freiheitsbaum auf dt. Boden. Anlässlich seiner Errichtung am 13. 1. 1793 schrieb **Friedrich Lehne** sein »Lied freier Landsleute« nach der Melodie der »Marseillaise«. Die Enkel kreierten im Vormärz ihre pol.-lit. Spielart des Karnevals: »Zwischen Kutte und Jakobinermütze lebt dieses jährlich à la carte angerichtete Bürger-Happening ... Heute freilich dominiert nicht mehr die ätzende Zeitkritik« (A. M. Keim). Seit 1967 hat die »Fassenacht« auch ihr Denkmal: der **Fastnachtsbrunnen** an der Einmündung des Schillerplatzes in die Ludwigstraße. – Im **Holzturm** saß seit Juni 1802 der »**Schinderhannes**« (→ Simmern/RP) ein, bevor er am 21. 11. 03 da, wo heute der Volkspark ist, guillotiniert wurde. Ein Pappelkreis bezeichnet die Stelle.

B L. Schöne (Hrsg.), Mainz – laut und leise. 18 Autoren hören eine Stadt, 1985; S. Gauck/J. Kross (Hrsg.), Vom Verschwinden der Gegenwart. M.er Anthologie, 1985; H. Zimmermann, Schreckensmythen – Hoffnungsbilder. Die Französische Revolution in der deutschen Literatur, 1989; M. Hübel, Mein Schreibtisch. Schriftstellerinnen aus drei Jahrhunderten, 1994; J. Frederiksen (Hrsg.), Mainz. Ein literarisches Porträt, 1998; H. G. Haasis/V Gallé, Oberrheinische Freiheitsbäume, 1999.
Z Worms, Alzey, Bad Kreuznach, Bingen (RP); Frankfurt a. M., Groß-Gerau, Wiesbaden (HE).

MALLERSDORF-PFAFFENBERG/BY

In M. ist der Bibliothekar und satir. Erzähler **Johann Pezzl** (1756-1823) geboren. Sein bedeutendstes Werk: »Faustin oder Das philosophische Jahrhundert« (1783). Anonym erschien 1784 seine radikal aufklärerische »Reise durch den Baierschen Kreis«, u. a. über Passau, Straubing, Regensburg, Landshut, Freising, Ingolstadt, Augsburg, München, Burghausen und Salzburg. – Die Brüder Ludwig (1880-1918) und Carl Gandorfer (1875-1932) spielten als Bauernführer vom Zollhof über **Pfaffenberg** eine wesentl. Rolle in der bayr. Räterepublik. **Oskar Maria Graf** (→ Starnberger See/Berg/BY) entwirft in einem Bericht vom 7. November 1918 ein Bild der revolutionären Vorgänge, wie Kurt Eisner »halb ängstlich und halb verstört, Arm in Arm mit dem breitschulterigen, wuchtig ausschreitenden blinden Bauernführer« eine Demonstration anführt. Zwei Tage später kam Ludwig G. bei einem mysteriösen Autounfall bei Schleißheim ums Leben, sein Bruder Carl setzte das Werk fort (F. Sendtner, »Diese Gestalt bewegte sich viel freier«, in: H. Ettl, »Niederbayern«, ein Reise-Lesebuch, 1997). – In

Oberhaselbach (Mallersdorf-Pfaffenberg-O.) »sind meine frühesten Erinnerungen daheim«, »Unterlaichling ist mein eigentliches Heimatdorf geworden«, so erzählt **Wugg Retzer** (1905-84) in seinem Buch »Der Stier von Pocking und andere Niederbayern« (1969). R.s Nachlass LA Monacensia.

Z Abensberg, Kelheim, Landshut, Regensburg (BY).

MANNHEIM/BW

»Drüben lag das Schachbrett der alten Residenz, heiter und freundlich gebaut wie zu Hermann und Dorotheas Zeiten; hatte statt der größten Fabrik das größte Schloß Deutschlands ...«
(Ernst Bloch, 1928)
Universität M.; Staatl. Hochschule für Musik und Darstellende Kunst. – Kunsthalle M.; Reiss-Engelhorn-Museen; Kunstmeile. – Nationaltheater (Schillertage alle zwei Jahre). – SWR Studio M. – Intern. Filmfestival M.-Heidelberg. – »lesen.hören« Literaturfest der Alten Feuerwache (seit 2007).

Wolfgang Heribert Freiherr von Dalberg, * 18. 11. 1750 → Worms/RP, † 27. 9. 1806 M., repräsentiert die »classische Theaterzeit« der Stadt. Er war erster Intendant des Nationaltheaters (1779-1803), für das er auch Stücke schrieb, und Vorsitzender der »Kurpfälzischen Teutschen Gesellschaft«, deren Mitglieder u. a. F. G. Klopstock, S. von La Roche, G. E. Lessing, Ch. M. Wieland, F. Müller und F. Schiller sowie Charlotte von Kalb waren. – Wohnung N3,4, heute Stadtbücherei; Grab auf dem Hauptfriedhof; Denkmal C6/D6.

August Wilhelm Iffland (→ Hannover/NI) kam 1779 vom Gothaer Hoftheater nach M., wo sein Ruhm begann: Er spielte in der Uraufführung der »Räuber« den Franz Moor »über Erwartung vortreff-

lich« und brachte selbst 33 eigene Stücke heraus (größter Erfolg: »Die Jäger«, 1785). 1796 nach Berlin berufen. – Wohnung B2, 14.

Friedrich Müller (gen. **Maler Müller** → Bad Kreuznach/RP) kam 1774 nach M., wo er als Theaterschriftsteller (»Faust's Leben«, Fragm. 1778) und Hofmaler tätig war.

Friedrich Schiller (→ Ludwigsburg/Marbach/BW) kam zunächst unerlaubt ins M.er »Ausland«: zur Uraufführung der

Mannheim: »Nahgelegener Wald. Nacht. Ein altes verfallenes Schloß in der Mitte«, Originalbild nach der 1. Aufführung von Schillers »Die Räuber« (IV, 5) 1782

»Räuber« am 31. 1. 1782 (»Das Theater glich einem Irrenhause, rollende Augen, geballte Fäuste, heisere Aufschreie im Zuschauerraum!«), dann Ende Mai und September. Juli 1783 bis April 85 besoldeter Theaterdichter, dann freier Schriftsteller. Januar und April 1784 Erstaufführungen von »Fiesko« und »Kabale und Liebe«; Gründung der Zs. »Rheinische Thalia«. – Denkmal Sch.platz; Gedenktafel L2,1; Museum SchillerHaus/Reiss-Engelhorn-

Museen. Im Schlosspark Gedenkstein für Anna Hölzel, Sch.s Zimmervermieterin (ab Oktober 1783, in B5) und »Retterin des Dichters aus schwerer Bedrängnis«. **Christian Friedrich Schwan**, * 12. 12. 1733 Prenzlau, † 29. 6. 1815 Heidelberg, Dramatiker und Übersetzer. Bot mit der Zs. »Schreibtafel« F. Müller ein Forum und war Schillers erster Verleger.

August von Kotzebue (→ Weimar/TH) lebte 1818 und 1819 in M. und war wegen seiner heftigen Attacken gegen die Burschenschafter bei den Liberalen verhasst. Wegen eines Artikels über das Turnwesen wurde K. vom M.er **Karl Gustav Jung** (1795-1864) zum Duell gefordert. (Dessen Slg. »Deutsche Lieder …« von 1818 enthält die Verse »Blaue Nebel steigen von der Erde auf«, die fälschl. G. Büchner zugeschrieben wurden.) Der Jenaer Theologiestudent K. L. Sand (→ Wunsiedel/BY) erstach K. in dessen Wohnung (Darstellung des Falles im »Neuen Pitaval« von W. Alexis, 1842; Dr. von H. Liepe bereits 1820). – Gedenktafel am Haus A2,5; Grab auf dem Hauptfriedhof (auch das von K. L. Sand). – Slg. UB M.

Aus M. stammt der Dramatiker und Erzähler **Karl Heckel** (1858-1923), der u. a. die Briefe R. **Wagners** (→ Bayreuth/BY) an seinen Vater E. Heckel edierte (1899). **Max Oeser** (1861-1932), Direktor der Städt. Schlossbücherei: »Die Mannheimer Buchausgaben zur Schillerzeit« (1905); »Flickwart, der arme Teufel« (Schiller-Dr. 1906). **Hans Glückstein** (1888-1931), beliebter Mundartdichter, widmete sich u. a. den »Mannemer Schbrich un Kinnerbosse« (1910).

A Der Elsässer **Anton von Klein** (1748-1810) erhielt 1774 die von Kurfürst Carl Theodor eingerichtete »Professur der schönen Wissenschaften« und gab 1781/82 die Dramenslg. »Mannheimer Schaubühne« heraus. Eine »Mannheimer Dramaturgie«

von **Otto Heinrich von Gemmingen-Hornberg** (→ Heilbronn/BW) erschien 1779. Die »Mannheimer Musik« hatte es **Ch. F. D. Schubart** (→ Schwäbisch-Hall/Obersontheim/BW) angetan: »die Bewunderung der Welt durch Mannigfaltigkeit«. – Für **Voltaire**, 1753 in M., war das Schloss »angenehmster Aufenthalt«. **Goethe** (→ Frankfurt a. M./HE), der M. oft besuchte und von dem eine Schilderung des Antikensaals vorliegt (»Dichtung und Wahrheit«, 11. Buch), zählte »das freundliche Mannheim, das gleich und heiter gebaut ist«, zu den »großen und reinlichen« Städten (»Hermann und Dorothea«, 1798). – **G. E. Lessing** (→ Kamenz/SN) war öfter beim Hofbuchhändler Ch. F. Schwan zu Besuch, lehnte aber eine Dramaturgenstelle ab. – Über den »höchst anmutigen kleinen Hof« der Großherzogin Stephanie (sie wurde als die Mutter Kaspar Hausers → Ansbach/BY gehandelt), an dem »in freiester Bewegung geistiges Material verarbeitet« werde, berichtet **Alexander von Ungern-Sternberg** (1806-68), der 1832 für ein Jahr nach M. zog, in seinen »Erinnerungsblättern«. – 1838 **Alexandre Dumas** auf den Spuren von Kotzebue (Wohnhaus) und Sand (»S.s Himmelfahrtswiese« an der Straße nach Heidelberg).

Für einen pol.-lit. Skandal sorgte 1835 der Ladenburger Verleger **Zacharias Löwenthal**, als er in M. unter Werken des Jungen Deutschland auch **Karl Gutzkows** (→ Berlin) »Wally, die Zweiflerin« herausbrachte. Reaktion: Der Bundestag verfügte die Schließung des Verlags, verbot die »Jungdeutschen« und brachte Gutzkow 1836 für einen Monat ins Gefängnis. – M. blieb Sammelplatz der Oppositionellen, die sich – wie **Friedrich Hecker** (→ Sinsheim/Eichtersheim/BW) oder **Gustav von Struve** (1805-70) u. a. – um die »Mannheimer Abendzeitung« scharten und in der

»Goldenen Gans« trafen. Struve, nach 1848 wegen Hochverrats verurteilt, blickte dankbar auf »die innige Teilnahme« zurück, »welche mir hier in Mannheim gezollt wurde« (»Geschichte der drei Volkserhebungen in Baden 1848/1849«). Ein Denkmal auf dem Hauptfriedhof erinnert an die fünf standrechtlich erschossenen Opfer der Badischen Revolution. – **Herbert Eulenberg** (→ Köln/NW) dichtete für die Schlussversammlung des »Freien Bundes«, einer Art Bürgerbildungsverein, im März 1913 seinen Prolog: »Ihr neuen Künstler ruft uns! Wir sind da! / Die Zeit ist reif, auch hier ist Attika!« – Am 10. 12. 1922 hielt **Fritz von Unruh** (→ Koblenz/RP) vor 10 000 Zuhörern im Großen Nibelungensaal seine berühmte Rede von »Vaterland und Freiheit«: »Die Zukunft ruht nicht in den Büchern der Vergangenheit, sondern in unserer Kraft.«

L Am heutigen Schillerplatz (B3) stand zu Dalbergs Zeiten das Nationaltheater (Gedenkstein), nahebei die Sternwarte, von der 1789 **J. J. W. Heinse** (→ Aschaffenburg/BY) auf Stadt und Umgebung herabblickte: »die Aussicht bis nach Straßburg und bis hinunter nach Coblenz zu. Die Kette der Berge begrenzt reizend den Horizont. Leichen und vermoderter Aasgestank aus den Kanälen um die Stadt. Sie sind tiefer als der Neckar und der Rhein.« Auf dem Platz wurden des Denkmal-Schillers »bronzene Hosen mit den bronzenen Resten Ifflands geflickt«. – Zahlreiche Reiseschriftsteller des 18. und 19. Jh.s haben Beschreibungen M.s geliefert. Darunter 1764 **James Boswell** in seinem »Tagebuch einer großen Reise«, **Johann Kaspar Riesbeck** (→ Frankfurt/ Höchst/HE) in 3. Bd. seiner »Briefe über Deutschland« (1783) und **Johanna Schopenhauer** (→ Weimar/TH) in »Ausflucht an den Rhein und dessen nächste Umgebungen im Sommer des ersten friedlichen Jahres« (1818). **Sophie von La Roche** (→ Kaufbeuren/BY) veröffentlichte 1791 »Briefe über Mannheim«: »Man sagt, daß in Rom, in sehr

unglücklichen Zeiten, alle Theater geöffnet wurden, und daß man neue Schauspiele einführte, um das Volk zu zerstreuen, und sein Elend vergessen zu machen. Mit Mannheim geschah es auch.« Mit »Elend« ist der Wegzug des Kurfürsten, des »Förderers der Künste«, von M. gemeint. **Karl Julius Weber** (→ Langenburg/BW) sah in seinen »Briefen eines in Deutschland reisenden Deutschen« (1826-28) den Fall anders: »Unter Carl Theodor hieß Mannheim das deutsche Athen ... So nannten es aber nicht die Pfälzer ... Fremde, Schauspieler, Tänzer, Sänger und Pfeifer schwammen im Fett, und nützliche Pfälzer hatten kaum Kartoffeln!« M. blieb dennoch, zumindest für die (abgetrennten) Vorderpfälzer, wie der → Speyrer (RP) **Friedrich Blaul** in seinen »Träumen und Schäumen vom Rhein« 1838 schreibt, noch lange die »alte Haupt- und Hofstadt«.

»Sächliche Stadt« sagte 1928 **Anton Schnack** (→ Karlstadt/Rieneck/BY) über M., im »Winkel der Flüsse«; **Alfons Paquet** (→ Wiesbaden/ HE) 1948: »Täler und Winde der Wälder sind nah.« – »Als die Stadt etwa dreihunderttausend Einwohner zählte, pflegte man zu sagen: Von ihnen verstehen 299 999 alles vom Theater, nur der 300 000ste versteht so gut wie gar nichts davon – und das war der jeweilige Theaterintendant!«, so **Hermann Sinsheimer** (→ Bad Dürkheim/Freinsheim/RP), Kritiker in M. (Stammcafé »Rumpelmeyer«), der in seinen 1953 postum veröff. Erinnerungen »Gelebt im Paradies« die Stadt als »unzerstörbaren Teil« seines Lebens rühmte. **Kurt Bräutigam**, Hrsg. der M.er Wortschatzauslese »So werd bei uns geredd« (3. Aufl. 1989), nannte seine Jugenderinnerungen an M. »s'gibt nor ää Mannem« (1981). – M. im Roman: **Wilhelm König**, »Der Mannheimer Rheinschiffer« (1920); **Alexander von Gleichen-Rußwurm** (→ Hammelburg/BY), »Schiller in Mannheim« (1923); **Hermann Broch**, »Esch oder die Anarchie« (1931/32); **Otto Flake** (→ Baden-Baden/BW), »Die Töchter Noras« (1934); **Rudolf Stratz** (→ Heidelberg/BW), »Sturm des Herrn« (1934, u. a. über die Ermordung Kotzebues); **Wilhelm Genazino** (»Als ich ganz jung war, wollte ich schnell weg von Mannheim«), »Las-

linstraße« (1965); **Leonie Ossowski**, »Mannheimer Erzählungen« (1974); **Fanny Morweiser**, »Un joli garçon« (2003); dazu die Aut. von **Vicki Baum** (→ Berlin) »Es war alles ganz anders« (1962).
Zitate und Zeugnisse überdies von **Christoph Martin Wieland** (→ Biberach a. d. Riß/BW), **Joseph von Eichendorff** (→ Berlin), **Jens Baggesen**, **Nikolaj M. Karamsin**, **Mark Twain** und dem M.er Geschichtsschreiber **Friedrich Walter** (1870-1956) in »So sahen sie Mannheim« (Hrsg. I. Görler, 1974). – »Weiße Frau« und »Schwarzer Hund« im Schlosspark, Sagengestalten und Originale: Der »Blumepeter« ist bereits Legende und hat sein Denkmal, »Bloomaul« ist zum Ehrentitel geworden. Es gibt sogar »Bloomäuler mit und ohne Orden«, wie **Franz Schmitt** schreibt, der selber Ordensträger ist. Ebenso **Joy Fleming**, die der »Neckarbrücken-Blues« vom »Kall«, der fremdgeht, »iewer die Brück« zu einer anderen, »o yeah«, über Nacht berühmt gemacht hat.
S Universitätsbibliothek: ca. 2 Mio. Medieneinheiten, 66 Hss., 144 Inkunabeln. – Reiss-Engelhorn-Museen: Kunst-, Stadt-, Theater- und Musikgeschichte, C 5 (Zeughaus), u. a. Zeugnisse der Bad. Revolution 1848-49; Theaterslg mit R.-Wagner-Archiv; Bibliothek. **Institut für Deutsche Sprache** (Zs. »Dt. Sprache«); Literarisches Zentrum Rhein-Neckar e. V. »Die Räuber '77« (Mannheimer Heinrich-Vetter-Literaturpreis; bis 2004 M.er Literaturpreis); Humboldt-Gesellschaft für Wissenschaft, Kunst und Bildung (seit 1962), Humboldt-Medaille (seit 1967). – Schiller-Preis (seit 1959) und Schiller-Plakette der Stadt M.; Konrad-Duden-Preis der Stadt M. (für Verdienste um die dt. Sprache, seit 1960); **Förderpreis der Stadt M. für junge Künstler** (seit 1976); Jugendtheaterpreis der Arbeitsgemeinschaft Kinder- und Jugendtheater Baden-Württemberg (seit 1981).

Weinheim

Stadtbibliothek (Heimatliteratur, Theatertexte).

Aus W. gebürtig ist **Joseph Alois Falckh** (1803-30), der Verfasser von Ritterromanen in der Art von Ch. H. Spieß und Ch. A. Vulpius (»Graf Conradin von Worms oder Der Sturm auf dem Rheine«, 1827). Als Arzt lebte lange Jahre **Adam Karrillon** (→ Heppenheim/Wald-Michelbach/HE) in W., dessen Ehrenbürger er war. Grab auf dem Alten Friedhof; Erinnerungen im Rathaus und in der »Fuchs'-schen Mühle« im Birkenauer Tal.
A **Goethe** machte erstmals 1775 in W. Station (»Goldener Bock«); bei einem späteren Besuch zeichnete er für **Marianne von Willemer** (→ Frankfurt a. M./HE) die Ruine der nahe gelegenen Burg Windeck. – **Karl Julius Weber** zitiert die Wirtin vom »Goldenen Bock«, die jährl. die Heidelberger Kanzlei mit Schreibfedern versehen musste: »Man täte besser, so viel Gänse zu halten als Soldaten und lieber mit Federn als mit Schwertern zu kriegen.« – »Alles ist Blüte«, schrieb im Frühling 1807 **Johann Joseph von Görres** (→ Koblenz/RP) aus W. Zehn Jahre später zu Gast im Falckhschen Haus (Ecke Obertorstraße/Mittelgasse) **Jean Paul** (→ Wunsiedel/BY) und **Johann Heinrich Voß** (→ Waren/MV). »Im Müll« erinnert eine Steintafel an **A. H. Hoffmann von Fallersleben** (→ Wolfsburg/NI), der sich 1843 hier u. a. mit **Friedrich Hecker** traf. – In W. verfasste **Honoré de Balzac** im Mai 1835 »Arabelle« und den »Brief in Kursiv« »Louis Lamberts«, ein Exposé über die Metaphysik seines Helden (Inschrift auf einem der alten Steintische im Schlosspark). – Im »Gelben Haus« (Bahnhofstraße 10) war **Joseph Victor von Scheffel** (→ Karlsruhe/BW) häufiger Gast; im Bürgerpark ent-

stand 1852 das Lied »Alt-Heidelberg, du feine«.

R Die älteste Stadt im Umkreis ist **Ladenburg** (Lobdengau-Museum). **Zacharias Löwenthal** (1810-84), der später seinen Namen in **Carl Friedrich Loening** änderte und als fortschrittlich-demokratischer Verleger (1844 Rütten & Loening in Frankfurt a. M.) zu Ansehen kam, stammt von hier. – **Ketsch** wurde durch **J. V. von Scheffels** Lied vom »Enderle von Ketsch« populär, in dem sich Geschichte und Sage eines »fliegenden Holländers aus der Pfalz« vermischen.

B I. Görler, So sahen sie Mannheim, 1974; P. Koch/V. Šaltyte, Historisches Mannheim, 2001.

Z Heidelberg (BW); Heppenheim (HE); Ludwigshafen, Speyer, Worms (RP).

MARBURG/HE

»Die ganze Stadt, wie sie den Bergrücken, den das Schloss auf der Spitze auslaufen läßt, hinaufsteigt, hat etwas von einer gotischen Kirche.«
(Ricarda Huch, 1927)

Philipps-Universität (Forschungsinstitut für dt. Sprache: »Deutscher Sprachatlas«; Johann-Gottfried-Herder-Institut; Institut für Neuere dt. Literatur: Forschungsstelle Georg Büchner – Lit. und Gesch. des Vormärz; Intern. Zentrum für Sprache und Kultur). Blindenstudienanstalt. – Hess. Staatsarchiv; Dt. Adelsarchiv; Zentralarchiv der dt. Volkserzählung. – M.er Universitätsmuseum für Kunst und Kulturgesch.; Religionskundl. Sammlung der Philipps-Universität.

A Martin Luther (→ Eisleben/ST) kam 1529 auf Veranlassung Philipps des Großmütigen nach M. Im Schlafgemach des Schlosses (Gedenkraum) fand das Religionsgespräch mit Ulrich Zwingli statt, in dessen Verlauf es zum Bruch zwischen beiden kam; Gedenktafel Gasthof »Zum Bären«, Barfüßerstraße 48. – Seit 1536 war

Helius Eobanus Hessus (→ Eisenach/TH) in M. Prof. der Dichtkunst; er starb hier am 4. 10. 1540. Ihm gewidmet ein Studentenlied: »Zu Marburg in fröhlicher Schenke sitzt / der Liebling der Musen, dem Weine so hold, / Herr Eobanus Hessus; ihm blitzt / entgegen im Glase des Rheinweins Gold ...« – Der Philosoph **Christian Wolff**, seines Amtes in → Halle/ST enthoben, lehrte von 1724-40 in M. (Gedenktafel Marktgasse 17). – Prof. für Finanz- und Kameralwiss. war 1787-1803 **Johann Heinrich Jung-Stilling** (→ Siegen/Grund/NW); gab die Zs. »Der Graue Mann« (1795-1816) heraus; in einem Balken des Wohnhauses Hofstatt 11 (Gedenktafel), gen. »Heimweh-Haus«, ist der Leitgedanke seiner Lebensgeschichte (1794) eingeschnitzt: »Selig sind, die das Heimweh haben, denn sie sollen nach Hause kommen«. Sommerwohnung in **Ockershausen** (heute Ortsteil). – **Caroline von Schelling** (→ Göttingen/NI) lebte nach dem Tod ihres ersten Mannes, J. F. W. Böhmer, 1788-90 u. a. in M., Reitgasse 14; mit ihr und Jung-Stilling traf 1789 **Sophie von La Roche** (→ Kaufbeuren/BY) zusammen.

Friedrich Karl von Savigny (1779-1861), Begründer der hist. Rechtsschule, lehrte von 1803-08 an der Universität; er war verheiratet mit Gunda Brentano; S.-Haus in der Universitätsstraße. Der Forsthof, Rittergasse 15/16 (Gedenktafel) wurde zur »Zweigsiedlung der dt. Romantik«. Es kamen: **Clemens Brentano** (→ Koblenz/RP), der am 21. 11. 1803 in M. **Sophie Mereau** (→ Altenburg/TH) heiratete; ihre Wohnung Reitgasse 6 (Gedenktafel) wurde bald zu einem zweiten Mittelpunkt. **Bettina von Arnim** (→ Frankfurt a. M./HE), zu »allen Tag- und Nachtzeiten« auf eine der Zinnen um den Forsthof steigend (Bettina-Turm Nähe Kalbstor, Gedenkstätte), lernte hier **Karoline von Gündero-**

de (→ Karlsruhe/BW) kennen, die später in → Heidelberg/BW mit dem bis 1804 in M. lehrenden klass. Philologen **Friedrich Creuzer**, Sohn eines M.er Buchbinders, Wohnung Hirschberg 9) zusammentraf. **Jacob** und **Wilhelm Grimm** (→ Hanau/HE) hörten bei Savigny, der auf sie »entschiedensten Einfluß erlangte«; zugleich wurde hier die »große Lust« geweckt, »unsere alten Dichter genau zu lesen und zu verstehn zu lernen«; Idee zur Aufzeichnung der Deutschen Volksmärchen. Wohnung der Brüder 1802-05 Barfüßerstraße 35 (Gedenktafel); Brüder-Grimm-Stube (Markt 23). – Am Lutherischen Friedhof 1 erinnert eine Gedenktafel an den Theologen und hess. Geschichtsforscher **Carl Wilhelm Justi** (1767-1846). **Franz von Dingelstedt** (→ Halsdorf) wohnte während seines Studiums 1832-34 Wettergasse 6.

Unter den Professoren der Universität berühmt v. a. die Philosophen **Friedrich Albert Lange** (→ Solingen/NW); **Hermann Cohen** (1842-1918/Gründer der M.er Schule/Erinnerungstafel Alte Universität, Reitgasse); **Paul Natorp** (1854-1924) und **Nicolai Hartmann** (1882-1950). – 1878 habilitierte sich für klass. Philol. **Theodor Birt** (Ps. **Beatus Rhenanus**/1852-1933), unter seinen zahlreichen Werken »Marburger Licht- und Schattenbilder« (1927); Gedenktafel am Wohnhaus Ritterstraße 13, Grab auf dem Hauptfriedhof. – Die 1912 berufene Sprachwissenschaftlerin **Luise Berthold** (1891-1983/»Erlebtes und Erkämpftes«, Aut. 1969), Herausgeberin des Hess.-Nassau. Wörterbuches, war die erste Professorin der Universität. – **Martin Heidegger** (→ Meßkirch/BY) lehrte 1923-28 hier; sein Hauptwerk »Sein und Zeit« war von ihm »Passion seines Lebens«, der Studentin **Hannah Arendt** (→ Hannover/NI, Gedenktafel Lutherstraße 4), beeinflusst. Am 25. 7. 1944 starb hier der Literaturwissenschaftler **Max Kommerell** (→ Münsingen/BW); sein Grab auf dem Hauptfriedhof. Dort auch das Grab des ev. Theologen **Rudolf Bultmann** (→ Westerstede/Wiefelstede/NI). – Als Studenten in M.: **Gottfried Benn** (→ Mansfeld/BB) 1903-04; **Werner Bergengruen** (→ Baden-Baden/BW) 1911-14, **José Ortega y Gasset** 1911 (Gedenktafel Gisselberger Straße 21) und **Boris Pasternak** 1912 (Gedenktafel Gisselberger Straße 15).

Ina Seidel (→ Starnberg/BY) lebte 1896-98 und 1949 in M. (»Drei Städte meiner Jugend«, 1960); Gedenktafel Renthof 37. Am 16. 2. 1911 starb in M. **Agnes Günther** (→ Langenburg/BW), die hier seit 1906 am Roman »Die Heilige und ihr Narr« arbeitete (Gedenktafel Barfüßertor 25, Grab auf dem Friedhof an der Ockershäuser Allee). Nikolaistraße 1 wohnte die Roman- und Reiseschriftstellerin **Henriette Keller-Jordan** (1835-1909). Von 1893-98 war **Kurt Eisner** (→ Berlin) Redakteur bei der »Hessischen Landeszeitung«. In M. starb am 23. 7. 1914 der Lyriker, Epiker und Dramatiker **Karl Engelhardt** (»Kattenloh«, 1908), geb. 1879 in Brotterode b. Schmalkalden (Nachlass LB Kassel).

Die Sommer 1905 und 06 verbrachte **Rainer Maria Rilke** (→ München/BY) in Schloß Friedelhausen bei M.; das Grab seines 1950 gest. Verlegers **Anton Kippenberg** (→ Bremen) befindet sich auf dem Hauptfriedhof. – **Marie Luise Kaschnitz** (→ Karlsruhe/BW) wohnte 1939-41 in M., sie erinnert sich an Waldspaziergänge in »Orte« (1973). – **Christine Brückner** (→ Korbach/Schmillinghausen/HE) machte hier 46 ihr Examen als Dipl.-Bibliothekarin, studierte anschließend 1947-50.

L Legenden und Sagen um die **Hl. Elisabeth** (→ Eisenach/TH), die in M. ein Hospital für Kranke und Arme gründete, in dem sie »in

Marburg: Statue der Elisabeth von Thüringen in der Elisabethkirche

Fritzlar/Singlis/HE; Gedenktafel irrtümlich Am Markt 13 statt Untergasse 9), »Prinz Rosa-Stramin« (1834); **Wolfgang Müller von → Königswinter** (→ Siegburg/NW), »Das Haus der Brentano« (1872); **Wilhelm Raabe** (→ Holzminden/Eschershausen/NI), »Wunnigel« (1879); **Walter Bloem** (→ Wuppertal/NW), »Der krasse Fuchs« (1906); **Heinrich Wolfgang Seidel** (→ Berlin), »Der Vogel Toldian« (1913); **Wilhelm Schäfer** (→ Schwalmstadt/Ottrau/HE), »Huldreich Zwingli« (1926); **Hjalmar Kutzleb** (→ Weilburg/HE), »Die Hochwächter« (1927); **Heinrich Zerkaulen** (→ Bonn/NW), »Die Welt im Winkel« (1928); **Agnes Miegel** (→ Rinteln/Bad Nenndorf/NI), »Herbstabend« (1934); **Werner Bergengruen** (→ Baden-Baden/BW), »Das Gesetz des Atum« (1923) und »Die Schwestern aus dem Mohrenland« (1963); **Otto Flake** (→ Baden-Baden/BW), »Die Monthiver-Mädchen« (n. 1952); **Christine Brückner**, »Nirgendwo ist Poenichen« (1977). – **Lisa de Boor** (1894-1957), »Geliebtes Marburg« (1951); **Ingeborg Best**, »Marburg. Bild einer alten Stadt« (1975).
S Universitätsbibliothek: rd. 1,7 Mio. Bde., 270 Inkunabeln, über 3 000 Hss. und Autographen. – **Bildarchiv Foto Marburg**. – **Marburger Haus der Romantik**. –
Marburger Autorenkreis. – **Neue Lit. Gesellschaft**, M.er Literatur-Forum, Schreibwerkstatt Marburg. Georg-Büchner-Gesellschaft. – **M.er Literaturpreis** der Stadt Marburg und des Landkreises Marburg-Biedenkopf; **Brüder-Grimm-Preis** der Philipps-Universität M.

Halsdorf

Franz von Dingelstedt, * 30. 6. 1814 H., † 15. 5. 1881 Wien. Pol. Lyriker, Erzähler, Dramatiker. Nach dem Studium in M. 1836-38 Lehrer am Fridericianum in → Kassel/HE. 1841 wurde er Redakteur in → Stuttgart/BW, Zehn Jahre später Intendant am → Münchner (BY) Hoftheater; 1867 Direktor der Hofoper in Wien, 71 des Burgtheaters. – W.: Die neuen Argonauten (R. 1839); Lieder eines kosmopolitischen Nachtwächters (1840); Münchner

schon fast unirdischer Verklärung« starb (E. Frenzel), entstanden z. T. schon zu ihren Lebzeiten (Mausoleum und Schrein in der E.-Kirche). – An den Heimatdichter und Lohgerbermeister **Dietrich Weintraut** (1798-1870), den »M.er Hans Sachs«, erinnert eine Gedenktafel am Haus Weidenhäuser Straße 70. – M. in Romanen und Erzählungen: **Ernst Koch** (→

Bilderbogen (Aut. 1879). – Slg. UB M., LB Dortmund, DLA. Marbach.

R Dem Verfasser des Studentenliedes »O alte Burschenherrlichkeit«, **Eugen Höfling** (→ Eschwege/HE), 1826-28 Student in M., hat man in der Wettergasse 16 eine Tafel gesetzt. Aus dem Volkslied »Es steht ein Wirtshaus an der Lahn« aus der 1. Hälfte des 17. Jhs. entstanden später die berühmt-berüchtigten »Wirtinnenverse«. Das alte M.er Wirtshaus, der »Schützenpfuhl« – auf das Original erheben auch Dausenau und Niederlahnstein (beide → Bad Ems/RP) Anspruch – musste 1969 einer neuen Brücke weichen.

Im M.er Land liegt die **Amöneburg** (Passionsspiele alle zwei Jahre). Von dort zog **Bonifatius** (→ Fulda/HE) nach Niederhessen und fällte die Donar-Eiche. – Aus **Kirchhain** stammt **Eberhard Werner Happel** (1647-90), dessen »Akademischer Roman« (1690, n. 1913) weite Verbreitung fand. – In **Goßfelden** lebte 22 Jahre der Maler und Graphiker **Otto Ubbelohde** (1867-1922), bekannt als Illustrator der Grimmschen Märchen. Sein Wohnhaus ist seit 1999 Museum. (L. Harig, »Da fielen auf einmal die Sterne vom Himmel«, 2002.) – Der Prediger **Johannes Rauw** (**Ravius**), der u. a. ein »Gesangbuch« (1589) und eine »Weltbeschreibung« (1597) verfasste, starb 1600 in **Wetter**. Aus der Stiftsschule von W. gingen u. a. hervor: der Humanist, Botaniker und neulat. Dichter **Euricius Cordus** (eig. **Heinrich Urban Solde**/1486-1535) aus **Simtshausen** (Denkmal auf dem E.-C.-Platz), der Philologe **Justus Vultejus** (1528-75) und der Theologe und Philosoph **Johannes Combach** (1585-1651). – »Eine ganz und gar wahrscheinliche Geschichte« nennt **Ulrike Haß** ihre durch den gleichnamigen Film angeregte Erzählung »Der plötzliche Reichtum der armen Leute von **Krombach**«. (K. gehört heute zu Biedenkopf.)

In **Biedenkopf** spielen die »Kottenbacher Geschichten« (1985) von **Karl Hillenbrand**, Bilder einer Kindheit in den Kriegsjahren 1939-45.

B G. E. Th. Bezzenberger, Luthers Reise zum Marburger Religionsgespräch 1529, in: Luther in Hessen, 1983; D. Grieser, Studien aller Art (Marburg), Die Eingemeindung (Otto Ubbelohde), in: Mit den Brüdern Grimm durch Hessen, 1985; M. Metz-Becker: Gelehrtes Marburg, 1999; Auf den Spuren der Brüder Grimm mit Otto Ubbelohde (Wanderkarte), 1985.

Z Gießen, Schwalmstadt, Wetzlar (HE).

MARIENBERG/SN

Heimatmuseum im Zschopauer Tor (Stülpner-Karl). – Aus M. stammt der Goethe-Forscher **Woldemar von Biedermann** (1817-1903), Mitarbeiter an der »Weimarer Ausgabe«.

Südl. von M., an der tschech. Grenze das Dorf **Satzung**, wo die als »Tischer Mad« bekannte Mundartdichterin **Luise Pinc-Seifert** (1895-1982) ihr Leben verbrachte.

L Der bis heute bewunderte Wildschütz Carl Heinrich Stülpner (1762-1841) stammt aus Scharfenstein; Grab auf dem Friedhof im nahen Großolbersdorf. Ausgangspunkt für zahlreiche Romane und Bühnenstücke die Biografie »Wildschütz im sächsischen Hochgebirge« (1835, n. K. Hofmann 1973) von **Carl Heinrich Wilhelm Schönberg**, der 1834-38 in Weißbach bei Zschopau lebte. Den besten Roman schrieb **Kurt Arnold Findeisen** (→ Zwickau/SN), »Der Sohn der Wälder« (1922). Viele Ausgg. erlebte **Hermann Heinz Wille**, »Der grüne Rebell« (1956). Erfolgreich das Stück von **Georg Schäfer** (1890-1963), das Stülpner als rev. Selbsthelfer zeigt (der er nicht war). Für die Naturbühne auf den Greifensteinen bei Ehrenfriedersdorf schrieb **Willy Hörning** (1902-76) zwei Volksstücke. **Erich Loest** verfasste eine »Stülpner-Novelle« (1974).

Olbernhau

Museum. Östl. von O. der Kurort Seiffen mit dem Erzgebirgischen Spielzeugmuseum.

A Einzigartige Zeugnisse des Hüttenwesens sind in **Grünthal** die Saigerhütte und der Kupferhammer von 1537. **Theodor Körner** (→ Dresden/SN) besuchte diese Anlage 1808-10 mehrmals und schrieb hier die Posse »Die Gouvernante« (1815). – **August Peters** (→ Mittweida/Taura/SN) war 1837 in O. Forstsekretär. P.s Erzählung »Der Brettschneiderfritz« spielt hier.
R Aus **Ansprung**, westl. von O., stammt **Grete Baldauf-Würkert** (1878-1962), Verf. des Romans »Das Höhlenmärchen« (1921). Grab auf dem Friedhof in **Zöblitz**. – Südl. an der tschech. Grenze **Rothenthal**, wo **Emil Rosenow** (→ Köln/NW) Gast des Drechslermeisters Hartmann Schönherr war, der ihm die hiesige Gesch. von »Kater Lampe« (1902) erzählte. – Gedicht-Zyklus über die »glücklichen Kinner im Weihnachtsland« **Seiffen** von **Max Wenzel** (1879-1946).

Zschopau

Museum Schloss Wildeck.

Valentin Weigel (→ Großenhain/SN) war bis 1588 Pfarrer an der Stadtkirche und bekannt als glänzender Kanzelredner. Sein 99 abgesetzter Nachfolger **Benedikt Biedermann** (gest. 1621) hat W.s oppositionelle Schriften bewahrt und ab 1609 veröffentlicht. – Wohnhaus: Pfarrhaus (Nachfolgebau 1751) Pfarrgässchen 1. Gedenktafel mit Bildnisrelief an der Kirche; Nachbildung (1888) des Epitaphs neben dem Altar.
Johann Michael Fleischer (Ps. **Selimenes**), * 5. 2. 1711 Z., † 9. 3. 1773 Renthendorf (→ Stadtroda/TH), Verf. von galanten Romanen (»Die nordische Lucretia«, 1731) und Robinsonaden (»Der Nordische Robinson«, 1741, Ndr. 1971).

Z Annaberg-Buchholz, Chemnitz, Freiberg, Stollberg (SN).

MAULBRONN/BW

»In den Zellen und Sälen des Klosters, zwischen den runden schweren Fensterbogen und den strammen Doppelsäulen aus rotem Stein wurde gelebt, gelehrt, studiert, verwaltet, regiert; vielerlei Kunst und Wissenschaft wurde hier getrieben und von einer Generation der anderen vererbt, fromme und weltliche, helle und dunkle . . . des Volkes Glaube gepflegt, des Volkes Glaube belächelt.« (Hermann Hesse, 1930)

In der Stadtmitte liegt das Kloster: 1147 Zisterziensergründung, ab 1556 ev. Klosterschule seit 1807 ev. theol. Seminar. Abt J. Entenfuß stellte 1516 **Dr. Faustus** (→ Knittlingen/BW) einen heute nach F. benannten Turm als Laboratorium und Studierstube zur Verfügung (F.-Stube auch in der Klosterschenke). Unter den Klosterschülern (Tafel am Laienrefektorium) Ende des 16. Jh.s **Johannes Kepler** (→ Leonberg/Weil der Stadt/BW). Im 18. Jh. studierten hier **Karl Friedrich Reinhard** (→ Waiblingen/Schorndorf/BW), **Rudolf Magenau** (→ Ludwigsburg/Markgröningen/BW) und **Friedrich Hölderlin** (→ Lauffen/BW), dessen Name, »HOLDER«, an einer Säule im »Paradies« eingeritzt ist. **Justinus Kerner** (→ Ludwigsburg/BW), dessen Vater hier Oberamtmann war, berichtet in »Bilderbuch aus meiner Knabenzeit« ausführlich über das Leben in M. in den Jahren 1795-99. **Friedrich Theodor Vischer** und **David Friedrich Strauß** (beide → Ludwigsburg/BW) unterrichteten hier im 19. Jh. Die bekanntesten Schüler dieser Zeit: **Hermann Kurz** (→ Reutlingen/BW) 1827-31 (N. »Die beiden Tubus«), **Georg Herwegh** (→ Stuttgart/BW) 1831-35, **David Friedrich Weinland** (→ Münsingen/Hohenwittlingen/BW) 1843-47 und **Hermann Hesse** (→ Calw/BW). Die Zeit von Herbst 1891 bis zu seiner Flucht im Frühjahr 1892 hat H. in seinem teilw. aut. Roman »Unterm Rad« (1906) verarbeitet. (Briefe und Lebenszeugnisse in »Kindheit und Jugend vor Neunzehnhundert«, 1966; »Der Brunnen im M.er Kreuzgang« in der Slg. »Am Weg«, 1915). Mit dem Klosterleben setzte sich H. außerdem in »Narziß und Goldmund« (R. 1930) auseinander. **A** Im Garten an der Kirchenmauer liegt das Grab von **Caroline von Schelling** (→ Göttingen/NI). Sie starb in M. auf einer Reise am 7.9.1809 an der Ruhr. – Ein Schild am Rathaus verweist auf

Hans Heinrich Ehrler (→ Bad Mergentheim/BW), der während seiner vielen Besuche im 2. Stock wohnte (»Briefe aus meinem Kloster«, E. 1923). – Klosterstraße 1 Gedenktafel für den »schwäbischen Dichter« **Max Dürr** (→ Ulm/BW), der hier Amtsgerichtsrat war (E. »Der Hexenturm von M.«).

L Beschreibungen und Hinweise u. a. in der »Maulbronner Fuge« von **Joseph Victor von Scheffel** (→ Karlsruhe/BW), von **Theodor Heuss** (→ Lauffen/Brackenheim/BW), beide auch Gäste in der »Klosterpost«, und »Im alten Reich« (1927) von **Ricarda Huch** (→ Braunschweig/NI). Die in M. geborene **Magdalena Sybilla Rieger** (1707-86), Verfasserin geistlicher Gedichte (»Meine Seele voller Fehle«), tritt als Figur auch in **Lion Feuchtwangers** (→ München/BY) »Jud Süß« auf.

Knittlingen

[**Johann**] **Faust**, *wahrscheinl. um 1480 K., † um 1540 → Staufen (Müllheim/BW), Mediziner, Astrologe, Alchimist und Schwarzkünstler, Urbild des aus vielen ma. Zauber- und Teufelssagen aufgebauten Helden der F.-Sage. Trat nach zeitgenöss. Aussagen (J. Trithemius, Ph. Melanchthon) in der 1. Hälfte des 16. Jh.s in einer Reihe von dt. Städten auf. – Vermutl. Geburtshaus Kirchplatz 10 (Gedenktafel); Brunnendenkmal auf dem Rathausplatz.

E Faust: Verschriftet greifbar wird dieser Stoff zuerst in der »Historia von D. Johann Fausten« (1587), die von orthodox luther. Standpunkt aus über F.s Teufelspakt und seinen Untergang berichtet. Das Material wurde schon früh aufgegriffen und quer durch die Gattungen vom Puppenspiel (1746) bis zur Oper (H. Berlioz 1846, Ch. Gounod 1859) ausgestaltet. Als Höhepunkt nicht nur der F.-Tradition gilt im deutschspr. Raum Goethes »Faust. Eine Tragödie« (1808), »Zweyter Theil« (postum 1833). – Über die umfangreiche Stoff-

Maulbronn: Hermann Hesse »... sah im klaren Schatten des gewölbten Raumes die drei Brunnenschalen übereinanderschweben« – Brunnenkapelle im Klosterkreuzgang

geschichte unterrichtet E. Frenzel in »Stoffe der Weltliteratur« (1962/98).

S **Faust-Museum, Faust-Archiv** (Altes Rathaus, Kirchplatz 2 und 9): Mss., Bücher, Flugschr.; Bilder und Filme über den hist. Faust; Faust in Lit., Musik, Theater, Film und Malerei. – Intern. Faust-Gesellschaft (»Faust-Blätter«, »Faust-Jb.«).

A In den Feldern oberhalb von K., wo früher der Postweg von Wien nach Brüssel ins Kurpfälzische kam, erinnert eine Tafel auf dem »Wetterkreuz« an die Flucht des jungen **Schiller** (→ Ludwigsburg/Marbach/BW) von Stuttgart nach Mannheim. – **Justinus Kerner** erhielt während seiner Maulbronner Jahre zeitweilig im Hause des Präzeptors G. Braun in K. Unterricht. Dessen Sohn Gottlieb wurde später als Buchhändler in Karlsruhe Kerners erster Verleger. – In K.-Freudenstein Stele für **Regine Merkle** (1875-1903), die 28-jährig ins Wasser des Kraichsees ging; 500 Gedichte entdeckte man in ihrer Schlafkammer, 350 wurden vernichtet, 150 veröffentlicht (1987).

B P. Plättner, Das Grab der Caroline Schelling in Maulbronn, Marbacher »Spuren« 21/1993; G. Mahal, Faust-Museum Knittlingen, 1984.
Z Bretten, Lauffen, Pforzheim, Vaihingen (BW).

MAYEN/RP

»Die alte Burg oberhalb des Marktes … hebt sich mit ihren schweren Quadern und dem gewaltigen, zylindrischen Turm wie ein Tyrannensitz über die Stadt … Aber die Burg ist nie eigentlich eine Zwingburg gewesen, sondern immer Wahrzeichen und Inbegriff von Mayen, das stets eine bürgerliche Stadt war – erst eine Stadt der Zünfte und später eine Stadt der Vereine.« (Helmut Domke, 1950)
Eifeler Landschaftsmuseum auf der Genovevaburg.

1893 in M. geb. **Gottfried Stein** (Ps. **Philipp Gottfried Maler**), gest. 1969 in Königstein/Taunus, dort auch das Grab. Wurde 1933 in Frankfurt a. M. wegen seiner »nichtarischen« Frau aus dem Schuldienst entlassen und schrieb unter Ps. die aut. Romane »Philipp zwischen gestern und morgen« (1935) und »Severin Specht/Söhne« (1940). – Der Vater des großen amerikan. Realisten **Theodore Dreiser** (Gedenktafel am Th.-D.-Haus) stammt von hier. – Im Jahr 1675 spielt der Roman »Die Hexe von Mayen« (1914) von **Charlotte Niese** (→ Hamburg/Altona). Vom Mundartdichter **Walter Fischer** (1893-1963): »Aus em Mayner Schatzkästje« (1965). Erinnerungen an seine Jugend in M. in »Der Mäusetöter« (1992) und »Himmel und Erde« (2004) des Schauspielers **Mario Adorf**.

E Genoveva. Die auf einen alten franz. Romanstoff zurückgehende Legende knüpft sich an die M.er Burg. G., Gemahlin des Grafen Siegfried, wird von dem verschmähten Liebhaber Golo verleumdet. Als Ehebrecherin soll sie sterben, wird aber von einem Knecht in die Wildnis gerettet. Hier entdeckt sie eines Tages ihr Gemahl in der Höhle … – Die ältesten lat. Aufzeichnungen im 15. Jh. in Maria Laach; Volksbuch seit dem 18. Jh., auf Martin von Cochem zurückgehend. Geistl. Dramen im 17. und 18. Jh., Puppenspiele, Familien- und Vereinstheater im 19. Jh.; Oper von R. Schumann (1848). Weitere Behandlungen u. a. von Maler Müller (G. 1776, Dr. entst. 1775-81), L. Tieck (Sch. 1800), Ch. v. Schmid (E. 1815), K. Simrock (Rheinsage 1837), F. Hebbel (Tr. 1843), A. Baldus (Rhein. Legende 1929). – G.-Burg in M. (Brunnen, Dokumente und Bilderbogen im Eifeler Landschaftsmuseum); G.-Höhle bei Ettringen; G.-Wallfahrt zur Fraukirch b. Thür (angebl. Gräber von Siegfried und G., Altarbild »Golos Vierteilung«). »Hinrichtungsstätten« von Golo bei Thür, im »Goloring« (kelt. Kultstätte) zwischen Ochtendung und Wolken, am »Schinkenkreuz« zwischen Kruft und Andernach. – B. Golz, »Pfalzgräfin Genovefa in der deutschen Dichtung« (1897), G. Kentenich, »Die Genoveva-Legende« (1927).

Maria Laach (Gem. Glees)

Gründung des Klosters 1093; berühmte Schreib- und Malschule unter Abt Fulbert (1152-77). In der Zeit des rhein. Humanismus Simon von der Leyen (Abt 1491-1512/Grab im Kreuzgang), Mönch Jakob Siberti. »Vater der liturg. Erneuerung in Deutschland« war Ildefons Herwegen (Abt 1913-46/Grab in der Muttergotteskapelle), seit 1948 Abt-Herwegen-Institut für liturg. und monast. Forschungen. Bibliothek.

Johannes Butzbach, * 1477 → Miltenberg/BY, † 29. 12. 1526 M. L. Fahrender Schüler, Schneider. 1498-1500 Student in Deventer, seit 1500 in M. L., 07 Prior. Hier entstanden neben lat. Gedichten v. a. die erste dt. Kunstgeschichte (»Actuarium«, 1505) und seine Aut. als Reisebericht »Odeporicon. Chronica eines fahrenden Schülers oder Wanderbüchlein des J. B.« (1506, n. 1991, Hrsg. A. Beriger). – Hss. UB Bonn.
A Besucher und Beschreibungen: 1. Hälfte 13. Jh. **Cäsarius von Heisterbach** (→ Siegburg/Heisterbacherrot/NW); 1808 **Dorothea Schlegel** (→ Berlin); 29. 7. 1815 **Goethe** (→ Frankfurt a. M./HE) und **Freiherr vom Stein** (→ Bad Ems/Nassau/RP), Gedenktafel am Seehotel; 1844 **Ernst Moritz Arndt** (→ Rügen/MV).

L »Mythisch wie historisch von höchster Bedeutung« nennt **Karl Simrock** (→ Bonn/NW) den »Laacher See« im »Malerischen und romantischen Rheinland« (1838/40). Unter »poet. Wanderbüchern«: 1897 (n. 1906) »Dichterklänge vom Laacher See und seiner Umgebung« des Mayener Heimatforschers **Joseph Hilger** (1857-1935/Grab auf dem Städt. Friedhof Mayen). – »Eine Stunde am See gestanden, mit dem Gefühl, ich sollte und müßte hinab«: 1927 erschien **Rudolf Huchs**

(→ Bad Harzburg/NI) Roman »Spiel am Ufer«.

R **Werner Helmes** über das »**Mayener Feld**«: »Zu meinen allerersten Eindrücken dieser Welt gehörte ein Geräusch, das in seiner Einzigartigkeit heute nicht mehr zu hören ist: ein feines Läuten, das schon am frühen Morgen über der Stadt lag. Es kam vom Grubenfeld, von der ›Ley‹, und wurde hervorgerufen durch das rhythmische Schlagen vieler Hunderte von Hämmern auf Stein, auf Basaltlava«. Der Stein tönt, und das »Bellen« hat manchen Orten und Bergen ringsum ihren Namen gegeben. – Im Westen von Mayen beginnt die Eifel. **Bürresheim** und **Eltz** sind sehr dt. Bilderbuch-Burgen und haben ihre Geschichte(n); man kann sie u. a. bei **Johannes Trithemius** (→ Trier/Trittenheim/RP) und **Christian von Stramberg** (→ Koblenz/RP) nachlesen. – Aus **Kaiseresch** stammt **Peter Kremer** (1901-89), Erzähler und Kalendermann, der »unermüdlich das katholisch geprägte Dorfleben in der Eifel schilderte« (J. Zierden). – Zur Mosel hin die Mulde des Maifelds. An St. Martin und St. Severus in **Münstermaifeld** war 1435-45 **Nikolaus von Kues** (→ Wittlich/Bernkastel-K./RP) Stiftspropst; die »Docta ignorantia« entstand hier. Im **Bassenheimer** Schlosspark das Grab von **Helene von Nostitz** (1878-1944); 1924 erschienen ihre Erinnerungen »Aus dem alten Europa« (n. 1950). – Links und rechts der Mosel **Karden** (Treis-K.): in Haus Boosfeld Wandmalereien von 1460, u. a. nach **Michel Wyßenherres** (14. Jh.) Liede von Heinrich dem Löwen. **Alken**: der »Frieden von Thurant« gilt als älteste Vertragsurkunde in dt. Sprache; die Erzählung »Burg Thuron im Moselland« von **Hanns Gisbert** (→ Koblenz/RP) schildert eine weinfröhliche Belagerung. **Lehmen**: Hier lebten, schrieben und starben **Luise**

Schulze-Brück (1862-1918) und ihre Schwester **Franziska Bram** (1860-1932, → Daun/RP); **Winningen**, »Weinduft« bereits im Namen: **Richard Wenz'** (→ St. Wendel/SL) Romane vom »Kondbachmüller«, von »Heinrich Mittler« und dem »Fremden« (1911-13) spielen hier.

B P. Zaunert, Das Maifeld und die Maare, in: Rheinlandsagen, n. 1963; J. Zierden, Literarische Klosterlandschaft: Maria Laach und Prüm, in: Literarischer Reiseführer Rheinland-Pfalz, 2001.
Z Andernach, Bad Neuenahr-Ahrweiler, Cochem, Koblenz, Neuwied (RP).

MEININGEN/TH

Thüringisches Staatsarchiv. – Meininger Museen/Kulturstiftung Meiningen mit Schloss Elisabethenburg und Theatermuseum sowie Literaturmuseum Baumbachhaus. – Südthüringisches Staatstheater. – 1680-1918 Residenz der Herzöge von Sachsen-M. – Hohen Rang hatte das Orchester, das nacheinander Hans von Bülow, Richard Strauss, Fritz Steinbach und Max Reger leiteten. – Aus M. stammt August Schleicher (1821-68), Mitbegründer der Indogermanistik.

Josua Stegmann, * 14. 9. 1588 Sülzfeld bei M., † 3. 8. 1632 Rinteln, Liederdichter. Verf. von Erbauungsschriften (»Vom wahren Christentum«, 1625) und des Liedes »Ach bleib mit deiner Gnade bei uns, Herr Jesu Christ« (1627). – Letzte Werkauswahl 1932.
Johann Caspar Wetzel, * 22. 2. 1691 M., † 6. 8. 1755 ebd., Liederdichter und Hymnologe. In der »Hymnopoeographica, oder historische Lebensbeschreibung der berühmtesten Lieder-Dichter« (5 Bde., 1719-28) und deren Ergänzung »Analecta Hymnica« (2 Bde., 1756) stellt W. 1100 Dichter vor.
Wilhelm Friedrich Hermann Reinwald,

* 11. 8. 1737 Wasungen, † 6. 8. 1815 M., Philologe. Pionier der german. Sprach- und Lit.-Forschung. Ab 1763 Bibliothekar in M., für Bechstein »die Seele und der gute Genius der Bibliothek«. Am 7. 12. 1782 lernte R. im M.er Gasthof »Zum Hirsch«, Markt 10 (Gedenktafel), **Friedrich Schiller** (→ Ludwigsburg/Marbach/BW) kennen und geleitete ihn nach Bauerbach. 1786 heiratete R. Sch.s Schwester **Christophine Sch.** (1757-1847/»Notizen über meine Familie«, 1845), die bis zu ihrem Tod in M. lebte. Letzte Wohnung: Georgstraße 4 a (Gedenktafel).
Jean Paul (→ Wunsiedel/BY) lebte 1801-03 in M. und schloss hier den »Titan« ab. Georg I. bemühte sich um den Dichter (»Sie sollen hier bleiben / Und schreiben / Und sollen haben / Frei Porto für Bayreuther Bier, / Nicht weniger frei Quartier / Nebst Büchern, die sie lesen / Wollen«). – Wohnung : Georgstraße 17 a (Gedenktafel); Bronzebüste (1865) im Engl. Garten; Erinnerungen im Baumbach-Haus.
Johann Ernst Wagner (→ Schmalkalden/Roßdorf/TH) war 1802 Kabinettsekretär in M., wo er für ein »Literaturinstitut der Deutschen« eintrat. – Eine W.-Ausgabe (12 Bde., 1827) besorgte **Friedrich Mosengeil** (→ Eisenach/Schönau/TH), Prinzenerzieher in M.
Ludwig Bechstein (eig. **Louis Dupontreau**), * 24. 11. 1801 Weimar, † 14. 5. 1860 M., Märchen- und Sagensammler, Erzähler und Lyriker, Publizist und Historiker. M.er Lyzeum, dann Lehre in → Arnstadt/TH, 1824/25 in der M.er Apotheke. 1829-31 Studium. Ab 31 Bibliothekar in M. 32 Gründung des »Hennebergischen altertumsforschenden Vereins«. B. wirkte vornehml. mit seinen Märchen und Sagen, die in zahlreichen Ausgaben erschienen. Von hohem Wert B.s Reise-Lit. – W.: Der Sagenschatz und die Sa-

genkreise des Thüringerlandes (1835-38); Deutsches Märchenbuch (1845); Deutsches Sagenbuch (1853). Sämtl. Märchen (Hrsg. W. Scherf, 1965); Unterwegs im Reisewagen. Bilder aus Thüringen (Hrsg. G. Menchén 1988); Ludwig Bechstein. Ein Lesebuch (Hrsg. A. Seifert 2001). – Wohnung: Neu-Ulmer-Straße 10 (Gedenktafel); Grab auf dem Parkfriedhof; Berliner Straße; B.-Brunnendenkmal (1909) im Engl. Garten. – Nachlass im Baumbachhaus. – **Reinhold Bechstein** (1833-94), B.s Sohn, gehörte in Rostock als Hrsg. ma. Lit. zu den bedeutendsten Germanisten seiner Zeit.

Ludwig Köhler, * 6.3.1819 M., † 4.8. 1862 → Hildburghausen/TH, Lyriker und Erzähler. 1843/44 wieder in M. Freundschaft mit L. Bechstein (für dessen Märchen-Slg. er Zuarbeit leistete). – W.: Thomas Müntzer und seine Genossen (1845); Der Prinz aus dem Morgenlande. Novelle aus dem Thüringer Wald (1848).

Georg II., Herzog **von Sachsen-M.** 1866-1914, * 2.4.1826 M., † 25.6.1914 Bad Wildungen, Theaterregisseur (»Theaterherzog«). Führte das M.er Hoftheater zu internat. Ansehen. – Wohnräume G.s im Schloss; Bühnenbilder G.s im Theatermuseum; Grabstätte zus. mit Gemahlin, der Schauspielerin **Helene von Heldburg** (eig. **Ellen Franz**, 1839-1923), mit Steinrelief »Schlafender Genius« auf dem Parkfriedhof.

Persönlichkeiten um G.: **Friedrich Bodenstedt** (→ Peine/NI), Intendant 1866-69. Wohnung: August-Bebel-Straße 14 (Gedenktafel). **Ludwig Chronegk** (1837-91), Intendant 84-91, auch Schauspieler. Grab auf dem Jüd. Friedhof (angrenzend an den Parkfriedhof). **Paul Lindau** (→ Magdeburg/ST), Intendant 1895-99. **Max Grube** (1854-1934), 1872 Schauspieler in M., Intendant 1909-13. Hinterließ mit den »Kleinen Erinnerungen an einen gro-ßen Kunstfürsten« (1908) und der »Geschichte der Meininger« (1926) die wichtige Quellenwerke.

E Georg II. und die »Meininger«. In seinem Roman »Gutmanns Reisen« (1892) spricht W. Raabe davon, dass »Meiningen der Welt erst durch die Meininger bekannt« geworden sei. Damit meinte er das 1831 gegründete M.er Hoftheater, das die europ. Theaterentwicklung nachhaltig beeinflusste. Begrenzte finanzielle Möglichkeiten vor Augen, konzentrierte sich der Herzog auf das Schauspiel, mit dem er 1874-90 2600 Gastspiele in mehr als 40 europ. Theaterstädten absolvierte. Große Wirkungen gingen von den Aufführungen in St. Petersburg und Moskau aus. Am Stücktext wollte Georg nichts geändert wissen, die Schauspieler sollten sich der Dichtung unterordnen. Besonderer Wert wurde auf das Ensemblespiel gelegt. Massenszenen waren eine Spezialität der Meininger. Dazu gehörte auch eine bis dahin nicht übliche historisch getreue Ausstattung. Georg führte selbst Regie und entwarf die Bühnenbilder. Ohne ihn ist das moderne Regietheater, wie es O. Brahm und M. Reinhardt in Berlin entwickelten, kaum vorstellbar.

Rudolf Baumbach (→ Bad Berka/Kranichfeld/TH) kam als Kind nach M. Nach Auslandsaufenthalt 1885 Rückkehr. Er verwaltete die herzogl. Privatbibliothek. – Wohnhaus: Burggasse 22 (Gedenktafel); Grab auf dem Parkfriedhof; Bronzebüste (1930) beim Baumbachhaus: 1937 Heimat- und Memorialmuseum, seit 92 Lit.-Museum B.-Haus, dort auch Bibliothek und Nachlass.

Walter Werner, * 22.1.1922 Vachdorf/ Werra, † 6.8.1995 Untermaßfeld bei M., Lyriker über das Land »im Regenschatten des Thüringer Waldes und im Schneeschatten der Rhön«. – W.: Das unstete Holz (G. 1970); Worte für Holunder (G. 1974); Der Baum wächst durchs Gebirge (G. 1982); Die verführerischen Gedanken der Schmetterlinge (Hrsg. A. Endler

Meiningen: Das Wohnhaus von Rudolf Baumbach, dem Dichter des Liedes »Hoch auf dem gelben Wagen«

1979); Gewöhnliche Landschaft. Thüringische Gedichte (Hrsg. W. Kirsten 2002). – **Klaus Gasseleder**: »Wandern mit WW. Unterwegs an den Stätten seiner Dichtung in Rhön und Grabfeld« (in: Frankenland, 1993).
Wolfgang Rinecker, * 23. 3. 1931 Bürden bei Hildburghausen, † 20. 10. 1982 M., Erzähler. Nach 1949 in West-Dtl., seit 62 in M. Schrieb Kriminalromane und im Thüringer Wald spielende Geschichten. – W.: Bin ich Kain? (1967); Meine Rodbühler Geschichten (1971); Die Straßenbahn des Herrn (1980).
A Goethe (→ Frankfurt a. M./HE) hielt sich 1780 und 82 am M.er Hof auf, um in Universitätsangelegenheiten zu verhandeln. Wohnung (Nachfolgebau): Gasthof »Zum Hirsch«, Markt 10 (Gedenktafel). – **Otto Ludwig** (→ Hildburghausen/Eisfeld/TH) war 1840 in M., um Partituren zu studieren. Wie sehr ihn die Zeitgenossen schätzten, zeigt das Denkmal (1893) von A. von Hildebrand auf dem Limbichsplatz. – **Julius Sturm** (→ Gera/Bad Köstritz/TH) war 1843-50 Prinzenerzieher in M. Wohnung: Schlossplatz 9 a (Ge-

denktafel). – 1855-68 war **Rochus von Liliencron** (→ Plön/SH) Bibliothekar in M., wo sein wiss. Haupt-W. (Die historischen Volkslieder der Deutschen vom 13. bis 16. Jahrhundert, 5 Bde., 1865-69) entstand.

L Johann Sebastian Güth (1628-77), »Gründliche Beschreibung der uralten Stadt Meiningen« (1676); L. Bechstein, »Chronik der Stadt Meiningen von 1676 bis 1834« (1835); **Friedrich Schaubach** (1827-84), »Jobst von Hagen, der Barchenthändler von Meiningen« (1874); **Gotthold Gloger**, »Meininger Miniaturen« (1965); **Fritz Kühnlenz** (→ Weimar/TH), »Erlebnisse an der Werra« (1973); **Landolf Scherzer**; »Südthüringer Panorama« (1973); W. Werner, »Heimkehr nach Buchonien. Wanderungen durch Rhön und Grabfeld« (1988).
S Im Schloss **Fachbibliothek zur Kunst-, Theater-, Musik- und Regionalgeschichte** (15 000 Bde.), dazu Ausstellungskataloge und Zss.

R Nördl. von M. Schloss **Landsberg** (heute Hotel). Im Rittersaal Wandbildzyklus mit Sagendarstellungen von W. Lindenschmitt d. Ä. 1844 bis zu seinem Tod war dort **Caspar Neumann** (1801-55) Kastellan. Der Freund L. Bechsteins gab das Gedichtbuch »Maiglockenkranz« (1850) heraus und wurde als »Wasunger Hans Sachs« verehrt. – Westl. über den Kreuzberg der heutige Stadtteil **Dreißigacker**. Im Schloss 1801-43 die Forstakademie, deren Direktor **Johann Matthäus Bechstein** (→ Waltershausen/TH) war. **L. Bechstein** kam 1810 in das Haus seines Onkels, der den Verwandten adoptierte. L. Bechstein, »Dr. Johann Matthäus Bechstein und die Forstacademie Dreißigacker« (1855). 1795 bis zu seinem Tod 1817 war **Karl Gottlob Cramer** (→ Naumburg/Pödelist/ST) dort Lehrer. Grab auf dem Friedhof. – Südl. von M. an der Werra **Untermaßfeld** mit seiner hennebergischen

Wasserburg (seit 1813 Justizvollzugsanstalt). Nach dem »Wartburgkrieg« (→ Eisenach/TH) wurde **Wolfram von Eschenbach** (→ Gunzenhausen/Wolframs-Eschenbach/BY) dort um 1200 zum Ritter geschlagen. Dabei traten der **Tugendhafte Schreiber** (→ Eisenach/TH) und **Biterolf** (→ Bad Salzungen/TH) als Lobredner auf. **Schiller** traf sich in seiner Bauerbacher Zeit öfter mit **W. F. H. Reinwald** im U.er Gasthof »Zum Stern«. **W. Werner** lebte 1948 bis zu seinem Tod 95 in U. Wohnung: Käthe-Kollwitz-Straße 17; Grab auf dem Friedhof. **Wulf Kirsten** (2002): »Einmal führte er mich ... durch seinen Wald bis an den Schlagbaum, hinter dem das mir verwehrte Sperrgebiet begann.« – Kurz vor der bayer. Grenze über dem Dorf **Henneberg** die Stammburg der Grafen von H. **Schiller** hat die Burg vom nahen Bauerbach aus besucht. – Östl. davon **Queienfeld**, das **Wolfgang Eppler** in seiner Mundart bedichtet hat: »Ümer sechs Hüggelich muß ich nü,/eah ich die Tormspetze seah./Henner'sch siewet äscht/leit's: Moi Dorf!« (1989). – Westl. am Fuße der Rhön **Solz**, woher der Arzt (»der Feldmarschall unter den Doktoren«) Ernst Ludwig Heim (1747-1834) stammt, Lehrer A. von Humboldts (→Berlin). Die »Tagebücher des alten Heim« (Hrsg. G. Siegerist 1901) sind ein kulturhistor. Dokument der Epoche um 1800. **Hugo Hertwig**, »Der glückliche Heim« (R. 1949). – In **Aschenhausen** bei Kaltensundheim, Hauptort der thür. Hohen Rhön, Synagoge und jüd. Friedhof: W. **Werner**: »Synagoge Aschenhausen« (G. 1974).

Obermaßfeld-Grimmenthal

R Nachdem 1498 ein Hauptmann vor einem Marienbild genas, wurde **Grimmenthal** ein Wallfahrtsort. **M. Luther** (→ Eisleben/ST) nannte das Geschäft mit den Pilgern einen »großen Betrug des Teufels«. Der anonyme Dialog »Von der Wallfahrt im Grimmental« (1523, n. R. Bentzinger 1982) geht in dieselbe Richtung, auch **L. Bechsteins** Roman »Grimmenthal« (1833). – **Friedrich Rückert** (→ Schweinfurt/BY) hielt sich öfter auf dem Gut seines Sohnes Leo in **Belrieth** auf. 1863 flüchtete er sogar dorthin, um Feiern zu seinem 75. Geburtstag zu entgehen. – Südl. **Neubrunn**, Geburts- und Lebensort von **Georg Friedrich Stertzing** (1817-84), der als 48er auch in seinen Mundarttexten krit. Töne (»Des traurig Määdle«, G. 1844) anschlug. Großer Beliebtheit erfreuen sich bis heute die Mundartgedichte (postum 1925) von **Paulus Motz** (1817-1904) aus **Ritschenhausen**.

Zur DDR-Zeit im Sperrgebiet: **Bauerbach**, wo **Friedrich Schiller** unter dem Namen Dr. Ritter vom 7. 12. 1782 bis 24. 7. 83 Asyl fand. Von Untermaßfeld Sch.-Wanderweg nach B. **W. Werner**: »Schillerweg nach Bauerbach« (G. 1974). Das B.er Gut fiel 1697 an Hans Christoph von Wolzogen. Dessen Enkel Wilhelm von Wolzogen (1762-1809) war Schillers Mitschüler auf der Stuttgarter Karlsschule und sein späterer Schwager. In B. wohnte Sch. in einem Bauernhaus, schrieb »Luise Millerin« (»Kabale und Liebe«, 1784) und begann den »Don Carlos« (1787). Sch.s Abreise hängt mit der unerwiderten Liebe zu Charlotte von Wolzogen (1766-94) zusammen. Seit 1931 im Haus Sch.-Museum (Klassik-Stiftung Weimar), Hauptstraße 55, nur wenige Schritte bis zum Haus des Gutsverwalters Voigt, bei dem Sch.

sich am 7. 12. 82 anmeldete (Bild »Schillers Ankunft« an der Fassade); daneben der Gasthof »Zum braunen Ross« (wo er sich mit **W. F. H. Reinwald** traf), an der Fassade Wandbild mit Versen Sch.s. Am Großen Graben Naturbühne (»Dorftheater«), erbaut im Sch.-Jahr 1955. Über Sch.s B.er Aufenthalt u. a. **Richard Elsner**, »Idylle in Bauerbach« (1941); **Paul Meßner** (→ Weimar/TH), »Zwischen Ankunft und Abschied. Der landflüchtige Schiller im B.er Exil« (1998); **Gerd Kanke**, »Friedrich Schiller im Sperrgebiet« (2000).

Auf der Burg von **Bibra** war **Hans Hut** (→ Hildburghausen/Haina/TH) 1517-21 Küster der Herren von B. Weil er die Taufe der Kinder verweigerte, musste er B. verlassen, kam aber 24 dorthin zurück und beherbergte in seinem Haus im September 24 den aus Mühlhausen vertriebenen **Thomas Müntzer** (→ Sangerhausen/Stolberg/ST). – Ganz in der Nähe das kleine **Nordheim**, dessen Gut August Philipp von Stein gehörte. Dieser wurde durch die Verkupplung seiner sieben Töchter bekannt. Als **Schiller** ihn kennenlernte, wurde eine gerade mit dem entlassenen Weimarer Kammerpräsidenten J. A. von Kalb verheiratet. So erhielt der Hofmarschall in »Kabale und Liebe« dessen Namen.

Wasungen

Heimatmuseum. – 1747 führten die Herzogtümer Sachsen-Gotha-Altenburg und Sachsen-M. den grotesken »Wasunger Krieg«. Darüber **Gustav Freytag** (→ Gotha/TH), »Bilder aus der deutschen Vergangenheit« (4. Bd. »Aus neuer Zeit«); **Martin Stade**, »Der närrische Krieg« (R. 1981). – Aus W. stammt **Melchior Vulpius** (1560-1615), Kirchenmusiker und Gesangbuch-Hrsg. (1604). Auf ihn geht die Fam. Vulpius, der Goethes Frau Christiane entstammt, in direkter Linie zurück.

R 1783 besuchte **Schiller** in **Walldorf** seine Gönnerin Henriette von Wolzogen auf dem Gut ihres Neffen Ludwig von Wurmb, der zwar die »Räuber« auswendig wusste, doch Sch. bald enttäuschte. So trägt der intrigante Sekretär in »Kabale und Liebe« seinen Namen.

B A. Erck, H. Schneider, Georg II. von Sachsen-Meiningen. Ein Leben zwischen ererbter Macht und künstlerischer Freiheit, 1997; V. Kern, H. Müller, Die Meininger kommen. Hoftheater und Hofkapelle zwischen 1874 und 1914 unterwegs in Deutschland und Europa, 1999.
Z Bad Salzungen, Hildburghausen, Schmalkalden, Suhl (TH); Mellrichstadt (BY).

MEISSEN/SN

»Der erste und belohnende Punkt der Reise war Meißen mit seinem Schloß und seinem schönen großen gotischen Dom. Das Bedeutende dieser ganzen Situation, die Reinheit und Größe dieses Baustils...« (Carl Gustav Carus, 1866)
Albrechtsburg, Dommuseum; Porzellanmuseum; Stadtmuseum. – August der Starke ließ 1710 Johann Friedrich Böttger auf die Albrechtsburg bringen. Damit beginnt die Geschichte der berühmten Porzellanmanufaktur, die schon bald unter Johann Gregorius Höroldt (1696-1765) und dem Porzellanplastiker Johann Joachim Kändler (1706-75) zu Weltruhm kam. – Aus M. stammen Julius von Pflug (→ Zeitz/ST), der 1535 den Prälatenhof, das spätere Pfarrhaus St. Afra, Freiheit 7, erbauen ließ, und Samuel Hahnemann (1755-1843), der Begründer der Homöopathie.

Heinrich der Erlauchte, * 1215/16 M., † vor 8. 2. 1288 Dresden, 1221-88 Markgraf von Meißen, Minnesänger (»Heidelberger Liederhandschrift«).
Heinrich von Meißen (gen. **Frauenlob**, we-

gen seines Preislieds auf Maria), * um 1250 M., † 29. 11. 1318 → Mainz/RP, Lyriker. Von den Meistersingern als einer der »zwölf alten Meister« anerkannt. »König der fahrenden Leute«. Gelehrte Ausbildung und poet. Schulung vermutl. an der Klosterschule von St. Afra in M.

Johann Klaj (→ Nürnberg/BY) wurde 1616 in M. geboren. Studium der ev. Theologie in Leipzig und Wittenberg.

Johann Elias Schlegel, * 17. 1. 1719 M., † 13. 8. 1749 Sorø/Dänemark, Dramatiker und Lit.-Theoretiker. Sein Lustspiel »Der Triumph der guten Frauen« (1748) beeinflusste die dt. Theaterentwicklung. Sein Aufsatz »Vergleichung Shakespears und Andreas Gryphs« (1741) schob die dt. Shakespeare-Rezeption an. – Geburtshaus: Domplatz 5.

Johann Adolf Schlegel (Ps. Nisus, Hans Görge), * 18. 9. 1721 M., † 16. 9. 1793 Hannover, Theologe und Kunsttheoretiker. Sch.s Werk »Die schönen Künste aus einem Grundsatz hergeleitet« (1751) von großem Einfluss. – Bruder von J. E. Schlegel und Vater von A. W. und F. Schlegel (→ Hannover/NI). – Geburtshaus: Domplatz 5, Grabstein der Mutter im Stadtmuseum.

Christian Leberecht Heyne (auch **Anton Wall**), * 1751 Leuben (L.-Schleinitz) bei M., † 13. 1. 1821 Hirschberg bei Schleiz, Dramatiker und Erzähler. Erfolg mit der Erzähl-Slg. »Bagatellen« (1783). H.s Lustspiel »Die beiden Billetts« (1790) ließ Goethe aufführen und übernahm die Figur des Barbiers Schnapps in den »Bürgergeneral« (1793).

Luise Otto-Peters, * 26. 3. 1819 M., † 13. 3. 1895 → Leipzig/SN, Erzählerin (»Ludwig der Kellner«, 2 Bde., R. 1843), Journalistin und Frauenrechtlerin. 1849 Gründung der »Frauen-Zeitung«. Trauung mit **August Peters** (→ Mittweida/Burgstädt/SN) 1858 im M.er Dom. Ab 60 in Leipzig,

doch zahlreiche Aufenthalte in O.s Elternhaus und im Stadtteil Niederspaar. – Geburtshaus: Baderberg 2 (Gedenktafel), Sommerhaus Rote Gasse 13.

Franz Adam Beyerlein, * 22. 3. 1871 M., → 27. 2. 1949 Leipzig, Erzähler und Dramatiker. M.er Fürstenschule. Seit 1891 in Leipzig. Begann als Naturalist. Hatte Erfolg mit »Jena oder Sedan« (R. 1903); »Similde Hegewaldt« (R. 1904) spielt in der M.er Gegend. – Geburtshaus: Markt 3; Grab auf dem Johannesfriedhof.

A **Thietmar** (→ Merseburg/ST) hielt sich 1015 in M. auf. In seiner »Chronik« beschreibt er die Entwicklung der 929 angelegten Burg zum Zentrum der Mark Meißen. – **Heinrich von Morungen** (→ Sangerhausen/ST) dichtete nach 1200 für den Markgrafen. – Auch **Walther von der Vogelweide** (→ Würzburg/BY) hat mehrere Strophen auf den »stolzen Meißner« verfasst (»Ich han dem Missenaere/ gefüeget manic Maere«) und sich vermutl. um 1210 in M. aufgehalten. – Zwei Minnesänger, die unter den Namen **Der alte Meißner**, um 1270, und **Der junge Meißner**, um 1300, genannt werden, sind mit M. in Verbindung zu bringen. Texte der ma. Dichter schmücken den Großen Bankettsaal der Albrechtsburg.

Der Humanist **Johann Rivius d. Ä.** (1500-54) wurde 1543 Inspektor der drei sächs. Fürstenschulen, deren erste er im M.er Augustiner-Chorherrenstift St. Afra einrichtete. Wohnung: Freiheit 11/12. R.s Schüler **Georg Fabricius** (→ Chemnitz/SN) führte sie zu großem Ansehen. Unter den Schülern: **Valentin Weigel** (→ Großenhain/SN/1549-54). R.s Sohn **Johann Rivius d. J.** (1528-96) spielte später in Riga eine bedeutende Rolle. Absolventen der M.er Fürstenschule im 18. Jh. u. a.: **Karl Christian Gärtner** (→ Freiberg/SN/1728-33); **Christian Fürchtegott Gellert** (→ Mittweida/Hainichen/SN/1729-

33) und **Gottlieb Wilhelm Rabener** (→ Leipzig/Wachau/SN/1729-33), die hier Freunde wurden; **Gotthold Ephraim Lessing** (→ Kamenz/SN/1741-46), Gedenktafel am Schultor (Nachfolgebau); **Christian Adolph Klotz** (→ Bischofswerda/SN/1752-56) und **August Friedrich Ernst Langbein** (→ Kamenz/Radeberg/SN/1772-77).

Friedrich Schiller (→ Ludwigsburg/Marbach/BW) sah sich 1785 in M. an »vaterländische Fluren« erinnert. Und 86, als er ein drittes Mal durch M. kam, machte er für **Christian Friedrich Schwan** (→ Prenzlau/BB) »den artigsten Cicerone«. – Der Lustspieldichter **Karl Gottfried Klähr** (1777-1842) war seit 1793 Porzellanmaler in M. Lokale Bezüge in einigen von K.s Stücken (»Die Pfirschen«, 1815; »Der Alchymist«, 1819). – Auffallend viele Romantiker fühlten sich von M. angezogen. **Wilhelm Heinrich Wackenroder** (→ Berlin/1792), **Friedrich Karl von Savigny** (→ Berlin/1799) und mehrfach **Novalis** (→ Hettstedt/Oderwiederstedt/ST/1798/99) auf dem Weg nach Siebeneichen. 1804 kam **Friedrich Schlegel**. Als er vom Dom ins »romantische Tal« heruntersah, erinnerte er sich seiner Vorfahren. – **Goethe** (→ Frankfurt a. M./HE) übernachtete am 19.4.1813 im M.er Gasthof »Goldener Ring« am Theaterplatz (Gedenktafel) und besichtigte die Porzellanmanufaktur. – **Friedrich de la Motte Fouqué** (→ Brandenburg/BB) kam wenig später unfreiwillig als Soldat, 22 nochmals. Wohnung: »Goldene Sonne«, Theaterplatz 14 (Gedenktafel), wo schon im Mai 1813 E. T. A. **Hoffmann** (→ Berlin) für ein paar Tage untergekommen war.

Ludwig Richter (→ Dresden/SN) war 1828-36 Zeichenmeister an der Porzellanmanufaktur. Darüber in den »Lebenserinnerungen eines deutschen Malers« (1885). Wohnung: Freiheit 2 (Gedenkta-

fel). – **Otto Ludwig** (→ Hildburghausen/Eisfeld/TH) verlobte sich 1844 in M. 45/46 arbeitete L. in der Burgstraße an seinem dramat. Hauptwerk »Der Erbförster« (1850). Wohnung Frühjahr 47: Bahnhofstraße 1 (Gedenktafel). – Für **Karl May** (→ Glauchau/Hohenstein-Ernstthal/SN) war M. eine »ganz aus Porzellan bestehende Stadt« (Postkarte 1898). 1903 zum Maler Sascha Schneider, Zaschendorfer Straße 81.

L Legenden ranken sich um den M.er Bischof **Benno** (gest. 1106). »Hier ist Benno gegangen«, ist noch heute eine M.er Redensart, wenn blühende Landschaften beschrieben werden. Als B. seines Amtes enthoben wurde, soll er den Domschlüssel in die Elbe geworfen und ihn nach seiner Wiedereinsetzung in einem Fisch wiedergefunden haben. Auf die Heiligsprechung B.s antwortete **Martin Luther** (→ Eisleben/ST) mit der Schrift »Wider den neuen Abgott zu Meißen« (1524). Quellen zur Biografie (»Vita Bennonis«, 1512) gab **Hieronymus Emser** (→ Dresden/SN) heraus. Im Ortsteil **Niederfähre** im Heiligen Grund St.-Benno-Brunnen.

R Auf der anderen Elbseite das abgelegene **Golk**, wo 1878-87 **Max-August Schreyer** (→ Aue/Johanngeorgenstadt/SN) das berühmte Lied vom »Vuglbärboam« schrieb. – Östl. von M. am Rand des Friedewalds **Oberau**, wo Ernst H. von Miltitz (gest. 1774) Gutsherr war. 69 besuchte ihn hier sein Lehrer **Ch. F. Gellert**. Auf dem später nach ihm benannten Berg soll er einige Fabeln verfasst haben. Vor dem Jagdhaus G.-Büste (1955). Miltitz ist der Entdecker des jungen **Johann Gottlieb Fichte** (→ Bischofswerda/Rammenau/SN), den er 1770 ins benachbarte **Niederau** zur Erziehung gab, 73/74 dann auf die Lateinschule in M. – Südl. von M. zur Lößnitz hin **Siebeneichen** (heute M.) mit seinem Miltitzschen Schloss. E. H. von Miltitz' Sohn Dietrich von M. (1769-1853) war ein Freund der

Romantik. **Novalis** besuchte seinen Förderer hier 1797-1800 mehrmals. – **Christian Gottfried Körner** (→ Leipzig/SN) kam seit 1806 öfter. Sohn **Theodor Körner** (→ Dresden/SN) bedichtete S., »wo Berg und Tal im ew'gen Sommer blühn«. Schloss heute Sächs. Akademie für Lehrerfortbildung.

Etwas südl. in der Lößnitz **Scharfenberg,** dessen Schloss 1812-22 **Karl Borromäus von Miltitz** (1780-1845) bewohnte. M. schrieb hier Erzählungen (4 Bde. 1825-28) und Libretti. Freundschaft verband ihn mit F. **de la Motte Fouqué,** der 1816 und 22 hier war. W. **Kirsten,** »schloß Scharfenberg« (1970): »ahornbrände/halten umzingelt das schloß«. – Zu Sch. gehörte das Rittergut **Batzdorf,** wohin sich **Novalis** 1798 zurückzog, um an den »Lehrlingen zu Sais« zu arbeiten. – Ortsteil von Sch. ist die Häuslersiedlung **Gruben,** wo **K. B. von Miltitz,** in Erinnerung an den einstigen Bergbau, seine romant. Oper »Der Bergmönch« (1830) spielen lässt. **Gerhart Hauptmann** (→ Berlin) besuchte den Ort 1883 und erinnert sich in »Abenteuer meiner Jugend« (1937) der »hübsche(n) Idylle«. In »Hochzeit auf Buchenhorst« (E. 1932) schildert H. das Leben im G.er Posthaus (heute Ratskeller). Gedenkstein.

Südl. das Dorf **Klipphausen (W. Kirsten:** »warum sollte der himmel ein einsehen haben/ausgerechnet mit dir, geboren zu Klipphausen?«), Handlungsort des »Dorfkindheits«-E.-Buches »Die Prinzessinnen im Krautgarten« (2000). K.s Gedicht-Bd. »Die Erde bei Meißen« (1986) bezieht seine poet. Kraft aus dieser Landschaft. Von hier aus durchstreifte K. (»selbdritt durch die Lößnitz«, 1973) mit **Heinz Czechowski** (»In der Elbaue«, 1967) das Elbtal bis Radebeul, empfunden »bei primaverawetter« als »versüdlichte landschaft«. – Südwestl. von M. **Garsebach,** wo O. **Ludwig** 1844 in der Schleifmühle (heute Mittel-mühle) mit Unterbrechungen bis 49 wohnte.

Nossen

Schloss mit Schaubibliothek von Büchern seit dem 16. Jh.

Paulus Amnicola (eig. **Paul Bachmann**), * zw. 1465-68 Chemnitz, † nach dem 17. 3. 1538 Altzella, Theologe, Verf. gegen die Reformation gerichteter dt. Flugschriften. Seit 1492 Mönch in Altzella, seit 1522 Abt. – Konversenhaus des Klosters mit Bibliothekssaal erhalten.

L Zum Zisterzienserklosters **Altzella** gehörte im 13./14. Jh. eine angesehene Schule, in der die für die sächs. Gesch. bedeutende Chronik-Slg. »Annales Veterocellensis« (bis 1422) entstand. – **Johannes Derksen** (1898-1973), seit 1949 bischöfl. Rat in Dresden, hat die Gesch. des Bistums Meißen in fünf Erzählungen geschildert. Den Bd. »Im verschlossenen Garten« (1966) lässt er im Kloster A. spielen.

Radebeul

Weingutmuseum Hoflößnitz. – Landesbühnen Sachsen. – Die durch den Wein- und Gartenbau (»sächsisches Nizza«) geprägte Stadt entstand 1935 durch den Zusammenschluss mehrerer Orte, darunter Niederlößnitz und Kötzschenbroda.

Wilhelmine Heimburg (→ Quedlinburg/Thale/ST) zog 1881 nach Kötzschenbroda, wo ihr Vater Hugo Behrens (1820-1910) als Schriftsteller dilettierte. H. starb hier 1912. – Wohnung: Hermann-Ilgen-Straße 21 (Villa »Heimburg«), ab 1910 Borstraße 15; Grab auf dem Friedhof Kötzschenbrodaer Straße.

Karl May (→ Glauchau/Hohenstein-Ernstthal/SN) übersiedelte 1888 nach R. und starb hier am 30. 3. 1912. In R. entstand der größere Teil seiner Bücher. M. feierte hier seine größten Erfolge, durchlebte aber

Radebeul: Karl May um 1896 in der Villa Shatterhand

auch Angriffe auf seine Person (»Ich bin völlig eingekreist«, 1910) und Gerichtsverfahren, die seinen Tod beschleunigten. Hochzeit mit Klara Plöhn (1864-1944) 1903 in der Lutherkirche, »Villa Plöhn« Gellertstraße 5. – Wohnung: 1888-90 Schützenstraße 8, 1890-91 Lößnitzstraße 11, 1891-95 Lößnitzgrundstraße 2, ab 1895 Karl-May-Straße 5 (»Villa Shatterhand«, im Garten das 1928 erb. Blockhaus »Villa Bärenfett«); Findling mit M.-Porträt im nahen K.-M.-Park; Grabmal (1903 für die Fam. Plöhn) auf dem Friedhof Serkowitzer Straße.
Von den zahlreichen Besuchern M.s seien genannt: **Egon Erwin Kisch** (→ Berlin/ 1910/»Im Wigwam Old Shatterhands«) und **Bertha von Suttner** (→ Gotha/TH). – Der Artist **Patty Frank** (eig. **Ernst Tobis**, 1876-1959), »Indianerschlacht am Little Big Horn« (1957), »Mein Leben im Banne Karl Mays« (Aut. 1959), trug den größten Teil der Exponate des K.-M.-Museum zusammen und leitete es bis zu seinem Tod.
A Ludwig Tieck (→ Berlin) und **Jean Paul** (→ Wunsiedel/BY) waren Gast auf dem Minckwitzschen Weingut in Niederlößnitz. – Dort, nahe der barocken Gartenanlage Wackerbarths Ruh auf dem ehem. bischöfl. Weinberg, erhebt sich das

»Hohenhaus«, in das Berthold Thienemann (1819-80) 1864 mit fünf Töchtern einzog, von denen drei Hauptmann-Brüder heirateten. **Carl Hauptmann** (→ Berlin) 84 Martha Th. und **Gerhart Hauptmann** (→ Berlin) im selben Jahr Marie Th., beide hatten die Brüder 81 anlässl. der Hochzeit Georg H.s mit Adele Th. auf »Hohenhaus« kennengelernt. In den »Jungfern vom Bischofsberg« (Sch. 1907) griff G. H. diesen Stoff auf. – **Alwin Freudenberg** (1873-1930), »ein reimflinker Schilderer kleinbürgerlicher Behaglichkeit« (J. Krüss), ist heute noch namenlos bekannt mit dem Scherzgedicht »Vom Riesen Timpetu« (1910, n. 1989). Wohnung: Karl-May-Straße 2. – **Otto Julius Bierbaum** (→ München/BY) starb 1910 in R.
R Nördl. von R. **Moritzburg** mit seinem Jagdschloss. **May** lässt seinen Hobble-Frank (»Der Sohn des Bärenjägers«, 1887) aus M. stammen (»Ich war nämlich Forschtgehilfe in Moritzburg, was een sehr berühmtes königliches Jagdschloß ist mit eener famosen Bildergalerie«). Von den Schlossbesuchern kommen die wenigsten in den Ort und wissen, dass im Rüdenhof, Meißner Straße 7 (Stiftung K.-K.-Haus, Museum) 1945 **Käthe Kollwitz** (→ Berlin) starb. – Etwas weiter nördl. an der Autobahn die Kleinstadt **Radeburg**, Geburtsort des Berliner Zeichners und Malers Heinrich Zille (1858-1929).

B H. Weiss, Die Schwestern vom Hohenhaus, 2000; M. Altner, Gerhart Hauptmann in Dresden und Radebeul, 2003; N. Weiss/J. Wonneberger, Dichterhäuser um Dresden, 2004; M. Altner, Literarische Wanderungen durch Radebeul, 2004.
Z Dippoldiswalde, Döbeln, Dresden, Freiberg, Großenhain, Kamenz, Mittweida (SN).

MELLE/NI

»Ich habe Sehnsucht nach Melle«, beginnt ein Gedicht von **Anton Schnack** (→ Karlstadt/Rieneck/BY) über das idyllische Solbad M. im Grönegau (Grönegau-Museum im Heimathof). Häufiger Gast seiner Tochter Jenny von Voigts in der Mühlenstraße, die dort von 1768-96 lebte (Gedenktafel), war **Justus Möser** (→ Osnabrück/NI); M.s Aufenthalt schildert **Ludwig Bäte** (→ Osnabrück/NI) in »Das ewige Vaterland« (En. 1922). In Bätes Haus in M. lebte im Sommer 1921 **Johannes Schlaf** (→ Querfurt/ST); die Landschaft regte ihn zu den Stimmungsbildern an: »Ein Wildgatter schlag ich hinter mir zu« (1922). Aus M. stammen auch **Luise Ahlborn** (1834-1911), die hist. Romane wie »Elisabeth von Brandenburg« (1878) schrieb, sowie **Ludwig Bäumer** (1888-1928), der seit 1912 zum Kreis um H. Vogeler (→ Osterholz-Scharmbeck/Worpswede/NI) gehörte. B. veröffentlichte u. a. den Lyrikband »Das jüngste Gericht« (1918). – Landschaft und Geschichte des Grönegaus hatte auch **Wilhelm Fredemanns** zum Thema (»Der einsame Weg«, 1937; »Mien Land«, plattdt. G. 1948). Sein Hof in **Neuenkirchen** (Melle-N.), Heimatort des Lyrikers **Friedrich Ruperti** (→ Bremen), war Treffpunkt der »Kogge« (→ Minden/NW); auch **Agnes Miegel** (→ Stadthagen/Bad Nenndorf/NI) weilte gern hier. – Auf Haus Sondermühlen (Melle-S.), einer ehem. Wasserburg, wohnte seit 1816 **Friedrich Leopold zu Stolberg** (→ Bad Segeberg/Bad Bramstedt/SH). 1818 besuchte ihn **Clemens Brentano** (→ Koblenz/RP). St. starb am 7. 11. 1819; nach seinem letzten Willen wurde er auf dem Friedhof zu Hörste-Stockkämpen (→ Halle/NW) begraben. Zu seiner Zeit lebte auf Sondermühlen **Luise Hensel** (→ Paderborn/NW) als Erzieherin.

Z Herford, Lübbecke (NW); Osnabrück (NI).

MELLRICHSTADT/BY

Heimatmuseum.

Paul Schede (gen. **Paulus Melissus**), * 20. 12. 1539 M., † 3. 2. 1602 → Heidelberg/BW, Humanist, neulat. Lyriker und Komponist, Poeta laureatus seit 1564. Lebte und lehrte in Prag, Wittenberg, Leipzig und Wien; später in Frankreich, Italien und England. – W.: Die Psalmen Davids (Übers. 1572); Epigrammata (1580); Odae Palatinae (G. 1588).

Ostheim (Hofheim-O.)

Goethe (→ Frankfurt a. M./HE), 18. 9. 1780 und 10./11. 4. 82 auf Inspektionsreisen mit Herzog Karl August von Weimar, zu dessen Territorium O. gehörte, schrieb im ehem. Amtshaus Briefe an Frau von Stein und J. K. Lavater.

Waltershausen (Saal-W.)

Das Schloss, ehem. im Besitz der Marschalk von Ostheim. Die letzte des Geschlechts, **Charlotte**, verheiratete **von Kalb** (1761-1843), ging als Freundin **Friedrich Schillers** (→ Ludwigsburg/Marbach/BW) und **Jean Pauls** (→ Wunsiedel/BY) in die Literaturgeschichte ein. Der junge **Friedrich Hölderlin** (→ Lauffen/BW), den sie späterhin förderte (»Er ist ein Rad, welches schnell läuft!«), war 1793/94 Erzieher ihres Sohnes in W. Seit 1820 erblindet, starb Ch. v. Kalb vereinsamt in → Berlin. – Hölderlin vollendete in W. (Gedenkzimmer) das 1. Buch des »Hyperion«. (In W. und Jena spielt der 3. Teil »Hofmeister und Philosoph« von **P. Härtlings** Hölderlin-R., 1976.)

R »Heidnisches und Heiliges« und immer wieder geteilt: die **Hohe Rhön**. Zwischen **Ellenbogen**, **Wasserkuppe** und **Kreuzberg** grenzen Thüringen, Hessen und Bayern aneinander. »Dreiherrensteine« markieren die Fixpunkte, an denen – wie **J. V. von Scheffel** (→ Karlsruhe/BW) in »Frau Aventiure« (1863) erzählt – jeder »auf eigner Hoheit saß« und doch mit den anderen »aus einer Schüssel aß«. Und schließlich schier prophetisch: »Ein Deutschland nährt den Thüring, Hessen, Franken,/Und echter Liebe setzt kein Markstein Schranken.« Der Holzberghof nördlich von **Bischofsheim a. d. Rhön** (BY) und das **Rote Moor** auf der Hohen Rhön (HE/Fulda) sind Schauplätze des letzten Romans von **Ernst Wiechert** (→ Berlin) »Missa sine nomine« (1950). – Südöstlich das **Grabfeld**, Zonenrandgebiet nach 1945: »In welch traurige Gegend bin ich geraten«, schrieb in den 70er Jahren **Helga M. Novak**, die mit Freunden in dem Dorf **Breitensee** bei Bad Königshofen lebte: »Ballade von der Minenwippe«; **Horst Karaseks** (1939-96) Fluchtgeschichte »Das Haus an der Grenze« (1987) handelt ebenfalls vor Ort. Spurensuche nach einem halben Jahrhundert: **Landolf Scherzer**, »Der Grenz-Gänger« (2005).

B K. Deschner, Die Rhön, 1998; K. Gasseleder, Auf den Spuren der Klassiker, in: Litera-TourLand Franken, 2000.
Z Bad Brückenau, Bad Kissingen, Hofheim (BY); Bauerbach, Eisfeld, Hildburghausen, Meiningen (TH).

MEMMINGEN/BY

Hist.-wiss. Stadtbibliothek (Slg. Stadt- und regionalgesch. Literatur, u. a. Stamm- und Meisterbuch der M.er Meistersinger). – Stadtmuseum; Antoniter-Museum und Strigel-Museum im Antonierhaus. – Landestheater Schwaben. – M.er Kulturpreis. – In Buxheim Dt. Kartausen-Museum.

Die Freie Reichsstadt Memmingen war vom 15-17. Jh. ein Zentrum für Wissenschaft und Humanismus. Sehr früh wurde mit dem Buchdruck begonnen (1480-1520 Albrecht Kunne aus Duderstadt, ein Gutenbergschüler). **Sebastian Lotzer** (geb. 1490) verfasste, unterstützt von **Christoph Schappeler** (1472-1531), das Manifest der aufständ. Bauern »Die zwölf Artikel«. Nach dem Dreißigjährigen Krieg gründete sich hier die Meistersingergesellschaft, die bis zum Ende des 19. Jh.s bestand (Singstätte im 17. und 18. Jh. die Dreikönigskapelle, Kalchstraße 29). Mitte des 17. Jh. war der Stadtarzt **Christoph Schorer** (1618-71) als Chronist und Sprachreiniger tätig. M.er Autoren (vom 16. bis ins 20. Jh.): **Hieremias Schütz** (geb. 1538), Dr. »Vom Abgott Bel zu Babel«); **Sibylla Schuster** (1639-85), in M. angesiedelt ihr Versdrama »Verkehrter Bekehrer und wider bethörter Ophiletes« (1685); **Jacob von Stählin** (1709-85), seit 1735 an der Akademie der Wiss. in Petersburg, Erzieher und Bibliothekar Zar Peters III; **Johann Georg Geßler** (1734-1789), musste wegen seiner »Spanisch-jesuitischen Anekdoten« 1767 nach Frankreich fliehen; der im Stil des Göttinger Hains dichtende Hutmacher **Christoph Städele** (1744-1811): »Gedichte« (1782); »Zwischen Atelier und Kegelbahn« (1939) des Malers **Max Unold** (1885-1964/Gedenktafel Untere Bachgasse 13; Parishaus mit M.-U.-Slg.); **Wendelin Überzwerch** (eig. Karl Fuss/1893-1962), bekannt als Schüttelreimer, auch G. »Uff guat schwäbisch« (1951).

L **Johann Kaspar Riesbeck** (→ Frankfurt/Höchst/HE) 1780: ». . . kam durch einige verfallene Reichsstädte, die . . . Dörfer geworden sind. Memmingen nimmt sich unter ihnen sehr gut aus, es hat einige Manufakturen und sieht wirklich einer Stadt etwas ähnlich« (»Briefe eines reisenden Franzosen über Deutschland«, 1783). »Hinter den Sieben Schwaben her« (auch) in M.: **Ludwig Aurbacher** (→ Mindelheim/Türkheim/BY). – **Sepp Skalitzky**, »Wallensteins Sommer in M.« (R. 1957); **Wolfgang Hillmann**, »Die Toten der Iller« (R. 1994).

Babenhausen

Fugger-Museum und -Bibliothek (Schloss B.).

Johannes Bissel, * 20. 8. 1601 B., † 9. 3. 1682 Amberg, Neulateiner, Prediger und Historiograph. Stationen seines Wirkens: Regensburg, Ingolstadt, München; interessant ein humorist. Reisebericht »Icaria« (1637). Dem heimatl. Günztal ist seine Pastorale von der »ländlichen Wiese an der Günz« gewidmet.
Franz Keller, * 24. 10. 1824 Günzburg, † 8. 10. 1897 Unterroth, Pfarrer und Mundartdichter: »Doraschleah von oigene und fremde Hecka« (G. 1873).

Egg an der Günz

Johannes Eck (eig. J. Maier), * 13. 1. 1486 E., † 10. 11. 1543 → Ingolstadt/BY, bekannt v. a. durch seine öffentl. Disputation mit M. Luther (→ Eisleben/TH) 1519 in Leipzig.

Ottobeuren

Alte Bibliothek (Bibliotheca Ottenburana): 101 ma. Hss., ca. 500 Inkunabeln, 1300 Frühdrucke, 20 000 Drucke 1550-1802; Neue Bibliothek (ab 1800).

Der Benediktinerkonvent im Reichsstift O. (gegr. 764) war berühmt für seine Beiträge zu Wiss. und Kunst. Die erste große Schriftstellerpersönlichkeit ist der Chronist Abt **Isengrim von O.** (1145-80). Ulrich Ellenbog (1481-1543) gilt neben K.

Peutinger (→ Augsburg/BY) als der zweite große Vertreter des Humanismus in Schwaben; schrieb auch Briefe über die Landschaft um O. Gründung einer Akademie 1534. Der letzte Prior war **Maurus Feyerabend** (1754-1818); wichtig seine Jahrbücher zur Geschichte des Klosters. Gegen Ende des 18. Jh.s besaß das Reichsstift eine bedeutende Bibliothek – »damit (der Mönch) immer zur Verfügung habe, wovon er altes und neue schöpfen könne« –, die bei der Säkularisation 1802 verlorenging. – Der aus Rohrbach b. Waldsee stammende **Joseph Kuhn** (Ordensname **Kaspar**/1819-1906) gründete einen Theaterverein, schrieb 1877 das Ritterschauspiel »Silach oder die Stiftung des Klosters Ottobeuren« (Theatersaal). Die Geschichte des Klosters behandelt auch der R. »Der Herr mit den drei Ringen« von **Arthur Maximilian Miller** (→ Mindelheim/BY).

Z Biberach a. d. R., Wangen (BW); Kaufbeuren, Lindau (BY).

MEPPEN/NI

Aus M. stammt der Historiker Karl Brandi (1868-1946).

Levin Schücking, * 6. 9. 1814 M., † 31. 8. 1883 → Bad Pyrmont/NI, der »Walter Scott Westfalens« (rd. 200 Romane und Novellen). Kindheit und Jugend in Klemenswerth bei Sögel. Kam mit 15 Jahren nach → Münster (NW). Freundschaft mit A. v. Droste-Hülshoff (→ Münster/Roxel/NW), die an seinem Band »Das malerische und romantische Westfalen« (1841), dem Roman »Eine dunkle Tat« (1843) und der Novelle »Ein Familienschild« (1846) mitarbeitete. Bibliothekar auf der Meersburg (→ Überlingen/BW). 1843 Heirat mit der Schriftstellerin Luise von Gall, Wohnsitz in Sassenberg (→ Warendorf/

NW). – W.: Die Ritterbürtigen (R. 1846); Paul Bronckhorst (R. 1858); Annette von Droste (B. 1862); Ges. Erzählungen und Novellen (1859 ff.). Lebenserinnerungen (1886). Briefwechsel mit A. v. Droste-Hülshoff und L. v. Gall (hg. R. C. Muschler, 1928). – Slg. UB Münster, StuLB Dortmund. – Sch.-Gesellschaft (Sögel, seit 1997). Das 1997 eröffnete Sch.-Museum wurde bald darauf wieder geschlossen. **Mathilde Raven** (geb. Beckmann), * 16. 2. 1817 M., † nach 1898 Dresden, besuchte in M. die Elementarschule, zog später nach Berlin. Als Verfasserin von Flugschriften lebhafte Teilnahme an den pol. Bewegungen der 60er Jahre und Verteidigerin des Nationalvereins. Außerdem zahlreiche Stücke, Romane und Gedichte. **Bernhard von Lepel**, * 27. 5. 1818 M., † 17. 5. 1885 Prenzlau, Lyriker (»Lieder aus Rom«, 1846). Bekannt durch seine Freundschaft mit Th. Fontane (→ Neuruppin/BB), der ihn »den kleinen Platen« nannte.

L Sage von **Wittekind** (→ Herford/NW), der den Leichnam des Friesenkönigs Surbold nach »Väter Weise dem himmlischen Feuer anheimgibt« und auf dem Hümmling bestattet: »Hünenkönig Surbold/Ligt begraven im Börgerwold«. – Niederdt. Autoren aus M., die sich nach dem 2. Weltkrieg zu den Autorenvereinigungen »Schriewerkring an Ems und Vechte« und »Emslandske Sellskup« zusammenfanden: **Josef Hugenberg** (1900-1985), »Dat plattdütsk Speelbauk« (10 Dorfspiele, 1965), »Aus einer kleinen Stadt« (G. 1966); **Bernhard Uphus** (1886-1960/Grab Friedhof M.), sein Lustsp. »De dröge Jan« (1956) wurde in vielen Orten im Emsland und in Holland aufgeführt.

Lingen

»Es ist angenehm, in Lingen einzukehren. Die Luft war sauber und roch nach dem strengen Atem des grünen Landes ringsum ... Zierlich das Haus der Kivelingen-Gilde, mit dem selt-

sam verschobenen Dach; alt der Fachwerkbau einer von Oraniern gegründeten Miniatur-Universität.« (Hans Lipinsky-Gottersdorf, 1971) 1697-1810 Gymnasium academicum (Universität mit 4 Fakultäten). – Kreisheimatmuseum.

A Goethes Großoheim **Johann Michael von Loën** (1694-1776 in L., Grab ebd.) wurde 1752 von Friedrich d. Gr., dem er zuvor sein Buch »Die innig wahre Religion« gewidmet hatte, zum Regierungspräsidenten der Grafschaft L. ernannt (Goethe dazu in »Aus meinem Leben«). (L.s bekanntestes Werk: »Der redliche Mann am Hofe«, 1742). – **Friedrich Adolf Krummacher** (→ Tecklenburg/NW) studierte von 1784-87 in L. Theologie. – Die emsländ. Dichterin **Emmy von Dincklage** (→ Papenburg/NI) wohnte seit 1866 meist in L.

Papenburg

»Es ist bekannt, daß das Emsland wegen seiner Treue zur katholischen Kirche unter der Herrschaft der Nationalsozialisten viele Nachteile hinnehmen mußte. Nicht nur seiner geographischen Lage im Moor allein, sondern auch der trotzigen Haltung der Emsländer hatte diese dünnbesiedelte Gegend rund um Papenburg einige Konzentrationslager zu ›verdanken‹. Börgermoor, Esterwegen, Aschendorfer Moor, Neusustrum – Namen, die keiner mehr kennt ...« *(Tadeusz Nowakowski, 1971)* Museum (Exponate zur Fehnkolonie P., Moorabtlg., Schifffahrtsfreilichtmuseum).

»**Papenburg**, Hafen auch für seegängige Schiffe, ist unsere letzte Station; hier nämlich hört das eigentliche Emsland auf«, schreibt **Waldemar Augustiny** 1971 (→ Osterholz-Scharmbeck/Worpswede/NI). In Deutschlands ältester Fehnkolonie, ironisch gern als »längstes Dorf Europas« bezeichnet, lebte der Friedensrichter **Bernhard Godfried Bueren** (1771-1845). Sein Heimatlied »Denk Papenburg, wie klein du angefangen, als Kolonie in einem wüsten Moor« steht in den »Ausgew. Gedichten« (1868).

Aktuellere P.er Impressionen in dem Roman »Polonaise Allerheiligen« (1959) von **Tadeusz Nowakowski** (1920-96), der zu den Polen gehörte, die sich nach dem 2. Weltkrieg eine Zeitlang in emsländischen Lagern für »Displaced Persons« aufhalten mussten. In der Nähe standen in nationalsoz. Zeit berüchtigte Konzentrationslager. Zu den Häftlingen im KZ **Esterwegen** gehörte 1935/36 **Carl von Ossietzky** (→Hamburg). Der Kabarettist **Werner Finck** (→ München/BY) berichtet in »Alter Narr – was nun?« (Aut. 1972) über seine Haftbegegnung mit Ossietzky, der ihm sagte: »Daß wir noch einmal zusammen im gleichen Lager stehen würden, hätte ich mir auch nicht träumen lassen.« Im Oktober 1935 besuchte **Carl Jacob Burckhardt** das Lager; in »Meine Danziger Mission 1937-1939« berichtete er 1960 von der erschütternden Begegnung mit dem späteren Friedensnobelpreisträger Ossietzky. Nahe Esterwegen der »Totenhain«, mit Ossietzky-Gedenkstein. – Unter den ersten Häftlingen im KZ **Börgermoor** war **Wolfgang Langhoff** (→Berlin). Sein 1935 veröffentl. Bericht »Die Moorsoldaten« ist eines der frühesten Zeugnisse über die Greuel; das im Lager entstandene »Moorsoldaten«-Gedicht wurde ein populäres, antifaschist. Lied. Ebenfalls waren hier **Carlo Mierendorff** (→ Darmstadt/HE) und die Politiker Julius Leber, Theodor Haubach, Friedrich Ebert, der Sohn des Reichspräsidenten, inhaftiert. Ein Mithäftling: »Hinter der Baracke 7 ist der Treffpunkt von Ossietzky, Haubach, Kurt Eisner und anderen. Da wird nicht die Politik, sondern die Literatur in den Mittelpunkt der sehr lebendigen Konversation gestellt.« (C. v. O., Schriften, Bd. VII, 1994). Vom Schriftsteller **Karl August Wittfogel** (→Lüchow/NI) stammt der aut. Roman »Staatliches

Konzentrationslager VII« über das KZ Esterwegen (n. 1991), den W. 1936 in London veröffentlichte. Weitere Publikationen in der Schr.-Reihe des Dokumentations- und Informationszentrums (DIZ) Emslandlager (Papenburg).

Ⓡ Der **Hümmling** bildete früher »eine eigene Grafschaft, nach dem Hauptort gewöhnlich ›die Grafschaft Sögel‹ genannt«: **Johann Georg Kohl** (→Bremen) in seinen »Nordwestdeutschen Skizzen« (2. Teil 1864, n. 1978). Acht Alleen führen bei **Sögel** sternförmig auf **Klemenswerth**, eines der schönsten Rokoko-Jagdschlösser Europas (heute Emsländ. Kulturzentrum). **Levin Schücking**, dessen Vater hier als Amtmann wohnte, verbrachte seine Kinder- und Schulzeit bis zum 15. Lebensjahr in K. (»Verschlungene Wege«, 1867). Levins Mutter, **Katharina Schücking-Busch** (→ Beckum/Ahlen/NW), starb hier 1831; ihr Grabstein auf dem Friedhof zu **Gehlenberg** (Friesoythe-G.). – Der »Dichter des Hümmlings«, **Albert Trautmann** (1867-1920), war Apotheker in **Werlte** (Hauptstraße 36; Grab auf dem Friedhof). Seine Werke (u. a. »Hümmlinger Skizzen«, 1910) stehen in »der klassischen Tradition der Dorfgeschichte« (C. Hohoff). – Als »Dichterin des Emslandes« verehrt: **Emmy von Dincklage** (1825-91), die auf Gut Campe in der Gemeinde **Steinbild** (Kluse-St.), geboren wurde. Viel gelesen u. a. ihre »Geschichten aus dem Emslande« (1872/73, n. 1976); »Wahre Geschichten« (1875) verfasste sie zus. mit ihrer Schwester **Clara von D.** (1829-1919). Grab auf dem Familienfriedhof in Campe.

In der dt. Fassung von Samuel Becketts »Warten auf Godot« (1953; Übers. E. Tophoven) sagt Estragon zu Wladimir: »Und wir gehen ins Emsland... Ich wollte schon immer durchs Emsland wandern.« **Erich Maria Remarque** (→ Osnabrück/NI) hingegen zog es nicht hierher; Mai bis Juli

1920 musste er in **Klein Berßen** als Dorf-
schullehrer unterrichten. Er konnte der
Landschaft partout keine Reize abgewin-
nen. Die Zeit vorher, von 1919-20, war R.
Lehrer in **Lohne** (Lingen-L.), er erwähnt
jene Zeit in dem R. »Der Weg zurück«:
»Mit stiller Rührung sehe ich fast vergesse-
ne Dinge auf dem Tisch erscheinen: einen
mächtigen Schinken, armlange Würste,
schneeweißes Weizenbrot . . .« – Zur Dich-
terin des Emslandes brachte es **Maria
Mönch-Tegeder** (1903-80) aus **Mehrin-
gen** mit dem R. »Land unner Gottes
Thron« (1950), v. a. aber mit ihren »Vertell-
sels« wie »Use Land« (1978) sowie »Hol-
ter-Bolter-Pleite« (1980). Grab in Emsbü-
ren.
Haren: »Wie London an der Themse liegt
Haren an der Emse . . .« – Die alte Schif-
fersiedlung beherbergte nach 1945 »Dis-
placed Persons«: zu den unfreiwillig Ein-
quartierten gehörte auch der Schriftsteller
Tadeusz Nowakowski, der diese Zeit in
dem Roman »Polonaise Allerheiligen«
(1959) schildert, die Handlung allerdings
nach Papenburg verlegt. In Haselünne
musste **Horst Janssen** (→ Hamburg) die
Napola-Schule besuchen, (Erinnerungen
in »Summa summarum – Ein Lebenslese-
buch«, Hrsg. G. Tietjens, 2006): »Es ist
das melancholischste, tiefatmigste, dun-
kelste und hellste Land der Welt und aller
Galaxien«.

S **Kulturpreis** des Landkreises Emsland. – In
Surwold-Börgerwald die »S.-Literaturgesprä-
che« mit dem Autor **Kai Engelke** (»Surwold-
Blues«, G. 1997).
B Henning Buck (Hrsg.), Emsland litera-
risch,1997; Die Emslandlager in Vergangen-
heit und Gegenwart, Hrsg. DIZ, 1986.
Z Nordhorn, Quakenbrück (NI); Rheine,
Steinfurt (NW).

MERSEBURG/ST

Kulturhistorisches Museum im Schloss. – 1653-
1738 Residenz der Herzöge von Sachsen-M.

Merseburger Zaubersprüche, vermutl. in
Fulda im 1. oder 2. Drittel des 10. Jh.s auf
dem leer gebliebenen Vorsatzblatt eines
lat. Sakramentars in ostfränk-ahd. Spra-
che niedergeschrieben. Der erste Spruch
ist ein Lösezauber, der zweite, kunstvollere
eine magische Anleitung zur Heilung
einer Fußverletzung beim Pferd: »Bein
zu Beine, Blut zu Blute, / Glied zu Glie-
dern, als ob sie aneinandergefügt seien«
(Übersetzung H. Mettke). Ihr heidnisch-
german. Inhalt verweist sie ins frühe 8.
Jh. **Jacob Grimm** (→ Hanau/HE) fand

*Merseburg: der Dom, Wirkungsort und Grab-
stätte Thietmars von Merseburg*

sie 1841 in der M.er Domstiftsbibliothek und veröffentlichte sie 42. – Originale dort; Duplikate und Erläuterungen im Museum.

Thietmar von Merseburg, * vermutl. 25. 7. 975 Walbeck bei Helmstedt, † 1. 12. 1018 M., Verf. eines 1012-18 entstandenen »Chronicons«, das die wichtigste Geschichtsquelle für die ottonische Zeit ist. Th. schöpfte aus Widukinds (→ Höxter/Corvey/NI) »Sachsengeschichte«, Heiligenviten und Totenbüchern, brachte aber auch Erlebtes ein. 1009 Bischof von M. – Grab in der Bischofskapelle des Domes, zu dem Th. noch den Grundstein gelegt hatte. Erläuterungen zum Werk im Museum.

Julius von Kirchmann, * 5. 11. 1802 Schafstädt bei M., † 20. 10. 1884 Berlin, Reiseschriftsteller (»Nach Constantinopel und Brussa«, 1855), Jurist und Philosoph. Im preuß. Staatsdienst hohe Ämter, bis er wegen seiner Kulturkritik 1867 entlassen wurde. Zum geflügelten Wort wurde K.s Satz »Drei berichtigende Worte des Gesetzgebers und ganze Bibliotheken werden zu Makulatur« (»Über die Werthlosigkeit der Jurisprudenz als Wissenschaft«, 1847).

Siegfried Berger, * 20. 12. 1891 M., † 27. 3. 1947 ebd., Erzähler und Regionalhistoriker. 1928 Landrat des Kreises M. Verfasste Romane vor dem Hintergrund der Industrialisierung Mittel-Dtl.s (»Schlote wachsen im Land«, 1938). Bedeutsam seine Porträt-Slg. »Schöpferische Menschen aus Mitteldeutschland« (1940).

Walter Bauer, * 4. 11. 1904 M., † 23. 12. 1976 Toronto, bedeutendster Dichter aus dem mitteldt. Industrierevier. Absolvent des M.er Lehrerseminars, doch niemals Leuna-Arbeiter. B. hat in dem aus hymnischen Versen und kurzer Prosa bestehenden Bd. »Stimme aus dem Leunawerk« (1930) deren Menschenwürde und Sehnsucht nach Gerechtigkeit lit. überzeugend gestaltet. 1952 Auswanderung nach Kanada, wo B. Lit. studierte und es bis zum Prof. brachte. – Wohnung: Herweghstraße 8 und Rosa-Luxemburg-Straße 22.

A **Martin Luther** (→ Eisleben/ST) erhob am 1. 8. 1545 Georg von Anhalt auf dem M.er Schloss zum ersten ev. Bischof. Am Tag darauf Predigt im Dom (Gedenktafel). – Um 1680 wurde auf dem Domgymnasium **Christian Reuters** (→ Halle/Kütten/ST) humorist. Veranlagung erkannt. – Der junge **Wilhelm von Kügelgen** (→ Quedlinburg/Ballenstedt/ST) war 1817 auf dem M.er Schloss Gast. Auf einer Fensterbank sah er »ein derbes altes Buch«, Thietmars »Chronik«: »Es waren wunderliche Geschichten, für deren Wahrheit ich nicht einstehen möchte, dazumal aber glaubte ich alles, weil das Buch so ernst und fromm war.« – **Ernst Haeckel** (→ Jena/TH) wuchs 1835-52 in M. auf. Besuch des Domgymnasiums, wo der »Unterricht in der Naturkunde aufs äußerste eingeschränkt« war, während H.s Privatlehrer mit ihm am Ufer der Saale botanisierte und ihn mit Ch. Darwins »Reise eines Naturforschers um die Erde« bekannt machte. – **Werner Bergengruen** (→ Baden-Baden/BW) wohnte 1932 im Gasthof »Goldene Sonne« am Markt. In der »Deutschen Reise« (1934) Beschreibung der Stadt. – **Otto Gotsche** (→ Eisleben/Wolferode/ST) war im Herbst 1945 im Regierungsbezirk M. für die Durchführung der Bodenreform verantwortlich. In »Tiefe Furchen« (1949) griff er dieses Thema auf.

L Seit 1916 errichtete die Badische Anilin- und Sodafabrik AG beim Dorf Rössen südl. von M. riesige Industrieanlagen. Das Leunawerk wurde der Kern des mitteldt. Industrierreviers, dessen Arbeiter 1920 im Kapp-Putsch die Demokratie verteidigten, bald aber die KPD zur Massenpartei werden ließen und der Weimarer Republik den Kampf ansagten. **Berta Lask** (→ Seelow/Bad Freienwalde/BB) schrieb die Szenenfolge »Leuna 1921« (1927). – Im Süden von M. entstanden seit 1936 die Chemischen Werke Buna. Sie waren das zweitgrößte Industrieunternehmen der DDR. **Erik Neutsch** erzählt in seinem Erfolgs-Roman »Spur der Steine« (1964, verfilmt) von der Großbaustelle »Schkona« (in der Schkopau zu erkennen ist) und vom Zimmermannbrigadier Balla (»ohne ihn und seinen Bleistift wäre mehr Luft in den Lohntüten als Geld«).

⑤ Seit 1994 alle zwei Jahre **Walter-Bauer-Literatur-Preis.**

Bad Dürrenberg

Borlach-Museum, benannt nach Johann Gottfried Borlach (1687-1768), dem Gründer der kursächs. Staatssalinen, zu denen auch D. gehörte. Aus **Thalschütz** bei D. stammt der Leipziger Verleger **Johann Ambrosius Barth** (1760-1813). – 1784 wurde Heinrich Ulrich Erasmus von Hardenberg Direktor der D.er Salinen. Sein Sohn Friedrich/**Novalis** (→ Hettstedt/Oberwiederstedt/ST) wird ihn vom nahen Weißenfels aus nach D. begleitet haben. Im Mai/Juni 1799 bereiste N. die Salinen und stellte ein Gesuch um feste Anstellung.

Bad Lauchstädt

Historische Kuranlagen und Goethe-Theater (mit funktionsfähiger Bühnentechnik von 1802). – Im Theater allsommerlich Gastspiele.

Die Herzöge von Sachsen-Merseburg nutzten den Ackerbürgerort als Sommerresidenz. Nachdem 1710 der hallische Prof. Friedrich Hoffmann (der durch die »Hoffmannschen Tropfen« Bekanntheit genießt) die Heilkraft des dortigen Wassers festgestellt hatte, wurde L. ein kleines Modebad. Die Kurliste ist lang: **Johann Christoph Gottsched** (→ Leipzig/SN), 1734 und 63. Wohnung: Markt 10 (Gedenktafel). **Christian Fürchtegott Gellert** (→ Mittweida/Hainichen/SN), 1752, 55 und 57. Von ihm erste Verse auf L.: »Noch hat kein Dichter dich, berühmter Brunn erhoben!/So laß, o Lauchstädt mich nun

deine Quellen loben« (1763). **Johann Wilhelm Ludwig Gleim** (→ Aschersleben/Ermsleben/ST) kam zwischen 1766 und 88 sieben Mal nach L. Wohnung: Gasthof »Drei Schwäne«, Markt 2. 1766 lernte er in L. **Christian Adolph Klotz** (→ Bischofswerda/SN) und den Lyriker **Johann Georg Jacobi** (→ Düsseldorf/NW) kennen. Letzterer gedachte 1804 in einem Nachruf auf den Freund auch der »seligen Tage in Lauchstädt … wo Gleim jeden Morgen mit einem Liede mich weckte«. – **L. F. G. Goeckingk** (→ Oschersleben/Gröningen/ST) feierte im August 1775 in L. seine Hochzeit.

Dass L., nun auch Sommeraufenthalt des Dresdner Hofes und seit 1776 mit einer »Comödienbude« ausgestattet, zu hohem Ansehen kam, hatte es **Goethe** zu verdanken, der für das Weimarer Hoftheater die Konzession zu sommerlichen Gastspielen in L. erwarb. Am 26. 6. 1802 eröffnete er das Theater mit Mozarts »Titus« und seinem eigens zu diesem Zweck geschriebenen Vorspiel »Was wir bringen«. Bis 1805 kam G. jährlich nach L. Wohnung: Goethestraße 16 (Gedenktafel). – **Christiane Vulpius** (→ Weimar/TH), die hier ihre Theater- und Tanzbesessenheit befriedigte, zog es zwischen 1803 und 10 allsommerlich für Wochen nach L. Büste (1811) im Park. – **Friedrich Schiller** (→ Ludwigsburg/Marbach/BW) kannte L. von einem Besuch im August 1789 her, als er sich dort mit **Caroline** und **Charlotte von Lengefeld** (→ Rudolstadt/TH) getroffen hatte und einen Heiratsantrag folgen ließ. Wohnung: Schillerstraße 5 (Gedenktafel); Sch.-Stein (1955) mit Sch.-Zitat (»Der Mensch ist ein Wesen, das will«) gegenüber dem Kurhaus. 1803 weilte Sch. in L., um Inszenierungen eigener Stücke zu sehen. Wohnung gegenüber dem Theater (Gedenktafel). Am 10. 8. 05 fand unter Goethes Leitung eine Trauerfeier für den im Mai verstorbenen Sch. satt, die mit einem »Epilog« zu dessen »Glocke« schloss. Erinnerungen an Goethe und Schiller im Quellpavillon. – Zwischen 1809 und 14 war jedes Jahr **Adolph Müllner** (→ Weißenfels/ST) L.er Theaterbesucher. Am 7. 8. 1814 fand das letzte Gastspiel des Weimarer Hoftheaters in L. statt. – **Richard Wagner** (→ Bayreuth/BY) kam im Juli 1834 nach L., um den »Don Giovanni« zu dirigieren. Im Quartier Goethestraße 14 (Gedenktafel) sah W. die Sängerin Minna Planer, verliebte sich, wurde L.er Kapellmeister und heiratete sie. – Am 14. 6. 1912 fand in L. die Uraufführung von **Gerhart Hauptmanns** (→ Berlin) »Gabriel Schillings Flucht« (Bühnenbild M. Liebermann) statt. Wohnung: »Schwarzer Adler« (heute Wohnhaus), Markt 3.

Mücheln

Ahasverus Fritsch, * 16.12. 1629 M., † 24. 8. 1701 → Rudolstadt/TH, theolog. Schriftsteller und Verf. von kulturkrit. Traktaten. Im Hofdienst, in dem er es bis zum Kanzler brachte. Interessant ist F. auch als gegen K. Stieler (→ Erfurt/TH) gerichteter Zeitungstheoretiker. – W.: Der sündliche Kirchen-Schläffer (1675); Discursus Novellarum quas vocant Neue Zeitunge (1676, n. W. Barton, 1999); Der Beschämte Geschenck-Fresser (1684, n. D. Ignasiak 1995).

🄻 Nach dem legendären Sieg **Friedrichs d. Gr.** (→ Potsdam/BB) am 5. 11. 1757 bei **Roßbach** über Reichsarmee und Franzosen besang man den Preußenkönig und verspottete seine Gegner (»Und wenn der große Friedrich kommt/ und klopft nur auf die Hosen,/so läuft die ganze Reichsarmee,/Panduren und Franzosen«). Dieser Sieg machte F. auch in Frankreich populär (D. de Sauvigny, »La Prussiade«, 1758). In Dtl. weckte er patriot. Gefühle. **J. W. L. Gleim** spielt ihn in dem schnell bekannt ge-

wordenen »Siegeslied nach der Schlacht bey Roßbach« (1757) gegen das Haus Habsburg aus.

🅩 Halle an der Saale, Naumburg, Querfurt, Weißenfels (ST); Leipzig (SN).

MERZIG/SL

Kreisheimatmuseum im Fellenberg-Schlösschen (Gedenkraum für P. Wust, G. Regler, M. Croon). – Steine an der Grenze (Büdingen-Wellingen-Launstroff).

Gustav Regler, * 25. 5. 1898 M., † 14. 1. 1963 Neu-Delhi, Romanschriftsteller, Essayist. Sohn eines Buchhändlers, Kindheit und Jugend in M.; 1916 Soldat. Ende 1917 Studium in Heidelberg und München; in 2. Ehe mit Marieluise Vogeler verheiratet (→ Worpswede/NI). 1928 KPD-Mitglied, später von der Partei verfemt. Kampf gegen Hitler: Staatsgast in der Sowjetunion (u. a. mit A. Malraux); Abstimmungskampf an der Saar (→ Saarbrücken/SL); Spanischer Bürgerkrieg (Freundschaft mit E. Hemingway). 1940 Flucht über die USA nach Mexiko. Nach dem 2. Weltkrieg zeitw. wieder in Dtl. – W.: Wasser, Brot und blaue Bohnen (R. 1932); Im Kreuzfeuer (Saar-R. 1934); Das Ohr des Malchus (Aut. 1958). Werkausgabe (1993 ff.). – Grab auf dem Friedhof; Stein in Form eines Schiffes (»immer unterwegs zu neuen Ufern«) von Paul Schneider Am Seffersbach; Wand- und Schriftbilder in der Buchhandlung R. – G.-R.-Zentrum (seit 1997): »Park der Andersdenkenden« mit Gedenkstätte am Münchberg. Im Park auch ein Stein für Isaak Moyse Levy (1804-61), dem Gründer der Merziger Talmud-Schule; G.-R.-Weg (zur Grenze). – Slg. StB Merzig; Nachlass Lit.-A ULB Saarbrücken) – Gustav-Regler-Preis der Stadt Merzig (seit 1999), G.-R.-Förderpreis des Saarländ. Rundfunks. – U.

Grund, R. Schock, G. Scholdt (Hrsg.),
G. R., Dokumente und Analysen (1985);
G. Scholdt, G. R. (1998).

L In M. spielt: **Matthias Enzweilers** »Das
Merziger Land« (1982); **Monica Streit**, »Jo-
schi. Eine Kindheit. NachdemKrieg«. – »Lieb
wie ich, Freund, / den Rundlauf der Pfade«,
so wirbt **Johannes Kühn** für den Besuch der
Parkanlagen dies- und jenseits der Grenzen
(Hrsg H. Kreiselmeyer/N. Heffinger.), »Gär-
ten ohne Grenzen« (2004).

R Der Kreis liegt an der Grenze, der »al-
ten viel umstrittenen Grenze zwischen
Deutschland und Frankreich«, wie **G. Reg-
ler** schreibt, der wie sein Vater »nicht an
Grenzen glaubte«. Volkssprache ist das
Moselfränkische, das die zehn Sprachen
(vom »Keltischen bis zur Weinsprache«)
dieser Region enthält, so **Karl Conrath**
(1910-92) in seinem moselfränk. Wörter-
buch (1975). – Das lat. Preisgedicht »Mo-
sella« (371 n. Chr.) von **Decimus Magnus
Ausonius** (→ Trier/RP) ist das erste lit.
Zeugnis dieser Landschaft: Das Kapitel
über die Landhäuser weist u. a. nach **Nen-
nig** (Perl-N.), wo sich das größte röm. Fuß-
bodenmosaik nördl. der Alpen erhalten
hat. – »Des Landes schönste Stelle« nannte
(ähnlich wie ein Jh. vorher **Victor Hugo**
im Herbst 1863) **Reinhold Schneider**
(→ Baden-Baden/BW) die Saarschleife.
Im Wald versteckt, hinter Sagen verschanzt,
Ruine Montclair. Die Klosterschule der
Abtei **Mettlach** stand v. a. unter dem Schrift-
steller und Abt **Nithard** (Nizzo II, um
1050) in hohem Ansehen. In den Dörfern
des Klosterlandes, im unteren Saargau und
im Hochwald spielen **Maria Croons** (→
Trier/Saarburg/RP) erinnerungsselige Klei-
ne-Leute-Geschichten; in Mettlach selbst
der Roman »Komödianten in Krichingen«
(1963) von K. Conrath; in einem Walddorf
an der Grenze im Norden **Claus Schmauchs**
(1898-1979) »Hundsgasser« (1933). – In

Rissenthal (Losheim-R.) wurde am 28. 8.
1884 der Philosoph **Peter Wust** geb. (Ge-
denktafel am Geburtshaus; P.-W.-Gesell-
schaft seit 1982); P.-W.-Preis. Dorf und
Landschaft schildert W. in seiner Aut.
»Gestalten und Gedanken« (1940). Seine
wichtigsten Werke, in denen er eine christl.
Existenzphilosophie entwickelte: »Die Auf-
erstehung der Metaphysik« (1920), »Dia-
lektik des Geistes« (1928) und »Ungewiß-
heit und Wagnis« (1937 ff.). W. starb 1940
in → Münster/NW).

B E. Bingen, Land und Zeit zwischen Gren-
zen, 1954; Die Saarschleife, Ausstellungskata-
log, 2000.
Z Saarlouis (SL); Trier, Saarburg (RP). Jen-
seits der Grenze: Luxemburg (Goethe, Grab
des »Hauptmanns von Köpenick«, W. Voigt);
in Lothringen: Sierck, Manderen (Schloss Mal-
bruck: »Marlborough s'en va-t-en-guerre«).

MESCHEDE/NW

Auf dem Südfriedhof das Grab des schle-
sischen religiösen Volkserzählers **Joseph
Wittig** (1879-1949/»Leben Jesu in Palästi-
na, Schlesien und anderswo«,1925), der
nach dem 2. Weltkrieg in Westfalen gelebt
hatte. – Geb. in M. der Förster, Lyriker
und Erzähler **Hannes Tuch** (1906-86/
»Menschen und Bäume«, 1948). – Eine
Heimatkunde des Hochsauerlandkreises
die Jugenderinnerungen »Bassmes Hof«
des Maschineningenieurs **Wilhelm Ka-
thol** (1854-1944) in »striepeliger« Sprache
(halb platt, halb hochdt.). – In M.-**Remb-
linghausen** auf dem Friedhof das Grab
des Mundartdichters und Schusters **Jost
Hennecke** (1873-1940).

Grevenstein (Meschede-G.)

Josefa Berens-Totenohl, * 30. 3. 1891 G., † 6. 6. 1969 Meschede. Zunächst Lehrerin und Malerin. In der NS-Zeit eine Vertreterin des bäuerl. Schrifttums, die Mensch und Natur ins Mystische übersteigerte, propagandistisch. 1925 in Totenohl a. d. oberen Lenne (Femhof), später in Gleierbrück (Olpe). Grab im nahen Saalhausen. – W.: Der Femhof (R. 1934); Frau Magdalene (R. 1935); Die heimliche Schuld (R. 1960). – Elternhaus (Gedenktafel) und Gedenkstätte Winterberger Straße 30. – Teilnachlass Westfäl. Lit.-A. Hagen.

Schmallenberg

Der in Sch. geb. Pädagoge, Lyriker und Übersetzer **Karl Willeke** (1875-1956 → Arnsberg/NW) übertrug nach seiner pol. bedingten Entlassung Dantes »Göttliche Komödie« ins sauerländ. Platt. Wohnhaus Oststraße 21. – Auf dem Friedhof das Grab von **Hedwig Jungblut-Bergenthal** (1914-1987), die plattdt. Laienspiele verfasste. – In Sch.-**Bracht** das Grab der Mundartautorin (»Suerländer Nachtigall«) und Dorfwirtin **Christine Koch** (1869-1951/Gedenktafel am Wohnhaus): »Sunnenried«, »Wille Räousen« (zus. 1939). Archiv im Heimatmuseum Sch.-**Holthausen**. Ch.-K.-Gesellschaft zur Förderung der Literatur im Sauerland seit 1993. – Die Bühnenautorin **Hanna Rademacher** (1881-1979) starb in Sch.-**Fleckenberg** (Wohnhaus »Tors Hütte«).

Lennestadt

Aus L.-**Elspe** stammt der Priester und Heimatdichter **Viktor Peter Soemer** (1832-1902/Denkmal in Nähe des Geburtshauses St. Jacobus-Straße), der u. a. gereimte Erzählungen, Legenden und Märchen aus dem Sauerland schrieb. Auf dem Friedhof das Grab von **Anna Kayser** (1885-1962): Erzählungen und Romane aus der Dorfwelt. Im Naturschutzgebiet »Rübenkamp« eine der größten Freilichtbühnen Europas. – In L.-**Bielstein** geb. der lat. Dichter **Ferdinand von Fürstenberg** (1626-83 → Paderborn/NW), Bischof von Paderborn und Münster, Verfasser der »Monumenta Paderbornensia«. Seine »Poemata« erschienen erstmals 1656 in Rom. Über B. und die Fürstenbergs u. a. Beiträge von **Wilhelm Uhlmann-Bixterheide** (→ Iserlohn/NW) und »Aus dem Leben und aus dem Tagebuch eines Lennejunkers« von **Caspar von Fürstenberg** (1545-1610?), in »Das sauerländ. Bergland« (1921).

R Aus **Eslohe** stammt der Heimatdichter und Nachromantiker **Joseph Pape** (1831-1898→ Büren/NW). W.: »Friedrich von Spee« (Tr. 1857); »Das Lied von der Welt Zeiten« (Ep. 1885); »Der Spielmann« (Hrsg. M. Padberg, 1981). Gedenktafel am Geburtshaus, Grab auf dem Friedhof Büren, P.-Zimmer im Rathaus E. – In **Kirchhundem** das Geburtshaus des Priesters, Schriftstellers und Volksliedsammlers **Johannes Hatzfeld** (1882-1953/Slg. im Gemeindarchiv). – In **Hallenberg** spielt man seit 1950 alle 10 Jahre die »Passion«.

Z Arnsberg, Berleburg, Brilon, Soest (NW).

MESSKIRCH/BW

Martin Heidegger, * 26. 9. 1889 M., † 26. 5. 1976 → Freiburg i. Br./BW, Schüler E. Husserls, führender Vertreter der »Existenzphilosophie«: »Ein Denkender, der sieht« (H.-G. Gadamer). Seit 1923 Prof. in Marburg, seit 1928 in Freiburg. Hauptwerk: »Sein und Zeit« (1927). 1933 als Rektor dem Nationalsozialismus zugeneigt, dann distanziert. 1946-49 Lehrverbot; 51 Emeri-

tierung. 1959 Ehrenbürger von M. (»Dank
an die M.er Heimat«). – Elternhaus bei der
Stadtkirche, Kirchplatz 3 (Gedenktafel);
M.-H.-Museum im Schloss (Archiv, Ar-
beitsbibliothek); Grab auf dem Friedhof
von M.; Straße »Am Feldweg« vom Hof-
gartentor bis zur »Heideggerbank« am Wald-
rand (»Der Feldweg«, aut. Texte, 1949). –
M.-H.-Gesellschaft (seit 1985; Tagungen,
Schriftenreihe). – Nachlass DLA Mar-
bach.

A Die Stadt gehörte vom 14. bis zum
Ende des 16. Jh.s den Grafen von Zim-
mern. Hier schrieb **Graf Froben Chris-
toph** die **Zimmerische Chronik** (1550/
1566), eine skurrile Mischung aus Fami-
liengeschichte und Schwankbuch, die ein
lit. Panoptikum zeitgenössischen Lebens
entwirft (Hss. LB Stuttgart). – An den Theo-
logen und Erzbischof von Freiburg **Con-
rad Gröber** (1872-1948) erinnern Denk-
mal (an der Stadtkirche) und Tafel (am
Geburtshaus in der Hauptstraße). – Im
nahen Dorf **Rast** ist **Arnold Stadler** (Jg.
1954) aufgewachsen. Der Büchnerpreis-
träger 1999 und überzeugte Regionalist
lässt auch seine Helden in der Gegend
um M. ihren Ausgang nehmen. »Die Erin-
nerung fällt vom Fahrrad und bleibt lie-
gen«, heißt es im ersten R. der aut. Trilo-
gie »Ich war einmal« (1989); »Ein hinrei-
ßender Schrotthändler« (R. 1999); von
»Mein Hund, meine Sau, mein Leben«
(R. 1994) meint M. Walser, Heidegger
geistere durch das ganze Buch.

S Städt. **Heimatmuseum** (Schlossstraße 1):
Bilder und Memorabilia von A. a Sancta Clara
und dem Komponisten C. Kreutzer (1780-
1849). – In der **Meßkircher Stube** des Hotels
»Löwen« Bilder bedeutender Persönlichkeiten
aus M. und Umgebung (A. a Sancta Clara,
A. Gabele, C. Gröber, M. Heidegger, A. Kraut-
heimer/Pfarrer in Bietingen, J. B. von Seele, B.
Welte).

Kreenheinstetten
(Leibertingen-K.)

Abraham a Sancta Clara (eig. Johann Ul-
rich Megerle), * 2. 7. 1644 K., † 1. 12.
1709 Wien. Prediger, berühmt für seine
wort- und wirkgewaltige, drastisch baro-
cke Sprachartistik. Lateinschule in Meß-
kirch und Ingolstadt. 1670 Wallfahrtspre-
diger in → Taxa (Dachau/BY), seit 1672
Hofprediger in Wien (»Merck' s Wienn«,
1680); Reisen nach Rom. – Gedenkecke
im Geburtshaus (Gasthof »Zur Traube«;
Tafel); Denkmal vor der Kirche; Gedenk-
stätte in der Pfarrscheuer, Kirchplatz 3.

R Oberhalb von Hausen im Donautal
steht Schloss **Werenwag**, Stammburg des
Minnesängers **Hugo von W.** (2. Hälfte
13. Jh.; unter diesem Namen 16 Strophen
in der Manessischen Liederhs.). 1921 un-
ternahm **Otto Flake** (→ Baden-Baden/
BW) eine Wanderung nach W.: »Der
Name gefiel mir so gut, daß ich ihn später
zum Pseudonym für meine Chroniken in
der ›Neuen Rundschau‹ wählte« (»Es wird
Abend«, 1960). – Aus **Buffenhofen** stammt
Anton Gabele (1890-1966), der als »bo-
denständiger« Schriftsteller geschätzt war;
Gedenktafel am »Haus zur Sonne«. –
Günther Weisenborn (→ Velbert/NW)
zog 1948 ins nahe **Engelswies** (bis 1951):
»wir wohnten in einem kleinen Haus, vor
dem ein riesiger Obstgarten sich dehnte.
Rundum Äcker und Wälder und Frieden.«
(»Der gespaltene Horizont«, 1964).

B R. Minder, Heidegger und Hebel oder die
Sprache von Meßkirch, in: Dichter in der Ge-
sellschaft, 1966.

Z Bad Saulgau, Sigmaringen, Singen, Tuttlin-
gen, Überlingen (BW).

MIESBACH/BY

Heimatmuseum. – Waitzinger Keller (Kulturzentrum).

»Das längst Befürchtete ist eingetroffen, der Schlag ist gefallen – das bayerische Hochland ist fashionable geworden«, schrieb **Ludwig Steub** (→ Aichach/BY) schon vor 150 Jahren.

L »Wer in Miesbach Kniehosen trägt, ist gewiß von Schliersee oder Fischbach herübergekommen ... Trotz alledem gilt Miesbach noch immer für den Vorort oberbayerischer Sitte und Art ...«: **Karl Stieler** (→ München/BY) in Ludwigs II. Lieblingsbuch »Wanderungen im Bayerischen Gebirge und Salzkammergut« (1873). – Drei Jahre (1890-93) war **Paul Heyse** (→ Berlin) zur Sommerfrische in M.; Bilanz: drei Dorfgeschichten, »Xaverl«, »Vroni«, »Dorfromantik«. – **Georg Stöger-Ostin** (1874-1965/Grab in Gmund) wurde 1912 Lokalredakteur des »Miesbacher Anzeigers« und bekannt durch seine R. »Der wilde Jager von Gmund« und »Georg Jennerwein«. – 1920/21 schrieb **Ludwig Thoma** (→ Oberammergau/BY) anonym für den »Anzeiger« (unsägliche) antisemit. und demokratiefeindl. Hetzartikel (1989 Hrsg. W. Volkert).

Holzkirchen

Karl Weinberger, * 2. 12. 1892 München, † 4. 11. 1966 H., Romanautor v. a.: »Sturm am Tegernsee« (1941), »Die schöne Tölzerin« (1942), »Menuett in Nymphenburg« (1944). – Grab auf dem Friedhof.
R Auf dem Friedhof von **Schliersee** das Grab von **Xaver Terofal** (→ Erding/Dorfen/BY), der mit seinem Bauerntheater große Erfolge feierte (Einladung durch Wilhelm II. nach Berlin). Im Pfarrhaus von Sch. (Platenzimmer) »im Hafen meiner ländlichen Wünsche«, verbrachte **August von Platen** (→ Ansbach/BY) Sommer und Herbst 1817 (»Memorandum meines Lebens«, 14. Buch). Bei den schwed. Dich-

ter **Ola Hansson**, der »in einem kleinen Bauernhause am Bergabhang über dem See« wohnte, blieb **Max Dauthendey** (→ Würzburg/BY) auf seiner Wanderung von München nach Rom hängen. – In der Nähe von **Elbach** (Fischbachau-E.) hatte **Eduard Stemplinger** (→ Deggendorf/Plattling/BY) seinen Alterssitz, in E. auch das Grab. In **Hundham** (Fischbachau-H.) lebte seit 1924 **Fritz Müller-Partenkirchen** (1875-1942) auf dem Brüala-Hof. »Der Bayer ist kein Gaudibursch!«, untertitelte er zehn Jahre später seinen Erzählband »Das andere Bayern«. Grab in Elbach. Am Hohenkogl über **Bad Feilnbach** lebte seit 1929 **Jo Hanns Rösler** (1899-1966), seit 35 im »Rösler-Haus« (heute Pension). Komödien und v. a. »heitere Erzählungen« waren sein Metier. »Wenn ein Schriftsteller stirbt«, heißt die letzte seiner »Dachbodengeschichten« (1991): Grab in F.-Lippertskirchen. – Am **Spitzingsee** nahe der Wurzhütte Denkmal mit Urne für den Jagddichter **Anton Freiherr von Perfall** (→ Landsberg a. Lech/BY). Hinüber ins Leitzachtal, über dem Birkenstein und Wendelstein stehen, wandert **Lena Christs** (→ Ebersberg/Glonn/BY) »Bildlmacher« im Roman ihres Großvaters »Matthias Bichler« (1914). An die Wendelsteinbesteigung auf der »Fußreise Sr. Majestät (König Max II.) im Sommer« 1858 erinnert eine Tafel im Ortszentrum von **Bayrischzell**.

Z Bad Tölz, München, Rosenheim, Tegernsee (BY).

MILTENBERG/BY

Museum der Stadt M. – Theatertage auf der Burg.

»Fürsten und Herren woll bekandt, Burger und bauern zu der handt ...« heißt es vom »Riesen« in M., Deutschlands ältestem

Gasthof. **Martin Luther** (→ Eisleben/
TH) soll hier genächtigt und durch »erbau-
liches Singen und Beten« den Grafen Er-
bach zu seiner Lehre bekehrt haben. **Johan-
nes Butzbach** (→ Mayen/Maria Laach/
RP) wurde 1477 in M. geb.; im III. Buch
von »Makrostroma« rühmt er die »Frucht-
barkeit der Gefilde« und den »freundlichen,
milden und wohltätigen Sinn der Bewoh-
ner«, woher die Stadt ihren Namen habe.
R »In **Amorbach** ragt die Vorwelt Sieg-
frieds, der nach einer Version an der Zitter-
felder Quelle tief im waldigen Tal soll er-
schlagen worden sein, in die Bilderwelt
der Kindheit«, schreibt **Theodor W. Ador-
no** (→ Frankfurt a. M./HE), »Ohne Leit-
bild« (1967). Seit 1896 logierte die Familie
im Hotel Post. In der Gaststube berausch-
te sich der junge A. an der dunklen Disso-
nanz einer Gitarre, der zwei Saiten fehlten
– »Jahre, ehe ich eine Note von Schönberg
kannte«. Hier kam A. auch in Berührung
mit der »Sphäre Wagners«, mit seiner kath.
Großmutter pilgerte er zur Wallfahrtskir-
che St. Michael bei **Großheubach**. In Amor-
bach ebenso wie im nahen **Kleinheubach**
und in **Laudenbach** sind Beispiele von
Friedrich Ludwig von Sckells Parkanla-
gen zu sehen, so wie er sie in den »Beiträ-
gen zur bildenden Gartenkunst« (1825)
konzipiert hat. »Die Farben von Amor-
bach« nennt **Godehard Schramm** seinen
Exkurs (1978). Die Fürstl. Leiningische
Bibliothek birgt neben Zeugnissen bene-
diktin. Wissenschaft u. a. den Nachlass
des »Griechenmüllers« **Wilhelm Müller**
(→ Dessau/ST). Die E. »Amorsbronn«
(1927) von **Nikolaus Schwarzkopf** (→
Darmstadt/HE) verweist auf die Wallfahrts-
kapelle St. Amor in **Amorsbrunn**. – Ob
Wolfram von Eschenbach (→ Gunzen-
hausen/Wolframs-Eschenbach/BY) auf der
Wildenburg bei A. gelebt hat, ist weder
durch die Inschrift »O WE MVTER« in
der Laibung eines westl. Erdgeschossfens-

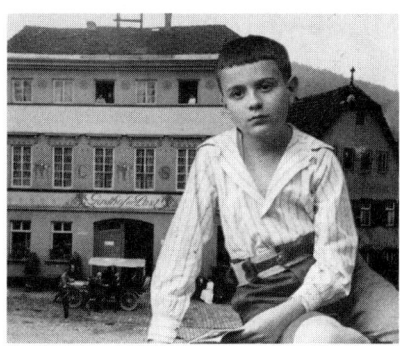

*Amorbach: Theodor W. Adornos »Bilderwelt der
Kindheit«*

ters noch aus der Beschreibung der Grals-
burg »Montsalwatsch« im »Parzival« gesi-
chert. Heimatkundlich orientierte Führer
behaupten darüber hinaus, dass W. hier mit
Walther von der Vogelweide (→ Würzburg/
BY), **Tannhäuser** (→ Neumarkt i. d. Opf./
BY), **Heinrich von Veldeke** (→ Kleve/NW)
und anderen Minnesängern zusammen-
getroffen sei. – **Dieter Kühn** bezieht in
»Neidhart und das Reuental. Eine Le-
bensreise« (1996) das nahe **Reuenthal**
bei Weilbach in seine Verortung des **Neid-
hart** mit ein. In R. selbst wird mit Fresken
und Hausinschriften an den Minnesänger
erinnert.

B R. Papst (Hrsg.), Theodor W. Adorno,
Kindheit in Amorbach. Bilder und Erinnerun-
gen, 2003.
Z Aschaffenburg (BY); Bad Mergentheim,
Mosbach, Tauberbischofsheim (BW).

MINDELHEIM/BY

Heimatmuseum der Stadt. – Forum am Thea-
terplatz. – Frundsberg-Fest (alle drei Jahre) zur
Erinnerung an den auf Schloss M. 1473 geb.
Landsknechtführer Georg von Frundsberg.

Aus M. an der ehem. Salzstraße München-
Memmingen stammt der Historiker und

Stadtschreiber **Adam Reissner** (oder **Reusner**/um 1500-80), Autor einer »Historia Herrn Georgen unnd Herrn Casparn von Frundsberg, Vatters und Sons ...«, sowie dessen Onkel, der Theologe **Johannes Altenstaig** (1480-1525), der Georg von Frundsberg die Schrift »Von der Füllerey« (1525) widmete. – Ebenfalls in M. geb. der Mundartdichter **Johann Georg Scheifele** (1825-80), der sich **Jörg von Spitzispui** nannte (»Quodlibet curiosum«, »Mucka und Wefzga«, hochdt. »Fliegen und Wespen«); Wandmalerei (von E. Holzbaur) an der Volksbank, Gedenktafel an der Friedhofskapelle.

Arthur Maximilian Miller, 16. 6. 1901 M., † 18. 2. 1992 → Ottobeuren (Memmingen/BY), bay.-schwäb. Erzähler und Lyriker. Volksschullehrer, u. a. ab 1924 in Immenstadt, ab 38 in Kornau. Grab in → Oberstdorf (Sonthofen/BY). – W.: Das Jahr der Reife (aut. R. 1931); Der Herr mit den drei Ringen (R. 1959); »Das Haus meiner Kindheit« (Aut. 1972). – Geburtshaus Maximilianstraße 29-31 (Gedenktafel); A.-M.-Miller-Stüble (auch für **Peter Dörfler** und **J. Bernhart**) im Heimatmuseum. – Nachlass SStB Augsburg. – A.-M.-Miller-Stiftung.

Christoph von Schmid (→ Dinkelsbühl/BY) war 1791-95 Kaplan in M.-**Nassenbeuren**. Hier entstand (nach U. Creutz) 1794 in einer ersten Fassung das bekannteste seiner Lieder, »Ihr Kinderlein kommet« (Gedenktafel in der Kapelle Maria Schnee). – **Peter Dörfler** (→ Kaufbeuren/Untergermaringen/BY) wurde 1909 als Benefiziat nach M. versetzt (Benefiziatenhaus bei St. Stephan) und schrieb über »Als Mutter noch lebte«. – Jüdisches Leben (1930er Jahre): **Werner Jacob Lipton**, »Werner Liebschütz – meine Kinderjahre in Mindelheim« (dt. 2004). – Die schwed. Erzählerin **Clara Nordström** (1886-1962), der Deutschland seit ihrem 17. Lebensjahr

zur zweiten Heimat geworden war, starb in M.; Grab auf dem Friedhof.

Aus **Türkheim** kommt der Pädagoge und Volksschriftsteller **Ludwig Aurbacher** (1784-1847): »Abenteuer von den sieben Schwaben« (in: »Ein Volksbüchlein« 1827/29); Gedenktafel am Geburtshaus Ecke Maximilian-Philipp-/L.-A.-Straße, Sieben-Schwaben-Museum im Schloss. In T. wirkte auch der Philosoph und Theologe **Joseph Bernhart** (1881-1969): »Der Kaplan« (aut. R. 1919). Gedenksäule vor seinem Haus, Wörishofer Straße 10; Grab auf dem Friedhof.

»Ein Mann kuriert Europa« (R. von **Eugen Ortner**/→ Traunstein/BY) und machte **Wörishofen** weltberühmt als Kneipp-Kurort. **Eugen Roth** (→ München/BY): »Heitere Kneipp-Fibel« (1954); **Otto Flake** (→ Baden-Baden/BW): »Hier standen die Hoteldiener mit Sandalen am Bahnhof und der Ort roch nach Malzkaffee ...« (»Es wird Abend«, 1960). 1909 hier, »In a German Pension« (Kurzgeschn. 1911, n. dt. Ausg. 80) von **Katherine Mansfield**; Gedenktafel Türkheimer Straße 2 »Allgäuer Hof: Das K.-M.-Haus«. – In den Kriegswirren 1945 mehr durch Zufall hier geb.: der Regisseur und Filmemacher **Rainer Werner Fassbinder** (gest. 1982 in → München/BY). – **Ralph Giordano**, »Plädoyer für die Promenade von Bad W.« (»Deutschlandreise«, 1998).

Z Kaufbeuren, Landsberg a. Lech, Memmingen (BY).

MINDEN/NW

»Am Morgen, da wir vom Marktplatz mit den altschönen Rathauslauben kommen, galt unser Blick wieder der wie mit einem Vorhang entzweigeteilten Berglandschaft im Süden, die dem Stromlauf die Ebene öffnet. Und wieder

hing der weiche Glanz der Weser in der Luft.«
(Konrad Weiß, 1950)
Bibliothek des Kommunalarchivs. – M.er
Museum für Geschichte, Landes- und Volks-
kunde.

Eberhard von Cersne, um 1408 als Kano-
nikus in St. Johannis belegt, Minnesänger.
Schrieb nach 1404 das allegor. Gedicht »Der
Minne Regel« (n. 1861), erhalten sind auch
20 Minnelieder in kunstvollem Strophen-
bau.

Max Bruns, * 13. 7. 1876 M., † 23. 7. 1945
ebd., Lyriker (»Durchwallte Welten«, 1936).
Übersetzte mit seiner Frau, der Lyrikerin
und Märchenerzählerin **Margarete B.-**
Sieckmann (1873-1914/»Märchen der Sa-
lamanderhöhle«, 1912) v. a. Dichtungen
von Baudelaire, Verlaine, Mallarmé und
gab sie in seinem Verlag heraus. – Geburts-
haus Obermarktstraße 20; Grab auf dem
Friedhof.

Gertrud von Le Fort, * 11. 10. 1876 M.,
† 1. 11. 1971 → Oberstdorf (Sonthofen/
BY), schrieb sprachlich an roman. Vorbil-
dern geschulte Romane meist hist. und le-
gendären Inhalts, die um rel. Fragen krei-
sen, auch Lyrik. Frühe Kindheit in M., Ju-
gend in Mecklenburg, Studium in → Hei-
delberg/BW. Trat 1927 zum Katholizis-
mus über, lebte ab 1941 in Oberstdorf. –
W.: Hymnen an die Kirche (1924); Das
Schweißtuch der Veronika (R. 1928/46);
Die Letzte am Schafott (N. 1931); Die
Magdeburgische Hochzeit (E. 1938); Hälfte
des Lebens (Erinn. 1965). – Haus der
Kindheit Weingartenstraße 30. – Nachlass
DLA (Marbacher Magazin 3/1976). – G.
Kanz, »Gertrud von Le Fort. Leben und
Werk in Daten, Bildern und Zeugnissen«
(3. Aufl. 1995).
Aus M. stammend: Der wahrsch. Mitte
des 13. Jh.s als Dekan in M. lebende **Ger-**
hard von Minden übertrug 125 Fabeln
des Äsop in die westfäl. Sprache seiner
Zeit (n. 1898). – **August Rudolf Jesaias Bü-**

demann (1716-74), Jurist im Staatsdienst,
Verfasser jurist., hist. und theol. Abhand-
lungen sowie von »Gedichten und Re-
den« (1742) und »Satyren« (1762). – West-
fäl. Dorf- und Stadtgeschichten schrieb
Friedrich Heinrich Otto Weddigen (1851-
1940).

Ⓐ Im Kloster St. Pauli lebten die Do-
minikaner **Heinrich von** → **Herford**
(NW), gest. 1370, und der Chronist **Her-**
mann von Lerbeck (gest. um 1415). – **Jo-**
hann Gottfried Herder (→ Weimar/TH)
weilte öfter in der Stadt; im September
1772 ritt er von Bückeburg nach M. vor-
aus, als sein Besucher **Georg Christoph**
Lichtenberg (→ Ober-Ramstadt/HE) das
Schlachtfeld aus dem 7-jährigen Krieg
(1. 8. 1759) besichtigen wollte. – Als Besat-
zungsoffizier kam im Sommer 1795 **Fried-**
rich de la Motte Fouqué (→ Berlin); er be-
gegnete hier der 15-jährigen Elisabeth von
Breitenbauch, dem Vorbild seiner »Undi-
ne«. – Seit 1808 lebte der Arzt und Goe-
the-Freund **Nicolaus Meyer** (1775-1855)
in M.; 1817 Herausgeber des in ganz
Deutschland verbreiteten »Mindener Sonn-
tagsblatts«; Grab auf dem Friedhof von
Hausberge (Porta Westfalica). – **Heinrich**
Heine (→ Düsseldorf/NW) notierte 1843
in »Deutschland, ein Wintermärchen«:
»Minden ist eine feste Burg, / Hat gute
Wehr und Waffen! / Mit preußischen Fes-
tungen hab ich jedoch / Nicht gerne was
zu schaffen.« – Die Freundin der A. v.
Droste-Hülshoff, **Elise Rüdiger** (1812-
1899), verlebte vor ihrer Heirat nach →
Münster/NW in M. Kindheit und Jugend;
unter ihrem Mädchennamen »E. von Ho-
henhausen« veröffentlichte sie im Alter
u. a. Erzählungen (»Berühmte Liebespaa-
re«, 1870/71). Ihre Mutter, **Elise von Ho-**
henhausen (1789-1857) schrieb hist. Ro-
mane und »Novellen« (1829) und übersetz-
te aus dem Englischen. – Seit 1844 lebte
zeitweilig der Dramatiker **Heinrich Kruse**

(→ Stralsund/MV) in M. – 1848-50 wohnte **Louise von François** (→ Weißenfels/ Herzberg/ST) im Haus ihres Onkels, des M.er Festungskommandanten **Karl von F.** (1785-1855); dessen »Memoiren« aus der Zeit der Befreiungskriege 1808-1814 erschienen 1889 (n. 1965). Stadt und Umgebung schildern »Judith, die Kluswirtin« (1868) und »Natur und Gnade« (1876) von Louise von F. – Eine Reihe von Jahren brachte auch die Sängerin **Elise Polko** (→ Dresden/Wackerbartsruhe/SN) in M. zu. – 1898 besuchte **Wilhelm Raabe** (→ Holzminden/ Eschershausen/NI) seine in M. verheiratete Tochter E. Wasserfall. – **Hjalmar Kutzleb** (→ Weilburg/HE), der eine Zeitlang in der Stadt lebte, schrieb 1933 den Roman »Morgenluft in Schilda« (gemeint ist M.); 36 folgte »Ein Paar Reiterstiefel oder Die Schlacht von Minden«. – Der Schneidergeselle Heinrich Miller lebte bis 1860 in M. und floh dann nach New York; sein Enkel, der amerikan. Schriftsteller **Henry Miller** Ende der 50er Jahre dazu: Er »muß ein Idiot gewesen sein, so einen idyllischen Ort zu verlassen«.

L Reiseschilderungen: »Das Wesertal von Münden bis Minden« (1838) von **Franz von Dingelstedt** (→ Marburg/Halsdorf/HE) und »Von Minden nach Köln« (1856) von **Levin Schücking** (→ Meppen/NI). Essays von **Konrad Weiß** (→ Schwäbisch Hall/Michelbach a.d. Bilz/BW) 1950, **Manfred Hausmann** (→ Kassel/HE) 1959, **Walter Vollmer** (→ Dortmund/NW) 1963. Sagen der Gegend u.a. in »Die schönsten Wesersagen« von **Karl Paetow** (3. Aufl. 1973). – »Prisma Minden. Autoren der Kogge über die Stadt«, Hrsg. **Inge Meidinger-Geise** (1978), eine zweite Anth. 1987.
S Literarischer Verein (seit 1987) und **Stadtschreiber-Stipendium** (seit 1995). – »Die Kogge«, die 1953 neugegr. Europäische Autorenvereinigung, vergibt den **Kogge-Ehrenring**; **Kogge-Lit.preis der Stadt M.**, Nicolaus-Meyer-Medaille seit 1964.

R »... eine der schönsten Gegenden Westfalens«, so der Osnabrücker **Justus von Gruner** (1777-1820) über die **Porta Westfalica**. Neuere Aspekte in »Patriotismus westfälisch« von **Heinz Ludwig Arnold** (»Wallfahrtsstätten der Nation«, 1971). Die Wittekindsquelle, wo Herzog **Wittekind** zum Christentum bekehrt worden sein soll, ist heute versiegt. Nach der Sage »reitet Wittekind jedoch noch immer auf schwarzem Hengst« bei der W.-Burg auf dem W.-Berg. Am Fuße die Goethe-Freilichtbühne in **Barkhausen**, das seit 1973 die Stadt **Porta Westfalica** bildet, u.a. mit dem weserüber gelegenen **Hausberge** (Grab von **Nicolaus Meyer**) und mit **Kleinenbremen**, wo der »Herold Westfalens«, **Peter Florens Weddigen** (→ Bielefeld/NW), seit 1797 Pfarrer war und am 6.9.1809 starb. – Aus **Dankersen** (Minden-D.) stammt der Volksliedforscher **Franz Wilhelm von Ditfurth** (1801-80). – In **Petershagen** besuchte **Karl Röttger** (→ Lübbecke/NW) das Lehrerseminar im Schloss (heute Hotel).

B K. Knebel, Nicolaus Meyer als Freund Goethes und Förderer des geistigen Lebens in Westfalen, 1908; K. Martens (Hrsg.), Literaturvermittler um die Jahrhundertwende. J.C.C. Bruns, seine Autoren und Übersetzer, 1996; K.E. Strack, Mindener Lesebuch, 1997.
Z Bad Oeynhausen, Herford, Lübbecke (NW); Rinteln, Stadthagen (NI).

MITTWEIDA/SN

Fachhochschule. – Museum »Alte Pfarrhäuser« (Stadtgeschichte und Bibliothek) – Geburtsort des Bildhauers Johannes Schilling (1828-1910).

Georg Forberger, *um 1543 M., † nach 1604, Hrsg. und Übersetzer u.a. der Werke von Paracelsus (→ Stuttgart/BW). Trug dazu bei, das Dt. als Wissenschaftssprache durchzusetzen.

A **Paul Fleming** (→ Zwickau/Hartenstein/SN) besuchte 1615-22 die M.er Lateinschule (»Brand meines Mittweida«, G. 1635). – **Karl May** (→ Glauchau/Hohenstein-Ernstthal/SN) saß 1869/70 im Gefängnis M., Rochlitzer Straße 1, in Untersuchungshaft und wurde 70 vom Gericht M., Markt 32, zu einer vierjährigen Zuchthausstrafe verurteilt.

L Als **Erich Loest** 1991 mit der Ehrenbürgerwürde seiner Heimatstadt ausgezeichnet wurde, sollte diese einem in der NS-Zeit verfolgten Kommunisten aberkannt werden. L. verwies in seiner Rede (»Diese Schule, diese Stadt«, 1992) auf seine Rolle in der Hitlerjugend und riet:»Wenn die Mittweidaer wollen, so können wir beide miteinander bestehen. Er für eine Zeitspanne, ich für eine andere. Politische Engel sind rar und in Mittweida nicht auffindbar.« – In **Matthias Biskupeks** »Der Quotensachse« (R. 1996) heißt M. »Ainitzsch« und liegt in einer »zerwerschde(n) Gehschnd«.

Burgstädt

Stadtmuseum.

August Peters, * 4. 3. 1817 Taura bei B., † 4. 7. 1864 Leipzig, Lyriker und Erzähler. Bekannt wurden P.s »Erzgebirgische Geschichten« (1858). Seit 1858 verheiratet mit L. Otto-Peters (→ Meißen/SN). – Grab auf dem Leipziger Johannisfriedhof. **Friedrich Thieme** (Ps. **F. Clemens**, **H. Römer**), * 23. 11. 1862 B., † Frühjahr 1945, Erzähler. Journalist in Erfurt, Weimar und → Jena/TH. Verf. von Kriminalromanen (»Der einzige Zeuge. Ein Automobilroman«, 1905) und hist. Erzählungen (»Das verlorene Dorf«, 1919, n. 1992). **Kuba** (eig. **Kurt Barthel**), * 8. 6. 1914 Garnsdorf bei B., † 11. 12. 1967 Frankfurt a. M., Lyriker, Verf. von Filmdrehbüchern (»Schlösser und Katen«, 1957) und Repor-

tagen. Engl. Exil. 46 nach Ost-Berlin, dort kulturpolit. tätig, zuletzt Mitglied des SED-Zentralkomitees. 56 bis zu seinem Tod während eines Gastspiels Dramaturg am Volkstheater → Rostock/MV. Im »Gedicht vom Menschen« (1948) versuchte K., den Soz. zu gestalten (»Die Zeit/trägt einen roten Stern im Haar«). K.s Lieder (»Thälmann«, 1951) spielten in der DDR-Schule eine große Rolle. – Ausgabe: Brot und Wein. Gedichte (Hrsg. E. Scherner, 1975).

R In **Penig** betrieb **Johann Ferdinand Dienemann** (1780-nach 1808) einen Verlag, Markt 9, in dem der Aufsehen erregende myst. Roman »Die Nachtwachen des Bonaventura« (1804) erschien, als dessen Verf. heute E. A. F. Klingemann (→ Braunschweig/NI) gilt.

Frankenberg

Museum der Stadt im Herrenhaus. – Neben der Stadtkirche M.-Luther-Denkmal (1904), in der Nähe Humboldtstraße/Ecke Körnerplatz Gedenkstein (1913) für **Theodor Körner** (→ Dresden/SN), der 1813 durch F. kam. – In der Buch- und Offsetdruckerei C. G. Roßberg, Markt 8 (Gedenktafel), Slg. zur Papierund Druckgeschichte, darunter Faksimile vom »Evangeliar« Heinrichs des Löwen. 1845 wurde dort als erste Zeitung der Welt das »F.er Kreisblatt« auf Holzschliffpapier gedruckt. – Aus F. stammt der Jugendbuchautor **Otto Bernhard Wendler** (→ Burg/ST).

Franz Walther Kuhn, * 10. 3. 1884 F., † 22. 1. 1961 Freiburg i. Br., Sinologe. Lange Diplomat in China. Bereitete die bedeutendsten Prosawerke der chin. Lit. (»Eisherz und Edeljaspis«, 1927; »King-Ping-Meh«, 1930; »Blumenschatten hinter dem Vorhang«, 1959) erfolgreich für den dt. Leser auf. **Heiner Müller** (→ Freiberg/Eppendorf/SN) besuchte 1947/48 in F. die Oberschule (heute Martin-Luther-Gymnasium Humboldtstraße) und arbeitete 1949-51 als Gehilfe in der Stadtbücherei. Vom Deutschlehrer Willi Ackermann wurde M. zu ersten Dichtungen angeregt. 1951 in F. Heirat mit Rosemarie Fritzsche (Scheidung 1953). – Wohnung: Freiberger Straße 14.

Hainichen

Ausstellung im Herfurthschen Haus über den in H. geborenen Friedrich Gottlob Keller (1816-95), der als erster Papier aus Holz herstellte. Geburtshaus: Rahmenberg 4 (Gedenktafel), Denkmal (1900) Mühlstraße.

David Schirmer, * 29. 5. 1623 Pappendorf bei H., † 12. 8. 1687 → Dresden/SN, Lyriker. Studium bei Ch. Gueintz (→ Halle/ST) und A. Buchner (→ Wittenberg/ST). Seit 1650 Hofdichter. Sch.s »Rosen-Gepüsche« (1650) ist die erste Slg. dt. Liebesgedichte.

Christian Fürchtegott Gellert, * 4. 7. 1715 H., † 13. 12. 1769 → Leipzig/SN, Verf. von Fabeln und geistl. Liedern, Dramatiker und Erzähler. 1751 Philosophie-Prof. In seiner Zeit der meistgelesene dt. Autor. Über die Schulbücher wirkten G.s Fabeln (u. a. »Der Tanzbär«) bis ins 20. Jh. Goethe (→ Frankfurt a. M./HE) sah in G.s Werk ein »Fundament der deutschen sittlichen Kultur«. – W.: Fabeln und Erzählungen (2 Bde., 1746-48), Leben der schwedischen Gräfin von G. (R. 1747), Geistliche Oden und Lieder (1757). Grundlegend: Sämtl. Schriften (10 Teile, 1769-74, Ndr. 1968), Fabeln und Erzählungen (Hrsg. K. W. Becker, 1984), Ges. Schriften (6 Bde., Hrsg. B. Witte, 1988). – Geburtshaus: Pfarrhaus Gellertplatz 5 (Gedenktafel), wo G. auch 1738-41 wohnte; Denkmal (1865) auf dem Markt.. Museum im Parkschlösschen Oederaner Straße 10 mit G.-Bibliothek und G.-Archiv sowie Ausstellung zur Gesch. der Fabel.

R Im nahen **Sachsenburg** unterhielt die SA seit 1933 das erste sächs. Konzentrationslager, zu dessen Häftlingen **Bruno Apitz** (→ Leipzig/SN) und Kurt Müller, der Vater von **H. Müller**, gehörten, 1935 auch **Walter Janka** (→ Berlin).

Rochlitz

Museum Schloss Rochlitz.

Johannes Mathesius, * 24. 6. 1504 R., † 7. 10. 1565 St. Joachimsthal/Böhmen, Reformator und Verf. von mehr als 1 500 reformat. Predigten. M.s »Lutherhistorien« (1566) gelten als die erste Biographie M. Luthers (→ Eisleben/ST). – W.: Ausgew. Werke (4 Bde., Hrsg. M. Lösche, 1896-1904). – Denkmal (1904) vor der Kunigundenkirche.

Louise Brachmann (auch **L. Klarfeld** und **L. Sternheim**), * 9. 2. 1777 R., † 17. 9. 1822 → Halle/ST, Lyrikerin und Erzählerin. Freie Autorin in → Weißenfels/ST. Werke

Rochlitz: Das Mathesius-Denkmal vor der Stadtkirche

im Unterhaltungsstil (»Das Gottesurtheil. Rittergedicht in fünf Gesängen«, 1817; »Novellen«, 1822).

Clara Zetkin, geb. Eißner, * 5. 7. 1857 Wiederau bei R., † 20. 6. 1933 Archangelskoje bei Moskau, Publizistin, Frauenrechtlerin, 1918 Mitbegründerin der KPD. Gab seit 1892 die erste dt. Frauen-Zs. heraus. **R** In schöner Lage an der Mulde **Wechselburg**. Abraham Fleming, Vater von **P. Fleming**, war dort 1628 Schlosspfarrer. Im selben Jahr erhielt der Sohn als »Wechselburgensis« ein kurfürstl. Stipendium. Im Sommer 1632 floh F. aus dem pestverseuchten Leipzig nach W. Wohnung (Nachfolgebau): Paul-Fleming-Gasse 10 (Gedenktafel); Epitaph (1649) für A. Fleming in der Ottokirche. – Südöstl. **Königshain-Wiederau** mit dem ehem. Pfarrhaus (Gedenktafel), Geburtsstätte von **Zetkin**; davor Bronzestatue (1976). 1952 eröffnete **Johannes R. Becher** (→ München/BY) im Haus eine Gedenkstätte. – Etwas abgelegen **Topfseifersdorf**, wo 1615-22 die Fam. von **P. Fleming** lebte. Gedenktafel am Pfarrhaus.

Z Borna, Chemnitz, Döbeln, Freiberg, Glauchau, Grimma, Meißen (SN); Altenburg (TH).

MOERS/NW

Grafschafter Heimatmuseum im Schloss.

Gerhard Tersteegen, * 25. 11. 1697 M., † 3. 4. 1769 → Mülheim a. d. Ruhr/NW, Kirchenlieddichter (»Ich bete an die Macht der Liebe«) und pietist. Schriftsteller. Kam 1713 nach Mülheim, dort milderte der pietist. Mystiker W. Hoffmann T.s Hang zu Askese und Einsamkeit. Ein Freund stellte seinen Hof bei Velbert sieben Anhängern T.s zur Verfügung. – W.: Geistliches Blumengärtlein inniger Seelen (G. 1729, weiteste Verbreitung, zuletzt 1988). – Gedenk-

tafel am Geburtshaus Altmarkt/Ecke Kirchstraße. – Slg. Stadtbücherei M.

A An der Lateinschule, dem heutigen Gymnasium Adolfinum, lehrte der Parabeldichter **Friedrich Adolf Krummacher** (→ Tecklenburg/NW), am Lehrerseminar **Adolf Diesterweg** (→ Siegen/NW). – **Augustin Wibbelt** (→ Beckum/Vorhelm/NW) wurde 1889 Kaplan in M. – 1932 kam **Josef Winckler** (→ Steinfurt/Rheine/NW) von den »Werkleuten auf Haus Nyland« als Knappschaftszahnarzt nach M., hielt es aber nur ein Jahr lang aus. – »Alles was ich bin / Ist niederrheinisch«: **Hanns Dieter Hüsch**, Kabarettist und »fahrender Poet« (1925-2005) kam auch aus M. »Uerdingerstraße 21 ... Hier war ich alles / Schüler / Träumer / Rebell / und verlorener Sohn«: »Am Niederrhein. Pflaumenkuchen und schlaflose Nächte«, 1984; »Du kommst auch drin vor«, 1990. – Ehrengrab in M.-Hülsdonck.

Z Duisburg, Geldern, Krefeld (NW).

MÖNCHENGLADBACH/NW

»Die rechte Seite hat Berge und Wälder mit Quellen und Bächen. Wir haben nichts als Windmühlen und Schornsteine, und aller Regen versickert im Sand. Doch der Rhein ist breiter als seine Ufer. Mit ihm fängt alles an und hört alles auf.« (Heinrich Lersch, 1934)
Stadtarchiv (Nachlässe); Stadtbibliothek mit Sozialwiss. Bibliothek und Bibliothek des ehem. Volksvereins für das kath. Dtl.; Bibliothek »Wissenschaft und Weisheit« der Johannes-Duns-Scotus-Akademie. – Städt. Museum Schloss Rheydt.

Wilhelm Nakaten (Nacatenus), * 18. 10. 1617 M., † 23. 7. 1682 Aachen, Erbauungsschriftsteller und Kirchenlieddichter. Der Jesuit gab die »Trutz-Nachtigall« von F. v. Spee (→ Düsseldorf/NW) heraus und dichtete in dessen Ton im »Himmlisch Palmgärtlein« (1660) 39 Lieder; seine Schuldramen wurden fast 100 Jahre lang noch aufgeführt. – Der N.-Hof erhalten.

Heinrich Lersch, * 12. 9. 1889 M., † 18. 6. 1936 → Bodendorf (Bad Neuenahr-Ahrweiler/RP). Arbeiterdichter (Kesselschmied). Als Handwerksbursche durch West- und Südeuropa, Kriegsfreiwilliger (Gedicht »Soldatenabschied«). Freundschaft mit G. Engelke (→ Hannover/NI) und den »Werkleuten auf Haus Nyland« (→ Tecklenburg/Hopsten/NW). Freier Schriftsteller ab 1925. Aus gesundheitl. Gründen oft auf Capri. Nationalist. Spätphase. – W.: Mensch im Eisen (G. 1925); Hammerschläge (R. 1931); Im Pulsschlag der Maschinen (Nn. 1935). Ausgew. Werke (Hrsg. J. Klein, 1965). – Grab auf dem Hauptfriedhof (am Ehrenbegräbnis, von den Nationalsozialisten arrangiert, nahmen über 100 000 Menschen teil). – Nachlass StA M., Institut für dt. und ausländ. Arbeiterlit. Dortmund.

Hans Leifhelm, * 2. 2. 1891 M., † 1. 3. 1947 Riva/Gardasee, Lyriker v. a. seiner Wahlheimat, der Alpenlandschaft. 1913 Fußwanderung mit H. Lersch nach Italien. Nach dem 1. Weltkrieg u. a. in Graz, ab 1935 Lektor in Palermo und Padua. – W.: Sämtl. Gedichte/Ges. Prosa (Hrsg. N. Langer 1955/57). – Nachlass StA M., Institut für dt. und ausländ. Arbeiterlit. Dortmund.

Gottfried Kapp, * 27. 3. 1897 M., † 21. 11. 1938 Frankfurt a. M., Arbeiterdichter. Autodidakt, lebte in Lippstadt, Berlin, Italien und Kronberg/Taunus. Bei einer Vernehmung durch die Gestapo ermordet. – W.: Die Brüder van Laac (E. 1929); Das Loch im Wasser (R. 1929); postum: Peter van Laac (R. 1960): alle am Niederrhein spielend. Gedichte (1961), Briefe (1963).

Hans Jonas, * 10. 5. 1903 M., † 5. 2. 1993 New Rochelle/USA, Philosoph. Studium u. a. in Freiburg und Marburg. Emigrierte 1933 nach England und 35 nach Palästina. Dozent in Jerusalem, 1949 in Kanada und seit 55 Professor in New York. – W.: Gnosis und spätantiker Geist (1934); Das Prinzip Verantwortung (1979). – Denkmal am Eingang zum H.-J.-Park.

Geb. in M. ist der Lyriker und Dramatiker **Hanns Vogts** (1900-76/Nachlass Stadtarchiv), der auch durch Jugendbücher bekannt wurde; die FAZ-Journalistin (seit 1949), Erzählerin und Essayistin **Vilma Sturm** (1912-95): 1981 erschien ihre Aut. »Barfuß auf Asphalt – Ein unordentlicher Lebenslauf«. In M.-Wickrath geb. der Erzähler und Lyriker **Günter Seuren** (1932-2003), der seit 1955 als Journalist und Filmkritiker in Düsseldorf, der Schweiz und München lebte: »Winterklavier für Hunde« (G. 1961); »Die fünfte Jahreszeit« (R. 1979); »Die Asche der Davidoff« (R. 1985).

🄰 Der 30-jährige **Wilhelm Langewiesche** (→ Wuppertal/NW) übernahm 1896 die väterliche Buchhandlung in **Rheydt** (seit 1976 Mönchengladbach-R.). Auf R. verweisen seine Erinnerungen »Jugend und Heimat« (1916) und sein Erzählbericht »Wolfs. Geschichten um ein Bürgerhaus«. – Im M.er »Volksverein für das kathol. Deutschland«, der seit 1890 für eine Sozialreform auf christl. Grundlage eintrat, gründete und leitete 1908-18 **Carl Sonnenschein** (→ Berlin) das »Sekretariat Sozialer Studentenarbeit«.

Grevenbroich

Aus G. stammt der Humanist **Wilhelm von G.** (gen. **Insulanus**/Ende 15. Jh.–1556). – Die letzten 20 Jahre seines Lebens verbrachte **Vinzenz von Zuccalmaglio** (→ Leverkusen/NW) in G. Gründete hier das »Nationale Wochenblatt« zur Pflege reichstreuer Gesinnung und Bekämpfung jesuit. Lehren. Z. starb am 22. 11. 1870; wahrscheinl. im Familiengrab (Friedhof Stadtmitte) beigesetzt, dort Plakette vom zerstörten Z.-Denkmal.

Hochneukirch (Jüchen-H.)

Peter Bamm (eig. **Curt Emmrich**), * 20. 10. 1897 H., † 30. 3. 1975 Zürich, Feuilletonist, Essayist und Reiseschriftsteller, »ein Demokrit« (F. Luft). Weltreisen als Schiffsarzt; seit 1932 freier Schriftsteller; Kassenpraxis in → Berlin-Wedding 1938. Im 2. Weltkrieg Stabsarzt an der Ostfront. In den 50er Jahren Studienreisen u. a. im Vorderen Orient und Mittleren Osten. – W.: Die kleine Weltlaterne (Feuilletons 1935); Die unsichtbare Flagge (Bericht 1952); An den Küsten des Lichts (Reisebericht 1961); Eines Menschen Zeit (Erinn. 1972); Werke (1967).

Oberkrüchten

Karl Otten, * 29. 7. 1889 O., † 20. 3. 1963 Minusio b. Locarno, Erzähler, Lyriker, Hrsg. expressionist. und jüd. Texte. Gymnasium in → Aachen/NW; Studienjahre in München, Bonn und Straßburg. Linksorientierter Literat, Mitarbeiter an F. Pfemferts Zs. »Aktion«. Als Pazifist im 1. Weltkrieg inhaftiert. Ab 1924 in → Berlin, 33 Emigration nach Spanien und 36 nach England. 1944 erblindet, seit 58 in der Schweiz. – W.: Prüfung zur Reife (R. 1928); Wurzeln (aut. R. 1963). – B. Zeller/E. Otto, »K. O. Werk und Leben« (1982).

Viersen

L Die Erzählung »Das Mädchen von Utrecht« (1933) von **Otto Brües** (→ Krefeld/NW) spielt z. T. in V. – Sage vom »Weisenstein« auf dem V.er Markt.
S Ernst-Klusen-Preis der Stadt V.

Z Geilenkirchen, Krefeld, Neuss, Düsseldorf, Köln (NW).

MONSCHAU/NW

»Monschau ist wie Kino. Man geht hinein und ist für eine Weile in einer fiktiven Welt. Hinterher hat diese fiktive Welt die reale beeinflußt und umgekehrt.« (Wolfgang Längsfeld, 1970) Druckereimuseum Weiss (seit 2002).

Ludwig Mathar, * 5. 6. 1882 M., † 15. 4. 1958 ebd., Erzähler. Studienrat in Neuss und → Köln/NW, später freier Schriftsteller. Die Romane, Erzählungen und Reisebücher, nicht immer frei von Deutschtümelei, spiegeln Land und Leben am Hohen Venn, an Mosel und Rhein. Der Führer »Wunder der Heimat« (1927) bietet den geschichtl. und volkskundl. Hintergrund. – W.: Die Monschäuer (R. 1922); Herr Johannes (R. 1930); Das Schneiderlein im Hohen Venn (R. 1932); Brautfahrt ins Venn u. a. Geschichten. (n. Auswahl 1989) – Wohnhaus Eschbachstraße 12; Grab auf dem Friedhof. – Gedenktafel L.-M.-Weg (Tringelbrücke); Relief zu »Herr Johannes« Sakristeitür der Kirche von Kaltenherberg. – Freundeskreis L. M. – W. P. Eckert, »L. M. – ein rheinischer Dichter« (in: »Das Monschauer Land«, Jb. 1983).

L Am Grenzstein 151 »Kreuz im Venn«. – Sagen von »Kaiser Karls Bettstatt« (oberhalb Mützenich) und »Bergfreude« (Montjoie, bis 1918 Name von M.). – **Clara Viebig** (→ Trier/RP) gibt in dem Roman »Das Kreuz im Venn« (1908) ein leicht zu entschlüsselndes Bild der Tuchmacherstadt M. mit dem »Roten Haus« des Fabrikanten Scheibler. Als eine Fortsetzung hat **Hubert Franke** (Ps. **Hubert vom Venn**) in »Bundesstraße 258« (R. 1990) die Geschichte des fiktiven Eifeldorfes Heckenbroich geschrieben. – »Erzählungen aus der Eifel und Wallonie« in »Was im Venn geschah . . .« (1905) von **Nanny Lambrecht** (→ Simmern/Kirchberg/RP). – Von **Hermann Löns** (→ Hannover/NI) die Jagdschilderung »Im Hohen Venn« (Gedenkstein »L.-Felsen« im Kallbachtal bei Lammersdorf). – Mundart: **Jacob Weiss** (Hrsg.), »Montjoier Dütchen« (1924).

R Im **Hürtgenwald** tobten im Winter 1944/45 verlustreiche Kämpfe. »Im Umkreis von zwanzig Kilometern um das Dorf **Vossenack** herum sind viel mehr Menschen getötet worden, als die Stadt Aachen heute Einwohner hat«, so schreibt **Heinrich Böll** (→ Köln/NW) in »You enter Germany« 1967. »Irgendwo in einem der Dörfer zwischen Gey und Vossenack, an einer Wegkreuzung oder im Wald schrieb Hemingway ein Liebesgedicht für seine Frau, in dem die fast prophetischen Verse erscheinen: ›Im nächsten Krieg werden wir die Toten in Cellophan verpackt begraben. / Die Hostie wird mit der eisernen Ration gleich mitgeliefert‹ . . .«

Z Aachen, Prüm, Schleiden (NW).

MONTABAUR/RP

»Ja, auch die jungen Leute vom Westerwald, Väterchen / sogar die, welche ihr Montabaur lieben, / ihren mons tabor aus dem Jahr 1217, / möchten einmal heraus, hinweg, / aus Schloß und Kirche und Mauer, / aus Rathaus und Fachwerk und Straßenzeile . . .« (Wolfgang Weyrauch, 1968)

Joseph Kehrein, * 20. 10. 1808 Heidesheim a. Rh. – † 15. 3. 1876 M., Literarhistoriker und Folklorist; seit 1855 Direktor des Lehrerseminars und der Realschule in M.; Ehrenbürger. – Unter seinen zahlreichen Anth. und Handbüchern: »Volkssprache und Volkssitte im Herzogtum Nassau« (1860-64); »Biograph.-lit. Lexikon der kath. dt. Dichter, Volks- und Jugendschriftsteller im 19. Jh.« (1868-71); Selbstbiographie (1869). – Grab auf dem Friedhof; Denkmal neben der Kirche.

Aus M. stammt der Erzähler, Historiker und Publizist **Matthias Höhler** (Ps. F. Ernst, **M. H. Romhold**/1847-1920), der als Sekretär des Limburger Bischofs Blum mit diesem während des Kulturkampfs 1876-83 in die Verbannung ging. (»Kreuz und Schwert«, R. 1877).

R In den Dörfern südöstlich **Dierdorf**, nahe der Autobahn, spielt der Roman »Heile Welt« (1997) von **Ulrike Krickau**, eine Familienchronik zwischen 1934 und 1978. – Zum Rhein hin, um **Höhr-Grenzhausen**, das Kannenbäckerland. **Ernst Barlach** (→ Wedel/SH) wirkte hier 1904 als Lehrer an der Keramischen Fachschule. **Hermann Stegemann** (→ Koblenz/RP) schrieb einen hist. Roman über die »Die Herren von Höhr« (1932), **Edgar Struchhold** (1914-74/Grab auf dem Südfriedhof in Höhr) Geschichten »über den arbeitenden Menschen und in seinem Interesse« von H. – In **Eitelborn** lebte bis zu seinem Tod der Frankfurter **Willy Arndt** (1888-1967). Der Lyriker des »Charon-Kreises« (»Der Feldweg«, 1927) schrieb auch Volksspiele, wie das »Eitelborner Krippenspiel«. Grab auf dem Friedhof; Nachlass SA Koblenz. – Der Verein zur Förderung der Kinder- und Jugendliteratur in **Nomborn**, wo der Lyriker, Erzähler und Übersetzer **Hans-Christian Kirsch** (Ps. Frederik Hetmann) lebte und dessen Jugendroman »Der Turm im Westerwald« (1988) in M. spielt, verleiht seit 1977 einen »Hans-im-Glück«-Preis.

Z Bad Ems, Koblenz (RP); Limburg a. d. L. (HE); Neuwied, Westerburg (RP).

MOSBACH/BW

Neckarmühlbach
(Haßmersheim-N.)

Burgmuseum Burg Guttenberg (u. a. ins 15. Jh. zurückreichende Bibliothek von rd. 3000 Bdn.; »Holzbibliothek«, 18. Jh. von C. Huber).

Wilhelm Hauff (→ Stuttgart/BW) schrieb während seiner Hauslehrertätigkeit auf Guttenberg die N. »Das Bild des Kaisers« (1825), die auch hier spielt (G. erscheint als »Thierberg«). – Gedenktafel im Burgtor.

Neckarzimmern

Götz von Berlichingen (→ Jagsthausen/BW) erwarb 1517 die nahe gelegene Burg **Hornberg**, wo er ab 1530 bis zu seinem Tod 1562 lebte. Hier entstand die (1731 erstmals gedruckte) »Lebensbeschreibung« seiner »Fehd und Handlungen«, die Goethe als Vorlage nutzte (Auswahl mit topograph. Notizen aus Franken, Schwaben und Baden u. d. T. »Ich, Götz von Berlichingen«, 1962). – Im Burgmuseum Rüstung und Erinnerungsstücke; angeschlossen die von Reinhard von Gemmingen (gen. »der Gelehrte«) um 1620 gegr. Bibliothek samt Familienarchiv.

Neunkirchen

Aus N. gebürtig **Augusta Pattberg** (1769-1850), Verfasserin von Jägerliedern, eleg. Gedichten und volkskundl. Prosa (u. a. Sagen über N. und die Minneburg bei Neckargerach). Lebte über 30 Jahre im Amtshaus von Neckarelz. Bekannt wurde sie als Mitarbeiterin am »Wunderhorn«, zu dem sie 16 Lieder beisteuerte (u. a. »Bald gras ich am Neckar, bald gras ich am Rhein«). **R** Im Mosbacher Stadtteil **Neckarelz** steht das 2000 Jahre alte »Templerhaus« vor dem

»Paradies des Fachwerks« (**Max Rieple** → Donaueschingen/BW in »Sonne über dem Neckarland«, 1966). Das »Paradies« beginnt mit dem hist. »Löwen«. Eine Heimatstube erinnert an **Goethe** (→ Frankfurt a. M./HE) und **Joseph von Eichendorff** (→ Berlin), die »Frankenstube« in Mosbach selbst unter den »großen fränkischen Meistern« an die drei Schriftsteller **Wilhelm Weigand**, **Benno Rüttenauer** und **Josef Dürr** (alle → Tauberbischofsheim/BW). Im Stadtmuseum findet alljährlich im Mai der Buchmacher-Markt statt. Auf dem Friedhof von M. die Grabstätte der Heimatdichterin **Augusta Bender** (1846-1924). Die Bauerntochter aus **Oberschefflenz** (heute Schefflenz) fand mit ihrer Volksliederslg. »Das Schefflenzer Wunderhorn« Beachtung. Die Legende am Ende: In der Kirche von **Hochhausen** (Haßmersheim-H.) wird getreulich von Notburgas Not, Tod und Verklärung erzählt (Variante der »Notburga« in Grimms »Dt. Sagen«, Nr. 351).

Z Heidelberg, Heilbronn, Sinsheim, Neckarbischofsheim (BW).

MÜHLDORF AM INN/BY

»Die Zahl der Wirtshäuser ist so groß, und jedes hat als Ausweis eine bunte Gesellschaft von leeren Fässern so zahlreich um sich versammelt, daß man wohl ganz Mühldorf in diese Fässer einpacken könnte«, schreibt der Wiener Wandervogel **Joseph Kyselak**, der 1825 die erste Alleinbefahrung des Inn als Tourist unternahm. Kindheitserinnerungen des Traunsteiner Malers **Hans Praehofer**: als Elfjähriger erlebte er in M. den Auftritt des »Braunauers« vom anderen Ufer (»Die Drachenschaukel«, 1966). – Auf dem Friedhof von **Palmberg** (nördl. von Ampfing) liegt an der Chorwand der Kirche das Grab des 1911 gest. Dichters **Martin Greif** (→ Speyer/RP). Für sein vaterländ. Schauspiel »Ludwig der Bayer« (1891) hatte **Kraiburg am Inn** eigens ein Festspielhaus errichtet, das 1944 abbrannte. Das »Thann« in **Karl Benno von Mechows** (→ Bonn/NW) E. »Der unwillkommene Franz« (1932) ist Kraiburg.

Z Altötting, Dorfen, Erding, Traunstein, Wasserburg a. Inn (BY).

MÜHLHAUSEN/TH

Reichsstädtisches Archiv. – Museum am Lindenbühl (im ehem. Gymnasium) mit Ausstellung zur Stadt- und Kulturgeschichte; Müntzer-Gedenkstätte St. Marienkirche; Bauernkriegsmuseum Kornmarktkirche; Historische Wehranlage (mit Ausstellungen zur Festkultur). – J. S. Bach war 1707/08 Organist an der Divi-Blasii-Kirche von M. Geburtsort des Architekten August Stüler (1800-65).

Mühlhäuser Rechtsbuch, vor 1225, erstes Stadtrechtsbuch in dt. Sprache. Steht für den hohen Rang der Reichsstadt M. Die volksnahe Sprache verweist auf einen dem Gericht nahestehenden Verf. (»Wir burgeri zu Mulhusen«).
Wachsmut von Mühlhausen, Minnesänger, 5 Lieder überliefert. 1267 als tot bezeugt. Könnte aus M. stammen, worauf seine Reimsprache verweist.
Dietrich Schernberg, erster namentl. fassbarer Theaterdichter Thür.s und Verf. des Teufelsbündnerspiels »Von Frau Jutten«, in dem es um die Vergebung auch schwerster Sünden geht. 1483-1502 Notar und Vikar an der Johanneskapelle auf dem Blobach.
Thomas Müntzer (→ Sangerhausen/Stolberg/ST) ist nach wie vor für M. die zentrale histor. Bezugsfigur. Er kam im August 1524 nach M. und wurde bald darauf wegen der radikalen »11 Artikel« ausgewiesen. Ebenso der ehem. Zisterziensermönch **Heinrich Pfeiffer** (vor 1500-1525), der sich

Mühlhausen: Thomas Müntzer, Holzschnitt, 1527

seit 23 in der Stadt aufhielt und mit dem sich M. verbunden hatte. Februar 1525 Rückkehr M.s und Pfarrer an der Marienkirche. Am 27. 4. verließ M. sein Amt und schloss sich im nahen **Volkenroda** einem Bauernhaufen an. – Wohnung: Februar-April 1525 Deutschordensgebäude (Nachfolgebau von 1697) Herrenstraße 1 (Gedenktafel); Denkmal (1956) vor der Stadtmauer. Erinnerungen in der Marienkirche und im Bauernkriegsmuseum sowie im Rathaus mit dem Bild »Thomas Müntzer setzt den Ewigen Rat ein« (1960). Histor. nicht stimmig, zeigt aber den Platz, auf dem man in der DDR M. gesehen hat. – **Paul Schreckenbach** (→ Apolda/Neumark/TH), »Die Mühlhäuser Schwarmgeister« (R. 1926).
Ludwig Helmbold, * 21. 1. 1532 M., † 7. 4. 1598 ebd., Dichter-Theologe, dessen Lieder (»Von Gott will ich nicht lassen«, 1563; »Nun lasst uns Gott dem Herren Dank sagen«, 1575) u. a. von J. S. Bach vertont wurden. 1550-52 Schulvorsteher bei der Marienkirche, dann in → Erfurt/TH. und ab 70 wieder in M., zuerst Lehrer an der Neuen Schule, Untermarkt 6, 86 Superintendent. – Bildnis im Fenster über dem Hauptportal der Marienkirche.

Georg Neumark (→ Bad Langensalza/TH) wuchs in M. auf, wo sein Vater Tuchmacherei und einen Gasthof betrieb. – Wohnung: »Zur Goldenen Sonne« Obermarkt 11 (Gedenktafel).

Siegfried Pitschmann (→ Suhl/TH) verbrachte als Vertriebener seit 1945 die Jugendjahre in M. Die »geschichtsträchtige Stadt« wurde ihm »ein richtiges Ur-Erlebnis« und half ihm, »fast heimisch zu werden«. – Wohnung: August-Bebel-Straße 53.

A **Walther von der Vogelweide** (→ Würzburg/BY) nahm vermutl. im März 1198 in M. an der Huldigung Philipps von Schwaben zum dt. König durch die Reichsfürsten teil. Gedenktafel am Kanonenturm, An der Burg. – Der M.er **Wilhelm Gottlieb von Tilesius von Tilenau** (1769-1857) nahm an der Weltumseglung des Russen Adam J. von Krusenstern teil und schrieb eine »Reise um die Welt in den Jahren 1803-06« (1808-13). – **Goethe** (→ Frankfurt a. M./HE), der schon 1777 M. besucht hatte, traf sich am 21. 12. 80 in M. mit **Johann Heinrich Merck** (→ Darmstadt/HE) und verlebte »einen sehr guten Tag«. – **Carl Gustav Carus** (→ Dresden/SN) hielt sich 1796 in M. bei seinen Großeltern auf und war beeindruckt vom Brunnenhaus Popperode (1614). – **Ernst von Wolzogen** (→ München/BY) besuchte 1868-70 das Gymnasium »in dem netten alten Städtchen mit der anmutigen Umgebung«. Wohnung Am Blobach 4. – Aus M. stammt der Jugendbuchautor (»Ein Schiff fährt übers Meer«, 1956) **Hans-Joachim Hartung** (1923-77).

L Unter den M.er Mundartdichtern ragen heraus: **Georg Wolff** (1828-1919), »Müllhüsches Schingeleich« (1914, n. D. Fechner 2005), und **Karl Haage** (1869-1960), »Kointerbointes us unser ahlen Schtaadt« (1924).

R Am 24./25. 5. 1525 wurde der gefangene und gefolterte **Müntzer** in das Fürstenlager von **Görmar** überstellt und zwei Tage später vor den Toren von M. hingerichtet.. Aus G. stammen väterlicherseits die Vorfahren von **Joachim Ringelnatz** (→ Wurzen/SN). – Aus **Lengenfeld unterm Stein** kommt **Adam Richwien** (1889-1928), der bedeutendste Mundartdichter des Eichsfeldes (»Dorfheimat«, 1927). Gedenktafel am Geburtshaus. Im Juli 1932 besuchte **Käthe Kollwitz** (→ Berlin) hier ihre alte Studienfreundin und Schriftstellerin (»Das Olafbuch«, 1922) **Beate Bonus-Jeep** (1865-1954) auf Schloss Bischofstein. Grab auf dem Bergfriedhof von L. Aus L. stammt auch der später in Erfurt lebende Erzähler (»Tanz am Galgenhügel«, 1970) **Gerhardt Hildebrand** (1929-78).

B E. Badstübner, Das alte Mühlhausen, 1989; D. Fechner, Häuser in Mühlhausen, 2000; R. Jonscher, Der Bauernkrieg in Thüringen. Ausstellungsbegleiter, 2003; D. Fechner, Literarisches Mühlhausen, 2005.

Z Bad Langensalza, Eisenach, Heiligenstadt, Sondershausen (TH); Eschwege (HE).

MÜLHEIM AN DER RUHR/NW

Heimatmuseum im Tersteegen-Haus, Museum für Fotokopie. – Theater an der Ruhr (seit 1991 Roma-Theater »Pralipe«). – Theatertage.

Gerhard Tersteegen (→ Moers/NW) wurde 1718 von seiner Mutter zum Schwager Brinck in M. in die Kaufmannslehre gegeben. Nachdem T. in pietist. Kreise kam und »erweckt« wurde, gab er diesen Beruf auf und wurde Bandmacher und Seidenwirker. Von 1728 an widmete er sich ausschließlich der rel. Schriftstellerei und dem Predigeramt in frommen Konventikeln. – Das Haus, in dem er seit 1749 lebte und 69 starb, heute Heimatmuseum (Teimerstraße 1); Grabstein an der Petri-Kirche; Ge-

Mülheim a. d. R.: C. A. Kortums »Hieronymus Jobs, der Kandidat«

denkstein in der Anlage Witthausbusch. – Nachlass StA M.

Carl Arnold Kortum, * 5. 7. 1745 M., † 15. 8. 1824 → Bochum/NW. Nach Gymnasium in Dortmund und Studium in → Duisburg/NW Arzt in M., danach in Bochum. Seit 1769 schriftstellerisch tätig. Schrieb über Medizin, Bienenzucht, Alchemie, Botanik; v. a. aber das 1784 anonym erschienene komische Heldengedicht in Knittelversen »Leben, Meinungen und Thaten von Hieronymus Jobs dem Kandidaten …« – Bronzetafel vom abgerissenen Geburtshaus und Archivalien im Heimatmuseum, K.-Zimmer; Autographen und Bildnisse in der Stadtbücherei; Ecke Friedrich-

straße/Delle steht auf einer Säule der Kandidat Jobs; die Bürgergesellschaft »Mausefalle« verleiht einen »Jobs-Preis«. – Nachlass StA M., Archiv Stadthist. Slg. Bochum.

In der Wohnung Notweg 25 des M.er Lehrers **Hermann Adam von Kamp** (1796-1867; Gedichtslg. »Lautenklänge« 1829) entstand das Lied »Alles neu macht der Mai«. Gedenkstein in der Anlage Witthausbusch; Nachlass StA M. – Der Lehrer **Karl Broermann** (1878-1947) schrieb Gedichte und Erzählungen in M.er Mundart. – Der 1913 in M. geb. **Herbert Burgmüller** emigrierte 1936 nach Österreich (dort Hrsg. der Zs. »Das Silberboot«). War nach dem Krieg Büchereileiter in M. und wurde 1953 Generalsekretär des dt. PEN-Zentrums. Werke: »Die Trauminsel« (R. 1948).

A Als Neunjährige kam 1882 **Gertrud Bäumer** (→ Hagen/Hohenlimburg/NW) nach M., in die Heimat ihres Vaters. Sie fand alles »städtisch und sehr gut bürgerlich«, aber »beschränkt« – sie meinte das positiv. – Als Arbeiterkorrespondent v. a. betätigte sich mit seinen Reportagen der in M. geb. **Franz Braun**, der im Juli 1933 in Stettin von der Gestapo verhaftet und in der Zelle in den Tod getrieben wurde. »Wer seinen Sohn liebt, züchtigt ihn« (R. 1931).

L Das Handelshaus Stinnes und der Zusammenbruch des Konzerns nach 1924 nach dem Tode von Hugo Stinnes in der Lit.: **Kurt Aram** (eig. **Hans Fischer**), »Familie Dungs« (R. 1913); **Nathanael Jünger** (eig. **Johann Rump**, 1871-?), »Der Kaufmann von Mülheim« (R. 1925); **Heinrich Mann** (→ Lübeck/SH), »Kobes« (N. 1925); **Elisabeth Langgässer** (→ Alzey/RP), »Merkur« (N. 1931, in »Triptychon des Teufels«) und **Erik Reger** (→ Koblenz/RP), »Union der festen Hand« (R. 1931, dort St. als »Ottokar Wirtz«). – **Peter Fischer**, »Nachruf auf einen Lehrling« (in: »Sie schreiben zwischen Moers & Hamm«, 1974). – **Heinrich Wolf** (1900-75) gestaltete

Sagen des Ruhrtales von Oefte bis Styrum in Versform: »Bis weit das Ruhrtal abwärts schweift der Blick«, 1982.
S Stadtbücherei: unter den Sonderslgg. Tersteegiana; Übers. aus nord. Lit. ab 1955. – Literaturbüro – M.er Dramatikerpreis (seit 1976 jährl.).
Z Düsseldorf, Duisburg, Essen, Velbert (NW).

MÜLLHEIM/BW

Markgräfler Museum (Stadtgeschichte).

Gustav Bacherer, * 27. 2. 1813 M., † 4. 4. 1850 ebd., Verfasser von hist. Dramen und Romanen, trat gegen die Jungdeutschen auf. – **Ida Preusch-Müller,** * 16. 4. 1899 Kandern (→ Lörrach/BW), † 21. 6. 1974 M. Versammelte ihre Geschichten aus dem Markgräfler Land v. a. in ihrem Buch vom »Geheimnis der Tante Perkula« (1963). Grab auf dem Alten Friedhof. – **Fritz Wolfsberger,** * 10. 3. 1902 M., † 11. 2. 1959 Freiburg i. Br., Mundartdichter (Slg. »Zwische Blaue und Rhy«). Grab auch auf dem Alten Friedhof.
A »Z'Müllen an der Post« war **Johann Peter Hebel** (→ Lörrach/Hausen/BW) gern zu Gast (Gedenksäule im Hebelpark); im September 1779 auch **Goethe** (→ Frankfurt a. M./HE).

Badenweiler

Badenweiler: René Schickele auf der Rheinbrücke Straßburg – Kehl (etwa 1930)

»Badenweiler verhält sich zu Baden-Baden wie Kammerspiele zum großen Theater.« (René Schickele, 1933)
Liter. Museum »Tschechow-Salon« im Kurhaus (auch für St. Crane, A. Kolb, R. Schickele, H. Hesse, G. Wohmann). – Intern Literaturforum (Lesungen, Vorträge, Diskurs).

René Schickele, * 4. 8. 1883 Oberehnheim/Obernai (Elsass), † 31. 1. 1940 Vence b. Nizza, Erzähler, Lyriker, Dramatiker, Essayist: »Sein Herz trug die Liebe und die Weisheit zweier Völker« (K. Edschmid). Jugendjahre in Straßburg, Journalist in Paris und → Berlin. Seit 1920 in B. In seinem Haus trafen sich Künstler, Literaten und Politiker aus ganz Europa. 1932 Emigration: Sanary-sur-Mer und Vence. – Wohnhaus Kanderner Straße 14; in der Nähe Brunnen mit Gedenkstein; Grab auf dem Friedhof im Lipburger Tälchen; R.-Sch.-Stube im »Schwanen« in Lipburg. – Texte über B. und seine Umgebung v. a. in »Blick auf die Vogesen« (1927), »Die Grenze« (1932) und »Himmlische Landschaft« (1933). – Nachlass DLA Marbach.
Annette Kolb (→ München/BY) erwarb in den 1920er Jahren das Nachbarhaus R. Schickeles in der Kanderner Straße 12; sie kam auch nach 1945 immer wieder hierher. **Emil Strauß** (→ Pforzheim/

BW) lebte nach dem 2. Weltkrieg zeitw. in B., lange Jahre auch der Übersetzer und Erzähler **Ernst Sander** (1898-1976).

A Im Frühsommer 1904 kam **Anton Tschechow** mit seiner Frau Olga Knipper nach B.: »ein sehr origineller Kurort, aber worin seine Originalität besteht, ist mir noch nicht klar geworden«. Sie logierten im »Hotel Sommer«. T. starb hier am 15. 7. des gleichen Jahres an Tuberkulose. Gedenktafeln an Rehaklinik Park-Therme und Hotel Römerbad; Gedenkstein im Kurpark; A.-T.-Platz mit »Möwe«-Denkmal; Bronzebüste am Burgberg; »T.-Salon« im Kurhaus. – Gleichfalls an Tbc war vier Jahre vorher der amerikan. Erzähler **Stephen Crane** in B. gestorben (Gedenktafel »Villa Eberhardt«, Badstraße 2).

L Hermann Hesse (→ Calw/BW) wohnte Römerstraße 10: »Haus zum Frieden« (1910); **Gustav Faber** (1912-93; Grab Friedhof B.), »B. – ein Stück Italien auf dt. Grund« (1975); **Gabriele Wohmann**, »Frühherbst in B.« (R. 1978), »Der Flötenton« (R. 1987); **Ingeborg Hecht**, »Wie könnt' ich B. je vergessen ...« (1979). **Johannes Helm**: »Badenweiler im Spiegel der Literatur« (1998), u. a. auch mit Gedichten von **Justinus Kerner** (→ Ludwigsburg/BW) und **Heinrich Hoffmann** (»Struwwelpeter«/ → Frankfurt a. M./HE).

Staufen

Stubenhausmuseum (u. a. Dr. Faust). – Auerbachs Kellertheater.

Dr. Faustus (→ Maulbronn/Knittlingen/ BW) logierte 1539 im »Löwen« (Zimmer Nr. 5) am Markt. Der »wunderbarlich nigromanta« sollte im Auftrag des verschuldeten Freiherrn von Staufen Gold machen und kam bei seinen alchemist. Experimenten um. Der Sage nach »brach« ihm Mephisto »das Genick ab«. – Faust-Stube im »Löwen«, »Teufels-Tritt« im Rathaus. **Peter Huchel** (→ Berlin), 1971 aus der

DDR ausgesiedelt, lebte ab 1972 in S. (Bötzenstraße 51, Münstertaler Straße 41) und starb hier am 30. 4. 1981. Grab auf dem Friedhof. P.-H.-Preis für Lyrik des SWR (seit 1983). – Auf dem Friedhof auch die Gräber von **Erhart Kästner** (→ Augsburg/ BY), der 1974 hier starb, sowie des Feuilletonisten **Hellmut Holthaus** (1909-66) und des Heimatdichters **Hermann Ays** (1886-1934).

R An der Bad. Weinstraße **Sulzburg**: Geburtsort des Historikers **J. D. Schöpflin** (1694-1771), Gedenktafel Hauptstraße 44. Dem »Landschreiber vom Oberrhein« **Otto-Ernst Sutter** (→ Offenburg/Gengenbach/BW) ist ein Brunnen gewidmet. Es sei ein »Ort, an dem die Zeit nicht mehr gilt«, schreibt **Peter Huchel** über den Jüd. Friedhof von S., den er mit seinem → Freiburger jüdischen Freund **Hans Arno Joachim** 1925 zum ersten Mal besuchte. – Im Malteserschlösschen von **Heitersheim** amtete **Josef Albert von Ittner** (→ Freiburg i. Br./BW) von 1786-1806 als letzter Kapitelkanzler der Malteser. Hier hatte er sich auch seinen »Poetenwinkel« eingerichtet; **Johann Georg Jacobi** (→ Freiburg i. Br./ BW) und **J. P. Hebel** zählten zu den Gästen (Johanniter- und Maltesermuseum). – Am Römerweg 5 in **Bad Krozingen** lebte seit 1965 die lett. Dichterin **Zenta Mauriņa** (1897-1978), die seit 1946 ihre Werke deutsch schrieb (Aut. »Mein Lied von der Erde«, 1965); Grab auf dem Friedhof. – Die brit. Schriftstellerin **Sybille Bedford** (1911 Berlin – 2006 London) verbrachte einen Teil ihrer Kindheit bis 1915 und nach dem 1. Weltkrieg auf Schloss **Feldkirch i. B.** (Hartheim-F.): »Jigsaw. An unsentimental Education« (1989, dt. »Zeitschatten« 1992); Erinn. auch in dem R. »A Legacy«/»Das Legat«, 1956/1988, und in der Aut. »Quicksands«/»Treibsand«, 2005/ 2006. – Im Münstertal entstand um 1150 das **St. Trudperter Hohelied**, ein frühes Zeugnis der dt. Mystik. – Der **Belchen** war der Lieblingsberg **J. P. Hebels**, der in seiner Lörracher Zeit eine eigene Geheimsprache, den »Belchismus«, pflegte. – Als oberalemann. Mundartdichterin machte sich **Lina Kromer** (1889-1977) aus **Obereggenen** (Schliengen-O.) einen Namen (»Im Blaue zue«, G. 1933); Grab auf dem Friedhof von O., Gedenkstein Ortsmitte. – In der Ebene liegt **Auggen**, Heimatort des **Brunwart von Ougenheim** (Minnesänger-Stube im »Rebstock«), der viele Jahre als Schultheiß in **Neuenburg am Rhein** (Museum für Stadtgeschichte) tätig war. 1860 pflanzte man eine **Hebel**-Eiche in Auggen. – In **Hertingen** (bei Bad Bellingen), wo 1778 **J. M. R. Lenz** (→ Emmendingen/BW) zur Pflege war, hatte 1780-83 **J. P. Hebel** seine erste Vikarstelle (Gedenktafel am Pfarrhaus; Hebelglocke; »Hebelschoppen« am Sonntag nach dem 22. September). Hier im Markgräfler Land handeln auch seine Gedichte »Das Gewitter« und »Gespenst an der Kanderner Straße«.

B G. Moehring, »Den Blick zum Belchen gewendet«. J. P. Hebel im Markgräflerland, Marbacher Magazin 23/1982; Marbacher »Spuren« zu R. Schickele (29/1995), A. Tschechow (45/1998), P. Huchel (47/1999); L. Geiges, Faust's Tod in Staufen, 2. erw. Aufl. 1989.
Z Breisach, Freiburg i. Br., Lörrach, Hausen (BW). Jenseits des Rheins im Elsass: Ensisheim (J. Balde), Mulhouse (H. Broch), Ottmarsheim.

MÜNCHBERG/BY

Ludwig Zapf, * 16. 12. 1829 M., † 25. 8. 1904 ebd., Lyriker und Folklorist: »Sagenkreis des Fichtelgebirges« (1875). – Am 8. 8. 1708 starb in M. der Theologe und Erbauungsdichter **Heinrich Arnold Stockfleth** (geb. 16. 4. 1643 in Hannover); er verfasste zusammen mit seiner Frau **Maria Katharina S.** (1634-92; wie er Mitglied des Pegnesischen Blumenordens/→ Nürnberg/BY) den R. »Die Kunst- und Tugend-gezierte Macarie« (2 Bde. 1669/73).

Helmbrechts

Ernst Heimeran, * 19. 6. 1902 H., † 31. 5. 1955 → Starnberg/BY, Schriftsteller und Verleger. Studierte und lebte ab 1912 in → München/BY. – W.: Der Vater und sein erstes Kind (1938); Büchermachen (Aut. 1947). – Geburtshaus Münchberger Straße 51.

L Als E. Heimerans Schwager kam **Ernst Penzoldt** (→ Erlangen/BY) oft nach H. Hier spielt seine E. »Kleine Fabrik in Schellmütz« (Helmbrechts verballhornt) und entstand u. a. der Roman »Der arme Chatterton« (1928).

R In **Bad Steben** gründete **Alexander von Humboldt** (→ Berlin) als junger Oberbergmeister eine bergmänn. Freischule aus eigenen Mitteln: »Diesseits des Meeres finde ich wohl nie so einen Ort wieder. An Steben sind die frohesten Erinnerungen meines Jugendlebens geknüpft« (Gedenktafel am Wohnhaus).

Z Bayreuth, Hof, Wunsiedel (BY).

MÜNCHEN/BY

»München braucht man nicht anzustiften zu einem Literaturmuseum, es ist schon ein Freilichtmuseum der Literatur – einzurichten mit der Phantasie seiner Besucher!« (Edda und Michael Neumann-Adrian, 2001)
Ludwig-Maximilians-Universität, Technische Universität; Hochschule für Philosophie; Hochschulen für Fernsehen und Film, Musik und Theater; Bay. Akademie der Wiss., Bay. Akademie der Schönen Künste, Akademie der Bildenden Künste, Bay. Theaterakademie August Everding, Kath. Akademie in Bayern; Goethe-

Die Manns in München

1 **Rambergstraße 2:** Julia M. (1893–97); Thomas M. »Doktor Faustus«

2 **Herzogstraße 3:** Julia M. (1898–1901); Viktor M. »Wir waren fünf«

3 **Leopoldstraße 59:** Heinrich M. (1914–28); »Der Untertan«

4 **Marktstraße 5** (heute Eingang Haimhauser Straße 6): Thomas M. (1898 / 99); »Der Kleiderschrank«

5 **Schackstraße 4:** Thomas M. (»Simplicissimus«-Redaktion 1898–1900)

6 **Feilitzschstraße 32:** Thomas M. (1899–1902); »Buddenbrooks«, Gedenktafel

7 **Konradstraße 11:** Thomas M. (1902–04); »Tonio Kröger«

8 **Odeonsplatz 2:** Thomas M. »Gladius Dei«; »München leuchtete« (1902)

9 **Destouchesstraße 1:** Thomas M. »Beim Propheten« (1904)

10 **Franz-Joseph-Straße 2:** Thomas und Katia M. (1905–10): Erika, Klaus, Golo, Monika; »Königliche Hoheit«; Gedenktafel

11 **Poschingerstraße 1** (jetzt Thomas-Mann-Allee 10): Familie M. (hier geb. Elisabeth und Michael) 1914–33; Gedenktafel am 2. Nachfolgebau

12 **Mauerkircherstraße 13:** Thomas M. (1910–13); »Der Tod in Venedig«

13 **Ungererstraße 130, Nordfriedhof:** Thomas M. »Der Tod in Venedig« (1912)

14 **Maria-Theresia-Straße 23, Monacensia:** Nachlässe Erika, Klaus, Elisabeth, Michael

15 **Geschwister-Scholl-Platz 1, Universität:** Thomas-Mann-Halle (Dokumentation)

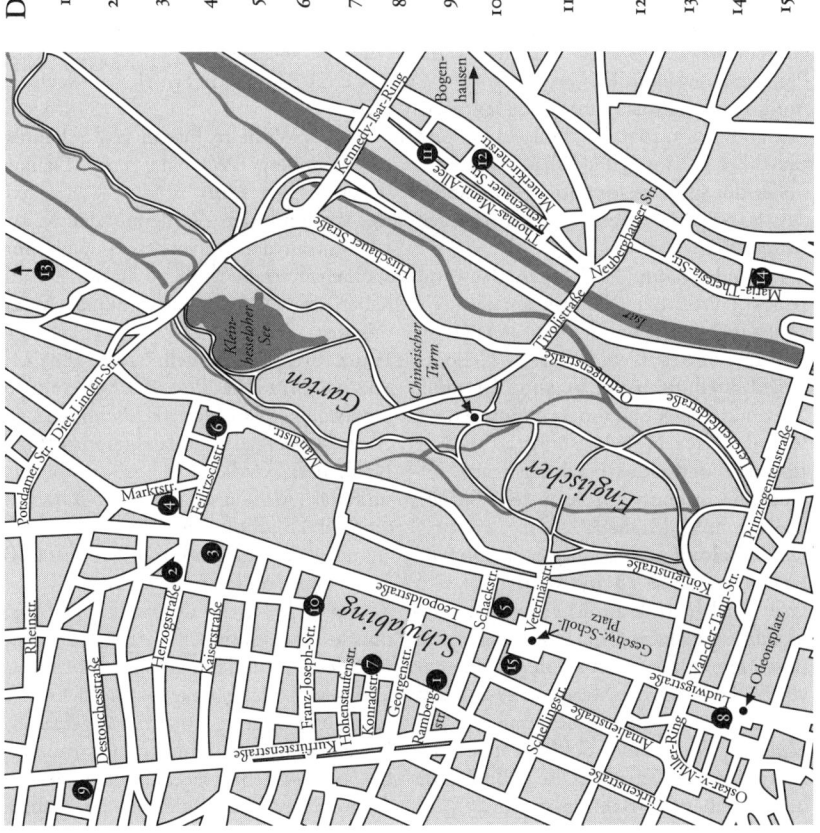

Institut Internationes e. V. – Bay. Hauptstaats-
archiv, Monumenta Germaniae Historica, Stadt-
archiv. – Kulturhist. Museen: Bay. National-
museum, M.er Stadtmuseum; Dt. Theatermu-
seum; Jüd. Museum; Bavaria Filmstadt. – Bay.
Staatsoper-Nationaltheater (Opernfestspiele),
Bay. Staatsschauspiel-Residenztheater, Staats-
theater am Gärtnerplatz (Oper, Operette).
M.er Kammerspiele, M.er Volkstheater, M.er
Marionettentheater; Boulevardbühnen und
Lit. Kabaretts. – Bay. Rundfunk. – Der Gasteig
– M.s Kulturzentrum (Philharmonie, Volks-
hochschule, Stadtbibliothek). – Intern. Früh-
jahrsbuchwoche, M.er Bücherschau (Herbst);
Lyriknacht; Kriminalfestival M., Comicfest M.

Jakob Püterich von Reichertshausen, * um
1400 M., † 1469 ebd., sammelte lit. Zeug-
nisse vergangener Ritterherrlichkeit: 1462
»Ehrenbrief« (Liste seiner 164 Bücher) für
Pfalzgräfin Mechthild.
Ägidius Albertinus, * um 1560 Deventer/
Holland, † 9. 3. 1620 M., Hofsekretär und
Bibliothekar, Moral- und Erbauungsschrift-
steller der Gegenreformation; Begründer
des dt. Schelmenromans:»Deß Irrenden
Ritters Raiß« (1594).
Jakob Bidermann (→ Ehingen/BW), war
1606-14 Prof. der Rhetorik am Jesuiten-
kolleg und Leiter des Schultheaters (1609
Aufführung des»Cenodoxus«). – Cenodo-
xus-Darstellung in St. Johann Nepomuk
(»Asamkirche«), Sendlinger Straße 62.
Jeremias Drexel (→Augsburg/BY) wurde
1615 J. Bidermanns Nachfolger als Hof-
prediger. Er starb am 19. 4. 1638 in M.;
Epitaph in St. Michael.
Jakob Balde (→ Neuburg a. d. Donau/
BY), bereits 1616-28 und wieder 1637-50
Prof. der Rhetorik am M.er Jesuitengym-
nasium. Prinzenerzieher, Hofprediger und
-historiograph – Oden auf den Hochaltar
von St. Michael, die Mariensäule auf dem
Marienplatz. – Büste Auenstraße 84 am
B.platz, sowie in der Schlosskapelle der
Marienanstalt Warnberg in Solln (»Ode
von Warnberg«); »Balderuhe«.

Johannes Khuen, * Moosach, † 14. 11. 1675
M., Theologe, geistl. Lieddichter, Freund
J. Baldes. Stiftete die Annakapelle von Alt-
St.-Martin in Moosach.
Lorenz von Westenrieder, * 1. 8. 1748 M.,
† 15. 3. 1829 ebd. »Die Bayern ihrem Ge-
schichtsschreiber« steht auf seinem Denk-
mal am Promenadeplatz. 1782 erstes Stadt-
porträt M.s: »Beschreibung der Haupt-
und Residenzstadt München«. – Geburts-
haus W.straße 16 (Gedenktafel); Grab Al-
ter Südl. Friedhof. – Nachlass BSB.
Franz Xaver von Baader, * 27. 3. 1765 M.,
† 23. 5. 1841 ebd., der zentrale Philosoph
der Romantik in M., frühsozialist. For-
derungen, myst. Philosophie. – »Baader-
Schlößl« hinterm Siegestor (1889 abgeris-
sen), Sterbehaus Karlstraße 49 (Gedenkta-
fel); Grab Alter Südl. Friedhof. – Nachlass
BSB.
Friedrich Wilhelm Joseph von Schelling
(→ Leonberg/BW), »der erste Denker
Bayerns«. Seit 1806 in M., 08 Mitglied,
27 Vorstand der Akademie der Wiss.;
1827-41 an der Universität. – Wohnung
Promenadestraße 10 (heute Kardinal-Faul-
haber-Straße/Neubau); Denkmal Maxi-
milianstraße.
Franz Ritter von Kobell, * 19. 7. 1803 M.,
† 11. 11. 1882 ebd., Prof. der Mineralogie,
Jagdbegleiter von Max. II., »Schöpfer und
erster Meister der Mundartliteratur« (H. F.
Nöhbauer):»Gedichte in hochdt., oberbay.
und pfälz. Mundart« (1839 ff.). – Grab Al-
ter Südl. Friedhof; Büste in den Maximili-
ansanlagen, rechts der Isar. – Nachlass BSB.
Franz Graf von Pocci, * 7. 3. 1807 M., † 7.
5. 1876 ebd., Zeremonienmeister und Hof-
musikintendant dreier bay. Könige. Phan-
tast. Zeichner und Puppenspieldichter, über
40 Kasperlstücke (eine auf 30 Bd.e veran-
schlagte Werkausg. wurde 2007 gestartet).
P.-Schloss in → Ammerland (Starnberger
See/BY). – Geburtshaus Promenadeplatz
4 (Hotel Bay. Hof), Wohn- und Sterbehaus

Maximiliansplatz 5 (Neubau). – Nachlass BSB. – F.-Graf-v.-P.-Gesellschaft e. V. in Münsing. – »Eigenthümlich besessen und bewohnt« hat der Maler, Dichter und Chronist **Ulrich Füetrer** (→ Landshut/BY) »in den letzten zwei Dezennien« des 15. Jh.s ein Haus in der Residenzstraße 15. – Frauenplatz 12 wohnte der Hofpoet **Matthias Etenhueber** (1722-82). Ab 1759 gab er über 20 Jahre ein »Münchnerisches Wochenblatt« in Versen heraus. – **Joseph August Graf von Törring** (1753-1826), Staatsminister immerhin, reüssierte mit Ritterstücken (»Agnes Bernauerin«, 1780). Grab Alter Südl. Friedhof. – Dort auch die Grabstätte der **Destouches**: an **Joseph Anton von D.** (1767-1832), volkstüml. Erzähler, Gründer des »Münchner Tagblattes« (1827) und Stadtbibliothekar, erinnert eine Gedenktafel in der Windenmacherstraße (vormals Nr. 5). – **Johann Andreas Schmeller** (→ Tirschenreuth/BY) wurde 1829 Kustos an der Hof- und Staatsbibliothek; schloss 1837 mit dem 4. Bd. sein Bay. Wörterbuch ab. Wohnung Theresienstraße 9 (Neubau/Gedenktafel). Starb 1852 an der Cholera; Grab Alter Südl. Friedhof. Dort auch das Grab des Orientalisten und Publizisten **Jakob Philipp Fallmerayer** (1790-1861). – **Franz Trautmann** (1813-87), beliebter Erzähler seiner Zeit aus M.s und Bayerns älterer Zeit, wohnte u. a. Schellingstraße 41. Grab ebenfalls Alter Südl. Friedhof. – Der Österreicher **Hermann von Schmid** (1815-80), als Autor »Anfang einer kitschigen Heimatkunst« (H. Pörnbacher), war Theaterdirektor am Gärtnerplatz und Prof. für Literaturgeschichte. Wohnung Tegernseer Landstraße 98. Nachlass BSB. – »Dö Münchner Stadt is halt mei' Freud'«: **Maximilian Schmidt**, der »**Waldschmidt**« (→ Furth i. W./Eschlkam/BY), wohnte ab 1874 im Lehel und starb hier 1919: Gedenktafel Thierschstraße 47; Grab Al-

ter Südl. Friedhof; Nachlass LA Monacensia.

Hermann Lingg (→ Lindau/BY) lebte seit 1821 in M. und starb hier am 18. 6. 1905; Ehrengrab Alter Nördl. Friedhof. – Sein G. »Das Krokodil zu Singapur« gab der von P. Heyse gegründeten Dichtergemeinschaft den Namen (Akten BSB). – Wohnungen Nymphenburger Straße 10 und 17.
Johann Joseph von Görres (→ Koblenz/RP): 1827 Berufung für »Allgemeine und Litterärgeschichte« an die Universität. Sein Haus (Brienner Straße 40, Neubau) Mittelpunkt der kath. Spätromantik in M. Starb hier am 29. 1. 1848. Sein Grab, wie das seines Sohnes **Guido** (1805-52), Alter Südl. Friedhof.
Emanuel Geibel (→ Lübeck/SN), das erste, 1852 von Max. II. berufene »Nordlicht«. Mittelpunkt des »Krokodil«-Kreises. Gab zus. mit P. Heyse 1862 und 82 »Münchner Dichterbücher« heraus. 1868 Entzug der bay. Jahrespension, zurück nach Lübeck.
Paul Heyse (→ Berlin), »aus dem allertiefsten Plusquamperfektum« (H. v. Hülsen) 1854 von Max. II. nach M. berufen. 1881 Ehrenbürger, 1910 geadelt und Nobelpreis. Starb am 2. 4. 1914. Wohn- und Sterbehaus Luisenstraße (jetzt) 22; Ehrengrab Waldfriedhof: »Von seinem Grabe heimkehrend wusste man, dass man dem Begräbnis einer ganzen Ära beigewohnt hatte« (I. Kurz).
Wilhelm Heinrich Riehl (→ Wiesbaden/HE) lehrte seit 1854 an der Universität, 85 Direktor des Bay. Nationalmuseums. – Novellenbd. »Aus der Ecke« (1874), Titel nach dem gleichnamigen Künstlerkreis in der Luisenstraße (u. a. mit E. Geibel und P. Heyse). – Starb am 16. 11. 1897 in M.; Grab Alter Nördl. Friedhof.
Karl Stieler, * 15. 12. 1842 M., † 12. 4. 1885 ebd. (Grab → Tegernsee/BY), Reichsarchivassessor. Mundartdichter (»Bergbleamln«, 1865). – Wohnungen: Fürstenstraße 16

(jetzt 15), Schellingstraße 1 (Neubau). – Nachlass BSB.

Michael Georg Conrad (→ Ochsenfurt/Gnodstadt/BY). Der »zornige junge Mann« kam 1882 nach M. und war mit seiner Zs. »Die Gesellschaft« »wirklich der Mann dieser Stadt« (Th. Mann, 1927). – Schlüsselroman »Was die Isar rauscht« (1888). – Wohnung Ismaninger Straße 68. – Nachlass LA Monacensia.

Eduard Graf von Keyserling, * 15. 5. 1855 Schloss Paddern/Kurland, † 29. 9. 1918 M., Erzähler und Dramatiker des Impressionismus (»Wellen«, R. 1911). Kam 1895 nach M.; Stammgast im Café Stefanie. – Letzte Wohnung 1901-18 Ainmillerstraße 19 (heute Neubau Habsburgerplatz 6). – Briefe LA Monacensia.

Josef Ruederer, * 15. 10. 1861 M. (am Rindermarkt), † 20. 10. 1915 ebd., naturalist. Erzähler und Dramatiker, Mitbegründer der »Elf Scharfrichter«. – W.: Die Fahnenweihe (K. 1895); Das Erwachen (R. 1916, n. 62 u. d. T. »Weißblaue Achtundvierziger«). – Wohnte Giselastraße 7, Maria-Theresien-Straße 20, gegenüber J.-R.-Brunnen. – Nachlass LA Monacensia.

Frank Wedekind (→ Hannover/NI) kam 1884 erstmalig nach M. 1896 Mitarbeiter des »Simplicissimus«, Dramaturg am Schauspielhaus, Auftritte bei den »Elf Scharfrichtern«; Literatenstammtisch in den »Torggelstuben« am Platzl. Der »ungekrönte König Schwabings« starb am 9. 3. 1918 (Grab auf dem Waldfriedhof/Alter Teil). – Gedenktafel am letzten Wohnhaus, Prinzregentenstraße 50; Brunnen am W.platz in Schwabing. – Nachlass LA Monacensia.

Otto Julius Bierbaum, * 28. 6. 1865 Grünberg/Schlesien, † 1. 2. 1910 Kötzschenbroda b. Dresden. 1889 Übersiedlung nach M. 1899-1902 Hrsg. Zs. »Die Insel« (Vorstufe des Verlags), Leopoldstraße 4. – W.: Stilpe (Kabarett-R. 1897); Prinz Kuckuck (R. 1906/07). – »Studentenstübchen« Ve-

terinärstraße 5/1; Grab Waldfriedhof/Alter Teil. – Teilnachlass LA Monacensia.

Ludwig Thoma (→ Oberammergau/BY) verkaufte 1899 seine M.er Rechtsanwaltpraxis (Kaufingerstraße 36/II) und wurde Redakteur beim »Simplicissimus« (832 Beiträge bis 1921). 1901 und 02 Uraufführung seiner Stücke »Die Medaille« und »Die Lokalbahn«. – Wohnte u. a. (1906/07) Leopoldstr. 71; 1908 Umzug nach → Rottach-Egern (Tegernsee/BY). – Nachlass LA Monacensia. – L.-Th.-Medaille der Stadt M. (seit 1967).

Max Halbe, * 4. 10. 1865 Güttland b. Danzig, † 30. 11. 1944 → Burg (Altötting/BY). Nach dem großen Erfolg seines Dr. »Jugend« 1893 in → Berlin 1895 Übersiedlung nach M. – Erinn.: »Scholle und Schicksal« (1933), »Jahrhundertwende« (1935). – Gedenktafel am letzten Wohnhaus (1937-44), Martiusstraße 6. – Nachlass LA Monacensia.

Annette Kolb, * 2. 2. 1870 M., † 3. 12. 1967 ebd., zeitkr. Erzählerin und Essayistin, »Tochter zweier Vaterlande« (C. J. Burckhardt). Jugend in M. Während des 1. Weltkriegs in der Schweiz, 1933 Emigration, ab 45 wechselnd in Paris und M. – Aut. die R. »Daphne Herbst« (1928) und »Die Schaukel« (1934). – Geburtshaus Sophienstraße 7 (Neubau), 1961-67 Händelstraße 1 (Gedenktafel); Grab Friedhof Bogenhausen. – Nachlass LA Monacensia.

Stefan George (→ Bingen/RP), 1891 erstmals in M., studierte 93/94 hier, wurde bald »Meister« eines esoter. Kreises (dessen Organ die »Blätter für die Kunst«): »hier giebt es noch Geister etwas aus der Berliner luft ganz verjagtes«, und fand bis 1933 immer wieder zurück. – Wohnungen 1900 bis 19 oft als Gast von K. Wolfskehl.

Manns in München: Die verwitwete **Julia Mann** (1851-1923) übersiedelte 1893 von → Lübeck/SH nach M. und lebte bis 98 mit ihren Töchtern Julia und Carla sowie

München: Klaus Mann auf der Gartentreppe des zerstörten Elternhauses in der Poschingerstraße, 10. Mai 1945

dem kleinen Viktor in einer Achtzimmerwohnung in der Rambergstraße 2 (heute Neubau); 1898-1901 Herzogstraße 3 (Neubau). Die Söhne **Heinrich** und **Thomas** folgten 1893 bzw. 1894. Nach einer gemeinsamen Italienreise (1896-98) nahmen sie in M. in der Theresienstraße 82 Logis. – »Ich spreche so gern mit meinen Kindern«, Erinn. von J. Mann (1991).
Viktor M. (1890-1949): Wohnung Herzogstraße 3; seine Erinn. »Wir waren fünf« erschienen 1949 (n. 2002). Familiengrab Julia, Carla, Viktor und Frau Nelly, Waldfriedhof/Alter Teil 12-W-20, seit 1972 aufgelassen; Gedenktafel. **Heinrich M.** blieb, abgesehen von vielen Reisen, bis 1928 in M. (an die 25 Adressen); Wohnung 1914-28 Leopoldstraße 59 (Gedenktafel). **Thomas M.**: Erste eigene Adresse Barerstraße 69; 1898/99 Marktstraße 5 (Neubau, heute Eingang Haimhauserstraße 6; »Der Kleiderschrank«); 1899-1902 Feilitzschstraße 5 (heute 32, Neubau), Gedenktafel »Buddenbrooks«; Herbst 1902 Giselastraße 15; 1902-04 Konradstraße 11 (Novellenbd. »Tristan«, mit »Gladius Dei«). – 1905 Heirat mit **Katia Pringsheim** (1883-1980 Kilchberg; Arcisstraße 12, NS-Neubau: »Meine ungeschriebenen Memoiren«, (1974); I. und W. Jens, »Frau Thomas Mann« (2003), »Katias Mutter« (2005). Erste Wohnung 1905-10 Franz-Joseph-Straße 2 (Neubau, Gedenktafel).
Hier geb.: **Erika** (1905-69 Zürich): »Mein Vater, der Zauberer« (1996), Kabarett 1933 »Die Pfeffermühle« Neuturmstraße 5; **Klaus** (1906-49 Cannes): »Kind dieser Zeit« (1932), »Der Wendepunkt« (1952, n. 2006), Nachlass wie der von Erika LA Monacensia; **Golo** (1909-94 Leverkusen): »Erinnerungen und Gedanken. Eine Jugend in Deutschland« (1986); Monika (1910-92 Leverkusen).
1910-13 Mauerkircherstraße 13 (Neubau); 1914-33 Poschingerstraße 1 (jetzt Thomas-Mann-Allee 10/Gedenktafel am 2. – architektonisch angeglichenen – Nachfolgebau). Hier geb.: **Elisabeth** (1918-2002 St. Moritz), verh. Borghese, Meeresforscherin, Nachlass LA Monacensia; Michael (1919-77 Kalifornien).
Bio- und topograph. Details bei Th. M. u. a. in: »Buddenbrooks« (1901), »Gladius Dei« (1903): »München leuchtete«, »Königliche Hoheit« (1909), »Herr und Hund« (1919), »Unordnung und frühes Leid« (1925), »Doktor Faustus« (1947). Kehrte nach 1933 nicht mehr in die einstige »Stadt Hitlers« zurück; 16-jähriges Exil. Letzter Besuch im Oktober 1952: Lesung in den Kammerspielen, Ovationen (musste sich noch im Türchen des eisernen Vorhangs zeigen), »der Applaus pflanzte sich auf die Straße fort, untermischt mit Rufen ›Wiederkommen!‹, ›Dableiben!‹ . . . Die herzliche Aufnahme

freute mich im Gedenken an 40 Jahre, die ich in der Stadt verbracht.«
Thomas- und Heinrich-Mann-Allee im Herzogpark; Th.-M.-Halle in der Universität, Bronzeplastik; Th.-M.-Förderkreis M. e. V. (Schriftenreihe, 2000 ff.). – »Die Familie Mann. Ein Lesebuch«, Auswahl B. Hoffmeister, 1999; D. Heißerer, »Im Zaubergarten. Th. M. in Bayern«, 2005.

Karl Wolfskehl (→ Darmstadt/HE) lebte 1893-1933 in M. »Zeus von Schwabing« und St. Georges treuester Anhänger. Gründete mit **Alfred Schuler** (→ Zweibrücken/RP) und **Ludwig Klages** (→ Hannover/NI) um 1900 den Kreis der »Kosmiker«. – Wohnungen: Leopoldstraße 51 und 87 (Neubauten); 1909-21 Römerstraße 16. – K.-W.-Preis für Exil-Literatur.

Christian Morgenstern, * 6. 5. 1871 M., † 31. 3. 1914 Meran, Lyriker, Anthroposoph, Übersetzer. Früh an Tuberkulose erkrankt, das halbe Leben in Sanatorien. Berühmt machten ihn seine Grotesken und Parodien: »Galgenlieder« (1905 ff.), »Palmström« (1910). – Geburtshaus Theresienstraße 23.

Franziska Gräfin zu Reventlow (→ Husum/SH) studierte und lebte ab 1897 in M. bzw. »Wahnmoching«, wie sie Schwabing nannte. Vagabondage zwischen »fortwährendem Ein- und Auspacken«. Schauplatz des R. »Herrn Dames Aufzeichnungen« (1913) das »Eckhaus« Kaulbachstraße 63; letzte Wohnung Leopoldstraße 41. – Nachlass LA Monacensia. – Mit von der Partie im »Eckhaus« u. a. **Franz Hessel** (→ Berlin); u. d. T. »Laura Wunderl« erschienen 1908 seine »Münchner Novellen« (n. 1998, mit bio- und topograph. Verweisen von D. Heißerer).

Rainer Maria Rilke, * 4. 12. 1875 Prag, † 29. 12. 1926 Val-Mont b. Montreux, bedeutendster dt. Lyriker der 1. Hälfte des 20. Jh.s, lebte 1896/97 (E. »Ewald Tragy«, 1998) und im Ersten Weltkrieg (1916 kurz in Wien) in M.: Keferstraße 11 (heute 2, Neubau); Ainmillerstraße 34 (Gedenktafel). Verließ 1919 nach Haussuchungen M. für immer. – Nachlass DLA Marbach.

Hans Carossa (→ Bad Tölz/BY) war 1897-1900 Medizinstudent in M., wohnte Augustenstraße 35. Wohnung und Praxis ab 1914 in Schwabing (Theresienstraße 46, Neubau/Gedenktafel). 1929 Rückzug nach Seestätten. Über das zerstörte M. 1945: »Die Stadt ist ausgelöscht, mein Glaube an Wiederherstellung ist gering.« – »Der Arzt Gion« (R. 1931), »Führung und Geleit« (Aut. 1933).

Erwin Guido Kolbenheyer, * 30. 12. 1878 Budapest, † 12. 4. 1962 M., Dichter und Kulturphilosoph, seine biomyst.-völk. Ideologie in der NS-Zeit hoch geschätzt. Erzähler. Hauptwerk die Paracelsus-Tril. (1917-26). Nach 1945 vorübergehend Schreibverbot. – Kam 1932 von → Tübingen/BW nach M.-Solln. Zuletzt in → Gartenberg (Wolfratshausen/BY). – K.-Archiv der K.-Gesellschaft in Geretsried (seit 1951).

Lena Christ (→ Ebersberg/Glonn/BY) lebte von 1880 bis 1920 die meiste Zeit in M. Sandstraße 45 (Neubau, Gedenktafel) war sie 1893-1901 als »Wirtsleni« tätig. Erste Heirat, 1909 Trennung (»Erinnerungen einer Überflüssigen«, 1912). 1911 Hohenzollernstraße 24 Diktatschreiberin bei **Peter Jerusalem** (nach 33 **Benedix**/1877-1954); Heirat 1912, Trennung 19. 20 M.er Adressen, letzte Wohnung Bauerstraße 20/0. Freitod 30. 6. 1920 auf dem Waldfriedhof/Alter Teil; ihr Grab Sektion 44.

Karl Valentin (eig. Valentin Ludwig Fey), * 4. 6. 1882 M., † 9. 2. 1948 → Planegg (Starnberger See/BY), Linksdenker, Sprachartist, Volkssänger: »Er sprach das Münchnerisch der Au, die... ein ganz leibhaftiges Dorf innerhalb M.s geblieben war« (W. Hausenstein); Gedenktafel Zeppelinstraße 41. Erster Auftritt bei »Papa Benz« 1902

(Leopoldstraße 50). – »Musäum« im Isartorturm; Brunnen auf dem Viktualienmarkt, wie auch für **Liesl Karlstadt** (1892-1960; Grab Friedhof Bogenhausen), seine kongeniale Partnerin. – Nachlass Theaterwiss. Institut Universität Köln.

Leonhard Frank (→ Würzburg/BY) begann 1904 als Maler in M. (Café Stefanie). Ein halbes Jh. später beendete er, aus der Emigration zurück, wieder in M. seine Aut. »Links, wo das Herz ist« (1952). – Letzte Wohnung Tengstraße 34; Grab Nordfriedhof.

Joachim Ringelnatz (→ Wurzen/SN) hatte 1908-09 in der Schellingstraße 23 einen Tabakladen: »Zum Hausdichter«. Als solcher fungierte er ums Eck, Türkenstraße 57, im »Simplicissimus«. 1920-30 Wohnung im Gartenhaus Hohenzollernstraße 31a. – Aut. »Mein Leben bis zum Kriege« (1931).

Lion Feuchtwanger, * 7. 7. 1884 M., † 21. 12. 1958 Los Angeles, pazifist.-sozialist. Erzähler und Dramatiker. Kindheit am St.-Anna-Platz (Nr. 2 Gedenktafel). 1925 Übersiedlung nach → Berlin; seit 33 im Exil. –

München: »Treffpunkt der gebildeten Raucherwelt«, das »Tabackhaus Zum Hausdichter« von Joachim Ringelnatz, Schellingstraße 23 (1909)

»Erfolg« (Schlüsselr. 1930: M. und Bayern um 1923). – Archiv AdK Berlin.

Wilhelm Hausenstein (→ Wolfach/Hornberg/BW) verbrachte ab 1903 den größten Teil seines Lebens in und um (Tutzing) M.: »Liebe zu München« (1958). 1950 erster Präsident der Bay. Akademie der Schönen Künste. Tod 3. 6. 1957, Grab Friedhof Bogenhausen; im W.-H.-Gymnasium Büste.

Klabund (eig. Alfred Henschke), * 4. 11. 1890 Crossen a. d. Oder, † 14. 8. 1928 Davos, Lyriker, Dramatiker, Romancier. Lungenkrank, atemlos produktiv zwischen M., → Berlin und Schweizer Sanatorien. – Wohnung Kaulbachstraße 56; Erinn.: »Ich kam – ich geh« (1963) von **M. di Monaco** (1893-1981), der »Marietta« seines »Liebesromans aus Schwabing« (1910).

Georg Britting (→ Regensburg/BY) kam 1921 nach M. und lebte hier bis zu seinem Tod am 27. 4. 1964. – Wohnung im »Künstlerhaus« der Stadt M., St.-Anna-Platz 10 (so auch der Titel der Erinn. von Ingeborg Schuldt-B., 1999); berühmt seine Stammtische; Grab Nordfriedhof.

Johannes R(obert) Becher, * 22. 5. 1891 M., † 11. 10. 1958 → Berlin, einer der Wortführer des Expressionismus, später Repräsentant des sozialist. Realismus. 1919 Mitglied der KPD, 33 Emigration. Juni 1945 Rückkehr nach Berlin, seit 54 Kulturminister der DDR. – Wohnung u. a. Trautenwolfstraße 6. – Aut. R. »Abschied« (1940); »München in meinem Gedicht« (1946). – Archiv AdK Berlin.

Ernst Toller, * 1. 12. 1893 Samotschin/Bromberg, → 22. 5. 1939 New York, expressionist. Dramatiker (»Die Wandlung«, 1919) und pazifist. Räterevolutionär. Im Versteck im Suresnes-Schlösschen (Werneckstraße 24) verhaftet; fünf Jahre Festungshaft. Nach seiner Entlassung erfolgreich in → Berlin. 1933 Emigration. – Aut. »Eine Jugend in Deutschland« (1933). –

Archiv AdK Berlin. – E.-T.-Gesellschaft e. V.

Oskar Maria Graf (→ Starnberger See/Berg/BY) übersiedelte 1911 nach M.; 18 Beteiligung an der Novemberrevolution; 33 Emigration. – »Wir sind Gefangene« (Aut. 1927), »Der Abgrund« (R. 1936). – Gedenktafel Barerstraße 37, Atelierhaus (Neubau); Denkmal Literaturhaus; Grab Friedhof Bogenhausen. – Hauptnachlass BSB, Teilnachlass (Materialien aus der New Yorker Zeit) LA Monacensia. – W. F. Schoeller, »O. M. G. Odyssee eines Einzelgängers« (1994).

Ernst Hoferichter, * 19. 1. 1895 M., † 14. 11. 1966 ebd., »der Dichter Schwabings und des Viktualienmarkts« (L. Hollweck). – »Jahrmarkt meines Lebens« (Aut. 1963). – Gedenktafel Mottlstraße 21; Grab Ostfriedhof. – Nachlass LA Monacensia. – E.-H.-Preis (seit 1975).

Eugen Roth, * 24. 1. 1895 M., † 28. 4. 1976 ebd., 1933 als Redakteur der »Münchener Neuesten Nachrichten« entlassen. 1935 erschien seine G.-Slg. »Ein Mensch«, und R. wurde berühmt und sprichwörtlich. – Geburtshaus Augustenstraße 21, wohnte seit 1957 Bäumlstraße 9; Grab Friedhof Nymphenburg. – Nachlass LA Monacensia.

Carl Orff, * 10. 7. 1895 M., † 29. 3. 1982 ebd.: »Er hat – ein Sonderfall in der Musikgeschichte – Texte aus allen Weltsprachen tönend zu Ende gedacht … Sein Basis-Idiom das Altbayerische« (K. Schumann). – Geburtshaus Maillingerstraße 16 (Neubau). 1954-59 verheiratet mit **Luise Rinser** (→ Landsberg a. L./BY), Mauerkircherstraße 54. – Grab in → Andechs (Ammersee/BY). – O.-Zentrum M., Kaulbachstraße 16.

Bertolt Brecht (→ Augsburg/BY) studierte ab 1917 in M. und begegnete u. a. F. Wedekind, L. Feuchtwanger, O. M. Graf; Auftritt in K. Valentins Oktoberfest-Schaubude. 1922-24 Dramaturg an den Kammer-

München: Karl Valentins »Orchester« vor der Oktoberfest-Schaubude, mit Bertolt Brecht links und Lisl Karlstadt rechts vom »Prinzipal«

spielen; 22 UA von »Trommeln in der Nacht«. – Letzte Wohnung 1923 (mit Frau Marianne, geb. Zoff) Akademiestraße 15; Stele Peslmüllerstraße 8 (B.-B.-Gymnasium).

Erich Kästner (→ Dresden/SN), Oktober 1945 – April 48 Feuilletonleiter der »Neuen Zeitung«: 1946 Kabarett »Die Schaubude«, 51 »Die kleine Freiheit«. – Wohnungen: Fuchsstraße 2, Flemingstraße 52; Grab Friedhof Bogenhausen; Erinn. Gaststätte Leopoldstraße 50. – E.-K.-Gesellschaft e. V. (seit 1975) verleiht E.-K.-Preis.

Ruth Schaumann, * 24. 8. 1899 Hamburg, † 13. 3. 1975 M. Früh gehörlos. Kam 1917 nach M.; 22 Konversion zum Katholizismus, 24 Heirat mit dem »Hochland«-Redakteur **Friedrich Fuchs** (1890-1948). »Es umgab sie eine Aura der Stille … ob sie schrieb oder zeichnete oder schöne Plastiken schuf« (K. Krolow). Aut. »Das Arsenal« (1968). – Wohnte Kaulbachstraße 62a (Neubau), seit 1934 Renatastraße 59a; Grab Friedhof Neuhausen. – Nachlass LA Monacensia.

Ernst Penzoldt (→ Erlangen/BY) starb am 27. 1. 1955 in M., wo er seit 1919 als Bildhauer und Maler, Schreiben schließlich als eigentl. Beruf (sein schönstes Buch »Die Powenzbande«, 1930), gelebt hatte.

– Letzte Wohnung Schwedenstraße 39; Grab Waldfriedhof/Alter Teil.

Ernst Heimeran (→ Münchberg/Helmbrechts/BY), E. Penzoldts Freund, kam bereits 1912 nach M. Sein Steckenpferd: »Büchermachen« (1947). Die Feste im »mit Matratzen ausgelegten« Verlag, Dietlindenstraße 44, waren Legende. Nach dem 2. Weltkrieg Übersiedelung nach → Starnberg (Starnberger See/BY).

Peter Paul Althaus (→ Münster/NW) avancierte, seit 1921 in M., zum Ersten Bürgermeister und Dichter der »Traumstadt« (1951) Schwabing (Domizil Kaulbachstraße 75). – Gedenktafel Trautenwolfstraße 8; Grab Nordfriedhof. – Nachlass LA Monacensia.

Otto Falckenberg (→ Koblenz/RP), Mitbegründer der »Elf Scharfrichter«, 1916-44 Intendant der M.er Kammerspiele (Büste im Foyer), deren Schauspielschule nach ihm benannt ist. Gedenktafel Viktoriastraße 11, wo er 1916-37 wohnte. – **Regina Ullmann** (1884 St. Gallen – 1961 Ebersberg) kam 1902 nach M., wo sie mit Unterbrechungen bis 1938 lebte. In Schwabing Anschluss an die »Kosmiker«, befreundet mit R. M. Rilke. Wohnte Fendstraße 6, ab 1923 auch in Planegg. »Münchner Jahre« (Ges. Werke, 1960/78). Grab in → Feldkirchen (Ebersberg/BY). Nachlass LA Monacensia. – **Hans Ludwig Held** (1885 Neuburg a. d. Donau – 1954 M.), Schriftsteller, ab 1921 an der Stadtbibliothek, 45 deren Direktor. Letzte Wohnung St.-Anna-Platz 10; Grab Ostfriedhof. Nachlass LA Monacensia, deren Begründer er war. – H.s Wohnung bezog **Josef Magnus Wehner** (→ Fulda/Bermbach/HE), der 1930 seinen »Anti-Remarque« »Sieben vor Verdun« veröffentlicht hatte und im Dritten Reich als Kritiker-Papst auftrat. Jetzt, so G. Britting, war er »fromm geworden«. Grab Waldfriedhof/Alter Teil, Nachlass LA Monacensia. – **Oskar Gluth** (1887-1955), Erzähler (»Sonne über München«, R. 1935). Wohnte Belgradstraße 9; Grab Nordfriedhof. – **Rudolf Schneider-Schelde** (1890 Antwerpen – 1956 M.), nach dem 1. Weltkrieg Umzug von Berlin nach M. Schlüsselroman der M.er Schriftstellerszene (z. Z. der Wirtschaftskrise) »In jenen Jahren« (1935). Wohnte u. a. Mandlstraße 10b; Grab in Tutzing. Nachlass LA Monacensia. – **Fred Endrikat** (1890 Nakel/Netze – 1942 M.), »Der fröhliche Diogenes« (1942), im Ruhrgebiet aufgewachsen, fand Anfang der 30er Jahre im M.er »Simplicissimus« als Nachfolger von J. Ringelnatz seine Stammbühne. Grab auf dem Waldfriedhof/Alter Teil. – **Paul Alverdes** (1897 Straßburg – 1979 M.), Lyriker und Erzähler, bestimmt durch Jugendbewegung (»Die Nördlichen«, G. 1922) und Kriegserlebnis (»Die Pfeiferstube«, N. 1929). Früh schon Hörspiele. Seit 1922 freier Schriftsteller in M. 1934-43 Hrsg. (mit B. von Mechow) der Zs. »Das Innere Reich«. Lebte seit 1937 in Grünwald, dort auch sein Grab.

Alfred Andersch, * 4. 2. 1914 M., † 21. 2. 1980 Berzona b. Locarno. Schule und Buchhandlehre in M. 1933 KZ Dachau; 44 Desertion an der italien. Front. 1946 Gründung (m. H. W. Richter) der Zs. »Der Ruf«; Mitbegründer der »Gruppe 47«. Rundfunkarbeit in Frankfurt a. M. und Stuttgart. Seit 1958 in der Schweiz. – M. u. a. in »Kirschen der Freiheit« (1952), »Alte Peripherie« (1963), »Der Vater eines Mörders« (1980). – Geburtshaus Olgastraße 5. – Archiv DLA Marbach. – A.-A.-Gesellschaft in Stuttgart.

Siegfried (Sigi) Sommer, * 23. 8. 1914 M., † 25. 1. 1996 ebd., fing 1945 als »Lokalspitzler« bei der »Süddt. Zeitung« an, dann »Blasius, der Spaziergänger« bei der »Abendzeitung«, am Ende an die 6000 Kolumnen. Sein erster und bester R.: »Und keiner weint mir nach« (1951). – Winter-Stammtisch im »Klösterl« im Lehel; Grab Fried-

hof Neuhausen; Bronze-Plastik am Rosen-eck. – Nachlass LA Monacensia.
Carl Amery (eig. Christian Mayer), * 9. 4. 1922 M., † 24. 5. 2005 ebd., Katholik wie Aufklärer, Ökologe. Seit 1950 freier Schriftsteller, 67 Direktor der M.er Stadtbibliotheken. – W.: Die Große Deutsche Tour (R. 1958, n. 86); Das Ende der Vorsehung (1972); An den Feuern der Leyermark (R. 1979). – Grab Ostfriedhof. – Nachlass LA Monacensia. – C.-A.-Literaturpreis des VS in Bayern.
Heinz Piontek, * 15. 11. 1925 Kreuzberg/Oberschlesien, † 26. 10. 2003 Rotthalmünster b. Passau. Ein »Leben mit Wörtern« (1975): 1947-60 → Lauingen/Dillingen a. d. Donau/BY (»Die Furt«, G. 1952); 61 Übersiedlung nach M. (»Die Münchner Romane«, 1967/76/79). – Aut. »Zeit meines Lebens« (1984, n. 94), »Stunde der Überlebenden« (1989). – Grab Friedhof Feldmoching. – Nachlass BSB.
Horst Bienek, * 7. 5. 1930 Gleiwitz, † 7. 12. 1990 M., Schriftsteller und Filmemacher. »Gleiwitzer Kindheit« (G. 1976), Gleiwitzer Tetralogie (R. 1975/77/79/82). Kurze Zeit Schüler an B. Brechts Berliner Ensemble; 1951 aus pol. Gründen verhaftet; vier Jahre in Workuta (»Die Zelle«, R. 1968). Seit 1961 in M., Verlagslektor. – Wohnte Isarweg 2 in Ottobrunn; Grab Friedhof O. – Nachlass in Braunschweig; H.-B.-Preis für Lyrik.
August Kühn (eig. Rainer Zwing), * 25. 9. 1936 M., † 8. 2. 1996 Hinterwössen, »Vorstadtschriftsteller« von der Schwanthalerhöh'. Debütierte 1972 mit Biographischem: »Westend-Geschichte«. »Zeit zum Aufstehn« (1975) handelt ebenfalls hier, »Die Vorstadt« (1981) in der Au. – Gedenktafel Gollierstraße 51; Grab Westfriedhof. – Nachlass LA Monacensia.
Rainer Werner Fassbinder, * 31. 5. 1945 → Bad Wörishofen (Mindelheim/BY), † 10. 6. 1982 M. Stückeschreiber (»Katzel-

macher«), »action«- (Müllerstraße 12) und »antitheater«-Leiter (Isabellastraße), Filmemacher (41 in 13 Jahren). – Letzte Wohnung Clemensstraße 76; Grab Friedhof Bogenhausen. – K. Raab/K. Peters, »Die Sehnsucht des R. W. F.« (1982).
Wahlheimat M.: »Ich bin 1945 in München geblieben, weil mein Berlin schon 1933 untergegangen war«: **Wolfgang Koeppen** (→ Greifswald/MV) lebte bis zu seinem Tod 1996 hier; 1951 erschien der M.-Roman »Tauben im Gras«. Wohnte Widenmayerstraße 47; Grab Nordfriedhof. – Hier auch das Grab von **Hans Egon Holthusen** (→ Rendsburg/SH; gest. M. 1997). Ab 1933 in M., Promotion 37, Teilnahme an der »Freiheitsaktion Bayern« 45. War 1968-74 Präsident der Bay. Akademie der Schönen Künste. – **Walter Kolbenhoffs** (1908 Berlin – 1993 → Germering/Fürstenfeldbruck/BY) Wohnung »Schellingstraße 48« (1984) war Treffpunkt der Autoren von »Neuer Zeitung« und »Ruf«. Auf Ks. Veranlassung kam 1946 **Hans Werner Richter** (→ Usedom/MV) als Mithrsg. des »Ruf« nach M. Im April 1947 wurde »Der Ruf« verboten, im September rief H. W. R. die »Gruppe 47« ins Leben. Wohnte 1951-75 (zeitw. auch in Berlin) in M., u. a. Rembrandtstraße 7, zuletzt, bis zu seinem Tod 1993, in der Floßmannstraße 13. – Das Paar **Horst Lange** (1904 Liegnitz – 71 M.)/**Oda Schaefer** (1900 → Berlin – 88 M.) verschlug es Ende des 2. Weltkriegs nach Bayern, lebte ab 1950 in M.: Hechtseestraße 71, Züricher Straße 104. Erinn. von O. Sch. »Auch wenn Du träumst, gehen die Uhren«, »Die leuchtenden Feste über der Trauer« (1970/80) und das Schwabing-Buch »verliebt verrückt vertan« (1972). Beider Grab Waldfriedhof/Alter Teil; Nachlass LA Monacensia. – **Georg Schneider** (→ Coburg/BY), nach dem Krieg Mitglied der Verfassunggebenden Landesversammlung, lebte als Schulrektor und »ver-

borgener Dichter« in Schwabing. Starb hier 1972; Grab Westfriedhof; Nachlass LA Monacensia. – Mit Hilfe des Verlegerfreundes Reinhard Piper fand **Georg von der Vring** (→ Brake/NI) 1951 in Neuhausen, Nibelungenstraße 9a, ein Domizil. Der Nymphenburger Park war nahe, er widmete ihm lyrische Topographien. »Abandonné et triste« ertränkte er sich am 1. März 1968, Tage später wurde er aus der Isar geborgen. – **Heinar Kipphardt** (→ Berlin), 1959 nicht mehr in die DDR zurückkehrend, übersiedelte 61 nach M. 1970-71 Chefdramaturg an den Kammerspielen; Trennung nach Theaterskandal um das Programmheft zu W. Biermanns »Der Dra-Dra«. Das letzte Jahrzehnt in → Angelsbruck (Erding/BY). – **Heinz Friedrich** (→ Dieburg/Roßdorf/HE), Teilnehmer am ersten Treffen der »Gruppe 47«, baute 1961 den Deutschen Taschenbuch Verlag auf und führte ihn bis 90 erfolgreich. 1983 wurde er Präsident der Bay. Akademie der Schönen Künste. Aut. »Erlernter Beruf: Keiner. Erinn. an das 20. Jh.« (2006). Tod 13. 2. 2004; Grab Friedhof Nymphenburg. Archiv BSB; H.-F.-Stiftung. – **Hermann Lenz** (→ Stuttgart/BW) studierte 1937 in M. (»Neue Zeit«, R. 1975) und kehrte 75 mit seiner Frau wieder nach M., in ihr Elternhaus in der Mannheimer Straße 5, zurück. Schlüsselr. »Herbstlicht« (1992). Tod 12. 5. 1998; Grab Nordfriedhof. – Nachlass BSB. – »München liebe ich neben Amsterdam und Paris, Bamberg und Florenz von allen mir bekannten Städten am meisten«, bekannte 1979 **Wolfgang Bächler** (→ Augsburg/BY). Vier Jahrzehnte lebte er hier und starb am 24. Mai 2007 in seiner Wohnung über dem Viktualienmarkt. Sein Grab auf dem Friedhof Bogenhausen. **A** In M. zu Gast, zu Hause und Zuflucht: 1580 **Michel de Montaigne**, 1688 **Gottfried Wilhelm Leibniz** (→ Hannover/NI),

1756 und 61 **Giacomo Casanova**, 1773/74 **Ch. F. D. Schubart** (→ Schwäbisch Hall/Obersontheim/BW). – »Arm, krank, ganz verlassen« erlebte im Januar 1809 **Bettina Brentano** (→ Frankfurt a. M./HE) **Ludwig Tieck** (→ Berlin) am Max-Joseph-Platz. »Heimatlos an jedem Orte«, fand **Clemens Brentano** (→ Koblenz/RP) 1833 in den Kreis der M.er Spätromantiker. Quartier nahm er u. a. Glockengasse 11 (heute Herzog-Wilhelm-Straße 13). November 1837 erschien (unter der Jahreszahl 1838) eine erweiterte Fassung des Märchens »Gockel, Hinkel und Gackeleia« (eine Eisenplastik in der nahen Grünanlage erinnert seit 1981 daran). Todkrank wurde er im Juli 1838 von seinem Bruder Christoph nach Aschaffenburg gebracht. – **August von Platen** (→ Ansbach/BY), 1806-15 Kadett, Page, Leutnant in M.; kehrte 1832/33 und 34 vorübergehend zurück, Wohnung Müllerstraße (damals) 18; erste vollst. Slg. seiner Gedichte. Nur sein Sohn Max, der in M. studierte, machte 1820 **Jean Paul** (→ Wunsiedel/BY) »das ungemütliche München« zur halben Heimat. Dass man die ganze Stadt als ein »neues Athen« pries, fand **Heinrich Heine** (→ Düsseldorf/NW), Herbst 1827 bis Sommer 28 in M. (Gedenktafel ehem. Palais Rechberg, Hackenstraße 7; Gedenkbrunnen im Finanzgarten, Galeriestraße), »etwas ridikül«. Hoffnungen auf eine Universitätsprofessur zerschlugen sich. – **Hans Christian Andersen** kam zwischen 1834 und 73 mehrmals. In »Eines Dichters Bazar« (1846) beschreibt er »Deutschlands interessanteste Stadt«; 1859 bekam er den Maximiliansorden. – Zwischen 1831 und 35 am Königl. Hoftheater mit seinen Märchen- und Zauberstücken stürmisch gefeiert der Wiener **Ferdinand Raimund** (1790-1836). – 1836-39 zum Studium **Friedrich Hebbel** (→ Heide/Wesselburen/SH): »In

München: Hackenstraße 7, im ehem. Palais Rechberg (heute Radspieler-Haus) wohnte 1827/28 Heinrich Heine; ein Teil der »Reisebilder« entstand hier.

München reifte der Dichter in mir«. Wohnte zuletzt Landwehrstraße 10 (Neubau), »Maria Magdalena« wurde hier angeregt. Wie Hebbel erging es **Gottfried Keller** (1819-90). Während seines entbehrungsreichen M.er Aufenthaltes 1840-42 – er wohnte auch auf der Schwanthaler Höhe (damals Lerchenstraße 40) – wurde ihm bewusst, dass er mehr Talent zur »poetischen Literatur« als zur Malerei habe. Die Stadt Schauplatz im »Grünen Heinrich« (1843-55).

Unter den »Zugereisten«, süddeutschen »Nordlichtern«, des 19. Jh.s weiterhin: **Franz von Dingelstedt** (→ Marburg/Halsdorf/HE), 1851-57 Intendant des Hof- und Nationaltheaters; **Melchior Meyr** (→ Nördlingen/Ehringen/BY), der »Dichter des Ries« (Grab Alter Südl. Friedhof); die dichtenden Professoren **Friedrich von Bodenstedt** (→ Peine/NI) und **Wilhelm Hertz** (→ Stuttgart/BW); **Wilhelm Busch** (→ Nienburg/Wiedensahl/NI), für zehn Jahre (1854-64) »Nordlicht« und »Jung-Münchner«; Wohnungen Dachauer Straße 3 (Neubau) und Schwanthalerstraße 28 (Neubau); tätig für »Fliegende Blätter« und »M.er Bilderbogen« (Atelier in der Karlstraße). 1856/57 **Joseph Victor von Scheffel** (→ Karlsruhe/BW), Wohnung Ludwigstraße 18; **Felix Dahn** (→ Hamburg) habilitierte sich 1857 in M., wo er aufgewachsen war; 1858-63 Mitglied im »Krokodil«; **Martin Greif** (→ Speyer/RP), als Gymnasiast schon in M., dann (ab 1867) als freier Schriftsteller (Festspieldichter); seit 1874 ansässig der ostpreuß. Kulturhistoriker (und erste dt. Ehrenbürger Roms) **Ferdinand Gregorovius** (1821-91); **Wilhelm Jensen** (→ Eutin/Heiligenhafen/SH), seit 1888 ständiger Wintergast in M., starb hier am 24.11.1911 (Grab Frauenchiemsee).

Richard Wagner (→ Bayreuth/BY), von Ludwig II. 1864 berufen, musste ein Jahr später bereits die Stadt wieder verlassen (Gedenktafel Brienner Straße 22; K. Wedekind, »König Ludwig und sein Hexenmeister«, Tatsachenroman 1995); zwischen 1865 und 70 im Nationaltheater Urauff. »Tristan und Isolde«, »Meistersinger«, »Rheingold«, »Walküre« (Denkmal vor dem Prinzregententheater).

Seit 1889 lebte **Wilhelm Weigand** (→ Tauberbischofsheim/Gissigheim/BW) in M.; 1904 war er Mitbegründer der »Südd. Monatshefte«. – **Ernst von Wolzogen** lebte 1893-99 hier (Werneckstraße 9/Neubau), ging dann nach → Berlin und gründete 1901 dort das erste dt. Kabarett. – **Jakob Wassermann** (→ Fürth/BY), erstmals 1890, dann zwischen 94 und 98 in M., debütierte (als der erste Redakteur überhaupt) beim »Simplicissimus«; Wohnung

Heßstraße 34. – **Ina Seidel** (→ Starnberg/ BY) kam 1897 mit ihrer Mutter und Bruder **Willy** (→ Braunschweig/NI; Schwabinger Schlüsselroman 1930 »Jossa und die Junggesellen«) nach M., eine der »Drei Städte (ihrer) Jugend«; Wohnung bis 1907 Nikolaiplatz 1a. Siegesstraße 4 gründete 1904 **Waldemar Bonsels** (→ Bad Oldesloe/Ahrensburg/SH; Nachlass LA Monacensia) einen Kleinverlag für sich und seine Freunde. Unter diesen der Elsässer **Bernd Isemann** (1881-1967), in dessen Haus in Schleißheim, Freisinger Straße 28, W. B.s »Gegenbuch« – zu B. I.s »Ameisenroman« »Nala und Re« – »Die Biene Maja« (1912) entstand (und ein Welterfolg wurde).

Im neuen Jahrhundert, September 1900 bis April 1902, hielt sich **Wladimir Iljitsch Lenin** in M. auf, schrieb u. a. »Was tun?« und gab die Zss. »Iskra« und »Sarja« heraus; Wohnungen Kaiserstraße (heute) 46 und Siegfriedstraße 14; Verkehr im Café Noris (Leopoldstraße 41). – »Allein mit den Toten«: in der Stadt im Frühjahr 1902 **Guillaume Apollinaire**, er wohnte Neuturmstraße 3. A. Kolb: »Eines Tages stand der junge **Jean Giraudoux** vor unserer Tür«. G. studierte vor dem 1. Weltkrieg in M., Schauplatz später im Nachkriegsroman »Siegfried et le Limousin« (1922). **André Gide**, bereits 1892 und 97 in M., besuchte 1931 Th. Mann. – »Vorkriegseuropa im Gleichnis meines Lebens«: **Carl Sternheim** (→ Leipzig/SN) gründete 1908 mit dem Wiener **Franz Blei** (1871-1942; »Erzählung eines Lebens«, 1930) die Zs. »Hyperion«. (Sternheims »Belle Maison« in Höllriegelskreuth existiert nicht mehr, Blei wohnte zuletzt Karl-Theodor-Straße 36.) – »Pilgerfahrt nach dem Unerreichbaren«: **Isolde Kurz** (→ Stuttgart/BW) lebte, mit Unterbrechungen, 1910-43 in M. – 1914 folgte **Ricarda Huch** ihrem im Jahr zuvor verstorbenen Vetter **Friedrich** (beide

→ Braunschweig/NI) nach M.; R. wohnte bis 1927 Kaulbachstraße 35. Th. Mann, der F. die Totenrede gehalten hatte, über R.: »Wahrscheinlich die erste Frau Europas.«

1918/19 die Revolution und die Schriftsteller: **Kurt Eisner** (1867-1919), Berliner Publizist und Politiker, seit 1905 in M., rief am 7. 11. 1918 im Mathäser (Gedenkstele Bayerstraße 5) den »Freistaat Bayern« aus. Ermordet 21. 2. 1919; Grab, auch das G. Landauers, Neuer Israelit. Friedhof. – 7. 4. 1919 Ausrufung der Räterepublik durch **Gustav Landauer** (1870 Karlsruhe – Mai 1919 in Stadelheim ermordet), **Erich Mühsam** (→ Berlin), seit 1908 Schwabinger Boheme, und **Ernst Toller**; beide zu Festungshaft verurteilt (→ Neuburg a. d. Donau/Niederschönhausen/BY). Gegenläufig die Berichte der Zeitzeugen: O. M. **Graf**, H. **Mann** hier, I. **Kurz**, J. **Hofmiller** (→ Sonthofen/Kranzegg/BY; Nachlass LA Monacensia) da. – Der Hrsg. der Zs. »Der Ziegelbrenner« **Ret Marut** (1882-1969) konnte entfliehen und lebte unter dem Ps. **B. Traven** als erfolgreicher Autor (»Das Totenschiff«, 1926) in Mexiko.

Der junge **Ödön von Horváth** (→ Weilheim/Murnau/BY) wohnte als Gymnasiast bei seinen Eltern (1909-13 Prinzregentenstraße 24 und 1914-18 Widenmayerstraße 43), als Student 1919-22 Türkenstraße 98; erster öffentl. Auftritt 7. 2. 1922 bei »Papa Steinicke«. **Hermann Bahr** (1863-1934), »Proteus der Moderne«, lebte von 1922 bis zu seinem Tod in M. (Barer Straße 50, Bauerstraße 28).

Von Einfluss die kath. Zs. »Hochland«, in der, so C. Hohoff, »Hitlers Name nie genannt wurde«. Gegründet wurde sie 1903 von **Carl Muth** (1867-1944; Grab Friedhof Solln); ihr wichtigster Autor **Theodor Haecker** (→ Langenburg/Eberbach/BW), nach dem Publikationsverbot entstanden in der Möhlstraße 34 seine »Tag- und Nachtbücher 1939-1945«. **Konrad Weiß** (→ Schwäbisch Hall/Michelbach a. d. Bilz/ BW) war 1905-20 Schriftleiter des »Hochland«; wohnte Mozartstraße 13, starb 4. 1. 1940, Grab Nordfriedhof. Zum engeren Mitarbeiterkreis gehörten zudem **Sigismund von Radecki** (→ Gelsenkirchen/ Gladbeck/NW) und **Werner Bergengruen** (→ Baden-Baden/BW), der seit 1936 in Solln wohnte, Hirschenstraße 36, und 1942 hier ausgebombt wurde (»Schreibtischerinnerungen«, 1961). – »Als er starb, hatte er 100 Seiten geschrieben ... 100 Seiten unvergeßlicher Prosa« (W. Jens): 24-jährig nahm sich **Eugen Gottlob Winkler** (1912 Zürich – 36 M.) aus Angst vor erneuter Verhaftung das Leben; Grab in → Stuttgart/BW.

»Im Jahre Null« in M. **Hans Habe** (1911-77): Herbst 1945 war er im ersten Monumentalbau des Dritten Reiches (1937-39), Ludwigstraße 2, dann auf der »Insel in der Schellingstraße« (»Off limits«, R. 1955) Chefredakteur der amerik. »Neuen Zeitung« (Feuilleton: **Erich Kästner**, Außenpolitik: **Stefan Heym** → Chemnitz/SN). – 1951-55 hier **José Ortega y Gasset**, »predigte kurz vor seinem Tode tauben Ohren und beifälligen Händen« (W. Koeppen).

An der Universität wirkten u. a.: **Romano Guardini**, Religionsphilosoph (1885-1968/ Gedenktafel und Grab St. Ludwigs- und Universitätskirche; R.-G.-Preis der Kath. Akademie); **Kurt Huber** (1893-1943), Musikwissenschaftler und Philosoph, schrieb das 6. Flugblatt der »Weißen Rose« und wurde am 13. Juli 1943 hingerichtet (Grab Waldfriedhof/Alter Teil); **Artur Kutscher**, Theaterwissenschaftler, »M.s außerordentlichster Hochschullehrer« (1878-1960/ Grab Waldfriedhof/Alter Teil; A.-K.-Platz mit Brunnen in Schwabing); **Karl Alexander von Müller**, Historiker (1882-1964/ Wohnung Mauerkircherstraße 12); **Karl Voßler**, Romanist (1872-1949/Grab Wald-

friedhof/Alter Teil); **Max Weber**, Soziologe (1864-1920/Gedenktafel Seestraße 16, am »Hause der Dichterin **Helene Böhlau**« (→ Ammersee/Widdersberg/BY); **Heinrich Wölfflin**, Kunsthistoriker (1864-1945). – »Fremdworte. Schreiben und Leben – Exil in M.«, Hrsg. **Elisabeth Tworek**, 2000.

Gräber, an die noch zu erinnern ist: Alter Südl. Friedhof: **Johann Nepomuk Sepp** (→ Bad Tölz/BY); **Carl Spitzweg** (1808-85), Maler, »und abends tu ich dichten«; **Friedrich Heinrich Jacobi** (→ Düsseldorf/ NW), 1807-13 Präsident der Akademie der Wiss.; **Ludwig Aurbacher** (→ Mindelheim/Türkheim/BY); **Oskar von Redwitz** und **Friedrich Güll** (beide → Ansbach/ BY). – Alter Nördl. Friedhof: **Ludwig Steub** (→ Aichach/BY). – Waldfriedhof/ Alter Teil: **Karl Ude** (1906-97), Kulturjournalist; **Wugg Retzer** (→ Mallersdorf-Pfaffenberg/BY); **Michael Ende** (→ Garmisch-Partenkirchen/BY), Grab nach Gestalten und Motiven seiner Werke; **Josef Ponten** (→ Aachen/NW). Neuer Teil: **Friedrich Schnack** (→ Karlstadt/Rieneck/ BY). – Westfriedhof: **Benno Rüttenauer** (→ Tauberbischofsheim/Oberwittstadt/ BW); **Alfons Freiherr von Czibulka** (1888-96), Erzähler altöst. Welt, Nachlass LA Monacensia; **Hugo Hartung** (→ Berlin). – Nordfriedhof: **Wilhelm Herzog** (→ Berlin); **Hans Reiser** (1888-1946), »Yatsuma. Eine Donquichotterie aus Schwabing« (1926); **Cyrus Atabay** (1929-96), iranischer Lyriker, Nachlass LA Monacensia; **Walther Kiaulehn** (→ Berlin); **Hans Jürgen Fröhlich** (→Hannover/NI); **Georg Ebers** (→ Berlin). – Ostfriedhof: **Jörg Fauser** (1944-87, auf der Autobahn bei Feldkirchen überfahren), »Der Schneemann« (1981), postum 2007 der R. »Die Tournee«. – Friedhof Bogenhausen: **Joseph Breitbach** (→ Koblenz); **Peter de Mendelssohn** (1908-82), Journalist, Th.-Mann-Editor, Nachlass

LA Monacensia; **Wilhelm Diess** (→ Passau/Bad Höhenstadt/BY).

L München im Gedicht: Legion von **Hans Sachs'** (→ Nürnberg/BY) »Lobspruch der fürstlichen Stadt« (um 1513), **Jakob Baldes** lat. Patrona Bavariae – Carmina wie **Ludwigs I.** (1786-1868) dito »teutschen« Anrufungen (»Ungepriesen blieb's, säßest du nicht auf dem Thron«) ... Bis hin zu **Wolfgang Bächler**, »in der Sieben« »Quer durch München« (1976) unterwegs, oder **Paul Wührs** vielstimmiger »Wörterstadt« »Gegenmünchen« (1970) und der »Weltstadt mit Herz«-Klage der **Biermösl-Blosn**: »Mei München, was is denn mit dir passiert ...« (1983/84).

M. im Schauspiel, vaterländisch im 18. Jh.: in **Joseph Marius von Babos** (1756-1822/ Grab Alter Südl. Friedhof) »Otto von Wittelsbach« (1782) z. B. Kritisch beleuchtet im 20.: »Münchner Freiheit« (1971) von **Martin Sperr** (→ Landshut/BY), »München leuchtet« (1987) von **Dieter Hildebrandt**, »Kir Royal« (1987) von **Helmut Dietl** und **Patrick Süskind** (Drehbuch), **Gerhard Polt** u. a.

München: Einsegnung der Mariensäule auf dem Marienplatz 1638 zum Jahrestag der Schlacht am Weißen Berg (8. 11. 1620)

Romanschauplatz M. (Auswahl nach 1945): 1944 erschien in Amsterdam der erste R. über die »Weiße Rose« »Es waren ihrer sechs«, Autor **Alfred Neumann** (1896-1952/Grab Nordfriedhof, Nachlass LA Monacensia). **Sebastian Grill** (eig. Gunter Groll, 1914-82), Filmkritiker, »Laterna Magica« (1947); **Joseph Maria Lutz** (→ Pfaffenhofen/BY; 1973 in M. gest., Grab Waldfriedhof/Alter Teil), »Das himmelblaue Fenster« (1948); **Rolf Flügel** (1897-1982/ Grab Ostfriedhof), »Bürgermeister der Traumstadt«, »Adieu Bohème« (1961); **Marieluise Fleißer** (→ Ingolstadt/BY), »Abenteuer aus dem Englischen Garten« (n. 1969); **Martin Gregor-Dellin** (→ Naumburg/ST), »Föhn« (1974); **Wolfgang Johannes Bekh**, »Die Herzogsspitalgasse« (1975); **Christa Reinig**, »Die himmlische und die irdische Geometrie« (1975); **Ernst Augustin**, »Raumlicht« (1976); **Asta Scheib**, »Langsame Tage« (1981); **Herbert Rosendorfer**, »Briefe in die chinesische Vergangenheit« (1983); **Uwe Timm**, »Heißer Sommer« (1985); **Andreas Neumeister**, »Salz im Blut« (1990); **Helmut Krausser**, »Könige überm Ozean« / »Fette Welt« / »Schweine und Elefanten« (Tril. 1989/92/99); **Norbert Göttler**, »Roter Frühling. R. der Räterepublik« (2004); **Andrea Maria Schenkel**, »Kalteis« (2007).

Erinnerungen (Auswahl nach 1945): **Felix Schlagintweit** (→ Chiemsee/BY), »Ein verliebtes Leben« (1943/46); **René Prévot** (1880-1955/Grab Nordfriedhof), »Seliger Zweiklang. Schwabing/Montmartre« (1946); **Rolf von Hoerschelmann** (1885-1947), »Chronist der geistigen Welt Schwabings« (Nachlass LA Monacensia), »Leben ohne Alltag« (1947); **Hermann Heimpel** (1901-88), Historiker, »Die halbe Violine« (1949/58); **Herbert Günther** (1906-78/Grab Friedhof Perlacher Forst), »Enthusiast der Freundschaft«/»Drehbühne der Zeit« (1957); **Reinhard Piper** (1879-1953/Grab Nordfriedhof), »Mein Leben als Verleger« (1964); **Karl Wolff** (→ Ludwigsburg/Marbach/ BW), »der eigentlich moderne Verleger Münchens« (E. Preetorius), »Autoren, Bücher, Abenteuer« (1965); **Carl Georg von Maassen** (1880-1940; seine »Bücherburg« Friedrichstraße 21), »Der grundgescheute Antiquarius« (1966); **Claire Goll** (→ Nürnberg/BY), »Traumtänzerin – Jahre der Jugend« (1971); **Werner Finck** (1902-78/Grab Waldfriedhof/Neuer Teil, Nachlass LA Monacensia), »Alter Narr – was nun?« (1972); **Schalom Ben-Chorin** (bis 1937 Fritz Rosenthal/1913-99), »Jugend an der Isar« (1974); **Richard Friedenthal** (→ Berlin), »... und unversehens ist es Abend« (1976); **Curt Hohoff**, »Unter den Fischen« (1982); **Benjamin Mordechai Engelhard**, »Erinnerungen« (»Versagte Heimat. Jüdisches Leben in Münchens Isarvorstadt 1914-1945«, 1994); **Grete Weil** (→ Tegernsee/Rottach-Egern/BY), »Leb ich denn, wenn andere leben« (1998); **Albert von Schirnding**, »Alphabet meines Lebens« (2002).

Mundart (zwischen Tradition und Moderne): stellvertretend die »Turmschreiber« **Franz Ringseis** (1919-97/Grab Nordfriedhof), »In da Au, um d Au und um d Au rum« (1979); **Herbert Schneider** (Jg. 1922), »D'Münchner Rass« (1956); und aus dem progressiv-zeitkrit. Kreis um **Friedl Brehm** (→ Starnberger See/Feldafing/BY); **Helmut Eckl** (Jg. 1947), »wenna amoi kummt« (1978); **Josef Wittmann** (Jg. 1950), »kuacha & kafä« (1973).

Anthologien: »M. im Gedicht« (Hrsg. H. Gerstner, 1966); »Stadtbesichtigung« (Hrsg. H. Wiesner, 1982); »M. Ein Lesebuch« (Hrsg. R. Bauer und E. Piper, 1986); »M. – meine Liebe«, »M.er Stadtsagen« (Hrsg. F. Fenzl 1988/92); »Reise Textbuch M.« (Hrsg. A. von Schirnding, 1988); »M. Dichter sehen eine Stadt« (Hrsg. H.-R. Schwab, 1996); »M. Reise-Lesebuch« (Hrsg. H. Ettl und B. Setzwein, 1999). – »Land in Sicht. Literatur vom Rand der Stadt« (Hrsg. M. Bremmer, 2005).

S Bay. **Staatsbibliothek**: rd. 9,1 Mill. Bde., 91 500 Hss. (u. a. Wessobrunner Gebet, vor 814; Muspilli, 9. Jh.; Codex aureus, um 870), 19 900 Inkunabeln (42-zeilige Gutenbergbibel, 1450-55). – **Universitätsbibliothek**: rd. 2,4 Mill. Bde., 3170 Hss., 3576 Inkunabeln (erste dt. Bibel, 1466). – **M.er Stadtbibliothek**: rd. 3,15 Mill. Medieneinheiten; rund 30 Stadtteil-Bibliotheken. **Monacensia**, Literaturarchiv (290 Nachlässe) und Bibliothek (rd. 130 000 Bde.). – **Intern. Lyrik-Bibliothek** des Lyrik Kabinett e. V. (am Institut für Komparatistik der Universität): 30 000 Bde. – **Intern. Jugendbi**-

bliothek in Blutenburg (1949 gegr. von Jella Lepman/1891-1970; Michael-Ende-Museum, James-Krüss-Turm, Erich-Kästner-Zimmer, Walter-Trier-Galerie). **Literaturhaus** am Salvatorplatz (Ausstellungen, Lesungen, Seminare). Im Haus auch Institutionen des **Deutschen Buchhandels**: Börsenverein, Akademie, Deutsches Bucharchiv. – **Seidlvilla** am Nikolaiplatz (Lit. Foren »**Café Sätze**«, »**Leselounge**«, »**Seerosenkreis**«). – **Poetry Slam** im »**Substanz**«.

Tukan-Kreis (seit 1930/50); **M.er Turmschreiber** (seit 1959; Bay. **Poetentaler** seit 1961; Hausbuch seit 1983); **Verband Dt. Schriftsteller in Bayern** (VS); **Werkkreis Literatur der Arbeitswelt** (DGB-Haus). Gesellschaften: **Ges. der Bibliophilen** (seit 1899); **Rudolf-Borchardt-Ges. e. V.; Dt. Dante-Ges. e. V.; Fontane-Ges. e. V.; Goethe-Ges.; Oskar-Maria-Graf-Ges. e. V.; Erich-Kästner-Ges. e. V.; Thomas-Mann-Förderkreis M. e. V.; Nietzsche-Forum M. e. V.; Intern. Schelling-Ges. e. V.; Karl-Valentin-Gesellschaft** (seit 2007); **Vereinigung der Freunde Bayerischer Literatur e. V.** (Vierteljahresschr. »Literatur in Bayern«).

Preise: Bay. Akademie der Schönen Künste verleiht den **Großen Literaturpreis**, den **Horst-Bienek-Preis für Lyrik**, **Rainer-Malkowski-Preis** zur Förderung deutschsprach. Literatur, die **Wilhelm-Hausenstein-Ehrung**. – Landeshauptstadt M.: **Leonhard und Ida Wolf-Gedächtnispreis** (seit 1991); **Geschwister-Scholl-Preis** (seit 1980); **Literaturpreis** (seit 1927/57); **Publizistikpreis** (seit 1992); **Übersetzerpreis** (seit 2000); **Tukan-Preis** (seit 1965); **Ernst Hoferichter Preis** (seit 1975); **Kultureller Ehrenpreis** (seit 1958). Wieder eingeführt 2007 die **Poetikprofessur** an der Universität.

L Stadtführungen: Stattreisen M. e. V.; Spaziergänge und Exkursionen Dr. Dirk Heißerer.

R Alter Hof (Affenturm), Altes Rathaus (Heinrich der Löwe), »Alter Peter« gehören zu den frühen M.er Sagenplätzen. Das Volk werde hier her »eherne Täfelchen und Wachs zum Danke« bringen, prophezeite **Jakob Balde** 1638 bei der Enthüllung der Mariensäule. Die kleine **Lena Christ** hielt sich auf dem **Marienplatz** mehr an den Fischbrunnen und schrie: »Großvatta, do schaug hera, wia dö Fisch 's Mäu aufreißn!« Am Alten Rathausturm steht »Julia«, eine Nachbildung der Statue im Hof des Capuleti-Hauses in M.s Partnerstadt Verona.

Auf dem **Viktualienmarkt** haben die Volkssänger und -schauspielerinnen ihre Brunnendenkmäler: u. a. **Karl Valentin** und **Liesl Karlstadt**, **Weiß Ferdl** (→ Altötting/BY), der **Roider Jakl** (→ Freising/BY).

Im »Platzl« am **Platzl** trat der **Weiß Ferdl** 1907 zum ersten Mal auf und sang fürderhin »bei jedem, der mich zu hören verlangte«. Die »Torggelstuben« waren die Zunftstube der bedeutenden Literaten, **Frank Wedekind** schloss hier Freundschaft mit **Heinrich Mann.**

Der linke **Isartorturm** beherbergt das Valentin-Karlstadt-»Musäum«. Im Valentinstüberl im Obergeschoss fanden 1959 auf gut Altbayerisch die »Turmschreiber« zusammen.

Zum Lehel hin noch einmal **K. Valentin:** 1913-32 wohnte er Kanalstraße 8, 1934-44 am Mariannenplatz (Nr. 4, im Krieg zerstört), gegenüber der Lukaskirche, »inmitten«, erzählt **Ernst Hoferichter**, »von Kostümen, Trommeln, Posaunen und Harfen«. Im Frühjahr 1937 traf V. mit **Samuel Beckett** zusammen, nachdem dieser ihn als »trottligen Elektriker« bei »Papa Benz« erlebt hatte, und führte ihn durch ein Labyrinth dunkler Korridore »in seinem neuen Museum«. Ein bizarres Ereignis, »crazy« war das Wort, das Beckett dazu einfiel. – **Ludwig Ganghofer** (→ Kaufbeuren/BY) lebte 1894-1919 in M. (und Tegernsee) und »machte« in der Steinsdorfstraße 10 »ein großes Haus«; 97 gründete er mit E. von Wolzogen die »Literarische Gesellschaft«.

Thierschstraße 29, singt der Liedermacher **Konstantin Wecker**, »bin i geborn und da ghör i hi«. In Nr. 41 (1. Stock) war in den 1920er Jahren der »Verleger« A. Hitler po-

lizeilich gemeldet. – Widenmayerstraße 26 (3. Stock) schrieb **Oswald Spengler** (→ Wernigerode/Blankenburg/ST) am »Untergang des Abendlandes«, hier starb er auch 1936; Grab Nordfriedhof. »Der Fluß vor meinem Fenster, ich lehne mich weit hinaus, ich hatte mein Gleichgewicht«: Widenmayerstraße 47 – »das ist ein sehr altes Haus« – wohnte **Wolfgang Koeppen.** – Prinzregentenstraße 50 wohnte **Frank Wedekind** im letzten Jahrzehnt seines Lebens (1908-18). Gegenüber, Nr. 9, die nach **Adolf Friedrich Graf von Schack** (1815-94), bedeutender Übersetzer und Mäzen, benannte Gemäldegalerie. – Im Hinterhof der Reitmorstraße 7 befand sich (nach einem Gastspiel im August 1945 in den Kammerspielen) 1946-49 M.s erstes lit.-pol. Kabarett nach dem Krieg; Hauptautoren **Erich Kästner** und **Axel von Ambesser** (→ Hamburg).

Im Zentrum des **Lehel** – »Lechl« sagen die Münchner – am St.-Anna-Platz 2 verbrachte **Lion Feuchtwanger** mit acht Geschwistern elf Kindheitsjahre. Nr. 10 am Platz ließ nach dem 2. Weltkrieg **Ludwig Held** als »Künstlerhaus« wiederaufbauen. 1951 zog das Ehepaar **Britting** unters Dach: »Farbig glänzt der Platz, die Stadt, die Welt!«, dichtete Georg B., Ingeborg Schuldt-B. veröffentlichte 1999 unter der Adresse als Titel »Erinnerungen an G. B. und seinen Münchner Freundeskreis«. Thierschstraße 47 erinnert eine Tafel an den »Volksschriftsteller« (und »Fremdenverkehrsheber«: »Bayern muß das meistbesuchte Land werden«) **Maximilian Schmidt**, den »**Waldschmidt**«. Schräg gegenüber (Nr. 46) das Wilhelmsgymnasium: **J. Ruederer, L. Thoma** (»Lausbubengeschichten«), **J. R. Becher, Ö. v. Horváth, Klaus** und **Golo Mann** (»als Schüler eher unter Mittelmaß«) drückten hier die Schulbank. »**Max Zwo**«, unter der M. eine »Dichterstadt« wurde, postiert am Ende seiner Straße. An ihr liegen die großen Theater: Kammerspiele, National- und Residenztheater. An Nr. 32 begegnen wir der »Nordischen Tanne am Isarstrand« (F. Philippi), **Henrik Ibsen**, der bei seinem zweiten Münchner Aufenthalt 1885-91 (Theaterskandal mit »Hedda Gabler«) hier wohnte und »nachmittags im Café Maximilian unentgeltlich zu besichtigen war«.

Weiter, mit **T. S. Eliot**: »im Sonnenlicht in den **Hofgarten**«. Dort schmiedete schon **Ludwig I.** Verse, zu C. Rottmanns »Italienfahrt in Bildern« in den Westarkaden (heute im Residenzmuseum). In den Nordarkaden die griech. Grisaillen, mit Texten klass. Dichter, von **Richard Seewald** (1889-1976). Am **Odeonsplatz** beginnt **Thomas Manns** Novelle »Gladius Dei« (1902) mit der (seitdem vielbeschrienen) Hommage »München leuchtete . . .« – Im Café Luitpold, Brienner Straße 11, schlug 1889 **Frank Wedekind** sein Hauptquartier auf; erstmals begegneten sich im August 1893 hier **Karl Wolfskehl** und **Stefan George**; **Korfiz Holm** berichtet von »turbulenten, sprühenden Redeschlachten« der »Simplicissimus«-Redakteure ab 98; in der Buchhandlung Goltz (im »Luitpoldblock«) hielt am 10. 11. 1915 **Franz Kafka** (→ Berlin) seine einzige Lesung außerhalb Prags: »In der Strafkolonie«, drei Damen fielen in Ohnmacht. Dazu »Das Buch der sieben Gerechten« mit der brillanten Satire »Kafka meets Hitler« (1999) von **Bernhard Setzwein**.

Um die Ecke ist »Am Salvatorplatz« (so der Titel von **Paul Wührs** einschläg. Gedicht), aus dem einstigen »Comoedie-Hauß« 1997 ein Literaturhaus geworden, mit **O. M. Graf** und **Thomas Mann** als Hausgöttern. – Kardinal-Faulhaber-Straße 14 erinnert auf dem Gehsteig eine Umrisszeichnung an **Kurt Eisners** Ermordung am 19. 2. 1919 (Report u. a. in **O. M. Grafs** »Wir sind Gefangene«). Eine weitere Bodengedenktafel auf dem Promenadeplatz; am Platz auch das »Ge-schichtsschreiber«-Denkmal **Lorenz von Westenrieders**.

Im Schatten der **Frauenkirche** (Frauenplatz 14) befand sich 1521-97 die 1478 gegr. »Poetenschul«. Im »Schwarzen Adler« in der Kaufingergasse (heute an der Stelle der »Domhof«, Liebfrauenstraße) bezog am 6. 9. 1786 ein »Kaufmann Möller aus Leipzig« für zwei Nächte Quartier: **Goethe** (→ Frankfurt a. M./HE) auf seiner (ersten) »Italiänischen Reise«; anderntags sah er sich auf dem Nordturm der Frauenkirche »nach den Tyroler Bergen um«.

Im Färbergraben 25 wohnte 1911-14 und 1918/19 **Georg Queri** (→ Starnberger See/BY). In Nr. 33 (Ecke Altheimer Eck) versuchte es **Karl Valentin** 1937/38 zum dritten Mal mit seinem »Panoptikum«; 1939-42 betrieb er hier seine »Ritterspelunke«.

Im Geviert zwischen Neuhauser-, Ett-, Maxburg- und Kapellenstraße **St. Michael** mit »Haus und Kollegium der Väter der Gesellschaft Jesu«: 1609 wurde vor dem Kolleg **Jakob Bidermanns** »Cenodoxus« aufgeführt; »Bene dixit, Bene scripsit, Bene vixit«, schrieb **Jakob Balde** 1638 auf **Jeremias Drexels** Epitaph in der Kirche. »In jenen Tagen der Not« in den 1930er Jahren handelt hier **Gustav Reglers** (→ Merzig/SL) N.: »Der Tod in der Michaelskirche«. – Dichterdenkmäler auf dem Maximiliansplatz: südlich **Goethe** (von E. Dietz 1962), nördlich, in den Eschenanlagen, **Friedrich Schiller** (→ Ludwigsburg/Marbach/BW) von M. von Widnmann (1863). – »Himmellange Fahnen wehen blauweiß«, Ausstellungseröffnung im Glaspalast: Der Alte Botanische Garten ist Kindheitsschauplatz in **Annette Kolbs** R. »Die Schaukel«.

»Feuersprüche« begleiteten am 10. Mai 1933 die Bücherverbrennung auf dem **Königsplatz**. (Nach einer Aktion von W. P. Kastner wird alljährlich der »Brandfleck«, damit kein Gras über die »Wunde der Erinne-

rung« wächst, erneuert.) »Die alten Prings-
heims müssen aus ihrem Haus heraus, soll
niedergerissen werden und ein neuer Par-
teibau aufgebaut«, so **Golo Mann** im glei-
chen Jahr 33 über das Schicksal des Palais
Pringsheim, Arcisstraße 12 (»Führerbau«,
heute Hochschule für Musik und Thea-
ter), **Katia Manns** Elternhaus. Um den
Platz reihen sich die Museen: Glyptothek,
Antikensammlung, Städt. Galerie im Len-
bachhaus (**Paul Heyse** wohnte benach-
bart), und in die Barerstraße hinein die
drei Pinakotheken.
An der **Ludwigstraße** – 1877 für **Jacob
Burckhardt** (1818-97) schon keine Straße
mehr, sondern nur noch ein gewaltiger
Platz – liegen die wiss. Stätten: Nr. 14 (im
ehem. Kriegsministerium) die Staatsarchi-
ve, Nr. 16 die Staatsbibliothek (mit Homer
und Thukydides, Hippokrates und Aristo-
teles in Front), am Ende die Universität,
die 1826 der König von Landshut nach M.
geholt hatte. Bodendenkmal vorm Haupt-
eingang, Gedenktafel und Denkstätte im
Lichthof erinnern an die Flugblattaktion
der »Weißen Rose« 1943.
»Wo die Geister wandern« . . . **Schwabing
von Wahnmoching** (**F. zu Reventlow** 1913)
bis »Schwabylon« (**A. Roda Roda** → Ber-
lin, 1922) und zur »Traumstadt« (**P. P. Alt-
haus**, 1953): Amalienstraße 25 »Café Grö-
ßenwahn«, bürgerl. »Stefanie«; im 1. Stock
wohnte 1905/06 **Jean Giraudoux**. – Tür-
kenstraße 28 RG 1901-04 Kabarett »Die
Elf Scharfrichter« (Faktotum **Heinrich
Lautensack** → Vilshofen/BY); Nr. 57 Ka-
thi Kobus' »Simplicissimus« 1903-44, seit
1960 »Alter Simpl«. – Arcisstraße 45 Alter
Nördl. Friedhof: Phantastischer Startplatz
in **Guillaume Apollinaires** G. »La maison
des morts« über einen Totentanz »durch die
Stadt« zum Englischen Garten. – There-
sienstraße Nr. 148 RG/II **Thomas Theo-
dor Heine** (→ Dießen/BY), 1894-1906
Atelierwohnung. – Schellingstraße: Nr. 23

Joachim Ringelnatz; Nr. 48 **Walter Kol-
benhoff**; Nr. 54 der »Schelling-Salon«, das
Stammlokal von **Ödön von Horváths** »Ewi-
gem Spießer« (R. 1930); die Dadaisten **Ri-
chard Huelsenbeck** (→ Dortmund/NW)
und **Hugo Ball** (→ Pirmasens/RP) wohn-
ten 1912 in der Nr. 60/II bzw. 73/I. – Adal-
bertstraße 15 Künstlerclubheim 1914-41
des »eingemüncherten« Berliner Buchhänd-
lers »Papa Steinicke«. – Akademiestraße:
Nr. 9 **Erich Mühsam** (1910-15 »Pension
Suisse«), im selben Haus das »Café Miner-
va«, Sitz der »Nebenregierung« um **Josef
Ruederer**.
Lyrisches Intermezzo: im Finanzgarten an
der Galeriestraße T. Stadlers Brunnendenk-
mal »**Heinrich Heine** zum Gedächtnis«.
Im (künftigen) »Dichtergarten« auch eine
Bronzeskulptur des russ. Dichters und Di-
plomaten **Fjodor Iwanowitsch Tjutschew**,
der 1822-37 und 1839-44 in M. lebte (Ge-
denktafel Herzogspitalstraße 12). – Kaul-
bachstraße: Nr. 8 **Hanns Freiherr von
Gumppenberg** (→ Landshut/BY); Nr. 35/
II RG »vollkommen glücklich« **Ricarda
Huch**; Nr. 42/II und III 1917-43 **Hans
Brandenburg** (→ Wuppertal/NW), Aut.
»München leuchtete«, »Im Feuer unserer
Liebe« (1953/56), Nachlass LA Monacen-
sia; Nr. 56 **Klabund**; Nr. 63 Wohngemein-
schaft Reventlow; Nr. 69 »Scharfrichter«
Ludwig Scharf (→ Bad Dürkheim/Me-
ckenheim/RP); Nr. 75 »Traumstadt«-Do-
mizil 1965-77; Nr. 91 »Simplicissimus«-Re-
daktion 1902-13, »März«-Redaktion 1907-
12 (Mithrsg. **Hermann Hesse** → Calw/
BW).
Leopoldstraße: Nr. 4 erstes M.er Luxusmiet-
wohnhaus (1896/97). Im Erdgeschoss Zs.
und Verlag »Die Insel« (1899-1905), gegr.
von den → Bremer Vettern und Studenten
Alfred Walter Heymel (1878-1914) und
Rudolf Alexander Schröder; Hrsg. der Zs.
(bis 1902) **Otto Julius Bierbaum**; Nr. 10/
IV **Wilhelm Hausenstein**; Nr. 38 a RG

»Weiße Rose« (Treff mit C. Muth, Th. Hae-cker, K. Huber; Flugblätter); Nr. 41 ehe-mals Café Noris, Gedenktafel für **F. zu Re-ventlow**, die 1910-13 (im damals intakten Haus) im 4. Stock wohnte; im 1. Stock wohnte 1913/14 **Emmy (Ball-)Hennings** (→ Pirmasens/RP), Aut. »Das flüchtige Spiel«; Nr. 50 Gaststätte Leopold, 1900-39 Kabarett- und Künstlerlokal »Papa Benz«; Nr. 51/I und 87/III **Karl Wolfskehl**, zeitw. auch **Stefan George** (1900-03/1904-09); Nr. 71 **Ludwig Thoma** 1906/07; Nr. 74 **Rudolf Schmitt-Sulzthal** (1903-71), grün-dete 1930 den Tukan Verlag, ab 1950 »Tu-kan-Kreis«; Nr. 119 und 153 (1901-18) **Lud-wig Klages** (→ Hannover/NI), Graphologe, Philosoph, antisemit. »Kosmiker«. Georgenstraße: Nr. 24/III **Lion Feucht-wanger** 1917-25; Nr. 105/IV »Revoluzzer« **Erich Mühsam** (mit Frau Zensl) 1915-19. – Habsburgerplatz: Stele für **Muhammad Iqbal** (1878-1938), den Nationaldichter Pakistans, der 1907 an der Universität M. promovierte. – Franz-Joseph-Straße: Nr. 2 (Neubau/Gedenktafel): Erste Wohnung des Ehepaars **Katia** und **Thomas Mann**; Nr. 13 RG Gedenktafel **Sophie** und **Hans Scholl** (Wohnung 1942/43); Nr. 18 »Sim-plicissimus«-Redaktion 1924-44. – Römer-straße: Nr. 16/o/I/IV **Karl Wolfskehl**, im 4. Stockwerk das berühmte »Kugelzim-mer«, Kultraum **Stefan Georges**. – Elisa-bethstraße: In Nr. 8 (Literatenhaus) wohn-te über ein Jahrzehnt **Paul Wühr**, 1973 hat-te er mit **Inge Poppe** die erste genossen-schaftl. Autorenbuchhandlung (Wilhelm-straße 41) gegründet. Nachbarn **Günter Herburger** (geb. 1932 in Isny), seit 1969 in M. (»Thuja-Trilogie«, 1977/80/83), und **Gisela Elsner** (1937 Nürnberg – 92 M.), »Humoristin des Monströsen«, sprang – »Im Abseits« (1982) – aus dem Klinikfens-ter in den Tod. – Ainmillerstraße: Nr. 31 RG/II, dann in Nr. 32 brachte **Alexander von Bernus** (→ Lindau/BY) seine Schwa-

binger Schattenspiele. – Destouchesstra-ße: Nr. 1/IV die Dachstube, in der der »Kosmiker« **Ludwig Derleth** aus Gerolz-hofen in Unterfranken (1870-1948) Kar-freitag 1904 seine Proklamationen verlas, ist Schauplatz von Th. Manns Novelle »Beim Propheten«. Nikolaiplatz 1/II: St. Georges Jünglings-ideal »Maximin«, der Berliner Lyriker **Ma-ximilian Kronberger** (1888-1904), wohn-te hier; sein Grab auf dem Nordfriedhof. – Der Schriftsteller und Maler **Hans Rei-chel** (1892-1958) hielt 1919 in seinem Ate-lier im Suresnes-Schlösschen, Werneck-straße 24, **Ernst Toller** versteckt; bei einer Razzia wurde dieser am 4. Juni entdeckt. **Paul Klee** hatte im Schlösschen ebenfalls ein Atelier. – Mandlstraße: Nr. 8 Wohn- und Sterbehaus des Verlegers **Albert Lan-gen** (1869-1909), »Hauptarbeitgeber der Schwabinger Bohème« (D. Heißerer); Nr. 9 **Joseph Breitbach** (→ Koblenz/RP), der zwischen Paris und M. pendelte. – Nr. 23 Kath. Akademie in Bayern (Ein-gang Gunezrainerstraße Löwenplastik, zur Erinn. an den 1934 in Dachau ermordeten Publizisten **Fritz Gerlich**); Nr. 26 **Alfred Kubin** (→ Passau/Zwickledt/BY) wohnte hier 1904-06, in Nr. 28 **Willi Graf** (1918-43), Mitglied der »Weißen Rose«. – Bieder-steiner Straße 10/II 1904-05 Domizil des Kulturphilosophen **Theodor Lessing** (1872 Hannover – 1933 in Marienbad ermordet); Aut. »Einmal und nie wieder« (1935 pos-tum). – Keferstraße: Nr. 2 (früher 11) ent-stand im November 1915 die vierte von **R. M. Rilkes** »Duineser Elegien«; Nr. 10 (heute Neubau) 1906-19 **Olaf Gulbrans-sons** (→ Tegernsee/BY) »Kefernest«, das »nichts von der großen Stadt weiß«. – Brunneninschriften, am Wedekindplatz: »Seltsam sind des Glückes Launen . . .«, am Kutscherplatz: »Humor ist Weltan-schauung«. – Feilitzschstraße: Nr. 3/IV Ende 1908-09 **Paul Klees** (1879-1940) erstes Atelier (Wohnung 1906-21 in der Ainmillerstraße); Nr. 19/II **Oskar Panizza** (→ Bad Kissingen/BY), 19. 10. 1904 Ausbruch seiner Geisteskrankheit; Nr. 32/III vollendete **Thomas Mann** im Sommer 1900 die »Buddenbrooks«; im selben Haus ab 1957, in der »Seerose«, erstes Domizil der »Traumstadtgemeinde« von **Peter Paul Althaus**. – Noch einmal **Paul Wühr**: Die Münchner Freiheit ist der vielfach und neu besetzte Schauplatz seines großen lyr. »Romantheaters« »Das falsche Buch« (1983). – Ungererstraße: Nr. 11/I Wohnung **Henry von Heiselers** (→ Rosenheim/Brannenburg/BY), im Fasching 1914 hier das legendäre »Antike Fest« (mit **St. George** als Dante, **K. Wolfskehl** als Homer u. a.), lit. Spiegelung in **F. zu Reventlows** »Herrn Dames Aufzeichnungen« (1913); Nr. 130 das »byzantinische Bauwerk der Aussegnungshalle« des Nordfriedhofs, hier beginnt **Th. Manns** N. »Der Tod in Venedig« (1912).

Englischer Garten und Französische Revolution haben dasselbe Geburtsjahr, 1789. Der Garten ist ein Kind der Aufklärung und, wie ein Anonymus schon 1793 schrieb, selbst »ein vortreffliches Gedicht«: Kleinhesseloher See, Chinesischer Turm, Monopteros (unweit seit 1995 **Carl-Orff**-Hain): Dichter wie »niedere Poeten« fühlen sich hier auf den Plan gerufen; eine Anthologie – von **G. Apollinaire** bis **A. Zweig** – von **Ludwig Hollweck** (1915-90; Nachlass LA Monacensia) empfiehlt sich als Vademecum.

Bogenhausen: »Das ist kein Wald und kein Park, das ist ein Zaubergarten«, schreibt 1919 **Thomas Mann** über den Herzogpark. Seit 1914 wohnte die Familie in der »Poschi« (Poschingerstraße 1, heute Thomas-Mann-Allee 10, Gedenktafel am 2. Nachfolgebau), damals – nach **Peter de Mendelssohn** (1908-82) – »buchstäblich das letzte Haus von München«. Mit den benachbarten beiden Brunos: B. Walter, der Dirigent, und **B. Frank** (→ Stuttgart/BW; Mauerkircherstraße 43), auch die »Helden« der Kinder, verbanden Th. Mann lebenslange Freundschaften. – Auf der Terrasse der Villa Hompesch (Gedenktafel, heute Möhlstraße 39) setzt **Heinrich Heines** »Reise von München nach Genua« (1828) ein. – »Stifter-Kontexte«: am Böhmerwaldplatz wurde im Oktober 1989 eine Gedenksäule für **Adalbert Stifter** (→ Passau/BY) errichtet. – Zur Isar wieder hin, Maria-Theresia-Straße 23, die »Monacensia«, im Hildebrandhaus, place fixe für M.er Literatur. Und nahebei, Achse Prinzregentenstraße r. d. Isar, Friedensengel, Stuckvilla, Prinzregententheater, vor dem **Richard Wagner** postiert. – In den Maximiliansanlagen fand der Brunnen aus **Josef Ruederers** Garten einen neuen Platz, weiter südlich wurde dem »Mineralogen und Volksdichter« **Franz von Kobell** eine Büste gesetzt.

Haidhausen hat sich als neues Künstlerquartier etabliert. Das H.-Museum, Kirchenstraße 24, zeigt die Geschichte der kleinen Leute und bringt kulturelle Veranstaltungen ins Viertel. 1980 erschien von **Carlamaria Heim** (1932-84) die »Lebensgeschichte eines Münchner Arbeiterkindes« »Josefa Halbinger. Jahrgang 1900«. Im »Münchner Literaturbüro«, Milchstraße 4, wird vorgelesen und diskutiert. **Robert Neumann** (1897 Wien – 1975 M.), berühmt durch seine Parodien, ist auf dem Friedhof an der Einsteinstraße begraben. – **Haidhausen** und **Au** sind Valentin-Viertel: in der Zeppelinstraße 41 (jetzt Stadtteil-Kulturzentrum) wurde der »rote Deiwel von der Au« 1882 geb., im »Bunten Würfel« in der Preysingstraße hatte er im Januar 1948 seinen letzten Auftritt. »Draußen bei der Kirche Maria Hilf«: die Au als Schauplatz in **Lena Christs** R. »Die Rumplhanni« (1912). Auf der Dult auf dem Mariahilfplatz beginnt **August Kühns** ganz der

Au gewidmeter R. »Die Vorstadt« (1981). Tatort von **Bertolt Brechts** Moritat vom »Apfelböck«, der Vater und Mutter erschlug, ist die Lothringer Straße 11. Auf dem Nockherberg – wo auch sonst – befand 1902 **Guillaume Apollinaire**: »Die Münchner sind große Säufer«.

»Wegen Beleidigung durch die Presse« saß »Simplicissimus«-Redakteur **Ludwig Thoma** im Herbst 1906 für sechs Wochen in **Stadelheim** ein; in Zelle Nr. 71/70 schrieb er u. a. seine »letzte und beste« Lausbubengeschichte. Die Zelle machte Geschichte: 1918 saß Kurt Eisner hier ein, nicht viel später dessen Mörder, Graf Arco; 1923 A. Hitler; 1934 wurde E. Röhm hier erschossen. Bei den Erschießungen im Mai 1919 im Gefängnishof wurde **Gustav Landauer** bestialisch ermordet. Hinrichtung der Mitglieder der »Weißen Rose« **Hans** und **Sophie Scholl**, **Christoph Probst** im Februar, **Kurt Huber** und **Alexander Schmorell** im Juli, **Willi Graf** im Oktober 1943; Gräber (außer Huber und Graf) Friedhof am Perlacher Forst. Dort auch das Grab von **Ludwig Friedrich Barthel** (→ Kitzingen/Marktbreit/BY).

Am **Sendlinger** Berg steht der legendäre Schmied von Kochel sich gegenüber: als Bronzedenkmal und al fresco (an der Nordwand der alten Dorfkirche) und erinnert an die Mordweihnacht von 1705 auf der Stemmer Wiesn. (Auf dem ehem. Friedhof ruhen im »Oberländergrab« 800 der gemeuchelten Bauern.) In **Bernhard Setzweins** R. »Wurzelwerk« (1984) wird das »Vergessene noch einmal erlebt«. Auch im »allerersten Roman der bayerischen Literaturgeschichte«, in **Lorenz Westenrieders** »Das Leben des guten Jünglings Engelhof« (1781/82), findet der Held hier zur letzten Ruh.

Goethe am Goetheplatz: in Bd. 2 von **Setzweins** »Universal-Sendlikon«, »Hirnweltlers Rückkehr«, kommt der Geheimrat in einem grotesken Szenario im Café Högl mit Jean Paul zusammen. Finaler Ausblick dann aus dem Kopf der »bronzenen Lady« Bavaria auf die Theresienwiese und ihre »Wiesnmaschin«. Das Oktoberfest hat seit eh (1810) und je seine lyrischen wie kritischen »Beschreiber«, von **Herbert Achternbusch** (»Bierkampf«) und **Ö. v. Horváth** (»Kasimir und Karoline«) bis **Eugen Roth** (»Wies'n-ABC«) und **Thomas Wolfe**, des Amerikaners »Bierkampf« 1928. In der Ruhmeshalle über der Bavaria ein »bayerischer Olymp«, mit Büsten u. a. von **K. Celtis** (→ Schweinfurt/Wipfeld/BY), **H. Sachs**, **J. Balde**, **Jean Paul**, **J. M. Sailer** (→ Schrobenhausen/Aresing/BY), **Edmund von Schenk** (1788-1841/Grab Alter Südl. Friedhof), Ludwigs I. vieldichtender Innenminister, **A. v. Platen**, **L. Thoma**, **L. Christ**, **G. Britting**.

7. November 1918: »Vor der Bavaria waren dichte Massen ... ›Es lebe der Friede!‹ schrien die Leute.« **O. M. Graf** – »Wir sind Gefangene« – ist der Chronist. Auch in **August Kühns** Familienchronik »Zeit zum Aufstehn« »wird manches getan« in der unruhigen Zeit. Hinter der Bavaria auf der **Schwanthaler Höhe** wohnten die kleinen Leute, Arbeiter, Handwerker zumeist. Gollierstraße 51 erinnert eine Tafel an A. K.

Im Aufgang des »Hauses Maria-Ludwig-Ferdinand« in der Romanstraße 12 in **Neuhausen** wird **Peter Dörflers** (→ Kaufbeuren/Unter-Germaringen/BY) gedacht, der ab 1915 durch 40 Jahre »hier lebte und wirkte, litt und starb«. Grab und »P. D. Brünnlein« (von **Ruth Schaumann**) auf dem Neuhauser Friedhof. – Nahebei, in der Olgastraße 5, kam 1914 **Alfred Andersch** zur Welt. In »Die Kirschen der Freiheit« (1952) berichtet er, wie er als Fünfjähriger nach dem Scheitern der Räterepublik vom Balkon des Elternhauses »Menschen in langen Reihen« in der Leonrodstraße

sieht, die zur Erschießung geführt werden.
Nymphenburg: Trouvailles lyrisch bei **Georg von der Vring**; in Prosa: Rokoko in **Horst Wolfram Geißlers** Bustelli-Roman »Nymphenburg« (1947), in der Belle Époque als »paradis artificiel« in »Versunkene Tage« (1938) von **Arnold Zweig** (→ Berlin), 1967 im »Jahr der großen Wende« in **Manfred Bielers** (→ Zerbst/ST; wohnte Aldingenstraße 12) »Der Kanal« (1978). Bäumlstraße 9 (nahe beim Schloss) wohnte, »Freund von stillen Klausen«, **Eugen Roth**; Grab (um die Ecke) Friedhof N. – In Schloss **Blutenburg** Internationale Jugendbibliothek (u. a. mit **Michael Ende-Museum**).

Pasing: 1904 übersiedelte **Anna Croissant-Rust** (→ Bad Dürkheim/RP) wieder nach M. In der Gartenkolonie im (damals noch selbständigen) P.er Süden, Maria-Eich-Straße 49, bildete sich ein Künstlerkreis, dem u. a. **Otto Julius Bierbaum** und **M. G. Conrad** angehörten. Grab auf dem P.er Friedhof; Nachlass LA Monacensia. – **Korfiz Holm** (1872 Riga – 1942 M.), Schriftsteller, Übersetzer, »Simplicissimus«-Redakteur und (später) Mitinhaber des A. Langen Verlages, kam 1910 von Schwabing herüber. Wohnung Rembrandtstraße 13; Grab Friedhof P.; Autographen und Hss. LA Monacensia. Erinn. »ich – kleingeschrieben« (1932). – Von 1913-33 wohnte **Friedrich Reck-Malleczewen** (→ Dachau/BY) in der Nimmerfallstraße 11. – **Heinrich F. S. Bachmair**, 1889 in P. geb.; begann wie sein Freund **J. R. Becher** als Lyriker und wurde dann zum passionierten Büchermacher. Im Elternhaus, Planegger Straße 5, befand sich zeitw. sein 1911 in Berlin gegr. Verlag, Forum für die expressionist. Avantgarde. 1919 Verlag und Buchhandlung »Die Bücherkiste« in Schwabing (Kurfürstenstraße 8). Als Archivar in der AdK in Ostberlin 1960 gest.

B H. Arens, Unsterbliches M., 1968; L. Hollweck, M. Liebling der Musen, 1971; A. Alckens, M. in Erz und Stein, 1973; H. Viesel (Hrsg.), Literaten an der Wand, 1980; B. Weyerer (Hrsg.), M. zu Fuß, 1988; E. Scheibmayr, Wer? Wann? Wo? Persönlichkeiten in M.er Friedhöfen (3 Teile, 1989/97/2002); D. Heißerer, Wo die Geister wandern (1993); ders., Ortsbeschreibung. Tafeln und Texte in Schwabing (1998); R. Wittmann, Auf geflickten Straßen. Literarischer Neubeginn in M. 1945 bis 1949, 1995; K. Festner, Ch. Raabe, Spaziergänge durch das M. berühmter Frauen, 1996; Edda und M. Neumann-Adrian. Literarisches M., 2001; B. Setzwein, M. Spaziergänge durch die Geschichte einer Stadt, 2001; J. H. Biller/H. P. Rasp, M. Kunst & Kultur, 2005; R. Stih & F. Schnock, Die Stadt als Text. Das Jüdische M., 2007.
Z Dachau, Erding, Freising, Starnberger See, Wolfratshausen (BY).

MÜNSINGEN/BW

Max Kommerell, * 25. 2. 1902 M., † 25. 7. 1944 → Marburg/HE, Dichter, Essayist und Literaturwissenschaftler (»Dichterische Welterfahrung«, 1952). Gehörte lange zum George-Kreis. 1930 Habilitation in Frankfurt a. M., anschl. Professur in Marburg. – Tafel am Geburtshaus, Karlstraße 11; Ausstellung im Bürgerhaus, Zehntscheuerweg 11. – Teilnachlass DLA Marbach.

Bernloch (Hohenstein-B.)

Hans Reyhing, * 1. 10. 1882 B., † 1. 7. 1961 Ulm, beschrieb in seinen Romanen, Erzählungen und Wanderskizzen v. a. die Schwäb. Alb und ihre Menschen (»Roman eines Dorfes«, 1957/59). – Gedenktafel am Geburtshaus, H.-R.-Weg 9; H.-R.-Stube, Im Wiesengrund 1; Grab auf dem Friedhof.

Ingstetten (Schelklingen-I.)

Heinrich Bebel, * 1472 I., † 1518 → Tübingen/BW, Humanist, Prof. der Poesie und der Eloquenz, Schwankdichter. Seit 1497 Prof. in Tübingen. 1501 von Maximilian I. in Innsbruck zum Dichter gekrönt. – Literatur- und sozialgeschichtl. wichtig sind seine Slgg. von Schwänken und Fazetien (1509-14) sowie die »Proverbia Germanica« (1508).

R Die **Schwäbische Alb** ist »zu einer Reise- und Wanderlandschaft geworden ... Sie hat, vielleicht stärker als andere Landschaften, ihre Gezeiten«, so **Otto Heuschele** (→ Waiblingen/BW) 1971 in »Berge, Täler, Höhen«. Für einen »höhlenbewussten« Schwaben ist sie oft auch ein »Ausflug in die Kindheit« (**Hans Binder**): Unterhalb der Burg **Hohenwittlingen** (Urach-Wittlingen) liegt das **Schillingsloch** (»Schillerhöhle«). Als »Tulkahöhle« spielt sie eine Rolle in **David Friedrich Weinlands** (1829-1915) Erzählung aus der Zeit der Höhlenmenschen »Rulaman« (1878), einer »schwäbischen Kinderbibel« (Grab W.s im Park). – Im J.-L.-Fricker-Haus in **Dettingen a. d. Erms** hat **Wilhelm Zimmermann** (→ Stuttgart/BW) eine Gedenkstätte (Milchgasse 6); hier entstand seine Bauernkriegsgeschichte. – »Die Neckarseite der Schwäbischen Alb« ist der Titel von **Gustav Schwabs** (→ Stuttgart/BW) Reisebuch aus dem Jahr 1823. – Auf das Manövergebiet um **Münsingen** zielt **Margarete Hannsmann** in »grob, fein & göttlich« (1970). – Als Pfarrverweser in **Pflummern** (→ Bad Saulgau/BW) war **Eduard Mörike** (→ Ludwigsburg/BW) auch Pfarrherr der ev. Filiale in **Zwiefalten**. Die berühmte Barockkirche nannte **Theodor Heuss** (→ Lauffen/Brackenheim/BW) »ein Konzert von Stoffen, Formen, Farben, ein Überschwang, aber beherrscht«.

B J. W. Storck, Max Kommerell. 1902-1944, Marbacher Magazin 34/1985; A. Walzer/H. Widmann, Die Schwäb. Alb in Dichtung und Malerei, 1963.
Z Blaubeuren, Ehingen, Nürtingen, Reutlingen, Lichtenstein, Bad Urach (BW).

MÜNSTER/NW

»Von allen Städten Westfalens ist Münster die vornehmste, ja in ganz Deutschland gibt es keine, die ihr darin gleichkommt.« (Ricarda Huch, 1927)
Westfäl. Wilhelms-Universität (Leibniz-Forschungsstelle, Droste-Forschungsstelle, Bibel-Museum im Institut für neutestamentl. Textforschung); Lettisches Centrum, Salzmannstraße 152 (mit lett. Bücherslg., Museum für Janis Jaunsudrabiņš → Soest/Möhnesee-Körbecke/NW) und Zenta Maurina (→ Müllheim/BW). – Bibliothek des Staatsarchivs, Diözesanbibliothek, Blindenhörbücherei NW. – Westfäl. Landesmuseum für Kunst- und Kulturgesch.; im Friedenssaal des Rathauses Erinnerungsstücke an die Wiedertäufer und den Westfälischen Frieden 1648. – Städt. Bühnen; WDR-Studio M. – Lyriker-Treffen (seit 1999).

Johannes Veghe, * um 1432 M., † 21. 9. 1504 ebd., bedeutender Humanist und Mystiker. Schrieb niederdt. Predigten, geistl. Traktate und Lieder. – W.: Lectulus Noster Floridus (»Unser Blumenbettchen«/Wyngaerden de sele, Hrsg. H. Rademacher 1938/41).

Johann Georg Hamann, * 27. 8. 1730 Königsberg, † 21. 6. 1788 M., philos. Schriftsteller und Begründer des dt. Irrationalismus (»Magus des Nordens«). Nach Studium Hofmeister und Kaufmann, nach Reisen 1759 weiteres Studium der Lit. und oriental. Sprachen. 1764-66 Redakteur der »Königsberger Zeitung«, zuletzt Packhofverwalter in preuß. Diensten. Kam 1787 nach M. und starb in F. K. Buchholtz' Stadthaus (Ecke Alter Fischmarkt/

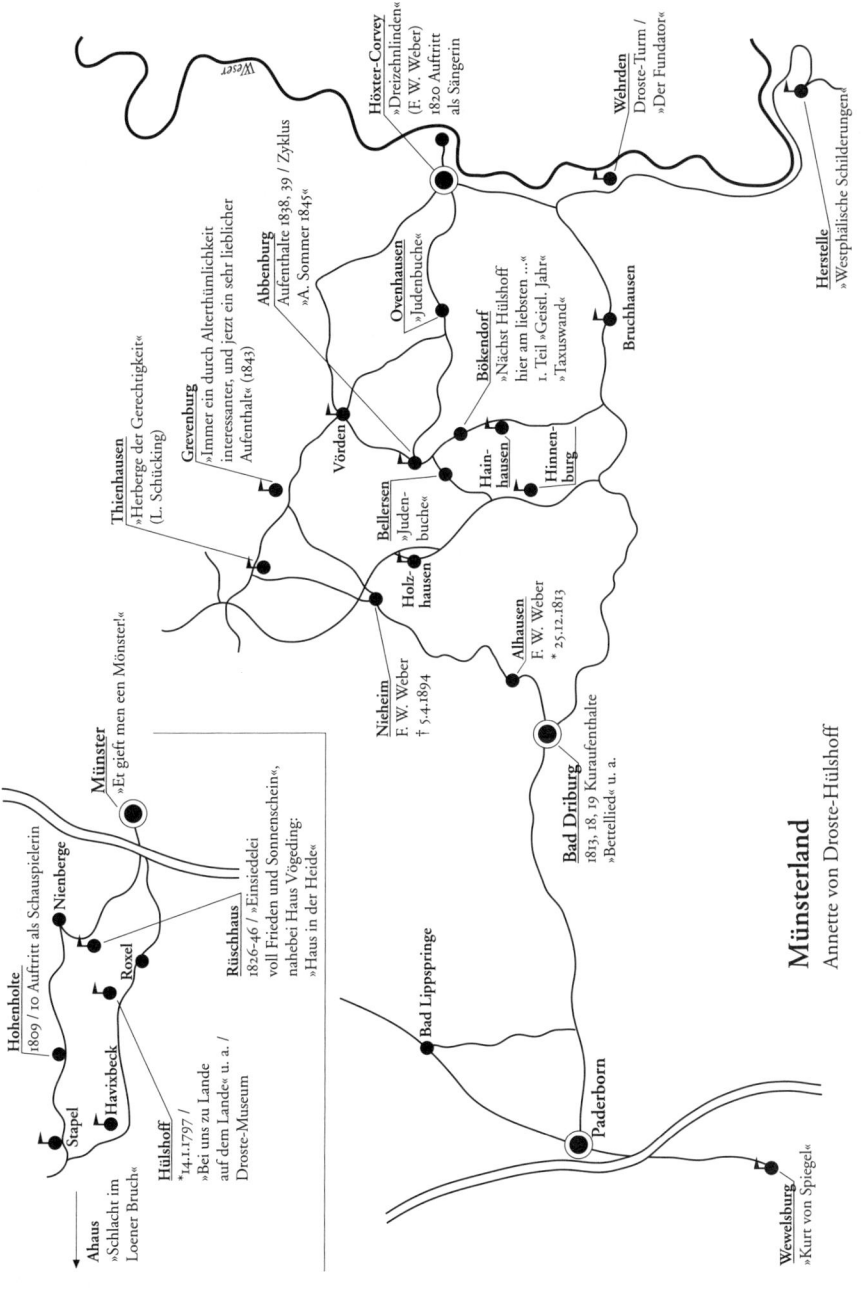

Münsterland

Annette von Droste-Hülshoff

Ahaus »Schlacht im Loener Bruch«

Hohenholte 1809 / 10 Auftritt als Schauspielerin

Hülshoff *14.1.1797 / »Bei uns zu Lande auf dem Lande« u. a. / Droste-Museum

Rüschhaus 1826–46 / »Einsiedelei voll Frieden und Sonnenschein«, nahebei Haus Vögeding; »Haus in der Heide«

Münster »Et gieß men een Mönster!«

Wewelsburg »Kurt von Spiegel«

Bad Driburg 1813, 18, 19 Kuraufenthalte »Bettellied« u. a.

Nieheim F. W. Weber † 5.4.1894

Alhausen F. W. Weber *25.12.1813

Thienhausen »Herberge der Gerechtigkeit« (L. Schücking)

Grevenburg »Immer ein durch Alterthümlichkeit interessanter, und jetzt ein lieblicher Aufenthalte« (1843)

Abbenburg Aufenthalte 1838, 39 / Zyklus »A. Sommer 1845«

Vörden

Ovenhausen »Judenbuche«

Bellersen »Judenbuche«

Holzhausen

Hainhausen

Hinnenburg

Bökendorf »Nächst Hülshoff hier am liebsten ...« 1. Teil »Geistl. Jahr« »Taxuswand«

Bruchhausen

Höxter-Corvey (F. W. Weber) 1820 Auftritt als Sängerin

Wehrden Droste-Turm / »Der Fundator«

Herstelle »Westphälische Schilderungen«

Weser

Bült, im 2. Weltkrieg zerstört); Bestattung auf Wunsch von A. v. Gallitzin in ihrem Garten in der Grünen Gasse. – W.: Sämtl. Werke (Hrsg. J. Nadler, 1949-57, n. 1999). – Grab (seit 1851) auf dem Überwasserfriedhof. – Tagebuchhefte im Franziskanerkloster, Teilnachlass UB M., Briefe UB Erlangen. – H.s Aufenthalt in M. schildert H. Franck in »Reise in die Ewigkeit« (R. 1934, n. 53).

Amalia Fürstin von Gallitzin, * 28. 8. 1748 Berlin, † 27. 4. 1806 M., Hauptgestalt der »Familia Sacra«, einem »Kreis schöner Seelen«, doch in weltoffener Weise für pol., wiss. und künstler. Fragen aufgeschlossen. Lernte 1779 auf einer Reise in M. den Verwalter des Bistums Franz von Fürstenberg (1729-1810) kennen, den sie als Reformator des münster. Schulwesens bewunderte. Verlegte ein Jahr später ihren Wohnsitz nach M., Aschebergischer Hof (1943 zerstört, heute A. v. Droste-Hülshoff-Gymnasium) in der Grünen Gasse (Gedenktafel, die an den Goethe-Besuch 1792 erinnert) und mietete den Pächterhof in Angelmodde. Zahlreiche Reisen. – W.: »Aus den Tagebüchern der Fürstin A. v. Gallitzin« (Hrsg. M. Beyer, 1936). – Tagebuchhefte im Franziskanerkloster, Slg. UB M. – E. Trunz (Hrsg.), »Fürstenberg, Fürstin Gallitzin und ihr Kreis« (1955); M. Köhler, »Amalie von Gallitzin« (1993).

Anton Matthias Sprickmann, * 7. 9. 1749 M., † 22. 1. 1833 ebd., Dramatiker des Sturm und Drang, Beziehungen zum Göttinger »Hain« und zur »Familia Sacra«. Erster Mentor von A. v. Droste-Hülshoff. Förderer und Hausdichter des ersten Theaters in M. – W.: Die natürliche Tochter (Lsp. 1774); Der Schmuck (Lsp. 1780). – Nachlass UB M.

Annette von Droste-Hülshoff (→ Roxel) weilte oft in M. Das Stadthaus der Familie (zerstört) lag Ecke Krummer Timpen/Bäckergasse. Schloss Wilkinghege (Stein-

furter Straße 74, als Hotel seit 1958 wiederhergestellt) war 1825 Pachtgut ihres Bruders Werner. Die Droste war in M. befreundet mit A. M. Sprickmann, Ch. B. Schlüter und E. Rüdiger (→ Minden/NW); sie gehörte zur »Kleinen Heckenschriftstellergesellschaft«, die sich im Haus der Rüdiger auf der Rothenburg versammelte. – Denkmal auf der Kreuzschanze.

Julius Hart, * 9. 4. 1859 M., † 7. 7. 1930 → Berlin, Schriftsteller des Naturalismus und Kritiker, später verfasste er symbolist. Werke. Besuchte mit seinem Bruder Heinrich (→ Wesel/NW) und P. Hille (→ Bad Driburg/Erwitzen/NW) das Gymnasium in M., studierte Jura und wohnte seit 1881 in Berlin. Gemeinsame Arbeiten mit seinem Bruder als Vorkämpfer des Naturalismus. – W.: Sansara (G. 1879); Zukunftsland (Prosa, 1899). – Archiv Akademie der Künste Berlin; Mss. und Briefe StuLB Dortmund.

August Stramm, * 29. 7. 1874 M., gef. 1. 9. 1915 bei Horodec/Galizien. Lyriker und Dramatiker des Frühexpressionismus. Auf Wunsch des Vaters Postbeamter. Lebte in Bremen und → Berlin (Karlshorst), wo er als Gasthörer an der Universität mit einer Arbeit über das »Welteinheitsporto« (gedr. 1910) promovierte. Befreundet mit H. Walden (→ Berlin) und Mitarbeiter an dessen Zs. »Der Sturm«. – W.: Sancta Susanna (Dr. 1914, von P. Hindemith vertont); Du (G. 1915). Die Dichtungen (Hrsg. J. Adler, 1990). – Nachlass UB M.

Peter Wust (→ Merzig/Rissenthal/SL) wurde 1930 an die Universität berufen und als »Der Philosoph von M.« bekannt. Freundschaft mit Edith Stein (→ Köln/NW). Die Sonntagsgänge führten mit Schülern zum Pfarrhaus von Mecklenbeck, wo W. eine zweite Heimat fand. Starb am 3. 4. 1940 in M.; Grab auf dem

Mecklenbecker Friedhof. – Vorbild für »Professor Munster« in H. Kasacks Roman »Die Stadt hinter dem Strom« (1947). – Teilnachlass im Franziskanerkloster.

Peter Paul Althaus, * 28. 7. 1892 M., † 16. 9. 1965 → München/BY, hintergründig-verspielter Lyriker in der Nachfolge von Christian Morgenstern (→ München/BY) und J. Ringelnatz (→ Wurzen/SN). Nach Studium und vielen Berufen 1939 Chefdramaturg beim Deutschlandsender, 41 als »politisch untragbar« entlassen. Lebte seit 1921 in München. – W.: In der Traumstadt (G. 1951); Dr. Enzian (G. 1952); Wir sanften Irren (G. 1956). – Nachlass StB München.

Josef Pieper, * 4. 5. 1904 Elte/NW, † 6. 11. 1997 M., Philosoph. Besuchte das Gymnasium in M. und war 1928-32 Assistent am Institut für Soziologie der Uni. M., dann freier Schriftsteller. 1946-74 Prof. an der Pädagogischen Akademie Essen, seit 1959 Prof. für philosoph. Anthropologie Univ. M. – W.: J.-P. Lesebuch (1981); Noch wusste es niemand (Aut. 1976); Noch nicht aller Tage Abend (Aut. 1979); Werkausgabe 1995 ff. – Letzte Wohnung Malmedyweg 10, Grab auf dem Zentralfriedhof. – J.-P.-Stiftung.

Weitere Autoren aus M.: Der »Kerstenspieghel« (Christenspiegel) des geistl. Schriftstellers und Volkspredigers **Dietrich Coelde** (um 1435-1515) wurde als 1. niederdt. Katechismus 1480 gedruckt und bis in unsere Zeit immer wieder aufgelegt. – Die Werke von **Franz von Sonnenberg** (1779-1805), eines Epikers in der Nachfolge F. G. Klopstocks, seien Versuche eines »poetisch Wahnsinnigen«, urteilte L. Schücking; Epos »Donatoa oder Das Weltgericht« (1806). – Der »westfälische Hölderlin« (W. Menzel) war **Wilhelm Junkmann** (1811-1886/»Elegische Gedichte«, 1836), seit 1855 Prof. für Gesch. an der Universität Breslau. – **Ferdinand Zum-**

brook (1816-1890) gilt als Altmeister der münsterländ. Dichtung: »Poetische Versuche in westfälischer Mundart« (1847 ff.). Grab auf dem Zentralfriedhof. – »Münsters volkstümlichster Mann« (H. Löns) war der Theologe und Naturforscher **Hermann Landois** (1835-1905), Universitätsprof. und Gründer des Zoolog. Gartens. Er schrieb neben wiss. Werken (»Annette von Droste als Naturforscherin«, 1890) Erzählungen und Bühnenstücke in Mundart. Der vierbänd. Roman um das münster. Original »Frans Essink« (1874) zeichnet ein Kulturbild der Stadt M. mit »grimmiger Schärfe« (W. Stammler). Zur Unterstützung des Zoos veranstaltete er die Aufführungen von Dialekt-Possen und -Lustspielen in der Zool. Abendgesellschaft (heute L.-Festspiele). L. wurde später selbst eine Hauptfigur in Josef Wincklers (→

Münster: »De unwiese Profässer« und »westfälische Eulenspiegel« H. Landois bei der Einweihung seines eigenen Denkmals

Steinfurt/Rheine/NW) Roman »Der tolle Bomberg«. Geburtshaus Rothenburg 33 (Gedenktafel); Grab auf dem Zentralfriedhof; schon zu Lebzeiten erhielt er ein Denkmal im Zoo.

A Am Friedenskongress in M. nahm 1644-48 **Fabio Chigi**, später Papst Alexander VII., als päpstl. Nuntius teil: krit. Bemerkungen über die Stadt und ihre Bewohner in der 2. Auflage seines Gedichtbandes »Philomathi Musae Juveniles« (1654). – **Friedrich Leopold zu Stolberg** (→ Bad Segeberg/Bad Bramstedt/SH) lernte 1791 A. v. Gallitzin in M. kennen und trat Pfingsten 1800 in der Hauskapelle der Fürstin zum Katholizismus über: ein Schritt, der in Deutschland ungeheures Aufsehen erregte (H. Voß, »Wie ward Fritz Stolberg ein Unfreier?«, 1819). St. siedelte im Oktober gleichen Jahres nach M. über und lebte dort bis 1812, in den Sommermonaten auf Haus Lütkenbeck b. Gremmendorf. – Zu den zahlreichen Gästen im Hause der Fürstin A. von Gallitzin gehörten **Friedrich Heinrich Jacobi** (→ Düsseldorf/NW) und der niederländ. Staatsmann und neuplaton. Philosoph **Frans Hemsterhuis** (1721-90), der »Sokrates« der Fürstin. Berühmtester Gast 1792 **Goethe** (→ Frankfurt a. M./HE), der bei seiner Ankunft am 6. Dezember in der mit franz. Emigranten überfüllten Stadt die erste Nacht auf einem Stuhl in der »Stadt London« auf der Rothenburg (heute Nr. 2, Neubau) verbringen musste; bis zum 10. 12. dann bei der Fürstin (Schilderung in der »Kampagne in Frankreich«). Ende 1804 kam **Christian Friedrich Raßmann** (1772-1831) als Redakteur nach M., doch die Zs. »Merkur« ging zwei Jahre später ein; tätig dann als Privatlehrer, Zensor der Leihbibliotheken und Hrsg. literarhist. Sammelwerke. Werke u. a.: »Paul Gerhard« (Dr. 1812); »Auserlesene poet. Schriften« (1816). Slg. UB M. – November 1819 bis

Januar 24 lebte **Karl Leberecht Immermann** (→ Düsseldorf/NW) als Divisionsauditor in M.; Bekanntschaft mit der Frau seines Brigadekommandeurs Adolf von Lützow (»Das ist Lützows wilde verwegene Jagd ...«), die sich 1825 scheiden ließ und I. nach Düsseldorf folgte. – Seit 1830 besuchte **Levin Schücking** (→ Meppen/NW) das Gymnasium in M. und kehrte dorthin nach jurist. Studien zurück. Freundschaft und Zusammenarbeit mit der Droste. Romane, die in M. spielen: »Eine dunkle Tat« (1846), »Paul Bronckhorst oder Die neuen Herren« (1858), »Das Recht des Lebenden« (1880). – 1836 kam **Luise von Bornstedt** (→ Potsdam/BB) als Klavierlehrerin nach M. Die Droste konterfeite die B. in ihrem Lustspiel »Perdu!«, L. Schücking porträtierte sie als »âme damnée« in seiner Novelle »Monsieur La Fleur«, K. Gutzkow (→ Berlin) wählte sie als Urbild der »Lucinde« in seinem Roman »Der Zauberer von Rom«. – Im Mai 1839 weilte **Ferdinand Freiligrath** (→ Detmold/NW) in M., um seine Reise für das Sammelwerk »Das romantische und malerische Westfalen« anzutreten. Anfang Mai 1840 besuchte **Friedrich Engels** (→ Wuppertal/NW) L. Schücking, um mit ihm über eine gemeinsame Shelley-Übersetzung zu verhandeln. – 1884 zog die Märchenerzählerin **Hedwig Kiesekamp** (→ Herne/Castrop-Rauxel/NW) nach M., Schücking unterstützte sie bei ihren ersten schriftsteller. Versuchen (Slg. UB M.). – Am 4. 2. 1884 starb in M. (Grab auf dem Hörster Friedhof) der mit der Droste und Luise Hensel (→ Paderborn/NW) befreundete Philosophie-Prof. **Christoph Bernhard Schlüter** (→ Warendorf/NW), dessen Haus am Alten Steinweg 11 als »Weimar en miniature« galt. Lyr. Beschreibungen von Dom und Friedenssaal; Nachlass UB M. – Im Haus Grevener Straße 3 (Gedenktafel)

starb am 3. 4. 1887 (Grab auf dem Zentral-
friedhof) **Friedrich Wilhelm Grimme** (→
Brilon/Assinghausen/NW), der seit sei-
ner Pensionierung in M. lebte. – **Her-
mann Löns** (→ Hannover/NI) kam im
Oktober 1884 als Schüler nach M., stu-
dierte hier dann Naturwiss. und Medizin.
Eine von ihm entdeckte Schneckenart
(seine Slg. heute im Landesmuseum für
Naturkunde) benannte er aus Verehrung
für die Droste »Planorbis Drostei«. L. ver-
ließ 1892 M., das er in seiner Prosaskizze
»Münstersche Luft« rühmte. H.-L.-Kreis
seit 1962. – Seit 1901 als Lehrer **Karl Wa-
genfeld** (→ Lüdinghausen/NW) in M.,
wo er zuletzt Görresstraße 1 wohnte. Er
starb hier am 9. 12. 1939; Grab auf dem
Zentralfriedhof.
Anlässlich der Ausstellung von Glasge-
mälden des Münsteraner Buchgestalters
M. Lechter (1865-1937/Zusammenarbeit
mit St. George) besuchten 1910 **Albert
Verwey** (1865-1937) und **Karl Wolfskehl**
(→ Darmstadt/HE) die Stadt. – Seit
1923 lebte **Friedrich Muckermann** (→
Bückeburg/NI) in M.; er gab hier die lit.
Monatsschrift »Der Gral« heraus. – 1932/
33 lehrte **Edith Stein** (→ Köln/NW) als
Dozentin am Dt. Institut für wiss. Pädago-
gik (heute E.-St.-Kolleg). Am 22. 8. 1941
starb in M. die Dramatikerin **Ilse von
Stach** (→ Borken/NW). – Unter den Stu-
denten in neuerer Zeit: **Erich Brautlacht**
(→ Kleve/NW), **Adolf von Hatzfeld** (→
Olpe/NW/ G. »Münster«), **Victor Mey-
er-Eckhardt** (→ Arnsberg/Neheim-Hüs-
ten/NW), **Gustav Sack** (→ Wesel-Scherm-
beck/NW), **Friedrich Sieburg** (→ Lüden-
scheid/Altena/NW).

L »Endlich zeig' ich euch voll vaterländischen
Stolzes die ragenden blauen Türme von Mün-
ster« (**L. Schücking** in »Das malerische und
romantische Westfalen«, 1841). Essays und
Reiseschilderungen danach u. a. von **Ricarda**

Huch (→ Braunschweig/NI) 1927, **Werner
Bergengruen** (→ Baden-Baden/BW) 1934,
Theodor Heuss (→ Lauffen/Brackenheim/
BW) 1959, **Gerhard Nebel** (→ Schwäbisch
Hall/Steinkirchen/BW) 1968. – Romane und
Erzählungen: »Das Haus in der Dreizehnmän-
nergasse« (1919) von **Friedrich Castelle** (Ap-
pelhülsen, Grab auf dem St.-Mauritz-Friedhof
M.), »Familie Brake« (1919) von **Clara Ratzka**
(→ Hamm/NW), »Der Erbe« (1920) und des-
sen Forts. »Die Fackelträger« (1922) von **Hans
Roselieb** (→ Hagen/NW), »Meister Cajetan«
(1931) von **Hermann Stehr** (1864-1940), »Der
Friede« (1934) von **Ludwig Bäte** (→ Osna-
brück/NI), »Hochwasser« (1948) von **Curt
Hohoff**, »Die Hamerincks« (1950) und deren
Forts. »Wo aber Gefahr ist« (1951) von **Illa An-
dreae** (1902-92), »Die Münstermacher« (Satire
1962) von **W. Burkhard Spinnen**. – **Gottfried
Hasenkamp** (1902-90): »Der Kardinal. Taten
und Tage des Bischofs von M. Clemens August
Graf von Galen« (1957). – »Münsterische Ge-
schichten, Sagen, Legenden und Sprichwör-
ter« sammelte **Friedrich Arnold Steinmann**
(1801-75). Der 1877 als Organist in M. gest.
Josef Seiler (→ Detmold/Lüdge/NW) gab
»Alte Münsterische Stadtgeschichten, Sagen
und gute Schwänke« 1860 heraus. – Jugender-
innerungen 1926-45 »Geh aus mein Herz«
(1990) von **Hans Dieter Schwarze** (1926-94).
– Mundart: **Franz Mehring** (1894-1952); **Nor-
bert Johannimloh**, u. a. »En Handvöll Rägen«
(G. 1963); **Siegfried Kessemeier**, »gloipe inner
dör« (1971), »genk goiht« (G. 1977), Hrsg.
»Westfalen, wie es lacht« (1974).

E 1534/35 hatte sich in Münster der einzige
»Staat« der **Wiedertäufer** gebildet. Führend
die Niederländer J. Mattyson und J. Bockel-
son. Durch Verrat wurde die Stadt vom Heer
des Bischofs Franz von Waldeck eingenom-
men, die Leichen der Anführer in Käfigen
am Lambertikirchturm aufgehängt (heute Ko-
pien der Käfige). – Der Augenzeuge Hermann
Kerssenbroch (1520-85), später Rektor der
Domschule, schrieb die erste Geschichte:
»Anabaptistici furoris Monasterium« (1545). –
In der Lit. bis heute die verschiedenartigsten
Behandlungen und Deutungen. Schon 1594
taucht der Stoff in dem engl. Schelmenroman

»The Unfortunate Traveller« von Th. Nashe auf (dt. 1970 u. d. T. »Der unglückliche Reisende«). Neuere Romane u. a. von: L. v. Strauß und Torney, »Der jüngste Tag« (1922); J. von Lauff, »Elisabeth Wandscherer, die Königin« (1931); F. Th. Csokor, »Der Schlüssel zum Abgrund« (1955); M. Yourcenar, »Die schwarze Flamme« (1969); N. Johannimloh, »Die zweite Judith« (2000). Gesamtdarstellung mit Blick auf die NS-Zeit von F. Reck-Malleczewen, »Bockelson. Geschichte eines Massenwahns« (1937, n. 1968) – Dramenbearbeitungen: »Der Prophet« von E. Scribe (1849), »Die Wiedertäufer« von B. Kellermann (1925); »Es steht geschrieben« (Neufassung u. d. T. »Die Wiedertäufer«, 1967) von F. Dürrenmatt. – H. Hermsen: »Die Wiedertäufer zu Münster in der dt. Dichtung« (1913); H. Homann: »Drei Käfige am Turm« (1977); H. Karasek: »Die Kommune der Wiedertäufer« (1977).

S Universitätsbibliothek: rd. 2,2 Mio Bde.; Westfalica-Slg., Neerlandica-Slg.; rd. 1000 Hss. und 900 Inkunabeln; Nachlässe. – **Westfälischer Heimatbund**, Fachstelle Literatur und Publizistik (wiedergegr. 1948) mit **Agnes-Miegel-Plakette; Gesellschaft zur Förderung der Westfäl. Kulturarbeit; Arbeitsgemeinschaft Literar. Gesellschaften Westfalens** (seit 1992 beim Landschaftsverband Westfalen-Lippe, Westfäl. Autorenlexikon); **Literaturverein M.** – **Annette-von-Droste-Hülshoff-Preis** (Westfäl. Lit.-Preis, seit 1935); **Augustin-Wibbelt-Gesellschaft** (A. W. war 1883 Student und 1890-97 Kaplan in M.). **Kulturförderstipendium der westfäl. Wirtschaft für Literatur; Kurzgeschichtenpreis Am Erker; Joost-van-den-Vondel-Preis** (seit 1959); **Historikerpreis** (seit 1983).

Angelmodde (Münster-A.)

A **Amalia von Gallitzin** (→ Münster) verbrachte die Sommermonate in ihrem Haus in A., das sie 1781 erworben hatte (1906 abgebrannt). Hier verkehrten u. a. **Johann Georg Hamann, Anton Matthias Sprickmann** und **Friedrich Leopold zu Stolberg**. Ihr Grab an der Südseite der Dorfkirche St. Agatha. 1839 hatte **Levin Schücking** das Haus der Fürstin besucht: Schilderung in dem Aufsatz »Die Fürstin Gallitzin und ihre Freunde«. – Erinnerungen an das heute viel besuchte Künstler- und Kaffeedorf, auch auf den Spuren der Fürstin, in **Otto Jägersbergs** Roman »Weihrauch und Pumpernickel« (1964). – Im nahe gelegenen **Wolbeck** (M.-Wolbeck) weilte 1912 **Jakob van Hoddis** (→ Berlin) zur Nervenbehandlung in einem privaten Kurhaus.

Nienberge (Münster-N.)

Fast 20 Jahre, 1826-46, verbrachte **Annette von Droste-Hülshoff** in ihrer »Einsiedelei«, dem zur Gemeinde N. zählenden **Rüschhaus**, das sich J. C. Schlaun als Sommersitz erbaut hatte. Zu den Gästen auf R. – seit 1825 im Besitz der Familie – gehörten v. a. **Christoph Bernhard Schlüter** und **Levin Schücking**, mit dem zus. sie an dem Band »Das malerische und romantische Westfalen« (1841) und der Novelle »Der Familienschild« (n. 1960) arbeitete. 1829 traf **Katharina Schücking-Busch** (→ Beckum/Ahlen/NW) zu einem kurzen Besuch ein; 1840 weilte **Adele Schopenhauer** (→ Bonn/NW) hier. – Die Putten im Garten sollen die Droste zu dem Gedicht »Die Elemente« angeregt haben; außerdem entstanden hier die Novelle »Die Judenbuche«, die drei Epen und zahlreiche Gedichte. – Seit 1936 Droste-Museum mit Erinnerungsstücken. In der Nähe das nach einem Brand 1968 restaurierte Haus Vögeding (G. »Das Haus in der Heide«). – A. Raub, »Mit Annette von Droste-Hülshoff von Haus Rüschhaus nach Burg Hülshoff« (2005).

L Nach **Adalbert Kuhn** (»Sagen, Gebräuche und Märchen aus Westfalen«, 1859) war der Hof des Schulten Dale in Nienberge und

Nienberge: Das Rüschhaus, die »Einsiedelei« der Annette von Droste-Hülshoff

»Grinkeswell«, eine baumbewachsene Tiefung in der Nähe, Mittelpunkt des im Münsterland beheimateten Sagenkreises um den Grinkenschmied.

Roxel (Münster-R.)

»Auf meiner Heimat Grunde, / Da steht ein Zinnenbau, / Schaut finster in die Runde / Aus Wimpern schwer und grau; / An seiner Fenster Gittern / Wimmert des Kauzen Schrei, / Und drüber siehst du wittern / Den sonnentrunknen Weih.« (Annette von Droste-Hülshoff, 1845)

Annette von Droste-Hülshoff, * 10. 1. 1797 auf Hülshoff, † 24. 5. 1848 → Meersburg (Überlingen/BW), bedeutendste dt. Dichterin des 19. Jh.s. Lebte bis 1826 auf der seit 1417 im Besitz der Familie befindlichen Wasserburg. Gäste u. a. A. v. Gallitzin (1805), F. L. zu Stolberg (1806), K. Schücking-Busch (1813) und der Maler L. E. Grimm (→ Hanau/HE). Reisen nach → Bökendorf/NW und anderen Besitzungen der Verwandten im Kreis → Höxter/NW sowie nach Kassel und an den Rhein. Ab 1841 öfter auf der Meersburg bei ihrer Schwester Jenny von Laßberg, dort ist sie gestorben. (W. Gödden, »Sehnsucht in die Ferne« und »Annette von Droste-Hülshoff unterwegs«, 1996). – W.: Gedichte (1838/44); Die Judenbuche (N. 1842); Das geistliche Jahr (G. 1851); Sämtl. Werke, Hist.-krit. Ausgabe (Hrsg. K. Schulte-Kemminghausen, 1925 ff.). – Ein Teil des heute noch im Familienbesitz befindlichen Hauses ist als Droste-Museum eingerichtet. – Beziehung zu Hülshoff haben u. a. »Das erste Gedicht« und »Der Schloßelf« sowie das Romanfragment »Bei uns zu Lande auf dem Lande«. – Nachlass SB Berlin; Slg. StuLB Dortmund, UB Münster. – Die erste Biographie schrieb L. Schücking 1862; unter den zahlreichen Droste-Romanen die von H. Franck (»Annette«, 1937), M. Lavater-Slomann (»Einsamkeit«, 1950), U. Keppler (»Die Droste«, 1989), I. Korschunow (»Das Spiegelbild«, 1992). Gedichte von R. Ausländer, G. Benn, J. Bobrowski, M. L. Kaschnitz und S. Kirsch u. a. in I. Ferchl (Hrsg.), »Der Droste würde ich gern das Wasser reichen« (1987).

R Schon **Annette von Droste-Hülshoff** meinte: »Et gieft men een Mönster!« Für **Konrad Weiß** (→ Schwäbisch Hall/Michelbach a. d. Bilz/BW) war M. »eine rechte Sonntagsstadt«, **Ricarda Huch** nannte den Prinzipalmarkt »das schönste Freilichttheater der Welt«, **Peter Wust** besuchte das Café Schukan mit »Ausdauer und Vergnügen«. Nach der Zerstörung im 2. Weltkrieg waren die meisten Zeugen einer reichen lit. Vergangenheit dahin. Erhalten blieb M.s letzte Altbierküche in der Kreuzstraße, wo der »singende Bierbrauer« Pinkus Müller die Spezialitäten der Stadt anbot. Die Trinkfreudigkeit der Münsterländer hat schon **Georg Weerth** (→ Det-

mold/NW) gewürdigt. – In **Appelhülsen**
(Nottuln-A.) geb. ist der Heimatschrift-
steller **Friedrich Castelle** (1879-1954 Rhei-
ne/Grab St. Mauritz-Friedhof in Mün-
ster), Zeitschriftenhrsg. und Lektor an der
Univ. Münster. Werke: »Heilige Erde«
(R. 1922); »Min Mönsterland« (plattdt.
G. 1949). – Das Wasserschloss **Havixbeck**
und die Wasserburg **Haus Stapel** gehören
zu den Droste-Stätten: auf H. besuchte die
Dichterin die Familie von Twickel, in
Haus St. befand sich bis 1970 ihr hs. Nach-
lass. Im ehem. freiweltl. Damenstift **Ho-
henholte** trat die 11-jährige Annette bei
einer Liebhaberaufführung auf. – Auf
dem Friedhof von **Altenberge** das Grab
von **Rolf Schroers** (1919-81), dessen letz-
tes Buch den programmat. Titel »Meine
deutsche Frage« (1979) trägt. – In **Over-
beck** (Ladbergen-O.) auf der »Lönsheide«
ein Gedenkstein für **Hermann Löns**. –
Von der Entstehung des Gnadenbildes
(um 1370) der Wallfahrtskirche von **Telg-
te** am »Friedensweg« zwischen Münster
und Osnabrück erzählt **Antonie Jüngst**
(→ Lüdinghausen/Werne/NW) in »Con-
solatrix afflictorum« (1868). Heimathaus
Münsterland. Das »Treffen in Telgte« (E.
1979) von **Günter Grass** ist Fiktion: »Ges-
tern wird sein, was morgen gewesen ist«,
also, was hätte sein können, wenn deut-
sche Barockdichter tatsächlich einmal so
zusammengefunden hätten wie 300 Jahre
später die Gruppe 47.

B W. Uhlmann-Bixterheide (Hrsg.), Das
plattdeutsche Westfalen, 1921; J. Bergenthal,
Westfälische Dichter der Gegenwart, 1953; L.
Folkerts, Münster und das Münsterland im
Gedicht, 1982; D. H. Klein/H. Grohmann,
Münster. Ein Lesebuch, 1987.
Z Beckum, Coesfeld, Lüdinghausen, Stein-
furt, Tecklenburg, Warendorf (NW).

NAUMBURG/ST

*»Man wird in Naumburg vielfach an rheinisches
Leben erinnert, wie denn auch seine Weinberge,
die Burgen ... und der alte herrliche Dom uns
im Geiste in eine westliche Ferne versetzen.«*
(Louise von François, 1856)
Stadtmuseum im Museumseck; Nietzsche-
Haus. – Im Juni Hussiten-Kirchfest und Peter-
Pauls-Messe. – Aus N. stammt Richard Lep-
sius (1810-84), Begründer der dt. Ägyptologie.

Gottfried Wilhelm Sacer, * 11. 7. 1635 N.,
† 8. 9. 1699 Wolfenbüttel, Lyriker und
Dichtungstheoretiker. 1683 Kammerkon-
sulent in Wolfenbüttel. Mit seiner sprich-
wörtl. in Erinnerung gebliebenen Poetik-
Satire »Reime dich/oder ich fresse dich
...« (1673) verließ S. die strengen Regeln
der Opitzianer.
Gottlieb Friedrich Krebel, * 30. 6. 1729
N., † 2. 7. 1793 ebd., Verf. geograf. Werke.
Sein Hauptwerk »Die fürnehmsten euro-
päischen Reisen, wie solche durch Teutsch-
land, Frankreich, Italien ...« (1729), be-
kannt als »der Krebel«, war im 18. Jh.
der am meisten aufgelegte dt. Reiseführer.
Johann Gottfried Gruber (Ps. **Adolph
Grimm, Joseph aus der Grube**), * 29. 11.
1774 N., † 7. 8. 1851 → Halle/ST, Lexiko-
graph und Publizist. Mit-Hrsg. der »Allge-
meinen Encyklopädie der Wissenschaften
und Künste« (168 Bde., 1818-50), des da-
mals umfangreichsten Nachschlagewer-
kes überhaupt.
Carl Gustav Jochmann, * 10. 2. 1789 Pär-
nau/Livland, † 24. 7. 1830 N., Essayist
und Aphoristiker. Jurist in Riga, bevor er
als Republikaner 1819 nach Paris reiste.
Als J. starb, war er auf dem Weg zu dem
Homöopathen S. Hahnemann in Kö-
then. – W.: Robespierre (1822); Über die
Sprache (1828); Über die Öffentlichkeit
(1833); Die unzeitige Wahrheit (W.-Aus-
wahl, Hrsg. E. Haufe 1976).
Friedrich Nietzsche (→ Weißenfels/Rö-

cken/ST) kam im April 1850 nach N. und wuchs hier bis 58 auf. Danach häufige Besuche bei der Mutter in N. Längere Aufenthalte: 1867/68, als er seinen Militärdienst ableistete und vor dem Marientor einen Reitunfall erlitt; im Herbst 70 nach einer Ruhrerkrankung; im Herbst/Winter 79/80, als er den Stadtmauerturm am Zwinger mietete, um dort einen Garten anzulegen; von Mai 90 bis 97 nach dem geistigen Zusammenbruch. – N. besuchte folgende Schulen: 1850/51 Knabenschule Topfmarkt 6 (heute Sparkasse), Webersche Privatschule am Salztor, 1854-58 Domgymnasium, Domplatz 16/17 (heute Verwaltungsgebäude). Wohnung: 1850-56 Neustraße 11 (1945 zerstört), 1856-58 Marienmauer (Haus nicht mehr vorhanden); 1858-97 Weingarten 18 (Gedenktafel), seit 1994 N.-Museum; Denkmal (2007) auf dem Holzmarkt.

Elisabeth Förster-Nietzsche (→ Weimar/TH) pflegte 1890-97 zus. mit der Mutter den Bruder F. Nietzsche in N. und gründete 94 das Nietzsche-Archiv, das **Harry Graf Kessler** (→ Berlin) 1894/95 mehrmals besuchte: »Und gelegentlich öffnete sich dabei an guten Tagen auch das Krankenzimmer Nietzsches. Er kauerte, noch immer mächtig an Gestalt und Stirn, schweigend mit großen traurigen Augen in seiner Ecke wie ein großer kranker Adler.«

Eugen Diederichs, * 22. 6. 1867 Löbitz bei N., † 10. 9. 1930 → Jena/TH, Verleger und Publizist. Besuch der Domschule in N. Buchhändler-Lehre. Gründete mit dem väterl. Erbe 1896 in Florenz einen Verlag, in dem bis zu D.s Tod 1700 Titel erschienen. Als Hrsg. der Zs. »Die Tat« propagierte er nat. Bewusstsein und einen neuen Konservatismus. – W.: Politik des Geistes (1920); Aus meinem Leben (1928); Berichte einer Reise durch Italien in den Jahren 1896/97 (Hrsg. K. Agthe 2004).

Naumburg: das Nietzsche-Haus am Weingarten 18

Martin Gregor-Dellin, * 3. 6. 1926 N., † 23. 6. 1988 Gröbenzell (→ München/BY), Erzähler und Essayist. Aufgewachsen in → Weißenfels/ST. Verlagslektor in → Halle/ST. 1958 Flucht in den Westen. Bedeutend G.s Leistung als Biograph. – W.: Richard Wagner. Sein Leben, sein Werk, sein Jahrhundert (1980); Schlabrendorf oder die Republik (E. 1982); Luther. Eine Annäherung (1983).

A Um 1300 war der Dichter **Nicolaus von Bibra** (→ Erfurt/TH) am Dom Prälat. – **Martin Luther** (→ Eisleben/ST) wurde 1521 auf dem Weg zum Wormser Reichstag in N. empfangen und vom Bürgermeister beherbergt, Markt 3 (Gedenktafel). Am 20. 1. 1542 predigte L. vom Ostlettner des Domes »sehr gewaltig und tröstlich«, um **Nikolaus von Amsdorf** (→ Torgau/SN) zu unterstützen, der als erster Protestant zum Bischof von N. geweiht, aber von den Katholiken nicht anerkannt wurde. Wohnung: »Schlösschen« Markt 6. – **Johann Sebastian Mitternacht** (→ Sömmerda/Hardisleben/TH) war 1642-46 Rektor der Stadtschule und machte sich als Verf. immer wieder aufgelegter Schulbücher (u. a. »Elementa rhetorica«, 1646) einen Namen. – **Ernst Christoph Homburg** (→ Eisenach/Mihla/TH) war 1642 bis zu seinem Tod 81 Gerichtsschreiber in N. und verfasste hier seine Kirchenlieder (»Jesu, unser Trost und Leben«, 1659, Vertonung J. S. Bach 1737). – **Johann Georg Albinus d. Ä.** (1624-97) war 1653 bis zu seinem Tod Rektor der Domschule. Von seinen Kirchenliedern blieb »Straf mich nicht in deinem Zorn« (1686) lebendig. A.s Sohn, der Lyriker **Johann Georg Albinus d. J.** (1659-1714), war der erste Hrsg. der Werke (1685) von P. Fleming (→ Zwickau/Hartenstein/SN).

Goethe (→ Frankfurt a. M./HE) kam 1769, 76, 1803 und 13 auf seinen Fahrten nach Leipzig durch N. und logierte im »Goldenen Scheffel« am Salztor. – **Friedrich Schiller** (→ Ludwigsburg/Marbach/BW) reiste im Juli 1787 von Dresden nach Weimar und wollte in N. Carl August (→ Weimar/TH) treffen, verfehlte ihn aber. – **Benedikte Naubert** (→ Leipzig/SN) lebte die längste Zeit ihres Lebens in N. und schrieb hier den größten Teil ihres umfängl. Roman-Werks.

L Über die Gründung N.s **Hans Dommer** in dem Roman »Die letzten Ekkehardiner« (1928). Über das Leben der Stifterfiguren (um 1250), die erst im frühen 20. Jh. größere Beachtung fanden und in der NS-Zeit den Status nat. Ikonen erlangten, Erzählungen von **Siegfried Berger** (→ Merseburg/ST/»Uta und der Blinde«, 1922), **Heinz-Hellmut Wittram** (»Reglindis«, 1935), **Hanna Kiel** (»Uta von Naumburg«, 1936) und **Hans Sterneder** (»Der Edelen Not«, 1938); Schauspiel »Uta von Naumburg« (1934) von **Felix Dhünen** (→ Germersheim/RP); neuerdings **Rolf Denecke:** »Aus dem Leben der Naumburger Stifter. 12 Balladen und ihr historischer Hintergrund« (1988). Der Schöpfer der N.er Stifterfiguren ist namentlich nicht bekannt. **Rosemarie Schuder** nennt ihn im Roman »Der Ketzer von Naumburg« (1956) nach dem mögl. Ort früherer Tätigkeit den »Reimser« und stellt ihn in die Nähe der oppositionellen Waldenser. – Über die »Hussiten vor Naumburg im Jahre 1432« (1803) schrieb **August von**

Kotzebue (→ Weimar/TH) ein Schauspiel. **Carl Friedrich Seyfarth** (1809-65) verfasste das noch heute anlässlich des alljährlich stattfindenden Festes (»Und zu Ehren des Miracel/ist nun alle Jahr Spectacel«) gesungene »Kirschfestlied« (1832). – In der Stadtkirche der Grabstein des in der Lützener Schlacht 1632 verwundeten und in N. gestorbenen August von Leubelfing. **Conrad Ferdinand Meyer** verwandelte ihn in der Novelle »Gustav Adolfs Page« (1882) in ein Mädchen. – Gewöhnl. wird »Kaiseraschern«, wo **Thomas Mann** (→ Lübeck/SH) seine Romanfigur Adrian Leverkühn aus dem »Doktor Faustus« (1947) aufwachsen lässt, in N. verortet und das ganze Buch als ein Gleichnis auf F. Nietzsche gelesen. Leverkühns Onkel erklärt im 6. Kap.: »Was denn meine Vaterstadt an der Saale betrifft, so sei dem Ausländer bedeutet, daß sie etwas südlich von Halle, gegen das Thüringische hin, gelegen ist.«

R Besonders häufig weilte der junge F. **Nietzsche** auf der **Schönburg** (»Auf leuchtenden Höhen/Die herrliche Feste«, 1858). – Richtung Freyburg, mitten im Blütengrund, der Weinort **Großjena**, wo sich 1740 **Christian Fürchtegott Gellert** (→ Freiberg/Hainichen/SN) aufhielt und den »Naumburger Wein« (1743) besang. In der Nähe das Weinberghaus des Bildhauers **Max Klinger** (1857-1920), der darin seit 1903 sommers eine Radierwerkstatt betrieb. 1899-1910 kam K. mit seiner exzentrischen Lebensgefährtin, der aus Wien stammenden Erzählerin (»Tagebuch einer Emanzipierten«, 1902) und Lyrikerin **Elsa Asenijeff** (1868-1941). Ihre Hochzeitslieder »Epithalamia« (1907) umrahmte K. mit Federzeichnungen. Im April 1920 übersiedelte K. ganz nach G., wo er im Juli starb. Grab mit seiner Bronzeplastik »Athlet« im Garten. Gedenkstätte, Blütengrund 1.

Bad Kösen

Museum im Romanischen Haus. – Die aus Breslau stammende Käthe Kruse (1883-1968), verheiratet mit dem Bildhauer Max Kruse (1854-1942), lebte 1902-54 in K. und betrieb dort seit 1912 eigene Puppenwerkstätten (»Das große Puppenspiel«, Aut. 1951). In der Kunsthalle Ausstellung »Die Puppenwelt der K. K.«

Carl August Koberstein, * 10. 1. 1797 Rügenwalde/Hinterpommern, † 8. 3. 1870 K., Germanist. Von 1820 bis zu seinem Tod Lehrer an der Landesschule Pforta. Sein »Grundriß der Geschichte der deutschen Nationalliteratur« (1827) ist die erste Darstellung ihrer Art.

Georg Groddeck, * 13. 10. 1866 K., † 11. 6. 1934 Knonau bei Zürich, Romancier, Arzt und Psychotherapeut. Beeinflusste Dichter wie A. H. Auden, H. Miller und M. Füst. – W.: Der Seelensucher (1921); Das Buch vom Es. Psychoanalytische Briefe an eine Freundin (1923).

A Goethe, der wiederholt durch K. kam, erinnerte sich am 19. 3. 1818 in einem Brief an K. F. Zelter an den »Holzmarkt« in K., »wo künftige Stadt- und Landgebäude zu hunderten roh auf dem Wasser schweben«. – Nachdem **Christoph Wilhelm Hufeland** (→ Bad Langensalza/TH) 1790 auf den Heilwert der Sole hingewiesen hatte, kamen zahlreiche Badegäste. Im August 1867 auch **Theodor Fontane** (→ Neuruppin/BB), der hier das befreundete Ehepaar Zöllner besuchte, mit ihnen »reizende Parthieen« unternahm und im heute noch bestehenden Gasthof »Zum mutigen Ritter« speiste. – Für **Gottfried Benn** (→ Perleberg/Mansfeld/BB) war eine Ansichtskarte seiner Mutter (»sie war in Kösen im Sommer zur Kur«) der Anlass für sein berühmtes »Jena«-Gedicht (1926).

R Friedrich Nicolai (→ Berlin) war 1781 auf der Fahrt entlang der Saale von den »ganz vortrefflichen Aussichten« angetan, »besonders die bey der Schulpforte und dem Salzwerke Kösen«. Den schönsten Blick ins Saaletal hätte er von der Ruine der **Rudelsburg**, die **Carl Gustav Carus** (→ Dresden/SN) schon 1821 »als wahres Muster eines festen und tüchtigen Baues solcher Art« ansah. Über die Eroberung der Burg durch die Naumburger **Paul Schreckenbach** (→ Apolda/Neumark/TH): »Die letzten Rudelsburger. Roman aus dem Mittelalter« (1912, n. 1990). Seit 1824 wird die Burg von Studenten der Universitäten Jena, Halle und Leipzig aufgesucht. Am 26. 8. 1826 dichtete dort **Franz Kugler** (→ Berlin) sein berühmtes romant. Lied »Rudelsburg«: »An der Saale hellem Strande/Stehen Burgen stolz und kühn.« Gedenktafel mit Bildmedaillon (1893) im Burghof. Im zur Gaststätte gehörenden »Rittersaal« seit 1922 14 Ölbilder (1916/17) von M. Friese mit idealisierten Darstellungen des »Nibelungenliedes« (→ Worms/RP). 1834 trafen sich dort **Heinrich Laube** (→ Leipzig/SN), der sich von der Haft in Berlin erholte, und der junge **Richard Wagner** (→ Bayreuth/BY). Pfingsten 1856 sah **Louise von François** (→ Weißenfels/ST) die Studenten »in großen, maiengeschmückten, fahnenbewimpelten Wagen« auf die Burg fahren. – F. **Nietzsche** wanderte als Gymnasiast mit Freunden zur Rudelsburg hinauf und weiter zur gegenüberliegenden Burg **Saaleck**:

Bad Kösen: die Rudelsburg, Lithographie (1846) von C. W. Arldt

»Die Saaleck liegt so traurig/Dort oben im öden Gestein./Wenn ich sie sehe, so schaudert's/Mir tief in die Seele hinein« (1858). Für **Hermann Allmers** (→ Wesermünde/Rechtenfleth/NI), der 1845 beide Burgen besang (»Dort Saaleck, hier die Rudelsburg«), waren sie noch Orte »zum Schwärmen und zum Trinken«, die aber bald politisiert wurden. Im unterhalb der Ruine liegenden Ort lebte in einem von ihm selbst entworfenen Haus von 1901 bis kurz vor seinem Tod der Architekt, völkische Kunstschriftsteller (»Kunst und Rasse«, 1927) und frühe Nationalsozialist **Paul Schultze-Naumburg** (1869-1949). Im Mai 1922 versteckten sich auf der Burg die Mörder von **Walther Rathenau** (→ Berlin). Unterstützt wurden sie von dem in S. lebenden völkischen Schriftsteller **Hans Wilhelm Stein-Saaleck** (1875-1944). Beim Versuch der Festnahme begingen sie Selbstmord. Über ihn **Ursula Martin**, »Der Hochstapler Hans Wilhelm Stein« (E. 2005).
Richtung Naumburg der Ortsteil **Schulpforte**, der nur aus den Gebäuden der 1543 gegründeten berühmten Landesschule besteht. Auf dem Schulfriedhof Grab von **Karl Lamprecht** (→ Wittenberg/Jessen/ST), einem ehem. Schüler. Auch **Ernst Ortlepp** (→ Zeitz/Droyßig/ST), der nach 1856 in Sch. (»ein Musensitz, der dem Parnasse gleicht«) von Gelegenheitsarbeiten lebte, wurde dort 64 begraben. Vor dem Hauptgebäude Gedenkstein für **Friedrich Gottlieb Klopstock** (→ Quedlinburg/ST). Goethe schrieb in Erinnerung an dessen Schulbesuch das Gedicht »Schul-Pforta« (1825): »An dem stillbegränzten Orte/Bilde dich, so wie's gebührt,/Jüngling! Öffne dir die Pforte,/Die in's weite Leben führt.« Gedenktafeln erinnern an die ehem. Schüler **Johann Gottlieb Fichte** (→ Bischofswerda/Rammenau/SN) und **Friedrich Nietzsche**. Aus

der langen Schüler-Liste seien ferner genannt: **Augustus Buchner** (→ Wittenberg/ST), **Erdmann Neumeister** (→ Weißenfels/ST), **Johann Elias Schlegel** (→ Meißen/SN), **Adolph Müllner** (→ Weißenfels/Langendorf/ST), **Leopold von Ranke** (→ Artern/Wiehe/TH), **Erich Schmidt** (→ Jena/TH).

Eckartsberga

Eckartsburg.

Heinrich von Hesler, * um 1270 vermutl. Burgheßler bei E., Verf. geistl., im Auftrag des Deutschen Ordens entstandenen Dichtungen (»Königsberger Apokalypse«, um 1310).

L Goethe kam am 17. 4. 1813 auf die Eckartsburg, wo ihm das »Thüringerwaldsmährchen« vom »getreuen Eckart«, der als Warner vor Unglücksgeistern auftrat, erzählt wurde. Ballade »Der getreue Eckart« (»O wären wir weiter, o wär' ich zu Haus!/Sie kommen. Da kommt schon der nächtliche Graus«).

Freyburg an der Unstrut

Museum Burg Neuenburg. – Im August Jahn-Gedenkturnen.

Heinrich von Veldeke (→ Kleve/NW) steht am Anfang der Literaturpflege am Thüringer Landgrafenhof (→ Eisenach/TH), zu dem auch die Neuenburg (»Schwester der Wartburg«) gehörte. Dorthin kam H. 1183 auf Einladung Hermanns I., der ihm die in Kleve gestohlene »Eneit« zurückgab, so dass H. sie hier vollenden konnte.

Karl Gottlob Cramer, * 3. 3. 1758 Pödelist bei F., † 7. 6. 1817 Dreißigacker (→ Meiningen/TH), Verf. von Ritter- und Schauerromanen. Erfolgreich C.s Bücher auch wegen ihres humorist. und erot. Beiwerkes. – W.: Leben und Meinungen Erasmus

Schleichers (4 Bde., 1789-91); Adolph der Kühne (3 Bde., 1792/93).

Friedrich Ludwig Jahn (→ Perleberg/Lanz/BB) hatte eine 6-jährige Haft wegen »demagogischer Umtriebe« hinter sich, als er 1825 nach F. kam. Mit Unterbrechung 1828-35 lebte er dort bis zu seinem Tod 52 unter polizeil. Aufsicht. 1840 bezog J. mit finanzieller Hilfe der »Deutschen Turnerschaft« ein eigenes Haus, in dem er »wie die Schwalbe unter dem Adlerhorst« lebte. – Wohnung: Jahnplatz 1 (Gedenktafel), Kirchstraße 3, zuletzt: Schlossstraße 11, dort Jahnmuseum, über dem Eingang J.s Leitspruch »Frisch, frei, fröhlich, fromm«; Grab seit 1936 im Hausgarten. – F.-L.-J.-Förderverein.

L Ludwig Bechstein (→ Meiningen/TH) hat mit seinem »Der Sagenschatz und die Sagenkreise des Thüringerlandes« (1835-38) das Bild der Thüringer Landgrafen für Generationen geprägt. So bestrafte Ludwig II. Adlige, indem er sie paarweise vor Pflügen spannen und ein Brachfeld bearbeiten ließ. Dieser »Edelacker« (beim heutigen Parkplatz) befand sich vor der Neuenburg. 1172 war Friedrich I. Barbarossa auf der Burg. Weil dem Kaiser die Mauern nicht stark genug schienen, befahl Ludwig III. über Nacht alle Thüringer Ritter auf die Burg und hieß sie, sich als menschliche Schutzschilde aufzustellen.

Nebra

Die 2003 in der Nähe von N. gefundene »Himmelsscheibe von Nebra« (ausgestellt im Landesmuseum für Vorgeschichte Halle) ist 3600 Jahre alt und die älteste konkrete Sternenabbildung der Welt.

Georg Heinrich Zincke, * 27. 9. 1692 Altenroda bei N., † 15. 8. 1768 Braunschweig, Verf. ökonom. Schriften. Sein »Allgemeines Oeconomisches Lexicon« (1731) wurde bis 1820 immer wieder aufgelegt.

Bernhard Thiersch (Ps. **Th. Reisch**), * 26. 4. 1793 Kirchscheidungen bei N., † 1. 9. 1855 Bonn, Lyriker. Verf. des im Kaiserreich vielgesungenen Liedes »Ich bin ein Preuße, kennt ihr meine Farben?« (1831). – Gedenktafel am Geburtshaus, Nr. 90; Denkmal (1905) auf dem Dorfplatz von Kirchscheidungen.

Th.s Bruder, der Pädagoge **Friedrich Thiersch** (1793-1855), hatte mit seinem Hauptwerk (»Über gelehrte Schulen«, 1826-31) maßgebl. Einfluss auf die Entwicklung der bayer. Gymnasien.

Hedwig Courths-Mahler (eig. **Ernestine Friederike Elisabeth Mahler**), * 18. 2. 1867 N., † 26. 11. 1950 → Tegernsee/BY, Romanautorin. Wuchs als unehel. Kind in N. auf. Begann als Dienstmädchen nach dem Vorbild der Marlitt (→ Arnstadt/TH) zu schreiben. 1905 ihr erster Fortsetzungsroman, dem bis 48 mehr als 200 nach einem ähnl. Grundmuster verfertigte folgen sollten. Allein der Bastei-Verlag brachte bis 1988 C.s Bücher in mehr als 30 Mill. Exemplaren heraus. – W.: Es ist irrt der Mensch (1910); Die Bettelprinzeß (1914); Griseldis (1916); Unschuldig-schuldig (1931); Heidelerche (1935). – Geburtshaus: Breite Straße 18 (Gedenktafel).

R An N. vorbei schlängelt sich die Unstrut, kein großer, doch ein geschichtsträchtiger Fluss. Bedeutend die Kaiserpfalz **Memleben**, wo 936 Heinrich I. und 982 Otto der Große starben. – Unstrutabwärts auf einem Gipsfelsen über dem Fluss die Ruine **Wendelstein**, im 18. Jh. Mittelpunkt einer berühmten Schimmelzucht. Am 26. 5. 1813 überfiel **Theodor Körner** (→ Dresden/SN) mit einem kleinen Kommando des Lützow'schen Freikorps die Stuterei und kam so unerwartet, dass kein einziges Pferd in Sicherheit gebracht werden konnte. – Östl. von N. **Burgscheidungen**, das seit Widukind

(→ Höxter/Corvey/NW) als der Ort gilt, wo 531 das Heer des Thüringerkönigs Hermenefred von den Franken geschlagen wurde. **Gregor von Tours**, der erste Geschichtsschreiber des Abendlandes, hat von der Schlacht erzählt. Seine Quelle die Erzählung der Thüringerprinzessin Radegunde, aus der der röm.-fränk. Dichter **Venantius Fortunatus** im 7. Jh. das lat. »Lied vom Untergang des Thüringerreiches« formte. Über den Thüringerkönig: **Friedrich Gottlob Wetzel** (→ Bautzen/SN), »Hermannfried, letzter König von Thüringen« (Tr. 1818). Schloss B. bewohnte Ende des 17. Jh.s Graf Adolf Magnus von Hoym, Gemahl der späteren Gräfin Cosel (→ Dresden/SN). – Auf halber Strecke nach Eckartsberga **Bad Bibra**, wo im 17./18. Jh. Vorfahren **F. Nietzsches** lebten. **Erdmann Neumeister** (→ Weißenfels/ST) war dort 1697-1704 Pfarrer. Aus seiner Feder stammt ein Spottgedicht (»Bibraischer Brunnengast«, 1699): »So offt sie Freude haben,/Vermehren sie den Trunck, und wenn sie Leid betrübt,/ So wird es ebenfalls auch durch den Trunck begraben«). Pfarrhaus Domberg 9 erhalten.

B Schulpforta. Ein Lesebuch, 1993; H. Heumann, Schulpforta. Tradition und Wandel einer Eliteschule, 1994; Wolfgang Ulrich, Uta von Naumburg. Eine deutsche Ikone, 1998; J.-F. Dwars/K. Agthe, Wo liegt Kaisersaschern? Friedrich Nietzsches mitteldeutsche Herkunft und Heimholung, 2000; K. Agthe, Das Spektakel zum Mirakel. Ein Lesebuch zum Naumburger Hussiten-Kirchfest, 2005.
Z Merseburg, Querfurt, Weißenfels, Zeitz (ST); Apolda, Artern, Dornburg, Eisenberg, Sömmerda (TH).

NEUBRANDENBURG/MV

Kunstsammlung; Schauspielhaus, Kammertheater; Philharmonie.

Zacharias Orth, * um 1530 N., † 1579 → Barth/MV, Professor für Poesie in Greifswald und Königsberg, poeta laureatus, Freund Melanchthons (→ Bretten/BW). Loblied auf Stralsund/MV.
Karl Hartwig Gregor von Meusebach (Ps. **Alban, Markus Hüpfinsholz**), * 6. 6. 1781 N., † 22. 8. 1847 Baumgartenbrück bei Potsdam/BB, bibliophiler Philologe, Lyriker (»Kornblumen«, 1804; »Briefwechsel mit den Gebrüdern Grimm«, 1880). Besitzer einer der größten privaten Bibliotheken seiner Zeit (heute SB Berlin Preußischer Kulturbesitz).
Klara Mundt (geb. **Müller**, Ps. **Luise Mühlbach**), * 2. 1. 1814 N., † 26. 9. 1873 Berlin, Autorin und »fabrikmäßige Zerarbeiterin der Weltgeschichte« (E. Engel), insgesamt 290 Romane zum Thema Feminismus (»Der Zögling der Natur«, 1842; »Aphra Behn«, 1849), später nationalere Töne (»Von Solferino bis Königgrätz«, 1869/70). Grab Alter St. Matthäus-Kirchhof Berlin.
Alexander Persyn, * 14. 12. 1894 N., † 27. 12. 1982 Bad Schussenried bei Biberach/BW, Prosaschriftsteller. Druckereidirektor in Kempten, später in Hildesheim. – W.: 50 Fahrten mit dem Lazarettzug nach der Westfront. Reportagen (zus. mit A. Ihne, 1917); Deutscher Advent 1918 (E. 1957); ... es sei Frieden (En. 1954).
Werner Wilk, * 6. 9. 1900 N., † 14. 1. 1970 Berlin, Erzähler, Hörspielautor, Leiter der Lit. Abtlg. im RIAS Berlin. – W.: Der Verrat (N. 1957); ... hinab gen Jericho (R. 1960). – Grab auf dem Neuen Friedhof der St. Matthäi-Gem. Berlin.
A 1553 starb der Pfarrer und Fabeldichter **Erasmus Alberus** (geb. um 1500) in

N., Grab Marienkirchhof. Sein Name hatte »als Dichter gereimter Vers-Fabeln europaweit Glanz« (H. Langer). – Der englische Gelehrte **Thomas Nugent** (→ Wismar/MV) beschrieb die Stadt 1766. Um 1769 besuchte **Johann Heinrich Voß** (→ Waren/Sommerstorf/MV) die Lateinschule, bevor er Hofmeister im benachbarten Ankershagen (→ Waren/MV) werden musste. Befreundet war V. mit dem Lyriker und Dramatiker **Ernst Theodor Johann Brückner** (→ Neustrelitz/MV), der 1805 in N starb. Deutschlands erstes **Gellert-Denkmal** (→ Mittweida/Hainichen/SN) von 1776 am Neuen Tor. 1797 beschrieb **Carl Friedrich Rellstab** (→ Berlin) die Stadt in seiner »Ausflucht nach der Insel Rügen ...«. – 1803-04 hatte **Friedrich Ludwig Jahn** (→ Perleberg/Lanz/BB) eine Hauslehrerstelle in N., Gedenkbüste an der Jahnstraße, Jahn-Stein im Brodaer Holz. Nach 1810 lebte die Schriftstellerin **Ida Hahn-Hahn** (→ Demmin/Tressow/MV) in der Kleinen Wollweberstraße. **Fritz Reuter** (→ Demmin/Stavenhagen/MV) wohnte hier von 1856 bis 1863; Jahre, in denen sich sein Erfolg einstellte. R. hatte engen Kontakt zu den liberalen Brüdern Ernst und Franz Boll aus der Großen Wollweberstraße, deren Werke (u. a. »Geschichte Mecklenburgs«) zur Entstehung der sozialkritischen Satire »Kein Hüsung« R.s beitrugen. In die N.er Zeit fällt auch der Konflikt Reuters mit Klaus Groth (→ Heide/SH), literarisch ist R.s Zeit in N. sehr produktiv: u. a. erschienen »Ut de Franzosentid« (1859) und »Hanne Nüte« (1860) sowie »Ut mine Festungstid« (1862). Am 20. 6. 1863 verabschiedete sich Reuter »unter nicht enden wollendem Händedrücken und Zurufen an den Scheidenden« nach → Eisenach/TH. – Reuter-Kabinett im Regionalmuseum N.; von den vier Wohnungen R.s (Marienkirchplatz 8, Stargarder Straße 14,19 und 24) existiert lediglich noch das Haus Stargarder Str. 19/Ecke Pfaffenstraße (1859-61; heute »Café im Reuterhaus« mit Gedenkstätte). R.s berühmte Stammtische in den (kriegszerstörten) Gaststätten »Ratskeller« und »Goldene Kugel«, der »Fürstenhof« in der Stargarder Straße existiert noch, ein Gemälde von J. Bahr zeigt das Ambiente. Das nahe gelegene Schauspielhaus in der Pfaffenstraße 20 führte 1858 zwei Stücke Reuters auf. R.-Denkmal am Bahnhofswall, gegenüber der »Mudder-Schulten-Brunnen« (früher am Markt) mit Zitaten aus »Dörchläuchting«. N. ist Sitz der F.-R.-Gesellschaft e. V. Eine detaillierte Darstellung in »Fritz Reuter – Neubrandenburg – 1848« (Beiträge der F.-R.-Gesellschaft Bd. 9/2000). – Romane über Reuters Zeit in N. u. a. von U. Meyer (»Der Meister und sein Schüler«, 1923), W. Siebold (»Unser Fritzing«, 1934) und H. Wendt (»Dörchläuchtingsland«, 1921). **Theodor Fontane** (→ Neuruppin/BB): »Am Mittwoch will ich mit Frau und Tochter nach Niegen Brandenburg abdampfen, um Preußen zu vergessen, wozu Fritz Reuters Heimat – als eine Art Gegensatz – die beste Gelegenheit bietet.« Im nahen Augusta-Bad am Tollense-See blieb man von Juni bis Juli 1897, auf dem Schreibtisch das Manuskript des »Stechlin«-Romans (Vermerk in den Tagebüchern, n. 1994). **Peter Huchel** (→ Berlin) fühlte sich als Soldat 1942/43 in N. »recht vereinsamt und unfroh«. – **Brigitte Reimann** (→ Burg/Genthin/ST) zog 1968 nach N., Gartenstraße 6. Ortsbezüge in: »Alles schmeckt nach Abschied. Tagebücher 1964-70« (1998): »N. wird jetzt Heimat oder ist es schon ... Ach, und der herrliche Wall!« (3. 6. 69). Über die Autorin in N: »Nachricht von einem fremden Stern«, in: »Risse« Heft 1/1988; dazu auch H. Hampel (Hg.), »Wer schrieb Franziska Linkerhand?« Brigitte Reimann 1933-1973.

Fragen zu Person und Werk (1998). Zur gleichen Zeit lebte auch **Helmut Sakowski** (→ Jüterbog/BB) in N., B. Reimann spottete über die »Verbandslegende vom schönen Kollektiv« im »sozialistischen Weimar«.

L **Ricarda Huch** (→ Braunschweig/NI) über Neubrandenburg, das ihr »durch Regelmäßigkeit, Aufgeräumtheit und Sauberkeit auffällt«, im Reisefeuilleton »Im alten Reich. Lebensbilder deutscher Städte« (1927). – Das ehem. Gut »Fünfeichen« südöstlich N.s, 1939 von der Wehrmacht als Kriegsgefangenenlager eingerichtet und nach 45 von der Roten Armee zum »Speziallager 9« umfunktioniert, wird in **Uwe Johnsons** (→ Anklam/MV) Roman »Jahrestage« 1970 ff.) erstmals – und vor den Historikern – eingehend beschrieben. Informationen erhielt U. J. möglicherweise von seinem Onkel Milding aus Recknitz (→ Güstrow/MV), der in Fünfeichen inhaftiert war. Die Romanfigur Heinrich Cresspahl (→ Waren/MV) wird hier von 1945 bis 48 interniert: »Bräunlich und gradlinig liegt es mit seinen Baracken und seiner Hauptwache inmitten der weiten Ödfläche, die mit matschigen Lattenrosten, Stacheldrahtgängen und gedrungenen Wachtürmen ergiebig ausgestattet ist. Über seinen Pappdächern ragen tannengrün, massig und weich zerklüftet die Berge am Lindental und dem Tollense-See himmelan.« Dokumentation »Fünfeichen 1945-1948. Briefe Betroffener und Hinterbliebener« (1991). Gedenkstätte im »Wald der Toten« des »Sonderlagers Nr. 9 des NKWD«; Arbeitsgemeinschaft Fünfeichen. Siehe auch Exkurs »Uwe Johnsons Mecklenburg« (→ Anklam/MV). N. und sein Umland nach der Wende spiegeln sich in den Briefen **Gerda Cordes'** u. d. T. »Wo der Mond im See versinkt. Reisen nach Mecklenburg und Vorpommern« (1995). Jan Landers ist Hauptperson in **Alexander Osangs** R. »die nachrichten« (2000), der als Nachrichtensprecher wegen einer Stasi-Affäre nach N. zurückkehrt.

S **Archiv der regionalen Dichter** sowie **Ernst-Barlach-Slg.** in der **Regionalbibliothek**, mit N.-Bibliographie; **Deutscher Bibliotheks**-

Gedenkstätte im Internierungslager »Fünfeichen« bei Neubrandenburg

verband-Regionalverband MV – **Leseherbst-Literaturtage** (jew. Nov.) – **Annalise-Wagner-Preis** der A.-W.-Stiftung (für Regionalliteratur), **Literaturhaus** »**Brigitte Reimann**« (seit 1999 im ehem. Wohnhaus (Neubau) von B. Reimann, Gartenstraße 6, zusammen mit der **Hans-Fallada-Gesellschaft**, dem **VS** und dem **Bödecker-Fördererkreis**, dort auch der Nachlass von **Hans Fallada**/→ Greifswald/MV und **Joachim Wohlgemuth**). Schriftenreihe »**Federlese**«; **Mecklenburgische Literaturgesellschaft**, Hrsg. der **Literaturzeitschrift** »**Glasbrenner**«, vergibt alle zwei Jahre den **Uwe Johnson-Literaturpreis**, Veranstalter der **Uwe-Johnson-Tage** (zus. mit der Zs. Nordkurier), **Literarische Gesellschaft NB**, **Fritz-Reuter-Gesellschaft** (seit 1991); **Brigitte-Reimann-Gesellschaft**, R.-Gedenkzimmer.

R Das Ausflugsziel **Belvedere** bei Neubrandenburgs Tollense-See wird in **Fritz Reuters** R. »Dörchläuchting« als »Bellmandür im Brodaischen Holz« vorgestellt.

Stargard findet in **Theodor Fontanes** »Vor dem Sturm« (R. 1878) Erwähnung.

B R. Voß, Persönlichkeiten aus der Neubrandenburger Geschichte, in: Heimathefte 2/1998.
Z Anklam, Demmin, Neustrelitz, Pasewalk, Stavenhagen, Waren (MV).

NEUBURG AN DER DONAU/BY

Schlossmuseum, Stadtmuseum. – N.er Volkstheater.

Jakob Balde, * 4. 1. 1604 Ensisheim/Elsass, † 9. 8. 1668 N., einer der berühmtesten neulat. Dichter des dt. Sprachraumes. Studium in → Ingolstadt/BY, 1624 Eintritt in den Jesuitenorden. Prof. der Rhetorik u. a. in → München/BY, Prinzenerzieher und Hofprediger. Seit 1640 bay. Hofgeschichtsschreiber, dann Kanzelredner in Landshut und Amberg, 1654 in N. – W.: Sylvae lyricae (G. 1643-46). Ein Teil seiner lat. Gedichte wurde von A. Gryphius und J. G. Herder (→ Weimar/TH) ins Deutsche übertragen. Dichtungen, lat. und dt. Ausw. (Hrsg. und Übersetzer M. Wehrli, 1963). – Grabtafel in der Hofkirche.
A Den Winter 1618/19 verbrachte **René Descartes** in bay. Kriegsdiensten in N.; hier entwickelte er sein philos. System und begann mit der Niederschrift der »Regeln zur Leitung des Geistes«. – **Heinrich Hansjakob** (→ Wolfach/Haslach/BW) 1903 über N.: »Langeweile gähnt auf den öffentlichen Plätzen« (»Sonnige Tage«, 1906). Dagegen rühmt **Wilhelm Hausenstein** (→ Wolfach/Hornberg/BW) »den Charakter einer festlichen und heiteren, einer großgestimmten und zugleich behaglichen alten Residenz« (»Besinnliche Wanderfahrten«, 1955). – Im Festungsgefängnis **Niederschönenfeld** war **Ernst Tol-**

ler (→ München/BY) 1919-24 in Haft (»Das Schwalbenbuch«, 1924; »Briefe aus dem Gefängnis«, 1935), 1920-24 auch **Erich Mühsam** → Berlin (»Tagebücher 1910-1924«, Hrsg. C. Hirte, 1994).

S Staatl. Bibliothek (Provinzialbibliothek): rd. 52 900 Bde., 158 Hss., 440 Inkunabeln; Bibliothek des Humanisten Hieronymus Wolf (1516-80/600 Bde.). – **Ernst-Toller-Gesellschaft e. V.**

R »Erblüht im Gau der Alemannen, / Kommt sie ins Land der Bajuwaren / Stolz, wie ein Hochzeitszug, gefahren«, so besingt **Felix Dahn** (→ Hamburg) den Eintritt der Donau nach Altbayern. Die erste Stadt hier ist **Rain** (Heimatmuseum). Unter den Reisenden: 1815 **August von Platen** (→ Ansbach/BY), 1903 **H. Hansjakob**. R. im Dreißigjährigen Krieg u. a. in **Ricarda Huchs** (→ Braunschweig/NI) »Der große Krieg in Deutschland« und **Alfred Döblins** (→ Berlin) »Wallenstein«.

Z Augsburg, Dillingen a. d. D., Eichstätt, Ingolstadt (BY).

NEUMARKT IN DER OBERPFALZ/BY

Stadtmuseum. – Grabkapelle (1684), verkleinerter Nachbau des Hl. Grabes in Jerusalem auf dem Kalvarienberg.

Dietrich Eckart, * 23. 3. 1868 N., † 26. 12. 1923 → Berchtesgaden/BY, pathet. Lyriker und Dramatiker. Wurde erster Hauptschriftleiter des »Völkischen Beobachters« und Mitarbeiter A. Hitlers. – Die 1927 in N. geborene **Margret Hölle** gilt als bedeutende Mundartlyrikerin, die im Nachwort zu dem Band »Wurzelherz« (1991) über ihre Kindheit und das Leben einer Oberpfälzer Arbeiterfamilie Auskunft gibt; 2005 erschien »Zeit aaffanga«, Gedichte und Geschichten.

Berching

Heinz Schauwecker, * 11. 10. 1894 Regensburg, † 4. 6. 1977 B. Arzt und Schriftsteller, Initiator der »Nordgautage«. – W.: Berchinger Spiel (1926); Das Kastler Schweppermannspiel (1952). – Grab auf dem Friedhof.

Thannhausen (Freystadt-T.)

Thannhäuser, * um 1205, † nach 1267, Minnesänger, 1227/28 Kreuzzugsteilnehmer. Durch sein abenteuerl. Leben und die unter seinem Namen überlieferten Bußlieder wurde er Held der Sage vom Venusberg. – Von der Burg nur noch Hügel und Graben erhalten; Familienepitaph in der Stadtkirche von Neumarkt. – L. Tieck (→ Berlin) behandelt den Stoff in »Der getreue Eckart und der Tannhäuser« (1800), R. Wagner (→ Bayreuth/BY) in seiner Oper »Tannhäuser« (1845).
R Am Schulhaus von **Laaber** Gedenktafel für **Ludwig Auer** (1839-1914), päd. Schriftsteller, Kalendermann und Förderer der kath. Volksbildungsarbeit (→ Donauwörth/BY). – Nordöstl. **Kastl**, eine 1103 gegr. Benediktinerabtei, heute einziges ungar. Gymnasium Deutschlands. Abt (1232-56) **Hermann von Kastl** schrieb die aus 700 dt. Versen bestehende »Kastler Reimchronik«. In der Kirche Grabmal des Nürnberger Feldhauptmanns **Seyfried Schweppermann** (gest. 1337), der nach der Schlacht von **Ampfing** (b. Mühldorf) zum Lohn ein Extra-Ei bekam: »Jedem Mann ein Ei, / Dem frommen Schweppermann zwei!« (Ludwig Uhland → Tübingen/BW: »Ludwig der Bayer«); in den Anlagen an der Isenbrücke in Ampfing steinerne Eier. – An der Straße nach K. Schloss **Pilsach**, in dessen unterird. Gewölbe Kaspar Hauser (→ Ansbach/BY) gefangengehalten wurde (beschrieben in

»Das Schicksal einer Seele«, 1924, der Schlossbesitzerin und Erzählerin **Klara Höffner**, 1875-1955). – Der westl. Oberpfälzer Jura ist reich an Sagen: Grenzfrevler, Wassergeister, Teufelsritte im Juragestein sowie die hilfreichen »Schrazeln« in den »Zwergenlöchern« von **Lengenfeld** (Velburg-L.).

Z Altdorf, Amberg, Nürnberg (BY).

NEUMÜNSTER/SH

Annemarie Auer (eig. **Annemarie Zak**), * 10. 6. 1913 N., † 7. 2. 2002 Berlin, Literaturwissenschaftlerin, Essayistin. W.: Die Landschaft der Dichter (1958); Die kritischen Wälder (Ess. 1974); Morgendliche Erscheinungen (En. 1987).
»Ist Stuff den Burstah hinunter, so kommt er auf den Marktplatz, einen langen, mit zwei Alleen gezierten Ort. Kriegerdenkmal 1870/71, Post, Bedürfnisanstalt und das Rathaus liegen daran.« So **Hans Fallada** (→ Greifswald/MV), der 1929/30 als Reporter beim »General-Anzeiger« in N. lebte: »Das schweinischste Handwerk auf der Welt: Lokalredakteur sein in der Provinz.« Der große Bauernprozess, der im Herbst 1929 im Carl-Sager-Haus stattfand, regte F. zu seinem Roman »Bauern, Bonzen und Bomben« (1931, n. 97) an; darin eine genaue Beschreibung des kleinbürgerl. und bäuerl. Milieus sowie der pol. Hintergründe (H.-F.-Preis der Stadt N., erstmalig 1981 zur 50. Wiederkehr der Roman-Erstausg.).

L Der 1916 im dänischen Toftlund geborene **Hinrich Kruse** (gest. 1994 in Braak b. N.) schrieb niederdt. Literatur (»Wat sik dat Volk vertellt«, 1953). – Von **A. Erdmann-Degenhardt** und **R. Möller** (Hrsg.) das »Neumünster-Lesebuch« (1998).

B P. Sieck, Neumünster, 1966; H.-H. Welchert, Das Werk des Vicelin, in: Wanderungen zu den Schlössern und Domen in Schleswig-Holstein, 1978. **Z** Bad Oldesloe, Eutin, Itzehoe, Lübeck (SH).

NEUNKIRCHEN/SL

Museum im Bürgerhaus – Hüttenweg mit Hüttenpark (Stationen N.er Industriekultur) – Neunkircher Literaturtage (alle 2 Jahre).

Aus N. stammt der Dramatiker, Erzähler und Hrsg. **Kristian Kraus** (1880-1970 → Bad Neuenahr/RP), der 1930 den »Deutschen Matern-Verlag« gründete und nach dem 2. Weltkrieg Verkehrsdirektor in Bad Neuenahr war. W.: »Die Geschwister« (Einakter 1909); »Die Traumfahrt« (R. 1911); »Hans Clauert, der märkische Eulenspiegel« (1938). – Geb. in N. ist der Schauspieler und Regisseur **Walter Rilla** (1894-1980), auch Autor (»Saat der Zeit«, R. 1955). **A** In der Irrgartenstraße 16 erinnert eine Gedenktafel an den Aufenthalt des jungen **Goethe** (→ Frankfurt a. M./HE) im Juni 1770: Man besuchte »bei tiefer Nacht die im Talgrunde liegenden Schmelzhütten«, um dann in N. »einzukehren, das den Berg hinauf gebaut ist« (Gedenktafel auch am Turm auf dem Hoferkopf über Bildstock). G. allein stieg noch zum »höher gelegenen Jagdschloß« hoch und »saß lange an der verlassenen Stätte« (10. Buch von »Dichtung und Wahrheit«). Anderthalb Jahrzehnte später auf Schloss Jägersberg **Adolph von Knigge** (→ Hannover/Bredenbeck/NI). – Ein lit. Gegner des alten Goethe liegt auf dem Friedhof von **Wiebelskirchen** (Neunkirchen-W.) begraben (Gedenkstein): **J. F. W. Pustkuchen** (→ Detmold/NW), seit 1831 hier Pfarrer. Er tat sich bes. bei einer Cholera-Epide-

mie hervor und starb am 2. Januar 1834. – Für kurze Zeit versuchte im Herbst 1884 **Richard Dehmel** (→ Königs Wusterhausen/BB) bei der »Saar- und Blieszeitung« sein Glück; Wohnung Königstraße 43.

L **Liesbeth Dills** (→ Saarbrücken/Dudweiler/SL) Roman »Virago« (1913), sozialromantisch im Ansatz, spielt vor dem Hintergrund N.s und der großen Streikbewegung der 90er Jahre des 19. Jh.s. – **Joseph Roth** (→ Berlin) in seinen »Briefen aus Deutschland« (1929, n. 1999): »die Natur hat sich alle Mühe gegeben, hier die Entstehung einer Stadt zu behindern, aber es hat ihr nicht geholfen, der Natur«. – **Gustav Regler** (→ Merzig/SL) Saarroman »Im Kreuzfeuer« (1934) beginnt mit der Schilderung des Grubenunglücks vom 10. 2. 1933. – **Bernt Engelmann** (→ Berlin): »Der König von Saarabien« in »Die goldenen Jahre« (1968). – »Spur aller Zeit« (Lyrik und Prosa, 1993) von **Natalie Zimmermann** (1903-78).

R Im Festsaal des ehem. Kreishauses in **Ottweiler** sitzt auf einem der Monumentalgemälde, mehr Eichendorffscher Taugenichts als sentimentaler Stürmer und Dränger, der junge »Goethe auf der Terrasse des Schlosses zu Neunkirchen«. Am Aufgang zur nahen »Friedrichslust« Gedenkstein für den Pädagogen und Heimatforscher (u. a. Begründer der Zs. »Unsere Saar«) **Ludwig Blatter** (1875-1937). Ein Straßenname erinnert an den Pfarrer **Johann Anton Josef Hansen** (1801-75), verdient ebenfalls um die saarländ. Heimatforschung, der sich das Wohlwollen seiner geistl. Vorgesetzten allerdings als Führer einer kirchl. Reformbewegung und durch sein politisches Auftreten 1848 verscherzte. (Grab auf dem Neumünster-Friedhof). U. d. T. »Ottweiler Texte« (1971) veröffentlichte **Arnfrid Astel** eine Dokumentation von »Literatur aus einer Strafanstalt«. – So war es einst: »Hinter den Halden die Dörfer« nannte **Ernst Bingen** 1971 seine **Schiffweiler** Skizzen; von ihm auch: »Land und Zeit zwischen Grenzen« (1954). »Kein typisches Industriedorf mehr, kein Bergmannsdorf wie früher, es ist ein Neutrum«, so sagte **Manfred Römbell** über **Bildstock** (Friedrichthal-B.) in der Prosaslg. »Das nächste Fest soll noch größer werden« (1980). In B. spielt auch seine Trilogie »Rotstraßenzeit« (1989), »Rotstraßenträume« (19)3) und »Rotstraßenende« (1996). Am »Rechtsschutzsaal« an der Hofstraße erinnert eine Tafel an den Bergmann N. Warken, gen. Eckstein, aus Hasborn, von dem das »Volksstück über die Anfänge der Gewerkschaften an der Saar« von **Gerhard Bungert** und **Klaus-Michael Mallmann** handelt: »Eckstein ist Trumpf« (1977). Von G. Bungert auch die Geschichten aus dem Saarland: »Sellemols« (1981) und »Bei uns dehemm und anderswo« (1986). – Seine Erfahrungen als Knappschaftsarzt in **Elversberg** beschrieb der pommersche Erzähler **Bernhard Trittelvitz** (→ Rügen/MV) in »Meine Patienten, die Kumpels und ich« (Aut. 1934).

S **Saarländisches Schulmuseum**, Goethestraße 13.
B G. Meiser, Neunkirchen ... eine Stadt ändert ihr Gesicht, 1978.
Z Homburg, Saarbrücken, St. Ingbert, St. Wendel (SL); Zweibrücken (RP).

NEURUPPIN/BB

Heimatmuseum. Darin Erinnerungen an den Architekten Karl Friedrich Schinkel (1781-1841), Denkmal (1883). Zu diesem Thema **Kurt Bartsch** salopp: »Fontane ward geboren/In Neuruppin, dem Nest,/Wo es sich gut zur Welt kommen,/Doch nicht gut leben lässt.//Auch Schinkel ward geboren/Dortselbst, so viel steht fest./Mehr kann man nicht erwarten/Von Neuruppin, dem Nest.« Der berühmteste Neuruppiner der Fontane-Zeit war **Gustav Kühn** (1794-1868). Über ihn Th. Fon-

tane: »Lange bevor die erste illustrierte Zeitung in die Welt ging, illustrierte der Kühn'sche Bilderbogen die Tagesgeschichte.« Seine 1810-1916 erschienenen Bildgeschichten sind die Vorläufer unserer Comics. Geschäftshaus Karl-Marx-Straße 29 (Gedenktafel).

Wichmann von Arnstein (auch **W. von Ruppin**), * um 1180, † 1270 N., Mystiker und Verf. von »Briefen an Klosterfrauen« (1252-70, Hrsg. F. Bünger 1926). Seit 1246 erster Prior des N.er Dominikanerklosters. W.s Wirken wird in mehreren Sagen behandelt. Gedicht von August Kopisch (→ Berlin), »Des Prior W. von A.s Wundertat«. – Sandsteinfigur W.s (um 1380) in der Klosterkirche.

Theodor Fontane, * 30. 12. 1819 N., † 20. 9. 1898 → Berlin, Verf. der »Wanderungen durch die Mark Brandenburg« (1862-81) und der großen Romane, von denen »bis zu ›Effi Briest‹ hinauf einer immer besser ist als der andere« (Th. Mann), sowie berühmter Balladen: »Das Poetische hat immer recht; es wächst weit über das Historische hinaus« (»Frau Jenny Treibel«, R. 1892). – Von beiden Eltern von Hugenotten abstammend. F.s Vater Louis Fontane (→ Seelow/Bad Freienwalde/BB), der Inhaber der Löwenapotheke, Karl-Marx-Straße 84 (Gedenktafel), war »eine ganz ungeschäftliche Natur« (»Meine Kinderjahre«, 1893). Vor dem Umzug nach Swinemünde/Usedom wohnte die Familie

Neuruppin: Das Fontane-Denkmal

Fontane in der Mark: Wanderziele und Schauplätze

»Wanderungen durch die Mark Brandenburg« I; »Die Grafschaft Ruppin«;
W. II: »Das Oderland«; W. III: »Havelland«; W. IV: »Spreeland«;
W. V: »Fünf Schlösser«

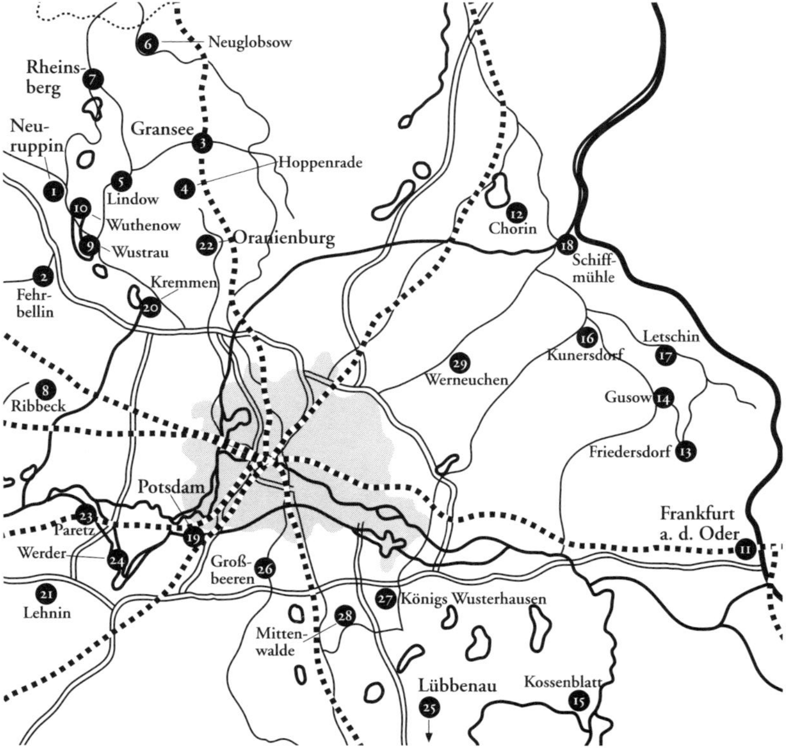

1 Neuruppin W. I / »Meine Kinderjahre«
2 Fehrbellin W. I, u.a. »F. in Sage, Kunst und Dichtung«
3 Gransee W. I, u.a. »Das Luisen-Denkmal«
4 Hoppenrade W. V, »Fünf Schlösser«
5 Lindow W. I / »Der Stechlin« (»Kloster Wutz«)
6 Neuglobsow / Großer Stechlinsee W. I / »Der Stechlin«
7 Rheinsberg W. I / »Der Stechlin«
8 Ribbeck Ball. »Herr Ribbeck auf Ribbeck im Havelland«
9 Wustrau W. I / »Der alte Zieten«
10 Wuthenow »Schach von Wuthenows« Familiensitz
11 Frankfurt a. d. Oder W. II, »Das Oderbruch und seine
   Umgebungen« / »Vor dem Sturm«
12 Chorin W. III, »Kloster Chorin«
13 Friedersdorf W. II / »Vor dem Sturm«
14 Gusow W. II / Ball. »Der alte Derffling« /
   »Vor dem Sturm«
15 Kossenblatt W. II, »Schloß Kossenblatt«
16 Kunersdorf W. II, u.a. Adelbert von Chamisso
17 Letschin W. II / »Unterm Birnbaum« (L. = »Tschechin«).
18 Schiffmühle »Meine Kinderjahre« (»Vierzig Jahre später«)
19 Potsdam W. III, »Potsdam und Umgebung«
20 Kremmen W. V, »Quitzöwel« / Ball. »Die Schlacht am
   Kremmer Damm«
21 Lehnin W. III, u.a. »Die Lehninsche Weissagung« /
   »Vor dem Sturm«
22 Oranienburg W. III, »Schloß Oranienburg«
23 Paretz W. III / »Schach von Wuthenow«
24 Werder W. III, u.a. »Christus als Apotheker«
25 Lübbenau W. IV, »In den Spreewald«
26 Großbeeren W. IV, u.a. »Die Schlacht bei Großbeeren«
27 Königs Wusterhausen W. IV, u.a. das »verzauberte Schloß«
28 Mittenwalde W. IV, u.a. Paul Gerhardt, Propst zu M.
29 Werneuchen W. IV, u.a. »Pastor Schmidt von W.« /
   »Vor dem Sturm«.

1826/27 in einer Mietwohnung, Karl-Marx-Straße 94. Von Ostern 1832 bis Herbst 33 Besuch des Gymnasiums am Schulplatz, Wohnung in der Superintendentur Virchowstraße 13, darauf Wechsel auf die Gewerbeschule in Berlin. Nach ihrer Trennung vom Vater wohnte die Mutter Emilie Fontane, geb. Labry, ab 1850 wieder in N., zuerst Fischbänkenstraße 8, dann Karl-Marx-Straße 7, wo sie 69 starb. Grab auf dem Alten Friedhof nahe dem Rheinsberger Tor, dort auch Grab der Schwester Elise. – F.-Denkmal (1907) von M. Wiese in der Anlage am südl. Ende der Karl-Marx-Straße – »wie Goethe auf Tischbeins bekanntem Bild in der Campagna, bloß seitenverkehrt und barhäuptig« (Ch. von Krockow 1993); Einweihung mit einer Ansprache des Germanisten **Erich Schmidt** (→ Jena/TH), auch von **Günter Grass** in »Ein weites Feld« (R. 1995) beschrieben. Erinnerungen im Heimatmuseum und im klassizist. Gymnasium (heute Bibliothek) aus dem Jahre 1790. **Friedrich Fontane** (1864-1941), jüngster Sohn von Th. Fontane, Verleger und Hrsg. der Werke seines Vaters (21 Bde., 1904-26), zog 1919 mit dem F.-Nachlass (heute im F.-Archiv → Potsdam/BB) nach N. Wohnung: Heinrich-Heine-Straße 2; Grab auf dem Neuen Friedhof.

Georg Heym (→ Berlin) besuchte 1905-07 das N.er Gymnasium (dasselbe wie Fontane) und legte hier das Abitur ab. In N., für H. der »Kerker der Jugend«, entstanden erste Gedichte und das Drama »Der Athener Ausfahrt« (1907).

Erich Arendt, * 15. 4. 1903 N., † 25. 9. 1984 Wilhelmshorst (→ Potsdam/Werder/BB), Lyriker und Übersetzer (N. Guillén, P. Neruda, R. Alberti). Ausbildung am N.er Lehrerseminar. Seit 1926 Mitglied der Kommunist. Partei und des »Bundes proletarisch-revolutionärer Schriftsteller«.

Erste Veröffentlichungen in H. Waldens Zs. »Der Sturm«. 33 Exil in Spanien, 41-48 in Südamerika. 50 freier Autor in Ost-Berlin. – W.: Trug doch die Nacht den Albatros (G. 1951); Flug-Oden (G. 1959); Feuerhalm (G. 1971).

A Aus N. stammt **Friedrich Buchholz** (1768-1843), der in Berlin frühzeitig die Gedanken der Franz. Revolution propagierte und 1815 das liberale »Journal von und für Deutschland« gründete und redigierte. – **Carl von Clausewitz** (→ Burg/ST) leistete seit dem Basler Frieden 1795 in der Garnison von N. Truppendienst, versuchte aber dem öden Alltag durch militär. und lit. Studien zu entkommen. – **Ernst von Wolzogen** (→ München/BY) nahm in den 1880er Jahren mehrmals an Manövern in der Nähe von N. teil und erhielt dabei Anregungen für »Die Kinder der Exzellenz« (R. 1888) und für die Humoreske »Das Kaisermanöver« (1911). – Auch **Paul Heyse** (→ Berlin) besuchte N. Manches von dem dort Erlebten floss in den einst vielgelesenen »Roman einer Stiftsdame« (1887) ein. – 1967 war **Franz Fühmann** (→ Berlin) wochenlang in N., um Material für ein Fragm. gebliebenes Buch über Fontane zu sammeln (»Das Ruppiner Tagebuch«, 2005).

L Seit Anfang des 13. Jh.s gehörte das Ruppiner Land den Grafen von Lindow. 1524 fiel die Grafschaft an Brandenburg. **Th. Fontane** schrieb darüber die Ballade »Der Tod des letzten Grafen von Ruppin« (1861). In dem Titel »Die Grafschaft Ruppin« (1862) des ersten Bandes der »Wanderungen« machte F. dieses längst vergessene Kap. märk. Geschichte wieder populär. – **Anna Luise Karsch** (→ Berlin) schrieb nach der Zerstörung von N. durch einen Brand einen »Trostgesang für Neuruppin bey den Ruinen am 31. August 1787«. – Der Roman »Norden« (1960) des franz. Autors **Louis-Ferdinand Céline** (1894-1961) spielt im N. der Nachkriegszeit. – Und die Kriminalerzählungen (u. a. »Endstation Neuruppin«,

2000) von **Gabriele Wolff** haben zumeist N. zum Schauplatz.

R Fährt man nördl. um den halbmondförmigen Ruppiner See herum, gelangt man zur 1921 angelegten Siedlung **Gildenhall**, in der sich frei von Bodenspekulationen Künstler und Handwerker ansiedeln sollten. **Herwarth Walden** (→ Berlin) begeistert: »Alles einfach in der Form und vielfach in der Farbe. Handgefertigt mit künstlerischen Sinn und ohne künstlerischen Unsinn.« 90 Jahre später kam **Joachim Berger** nach G.: »Wenn ich heute durch die Blumenstraße gehe, dann stehen nur die Siedlungshäuser unverändert. Es fehlen die Künstler. Die ›Brutstätte verderblichen Lebenswandels‹, wie Neuruppiner Bürger einmal schimpften ...« – Etwas südl. **Wuthenow**, das in **Th. Fontanes** »Schach von Wuthenow« (1883) ans Wasser gerückt ist und über ein Schloss verfügt. Seine Schilderung ist so farbig, dass schon kurz nach dem Erscheinen Verehrer vor Ort auf die Suche gingen und enttäuscht nach Hause fuhren. – Auf seinem Gut im nahen **Karwe** lebte **Karl Friedrich von dem Knesebeck** (1768-1848), preuß. Feldmarschall und Verf. von Sinn- und Lehrgedichten. Als junger Leutnant stand K. dem Dichterkreis um J. W. L. Gleim (→ Aschersleben/Ermsleben/ST) nahe. Später unterhielt er in seinem Herrenhaus einen kleinen Musenhof, den Fontane in den »Wanderungen« erwähnt. **Johannes Bonnet** (1843-1913), dessen histor. Roman »Ring und Schwert« (1888) früher viele Leser hatte, war von 1902 bis zu seinem Tod Pfarrer in K. – Landeinwärts Richtung Gransee **Lindow**, das **Fontane** in »Vor dem Sturm« (1878) beschreibt: »Auf einer schmalen Landzunge zwischen zwei märkischen Seen liegt das adlige Stift«, wohin es Renate von Vitzewitz am Schluss des Romans zieht. Im Roman

»Der Stechlin« (1899) heißt der Ort Wutz. Der aus Neuruppin stammende Theologe **Martin Dieterich** (1681-1749) verfasste die Chronik »Historische Nachricht von denen Grafen von Lindow und Ruppin ...« – Nicht weit davon in **Klosterheide** am Gudelaksee besaß **Eduard Claudius** (→ Potsdam/BB) ein Wochenendhaus, das er sich selbst gebaut und bis zu seinem Tod 1951 oft bewohnt hat.

Das an der Südseite des Ruppiner Sees gelegene **Wustrau** ist die Heimat des preuß. Husarengenerals Hans Joachim von Zieten (1699-1786), für **Fontane** der »liebenswürdigste und volkstümlichste aller Preußenhelden«. Schon 1846 schrieb F. mit »Der alte Zieten« (»wie Zieten aus dem Busch«) eine seiner bekanntesten und berühmtesten Balladen. 1859 führte ihn eine seiner ersten Wanderungen nach W. und in das Zieten-Schloss. Schloss und Park sind heute Sitz der Deutschen Richterschule, die Zieten-Gräber bei der Kirche und das Zieten-Denkmal am 1998 eröffneten privaten Brandenburg-Preußen-Museum. – Westl. **Wildberg**, wo seit 1823 **Samuel Lütkemüller** (→ Haldensleben/ST) astronom. und mineralog. Studien trieb und 1833 starb.

Fehrbellin

Luise Hensel, * 30. 3. 1798 Linum bei F., † 18. 12. 1876 Paderborn, Lyrikerin. Bekannt durch das noch heute gesungene »Nachtgebet« (»Müde bin ich, geh zur Ruh«, 1869). Nach dem Tod des Vaters 1810 zog H. nach Berlin, wo sie ihr Bruder Wilhelm H., der spätere Ehemann der Schwester Felix Mendelssohn-Bartholdys, in Künstlerkreise einführte und sie von C. Brentano (→ Koblenz/RP) umworben wurde. – Gedenktafel an der Kirche von Linum.

E **Schlacht bei Fehrbellin.** »Schon im Havelland, aber unmittelbar an der Grenze zur Grafschaft Ruppin (kaum eine Viertelstunde davon entfernt), liegt Fehrbellin und sein berühmtes Schlachtfeld.« Th. Fontane beschrieb es schon in der Erstausgabe der »Wanderungen« (1862). Am 18. 6. 1675 (»immer der 18. bei uns«, heißt es im »Stechlin«, 1898) schlug das vom Großen Kurfürsten eilends vom Rhein zurückbeorderte kleine brandenburg. Heer die überlegenen schwed. Truppen. Dem Schlachtfeld widmete Fontane die Verse: »Märkische Rosse gewannen die Schlacht,/Haben das Feld berühmt gemacht./Und das Feld, es zahlt mit Glück/Alte Schulden in Hafer zurück.« Und im Gedicht »Havelland« (1872) sieht er im »Tag von Fehrbellin« die »Preußenwiege«. Heinrich von Kleist nahm das Ereignis zur Grundlage des Schauspiels »Prinz Friedrich von Homburg« (1809). Es endet mit dem Satz der Offiziere: »In Staub mit allen Feinden Brandenburgs!« Dass der Held mit der histor. Figur nur wenig zu tun hat, bemerkte 1872 auch Fontane (»ein Schürzenjäger, aber kein Held«). Nach einer Auff. des »Prinzen« 1877 in Berlin schrieb er allerdings: »Das schönste und vollendetste Stück, das uns der unglückliche, an der Zeiten Mißgunst gescheiterte Dichter hinterlassen hat.« 1964 kam der junge Volker Braun in das Rhinluch, das DDR-Jugendbrigaden trockenlegten. In dem Gedicht »Schlacht von Fehrbellin« (1965) setzte er sie in Beziehung zur Historie (»Habt ihr nichts hinzugelernt seit Preußens tollen Flegeleien?«). Für Hans Scholz war 1977 »der jüngere Name des mausgrauen Städtchens« nach wie vor »mit der Wende der brandenburgischen Geschichte vom Passiven ins Aktive und ins Große« verknüpft. Für Christian Graf von Krockow machte F. zwar »wenig her«. Und doch: »Über dem Ort liegt Glanz, der nicht aus dem Sichtbaren, sondern aus der Legende stammt« (»Fehrbelliner Legenden«, 1993). Selbst der gegen jede Glorifizierung anschreibende Joachim Berger (1993) muss zugeben: »Rein defensiv kämpfte man am 18. 6. 1675 gegen fremde Eroberer.« V. Braun griff den Stoff in der Szenenfolge »Der Staub von Brandenburg« (1999) wieder auf. – Gedenkturm (1879) auf künstlichem Hügel mit Siegesgöttin Victoria und Kurfürsten-Büste (Abzweig von F. aus vor Linum rechts in eine Lindenallee).

R In **Lentzke** westl. von F. wuchs **Friedrich de la Motte Fouqué** (→ Brandenburg/BB) 1788-94 »in wirklicher Ländlichkeit« (G. de Bruyn) auf. Sein Lehrer war der Philosoph **August Ludwig Hülsen** (→ Köthen/Aken/ST), der von hier aus nach → Jena/TH ging, doch 1798 zur Familie Fouqué zurückkehrte.

B G. Rieger, Das Fontane-Haus in Neuruppin, 1998.
Z Gransee, Oranienburg, Perleberg, Rheinsberg (BB).

NEUSS/NW

Rhein. Landestheater. – N.er Schützenfest (»Neußer Kirmes«, G. von O. Brües).

Thea Sternheims (geb. Bauer, 1883-1971) Novelle »Anna« erschien 1917 unter dem Namen des ihr verpflichteten C. Sternheim; sie entwickelte daraus den Roman »Sackgassen« (1952), der die europ. Gesellschaft zwischen 1910 und 20 spiegelt. Auch Übersetzerin aus dem Französischen.
In **Theodor Mommsens** (→ Tönning/Garding/SH) »Röm. Geschichte« (1854-56) wird von einer Meuterei im Lager Novaesium im Jahre 69 erzählt. – Der Stadtschreiber **Christian Wierstraet** veröffentlichte 1476 sein »Histori de beleegs van Nuys«, eine Reimchronik von 3000 Versen: Übergangswerk, einerseits noch Heldenlied, andererseits sachkundiger Kriegs- und Belagerungsreport, Gipfel der rhein. bürgerl. Epik (Faks. und Übertragung 1974). Die Belagerung von N. 1474/75 ist auch weiterhin viel bedacht und bedichtet worden, u. a. in **Werner Bergengruens** (→ Baden/Baden/BW) Roman »Herzog

Karl der Kühne oder Gemüt und Schicksal« (1930). – Von **Karl Schorn** (1893-1971/Urnengrab Friedhof N., Nachlass Heine-Institut Düsseldorf):»Neuß, die Stadt zwischen Kohle und Korn« (1932), »Johann Balthasar Bodewin oder Die große Stunde einer kleinen Stadt« (1950). – Der Roman»Am Kanthaken« (1974) von **Josef Ippers** spielt im Rheinhafen von N. »Stadtansichten« (1977) von **Klas Ewerwyn.** »Möt angere Wöert« (1976) vom Bäckermeister und Mundartdichter **Ludwig Soumagne** aus Norf (Neuss-N.), »Das Neusser Alphabet« (1978) von **Karl Kreiner** (1896-1967). Lebensgeschichten N.er Familien in Versform: »Zwischen Tor und Türen« (1983) von **Josef Kunde.**

Z Düsseldorf, Duisburg, Krefeld, Mönchengladbach (NW).

NEUSTADT AM RÜBENBERGE/NI

Friedrich Dedekind, *um 1525 N., † 27. 2. 1598 Lüneburg/NI. Nach Abschluss des Theologiestudiums in Wittenberg Pastor seines Geburtsorts (1551-75), dann Superintendent in Lüneburg. In lat. Distichen verfasst, erschien 1549 sein»Grobianus«, eine iron. Anleitung zu unflätigem Benehmen und Hauptwerk der sog. grobian. Dichtung des 15. und 16. Jh.s.
Georg Grabenhorst, * 21. 2. 1899 N., † 1997, Romancier, Essayist, Lyriker. Nach frühen Schriften (»Fahnenjunker Volkenborn«, R. 1928) zahlreiche Veröffentlichungen zur niedersächsischen Literatur- und Kulturgeschichte, auch als Chefredakteur der Zs. »Niedersachsen«. – W.: Abenteuer der Jugend (E. 1969); Hall und Widerhall. Begegnungen und Freundschaften (1974); Wege und Umwege. Ein Lebensbericht (79).

A Zur Jahreswende 1977/78 macht **Uwe Johnson** (→ Anklam/MV) in N. Urlaub beim befreundeten Tierarzt Felix Landgraf in der Theodor-Heuss-Straße 25.

Mariensee
(Neustadt a. R.-M.)

Ludwig Christoph Heinrich Hölty, * 21. 12. 1748 M., † 1. 9. 1776 → Hannover (NI), »der zarteste der norddeutschen Lyriker« (G. F. Hering). Besuchte 1765-69 die Kalandschule in → Celle/NI und studierte Theol. in → Göttingen/NI. Mitbegründer des »Hain«, dessen größte Begabung er war. 1775/76 in Hannover zur Behandlung seiner Lungen-Tbc, der er, 28-jährig, erlag. – Bekannt sein Lied »Üb immer Treu und Redlichkeit« (1776). »Sämtl. Werke«, hist.-krit. Ausg. (Hrsg. W. Michael, 1914-18); »Werke und Briefe« (Hrsg. U. Berger, 1966). – Denkmal an der Stelle des Geburtshauses in M., von dem H. sagte, es habe eine »sehr dichterische angenehme Lage«; in der Klosterkirche »die kleine Harfe hinter dem Altar« aus H.s gleichnamigem Gedicht. – Nachlass BSB.

R »Würde uns der liebe Gott nicht so überflüssig viel und gutes Brot wachsen lassen, so könnten wir von Soldaten und befestigten Inseln leben«, bemerkte **Johann Gottfried Herder** (→ Weimar/TH) sarkastisch im Hinblick auf die Miniaturfestung **Wilhelmstein**. Auf der künstlich aufgeschütteten Insel im **Steinhuder Meer** hatte Graf Wilhelm eine Muster-Kriegsschule errichten lassen; der berühmteste Schüler hieß **Gerhard von Scharnhorst.** – Auf seinen Ritten durch das Land kehrte J. G. Herder gerne in den Pfarrhäusern von **Steinhude** (Wunstorf-St.) und **Lindhorst** (wo ein Brief von H. aufbewahrt wird) ein. Hier auch die Landschaft der Jugendjahre von **Ernst** und

Friedrich Georg Jünger (→ Saulgau/Wilflingen/BW und Überlingen/BW). »Ich konnte mich mit Ernst ungehindert in dieser neuen Landschaft bewegen, und die Grenzen dieser Bewegung konnten wir selbst setzen, denn niemand schränkte uns auf unseren Streifzügen ein« (»Grüne Zweige«, 1951). – »Das Steinhuder Meer bei Rehburg« von **Johann Georg Kohl** (→ Bremen), in »Nordwestdeutsche Skizzen« (1864, n. 1976). Skizzen auch von **Hermann Löns** (→ Hannover/NI), u. a. »Ein Julitag am Steinhuder Meer«, »Zwischen Meer und Moor«.

In **Büren** (Neustadt a. R.-B.) war **Heinrich Schulze-Lohhof** (1889-1956), H. Löns' Freund und Heimatschriftsteller (»Um den Polterhof«, 1951), seit 1929 Lehrer; Grab auf dem Friedhof. Lehrer in **Mardorf** (Neustadt a. R.-M.) und Verfasser eines »Schäfer von Timmerloh« (R. 1950) war **Wilhelm Carl-Mardorf** (1890-1970/Grab in Drakenburg/Nienburg/NI). **Emil Fricke** (1876-1954) lebte in **Wunstorf**; 1900 erschienen seine »Hoch- und plattdeutschen Gedichte und Lieder«; Grab auf dem Friedhof. – An **Gerhard von Scharnhorst** (1755-1813), den Heeresreformator und Verfasser »Militärischer Denkwürdigkeiten« (1787), erinnern am Geburtsort, Gut **Bordenau** (Neustadt a. R.-B.), ein Denkmal und das Sch.-Zimmer.

Z Hannover, Nienburg, Stadthagen (NI).

NEUSTADT AN DER WEINSTRASSE/RP

Stadtbücherei. – Villa Böhm: Museum der Stadt N., Freilicht-Theater im Garten. – Lit. Weinstunde der Weinbruderschaft jährl. am Johannistag.

N.er Autoren, hier geboren: der Lyriker **Johannes Hüll** (1828-1907/»Schwert und Harfe«, G. 1871), der pfälzische Sagen bearbeitete und Redakteur des »Pfälzischen Museums« war (Gedenktafel an der »Hüllsburg«, Grab auf dem Hauptfriedhof) und der Natur- und Religionsphilosoph **Edgar Daqué** (1878-1945/»Natur und Seele«, 1926); die Lyrikerin – sie ging vom Expressionismus aus und schrieb dann Naturlyrik von hohem Rang – und Erzählerin **Lina Staab** (1901-87): »Erdachtes und Vollbrachtes« (G. 1920), »Zwischen den Ufern« (1930), »Traum und Tröstung. Aus einer Kindheit« (1949). – Gestorben in N. der Dichter des Pfälzer Liedes »Am deutschen Strome, am deutschen Rhein«: der aus Trier stammende Redakteur und lokalhist.-patriotische Erzähler (»Die Patriotin von Lautern«, 1884) **Eduard Jost** (1837-1902), dessen Lebenserinnerungen »Vor fünfundzwanzig Jahren« 1895 erschienen. – »Troubadour des Weines« (O. Bischoff): **Leopold Reitz** (1889-1972): »Der Weinpfarrer von Wachenheim« (R. 1938), »Jahre im Dunkel« (Aut. 1959). – Zuletzt als Gymnasiallehrer in N. der Lyriker, Erzähler (Slg. »Die Wahl des Mr. Poe«, 1996) und Literaturpädagoge **Erwin Damian** (1912-2004). Grab wie Jost und Reitz auf dem Hauptfriedhof.

A Als Lehrer wirkten an der calvinist.-theol. Hochschule »Casimirianum« (1578-83): der Mitherausgeber des »Heidelberger Katechismus« (1578-83) **Zacharias Ursinus** (1534-83/Grab in der Stiftskirche) und **David Pareus** (N.er Bibel, 1587); beider Bildnisse auf den Glasfenstern der Stiftskirche. – **Joseph Victor von Scheffel** (→ Karlsruhe/BW) kam 1865 zum ersten Mal nach N., ab 69 dann öfter, v. a. zum Verleger und Weingutsbesitzer E. Witter am Markt; Sch.-Warte am Haardter Hang. Nahebei, am Ludwigsplatz, Gedenkstein für die Mundartdichterin **Lina Sommer** (→ Speyer/RP).

L **Wilhelm Heinrich Riehl** (→ Wiesbaden/HE): »Hier ist die ›fröhliche Pfalz‹ im Land wie in den Leuten« (»Die Pfalz und die Pfälzer«, 1857, n. 1973). – Mitten in der Altstadt der dem »Phantasievogel« gewidmete Elwedritsche-Brunnen. – Am Wohn- und Sterbehaus Gerichtsstraße 4 erinnert eine Gedenktafel an den Verfasser der »Chronik von Neustadt a. H.« (1867), den Pomologen **Friedrich Jakob Dochnahl** (1820-1904). – **Ursula Wölfel** (»Jacob, der ein Kartoffelbergwerk träumte. Nacherzähltes aus seinem Leben 1832-1854« (1980). – »Neustadt a. d. W., Begegnungen mit einer pfälzischen Stadt« (1986) von **Gerhard Berzel**.
S Lit. Forum Neustadt (seit 1989).
E Hambacher Fest. Am 27. 5. 1832 versammelten sich an die 30 000 Personen (v. a. aus der Pfalz) bei der Ruine der Kästenburg über H., dem Aufruf des Lahrer Juristen und 1830 suspendierten Landcommissärs von Homburg/SL Ph. J. Siebenpfeiffer folgend: »Hinauf Patrioten! Zum Schloß, zum Schloß!« Hauptredner der Publizist J. G. A. Wirth; unter den Farben Schwarz-Rot-Gold und der Devise »Deutschlands Wiedergeburt« Forderungen nach Volkssouveränität, republikan. Verfassung, Einheit Dtl.s und einem größeren Europa. Prominentester Teilnehmer L. Börne (seit 1994 Gedächtnistafel am Schloss); durch einen Fackelzug geehrt, aber wegen seiner »aristokrat. (sprich blasierten) Art keinen günstigen Eindruck hinterlassend«. Am Ende blieb es bei der Feier und der »liberalen Aufregung, bei der nichts herauskam« (A. M. Keim); die Redner mussten fliehen oder wurden zu Gefängnis verurteilt, der Bundestag unterdrückte die Presse- und Versammlungsfreiheit völlig. – J. G. A. Wirth, »Das Nationalfest der Deutschen zu Hambach« (1832); Augenzeugenbe-

Neustadt a. d. W.: Hambacher Fest 1832

richte u. a. in F. Blauls »Träume und Schäume vom Rhein« (1837), F. X. Remlings »Die Maxburg bei Hambach« (1844); Dramenentwurf von C. Zuckmayer und neueres Dokumentarspiel von H. Schröter (1972) ... und massenweise die lyrischen »Nachklänge« (E. Schneider, »Hambacher Gedichte und Lieder« in »Die Pfalz am Rhein«, 1982; W. Diehl (Hrsg.), »Süßes Hoffen, bittre Wahrheit. Lyrik und Prosa 150 Jahre Hambacher Fest«, 1982). – Unter den zahlreichen Veröffentlichungen: A. M. Keim/H. Mathy, »Hambach 1832-1982« (1982); M. M. Grewenig, »Das Hambacher Schloß. Ein Fest für die Freiheit« (Ausstellungskatalog 1998); Jahrbuch der Hambach-Gesellschaft. – Im seit 1982 restaurierten Schloss heute Gedenk- und Dokumentationsstätte.

R Wenn irgendwo, schrieb schon **August Becker** (→ Eisenach/TH), so konzentriere sich in **Neustadt** an der Haardt (erst viel später »an der Weinstraße«) pfälz. Wesen: »Krischer« und Toleranz. Der Wein ist nicht ganz schuldlos daran. So hat man am Aufstieg zum »Balkon der Pfalz«, dem Ortsteil **Haardt** (Am Strohmarkt), v. a. wegen des Deutschlandlied-Verses vom »deutschen Wein und deutschen Sang« **A. H. Hoffmann von → Fallersleben** (→ Wolfsburg/Fallersleben/NI) eine Gedenktafel gesetzt. In H. selbst verbrachte der Lehrer **Kurt Kölsch** (1904-68/Grab auf dem Friedhof) seine letzten Jahre; Ly-

riker (»Lob der Heimat«, 1935), leider
Gaukulturwart in der NS-Zeit, schließ-
lich als »Peter Luginsland« zur Mundart-
dichtung findend (»Pfälzer Bauregaarte«,
1956). Neben der kath. Kirche Wohnhaus
(Gedenktafel) des Historikers **Franz Xa-
ver Remling** (→ Landau/Edenkoben/
RP). – Beim **Hambacher Schloss** (Be-
zeichnung seit 1832, urspr. »Kästenburg«,
seit 1842 auch »Maxburg«) soll der Sage
nach die Pfalz zu ihrem Namen gekom-
men sein. Auf dem Friedhof von H. die
Gräber des Volksschriftstellers und Kalen-
dermannes **Alois Weissenburger** (1815-
87) und des Erzählers **Alfons Schreieck**
(1886-1965/»Das Land unter dem Regen-
bogen«, 1924), von **Heinz Lorenz-Lam-
brecht** (1888-1965), der zahlreiche Büh-
nenwerke, darunter das Volksstück »Das
Musikantendorf« (1934) schrieb, sowie
von **Paula Best** (1898-1976) aus **Imsweiler**
in der Nordpfalz, von der 1934 u. d. T.
»Heimliches Läuten« Gedichte und 1968
»Erste Erzählungen« erschienen. – In der
Heugasse von **Gimmeldingen** erinnert
eine Tafel an **Johann Jakob (von) Geissel**
(1796-1864), Bischof von → Speyer/RP,
Erzbischof von Köln und Kardinal, verges-
sen als geistl. Liederdichter. – Vergessen
auch **Wilhelm Michael Nebel** (1804-48)
aus **Geinsheim**; man rühmte ihm einmal
nach, der »pfälz. Christoph von Schmid«
(→ Dinkelsbühl/BY) zu sein.

B K.-F. Geißler, J. Müller, R. Paul (Hrsg.),
Das Große Pfalzbuch, 1995; V. Carl, Pfälzer
Sagen, 1967, 69, 76.
Z Bad Dürkheim, Kaiserslautern, Landau,
Ludwigshafen, Pirmasens, Speyer (RP).

NEUSTRELITZ/MV

Daniel Sanders, * 12. 11. 1819 Alt-Strelitz,
† 11. 3. 1897 ebd., Sprachwissenschaftler.
Nach dem Besuch des N.er Gymnasiums
Carolinum in der Glambecker Straße (Ge-
denktafel) Studium in Berlin, Lehrer in
N., 1877 Professor, engagierter Reformpo-
litiker des Vormärz. Im Alt-Strelitzer Prin-
zessinnen-Palais arbeitete S. am »Wörter-
buch der deutschen Sprache« (1865), das
sich kritisch von den Arbeiten der Brü-
der Grimm (→ Hanau/HE) absetzte. H.
Schliemann (→ Bad Doberan/Neubu-
kow/MV), S.s Brieffreund: »Ich habe die
höchste Verehrung für diesen ausgezeich-
neten Gelehrten, der unserem Mecklen-
burg die größte Ehre macht.« – W.: Xenien
der Gegenwart (mit A. Glassbrenner, 1850);
Muret-Sanders, Wörterbuch der deutschen
und englischen Sprache (1897). – Neue
Gedenktafel am Platz des 1945 zerstörten
Wohnhauses, auf dem ehem. Jüdischen
Friedhof von Alt-Strelitz, einem der größ-
ten Mecklenburgs (1938 zerstört), der wie-
der aufgestellte Grabstein Sanders', seit
1997 D. S.-Kulturpreis. – M. Duwe, »D. S.
in Neustrelitz« (1982); Chr. Poland, »Plau-
dereien über einen Vergessenen«, In: I.
Diekmann, »Wegweiser durch das jüdi-
sche MV« (1998).

Emil Kraepelin, * 15. 2. 1856 N., † 7. 10.
1926, Sachbuchautor, Psychiater in Mün-
chen (»Münchner Schule«). W.: Psychia-
trie (9. Aufl. 1927); Lebenserinnerun-
gen (1983). – Wohnung Glambecker Stra-
ße 14.

Robert Nespital, * 13. 1. 1881 Alt-Strelitz,
† 21. 11. 1961 → Rostock/MV, Dramati-
ker, Feuilletonredakteur, W.: Tutenhusen
(Dr., 1912); Verflucht sei der Acker (Dr.
1913).

Annalise Wagner, * 19. 6. 1903 N, † 26. 6
1986 ebd., Heimatforscherin, Autorin,
Verlegerin. Gründerin des Karbe-Wagner-

Archivs (KWA) als öff. Privatarchiv mit 16 000 »Mecklenburgica«-Bdn. und eigener Schriftenreihe. Wohnung Gutenbergstraße 10; Gedenkzimmer im N.er Stadtmuseum (Geburtshaus A. W.s, Schlossstraße 3). – Nachlass Regionalbibliothek (→ Neubrandenburg/MV).

Ann-Charlott Settgast, * 25. 9. 1921 N., † 5. 9. 1988 Schwerin/MV, schrieb biogr. Romane und Kinderbücher. Lebte in Schwerin. – W.: Klaus und seine Freunde (1949); Meister der schwarzen Kunst (zu Gutenberg/1954); Wagnis einer Frau (zu B. v. Suttner/1967); Die Nacht der Doktorin Erxleben (1977).

🅰 Die Residenzstadt, einst als »Oll Mochum« jüdisches Zentrum des Herzogtums, wurde von C. J. Löwe nach streng-geometrischen Grundsätzen gestaltet (Schloss, 1945 zerstört; Markt). Der Kirchenlieddichter **Daniel Schönemann** (→ Greifswald/MV) hatte vor 1721 ein Lehramt in S. inne. Der englische Gelehrte **Thomas Nugent** (→ Wismar/MV) beschrieb die Stadt 1766. **Moses Mendelssohn** besuchte um 1770 mehrfach seine Tochter, die in der Gutenbergstraße 10 wohnte, auch **Friedrich Schlegel** (→ Hannover/NI), der zweite Mann der Tochter M.s, kam öfter nach N. 1797 beschrieb **Carl Friedrich Rellstab** (→ Berlin) die Stadt in seiner »Ausflucht nach der Insel Rügen ...«. Vor 1800 arbeitete **Christian Kosegarten** (→ Grevesmühlen/MV) als Hauslehrer in N. 1801 wurde in Alt-Strelitz der Literaturwissenschaftler **Georg F. C. Lisch** geboren, der mit den **Brüdern Grimm** korrespondierte. – **Christian Fr. F. von Bonin** (→ Magdeburg/ST) starb 1813 in N., wo er als Hoftheaterintendant gewirkt hatte. **Theodor Fontane** (→ Neuruppin/BB) spottet in »Frau Jenny Treibel« über **Heinrich Schliemann**, »daß er ... in seinen Jugendjahren über Strelitz und Fürstenberg nicht rausgekommen

ist.« Gedenktafel für den prominenten Schüler Schliemann, der die Stadt 1879 wieder besuchte und ihr 82 Fundstücke aus Troja schenkte, am Gymnasium Carolinum (Glambecker Straße). – 1858 kam **Fritz Reuter** (→ Demmin/Stavenhagen/MV) zur Eröffnungsfeier des Hoftheaters, für die er einen Prolog geschrieben hatte. Später Gast bei Dr. Peters im Haus am Markt 2, wo er aus »Hanne Nüte« las. – **Adolf Glaßbrenner** (→ Berlin) lebte von 1840 bis zu seiner Ausweisung 1850 mit seiner Frau, der Ferdinand Raimund-Schülerin Adele Peroni (1813-95), in der heutigen Glambecker Straße 29 im »Grab zu Neustrelitz«. In Zusammenarbeit mit **Johann Friedrich Barth** (→ Demmin/Dargun/MV), **David Assur** (→ Schwerin/MV) und **Daniel Sanders** (»Xenien der Gegenwart« 1850) veröffentlichte G. seine Satiren. Die aktualisierende Parodie »Neuer Reineke Fuchs« (1845) erregte als »Goethe-Verulkung« Aufsehen. Über Strelitz und Warnemünde (→ Rostock/MV) flüchteten 1850 **Johann Gottfried Kinkel** (→ Bonn/NW) und **Carl Schurz** (→ Euskirchen/NW) nach London. – Seit 1937 lebte hier der Jugendbuchautor **Fritz Steuben** (eig. **Erhard Wittek** → Pinneberg/SH). 1944 wurde der nervenkranke **Hans Fallada** (→ Greifswald/MV) in die Landesanstalt Strelitz eingewiesen, in der er seinen »Trinker«-Roman schrieb (ersch. 1948). – Nach 1945 war der Autor **Alexander Stenbock-Fermor** (1902-1972) kurzfristig Oberbürgermeister in N., der Stadt, »die mich am 3. Oktober 1933 ausgebürgert hatte« (»Der rote Graf«, Erinn. 1973); Wohnung Gutenbergstraße 11. Seit 1966 bis zu seinem Tod 1990 lebte hier **Herbert Jobst,** Verf. aut. R.: »Der Findling« (1957), »Der Zögling« (1959), »Der Vagabund« (1963), »Der Glücksucher« (1974).

L 1796 erschien in N. der von **Friedrich Schiller** (→ Marbach/BW) in Zusammenarbeit mit **Goethe** (→ Frankfurt a. M./HE) herausgegebene »Musenalmanach« beim Hofbuchhändler Salomo Heinrich Michaelis (Am Markt 4). Später trennte sich Schiller von Michaelis, da »der Mensch einmal zu Geschäften nichts tauge«. – **Fritz Reuter** nahm den Herzog Adolf Friedrich IV. von Mecklenburg-Strelitz zum Vorbild seiner E. »Dörchläuchting« (1866). Geschichten aus den S.er Hofkreisen bot die mit der Großherzogin Charlotte befreundete Schriftstellerin **Nataly von Eschstruth** (→ Hofgeismar/HE), Wohnung Altstrelitz, Strelitzer Straße 28. **S** **Museum der Stadt Neustrelitz** (A. Wagner), u. a. zu Daniel Sanders.

R In der Semmelweißstraße 15 lebte **Césaire Vilatte** (1816-95), Hrsg. des gleichnamigen deutsch-französischen Wörterbuchs. Am Haus Markt 3 (Louisenhof) Gedenktafel für den am 27. 9. 1921 hier verstorbenen Komponisten Engelbert Humperdinck (»Hänsel und Gretel«). In der Schloss-Straße 5 Gedenktafel für den hingerichteten Widerstandskämpfer des 20. Juli 1944, Hans-Jürgen Graf von Blumenthal. – Im ehemaligen Parkhaus an der Parkstraße befand sich die bedeutende Großherzogliche Bibliothek von Mecklenburg-Strelitz, sie wurde in den fünfziger Jahren aufgelöst; Bestände in Greifswald, Rostock, Schwerin.

Friedland

Die Stadt wird von **Sibylla Schwarz** (→ Greifswald/MV) im Gedicht »Auf die Stadt Fridland ...« besungen: »Eß ist des Landes Zier/die Stadt ...«. – Aus F. stammte Friederike Krüger (1789-1848, Grab in Templin), die 1813 an den Befreiungskriegen teilnahm; ähnlich der Maria Moretto aus Penzlin (→ Waren/MV), die ihrem Mann bis Moskau folgte: Noch 1913 feierte Deutschland »und Mecklen-

burg für sich ein Mädchen, aus Friedland ..., das bei jenem Krieg in Männerzeug mitgemacht hatte« (U. Johnson). **Anita Heiden-Berndt** schrieb über sie den hist.-biograf. R. »Friederike Auguste Krüger« (1994). Gedenkstein an dem Neubau an der Stelle des 1945 zerstörten Geburtshauses Wollweberstraße (Leistner-Str.).

F. verfügte seit 1337 über eine traditionsreiche Gelehrtenschule, die auch **Fritz Reuter** von 1824 bis 28 besuchte, ehe er nach Parchim/MV wechselte. Reuter, der hier prägende Lehrer erlebte (→ H. A. Riemann, Ratzeburg/SH; Gedenkstein in der Leuschner-Straße), schwärmte später von den Jahren in F.: »Auch ich war in Arkadien.« Porträtbüste Reuters vor der Schule, Gedenktafel in niederdeutscher Inschrift am Giebel des Gymnasiums nahe der Marienkirche, R.s Wohnung in der benachbarten Achterstraße wurde im 2. Weltkrieg zerstört. Im Heimatmuseum u. a. Exponate zu Reuter und zur Turnerbewegung. 1828 wurde hier **Karl Friedrich Kerkow** geboren (gest. 1909), der unter dem Ps. **C. Spielmann** zahlreiche satirische Romane verfasste (u. a. »Ismael«, 1863).

Joachim Wohlgemuth, der in **Niemanslust** bei Mirow lebte, stellte in »Egon und das achte Weltwunder« (R. 1962) eine FDJ-Aktion zur Trockenlegung der Wiesen bei Friedland dar.

In **Lübbersdorf** bei **Friedland** wurde 1803 **Wilhelm Mussehl** (gest. 1899 Newark/USA) geboren, der als Pastor in **Kotelow** auch dichtete (»Erinnerungs-Blätter«, o. J.), Zeitschriften herausgab und 1849 in den Schweriner Landtag zog. 1852 des Pfarramtes enthoben, wanderte er nach Amerika aus. – Ebenfalls aus L. stammte **Leontine von Winterfeld-Platen** (1883-1960), die über 50 Erzählungen und Romane schrieb (»Das Lied von der blauen Blume«, R. 1912; »Heimat in

Not«, R. n. 1991). Grab in → Ludwigslust/MV.

Feldberg-Carwitz

Hans Fallada (→ Greifswald/MV) schrieb 1933 den Eltern von seinem »neuen Besitztum im Mecklenburg. In allem Drang und Sturm dieser Tage habe ich mich dort auch noch angekauft. Und zwar habe ich die Büdnerei Nr. 17 in Carwitz, bei Feldberg in Mecklenburg, gekauft. Das Haus ist ein richtiges altes Gutshaus, urgemütlich mit elektrischem Licht...«. Bis 45 Wohnsitz, »Insel«, »Herz des Lebens«, dann ein »besonders unfriedlicher Ort« und »Präsentierteller«, schließlich »Strindbergsche Hölle«: Scheidung, Affären und Alkohol zerrütteten seine Gesundheit. Zu Besuch kam Verleger Rowohlt, hier entstanden u. a. die R. »Wer einmal aus dem Blechnapf frißt« (1934), »Wolf unter Wölfen« (1937) und »Der eiserne Gustav« (1938). Die E. »Fridolin, der freche Dachs« spielt auf dem Grundstück; aut. Bezüge auch in »Heute bei uns zu Haus«. Die Büdnerei, zwischenzeitlich Ferienheim des Berliner Kinderbuchverlages (vgl. F. Rodrian, »Carwitzer Notizen«, 1985), ist heute Fallada-Museum, Archiv und Domizil für Wissenschaftler; F.-Park am See mit den

Feldberg-Carwitz: Hans Falladas Grab in Carwitz

Gräbern H. Falladas und seiner Frau Anna Ditzen sowie Tochter und Mutter, Inschrift auf der Gedenktafel: »Und plötzlich ist die Kälte weg/eine unendlich sanfte grüne Woge/hebt sie auf/und ihn mit ihr«.

Gegenüber der Fallada-Gedenkstätte stand das Haus der Kinderbuchautorin **Ruth Werner** (1907-2000), die in »Sonjas Rapport« (Aut. 1977) über ihr Leben berichtete.

In **Feldberg** wurde **Fallada** im Mai 1945 zum Bürgermeister ernannt, aber schon am 13. August seines Amtes wieder enthoben (Rathaus, Kommandantur und Wohnhaus Prenzlauer Straße); Erlebnisse niedergeschrieben in H. F., »Der Alpdruck« (R. 1946): »Es war unendlich viel neu aufzubauen, zu regeln, einzurichten und zu schlichten«. Feldberg ist heute Sitz der **Hans-Fallada-Gesellschaft** (gegr. 1991) und des **H.-F.-Archivs** mit dem Nachlass im ehem. Haus des Heimatforschers R. Barby, **H.-F.-Stiftung**. Ortsstudien in: G. Müller-Waldeck (Hrsg.), »Neues von Daheim und zu Haus« – Erinnerungen an H. F. (1993) und M. Kuhnke, »Besuch bei Fallada« (Reihe Federlese, 1996), S. Lange, »Im Mäckelbörgischen, in der Welteinsamkeit« – H. F. in Carwitz und Feldberg (Reihe Federlese, 1995); eine genaue Auflistung der Personen und Orte im Carwitz-Feldberger Leben H. F.s sowie ihrer Schicksale im Anhang von T. Crepons F.-Biographie »Kurzes Leben – langes Sterben« (1998).

R Aus **Hinrichshagen** bei Woldegk stammt der Schriftsteller **Georg Friedrich Kegebein** (1737-1813), dessen »Fabeln, Erzählungen und geistliche Lieder« (1792) im Selbstverlag erschienen. **Fritz Reuter** setzte ihm als Neustrelitzer »Avkaten Kägebein« im »Dörchläuchting« (1866) ein spöttisches Denkmal. Aus dem benachbarten **Holzendorf** stammt der nieder-

deutsche Autor **Anton August Draeger**
(1820-95), dessen »Pladdüütsch Konfekt«
(1848) auch heute noch gelesen wird. In
Göhren Gedenkstein und in der Kirche
Gedenktafel für Ulrich Wilhelm Graf
Schwerin (1902-44), der in engem Kon-
takt mit dem Geopolitiker und Hitler-
Gegner **Albrecht Haushofer** (»Moabiter
Sonette«, → München/BY) stand und in
Plötzensee hingerichtet wurde. In **Rattey**
Stele und Gedenktafel für Hans Ulrich
von Oertzen (1915-44), einen weiteren
Widerstandskämpfer.
Peter Gan (→ Hamburg) schrieb 1926
»Die Reise nach **Hohenzieritz**«, die über
Neubrandenburg, »das Sonntagsparadies
seiner umwohnenden Landeskinder« zum
Schloss von H. führte, dessen Räume ein-
gehend geschildert werden. Schon 1797
hatte **Carl Friedrich Rellstab** den Ort in
seiner »Ausflucht nach der Insel Rügen
...« beschrieben.
Im Schloss starb am 19. 7. 1810 Königin
Luise von Preußen mit 34 Jahren, »Herr
Jesus, mache es kurz« soll sie gerufen ha-
ben. Sterbezimmer und Ausstellung »Der
Lebensweg einer großen Königin«, dori-
scher Gedenk-Tempel von 1815. Gedichte
von **August Wilhelm Schlegel** (→ Hanno-
ver/NI), **Theodor Körner** (→ Dresden/
SN): »Louise sei der Schutzgeist deutscher
Rache« und **Heinrich von Kleist** (→ Frank-
furt/BB) über die »himmlische Erschei-
nung« (**Goethe**) der Luise: »Wir sahen
dich Anmut endlos niederregnen,/Wie
groß du warst, das ahndeten wir nicht«.
Tod und Nachruhm auch bei **Friedrich
Wilhelm III.**, »Vom Leben und Sterben
der Königin Luise« (1926), **Walter von
Molo** (→ Weilheim/BY), »Luise« (1919),
Ina Seidel (→ Starnberg/BY), »Luise, Kö-
nigin von Preußen« (um 1930) und **Egon
Richter**, »Die letzte Fahrt der Königin Lui-
se« (R. 1988). Ein Porträt Luises von **Dag-
mar Gersdorff**, »Königin Luise und Fried-

rich Wilhelm III.« (1996); weitere B. von
C. v. Berg (1814), **T. Klatt** (1937), **M.
van. Taack** (1981) und **H. Ohff** (1989):
»Sie tun seltsame Bemerkungen über die
heilige Frau, wie Ernst von Wildenbruch
sie preußisch-religiös getauft hat«, spottete
einst **Alfred Kerr** (→ Berlin, »Aus dem Ta-
gebuch eines Berliners«, 1989). All das
zusammengefasst und kommentiert bei
Günter de Bruyn, »Preußens Luise. Vom
Entstehen und Vergehen einer Legende«
(2001).
1874 lebte die Lyrikerin **Karoline Ru-
dolphi** (1754-1811) in **Trollenhagen** nörd-
lich von Neubrandenburg, aut. Spuren in
»Gemälde weiblicher Erziehung« (1807). –
Aus **Neetzka** stammt **Ernst Theodor Jo-
hann Brückner**, (1746-1805), zuerst Hof-
meister in **Wesenberg**, wo schon »Frauen-
lob« **Heinrich von Meißen** 1288 Burgvogt
war, später Pfarrer in Neubrandenburg,
wo er **Philipp Otto Runge** (→ Anklam/
Wolgast/MV) traf. Brückner schrieb Trau-
erspiele und Gedichte, die im »Göttinger
Musenalmanach« (1774, 75) erschienen.
Durch die Vermittlung des Freundes J. H.
Voß (→ Waren/Sommerstorf/MV) gehör-
te er ab 1772 als »Mannobard« oder »Ci-
lyn« zum Hainbund (→ Göttingen/NI).
– W.: »Die Enterbten« (Dr. 1772); »Patriar-
chalische Idyllen«, »Kinderidyllen« (1803).
– In der Landschaft um **Wesenberg** spielt
die R.-Trilogie die von 1963 bis zu seinem
Tode hier lebenden **Helmut Sakowski**
(→ Luckenwalde/Jüterbog/BB), u. a. »Die
Schwäne von Klevenow«, R. 1992). – Aus
Mirow, in dessen Fürstengruft fast alle
Herzöge des Hauses Mecklenburg-Strelitz
ruhen, stammen die am 5. 7. 1792 gebore-
nen Zwillinge **Heinrich L.** (gest. 1873, →
Greifswald/MV) und **Friedrich G. Giese-
brecht** (gest. 1875), beide Lyriker, Pädago-
gen, Wissenschaftler. – Auf **Burg Stargard**
spielt **Ludwig Hamanns** Roman »Die
Klosterhexe von Marienfleiß und der Un-

tergang des Pommerschen Herzogenge-
schlechts« (1910).
Siehe auch Exkurs »**Uwe Johnsons** Meck-
lenburg« (→ Anklam/MV).

Z Neubrandenburg (MV); Rheinsberg, Tem-
plin (BB); Waren (MV); Wittstock (BB).

NEU-ULM/BY

Weißenhorn

Heimatmuseum (u. a. Kapitelsbibliothek). –
»W.er Kammeroper« (im Zehntstadl).

Sebastian Sailer (eig. Johann Valentin S.),
* 12. 2. 1714 W., † 7. 3. 1777 → Ober-
marchtal/Ehingen/BW, volkstüml. Predi-
ger, »Schwäbischer Cicero«. Mit 16 Jahren
Eintritt in das Prämonstratenser-Reichs-
stift Obermarchtal; Pfarrer in Seekirch
und Reutlingendorf; seit 1757 in → Die-
terskirch (Ehingen/BW). – Seine Mund-
artgedichte und Schauspiele waren zu Leb-
zeiten weit verbreitet, wurden aber erst
nach seinem Tod gesammelt und ge-
druckt. – W.: Sebastian Sailers Schriften
im schwäbischen Dialekt (Hrsg. Dr. Owl-
glass, 1914). – H. A. Oehler, »Sebastian
Sailer . . .« (Marbacher Magazin 76/1996).
Franz Xaver Jann, * 25. 11. 1750 W., † 19.
6. 1828 ebd., Jesuit: »Etwas wider die
Mode. Gedichte und Schauspiele ohne
ärgerliche Caressen und Heurathen, für
die studierende Jugend« (7 Bde., 1782-
1803).
R Von Ulm aus gesehen jenseits der Do-
nau, heißt es nicht ohne Spott, beginne
der Balkan. Für **Heinrich Hansjakob** (→
Wolfach/Haslach/BW) war **Neu-Ulm**, die
erste Stadt in Bayern, »öd und langwei-
lig, wie alle Orte, die im Rayon einer
Reichsfestung und im Schatten von Ka-
sernen entstanden sind . . .« (»Sonnige
Tage«, 1906). In der Hermann-Köhl-Stra-

ße wird zweier verdienter Männer ge-
dacht: **Georg Wagner** (1853-1911), Mund-
artdichter: Nr. 9; **Max Eyth** (→ Nürtin-
gen/Kirchheim u. T./BW), der nach sei-
nen Auslandsreisen bei seinen Eltern ein-
kehrte: Nr. 19. Napoleon besuchte 1805
nach der Schlacht von **Elchingen** die Kir-
che des ehem. Reichsklosters in Oberel-
chingen und rühmte sie als »salon du
bon Dieu«.

Z Ehingen, Ulm (BW); Günzburg (BY).

NEUWIED/RP

*»Ich . . . habe, so lange ich in Neuwied weilte,
den Eindruck nicht loswerden können, als sei
die Stadt aus irgendeiner norddeutschen Ge-
gend in das fröhliche Rheinland versetzt wor-
den.« (Julius R. Haarhaus, 1921)*

Ende 18., Anfang 19. Jh. Verlagsort von
Geheimzeitungen und revolutionären
Zss., u. a. gegen das Ancien régime (»Cor-
respondance secrète politique et litté-
raire«) oder gegen die Franz. Revolution
und Napoleon (»Der Neuwieder«). – Stadt
der Schulen: schon 1784 »Schulmeister-
schule«, heute Pädagog. Hochschule. –
Landesbühne Rheinland-Pfalz. – Kreis-
museum am Raiffeisenplatz mit Denkmal
für »Vater Raiffeisen« (→ Hamm/Altenkir-
chen/RP), gest. 1888 in N.-Heddersdorf
(Grab Friedhof am Sohlerweg).
Carmen Sylva (eig. **Elisabeth von Rumä-
nien**), * 29. 12. 1843 Schloss Monrepos bei
N. (1969 eingeebnet), † 2. 3. 1916 Buka-
rest, neuromant. Lyrikerin; auch Erzäh-
lungen, Märchen, Dramen, Übersetzungen
(»Rumänische Dichtungen« 1881, 90).
Tochter von Hermann zu Wied-N., verhei-
ratet mit Karl von Hohenzollern, ab 1881
König Carol I. von Rumänien; aktiv in der
sozialen Fürsorge. – W.: Aus Carmen Syl-
vas Märchenreich (M. 1883-87); Mein

Rhein (Dicht. 1884); Mein Penatenwinkel (Erinn. 1908). – Erinnerungsstücke im Kreismuseum. – Mss. im Fürstl. Wied. Archiv.

Carl Einstein, * 26. 4. 1885 N., † 5. 7. 1940 b. Pau/Südfrankreich, expressionist. Erzähler, Kunsthistoriker. Jugend in Karlsruhe, Studium in → Berlin, dort Mitarbeiter an expressionist. Zss.; Freundschaft mit G. Benn, L. Rubiner, C. Sternheim (alle → Berlin), F. Blei (→ München/BY) u. a. Wegen seines Dramas »Die schlimme Botschaft« (1921) Gotteslästerungsprozeß. 1928 Emigration nach Paris, im Span. Bürgerkrieg auf republik. Seite; Freitod beim Einmarsch dt. Truppen. – W.: Bebuquin (R. 1912); Negerplastik (Ess. 1915); Werke (Hrsg. H. Haarmann/ K. Siebenhaar, 1994 ff.). – Archiv Akademie der Künste Berlin. – C.-E.-Gesellschaft (seit 1983); C.-E.-Preis der Kunststiftung Baden-Württemberg (seit 1992).

Friedrich Wolf, * 23. 12. 1888 N., † 5. 10. 1953 → Lehnitz (Oranienburg/BB), v. a. als sozialist. Dramatiker bekannt. Schiffsjunge auf Rheindampfern; Studium, Schiffs- und Militärarzt. 1918 als Kriegsdienstverweigerer interniert. Linkssozial. Arzt u. a. in → Remscheid/NW, → Hechingen/BW, → Stuttgart/BW. 1933 Emigration; Teilnahme am Span. Bürgerkrieg; 41 Sowjetunion. 1945 Rückkehr nach Dtl. und maßgeblich am Wiederaufbau von Theater und Rundfunk in der DDR beteiligt. – W.: Der arme Konrad (Sch. 1924); Die Matrosen von Cattaro (Sch. 1930); Professor Mamlock (Sch. 1935). Ges. Werke (Hrsg. E. Wolf/W. Pollatschek, 1960-68). – Geburtshaus Langendorfer Straße 131 – Nachlass Akademie der Künste Berlin; Archiv in Lehnitz/BB. – F.-W.-Gesellschaft (seit 1992). In N. geb.: der Naturforscher und Reiseschriftsteller **Maximilian Prinz zu Wied** (1782-1867), der Brasilien und Nordame-

rika (»Reise ins Innere Nordamerikas«, 1838-41) bereiste. Grab auf dem Friedhof von Monrepos; Denkmal vor dem Schloss; Mss. im Fürstl. Wied. Archiv. Der Geschichtsschreiber und Erzähler des Nassauer Landes, **Christian Spielmann** (1861-1917 → Wiesbaden/HE), Lehrer in → Weilburg/HE, später Archivar: »Sagen und Geschichten aus dem Nassauer Lande« (1894), »Balzar von Flammersfeld« (R. 1905).

🅰 Am 19. 7. 1774: Auftritt **Goethes** (→ Frankfurt a. M./HE), **Johann Caspar Lavaters**, **Johann Bernhard Basedows** (→ Hamburg); in illustrer Gesellschaft Empfang im Schloss, Übernachtung, Abreise ohne den »Ergo bibamus«-Basedow (Goethepark; Büste im Kreismuseum). – Hauptanziehungspunkt die seit 1750 in N. aufgenommenen Herrnhuter; auch der pietist. Liederdichter **Johann Baptist von Albertini** (1769-1831) stammt aus der damaligen »Freistätte« N.; man berichtete, wie **Johanna Schopenhauer** (→ Bonn/NW) 1816, wie über Exotisches. Im Internat der Brüdergemeine lebte acht Jahre lang der englische Autor **George Meredith**. – J. J. W. **Heinse** (→ Aschaffenburg/BY) im Sommer 1780: **Franz Michael Leuchsenring** (→ Darmstadt/HE) weile beim Grafen, um »im Teufelshaus am Rhein eine Universaldruckerey anzulegen, wozu Beaumarchais den Plan gemacht haben soll«. – **A. H. Hoffmann von** → **Fallersleben** (Wolfsburg/NI) hatte 1851-54 im »modernen, regelrecht nüchternen« N. seinen Wohnsitz. – Dem (untergegangenen) Schloss »Friedrichstein, genannt das ›Teufelshaus‹, bei dem Dorfe Fahr, unterhalb Neuwied«, hat **W. O. von Horn** (→ Simmern/RP) eine Erzählung seines Rheinbuches (1866) gewidmet.

Unkel

A Im Zehnthof der »Rheingräfin«, **Sibylle Mertens-Schaaffhausen** (→ Bonn/NW) wohnten 1829-32 in den Sommermonaten **Johanna** mit Tochter **Adele Schopenhauer**, ... allzu flott, wie Sohn und Bruder **Arthur** (→ Frankfurt a. M./HE) meinte. – »... viel gelebt und geliebt, aber wenig gedichtet«, zog **Ferdinand Freiligrath** (→ Detmold/NW) die Bilanz seiner U.er Jahre 1839/40. F. wohnte zunächst im »Gasthof zur Löwenburg«, dann in einem »Belvedere hart am Rhein«, der »Strolchenburg« (Gedenktafel am F.-Haus Ecke Pützgasse/Rheinpromenade; Endpunkt des Simrock-Wanderweges), brachte den Vorschuss des Verlegers für »Das malerische und romantische Westfalen« durch, ohne eine Zeile zu schreiben (Anspielungen in A. v. Droste-Hülshoffs Lustspiel »Perdu!«). Tout le monde fiel ein: u. a. **Karl Simrock** (→ Bonn/NW), der auf seinem nahen Weingut in Menzenberg wohnte (W. Ottendorf-Simrock, Das Haus Simrock, 1954); **Levin Schücking** (→ Meppen/NI) und **Berthold Auerbach** (→ Rottenburg/Nordstetten/BW); der durch sein Rheinlied »Sie sollen ihn nicht haben« populär gewordene **Nikolaus Becker** (→ Bonn/NW); aus Wien **Joseph Christian von Zedlitz**, aus → Berlin **Adolf Glaßbrenner** ... In Nachbars Garten saß dieweil schon F.s spätere Frau: Ida Melos (Gedenktafel am Bogengang von »Hotel Schulz«, Rheinseite). – Von 1950-60 lebte **Stefan Andres** (→ Trier/Schweich/RP) in U. (»Haus Kore«).
R In **Feldkirchen** (Neuwied-F.), nahe der Wiedmündung, hat schon **Philipp Melanchthon** (→ Bretten/BW) gepredigt. Im Pfarrhaus (Gedenktafel) starb **Theodor Reck** (1815-73), der Dichter des Moselliedes, das 1848 im ehem. Gasthof »Zum Moselhaus« am Marktplatz von N.

(R. stammte aus dem Stadtteil Heddesdorf) entstanden war. – In **Linz** geb. **Anton Weidenbach** (1809-1871), Hrsg. des »Rheinischen Antiquarius« und Freund von K. Simrock und G. Kinkel (→ Bonn/NW), Spezialist für das Ahrtal. Am Gestade Tafel für **Iwan S. Turgenjew**, dessen Novelle »Asja« (1857) hier spielt. Die Sage vom »Schönen Judenkind« von L. bereits bei **Caesarius von Heisterbach** (→ Bad Honnef/NW), vom strengen »Wingertschütz« und von der Feindschaft mit den Andernachern u. a. bei **W. O. von Horn** (→ Simmern/RP). – Weiter rheinabwärts, in **Rheinbreitbach**, auf der schon im 19. J. von den Brüdern **Grimm** (→ Hanau/HE) oder **Ferdinand Freiligrath** und seinen Freunden viel frequentierten Oberen Burg, residierte der wilhelminische Erfolgsromankünstler **Rudolf Herzog** (→ Wuppertal/NW) von 1907 bis zu seinem Tod am 3. 2. 1943 (Grab in Bad Honnef).

Z Andernach, Bad Honnef, Bad Neuenahr-Ahrweiler, Koblenz, Mayen, Montabaur (RP).

NIENBURG/NI

Museum für die Grafschaften Hoya, Diepholz, Wölpe.

Johann Friedrich Christoph Niebour, * 3. 3. 1783 N., † 21. 3. 1865 Hamburg. Nach Schulbesuch in N. Journalist in Hamburg, wo er mit dem Jungdeutschen L. Wienbarg (→ Hamburg) seit 1842 die »Hamburger literarischen und kritischen Blätter« herausgab.

Adolf Bessell, * 14. 4. 1857 N., † 12. 10. 1936 Hannover. Jurastudium, seit 1900 Amtsgerichtsrat in Hannover. Dort erlebten einige seiner Dramen (1895: »Tristan und Isolde«; 1910: »Der jüngste Tag«; 1916: »Rembrandt«) ihre Uraufführung.
A **Heinrich Albert Oppermann** (→ Göt-

tingen/NI), Schriftsteller, lebte als Obergerichtsanwalt und Vizepräsident der Anwaltskammer ab 1852 bis zum Tode in N., 1863 Herausgeber des N.er »Wochenblattes«. Grabdenkmal Friedhof Verdener Straße, Denkmal in den Wallanlagen gegenüber dem Theater, Heinrich-Albert-Oppermann-Gesellschaft N. (Schr. Reihe, Jb.).

Wiedensahl

Wilhelm Busch, * 15. 4. 1832 W., † 9. 1. 1908 Mechtshausen (→ Hildesheim/NI), Schriftsteller und Maler, »einer der größten Meister stilistischer Treffsicherheit« (A. Einstein). Dorfschule in W., 9-jährig nach Ebergötzen (→ Göttingen/

Wiedensahl: Wilhelm Buschs Elternhaus (in einer Aufnahme von 1908) ist seit 1929 Gedenkstätte.

NI) und Lüthorst bei Einbeck (→ Northeim/NI). Ab 1847 Maschinenbaustudium in → Hannover/NI und Wechsel zur Malerei. Volkskdl. Studien 1853 in W. (»Ut oler Welt«), 54 nach → München/BY. 1864-98, unterbrochen von zahlreichen Reisen, arbeitete B. wieder in W. (»So hockt der Kerl in seinem Winkel und sieht leidlich zufrieden aus«, 1888 an W. Kaulbach). 1899 nach Mechtshausen. – W.: Max und Moritz (1865); Die fromme Helene (1872); Kritik des Herzens (G. 1874); Von mir über mich (Aut. 1893). Sämtl. Briefe (Hrsg. F. Bohne, 1968 f.); Sämtl. Werke (Hrsg. R. Hochhuth, 1982); W. B., Die Bildergeschichten. Hist.-krit. Gesamtausgabe (Hrsg. H. Guratzsch u. a., 3 Bde., 2002). – Geburtshaus Hauptstr. 68a, Gedenkstätte (Hss., Buchausgg., Gemälde, Erinnerungsstücke); Denkmal vor dem Pfarrhaus. – Archiv mit Nachlass W.-B.-Museum Hannover.

Hoya

Im »Jüngeren Titurel« (vor 1272) wird H. als nördlichster Vorort höf. Kultur gepriesen.
Friedrich Wilhelm Basilius von Ramdohr, * 21. 7. 1757 H., † 26. 7. 1822 Neapel, Epiker, Dramatiker (»Kaiser Otto der Dritte«, 1783). Stand in Kontakt mit Charlotte Kestner, der »Lotte« in Goethes »Werther« (→ Wetzlar/HE).
Nicolaus Beckmann, * 14. 4. 1772 H., † 22. 7. 1786 Hamburg-Harburg, Deichgraf. Dilettierte »Über die deutsche Dichtung« (1782) und »Über gewisse geringer oder schwächer gemachte Ausdrücke und Vorstellungen im gemeinen Leben« (1783).
Ludwig Freiherr von Ompteda, * 18. 5. 1828 H., † 27. 1. 1899 Wiesbaden, Hannoverscher Staatsrat, später Schlosshauptmann in Montabaur. Schrieb nicht nur

selbst (»Gefährliche Wege«, K. 1882; »Alte Schulden«, R. 1884 u. a.), sondern vermachte auch dem Sohn Georg (→ Hannover/NI) die »dichterische Ader«.

R **Albringhausen** (Bassum-A.): **Sievert Friedrich Güber** (1789-1826) aus A. war Hrsg. einer »Sammlung auserlesener poetischer Erzählungen, Fabeln, Parabeln, Idyllen und Schilderungen, zunächst für Germaniens Söhne und Töchter, besonders zum Gebrauch in den Schulen bestimmt« (1809). – **Wechold** (Hilgermissen-W.): **Karl J. Ph. Spitta** (→ Hannover/NI) amtierte 1837-47 als Pfarrer der prot. Gemeinde. Hier wurden seine Söhne geb.: **Philipp** (1841-94, Hrsg. der musikal. Werke von H. Schütz und Friedrich II. von Preußen), und **Ludwig** (1845-1901), Pastor u. a. in → Hameln/NI und Braunschweig, Verfasser moralisierender Novellen (»Meister Harmen«, 1892; »Engelbert Arnoldi«, 1897 u. a.).

Husum, südl. Nienburg, ist Geburtsort von **Ludwig Grote** (1825-87), prot. Geistlicher, der Lyrik (»Einsame Lieder«, 1873) und den Roman »Margareta« (1869) schrieb. – Dem 1163 gegr. Kloster **Loccum** (Rehburg-L.) stand 1677-1722 **Gerhard Wolter Molanus** (→ Stadthagen/NI) als Abt vor. M., mit G. W. Leibniz (→ Hannover) befreundet, beteiligte sich an den nachreformator. Unierungsverhandlungen mit der kath. Kirche. 1878-1901 war **Gerhard Uhlhorn** Abt, der die Theorie ev.-christl. Sozialarbeit maßgeblich miterarbeitete. **Hanns Lilje** (1899-1977/Grab Klosterfriedhof), Abt mit 1950-68, formulierte für die Ev. Akademie L. (Loccumer Protokolle), sie solle auf dem Boden der Gegenwart wiederholen, »was einst der Grundgedanke des abendländischen Mönchtums war«. **Wolfgang Hegewalds** R. »Ein obskures Nest« (1997) spielt zwischen Realität und Erfindung in einem »Kloster Loccum«, Ort ist die Akademie. In der Klos-

terbibliothek niederdt. »Sachsenspiegel« (1466) und Hieronymus-Hs. (12. Jh.). – **Wenden** (Stoeckse-W.): Mitbegründer des Heimatbundes Niedersachsen war **August Biester** (1854-1926) aus W., Lehrer in Holtorf (Grab in Hannover). Er publizierte 1904 »Heidschollen, Vertellungen und Dichtungen ut mine Heimat twischen Neinborg und Neistadt«.

B H. Dreyer, Wiedensahl, Wilhelm Buschs Geburtsort und Heimatdorf, 1952; F. Bohne, Wilhelm Busch, Leben – Werk – Schicksal, 1958; H.-H. Welchert, Fern der Welt. Kloster Loccum, in: Wanderungen zu den Burgen und Domen in Niedersachsen, 1973; H. Hirschler/E. Berneburg, Geschichten aus dem Kloster Loccum (1982).

Z Fallingbostel, Neustadt a. Rübenberge, Mariensee, Stadthagen (NI).

NIESKY/SN

Museum im Raschkehaus (erstes Gebäude der 1742 gegr. Brüdergemeine).

A Der auf Gut See bei N. geborene **Gottlob Adolf Ernst von Nostitz und Jänckendorf** (1765-1835) war sozialpolit. tätig und wurde mit eigenen Dichtungen (»Gesänge der Weisheit, Tugend und Freude«, 1802) bekannt. – 1760 wurde das nach dem Vorbild A. H. Franckes (→ Halle/ST) in Herrnhut gegründete Pädagogium, heute Stadtbibliothek, Zinzendorfplatz 10, nach N. verlegt. Dort lehrte 1777-80 und 1789-97 **Karl Bernhard Garve** (→ Zittau/Herrnhut/SN) und vertrat einen »Idealherrnhutianismus«, der der Obrigkeit nicht immer passte. In der ersten Hälfte des 19. Jh.s genoss die Schule internat. Ansehen. Ihre berühmtesten Schüler: **Friedrich Daniel Ernst Schleiermacher** (→ Berlin) und **Jakob Friedrich Fries** (→ Schönebeck/Barby/ST). **Paul**

Schreckenbach (→ Apolda/Buttelstedt/
TH/1890-96) und **Martin Luserke** (→
Meldorf/SH/1900-05) waren dort Lehrer.
Durch den Roman »Gottfried Kämpfer«
(1908) von **Herman Anders Krüger** (→
Gotha/Neudietendorf/TH) ging die Schu-
le in die Lit. ein. – Die Liederdichterin
(»Das Jahr geht still zu Ende«, 1857) **Eleo-
nore Fürstin von Reuß** (1835-1903) lebte
meist in Jänckendorf bei N. und unter-
hielt enge Kontakte zur Brüdergemeine.

Bad Muskau

Stadt- und Parkmuseum im Schloss. – Um 1570
wurde in M. der sorb. Philologe Handros Tara
(→ Königs Wusterhausen/BB) geboren.

Hermann Fürst Pückler-Muskau, * 30. 10.
1785 M., † 4. 2. 1871 Schloss Branitz (→
Cottbus/BB), Reiseschriftsteller und Land-
schaftsgärtner. Legte nach 1815 nach dem
Vorbild der engl. Landschaftsgärten einen
600 Hektar großen Park an. Beschrieben
in: »Andeutungen über Landschaftsgärt-
nerei, verbunden mit ihrer praktischen An-
wendung in Muskau« (1834). **Clemens
Brentano** (→ Koblenz/RP) besuchte ihn
1811 zus. mit K. F. Schinkel in M. 1845
musste P. das Schloss verkaufen. – Verwal-
ter von P.s Besitzungen war **Leopold Sche-
fer** (1784-1862), der mit einem Giordano-
Bruno-Roman (»Göttliche Komödie in
Rom«, 2 Bde. 1834/35) bekannt wurde. –
Altes Schloss und Orangerie wiederaufge-
baut, das barocke Neue Schloss im Auf-
bau. Seit 1945 liegen zwei Drittel des Parks
auf poln. Seite, dort der P.-Stein mit Me-
daillon. – Erinnerungen im Schloss und
im Marstall.
Hans Ferdinand Maßmann, * 15. 8. 1797
Berlin, † 3. 8. 1874 M., Lyriker und Philo-
loge. Neben F. L. Jahn (→ Perleberg/Lanz/
BB) Begründer der dt. Turnbewegung. Prof.
in Berlin. Veröffentlichte nationalromant.

Lit.-Betrachtungen und gab ma. Werke
(u. a. Ulfilas) heraus. Verf. des früher viel ge-
sungenen Liedes »Turner ziehn froh dahin«.

Weißwasser

Glasmuseum.

Jan Skala (→ Kamenz/SN) redigierte
1919/20 in W. die sorb.-dt. Tageszeitung
»Serbski Dzenik«. Mitarbeiter war **Jakub
Lorenc-Zaleski** (1874-1939) aus dem na-
hen **Schleife**. Mit der Erzählung »Die Insel
der Vergessenen«/»Kupa zabytych« (1924)
wurde L. Wegbereiter moderner sorb. Epik.
Sein Enkel **Kito Lorenc** setzte ihm im Ge-
dicht »Der Dichter Hinter-den-Wäldern«
(1984) ein Denkmal, ebenso dem Flüss-
chen Struga, aus dem die sorb. Mädchen
einst das Osterwasser holten (»schöpfend
Jugend und Schönheit«), das aber zum »Ab-
wasser« verkommen ist (»Struga«, 1984).

B N. Eisold, Der Fürst als Gärtner. Hermann
von Pückler-Muskau und seine Parks Muskau
und Branitz, 2005.
Z Bautzen, Görlitz, Hoyerswerda (SN); Cott-
bus (BB).

NORDHAUSEN/TH

Meyenburg-Museum (für Bildende Kunst);
»Tabakspeicher« (Museum für Stadt- und Kul-
turgeschichte); KZ-Gedenkstätte Mittelbau-
Dora. – Theater. – Aus N. stammt der Germa-
nist Bernhard Suphan (1845-1911), Hrsg. von
J. G. Herders »Sämtlichen Werken«.

Justus Jonas (eig. **Jodocus Koch**), * 5. 6.
1493 N., † 9. 10. 1555 Eisfeld (→ Hild-
burghausen/TH). Theologe. Als Mitarbei-
ter M. Luthers einer der wichtigsten Orga-
nisatoren des ev. Kirchenwesens. Übersetz-
zer der lat. Schriften Luthers und Ph. Me-
lanchthons (→ Bretten/BW).
Cyriakus Spangenberg (Ps. **Candidus Syl-**

vester),* 7. 6. 1528 N., † 10. 2. 1604 Straß-
burg, Theologe. Vater **Johann Spangenberg**
(→ Eisleben/ST) war 1524-46 Pfarrer an
der Divi-Blasii-Kirche und Rektor. Wegen
theolog. Streitigkeiten gab Sp. 1559 seine
Ämter auf und ging ins Elsaß, wo er zur
Straßburger Meistersingergesellschaft ge-
hörte. »Von der Edlen und Hochberüemb-
den Kunst der Musica« (1598) ist die be-
deutendste zeitgen. Darstellung zu diesem
Thema.
Carl Duval, * 19. 5. 1808 N., † 19. 8. 1853
ebd., Dichter und Zeichner. Nachkomme
franz. Einwanderer. Berühmt wurde D. als
Beiträger des romant. Sammelwerkes »Thü-
ringen und der Harz mit ihren Merkwür-
digkeiten, Volkssagen und Legenden« (8
Bde. 1839-42).
Rudolf Hagelstange, * 14. 1. 1912 N.,
† 5. 8. 1984 Hanau, Lyriker und Erzähler.
1937-40 Feuilletonredakteur der »N.er Zei-
tung«. Dann Soldat. Mit dem Sonett-Zy-
klus »Venezianisches Credo« (1946) wur-
de H. berühmt. 1945/46 lebte H. wieder
in der zerbombten Stadt: »Und tausend
Jahre lag sie so am Hange/und wuchs
und wurde schöner, reicher, älter/.../Da
kam ein Tag, wie Tage des Gerichtes./
Und sie zerbrach.« (1946) In den Kriegs-
jahren lernte H. **Käthe Kollwitz** (→ Ber-
lin) kennen, die von August 1943 bis Juli
44 in N. lebte, Vor dem Hagentor 2. H. ge-
hörte 1945 zu den Mitbegründern des Kul-
turbundes in N. Seit 46 im Westen und in
N. ungelitten. Am Ende seines Lebens ent-
standen die N.er Familiensaga »Das Haus
oder Balsers Aufstieg« (1981) und »Der
Niedergang. Von Balsers Haus zum Kä-
the-Kollwitz-Heim« (1983) sowie die
Aut. »Tränen gelacht – Steckbrief eines
Steinbocks« (1977). – Erinnerungen in der
nach H. benannten Stadtbibliothek, dort
auch Porträtbüste.
A Martin Luther (→ Eisleben/ST) pre-
digte im April 1525 in der Divii-Blasii-Kir-

che über die »Zwölf Artikel«, erntete aber
Entrüstung. Das veranlasste ihn zum Ab-
bruch der Reise ins thür. Aufstandsgebiet
und zum Pamphlet »Wider die räuberi-
schen und mörderischen Rotten der Bau-
ern«. – Treibende Kraft bei der Reforma-
tion in N. war der Ratssyndikus Michael
Meyenburg (1491-1555), Freund **Philipp
Melanchthons** (→ Bretten/BW). Diesem
und **Katharina von Bora** (→ Torgau/SN)
gewährte er 1547 nach dem Schmalkaldi-
schen Krieg in N. Zuflucht. **Paul Schre-
ckenbach** (→ Apolda/Neumark/TH), »M.
M.« (1933). – **Johann Gottfried Schnabel**
(→ Bitterfeld/ST) ließ 1732 den 1. Bd. der
»Insel Felsenburg« in N. erscheinen. Für
A. Schmidt (→ Hamburg) »eines der wich-
tigsten Werke unserer Literatur«. – **L. F. G.
von Goeckingk** vermählte sich 1775 in N.
mit Sophie Marie Philippine Vopel (1745-
81), dem »Nantchen« in den »Liedern zwei-
er Liebenden« (1777), mit denen G. der
lit. Durchbruch gelang und die zum Vor-
bild für Goethes »Buch Suleika« im »West-
östlichen Divan« wurden. – 1807-19 war
Christian August Heyse (1764-1829),
Verf. einer Schulgrammatik und Großva-
ter von P. Heyse (→ Berlin) Lehrer am
N.er Gymnasium. – **Paul Ernst** (→ Werni-
gerode/ST) legte 1884 dort das Abitur ab
(»Jugenderinnerungen«, 1929). – Aus N.
stammt **Hellmuth Unger** (1891-1953),
der mit Versen (u. a. über den Bauern-
krieg) begann und später mit Romanen
über die Ärzte R. Koch (1929) und R. Vir-
chow (1953) hervortrat.

L Von der Petrikirche blieb nach der fast völ-
ligen Zerstörung der Altstadt im April 1945
nur der Turm übrig. Sage vom Türmer, der
dem Tod ein Schnippchen schlägt. **Goethe**
(→ Frankfurt a. M./HE) hat das Motiv in sei-
nem Gedicht »Der Totentanz« (1813) aufge-
griffen. – Der aus N. stammende **Gerhard
Tänzer** thematisiert die Stadt in dem Ge-
dicht-Bd. »Das Land vor Augen« (1999).

R Bei **Krimderode** am Kohnstein-Massiv, in dem der Sage nach der Teufel seine Schätze hortete, mussten 1943-45 Buchenwald-Häftlinge ein riesiges unterird. Tunnelsystem anlegen, in dem die sog. V-Waffen gebaut wurden. Von den 60 000 eingesetzten Sklavenarbeitern überlebten die »Hölle von Dora« nur 20 000! (R. Eisfeld, »Die unmenschliche Fabrik: V2-Produktion und KZ ›Mittelbau-Dora‹«, 1993).

Bleicherode

Aus B. stammt der Kartograph August Petermann (1822-78), Mitarbeiter von Justus Perthes in Gotha und seit 1855 Hrsg. von »Petermanns Geographische(n) Mitteilungen«.

Friedrich August Wolf, * 15. 2. 1759 Hainrode bei B., † (auf einer Reise) 8. 8. 1824 Marseille, klass. Philologe und Homer-Hrsg. 1776 in Göttingen als erster in Dtl. als »Philologiae Studiosus« immatrikuliert. Prof. in → Halle/ST und Berlin. – Haupt-W.: »Darstellung der Altertumswissenschaft nach Begriff, Umfang, Zweck und Werth« (2 Bde. 1807/08). – Gedenktafel mit Porträtrelief (1984) im Vorgarten des Geburtshauses in Hainrode bei der Kirche.

R Das erhaltene Gut **Pustleben** gehörte 1804-07 dem Diplomaten **Christian Conrad von Dohm** (1751-1820), der hier die »Denkwürdigkeiten meiner Zeit« (5 Bde., 1814-19) verfasste. Bekannt wurde D. mit der Schrift »Über die bürgerliche Verbesserung der Juden« (1781). **Caroline von Schelling** (→ Göttingen/NI) über ihn: »Ein wahrhaft verehrungswürdiger Mann, der in Staatsgeschäften sein Haar gebleicht, ohne den Bürgersinn einzubüßen.« Grabtafel in der Kirche. – Auf Schloss **Wolkramshausen** wurde der Fachschriftsteller **Robert Graf Hue de Grais** (1835-1922) geboren, er verbrachte hier auch seine letzten 20 Lebensjahre. Sein »Handbuch der Verfassung und Verwaltung in Preußen und dem Deutschen Reiche« (1881) erlebte 25 Aufl. und war als »der De Grais« Generationen von Studierenden ein wichtiger Leitfaden.

Ellrich

Leopold Friedrich Günther von Goeckingk (→ Oschersleben/ST) verlebte als Kanzleidirektor 1770-86 in E. angenehme Jahre. Im Haus des Bürgermeisters las er mit dessen Tochter »Riekchen« Schrader 74 F. G. Klopstocks (→ Quedlinburg/ST) »Gelehrtenrepublik«. 84 Redakteur des »Journal(s) von und für Deutschland«, das das Südharzstädtchen weithin bekannt machte.

Unter G.s Besuchern: **C. C. von Dohm**, der G.s Gedichte in der Zs. »Teutsches Museum« (1776-79) druckte; **Elisa von der Recke** (→ Dresden/SN), 1784/85: »Von Höfen fern und vom Geräusch der Welt/Genieß ich hier der Freude reinen Kelch«. **Christoph August Tiedge** (→ Salzwedel/Gardelegen/ST) war 1781-85 Hauslehrer beim Kammerdirektor Carl Adrian von Arnstedt in E. Sommers lebte er auf dessen Gut **Großwerther** südl. von Nordhausen und lernte dort **E. von der Recke** kennen, deren Lebensgefährte er später wurde.

R In dem anmutig im Südharzvorland liegenden Dorf **Limlingerode** wurde 1935 die Lyrikerin **Sarah Kirsch** geboren. 2002 erhielt den Weg vom Ort zum ehem. Grenzstreifen den Namen »Grüner Junipfad«, was auf einen der Verse der Dichterin zurückgeht: »Wer den Junipfad geht/der bleibet grün./Ewig.« Geburtshaus: Lange Reihe 11, seit 2002 »Dichterstätte Sarah Kirsch« (mit Forschungsbibliothek vor allem zur modernen Lyrik). Seit 1998 jährl. am letzten Juni-Wochenende »Limlingeröder Diskurse« mit lit. und musikal. Programmen, L.er Hefte 1999-03, Hrsg. Förderverein Dichterstätte Sarah Kirsch e. V.

Heringen

Die Adelsfamilie von Dacheröden war in **Auleben** begütert. 1791 heiratete **Wilhelm von Humboldt** (→ Berlin) Caroline von Dacheröden, die Tochter Carl Friedrich von Dacherödens (→ Erfurt/TH). 1792/93 wohnte das Paar in A., wo auch ihr erstes Kind geboren wurde. Hier besuchte sie **F. A. Wolf**, der mit H. über die Verfasserschaft von »Ilias« und »Odyssee« debattierte. – Aus **Uthleben** kommt Paul Greif (1560-1621), der Vater des schles. Barockdichters **Andreas Gryphius** (1616-64). Nach der Lehrzeit in Nordhausen übersiedelte er ins schles. Glogau.

Ilfeld

Michael Neander (eig. **M. Neumann**), * 1525 Sorau/Niederschlesien, † 26. 4. 1595 I., bedeutender Schulmann in nachreformator. Zeit. 1550 an der Klosterschule von I., deren Leitung er 54 übernahm. N. veröffentlichte über 50 Lehrbücher. N.s Vorrede zu den »Graecae linguae erotemata« (1553) ist der erste Versuch einer griech. Lit.-Geschichte. N.s wichtigster Schüler, der aus Niedersachswerfen bei I. stammende Dichter **Lorenz Rhodomann** (1546-1606). – N.-Denkmal vor der ehem. Klosterschule (Nachfolgebau von 1859, heute Klinik), Neanderplatz 4.

B H. Kneffel, J.-M. Junker, Vieles gibt uns die Zeit. Goethe-Begegnungen (im Landkreis Nordhausen), 1998.

Z Heiligenstadt, Sondershausen (TH); Sangerhausen, Wernigerode (ST); Osterode (NI).

NORDHORN/NI

Johann Hyazinth Kistemaker, * 15. 8. 1754 N., † 2. 3. 1834 Münster, kath. Kirchenhistoriker. Gehörte zum Kreis um die Fürstin Gallitzin (→ Münster/NW) und war theol. Mitarbeiter an F. L. zu Stolbergs (→ Bad Segeberg/Bad Bramstedt/SH) Religionsgeschichte.

Heinrich Specht, * 4. 1. 1885 Wallenbrück b. Herford, † 18. 6. 1952 N., Heimatschriftsteller und -forscher. Gab 1925 »Die Sagen der Heimat« (n. u. d. T. »Die gläserne Kutsche«) und 1949 den Wiedertäuferroman »Heil'ge Feuer« heraus. – Grab auf dem Reformierten Friedhof.

A 1451 besuchte **Nikolaus von Kues** (→ Wittlich/Bernkastel-K./RP) das Augustinerkloster Frenswegen (vormals Marienwolde, jetzt Ökumenische Stiftung Kloster Frenswegen), das heute zu N. gehört, als »Paradies Westfalens« berühmt war und hoch gelehrte Mönche beherbergte. **Ubbo Emmius** (→ Aurich/Greetsiel/NI) kam 1578, eine Zeitlang lebte auch **Thomas von Kempen** (→ Krefeld/NW) hier.

L Der jüdische Friedhof in N. findet Erwähnung in **Arno Schmidts** (→ Hamburg) »Kaff auch Mare Crisium« (R. 1960). Von **Klaas Huizing**, der im nahen **Uelsen** geboren wurde, der N.-Roman »Das Buch Ruth« (2000).

R Die Heidelandschaft hatte es **Hermann Löns** (→ Hannover/NI) angetan; in **Nordhorn** erinnert der L.- Platz an ihn. L. trieb hier Studien für ein Werk über die Wirbeltierfauna; im Juli 1912 wohnte er in **Neuenhaus**. Sein Gastgeber, der Landwirtschaftsdirektor Grasshoff, erzählt: »Er lernte schnell unser kleines Ländchen lieben und schrieb erkennend ins Hausbuch ›Heide ist besser als Asphalt!‹«. Eine Zeitlang wohnte L. auch im nahen holländ. **Ootmarsum**. Das Herrenhaus **Lage** ist Schauplatz des Romans »Der graue Alltag und

sein Licht« (1922) von **Felicitas Rose** (→
Arnsberg/NW). – Ein berühmtes frühro-
man. Steinkreuz besitzt **Bentheim** (Mu-
seum im Schloss): als »Herrgott von Bent-
heim« wurde es sprichwörtlich. Eine Tafel
am Schloss erinnert an den amüsanten Rei-
sebericht dreier kurender Niederländer
von 1843 (Wanderweg »Drei Podagris-
ten«). Aus B. stammt der holländ. Priester
und Arzt **Johan Picardt** (1600-70), der die
erste musterhafte Moorkolonie im Emsland
anlegte (»Alte Picardie«). P. war der erste Er-
forscher der Urgesch. Niedersachsens, er
prägte das Wort »Hünen« und zeichnete
erstmals Gigantensagen (Vorlage für **J.
Swifts** »Gulliver«) auf, die 1660 in dem
Band »Korte beschryvinge van eenige ver-
getene en verborgene Antiquiteten . . .« er-
schienen. – Essays über »Schloss Bentheim«
in »Das Königreich Hannover und das Her-
zogtum Braunschweig« ·(1858, n. 1977)
von **Otto von Heinemann** (→ Helmstedt/
NI). Neuere topograph. Lyrik und Prosa
von **Lucie Rakers** (1905-93), **Karl Sau-
vagerd** (1906-92), **Karl Seemann** (1928-
2001) und **Wolfgang Zander** (1934-82).
– 1838 wurde in **Emlichheim** der »Dichter
des Emslandes«, **Ludwig Brill**, geboren (ep.-
romant. Dichtungen »Der Singschwan«,
1882, und »Der Waldenhorst«, 1886). B.
starb am 17. 11. 1886 in → Quakenbrück/
NI. Der Sprachwissenschaftler **Arnold Ra-
kers** (1903-65) gilt als Vater der regionalen
Mundartliteratur (»Grafschafter Volksrei-
me« 1930). Die Schule in **Veldhausen** trägt
den Namen des Lyrikers **Carl van der Lin-
de** (1861-1930).

S N. ist Sitz der »**Literaturlandschaften e. V.**«,
dem »Verein zur Förderung von Literaturstät-
ten und -landschaften in Deutschland«, Hrsg.
des periodisch erscheinenden literarischen
Reiseführers »Deutsche Literaturlandschaf-
ten«. – Das Bentheimer **Museum für Radio-
und Funkgeschichte** informiert auch über die
Beziehung von Literatur und Technik.

B K. Koch, Spaziergänge über Grafschafter
Friedhöfe. Sechs biographische Grabbesuche,
2002.
Z Lingen, Meppen (NI); Steinfurt (NW).

NÖRDLINGEN/BY

Stadtmuseum. – Freilichtbühne »Alte Bastei«.
– Rieser Kulturtage (alle zwei Jahre).

In der Literaturgeschichte spielt N. zuerst
durch den Mystiker und Wanderprediger
Heinrich von Nördlingen eine Rolle. Er
lebte in der 1. Hälfte des 14. Jh.s; bedeut-
sam sein Briefwechsel mit Margarete Eb-
ner (→ Donauwörth/BY) aus dem Kloster
Mödingen. Ende des 14. Jh.s entstand die
erste Prosabearbeitung der Sagen vom Krieg
um Troja, Hans Mair von Nördlingen ließ
sie 1392 drucken. **Hartmann Schedel** aus
→ Nürnberg/BY, Verfasser einer »Welt-
chronik«, war von 1470-76 Stadtphysikus.
1506 Gründung einer Meistersingerschule
(Stadtmuseum). – Im 16. und 17. Jh. zahlrei-
che Hexenprozesse. In einen solchen war
noch **Wilhelm Ludwig Wekhrlin** (→
Stuttgart/BW) u. a. mit seiner Zs. »Das
graue Ungeheuer« (1784-87) verwickelt.
Vom Magistrat aus der Stadt verjagt, lebte
er 1778-87 in **Baldingen** (heute zu N.).
1787-92 war er auf Schloss **Hochhaus** (b.
Hohenaltheim) arretiert. Dazu **Ch. F. D.
Schubart** (→ Schwäbisch Hall/Obersont-
heim/BW) in seiner »Vaterländischen Chro-
nik«: »Das Graue Ungeheuer hat sich in
ein altes und verfallenes Bergschloß ge-
flüchtet und wird nimmermehr mit sei-
nen Launen die Leser belustigen.« Am
Marktplatz 3, in der »Sonne«, hat **Goethe**
(→ Frankfurt a. M./HE) gewohnt; dazu
noch eine Reihe anderer Berühmtheiten,
die eine Tafel verzeichnet. **Wilhelm Hauff**
(→ Stuttgart/BW) lebte im Winter 1826/
27 in der Stadt und verlobte sich hier (No-

velle von **Emil Hadina** »Götterliebling«,
1927).

R Aus **Ehringen** (Wallerstein-E.) stammt
Melchior Meyr (1810-71), der durch seine
1856 ersch. »Erzählungen aus dem Ries«
bekannt wurde (Geburtshaus/Nachfolge-
bau Nr. 32) und in Berlin und → Mün-
chen/BY lebte (Nachlass BSB). Zwei Jahre
nach seinem Tod setzte man ihm in Nörd-
lingen vor dem Reimlinger Tor ein Denk-
mal. – **Johannes Kähn** (1810-74) aus **Bal-
dingen** schrieb Gedichte in Rieser Mund-
art; hochdt. Lyrik, auch Kinderlieder. Aus
Lehmingen (Oettingen-L.) stammt der
1880 geb. (Gedenktafel) und 1960 in Nörd-
lingen gest. (Grab Friedhof am Emme-
ramsberg) Volksschullehrer **Friedrich Völ-
klein**: »Der Wanderer« (1926), »Wunder
und Wandlung« (1960). – **Michel Eber-
hardt** (1913-76) aus **Zoltingen** (Bissingen-
Z.) hat seine schönsten schwäb. Gedichte
in der Slg. »Der alte Brunnen« (1959) ver-
einigt; Grab Friedhof **Unterringingen** (Bis-
singen-U.).
Unweit von Nördlingen die sieben Schlös-
ser der Fürsten von Oettingen-Wallerstein
(→ Donauwörth/Harburg/BY). **Waller-
stein**, wo **Karl Ludwig von Knebel** (1774-
1834), Goethes »Urfreund«, geb. wurde,
liegt in Sichtweite der Reichsstadt. – **Karl
Heinrich Ritter von Lang** (1764-1835), in
Balgheim geb. (Möttingen-B.; Gedenkta-
fel am Pfarrhaus, Reimlinger Straße), por-
trätiert in seinen »Memoiren« Fürst Kraft
Ernst, der u. a. ein großer Büchernarr war,
ebenso anschaulich wie bissig. Der franz.
Schriftsteller **Michel Butor** beschreibt
das Schloss als »eine riesige gelb gestriche-
ne Kaserne mit einem reizenden Pavillon
im Directoire-Stil« (»Bildnis des Künstlers
als junger Affe«, 1967). – Aus **Oettingen**
kommt der »schwäbische Sokrates« **Hie-
ronymus Wolf** (1516-80), Schulreformer
(zuletzt in Augsburg) und Begründer der
Byzantinistik (Dokumentation im Hei-

matmuseum). Fürst **Albrecht Ernst I.** zu
Oettingen-Oettingen (1642-83) gründete
nach Nürnberger Vorbild den »Oettingi-
schen Blumenorden«. Einer seiner »Blu-
mengenossen« war **Ludwig Faber** (1635-
78) aus Nürnberg, Rektor des Fürstl. Gym-
nasiums zu Oe. **Johannes R. Becher** (→
München/BY), der 1902/03 hier Schüler
war, in seiner Aut. »Abschied«: »Mochten
die Klingeln schrillen, wo sie nur konnten:
hier in Oettingen, im Johannes-Pensionat,
waren die Sterne zu erblicken auch am hell-
lichten Tage!« – Aus dem nahen **Hains-
farth** stammt der Geistliche **Konrad von
Heimesfurt**, der älteste Dichter des Rie-
ses: »Von unser vrouwen hinvart« (1225),
»Urstende« (1230). – Unter den Kurgästen
in Wildbad **Wemding** (Wallfahrtskirche
Maria Brünnlein) 1846, 48 und 50 **Chri-
stoph von Schmid** (→ Dinkelsbühl/BY),
1860 **Eduard Mörike** (→ Ludwigsburg/
BW). – Und **von Lang** noch einmal, Stät-
ten seiner Kindheit und Jugend: **Mönchs-
deggingen, Hohenaltheim, Trochtelfin-
gen** und – eine ganz neue Welt – das Oettin-
ger Gymnasium.

B J. W. König, Der Literatur auf der Spur.
Von Lech und Donau ins Ries, 2005.
Z Aalen (BW); Dillingen a. d. Donau, Do-
nauwörth (BY).

NORTHEIM/NI

Als Sage überliefert die »Geisterschlacht«
am Lämmerberg: »Hie Einbeck! – Hie Nort-
heim!« – »Ein sehr schwacher Nachahmer
Wielands« war, in W. Menzels Urteil (→
Stuttgart/BW), **Johann August Weppen**
(1741-1812) aus N. Er studierte in Göttin-
gen und war u. a. Amtmann in **Oldershau-
sen** (Kalefeld-O.). Gut Wickershausen in
Hollenstedt (Northeim-H.) wählte er als Al-
terssitz; dort befindet sich auch sein Grab.

Seine »Gedichte« (1783) und die Operette »Das Freyschießen oder Das glückliche Bauernmädchen« (1786) überlebten weniger als ein Liedtext (»An Iris«, 1781), den J. Haydn vertonte. Als Idylle mit »liebe(r) Wirtshaussonne« erschien Northeim **Heinrich Heine** (→ Düsseldorf/NW) auf der »Harzreise« (1826). 1831 heiratet hier **Johann Peter Eckermann** (→ Winsen/NI) seine Braut Johanne Bertram. Weniger idyllisch: N., als »Thalburg« verschlüsselt, in **William Sheridan Allens** Versuch, die »nationalsoz. Machtergreifung in einer Kleinstadt 1930 bis 1935« darzustellen (»Das haben wir nicht gewollt!«, 1965). **Jochen Schimmang**, 1948 in N. geboren, aufgewachsen in Leer, schildert aut. Szenen in »Der schöne Vogel Phönix« (R. 1979).

Einbeck

Justus Georg Schottelius, * 23. 6. 1612 E., † 25. 10. 1676 → Wolfenbüttel/NI, Erzieher (1638-46) Anton Ulrichs von Braunschweig (→ Lüchow/Dannenberg/NI), dann Hofrat in Wolfenbüttel. – Mitglied des Pegnes. Blumenordens (→ Nürnberg/BY) und der Fruchtbringenden Gesellschaft; er erarbeitete, dem Barockideal dt. Dichter gemäß: pflegend, reinigend, fördernd, eine »Teutsche Sprachkunst« (1641) und die »Ausführliche Arbeit von der Teutschen Haubt-Sprache« (1663). – An den Dichter, der auch Vorfahr von Wilhelm Raabe (→ Holzminden/Eschershausen/NI) ist, erinnert die Sch.-Straße. – Ausstellungskatalog (1976) zu Sch. in der HAB. **Justus Sieber**, * 7. 3. 1628 E., † 23. 1. 1695 Schandau, Autor geistlicher Lyrik (»Poetisierende Jugend«, 1658; »Davids Harffenpsalme«, 1685) im Geiste Opitz'. **Wilhelm Henze**, * 16. 2. 1845 E., † 1. 3. 1918 Hannover, mundartl. Schwankdichter. – W.: Ut'ner olen Stadt (Aut. 1917).

– Geburtshaus Küchenschnipp 3 (Gedenktafel). **A** **Till Eulenspiegel** (→ Schöppenstedt/Kneitlingen/NI), Brauknecht in der alten Bierstadt, kam in E. zu Denkmalsehren (Brunnen vor dem Rathaus). – 1434 starb in Wittenberg der aus E. stammende **Dietrich Engelhus**, Verfasser einer Weltchronik (»Chronicon chronicorum«, um 1420). – Der Uslarer **Karl Unselt** (1894-1970), Verfasser erfolgreicher Unterhaltungsromane (»Arzt aus Leidenschaft«, 1935, Film 36 und 59; »Gewitterflug zu Claudia«, 1937, Film im gleichen Jahr), lebte nach 1945 in E.; Grab auf dem Zentralfriedhof, dort ebenfalls das Grab des 1973 in E. verstorbenen Bühnenautors **Franz bei der Wieden** (→ Rostock/MV).

L In **A. von Knigges** (→ Hannover/NI) Roman »Die Reise nach Braunschweig« (1792) reist der Held mit der Bagage der Armee nach E., »wo wir den Rest des Winters zubrachten«.

Bad Gandersheim

Abtei, Kloster Brunshausen und Stiftskirche: Ausstellung »Portal zur Geschichte«, u. a. zur kulturellen Blüte z. Z. Roswithas und Mitte des 18. Jh.s – Domfestspiele im Sommer (seit 1959).

Roswitha von Gandersheim (Hrotsvith), * um 935, † nach 973, erste dt. Dichterin. Kanonisse im Stift Gandersheim. Hier erhielt sie eine gründliche wiss. Schulung und hatte gleichzeitig Kontakt mit der großen Welt der sächs. Kaiserpolitik. Schrieb als christl. Gegenstück zu Terenz 6 mittellat. Legendendramen und zeichnete die Taten Ottos d. Gr. und die Gründungsgesch. des Klosters auf (Hss. BSB). – Der Humanist K. Celtis (→ Schweinfurt/Wipfeld/B) entdeckte ihre Werke 1493 und gab sie 1501 heraus. Helene Homeyer (Hrsg.), »H. v. G., Werke in dt. Übertragung« (1973); K. Kronenberg, »R. v. G. Leben und Werk« (1962), »R. v. G. Die Briefe« (1978). – »Roswitha-Erinnerung« im Museum der Stadt Bad G. (Archiv und Bibliothek); Gedenkstein an der Apsis der Stiftskirche; R.-Brunnen. – R.-Ring, R.-Literaturpreis, Schauspielerinnen-Preis »Roswitha-Ring«.

Johann Anastasius Freylinghausen, * 2. 12. 1670 Bad G., † 12. 2. 1739 Halle, geistl. Liederdichter. Schwiegersohn von A. H. Francke (→ Lübeck/SH), von dem er die Leitung der pietist. Franckeschen Stiftungen in → Halle/ST übernahm. Gab 1704 sein später weitverbreitetes »Geistreiches Gesangbuch« heraus. – Geburtshaus mit Gedenktafel, Markt 5. – Über die Begegnung von F. mit Friedrich Wilhelm I. berichtet J. Klepper (→ Berlin) in »Der König und die Stillen im Lande« (1957).

A »Wegen Kassendefekte« saß 1828-31 der Kreisamtmann von Hasselfelde bei Blankenburg, **Karl Ludwig Häberlin** (1784-1858), im Nachtigallenturm der Burg G. in Haft. Von seinen mindestens 64 Werken in 136 Bdn., meistens unter dem Ps. **H. E. R. Belani** veröffentlicht, erschienen in dieser Zeit u. a. die Romane »Die Raubritter« und »Heinrich der Löwe«. Nach seiner Entlassung lebte H. noch einige Jahre im Haus Markt 2 (heute Gasthaus »Zur Ecke«).
Der frz. Schriftsteller **Robert Antelme** (1917-90) berichtet in »Das Menschengeschlecht« (1947, dt. 1990) über seine Haft 1944-45 auch im KZ-Buchenwald-Außenlager **Kloster Brunshausen**, seine damalige Frau **Marguerite Duras** (1914-96) schrieb in »Der Schmerz« (dt. 1986) über die Trennung von ihrem Mann.

L Die erste Chronik, die in niederdt. Sprache geschrieben wurde: Die Gandersheimer Reimchronik des Priesters **Eberhard**, 1216 (Hrsg. L. Wolff, 2. Aufl. 1969). – In Bad G. u. a.: Ludwig Bäte (→ Osnabrück/NI), »Hrotsvit von Gandersheim« (1922); **Konrad Weiß** (→ Schwäbisch Hall/Michelbach a. d. Bilz/BW), »Das stille Gandersheim« (in: »Deutschlands Morgenspiegel«, 1950); **Kurt Kronenberg**, »Die klugen und die törichten Jungfrauen« (1958), »Weihnachtserzählungen aus dem alten Gandersheim« (1977), »Eva von Trott« (1980).

R Ein Obelisk an der Stätte des 1975 abgerissenen Wilhelmsturms auf dem Clusberg bei **Bad Gandersheim** erinnert an einen Besuch **A. H. Hoffmanns von Fallersleben** (→ Wolfsburg/NI) zus. mit dem Komponisten A. Methfessel. – Im Kurpark von **Seesen** Gedenkstein für **Wilhelm Raabe**. Das S.er Gymnasium beherbergt die historische **Jacobson-Bibliothek**. – **Kreiensen** ist berühmter Eisenbahnknotenpunkt, über dessen Rätselhaftigkeit **Werner Bergengruen** (→ Baden-Baden/BW) in seinem »Offenen Brief an Kreiensen« (1933) schreibt: »Wenn man vorüber fährt, so ist immer Nacht. Kommt man tags vorbei, etwa auf der Reise von Hamburg nach Basel oder von Berlin nach Köln, so drängen sich die Umsteigenden im Gange und verdecken die Fenster … Ist Kreiensen eine Stadt, ein Dorf? Hat es überhaupt Realität oder ist es eine Fiktion?« – Von **Hugo Dittberner** »Kreiensen – Freden und zurück« (in: »Die gebratenen Tauben«, En., 1981). In **Katlenburg** wurde 1776 **Johann Dietrich Christian Lauenstein** geb., prot. Geistlicher, der »Gedichte« (1801) und eine »Befreiung meines Vaterlandes« (1813) schrieb und 1843 in Düsborn b. Walsrode starb. In K. rettete »Bücherpastor« **Martin Weskott** nach der Wende ab 1991 DDR-Bücher, die auf der Müllhalde landen sollten. Aus den Lesungen der »Müll-Literaten« (seit 1992, u. a. **Jürgen Borchert** (→ Schwerin/MV), **Elke Erb**, **Fritz Rudolf Fries**) ging die Dokumentation »Die Scheune als neuer literarischer Raum – Von der Müllkippe zur Katlenburg« hervor (Hg.

v. d. Gesellschaft zur Förderung von Kultur und Literatur, 1997), sie enthält u. a. **Volker Brauns** Gedicht »Schreiben im Schredder« (1994). Die K.er Tagung »Literatur während der Wendezeit« 1994 erbrachte die vom Bundesministerium für Bildung, Wissenschaft, Forschung und Technologie hg. Dichter-Anth. »Von Abraham bis Zwerenz« (3 Bde., 1995); Dokumentation der Tagung in »Berliner Lesezeichen. Literaturzeitung« Nr. 6/7 1995. **Dassel**: Leicht verwässerten Rationalismus lieferte der prot. Geistliche **Carl Friedrich August Busse** (1772-1829): »Über die Vorteile der Stallfütterung« (1802), »Über die Todesstrafe der Ersäufung« (1797). – In **Markoldendorf** (Dassel-M.) starb **Johann Christoph Froebing** (1746-1805), schriftstellernd in Lesebüchern, Kalendern, »Gedichten« (1791). – **Lüthorst** (Dassel-L.): **Wilhelm Busch** (→ Nienburg/Wiedensahl/NI) lebte hier 1846/47 bei seinem Onkel, dem Pfarrer G. Kleine; Erinnerungsstein vor dem Pfarrhaus, Gedächtnisstätte im Heimatmuseum. Halbwegs nach Göttingen die Ruine **Hardenberg** (Nörten-H.); **Novalis** (→ Eisleben/Hettstedt/ST) stammt aus dem Geschlecht. August 1811 bis September 13 lebte **Benjamin Constant** in Zurückgezogenheit auf Schloss H., dem Familiensitz seiner Frau Charlotte. – **Nienhagen** sah 1879-85 **Heinrich Sohnrey** (→ Münden/Jühnde/NI), den Verfasser von Dorfgeschichten, als Lehrer; S.-Warte auf dem Balos.

B K. Kronenberg, Roswitha von Gandersheim und ihre Zeit. 4. Aufl. 1978; H.-H. Welchert, Die laute Stimme. Stift G., in: Wanderungen zu den Burgen und Domen in Niedersachsen, 1973; Helmar Härtel, Die Hss. der Stiftsbibliothek zu G., 1978.
Z Goslar, Clausthal-Zellerfeld, Einbeck, Göttingen, Holzminden, Osterode (NI).

NÜRNBERG/BY

»deä vollmond ibä/nämberch is aa blouß / ä lebkoung.« (Fitzgerald Kusz, 1996)
Universität Erlangen-N. (Kunsterziehung); Akademie der Bildenden Künste in N. – Albrecht-Dürer-Haus; German. Nationalmuseum; Schulmuseum der Universität; Stadtmuseum Fembohaus. – Staatstheater N.; N.er Burgtheater (Kabarett); Figurentheaterfestival. – BR Studio Franken. – Gäste und Buch (N.er Mittagslesungen). – »Die Blaue Nacht« (Kulturfestival im Mai); Bardenfestival (Ende Juli, Anfang August).

Hans Rosenplüt, * um 1400 N., † 1473 ebd., ältester Meistersinger in N. Als Verfasser von Fastnachtsspielen und Versschwänken Vorläufer von H. Sachs. »Ein erfolgloser Handwerker (Büchsenmeister) ... im Hauptberuf, ein erfolgreicher Autor im nahezu brotlosen Nebenberuf« (J. Reichel). – »Spruch von der Stadt Nürnberg« (1447).
Willibald Pirckheimer (→ Eichstätt/BY), Humanist; 1496-1523 Ratsherr in N. Förderer süddt. Renaissancekunst. Starb hier am 22. 12. 1530; Grab auf dem Johannisfriedhof. – P.s Lieblingsschwester **Charitas Pirckheimer** (1467-1532), Äbtissin des Klaraklosters seit 1503 (Königstraße 62), hinterließ »Denkwürdigkeiten« aus der Zeit der Glaubenskämpfe (L. Weismantel, »Die Letzten von Sankt Klaren«, R. 1940). – W.-P.-Gesellschaft zur Erforschung von Renaissance und Humanismus e. V.
Hans Sachs, * 5. 11. 1494 N., † 19. 1. 1576 ebd., »Schuhmacher und Poet dazu«, führte den Meistersang und das Fastnachtsspiel auf den Höhepunkt. Verfasste rd. 208 Theaterstücke, 1800 Spruchgedichte und 4275 Meisterlieder, darunter »Lobspruch der Stadt Nürnberg« (1530). Besuchte bis 1509 die Lateinschule, wanderte ab 1511 durch ganz Dtl. und hielt sich u. a. in → München/BY, Frankfurt a. M., Aachen,

Nürnberg: Alles, was sich früher altfränkisch um das Hans-Sachs-Denkmal (J. K. Krauβer, 1874) gruppierte, wurde im 2. Weltkrieg zerstört; bis auf das wiederaufgebaute Heilig-Geist-Spital umgeben es jetzt Neubauten.

Leipzig und Erfurt auf. Ab 1516 wieder in N. Durch die Romantik wiederentdeckt, legendär durch R. Wagners (→ Bayreuth/BY) Oper »Die Meistersinger von Nürnberg«. – Werke, Hist.-krit. Ausg. (Hrsg. A. v. Keller und E. Götze, 26 Bde., 1870-1908). – Gedenktafel Heugäßchen 1/Ecke H.-S.-Gasse; Grab Johannisfriedhof (Nr. 503); Denkmal H.-S.-Platz; Brunnen (»Das Ehekarussell«) Ludwigsplatz; H.-S.-Spielgruppe. – Singschule 1578-1620 St. Martha, ab 1620 St. Katharinen. – Teile des Nachlasses StB N. – P. Wapnewski, »H. S. der Überwinder«, in: »Der traurige Gott« (1978).

Jakob Ayrer, * 1543 N., † 26. 3. 1605 ebd., Dramatiker. Studierte in → Bamberg/BY, kehrte 1593 nach N. zurück. Er verknüpfte N.er Spieltradition mit dem Stil der engl. Komödie; erstmals genaue Bühnenanweisungen, 69 von über 100 Stücken erhalten. Nachwirkungen bei L. Tieck und A. v. Arnim (beide → Berlin).

Georg Philipp Harsdörffer, * 1. 11. 1607 N., † 22. 9. 1658 ebd., Barockdichter und Theoretiker, Übersetzer roman. Lit. Gründete mit J. Klaj 1644 den Pegnesischen Blumenorden. Sein »Poetischer Trichter, die Teutsche Dichtung und Reimkunst, ohne Behuf der lateinischen Sprache, in VI Stunden einzugießen« (1648-53) wurde sprichwörtlich. Schrieb »Frauenzimmer-Gesprächspiele« (1641-49) und Schäfergedichte. – Grab auf dem Johannisfriedhof.

Johann Klaj, * 1616 → Meißen/SN, † 16. 2. 1656 → Kitzingen/BY. Neben G. Ph. Harsdörffer berühmtester »Pegnitzschäfer«. Kam 1644 nach N. und wurde 47 Lehrer an der Lateinschule von St. Sebald, wo er nach den Gottesdiensten auch seine Oratorien vortrug. – W.: Höllen- und Himmelfahrt Jesu Christi (Orat. 1644); Engel- und Drachenstreit (Orat. 1645); Lobrede der Teutschen Poeterey (1645).

Sigmund von Birken (eig. Betulius), * 5. 5. 1626 Wildenstein b. Eger, † 12. 6. 1681 N., prunkhafter barocker Hofdichter. Leitete 1650 in N. die Spiele zur Feier des Westfäl. Friedens, präsidierte 62 dem Pegnes. Blumenorden. Schrieb mytholog., geistl. und hist. Dichtungen, u. a. »Der Norische Parnaß« (1677). – Grab auf dem Johannisfriedhof. – Nachlass StA N.

Catharina Regina von Greiffenberg, * 7. 9. 1633 Schloss Seyssenegg b. Amstetten/Niederöst., † 10. 4. 1694 N., Lyrikerin des Barock. Kam 1663 erstmals (auf der Flucht vor den Türken) nach N., kehrte 79 endgültig als Exulantin (Glaubensflüchtling) hierher zurück. Die letzten 14 Lebensjahre verbrachte sie im St. Egidienhof in N. Gehörte der »Lilienzunft« in Ph. v. Zesens »Teutschgesinnter Genossenschaft« an, Briefwechsel mit S. v. Birken. – W.: Geistliche Sonette (1662).

Magnus Daniel Omeis, * 6. 9. 1646 N.,

Nürnberg: Eingangsportal zum »Irrhain« in N.-Kraftshof, der 1644 für den Harsdörfferschen Hirten- und Blumenorden an der Pegnitz angelegt wurde

† 22. 11. 1708 → Altdorf/BY, Poetiker unter dem Einfluss von M. Opitz (→ Heidelberg/BW), S. v. Birken und Ch. Hofmann von Hofmannswaldau. 1697 Oberhirt des Pegnes. Blumenordens. Schrieb geistl. Lyrik und eine »Gründliche Anleitung zur Teutschen accuraten Reim- und Dicht-Kunst« (1704). – »Irrhain«, von den »Pegnitzschäfern« angelegt, unweit N.-Kraftshofs.

Johann Konrad Grübel, * 3. 6. 1736 N., † 8. 3. 1809 ebd., Stadtflaschner und Gassenhauptmann. Zeit- und Lokalspiegel sind seine (von Goethe geschätzten) Gedichte und Briefe in N.er Mundart. – Wohnhaus. G.-Gasse 6 (Gedenktafel); Grab auf dem Johannisfriedhof; G.-Brunnen im Vorhof der Stadtbibliothek – Nachlass GNM. N.er Zeit- und Zunftgenossen: **Hartmann Schedel** (1440-1514), Humanist und Stadtarzt; 1493 erschien lat. und dt. seine Weltchronik (mit etwa 2000 Holzschnitten). – **Lazarus Spengler** (1479-1534), rel. Lyriker, Ratsschreiber; Freund M. Luthers (→ Eisleben/ST) und W. Pirckheimers; Grab Johannisfriedhof. – **Melchior Pfinzing** (1481-1535), Probst an St. Sebald; in Mainz Geheimschreiber Maximilians I., überarbeitete dessen aut. Epos »Teuerdank« (1517). – **Johann Michael Dilherr** (1604-69) kam 1642 nach N., Prediger an St. Sebald und Stadtbibliothekar; theol., philol. und musiktheoret. Schriften (»Christl. Felt-, Welt- und Gartenbetrachtung«, 1647); Totenschild in St. Jakob. – **Johann Benjamin Erhard** (1766-1827), dt. Jakobiner: »Über das Recht des Volkes zu einer Revolution« (1795).

Karl Bröger, * 10. 3. 1886 N. (Vorort Wöhrd), † 4. 5. 1944 Erlangen, Arbeiterdichter, Journalist und Redakteur. 1. Weltkrieg und Elend der Nachkriegszeit prägten seine wichtigsten Werke. – W.: Der unbekannte Soldat (E. 1917); Bunker 17 (R. 1929); Nürnberg (R. einer Stadt, 1935); Sturz und Erhebung (Ges. G. 1942). – Lebte bis zur Ausbombung in seinem kleinen Haus in Ziegelstein am Rande des »Reichswaldes«; Grab auf dem Westfriedhof. – Mit **Wilhelm Vershofen** (→ Bonn/NW), dem Leiter der »Werkleute auf Haus Nyland«, der 1923 als Ordinarius für Wirtschaftswiss. nach N. kam, verband B. eine lebenslange Freundschaft.

Claire Goll (eig. Clarisse Liliane Aischmann), * 29. 10. 1890 N., † 30. 5. 1977 Paris. 1916 lernte sie **Yvan Goll** (1891-1950) kennen, den sie 1920 heiratete: Beide »haben deutsche und europäische Literaturgeschichte gelebt, erlebt und selbst an ihr geschrieben« (B. Glauert im Vorwort zu »Meiner Seele Töne«. C. und Y. Golls

Briefwechsel, n. 1978). – Neben zahlreichen in Dt. und Frz., z. T. gemeinsam mit Yvan verfassten Gedichten Autobiographisches wie »Traumtänzerin« (1971) und »Ich verzeihe keinem« (1976/78). – Nachlass DLA Marbach.
Hermann Kesten, * 28. 1. 1900 Podowoloczyska/Galizien, † 3. 5. 1996 Riehen b. Basel, »Weltdichterfreund« (G. Schramm). Aufgewachsen in N. 1927-33 Lektor und Leiter des Kiepenheuer Verlages in → Berlin. Emigration 1933 in die Niederlande, 40 in die USA. Seit 1977 in Basel. 1981 N.er Ehrenbürger. – Vielfältiges lit. Werk (Ausw. in 20 Bdn., 1920-84); »Mit Menschen leben«. Ein N.er Lesebuch (Hrsg. W. Buhl, 1999). – Zeitungs-Café H. K. in der Stadtbibliothek, Skulptur im Innenhof. – Archiv LA Monacensia.
A **Hans Folz** (→ Worms/RP) lebte ab 1479 als Bader und einflussreicher Meistersinger (vorw. rel. Thematik) in N. Reformierte den Meistersang und lieferte H. Sachs stoffl. Anregungen. – **Konrad Celtis** (→ Schweinfurt/Wipfeld/BY) wurde 1487 als erster dt. Dichter von Kaiser Friedrich III. in n. gekrönt; Stadtlob-Poet:»Norimberga« (1495). 1532 erschien die »Noriberga illustrata« von **Eobanus Hessus** (→ Marburg/HE). – Der Humanist und Wiedertäufer **Hans Denck** (um 1495-1527) war 1523 Rektor der Lateinschule von St. Sebald und wurde ein Jahr später ausgewiesen. – **Philipp Melanchthon** (→ Bretten/BW) richtete 1526 das Egidiengymnasium ein; Denkmal davor. – Von **Johann Helwig** (Ps. **Montano**/1609-74), Mitglied des Pegnes. Blumenordens, stammt das Gedicht »Die Nymphe Noris in Zweyen Tagzeiten vorgestellt« (1650). Ebenfalls »Pegnitzschäfer« war der Hersbrucker **Christoph Arnold** (1627-85). Kunstbegeistert und – im Logis »Roter Hahn« – in geselliger Runde (Freund Knebel) 1788, 90, 97 **Goethe** (→ Frankfurt

a. M./HE). **Christian August Vulpius** (→ Weimar/TH), Goethes Schwager und Verfasser des »Rinaldo Rinaldini«, war in N. Privatsekretär des schriftstellernden **Julius Graf von Soden** (→ Ansbach/BY). **Ludwig Tieck** und **Wilhelm Heinrich Wackenroder** (→ beide Berlin) besuchten N. während ihres Studiums in Erlangen 1793. Am 3. 1. 1794 berichtet **Friedrich Hölderlin** (→ Lauffen/BW), an einer Lesegesellschaft in N. teilnehmend, beeindruckt von den »gotischen Palästen und emsigen Einwohnern«. – **Wilhelm Ludwig Wekhrlin** (→ Stuttgart-Botnang/BW) empfand 1796 alles »beengt, kleinlich, niedergedrückt«. Mit einem »wehmütigen Gefühle« konstatierte auch **Ernst Moritz Arndt** (→ Bonn) den Niedergang der Stadt, als er sich 1798 mehrere Tage umsah. – **G. W. F. Hegel** (→ Stuttgart/BW) war 1808-16 Rektor des Egidien-Gymnasiums. Hier entstand die »Wissenschaft der Logik«. Unter H. Schüler und 1827 Prof. am Gymnasium **Georg Friedrich Daumer** (Ps. **Emmeran Eusebius**), bekannt durch seine Veröffentlichungen über Kaspar Hauser (der am 28. 5. 1828 am Unschlittplatz aufgefunden wurde) und als Hafis-Übersetzer. – 1835 kam **Richard Wagner** (→ Bayreuth/BY) zum ersten Mal durch N., wo sich ihm eine nächtl. Straßenschlägerei als Vorbild seiner »Meistersinger«-Prügelszene einprägte; im »Goldenen Posthorn« schrieb er an der Partitur. – Unter den Reisenden, die das Abenteuer einer ersten Eisenbahnfahrt (N.-Fürth) bestanden: 1838 **Jacob Grimm** (→ Hanau/HE) und 43 **Friedrich Hebbel** (→ Heide/Wesselburen/SH). – **Ludwig Feuerbach** (→ Landshut/BY) starb völlig verarmt am 13. 9. 1872 im heutigen Stadtteil Rechenberg (Denkmal); Grab auf dem Johannisfriedhof.
Hans Christian Andersen, 1840 zum ersten, 73 zum letzten Mal in N., hat ein gan-

zes Kapitel seiner Aut. »Eines Dichters Ba-
sar« (1840) der Stadt gewidmet. Der Ame-
rikaner **Henry Wadsworth Longfellow**,
1842 erstmals in N., pries die Schönheit
der Stadt in einem Poem »Nuremberg«. –
»Die alte Dürer-Stadt lachte uns von Woche
zu Woche freundlicher an ... und schon
wurden uns der Schöne Brunnen und die
Sebalduskirche mit ihrem grauen und ih-
rem grünen Turm so heimatlich wie der
Passauer Dom.«: **Hans Carossa** (→ Bad
Tölz/BY), der sich 1910 mit Frau und
Kind »nahe dem Luitpoldhain« für einige
Zeit ansiedelte. – Zwischen 1919 und 49
wiederholt in N. **Thomas Mann** (→ Lü-
beck/SH), Freundschaft mit der Buch-
händlerin Ida Herz. Die Stadt – als Kulisse
für die altfränk. »Türme, Spitzerker, Gie-
bel von Kaisersaschern« – leitmotivisch
im »Doktor Faustus«. – »Im Dorfe Stein,
neben dem Faberschen Schloß, verdiente
ich mir meine ersten fünf Mark, indem
ich bei einem ländlichen Tanzabend die
Geige strich«, schreibt der russ. Schriftstel-
ler **Konstantin Fedin**, der 1914 in N. vom
Kriegsbeginn überrascht wurde, in »Begeg-
nung mit der Vergangenheit«. Zum »Pro-
zeß der Kriegsschuldigen in Nürnberg«
kam er 1945/46 wieder.
»Die Zahl der Gäste ist Legion ...«, regi-
strierte schon **Adalbert Stifter** (→ Pas-
sau/BY). Und ein Jh. später **Horst Krüger**
(→ Magdeburg/ST): Die Stadt sei nach wie
vor weltbekannt, nach 1945 »nur mit den
falschen Artikeln«. In summa 2003 **Jo-
hannes Wilkes**: »Alle Wege führen nach
Nürnberg«.

L N. literarisch, eine Lese von den Romanti-
kern bis zur Gegenwart: **E. T. A. Hoffmanns**
(→ Berlin) »Meister Martin der Küfer und seine
Gesellen« (1819), **August Hagens** (1797-1880)
Pseudo-Chronik »Norika« (1829) sowie die
E.en »Des Reiches Krone« (1873) von **Wil-
helm Raabe** (→ Holzminden/Eschershausen/

NI), »Gustav Adolfs Page« (1882) von **Conrad
Ferdinand Meyer**, »Albrecht Dürers Erlebnis«
(1922) von **Wilhelm von Scholz** (→ Berlin)
und »Die Nürnberger Reise« (1927) von **Her-
mann Hesse** (→ Calw/BW). – N.-Bezüge auch
bei: **Gerhart Hauptmann** (→ Berlin), »Das
Buch der Leidenschaft«; **Jakob Wassermann**
aus dem benachbarten → Fürth/BY (Teil sei-
ner Bibliothek in der N.er Stadtbibliothek);
Lion Feuchtwanger (→ München/BY), »Exil«
(1940); **Leo Weismantel** (→ Karlstadt/Ober-
sinn/BY), Künstlerbiographien: V. Stoß (1939),
A. Dürer (1950). – **Wolfgang Buhl**, »Karfrei-
tagskind« (R. 1999); **Günter Grass**, »Wie heut
der Papst« (in: »Mein Jahrhundert«, 1999); **El-
mar Tanert**, »Der Stadtvermesser« (R. 1998);
Martin Walser, »Das Sauspiel« (1975). – Als
fränk. Festspieldichter und Erzähler »Nürnber-
ger Novellen« (1900) wurde **Franz Dittmar**
(1857-1915) bekannt. Ebenso **Eugen Skasa-
Weiß** (1905-77), u. a. mit »Deutschland deine
Franken« (1971), der sich auch in seinen
»nicht-fränkischen« Büchern als typ. Franke
(»mehr Eulenspiegel und Original als Urviech«)
erwies. – Gedichte von **Margarete Hannsmann**
(in »Das andere Ufer vor Augen«, 1972, und
»Spuren«, 1981). – »Gedichte in Nürnberger
Mundart« brachte 1821 der Zinngießer, Ma-
gistrats- und Armenschaftsrat **Johann Wil-
helm Marx** (1788-1836) heraus; »Pfeffernüß-
la. Humoristische Gedichte in Nürnberger
Mundart« 1913 von **Karl Hörber** (1854-1928).
Zeitgenöss. Stadtgedichte im Landnürnberger
Dialekt: »ä daumfeadn affm droddoa« (1979)
von **Fitzgerald Kusz** (Jg. 1944; »Schweig,
Bub!«, Sch. 1976): »Was F. Kusz tut, ist auch
etwas Politisches, nicht im Sinn eines Pro-
gramms, sondern im Interesse eines Bewußt-
seinsprozesses ...« (W. Staudacher). – **Her-
mann Glaser**, 1964-90 Schul- und Kulturde-
zernent, »Spurensuche in Franken« 1981, in:
»Du bist doch Bayerns Hauptstadt« (Merian
6/1981): »Nürnberg im Spiegel der Literatur:
Neben dem progressiv-wagemutigen, roman-
tisch-verinnerlichten, barock-sehnsuchtsvollen,
spießbürgerlich-kleinlichen Gestalt tritt uns
da das parterre-affirmative Wesen der Stadt
entgegen ...«. Und zitiert das Gedicht »Ge-
schichtsschreibung« des N.er Autors **Ludwig**

Fels (geb. 1946), »kein Gedicht über N., aber doch auch ein Gedicht für N.«, das mit den Worten schließt: »Nichts verzeihen und anfangen / endlich beginnen, die Opfer der Toten zu rächen / für eine ganz neue Erinnerung.«

S Stadtbibliothek: rd. 935 000 Bde., 3100 Hss., 2100 Inkunabeln; Hans Sachs und der Meistergesang; Slg. fränk. Literatur. **Bibliothek des German. Nationalmuseums:** rd. 650 000 Bde., 3380 Hss., 1000 Inkunabeln, 3000 Drucke des 16. Jh.; Archiv des Pegnes. Blumenordens; Partitur der »Meistersinger« von R. Wagner. **Literaturhaus N.** mit **LiteraturClub** (seit 1996), **N.er Lesenächte; Pegnes. Blumenorden e. V.** (seit 1644); **Collegium N.er Mundartdichter** (seit 1964); **N.er Regionalgruppe des VS.** – **Preis der Stadt N.** (seit 1952), **Förderpreis der Stadt N., Nürnberg-Stipendium** (alle auch für Literatur); **Literaturpreis des Kulturforums Franken e. V.; Literaturpreis der mittelfränk. Wirtschaft; Literaturpreis der N.er Kulturläden** (seit 1988).

R Vademecum für Streifzüge durch die »schrecklich-schöne Stadt«, von der Burg bis zum Reichsparteitagsgelände: **Steffen Radlmaiers/Horst Schäfers** lit.-fotograf. Anth. »Nürnberger Ansichten« aus dem 20. Jh. (1999). – Sagen und ihre Schauplätze: **Burg:** Kaiser-Kapelle, Kunigundenlinde. – »Die Nürnberger hängen keinen, sie hätten ihn denn«: Die Redensart bezieht sich auf den Raubritter Eppelein von Gailingen, der durch einen Sprung mit seinem Pferd über den **Burggraben** aus der N.er Gefangenschaft geflohen sein soll, in Wahrheit aber 1381 von den N.ern gefangen und vom kaiserl. Landgericht Neumarkt zum Tod verurteilt wurde (K. Bröger: »Das Buch vom Eppele«, 1926). – Von **St. Sebald** über den **Hauptmarkt** (»Schöner Brunnen«) nach **St. Lorenz:** Geistermesse »in der kirchen und uf deßelben kirchhof«. – Minnesängerbrunnen in der Rosenauanlage; Schiller-Denkmal im Stadtpark. – Zwischen **Spittler-** und **Haller Tor**

spukt der Kanonier von der »Schwedenwacht«. – In der Pfarrkirche von **Großgründlach** (ehem. Zisterzienserinnenkloster) Grabstein der »Weißen Frau« (→ Kulmbach/BY). – **Neunhof** nordwestl. Lauf bewahrt Erinnerungen an **W. Pirckheimer**, der in einem lat. Brief 1521 eine Schilderung von den Annehmlichkeiten des Landlebens, fern der Pest in Nürnberg, hinterlassen hat. Einen Sommer lang weilten 1648 in einer Art poet. Retraite die Nürnberger »Pegnitzschäfer« hier. Als »einen dem Gott Bacchus und den Musen geweihten Platz« priesen sie nicht minder den »Rockenbrunnen« in Rockenbrunn am Fuß des **Moritzberges** (östl. Nürnberg). – In der Kirche von **Engelthal** (zw. Moritzberg und Arzberg) erlebte die Dominikanerin und Mystikerin aus N.er Patriziat **Christine Ebner** (Karfreitag 1277-1355) ihre Visionen: »Büchlein von der Gnaden Überlast« (vor 1346).

B B. Fürst (Hrsg.), Nürnberg in alten und neuen Reisebeschreibungen, 1990; J. Hermand, Die Meistersinger, in: Ders., Die deutschen Dichterbünde, 1998; F. Rädle, Das Nürnberg der Humanisten, in: Orte der Literatur, 2. Aufl. 2003.
Z Altdorf, Ansbach, Erlangen, Forchheim, Fürth (BY).

NÜRTINGEN/BW

»Die Geschäftstüchtigkeit hat zugenommen; der Umtrieb hat sich verstärkt; den Flüchtlingen sieht man nicht einmal mehr den ›Neubürger‹ an, sie haben eingeheiratet, sie werden als fleißige Partner respektiert, mehr noch: der Lebensstil hat auf den der alten Nürtinger abgefärbt. Es könnte alles gut sein, wenn diese Stadt nicht unendlich viel von ihrer Erinnerung verlöre, aus der sie gewachsen ist.« (Peter Härtling, 1963)

Friedrich Hölderlin (→ Lauffen/BW) wuchs in N. auf, zunächst 1774-84 im

sog. Schweizerhof (heute H.-Schule), Neckarsteige 1 (Gedenktafel). Besuch der Lateinschule (Marktstraße 16; Gedenktafel mit einem Text von E. Mörike); Mitschüler: F. W. J. Schelling (→ Leonberg/BW) und D. F. Weinland (→ Münsingen/Hohenwittlingen/BW). Immer wieder kehrte H. nach N. zurück, zuletzt 1802-04; die Mutter wohnte ab 1795 im Ebnerschen Haus, Marktplatz 6 (Gedenktafel). – Anspielungen auf die Landschaft zwischen Neckar und Alb u. a. in »Die Teck«, »Heimkunft« und »Der Winkel von Hardt«. – Stadtmuseum: Ständige Ausstellung »Hölderlin und Nürtingen«; H.-Brunnen und -Gedenkstein bei der Kreuzkirche.
Eduard Mörikes (→ Ludwigsburg/BW) Mutter stammte aus der Gegend um N., wohin sie 1825 übersiedelte (Kirchstraße 17). Hier verbrachte M. seine Schul- und Vikariatsferien und kam 1870, bereits im Ruhestand, noch einmal für eineinhalb Jahre zurück: Wohnungen Neckarsteige 36 (Gedenktafel Nordseite) und Marktstraße 6. – Anfang 1843 erhielt M. von der Schwester Hölderlins einen Waschkorb voller Manuskripte zur Durchsicht: Man »könnte ... vor solchen Trümmern beinahe den Kopf verlieren« (Brief 6. 2. 1843). Vor ihm hatte schon **Gustav Schwab** (→ Stuttgart/BW) diese Schätze gesichtet und für seine Hölderlin-Ausg. ausgewertet. – E.-M.-Weg (für Wanderer).
A In der Kirchstraße 6 (Ev. Pfarramt) wohnte als Lateinschüler **David Friedrich Weinland**. Der Nürtinger **Georg Schwarz** (geb. 16. 7. 1902 N., gest. 20. 2. 1991 → München/BY), Erzähler, bes. aus schwäb. Vergangenheit, und Lyriker, kam über **Dr. Owlglass** (→ Wangen/Leutkirch/BW) zum »Simplicissimus«. – »Flucht aufs Land«: **Nicolas Born** (→ Duisburg/NW) lebte von November 1968 nicht ganz ein Jahr in N.-Roßdorf, Grünewaldstraße 22 (Marbacher »Spuren« 73/2006).

L **Ottilie Wildermuths** (→ Rottenburg/BW) Erzählungen »Kroatenhof«, »Der Kroatenähne« und »Aus dem Leben einer Hausfrau der alten Zeit« spielen in N. – »Klage über Nürtingen« erhebt **Klaus Harpprecht** (zuerst 1963 im »Monat«), sekundiert von **Peter Härtling** (»Nachwort eines Redakteurs«). Erinnerungen auch in Härtlings »Nürtingen: Marktstraße« (in »Straßen und Plätze«, o. J.) und in dem aut. R. »Herzwand« (1990). Sein Roman »Das Familienfest« (1969) spielt ebenfalls hier, er beginnt im »Höfle«.

Kirchheim unter Teck

Städt. Museum im Kornhaus.

Max Eyth, * 6. 5. 1836 K., † 25. 8. 1906 → Ulm/BW, Maschineningenieur, Fernreisender und Erzähler aus der Welt der Technik: »Hinter Pflug und Schraubstock« (Aut. 1899). – Geburtshaus ehem. Lateinschule, M.-E.-Straße 15. – Nachlass DLA Marbach.
Hans Bethge, * 9. 1. 1876 → Dessau/ST, † 1. 2. 1946 K. (Paradiesstraße 16), Erzähler, Lyriker, Essayist, Übersetzer. Im Kulturbetrieb der Berliner Moderne aktiv (»Sturm«, »Schaubühne«). »Die chinesische Flöte« (1906) ist auf dem Umweg über die Vertonung durch G. Mahler (»Das Lied von der Erde«) bekannt geworden. – Ehrengrab auf dem Alten Friedhof im Herdfeld. – Nachlass DLA Marbach.
Conrad Widerholt, * 1598 Ziegenhain/HE, † 13. 6. 1667 K., der Verteidiger des Hohentwiel (→ Singen/BW), hat in der ev. Stadtkirche ein reichgeschnitztes Grabdenkmal (mit Darstellung von Christus in der Kelter). Dokumente im Museum.
A Im September 1898 war **Karl May** (→ Glauchau/Hohenstein-Ernstthal/SN) zu Besuch: Villa Weise, Dettinger Straße 95. – Während der Sommervakanz 1899 traf man **Hermann Hesse** (→ Calw/BW) in der »Krone« (Alleenstraße 35), wo er sich in Julie Hellmann (»Lulu«) verliebte.

S Lit. **Museum im Max-Eyth-Haus,** Max-Eyth-Straße 15 (H. Bethge, M. Eyth, H. Kurz, H. Hesse, A. Knapp, J. S. Kerner).

R Im Nordwesten liegt der **Ulrichstein.** Ihm gelten **Friedrich Hölderlins** Gedicht »Der Winkel von Hardt« sowie »Der Hohlenstein« von **Gustav Schwab** (→ Stuttgart/BW). In der Dorfmitte von **Hardt** der Pfeifer-Brunnen (Erinn. an **W. Hauffs** → Stuttgart/BW »Lichtenstein«). – Als ein »Riesengebirge«, das »so königlich über die Brüder emporragt«, besang Hölderlin auch die **Teck.** Von einer Bergbesteigung (samt Picknick) »hoch über den Wohnungen der Menschen« erzählt **Eduard Mörike** in einem Brief vom April 1830 (von ihm auch das G. »Auf der Teck«). M. war damals Vikar in **Owen.** Weitere Stationen seiner fast achtjährigen Vikariats- bzw. Pfarrverweserzeit (»Vikariatsknechtschaft«): **Oberboihingen, Weilheim a. d. Teck, Ötlingen** b. Kirchheim, **Beuren** (Pfarrort des Großvaters), **Grafenberg** (Geburtsort der Mutter) sowie **Ochsenwang** (Bissingen-O.), »ein wildes Paradies, ein Reihernest«: Rat- und Pfarrhaus: Gedenkstätte; Pfarrkirche: Eintragung M.s unter der Empore; Breitenstein am Albtrauf: M.felsen. – In **Owen** war **Wilhelm Zimmermann** (→ Stuttgart/BW) zuletzt Pfarrer (Gedenktafel an der Kirche). – **Hohenneuffen** war Stammsitz des Minnesängers **Gottfried von Neuffen,** später, unter den württ. Herzögen, ein berüchtigtes Gefängnis.

B G. Wittkop, Hölderlin, der Pflegesohn, 1993; Th. Scheuffelen, Mörike in Ochsenwang, Marbacher Magazin 27/n. 1990; Marbacher »Spuren« zu H. Bethge (12/1991), Karl May (32/1995), H. Hesse (57/2004); U. Harbusch, »Hier ist Freude, hier ist Lust«. Eduard Mörike zwischen Alb und Neckar, 2004.
Z Esslingen, Göppingen, Reutlingen, Stuttgart, Tübingen (BW).

OBERAMMERGAU/BY

»*Oberammergau ist ein Ort, der Vorurteile wie ein Magnet anzieht.*« *(Elisabeth Tworek, 2004)*

Passionsspiel, auf ein Pestgelübde von 1633 zurückgehend. Erste Aufführung 1634, seit 1680 alle 10 Jahre (Mai-September). – Urtext von 1662; Neufassung 1860 von J. A. Daisenberger aus Oberau (Gedenktafel am Geburtshaus, Hauptstraße 7; Grab mit Denkmal auf dem Pfarrfriedhof von Oberammergau); letzte Aufführung 2000. – Passionstheater von 1930; Passionsmuseum. – Das dem Passionsspiel vorausgehende **Pestspiel** stellt die Verbindung von Pest und Passionsgelöbnis im Jahr 1633 dar. (Seit 1999 auf einer Freilichtbühne am Friedhof, dem urspr. Aufführungsort des Passionsspiels, in der Textfassung von M. F. Wall; vorher: Text von L. Weismantel.)
Ludwig Thoma, * 21. 1. 1867 O., † 26. 8. 1921 → Tegernsee/BY, Satiriker, Dramatiker, Erzähler. Kindheit in oberbay. Forsthäusern. Studium der Forstwiss. und Rechte. Rechtsanwalt in → Dachau/BY und → München/BY. Seit 1899 Redakteur beim »Simplicissimus«. Freier Schriftsteller in

Oberammergau: Einzug in Jerusalem, Passionsspiele 1970

Tegernsee. – W.: Agricola (En. 1897); Moral (K. 1909); Josef Filsers Briefwexel (1912); Erinnerungen (1919). – Geburtshaus Dorfstraße 20. – L.-Th.-Archiv LA Monacensia.

Wilhelmine von Hillern, * 11. 3. 1836 in München, † 25. 12. 1916 Hohenaschau, Tochter des Historikers Christian Birch und der Theaterautorin Charlotte Birch-Pfeiffer (→ Stuttgart/BW). Ihr R. »Die Geierwally« (1873) hat die Tiroler Malerin Anna Stainer-Knittel als früh emanzipierte Künstlerin zum Vorbild und wurde zum Welterfolg. 1880 Übersiedlung nach O., konvertierte unter dem Einfluss der Passionsspiele zum Katholizismus, schrieb den »Passionsroman aus O.« »Am Kreuz« (1880) und ortsbezogene Erzählungen. – »Hillern-Schlößl« Ettaler Straße 45; Grab auf dem Pfarrfriedhof.

A **Georg Queri** (→ Ammersee/Frieding/BY) fungierte während eines Aufenthalts in O. in L. Thomas Geburtshaus als Hrsg. des ältesten Textes des O.er Passionsspiels (1910). – Das Jugendzentrum, Tiroler Gasse 3, war einmal **Josef Ruederers** (→ München/BY) gastfreies Landhaus, eine Tafel erinnert allerdings an Generalfeldmarschall Helmuth von Moltke (1880 hier). – Unter den Kurgästen und Passionsspielbesuchern: **G. Görres** (→ Koblenz/RP), **H. von Wolzogen** (→ Bayreuth/BY), **Thomas**, **Katia**, **Erika Mann** (→ Lübeck/SH, München/BY), **J. Ringelnatz** (→ Wurzen/SN), **H. Brandenburg** (→ Wuppertal/NW); **R. Tagore** (1930), **S. de Beauvoir**, **J.-P. Sartre** (1934), **Schalom Ben-Chorin** (→ München).

L Oberammergauer Romane: **L. Ganghofer** (→ Kaufbeuren/BY), »Der Herrgottschnitzer von Ammergau« (1888), **M. Schmidt** (gen. »**Waldschmidt**« → Furth i. W./Eschlkam/BY), »Der Schutzgeist von O.« (1928), **L. Weismantel** (→ Karlstadt/Obersinn/BY), »Gnade über O.« (1934). In **L. Feuchtwangers** (→

München/BY) R. »Erfolg« (1952) ist dem »Apostelspiel von Oberfernbach« ein eigenes Kapitel gewidmet. – Schilderungen des Spiels u. a. von **S. Boisserée** (→ Köln/NW), **L. Steub** (→ Aichach/BY) und **L. Speidel** (→ Ulm/BW): »Das Volk ist der große Schauspieler von Ammergau«.

R Oberhalb von Schloss **Linderhof** Venusgrotte, »eine Träumerei aus Gips und Beton, Wasser und Licht« nach **Richard Wagners** (→ Bayreuth/BY) »Tannhäuser«. – Im Benediktinerkloster **Ettal** (Gründung 1330, Sage) entstand im Barock ein neues Passionsspiel, Autoren und Überarbeiter: **Ferdinand Rosner** (1709-78), **Magnus Knipfelberger** (1747-1825), **Othmar Weiß** (1769-1843). **Thomas Mann** verbrachte mit Familie die »Winterfrische« 1927, 29, 30 in E. Logis Hotel »Ludwig der Bayer«; Nachmittagsstunden in der »Blauen Gans« (Vogelherdweg 1). Das Kloster in der NS-Zeit im Winter 1940/41 auch Refugium für **Dietrich Bonhoeffer** (→ Berlin); Gedenktafel im Zentralraum der Basilika. Lit. Reminiszenzen bei **Annette Kolb** (→ München/BY), »Daphne Herbst« (1928) und **Manfred Bieler** (→ Zerbst/ST), »Der Kanal« (1978).

B R. Lemp, Ludwig Thoma. Bilder, Dokumente, Materialien …, 1984; G. Holzheimer, E. Tworek und H. Woyke, Leiden schafft Passionen. O. und sein Spiel, 2000; E. Tworek, Spaziergänge durch das Alpenvorland der Literaten und Künstler, 2004.

Z Bad Tölz, Füssen, Garmisch-Partenkirchen, Schongau, Weilheim (BY).

OCHSENFURT/BY

Gnodstadt (Marktbreit-G.)

Michael Georg Conrad, * 5. 4. 1846 G., † 12. 12. 1927 → München/BY, Kritiker und frühnaturalist. Erzähler. Ab 1878 Journalist in Paris, durch die Bekanntschaft mit E. Zola Anreger des dt. Naturalismus. Gründete 1885 in München die Zs. »Gesellschaft«, 93-98 Reichstagsabgeordneter. – W.: Was die Isar rauscht (R. 1888). – Elternhaus Dr.-Conrad-Straße, »an der Grenze von Dorf und Flur« (Gedenktafel im Hof); »Morgensternobelisk« auf dem Kirchplatz; Ehrengrab der Familie C. auf dem Friedhof. – »Bullendorf« (mit »Grüner Baum« und »Schwarzer Adler«) in dem Roman »Der Herrgott am Grenzstein« (1904) ist G. – Nachlass LA Monacensia.

R »Wenn man den Main hinunterfahrend, sich Würzburg nähert«, schreibt **Ricarda Huch** (→ Braunschweig/NI) in dem Essayband »Im alten Reich« (1927), »sieht man ein Städtchen liegen wie eine Festung, viereckig, mit einem Turm an jeder Ecke: das ist **Ochsenfurt**.« Die Mitglieder der »Räuberbande«, die inzwischen »Das Ochsenfurter Männerquartett« (1927) bilden, lässt **Leonhard Frank** (→ Würzburg/BY) hier ihren ersten und letzten Bühnenauftritt erleben. **Kurt Tucholsky** (→ Berlin) bewunderte 1927 das Spielwerk am Neuen Rathaus: »Wie die Apostel ihre Köpfe herausstreckten, die Bullen gegeneinander anliefen und der Tod mit der Hippe nickte«. – In **Eßfeld** (Giebelstadt-E.), vermutlich in St. Peter und Paul, ist der späthöf. Spruchdichter **Reinmar von Zweter** (→ Bruchsal/Zeutern/BW) begraben. In **Giebelstadt** bildet die Ruine des ehem. Geyer'schen Stammschlosses die Kulisse für das »hist. Bauernfreiheitsspiel« »Florian Geyer« von **Nikolaus Fey** (→ Schweinfurt/Gerolzhofen/BY). – Im nördl. Torturm von **Sommerhausen** hat L. Malipiero 1944 seinen »Kleinen Bogen«, seit 50 »Torturmtheater«, das kleinste Theater Deutschlands, eingerichtet (H. Krüger, »Erinnerungen an Sommerhausen«, in »Poetische Erdkunde«, 1978). Hinzugekommen sind

die Freilicht-Schlossfestspiele und die »Sommerhäuser Impressionen«.

Z Bad Mergentheim (BW); Kitzingen, Würzburg (BY).

OFFENBACH AM MAIN/HE

Hochschule für Gestaltung. – Stadtarchiv, Musikarchiv André; Stadtbücherei. – Stadtmuseum (mit Erinnerungen an »O.er Persönlichkeiten«, u. a. Goethe und Sophie v. La Roche; Slg. zu A. Senefelder/Gedenktafel am Schloss, Intern. S.-Stiftung seit 1971) – Theater der Stadt. – Kulturforum O.; Arbeitskreis »Literatur in O.«

Bernard von Brentano, * 15. 10. 1901 O., † 29. 12. 1964 → Wiesbaden/HE, v. a. Romancier und Essayist. Nach dem Studium 1925 in → Berlin Korrespondent der »Frankfurter Zeitung« (»Berliner Novellen«, 1934). Emigrierte 1933 in die Schweiz; seit 49 in Wiesbaden. – W.: Der Beginn der Barbarei in Deutschland (1932); Du Land der Liebe (Aut. 1952). – B.s Roman »Theodor Chindler« (1936) spielt zum großen Teil in O.

Der freirel. Prediger der dt.-kath. Gemeinde in O. **Heribert Rau** (1813-76) aus Frankfurt a. M. gab Volkskalender heraus und schrieb vielbändige kulturhist. Romane über Musiker und Dichter (Jean Paul, F. Hölderlin, Shakespeare u. a.). – Vorsteher der von seinem Vater, dem Saitenhändler und Lyriker **Joseph Pirazzi** (1799-1868), gegründeten dt.-kath. Gemeinde in O. war **Emil Pirazzi** (1832-98/Grab auf dem Alten Friedhof), ein weitgereister Dramatiker, Erzähler und Publizist (»Bilder und Geschichten aus O.s Vergangenheit«, 1879). – Der Lyriker und Essayist **Dieter Leisegang** (→ Wiesbaden/HE) war Lehrbeauftragter für Ästhetik an der O.er Werkkunstschule.

A »Bei eintretendem Frühling sollte eine

ländliche Fahrt mein Verhältnis zu Lili enger knüpfen«, schrieb **Goethe** (→ Frankfurt a. M./HE), der sich Ostern 1775 mit Lili Schönemann verlobte, in »Dichtung und Wahrheit« (17. Buch). Und weiter: »Der Liebende konnte für seine Gefühle keinen schöneren Raum finden«. Lili wohnte bei Verwandten, den d'Orvilles und »Onkel Bernhard« (Herrnstraße, heute dort Stadtbücherei und Klingspor-Museum), Goethe gegenüber: bei W. A. Mozarts Verleger und dem »allzeit fertigen Dichter und Komponisten« **J. A. André**; benachbart »Lilis Park« (Eingang Linsenberg 3, Gedenktafel), der »Lili-Tempel«, der Metzlersche Badepavillon von 1798. – **Sophie von La Roche** (→ Kaufbeuren/BY) siedelte 1786 nach O. über, wo sie in ihrem Haus, der »Grillenhütte«, bis zum Tod (18. 2. 1807/Grabstein an der Bürgeler Kirche, 2. Stein am Schloss) lebte. »Melusinens Sommerabende« (1806) entstanden hier. – Ihre Enkelin **Bettina von Arnim** (geb. Brentano/→ Frankfurt a. M./HE) verbrachte hier nach dem Tod der Eltern einen Teil ihrer Jugend: »Die Häuslichkeit hat einen eignen poetischen Schimmer« (»Die Günderode«, 1840). – »Grillenhütten-Besucher« neben **Clemens Brentano** (→ Koblenz/RP) auch **Johann Gottfried Herder** (→ Weimar/TH); **Johann Heinrich Merck** (→ Darmstadt/HE); oft »**Frau Aja**« (→ Frankfurt a. M./HE); 1802 **Charlotte von Kalb** (→ Mellrichstadt/Waltershausen/BY) über S. v. La Roche: »gekleidet in den Nachtnebel des 18.«, über Bettina: »Erstgeburt des 19. Jh.s«; von seinem »Spaziergang nach Syrakus« zurück **Johann Gottfried Seume** (→ Weißenfels/Poserna/ST). – **Georg Büchner** (→ Groß-Gerau/Goddelau/HE), dessen »Hessischer Landbote« bei Preller in O. gedruckt worden war, wurde im Januar 1835 vor das Kriminalgericht geladen, um über den Gießener Burschenschaftler J. F. Schütz auszusagen, einem Mitglied der geheimen »Gesellschaft für Menschenrechte«, der dank einer Warnung B.s rechtzeitig geflohen war (H.-Ch. Kirsch, »Georg B. oder Büchner lief zweimal von Gießen nach Offenbach«, 1981).

L Johann Konrad Friederich (→ Frankfurt a. M./HE) publizierte 1848/49 in seiner Aut. »Vierzig Jahre aus dem Leben eines Toten« Erinnerungen an die Konzerte im Bernardschen Hause (heute Büsing-Palais). – Mundart: »Kall un Madda« (K. 1949) von **Gottfried Mühlfelder**; »Krieh die Kränk, Offebach!« (Anekdoten 1972) von **Lothar Braun**.

S Klingspor-Museum (im Büsing-Palais, Herrnstraße), Buch- und Schriftkunst ab 1890, Slg. des Schriftgießers Karl Klingspor (1868-1950) und zahlreiche Nachlässe bedeutender Buch- und Schriftkünstler, Pressendrucke, illustrierte Bücher, Einbände. Bibliothek, Wechselausstellungen. – »**Schriftsteller im Bücherturm**« der Stadt O., seit 1979.

Dreieich

Walter E. Richartz (eig. Walter Erich von Bebenburg), * 14. 5. 1927 Hamburg, † 1. 3. 1980 bei Klingenberg a. M. (Freitod). Naturwissenschaftler, auch Übersetzer und Kritiker angelsächs. Literatur. – W.: Meine viel versprechenden Aussichten (En. 1966); Büroroman (1976); Der Aussteiger (Angestelltenprosa 1979). – Grab Waldfriedhof Frankfurt a. M.-Oberrad.

L Hanne F. Juritz: »Landbeschreibung« (G. 1975); »Dichterburg Dichterkeller Dichterberg Dichterhain, ein Buch über Begegnungen mit 22 zeitgenöss. Schriftstellern in Dreieichenhain« (1976).

R In der Nähe von **Hainhausen** unter vielen alten Bäumen jener Baum, der **Augusta Pattbergs** (→ Mosbach/Neunkirchen/BW) Lied »Es steht ein Baum im Odenwald ...« (aufgenommen in »Des Knaben Wunderhorn«) angeregt haben soll. –

In **Heusenstamm** erinnert ein Triumph-Tor an den Besuch von Franz I. und Joseph II. vor der »Krönung eines Römischen Königs« im März 1764. Davon erzählt **Goethe** im 5. Buch von »Dichtung und Wahrheit«. – In **Dreieichenhain** Burgfestspiele in der Burg Hayn. – **Langen** war Poststation: Goethe und **Johann Heinrich Merck** trafen sich zuweilen hier auf halbem Wege; später in Werther-Tracht **Friedrich Maximilian Klinger** (→ Frankfurt a. M./HE). – In D.-**Sprendlingen-Buchschlag** lebte lange **Rudolf G. Binding** (→ Starnberg/BY) im Koseweg, 1913/14 auch als Bürgermeister der Villenkolonie; er schrieb dort das Festgedicht für das Kriegerdenkmal von G. Kolbe.

B E. Beutler, Lili. Wiederholte Spiegelungen, in: Essays um Goethe, 1957.
Z Aschaffenburg (BY); Darmstadt, Frankfurt a. M., Hanau, Seligenstadt (HE).

OFFENBURG/BW

Museum im Ritterhaus (u. a. Dokumente und Bilder zur Bad. Revolution 1848/49; Bibliothek mit Frühdrucken der Werke Grimmelshausens und Moscheroschs).

Albert Bürklin, * 1. 4. 1816 O., † 7. 7. 1890 → Karlsruhe/BW, Ingenieur und Volksschriftsteller. Übernahm 1859 die Schriftleitung des →»Lahrer Hinkenden Boten«. In 3 Bdn. erschien 1886-88 das Gros seiner Kalendergeschichten.
Carl Gütle, * 15. 8. 1852 O., † 9. 1. 1918 ebd., der O.er »Stadtdichter«, der »trotz Geschäft, Amt, Familie, Uhren und Papageien noch Zeit für seine poetische Beschäftigung« fand (O. Kähni); Bilanz: über 1000 (Gelegenheits-) Gedichte in 11 Bdn. – Geburts- und Wohnhaus Lange Straße 27 (Gedenktafel); Grab auf dem Friedhof.
Anton Fendrich, * 8. 4. 1868 O., † 6. 1.

1949 → Freiburg i. Br./BW, Journalist, Landtagsabgeordneter. 1946 erster Hebelpreisträger nach dem Krieg. Seine Erzählungen und Romane behandeln Themen aus der Landschaft am Oberrhein. O. beschrieben in »Hundert Jahre Tränen 1848-1948« (1953).
A »In Offenburg«, so **Wilhelm Hausenstein** (→ Wolfach/Hornberg/BW) 1930 in der »Badischen Reise«, »stieg man um, für die Schwarzwaldbahn; dazu war Offenburg da«. **Ernest Hemingway** schreibt in seiner Reportage »Die ›Schlacht‹ von Offenburg« (vom 25. April 1923) über die franz. Besetzung der Stadt. Für **Wolfgang Koeppen** (→ Greifswald/MV) war O. nach dem 2. Weltkrieg ein »Kleineuropa«, eine »verträumte Provinzstadt voll Schwarzwaldduft und Wind aus den Vogesen« (»Reise nach Frankreich«, 1961).

Bohlsbach (Offenburg-B.)

Lorenz Oken, * 1. 8. 1779 B., † 11. 8. 1851 Zürich, Natur- und Gesellschaftsphilosoph. Prof. in Jena, München und Zürich. 1817-48 Hrsg. der Zs. »Isis«. Sein berühmtester Doktorand: Georg Büchner. – Werke im Ritterhausmuseum; Denkmal im Franz-Volk-Park.

Durbach

L **Staufenberg** über D. gilt als Feenschloss: Zu Beginn des 14. Jh.s schrieb **Egenolf von St.** († 1320/24) mit der Märe vom »Peter von Staufenberg« seinem Vorfahren eine verhängnisvolle Mesalliance mit einer Feengestalt zu. – Weitergereicht wurde der Stoff von **Paracelsus** (→ Stuttgart/Hohenheim/BW), über die **Zimmerische Chronik** (→ Meßkirch/BW) und durch **Johann Fischart** (→ Worms/BW). Die »Meerfei« findet sich auch in **Grimms** (→ Hanau/HE) »Deutschen Sagen«. In **Clemens Brentanos** (→ Koblenz/RP) »Gockel, Hinkel und Gackeleia« soll »ihr wirkliches Hereinragen aus der Geisterwelt in die Leiberwelt auf dem Zwölfstein zwischen Staufenberg, Nußbach und Weilershofen« besiegelt werden. **Heinrich Heine** (→ Düsseldorf/NW) sieht die »Freigeister« solche »Elementargeister« (1837) spöttisch belächeln. **Achim von Arnim** (→ Berlin) dichtete sieben Romanzen über »Ritter Peter von Stauffenberg und die Meerfeye« für »Des Knaben Wunderhorn«. Überlagert ist die Tradition von der franz. Melusinen-Rezeption (**Thüring von Ringoltingen** u. a.). – Wappenstein (im Volksmund »Melusinenstein«) neben dem Burgtor in der Mauer; Melusinenzimmer in der Burg; Schautafeln im Weinkontor; Staufenbergstube im »Ritter«; Dokumentation auch im D.er Wein- und Heimatmuseum.

Gengenbach

Reichsstädt. Sammlungen.

In G. geb. der Komponist des Schwarzwald-Liedes **Carl Isenmann** (1837-89): Gedenktafel am Geburtshaus in der Hauptstraße, Brunnen beim Bahnhof, Stube in der Weinstube Frei; Denkmal auch in den Stadtanlagen von Offenburg. – In der Höllengasse steht **Joseph Victor von Scheffels** (→ Karlsruhe/BW) »Stammhaus«. Einer der Lieblingsspaziergänge des jungen Dichters mit seiner »schönen Cousine« Emma Heim (→ Wolfach/Zell a. H./BW) führte zum G.er »Bergle« (Farbzeichnung »Schwarzwälder Hirtenstilleben«; »Scheffelweg« zum Mooskopf). – Im Chor der St.-Jakobs-Kapelle auf dem »Bergle« (Legenden von »Sauerstein« und »Teufelskanzel«) acht Gemälde zu den Seligpreisungen der Bergpredigt von **Ruth Schaumann** (→ München/BY), die in Lahr Jugendjahre verbracht hatte (Gedächtnisstiftung 1953). – **Otto Ernst Sutter** (1884-1970), dem »Landschreiber vom Oberrhein«, wurde G., dessen Ehrenbürger er war, »zur zweiten Heimat«. Wohnung Haus Löwenberg, Hauptstraße 13; Grab auf dem Städt. Friedhof, alter Teil; Gedenkstein in der Parkanlage »Schnecken-

matte«. O.-E.-S.-Medaille (seit S.s 100. Geburtstag).

Oberkirch

Heimatmuseum im Alten Rathaus. – Freilichtspiele am Gaisbacher Schloss.

Hans Jacob Christoffel von Grimmelshausen (→ Gelnhausen/HE) stand bereits 1639 im Dienst der hiesigen Schauenburger (Ruine oberhalb Gaisbachs; Simplicissimus-Kunstpfad unterhalb). – 1649-60 »Schaffner«, seit 1656 in **Gaisbach** im Schaffneigebäude bei der St.-Georgs-Kapelle, als deren »Heiligenpfleger« er auch fungierte; dort 1657/58 die erste Stern-Wirtschaft. Seit 1662 Burgvogt auf der Ullenburg, quittierte 1665 diesen Dienst und führte auf seinem Grundstück »Spitalbühne« die Wirtschaft »Zum Silbernen Stern« weiter (die heute noch existiert, Simplicissimus-Straße 8, Gedenktafel), bis er 1667 nach → Renchen (Kehl/BW) ging. – G.-Gedenkstätte im Heimatmuseum: Erstausgaben, Stiche, »Simplicissimus«-Illustrationen; Moscheroschiana. Grimmelshausen-Gesprächsrunde im »Silbernen Stern«. – H. E. Busse, »Zum silbernen Stern« (E. 1940).

August Ganther, *9. 3. 1862 O., † 5. 4.

Oberkirch: Grimmelshausen-Wirtschaft »Zum Silbernen Stern« bei der Georgskapelle in Gaisbach

1968 Vöhrenbach/Schwarzwald (Grab in Freiburg i. Br.). Ehrenbürger von O., niederalemann. Mundartlyriker und Erzähler, auch dramat. Versuche. – Geburtshaus Hauptstraße 69 (Gedenktafel), gegenüber A.-G.-Brunnen (»M' r sin fürs Ohr! Gang, trag üs vor!«); Dokumentation im Museum; Schülerpreis der A.-G.-Schule; A.-G.-Stube im Hotel »Obere Linde«.

R Um die Mitte des 16. Jh.s rühmte der Geograph **Sebastian Münster** (→ Bingen/Ingelheim/RP) die Landschaft als »ein klein, aber ganz fruchtbar Ländlin, darin gut Wein und ziemlich Korn wächst«. Die **Ortenau** blieb der »erträumte Garten« (**Wolfgang Koeppen** → Greifswald/MV), eine »zweite Bergstraße« (**Werner Bergengruen** → Baden-Baden/BW), der »schönste Gau im badischen Land« (**Anton Fendrich**), aber auch »eine classisch militärische Gegend« (Friedrich Ludwig von Hessen-Homburg). – Von **Lautenbach** im Renchtal aus (von **Grimmelshausen** als »Sauerbrunnen« bezeichnet) erreicht Simplicissimus den **Mummelsee** (→ Bühl/BW) und den **Mooskopf**, wo er als Einsiedler haust (Denkmal auf dem Gipfelplateau). – Über dem Lierbachtal (Oppenau-**Lierbach**), oberhalb der Büttensteiner Wasserfälle, liegt die Ruine der ehem. Prämonstratenser-Klosterkirche **Allerheiligen**. An die Gründungssage erinnert der »Eselsbrunnen« auf der Höhe des Sohlberges. – Eine Satire auf das Badeleben in **Griesbach** findet sich in **Johann Michael Moscheroschs** (→ Kehl/Willstätt/BW) »Wunderlichen und Wahrhaftigen Gesichten Philanders von Sittewald« (1643). – Von Burg **Ortenberg**, die dieser »gar nicht so kleinen geschlossenen Welt« (**Otto Flake** → Baden-Baden/BW, in »Schloss Ortenau«, 1955) den Namen gegeben hat, führt eine kleine Straße nach **Diersburg** (Hohberg-D.). Am Haus Talstraße 82 erinnert eine Tafel an **Friederike**

Brion (1752-1813), zu der in Sesenheim der junge Goethe (→ Frankfurt a. M./HE) von Straßburg aus regelmäßig ritt (»Willkommen und Abschied«). Sie lebte hier 1801-05 bei ihrer Schwester und ihrem Schwager. Ihr Grab an der Kirche von **Meißenheim** in der Rheinebene, mit der Inschrift: »Ein Stra(h)l der Dichtersonne fiel auf sie / So reich, daß er Unsterblichkeit ihr lieh«. Daneben »ruht unsterblich wie Friederike« die ältere Schwester Maria Salome (1749-1807); als »Olivie« figuriert sie im 10. Buch von Goethes »Dichtung und Wahrheit«.

B K. Wortelkamp, Der Lebensweg des J. J. Chr. von Grimmelshausen, 1991; F. Gaede, »Der Wahn betrügt«. J. J. Chr. von Grimmelshausen, Marbacher Magazin 99/2002; P. Maisak, Friederike Brions Grab in Meißenheim, Marbacher »Spuren« 36/1997.
Z Kehl, Renchen, Lahr, Wolfach, Haslach (BW).

OHRDRUF/TH

»So ist das Städtchen gleichsam aus einer poetischen Sage erblüht und wurzelt in dem ältesten Boden, den das Evangelium in dieser Gegend fand.« (Heinrich Schwerdt, 1859)
Heimatmuseum im Gleichenschloss Ehrenstein.

Wolfgang Heider, * 14. 12. 1558 Wölfis bei O., † 10. 8. 1626 → Jena/TH, Philosoph und Schriftsteller. Einer der wirksamsten Lehrer seiner Zeit. Von ihm stammt das geflügelte Wort, wonach »nicht für die Schule, sondern für das Leben« gelernt werden soll. – W.: Philosophiae politicae systema (1628); Philosophiae moralis systema (1629).
A **Bonifatius** (→ Fulda/HE) gründete 725 in O. das erste thür. Kloster. Berühmtester Schüler der aus dem Kloster hervorgegangenen Schule: 1695-1700 J. S. Bach.

Georgenthal

Museum im Kornhaus. – **Bonifatius** gründete 724 in **Altenbergen** auf dem Johannisberg die erste Kirche Thür. s. Der sog. »Kandelaber« (1811) erinnert daran.

Georg Spalatin (→ Altenburg/TH) war 1505-08 im Zisterzienser-Kloster (Ruine mit Sizzo-Grab), auf Empfehlung **Mutians** (→ Gotha/TH), der ihn in G. mehrmals besuchte, Präzeptor und ordnete die Bibliothek – Aus G. stammt **Philipp Heinrich Welcker** (1794-1871), dessen »Thüringer Lieder« (1831) im 19. Jh. viel gelesen wurden. – **Max Bense** (→ Stuttgart/BW) arbeitete 1942-45 als Physiker in G. Nach Kriegsende war er einige Wochen G.er Bürgermeister.

Tambach-Dietharz

Heimatmuseum.

Meister Eckhart (auch **Eckhart von Hochheim**), * vor 1260 T., † vor Ende April 1328 vermutl. Avignon, Theologe und Dominikanerprediger (→ Erfurt/TH), dt. Mystiker, als solcher »vielleicht der tiefsinnigste Philosoph, den Deutschland je gehabt« hat (F. Schlegel). Wie kein anderer ma. Denker hat E. die dt. Prosa bereichert und die Grundlage für die dt. philosoph. Begriffssprache geschaffen. Sohn eines in T. ansässigen Adligen. 1293/94 an der Sorbonne, 1302 dort Magister. – E.-Büste (2004) auf dem Markt. – **Hans Much** (→ Seelow/BB), »Meister Ekkehart. Ein Roman der deutschen Seele« (1927).

A **Martin Luther** (→ Eisleben/ST) kam 1537 nach T., wo er von seinem Blasenleiden befreit wurde. Seiner Frau Katharina (→ Torgau/ST) teilte er mit, dass er in T. »von neuem geboren« wurde. Unterkunft im Geleitshaus (Nachfolgebau Gasthof »Zum Lamm«). Im Tammichgrund L.-

Brunnen mit Inschrift (»T. ist mein Phanuel, wo mir der Herr erschienen ist.«) – Der Schweizer ev. Theologe **Karl Barth** (1886-1968) hielt sich im September 1919 im Haus »Tannenberg« auf, wo seine vielbeachtete »Tambacher Rede« entstand. Diese war wegbereitend für die »Bekennende Kirche« gegen den Nationalsozialismus.

B Festschrift zur Ersterwähnung Ohrdrufs vor 1275 Jahren, 2000; H.-J. Hinrichs, Geschichte des Gymnasium Gleichense in Ohrdruf 1564-2001, 2001; D. Ignasiak, Das literarische Gotha, 2003.
Z Arnstadt, Gotha, Suhl, Waltershausen (TH).

ÖHRINGEN/BW

Kupferzell

Karl Julius Weber (→ Langenburg/BW), der seit 1830 als Privatgelehrter hier bei seiner Schwester lebte (gest. 19. 7. 1832), beschreibt K. und sein »Natur-Panorama« in »Deutschland oder Briefe eines in Deutschland reisenden Deutschen« (1826-28). – Grab mit Gedenktafel auf dem Friedhof: »Jocosus, non impius vixi . . .«.

Orendelsall (Zweiflingen-O.)

Ludwig Amandus Bauer, * 15. 10. 1803 O., † 22. 5. 1846 Stuttgart, Pfarrer und Dichter, 1825-31 im benachbarten Ernsbach. Beeinflusst von E. T. A. Hoffmann und dem Studienfreund E. Mörike, mit dem er »Orplid« erfand. Eine Tübinger Liebe B.s gilt als Vorbild der Elisabeth in M.s »Maler Nolten«. – »Der heimliche Maluff« (Dr. 1828). – Nachlass DLA Marbach.

Ein bedeutender Verleger und Buchhändler in **Öhringen** war **Johannes Ry(n)mann** (um 1460-1523). – Epitaphe in der St.-Anna-

Kapelle haben **Caspar Huberinus** (1500-53), erster ev. Stiftsprediger und viel gelesener rel. Schriftsteller, sowie **Christian Ernst Hanßelmann** (1699-1775), Historiker und Archäologe (Gedenktafel Rathausstraße 9).

R Nikolaus Lenau (→ Stuttgart/BW) zog es nach Schloss **Friedrichsruhe** (Zweiflingen-F.). (L.s Gedicht »Auf ein Faß zu Öhringen« meint den Keller in der Residenz, Mai 1832 pröbelte er hier.) Später war **Eugenie Marlitt** (→ Arnstadt/TH) als Vorleserin in F. – **Niedernhall:** Im »Götzenhaus« von 1564 soll **Götz von Berlichingen** (→ Jagsthausen/BW) während seines Besuches der N.er Schule gewohnt haben. – Der »schwäbische Karl May«, **Friedrich Wilhelm Mader** (1866-1945), war von 1897-1917 in **Eschelbach** Pfarrer. **Neuenstein:** Hohenlohe-Museum im Schloss (Zentralarchiv und Bibliothek). Am Barockhaus gegenüber dem Rathaus Gedenktafel für J. W. Textor (geb. 1638), Goethes (→ Frankfurt a. M./HE) Ururgroßvater mütterlicherseits. Die Mundarterzählungen des N.ers **Wilhelm Schrader** (1847-1914) sind als »Die schönste Hohenloher G'schichtlich vum alte Gäwele« (4. Auf. 2001) gesammelt (Gedenktafel an der Apotheke). – In **Künzelsau** (Burgfestspiele Schloss Stetten) wurde **Hermann Lenz** (→ Stuttgart/BW) groß; in »Verlassene Zimmer« (R. 1966) und dem Erinnerungsbuch »Im Hohenloher Land« (1989) erzählt er vom Alltag in K. (H.-L.-Haus bei der Johanniskirche).

B H. Böttiger, Im Eulenkräut. Hermann Lenz und Hohenlohe, 2006.
Z Heilbronn, Jagsthausen, Langenburg, Schwäbisch Hall (BW).

OLDENBURG/NI

Das Palladium der Stadt, »det oldenburgiske Horn«, diente als Vorbild für die von W. Grimm gezeichnete Titelgravüre zu »Des Knaben Wunderhorn«, 2. Band. – Carl von Ossietzky-Universität. – Landesmuseum für Kunst und Kulturgeschichte, Stadtmuseum. – Staatstheater (Großes Haus, Schlosstheater, Spielraum im neuen Foyer, August-Hinrichs-Bühne).
Aus O. stammen: Johann Friedrich Herbart (1776-1841), Philosoph und Pädagoge (Gedenktafel im H.-Gang, Denkmal H.-Straße); Hermann Oncken (1869-1945), Historiker; Helene Lange (1848-1930), Führerin der dt. Frauenbewegung; Enno Littmann (1875-1958), Orientalist, Übers. von »1001 Nacht«.

Gerhard Anton von Halem, * 2. 3. 1752 O., † 4. 1. 1819 → Eutin (SH), Lyriker, Epiker, Dramatiker. Gründete die »Oldenburg. Lit. Gesellschaft« und gab mit G. A. H. Gramberg (1772-1816) die »Blätter vermischten Inhalts« (1787-97), später allein die Zs. »Irene« (ab 1801) heraus. – W.: Poesie und Prosa (1789); Dramat. Werke (1796); Töne der Zeit (1815). Selbstbiographie (hg. C. F. Strackerjan, 1840). – Nachlass LB O.
Karl Ludwig von Woltmann, * 9. 2. 1770 O., † 19. 6. 1817 Prag, Historiker. Gymnasiallehrer in O., 1795 Prof. in Jena (Verkehr mit Goethe und F. Schiller), gab 1800 in Berlin die Zs. »Geschichte und Politik« heraus. – Sämtl. Werke (Hrsg. K. v. Woltmann, 1818-27). – Nachlass LB O.

Oldenburg: Ludwig Presuhns Blick auf den Marktplatz von Oldenburg um 1848

Georg Ruseler, * 11. 1. 1866 Obenstrohe b. Varel, † 6. 3. 1920 O., Pädagoge, Sammler von Volksliedern, Erzähler und Dramatiker. – W.: Die Stedinger (Tr. 1890); Der Verräter (E. 1911); Das Haus am See (1920). – Grab auf dem Neuen Friedhof. **August Hinrichs**, * 18. 4. 1879 O., † 20. 6. 1956 Huntlosen bei O., Tischlermeister, ab 1929 freier Schriftsteller; in O. als eine Art »Landesvater« verehrt. – Erfolgreich v. a. durch seine plattdt. Komödien (z. T. verfilmt): »Swienskomödie« (1930; hochdt. u. d. T. »Krach um Jolanthe«); »Wenn de Hahn kreiht« (1932); »För de Katt« (1937); »Das Licht der Heimat« (R. 1920); »Schwarzbrot« (En.-Auswahl, 1959). – Letzte Wohnung in O., Lasiusstraße 2; Grab auf dem Gertrudenfriedhof; Brunnen im A.-H.-Hof, Häusingstraße. – O.er Motive: »Rund um den Lappan« (1943), »Die krumme Straße« (1949).

Karl Jaspers, * 23. 2. 1883 O., † 26. 2. 1969 Basel, urspr. Psychiater, Philosoph (»Wegbereiter des Existentialismus«). Seit 1921 Prof. in → Heidelberg (BW), seit 48 in Basel. – W.: Die geistige Situation der Zeit (1931); Existenzphilosophie (1938); Vom Ursprung und Ziel der Geschichte (1952); Die Atombombe und die Zukunft des Menschen (1958); Wohin treibt die Bundesrepublik? (1966); Schicksal und Wille (Aut. Schriften, Hrsg. H. Saner, 1967). – Elternhaus Bismarckstraße 12 (Gedenktafel im Treppenhaus). – Briefwechsel DLA Marbach.

A Der Theologe und Historiker **Hermann Hamelmann** (→Lemgo/NW) starb 1595 in O. (Grab in der Lambertikirche verschollen). Sein »Oldenburgisch Chronicon« erschien 1599, allerdings verfälscht; erst 1940 erfolgte eine wahrheitsgetreue Neuausgabe. – **Friedrich Leopold zu Stolberg** (→ Bad Segeberg/Bad Bramstedt/ SH), 1776 und 82 in O., urteilte 1779: »Stadt, wo man für den Geist keine Nah-

rung findet bei den Männern und nicht für das Herz bei den Frauen«. (Auf dem Gertrudfriedhof fürstl. Mausoleum von 1786 mit Inschriften von St. und F. G. Klopstock.) – »Hier ist viel Intelligenz, und das Theater ist eins der besten in Deutschland«, schrieb **Hans Christian Andersen** 1845 aus O., wo man ihn hofierte (H. C. A.s Briefwechsel mit Lina von Eisendecher, Hrsg. P. Raabe und E. Dahl, 2003). Zu dieser Zeit war **Ludwig Starklof** (1789-1850) noch Intendant des Hoftheaters, wurde jedoch bald darauf wegen seines Romans »Armin Galoor« (1846) entlassen (Nachlass LB O.). Unter den Dramaturgen: 1844-48 der als »sächsischer Uhland« (»Andreas Hofer«) bekannte **Julius Mosen** (→Oelsnitz/Marieney/SN/Wohnung Ofener Straße 6, Gedenktafel und Büste am Julius-Mosen-Platz, Grab Gertrudfriedhof); 1936-40 **Hugo Hartung** (→ Berlin). – 1828-45 lebte in O. **Adolf Stahr** (→ Berlin), Gymnasiallehrer und Theaterkritiker. – **Georg von der Vring** (→Brake/NI) kam 1904 als 15-Jähriger auf das Lehrerseminar, für »eine Ewigkeit von sechs Jahren«. – **Rolf Dieter Brinkmann** (→Vechta/NI) begann am Finanzamt Oldenburg eine Lehre als Verwaltungsangestellter. **Paul Raabe**, Expressionismusforscher und langjähriger Bibliothekar in Marbach, Wolfenbüttel und Halle, wurde 1927 in O. geboren. Über die ersten Berufsjahre und das Kulturleben in O. berichten die Anfangskapitel seiner Erinn. »Mein expressionistisches Jahrzehnt« (2004), genauer dann seine Erinnerungen »Frühe Bücherjahre« (2007), auch zum Geburtshaus Rankenstraße 19. O.s Ehrenbürger **Horst Janssen** (→ Hamburg) verbrachte Jugendjahre in der Lerchenstraße 14, »der Ausgangspunkt all meiner Phantasieexursionen« (Erinnerungen in »Summa summarum – Ein Lebenslesebuch«, Hrsg. G. Tietjens, 2006). Horst-Janssen-Museum am Stadtmuseum, der Grabstein auf dem Gertrudenkirchhof zitiert Lichtenberg: »Mir tut es allemal weh, wenn ein Mann von Talent stirbt, denn die Welt hat dergleichen nötiger als der Himmel«. Bericht der J.-Partnerin **Gesche Tietjens** von der Beerdigung in »›Ach Liebste, flieg mir nicht weg‹ – Briefe an Gesche« (2004).

L Der O.er Schriftsteller **Gerhard Anton Gramberg** (1748-1818) unterhielt eine Korrespondenz mit dem Aufklärer **Friedrich Nicolai** (→ Berlin), G. Crusius edierte den Briefwechsel u. d. T. »›Leben und wirken Sie noch lange‹ – Briefe 1789-1808« (2001). – Der Folklorist **Ludwig Strackerjan** (1825-81/Grab Gertrudenfriedhof) gab 1867 »Aberglaube und Sagen aus dem Herzogtum Oldenburg« heraus, veröffentlichte 75 »Oldenburger Spaziergänge und Ausflüge« und 81 »Bilder und Geschichten aus Oldenburg« u. d. T. »Von Land und Leuten«. 1845 (n. 1979) u. d. T. »Eine Ecke Deutschlands« die »Reisesilhouetten, O.er Bilder, Charaktere und Zustände« von **Joseph Mendelssohn** (1817-56) aus Jever. – Die Stadt außerdem in Erzählungen von **Margarete zur Bentlage** (→ Quakenbrück/Menslage/NI), **Emmy von Dincklage** (→ Meppen/Steinbild/NI), **Curt Hohoff**, **Alma Rogge** (→ Brake/Rodenkirchen/NI) und **Ludwig Tügel** (→ Hamburg). – O.er Marginalien, u. d. T. »Mit den Chauken begann es« (Tacitus) und »Arkadien an der Hunte« (W. Tischbeins 44 Idyllen im Schloss, denen ein Aufsatz Goethes galt), u. a. in **Karl Krolows** (→ Hannover/NI) Buch »Deutschland deine Niedersachsen« (1972). – »Plattdütsch ist plattdütsch, kummt nix gegen an«: **Karl Bunje**, »Der Etappenhase« (1935) wurde sein größter Erfolg; **Hein Bredendiek** (→ Jever/NI), »Ollnborger Spöök« (1974/76); **Heinrich Diers** (1894-1980/Hrsg. des »Plattdüütsch Klenner« seit 1954), »Dat dat dat gifft« (Anekdoten aus dem O.er Land,1970), »Van Land un Lü« (1976); **Günter Kühn** (»Buckbüdeleen«, Gn. 1998); »Snacken und Verstahn« – niederdeutsche Beilage der Nordwest-Zeitung.

Klaus Modick berichtet in »Schwarten, Pauker, blaue Briefe« (1998) über seine Schulzeit in den sechziger Jahren am Alten Gymnasium, dessen »neugotische Backsteinfassade wie eine Mischung aus Kirche und Ritterburg wirkte«, über seine Kindheit u. d. T. »Behelf, Ersatz & Prickelpit« (1996). Von **Karsten Rauchfuß** die O.er Kurzgeschichten »Zwischen den Mauern der Stadt« (2002). – Von Klaus Modick zurück bis zur Kontroverse um Justus Lipsius von 1586 die neuere Slg. der lit. Zeugnisse in »Oldenburg literarisch« (Hrsg. D. Grathoff/R. Hethey, 1992), mit Fundstücken auch von **Arno Schmidt** (→ Hamburg), **Günter Grass**, **Helmut Heißenbüttel** (→ Wilhelmshaven/NI) und **Anne Duden**. – Die Anth. »Jubel Jahre« (Hrsg. M. Eden, 2003) des Literaturbüros O. versammelt, so der Untertitel, »Prosa aus dem Nordwesten«, u. a. von **Georg Klein**, **Katrin de Vries**, **Sabine Peters**, **Jochen Schimmang** und **Manfred Dierks**. Mehr als vierzig Autoren verzeichnet ein »Biographisches Handbuch zur Geschichte des Landes Oldenburg«, Hrsg. H. Friedl u. a. (1992), darunter auch niederdeutsche und niedermundartliche Autoren.

S Landesbibliothek: rd. 716 000 Medieneinheiten, 417 Hss., 345 Inkunabeln (Cosmographia des C. Ptolemaeus, 1482). Slg. niederdt. Lit. des ehem. Landes Oldenburg; Heimatvereine De Spieker; Lit. aus und über O., Ostfriesland und Hann. Emsland. Nachlässe u. a. A. Hinrichs, A. Rogge. – **Staatsarchiv.** **Freier Deutscher Autorenverband** (FDA) in Hude; **Schrieverkring Weser-Ems** (Rastede, »Warkeldagen«); **Schrieverkring im Spieker** (Schr. »Schrieverkring-Spegel«); **Oldenburg. Landschaft** (gegr. 1961 als O.-Stiftung) verleiht u. a. **Oldenburg-Preis.** – **O.er Kinder- und Jugendbuchpreis** (seit 1977); **Plattdeutsche Schullesewettbewerbe** der Oldenburgischen Landschaft; **Carl-von-Ossietzky-Preis der Stadt O.** (seit 1979). – Literaturbüro Oldenburg; **Kurt Tucholsky-Gesellschaft** e. V. (Sitz in Hude). – **K.-T.-Preis für literarische Publizistik; Kinder- und Jugendbuchpreis** der Stadt O. – **C. v. O.-Forschungsstelle** und **Rhetorik-Forschungsstelle** der Universität, **Paul Raabe-Nachlass** mit wertvoller Expressionismus-Sammlung in der Universität O.

Delmenhorst

Arthur Fitger, * 4. 10. 1840 D., † 28. 6.
1909 Horn (→ Bremen). Lyriker, Drama-
tiker, Erfolg als Maler. Bekannt wurde sein
Lied »Ich bin ein jung, jung Malergesell«
(1871). – W.: Die Hexe (Dr. 1876); Die Ro-
sen von Tyburn (G. 1888). – Geburtshaus
»Alte Posthalterei« an der Nordostecke des
Marktes (Neubau; Gedenktafel im Stadt-
archiv).
Elise Fink, * 14. 7. 1863 Habbrügge b. Gan-
derkesee, † 20. 8. 1939 D., »Dichterin der
D.er Geest«; hoch- und plattdt. Gedichte.
Nach fünf Jahren in Berlin-Köpenick
(»Frömd weer de Döör, frömd weer dat
Dack; ik heff min Heimweh dwungen
...«) zurück in die Heimat. – Grab auf
dem Friedhof an der Wildeshauser Straße;
E.-F.-Weg; E.-F.-Eiche im Hasbruch.
Friedrich Lange, * 28. 7. 1891 Berne/We-
sermarsch, † 10. 9. 1968 D. »Es gibt wohl
kaum einen Saal in Norddeutschland, in
dem nicht schon Stücke von F. L. gespielt
wurden«: »De Deerns ut'n Dörpkroog«
(1932), »De twete Hochtied« (1963). –
Grab auf dem Friedhof Bungerhof.

L Niederdeutsche Literatur von **Günter Do-
maszke** (»dat kummt an«, 1997).

R »Damme, Minsen, Barßel, Stuhr/
Schipper, Borgersmann un Bur/Moor un
Geest un Waterkant:/Dat is use Heimat-
land«: so besingt **Emil Pleitner** (→ Bra-
ke/NI) »Us Olnborger Land« – und **Vilma
Sturm** (→ Bonn/NW) rühmt »das Weite
und Breite dieser Landschaft, die nach
Schinken schmeckt und nach Rhododen-
dron duftet«. – Auf halbem Weg nach Bre-
men **Hude** (= Hut, Zufluchtsort), seit 1367
Zisterzienserkloster; Denkstein für den
phantasiebegabten Chronisten **Diederich
Konrad Muhle** (1815-34 Pastor in H.) im
Gehölz beim Pfarrhaus. **Hermann Allmers**
(→ Cuxhaven/Rechtenfleth/NI) bedich-

tete die – unter Denkmalschutz stehenden
– got. »Trümmer« der Klosterkirche. –
Westl. Delmenhorsts **Ganderkesee** mit der
Freilichtbühne Bookholzberg. – In **Wil-
deshausen** gründete Graf Waltbert 872
ein geistl. Stift, zu dessen Ruhm die Gebei-
ne des hl. Alexander aus Rom überführt
wurden; die »**Translatio Sancti Alexandri«**
(Hs. LB Hannover) zweier Fuldaer Mön-
che ist die erste ep. Geschichtsquelle Nie-
dersachsens. Vom alten W. erzählt **Fritz
Strahlmann** (1887-1955) u. a. in »Heinz
Heintzens Jugendtage« (1918) und »Witte-
kinds Heimat« (1952); Grab in W. – In
Kirchhatten (Hatten-K.) ist der Verleger
Peter Suhrkamp (→ Frankfurt/HE) geb.,
über ihn **Carl Zuckmayer** (→ Mainz/RP):
»ein sehr tief veranlagter, etwas versponne-
ner, etwas vergrübelter, etwas querköpfi-
scher Charakter, mehr depressiv als opti-
mistisch, mehr norddeutscher ›Spökenkie-
ker‹ als Philosoph ...« (»Geheimreport«,
2002). In K. spielen P. Suhrkamps »Mun-
derloh«-Erzählungen (1957).

B E. Koolman/L. Meyer (Hrsg.), In Olden-
burg gedruckt. Drucke, Drucker und Drucke-
reien in Oldenburg seit 1599, 1999.
Z Brake, Bremen (HB); Westerstede (NI).

OLPE/NW

Adolf von Hatzfeld, * 3. 9. 1892 O., † 25. 7.
1957 → Bad Godesberg (Bonn/NW), Ly-
riker und Erzähler. Erblindete infolge eines
Selbstmordversuches während seiner Offi-
ziersausbildung. Nach dem Studium weite
Reisen, lebte seit 1925 als freier Schriftstel-
ler in Bad Godesberg. – W.: Franziskus (R.
1918); Die Lemminge (R. 1923); Melodie
des Herzens. Ges. Gedichte (1951). – Teil-
nachlass StuLB Dortmund.

Drolshagen

Aus D. kam der Lyriker und Epiker **Heinrich Bone** (1813-93), Gymnasiallehrer u. a. in Köln, Düsseldorf, Recklinghausen und Mainz, im Kulturkampf 1873 verabschiedet. Sein »Deutsches Lesebuch für höhere Schulen« (1840/53) war grundlegend, sein »Gesang- und Gebetbuch« (1847) wichtig für die Erneuerung des Kirchengesangs. Geburtshaus erhalten; Gedenkfenster in der Schule, Slg. im Stadtarchiv. – In der Hagener Straße 37 das Geburtshaus des Gymnasiallehrers (in Köln und Rheinbach) und Heimatschriftstellers **Joseph Börsch** (1861-1940): »Wieland der Schmied« (Dr. 1895), »Min Suerland« (G. o. J.). – In der Schule Holzrelief zur Erinnerung an H. Bone, J. Börsch und den Literaturwissenschaftler **Otto Hellinghaus** (1853 in D. geb.).

Z Meschede, Gummersbach, Lüdenscheid, Siegen (NW).

OPPENHEIM/RP

Der Ort wurde durch seine Inkunabeln bekannt; **Jakob Köbel** (1460-1533) richtete 1499 hier eine Offizin ein; später unterhielt **Matthäus Merian d. Ä.** 1617-20 eine Kupferstecher-Werkstatt (Gedenktafel Merianstraße 13). – Auf dem Weg zum Wormser Reichstag übernachtete **Martin Luther** (→ Eisleben/ST) 1521 in der »Kanne« (Mainzerstraße12/Gedenktafel). Auf der Orgel der got. Katharinenkirche (**Wolfgang Diehl** 1975 in »Linksrheinisches«: »sie schickte steinerne Grüße übers Land«) spielte **Albert Schweitzer** gern. **Wolfgang Altendorf** tummelte sich zu dieser Zeit bei der »Rheinhess. Landeszeitung« in O. und schrieb später für den holländ. Autor Herbert Frank, der Jude war, »über die Möglichkeiten des Menschen in schwerer Zeit« seine O.er Kriegsstory vom rechten Ufer »Kornsand«

(1979). Von **Elisabeth Langgässer** (→ Alzey/RP): »Mars« (»Triptychon des Teufels«, En.1932).

R »Meine Heimat ist Rheinhessen, und das heißt, dass sie landschaftlich nichts mit dem zu tun hat, was man unter Rhein-Romantik versteht... Das Gesicht der Landschaft bleibt gelassen und anspruchslos ...« So **Carl Zuckmayer** (→ Mainz/RP) über das Land um Mainz, in dem am Rhein sein Geburtsort **Nackenheim** liegt, wo er zu Lebzeiten doch noch zu Platz und Büste, Gesellschaft und Festspielen (im Weingut Gundelach) und zur Ehrenbürgerschaft gekommen war, nachdem sein Stück »Der fröhliche Weinberg« im N. der 1920er Jahre zunächst nur Skandal gemacht hatte, wie auf 63 anderen deutschen Bühnen. – In **Guntersblum** ist am 30. 5. 1910 **Georg K. Glaser** geb., Goldschmied und Erzähler. Er floh 1933 nach Paris, dort starb er am 18. 1. 1995. Sein Lebensbericht »Geheimnis und Gewalt« (1951, n. 89) ist ein Jahrhundertbuch.

Z Alzey, Bad Kreuznach, Mainz, Worms (RP).

ORANIENBURG/BB

Kreismuseum im alten Amtshauptmannshaus; Schlossmuseum; Gedenkstätte und Museum Sachsenhausen in der ehem. Häftlingsküche (Stiftung Brandenburgische Gedenkstätten). – Aus O. der Physiker Walther Bothe (1891-1957).

Otto Heinrich Böckler, * 23. 6. 1867 O., † 16. 6. 1932 Berlin, in der Kaiserzeit unter den dt. Journalisten der führende Antisemit (Hrsg. von deren Organ »Frei-Deutschland«, 1894-14). Schrieb kämpferische »Zeitgedichte« (»Zu Trost und Trutz«, 1919), die wesentlich zur Verbreitung der »Dolchstoßlegende« beitrugen.

E Konzentrationslager Sachsenhausen. Am 21. 3. 1933 richtete die Berliner SA-Führung in der Berliner Straße 45 a eines der ersten dt. Konzentrationslager ein. Erich Mühsam wurde schon am 29. 3. dort eingewiesen und von der SA nach Folterungen am 11. 7. 34 über einer Latrine aufgehängt. Denkmal auf dem Friedhof; im Museum Hinweise auf Leben und Werk. Weiterhin waren 33/34 Kurt Hiller, im April/Mai 34 Ehm Welk sowie Max Fürst und Armin T. Wegner hier eingesperrt. Wilhelm Girnus (1906-85), 1962-71 Chefredakteur der Zs. »Sinn und Form«, konnte im März 34 fliehen. Dieses »wilde« KZ Oranienburg wurde 1935 aufgelöst. Der »Wildheit folgte die Systematik« (Ch. von Krockow, 1993): Im Juli 36 entstand unmittelbar vor den Toren O.s das KZ Sachsenhausen. Peter Edel, Grafiker und Illustrator, wurde 43 von Auschwitz hierher verbracht, um in der von der SS betriebenen Fälscherwerkstatt von »Block 19« zu arbeiten. In seiner Aut. »Wenn es ans Leben geht« (1979) hat er auch über seine Ankunft in O. und den Marsch durch die Stadt geschrieben: »Nur hier und da blieb jemand stehen, gaffte uns nach. Kinder liefen uns hinterdrein, krähten vergnügt, wurden von Schupos fortgescheucht. Besonderes Aufsehen gab es nicht, dergleichen war man offenbar gewohnt ...« Zu den Gefangenen im KZ gehörten 1938-41, als Hitlers »persönlicher Gefangener«, Martin Niemöller, 1941-45 auch Karl Veken und von April 44 bis Februar 45 Peter Suhrkamp, der seit 1936 für seinen jüd. Inhaber den S. Fischer Verlag leitete und manche der früheren Autoren schützen konnte. 1943 starb Theodor Wolff im Lager. 1945 erschien der dokumentar. Bericht »Unbekanntes KZ« von Karl Schnog (1897-1964), der 40 aus dem besetzten Luxemburg in das Lager verbracht worden war. – Ab August 45 führten die Russen das KZ als »Speziallager Nr. 7«, u. a. wurde dort der Schauspieler Heinrich George (1893-1946) festgehalten. Er starb am 26. 9.: »Es war seine größte Stärke und seine größte Schwäche, in dieser Zeit nichts als ein Schauspieler gewesen zu sein. Andere haben sich um die Bezahlung gedrückt. Er aber hat bezahlt. Zu viel hat er bezahlt.« (G. Weisenborn 1946) – Seit 1961

Mahn- und Gedenkstätte (für die die noch vorhandene Originalsubstanz des Lagers beseitigt wurde); Mahnmal mit davor stehender Steinskulptur »Befreiung« (1960).

R Friedrich Wolf (→ Neuwied/NW) zog im Dezember 1948 nach Lehnitz, O. unmittelbar benachbart, wo er ein Haus in der Thälmann-Siedlung erhielt. W. lebte bis zu seinem Tod 53 dort, wo die Stücke »Bürgermeister Anna« (1950) und »Thomas Müntzer« (1952) entstanden. Wohnung: Kiefernweg 5, Arbeits- und Wohnzimmer in der Gedenkstätte. F.-W.-Gesellschaft in L. seit 1992. Der in Berlin lebende Publizist Walther Pollatschek (1901-76) war 1953-70 Leiter des F.-W.-Archivs in L. Inge Müller (→ Berlin) lebte seit 1951 mit ihrem Ehemann in L., Waldring 3, in einem Einfamilienhaus. 53 zog Heiner Müller (→ Freiberg/Eppendorf/SN) dort ein; sein erster fester Wohnsitz. Es begann eine intensive Zusammenarbeit beider Autoren, Stücke wurden projektiert und Hörspiele geschrieben. Unter den Besuchern auch Peter Hacks (→ Berlin). Lange bevor beide 59 nach Berlin zogen, litt I. Müller an Depressionen und unternahm Selbstmordversuche.

Südl. benachbart Birkenwerder, wo der lungenkranke Christian Morgenstern (→ München/BY) im Winter 1905/06 in einem Sanatorium, heute Orthopädische Klinik, Hubertusstraße 12-22, Heilung suchte (»denn nach Trost schreit meine Seele/wie der Hirsch nach frischem Wasser«) und an seinem ersten Prosawerk (»Tagebuch eines Mystikers«, 1908) arbeitete. In B. unterhielt die Pädagogin Frieda Winkelmann (1862-1943) ein Mädchenerziehungsheim und enge Kontakte zu Rosa Luxemburg (→ Berlin) und Clara Zetkin (→ Mittweida/Wiederau/SN), die 1929 in der Summter Straße 4 ein Haus erwarb und von Stuttgart übersiedelte. – Der Kinderliederdichter (»Wo wir sind, da stehen Millionen«, 1949) **Wilm Weinstock** (1905-81) lebte von 1949 bis kurz vor seinem Tod im nahen **Hohen Neuendorf**. Wohnung: Eichenallee 33a. **Manfred Bieler** (→ Zerbst/ST) hat ihn in seinem Roman »Ewig und drei Tage« (1980) in der Figur des Alexander Heidenreich porträtiert. **H. Müller** wohnte 1951/52 bei der Schriftstellerin **Margarete Neumann** in H., wo er auch seine spätere Frau **I. Müller** kennen lernte. **Alfred Otto Schwede** (→ Zeitz/ST) lebte seit 1961 in H. und starb dort 87. Wohnung: Friedrich-Engels-Straße 33. – **Emma Ihrer** (1857-1911), die Frau des Apothekers aus **Velten**, Breite Str. 75, gründete 1885 in Berlin einen »Verein zur Vertretung der Interessen der Arbeiterinnen«, für den sie seit 90 die erste dt. Frauen-Zs.(»Die Arbeiterin«) herausgab. Seit 92 erschien diese unter Mitwirkung von C. Zetkin u. d. T. »Die Gleichheit«. Weiter nördl. von O., bei Neulöwenberg, Schloss **Liebenberg**, das **Philipp Fürst zu Eulenburg und Hertefeld** (1847-1921), 1877-1903 im diplomat. Dienst, seit 1889 bewohnte. Wilhelm II. war oft sein Gast. Als **Maximilian Harden** (→ Berlin) den Kaiser-Günstling 1903 in der einflussreichen polit. Zs. »Die Zukunft« offen der Homosexualität bezichtigte, um ihn seines polit. Einflusses zu berauben, kam es zu einem Eklat. **Theodor Fontane** (→ Neuruppin/BB), der L. ein Kap. in dem Bd. »Fünf Schlösser« (1889) widmet, verdankte Eulenburg die Anregung zu »Cecile« (R. 1887). W.: Erich und Erika und andere Erzählungen für Kinder (1893); Aus 50 Jahren. Erinnerungen (1923); Politische Korrespondenz (3 Bde. Hrsg. G. Röhl, 1976-83). **Christian Graf von Krockow** (→ Göttingen/NI) war 1990 in L. und hat die Geschichte des Schlosses im Kap. »Ein deutscher Gral« in den »Fahrten durch die Mark Brandenburg« (1991) abgehandelt. Schloss

und Gut (mit dem Lenné-Park) sind zugänglich. – 1861 besuchte **Th. Fontane** das unbewohnte, gleichfalls in der Nähe von Neulöwenberg liegende »verwunschene Schloss« **Hoppenrade**. Doch erst 1889 erschien die Abhandlung »Hoppenrade und die Krautentochter« in dem Bd. »Fünf Schlösser«.

Kremmen

Richard Dehmel (→ Königs Wusterhausen/Münchehofe-Hermsdorf/BB) wuchs seit 1866 in K. auf, wo sein Vater Förster war. In dem Gedicht »Lied an meinen Sohn« erinnert er sich: »Der Sturm behorcht mein Vaterhaus/mein Herz klopft in die Nacht hinaus,/laut; so erwacht' ich vom Gebraus/des Forstes schon als Kind.« – Wohnung: Forsthaus, Ruppiner Chaussee 60a.

L **Th. Fontane** schrieb das balladeske Gedicht »Die Schlacht am Cremmer Damm 1334« (1887). F.s Quelle: »Versuch einer Geschichte der Churmark Brandenburg« (1765-75) von **Samuel Buchholtz** (→ Perleberg/Pritzwalk/BB), der 1774 in K. starb.

R In der Jugendherberge Wolfslake in **Neu-Vehlefanz** trug der aus der Wandervogel-Bewegung kommende **Gustav Büchsenschütz** (1902-96) am 10. 5. 1923, dem Himmelfahrtstag, sein Lied »Märkische Heide, märkischer Sand« vor, das sich rasch verbreitete: »Steige hoch, du roter Adler . . .« Ein Findling erinnert an den Dichter und Komponisten der »brandenburgischen Hymne«.

B R. Hoffmann, Gärten, Parks und Grüngelüste. Märkische Miniaturen, 2001; A. Kulisiewicz, Adresse Sachsenhausen: Literarische Momentaufnahmen aus dem KZ, 2004.

Z Eberswalde, Neuruppin, Rathenow (BB); Berlin.

OSCHATZ/SN

Stadt- und Waagenmuseum. – Auf dem Alt-
markt »Vier-Jahreszeiten-Brunnen« (2004) mit
Versen.

Heinrich von Mügeln, Sangspruchdich-
ter. Die Allegorie »Der meide kranz« (um
1360) weist ihn als Gefolgsmann Karls IV.
aus. Die Meistersinger zählten H. zu den
»zwölf alten Meistern«. Dass H. aus dem
südl. von O. liegenden Mügeln stammt, ist
nicht ganz sicher.
Max Krell (auch **Georg Even**), * 24. 9. 1887
Wermsdorf bei O., † 11. 6. 1962 Florenz,
Erzähler (»Der Spieler Cormick«, 1922).
In den 20er Jahren in Berlin einflussrei-
cher Lektor des Ullstein- und des Propy-
läen-Verlages; betreute u. a. B. Brecht (→
Augsburg/BY), L. Feuchtwanger (→Mün-
chen/BY) und E. M. Remarque (→Osna-
brück/NI), darüber in der Aut. »Das alles
gab es einmal« (1961).

L **Ludwig Bechstein** (→ Meiningen/TH) er-
klärt den Stadtnamen nach der Sage in einem
Gedicht (1836): »Sie steht und lächelt – lächelt
– sinnt,/Bis sie errötend nun beginnt: ›O Schatz‹
– schnell ruft der König froh:/›Du hast's gesagt!
Sie heiße so!‹«

R In **Wermsdorf** war **Clara Zetkin** (→
Mittweida/Wiederau/SN) 1878-80 Haus-
lehrerin. Clara-Zetkin-Straße 11 (Gedenk-
tafel). Etwas abseits des Ortes das Jagd-
schloss **Hubertusburg** (eine der größten
Anlagen dieser Art in Dtl.). Gastspiele **Ca-
roline Neubers** (→Reichenbach/SN). 1763
wurde im geplünderten Schloss in langwie-
rigen Verhandlungen von Sachsen, Preu-
ßen und Österreich der 7-jährige Krieg be-
endet. **Friedrich Schiller** (→Ludwigsburg/
Marbach/BW) war 1785 und 1801 im
Schloss, über das **Heinz Czechowski** dich-
tete: »Alles hat hier/sein sächsisch-/preußi-
sches/Gesicht« (1982). Im Marschallge-
bäude befand sich das sächs. Landesge-

fängnis. Als **Claire von Glümer** (→ Werni-
gerode/Blankenburg/ST) versuchte, ihren
am Dresdner Mai-Aufstand beteiligten Bru-
der daraus zu befreien, wurde sie selbst
hier drei Monate festgehalten. **Ernst Keil**
(→ Bad Langensalza/TH) verbüßte 1852
in H. seine Haft und entwickelte hier
das Konzept für die Erfolgs-Zs. »Die Gar-
tenlaube«. 1872-74 war **August Bebel** (→
Köln/NW) hier in Festungshaft und be-
gann sein Haupt-W. »Die Frau und der
Sozialismus« (1879); auch ließ er sich
von seinem Mithäftling **Wilhelm Lieb-
knecht** (→ Berlin) Unterricht erteilen. Ge-
denktafel am Hauptschloss. – **Manfred
Streubel** (→ Dresden/SN) wuchs im na-
hen **Dahlen** auf.

Z Döbeln, Grimma, Großenhain, Torgau
(SN).

OSCHERSLEBEN/ST

Kreisheimatmuseum.

Karl Leberecht Immermann (→ Magde-
burg/ST) absolvierte 1818 einen Teil sei-
ner Referendarzeit (»Auskultator«) am Ge-
richt von O. – Im nahen **Ampfurth** war
Christian Weise (→ Zittau/SN) auf dem
dortigen Schulenburgschen Gut 1670 Hof-
meister.

Gröningen

Jakob Friedrich Reimmann, * 22. 1. 1668
G., † 1. 2. 1743 Hildesheim, Schulmann
und Polyhistor. 1717 Superintendent und
Leiter der Schulverwaltung in Hildesheim.
– W.: »Die ersten Linien von der Historia
literaria derer Teutschen«, 1713).
Leopold Friedrich Günther von Goeckingk
(geadelt 1820), * 13. 7. 1748 G., † 18. 2.
1828 Deutsch-Wartenberg/Niederschle-
sien, Lyriker und Reiseschriftsteller. Trat

in den preuß. Staatsdienst, wo man ihn immer öfter mit schwierigen Aufgaben betraute. – Sein zeitgen. lit. Ruhm gründet sich in den »Liedern zweier Liebenden« (1777) und den »Prosaischen Schriften« (1784), sein Nachruhm auf die Reiseschrift »Briefe eines Reisenden an Herrn Drost von LB« (1780). – Erinnerung im Museum Reichenstraße 9.

Louise Aston, * 26. 11. 1814 G., 21. 12. 1871 Wangen/Allgäu, Lyrikerin und Erzählerin. Eine der konsequentesten Vorkämpferinnen der Frauenemanzipation, wofür A. in ihren im Umfeld der 48er-Revolution zumeist in Berlin entstandenen Büchern (»Aus dem Leben einer Frau«, aut. R. 1847; »Revolution und Contrerevolution«, R. 1849) eintrat. Erst der moderne Feminismus begann sich für sie zu interessieren.

R Die Domäne **Sommerschenburg** nordwestl. von O. übereignete Friedrich Wilhelm III. Neidhardt von Gneisenau für dessen Verdienste in den Befreiungskriegen. 1841 wurde der Generalfeldmarschall hier beigesetzt. Am Mausoleum Verse von **F. von Matthisson**: »Lass den Schwächling angstvoll zagen!/Wer um Hohes kämpft muss wagen,/Leben gelt' es oder Tod.«

Wanzleben

Friedrich von Matthisson (geadelt 1809), * 23. 1. 1761 Hohendodeleben bei W., † 12. 3. 1831 Wörlitz (→ Dessau/ST), Lyriker. Hauslehrer und Reisehofmeister. Seine an A. von Haller und F. G. Klopstock (→ Quedlinburg/ST) geschulten Gedichte (Hist.-krit. Ausg. 1912 f.) gelten als epigonal, doch waren sie zu seiner Zeit populär. M.s »Lyrische Anthologie« (20 Bde., 1803-07) bewahrte viele Texte des 18. Jh.s vor dem Vergessen. – Gedenktafel am Pfarrhaus seines Geburtsortes.

Z Aschersleben, Halberstadt, Haldensleben, Magdeburg, Quedlinburg, Schönebeck (ST); Helmstedt (NI).

OSNABRÜCK/NI

»Vom oberen Wall konnte man über den Fluß hinweg die Dächer und Türme der Stadt sehen. Die barocke Kuppel des Domes schimmerte im unruhigen Licht. Ich kannte diesen Blick; er war auf tausend Postkarten reproduziert. Ich kannte auch den Geruch des Wassers und den Geruch der Lindenallee, die sich den Wall entlang zog...« (Erich Maria Remarque, 1962) Universität. – Staatsarchiv; Stadtbibliothek. – Kulturgesch. Museum (mit Slgg. von frühen Drucken und Hss.). – Städt. Bühnen (Großes Haus).

Johannes Domann, * 2. 5. 1546 O., † 20. 9. 1618 Den Haag, Liederdichter in → Rostock/MV. Später bekannt durch »Ein schön new Lied Von der alten teudtschen Hanse. Im Thon des Rolandes« (1682).

Justus Möser, * 14. 12. 1720 O., † 8. 1. 1794 ebd., Staatsmann, Publizist, Historiker. Verfasste »die besten Leitartikel und Feuilletons, die im 18. Jh. geschrieben wurden« (W. Spael); von bedeutendem Einfluss auf Goethe (→ Frankfurt a. M./HE), der M. in »Dichtung und Wahrheit« ein lit. Denkmal setzte. (M.s Tochter, Jenny von Voigts, 1749-1814, korrespondierte mit Goethe, schrieb Gedichte und gab ab 1774 die »Patriotischen Phantasien« ihres Vaters heraus). M. galt als »Patriarch von O.«, Gründer und Hrsg. der »Osnabrückischen Anzeigen«. – W.: Harlekin oder Verteidigung des Grotesk-Komischen (Ess. 1761); Osnabrück. Geschichte (1768/1824). Briefe (Hrsg. E. Beins u. W. Pleister, 1939); Sämtl. Werke, Hist.-krit. Ausg. (hg. Akademie der Wiss., Göttingen, 1943 ff.). – Gedenktafel am Geburtshaus (nach 1945 wiedererrichtet) Am Markt; Grabplatte in St. Marien; Denkmal auf dem Domplatz; J.-M.-Kabi-

nett im Kulturgesch. Museum. – J.-M.-
Gesellschaft e. V. (seit 1987; »Möser-Fo-
rum«), J.-M.-Dokumentationstelle in der
UB. – Nachlass SA O.

Theobald Wilhelm Broxtermann, * 14. 7.
1771 O., † 18. 9. 1800 München, schrieb
mit 16 Jahren das Erzählgedicht »Graf Diet-
rich von der Mark«, das Ch. M. Wieland
(→ Biberach/BW) veröffentlichte. Sein Ge-
dicht »Empfindungen bei Mösers Tode«
wurde in dessen Denkmal eingemauert.
B.s Ges. Werke gab 1841 E. Wedekind her-
aus.

Georg Christoph Lichtenberg (→ Ober-
Ramstadt/HE) weilte vom 4. 9. 1772 bis
zum 13. 2. 73 zur astronom. Ortsbestim-
mung der Stadt in O. Schrieb hier das
»Neujahrslied für Doktor Stiehle 1773«
und beschäftigte sich mit dem »westfäli-
schen Hans Sachs« R. v. Bellinckhaus (um
1567-1645) aus O., über den er einen Auf-
satz für das »Deutsche Museum« (1779)
schrieb. Bekanntschaft mit J. Möser, Lie-
besneigung zu Mieken Tietermann, Haus-
dame im »Römischen Kaiser«, wo L. wohn-
te. – Gedenktafel am Neubau (anstelle des
Hotels) Am Markt 9.

Bernhard Rudolf Abeken, * 1. 12. 1780 O.,
† 24. 2. 1866 ebd., Hauslehrer bei der Wit-
we F. Schillers, mit Goethe befreundet
und Hrsg. der ersten J. Möser-Ausgabe.
Am bekanntesten der Nachlassband »Goe-
the in meinem Leben« (1904). – Grab auf
dem alten Hasefriedhof. – Nachlass GSA
Weimar.

Karl Eberhard Thorbecke, * 8. 3. 1786 O.,
† 1837 Düsseldorf, romant. Lyriker, schrieb
auch Theaterstücke und Novellen, am be-
kanntesten seine »Gedichte« (1807) und
»Lieder« (1814).

Ludwig Bäte, * 22. 6. 1892 O., † 30. 4. 1977
ebd., Kulturdezernent, Stadtarchivar, »ge-
hörte der selten gewordenen Spezies von
Schriftstellern an, die in ihrer Heimatstadt
verbleiben, ohne Lokaldichter zu werden«.
– Kultur- und literarhist. Bilder u. a. in
»Novellen um Osnabrück« (1930), »Der
Friede« (R. 1934), »Fenster nach Norden«
(En. 1939), »Der Friedensreiter« (En. und
G. 1971). Schrieb die Biographie »Justus
Möser – Advocatus Patriae« (1961) und
eine Geschichte seiner Vaterstadt (1950).
– Grab auf dem Hegerfriedhof.

Erich Maria Remarque (eig. **Erich Paul
Remark**), * 22. 6. 1898 O., † 25. 9. 1970
Locarno, Autor mit intern. Bestsellererfolg:
»Er erzählte seine Geschichten, wie Millio-
nen sie erzählen würden, wenn sie schrei-
ben könnten.« (H. Kesten) Der Buchbin-
dersohn wurde 1916 von der Schulbank
weg als Soldat eingezogen. Besuchte nach
dem Krieg das Kath. Lehrerseminar in
O., war Lehrer und Werbeleiter in Han-
nover, Journalist in → Berlin. Sein Anti-
kriegsroman »Im Westen nichts Neues«
(1929) wurde zum sensationellsten Er-
folgsbuch der dt. Literatur (1930 in den
USA verfilmt, 2003 als Literaturoper Nan-
cy van de Vates in O. uraufgeführt). R.s
Werke gehörten 1933 zu den verbotenen
und verbrannten Büchern, 38 wurde ihm
die dt. Staatsbürgerschaft entzogen. – Wei-
tere W.: Drei Kameraden (R. 1938); Arc de
Triomphe (R. 1946). Schatten im Paradies

*Osnabrück: Das im 2. Weltkrieg zerstörte Rat-
haus mit dem Friedenssaal beschreibt Erich Ma-
ria Remarque in »Zeit zu leben und Zeit zu
sterben« (1954).*

(R. 1971). – Kindheit und Jugend Jahnstraße 23 (Gedenktafel) und 29, Hakenstraße 3. R., der die Stadt 1922 verlassen hatte, kam 29/30 für einige Monate wieder, um seinen Roman »Der Weg zurück« (1931) zu schreiben (Wohnung Johannisstraße 92/93, »Weinstube Hoberg«). – Das alte Fachwerkhaus »Hotel Walhalla« ist z. T. Schauplatz des 1923 spielenden Romans »Der schwarze Obelisk« (1956). Heimatl. Hintergrund haben auch »Der Funke Leben« (1952), »Zeit zu leben und Zeit zu sterben« (1954), »Die Nacht von Lissabon« (1963). – E. M. R. 1953 nach einem Besuch der Vaterstadt: »Jahnplatz, Haus, wo ich geboren war. Pappelgraben, Gärten, Dom, wo ich Meßdiener war, Seminar, das zerstört ist, – viel dunkle Gefühle.« (Tagebuch, 12. 8. 53). Stadtführer: »Erich Maria Remarque – Die Straßen seiner Jugend«. – W. von Sternburg, »Als wäre alles das letzte Mal« (B. 1998); »›Sag mir, daß Du mich liebst ...‹ E. M. R. – Marlene Dietrich« (Hrsg. W. Fuld/Th. Schneider, 2001).
Heinz Liepmann, * 27. 8. 1905 O., † 6. 6. 1966 Agarone/Tessin, Journalist und Schriftsteller u. a. in → Hamburg. Emigrierte 1934 in die USA, kehrte 48 zurück und lebte ab 61 in der Schweiz. – Dramen und Romane, u. a. »Das Vaterland« (1934, n. 81), »Karlchen oder Die Tücken der Tugend« (1964).
A Hermann Bonnus (→ Quakenbrück/ NI) führte 1534 die Reformation in O. durch (Porträt in St. Marien). – Unter den Gästen in J. Mösers Haus in der Hakenstraße (heute dort Neubau der J.-M.-Schule): **Thomas Abbt** (→ Ulm/BW), **Anton Matthias Sprickmann** (→ Münster/NW), **Friedrich Nicolai** (→ Berlin), **Amalia von Gallitzin** (→ Münster/NW), **Friedrich Leopold zu Stolberg** (→ Bad Segeberg/ Bad Bramstedt/SH) und **Johanna Schopenhauer** (→ Bonn/NW, Bericht in »Jugend-

bilder und Wanderleben«, 1839). – 1837 bestand **Levin Schücking** (→ Meppen/ NI) sein Abitur am Gymnasium Carolinum. Zur Jahrhundertwende wird in O. der Erzähler und Essayist **Hans Bütow** (»H. B. erzählt«, 1960) geboren, er starb 1991. – 1939 erlebte **Heinrich Böll** (→ Köln/ NW) in einer O.er Kaserne den Ausbruch des 2. Weltkrieges. **Erich Loest** lebte nach der Übersiedlung aus der DDR für ein paar Jahre hier (»Zuverlässige Freunde nahmen mich auf«, in: E. L., »Ein Sachse in Osnabrück«, 1986); Bericht über einen Besuch bei Loest von **Wolfgang Schreyer** (→ Magdeburg/ST) in »Der zweite Mann« (2000).

L 1929 wurde in O. das Fragment eines lat.-niederdt. »Osnabrücker Osterspiels« aus dem Benediktinerinnenkloster auf dem Gertrudenberg aufgefunden. – O.er Schilderungen enthalten die Bände »Das Königreich Hannover und das Herzogtum Braunschweig« (n. 1977) von **Otto von Heinemann** (→ Helmstedt/NI), »Im alten Reich« (1927) von **Ricarda Huch** (→ Braunschweig/NI), »Deutsche Reise« (1934) von **Werner Bergengruen** (→ Baden-Baden/BW), »Deutschlands Morgenspiegel« (1950) von **Konrad Weiß** (→ Schwäbisch Hall/Michelbach a. d. Bilz/BW) und »Wanderungen zu den Burgen und Domen in Niedersachsen« (auch über Schloss und Kloster Iburg, 1973) von **Hans-Heinrich Welchert**. – 1979 erschien, hg. von **Gudula Budke**, die 2. Anth. der »Lit. Gruppe Osnabrück« »Schreibfreiheit«. – »Die Sagen der Heimat« (u. a. von »Femgericht« im Gertrudenberg) von **Adolf Wrasmann**, ersch. 1908, zahlr. Neuauflagen. – Darstellungen heimischer Sprichwörter auf der Johannisfreiheit.

S Universitätsbibliothek O. (Osnabrugensien); Internationaler Arbeitskreis Literatur und Politik in Deutschland, Arbeitsgemeinschaft für germanistische Edition, Forschungsstellen »Literatur der frühen Neuzeit« und »Kurt Tucholsky«. – Erich-Maria-Remarque-Gesellschaft und EMR-Friedenszentrum: R.-Jahrbuch, Ausstellung, Archiv, Forschungsstelle Krieg und Literatur. – **Erich-Maria-Re-marque-Friedenspreis**; »Stadt der Zuflucht« im »Writers in exile«-Programm des P. E. N. (seit 2001). – **Literaturbüro Westniedersachsen**; **Autorengruppe PegasOs**; **Alfred Gong-Gesellschaft**.

R »Die Osnabrücker sind ganz gute Leute, aber sie brauchen doch auch 3 Tage Zeit um einen Windofen zu setzen«, spottete **Georg Christoph Lichtenberg**, und in einem Brief klagte er 1772: »Was muss das für ein Gott sein, der Mädchen-Fleisch aus diesen Sägspänen macht...« L. meinte damit den Pumpernickel; über die Herkunft des Namens streiten sich noch immer die Gelehrten. Plattdt. schrieb **Friedrich Wilhelm Lyra** (1794-1848); berühmter wurde sein Sohn **Justus Wilhelm L.** (1822-82), er vertonte u. a. **G. Herweghs** (→ Stuttgart/BW) »Reiterlied« und **E. Geibels** (→ Lübeck/SH) »Der Mai ist gekommen«. Am 1. Mai versammeln sich noch immer die sangesfrohen Osnabrücker am Lyra-Gedenkstein bei der Vitischanze und feiern ihren berühmten Pfarrer, der im Haus Hasestraße 55 geb. wurde (Gedenktafel). – An die finsterste NS-Zeit in O. erinnert der Text auf einem neuen Straßenschild: »Elfriede Scholz, Schwester Erich Maria Remarques, wurde 1943 vom Freislerschen Volksgerichtshof verurteilt und hingerichtet«. In »Der lautlose Aufstand« (1953) von **Günther Weisenborn** (→ Velbert/NW) ist das Todesurteil (wegen »Wehrkraftzersetzung«) nachzulesen. Aus O. stammt auch die Familie von Pels, die zusammen mit **Anne Franks** Familie (→ Celle/Bergen-Belsen/NI) in Amsterdam untertauchte und in Annes Tagebuch erwähnt wird. Im Hone, O.-**Haste**, stehen die »Karlssteine«, um die sich Sagen vom Herzog **Wittekind** ranken (→ Herford/NW). Wittekindsorte auch **Rulle**/Wallenhorst-R. und **Belm**. – In der Klosterkirche von **Bad Iburg** befindet sich der Sarkophag des Bischofs Benno II. Über ihn schrieb Abt **Norbert von I.** eine der wichtigsten Bischofsbiographien des 11. Jh.s, die »Vita Bennonis II.« In den Jahren 1666-1706 schrieb Abt **Maurus Rost** mit den »Iburger Annalen« eine (verfälschende) Chronik. – **Liselotte von der Pfalz** (→ Heidelberg/BW) verbrachte Jugendjahre in Iburg, J. Mösers Eltern besaßen hier ein Landhaus. – Viel besucht: **Bad Rothenfelde** (Heimatmuseum). Hier wohnte der Vater **Erich Maria Remarques**, bei dessen Begräbnis R. 1954 anwesend war. In **Nahne** (Osnabrück-N.) hatte R. im Herbst 1920 zum letzten Mal sein Lehramt ausgeübt. – Aus **Glandorf** (Bad Laer-G.) stammt einer der volkstüml. Gelehrten Westfalens, **Franz Jostes** (1858-1925/Grab auf dem Friedhof); sein »Westfälisches Trachtenbuch« gilt noch heute als Standardwerk. In der Senke von **Kalkriese** sehen Archäologen nach Grabungen ab 1989 die Stätte der Varus-Schlacht (Museumspark Kalkriese).

B J. Riehemann, Osnabrücker Dichter und Dichtungen, 1903; L. Hoffmeyer, Chronik der Stadt Osnabrück, erw. von L. Bäte, 1964.
Z Melle, Quakenbrück (NI); Münster, Steinfurt, Tecklenburg (NW).

OSTERHOLZ-SCHARMBECK/NI

Worpswede

»Eine Fahrt nach Worpswede ist eine Staroperation: als schwinde plötzlich ein grauer Schleier, der sich zwischen die Dinge und uns gebreitet.«
(Richard Muther)
»Ich habe Mitleid mit diesem schönen Stück Erde, seine Bewohner wissen nicht, wie schön es ist.«
(Paula Modersohn-Becker, 1897)
W., seit der 2. Hälfte des 18. Jh.s geistiges Zentrum des Moorgebietes (Teufelsmoor = »Düvelsmoor«, volksetymolog. für »Duwes«, taubes,

unfruchtbares Moorland): Die »W.er Künstler-kolonie« (F. Mackensen/Grab Friedhof, O. Modersohn, H. am Ende/Grab Friedhof, F. Overbeck, H. Vogeler) entstand nach 1884; erster großer Erfolg 1895 im Münchener Glaspalast, nach R. A. Schröder (→ Bremen) »das europ. Ereignis in der Kunst«. Auch heute bleibt die künstler. und lit. Tradition gewahrt. – Große Kunstschau (errichtet nach Entwurf von B. Hoetger): Dauerausstellung »Alte Worpsweder«.

Heinrich Schriefer, * 22. 1. 1847 W.-Schlussdorf, † 22. 12. 1912 Kassebruch (dort auch Grab). Lehrer, Dorfmusikant, Heimatdichter, »Chronist des Teufelsmoors«. – W.: Aus dem Düwelsmoor (1878); Aus dem Moor (En. 1892); Worpsweder Bilder (1907).

Heinrich Vogeler, * 15. 12. 1872 → Bremen, † 14. 6. 1942 Kasachstan, Maler, Buchkünstler, Designer, Schriftsteller. Freund R. M. Rilkes, lebte ab 1894 in W. Adressierte 1918 in Märchenform an den Kaiser einen Protest gegen den »Gewaltfrieden« von Brest-Litowsk. Nach Entlassung aus Haft und Irrenhaus im Arbeiter-und-Soldaten-Rat. Funktionierte seinen W.r »Barkenhoff« (Gäste u. a. M. Buber/→ Frankfurt/HE, Henri Barbusse; jetzt Eigentum der »Stiftung W.«) in eine Kommune um, reiste 1923 zum ersten Mal in die UdSSR und blieb seit 31 endgültig dort. – W.: Dir (G. 1899); Reise durch Russland (1925); Erinnerungen (1952); Das Neue Leben. Schriften zur proletar. Revolution und Kunst (1973). – Postamt und Bahnhof in W. nach seinen Zeichnungen erbaut; Arbeitszimmer im Focke-Museum (→ Bremen).

Wilhelm Scharrelmann (→ Bremen), seit 1928 freier Schriftsteller in W. (Haus Tannenhof), fand: »Die Ewigkeit geht ebenso gut durch das Teufelsmoor wie durch das Land der Griechen.« – »Das Fährhaus« (R. aus der W.er Landschaft, 1928); »Hinnerk

der Hahn« (R. 1930); »Katen im Teufelsmoor« (En. 1937). – Grab auf dem Friedhof der ev.-luth. Kirchengemeinde.

Rainer Maria Rilke (→ München/BY) verbrachte in W. zwischen 1898 und 1905 insgesamt anderthalb Jahre und heiratete 1901 hier die Bildhauerin Clara Westhoff (gest. 1954 in Fischerhude, wo sie seit 1920 lebte); Hausstand bis 1902 im benachbarten Westerwede. Dort entstanden der 2. Teil des »Stunden-Buches« (1905) und die Monographie »Worpswede« (1903, n. 1987), »die 20 Tage und viele halbe Nächte gekostet hat«; hier verfasste R. auch Gedichte für das »Buch der Bilder« (1902). – Schrieb den Segensspruch für den Türbalken des Barkenhoffs: »Licht sei sein Los. / Ist der Herr nur das Herz / und die Hand des Bau's, / mit den Linden im Land, / wird auch sein Haus / schattig und groß«.

Waldemar Augustiny, * 18. 5. 1897 Schleswig, † 26. 1. 1979 W., Erzähler und Essayist. In beiden Weltkriegen Sanitätsunteroffizier. Kam 1934 nach W., seither freier Schriftsteller. – W.: Die Fischer von Jarsholm (R. 1935); Die große Flut (R. 1943, n. 96); Die Wiederkehr des Novalis (R. 1948); Paula Modersohn (B. 1960); Elise und Christine. Die beiden Frauen im Leben F. Hebbels (biograph. E. 1971); Niedersachsen. Landschaft, Städte, Kunst (1971). – Wohnhaus im Schluh 14; Grab auf dem Friedhof.

A » Man wanderte über den Berg. Meistens lagerten wir zusammen irgendwo in der Heide. **Hermann Allmers** wusste viel von den Sagen, die sich noch im Teufelsmoor hielten …, zu erzählen. Über uns zogen die hellen Sommerwolken hin« (H. Vogeler). – Die Malerin **Paula Modersohn-Becker** (1876-1907) kam 1898 als Schülerin F. Mackensens nach W. und heiratete hier O. Modersohn; »P. M.-B. in Briefen und Tagebüchern« (Hrsg. G. Busch und

L. von Reinken, 1979); Grabmal (von B.
Hoetger) auf dem Friedhof. – »Wenn ich
keine Heimat hätte, blieb ich gewiß nir-
gend lieber als in Worpswede«, schrieb
Carl Hauptmann (→ Berlin), der um die
Jahrhundertwende mehrmals in W. war.
– 1910 kam **Tetjus Tügel** (1892-1973)
und war seitdem als »Moordichter« und
»Moormaler« im Moor ansässig (»Quick-
hof« in **Oese**/Basdahl-O.). – **Friedrich Wolf**
(→ Neuwied/RP) lebte 1921/22 als Sied-
ler und Torfarbeiter mit einer Gruppe
Kriegsbeschädigter auf dem »Barkenhoff«
H. Vogelers; literarische Spiegelung in »Ko-
lonne Hund« (Sch. 1927). – **Gustav Schenk**
(→ Hannover/NI) kam nach Wanderun-
gen durch Europa und Afrika nach W.,
wo seit 1936 auch der Erzähler und Überset-
zer **Erich Schargorodsky** (Ps. **Görge Sper-
vogel**/1910-42) lebte, Erinn. von **Ellida
von Alten** (geb. **Schargorodsky**) u. d. T.
»Kindersommer« und »Bild des Vaters«. –
Gustav Regler (→ Merzig/SL), Schwieger-
sohn H. Vogelers, kehrte 1952 noch einmal
in die »ganze wohl aufgebaute Urland-
schaft« zurück. 1954 besucht **Gottfried
Benn** (→ Perleberg/Mansfeld/BB) in W.
seine neue Freundin **Ursula Ziebarth**, er
wohnte im »Hotel und Kaffee Worpswede
Josef Maaßen«. In Briefen forderte Benn
die Jugendbuchschriftstellerin zum Weg-
zug aus der Mooreinöde auf: »Du mußt
Dein Leben ändern.« (In: »Hernach«. Brie-
fe von Gottfried Benn an Ursula Ziebarth
(Hrsg. J. Meyer, 2001; vgl. auch U. Zie-
barths Bericht: »Es ist schön, an Orpheus
zu denken«, in: »Hexenspeise«, 1976).

L Die Sage vom Riesen Hüklüt, der ganz Nie-
dersachsen heimsucht, endet hier: »Hüklüt sitt
in't Moor!« Das Moor, worin er versank, hieß
fortan »dat Dübelsmoor« (Teufelsmoor), und
der Sandberg, den er vorher noch aufschüttete
(»den hett de Wind dar henweiht«), »Weyer-
barg«. – »Eine eigenartige Natur, die zugleich
bedrückt und inspiriert«: **Ludwig Fulda** (→

Frankfurt/HE) 1906. – Romane über W.: »Der
Schatz im Moor« (1904) von **Wilhelm Schaer**,
»Der Quellenhof« (1925) von **Emil Felden**,
»Meta Koggenpoord« (Gesch. der Paula Mo-
dersohn-Becker, 1925) von **Hans Franck** (→
Ludwigslust/Wittenburg/MV), »Die Moorre-
bell« (1931) von **Carl Emil Uphoff** (→ Wit-
ten/NW), »Moorleute« (1935) von **Willi Do-
den**. W. lyrisch vom »Spitzweg der Feder« **Lud-
wig Bäte** (→ Osnabrück/NI) 1934; essayis-
tisch von **Manfred Hausmann** (→ Kassel/
HE) 1940; »W. in Dichtung und Erzählung«
(1946), Anth. von **Wilhelm Scharrelmann**. –
»Dem Andenken an die Eltern, den Maler
Fritz Overbeck und die Malerin Hermine
Overbeck-Rothe« ist **Fritz Th. Overbecks**
»Eine Kindheit in Worpswede« (1975) gewid-
met; von O. auch die »Fabeleien um das alte
Worpswede« »Kattenhorns Pferd«. – »Der
Kirchturm ragt hoch geschachtelt über die
Häuser hinaus …« (E. 1971) von **Pit Morell**;
aus den 70er Jahren auch Texte von **Felicitas
Frischmuth**: »Der Worpsweder Bahnhof liegt
ganz still. Noch nie habe ich einen Bahnhof
so fernab der Welt gesehen … Dieser Bahn-
hof könnte auch aus einem Buch erfunden
sein …«.
Reiseskizzen in **Johann Georg Kohls** (→ Bre-
men) »Reisen durch das weite Land« (1864,
n. Hrsg. G. Demarest, 1990). **Johannes Schenk**
(geb. 1941) wuchs in W. auf, aut. Bezüge in
»Mein Koffer und meine Gedichte« (in: »Für
die Freunde …«, 1980) und »Dorf unterm
Wind – Eine Kindheit in Worpswede« (1993).
W.er Gedichte (»Moorzeit«) in **Harald Ger-
lachs** (→ Römhild/TH) G.-Slg. »Nirgends und
zu keiner Stunde« (1998) und **Hugo Dittber-
ners** Slg. »Von den Pferdeweiden. Worpsweder
Haikus« (1999). Der schwedische Autor **Lars
Gustafsson** über W. in »Die dritte Rochade
des Bernard Foy« (R. 1987). **Ludwig Harig**
»Es war ein Leuchten und Flimmern – Aus
dem Worpsweder Tagebuch« (in: »Spaziergän-
ge mit Flaubert«, Reisegeschn. 1997). In W.
spielen **Michael Zellers** »Die Sonne! Früchte.
Ein Tod.« (R. 1987) und **Thorsten Beckers**
»Der Untertan steigt auf den Zauberberg« (R.
2001). – Eine Liste weiterer W.er Schriftsteller
in »Worpswede. Einführung in Landschaft und

Kunst« (Hg. W.-D. Stock, 2005). Eine umfassende Slg. der literarischen Texte bietet **Helmut Stelljes** »Worpsweder Almanach. Dichtung. Erzählung. Dokumente« (1989).

R Über Worpswede nach **Osterholz-Scharmbeck** (NI), dessen »demokratisches« Kriegerdenkmal vor dem Rathaus durch **Hermann Allmers** (→ Cuxhaven/NI) veranlasst wurde. Kreisheimatmuseum und, seit 1928, niederdt. Bühne »Scharmbecker Speeldeel«. In O.-S. lebte nach 1989 der Lyriker **Kurt Drawert** (»Privateigentum«, G. 1989), in **Lilienthal Heinrich Schmidt-Barrien** (→ Bremen). Östl. **Grasberg**: Bis 1910 amtierte **Diedrich Speckmann** (→ Verden/Fischerhude/NI) hier als Pastor. Sein Roman »Die Insel im Grünen« (1923) popularisiert die Historie der einsam gelegenen »Inselkirche« St. Jürgen, wie auch **Bernhardine Schulze-Smidts** (→ Bremen) Roman aus dem Jahr 1812 »In Moor und Marsch« (1892). – Über die Zeit seiner Entführung durch Erpresser in einem Versteck bei **Garlstedt** schrieb der Literaturwissenschaftler und Mäzen **Jan Philipp Reemtsma** den Bericht »Im Keller« (1997).

S Das **Haus im Schluh** beherbergt in Worpswede die von H. Vogelers Frau Martha 1921 gegründete Slg. mit Gemälden, Grafiken und illustrierten Büchern. – Die **Künstlerhäuser Worpswede mit** »Atelierhaus W.« und dem »Barkenhoff« bieten Stipendien auch im Bereich der Literatur (Kataloge). Zur **Barkenhoff-Stiftung** gehört das **Worpsweder Archiv** und der Nachlass des Malers H. Vogeler. – **Kulturstiftung Landkreis Osterholz.**

B S. D. Gallwitz, Dreißig Jahre Worpswede, 1922; Worpswede. Aus der Frühzeit der Künstlerkolonie, Katalog der Jubiläumsausstellung in der Bremer Kunsthalle, 1970; H. W. Petzet, Von Worpswede nach Moskau. Heinrich Vogeler, 1972; D. Erlay, Vogeler. Ein Maler und seine Zeit, 1981; P. Rabenstein, Jan von Moor, 1982; H. C. Hoffmann, Kleines Lexikon Worpswede und Fischerhude (mit 125 biographischen Beiträgen), 2001.

Worpswede: Der Barkenhoff, heute Künstlerhaus und Stipendiatenstätte

Z Bremen, Bremerhaven (HB); Rotenburg, Verden (NI).

OSTERODE/NI

Der »villa opulentissima« (so 1152 in einer Erfurter Chronik) zum Schutz wurde die Alte Burg errichtet. An die Ruine knüpfen sich die Sagen von der Osterjungfrau. Der »große Sohn« von O. ist kein Literat, sondern der hier aufgewachsene Bildschnitzer T. Riemenschneider. Beschrieben wurde die Stadt von Durchreisenden wie **Heinrich Heine** (→ Düsseldorf/NW) in der »Harzreise« (1826): »wo Osterode mit seinen roten Dächern aus den grünen Tannenwäldern hervor guckt, wie eine Moosrose« (Gedenktafel am ehem. »Englischen Hof« am Kornmarkt) und von häufigen Gästen, wie **Paul Ernst** (→ Goslar/Clausthal-Zellerfeld/NI) in den »Jugenderinnerungen« (1930). Die aus Pommern stammende Schriftstellerin (»König ohne Reich«, R. 1940) **Hanna Stephan** (1902-80) fand nach dem 2. Weltkrieg in O. eine neue Heimat. Hier schrieb sie Werke über Vertriebenenschicksale (»Engel, Menschen und Dämonen«, R. 1952, 56; »The Long Way home«, 1968), viele Jugendbücher und das Festspiel »Tanz der Jahrhunderte«. Grab auf dem Friedhof. – Unweit von O., im Kloster **Pöhlde** entstanden die bedeutenden **Pöhlder Annalen** (Monumenta Germaniae Scriptores XVI, 1877). – Auf seiner 3. Harzreise übernachtete **Goethe** (→ Frankfurt/HE) am 9./10. August 1784 in (**Bad**) **Lauterberg** im Rathaus (heute »Hotel Ratskeller«). Auf der Weiterfahrt nach Clausthal-Zellerfeld (→ Goslar/NI)besichtigte er bei **Scharzfeld**, wo der Sagensammler **Georg Schulze** (→ Goslar/Clausthal-Zellerfeld/NI) Pfarrer war, die Königshütte und die Einhornhöhle, in der schon **Gottfried Wilhelm Leibniz** (→ Hannover/NI) und R. Virchow nach den Resten des mythischen Fabeltieres suchten. »Bei weitem anziehender fanden wir näher dem Dorfe die Steinkirche«, heißt es in **Wilhelm Blumenhagens** »Wanderungen durch den Harz« (1838, n. 1972). Auch Goethe hatte die Zechsteinformation am Weg von **Herzberg** nach Osterode sehr beeindruckt, denn zwei Jahre später, auf der Reise nach Italien, erinnerten ihn die Kalkfelsen bei Abach an der Donau an den »Kalck von Osteroda am Harz«: leuchtend weiße Gipsfelsen, die noch heute charakteristisch für die Umgebung der Stadt sind. – Beim Aufstieg zur Ruine Scharzfels **Hermann-Löns**-Weg und -Eiche (→ Hannover/NI), sie erinnern daran, »daß der Dichter in Scharzfeld weilte und die damals so ruhigen Ortes am Südrand des Harzes in seinen Werken gedachte«: **Hans-Heinrich Welchert** in »Die graue Burg«; dort auch über die Sch.er »Liebesgeschichten« Kaiser Heinrichs IV. und der Kammerjungfer der »Prinzessin von Ahlden« Eleonore von dem Knesebeck (→ Celle/NI).

Z Bad Gandersheim, Clausthal-Zellerfeld, Duderstadt, Goslar, Northeim (NI).

PADERBORN/NW

»Hier, in Paderborn, auf den Feldern, die der Wald umschließt, die Berge nur in weiter Ferne begrenzen, rief Karl der Große sein Heer zusammen; hier fand die erste Begegnung der beiden Kronenträger statt, deren Einigkeit und bald aufbrechende unversöhnliche Feindschaft über das Mittelalter bestimmten: die größte Zeit des Abendlandes . . .« (Reinhold Schneider, 1934)

Universität. – Ezbischöfl. Diözesanmuseum; Museum für Stadtgeschichte. – Libori-Festwoche (Ende Juli).

Gobelinus Person, * 1358 P. (?), † 17. 11. 1421 Böddeken, westfäl. Geschichtsschreiber; seine 1418 fertiggestellte Chronik »Cosmodromium« (Weltenlauf) bedeutendstes Quellenwerk für das Konstanzer Konzil. Nach Studium und Italienaufenthalt seit 1387 wieder in P., 1392-1406 Pfarrer an der Marktkirche (Marienplatz), 1409-15 Offizial des Bischofs.

Aus P. stammt der Lyriker und Feuilletonist **Gerd Semmer** (1919-67), Regieassistent bei E. Piscator (→ Berlin) und Redakteur in Düsseldorf. (»Die Engel sind müde«, G. u. Prosa 1959). – In P. 1917 geb. und aufgewachsen die Lyrikerin und Erzählerin **Jenny Aloni**, geb. Rosenbaum, die 1939 als Jüdin nach Palästina auswanderte und in Israel eine neue Heimat fand; ihre Kindheit zu Beginn des Dritten Reiches beschrieb sie in »Die silbernen Vögel« (1967); Ges. Werke (Hrsg. F. Kienecker/ H. Steinecke, 1990-92); J.-A.-Archiv Univ. P. (seit 1995); J.-A.-Gesellschaft. – **Margarete Schrader** (1915-2001), Lyrikerin und Erzählerin: »Paderborn zwischen Pfauenauge und Hochschulsiegel« (Prosa und Lyrik 1972).

A **Friedrich von Spee** (→ Düsseldorf/ NW) war 1623-26 Prof. für Logik, Metaphysik und Physik in P., seit 29 wieder für Moraltheol. und Domprediger. Gab 1626 ein P.er Gesangbuch heraus und wurde nach Erscheinen der »Cautio Criminalis« seiner Professur enthoben und bis 31 in P. als Beichtvater beschäftigt (Plakette in der Eingangshalle des Rathauses). – Der bedeutende Jesuitendramatiker des Barock, **Jakob Masen** (1606-81), der sich »Masenius« nannte, war nach 1660 eine Zeitlang Prediger in P. – 1826-35 besuchte **Friedrich Wilhelm Weber** (→ Bad Driburg/Alhausen/NW) das Gymnasium Theodoranum; 56-62 war **Friedrich Wilhelm Grimme** (→ Brilon/Assinghausen/NW) Lehrer am gleichen Institut. – Ihre letzten Lebensjahre verbrachte **Luise Hensel** (→ Neu-Ruppin/Linum/BB) seit 1873 im »Westfalenhof« (Giersstraße 1, heute Städt. Altersheim, Gedenktafel am Neubau); L.-H.-Gartenhaus Driburger Straße 5. Sie starb hier am 18.12.1876, Grab auf dem Ostfriedhof (nahe der Kapelle); Denkmal an der Akademie am Oberen Liboriberg. – **Hermann Löns** (→ Hannover/NI) weilte als Achtzehnjähriger 1884 im Hause seines Urgroßvaters **Moritz Bachmann** (1813-72)

Paderborn: Gartenhaus von Luise Hensel, Driburger Straße

in der »Grube« (zerstört). Er vertiefte sich dort in die Jahrgänge der »Gunloda« und »Arminia«, die dieser herausgegeben hatte.

L Die Begegnung zwischen Karl d. Gr. und Papst Leo III. schildert ein anonymes P.er Epos vom Jahre 799 (St. Gallener Hs.). – Bischof **Ferdinand von Fürstenberg II.** (→ Meschede/Lennestadt/Bilstein/NW; Grab Franziskanerkirche) schrieb die »Monumenta Paderbornensia …«; (»Denkmale des Landes P.«, übers. von F. J. Micus, 1844). – Essays über die Stadt u. a. von **Ricarda Huch** (→ Braunschweig/NI) in »Im alten Reich« (1927), **Reinhold Schneider** (→ Baden-Baden/BW), **Konrad Weiß** (→ Schwäbisch-Hall/Michelbach a. d. Bilz/BW) in »Deutschlands Morgenspiegel« (1950) und **Walter Vollmer** (→ Dortmund/NW) in »Westfälische Städtebilder« (1963).
Die »Sagen und Legenden des Paderborner Landes« sammelte 1949 **Therese Pöhler** (1891-1970); »O Menske, bist en Wandersmann«, heißt eines ihrer Mundartlyrikbücher (1958). – 1977 erschienen: **Josef Hissmann**, »Anekdoten, Geschichten, alte Bilder aus Stadt und Land Paderborn«, sowie »Aus Freude am Schreiben. 17 Autoren des Paderborner Landes«, Hrsg. **Alfred Müller-Felsenburg**.
S Erzbischöfl. Akademische Bibliothek: rd. 280000 Bde., 1500 Hss., über 800 Inkunabeln; alle alten Drucke der »Cautio Criminalis« von F. Spee. – **Literaturklub P.** (seit 1971); **Intern. Georg Lukács-Gesellschaft**. – **Kulturpreis der Stadt P.** (seit 1954); **Margarete-Schrader-Preis für Literatur** (seit 2003).

R Seit 836 befinden sich in P. die Reliquien des hl. Liborius. Der erste Silberne Schrein wurde im 30-jährigen Krieg vom »Tollen Christian« geraubt; Thema zahlreicher Erzählungen, u. a. der Novelle »Der tolle Halberstädter« (1918) von **Rudolf Huch** (→ Goslar/Bad Harzburg/NI). Streitbarster Bürgermeister war L. Wichards, ein Widersacher des Fürstbischofs; er wurde 1604 hingerichtet; **Peter Hille** (→ Bad Driburg/Erwitzen/NW) schrieb eine hist. Skizze über ihn.

In der Pfarrkirche zu **Schloss Neuhaus** (Freilichtspiele) befindet sich das Grab des Geschichtsschreibers **Nikolaus Schaten** (→ Ahaus/Heck/NW), der u. a. die »Annales Paderbornenses« verfasste. Im ehem. Jagdschloss **Hövelhof** (heute Pfarrhaus) arbeitete Sch. mit **Ferdinand von Fürstenberg** an den »Monumenta«. – Im Archiv des Schlosses **Wewer** befand sich lange Zeit das heute verschollene »Wewer-Album«, ein Heft mit geistl. Liedern von **Annette von Droste-Hülshoff** (→ Münster/Roxel/NW). – Die Brünneken-Kapelle in **Verne**, eine Marien-Wallfahrt, ist Schauplatz des 1. Buches der »Epigonen« (1836) von **Karl Leberecht Immermann** (→ Düsseldorf/NW). – Ein Museum für Klosterkultur befindet sich im Augustiner-Chorherrenstift **Dalheim-Lichtenau**. – In **Bad Lippspringe** war **Friedrich Wilhelm Weber** in den Sommern 1855-65 als Badearzt tätig; an der Südseite der Asthma-Klinik (Burgstraße) Gedenktafel. Badegast 1846 **Jacob Grimm** (→ Hanau/HE). In P. beginnt die Hochstift-Dichterstraße über Bad Driburg, Nieheim, Marienmünster, Höxter nach Herstelle/Weser, mit Abzweigungen nach Brakel und Salzkotten.

Z Bad Driburg, Bielefeld, Büren, Detmold, Gütersloh, Lippstadt (NW).

PARCHIM/MV

Friedrich Christian Niebuhr, auch **Neubur**, * 30. 3. 1683 P., † 4. 8. 1744 Göttingen/NI, Autor moralischer Schriften. Nach Schule und Studium in Güstrow, Rostock, Leipzig und Halle in Göttingen Privatdozent. W.: Moralische Wochenschriften »Der Bürger« (1732 f.) und »Der Sammler« (1736).

Johann Jakob Engel, * 11. 9. 1741 P., † 28. 6. 1802 ebd., vielseitiger Schriftsteller und Theaterfachmann. Verwandtschaftliche Bindungen zur Familie Thomas Manns/→ Lübeck/SH. Nach Schulzeit in P. Studium in Bützow und → Rostock/MV. Als Vertreter der Aufklärung in Leipzig und Berlin, u. a. Prinzenerzieher Friedrich Wilhelms III., mit Kontakten zu Goethe (→ Frankfurt/HE) und G. E. Lessing (→ Kamenz/SN). F. Schiller (→ Marbach/BW) veröffentlichte den ersten Teil von E.s Roman »Herr Lorenz Stark« 1795 in den »Horen«. – W.: Schriften (12 Bde. 1801-06). – Der P.er Großvater Jacob Brasch Vorlage für E.s Romanfiguren. – Ehem. Geburtshaus Superintendentur der Georgenkirche; Sterbehaus Hakenstraße 5 (Gedenktafel); Grab in der Georgenkirche verschollen.

Joachim Hartwig von Hundt-Radowsky, * 1779 oder 1780 auf Gut Schlieven bei P., † 15. 8. 1835 Burgdorf/Schweiz, Lyriker, Erzähler, Journalist mit antisemitischen Tendenzen (»Judenspiegel«, 1819). R. führte ein unstetes, politisch wechselhaftes Leben, Schlüsselroman »Truthähnchen« (1820).

Helmuth von Moltke, * 26. 10. 1800 P., † 24. 4. 1891 Berlin (Grab in Kreisau/Schlesien). Militärische Karriere bis zum Großen Generalstab in Preußen, zahlreiche Bildungsreisen des vielseitigen Offiziers. – Dichterische Neigungen zeigen sich in der N. »Die beiden Freunde« (1827), 1841 dann »Briefe über die Zustände und Begebenheiten in der Türkei«; eine stilistisch spröde »Geschichte des Deutsch-Französischen Krieges« (1891). – W.: Ges. Schriften (1891-93). – Geburtshaus Lange Straße 28 (Gedenktafel und Ausstellung), Standfigur am M.-Platz.

Rudolf Tarnow, * 25. 2. 1867 P., † 19. 5. 1933 → Schwerin/MV (Grab), volkstümlicher Dichter. Bis 1896 in P., dann in → Ludwigslust/MV und Schwerin lebend. Der konservative Autor zählt neben F. Reuter (→ Demmin/Stavenhagen/MV) und

J. Brinckman (→ Rostock/MV) zu den beliebtesten plattdeutschen Dichtern. – W.: Burrkäwers (6 Bde., 1911-19); Köster Klickermann (1921, n. 2001); De Lübecker Martensmann (Sch. 1928); Petermännken (Sch. 1931). – Elternhaus Auf dem Sassenhagen 52 (früher Berlinerstraße 51).

Rudolf Kayser, * 28. 11. 1889 P., † 5. 2. 1964 New York/USA, Kritiker, Biograph. Schulzeit in P. Der Redakteur der »Neuen Rundschau« musste 1933 emigrieren. Später Prof. in Waltham; Schwiegersohn A. Einsteins. – W.: Moses' Tod (1921); Zeit ohne Mythos (Ess. 1923, n. 1973); Dichterköpfe (1930). Hochgelobte Biographie über »Stendhal oder Das Leben eines Egoisten« (1928, n. 82). – Geburtshaus Schweriner Straße 5.

Heinrich Alexander Stoll, * 8. 12. 1910 P., † 4. 3. 1977 Potsdam, Erzähler. Sein Engagement in der Bekennenden Kirche führte zu beruflichen Schwierigkeiten, 1943 eingezogen in eine Strafeinheit. Lebensabend in Thyrow/BB (Grab). – W.: Historische R. wie »Der Traum von Troja« (1956, n. 2002) über H. Schliemann; über J. H. Voß: »Der Junge aus Penzlin« (1962); »Tod in Triest« (Biogr. J. J. Winckelmanns 1968). Autobiogr. Angaben in »Von mir über mich« (Ev. Pfarrerbibl. Schwerin 11/1970).

Claus Hammel, * 4. 12. 1932 P., † 12. 4. 1990 Althagen (→ Grimmen/Ahrenshoop/MV), Dramatiker. In Theaterstücken wie »Frau Jenny Treibel oder Wo sich Herz zum Herzen findet« (1964) bejahte H. den Sozialismus in der DDR-Prägung. Weitere Dramen: »Um neun an der Achterbahn« (1964); »Die Preußen kommen« (1981). – Regionale Bezüge u. a. in »Rom oder die zweite Erschaffung der Welt« (Lsp. 1975). Wohnung Fichtestraße 8.

A An Johann Mann (1630-56), Vorfahr von **Thomas** und **Heinrich Mann** (→ Lübeck/SH und → Ludwigslust/Grabow/MV) erinnert eine Gedenktafel am Haus Ecke Mittelstraße/Am Rathaus. – 1639 starb der Schriftsteller **Johann Coler** (geb. 1566 Adelsdorf/Schlesien), ab 1602 Superintendent in P. Der Grammatiker **Johann Bellin** (→ Wismar/MV) wirkte hier von 1650-54 als Rektor.

1828 kam **Fritz Reuter** (→ Demmin/Stavenhagen/MV) auf die erst ein Jahr zuvor zum Gymnasium erhobene Stadtschule. Später schrieb R., dass er »nie zu den sehr eifrigen Besuchern der Schule gehört habe«, sein Abitur bestand er trotzdem, und der Aufenthalt in P. galt ihm »als der schönste Abschnitt meiner Jugendzeit« – nicht zuletzt wegen der Liebe zur Bürgermeisterstochter Adelheid Wüsthoff, literarisch in der »Festungstid« und im Gedicht »Als sie ferne war« festgehalten. Wohnungen R.s bei Direktor Zehlicke am Marstall 8 (1828-30, Gedenktafel) und Bleicherstraße 1 (Gedenktafel). In der Phillipp-Müller-Straße das »Rote Haus« genannte Friedrich-Franz-Gymnasium, in dessen Karzer auch R. einsaß (heute Geschäftshaus). Im Stadtmuseum Erinnerungen an R. (u. a. Schulzeugnisse). Auf dem Friedhof an der Goethe-Allee die Grabmale von Direktor Zehlicke und Heinrich Gesellius, dem R. die »Stromtid« widmete.

1831 eröffnete **Dethloff Hinstorff** (→ Rostock/MV) in P. seine erste Verlagsbuchhandlung (Lindenstraße 42, Gedenktafel, und Kirchgasse 1), 1849 verlegt nach Wismar. – 1896/97 absolvierte **Erich Mühsam** (→ Berlin) die Obersekunda des Gymnasiums (Wohnung Buchholzallee 10, Gedenktafel ehem. Schulhaus Wallallee). Das Stadtarchiv bewahrt die Akten der Strafversetzung M.s von Lübeck nach P. auf: Man hoffte, dass sich der aufsässige Schüler »noch zu einem braven Menschen entwickeln« würde. Die Hoffnung trog: 1904 vermeldet die Polizei, dass Mühsam als »hervorragender Agitator« durch Mecklenburg gewandert sei. – Der Schriftsteller

Aquilino Ribeiro aus Portugal lebte mit seiner aus P. stammenden Frau 1912 hier, später schrieb er die Reportage »Deutschland 1920. Eine Reise von Portugal nach Berlin und Mecklenburg« (1934, dt. Ausgabe 1997). – Am 16. 1. 1930 starb **Johannes Gillhoff** (→ Ludwigslust/Glaisin/MV), der hier von 1888 bis 1903 als Lehrer wirkte (Wohnung Schweriner Straße 9), im P.er Krankenhaus (dort Gedenktafel). **Friedrich Griese** (→ Waren/MV) lebte 1934-45 auf seinem »Reethus« in P.; Griese-Zimmer im Stadtmuseum. – 1940 zog die Familie des Schriftstellers **Hermann Kant** (→ Hamburg) in ein Haus am Burgdamm, die P.er Schulzeit floss ein in den Roman »Die Aula« (1965), ebenso der Streit um das Moltke-Denkmal in »Das Impressum« (R. 1972). Erinn. in »Abspann« (1991). Der Bruder und Kinderbuchautor **Uwe Kant** (geb. 18. 5. 1936 Hamburg) wuchs ebenfalls in P. auf. In der E. »Das Klassenfest« (1969) spiegelt sich die Schulzeit.

S Ausstellungen und Schrr. des **Museums der Stadt Parchim** erinnern an H. und Th. Mann, J. J. Engel, H. Graf Moltke, F. Reuter, D. Hinstorff, E. Mühsam, J. Gillhoff, R. Tarnow und F. Griese.

R In **Spornitz** westlich P., wo **Johannes Gillhoff** 1883-88 Lehrer war (Gedenktafel am ehem. Schulhaus), wurde 1842 **Helmuth Schröder** geboren (gest. 1909 in Ribnitz → Grimmen/MV; dort Denkmal), niederdeutscher Romancier und Lyriker, 1866-86 Lehrer in Parchim (Werkauswahl u. a. in: »Mecklenburg. Ein Lesebuch«, 1977; »Ick weit en Land«, hg. von J. Grambow und W. Müns, 1984). In **Stralendorf** lebte 1913-26 **Friedrich Griese**, für den Dorfschullehrer und Dichter »die schönste Zeit, immer noch . . .«.
Aus **Lübz** stammen der Literaturwissenschaftler und Lyriker **Richard Dohse** (1875-

1928), Hrsg. des »Mecklenburgischen Dichterbuches« (1903) und Autor lit. Biographien zu F. Reuter sowie H. Seidel (→ Grevesmühlen/Perlin/MV), sowie **Paul Warncke** (1866-1933), 25 Jahre lang Schriftleiter der Berliner Wochenschrift »Kladderadatsch« und 1898 ebenfalls Biograf F. Reuters. Ehrenbürger seiner Vaterstadt, die er auch als »lütte leiwe Stadt« beschrieb. Von **Carl Beyer** (→ Güstrow/Laage/MV) der Roman »Alte Herzogin« (1899) um Sophie und Gustav Adolf von Schweden in L. – In **Karow** bei Lübz wurde **Edmund Schroeder** (1891-1965) geboren, dessen Buch »Mein Mecklenburger Land. Bild einer deutschen Landschaft« (1957) bis heute eine kulturhistorische Fundgrube ist. – **Ludwig Reinhard** (→ Ratzeburg/Mustin/SH) liegt in **Ruchow** begraben. In **Holdorf** bei **Brüel** war **Hoffmann von Fallersleben** (→ Wolfsburg/Fallersleben/NI) 1844 Gast des Gutspächters Müller (»teilnehmend, empfänglich für alles Gute und Schöne«), mit dem zusammen er die »20 Forderungen des mecklenburgischen Volkes« verfasste; auch entstanden hier zahlreiche Kinderlieder (»Alle Vögel sind schon da«). H. besuchte auch Güstrow, Wismar und → Schwerin. Im benachbarten **Buchholtz** bei **Ventschow** traf er **Fritz Reuter**. 1849 verließ er Mecklenburg endgültig: »Leb wohl, du Land der guten Herzen/Du Wiege deutscher Gastlichkeit!«
In **Techentin** bei Goldberg wurde 1724 der Historiker und Lyriker **Michael Conrad Curtius** (gest. 1802 Marburg/HE) geboren, der mit der »Schilderung des Reichs der Beredsamkeit« (1746) Aufmerksamkeit erregte. Seine Gedichte (1760) fanden die Anerkennung G. E. Lessings (→ Kamenz/SN). – **Dobbertin** am Ufer des gleichnamigen Sees: **Carl Beyers** früher vielgelesener Roman »Die Nonnen von Dobbertin« (1907) gibt ein kulturgeschichtliches Zeitbild. Im Kloster, von Schinkel neu gestal-

tet und bei Th. Mann im Roman »Budden-
brooks« als vorbildlich gerühmt, lebte seit
1869 die Stiftsdame **Mathilde von Rohr**.
Für **Theodor Fontane** (→ Neuruppin/BB)
war sie Briefpartnerin (236 Briefe), Vertrau-
te und Stofflieferantin für seine Adelsge-
schichten: »Ein wahres Anekdotenbuch«.
1870 kam er zu Besuch: »Kein poetische-
rer Aufenthalt denkbar!« Ein Jahr später
notierte er: »Wohlleben. Abwesenheit der
kleinen Tagessorge, geistige Freiheit«. Ge-
dicht »Die Tage in Dobbertin«, 1889 ein
letzter Besuch F.s, einen Monat vor M.
von Rohrs Tod (Grab auf dem D.er Stifts-
damenfriedhof). Porträt in den »Wanderun-
gen« (Bd. VI, 1991). 1950 nahm **Uwe John-
son** (→ Anklam/MV) an einem FDJ-Lehr-
gang in D. teil. **John Brinckman** (→ Ros-
tock/MV) arbeitete 1846-49 als Hausleh-
rer beim Klosterhauptmann Baron Charles
le Fort in D. und **Goldberg**, wo er im Re-

Parchim: Das Grab der Fontane-Vertrauten
Mathilde von Rohr beim Kloster Dobbertin

formverein wirkte (Wohnung Lange Stra-
ße 116, Gedenktafel); B.-Sammlung im
Kreisheimatmuseum G.
In **Sternberg** fanden 27 fälschlich beschul-
digte Juden 1492 auf dem heutigen Juden-
berg den Tod, Jüdischer Friedhof mit Ge-
denkstein. In der S.er Stadtkirche eine
Tischplatte und ein Holzrelief zur angeb-
lichen Hostienschändung. Ein Anbau der
Stadtkirche diente seit 1496 Wallfahrern
als Blutskapelle, die M. Luther (→ Eisle-
ben/SN) als »Teufelsgespenst« geißelte. Dar-
über **Renate Küsters** E. »Die stumme Braut«
(2001). – An der Sagsdorfer Brücke bei S.
der Reformationsstein zur Erinnerung an
den mecklenburgischen Landtag von 1549,
der die Reformation einführte. – Im S.er
Museum eine Steinbank aus Holdorf, auf
der Hoffmann von Fallersleben, F. Reuter
und A. Glaßbrenner (→ Berlin) gesessen
haben sollen.
Tagebuchaufzeichnungen ab 1984 über
ihren Sommersitz in **Woserin** bei S. in
Christa Wolfs (→ Berlin) »Ein Tag im
Jahr 1960-2000« (2003), hier spielt auch
W.s »Störfall. Nachrichten eines Tages«
(E. 1987). Über einen Besuch **Otl Aichers**
mit **Inge Aicher-Scholl** dessen Erinnerun-
gen »mecklenburg herbst 89« (in: O. A.,
»schreiben und widersprechen«, 1993). –
In **Crivitz**, wo sein Vater geboren wurde,
machte 1955 **Uwe Johnson** Urlaub: »Eine
sehr kleine Stadt an einem See, zwischen
vielen Seen, da gibt es Kopfsteinpflaster
und ganz enge kleinhäusige Straßen, tro-
cken lächelnd unter der Sonne.« (U. J.,
»leaving leipsic next week«, Hrsg. E. Wi-
zisla, 2002). In der Landschaft nordöstlich
Richtung **Barnin** spielen Szenen von J.s
»Ingrid Babendererde« (R. 1985).
»So allein bin ich nie wieder gewesen wie
1959/1960 im mecklenburgischen **Plau
am See**; ich war im Spätherbst gekommen
. . .«: So beginnt die Erzählung »Nebelzeit«
von **Adolf Endler** (in: »Nebbich«, 2005).

B W. Kaelcke (Hrsg.), Parchimer Persönlichkeiten, 3 Bde. 1996-97; L. Kalbe, Forschungsbericht zur Familie Mann, in: Stier und Greif, Heft 2001. **Z** Güstrow, Ludwigslust, Pritzwalk, Schwerin (MV).

PASEWALK/MV

»Pasewalk – nie! Hier hat doch dieser österreichische Gefreite im Lazarett gelegen und beschlossen, Politiker zu werden. Hier hat angefangen, was noch lang nicht zu Ende ist.« (Günter Grass, 1995)

Carl Ludwig Fernow, * 19. 11. 1763 in Blumenhagen bei P., † 4. 12. 1808 Weimar, Kunstschriftsteller. Jugendjahre in P., Studium in Jena. 1794 Bildungsreise nach Rom, bis ihn 1802 Goethe (→ Frankfurt/HE) nach Jena berief. 1804 Bibliothekar der Herzogin Anna Amalia in Weimar. Bedeutender Kunsttheoretiker, Kontakte zu F. Schiller (→ Ludwigsburg/Marbach/BW), C. M. Wieland (→ Biberach/BW) und J. H. Voß (→ Waren/MV). – W.: Italienische Sprachlehre für Deutsche (1804); Römische Studien (1806-08); Leben des Künstlers Asmus Jacob Carstens. (Biographie 1806).

A Aus der P.er Dienstzeit des literarisch verklärten **Ferdinand von Schill** (→ Stralsund/MV) existiert noch das Wohnhaus Grünstraße 10 (Gedenktafel). – **Irma Harder,** geb. 24. 12. 1915 Polzow bei P., zu DDR-Zeiten vielgelesene Autorin in der Tradition der Heimatliteratur (»Bauernpredigten und andere Geschichten«, 1953).

L Der Pasewalker Komponist H. Höhne (1892-1968) vertonte 1922 das Lied »Hoch auf dem gelben Wagen«. **Victor Auburtin** (→ Berlin) schrieb 1921 das Feuilleton »Pasewalk« (in: »Sündenfälle«, Hrsg. H. Knobloch, 1970). – **Ernst Weiß** (1884-1940) lässt in seinem R. »Der Augenzeuge« (1963, n. 86) den Erzähler

Ende des 1. Weltkrieges auf Adolf Hitler im P.er Lazarett treffen, der dort wegen einer »hysterischen Erblindung« behandelt wurde: Einer der »geistig Verkrüppelten«, denen durch methodisches Turnen und durch ingeniöse Kunstglieder nicht zu helfen war.« Sachbericht bei **B. Horstmann,** »Hitler in Pasewalk. Die Hypnose und ihre Folgen«, 2004). **Sebastian Haffner** (→ Berlin) schrieb über seine Trauer angesichts der Niederlage von 1918: »Ich glaube insbesondere nicht, daß der Schmerz des Gefreiten Hitler tiefer gewesen sein kann, der, ungefähr um dieselbe Stunde, im Pasewalker Lazarett es nicht aushielt, die Bekanntgabe der Niederlage mitanzuhören«. (S. H., »Geschichte eines Deutschen«, 2000) Hitler schrieb in »Mein Kampf« über seine Konsequenz aus den Revolutions-Tagen in P.: »Mit den Juden gibt es kein Paktieren, sondern nur das harte Entweder-Oder. Ich aber beschloß, Politiker zu werden.«

Ueckermünde

1797 beschrieb **Johann Carl Friedrich Rellstab** (1759-1813) die Stadt in seiner »Ausflucht nach der Insel Rügen . . .«. – **Ehm Welk** (→ Angermünde/Biesenbrow/BB) arbeitete 1945-46 im Landratsamt (Gedenktafel am Facharztzentrum der Bundeswehr; Wohnung Hotel »Stadt Plauen«, später Gerichtstraße 1), im Kulturbund die Literaturwissenschaftlerin (»Der große Goethe in kleiner Anekdote«, 1949) **Karla König** (1889-1963). Aus dem benachbarten **Eggesin** stammt der Theaterregisseur und Schriftsteller **Adolf Dresen** (geb. 1935, gest. 2001 in Leipzig).

Ueckermünde und das Umland finden sich bei der Heimatdichterin **Alice Wittenberg** (»1857-1930: ›ich kann, ich will, ich muß.‹ Aus dem Nachlass«, Hrsg. E. Ulrich, 1997). Bezüge auch in der Prosa und den Dramen des 1948 in U. geborenen **Uwe Saeger** (»Grüner Fisch mit gelben Augen«, En. 1976; »Nöhr«, R. 1980, n. u. d. T. »Der Kakerlak«, 1990; »Vorkommnis«, Dr. 1978; »Flugversuch«, Dr. 1983; »Landschaft mit Dornen«, E. 1991, 92 verfilmt; »Sommerspelt«, Filmerzählung 1996; »Verkleidungen«, En. 1998): »Ich habe meiner Landschaft zu danken, daß sie es mir gestattete, meiner Imagination ihren Raum zu geben, ohne auf eine Erfindung zurückgreifen zu müssen« (95).

R Im Gutsdorf **Koblentz** verbrachte **Heinrich von Kleist** (→ Frankfurt a. d. Oder/BB) im August 1800 einige Tage bei seinem Freund Ludwig von Brockes: »Ich fand ... ausgebesserte Wege, tüchtige Brücken, viel zerstreute Vorwerke, massiv gebaut, fette zahlreiche Herden von Kühen und Schafen ...« (Brief an die Braut vom 21. 8. 1800). In **Strasburg** wurde am 12. 5. 1884 **Hanns Meinke** geboren (gest. 12. 2. 1974 Berlin), Lyriker der Jugendbewegung (»Die drei Sonettkränze«, 1918) – In **Altwarp** bei Ueckermünde lebte **Egon Georg von Kapherr** (1877-1935), Sachbuchautor und Erzähler (»Das Steppengespenst«, E. 1925). Von **Max Lindow** (1875-1950) stammt das »Uckermarkleed« (1921): »Arbeit för Seiß un Hark/keen Not in d' Uckermark«. – Bei **Ferdinandshof** lebt die Lyrikerin **Angelika Janz** (geb. 1952). – **Penkun**: »Dicht an der polnischen Grenze, vor dem Krieg einmal das Umland von Stettin, jetzt ein entlegener Zipfel«: **Monika Marons** Berichte über ihr langjähriges Urlaubsziel »Penkun hinter der Mauer« (in: »Quer über die Gleise«, 2000) und in »Krumme Gestalten, vom Wind gebissen« (in: T. Steinfeld, Hrsg., »Deutsche Landschaften«, 2003). Die Blankenseer Pfarre noch diesseits, jenseits der polnischen Grenze in **Nassenheide** (heute Rzedziny in Polen) das Gutshaus (abgerissen) der **Elizabeth von Arnim** (1866-1941), Verfasserin von 22 Romanen (u. a. über Rügen), die ihr Kultstatus einbrachten. Die gebürtige Australierin heiratete Henning von Arnim (→ Burg/Schlagenthin/ST) und führte ein naturnahes Leben: »Es war der Anfang meines wahren Lebens, sozusagen ein Mündigwerden und der Eintritt in mein Königreich« (»Elisabeth und ihr Garten«, R. 1889); Biographien von K. Usborne (dt. Ausgabe 1994), und K. Jüngling/B. Rossbeck (mit Photographien und einem Kapitel »Spurensuche 1994-96«, 1996).

S Bund niederdeutscher Autoren Mecklenburg-Vorpommern/Uckermark; Eggesiner Märchentruhe e. V.
Z Anklam, Neubrandenburg, Usedom (MV); Prenzlau (BB).

PASSAU/BY

»Passau liegt am Zusammenfluß dreier Flüsse ... die Stadt ist ein einziges Ufer, ein Gestade, sie schwimmt auf dem Wasser, sie fließt mit dem Wasser.« (Claudio Magris, 1988)
Universität P. – Staatl. Bibliothek – Oberhausmuseum. – Theater im Fürstbischöfl. Opernhaus; Kulturzentrum Altes Stadttheater. – Festspiele Europäische Wochen (Juni, Juli).

Nibelungenlied (→ Worms/RP). Bischof Pilgrim (971-91) wird als Oheim der Kriemhild und der burgund. Könige genannt. Bischof Wolfger (1191-1204) war vermutl. der Auftraggeber des unbekannten Dichters, der um 1200 das N. schrieb. – Im Rathaussaal großes Nibelungenfresko von F. Wagner (1890). – »Passauer Nibelungenspiel« von M. Buchner 1912. – H. Berndt, »Das 40. Abenteuer. Auf den Spuren der Nibelungen« (1968).
Hans Carossa (→ Bad Tölz/BY) wirkte 1903-13 als Arzt in P., 1911 Praxis in der Innenstadt, Theresienstraße 19 (Gedenktafel). Erinnerungen an die Stadt u. a. in »Tag des jungen Arztes« (1965). Zog sich 1929 nach Seestätten (Vilshofen-S.) zurück, wo 1931-36 die »Geheimnisse des rei-

Passau: Hans Carossa im April 1956 im Garten seines Hauses in Rittsteig

fen Lebens« entstanden. Von 1941 bis zu seinem Tod 56 lebte C. in Rittsteig, C.-Straße 29 (»Ungleiche Welten«, 1951); Archiv samt Nachlass (»Der alte Taschenspieler«, 1956). – Grab in Heining. – Seestättener C.-Zimmer und Bibliothek jetzt in Vishofen.

Adalbert Stifter (1805-68), Österreichs größter Erzähler, weilte zwischen 1846 und 68 mehrfach in der Stadt (Gedenktafel Steinweg 4; A.-St.-Zimmer im Böhmerwald-Museum). »Der Waldbrunnen« und »Aus dem bairischen Walde« spielen u. a. in, »Witiko« in der Landschaft um P.

A **Walther von der Vogelweide** (→ Würzburg/BY) kam auf dem Weg nach Wien 1203 in die Stadt (Reiserechnung des Bischofs Wolfger). – Der Minnesänger **Albrecht von Johannsdorf** (→ Landau a. d. Isar/BY) war um 1200 Ministeriale der Bischöfe von P. – Im Kreuzgang des Doms

begraben der Landauer Humanist **Jakob Ziegler** (um 1470-1549).

Der Engländer **Edward Brown** schrieb 1686: »Eine von den zehen anmercklichsten Städten«; »Die schönweibrige Stadt Teutschlands« wurde P. von **Ernst Moritz Arndt** (→ Rügen/MV) Ende des 18. Jh.s genannt; »Das schönste ist die Götteraussicht, um deren willen man hier Capuziner werden könnte«, so **Karl Julius Weber** (→ Langenburg/BW) 1812 über Maria Hilf; **Konrad Weiß** (→ Schwäbisch Hall/Michelbach a. d. Bilz/BW): »Ein Vorstoß mit dem Dreizack des Neptun«.

1893 wurde in der »Donau-Zeitung« zum ersten Mal eine Erzählung von **Emerenz Meier** (→ Freyung/Waldkirchen/BY) veröffentlicht: »Der Juhschroa«. Der Versuch E. M.s 1902/03, die kleine Schifferkneipe »Zum Koppenjäger« in der Bräugasse (Gedenktafel) in eine Künstlerkneipe umzuwandeln, schlug fehl (Büste am Donaukai). 1906 Auswanderung nach Amerika. – **Ernst Flessa** (1903-76), Erzähler (»Neurode«, 1937) und Lyriker (»Unter der Tür«, 1962), war Lehrer in P. Letzte Wohnung Hochstraße 3; Grab auf dem Innstadtfriedhof. Aus dem öst. Innviertel kam der Dramatiker und Erzähler **Richard Billinger** (1896-1965); eines seiner Stücke trägt den Titel »Die Hexe von Passau« (1935). – Am 3. 9. 1962 starb im Stadtteil Haidenhof **Franz Schrönghamer-Heimdal** (→ Grafenau/Marbach/BY), Ehrenbürger von P., Wohnung Kainzenweg 1; Grab auf dem Innstadtfriedhof. Dort auch das Grab von **Reinhard Raffalt** (1923-76), der v. a. durch seine Rom- und Italienbücher bekannt wurde, das Papstdr. »Der Nachfolger« (1962) und die Kom. »Das Gold von Bayern« (1966).

L In »Des Knaben Wunderhorn« (→ Heidelberg/BW) heißt ein Lied »Das Gnadenbild Maria Hilf bei Passau«. – **Heinrich Lautensacks** (→ Vilshofen/BY) »Altbayrische Bilderbogen«

(1920) enthalten Impressionen aus der Stadt; »Gelübde« (1916), »Hahnenkampf« (1908) und die »Pfarrhauskomödie« (1911) spielen ebenfalls in und um P. Dazu auch aus **Georg Brittings** (→ Regensburg/BY) Nachlass »Lob der Stadt Passau« (1967). – Weitere P.er Topographica: »Gang durch Passau« (1935) von **Wilhelm Hausenstein** (→ Wolfach/Hornberg/BW), »Der Passauer Wolf« (1955) und »Saldenreuther Weihnacht« (1954) von **Alois Johannes Lippl** (→ Starnberger See/Gräfelfing/BY), der aus dem nahen **Thyrnau** stammt, **Klaus Böldl**, »Drei Flüsse« (2006). – »Begegnung mit Passau« nennt **Gottfried Schäffer** (1979) seinen Band, der von **Eugippius** (anno 475) über den »Passauer Tölpel« (im Aussichtsturm der Feste Oberhaus) bis zum »Untergang der Stadt Passau« (Anno Domini 2112, Science Fiction-R. 1975) von **Carl Amery** (→ München/BY) lit. Zeugnisse versammelt. – Als »Dichter der Heimat« schrieb in P. der aus Triftern stammende **Max Matheis** (1894-1984) »Bayerisches Bauernbrot« (Mundartg. 1938), »Nachbarn« (R. 1943), »B'sondere Leut« (G. und En. 1968). – Nach seiner Übersiedlung in die BRD 1977 fand **Reiner Kunze** in Obernzell-Erlau »Am Sonnenhang« eine Zuflucht; nach den Tagebuch-Aufzeichnungen (1992) der Ort seiner »schöpferischsten Jahre«: »Passau sticht in See« (»Auf eigene Hoffnung«, G. 1981).
🆂 Im **Böhmerwald-Museum** (Teil des Oberhausmuseums) Dokumente und Erinnerungen an A. Stifter und H. Watzlik (→ Regensburg/BY). – **ScharfrichterHaus**: Die 1977 von E. Liegl und W. Landshuter gegründete Kleinkunstbühne ist eine der Geburtsstätten des bay. Kabaretts (u. a. Sigi Zimmerschied, Bruno Jonas, Rudi Klaffenböck). – **Passauer Literaturkreis**, »Die P.er Dreiflüsseschreiber«; Literaturzs. »**Passauer Pegasus**«, Mithrsg. **Karl Krieg** (Mundartg. »Heazzbluudblodan«, 1993). – **Kultureller Ehrenbrief der Stadt P.**

Bad Höhenstadt
(Fürstenzell-B. H.)

Wilhelm Diess, * 25. 6. 1884 Bad H., † 13. 9. 1957 → München/BY, Erzähler. Nach dem 2. Weltkrieg Generaldirektor des Bay.

Staatstheaters in München. Nahezu alle seine Erzählungen spielen in der bäuerl. Welt Niederbayerns. – W.: Das erzählerische Werk in Einzelausgaben (Hrsg. F. Kemp, 1976/77), 4 Bde.: »Stegreifgeschichten«, »Das Geständnis«, »Der Blitz«, »Madeleine Winkelholzerin und nachgelassene Erzählungen«. – Bronzebüste und Gedenktafel am ehem. Schulhaus.

Hauzenberg

Witiko, der Held des gleichnam. Romans von **Adalbert Stifter**, kommt in stauf. Zeit über **Hauzenberg** zum Plöckenstein. In H. ist die kath. Dichterin **Maria Mayer** (1897-1946) »nachbarlich der Kirche in einem lieben Landschulhaus« geb. (»Am Heimatbrunnen«, 1928). – **Obernzell**, wo Steinfiguren von ital. Komödianten (17. Jh.) im Schlossgarten stehen, **Untergriesbach** und **Pfaffenreuth** sind die Schauplätze in **Maximilian Schmidts** (gen. »Waldschmidt«/→ Furth/Eschlkam/BY) E. »Regina« (1907). U. ist Geburts- und Sterbeort des niederbay. »Bildermillionärs«, des Heimatschriftstellers **Friedrich Oberneder** (Ps. **O. Berneder**/1891-1963). – In Vers und Prosa beschrieb der Tonfilmpionier, Fabrikant und Mäzen **Hans Vogt** (Ps. **Johannes von der Erlau**/1890-1979) »Erlau – Die Landschaft, das Werk, die Menschen«, 1950 (Obernzell-E.). Seine Urne ist auf dem Grundstück Erlautal beigesetzt.

Schönburg (Pocking-Sch.)

Mechtilde Lichnowsky, * 8. 3. 1879 Schloss Sch., † 4. 6. 1958 London, Erzählerin, Essayistin. Geb. Gräfin von und zu Arco-Zinneberg, als Gattin des dt. Botschafters (Fürst K. M. Lichnowsky) 1912-14 in London. Später u. a. in Berlin, der Tschechoslowakei und München. – W.: Geburt (R. 1921); Worte über Wörter (1949); Heute und vorgestern (Erinn. und Ess. 1958, mit Bibl.). – M. L.s »Kindheit« (1934) spielt auf Schloss Sch. (»Beaucastel«) und in dessen Umgebung: »Vom zweiten Stock konnte man ebensoviel Himmel sehen wie Land. Da wo beide zusammenstießen, war schon Österreich.« – Nachlass Bay. Akademie der Schönen Künste, München. – R. Just, »Sommertage in Beaucastel«, in: »Krumme Touren 3. In Niederbayern« (2007).

Tittling

Max Peinkofer, * 22. 9. 1891 T., † 6. 5. 1963 Zwiesel/BY, Schriftleiter und Heimatschriftsteller: »Wo er saß, saß Niederbayern!« (H. Schindler). – W.: Ges. Werke (1977). – Geburtshaus Berggasse 59.
R »Bad Hals« (Passau-H.) hieß der kleine Markt zwischen Ilz und Donau einmal. **Peter Rosegger** kurte hier; F. Lehar schrieb beim »Hofwirt« (Gedenktafel Gasthof Schilleder) seine erste Operette »Wiener Frauen«; eine andere Tafel erinnert an den Verleger **Friedrich Pustet** (1798-1882). – Weiter nördl. oberhalb Fürstenhausen **Englburg** (Tittling-E.), eine der ältesten Sommerfrischen des Bay. Waldes; **Ernst Barlach** (→ Pinneberg/Wedel/SH), **Hans Carossa**, **Theodor Heuss** (→ Lauffen/Brackenheim/BW), **Max Unold** (»Zwischen Atelier und Kegelbahn«, Ess. 1939) kamen hierher. **Maximilian Schmidt** schrieb hier die E. »Der Primiziant«, **Max Peinkofer** das »Büchlein von der Englburg« (1935). – Für weitere Wanderungen rund um Passau: für den Sauwald **Uwe Dicks** »Sauwaldprosa« (1976, n. 2001), denn »solch ein Wald ist immer noch die beste Passauer Kunst«; für das Holzland die Sagen von St. Wolfgang. – Abt in **Vornbach am Inn** war von 1501-13 **Angelus Rumpler**, einer der großen bay. Geschichtsschreiber. – Überm Inn auf Schloss **Zwick-** ledt (Oberöst.) bei Schärding lebte, zeichnete, schrieb und starb **Alfred Kubin** (1877-1959/Grab in Wernstein; K.-Weg nach Z.): »Die andere Seite« (R. 1909), »Abenteuer einer Zeichenfeder« (1941), »Aus meinem Leben« (Ges. Prosa, 1974).

Z Freyung, Grafenau, Vilshofen (BY). Jenseits der Grenze in Österreich: St. Marienkirchen b. Schärding (R. Billinger).

PEINE/NI

Friedrich von Bodenstedt, * 22. 4. 1819 P., † 18. 4. 1892 → Wiesbaden/HE, Übersetzer russ. und oriental. Lyrik und älterer engl. Literatur. Die »Lieder des Mirza Schaffy« (1851) avancierten zum Bestseller; sie sind so kongenial oriental. Dichtung nachempfunden, dass man sie lange für Übersetzungen hielt. B. lebte 1840-44 als Erzieher in Moskau, dann in Tiflis, und wurde dort von seinem Kollegen Mirza (= Schriftkundiger) Schaffy in die oriental. Sprachen eingeführt. 1854 als Prof. nach → München/BY, 1867-69 Intendant des Hoftheaters in → Meiningen/TH. – »Aus meinem Leben« (1888-90). – Geburtshaus Am Markt 19 (Gedenktafel); seit 2001 neues Denkmal auf dem Marktplatz, Erinnerungsstücke z. Zt. im Stadtarchiv. – Briefe und Mss. LB Wiesbaden.
A Am Markt 22/23 Gedenktafel für **Friedrich von Spee** (→ Düsseldorf/NW). – **Karl J. Ph. Spitta** (→ Hannover/NI) lebte 1853-59 als Superintendent in P. – Der jüdische **Sally Perel**, 1925 in P. geboren (Geburtshaus Am Damm 1) erinnert sich an die NS-Zeit in Peine und Braunschweig unter dem Titel »Ich war Hitlerjunge Salomon« (1992).
R **Eilhart von Oberg(e)** (Lahstedt-O.) schrieb um 1170 oder 80 das älteste dt. Tristan-Epos: »Tristrant und Isalde« (nur in 3 Bruchstücken erhalten). – In **Groß**

Lafferde (Lahstedt-G. L.) verbrachte **Karl Bahrs** (1800-40) aus Einbeck, Dramatiker und Erzähler, die letzten Lebensjahre. Ein Harzvorlandschaftsporträt u. d. T. »Mit Monday auf dem Land bei Peine« von **Henning Ahrens** (in: T. Steinfeld, Hrsg., »Deutsche Landschaften«, 2003).

Z Braunschweig, Burgdorf, Hannover, Hildesheim, Wolfsburg, Fallersleben (NI).

PERLEBERG/BB

Kreisheimatmuseum. – Aus P. die Opernsängerin Lotte Lehmann (1888-1976).

Gottfried Arnold (→ Annaberg-Buchholz/SN) war von 1707 bis zu seinem Tod 1714 Pfarrer an der P.er Jacobikirche, dort Gedenktafel; der Grabstein diente lange als Türschwelle eines Hauses in der Judenstraße.

Hubert Fichte (→ Hamburg) wurde 1935 in P. geboren, ging aber schon früh nach Hamburg.

L In **Carl Sternheims** (→ Leipzig/SN) Komödie »Perleberg« (1917, später u. d. T. »Der Stänker«) sagt Gastwirt Friesicke zu seiner Frau: »Die Gegend hier ist scheußlich, Natur so trostlos.« Darauf sie: » Perleberg muß Sommerfrische werden.« Das Stück entstand jedoch »in freundlicher Erinnerung an → Brandenburg/BB«, worauf u. a. die topograph. Angabe »Wusterwitz« verweist. In P. war St. wohl nie. – **Jürgen Borchert** (→ Schwerin/MV) erzählt in den »Historischen Miniaturen« (1982) von den »Taten und Un-Taten« Karl Wilhelm Liebkes, des »Präsident(en) der Prignitz«, der in P. preuß. Polizeichef und Stadtsekretär war und dennoch am 8. 11. 1918 einen Soldatenrat gründete.

Lenzen

Museum auf der Burg.

Friedrich Ludwig Jahn, * 11. 8. 1778 Lanz bei L., † 15. 10. 1852 Freyburg a. d. Unstrut (→ Naumburg/ST). Der Begründer der dt. Turnbewegung (»Turnvater«) ist noch heute populär, doch als Politiker, Pädagoge und Publizist der Befreiungskriege nicht unumstritten. »An irgendwas muß es liegen, daß während der Lektüre des Jahn mir hundertmal der Name Hitler einfällt, der mir sonst nie einfällt« (P. Hacks). Doch gehört seine gemeinsam mit Ernst Eiselen (1793-1846) verfasste »Deutsche Turnkunst« (1816) zu den klass. Werken der Sportliteratur. Die Restaurationspolitiker sahen ab 1819 in J. einen Unruhestifter, verhafteten ihn und verwiesen ihn in die Provinz. In der DDR verlieh der »Dt. Turn- und Sportbund« seit 1961 als höchste Auszeichnung die F.-L.-J.-Medaille. – Weitere W.: Die Bereicherung des hochdeutschen Sprachschatzes (1806), Deutsches Volkstum (1810), Denknisse eines Deutschen (1835).

Hermann Graebke, * 22. 7. 1833 L., † 8. 8. 1909 Berlin, Prignitzer Mundartdichter. War nach dem Besuch des Potsdamer Lehrerseminars 1852-65 Kantor im nahen Putlitz, dann Lehrer in Berlin. – W.: Plattdütsche Gedichte (1879), Prignitzer Kamellen un Hunnenblömer (1896).

A **Friedrich Hebbel** (→ Heide/Wesselburen/SH) besuchte mit seiner Ehefrau Christine Enghaus seine langjährige frühere Geliebte Elise Lensing (1804-54), die ihm zwei inzwischen verstorbene Kinder geboren hatte, 1853 in L. H. hatte die acht Jahre ältere und aus L. stammende Frau 1835 in Hamburg kennengelernt. »Sie opferte ihm . . . ihr ganzes kleines Vermögen, und nun er damit fertig ist, verläßt er sie und sein Kind! Sein Geist ist groß, aber sein Charakter so elend als möglich.« (H. Matthiesen, 1970). Auch J. Borchert litt mit Elise und fragte hämisch: »Könnte es sie trösten, daß auch Hebbels Stücke von den Bühnen verschwunden sind?« – Wohnung: Seetorstraße 18 (Gedenktafel). Über die Unglückliche: S. Knauss, »Ach Elise oder Lieben ist ein einsames Geschäft« (R. 1981).

L Um 1900 dichtete der Lehrer **Hans Petzsch** aus Wootz in der Mundart der Landschaft das Prignitz-Lied: »Wo de Elwstrom geiht,/dörch dat Land sick dreiht,/Havel, Löcknitz, Stepnitz und de Doss',/.../Ach dat schöne Land/is min Heimatland,/is min leew, min herzleew Prignitzland!« – In der Lenzener Wische, dem fruchtbaren Landstrich zwischen Elbe und Löcknitz (»Du kannst lange suchen, bis du solche fette Weiden wiederfindest!«), lässt **Tamara Ramsay** (1895-1985) ihr Jugendbuch »Wunderbare Fahrten und Abenteuer der kleinen Dott« (1938) spielen, in dem die Titelheldin einen Phantasieflug in die Geschichte unternimmt.

R F. L. **Jahn** wollte sein zwischen Wittenberge und L. gelegenes Geburtsdorf **Lanz** in nationalist. Übermut unter dem Namen »Teutonia« zur »Hauptstadt von ganz Deutschland« machen. Jahn-Gedenkstätte, Geburtshaus (Pfarrhaus) Am Ring 3 (Bronzeplakette); Obelisk (1865) neben der nach J. benannten Schule; Denkmal an der Durchgangsstraße etwas verloren auf einer Wiese am Jahn-Stadion.

Pritzwalk

Heimatmuseum.
Aus P. stammen mit **Zacharias Garcaeus** (1544-86), »Folgen der Geschlechter und Taten der Markgrafen von Brandenburg« (1582), und **Samuel Buchholtz** (1717-74), »Versuch einer Geschichte der Churmark Brandenburg« (6 Bde. 1765-75), zwei bedeutende Landeshistoriker. Mit B.s Werk hat Th. Fontane (→ Neuruppin/BB) gearbeitet.

Karl Heinrich Gottfried Witte, 8.10. 1767 P., † 1.8.1845 Berlin. Lehrer und Erzieher in Halle, wo er seinen begabten Sohn **Karl Witte** (→ Halle/Lochau/ST) zum Gegenstand eines Buches (»Karl Witte oder: Erziehungs- und Bildungsgeschichte desselben«, 2 Bde. 1819) machte.

Gustav Heinrich Gans Edler Herr zu Putlitz, * 20.3.1821 Retzin bei P., † 5.9.1890 ebd., bedeutendster Lustspiel-Lieferant für die Bühnen des 19. Jh.s. Jurastudium. Theaterkarriere. War erfolgreich als Lustspielautor (»Das Pfand der blauen Schleife«, 1846) und als Idyllendichter (»Was sich der Wald erzählt«, 1850, bis 1900 50 Aufl.), vor allem aber als Theaterintendant in Schwerin und Karlsruhe. Theatergeschichtl. von Bedeutung P.s Ausg. der Briefe und Tagebuchaufzeichnungen von K. Immermann (1870) sowie seine »Theatererinnerungen« (2 Bde. 1874). – Grab auf dem Friedhof im benachbarten Groß-Pankow.

Gottfried Benn, * 2.5.1886 Mansfeld bei P., † 7.7.1956 → Berlin, Lyriker, Essayist und Erzähler. Kam im selben Pfarrhaus zur Welt wie schon sein Vater, wuchs aber seit dem Winter 1886 im neumärk. (und heute poln.) Sellin auf. Medizinstudium in → Berlin, dort seit 1917 Facharzt für Haut- und Geschlechtskrankheiten. In der DDR wurde der ehemalige Freund J. R. Bechers (→ München/BY) nicht verlegt, allenfalls noch als vermeintl. Nazikollaborateur genannt. Deshalb sind Joachim Seyppels Fragen doppeldeutig: »Wo liegt Mansfeld? Wer fährt nach Mansfeld? Was will man in Mansfeld? ... Fahrt in die Westprignitz, in den Regen fällt ... Weit nordwestlich von Berlin, im äußersten Flügel des brandenburgischen Adlers, zwei Fußstunden vor mecklenburgischer Einsamkeit.« (»Ein Yankee in der Mark«, 1969). B. selbst antwortete so: »Etwa in der Mitte zwischen Berlin und Hamburg.« – W.: Morgue, (G. 1912); Das moderne

Ich (Ess. 1919); Der neue Staat und die Intellektuellen (Ess. 1933); Doppelleben (Aut. 1950); Sämtl. Werke (hg. I. Benn und G. Schuster, 1986 ff.). – Nachlass Archiv AdK Berlin, Slg. DLA Marbach. – Nele Poul-Sørensen, »Mein Vater Gottfried Benn« (1960); H. Hof (Hrsg.), Benn. Sein Leben in Bildern und Texten (2007). – Gedenktafel am Geburtshaus in M.; K.-U. Scholz, G. B. Kindheitsorte (1998).

R **Putlitz** ist eng mit dem wichtigsten Adelsgeschlecht der Prignitz verbunden. **Th. Fontane** hat Caspar Gans Edler zu Putlitz im »Quitzöwel«-Kap. (»Fünf Schlösser«, 1889) zwei Abschnitte gewidmet und ihn als »Gewandelten« in der Ballade »Die Gans von Putlitz« (1887) zum Helden erhoben (→ Prenzlau/Angermünde/BB). – Auf **Laaske** wurde mit **Wolfgang Gans Edler Herr zu Putlitz** (1899-1975) eine der schillerndsten Figuren der Familie geboren. Seit 1952 lebte P. in der DDR als außenpolit. Regierungsberater: »Unterwegs nach Deutschland. Erinnerungen eines ehemaligen Diplomaten« (1956).

Wittenberge

Stadtmuseum »Alte Burg«.

Emanuel Hirsch, * 14. 6. 1888 Bentwisch (heute zu W.), † 17. 7. 1972 Göttingen, Theologe. Gehörte in der NS-Zeit zu den »Deutschen Christen« und wurde nach 1945 vorzeitig emeritiert. Aktiver Unterstützer der nationalsozialistischen Ideologie. W. u. a.: »Geschichte der neuern ev. Theologie im Zusammenhang mit den allgemeinen Bewegungen des europ. Denkens« (5 Bde., 1949-54) sowie seine Übersetzungen der Schriften S. Kierkegaards (1950-61). Schrieb auch Romane (»Waldemar Attichs Wendejahre«, 1961).

Ernst August Wiese, * 10. 11. 1902 W., † (gefallen) Frühjahr 1945, Lyriker und Erzähler. Schrieb in Prignitzer Mundart. – W.: Een Hüsung (G. 1939); Amtmann is besoppen west (E. 1939).

A **Theodor Körner** (→ Dresden/SN) wohnte vom 7. bis 9. 5. 1813 Burgstraße 7 (Gedenktafel) unweit der Kirche. – **Adolf Endler**, der vom Westen in die DDR kam, bemerkte, wie der Stadt »Rauchfahnen« »wirr im Gesicht (hingen)« und sich auf der Elbe »rötliche Schaumballen tänzelnd« drehten (»Abschied von einer Stadt: Wittenberge«, 1964), Bericht dazu in »Nebbich« (Aut. 2005). – Auch **Jürgen Borchert**, der 1985 hier war, sah in W. eine »Industrie- und Qualmmetropole«.

L **Uwe Johnson** (→ Anklam/MV) nahm W. in »Mutmaßungen über Jakob« (R. 1959) als Ortsvorlage für seine Eisenbahnerstadt an der Elbe. – »Wittenberge wird häufig mit Wittenberg verwechselt. Phonetischer Gleichklang begründet den Irrtum, auch liegen beide Städte an der Elbe. Industrie hier wie dort...« (J. Borchert, »Überflüssige Bemerkungen zu einer mittleren Stadt«, 1980).

R In dem westl. von W. gelegenen **Bad Wilsnack** (bedeutender Wallfahrtsort im MA: Heilig-Blut-Legende) wurde der mit J. H. Pestalozzi befreundete **Wilhelm Harnisch** (1787-1864/Schulzeit in → Salzwedel/ST) geboren, der die preuß. Lehrerbildung reformiert und das wirkungsreiche Buch »Die künftige Stellung der Schule« (1840) verfasst hat. – »Wo hinter dem hohen Elbdamm, und deshalb unsichtbar, die Elbe selbst ihren Lauf nimmt« (so Th. Fontane) und die Havel in die Elbe fließt, liegt das Dorf **Quitzöbel**, »wo die Stammburg der berühmten Quitzowfamilie stand«. **Th. Fontanes** »Quitzöwel«-Kap. eröffnet den Bd. »Fünf Schlösser« (1889) und beschreibt den Kampf der Quitzows gegen die 1411 ins Land gekommenen Hohenzollern. Erinnerungen an die Quitzows in **Rühstedt** (Grabstein), **Legde** (Denkmal an der Dorfstraße zeigt die Stelle, wo Dietrich von Quitzow am 25. 10. 1593 erschlagen wurde) und **Kletzke** (Grabsteine in der Kirche). – **J.** Borchert (1982) mit dem Blick auf das Jahr 1813 und **Th. Körners** Durchzug nicht ohne polit. Hintersinn: »Die Elbe also fließt breit und mächtig wenige Kilometer südlich des Städtchens dahin, sie trennt säuberlich Altmark und Prignitz und hat keine Ahnung, was sie im Verlaufe der nächsten 150 Jahre noch alles trennen wird.«

S Literaturkreis Prignitz.

B J. Borchert, Efeu pflücken. Historische Miniaturen, 1982; ders., Mein mecklenburgischer Zettelkasten. Aufenthalte und Wanderungen, 1989; A. Kahrs, Dichterreisen. Lit. Streifzüge durch Altmark, Prignitz und südwestl. Mecklenburg, 1990; H. Schmidt, Zwischen Elbe und Havel. Wanderungen vom Fiener Bruch bis in die Prignitz, 1990; ders., Die Prignitz. Ein Haus- und Lesebuch, 1991.

Z Kyritz, Rheinsberg (BB); Parchim (MV); Lüchow (NI); Stendal (ST).

PFAFFENHOFEN AN DER ILM / BY

Joseph Maria Lutz, * 5. 5. 1893 P., † 30. 10. 1972 → München/BY, Verfasser bay. Erfolgsstücke wie »Der Brandner Kaspar schaut ins Paradies« (1934), »Vertrautes Land, vertraute Leut« (Mundartg. 1956), »Liebe kleine Welt« (Ess. 1962). Dichtermuseum J. M. L. (u. a. Bibliothek und Arbeitszimmer) im alten »Flaschlturm« an der Unteren Stadtmauer. – Lebte zeitw. im nahen Prambach.

R Rundum Hopfenland, die **Hallertau.** Gedichte unterwegs: **Günter Eich** (→ Frankfurt a. d. O./Lebus/BB), »Oktobers durch die Holledau«; **Walter Höllerer** (→ Sulzbach-Rosenberg/BY), »Hopfengärten in 3 Gedichten«. – Im Norden **Vohburg:** in der Burg hielten Herzog Albrecht und **Agnes Bernauer** (→ Augsburg/BY)

heimlich Hochzeit; hier wurde die Bernauerin auch gefangengesetzt und nach Straubing gebracht. – In **Geroldshausen** wurde am 18. 3. 1832 **Joseph Schlicht** geb. (→ Straubing/Steinach/BY). Sein Hauptwerk »Bayerisch Volk und Bayerisch Land« (1875) zeigt ihn als »Klassiker der altbayerischen Volkskunde«. – **Andreas Schmeller** (→ Tirschenreuth/BY) verbrachte Kindheit und Jugend in **Rinnberg** (Rohrbach-R.; Gedenktafel). An der Kirche von Rohrbach-**Rohr** hat er seinen Eltern den Grabstein gesetzt. Pfarrer in R. war **Anton Nagel** (→ Freising/BY), der einen »Grundriß des Schelmenländels der Roßdiebe in der Hallertau« verfasste. – **Konrad von Scheyern,** seit 1206 Abt des Hausklosters der Wittelsbacher, das im MA. große kulturelle und wiss. Bedeutung hatte, schrieb die Geschichte der Abtei und des Hauses Sch.-Wittelsbach (»Chronicon Schyrense«). – Aus **Schaching** stammt **Otto Denk** (Ps. **Otto von Schaching,** 1853-1918), der in halb Europa herumkam und dito »Geschichten aus dem Volke« lieferte. – Im Süden an der Ilm **Reichertshausen:** Das Schloss war einst Mittelpunkt eines Minnesängerkreises. – »Am Sonntag spürt man Gott am meisten«: Ein Dorf am Rande der Hallertau ist Schauplatz des Kindheitsromans von **Marianne Hofmann** »Es glühen die Menschen, die Pferde, das Heu« (1997).

Z Dachau, Freising, Ingolstadt, Kelheim, Schrobenhausen (BY).

PFORZHEIM / BW

Kulturzentrum Reuchlinhaus; Stadtmuseum in P.-Brötzingen. – Stadttheater.

Johannes Reuchlin (gräzisiert Capnio), * 22. 2. 1455 P., † 30. 6. 1522 → Stuttgart/BW, Humanist, erster dt. Hebraist und Begründer des neulat. Schuldramas. Im sog. Dunkelmännerstreit votierte er gegen Verbot und Verbrennung jüd. Schrifttums (»Augenspiegel«, 1511). Gattungsbildend seine Komödien (»Henno«, 1498). – Werke von und über R. im R.-Haus; Teile der Bibliotheca Reuchlini LB Karlsruhe. – Forschungsstelle; R.-Gesellschaft; R.-Preis (seit 1955).

Ludwig Auerbach, * 5. 9. 1840 P., † 22. 7. 1882 → Seelbach (Lahr/BW), bekannt durch sein Lied »O Schwarzwald, o Heimat«. – Grab auf dem Hauptfriedhof; Gedenkstein am Kupferhammer.

Emil Strauß, * 31. 1. 1866 P., † 10. 8. 1960 → Freiburg i. Br./BW, realist.-neuromant. Erzähler und Dramatiker. 1892-94 Kolonist in Brasilien, 1910-12 Hellerau b. Dresden, bis 15 in Berlin. 1924 endgültige Niederlassung in Freiburg. – Grab auf dem Hauptfriedhof. – P. im 17. Jh. ist Schauplatz des hist. Romans »Der nackte Mann« (1912), mit einer Lokalsage als Motiv: Wenn der nackte Mann gesehen wird, steht Krieg bevor.

Auguste Supper, * 22. 1. 1867 P., † 14. 4. 1951 → Ludwigsburg/BW (Grab in Korntal bei Stuttgart). Heimaterzählerin: »Aus halbvergangenen Tagen« (Aut. 1937); »Schwarzwaldgeschichten« (1945, n. 1983). – Nachlass DLA Marbach.

Klaus Nonnenmann, * 9. 8. 1922 P., † 11. 12. 1993 ebd., spielerische Sprach- und Erzählkunst: »Die sieben Briefe des Doktor Wambach« (R. 1959, n. 87); über P.: »Pforzheim, Reuchlinstraße« (E. in »Herbst«, 1977). – Grab auf dem Hauptfriedhof. Die angesehene P.er Lateinschule bildete einige große Humanisten heran: **Nikolaus Gerbel**, **Simon Grynäus**, **Jakob Wimpfeling** (→ Heidelberg/BW) und **Philipp Melanchthon** (→ Bretten/BW); der Kosmograph **Sebastian Münster** (→ Bingen/Ingelheim/RP) war zunächst Mönch im Franziskanerkloster. – Aus P. stammen der Hebel-Hrsg. **Wilhelm Zentner** (1893-

1982): »Spätlese am Oberrhein« (Erinn. 1958).

E Die vierhundert Pforzheimer: In der Schlacht von Wimpfen (1622) zeichnete sich das Weiße Fähnlein von P. durch besondere Tapferkeit aus. Soweit der hist. Tatbestand, wie er auch in zeitgenöss. Liedern besungen wurde. Spätere Zusätze, wie vom »Opfertod der Vierhundert«, basieren bereits auf einer Sage, die durch das Stück des Kaufmanns E. L. Deimling »Die vierhundert Pforzheimer Bürger oder Die Schlacht bei Wimpfen« (1788) provoziert worden war.

L **Max Brod**, »Johannes Reuchlin und sein Kampf« (R. 1966); **Maria Gindele-Boegl**, »Morgengesang an meine Stadt« (G. in: »Badische Städte«, 1971); **Margarete Hannsmann**, »In memoriam Jörg Ratgeb, zu Pforzheim gefoltert, geviertelt und nicht begraben« (1977).

R Nordwestl. von P. liegt die kleine Gemeinde **Stein** (Königsbach-S.), die der Humanist **Johannes Hynlin de Lapide** im Namen trägt. An der Sorbonne, wo u. a. J. Reuchlin bei ihm studierte, führte er mit **Martin Crantz von Stein** den Buchdruck ein. – Inschrift über der Kirchentüre von **Feldrennach** (Straubenhardt-F.): »Durch diese Tür / schritten am 18. Januar 1855 / zum Traualtar / der Dichter des Volksliedes / ›Im schönsten Wiesengrunde‹ / **Wilhelm Christian Ganzhorn** / und seine jugendliche Braut / Jakobine Luise Alber / Rößlewirtstochter von Conweiler.« G. (→ Sindelfingen/BW) war seit 1844 Aktuar am Gericht von **Neuenbürg**. Im N.er Schloss Ausstellung »Das kalte Herz« (zu W. Hauffs Märchen).

B S.-M. Schmager, Pforzheim – große Welt – kleine Welt, o. J.; R. Hübsch, »Wo war noch etwas Erhebendes?« A. Supper und das Nationale, in: Allmende 28/29, 1990; J. Greven, Klaus Nonnenmann in Pforzheim, Marbacher »Spuren« 59/2002.

Z Bretten, Calw, Karlsruhe, Maulbronn, Rastatt, Stuttgart, Vaihingen (BW).

PINNEBERG/SH

Drostei (Kreiskulturzentrum). – Kulturpreis des Kreises Pinneberg.

Werner von der Schulenburg, * 9. 12. 1881 P., † 29. 3. 1958 Neggio b. Lugano; Erzähler, Dramatiker, Essayist und Übersetzer. – W.: Meine Kadetten-Erinnerungen (1920); Der König von Korfu (R. 1950). – In der Landdrostei an der Dingstätte, die dem (nicht mehr vorhandenen) Geburtshaus gegenüberlag, war Sch.s Vater als Kirchspielvogt tätig. Grabstein auf dem Stadtfriedhof.
Sage von den P.er Zwergen beim spätromantischen Dichter **August Kopisch** (→ Berlin). – P. ist Geburtsort der Jugendbuch-Schriftstellerin **Sophie Wörishöffer** (1838-1890), die schon 1857 nach → Hamburg-Altona zog (»Robert, der Schiffsjunge«, 1877). – Auf dem Stadtfriedhof die Gräber des Essayisten und Lyrikers **Kurt Matthies** (1901-84; »Literarische Begegnungen«, 1947) und des durch Kriegserzählungen (»Durchbruch anno achtzehn. Ein Fronterlebnis«, 1933) bekannt gewordenen Jugendbuchautors **Erhard Wittek** (1898-1981, Ps. **Fritz Steuben**), der mit seinen Tecumseh-Romanen wie »Der fliegende Pfeil«(1930) oder »Tecumseh, der Berglöwe« (1935) großen Erfolg hatte.

Barmstedt

Museum der Grafschaft Rantzau.

Matthäus Friedrich Chemnitz, * 10. 6. 1815 B., † 14. 3. 1870 Hamburg-Altona, wurde bekannt als Verfasser des 1844 entstandenen »Schleswig-Holstein-Liedes« (»Schleswig-Holstein, meerumschlungen ...«). Lebte zeitw. in → Schleswig/SH und **Uetersen** (Gedenkstein in den Anlagen an der Seminarstraße). – Ch.-Straße, -Schule, -Denkmal (Große Gärtnerstraße); Material zur Ch.-Forschung im Museum.

Elmshorn

Konrad-Struve-Museum, Slgg. zur Ortsgeschichte.

Ernst Behrens, * 5. 11. 1878 Glückstadt/Itzehoe/SH, † 8. 8. 1970 E., war 20 Jahre Stadtrevisor und Stadtrat. – W.: Achtern Elvdick (En. 1922, n. 32); Am großen Strom (R. 1948, n. 64); Störtebeker (Dr. 1953); Ut mien lütt Welt (G. 1957). – Letztes Wohnhaus Kirchenstraße 75; Grab auf dem Kirchl. Friedhof; »Ernst-Behrens-Stuv« Feldstraße 3 (dort auch Nachlass).
🄐 **Timm Kröger** (Haale bei → Rendsburg/SH) lebte hier von 1879-92 als Rechtsanwalt. Grab auf dem Ev. Friedhof; Gedenktafel vom abgebrochenen Geburtshaus heute im Konrad-Struve-Museum. Dort auch Erinnerungsstücke an die E.er Heimatdichter **Franz Bockel** (1798-1879/Grab in Notdorf), der es vom Viehhirten bis zum Schriftsteller brachte, sein »Lied vom Schiffe«, eine Schiller-Kopie, bedachte 1835 der dän. König mit der Krönungsmedaille (am Klostersande Gedenktafel an der Stelle seiner alten Schmiede), und **Christian Hinrich Eckermann** (1833-1904, Aut. »As ik son Jung weer« (4. Aufl. 1906).

Haseldorf

Gut H., in den Elbmarschen westl. Hamburgs gelegen; zu Beginn des 19. Jh.s wurde das heutige Herrenhaus erbaut und das Gelände in einen Park verwandelt. Im Haus befindet sich eine umfangreiche Bibliothek aus dem 18. Jh. (nicht öffentl. zugänglich). Um 1750 war **Friedrich Gottlieb Klopstock** (→ Quedlinburg/ST) Gast auf Gut H.; er soll hier Teile seines »Messias«

geschrieben haben. Eine Gruppe von 7 Linden im Schlosspark trägt den Namen des Dichters. Gut H. erbte der neuromant. Lyriker und Erzähler **Emil Prinz von Schönaich-Carolath** (geb. 8. 4. 1852 in Breslau). Von 1896 bis zu seinem Tod am 30. 4. 1908 lebte er in H.; sein Grab befindet sich auf dem Alten Friedhof bei der Kirche. Er versammelte einen Kreis von Künstlern und Schriftstellern um sich, dem u. a. **Detlev von Liliencron** (→ Kiel/SH), **Richard Dehmel** (→ Königs Wusterhausen/Münchehof/Hermsdorf/BB), **Gustav Falke** (→ Lübeck/SH) und **Gustav Frenssen** (→ Heide/Barlt/SH) angehörten. **Rainer Maria Rilke** (→ München/BY) hielt sich dreimal (1898, 1901 und 1902) als Gast des Prinzen in H. auf (Anklänge u. a. in »Die Aufzeichnungen des Malte Laurids Brigge«, R. 1910).

Hetlingen

H. in der Gudrunsage: »In Hegelingen saß König Hetel der Mächtige, ein Herr über mehr als achtzig Burgen im Land.«
R Über **Quickborn**: »Der Himmel über Holstein ist/aus durchwachsenem Speck« – **Peter Rühmkorf** in seinem G. »Lied für polnisches Mädchen, zu Quickborn in Stellung« (1986).
B D. Albrecht, Schönaich-Carolath und Rilke auf Haseldorf, in: Literaturreisen Schleswig-Holstein, 1993.
Z Bad Bramstedt, Bad Segeberg, Itzehoe, Wedel (SH); Hamburg.

PIRMASENS/RP

Stadtbücherei (mit Hugo-Ball-Slg. und P.er Literaturslg.). – Schuh- und Heimatmuseum (mit Bürkel-Galerie) im Alten Rathaus.

Hugo Ball, * 22. 2. 1886 P., † 14. 9. 1927 Sant' Abbondio/Tessin. Nach Studium in München 1913 Dramaturg an den Kammerspielen; vom Kriegsfreiwilligen zum Kriegsgegner, 1915 mit Emmy Hennings Emigration in die Schweiz. Am 5. 2. 1916 »Dada«s Geburtsstunde im »Cabaret Voltaire«; 17-19 »Freie Zeitung« in Bern. 1920 Heirat mit E. Hennings, Konversion; seitdem zurückgezogen im Tessin. – W.: Die Nase des Michelangelo (Tragikom. 1911, n. 99); Zur Kritik der dt. Intelligenz (Ess. 1919); Hermann Hesse, sein Leben und sein Werk (B. 1927); Die Flucht aus der Zeit (Tagebuchausw. 1927). – Nachlass Robert-Walser-Archiv Zürich; Slg. Stadtbücherei P. – H.-B.-Almanach, seit 1977. – **Emmy Ball-Hennings** (1885-1948/Aut. »Ruf und Echo«, 1953) rettete nach einem Vortragsabend in P. während des einzigen gemeinsamen Besuches H. B. davor, gesteinigt zu werden, indem sie in bester Varietémanier mit den Steinen jonglierte; sie schrieb »H. Balls Weg zu Gott« (1931), auch eigene Lyrik, Erzählungen, Märchen und Legenden. – Beider Grab in Sant'Abbondio/Lugano.
Roland Betsch, * 3. 11. 1888 P., † 6. 4. 1945 (Freitod) → Ettlingen/Karlsruhe/BW. Gründete in Karlsruhe die pfälz. Lit.Zs. »Heimaterde« (1923-25), hatte als Dramatiker v. a. Erfolg mit der Komödie »Herrn Salvermosers seltsame Seelenwanderung« (1929) und veröffentlichte 1939, der nationalsozialistischen Ideologie verpflichtet, sein erzähler. Hauptwerk »Ballade am Strom«. – Weitere W.: Der wilde Freiger (R. 1919); Menschen im Föhn (R. 1929). – Teilnachlass in der Stadtbücherei.

Aus P. kamen: die Erzähler **Ludwig Diehl** (1866-1947/Slg. Stadtbücherei P.), erfolgreich mit dem Seuse-R. »Suso« (1921) und Heine-R. »Ahasver« (1924), und **Lutz Knecht** (1893-1958/Slg. Stadtbücherei P.), sein R. aus P.s Separatistenzeit (»Eine Handvoll Männer und ein Mann«, 1932) nationalist. Tendenz, »Das Chasseurlied« (R. 1937) topograph., »Die verschlossenen Gärten« (R. 1939) aut. von Interesse. – Weiter der Journalist, Dramatiker und Erzähler (»Erlebte Ferne und Pfälzer Heimat«, 1992) **Robert Oberhauser** (geb. 1907); der Mundartdichter **Ludwig Kieffer** (1894-1967/Grab auf dem Hauptfriedhof), dessen »Letzte Liebeserklärung« an seine Vaterstadt 1964 das »Bärmenser Werterbuch« mit Dialektproben war; und »im Fußvolk der Schreiber« **Erneste Fuhrmann-Stone** (1900-82/Slg. in der Stadtbücherei P.): »Erlebte Schicksale« in »Im Spiegel« (1975), »Erlebnis und Begegnung« (G. 1981).

A Am Gefecht um P. 1793 nahm **Heinrich von Kleist** (→ Frankfurt a. d. O.) teil; **Victor Hugo** übernachtete 1863 im Gasthaus »Zum Lamm« (Tagebuchnotizen in »Coses vues«, 1863); **Adam Scharrer** (→ Schwabach/Kleinschwarzenlohe/BY) arbeitete von Sommer 1907 bis Juli 1908 in P., das Kapitel »Wanderung ins Nichts« in der E. »Auch eine Jugend« (im »Viermänner-Buch«, 1929) handelt in P.; diese aut. Skizzen waren Ausgangspunkt für den Reisebericht »Aus der Art geschlagen« (1930). P.-Episode in »In jungen Jahren« (1946/47).

L Die Geschichte des »Bauernkreuzzuges«, in den Bauern aus der inzwischen untergegangenen Ortschaft Steigen bei Biebermühle ziehen, erzählt **Thea Haupt** (1906-81) in ihrem Jugendbuch »Viel Steine gab's und wenig Brot« (1980). – Lit. Reminiszenzen an die Landgrafenzeit: Ludwig IX., in P. »Soldatenkönig« spielend, **Karoline** aus → Darmstadt/HE 2000 Briefe schreibend, die Geschichten vom »Grenadier von Pirmasens« u. a. von **Ernst Pasqué** (→ Darmstadt/Alsbach/HE), **Fritz Claus** (→ Landau/Edenkoben/RP), **Werner Bergengruen** (→ Baden-Baden/BW). – Über den Schuster Jean Joß, den Begründer der P.er Schuhindustrie: die »Märchen vom Schuh« (1927) des Mundartdichters **Roland Seffrin** (1905-85); von ihm und **Ehrhardt Hauck** »Aus unsrer Schlabbestadt« (1924). – **Nataly von Eschstruth** (→ Hofgeismar/HE): »Pirmasenz oder Karl August's Brautfahrt« (Lustsp. 1883). – Teile des Romans »Der Rabenwald« (1985) von **Elmy Lang-Dillenburger** spielen in P., von ihr auch die P.er Legende »Die Bodenguckkinder« (2002). – Vom Volkslied zum Folksong: **Hein und Oss Kröher**, die »Rotgrauen Raben« (1969): »Das sind unsere Lieder« (1977); auch »Vun de Freiheit un vun de Lyoner« (1989) von Heinrich, »Sand und Satz« (Kurzgeschichten 1967), »Mein Pirmasens« (1994) von Oskar K. – Mundart: u. a. **Else Rittersbacher** (1898-1952), »Mei Bermesens« (1926); **Richard Jäger** (1901-84); **Philipp Grüny** (1905-75), »Wun Zwicker un anre Horber Leit« (1974); **Nikolaus Becker** (1908-85), »Schlappeflickerlied« (1976); **Bertel Pardall** (1915-79/Grab Hauptfriedhof), »Die Wunnertutt« (1971); **Günter Speyer**, »Von allerhand Leit« (1984).

S Lit. Verein der Pfalz Sektion P. – Hugo-Ball-Preis.

Dahn

Dahner Sommerspiele; Burgenfest im Juni; 11. September »Elwetritschejagd« (Brunnen).

L Gestalt gewordene Literatur: der **Waltharibrunnen** (1980) im Freigelände des Otfried-von-Weißenburg-Gymnasiums. – D.er Sagen und Erzählungen, die v. a. den bizarren Felsgruppen gelten, auch bei **August Becker** (→ Eisenach/TH), **Friedrich Wilhelm Hebel** (→ Kaiserslautern/Rothselberg/RP) und **Victor Carl**. – **Heinrich R. Gruber**: »Gesang im Wind des Wasigenlands« (Sonette 1979).

R Die Sagenlandschaft kennt keine Grenzen: Wenn die Kinder in **Weißenburg**

Dahn: Walthari-Brunnen am Otfried-von-Wei-ßenburg-Gymnasium

schreien, »kommt« heute noch »Hans Trapp«. H. T. ist Hans von Drott, der »Schrecken« von Burg **Berwartstein**, der Ende des 15. Jh.s das arme Volk wie die reichen Weißenburger Mönche tyrannisierte (Grab St. Anna-Kapelle **Niederschlettenbach**). Vademecum: **Fritz Claus'** Sagengedichte aus »Fröhlich Pfalz, Gott erhalt's!«): **Dahn** (»Jungfernsprung«); **Lindelbrunn** (Vorderweidenthal-L.); **Merzalben** (»Grävenstein«); **Nothweiler** (Wegelnburg, die »Wagelnburg« im »Simplicissimus« von H. J. Ch. von Grimmelshausen → Gelnhausen/HE); **Ruppertsweiler** (»Rupertsfelsen«); Fritz-Claus-Pfad und Gedenkstein im Schamborner Tal b. **Leimen**. – In **Petersbächel** (Fischbach-P.), dem Maimont gegenüber, erinnert ein Mosaik an der Schule an das **Waltharilied**, das hier an der alten Völkerstraße spielt.

B Pirmasenser Lesebuch, 1988.
Z Bad Bergzabern, Kaiserlautern, Landau, Zweibrücken (RP). Jenseits der Grenze, in Lothringen und im Elsass: Bitche (Goethe, Th. Fontane); Hohenburg (Konrad Puller von H.); Lembach (P. Bertololy); Löwenstein (Sage u. Volkslied vom »Lindenschmidt«); Wasenburg b. Niederbronn (Goethe); Wasigenstein (Waltharilied).

PIRNA/SN

»*Die Lage von Pirna . . . ist sehr schön. Die Stadt liegt tief im Grunde dicht an der Elbe . . .« (Carl Heinrich Nicolai, 1801)*
Stadtmuseum im Dominikanerkloster. – An der Löwenapotheke, Markt 17/18, Erinnerung an die Rettung P.s im 30-jährigen Krieg. Aufführung des Volksstücks »Der Retter« alljährl. zum Stadtfest. Das Canalettohaus, Markt 7, erinnert an sein berühmtes Bild »Der Marktplatz von Pirna« (1752). – Festung Sonnenstein: Die dort untergebrachte Heil- und Pflegeanstalt war 1940-42 eine Hauptstätte der Euthanasiemorde des NS. – Aus P. stammen die Schauspielerin Gertrud Eysoldt (1870-1955), Schmiedestraße 40 (Gedenktafel), und der Germanist Hans-Heinrich Reuter (1923-78), Hrsg. und Verf. einer Th.-Fontane-Biographie (2 Bde., 1968).

Johann Tetzel, * um 1465 P., † 11. 8. 1519 → Leipzig/SN, Theologe und Ablassprediger, dessen öffentl. Bild bis heute durch die Reformation unverdient negativ ist. T.s Predigten (→ Luckenwalde/Jüterbog/BB) veranlassten M. Luther (→ Eisleben/ST) zu den »95 Thesen«. – Geburtshaus: Schmiedestraße 19 (Gedenktafel). – Lit. Figur in **Martin Rinckarts** (→ Delitzsch/Eilenburg/SN) »Eislebische Mansfeldische Jubel-Komödia« (1618) und **Willibald Alexis'** (→ Berlin) »Werwolf« (R. 1848).
Max Zimmering (Ps. Mix), * 16. 11. 1909 P., † 15. 9. 1973 Berlin, Lyriker und Kinderbuchautor. 1929 KPD. Exil in Palästina und England. Seit 46 in → Dresden/SN. Z.s agitat. Kantaten und Gedichte (»Es beginnt erst der Mensch . . .«, 1949) spielten in der DDR-Schule eine große Rolle. In »Buttje Pieter und sein Held« (Kb. 1951) erzählt Z. das Leben des Kommunistenführers E. Thälmann. – W.: Das Maß der Zeit (G. 1969). – Geburtshaus: Lange Straße 10.
A P.er Dominikanermönch (»Pirn ist nit ein unhöflich Stetlein«) war **Johann Lind-**

ner (um 1460-nach 1530), Verf. des »Onomasticum mundi generale«, ein in Dt. verfasstes, die ganze Welt einbeziehendes Lexikon. Wohnung: Klosterhof 3. – P.er auch **Michael Bergmann** (1633-75), dessen »Deutsches Aerarium« (1662, Ndr. 1973) das in seiner Zeit am meisten benutzte lit. Lexikon war. – Der Schweizer **Ulrich Bräker** (»Der arme Mann im Tockenburg«, 1789) saß als Soldat 1756 einige Tage im Lager bei P. fest: »Da brach man in alle Ställ und Gärten ein, prügelte auf alle Bäume los und riß die Äste mit den Früchten ab.«

Um den seit 1794 in P. lebenden Amtsaktuar **George Gabriel Klinckicht** (1772-1804) scharte sich ein lit. Kreis, der in der Schlossschenke, Schlossberg 10, zusammenkam. Prominentestes Mitglied der Arzt **Johann Samuel Siegfried** (1775-1840/»Siama und Galmory«, Ep. 1800; »Nadir Amida«, Tr. 1807). **Johann Gottfried Seume** (→ Weißenfels/Poserna/ST) besuchte S. 1801 und ließ sich von ihm bis zur böhm. Grenze begleiten. – **Gottlob Adolf Ernst von Nostitz und Jänckendorf** (→ Niesky/SN) gründete 1811 in P. nach modernen Erkenntnissen eine Anstalt für Geisteskranke (»Beschreibung der Königlich Sächsischen Heil- und Pflegeanstalt Sonnenstein«, 1829). – **Goethe** (→ Frankfurt a. M./HE) übernachtete 1813 im »Weißen Ross«, Hauptstraße/ Ecke Breite Straße (Gedenktafel) und bestieg den Sonnenstein. – Früher war P. Ausgangspunkt für Wanderungen ins Elbsandsteingebirge, so dass **Carl Heinrich Nicolai** (1739-1823) den ersten »Wegweiser durch die Sächsische Schweiz« (1801, Ndr. 1990) in P. erscheinen ließ. – Die P.er Ärztin Annemarie Köhler (1892-1948) verwahrte unter Lebensgefahr während des 2. Weltkrieges die Manuskripte, darunter die berühmten »Tagebücher«, von **Victor Klemperer** (→ Dresden/SN).

R Im Müglitztal liegt **Weesenstein** mit dem Schloss, das zu einer Zeitreise in die sächs. Geschichte einlädt. Das Unterschloss war der Lieblingsaufenthalt König Johanns (**Philalethes** → Dresden/SN), der hier an seiner Dante-Übersetzung arbeitete. Im 2. Weltkrieg war Schloss W. Hauptdepot der Dresdner Kunstschätze. – Südwestl. **Maxen** mit seinem Rittergut. Der bürgerl. Besitzer **Friedrich Anton Serre** (1789-1863) machte es nach 1819 zu einem Treffpunkt von Schriftstellern. **Ludwig Tieck** (→ Berlin) und **Robert Schumann** (→ Zwickau/ SN) kamen ebenso hierher wie **Emanuel Geibel** (→ Lübeck/SH) und **Ludwig Bechstein** (→ Meiningen/TH). **Hans Christian Andersen** war 1844-69 achtmal in M. 1900 kaufte der Leipziger Verleger **Bernhard von Tauchnitz** (1840-1921) das Anwesen, heute Altersheim.

Nördl. von P. jenseits der Elbe **Graupa**. Das Schäfersche Gut, R.-W.-Straße 6 (Gedenktafel), diente **Richard Wagner** (→ Bayreuth/BY) »nach einem widerlich verbrachten Winter« 1846 als Sommerfrische. W. komponierte dort den »Lohengrin« (1850). Im »Lohengrinhaus« Museum mit Ausstellung zu W.s Dresdner Zeit (1842-49). Erinnerungen auch an W.s Freund **August Röckel** (→ Döbeln/Waldheim/ SN). – Unweit davon **Liebethal** mit dem L.er Grund, den **Wagner** gern bis zur Lochmühle durchwanderte. R.-W.-Denkmal (1913). Zugang auch in die Sächs. Schweiz, über deren Namen **C. H. Nicolai** schreibt: »Alle Schweizer, die hergekommen sind, haben gestanden, daß sie sich hier in ihr Vaterland versetzt zu sein glaubten.« Nicht weit davon **Lohmen**, wo **Nicolai** Pfarrer war. Grab auf dem Friedhof. **H. Ch. Andersen** machte 1831 in L. Station und beschrieb die »herrliche Aussicht auf die romantische Umgebung«. Auch **Karl Leberecht Immermann** (→ Magdeburg/ST) sah sich hier »im wildesten Felsental«. Aus L. stammt der Volkskundler und Mundart-

dichter **Bruno Barthel** (1885-1956, »s' Lut-
torie-Lus und na a poar putzge Geschich-
ten«, 1932; »Im de Bastei rim«, 1934, Ndr.
1955); W.-Auswahl (Hrsg. B. Claußnitzer
1985). Wohnung: Karl-Marx-Straße 5; Grab
auf dem Friedhof. – Nicht weit davon **Dit-
tersbach** (Dürröhrsdorf-D.) mit dem Rit-
tergut des Kunstsammlers **Johann Gott-
lob von Quandt** (1787-1856), der mit Goe-
the korrespondierte. In seinem Bergschlöss-
chen ließ Q. einige Räume mit Fresken
zu G.-Gedichten schmücken. Gedenkta-
feln am Turm auf der Schönen Höhe und
an der Kirchhofsmauer. Häufiger Gast
Q.s auch **Ludwig Richter** (→ Dresden/
SN).

Bad Gottleuba-Berggießhübel

Otto Krille (Ps. **Eugen Tubandt**), * 5. 8.
1878 Börnersdorf (B.-Breitenau) bei G.,
† 31. 1. 1954 Zürich, Lyriker (»Aus engen
Gassen«, 1904) und Erzähler. Über seine
Jugend in B. und Pirna in »Unter dem
Joch« (aut. R. 1941).

R Von G. kommt man auf einem »Poe-
tengang« durch das Gottleubatal nach
Berggießhübel. 1767 wurden Heilquellen
entdeckt. Unter den ersten Badegästen
Gottlieb Wilhelm Rabener (→ Leipzig/
Wachau/SN) und dessen Freund **Christi-
an Fürchtegott Gellert** (→ Mittweida/
Hainichen/SN). Am Ende des Weges eine
Bank mit Gedenktafel zum Andenken an
die einst berühmten Dichter: »Der Sänger
frommen Lied's / und heitre Fabeldich-
ter. / Und Deutschlands Juvenal / der feine
Sittenrichter. / Sie pflegten hier zu ruhn,
nach / Zwiesprach ernst und traut . . .«
(Theodor Hell 1829). – Westl. von G.
Liebstadt, wo **Benjamin Geißler** (1743-
nach 1809) während des Bauernaufstan-
des 1790 Flugschriften herstellte, mit deren
Inhalten der Herr von Schloss Kuckucks-
stein **Carl Adolf von Carlowitz** (1771-

1837) sympathisierte. Später war C. Befür-
worter der Schulreformen G. F. Dinters
(→ Borna/SN). Wie sein Bruder **Hans
Georg von Carlowitz** (1772-1840) stand
auch er in enger Verbindung mit Novalis
(→ Hettstedt/Oberwiederstedt) und
den Dresdner Frühromantikern.

Königstein

Museum Festung K. – Ab 1589 Ausbau des Fels-
plateaus zur Landesfestung. Von Anfang an
auch Staatsgefängnis. Unter den Gefangenen:
Nach dem Dresdner Mai-Aufstand der russ.
Anarchist **Michail Bakunin**, Georgenburg, Zel-
le 9; **August Röckel**, ebd., Zelle 11, und **Otto
Heubner** (→ Plauen/SN), ebd., Zelle 8 (»Ge-
dichte aus der Gefangenschaft«, 1850). Nach
dem Leipziger Hochverratsprozess brachte
man 1874 **August Bebel** (→ Köln/NW) hier-
her/Altes Zeughaus, Zelle 7 (Gedenktafel).
Nach seiner Entlassung unternahm B. mit
Fam. einen Ausflug zur Festung: »Hier machte
es mir großes Vergnügen, daß die Zelle, in der
ich drei Wochen kampiert hatte, mittlerweile
zu den Sehenswürdigkeiten der Festung avan-
ciert war.« **Thomas Theodor Heine** (→ Mün-
chen/BY) und **Frank Wedekind** (→ Hanno-
ver/NI) saßen 1899 wegen Majestätsbeleidi-
gung auf dem K. W. arbeitete hier an seinem
Drama »Der Marquis von Keith« (1900).

L **G. W. Rabener** verfasste die Satire »Aus-
zug aus der Chronik des Dörfleins Quirle-
quietsch« (1742), die sich als »an der Elbe ge-
schrieben« ausgibt und sich auf das Felsmassiv
Quirl oberhalb von K. bezieht. **H. C. Ander-
sen** schildert 1831 die Aussicht vom Lilien-
stein.

R Die Burg (heute Ruine) von **Stadt
Wehlen** war häufiger Aufenthaltsort von
Heinrich dem Erlauchten (→ Meißen/
SN). – Das an der Elbe gelegene **Rathen**
mit seiner ma. Felsenburg ist einer der meist-
besuchten Orte in der Sächs. Schweiz.
Friedrich Kind (→ Dresden/SN) soll sich
vom Amselfall zur Wolfsschlucht-Szene

im »Freischütz« (1822) haben anregen lassen. Unterhalb der vielbestiegenen Bastei die berühmte Felsenbühne, wo neben dem »Freischütz« oft Stücke nach Karl-May-Romanen zu sehen sind. **K. L. Immermann** war von der Landschaft angetan, nicht aber von dem Champagner, schien er doch »nicht weit von der Bastei gewachsen zu sein«. – 1799 wurde in **Bad Schandau** das erste Badehaus errichtet. 1804 und 06 gehörten **Christian Gottfried Körner** (→ Leipzig/SN) und sein Sohn zu den Kurgästen. Gedenktafel am Kneippkurbad. **Theodor Körner** (→ Dresden/SN) kam 1809 wieder (»Die Reise nach Schandau«, E. 1810). Wohnung: Markt 8. Für **C. H. Nicolai** hat die Gegend hinter Sch. »die meiste Ähnlichkeit mit der Schweiz«. **H. Ch. Andersen** zum nahen Kuhstall: »Im 30-jährigen Krieg sollen die Bewohner hier einen Zufluchtsort gefunden haben; hier versteckten sie einen großen Teil ihres Viehs.« Im Ortsteil Ostrau lebte bis zu seinem Tod **Erich Wustmann** (1907-94), der mit Indianer-Reisebüchern (»Abschied von den Indianern«, 1980) Furore machte.

Sebnitz

Kunstblumen- und Heimatmuseum.

Alfred Meiche, * 24. 1. 1870 S., † 25. 5. 1947 ebd., Volkskundler und Sprachforscher. M.s »Sagenbuch des Königreichs Sachsen« (1903) ist die umfänglichste Slg. seiner Art. – Wohnung: Karl-Marx-Straße 12 (Gedenktafel), Grab auf dem Friedhof. – Nachlass im Museum.
R Im nördl. von S. liegenden **Neustadt** war **Wilhelm Leberecht Götzinger** (1758-1818) von 1787 bis zu seinem Tod Pfarrer. Mit dem Buch »Geschichte und Beschreibung des Chursächsischen Amts Hohenstein mit Lohmen« (1786) legte G. den Grund für die tourist. Erschließung des Elb-

sandsteingebirges. Wohnung: Kirchplatz 1 (Gedenktafel), Grab bei der Stadtkirche. – Westl. von S. **Ulbersdorf**, in dem der Lehrer **Friedrich Kaulisch** (1827-79) lebte, Verf. des Liedes »Wenn du noch eine Mutter hast« (1851). Wohnung: Dresdner Straße 10 (Gedenktafel). – Die mächtige Burg **Hohnstein** war im 16. Jh. Gefängnis. **Hieronymus Emser** (→ Dresden/SN) wurde hier 1525 festgehalten. 1924 entstand auf der Burg die größte dt. Jugendherberge. 28 kam der Puppenspieler **Max Jacob** (1888-1967) mit seiner Puppenbühne nach H. Als die Nazis auf der Burg 33 ein KZ einrichteten, baute die Stadt für J. das »Kasperhaus«, Karl-Marx-Straße 2 (Gedenktafel). In seiner Aut. »Mein Kasper und ich« (1964) erzählt J. von seiner H.er Zeit. 1958 »erfand« J. für das DDR-Kinderfernsehen »Herrn Fuchs und Frau Elster«. Grab auf dem H.er Friedhof. Nachlass im Museum von Sebnitz.

Stolpen

Stadtmuseum, Museum Burg St. – Aus Neustadt bei St. stammt **Christian Clodius** (eig. **Klöde**, 1647-1717), der eine bedeutende Volkslieder-Slg. (Hrsg. E. Blümml 1908) hinterließ. Er ist Stammvater einer Gelehrtendynastie: **Johann Christian Clodius** (1676-1745) war in Leipzig erster dt. Lehrstuhlinhaber für Arabisch. Bei dem Poetologen **Christian August Clodius** (1737-84) hörte Goethe (→ Frankfurt a. M./HE) in Leipzig Vorlesungen und verspottete ihn in »Dichtung und Wahrheit« als »Kuchenbäcker Hendel« (so der Titel eines von C. s Gedichten). Der Philosoph **Christian August Heinrich Clodius** (1772-1836) wandte sich im Haupt-W. »Von Gott und der Natur, in der Menschengeschichte und im Bewusstsein« (2 Bde., 1811/12) gegen I. Kant.

E **Gräfin Cosel.** Fast 50 Jahre, von 1716 bis zu ihrem Tod, lebte Anna Constanze von Brockdorf (1680-1765) auf der Burg. 1699 war sie 20-jährig als Gemahlin des sächs. Ministers von Hoym an den Dresdner Hof gekommen und wenige Jahre später die Mätresse Augusts des Starken. Nachdem sie sich in die Politik eingemischt hatte, ließ sie der König als Gefangene nach St. bringen. Als dieser 1733 starb, blieb die Cosel freiwillig auf der Burg wohnen. Seitdem hat ihr Schicksal die Autoren angeregt. Schon zu ihren Lebzeiten Karl Ludwig von Pöllnitz in »Das galante Sachsen« (1735). Vor allem aber den Polen Jósef Ignacy Kraszewski mit dem Roman »Gräfin Cosel« (1874), auf den alle folgenden Autoren und Drehbuchverfasser (Albrecht Börner, »Sachsens Glanz und Preußens Gloria«, 1985-87, als Buch 2007) zurückgriffen.

Christian Friedrich Henrici (auch **Picander**), * 14. 1. 1700 St., † 10. 5. 1764 → Leipzig/SN, Satiriker und Lyriker, Lustspieldichter (»Weiber-Probe«, 1726, Ndr. 1973). Zusammenarbeit mit J. S. Bach. Seit 1734 in Leipzig.

B N. Weiß/J. Wonneberger, Dichterhäuser um Dresden, 2004.
Z Bischofswerda, Dippoldiswalde, Dresden, Kamenz (SN). Jenseits der Grenze in Tschechien: Ústí nad Labem/Aussig (Schreckenstein).

PLAUEN/SN

Vogtlandmuseum (Ausstellungen zur Stadtgeschichte und zu Persönlichkeiten des Vogtlandes); P.er Spitzenmuseum im Alten Rathaus. – Theater P.-Zwickau. – Geburtsstadt des Astronomen Georg Samuel Dörffel (1683-88).

Otto Heubner, * 17. 1. 1812 P., † 1. 4. 1893 Blasewitz (heute Dresden), Lyriker und Erzähler. Seit 1838 in P. 1848 Mitglied der Frankfurter Nat.-Versammlung, 49 Teilnehmer am Dresdner Mai-Aufstand (→ Pirna/Königstein/SN). – W.: Neue Gedichte aus dem Gefängnis (1852), Kleine Geschichten für die Jugend (1856).
Rudolf Leonhard Heubner, * 12. 12. 1867 P., † 1. 4. 1967 Schloss Birnfeld/Unter-

franken, Lyriker und Verf. hist. Romane (»Juliane Rokox. Roman aus der Zeit der niederländischen Renaissance«, 1913). Bis 1926 Gerichtsrat in Dresden. Über die Kindheit in P. »Sein und Geschehen. Ein Buch vom Leben« (Aut. 1937). – Geburtshaus: Klostermarkt 7. – Nachlass Vogtlandmuseum.

A **Paul Rebhun** war 1538-42 Rektor in P. und schrieb hier den Reformationsdialog »Klag des armen Manns in Teuerung und Hungersnot« (1540). – Der aus P. stammende **David Trommer** (um 1640-1680) verwendete in seiner »Kurzen Christ-Komödie« (1670) erstmals die vogtländ. Mundart. – Völlig unbek. blieb der P.er **Johann Gottlob Heynig** (1772-1837), obwohl er mehr als 20 Bücher herausbrachte und die Zs. »Der teutsche Sokrates« (1822-30) redigierte. – **Goethe** (→ Frankfurt a. M./HE) kam 1795 durch P. (»Die Stadt ist nahrhaft und hat schöne Musselinfabriken«). – **Julius Mosen** absolvierte 1817-22 das P.er Lyzeum. J.-M.-Büste (1888) am Dr.-Rudolf-Friedrichs-Ring. – **Karl May** (→ Glauchau/Hohenstein-Ernstthal/SN) besuchte 1860/61 das Lehrerseminar in P., Seminarstraße 4. – **Kurt Arnold Findeisen** (→ Zwickau/SN) war 1907-18 Lehrer in P. und Mit-Hrsg. der Monats-Zs. »Das Vogtland und seine Nachbargebiete«. – **Erich Knauf** (→ Glauchau/Meerane/SN) leitete 1922-28 das Feuilleton der P.er »Volkszeitung« und arbeitete eng mit **e. o. Plauen** (eig. **Erich Ohser**, 1903-44) zusammen, dem im nahen Unterrittersgrün geborenen Illustrator der ersten Gedichtbände E. Kästners (→ Dresden/SN); dieser nahm sich im Zuchthaus das Leben. – Der P.er **Alexander Jesch** (1930-96) verarbeitete in der Märchen-Slg. »Die Forellenkönigin« (1988) vogtländ. Stoffe und ließ Volksfiguren wie den Katzen-Veit und den Pumphut (→ Hoyerswerda/SN) lebendig werden.

R Nördl. von P. liegt **Jocketa** mit dem Eisenberg, auf dem der Julius-Mosen-Turm steht. – Richtung Reichenbach **Treuen**, Geburtsort des Kabarettisten **Jürgen Hart** (1942-2003), dessen Lied »Sing, mei Sachse, sing« DDR-weit gesungen wurde und das Regionale wieder ins Bewusstsein setzte. – Der aus dem erzgebir. Gelenau stammende Lehrer **Louis Riedel** (1847-1919), der die vogtländ. Mundart literaturfähig machte, unterrichtete 1867-1910 in **Meßbach**, wo auch das Gedicht »Grügeniffte« über die Bedeutung der Kartoffel für den Vogtländer entstand. 1910 zog R. nach P. Wohnung: Alfred-Schlagk-Straße 12, Gedenkstein (1921) auf dem P.er Friedhof.

Klingenthal

Musik- und Wintersportmuseum. – K. wurde berühmt durch seine Mundharmonikas und Akkordeons. Doch nicht ein »klingendes Tal« stand am Anfang, sondern der Hammerwerkbesitzer Nicol Klinger.

R Aus **Rautenkranz** (Morgenröthe-R.) stammt **Karl Alwin Gerisch** (1857-1922), dessen »Roman aus dem Leben der erzgebirgischen Waldarbeiter« »Der Gotteslästerer« (1919) viele Leser hatte. Geburtshaus: Alwin-Gerisch-Straße Nr. 1 (Gedenktafel). – Westl. von K. **Zwota**, wo der Mundartautor **Max Schmerler** (1873-1960) geboren wurde. Klingenthaler Straße 20 (Gedenktafel). Über **Markneukirchen Johann Heinrich Gläsel** (1798-1880) »Mark-Neukirchen und seine Zustände 1804-1812« (1882), darin auch humorvolle Erzählungen in südvogtländ. Mundart. **Julius Mosen** lebte 1828-30 in M. als Gerichtsaktuar und schrieb hier sein philosoph. Epos »Das Lied vom Ritter Wahn« (1831). Wohnung (Nachfolgebau): Schönecker Straße 17 (Gedenktafel).

Oelsnitz

Oe. nannte man wegen der Bäume und der Muschelbänke in der Elster gern »Stadt der Erlen und Perlen«. – Geburtsort des Komponisten Johann Rosenmüller (1619-84) und das nahe Marieney der des Kartographen Adam Friedrich Zürner (1689-1742), der in Sachsen Postmeilensäulen aufstellen ließ.

Paul Rebhun (auch **Paulus Perdix**), * um 1500 Waidhofen/Niederösterreich, † 1546 Oe., Reformationsdramatiker. Schulmann in → Zwickau/SN und → Kahla/TH. Schrieb in Oe. im Auftrag M. Luthers (→ Eisleben/ST) die erste ev. Ehelehre (»Hausfried. Was für Ursachen den christlichen Eheleuten zu bedencken/den lieben Hausfriede in der Ehe zu erhalten«, 1546). **Julius Mosen**, * 8. 7. 1803 Marieney bei Oe., † 10. 10. 1867 → Oldenburg/NI, Lyriker (»sächsischer Uhland«) und Dramatiker, auch Erzähler. Heute ist M.s Werk außerhalb des Vogtlandes vergessen. Von M.s »Gedichten« (1836) ragen heraus: »Andreas Hofer« (»Zu Mantua in Banden ...«) und das polenfreundl. »Die letzten Zehn vom vierten Regiment«. Wichtig auch der Roman »Der Congress von Verona« (1842) und die »Erinnerungen« (1893). – Gedenkstein im Röhrholz. – J.-M.-Archiv in Plauen im Vogtlandmuseum, Nobelstraße 9-13.
R Südwestl. von Oe. **Triebel**, wo der junge **Friedrich Nietzsche** (→ Weißenfels/ Röcken/ST) 1861 und 63 bei Verwandten wohnte. Als Besitzer einer Stickerei konnten sie dem Halbwaisen manche ungewohnten Genüsse bieten. – Im Elstertaldorf **Marieney** wird **Mosen** nicht nur als Verf. des Vogtlandliedes (»Wo auf hohen Tannenspitzen,/die so dunkel und so grün,/ Drosseln gern verstohlen sitzen,/weiß und rot die Moose blühn«) verehrt. Geburtshaus: Schulhaus Hauptstraße 31 (Gedenktafel), Denkmal (1903) im Kirchgarten. –

Goethe übernachtete 1795 im Posthaus, Markt 55 (Gedenktafel), von **Adorf**. – **Bad Elster**, das zur DDR-Zeit **Daniela Dahn** besuchte: »Marxistisches Almenrauschen. Eine Kur in Bad Elster« (»Spitzenzeit«, 1980). Aus E. stammt **Lenelies Pause** (1895-1974), deren »Jugend im Wald. Jugenderinnerungen aus dem Erzgebirge« (1937) eine lebendige Volkskunde ist. – Am Rand des Elstergebirges **Landwüst** mit dem Vogtländischen Freilichtmuseum. D. **Dahn** fiel der Ort aus anderen Gründen auf: »Ein Dorf, das seinem Namen keine Ehre macht. Es ist auffallend unwüst, die Häuser hell getüncht ... Blumenkästen.« Poetischer **Volker Braun**: »Landwüst« (1972): »Unter Brachdisteln und Fladern verschollen/Spür ich ein Dorf/Meiner Vorvoreltern Schlag/Und aufgebrannt der Welt ein Fleck/Zum Leben.« – **Schönberg** ist der südlichste Ort Sachsens. **Goethe** nennt ihn im »Reisetagebuch« (7. 8. 1822) einen »in vieler Hinsicht interessanten Punkt«. Seine Aufmerksamkeit gehörte dem Granit des sagenumwobenen Kapellenberges. Gedenktafel am Pfarrhaus.

B H. Feustel (Hrsg.), Sagen aus dem Vogtland (1994), M. Blechschmidt, Vogtland. Sachsens grünes Herzstück (1995).
Z Aue, Zwickau (SN); Hof (BY); Schleiz (TH). Jenseits der Grenze in Tschechien: Aš/Asch (Goethe), Cheb/Eger (A. von Wallenstein, Goethe, F. Schiller), Františkovy Lázně/Franzensbad (Goethe), Kraslice/Graslitz (Goethe), Loket/Elbogen (Goethe), Skalná/Wildenfels (S. von Birken).

PLÖN/SH

»Langhinrollende, hügelige Fluren; auf den Koppeln weidet sattes Vieh. Kühle Wälder mit stundenweiten schattigen Wegen – Lichtgefunkel im Buchenbestand, kurländische Ahnung im tiefen Kupfer der Kiefernforsten. Backsteinrote, steinalte Dörfer, anmutige Erscheinungen

menschlichen Hausens, und eine Kette blitzender Seen und Flüßchen.« (Helmut Alt, 1969)

A **Matthias Claudius** (→ Bad Oldesloe/Reinfeld/SH) besuchte von 1755-59 die Gelehrtenschule in P. – Der aus → Karlsruhe/BW stammende **Emil Frommel** kam 1896 als Erzieher der preuß. Kronprinzen nach P. Er starb hier am 9. 11. des gleichen Jahres. Kadetten mit den Hohenzollern auch **Gustav Hillard** (→ Lübeck/SH) und **Fritz von Unruh** (→ Koblenz/RP). – Im »Mölenhoffhus« in **Grebin** hatte **Hans Friedrich Blunck** (→ Hamburg) lange Jahre seinen Wohnsitz.

L Die Umgebung von P. beschreibt **Wilhelm Lehmann** (→ Eckernförde/SH) in seinem Gedicht »Fahrt über den Plöner See«, das mit einer Schilderung der Parklandschaft beginnt: »Es schieben sich wie Traumkulissen/Bauminseln stets erneut vorbei,/Als ob ein blaues Fest uns rufe,/Die Landschaft eine Bühne sei ...«. **Karin Reschke** schrieb über literarische Spuren in **Plön**, bei den **Rantzaus**, über das Marinedenkmal in **Laboe**, **Hohwacht** und Gut **Waterneverstorf**, **Hohenfelde**, **Lütjenburg**, **Neuhaus**, **Panker**, **Preetz**, **Schmoel**, **Selent** und **Salzau**, wo das Schleswig-Holstein-Festival im Landeskulturzentrum eine Spielstätte fand und seit 1996 das Literatursymposium beheimatet ist (in: »Von Schleswig nach Holstein. Skizzen vom Ostseestrand«, 1999).

Kirchnüchel

Julius Stinde, * 28. 8. 1841 K., † 5. 8. 1905 Olsberg (Brilon/NW), Erzähler und Verfasser niederdt. Theaterstücke. Seit 1876 in → Berlin, wo ab 1883 seine kom.-satir. »Familie Buchholz«- Romane erschienen. – Gedenktafel am Pastorat (Geburtshaus); Grab auf dem Friedhof in Lensahn (→ Eutin/SH). – Nachlass LB Kiel.
Christian Cay Lorenz Hirschfeld, * 16. 2. 1742 K., † 20. 2. 1792 Kiel, Wegbereiter der neueren Garten- und Parkkunst. War

seit 1773 Prof. der Philos. in Kiel. – »Theo-
rie der Gartenkunst« (1779-85), in der auch
viele Schlösser und Herrensitze in Schles-
wig-Holstein beschrieben sind.

Rantzau

Wolf Heinrich Graf von Baudissin, * 30. 1.
1789 Kopenhagen, † 4. 4. 1878 Dresden,
Shakespeare- und Molière-Übersetzer.
Während seines Aufenthalts auf dem Fa-
milienbesitz in R. war das Gut Mittel-
punkt eines lit. Kreises, dem u. a. L. **Tiecks**
Tochter **Dorothea** und **A. W. Schlegel** (→
Hannover/NI) angehörten. 1827 zog er
nach Dresden. – Für die Schlegel-Tieck-
sche Shakespeare-Übers. übertrug er 13
Dramen; auch Übers. ital. und mhd. Dich-
tungen.
In **Ascheberg** spielen Passagen des histori-
schen Struensee-R.s »Der Besuch des Leib-
arztes« des schwedischen Autors **Per Olov
Enquist** (1999, dt. Ausg. 2001), anspie-
lend auf den Park als Treffpunkt der deut-
schen Aufklärer um Graf Rantzau.
R In der Propstei nordöstl. von **Preetz**
(Klosterbibliothek; von P. heißt es in einem
Wanderlied des 19. Jh.s: »Ole Fräuleins
wahnt dar in dat Kloster,/jede drüdde
Mann dar is en Schoster«), im Osten des
Selenter Sees **Neuhaus:** Friedrich Graf
Hahn, ein vorbildl. Schulreformer, ließ
von 1776-83 den großen Saal nach The-
men aus der griech. Heldensage, nach
K. W. Ramlers (→ Berlin) Oden und **S.
Geßners** Idyllen ausmalen. Friedrichs
Sohn Carl (1782-1857) spielte als »Thea-
tergraf« seine eigene Rolle und zog, bevor
er 1841 Leiter des Kieler Theaters wurde,
einer postumen Darstellung zufolge »als
ruinierter Mann und Direktor einer Wan-
derbühne mit seiner Tochter Ida in die weite
Welt«. Ida, vermählt mit einem reichen Vet-
ter Hahn, ließ sich 1829 scheiden und pro-
duzierte als **Ida Gräfin von Hahn-Hahn**

(→ Demmin/Tressow/MV) Romane. Sie
retirierte 1854 in das von ihr gegr. Kloster
vom »Guten Hirten« in → Mainz/RP.
Schönberg ist Modellstadt für **Konrad
Hansens** R. »Der Spaßmacher« (1982),
»planlos über eine sanftgewellte ostholstei-
nische Knicklandschaft zerstreut.«
Z Bad Segeberg, Eutin, Kiel (SH).

PÖSSNECK/TH

Pößnecker Schöffenspruchsammlung,
1474 (nach der »Reimvorrede«) angelegt
von Johann Jeche, Stadtschreiber in Neu-
stadt a. d. Orla (Hrsg. W. Flach 1957).
Sie überragt in ihrer Vollständigkeit alle
anderen dt. Slgg. und zeigt das Selbstbe-
wusstsein der reichen Tuchmacherstadt,
deren prächtiges Renaissance-Rathaus zur
gleichen Zeit gebaut wurde.
A **Goethe** (→ Frankfurt a. M./HE) mach-
te auf dem Weg in die böhm. Bäder 1795-
1823 18 Mal in P. Station. Übernachtung
meist im »Goldenen Löwen«, »einem wohl-
eingerichteten Gasthofe« (Nachfolgebau),
Breite Straße 18 (Gedenktafel). P. soll das
Vorbild für jenes Städtchen sein, das in
»Hermann und Dorothea« geschildert
wird. 1822 feierte G. seinen 73. Geburts-
tag in P. Am 12. 9. 23 arbeitete er hier an
der »Marienbader Elegie«.

Neustadt an der Orla

Michael Ziegenspeck, * 1. 4. 1572 N., † 2.
11. 1645 Ranis, Liederdichter. 1592 Lehrer
und Kantor in N. 1607 Pfarrer in Ranis. Wir-
kungsreich Z.s »Bitte um Friede« (»Pflanz
wieder Fried im Lande,/O du Herr Ze-
baoth«).
Johann Basilius Küchelbecker, * 29. 6.
1697 Linda bei N., † 29. 8. 1757 Driewitz
(→ Hoyerswerda/SN), Reiseschriftsteller,
mehrfach Begleiter auf Kavalierstouren. –

W.: Der nach England reisende curieu-se Passagier (1726), Allerneueste Nachricht vom Römisch-keyserlichen Hofe ... (1730).

Arthur Richter (Ps. **Hans Heimbach, A. R.-Heimbach**), * 3. 11. 1879 N., † 22. 2. 1952 Ruhla (→ Eisenach/TH). Verf. von Heimatgedichten und Liedersammler. Lehrer in N., Jena und Ruhla. Bedeutung als Hrsg. des »Thüringer Liederbuches« (1907).

Ranis

Museum Burg R.

Caspar Dornau (auch **Dornavius**), * 11. 10. 1577 Ziegenrück bei R., † 28. 9. 1632 Brieg/Niederschlesien, Poetiker. Wirkte in → Görlitz/SN und im niederschles. Beuthen, wo er der Lehrer von M. Opitz (→ Heidelberg/BW) wurde und der dt. Kunstdichtung den Weg ebnete.

L Die Ilsenhöhle unter der Burg R. ist eine bedeutende steinzeitl. Fundstelle, mit ihr verbunden die im Orlatal heimische Ilsensage. **Bernd Schneider,** »Die Ilsensage« (1995).
S **Literaturakademie Burg Ranis**: seit 1998 Stadtschreiberamt und Autorenwohnung; Sehen-Malen-Schreiben. Kunstwerkstatt für junge Leute; im Juni Thür. Literatur- und Autorentage.

R Gustav Schröer (→ Weimar/TH) war 1896 bis 1920 Lehrer in dem südl. von Ziegenrück gelegenen **Eßbach.** Dort entstand Sch.s erster Roman (»Der Freibauer«, 1913). Das Schulhaus (»am höchsten unter allen Häusern«) ist noch vorhanden.

Z Greiz, Kahla, Rudolstadt, Saalfeld, Schleiz, Stadtroda (TH).

POTSDAM/BB

»Man muß, wenn man über Potsdam schreibt, ganz gleich als was und wer, endlich mal vom Exerzierreglement loskommen und sich der Schönheit dieses Ortes rein und frei hingeben.«
(Georg Hermann, 1926)

Universität, Hochschule für Film und Fernsehen »Konrad Wolf« P.-Babelsberg. – Staatsarchiv, Stadtarchiv. – Stiftung Preußische Schlösser und Gärten Berlin-Brandenburg: Schloss Sanssouci mit Bildergalerie und Neuen Kammern, Neues Palais (mit Schlosstheater), Schloss Charlottenhof (mit Dichterhain: ital. – Dante, Petrarca, Ariost, Tasso – und dt. – Wieland, Herder, Goethe, Schiller – Klassiker-Büsten); Schloss und Park Babelsberg; Marmorpalais; Schloss Cecilienhof (wo 1945 das Potsdamer Abkommen unterzeichnet wurde). Haus der Brandenburgisch-Preußischen Geschichte (im Kutschstall am Neuen Markt), Potsdam-Museum (mit Wechselausstellungen zur Stadt- und Landesgeschichte), Filmmuseum im Marstall) und Filmpark Babelsberg. – Hans-Otto-Theater. – Aus P. stammt der Physiker Hermann von Helmholtz (1821-94).

Friedrich der Große (eig. **Friedrich II. von Preußen**, König seit 1740), * 24. 1. 1712 P., † 17. 8. 1786 ebd., hochbegabter Literat (Gedichte in franz. Sprache) und bedeutender militär.-polit. Schriftsteller. – W.: Ges. Werke (franz. 30 Bde., Hrsg. J. D. Preuß, 1846-56; dt. 10 Bde., Hrsg. G. B. Volz, 1912-14); Polit. Korrespondenz (dt. 46 Bde., Hrsg. R. Koser, 1879-1936). – Machte 1743 das P.er Stadtschloss zu seiner Residenz, 45-47 Bau von Schloss Sanssouci, wo F. sich (wenn nicht auf Reisen oder im Krieg) von April bis November aufhielt und in dessen Marmorsaal die »Tafelrunde« zus.kam und die berühmten Flötenkonzerte stattfanden. – Grab (neben seinen Windhunden) seit 1991 auf der rechten Terrasse von Sanssouci (»Quand je serai là, je serai sans souci!«/Wenn ich dort bin, werde ich ohne Sorge sein). – Da in

Potsdam: Schloss Sanssouci

F.s Schrift »De la littérature allemande« (1780), zeitgen. dt. Dichtung völlig verkannt wird, folgten polem. Gegenschriften, u. a. von **J. Möser** (→ Osnabrück/NI) und **F. G. Klopstock** (→ Quedlinburg/ST). F. schloss seine Abrechnung mit dem Satz »Wir werden unsere Klassiker haben«, ahnte aber nicht, dass diese die Szene schon betreten hatten. Andere Autoren, u. a. **J. W. L. Gleim, K. W. Ramler** (→ Berlin) und **A. L. Karsch** (→ Berlin), verehrten F. in ihren Dichtungen.

E Literatur über Friedrich den Großen. Diese ist kaum zu überschauen. Bis ins 20. Jh. hinein gelesen und durch die Illustrationen A. von Menzels populär Franz Kuglers »Geschichte Friedrichs des Großen« (1841/42); wirkungsreich die engl. Biographie von Thomas Carlyle (6 Bde., 1858-65, dt. 1859-69). In der DDR wurde die bescheidene »Preußen-Renaissance« eingeleitet von Ingrid Mittenzwei, »Friedrich II. von Preußen. Eine Biographie« (1980). Zuletzt Christian Graf von Krockow, »Friedrich der Große. Ein Lebensbild« (1993) und Johannes Kunisch, »Friedrich der Große. Der König und seine Zeit« (2004).

– Während F. Schiller das Vorhaben eines F.-Epos' noch aufgab, entstanden im 19. Jh. zahlreiche F.-Dramen und -Romane. In den meisten ist P. der hervorgehobene lokale Hintergrund. Bei Willibald Alexis, »Cabanis« (R. 1832), ist f. noch Nebenfigur, bei Karl Gutzkow, »Zopf und Schwert« (Sch. 1844), schon nicht mehr. Es folgen u. a.: Walter von Molo, »Fridericus« (1918); Bruno Frank, »Tage des Königs« (1924); Sophie Hoechstetter, »Königskinder« (1928); Paul Burg, »Fridericus. Seines Staates erster Diener« (1932); Walter Beumelburg, »Der König und die Kaiserin« (1938); Otto Brües, »Die Affen des großen Friedrich« (1939). – Einen eigenen Stoffkreis bildet die Anekdote vom »Müller von Sanssouci«, in der sich F. dem bürgerl. Recht unterwirft. Johann Peter Hebel (»Der König und sein Nachbar«, 1819) hat sie traditionell erzählt, Peter Hacks (»Der Müller von Sanssouci«, Sch. 1958) nutzte sie nach einem Einfall von Bertolt Brecht zur Demaskierung der Preußen-Legende.

Pierre Louis Moreau de Maupertuis (1698-1759), Mathematiker und Philosoph. Widersacher Voltaires. War 1741 als erster Franzose einem Ruf Friedrichs gefolgt und Präsident der Berliner Akademie geworden. Wohnung: Stadtschloss. – **Julien Offray de La Mettrie** (1709-51), Philosoph und Miltärarzt. Schockierte mit der atheist. Schrift »L'homme machine« (1747, Der Mensch eine Maschine, 1748). Friedrich gewährte dem in Paris Verfolgten Asyl und berief ihn 1748 zu seinem Vorleser. Wohnung: Stadtschloss. – **Voltaire**, eig. **François Marie Arouet** (1697-1778), Philosoph und Dichter. Friedrich, der mit V. seit 1736 korrespondierte, berief ihn als Kammerherrn nach P. »Von 1750 bis 1753 glänzt nun in Sanssouci das Doppelgestirn: der König, der schon der Große heißt, und der berühmteste Schriftsteller und Aufklärer Europas« (Ch. Graf von Krockow, 1993). Arbeit in P. u. a. am Geschichtswerk »Le Siècle de Louis XIV«

(1751, »Das Zeitalter Ludwigs XIV.«, 1752) und am »Micromégas« (E. 1752). V. verließ P. im März 53, setzte aber bis zu seinem Tod den Briefwechsel mit dem König fort. Wohnung: Stadtschloss; 1751 wegen des »Trommelwirbels« im »Marquisat« Zeppelinstraße 167, Logis zuweilen auch in einem der Gästeräume (nicht unbedingt in dem gezeigten V.-Zimmer) von Sanssouci. K. A. Dill, »Voltaire in Potsdam – mehr als nur eine Episode« (Ausstellungskat. 1991).

Johann Wilhelm Ludwig Gleim (→ Aschersleben/Ermsleben/ST) kam 1741 als Hauslehrer nach P. 1742 Stabssekretär des Prinzen Wilhelm, mit dem G. am 2. Schles. Krieg (1744/45) teilnahm und bis Prag kam. Lernte in P. E. Ch. von Kleist kennen. – Wohnung: Am Bassin 12.

Ewald Christian von Kleist (→ Frankfurt a. d. O./BB) diente 1741-56 im P.er Regiment »Prinz Heinrich«. Doch litt der Melancholiker in dieser »prächtigen Wüste«. K.s Dichterruhm begründet das Gedicht »Der Frühling« (1749), in dem erstmals die märk. Landschaft (»Voll Seen und büschichter Täler«) besungen wird. Begegnungen in P. mit **K. W. Ramler** und **G. E. Lessing** → Kamenz/SN: »Mir fängt Potsdam an, ein wenig zu gefallen.« – Wohnung: Brandenburger Straße 61.

Friedrich von der Trenck, * 16. 12. 1727 Königsberg, † (hingerichtet) 25. 7. 1794 Paris. Seit 1744 als Ordonnanzoffizier Friedrichs d. Gr. in P., wurde aber schon 45 wegen Spionageverdachts und angebl. Liebesbeziehung zu Amalie, der Schwester des Königs, verhaftet. T.s Aut. »Des Friedrichs Freiherrn von der Trenck merkwürdige Lebensgeschichte« (5 Bde., 1786-92) wurde ein großer Erfolg und diente B. Frank (→ Stuttgart/BW) als Vorlage für »Trenck. Roman eines Günstlings« (1926).

Karl Ludwig von Knebel (→ Jena/TH),

dessen Vater 1756 von Friedrich d. Gr. nobilitiert wurde, war 1765-73 in P. Fähnrich. 1771 und 72 wurden seine Gedichte in K. W. Ramlers »Lieder der Deutschen« und in Ch. Boies (→ Meldorf/SW) »Göttinger Musenalmanach« aufgenommen.

Joachim Heinrich Campe (→ Holzminden/Deensen/NI) war 1773-76 in P. Feldprediger und 76 auch Pfarrer an der hinter dem Alten Markt gelegenen Heiliggeistkirche (abgerissen). Im Predigerhaus Burgstraße 32/33 schrieb C. den Jugendklassiker »Robinson der Jüngere« (1779).

Christian August Ludwig von Massenbach, * 16. 4. 1758 Schmalkalden, † 21. 11. 1827 Białokosz bei Posen. Trat 1782 in das preuß. Heer ein und siedelte nach P. über. M.s hist. Schriften (»Betrachtungen und Aufschlüsse über die Ereignisse der Jahre 1805 und 1806«,1808; »Historische Denkwürdigkeiten zur Geschichte des preußischen Staates seit dem Jahre 1794«, 1809) haben hohen Quellenwert. »Keiner in Brandenburg hat jemals ähnlich vehement wie der Generalstäbler Massenbach Preußenkritik geübt« (G. Bellmann, 1995).

Heinrich von Kleist (→ Frankfurt a. d. O./BB) war seit Juni 1792 in P. als Gefreiter-Korporal im Garde-Regiment stationiert, besuchte aber auch die Große Stadtschule, Friedrich-Ebert-Straße 17 (Gedenktafel). Ostern 99 Abschied als Sekondeleutnant.

Theodor Mundt, * 19. 9. 1808 P., † 30. 11. 1861 Berlin, Journalist, Erzähler und Theoretiker des »Jungen Deutschland«. Musste aus polit. Gründen vorerst auf eine akadem. Karriere verzichten. Redakteur, 1848 Prof. in Breslau, 50 Bibliothekar in Berlin. Schrieb hist. Romane (»Thomas Müntzer«, 1841) und eine »Geschichte der Literatur der Gegenwart« (1842).

Theodor Storm (→ Husum/SH) lebte als Gerichtsassessor von 1853 bis 56 in P. Hier entstanden die Novellen »Im Sonnen-

schein« (1854) und »Angelika« (1855). –
Wohnung: 1853/54 Brandenburger Str.
70/Gedenktafel (»Ganze Körbe voll Torf
haben wir schon verfeuert und keine leid-
liche Temperatur hervorgebracht«), dann
Dortustraße 68 (1989 abgerissen), 1856
Benkertstraße 15.

Eugen Dühring, * 12. 1. 1833 Berlin, † 21.
9. 1921 Nowawes (heute P.-Babelsberg),
Philosoph (»Kritische Geschichte der Phi-
losophie«, 1869). Religionsgegner und An-
tisemit. D.s Entwurf eines »sozialitären
Gesellschaftssystems« trivialisierte die He-
gel'sche Philosophie und rief Kritik hervor,
die in F. Engels' (→ Wuppertal/NW) sog.
»Anti-Dühring« (»Herrn Eugen Dührings
Umwälzung der Wissenschaft«, 1877) gip-
felte. – Grab auf dem Babelsberger Fried-
hof Goethestraße.

Wilhelm Windelband, * 11. 5. 1848 P.,
† 22. 10. 1915 Heidelberg, Philosoph. 1877
Prof. in Freiburg, 82 in Straßburg Nach-
folger von K. Fischer (→ Heidelberg/BW).
W.s »Lehrbuch der Geschichte der Philo-
sophie« (1889) erschien 1993 in 18. Aufl.

Karl Foerster, * 9. 3. 1874 Berlin, † 27. 11.
1970 P.-Bornim, Gartenbauschriftsteller.
Übersiedelte mit seiner Staudengärtnerei
1911 von Berlin nach Bornim, wo seine po-
pulären Gartenbücher (u. a. »Vom Blüten-
garten der Zukunft«, 1922; »Der Steingar-
ten der sieben Jahreszeiten«, 1936; »Blauer
Schatz der Gärten«, 1953) entstanden. –
»Ein Garten der Erinnerung. Sieben Kapi-
tel von und über Karl Foerster« (Hrsg. E.
Foerster und G. Rostin, 1992).

Bruno H. Bürgel, * 14. 11. 1875 Berlin, † 8.
7. 1948 P., populärwiss. Autor. Autodidakt
(»Vom Arbeiter zum Astronomen«, Aut.
1919). Mit dem Buch »Aus fernen Welten«
(1910) – »die beste und volkstümlichste
Himmelskunde überhaupt« (E. Haeckel)
– erreichte B. ein Millionenpublikum.
Lebte ab 1916 in P.-Babelsberg. – Woh-
nung: Babelsberger Straße 1, dann Stahns-

dorfer Straße 10, zum Schluss Merkurstra-
ße 10. Grab auf dem Babelsberger Fried-
hof Goethestraße. – Seit 1971 Bruno-H.-
Bürgel-Gedenkstätte (heute Astronomi-
sches Zentrum »Bruno H. Bürgel«), Neuer
Garten 6.

Hermann Kasack, * 24. 7. 1896 P., † 10. 1.
1966 → Stuttgart/BW, Erzähler, Lyriker
(»Der Mensch«, 1918) und Rundfunk-
autor (»Pionier des Hörspiels«). 1920 Lek-
tor, dann Direktor des Kiepenheuer-Verla-
ges. Lebte bis zu seinem erzwungenen Weg-
gang 49 in P., wo sein Hauptwerk »Die
Stadt hinter dem Strom« (R. 1947) ent-
stand, »diese nihilistisch anmutende War-
nung vor Technik, Ideologie und Macht«
(J. Klicker, 2003), die ihm eine exponierte
Stellung in der Nachkriegs-Lit. sicherte. –
Wohnung: Am Kanal 15, 1921-27 Wörth-
straße 3, 1927-45 Hegelallee 13, dann
Hans-Sachs-Straße 13. Bei K. verkehrten
Bertolt Brecht (→ Augsburg/BY), für
den sich K. früh eingesetzt hatte, **Gün-
ter Eich** (→ Seelow/Lebus/BB) und **P.
Huchel**. Erinnerungen an den einstigen
Schüler im Helmholtz-Gymnasium, Kur-
fürstenstraße 53, das zur selben Zeit auch
Edlef Köppen (→ Burg/ST) besuchte.

Wilhelm Fraenger, * 5. 6. 1890 Erlangen,
† 19. 2. 1964 P., Kunsthistoriker und Volks-
kundler, Begründer und Hrsg. des »Jb. für
historische Volkskunde« (1925-37) und Verf.
bedeutender kunsthistor. Schriften (u. a.
»Hieronymus Bosch. Das tausendjährige
Reich«, 1947). – Wohnung: P.-Babelsberg
In der Aue 45. – W.-F.-Archiv (mit Biblio-
thek) Tschaikowskiweg 4. W.-F.-Gesell-
schaft e. V.

Margarete Buber-Neumann, * 21. 10. 1901
P., † 6. 11. 1989 → Frankfurt a. M./HE,
Publizistin (»Von Potsdam nach Moskau«,
1957). Tochter eines Brauereibesitzers. Kam
über die Freidt. Jugend zur Kommunist.
Partei und war in 1. Ehe mit Rafael Buber,
Sohn des jüd. Religionsphilosophen Mar-

tin Buber (→ Frankfurt a. M./HE), verheiratet, in 2. Ehe mit dem führenden KPD-Funktionär Heinz Neumann, mit dem sie in die UdSSR floh, in den Gulag kam und nach dem Hitler-Stalin-Pakt an Dtl. ausgeliefert wurde.

Peter Huchel (→ Berlin) wohnte 1915-23 in P., zuerst bei Johannes Vogel, dem Hofprediger und Pfarrer an der Garnisonkirche, Teltower Straße 16. 1920 Teilnahme auf Seiten der Putschisten am Kapp-Putsch. 23 Abitur an der Städt. Oberrealschule. 30 Heirat in P. mit Dora Lassel.

Gustav Kiepenheuer (→ Weimar/TH) betrieb seinen Verlag 1918-28 in P., dann in Berlin und wieder in Weimar. In den P.er Jahren widmete sich K. der modernen Lit. und heiratete 25 **Noa Kiepenheuer** (geb. Holnstein). – Wohnung: »Fasanerie« (»dieses schönste Haus, das man sich vorstellen kann«) im Park von Sanssouci bei der heutigen Geschwister-Scholl-Straße, wo auch der Dirigent W. Furtwängler wohnte. Besucher u.a. **Bertolt Brecht**, **Anna Seghers** (→ Mainz/RP), **Joachim Ringelnatz** (→ Grimma/Wurzen/SN), **Egon Erwin Kisch** (→ Berlin). – Erinnerungsbuch »Sieben Häuser« (1976) von K.s Tochter Bettina Hürlimann.

Reinhold Schneider (→ Baden-Baden/BW) wohnte 1932-37 in P. Im Sommer 33 mehrmals Gast Kronprinz Wilhelms auf Schloss Cecilienhof, den er für »einen Aufruf zur Monarchie in letzter, wahrscheinlich schon zu später Stunde« gewinnen wollte. – Wohnung: Am Kanal 28, ab 1935 Birkenstraße 1, wo ihn **Jochen Klepper** (→ Berlin) öfter besuchte. Auf der Gedenktafel Tagebuchnotiz vom 24. 8. 34: »Das Recht muß über dem Staat stehen, nicht der Staat über dem Recht.«

Hans Marchwitza, * 25. 6. 1890 Scharley bei Beuthen, † 17. 1. 1965 P., Romanautor. Bergarbeiter, zuletzt im Ruhrgebiet (»Meine Jugend«, aut. R. 1947). Sein erstes Buch behandelt die Ruhrkämpfe (»Sturm auf Essen«, 1930). Span. Bürgerkrieg, USA-Exil. 1946 Ost-Berlin. 47 bis zu seinem Tod in P.-Babelsberg. – Wohnung: zuerst Am Sportplatz 31, dann Rosa-Luxemburg-Straße 27. – M. Reich-Ranicki, »Die Legende vom Dichter Marchwitza« (in: »Wer schreibt, provoziert. Kommentare und Pamphlete«, 1993).

Bernhard Kellermann (→ Fürth/BY) lebte von 1948 bis zu seinem Tod 1951 in P. Wurde zwar in der DDR hoch geehrt, konnte aber mit seinem Roman »Totentanz« (1948) nicht an frühere Erfolge anknüpfen. – Wohnung: Seestraße 12, seit 50 in P.-Klein Glienicke, Wannseestraße 14. Grab Neuer Friedhof, Heinrich-Mann-Allee.

Hanns Julius Wille, * 10. 3. 1895 Solingen, † 14. 7. 1961 P., Erzähler und Filmautor. Exil. Arbeit für die DEFA. Wurde bekannt mit dem Roman »Feuer im Wind. Leben und Vergehen des Dichters Johann Christian Günther« (1955). – Wohnung: Stubenrauchstraße 27.

Rudolf Daumann, * 2. 11. 1896 Berlin, † 30. 11. 1957 P., Jugendbuchautor und Verf. utop. Romane. Seit 1946 Sendeleiter am brandenburg. Landessender. Erfolgreich u.a. mit Indianerbüchern (»Tatanka-Yotanka«, 1955; »Der Untergang der Dakota«, 1957). – Wohnung: Bertha-von-Suttner-Straße 13.

Claus Back, * 19. 6. 1904 Sorau/Niederschlesien, † 10. 4. 1969 P., Verf. kulturhistor. Romane (»Andreas Schlüter«, 1957; »Der Meister von Sanssouci«, von M. Stade vollendet, 1971). Lebte von 1945 bis zu seinem Tod in P. – Wohnung: Lennéstraße 13. Grab Neuer Friedhof, Heinrich-Mann-Allee.

Eduard Claudius (eig. E. Schmidt), * 29. 7. 1911 Buer/Westfalen, † 13. 12. 1976 P., Romancier. Maurer und Korrespondent. Span. Bürgerkrieg, darüber »Grüne Oliven und nackte Berge« (1945). Mit dem künstler. schwachen Buch »Menschen an unserer Seite« (1951) schuf C. das Muster des DDR-Produktionsromans. Seit 47 in P. – Wohnung: Rosa-Luxemburg-Straße 26; nach dem Zerwürfnis mit seinem Nachbarn H. Marchwitza in dem von C. selbst erbauten Landhaus Finkenweg 47.

Peter Weiss, * 8. 11. 1916 Nowawes (heute P.-Babelsberg), † 10. 5. 1982 Stockholm, Dramatiker und Erzähler. Sohn eines jüd. Fabrikanten. Übersiedelte Ende 1929 mit den Eltern nach → Berlin und 34 über London nach Prag, wo er Malerei studierte. 38 in die Schweiz. Dann nach Schweden. Weltweit bekannt wurde W. mit »Die Verfolgung und Ermordung Jean Paul Marats . . .« (Sch. 1964). Folgenreich das »szenische Oratorium« um den Auschwitz-Prozess »Die Ermittlung« (1968). Mit dem Epochen-Buch »Die Ästhetik des Widerstands« (3 Bde., 1975-81) schrieb W. einen Schlüsselroman des 20. Jh.s, in dem er als linker Intellektueller Antwort sucht auf die Frage nach dem Verhältnis von Politik und Kunst, von polit. und künstler. Avantgarde. – Geburtshaus: Rudolf-Breitscheid-Straße 232 (Gedenktafel mit der Inschrift »In Gegensätzen denken«).

Horst Bienek (→ München/BY) war nach dem Krieg Volontär bei der »Potsdamer Tagespost« und wohnte in der russ. Kolonie »Alexandrowka« (vor dem Nauener Tor). Am 7. 5. 51 feierte B. mit **Martin Gregor-Dellin** (→ Naumburg/ST) seinen Geburtstag; am 8. 11., obwohl inzwischen Meisterschüler B. Brechts, wurde B. dort vom russ. Geheimdienst verhaftet (»Die Zelle«, R. 1968).

A Der Chemiker **Johann Kunckel** (1630/38-1703) betrieb seit 1678 auf dem Hakendamm eine Glasschmelze und verfasste dort die erste wiss. Glashüttenkunde (»Ars vitraria experimentalis«, 1679). –

Das Militärwaisenhaus in der Dortustraße gehörte zu den markanten Gebäuden der Stadt. **August Hermann Francke** (→ Halle/ST), nach dessen »Stiftungen« es eingerichtet wurde, hielt sich 1725 dort auf. Der militär. Charakter erschreckte F. (»Viel Zuchtmeister, wenig Väter«). – **Johann Joachim Winckelmann** (→ Stendal/ST) logierte im Frühjahr 1752 für sechs Wochen bei einem Freund im Kommandantenhaus Lindenstraße 54: »Ich habe Athen und Sparta in Potsdam gesehen und bin mit einer anbetungsvollen Verehrung gegen den göttlichen Monarchen erfüllt.« – **Gotthold Ephraim Lessing** vollendete Anfang 1755 im nicht mehr bestehenden Gartenhaus (»Marquisat«) Zeppelinstraße 167 die Tragödie »Miss Sara Sampson« (1755). – **Anna Luise Karsch** wurde am 11. 8. 1763 von **Friedrich d. Gr.** (»O König! Vater! Schutzgott des beglückten Landes«) in Sanssouci empfangen. Statt des erhofften Hauses bekam sie nur ein Geldgeschenk, das sie prompt zurückschickte: »Zwei Taler sind zu wenig / Für einen großen König! / Zwei Taler sind für mich kein Glück . . . / Drum schick ich sie zurück.«

Giacomo Casanova hatte mit **Friedrich d. Gr.** Mitte Juli 1764 im Park von Sanssouci eine längere Unterredung, die er im 4. Kap. seiner Aut. »Histoire de ma vie« (vollst. 1960-62) lebendig schildert. – **Wilhelm von Humboldt** (→ Berlin) wurde am 22. 6. 1767 in P. im »Kabinetthaus« Neuer Markt 1 geboren, wuchs aber ab 68 im Schloss Tegel auf. – 1777/78 unterrichtete **Karl Philipp Moritz** (→ Hameln/NI) am Militärwaisenhaus. – **Goethe** (→ Frankfurt a. M./HE) kam am 15. 5. 1778 auf dem Weg nach Berlin mit **Carl August** (→ Weimar/TH) nach P. Sie besuchten Schloss Sanssouci, wurden aber nicht eingelassen (»Castellan ein Flegel«). Am 22. 5. auf der Rückreise hatte G. mehr Glück:

»Dem alten Fritzen bin ich recht nah wor-
den; da hab ich sein Wesen gesehn, sein
Gold, Silber, Marmor, Affen, Papageien
und zerrißnen Vorhänge«. – **Jean Paul** (→
Wunsiedel/BY) besuchte 1800/01 öfter
P., das er als »schönste Vorstadt von Ber-
lin« bezeichnete. Als Königin Luise ihn
zum Essen nach Sanssouci einlud, war sie
seine »gekrönte Aphrodite«. – **Friedrich
Schiller** (→ Ludwigsburg/Marbach/
BW) kam auf seiner Reise nach Berlin in
der Nacht zum 1. 5. 1804 in P. an. Als
der Pass kontrolliert wurde, erkannte ihn
der wachthabende Leutnant und rühmte
seine Werke. Auf der Rückfahrt übernach-
tete Sch. am 17./18. 5. bei Ch. von Massen-
bach, einem Mitzögling der Karlsschule,
in einem nicht mehr existierenden Haus
in der Dortustraße. Am folgenden Tag
speiste Sch. als Gast der Königsfamilie
im Marmorsaal von Sanssouci.
Rahel Varnhagen von Ense (→ Berlin) be-
suchte P. am 19. 9. 1808 und war erstaunt,
dass die Stadt »lange nicht so öde« war, als
sie dachte, zudem fand sie die Gegend hin-
ter P. »ungemein und wie nicht zu vermu-
ten schön«. – **Alexander von Humboldt** (→
Berlin) war Kammerherr des Kronprinzen
und späteren Königs Friedrich Wilhelm
IV. Deshalb wohnte der weltberühmte Ge-
lehrte ab 1827 zeitweilig im Stadtschloss,
von wo aus er Spaziergänge unternahm,
auch zum Brauhausberg, den der »Zweite
Entdecker Amerikas« »Potsdamer Chim-
borazo« nannte. Sommers zog er mit ins
Schloss Charlottenhof, wo er an seinem
Hauptwerk, dem »Kosmos«, schrieb. –
Heinrich Heine (→ Düsseldorf/NW) hielt
sich von April bis Juli 1829 in P. in der
Friedrich-Ebert-Straße 21 (Gedenktafel)
auf und schrieb am 3. Teil der »Reisebil-
der« (»Hier wollte ich wie Robinson auf
einer Insel leben und nichts als den Him-
mel und Soldaten sehen«). – **Heinrich Lau-
be** (→ Leipzig/SN) war 1834 und 37 in P.

und schrieb darüber in seinen »Erinnerun-
gen« (2 Bde., 1875-82). – **Ernst Haeckel**
(→ Jena/TH) wurde 1834 in P. geboren.
Sein Vater war Regierungsrat, wurde aber
schon im Jahr darauf versetzt. Geburts-
haus: Neuer Markt 8 (Gedenktafel). –
Gustav Freytag (→ Gotha/TH) besuchte
1836 P. und erblickte in der Stadt »ein stei-
nernes Soldatenlager«. – **Ludwig Tieck** (→
Berlin) lebte mit einer königl. Rente in den
Sommermonaten 1841-50 in P., zeitweise
als Gast Friedrich Wilhelms IV. im Schloss
Sanssouci. Dabei hatte noch T.s Vater als
Fürbitter vor dem Stadtschloss Friedrich
d. Gr. um Unterstützung für seine Seiler-
zunft gebeten. – **August Kopisch** (→ Ber-
lin) wohnte 1847 bis 51 in P. und arbeitete
an seiner volkstüml. Gedicht-Slg. »Allerlei
Geister« (1848), von denen die »Kölner
Heinzelmännchen« die Schullesebücher er-
oberten. Später schrieb K. eine »Geschich-
te der königlichen Schlösser und Gärten
zu Potsdam« (1854). – **Theodor Fontane**
(→ Neuruppin/BB) kam oft von Berlin
nach P. herüber. 1853/54 besuchte er Th.
Storm, dann seinen bis 1862 in P. wohnen-
den Freund K. Zöllner am Neuen Markt
11, später Louis Schneider, den Gründer
des »Vereins für die Geschichte Potsdams«,
in dessen Haus am Kanal. Im April 81 ver-
lebte F. »glückliche (acht) Tage« im Pfarr-
haus an der Friedenskirche. Geschrieben
hat F. über P. wenig; in den »Wanderun-
gen« fehlt ein P.-Kap., das wohl die Propor-
tionen des Unternehmens gesprengt hätte.
Bronzebüste (1985) beim Th.-F.-Archiv,
Am Bassin 4. – **Ernst von Wildenbruch**
(→ Berlin) diente 1863-65 als Gardeleut-
nant in P. – In der 2. Hälfte des 19. Jh.s
war P. auch ein Zentrum der dt. Unterhal-
tungsliteratur: **Philipp Galen** (1813-99,
»Walter Link«, 1855) lebte als Militärarzt
hier, **Balduin Möllhausen** (→ Bonn/
NW) »der märkische Karl May«, als Kus-
tos der Schlösser und Gärten. – **Adolph**

L'Arronge (→ Berlin) wohnte seit 1878 in P.-Babelsberg und besaß die Grundstücke in der Virchowstraße 43 und 44.
Walter Benjamin (→ Berlin) verbrachte seit 1898 mit seinen Eltern einen Teil der Sommerferien in einem Landhaus in der Teltower Vorstadt und erlebte hier »Natur in domestizierter Form«. – **Marie Luise Kaschnitz** (→ Karlsruhe/BW) verlebte die Sommer 1902-17 im idyllischen »Löwenzahngarten« Persiusstraße 1: »Die Orte, die wir aufsuchten, hatten schöne redende Namen, Zaubernamen, Pfingstberg, Marmorpalais, Lustgarten, Jungfernsee, Heiliger See« (»Orte«, 1973). – Die Darmstädter Offizierstochter **Christa Winsloe** (1888-1944) besuchte 1902-06 das Kaiserin-Augusta-Stift, Am Neuen Garten 29-32. Ihre aufwühlende Liebesbeziehung zu einer Erzieherin verarbeitete sie in einem Bühnenstück (»Gestern und Heute«, 1930), dessen Verfilmungen u. d. T. »Mädchen in Uniform« (1931 und 58) Welterfolge wurden. – **Rudolf Borchardt** (→ Berlin) zog sich im Januar 1919 »aus der Narrenhölle« Berlins für ein Dreivierteljahr nach P. zurück. Wohnung: Feuerbachstraße 24. – **Rudolf Petershagen** (→ Greifswald/MV) diente 1920-35 im Infanterieregiment Nr. 9. Wohnung: Gregor-Mendel-Straße 30. – **Georg Hermann** (→ Berlin) weilte oft in P. »Spaziergang in Potsdam« (1926). Im P. von 1785 spielt »Grenadier Wordelmann« (R. 1930). – **Edwin Redslob** (→ Weimar/TH) lebte 1920-47 in P.-Babelsberg, ab 33 zurückgezogen als kulturhist. Schriftsteller. Wohnung: Stahnsdorfer Straße 102 b, wo ihn u. a. **Harry Graf Kessler** (→ Berlin) besuchte. – **Johannes R. Becher** (→ München/BY) verbrachte 1927 und 28 die Sommer in P.-Babelsberg. – **Carl von Ossietzky** (→ Hamburg) hielt sich 1927-33 regelmäßig in P. auf; dort wurde die von ihm hg. »Weltbühne« gedruckt, Druckhaus Stein, Hegellallee 53.

In der Hofkonditorei »Rabien« am Naueaner Tor (heute Café Heider, Gedenktafel) besorgte er allsonnabendlich die Schlusskorrektur. – **Erich Kästner** (→ Dresden/SN) schrieb 1942 in der Villa der Schauspielerin Brigitte Horney in P.-Babelsberg, Johann-Strauß-Platz 11, das Drehbuch zu dem UFA-Erfolgsfilm »Münchhausen« (1944). – **Peter Suhrkamp** (→ Oldenburg/Kirchhatten/NI) hielt sich nach seiner Entlassung aus dem KZ Sachsenhausen einige Monate in P. bei H. Kasack auf und erlebte hier todkrank das Ende des Krieges. – **Hugo Hartung** (→ Reichenbach/SN) kam 1945 von Breslau nach P. und beschrieb hier seine Kriegserlebnisse (u. a. »Der Deserteur oder die große belmontische Musik«, 1948). 50 zog er aus polit. Gründen nach West-Berlin. Postum: »Die Potsdamerin« (R. 1979). Wohnung: Immenseestraße 7.

L Friedrich Wilhelm (»Der große Kurfürst«, reg. 1640-88) gab P. mit dem 1660-82 erbauten Stadtschloss einen Kulturmittelpunkt und beauftragte den ital. Historiker **Gregorio Leti**, die Gegend von P. zu beschreiben: »Historia della Casa Serenissima et Elettorale di Brandenburgo« (1685). Als Verf. des »Edikts von Potsdam« (1685), »des Grundgesetzes für die Verfolgten« (Ch. Graf von Krockow, 1993), das die franz. Protestanten (Hugenotten) nach der Aufhebung des »Ediktes von Nantes« nach Brandenburg holte, wurde der Kurfürst zum Begründer der preuß. Toleranz. Sein Urenkel **Friedrich d. Gr.** in den berühmten »Verfügungen« (1740): »Die Religionen müssen alle toleriert werden . . .« Lit. Gestaltung erfuhr der Kurfürst in **H. von Kleists** »Prinz Friedrich von Homburg« (Sch. 1810), in **W. Alexis'** (→ Berlin) »Dorothee« (R. 1856) und in **E. Wicherts** (→ Berlin) »Der Große Kurfürst in Preußen« (R. 1886). Erst mit dem »Soldatenkönig« Friedrich Wilhelm I. (reg. 1713-40) wurde P. eine ansehnl. Stadt, was der Diakon von Niemegk **Georg Belitz** (Ps. **Bellamintes**) in seinem Lob-Gedicht »Das Itzblühende Potsdam« (1727) poe-

tisch festhielt. Romane um den »Soldatenkö-
nig« schrieben P. Burg (→ Quedlinburg/Her-
dersleben/ST), »Der republikanische König«
(1930), und F. Helke (→ Eberswalde/Biesen-
thal/BB), »Der Soldat auf dem Thron« (1935).
Von lit. Bedeutung nur J. Klepper, »Der Vater«
(R. 1937). Dramat. Gestaltung erfahren Vater
und Sohn bei H. Mann (→ Lübeck/SH), »Die
traurige Geschichte von Friedrich dem Gro-
ßen« (Fragm. 1960).
Unter Friedrich d. Gr. wurde P. weiter aus-
gebaut und damals schon von zahlreichen
Besuchern bewundert. Dazu W. J. Siedler
1996: »Man nimmt P. als Stadt in London
oder in Madrid kaum wahr, als sein 28-jähri-
ger König sich anschickt, die Ordnung Euro-
pas umzustürzen ... Und dennoch ist diese
Stadt auf einer Insel inmitten der Havel ein
Wunder gewesen.« Zum Muster einer Stadt-
topographie wurde Friedrich Nicolais (→
Berlin) »Beschreibung der Königlichen Resi-
denzstadt Potsdam und der umliegenden Ge-
gend« (1786, n. K. Gerlach 1993). Heinrich
Ludwig Manger (1728-90) schrieb eine für
diese Zeit bis heute unentbehrliche Bauge-
schichte der Stadt (»Potsdam auf einem ehe-
maligen Sumpf«, 1789/90). Es folgte Carl
Christian Horwaths »Potsdams Merkwürdig-
keit beschrieben und durch Plans und Pro-
spekte erläutert« (1798).
»Sagen und Märchen aus Potsdam's Vorzeit«
gab 1837 (n. 1989) Karl von Reinhard (1769-
1840) heraus, der letzte »kaiserliche Poet«.
Heinrich August Höpfner (1830-1901) veröf-
fentlichte eine »Potsdamer Liederchronik«
(1890). Mit dem Ende der Monarchie änderte
sich der Charakter der P.-Darstellungen. Am
deutlichsten wird dies in den vielgelesenen
P.-Büchern (u. a. »Potsdam. Ein Buch der Erin-
nerung«, 1924; »Als Flaneur durch die tausend-
jährige Stadt«, Sammel-Bd. 1990) des Berliner
Feuilletonredakteurs und Filmkritikers (»Täg-
liche Rundschau«, »Berliner Lokalanzeiger«)
Ludwig Sternaux (1885-1938) und »Spazier-
gang in Potsdam« (1926, n. 99) von Georg
Hermann. P.-Kolorit auch in den »Erinnerun-
gen« (1939) von Kronprinzessin Cecilie von
Mecklenburg-Schwerin (1886-1954), die in
dem nach ihr benannten Schloss Cecilienhof

lebte, und der Aut. (»Mein Leben«, 1965)
von Kaisertochter Victoria Luise (1892-
1980); noch lebendiger die Aut. (»Als Kaiseren-
kel durch die Welt«, 1952) des Cecilie-Sohnes
Louis Ferdinand (1907-94).
Als der amerikan. Romancier Thomas Wolfe
im Sommer 1936 z. Z. der Berliner Olymp.
Spiele durch das nächtliche P. spazierte, kam
es ihm noch »wie ein winziges Rom vor, von
Kuppeln und Kirchtürmen bestimmt«. Mit
der Zerstörung in der Nacht zum 15. 4. 1945
hat die »ganze Stadt« (so W. J. Siedler) »die
Seele verloren. Erst waren es jene 250 engli-
schen Bomber, ... dann aber und endgültig
der deutsche Sozialismus«. Der engl. Drama-
tiker George Bernard Shaw hatte sich bereits
im 1. Weltkrieg dieses Ziel gesetzt: »Es gibt
Städte, die verdienen ausgelöscht zu werden.
Eine davon ist Potsdam.« Inge Müller (→
Berlin) um 1955: »Da steh ich Tochter von
Preußen/Auf Knochenbergen und Staub/Ge-
rettet das Erbe der Väter/Angeklagt wegen
Mord und Raub.« Erika von Hornstein,
»Adieu Potsdam« (R. 1969). – Die DDR konn-
te mit P. nicht viel anfangen. Dass die Ge-
schichte der Stadt nicht ganz vergessen wurde,
ist auch den vielgelesenen »Potsdamer Ge-
schichten« (1984) von Gisela Heller zu dan-
ken. P. war damals auch Grenzstadt. Daran er-
innert das Buch »Ein Leben auf der Grenze«
(1996) von Joachim Strauss (1912-99), der
die im Grenzgebiet liegenden Kirchen be-
treute. Dazu auch Helga Schütz: »Im Grenz-
gebiet, warum Zuhause« (in: »Von Abraham bis
Zwerenz«, 1995). Zuletzt hatten P.-Bezug der
polit. Essay »Potsdam – Garnison und Arka-
dien« (1994) von Rolf Schneider und der Ro-
man »Jonas vor Potsdam« (1995) von Dieter
Lattmann.
S Moses Mendelssohn Zentrum für europ.-
jüd. Studien Universität P. (B. Strauß, »Moses
Mendelssohn in Potsdam«, 1994); Theodor-
Fontane-Archiv: 8800 Hss., 5400 Abschrif-
ten und Kopien von z. T. verschollenen Hss.,
ferner Bild-, Film- und Tondokumente. –
Brandenburgischer Literaturpreis (W. Hil-
big, A. Endler, G. de Bruyn, J. Walther); P.er
Literaturstipendium (ab 2005). – Branden-
burgisches Literaturbüro P. e. V., Literatur-

kolligium Brandenburg e. V. P., Literaturnacht e. V. P., P.er Bibliotheksgesellschaft e. V.

R Das Dorf **Bornstedt**, so Th. Fontane, »und seine Feldmark bilden die Rückwand von Sanssouci«, und »was in Sanssouci stirbt, das wird in Bornstedt begraben«. Sehenswert der Friedhof bei der im ital. Renaissance-Stil erbauten Kirche und das restaurierte Krongut, wo alles an Friedrich III. erinnert. Beigesetzt an der Kirche **Jacob Paul von Gundling** (1673-1731), der von Friedrich I. (reg. 1688-1713) als Hofhistoriograph nach Berlin berufen und 1718 von Friedrich Wilhelm I. als Nachfolger von G. W. Leibniz (→ Leipzig/SN) zum Akademiepräsidenten und zu seinem »Zeitungsvorleser« bestellt wurde. W.: »Brandenburgischer Atlas« (1724), »Geschichte der Chur-Mark Brandenburg...« (1753). Wegen seiner Trunksucht wurde G. vom König oft gedemütigt und deshalb auch in einem Fass beerdigt. **Heiner Müller** (→ Freiberg/Eppendorf/SN) benutzte ihn in seiner Szenenfolge »Leben Gundlings Friedrich von Preußen Lessings Schlaf Traum Schrei« (1976), um das unterschiedliche Verhalten von Intellektuellen zur Macht darzustellen. Bei **Martin Stade** (»Der König und sein Narr«, R. 1975) hat das Thema direkten DDR-Bezug. Auf dem Friedhof auch das Grab von Luise von Linkersdorf, der Jugendliebe H. von Kleists. – Unweit das Dorf **Bornim**, wo der Astronom Wilhelm Foerster (1832-1921), der in B. starb, und dessen Sohn **K. Foerster** von 1911 bis zu seinem Tod 1970 lebten. Wohnung: Am Raubfang 6. Grab auf dem Bornstedter Friedhof. – Im vier km von Potsdams Stadtmitte liegenden Schloss **Sacrow** verbrachte **Friedrich de la Motte Fouqué** (→ Brandenburg/BB) sieben Kindheitsjahre. In seiner »Lebensgeschichte« (1840)

erinnert er sich: »Den märkischen Sand abgerechnet, war's ein kleines Paradies.«

Teltow

Heimatmuseum.
Seit 1711 werden in T. die berühmten »Rübchen« angebaut, die sich **Goethe** seit 1801 als Delikatesse schicken ließ (»Teltower Rübchen schmecken gut, am besten gemischt mit spanischen Kastanien«). **Johannes Trojan** (→ Rostock/MV) schrieb über sie ein Gedicht (»Nur auf Sand auch wächst, was die Zier der Gattung:/Teltower Rübchen«).

Ernst Keienburg, * 1. 1. 1893 Zell an der Mosel, † 23. 12. 1970 Kleinmachnow bei T., Erzähler, Film- und Rundfunkautor. Seit 1946 in Ost-Berlin, wo K. erfolgreich mit biograf.-hist. Romanen hervortrat (»Ein Herz für Afrika«, 1961; »Doktor Heim«, 1969). Zuletzt in Kleinmachnow. – Wohnung: Heidereiterweg 5; Grab auf dem Waldfriedhof am Steinweg. **Vilmos Korn**, * 3. 4. 1899 Kikinda/Serbien, † 6. 11. 1970 Kleinmachnow bei T.; **Ilse Korn**, geb. Truöl, * 23. 4. 1907 → Dresden/SN, † 14. 6. 1975 Kleinmachnow, beide in der DDR vielgelesene Kinderbuchautoren. Erfolgreich der Karl-Marx-Roman »Mohr und die Raben von London« (1962) und das Märchenbuch »Meister Hans Röckle und Mister Flammfuß« (1968). Seit 1952 in Kleinmachnow. – Wohnung: Ernst-Thälmann-Straße 55; Gräber auf dem Waldfriedhof am Steinweg. **Wolfgang Joho**, * 6. 3. 1908 Karlsruhe, † 13. 2. 1991 Kleinmachnow bei T., Romancier. Historiker, KPD-Mitglied und Redakteur. 1937-43 in Haft, dann Wehrdienst in einer Strafdivision. 1960-66 Chefredakteur der Zs. »Neue Deutsche Literatur«. In »Das Klassentreffen« (R. 1968) und »Abschied von Parler« (R. 1972) geht es um dt.-dt. Beziehungen, doch auch um die Überlegenheit des Soz. Seit 1954 in Kleinmachnow. – Wohnung: Medon-straße 23.

Rudolf Peter Brock, * 6. 8. 1916 Bismarck-hütte/Oberschlesien, † 28. 9. 1982 T., Kin-der- und Jugendbuchautor (»Spiel doch Klavier, Jeanette«, 1966). Ab 1960 in T.-Seehof. – Wohnung: Hauptstraße 6.

Maxie Wander, * 3. 1. 1933 Wien, † 20. 11. 1977 Kleinmachnow bei T., Drehbuch-autorin und Journalistin. Kam 1958 mit ihrem Ehemann, dem Schriftsteller **Fred Wander**, in die DDR, 68 nach Kleinmach-now. Wurde bekannt mit dem Protokoll-Bd. »Guten Morgen, Du Schöne« (1977), in dem Frauen ihren Alltag ungeschminkt darstellen. Als Briefautorin (»Tagebücher und Briefe«, 1979; später u. d. T. »Leben wär' eine prima Alternative«) fast eine Kult-figur. – Wohnung: Ernst-Thälmann-Stra-ße 22; Grab auf dem Waldfriedhof am Steinweg.

R **Lily Braun** (→ Halberstadt/ST) heira-tete in 2. Ehe 1896 den sozialdemokrat. Publizisten **Heinrich Braun** (1854-1927) und zog mit ihm nach **Kleinmachnow**, wo sie bis zu ihrem Tod 1916 lebte. Woh-nung: Erlenweg 29. Grab im Garten ne-ben ihrem im 1. Weltkrieg gef. Sohn **Otto Braun** (1897-1918/»Aus den nachgelas-senen Schriften eines Frühvollendeten«, 1919). **Ilse Molzahn** (→ Berlin) zog 1939 nach K. in die heutige Geschwister-Scholl-Straße 62. Seit 1943 wohnte **Friedo Lam-pe**, in Berlin ausgebombt, in ihrem Haus, während sie selbst sich bei ihren Eltern in Schlesien aufhielt. Mit L. erlebte sie Ende April 45 den Einmarsch der Russen in K., wobei L. – ebenso der Schauspieler, Dra-matiker und Lyriker **Friedrich Kayßler** (1874-1945) – von russ. Soldaten auf der Straße erschossen wurde. Grab auf dem Waldfriedhof am Steinweg (Frankfurter Buntbücher 21/1998). Neben DDR-Auto-ren wie **E. Keienburg**, **V.** und **I. Korn**, **W. Joho** und **M. Wander** lebte auch **Walter**

Janka (→ Berlin) seit 1960, nach seiner Entlassung aus dem Zuchthaus, in K. und arbeitete als Dramaturg für die DEFA. J. starb 1994 in Potsdam. Grab auf dem Waldfriedhof am Steinweg.

Auf dem Südwest-Kirchhof (»Wilmers-dorfer Waldfriedhof«) im benachbarten **Stahnsdorf** an der Potsdamer Chaussee fanden viele berühmte Berliner ihre letzte Ruhestätte, so die Schriftsteller **Gustav Kadelburg**, **Carl Ludwig Schleich**, **John Henry Mackay** und **Paul Wiegler** (→ alle Berlin) und die Verleger **Siegfried Ja-cobsohn** (→ Berlin) und **Louis-Ferdinand Ullstein** (1863-1933). Eine Besonderheit ist das Grab **Elisabeth von Ardennes**, geb. Freiin und Edle von Plotho (1853-1952 → Burg/Zerben/ST), das Urbild von **Th. Fontanes** Effi Briest. – Näher am Süden Potsdams **Bergholz-Rehbrü-cke**, wo 1930 bis zu seinem Tod 35 **Rudolf Presber** (→ Frankfurt a. M./HE) wohnte. Über B. in seiner Aut. »Ich gehe durch mein Haus« (1935).

Potsdam-Stahnsdorf: Das Grab Elisabeth von Ardennes auf dem Friedhof in Stahnsdorf. Sie ist das Urbild für Theodor Fontanes Effi Briest.

Werder

Aus W. stammt Karl Hagemeister (1848-1933), der »Fontane der Malerei«.

Bernhard Kellermann zog sich nach der Aufhebung der Gestapoaufsicht 1933 nach W. zurück, wo er seit 21 ein Sommerhaus am Scheunhornweg 37 besaß, das er aber aus finanzieller Not bald verpachten und 39 verkaufen musste.

Hasso Grabner (→ Leipzig/SN) lebte von 1968 bis zu seinem Tod 76 in W. und schloss hier den in der Nazizeit spielenden Abenteuer-Roman »Die Zelle« (1969) ab. – Wohnung: Am Plessower See 159.

A **Christian Morgenstern** (→ München/BY) unternahm nach 1890, während er in Berlin lebte, mit seinen Freunden, dem Dramatiker **Georg Hirschfeld** (1873-1942) und dem Schauspieler **F. Kayßler**, öfter Ausflüge nach W. und auf den nahen Galgenberg (der heutigen Jugendhöhe), der namensgebend für seine berühmten »Galgenlieder« (1905) wurde. Doch: »Betrachten wir den Galgenberg als ein Lugaus der Phantasie ins Rings ... Man sieht vom Galgenberg die Welt anders an, und man sieht andre Dinge als Andre.«

L **Rudolf Alexander Schröder** (→ Bremen) hat zwischen 1905 und 08 **Werder** oft besucht und der berühmten »Baumblüte in Werder« ein Gedicht gewidmet. Auch **Wolfgang Koeppen** (→ Greifswald/MV) hat die Blüte beschrieben: »Was der Nockerberg und das Märzenbier für München, ist Werder und der Obstwein für Berlin.« – 1959 heirateten **Brigitte Reimann** (→ Burg/ST), erst kurz zuvor von ihrem ersten Mann geschieden, und **Siegfried Pitschmann** (→ Suhl/TH) in W. – Die polit. unbequem gewordene **Gabriele Eckart** (»Sturzacker«, G. 1985) wurde 1980 zur Arbeit in der Landwirtschaftskooperative »Havelobst« verpflichtet, wo ihre an M. Wander geschulte Reportage »Havelobst« (1981) entstand.

R In **Groß Glienicke**, nördl. von Potsdam, lebte **Bodo Uhse** (→ Rastatt/BW) von 1948 bis Sommer 55 am nördl. Ufer des Sacrower Sees. Sein Arbeitsort war eine Laube, in der der Roman »Patrioten« (R. 1954) entstand. **Friedrich Schlotterbeck** (1909-79), Dramatiker und Hörspielautor (viele Arbeiten zus. mit seiner Frau **Anna Schlotterbeck**, 1902-72) arbei-

tete nach 1933 illegal in Dtl. und wurde inhaftiert. Der Erlebnisbericht »Je dunkler die Nacht, desto heller die Sterne« (1945, erw. n. 1969) gehört zu den frühesten seiner Art. Im Umfeld des »17. Juni« wurde Sch. 53 erneut inhaftiert. Nach seiner Entlassung 56 lebte er in G. Wohnung: Sacrower Allee 37.

Aus dem benachbarten **Fahrland** stammt der »Sandpoet« (K. F. Zelter, 1821) **Friedrich Wilhelm August Schmidt** (→ Eberswalde/Werneuchen). **Th. Fontane** hat im Sommer 1869 »diese Landschaft wirklich durchwandert, das Hainholz durchstreift, den Kirchberg bestiegen« (G. Heller, 1992). In dem umfängl. Fahrland-Kap. im 3. Bd. der »Wanderungen« (»Havelland«, 1872) hat F. auch über Sch. geschrieben. Der in Berlin lebende Germanist und Gelegenheitsdichter **Karl Hartwig Gregor von Meusebach** (1781-1847) ließ sich in **Geltow**, für **Th. Fontane** »eine Brühlsche Terrasse am Schwielowsee«, ein Landhaus errichten, um seine 36 000 Bde. umfassende Privatbibliothek (heute in der Staatsbibliothek Berlin) unterzubringen. Wiederholt besuchten ihn in seinem »Tusculum«, das »von Blumenfeldern umkränzt wie ein Diamant in der Gegend erleuchtet«, **Clemens Brentano** (→ Koblenz/RP), **Bettina von Arnim** (→ Frankfurt a. M./HE), **Alexander von Humboldt** und zuletzt **Heinrich Hoffmann von Fallersleben** (→ Wolfsburg/NI). Haus nicht erhalten; Grabkreuz auf dem Dorffriedhof. – **Th. Fontanes** Ballade »Letzte Fahrt« (1888) bezieht sich auf den Besuch Kaiser Friedrichs III. in der Kirche von **Glindow** neun Tage vor dessen Tod. Ganz in der Nähe noch immer der Gasthof Baumgartenbrück, in dem F. »unter Linden und Kastanien« im Sommer 1869 »ein landschaftliches Bild ersten Ranges und eine vorzügliche Verpflegung« genoss.

Petzow ist eng mit Karl Friedrich Zelter

(1758-1832) verbunden, der dort unbeschwerte Kindertage verbrachte und sich vom Maurer zum gefragten Lied-Komponisten und Begründer der Berliner Sing-Akademie emporarbeitete. **Th. Fontane** glaubte ihn hier am Glindower See geboren und schrieb seinen Irrtum in die »Wanderungen« fest. Die Villa der Schauspielerin **Marika Rökk** (1913-2004, Aut. »Herz mit Paprika«, 1988) am Schwielowsee 90 wurde durch eine Initiative von **Kuba** (→ Mittweida/Garnsdorf/SN) 1956 Arbeitsheim des DDR-Schriftstellerverbandes, das anfangs die Eltern von Christa Wolf leiteten. Hier lernten sich im Februar 58 **B. Reimann** und **S. Pitschmann** (»für mich im Laufe der Jahre ein zweites Zuhause«) kennen. Auch **Sarah Kirsch** war dort (»Petzow Kreis Werder«, G. 1967). **M. Wander** konnte in P. in den 70er Jahren mehrmals ungestört arbeiten.
In **Caputh** bewunderte **Th. Fontane** den Schwielowsee, im Sommer 1869 unternahm er auf ihm eine Segelpartie – wie zwei Menschenalter später auch der weltberühmte Physiker und wiss. Publizist **Albert Einstein** (1879-1955), der sich seit Sommer 1914 in C. aufhielt und 29 am Ufer des Sees ein Sommerhaus bauen ließ. Hier verbrachte E. die glücklichste Zeit seines Lebens, schrieb die »Allgemeine Relativitätstheorie« (1916) nieder und erfuhr von seiner Wahl zum Nobelpreisträger (1921). Gäste u. a. **Gerhart Hauptmann** (→ Berlin), **Heinrich Mann**, **Arnold Zweig** (→ Berlin), **Anna Seghers** (→ Mainz/RP). Doch konnte E. das Haus nur bis 1932 nutzen, 33 musste er Dtl. verlassen. Wohnung: Am Waldrand 17, heute Gedenkstätte »Einstein-Haus«. **Karl Jakob Hirsch** (→ Hannover/NI) wohnte 1932 bis zu seiner erzwungenen Emigration 33 ebenfalls in C. und schloss hier seine Erzählung »Felix und Felicia« (1938) ab. – Am südl. Ende des Sees **Ferch**, das **Stephan**

Hermlin (→ Chemnitz/SN) als 14-/15-Jähriger oft besuchte: »Auf dem Bootssteg bei Ferch erfuhr ich zum erstenmal, wie ein Gedicht entsteht« (»Abendlicht«, 1979). – In **Michendorf** wohnte von 1908 bis zu seinem Tod der Volkskundler (»Die deutsche Volkssage«, 1909) und führende Antisemit (»Quintessenz der Judenfrage«, 1889) **Otto Böckel** (Ps. **Dr. Capistrano**, 1859-1923). Wohnung: Potsdamer Straße 19; Grab auf dem Friedhof. Von 1934 bis zu seiner Einberufung 41 wohnte **Peter Huchel** in M., zunächst Am Wolkenberg 13, dann Jägerstraße 5 und Am Wolkenberg 27.
In **Alt-Langerwisch** verbrachte **P. Huchel** beim Großvater (Gutshaus »Altes Schloss«, Mittelstraße) einen Teil seiner Kindheit. »Kindheit in Alt-Langerwisch« (G.): »Barfuß im Sauerampfer/lief ich zum Brombeertische,/Weide, der morsche Zaun/warf mich in Brennesselbüsche.« – Im benachbarten **Wilhelmshorst** lebte **Edlef Köppen** von 1930 bis zu seinem Tod 39. Wohnung: Friedensplatz 5-9. Grab auf dem Friedhof. Auch der Politiker, Erzähler und Übersetzer **Karl Steinhoff** (1892-1981) lebte von 1933 bis zu seinem Tod in W. Unter den Nazis mit Berufsverbot belegt, 1945-49 brandenburg. Ministerpräsident und 1949-52 DDR-Innenminister. Aus polit. Gründen entlassen, trieb er in W. philosoph. Studien. Wohnung: An den Bergen 29; Grab auf dem Friedhof. Der bedeutendste W.er ist **P. Huchel**, der dort von 1950 bis zu seiner erzwungenen Ausreise in den Westen im April 71 lebte. Wohnungen: 1950/51 Kirchweg 2, 1951-54 Eulenkamp 6, dann Hubertusweg 41, wo er bis 62 die Zs. »Sinn und Form« redigierte. Zuletzt war H. ein Geächteter, ohne Einkünfte, vollkommen isoliert. »Keine Post, keine Bücher. Der Spitzel wohnte gegenüber. Von den wenigen Freunden, die mich besuchten, schrieb er jede Auto-

nummer auf ... Arnold Zweig, Anna Seghers, J. R. Becher, mit denen ich befreundet war, haben mich von heute auf morgen nicht mehr gekannt und besuchten mich auch nicht.« Gedenktafel am Haus und Sitz des P.-H.-Vereins, seit 1991 Gedenkstätte P.-H.-Haus und Geschäftsstelle »Märkische Dichterlandschaft«, Redaktion der Zs. »moosbrand. neue texte«. Nach seinem erzwungenen Weggang übergab H. das Haus **Erich Arendt** (→ Neuruppin/BB), der es bis zu seinem Tod 84 als Nebenwohnung nutzte. Sein Erbauer war 1924 der Schriftsteller (»Es ging ein Säemann«, R. 1906) und Schulmann **Bernhard Hoeft** (1863-1945).

B I. Hoeftmann, W. Noack (Hrsg.), Potsdam in alten und neuen Reisebeschreibungen, 1992; K. Voß, Potsdam-Führer für Literaturfreunde, 1993; S. Grabner, K. Kiesant (Hrsg.), 1000 Jahre Potsdam. Das Buch zum Stadtjubiläum, 1993; G. Bellmann, Märkische Dichterwege, 1995; P. M. Hahn, K. Hübener. J. H. Schoeps, Potsdam. Märkische Kleinstadt – europäische Residenz (mit umfängl. Bibliographie), 1995; Ch. Petri, Potsdam und Umgebung. DuMont Kunst-Reiseführer, 2000; G. Wirth, Der Geist von Potsdam. Zur Kulturgeschichte einer Stadt 1918-1989, 2000; J. R. Klicker, Potsdam. Literarische Spaziergänge, 2003; Frankfurter Buntbücher zu H. Kasack 9/1993, B. Kellermann 12/1994, Th. Storm 18/1996, P. Huchel 32/2001.
Z Belzig, Brandenburg, Luckenwalde, Neuruppin (BB); Berlin.

PRENZLAU/BB

Kulturhistorisches Museum im Dominikanerkloster Uckerwiek.
Aus P. stammt der Landschaftsmaler Jacob Philipp Hackert (1737-1807), den Goethe (→ Frankfurt a. M. / HE) 1787 in Rom kennenlernte und dessen Leben er aufschrieb (»Philipp Hackert. Biografische Skizze, meist nach dessen eigenen Aufsätzen entworfen von Goe-

the«, 1811). Ständige Ausstellung zu H. im Museum. P.er ist auch der Buchhändler Christian Friedrich Schwan (1733-1815), Besitzer der berühmten Eßlingerschen Buchhandlung in Mannheim; er finanzierte F. Schiller (→ Ludwigsburg/Marbach/BW) die Aufführung der ›Räuber‹ (1782) und den Druck der Dramen »Fiesko« (1783) und »Kabale und Liebe« (1784).

Albert Graf von Schlippenbach, * 26. 12. 1800 P., † 26. 12. 1886 Arendsee bei P., Lyriker. Befreundete sich während des Referendariats mit A. von Chamisso (→ Berlin). Aus Sch.s »Gedichten« (1883) wurden die Lieder »Ein Heller und ein Batzen« und »Nun leb wohl, du kleine Gasse« populär.
Adolf Stahr, * 22. 10. 1805 P., † 3. 10. 1876 Wiesbaden, Publizist und Literarhistoriker. Besuch des P.er Gymnasiums. Heiratete 1854 F. Lewald (→ Dresden/SN). Bekannt wurde St. mit Büchern über G. E. Lessing (→ Kamenz/SN) und Goethe (→ Frankfurt a. M. / HE). Schrieb auch hist. Romane (»Die Republikaner in Neapel«, 1850) und Reisebücher (»Ein Jahr in Italien«, 3 Bde.,1847-50). In der Aut. »Aus der Jugendzeit« (2 Bde., 1870-77) erzählt St., wie nach der »unseligen Tat Sands« 1819 alle Turngeräte auf dem Platz vor dem P.er Steintor auf Regierungsbefehl abgebaut wurden.
Bernhard von Lepel, * 27. 5. 1818 Meppen/Westfalen, † 17. 5. 1885 P., Verf. von Gelegenheitsgedichten und Humoresken (»Die Zauberin Kirke«, 1850). Mitglied des Berliner Vereins »Tunnel über der Spree«, in dem L. Freundschaft mit Th. Fontane (→ Neuruppin/BB) schloss. Ließ sich 1860 als Chef einer Landwehrkompanie nach P. versetzen.
Julius Dörr, * 23. 6. 1850 P., † 8. 7. 1930 Bad Freienwalde (→ Seelow/BB), Verf. von Dorfgeschichten aus der Uckermark (»De Göderschlächter«, 1884). – Gedenk-

tafel an der Stadtmauer neben dem Stettiner Tor.

Gustav Mayer, * 4. 10. 1871 P., † 21. 2. 1948 London, Historiker und Publizist. Kaufmannssohn jüd. Herkunft. 1919-33 in Berlin. Im Londoner Exil Arbeit für das Internat. Institut für Sozialgeschichte. Verf. einer F.-Engels-Biographie (2 Bd., 1919-34) und Hrsg. der nachgelassenen Briefe und Schriften (6 Bde., 1921-25) von F. Lassalle.

Max Lindow, * 27. 5. 1875 Fahrenwalde bei P., † 25. 4. 1950 P. Bedeutendster Mundartdichter der Uckermark (»Bi uns to Hus. Plattdütsche Gedicht'n und Geschicht'n in uckermarksch Mundort«, 1922). Schrieb auch Bauernkomödien (»Hüter der Scholle«, 1938) und hist. Dramen (»Die Schlacht von Angermünde 1420«, 1939). Erinnerungen im Museum.

Alfred R. Böttcher, * 27. 3. 1903 P., † 21. 8. 1972 Pruchten bei Ribnitz-Damgarten, Kinderbuch- und Filmautor. Seit 1946 in Berlin. In »Betragen 4« (R. 1968) krit. Auseinandersetzung mit dem DDR-Erziehungssystem.

A Unter **Otto IV.** (→ Brandenburg/BB) hielt sich der brandenburg. Hof bevorzugt in P. auf. – **Georg Rollenhagen** (→ Eberswalde/Bernau/BB) besuchte 1555-58 die P.er Lateinschule. – **Heinrich Daniel Zschokke** (→ Magdeburg/ST) arbeitete 1788-90 in P. für die Schlabrendorfsche Theatergesellschaft. – **Alexander von Humboldt** (→ Berlin) legte im Juni 1843 auf einer Reise in P. einen Zwischenhalt ein, um den Lehrer Carl Edward Meinicke zu treffen, der ein Buch über die »Südsee« verfasst hatte. – 1867 kam der Schuster Wilhelm Voigt, der spätere »Hauptmann von Köpenick« (→ Berlin), in P. erstmals mit dem Gesetz in Konflikt. – Im März 1912 trat **Gottfried Benn** (→ Perleberg/Mansfeld/BB) als Militärarzt in das Infanterieregiment Nr. 64 in P. ein. Da er unge-

dient war, musste er auch »auf den Kartoffelfeldern der Uckermark die Regimentsübungen« mitmachen und »beim Stab des Divisionskommandeurs im englischen Trab über die Kiefernhügel« springen.

L **August Hermann Block** (1841-1900), in P. geboren, war seit 1876 Pfarrer an der Nikolaikirche. Verf. der Heimat-Erzählung »Der Stadtknecht von Prenzlau« (1886). – **Hans Scholz** (→ Berlin) hat P. 1979 besucht und darüber im letzten Bd. (1982) seiner »Wanderungen und Fahrten in der Mark Brandenburg« geschrieben, auch über die fast vollständige Brandzerstörung der Stadt am 27./28. 4. 45 durch russ. Soldaten. »Merk- und Richtpunkte« fand Sch. in den Kirchen (»Ruinen oder aus dem Ruinenstand schon wieder zurückgerufen«).

R Abgelegen in der nordwestl. Uckermark **Arendsee**, wo **A. von Schlippenbach** seit 1830 das Familiengut führte. **Adelbert von Chamisso** war dort oft zu Gast im Schloss (heute Schule). Sch.s Grab im nahen Schönermark. – In dem östl. von P. gelegenen **Wallmow**, wo sein Vater Pfarrer war, wuchs **A. Stahr** ab 1811 auf. – Südl. der Stettiner Autobahn das große Dorf **Gramzow**, aus dem die Heimatschriftstellerin **Anna Karbe** (1852-75) stammt. Sie schrieb Gedichte (darunter »Abschied von Gramzow«) und Küchenlieder (»Immergrün«. Lieder einer Frühvollendeten«, Hrsg, E. Rommel, 1876).

S Zentralstelle für Sprache und Literatur der Uckermark sowie niederdt. Interessengemeinschaft »Ädbeernest« im Kulturhistorischen Museum.

Angermünde

Ehm-Welk-Literatur-Museum.

Ehm Welk (eig. **Emil W.**), * 29. 8. 1884 Biesenbrow bei A., † 19. 12. 1966 → Bad Doberan/MV, Erzähler und Dramatiker.

Angermünde: Umschlag der Erstausgabe (1937) von Ehm Welks Roman »Die Heiden von Kummerow«

Sohn eines Schäfers (Urbild der Romanfigur Gottlieb Grambauer). Gymnasium in A. (dem »Randemünde« seiner Bücher). Seit 1904 Redakteur, 28-34 Chefredakteur der vielgelesenen Berliner Wochen-Zs. »Die grüne Post«. Berühmt wurde W. durch E. Piscators Inszenierung seines Stückes »Gewitter über Gottland« (1926). Nach Kritik an der NS-Pressezensur war er kurzzeitig im KZ Oranienburg interniert. Als ihm die Nazis nach der Haftentlassung nur eingeschränkte Schreiberlaubnis zubilligten, entstand die »Kummerow«-Trilogie, in der W. auf Kindheitserlebnisse zurückgreift und die seinen Erfolg als gefühlvoller humorist. Erzähler begründete (»Die Heiden von Kummerow«, 1937; »Die Lebensuhr des Gottlieb Grambauer«, 1938; »Die Gerechten von Kummerow«, 1943).

R Das fiktive Kummerow spiegelt sich in **Welks** Geburtsort **Biesenbrow**, wo die Uckermark ihre nördliche Spitze weit ins vorpommersche Gebiet vorstößt (»Mein Land das ferne leuchtet«, 1952). Geburtshaus (im Ortsteil Schäferei), Schule, Kirche, Brennerei u. a. Handlungsorte von W.s Romanen sind mit Tafeln markiert. – In **Bölkendorf** am Parsteiner See, wenige Kilometer südl. von A., wurde der Heimatforscher (»Heimatkunde der Provinz Brandenburg«, 1931) und -dichter **Gustav Metscher** (1884-1947) geboren. In dem in Odernähe gelegenen **Stolpe** lebte **Leopold von Buch** (1774-1853), Freund A. von Humboldts (→ Berlin), weithin geschätzter Geologe und Reiseschriftsteller (»Reise durch Norwegen und Lappland«, 1810). B. glaubte an das Feuer als erdgestaltende Kraft, worauf Goethe in »Faust II« indirekt mit Spott reagiert: »Sie gründen auch hierauf die rechten Lehren, / Das Unterste ins Oberste zu kehren.« Das B.sche Schloss, heute Kinderheim, steht nicht weit entfernt vom »Grützpotz«, dem Rest einer ma. Befestigungsanlage und Wahrzeichen der Uckermark. Grab und Gedenkstein im Schlosspark.

L In der Ballade »Die Gans von Putlitz und die Erstürmung von Angermünde, 25. März 1420« (1887) gestaltet **Th. Fontane** einen Kriegszug des Pommernherzogs.
S Das 1974 gegründete **Ehm-Welk-Literatur-Museum**, Puschkinallee 10, verleiht am Geburtstag des Schriftstellers das E.-W.-Stipendium. Das Museum ist Sitz der **Uckermärkischen Literaturgesellschaft e.V.**, die zweijährlich den E.-W.-Literaturpreis vergibt.

Schwedt

Stadtmuseum, Galerie im Ermelerspeicher. – In Sch. wurde 1834 der Kulturhistoriker **Paul von Bojanowski** (→ Weimar/TH) geboren.

Karl Wilhelm Ferdinand Solger, * 28. 11. 1780 Sch., † 25. 10. 1819 Berlin, Philosoph (»Erwin. Vier Gespräche über das Schöne und die Kunst«, 1815). Sohn eines Kammerdieners. Studium bei F. A. Wolf (→ Nordhausen/Bleicherode/TH) und J. Schelling (→ Leonberg/BW), später bei J. G. Fichte (→ Bischofswerda/SN) in Berlin.

L **Friedrich Wilhelm Schultz** (1880-1945), Hrsg. des »Schwedter Tageblatts«, lebte von 1922 bis zu seinem Tod in Sch. und veröffentlichte lokalbezogene plattdt. Gedichte (»Nich up't Oder schwemmen« 1930). – Sch. ist einer der Handlungsorte in **E. Welks** Roman »Die Lebensuhr des Gottlieb Grambauer« (1938). Damals war die Kleinstadt das Zentrum des Tabakanbaus (»Pommersch Mazedonien«). – Mit dem Aufbau des Erdölverarbeitungswerkes in der frühen DDR-Zeit versiebenfachte sich die Einwohnerzahl. **Kuba** (→ Mittweida/Garnsdorf/SN) verherrlichte das »sozialistische« Sch. in der Reportage »Perle der Uckermark« (1961). Der »Betriebsschreiber« **Gerhard Winterlich** verfasste das Stück »Horizonte« (1969), in dem verschiedene Betriebsangehörige ihre vom Arbeitsalltag verdrängten Konflikte austragen. **Heiner Müller** (→ Freiberg/Eppendorf/SN) adaptierte es zus. mit dem Regisseur B. Besson für die Ostberliner Volksbühne und besuchte aus diesem Anlass das Kombinat, äußerte sich später aber über das Stück abfällig. – **Stefan Wachtel** (»Delikt 220. Bestimmungsort Schwedt«, 1991) hat als erster den militär. Strafvollzug der DDR beschrieben und in diesem »Gefängnistagebuch« auf die Jahre 1980/81 zurückgegriffen, als er wegen öffentl. Herabwürdigung (§ 220 des DDR-Strafgesetzbuches) in dem berüchtigten Armee-Gefängnis von Sch. einsaß.

R Aus **Briest** im Welsebruch kommt der Film- und Hörspielautor **Karl Georg Egel** (1919-95), der mit dem Fernsehspiel »Dr. Schlüter« (1966) ein großes Publikum erreichte.

Templin

Uckermärkisches Volkskundemuseum im Prenzlauer Tor.

Prokop von Templin (eig. **Andreas P. v. T.**), um 1609 T., † 22. 11. 1680 Linz, Kanzelredner und Liederdichter. Verließ T. nach dem großen Brand von 1618 und trat in kaiserl. Dienste. Veröffentlichte Marienlieder (»Mariae Hülff EhrenKräntzel«, 1642) und Predigt-Slgg. Einige von P.s Liedern wurden in die romant. Slg. »Des Knaben Wunderhorn« aufgenommen.

Erna Taege-Röhnisch, * 12. 1. 1909 Bebersee/Groß Dölln bei T., † 4. 5. 1998 T., Mundartlyrikerin und -erzählerin (»De Handorgel«, 1938; »Wind Över de Heid«, 1955; »Tieden un Lüd«, 1986). – Wohnung: Prenzlauer Allee 58.

R Im westl. Teil der Uckermark liegt die Stadt **Lychen**, wo **Otto Reutter** (→ Salzwedel/Gardelegen/ST), dessen Vater am Markt ein Geschäft betrieb, nach 1870 einen Teil seiner Kindheit verlebte. – **Carl Mayer** (1894-1944), Filmautor des Klassikers »Das Kabinett des Dr. Caligari«, lebte seit 1930 in L. – **Henriette Gerhardt** (1813-90), Verf. von Weihnachts- und Kinderliedern, wurde in dem zwischen T. und Prenzlau liegenden **Boitzenburg** geboren. 1876 zog sie nach Prenzlau. **Heinrich Wolfgang Seidel** (→ Starnberg/BY), der spätere Ehemann von I. Seidel (→ Starnberg/BY), war 1902 Vikar in B. und schildert in Briefen an seine Eltern Land und Leute (»Drei Stunden hinter Berlin«, Hrsg. I. Seidel, 1954).

L B. Richter, Geheimtip Uckermark, 1992.
Z Eberswalde, Gransee (BB); Neubrandenburg (MV).

QUAKENBRÜCK/NI

Hermann Bonnus, *1504 Q., † 12. 2. 1548 Lübeck, Kirchenlieddichter (»O wir armen Sünder«). Führte 1543 die Reformation im Osnabrücker Land durch. Schrieb »Gesenge und Leder« (1547) und eine lateinische Grammatik in niederdt.er Sprache.
Ludwig Brill (→ Nordhorn/Emlichheim/NI), der »Dichter des Emslandes«, war Oberlehrer in Q.; er starb hier am 17. 11. 1886. – Grab auf dem katholischen Friedhof.

L Nach »alten Chroniken« erzählt **Ricarda Huch** (→ Braunschweig/NI) in der heiteren Geschichte »Der Hahn von Quakenbrück« (1910) einen (hier nicht nachweisbaren) Vorfall aus der »Freien Reichsstadt Quakenbrück im Jahre 1650«. – »Das Artland«, Es. von **Jürgen Busche** (in »Dt. Landschaften«. Neue Folge, 1974).

Menslage

Margarete zur Bentlage, * 24. 3. 1891 Hof Bentlage in Wierup bei M., † 16. 2. 1954 (→ Garmisch-Partenkirchen/BY), realist. Erzählerin des Artlandes. Besuchte die Kunstschule in Nürnberg und war Schülerin des Malers R. Schiestl, den sie 1916 heiratete. Nach Sch.s Tod 1931 ehelichte sie den Verleger P. W. List. – W.: Unter den Eichen (En. 1933); Das blaue Moor (R. 1934); Das Tausendfensterhaus (R. 1954); Sämtl. Erzählungen (1962). – Zahlreiche Schilderungen der heimatl. Landschaft, u. a. auch in »Die Verlobten« (1938) und »Das Geheimnis um Hunebrook« (1943).

R Die Geschichte des ehemaligen Zisterzienserklosters **Börstel** (Fürstenau-B.), zu dessen Stiftsdamen die Schwestern **Emmy** und **Clara von Dincklage** (→ Meppen/Steinbild/NI) gehörten, zeichnete **Adolf**

von **Düring** (1832-1905) auf. – Als Erblanddrost ließ sich **Georg Ludwig von Bar** (1702-67) im Haus Barenaue (Bramsche-B.) nieder. B. war ein geistiger Förderer J. Mösers (→ Osnabrück/NI) und wurde v. a. durch seine »Epitres diverses« (1740) bekannt. Am 6. 8. 1767 starb er auf B. König Friedrich d. Gr. bezeichnete ihn als »den besten französischen Dichter Deutschlands«. – Aus einer Bauernfamilie in **Höckel** (Voltlage-H./Gedenkstein) stammt der »westfälische Pestalozzi« **Bernard Overberg** (1754-1826). Seit 1783 in → Münster/NW, wurde er »Gewissensrat und Seelenführer« **Amalies von Gallitzin**; sein Grab in der Überwasserkirche in Münster. Seine Tagebücher erschienen 1937.

B Emsland literarisch. Hrsg. H. Buck, 1997.
Z Meppen, Osnabrück (NI); Hopsten, Tecklenburg (NW).

QUEDLINBURG/ST

Schlossmuseum; Stiftskirche St. Servatius mit Domschatz; Fachwerkmuseum im Ständerbau; Lyonel-Feininger-Galerie am Finkenherd; Klopstockhaus (darin auch Erinnerungen an D. Erxleben, J. Ch. GutsMuths und C. Ritter), Brunnen-Denkmal (1989) mit Qu.er Persönlichkeiten auf dem Kornmarkt. – Nordharzer Städtebundtheater. – Qu.er Bücherfrühling; Qu.er Musiksommer.

Jordan von Quedlinburg, * um 1300 Qu., † 1370 oder 1380 Vienne, Theologe und Augustinereremit. Studium in Bologna und Paris. Dann in Erfurt. J.s Predigt-Slgg. und homiletischen Schriften hatten großen Einfluss auf die spätma. Frömmigkeit. **Johann Gerhard**, * 17. 10. 1582 Qu., † 17. 8. 1637 → Jena/TH, Theologe und Erbauungsschriftsteller. Ihm ist es auch zu verdanken, dass das Luthertum nicht im Dogmenstreit zerfiel (»Loci theologici«, 1610-

25). Mit seinen Erbauungsschriften gilt G. als Vorbote des Pietismus.

Christian Scriver, * 2. 1. 1629 Rendsburg, † 5. 4. 1693 Qu., Erbauungsschriftsteller. Ab 1690 Hofprediger am Stift. S.s »Seelen-Schatz« (1675, bis 1895 immer wieder aufgelegt) ist eines der wirkungsreichsten ev. Erbauungsbücher.

Dorothea Erxleben, * 13. 11. 1715 Qu., † 13. 6. 1762 ebd., wurde 1742 zum medizin. Examen zugelassen und 54 an der Universität Halle als erste dt. Frau zum Dr. med. promoviert. Aufsehen erregte ihre Schrift »Gründliche Untersuchung der Ursachen, die das weibliche Geschlecht vom Studiren abhalten« (1742, n. 2005). – Geburtshaus: Kaplanei 10 (Gedenktafel).

Elisabeth Kraetke-Rumpf, »Die Quedlinburger Doktorin. Lebensroman der ersten deutschen Ärztin« (1939); **Renate Feyl**, »Der lautlose Aufbruch« (1981). – E.s in Qu. geborener ältester Sohn, **Johann Christian Erxleben** (1744-77), verfasste als Physik-Prof. in Göttingen drei Kompendien (»Anfangsgründe der Naturgeschichte«, 1768; »Anfangsgründe der Naturlehre«, 1772; »Anfangsgründe der Chemie«, 1775), die mehreren Generationen als Lehrbücher dienten.

Friedrich Gottlieb Klopstock, * 2. 7. 1724 Qu., † 14. 3. 1803 → Hamburg, als Lyriker, Epiker und Dramatiker einer der großen Erneuerer der dt. Sprache und Wegbereiter der Klassik. Vorbild des Hainbundes in → Göttingen/NI. Ältester Sohn eines Stiftsadvokaten. Besuchte 1736-39 das Gymnasium in Qu., bevor er eine Freistelle an der Fürstenschule Pforta (→ Naumburg/ST) erhielt und darauf in → Jena/TH und → Leipzig/SN studierte. K.s lit. Ruhm begründeten die ersten drei Gesänge des »Messias« (1748), den er als dt. Nationalepos geplant hatte und der ihm finanzielle Förderung brachte, so 1751-

Quedlinburg: Friedrich Gottlieb Klopstocks Geburtshaus

70 in Dänemark, dann in Hamburg. Als erster dt. Dichter feierte K. die Franz. Revolution als des »Jahrhunderts edelste Tat«. – W.: Der Messias (20 Gesänge, 1748-73); Oden und Elegien (1771). Ges. Werke (Hrsg. F. Muncker 1887); Hamburger K.-Ausgabe (Hrsg. H. Gronemeyer u. a. 1975 ff.). – Geburtshaus (erbaut um 1560 im niedersächs. Fachwerkstil), das die Familie 1702-1817 bewohnte: Schlossberg 12, darin seit 1899 K.-Museum; Anlage (1824) mit K.-Tempel von K. F. Schinkel sowie Bronzebüste am Brühl.

Johann August Ephraim Goeze, * 28. 5. 1731 Aschersleben, † 27. 6. 1793 Qu., Bruder von J. M. Goeze (→ Hamburg). Seit 1751 in Qu., zunächst als Pfarrer, schließlich 87 als Hofdiakon am Stift. Veröffentlichte zuerst spezielle naturwiss. Studien, dann weithin wirkende spätaufklär. Volksschriften (»Nützliches Allerlei aus der Natur und dem gemeinen Leben«, 6 Bde., 1785-88).

Karl Friedrich Cramer, * 7. 3. 1752 Qu., † 8. 12. 1807 Paris, ältester Sohn von J. A.

Cramer (→ Annaberg-Buchholz/SN), Reiseschriftsteller und Übersetzer. Hofprediger. Begeisterter Anhänger F. G. Klopstocks (»Ode an Cramer«, 1790) und mit G. A. Bürger (→ Hettstedt/Molmerswende/ST) befreundet. Leistete einen bedeutenden Beitrag als Kulturvermittler zwischen Dtl. und Frankreich (»Vertraulichkeiten aus dem Lande der Gleichheit«, 1797). – Amtsnachfolger 1754 **Nikolas Dietrich Giseke** (→ Sondershausen/TH). Wohnung: Schlossberg 9 (Gedenktafel).

Johann Christoph Friedrich GutsMuths, * 8. 8. 1759 Qu., † 21. 5. 1839 Ibenhain (heute zu → Waltershausen/TH). Begründete den dt. Turnunterricht und verfasste zahlreiche Lehrwerke, darunter die »Gymnastik für die Jugend« (1793): »Ihr lehrt Religion, ihr lehrt Bürgerpflicht,/Auf ihres Körpers Wohl und Bildung seht ihr nicht.« – Geburtshaus: Pölle 39, davor Denkmal (1904), das ihn zus. mit seinem Schüler C. Ritter zeigt.

Friedrich Eberhard Rambach (Ps. **Ottokar Sturm, Hugo Lenz**), * 14. 7. 1767 Qu., † 13. 7. 1826 Reval, Philologe und Kameralist. Lehrer von L. Tieck (→ Berlin) und vielgelesener Modeschriftsteller, dessen Schauer-Roman »Die eiserne Maske. Eine Schottische Geschichte« (1792) in Erinnerung geblieben ist.

Carl Ritter, * 7. 8. 1779 Qu., † 28. 9. 1859 Berlin, Begründer der dt. Hochschulgeographie und erster Lehrstuhlinhaber dieses Faches. R.s »Erdkunde« (21 Bde., 1822-59) »ist das umfänglichste wissenschaftliche Werk, das je von einer Einzelperson verfasst worden ist« (M. Büttner). Unter seinen Berliner Hörern K. Marx (→ Trier/RP).

Julius Wolff, * 16. 9. 1834 Qu., † 3. 6. 1910 Charlottenburg, Versepiker und Lyriker in der Nachfolge V. Scheffels (→ Karlsruhe/BW). W. gründete 1869 in Qu. die »Harz-Zeitung«. 72 in Berlin. Von seinen Bü-

chern am erfolgreichsten: die »im Harzgebirg, im Thal der wilden Bode« spielende »Weidmannsmär« »Der wilde Jäger« (1877). – Sämtl. Werke (Hrsg. J. von Lauff, 18 Bde., 1912 ff).

Paul Burg (eig. **P. Schaumburg**), * 12. 12. 1884 Hedersleben bei Qu., † 12. 12. 1948 Wedderstedt bei Qu., Verf. hist. Romane. Verfiel immer häufiger völkischem Geist, war dennoch den Nazis nicht genehm genug. – W.: Geschichte der Quedlinburger Äbtissinnen (1912); Meine Jugend (Aut. 1922); Alles um Liebe (Goethe-R. in 8 Büchern, 1924-31); Waffenschmiede deutscher Wehrfreiheit (1935).

Paul Körner-Schrader (eig. **Karl Schrader**), * 25. 4. 1900 Wedderstedt bei Qu., † 18. 5. 1962 Berlin, Erzähler, Verf. von Hör- und Laienspielen, Kinderbuchautor. Schon 1919 in die Kommunist. Partei eingetreten und nach Zuchthausjahren Redakteur. Erfolgreich das Jugendbuch »Treibjagd im Dorf« (1959), das die eigene harte Kindheit behandelt.

Volker von Törne (Ps. **Waldemar Graf Windei**), * 14. 3. 1934 Qu., † 30. 12. 1980 Münster, Lyriker. Sohn eines SS-Standartenführers, bekannte sich in seiner Arbeit für die »Aktion Sühnezeichen« zur kollektiven Verantwortung für die NS-Zeit. Schrieb von H. Heine (→ Düsseldorf/NW) und B. Brecht (→Augsburg/BY) beeinflusste Gedichte, Lied wie Sonett dabei gleichermaßen beherrschend. – W.: Fersengeld (1962); Halsüberkopf. Arkadische Tage (1980).

A **Thomas Müntzer** (→ Sangerhausen/Stolberg/ST) hat vermutlich in Qu. die Lateinschule besucht, sich von dort 1506 auf die Universität Leipzig begeben und sich in die Matrikel als Qu.er eingetragen (»Thomas Muncer de Quedilburck«). – **Johann Arndt** (→ Köthen/Edderitz/ST) war 1590-99 Pfarrer an der Qu.er Nikolaikirche. – Aus Qu. stammt der Philosoph

Gabriel Wagner (um 1665-1718/20). J. G. Herder (→ Weimar/TH) verwies in den »Briefen zu Beförderung der Humanität« (1794) auf ihn als »mächtig fortgeschritten«. – **Gottfried Arnold** (→ Annaberg-Buchholz/SN) erlebte in Qu. entbehrungsreiche Hauslehrerjahre (1693-97). – Als der Qu.er Drucker und Verleger Gottfried Basse einen Trivial-Roman von **J. F. W. Pustkuchen** (→ Detmold/NW) u. d. T. »Wilhelm Meisters Wanderjahre« (1821) herausbrachte, versuchte **Goethe** (→ Frankfurt a. M./HE) gegen diese Schmähschrift vorzugehen, konnte aber mangels Titelschutz nichts erreichen: »Was will vor Quedlinburg heraus/Ein zweiter Wanderer traben!/Hat doch der Wallfisch seine Laus,/Muß ich auch meine haben.« – **Theodor Fontane** (→ Neuruppin/BB) besuchte Qu. 1882 und 83 von Thale aus. Seine Eindrücke verarbeitete er in »Cécile« (R. 1887), wo er eine Reisegesellschaft die Stadt besichtigen lässt – vom Bahnhof entlang der Bode »bis zum hochgelegenen Stadtteile, der mit Schloß und Kirche das ihm zu Füßen liegende Quedlinburg beherrscht«. – **W. Heimburg** verbrachte bis 1867 ihre »Jungmädchenzeit« im »Haus mit den zwölf Himmelszeichen«, Lange Gasse 22. Ihr Roman »Trudchens Heirat« (1885) spielt dort.

L Qu. ist eng mit dem ersten dt. König Heinrich I. (gest. 936) verbunden. Der aus der Harzgegend stammende Sachsenherzog wurde 919 vom Reichstag in Abwesenheit gewählt. Der Legende nach brachte eine Abordnung die Reichsinsignien nach Qu., wo sich H. gerade beim Vogelfang aufhielt. Das im 15. Jh. erbaute Fachwerkhaus »Finkenherd« erinnert daran, ebenso zahlreiche Dichtungen. Am bekanntesten **Johann Nepomuk Vogls** (1802-66) Ballade »Heinrich der Vogler«: »Herr Heinrich sitzt am Vogelherd/Recht froh und wohlgemut« (Text-Tafel Café Kaiser, Finkenherd). 929 übergab der König Qu. seiner Gemahlin Mathilde als Witwengut. Nach dem Tod Heinrichs, der in der Krypta der Stiftskirche beigesetzt wurde, ging daraus das Kanonissenstift hervor. In der 36. Historie des »Volksbuches« wird erzählt, wie **Eulenspiegel** (→ Wolfenbüttel/Schöppenstedt/NI), der sich als »der Äbtissin Schreiber« ausgibt, auf dem Wochenmarkt von Qu. eine Frau um einen Korb Hühner prellt. – **Aurora Gräfin von Königsmarck** (1662-1728), 1694-96 Mätresse Augusts des Starken (→ Dresden/SN), Librettistin von J. W. Francks Oper »Die drei Töchter Cecrops« (1680) und Verf. galanter Gedichte, war von 1700 bis zu ihrem Tod Pröpstin des Stifts, das bis 1802 bestand.

Ballenstedt

Städtisches Heimatmuseum. – Schlosstheater (1788), in dem berühmte Musiker wie Albert Lortzing (1846) und Franz Liszt (1852) aufgetreten sind.

B. ist der Stammsitz der Askanier, mithin die »Wiege Anhalts«. Albrecht der Bär (um 1100-1170), der Gründer der Mark Brandenburg und Berlins, kam hier zur Welt. – Die 1769 in B. geborene Fürstin Pauline, 1802-20 Regentin von Lippe, war nach dem Urteil H. Treitschkes (→ Berlin) eine der geistreichsten Frauen ihrer Zeit.

Emanuel Friedrich Wilhelm Ernst Follenius, * 1773 B., † 15. 8. 1809 Insterburg/Ostpreußen, Unterhaltungsschriftsteller. Zunächst Kanzleigehilfe im Hofmarschallamt von B. Wurde berühmt mit dem Werk »Friedrich von Schillers Geisterseher. Aus den Memoiren des Grafen von O. Zweiter u. Dritter Theil« (1796), das das Intrigenspiel trivial fortsetzt, »um eine gewisse Classe von Lesern« zu erreichen. **Wilhelm von Kügelgen**, * 20. 11. 1802 St. Petersburg, † 25. 5. 1867 B. Sohn des Porträtmalers G. von Kügelgen (→ Dresden/SN). Maler, Verf. der »Jugenderinnerungen eines alten Mannes« (Aut. 1870), eines der erfolgreichsten Bücher des späten 19. Jh.s, erschien 1922 in 230. Aufl.

Aus dem Nachlass: »Lebenserinnerungen des alten Mannes in Briefen an seinen Bruder Gerhard 1840-1867«, (Hrsg. P. S. von Kügelgen 1923, n. 1990 u. d. T. »Bürgerleben«). K. lebte seit 1833 in B.: »Es ist nun so arrangiert, dass ich einen Tag Hofmann bin und den anderen Maler. An den Hoftagen sammle ich Kraft und Lust zum Malen, und an den Maltagen erhole ich mich vom Hofleben.« – Wohnung: Simonsches Haus Allee 30, 1835 Allee 45, ab 42 Kügelgenstraße 35 a (Gedenktafel); Fam.-Grabstätte auf dem Friedhof von B. Gedenkraum (mit Möbeln und Bildern) im Museum, Allee 37.

A **Johann Arndt** verbrachte in B. einen Teil seiner Kindheit. 1583/84 war er an der Nikolaikirche Diakon, darauf Pfarrer im nahen Badeborn. – **Goethe**, der 1789 B. besucht hatte, ließ sich von der dort geborenen und später in Weimar lebenden Malerin Caroline Bardua (1781-1864) immer wieder vom Leben in B. berichten. – **Joseph von Eichendorff** (→ Berlin) begann mit seinem Bruder am 11. 9. 1805 in B. (»nachdem wir nun hier im Hotel einige Gläser Rum zu uns genommen hatten«) eine Fußreise durch den Harz.

Harzgerode

Das 1810 im Selketal gegründete **Alexisbad** (Stadtteil von H.) ist das erste Harzer Kurbad. **Christian Gottfried Körner** (→ Dresden/SN) war 1820 hier und traf im Salon des Kurhauses den Komponisten C. M. von Weber. **Hans Christian Andersen** hat 1831 während seiner Harz-Reise auch A. besucht. **W. von Kügelgen** kam 1851-55 jeden Sommer mit der Hofgesellschaft. Der K.-Felsen an der Straße nach H. erinnert daran. **Walter Kempowski** (→ Rostock/MV) lässt die Familie aus »Tadellöser & Wolff« (R. 1971) wenige Wochen vor Beginn des 2. Weltkrieges nach »Sophienbad« (womit A. gemeint ist) fahren.

Thale

Hüttenmuseum, Walpurgishalle auf dem Hexentanzplatz mit Gemälden (1901) von H. Hendrich nach Motiven aus Goethes »Faust« und anderen Walpurgissagen. – Harzer Bergtheater, das älteste Freilichttheater Dtl.s, das der aus Schlesien stammende Theatermann und Schriftsteller **Ernst Wachler** (1871-1945) 1903 gegründet hat. – In der Nacht vom 30. 4. zum 1. 5. auf dem Hexentanzplatz Walpurgisfest.

Wilhelmine Heimburg (eig. **Bertha Behrens**), * 7. 9. 1850 Th., † 9. 9. 1912 Kötzschenbroda (→ Meißen/Radebeul/SN), Unterhaltungsschriftstellerin in der Nachfolge der Marlitt (→ Arnstadt/TH). Am erfolgreichsten »Lumpenmüllers Lieschen« (1879). – Geburtshaus: Rosstrappenstraße 102 (Gedenktafel).

A **Th. Fontane** war sechsmal in Th.: 1868, 77, 81-84. Einige Male wohnte er im Hotel »Zehnpfund« (heute Rathaus), von dessen Veranda er »bei Thee und Boderauschen« auf Rosstrappe und Teufelsmauer schauen konnte. 1882 arbeitete F. dort an »Schach von Wuthenow«.

L Der auf einem 450 Meter hohen Plateau gelegene **Hexentanzplatz** war in vorchristl. Zeit eine Kult- und Opferstätte. Hier entstand die Legende von der Walpurgisnacht, zu der sich die Hexen und Teufel vor ihrem Ritt auf den Brocken versammeln. Eine Bronzeskulptur verweist darauf. – Gegenüber die **Rosstrappe**, der Sage nach ein riesiger Hufabdruck vom Pferd der Riesentochter Emma aus dem Riesengebirge.

R 1850 gründete **Marie von Nathusius** (→ Magdeburg/ST) im südl. von Th. gelegenen **Neinstedt** ein »Knabenrettungs- und Bruderhaus«, die heutigen »Neinstedter Anstalten« (Gedenktafel). – Unweit davon am Fuß der Harzberge **Bad Suderode**, wo im Sommer 1870 **Ricarda Huch** (→ Braunschweig/NI) ihren ersten (viele sollten folgen) Ferienaufenthalt im Harz erlebte. Die 6-Jährige führte ein Tagebuch und vermerkte mit ungelenker Hand: »Gestern abend war ein großer Sieg heute Morgen auch schon wieder.« – Nachbarort ist **Gernrode** mit der Stiftskirche St. Cyriakus, in der sich die älteste erhaltene architekton. Nachbildung des Jerusalemer Heiligen Grabes (1050-75) befindet. Das **Gernröder Osterspiel** (n. W. Lipphardt 1972), das in einem Prozessionale von 1502 überliefert ist, wird alljährl. in der Karwoche in der Kirche aufgeführt. – Von der nahen **Lauenburg** sind nur Mauerreste erhalten. **Christoph August Tiedge** (→ Salzwedel/Gardelegen/ST) widmete ihr eine Ballade: »Seht ihr die alte Lauenburg/hoch auf dem Harze schimmern?/ Durch Wildnis geht der Weg hindurch/ zu ihren wüsten Trümmern.«

🅱 J. Wolff, Im Harz – auf den Spuren der »Cécile«, in: Mit Fontane durch die Mark Brandenburg und den Harz, 1990; G. Schwedt, Literarische Harzreise, 1998.
🆉 Aschersleben, Eisleben, Halberstadt, Oschersleben, Sangerhausen, Wernigerode (ST).

QUERFURT/ST

Burg, Burgmuseum im Kornhaus. – Aus Qu. der Maler Georg Muche (1895-1987).

Brun von Querfurt, * um 974 Qu., † 9. 3. 1009 Lötzen/Ostpreußen, »Preußenapostel«. 1004 Gründer der Qu.er Stiftsschule. Viele Reisen, so 1008 nach Kiew. B.s Botschaft an Heinrich II. ist das erste dt. Schriftdenkmal über Russland. Verf. der Biographie des heiligen Adalbert von Prag. Erlitt wie dieser den Märtyrertod. Sein Andenken wird in Qu. in sagenhaft ausgeschmückter Überlieferung bewahrt. – Gedenktafeln an der Burgkirche und am Rathaus.

Bruno Seidel, * um 1530 Qu., † 1591 Erfurt, Sprichwortsammler (»Sententiae proverbiales«, 1568). Außerdem veröffentlichte S. lat. Lieder auf M. Luther (→ Eisleben/ST) und Ph. Melanchthon (→ Bretten/BW) sowie gegen Paracelsus gerichtete medizin. Traktate.

Friedrich Krug von Nidda, * 1. 5. 1776 Gut Gatterstädt bei Qu., † 29. 3. 1843 ebd., Lyriker, Erzähler und Dramatiker. K.s »Romanzen und Erzählungen« (2 Bde., 1821/22) behandeln hist. und sagenhafte Stoffe. In dem heroischen Gedicht »Skanderbeg« (1824) ergriff er Partei für den Kampf der Griechen gegen die Türken. – Grab auf dem Friedhof seines Geburtsortes.

Johannes Schlaf, * 21. 6. 1862 Qu., † 1. 2. 1941 ebd., Dramatiker und Erzähler des Naturalismus. Schule in Qu. bis 1875, dann Domschule in Magdeburg. Begegnung mit **A. Holz** (→ Berlin) und Gründung einer Arbeitsgemeinschaft (»Papa Hamlet«, 1889; »Meister Oelze«, 1892), die 98 zerbrach. Dann in → Weimar/TH. 1937 Rückkehr nach Qu., seinem »Dingsda«, das Sch. in den Erzähl-Bdn. »In Dingsda« (1892), »Stille Welten« (1899) und »Neues aus Dingsda« (1933) lit. verewigte. – Geburtshaus: Lederberg 16 (Gedenktafel), Sterbehaus: Nebraer Straße 38 (Gedenktafel); Grab auf dem Friedhof in Nähe der von ihm besungenen Linde. Daneben Gedenkstein (1922) mit

Querfurt: Das Geburtshaus von Johannes Schlaf Lederberg 16

Bronzebildnis (1932). – Bibliothek und Teilnachlass im Burgmuseum, dort auch Ausstellung zu Leben und Werk.

A Johannes Agricola (→ Eisleben/ST) stand mit dem Qu.er Pfarrer **Nicolaus Krumpach** (1476-1536) in Verbindung, der in seinem Auftrag 1529 eine Schrift über Jan Hus übersetzte. – **Johann Gottfried Schnabel** (→ Bitterfeld/Sandersdorf/ST) lebte 1719-24 als Barbier in Qu. und heiratete hier 21. Warum Sch. hier seine sichere Existenz aufgab, ist nicht bekannt. – **Leopold von Ranke** (→ Artern/Wiehe/TH) kam als Kind oft zu Fuß nach Qu., da seine Mutter von dort stammte. – **Ludwig Bäte** (→ Osnabrück/NI) fuhr mehrmals mit J. Schlaf von Weimar nach Qu., so auch 1922 und 32, im Januar 41 stand er an dessen Sterbebett. – **Hans Schomburgk** (1889-1967), in Hamburg geborener Afrika-Forscher (»Wild und Wilde im Herzen Afrikas«, 1910), war oft, auch in Zeiten des Kalten Krieges, in Qu., wo seine Vorfahren herstammten und er 1959 Ehrenbürger wurde. »Schomburgk-Haus« Freimarkt 17 (Gedenktafel); Teile seiner volkskundl. Slg. im Burgmuseum.

L Cyriacus Spangenberg (→ Nordhausen/TH) schrieb eine »Quernfurtische Chronica« (4 Bde., 1590). Darin auch die Erzählung »Von Herrn Gebharten dem Ersten Edlen Herrn zu Quernfurth«, die **Jacob** und **Wilhelm Grimm** (→ Hanau/HE) als die »Geschichte von den acht Brunos« in die »Deutschen Sagen« (1816-18) aufnahmen. – **Christian Webel** (1654-1721) aus dem nahen Nemsdorf war 1683-93 Rektor in Qu. und verfasste um 1715 die für die Geschichte der Gegend grundlegende Chronik »Historisches Denckmahl der Haubt-Stadt des Hochlöblichen Fürstenthums Sachsen-Quernfurth« (Hrsg. H. G. Voigt 1928).

B J. Jahns, Große Querfurter und mit Querfurt verbundene Persönlichkeiten, 1990.

Z Eisleben, Halle an der Saale, Merseburg, Naumburg, Sangerhausen (ST); Artern (TH).

RASTATT/BW

Stadtmuseum im Vogelschen Haus. – Intern. Straßentheaterfestival.

Philipp Karl Bonafont, * 22. 7. 1778 R., † 1848. Journalist, Lyriker. Übersetzte 1801 den »Werther« ins Franz., ebenso Gedichte F. Schillers. – »Reminiszenzen aus meinem Leben« (1847).

Paul Oskar Hoecker, * 7. 12. 1865 Meiningen/TH, † 6. 5. 1944 R., Musiker, Verfasser von Künstler-, Sport- und Gesellschaftsromanen (»Gottgesandte Wechselwinde«, Aut. 1940). – Grab auf dem Stadtfriedhof. – Nachlass LB Karlsruhe.

Bodo Uhse, * 12. 3. 1904 R., † 2. 7. 1963 → Berlin, polit. engagierter Schriftsteller: 1928 NSDAP, 31 KPD. 1933 Emigration, 36-38 im Span. Bürgerkrieg, 40 Mexiko. 1948 Rückkehr nach Berlin. Chefredakteur der Zs. »Aufbau«, Hrsg. der Zs. »Sinn und Form«. – W.: Söldner und Soldat (Aut. R. 1935). – Nachlass AdK Berlin.

Während des 19. Jh.s spielte im lit. Leben von R. das Lyzeum die entscheidende Rolle. **Josef Loreye** (1767-1844) war 1818-40 Direktor (»Theorie der Dichtkunst durch lateinische und deutsche Muster beleuchtet«, 1801). Den Satz, Loreye sei »Rastatts guter Gärtner«, prägte der Dichter (Oden) und Mediävist **Franz Karl Grieshaber** (1798-1866), der dort 1827-57 unterrichtete. Mit ihm **Carl Borromäus Fickler** (1809-71), Historiker und Chronist von 1849. 1855-90 war **Lucian Reich** (→ Donaueschingen/Hüfingen/BW) Zeichenlehrer.

A Illustre Gäste in der 2. Hälfte des 18. Jh.s: **Giacomo Casanova** (1763), **James Boswell** (1764) und **Friedrich Gottlieb Klopstock** (→ Hamburg), der am 17. 3. 1775 im Schloss mit Ch. W. Gluck zusammentraf. – Auf Einladung seines Freundes I. von Sinclair reiste **Friedrich Hölder-**

lin (→ Lauffen/BW) im November 1798 nach R. Im Kongresskalender von 1799 fand er **Aloys Wilhelm Schreibers** (→ Bühl/BW) »Ode an den Congreß zu Rastatt«, die Anregungen gab zum Gedichtentwurf »Die Völker schwiegen, schlummerten . . .« – Gedenktafel am Haus Kaiserstraße 35: »Hier wohnte während der Revolution 1849 **Carl Schurz**, der spätere Innenminister der USA« (→ Euskirchen/Liblar/NW). **Otto von Corvin** (→ Bruchsal/BW) war damals Chef des republikanischen Generalstabs. Der Aufstand war am 11. Mai 1849 mit einer Meuterei in der »Leopoldsfeste« ausgebrochen; im Graben der »Ludwigsfeste« wurden nach der Niederschlagung August-Oktober 19 Todesurteile vollstreckt; Erster unter den Erschossenen war der Literat **Ernst Elsenhaus**, Hrsg. des »Festungs-Boten« (Gräber auf dem Alten Friedhof; Gedenkstein, mit Inschrift von 1919: »Den Opfern des Unverstands und der Willkür«). – **Alban Stolz** (→ Bühl/BW) in seinem »Kalender für Zeit und Ewigkeit« (1848): »Ich habe acht Jahre meiner Jugend in dem Schloss von Rastatt zugebracht«. – **Heinrich Hansjakob** (→ Wolfach/Haslach/BW) war Schüler am Lyzeum und verbüßte hier eine sechswöchige Festungshaft (»Auf der Festung«, 1870; »Aus meiner Studienzeit«, 1885). – Um 1860 kam der zwölfjährige **Heinrich Vierordt** (→ Karlsruhe/BW) in das »ziemlich armselige Landstädtchen«.

L Im R. des frühen 18. Jh.s spielt **Otto Flakes** (→ Baden-Baden/BW) »Türkenlouis« (R. 1937). In »Excursions sur les bords du Rhin« (1841 f.) rühmt **Alexandre Dumas** das Schloss als »ein Wunder an Ausstattung vom Ende des Jahrhunderts Ludwigs XIV.« – Das Schloss »dem Habenichtsle«, so endet **Hermine Villingers** (→ Karlsruhe/BW) R. »Meine Tante Anna« (1917). – Die Zeit der Bad. Revolution wird von **Friedrich Wilhelm Hackländer** (→

Aachen/Burtscheid/NW) in seinen »Bildern aus dem Soldatenleben im Kriege« mehr von der konservativen Seite geschildert. Dagegen **Hans Blums** (1841-1910, Sohn des 1848 erschossenen Demokraten Robert B.) E. »Aus tollen Jahren« (1901). Auch **Stefan Heym** (→ Chemnitz/SN) schildert die Zeit in »Lenz oder die Freiheit« (R. 1965). »Wie Spreu vor dem Wind« (1981) nannte **Dietlof Reiche** seinen 1849-Roman, der in **Gensbach** und Umgebung spielt.

S Erinnerungsstätte für die Freiheitsbewegungen in der deutschen Geschichte, Herrenstraße 18: Bibliothek; Dokumentation u. a. auch über die Brüder Grimm, H. Heine, F. Freiligrath, G. Herwegh, L. Börne. – **Stadtarchiv und Heimatmuseum**, Herrenstraße 11: Dokumente zur Gesch. der Revolution 1848/49 in Baden. – **Historische Bibliothek im Ludwig-Wilhelm-Gymnasium** (Lyzeumstraße 11, nur z. Forschung): ca. 30 000 Bde., 162 Inkunabeln.

R Empfehlenswert ein Ausflug zum Schloss **Favorite**, dem Lustschlösschen von Augusta Sibylla, der Gemahlin des »Türkenlouis«, sowie zur Magdalenenkapelle im Park. **Mark Twain** hat Schloss und Kapelle ausführlich und boshaft beschrieben (»Bummel durch Europa«, 1880). **Otto Flake** 1932: »Was Sanssouci für Brandenburg, ist Favorite für Baden, nur kennt man es weniger«. **Eugen Gottlob Winkler** (→ München/BY) notierte 1934: »Das Lustschlößchen in seinem abgelegenen alten Park ist wie zum Wohnen für unsereinen gemacht. Ein sanftes, bald etwas zärtliches, bald etwas herbes Haus im Spätbarock.« – Nördl. der Stadt liegt **Ötigheim**, seit 1907 bekannt durch jährl. Volksschauspiele im Sommer. – Bei **Iffezheim** finden sich Reste des Westwalls, wo im Frühjahr 1940 **Ernst Jünger** (→ Bad Saulgau/Wilflingen/BW) ein Tagebuch über den Bunkerkrieg führte (»Gärten und Straßen«, 1942). – In **Gensbach** im Murgtal war **Ludwig Uhland** (→ Tübingen/BW) öfters zu Gast. Der Erzähler **Bernd Isemann** (→ München/BY) starb hier auf Kur, hier auch begraben. Eine Ballade von **August Kopisch** (→ Berlin) behandelt Schloss Eberstein, hoch über der alten »Murgschifferstadt«.

🅱 A. M. Renner, Augusta Sibylla, Markgräfin von Baden, 4. Aufl. 1981; Literatur und Revolution in Baden 1848/49. Eine Anthologie, Hrsg. U. Faath u. H. Schmidt-Bergmann, 1997; Bedeutende Schauplätze der bad. Revolution 1848/49 in Rastatt, hg. Stadt R.; K. Fischer, Otto von Corvin in Bruchsal und Rastatt, Marbacher »Spuren« 43/1998.

🆉 Baden-Baden, Bühl, Karlsruhe, Pforzheim (BW). Jenseits des Rheins, im Elsass: Sesenheim (Goethe, F. Brion, J. M. R. Lenz).

RATHENOW/BB

Kreismuseum.

Joachim Christian Blum, * 19. 11. 1739 R., † 28. 8. 1790 ebd., Lyriker (»Zwei Gedichte: Die Hügel bei Ratenau. Rosalia«, 1771) und Dramatiker (»Das befreite Ratenau«, 1775). War als Privatlehrer der Mittelpunkt eines Gelehrtenkreises, auf den sogar Goethe (→ Frankfurt a. M./HE) aufmerksam wurde. – Grab auf dem Stadtfriedhof.

Caroline Auguste von Rochow, * 7. 10. 1775 Nennhausen bei R., † 20. 7. 1831 ebd., Erzählerin. Seit 1803 in zweiter Ehe mit F. de la Motte Fouqué (→ Brandenburg/BB) verheiratet. R. war »als Lebedame bekannt, später als mittelmäßige, produktive Romanschriftstellerin berühmt« (G. de Bruyn, 1980). – W.: Die Frau des Falkensteins (1810); Feodora (1814), Briefe über Berlin (1821).

🅰 Georg von der Gabelentz (→ Pößneck/TH) diente 1889, der in Schönwalde bei Falkensee geborene **Maximilian Böttcher** (→ Eisenach/TH) 1891/92 beim

Zieten-Husarenregiment in R. In B.s Erzählung »Aus märkischen Jagdgründen« (1922) ist das Havelland atmosphärisch spürbar. – **Käthe Miethe** (→ Grimmen/Ahrenshoop/MV) wurde 1893 in R. geboren.

🆁 **Theodor Fontane** (→ Neuruppin/BB) in den »Wanderungen«: »Im Herzen von Mark Brandenburg liegt das Havelland, und im Herzen des Havellands liegt das Ländchen Friesack. Ein Kern im Kern.« In der Ballade »Der Quitzowen Fall und Untergang 1414« (1887) erzählt F., wie die Adelsfamilie von ihrer (nicht erhaltenen) Burg **Friesack** aus die Hohenzollern bekämpfte. **Ernst von Wildenbruch** (→ Berlin) schrieb das patriot. Schauspiel »Die Quitzows« (1888), das Fontane, obwohl W.-Gegner, am 10. 11. 1888 in der Berliner Vossischen Zeitung mit Begeisterung besprach.

Friedrich de la Motte Fouqué kam im Dezember 1802 nach Schloss **Nennhausen** (seit 1983 Brandruine) östl. von Rathenow, wo er die Haustochter und Erbin **C. A. von Rochow** heiratete. Von N. aus zog F. in die Befreiungskriege (sein Degen hängt noch immer in der Kirche). In N. entstand sein gesamtes lit. Werk; »und Schloss und Park wurden durch ihn zu einem Treffpunkt der literarischen Welt« (G. de Bruyn, »Ritter und Geister«, Märk. Dichtergarten, 1980). **Heinrich von Kleist** (→ Frankfurt a. d. O./BB), **August Wilhelm** und **Friedrich Schlegel** (→ Hannover/NI), **Wilhelm von Humboldt** (→ Berlin), **Adelbert von Chamisso** (→ Berlin), dem hier die Idee für den »Schlemihl« kam, **Ludwig Tieck** (→ Berlin) und **E. T. A. Hoffmann** (→ Berlin) waren hier; häufiger Gast auch **Karl August Varnhagen von Ense** (→ Düsseldorf/NW), der in seinen »Denkwürdigkeiten« (1837-59) darüber berichtet. **Otto Heinrich von Loeben** (→ Dresden/SN) wohnte 1807/

08 einige Zeit bei seinem Freund F. in N., wo er seinen Roman »Guido« (1808) vollendete. **Günter de Bruyn**, der in **Garlitz** bei N. 1946-49 Dorfschullehrer war (seine frühe Erzählung »Hochzeit in Weltzow« ist hier angesiedelt), erwähnt den Ort schon in »Buridans Esel« (R. 1968): »Ist es nicht ein schrecklicher Gedanke: sterben, ohne einmal in Nennhausen gewesen zu sein?«

Falkensee

Heimatmuseum.

Gertrud Kolmar (→ Berlin) lebte 1923-38 bei ihren Eltern in der Villensiedlung Finkenkrug, Feuerbachstraße 13 (Gedenktafel). Im November 38 musste der jüd. Vater das Haus zwangsverkaufen und mit seiner Tochter nach Berlin ziehen. Das »verlorene Paradies« (1939) spiegelt sich in K.s Dichtung: »Der Kirschbäume Wipfel sind wie Schleier verweht,/Breit kauert der Kiefer buckliger Unhold am Beet.«
René Schwachhofer, * 28. 5. 1904 Stuttgart, † 10. 7. 1970 F., Lyriker, Literaturkritiker und Übersetzer. Lebte seit 1955 in F. und fühlte sich trotz mancher lit. Zugeständnisse in der DDR als »Wanderer in der entgötterten Welt«. – W.: »Über Asche und Feuer« (G. 1964); Blick aus drei Fenstern (G. 1969). – Wohnung: Eberswalder Straße 16.
R **H. von Kleist**, von den Franzosen verhaftet, wurde bei der Überstellung nach Frankreich im Februar 1807 in **Wustermark** in ein Verlies eingesperrt, das, wie er an die Schwester schreibt, »nicht abscheulicher gefunden werden kann«.

Nauen

Museum der Stadt.

R Ein besonderer **Fontane**-Ort wurde Ribbeck, weil er mit seiner bekanntesten und beliebtesten Ballade verbunden ist: »Herr Ribbeck auf Ribbeck im Havelland,/Ein Birnbaum in seinem Garten stand« (1889). Über den Gutsherrn (1689-1759), der auf seinem Grab einen Birnbaum pflanzen ließ, damit die Kinder auch unter der Herrschaft seines geizigen Sohnes die Früchte genießen könnten, vermerkt das Kirchenbuch: »Er hatte Gottes Wort und seine Knechte lieb.« Der berühmte Birnbaum fiel im Februar 1911 einem Sturm zum Opfer. Ein neuer wächst seit kurzem in der Nähe der Kirche. Ribbeck im Frühjahr 1990: **Friedrich Christian Delius'** Erzählung vom Birnenfest »Die Birnen von Ribbeck« (1991).
Th. Fontane wanderte 1861 von N. über Ketzin nach **Paretz** (weitere Aufenthalte 69, 70), wo ihn das Schlösschen interessierte, das Friedrich Wilhelm III. und seine Gemahlin Luise in den Sommern 1796-1806 bewohnt hatten. In der Novelle »Schach von Wuthenow« (1889) lässt F. Frau von Carayon, Mutter der von Schach verführten Victoire, nach P. fahren und den König um Hilfe bitten. Bis in die Gegenwart fasziniert den Besucher (das Schloss ist wiederhergestellt) die Figur der schönen und anmutigen Königin Luise (→ Neustrelitz/Hohenzieritz/MV).

B Frankfurter Buntbücher: Fouqué und Nennhausen, 14/1995; G. Kolmar in Falkensee, 16/1995.
Z Belzig, Brandenburg, Neuruppin, Oranienburg, Potsdam (BB); Burg, Stendal (ST).

RATZEBURG/SH

*»Löwenhaft gelassen liegt der gelblichrote Dom
da, ein schlummernder Herrscher, in Mittags-
zauber erstarrt, ein wenig erhöht über den Dä-
chern und Wipfeln . . .« (Ricarda Huch, 1927)*
Stadtbücherei. – Kreismuseum; Museum des
Zeichners und Buchillustrators (eine Art
»deutscher Daumier«) A. Paul Weber (1893-
1980/Museum und Grab Domhof 5). – Auf
der Dominsel das »Haus Mecklenburg« der
Stiftung als Begegnungsstätte: Mecklenburgi-
ca-Sammlung, plattdeutsche Bibliothek, nie-
derdeutsche Forschung und regionale Kultur-
arbeit.

Heinrich Arminius Riemann, * 5. 12. 1793
auf dem mecklenburgischen Domhof R.,
† 26. 1. 1872 Friedland/MV. Begleiter Theo-
dor Körners im Gefecht bei Gadebusch
(→ Grevesmühlen/MV), Redner auf dem
Wartburgfest 1817. 1848 im Landtag von
→ Schwerin/MV. Später als Seelsorger
und Lehrer in Eutin/SH und Friedland/
MV, Lehrer von Fritz Reuter (→ Dem-
min/Stavenhagen/MV), der ihm in »Han-
ne Nütes Abschied vom Pastor« ein Denk-
mal setzte.
Ludwig Reinhard, * 9. 4. 1805 Mustin bei
R., † 19. 7. 1877 in Bolz, Grab in Ruchow
(→ Güstrow/MV), Publizist, Politiker,
Lehrer. Seit 1809 aufgewachsen im ehem.
Pfarrwitwenhaus auf der R.er Dominsel,
Studium in Göttingen und Rostock. Ab
1828 Lehrer in → Ludwigslust/MV, 1843
Schulrektor in Boizenburg (→ Ludwigs-
lust/MV). 1848 Wahl zum Abgeordneten
des Frankfurter Paulskirchenparlaments,
später im Stuttgarter Rumpfparlament.
1849 Amtsenthebung, Haftzeit in → Ros-
tock/MV, Lebensabend in Bolz bei →
Güstrow/MV. Freund Fritz Reuters, der
ihn als »Avkat Rein« in der »Stromtid« ver-
ewigte. R. schrieb Satiren, Reiseskizzen,
war Hrsg. des »Reformblatt für beide Meck-
lenburg« und Redakteur der »Allgemeinen

Deutschen Arbeiterzeitung«. – W.: Scher-
ben (Reise-E. 1839); Der Triersche Rock
(Sat. 1845); Jenny Lind und die grüne Fla-
nelljacke (Sat. 1846); Schwerin. Ein Som-
mermährchen (Sat. 1846). – K. Lüders,
L. R. – Ein Freund Fritz Reuters, in: Bei-
träge der F.-R.-Gesellschaft, Bd. 11/2002.
Ernst Barlach (→ Wedel/SH) verbrachte
von 1878-84 einen Teil seiner Jugendzeit
in R. und wurde hier 1938 begraben. –
Das Wohnhaus im früheren Pastorat ne-
ben der Stadtkirche, B.-Platz 3, jetzt Mu-
seum und Gedenkstätte (Sitz der E.-B.-Ge-
sellschaft); Familien-Grab auf dem Neuen
Friedhof an der Seedorfer Straße (Plastik
»Der singende Klosterschüler«); Erstausgg.
und Sekundärlit. in der Stadtbücherei. –
In seiner Aut. »Ein selbsterzähltes Leben«
(1928) schildert B. die Stadt und das Le-
ben in seinem »Vaterhaus«, wie er es nannte
(»Barlachblick« auf den Großen Ratzebur-
ger See, hinter der ehem. Lauenburg. Ge-
lehrtenschule): ». . . ein übermächtiges Ge-
faßtwerden . . . das Bewußtwerden eines
Dinges, eines Wirklichen ohne Darstellbar-

*Ratzeburg: Das Grab des Dichters und Bildhau-
ers Ernst Barlach*

keit, – oder wenn ich es hätte sagen müssen: wie das Zwinkern eines wohlbekannten Auges durch den Spalt maigrünen Buchenblätterhimmels.«

Otto Garber, * 3. 7. 1880 Lassahn/Lauenburg, † 17. 10. 1949 R., wo er im Schuldienst tätig war. Wegen der »kräftig lebensvollen und zugleich gepflegten niederdt. Sprache in seinen Büchern« mit dem J.-H.-Fehrs-Preis ausgezeichnet: »Grundwater« (En. 1921), »De Schoolmeisterbuer« (R. 1924), »Een vun de Ohlen« (R. 1932). – Wohnhaus Seekenkamp 10; Grab auf dem St. Georgsberger Friedhof. – Teilnachlass LB Kiel.

A Als 1693 die Stadt von den Dänen in Schutt und Asche gelegt wurde, dichtete der Domprediger Gutzmer: »Für Augen klar man sehen mag,/Dass fern nicht ist der jüngste Tag.« – Der englische Gelehrte **Thomas Nugent** (→ Wismar/MV) beschrieb die Stadt 1766. – Domstraße 18 erinnert eine Tafel an **Theodor Körner** (→ Dresden/SN), der hier am 14. 8. 1813 seinen letzten Brief (an Henriette Pereira, seine Wiener Gönnerin) schrieb; acht Tage später fiel er. – 1927 besuchte **Ricarda Huch** (→ Braunschweig/NI) die Stadt (»Im alten Reich«). 1945 war **Arno Schmidt** (→ Hamburg) für vier Wochen in R., in seiner E. »Schwarze Spiegel« lässt er über A. P. Webers Grafik »Gerücht« sagen: »Seit Leonardo die beste Allegorie«. – Auf dem Domfriedhof das Grab von **Friedrich Griese** (→ Waren/MV).

L Sagen um die Stiftung des Bistums R. durch Heinrich den Löwen. – Hist. und topograph. Skizzen von **Konrad Weiß** (→ Schwäbisch Hall/Michelbach a. d. Bilz/BW) 1950 in »Deutschlands Morgenspiegel«, **Hans-Heinrich Welchert** 1973 »Mit Kreuz und Pflug«, **Godehard Schramm** 1978 »Ratzeburger Achter« und (von Mölln) »Von den Eulenspiegeleien«. – **Hans-Jürgen Wohlfahrt** (Hrsg.): »...

das ist ein eigenes Nest, dies Ratzeburg«. Die Inselstadt literarisch (2002), mit Beschreibungen und Beiträgen von E. Barlach. W. Bredel, R. Huch, U. Johnson, S. Lenz u. a.

Mölln

Museum Historisches Rathaus. – Knut-Hamsun-Gesellschaft (seit 1955, Jb., Zss). Ehrenbürger von M. ist G. B. Shaw (Reliefplatte neben dem Eulenspiegelbrunnen).

Till Eulenspiegel (→ Wolfenbüttel/Schöppenstedt-Kneitlingen/NI) soll der Überlieferung nach 1350 im Hl.-Geist-Hospital an der Pest gestorben sein; Grab vermutl. unter der Linde auf dem Kirchhof. Die Sitte, Nägel oder Geldstücke in den Baum hineinzutreiben – was gegen allerlei Gebrechen gut sein soll – ist auf die jetzt an dieser Stelle stehende Linde übertragen worden. Grabplatte, mit E. in Narrentracht, Spiegel und Eule, aus der Zeit von 1530-50 an der Außenwand von St. Nikolai. – E.-Museum, E.-Brunnen auf dem Markt-

Neben dem Eulenspiegelbrunnen in Mölln die Reliefplatte des Ehrenbürgers G. B. Shaw

platz; ein weiterer Brunnen auf dem Bauhof; Wandmalereien mit Szenen aus E.s Leben im Ratssaal des Rathauses (14.-16. Jh.) und im Ratskeller, eine Eulenspiegelgilde pflegt das lit. Erbe.

L Topograph. Skizzen von **Ernst Behrends**, »Städte in Schleswig-Holstein« (1972) und **Hans-Heinrich Welchert** »Wanderungen zu den Schlössern und Domen in Schleswig-Holstein« (1978). – Festspiele u. a. von **Wolf von Niebelschütz** (→ Düsseldorf/NW), »Eulenspiegel in Mölln« (1950), und **Paul Schurek** (→ Hamburg), »Eulenspiegel verkauft Mölln« (1952).

R Uwe Johnson (→ Anklam/MV) schrieb seinem Verleger Siegfried Unseld, dass er »in eine norddeutsche Wald- und Wassergegend gehen« werde – gemeint war **Salem** bei R., wo er 1964 Urlaub machte: »Du wirst den Ort auf der Landkarte schwerlich finden … und zur Zeit der telefonischen Anrufe kann man mitten auf dem Wasser sein, deswegen bin ich ja hier.« – In **Behlendorf** am Elbe-Lübeck-Kanal arbeitet **Günter Grass**: »Ein altes Försterhaus verwandelte er in eine Literaturwerkstatt. Am Stehpult entstehen im wahrsten Sinne des Wortes die ersten Manuskriptentwürfe …« (E. Maletzke, »Poeten in ländlicher Idylle«, 1996). Lyrische Reminiszenzen und tagebuchartige Geschichten in Grass’ »Fundsachen für Nichtleser« (G. 1997) und »Mein Jahrhundert« (En. 1999). – Über sein Feriendomizil **Roseburg** schrieb **Peter Rühmkorf** in »Tabu I – Tagebücher 1989-1991« (1995), eine Ortsbesichtigung ebenfalls bei E. Maletzke. – An der Delvenau-Brücke in **Büchen** steht ein Gedenkstein für **Theodor Körner** (→ Dresden/SN), der hier als Lützower Jäger kämpfte. Wenige Tage bevor er bei Gadebusch (→ Grevesmühlen/MV) fiel, entstand an dieser Stelle sein (später von J. Goebbels missbrauchtes) Gedicht »Das Volk steht auf, der Sturm bricht los« (1813).

Den sagenumwobenen **Sachsenwald** erhielt **Otto von Bismarck** (→ Stendal/Schönhausen/ST) 1871 von Kaiser Wilhelm I. geschenkt. B.s Nachfolger im Amt, Kanzler von Bülow, vermisste Bücher im Schloss: »Die Sonne Homers hatte diesem Haus nicht gelächelt« (»Denkwürdigkeiten«, 1930). In **Friedrichsruh** hat die 1967 gegründete Otto-von-Bismarck-Stiftung ihren Sitz im ehemaligen Bahnhof: Bibliothek (4000 Bde.) und Archiv mit Nachlass Bismarcks, der sich nach seiner Entlassung 1890 grollend in diesen Winkel zurückzog. G. A. **Goldschmidt** erinnert sich: »Wie viele junge Leute seiner Zeit war mein Vater … dorthin gepilgert, um ihn durch den Sachsenwald mit seinen Schnauzhunden spazieren zu sehen.« (2001). – Dauerausstellung »Otto von Bismarck und seine Zeit«, Mausoleum. – Schriftenreihe »Friedrichsruher Beiträge« (1998 ff.). **Reinbek**, Sitz des Rowohlt-(Taschenbuch-) Verlages, ist Geburtsort von **Georges Arthur Goldschmidt**, der hier am 2. 5. 1928 im elterlichen Haus zwischen Allee und Schöningstedter Straße als Sohn des jüdischen Amtsrichters Arthur G. geboren wurde. Sein Vater, in Hamburg tätig und 1933 entlassen, schrieb nach der Deportation die »Geschichte der evangelischen Gemeinde Theresienstadt« (1947). Der Sohn erinnert sich an dörfliches Leben, die nahe Großstadt Hamburg und seine Verschickung 1938: »Ein Garten in Deutschland« (E., dt. Ausgabe 1988); »Die Absonderung« (1991), »Die Aussetzung« (aut. E. 1993); »Über die Flüsse« (Aut. 2001), ein »janusköpfiges Porträt einer erschütterten und erschütternden Jugend« (D. Dieckmann).
Auf dem Reinbeker Friedhof Klosterbergen das Grab von **Kurt W. Marek** (1915-72). Lektor bei Rowohlt, unter dem Ps.

Ceram der Sachbuch-Welterfolg »Götter, Gräber und Gelehrte« (1949).

In **Krümmel** bei **Geesthacht** stand die erste von 15 Dynamitfabriken Alfred Nobels, finanzielle Grundlage für den späteren (Literatur-) Nobelpreis. (K. Gruber, »Der Krümmel. Die erste Dynamitfabrik Alfred Nobels« und »Alfred Nobel. Die Dynamitfabrik Krümmel« (o. J.). – In **Glüsing** b. Schnakenbek a. d. Elbe wurde in früheren Zeiten ein Kram- und Viehmarkt abgehalten. Das Leben und Treiben auf diesem Markt wird in der von **Goethe** (→ Frankfurt a. M./HE) 1822 unter dem Titel »Der deutsche Gil Blas« herausgegebenen Lebensbeschreibung des Weimarer Bibliotheksdieners **Johann Christoph Sachse** (1762-1822) geschildert, der u. a. in Mölln in der Lehre war. – »Hier soll die stille Weite des Nordens beginnen, aber es ist ein wildes Herumgedränge in Scheunen, Hühnerställen, auf Dachböden und in alten Katen … Die Flüchtlinge waren wie eine Flut hereingebrochen«: **Arno Surminskis** Kurt Marenke ist mit dem Kriegsende nach »Kudenow« (R. 1978) geraten, »irgendwo zwischen Hamburg und Lübeck«, im Kreis Herzogtum Lauenburg.

Lauenburg, mit dem ehemaligen innerdeutschen Grenzübergang, also am Ende: »Was blieb«, fragt **Hans-Heinrich Welchert** 1978, »von dem Schloß des Hauses Askanien in Lauenburg? Nichts als ein runder Turm auf der Höhe der Oberstadt, einem Hügel vor dem Steilufer der Elbe.« – Morde und Verbrechen vor Ort werden in **Uwe Friesels** »Lauenburg Connection« (En. 1983) geahndet.

Das **Künstlerhaus L.** (Elbstraße 54), im denkmalgeschützten ehem. »Schreierschen Gasthaus« in der Altstadt, bietet Stipendien auch für Schriftsteller (Kataloge und Jahresausstellungen 1986 ff.; **Tom Crepon**, »L.er Tagebuch« im Stadtarchiv). L. ist

Handlungsort im Roman »Die Reise nach Samosch« (2003) des L.er Stipendiaten **Michael Zeller**. – L.sche Akademie für Wissenschaft und Kultur (Wentorf).

B D. Albrecht, Barlach in Wedel, Hamburg, Ratzeburg, 1990; W. Busse, Deutsche Andenken. Bismarckdenkmäler im Sachsenwald, in: Wallfahrtsstätten der Nation, 1971.

Z Bad Oldesloe, Lübeck (SH); Grevesmühlen, Ludwigslust (MV); Hamburg, Lüneburg, Winsen (NI).

RAVENSBURG/BW

Stadtarchiv. – Städt. Museum im Humpis-Quartier; Ravensburger Verlagsmuseum (Bücher und Spiele). – Kulturpreis der Städte R. und Weingarten.

Aus R. stammen der Geschichtsschreiber Kaiser Maximilians I. **Ladislaus Suntheim** (um 1440-1512/13) und der Humanist **Michael Hummelberg** (1487-1527). – In **Weingartshof** (Ravensburg-W.) lebte nach dem 2. Weltkrieg zeitw. **Gerhard Nebel** (→ Schwäbisch Hall/Steinkirchen/BW): »Der Schmalegger Tobel«, »Schloß Kirchberg« (1962). – **Ernst Jünger** übersiedelte Ende 1948 nach R.; hier stellte er seinen R. »Heliopolis« fertig, bevor er nach → Wilflingen (Bad Saulgau/BW) zog.

S Ravensburger Kreis: Literar. Gesellschaft, die seit mehr als 50 Jahren regelmäßig Lesungen veranstaltet. – **Freunde toller Dichter**: »Lesevergnügungsgesellschaft« (seit 1995).

Weingarten

Pädagog. Hochschule. – Stadtmuseum im Schlössle (»Literatur im Schlössle«). – »Blutritt« (Reiterprozession seit dem 15. Jh., alljährl. Freitag nach Christi Himmelfahrt).

Das Kloster im 12. Jh. ein Zentrum der Buchmalerei; bedeutende Bibliothek (bis zur Säkularisation), berühmt die (wahrsch.

in Konstanz im 14. Jh. entstandene) **Wein-gartener Liederhandschrift.** – »Derzeit auf allen Flanken von Oberschwaben«: im Juli 1828 hielt sich **Eduard Mörike** (→ Ludwigsburg/BW) in W. und im ehem. Prämonstratenser-Reichsstift **Weißenau** (Ravensburg-W.) auf. **Maria Müller-Gögler** (→ Wangen i. A./Leutkirch/BW) wuchs in W. auf (»Bevor die Stürme kamen«, Erinn. 1970) und lebte seit 1944 wieder hier, ab 58 wieder im Schuldienst. Grab auf dem Kreuzberg-Friedhof. – »Die Magd Juditha« (R. um den Münsterbau von W., 1935); »Ritt in den Tod« (Blutfreitags-E., n. 1994). – Dokumente zu Leben und Werk Stadtarchiv W.

L Ravensburg und Weingarten in Erzählungen und Romanen von **Ludwig Diehl** (→ Pirmasens/RP), **Anton Gabele** (→ Meßkirch/Buffenhofen/BW) und **Wilhelm Schussen** (→ Biberach a. d. R./Schussenried/BW). **Johann Baptist Pflug** (→ Biberach a. d. R./BW): »Aus der Räuber- und Franzosenzeit Schwabens« (n. 1966), **Otto Rombach** (→ Heilbronn/BW): »Der junge Herr Alexius« (R. 1940), »Einst und heute eine Metropole« (Es. 1976); **Josef W. Janker**, »Aufenthalte Standorte Durchblicke. Porträt einer kleinen Stadt« (1967).

R In der Umgebung die Schlösser **Waldburg** und **Wolfegg** (graph. Slg. mit dem sog. Hausbuch, MA.). Frühe Nachrichten über die Truchsesse in der **Zimmerischen Chronik** (→ Meßkirch/BW), aus jüngster Zeit u. a. bei **Günter Herburger** und **Günter Wallraff** (1973). Über Georg Truchsess von Waldburg speziell, den »Bauernjörg«, der 1514 und 15 Bauernaufstände blutig niederschlug, als hist. Haupt- und poet. Nebenfigur, umfangreiche Literatur: von **W. Zimmermanns** (→ Stuttgart/BW) »Allgemeiner Geschichte des großen Bauernkriegs« (1841-44) bis **B. Engelmanns** (→ Berlin) »Anti-Geschichtsbuch« (1974). – »Uff guat schwäbisch« (1951): in **Wilmers-**

dorf bei R. lebte der Schüttelreimer **Wendelin Überzwerch** (eig. Karl Fuss, 1893-1962); hier auch sein Grab.

Z Bad Saulgau, Biberach a. d. Riß, Überlingen, Meersburg, Wangen i. A. (BW); Lindau (BY).

RECKLINGHAUSEN/NW

Stadtarchiv und Vestisches Archiv. – Ruhrfestspiele. – Festival LiteraturRE. – Kunsthalle; Ikonenmuseum. – Künstlerhaus Kenkmannhof.

Volkstümliche Lustspiele und Dramen in Mundart schrieb **Jans Füting** (1887-1964) aus R.: »Frau Schulte-Blaum« (Lsp. 1925); »Druta Lübbers« (Dr. 1950). Geburtshaus Löhrhofstraße 4. – Ess. über R. (»Unruhe als Lebensgesetz«) von **Walter Vollmer** (→ Dortmund/NW) in »Westfäl. Städtebilder« (1963). – Auf dem Nordfriedhof das Grab des oberschlesischen Lyrikers und Erzählers **Norbert Dolezich** (1906-96): »Ich kam aus Orzegow« (R. einer Jugend, 1976).

S Jan-Procházka-Lit.preis (seit 1992).

Dorsten

In D. geb. die Heimatschriftstellerin **Maria Lenzen** (1814-1882/Grab auf dem Friedhof in G.-Anholt), deren Novellen seit 1871 mehrere Auflagen erlebten, und der »Altmeister des dt. Waidwerks«, **Ferdinand von Raesfeld** (1855-1928): Standardwerke über die Jagd, 1922 erschien sein Roman »Die Brackenburg«. Ehrengrab auf dem → Darß/MV. Geburtshaus Essener Straße 19; Nachlass UB Münster. – Jüdisches Museum Westfalen.

R In **Marl** wird seit 1963 der Adolf-Grimme-Preis für die besten dt. Fernsehproduktionen verliehen. An die Wasserburg Haus Loe (1865 abgerissen, heute dort Hotel

»Loemühle«) knüpft sich die Sage von einem Adelsfräulein, das als Rittmeister am 30-jährigen Krieg teilnahm; ihr Leben behandelte **Marianne Langewiesche** (→ Wolfratshausen/Ebenhausen/BY) im Roman »Die Ballade der Judith van Loo« (1938). – »Der Ort O« in »Aber es waren schöne Zeiten« (1978) von **Hans Dieter Baroth,** dem Roman einer proletar. Kindheit und Jugend in Krieg und Nachkrieg, ist **Oer-Erkenschwick.** – Auf dem Wasserschloss Lembeck (Dorsten-L.) war **Friedrich Leopold zu Stolberg** (→ Bad Segeberg/Bad Bramstedt/SH) 1804 zu Gast. – Von **Haltern,** dem »nicht anmutlosen Landstädtchen« berichtet **Werner Bergengruen** (→ Baden-Baden/BW) in seiner »Deutschen Reise« (1934): »Hier etwa lag die Grenze, die das Imperium Romanum von der nur zeitweilig beherrschten, dann wieder verloren gegebenen germanischen Kernwelt trennte.«

Z Dortmund, Gelsenkirchen, Herne (NW).

REGEN/BY

Burg Weißenstein: Museum im Burgkasten, unweit der »Gläserne Wald« von R. Schmid. – »Regener Flussbühne« (Klassik, Jazz, Kabarett).

Siegfried von Vegesack, * 20. 3. 1888 Gut Blumbergshof/Livland, † 26. 1. 1974 Burg Weißenstein bei R. Auch auf dem »Pfahl«, wo er seit 1918 bis zu seinem Tod ansässig war (»Die kleine Welt vom Turm gesehen«, G. 1925), blieb er seiner balt. Heimat verbunden (Tril. 1933-35, u. d. T. »Die baltische Tragödie«, 38). März 1933 Haft, bis 38 Emigration (Schweden, Südamerika), im 2. Weltkrieg Dolmetscher im Osten. – Wohnstätte der Torturm (»Kasten«) der Burg (»Das fressende Haus«, R. 1932), ein Geschenk der Mutter von **Clara Nord-**

ström (→ Mindelheim/BY), die bis 1935 auch hier wohnte. Grab »wenige Steinwürfe vom Turm« inmitten einer Baumgruppe (Totenbrett). – Topographisches über Burg und Dorf W., Regen und den »Pfahl« in allen Variationen, u. a. »Das Dorf am Pfahl« (E. 1942), »Regen am Regen« (1964). – Über V. und seine Wanderungen im Bayr. Wald **Hermann Lenz** (→ Stuttgart/BW) in »Der Wanderer« (R. 1986).

S Stadtbücherei: Vegesack-Archiv und Archiv des Bauerndichters **Jakob Ertl** (1875-1956).

R Viechtach: seit 1968 alljährl. Burgfestspiele Neunussberg. »Wenn oana wo a Deandl woass, / Dö no kan Burschn hat, / So schick's nur her auf Bischofsmoas . . .«, heißt es in **Max Peinkofers** (→ Passau/Tittling/BY) Heimatlied von **Bischofsmais,** wo P. lange gelebt und auch sein Grab (»Der Brunnkorb«, n. 1977). Die Strophe spielt auf den alten Brauch des »Hirmonhopsens« in der nahen Wallfahrt von **St. Hermann** an, die auch lit. in zahlreichen Texten, von der Legende zum Singspiel, ihren Niederschlag gefunden hat (u. a. **Otto Denk, Rudolf Kriß, Richard Meisl**). – Zum Fest des Heiligen des Böhmerwaldes Gunther (955-1045) finden in **Rinchnach** alle zwei Jahre im Sommer St.-Gunther-Festspiele statt, Freilichtbühne in R.-Gehmannsberg. – Im Zentrum des Gläsernen Winkels, in **Zwiesel** (Waldmuseum), sang der als **Baumsteftenlenz** und Heimatschriftsteller (»Der Waldprophet«, 1968) bekannte **Paul Friedl** (1902-89) seine bay. Gstanzl (Volksmusik und -lieder-Wettbewerb »Zwiesler Fink«). Von F. auch »Glasmachergeschichten und Glashüttensagen« (1973). Totenbrett neben der Bergkirche. Den Glasmachern setzte auch **Maximilian Schmidt** (gen. »**Waldschmidt**« → Furth/Eschlkam/BY) mit der E. »Glasmacherleut« (1884) ein lit. Denkmal (Gedenkstein im W.-Park von Regen). Um das Jahr 1300 spielt der die beiden ältesten Glashütten Bayerns (am Tegernsee und im Bay. Wald) verbindende R. »Der Glasteufel« (2002) von **Manfred Böckl**. – Sagenumwoben der **Arber** und seine Seen, u. a. »Der Fischer vom Arbersee« von **Josef Wensauer** (→ Schrobenhausen/BY).

B F. Baumer, Siegfried von Vegesack. Heimat im Grenzenlosen, 1974.
Z Deggendorf, Grafenau, Kötzting (BY).

REGENSBURG/BY

»Und gehst du aus der Trinkstube und machst sieben Schritte auf den Pflasterhof, wo Kastanienbäume stehen mit roten Juniblütenkerzen, und du siehst zu den Kerzen hinauf und siehst höher in den Abendhimmel, so ragen rosig beleuchtet wieder zwei Riesenkerzen, zwei Domtürme, denn du kannst nirgends hingehen in Regensburg, wo du den Dom nicht sähest!« (Georg Britting, 1959)
Um 80 n. Chr. röm. Militärlager Radaspona; 170/75 durch Germaneneinfälle zerstört; Neugründung unter Kaiser Marc Aurel (166-180) als »Castra Regina«.
Universität R. – Staatl. Bibliothek R. – Histor. Museum. – Theater R. – BR Regionalstudio Ostbayern. – Lit. Frühling und Herbst (seit 1989).

Wessobrunner Gebet. Das älteste erhaltene dt. Gedicht christl. Inhalts wurde gegen Ende des 8., Anfang des 9. Jh.s vermutl. im Kloster St. Emmeram aufgeschrieben und nach → Wessobrunn (Weilheim/BY) gebracht.
Konrad der Pfaffe, Mitte des 12. Jh.s, wahrsch. Hofbeamter der herzogl. Kanzlei in R. oder Abt. Übersetzte und erweiterte 1140/50 das altfranz. »Chanson de Roland« in lat. und dt. Reimpaare.
Berthold von Regensburg, *um 1210 R., † 14. 12. 1272 ebd., Wanderprediger, Mitbegründer der dt. Prosa. Propagierte in ver-

ständl. und bildhafter Sprache Einfachheit und Bescheidenheit. Seine Predigten z. T. überliefert in den lat. »Landprediger«-Slgg. um 1250. – Verfasste die 1. Strophe des ältesten dt. Pfingstliedes »Nun bitten wir den hl. Geist«. – Grab im Chor des ehem. Minoritenklosters.
Lamprecht von Regensburg, *um 1215, Franziskanermönch. Schrieb um 1240 »Sante Francisken Leben«, eine Übersetzung nach Thomas von Celano, und eine dt. Fassung der »Filia Syon«.
Johannes Aventinus (eig. Johann Turmair → Kelheim/Abensberg/BY) starb am 9. 1. 1534 in R. – Epitaph im Vorhof von St. Emmeram.
Johann Ludwig Prasch, * 1637 R., † 1690 ebd., barocker Polyhistor. Nach Studium in Gießen Verwaltungsjurist in R. Über 100 Werke, darunter lat. und dt. Lyrik, philos. und sprachwiss. Schriften, Spiele. – W.: Poematum libellus (1666); Geistlicher Blumenstrauß (1685). – Wohnhaus Untere Bachgasse 10.
Johann Beer (Ps. **Jan Rebhu** → Weißenfels a. d. Saale/ST) besuchte seit 1670 das Gymnasium poeticum in R., studierte Philos. und Humaniora bis 76. Lebte später am Hofe zu Weißenfels. – In dem »Berühmten Narrenspital« (1681), den »Teutschen Winternächten« (1682) und »Kurtzweiligen Sommer-Tägen« (1683) bildet R. den Hintergrund toller Jugendstreiche.
Friedrich Melchior von Grimm (1775 geadelt), * 25. 9. 1723 R., † 19. 12. 1807 → Gotha/TH. Als Schriftsteller in Paris befreundet mit J.-J. Rousseau und D. Diderot; versandte seit 1753 Besprechungen der neuesten frz. Lit., ges. in 16 Bdn. (1878-82; »Paris zündet die Lichter an«, 1977).
Hans Watzlik, * 16. 12. 1879 Unterhaid/Böhmen, † 24. 11. 1948 Gut Tremmelhausen b. R. (Gedenktafel), Erzähler. Zunächst Lehrer, dann 1921-45 freier dt.-völk. Schrift-

steller in Böhmen. Kam 1945 als Flüchtling nach R. – W.: Böhmerwaldsagen (1929); Die Krönungsoper (Mozart-R. 1935); Der Meister von Regensburg (Altdorfer-R. 1939); R.er Erzählungen: »Die schöne Maria«, »Albertus und der Mörder«. – Grab Oberer Kath. Friedhof; Watzlik-Kapelle (Totenbrett) bei Gut Tremmelhausen.

Georg Britting, * 17. 2. 1891 R., † 27. 4. 1964 → München/BY, Lyriker und Erzähler von großer, oft bizarrer Sprachkraft, im Donauraum zwischen R. und Passau verwurzelt. Im 1. Weltkrieg schwer verwundet, 1919 mit J. Achmann Zs. »Die Sichel«. Lebte ab 1920 in München. – »Sämtliche Werke«, komm. Ausg. nach den Erstdrucken in 5 Bdn. (Hrsg. u. a. W. Schmitz, 1987 ff.). – Die Erzählungen der »Kleinen Welt am Strom« (1933) spielen in und um R. – Gedenktafel Alte Manggasse 3.

A Im Mittelpunkt des geist. Lebens die Klöster: In St. Emmeram schrieb im 11. Jh. der Mönch **Otloh** sein »Buch von den Versuchungen« (»Libellus de suis tentationibus«), entdeckte **Konrad Celtis** (Schweinfurt/Wipfeld/BY) die Werke der Roswitha von Gandersheim. In St. Jakob verfasste der Ire **Markus** die »Visio Tundali« (→ Bogen/Windsberg/BY). Ab 1230 lehrte **Albertus Magnus** (→ Dillingen a. d. Donau/Lauingen/BY) zehn Jahre bei den Dominikanern und war von 1260-62 Bischof von R. (Albertuskapelle mit Lehrkanzel im Dominikanerkloster; Büste am Vorplatz der Dominikanerkirche). Um 1350 entstand die erste Naturgeschichte in dt. Sprache, das »Buch der Natur« des Franken **Konrad von Megenberg** (Mainberg/1309-74), Domherr in R., als Stifter im Passionsfenster im Hauptchor des Doms dargestellt. Etwa zur gleichen Zeit verfasste **Hadamar von Laber**, Burgmeister von R., seine Minnelehre »Die Jagd«. – In der Neuen Waag am Haidplatz fand 1541 das Religionsgespräch zwischen **Johannes Eck** (→ Memmingen/Egg a. d. Günz/BY) und **Philipp Melanchthon** (→ Bretten/BW) statt. **Hans Sachs** (→ Nürnberg/BY) widmete der Stadt 1569 »Ein lobspruech und contrafactur«. – **Johannes Kepler** (→ Leonberg/Weil der Stadt/BW) starb am 15. 11. 1630 in R. (Wohn- und Sterbehaus K.-Straße 5, Gedenkstätte; Denkmal in den Anlagen an der Maximilianstraße).

Goethe (→ Frankfurt a. M./HE) traf auf seiner 1. Italienreise, von Karlsbad kommend, am 4. 9. 1786 in R. ein: »Zur steinernen Brücke herein: Den 4. September per posta, Herr Möller, Passagier von Leipzig log. im weißen Lamm« (Gedenktafel gegenüber hist. »Wurstkuchl«). – **Johann Emanuel Schikaneder** (→ Straubing/BY) war Gymnasiast in R., 1787-89 Leiter des Hoftheaters (»Das Regensburger Schiff. Ein Lustspiel in drey Aufzügen«, 1780). – Am 21. 5. 1833 nachts 2 Uhr besuchte **François René de Chateaubriand** zwei Kirchen, während seine Pferde gewechselt wurden (»Mémoires d' outre-tombe«). – **Johann Michael Sailer** (→ Schrobenhausen/Aresing/BY) starb als Bischof von R. am 20. 5. 1832 (Grabplatte im südl. Seitenchor des Doms; Denkmal gegenüber dem Kepler-Denkmal). – Unter den illustren Reisenden im 19. Jh.: **Achim von Arnim** (→ Berlin) 1802, **Clemens Brentano** (→ Koblenz/RP) 1810, **Jean Paul** (→ Wunsiedel/BY) 1816, **Friedrich Hebbel** (→ Heide/Wesselburen/SH) 1862, **Jacob Burckhardt** 1877. – Aus dem 20. Jh. stellvertretend **Ricarda Huch** → Braunschweig/NI): »Im alten Reich« (1927), **Konrad Weiß** (→ Schwäbisch Hall/Michelbach a. d. Bilz/BW): »Sommerhimmel über R.« (1928), und **Claudio Magris** (1988),

L In der hier entstandenen dt. »Kaiserchronik« wird R. im 12. Jh. neben Rom einfach die »Hauptstadt« genannt. – Das um 1510 erst-

mals niedergeschriebene »Dollingerlied« be-
richtet vom legendären Zweikampf des Ritters
D. mit dem »Hayd, namens Craco« im Jahr
930 (»Des Knaben Wunderhorn« I 36; D.-
Saal im Neuen Rathaus). – Im »Goldenen
Kreuz« am Haidplatz (Tafel) traf Kaiser Karl
V. mit der Sattlertochter Barbara Blomberg zu-
sammen, der Mutter von Don Juan d'Austria
(Stücke von **C. Zuckmayer** → Mainz/RP
1949 und **J. Berlinger** 1993). – »Als wir jüngst
in Regensburg waren«: bay. Volkslied, bekannt
seit etwa 1750. – Im Erlebnis der Jahrhunderte,
von der sagenkraften Gründung R.s bis zu
»Brückenmanndl« und »Wurstkuchl«: »Begeg-
nung mit Regensburg« von **Eberhard Dünnin-
ger** (Hrsg.) 1972. Tagebuchnotiz von **Samuel
Beckett** am 3. März 1937 in R.: »... bemerke,
dass auf dem Schild über der Nordtüre (der
Dominikanerkirche) ›Grüß Gott‹ durchgestri-
chen & mit ›Heil Hitler‹ ersetzt wurde!!!«.
Stadt, Land, Fluss 1945 u. a. in **Victor Klem-
perers** (→ Dresden/SN) Tagebüchern. In
New York erschien 45 der (auch R.s »braune
Jahre« spiegelnde) aut. Roman »The Blue Da-
nube« (dt. u. d. T. »An der schönen blauen Do-
nau«, 2007) von **Ludwig Bemelmans** (1898-
1962); Gedenktafel im Emslander Brauhaus
am Arnulfplatz. – Kritisches zu »Thurn und
Taxis« von **Bernt Engelmann** (→ Berlin)
und **Günter Wallraff** in »Ihr da oben – wir
da unten«(1973). – Con amore **Hermann
Lenz** (→ Stuttgart/BW): u. a. »Castra Regina«
(1959), »Freunde«, »Feriengäste« (beide 1997).
– R.er Judaica: **Carlo Ross**, »Des Königs Kin-
der« (1994).
»Ich möchte in keiner Stadt der Welt lieber ge-
boren sein, nicht einmal in Rom«: so **Albert
von Schirnding** (R. auch als Rubrik in seiner
Aut. »Alphabet meines Lebens«, 2000). Eben-
falls Jahrgang 1935 **Sandra Paretti** (1935-1994):
»Der Strom ist das Leben«, heißt es in »Das
Echo deiner Stimme« (1998). **Eva Demski** (Jg.
44) über »Mama Donau« (2001): »Sie hält
sich nicht auf, höchstens um schnell etwas zu
verschlingen, es kommt ihr nicht darauf an,
was. Schafe, Ziegen, Uferbäume, ein Stück Alt-
stadt und besonders gern kleine Kinder.« Von
D. auch der Roman über R. in der Wirtschafts-
wunderzeit »Goldkind« (1979).

»Kolbstadt, eine kleine Großstadt im Süden
Deutschlands« ist Place fixe der Tril. »Der
Wald der Deutschen« (1991, 93, 96) von **Ben-
no Hurt** (Jg. 41); nicht zuletzt **Wolf Peter
Schnetz** (Jg. 39) und seine R.-Tetralogie, ausge-
spannt zwischen »Vergiß die Stadt, den Fluß,
die Steine« (I/1994) und »Im Jahr der Sphinx
– Rückkehr in die Stadt am Strom« (IV/2003).
– Mundart, **Albert Mühldorfer**: »Von da Wal-
halla aus/siehgst Renschburg liegn/und manch-
mal d Alpn/owa von München/koa spur«
(»Ganz schee daschrogga«, 2002).
S Universitätsbibliothek: rd. 3,3 Mio. Bde.,
dazu Fürstl. Thurn und Taxis-Hofbibliothek:
rd. 216000 Bde., rd. 400 Hss., rd. 1300 Inku-
nabeln. – **R.er Schriftstellergruppe Interna-
tional/RSGI** (1910 als »Grüner Kranz« u. a.
von Pieps Dengler gegr.) veranstaltet **Jungau-
toren-Wettbewerb**; **Regionalgruppe Ostbay-
ern des VS**. – **Albertus-Magnus-Medaille** (seit
1949); **Kulturpreis Ostbayern** (seit 1959).

Beratzhausen

Literaturtage im Oberpfälzer Jura (im Herbst):
Literaturpreis (erstmals 2006, an Harald Grill).

Gottfried Kölwel, * 16. 10. 1889 B., † 21.
3. 1958 → Gräfelfing (Starnberg/BY), seit
expressionist. Anfängen naturverbundener
Lyriker und Erzähler. Lebte ab 1912 als
Volksschullehrer, seit 1927 als freier Schrift-
steller in → München/BY. Viele seiner Er-
zähltexte haben deutliche Heimatbezüge,
etwa »Bertolzhausen« (1925), »Das Jahr der
Kindheit« (1935) und »Die schöne Welt«
(1940). – Weitere W.: Gesänge gegen den
Tod (1914); Der Bayernspiegel (Nn. 1940);
Münchner Elegien (1946). Prosa, Dra-
men, Verse (3 Bde., 1962-64). – Nachlass
LA Monacensia.
R Im Südosten der Stadt **Pürkelgut**, einst
»das Sanssouci der Reichstagsgesandten«;
im Herbst 1850 besuchte **Eduard Mörike**
(→ Ludwigsburg/BW) hier seinen Bru-
der (Gedenktafel am Eingang zum Wirt-
schaftshof). – Oberhalb **Donaustauf** der

Donaustauf: »Von da Walhalla aus / siehgst Rengschburg liegn / und manchmal d Alpn / owa von München / koa spur« (Albert Mühldorfer)

von L. von Klenze 1826-42 errichtete Tempelbau der **Walhalla** (J. V. v. Scheffel: »Das Ganze ist eigentlich ein hellenisch einsamer Fremdling auf bajuwarischem Boden«). Unter den rd. 120 von Kronprinz Ludwig von Bayern »rühmlich ausgezeichneten Teutschen« auch Erasmus v. Rotterdam, Goethe, J. G. Herder, U. von Hutten, I. Kant, F. G. Klopstock, G. W. Leibniz, G. E. Lessing, M. Luther, F. Schiller, R. Wagner, J. J. Winckelmann. Nach 1945 kamen hinzu: J. von Eichendorff, A. Stifter und Jean Paul. – »Ein ferner blaßgelber Punkt«, so erschien die Walhalla dem kleinen **Herbert Schindler**, wenn er mit der Mutter nach **Barbing** wanderte, dem Dorf seiner »Jugend an der Donau« (»Reise in Niederbayern«, 1975). – Nach **Pfatter**, in das erste Gäubodendorf, wurde im Sommer 1798 **Ernst Moritz Arndt** (→ Rügen/MV) verschlagen. – **Wörth** (Freilichtspiele im Schlosshof) war Amtssitz des Landpflegers und Dichters **Reinbot**

von Dürne, der um 1235 eine Georgslegende in der Art der höf. Ritterdichtung verfasste. – Nach Frauenzell **Brennberg:** Von hier stammt der Minnesänger **Reinmar von B.**, 1276 wurde er von Regensburger Bürgern erschlagen; Ballade vom Brennberger. – »Das Eisenbahnunglück« von **Thomas Manns** (→ Lübeck/SH) Erzählung ereignete sich am 1. Mai 1906 »dicht bei einer kleinen Station, nicht weit hinter Regensburg«, im Bahnhof von **Regenstauf.**

B H. Ettl, H. Grill (Hrsg.), Oberpfalz, 1995; Th. Bauer, P. Styra, »Der Weg führt durch Gassen …«. Festgabe für E. Dünninger, 1999; B. Setzwein, »Hier ritt der Kaiser Heinrich«. Das alte R., in: Die Donau, 2004; W. P. Schnetz, »Nun merket auf!« Literatur in R., in: Literatur in Bayern/März 2005; H. Ettl, G. Burger (Hrsg.), Regensburg, 2006.
Z Deggendorf, Eichstätt, Straubing (BY).

REICHENBACH/SN

Vogtland-Philharmonie R.-Greiz. – Aus R. stammen der Kulturhistoriker **Richard Benz** (→ Heidelberg/BW), der Literaturwissenschaftler **Ernst Beutler** (→ Frankfurt a. M./HE) und der Maler Wolfgang Mattheuer (1927-2003), seine Bronzeplastik »Gesicht zeigen« (1981) auf dem R.er Markt.

Peter von Reichenbach, * vermutl. R., verfasste im 14. Jh. geistl. Lyrik, die in der »Colmarer Liederhandschrift« überliefert ist.
Caroline Neuber, geb. Weißenborn (gen. **die Neuberin**), * 8. 3. 1697 R., † 30. 11. 1760 Laubegast (heute → Dresden/SN), Bühnenreformerin. Seit 1727 Prinzipalin einer Theatertruppe, in der sie die franz. Klassik pflegte. Damit trug N. entschieden zur Literarisierung des dt. Theaters bei. Durch die Bekanntschaft mit J. Ch. Gottsched (→ Leipzig/SN) spielte N. dt.

Autoren: Ch. F. Gellert → Mittweida/ Hainichen/SN, G. E. Lessing → Kamenz/ SN). – Geburtshaus (Umbau 1834): Komturhof Johannisplatz 3 (Gedenktafel), N.-Museum mit Theaterausstellung und Bibliothek zur Theatergesch.; N.-Plastik (2001) vor dem Museum und N.-Denkmal (1981) im Foyer des Neuberinhauses (Kulturhaus). – **Günther Weisenborn** (→ Velbert/NW), »Die Neuberin« (Dr. 1935), **Angelika Mechtel**, »Die Prinzipalin« (R. 1994).

Karl August Böttiger, * 6. 8. 1760 R., † 17. 11. 1835 Dresden, Verf. philolog. und archäolog. Schriften, einer der besten Altertumskenner seiner Zeit. Schreckte vor Indiskretionen nicht zurück und zog sich so den Missmut vieler zu. Gymnasial-Prof. (→ Weimar/TH). – W.: Ideen zur Archäologie der Malerei (1811), Literarische Zustände und Zeitgenossen. Begegnungen und Gespräche im klassischen Weimar (Hrsg. K. Gerlach, R. Sternke 1998). – Geburtshaus: Markt 8.

Otto Eduard Schmidt, * 21. 8. 1855 R., † 13. 2. 1945 Dresden, Verf. kulturhistor. Darstellungen. Gymnasial-Prof. Viel gelesen: »Kursächsische Streifzüge« (7 Bde., 1902-30). Über seine Kindheit in R.: »Wandern, o wandern. Lebenserinnerungen« (1936).

Hugo Hartung (Ps. **N. Dymion**), * 17. 9. 1902 Netzschkau bei R., † 2. 5. 1972 München, Verf. von Romanen, Hör- und Fernsehspielen. Dramaturg an versch. Theatern. 1936 Schreibverbot. 50 aus polit. Gründen von → Potsdam/BB nach Westberlin, wo H. mit »Ich denke oft an Piroschka« (R. 1954) einen Welterfolg landete.

Harry Trommer, * 4. 1. 1904 R., † 8. 7. 1980 ebd., Kinderbuchautor (»Warum der Bär vom Birnbaum fiel«, 1957) und Sagensammler. Bis 1953 Leiter der R.er Stadtbücherei. – W.: Deutsche Heimatsagen (3 Bde., 1954/55), Das Leuchten des Meeres.

Seesagen und Schiffermärchen aus aller Welt (1959).

Jürgen Fuchs, * 19. 12. 1950 R., † 9. 5. 1999 Berlin, Lyriker und Erzähler. Lit. Vordenker der »Wende« 1989/90. Studium in → Jena/TH. 76 Verhaftung und 77 Abschiebung in den Westen. Über seine Erfahrungen in Schule, Kaserne und Gefängnis (»wo sich der Staat nackt gezeigt hat«) vielbeachtete Prosawerke (darunter über die DDR-Armee »Fassonschnitt«, aut. R. 1984). – Geburtshaus: Am Mühlgraben 13 (Gedenktafel), Erinnerungen in der J.-F.-Bibliothek im Rathaus. **Udo Scheer,** »J. F. Ein literarischer Weg in die Opposition« (2007).

L Der aus R. kommende **Utz Rachowski** zeichnet in »Der letzte Tag der Kindheit« (»Namenlose«, E. 1993) – der Titel meint den Einmarsch der Ostblock-Armeen in die ČSSR 1968 – das Bild einer Jugend in der DDR.

R Westl. von R. das einst zu Böhmen gehörende **Mylau**, die »Wiege der Reformation im Vogtland«. – Unweit davon **Elsterberg**, wo sich der Pfarrer 1520 um **Thomas Müntzer** (→ Sangerhausen/Stolberg/ST) bemühte. Thomas-Müntzer-Straße 2 (Gedenktafel). – Südl. von R. **Lengenfeld**, Heimatort des Leipziger Theologen **Constantin Tischendorf** (1815-74), dessen textkrit. Edition des »Neuen Testamentes« (2 Bde., 1869-72) bis heute Standardwerk. Gedenktafel an der Friedhofskapelle.

Auerbach

Stadtmuseum im »Herrenhaus«.

Aus dem benachbarten **Falkenstein** stammt Wilhelm Adolf von Trützschler (1818-49), der sich als Abgeordneter der Frankfurter Nat.-Versammlung für eine antipreuß. dt. Republik engagierte und wegen Hochverrats hingerichtet wurde. Als 1919 **Max Hoelz** (→ Großenhain/Riesa/SN) mit anarchist. Aktionen in F. Aufsehen erregte, konnte er sich auf einem Jagdsitz dieser Fam. verbergen. Aus F. stammt der Mundartdichter **Otto Lindner** (1893-1983), »Dr Schützenkönig« (Lsp. 1951).

Z Glauchau, Plauen, Zwickau (SN); Greiz (TH).

REMSCHEID/NW

»Die Stadt glänzt im Wupperbogen wie eine Festung, die ihre Mauern gesprengt hat.« (Christiane Schäffer, 1961)
Stadtbücherei. – Heimatmuseum.

Johannes Fastenrath, * 3. 5. 1839 R., † 16. 3. 1908 Köln. Wichtiger Vermittler span. und iberoamerik. Lit., Vertreter Spaniens auf lit. Kongressen, Ehrenbürger von Sevilla. – »La Walhalla y las glorias de Alemania« (1872 ff.).
Aus R. kamen **Johann Wilhelm Aschenberg** (1771-1820), der Hrsg. der »Berg. Taschenbücher« (1797-1806) mit liter. Beiträgen, sowie der Lyriker und Reiseschriftsteller **Arthur Rehbein** (Ps. **Atz vom Rhyn**/1867-1952), dessen Kindheits- und Jugenderinnerungen aus der Bergischen Heimat u. d. T. »Kaleidoskop meiner Zeit« 1978/79 erschienen (Teilnachlass StA. R.). – Auf dem Ev. Waldfriedhof R.-Reinshagen das Grab des Erzählers und Heimathistorikers **Wilhelm Rees** (1888-1969), der Mysterien- und Heimatspiele schrieb, auch »Das Bergische Land in der Dichtung« (1925). Nachlass StA. R.
A Die Brüder **Josua** und **David Hasenclever** unterhielten zu Beginn der preuß. Zeit in ihrem Patrizierhaus im Stadtteil Ehringhausen, Nr. 67, einen schöngeistigen Salon, der als Nebenstelle des Salons der Brüder Jacobi (→ Düsseldorf/NW) gelten kann. **Johanna Fahlmer** (→ Düsseldorf/NW), deren Tochter Henriette mit

David verheiratet war, kam oft nach E. und starb dort am 31. 10. 1821. Gäste in E. waren **Ernst Moritz Arndt** (→ Rügen/MV), **Friedrich Leopold zu Stolberg** (→ Bad Segeberg/Bad Bramstedt/SH), **Johann Heinrich Voß** (→ Eutin/SH) und viele Gelehrte. – Im Februar 1920 erhielt **Friedrich Wolf** (→ Neuwied/RP) eine Anstellung als Stadtarzt. Während des Ruhrkampfes galt er als der »Rote General von R.« Bei den von **Johannes Resch** (1875-1961) veranstalteten Sonnenwendfeiern führte W. mit dem von ihm geleiteten Arbeiter-Samariter-Kurs »Peter Sequentz« von A. Gryphius auf und vollendete die utopisch-phantast. Komödie »Die schwarze Sonne«.

L **Walter Bloem** (→ Wuppertal/NW) benutzte die Bergstadt als Kulisse für seinen ersten, in R. geschriebenen Roman über die Gegensätze der Industriewelt: »Der Paragraphenlehrling« (später u. d. T. »Das jüngste Gericht«, 1907). Auch **Wilhelm Schäfer** (→ Schwalmstadt/Ottrau/HE) hat eine Erzählung, »Die Mißgeschickten« (1932), in R. angesiedelt.
S Im **Stadtarchiv** noch die Nachlässe von **Marie-Luise Becker-Strube** (1871-1960/u. a. »Bergische Märchen«) und **Gustav Hermann Halbach** (1882-1958/Grab auf dem Stadtfriedhof), Heimatforscher und Mundartdichter (»Geschechten on Gedechte en plattdütscher Muodersproke«, 1933).
Z Schwelm, Solingen, Wuppertal (NW).

RENDSBURG/SH

Museen im Kulturzentrum (u. a. Norddeutsches Druckmuseum), Jüdisches Museum Dr. Bamberger-Haus. – Schleswig-Holstein. Landestheater u. Sinfonieorchester (Sprechtheater R.), Rendsborger Speeldeel (seit 1950). – Älteste Heimvolkshochschule Dtl.s.

Hans Egon Holthusen, * 15. 4. 1913 R., † 21. 1. 1997 München, Lyriker, Literaturkritiker: »Ein störrisches Literatenleben«

(F. J. Raddatz). Nach Studium und Kriegs-
einsatz ab 1945 in → München/BY. – W.:
Klage um den Bruder (G. 1947); Hier in
der Zeit (G. 1949); Der unbehauste Mensch
(Ess. 1951); Labyrinthische Jahre (G. 1952);
Ja und Nein (Es. 1954); Das Schiff (R.
1956); Gottfried Benn (B. 1986).
A 1997 fand man in R. das 49. Exemplar
der Gutenberg-Bibel aus der Bibliothek
des R.er Marquard Gude (1635-1689).

Uwe Jens Lornsen (→ Sylt/SH), der »erste
Märtyrer der Sache Schleswig-Holsteins«,
wie auf seinem Denkmal am Paradeplatz
steht, verbrachte 1831-32 einen Teil seiner
Haft (verurteilt wegen seiner Schrift »Über
das Verfassungswerk in Schleswig-Hol-
stein«) in der gegenüberliegenden ehem.
Hauptwache (Th. Mügge, »Der Voigt von
Sylt«, 1851). **Theodor Storm** (→ Husum/
SH) 1848 ironisch: »Rendsburg ist kein
Ort für meine Konstitution, es ist zu viel
Gerassel, man schläft dort nicht genug.«
– 1904, 06 und 09 kam **Wilhelm Raabe**
(→ Holzminden/Eschershausen/NI) nach
R.

L Sagen von der Gründung der Reinholdes-
burg auf der Eiderinsel, die dem »schönen
Stättlein« (so 1653 **Matthäus Merian** → Frank-
furt/HE) den Namen gab, und vom »Blinden
König«, so **Ludwig Uhlands** (→ Tübingen/
BW) Ballade. – Die Erhebung der Herzogtü-
mer 1848 hatte in R. sogleich einen ihrer Schau-
plätze, die Provisor. Regierung nahm hier ih-
ren Sitz: »Up ewig ungedeeld« (Hrsg. **Detlev
von Liliencron** → Kiel/SH, 1898, n. 1980).
– **Arno Schmidt** (→ Hamburg) in »Die Schule
der Atheisten« (1971): »Eine TorfstecherGrup-
pe belebt, vorschriftsmäßig, das Bild. Mann,
der mit einer SpringStange über Gräben setzt.«
– Topograph. hist. Skizzen von **Hanns Chris-
tian Jessen** (»Rendsburg – Stadt am Nord-Ost-
see-Kanal«, 1972) und **Hans-Heinrich Wel-
chert** (»Aus einer Festungsstadt«, 1978). Der
früher in R. lebende Maler und Schriftsteller
Gerrit Bekker veröffentlichte 1991 »Gedichte
und Bilder«, 1993 »Petersens Meerfahrt« (E.)

und 1995 »Die Nacht nach Betti Hagen« (E.).
Horst Kutzer (Hrsg.), »Rendsburg. Ein Lese-
buch« (1987).

S Nordkolleg Rendsburg (Fachbereich Lite-
ratur): Veranstaltungen (»Klassiker lesen«) und
Seminare (»Kanalrunden«), auch für hochbe-
gabten Schriftstellernachwuchs in Zusammen-
arbeit mit der Arno Schmidt Stiftung (→
Celle/Bargfeld/NI): »Eine Art Kulturleucht-
turm« (W. Lewerenz). – **Gastatelier Bamber-
ger-Haus; Kulturpreis.**

Haale

Timm Kröger, * 29. 11. 1844 H., † 29. 3.
1918 → Kiel/SH, Schilderer der bäuerl.
Welt Holsteins, v. a. der Dörfer auf der
Geest. Arbeitete zunächst auf dem elterl.
Hof. Besuch der Gelehrtenschule Kiel,
später Studium. 1874 Kreisrichter in An-
gerburg, 1876-92 Rechtsanwalt in → Flens-
burg und Elmshorn (→ Pinneberg/SH),
dann Justizrat in Kiel. Ab 1903 freier
Schriftsteller. – W.: Der Schulmeister von
Handewitt (N. 1894); Leute eigener Art
(En. 1904); Aus dämmernder Ferne (Aut.
1924). – Vom Geburtshaus sind nur noch
Teile erhalten. – Nachlass LB Kiel.

Hohenwestedt

Heinrich Eckmann, * 18. 8. 1893 H., † 2.
5. 1940 ebd., platt- und hochdt. Erzähler
und Lyriker. – W.: Das Haus in den Blu-
men (G. 1925); Eira und der Gefangene
(R. 1935). – Seine Gärtnerei Itzehoer
Straße 21; Grab auf dem Friedhof; Erinne-
rungsstücke im Heimatmuseum.

Luhnstedt

Friedrich Ernst Peters, * 13. 8. 1890 L., † 19.
2. 1962 → Schleswig/SH, norddt. Erzäh-
ler und Lyriker. Lebte als Schuldirektor
in Schleswig. – W.: Der heilsame Umweg
(R. 1938, Bliesdorf als Schauplatz); Preis

der guten Mächte (Aut. 1940); Die dröge Trina (R. 1948); Bangen und Zuversicht (G. 1948); Ausgew. Werke (1958). – Luhnstedt als »Baasdörp« dargestellt in »Baasdörper Chronik« (1932, aus dem Nachlass 1975). Geburtshaus, eine Kate, erhalten; Grab auf dem Friedhof in Jevenstedt b. Rendsburg. – Mss. LB Kiel.

R Zu Beginn des 19. Jh.s war das südöstl. von Rendsburg gelegene Gut **Emkendorf** eines der kulturellen Zentren Norddeutschlands, nur Goethe, von Jacobi eingeladen, vermerkt: »Ich find es nicht auf der Karte«. Zu dem lit. Kreis um den Grafen Reventlow und seine Gattin Julia gehörten **Friedrich Gottlieb Klopstock** (→ Quedlinburg/ST), **Matthias Claudius** (→ Bad Oldesloe/Reinfeld/SH), **Johann Caspar Lavater**, die Brüder **Christian** (→ Hamburg) und **Friedrich Leopold zu Stolberg** (→ Bad Segeberg/Bad Bramstedt/SH) sowie **Johann Heinrich Voß** (→ Waren/MV); außerdem bedeutende Gelehrte jener Zeit und franz. Emigranten, der am längsten verweilende Flüchtling (1794-97) **Friedrich Heinrich Jacobi** (→ Düsseldorf/NW). Einer örtl. Überlieferung zufolge soll 1773 in der Umgebung des Gutes das »Abendlied« von M. Claudius entstanden sein, der bei seinen Aufenthalten im Gartenhaus wohnte. Im Sommer 1813 war Claudius im Pastorat im nahen **Westensee** einquartiert; in der Kirche von W. Grablege der Reventlow (Ch. Niese, »Schloß Emkendorf«, 1928; K. Reschke, »Matthias Claudius in Emkendorf«, in: »Von Schleswig nach Holstein. Skizzen vom Ostseestrand«, 1999).

In **Hanerau-Hademarschen** verbrachte **Theodor Storm** (→ Husum/SH) ab 1880 die letzten Jahre seines Lebens (Wohnung zunächst im Kloster 4). Eine Gedenktafel an seinem eigenen Haus in der heutigen Theodor-Storm-Straße 42 erinnert an die Zeit, als er hier, bei »schöner Fernsicht«,

u. a. den »Schimmelreiter« schrieb. Gedenktafel auch Mannhardtstraße 27 für die Hauptfigur des »John Riew« (N. 1885). Auf dem noch heute ursprüngl. erhaltenen Hof Ohem in **Hohn** feierte die Familie Storm ihre großen Familienfeste. »O, wie schlug die Nachtigall an dem Teich im großen Garten hinterm Hause«, schrieb der Dichter 1866 rückblickend, »es war Mondschein, es ist mir wie gestern, und sie so jung, so schön …« Aus **Westermühlen** am Mühlenbach stammte St.s Vater (Erinnerungen in »Aus der Jugendzeit«); den »Vordamm«, einen Bauernhof in der Nähe der ehem. Wassermühle, schildert St. in der Novelle »Im Schloß« (1863).

B O. Brand, Geistesleben und Politik in Schleswig-Holstein um die Wende des 18. Jh.s, 1927; C. Sternberg, Es stand ein Schloss in Böhmen (u. a. über Emkendorf in der ersten Hälfte 20. Jh.), 1979; D. Albrecht, Timm Krögers Dorfgeschichten auf der Geest, Emkendorf und der literarische Kreis der Reventlows, Theodor Storms Alterssitz in Hademarschen, in: Literaturreisen Schleswig-Holstein, 1993.

Z Eckernförde, Heide, Itzehoe, Kiel, Meldorf, Schleswig (SH).

REUTLINGEN/BW

»Anlagen und öffentliche Spaziergänge braucht die Stadt keine, da die ganze Gegend der schönste Garten ist.« (Gustav Schwab, 1824)
Heimatmuseum. – Theater »Die Tonne«; Freilichtaufführungen im Naturtheater.

Hermann Kurz (bis 1848 Kurtz), * 30. 11. 1813 R., † 10. 10. 1873 → Tübingen/BW, Lyriker und Erzähler. Nach Seminar (→ Maulbronn/BW), Tübinger Stift und Vikariat freier Schriftsteller und Journalist u. a. in → Stuttgart/BW und → Karlsruhe/BW. Seit 1863 Bibliothekar an der UB Tübingen. 1865 Ehrendoktor in Rostock für die Identifizierung Grimmelshausens als Verfasser des »Simplicissimus«. – W.: Schillers Heimatjahre (R. 1843); Der Sonnenwirt (R. 1854). – Geburtshaus Wilhelmstraße 95 (Gedenktafel); Denkmal auf der Planie; H.-K.-Zimmer im Heimatmuseum. – Nachlass StA R., LB Stuttgart, DLA Marbach. – Isolde Kurz, »Das Leben meines Vaters« (1906).

Ludwig Finckh, * 21. 3. 1876 R., † 8. 3. 1964 → Gaienhofen (Singen/BW), Erzähler und Lyriker. Nach Medizinstudium Arzt in Gaienhofen, Nachbar und Freund von Hermann Hesse (→ Calw/BW). Bis in die 1940er Jahre engagiert für Volkstum und Ahnenkult. R.er Romane: »Der Bodenseher« (1914), »Die Jakobsleiter« (1920). – Geburtshaus Wilhelmstraße 35; Grab auf der Achalm. – L.-F.-Freundeskreis (Festschrift »L. F. zum 100. Geburtstag«). – Nachlass StA und StB R.

Gerd Gaiser, * 15. 9. 1908 Oberriexingen/Enz, † 9. 6. 1976 R. Nach abgebrochenem Seminar (→ Jagsthausen/Schöntal/BW) Studium der Malerei und Kunstgeschichte. Lehr- und Wanderjahre in Europa. Im 2. Weltkrieg Jagdflieger (»Die sterbende Jagd«, R. 1953). Ab 1949 Zeichenlehrer in R., 1962 Dozent für Kunstgesch. an der Pädagog. Hochschule. In »Schlußball« (1958) erscheint R. als »Neu-Spuhl«; »Das Schiff im Berg« (R. 1955) bes. der Alb und ihrer Geschichte gewidmet. – Wohnhaus Robert-Koch-Straße 39 (Grab in → Tübingen/BW).

A »Der unbeirrbare Holzschneider« **HAP Grieshaber** (1909-81) lebte auf der Achalm (**Margarete Hannsmann,** »Der Alte vom Berg«, 1982, »Pfauenschrei«, 86) und ist auf dem Friedhof **Eningen unter Achalm** begraben. – **Günter Bruno Fuchs** (→ Berlin) lebte 1952-58 u. a. als Lehrer für »Feierabendwerken« in R., veröff. Gedichte und Holzschnitte.

L R.er Geschichte behandelten **Friedrich Schiller** (→ Ludwigsburg/Marbach/BW) und **Ludwig Uhland** (→ Tübingen/BW) in Balladen über Graf Eberhard, **Wilhelm Ganzhorn** (→ Sindelfingen/BW) in »Der Reutlinger Krönungszug« und **Elisabeth Rupp** in ihren Erinnerungen »Im Zweige« (1921). – Über zwei berühmte Söhne der Stadt, H. Kurz und den Nationalökonomen **Friedrich List** (1789-1846), schrieb **Theodor Heuss** (→ Lauffen/Brackenheim/BW). – **Dietmar Scholz** (»In den Mittag der Dinge«, G. 1978); **R. O. P. Tabbert** (»Minima geographica«, 1980). – Mundart: **Gustav H. Heerbrandt** (1819-96): »Gedichte in schwäbischer Mundart« (1892); **Wilhelm König**: »A Gosch wia Schwärt« (G. und Geschn. in Mittelschwäbisch, 1976); **Hellmut G. Haasis,** »Jetz isch fai gnuag Hai honna« (G. in R.er Mundart, 1980), »Em Chrischdian sei Leich« (R. 1989). »Kleines Reutlinger Lesebuch« (Mundart-Anth. 1985).

S Heimatmuseum: Dokumentation F. List, H. und I. Kurz, G. B. Fuchs (Telegramm-Gruppe). – **Stadtbibliothek:** 50 Hss., 118 Inkunabeln; Slgg. R.er Drucke (Zeugnisse R.er Buchdruckkunst), Volksschrifttum des 18. und 19. Jh.s, R.er Autoren. – **Reutlinger Mundart-Wochen** (seit 1976).

Bad Urach

»Die Rauhe Alb. Von Höhen rings umfangen
Und zu den Höhen wie im Traumverlangen
Aufblickend: Urach ... Apfelbäume blühn,
Und tief verneigen sich die Blütenzweige.
Ein Holzfuhrwerk zieht hoch die Ulmer Steige.
Die Burgruine – Fels im Hügelgrün.«
(Johannes R. Becher, 1947)

Mönchshof an der Amanduskirche: zuletzt (1818-1977) ev. theol. Seminar. Schüler u. a. **W. Hartlaub, J. Mährlen, E. Mörike** (→ Ludwigsburg/BW), **W. Waiblinger** (→ Heilbronn/BW). **Fr. Th. Vischer** (→ Ludwigsburg/BW) wurde 1848 als liberaler Kandidat von R.-Urach in die Nationalversammlung gewählt.

A »... wo über das Tal schauerlich Wald und Fels / Herhängt, wo das Gefild leise die

Erms durchschleicht«, schrieb **Friedrich Hölderlin** (→ Lauffen/BW) in Erinnerung an eine Wanderung durch das Uracher Tal im Herbst 1786. **Eduard Mörike**, 1818-22 Schüler am Seminar, rühmt in seinem G. »Besuch in Urach« das Tal als »meines Lebens andre Schwelle«.

E »**Uracher Kreis**«: Hinter U. im Tal der Erms gründete 1919 der Kunstschmied K. Raichle eine (dem »großen Vorbild« Ascona verwandte) Kommune. Mit ihm als Männer der ersten Stunde G. Gog und **Theodor Plievier** (→ Berlin), der im »Verlag der Zwölf« (Urach, Espachstraße 7) die Broschüre »Anarchie« herausgab. Dazu bald **Johannes R. Becher** (→ München/BY: »Urach oder der Wanderer aus Schwaben«). Zahlreiche Besucher (z. T. auf Inserate hin, Becher bissig: »Gesindel ist's und ein Panoptikum!«) und Gäste (aus der Kolonie war mit der Zeit ein »kommunistisches Ferienheim« geworden): u. a. der Theosoph **Gustav Nagel** (→ Salzwedel/Arendsee/ST), **Friedrich Wolf** (→ Neuwied/RP), **Erich Mühsam** (→ Berlin), **Alexander Abusch** (→ Berlin), **Ernst Glaeser** (→ Butzbach/HE), **Kurt Kläber** (1897-1959), Mitbegründer des Bundes proletarisch-rev. Schriftsteller. Ende des »Roten Winkels« 1931. – Unter den vorhandenen Gebäuden am Grünen Weg auch das Becher-Häuschen; Dokumente und Materialien im StA Urach. (»›Roter Verschwörerwinkel‹ am ›Grünen Weg‹. Der ›Uracher Kreis‹ Karl Raichles«, Hrsg. H.-D. Mück, 1991).

L Die »Warhafftige Nutzliche Lustige Beschreibung der Weitberuembten Statt Urach an der Alb . . .« von **Johann Sebastian Wieland** (1590-1635). – **Gustav Schwab** (→ Stuttgart/BW) rühmt in der »Neckarseite der Schwäbischen Alb« (1823) das Schloss und im Gedicht »Schwäbische Burgen der Hohenstauferzeit« die Festung Hohenurach (Denkmal beim Wasserfall). – Kulturgeschichtlich interessant **Ernst Salzmanns** (1848-1920) Erzählung aus dem Seminar »Hinter Klostermauern« (1886). – »Dr Uracher Schäferlauf« (Mundartg.) von **Heinz-Eugen Schramm**.

R **Nikodemus Frischlin** (→ Balingen/Erzingen/BW), der auf der Festung **Hohenurach** gefangen saß, stürzte bei einem Fluchtversuch am 29. 11. 1590 zu Tode (**Hans Joachim Schädlich**: »Kurzer Bericht vom Todfall des Nikodemus Frischlin«, in: »Versuchte Nähe«, 1977). – **Dettingen** a. d. Erms hat im J.-L.-Fricker-Haus eine Gedenkstätte für **Wilhelm Zimmermann** (→ Stuttgart/BW) eingerichtet. – In **Metzingen** und an der Straße nach **Bempflingen** spielen einige Szenen von **Eduard Mörikes** »Stuttgarter Hutzelmännlein«. – Lit.-tourist. Hauptattraktion: **Lichtenstein**. Die Manessische Hs. überliefert Strophen eines **Ulrich von L.** Anfang des 19. Jh.s eine wenig bekannte Ruine, wurde die Burg durch **Wilhelm Hauffs** (→ Stuttgart/BW) hist. Roman »Lichtenstein« (1826) schlagartig berühmt und nach der Buchvorlage restauriert (W.-H.-Denkmal im Park). In der Nähe die **Nebelhöhle**, die bei W. Hauff als Zuflucht für Herzog Ulrich eine Rolle spielt. W.-H.-Museum in L.-**Honau**, Echazstraße 2. – In **Gomaringen** amtierte **Gustav Schwab** 1837-41 als Pfarrer (Schloss- und G.-Schwab-Museum). Einer seiner Vor-

Reutlingen: Literatouristische Hauptattraktion der Schwäbischen Alb: die nach Wilhelm Hauffs Roman (1826) restaurierte Burg Lichtenstein

gänger war **Johann Ulrich Schwindraz-
heim** (1736-1813), der in einer Rezension
von **Friedrich Schiller** fortlebt: »Schade, daß
er sein herrliches Dichtertalent an den un-
fruchtbaren Stoff der Hochzeiten und All-
tagsleichen verschwendet«.

B R. Muscat, Der junge Mörike in Urach,
1985; Marbacher Magazine und »Spuren« zu
G. B. Fuchs (Sp. 17/1992), W. Hauff und der
Lichtenstein (Mag. 18/1981), G. Schwab (Mag.
61/1992),
Z Münsingen, Nürtingen, Tübingen, Beben-
hausen (BW).

RHEINSBERG/BB

Rheinsberg: Das Schloss des jungen Friedrich

*»Rheinsberg, das verzauberte Schloß inmitten
der märkischen Landschaft, dort wo sie aus Seen
und Wäldern gefügt am schönsten ist: Bereits
der Name läßt uns lächeln.« (Christian Graf
von Krockow, 1998)*
Schloss am Ufer des Grienericksees, Garten-
fassade mit Rasenparterre und Plastiken »Apol-
lo mit den vier Jahreszeiten« (1765); am Torbo-
gen der Schlossbrücke Inschrift: »Friderico
tranquilitatem colenti« (Friedrich, der hier die
Muße pflegt). Kurt-Tucholsky-Literaturmu-
seum im Schloss. – Opernfestival Kammeroper
Schloss Rheinsberg (Sommer).

Friedrich d. Gr. (→ Potsdam/BB), für den
das Schloss das Refugium seiner Kronprin-
zenjahre (1734-40) war (»Ich bin mein Le-
ben lang unglücklich und nur in Rheins-
berg glücklich gewesen«), begann hier
1736 seinen Briefwechsel mit **Voltaire**
(→ Potsdam/BB), der ihn 1740 in Rh. be-
suchte. F. schrieb hier den »Antimacchia-
vell« (1740) mit dem berühmten Satz:
»Der Fürst ist nicht der unumschränkte
Herr, sondern nur der erste Diener seines
Volkes.« Von 1753 bis zu seinem Tod unter-
hielt F.s Bruder Prinz Heinrich (1726-
1802), dem »das harte Los zufiel, durch
ein helleres Licht verdunkelt zu werden«

(Th. Fontane), hier seinen Musenhof. Grab-
pyramide im Park.
A **Carl Hauptmann** (→ Berlin) hielt sich
Juni/August 1900 in R. auf. – **Kurt Tu-
cholsky** (→ Berlin) kam im Sommer
1912 nur für drei Tage mit seiner späteren
Ehefrau Else Weil nach R. Sein »unbe-
schwertes Märchen aus dem Alltag«
»Rheinsberg – ein Bilderbuch für Verliebte«
(1912) machte ihn berühmt. 1980 wurde
im Schloss eine Tucholsky-Ausstellung ge-
zeigt: »Im Schloss der Preußen ein Preu-
ßenhasser – ja, das fand man witzig.« (K.
Niemann, 1991). Seit 1990 K.-T.-Gedenk-
stätte im Schloss, seit 1995 Hrsg. der
»Rheinsberger Bogen« (Veröffentl. der
von der Gedenkstätte betreuten Stadt-
schreiber). – 1920 heirateten in R. **Armin
T. Wegner** (→ Wuppertal/NW) und Lola
Landau. – Ende August 1955 war die junge
Brigitte Reimann (→ Burg/ST) mit ih-
rem Geliebten in R., der ihr dort prophe-
zeite, bei Geschick »eine zweite Seghers
(zu) werden«.

L Die erste »Beschreibung des Lustschlosses
und Gartens ... zu Rheinsberg« (1778, n.
1991) gab **Friedrich Nicolai** (→ Berlin) her-
aus. – Es waren auch die Kindheitserinne-

rungen an R., die **Theodor Fontane** (→ Neuruppin/BB) 1859 auf den Gedanken brachten, »die Mark Brandenburg und ihre Schlösser und Seen beschreiben zu wollen«. Für Recherchen zu den »Wanderungen« war F. 1859 und 61 hier. – Der Engländer **Andrew Hamilton** war im Sommer 1872 drei Wochen in R. und schieb den Reisebericht »Rheinsberg – Das Schloß, der Park, Kronprinz Fritz und Bruder Heinrich« (2 Bde, engl. 1880, dt. 1882/83, n. F. Fabian 1992). – **Walter Tetzner** (1890-1986) verfasste eine »Chronik der Stadt und des Schlosses Rheinsberg« (1928, n. 1993). – Mit DDR-Bezug schrieb **Joachim Seyppel** über Rh. in »Ein Yankee in der Mark« (1969). – **Christian Graf von Krockow** (→ Göttingen/NI), der Rh. in seinen »Fahrten durch die Mark Brandenburg« (1993) aussparte, war schon Anfang der 90er Jahre hier (»Rheinsberg – Ein preußischer Traum«, 1992).
S Seit 1995 Veröffentlichungen der Stadtschreiber (u. a. W. Hilbig, A. Gröschner, K. Lange-Müller) in den »Rheinsberger Bogen«, dazu auch satirisch »Die Autorenwitwe« von Judith Kuckart (E. 2003).
B Ch. Graf von Krockow, Die preußischen Brüder. Prinz Heinrich und Friedrich der Große. Ein Doppelporträt, 1998; E. Ziebura, Prinz Heinrich in Rheinsberg, u. a. in: Die Mark, Zs. 46/2002.
Z Neuruppin, Oranienburg, Perleberg (BB); Neustrelitz (MV).

ROSENHEIM/BY

»In Rosenheim beginnt die Welt.« (Hans Heyn, 1984)
Stadtarchiv (Fragm. der sog. Nibelungenhs. Q). – Städt. Museum (im Mittertor), Inn-Museum.

Franz Seraphim Mayr (1809-1859) wurde 1852 nach München berufen, im Jahr, als seine Slg. »Fromme Sagen« erschien. – **Georg Westermayer** (1836-1893), Priester, Historiker und Dichter, zuletzt in Feldkirchen bei Bad Aibling. Seine Biographie **Jakob Baldes** (→ Neuburg a. d. Donau/

BY) erschien 1868. – **Julius Langbehn**, geb. 1851 in Hadersleben, starb am 30. 4. 1907 im Hotel »König Otto« (Grab → Fürstenfeldbruck/Puch/BY). – Der klass. Philologe und Hrsg. **Eduard Stemplinger**, (→ Deggendorf/BY) wurde 1921 Gymnasialdirektor in R. (»Jugend in Altbayern«, Aut. 1932), wohin ihm **Josef Hofmiller** (Sonthofen/Kranzegg/BY) folgte, der zuletzt in der heutigen Hofmillerstraße 14 wohnte und hier am 11. 10. 1933 starb (Grab auf dem Ostfriedhof München aufgelassen). Einer seiner Schüler war **Bernt von Heiseler**. – Der NS-Dichter **Florian Seidl**, geb. 1893 in Regensburg, »Das harte Ja« (R. 1941), starb in R. am 6. 12. 1972. – Mittendrin, am Ludwigsplatz, lebte bis zu ihrem Tode 1987 die Mundartdichterin **Gustl Laxganger** (→ Wasserburg/BY), die 1913 von München nach R. gezogen war.

L Werner Bergengruen (→ Baden-Baden/ BW) 1934: ». . . große, freie Plätze . . . schwarzen Schatten mächtiger Bogenwölbungen, die nicht an schlesische, wohl aber an tirolische oder gar schon bolognesische Lauben gemahnen.« Abseits, am Stadtbach, stand »ein recht häßliches Haus mit kleinem Garten« Modell für **Luise Rinsers** (→ Landsberg a. L./BY) »Roman einer tristen bayerischen Mittelstadt mit ihrer Geschichte von 1924 bis in die Gegenwart«: »Der schwarze Esel« (1974). – Hans **Ziegler**, »Rosenheim – schwarz auf weiß« (Stadtanthologie, 1982) und das »Rosenheimer Poesie-Album« (in »R. Stadt und Land am Inn«, 1985).

R »Literarische Annäherung an die Ewigkeit«: Tuntenhausen, »gerühmte Gnadenstätte Unserer Lieben Frau«, hat **Carl Amery** (→ München/BY) mit seinem R. »Die Wallfahrer« (1986) nicht ohne Ironie im Visier. – **Otfried Preußler**, Geschichtenerzähler und moderner Kinderbuchklassiker (u. a. »Der Räuber Hotzenplotz«, 1962). Nach Krieg und Gefangenschaft seit 1949 in **Haidholzen**, Lehrer bzw. Rektor bis 1970 in **Stephanskirchen** (Gedenktafel), seitdem freier Schriftsteller. – **Otto Brües** (→ Krefeld/NW) war seit 1939 auch in **Au** (Bad Feilnbach-Au) ansässig, Wiesenhaus (heute O.-B.-Weg 1): »Zwischen Chiemsee, Wendelstein und Tegernsee« (Hrsg. E. Brües, 1997). Auf dem Friedhof von Bad-F.-**Lippertskirchen** ist das Grab von **Jo Hanns Rösler** (1899-1966 → Miesbach/BY). – **Nicklheim: Luise Rinser**, im Winter 1932 auf 33 schon einmal Aushilfslehrerin in **Großkarolinenfeld** (»Den Wolf umarmen«, 1981), wurde 1935/36 Lehrerin »in jenem Moordorf« N.: »Das Mit-Erleben der Armut der Torfstecher und das Erlebnis der eigenen ergaben den Stoff zu meinem Roman ›Daniela‹« (1953).

In **Brannenburg** bezog 1908 der neuklass. Dichter und Übersetzer aus dem Russ. **Henry von Heiseler** (1875 Petersburg – 1928 V.) ein Bauernhaus in **Vorderleiten** (Nr. 1). Kriegs- und Revolutionsjahre in Russland folgten, 1922 Rückkehr nach B. Seine Sämtl. Werke edierte 1965 sein Sohn **Bernt von Heiseler** (1907-69), Dramatiker (Hohenstaufentrilogie, 1948), Erzähler (Aut. »Haus Vorderleiten«, 1971), Lyriker und Essayist. Grab von Vater und Sohn auf dem Friedhof St. Margarethen/Großbrannenburg. – 1919-31 lebte **Albrecht Schaeffer** (→ Hannover/NI) in **Neubeuern** (im roten »Kistler« im Markteck), er vollendete hier den »Helianth«. Als **Hans Carossa** (→ Bad Tölz/BY) ihn besuchte, regte ihn der Floriani-Brunnen auf dem Dorfplatz zu dem G. »Der alte Brunnen« an. Im Festsaal des von G. von Seidl neu gestalteten Neubeurer Schlosses (seit 1925 Gymnasium und Internat) fand von 1908 bis 1914 alljährlich um Weihnachten die »Neubeurer Woche« von Julie von Wendelstadt statt. Illuster der Kreis, u. a. **A. Kolb** (→ München/BY), **R. A. Schrö**der (→ Bremen), **Rudolf Borchardt** (→ Berlin), **C. J. Burckhardt** und **Hugo von Hofmannsthal**, der zu der Schwägerin der Schlossherrin, Ottonie von Degenfeldt, die im Sommer im Gutshof Hinterhör wohnte (dem Ort, so Hofmannsthal, »so vieler meiner wichtigsten Pläne und Entwürfe«) in enger Beziehung stand (Briefwechsel, 1974). Im Kontext: »Der die ›Gruppe 47‹ konstituierenden Bannwaldtagung war ein vom Stahlberg-Verlag arrangiertes Autorentreffen in Altenbeuern bei Rosenheim vorangegangen: in der geistigen Einflusssphäre des Freundestriumvirats Hugo von Hofmannsthal, Rudolf Borchardt, Rudolf Alexander Schröder. Dieser sprach einleitend zum Thema ›Vom Beruf des Dichters in der Zeit‹. Hierauf beschloss **Hans Werner Richter**, seine eigene Tagung zu veranstalten: in weniger gemischter Gesellschaft, mit den ›richtigen‹ Leuten« (**Albert von Schirnding**, »Alphabet meines Lebens«, 2000).

An der Alpenstraße zwischen **Bayrischzell** und **Niederaudorf** steht das durch **J. V. von Scheffels** (→ Karlsruhe/BW) Gedicht »Der Tazzelwurm« (1863) bekannt gewordene Berggasthaus (Dichter- und Künstlerstube; Gedenktafel für **Ludwig Steub** → Aichach/BY, der den »Feurigen Tatzelwurm« erst propagierte). Nicht minder frequentiert: der »Weber an der Wand« in **Oberaudorf**, von wo man »Auf den Spuren Ludwig Steubs« (u. a. »Drei Sommer in Tirol«, 1871, »Die Rose der Sewi«, 79) bis ins öst. **Niederdorf** wandern kann. Am Luegsteinsee bei O. Denkmal für **Martin Greif** (→ Speyer/RP). – In **Kiefersfelden** wurde 1618 Deutschlands älteste Dorfbühne gegründet. Noch heute werden bei den Ritterspielen die Stücke von **Josef Schmalz** (1793-1845) aufgeführt, Steub nannte ihn den »Bauern-Shakespeare« (G. Holzheimer, »Krachen lassen«, 1999). – Im Priener Tal spielt u. a. der hist. Roman aus dem Chiemgau »Der Müllner-Peter von **Sachrang**« (Aschau-S., Museum Schulstraße 3) von **Carl Oskar Renner** (1908-97). Von R. auch der hist. R. über die Eremiten vom »Kirchwald« (1993) bei **Nußdorf** am Inn.

B H. Heyn (Hrsg.), Lesebuch aus der Provinz. Chiemgau, 1988; ders., Lob der Landschaft, in: Der Inn, Ausstellungskatalog 1989; K. Stankiewitz, Sieben Wochen meines Lebens war ich reich, 1999; R. Just, Krumme Touren 2 (u. a. Chiemgau), 2007.
Z Chiemsee, Ebersberg, Miesbach, Traunstein, Wasserburg (BY).

ROSTOCK/MV

»Unter allen Städten, die wir bisher auf dieser Reise gesehen haben, hat Rostock das größte und beste Ansehen.« (Wilhelm von Humboldt, 1796)
Universität, Hochschule für Theater und Musik (gegr. 1994), Schmidtsche Bibliothek. – Stadtarchiv, Universitätsarchiv, Bibliothek u. Nachlass Oluf Gerhard Tychsen (1734-1815). – Kunsthalle Rostock, Institut für neue Medien, Bildungswerk MV der Heinrich-Böll-Stiftung, Edvard Munch-Haus Warnemünde. – Volkstheater, Niederdt. Bühne. – Jüdischer Friedhof, Grab des letzten Landesrabbiners und Historikers S. Silberstein, Gedenktafeln für verfolgte und ermordete jüdische Bürger (Pädagogikprofessor David Katz) und die Reformpädagogin Marie Bloch. – Slüter-Denkmal an der Petrikirche, Tycho Brahe-Denkmal. – Der Architekt Heinrich Tessenow (1876-1950) wurde in R. geboren.

Johann Lauremberg (Ps. **Jeckel von Achtern, Hans Wilmsen**), * 26. 2. 1590 R., † 28. 2. 1658 Sorø/Dänemark, Satiriker, Humanist, niederdeutscher Dichter: »ik spreke als mins grotvaders oldermöme sprak«. Nach Studium in R. ab 1618 Lehrer an der Universität (seinen Lehrstuhl übernahm 1624 sein Bruder **Peter Lauremberg**). Ab 1623 an einer Ritterakademie in Sorø, trat für die Pflege der niederdt. Sprache ein und

schrieb lat. Tragödien. – W.: Satyra (1630); Veer Schertz Gedichte. In Nedderdüdisch gerimet (1652); Werkauswahl in: J. Grambow (Hrsg.), »Ick weit en Land« (1984).

Andreas Tscherning, * 18. 11. 1611 Bunzlau, † 27. 9. 1659 R., Fabeldichter, Theoretiker. Seit 1635 nach schwerer Jugend Studium in R., 1644 Prof. Stand unter dem Einfluss seines Lehrers Martin Opitz (→ Heidelberg/BW) – W.: Deutscher Getichte Früling (1642).

Johann Peter Willebrand, * 12. 9. 1719 R., † 22. 7. 1786 Hamburg. Reiseschriftsteller, in Lübeck und Altona tätig. – W.: Historische Berichte und practische Anmerkungen auf Reisen in Deutschland, in die Niederlande, in Frankreich, England, Dännemark, Böhmen und Ungarn (1785); Hansische Chronik (1948/49).

Johann Jacob (* 19. 3. 1717 R., † 26. 12. 1766 ebd.) und **Theodor Johann Quistorp** (* 11. 4. 1722 R., † 29. 5. 1776 Wismar/MV), Verfasser theologischer und dramatischer Schriften. Der ältere Bruder, Pastor und Hochschullehrer in R., wurde mit der »Untersuchung der Frage, ob eine Braut mit Recht den Verlust ihrer Jungfrauschaft beweinen könne« (1736) bekannt; der jüngere, Advokat und Prokurator in Wismar, musste bei G. E. Lessing (→ Kamenz/SN) als Beispiel für schlechte Dramen herhalten (»Aurelius«, 1743).

John Frederic Brinckman, (auch Brinckmann), * 3. 7. 1814 R., † 20. 9. 1870 → Güstrow/MV (Grab ebd.), Lyriker, nieder-, auch hochdeutscher Erzähler. Der politisch aufrecht denkende B. stand als Autor stets im Schatten Fritz Reuters (→ Demmin/Stavenhagen/MV), doch Ernst Barlach (→ Wedel/SH) urteilte: »Brinckman, wenn er auch die geringeren Fäuste hat, ist in allem kräftiger und herber«. Nach dem Studium in R. und einem Prozess wegen versuchter Gründung einer Burschenschaft

1839 nach Amerika ausgewandert, 42 ent-
täuscht und krank zurück. Lehrtätigkeit
u. a. in Dobbertin (→ Parchim/MV),
Goldberg (→ Parchim/MV, 1846-49),
→ Güstrow/MV (ab 1849). Seine En.
über den Kapitän Pött (»Kasper-Ohm un
ick«, 1855) haben R.er Lokalkolorit (Bron-
zestatue des Kasper-Ohm von Jo Jastram
in der Badstüberstraße), ebenso das Ge-
dicht »Vagel Grip« (nach dem Vogel Greif
im R.er Stadtwappen): »Oll Rostock –
min oll Vaderstadt!« – Geburtshaus Koss-
felder Straße 2 (kriegszerstört); B.-Brun-
nen heute am »Weißen Kreuz« im nach
ihm benannten Stadtteil Brinckmansdorf
(früher Vögenteichplatz); in Warnemünde,
wo B. oft Erholung suchte, ein Relief-
Gedenkstein an der W.er Bahnhofshalb-
insel, B.-Sammlung im Kulturhistorischen
Museum R., darunter auch die Gedenk-
tafeln von den zerstörten Geburts- und
Wohnhäusern. – W.: Kasper-Ohm un
ick (1855); Vagel Grip (G. 1859); Werke
(Hrsg. K. Batt, 1964); J. B., Ein Lesebuch.
(Hrsg. M. Block-Jakobs, 1995). – Nach-
lass UB Rostock. – 1960-69 J.-B.-Preis
des Bezirkes Rostock; John-Brinckman-
Gesellschaft (1990). – W. Siegmund, J. B.
Ein Lebensbild, 2000.

Karl F. Eggers, * 7. 6. 1826 R., † 18. 7.
1900 R.-Warnemünde, und Bruder **Fried-
rich E.**, * 27. 11. 1819, R., † 11. 8. 1872,
Berlin, beide als Schriftsteller tätig; letz-
terer Mitglied im Literaturverein »Tun-
nel über der Spree« (→ Berlin), befreundet
mit A. v. Wilbrandt, Johannes Trojan und
Heinrich Seidel (→ Grevesmühlen/Perlin/
MV). W.: Tremsen (G. 1875).

Johannes Trojan, * 14. 8. 1837 Danzig,
† 23. 11. 1915 R., vielseitiger Erzähler und
Lyriker. Nach dem Studium in Göttingen
und Berlin Journalist. Freund Heinrich
Seidels, Inspirator des »Allgemeinen deut-
schen Reimvereins«, ab 1886 Chefredak-
teur des »Kladderadatsch« in Berlin. Seit

den 70er Jahren Urlaub in R.-Warnemün-
de, ab 1909 ständig in R. Die Jahre nach
der Rehabilitierung in einem Zensurkon-
flikt bis zu seinem Tod verbrachte T. in
Warnemünde. – W.: Für gewöhnliche Leu-
te (G. und En. 1893); Von einem zum an-
deren (ges. En. 1893); Berliner Bilder (1903);
Erinnerungen (1912). – Grab Neuer Fried-
hof R.

Adolf von Wilbrandt, * 24. 8. 1837 R.,
† 10. 6. 1911 ebd., Erzähler, Dramatiker:
»Aus Pietät ward ich Jurist, aus Neigung
Historiker, aus Patriotismus Journalist, aus
Naturtrieb Poet.« Studium in R., Berlin
und München. Victor Klemperer (→ Dres-
den/SN) verglich W. mit Paul Heyse (→
Berlin): »Heyses Menschen sind nur dazu
da, um einander zu lieben. Wilbrandts
Menschen dagegen, um erzogen zu wer-
den.« Nach epigonalen Anfängen (»Gei-
ster und Menschen«, R. 1864) und einigen
Jahren in Wien 1887 Rückkehr nach R.
Als Verf. von Schauspielen mit historischer
Thematik schnell erfolgreich (»Gracchus«,
1872; »Der Meister von Palmyra«, 1889).
Weniger beachtet die »Erinnerungen«
(1905, später »Aus der Werdezeit«, 1907)
und Novellen; »Hiddensee«-Roman 1910.
Versch. Dichterbiographien, u. a. 1874
zu Fritz Reuter, dessen Nachlass W. verwal-
tete; Hrsg. der R.-Schrr. aus dem Nach-
lass. – Geburtshaus Große Mönchenstra-
ße 25; Grabplatte in der »Grabsteinsamm-
lung« auf dem Alten Friedhof Saarplatz. –
Robert Wilbrandt, »Mein Vater Adolf Wil-
brandt« (1937).

Ernst Ziel, * 5. 5. 1841 R., † 16. 2. 1921
Berlin, Journalist, Lyriker. Studium in R.,
ab 1878 Chefredakteur der »Gartenlau-
be«. – W.: Gedichte (1867); Reliefs. Dich-
terporträts (1885-94).

Max Dreyer, * 25. 9. 1862 R., † 27. 11.
1946 Göhren (→ Rügen/MV), nieder-
deutscher Autor, Humorist. Nach dem Stu-
dium in Leipzig und R. Lehrer und Redak-

teur (1888-98 in Berlin), befreundet mit R.
Dehmel und den Gebrüdern Hartleben
in Clausthal-Zellerfeld (→ Goslar/NI).
Schrieb naturalistisch geprägte Theater-
stücke: »Der Probekandidat« (1899) und
»Tal des Lebens« (1903); später überwie-
gend Literatur des Ostseeraums (»Ohm Pe-
ter«, R. 1908; »Die Insel«, R. 1920); über
Rostock: »Nah Huus« (Dialekt-G. 1904).
Wilhelm Schmidt, * 11. 3. 1872 R., † 15. 5.
1941 ebd., Schriftsteller und Journalist,
»Sein Platt ist beispielhaft« (J. Grambow).
Hrsg. des Vagel Grip-Kalenders, der »Zehn
mecklenburgischen Volkserzählungen«Lud-
wig Kreutzers (→ Ludwigslust/Dömitz/
MV) und einer Prachtausgabe des »Kas-
per-Ohm un ick« von John Brinckman.
Schrieb den Sagenband »Dünung« (1919).
Hans Paasche, * 3. 4. 1881 R., † 21. 5. 1920
Neumark (ermordet), Offizier bis 1908.
Seine in Afrika gemachten Erfahrungen
im deutschen Militär ließen ihn den Dienst
quittieren. Die Erschießung des verhass-
ten Pazifisten durch Reichswehr-Soldaten
veranlasste K. Tucholsky zur bitteren Ge-
dicht-Anklage: »Wieder einer./Das ist im
Reich/Gewohnheit schon . . ./Leitartikel.
Dementi. Geschrei./Und in vierzehn Ta-
gen ist alles vorbei.« (1920). – W.: Die fik-
tiven Briefe u. d. T. »Die Forschungsreise
des Afrikaners Lukanga Mukara ins inner-
ste Deutschland« (1921, n. 89); Im Mor-
genlicht (Ber. 1907); . . . auf der Flucht er-
schossen (Schrr., hg. von H. Donat, 1981),
Ändert Euren Sinn! (Schrr. hg. von H. Paa-
sche/H. Donat, 1991). – W. Lange, Hans
Paasches Forschungsreise ins innerste
Deutschland. – Eine Biographie (1995).
Theodor Jakobs, * 19. 8. 1896 R., † 25. 10.
1947 ebd., Erzähler, Stadtarchivar. – W.:
Die letzte Schlacht (R. 1931); Zwischen
sieben Toren (n. 1992). – Wohnung Haus
beim Katharinenstift 3.
Franz bei der Wieden, * 15. 10. 1896 R.,
† 18. 3. 1973 Einbeck (→ Nordheim/NI).

Bühnen- und Rundfunkautor. – W.: Be-
such aus dem Paradies (Lsp. 1956).
Heidi Huberta Freybe (Ps. **Katrin Hol-
land, Martha Albrand),** * 8. 9. 1914 R.,
1937 Emigration in die USA, Todesdatum
unbekannt. Verfasserin zahlreicher, teil-
weise ins Triviale gehender Romane (»Das
Mädchen, das niemand mochte«, 1933;
»Nach Mitternacht«, 1948). In Deutsch-
land vergessen und weitgehend unge-
druckt. – J. Borchert, K. H., in: »Kiek in
1918-45« (1991).
Gerhard Walter Neumann, * 16. 10. 1928
R., † 25. 6. 2002 Hamburg. Lyriker, Es-
sayist. – W.: Wind auf der Haut (G.
1956), Salziger Mond (G. 1958), Reporte
(1980), Angriff der Möven (G. 1994), Un-
ter Ziegelbränden (G. 1997).
Walter Kempowski, * 29. 4. 1929 R., † 5.
10. 2007 → Rotenburg/NI, durch sein
vielseitiges und vielschichtiges Werk wur-
de er zum eigenwilligen »Chronisten des
Bürgertums«, anfangs skeptisch, später
überwiegend zustimmend aufgenommen.
K. wuchs in R. auf (Elternhaus erhalten),
er erlebte das Kriegsende als Flakhelfer.
1948 verhaftet, zu 25 Jahren Zwangsarbeit
wegen angebl. Spionage verurteilt (→
Schwerin/MV, → Bautzen/SN), 56 Am-
nestie und Übersiedlung nach West-
deutschland. Lehrer, später Gastdozen-
ten und Lehraufträge. Seit 1994 Ehrenbür-
ger R. s. Sein Elternhaus, seine Familie,
aber auch die politischen Erfahrungen
und die Haftzeit (»Im Block«, 1969, n.
87) sind Gegenstand des – auch verfilmten
– großen sechsteiligen R.-Zyklus »Deut-
sche Chronik« (u. a. »Tadellöser & Wolff«
1971; »Uns geht's ja noch Gold«, 1972;
»Ein Kapitel für sich«, 1975; »Aus gro-
ßer Zeit«, 1978); dazu auch der Bericht
»Rostock, nach siebenundzwanzig Jahren«
(in »Letzte Tage in Mecklenburg«, Hrsg.
U. Schacht, 1986), »In Rostock« (1990),
und das Tgb. von 1990 »Hamit« (2006).

Rostock: Das »Kempowski-Archiv-Rostock. Ein bürgerliches Haus« im Klosterhof

Das mehrbändige Alterswerk »Echolot« (1993-2005), eine Alltagschronik des 2. Weltkrieges, fand große Beachtung, dazu K.s Tagebuch »Culpa – Notizen zum Echolot« (2005). Briefwechsel mit Uwe Johnson (Hrsg. E. Falke, G. Treptow 2006); zuletzt »Alles umsonst« (R. 2006). – »Kempowski-Archiv-Rostock. Ein bürgerliches Haus e. V.« (gegr. 1998) beim Kloster zum Heiligen Kreuz. – Porträts K.s in E. Maletzkes »Poeten in ländlicher Idylle« (1996); D. Hempel, »Walter Kempowski – Eine bürgerliche Biographie« (2004).
Kurt Batt, → Hamburg, † 20. 2. 1975 R., seit 1961 Leiter des Lektorats im R.er Hinstorff Verlag. Förderer zahlreicher DDR-Autoren (u. a. F. R. Fries, J. Becker, U. Plenzdorf). Essays auch zur westdeutschen Literatur; Biograph und Hrsg. der Werke F. Reuters und J. Brinckmans. – W.: Revolte intern (Ess., 1974); Widerspruch und Übereinkunft (Ess. 1978).

A Der Humanist **Heinrich Böger** wurde durch Kaiser Maximilian zum Poeta Laureatus gekrönt. Vor 1486 war **Konrad Celtis** aus Wipfeld (→ Schweinfurt/Wipfeld/BY) in R. 1647 traf **Sigmund von Birken** (→ Nürnberg/BY) in R. auf **Andreas Tscherning**. 1675 starb hier der Erbauungsschriftsteller **Heinrich Müller** aus Lübeck (geb. 1631), dessen Werke (»Geistliche Erquickstunden«, 1664) bis ins 18. Jh. zum Inventar protestantischer Bücherstuben gehörten. – 1711 zog ein Grabower (→ Ludwigslust/MV) Bürger namens Siegmund Mann nach R. wo er »eine ungemeine Menge von Kindern gezeugt habe, tote und lebendige, wie es gerade kam …« (**Thomas Mann**, »Buddenbrooks«, 1901), bis der Sohn aus der Wokrenter Straße nach → Lübeck/SH ging: Beginn der Schriftstellerdynastie Thomas und Heinrich, Klaus, Erika, Golo und weiterer Manns, deren mütterliche Linie der Bruhns ebenfalls familiäre Wurzeln in R. hat. – Der englische Gelehrte **Thomas Nugent** (→ Wismar/MV) beschrieb die Stadt 1766. Zwei Jahre danach zog **Johann Friedrich Löwen** (→ Goslar/Clausthal-Zellerfeld/NI) nach R., wo er 1771 starb. – Eine »Humoristische Reise durch Mecklenburg« (1812) führte **Johann Stephan Schütze** (→ Magdeburg/ST) auch nach R., das »schon von außen eine nicht missrathene Figur macht«. **Karl Julius Weber** (→ Langenburg/BW) schätzte R. dagegen in seinen Reisebriefen »Deutschland …« (1826 ff.) als »Handelsstadt 2. Ranges« ein.
Ida Hahn-Hahn (→ Demmin/Tressow/MV) wohnte nach 1809 mit ihrer Familie in R. An der 48er-Revolution beteiligte sich der R.er Advokat und Publizist **Moritz Wiggers** (1816-94), er half **Johann Gottfried Kinkel** (→ Neustrelitz/MV und → Bonn/NW) bei dessen Flucht über R. nach Amerika (M. Wiggers, »Kin-

kels Befreiung«, in »Gartenlaube« Nr. 7-10/1863); »Kinkel-Stube« im Wirtshaus zum Weißen Kreuz am Mühlendamm (zerstört). – 1850-51 lebte **Ludwig Reinhard** (→ Ratzeburg/Mustin/SH) nach seiner Amtsenthebung in Rostock. Die Mitherausgabe der Zeitschrift »Reformblatt für beide Mecklenburg« trug ihm drei Monate Haft im »Brummstall zu Rostock« ein. Dazu J. Borcherts E. »Wie Ludwig Reinhard im Knast zu Rostock Fettlebe feierte« (in: »Voß un Haas-Kalender«, 1998). Kinder- und Jugendjahre nach 1900 verbrachten hier **Alfred Neumann** (→ München/BY) und **Kurt Neuburger** (»Nachtigall im Aus«, G. 1987), von dem I. Drewitz (→ Berlin) sagt: »Eine Begabung, die sich durch die eigenen intellektuellen Querschüsse immer wieder gefährdet hat . . .«.

Im Sommer 1870 kam **Theodor Fontane** (→ Neuruppin/BB) nach Warnemünde: »seinem Renommee nach eine Art Aschenputtel unter den Badeplätzen«, fand es aber »gar so übel nicht«. Ein Jahr später logierte er sich wieder in der Pension Hübner (heute Hotel) ein, um »entweder in Stille zu arbeiten oder in Stille spazieren zu gehen«. Tatsächlich beschäftigte er sich aber auch eingehend mit dem Blücher-Denkmal. Fontanes Kontakte zu Rostock liefen über die Berliner »Tunnel«-Kollegen Friedrich und Karl Eggers und den R.er Fritz Witte, dessen Chemiefabrik in der Schnickmannstraße von Fontane lyrisch-ironisch besungen wurde. 1884 kurte **Heinrich Schliemann** (→ Bad Doberan/Neubukow/MV) in Warnemünde (Kleine Wasserstraße 17). – Von 1906-08 war **Artur Dinter** (→ Mühlhausen/TH) Regisseur am Stadttheater, **Curt Goetz** (→ Mainz/RP) hatte 1907 hier sein erstes Engagement. Als Marine-Soldat kam **Joachim Ringelnatz** (→ Wurzen/SN) nach R.-Warnemünde (Wohnung John-Brinck-

man-Str. 3). **Robert Nespital** (→ Neustrelitz/MV) schrieb in Rostock sozialistische, dem Naturalismus nahestehende Dramen für die Freie Volksbühne (»Verflucht sei der Acker«, 1913).

Im Sommer 1913 kam **Rainer Maria Rilke** (→ München/BY) aus seinem Urlaubsort Heiligendamm (→ Bad Doberan/MV) nach Rostock, seine Begleiterin **Helene von Nostitz** schildert in ihren Erinn. »Aus dem alten Europa« (1924, n. 78) den Rundgang zur Kirche und zum »verlassenen Kloster mitten in der Stadt mit seinen kleinen Wohnungen für die Stiftsdamen.« **Erich Kästner** (→ Dresden/SN), der 1920 in R. studiert hatte, machte im Sommer 1935 Urlaub in R.-Warnemünde, wo er Teile seines Kinderromans »Emil und die drei Zwillinge« schrieb (1935), dessen Handlung im fiktiven »Korlsbüttel an der Ostsee. Irgendwo zwischen Travemünde und Zinnowitz« angesiedelt ist. W.er Passagen auf »Missingsch« auch im R. »Schloss Gripsholm« (1931) von **Kurt Tucholsky** (→ Berlin). Erinnerungen einer W.er Fischerfamilie aus diesen Jahren in: **Willi Hahn**, »Wirren eines einfachen Lebens« (Hrsg. A. John, 2000). Die Urenkelin von Theodor Storm (→ Husum/SH), **Ingrid Bachér**, (eig. Ingrid Schwarze), wird am 24. 9. 1930 in Rostock geboren, Kindheit schon in Berlin. Sie trat als Autorin von Erzählungen und Fernsehspielen hervor und war Mitglied der »Gruppe 47«. W.: u. a. »Das Paar« (R. 1980); »Woldsen« (R. 80); »Die Tarotspieler« (R. 86). **Ernst Barlach** (→ Wedel/SH) starb am 24. 10. 1938 in Dr. Ganters Privatklinik St. Georg (Paulstraße 27, zerstört).

1956 kam **Kurt Barthel** (Ps. **Kuba**, → Chemnitz/SN) nach R., wo er Chefdramaturg am Volkstheater wurde (u. a. »Klaus Störtebeker«, 1959), gest. 1967, Grab im Ehrenhain des Neuen Friedhofes Satower Straße. Dort auch die Gräber von

Fritz Meyer-Scharffenberg (→ Ludwigs-lust/Wittenburg/MV; Wohnung R.-Groß-Klein, Groten Enn 27). – Aut. Prägungen im Werk des 1954 in R. geborenen **Peter Wawerzinek** (NIX, R. 1990), »Das Kind das ich war« (1994): »Mit hartnäckigen Windböen gespickt, kamen meine Jahre. Als die Rostocker Innenstadt wiederaufgebaut wurde und Wiesen trockengelegt wurden. Wo die zukunftsweisenden Zauberworte Meliora-tion und Rinderoffenställe waren.« Seine Ostsee-Erinnerungen (u. a. an Rerik → Bad Doberan/MV) in »Das Meer an sich ist weniger« (E. 2000). – **Peter Weiss** (→ Berlin) besuchte mehrfach R. während der Inszenierung seiner Stücke (1965, 67, 73) am R.er Volkstheater, dort Ge-denktafel für den Dramatiker.

Berthold Brügge (1909-79) schrieb von Großstadtalltag und Seefahrt: »Mit oll Topp bi Kap Hurn« (En. 1977); sein Vor-bild war John Brinckman, der wie Brügge in der R.er Altstadt aufgewachsen war. »Wir Jungen spielten dieselben Spiele, und die Sprache, wie Brinckman sie sprach, ist lebendig geblieben über Generatio-nen.« Der R.er Hafen war Bühne für die Romane von **Hans Georg Lietz** (1928-88; »Der letzte Hafen«, 1964; »Das Hexen-haus« 1984). Seit 1965 bis zur Wende lebte in R. der Erzähler **Siegfried Pitschmann** (1930-2002; »Kontrapunkte«, 1968), der Ehemann Brigitte Reimanns (→ Burg/ ST). Vom R.er Werftdirektor **Kurt Dun-kelmann** (1906-1983) stammen Stadtge-schichten (»De letzte un de ierste Tiet«, 1982; »All nich so eenfach dat Leben«, 1984), von denen J. Grambow schreibt: »Die Schiffbauhalle als Gesellschaftsmo-dell«. Ein Verfahren, dem auch **Karl-Heinz Robrahn** (1913-67) in seinen »Re-portagegedichten« wie »Hafenmusik« eine Zeitlang folgte. **Heinz Knobloch** berichtet in seinen Erinnerungen »Mit beiden Au-

gen« (1997) über Erfahrungen im »Lehr-gang schreibender Arbeiter« der Neptun-Werft. **Peter Rühmkorf** über einen Auf-tritt im Klubhaus der Neptunwerft im Sep-tember 1989: »alter Nazibau, Reichspropa-gandaaula, und die menschenabweisende Bühne hoch aufragend wie ein Schiffs-bug.« (»Tabu I«, 1995). R.-Bezüge auch bei **Frank Weymann** (1948-97), der hier als Arzt arbeitete (»Kein Sterbenswort«, R. 1981).

Ein Überblick zur Geschichte der Uni-versität, ihrer Lehrenden und Lernenden in: »Mögen viele Lehrmeinungen um die eine Wahrheit ringen« – 575 Jahre Univer-sität Rostock, hg. Rektor d. Universität, 1994). – Bekannte Professoren: Vor 1487 **Konrad Celtis** (→ Schweinfurt/Wipfeld/ BY); ab 1536 als Universitäts-Rektor der Theologe und Historiker **David Chy-traeus** (1530-1600), dessen Bruder **Na-than Ch.** (1543-98) hier ebenfalls wirkte (Katalog »D. u. N. Ch.« – Zwei Humanis-ten aus dem Kraichgau« 1993). Der Ger-manist **Karl Bartsch** (1832-88) gründete in R. das erste Seminar für deutsche Philo-logie, 1874 promovierte hier der Lit.-Wis-senschaftler und Sprachpurist **Eduard En-gel** (»Sprich Deutsch! Ein Buch zur Ent-welschung«, 1917).

Studenten der Universität: 1493 **Her-mann von dem Busche** (→ Sassenberg/ Warendorf/NW), um 1509 **Ulrich von Hutten** (→ Schlüchtern/Vollmerz/HE): »Nach Rostock kam ich arm und arg zer-schunden/Gelehrte jeden Fachs hab' ich hier angefunden«. 1538-41 **Bartholomäus Sastrow** (→ Greifswald/MV), über seine Studentenzeit ausführlich seine Aut. »Bar-tholomäi Sastrowen Herkommen, Ge-burt und Lauff seines gantzen Lebens ....« (1823 ff.). Später **Herzog August zu Braunschweig und Lüneburg** (→ Lü-chow/Dannenberg/NI), um 1630 **Johann Rist** (→ Wedel/SH) und **Johann Baltha-**

sar **Schupp** (→ Gießen/HE), 1634-36 **Andreas Heinrich Buchholtz** (→ Braunschweig/NI). Um 1640 **Johann Peter Titz** (»Zwey Bücher Von der Kunst«, Poetik 1642), der zu den Opitzianern in R. gehörte. Um 1720 der Satiriker **Christian Ludwig Liscow** (→ Ludwigslust/Wittenburg/MV); ab 1759 **Johann Jakob Engel** (→ Parchim/MV).
1831 kam **Fritz Reuter** (→ Demmin/Stavenhagen/MV) zum Studium, Gedenktafel am Nachbarhaus des ehem. Wohnhauses (zerstört) Lagerstraße 46. R. fühlte sich bald unwohl: »Hier ist es unausstehlich, weiß der liebe Himmel, ich kann mich hier nicht gefallen.« Später schrieb er freundlicher über die Stadt. 1863 erhielt er die Ehrendoktorwürde der Universität. Reuter-Gedenkstein Ecke Eikboomweg/Hanne-Nüte-Weg in R.-Reutershagen, ein weiterer Reuter-Stein im Stadtpark. – **Richard Wossidlo**, in Friedrichshof bei R. geboren, studierte hier, ehe er nach → Waren/MV zog. W.-Archiv (»Zettelkasten«) im »Institut für Volkskunde« der Universität, »Wossidlo-Haus« (Museum) in **Walkendorf** bei Gnoien. 1869 promovierte **Heinrich Schliemann** (→ Bad Doberan/Neubukow/MV), der hier schon 1841-42 in der Kleinen Wasserstraße 17 gewohnt hatte, 1870 kam **Felix Stillfried** (→ Ludwigslust/Fahrbinde/MV) zum Studium in die Stadt, in der er 1910 starb. Der Literat und Wissenschaftler **Carl Busse** (→ Berlin) promovierte 1898, 1912-13 belegte **Arnold Zweig** (→ Berlin) Germanistik und schrieb erste literarische Texte. **Ernst Barlach** (→ Wedel/SH) schlug die Ehrendoktorwürde der Universität aus. 1945 erhielt **Willi Bredel** (→ Hamburg) den Ehrendoktor. **Uwe Johnson** (→ Anklam/MV) studierte ab 1952 Germanistik, über seine Wohnung im Souterrain der Familie Hensan in der Friedrich-Engels-(heute wieder St.-Georg-)Straße 71

berichtet **Klaus Henning Schroeder** (→ Schwerin/MV) in seinen Erinn. »Davids Enkel« (1991). Zur gleichen Zeit war der spätere Jugendbuchautor **Uwe Kant** (→ Parchim/MV) an der Universität, ehe er, kurze Zeit exmatrikuliert, nach → Leipzig/SN ging. Der Erzähler **Manfred Jendryschik** (»Glas und Ahorn«, En. 67) studierte hier von 1962 bis 67.

L Das ritterliche Treiben auf einem großen Fest vor Rostock schildert der fahrende Spruchdichter **Regenbogen** (Tirol) schon im Jahre 1311, in dem er vermutlich mit dem Konkurrenten **Frauenlob** (→ Meißen/SN) wetteiferte. Um 1470 entstand das **Rostocker Liederbuch**, (erst 1914 ediert). 1519 erschien in R. eine niederdeutsche Ausgabe von **Sebastian Brants** »Narrenschiff«, gedruckt von **Ludwig Dietz**, der auch 1517 »Reynke de Vos« herausbrachte. Alt- und niederdeutsche Literatur wurde von **Hans Joachim Gernentz** erforscht und ediert (»Niederdeutsch – gestern und heute«, 1964). **Carl Beyer** (→ Güstrow/Laage/MV) beschreibt das Leben in R. und Stralsund zur Hansezeit (»Um Pflicht und Recht« 1894). Der Liederdichter **Johannes Domann** (→ Osnabrück/NI) bemühte sich, den Fortbestand der Hanse auch literarisch zu festigen: »Ein schön new Lied Von der Alten Teudtschen Hanse. Im Thon des Rolandes« (1682). Von **Diederich Babst** (→ Schwerin/MV) stammen plattdeutsche Gedichte mit R.er Lokalkolorit über Festlichkeiten und Bräuche wie »Der herrliche Königs Schuß« (1793) oder »Die Studenten-Schlittenfahrt zu Rostock« (1792): »höchst anmutig« lobte **Goethe** (→ Frankfurt a. M./HE).

Die Entstehungsgeschichte des R.er Schadow-Denkmals für Gebhardt Leberecht Blücher schildert Goethe in seinem Aufs. »Blüchers Denkmal«; er hatte die Inschrift verfasst: »In Harren und Krieg,/In Sturz und Sieg,/Bewußt und groß!/So riß er uns/Von Feinden los! 1815«. **Fritz Reuter** lässt seinen »Entspekter Bräsig« über das Denkmal räsonieren. (W. Karge, »G. L.

Rostock: Blüchers Denkmal vor der alten Universität

v. B. und seine Zeit«, 1992); Dokumente zu Blücher im Kulturhistorischen Museum. – »Wißt ihr denn schon, daß sich in Kiel und Rostock eine plattdeutsche Dichterschule gebildet hat, oder eigentlich zwei ... und die Mecklenburger marschieren unter ihrem Fritz Reuter und die Holsteiner unter ihrem Klaus Groth«. (**Theodor Fontane**, »Unwiederbringlich«). 1840 erschien in R. der Es. »Der obotritische Horizont«, die Identität des Verf. **Alexander Soltwedel** ist unsicher, die Schärfe der Kritik an den damaligen Zuständen in Mecklenburg gilt als unübertroffen.
Für **Ricarda Huch** (→ Braunschweig/NI) war Rostock »eine heroische Stadt, die einzige mecklenburgische Stadt dieses Charakters neben Wismar, aber beharrlicher, folgerichtiger, maßvoller als dieses« (in: »Im alten Reich. Lebensbilder deutscher Städte«, 1927). – »Urbem Roztoc. Mutmaßungen« nennt **Fritz Rudolf Fries** sein Stadtporträt (in: »Seestücke«, 1973). **Franz Fühmanns** (→ Berlin) Werftreportage

»Kabelkran und Blauer Peter« (1961) ist der Bitterfelder-Weg-Literatur verpflichtet: »ein mehrfacher, insgesamt viele Wochen währender, von schwerster körperlicher Arbeit begleiteter Aufenthalt auf der Warnemünder Warnow-Werft« (Brief v. 25.1.1966); über die Neptun-Werft auch Fritz-Rudolf Fries. – »Hotel oder Hospital« – Reportage (1972) über das Südstadtkrankenhaus von **Klaus Schlesinger** (→ Berlin). – **Wolfgang Schreyer** (→ Magdeburg/ST) lässt seine Kriminalromane »Unabwendbar« 1988 und »Nebel« 1991 im R.er Milieu spielen. **Rudi Czerwenka** schrieb R.er Stadtgeschichten (»Rostocker Billerbagen«, Sch. 1984). Autobiogr. Bezüge auch im Werk des 1928 in Blankenhagen bei R. geb. **Georg Lentz**. Eine R.er Erzählung aus den sechziger Jahren bei **Sarah Kirsch**: »Die ungeheuren bergehohen Wellen auf See« (1987). – **Erika Runge** schrieb 1971 die Reportagen »Eine Reise nach Rostock« – frühe bundesdeutsche Erkundungen im DDR-Alltag. Wie die Bürger von Rostock-Lichtenhagen über die Anschläge von 1992 auf die Asylbewerber dachten, erkundete **Alexander Osang** in seiner Rep. »Mein Heim ist doch kein Durchgangszimmer« (in: »Die stumpfe Ecke«, 1994). – Von **Jürgen Grambow** die Anthologie »Die Rostocker Sieben und andere Merkwürdigkeiten« (1993). Literarische Aspekte auch in Grambows »Literaturbriefe aus Rostock« (1990), **Walter Kempowskis** Anth. »Mein Rostock« (1994) und in »Rostock. Ein Lesebuch« (Hrsg. D. H. Klein, 1988). **Wolf-Dietrich Gehrke** schildert u. d. T. »Menschen unter sieben Türmen« R.er Familiengeschichten (2000).

S UB Rostock: 1,9 Mio. Bde., Johann-Albrecht-Bibliothek, 4 000 Hss.; 650 Inkunabeln; »Großer Atlas« und Mecklenburgica, **Thünen-Archiv** (→ Güstrow/Tellow/MV), **Voß- un Haas-Kalender, Literaturhaus Kuhtor, Literaturförderkreis Kuhtor** e. V. mit Jahreslesebuch »Bere Grie«; **Bücherloge** e. V., **Rostocker Lyrik-Nacht, Bücherfrühling, Literaturtage** (jew. Nov.); »**Risse**«, Zeitschrift für Literatur in Mecklenburg und Vorpommern (1998 ff.); »**Kulturspiegel**«, Zeitung für M-V; »**Schriften zur mecklenburgischen Landesgeschichte**«. – Seit 1863 **Hinstorff-Verlag, Konrad Reich** (von 1959-77 Verlagsleiter, später **Konrad Reich Verlag**) und Cheflektor **Kurt Batt.**

B H. W. Bohl u. a. (Hrsg.), Die Hansestadt Rostock und ihr Ostseebad Warnemünde. Ein kulturhistorischer Führer, 2000; Fritz Reuter, John Brinckman, Dethloff Carl Hinstorff und Rostock. Beiträge der Fritz-Reuter-Gesellschaft (12/2002); Was einer kriegszerstörten Stadt blieb: Spaziergang durch Rostock. In: J. Grambow/G. Müller-Waldeck (Hrsg.), Auf Dichters Spuren, 2003.

Z Bad Doberan, Güstrow, Ribnitz-Damgarten, Wismar (MV).

ROTENBURG/NI

Fintel

Friedrich Freudenthal (→ Fallingbostel/NI) verbrachte in F. seine Kindheit und übernahm 1891 den elterl. Hof. Bis zu seinem Tod 1929 lebte er hier als Landwirt und Schriftsteller. – Wohn- und Sterbehaus mit Arbeitszimmer; Grab auf dem Friedhof; Denkmal in der Nähe des Dorfes. – Viele seiner Werke handeln in F. und Umgebung. – Die F.-Gesellschaft (Sitz Rotenburg) vergibt jährl. den F.-Preis für niederdt. Lyrik.

Nartum

»Um Nartum ist pure Gegend. Die Lüneburger Heide im Süden reicht nicht so weit, das Alte Land nördlich hat noch nicht angefangen.« (F. K. Fromme, »Das zwiespältige Landleben des Walter Kempowski«, 1980): **Walter Kempowski** (→

Rostock/MV) lebte und arbeitete hier, wo er 1965-73 Dorfschullehrer war, bis zu seinem Tod. K. starb am 5. 10. 2007 im Krankenhaus in Rotenburg, sein Grab liegt auf dem Friedhof in Nartum. Sein Haus soll als Literaturstiftung der Öffentlichkeit zugänglich werden. Das Tgb. »Sirius« (1990) berichtet über den Schriftstelleralltag. In »Alkor. Tagebuch 1989« (2001) Aussagen über die Arbeit am »Echolot«-Projekt, die in »Haus Kreienhoop« durchgeführten Literaturseminare (»Literatur in Kreienhoop«, Hrsg. M. Dierks und A. Mensack, 4 Bde., 1983-86) und die persönlichen Gefühle des Autors bei der Grenzöffnung 1989.

Zeven

In **Walter Kempowskis** R. »Hundstage« (1988) wird Z. als »Kreuzthal« porträtiert. Der 1939 geborene Schriftsteller **Johano Strasser** berichtet über seine Z.er Kinderzeit in »Als wir noch Götter waren im Mai« (Erinn., 2007).

Z Bremen (HB); Fallingbostel, Soltau, Verden (NI).

ROTHENBURG OB DER TAUBER/BY

»Die Stadt als Ganzes ist Denkmal.« (Georg Dehio, 1900)
Reichsstadtmuseum, Historiengewölbe. – Hist. Festspiel »Der Meistertrunk« (seit 1881). – Joh. Boëmus (Auban), Dtl.s ältester Ethnograph, starb 1533 in R. (Gedenktafel Klingengasse 4a).

Einer ihrer Wiederentdecker: **Wilhelm Heinrich Riehl** (→ Wiesbaden/HE) mit seiner Schrift »Ein Gang durchs Taubertal« (1865). – »Jetzt besann ich mich«, erzählt **Ludwig Richter** (→ Dresden/SN)

in den »Lebenserinnerungen eines deutschen Malers« (1885), »daß ich diesen Namen längst in Musäus' Volksmärchen gelesen hatte, und zwar in der Schatzgräbergeschichte, wo die Schäfergilde ihr herkömmliches Fest in Rothenburg feiert.« Heute tanzen die Schäfer von Pfingsten bis September auf dem Marktplatz, und im Kaisersaal des Rathauses werden die »Hans-Sachs-Spiele« und das hist. Festspiel »Der Meistertrunk« inszeniert (Grabdenkmal des Festspieldichters **Adam Hörber**, 1827-1905, bei der Friedhofskapelle). – Topographien gibt es viele, u. a. in **Rainer Maria Rilkes** (→ München/BY) Ballade »Der Meistertrunk von Rothenburg« (Hs. im StA), in **Friedrich Lamperts** (1829-1901) »Des Türmers Töchterlein von R.« (1873), in **Paul Heyses** (→ Berlin) »Glück von R.« (1883), in **Paul Schreckenbachs** (→ Apolda/Neumark/TH) »Der König von R.« (1910), **Rudolf G. Bindings** (→ Starnberger See/BY) »Geschichte vom Zopf in R.« (1925) und in der »Deutschen Novelle« (1954) von **Leonhard Frank** (→ Würzburg/BY). **Gerhart Hauptmann** (→ Berlin) verweist im Drama »Florian Geyer« (1896) auf »Kratzers Herberge zu R.«. – In den 1920er Jahren erschienen die Mundartbücher von **Hans Probst** (1861-1941), u. a. »Liedli und G'schichtli aus'n Roedeborgische«; »Eckstaa und Pfennbutze« (1973) heißt eine der Gedichtslgg. in fränk. Mundart des R.s **Wilhelm Staudacher** (1928-95). **Horst Krüger** (→ Magdeburg/ST) 1987: »Rothenburg o. d. Tauber, ein deutscher Augenblick.«
Im Norden Schloss **Habelsee**, Pflegestätte des fränk. Minnesangs: 1991 z. B. Transformation des ma. Lehrgedichts »Der **Windsbecke**« (um 1210/20), das vielleicht in **Windsbach**, südöstl. von Ansbach entstand. – Im Süden Schloss **Schillingsfürst**: »Vom Schlosse schau ich einsam / Ins stille

Tal hinab«, dichtete als Jüngling **Chlodwig zu Hohenlohe-Sch.** (1819-1901), 3. Reichskanzler nach Bismarck, dessen »Denkwürdigkeiten« fast ein Jh. spiegeln (»Reichskanzlerzimmer«, Mausoleum).

Z Ansbach, Würzburg (BY); Bad Mergentheim (BW).

ROTTENBURG/BW

Stadtarchiv; Diözesanarchiv.

Ottilie von Wildermuth, * 22. 2. 1817 R., † 12. 7. 1877 → Tübingen/BW, Frauen- und Jugendschriftstellerin aus der Tradition des schwäb. Pietismus: »Wer ein gutes Weib will haben, / nimmt ein Mädchen sich aus Schwaben. / Alle zieht die Wildermuth, / drum geraten sie so gut« (F. K. v. Gerok). – Nachlass DLA Marbach (R. Wildermuth, »O. W. 1817-1877«, Marbacher Magazin 37/1986). **Sebastian Blau** (eig. Josef Eberle), * 8. 9. 1901 R., † 20. 9 1986 Pontresina/Schweiz, Gründungshrsg. der »Stuttgarter Zeitung« und Muster schwäb. Mundartdichtung, auch der Retter des Cotta-Archivs. – »Rottenburger Hauspostille …« (n. 1976). – Gedenktafel Königstraße 18. – Sebastian-Blau-Preis (seit 2002).

Nordstetten (Horb-N.)

Berthold Auerbach (eig. Moyses Baruch/ Ps. **Theobald Chauber**), * 28. 2. 1812 N., † 8. 2. 1882 Cannes, gilt als Begründer der realist. Dorfgeschichte. Nach dem Erfolg der »Schwarzwälder Dorfgeschichten« (1843-54) freier Schriftsteller in Dresden und → Berlin. – Geburtshaus Am Fabrikweg 2; Gedenktafel am Rathaus; Ehrengrab auf dem jüd. Friedhof; B.-A.-Museum im Schloss N.; Lit.-Spaziergang auf den Spuren von B. A. In **Bad Niedern-**

au, Raidtweg 15, die ehem. Sommervilla »Waldhaus«, wo A. sich 1879 und 1881 längere Zeit aufhielt. – Nachlass DLA Marbach (Th. Scheuffelen, »B. A. 1812-1882«, Marbacher Magazin 36/1985). – Berthold-Auerbach-Preis.

R Die Heimat **Hartmanns von Aue** (um 1165 – um 1215) soll **Obernau** (Rottenburg-O.) gewesen sein; die des im Sängerwettstreit auf der Wartburg besiegten **Heinrich von Ofterdingen** (um 1200) der gleichnamige Ort im Steinlachtal. – In der Kapelle von Schloss **Lichtenegg** Grabplatte des Schlossherrn und Schriftstellers (»Schwerfeld«, R. 1949) **Karl Heinrich Neubronner** (1913-63).

B G. Holzwarth, Heimatwohl und Heimatweh, 1997.
Z Calw, Hechingen, Reutlingen, Tübingen (BW).

ROTTWEIL/BW

»In den Hauptstraßen sind leider nicht sehr viele alte Häuser erhalten; aber von unveränderter Schönheit ist die Lage der Stadt als eine prangende Krone auf dem Felsen über dem wald- und stromdurchrauschten Tal.« (Ricarda Huch, 1927)
Stadtmuseum. – Zimmertheater. – R.er Kurz-FilmTage. – R.er Fasnet (»Narrensprung«).

Im Haus der Herren von Zimmern gegenüber dem Rathaus entstanden im 16. Jh. Teile der **Zimmerischen Chronik** (→ Meßkirch/BW). R. ist Geburtsort von **Bartholomä Herder** (eig. Herderer/ 1774-1839), dem Begründer des → Freiburger/BW H.-Verlages. Im Gasthaus zum »Wilden Mann« logierten wiederholt **Ludwig Uhland** (→ Tübingen/BW) und **Moritz Rapp** (→ Stuttgart/BW) sowie **Berthold Auerbach** (→ Rottenburg/ Nordstetten/BW). **Heinrich Hansjakob** (→ Wolfach/Haslach/BW) hielt R. für

die schönste der schwäb. Reichsstädte (»Dürre Blätter«, 1889). – Das Heimatmuseum in **Oberndorf am Neckar** zeigt die Geschichte des »Schwarzwälder Boten«.

S **Deutsch-Schweizer Autorentreffen** (seit 1985 alle zwei Jahre), veranstaltet von Schweizer Schriftstellerverband, Gruppe Olten und VS Baden-Württemberg. – **Stadtschreiber**-Stipendium.
Z Balingen, Tuttlingen, Villingen-Schwenningen (BW).

RÜDESHEIM AM RHEIN/HE

Rheingauer Museum (Brömserburg).

Hildegard von → **Bingen**/RP gründete 1165 im heutigen Stadtteil Eibingen ein Tochterkloster, in das 1636 die Nonnen von der zerstörten Abtei Rupertsberg mit den Reliquien der Heiligen übersiedelten. 1814 Aufhebung des Klosters; Goethe (→ Frankfurt a. M./HE) berichtet über die Zerstörung »ohne Zweck und Sinn«. 1904 Neugründung als »Abtei St. Hildegard«. – Hildegardis-Schrein in der 1934 erneuerten Pfarrkirche. – Barbara Beuys, »Denn ich bin krank vor Liebe – das Leben der H. v. B.« (2004).
Der Erzähler, Essayist und Kritiker **Rudolf Krämer-Badoni** (1913-89) stammte aus R. und lebte später als freier Schriftsteller in Wiesbaden. Kurzgeschichten meist aus der kleinbürgerl. Welt. (»Mein Freund Hippolith«, R. 1951; »Deutschland, deine Hessen«, 1968; »Mein beneidenswertes Leben«, Aut. 1972).
A Goethe (→ Frankfurt a. M./HE) kam das erste Mal im Juni 1793 zu Schiff nach R. Im Sommer 1814 kehrte er, diesmal mit dem Reisewagen, wieder. Sein bes. Interesse galt der Mineralienslg. des R.er Hofrats

W. F. Götz, dem »Wunderbild« (Christus am Ölberg) in der Stadtkirche und dem »Brömserischen Gebäude«. Gedenktafel am Adlerturm (Rheinufer); im Turm der Brömserburg (beim Bahnhof) im Fremdenverzeichnis G.s Unterschrift vom 15. 8.1814. – **Leo Sternberg** (→ Limburg a. d. L./HE) lebte zuletzt als Amtsgerichtsrat in R., Grabenstraße 16; 1929 erschien sein Buch »Die Seherin von Bingen«. – **Friedrich Carl Butz** (→ Usingen/HE) verbrachte seine letzten Lebensjahre in R. und Frankfurt a. M.; 1934 schrieb er das Volksstück »Die Katherin von Rüdesheim«.

L Das »Märchen von dem Rhein und dem Müller Radlauf« von **Clemens Brentano** (→ Koblenz/RP) beginnt im »Rheingau, wo jetzt Rüdesheim liegt . . .« – Drei illustrierte Rheinbücher aus dem 19. Jh. mit ausführl. Passagen über R. und den Rheingau: **Karl Simrock** (→ Bonn/NW), »Das malerische und romantische Rheinland« (1838/40); **Karl Stieler** (→ München/BY), »Rheinfahrt. Von den Quellen des Rheins bis zum Meere« (1875); **W. O. von** → **Horn** (→ Simmern/RP), »Der Rhein, seine Geschichten und Sagen« (1881); sowie **Hans Wachenhusen** (→ Trier/RP) und **Friedrich Wilhelm Hackländer** (→ Aachen/Burtscheid/NW). – An das »Intermezzo Rüdesheim« erinnert sich **Karl Korn** (→ Wiesbaden/HE) in »Lange Lehrzeit« (1975).

Assmannshausen (Rüdesheim-A.)

Ferdinand Freiligrath (→ Detmold/NW) vollendete in A. seine Gedichtslg. »Ein Glaubensbekenntnis« (1844), mit der er seine Wendung zur pol. Dichtung hin besiegelte. – F. wohnte im Hotel »Zur Krone«, sein Zimmer heute Museum (mit Mss.-Slg.), Büste im Mansardengiebel des älteren Hausteils; bei der Einweihung 1894 hielt **Emil Rittershaus** (→ Wuppertal/NW) die Festrede. – Die »Krone« wur-

de nach 1844 zu einer Art Dichterherberge. Gästebücher, Wandsprüche, Bilder und Widmungen u. a. von **Bertold Auerbach** (→ Rottenburg/Nordstetten/BW), **Friedrich von Bodenstedt** (→ Peine/NI), **Theodor Fontane** (→ Neuruppin/BB), **Emanuel Geibel** (→ Lübeck/SH), **Franz Grillparzer, Carl Hauptmann** (→ Berlin), **Rudolf Herzog** (→ Wuppertal/NW), **Paul Heyse** (→ Berlin), **A. H. Hoffmann von** → **Fallersleben** (Wolfsburg/NI), **Gottfried Keller, Joseph von Lauff** (→ Köln/NW), **Otto Roquette** (→ Darmstadt/HE), **Peter Rosegger, Joseph Victor von Scheffel** (→ Karlsruhe/BW), **Ernst von Wildenbruch** (→ Berlin), **Julius Wolff** (→ Quedlinburg/ST).

Eltville am Rhein

Der in E. residierende Mainzer Erzbischof und Kurfürst ernannte 1465 **Johannes Gutenberg** (→ Mainz/RP) zu seinem Hofmann. Im Wohnturm der Burg Gedenkstätte. – Eine Gedenktafel Kirchgasse 5 erinnert an die 1467-76 bestehende Druckerei der mit G. verwandten Brüder Bechtermünze (Erstes Erzeugnis ein Wörterbuch: »Vocabularius ex quo«). – Den Aufenthalt **Goethes** bezeugt eine Gedenktafel am »Haus Rose«. – Der Sekt aus E. ging als Marke »Lorley extra cuvée« einer fiktiven »Firma Engelbert Krull« in die Literatur ein: in **Thomas Manns** (→ Lübeck/SH) »Bekenntnisse des Hochstaplers Felix Krull« (1954). – Seit 1985 Burghof-Spiele im Sommer.

Geisenheim am Rhein

A Ein Brunnendenkmal erhielt hier der amerikan. Dichter **Henry Wadsworth Longfellow**, der seinen Ruhm durch einen Reiseroman am Rhein, »Hyperion« (1839), begründete. L. weilte während sei-

nes Europa-Aufenthaltes (1826-29) in der
Stadt und bedichtete die Glocken des
»Rheingauer Doms«. – In der »Dichter-
kneipe« des Freiherrn von Zwierlein und
Adelheids von Stolterfoth (1800-75) ver-
kehrte auch **Ferdinand Freiligrath**. – Öf-
ter bei der Familie des Weingutbesitzers
Dresel zu Gast **A. H. Hoffmann von Fal-
lersleben**, der hier die Slg. »Geräuschlose
Zündhölzer« vollendete, und **Georg Her-
wegh** (→ Baden-Baden/BW).

Winkel (Oestrich-W.)

Hrabanus Maurus (→ Mainz/RP) weilte
nach Sitzungen der Akademie Karls d. Gr.
von Ingelheim häufig in W. und ließ sich,
einer Überlieferung nach, hier um 850
ein Haus bauen: das angebliche »Graue
Haus«, Graugasse 8, stammt jedoch erst
aus dem 12. Jh. M. starb am 4. 2. 856 in
W. (Denkmal vor der Pfarrkirche St. Wal-
burga).
Karoline von Günderode (→ Karlsruhe/
BW) nahm sich am 26. 7. 1806 in W.
das Leben. Der Platz, an dem sie sich er-
dolchte und den im Herbst 1811 **Achim**
und **Bettina v. Arnim** (→ Berlin/Frank-
furt a. M./HE) besuchten, heute vom
Rhein überspült. Der ursprüngl. Grab-
stein (»Erde, du meine Mutter, und mein
Ernährer, der Lufthauch . . .«) an der Fried-
hofsmauer 1927 durch die »Rhein. Dich-
ter« erneuert. – Bettina von Arnim, »Die
Günderode« (1840).
A Nachdem Franz und Antonie Brenta-
no sich 1804 ein Haus in Winkel gekauft
hatten, wurde dieser Sommersitz zu einem
beliebten Refugium der Romantiker. Ne-
ben den Geschwistern **Clemens Brentano**
und **Bettina von Arnim** – Franz war ihr
Stiefbruder – zählten zu den bekanntesten
Gästen **Achim von Arnim**, **Christoph
Martin Wieland** (→ Biberach/BW) und
Goethe, dem Bettina bereits im Sommer

1808 die Winkeler Welt pries (»Goethes
Briefwechsel mit einem Kinde«, 1835).
Das »Haus der Brentano« (Romanchronik
von W. Müller von → Königswinter/Sieg-
burg/NW), Am Lindenplatz 2, kann nach
Anmeldung besichtigt werden: Goethe-
Zimmer mit Erinnerungsstücken; Gro-
ßer Saal; Weinlaubengang, wo G. 1814
am »West-östlichen Divan« arbeitete. Die
1810 von den Brentanos erworbene Ger-
bermühle seit 1994 »Kulturscheune«. –
Der Historiker **Andreas Josef Hoffmann**
(1753-1849), in Mainz während der Revo-
lution 1792/93 führend, zog sich später
auf sein Weingut in W. zurück, wo er bis
zu seinem Tode lebte.

L Sage vom Fluch des **Hrabanus Maurus**
über die Ratten im »Grauen Haus«. – In ihrer
Erzählung »Kein Ort. Nirgends« (1979) führt
Christa Wolf die Günderode und H. v. Kleist
zu einer fiktiven Begegnung in W. zusammen.
– **Norbert Weis**, »Einladung in den Rheingau«
(1971).

R Mit der »Sängerfahrt« von **Clemens
Brentano** und **Achim von Arnim** 1802 –
»der braune trug die Laute, / das Lied
der blonde gab« – begann's, und den ro-
mant. Dichtern taten und tun's die Touris-
ten gerne nach. Der Kunstkenner kommt
hier im **Rheingau** auf seine Kosten wie der
Weinkenner, die Drosselgasse ist die »fröh-
lichste Gasse der Welt« und das Nieder-
walddenkmal zur »Wallfahrtsstätte der Na-
tion« geworden. Da können Literatur und
Fremdenverkehr zuweilen kuriose Verbin-
dungen eingehen: so trägt der Camping-
platz in **Assmannshausen** den Namen »Su-
leika«, wohl weil **Goethe** in **Winkel** am
»West-östlichen Divan« schrieb. G. be-
richtet u. d. T. »Im Rheingau Herbsttage«
(»Supplement des Rochus-Festes 1814«)
über die »Landpartien« von W. aus, so
nach Schloss **Vollrads**. Auf G.s Spuren,
selbst am **Hattenheimer** (Eltville-H.)

»Marcobrunnen« sich erquickend wie der Meister: **Karl Simrock**. Bei ihrem Besuch 1808 in Winkel traf **Bettina** ihren späteren Mann **Achim von Arnim**, der seine Novelle »Meluck Maria Blainville« (1812) mit einem Nekrolog auf **Karoline Günderode** beschloss. Mit **Adelheid von Stolterfoth** folgte im Biedermeier in W. ein »zweiter Aufguss der Rheinromantik« (H.-J. Tümmers).

Über das pompöse Niederwald-Denkmal bei **Rüdesheim**: »Das Fehlen der Flügel des Adlers« von **Lothar Baier** (1942-2004) in »Wallfahrtsstätten der Nation« (1971). – **Johannes Butzbach** (→ Mayen/Maria Laach/RP) war Klosterschneider von **Johannisberg** (Geisenheim-J.). Der oppositionelle Publizist **Johann Ignatz Weitzel** (→ Wiesbaden/HE) ist hier geboren, der. rhein. Geschichtsschreiber **Niklas Vogt** (→ Mainz/RP) hier gestorben (Grab an der Nordwand der Pfarrkirche; im Innern Widmungstafel des Fürsten v. Metternich; Herz im Quarzfelsen des Mühlsteins (bei Rüdesheim) im Rhein eingemauert. Im Sommer 1851 weilte Metternich zum letzten Mal auf Schloss J.; Unter den Besuchern waren »Conservative« wie **Otto von Bismarck** (→ Stendal/Schönhausen/ST), und »Umsturzmänner«, unter diesen der am Aufstand in Baden beteiligte Adam von Itzstein, in dessen Weingut in **Hallgarten** (Östrich-H.) sich die Gleichgesinnten trafen. **Ricarda Huch** (→ Braunschweig/NI) in ihrer Geschichte der 1848er-Revolution: »Die Versammlungen ... kann man die Keimzellen der Frankfurter Nationalversammlung nennen.« – Nördlich von Johannisberg das Kloster **Marienthal** (Geisenheim-M.), im späten Mittelalter die bedeutendste Wallfahrt des Rheingaues; hier 1468-84 eine der ältesten dt. Klosterdruckereien. – In **Rauenthal** (Eltville-R.) spielt die Novelle »Rheingauer Deutsch« (1874) von **Wil-**

helm Heinrich Riehl (→ Wiesbaden/HE), der 1854 »Land und Leute« hier »gleichsam in Wein getränkt« sah, »es ist weingrün geworden wie die guten alten Fässer.«

Rheingaudichtungen sind ein Kapitel für sich, Sagen und Erzählungen finden sich überall. Hingewiesen sei wenigstens auf die Reiseberichte von **Johann Georg Forster** (→ Mainz/RP) 1791, **Johanna Schopenhauer** (→ Bonn/NW) 1818, **Karl Gutzkow** (→ Berlin) 1839, **Alfons Paquet** (→ Wiesbaden/HE) 1923, auf **Karl Korns** »Rheingauer Jahre« (1954) und »Kleine deutsche Riviera« (über den »Kulturkampf« um die Erhaltung des Eltviller Ufer-Ensembles, 1977), sowie **Walther Kiaulehns** (→ Berlin) »Rüdesheimer Fragmente« (1961).

B R. Krämer-Badoni, Die Rheingauer Erbschaft: der beste Wein der Welt, in: Deutschland deine Hessen, 1968; O. Doderer, Brentanos im Rheingau, 1955; D. Grieser, Mit Goethe reisen (Rheingau), in: Goethe in Hessen, 1982; I. Hufnagel/K. Roessler, Die Krone Assmannshausen als Dichter- und Künstlerheim nach 1844, 1996; H. Boehnke/H. Sarkowicz: Die Heimat der Romantik. Literar. Streifzüge durch den Rheingau, 2000.
Z Bad Kreuznach, Bingen, Mainz, St. Goar (RP); Wiesbaden (HE).

RUDOLSTADT/TH

»Ech bin off meiner Wanderschaft / Nur allerwend gewasen / Ech ha mer alles angegafft, / In Stuckert un in Drasen / ... / Ha in der Lausitz Arbeit g'hatt – / 's giht doch nischt iber Rudelstadt!« (Anton Sommer, 1853)
Thüringisches Staatsarchiv. – Thüringer Landesmuseum (Schloss Heidecksburg), Volkskunde-Museum »Thüringer Bauernhäuser« (ältestes Freilichtmuseum Dtl.s). – Thüringer Landestheater. – 1571-1918 Residenz der Grafen bzw. Fürsten von Schwarzburg-R.

Ahasverus Fritsch (→ Merseburg/Mücheln/ST), 1657 Prinzenerzieher, dann Kanzler, prägte das geistig-relig. Leben in R. Plan einer »Jesus-Gesellschaft« im Sinne des Pietismus. – Wohnung (Nachfolgebau): Am Gatter 4. – Nachlass (darunter Briefwechsel mit bed. Gelehrten) im StA. R.

Kaspar Stieler (→ Erfurt/TH), 1662-65 Kammersekretär in R., mit der Abfassung von Theaterstücken (»Rudolstädter Festspiele«) beauftragt. St.s auf dem Schloss abgehaltene Zeitungskollegien machten ihn zum Gegner von Fritsch.

Ämilia Juliane, Gräfin von Schwarzburg-Rudolstadt, geb. Gräfin zu Barby, * 19. 8. 1637 R, † 3. 12. 1706 ebd., Liederdichterin. Wuchs in R. auf. 1665 Gemahlin von Albert Anton. Ä.s Lieder »Wer weiß, wie nahe mir mein Ende« (1686) und »Bis hierher hat mich Gott gebracht« (1699) werden noch heute gesungen. – W.: Geistliches Weiber Aqua-Vit (1683); Tägliches Morgen- Mittags u. Abend-Opffer (1685). – Grab in der Stadtkirche.

Ludaemilia Elisabeth, Gräfin **von Schwarzburg-Rudolstadt**, * 7. 4. 1640 R., † 12. 3. 1672 ebd., Liederdichterin. Wuchs zus. mit Ämilia Juliane auf. Verfasste mehr als 200 kunstfertige frühpietist. Lieder (»Die Stimme der Freundin«, Hrsg. Ämilia Juliane 1687). Briefwechsel mit J. Gerhard (→ Quedlinburg/ST).

Caroline von Wolzogen, geb. von Lengefeld, * 3. 2. 1763 R., † 11. 1. 1847 → Jena/TH, Romanautorin. Schwester von Charlotte von Lengefeld (1766-1826), Ehefrau von Schiller (Keramikherme (2006) Brückengasse), der auch W. um sich haben wollte. W.s Roman »Agnes von Lilien« (1798), veröffentlicht in Schillers Zs. »Die Horen«, erregte großes Aufsehen und wurde von Goethe geschätzt. Mit dem Buch »Schillers Leben« (1830) schuf W. die Grundlage für den Nachruhm des Dich-

Rudolstadt: Der Heißenhof, Geburtshaus von Caroline von Wolzogen

ters. – Geburtshaus: Heißenhof, Lengefeldstraße 1 (Gedenktafel); Wohnung: Schillerstraße 25 (Keramikherme (2006) Brückengasse). – **Renate Feyl**, »Das sanfte Joch der Vortrefflichkeit« (R. 1999).

Der R.er Oberforstmeister und Verf. forstprakt. Schriften Carl Christoph von Lengefeld (1715-75), Vater von Caroline und Charlotte, mietete 1761 nach seiner Heirat mit Louise von Wurmb (1743-1823) den Heißenhof. Als er starb, wurde seine Witwe Prinzessinnenerzieherin auf Schloss Heidecksburg. Wohnung im Hinterhaus Schillerstraße 25, während ihre Tochter Caroline im Vorderhaus (früher Rühmsches, nun Beulwitzsches Haus) lebte. Aus einem Fenster sah Caroline am 6. 12. 87 Schiller zus. mit seinem Schulfreund Wilhelm von Wolzogen (1762-1809), ihrem späteren Ehemann, heranreiten.

Friedrich Christoph Perthes, * 21. 4. 1772 R., † 18. 5. 1843 → Gotha/TH, Buchhändler und Fachschriftsteller. Ausbildung in Leipzig und Hamburg, wo P. 1796 eine Sortimentsbuchhandlung eröffnete und die epochemachende Schrift »Der deutsche Buchhandel als Bedingung des Daseins einer deutschen Literatur« (1816) veröffentlichte.

Heinrich Leo, * 19. 3. 1799 R., † 24. 4. 1878 Halle a. d. S., Historiker. Wuchs in

Braunsdorf bei Schwarzburg auf. Prof. in Berlin und Halle. Mit der »Geschichte der italienischen Staaten« (1829-32) wurde L. Wegbereiter der Kulturgeschichtsschreibung.

Anton Sommer, * 11. 12. 1816 R., † 1. 6. 1888 ebd., Mundartdichter. Wanderschaft. 1848 Mädchenschullehrer in R., später Pfarrer an der Garnisonkirche. S.s »Bilder und Klänge aus Rudolstadt« (9 Hefte, 1853-80, Gesamt-Ausg. 1919, n. 1990) sind das bekannteste Werk thür. Mundart-Lit. – Geburtshaus: Am Gatter 8 (Gedenktafel), Wohnung: Strumpfgasse 15 (Gedenktafel) und Mauerstraße 27 (Gedenktafel); Denkmal (1903) auf dem Anger; Grab auf dem Friedhof (beim Haupteingang).

S.s Großneffe war **Waldemar Klinghammer** (1857-1931), dessen Gedichte (»Mei Rudelschtadt. Gesammelte Dichtungen in heimischer Mundart«, 1903) und Erzählungen über das Kleinstadtleben und deren Originale (»Million' bettner«) sich großer Beliebtheit erfreuten.

Karl Dietz, * 26. 3. 1890 Neumarkt/Oberpfalz, † 12. 8. 1964 R., Verleger. Gründete als Vertreter der Jugendbewegung 1919 den Greifen-Verlag, mit dem er nach R. übersiedelte. Seine bedeutendste Phase erlebte der Verlag in den 50er Jahren, als D. mit der Hrsg. von Exil-Lit. Maßstäbe setzte. – Verlagsadresse: 1921-25 Schillerstraße 41 (Gedenktafel), dann Schloss Heidecksburg/Schlossbezirk IV., Wohnung: Jägerhaus/Schlossbezirk VIII, Grab auf dem Friedhof.

Inge von Wangenheim (→ Weimar/TH) zog 1960 nach R., weil sie glaubte, »daß das Phänomen DDR nicht ausschließlich mit der Berliner Brille auf der Nase zu fassen sein wird«. Bis 74 bemühte sich W. in diesem »fürstlichen Klein-Kleckersdorf« um »eine neue Wirklichkeit von unten her«. – Wohnung: Ludwigstraße 42. –

Über R. das Schnärzchenbuch »Die hypnotisierte Kellnerin« (1968).

Paul Elgers (auch **Schmidt-Elgers**), * 23. 3. 1915 Berlin, † 7. 6. 1995 R., Erzähler. Seit 1960 in R., bis 66 Lektor des Greifen-Verlages. Verhalf in der DDR der Kriminalgeschichte (»Der Fall Kaspar Trümpy«, 1976; »Ein Giftpilz für die Kaiserin«, 1983) zur Anerkennung. Auch Verf. hist. Romane (»Jungfrau Johanna«, 2 Bde., 1973). – Wohnung: Unter dem Hain 3; Grab auf dem Friedhof.

A Der durch Karl V. verfolgte **Kaspar Aquila** (→ Saalfeld/TH) wurde 1548 ein halbes Jahr auf dem R.er Schloss verborgen, bis er in Schmalkalden als Pfarrer unterkam. – 1672 wurde **Quirinus Kuhlmann** (→ Jena/TH) in R. von A. Fritsch mit dem Poetenlorbeer gekrönt. – Häufiger R.-Besucher seit 1780 der mit der Fam. von Lengefeld befreundete **Rudolph Zacharias Becker** (→ Erfurt/TH). – **Friedrich Schiller** (→ Ludwigsburg/Marbach/BW) war im Dezember 1787 erstmals in R. Unterkunft im Gasthaus »Zur Güldenen Gabel«, Schillerstraße 1/Ecke Marktstraße (Gedenktafel). Am 7. 9. 88 kam es im Beulwitzschen Haus, Schillerstraße 25, zur ersten, flüchtigen Begegnung mit Goethe. Wichtiger waren Sch. die Lengefeldschen Töchter: »Mutter und Töchter sind mir gleich lieb und wert geworden.« Lange war nicht klar, in welche sich Sch. verliebt hatte. Im Mai 91, nun mit Charlotte verheiratet, kam Sch. krank nach R. **Novalis** (→ Hettstedt/Oberwiederstedt/ST) besuchte ihn damals in R. Wohnung: Schillerstraße 25, Aufenthalt im Lengefeldschen Gartenhaus, August-Bebel-Straße 4 a (Gedenktafel). In dieser Zeit Spaziergänge zur Glockengießerei, Jenaische Straße 1. Dort Gedenktafel mit Spruch (»Steh' Wandrer still, denn hier erstand, dass keine zweite möglich werde, gebaut von Schillers Meisterhand, die größte Glockenform der Erde«) des R.er Schulmannes Augustin Regensburger (1810-94). Bei seinem letzten Besuch in R. im September 99 wohnte Sch. auf dem Schloss. Gedenkstein beim Theater, Keramikherme (2006) Brückengasse; Sch.-Museum ab 2009 im Beulwitzschen Haus, Schillerstraße 25.

Goethe (→ Frankfurt a. M./HE) war öfter in R. 1793-1803 gastierte das von ihm geleitete Weimarer Hoftheater allsommerlich anlässl. des »Vogelschießens« in R. – **Wilhelm von Humboldt** (→ Berlin) hielt sich 1798-1807 mehrmals in R. auf und wohnte als Vertrauter des Fürsten auf dem Schloss. Später setzte er sich auf dem Wiener Kongress für den Fortbestand des R.er Fürstentums ein. – **Johann Gottlieb Fichte** (→ Bischofswerda/Rammenau/SN) wurde 1794 von dem mit ihm befreundeten W. L. von Beulwitz im Schloss Ludwigsburg in die R.er Freimaurerloge aufgenommen. Nach seiner Jenaer Entlassung 99 wandte er sich erfolglos an den R.er Fürsten (»Und wo soll ich unterdessen bleiben? Im Rudolstädtischen?«). – **Jean Paul** (→ Wunsiedel/BY) kam im September 1799 als Gast des Hofes nach R. Die »Magie der Gegend, die Fürstin, der Fürst, die Stadt, die Menschen« gefielen ihm so sehr, dass er »Weimar dagegen« austauschen wollte. – 1813 wohnte der junge **Arthur Schopenhauer** (→ Frankfurt a. M./HE) im R.er Gasthof »Zum Ritter«, Marktstraße (Gebäude 2003 abgerissen), wo er seine Doktorarbeit (»Ueber die vierfache Wurzel des Satzes vom zureichenden Grunde«) verfasste. Drucken ließ er sie auf eigene Kosten in der R.er »Hof-, Buch- und Kunsthandlung«. – 1834 war der junge **Richard Wagner** (→ Bayreuth/BY) Kapellmeister am R.er Theater und arbeitete an der Oper »Das Liebesverbot«. Wohnung: Alte Straße 47 (Gedenktafel). – **Berthold Sigismund** (→ Ilmenau/Stadt-

ilm/TH), Gymnasiallehrer in R., lernte 1852 hier **Fanny Lewald** (→ Dresden/SN) und **Adolf Stahr** (→ Prenzlau/BB) kennen, die ihn anregten, seine Thüringer-Wald-Dichtungen herauszugeben. Von Bedeutung S.s »Landeskunde des Fürstentums Schwarzburg-Rudolstadt« (1862/63, n. 1994). Wohnung: Anton-Sommer-Straße 45 (Gedenktafel).

Hans Fallada (→ Greifswald/MV) besuchte nach seinem Selbstmordversuch seit Juli 1911 das R.er Gymnasium und gehörte dem Schüler-Klub »Literaria« an. Am 17. 11. erschoss er im Wald hinter Eichfeld seinen Schulfreund Hans-Dietrich von Necker im Duell und verletzte sich selbst schwer. Wohnung: Kirchgasse/Ecke Schlossaufgang VI (Gedenktafel). P. Elgers, »Eine Schülertragödie in Rudolstadt«, in: Palmbaum 2/1993. – **Harald Gerlach** (→ Hildburghausen/Römhild/TH) lebte 1986-92 in R., wo er als Dramaturg am Theater polit. Schwierigkeiten bekam. Wohnung: Breitscheidstraße 117 (R.-Volkstedt).

L Gräfin Katharina von Schwarzburg (1509-67) wurde berühmt mit ihrem Ausspruch »Fürstenblut für Ochsenblut«, mit dem sie sich den plündernden Soldaten Herzog Albas entgegenstellte. Diese Geschichte aus dem Schmalkaldischen Krieg hat **Cyriakus Spangenberg** (→ Nordhausen/TH) überliefert. Auf ihn beruft sich **F. Schiller** in der Erzählung »Herzog Alba bei einem Frühstück auf dem Schlosse zu Rudolstadt im Jahr 1547« (1788). Auch **Ludwig Bechstein** (→ Meiningen/TH) verarbeitete den spannenden Stoff. Grabtafel der Gräfin in der Stadtkirche. – Ein in seiner Zeit viel gelesener Roman war »La comtesse de Rudolstadt« (5 Bde., 1843-45) von **George Sand** (1804-76). Die meist in Wien spielende Geschichte vermittelte ein nach Paris ausgewanderter Sohn der R.er jüd. Fam. Gerson.

S **Historische Bibliothek** (80 000 Bde., darunter Inkunabeln, Humanisten-Drucke und reformatorisches Schrifttum, 17./18. Jh.), »Schriftenreihe der Historischen Bibliothek« (Hrsg. M. Schütterle, 1995 ff.).

🆁 Südl. von R. **Schaala**, wo der spätere franz. Staatspräsident **François Mitterrand** (1916-96) 1940/41 als Kriegsgefangener interniert war. Darüber sowie über einen Spaziergang zu den klass. Stätten in R. im Erinn.-Bd. »Politique« (1977). Gedenktafel an der ehem. Porzellanfabrik. – Am Ende der Straße **Keilhau**. In das »Unterhaus« des Gutes verlegte **Friedrich Fröbel** (→ Saalfeld/Oberweißbach/TH) 1817 seine »Allgemeine deutsche Erziehungsanstalt«. 1820-23 erschienen fünf »Keilhauer Werbeschriften« mit den Grundlegungen von F.s Pädagogik. – In **Volkstedt** (heute R.) lebte **Schiller** von Mai bis August 1788. Wohnung (kriegszerstört) beim Kantor Johann Heinrich Unbehaun, Breitscheidstraße 76 (Gedenktafel am Nachfolgebau). 1836 heiratete Sch.s Tochter Karoline in der V.er Kirche den Bergrat Franz Karl Junot. Am Saale-Steilhang (Schillerhöhe) Gedenkstätte (1830) mit Sch.-Büste und Versen aus Sch.s Gedicht »Der Spaziergang«. – Das Richtung Saalfeld liegende **Schwarza** (heute R.) entwickelte sich seit 1936 zum Standort der Chemieindustrie. Im Herbst 1937 arbeitete **Erwin Strittmatter** (→ Cottbus/Spremberg/BB) in der »Zellwolle«. **I. von Wangenheim** beschreibt das Werk in »Das Zimmer mit den offenen Augen« (R. 1965). – Saaleabwärts **Etzelbach**. Auf dem Gut von Heinrich von Gleichen-Rußwurm hielt sich Schiller 1788 mehrfach auf. 94 wohnte Sch.s Ehefrau Charlotte wegen der in Jena grassierenden Pocken dort. 1828 heiratete Sch.s jüngste Tochter Emilie in E. Adalbert von Gleichen-Rußwurm. In den Gutsgebäuden »Schillerstube«. – In **Uhlstädt** lebte 1899-1910 **Marthe Renate Fischer** (→ Saalfeld/TH). In ihrem Roman »Das Paten-

kind« (1907) schreibt sie vom Schicksal der U.er Saale-Flößer. Wohnung (Gedenktafel) links hinter dem Ortseingang; Erinnerungen in der U.er Heimatstube. – Im nahen **Zeutsch** beginnt der Hexengrund, ein Seitental der Saale, dessen Menschen **Fischer** immer wieder anregten und in dessen Dörfern einige ihrer Romane spielen. »Die Blöttnertochter« (1913) in **Beutelsdorf** und »Die aus dem Drachenhaus« (1910) in **Dorndorf**. – Auf der anderen Saale-Seite **Niederkrossen**, wo von 1936 bis zu seinem Tod 46 **Heinz Kükelhaus** (→ Essen/NW) lebte. Grab auf dem Friedhof nicht erhalten.

Bad Blankenburg

Friedrich Fröbel lebte 1836-48 in B. und entwickelte hier die noch heute in der Vorschulerziehung verwendeten Spielgaben. – Wohnung: Bahnhofstraße 25. 1840 gründete F. im Rathaussaal den »Allgemeinen Deutschen Kindergarten« (Domizil bis 44 das »Haus über dem Keller« in der Johannesgasse). Seit 1982 F.-Museum.

Toni Schwabe (eig. **Antonie Sch.**), * 31. 3. 1877 B., † 17. 10. 1951 ebd., Unterhaltungsschriftstellerin. Nachkommin der bekannten Weimarer Bürgermeisterfamilie. Lebte in Jena, → Dornburg/TH und Berlin. Erfolgreich mit Büchern aus dem Umfeld des klass. Weimar (»Ulrike«, 1925; »Christiane«, 1932). – Beigesetzt im Erbbegräbnis der Fam. Sch. auf dem Historischen Friedhof in Weimar.

Otto Ludwig, * 28. 11. 1896 Strehla/Elbe, † 2. 10. 1990 Schwarzburg bei B., Heimatschriftsteller. Berufsoffizier. Nach dem 2. Weltkrieg in Rudolstadt. Seit 1973 in Sch. – W.: Der Rennsteig (1965); Im Thüringer Kräutergarten. Von Heilkräutern, Hexen und Buckelapothekern (1982). – Wohnung: Haus König, Brückengasse 4, in Schwarzburg.

Hans Leisegang, * 13. 3. 1890 B., † 5. 4. 1951 Berlin, Philosoph. Wurde in → Jena/TH 1934 von den Nationalsozialisten und 48 von den Kommunisten aus dem Lehramt entfernt. – W.: Denkformen (1928); Hegel, Marx, Kierkegaard (1948).

L 1933 bestieg **Werner Bergengruen** (→ Baden-Baden/BW) die hoch über der Stadt gelegene Burg Greifenstein: »Wo jetzt Überbleibsel ehemaliger Größe aus dem Buchengrün hervorschauen, ist ein Kaiser geboren worden, der im Frankfurter Dom begraben liegt.« Dazu **Friedrich Wilhelm Zachariäs** (→ Bad Frankenhausen/TH) Jugendwerk »Günther, oder die Schwarzburgische Tapferkeit auf dem Kayßerthrone« (1746). – **Karl M. Krause**, »Bad Blankenburg im Wandel der Zeiten« (1926, n. 1991), darin zahlreiche Mundarttexte.

R An der Schwarza entlang wuchs der Kurort. **Goethe** und **Karl Ludwig von Knebel** (→ Jena/TH) ritten am 5. 7. 1781 diesen »fürtrefflichen Weg der Schwarze nach durch ein tiefes Tal zwischen Fels- und Waldwänden« nach **Schwarzburg**. Von dort führt der Weg direkt zum **Trippstein**. **Sophie Mereau** (→ Altenburg/TH) wurde dort zu dem Gedicht »Schwarzburg« (1803) angeregt: »In sich gehüllt, umkränzt von grünen Hügeln.« Im Herbst 1813 kam **A. Schopenhauer** hierher und schrieb ein emphatisches Gedicht (»Die Felsen im Tale bei Schwarzburg«). **Karl Emil Franzos** (→ Berlin) besuchte Sch. im Sommer 1901 (Schwarzatal-Kap. im Bd. »Aus Anhalt und Thüringen«, 1903). – Am 11. 8. 1919 unterzeichnete Reichspräsident Friedrich Ebert in Sch. die Verfassung der Weimarer Republik.

Königsee

In **Paulinzella** befindet sich die Ruine einer Benediktinerabtei, für **W. von Humboldt**, der sie 1810 besuchte, »die schönste christliche Ruine von Architektur, die mir je vorgekommen ist«. Zahlreiche Autoren des klass. Weimar kamen wegen dieser Ruine ins Rottenbachtal: **Friedrich Justin Bertuch** (→ Weimar/TH/1798) und **K. L. von Knebel** (1798), **S. Mereau** (1800) und **Johanna Schopenhauer** (→ Weimar/TH/1811). **Goethe** lernte die Ruine erst 1817 kennen, als er im Gasthof, Hauptstraße 8 (Gedenktafel), von P. seinen 68. Geburtstag feierte. Der Roman »Das Eulenhaus« (1888) von **E. Marlitt** (→ Arnstadt/TH) spielt in P., dort »Walpurgiszella im Paulinental« genannt. **K. E. Franzos** widmete der Klosterruine ein eigenes Reisebild (»Aus Anhalt und Thüringen«, 1903). **Kurt Bachor** (1916-90), »Ein Grünrock erlebt Paulinzella« (1962).

Remda-Teichel

Carl Christian Erhard Schmid, * 14. 4. 1761 Heilsberg bei R., † 10. 4. 1812 Jena, Theologe und Philosoph. Befreundet mit Schiller und Novalis, dessen Hauslehrer er war. Verf. des »Wörterbuch(s) zum leichteren Gebrauch der Kantischen Schriften« (1798, n. N. Hinske 1978). **R** Nördl. von Rudolstadt liegt Teichel, davor biegt die Straße nach **Großkochberg** ab. 1733 erwarb die Fam. von Stein das Wasserschloss. **Charlotte von Stein** (→ Weimar/TH) verbrachte dort seit 1764 meist Hochsommer und Herbst. **Goethe** kam erstmals am 6. 12. 75. Nach dem Besuch am 5. 9. 88 kehrte G. für immer den Rücken. Dazwischen war es ersehntes Ziel von Ritten und Fahrten. Im September/Oktober 76 verlebte **Jakob Michael Reinhold Lenz** (→ Emmendingen/BW) auf Schloss Kochberg die letzten sieben unbeschwerten Wochen seines Lebens. Gedicht »So soll ich dich verlassen« (»den letzten Tag in Kochberg in dem Zimmer der Frau von Stein gemacht«)

Rudolstadt: Schloss Kochberg, Bleistift- und lavierte Tuschzeichnung (1777) von Goethe.

mit den ahnungsvollen Schlusszeilen: »Ich aber werde dunkel sein/und gehe meinen Weg allein.« – Für **Edwin Redslob** (→ Weimar/TH) war Schloss Kochberg ein »magischer Ort«, den er im September 1934 letztmals besuchte: »Großkochberg. Eine Wanderung in Verszeilen« (Hrsg. H. Förster-Stahl, Palmbaum 2004). Zahlreichen DDR-Autoren wurde das Schloss nach 1977 zu einer zeitweiligen Arbeitsstätte. Schon vorher hatte **Hanns Cibulka** (→ Gotha/TH) seine Tagebuchaufzeichnungen »Liebeserklärung in K.« (1974) veröffentlicht. **I. von Wangenheim** lässt einen Teil ihres Liebesromans »Spaal« (R. 1979) in der Gegend des gleichnamigen Steinschen Jagdhauses spielen. **Wolfgang Held** schrieb einen Abenteuerroman (».. . wie eine Schwalbe im Schnee«, 1987) über den aufmüpfigen Jäger Johann Christoph Roth. **Volker Braun** verfasste das Wendegedicht »Abschied von Kochberg« (1990):

»Die Bauern tanzen/Um den Galgen/An dem die Partei hängt«. – Museum Schloss (mit Goethe-Gedenkstätte) und Park Kochberg (Klassik-Stiftung Weimar); Liebhabertheater.

B H. Deubler, Burgen, Schlösser, Kirchen bei Rudolstadt, 1991; H. Fleischer (Hrsg.), Rudolstadt. Eine Residenz in Thüringen, 1993; H. Förster-Stahl, Geschichte des Liebhabertheaters von Schloss Kochberg, 1994; H. Fleischer, Vom Leben in der Residenz. Rudolstadt 1646-1816, 1996; L. Unbehaun, »Ein wertes Band der Freundschaft«. Friedrich Schiller und seine Zeit in Rudolstadt, 1996; Von Goethe bis Greifen-Verlag, 1997; K. Wurm/J. Henkel/G. Ballon, Der Greifenverlag zu Rudolstadt 1919-1993, 2001; H. Fleischer (Hrsg.), Rudolstadt und die Schwarzburger, 2002.
Z Bad Berka, Ilmenau, Kahla, Pößneck, Saalfeld (TH).

RÜGEN/MV

»Ach Geert, das ist ja Capri, das ist ja Sorrent. Ja, hier bleiben wir.« (Theodor Fontane, »Effi Briest«, 1895)
Aus Dumgenevitz stammt der Reformpädagoge Hermann Lietz; aus Bergen der Historiker Hans Delbrück, aus Altefähr Friedrich Konrad Gadebusch, der große Historiograph des Baltikums.

Wizlav von Rügen, auch **Fürst Wizlaw III.**, *um 1265 Bergen auf R., †1325 Barth (→ Grimmen/Barth/MV), letzter wendischer Rügenfürst und Minnesänger, über dessen Werk (14 Minnelieder, 13 Sprüche) weiterhin gestritten wird. – W.: Des Fürsten von Rügen Wizlavs des Vierten Sprüche und Lieder in niederdeutscher Sprache. Hrsg. L. Ettmüller, 1852). – Über W. das Sch. »Witzlaw von Rügen« (1881) des → Stralsunder/MV Dramatikers Heinrich Kruse.
Ernst Moritz Arndt, * 26. 12. 1769 Groß-Schoritz auf R., † 29. 1. 1860 → Bonn/

NW, patriotischer Dichter (»Was ist des Deutschen Vaterland?«, »Der Gott, der Eisen wachsen ließ ...«), Historiker. Der Sohn eines Leibeigenen studierte in → Greifswald/MV und → Jena/TH, ehe er Hauslehrer bei G. L. Kosegarten (→ Grevesmühlen/MV) auf Rügen wurde. 1800 Privatdozent in Greifswald, später aus politischen Gründen Redakteur in Schweden. In Petersburg 1812 politisches Engagement gegen Napoleon. Im Zeitalter der Restauration im Konflikt mit der Obrigkeit, ein Gerichtsverfahren endete mit A.s Rehabilitierung. Im Paulskirchenparlament 1848 ältester Abgeordneter für das rechte Zentrum. 1849-54 Professor in → Bonn/NW (Grabstätte). – W.: Reisen durch einen Teil Deutschlands ... (1801 ff.); Versuch einer Geschichte der Leibeigenschaft in Pommern und Rügen (1803); Reise durch Schweden im Jahre 1804 (1806); Geist der Zeit (Ess., 1806-18); Kurzer Katechismus für teutsche Soldaten (G., 1813); Erinnerungen aus dem äußeren Leben (Aut., 1840); Meine Wanderungen und Wandelungen mit dem Reichsfreiherrn ... von Stein (1858). Ausgew. Werke, Hrsg. G. Erdmann (1969). – Nachlass Berlin-Brandenburgische Akademie der Wiss., Slg. StA Berlin, ULB Bonn – E.-M.-A.-Gesellschaft (gegr. 1992) mit Sitz in Garz, dort Heimatmuseum zu E. M. A. mit Fachbibliothek, Schriftenreihe »Hefte«; Museum in Groß-Schoritz, Gedenktafel am Haus, dort Sitzungen der A.-Gesellschaft, Arndt-Turm auf dem Rugard bei Bergen. »Rügen«-Textslg. A.s (Hrsg. von H. J. Hacker, 2003). – U. Voelkel, »Adler mit gebrochenem Flügel« (Biographie 1987); O. Anwand, »Das deutsche Morgenrot«. Ein A. und Stein-Roman (1927), W. Ruland, »Der Achtundvierziger« (E. 1914).

Arnold Ruge (Ps. **Dr. Adolph, M. Karlstein, Agnes W. Stein**), * 13. 9. 1802 Bergen auf R., † 31. 12. 1880 Brighton, Großbritannien. Publizist, vielseitige schriftstellerische Begabung. Nach Stralsunder Gymnasialzeit Studium in Halle, wegen burschenschaftlicher Aktivitäten zu 14 Jahren Festungshaft verurteilt. Später Promotion und Habilitation, als konsequenter Vertreter eines politischen Reformkurses Herausgeber der »Deutschen Jahrbücher« (1843 verboten), die zum wichtigsten Sprachrohr der Vormärz-Bewegung wurden. Emigration über Paris, wo er Karl Marx (→ Trier/RP) traf, nach England. – W.: Neue Vorschule der Ästhetik (1837); Zur Reform des deutschen Geistes (Es., 1839); Maria Blutfield (Dr., 1869); Der Novellist (N., 1839); Aus früherer Zeit (Aut., 1842-47). Werke und Briefe, Hrsg. H. M. Sass, 1985 ff.). – Geburtshaus Am Markt 17 (Gedenktafel).

Karl Tiburtius, * 10. 7. 1834 Bisdamitz (Jasmund auf R.), † 19. 7. 1910 Marienfelde bei Berlin, Arzt, Verfasser des niederdeutsch geschriebenen R.s »Kandidat Bangbüx« (1884, als Lsp. 1904); »Hackels« (En. und G. 1900). Auch von der Schwester **Franziska T.** (→ Stralsund/MV) sind R.er Memoiren (»Erinnerungen einer Achtzigjährigen«, 1923) überliefert.

A **Eva Katharina Eleonora von Platen** aus dem Kloster in Bergen (1744-99) fehlte mit ihrer früh verstummten Lyrik »gegen Ende des 18. Jahrhunderts in keiner Beschreibung der Insel Rügen« (H. Langer). 1792 erhielt **Ludwig Gotthard Kosegarten** »die wohl einträglichste Pfarre der Insel«, Altenkirchen auf Wittow bis 1808, Bau des Uferbethauses Vitt, Uferpredigten), um »ein stiller Dorfprediger« zu sein, **E. M. Arndt** war 1796-98 Hauslehrer bei K., wie später **Karl Lappe** (→ Stralsund/MV). Hier wurde auch Kosegartens Sohn **Johann G. L.** geboren (1792-1860), der als Orientalist in → Greifswald/MV

Rügen: Gotthard Ludwig Theobul Kosegartens
Grab in Altenkirchen auf Rügen

Kontakte zu Goethe unterhielt. **Wilhelm vom Humboldt** und **Friedrich E. D. Schleiermacher** (beide → Berlin) besuchten K. in seiner Pfarre. In **Altenkirchen** das Grab an der Kirche; Goethes Grabspruch »Laßt nach vielgeprüftem Leben/hier den edlen Pilgrim ruhn! . . .« wurde nicht umgesetzt. – 1793 erwarb der Kunstsammler Adolf Friedrich Olthoff in **Boldewitz** nahe Bergen ein Herrenhaus, in dem kurz darauf **Johann Caspar Lavater** und **Wilhelm Heinrich Wackenroder** (→ Berlin) einkehrten. Im Juni 1795 reiste **Carl Friedrich Rellstab** (1759-1813, Vater von **Ludwig R.** → Berlin) auf die Insel, seine Erinnerungen in: »Ausflucht nach der Insel Rügen durch Mecklenburg und Vorpommern« (1797, n. 1993). Im gleichen Jahr erschien **Johann Friedrich Zöllners** (1753-1804) »Reise durch Pommern nach der Insel Rügen«, 1805 dann **Johann Jakob Grümbkes** »Streifzüge durch das Rügenland« (unter dem Pseudonym »Indigena«); der in Bergen auf R. geborene G. (1771-1849) war ein Freund E. M. Arndts. – **Wilhelm vom Humboldt** beschrieb 1796 Ber-

gen, Rügens »Hauptstadt«, als »reinlich und artig gebaut«, im gleichen Jahr kam auch **Heinrich von Kleist** (→ Frankfurt/BB) auf die Insel, seine »Empfindungen vor Friedrichs Seelandschaft« (1810) beziehen auch die großen Rügen-Bilder (»Kreidefelsen auf Rügen«) ein. **G. Ludwig Kosegartens** sozialkritischer Roman »Ida von Plessen« (1800) spielt auf R., durch ihn wurde der Maler Caspar David Friedrich auf die Insel aufmerksam (dazu **Walter Bauer**, »Eine Reise nach Rügen«, E. 1946). **Henriette Herz** (→ Berlin) lebte 1808 für ein Jahr auf Gut **Götemitz** (dazu: »H. H. – Ihr Leben und ihre Erinnerungen«. Aut. 1850, n. 1977). 1818 entdeckte der Maler **Carl Gustav Carus** (1789-1869) **Arcona**: »Der breite hallende Strand mit seinem unendlichen Feuersteingeröll und die weite stahlgraue Fläche der See; es machte mir alles den Eindruck echter und ungestörter Urnatur« (»Reise nach Rügen«, n. 1963; »Lebenserinnerungen und Denkwürdigkeiten«, 1865-66). – Schwere Jugendjahre auf R. erlebte **Bernhard von Lepel** (→ Meppen/NI). 1823 urlaubte **Willibald Alexis** (→ Berlin) »unfern den romantischen Ufern der Halbinsel Yasmund und der Herthaburg« (»Eine Jugend in Preußen«, Erinn. 1837-46). Im gleichen Jahr besuchte auch **Adelbert von Chamisso** (→ Berlin) die Insel, 1832 erneut. **Goethe** (→ Frankfurt/HE) war noch 1831 begeistert von den Berichten seines Freundes **Carl Friedrich Zelter** (→ Berlin) über eine stürmische Ostseefahrt nach Rügen. **Fritz Reuter** (→ Demmin/Stavenhagen/MV) reiste 1830 und 60 auf die Insel, »dem Ziel meiner heißen Wünsche«. Die erste Wanderung ist festgehalten in: »Fußreise des Gymnasiasten Fritz Reuter nach Rügen« (1867). Die Ostküste mit **Putbus**, **Sassnitz** und **Arcona** erkundete R. zusammen mit dem Musiker J. Schondorf dreißig Jahre später. 1837 erschien **Heinrich**

Laubes Bericht über »Eine Fahrt nach Pommern und der Insel Rügen«, 1851 war auch Richard Wagner am Kap Arcona. – 1884 kam **Theodor Fontane** (→ Neuruppin/BB) nach Rügen, möglicherweise angeregt durch Bernhard von Lepel, sein Tagebuch (n. 1994) vermerkt die klassische Route: Stralsund, Bergen, Sassnitz (»Hotel Fahrnberg«, in »Effi Briest« heißt es »Fahrenheit«), Stubbenkammer, Arcona, Prora, **Putbus**. F. folgte den Spuren der slawischen Stämme auf der Insel. Kulturell angeregt, bilanzierte er trotzdem kritisch: »Volk, das einen schröpft, fast schlimmer wie auf Norderney«. **Cäsar Flaischlen** (→ Stuttgart/BW) war um die Jahrhundertwende wiederholt Gast auf der Insel. – Der 1879 geborene **Bernhard Trittelvitz** (gest. 1969) schilderte Kinderjahre in **Rappin** und Putbus (»Fiete un sin Bull«, E. 1951). Die **Mönchguter Landschaft** beschrieb auch der niederdeutsche Schriftsteller **Fritz Worm** aus Barth (→ Grimmen/MV) in der E. »Vater Brandt« und heimatkundlichen Büchern (Mein Rügenland, 1898).
Im klassizistisch geprägten Residenz-Städtchen **Putbus**, dem Geburtsort des Sprachwissenschaftlers **Berthold Delbrück** (1842-1922), schrieb **Otto von Bismarck** (→ Stendal/Schönhausen/ST) 1866 im »Gärtnerhaus« am zentralen Promenadenplatz »Circus« (heute Rosen-Café) an der Verfassung des Norddeutschen Bundes; **Gerhart Hauptmann** (→ Berlin) besuchte 1886 und erneut 93 Putbus, Wohnung wahrsch. im »Gärtnerhaus«, (Aut. »Im Wirbel der Berufung«, 1936). 1962 Uraufführung der 1. Fassung des H.-Dramas »Herbert Engelmann«. – Gäste in P. waren auch **Wolfgang Koeppen** (→ Greifswald/MV) und 1935 **Oskar Loerke** (→ Berlin), der schrieb: »wunderbare, an Versen reiche Tage« (Tagebücher 1903-1939).
Vor Putbus die Insel **Vilm**, zu DDR-Zei-

ten abgeriegeltes Prominenten-Eiland, im 19. Jahrhundert die »Insel der Maler« (C. D. Friedrich, der Vilm im Bild »Die Landschaft mit dem Regenbogen« malte, F. Preller, C. G. Carus); **Wilhelm Bartsch** schrieb das Gedicht »Stein vor der Insel Vilm« (in: Gnadenorte – Eiszeitwerften, G. 2004), von **Volker Braun** stammt »Nah am Wasser. Die verhinderte Lesung auf dem Vilm; 27. August 2001« (in: ndl 1/2003) und **Richard Pietraß** schrieb das Gedicht »Vilm«: »Casparbuchen und Friedrich-/Eichen. Sturz-/Küste. Das Eis, bunkerdick.« (in: ders., Randlage, G. 1998).
Hans Henny Jahnn (→ Hamburg) besuchte auf seiner Ostseeküstenwanderung 1914 auch Rügen und Hiddensee, dazu kritische Eintragungen im Tagebuch wie über das Jagdschloß **Granitz**: »Das Endergebnis eines blödsinnigen Fürstengedankens«. – **Hans Fallada** (→ Greifswald/MV) verbrachte viele Monate bei seinem Freund J. Kagelmacher in **Gudderitz** auf **Wittow** (1920, 23, 24): »Die vertrauten Höfe liegen endlos voneinander entfernt, jeder in seinem windbewegten Baumhorst«, hier entstanden die frühen R. »Anton und Gerda« (1923) und »Wir hatten mal ein Kind« (1934), Anklänge an die Landschaft (Fabiansruh als Juliusruh) in »Schmuggler und Gendarm« und in dem Tagebuch »Strafgefangener, Zelle 32« (postum 1998).
Im Sommer 1931 verbrachte der englische Schriftsteller **Christopher Isherwood** (1904-86) seine Ferien bei **Baabe**; im R. »Leb wohl, Berlin« (1935) schreibt er über die Strandburgen: »Inschriften wie Waldesruh, Familie Walter, Stahlhelm, Heil Hitler. Viele dieser Burgen zeigen auch das Hakenkreuz.« Sein Kollege und Freund **Stephen Spender** in der Aut. »Welt in der Welt« (1952, n. 92): »Als wir einen kurzen Urlaub auf Rügen verbrachten, ... hörten wir manchmal scharfe

Kommandos, auch Schüsse, aus dem nahen Wald, wo die Sturmscharen sich zu Henkern ausbildeten.« **Victor Klemperer** (→ Dresden/SN) berichtet in seinem Tgb. »So sitze ich denn zwischen allen Stühlen. 1945-1949« (1999) von einem Urlaub im Ostseebad **Göhren** im August 1948: »auf zwei Seiten weithin Meer und ein so bedeutendes und mannigfaltiges Kartenbild, dass wir an Neapel erinnert wurden.« Eine Insel-Rundreise (**Bergen**, mit dem Arndt-Turm, Stubbenkammer, Binz, Sellin) wird ausführlich notiert. **Benno Voelkner** (→ Schwerin/MV) lebte 1945-50 in Bergen (»Die Leute von Karvenbruch«, R. 1955), **Herbert Nachbar** (→ Greifswald/MV) von 1957-59 in Freesenort auf **Ummanz**. »Was suche ich auf der Insel Rügen?« fragte **Maxie Wander** 1972 (in: »Leben wär' eine prima Alternative«, 1980).

L Sammlungen der vielfältigen Sagenwelt Rügens u.a. **E.M. Arndt** (u.a. »Birlibi«, 1902) und **I. Schmidt** (»Götter, Mythen und Bräuche«, 1997; »Hünengrab und Opferstein«, 2001). Die Sage vom Hertha-See hat viele deutsche Autoren beschäftigt, **Heinrich Heine**: »Ich ließ sie durchaus nicht auf Rügen residieren und versetzte sie vielmehr nach einer ostfriesischen Insel«. In **Th. Fontanes** Roman »Effi Briest« führt die grausame Sage auch zum Abbruch des Urlaubs von Effi. – **Ruschwitz** auf der Halbinsel Jasmund behauptet von sich, wie elf weitere Orte auch, Geburtsort **Klaus Störtebekers** (→ Hamburg) zu sein, 1840 will man sogar die Fundamente des Elternhauses gefunden haben; Schlupfwinkel, Höhlen und Räubergeschichten (u.a. von **W. Bredel, G. Engel, K. Koppmann** und **W. Fleck**) gehören zum Lokalkolorit. – **Adelbert von Chamisso** (→ Berlin) hielt die Sage von der »Jungfrau von Stubbenkammer« in seiner Ballade fest: »Ich trank in schnellen Zügen/ Das Leben und den Tod/Beim Königstuhl auf Rügen/Am Strand im Morgenrot«; **Kurd Laßwitz** (1848-1910) lässt in seinem utopischen Roman »Auf zwei Planeten« (1897, n. 1998) aus Luftschiffen R.s Gestade von oben bewundern. – Der spätmittelalterliche Lyriker **Frauenlob** (eig. **Heinrich von** → **Meißen**/SN) dichtete für Fürst **Wizlav von Rügen**. – **Gotthard Ludwig Kosegartens** »Jucunde. Eine ländliche Dichtung« (1803), Lokalkolorit im Stile der »Luise« des Johann Heinrich Voß (→ Waren/Sommersdorf/MV), spiegelt die idyllische Landschaft um **Wittow** im Norden R.s (Arcona), wobei auch die Uferpredigten des Autors bei **Vitt** Erwähnung finden. – **Wilhelm Müller** (→ Dessau/ST) schrieb nach einem Insel-Besuch den Lyrik-Zyklus »Muscheln von der Insel Rügen«. **Friedrich Krug von Nidda** (1776-1843) berichtet in seiner Reiseschilderung vom »Ausflug nach Swinemünde und der Insel Rügen im Sommer 1835« (1837). **Philipp Galen** (1813-99) schrieb »Der Strandvogt von Jasmund. Geschichtliches Lebensbild aus der Okkupationszeit der Insel durch die Franzosen von 1807-13« (1859, n. 1997).

Friedrich Spielhagens (→ Magdeburg/ST) Romane (so »Problematische Naturen«, 1861) sind auch auf Rügen angesiedelt und lösten einen frühen Literatur-Tourismus aus. Im gleichen Jahr erschienen die literarisch ambitionierten »Rügensch-Pommerschen Geschichten aus sieben Jahrhunderten« des gebürtigen Rüganers **Otto Fock** (1819-72). **Theodor Fontanes** R. »Effi Briest« hält sich eng an die Insel-Umrundung des Autors: »Denn nach Rügen reisen heißt nach Sassnitz reisen«. Gegen das Strandbad **Binz** hegt Effis Mann Bedenken: »Da sind . . . so viele kleine Steinchen und Muschelschalen am Strande, und wir wollen doch baden.« – Über Binz und die Küste **Richard Christ**, »Küstenspaziergänge« (2. Aufl. 2001). Auf dem **Nordperd** bei Göhren (heute Max-Dreyer-Straße 8) lebte von 1901-20 **Max Dreyer** (→ Rostock/MV): »Mein Drachenhaus und was es sich mit mir erzählt« (1924) und »Gestrandet. Mönchguter Erzählungen« (1957); »Ohm Peter« (R. 1908) schildert ein Künstlerschicksal auf R., in der E. »Das Sympathiemittel« (1927) geht es um Mönchguter Fischer. Dreyer war Ehrenbürger von G.; Grab auf dem Waldfriedhof. Über **Göhren** auch

Christa Moogs E. »Göhren, 20. August 1980« (in: »Die Fans von Union«, 1985) und Peter Wawerzinek: »Sperrzone reines Deutschland. Szenen einer Sommerreise« (2001). Elizabeth von Arnim (→ Pasewalk/MV) schrieb »Elisabeth auf Rügen« (1904), mittlerweile der Klassiker der Rügen-Reise-Literatur. Dazu A. Stoltenberg (Hrsg.), »Auf den Spuren der Elizabeth von Arnim auf Rügen« (1997). – Kritische Feuilletons über die Insel (»Rügen kann völkischen Beobachtern empfohlen werden«) von Joseph Roth (»Ostseereise«, 1924, dazu auch »Die sterbenden Tänzer«). Nach dem 2. Weltkrieg kam Friedrich Wolf (→ Neuwied/RP) zum Urlaub auf die Insel. Eduard Claudius (→ Gelsenkirchen/NW) schrieb 1965 sein »Wintermärchen auf Rügen«. Der Lyrikband »Bäume am Hochufer« (1985) des 1958 in Sassnitz geb. Holger Teschke spiegelt die Herkunft des Autors. Hanns Cibulka (→ Gotha/TH) hatte mit der E. »Swantow. Die Aufzeichnungen des Andreas Flemming« (1982, n. 91) als einer der ersten Autoren aus der DDR die Umweltverschmutzung thematisiert. Rolf Schneider schrieb die Insel-Reportage »Eiland, das ich meine« (in: »Annäherungen & Ankunft«, 1982). Anne Dessau erinnert in »Abschied von Buddenhagen« (E., 1998, urspr. u. d. T. »Weisheit eines Sommers«, 1992) an ihren letzten Rügen-Besuch: »Hinter dem Haus also schützt die Stubnitz, größtes Waldgebiet auf Rügen, das Hüsung vor dem Wind der offenen See.« Die Mehrzahl der DDR-Bürger sah selten etwas von den Grenzkontrollstellen, nur an wenigen Orten wie in Sassnitz auf Rügen, wo die Fähren in den Westen abfuhren, wird die Spannung deutlich: »Bei Wind, der vom Festland kommt, hört man die Lautsprecheranlagen des Fährhafens. Transit Trelleborg. Zauberwort für Urlauber. Gedrängt stehen sie am Ende der schmalen Sackgasse und starren auf die dickleibigen Schiffe, Transportriesen, die ganze Eisenbahnzüge schlucken, Autos die Menge, Container, Waren und Menschen … hin zu einem Ufer, das sie nicht betreten dürfen« (»Abschied von Buddenhagen«). – Ralph Giordano besuchte in der Nachwendezeit Rügen: »die Erfüllung eines seit Ewigkeiten währenden Wunsches«: »Rügen – und zwei Nachspiele« (in: »Deutschlandreise«, 1998). Jürgen Beckers R. »Aus der Geschichte der Trennungen« (1999) schildert auch die Geschichte des KdF-Bades Prora. Ex-Bundesminister Horst Ehmke lässt die Dramatik seines Krimis »Global Players« (1998) vom gestörten R.er Ferienglück ausgehen. Jürgen Grambow (→ Rostock/MV) versammelt in seiner R.-Anthologie (zus. mit Wolfgang Müns) u. d. T. »Unmerklich tanzt die Zeit. Rügen – Deutschlands äußerster Norden« (1998) literarische Zeugnisse auch weniger bekannter Autoren.

🄢 Freilichttheater Ralswiek (»Klaus Störtebeker«, Dr. von Kuba (→ Chemnitz/Garnsdorf/SN), Uraufführung 1959; Neuanfang 1993 mit Stücken wie »Kampf um Bornholm« oder »Die Kreuzritter«. – In Putgarten das Gutenberg-Museum mit historischer Druckwerkstatt. – Autorengilde Sassnitz.

Hiddensee

H.s Sagenwelt gesammelt von Hans Findeisen (1924/25). »Liebes gewaschenes Seelchen ist der verliebteste Ausdruck auf Hiddensee«, notierte Goethe (→ Frankfurt a. M./HE). Gotthard Ludwig Kosegartens (→ Grevesmühlen/MV) »Inselfahrt« (E. 1804) spielt hier. 1845 erschien Theodor Mügges (→ Berlin) »Der Vogt von Hiddensee« (in: »Neue Novellen«). Alexander Ettenburg (1858-1919) pries als »Einsiedler von Hiddensee« die Klassik (»Swantewitts Fall«, 1900; dazu auch Emil Steurichs gleichnamige E., 1902). Adolf Wilbrandts (→ Rostock/MV) R. »Hiddensee« (1910) behandelt das Scheitern des Inselparadiestraums wohlhabender Intellektueller. 1980 erschien neu »Hiddensee. Erinnerungen eines Inselpastors« von Arnold Gustavs, der von 1903-46 hier tätig war. 1925 schrieb Wilhelm Schmidtbonn (→ Bonn/NW) u. d. T. »Die unerschrockene Insel« ein »Sommerbuch aus Hiddensee«.

Hiddensee: Das Gerhart-Hauptmann-Museum in Kloster

Gerhart Hauptmann (→ Dresden/SN), 1885 mit Bruder **Carl** erstmals auf H., kaufte 1930 nach 19 Besuchen das Haus »Seedorn« in **Kloster** (S. Kühne, »G.-H.-Haus in Kloster«, 1998; Gedenktafeln an den vorherigen Wohnungen Gasthöfe »Schliecker« und »Freese«), wo G. H. wahrhaft residierte und prominente Gäste wie **Ernst Toller** (→ München/BY) empfing, Inselpfarrer **Arnold Gustavs** berichtete (»G. H. und Hiddensee«, 1962). Konflikte gab es 1924 mit dem Urlaubsnachbarn **Thomas Mann** (→ Lübeck/SH) aus der Pension »Haus am Meer«: das Eiland ertrug nicht »zwei Könige«, wie Katia Mann verärgert bemerkte, die Familie wich, und Thomas Mann schrieb über H. als »Mynheer Peeperkorn« im R. »Der Zauberberg« – nicht eben freundlich.

In Kloster entstanden zahlreiche Werke Hauptmanns von »Die versunkene Glocke« (1896) bis zu »Iphigenie in Aulis« (1940/41), Bezüge zur Insel und ihrer Landschaft in weiteren Texten (»Schluck und Jau«, 1900; »Die Insel der großen Mutter«, 1925) und in der Lyrik. Das Haus ist heute Gedenkstätte und Museum, H.-Bibliothek, Totenmaske. Weitere Gedenkstätten: das »Haus am Meer«, die »Lietzenburg« in **Vitte**. Im Beisein von **Joh. R. Becher** (→ München/BY) und H.s Nachbar, Otto Gebühr, Beerdigung Hauptmanns am 28. 7. 1945 auf dem von ihm beschriebenen In-

selfriedhof Kloster (»eine schönere Stelle, begraben zu werden, gibt' s doch nicht«), wo auch Opern-Intendant **Walter Felsenstein** (1901-75) und die Tänzerin Gret Palucca liegen. Über H. **Guntram Vespers** E. »Auf Hiddensee. Erinnerung an Gerhart Hauptmann« (1986) und **Ludwig Marcuses** (→ Berlin) Aut. »Mein zwanzigstes Jahrhundert« (1960).

1913 lernte **Gottfried Benn** (→ Perleberg/Mansfeld/BB) seine spätere Frau Edith Osterloh auf H. kennen. **Victor Klemperer** (→ Dresden/SN) musste 1926 im Brief der Badeverwaltung lesen, »daß die Juden Vitte grundsätzlich meiden« (Eintrag in »Tagebücher 1926-1928«, 1996): »Ich war einen ganzen Tag lang geradezu krank vor Ekel u. Erbitterung.« In **Neuendorfs** Gasthaus »Freese« fand **Hans Fallada** (→ Greifswald/MV) 1931 und 34 Abstand: »... und dann suche ich mir Bernstein oder schwatze und trinke mit den Fischern.« Weitere Besucher der Insel, die als schwer zugänglicher »Geheimtip« galt, waren Albert Einstein, Sigmund Freud, die Filmschauspielerin Asta Nielsen (die wiederum **Joachim Ringelnatz** zu Gast hatte) und die Puppengestalterin Käthe Kruse. – **Hermann Kant** war nach 1952 Heimleiter für Greifswalder Studenten in der früheren »Lietzenburg« Käthe Kruses: »fast ständig in etwas verblichenem Trainingsanzug, sehr ernst und vornehmlich bei der Lektüre eines Buches anzutreffen« (G. Müller-Waldeck, 1990). **Hanns Cibulka** schrieb mit »Sanddornzeit« seine »Tagebuchblätter von Hiddensee« (1971), später die Tagebucherzählung »Seedorn« (1985), 1991 erschienen seine gesammelten »Ostseetagebücher«. Weiterhin: »Dornenzeit« (R. 1993) von **Gerhard Dallmann**; Kinderbuchautor **Benno Pludra** lässt seinen Sommersitz H. in die Geschichten (»Zum Fluß hinunter, wo die Schiffe ziehen«, 1989) eingehen. **Günter Kunert** schrieb die Reportage »Am Rande einer Welt. Eine Insel« (1972); von **Fritz Rudolf Fries** stammt die Skizze »Hiddensee« (in »Seestücke«, 1973). **Christoph Heins** R. »Der Tangospieler« (1989) über den aus der Haft entlassenen Historiker Dallow spielt auf H. in den Tagen vor dem Ende des »Prager Frühlings« 1968: Die Windflüchter erschienen der Hauptfigur »wie Gewächse, die ihren ständigen Demütigungen erlegen waren und eine ihn anrührende Form gefunden hatten, mit ihrer Bedrückung zu leben.« 20 Jahre später, 1988, lässt **Friedrich Christian Delius** in »Der Spaziergang von Rostock nach Syrakus« (E. 1995) seine Hauptfigur, den Kellner Paul Gompitz, von H. aus mit dem Segelboot in den Westen aufbrechen, um zurückzukehren, ganz in der Tradition J. G. Seumes (→ Weißenfels/ ST): »So wie ihr mich beneidet um Hiddensee, Rostock und Güstrow, so beneide ich euch um Hamburg, den Rhein und Trier.« Über weitere, reale Fluchtversuche berichten **Christine** und **Bodo Müller**: »Über die Ostsee in die Freiheit. Dramatische Fluchtgeschichten« (2. Aufl. 2000). Wie Hiddensee durch den Ausbruch einer Seuche 1982 zu einem einzigen Gefängnis wurde, schildert **Reinhard Jirgl** in seiner »Parabel auf die Unbesiegbarkeit staatlicher Macht« (M. Luchsinger) u. d. T. »MER – Insel der Ordnung« (in: »Genealogie des Tötens«, 2002). **Hellmuth Hennenberg** zeigt in »Meuterei vor Rügen« (2002) die scharfen Grenzüberwachungsmaßnahmen der DDR auf See auf. – **Günter Grass**, dessen Frau Ute Grunert ein H.er »Inselkind« ist, lässt in »Ein weites Feld« (R. 1995) seine Hauptfigur Theo Wuttke alias »Fonty« Urlaub auf Hiddensee machen, wo in einem weiten Bogen der Kapitel 16-18 im Plauderton alle Orte literarischer Prominenz besucht und kommentiert werden. **Walter Jens** lobt (in GEO-Spezial »Ostsee«, 1998) die Insel:

»So viel mediterrane Gelassenheit.« Kritisch zu H. der Rostocker **Peter Wawerzinek** (in »Das Meer an sich ist weniger«, E. 2000). Einen Hiddensee-Krimi legte das Autoren-Duo **Norbert Klugmann** und **Peter Mathews** vor: »Land in Sicht« (2000). **Fritz J. Raddatz** widmet H. ein Kapitel in seiner Erzählung »Ich habe Dich anders gedacht« (2001), und **Gabriela Jaskulla** deutet in ihrer Insel-Geschichte »Ostseeliebe« (2003) den schwebenden Taufengel von Kloster so, dass er »kurz davor (scheint), sich lächelnd aus seinem Blumenhimmel auf die Menschen, die ihn bestaunten, hinabzustürzen«.

Renate Seydels Anthologie »Hiddensee. Ein Lesebuch« (1991, n. 2000) versammelt die illustren Gäste der Insel; ihr Band »Hiddensee. Geschichten von Land und Leuten« (2000) bietet im Anhang eine Liste »prominenter Inselbesucher«, die auch bei **Landolf Scherzer** erwähnt werden: »Nach der Himmelfahrt auf Hiddensee« (in: »Mitleid ist umsonst«, 1997).

B D. Albrecht, Verlorene Zeit – Gerhart Hauptmann. Von Hiddensee bis Agnetendorf, 1997; S. Kühne, G.-H.-Haus in Kloster, 1998; K. Blase, Hiddensee von A-Z, 3. Aufl. 2000; M. Faust, Das Capri von Pommern. Geschichte der Insel Hiddensee, 2. erw. Aufl. 2001; U. Hörner, Auf nach Hiddensee! Die Bohème macht Urlaub, 2003; U. Fritsch, Künstlerkarte Hiddensee, 2003.

Z Greifswald, Grimmen, Stralsund (MV).

SAALFELD/TH

Thüringer Heimatmuseum im Franziskanerkloster. – Hier wirkte der Mathematiker Erasmus Reinhold (1511-53), ein Anhänger von N. Kopernikus. – Bei Wöhlsdorf fiel 1806 der Preußenprinz Louis Ferdinand (Gedichte von A. von Arnim und Th. Körner, Ball. von Th. Fontane). An L. F.s Todesort Denkmal (1823).

Kaspar Aquila (eig. **Adler**), * 7. 8. 1488 Augsburg, † 12. 11. 1560 S., Theologe. In Rom mit Erasmus von Rotterdam und in Wittenberg mit M. Luther (→ Eisleben/ST) bekannt. Seit 1527 Prediger in S.
Gottlob Nathanael Fischer, * 12. 1. 1748 Graba bei S., † 20. 3. 1800 → Halberstadt/ST, Erzähler und Lyriker. Beteiligte sich am von Goethe (→ Frankfurt a. M./HE) und F. Schiller (→ Ludwigsburg/Marbach/BW) ausgelösten Xenien-Streit. – W.: Parodien auf die Xenien (1797); G. N. F.s auserlesene Gedichte (Hrsg. Ch. F. Augustin, 1805).
Josias Friedrich Christian Löffler, * 18. 1. 1752 S., † 4. 2. 1816 Gamstädt bei Gotha, Vertreter der Aufklärungs-Theologie. An den Franckeschen Stiftungen in Halle erzogen. In Berlin mit M. Mendelssohn (→ Dessau/ST) befreundet und Lehrer von A. und W. von Humboldt (→ Frankfurt a. d. O./BB).
Marthe Renate Fischer, * 17. 8. 1851 Zielenzig/Neumark, † 17. 7. 1925 → Rudolstadt/TH, Romanautorin. Seit 1899 in Thür., von 1914 bis kurz vor ihrem Tod in S. – W.: Die Aufrichtigen (R. 1894); Die kleine Helma Habermann (R. 1923). – Wohnung: Knochstraße 36 (Gedenktafel); Grab auf dem Friedhof. – Nachlass Thüringer Heimatmuseum in S.
A Otto Ludwig (→ Hildburghausen/Eisfeld/TH) besuchte 1831/32 das S.er Lyzeum und wohnte in der Schule, Brüdergasse 1 (Gedenktafel). – **Erwin Strittmatter** (→ Cottbus/Spremberg/BB) lebte von 1936 bis 45 in S. (in den Erzählungen Grottenstadt genannt) oder in der Umgebung. Wohnung: Saalewiesen 2. – Der Dramatiker und Erzähler **Thomas Bernhard** (1931-89) verbrachte während des 2. Weltkrieges im Rahmen der Kinderlandverschickung mehrere Monate in S. B. hat in »Ein Kind« (1982) über diese Zeit geschrieben: »Das Wort Thüringen und insbesondere das Wort Thüringer Wald sind mir bis heute Schreckenswörter.« 1978 besuchte B. die Stätte seiner »höchsten Verzweiflung«, in der zu seinem neuerlichen Schrecken noch immer Kinder untergebracht waren.

L Der 1668-71 in S. tätige und spätere Jenaer Prof. **Caspar Sagittarius** (1643-94) schrieb die erste Stadtgeschichte (»Saalfeldische Historien«, Hrsg. E. Devrient, 1904). – **Wilhelm Ludwig Füßlein** (1807-64), »Erinnerungen aus dem Saaletale. Sechs Erzählungen« (1863, n. 2003). – Über die »Feengrotten«, einem S.er Alaunschieferbergwerk: **Sylvana von Ende**, »Gefahr für die wundersame Welt des Gralkönigs. Ein Feengrottenabenteuer« (2000).

R In den Orten **Kamsdorf** und **Kaulsdorf** wurde von jeher nach Erzen gegraben. 1815 versuchte **Alexander von Humboldt** (→ Berlin), den Bergbau zu modernisieren. – 1872 wurde in **Unterwellenborn** die Maximilianshütte gegründet. 1949 lief dort mit großem propagandist. Aufwand die legendäre Jugendaktion »Max braucht Wasser«, auf die die FDJ-Singebewegung immer wieder zurückgriff. **Kuba** (→ Mittweida/Garnsdorf/SN), damals Kultursekretär des Werkes, schrieb anlässl. der Eröffnung das später in die DDR-Schulbücher aufgenommene Gedicht »Sagen wird man über unsere Tage«. **Paul Elgers** (→ Rudolstadt/TH) leitete 1959/60 den Zirkel schreibender Arbeiter der Maxhütte (»Es begann im Sommer«, R. 1960), Zusammenarbeit mit dem »Hüttendichter« **Werner Barth** (»Gedichte eines Maxhüttenkumpels«, 1960). – Linkssaalisch **Beulwitz**. Auf dem dortigen Edelhof sollte Strittmatter im Sommer 1936 eine Kaninchenfarm einrichten. In »Meine Freundin Tina Babe« (E. 1977) hat er darüber geschrieben. Mit der Titelfigur ist Toni Schwabe (→ Rudolstadt/Bad Blankenburg/TH) gemeint, die St. damals kennenlernte und bewunderte. 37 zog St. Nach **Reschwitz**, wo er auf dem Mühlgut Pferde auf ihren Einsatz beim Militär vorbereitete. Über diese Zeit in »Grüner Juni« (E. 1985).

Der Reformpädagoge **Gustav Wyneken** (1875-1964) gründete gemeinsam mit **Paul Geheeb** (→ Bad Salzungen/Geisa/TH) 1906 in **Wickersdorf** die »Freie Schulgemeinde W.« Ihre »Blütezeit« in den Jahren 1909-19 ist wesentlich durch **Martin Luserke** (→ Meldorf/SH) geprägt, der dort Lehrer war und 10 Schulleiter wurde. Unter den Lehrern **Wilhelm Lehmann** (→ Eckernförde/SH/1912-15), »Der Bilderstürmer« (R. 1916), **Peter Suhrkamp** (→ Frankfurt a. M./HE/1921/22, 1925-29). Selbsterlebtes verwertete auch **Erich Ebermayer** (→ Bamberg/BY) im mehrfach übersetzten Roman »Kampf um den Odilienberg« (1929), der G. Wyneken gewidmet ist. Über die DDR-Zeit **Ines Geipel**, »Das Heft« (R. 2000).

Oberweißbach

Friedrich Fröbel, * 21. 4. 1782 O., † 21. 6. 1852 Marienthal (→ Bad Salzungen/Bad Liebenstein/TH), Pädagoge. Hauptwerk »Die Menschenerziehung« (1826) über die Grundzüge seiner »entwickelnd-erziehenden Menschenbildung«. – Geburtshaus: Markt 10, darin seit 1982 F.-Museum; F.-Turm auf dem nahen Kirchberg. R Im späteren Industrieort **Katzhütte** lebte 1836-39 F. Schillers (→ Ludwigsburg/Marbach/BW) Tochter Karoline als Ehefrau des Hütteninspektors Franz Carl Junot. Wohnung im erhaltenen Gutshaus.

Z Ilmenau, Pößneck, Rudolstadt, Schleiz, Sonneberg (TH); Kronach (BY).

SAARBRÜCKEN/SL

»Saarbrücken ist nicht mehr der lichte Punkt Goethes, ist nicht mehr die Stadt von zierlichem Umfange Knigges, . . . auch nicht mehr ganz die städtische Bürgeridylle Alfred Pettos.« (Ludwig Harig 1971)

Universität des Saarlandes, Musikhochschule des SL, Hochschule der Bildenden Künste Saar; Landesinstitut für Pädagogik und Medien. – Saarland-Museum (Alte Sammlung, Moderne Galerie), Museum für Vor- und Frühgeschichte, Historisches Museum Saar. – Saarländ. Staatstheater, Überzwerg Kinder- und Jugendtheater. – Saarländ. Rundfunk, ZDF Landesstudio SL. – »Perspectives«-Festival des franz. Theaters (Mai); Filmfestival »Max-Ophüls-Preis« (seit 1980): M. O. (1902-57) ist in S. geb., Aut. »Spiel im Dasein« (1959, n. 80). – Historischer (Lehr-)Pfad von der Gedenkstätte Gestapo-Lager Neue Bremm bis zum Spicherer Kreuz.

Elisabeth von Lothringen, Gräfin von Nassau-S., * um 1397 Joinville/Haute-

Saarbrücken: Grab Elisabeths von Lothringen in der Stiftskirche St. Arnual

Marne, † 17. 1. 1456 Burg Bucherbach b.
Kölln (Püttlingen). Tochter von Friedrich
von Lothringen und Margarete von Vau-
démont, franz. erzogen. Nach dem Tod
ihres Gatten (Philipp I. von Nassau-Saar-
brücken) regierte sie zunächst selbst, dann
im Verein mit ihren Söhnen. Getreu nach
Vorlage übersetzte sie vier im späten MA.
beliebte »Chansons de geste«, übertrug
die Verse jedoch in Prosa. Damit ist sie
die erste franz.-dt. Übersetzerin und Weg-
bereiterin des dt. Prosaromans. – Ge-
druckte W. (seit dem 16. Jh. Volksbü-
cher, im 19. Jh. z. T. bearbeitet): Herpin
(1514); Huge Schepel (1500); Loher und
Maller (1514); Sibille (1996). – Grab im
Chor der Stiftskirche St. Arnual. – W.
Haubrichs, H. W. Herrmann, G. Sau-
der (Hrsg.), »Zwischen Deutschland und
Frankreich. Elisabeth von Lothringen,
Gräfin von Nassau-Saarbrücken« (2002).
Arthur Friedrich Binz, * 26. 11. 1897 S.,
† 13. 12. 1932 ebd., Kritiker, Essayist und
Erzähler, auch Hrsg. v. a. für die Jugend
bestimmter Anth. großer Erzähler der
Weltlit. – W.: Bilder um David (1921,
verändert u. d. T. »Verschollene Könige«
1930); Vom Aufbruch und Untergang
(Ess. 1927). – Grab auf dem Hauptfried-
hof. – A. Pfeiffer, »A. F. Binz. Aus der
Werkstatt eines Dichters« (1948).
Alfred Petto, * 12. 12. 1902 S., † 30. 1.
1962 Homburg, Erzähler, auch Funker-
zählungen und Hörspiele. »An der Saar
zu Haus«, wie eines seiner Bücher heißt
(1955). – W.: Die grauen Berge (E. 1939);
Und die Erde gibt das Brot (R. 1951);
Das Mädchen auf der Piazza (R. 1958). –
Grab auf dem Waldfriedhof Burbach.
Nachlass Lit.-A. ULB Saarbrücken.
Werner Reinert, * 25. 4. 1922 S.-Burbach,
† 3. 2. 1989 Berlin, Lyriker und Erzähler. –
Die kath. Jugendbewegung, Kontakte zur
»Weißen Rose« (Willi Graf) und der Krieg
prägten Leben und Werk, zuletzt Regie-

rungsdirektor. Seit 1977 in Südfrankreich,
83 in Marokko. W.: Knaut (Textcollage
1965); In diesem Land (aut. R. 1989); Ein-
mal war die Erde Ohr (Ges. G., Hrsg. D.
Bubel, H. Gätje, 2004). – Nachlass DLA
Marbach.
Der aus Hanau stammende Zeitungs-
mann und Allergelegenheitsdichter **Con-
rad Herrmann** (1817-92) lebte seit 1850
und starb in S.; von ihm die hist. E. »Der
Pfiffer-Jacob von St. Johann-Saarbrücken«
(1878). – Die Titel der Gedichtslgg. des
Mundartforschers und -dichters **Friedrich
Schön** (1879-1949), der seit 1916 in Pom-
mern lebte, zeigen ihre »Sang-Gehan-
ner«-Provenienz an: »s' Saarbricker Herz«
(1922) und »Dehemm an der Saar« (1941).
– Auf dem Alten St. Johanner Friedhof
das Grab von **Karl Willy Straub** (→ Frei-
burg i. Br./BW), der in den 1920er Jahren
und wieder seit 1967 in S. lebte und dort
am 20. 4. 1971 starb. Pädagoge, Lyriker
und Übersetzer und als »Teut Ansolt«
spätbünd. »Desperado der Jugendbewe-
gung« (K. Rauch). – **Karl Christian Mül-
ler** (1900-75): »Kranz des Jünglings« (G.
1929), »Meerhornruf« (G. 1974). Sein
Grab auf dem Hauptfriedhof. – 1904 im
heutigen Stadtteil Malstatt geb. **Mathias
Ludwig Schröder** (→ Hilden/NW). –
Der Lyriker (»Erde wo ich lebe«, 1977)
und Erzähler (»Odysseus auf dem Jahr-
markt«, 1995) war 1948-56 Leiter der Abt.
Literatur bei Radio Saarbrücken, dann
im Schuldienst. Grab auf dem Burbacher
Waldfriedhof. – Im Kontext **Gerhard
Stebner** (1928-2001), wissenschaftl. Biblio-
thekar. Er verstand sich auf konkrete Poe-
sie und Prosa, 1978 erschien die Slg. »an-
einander vorbei«. Grab auf dem Dudwei-
ler Friedhof. – Die Nachlässe von K. W.
Straub, K. C. Müller, H. B. Schiff und
G. St. im Lit.-A. UB Saarbrücken.
A Saarbrückens »goldenes Zeitalter« be-

gann Mitte des 18. Jh.s. Die Architekten (F. J. Stengel) gaben zwar den Ton an, aber selbst die Fürsten »dichteten«: Wilhelm Heinrich verfertigte »Hausmacher-Poesie« für Empfänge (W. H. Recktenwald), Ludwig »Liebeslenz-Denkmäler« für seine zweite. Frau, das »Gänsegretel von Fechingen«. Begabter Dilettant und eifriger Übersetzer für die Runde: **Ludwig Franz Freiherr von Bilderbeck** (1766-1856), 1789-93 nassau-saarbrück. Reisemarschall, der auch nach der Flucht der fürstl. Familie bis 1804 in S. blieb. Eine Epoche auch berühmter lit. Gäste: 1770 kam **Goethe** (→ Frankfurt a. M./HE) in die »kleine Residenz«, »lichter Punkt in einem so felsig waldigen Lande« (»Dichtung und Wahrheit«, 10. Buch); Bronzeplatte auf der Freitreppe zum Ludwigsplatz. 1773/74 weilte **Heinrich Leopold Wagner** (→ Frankfurt a. M./HE) als Hofmeister und Gründer einer kurzlebigen Lesegesellschaft in S.; eine nicht unkrit. Romanze (»Phaeton«) adressierte er an Fürst Ludwig und wurde im Mai 1774 binnen zweier Tage aus der Stadt verwiesen. Da zogen sich **August Wilhelm Iffland** (→Hannover/NI) und **Adolph von Knigge** (→ Hannover/Bredenbeck/NI) besser aus der Affäre: Iffland mit seinem Auftragsstück »Luassan, Fürst von Garisene«, zwei Wochen später hatte er 300 Gulden und den S.er Ehrenbürgerbrief; Knigge, in den 80er Jahren bereits hier, 1793 mit seinen auf das Frühjahr 92 nachdatierten »Briefen auf einer Reise aus Lothringen nach Niedersachsen«, worin so ziemlich alles in S. gelobt wird, und überall der Fürst mit »gutem Beyspiele vor«. Kein Vierteljahrhundert später, im Juli 1814, fand der Österreicher **Ignaz Franz Castelli** das Schlösschen »Mon plaisir« »auf dem Hallberge« nur noch in Trümmern, »son plaisir« dafür in der »Post«, wo ihn »die ersten breiten französischen

Himmelbetten in ihren sanften breiten Schoß aufnahmen«. (Einschlägige Erfahrungen hatte schon 1805 der »dt. Casanova« **Johann Konrad Friedrich** aus → Frankfurt a. M./HE gemacht, allerdings nicht im Posthaus.) – Im Sommer 1815, auf dem Weg nach Paris, im Gefolge Hardenbergs u. a. **Karl August Varnhagen von Ense** (→ Düsseldorf/NW); Aufzeichnungen in den »Denkwürdigkeiten«. Zwanzig Jahre später notierte als das »Merkwürdigste« **Hermann Fürst Pückler-Muskau** (→ Görlitz/Bad Muskau/SN) den »Hundekrieg an der Grenze«: die listig-brutale Gepflogenheit der Schmuggler, Hunden die Konterbande aufzuschnallen und sie durch das Feuer der »Douaniers« zu jagen. – 1823-34 am Gymnasium: **Gustav Pfarrius**; im letzten Jahr entstand auf einer Wanderung nach → Bad Kreuznach/RP der Plan zu seinem Liederzyklus »Das Nahetal in Liedern« (1838). – **Victor Hugo** 1863: »die vier oder fünf Zwiebeltürme der Stadt geben alle ungefähr denselben Wasser-Kessel wieder.« – 1870 abermals die »Post« und abermals ihre Betten, inzwischen wieder »Schaukelbettstellen mit musikalischer Begleitung«; die Stadt überhaupt »öd und trist«, das »Beste« noch die Brücken und der Bahnhof. Reporter: Dr. **Theodor Fontane** aus → Berlin (»Aus den Tagen der Okkupation«, 1872). Ähnliche Erfahrungen machte **Friedrich Gerstäcker** (→ Hamburg) zur gleichen Zeit. – »Die kleine Stadt« ist S. in »Die Menschen in einer Ehe« (1892) von **John Henry Mackay** (→ Berlin), der nach dem 1870er Krieg eine Zeitlang im Hause Pestelstraße 4 lebte. – 1905/06 verbrachte **Oswald Spengler** (→ Blankenburg/ST) sein Seminarjahr als Studienreferendar in S.
Hermann Hesse (→ Calw/BW) erlebte bei einer Lesung 1912 ein »drolliges Mißgeschick ... die Leute hatten nämlich in

mir eine Art Komiker erwartet und waren schwer enttäuscht.« – **Alfred Döblin** (→ Berlin), 1915-17 im benachbarten Saargemünd als Militärarzt stationiert: »Ich bin oft hinübergewandert durch das wundervolle Saartal, durch die herrlichen Wälder und Berglandschaften ... Saarbrücken war mir damals die ›Großstadt‹.« An den »Ritthof« bei Bliesransbach, damals noch Weingut und Ausflugslokal, knüpft die Erz. »Das Gespenst vom Ritthof« an. (A.-D.-Weg dort, D.-Zimmer im Historisches Museum). – Von »Streiks in den benachbarten Bergwerken« berichtet der Franzose **Louis Aragon** in einer Episode seines Romans »Die Karwoche« (1959). – **Joseph Roth** (→Berlin) 1929: »Die Stadt sieht aus wie eine Fortsetzung des Bahnhofs oder wie ein Zugang zu ihm ...« (R. Schock, »Briefe aus Deutschland«, 1997). – 1933 kam **Fritz Heymann** (1898-1942) nach S. und wurde Feuilletonredakteur der antinazist. Zeitung »Westland« (später »Grenzland«). Seine »Chronik der Abenteuer der Juden« und »Der Chevalier von Geldern« erschienen 1937 (n. 63). 1942 in Auschwitz ermordet. **Arno Ullmann** (1907-68) aus S. überlebte als Soldat und Siedler in Israel (»Abenteuer einer neuen Heimat«, 1961); er liegt dort in »seinem« Dorf Ramoz-Haschawim, zu Deutsch »Hügel der Zurückgekehrten«, begraben. – **Reinhold Schneider** (→ Baden-Baden/BW) 1954: »Industrie und Arbeit, der Krieg; das sind die bestimmenden Eindrücke.«

L »Die Sagen der Saar« hat der Kunst- und Kulturhistoriker **Karl Lohmeyer** (1878-1957) gesammelt (2 Bde. 1952, 55); auf S., wo seine »Erinnerungen« (1960) beginnen, kommt der Löwenanteil. Grab auf dem Hauptfriedhof. – Sagenstoffe behandelten **Elisabeth Kirch** (1884-1966) in »Eines Tages« (1962), **Elisabeth Meyer** (»In der goldenen Kutsche«, 1958), **Hans Bernhard Schiff** (»Pifferjokob und Trommel-

sepp«, 1978) und **Guido König** (»Saarländischer Sagenschatz«, 1983).
Die »Schlacht bei Saarbrücken«, Spichern, rief 1870 eine ganze Armee von Dichtern (auf franz. Seite sogar **Arthur Rimbaud**) auf den Plan: vom Lied des »Füselier Kutschke«, der eine Erfindung des Berichterstatters des »Daheim« war, bis zu **Walter Bloem** (→ Wuppertal/NW) und seinen Romanhelden des »Eisernen Jahres« (1910). Die »Saarbrücker Kriegschronik« (1895, n. 1978) schrieb **Albert Ruppertsberg** (1854-1930).
Ähnlich steht es mit Lit. und Dichtung des Abstimmungskampfes vor dem 13. 1. 1935: Signifikant der Titel von **Gustav Reglers** (→ Merzig/SL) Roman »Im Kreuzfeuer« (1934). Ab Februar 1934 trat regelmäßig **Erich Weinert** (→ Magdeburg/ST) mit Arbeiterliedern auf und forderte eine »freie, rote Saar«; **Bert Brecht** (→ Augsburg/BY) schrieb im gleichen Jahr das »Saarlied« »Haltet die Saar, Genossen«; 1934 erschien **Theodor Balks** (1900-74) Reportage »Hier spricht die Saar« (n. 1981). Weitere Erlebnisberichte u. a. von **Ilja Ehrenburg** (»Die Saar«, dt. 1980), **Georg K. Glaser** (→ Oppenheim/RP) Aut. »Geheimnis und Gewalt« (n. 1969) und **Arthur Koestler** »Neues Tagebuch« (1935). Das Votum der anderen: **Mathilde Mathis**, »Saarvögelein singe« (En. 1928); **Friedrich Schön**, »Deutsches Heldentum an der Saar« (Nn. 1933); **Hans Franck** (→ Ludwigslust/Wittenburg/MV), »Jakob Johannes oder Der Opferweg eines Saardeutschen« (E. 1934); **Johannes Kirschweng** (→ Saarlouis/Wadgassen/SL), »Der Widerstand beginnt« (N. 1934), »Das wachsende Reich« (R. 1935); **Martin Korbach**, »Saarvolk will heim!« (R. 1934). **Mia Munier-Wroblewski** (→ Niebüll/Süderlügum/SH) musste für ihre einschlägige Saar-Erzählung von 1935 in 2. Aufl. den Titel »Das Kreuz im Warndt« wählen, weil der ursprüngliche, »Deutsch ist die Saar«, von **Hans Maria Lux** (1900-67) seit 1920 bereits besetzt und schon 1934 zum »Saar-Volkslied« deklariert worden war. Seiner Vaterstadt S. widmete **Karl Heinz Bolay** (1914-93) die E. »Kathrin« (1941).
Saar-Romane nach dem 2. Weltkrieg: »La troisième personne« (1948), »La fantaisie du voya-

geur« (1976) von **François-Régis Bastide**; der u. a. in S.-Fechingen spielende Schlüsselroman »Die schwarze Mitgift« (1956) von **Anton Betzner** (1894-1976), der von Baden-Baden ins Saarland kam und u. a. in Brebach-Fechingen wohnte; Nachlass Lit.-A. ULB Saarbrücken; »Tanzplatz der Winde« (1957) von **Ernst Moritz Mungenast** (1898-1964) aus Metz, »Deutsch-Lothringen« zeitlebens verschrieben; »Der Dicke muß weg« (1980) von **Werner Reinert**.

»Bergmannsgeschichten« (1979) von **Gerhard Bungert** und **Klaus-Michael Mallmann** (»Kaffeekisch unn Kohleklau«, 1980; »Sellemols«, 1981). Mundart von **Jürgen Albers** (»Lieder aus'm Gärdsche«, 1982) und **Edith Braun** (»Schaff ebbes«, 1995). – Aut. Erinnerungen: **Schlomo Rülf** (1896-1976/Rabbiner der Jüdischen Gemeinde), »Ströme im dürren Land« (1964); **Petra Michaely** (1925-2000), »Die Wandlung der Karola Martin« (1984); **Rainer Petto**, »Ein Kind der fünfziger Jahre« (1985). – »In keinem Verleih/der Film/des Spaziergängers«: **Hans Arnfrid Astel**. Topographie im Kontext auch bei dem Malstatter **Klaus Bernarding**, **Martin Bettinger**, **Hans Bünte**, **Günter Navky** (1956-2006), **Manfred Römbell**, **Erhard Schmied**, **Ralph Schock** u. a. – Almanache und Lesebücher : F. Oberhauser und R. Petto (Hrsg.), »Saarländisches Lesebuch« (1980); K. M. Mallmann (Hrsg.), »Saarbrücker Augenblicke« (1984); E. Schmied & R. Schock (Hrsg.), »In diesem fernen Land« (1993); K. Behringer, M. Berger, F. Oberhauser (Hrsg.), »Kähne, Kohle, Kußverwandtschaft« (1998).

S Universitäts- und Landesbibliothek: rd. 1,5 Mio. Bde. mit Literaturarchiv Saar-Lor-Lux-Elsaß. – **Stadtbibliothek** mit Landeskundlicher Abt. – **Melusine. Literarische Gesellschaft Saar-Lor-Lux-Elsass.** Hist. Verein für die Saargegend (seit 1839); **Kunstpreis des Saarlandes** (seit 1959); **Kunstpreis der Landeshauptstadt S.** (seit 1975), **H.-B.-Schiff-Preis**, **Eugen-Helmlé-Übersetzerpreis** (texte retrouvée, seit 2005).

Dudweiler (Saarbrücken-D.)

Liesbeth Dill, * 28. 3. 1877 D., † 15. 4. 1962 Wiesbaden, Unterhaltungsschriftstellerin. Kindheit und Jugend in D. In einer Reihe von Romanen sind das Saarland und Lothringen Kulisse und Gesellschaftsspielfeld, so u. a. in »Die kleine Stadt« (1907), »Virago«(1913), »Rose Ferron« (1919/20), »Der Grenzpfahl« (1925), »Wir von der Saar« (1934). – Geburtshaus »Nassauer Hof«, Saarbrücker Straße 267. **A** Eine Gedenktafel erinnert an **Goethes** Aufenthalt am »Brennenden Berg« während seiner Saarbrücker Reise im Sommer 1770.

Sulzbach

Als Pfarrer lebte **Hermann Laven** (→ Trier/RP) 23 Jahre in S., sein als Chinoiserie verschleierter »Sang von Lao-Fumtse« (1889) übte sozialpol. Kritik an den Verhältnissen im Saarbergbau. – S.er Heimatkunde in bestem Sinne im Widerspiel von Erinnerung und Einbildung: **Ludwig Harigs** Trilogie »Ordnung ist das ganze Leben« (1986), »Weh dem, der aus der Reihe tanzt« (1990) und »Wer mit den Wölfen heult, wird Wolf« (1990) sowie die Weiterführung »Und wenn sie nicht gestorben sind« (2002). Dazu die »Die Hortensien der Frau von Roselius« (1992). »Weil unsere Freundschaft sehr viel mit dem Übersetzen zu tun hat«, erinnert sich **Eugen Helmlé** (1927-2000), literarischer Übersetzer v. a. aus dem Französischen (Sammelband »Sprache fürs Leben, Wörter gegen den Tod«, 1997) an Harig. Die »Stilübungen« von R. Queneau und 100 Sonette von B. Vian kamen so als »Übersetzungen im Doppel« ins Deutsche. Grab auf dem Friedhof Sulzbach-Neuweiler. – **Klaus Bernarding**: »Glück auf und nieder. Willkommen in Soutzwiller« (1978).

R Noch einmal auf den Spuren **Elisabeths von Lothringen**. Im Köllertal unterhalb der Martinskirche liegt im Talgrund die Ruine Bucherbach: **Kölln** (Püttlingen-Köllerbach). Die alte Burg war E.s. Witwensitz, hier schrieb sie und starb im Januar 1456. – In den1980/90er Jahren saßen die Saarbrücker Stadtschreiber aus Cottbus, Nantes oder Tbilissi im Wasserturm von **Gersweiler**, waren mit dem Blick auf Lothringen über der Grenze zu Haus. – Den weiland Zoll an der **Goldenen Bremm**/Brême d'or passierten im November 1803 **Madame de Staël**: »Deutschland kommt mir vor wie eine verräucherte Stube, in der konzertiert wird . . .«, und entgegengesetzt im Juni 1833 **François René Chateaubriand**: »Frankreich hat sich nur nicht in der glänzendsten Weise präsentiert . . .«.

B B. Philippi, G. Stebner, G. Tänzer (Hrsg.), Saarland im Text, 1991; R. Schock, Haltet die Saar Genossen! Antifaschistische Schriftsteller im Abstimmungskampf 1935, Anth.1984 (n. 2005); G. Scholdt, Grenze und Region . . . seit 1871, 1996; G. u. F. Oberhauser, Die Schwarzen Führer: Saarland – Die Saar, Sagen-Itinerar 2000.
Z Homburg, Blieskastel, Neunkirchen, Saarlouis; St. Ingbert (SL). Jenseits der Grenze, in Lothringen: Fénétrange (J. M. Moscherosch); Forbach (J. Fischart); Hambach b. Saarguemines (L. Pinck, Volksliederslg.).

SAARLOUIS/SL

»*In diesen tüchtigen geraden Gassen, die alle mit dem großen fast feierlichen und nun also doch den Roi Soleil verkündenden Markt zusammenhängen, da ist natürlich nichts von der Romantik süddeutscher Städte, nichts von ihrer Verträumtheit, nichts von ihrer Musikalität . . . Aber es ist in ihnen ein Schimmer der gepriesenen und entsagungsvollen westlichen Klarheit*« (Johannes Kirschweng, 1933)

Städt. Museum, Stadtbibliothek, Archiv (Kaserne VI); Museum Haus Ludwig. – Laboratorium-Institut für aktuelle Kunst im Saarland.

Jakob Ecker (1851-1912/Grab in Lisdorf) wurde v. a. durch seine Bibel-Ausgaben bekannt; in seinem Gedichtband »Knospen« (1889) das Saarlied »Am grünen Saum der Saar«. – **Johannes Mumbauer** (→ Bad Kreuznach/RP), Ende des 19. Jh.s Kaplan in S. und Wadgassen, baute in den 1920er Jahren »Hausens Bücherei« zu einer vorbildl. Slg. der Weltliteratur aus, die 1927 bereits 150 Bde. umfasste. – Der Volkskundler und Mundartdichter **Nikolaus Fox** (1899-1946) verlebte seine Jugend in S.-Roden und war zwischen den Kriegen Studienrat in Dillingen und S. W.: »De Kurwel«, Volksschwank 1924; »Saarl. Volkskunde« (1927, n. 79); »Märchen und Tiergeschichten« (1942). – 1923 erschien **Pierre Gourdons** »Saar-Franzosen«-Roman »Johanna Beaumont, sarrelouisienne«. – An den früh verstorbenen **Herbert Mailänder** (1924-53/Grab auf dem Ehren-

Saarlouis: der sprichwörtliche Lacroix auf dem Halben Mond

friedhof) erinnert die Slg. »Frühes Wort«. – Jenseits von heimattümelnder Idyllik der Grenze **Alfred Guldens** Lieder und Gedichte in Rodener Mundart (»Lou mol lo lo laida«, 1975, »Da eewich Widdaschpruch«, 1978) und hochdt. Erzählungen und Stücke (»Auf dem großen Markt«, 1977; »Saarlouis 300«, Hist. Revue 1980). Typisch für S. seine Lügengeschicht(en)s-Helden, die unter Napoleon mit dem »gutten Saarlouiser Buw, dem Maréschall Ney« (Geburtshaus Bierstraße 11) nach Russland zogen: »Grenadier Bamberger« (M. Scheidt, 1919), »Michel Tonton« (J. Sieberger und S. Egloff, neu N. Fox 1934, 98) und der »Trommelsepp« (K. Lohmeyer, 1952). Ney-Denkmal (wie auch das vom sprichwörtl. gewordenen Soldaten Lacroix) auf dem »Halben Mond«.

Dillingen

Altes Schloss (Schloss- und industriegeschichtl. Slg).

Von dem in D. geb. Lyriker **Albert Korn** (1880-1965/Grab auf dem Friedhof) wurden rd. 250 Gedichte vertont: »Gezeiten des Lebens« (1954). – Heimisches Erfolgsstück in Dieffler Mundart »Kätt, halt et Maul« (1939) von **Aloys Lehnert** (1888-1976), von dem auch Studien zur Dialektgeographie vorliegen. Grab auf dem Friedhof. – »An der Haibach« in Pachten soll der Sage nach der römische Landpfleger Pontius Pilatus »off Maul und Nas« begraben liegen.

Wadgassen

Deutsches Zeitungsmuseum (Museum für Medien und Kommunikation).

Johannes Kirschweng, * 19. 12. 1900 W., † 22. 8. 1951 Saarlouis, Priester-Dichter. Priesterseminar Trier, Kaplan an Mosel und Ahr, dann freier Schriftsteller in W. Gehörte zu den »inbrünstigen Daheimbleibern«, als solcher auf der Grenze zu Haus. Vor der Saarabstimmung 1935 engagierte sich K. für das »Wachsende Reich«, nach dem Kriege favorisierte er – »Bewahrtes und Verheißendes« – die »Verbundenheit« mit dem franz. Wesen und der franz. Kultur. – Ges. Werke in 10 Bdn. (1974 ff.). – »Das Haus« Saarstraße 19; Grab auf dem Friedhof; J.-K.-Stube im »Alten Wadgasser Wirtshaus«, Lindenstraße 26; Denkmal (Büste) vor dem Hofhaus; J.-K.-Weg (nach Berus) – Nachlass Lit.-A. UB Saarbrücken.

R »Die Grenze geht mitten durch Weizenäcker und durch blühende Wiesen. Die deutschen und französischen Lerchen treffen sich in der blauen Unendlichkeit …«, schrieb 1936 **Johannes Kirschweng** auf der »Feldwache der Liebe« (1936). Mitten in den »Wällen, die von Waffen starren«… »Hüben und drüben«, wie es im Titel der Erzählung des **Bistener** Lehrers **Peter Gehl** (1898-1973) heißt. Grenzfall ist auch »Die Leidinger Hochzeit« (R. 1984) von **Alfred Gulden**, der sich hier »of em Gaau« verortet: »Nur auf der Grenze bin ich zu Haus« (1982). Wandschriften in einem Arrestbunker des Westwalls sind Gegenstand des Romans »Der Tag und die Stunde« (1999) von **Werner Sand**. – Von **Gerhard Tänzer** der Gedichtzyklus »Blick auf **Berus**« (2000), der auch Europa-Denkmal und Oranna-Kapelle zitiert. Eine Episode in **Stefan Heyms** (→ Chemnitz/SN) »Kreuzfahrer von heute« (1950, später u. d. T. »Bitterer Lorbeer«) und zwei seiner »Reden an den Feind« (1986) verweisen auf **Ensdorf** und **Überherrn**.

B F.-J. Reichert, Mein Dillingen, 1988; P. Neumann u. a. (Hrsg.), Johannes Kirschweng. Bilder und Dokumente, 1980; P. C. Keller, Bericht über Berus, 1981.

Z Merzig, Mettlach, Saarbrücken (SL). Jenseits der Grenze, in Lothringen: Boulay (Ch. de Villers); Metz (Rabelais, P. Verlaine, G. Kahn, M. Barrès, A. Thomas).

SALZWEDEL/ST

»Eine Liebe für die kleinen alten Häuser, an deren schmalen oder breiten Türen die Messinggriffe blinkten und in deren Giebelzimmer ich mich als Knabe mit meinen Büchern hineinwünschte, ist mir immer geblieben.« (Friedrich Meinecke, 1941)
Johann-Friedrich-Danneil-Museum mit dem Flügelaltar von L. Cranach aus der Mönchskirche (jetzt Konzerthalle); St.-Marien-, St.-Katharinen-, St.-Lorenzkirche (»Straße der Romanik«).

Johannes Praetorius (eig. **Hans Schulze,** zahlreiche Ps., u. a. Sechswochius, Läusepeltz), * 22. 10. 1630 Zethlingen bei S., † 25. 10. 1680 → Leipzig/SN. Ab 1640 Besuch der S.er Schule, Studium an der Universität Leipzig. Der Magister und poeta laureatus verfasste zahlreiche Werke, das bekannteste die »Lustige Gesellschaft« (1656) und Slg. von Sagen und En. über Rübezahl. – Gedenkstein in Zethlingen.
Joachim Johann Daniel Zimmermann, * 27. 10. 1710 S., † 2. 1. 1767 Hamburg. Sohn eines Pfarrers, ging in S. zur Schule. Theologie-Studium in Rostock/MV und Helmstedt/NI, Diakon in Hamburg. Seine von den Zeitgenossen geschätzten Predigten 1761-63 u. d. T. »Auserlesene Predigten über die wichtigsten Stellen aus den evangelischen Texten durchs ganze Jahr« (4 Bde.). »Dankworte in gebundener Rede« (G. 1759-66, 2 Bde.), z. T. abgedruckt in »Poesie der Nieder-Sachsen« (neue Ausg. von J. Stenzel, 1980).
Friedrich Meinecke, * 30. 12. 1862 S., † 6. 2. 1954 → Berlin-Dahlem. Als Sohn eines preuß. Beamten in der Großen Sankt-Il-

senstraße 22 geb. (Gedenktafel), bis zum 9. Lebensjahr in S. Später Ordinarius für Geschichte in Berlin und Straßburg, Hrsg. der »Historischen Zeitschrift« (1896-1935). Nach M. wurde 1951 das Hist. Seminar der FU Berlin benannt. 1947 Ehrenbürger von S. – W.: Weltbürgertum und Nationalstaat (1907); Die Idee der Staatsräson in der neueren Geschichte (1924); Erlebtes 1862-1919 (Erinn. 1964).
Johann Friedrich Danneil, * 18. 3. 1783 → Kalbe/Milde, † 20. 1. 1868 S. 1819-53 Leiter des S.er Gymnasiums, das u. a. J. J. Winckelmann (→ Stendal/ST), der spätere Pädagoge Karl H. G. Witte aus Pritzwalk/BB (1767-1845) und R. Parisius (→ Gardelegen) besuchten. Der Stadtarchivar gilt als Mitbegründer des 3-Periodensystems Stein-Bronze-Eisenzeit. Th. Fontane (→ Neuruppin/BB) griff bei der Schilderung der Katte-Tragödie auf die von D. veröff. Gerichtsprotokolle zurück (»Wanderungen«, Bd. »Oderland«). – W.: Kirchengeschichte der Stadt S. (1842); Wörterbuch der altmärkisch-plattdeutschen Mundart (1857). – Gedenkstein am Moorteich, Gedenktafeln am Rathaus (ehem. Kloster/Altes Gymnasium) und am Wohn- und Sterbehaus Lohteich 35. Das S.er Museum trägt seinen Namen. D.s Schriften im Stadtarchiv.
A Die Literatur zur Figur des **Doktor Faustus** (→ Maulbronn/Knittlingen/BW) nennt auch Salzwedel als möglichen Geburtsort (G. R. Widmann 1599: »haben seine Eltern gewohnt in der Mark Sondwedel«). 1736 bis 38 lebte **Johann J. Winckelmann** (→ Stendal/ST) in Salzwedel, seinem »lieben Ort«, wo er als Schüler und Hilfslehrer an der Lateinschule den Griechischunterricht J. G. Scholles besuchte, dessen Wirken W. in einem Brief v. 27. 1. 1743 würdigt. – »Turnvater« **Friedrich Ludwig Jahn** (→ Perleberg/BB) ging von 1791 bis 94 in S. zur Schule, wo er

»schöne Tage des reinsten, freudigsten Jugendlebens« hatte (Gedenktafel am Wohnhaus Lorenzstraße, heute Jenny-Marx-Straße 16). **Werner Salchow** (1902-1964) schrieb eine E. über Jahn in S. – **Jenny von Westphalen**, die spätere Ehefrau von **Karl Marx** (→ Trier/RP), wurde am 12. 2. 1814 als Tochter Ludwigs v. W. im Landratsamtshaus (heute Jenny-Marx-Haus; Plastik von H. Apel im Hofgarten) geboren (gest. 2. 12. 1881). Ihre Mutter war die Cousine des Gothaer Buchhändlers **Friedrich Chr. Perthes** (→ Rudolstadt/TH). Schon zwei Jahre nach Jennys Geburt zogen die Eltern nach Trier. Über J. v. W.: G. Hardel, »Jenny« (1961); L. Dornemann, »Jenny Marx. Der Lebensweg einer Sozialistin« (1975); Fr. Giroud, »Trio infernale oder Das Leben der Jenny Marx« (1994).

1859 besichtigte **Theodor Fontane** zusammen mit W. Lübke Arendsee und »das an kirchlichen Monumenten so reiche Salzwedel«. – **Otto von Bismarck** (→ Stendal/Schönhausen/ST) besuchte seit 1865 mehrfach S. und erwähnt es in seinen »Gedanken und Erinnerungen« (1898 ff.). – **Max Adler** (1867-1937), Leiter des S.er Gymnasiums, machte sich einen Namen als Raabe-Forscher. – 1898 übernachtete **Karl May** (→ Glauchau/Hohenstein-Ernstthal/SN), dessen Geschichten um den »Alten Dessauer« z. T. im Grenzgebiet bei S. spielen, im Hotel »Schwarzer Adler«. – Von 1945 bis ca. 1947 war der Schauspieler Heinz Rühmann in der »Künstlernotgemeinschaft Salzwedel« und am »Altmärkischen Theater Salzwedel« tätig. – In den 60er Jahren lebte **Peter Hacks** (→ Berlin) zeitweise in S. (»Die Wollweberstraße haben wir geliebt«). Kontakte zu den Schriftstellern in der Hansestadt hatte auch **Reiner Kunze**. In den Werken **Helmut Sakowskis** (→ Jüterbog/BB), der 1951 als Förster bei S. und Osterburg arbeitete, fin-

den sich zahlreiche Anspielungen auf Bewohner und Landschaft der Altmark.

L »Wäre Salzwedel es nicht wert, von der UNESCO globalgeschützt zu werden?« (Merian-Heft »DDR extra«, 1990). – Die in historischer Alt- und Neustadt angesiedelten Sagen um die Burg Albrechts des Bären und die Figur des Riesen Jan Kahl hat **Andreas Neuling** 1987 in »Sagen und Legenden der Altmark« neu erzählt. Dazu auch die Slg. **A. Pohlmanns**, »Sagen aus der Wiege Preußens« (1901, n. 1997). – **Eulenspiegel** (→ Wolfenbüttel-Schöppenstedt-K./NI) soll sich drei Wochen in S. aufgehalten und seinen Schabernack getrieben haben. – **Johann Peter Hebel** (→ Lörrach/Hausen/BW) lässt im »Schatzkästlein« die Anekdote »Der kann Deutsch« um einen Sundgauer Soldaten im S. des Jahres 1809 spielen. Der aus → Perleberg/BB stammende Pädagogik-Professor **Wilhelm Harnisch** besuchte von 1800 bis 1806 die Salzwedeler Gelehrte Schule; seine Erinn. »Mein Lebensmorgen. Zur Geschichte der Jahre 1787-1822« (1865) enthalten viele Alltagsbeobachtungen und die Bilanz seiner Schulzeit: »Ich habe dort von einem Lehrer lieben, ich habe von einem Lehrer leiden und darum leben gelernt«. – **Friedrich Meineckes** Aut. »Erlebtes 1862-1919« enthält auch Erinn. seines Vaters, der Kontakt hatte zur S.er Verwandtschaft des Historikers **Konrad Zechlin**. Dessen Tochter **Ina Conradi** (1889-1956) schrieb u. d. T. »Das Nönnlein im Sechsmädelhaus« (1932) Kleinstadtanekdoten. Seine kurze Schulzeit am Jahn-Gymnasium vor 1914 (»alsbald empfängt mich eine alte überfunkelte Stadt«) schildert **Jürgen Eggebrecht** (→ Stendal/ST) in seiner aut. E. »Huldigung der nördlichen Stämme«. – **Wilhelm Fehse** (1880-1946), erster Herausgeber der Gesammelten Werke Wilhelm Raabes (→ Holzminden/Eschershausen/NI) und dessen Biograph, lehrte am S.er Gymnasium; der »prominente Nazi-Germanist« (W. Fuld) schloss nach 1933 Juden aus der Raabe-Gesellschaft aus. Der rechtskonservative Germanist **Wilhelm Stapel** aus Kalbe (1882-1954) schildert in der autobiogr. Schr. »Stapeleien« (1939) seine S.er Schulzeit.

In der NS-Zeit wurde Salzwedel Standort

eines Außenlagers des KZ Neuengamme (→ Hamburg), Gedenkstein an der Gardelegener Straße im Ortsteil Perver (»Judendorf«). Über die Leiden der Insassen und ihre Befreiung berichten **Kitty Hart-Moxon** in »Kitty-Return to Auschwitz« (1999) und **Karla Raveh**. Auch **Uwe Herms**, 1939 in der nahen Salzwedeler Windmühlenbreite geb., verarbeitet in »Salzwedel: Eine Erinnerung« (in: »Dichter Reisen«, Hrsg. A. Kahrs, 1990) seine Erlebnisse am Rande des S.er Außenlagers. Über seine erstmalige Rückkehr in die Vaterstadt im Jahre 1990: »Dumme und Jeetze mit dem glücklichen Charme unrenovierter Historizität«. – In **Reinhard Jirgls** Roman »Hundsnächte« (1997) schildert der Autor, der in der Salzwedeler Güterbahnhofstraße aufgewachsen ist, das Grauen von 1945: »von dem Großen Dunklen Zug, ... dem einst dort Draußen vor der Stadt auf den Schienen in den Gewittern des letzten Krieges die Katastrofe geschehen war«, und im autobiographisch gefärbten Roman »Die Unvollendeten« (2003) das Schicksal einer hierher vertriebenen sudetendeutschen Familie. – Kurz vor der Wende beschrieb **Peter Wawerzinek** S. in seiner Reporta-

ge »Zweimal Salzwedel und zurück« (in: »Sonntag« Nr. 18/1988): »Ich ahne, daß die Stadt meinem Naturell nicht entspricht.« **Toralf Staud** gab unter dem Titel »Auf dem Moped in die Freiheit« seine »Wendegeschichten aus der Altmark« (2000) heraus, nach der Wende berichtete **Matthias Matussek** (im »Spiegel« 8/90) über eine Salzwedeler »Geisterfahrt im Leseland«. **Georg Lentz** erkundete die Geschichte des schon von Th. Fontane, G. Benn (»das edelste u. teuerste Gebäck, das es gibt«) und Th. Mann geschätzten S.er Baumkuchens in seiner Reportage »Salzwedel/Altmark. Hauptstadt des Baumkuchens« (in: »Märkische Spaziergänge. Von Rheinsberg bis Ribbeck« 1996), **Georg Oswald Cott** widmete dem Gebäck mit »Rauchfeuer« ein eigenes Gedicht (1996).

S Stipendiatenhaus des Altmarkkreises für Literaten in der Predigerstraße.

Arendsee

Der Volksmund führt den Namen des durch einen Erdeinbruch entstandenen Sees auf die Geschichte vom Müller Arend zurück, dessen Frau beim Untergang ihrer Mühle in den Fluten »Arend, seh!« ausgerufen haben soll. (Brüder Grimm, »Deutsche Sagen«); neu bei G. Wermusch, »Das Jahrhunderträtsel Arendsee« (in: »Rätselhafte Mark«, 1998). – Das kleine Städtchen am See mit der Ruine eines Benediktinerinnenklosters von 1183 (u. a. Sage von den klugen Nonnen, von Emerentia von Rietdorf und der Gräfin von Dannenberg) beherbergte 1722 den berühmten Heilkünstler »Doktor Eysenbarth« (→ Oberviechtach/BY), der hier seine Hochzeit mit einer Arztwitwe feierte. – 1859 kam **Theodor Fontane** nach A. (Gedenkstein an der Klosterkirche), die dort gewonnenen Eindrücke flossen ins 15. und 16. Kapitel (»Die Nonnen von Arendsee«) der N. »Grete Minde« (1880). Grete muss in A. ihren Freund Valtin begraben: Der

Salzwedel: Der in Salzwedel aufgewachsene Reinhard Jirgl vor seinem Haus in der Güterbahnhofstraße, dem Handlungsort seines Romans »Die Unvollendeten«

Klosterfriedhof wird zur letzten Ruhestätte: ». . . und so ging es die Straße hinunter, in weitem Bogen um den Kirchhof herum, bis an die Seeseite, wo, von alters her, der Eingang war. In der Nähe dieses Einganges, unter einem hohen Fliederbusch, der mit seinen Zweigen bis in den Kreuzgang hineinwuchs, hatte der Klostergärtner das Grab gegraben.« – Im A.er Heimatmuseum am See Exponate zum Heimatdichter **Fritz Gentsch** (1866-1946) und zu **Gustav Nagel** (1874-1952): Der Einsiedler, selbsternannte Prophet und Sprachreformer, der quer zu allen Staatsformen stand und dementsprechend verfolgt wurde, bemühte sich um die Wiedererweckung des Minnesangs und um eine vereinfachte Rechtschreibung: »hir rut in got gustaf nagel« steht folgerichtig auf seinem Grabstein auf dem A.er Stadtfriedhof. Gedenktafel bei den Resten seines Tempels am Gustav-Nagel-Weg am Seeufer; G.-N.-Tage. Über G. Nagel **Johanna** und **Günter Braun** in: »Lieber Kupferstecher Merian« (1973), biogr. Material bei E. Schwarz: »gustav nagel, Wanderprediger und Tempelwächter« (1991). – Die Schriftstellerin **Jutta Bartus** (1926-2007) wohnte nach der Wende in **Schrampe** im ehemaligen Zonengrenzsperrgebiet des Arendsees, wo sie die literarische Einrichtung »Alte Schmiede« betrieb.

Gardelegen

In der Marienkirche Epitaph des G.er Universalgelehrten Arnold Bierstedt (1542-97). Seit 1988 Mahnzeichen zum Gedenken an die Judenverfolgungen und Grabmale des ehem. Jüdischen Friedhofes auf dem Städt. Friedhof Bismarcker Straße. Mahn- und Gedenkstätte Isenschnibber Feldscheune G. Der hier geborene Landrat Heinrich-Detloff von Kalben (1898-1966) verfasste die lange Zeit maßgebliche

Studie »Die Altmark. Wiege Brandenburg-Preußens« (1959).
Joachim Lange, * 26. 10. 1670 G., † 7. 5. 1744 Halle/ST, Theologie-Studium in Leipzig/SN, Erfurt/TH und Halle, Pfarrer. 1698 Rektor in Berlin, 1709 Prof. in Halle. Gehörte zum Kreis P. J. Speners (→ Berlin). Seine lat. Grammatik (1707) erreichte 26 Auflagen. Unvollendete Aut. u. d. T. »Dr. J. Langes Lebenslauf, zur Erweckung seiner in der evangelischen Kirche stehenden und ehemals gehabten . . . Zuhörer« (1744).
Christoph August Tiedge, * 14. 12. 1752 G., † 8. 3. 1841 Dresden/SN, Lyriker, Verfasser populärer Texte, Sohn des G.er Rektors, Jura-Studium in Halle/ST, ab 1777 u. a. in Magdeburg/ST tätig. Lebensgefährte der Schriftstellerin Elisa von der Recke (→ Dresden/SN). Als sein Vorbild galt J. W. L. Gleim (→ Halberstadt/ST), den er 1788 traf. Bekannt wurde T. durch sein Lehrgedicht »Urania, über Gott, Unsterblichkeit und Freiheit« (1800). – »Sämmtl. Werke«, 10 Bde., (4. Aufl. 1841); im selben Jahr Gründung einer T.-Stiftung. – Gedenktafel am Geburtshaus Holzmarkt 16.
(Johann) Wilhelm (Jakob) Bornemann * 2. 2. 1766 G., † 23. 5. 1851 Berlin. Theologie-Studium in Halle/ST, Verehrer und Förderer des »Turnvaters Jahn«. Generallotteriedirektor in Berlin, mit Carl Friedrich Zelter (→ Berlin) Begründer der Berliner Liedertafel. – Lyrik in Altmärker Platt, ersch. 1810 u. d. T. »Plattdeutsche Gedichte«. Erfolge mit hochdt. Lyrik: »Im Wald und auf der Heide«. – Gedenktafel am Geburtshaus Sandstr. 13 und gegenüber der Reutter-Villa Waldschnibbe. – B.s Lyrik regte Fritz Reuter an: »Es war das erste plattdeutsche Buch, welches mir zu Gesicht kam«. F. Rückert (→ Schweinfurt/BY) feierte den Kollegen: »An Bornemann/Altmeister märkischer Poeten«. An-

dere warfen dem »geschwätzigen Urphilister« (C. Borchling) vor, seine Gedichte wie »Ick bin Ollmärker« seien »hochdeutsch gedacht und plattdeutsch dargelegt« (J. F. Danneil). **Ludolf Parisius**, * 15. 10. 1827 G. (Gedenktafel am Geburtshaus Nikolaistraße), † 10. 3. 1900 Berlin. Gymnasium in Salzwedel, Studium in Halle/ST; Assessor in Burg/ST, 1858 bis 64 Richter in G. 1864 wegen Agitation für die Fortschrittspartei entlassen (Gedenktafel am ehem. Gericht beim Holzmarkt). Seit 1861 Mitglied im Abgeordnetenhaus, später im Reichstag in Opposition zu Otto von Bismarck (→ Stendal/Schönhausen/ST), über den er die Studie »Deutschlands politische Parteien und das Ministerium Bismarck« (1878) publizierte. 1882-91 Redakteur des Wochenblattes »Der Reichsfreund«. – Der Altmark blieb P. stets verbunden, so mit Untersuchungen zum altmärk. Platt (1870), der zu Lebzeiten unveröff. Sammlung von über 700 Volksliedern (1956 Hrsg. I. Weber-Kellermann u. d. T. »Ludolf Parisius und seine Altmärkischen Volkslieder«) und dem von H. Dietrichs bebilderten Buch »Bilder aus der Altmark« (2 Bde., 1883, n. 1994), bis heute eine unverzichtbare Quelle. Novellen und Romane, u. a. »Pflicht und Schuldigkeit« über Adel und Bauern (1873).

Rudolf Lindau, * 10. 10. 1829 G., † 14. 10. 1910 Paris. Bruder Paul L.s (→ Magdeburg/ST). Berichterstatter im Deutsch-Französischen Krieg 1870/71; 1878 bis 92 Pressereferent im Auswärtigen Amt. – Erzählungen in »Die kleine Welt« (1880), Novellen »Der lange Holländer« (1889) und »Reisegefährten« (1894), Reiseberichte u. a. aus China und Japan.

Otto Reutter, (urspr. **Pfitzenreuter**), * 24. 4. 1870 G., † 3. 3. 1931 Düsseldorf/NW, Kabarettist: »Ein großer Eindruck, ein wirklicher Künstler« (V. Klemperer, 1927).

Nach Lehr- und Wanderjahren kometenhafte Karriere, die ihn in den Berliner »Wintergarten« führte, wo er mit Couplets wie »Der Überzieher« und »Bevor du sterbst« begeisterte. R. hat seine Heimatstadt (»Er war aus Gardelegen in der Altmark, und so sang er auch«, spöttelte K. Tucholsky) nie vergessen; 1920 schrieb er Verse für das G.er Notgeld (»Wie schön was doch die olle Mark,/janz wie die Ollmark – hart und stark«). – In seine Villa Waldschnibbe (heute O.-R.-Jugendherberge) kehrte er immer wieder zurück; Geburtshaus in der Sandstraße 1964 abgerissen, lebensgroße Statue R.s in der Fußgängerzone, Ehrenbürger-Grab auf dem Friedhof Bismarcker Straße, mit Büste des Bildhauers Menzner. – B. Wiesner, »Otto Reutter, Hinter den Kulissen«, (1931, n. 1995).

A In der Marienkirche predigte der Luther-Schüler **Bartholomeus Rieseberg** (1492-1566; Grab im Chor der M.-Kirche; R.-Fest). **Ehm Welk** (→ Prenzlau/Angermünde/BB) lebte von 1906 bis 09 als Zeitungsredakteur in G.

L Heinrich Christoph Steinhart (1801-72) schildert den Alltag in »Gardelegen um 1800« mit den »alten geräumigen Häusern, mit ihren Kellern und Brauerei-Apparaten.« Die belebende Wirkung des Garley-Bieres auf die Wissenschaft beschrieb **August Höpfner** (1830-1901) in seinem Spottgedicht »Die Gelehrten von Gardelegen«. – 1944 war der Schriftsteller **Max von der Grün** als 18-Jähriger zur Funkausbildung in G., Erinn. in »Wie war das eigentlich? Kindheit und Jugend im Dritten Reich« (1979).
Die Katastrophe von Isenschnibbe nahe G., wo die SS am 13. April 1945 dem Todesmarsch von KZ-Häftlingen ein brutales Ende bereitete: 1016 Menschen, an die in der heutigen Gedenkstätte erinnert wird, wurden in der Feldscheune des Gutes lebendig verbrannt bzw. erschossen. Der Franzose **Georges Cretin** erinnerte sich: »Kaum waren wir alle eingetreten,

als die Türen sich schlossen und das Stroh sofort Feuer fing. ... Dieses Mal, man hat es begriffen, ist es die Vernichtung.« (1983). Weitere Augenzeugenberichte in »Tage im April« (Schr.-Reihe Museum Gardelegen 3, 1995) und bei J. Neander, »Gardelegen 1945« (1998). – In ihren Erinnerungen »Als Künstlerin in der russischen Kommandantur« (1996) schildert **Waltraut Juretzky-Waschek** die Zeit nach 1945 in G.

S **Stadtmuseum** in der alten Löwenapotheke von 1685, mit Exponaten zu Tiedge, Bornemann, Parisius, Reutter.

R Aus **Diesdorf** stammt der seinerzeit vielgelesene **Just F. E. Fabricius** (1718-83). – In **Zethlingen** wurde der Schriftsteller **Johannes Praetorius** geboren, auf dessen volkskundliche Schriften **Johann K. A. Musäus** (→ Jena/TH), die **Brüder Grimm** (→ Hanau/HE), die seine »geschmacklose, aber scharfsichtige Gelehrsamkeit« schätzten, und **Goethe** (→ Frankfurt/HE) in der »Walpurgisnacht« zurückgriffen; Gedenktafel. – **Poppau** behauptet, der Mittelpunkt der Welt zu sein, ein Findling im Dorfteich gilt als Beleg: »Ein jedes Nest, das kleinste hält/sich für den Mittelpunkt der Welt« dichtete der P.er Kinderbuchautor **Georg Bötticher**, der auch Auerbachs »Deutschen Kinderkalender« herausgab und dessen Sohn unter dem Namen **Joachim Ringelnatz** (→ Wurzen/SN) berühmter als der Vater wurde. – **Rohrberg** ist Geburtsort des Schriftstellers **Christoph F. Schwerin** (1829-79), der mit **Fritz Reuter** im Briefwechsel stand und das Altmärker Platt pflegte; Hrsg. der Slg. »Der Altmärker« (1858). – **Hans Joachim Tschiche**, 1989/90 Gründungsmitglied des Neuen Forums, beschreibt seine Jahre als Gemeindepfarrer um 1956 in **Hilmsen** u. d. T.: »Nun machen Sie man, Pastorche!« (Erinn. 1999). – **Kalbe an der Milde**, bei **Thietmar von** → Merseburg (ST) als »Calvo« erwähnt: In der Nicolai-Kirche

die Grablege der **von Alvensleben**, die hier als Burgherren saßen (Ruine der Wasserburg); bekannt die Sage vom wunderbaren Ring. Über den Heimatkundler **Johann Friedrich Danneil** Exponate in der Heimatstube »Altes Wachhaus«, Gedenktafel am Geburtshaus. – Die Gegend um **Klötze**, jahrelang im Schatten der nahen DDR-Grenze, hat **Georg Oswald Cott** in seinem Lyrikband »Blindweg nach Klötze« (1996) erfasst: »Sturzäcker, Moor und Drömling/alles scheint weit vom Schuss.« – In **Kassieck** wurde 1906 **Willi Richard Fehse** geboren. Der Erzähler und Essayist gab mit **Klaus Mann** (→ München/BY) zusammen die »Anthologie jüngster Lyrik« (1927) heraus, mit Gedichten unter anderen von **Jürgen Eggebrecht**, im gleichen Jahr erschien die von Fehse und E. Reinhardt in Magdeburg herausgegebene Zs. »Die jüngste Dichtung« mit Beiträgen von Klaus Mann und W. E. Süskind (→ Weilheim/BY). 1932 dann der N.-Band »Flucht vor dem Alter«. Nach 1945 war Fehse Lehrer in → Göttingen/NI, wo er 77 starb. Zahlreiche Werke in der Genres: »Romeo im Tingeltangel« (R. 1964); »Von Goethe bis Grass« (Ess. 1963); »Das Herbstlicht« (G. 1972). Seinem Heimatort K. widmete er einige Erzählungen (»Die Hausmedizin«, 1971) und das Gedicht »Erinnerung an ein Dorf«; dazu **Guntram Vesper** (→ Göttingen/NI): »Dunkelkammer, in die ein Lichtschein fällt« (1990). – Literatur und Kulturgeschichtliches aus der Altmark schildert **Hanns H. F. Schmidt**: »Skizzen aus der Altmark« (1978, n. 1996); »Die Altmark. Ein Lesebuch«; »Das große Sagenbuch der Altmark« (1994); »Kraut und Räuben-Kalender für Altmark, Börde und Harz« (ab 1992). – Aus **Mehrin** stammt der Heimatdichter **Fritz Hagen** (»Twischen Hahnenschrien un Uhlenflucht«, 1990). Heimatkundliche Literatur von **Ernst Kredel** (1864-

1939), **Heinrich Matthies** (1867-1920) und **Martin Ehlis** (1900-80).

B A. Kahrs, Dichter Reisen (zu Salzwedel, Arendsee, Gardelegen, Kassieck), 1990; J.-F. Dwars (Hrsg.), Dichter-Häuser in Sachsen-Anhalt, 1999.
Z Lüchow (NI); Haldensleben, Stendal (ST); Wittenberge (BB); Wolfsburg (NI).

SANGERHAUSEN/ST

Spengler-Museum, benannt nach dem Heimatkundler Gustav Adolf Spengler (1864-1961).

Heinrich von Morungen, * um 1260 vermutl. Morungsburg bei S., † 1222 → Leipzig/SN, erster lat. gebildeter Minnesänger. 35 formvollendete Lieder sind überliefert, die vor allem in Thüringen gewirkt haben, wo eine regelrechte »Morungen-Schule« nachweisbar ist.
Johann Heinrich Gottlob von Justi (Ps. **Anaxagoras von Occident**), * 25. 12. 1720 Brücken bei S., † 21. 7. 1771 Küstrin, einer der bedeutendsten Kameralisten seiner Zeit, dessen Werke (»Der Grundriß einer guten Regierung«, 5 Bde., 1759) die Reformen Josephs II. entscheidend beeinflussten. Als Hrsg. der »Ergetzungen der vernünftigen Seele« (1745-48) machte sich J. auch lit. einen Namen. Vor allem seine Satiren wurden populär.
Einar Schleef, * 17. 1. 1944 S., † 21. 7. 2001 Berlin, als »genialer Berserker des Regietheaters und Theaterzertrümmerer« (C. Peymann) einer der wichtigsten Außenseiter der dt. Dramatik im letzten Drittel des 20. Jh. Bis 1963 Oberschulbesuch in S. Malerei- und Bühnenbildstudium in Berlin, am Berliner Ensemble, wo Sch. mit Wedekind- und Strindberg-Inszenierungen auffiel. Seit 76 im Westen: »Was ich beim Verlassen der DDR nicht wußte, wie groß mein inneres Gepäck wurde und

wie mächtig die Erinnerungen.« Sch.s intensives Verhältnis zur Mutter und zur Heimatstadt spiegelt sich in dem Roman »Gertrud« (2 Bde., 1980-84), in der Nietzsche-Trilogie »Gewöhnlicher Abend. Messer und Gabel. Ettersburg« (2002) sowie im »Tagebuch 1953-1963« (Hrsg. W. Menninghaus, 2004) wider. Der Topographie von S. widmete Sch. seinen den Roman ergänzenden Foto-Text-Bd. »Zuhause« (1991). – Geburtshaus: Mogkstraße 24 (»aus der Dachkammer konnte ich den Kyffhäuser sehen«); Grab auf dem Friedhof von S. Ausstellung über Leben und Werk im Spengler-Museum, Lengefelder Straße 33, dort auch E.-Sch.-Arbeitskreis. Text- und Theaternachlass Stiftung Archiv der Akademie der Künste Berlin.
A **Martin Luther** (→ Eisleben/ST) war am 30. 5. 1516 in S., um das Augustinereremitenkloster zu visitieren. An der Stelle des Klosters heute eine Schule, Schulgasse 2, die Klosterbibliothek heute in der Ulrichskirche. – **Franz Fühmann** (→ Berlin) fuhr im Frühjahr 1974 in das Kupferschieferbergwerk von S. ein, nachdem er jahrs zuvor bereits in der Bibliothek des Thomas-Müntzer-Schachtes gelesen hatte: »Ich bin alljährlich ein paar Wochen in Bergwerken zu Gast, abwechselnd im Kupfer und im Kali ... ich bin provoziert und hingerissen.« (»Schieferbrechen und Schreiben«, 1978).
R Über dem nordwestl. von S. gelegenen und schon zum Unterharz gehörenden Dorf **Morungen** die Morungsburg, die Friedrich I. Barbarossa 1157 kaufte und die die vermutete Heimat seines Ministerialen **Heinrich von Morungen** ist. **Daniela Danz**, »Morungen« (»Serimunt. Gedichte«, 2004): »Im Innern des Tals ist es still/Im engen Ort bellen die Hunde«. – 1525 predigte **M. Luther** in der Peter-und-Pauls-Kirche von **Wallhausen** gegen Müntzer: »Sehet euch vor vor den falschen

Propheten, die in Schafskleidern zu euch kommen, inwendig aber sind sie reißende Wölfe.« – Östl. von S. **Beyernaumburg,** wo **Ernst Stockmann** (1634-1712) 1658-82 Pfarrer war und seine Lieder-Slg. »Poetische Schrifft-Lust: Oder Hundert Geistliche Madrigalen« (2 Teile, 1660-68) herausgab, mit der er dieses barocke Genre in der geistl. Dichtung einbürgerte.

Allstedt

Burg- und Schlossmuseum mit Schlosskapelle.

Thomas Müntzer war von Ostern 1523 bis August 24 Pfarrer an der A.er Johanneskirche. Das war seine produktivste Zeit, der einzige Abschnitt seines Lebens, über den man genauer unterrichtet ist. Von M.s neun bekannten Schriften entstanden fünf in A., darunter das »Deutsche Kirchenamt« und die »Deutsch Evangelische Messe« (alle 1524). Am 13. 7. 24 hielt M. in der Schlosskapelle vor Kurfürst Johann und dessen Sohn Johann Friedrich die sog. »Fürstenpredigt«, »die vielleicht kühnste Predigt, die eine Obrigkeit in Deutschland je hören mußte« (H.-J. Goertz 1989). Hochzeit mit der entlaufenen Nonne Ottilie von Gersen 23 in der Wigbertikirche. – Wohnung: lange angenommen im erhaltenen Westturm der Wigbertikirche (Gedenktafel). Da auch von der Johanneskirche (Nachfolgebau 1775) nichts erhalten ist, konzentrierte sich die DDR-M.-Pflege auf die Schlosskapelle, dort auch M.-Ausstellung.
Friedrich August Koethe (Ps. **Der Einsiedler bei St. Johannes**), * 30. 7. 1781 Lübben, † 23. 10. 1850 A., Liederdichter, Theologe sowie Hrsg. einer Ph.-Melanchthon-Ausg. (6 Bde., 1829). 1810 Prof. in Jena, wo K. die Goethe-Freundin Silvie von Ziegesar (→ Jena/TH) kennenlernte und heiratete. Seit 1819 Superintendent

in A. – W.: Die christliche Volksbildung (1831), Geistliche Lieder (1851).
August Thieme, * 26. 2. 1780 A., † 13. 7. 1860 ebd., Lyriker. Lehrer in St. Petersburg und Schulinspektor in Wyborg. 1809 Dr. theol. in Dorpat. Nach der Rückkehr 11 Diakon in Lobeda (heute zu Jena) und 13 Pfarrer in Ilmenau. Nach Suspendierung vom Dienst wieder in A., wo Th. 22 Diakon wurde. – W.: Gedichte (Hrsg. A. von Wolzogen, 1848); Neue Gedichte (Hrsg. A. von Wolzogen, 1850).
A **Thietmar** (→ Merseburg/ST) wurde auf der hochgelegenen Pfalz (und späterem Schloss) Ende 1004 zum Priester geweiht. – **Melchior Acontius** (1515-69) war Pfarrer in A. Von hohem Quellenwert seine Gelegenheitsgedichte über seinen Aufenthalt in Wittenberg. – **Gottfried Arnold** (→ Annaberg-Buchholz/SN) war 1702-05 in A. Schlossprediger und wurde wegen seiner »Unparteyische(n) Kirchen- und Ketzerhistorie« (1699/00), in der nach mehr als 150 Jahren auf Müntzer hingewiesen wird, angegriffen. – **E. Stockmann** wurde 1682 als Superintendent nach A. berufen und verfasste hier eine »Allstädtische Reimchronik«. 1712 starb er hier. – Aus A. stammt **Friedrich Andreas Hallbauer** (1692-1750), dessen Rhetorik-Lehrbücher (1725 und 36) Grundlegendes leisten, von 1731 bis zu seinem Tod war H. Prof. für Dichtkunst in Jena. – **Goethe** (→ Frankfurt a. M./HE) war in die Kleinstadt zwischen 1776-82 oft in Begleitung von **Carl August** (→ Weimar/TH) gekommen, der beim Schloss eine »Stuterey« unterhielt, deren Leiter Josias von Stein war. A. ist der Geburtsort von Goethes Ministerkollege Christian Gottlob Voigt (1744-1819).

Kelbra

Nikolaus Marschalk (gen. **Thurius**), * 1460/70 Roßla bei K., † 12. 7. 1525 Rostock, Humanist. Lehrte nach Studien in Löwen und Heidelberg an den Universitäten → Erfurt/TH, Wittenberg und Rostock. M.s »Enchiridium poetarum clarissimorum« (4 Bde. 1502) ist die erste Einführung in die griech. Dichtung.

Stolberg im Harz

Heimatmuseum. – Juliana von Stolberg (1506-80) ist die Stammmutter des Hauses Oranien, des heutigen niederl. Königshauses.

Thomas Müntzer, * um 1490 S., † (hingerichtet) 27. 5. 1525 vor → Mühlhausen/TH, »Theologe der Revolution« (E. Bloch, 1921) und Widersacher Luthers. Über M.s Lebensweg bis 1523 ist kaum Sicheres bekannt. Sein mögliches Geburtsjahr wurde aus der 1506 in Leipzig erfolgten Immatrikulation erschlossen. – W.: Schriften und Briefe (Hrsg. G. Franz, 1968). – Geburtshaus: 1851 abgebrannt, Nachfolgebau Thomas-Müntzer-Gasse 2 (Gedenktafel); Denkmal (Reliefplatte mit bärtigem M. als Fahnenträger, 1955) in der Grünanlage beim Bahnhof; bemerkenswertes M.-Denkmal (1989) auf dem Markt. Erinnerungen im Heimatmuseum, dort auch vier vom Geburtshaus stammende Heiligenfiguren.

Das siegreiche Luthertum sah in M. vor allem den »Schwarmgeist« und »falschen Propheten« (**Ph. Melanchthon**/→ Bretten/BW, »Die Histori Thome Muntzers«, 1525) und ignorierte ihn schließlich ganz. **M. Rinckart**/→ Delitzsch/Eilenburg/SN (»Monetarius seditiosus oder Tragödia von Thomas Müntzern«, 1625) sah in ihm sogar ein Werkzeug des Papsttums. Erst im Vormärz wird der M.-Stoff wieder

aufgegriffen. Das Material stellte **W. Zimmermann** (→ Stuttgart/BW) in seiner »Allgemeinen Geschichte des großen Bauernkriegs« (3 Bde., 1841-43, n. 1997) zur Verfügung. **Th. Mundt** (→ Potsdam/BB) und **L. Köhler** (→ Meiningen/TH) schrieben M.-Romane (1841 und 44), **R. Gottschall** (→ Leipzig/SN) und **H. Rollett** (→ Jena/TH) Stationen-Dramen (1844 und 51). Im 20. Jh. folgten die kommunist. Autoren **B. Lask** (→ Seelow/Bad Freienwalde/BB) und **F. Wolf** (→ Neuwied/RP) 1925 und 53.

Johann Gottfried Schnabel (→ Bitterfeld/Sandersdorf/ST) lebte 1724-44 in St. Er schrieb hier die »Insel Felsenburg« (R. 1731-34) und redigierte 1731-44 die Zeitung »Stolbergische Sammlung neuer und merckwürdiger Welt-Geschichte«. – Wohnung: Markt (1727), Am Schlossberg 5 (Gedenktafel) im Haus des Hofbuchdruckers Erhardt (um 1731-37), Stubengasse (bis 1744). Ausstellung zu Sch. im Heimatmuseum. Seit 1992 J.-G.-Sch.-Gesellschaft und Hrsg. der »Schnabeliana« (seit 1995 7 Bde.).

A **M. Luther** kam 1525 nach St., der ersten Station seiner Reise ins nordthür. Bauernkriegsgebiet. Wohnung: beim Kanzler Wilhelm Reifenstein, Markt 4; L.-Buche auf der dem Schloss gegenüberliegenden Höhe mit Inschriftentafel (L. zufolge ähne-

Stolberg: Gedenktafel am Haus Schlossberg 5 für Johann Gottfried Schnabel

le St. einem Vogel, wobei das Schloss der Kopf sei, der Markt der Rumpf, die beiden Gassen die Flügel und die Niedergasse der Schwanz). – Ende September 1795 traf sich **Novalis** (→ Hettstedt/Wiederstedt/ST) in St. mit **Friedrich Leopold von Stolberg** (→ Bad Segeberg/Bad Bramstedt/SH).

Z Eisleben, Quedlinburg, Querfurt (ST); Artern, Bad Frankenhausen, Nordhausen, Sondershausen (TH).

ST. BLASIEN/BW

Museum des Landkreises Waldshut.

Martin Gerbert, * 11. 8. 1720 Horb, † 13. 5. 1793 St. B., Fürstabt, schrieb eine Geschichte des Schwarzwalds (»Historia Nigrae Silvae«, 1783 f.). – Grab hinterm Hauptaltar der Klosterkirche; M.-G.-Stube im »Dom-Hotel«. Denkmal in Bonndorf.

Ulrich Rauscher, * 26. 6. 1884 Stuttgart/BW, † 18. 12. 1930 St. B. Journalist, Romancier, Dramatiker: »Richard Dankwards Weltgericht« (R. 1911).

A Über die Kuppelkirche staunte **Friedrich Nicolai** (→ Berlin): »Der Eindruck ist unbeschreiblich, in dieser rauhen Gegend ein so weitläufiges, so wohlgeordnetes Gebäude zu erblicken« (»Reise durch Deutschland und die Schweiz«, 1781). – Der lungenkranke **Theodor Däubler** (→ Berlin) kam hier in ein Sanatorium, wo er 1934 starb. **Maxim Gorki** war zuvor schon einige Wochen zur Kur in St. B.

R In **Bernau** im Ortsteil Oberlehen ist der Maler **Hans Thoma** (1840-1924) geboren (»Im Herbst des Lebens«, 1909; »Jahrbuch der Seele«, 1922). Geburtshaus Privatbesitz, Gedenkstein gegenüber; H.-Th.-Museum; H.-Th.-Preis. – **Michel Butor** erzählt in seinem Capriccio »Bildnis

des Künstlers als junger Affe« (1967) vom »Land der Philosophen« am **Titisee** (Sage von versunkener Stadt und Kloster) während des Winters 1945/46; auch M. Heidegger tritt auf: »er schien mir als Förster gekleidet zu sein.« Auf der Suche nach Heidegger und seiner »alemannischen Zipfelmützensprache« irrt auch Wolfgang Matern in »Hundejahre« (R. 1963) von **Günter Grass** zwischen Titisee und Feldberg umher. Seit je hat man dem **Feldberg** Spukgestalten und Geheimnisse angedichtet. Die Volkssage kennt einen »Dengelegaist«, den auch **Johann Peter Hebel** (→ Lörrach/Hausen/BW) im Gedicht »Geisterbesuch auf dem Feldberg« zitiert (»Hebelwegli« an der Südflanke des Berges; Hebel-Stube im »Feldberger Hof«). In Hebels »Der falsche Edelstein« heißt es: »So macht man sie bei Sankt Blasien in der Glashütte.« – »Auf der Wald«, zwischen Feldberg und Schluchsee und den Tälern von Alb, Gutach und Wutach, spielen die Erzählungen »Juniperus« (1866) von **Joseph Victor von Scheffel** (→ Karlsruhe/BW) und »Der Hauptmann vom Wald« (1954) von **Wolfgang Ernst Mildenberger** (1929-83) sowie der Romanzyklus »Die Elsißträger« von **Peter Stühlen** (1900-82), v. a. »Aus den schwarzen Wäldern« (1936).

L Schwarzwald: Was mit den Klassikern **Wilhelm Hauff** (→ Stuttgart/BW), »Das kalte Herz«, und **Berthold Auerbach** (→ Rottenburg/Nordstetten/BW) begann, **Heinrich Hansjakob** (→ Wolfach/Haslach/BW) fortführte, dann in die »Heimatkunst« geriet: **Auguste Supper** (→ Pforzheim/BW), **Hermann Eris Busse** (→ Freiburg i. Br./BW) z. B., hat eine Generation kritischer Enkel gefunden: etwa **Thomas Strittmatter** aus → St. Georgen (Villingen-Schwenningen/BW), **Wolfgang Duffner**, der in Brigachtal lebt und mit einem »Neuen Rollwagenbüchlein« (1985) debütierte, oder **Horst Lapp** (vom Staigbauernhof in

Wolfach-Langenbach), dessen Außenseiter-Geschichte »Heimat – deine Sünder« (1987) die Kritik bescheinigte, sie »räume mit dem verlogenen Schwarzwaldbild gründlich auf«.

B J. Lodemann, Geschichten aus dem Schwarzwald, 1985; I. Heim, Schwarzwald. Etwa 120 geheimnisvolle Stätten in 90 Orten, 1990; G. Holzwarth, Heimwohl und Heimweh. Auf den Spuren der Dichter zwischen Schwarzwald und Oberem Neckar, 1997.

Z Bad Säckingen, Donaueschingen, Freiburg i. Br., Lörrach, Hausen, Schopfheim, Müllheim, Badenweiler, Waldshut (BW).

ST. INGBERT/SL

Stadtarchiv (u. a. Slgg. von Karl Uhl und Klaus Stief). – Museum St. I. (Slg des Malers A. Weisgerber, 1878-1915). – St. Ingberter Literaturforum. »Die St. I.er Pfanne« (Kleinkunst).

Karl August Woll, * 10. 2. 1834 St. I., † 17. 4. 1893 Straßburg. Gehört zu den 5 Klassikern der Pfälzer Mundart. Gymnasialzeit in Speyer, Studium in München; Hauslehrer in Deidesheim; Redakteur der »Pfälzer Zeitung« in Speyer und nach dem 1870er Krieg Waisenhausinspektor in Straßburg. Die 1. Auflage der »Pfälzischen Gedichte« (darunter auch die hochdt. »Wasgau-Lieder«) erschien 1868. – Geburtshaus Kaiserstraße 130; Grab auf dem Alten Friedhof, Nachlass LB Speyer.

Der Heimatforscher **Wolfgang Krämer** (1885-1972/Gedenktafel Bayernstraße Schnappach) veröffentlichte unter dem Ps. **Heinrich Märker** eine St. I.er Revolutionsgeschichte: »Um Wald und Kohle« (1925, n. 60). – Schuhmacher und Poet dazu: als »St. Ingberter Hans Sachs« galt **Karl Uhl** (1886-1966). Ehrenbürger, Gedenktafel Pfarrgasse 60, »Spaziergänger durch das alte St. I.«, sein Grab auf dem Alten Friedhof. Heimatspiele, u. a. »Die Waldstreiter zu St. Ingbert« (1926), »Die

Kartoffelrepublik« (Auswahl von Versen und Prosa, 1956). – Der Dramatiker und Erzähler **Klaus Stief** (1897-1963/Grab auf dem Alten Friedhof) war lange Jahre Leiter der Stadtbücherei. Werke: u. a. »Der selige Bauer« (Bruder Konrad-Kantate 1934), »Michael Weisgerbers Reise nach Paris« (E. 1938); »Der verlorene Sohn« (Mysteriensp. 1947). Nachlass Stadt-A. »Alles Laute wird leise«, eine Würdigung des Dichters Klaus Stief von Rigobert Wilhelm 2004. – »Rechts und links von de Großbach« (1992): Der 1932 in St. I. geb. und heute in Miesau im Landstuhler Bruch lebende **Heinrich Kraus** »gehört zu den großen (Dialekt-)Poeten der Region« (G. Scholdt). 2002 erschien u. d. T. »Poetische Haltestellen« eine Auswahl der Lyrik aus vier Jahrzehnten. – »Dehämm em Oord« (1990) der ehem. Bergmann **Eugen Motsch** (1932-2003).

Z Homburg, Neunkirchen, Saarbrücken (SL); Zweibrücken (RP).

ST. WENDEL/SL

»Hat der Dom nicht/Hirtengestalt?/Lagern wie Lämmer/Hügel nicht um/und die Häuser?« (Johannes Kühn, 1965) Museum St. Wendel (Mia-Münster-Haus). – Adolf-Bender-Zentrum (Gedenkstätte). – Steinbildhauer-Symposion und »Straße der Skulpturen« (zw. St. Wendel und Bostalsee).

Der Erzähler und Dramatiker **Richard Wenz** (1876-1953), seit 1901 Lehrer im Oberbergischen und Köln, gab 1925 die Anth. »Tausend Jahre Rheinische Dichtung« heraus und schrieb Romane, die im Rheinland und in der Eifel spielen: »Der Kondbachmüller« (1911), »Rheindämmerung« (1923), »Das Irrlicht auf dem Eifelmaar« (1940). Nachlass Stadt- und Kreisbücherei St. W.

R »Grünmantel über gebogenen Schultern«: der Schwarzwälder Hochwald und »hügelhinauf, hügelhinab« davor die Pastorale, das St. Wendeler Land. Seit 1988 führt von **Tholey** (wo Wendalinus – nur der Legende nach – Abt war) entlang der alten Pilgerpfade der »Wendalinus-Weg« nach **Sankt Wendel**. Vor der Stadt lebt mit ihrem Mann, dem Bildhauer Leo Kornbrust, die Lyrikerin **Felicitas Frischmuth** in der Damra, 1971/72 Mittelpunkt des Intern. Steinbildhauer-Symposions: »Kein Zaun keine Mauer. Parolen auf ein Haus« (Erzählgedicht 1986). Lyrische Topographien zuvor schon: »Papiertraum« (1977), »An den Rand des Bekannten« (1980). Im Haus im Wald bei **Urweiler** entstand **Ludwig Harigs** »Urweiler Elegie« (»Die Saar«, 1971), als zeitgenöss. Topographie steht sie so genau wie vertrackt zu Buche. – In **Hasborn**-Dautweiler lebt **Johannes Kühn**. Ein Zitat von Jochen Hieber ist dem Nachwort von I. und B. Rech zu dem 2002 ersch. Gedichtband K.s »Nie verließ ich den Hügelring« vorangestellt: »Er ist kein Heimatdichter und er ist es doch. Ein Poet zwischen Pléiade und Provinz.« Das Gasthaus Huth in der Theltalstraße 18 ist K.s Ort der »Gasthausgedichte«: »Wasser genügt nicht« (1997). – In **Nonnweiler** 1932 geb. **Gerd Fuchs**; sein Roman »Katharinas Nacht« (1991) spielt im Vorfeld der Saar-Abstimmung 1935. – Heimatsprache: **Maria Becker-Meisbergers** Gedichte in moselfränk. Dialekt »De Himmel off Besuuch« (1979). – Im Kunstzentrum **Bosener Mühle**, am Ende der Skulpturenstraße, finden die Saarländischen Mundart-Tage statt.

Z Birkenfeld, Kusel (RP); Neunkirchen, Ottweiler (SL).

SCHLEIDEN/NW

Johannes Sleidanus (eig. J. Philippsen), *1506 Sch., † 31. 10. 1556 Straßburg, Historiker. Nach Studium in Lüttich, Köln, Löwen und Orléans 1537 im Dienste von König Franz I. von Frankreich, musste wegen seines Übertritts zum Protestantismus das Land verlassen. Danach Dolmetscher, Botschafter und Geschichtsschreiber des Schmalkald. Bundes. Beim Trienter Konzil Vertreter der Stadt Straßburg, die ihn 1552 in ihre Dienste nahm. – »De statu religionis et rei publicae Carolo V. Caesare commentarii« (1553); »De quatuor summis imperiis libri tres, in gratiam iuventus confecti« (1556), beide Werke über 80 Aufl.

L In Sch. geb. der Humanist und Pädagoge **Johannes Sturm** (1507-89), Rektor des Straßburger Gymnasiums, und der Historiker **Leonhard Ennen** (1820-1860), seit 1857 Stadtarchivar und Bibliothekar in Köln (»Geschichte der Stadt Köln«, 1863-79). – Als Gymnasiallehrer in Sch. 1923-33 **Josef Janssen** (»Eifeler Humor«, 1929) und 1950-82 **Hans-Joachim Friederici** (»Zwischen Höhen und Grenzen. Geschichten aus der Eifel«, 1989). »Sagen und Legenden aus Eifel und Ardennen« (1992-94) von **Karl Guthausen**.

R Die Erzählung »Die Erben von Blankeneck« (1921) von **Julius R. Haarhaus** (→ Wuppertal/NW) spielt im Kreis Schleiden, der Roman »Flußabwärts« (2002) und die Dorfgeschichten »Kall, Eifel« (2005) von **Norbert Scheuer** in **Kall**. – Kalendergeschichten von der in **Nettersheim** geb. **Ida Schröder**: »Üss aahler on nöyer Zitt« (1985). – In **Pesch** (Nettersheim-P.) lebte seit dem 2. Weltkrieg **Jakob Kneip** (→ Simmern/Morshausen/RP), er starb am 14. 2. 1958 im nahen Mechernich. Bildtafel am Wohnhaus, Grab auf dem Friedhof P.; Dauerausstellung zu Leben und Werk in **Nettersheim**. –

Die Abtei **Steinfeld** ist Schauplatz der Erzählung »The Treasure of Abbot Thomas« (1905) des englischen Geistergeschichten-Autors **M. R. James** (dt. u. d. T. »Der Schatz des Abtes Thomas«, 1979). – Die in **Kronenburg** und Köln lebende **Katharina Schubert** erinnert an jüdische Schicksale 1938/39 im dt.-belgischen Grenzraum: »Fluchtweg Eifel« (1995).

Z Aachen, Euskirchen, Monschau (NW); Prüm (RP).

SCHLEIZ/TH

Geburtsort von Johann Friedrich Böttger (1682-1719), Erfinder des europ. Porzellans, und des von A. von Humboldt geschätzten Kartographen (»Atlas des ganzen Erdkreises«, 1803) Christian Gottlieb Reichard (1758-1837). – **Konrad Duden** (→ Bad Hersfeld/ HE) war 1869-76 Rektor des Sch.er Gymnasiums, Kirchplatz 1 (Gedenktafel).

R Jenseits der Plothener Teiche **Göschitz**, wo **Julius Sturm** (→ Gera/Bad Köstritz/ TH) 1850-58 Pfarrer war und sein Sohn **August Sturm** (1852-1923) geboren wurde. »Hohenzollernsagen. Balladen« (1897). Pfarrgut und Kirche erhalten. – Hinter dem Städtchen Tanna **Rothenacker**. Am Ortseingang das Wohnhaus (Gedenktafel) des »Gelehrten Bauern« **Nicolaus Schmidt** (1606-71), der mehrere Sprachen beherrschte, Kalender herausgab und eine Aut. (1655) hinterließ. – Im Schloss von **Hirschberg** fand 1744 eine Synode der »mährischen Brüder« statt, an der **Nikolaus Graf von Zinzendorf** (→ Zittau/ Herrnhut/SN) teilnahm. – Nicht weit davon **Mödlareuth**, wegen der das Dorf teilenden Grenzmauer in der DDR-Zeit als »Klein-Berlin« bekannt. Deutsch-Deutsches Museum mit einem Stück Mauer.

Bad Lobenstein

Städtisches Regionalmuseum.

Heinrich Albert, * 8. 7. 1604 L., † 6. 10. 1651 Königsberg, Komponist und Dichter. Vetter von H. Schütz. 1626 nach Königsberg, wo A. 30 zum Dichterkreis um S. Dach (→ Wittenberg/ST) gehörte. Viele Texte seiner »Arien und Melodeyen« (8 Teile, 1638-50) stammten von ihm.

S Im Schloss **Burgk** Bibliothek zur Regionalgeschichte und bemerkenswerte Exlibris-Sammlung von über 6000 Stücken.

Ebersdorf (Saalburg-E.)

1678-1848 Residenz der Fürsten von Reuß-E. Schloss heute Pflegeheim. Im Park Grabmal (1931) für Heinrich XXVII. Reuß j. L. von **Ernst Barlach** (→ Wedel/SH) und Erinnerungstafel an den 1895 in E. geborenen »Theaterprinzen« **Heinrich XLV. Reuß** (→ Gera/ TH).

Erdmuth Dorothea Gräfin von Zinzendorf, geb. von Reuß-E., * 7. 11. 1700 E., † 19. 6. 1756 Herrnhut (→ Zittau/SN), Liederdichterin (»Wir gehen getrost an deiner Hand, Herr Jesu, die uns führet«). Heiratete 1722 in E. **N. Graf von Zinzendorf.**
Christian Georg Andreas Oldendorp, * 8. 3. 1721 Groß-Lafferde bei Hildesheim, † 9. 3. 1787 E., Missionshistoriker und Reiseschriftsteller. Seit 1780 Prediger in E. Hatte vorher Westindien bereist (»Geschichte der Mission der evangelischen Brüder auf den caribischen Inseln«, 1777).

B F. Vollbrecht, Die evangelische Brüdergemeine in Ebersdorf seit 1730, 1991.
Z Greiz, Pößneck, Saalfeld (TH); Plauen (SN); Hof (BY).

SCHLESWIG/SH

Landesarchiv S.-H. mit Präsenzbibliothek. –
Stiftung Schleswig-Holsteinische Landesmu-
seen Schloss Gottorf (Kunst- und Kulturge-
schichte, volkskundliche Slg., Archäolog. Lan-
desmuseum, Barlach-Plastiken), Städt. Museum.
– Schleswig-Holstein. Landestheater und Sin-
fonieorchester; Schlosshofspiele. – Künstler-
haus Selk (siehe Eckernförde); Nordelbisches
Bibelzentrum und Bibelgarten im Holm.

Adam Olearius (eig. A. Oelschläger), * um
1599 → Aschersleben/ST, † 22. 2. 1671
Schloss Gottorf, der »gottorfische Ulysses
und holstein. Plinius«. Kam aus Leipzig
in gottorf. Dienste und blieb 40 Jahre.
Hofmathematiker und -bibliothekar; Mit-
glied der »Fruchtbringenden Gesellschaft«
1651. – W.: Vermehrte Newe Beschrei-
bung Der Muscowitischen und Persischen
Reyse (1656, n. 1971); Persianischer Ro-
senthal (dt. Übers.1654, n. 1970). – Epi-
taph im St. Petri-Dom; Bücher im Städt.
Museum.
Hermann Heiberg, * 17. 11. 1840 Sch.,
† 16. 2. 1910 ebd., naturalist. Erzähler,
bald auf das Niveau durchschnittl. Unter-
haltung absinkend. Sein Hauptwerk, der
gesellschaftskrit. Kleinstadtroman »Apo-
theker Heinrich« (1887, n. 1928), spielt
in Kappeln, die Romane »Am Marktplatz«
(1901) und »Im Hafenwinkel« (1904) in
Schleswig. – »Norddeutsche Menschen«
(E. 1898).
A **Joachim Rachel** (→ Heide/SH), der
als Satiriker geachtet war und zwei Jahre
die Domschule leitete, starb 1669 in Sch.
– Der dän. Lyriker und Dramatiker **Jo-
hannes Ewald** besuchte 1754-58 die La-
teinschule. Sein Landsmann, der Roman-
tiker **Schack Staffeldt**, starb 1826 in Sch.,
1872 **Ludolf Wienbarg** (→ Hamburg),
der ab 1861 seine »Geschichte Schleswigs«
veröffentlicht hatte. – Am 24. 6. 1844 er-
lebte auf einem Sängerfest **Matthäus Fried-**

rich Chemnitz' (→ Pinneberg/Barmstedt/
SH) »Schleswig-Holstein-Lied«, vertont
von C. G. Bellmann (Grab am St. Johan-
nis-Kloster), seine Premiere; Denkmal an
der Michaelisallee. Seit 1859 im S.er Frau-
enstift St. Johannis, von Goethes Schwie-
gertochter Ottilie und den Enkeln be-
sucht: **Ulrike von Pogwisch** (1798-1875).
– **Theodor Fontane** (→ Neuruppin/BB)
kam 1864 als Kriegsberichterstatter nach
Sch. (Hotel Esselbach, heute Hotel Stadt
Hamburg, Flensburger Straße), seine Rei-
senotizen vermerken einen Huldigungs-
zug für Preußens Prinz Friedrich Karl im
Hauptquartier Luisenlund: »Das Ganze
hat doch einen Anflug von Krähwinkelei.«
Theodor Storm (→ Husum/SH) pflegte
einen regen Briefwechsel (Hrsg. B. Cogh-
lan, 1984) mit dem Sch.er Regierungsrat
und Kunstfreund Wilhelm Petersen. **Alma
Leismann** (→ Flensburg/SH) war von
1908-43 Lehrerin in Sch., u. a. an der Bu-
genhagenschule. **Friedrich Ernst Peters**
(→ Rendsburg/Luhnstedt/SH) war Di-
rektor der Landesgehörlosenschule bis zu
seinem Tod 1962; von Sch. handelt sein
Gedicht »Die Versuchung des Hans Brüg-
gemann«. In Sch. 1897 geb. **Waldemar
Augustiny** (→ Osterholz-Scharmbeck/
Worpswede/NI); **Maasholm**, ein Fischer-
dorf an der Schleimündung, ist Schauplatz
seines Romans »Die Fischer von Jarsholm«
(1935).

L Von **Clemens Brentano** (→ Koblenz/RP)
stammt das G. »Die Gottesmauer«: »Draus
vor Schleswig an der Pforte ...«. – »Von Hei-
mat und Weite« (Gedichte 1953) von **Gerhard
Spanjer**; »Residenzstadt an der Schlei« (1972)
von **Gustav Faber** (→ Müllheim/Badenwei-
ler/BW); »Vom Dom zum Runenstein« u. a.
(1950) von **Konrad Weiß** (→ Schwäbisch
Hall/Michelbach a. d. Bilz/BW). **Siegfried
Lenz**, der sommers im nahen **Tetenhusen**
wohnt, hat in seinen Romanen »Heimatmu-
seum« (1978) und »Exerzierplatz« (1995) im-

mer wieder Schleswigs Umland an der Schlei als Schauplatz gewählt. Ein Besuch vor Ort in **E. Maletzkes** »Poeten in ländlicher Idylle« (1996). **Karin Reschke** schrieb das Porträt »Bilder aus Schleswig – ein Umzug« (in: »Von Schleswig nach Holstein. Skizzen vom Ostseestrand«, 1999).

R Brunnenplastik zum **P. O. Runge**-Märchen »Fischer und sine Fru« Ecke Stadtweg/Bismarckstraße. – »Ausgrabung einer Stadt«, »Bischofskirche und Fürstengruft«, »Geschichte im Museum«, »Zeit der Wikinger« und »Auf alten Wegen« heißen die **Schleswig**-Kapitel in **Hans-Heinrich Welcherts** »Wanderungen zu den Schlössern und Domen in Schleswig-Holstein« (1978). Sie führen von den Wahrzeichen in Ost und West, vom Dom St. Petri (mit dem Bordesholmer Altar von H. Brüggemann, 1514-21) nach Schloss Gottorf, und, von »Haithabu« im Museum, das **Uwe Herms** in seinen Reportagen »Im Land zwischen den Meeren« (1996) beschrieb, nach **Haithabu** am Haddebyer Noor (dazu **Kari Köster-Lösches** Romane »Das Drachenboot«, 1993, und »Der Thorshammer«, 3. Aufl. 93, sowie **Claus-Peter Lieckfelds** »Das Buch Haithabu« (3. Aufl. 1997), dann, am Runenstein von **Busdorf** vorbei, zum **Danewerk** mit der dort spukenden Königin Margarethe. – Nordwärts im Zickzack durch **Angeln**. **Konrad Weiß**: »Man müßte ein Buch nehmen und hier sitzend von alten Zeiten lesen …« Von der Nachkriegszeit bis 1950 im Land um Angeln handelt **Arno Surminskis** E. »Letzter Zug nach Ammersby« (in: »Gewitter im Januar«, En. 1986); auch die En. vom A.er **Georg Andresen** spielen hier. – **Paul Selks** Sagenslg. aus Angeln führt »In Beowulfs und Offas Reich«. Ein Angeln-»Lesebuch« von J. Callsen (Hrsg.). – »Die Idstedter Heide ist klassischer Boden für Kriegszwecke« (»Up ewig ungedeelt«, Hrsg. **Detlev von Liliencron** →

Kiel/SH). Eine Gedenkhalle erinnert an die Schlacht von **Idstedt** am 25. Juli 1850 und an den holstein.-dän. Krieg 1848-51.

Z Eckernförde, Flensburg, Husum, Rendsburg (SH).

SCHLÜCHTERN/HE

A **Philipp Melanchthon** (→ Karlsruhe/Bretten/BW) weilte dreimal bei dem ihm befreundeten Abt. P. Lotichius (Grabstein in der Katharinenkapelle), der seit 1543 in Sch. die Reformation einführte und die Umwandlung des Klosters in eine Gelehrtenschule förderte. L.s Neffe **Petrus Lotichius Secundus** (Niederzell) war Schüler dort. Erinnerungsstätte für **Ulrich von Hutten** (Vollmerz): H.-Kapelle und -Gruft mit Bronzebüste des Dichters. – Die **Brüder Grimm** (→ Hanau/HE) kamen von Steinau aus öfter zu der befreundeten Familie des Salzverwalters Stickel. – Im »Schwanen« pflegte **Goethe** (→ Frankfurt a. M./HE) Quartier zu nehmen; ebenso im hist. »Engel« in Salmünster. – Als Chronist des »Bergwinkels« machte sich **Wilhelm Praesent** (1896-1976/Grab auf dem Friedhof) verdient: »Bergwinkel-Chronik« (1929-68) und Heimatkalender »Bergwinkel-Bote« (Hrsg. seit 1955), auch zahlreiche Schriften u. a. über die Familie Grimm.

S Im **Bergwinkel-Museum** (der Name stammt von dem Sch.er Rektor und Schriftsteller **Georg Flemmig**/1874-1950) Dokumente und Erinnerungsstücke in der Huttenstube zur Familiengesch. und zum Werk Ulrich v. H.s, in der Grimmstube zu den Geschwistern G. und in der Klosterstube zu Petrus Lotichius und Petrus Lotichius Secundus.

Niederzell (Schlüchtern-N.)

Petrus Lotichius Secundus (P. Lotich), * 2. 11. 1528 N., † 1. 11. 1560 Heidelberg (BW), Mediziner und bedeutender Elegiker des Späthumanismus. In seinen Liebesliedern Reminiszenzen an die klass. Zeit Italiens, Horaz, Ovid und Virgil. – »Poemata« (1563).

Vollmerz (Schlüchtern-V.)

Ulrich von Hutten, * 21. 4. 1488 Burg Steckelberg, östl. von V., † 29. 8.(?) 1523 Insel Ufenau im Zürich-See, Humanist, Poeta laureatus, der erste national engagierte Dichter Dtl.s, gegen Papsttum und Kurie. Erziehung im Kloster → Fulda/HE, wo er 1505 entfloh. Wandernder Scholar u. a. in → Köln/NW, → Erfurt/TH, → Greifswald/MV und → Rostock/MV. Freund M. Luthers (→ Eisleben/ST) und Anhänger J. Reuchlins (→ Pforzheim/BW), Mitarbeit an den »Dunkelmännerbriefen«. Beschloss sein Studium in Italien, der Hofdienst in → Mainz/RP enttäuschte ihn. Floh 1520 zu F. v. Sickingen auf die → Ebernburg (Bad Kreuznach/RP) und ging 22 in die Schweiz. – W.: Querelae (G. 1510); Gesprächsbüchlein (»Ich hab's gewagt«, 1521). Dt. Schriften (Hrsg. S. Szamatolski, 1891). – Auf Steckelberg Gedenktafel, im Sommer H.-Festspiele. – Volkslied (fast noch zu Lebzeiten) von C. Leffel; erstes Drama von Ch. E. K. zu Benzel-Sternau (1828); Gedichtzyklus von C. F. Meyer (1871); Biographien von D. F. Strauß (1858) und O. Flake (1929).

Steinau an der Straße

»Die Stadt Steinau liegt sehr malerisch; auf dem höchsten Punkt liegt die Kirche, das Schloß und das Rathaus, und von jeder Seite, woher man kommt, nimmt sie sich gut aus.« (Ludwig Emil Grimm)

Schloss-Museum mit Marionettenausstellung (Marionettentheater »Die Holzköppe« im Marstall). – Intern. Brüder-Grimm-Musiktage und St.er Puppenspieltage.

Jacob und **Wilhelm Grimm** lebten hier von 1791-98: ».. . in dieser wiesenreichen, mit schönen Bergen umkränzten Gegend stehen die lebhaftesten Erinnerungen der Kindheit.« Wohnung zunächst im Amtshaus, nach dem Tod des Vaters (1796) im ehem. Huttenschen Spital, dann in der »alten Kellerei« am Steinweg. Im Amtshaus (jetzt: »Brüder-Grimm-Haus S.«) Gedenkstätte mit Dauerausstellung zu Leben und Werk, Märchen und Sagen; auch zur Familie Grimm und mit Zeichnungen von **Ludwig Emil Grimm** (→ Hanau/HE), der in seinen Erinnerungen anschaulich von St. erzählt. In der Reformierten Schule lernten die Brüder Grimm beim Präzeptor Zinckhan lesen und schreiben. – Märchenbrunnen auf dem »Kumpen« (Marktplatz).

R In **Hutten'schem** Besitz u. a. das H.-Haus von 1563 an der Stadtmauer von **Salmünster** (Bad Soden-S.), heute Amtsgericht. Burg Stolzenberg in **Bad Soden**, wo **Martin Luther** (→ Eisleben/ST) 1521 auf der Rückkehr von Worms übernachtete, war lange an die Herren von Hutten verpfändet, die 1536 unterhalb im Ort das H.-Schlösschen erbauten.

Vollmerz: Burg Steckelberg, Geburtsort Ulrich von Huttens

B K. Geist/L. Steinfeld, Das Schlüchterner Land, 1982; D. Grieser, Die Hausgötter (Steinau), Die Dependance (Schlüchtern), in: Mit den Brüdern Grimm durch Hessen, 1985. **Z** Fulda, Gelnhausen, Schotten (HE).

SCHMALKALDEN/TH

Fachhochschule. – Museum Schloss Wilhelmsburg. – 1531 Gründung des Schmalkaldischen Bundes, der bis 1543 achtmal in Sch. tagte. – 1583 fiel Sch. an Hessen. Das Schloss diente als hess. Sommerresidenz. Unter Moritz dem Gelehrten war die Wilhelmsburg 1594-1626 wichtiger Spielort engl. Theatertruppen.

Johann Conrad Geisthirt, * 2. 9. 1672 Sch., † 30. 12. 1734 Eisenach, Polyhistor. Lehrer in Berka/Werra und Eisenach. G.s »Historia Schmalcaldica« (1731) ist das reichhaltigste Werk der hennebergisch-hess. Historiographie, die »Schmalkaldia Literata« die umfänglichste Gelehrtenbeschreibung Südthüringens.
A Für die Tagung des Sch.er Bundes 1537 verfasste **Martin Luther** (→ Eisleben/ST) die »Schmalkaldischen Artikel«, die den Bruch mit dem Papst besiegelten. Tagungsorte: Rathaus, Stadtkirche (wo L. predigte) und Hessenhof, Neumarkt 5. L. erkrankte in Sch. derart, dass er den Tod vor Augen hatte. L.s Quartier: Lutherplatz 7 (Gedenktafel) bei **Balthasar Wilhelm** (gest. 1555), der schon 1524 eine ev. Streitschrift (»Practica oder Prenostication auff tzukünfftig Tzeyten«) verfasst hatte. Einer von W.s Nachkommen ist Carl Wilhelm (1815-73), Komponist des Liedes »Die Wacht am Rhein« (1854). – 1638 wurde **Christoph Cellarius** (→ Halle/ST) in Sch. geboren, 1758 **Christian August Ludwig von Massenbach** (→ Potsdam/BB).

L In der Trinkstube im Keller des späteren Hessenhofes finden sich 26 Fresken zu Hart-

manns von Aue (→ Tübingen/Rottenburg/BW) »Iwein« (Vers-R. um 1205). Kopien im Museum Schloss Wilhelmsburg.

R Aus dem westl von Sch. liegenden **Wernshausen** stammt der Historiker **Hans Tümmler** (1906-97), der als Erster das polit. Umfeld der Weimarer Klassik erforschte und Goethes »Amtliche Schriften« (1949-73) herausgab. Aut. »Verschlungene Pfade« (1993). – Zur Schlichtung in einem Rechtsstreit suchte **Goethe** (→ Frankfurt a. M./HE) 1780 den Waldort **Zillbach** auf. – Nördl. von Sch. das durch einen Wasserfall bekannte **Trusetal**. In der Nähe der Wallenburger Turm der ehem. Wallenburg, mit der **Hans Christoph Fuchs von Arnschwanz d. J.** (gest. 1644), Verf. des Tierepos »Der Ameisen- und Mückenkrieg« (1580), belehnt wurde. **Ludwig Wucke** (→ Bad Salzungen/TH) erzählt die Sage, in der einer der »Füchse« während einer Belagerung die Burg durch einen unterirdischen Gang versorgte. – Vom Wintersportort **Brotterode** führt westwärts eine Straße zum Rennsteig hinauf. Am Großen Weißenstein trafen drei Fürstentümer zusammen, woran ein Dreiherrenstein erinnert. **Joseph Victor von Scheffel** (→ Karlsruhe/BW) legt dort im Gedicht »Der Rennstieg« (in: »Frau Aventiure«, 1863) dem Minnesänger Biterolf (→ Bad Salzungen/TH) die Worte in den Mund: »Und da geschah, nach Brauch der Nachbarmärker,/Dass jeder Gast auf eigner Hoheit saß/und doch der Thüring und der Henneberger/Mit dem von Fuld aus einer Schüssel aß.« Daneben Sch.-Denkmal mit Relief-Bild.

Breitungen

Johann Ernst Wagner, * 2. 2. 1769 Roßdorf bei B., † vermutl. 25. 2. 1812 → Meiningen/TH, Erzähler. 1793 Gutssekretär in Roßdorf. Auf Empfehlung Jean Pauls (→ Wunsiedel/BY) 1804 Berufung an den Meininger Hof. – W.: Willibalds Ansichten des Lebens (R., 2 Bde., 1801-04); Die reisenden Maler (R. 1806). Sämtl. Schriften (12 Bde., Hrsg. F. Mosengeil, 1827/28, 1854-56); J. E. Wagner. Ein Lesebuch (Hrsg. A. M. Svoboda, 2001).

B D. Eckardt, 1125 Jahre Schmalkalden, Festschrift, 1999.
Z Bad Salzungen, Ilmenau, Meiningen, Ohrdruf, Suhl, Waltershausen (TH).

SCHÖNEBECK/ST

Heimatmuseum im Rathaus des Ortsteils Salzelmen.

Aus Sch. stammt **Erik Neutsch**, in dem »die sozialistische Literatur der DDR ... einen ihrer charakteristischsten Autoren« besaß (H. Kieser, 1974) und der wie kein anderer seine Stoffe (»Spur der Steine«, R. 1964) der polit. Landschaft Sachsen-Anhalts entnahm.

Barby

In B. ließen sich von 1748 bis 1808 die Herrnhuter nieder. Graf Heinrich XXVI. Reuß pachtete Schloss und Amtsvorwerk und überließ sie der Brüdergemeine. **Ludwig Graf von Zinzendorf** (→ Zittau/Herrnhut/SN) richtete darin ein Theolog. Seminar ein, an dessen Stelle dann 1789 das bisher in → Niesky/SN befindliche Gymnasium trat. Außerdem bestanden hier eine Druckerei, Bücherei, Buchhandlung und Sternwarte. Nach Ablauf der Pacht wurde die Gemeine nach dem von B. aus 1767 gegründeten **Gnadau** verlegt. Einer der Schüler des Theolog. Seminars in B. war von September 1785 bis März/April 87 **Friedrich Daniel Ernst Schleiermacher** (→ Berlin). Der Aufnahme vorausgegangen war eine Vorstellung bei der Ältesten-Konferenz in Herrnhut. Von dort begaben sich die Kandidaten zu Fuß nach B. Sowohl dort als auch in B. hinterließ die Gemeine kaum Spuren. **Louise von Fran**-çois (→ Weißenfels/ST) erschien G. 1856 noch »als eine fromme Oase in der rationalistischen ... Ebene«.

Jakob Friedrich Fries, * 23. 8. 1773 B., † 10. 8. 1843 → Jena/TH, Philosoph. Erwarb seine erste Bildung in der Brüdergemeine von B., dann beim Studium in Leipzig und bei J. G. Fichte (→ Bischofswerda/Rammenau/SN) in Jena, wo er 1805 zum Philosophie-Prof. berufen wurde. – W.: Neue und anthropologische Kritik der Vernunft (3 Bde., 1807).

Z Aschersleben, Bernburg, Burg, Köthen, Magdeburg, Oschersleben, Zerbst (ST).

SCHONGAU/BY

Stadtmuseum. – Elsasspreis der Stadt Sch. (in Verbindung mit der Partnerstadt Colmar, seit 1960).

Schongau – jetzt auch Festspielstadt: mit **Herbert Rosendorfers** »Die Hexe von Schongau« und **Joseph Lentners** »Die Venezianer in Schongau« – ist einer der Eckpfeiler des **Pfaffenwinkels** (der andere Weilheim): »Wie Inseln liegen die Objekte der Kunstgeschichte im Meer der Rustikalität« (**Roswin Finkenzeller**, 1972). **Wilhelm Hausenstein** (→ Wolfach/Hornberg/BW): »Kostbarkeiten des bayrischen Kirchenbaues und Kirchendichtens im 18. Jahrhundert«: Ettal, **Steingaden**, die **Wies**: »Hinterm Wald, vor den wäldern, in den wiesen« die wies/Fingerabdruck des Himmels« (**Reiner Kunze**), **Rottenbuch**; dort allein 27 Chorherren, darunter der Anakreontiker **August Grieninger**, schriftstellerisch tätig. **Heinz Piontek** (→ München/BY): »Keine Gedanken überliefert,/nur Kostenrechnungen« (G. »Im Pfaffenwinkel«, 1977). – In **Böbing** lebte ab 1945 der Erzähler und Lyriker **Hans Brandenburg** (→ Wuppertal/NW), dessen »Festliches Land – Von München zum Hochgebirge« 1930 erschien; die E. »Pankraz, der Hirtenbub« (1925) spielt in B. – **Karl Schilchers** (1871-1954) »Dorf am Lech« (1948) ist **Kinsau** nördl. von Schongau.

Z Garmisch-Partenkirchen, Kaufbeuren, Weilheim (BY).

SCHOTTEN/HE

Vogelsberger Heimatmuseum.

Otto Müller, * 1. 6. 1816 Sch., † 6. 8. 1894 Frankfurt a. M., schrieb biograph. und kulturhist. Romane: »Bürger. Ein dt. Dichterleben« (1845), »Münchhausen im Vogelsberg« (E. 1880), »Altar und Kerker« (Weidig-R., 1884).
In Sch. geb. **Johann Burckhard Rosler** (1643-1708), Verfasser geistl. Andachten und Lieder.

R An der Deutschen Märchenstraße im »Naturpark Hoher Vogelsberg« **Herbstein** (»Das Schloß in der Kirche zu H.«), **Grebenhain** (»Geprellter Teufel von Herchenhain«) und **Freiensteinau** (»Der Schneider von F.«). – Der in **Altenschlirf** (Herbstein-A.) geb. **Theodor Heinrich Bindewald** (Ps. **H. Scharfenberg**/1829-80) war Hrsg. des Volkskalenders »Der wahre und echte Hinkende Bote«; schrieb auch Märchen wie die »Historien aus Oberhessen« (1873) und ein »Oberhess. Sagenbuch« (1873). – Der Erzähler (»Nach dreißig Jahren«, 1859) und Dramatiker (»Stilicho«, 1864) **Karl Wörle** (Ps. **Oswald Stein**) wurde am 2. 5. 1830 in **Metzlos** (Grebenhain-M.) geb. – In **Burkhards** das Grab des sudetendt. Heimatschriftstellers **Josef Benoni** (1910-1957). – Von **Steinheim** (Hungen-St.) berichtet **Guntram Vesper** in seinem Buch »Nördlich der Liebe und südlich des Hasses« (1979), ein Porträt der dt. Pro-

vinz. – Das Hainrod im Roman »Basalt« (1942, n. 2003) von **Anton Betzner** (→ Saarbrücken/SL) sind die Dörfer **Hainbach** und **Rülfenrod** (Gemünden). – Nördlich, im Schlitzer Land: **Lauterbach**, das sich mit 15 Orten um den Ursprung des »Strumpfliedes« streitet (»In Lauterbach hab' ich mein' Strumpf verlor'n«). In Schloss Hohhaus Museum und Bibliothek (L.er Mundartwörterbuch). – In **Schlitz** veröffentlichte 1822 der Volksschriftsteller und Kalendermann **Johann Ferdinand Schlez** (1759-1839/Grab und Gedenkstein an der Friedhofskirche) »Förster Oswalds Gespräche mit seinen Hausfreunden, veranlaßt durch den Kampf Griechenlands gegen seine Unterdrücker«; die Herausgabe des »Denkfreundes« 1811 begründete den pädagog. Ruhm des Pfarrers. Sein Enkel **Georg Christian Dieffenbach** (1822-1901/beigesetzt im Sch.schen Familiengrab an der Friedhofskapelle) ist der Verfasser des »Schlitzer Liedes«, seine Kinderlieder vertonte F. Abt und illustrierte L. Richter. Das Schlitzer Land auch in »Ortsgespräch« von **Florian Illies.**

Z Alsfeld, Friedberg, Gießen, Schlüchtern, Fulda, Bad Hersfeld (HE).

SCHROBENHAUSEN/BY

Heimatmuseum. – Der »Malerfürst« F. von Lenbach (1836-1904) stammt aus Sch. (L.-Museum).

Am 2. 6. 1878 starb in Sch. der aus dem Bay. Wald stammende Arzt, Demokrat und Dichter **Josef Wensauer** (Gedenktafel an der Friedhofskapelle). – Unweit von Sch. **Kaifeck** (Waidhofen-K.), ein Fall für den Pitaval: »Deutschlands geheimnisvollster Mordfall« (**Peter Leuschner**, 1978); dazu das Dr. »Hinterkaifeck« von **Reinfried Keilich.** Die unheimliche Geschichte um sechs Tote auf einem Einödbauernhof 2006 noch einmal Vorwurf: für den nun in den 1950er Jahren in der Oberpfalz handelnden R. »Tannöd« von **Andrea Maria Schenkel.**

Aresing

Johann Michael Sailer, * 17. 11. 1751 A., † 20. 5. 1832 → Regensburg/BY, kath. Theologe, Pädagoge, Reformer. Ab 1784 Prof. in → Dillingen a. d. Donau/BY, 94 Entlassung; reiche schriftsteller. Tätigkeit. 1799 → Ingolstadt/BY, dann → Landshut/BY, wo er die geist. Stütze des Romantikerkreises war. 1829 Bischof von Regensburg. – W.: Vollständiges Lese- und Gebetbuch (1783); Weisheit auf der Gasse – Über Sprichwörter (1810); Sämtl. Werke (1830-1845). – Geburtshaus und Denkmal Sonnenhamerstraße 21.

Z Ingolstadt, Neuburg a. d. D., Pfaffenhofen a. d. Ilm (BY).

SCHWABACH/BY

Stadtmuseum (Sch.er Buchdruck).

A Im »Goldenen Stern« wurden 1528 die »Schwabacher Artikel« beraten, die die Grundlage der »Augsburger Konfession« bildeten (Gedenktafel). – In **Goethes** (→ Frankfurt a. M./HE) Tagebuch der 3. Reise in die Schweiz heißt es unter dem 5. 11. 1797: »Logierten im Lamm« (Gedenktafel am »Weißen Lamm« am Marktplatz). – Im März 1839 hatte **Friedrich Hebbel** (→ Heide/Wesselburen/SH) hier »ein sehr gutes Logis um äußerst billigen Preis«.

Roth

Johann Matthias Gesner, * 9. 4. 1691 R., † 3. 8. 1761 Göttingen, Reformator des klass. Unterrichts in Deutschland. – »Novus linguae et eruditionis Romanae thesaurus« (4 Bde. 1746-48).

R Die Burg von **Abenberg** findet bereits in »Tannhäuser« und »Parzival« Erwähnung: der Anger der Gralsburg wird mit dem »anger ze abenberc« gleichgesetzt. – Im Kloster **Pillenreuth** (Nürnberg-P.) wirkte in den 70er Jahren des 14. Jh.s und starb hier **Heinrich von** → Nördlingen/BY. – **Spalt** ist der Geburtsort von **Georg Spalatin** (1482/84-1545), des engen Freundes von M. Luther (→ Eisleben/TH). Verfasste Biographien der sächs. Kurfürsten und eine sächs. Chronik; Gedenktafel am Geburtshaus. Um die Kämpfe mit den Nürnbergern während der Bauernkriege geht es im Festspiel »Die Nürnberger Reis«, das seit 1955 alle fünf Jahre am Johannistag aufgeführt wird. – Aus **Wendelstein** (Schreibwerkstatt W.) stammt einer der eifrigsten Bekämpfer Luthers, **Johann Cochläus** (1479-1552). **Hans Sachs** (→ Nürnberg/BY) hat W. in seinem Gedicht »Der Nasentanz – Eine Wendelsteiner Kirchweihlustbarkeit« berühmt gemacht. – Im W.er Stadtteil **Kleinschwarzenlohe** ist der Arbeiterschriftsteller **Adam Scharrer** geb. (1880-1948 → Schwerin/MV), Gedenkta-

Kleinschwarzenlohe: Adam Scharrers Geburtshaus, das Hirtenhaus am Rande des Dorfes

fel am Geburtshaus, Rangaustraße 41; A.-Sch.-Zimmer in der Gemeindebücherei von Wendelstein.. In Prag erschien 1933 »Maulwürfe«, einer der frühen großen sozialist. Dorfromane (Dialoge z. T. in fränk. Mundart). Über K. und **Speikern** bei Lauf, wo Sch. aufwuchs, u. a. »Abenteuer eines Hirtenjungen« (En. 1935), »In jungen Jahren. Erlebnisroman eines dt. Arbeiters« (1946). A.-Sch.-Archiv Akademie der Künste Berlin.

Z Ansbach, Gunzenhausen, Nürnberg, Weißenburg i. B. (BY).

SCHWÄBISCH GMÜND/BW

Pädagog. Hochschule. – Stadtarchiv. – Städt. Museum im »Prediger« (ehem. Dominikanerkloster). – Intern. Schattentheater-Festival.

Veit Warbeck, * um 1490 Sch. G., † 4. 6. 1534 Torgau/SN, Magister Artium der Sorbonne. Gehörte zum Kreis um M. Luther (→ Eisleben/ST) und war mit G. Spalatin (→ Schwabach/Spalt/BY) befreundet, der 1535 auch W.s Volksbuch von der »Schönen Magelona« herausgab.
Johann Straubenmüller, * 11. 5. 1814 Sch. G., † November 1897 New York, Lyriker. Lehrer in verschiedenen württ. Städten. Des Hochverrats beschuldigt, wanderte er 1852 aus (»Pocahontas oder die Gründung von Virginien«, Ep. 1858).
Johannes Scherr, * 3. 10. 1817 Sch. G.-Hohenrechberg, † 21. 11. 1886 Zürich, Kultur- und Literaturhistoriker. Der Aktivist des Vormärz (Verssatire »Des armen Michels Lebenslauf«, 1845) lebte ab 1843 in → Stuttgart/BW und floh 1849 vor drohender Festungshaft in die Schweiz, wo er in Zürich eine Professur für Geschichte und Literatur erhielt. – Gedenkstein bei der J.-Sch.-Grundschule; Sch.-Schrank im Bezirksamt. – Mss. und Briefe DLA Marbach.

Der Mundartdichter **Joseph Epple** (1789-1846) war vermutlich auch der anonyme Stadtchronist des Gmünder Intelligenz-Blatts (»Vermischte Gedichte in schwäb. Mundart und in reindeutscher Sprache«, 1821). Der in Lauffen geborene Stadtpfarrer **Otto Gittinger** (1861-1939) ist durch seine Slgg. von humorigen Dialektgedichten bekannt (»Schwôbaleut'«, 3. Aufl. 1906); er übersetzte auch das NT ins Schwäbische des Oberen Murgtals. – **Wilhelm Schussen** aus → Bad Schussenried (Biberach/BW) war Volksschullehrer in Sch. G. Nach der westfäl. Erzählerin **Maria Kahle** (→ Brilon/Olsberg/NW) wurde 1936 die kath. Mädchenschule benannt. – In **Heubach-Lautern** Schriftgutarchiv Ostwürtt. (Stiftung Literaturforschung Ostwürttemberg; J. Mühlberger-Gedenkstätte u. a.).

L Die Sage von dem armen Geiger von Gmünd (Brunnen im Stadtgarten), dem die hl. Cäcilia ihre goldenen Schuhe schenkt, ist Thema der Ball. »Der Geiger von Gmünd« von **Justinus Kerner** (→ Ludwigsburg/BW). **Friederike Roths** »Tollkirschenhochzeit« erinnert an die Johanniskirchensage vom verloren geglaubten Trauring der Stauferin Agnes. **Ricarda Huch** (→ Braunschweig/NI) verweist »Im alten Reich« (1927) auf die »seltsam grotesken« Passionsprozessionen und -spiele bis 1803 auf dem Kirchplatz (Schaubühne im Städt. Museum).

Lorch

»Das still geschlungene und freundliche Band der Rems; darüber aus Büschen und Bäumen aufstehend das Kloster Lorch, in dem die märchenhafte Frau bestattet wurde: Tochter des byzantinischen Kaisers Isaak Angelos, Gattin des Königs Philipp von Schwaben, den Walther von der Vogelweide angesprochen hat, Irene, ›Rose ohne Dorn, Taube sonder Gallen‹.« (Wilhelm Hausenstein, 1955)
Staufer-Rundbild im Kapitelsaal des ehem. Klosters. – Runder Kultur Tisch L.

Karl Philipp Conz, * 28. 10. 1762 L., † 20. 6. 1827 → Tübingen/BW, Dramatiker, Lyriker. War bes. als Übersetzer für die Antikenvermittlung der Goethezeit wichtig. Ab 1804 Prof. für klass. Lit., ab 1812 für Rhetorik in Tübingen. Die halbe Schwäb. Schule besuchte seine Vorlesungen. – Hss., Briefe DLA Marbach.

A **Friedrich Schiller** (→ Ludwigsburg/ Marbach/BW) lebte 1764-66 hier im »Paradies seiner Kindheit«. Ab 1765 Besuch der Dorfschule; erstes Theatererlebnis. Seinem Lateinlehrer Pastor Moser hat er in den »Räubern« ein Denkmal gesetzt. Sch.s Eltern wohnten zunächst im Gasthof »Sonne«, Stuttgarter Straße 5 (Inschrift), dann in Nr. 9 beim Schmied Molt; Gedenktafel am sog. »Sch.-Haus«, August-Wilhelm-Pfäffle-Straße 2. – **Eduard Mörike** (→ Ludwigsburg/BW) wohnte 1867-69 zunächst in der ehem. Schildwirtschaft »Zum Rößle«, Stuttgarter Str. 12, dann Hauptstraße 27, schließlich Hauptstraße 24 (heute M.-Haus; Gedenktafel, Statue). M. kam noch einmal im Spätsommer 1873 und bezog Quartier in der »Sonne« und beim Feinbäcker Fritz, Hauptstraße 1. – M.-Wanderweg ab M.-Haus; Erinn. im Kapitelsaal.

L Die alten Staufergräber im Kloster besucht Berthold, als Mönch verkleidet, in **Achim von Arnims** (→ Berlin) »Die Kronenwächter« (III,7). »Hohenstaufen-Reise« nach Schwäbisch Gmünd, Lorch, Wäschenbeuren in **Otto Rombachs** (→ Heilbronn/BW) »Atem des Neckars« (1970), sowie mit **Hansmartin Decker-Hauffs** Slg. »Auf den Spuren der Staufer«, 1977 (u. a. mit Literaturexkurs über die in der L. begrabene griech. Kaisertochter Irene).
B Peter Spranger, Der Geiger von Gmünd. Justinus Kerner und die Geschichte einer Legende, 2. Aufl. 1991.
Z Aalen, Göppingen, Geislingen a. d. St., Waiblingen, Schorndorf (BW).

SCHWÄBISCH HALL/BW

»Die Stadt ist nicht Rothenburg, nicht Museum. Um fünf Uhr nachmittags brodelt der Straßenverkehr an allen Ecken und Enden. Der hällische Witz durchwirkt noch immer die Stadt. Sie bringt ihren Reichtum in einer selbstverständlichen Grazie dar. Man redet hier nicht über Kultur. Man hat sie.« (Otto Borst, 1968)

Fachhochschule für Gestaltung; Landesakademie für Fortbildung Großcomburg. – Stadt- und Hospitalarchiv; Hohenlohe-Zentralarchiv Neuenstein. – Hällisch-Fränkisches Museum (Bibliothek); Kunsthalle Würth. – Freilichtspiele auf der Freitreppe von St. Michael (Juni-August).

Friedrich David Gräter, * 22. 4. 1768 S. H., † 2. 8. 1830 Schorndorf (→ Waiblingen/ BW), gilt als Begründer der altnord. Philologie in Deutschland, für die er eine Gesellschaft gründete und die Zs. »Bragur« (1791-1812) herausgab. In seiner Anth. »Nordische Blumen« (1789) die ersten Übers. aus der Edda. – Teilnachlass LB Stuttgart, Hss. und Briefe DLA Marbach. Geistiger Stifter des Täufertums war der gebürtige H.er **Melchior Hoffmann** (um 1500-1543). Für 1533 prophezeite er den Weltuntergang mit Endkampf in Straßburg, wo er im Kerker starb. – Aus H. kommen auch die vier »Widmänner«: Der Chronist **Jörg Widmann** (um 1487-1560) schrieb 1504 »Ein schönes Lied von Vilshofen«; **Achilles Jason Widmann** (um 1530-97) ist der Verfasser eines Schwankromans, der »History Peter Lewen« (um 1557); von seinem Neffen **Georg Rudolf Widmann** (geb. 1550) erschien 1599 eine Erweiterung und luther. Bearbeitung der anonymen »Historia von D. Johann Faustens«; dessen Sohn **Erasmus Widmann** (1572-1635) war Korrektor der H.er Lateinschule, Kapellmeister in Weikersheim und Kantor in Rothenburg o. d. Tauber

(»Gesänglein«, 1696). Widmannhaus, Am Markt 5.

A 1517 soll **Dr. Faustus** (→ Maulbronn/ Knittlingen/BW) in der Stadt gewesen sein (Bäckerweinstube in der unteren Schuhgasse). – Der Reformator **Johannes Brenz** (→ Leonberg/Weil der Stadt/BW) war Stadtprediger von 1522-48 (»Haller Katechismus«, 1528). – **Eduard Mörike** (→ Ludwigsburg/BW) lebte von April bis Oktober 1844 in der Oberen Herrngasse 7, unweit St. Michaels: »... gleichsam ein ganz kristallines Naturwerk, weiß und glänzend, nur an der Wetterseiten etwas grau, welches ihr recht gut lässet.«

L Der »Heller« hat seinen Namen von der Prägestadt Hall. »Unrecht hätte man« allerdings, schreibt **Karl Julius Weber** (→ Langenburg/BW), »das Sprichwort auf Hall anzuwenden: ›Er ist keinen Heller wert‹, denn es geht die Heller an, nicht die Haller!« – Sage vom »Haalgeist«, der vom Kocher her in die Stadt kommt und vor Überschwemmungen warnt. – Lokalbeschreibungen u. a. in »Der Herrenmüller von Sontheim« (1927) von **Hermann Hanselmann**, »Die Bürger von Hall« (n. 1975) von **Gerd Wunder**; Essays von **Ricarda Huch** (→ Braunschweig/NI, 1927), **Theodor Heuss** (→ Lauffen/Brackenheim/BW, 1950), **Hermann Lenz** (→ Stuttgart/BW, 1975) und **Gerhard Storz** (1898-1983; Erinn. »Im Lauf der Jahre«, »Zwischen Amt und Neigung«, 1973/76).

Obersontheim

Christian Friedrich Daniel Schubart, * 24. 3. 1739 O., † 10. 10. 1791 → Stuttgart/ BW, »ein wahrer poetischer Vesuv ...«, warf freilich manche Schlacken mit aus« (G. A. Bürger). Kindheit in → Aalen/ BW, Studium ohne Abschluss in → Erlangen/BY. 1769 Organist in → Ludwigsburg/BW und Kapellmeister am württ. Hof. Seine Aufführung und die Parodie einer Litanei brachten ihn um sein Amt.

Seit 1774 gab er zunächst in → Augsburg/BY, nach seiner Ausweisung von dort in → Ulm/BW die freisinnige »Deutsche Chronik« (n. 1976) heraus. In → Blaubeuren (Ulm/BW) 1777 verhaftet und ohne Urteil 10 Jahre lang auf der Festung → Hohenasperg (Ludwigsburg/ BW) eingekerkert. Nach seiner Begnadigung Theater- und Musikdirektor des Stuttgarter Hofes. – Geburtshaus mit Gedenktafel neben der Kirche; Gemälde im Rathaussaal. – Nachlass LB Stuttgart, Mss. und Briefe DLA Marbach. – H. Lilienfein, »In Fesseln – frei« (R. 1938).

Michelbach an der Bilz

Konrad Weiß, * 1. 5. 1880 Rauhenbretzingen (heute zu M.), † 4. 1. 1940 → München/BY, geistl. Dichter, Dramatiker und Essayist. Studium an süddt. Universitäten. 1905-20 Redakteur des »Hochlands«, seit 1920 Kunstkritiker der »Münchner Neuesten Nachrichten«. – W.: Dichtungen und Schriften (Hrsg. F. Kemp, 1961); Eines Morgens Schnee (G., Hrsg. N. Hummelt, 2005). – Geburtshaus mit Gedenktafel an der Hauptstraße. – Nachlass DLA Marbach, StA Schwäbisch Hall.

R **Gerhard Nebel** (1903-74) lebte zuletzt An der Pfarrsteige in Braunsbach-**Steinkirchen**: »Das grüne Licht Hohenlohes« (in »Orte und Feste«, 1962); Grab auf dem Friedhof. Hier auch die Gräber von **Helmut M. Braem**, Übersetzer und Essayist (1922-77), und **Karl Schwedhelm** (1915-88), Lyriker, Übersetzer, langjähr. Leiter der Lit. Abtlg. im Süddt. Rundfunk Stuttgart. Das Pfarrhaus von St., wo seine ältere Schwester »Jul« Pfarrfrau war, wurde für **Max Kommerell** (→ Münsingen/BW) zum eigentlichen »Ort der Kindheit«. – »Nach **Vellberg** sollte man durch das Tal der Bühler kommen, die tief in Wiesen mit Ufergebüsch und Bäumen um die kleine, hochgebaute Stadt herumfließt«, empfiehlt **Otto Rombach** (→ Heilbronn/BW) in seinem Reisebuch »Glückliches Land« (1976). Über V., wo **Eduard Mörike** gern bei seinem »Urfreund« W. Hartlaub im Pfarrhaus auf der Stöckenburg einkehrte, berichtet auch **Otto Heuschele** (→ Waiblingen/BW) in seinem Vademecum für einen »Besuch im Kochertal« (1975).

B I. Fehle, Joh. Brenz 1499-1570. Prediger – Reformator – Politiker, 1999; D. Sulzer, Wieland – Schubart, Marbacher Katalog 31/3. Aufl. 1993; F. Kemp/K. Neuwirth, Der Dichter Konrad Weiß 1880-1940, Marbacher Magazin 15/3. Aufl. 2001.
Z Gaildorf, Murrhardt, Heilbronn, Langenburg, Schwäbisch Gmünd, Lorch (BW).

SCHWALMSTADT/HE

Entstanden 1971 durch den Zusammenschluss der traditionsreichen Städte Treysa und Ziegenhain sowie von 11 Landgemeinden des Schwalm-Eder-Kreises. – Museum der Schwalm im Steinernen Haus von Ziegenhain. – Ziegenhainer »Salatkirmes« (seit 1728).

»So fest wie **Ziegenhain**« ist in Hessen sprichwörtlich; dem Festungshauptmann Heinz von Lüder verdankt die Stadt den Ehrentitel. 1781 kam **Johann Gottfried Seume** (→ Weißenfels/Poserna/ST) hierher, allerdings unfreiwillig: »Trotz allem Protest hatte der Landgraf von Hessen, der damalige große Menschenmakler, durch seine Werber die Besorgung meiner ferneren Nachtquartiere nach Ziegenhain, Kassel und weiter nach der neuen Welt übernommen«. (»Mein Leben«, 1813). Das Dorf S.-**Trutzhain** ist Schauplatz in »Trutzhain« (1984) von **Martin Grzimek**. – Geb. in **Seigertshausen** (Neukirchen-S., Hauptstraße 22) der Mundartdichter und Volkserzähler **Johann Heinrich Schwalm** (1864-1946): »Aus Ellervotersch

Eppelkist« (1917); sein Grab in **Treysa**. Vom gleichen Schlage **Kurt Nuhn** (1848-1902) aus **Riebelsdorf** (Neukirchen-R.).

Ottrau

Wilhelm Schäfer, * 20. 1. 1868 O., † 19. 1. 1952 → Überlingen/BW, volkstüml. Erzähler und Dramatiker, Meister der Anekdote. Jugend in → Düsseldorf-Gerresheim, Volksschullehrer im Ruhrgebiet; seit 1898 freier Schriftsteller, Hrsg. der Zs. »Die Rheinlande«. 1900-18 in Vallendar (→ Koblenz/RP), seit 1918 in → Ludwigshafen a. Bodensee (Überlingen/BW). – W.: Anekdoten (1907, 50 u. a.); Die 13 Bücher der dt. Seele (1922); Huldreich Zwingli (R. 1926); Mein Leben/Rechenschaft (Aut. 1934/48). – Grab auf dem Alten Friedhof O. – Nachlass Heine-Institut Düsseldorf, Briefe LB Karlsruhe.

Willingshausen

Wilhelm Schoof (1876-1975/Grab auf dem Friedhof W.), der in W. in seiner eigenen Straße (Haus Nr. 2) lebte, gilt als Altmeister der Brüder-Grimm-Forschung; u. a. Lebensbilder von **Wilhelm** und **Jacob Grimm** (→ Hanau/HE), 1960/61. Von den 86 Märchen des 1. Bandes, darunter »Rotkäppchen«, sind mehr als die Hälfte aus der Schwalm. Das Haus der Herren von Schwertzell kehrt als Motiv in den Illustrationen von O. Ubbelohde zu den Märchen wieder. – In W.-**Leimbach** steht der Stammhof der Hoos. Die Sage vom »Junker Hans« (Hooss) ist in ganz Hessen bekannt.
R Die Schwälmer Tracht haben die Malerkolonien von **Willingshausen** und Röllshausen für die Kunst entdeckt. – **Schwarzenborn**, wo man Käse säte, um Kühe zu ernten, ist das hess. Schilda. In der Marktgasse erinnert eine Tafel an den

Weinhändler und Bürgermeister V. Schröder, ein Vorfahr von **Goethes** Mutter, der »Frau Aja« (→ Frankfurt a. M./HE).

B D. Grieser, Märchenlandschaft II (Schwalm), in: Mit den Brüdern Grimm durch Hessen, 1985.
Z Alsfeld, Bad Hersfeld, Fritzlar, Marburg (HE).

SCHWANDORF/BY

Aus Sch. (Heimatmuseum) stammen: **Eugen Oker** (eig. Fritz Gebhardt): »So wos schüins mou ma soucha« (G. in oberpfälz. Mundart, 1977), »Lebenspullover. Die Abenteuer des Fritz Kagerer aus Schwanheim« (R. 1986), und **Joseph von Westphalen**: »Warum ich Monarchist geworden bin« (1985), »Im diplomatischen Dienst« (1991). – »Dalust und daspächt« (1958) nennt **Maria Schwägerl** aus **Nabburg** ihre Mundartgedichte und -geschichten.

Neunburg vorm Wald

Schwarzbachtaler Heimatmuseum.

»Ze Nüwenburg in dem Turne« heißt es in der Volksballade von »Peter Unverdorben« (nach 1430), der, zum Tod verurteilt, im »Schiltenhilm« gefangen saß. Gedenktafel für den Heimatforscher **Georg Dorrer** (1854-1933). Im Burghof jährlich Freilichtspiele über den Sieg des »Hussitenhammers« Pfalzgraf Johann von N. 1433 bei **Hiltersried** (Denkmal an der Straße nach Loitendorf). Der Titel des neuen Festspiels von **Peter Klewitz** geht zurück auf den spätmhd. »Gesang« »Vom Hussenkrieg«, den der Humanist **Paul Zeidler** (1548-1627) aus **Schwarzhofen** überliefert hat. »An der Asch« vor N. wurde um 1618/20 **Georg Greflinger**, Poeta laureatus in → Hamburg, geboren. – In München ver-

öffentlichte der N.er **Ferdinand Joseph Gruber** (1781-1863) seine für die Legende wichtige Schrift vom »Starken Schmiedbalthes von Kochel«. **Johann Michael Soeltl** (1797-1888), Historiker, avancierte in München zum Geheimen Staatsarchivar und schrieb daneben spätromant. Versepen und Schauspiele.

Oberviechtach

Seit 1958 weiß man, dass O. der Geburtsort des fahrenden Augenarztes **Johann Andreas Eisenbart** (1661-1727/→ Hannoversch Münden/NI) ist, der durch sein phantasievolles und gauklerisches Leben in die Lit. einging. Um 1800 entstand das im Neuen Göttinger Kommersbuch 1818 gedruckte Studentenlied »Ich bin der Doktor Eisenbart«; 1929 Schwank von **Josef Winckler** (→ Steinfurt/Rheine/NW). – »Dr. Eisenbarth und seine Zeit« im Heimatmuseum am Marktplatz, dort auch Glockenspiel und Brunnen. E.-Bibliothek im Stadtarchiv; Gedenkstein beim Krankenhaus; Hist. Festspiel »Doktor Eisenbarth«.

Z Amberg, Cham, Regensburg (BY).

SCHWEINFURT/BY

*»Kann man eine Stadt erbauen,/Um den Namen dann/Ihr zu geben, den mit Grauen/Man nur singen kann?/Hättest Mainfurt, hättest Weinfurt,/Weil du führest Wein,/Heißen können, aber Schweinfurt,/Schweinfurt sollt' es sein!«
(Friedrich Rückert)*
Fachhochschule Würzburg-Sch. – Stadtarchiv und Bibliothek. – Städt. Sammlungen/Heimatgesch. im Alten Gymnasium; Museum Georg Schäfer, Bibliothek G. Sch. – Theater der Stadt Sch.

Friedrich Rückert (Ps. **Freimund Raimar**), * 16. 5. 1788 Sch., † 31. 1. 1866 → Co-

Schweinfurt: Rückert-Denkmal auf dem Marktplatz (F. von Thiersch und W. von Rümann, 1890)

Ⓛ »Auf dem Schweinfurter Gottesacker ist ein alter Grabstein mit dem lebensgroßen Bildnis einer vornehmen Frau zu sehen, welche ein eingewickeltes Kind zu ihren Füßen liegen hat …« Die Geschichte von der »Auferstandenen Frau« erzählt **Ludwig Bechstein** (→ Meiningen/TH) in seinen »Sagen des Rhöngebirges und des Grabfeldes« (1842).

Ⓢ **Bibliothek Georg Schäfer**: Buchdruck, Graphik, Kunsthandwerk (Slg. Illustrierte Bücher, rd. 1000 Titel; Slg. Deutsche Literatur, rd. 2700 Titel). – **Hans-Sachs-Gruppe**; **Schweinfurter-Autoren-Gruppe** (SAG).

Wipfeld

Konrad Celtis (eig. Pickel), * 1. 2. 1459 W., † 4. 1. 1508 Wien, der dt. »Erzhumanist«. 1484 im Kreis um R. Agricola in → Heidelberg/BW. 1487 in → Nürnberg/BY als erster Deutscher zum Dichter gekrönt. Zahlreiche Lern- und Lehrreisen durch Europa (Rom, Krakau, Wien). – W.: Quatuor libri amorum (G. 1513).

Eulogius Schneider, * 20. 10. 1756 W., † 1. 4. 1794 Paris. Gab in Straßburg, begeistert von den Ideen der Franz. Revolution, seine kirchl. Ämter auf; seine Aut. »Ernste Betrachtungen über sein trauriges Schicksal, nebst einem flüchtigen Rückblick auf seinen geführten Lebenswandel« (1794) schildert die Umstände, die schließlich zu seiner Hinrichtung führten. – M. Schneider, »Der Traum der Vernunft« (R. 2002).

Ⓡ **Oberwerrn** (Niederwerrn-O.) ist wahrscheinlich der Geburtsort (um 1230) von **Hugo von Trimberg** (→ Bamberg/BY), des Verfassers des »Renner«. – »Weil sich mit dem Main der Weinberg,/Mit dem Weinberg schmückt der Main,/Darum heißt die Stelle **Mainberg**/Schönster Berg und Stromverein!« So **Friedrich Rückert** über das Schweinfurter Sonntagsausflugsziel Schonungen-M. – Aus **Gerolzhofen** stammt der rel. philos. Lyriker und Epiker

burg-Neuses/BY, Lyriker, Übersetzer und Orientalist. Studium in → Würzburg/BY und Heidelberg, 1811 Habilitation in Jena, Vorlesungen über oriental. und griech. Mythologie. 1818/19 in Wien, wo er von J. von Hammer-Purgstall in die arab., türk. und pers. Sprache und Literatur eingeführt wurde. Prof. der oriental. Sprachen, ab 1826 in → Erlangen/BY, 41-48 → Berlin. – Werke (Hist.-krit. Ausg., Hrsg. H. Wollschläger und R. Kreutner, 1998 ff.). – Geburtshaus (Nr. 2) und Denkmal am Markt (Festrede zur Enthüllung von F. Dahn); R.-Zimmer im Alten Gymnasium, wo R. die Lateinschule absolvierte. – Nachlass: Großteil im Stadtarchiv. – R.-Gesellschaft e. V.; F.-R.-Preis der Stadt Sch. (seit 1963). – F. R.-Wanderweg: Sch.-Haßberge-Coburg.

Ludwig Derleth (1870-1948); hier lebte zuletzt **Nikolaus Fey** (1881-1956), der bedeutendste Mundartdichter des Würzburger Landes (»Mei Frank' n«, Slg. von Liedern und Gedichten).

B W. H. Widmann, P. Schöx, Auf Rückerts Wegen, 1988.
Z Bad Kissingen, Hofheim, Karlstadt, Rieneck, Würzburg (BY).

SCHWELM/NW

Städt. Heimatmuseum im Haus Martfeld (mit Archiv, landes- und volkskundl. Bibliothek).

Geb. in Sch. **K. Korte** (1805-58), der Dichter des ältesten Westfalenliedes; in Möllenkotten bei Sch. der Erzähler und Buchhändler **Wilhelm Langewiesche** (1807-84): »Sagen und Märchenwelt« (1841 f.). Aus Sch. stammt auch der Dramatiker (»Geschichtsdramen«, 1890) und Musikkritiker **Peter Lohmann** (1838-1907), seit 1856 Schriftleiter der »Leipziger Illustrierten Zeitung«, seit 59 auch der »Neuen Zeitschrift für Musik«.
A Der längst versiegte heilkräftige Brunnen (Park am Friedrichsbad) sah laut **Levin Schücking** (→ Meppen/NI) in der 1. Hälfte des 19. Jh.s »in jedem Sommer zahlreiche Kurgäste um sich versammelt, namentlich die Gelehrten und Poeten Westphalens«. Das war aber wohl mehr ein Kompliment für örtliche Honoratioren. **Ferdinand Freiligrath** (→ Detmold/NW) kam im Mai 1838. – In Sch. 1821 gest. **J. G. Ch.** und **J. H. Ch. Nonne** (beide → Lippstadt/NW). N.-Grabstein auf dem Friedhof (heute Park); Ausstellung im Heimatmuseum. – Seit Mitte der 1860er Jahre lebte hier als Lehrer und Gymnasialdirektor **Wilhelm Tobien** (1837-1911), der histor. Dramen (»Die verlorene Kriegskasse«, 1894) schrieb.

L Erzbischof Engelbert von Köln kam 1225 aus Soest, um in Sch. eine Kirche zu weihen, da wurde er im Hohlweg bei Gevelsberg von Friedrich von Isenberg ermordet (Denkmal am Stift Gevelsberg). Das Ereignis lebte in Balladen fort; die bekannteste von **A. v. Droste-Hülshoff** (→ Münster/Roxel/NW). (H. Eversberg, »Das Schicksal des Grafen v. Isenberg und seines Burgberges im Spiegel der Dichtung«, 1972.) – Am 3. 12. 1931 in Sch. geb. **Franz Josef Degenhardt** (»Spiel nicht mit den Schmuddelkindern«, 1965). In der »Zündschnüre«-Stadt spielen seine Romane »Zündschnüre« (1973) und »Brandstellen« (1975).

Wengern (Wetter-W.)

Berühmt und erfolgreich durch ihr »Kochbuch für die gewöhnliche und feinere Küche« (1844) wurde **Henriette Davidis** (1801-1876); weiter verbreitet waren auch ihre hauswirtschaftl. Bücher, auch schrieb sie einen Band »Gedichte« (1848). Die Herdplatte der Kochkünstlerin wurde nach dem Abriss ihres Hauses in die Bahnunterführung der Strecke Witten-Wuppertal eingemauert. H.-D.-Museum im Pfarrhof. – In **Wetter** spielt der Roman »Die gläserne Wand« (1940) von **Fritz Nölle** (→ Lüdenscheid/NW).

Z Hagen, Remscheid, Witten, Hattingen, Wuppertal (NW).

SCHWERIN/MV

»Ein mecklenburgisches Dresden. Sehr lobenswert, was hier mitten in lichtgrünluftiger Gegend ein Wille schuf – doch Bemoostes fehlt, was unsereins in dem Lande gern findet.« (Alfred Kerr, 1920)
Mecklenburgisches Landeshauptarchiv (MLHA), Landeskirchliches Archiv. – Staatliches Museum Schwerin (Liebermann, Barlach, Kunstsammlung Hans Franck), Justiz-Gedenkstätte Demmlerplatz. – Gedenkstätte für die zerstörte Synagoge der größten jüdi-

schen Gemeinde Mecklenburgs, Archiv, Bibliothek und früherer Betsaal der Jüdischen Landesgemeinde Mecklenburg-Vorpommern. Wohnhaus des Landesrabbiners Dr. Samuel Holdheim (1806-60). – Mecklenburgisches Staatstheater Schwerin. – FilmKunstFest Schwerin. – Georg Adolph Demmler (1804-1886) prägt als Hofbaumeister bis heute das Bild der Stadt; sein kulturhist. bedeutendes Mausoleum auf dem Alten Friedhof, Gedenktafel Pfaffenteich, Denkmal Demmlerhof.

Diederich Georg Babst, * 24. 7. 1741 S., † 21. 4. 1800 → Rostock/MV, erster bedeutender niederdeutscher Lyriker, dessen Theaterstücke für Goethe (→ Frankfurt a. M./HE): »höchst schätzbar«. – W.: Allerhand schnaaksche Saken tum Tiedvertriew (1788/90); Uhterlesene Pladdütsche Gedichte (1812). Werkauswahl in: »Ick weit een Land« (1984).

Friedrich Ulrich Ludwig Schröder, * 2. 11. 1744 S., † 3. 9. 1816 Rellingen b. Hamburg, Theatermann, Dramatiker. Prägend für seine Zeit als Theaterdirektor (Wien, Hamburg); Spielplanreformer und Vermittler der Dramen Shakespeares, die er auch bearbeitete. – Eigene Werke wie »Der Vetter in Lissabon« (1786).

Christian Anton Jacob Dehn, * 6. 9. 1807 S., † 15. 6. 1852 ebd. Nach dem Studium in Rostock wieder in S. mit Wohnung im Schloss. Zunehmend hofkritischer Schriftsteller, Librettist, ab 1844 Hrsg. der »Mecklenburgischen Volksbibliothek«. – W.: Petermännchen (Zauberposse, 1841); Chronik der Stadt S. (1842); Die Geheimnisse von Schwerin (Satire 1844).

David Jacob Assur (Ps. **David Russa**) * 20. 1. 1810 S., † 7. 2. 1869 ebd., gesellschaftskritischer Schriftsteller, vielseitiger Journalist. Ab 1852 Redakteur der »Mecklenburgischen Zeitung«, Gründer der »Israelitischen Privatschule« (1830). Kontakte u. a. zu J. Brinckman (→ Rostock/MV) und L. Reinhard (→ Ratzeburg/Mustin/

SH). – W.: Der Obotrit. (Hist. R. 1833); Sonst und Jetzt. (Nn. 1839/40).

Eduard Hobein, * 14. 3. 1817 S., † 28. 5. 1882 ebd., Rechtsberater des Hoftheaters, Verfasser nieder- und hochdeutscher Bühnenstücke, Lyriker. – W.: Ulrich von Hutten (Tr. 1845); Johann Albrecht (später u. d. T. »Andreas Mylius«, vertont von Friedrich von Flotow, 1857); Gedichte (1863); Vom Ostseestrand. Belletristisches Jahrbuch (1866/68). – Grab Alter Friedhof.

Hedwig Rodatz-Maß, * 22. 11. 1878 S., † 26. 2. 1963 ebd., niederdt. Schriftstellerin. W.: De Königsschuß von Bollentin (R. 1918); Meister Krischan un sin Hus (R. 1925); Rufer in der Not (R. 1932).

Alfred Richard Meyer (Ps. **Munkepunke**), * 4. 8. 1882 S., † 9. 1. 1956 Lübeck/SH, Lyriker, Erzähler und Übersetzer. Studierte Jura und arbeitete als Verlagsbuchhändler und Redakteur in Berlin. Berühmt wurde der »geschickte Versefex« (R. Dehmel) mit seinen »lyrischen Flugblättern«, einer der großen Schriftenreihen des Expressionismus. 1945 ließ sich M. in Lübeck nieder. Grab in → Hannover/NI. – W.: Die Kunstfigur Munkepunke u. a. im »Bowlenbuch« (1913); »Der große Munkepunke« (Ausw. 1924).

Friedrich Schult, * 18. 2. 1889 S., † 23. 6. 1978 → Güstrow/MV, »Dieser letzte Mohikaner, an dem kein falscher Ton ist« (E. Barlach), Maler und Dichter. Kindheit und Jugend in Warlow in der Griesen Gegend. Nach der Kunstgewerbeschule Hamburg ab 1914 Lehrer am → Güstrower Gymnasium, Freundschaft mit Ernst Barlach (→ Wedel/SH), dessen Werk er betreute. 1976 auch Kontakt zu Uwe Johnson (→ Anklam/MV). – W.: S.s Texte überwiegend in Privatdrucken mit geringer Auflage: Gestirn ist weit (G. 1923); Frühes plattdeutsches Kabinett (Hrsg., 1938); Barlach im Gespräch (1939, erw.

1963 und 85); Gib dich aus Händen (G. 1965); Kleine Prosa (1966 u. 89); Totentanz (G. 1967). – Gesichtsmaske von E. Barlach; im R.-Fragment »Der gestohlene Mond« setzt Barlach S. ein literarisches Denkmal. – T. Crepon, »Friedrich Schult, Freund Ernst Barlachs« (1997).

Klaus von Osten-Sacken, * 18. 2. 1919, † 16. 2. 1985 München. Verfasser historischer R. und Jugendliteratur. – W.: Das Bismarck-Denkmal (R. 1964); Ritter Fritz (Kinderbuch 1965).

Jürgen Borchert, * 25. 5. 1941 Perleberg/BB, † 1. 3. 2000 S., Schriftsteller, Feuilletonist. Bibliothekar in Perleberg (Erinn. in »Neuer mecklenburgischer Zettelkasten«, 2000), danach in Schwerin. Zahlreiche Publikationen zur Landeskunde und Kulturgeschichte. – W.: Klappersteine (Feuilletons, 1977); Elefant auf der Briefwaage (Feuilletons 1979); Je dunkler der Ort. Ein Ludwig-Reinhard-Roman (1980); Reuter in Eisenach (R. 1982); Die Papiere meiner Tante (R. 1984); Mein mecklenburgischer Zettelkasten. Aufenthalte und Wanderungen (1985); Des Zettelkastens andrer Teil (1988); Noch 'was aus dem Zettelkasten (1991); Hoffmann von Fallersleben. Ein deutsches Dichterschicksal (1991); Spaziergänge in Mecklenburg (1993); Was blieb ... Jüdische Spuren in Mecklenburg. Zus. mit Detlef Klose (1994); Muul und Mündchen. Norddeutsche Sprachbilder (1997); Lüttstadtland Westmecklenburg (1998); Leben im Beton. Alltagsgeschichten (2001). – »Der heitere Melancholiker J. B.« In: »Auf Dichters Spuren ...« (Hrsg. G. Müller-Waldeck und J. Grambow, 2003). – Grab Alter Schweriner Friedhof.

Ⓐ Bilder und Plastiken von **Philipp Melanchthon** (→ Bretten/BW) in der S.er Schelfkirche und in der Schlosskirche. Der dänische Theologe **Niels Stensen** (1638-86) verbrachte die letzten Lebens-

jahre in S. – **Hans Konrad Ekhof** (1720-88) gründete 1753 die »Akademie der Schönemann'schen Gesellschaft« als erste deutsche Schauspielschule in S. (Büste vor dem Theater; dazu auch **Manfred Zelt**, »Morgen war Premiere« S.er Theatergeschichten, 1998); Auftritte neben S. in Rostock, Stralsund und Barth. Über Ekhof **Günther Johannes**, »Der Sturz der Maske«, R. 1934). Der Privatsekretär des Prinzen Ludwig von Mecklenburg-Schwerin, **Johann Friedrich Löwen** (→ Goslar/Clausthal-Zellerfeld/NI) schrieb 1757 in S. seine ironisch-frivolen »Romanzen« (veröff. 1762). Der englische Gelehrte **Thomas Nugent** (→ Wismar/MV) beschrieb die Stadt und den Hof 1766. Charlotte von Steins älterer Sohn **Karl von Stein** gibt in seinem Briefwechsel u. d. T. »Vertrauliche Mitteilungen aus Mecklenburg-Schwerin und Sachsen-Weimar« (1999) ein kritisches Bild des Hoflebens zwischen 1780 und 1793. – S. war Erscheinungsort der kulturpolitischen Zeitschriften »Der Wißbegierige« (1783-86) und »Monatsschrift von und für Mecklenburg« (1788-1801).

Johann Heinrich Daniel Zschokke (→ Magdeburg/ST) war nach seiner Flucht 1787 Hauslehrer in S.; hier erste Veröffentlichungen, ehe er sich einer Theatertruppe anschloss. Als Schauspieldirektor wirkte **Johann Karl Christian Fischer** 1790-95. Nachfolger **Christlieb G. H. Arresto**, geb. 1768 in S., bekannt wurde seine Sammlung »Mecklenburgische Sagen der Vorzeit« (1795). **Johann Jakob Engel** (→ Parchim/MV) zog sich 1794 nach S. zurück und schrieb hier u. a. den »Fürstenspiegel« (1798). – Eine »Humoristische Reise durch Mecklenburg« (1812) führte **Johann Stephan Schütze** (→ Magdeburg/ST) auch nach S.: »Da uns, wir läugnen es nicht, gleich anfangs und auf den ersten Blick alles und alles zu enge und zusammengeschoben schien, so flüchteten wir

Schwerin: Haus der Kücken-Stiftung am Pfaffenteich

bald aus der Stadt hinaus ins Freye.« Nach 1813 wohnte die feministische Lyrikerin und Wieland-Freundin **Emilie von Berlepsch** (→ Gotha/TH) in S. – **Friedrich Wilhelm Kücken** (→ Lüneburg/Bleckede/NI) lebte 1825-32 in S., wo er das Lied »Ach, wie wär's möglich dann« komponierte. Marmorbüste K.s vorm »Kückenhaus« am Pfaffenteich/Ecke Friedrichstraße, das als Sitz der Kücken-Stiftung diente. In der Nähe das ehem. Gebäude des Verlags Friedrich Bahn, heute in Konstanz, und das 1895 erstellte Heinrich Schliemann-Denkmal (→ Bad Doberan/Neubukow/MV).
1844 kam **August Heinrich Hoffmann von Fallersleben** (→ Wolfsburg/Fallersleben/NI) zu einem Tagesbesuch, 1849 und 50 sah er die Stadt erneut. Aus der 48er-Bewegung die »Lieder eines Gefangenen« (1851) des S.er Publizisten **Julius**

Polentz (1821-69/→ Güstrow/Bützow/MV).
Karl Julius Weber (→ Langenburg/BW) schätzte S. in seinen Reisereportagen »Deutschland ...« (1826 ff.) als »eine der heitersten Städte, die ich kenne.« – **Fritz Reuter** (→ Demmin/Stavenhagen/MV) war mit dem S.er Hofbaumeister Georg Adolph Demmler befreundet, 1848 kam R. hierher (Gedenktafel Wohnung Schusterstr. 12, heute Gasthaus »Zur guten Quelle«), um eine Landtagssitzung zu verfolgen. Eine Krankheit zwang ihn aber ins örtliche Stadtkrankenhaus Werderstr. 30, wo die Akten über ihn vermerken: »Sprang aus Nr. 14 zum Fenster hinaus.« Ein für 1861 in S. geplantes Versöhnungstreffen zwischen R. und **Klaus Groth** (→ Heide/SH) kam nicht zustande. – 1852 kam **Heinrich Seidel** (→ Grevesmühlen/Perlin/MV) auf das S.er Gymnasium Fredericianum, der Erfolg war mäßig: »In den verzweigten Wegen des Schelfwerder war ich besser zu Hause als in den Irrgängen der lateinischen Grammatik.« Sein Vater war Pastor Primarius an der Nikolaikirche des Schelfkirchhofes (»ein herrlicher Spielplatz für die umwohnende Jugend«), Schweriner Lokalkolorit im R. »Reinhard Flemmings Abenteuer zu Wasser und zu Lande« und in der E. »Der Gartendieb«

Schwerin: Seidel-Gedenktafel am Pfarrhaus gegenüber der Schelfkirche in Schwerin

(1901), Gedenktafel am Pfarrhaus Pusch-
kinstraße 3. Ungefähr zur gleichen Zeit be-
suchten **Felix Stillfried** (→ Ludwigslust/
Fahrbinde/MV, Gedenktafel Fischerstra-
ße 6) und **Carl Beyer** (→ Güstrow/Laa-
ge/MV) die Schule.
»Mit den Sehenswürdigkeiten ist man an
einem Nachmittage fertig«: **Theodor Fon-
tane** (→ Neuruppin/BB) machte 1870
dann doch ausführlich Notizen zu Arse-
nal, Dom und Schloss. Die befreundeten
Schriftsteller **Alfred von Wolzogen** (1823-
1883; langjähriger S.er Theaterintendant)
und **Eduard Hobein** traf er beim Besuch
nicht an. **Karl von Ledebur** (1840-1913)
war ab 1883 Generalintendant des Hof-
theaters (»Aus meinem Tagebuch«, 1883-
97). Ergänzend dazu **Wilhelm Paul Graff**:
»Die Theaterverhältnisse in Schwerin«
(1896). – Ende des 19. Jahrhunderts fand
die Erzählerin **Nataly von Eschstruth** (→
Hofgeismar/HE), von der Zeitschrift »Ge-
genwart« als »unsere beliebteste deutsche
Schriftstellerin« gerühmt, durch Vermitt-
lung des Herzogs Zugang zu den Adels-
kreisen, die im Mittelpunkt ihrer Tratsch-
und Klatsch-Romane stehen: 1909 waren
es bereits 53 (u. a. »Gänseliesel«, 1886,
»Hofluft«, 1889). – **Rudolf Tarnow** (→
Parchim/MV) arbeitete ab 1906 als In-
spektor der Heil-und Pflegeanstalt am
Sachsenberg, Grab auf dem Sachsenberg-
friedhof. 1921 erwarb **Hans Franck** (→
Ludwigslust/Wittenburg/MV) das Land-
gut »Frankenhorst« bei Wickendorf am
Ziegelsee bei S. Hier führte er das beschau-
liche Leben eines »Schollen-Dichters«, bei
Bedarf nachzulesen in »Wesen und Wir-
ken« (Aut. 1933) und »Mein Leben und
Schaffen« (1954). Katalog der Kunstsamm-
lungen H. F. s. in den staatlichen Kunst-
sammlungen Schwerins). – Urnengrab zu-
nächst Frankenhorster Park, 1977 Umbet-
tung Alter Friedhof. – Vom englischen
Schriftsteller **Cecil S. Forester** (→ Ham-

burg) S.er Reiseskizzen aus dem Jahre
1929. – **Willi Bredel** (→ Hamburg), seit
1947 Chefredakteur der Zs. »Heute und
Morgen« und Mitbegründer des Peter-
mänken-Verlags, wohnte 1945-49 in der
Weinbergstraße 2, hier schrieb er u. a. »Die
Söhne« (R. 1949). 1945 kam **Adam Schar-
rer** (→ Nürnberg/BY) nach S. (Wohnung
Bachstraße 8), wo er sich als Mitbegründer
des Kulturbundes und Zeitungsredakteur
einsetzte. Die »Dorfgeschichten – einmal
anders« (1948) entstanden hier, ein Ro-
man über die Bodenreform (»Der Mann
mit der Kugel im Rücken«) blieb Fragment.
Am 2. 3. 1948 starb Scharrer im Haus des
Kulturbundes am Pfaffenteich während
einer erregten Diskussion mit **Ehm Welk**
(→ Prenzlau/Biesenbrow/BB), Grab auf
dem Alten Stadtfriedhof. Welk war nach
1945 Gründer und Leiter der Volkshoch-
schule in S. (». . . damit ich nicht noch
mehr als Idylliker abgestempelt werde . . .
Ehm Welk im literarischen Leben Meck-
lenburg-Vorpommerns nach 1945«, Hrsg.
R. Rösler/M. Schürmann, 1999). In S.
schrieb Welk u. a. »Der Nachtmann« (R.
1950). Wohnungen Jahnstraße 11, ab 1947
Ostorfer Ufer 13 (Gedenktafel). – Im De-
zember 1947 besuchte **Victor Klemperer**
(→ Dresden/SN) die Stadt: »In Schwerin
der schöne Teich. . . . Der sehr elegante
Theater- u. Museumsplatz, die kleine Resi-
denz.« Im Februar 48 war er wieder hier.
Zur gleichen Zeit wurden **Walter Kem-
powski** (→ Rostock/MV) und seine Mut-
ter im Schweriner Gefängnis verhört und
verurteilt (Bericht in W. K., »Ein Kapitel
für sich«, R. 1975). – Am 21. 1. 1974 starb
in seiner S.-Zippendorfer Wohnung, Rä-
theweg 2, **Benno Voelkner** (geb. 3. 9.
1900 in Danzig), Romancier und Erzähler
von Dorfgeschichten (»Die Leute von Kar-
venbruch« 1955, »Die Bauern . . .«, 1959),
großer Erfolg auch mit den En. »Zinneck
und Lulu« (1954). Grab auf dem Wald-

friedhof am Krebsbach. Im gleichen Jahr starb **Holdine Stachel** (1892-1974), Verfasserin von R.n zur Landreform (»Herrenland in Bauernhand«, 1954). Zehn Jahre später starb der Shakespeare-Übersetzer und Dramatiker (Antigone, 1949) **Rudolf Schaller** (1871-1984, Wohnung Voßstraße 12).

Die 1970 gegründeten »Zentralen Poetenseminare« der FDJ in S. fanden von 1971 bis 78 unter der Leitung des Lyrikers **Reinhard Weisbach** (1933-1978) statt. Die ursprünglich affirmativ angelegte Dichterschulung förderte über ihre Seminarleiter (unter ihnen **Volker Braun**, **Ralph Grüneberger** und **Uwe Kant**) auch kritische Stimmen wie **Thomas Rosenlöcher**. Ein Rückblick in »Hoch zu Roß ins Schloß – 15 Jahre Poetenbewegung der FDJ« (1986). Kritische Reflexion bei **Katrin Dorn**: »Ach, hätte es niemals jemand gelesen«, in: P. Monioudis (Hrsg.), »Schraffur der Welt« (2000). – Der Lyriker und Romancier **Hartmut Zenker** (1922-1991; »Die Uhr steht auf fünf«, R. 1979; »Zeitflug ins Grün«, G. 1980) lebte von 1971 bis 78 in S. Nach seinem Umzug nach S. in den 70er Jahren schrieb **Wilfried Linke** (geb. 1950) Reportagen über Randgruppen in Mecklenburg u. a. in der »Mecklenburgischen Kirchenzeitung«. **Bert Papenfuß-Gorek** begann als freier Schriftsteller nach 1975 in S., bevor er nach Berlin ging.

L Die sagenhafte Gestalt des Obotritenfürsten Niklot (um 1125 bis 1160), der gegen Heinrich den Löwen unterlag, schmückt das Schlossportal. – Das S.er »Petermännchen« als »über Jahrhunderte hinweg bekannteste Figur der Landeshauptstadt« (J. Borchert) wird erstmals bei **Johann Friedrich Löwen** erwähnt, seitdem zahlreiche literarische Beschreibungen des Schlossgeistes, u. a. **Rudolf Tarnow** (→ Parchim/MV), mehrere Publikationen von **Erika Borchardt** (»Petermännchen«, 1992), P.-Plastik im Innenhof des Schlosses.

In der Reformationszeit schrieb der Theologe und Schriftsteller **Aegidius Faber** (um 1490 – ca. 1558) »Von dem falschen Blut . . . zu Schwerin« (1533). **Andreas Mylius** (1527-1594) schuf mit der »Genealogia« die erste Chronik des Landes in deutscher Sprache (1571). – 1833 erschienen posthum **Theodor Hohbeins** (1779-1831) als »Schweriner Pitaval« bezeichnete »Schutzschriften für des Hochverraths und der Demagogie . . . Angeschuldigte nebst beigefügten Urtheilssprüchen.« **Ludwig Reinhard** (→ Ratzeburg/Mustin/SH) büßte für seine 1846 geschriebene Satire »Schwerin. Ein Sommermärchen« mit seiner Amtsenthebung: »Das alte Schloß im Dämmerlicht/ gleicht ausgeflickten Ruinen/Es ist mir stets wie die Totenhand/Des Mittelalters erschienen«. – »Karessel in Old-Swerin«: Feuilletons des S.er Arztes und Publizisten **Carl Friedrich Flemming** (1799-1880); Denkmal auf dem Sachsenberg. Feuilletonistisches auch von **Edmund Schröder** (→ Parchim/Karow/MV): »Schwerin. Skizzen aus einer alten Stadt«. Alltagsbilder finden sich im Werk (»Leiw Plattdütsch«, G. 1988) **Gerda Uhthoffs** (1896-1988).

Im Frühjahr 1945 war Schwerin Ziel vieler Flüchtlingstrecks. Der Wechsel der Besatzungsmacht im Sommer führte zu weiteren Fluchten in Richtung Westen: »da der Elbübergang bei Boizenburg ja ihrer aller Ziel« war (Chr. Wolf, »Kindheitsmuster«, R. 1976). Nach der Flucht lebte **Christa Wolf** einige Zeit in dem Dorf Gammelin bei S. Die Italienerin und Auschwitz-Überlebende **Liana Millu** schrieb ihre Erinn. »Die Brücke von Schwerin« (1978, dt. Ausg. 1998). Die Novelle »Im Krebsgang« (2002) von **Günter Grass** um den Untergang der »Wilhelm Gustloff« (der Namensgeber stammt aus S.) beginnt und endet in Schwerin. In **Arno Surminskis** R. »Kein schöner Land« (1993) wird aus der Perspektive des Jahres 1989/90 die Nachkriegszeit in S.-Lankow und Zippendorf dargestellt. **Arnolt Bronnens** (→ Berlin) Reportage »Deutschland – Kein Wintermärchen« (1956) führt auch nach S. Über seinen Großvater, den Verleger Ludwig Davids aus dem Demmler-Haus am Pfaffenteich, und vor allem über die vierziger und fünfziger Jahre **Klaus Henning Schroeders** Erinn. »Davids Enkel. Eine Jugend in Schwerin« (1991).

Christa Wolf: Die Erzählung »leibhaftig« (2002) geht auf die Behandlung einer lebensbedrohlichen Erkrankung in einem Krankenhaus in S. 1988 zurück; Erinnerungen an ihre S.-Aufenthalte auch in »Ein Tag im Jahr. 1960 – 2000« (Tgb. 2003).

Gregor Sander, 1968 geb. in Schwerin, schildert in »abwesend« (R. 2007) die Geschichte eines Menschen, 1971 »aus Übermut gezeugt, aus Freude über einen Bauplatz am Kalkwerderring im Schlossgarten der Bezirkshauptstadt Schwerin.«

Die Stadt in den Feuilletons **Kurt Tucholskys** (→ Berlin; »Reise in die kleine Stadt«, 1923), **Gisela Mays** und **Heinz Kahlows.** Eine Anthologie aus der DDR-Zeit u. d. T. »Reifezeugnisse über Schwerin« versammelt Texte von **Bebel** bis **Bredel,** auch von **Johannes R. Becher, Hans Bernitt, Alexander Stenbock-Fermor, Alexander Dymschiz** und **Alexander Abusch** (1985); **Norbert von Frankensteins** Slg. »Schwerin in alten und neuen Reisebeschreibungen« (1991) reicht von den Slawen des Jahres 995 n. Chr. bis zu **Marlies Menges** »Reisebildern« von 1989, sie bringt Texte von **Martin Luther, Matthäus Merian, Joachim Heinrich Campe, Karl von Holtei, Richard Wagner, Arthur Rubinstein, Herbert Ihering, Dieter Noll, Heinz Kahlow** und anderen. 1995 schrieb **Uwe Kolbe** das G. »Abend am Schweriner See«.

S Mecklenburgische Landesbibliothek Schwerin (gegr. 1779), hg. **Mecklenburgisch-Vorpommersche Bibliographie** (31. Bd. 1999); 600 000 Bde., 6 200 Hss., Musikalienslg., 48 Inkunabeln, großer Bestand an Regionalia. (Abh.: K. Sobotka, »Die Schatzkammer. Kostbarkeiten der LB MV«, 1995); **Landtagsbibliothek Schwerin. – Landeshauptarchiv** (mit Nachlässen u. a. von F. Boll (→ Neubrandenburg/MV), A. F. v. Schack); **Mecklenburg-Strelitzsche Briefsammlung** (Korrespondenzen u. a. mit Goethe, F. Schiller, W. v. Humboldt; **Autographensammlung** (u. a. M. Luther, F. Reuter, H. Schliemann, A. Demmler). – **Fördergesellschaft Mecklenburgica** (1994).

Sammlung Richard Wossidlo im Volkskundemuseum Sch.-Mueß. – **Verein für jüdische Kultur und Geschichte** (gegr. 1995); **Freundeskreis Heinrich Seidel** e. V. (gegr. 1977); **Frauenliteraturverein M.-V. – Schleswig-Holstein-Haus,** Sitz des **Kulturforums,** des **Kulturrats M.-V.,** des **Künstlerbundes; Politische Memoriale** e. V. (Gedenkstättenarbeit). – **Kulturpreis des Landes M.-V., Conrad Ekhof-Preis** (seit 1998); **Kulturpreis des Landes M.-V., Arbeitsstipendien** des Kultusministeriums M.-V. – **Leseherbst-Literaturtage.**

R **Jürgen Borcherts** Führer »Schwerin – Stadtspaziergänge« (1990) legt Wert auf kulturelle und literarische Details am Pfaffenteich, in Alt- und Schelfstadt, am Schloss und am See. Die hier Regierenden (fast alle hießen Franz) und ihre Biographien, Lebenserinnerungen und Briefwechsel fasste Borchert zusammen in: »Mecklenburgs Großherzöge 1815-1918« (1992).

B J. Borchert, 150 Schweriner Persönlichkeiten aus der Kulturgeschichte 1992; K.-H. Oldag, Unvergessen. Ein Spaziergang über den alten Schweriner Friedhof, 1995; Schwerin – die Residenz literarisch gesehen (Rundgang), in: J. Grambow/G. Müller-Waldeck, Auf Dichters Spuren, 2003.

Z Grevesmühlen, Wismar, Ludwigslust, Parchim (MV).

SCHWETZINGEN/BW

Sch.er Sammlungen »Karl-Wörn-Haus« (u. a. C. F. Schimper und J. P. Hebel). – Rokokotheater im Schloss (Festspiele).

Carl Friedrich Schimper, * 15. 2. 1803 Mannheim, † 21. 12. 1867 Sch., Begründer der Eiszeitlehre. Verfasste außer naturwiss. Schriften auch Gedichte. – Gedenkplakette Haus Abendruh, Schlossplatz; Büste auf dem Friedhof, Mannheimer Straße.

A Die erste Nacht (23./24. 9. 1782) nach seiner Flucht aus Stuttgart verbrachte

Friedrich Schiller (→ Ludwigsburg/Marbach/BW) in Sch., wo er auch im Sommer 1784 einige Wochen wohnte. – Vom Hoftheater 1785 berichtet **August Wilhelm Iffland** (→ Hannover/NI), dass der »schöne Garten, angefüllt mit einer Volksmenge, welche aus Mannheim, aus dem sehr nahen Speyer und Heidelberg dahinströmte, alsdann einen überaus reizenden Anblick« gewährte. – Auf Dienstreise starb **Johann Peter Hebel** (→ Lörrach/Hausen/BW) am 22. 9. 1829 in Sch.; Gedenktafel am Sterbehaus (heute Amtsgericht), Zeyherstraße; Grabdenkmal vor dem H.-Altersheim, Hildastraße (ehem. Friedhof).

L Allenthalben zeigte man sich von Sch. beeindruckt: **J. J. W. Heinse** (→ Aschaffenburg/BY) in einem Brief an F. H. Jacobi (1780); **Ch. F. D. Schubart** (→ Schwäbisch Hall/Obersontheim/BW) und **Friedrich Hölderlin** (→ Lauffen/BW); **Joseph von Eichendorff** (→ Berlin) in Tagebuchaufzeichnungen (1807) und **Friedrich Hebbel** (→ Heide/Wesselburen/SH) 1836; außerdem **Iwan Turgenjew** 1863 in der Phantasie »Visionen«. Am besten konnte es aber **Voltaire**: »Ich will, bevor ich sterbe, noch einer Pflicht genügen und einen Trost genießen: Ich will Schwetzingen wiedersehen, dieser Gedanke beherrscht meine ganze Seele.« (1768)
Z Heidelberg, Mannheim (BW); Ludwigshafen, Speyer (RP).

SEELOW/BB

Friedrich August Ludwig von der Marwitz, * 29. 5. 1777 Berlin, † 6. 12. 1837 Friedersdorf bei S., General und heimlicher Literat. Seine »Nachrichten aus meinem Leben« (Aut. 1852; n. G. de Bruyn 1989) gilt als reife lit. Leistung.
R Friedersdorf südl. von S. Das Herrenhaus, in dem **F. A. L. von der Marwitz** seine Kindheit verbracht und 1816 bis zu seinem Tod gelebt hat, wurde 1947 abgeris-

sen. Am 18. 9. 1811, neun Wochen vor seinem Tod, war **Heinrich von Kleist** (→ Frankfurt a. d. O./BB) in F., hoffend auf einen baldigen Krieg, in dem er Offizier werden wollte. **Willibald Alexis** (→ Berlin) hat von der Marwitz im »Isegrimm« (R. 1854), in dem er ein Bild des märk. Adels zeichnet, als Major Wolf von der Quarbitz auf Ilitz mit Sympathie porträtiert. Mehr aber noch trägt **Theodor Fontanes** (→ Neuruppin/BB) Romanfigur Berndt von Vitzewitz in »Vor dem Sturm« (1878) die Züge des Friedersdorfers. Dessen fiktiver Herrensitz Hohen-Vietz ähnelt mehr dem in Odernähe liegenden Dorf **Reitwein**, dem Schauplatz von etwa der Hälfte der Roman-Kap. Gedenktafel mit F.-Zitat an der Stelle des 1962 abgebrochenen Schlosses. Dort auch der von F. beschriebene, aus einem Granit gehauene »Stuhl«. – Zwischen S. und dem jetzt poln. Küstrin liegt **Golzow**, wo 1961 die Berliner Dokumentarfilmer **Barbara** und **Winfried Junge** die Einschulung von 13 Kindern festhielten und – einmalig in der Welt – deren wichtigste Lebensstationen (seit 1990 weit über G. hinaus) bis 2005 dokumentierten (»Lebensläufe«, 1980).

L In der Kirche von **Friedersdorf** mahnt der Grabstein Johann Friedrich Adolph von der Marwitz' mit seiner berühmten Inschrift zum Vermächtnis Preußens: »Er sah Friedrichs Heldenzeit/und kämpfte mit ihm/in allen seinen Kriegen/Wählte Ungnade/wo Gehorsam nicht Ehre brachte.« Der General hatte sich geweigert, den Befehl seines Königs auszuführen und das Schloss Hubertusburg zu plündern. **Theodor Heuss** (→ Lauffen/Brackenheim/BW) in der Gedenkrede zum 10. Jahrestag des Hitler-Attentats: »... wenn irgendwo, dann steht Preußens Denkmal in einer Dorfkirche der Mark Brandenburg. In Friedersdorf.« **Wolf Jobst Siedler** bezieht sich in seinem Ess. »Auf den Seelower Höhen« (in »Weder Maas noch Memel«, 1982) darauf, ebenso

Christian Graf von Krockow (→ Göttingen/
NI), der 1990 hier war, im letzten Kap. (»Ab-
schied und Heimkehr«) der »Fahrten durch
die Mark Brandenburg« (1991).

Bad Freienwalde

Oderland-Museum; Rathenau-Gedenkstätte
im Schloss.

Karl Weise, * 19. 11. 1813 Halle/Saale, † 1.
4. 1888 F., Drechslermeister und Volks-
dichter, gen. »Freienwalder Hans Sachs«
(»Drechselt Pfeifen in guter Ruh/Und
macht auch wohl 'nen Vers dazu«). Wohn-
te seit 1848 in F. – W.: Blumen der Wälder
(G. 1858); Die Braut des Handwerkers
(1859); Volksharfe (G. 1872). – Wohnung:
Hauptstraße 36, Gesundbrunnenstraße 13
(Gedenktafel); Denkmal (1979), Karl-
Weise-Straße. – **Th. Fontane** widmete
W. in den »Wanderungen« (»Oderland«,
1863) ein ganzes Kap.
Victor Blüthgen (→ Bitterfeld/Zörbig/
ST) lebte seit 1878 als freier Autor bis zu
seinem Tod in F., verfasste hier Erzählun-
gen für die Jugend, Märchen und Novellen
(»Aus gärender Zeit«, 1884; »Bunte Novel-
len«, 1884). – Grab auf dem Friedhof. –
Wohnung: Weinbergstraße 16, wo **Her-**
mann Sudermann (→Berlin) häufiger Be-
sucher war und an seinem aut. Roman
»Frau Sorge« (1887) schrieb.
Julius Dörr (→ Prenzlau/BB), Heimat-
dichter (»Blumen vom Brünnlein in Frei-
enwalde«, G. 1892; Heckenrosen, G. 1906).
D. starb hier 1930. Karl-Marx-Straße 5
(Gedenktafel), Grab auf dem Friedhof.
Walther Rathenau (→ Berlin) erwarb
1909 das Schloss von F. und nutzte es im
Sommer. Besucher u. a.: **Gerhart Haupt-**
mann (→ Berlin), **Harry Graf Kessler**
(→ Berlin), **Fritz von Unruh** (→ Kob-
lenz/RP), **Edwin Redslob** (→ Weimar/
TH), **Carl Sternheim** (→ Leipzig/SN).
Hier entstand R.s Vermächtnis »Von kom-

menden Dingen« (1922). »Pflichterfül-
lung und Einsamkeit ohne Glück prägten
preußisch sein Leben.« (Ch. Graf von
Krockow, 1991). – Ausstellung im Schloss,
darunter Teile des aus Moskau zurückge-
kehrten Nachlasses.
Gustav Schüler, * 27. 1. 1868 Neureetz/
Oderbruch, † 20. 8. 1938 F., Lyriker. Leb-
te seit 1903 abwechselnd in Berlin und
F. und fand Anschluss an den Friedrichs-
hagener Dichterkreis. – W.: Gedichte
(1900); Von Tieren und Narren. Bilder
aus meiner Heimat (1930).
Berta Lask (eig. **B. Jacobsohn**), * 17. 11.
1878 Wadowice bei Krakau, † 28. 3.
1967 Ostberlin, Dramatikerin und Er-
zählerin. Wuchs seit 1880 in der Nähe
von F., im Falkenberger Ortsteil Papier-
mühle, auf und ging 1901 nach Berlin,
wo sie 19 in die KPD eintrat und die be-
kannteste Autorin des proletar.-rev. Thea-
ters (»Leuna«, 1921; »Thomas Müntzer«,
1925) wurde (→ Eisleben/ST). 1933 Emi-
gration in die UdSSR, 53 Rückkehr nach
Dtl.
A Schon 1684 fuhr Kurfürst Friedrich
Wilhelm nach F. Doch ein wirkliches Heil-
bad wurde F. nie. Dennoch suchten pro-
minente Autoren den Ort auf: **Wilhelm**
Grimm (→ Hanau/HE) 1848, 50 und 51.
Ernst Haeckel (→ Jena/TH) wohnte im
Sommer 1860 Uchtenhagenstraße 2 (Ge-
denktafel). **Th. Fontane** war öfter hier, in-
teressierte sich aber eher für das Schloss
und das Geschlecht der Uchtenhagen:
»Die Schönheit der eigentlichen Stadt ist
mäßig, ihr Reiz liegt draußen auf den Ber-
gen.« 1863 besuchte er K. Weise. F.-Ge-
denkstein mit Bronzeplakette, Fontane-
platz.

L Eine zentrale Szene in **Alfred Döblins**
(→ Berlin) »Berlin Alexanderplatz« (R. 1929,
in der Franz Biberkopfs Freundin ermordet
wird, spielt in der Nähe von F.: »Im Walde

aber gingen da allein Mieze und Reinhold, ein paar Vöglein zirpten und piepten leise ... Es ist ein Schnitter, der heißt Tod.«

R Die Familie von **B. Lask** lebte bis 1920 in **Falkenberg**. Dort spielt der 1. Teil ihrer verschlüsselten Roman-Aut. »Stille und Sturm« (1955). Im Ortsteil Cöthen wirkte **Paul Matzdorf** (1864-1930), Jugendschriftsteller und Hrsg. der Zs. »Jugend und Volksbühne«, als Lehrer. Gedenktafel am Schulgebäude nahe der Kirche. In F. endet am Fontaneplatz »der erste heimatkundliche Lehrpfad der DDR«, der Theodor-Fontane-Wanderweg nach Bad Freienwalde. – In der Schifferkolonie **Schiffmühle** an der Alten Oder lebte 1855 bis zu seinem Tod Louis Henry Fontane (1796-1867). **Th. Fontane** besuchte seinen Vater 1862, 63, 66 und im März 67. Anfängl. kam F. hauptsächlich wegen der Recherchen zum 2. Bd. der »Wanderungen«, dann aber auch seinetwegen: »Denn wie er ganz zuletzt war, so war er eigentlich«, heißt es versöhnlich in den »Kinderjahren« (1894). F.-Gedenkstätte im Haus; Grab des Vaters bei der hochgelegenen Kolonistenkirche im benachbarten Neutornow. Dazu Fontanes Gedicht: »Meine Gräber«: »Auf eines fällt heller Sonnenschein/da hat mein Vater seinen Stein.«

Lebus

Der heute eher unscheinbare Oder-Ort war bis zur Reformation Bischofssitz. Unter den Würdenträgern der Humanist **Dietrich von Bülow** (1460-1523), der erste Kanzler der Frankfurter Universität.

Hans Much, * 24. 3. 1880 Zechin bei L., † 28. 11. 1932 Hamburg. Bereiste Indien und machte die östl. Religionen in Dtl. bekannt (»Buddha. der Schritt aus der Heimat in die Heimatlosigkeit«, 1914). Auch M.s Mundartdichtung (»In't Kinnerland«, 1920) ist religiös-philosophisch geprägt.

Günter Eich, * 1. 2. 1907 L., † 20. 12. 1972 Salzburg, Lyriker, bedeutendster dt. Hörspielautor. Sein Geburtshaus stand auf der heute poln. Oderseite. Erinnerungen in der Heimatstube, Kietzer Chaussee 1. »Oder, mein Fluß« (G. 1951): »... die Fähre und das Haus/rechts der Oder, wo ich geboren bin.« Der 11-Jährige kam nach Berlin, wo er wie in Leipzig und Paris Sinologie studierte. 1939-45 Soldat, 45/46 amerikan. Gefangenschaft. Bis 52 in Geisenhausen bei Landshut, dann, nach Heirat mit Ilse Aichinger, in Lenggries und Bayerisch Gmain wohnhaft. Eines der ersten Mitglieder der Gruppe 47, deren Preis E. 50 erhielt. Bis 59 die wichtigsten Hörspiele, u. a. »Geh nicht nach El Kuwehd!«, »Träume«, »Die Mädchen aus Viterbo«. Weitere W.: »Abgelegene Gehöfte« (G. 1948); »Botschaften des Regens« (G. 1955); »Maulwürfe« (Prosa-Bd. 1968). Ges. Werke (1973). Nachlass DLA Marbach.

L **Friedemann Berger** hat im Gedicht »Lebus« (1973) die nahe Grenze im Blick: »Seelow Berlin und weiter/Reichsstraße eins/weiter und weiter zurück/aber nicht ganz.«
S Seit 2007 **Günter-Eich-Preis** (der Medienstiftung der Sparkasse Leipzig).

R **Joachim Seyppel** erzählt in einem »Brief an einen Bundeswehroffizier« (»Ein Yankee in der Mark«, 1969) von dem Dorf **Niederjesar**. – 1836/37 hatte der Agronom J. G. Koppe wiederholt **Gustav Freytag** (→ Gotha/TH), zu dieser Zeit Berliner Kommilitone seiner beiden Söhne, auf der Domäne **Wollup** zu Gast.

Wriezen

R Nahe der Alten Oder **Jäckelsbruch**, wo 1941-45 der Bildhauer Arno Breker (1900-91) ein Haus mit Atelier bewohnte und dort in engem Kontakt zu Albert Speer seine heroisierenden, für die »Welthauptstadt Germania« bestimmten Monumentalfiguren schuf. Unter den Besuchern nicht nur Nazi-Größen: Auch **Gerhart Hauptmann** (→ Berlin) und der mit Breker seit dessen Pariser Zeit befreundete franz. Schriftsteller **Jean Cocteau** (1889-1963). – Am Oderhauptstrom **Kienitz**, dessen Kirche immer noch eine Kriegsruine ist. Auf dem Winterdeich erinnert eine Stele daran, dass hier am 31. 1. 1945 ein russ. Brückenkopf gebildet wurde (und K. »damit zum ersten vom Faschismus befreiten Ort auf dem Gebiet der DDR wurde«, wie es im »Historischen Führer« durch den Bezirk Frankfurt/Oder von 1988 heißt). Dazu **Guntram Vesper**, »An der Oder« (1990, erw. Fassung in »Lichtversuche. Dunkelkammer«, 1992).

Louis Henri Fontane besaß 1838-50 im nahen **Letschin** die Apotheke. Sie brannte 1866 ab und wurde etwas ortseinwärts neu errichtet (Fontane-Apotheke, Fontanestraße 20). **Th. Fontane** kam Ende 40 schwerkrank nach L. Als er sich auskuriert hatte, wechselte er im März 41 nach → Leipzig/SN. 1883 war F. nochmals in L. und recherchierte in einem Mordfall, der 42 die Gemüter erregt hatte. F. machte daraus die Kriminal-Novelle »Unterm Birnbaum« (1885). Den Gasthof »Zum Alten Fritz« als Tatort (Gedenktafel) gibt es noch. F.-Zimmer in der L.er Heimatstube. F.-Büste im F.-Park.

Etwas weiter südl. Schloss **Gusow**, das **Th. Fontane** 1860 besucht hatte. Es gehörte einst dem Feldherrn Georg von Derfflinger (1606-95), einem der Sieger von Fehrbellin. F. widmete dem populären Haudegen seine erste Feldherrn-Ballade (»Der alte Derffling«, 1846). Unter dem Namen Guse ist das Schloss einer der Hauptschauplätze des Romans »Vor dem Sturm«; Ort- und Landschaftsbeschreibung im 2. Bd.,

1. Kap. – Ganz **Neuhardenberg** (1949-90 Marxwalde), das als Quilitz 1801 abbrannte und vom preuß. Staatskanzler (dem Protagonisten der Reformen) Karl August von Hardenberg (1750-1822) neuerbaut wurde, geht auf Ideen von K. F. Schinkel zurück: von der Kirche über den Dorfanger bis hin zum Schloss, wo man **Th. Fontane** 1860 und 62 jeweils für einige Tage »freundlich« aufnahm. Heute Stiftung Schloss Neuhardenberg. In der DDR hat **Heinz Knobloch** (→ Berlin) auf die Besonderheiten des Ortes aufmerksam gemacht: »Marxwalde: Vorgefundene Geschichte« (1977, in »Zur Feier des Alltags«, 1986). »Quilitz – Neuhardenberg – Marxwalde – Neuhardenberg« heißt ein Kap. in **Georg Lentz'** »Märkischen Spaziergängen« (1995).

Etwas nördl., an der Hauptstraße nach Wriezen, **Kunersdorf**, »nicht zu verwechseln mit dem berühmteren Schlachten-Kunersdorf« (Th. Fontane, 1862), das der Fam. von Lestwitz-Itzenplitz gehörte, auf deren 1945 abgerissenem Schloss **Adelbert von Chamisso** (→ Berlin) 1813 lebte und die phantastische Novelle »Peter Schlemihls wundersame Geschichte« (1814), »sein erstes Meisterwerk, das seinen Ruhm als deutscher Dichter begründen sollte« (W. Feudel, 1971), schrieb. Wo das Schloss stand, fast an der Straße, Ch.-Gedenkstein und Rosenbeet. **Henriette Charlotte von Itzenplitz**, geb. von Lestwitz, gen. **Frau von Friedland** (1772-1848), unterhielt in K. nach Berliner Vorbild einen Musenhof (»hier zählten Talent, Originalität und Können, nicht Rang und Stand«, G. de Bruyn, 1998). Erhalten blieb die klassizist. Grabanlage (von Langhans, Schadow, Rauch, F. Tieck), für **Th. Fontane**, der sich 1862 im Schloss von K. aufhielt, die »größte Sehenswürdigkeit von Schloss Kunersdorf . . . Die besten bildnerischen Kräfte, die unser Land hervorgebracht, hier waren sie tätig.« – Im nahen **Möglin** schrieb **Albrecht Daniel Thaer** (1752-1828), der große preuß. Agrarreformer, sein Standardwerk »Die landwirthschaftlichen Unkräuter, Beschreibung und Vertilgung derselben« (1811), das bis 1927 immer wieder aufgelegt wurde.

Z Beeskow, Eberswalde, Frankfurt an der Oder (BB); Berlin. Jenseits der Grenze in Polen: Chojna/Königsberg in der Neumark (K.Th. Döbbelin); Gorzów Wielkopolski/Landsberg an der Warthe (G. Benn, V. Klemperer, Ch. Wolf), Kostrzyn/Küstrin (Friedrich d. Gr.).

SELIGENSTADT/HE

Landschaftsmuseum in der Prälatur der ehem. Benediktinerabtei (u. a. Bibliothek mit Dokumenten – Urkunden, Hss., Inkunabeln – zur Geistes- und Kulturgeschichte des Klosters).

Einhard, * um 770 Maingau, † 14. 3. 840 S., Architekt, Vertrauter und Biograph Karls d. Gr. Im Kloster → Fulda/HE erzogen. Erhielt 815 von Ludwig d. Frommen das Gebiet um Michelstadt, Basilika in → Steinbach (Erbach/HE). Schied 830 aus seinen Ämtern und zog sich in die von ihm gegründete Abtei S. (damals noch Ober-Mühlheim) zurück. Hier entstand seine »Vita Caroli Magni«. – E.-Basilika und Grab (Barocksarg); Haus-Zum Einhard am Markt (1596); in der Prälatur Bilder und alte Druckausgaben von E.s Hauptwerk. – In der Sage ist die Geschichte E.s und seiner Frau Emma mit der von Karls Tochter Berta und E.s Freund Angilbert verwoben.

E **Einhard und Emma**. Karls d. Gr. Tochter trägt den Geliebten huckepack über den frisch gefallenen Schnee zurück, um die Spur der Mannsfüße zu verbergen. Dennoch beobachtet Karl sie, lässt »Gnade für Recht« ergehen.

Seligenstadt: Haus »Zum Einhard«

In der S.er Fassung verstößt Karl das Paar und findet es, »verirrt auf der Jagd«, wieder. Versöhnung folgt. »Selig sei die Stadt genannt, wo ich Emma wiederfand.« (Brüder Grimm, »Deutsche Sagen«, Nr. 458). – Älteste Fassung in der Lorscher Chronik (Ende des 12. Jh.s); Varianten in Spanien, Portugal, Italien und Holland; Nacherzählungen im Barock (Ch. Hofmann von Hofmannswaldau, Oper von C. H. Wend und G. Ph. Telemann); neue Anregungen durch die Übersetzung des Lorscher Textes von H. P. Stutz (1776); Ritterromane und -dramen (F. de la Motte-Fouqué, 1811); Dichtungen auch von A. d. Vigny (1831) und H. W. Longfellow (1844); krit. Behandlung bei K. W. Weber (1826-28) und K. Simrock (1838-40).

Z Aschaffenburg (BY); Darmstadt, Frankfurt a. M., Hanau, Offenbach (HE).

SIEGBURG/NW

Stadtmuseum am Marktplatz 46-48 im erwei-
terten Haus des Komponisten (Oper »Hänsel
und Gretel«) Engelbert Humperdinck (1854-
1921/Gedenktafel und Büste). – Siegburger Li-
teraturpreis.

Annolied, die »Maere von Sente Annen«
ist das früheste erhaltene rhein. Epos, ein
Preislied auf Erzbischof Anno von Köln
(1056-75), wahrscheinl. zwischen 1080
und 1100 von einem Mönch auf dem Mi-
chaelsberg verfasst. Erste Nachricht über
A. in den Annalen des Lambert von →
Hersfeld/HE. – Visitator des S.er Klosters;
»Vita Annonis minor« (lat.-dt., Hrsg. M.
Mittler, 1975).

A **Rupert von** → **Deutz** (Köln/NW) ver-
mutl. 1116-20 Abt in S., lit. Vorkämpfer
der S.er Klosterreform. – Unter den Wall-
fahrern Ende des 18. Jh.s der → Koblenzer
Prediger **Joseph Gregor Lang** (»Reise auf
dem Rhein«, 1790). Der »Sturm auf das
Zeughaus« im Frühjahr 1849 ist unverges-
sen, weil **Gottfried Kinkel** (→ Bonn/
NW) ihn organisierte und **Carl Schurz**
(→ Euskirchen-Liblar/NW) mitmarschier-
te. Allerdings liefen die furchtsamen Stür-
mer vor dem Sturm auseinander (Gedenk-
tafel am Zollamt, Zeughausstraße).

L Im »Siegburger Mirakelbuch« haben die
Mönche des Klosters die Wunder notiert, die
sich zwischen 1183 und 86 am Anno-Schrein
ereignet haben sollen. Zur Geschichte des Klos-
ters u. a. auch **W. O. von** → **Horn** (Simmern/
RP) und **Aegidius Müller** (1830-98). – In S.
spielen »Die Sankt Michaelskinder« (N. 1906)
und »Meister Hansen, der Scharfrichter von
Siegburg« (E. 1872) von **Julius R. Haarhaus**
(→ Wuppertal/NW). – Über die Zeit nach
1933 »Der Mann auf der Kanzel« (1979) von
Ruth Rebmann, die als Pastorentochter in S.
aufwuchs. – **Heinrich Böll** (→ Köln/NW) im
»Brief an meine Söhne« (1985): »Ich weiß wirk-
lich genau, daß ich am 2. März auf dem Sieg-

burger Michaelsberg stand und die Riesenstaub-
wolke, die einmal Köln gewesen war, über die
Ebene hin auf Siegburg zukommen sah.«

R In der Burg Wissem in **Troisdorf** ist das
Museum für Bilderbuch-Kunst unterge-
bracht; die Stadt verleiht den »Troisdorfer
Bilderbuch-Preis«. – In **Altenrath** (Trois-
dorf-A.) geb. der Erzähler, Folklorist und
Historiker **Carl Rademacher** (1859-
1935): »Cäsarius von Heisterbach« (R.
1924). – Sagen vom »Schmied im Wolfs-
berg«, »Heinz Hütlein« u. a. in **Paul Wei-
tershagens** (→ Köln/NW) »Die Bergi-
sche Truhe« (3. Aufl. 1968).

Z Bergisch Gladbach, Bensberg, Bonn, Köln
(NW).

SIEGEN/NW

Universität-Gesamthochschule. – Stadtbüche-
rei. – WDR Studio Siegen. – Siegerland-Mu-
seum (im Oberen Schloss), Museum für Ge-
genwartskunst. – In S. wurde der fläm. Maler
P. P. Rubens (1577-1640) geb. (Gedenktafel
am Rathaus).

Friedrich Adolf Wilhelm Diesterweg,
* 29. 10. 1790 S., † 7. 7. 1866 → Berlin,
Pädagoge, der »deutsche Pestalozzi«. Nach
naturwiss. Studium 1820 Rektor des Leh-
rerseminars in → Moers/NW; von 27 an
Hrsg. der »Rhein. Blätter für Erziehung
und Unterricht«; seit 32 in Berlin. Seine
vielfach angefeindeten Schriften beschäf-
tigen sich v. a. mit der sozialen Frage
und wandten sich gegen kirchl. und staatl.
Einfluss im Schulwesen. – W.: Pädagog.
Wollen und Sollen, dargestellt für Leute,
die nicht fertig sind, aber eben darum
Lust haben, nachzudenken (1857); Aus-
gew. Schriften (Hrsg. E. Langenberg,
1882). – Geburtshaus Kölner Straße 11
(Gedenktafel); Dokumente im Sieger-
land-Museum.

Die Shakespeare-Gesellschaft wurde 1864 von dem in S. geb. Nationalökonomen **Wilhelm Oechelhäuser** (1820-1902) gegründet, der neben sozialen und wirtschaftl. Themen auch die Bühnendramen Shakespeares (1885) behandelte.

L Romane, die in S. handeln: »Fritz, der Hammerschmied« (1858) von **Hermann von der Sieg** (eig. **Hermann Bellebaum**); »Die vom Rauhen Grund« (1915) von **Paul Grabein** (1869-1945); »Schulze Henrich« (1937) und »Der Waldschmied« (1949) von **Rudolf Utsch** (1904-60). Erzählungen von **Friedrich Hué** und **Käthe Papke**. – Der Lehrer und Heimatforscher **Jakob Heinzerling** (1846-1941) gab zus. mit H. Reuter 1938 ein »Siegerländer Wörterbuch« heraus (n. 1968)

E Als Ahnherr der Siegerländer Eisenleute gilt **Wieland der Schmied**, weil G. von Monmouth in seiner »Vita Merlini« (1148) die Schmiede in S. ortet. W. bringt mit seinem Bruder Eigil Schwanenjungfrauen in seine Gewalt und rächt sich an König Nidung (der ihm als Gefangenen die Fußsehnen hatte durchschneiden lassen), indem er vor seiner Flucht durch die Luft dessen Söhne tötet und die Tochter vergewaltigt. – Die Sage ist in der Edda bereits voll entwickelt, 2. Fassung in der Thidrekssaga. Wiederbelebung durch die neuzeitl. Bearbeitung von A. Oehlenschläger (1804); Epos von K. Simrock (1835); dramat. Bearbeitungen von F. Lienhard (1905), K. G. Vollmoeller (1911), G. Hauptmann (1925), H. Flügel (1938). – Die Luisenhütte, erster Hochofen im Siegerland (1712), als techn. Museum (»Wocklumer Hütte«) erhalten (→ Arnsberg/NW).

Grund (Hilchenbach-Grund)

Johann Heinrich Jung-Stilling, * 12. 9. 1740 G., † 2. 4. 1817 → Karlsruhe/BW, Schneider, Autodidakt. Medizinstudent in Straßburg (Bekanntschaft mit J. G. Herder und Goethe), 1772 Augenarzt in Elberfeld (→ Wuppertal/NW), 79 Prof. für Kameralwiss. in → Kaiserslautern/

Hilchenbach-Grund: Jung-Stilling-Denkmal

RP, 84 Prof. in → Heidelberg/BW, 87 in → Marburg/HE. 1804 Geheimer Hofrat in Karlsruhe (Augenarzt). Aus pietist. Kreisen, gab sich selber nach den »Stillen im Lande« den Beinamen »Stilling«; erfand das Wort »Heimweh«. – Seine 1777-1804 entstandene berühmte Lebensgeschichte 1806 zusammengefasst u. d. T. »Heinrich Stillings Leben«; ergänzt postum 1817 durch »Heinrich Stillings Alter«. Verschlüsselte Ortsnamen: Florenburg = Hilchenbach, Leindorf = Kredenbach, Lichtenhausen = Littfeld, Preisingen = Dreisbach, Saal (Fluß) = Sieg, Salen = Siegen, Schauberg = Solingen, Schönenthal = Elberfeld, Tiefenbach = Grund, Waldstätt = Radevormwald, Zellberg = Lützel. – Geburtshaus (nach Brand 1928 wiederaufgebaut) in Grund mit Gedenkstätte (Arbeitszimmer); Denkmal vor der Ev. Kirche und Slg. (mit Grabstein aus Karlsruhe) im Stadtmuseum (Wilhelmsburg) in Hilchenbach; J.-St.-Raum im Siegerland-Museum, Siegen. – Nachlass StB Siegen, Slg. StuLB Dortmund.

R Freilichtbühnen in **Freudenberg** und **Hilchenbach-Lützel** (auf dem Giller). In **Krombach** (Kreuztal-K.) lebte der Lyriker und Kalendermann **Adolf Wurmbach** (1891-1968/Grab auf dem Friedhof/Teilnachlass Lit.-A. Hagen): »Bergwerk muss blühen« (G. 1942); »Siegerländer Sagen« (1967). – In **Netphen** geb. die Heimatdichterin **Elisabeth Grube** (1803-71/Geburtshaus am Markt mit Gedenktafel), die zus. mit ihrer Schwester **Katharina Diez** (1809-82) die Slg.»Wiesenblumen von der Sieg und Feldblumen vom Rhein« (1847) herausgab und 1857 die erfolgreiche Schriftenreihe »Iduna« gründete (Slg. im Heimatmuseum). In N.-**Unglinghausen** wurde **Jakob-Heinrich Schmick** (1824-1905/Gedenktafel am Geburtshaus, Hauptstraße) geb., der erste Mundartdichter des Siegerlandes, der zur Belebung des »Seejelänner Platts« beitrug.

Z Berleburg, Gummersbach, Waldbröl, Olpe (NW); Dillenburg (HE).

SIGMARINGEN/BW

Staatsarchiv S. – Heimatmuseum Runder Turm. – Naturtheater Waldbühne Sigmaringendorf.

Simon Grynäus (eig. S. Griner), * 1493 Veringendorf bei S., † 1. 8. 1541 Basel. Besuchte mit Melanchthon die Lateinschule in Pforzheim und war als Hrsg. wichtiger Vermittler antiken Wissens.
In S. Gedenktafeln für **Alphons Bilharz** (1836-1925), Arzt, Philosoph und Schriftsteller, an seinem Geburtshaus, B.-Apotheke, Antonstraße 1, sowie (an der Hofapotheke, Apothekergasse 1) für den universalen »Harmoniker« **Hans Kayser** (1891-1964) aus → Bad Buchau (Bad Saulgau/BW), der hier seine Jugend verbrachte.

A Zwischen dem 11. und 14. 2. 1801 passierte **Friedrich Hölderlin** (→ Lauffen/BW) auf dem Weg nach Hauptwil die Stadt. Er ging zu Fuß von Tübingen über Ebingen durch das Schmiechatal bis S. Von hier aus benutzte er ein »Gefährt« und kam in 12 Stunden nach Überlingen. – Im Winter 1944/45 – »was für ein pittoresker Aufenthalt!« – wohnte im Gefolge der hierher im Spätsommer 1944 geflohenen Vichy-Regierung – der franz. Schriftsteller **Louis-Ferdinand Céline** im »Löwen« (aut. R. »Von einem Schloß zum andern«, 1957). Als »Hofnarr«, wie er bitter vermerkte, war in dieser Zeit auch **Friedrich Sieburg** (→ Lüdenscheid/Altena/NW) hier.

L Anton Gabele (→ Meßkirch/Buffenhofen/BW), »Haus zur Sonne« (1953); **Arthur Schnitzler**, »Die Frau des Richters« (1925).
S Fürstl. Hohenzollernsche Hofbibliothek: rd. 140 000 Bde., 1366 Hss., 240 Inkunabeln.

Inzigkofen

Im ehem. Kloster fand im Mai 1950 die 7. Tagung der Gruppe 47 statt. Dabei wurde zum ersten Mal der Preis der Gruppe 47 verliehen: an **Günter Eich** (→ Frankfurt a. d. O./Lebus/BB).
R Im oberen Donautal **Beuron** mit dem Benediktinerkloster: Vetus-Latina-Institut, Bibliothek (rd. 410 000 Bde., 236 Hss., 165 Inkunabeln; Bibelabtlg.). Eine Tafel erinnert an **Edith Stein** (→ Köln/NW), die zwischen 1928 und 1933 »zur stillen Einkehr oft in B. weilte«. – Auf Burg **Wildenstein** entstand ein Teil der **Zimmerischen Chronik** (→ Meßkirch/BW); in den Wohnräumen 400 Jahre alte Fresken zum Stoffkreis um Dietrich von Bern.

L Sagen und Geschichten, teilw. veröffentlicht im Bad. Sagenbuch, von W. und Burg

Bronnen. Ein Kapitel in **Annette Kolbs** (→ München/BY) R. »Daphne Herbst« (1928) ist Beuron gewidmet. **Z** Bad Saulgau, Hechingen, Meßkirch, Tuttlingen (BW).

SIMMERN/RP

Johann II. Herzog von Pfalz-Simmern (1492-1557) gründete 1514 in S. die Lateinschule und 27/35 eine Druckerei, die Sekretär H. Rhodler (gest. 1539) leitete. Unter den bis 1535 verlegten Druckwerken G. Rixners Turnierbuch, U. v. Huttens (→ Schlüchtern/Vollmerz/HE) »Weltlich Klösterlein« und die von H. H. (= Herzog Hans) vermutl. verfassten »Eines Buhlers Traum« und aus dem Franz. übersetzten »Haymonskinder«. – Grabdenkmal (auch das von Rhodler) im Epitaphium der Stephanskirche.

In S. geb.: **Peter Joseph Rottmann** (1799-1881/Grab auf dem Alten Friedhof) Bürgermeister seiner Vaterstadt, dessen »Gedichte in Hunsrücker Mundart« (1840) auch nach anderthalb Jahrhunderten nichts an Beliebtheit verloren haben. Grab auf dem Friedhof; Denkmal Auf der Eich, Relief am Brunnen vor der R.-Schule. **Otto von Vacano** (1827-97), Jurist: »Herzog Reichard« (Romanze 1887, u. a. eine lyrische Burgentopographie des Hunsrücks, »Die Haimonskinder« (Ep. G. 1889). – Hunsrück-Krimi: »Herzflimmern in Simmern« (1999) von **Heinz-Peter Baecker**.

E Schinderhannes. Johannes Bückler, 1783 in Miehlen b. Nastätten im Taunus geb., beging in den Jahren 1797-1802 über 50 Verbrechen, meist im Umkreis von Kirn. 1799 nach Ausbruch aus dem S.er Turm (heute Sch.-Turm) beherrschte er als »König des Soonwaldes« rd. 20 Monate mit seiner Bande den Hunsrück. Wurde 1803 in Mainz hingerichtet. – Flugblätter, Volksbücher und Moritaten noch zu Lebzeiten, dazu um Elemente der

Simmern: Schinderhannes-Turm

Schelmen- und Schalkslit. bereicherte »Stickelcher«, Moderomane à la »Rinaldo Rinaldini«, dramat. Bearbeitungen: J. K. Grübel, »Schinderhannes« (Mundartg. 1798); J. S. Lechner, »Die letzte Unterredung . . .« (Tr. 1803); L. Ritchie, »Sch. the robber of the rhine« (R. 1833); C. Viebig, »Unterm Freiheitsbaum« (R. 1922); C. Zuckmayer, »Sch.« (Sch. 1927), G. Fuchs, »Sch.« (R. 1986) u. a. – Neuere Dokumentation von M. Franke (1984) und P. Bayerlein (2003, Chronik und Ortslexikon).

S Hunsrückmuseum (im Schloss) mit Erinnerungen an »Herzog Hans« und Schinderhannes, an P. J. Rottmann und W. O. v. Horn; Archiv und Bücherei mit Sonderslg. »Dichtung und Sprache« und zu Rottmann. – **Archiv des VS Rheinland-Pfalz**. – **Förderkreis Dt. Schriftsteller Rheinland-Pfalz** (seit 1976); **Autorengruppe Hunsrück** (H.er Mundart, seit 1980).

Horn RP

Wilhelm Oertel (Ps. **W. O. von Horn**), * 15. 8. 1798 H., † 14. 10. 1867 → Wiesbaden/HE, volkstüml. Erzähler. 1822 Pfarrer in Manubach b. → Bacharach/RP, 35 Superintendent in → Sobernheim (Bad Kreuznach/RP). Weit verbreitet die von L. Richter illustrierte »Spinnstube« (1846 ff.) und das Familienblatt »Die Maje« (1858 ff.). – W.: Bilder aus dem Nahetal (1837); Jugend- und Volksschriften (1853 ff.); Der Rhein, seine Geschichte und seine Sagen (1866, n. 1978). – Geburtshaus; im Pfarrarchiv Erstausgaben.

L Im Januar 1849 wurde **Albrecht Julius Schöler** (→ Andernach/RP) Vikar zu Horn, dann Pfarradjunkt für die drei Gemeinden H., Bubach und Laubach (A.-J. Schöler-Haus in H., Gedenktafel im Innern). – Der H.er Landwirt **Fritz Klumb** (1909-1996) schrieb v. a. Gedichte: »Saat und Ernte« (1985).

Kirchberg

Nanny Lambrecht, * 15. 4. 1868 K., † 1. 6. 1942 Schönenberg a. d. Sieg, realist.-sozialkrit. Erzählerin. Schulzeit im Hunsrück, Lehrerin in der damals preuß., heute belg. Wallonie. Schließlich in → Aachen/NW und später in → Bad Honnef/NW. – W.: Was im Venn geschah (Nn. 1904); Das Haus im Moor (Eifel-R. 1906); Frau Regine (R. 1942); Die Brautfahrt und andere Erzählungen (Auswahl 1992). – Geburtshaus Hauptstraße 67 (Gedenktafel im Gasthaus »Obertor«). – Hunsrückromane: »Armsünderin« (1909), Schauplatz Sohren; »Das Lächeln der Susanna« (1918). Die N. »Am Heiligenhaus« (1908, in »Allsünderdorf«) spielt in K. – N.-L.-Archiv Stadtverwaltung K.
Im nahen **Raversbeuren** schrieb der Landwirt **Albert Baur** (1890-1960) über seine Welt: »Hunsrückbauern« (R. 1930; später

u. d. T. »Das Feld der Ehre«); »Folkert, der Schöffe« (R. 1935); »Geist und Pflug« (G. und Sprüche, 1977). Wohnhaus Haus Nr. 21; Grab auf dem Friedhof.

Morshausen

Jakob Kneip, * 24. 4. 1881 M., † 14. 2. 1958 Mechernich (→ Schleiden/NW), erlebnisnaher, rel.-bäuerlicher Erzähler und Lyriker, Essayist. Zunächst Bauer, dann Priesterseminar in → Trier/RP, Studium und 20 Jahre in höherem Schuldienst. Gründete 1912 in Bonn mit W. Vershofen und J. Winckler den »Bund der Werkleute auf Haus Nyland« (→ Tecklenburg/Hopsten/NW). Seit 1941 in Pesch b. Mechernich. – W.: Hampit der Jäger (Hunsrück-R. 1927, n. 81); Porta nigra (aut. R.-Tril. 1932, 36, 55); Spiegelbild und Traum (Aut. 1950). – Die Ballade von der »Wallfahrt zur Schwarzen Mutter Gottes« verweist zur Kapelle im nahen Windhausen. – Dauerausstellung in **Nettersheim/NW**. Nachlass Außenstelle Rommersdorf (Neuwied) des SA Koblenz mit Erinnerungsraum. – J.-K.-Preis des Hunsrückvereins (seit 1990).
R Auf dem Friedhof von **Argenthal** Gedenkstein für J. A. Melsheimer (1683-1757), der laut Inschrift einer anderen Gedenktafel an M.s ehem. Wohn- und Sterbehaus auf dem **Struthof** (Gem. **Münchwald**) der »Jäger aus Kurpfalz« des Volksliedes ist. Eine Art Gegendenkmal enthüllte am Forsthaus **Entenpfuhl** (b. Sobernheim-**Pferdsfeld**) 1913 Kaiser Wilhelm II. für F. W. Utsch (1732-95/ Grab an der Gehin-Kirche bei Auen). – »Käh Maart so lustig«, dichtete **Peter Joseph Rottmann** über das beliebte Volksfest um die **Nunkirche**. R. hat auch die Geschichte der Maria Margareta von Rosenstein, der letzten Bewohnerin von Burg **Koppenstein** im Soonwald bei **Gemün-**

den, in einem langen Gedicht erzählt. –
Aus **Kastellaun** stammt der Literarhistoriker **Martin Rockenbach** (1898-1948/Geburtshaus Schloßstraße 7); dort schreibt auch der Schneidermeister **Horst Hohl** seine Mundartgedichte (»De verlorene Brustlappe«, 1981). – In **Emmelshausen**-Liesenfeld vor der Friedhofskapelle das Urnengrab der Lyrikerin und Erzählerin **Eva-Maria Sirowatka** (1917-88/»Ein Haus voller Tiere«, R. 1972). – Aus **Neuerkirch** kommt der Erzähler und Bühnenautor **Fritz Stoffel** (1864-1918), aus **Schmiedel** (Gem. **Nannhausen**) der Lyriker **Karl Röhrig** (1866-1927/K.-R.-Haus), von dem 1906 ein »Hunsrücker Liederbuch« erschien. Die Folksongfans und Protestsänger brachte 1964-69 das **Waldeck**-Festival in den Hunsrück; Mitwirkende u. a. **Franz Josef Degenhardt**, **Hanns Dieter Hüsch**, **Hein** und **Oss Kröher**, **Dieter Süverkrüp**, **Hannes Wader**. Die Burg im Baybachtal ist Sitz des 1919/20 gegr. Nerother Bundes. »Burgpoet« war lange der Erzähler **Werner Helwig** (1905-85); seine Bücher »Auf der Knabenfährte« (1951), »Die Bienbarke« (1953), »Die Geheimnisse des Baybachtals« (1955) spielen z. T. hier, rund um »das Kolosseum des Hunsrücks«. – Die Arbeitsgemeinschaft Burg Waldeck (ABW) besteht immer noch (Horst Schneider, Die Waldecker, 2005).

B G. W. Diener, Von Hunsrücker Dichtern und Dichtungen, in: Der Hunsrück, 1965; H. Knebel, Hunsrücker Schriftsteller des 19. und 20. Jahrhunderts, in: Der Hunsrück. Festschrift zum 100jährigen Jubiläum des Hunsrückvereins, 1990; H. Erschens, Morshausen, in: Lit. Schauplätze an der Mosel, 1990.

Z Bad Kreuznach, Bacharach, Bingen, Boppard, Cochem, Koblenz, St. Goarshausen/Bad Ems (RP).

SINDELFINGEN/BW

Stadtarchiv. – Stadtmuseum; Donauschwäbisches Museum.

Herrenberg

Johann Valentin Andreae, * 17. 8. 1586 H., † 27. 6. 1654 Stuttgart, Prediger, rel.-didakt. Schriftsteller, Vorläufer des Pietismus. Besuchte das Tübinger Stift. Nach ausgedehnten Reisen von 1629-39 Stadtpfarrer in → **Calw/BW**, schließlich 1650 Generalsuperintendent von → **Bebenhausen** (Tübingen/BW). – W.: Chymische Hochzeit Christiani Rosenkreutz (R. 1616). – Gedenktafel an der Kirche; Hinweisschild Spitalgasse 15 auf A.s Geburtshaus, das sich jedoch Am Burgrain 3 befand. – Nachlass LB Wolfenbüttel, UB Tübingen.

A **Gerd Gaiser** (→ Reutlingen/BW) lebte nach dem 2. Weltkrieg bis 1949 in H., als »Irrnwies« Schauplatz seines ersten R.s »Eine Stimme hebt an« (1950).

R Südöstlich liegt **Mönchberg**, bei Gaiser ist es als »Nonn« beschrieben. – Im Südwesten **Sindlingen**, dessen Schlossgut zeitw. Sommersitz von Franziska von Hohenheim, Herzog Carl Eugens »Fränzele«, war; Marmorbüste in der Schlosskapelle. Auf dem Friedhof das Grab von **Michael Hahn** (1758-1819). H., ein Bauer aus **Altdorf** (im Schönbuch), Begründer der pietist. Hahnschen Gemeinschaften, verbrachte die letzten 24 Lebensjahre auf dem Gut. Slg. seiner Schriften und Lieder im Heimatmuseum von **Holzgerlingen** (Friedhofstraße 6). – In der Villa Schwalbenhof in **Gärtringen** wohnte **Friedrich Sieburg** (→ Lüdenscheid/Altena/NW) ab 1957 bis zu seinem Tod; jetzt Gedenkstätte. – Aus **Sindelfingen** (Sage von der Glocke am S.er See) stammt **Wilhelm Christian Ganzhorn** (1818-80), dessen

Gedicht »Im schönsten Wiesengrunde« zum Volkslied wurde. – Im »eigengeprägten Landstrich zwischen den Städten Böblingen, Sindelfingen, Calw und Herrenberg«, im **Heckengäu**, spielen die »Aufzeichnungen eines schwäb. Landarztes« von **Gerhard Vescovi** (1922-98) »Hippokrates im Heckengäu« (1975).

B J. V. Andrae. Leben, Werk und Wirkung eines universalen Geistes, Ausstellungskatalog 1986; G. Holzwarth, Heimwohl und Heimweh, 1997.
Z Calw, Esslingen, Leonberg, Stuttgart, Tübingen (BW).

SINGEN/BW

Hegau-Museum. – Theater »Die Färbe«.

Die Stadt verdankt ihren lit. Ruhm dem **Hohentwiel**. **Joseph Victor von Scheffels** (→ Karlsruhe/BW) Roman »Ekkehard« (1855), Bestseller des 19. Jh.s, spielt hier. Aus der Geschichte der **Festung** ist der Kommandant **Conrad Widerhold** (→ Nürtingen/Kirchheim u. T./BW) bekannt, als »schwäbischer Wallenstein« und »württ. Plutarch« ebenso gewürdigt wie als Titelheld von Romanen und Schauspielen, u. a. von **Ludwig Finckh** (→ Reutlingen/BW), **Luise Pichler**, **Emanuel Stickelberger** und **Franz Wichmann**. Büste nahe der Aussichtswarte, Gedenktafel am Neuen Portal. – Die »Württembergische Wolkenburg« (**Friedrich von Matthisson**, → Stuttgart/BW) war aber auch ein berüchtigtes Gefängnis. Der Tübinger Prof. **Johann Jacob Moser** wurde hier 1759-64 in Haft gehalten, in dieser Zeit kritzelte er Verse mit der Lichtschere auf die Wand. – Auf der Burg »Hadwigs Wohnung«, »Ekkehardsturm«, Scheffel-Wand; Informationszentrum auf halber Höhe, Tafel an der Linde neben dem Gasthaus, wo Scheffel logierte.

Gaienhofen

Ludwig Finckh lebte 1905-64 in G.: »Sonne am Bodensee« (Skk. 1929). Wohnhaus und Arztpraxis L.-F.-Straße 5. – 1904-12 hier **Hermann Hesse** (→ Calw/BW). Er bezog zunächst (bis 1907) ein Bauernhaus gegenüber der Dorfkapelle (Gedenktafel) und baute sich dann das Haus »Im Erlenloh« (H.-H.-Weg 2). Kapellenstraße 8 Hermann-Hesse-Höri-Museum: »Literaturlandschaft Höri« (Katalog): **E. Bacmeister**, **L. Finckh**, **R. Walser**, **J. Greven**, **H. Hesse**, **H. Leip** (→ Hamburg), zuletzt in Fruthwilen im Thurgau lebend, Grab Friedhof Horn; **K. Nonnenmann** (→ Pforzheim/BW), sein R. »Teddy Flesh« (1964) spielt auf der Höri; **J. Picard**, **Erich Scheurmann** (1878-1957; »Der Papalagi«, 1922) u. a. – In **Horn** verbrachten **Rudolf Borchardt** (→ Berlin) und Marie Luise

Gaienhofen: Hermann Hesses »erstes Haus«: »In diesem Haus habe ich drei Jahre gewohnt, während dieser Zeit ist mein erster Sohn zur Welt gekommen und sind viele Gedichte und Erzählungen entstanden.« (Zeichnung Hugo Geißler)

Voigt Sommer und Herbst 1920, den »Heimat-Künstlern« gingen sie aus dem Weg, im November heirateten sie.

Wangen (Öhningen-W.)

Jacob Picard (eig. Jakob Pickard, Ps. **J. P. Wangen**), * 11. 1. 1883 W., † 1. 10. 1967 Konstanz (Grab Jüd. Friedhof ebd.), Lyriker und Erzähler, der v. a. das Leben der jüd. Gemeinden auf der Halbinsel Höri schilderte. Lebte 1936-38 in Horn im »Hirschen«, 1940 Emigration in die USA. – Werke (Hrsg. M. Bosch, 1991 und 96). – Geburtshaus (Gedenktafel) an der Hauptstraße; J.-P.-Gedenkstätte im Alten Rathaus; Gedenkstein an die 1938 zerstörte Synagoge, jüd. Friedhof auf einem Hügel über W. – Nachlass Leo Baeck Institute, New York. – J.-P.-Freundeskreis im Forum Allmende e. V.

A Ab 1906 lebte **Ernst Bacmeister** (→ Bielefeld/NW) in W.; er starb am 11. 3. 71 in Singen. Grab auf dem Friedhof in W.

R Der **Hegau** ist eine Fundgrube für Volkssagen, am bekanntesten die Koboldgestalt des Poppele vom **Hohenkrähen**. Im »Adler« von **Mühlhausen** P.-Stube, mit Porträts von Hegau-Dichtern, darunter **Hermann Eris Busse** (→ Freiburg i. Br./BW), dessen »Erdgeist« (1939) der Poppele ist. Auf dem **Hohenstoffeln** Gedenktafel für **Ludwig Finckh**. – Engen, Heimatdorf des Humanisten **Johannes Engentinus**, war für **Goethe** (→ Frankfurt a. M./HE) ein »artig topographisches Bild« (»Reise in die Schweiz 1797«). Hier hielt **Heinrich Hansjakob** (→ Wolfach/Haslach/BW) 1869 die kulturkämpfer. Rede, die ihm Festungshaft in → Rastatt/BW einbrachte. Die »Geschichte der Literatur in Baden« (3 Bde. 1930/37/39) schrieb der gebürtige E.er **Wilhelm E. Oeftering** (1879-1940), der u. a. auch

mit **Dr. Owlglass** (→ Wangen i. A./Leutkirch/BW) Rabelais übersetzte. – Auf dem Degenhof im Körbeltal bei **Tengen** lebte seit 1925 der baltische Arzt, Schriftsteller (»Geliebtes Sibirien«, 1951) und Maler **Traugott von Stackelberg** (1891-1970). Auf dem **Neuhöwen** spielt **Joseph Victor von Scheffels** Kreuzfahrergeschichte »Juniperus« (1866). – Auf Schloss **Langenstein** (bei Orsingen-Nenzingen), einem Hofgut der Grafen Douglas, war 1921 **Reinhold Schneider** (→ Baden-Baden/BW) Landwirtschaftspraktikant (»Verhüllter Tag«, 1954). – Zu Füßen des Rauhenberges auf der Uferterrasse des Hochrheins **Gailingen**. Das Klinikum »Rheinburg« spielt in **Emil Strauß'** (→ Pforzheim/BW) »Riesenspielzeug« und »Ludens« als »Schloß Rotsal« eine Rolle. – »Stromlandschaft« heißt eines der Gedichte, die als lyr. Vademecum **Max Rieples** (→ Donaueschingen/BW) Reisebuch »Rösselsprünge am Hochrhein« (1976) bis ins Elsass begleiten.

B O. Rombach, Württembergs geliebter Berg – der Hohentwiel, in: Atem des Neckars, 1970; L. Finckh, Gaienhofener Idylle. Erinn. an H. Hesse, 1981; Marbacher »Spuren« zu H. Hesse (3/2. Aufl. 1990), R. Borchardt (22/1993), Verleger C. Weller (61/2003), H. Leip (66/2004).

Z Donaueschingen, Konstanz, Tuttlingen, Überlingen (BW).

SINSHEIM/BW

Eichtersheim (Angelbachtal-E.)

Friedrich Hecker, * 28. 9. 1811 E., † 24. 3. 1881 St. Louis/USA, bad. Revolutionär. Rief im April 1848 in → Konstanz/BW zur bewaffneten Erhebung auf, floh nach der Niederlage bei Kandern in die Schweiz und wanderte nach Amerika aus. Das sog.

Heckerlied (»Er hängt an keinem Baume,/ Er hängt an keinem Strick./Er hängt nur an dem Traume/Der deutschen Republik.«) wurde zum Volkslied. – W.: »Die Erhebung des Volkes in Baden ...« (1848). – Gedenktafel am Rathaus, F.-H.-Straße 5, F.-H.-Stube im »Rössel«.

Neckarbischofsheim

Heimatmuseum im Fünfeckigen Turm (u. a. A. Schmitthenner und K. Mayer).

Karl Mayer, * 22. 3. 1786 N., † 25. 2. 1870 → Tübingen/BW, naturverbundener Lyriker der Schwäb. Schule. Richter u. a. in → Waiblingen/BW. Von Mörike geachtet, von Heine verspottet: »Zu Aachen, im alten Dome, liegt/Carolus Magnus begraben./Man muß ihn nicht verwechseln mit Karl/Mayer, der lebt in Schwaben« (»Wintermärchen«, Cap. III). – Hauptteil des Nachlasses LB Stuttgart.
Adolf Schmitthenner, * 24. 5. 1854 N., † 22. 1. 1907 → Heidelberg/BW, volkstüml. Erzähler. 1893 Stadtpfarrer in Heidelberg. – W.: Das deutsche Herz (R. 1908). – Gedenktafel am Alten Pfarrhaus gegenüber der Stadtkirche. – Mss. DLA Marbach.
R Der **Steinsberg** wird der »Kompass des Kraichgaus« genannt. Burg und Burgherrn »Wernhart, der uf Steinesberge saz«, rühmte schon um 1180 der mhd. Spruchdichter **Herger,** auch **Älterer Spervogel** genannt (Spervogel-Stube in der Burgschenke). – Den Berg flankieren alte Städte: In **Sinsheim,** der »Hauptstadt«, im Alten Rathaus Heimatmuseum mit Dokumenten der Freiheitsbewegung 1848 in den Dörfern ringsum, puppentheatergeschichtl. Slg. und Literatur. **Goethe** (→ Frankfurt a. M./HE) kehrte im August 1797 in den »Drei Königen« ein. **Eppingen:** Die »Alte Universität« (heute Heimatmuseum) be-

herbergte in den Pestjahren 1564/65 die Heidelberger Universität. In der Heimatstube **Mühlbach** (Eppingen-M.) Erinnerungen an den Heimatdichter **Philipp Neubrand** (1892-1975). – Aus **Menzingen** (Kraichtal-M.) stammt der Fabeldichter, Dramatiker und Lyriker **Nathan Chytraeus** (1543-98), dessen Bruder **David Ch.,** aus Ingelfingen b. Künzelsau (1530-1600), bereits 1555 in Rostock eine lat. »Beschreibung der Gegend des Kraichgaus am Neckar« herausgab. – In **Eichtersheim** war der → Karlsruher/BW Geograph **Friedrich Ratzel** in der Apothekerlehre (F.-R.-Stube Friedrich-Hecker-Straße 7). In »Glücksinseln und Träume« (1911) sind seine Jugenderinnerungen an dieses »wellige Hügelland« gesammelt. Im Nachbardorf **Mühlhausen** kam **Hans Bender** zur Welt: Die vier Geschichten »Das wiegende Haus« sind »Biographie; und bestimmt ihr glücklichstes Kapitel: Die Kindheit.«

B P. Beisel, K. Mayer, ein schwäb. Dichter aus Neckarbischofsheim, in: Kraichgau 10/ 1987; W. Rügert, Fr. Hecker und die badische Revolution, 1998.
Z Bruchsal, Heidelberg, Heilbronn, Lauffen, Mosbach (BW).

SOEST/NW

»Es gibt eine Stelle oben im Gebirge, da stehen für das Auge des Schauenden drei Hauptkirchen von Soest gerade hintereinander, senkrecht, zum Hellwege und der Küste. Da gleicht die Stadt auch heute noch ... wahrhaftig einem geräumigen Schiff, das von weiter Handelsfahrt zurückgekehrt ist.« (Julius Overhoff, 1935)
Städt. Kunst- und Kulturhaus; Burghofmuseum. – Wiss. Stadtbibliothek

Johann von Soest (auch **J. Steinwert**), * 1448 Unna, † 2. 5. 1506 → Frankfurt a. M./HE, Dichter und Übersetzer. Kam nach dem Tod des Vaters nach S., 1469 Hofsänger in Kassel, 72 Singemeister in Heidelberg. Studium der Medizin, seit 1495 Arzt in Worms, Oppenheim und Frankfurt. – W.: Beichtspiegel (Dichtung 1483); Gereimte Selbstbiographie (1504). **Erwin Sylvanus**, * 3. 10. 1917 S., † 27. 11. 1985 ebd., Dramatiker, Erzähler und Lyriker. Kindheit in Dortmund, Abitur in Soest. Seit 1954 freier Schriftsteller in Möhnesee-Völlinghausen. – W.: Die Muschel (G. 1947); Soester Friedensspiel (1953); Der Paradiesfalter (R. 1949). Das Drama »Korczak und die Kinder« (1959) wurde ein Welterfolg. – Grab auf dem Friedhof Möhnesee-Völlinghausen. – Nachlass StuLB Dortmund.

Nach 1438 starb in S. der Dominikaner **Jakob von Soest**, Verfasser theol., jurist. und histor. Werke. Um 1535 in S. geb. der westfäl. Minorit **Daniel von Soest** (eig. **Gerwin Haverland**): polemische Schriften (»Eine gemeine Beicht«, 1539).

A **Albertus Magnus** (→ Dillingen a. d. Donau/Lauingen/BY) weilte als Provinzialprior 1255 im Dominikanerkloster (Brüderstraße 37) und sorgte sich um den Ausbau des Dominikanerklosters Paradies bei S. – **Ferdinand Freiligrath** (→ Detmold/NW) kam 15-jährig im Juli 1825 nach S. in die Kaufmannslehre, im »Wochenblatt« erschienen seine ersten Gedichte, meist mit lokalem Bezug: u. a. »Der große Teich in Soest«. 1832 verließ er die Stadt, kehrte 1836 noch einmal zurück und bereitete die erste Slg. seiner Gedichte vor. Gedenktafel am »Haus zur Rose« (heute F.-Haus), Rosenstraße 2; Brunnen auf dem Marktplatz. Hss. im Stadtarchiv. – **Konrad Duden** (→ Wesel/NW) lehrte 1859-69 in S.; Gedenktafel Ulricherstraße 21. – Im S.er Bergenthalpark das Haus des Pädagogen **Hugo Kükelhaus** (1900-84), dessen philos.-dichterisches Hauptwerk »Das Wort des Johannes« (1953) im Haus Kätelhön in Wamel

am Möhnesee entstand (dort Nachlass und Arbeitsstelle des StA S.).

L S. scheint als »Susat« im Sagenkreis der Nibelungen (→ Worms/RP) eine Rolle zu spielen. Der Verfasser der **Thidrekssaga** (13. Jh.) beruft sich auf Leute aus Susat, die den Schlangenturm, in dem König Gunnar zu Tode kam, und den Garten, der »Niflungengarten« heißt, noch gesehen haben. Tatsächlich gibt es einen Schlangenturm und eine Wittekindsmauer (Petristraße) in S., Reste der Pfalz. – Das 29. Kapitel des »Simplicius Simplicissimus« von **H. J. Ch. Grimmelshausen** (→ Gelnhausen/HE) spielt in S. (u. a. unter Sankt Jakobs Pforte) und im Kloster Paradies (heute Ruine); Simplicissimus nannte sich »Jäger von Soest« (Plastik am Rathaus). – Als Roman-Schauplatz wählten die Stadt u. a. **Wilhelm Jensen** (→ Eutin/SH), »König Friedrich« (1908); **Heinrich Luhmann**, »Der Pflug im Acker« (1933/34); **Ilse Molzahn** (1895-1981), »Töchter der Erde« (1941); **Gerhard Mensching**, »Grimmelshausen und der Mörder von Soest« (1989). Geschichten von dem aus S. stammenden **Ludwig Schröder** (→ Iserlohn/NW), **Ludwig Bäte** (→ Osnabrück/NI) und **August Otto**. **August Kracht** (→ Dortmund/NW) verfasste 1940 die »Soester Bauernkantate«. – Texte außerdem von **Rainer Maria Rilke** (→ München/BY), **Theodor Heuss** (→ Lauffen/Brackenheim/BW), **Ricarda Huch** (→ Braunschweig/NI), **Hermann Josef Berges** (»Türme und Tore im alten Soest«, 1976). – Mundart: **Andreas Heinrich Blesken** (1874-1959): »Van Biuernhüöven un Küötterstuien«.

R Aus **Anröchte** kam der Steinmetz und lit. Autodidakt **Karl Maertin** (1882-1934?), der sich in Berlin dem Kreis der Brüder Hart anschloss. Geburtshaus Handwerkerstraße 10a; Wandgemälde mit Darstellung seiner Hymnen im Rathaus. – In **Hultrop** (Lippetal-H.) geb. **Heinrich Luhmann** (1890-1978/Grab auf dem Friedhof), gerühmt als Anekdotenerzähler. W.: Die Heiligen in Holzschuhen (Legenden und Märchen, 1923); Der Bauernreiter (R. 1935); Westfäl. Sagen (1953); An de

Poote (G. in Soester Mundart, 1970). Gedenktafel am Wohnhaus. Nachlass UB Münster. – In **Möhnesee-Körbecke** lebte seit 1948 im »Mondscheinhaus« (Gedenktafel) der lett. Dichter **Jānis Jaunsudrabiņš**, (1877 Nereta/Südlettland – 1962 S.): »Erzählungen vom Möhnesee« (1982). Grab auf dem Friedhof (Gedenkstein mit Büste). Im Alten Fachwerkhaus Stockebrand Gedenkzimmer mit Erinnerungsstücken. Nachlass in Münster/NW. – Hofschulte des »Oberhof« in **Karl Immermanns** (→ Magdeburg/ST) »Münchhausen« (1838/39) war der Bauer Heinrich Ewald in **Meckingsen** (Soest-M.). Der Roman, der dem »uralten Gang der Dinge« nachgeht und die »Menschen des Hellweges« schildert, spielt in der **Soester Börde**.

B H. R. Hartung, Der Kreis Soest. Bilder und Beobachtungen, Berichte und Befunde, 1990.

Z Arnsberg, Beckum, Lippstadt, Unna (NW).

SOLINGEN/NW

Stadtbücherei, Stadtarchiv. – Kunstmuseum Baden mit Else-Lasker-Schüler-Stiftung (Verbrannte und verbotene Dichter und Künstler: Dauerleihgabe der Slg. Jürgen Serke).

Arthur Moeller van den Bruck, * 23. 4. 1876 S., † 30. 5. 1925 (Freitod) → Berlin, pol. Schriftsteller, Kunsthistoriker. Kam über die Stilgesch. zur Kulturkritik, Geschichtsphilos. und Politik. Seit 1919 als Mittelpunkt des »Juniklubs« Einfluß auf die »jungkonservative Bewegung« und andere nationale Gruppen, Abkehr vom westl. Liberalismus. – W.: Die moderne Literatur in Gruppen und Einzeldarstellungen (1900-03); Der preußische Stil (1916); Das Dritte Reich (1923). Aus S. stammen: **Friedrich Albert Lange**

(1828-1875), der 1865 in → Duisburg/ NW den relativ radikalen »Boten vom Niederrhein« gründete und 66 – in Opposition zu Bismarck – als Redakteur nach Winterthur (Schweiz) ging. 1870 Prof. in Zürich, 72 in Marburg. W.: »Die Arbeiterfrage in ihrer Bedeutung für Gegenwart und Zukunft« (1865); »Geschichte des Materialismus« (1866). – **Peter Witte** (1876-1949/Grab auf dem Friedhof Kasinostraße), Scherenfabrikant und Mundartdichter: »Heimatruschen. Poesie on Prosa in Soliger Monkart« (1939); Denkmal auf dem Alten Markt. – **Paul Bourfeind** (1886-1968), Lyriker, Dramatiker, Essayist; Gymnasiallehrer in Köln. – **Walter Henkels** (1906-87), Journalist, als Korrespondent der FAZ in Bonn »Hofchronist« (»Keine Angst vor hohen Tieren«, 1977; »Bacchus muß nicht Trauer tragen«, 1972).

A In S. diente **Johann Heinrich Jung-Stilling** (→ Siegen/Grund/NW) bei einem Schneidermeister Nagel, »schlug« sonntags die Orgel und kauderwelschte mit Kunden von »Kondition« lat. Brocken. Aber nach 13 Wochen, während deren er »mehr Herr als Geselle im Hause war«, sah er eine »lichte Wolke über seinem Haupte hinziehen« und »fühlte eine unüberwindliche Neigung, ganz für die Ehre Gottes und das Wohl seiner Mitmenschen zu leben und zu sterben.« So wurde er wieder Hauslehrer. – **Otto Gmelin** (→ Karlsruhe/BW) war 1917-36 Mathematiklehrer an der Oberrealschule in S.-Ohligs.

L Walther Schulte vom Brühl schrieb einen Roman über die S.er Klingenindustrie: »Der Marschallstab« (1895). – **Wilhelm Rosenbaum**: »Solinger Mosaik« (u. a. auch mit Mundart von **Herbert Weber** und über **Hermann Bäckers** Roman aus dem 19. Jh. »Burg an der Wupper«). – Sagen und Schwänke in **Paul Weitershagens** Slg. »Die Bergische Truhe« (3. Aufl. 1968).

R Schloss **Burg an der Wupper** (Solingen-B. a. d. W.) repräsentiert neben dem Dom zu Altenberg die ma. Welt im Berg. Land. Was man sieht, ist eine Wiedergeburt (1889-1914) aus dem Geist der Spätromantik. Geworben hat dafür der berg. Historiker und Schriftsteller **Emil Rittershaus** (→ Wuppertal/NW). Eine Flut von Historiendichtungen, gereimte und ungereimte, dramat. und undramat., wurde damals ausgelöst und ist noch nicht ganz verebbt: W. Rees, »Schloß Burg und seine Bewohner im Spiegel des Schrifttums«, 1964 (Hauptheld ist Graf Engelbert I., der am Kreuzzug Barbarossas teilnahm und 1198 in Branitza/Serbien starb). – Bergisches Museum im Schloss (in der »Gedenkstätte des dt. Ostens« u. a. Büsten von I. Kant und J. v. Eichendorff); Burgfestspiele

S Gruppe der »Hangkgeschmedden« (zur Pflege der S.er Mundart). – **Mundart-Theater.** – **Kulturpreis der Stadt S.** (seit 1974).

Haan

Emil Barth, * 6. 7. 1900 H., † 14. 7. 1958 → Düsseldorf/NW, Lyriker und Erzähler. Gelernter Buchdrucker, Privatstudium in München, danach Verlagsangestellter. Lebte seit 1932 in Düsseldorf, Xanten, seit 1943 in H., 55 in Düsseldorf – W.: Das Lorbeerufer (R. 1942); Xantener Hymnen (G. 1948); Ges. Werke (Hrsg. F. N. Mennemeier, 1960). – In den aut. Romanen »Das verlorene Haus« (1936) und »Der Wandelstern« (1939) Spiegelungen H.s zu Beginn des 20. Jh.s. Aufzeichnungen des Kriegsende in »Lemuria« (1947).

Z Düsseldorf, Köln, Schwelm, Wuppertal (NW).

SOLTAU/NI

»... die einzige Stadt mitten in der Heide« (**Werner Bergengruen** 1934, → Baden-Baden/BW), in ihrer Nähe: das schönste Naturschutzgebiet der Heide um den Wilseder Berg und – weniger besungen als beklagt – der große Truppenübungsplatz Munster. Zum nahe gelegenen sagenumwobenen Stöhrkreuz des Heidenhofes wanderten 1910 **Ernst** (»Es war ein Gleichnis großer Geheimnisse«, Es. 1963) und **Friedrich Georg Jünger** (→ Hannover/NI), der in »Grüne Zweige« (1951) davon berichtet. Später trafen sie sich mit **Ernst Niekisch** (→ Berlin) und dem Grafiker **A. P. Weber** (→ Ratzeburg/SH) auf dem Brümmerhof (wiederaufgebaut im Landwirtschaftsmuseum Hösseringen). Das Stöhrkreuz wird auch in **Werner Bergengruens** »Deutsche Reise« (1934, n. 2004) beschrieben, ebenso das Kriegsgefangenenlager des 1. Weltkriegs bei Drögenheide/Friedrichseck (dazu K. Otte, »Das Kriegsgefangenen- und Interniertenlager des Ersten Weltkriegs 1914-1921«. Gesch. und Geschn., 1999). – **Gottfried Benn** (→ Perleberg/Mansfeld/BB) äußerte sich spöttisch über die L.er Heide, die er während seiner Zeit in → Hannover/NI 1935-37 mehrfach besuchte: »lila und unfruchtbar«; 1948 kam **Hans Leip** (→ Hamburg) für ein paar Wochen nach **Tütsberg** bei Wilsede. Über **Wilsede** der Maler **Frido Witte**: »Ein Leben lang Wilsede« (Aut. Bericht 1959/60); den W.er Berg bestieg u. a. **Hermann Claudius** (→ Bad Oldesloe/Grönwohld/SH; nördlich S. H.-Claudius-Wanderweg); **Ernst Barlach** (→ Wedel/SH) lässt seinen Roman »Seespeck« hier beginnen; 1905 kam **Otto Freiherr von Taube** (→ Starnberg/Gauting/BY) erstmals hierher: »Der Wilseder Berg ist ja nur ein Hügel, doch in der Fläche bedeutet ein Hügel viel« (»Wanderjahre«, Aut. 1950), danach dichtete er für ein halbes Jahr in **Falling-bostel**, ein erster Bericht in »Das Insel-schiff« (Heft 3/1938). Auf Wanderung 1913 die Worpsweder (→ Osterholz-Scharmbeck/NI) Künstler **Heinrich** und **Martha Vogeler, Clara Rilke-Westhoff** und **Hans Bethge**. – Das Landrat-Ecker-Haus des Mäzens A. Toepfer in Wilsede sah viele Künstler und Wissenschaftler als Gäste; unter ihnen den Theologen H. Thielicke und die Autorinnen **Charlotte Keyser, Alma Rogge** (→ Brake/Roden-kirchen/NI) und **Agnes Miegel** (→ Stadt-hagen/Bad Nenndorf/NI), dazu: A. Rog-ge, »Mit A. M. in der Lüneburger Heide« (in: »Fröhlich durchleuchtet«, Erinn. 1965), sowie **Will Vesper** (→ Wupper-tal/NW), Bericht in »Gespräch mit den Machandeln« (1958).

Bad Fallingbostel

Friedrich Freudenthal, * 9. 5. 1849 F., † 12. 3. 1929 Fintel (→ Rotenburg/NI), nieder- und hochdt. Lyriker und Erzähler, Jugend-erinnerungen und Heidegeschichten. Kind-heit bei den Großeltern in Fintel; später Schreiber und Posthalter. Amerikaaufent-halt; Bürgermeister in Soltau, Redakteur in Lüneburg. Ab 1891 in Fintel. Zus. mit seinem Bruder August gründete er 1889 die Zs. »Der Niedersachse«. – W.: Bi'n Füer (Geschn. u. G. 1879); Im Hause des Gerichtsvogtes (Erinn. 1904); Wittbolds-höfen (Geschn. 1918). – R. Pollack, F. F. – Dichter und Bauer aus Fintel (Rotenbur-ger Schr. 86/1999) – Nachlass und Biblio-thek in Familienbesitz. Der auch als nie-derdt. Dramatiker und Erzähler hervorge-tretene **Hans Ludolf Flügge** veröffentlich-te 1956 »Wege zu Friedrich Freudenthal« und gab u. a. 1954 dessen Erinnerungen »Meine Kindheit« (sowie 1955 die August Freudenthal-Anthologie »Aus Heide und Moor«) heraus.

August Freudenthal, * 2. 9. 1851 F., † 6. 8. 1898 Bremen. Bekannt v. a. durch seine »Heidefahrten« (1890-96), die für H. Löns' Heidedichtung eine Art Initialzün-dung wurden. – In der Lieth Denkmal für die Brüder.

Alfred Ernst Wollschläger (Ps. **A. E. Jo-hann**), * 3. 9. 1901 Bromberg, † 8. 10. 1996 Oerrel bei Munster. Romancier, Reise-schriftsteller, zahlreiche Veröffentlichun-gen. – W.: Schneesturm (R. 1954, n. 62); Große Weltreise mit A. E. Johann (1955, n. 65); Die Leute von Babentin (R. 1980); Schön war die Welt. Erinn. (1992). – A. E. Johann-Gesellschaft (Hg.), »Wo die Erde am schönsten ist« (2006).

L Sagen vom »Hellhaus in Ostenholz« und der »Schlüsseljungfer von Badenhoop«.

R Hermann Löns (→ Hannover/NI), der 1914 vor Reims fiel, wurde 1935 bei **Tiet-lingen** in einem Wacholderhain unter ei-nem Findling beigesetzt (schon 1929 am gleichen Ort ein Denkmal). L. hatte noch 1911 im »Zweiten Gesicht« geschrieben: »Seufzen, wenn irgendwo ein Schweine-hund geköpft, und stöhnen, wenn wir die Knarre in die Hand nehmen sollen. Einen Krieg möcht' ich erleben. Aber aktiv . . .«. Die so ganz anderen Kriegserfahrungen finden sich im wiederentdeckten Tage-buch L.s: »Leben ist Sterben, Werden, Ver-derben« (1986). – »Hermann Löns und sei-

Walsrode: Heidemuseum »Rischmannshof« mit Hermann-Löns-Zimmer

ne Heide«. Eine Wanderung in Bildern durch die Stätten seiner Werke (Hrsg. F. Castelle, o. J.); L. Harig, »Auf der Suche nach den verlorenen Dichtern« (Merian 3/1980). Rund um **Fallingbostel** fand Löns die Motive für viele seiner Werke (am Rande von F. heute NATO-Schießplatz Fallingbostel-Bergen-Hohne). Im Westenholzer Bruch, südl. F., besaß er eine Jagdhütte. Der »Hansbur-Hof« ist abgebrannt, doch wiederaufgebaut worden. Die Hermann-Löns-Mühle in **Westenholz** (Walsrode-W.) steht unter Denkmalschutz, bei **Ahlden** liegt der von L. beschriebene »Wald der großen Vögel«. Als **Prinzessin von Ahlden** ging Sophie Dorothee von →Celle/NI, 1694-1726 hierher verbannt, in die Literatur ein (→Arno Schmidt/Celle/NI). – **Heinrich Sohnrey** → Hannoversch Münden/Jühnde/NI besuchte die Präparandenanstalt in Ahlden. – In **Walsrode** wurde 1808 **Ludwig Harms** (→Celle/Hermannsburg/NI), der Schöpfer der »Hermannsburger Mission«, geb. (Denkmal nahe der Kirche). Im Heidemuseum »Rischmannshof« ein H.-Löns-Zimmer mit Mss., Bildern und Bibliothek. Im Gasthaus »Eckernworth« wohnte Löns, wenn er nach W. kam, wo seit 1961 der »Verband der Hermann-Löns-Kreise Deutschlands und Österreichs« beheimatet ist. In W.-**Gräsbeck** lebte **Ulrich Sander** (→ Anklam/MV), der u. a. durch seine im NS-Geist geschriebenen Kriegsbücher (»Pioniere«, 1933) bekannt wurde. Ein Zwangsarbeiterschicksal in einem Dorf bei Walsrode schildert **Heinrich Thies** in »Wenn Hitler tot ist, tanzen wir« (R. 2004). Von 1945-50 wohnte **Arno Schmidt** (→ Hamburg) in **Cordingen** (Bomlitz-C.) auf dem »Mühlenhof«, zunächst als Dolmetscher an der Hilfspolizeischule Benefeld, dann als freier Schriftsteller: »Erster

intensiver Aufenthalt in der mir gemäßen Landschaft.« Hier entstanden »Leviathan«, »Alexander«, »Brand's Haide« und »Schwarze Spiegel«. Ausstellung der Gruppe »Arno Schmidt« im Müllerhaus C.; A.-S.-Pfad (1,5 Km). – Im Bürgerpark von **Dorfmark** (Fallingbostel-D.) stand für den in Einzingen geb. **Heinrich Eggersglüß** (1875-1932) ein Denkmal, das heute nicht mehr existiert (Truppenübungsplatz). E. erlangte bes. durch sein Drama »Der Deserteur von Langensalza« (1921) vorübergehenden Ruhm, 1927 erschien sein Roman »Tagebuch eines Eisenbahners«.

E Heidedichtung: Nach Jens Baggesen war der dänische Märchendichter Hans Christian Andersen einer der Ersten, die den literarischen Reiz der damals verachteten Heide erkannten. Über seine Heide-Reiseerlebnisse von 1831 »Das Märchen meines Lebens« (Aut. 1855). Von den Klassikern und Romantikern wurde die Heide nur beiläufig und meist abfällig erwähnt, als »öde, dürre Strecke« z. B. von K. Ph. Moritz im »Anton Reiser« (1785-90) und ähnlich in den Reiseberichten von J. v. Eichendorff und J. Gotthelf (Zusammenstellung bei W. Gröll, »Auf alten Heidewegen. Die Entdeckung einer Landschaft zur Zeit der Postkutsche«, 1979). Erst ein Gartenlaubenroman der Marlitt, »Heideprinzeßchen« (1871), bildete den lit. Auftakt der Heidebegeisterung. Eine neue Lieblingslandschaft des dt. Gemüts, reduziert auf Birken-, Wacholder- und Erika-Idylle, wurde verklärt, u. a. von A. Wothe (»Haidezauber«, 1892), K. Söhle (»Schummerstunde«, 1905), F. Rose (»Heideschulmeister Uwe Karsten«, 1910), M. Geißler (»Das Heidejahr«, 1911), F. Freudenthal (»Zwei gute Kameraden«, 1913), D. Speckmann (»Die Heideklause«, 1919), L. Beste (»Das heidnische Dorf«, 1932) und natürlich vom Best- und Longsellerautor Hermann Löns (K. Krolow: »Wer an Heide denkt, denkt sowieso an Löns«), der aber auch »ganz ohne Juchheirassa« präzise Prosabeschreibungen (»Mümmelmann«, 1911; »Mein buntes Buch«, 1913) bietet. Die lit. Trivialisierung ist gekenn-

zeichnet durch den »fanatischen Glauben an den deutschen Menschen auf Heidehintergrund« (R. Minder) und leistete der Blut- und Bodenideologie der Folgezeit verhängnisvollen Vorschub. Später, nach der Katastrophe, konnte es nur noch heißen:» . . . alles ist Lüneburger / Heide, lila und unfruchtbar / Versonnenheiten, die zu nichts führen . . .« (G. Benn, 1956).
A. Schmidt, der von »Brand's Haide« (1951) bis »Zettels Traum« (1970) seine Werke immer wieder »in der mir gemäßen Landschaft« angesiedelt hat, markiert die Wende, er führt eine antitypische Art vor, »wie die Epoche sie in der Heide zusammengewürfelt hat«. Und 1979 dichtete der Soltauer Stadtschreiber Th. Troll auf H. Löns' »allerlei am Weg ich fand: / Zermalmt, zerbrochen, zerschmettert / Wald, zu Kleinholz geschlagen, / umgelegt, zerrissen, zerfetzt, / verblichene Baumskelette . . .«.
S Freudenthal-Preis (plattdt. Prosa und Lyrik) der F.-Gesellschaft e. V., dazu: »Ick glöw, ick bin en Stück von di . . .« Freudenthal-Preisträger/innen 1976-2001. Ein niederdeutsches Lesebuch (Hrsg. H. Kröger, 2002); **Verband der Hermann-Löns-Kreise Walsrode**, Frühjahrstagungen zur Regionalliteratur; »Soltauer Schriften« – Schr.-Reihe der Freudenthal-Ges. (1992 f.), Symposien zur Regionalliteratur. Regionalliteratur der **Lüneburger Heide-Bibliothek** der Freudenthal-Gesellschaft im Soltauer Rathaus 1992 ff. – Künstlerwohnung in der **Bibliothek Waldmühle Soltau** (Freundeskreis).
B A. Kiendl, Die Lüneburger Heide – Fremdenverkehr und Literatur, 1993; K.-L. Barkhausen, Schriftsteller reisen in die Lüneburger Heide, 2002.
Z Celle, Nienburg, Soltau, Verden (NI).

SÖMMERDA/TH

Caspar von Teutleben, * 27. 3. 1576 Laucha a. d. Unstrut, † 11. 2. 1629 Wenigensömmern (heute S.), 1617 Initiator zur Gründung der Fruchtbringenden Gesellschaft (→ Weimar/TH).
Johann Christoph Göring, * kurz vor dem 31. 10. 1624 Wenigensömmern, † 1684 Blekendorf bei Lütjenburg/Holstein, Liederdichter. Griff in die Gedicht-Slg. »Liebes-Meyen-Blühmlein« (1645) gekonnt auf das Volkslied zurück und benutzte eine später von der Trivial-Lit. aufgenommene Typik.
Johann Michael Wansleben, * 1. 11. 1635 S., † 12. 1. 1679 Bourron bei Paris, Mitbegründer der dt. Afrikawissenschaften. Bereiste Nordafrika und verfasste die erste Landeskunde Ägyptens (1671).
Christian Gotthilf Salzmann, * 1. 6. 1744 S., † 31. 10. 1811 Schnepfenthal (→ Waltershausen/TH), Schulreformer, Romanautor (»Carl von Carlsberg oder über das menschliche Elend«, 6 Teile, 1783-88) und Zss.-Hrsg. S.s erzählerisch aufbereitete pädagog. Leitfäden »Krebsbüchlein« (1780) und »Ameisenbüchlein« (1806) wurden in viele Sprachen übersetzt und gehören zur pädagog. Welt-Lit.. – Geburtshaus: Markt 7 (Gedenktafel); Denkmalsobelisk (1894) auf dem Markt.

Buttstädt

Heimatmuseum im Alten Vogtshaus.

Johann Sebastian Mitternacht, * 30. 3. 1613 Hardisleben bei B., † 25. 7. 1679 → Zeitz/ST, Dramatiker. Verfasste als Pfarrer Gebet- und Liederbücher (»Seufftz-, Sing- und Betstunde«, 1639). Später Rektor in → Naumburg/ST und → Gera/TH. Als Schuldramatiker (Dramen, n. M. Kaiser 1972) große Wirkung
A Goethe (→ Frankfurt a. M./HE) be-

suchte am 31. 10. 1777 den berühmten B.er Pferdemarkt.

R Südöstl. **Großneuhausen**, in dessen Kirche 1841 **Ferdinand Freiligrath** (→ Detmold/NW) und die Weimarer Professorentochter Ida Melos getraut wurden.

Kölleda

Heimatmuseum mit Kräutergarten (»Pfefferminzstadt«).

Christoph von Hellwig, * 15. 7. 1663 K., † 27. 5. 1721 Erfurt, »einer der regsten deutschen Fachbuchpublizisten der frühen Neuzeit« (J. Telle). Unter H.s zahlreichen medizin. Werken ragen die populären (»Frauenzimmer-Apothekgen«, 1700; »Pest-Apothekgen«, 1714) heraus. In »Der Curieuse und vernünfftige Zauber-Artzt« (1725, n. W. Dobras 1979) führte H. die dt. Sprache in die Medizin ein.

A **Friedrich Ludwig Jahn** (→ Perleberg/Lanz/BB) lebte 1828-35 in K. in einer »zweiten« Verbannung, weil er verbotene Bücher verliehen hatte. Wohnung: Roßplatz 21 (Gedenktafel); J.-Bild auf dem Wandfries im Ratskeller. – Im Buchdruckerhaus Roßplatz 39 (Gedenktafel) wohnte 1862-75 **Albert Träger** (1830-1912), dessen sentimentale »Gedichte« (1858) mehrfach aufgelegt wurden. Große Beachtung fanden auch T.s Anthologien (u. a. »Deutsche Lieder in Volkes Herz und Mund«, 1864).

R Nördl. von K. **Beichlingen** mit Renaissance-Schloss. Seit 1871 war der Burgherr mit dem Historiker **Ferdinand Gregorovius** (→ München/BY) befreundet, der diesen im August 88 besuchte. Gedenktafel und Erinnerungen im Museum. Über die Werthern'sche Gutsherrschaft **Elisabeth von Werthern**, »Von Weimar bis Bonn« (Aut. 1992).

Weißensee

Burgmuseum. – Sehenswerte Runneburg (thür. Landgrafenburg). Minnesänger-Denkmal mit einem Vers Walthers von der Vogelweide auf dem Markt.

Heinrich Hetzboldt von Weißensee, beurkundet 1310-45, Minnesänger. Burgvogt für W. H.s Lieder zeigen Anklänge an Heinrich von Morungen (→ Sangerhausen/ST). **Gerhard Tänzer** (Hrsg.), Thüringische Minnelieder (2005).

Albrecht Christian Rotth, * 12. 1. 1651 Ottenhausen bei W., † 10. 12. 1701 Leipzig, Lyriker. Verf. einer Poetik (»Vollständige Deutsche Poesie«, 1688), der auch eigene Gedichte beigegeben sind. Eines (»Es war ein Rösgen aufgegangen«) verweist auf Goethes »Heidenröslein«.

L **Hartung Cammermeister** (→ Erfurt/TH) berichtet in seiner »Chronik« davon, dass 1457 in W. eine als Priester verkleidete Frau die Messe las. Dies könnte **Dietrich Schernberg** (→ Mühlhausen/TH) zu seinem Spiel »Von Frau Jutten« angeregt haben, in dem es um eine vermeintl. »Päpstin« geht.

Z Artern, Apolda, Bad Frankenhausen, Bad Langensalza, Erfurt, Gotha, Sondershausen (TH); Naumburg (ST).

SONDERSHAUSEN/TH

Schlossmuseum mit Kunst-Slg. und Regionalmuseum. – Loh-Orchester, eng verbunden mit der Musik Richard Wagners und Franz Liszts. 1867-70 leitete das Orchester Max Bruch. – 1571-1918 Residenzstadt der Grafen bzw. Fürsten von Schwarzburg-S.

Albrecht von Halberstadt, † nach 1217 Jechaburg (heute S.). Verf. einer Reimübersetzung von Ovids »Metamorphosen« (1210-17). Das war der erste Text der Antike, der ohne Umwege über das Franz. ins Dt. übertragen wurde (400 Verse überliefert).

– Gedenktafel (»Dem ältesten Dichter des
Wippertals«) an der Kirche des Dorfes Je-
chaburg.

Salomon Glass (auch **S. Glassius**), * 20. 5.
1593 S., † 27. 7. 1656 Gotha, Theologe.
1625 Superintendent in S., 40 in Gotha.
G.s Haupt-Werk »Christliches Hauß-
Kirch-Büchlein« (1647) bereitete dem Pie-
tismus den Weg.

Nikolas Dietrich Giseke, * 2. 4. 1724 Ne-
mes-Cro bei Güns/Ungarn, † 23. 2. 1765
S., Lyriker. Wurde in Hamburg von F.
von Hagedorn (→ Hamburg) gefördert.
Lehrer am Braunschweiger Carolinum.
1760 vom S.er Erbprinzen zum Superin-
tendenten nach S. berufen. G. ist der lit.
Entdecker von Wezel. – Poetische Werke
(Hrsg. K. Ch. Gärtner, 1767). – Woh-
nung: Pfarrstraße 3.

Ernst Ludwig Gerber, * 29. 9. 1746 S.,
† 30. 6. 1819 ebd., Komponist, Schrift-
steller und Lexikograph. 1756-68 in Leip-
zig, wo er das wirkungsreiche »Ton-
künstlerlexikon« (4 Bde., 1790-1812) ver-
fasste.

Johann Karl Wezel, * 31. 10. 1747 S., † 28. 1.
1819 ebd., »der politisch radikalste und
waghalsigste Dichter der Spätaufklärung«
(Ph. McKnight 1987). Vermutl. Sohn des
fürstl. Kochs. W.s Erlebnisse auf dem
Schloss in S. sind in den 1. Bd. von »Her-
mann und Ulrike« (R. 1780) eingeflossen.
Nach Studien- (→ Leipzig/SN), Hofmeis-
terjahren (→ Bautzen/SN) lebte W. seit
1793 zurückgezogen und des Wahnsinns
verdächtigt wieder in S. – W.: Belphegor
(R. 1776, n. 1965) Robinson Krusoe (R.
1779-95, n. 1979); Kakerlak (R. 1784, n.
1984). – Wohnung: 1793 Hauptstraße
72, 1811-19 Johann-Karl-Wezel-Straße 45
(1986 abgebrochen, an der Stelle Stele von
1989); auf dem Alten Gottesacker (heute
Stadtpark) an der Trinitatiskirche, wo W.
an unbek. Stelle begraben liegt, Gedenk-
stein (1995) mit W.-Porträt. Im Sterbere-

*Sondershausen: Gedenkstein (1995) für Johann
Karl Wezel auf dem Alten Gottesacker*

gister des Kirchenbuches: »... einer der
vorzüglichsten Schriftsteller Deutsch-
lands«. – J.-K.-W.-Gesellschaft seit 1990,
Hrsg. der Zs. »Neues aus der Wezelfor-
schung« seit 1992.

W.s Biograph (1808) **Friedrich Carl Lud-
loff** (1766-1824) ist Held von W.s Roman-
Fragment »Der Frühling im Walde«
(1810, in Auszügen n. H. Bärnighausen
1998). – **Einar Schleefs** (→ Sangerhau-
sen/ST) »Wezel« (1983) handelt vom
Scheitern eines Genies an der Umgebung.
Johann Günther Friedrich Cannabich,
* 21. 4. 1777 S., † 3. 3. 1859 ebd., Geograph,
Verf. eines zu Lebzeiten 17-mal aufgeleg-
ten »Lehrbuch(s) der Geographie« (1816).
In F. Reuters (→ Demmin/Stavenha-
gen/MV) »Reise nach Konstantinopel«
findet der »lütte Kannabich« mehrmals Er-
wähnung. Besucher 1793 **Johann Caspar**

Lavater. – Wohnung: Pfarrstraße 3 (Gedenktafel).

Friedrich von Sydow, * 23. 5. 1780 Langensalza, † 10. 12. 1845 S., populärer Erzähler, Lyriker und Dramatiker. Bis 1828 Offizier in Erfurt, seit 30 in S., wo er das »Unterhaltungsblatt« redigierte und in allen Gattungen publizierte. Bedeutend die von S. mitverf. und hg. Slg. »Thüringen und der Harz mit ihren Merkwürdigkeiten, Volkssagen und Legenden« (8 Bde., 1839-42, Ndr. 1999).

Stephanie Keyser, * 30. 3. 1847 S., † 30. 1. 1926 ebd., Erzählerin. Schrieb Märchen, Erzählungen und Romane (»Der Mut zur Wahrheit«, 1886; »Was du ererbt von deinen Vätern hast«, 1894), viele in der »Gartenlaube« veröffentlicht. »Der Herr Albrecht von Halberstadt« und »Der Püstrich« behandeln S.er Themen. – Sterbehaus: Güntherstraße 41.

A **Friedrich Gottlieb Klopstock** (→ Quedlinburg/ST) besuchte 1752 Giseke in S. Die Fürstenfam. lud beide in das Jagdhaus »Zum Possen« auf der Hainleite ein. Wohnung: Pfarrstraße 3. – **E. Marlitt** (→ Arnstadt/TH) stand 1841-52 im Dienst der musischen Fürstin Mathilde (1814-88) und sollte als Fräulein Arnstädt zur Sängerin ausgebildet werden, was aber an deren Auftrittsangst scheiterte. – **Rudolf Wiemer** (→ Gotha/Friedrichroda/TH) lernte seine Frau bei einem Konzert im Loh kennen. Über die Örtlichkeit im Schlosspark F. Liszt: »Welch großes Wunder, eingeschlossen in einer kleinen Stadt.«

L **Sigismund Strophius** (um 1520-91), Rektor der S.er Lateinschule, schrieb eine »Schwarzburger Chronik«, in der erstmals auf S. eingegangen wird. – **Joachim Manard** (1564-1637) verfasste 1593 die erste Reim-Chronik der Stadt (Hrsg. F. C. Ludloff 1811). An beide wird auf einer Steintafel (1928) auf dem Alten Gottesacker erinnert. – **Karl Krieghoff** (1905-84) schrieb populäre Gedichte in »Sunnerschhuser« Mundart: »Ich liewe Sunnerschhusen! Hier esses werklich scheen!«

R Aus dem östl. von S. gelegenen Dorf **Berka** stammt ein Teil der Vorfahren **Goethes** (→ Frankfurt a. M./HE). Über seine Mutter, Juliane Blättermann, war auch J. K. Wezel mit Goethe verwandt.

Ebeleben

Johann Gottfried Gregorii (auch **Melissantes**), * 17. 12. 1685 Toba bei E., † 4. 8. 1770 Dornheim (→ Arnstadt/TH), Verf. geograph. (»Das jetzt florirende Thüringen«, 1711) und chronist. (»Alte Thüringische Chronica«, 1715) Schriften sowie eines »Compendieusen Zeitungs-Lexicons« (1708).

Lori Ludwig, * 24. 1. 1924 Himmelsberg bei E., † 22. 12. 1986 Neuglobsow (→Gransee/BB), Lyrikerin und Kinderbuchautorin. – W.: Annette und ich, 1964; Neuer Vater unerwünscht, 1969. – Verheiratet mit dem Kinderbuchautor **Hanns Krause** (1916-81).

A In E. beschloss **Heinrich Pfeiffer** (→ Mühlhausen/TH) Ende April 1525 einen »Straffeldzug« gegen die Klöster im Eichsfeld. **Thomas Müntzer** (→Sangerhausen/Stolberg/ST) wollte gegen das anrückende Fürstenheer vorgehen. So entschied sich hier der Krieg zu Ungunsten der Bauern.

R Im zum Eichsfeld hin liegenden Dorf **Keula** unterhielt bis 1740 der spätere »Diamantenfürst« Heinrich I. (reg. 1740-58) eine Hofhaltung. **Wezel** hielt sich für dessen illegitimen Spross. Aus K. stammt der später in Jena lebende Dramatiker **Kurt Schuder** (1884-1969).

Greußen

Ernst Wilhelm Tentzel, * 11. 7. 1659 G.,
† 17. 11. 1707 Dresden, Historiograph und
Publizist. 1685-1702 in Gotha. Dann
sächs. Hofhistoriograph. T. gab die Zs.
»Monatliche Unterredungen ... von aller-
hand Büchern und anderen annehmlichen
Geschichten« (1689-98) und die erfolgrei-
che »Curieuse Bibliotec« (1704-06) her-
aus.
R An der Helbe entlang kommt man
nach **Grüningen**. Während einer seiner Be-
suche im Schloss verliebte sich **Novalis** (→
Hettstedt/Oberwiederstedt) 1794 in die
erst 12-jährige Sophie von Kühn (1782-
97). G. wurde zu seinem »Elysium«: »Einst
wird die Menschheit sein, was Sophie mir/
Jetzt ist – vollendet – sittliche Grazie.«
(»Anfang«, G. 1794). 95 verlobten sich bei-
de. Im November erkrankte Sophie lebens-
gefährlich. Als N. am 13. 5. 97 an ihrem
Grab in G. stand, hatte er die Vision, es
»löse sich in Staub und die Zeit in Ewig-
keit auf«. Aus dieser im Schloss von G. nie-
dergeschriebenen Tagebucheintragung soll-
te sich »im folgenden ein Text entfalten,
der als ›Hymnen an die Nacht‹ den Inbe-
griff romantischer Dichtung darstellt« (**Gi-
sela Kraft**, »Eine nordthüringische Passion«,
Palmbaum 2/1998). Grab Sophies auf dem
Friedhof; Porträt-Medaillon in der Kirche,
Gedenktafel am Schloss (heute Pflegeheim).

B H. Bärnighausen, Sondershausen. Histori-
sche Bauten und Sehenswürdigkeiten, 1990;
W. Gresky, Gedenktafeln in der Stadt Sonders-
hausen, 1993; H. Bärnighausen, Johann Karl
Wezels Jahre in Sondershausen, 1997.
Z Bad Frankenhausen, Bad Langensalza, Hei-
ligenstadt, Mühlhausen, Nordhausen, Söm-
merda (TH).

SONNEBERG/TH

Deutsches Spielzeugmuseum mit Bibliothek.

L Lebendiger Dialektraum mit fränk.-itz-
gründischer Mundart, die **Heinz Sperschneider**
in Anthologien vorgestellt hat (»An Rejchn-
buechn kaa me nije bestell. Geschichten und
Verse aus dem fränkischen Südthüringen«,
1997). Dennoch hat **August Schleicher** (→ Mei-
ningen/TH) schon im 19. Jh. hier den Rück-
gang der Mundart und das Aussterben alter
Sprechweisen bedauert (»Volkstümliches aus
Sonneberg im Meininger Oberlande«, 1858).
Von den älteren S.er Mundartautoren sind **Adolf
Fleischmann** (1819-90) und **Julius Heß** (1877-
1956) zu nennen, von den jüngeren **Karl-Heinz
Großmann**, »Sumbarger Sprüch« (1989), und
Gustav Luthardt, »Sumbarger Friedensgebat«
(1990): »Ich sah vor mir die Ehrentribüna un
die Götter, wu uns an 1. Mai ümme van uem
zugewunkn ham.« – Aus **S.-Oberlind** stammt
Tankred Dorst. »Dorothea Märzl« und »Hein-
rich oder Die Schmerzen der Phantasie« (Dra-
matisierung von »Reise nach Stettin«) handeln
mehr oder weniger hier.

R Westl. von S. das Dorf **Effelder**, wo sich
Friedrich Rückert (→ Schweinfurt/BY)
im Juni 1813 in die Pfarrtochter verliebte:
»Sie liebt in mir den Dichter, den Seelen-
freund – aber zum Bund fürs Leben ist ihr
der arme Literat nicht gut genug.«

Lauscha

Museum für Glaskunst.

Wally Eichhorn-Nelson, * 17. 12. 1896
Ernstthal bei L., † 3. 4. 1986 ebd., Erzähle-
rin. Schrieb über L. und die Menschen ih-
rer Heimat »am Kammweg« (Rennsteig)
und trug Sagen- und Märchengut zusam-
men (»Es war einmal. Sagen und Märchen
um den Rennsteig« 1957). – W.: Rauh ist
der Kammweg (1953, n. 92); Kleine Stadt
in den Bergen (1959, n. 92); Mein bun-
tes Buch vom Thüringer Wald (Ges. En.

1992). – Wohnung: Alter Weg 5 in Ernst-
thal; Grab auf dem Friedhof.
Herbert Greiner-Mai, * 4. 8. 1927 L., † 1.
7. 1990 Weimar, Lektor im Weimarer Volks-
verlag und im Aufbau-Verlag, für den er
wichtige Reihen (»Bibliothek deutscher
Klassiker« und »Bibliothek der Antike«) in-
itiierte. Hrsg. von Schriftsteller-Lexika und
des ersten Literaturführers (1985) in der
DDR

L Im Sommer 1919 begegnete **Lisa Tetzner**
(→ Zittau/SN), als sie »märchenerzählend
durch den Thüringer Wald« wanderte, in L. ih-
rem späteren Ehemann **Kurt Kläber** (→ Jena/
TH). – Von den zahlreichen L.er Mundart-
autoren seien genannt: **Erwin Müller-Blech**
(1896-1974), »A bißla Lauschnersch« (1935),
und **Albert Böhm** (1877-1970), »Lauschaer
Leut.« (1961).
Z Hildburghausen, Ilmenau, Saalfeld (TH);
Coburg, Kronach (BY).

SONTHOFEN/BY

»Egga«-Spiel alle zwei Jahre am Fastnachtssonn-
tag (Masken im Heimathaus; dort auch Biblio-
thek mit Lit. über das Allgäu). – S.er Kultur-
Werkstatt (u. a. »Offenes Forum für Literatur«).

In S.-Tiefenbach starb am 27. 11. 1946 der
→ Bremer Erzähler und Dramatiker **Karl
Lerbs** (Freitod); Grab auf dem Friedhof
von Sonthofen.

Kranzegg (Rettenberg-K.)

Josef Hofmiller, * 26. 4. 1872 K., † 11. 10.
1933 → Rosenheim/BY, Essayist, Überset-
zer, Hrsg. Gymnasiallehrer in → München/
BY, Freising und Rosenheim. Großer Wan-
derer, Affinität zur franz. Kultur. – W.: Über
den Umgang mit Büchern (Ess. 1927), Pil-
gerfahrten (Ess. 1932); Schriften (6 Bde.
1938-41). – Nachlass LA Monacensia,
DLA Marbach.

Oberstdorf

Gertrud von Le Fort (→ Minden/NW)
lebte von 1940 bis zu ihrem Tod am 1. 11.
1971 in O. (zuletzt Im Haslach 9). Grab
auf dem Waldfriedhof; Le Fort-Zimmer
im Heimatmuseum; Relief am G. von le
Fort-Gymnasium. – »Auf den Wegen durch
das stille Wiesengelände, das den südlichen
Teil O.s begrenzt, entstand der Antrieb zu
einer ganzen Reihe meiner erzählenden
Bücher«: »Wahlheimat Oberstdorf« (1951).
Auf dem Waldfriedhof auch das Ehrengrab
von **Arthur Maximilian Miller** (→ Min-
delheim/BY), der den größten Teil seines
Lehrerlebens und als freier Schriftsteller
im nahen **Kornau** verbracht hat. Wohnung
im Schulhaus, dann in der »Dichterei«
(Haus Nr. 51, oberhalb des Dorfes); »Brie-
fe der Freundschaft mit Gertrud von le Fort«
(1976). – **Carl Zuckmayer** besuchte nach
dem 2. Weltkrieg mehrfach O., wohin es
seine Eltern aus dem zerbombten Mainz
verschlagen hatte, und schrieb hier am
»Der Gesang im Feuerofen« (Dr. 1949).
– In **Tiefenbach** (Oberstdorf-T.) lebte bis
zu seinem Tod am 30. 4. 1960 **Wilhelm
Vershofen** (→ Bonn/NW). 1938 erschie-
nen »Seltsame Geschichten«, 42 das Tage-
buch »Das Jahr eines Ungläubigen«. Grab
auf dem Friedhof.
R Immenstadt sind die Bde. 2 und 3 der
»Bilder aus dem Allgäu« von **Alois Schmid**
(1854-1916) aus **Zaumberg** gewidmet.
A. M. Miller war von 1924 bis 38 hier Leh-
rer (»Schwäbische Gedichte«, 1932). – In
Bad Oberdorf am 11. 2. 1900 geb., in **Hin-
delang** am 4. 3. 1956 gest. **Toni Gaßner-
Wechs** (Grab auf dem Friedhof). Sie schrieb
Stücke und Gedichte (»Bändel und Blacha«,
1958). – Aus **Wertach** stammt **Wilfried G.
Sebald** (1944-2001). Seit 1970 Dozent, dann
Ordinarius für Neuere Deutsche Literatur
an der University of East Anglia in Nor-
wich. W.: »Nach der Natur« (3 Prosag.

1988); »Luftkrieg und Literatur« (Ess. 1999); Austerlitz (R. 2001). – »Südlich die gewaltigen Zacken der Oberstdorfer Riesen«: die Allgäu-Trilogie von **Peter Dörfler** (→ Kaufbeuren/Unter-Germaringen/BY) handelt hier. Und die Landschaft steckt voller Sagen. In Oberstdorf tanzen noch heute die »Wilde Männle«.

Z Lindau, Memmingen, Ottobeuren (BY); Wangen (BW).

SPANGENBERG/HE

Der Liebenbachbrunnen auf dem Markt erinnert an die Sage von der Bürgermeisterstochter Else und dem Bergmann Kono, die gemeinsam den Liebenbach in die Stadt leiteten und nach getanem Werk starben. – Der »Wendunmut«-Dichter **Hans Wilhelm Kirchhoff** (→ Kassel/HE) war Ende des

Spangenberg: Liebenbachbrunnen auf dem Marktplatz. Illustration von O. Ubbelohde zu »Deutsche Sagen« der Brüder Grimm

16. Jh.s 20 Jahre lang Kommandant der Veste S., veröffentlichte hier viele seiner Geschichten und starb am 30. 9. 1603. Später wurde das Schloss Staatsgefängnis (bis 1867): unter den Gefangenen auch der → Fuldaer/HE Dichter und Verfassungskämpfer **Adam Trabert**.

E **Otto der Schütz**, Landgraf von Hessen, residierte in S. und starb 1377. Angeblich stürzte er bei der Sauhatz zu Tode; nach anderer Version wurde er vom Abt von Fulda vergiftet. – Die Hess. Chronik von J. Nuhn berichtet, dass O., als zweiter Sohn zum Priesteramt bestimmt, entfloh und unerkannt in den Dienst des Grafen von Cleve trat. – Dramat. und ep. Bearbeitungen: A. v. Arnims »Auerhahn« (Sch. 1813); G. Schwabs Romanzen-Zyklus (1837) und G. Kinkels »Rheinische Geschichte in zwölf Abenteuern« (1834).
Z Bad Hersfeld, Bad Sooden-Allendorf, Eschwege, Fritzlar, Kassel, Witzenhausen (HE).

SPEYER/RP

»Die allzu breite Straßenachse scheint für den Dom und die großen Aufzüge zu den Gräbern gebaut, nicht eigentlich für die Stadt. Links und rechts ducken sich die Häuserchen kleiner ängstlicher Leute, die nach dem fürchterlichen Brand von 1689 so bescheiden hausen, als wollten sie ihren Kaiser und den Dom, die Reichstage, das Reichskammergericht und die freie Reichsstadt, kurzum ihre Geschichte nicht mehr wahrhaben, die so großes Unglück über sie gebracht hat.« (Karl Korn, 1972)
Hochschule für Verwaltungswiss. – Staatsarchiv, Stadtarchiv. – Hist. Museum der Pfalz; Feuerbach-Haus und F.-Park (Der Archäologe Anselm Feuerbach (1798-1891), Bruder des Philosophen Ludwig und Vater des Malers, war 1824-36 Gymnasialdirektor in S.).

Martin Greif (eig. **Friedrich Hermann Frey**), * 18. 6. 1839 S., † 1. 4. 1909 Kufstein, als impressionist. Naturlyriker bedeutend, als Dramatiker Epigone. Bay. Artillerie-

leutnant, nahm als 28-Jähriger seinen Ab-
schied. Seither freier Schriftsteller. 1869-80
in Wien, dann endgültig in → München/
BY. Reisen in West- und Südeuropa. – W.:
Gedichte (1898); Hohenstaufen-Tril. (1887-
Ges. Werke (1895 f.). – Geburtshaus We-
bergasse 1 (Gedenktafel). – In den »Nach-
gelassenen Schriften« (Hrsg. W. Kosch,
1912) auch Jugenderinnerungen an die
S.er Gymnasialzeit. – Nachlass UB Mün-
chen, LB Karlsruhe; Bibliothek und Slg.
LB S. und StA S.
Zur Speyerer Literaturgeschichte: Bischof
Walther von Speyer (um 965-1031), der
mit 18 Jahren eine Passio des hl. Christo-
pherus in Hexametern und eine zweite
in Prosa verfasste (Hrsg. H. Harster, 1877);
der Meistersinger **Nestler von Speyer**, der
1460 den »unerkannten Ton« erfand und
den größten Teil der Kolmarer Meisterlie-
der-Hs. schrieb; Rektor der Ratsschule war
der aus Buchen (BW) stammende **Andre-
as Frey** (1547-1610), vermutlich der Verfas-
ser der »Historia von D. Johann Fausten«
(1587).
Hauptwerk des prot. Pfarrers **Friedrich
Blaul** (1809-1863 → Germersheim/RP)
sind die »Reisebilder aus Rheinbayern und
den angrenzenden Ländern«: »Träume
und Schäume vom Rhein. Aus den Papie-
ren eines Müden« (1838), in S. beginnend
und endend; »Gedichte in Westricher
Mundart« (1866) schrieb der Volkskund-
ler und Mundartdichter **Ludwig Schan-
dein** (1813-94/Grab auf dem Neuen Fried-
hof) aus Kaiserslautern, zuletzt Archivar in
S.; Förderer der kath. Bewegung in der
Pfalz war der geistl. Schriftsteller und Pu-
blizist **Wilhelm Molitor** (Ps. **Ulrich Ries-
ler, Benno Bronner**/1819-80) aus → Zwei-
brücken/RP, dessen Bekenner- und Mär-
tyrerdramen heute vergessen sind (»Dom-
lieder« 1846); neben seinem Grab auf dem
Alten Friedhof ruht die von ihm geförderte
Erzählerin **Marie von Schwarzenau** (Ps.

L. v. Erlburg/1815-80): »Aus Herz und
Welt«, Nn. 1868-73; Verfasser nicht unum-
strittener orthodox kath. Tendenzromane
(und zeitweilig Dtl.s meistgelesener Autor
in Amerika) war der Pfarrer **Joseph Eduard
Konrad Bischoff** (Ps. **Konrad von Bolan-
den**/1828-1920/Grab auf dem Neuen Fried-
hof) aus → Niedergailbach (Homburg/
SL), von denen »Franz von Sickingen«
(1859), »Königin Bertha« (1860), »Die
Schwarzen und die Roten« (1868), »Die Ma-
geren und die Fetten« (1872) und »Otto
der Große« (1897) z. T. in der Pfalz spie-
len. – Das Geburtshaus der Mundartauto-
rin und Jugendschriftstellerin **Lina Som-
mer** (1862-1932) befindet sich in der
Herdstraße 5 (Gedenktafel), ihr Grab in
Jockgrim (→ Germersheim/RP): »E Päl-
zer Blummeschtreisel« (G. 1906), »Das
Lewe is kä Kinnerschbiel« (Anth. 1892).
Nachlass LB S.
A »... heute mir lieblicher Du als lieb-
lichste Orte« pries **Walahfrid Strabo** (→
Konstanz/Reichenau/BW) S., wo er in
der Verbannung 840-42 Zuflucht fand.
Der staufische Geschichtsschreiber **Gott-
fried von Viterbo**, auch Domherr zu S.,
schrieb um 1156 ein sechsstrophiges Lied
»de civitate Spira«. – Unter den ersten jüd.
Einwohnern im 11. Jh. angesehene Gelehr-
te und Dichter, Blütezeit der Kabbala im
12. und 13. Jh., Synagogal-Vorschriften
»Takkanot SCHUM« (Judenhof und Ju-
denbad). – Um die Mitte des 15. Jh.s kam
Enea Silvio Piccolomini nach S., etwa zur
gleichen Zeit lebte der volkstüml. Spruch-
dichter **Hans Judensint** in der Stadt. – 1483
wurde **Jakob Wimpfeling** (→ Heidelberg/
BW) zum Domprediger ernannt. **Philipp
Melanchthon** (→ Bretten/BW), in der Her-
dergasse wohnend, überlieferte zeitgenöss.
Geschichten vom »S.er Engel« und der
»S.er Mönchsüberfahrt«. Von M.s Schwie-
gersohn **Georg Sabinus** (1508-60) und sei-
nem Freunde **Johannes Stige** (1515-62),

beide gekrönte Dichter, stammen Preisgedichte auf Dom und Stadt. An den Reichstag von 1529 und die »Protestation« der luth. Minderheit, die ihr den Namen »Protestanten« einbrachte, erinnert die 1893-1904 errichtete Gedächtniskirche, auch »Retscherkirche« genannt. Die Stadt in dieser Zeit als Druckort berühmt v. a. durch die jurist., theol. und liturg, Bücher der Familie Drach (1472?/75-1530). – 1581-83 war **Johann Fischart** (→ Worms) Advokat am Reichskammergericht und lernte hier seine spätere Frau, Anna Elisabeth Herzog, kennen. – In der 1. Hälfte des 17. Jh.s lehrte der durch sein figurenreiches prot. Schuldrama »Antipater« (1617) bekannte **Johann Georg Schwalbach** (gest. in Worms nach 1683) am Gymnasium. In S. geb. **Johann Adam Haßlocher** (1645-1726), der geistl. Lyriker des Spener-Kreises; hier starb **Georg Litzel** (1700-61), der als Konrektor am Gymnasium hist. Schriften und Dichtungen rel. Inhalts verfasste. Metzger und Ende des Jh.s Maire: **Johann Adam Weis** (1751-1804), Meriten auch als Dramatiker (»Rosa oder die Nonne wider Willen«, 1778).

Juli 1770 und September 79 in S.: **Goethe** (→ Frankfurt a. M./HE); er besuchte im Haus Domplatz 4 (Gedenktafel im Hof) den Domherrn J. A. S. von Beroldingen, Kunstsammler, Dichter und Übersetzer. – Im Haus des Domherrn Ch. Ph. W. von Hohenfeld (Maximilianstraße 99/Gedenkstätte) lebte von 1780-86 **Sophie von La Roche** (→ Kaufbeuren/BY). Hier entstanden u. a. die Zs. »Pomona« (im 3. Heft Beschreibung von Haus, Stadt und Rhein) und etliche Lieferungen »moral. Erzählungen« (40 Briefe in der LB S.). Besucher: 1783/84 **Friedrich Schiller** (→ Ludwigsburg/Marbach/BW), ebenso seine beiden Charlotten: **von Kalb** (→ Mellrichstadt/Waltershausen/BY) und von Lengefeld; weiter **J. G. Jacobi** (→ Düsseldorf/NW), **J. H.**

Jung-Stilling (→ Siegen/Grund/NW) und **G. K. Pfeffel**.

Weiterhin: **Friedrich Hölderlin** (→ Lauffen/BW) Juni 1788; **Joseph von Eichendorff** (→ Berlin) Juli 1807; **Victor Hugo** 1840, seine 2. Rheinreise hier beschließend. 1837 wurde der in → Gimmeldingen (Neustadt a. d. W./RP) geb. **Johann Jakob (von) Geissel** Bischof; von ihm neben wiss. Schriften und einigen pfälz. Novellen v. a. geistl. Lieder. – **Hippolyt August Schaufert** (→ Kirchheimbolanden/Winnweiler/RP) starb hier am 10. 5. 1872, Grab auf dem Alten Friedhof. – Seit 1895 lebte in S. **Johann Georg Hufnagel** (1869-1951/Grab auf dem Neuen Friedhof), »Schuhmacher und Poet dazu«: »Hammerklänge« (G. 1924). – 1922-31 war die 1942 in Auschwitz vergaste Philosophin **Edith Stein** (→ Köln/NW) Lehrerin an der Schule des Dominikanerinnen-Klosters St. Magdalena (Dokumente im Archiv des Klosters; Büste in der E.-St.-Schule, Langensteinweg).

L »Die Lobpreisgedichte auf Speyer sind wie ein Nachruf auf die 1689 ausgelöschte Stadt«, schreibt **Berthold Roland** in seinem Buch über S. (1961). Am Anfang steht 841 **Walahfrid Strabo** → Reichenau/Konstanz/BW). Später **Erasmus von Rotterdam** und **Sebastian Brant**; 1531 das lat. »Lob des schönen Speyer und des hohen Doms daselbst« von **Dieter Reysmann**

aus Heidelberg, 1590 ein Lobgedicht des in S. geb. **Abraham Wolfskeel**. – Unter den Humanisten am Reichskammergericht 1549 der Böhme **Caspar Bruschius** (→ Deggendorf/BY); der 1545 nach S. berufene **Joachim Mynsinger von Frundeck** (1514-88), geistiger Stifter der Universität Helmstedt; der sächs. Schulmann und gekrönte Poet **Georg Fabricius** (1516-71). – Chroniken gaben heraus: **Nicodemus Burgmann** (1364-1443/Grabmal in der Afrakapelle des Doms), **Wilhelm Eisengreyn** (1542 in S. geb.) und der Stadtschreiber **Christoph Lehmann** (um 1570-1638).
Speyer als »die Totenstadt unserer Kaiser« beschwört **Karl Simrock** (→ Bonn/NW) im »Malerischen und romantischen Rheinland« (1838/40); die Ballade »Kaiser Rudolfs Ritt zum Grabe« von **Justinus Kerner** (→ Ludwigsburg/BW) und andere S.er Sagen sind in den »Rheinsagen« abgedruckt. Auch **August Becker** (→ Bad Bergzabern/Klingenmünster/RP) berichtet in »Die Pfalz und die Pfälzer«(1858) von Rudolf und seinem Grabstein sowie von der »Rheinüberfahrt der Kaiser«. »Urvater Rudolf steigt herauf mit Sippe« heißt es schließlich in **Stefan Georges** (→ Bingen/RP) Gedicht »Die Gräber von Speyer« im »Siebenten Ring« (1907). Texte über S. u. a. auch in der Anth. »Dome im Gedicht« (Hrsg. G. Kranz, 1975). – Über die Wiedereinweihung der Kaisergräber 1900: **Theodor Heuss** (→ Lauffen/Brackenheim/BW); weitere Essays, v. a. über Dom und Gräber, von **Kasimir Edschmid** (→ Darmstadt/HE) 1933, **Reinhold Schneider** (→ Baden-Baden/BW) 34, **Roland Betsch** (→ Pirmasens/RP) 36 und **Wilhelm Hausenstein** (→ Wolfach/Hornberg/BW) 55 in »Besinnliche Wanderfahrten«.
Alexander von Bernus (→ Lindau/BY) erzählt von seiner S.er Gymnasialzeit 1895-98 in der Aut. »Wachsen am Wunder« (n. 1973). Erinnerungen auch von Bischof **Isidor Markus Emanuel** in »Psalter meiner frühen Jahre«, »Sieben Jahre im roten Talar«, »Meine Bischofsjahre« (1967, 70, 74) und **Wilhelm Gutting** in »Unter dem roten Dom. Miniaturen aus der Kindheit« (1975). – S.er Romane und Erzählungen: **Levin Schücking** (→ Meppen/NI), »Günther von Schwarzburg« (1865); **Wilhelm Jensen**

aus Heidelberg, 1590 ein Lobgedicht des in S. (→ Eutin/SH), »Am Ausgang des Reiches« (1910); **Max Joseph** (eig. **Maximilian Pfeiffer**/1875-1926), »Kyrie eleison. R. von Juden und Christen aus dem alten Speyer« (1921); **Josef Ponten** (→ Aachen/NW), »Die Väter zogen aus« (1934); **Hans Bender**, »Die halbe Sonne« (1962). Die Geschichte des S.er Arztes und Apothekers Bartholomäus Ysenmenger (1515-55) behandelte **Monika Beckerle** in »Der Toten Tanz« (R. 1986, n. 91). Mit seinen Schulgeschichten »Die Löcher im Stundenplan« (1980, n. 94) machte der Schulleiter des Gymnasiums am Kaiserdom (Lyriker auch und Initiator der S.er Literaturtage) **Artur Schütt** bundesweit Furore. **Thomas Lehr**, »Nabokovs Katze« (R. 2000). – Neuere Anthologien einheimischer Autoren: »18 Autoren« (1980) und »Der Himmel von Speyer« (1990).
S Pfälz. Landesbibliothek: rd. 800 000 Bde., 1000 Hss, 130 Inkunabeln, 6000 Autographen. Sonderslgg.: Literatur der Deutschen, bes. der Pfälzer, im Ausland; Pfälz. Mundartdichtung; Franz. Lit.; Buchgraphik von M. Slevogt. – Speyerer Literaturtage.
Z Heidelberg, Mannheim (BW); Germersheim, Landau, Ludwigshafen, Neustadt a. W. (RP).

SPRINGE/NI

Kunst und Begegnungsstätte Hermannshof e. V.

Von **Pattensen** aus betrieb **Antonius Corvinus** (→ Hannover/NI) ab 1541 die Reformation im Fürstentum Göttingen-Calenberg bis zu seiner Einkerkerung auf Festung Calenberg (1549-52). »Sie wollten ihn haben in Pattensen/zum Bürgermeister – nun hattensen!« heißt es vom Vater der »Klapphornverse« **Friedrich Daniel** (1809-99), Anwalt und Notar in Göttingen, wo er 50 Jahre gelebt hatte, um mit 64 dann in P. noch zu Amt und Würden zu kommen. – **Wilhelm Friedrich Brand** (1854- nach 1928) aus **Holtensen** (Springe-H.), seit 1874 in London, Reiseschriftstel-

ler (»Londoner Streifzüge«, 1886), schuf
»Brands Londoner Korrespondenz«, einen
mehrsprachigen Pressedienst. – **August Wil-
helm Iffland** (→ Hannover/NI) hat in
Springe zwei Jugendjahre (1773-75) ver-
bracht. – »Plattdütsche Gedichte« (1907)
sowie Romane und Erzählungen (»Land
un Luie«, En. 1921) schrieb **Christian Fle-
mes** (1874-1926) aus **Völksen** (Springe-
V.). Der dortige Zu Klampen-Verlag gab
bis 2007 die »Lyrik Edition Niedersachsen«
(Hrsg. **Heinz Kattner**) heraus.

Z Bad Münder, Bad Nenndorf, Bückeburg,
Hameln, Hannover, Bredenbeck, Hildesheim,
Rinteln (NI).

STADE/NI

Niedersächsisches Staatsarchiv, Stadtarchiv. –
Schwedenspeicher-Museum, Technik- und Ver-
kehrsmuseum, Kunsthaus Stade, STADEUM,
commedia nova.

A Die Bronze-Figur **Georg Christoph
Lichtenbergs** (→ Darmstadt/Ober-Ram-
stadt/HE) auf der S.er »Insel« erinnert an
dessen Aufenthalt vom 19. 5. bis 5. 11.
1773 zu astronomischen Zwecken im Auf-
trag König Georgs III. **Helferich Peter
Sturz** (→ Darmstadt/HE) besuchte ihn
hier, doch L. gefiel die Stadt nicht: »Ich
will das Nest verlassen, sobald ich nur
halb kann«: Genauer Bericht bei J. Plath,
»G. C. L. 1773 in Stade, Hamburg und
Helgoland« (1965), dazu die E. »Lichten-
berg in Stade – Ein biographisches Bruch-
stück« (1999) von U. Ruprecht.

L Johann Peter Eckermann (→ Winsen/NI)
besuchte S. und schilderte im gleichen Jahr »Ein-
drücke von Hamburg, Stade und den dorti-
gen Anschwemmungen, Einrichtungen, Än-
derungen« (1826). Regionale Literatur von
Friedrich Freudenthal (→ Soltau/NI; »Von
Stade bis Gravelotte«, Erinn. 1898) und **Niels
Hoyer** (1884-1969; »Axel Mertens Heimat«, R.

1913). – In Künstlerkreisen spielt **Brigitte Kro-
nauers** R. »Teufelsbrück« (2000), der Titel nennt
den Namen der Fähre ins Stader Umland. **Frank
Schulz** beendete mit »Das Ouzo-Orakel« (R.
2006) seine mit dem R. »Kolks fremde Bräute«
(1991) begonnene »Hagener Trilogie«, be-
nannt nach einem Dorf bei Stade. **Gabriela
Jaskulla** schrieb über »Siebenbirnen. Eine Ge-
schichte aus dem Alten Land« (in: »Peine Paris
Pattensen«, Hrsg. M. Mertens, 2006).

R Die »lütjen Heid« bei **Buxtehude**, wo
angeblich »der Hund mit dem Schwanz
bellt«, ist Schauplatz des »Wettloopens tü-
schen den Haasn un den Swinegel«, plattd.
aufgezeichnet von **Wilhelm Schröder** (1808-
78); ersch. 1845, Brunnen in Buxtehude,
Ausstellung zum Thema im Museum.
Über das abgebrochene Neue Kloster bei
B. schrieb **Johann D. Bellmann** seinen nie-
derdt. R. »Margareta Jansen. De letzte Pro-
fessa« (1998). In B., wo **Theodor Storm** (→
Husum/SH) 1853 Bürgermeister werden
wollte, wird seit 1971 der **Jugendbuchpreis**
»Buxtehuder Bulle« verliehen. 1994 ent-
stand hier während der B.er Literaturtage
das Kettengedicht »United Colors of Buxte-
hude« von **U. Becker, M. Buselmeier, K.
Hensel** und **H. M. Novak**. – Mitten im Al-
ten Land **Jork**; hier wurde 1776 im Haus
Schützenhofstraße 16 **Gotthold E. Les-
sing** (→ Kamenz/SN) mit Eva König,
geb. von Hahn, getraut (Urkunde in den
Kirchenakten). – **Jörg W. Gronius** über
Nachkriegsferien in **Hechthausen** in »Ein
Stück Malheur« (R. 2000).

S Buxtehuder **Museum für Regionalge-
schichte und Kunst, Kulturstiftung Schloss
Agathenburg** (Lesungen; Schreibseminare).
Z Hamburg; Wedel (SH); Rotenburg, Win-
sen (NI).

STADTHAGEN/NI

».... reiste ich nach Stadthagen, dem Ort, wo Büsching geboren ist, der aber noch merkwürdiger ist durch das Begräbnis der Grafen von Bückeburg, über welchem ein Mausoleum steht, das der Abtei von Westmünster in London Ehre machen könnte, es ist das schönste Stück, das Ich (der Professor Lichtenberg) in dieser Art gesehen habe...« (Georg Christoph Lichtenberg, 1772)

A Schon nach zwei Jahren wurde die St.er Universität 1621 nach Rinteln verlegt. Lehrer des Geographen **Anton Friedrich Büsching** (1724-93/Gedenktafel Niedernstraße 42) war der Oberprediger der Stadt, **Eberhard David Hauber** (1695-1765). Er schuf das erste schaumburg-lipp. Gesangbuch und kämpfte gegen den Hexenglauben. – 1772 besuchte **Georg Christoph Lichtenberg** (→ Darmstadt/Ober-Ramstadt/HE) St., seine Eindrücke im Brief vom 29. 9. 1772. – **Johann Gottfried Herder** (→ Weimar/TH) weilte zwischen 1771 und 76 öfter in St.; 76 hielt er seinen Einführungsgottesdienst als Superintendent in der Martinikirche. – **Christian Konrad Jacob Dassel** (1768-1845) schrieb hier die »Merkwürdigen Reisen der Gutmann'schen Familie« (1822).
Für satirische und humoristische Versdichtung wird in St. der »**Wilhelm-Busch-Preis**« verliehen.

Bückeburg

»Die mächtigsten Dominanten im Gesamtbild bleiben, wohin sich der Besucher auch wendet, die Stadtkirche und das Schloßportal. Durch sie bekommt die sonst so kleinbürgerliche und regional bestimmte Architektur einen Zug ins Große, ins Europäische.« (Waldemar Augustiny, 1965)
Schaumburg-Lippisches Heimatmuseum (u. a. Werke und Porträts B.er Schriftsteller, Maler und Musiker).

Thomas Abbt (→ Ulm/BW) war Prof. in Rinteln, als ihn Graf Wilhelm, beeindruckt von der Schrift »Vom Verdienste«, 1765 als Hofrat nach B. berief. A. starb bereits mit 28 Jahren 1766 in B. – Grabepitaph in der Schlosskapelle.
Johann Gottfried Herder (→ Weimar/TH) war Oberprediger und Konsistorialrat in B., wo er »eine äußerst wohlgezogene Gemeinde« und die »pünktlichste Ordnung« (Brief an → K. A. Böttiger/Weimar/TH) vorfand. Er sammelte hier v. a. Volkslieder und verfasste Texte für Ch. F. Bach, seit 1756 Hofkapellmeister in B. 1776 veranlasste Goethe Herders Berufung nach Weimar. – Denkmal mit H.-Büste an der Stadtkirche, Gedenktafel am Pfarrhaus Herderstraße 27.
Victor von Strauß und Torney, * 18. 9. 1809 B., † 1. 4. 1899 Dresden, Staatsmann, Theologe, Dichter und Übersetzer (v. a. aus dem Chinesischen); christl.-konservatives Werk. Kabinettsrat und Abgeordneter im Dt. Bundestag. Lebte zuletzt in Dresden. – W.: Theobald (R. 1839); Fastnachtsspiel von der Demokratie und Reaktion (1850); Robert der Teufel (Ep. 1854). – Gedenktafel am Geburtshaus, Schulstraße 5; Grab auf dem Jetenburger Friedhof in B. – Mss. SB Berlin. – »Vom Biedermeier zur Bismarckzeit« (B. von seiner Enkelin Lulu v. St. u. T.).
Rudolf Bensen, * 27. 9. 1841 B., † 30. 3.

Bückeburg: Die Stadtkirche (ehem. Hofkirche) im Zentrum Bückeburgs

1921 ebd., Sanitätsrat in Bad Eilsen, schrieb im schaumburg-lipp. Platt u. a. »Olle Bückeburger Dönchen« (1903/04) und »Allerhand ut Stadt und Land« (1906). – Grab auf dem Friedhof an der Scheier Straße; B.-Bank im Harrl-Wald.

Adolf Holst, * 7. 1. 1867 Branderode bei Querfurt, † 4. 1. 1945 B., einst beliebter Kinder- und Jugendbuchautor (15 Jahre lang Hrsg. von »Auerbachs Kinderkalender«). – Mit H. Löns befreundet, wohnte zeitw. im Haus gegenüber; Grab auf dem Friedhof an der Scheier Straße. – Nachlass SA B.

Lulu von Strauß und Torney, * 20. 9. 1873 B., † 19. 6. 1956 → Jena/TH, Balladendichterin und heimatverbundene Erzählerin. Heiratete 1916 den Verleger E. Diederichs und lebte seitdem als Mitarbeiterin ihres Mannes in Jena. – W.: Balladen und Lieder (1902); Der jüngste Tag (R. 1922). Briefwechsel mit Th. Heuss 1903-1916 (1965). – Geburtshaus Georgstraße 5. – In ihren Werken schildert sie Menschen in der heimatlichen Landschaft, so in »Bauernstolz« (1901), »Der Hof am Brink« (1906), in dem Roman »Judas« (1911, später u. d. T. »Der Judashof«) sowie in ihrer Aut. »Das verborgene Angesicht« (1943). – Schreibtisch im Heimatmuseum. – Nachlass Eugen Diederichs Verlag, Düsseldorf; Slg. StB Hannover, StUB Dortmund.

Friedrich Muckermann, * 17. 8. 1883 B., † 2. 4. 1946 Montreux, Jesuitenprediger, Kulturkritiker. Ab 1923 in → Münster/NW, Hrsg. der Zs. »Der Gral«. Gegner von Nationalsozialismus und Kommunismus, bereits 1931 scharfe Kritik an A. Hitlers »Mein Kampf«. Emigration 1934. – W.: Goethe (Ess. 1931); Der Mönch tritt über die Schwelle (Ess. 1932). Im Kampf zwischen zwei Epochen (Aut. 1973). – Geburtshaus Lange Straße 79.

Heinrich Kruse (→ Stralsund/MV), Dramatiker, Chefredakteur der Köln. Zeitung, lebte seit 1884 als freier Schriftsteller in B.

Hermann Löns (→ Hannover/NI) war von 1903-09 Schriftleiter der schaumburg-lipp. Landeszeitung in B. In seiner Satire »Duodez« (1911) verspottet er das Fürstentum: »Wenn man von Köln nach Berlin fährt, dann erblickt man kurz hinter Minden plötzlich blau, weiß und rot angestrichene Grenzpfähle, und wenn man seine Reisegefährten fragt: ›Was ist denn das?‹, so erhält man zur Antwort: ›Ach, das war eben Schaumburg-Lippe.‹« – Wohnhaus L.-Straße 1 (Gedenktafel).

A 1740 und 43 war im Schloss **Voltaire** zu Gast (Gesprächsaufzeichnungen des Hofpredigers J. H. Meister), er war Briefpartner des Grafen **Wilhelm zu Schaumburg-Lippe** (1724-1777), eines Kunstliebhabers und Militärschriftstellers (Schrr. und Br., Hrsg. C. Ochwadt, 3 Bde., 1977-83). **Johann Gottfried Herder** über den Erbauer des Wilhelmsteins im Steinhuder Meer: »Er war zu groß für sein Land.« – In B. lernte **Georg Christoph Lichtenberg J. G. Herder** kennen. Weitere Gäste in Herders Pfarrhaus: 1773 **Erich Rudolf Raspe** (→ Hannover/NI), **J. W. L. Gleim** (→ Aschersleben/Ermsleben/ST) und 1776 **Matthias Claudius** (→ Bad Oldesloe/Reinfeld/SH). – Ab 1796 war in der Residenz ein preuß. Soldat, der seinen Ruhm aber nicht dem Degen, sondern seiner Feder verdankt: der Leutnant **Friedrich de la Motte Fouqué** (→ Berlin). Die Landschaft machte solchen Eindruck auf ihn, dass sie später immer wieder in seinen Werken auftaucht, nicht nur in der berühmten »Undine«. (Über F.s Aufenthalt in B. berichtet **Arno Schmidt**/ → Hamburg in »Fouqué und einige seiner Zeitgenossen«, 1958). 1798 heiratete F. in Bückeburg Marianne von Schubaert. Oft war er auch Gast im »Kavaliershaus« des Hofarztes B. Ch. Faust in der Schlossgartenstraße 4 (Gedenktafel), über das 1840 **Ernst Moritz Arndt** (→ Rügen/MV) in seinen »Lebenserinnerungen« schrieb, er habe dort »fröhliche Tage mit dem wackern alten deutschen Hessen, Dr. Faust« verlebt. – Auf seiner vierten Deutschlandreise notierte **Benjamin Constant** am 6. 2. 1814 in seinem »Tagebuch V«: »Fahrt bis Bückeburg in einem offenen Schlitten. Abscheuliches Schneewetter. Ankunft. Schüchternheit. Guter Empfang . . .« – Auch **Heinrich Heines** (→Düsseldorf/NW) Deutschlandreise führte über B., ». . . um dort zu betrachten die Stammburg,/wo mein Großvater geboren ward«: im Haus der Familie (Lange Straße). – An **Theodor Mommsen** (→ Husum/Garding/SH) erinnert sich noch **L. von Strauß und Torney**, wie er, »in weitem Radmantel mit langem Kragen, das braune Haar bis auf die Schulter hängend, durch die Straßen eilte«; M. besuchte seine Tante »hinter dem Wall«. – Unangenehme Eindrücke notierte im November 1924 **Harry Graf Kessler** (→ Berlin), der auf einer Wahlkampfreise in B. als Redner auftrat. Er fand die »›Kleine Residenz‹ in ihrer korrumpiertesten Form« vor (Tagebücher 1918-37). – **Agnes Miegel** (Bad Nenndorf) besuchte in ihren letzten Lebensjahren gern »die für unseren reformierten Glauben so ungewöhnlich passende Schlosskapelle«.

L Als Bückeburgerin tritt Molly Griesinger im »Marquis von Keith« in **Frank Wedekinds** (→ Hannover/NI) Schauspiel auf. Sie wird als »ein unscheinbares brünettes Wesen, etwas scheu und verhetzt« geschildert. – Topographisches (auch Sagen) in **Franz von Dingelstedts** (→ Marburg/Halsdorf/HE) »Weserbuch« (1838) und »Auf den Spuren der Brüder Grimm von Hanau nach Bremen« von **Eberhard Michael Iba** (1978).

Rinteln

»Diese churhessische Stadt hat eine angenehme Lage an der Weser, die Universität aber ist aufgehoben, die in der zierlichen Professorenspra- *che Academia Ernestina hieß.« (Karl Julius Weber, 1820)*
Schaumburgisches Heimatmuseum in der Eulenburg (mit Dokumenten zur Universität R., 1621-1810).

Josua Stegmann, * 14. 9. 1588 Sülzfeld b. Meiningen, † 3. 8. 1632 R., Kirchenlieddichter (»Ach bleib mit deiner Gnade . . .«). Seit 1621 Prof. in R., Superintendent und Pfarrer an St. Nikolai. Zahlreiche Erbauungsschriften; letzte Werkauswahl 1932. – Epitaph in der J.-St.-Gedenkhalle von St. Nikolai; Porträt im nördl. Kirchenschiff.
Franz von Dingelstedt (→Marburg/Halsdorf/HE) kam als Kind 1817 nach R. und bestand dort 1831 als bester Schüler das Abitur. Weilte später oft in R. und pries v. a. in seinen G. (»Die Weser«, »Weserlied«) die Schönheit der Landschaft; »Das Wesertal von Münden bis Minden« (1838). – Elternhaus Ritterstraße 18 (Gedenktafel); Erinnerungsstücke im »Eulenburg«-Museum (dort auch der Nachlass).

A Der Kirchenlieddichter **Georg Niege** (→ Witzenhausen/Bad Sooden-Allendorf/HE) starb 1589 in R. – J. Stegmanns bedeutendster Schüler war 1628 **Johann Rist** (→Wedel/SH). – Zu den berühmten Lehrern an der Universität, die 1621 von Stadthagen nach R. (ehem. Jakobsklosterkirche) kam, gehörten u. a.: **Andreas Heinrich Buchholtz** (→ Helmstedt/Schöningen/NI); **Gerhard Wolter Molanus** (1663-1722) aus Hameln, Theologe und Freund von **G. W. Leibniz** (→ Hannover/NI); **Thomas Abbt** (→ Ulm/BW), der hier sein Hauptwerk »Vom Verdienste« schrieb. Die Anwesenheit von **Friedrich von Spee** (→ Düsseldorf/NW) in R. ist nicht belegt, doch brachte der Universitätsbuchdrucker P. Lucius 1631 sein berühmtes Buch gegen den Hexen-Wahn, die »Cautio Criminalis«, zum ersten Mal heraus (Universitätsschriften und R.er Drucke im Heimatmuseum). – 1771 traf **Johann Gott-**

fried Herder in R. ein; er kam in den nächsten Jahren häufig hier mit befreundeten Professoren zusammen. – Julius Rodenberg besuchte 1846-51 das Gymnasium; erste lit. Arbeiten. Bekanntschaft mit F. v. Dingelstedt, der zus. mit Emanuel Geibel (→ Lübeck/SH) und Ferdinand Freiligrath (→ Detmold/NW) Aufsehen erregte, als sie in griech. Nationaltrachten durch die Stadt zogen.

L Victor Blüthgen (1844-1920) schrieb um 1880 die schnurrige E. »Die Nachtwächter von Rinteln«, eine Episode aus dem späten MA. – 1927 erschienen die »Jugenderinnerungen eines Kleinstädters« von Adolf Keysser (1850-1932) aus R., später Prof. in Köln.

Bad Nenndorf

Agnes Miegel, * 9. 3. 1879 Königsberg, † 26. 10. 1964 Bad Salzuflen (→ Lemgo/NW), Balladendichterin. Schuljahre in Königsberg, Weimar, München und Bristol. Erhielt 1924 den Ehrendoktor der Universität und wurde 39 Ehrenbürgerin von Königsberg. Sympathisierende Haltung zum Dritten Reich, 1940 Parteimitglied. Seit 1948 in Bad N., dessen Ehrenbürgerin sie auch wurde. Erster Besuch um die Jahrhundertwende: »Was ich sah, gefiel mir sofort...« – W.: Balladen und Lieder (1907); Geschichten aus Alt-Preußen (1926); Ges. Gedichte (1927, 49); Das Bernsteinherz (En. 1937); Die Meinen (Erinn. 1951); Truso (En. 1958). Ges. Balladen (1988). – Gedenkstätte A.-M.-Haus, A.-M.-Platz 3 (seit 1968 A.-M.-Gesellschaft; Jahresgaben); Grab auf dem Bergfriedhof; im Kurpark Bronzeskulptur »Die junge Agnes Miegel«; Nachlass DLA Marbach. – A.-M.-Plakette (seit 1959); A.-M.-Tage. – A. Piorreck, »A. M. – Ihr Leben und ihre Dichtung«, 1967), M. Kopp, »A. M. – Leben und Werk«, 2004.

A 1806 hielt sich Friedrich de la Motte Fouqué (→ Berlin) in Bad N. zur Kur auf. Im Juli lernte er Adelbert von Chamisso (→ Berlin) kennen, der ihn hier besuchte. Beginn ihrer Lebensfreundschaft. – 1814 kam Benjamin Constant auf seiner 4. Deutschlandreise hierher. – Hugo Dittberners Roman »Das Internat« (1974) spielt z. T. in Bad Nenndorf.

Rodenberg

Julius Rodenberg (eig. Levy, durfte sich mit Erlaubnis des Kurfürsten nach seiner Vaterstadt nennen), * 26. 6. 1831 R., † 11. 7. 1914 → Berlin. Realist. Erzähler und Feuilletonist, Begründer der »Deutschen Rundschau« (1874). Seit 1859 Wohnsitz in Berlin, Bekanntschaft mit Th. Fontane (»Briefe an Julius Rodenberg«, 1969). – W.: Die Grandidiers (R. 1879); Lieder und Gedichte (1880); Heimaterinnerungen an F. Dingelstedt und F. Oetker (1882); Erinnerungen aus der Jugendzeit (1899); Aus der Kindheit (1907). Tagebücher (Ausw. 1919). – Gedenktafel am Geburtshaus, Lange Straße 47; Erinn. im Heimatmuseum. – Nachlass GSA Weimar.

R »Die schöne Stadt des Weserliedes« nennt sich Rinteln, und kein Gedicht Franz von Dingelstedts ist so populär geworden wie diese 1843 durch G. A. Pressel vertonten Verse (»Hier hab' ich so manches liebe Mal...«). Die Verse entstanden im Gasthof Reese in Todenmann (Rinteln-T.); Porträt, Erinnerungstafel und auf der Terrasse D.-Denkmal. – Nicht weit von R. liegt die Schaumburg (Rinteln-Sch.), von der auch eine Gleichen-Sage überliefert ist. Hier auf dem Nesselberg spielt z. T. Ludwig Spittas (→ Nienburg/Wechold/NI) R. »Hans Sumenicht, der Schildknecht« (1891). – Auf der Wasserburg Apelern weilte oft der Balladendichter Börries von Münchhausen (→ Hildesheim): »Hier sitz ich einsam in dem alten

Schlosse,/Drin manch Jahrhundert mein Geschlecht gehaust«, heißt es im »Brief aus Apelern«. 1901 waren **Agnes Miegel** und **Lulu von Strauß und Torney** hier zu Besuch. Von 1946 bis 48 fand A. Miegel hier eine Zuflucht (1951 das Gedicht »An die Grafschaft Schaumburg«: »Land, so schön geschmückt wie eine/reiche junge Rotrockfrau!«). – Eine Gründungslegende umgibt Stift **Fischbeck** (Hess. Oldendorf-F.) an der Weser; dargestellt auf einem Wandteppich von 1583. Zur 1000-Jahr-Feier 1955 von **Manfred Hausmann** (→ Kassel/ HE) das Festspiel »Der Fischbecker Wandteppich«.

Bad Eilsen: 1849 war Franz Liszt hier; ein halbes Jahrhundert später **Gerhart Hauptmann** (→ Berlin), dessen Sohn Benvenuto damals für kurze Zeit mit Elisabeth, der Schwester des Fürsten, verheiratet war. – **Hermann Hesses** (→ Calw/BW) einzige Reise ins »Dritte Reich« war notgedrungen: Er musste sich 1936 in Bad E. die Augen behandeln lassen; hier erste Begegnung mit seinem künftigen Verleger **Peter Suhrkamp** (→ Oldenburg/NI).

B N. Heutger, Herder in Niedersachsen, 1971; C. Ochwadt, Voltaire und die Grafen zu Schaumburg-Lippe, 1977; Kulturpfad Schaumburg, hg. vom Verein Schaumburger Landschaft, 2000.
Z Hameln, Hannover, Neustadt, Springe (NI); Minden (NW).

STADTRODA/TH

Stadtmuseum. – Bis 1925 Roda. – Aus St. stammt Julius Kniese (1848-1905), Chorleiter R. Wagners. Geburtshaus: Neustädter Straße 5 (Gedenktafel).

Samuel Rodigast, * 19. 10. 1649 Gröben bei St., † 29. 3. 1708 → Berlin, Liederdichter. In R.s in Jena geschriebenem Lied »Was Gott tut, das ist wohlgetan« (1675)

findet die pietist. Gottergebenheit ihren gültigsten Ausdruck.
Fritz Scheffel, * 6. 7. 1889 St., † 19. 2. 1942 Weimar, Erzähler. Unterrichtete am Lehrerseminar Gotha. Verfolgte in seinen Romanen vor allem die Schicksale dt. Auswanderer und die Mühen von Erfindern (→ Jena/TH).

L Mit dem Roten Tor ist die Sage von der Rodschen Möhre verbunden, das die Bürger mit einer Mohrrübe verriegelt hatten, die aber von einer Ziege aufgefressen wurde. – Früher zeigte man dort ein Faust-Haus (1896 nach Chicago verkauft), in dem man lange die Geburtsstätte von **Johann Faust** (→ Vaihingen/ Knittlingen/BW) sah, denn nach der »Historia von D. Johann Fausten« (1587) war er »zu Rod, bey Weimar bürtig«.

R **Schlöben** gehörte den Hardenbergs (Schloss 1945 abgebrochen, Grabsteine auf dem Friedhof). **Novalis** (→ Hettstedt/ Oberwiederstedt/ST) war mehrmals hier. Am 10. 11. 1799 anlässlich der Hochzeit seiner Schwester (Gedicht »An die Schwester . . .«, 1799). – **Ernst Haeckel** (→ Jena/ TH) kam auf seinen langen Fußwanderungen immer wieder durch die »wildromantische Gegend« von St. In den Briefen an seine Braut (»Anna Sethe. Die erste Liebe eines berühmten Mannes in Briefen«, 1929) finden sich beeindruckende Landschaftsschilderungen.

Renthendorf

Brehm-Gedenkstätte. – Von 1741 bis 73 war **Johann Michael Fleischer** (→ Marienberg/ Zschopau/SN) in R. Pfarrer. **Ferdinand Wachter** (1794-1861), Sohn des R.er Rittergutsbesitzers, war einer der ersten dt. Germanisten.

Alfred Edmund Brehm, * 2. 2. 1829 R., † 11. 11. 1884 ebd., Zoologe, Forschungsreisender und Reiseschriftsteller. Sohn des »Vogelpastors« Ch. L. Brehm (1787-1864). Die »Reiseskizzen aus Nord-Ost-

Renthendorf: Blick zum Wohnhaus von Alfred Edmund Brehm, heute eine sehenswerte Gedenkstätte

Afrika« (1855) zeigen B. als genauen Tierbeobachter und begabten Schriftsteller. Das vielbändige »Brehms Thierleben« (so der Titel ab der 2. Aufl. 1879) wurde »das tierkundliche Handbuch der Deutschen, bald aber auch anderer Völker« (H. Dathe 1989). R. ist das Askra der dt. Tierschriftstellerei und hat sich seit B.s Tod kaum verändert. – Unterhalb des 1865 erbauten Brehm'schen Anwesens (Museum seit 1946) das alte Pfarrhaus (Gedenktafeln für Vater und Sohn), gleich daneben die Schule, nahebei Kirche und Gottesacker mit den B.-Gräbern.

🅱 H. Weinhold, Kirchen um Stadtroda, 1980; U. Möbius, Stadtroda. Geschichten und Geschichte, 1995; H-D. Haemmerlein, Thüringer Brehm Lesebuch, 1996; M. Köhler (Hrsg.), Der Hexentaler. Sagen und ausgewählte Begebenheiten aus dem Saale-Holzland-Kreis, 1996; D. Ignasiak, An der Saale und im Holzland, 1997.
🆉 Eisenberg, Jena, Kahla, Pößneck (TH).

STARNBERGER SEE/BY

»Schöne glückliche Fläche, von Segeln durchblitzt, von Waldhügeln begleitet, vom Hochgebirge überragt.« (Werner Bergengruen, 1934)
Die Erkundung des Sees erfolgt entweder mit dem Schiff oder an der Uferstraße entlang, an deren westlicher Variante, die »allgemein mit gewisser Verachtung die feine genannt wird« (Kadidja Wedekind, 1933), Feldafing, Tutzing und Bernried liegen, deren östliche Variante aber heutzutage an Noblesse der westlichen in nichts nachsteht, literarisch gesehen sogar die reichhaltigere ist. Die Route folgt dem Uhrzeigersinn.

Starnberg

Beliebt bereits bei den Wittelsbachern, wurde der Starnberger bzw. damals Würmsee am 28.11.1854 durch den kgl. Baurat J. U. Himbsel (E. G. Hipp: »Das Himbsel-Haus in Leoni«, 2003) per Eisenbahn mit München verbunden und so zur nächstgelegenen Sommerfrische.
Gustav Meyrink, * 19. 1. 1868 Wien, † 4. 12. 1932 St., lebte seit 1911 am See, war hoch engagierter Ruderwart des Rudervereins. Mitarbeiter der Wiener Zeitschrift »Lieber Augustin« und des »Simplicissimus«, von Franz Blei (→ München/BY) als »Mondkalb« satirisch gezeichnet. Sein größter Erfolg, »Der Golem«, wurde 1915 in St. beendet; 1913 erschienen die drei Bde. »Des deutschen Spießers Wunderhorn«; 1921 »Der weiße Dominikaner« (Schauplatz Wasserburg am Inn). – Wohnungen u. a. in der Possenhofener Straße (heute) 23 (»Villa Rock«), nach dem »Golem« im »Haus zur letzten Latern«, Unterer Seeweg 4 (1939 abgebrochen); weitere Wohnungen: Himbselstraße 7, Wilhelmshöhenstraße 9. Grab auf dem Friedhof an der Hanfelder Straße: (Inschrift »VIVO«). Dort auch begraben: der »Beobachter von Polykarpszell« **Georg Queri** (→ Ammersee/Frieding/BY) und **Otto Falckenberg** (→ München/BY).
🅰 Ansässig in St.: Seit 1913 der Kunstschriftsteller **Hermann Uhde-Bernays** (1873-1965), Ehrenbürger; Wohnhaus Josef-Jägerhuber-Straße 11, Grab Neuer Waldfriedhof. – Zwischen November 1919 und

September 23 **Arnold Zweig** (→ Berlin) in einem kleinen Haus in der (heutigen) Josef-Fischhaber-Straße 14. – Seit 1934 das Ehepaar **Heinrich Wolfgang** und **Ina Seidel** (→ Berlin/Halle/ST); Ina Ehrenbürgerin (»Aus den schwarzen Wachstuchheften«, 1980); Wohnhaus Ottostraße 16, bei der Grab in Tutzing. – Seit 1935 **Rudolf (Georg) Binding** (1867-1938), Lyriker, formstrenger Erzähler, der »letzte Grandseigneur der dt. Literatur«; ambivalent sein Verhältnis zum NS-Staat (»Dies war das Maß«, Dicht. und Tgb. 1939). Wohnung in der (heutigen) Heinrich-Wieland-Straße 3. Seit 1935 Schriftstellerkreis (u. a. mit P. Alverdes, G. Britting, W. E. Süskind). Grab von B. in → Freiburg i. B./BW. Nachlass DLA Marbach. – Seit 1940 **Ernst Heimeran** (→ Münchberg/Helmbrechts/ BY); die E. »Grundstück gesucht« (1947) bezieht sich auf den Prinzenweg 27, wo H. am 31. 5. 1955 starb, Grab im Garten. – **Johannes Tralow** (→ Lübeck/SH) war 1945-47 Richter der 1. Spruchkammer in St. – Am 30. 3. 1966 starb **Erwin Piscator** (→ Wetzlar/Ulm/HE), am 29. 7. 1979 der Philosoph **Herbert Marcuse** (1898-1979), am 22. 5. 1988 der Siebenbürger Erzähler (»Zwischen Grenzen und Zeiten«, R. 1936) **Heinrich Zillich** (1898-1988) in St. In **Percha** (Starnberg-P.) lebte seit 1918 **Friedrich Alfred Schmid Noerr** (→ Karlsruhe/BW), »Sonnenhaus«, Berger Straße 8, hier starb er am 12. 6. 1969; Grab auf dem Friedhof. Hauptwerk des »Märchendichters und Weltweisen«, wie ihn Freund G. Meyrink nannte, ist der myth. Roman »Frau Perchtas Auszug« (1928), in dem der Kampf Pippins und seines Sohnes, Karls des Großen, gegen die heidnische Perchta dargestellt wird (Neuausg. 2002 u. d. T. »Perchta und Karl. Ein mythischer Liebeskrimi vom Starnberger See«).

L **Karl Valentin** (→ München/BY): »Einer alten Sage nach aus dem Jahre 1925 sollen sich vom **Undosabad** aus vorigen Sommer aus unbekannten Ursachen Tausende von Menschen in den See gestürzt haben; dieselben konnten sich aber dank ihrer guten Schwimmkenntnisse alle selbst aus den Wellen befreien.« Ebendort spielt auch **Herbert Achternbuschs** »Der Komantsche« (1979); A.s erstes Hörspiel trägt den Titel »Hörspiel in München und am Starnberger See«. **Andreas Neumeister** (geb. 1959 in St.) montiert in tagebuchartiger Form private Episoden aus der Gegenwart mit einer »Gedächtnisjagd« nach der NS-Vergangenheit des Ortes, in dem der Zahnarzt Friedrich Krohn Hakenkreuz und Parteifahne der NSDAP entworfen hat (»Äpfel vom Baum im Kies«, 1988). **Martin Walser**, »Ohne einander« (R. 1993). **Georg M. Oswald** erzählt in dem R. »Im Himmel« (2003) vom dekadenten Leben in dem »Paradies« genannten reichen Villenviertel von »Welting« am Starnberger See aus der Perspektive eines Jugendlichen.

Kempfenhausen

Ludwig II. mietete 1864 für **Richard Wagner** (→ Bayreuth/BY) die Villa Pellet, Münchner Straße 49/61, heute Landschulheim (Gedenktafel); dort die schicksalhafte Begegnung mit Cosima von Bülow.

Leoni

Vormals Assenbuch, bis der Opernsänger Giuseppe Leoni nach Assenbuch kam; er nannte seine zum Restaurant ausgebaute Villa »Leonihausen«, Leoni kam in Schwang. Das benachbarte Himbsel-Haus (1827) wurde zum Künstlertreffpunkt. 1866 erwarb es **Friedrich Wilhelm Hackländer** (→ Aachen/Burtscheid/NW); er starb hier 1877. Der See diente ihm als Kulisse seines Künstlerromans »Der Sturmvogel« (1872).
Die »Rottmannshöhe« oberhalb von Leoni ist nach dem Maler C. Rottmann (1797-

1850) benannt, der dort seinen Lieblings-
platz hatte (Denkmal mit Gedenktafel).
Dort stand auch das Hotel »Rottmannshö-
he«, ein zur Jahrhundertwende beliebter
Künstler- und Literatentreff. **Michael Ge-
org Conrad** (→ Ochsenfurt/Gnodstadt/
BY) schrieb hier u. a. den dreibänd. R.
»Die klugen Jungfrauen« (1889). Conrad
erwähnt auch die »Villa Gura« des Wag-
ner-Sängers E. Gura (1842-1906) auf der
Maxhöhe. In deren Nachbarschaft hatte
seit 1937 der Kabarettist **Fred Endrikat**
(→ München/BY) sein Refugium, ein
Blockhaus, die »Kumpelsburg«: »An einem
Sonntag stieg der Herrgott mal/Vom Wen-
delstein hinab, ins Isartal./Er ging bis Am-
merland und sah die sanften Höhn./›Potz
Tausend‹, rief er. ›Kinder ist das schön‹...«
Ein Gedenkstein – Initiative Dirk Heiße-
rer (»Die Maxhöhe«, 2000; »Der fröhliche
Diogenes. Gedichte aus der ›Kumpels-
burg‹«, 2004) – erinnert vor der neuen
»Kumpelsburg«, Enzianstraße 51, an den
Brettl-Dichter.

Aufkirchen

In der **Oskar-Maria-Graf**-Schule (O. M.
Graf: »Dorfbanditen«, »Kalendergeschich-
ten«, »Unruhe um einen Friedfertigen«)
ist auf zwölf Bildern des Malers M. Wag-
ner das Leben G.s (→ Berg) dargestellt.
Vom selben Künstler auch das Denkmal
(G. auf einem Koffer sitzend) an der Ab-
zweigung zur Schule. Nach dem Ortsaus-
gang in Richtung Bachhausen an der Ober-
landstraße der »Heimrath-Hof« (von einer
Lesung dort der Graf-Tochter Annemarie
Koch erzählt **Gerd Holzheimer** in »Auf
Trüffeljagd im Fünfseenland«), Geburts-
haus der Mutter Grafs (»Das Leben meiner
Mutter«); Familiengrab auf dem Friedhof.
– Von einer Vision im Gasthof Zur Post
zu seinem Film »Gespenst« erzählt **Her-
bert Achternbusch**: »Ich sah den nackten

Christus mit Lendenschurz und Dornen-
krone hinter der Theke stehen, wo sonst
nichts los ist« (1983). Der Kriminalroman
»Schwarzgeld« von **Harry Luck** ist nach
Angabe des Autors »kein Schlüsselroman«,
er bilde nur Strukturen einschlägig im Ge-
biet bekannter »Dorfbanditen« ab.

Berg

Oskar Maria Graf, * 22. 7. 1894 B., † 28.
6. 1967 New York. Autor zunächst von Ge-
dichtbänden wie »Die Revolutionäre. Amen
und Anfang« (1917), Prosa wie »Bayeri-
sches Lesebücherl. Weißblaue Kulturbil-
der« (1924), »Die Chronik von Flechting«
(1925), bis mit dem aut. Buch »Wir sind
Gefangene« 1927 der große Erfolg kam
(Fortsetzung »Gelächter von Außen«).
1933 Emigration über Wien, von wo aus
der Aufruf an die Nationalsozialisten er-

*Aufkirchen: Das Dorf im Rücken, auf dem Emi-
grantenkoffer sitzend, Oskar Maria Graf, den
See noch vor Augen, aber Amerika schon im
Blick*

folgte, die ihn bei der Bücherverbrennung »vergessen« hätten: »Verbrennt mich!« Über Brünn (1934) dann nach New York (1938), wo u. a. der Emigrantenroman »Die Flucht ins Mittelmäßige« (1959) entstand. Kurze Ehe mit Karoline Bretting (Grab auf dem Friedhof → Aufkirchen); zweite Ehe, obgleich nicht geschieden, in New York mit Mirjam Sachs, Cousine von Nelly Sachs und Freundin Rilkes, dritte Ehe mit Gisela Blauner. – Gedenktafel am Geburtshaus, der ehem. Bäckerei Graf (jetzt »Oskar-Maria-Graf-Stüberl«). Gegenüber das frühere »Café Maurus« (Grafstraße 18), nach dem Krieg als Ausflugs- und Literatencafé geführt vom Graf-Bruder Maurus. – Nachlass LA Monacensia. – W. F. Schoeller, »O. M. G. Odyssee eines Einzelgängers« (1994); D. Heißerer, »In der Landschaft von O. M. G.«, in: »Wellen, Wind und Dorfbanditen« (1995).
In der Seeshaupter Straße 34 (vormals Nr. 40) besuchte W. Kandinsky am 31. August 1911 A. Schönberg zum geistigen Austausch zwischen Malerei und Musik.

E Der gewaltsame Tod des entmündigten **Märchenkönigs Ludwig II.** im Starnberger See beschäftigt bis heute die Gemüter und findet Widerhall in der Literatur aller Genres, Mittelmaß und Kitsch überwiegen. Wichtiger »Majestät« von M. G. Conrad (1902). F. Wedekind, der sich den aufgebahrten toten König in Schloss B. anschaute, berichtet in einem Brief 1886 ausführlich seinem Vater. Tochter Kadidja setzt sich in dem Tatsachenroman »König Ludwig und sein Hexenmeister« (1954) mit dem Fall auseinander. G. Apollinaire in dem Gedichtband »Alcools« (1913); Verse von P. Verlaine »À Louis II de Bavière« (1886) bilden das Motto für Klaus Manns N. »Vergittertes Fenster« (1937). Sehr ausführlich schließlich O. M. Graf in »Das Leben meiner Mutter« (1946). Bilanz: »Er war ein König. Ludwig II. von Bayern. Erlebtes, Erforschtes, Erdichtetes von Zeitgenossen und Nachfahren« (Hrsg. L. Hollweck, 1979).

In **Allmannshausen** erinnert der Zieglerweg an die große Tragödin (und Kleine-Stücke-Schreiberin) **Klara Ziegler** (1844-1909), die 1898 die Villa Billing kaufte. Am Zieglerweg 15 wohnte der expression. Dramatiker und 1935-45 (NS-) Präsident der Reichsschrifttumskammer **Hanns Johst** (1890-1978). Er schlug 1933 vor, Thomas Mann (→ Lübeck/SH) im KZ Dachau zu internieren.

Ammerland

Das alte Ritterlehen Ammerland wurde der Familie **Pocci** von König Ludwig I. zugeteilt. **Lorenz Westenrieder** (→ München/BY) lobte es schon 1784 in seiner »Beschreibung des Wurm- oder Starenbergersees und der umherliegenden Schlößer«: »Das Schloß ist artig gebaut, und ganz nach itziger Mode meublirt.«
Franz Graf von Pocci (→ München/BY), Hofzeremonienmeister König Ludwigs I., Universalgenie, auch als »Kasperl-Graf« bekannt: Sammlung von Kasperl-Komödien (6 Bde.) unter dem Titel »Lustiges Komödienspielen«, mit dem »Kasperl Larifari« und dem »Staatshämorrhoidarius«. Seine Puppentheatersammlung im Münchner Stadtmuseum ist die größte und bedeutendste der Welt. Enge Freundschaft mit **Franz von Kobell** (→ München/BY), »einer ohne den anderen nicht denkbar« (E. Roth). Seit 2002 Franz-Graf-von-Pocci-Gesellschaft e. V. in Münsing.
In A. gründet **Kadidja Wedekind** (1911-1994) ihr Kinderreich »Kalumina« (R. 1933). **Dirk Heißerer** verzeichnet in seiner Neuausg. (1996) auf der Karte 19 topographische Punkte A.s, die in »Kalumina« vorkommen. »Den Bewohnern von Ammerland« ist das Buch gewidmet.

Münsing

Auf dem Pfarrfriedhof befindet sich die Familiengruft der **Poccis**, Grabinschrift am Chor der Kirche. Dort auch das Grab von **Friedrich Ratzel** (→ Karlsruhe/BW). Auf dem Neuen Friedhof das Grab von **Gunter Groll** (u. a. »Magie des Films«, 1953/→ München/BY).

Ambach

Waldemar Bonsels (→ Bad Oldesloe/Ahrensburg/SH) lebte seit 1919 in A., wo er am 31. 7. 1952 starb. Die Landschaft am Starnberger See wurde zur Grundfolie seiner »Mario«-Trilogie (1928-1937). Ein geschnitztes Tor aus Ungarn ziert den Eingang zum Garten des Anwesens an der Seeuferstraße 25, der aufgemalte Spruch lautet in der Übersetzung: »Wenn du Gott und deine Heimat liebst, magst du eintreten; mit tückischer Seele sollst du draußen bleiben.« Auf dem Urnengrab im Garten des Dichters steht der Schlusssatz von B.s Buch »Himmelsvolk« (1916): »Wir sind alle aus der Freude geboren und kehren zu ihr zurück.« (Im Haus residiert heute die »Pumuckl-Verwertungsgesellschaft«, nach der von Ellis Kaut geschaffenen Figur.)

Ernst Wiechert (→ Berlin) wohnte ab 1933 am Simetsberg 9 (ehem. »Waldschlößl«, jetzt Klinikum Wiedemann). 1934 besuchte ihn dort, von Bernried herüberrudernd, wo er unter falschem Namen lebte, der 1913 in München als Fritz Rosenthal geb. jüdische Schriftsteller **Schalom Ben-Chorin** (1913-99). Er traf W. beim Schwimmen: »Unter diesen Umständen mußte es bestimmt lächerlich wirken, daß ich in meinem Kahn zeremoniös aufstand (wobei ich halb das Gleichgewicht verlor) und mich verbeugend, sagte: ›Habe ich die Ehre mit Herrn Wiechert?‹ –

›Derselbe bin ich‹, sagte der Schwimmer und reichte mir die nasse Hand ins Boot.« Nach **Walter Kolbenhoff** (→ München/BY) kam 1949 **Wolfgang Hildesheimer** (→ Hamburg) nach Ambach; Atelier im Lecker-Haus (Seeleiten 65). Die ersten »lieblosen Legenden«, mit A.er topograph. Anspielungen, entstanden. Das »Dorfwirtshaus« in der E. »Eine größere Anschaffung« z. B. ist das Gasthaus Bierbichler, in dem in einer ehem. Magdkammer 1952 **Patricia Highsmith** während eines Besuches bei Hildesheimer logierte. 1951 zog Hildesheimer ins »Waldschlößl«.

Für **Herbert Achternbusch** waren A. und »Das Ambacher Exil« (1987) gleichbedeutend mit dem »Bierbichlerhaus« (»Zum Fischmeister«), dessen einstige Wirtsgeschwister Annamirl und Josef (»Sepp«) Bierbichler mittlerweile zu Schauspielerehren gekommen sind; **J. Bierbichler** erzählt in »Verfluchtes Fleisch« über seine Erfahrungen als Schauspieler und bissig über die »unverdaulichen Gäste des Wirtshauses«. Ein Foto zu den Dreharbeiten von »Servus Bayern« (1977) zeigt Achternbusch auf der Terrasse der Wirtschaft: »Hinterm Bierbichler Gasthaus in Ambach sitz der Dichter Herbert und schreibt. Er ist ganz in Weiß und trägt einen weißen Gletscherhut ... Ein Weißbier hat er neben der Schreibmaschine, raucht und liest, was er eben geschrieben hat: In Bayern mag ich nicht einmal mehr gestorben sein ...« (»Servus Bayern«, Filmbuch). – Viele Jahre hat über diesem Wirtshaus auch die Schriftstellerin **Luisa Francia** (Jg. 1949) gelebt, die auf A. in »Auf der anderen Seite der Haaresbreite« und »Magie des Ankommens« zu sprechen kommt; sie selbst spielt in den Büchern von Achternbusch und Bierbichler eine Rolle.

1954 ließ sich **Wilhelm Emanuel Süskind** (→ Weilheim/BY), Leitender Redakteur der »Südt. Zeitung«, in A. nieder. 1957 er-

schien die Buchausg. der 1945-48 zusammen mit D. Sternberger und G. Storz in der Zs. »Die Wandlung« publizierten Artikelserie »Aus dem Wörterbuch des Unmenschen«. Sohn **Patrick Süskind**, erfolgreicher Dramatiker (»Der Kontrabaß«, 1981) und Bestseller-Autor (»Das Parfüm«, 1985) ist 1949 in A. geb. Aut. Reminiszenzen in »Die Geschichte von Herrn Sommer« (1991).
»Eingeladen, mich wohl zu fühlen,/nahm ich von dem Zimmer Besitz./Ein Fenster ging auf den See,/über dem Vögel Himmel und Wasser/vertauschten . . .«: **Michael Krüger** im Prolog zu den Ambach-Gedichten in »Die Dronte« (1985).

St. Heinrich

Von **Maximilian Schmidt** (→ Furth im Wald/Eschlkam/BY), dem »**Waldschmidt**«, wünschte sich König Ludwig II. ein Buch, das am See selbst spiele. W., zu der Zeit in **Ambach** im Haus des »Fischer-Pauli« logierend, schrieb die E. »Die Fischerrosl von St. Heinrich« (1885, n. 2000, Hrsg. D. Heißerer). Die jeweils entstandenen Kapitel wurden Stück für Stück dem König nach Berg gebracht; Ludwig dankte »für die genußreichen Stunden« und ernannte Sch. am 25. 8. 1884, des Königs Namens- und Geburtstag, zum kgl. Hofrat. 1898 erwarb Sch. an der Holzbergstraße 16 ein Landhaus (1989 abgerissen). »Gasthaus Fischerrosl« bei der Kirche. – Im »Seebad« St. H. spielen auch Teile des R.s »Prinz Kuckuck« (1907) von **Otto Julius Bierbaum** (→ München/BY), der mit seiner ersten Frau Gusti, die er in Dießen kennengelernt hatte, hier (auf der Öd) lebte; Scheidung 1899, das G. »St. Heinrich« spielt darauf an.

Seeshaupt

Am 30. April 1945 befreiten amerikan. Soldaten aus einem Güterzug, der am Bahnhof S. stehengeblieben war, 2000 KZ-Häftlinge, darunter 68 Tote. Eine Eisenplastik von J. Kicherer »Zum Hasse nicht, zur Liebe bin ich« an der Bahnhofstraße erinnert an die »Zeid aussa da Zeid«.
Anton Dörfler (→ Würzburg/BY) lebte seit 1941 als freier Schriftsteller in S. (»Dörflerhaus« Hauptstraße 21). Er starb hier am 12. 3. 1981; Grab auf dem Friedhof. – **Johannes von Guenther** (1886-1973), Schriftsteller, »Ein Leben im Ostwind« (Erinn. 1969) als Verleger und v. a. Übersetzer fast der gesamten klass. russ. Dichtung, lebte 1952-69 in der Pettenkoferallee 56. Unter den Besuchern Verleger wie Dichter und Theaterleute: **Ernst Rowohlt** (→ Hamburg), **Günter Eich** (→ Frankfurt a. d. Oder/Lebus/BB) und **Ilse Aichinger**, **Otto Falckenberg**.
🅰 Sommergäste: 1907 **Thomas Mann** (→ Lübeck/SH) mit Familie, Logis in der »Villa Hirth« (heute Haus Eberle) St. Heinricher Straße 81. Arbeit am zweiten Roman »Königliche Hoheit« (1909). Bei späteren Besuchen in S., bei dem Maler H. Ebers (»Villa Seeschlößchen«) erste Anregungen zum »Joseph-Roman«. Eine geplante Übersiedlung zerschlug sich an den »ungeheuerlichen Kosten«.
1916 im März **Walter Benjamin** (→ Berlin) mit Dora Pollak in der »Villa Tambosi« (St. Heinricher Straße 52); im Juni kam **Gershom Scholem** dazu (»W. B. – die Geschichte einer Freundschaft«, 1975). – 1918 und 19 **Alfred Kerr** (→ Berlin): »Seeshaupt mit seinem Ernsten und seinem Ulkigen . . .« und die Lauterbacher Mühle an den Ostersen. – Moor und Ostersen gehören auch zu den dramat. Schauplätzen des R.s »Der Augenzeuge« (von Hitlers Karriere/1963) von **Ernst Weiß** (→ Ber-

lin). Der Arzt und Schriftsteller hielt sich 1919 und 20, aus München ausgewiesen, in S. (Hotel zur Post) auf. – Am Haarsee in den Wäldern auf Weilheim zu schrieb in einer Blockhütte **Sophie Dorothee Gräfin Podewils** (1909-79) ihren zweiten großen Roman »Wanderschaft« (1948). – **Ernst Kreuder** (→ Darmstadt/HE) verbrachte 1946 und 47 den Sommer am See, Quartier im »Kapitänshaus« (St. Heinricher Straße 23). Er schrieb an den »Unauffindbaren« weiter; zwei Kurzgeschichten erinnern: 1956 »Wasserlinie der Zeit« (später auch u. d. T. »Abend am Starnberger See«), 58 »Abgelegenes Haus am See«.

L Werner Bergengruen (→ Baden-Baden/BW) beschreibt in »Liebe zu München und seinem See« (»Deutsche Reise«, 1934) eine Fahrt vom Süden des Sees in die Berge: »Immer bleibt die Bergkette vor mir, Haupt an Haupt, zart und lichtgefärbt. Das Gewaltigste und Wildeste unseres Landes, das Hochgebirge, das erscheint plötzlich in Zartheit, Innigkeit, Duft. Aber Gott war ja auch nicht im Sturm und nicht in Feuerflammen, sondern in einem sanften und stillen Säuseln.«

Bernried

Buchheim Museum (der Phantasie) des streitbaren Malers, Schriftstellers (»Das Boot«, 1973), Kunstsammlers (Expressionisten) und Verlegers **Lothar-Günther Buchheim** (1918-2007).

Im ehem. Kloster **Bernried** wirkte im 12. Jh. der »bayerische Livius« **Paulus von B.**; von ihm stammt u. a. die Lebensbeschreibung der in der Stiftskirche beigesetzten sel. Herluka. Vom Pfyffer-Grab auf dem Friedhof erzählt **Alfred Kerr** in »Die Welt im Licht«. – Ein Granitdenkmal am Seeufer ist dem zu seiner Zeit bekannten Militärschriftsteller **Karl Tanera** (→ Landshut/BY) gewidmet. In seinem Haus

Am Hopfgarten 7 war im Sommer 1899 ein »Literarischer Bienenstock« um **Max Halbe** (→ München/BY) und den Maler L. Corinth versammelt. – Über die Dollarkönigin vom Starnberger See und ihre Salons berichtet **Peter Wiede** in »Das verrückte Luxusleben der Wilhelmina Busch«; von ihr stammt die noch existierende Parkanlage.

Tutzing

Akademie für Politische Bildung T.; Ev. Akademie, verleiht seit 1984 Marie Luise Kaschnitz-Preis. Im Pol. Club der Ev. Akademie wurde 1963 von Egon Bahr das Konzept »Wandel durch Annäherung« entwickelt, mit dem die neue Ostpolitik der Regierung Brandt-Scheel eingeleitet wurde.

Unter den T.er Villen ist die lit. wichtigste das »Midgard-Haus«. **Maximilian Schmidt**, der »**Waldschmidt**«, beschreibt in seiner Aut. »Meine Wanderung durch 70 Jahre« seinen Wunschtraum, an dieser Landspitze, nördlich von T., einmal ein Schlösschen zu besitzen. 1864 erfüllte sich der Wunsch: Mit seinem »geliebten Wesen« zog er in die »Villa Fadelbach« ein, verlebte dort »glückliche Jahre mit Weib und Kindern«, vermietete 1869 an königl. Hoheiten und verkaufte das Anwesen 1872. Ab 1882 verwirklichten sich hier »meiner Jugend schönste Träume« auch für **Georg Moritz Ebers** (→ Berlin), »hervorragender Ägyptologe« nach Th. Mann, aber »schlechter Poet«; 1898 starb E. in seiner, der »Ebersvilla« nun. Für Enkelin **Ina Seidel** bedeutete in den Kinderjahren der Aufenthalt hier »das größte Ereignis des Sommers«. (Ina und **Heinrich Wolfgang Seidel** sind auf dem Neuen Friedhof von T. begraben.) 1919/20 schließlich inszenierte **Georg Kaiser** (→ Magdeburg/ST) als Mieter in der Villa in der »Kombination Armut und Größenwahn« (D. Heißerer)

eines seiner berühmt-berüchtigten Inter-
mezzi.

Kurze Zeit hielt sich 1913 auch **Heinrich
Mann** (→ Lübeck/SH) in T. auf, er
schrieb hier (Hallberger Allee 5 heute)
an seinem Dr. »Madame Legros«. Die Kin-
derbuchautorin **Marina Thudichum** (1906-
90) lebte in der gleichnamigen Villa in
der Bahnhofstraße 14 (ihr größter Erfolg
»Mohrle, kommst du?«, 1949). – Im »Bu-
chenhaus« am Höhenberg 15 lebte zwi-
schen 1932 und 50 **Wilhelm Hausenstein**
(→ Wolfach/Hornberg/BW) mit seiner
jüdischen Frau Margot. Seine Tagebücher
1942-46 (»Licht unter dem Horizont«,
1967) sind eindrucksvollste Zeugnisse
der »inneren Emigration«. – **Heinz Flügel**
(1907-93), Lyriker, Erzähler, Dramatiker,
wurde 1949 Studienleiter der Ev. Akade-
mie (wohnte in der alten Schlözer-Villa,
Traubinger Straße 18). Auf der ersten Dich-
tertagung der Akademie 1951 las **Marie
Luise Kaschnitz** (→Karlsruhe/BW) ihren
großen »Tutzinger Gedichtkreis«: »Zu re-
den begann ich mit dem Unsichtbaren/
Und sagte: ich verstehe nichts . . .« In sei-
nen Erinn. »Zwischen den Linien« (1987)
erzählt Flügel auch von den Spaziergängen
mit **Peter Paul Althaus** (→ Münster/
NW), der »herzenshälftig« in Schwabing
(seiner »Traumstadt«) und T. (Kuster-
mannstraße 12) lebte. – 1952 starb **Felix
Huch** (→ Braunschweig/NI) in T.; Grab
auf dem Alten Friedhof.

Auf dem Johannishügel im Süden steht
ein Denkmal für **Friedl Brehm** (1907-
85), der lange Zeit in **Feldafing** lebte, wo
er ab 1957 in seinem Verlag neben eini-
gen Altmeistern (wie **Max Dingler**/1883-
1961) v. a. der neuen bay. Mundartpoesie
(**Benno Höllteuffel, Ossi Sölderer, Bern-
hard Setzwein** u. v. a. m.) eine Chance
gab.

Feldafing

Von **Dirk Heißerer** entdeckt: **Thomas
Manns** »Villino«, 1999 als lit. Gedenkstät-
te auf dem Gelände der Fernmeldeschule
der Bundeswehr, Tutzinger Straße 46, ein-
gerichtet. Hier schrieb Th. M. zwischen
1919 und 23 am »Zauberberg«, Abschnitt
»Fülle des Wohllauts«, inspiriert durch die
»Wundertruhe« des Grammophons. Im
Haus auch der Nachlass von **Anita Naef**
(1924-2000), Mitarbeiterin und Lebensge-
fährtin von **Peter de Mendelssohn** (1908-
82), letzte Sekretärin von Th. M. sowie
Mitarbeiterin von **Katia**, die 1883 in Feld-
afing geboren wurde, **Erika** und **Golo
Mann** (→ München/BY).

A In F. lebte, u. a. im heutigen Dr.-Appel-
hans-Weg 2, **Emma Bonn** (1879 Bonn –
1942 KZ Theresienstadt), deren Roman
»Sonne im Westen« (1931) von Th. Mann
sehr geschätzt wurde. Sie war befreundet
mit **Bruno Frank** (→ Stuttgart/BW)
und **Rolf von Hoerschelmann** (→ Mün-
chen/BY), der die Umschlagzeichnung zu
ihrem R. »Das Kind im Spiegel« (1935) ent-
warf. Frank wohnte Wielinger Straße 28;
im Gedichtband »Die Kelter« (1919) wird
auch der Starnberger See thematisiert.
Hoerschelmann kam 1927 nach F., Woh-
nung Schluchtweg 20; in seinem Todes-
jahr erschienen seine Erinn. »Leben ohne
Alltag«; Grab auf dem Friedhof.

L **Lorenz Westenrieder** pflichtete 1784 dem
Ägyptologen J. Braun bei, der, »von dem Aus-
sichtspunkte bei Feldafing den See und die
Berglandschaft überblickend, ausrief: es gebe
auf der weiten Erde nur Einen Punkt« – das
goldene Horn bei Byzanz –, der mit diesem
»an hoher, immer wechselnder und doch im-
mer unveränderter Schönheit« zu vergleichen
sei. **Werner Heisenberg** erinnert sich in »Der
Teil und das Ganze« (Aut. 1969) an eine Wan-
derung »durch das Hügelland am Westufer des
Starnberger Sees, der, wenn eine Lücke im

leuchtenden Buchgrün den Blick frei gab, links unter uns lag und beinahe bis zu den dahinter sichtbaren Bergen zu reichen schien. Auf diesem Weg ist es merkwürdigerweise zu jenem ersten Gespräch über die Welt der Atome gekommen«. Und **Dirk Heißerer** weist in seinen »Literarischen Erkundungen am Starnberger See« (»Wellen, Wind und Dorfbanditen«) scherzhaft darauf hin, dass **Joachim Ringelnatz** (→ Wurzen/SN) in seinem Gedicht »Der wilde Mann von Feldafing« den streitbaren **Lothar-Günther Buchheim** (»Die Tropen von Feldafing«, 1978) vorweggenommen habe. – Romanschauplatz F.: »Der ewige Spießer« (R. 1930) von **Ödön von Horváth** (→ Weilheim/Murnau/BY); »Herr Heßreiter diniert am Starnberger See«, in »Erfolg« (R. 1930), von **Lion Feuchtwanger** (→ München/BY).

S Die »Villa Waldberta« ist das intern. Stipendiatenhaus der Stadt München, in dem Künstler (auch Literaten) aus der ganzen Welt zu Gast sind.

Possenhofen

E Roseninsel: Elisabeth (1837-1898), die spätere Kaiserin von Österreich, wuchs im Schloss Possenhofen auf. Auch nach ihrer Heirat mit dem öst. Kaiser Franz Joseph hielt sie in ihrer alten Heimat, vom 16. bis zum 21. Lebensjahr, im Schloss Hofstaat mit all ihren Tieren, bis das Schloss zu eng wurde und man im nachmaligen Hotel »Kaiserin Elisabeth« eigens für ihre Aufenthalte anbaute (die »Sisi-Suite« kann gebucht werden). Regelmäßig besuchte König Ludwig II. seine Cousine bei ihren Sommeraufenthalten von 1872 bis 78, v. a. auf der Roseninsel trafen sie sich – oder schrieben sich Gedichte: »Du Adler, dort hoch auf den Bergen, / Dir schickt die Möve der See / Einen Gruß von schäumenden Wogen / Hinauf zum ewigen Schnee. // Einst sind wir einander begegnet / Vor urgrauer Ewigkeit / Am Spiegel des lieblichsten Sees, / Zur blühenden Rosenzeit. // Stumm zogen wir nebeneinander / Versunken in tiefe Ruh'... / Ein Schwarzer nur sang seine Lieder / Im kleinen Kahne dazu.« Erst im September bekam Ludwig Nachricht,

Possenhofen: »Der alten Zeit Erinnerung«, die Roseninsel

eilte unverzüglich über den See auf die Insel und dichtete zurück: »Der Möve Gruß vom fernen Strand / Zu Adlers Horst den Weg wohl fand. / Er trug auf leisem Fittigschwung / Der alten Zeit Erinnerung...« (1885). Im Jahr darauf war Ludwig tot, Elisabeth versuchte, auf spiritistische Weise mit ihm in Kontakt zu bleiben.

Zu Besuch auf der R. war u. a. 1852 H. Ch. Andersen (»Das Märchen meines Lebens«, 1855). Auf der Flucht vor der Cholera verbrachte P. Heyse den Sommer 1856 (»in leuchtendster Erinnerung«) in Possenhofen. Laut M. G. Conrads »Majestät« (1902) schaute dieselbe »auf die Roseninsel hinüber, die wie ein Frühlingszauberidyll aus dem leicht gekräuselten See auftauchte.« Ironischen Niederschlag findet die Anlage samt Ludwigskult in Ö. von Horváths »Der ewige Spießer« (R. 1930).

Niederpöcking

Richard Billinger (→ Passau/BY), erfolgreich mit seinen Bauerndramen (»Perchtenspiel«, 1928, »Rauhnacht«, 1931), lebte nach Berlin und München in N., Possenhofener Straße 13.

In der Villenkolonie, neben dem »Quellenheim« des Erzgießers F. von Miller, liegt die Bundesschule des DGB; 1956 und 57 tagte hier die Gruppe 47: **Carl Amery** (→ München/BY) u. a. las aus seinem sat. Roman »Die große deutsche

Tour« (1958); Amery kam in der Gruppe nie so recht an, obgleich ihn H. W. Richtern zu den »zwei Intellektuellen, die es in Bayern gebe«, zählte.

R »Nach Volksworten jagend«, durchsuchte **J. A.** Schmeller (→ Tirschenreuth/BY) für sein Wörterbuch mehrfach zu Fuß die Gegend: »über Sendling (von Sand), Fürstenried, Gauting (Gaut, Wald) … nach Starnberg«. Von Starnberg aus sind die zurückgelegten Tagesstrecken beachtlich: am »18t« in »Andex«, am »19t« in Wessobrunn, kommt Schmeller am »20t« in Kempten an; über Pfronten und »Füßen« geht es nach »Partenkirch« und wieder zurück. **Eugen Oker** notiert in »Zahlbar nach dem Endsieg« (1996) akribisch die Orte, durch die der fahnenflüchtige Soldat Kagerer auf seiner Flucht kommt: »Stockdorf, Krailling, Gräfelfing, Lochham, Pasing«; im Mai 1945 markieren sie eine langsame Annäherung an die Heimat.

Würmtal

Literarischer Herbst (seit 2003).

Gauting

Theaterforum G. – Die Reismühle bei G. der Sage nach Geburtsort Karls des Großen; Eiche mit Gedenktafel; die Wiege, die in der Mühle gezeigt wird, ist aus dem 19. Jh.

Theodor Freiherr von Hallberg-Broich (gen. **Eremit von Gauting**), * 8. 9. 1768 Schloss Broich b. Jülich, † 17. 4. 1862 Burg Hörmannsdorf (→ Gem. Weng/Landshut/BY), Grab Friedhof W., Weltenbummler, Schriftsteller, Militär und Ökonom. Erwarb 1819 das Schlossgut Fußberg im Mühltal. 1825/26 Gründung einer Moorkolonie zwischen Freising und Erding. Großreisen. – W.: Gebetbuch

für die Kolonie Hallberg (1838); Kriegsgeschichten, Reisen und Dichtungen (Hrsg. M. Baron Künßberg-Thurnau, 1862). – W. Bülow: »Der Eremit von Gauting« (1991).

Otto Freiherr von Taube, * 21. 6. 1879 Reval, † 30. 6. 1973 Tutzing, Lyriker, Erzähler, Essayist und Übersetzer, Vertreter eines prot. Humanismus. Kindheit und Jugend bis 1892 in Estland; Studium in Leipzig und Halle; dann Reisen in Europa und Afrika. Später im Goethe-Nationalmuseum in Weimar tätig. Ab 1910 freier Schriftsteller. Freundschaft mit H. von Hofmannsthal und R. A. Schröder (→ Bremen). Seit 1921 in G. Von den Nazis mit Schreibverbot belegt, erlernte er mit Mitte 40 das Metzgerhandwerk. – W. Gedichte und Szenen (1908); Rasputin (B. 1924); Die Metzgerpost (R. 1936); Im alten Estland (Aut. 1950); Wanderjahre (Aut. 1950); Ausgew. Werke (1959). Unter den Gedichten »Gautinger Freitag«. – Wohnhaus Gartenpromenade 34; Grab auf dem Friedhof. – Maria von Taube, »Von Bayern und Balten. Eine Kindheit zwischen Villenkolonie und Dorf« (1998).

A Der »Obertukanpoet« **Rudolf Schmitt-Sulzthal** (1903-71; Grab Friedhof G.) betrieb im Wartesaal des Bahnhofs eine Dependance des Schwabinger Tukankreises. – Im inzwischen abgerissenen Gasthof »Würmbad« in G. spielt u. a. die »zweite Station« von »Der Atlantikschwimmer« (1975) von **Herbert Achternbusch**. Auch andere Szenen A.s haben ihren Ursprung in G.; in dem Band »Wind« (1984) erinnert sich A. in Briefen an »Hartmut«, gemeint ist der Münchner Autor **Hartmut Riederer** (geb. 1942 in Kötzting), Verfasser u. a. von »Unter, Ober, König, Sau. Ein Puppenspiel zur Geschichte Bayerns«, 1980: »Wenn Du Dir das Foto mit Alex an der Gautinger Würmbrücke noch ein-

mal anschaust, siehst du hinter der Aral-
tankstelle ein widerwärtiges Gebäude, den
Nachfolgebau unseres geliebten Würmba-
des, das Du hier erblickst. Den Säufern
eine Heimat, den Wildesten der Arbeiter:
viele habe ich für meine Filme entdeckt«. –
»Verloren, mein Vater« und »Schwimm-
badsommer« von **Fridolin Schley** bilden
wiedererkennbare Verhältnisse in G. ab;
in dem Roman »Engelsalm« (2004) von
Sabine Zaplin kommt G. als »Edering«
vor.

Krailling

In der Albrecht-Dürer-Straße 16 war die
Redaktion der von A. Andersch und R.
Hocke gegr. Zs. »Ruf« (Mithrsg. H. W.
Richter) untergebracht. 1947 von den
Amerikanern verboten, erwuchs aus ei-
nem Treffen ehem. Mitarbeiter im Herbst
des gleichen Jahres die **Gruppe 47**.

Planegg

In der Georgengasse 2 in P. das Wohn- und
Sterbehaus des großen Komikers und
Volkssängers **Karl Valentin** (Gedenktafel).
Immer wieder kreisen seine Reflexionen
um die Würm, die durch sein Anwesen
fließt, teils in Sketchen mit L. Karlstadt:
»Sie können doch nicht sagen: durch Grä-
felfing fließt die Würmer!«, teils auch in
Briefen an die NS-Ortsgruppenleitung,
bei der er sich beschwert, ihm sei durch
das Absperren der zwei Nebenschleusen
im Mühlwerk von Gräfelfing großer Scha-
den entstanden: »Wir hatten oft 30-40 cm
hohen Wasserstand in unserm Gemüse-
garten, sodaß wir mit einem regelrech-
ten Holzfloß darin umher fahren muß-
ten.« Grab auf dem Friedhof von P.; Denk-
mal (»Spritzbrunnenaufdreher«) auf dem
Marktplatz 7. – In der Waldkirche von P.

wurden 1937 gewaltsam Teile einer von
Ernst Penzoldt (→ Erlangen/BY) geschaf-
fenen Emporenwand entfernt, darunter
das Kruzifix und Evangelistantafeln. – In
der Wallfahrtskirche **Maria Eich** verlobte
sich **Franz Graf von Pocci**, der »Kasperl-
graf«, mit der Reichsgräfin Albertine von
Marschall.

Gräfelfing

Kurt Huber (1893 in Chur in der Schweiz
geb., 1943 als Mitglied der »Weißen Rose«
in München hingerichtet), Musikwissen-
schaftler und Philosoph, gemeinsam mit
dem Kiem Pauli (→ Tegernsee/BY) Samm-
ler oberbay. Lieder, v. a. in den Alpen und
im Voralpenland. Komponierte auch Volks-
musik in neuen Sätzen (mit Carl Orff/→
Ammersee/BY, 1942). Verfasser einer Mo-
nographie über Leibniz. Seit 1938 in G.,
Ritter-von-Epp-Straße, jetzt K.-H.-Stra-
ße 5 (Relief am Beginn der Straße). – In
der Geigerstraße 6 wohnte **Alois Johannes
Lippl** (1903 München – 1957 G.), Verfas-
ser bay. Volksstücke und Mysterienspiele
(»Die Pfingstorgel«, 1933; »Der Holleda-
uer Schimmel«, 1937; »Saldenreuther Weih-
nacht«, 1954). 1948-53 Intendant des Bay.
Staatsschauspiels. Grab auf dem Friedhof
von G. Dort auch beigesetzt **Gottfried
Kölwel** (→ Regensburg/Beratzhausen/
BY), der 1938 nach G., Grawolfstraße 2,
gekommen war (Grab 1998 aufgelöst),
und der Tier- und Reiseschriftsteller **Paul
Eipper** (1891-1964). Ebenfalls auf dem
Friedhof das Grab von 53 von den »Wei-
ßen Garden« 1919 erschossenen russischen
Kriegsgefangenen (**Ernst Niekisch**/→ Ber-
lin, berichtet in »Gewagtes Leben« von
dem Vorfall). **O. M. Graf** suchte das
Grab bei seinem ersten Besuch in der alten
Heimat 1958 auf. – »Dokumentations-
und Forschungsarchiv 10. Mai 1933 –
Deutsche Literatur auf dem Scheiterhau-

fen«, angelegt durch den privaten Sammler G. Salzmann.

B Bestes Vademecum für den »Dichtersee«: die »Literarischen Erkundungen« D. Heißerers »Wellen, Wind und Dorfbanditen« (1995); R. Just, Krumme Touren. Reisen in die Nähe (u. a. Alpenvorland), 2001; 2003 erschien »Auf Trüffeljagd im Fünfseenland« von G. Holzheimer; J. R. Hansen, » … und Sisyphus lachte«, 2004 (34 Autoren-Porträts).
Z Bad Tölz, Fürstenfeldbruck, Miesbach, München, Weilheim, Wolfratshausen (BY).

STEINFURT/NW

In St., das bereits um 1600 eine Hohe Schule besaß, geb.: der Bürgermeistersohn **Christoph Deichman(n)** (1576-1648), der unter dem Beinamen »Der Lautere« in die 1617 in → Weimar/TH gegründete »Fruchtbringende Gesellschaft« aufgenommen wurde (»Carmina gratulatoria …«, 1605); **Levin Ludwig Schücking** (1878-1964), ein Enkel Levin Sch.s (→ Meppen/NI), der 1908 »Balladen und Lieder« veröffentlichte und v. a. durch literarhist. Werke bekannt wurde (Nachlass DLA Marbach).

A 1750 verfasste **Justus Möser** (→ Osnabrück/NI) in St. im Regierungsauftrag einen Bericht über die Zustände der Grafschaft (»Bentheimer Bericht«). – Der Lyriker und Dramatiker **August Friedrich Siegfried von Goué** (1742-1789), Legationssekretär am Reichskammergericht in → Wetzlar/HE, kam 1779 als »Premierleutnant und Kavalier« in den Dienst des Grafen von Bentheim-Steinfurt nach Bad Bentheim. (»Masuren oder Der junge Werther«, Tr. 1775). – Das Gymnasium Arnoldinum, Nachfolger der 1591 nach St. verlegten Hohen Schule, besuchte **Richard Huelsenbeck** (→ Dortmund/NW). – **Friedrich Castelle** (→ Münster/Appelhülsen/NW) wohnte zuletzt bis 1954 in St. (»Min Mönsterland«, 1949).

Laer

Werner Rolevinck, * 1425 L., † 26. 8. 1502 Köln. Der Bauernsohn vom Rolfinghof (Neubau) trat nach einem Jurastudium in Köln 1448 als Mönch in das Kartäuserkloster St. Barbara ein. Er wurde einer der erfolgreichsten Schriftsteller seiner Zeit, v. a. mit seiner Universalgesch. »Fasciculus temporum« (1474). Sein Hauptwerk: »De laude Antiquae Saxoniae nunc Westphaliae dictae« (1474, »Westfalenlob« n. 2002) gilt als die »älteste Kulturgeschichte einer deutschen Landschaft«.

Rheine

Josef Winckler, * 6. 7. 1881 R., † 29. 1. 1966 → Bensberg (Bergisch Gladbach/ NW), Lyriker und Erzähler. Kindheit in → Hopsten (Tecklenburg/NW), Studium in Bonn, Zahnarzt in Homberg und → Moers/NW. Seit 1932 freier Schriftsteller, ab 46 in Bensberg, wo er 57 die Nyland-Stiftung gründete. 1912 hatte er sich mit W. Vershofen (→ Bonn/NW) und J. Kneip (→ Simmern/Morshausen/RP) zum »Bund der Werkleute auf Haus Nyland« zusammengeschlossen (»Wir drei«, G. bereits 1904). Erfolgreich v. a. sein westfäl. Schelmenroman »Der tolle Bomberg« (1922). – W.: Eiserne Sonette (anonym 1912); Pumpernickel (En. 1926). Ges. Werke (1984 ff.) – Geburtshaus auf der Saline »Gottesgabe« (Gedenktafel); Büste in der Stadtbibliothek; Bibliothek und Arbeitszimmer im Falkenhof-Museum. – J.-W.-Preis der Stadt R. für die besten Schulabgänger.

Welbergen

Die Wasserburg Haus W. gehörte **Franz Kaspar Buchholz** (1759-1812), der **Johann Georg Hamann** (→ Münster/NW) finanziell unterstützte und zum Freundeskreis von **Amalia von Gallitzin** (→ Münster/NW) zählte. B. war Mitarbeiter am »Deutschen Museum« und schrieb kleine Erzählungen, Betrachtungen und Fabeln (Nachlass SA Münster). – Dezember 1787 bis März 88 wohnte J. G. Hamann auf W., das in jüngerer Zeit in den Besitz von **Friedrich Castelle** kam. Seit 1959 Sitz der Bertha-Jordaan-van-Heek-Stiftung (zur Förderung landschaftl. und kultureller Verbindungen).

R Auf dem **Rheiner** Marktplatz spielt das 9. Kapitel des »Simplicissimus« von **H. J. Ch. von Grimmelshausen** (→ Gelnhausen/HE). Auf Schloss **Bentlage** hat die »Gesellschaft zur Pflege des Märchengutes europ. Völker« (Stiftung Walter Kuhn) ihren Sitz, sie vergibt einen jährl. Märchenpreis und Förderpreise (Bibliothek im Torhaus). Auf Schloss B. spielt der Roman »Paul Bronckhorst« (1858, n. 1962) von **Levin Schücking** (→ Meppen/NI). Aus R.-**Mesum** stammt der Heimatschriftsteller **Josef Kamp** (1901-75). – Erinnerungen an A. v. Gallitzin weckt **Ochtrup**, der Geburtsort von **Theodor Katerkamp** (1764-1834), dem ersten Biographen der Fürstin (»Denkwürdigkeiten«, 1826, die Goethes »große Anteilnahme« erregten). – Aus **Borghorst** (Steinfurt-B.) stammt der Homer-Übersetzer und klass. Philologe **Engelbert Drerup** (1871-1942), der neben wiss. Werken 1907 den Roman »Der Pröbstinghof« und 39 die Jugenderinnerungen »Aus versunkenen Tagen« veröffentlichte. In B. und Umgebung spielen die Romane von **Margarete Reichardt-Brader** (1877-1938), u. a. »Die Braut von Finkensholt« (1912).

Z Coesfeld, Dülmen, Münster, Tecklenburg (NW).

STENDAL/ST

»Zwiegetürmte Kirchen, backsteinrot mit spitzen Grünspanhelmen, stehen wie Merkzeichen über der Landschaft. Auf anderthalb Meilen schauen sie dem Anreisenden entgegen. Überwältigend ist der Eindruck, wenn man, unmittelbar vor der Turmfront stehend, den Blick zur Höhe richtet. Es ist, als wolle die gewaltige rote Fläche über einen stürzen.« (Werner Bergengruen, 1934)
Altmärkisches Museum im Katharinenkloster. – Theater der Altmark.

Konrad Cordatus, * um 1480 S., † 25. 3. 1546 Spandau, Theologe, Mitglied der Tischrunde M. Luthers (→ Eisleben/ST). Ab 1540 am Domstift in S., ein Mann, »der hart dareinfahren könne, weil er hart gegen sich selbst sei« (M. Luther). Melanchthon (→ Bretten/BW) gab 1556 C.s Hauptwerk »Außlegung der Evangelien« heraus.

Caspar Abel, * 14. 7. 1676 Hindenburg b. S., † 11. 1. 1763 Westdorf b. Aschersleben/ST. Nach dem Besuch der Lateinschule in Braunschweig Theologie-Studium in Halle; Lehrer in Osterburg und seit 1698 an der Domschule in Halberstadt, Satiriker: »Caspar Abels auserlesene satirische Gedichte« (1714). Übersetzer, Herausgeber hist. Quellen; viele seiner Werke erschienen in Gardelegen und S.

Johann Joachim Winckelmann, * 9. 12. 1717 S., am 8. 6. 1768 in Triest (Italien) ermordet. Ricarda Huch hielt es für ein »Wunder der Entstehung von Genies«, dass aus Stendals »ärmlich beschränkter Umgebung ein Mann hervorging, der ... den Sinn für die griechische Kunst wiederentdeckte.« Als einziger Sohn eines Schuhmachers geb. in der Lehmstraße 263 (heute W.-Straße); ab 1727 Besuch der Lateinschule im Franziskanerkloster, Förderung durch Rektor Tappert, der die Begabung W.s früh erkannte. 1735 Besuch des Cöllnschen Gymnasiums in Berlin. 1736 bis 38 Schüler in → Salzwedel/ST, Studium in → Halle/ST. Hauslehrer und Erzieher in → Osterburg und → Seehausen, Studium in → Jena/TH. 1748-54 Bibliothekar des Grafen Bünau in Nöthnitz bei → Dresden/SN. 1755-68 beispiellose Karriere als Begründer der wiss. Archäologie in Rom, zahlr. Reisen und Forschungen. – Hauptwerk »Geschichte der Kunst des Altertums« (1764) mit großer Wirkung, bes. seine Antike-Definition »edle Einfalt, stille Größe« wurde zum Klassiker-Zitat. – »Werke«, Hrsg. W. Senff (1964). – Die jahrzehntelange Planung und erst 1859 endgültig gestaltete Ausführung einer Winckelmann-Statue (W.-Platz) wurde von Goethe bis Fontane (»Stendal und die Winckelmann-Statue« 1859) in Briefen und Kommentaren begleitet. – Nachlass SB Hamburg, BSB München sowie in der Vatikanischen Bibliothek Rom, in Paris, Florenz u. Montpellier. – Erzählungen u. a. von G. Hauptmann, W. Schäfer, W. Bergengruen, E. Penzoldt, H. P. Renz, W. Eschker, zuletzt H. Lange, »Die Bildungsreise« (2000) und Hans Joachim Schädlich mit »Torniano a Roma« (in: »Vorbei« – Drei Erzählungen, 2007). Gedichte u. a. von J. G. Herder, J. W. L. Gleim, F. v. Matthisson, A. v. Platen, M. Kommerell. »Winckelmann in der deutschen Lyrik«, »Novellen um Winckelmann«: Beiträge der W.-Gesellschaft Nr. 19 und 20; W. Leppmann, »Winckelmann, Ein Leben für Apoll« (n. 1982); W. von Wangenheim, »Der verworfene Stein. Winckelmanns Leben« (2005).

Friedrich Wilhelm Marpurg, * 21. 11. 1718 Gut Seehof/Wendemark b. S., † 22. 5. 1795 Berlin. Mit J. J. Winckelmann und G. E. Lessing (→ Kamenz/SN) befreundet, der in seinen »Regeln der Wissenschaft … an Herrn Marpurg« schrieb: »Der du, für dich und uns, der Töne Kräfte kennst.« Bedeutender Musiktheoretiker der Aufklärung (»Abhandlung von der Fuge« 1753/54).

Johann Christian Dieterich, * 25. 5. 1722 S., † 18. 6. 1800 → Göttingen/NI, wo er als bedeutender Buchhändler, Drucker und Verleger wirkte.

Karl Friedrich Ludwig Kannegießer, * 9. 5. 1781 Wendemark b. S., † 14. 9. 1861 Berlin, Lyriker, Dramatiker (»Adrast«, Dr. 1810), Herausgeber der Zeitschrift »Pantheon«, Literaturwissenschaftler. Seine Interpretation der »Harzreise im Winter« wurde von Goethe geschätzt.

Rudolf Dulon, * 30. 4. 1807 S., † 13. 4. 1870 Rochester/USA, Theologe (»Dorfpredigten« 1842), Schriftsteller. Emigration. Hauptwerk »Vom Kampf um Völkerfreiheit« (1851).

Otto Borngräber, * 19. 11. 1874 S., † 19. 10. 1916 Lugano, Dramatiker in S., Halle und Berlin. Verfasser naturalistischer Dramen (»König Friedwahn«, 1905).

Ludwig (Andreas) Turek, * 28. 8. 1898 S., † 9. 11. 1975 → Berlin. Ab 1912 lernte er Schriftsetzer in S. Desertierte im 1. Weltkrieg, KPD-Mitglied; ab 1933 Exil in Frankreich, ab 40 im Widerstand in Deutschland. Nach dem Krieg prominenter Schriftsteller in der DDR. – Sein aut. R. »Ein Prolet erzählt« (1930, n. 1972, später ergänzt durch weitere aut. Schrr.) hält auch die ersten sieben S.er Jahre fest: »Lange wollte sich meine Mutter durch mich nicht von ihrer Arbeit abhalten lassen, und so strich sie am Ende meiner ersten Lebenswoche von der Firma ›Bertram, Sämereien en gros‹ in Stendal doch noch den Lohn für einen Arbeitstag ein.« Bis zur Wende 1989 Gedenktafel im Stadtteil

»Stadtsee«. – W.: Die letzte Heuer (R. 1935); Die Freunde (E. 1947); Die goldene Kugel (1949); Anna Lubitzke (R. 1952), verfilmt unter dem Titel »Steinzeitballade«; Kinderbücher.

Jürgen Eggebrecht, * 17. 11. 1898 Baben b. S., † 19. 4. 1982 München. Wuchs in Baben auf, 1928 bis 33 Lektor, 1949 Leiter der Abteilung »Kulturelles Wort« des NWDR (später NDR) in Hannover. Befreundet mit G. Eich (→ Frankfurt a. O./BB) und P. Huchel (→ Berlin). – W.: Gedicht-Bde. »Die Vogelkoje« (1949), »Schwalbensturz« (1956), »Splitterlicht« (1975). – Seine erstmals 1971 u. d. T. »Vaters Haus« erschienene aut. Erzählung »Huldigung der nördlichen Stämme« (1998), mit einem Vorwort S. Nadolnys enthält Erinnerungen an S., Osterburg und → Salzwedel/ ST. Sie »ist ein märkisches Stück Recherche à la temps perdu« (Nadolny).

A An das Wirken des Theologen **Christian Scriver** (auch **Schreiber**, 1629-93), der in S. mit seinem literar. Werk begann, erinnert eine Gedenktafel in der Jakobi-Kirche. – Der französische Schriftsteller **Marie Henri Beyle** soll 1808 seine Begeisterung über S. und eine angeblich dort erlebte Liebesnacht im Haus Schadewachten 19 dadurch ausgedrückt haben, dass er den Namen **Stendhal** annahm. Ironisch über diesen »Beylismus« J. Eggebrecht in »Huldigung der nördlichen Stämme« (1998), kritisch J. und G. Braun in: »Lieber Kupferstecher Merian« (1973) und G. Richter in: »Henri Beyle – Ferdinand de Stendhal und Stendal/Altmark« sowie H. Scholz: »Abbé Winckelmann, il Grand Stendalese« (»Wanderungen und Fahrten in der Mark Brandenburg«, Bd. 6., 1978). Ein Forschungsüberblick bei M. Naumann, »Stendhals Deutschland« (2001). – **Theodor Körner** (→ Dresden/SN) war 1813 als Lützower Jäger für zwei Tage Stadtkommandant (»verordneter Commissarius«) von S. Dokumente im Altmärkischen Museum. In einem Brief an Major Lützow aus Bayern: »Wir sind, ein kleiner Haufe, mitten durch die Feinde von Stendal an der Niederelbe hierher . . . gejagt.« 1859 bereiste **Theodor Fontane** (→ Neuruppin/BB) zusammen mit W. Lübke die Altmark: »Wir besuchten Havelberg, Werben, Arendsee, das an kirchlichen Monumenten reiche Salzwedel, Seehausen und das hochbedeutende Stendal, endlich Tangermünde . . .« (Lübke). – 1907 bis 08 arbeitete **Ehm Welk** (→ Prenzlau/Angermünde/BB) als Chefredakteur der Zeitung »Der Altmärker« in S.

L Auf die Streiche **Eulenspiegels** (→ Wolfenbüttel/Schöppenstedt/NI) in S. (und Osterburg) weist eine Gestalt mit Spiegel am Stützpfeiler des Rolands vorm Rathaus hin. – Leben und Vertreibung der S.er Patrizierfamilie von Bismarck im 14. Jh. beschreibt **Walter Flex** (→ Eisenach/TH) in seiner E. »Der Kanzler Klaus von Bismarck« (1914, auch als Tr., 1913). – Nach 1918 erschienen S.-Romane von **Karl Düsing**, **Fritz Oelze**, **Andreas Igel Richter** und **Clara Viebig** (→ Trier/RP). – **Ricarda Huchs** (→ Braunschweig/NI) Städtebilder »Im alten Reich« (1927) enthalten ein Stendal-Porträt: »Das Uenglinger und das Tangermünder Tor, dieses altertümlicher und einfacher, untersetzt und ausdrucksvoll, jenes reicher und eleganter, beides Prachtgestalten.« – Über die Folgen und Spuren seiner Jugendjahre von 1934 bis 43 in S. berichtete der Germanist **Albrecht Schöne** (geb. 1925 in Barby/SN) in »Über politische Lyrik im 20. Jahrhundert«. – Der Roman »Glück hat einen Preis« (1986) der 1925 in S. geborenen **Irina Korschunow** schildert Kriegsende und Flucht nach 1945: »Noch einmal der Markt, die Marienkirche, die Breite Straße, Altes Dorf, Ünglinger Tor. Go ahead, sagte der englische Posten am Stadtrand. Stendal lag hinter mir.« Im »Literaturmagazin« Nr. 5 von 1976 die E. »Wie es Hans Buckow aus Stendal in Kreuzberg erging« von **Johannes Schenk**. Helga Herdhitze, die Hauptfigur in **Sten Nadolnys**

Roman »Ein Gott der Frechheit« (1994), stammt aus S. – Reminiszenzen an Stend(h)al und Winckelmann finden sich ebenso in **Hans-Ulrich Treichels** Reportage »Alles ist heiter und edel« (»Heimatkunde«, 1996) wie bei dem 1941 in S. geborenen **Wolfgang Eschker**; (»Stunden, Tage, ohne Zeit«, G. 2003; »Bilder aus der Alten Mark«, G. 2008). **S** Die 1940 in **Stendal** gegr. **Winckelmann-Gesellschaft** richtete 1955 das **W.-Museum** im mehrfach überbauten Geburtshaus in der W.-Straße 36-37 ein: »Das W.-Museum gehört zu jenen Wundern, die weltverlorene Kleinstädte wie Stendal in den Götterhimmel verlängern.« Ausstellungen zu Leben und Werk (Katalog 1996), Sonderausstellungen zu Archäologie und Kunstgeschichte; Spezialbibliothek (ca. 10 000 Bde.), Nachlass (Fotokopie); Arbeitsstelle der Akademie d. Wiss. u. d. Lit. Mainz zur Werkedition W.s, (Bd. 1/1996); Bilddatenbank antiker Denkmäler. – Winckelmann-Medaille.

Havelberg

Dom und Stiftsgebäude gehören zu den ältesten Kirchenbauten östl. der Elbe, bis 1571 Bistum. – Heimat-Naturmuseum, Prignitz-Museum am Dom. – Die ehem. Synagoge am Markt 9 wurde 1987 wiederentdeckt, Gedenktafel am Haus; auf dem Jüdischen Friedhof am Fleckengraben Grabmal des Graphikers und Kupferstechers L. Jacoby.

A Der Leibarzt Friedrichs II., **Christian Andreas Cothenius** (1708-89), der auch medizinische Fachbücher verfasste, lebte von 1734 bis 48 in H. Im September 1805 reiste **Joseph von Eichendorff** (→ Berlin) von Lenzen kommend durch H. 1854 wurde hier der Historiker **Gustav Rüthning** geboren (gest. 1944 in Oldenburg/NI). Vom englischen Schriftsteller **Cecil S. Forester** (→ Hamburg) H.er Reiseskizzen aus dem Jahre 1929.

L H.s Bedeutung auch während der Slawenzeit erwähnt **Helmold von Bosau** (→ Eutin/

SH) in seiner »Chronica Slavorum« (12. Jh.). Sagen um Frau Harke im Havelberger Dom und im Frauharkenberg, wo auch die »kleine Dott« aus den »Wunderbaren Fahrten und Abenteuern« (1938) **Tamara Ramsays** Station macht. – Den Besuch des Großen Kurfürsten 1682 in H. würdigte der Schriftsteller **Georg Strube** (1640-1702) mit einer »Willkommensode«: »Wie? Sollten zu Havelberg wohnen Poeten/und jetzund nicht griffen die dichtrischen Flöthen?« Als Zar Peter der Große 1716 mit Friedrich Wilhelm I. die »Konvention von Havelberg« schloss, sagte er zur Unterzeichnung die Lieferung von 248 russischen »Langen Kerls« zu, im Gegenzug gab es von preußischer Seite das Bernsteinkabinett aus dem Berliner Schloss. In **Jochen Kleppers** (→ Berlin) »Der Vater. Roman eines Königs« (1937) wird dieser Besuch vor der Kulisse H.s geschildert: »Der kranke König war in die alte Propstei neben dem Havelberger Dom gebracht worden. Groß und dunkel, gedrungen und gewaltig, ein steiles Gebirge, ein frommes Geklüft aus Wehrturm, Gewölben und Toren, ragte der Dom auf dem Hügel . . .« – **Theodor Körner** (→ Dresden/SN) schrieb 1813 seinen Eltern: »Der alte gotische Dom, der aus Ziegelsteinen so keck gebaut ist, macht einen hehren Eindruck, und die ungemeinen Krümmungen der Havel erhöhen das Wunderliche der Gegend um Vieles.« Körners »Mißmut«-Gedicht über die erzwungene Untätigkeit: »Als ich lange Zeit bei Sandau die Ufer der Elbe bewachen mußte«: »Deutschland wirft um seine Kronen;/und hier soll ich ruhig wohnen/und des Stromes Wächter sein?« – Der französische Lyriker **André Frénaud** war bis 1942 in Nitzow bei H. Kriegsgefangener, seine »Brandenburgischen Gedichte« spiegeln das Heimweh und die Schrecken der Haft: »Der Storch ist fortgeflogen vom Kirchturm von Quitzöbel,/er wird hinziehen über meiner Heimat verheerte Weite/– über dieses Schaubild voll toter Pferde und der Tränen . . .« (in: Havelberger Heimathefte 11/1991). – Den H.er Pferdemarkt beschrieb **Gabriele Stave** in »Auf Schusters Rappen« (1985), 1975 besuchte **Hans Scholz** die Stadt und schilderte sie in seinen »Wanderungen und Fahrten in der Mark Brandenburg«

(Bd. 6, 1978) unter dem Titel: »Alt-Havelberg du Feine«. **Jens Sparschuh** berichtet in der E. »Meine Verflossene« (in: »Die Elbe«, 2000) von seiner DDR-Militärzeit am Stromufer bei Havelberg. Von **Maxim Biller** stammt die DDR-kritische Reportage »Schuld und Sühne in Havelberg« (in: »Deutschbuch«, 2001).

Tangermünde

Heimatmuseum im historischen Rathaus; Burgmuseum in der Schlossfreiheit.

Christian Friedrich Zernitz, * 11. 1. 1717 T., † 1. 2. 1745 ebd., studierte in Leipzig und gehörte zum Freundeskreis um C. F. Gellert (→ Mittweida/Hainichen/SN) und G. W. Rabener (→ Leipzig/SN). Später Gerichtsaktuar in Kloster Neuendorf bei Gardelegen. Mitarbeiter J. J. Schwabes. – Lehrgedichte und der »Versuch in Moralischen und Schäfer-Gedichten, Nebst dessen Gedanken von der Natur der Kunst in dieser Art der Poesie« (1748). – Der Personenname Zernitz wird von Th. Fontane in seiner T.er Novelle »Grete Minde« verwendet.

A **Otto IV.,** **Markgraf von Brandenburg,** bekannt als »Otto mit dem Pfeil«, hielt sich zwischen 1269 und 1304 mehrmals auf der T.er Burg auf. Seine Minne-Lieder (u. a. »winter, dine trueben stunde«) finden sich in der Heidelberger Liederhandschrift, der Germanist K. Burdach lobte Ottos »klares, liebenswürdiges Talent.« – **Christoph Entzelt** (1517-83), von 1541 bis 50 in T., ist der Verfasser der »Altmärkischen Chronica«, ersch. 1579 in Magdeburg. Sie ist das älteste Geschichtsbuch über die Altmark und erlebte mehrere Neuauflagen.

L Die Sage von der Jungfrau Lorenz, die von einem Hirsch gerettet wird, nimmt **Theodor Fontane** wieder auf. Der Autor, der Tangermünde 1844, 59 und 78 sah, wählte die Stadt als Kulisse für seine 1880 ersch. N. »Grete

Tangermündes Rathaus: für Ricarda Huch »eine allerschönste Prinzessin in der Felsenburg eines Riesen«

Minde«, in der ein Patrizierkind »aus Habsucht …, mehr noch durch Trotz des eigenen Herzens, in einigermaßen großem Stil, sich und die halbe Stadt vernichtend, zu Grunde geht«. Der historisch belegte Großbrand von 1617 und die Hinrichtung Gretes als vermeintlichen »Feuerteufels« diente dem Autor als Vorlage seiner Erzählung, die im Stadtkern zwischen der Burg Karls IV., der Kirche St. Stephan und dem Rathaus spielt. Noch heute lässt sich die Stadt mit der Novelle in der Hand erwandern, und auf der Burg, schon 1009 von **Thietmar von Merseburg** (→ Merseburg/ST) erwähnt, geht der Blick des Besuchers wie früher der Grete Mindes hinüber nach Jerichow (→ Burg/ST) und Schönhausen: »Zu Füßen hatten sie den breiten Strom und die schmale Tanger, die spitzwinklig in den Strom einmündete, drüben aber, am anderen Ufer, dehnten sich die Wiesen, und dahinter lag ein Schattenstrich, aus dessen Lichtungen hier und dort eine vom Abendrot übergoldete Kirchturmsspitze hervorblickte.« Fontane hat die Schuldfrage sehr frei behandelt und sich darüber mit Ludolf Parisius (→ Salzwedel/ST) ausgetauscht, Tangermündes Bürgermeister Caspar Helmreich und Heimatkundler wie A. W. Pohlmann, aber auch noch Hans

Scholz in den »Wanderungen und Fahrten« (Bd. 6, 1978) hatten Grete schuldig gesprochen. Später kam die These vom Justizmord auf (W. Däther, »Der Prozeß gegen Margarete Minden und Genossen. Ein dunkles Kapitel Tangermünder Stadtgeschichte«, 1931), zumal das Urteil grausam vollstreckt wurde: Auf dem Scheiterhaufen gefoltert und »lebendig geschmochelt«, hat Grete »unaussprechliche Marter, indem sie fast bis an den Abend gelebet, ausstehen müssen«. Partei für Grete Minde ergreifen auch Peter Huchel im Hörspiel »Margarethe Minde« (1939), H. Genées Verfilmung »Grete Minde. Der Wald ist voller Wölfe« (1977) und Barbara Bartos-Höppners Roman »Die Schuld der Grete Minde« (1993). Mehrfache Erwähnung der literarischen Figur auch in Günter Grass' Roman »Ein weites Feld« (1995). Regionale Bearbeitungen u. a.: Hannelore Reimann: »Flammen über Tangermünde«(1992) und Werner Brückners episches Theaterstück »Die Sehnsucht nach dem schönen Augenblick oder Grete Minde und Genossen« (Uraufführung Tangermünde 2001). – Im Rathauskeller des Stadtmuseums gibt es eine G.-M.-Stube, das Burg-Museum zeigt u. a. das Schwurkästlein, eine G.-M.-Straße erinnert eher verschämt an die Vergangenheit.

A **Theodor Fontane** berichtet in dem Band »Fünf Schlösser« seiner »Wanderungen« (1889) von einem Elb-Fährunglück der Familie von Quitzow bei T. im Jahr 1410. – **Otto von Bismarck** (Schönhausen), zu dessen Beritt auch der Deich gegenüber T. gehörte, wird in Anekdoten als energischer Deichhauptmann geschildert; bei den großen Überschwemmungen Mitte des 19. Jahrhunderts reimte der Hütejunge Andreas Stürmer: »Mich dauert nur das arme Vieh/Wo stand es jemals nasser?/Nur wenig stand bis an die Knie/Sonst bis zum Bauch im Wasser.« – Die Elbe wurde im Frühjahr 1945 zum Schicksalsstrom, als hier für kurze Zeit die Grenze zwischen der russischen und amerikanischen Besatzungszone verlief. Auch der Kabarettist **Dieter Hildebrandt**

versuchte dort sein Glück: Am 8. Mai »stand ich dann doch an der Elbe, gegenüber von Tangermünde, sah, daß die Russen die Notbrücke bereits eingenommen hatten, entschied mich zwischen zwei möglichen Gefangenschaften für die amerikanische, zog mich aus … rutschte rein in den Fluß, der braun, breit und reißend um die Kurve kam, schwamm um mein Leben, hatte Glück und kam drüben an.« (»Denkzettel«, Erinn. 1992). – T.s Silhouette vom Elbufer, der Stadtkern und die vielen Fachwerkwinkel reizten immer wieder zu literarischen Topographien: Vom englischen Schriftsteller **Cecil S. Forester** (→ Hamburg) T.er Reiseskizzen aus dem Jahre 1929. »Das sieht, wenn man im Morgennebel daran vorübergleitet, so aus, als ständen ein paar Hochseekreuzer in Schlachtlinie«, befand **Theodor Heuss** (→ Lauffen/Brackenheim/BW) 1933 angesichts der »Skyline« (»Tangermünde« in »Von Ort zu Ort«, 1933). Ein Jahr später **Werner Bergengruen** (→ Baden-Baden/BW): »Droben liegen Gärten, an den steil zum Fluß abfallenden roten Festungsmauern« (»Deutsche Reise«). **Konrad Weiß** (→ Schwäbisch Hall/Michelbach an der Bilz/BW) rühmte, wie am Elbufer »hochsichtig über dem Flachen … die kleine Stadt aufsteht« (»Deutschlands Morgenspiegel«, 1950) und **Ricarda Huch** (→ Braunschweig/NI): »Die Lage der Stadt auf einem 60 Fuß hohen Felsen über der Elbe gibt ihr etwas Heroisches« (»Im alten Reich«, 1926). **Hans Henny Jahnn** (→ Hamburg) fand »einen der schönsten Orte, die ich kennen lernen durfte« und lobte den Blick: »Ein Schmaus für die Augen« (Jahrbuch der AdK Hamburg 1958). Nicht vergessen sei dabei aber, dass auch Tilly, Wallenstein, Pappenheim und andere Mordbrenner des 30-jährigen Krieges die Stadt heimsuchten und der alten Residenz schwerste Schäden zufügten.

Schönhausen: Vom Schloss der Bismarcks in Schönhausen steht nur noch ein Flügel (heute Museum)

Schönhausen

Am Tangermünde gegenüberliegenden Elbufer, aber noch zur Altmark gehörig: In **Theodor Fontanes** »Die Poggenpuhls« bemerkt der alte General zum Theaterstück »Die Quitzows« von **Ernst von Wildenbruch** (→ Berlin): »Merkwürdig, ganz wie Bismarck. Und dabei beide, so spielt der Zufall, wie Wand an Wand geboren; ich glaube, von Schönhausen bis Quitzövel kann man mit einer Windbüchse schießen, oder ein Landbriefträger läuft es an einem Vormittag. Wunderbare Gegend, diese Gegend da; Langobardenland.« **Fontane**, der einmal bekannte: »In fast allem, was ich seit 70 geschrieben habe, geht der Schwefelgelbe (gemeint ist Bismarck in der Uniform der Halberstädter Kürassiere) um«, hat Sch. auf seiner Altmarkwanderung 1867 besucht (»Roter Abendschimmer umfloß/die alte Linde vorm Bismarckschloß«) und bewahrte das verlorengegangene Ensemble von Dorf, Kirche und Gut (samt Lageskizze und Bibliotheksbestand) in den Notizen zu den »Wanderungen durch die Mark Brandenburg« (Erstveröff. 1991). Bereits 1859 hatte Fontane in seinen »Gedanken über die Altmark« bekannt: »Schon eine gewisse Pietät sollte uns veranlassen, uns öfter und eingehender um die Altmark und ihre

zwei Residenzstädte Stendal und Salzwedel zu bekümmern.« – Gut 110 Jahre später wiederholte **Hans Scholz** in seinen »Wanderungen und Fahrten in der Mark Brandenburg« (Bd. 6) die Fontane-Rundfahrt. – Am 1. 4. 1815 wurde im Schloss **Otto von Bismarck** geboren, gest. 30. 7. 1898 in Friedrichsruh (→ Ratzeburg/SH), der mit seinen »Gedanken und Erinnerungen« (1898 ff.) sowie mit dem Briefwerk auch in die Literaturgeschichte eingegangen ist. Nach dem ersten Lebensjahr zogen seine Eltern nach Varzin, erst 1836 kehrte er kurzzeitig in sein Elternhaus zurück, wohnte in »einem alten, verwünschten Schlosse mit Spitzbogen und vier Fuß dicken Mauern … Kamine, in denen der Wind heult, kurz, in meiner Väter altem Schloß,« das er 1846 zum Wohnsitz nahm. Ein in der Anlage identischer Schlossbau der B.s existierte noch heute bei **Krevese** in der Nähe Osterburgs. B. begann in Sch. seine politische Karriere, unter anderem als Deichhauptmann, festgehalten in den Briefen an seine Braut: »Mein Engel! Ich bin heut den ganzen Tag in Bewegung gewesen … zwischen Havelberg und Jerichow, zu Fuß, zu Wagen und zu Pferde, und fror dabei recht tüchtig.« 1852 verließ er Sch. endgültig. Zahlreiche R. und En. über O. v. Bismarck, u. a. von K. Bleibtreu, B. Garlepp, P. O. Höcker, W. Kotzde, H. Schindler, A. Mühr, R. Stratz, W. Taube und L. Thoma. – B.-Biographien u. a. von E. Engelberg (auch: W. Engelberg, »Das private Leben der Bismarcks«, 1998), L. Gall, Chr. Krockow und V. Ullrich. Das Wirken der Bismarcks in der Altmark skizzierten Konrad Breitenborn (»O. v. B. – Kanzler aus der Altmark«, 1998) und H. Reuter (»O. v. B., Spuren und Wirkungen«, o. J.), dem sich auch die in Stendal ansässige Bismarck-Gesellschaft (gegr. 1904 unter Mitwirkung des Schriftstellers Heinrich Segelken, Neugründung 1992) verpflichtet fühlt. Seit 1998 erinnert wieder ein Bismarck-Museum im Seitenflügel (»Zofentrakt«) des 1958 als »Hort der Reaktion« gesprengten Schlosses an den Reichskanzler, der bekannte: »Von diesem flachen Lande hier, von der altmärkischen Heimat, die ja auch die meinige ist, ist die Kraft und der Anstoß zur Wiedergeburt des Deutschen Reiches ausgegangen.« Westlich von Sch. gelegen: **Bismark-Poritz** (ohne -c-!), bekannt durch die von Peter Hacks (→ Berlin) in einer Ballade verdichtete Sage um die »Goldene Laus«. Ein Gedenkstein weist darauf hin, dass die Bismarcks vermutlich bei diesem Ort eine Burg an der »biscopesmarke« (Bischofsgrenze) bauten. – **Walter Flex** diente 1910 bis 13 als Hauslehrer bei den B. in Varzin und Sch.; die sieben Novellen um »Zwölf Bismarcks« (1913) schildern u. a. die Einsegnung des Lützower Freikorps durch Pastor Petri mit K. F. Friesen, Th. Körner und F. L. Jahn am 25. 3. 1813 (»Die Lützower in Schönhausen«): E. Engelberg sieht diesen Text »unter aller historischen und literarischen Kritik«. – In Schönhausen arbeitete ab 1939 **Hermann von Keyserling** (→ Darmstadt/HE), der Schwiegersohn Herbert von B.s, an seinem »Buch vom Ursprung« (1947). Nahbei **Wust**, Sitz der mit den Bismarcks verwandten Adelsfamilie von Katte, deren berühmtester Sproß Hans Hermann von Katte (1704-30) ist: Der Jugendfreund Friedrichs II., dem die Dorfjugend nachgerufen haben soll: »Wer Augenbrauen hat wie der Ritter Katt, kommt an den Galgen oder aufs Rad«, wurde nach einem gemeinsamen Fluchtversuch mit dem Prinzen in Küstrin hingerichtet. Sein Leichnam ruht im Mausoleum an der Wuster Kirche. **Theodor Fontane**, der den Ort 1867 besuchte, schildert im Bd. »Oderland« der »Wanderungen« Leben und Tod Kattes, dessen Schicksal von **Heinrich Lau-**

be (1854) über **Emil Ludwig** (1919) und **Martin von Katte** (»Familienstammbaum«, 1965) bis zu **Heiner Müller** (»Schlacht«, 1975) immer wieder literarisch gestaltet wurde, zuletzt in **Wolfgang Eschkers** Gedicht »Letzte Reise«: »Freigebeten kam der Tote/– Unglück ist der schnellste Bote/von der Oder, von Küstrin« (2003). In W. entstand Fontanes Widmungsgedicht »Wust«: »Bunte Bilder in raschem Lauf/Steigen wechselnd vor mir auf:/ Wust, der alte Kattesitz,/Im Sarge der Freund von Kronprinz Fritz . . .«. **Gretha von Jeinsen** schildert in »Silhouetten« (Erinn. 1955) einen Wust-Besuch mit ihrem Mann **Ernst Jünger** (→ Heidelberg/ BW). Dazu auch **Günter Grass** im Roman »Ein weites Feld« (1995) und **Hans Pollack**, »Ende einer preußischen Tragödie« in: »Märkische Morde« (1996). – Im Wuster Schloss veranstaltet Maria von Katte seit 1991 jährlich die internationale »Sommerschule für englische Sprache, Literatur, Theater und Musik«, dann weht durch den kleinen Ort »ein Hauch von Harvard« (K. Pokatzky); von der teilnehmenden englischen Lyrikerin **Sheenagh Pugh** stammt der Zyklus »Five Voices« zur Katte-Tragödie (Zs. »Babel«, Nr. VII/1993). Erinn. (»Schwarz auf Weiß«, 1987) und Gedichte (»Der Nebelstein«, 1978) von **Martin von Katte** (1896-1988) aus dem benachbarten Zollchow/BB.

R **Günter de Bruyn** berichtet in »Vierzig Jahre. Ein Lebensbericht« (1996) über die Abgeschiedenheit der Stendaler Region zu DDR-Zeiten: »Wenn wir uns beispielsweise Romanik- oder Backsteingotik-Routen erarbeiten wollten, wußten wir zwar, daß Höhepunkte wie Jerichow . . . und Tangermünde noch existierten, aber über die gegenwärtigen Zustände der vielen kleinen Zwischenstationen in Dörfern und Kleinstädten wußten wir nichts.« – Schon frühere Reisende gingen mit der Altmark durch-

aus kritisch um. So kritisierte **J. H. F. Ul-rich** in »Bemerkungen eines Reisenden durch Deutschland« (1779), dass in Stendal die Gärten »ein jedes Auge beleidigten«. **Karl Julius Weber** resümierte: »Die Gegenden der Altmark machen wenig Lust, sich viel von der Hauptstraße zu entfernen« (»Briefe eines in Deutschland reisenden Deutschen«, 1826 f.).
Osterburg: Eulenspiegeleien in O. festgehalten vom Heimatdichter **Alfred Pohlmann:** »Ulenspeeegel in Osterbörg«. **Johann Joachim Winckelmann** wirkte 1740 bis 41 als Hauslehrer der Familie Grollmann in O. In **Bretsch** bei O. wurde der Schriftsteller **Wilhelm Osterwald** geboren (1820-87), der Lieder für den Komponisten Robert Franz schrieb. Über einen O.er Besuch der Kaiserin **Jürgen Eggebrecht** in »Huldigung der nördlichen Stämme«. – Bei O. lebte **Jutta Bartus** (1926-2007) in enger Nachbarschaft mit dem zu DDR-Zeiten populären **Helmut Sakowski** (1951-58 in → Salzwedel/ST), 58-63 in **Krumke;** Altmarkbezüge z. B. »Sommer in Heidkau«, (1964 u.65). Bartus' damaliger Ehemann war **Adolf Endler,** dessen G.-Bd. »Weg in die Wische« (1960) und seine E. »Das Karussell« (»Neue Landpostille«, 1960) von der Meliorationsarbeit der FDJ (»Wische-Aktion« um 1960 handeln. J. Bartus' G. »Wische – Niederungsgebiet bei Stendal« und »Dünne Haut«, ein Rückblick der Autorin, dazu »Osterburg – Passionszeit der Jutta Bartus« (in: A. Kahrs, »Dichter Reisen« 1990). Der Schriftsteller **Werner Brückner** hat 1986 mit seinen En. »Der Fiedler im Stroh« das harte Leben der Bauern in der Wische geschildert, über die schon der Mediziner und Politiker **Rudolf Virchow** (1821-1902) in seinem Bericht »Exkursion in die Wische« (1887) schrieb.
Königsmarck westlich Osterburgs ist Stammsitz der gleichnamigen Adelsfami-

lie, die Hans Christopher v. K. (1600-63) und seine Enkelin Maria Aurora v. K. sowie deren Bruder Philipp Christoph zu ihren Mitgliedern zählt: Beide unglücklich verstrickt in Affären um Sachsens August den Starken bzw. Kurfürsten und Prinzessinnen in → Hannover/NI und → Ahlden/Fallingbostel/NI. – Im östlich von Osterburg gelegenen Schloss **Krumke** spielt die Skandalgeschichte um den Herrn von Redern, der hier 1589 einen Bismarck erschoss. **Wolfgang Eschker** schrieb das Gedicht »Statue im Krumker Park« (in: »Stunden, Tage«, 2003). **Johann W. L. Gleim** (→ Halberstadt/Ermsleben/ST) besuchte mehrfach Krumke und Seehausen, aus dem seine Vorfahren stammten.
Seehausen: Meister Eckhart (Eckhart von Hochheim → Ohrdruf/Tambach-Dietharz/TH) hielt in S. Provinzialkapitel ab und predigte hier. **Johann Joachim Winckelmann** wirkte von April 1743 bis August 48 als Konrektor an der Lateinschule im alten Barfüßerkloster. Zahlreiche Zerwürfnisse und Beschwerden ließen W. später stöhnen: »Ich habe vieles gekostet: aber über die Knechtschaft in Seehausen ist nichts gegangen.« Bericht von W.s Stendaler Schulfreund **Konrad Friedrich Uden** über Seehausen; Rektor Paalzow verfaßte 1764 die erste »Kurzgefasste Lebensgeschichte und Charakter des Herrn Präsidenten und Abt Winkelmann (sic) in Rom«. **Willi Fehse** (→ Salzwedel/Kassieck/ST) schrieb die S.er Winckelmann-Erzählung »Der Liebesbote« (1971). Der S.er Publizist **Karl Friedrich Köppen** (1808-63) widmete sein Pamphlet »Friedrich der Große und seine Widersacher« (1840) »seinem Freunde Karl Marx«. – **Konrad von Marburg** verzeichnet eine Wunderheilung der hl. Elisabeth von Thüringen 1233 in **Werben** gegenüber Havelberg in seiner »Miracula«-Slg. 1705-07 war der Kirchenhistoriker und Lyriker **Gott-**

fried **Arnold** (→ Annaberg/Buchholz/
SN) Pfarrer in W. Eintragungen A.s im
Kirchenbuch; einige seiner Lieder im
»Altmärkisch-Prignitzschen Gesangbuch«
(Stendal 1731). In Wendemark-Seehof bei
W. geboren: **Friedrich Wilhelm Marpurg**
(→ Stendal). **Jürgen Borchert** lässt in sei-
ner fiktiven Erzählung »Bach überquert
die Elbe bei Werben« (1981) den Kompo-
nisten 1705 mit dem Kirchenhistoriker zu-
sammentreffen. In der einstmals strate-
gisch bedeutenden Stadt, die von Gustav
Adolf von Schweden, Tilly und anderen
umkämpft wurde (»Die Schanzen zu Dö-
mitz und Werben sind des Landes Verder-
ben«, hieß es im 30-jährigen Krieg), mach-
ten 1813 die Lützower Jäger Station, unter
ihnen **Theodor Körner**, der »Sänger der
Freiheitskriege«. Elbaufwärts **Arneburg**:
An **Ferdinand von Schills** Rede in A. wäh-
rend seines »Rebellenzuges« von 1809 (hier
entstand der Ausspruch »Lieber ein Ende
mit Schrecken als ein Schrecken ohne
Ende«) erinnert ein Findling auf dem
Marktplatz. Gedenkausstellung im Hei-
matmuseum. 1934 besichtigte **Werner Ber-
gengruen** den A.er Burgberg: »Ich könnte
nicht glücklicher auf einer Burgterrasse
über dem Rhein sitzen« (»Deutsche Rei-
se«). Bei A. die Reste des nie fertiggestell-
ten Kernkraftwerks: »drüben in Sonnenla-
ge/reckt sich ein Mammut/und macht die
Arneburg klein« (**Georg Oswald Cott**). Im
nahe gelegenen **Altenzaun** hält der »Yorck-
stein« das Gedenken an das Gefecht von A.
(26. 10. 1806) wach, bei dem sich, gedeckt
durch Yorck von Wartenburg, u. a. der
geschlagene Herzog Carl August von Wei-
mar über die Elbe zurückzog. – In **Kirch-
Polkritz**, dessen Gutshaus **Adelbert von
Chamisso** (→ Berlin) für seinen Sohn
Ernst kaufte (Grab auf dem Friedhof), ar-
beitete **Sophie von Sichart** (1832-1902) an
der Sagensammlung »Kröte und Schmet-
terling« (1896); um 1990 wohnte hier der

Schriftsteller **Werner Brückner**. – Aus
Eichstädt stammt der Afrikaforscher und
Sachbuchautor **Gustav Nachtigall** (1834-
85; »Sahara und Sudan« 1879 f.; Denkmal
in Stendal). – Jugendjahre vor 1914 im be-
nachbarten **Baben** und **Goldbeck** nörd-
lich Stendals schildert **Jürgen Eggebrecht**
in »Huldigung der nördlichen Stämme«
(1998). Unweit davon **Schinne**: Hier ver-
brachte die Journalistin **Huberta Viktoria
Wilke von Goßler** (geb. 1930) ihre Jugend-
jahre auf dem Gut, das 1945 abgerissen
wurde. Erinnerungen bis zum Kriegsende
u. d. T. »Sieben Kinder und ein Rittergut.
Eine Kindheit in der Altmark« (1992).
In **Tangerhütte** südlich Stendals das kunst-
historisch bedeutende Mausoleum der Fa-
brikantenfamilie Wagenführ von Arnim.
1952 schrieb **Wolfgang Schreyer** (→ Mag-
deburg/ST) seinen vor Ort spielenden R.
»Mit Kräuterschnaps und Gottvertrauen«,
Details dazu in der Aut. »Der zweite
Mann« (2000). Nahbei das Bismarck'sche
Briest, dessen Name in Verbindung mit
Th. Fontanes Roman »Effi Briest« zu
Spekulationen Anlass gab. – Im nordöst-
lich davon gelegenen Schloss **Wittenmoor**
kam **Udo von Alvensleben** zur Welt (geb.
23. 1. 1897, gest. 22. 8. 1962 Dortmund/
NW), dessen Tagebuchaufzeichnungen
über »Adelssitze zwischen Altmark und
Masuren« u. d. T. »Als es sie noch gab
. . .« (1968, urspr. »Besuche vor dem Un-
tergang«) die Kulturgeschichte von 41
Schlössern und Gutshäusern umfasst. Zur
Familie gehört auch die Schauspielerin
Friederike Karoline von A. (1749-1799),
an die in den Memoiren Joseph Anton
Christs »Ein Schauspielerleben« erinnert
wird.

B J. F. Dwars (Hrsg.), Dichter-Häuser in
Sachsen-Anhalt (Tangermünde, Stendal), 1999;
D. Goergen, Anfang-Ende-Anfang. Geschich-
ten und Gegenwart des Theaters der Altmark

Stendal, 1995; A. Kahrs, Dichter Reisen (Tangermünde, Stendal), 1990; G. Bellmann, Märkische Dichterwege (Tangermünde), 1995; J. Wolff, Literaturreisen. Mit Fontane durch die Mark Brandenburg und den Harz (Wust, Tangermünde, Schönhausen, Stendal), 1990; Hans H. F. Schmidt, Zwischen Elbe und Havel. Wanderungen vom Fiener Bruch bis in die Prignitz, 1990.

Z Arendsee, Burg, Haldensleben, Salzwedel (ST); Lüchow (NI); Wittenberge (BB).

STOLLBERG/SN

Strafanstalt, in der sich zur DDR-Zeit das berüchtigte Frauengefängnis Hoheneck (nach dem 1923 eingemeindeten Dorf) befand. Darüber die 1977 dort inhaftierte **Gabriele Stötzer**, »Die bröckelnde Festung« (2002).

Polycarp Müller, * 14. 6. 1684 St., † 17. 6. 1747 Glogau/Niederschlesien, Pädagoge und Bischof. Stand in Kontakt zu N. Graf von Zinzendorf (→ Zittau/Herrnhut). Wirkungsreich M.s Haupt-W.: »Academische Klugheit In Erkenntnis und Erlernung Nützlicher Wissenschaften« (2 Bde., 1711-20).

A Der aus St. Stammende Mundartdichter **Ernst Hempel** (1856-1913) gab den einfachen Menschen in seiner Slg. »Leinewaaber Nut« (1902) eine Stimme. – Auf dem St.er Gerichtsamt, Markt 10, wurde **Karl May** (→ Glauchau/Hohenstein-Ernstthal/SN) 1879 letztmals angeklagt und verurteilt.

R Oelsnitz: Von der Not einer in dieses Steinkohlenrevier eingewanderten tschech. Bergarbeiter-Fam. erzählt der Roman »Bergmannsballade« (1938, dt. 1951) der tschech. Schriftstellerin **Marie Majerova** (1882-1967). 1950 kam **Werner Bräunig** (→ Chemnitz/SN) nach O., nachdem Adolf Hennecke am 13. 10. 1948 im »Karl-Liebknecht-Schacht« nach sowjet. Vorbild eine Hochleistungsschicht gefahren hatte,

womit der Oe.er Bergbau propagandistisch in die Schlagzeilen geriet. B.s Erzählung »Stillegung« (1960) handelt davon, ebenso **Harald Gerlachs** (→ Hildburghausen/Römhild/TH) Stück »Die Schicht« (1984) und **Volker Brauns** Anekdote »Straße der Besten« (2004). – In der Nähe **Niederwürschnitz**, wo 1868 bei einem Grubenunglück mehr als 100 Männer den Tod fanden. **Wilhelm Liebknecht** (→ Berlin), seit 1867 St.er Abgeordneter, und sogar **Karl Marx** (→ Trier/RP) hatten sich damals für die Gründung einer Gewerkschaft eingesetzt, die dann 69 im Gasthof »Zum braven Bergmann«, Lichtensteiner Straße 50, erfolgte. – Westl. von St. **Thalheim**. Geburtsort des Politikers **Anton Ackermann** (1905-73), »Gibt es einen besonderen deutschen Weg zum Sozialismus?« (1946).

Zwönitz

Raritätenkabinett Bruno Gebhardt, darunter eine 6000 Bde. umfassende Bibliothek. – Aus Z. stammt Matthes Enderlein (1493-1556), Verf. des vielgenutzten »Bergformelbuch(s)« (1543).

Samuel Pufendorf, * 8. 1. 1632 Dorfchemnitz bei Z., † 26. 10. 1694 Berlin, Staatsrechtler und Philosoph. Studium in → Leipzig/SN und → Jena/TH. In »De statu Imperii Germanici« (1667) legte P. die geistige Grundlage für eine Säkularisierung des Reiches. In »De Iure Naturae et Gentium« (1672) und »De officio hominis et civis« (1673) entwickelte P. ein lange wirksames Naturrechtssystem, auf das die gesamte Aufklärung aufbaute. – Geburtshaus: Pfarrhaus (Gedenktafel).

Z Annaberg-Buchholz, Aue, Chemnitz, Glauchau, Marienberg, Zwickau (SN).

STRALSUND/MV

*»Meerstadt ist Stralsund, vom Meer erzeugt,
dem Meer ähnlich.« (Ricarda Huch, 1927)*
Altstadt Weltkulturerbe der UNESCO. – Ozeaneum. – Geburtsort von Kaufhausgründer Georg Wertheim.

Thomas Kantzow, * vermutlich um 1505 in S., † 25. 9. 1542 Stettin, Historiograph. Verfasser der »Pommerschen Chronik«, die in niederdeutscher (ca. 1536/37) und hochdeutscher Fassung (1538/39) erschien und die volkssprachliche Geschichtsschreibung Pommerns eröffnete.
Johann Joseph Friedrich von Keppler, * 1760 S., † nach 1830; Epiker. Über sein Leben ist nur bekannt, dass er in Wien ein Vertreter der Aufklärung war: Satire und Scherzgedichte wie »Der Aufstand der Dummheit zu Wien« (1781) prägen sein schmales Werk.
Elise Sommer, * 1767 S., † unbekannt, Lyrikerin. Der Lebensweg im Vorspann ihres Buches »Gedichte und prosaische Aufsätze« (1833): Stralsunder Jugendjahre, frühe Verheiratung, Mutter von zehn Kindern, Witwe. Die lyrische Produktion u. a. in Wielands »Neuem Merkur«. – W.: Poetische Versuche (G. 1806); Gedichte (1813).
Heinrich Kruse, * 15. 12. 1815 S., † 12. 1. 1902 → Bückeburg/NI, Dramatiker, Chefredakteur der Köln. Zeitung. Lebte ab 1884 als freier Schriftsteller in Bückeburg. – W.: Die Gräfin (Tr. 1868); Wullenwever (Tr. 1871); Marino Faliero (Tr. 1876); Seegeschichten (aut. En. 1880). – Gedenktafel Geburtshaus Fährstraße 25. – Nachlass Heine-Institut Düsseldorf/NW.
Karl Fröhlich, * 8. 4. 1821 S., † 18. 12. 1898 Berlin, Lyriker, Erzähler. Der Autodidakt durchstreifte Europa, ehe er in Stuttgart als freier Schriftsteller heimisch wurde. Der Gedichtband »Blumen am Wege« (1852) machte ihn bekannt, es folgten »Fabeln und Erzählungen für kleine

und große Kinder in Versen und Silhouetten« (1853).
A **Meister Ungelarde,** ein früher oberdeutscher Dichter, wirkte um 1300 in Stralsund als Lehrer (wohl auch **Wizlaws III.** → Rügen/MV). 1530 Aufenthalt des »poeta laureatus« **Zacharias Orth** (→ Neubrandenburg/MV), lat. Loblied auf Stralsund und dessen Göttin Sundina Strela. S.s Stadtschreiber und späterer Bürgermeister **Bartholomäus Sastrow** (→ Greifswald/MV) verfasste die Aut. »Herkommen, Geburt und Lauff seines gantzen Lebens« (1823/24), dessen vierter Teil über Stralsund aus Gründen der »political correctness« unterdrückt wurde. 1618 starb in S., wo er 1591 das Bürgerrecht erhielt, der nach 1560 in Riga geborene **Johann Grasse** (Ps. **Grashoffer**), Verfasser der Allegorie vom »Kleinen Bauern« (1617 ff.), von der Clemens Brentano (→ Koblenz/RP) in seinem »Märchen von dem Hause Starenberg« ganze Passagen übernahm. – Der Theologe **Johann Joachim Spalding** (→ Grimmen/Tribsees/MV) erhielt hier nach 1725 seine Schulausbildung. 1734 kam **Nikolaus Ludwig von Zinzendorf** (→ Zittau/Herrnhut/SN) als Lehrer nach S., 1762 für ein Jahr der von Goethe (→ Frankfurt a. M./HE) geschätzte klassizistische Maler Philipp Hackert.
Ernst Moritz Arndt (→ Rügen/Groß-Schoritz/MV) wohnte in der Schulzeit seit 1787 beim Konrektor (Johanneskloster 17, Büste auf dem Hof, Briefe A.s im Stadtarchiv). A.s Studienfreund **Karl Lappe** (1773-1843) wirkte als Lyriker (von Beethoven und Schubert vertont), Übersetzer und Herausgeber (Pommernbuch, 1820) in Stralsund; Grab Frankenfriedhof (eingeebnet). 1796 Besuch **Wilhelm von Humboldts** (→ Berlin), 1797 beschrieb **Carl Friedrich Rellstab** (→ Berlin) die Stadt in seiner »Ausflucht nach der Insel Rügen . . .«. – 1813-41 **Gottlieb Christian**

Mohnicke (→ Grimmen/MV), Gedenktafel Langenstraße 58. **Friedrich Spielhagen** (→ Magdeburg/ST) verlebte hier ab 1829 seine Kinder- und Jugendzeit (Gedenktafel am Wohnhaus Mönchstraße 58), sie und weitere Jahre in Greifswald und Pommern spiegeln sich in seinen Romanen und in der Aut. »Finder und Erfinder« (1890). **Fritz Reuter** (→ Demmin/Stavenhagen/MV) begann in S. 1830 und 60 seine Rügen-Wanderungen, beim ersten Besuch beging die Stadt gerade das »Wallensteinfest«: »Als ich die alte Sumpfstadt hineinwanderte, empfingen mich Straßengirlanden und grün geschmückte Häuser, schwellende Fahnen und flatternde Flaggen aller Nationen.« R. wohnte 1830 im Gasthof »Zum König von Preußen«, Neuer Markt 14 (heute Verwaltungsgebäude), 1860 nahm er Quartier im (heute zerstörten) »Hotel de Brandebourg«, Mönchstr. 38/39. Weitere Besucher S.s: **Heinrich von Kleist** (→ Frankfurt/BB), **Adelbert von Chamisso** (→ Berlin), **Friedrich Schleiermacher** (→ Berlin), **Peter Rosegger** (von ihm die E. »Auf dem Turm der Marienkirche zu Stralsund«, in: Fremde Straßen, 1915). 1848 kam die Familie von **Franziska Tiburtius** (→ Rügen/MV) nach S., die spätere Ärztin wurde durch ihre »Erinnerungen einer Achtzigjährigen« (1923) bekannt; Grab auf dem Friedhof vor dem Knieper Tor. S.er Schulzeit um 1880 in **Carl Ludwig Schleichs** (→ Berlin) Aut. »Besonnte Vergangenheit« (1920). 1924 hielt **Thomas Mann** (→ Lübeck/SH) im Theater eine Festrede auf die Weimarer Republik. Am 27.7.1946 fand im Rathaus für **Gerhart Hauptmann** (→ Berlin) während der Überführung seines Leichnams nach → Hiddensee/Rügen/MV eine Trauerfeier statt.

L Die Belagerung der Stadt durch Wallenstein im Jahre 1628 fand Eingang in **Friedrich**

Stralsund: Schill-Denkmal

Schillers (→ Ludwigsburg/Marbach/BW) »Geschichte des dreißigjährigen Krieges« (1791 ff.): »Wallensteins Glück scheiterte vor dieser Stadt, und zum ersten Mal erlebte sein Stolz die empfindliche Kränkung«. Noch **Ricarda Huch** (→ Braunschweig/NI) lehnte sich mit ihrer Darstellung in »Der Große Krieg in Deutschland« (1912 ff.) an Schiller an. Die Marketenderin im Drama »Wallensteins Lager« (1800) klagt: »Lag mit dem Friedländer vor Stralsund/ Ging mir dorten die Wirtschaft zu Grund.« Und ein Kapuziner spottet über den Feldherrn: »Rühmte sich mit seinem gottlosen Mund,/Er müsse haben die Stadt Stralsund,/Und wäre sie mit Ketten an den Himmel geschlossen./Hat aber sein Pulver umsonst verschossen.« **Paul Fleming** (→ Hamburg) jubelte: »Du unbezwungener Sund! Was wollt er doch erlangen,/Wenn Du in Ketten erst am Himmel wärst gehangen?« Weitere literarische Darstellungen bei **Alfred Döblin**/→ Berlin (»Wallenstein«, R. 1920) und **Golo Mann**/ → München/BY (»Wallenstein«, 1971). – **Otto Wendler** schrieb mit »Maria Flint« einen S.er Roman aus dem 18. Jh. Ein historisches Por-

trät S.s bei **Bogislav von Archenholz** in »Bürger und Patrizier« (1970).
Ferdinand von Schills (1776-1809/→ Dippoldiswalde/Freital/SN) Schicksal im Aufstand gegen Napoleon, sein Tod am 31.5.1809 in der Fährgasse (dort Gedenkplatte im Bürgersteig vorm Haus 21, Standbild Sarnowstraße, Grab St. Jürgen-Friedhof) beschäftigte sein Jahrhundert, **Ernst Moritz Arndt** klagte: »O Teutsche nicht mehr Teutsche!«, und Innstetten sagt zu Effi Briest in **Theodor Fontanes** (→ Neuruppin/BB) Roman bei der Urlaubsplanung: »Zunächst natürlich Stralsund, mit Schill, den du kennst …« **Willibald Alexis'** (→ Berlin), »Die Geächteten« (N. 1825); von **Arnold Ruge** (→ Rügen/MV), der vor 1820 das S.er Gymnasium besucht hat, stammt das Drama »Schill und die Seinen« (1830); weiter **Wilhelm Kotzde** (»Im Schillschen Zug«, 1907). »Ich war Ferdinand von Schill« (R. 1983) betitelte **Heinz Jürgen Zierke** seine verfremdete Sicht der Historie. Eine neue Biographie von **Helmut Bock**: F. v. S. Preußische Köpfe (1998). **Fritz Reuters** Freund **Wilhelm Cornelius** aus S., ein leidenschaftlicher Schill-Verehrer und Biograph (»Schill und seine Schaar«), spiegelt sich in der Figur des Don Juan in der Reuter'schen »Ut mine Festungstid«. Das ehemalige Frankentor ist Schauplatz der Satire »Der glücklichste Tag des Torkontrolleur Rosenhayn in Stralsund«. Auch in R.s »Läuschen un Rimels« finden sich S.er Bezüge. – Die historische Vorlage zu **Georg Büchners** (→ Groß-Gerau/Goddelau/HE) Drama »Woyzeck« lieferte der Soldat Johann Christian Woyzeck (1780-1821), der 1808-18 in S. lebte. In **Gottfried Kellers** R. »Der grüne Heinrich« (1854 f.) berichtet ein Schreinergeselle »wohlunterrichtet« von S.s Geschichte und dem Kampf gegen die Vitalienbrüder. **Hans Fallada** (→ Greifswald/MV) war öfter zu Besuch in S., sein R. »Der Jungherr von Strammin« (1954) spielt in der Stadt und ihrer Umgebung.
Heinrich Alexander Stolls (→ Parchim/MV) »Stralsundische Geschichten« wurden 2002 neu aufgelegt. 1973 schrieb **Fritz Rudolf Fries** seine Reportage über Stralsund (in: »Seestücke«). Der S.er **Uwe Lummitsch** (1956-88),

schwerkrank und spät gefördert durch ein Stipendium, schrieb Lyrik u. d. T. »Mondlandung« (1987); postum »Diese zugeteilten Zärtlichkeiten« (Lyrik, Briefe, Dokumente, Materialien, 1992), darin das G. »Stralsunder Herbstnacht 1983«. **Thomas Kunst** (geb. 1965 in S.) schrieb »um so meer« (1991) und »besorg noch für das segel die chaussee« (G. und E., 1991).
S **Kulturhistorisches Museum** mit Exponaten zu Schill (Totenmaske) und Arndt (Schreibtisch). Im Johanneskloster Pietà nach einem Entwurf von E. Barlach.
B H. Ewe, Das alte Stralsund. Kulturgeschichte einer Ostseestadt, 1994.
Z Greifswald, Grimmen, Rügen (MV).

STRAUBING/BY

»Der Marktplatz, eigentlich eine lange breite Straße, die durch einen in die Mitte gestellten, mit einem gewölbten Durchgang versehenen Turm geteilt ist, diente früher zur Abhaltung von Turnieren. Wenn sich jetzt unter Glockengeläut und gesungenen Chören eine Prozession darauf entfaltet, kommt seine Größe eindrucksvoll zur Geltung.« (Ricarda Huch, 1927)
Stadtbibliothek im Salzstadel (Schreibwerkstatt). – Gäubodenmuseum. – Stadttheater; Agnes-Bernauer-Festspiele (alle 4 Jahre Ende Juni bis Mitte Juli); Puppentheaterfestival.

Agnes Bernauer (→ Augsburg/BY) lebte im Schloss an der Donau mit Herzog Albrecht III. 1435 wurde sie von Herzog Ernst von Bayern-München der Zauberei beschuldigt, gefangen gesetzt (Turm Nordwestecke Schlossgarten) und in die Donau gestürzt. Zur Sühne ihres Todes ließ der Herzog 1436 auf dem Petersfriedhof über ihrem ursprüngl. Grab die A.-B.-Kapelle errichten, dort auch der Grabstein. – »Bernauerin, am Gesange/der Amsel erkenn ich dich …« (Günter Eich → Frankfurt a. d. O./Lebus/BB: »Friedhof in St.«).
Ulrich Schmidl, * um 1510 St., † um 1581 Regensburg, Landsknecht und Urbild des »Bruder Straubinger«, d. h. eines unbe-

Straubing: Grabstein der Bernauerin in der Sühnekapelle auf dem Petersfriedhof

kümmerten Wanderburschen. Seine Wanderschaft durch Südamerika beschrieb er u. d. T. »Wahrhaftige Historien einer wunderbaren Schiffahrt« (1534-54). – Geburtshaus Ludwigsplatz 3, Gedenktafeln Ludwigsplatz 8 und im Rathaus.

Thomas Naogeorgus (eig. Thomas Kirchmair), * 1511 St., † 29. 12. 1563 → Wiesloch (Heidelberg/BW). Prot.-calvinist. Theologe, neulat. Dramatiker, leidenschaftl. Gegner des Papsttums. – W.: Pammachius (Tr. 1538); Regnum Papisticum (Ep. 1553, dt. 55).

Johann Emanuel Schikaneder, * 1. 9. 1751 St., † 21. 9. 1812 Wien, Bühnendichter,

Theaterleiter und Librettist W. A. Mozarts (»Zauberflöte«); Gründer des Theaters an der Wien (1801).

Arthur Achleitner, * 16. 8. 1858 St., † 29. 9. 1927 München, Journalist und Schriftsteller. Wurde durch seine Unterhaltungsromane und alpenländ. Jagderzählungen (»Geschichten aus den Bergen«, 1895) bekannt.

A **August von Platen** (→ Ansbach/BY) besuchte 1822 die Bernauerkapelle und machte Pläne für ein Drama. – **Robert Kothe** (1869-1947; Aut. »Saitenspiel des Lebens«) gehörte 1901 in München zu den Gründern der »Elf Scharfrichter«. – In der »Wirtshausstube« und »Donauaue« war **Richard Billinger** (→ Passau/BY) oftmals zu Gast: »Traum in Straubing«.

R In der Abtei **Windberg** verfasste ein Prämonstratenser vermutl. das geistl. Gedicht »Vom Himmelreich« (um 1160) ebenso wie den **Windberger Psalter** (1174). Der Katharinenaltar in der Pfarr- und Klosterkirche dürfte der einzige Altar für »Bibliophile« sein (R. Just): die kluge Heilige, die fünfzig heidnische Philosophen widerlegt haben soll, thront da zwischen Bücherregalen, aus denen die Folianten kippen, in den Wolken. – **Steinach** war die Wirkungsstätte des am 18. 4. 1917 hier verstorbenen Volkstumsforschers und Schriftstellers **Joseph Schlicht** (→ Pfaffenhofen a. d. Ilm/Geroldshausen/BY); Grab in der Pfarrkirche (Gedenktafel).

Z Bogen, Deggendorf, Regensburg (BY).

STRAUSBERG/BB

Heimatmuseum.

Moritz Heimann (Ps. **Hans Pauli, Tobias Fischer**) * 19. 7. 1868 Werder (zu Rehfelde) bei St., † 22. 9. 1925 Berlin, Erzähler und Dramatiker. Einflussreicher Cheflek-

tor des S. Fischer Verlages. Förderte u. a.
Th. Mann (→ Lübeck/SH). – W.: Die Lie-
besschule (Dr. 1905), Novellen (1913).
Dazu: J. Husen, »Wo die Mark am mär-
kischsten ist – Moritz Heimann« (1992).
Hans Weber, * 14. 7. 1937 Crossen an der
Oder, † 8. 8. 1987 Fredersdorf bei St., po-
pulärer Erzähler und Fernsehautor. Lebte
von 1975 bis zu seinem Tod in dem an der
Berliner Stadtgrenze gelegenen Siedlungs-
ort. – W.: Meine Schwester Tilly (R. 1972),
Mein vielgeliebter Belvedere (R. 1986). –
Wohnung: Beethovenstraße 50.

R Zu den zahlreichen S-Bahn-nahen
Siedlungsorten zwischen Berlin und St. ge-
hört auch **Dahlwitz-Hoppegarten,** in des-
sen Ortsteil Waldesruh 1933 der Lyriker
Reinhard Weisbach (→ Schwerin/MV)
geboren wurde. Wenige Monate vor sei-
nem Tod 1978 zog er dorthin zurück.
Wohnung: Kantstraße 15. – Wegen der
niedrigeren Miete wechselte **Hans Falla-
da** (→ Greifswald/MV) 1930 von Berlin-
Moabit nach **Neuenhagen** in ein Reihen-
haus, wo der Arbeitslose mit seiner Fam.
bis Mitte November 32 wohnte und »in
den bedrückendsten Tagen meines Le-
bens« den Roman »Kleiner Mann – was
nun?« (1932) schrieb, der ein Welterfolg
wurde. Wohnung: Hans-Fallada-Ring 10
(Gedenktafel). – Nahebei in **Petershagen**
lebte zur gleichen Zeit der Nazischriftstel-
ler (»Hermann Görings deutscher Helden-
weg«, 1933) **Wilhelm Müller-Rüdersdorf**
(1886-1945), der in den letzten Kriegsta-
gen von russ. Soldaten erschossen wurde.
Theodor Fontane (→ Neuruppin/BB)
hatte sich im Juli 1887 für einige Wochen
in Liesens Gasthaus in **Rüdersdorf** (»ein
für märkische Verhältnisse reizend gelege-
ner Ort«) einquartiert, um in Ruhe am Bd.
»Fünf Schlösser« (1889) arbeiten zu kön-
nen. Er spazierte zur Woltersdorfer Schleu-
se und an der Löcknitz entlang (heute F.-
Wanderweg). Auch **Gerhart Hauptmann**

(→ Berlin) war öfter in R. Frau John aus
den »Ratten« (1911) ließ er aus R. kom-
men. – In **Altlandsberg** war **Nicolaus Leu-
tinger** (1554-1612), Verf. einer 30bändigen
brandenburg. Geschichte des Reformations-
Jh.s (»Scriptorum De rebus Bran-
denburgensis«, 1729), seit 1581 Pfarrer. –
Th. Fontane legte Wert darauf, dass der
Schillersche General Illo aus dem »Wallen-
stein« kein Böhme war, sondern aus dem
östl. von St. gelegenen **Ihlow** kam. Vor al-
lem deshalb will er die Ballade über die Er-
mordung Wallensteins »Schloss Eger«
(1849) geschrieben haben.
Buckow und Freienwalde bewarben sich
um den Namen »Märkische Schweiz«.
Th. Fontane, dessen »Buckow«-Aufsatz
im Herbst 1862 im »Morgenblatt für gebil-
dete Leser« abgedruckt wurde, soll mit
dazu beigetragen haben, dass er der Land-
schaft den kleinen Waldort zufiel. B.
ist das »Garzin« in **Elisabeth von Hey-
kings** (→ Eisenberg/Crossen/TH) Er-
folgs-Roman »Briefe, die ihn nicht erreich-
ten« (1903). Auf der Bollersdorfer Höhe
am nordwestl. Ufer des Schermützelsees
erholte sich **Egon Erwin Kisch** (→ Berlin)
1927 in der Pension »Weiße Taube« und
arbeitete hier u. a. an dem Reportage-Bd.
»Zaren, Popen, Bolschewiken« (1927).
Bertolt Brecht (→ Augsburg/BY) notierte
am 14. 2. 1952 im »Arbeitsjournal«: »mit
helli in buckow in der märkischen schweiz
landhäuser angesehn.« B. und seine Ehe-
frau Helene Weigel (→ Berlin) pachteten
die »Eiserne Villa« und das dazugehörige
Gärtnerhaus, in dem sich der Dichter
ein Arbeitszimmer einrichtete. Hier ent-
standen die »Buckower Elegien« (1954)
und das letzte Theaterstück »Turandot
oder Der Kongreß der Weißwäscher«
(1967). Im Wohnzimmer der »Villa« saß
B. wenige Tage vor seinem Tod mit den Re-
gisseuren M. Wekwerth und B. Besson
zusammen. »Am See, tief zwischen Tann

Strausberg: Bertolt Brechts »Eiserne Villa« in Buckow

und Silberpappel/Beschirmt von Mauer und Gesträuch ein Garten/So weise angelegt mit monatlichen Blumen/Dass er vom März bis zum Oktober blüht« (»Der Blumengarten«, 1954). Seit 1977 ist das Brecht-Weigel-Haus Gedenkstätte, Bertolt-Brecht-Straße 29. Im Bootsschuppen der Planwagen der Courage, den die Weigel 1949 über die Bühne des Deutschen Theaters zog.

B W. Hecht, am wasser des schermützelsees. bertolt brecht in buckow, 1994.
Z Beeskow, Eberswalde, Seelow (BB); Berlin.

STUTTGART/BW

»Denn mit heiligem Laub umkränzt erhebet
die Stadt schon,
Die gepriesene, dort leuchtend ihr
priesterlich Haupt.
Herrlich steht sie und hält den Rebenstab
und die Tanne
Hoch in die seeligen purpurnen Wolken empor.

Sei uns hold! dem Gast und dem Sohn,
o Fürstin der Heimath!
Glückliches Stutgard, nimm freundlich
den Fremdling mir auf!«.
(Friedrich Hölderlin, 1800)

Universität S.; Universität Hohenheim; Staatl. Akademie der bildenden Künste; Staatl. Hochschule für Musik und Darstellende Kunst; Hochschule der Medien. – Württ. Hauptstaatsarchiv; Stadtarchiv; Rathausbücherei (u. a. Stuttgardia). – Württ. Landesmuseum (Altes Schloss); Staatsgalerie (Slg. illustrierter Bücher des 19. und 20. Jh.s); Bibelmuseum; Städt. Lapidarium (alte Gedenktafeln); Stadtmuseum Bad Cannstatt (Zeugnisse des lit. Lebens C.s). – Württ. Staatstheater; »Tribüne«, »Rampe«, Renitenz-Theater. – Südwestrundfunk, SWR Landessender B.-W. (Funkhaus S.) – S.er Antiquariatsmesse (Ende Januar), S.er Buchwochen (Spätherbst).

Johannes Reuchlin (→ Pforzheim/BW) wurde 1482 Geheimer Rat Herzog Eberhards im Bart und lebte mit Unterbrechungen 34 Jahre in S.: Fruchtkasten am Schillerplatz vormals Wohn- und Sterbehaus (Gedenktafel), Tod 30. 6. 1522. Grab in der Leonhardskirche (Epitaph an der Nordwand; ständige Ausstellung).

Georg Rudolf Weckherlin, * 15. 9. 1584 S.-Botnang, † 13. 2. 1653 London. Frühbarocker Lyriker, Bildungsreisen. Zunächst herzogl. Sekretär und Hofpoet in S. Ende 1619 nach England, zuletzt in London Parlamentssekretär für auswärtige Angelegenheiten. Sein Nachfolger J. Milton.

Friedrich Schiller (→ Ludwigsburg/Marbach/BW) kam 1775 durch die Verlegung der Militärakademie von der Solitude nach S., studierte zuerst Jura, ab 1776 Medizin. (Die Karlsschule lag hinter dem Neuen Schloss; Löwenbrunnen aus dem alten Mittelhof im Akademiegarten.) Danach Regimentsmedikus, Eberhardstraße 63 (Neubau/Gedenktafel). Nach der Flucht 1782 hielt sich Sch. noch einmal auf seiner Reise nach Schwaben (1793/

Friedrich Schiller liest seinen Freunden im Bopserwald aus den »Räubern« vor; im Hintergrund Stuttgart mit dem Turm der Stiftskirche (Skizze von V. Heideloff, 1778)

94) in der Stadt auf. – Marmorbüste in der Staatsgalerie, Denkmal Sch.-Platz und vor dem Staatstheater; Gedenkstein in S.-Vaihingen.

Johann Friedrich Cotta Freiherr von Cottendorf, * 27. 4. 1764 S., † 29. 12. 1832 ebd., wurde der bedeutendste Verleger der dt. Literatur seiner Zeit (außer für die Romantik), u. a. mit Exklusivrechten an Goethe und Schiller. Gründete 1798 die lange maßgebende »Allgemeine Zeitung« und 1807 das »Morgenblatt für gebildete Stände«. 1810 Übersiedlung von Tübingen nach S. (Gedenktafeln Königsstraße 42 und 31). – Grab auf dem Hoppenlaufriedhof.

Georg Wilhelm Friedrich Hegel, * 27. 8. 1770 S., † 14. 11. 1831 → Berlin, Höhepunkt des dt. Idealismus. Kindheit Lange Straße 7 (zerstört). Studierte ab 1788/89 zus. mit Fr. Hölderlin und F. W. J. Schelling am → Tübinger/BW Stift Philos. und Theol. Habilitation in Jena 1801 (»Phänomenologie des Geistes«, 1807);

ab 1808 Rektor des → Nürnberger/BY Egidiengymnasiums. Seit 1816 lehrte H. in → Heidelberg/BW, bis er 1818 als Nachfolger J. G. Fichtes an die Berliner Universität berufen wurde. – Geburtshaus (Hegelhaus) Eberhardstraße 53 (Gedenkstätte); Standbild am Rathaus. Das H.-Zitat».. . daß diese Furcht zu irren schon der Irrtum selbst ist«, eine Installation von J. Kossuth, steht am Hbf. und ist nachts beleuchtet. – Nachlass SB Berlin. – G.-W.F.-H.-Preis (seit 1970).

Ludwig Uhland (→ Tübingen/BW) war 1812-14 Sekretär im Justizministerium, danach bis 1830 Anwalt in S. 1849, so F. Notter, hätte es »ohne Uhlands Appell« keinen Demonstrationszug der Abgeordneten gegeben. – Büste Alexanderstraße 27; Denkmal auf der Uhlandshöhe; Gedenktafel ev. Pfarrhaus Alt-Feuerbach.

Gustav (Benjamin) Schwab, * 19. 6. 1792 S., † 4. 11. 1850 ebd., studierte am → Tübinger/BW Stift (1809-14) mit L. Uhland und J. Kerner. Ab 1817 für 19 Jahre in S. als Gymnasiallehrer, Berater bei Cotta (»Morgenblatt«) und, gemeinsam mit A. v. Chamisso, Hrsg. des »Deutschen Musenalmanachs«. 1837 kurze Zeit Pfarrer in → Gomaringen (Reutlingen/BW); 1841 wieder nach S., Prediger an der Leonhardskirche. Sein Haus Hohe Straße 8 (zerstört; Gedenktafel) galt als »Lit. Hauptquartier«. – Langlebig seine Slg. der »Schönsten Sagen des klassischen Altertums« (3 Bde., 1838-40); »Deutsche Volksbücher« (3 Bde., 1836 f.), »Wanderungen durch Schwaben« (1837). – Geburtshaus Königstraße 41 zerstört; Büste Hasenbergsteige 22; Grab auf dem Hoppenlaufriedhof. – Teilnachlass DLA Marbach, wiss. Nachlass LB S.

Wolfgang Menzel, * 21. 6. 1798 Waldenburg/Schlesien, † 23. 4. 1873 S., der »Großinquisitor der dt. Literatur«, aber auch »ein Stück von einem Dichter« (F. Grillparzer). Lebte ab 1825 bis zu seinem Tod in S., seit

1839 Leuschnerstraße (zerstört). 1815-49
Hrsg. des Literaturblatts von Cottas »Mor-
genblatt«, 36-46 »Deutsche Vierteljahres-
schrift«, 52-69 eigenes »Literaturblatt«.
Gegner Goethes und des Jungen Deutsch-
land, seine Stellungnahme provozierte des-
sen Verbot. – Grab auf dem Hoppenlau-
friedhof. – Teilnachlass LB S.

Nikolaus Lenau (eig. Nikolaus Franz
Niembsch, Edler von Strehlenau), * 13.
8. 1802 Csatád/heute (auch amtl. rumän.)
Lenauheim, † 22. 8. 1850 Oberdöbling/
Wien, spätromant. Lyriker (»Dichter des
Weltschmerzes«), Versepiker. Nach Stu-
dium und Tod der Mutter kam er 1831
nach S., wo er bei G. Schwab zwei Mona-
te wohnte, durch ihn mit dem Schwäb.
Dichterkreis zusammenkam und Cotta
als Verleger gewann. Nach einem enttäu-
schenden Emigrationsversuch in die USA
(1832) unruhige Jahre in Wien und Schwa-
ben. Eine Hochzeit wird durch den geisti-
gen Zusammenbruch 1844 vereitelt (im
Reinbeck-Hartmann'schen Haus, Fried-
richstraße 14). Danach in Heilanstalten,
u. a. in → Winnenden (Waiblingen/BW).
– Büste in der L.-Schule S.-Rot. – Mss.
und Briefe DLA Marbach. – Intern. L.-
Gesellschaft.

Wilhelm Hauff, * 29. 11. 1802 S. (Ge-
denktafel Eberhardstraße 23), † 18. 11.

*Stuttgart: Grab von Wilhelm Hauff auf dem
Hoppenlaufriedhof*

1827 ebd., machte als vielseitiger Erzähler
schon früh Furore. 1817-20 Klosterschule
→ Blaubeuren (Ulm/BW), 20-24 am →
Tübinger/BW Stift. Dann Hauslehrer, Rei-
sen, 1827 Redakteur bei Cotta. Starb nach
der Heirat mit seiner Kusine. Seine unge-
brochene Beliebtheit verdankte er dem
R. »Lichtenstein« (1826) und den Mär-
chen-Almanachen (1826/27/28). – Grab
(Felsblock vom Lichtenstein/→ Reutlin-
gen/BW) auf dem Hoppenlaufriedhof;
Denkmal in der Anlage gegenüber Hasen-
bergsteige. – Nachlass DLA Marbach.

Eduard Mörike (→ Ludwigsburg/BW)
war von Dezember 1826 bis Mai 27 Pfarr-
gehilfe in S.-Möhringen (Gedenktafel am
Pfarrhaus); von 1851-66 Lehrer am Katha-
rinenstift. Im Mai 1853 erschien das Mär-
chen vom »Stuttgarter Hutzelmännlein«.
Ab 1871 lebte er wieder in S., teilw. auch
in Fellbach, wo er am 4. 6. 1875 starb.
Zeichnungen, Gelegenheitsverse und Brie-
fe geben Eindrücke seiner (zwischen 1851
und 74 allein zehn) Domizile. – Sterbe-
haus Moserstraße 22 (Neubau/Gedenkta-
fel); Grab auf dem Pragfriedhof; Denkmal
Silberburganlage; Slg. »E. M. und seine
Freunde« in der Stadtbücherei im Wil-
helmspalais. – M.-Preis der Stadt Fellbach
(seit 1991).

Friedrich Theodor Vischer (→ Ludwigs-
burg/BW) besuchte 1814-21 in S. das
Gymnasium illustre. 1866 kam er wieder
zurück und war, immer noch viel bewun-
dert und gescholten, Prof. für Ästhetik
und dt. Lit. am Polytechnikum (heute
Rektorat der Universität, Keplerstraße 7).

Hermann Kurz (→ Reutlingen/BW) leb-
te seit 1836 als freier Schriftsteller und
Journalist in S., wo er Verbindung zu E.
Mörike, G. Schwab, J. Kerner und N. Le-
nau hatte. Nach dreijähriger Redakteurs-
tätigkeit in Karlsruhe kehrte er 1848 zu-
rück und blieb bis 54 streitbarer Redakteur
des demokrat. »Beobachters« (Prozesse). –

Paulinenstraße 19 (Neubau/Gedenktafel) kam 21. 12. 1853 Tochter **Isolde Kurz** zur Welt. Kindheit und Jugend u. a. in → Oberesslingen/BW und → Tübingen/ BW. Dann München; 1877-1914 in Florenz; ab 1915 wieder in München. In der NS-Zeit: »Die Sehnsucht nach Anerkennung macht(e) sie blind für die Barbarei des neuen Regimes« (J. Bendt). Starb 5. 4. 1944 in Tübingen. Erinn. u. a. »Aus meinem Jugendland« (1918), »Die Pilgerfahrt nach dem Unerreichlichen« (1938). **Friedrich Karl von Gerok** (→ Vaihingen/ BW) verbrachte Kindheit und Jugend in S., kam 1837 als Vikar wieder und lebte ab 1849 dann 41 Jahre lang in vielen Haupt- und Nebenämtern, berühmt als Oberhofprediger an der Schlosskirche, bis zu seinem Tod am 14. 1. 1890 hier. – Grab auf dem Pragfriedhof; Relief an der Schlosskirche.
Georg Herwegh, * 31. 5. 1817 S. (Gedenktafel Friedrichstraße 10), † 7. 4. 1875 → Lichtental (Baden-Baden/BW), polit.-revolutionärer Lyriker (»Gedichte eines Lebendigen«, 1841-43), Übersetzer. 1835 vom → Tübinger/BW Stift relegiert. Kehrte 1837 als freier Schriftsteller nach S. zurück, floh 39 vor dem Militärdienst in die Schweiz. Feldzug für die 48er Revolution im Badischen, abermals Flucht in die Schweiz. Nach der Amnestie von 1866 Übersiedlung nach Lichtental. – Grab in Liestal bei Basel; dort auch Archiv.
Friedrich Wilhelm Hackländer (→ Aachen/Burtscheid/NW) ließ sich 1840 in S. nieder, wo er als Belletrist und Hofmann sein Glück machte. Gesellschaftengründer (»Die Glocke«, »Strahlendes Bergwerk«), Zeitschriftenhrsg. (»Über Land und Meer«). Viel besucht seine Villen: das »Haidehaus« auf der Gänsheide, eine zweite »in freiem poetischem Geschmack« Urbanstraße 13, die 1909 dort abgebrochen und Ecke Eduard-Pfeiffer-/Schoderstra-

ße wiederaufgebaut wurde. – Grab auf dem Pragfriedhof. – Mit H. befreundet war **Ferdinand Freiligrath** (→ Detmold/ NW), der 1868 von London nach Dtl. zurückkehrte: zunächst nach Bad Cannstatt, dann in S., seit 1874 wieder in Bad C., im »Haus zum Alten Hasen«, Neckartalstraße 73 (Neubau/Gedenktafel). Dort starb er am 18. 3. 1876. Grab auf dem Uff-Kirchhof; Dokumente im Stadtmuseum im Klösterle.
Ch. F. D. Schubart (→ Schwäbisch Hall/ Obersontheim/BW) wurde nach seiner Entlassung aus der Festungshaft von Herzog Karl Eugen zum Theater- und Musikdirektor in S. ernannt. Starb am 10. 10. 1791; Grab auf dem Hoppenlaufriedhof. – Dort auch das Grab von Schillers Freund auf der Karlsschule **Friedrich Haug** (1761-1829), Klassiker des Epigramms (Anth. in 10 Bdn., 1807-09); Nachlass DLA Marbach. – **Marianne Ehrmann** (geb. von Brentano/1755-95), Hrsg. der Zs. »Amaliens Erholungsstunden«, »Philosophie eines Weibes« (1787). Salon u. a. in der Urbanstraße. – **Albert Knapp** (→ Tübingen/ BW) wurde 1845 Nachfolger G. Schwabs an der Leonhardskirche, galt als begnadeter Prediger. Grab auf dem Fangelsbachfriedhof, S.-Süd. – **Charlotte Birch-Pfeiffer** (1800-68), Schauspielerin, Erzählerin und Stückeschreiberin, debütierte am Münchner Hoftheater, 1844 Hofschauspielerin in Berlin. Ihr Erfolgsstück: die Dramatisierung von B. Auerbachs R. »Die Frau Professor« u. d. T. »Dorf und Stadt« (1837). – **Alexander Graf von Württemberg** (1801-44), Lyriker. Hielt sich am liebsten auf dem Schloss Serach bei → Esslingen/BW auf, das zu einem Refugium des Schwäb. Dichterkreises wurde. Grab in der Stiftskirche; Teilnachlass DLA Marbach. – **Wilhelm Zimmermann** (1807-78), Pfarrer und Historiker. Wurde 1850 wegen Beteiligung am Rumpfparlament

zeitw. aus dem Staatsdienst entlassen. Seine N. »Grävenitz« verdient als Seitenstück zu W. Hauffs »Jud Süß« Interesse. – **Wilhelm Hertz** (1835-1902) studierte Sprachwiss. und Philos. in Tübingen und ging 1858 nach → München/BY. Verdienstvoll als Nachdichter mhd. (»Tristan und Isolde«) und altfranz. (»Rolandslied«) Dichtung. Lit. Nachlass DLA Marbach.
Bruno Frank, * 13. 6. 1887 S., † 20. 6. 1945 Beverly Hills/Kalifornien, Lyriker, bes. hist. Erzähler (»Trenck«, R. 1926) und Dramatiker, auch Drehbuchautor. Freier Schriftsteller in → München/BY, dort Nachbar und Freund Th. Manns. 1933 Emigration. Auf der Bühne weiterhin präsent durch die K. »Sturm im Wasserglas« (1930). – Geburtshaus Silberburgstraße 159. – Nachlass DLA Marbach.
Albrecht Goes, * 23. 3. 1908 → Langenbeutingen (Heilbronn/Öhringen/BW), † 23. 2. 2000 S.-Rohr. Pastor in siebter Generation, freier Schriftsteller seit 1953: Lyrik, Erzählung (»Unruhige Nacht«, 1950), Spiele, Predigt. Bekannte, die »Großstadt« S. fast nur von seiner Rohrer Höhe aus (Im langen Hau 5) zu kennen. Begraben auf dem Pragfriedhof, nahe dem verehrten »Kollegen« Mörike. – Nachlass DLA Marbach.
Max Bense, * 7. 2. 1910 Straßburg, † 29. 4. 1990 S., Philosoph, Schriftsteller und Poet, wurde 1949 auf den Lehrstuhl für Philos. und Wissenschaftstheorie an der TH berufen; das Institut befand sich ab 1965 im »Hahn-Hochhaus«, Friedrichstraße 10. – B.s letzte Wohnung Alte Weinsteige 98 (mit einem »konkreten Zimmer« im ersten Stock); Grab auf dem Dornhaldenfriedhof.

Die sog. »**Stuttgarter Schule**« wurde 1963 von **Manfred Esser** (1938-95) auf den Begriff gebracht und von **Ludwig Harig** allseitig propagiert. **Reinhard Döhls** (1934-2004; Gedenkta-

fel Lindpaintnerstraße 59 in Botnang) visuelles »Apfel«-Gedicht wurde so etwas wie die Inkunabel der »Schule« (die es laut Bense eigentlich nie gab).

Eugen Gottlob Winkler (→ München/BY) kam mit drei Jahren 1915 von Zürich nach S.-Wangen: Ackerstraße 5 (heute Salacher Straße); frühe aut. E. »Missetat«. Grab auf dem W.er Friedhof.
Hermann Kasack (→ Potsdam/BB) lebte seit 1949 als freier Schriftsteller (1953-63 Präsident der Dt. Akademie für Sprache und Dichtung in Darmstadt) in S. Wohn- und Sterbehaus (10. 1. 1966) Steinenhausenstraße 6; Grab auf dem Waldfriedhof.
Hermann Lenz, * 26. 2. 1913 S., † 12. 5. 1998 → München/BY: »Einundfünfzig Jahre lang/Hab ich in Stuttgart leben dürfen.« 1949-57 Sekretär des S.er Kulturvereins, 51-71 des Süddt. Schriftstellerverbandes. Die Stadt in seinen aut. Eugen Rapp-Romanen: u. a. »Verlassene Zimmer« (1966), »Andere Tage« (1968), »Tagebuch vom Überleben und Leben« (1978), »Ein Fremdling« (1983), »Seltsamer Abschied« (1988); »Stuttgart« (Slg. topograph. Texte, 1983). – Wohnte im Elternhaus, Birkenwaldstraße 203; H.-L.-Höhe. – Nachlass BSB München. – H.-L-Stiftung: H. L.-Preis (seit 1999).
Thaddäus Troll (eig. Hans Bayer), * 18. 3. 1914 S.-Bad Cannstatt, † 5. 7. 1980 ebd., Lyriker, Erzähler, Übersetzer. Das unerschöpfliche Thema v. a. »Deutschland, deine Schwaben« (1968, 75). – Gedenktafel Marktstraße 5; auf dem Th.-T.-Platz Plastik von E. Krämer »Dr Entaklemmer« (Figur aus T.s sat. Luststück nach Molières »Geizigem«, 1976); das Grab, wie er schon im Vorspann zu seinem »Nachruf auf mich selbst« (»Fallobst«, 1975) geschrieben hatte, auf dem Steigfriedhof. – Th.-T.-Preis (seit 1981).

Cäsar Flaischlen (1864-1920), impressionist. Lyriker, Erzähler (»Jost Seyfried«, R. 1903) und Dramatiker. Seit 1890 in Berlin, 1895-1900 Schriftleiter der Zs. »Pan«. Postum »Von Derhoim ond Drauße« (G. in Mundart, 1924). Grab auf dem Pragfriedhof. Nachlass DLA Marbach. – **Karl Gustav Vollmoeller** (1878-1948), Neuromantiker, Filmpionier, Auto- und Flugzeugkonstrukteur. Kosmopol. Leben. Welterfolg mit dem Dr. »Das Mirakel«, 1914 von M. Reinhardt im Zirkus Busch in Berlin inszeniert. Beigesetzt im Familiengrab auf dem Pragfriedhof. Teilnachlass DLA Marbach. – **Heinrich Lilienfein** (1879-1952), klassizist. Dramatiker, Erzähler (Schubart-R. »In Fesseln – frei«, 1938). Seit 1902 in Berlin, ab 20 Generalsekretär der Schillerstiftung in → Weimar/TH. – Nach einem Leben »außer der Norm« kehrte der 1888 in Neiße/Schlesien geb. expressionist. sozialkrit. Erzähler und Dramatiker **Franz Jung** 1960 aus den USA nach S. zurück (»Der Weg nach unten«, Aut. 1961), wo er im Januar 1963 starb; Grab auf dem Neuen Friedhof, S.-Degerloch. – »Wer hält mir die Himmelsleiter« (G. 1988): der Lyriker und Essayist **Johannes Poethen** (1928-2001) war von 1973 bis 1989 Leiter der Literaturabteilung des SDR. Er gehörte dem legendären »Stammtisch der Dreizehn« in der »Kiste« in der Kanalstraße an; das »Häusle« daneben verdankt ihm sein Avancement zum »Stuttgarter Schriftstellerhaus« (1983). Auf dem Pragfriedhof ist J. P. begraben. Nachlass DLA Marbach.

A »Beim Überdenken der schwäbischen Geistesgeschichte begegnet man plötzlich der Entdeckung, daß Stuttgart nicht ganz die zentrale Stellung einnehmen hat, die ihm sonst zukommt«: so **Theodor Heuss** (→ Lauffen/Brackenheim/BW), der selbst lange in S. gelebt, die letzten Jahre in seinem »Häusle«, Feuerbacher Weg

46 (jetzt Stiftung), und auf dem Waldfriedhof ein Ehrengrab bekommen hat.

Johannes Brenz (→ Leonberg/Weil der Stadt/BW) vollendete die Reformation in S., wohin er 1552 als Stiftspropst berufen worden war. Vor der Hospitalkirche Reformationsdenkmal mit M. Luther und B. Er starb am 11. 9. 1570 und ist in der Stiftskirche unter der Kanzel begraben. (In der Nähe das Grabmal des 1458 gest. »letzten Minnesängers« **Hermann von Sachsenheim**). – Im »Bären« in der Bärenstraße logierte 1760 **Giacomo Casanova**, verlor im Spiel, wurde unter Hausarrest gestellt und floh: Ausgangspunkt für H. Hesses E. »Casanovas Bekehrung« (1906). – **Goethe** (→ Frankfurt a. M./HE) weilte 1779 und 97 in der Stadt: 79 nahm er an der Preisverteilung der Militärakademie teil, bei auch der Eleve F. Schiller ausgezeichnet wurde. Auf der 3. Schweizer Reise 1797 sah er in der »Danneckerei« am Schlossplatz die lebensgroße Schillerbüste und war begeistert. – **Friedrich Hölderlin** (→ Lauffen/BW), der seit seiner Jugend vielfach in S. war, hier auch Ch. F. D. Schubart kennenlernte, lebte Sommer und Herbst 1800 einige Monate wieder in der Stadt, wo ihm das Haus seines Freundes Ch. Landauer offenstand. Im Freundschaftsbund auch **Christian Ludwig Neuffer** (1769-1839), der die Schubarts »Chronik« fortsetzen wollte. Er verließ die Stadt 1809 und kam 1819 nach → Ulm/BW. – **Wilhelm Friedrich Waiblinger** (→ Heilbronn/BW) verbrachte seine Kindheit (1806-17) in S. und ging hier 1820/21 auf das Gymnasium illustre, wo G. Schwab sein Lehrer war (Gedenktafel Eberhardstraße 13).

Friedrich von Matthisson (→ Oschersleben/Hohendodeleben/ST), 1809 von König Friedrich von Württemberg geadelt, wurde 1812 zum Theaterintendanten und Oberbibliothekar ernannt und blieb bis 1829 in S. Am 11. Juni 1819 kam **Jean Paul** (→ Wunsiedel/BY) »zum Thee«. Einen Monat blieb er in der Stadt, »in jeder Gassenecke der Rücken eines Verehrers«, täglich in den ersten Häusern zu Gast (auch beim »eiteln Geizhals« Cotta): S. wurde ihm »je länger je lieber«. Natürlich stand auch **Therese Huber** (→ Göttingen/NI) auf seinem Besuchsprogramm, als Redakteurin von Cottas »Morgenblatt« (1817-23) war sie eine Institution (Gedenktafel Marienstraße 3). »Morgenblattlaus« nannte sie **Ludwig Börne** (Frankfurt a. M./HE). B. hatte es der »Wirtstisch« im »König von England« angetan. (W. Hauffs E. »Die Bettlerin vom Pont des Arts« beginnt hier.) – 1817 und 28 kam **Ludwig Tieck** (→ Berlin) und wurde durch ein Fest geehrt. 1827 besuchte **Wilhelm Müller** (→ Dessau/ST) G. Schwab. – **Berthold Auerbach** (→ Rottenburg/Nordstetten/BW), 1830-32 Schüler am Gymnasium illustre, kam von 1869 bis zu seinem Tod regelmäßig als Kurgast nach Cannstatt (A.-Linde, Marmor-Medaillon im Kurpark). – In seinen »Schattenrissen aus Süddeutschland« berichtet 1834 **Willibald Alexis** (→ Berlin) über die Abgeordnetenkammer und ihren »ersten Redner«, **Paul Pfizer** (1801-67), »der als Schriftsteller, Dichter und auch als Staatsmann sich einen Namen gemacht«. P.s jüngerer Bruder, **Gustav Pfizer** (1807-90), Lyriker, Epiker, Übersetzer, beteiligte sich 1849 ebenso »lebhaft an den politischen Fragen«. – Der aktive 48er **Albert Dulk** (→ Gotha/TH), seit 1858 in S., gründete 82 mit L. Büchner den ersten dt. Freidenkerbund. Er starb am 29. 10. 1884 auf dem S.er Bahnhof.

Cottas »Allgemeine Zeitung« (1811 nach S. verlegt), das »Morgenblatt« und seine Beilagen brachten v. a. in der 1. Hälfte des 19. Jh.s bedeutenden lit. Zulauf; so u. a. 1815/16 **Friedrich Rückert** (→

Schweinfurt/BY), 1820 den durch seine Schicksalstragödie »Der 29. Februar« berühmt-berüchtigten **Adolph Müllner** (→ Weißenfels/ST) und 1831/32 **Karl Gutzkow** (→ Berlin). – 1840 waren 249 Schriftsteller in S. ansässig. Die Stadt galt als »Hauptquartier für periodische Druckwerke«, darunter die neuen illustrierten Familienblätter (»Über Land und Meer«, »Gartenlaube«, »Vom Fels zum Meer«), aber auch eine Zs. wie **August Lewald** (1792-1871) jungdt. ausgerichtetes, 1835 gegründetes »Europa«. L. hatte in S. »Haus gemacht«, einen der vielen Künstlerkreise und Salons. Zu den angesehensten gehörten die Häuser Rapp, Hartmann und H.-Reinbeck, J. H. Danneckers Atelier und die Galerie **Boisserée** (→ Köln/NW) in der unteren Königstraße. 1837 etablierte sich C. Brentanos »Anmutstrampel« **Emma von Suckow** (Ps. **Emma Niendorf/** 1807-76); **N. Lenau** und **J. Kerner**, der sie eine »wahnsinnig gewordene Äolsharfe« nannte, waren ihre Favoriten. Zu **Friedrich Notters** (→ Ludwigsburg/BW) Kreis zählten bes. **E. Mörike** und **F. Th. Vischer** (N.s Grab auf dem Pragfriedhof). Vor der »Glockengesellschaft«, 1843 gegr. von **F. W. Hackländer** und **Franz von Dingelstedt** (→ Marburg/Halsdorf/HE), der königl. Vorleser, Kabinettsbibliothekar und Dramaturg am Hoftheater war, brillierte **Emanuel Geibel** (→ Lübeck/SH) mit Festreden. Ebenfalls von **Hackländer** gegr. (1850) die Künstlergesellschaft »Strahlendes Bergwerk«. – In der Königstraße (damals 45) befand sich 1807-10 die Lesegesellschaft »Museum«, seit 1816 dann in der Kanzleistraße (damals 11); Mitglieder u. a. **W. Hauff, L. Uhland, W. Menzel.** Vorausgegangen war die 1784 kreierte »Metzlersche Lesegesellschaft«, Ecke Büchsen-/Calwer Straße.

1855 unternahm **Theodor Storm** (→ Husum/SH) eine Reise nach Heidelberg und

S. zu E. Mörike. 1860 schrieb Friedrich Hebbel (→ Heide/Wesselburen/SH), der 1836 zum ersten Mal in S. war: »... wenn man die breiten Straßen, die stattlichen Häuser erblickt, glaubt man Wunder was erwarten zu dürfen; klopft man dann aber an, so ist Nichts zu Hause.« Dagegen Wilhelm Raabe (→ Holzminden/Eschershausen/NI): »In S. sind in einem Jahr mehr Schriftsteller und Literaturfreunde durch mein Haus gegangen als in Braunschweig während der ganzen Zeit meines Aufenthalts.« R. war 1862-70 in S. ansässig, wo u. a. »Der Hungerpastor« (1864), »Abu Telfan« (1867) und »Der Schüdderump« (1869) entstanden. Wohnung zunächst Gymnasiumstraße 13 (zerstört), ab 1864 Hermannstraße 11 (Gedenktafel), nach H. Lenz Schauplatz der »Akten des Vogelsangs«. Mit R. befreundet war Wilhelm Jensen (→ Oldenburg/Heiligenhafen/SH), 1865-69 in S. und 68/69 Redakteur der »Schwäbischen Volkszeitung«. Unter den schwäbischen Autoren der 2. Jahrhunderthälfte: Johann Georg Fischer (→ Göppingen/Süßen/BW) kam 1845 als Schulmann nach S. und hielt 21-mal am Todestag Schillers die Festrede im »Liederkranz«; Grab auf dem Pragfriedhof, Denkmal an der Hasenbergsteige. Max Eyth (→ Nürtingen/Kirchheim u. T./BW) berichtet in den »Briefen eines Ingenieurs« (1904) über die Anfänge des Motorenbaus in der 60er Jahren in Berg. 1863 kehrte Ludwig Pfau (→ Heilbronn/BW) aus dem Pariser Exil nach S. zurück. Christian Gottlieb Abt (→ Calw/Dobel/BW) gab 1868/69 »Die Kritik« heraus.

Auf den Spuren von Lenaus »poetischer Wallfahrt« von 1831 u. a. die »öst. Kollegen«: Franz Grillparzer, Anastasius Grün, Friedrich Halm, Moritz Gottlieb Saphir. – 1809 zog Stendhal durch S., ihm folgten 1833 Alphonse Lamartine und 40 Victor Hugo, 45 Honoré de Balzac (zur Badekur in Cannstatt: Badstraße 39 ehem. Hotel Hermann) sowie 75 Arthur Rimbaud (Plakette Marienstraße 10) und Paul Verlaine (über ihre angebl. »Neckarschlacht« U. Harbusch, Marbacher »Spuren« 51/2000). – H. C. Andersen, »der berühmte Däne«, kam 1855 und 60. – Iwan Turgenjew (nebst der Viardot) besuchte 1865 Mörike. – Clara Zetkin (1857-1933), ab 1892 in S. (Rotebühlstraße 147), redigierte die Zs. »Die Gleichheit«; im Wohn- und Landhaus des Ehepaars Zundel-Zetkin in S.-Sillenbuch (Kirchheimer Straße 14) verkehrten A. Bebel, K. Kautsky, Franz Mehring, Rosa Luxemburg und Karl Liebknecht (alle → Berlin). – Anfang November 1892 wurde Hermann Hesse (→ Calw/BW) am Kgl.-Württ. Gymnasium Cannstatt eingeschult (wohnte Wilhelmstraße 4 A, Gedenktafel), kein Jahr später trat er wieder aus (»Demian«). 1895/96 in S. Karl (»beginnender Maler«) und Robert Walser (»angehender Poet«). – Robert Musil war 1902-03 Volontärassistent an der TH und arbeitete währenddessen an den »Verwirrungen des Zöglings Törleß« (Gedenktafel Urbanstraße 46). Von 1916-22 war Wilhelm von Scholz (→ Berlin) Dramaturg und Spielleiter am Hoftheater. – Der Dramatiker Friedrich Wolf (→ Neuwied/RP) übersiedelte 1927 nach S., wo 1924 sein »Armer Konrad« (→ Hechingen/BW) uraufgeführt worden war, praktizierte als Arzt und emigrierte von hier 1933 in die Schweiz (Wohnhaus Zeppelinstraße 43). – In der Weißenhofsiedlung (Am Weißenhof 22, in den 1950er Jahren abgerissen) lebte 1930-43 Georg von der Vring (→ Brake/NI); Brotarbeit in 10 Jahren: 10 Unterhaltungsromane (u. a. »Schwarzer Jäger Johanna«, 1934). – 1944, als sie ihr Heim in Degerloch verlor, verließ Anna Schieber (→ Esslingen/BW) die Stadt, wo sie seit 1890 gelebt hatte.

Nach dem 2. Weltkrieg lebte **Friedrich Sieburg** (→ Lüdenscheid/Altena/NW) einige Jahre in S. und dann im nahen **Gärtringen** (Gedenkstätte Villa Schwalbenhof 1); Grab auf dem S.er Waldfriedhof. – Am 8. Mai 1955 hielt **Thomas Mann** (→ Lübeck/SH) im Großen Haus des Staatstheaters seine Schillerrede, es war einer seiner letzten öffentl. Auftritte. – Ein Glücksfall für den Süddeutschen Rundfunk (Neckarstraße 145) war die »Genietruppe«: um **Martin Walser**, der 1949-57 beim SDR v. a. im Hörspiel arbeitete (»Brandung«, R. 1985); **Alfred Andersch** (→München/BY), der 1955 die Redaktion »Radio-Essay« aufbaute und drei Jahre leitete (**W. Koeppen** und **A. Schmidt** u. a. »sprachen Literatur in den schwäbischen Äther« für ihn); **Hans Magnus Enzensberger** war zeitweilig A.s Assistent; 1958-81 schließlich **Helmut Heißenbüttel** (→ Wilhelmshaven/NI): S. seine »Spaziergehstadt«, ein Sonderheft seiner Zs. »Hermannstraße 14« (dort auch Plakette) ist **Jean Améry** (1912-78) gewidmet. – »Versäumen Sie in Stuttgart nicht,/sich die lange Neckarstraße anzusehen«: »Der Autor als Regisseur« – **Samuel Beckett** inszenierte zwischen 1966 und 86 sechs seiner Fernsehspiele im neuen Studio im Park der Villa Berg.

L Stuttgart im Gedicht schon früh: 1577 **Nicodemus Frischlin** (→ Balingen/Erzingen/BW); unvergleichlich **F. Hölderlins** große Elegie (1. Druck 1807), gegenüber der Lieder wie von **F. K. von Gerok** (»Da liegst du nun im Sonnenschein ...«) oder **Eduard Paulus** (1837-1907/»Königstraße, meine Wonne ...«) nur treuherzige Anrufungen sind; **Joachim Ringelnatz** (→ Wurzen/SN): »schwamm dort wie ein Schwamm im Glück« (»Reisebriefe eines Artisten«, 1927); **Rudolf Schlichter** (→ Calw/BW): lebte 1936-38 in der S.er »Gestapoatmosphäre« (Langgedicht »Stuttgart«); weiterhin **Günter Herburger**, »S.er Festschrift« (1965), **F. Ch. Delius**, »Selbstporträt auf dem

S.er Schloßplatz« (1975), **Helmut Heißenbüttel**, »Spaziergänge in S.« (1980). – Über S. erzählt wird v. a. im biograph. ausgerichteten Roman. So etwa in den Schubart-Romanen von **Albert Emil Brachvogel** (1864), **Eduard Thorn** (1935) und **Fritz Meichner** (1943); in den Schiller-Romanen von **Hermann Kurz** (1843), **Johannes Scherr** (1856), **Walter von Molo** (1912-16), **Norbert Jacques** (1939) und **Wilhelm von Scholz** (1955). Schiller-Schauspiele, die in S. spielen, gibt es u. a. von **Heinrich Laube** (1846), **Alfred Auerbach** und **Ferdinand Vetter** (1905). S. auch in Werken über Hauff, etwa von **Emil Hadina** (1927) und **Frieda von Oppeln** (1936), sowie über Lenau: »Emilie Reinbeck« (1913) von **Hertha König** (1884-1976) und »Niembsch« (1964) von **Peter Härtling**. – Weiterhin: **Justinus Kerners** »Reiseschatten« (1811; Büste des Dichters in der K.-Straße, Nähe Neckartor), **Wilhelm Hauffs** »Jud Süß« (1828), **Theodor Storms** »Es waren zwei Königskinder« (1888), **Wilhelm Schussens** »Der rote Berg« (1918), **Lion Feuchtwangers** »Jud Süß« (1925), **Gustav Meyrinks** »Abenteuer des Polen Sendivogius« (1925), **Auguste Suppers** »Gaukler« (1929), **Ernst Wilhelm Eschmanns** (1904-87) »Schreiberin« (1951). Zeitgenössisch: **Manfred Esser**, »Ostend-Roman« (1978), **Dieter Schlesak**, »Vaterlandstage« (1986), **Hanns-Josef Ortheil**, »Blauer Weg« (1996), **Matthias Politycki**, »Weiberroman« (1997), **Sibylle Lewitscharoff**, »Consummatus« (2006).

Lokalkolorit: **Carl Theodor Griesinger** (1809-84), »Schwäbische Arche Noah« (n. 1979); **Hedwig Staiger** (Ps. **Hedwig Lohss**): »S.er Geschichten und Sagen« (1960); **Willy Reichert** (1896-1973): »Ja, wir Schwaben« (1969); **Oscar Heiler** (1906-95): »Sind Sie ein Schwabe, Herr Häberle?« (Aut. 1976); **Helmut Pfisterer**, »Weltsprache Schwäbisch« (1980); **Felix Hubys** Bienzle-Krimis (u. a. »Der Atomkrieg in Weihersbronn«, 1977); S.-Krimis auch von **Wolfgang Scharlau** (»Die blaue Liste«, eine »Liebeserklärung« zugleich an das »Bohnenviertel«: »ein paar Quadratmeter Paris mitten in Stuttgart«) und **Heinrich Steinfest** (»Ein sturer Hund«, 2003). – S. in Erinnerungen u. a. von **Andreas Streicher** (1836), **Friedrich Wil-**

helm Hoven (1840), **Ottilie Wildermuth** (→ Rottenburg/BW, 1888), **Paul Bonatz** (1950), **Paul Eipper** (→ Starnberg/Gräfelfing/BY, 1961), **Anna Haag** (1888-1982, 1968), **Jella Lepman** (1891-1970, 1964), **Walter Erich Schäfer** (1901-81, Grab auf dem Neuen Friedhof Degerloch). – S. in Essays und Reisebüchern: **Johann Hermann Dielhelms** »Denkwürdiger und nützlicher Antiquarius des Neckar-, Mayn-, Lahn- und Moselstroms« (1740), **Johann Kaspar Riesbecks** (→ Frankfurt a. M./Höchst/HE) »Briefe eines reisenden Franzosen über Deutschland« (1783), **Karl Julius Webers** (→ Langenburg/BW) »Deutschland oder Briefe eines in Deutschland reisenden Deutschen« (1826-28), **Gustav Schwabs** »Wanderungen durch Schwaben« (1837), **Wilhelm von Scholz'** »Städte und Schlösser« (1924), **Wilhelm Hausensteins** (→ Wolfach/Hornberg/BW) »Das gedeihliche Stuttgart« (1930), **Helmut Heißenbüttels** »Das Sagbare sagen« (1998), **Otto Rombachs** »Stuttgarter Wein« (1970), **Hermann Lenz'** »Stuttgart deine Straßen« (1975); **Hannelies Taschau,** »Das kleinste Land in uns oder Eröffnung Stuttgarts« (1992). Textslgg.: »Stuttgart« (3. Aufl. 1968), Hrsg. **J. J. Häßlin** (1902-85); »S.er Lesebuch« (1989) Hrsg. **J. Poethen;** »S. Dichter sehen eine Stadt« (1989), Hrsg. **H. Brandstätter/ J. Holwein.**

S Württ. **Landesbibliothek:** rd. 3,4 Mio. Bde., über 15 000 Hss., über 7000 Inkunabeln, alte Drucke; Bibelslg. (rd. 15 700 Bde.); Neuere Buchkunst; Slg. Hugo Borst (v. a. Erstausgg. 1750-1900); Hölderlin-Archiv, Stefan-George-Archiv, Oetinger-Archiv; Blumhardt-Forschungsstelle; Bibliothek für Zeitgesch. (ca. 1,4 Mio. Einheiten). – **Eduard Mörike und seine Freunde**), Ausstellung des Stadtarchivs aus der M.-Slg. Dr. Fritz Kauffmann im Wilhelmspalais. **Dt. Schillergesellschaft** (Sitz Marbach a. N.); **Württ. Bibliotheksgesellschaft; Verband dt. Schriftsteller in ver.di,** Landesbezirk BW; **Förderkreis Deutscher Schriftsteller in BW.** – **Freundeskreis zur intern. Förderung lit. und wiss. Übersetzungen** verleiht (seit 1978) Helmut M. Braem- und (seit 1979) Wieland-Übersetzerpreis; Schiller-Gedächtnispreis des Landes BW (seit 1955, Ehrenpreis und Fördergaben); **J. F. Cotta-Preis** (ehem. S.er Literaturpreis, seit 1978); **Kunststiftung BW** (Autorenstipendien); **S.er Schriftstellerhaus** (vier Stipendiaten pro Jahr); **Literaturhaus S.** (Lesungen, Filmabende, Ausstellungen); **Akademie Schloss Solitude** (Wohn- und Arbeitsstipendien); **Akademie für gesprochenes Wort.** – **Literatur-Spaziergänge** (Hahn & Kusiek).

R »Namen dionysischen Glücks: Hedelfinger, Obertürckheimer, Wangener … Münster, Feuerbacher – alles Stuttgarter Weine«, die nicht nur für **Helmut M. Braem** (→ Schwäbisch Hall/Steinkirchen/ BW) zu Buche schlugen. Auch **Hermann Lenz** fand, dass der Weinstube »Zur Kiste« ein Literaturpreis gehöre, weil dort »viele Dichter und ihre Gesellen zu eigenständigen Hymnen der verschiedensten Art beflügelt« würden. – Im Mittleren Schlossgarten steht nahe der Hängebrücke zur Eberhardsgruppe, die 1881 P. Müller nach **Justinus Kerners** Gedicht vom »Reichsten Fürst« schuf. – Nicht weit von der Liederhalle liegt der **Hoppenlaufriedhof.** Er ist jetzt Park, die berühmten Grabmäler (von J. F. Cotta bis Emilie Zumsteeg, die Lenaus »Schilflieder« vertonte) sind erhalten. Auf dem **Pragfriedhof** liegen die Lyriker **Carl Grüneisen** (1802-78), der Geschichtsschreiber **Christoph Friedrich Staelin** (1805-73), die Schriftsteller **Karl Weitbrecht** (1847-1904), **Otto Rommel** (1836-1909), **Ernst Moritz Mungenast** (→ Saarbrücken/SL, kein Grabstein) und die Kinderbuchautorin **Tony Schumacher** (→ Ludwigsburg/BW; Gedenktafel in S. Olgastraße 33). Auf dem **Waldfriedhof** befinden sich Gräber aus jüngster Zeit, u. a. das von **August Lämmle,** der sich als »Stimme seiner schwäbischen Heimat« verstand (Gedenktafel in der Taubenheimstraße in Bad Cannstatt). Auf dem **Uffkirchhof** ist die Lyrikerin **Therese Köstlin** (1877-1964) begraben.

In **Botnang** wurde am 7. 7. 1739 **Wilhelm Ludwig Wekhrlin** geboren (Furtwängler-straße 1, heute). Der streitbare und entsprechend angefeindete Publizist eröffnete mit »Anselmus Rabiosus' Reise durch Oberdeutschland« (1778) das Genre des polit. Reiseberichts. – In der Militärpflanzschule im »Kavalierbau« von Schloss **Solitude** war **Friedrich Schiller** Eleve. Sein Vater beaufsichtigte dort die herzogl. Baumschulen und Gartenanlagen; letzte Wohnung der Familie das Kavalierhaus Nr. 16 auf der Ostseite, wo **Johann Caspar Schiller** (1723-96) und die Schwester Christiane, gen. Nanette (1777-96), starben. Beider Gräber an der Petruskirche von **Gerlingen**; Büste am Brunnenmarkt, Schillerstein auf der Schillerhöhe. Im Rathaus von G. Heimatmuseum: Erinn. u. a. an die Schillers und an **Hermann Missenharter** (1886-1962), der v. a. durch seine »Schwäbischen Essays« und »Stuttgarts Geschichte wie sie nicht im Schulbuch steht« bekannt wurde. – Zum Schönbuchwald zieht sich die Filder hin. Die dortige Kohlsorte, das »Filderkraut«, hat **Ludwig Uhland** in seinem »Metzelsuppenlied« besungen. – Im exotischen Schlosspark von **Hohenheim** (Universität H.) zeugt »nur eine hohe Säule« von der »verschwundenen Pracht« des ehem. »Dörfle«, das eigentlich ein röm. Stadtlandschaft in künstlichen Ruinen war, angelegt von Herzog Karl Eugen für Franziska von H. Eine Inschrift besagt, die Säule habe **L. Uhland** zu der Ballade »Des Sängers Fluch« angeregt. Im sog. Römischen Wirtshaus war **Eduard Mörike** im Frühjahr 1831 mit seinem »Maler Nolten« beschäftigt. Interessante Beschreibung auch in »Schillers Heimatjahre« (3. Teil, 38. Kapitel) von **Hermann Kurz**. Am Himmelfahrtstag 1976 schrieb **HAP Grieshaber** (→ Reutlingen/Achalm/BW) in der Thomas-Müntzer-Scheuer den Jörg-Ratgeb-Preis aus

(Sancho Pansa/Margarete Hannsmann, »Chauffeur bei Don Quijote«, 1977). Aus H. selbst stammt der Arzt und Philosoph Theophrastus Bombastus von H., bekannt als **Paracelsus** (1491-1541). – »Zu **Echterdingen** im Wirtshaus«, erzählt **Justinus Kerner**, entstand 1809 sein bekanntes Wanderlied »Wohlauf! noch getrunken«, ein Handwerksbursch habe es »in die Welt hinaus« gebracht.

B I. Ferchl, Stuttgart. Literar. Wegmarken in der Bücherstadt, 2000. – Marbacher Magazine und »Spuren« zu: J. Améry, A. Andersch, H. C. Andersen, S. Beckett, M. Bense, Cotta, A. Dulk, F. W. Hackländer, G. W. F. Hegel, Hoppenlaufriedhof, Th. Huber, H. Kasack, I. Kurz, N. Lenau, E. Mörike, R. Musil, Jean Paul, W. Raabe, A. Rimbaud, Schiller, G. Schwab, L. Uhland, F. Th. Vischer, R. Walser, E. G. Winkler, F. Wolf. – B. Möbs, Zu Fuß zu Stuttgarts Dichtern, 2008

Z Esslingen, Leonberg, Ludwigsburg, Marbach, Sindelfingen, Waiblingen (BW).

SUHL/TH

»Es ist kaum ein Krieg geführt worden, zu dem nicht Suhl sein Eisenkontingent gestellt. Darum hat man die betriebsame Stadt ›Deutschlands Zeughaus‹, wohl auch ›Vulkans Residenz‹ benannt.« (Heinrich Schwerdt, 1859)
Waffenmuseum im histor. Malzhaus. – **Andreas Reyher** (→ Gotha/TH) wurde 1601 in Heinrichs (heute S.) geboren.

Ernst Anschütz (Ps. **Leopold Sachse**), * 18. 10. 1780 Goldlauter (heute S.), † 18. 12. 1861 → Leipzig/SN, Liederdichter und Komponist, der das Schulsingen durchgesetzt hat. Wurde mit dem »Musikalischen Schulgesangbuch« (1824-30) berühmt, zu dem er viele eigene Kinderlieder beisteuerte (»Fuchs, du hast die Gans gestohlen«; »Es klappert die Mühle am rauschenden Bach«). Am bekanntesten das Weihnachtslied »O Tannenbaum, o Tannenbaum« (1824). – Geburtshaus: Pfarrhaus in Goldlauter (Gedenktafel).

Julius Kober, * 17. 8. 1894 S., † 28. 7. 1970 Staffelstein/Oberfranken, völkischer Heimatdichter. In West-Dtl. Hrsg. der »Thüringer Heimatbücherei« (1960). – W.: Die Bergmannsheimat (E. 1935); Hütes on Brüh. 50 Gedichtle on Geschichtle in Sühler Mundart (1937). – Wohnung: Rimbachstraße 4.

Siegfried Pitschmann, * 12. 1. 1930 Grünberg/Niederschlesien, † 29. 8. 2002 S., Erzähler, Verf. von Filmszenarien (»Leben mit Uwe«, 1973) und Hörspielen. Wuchs in → Mühlhausen/TH auf. Gehörte zu den »leisen« Autoren der DDR. 1958-64 Ehe mit B. Reimann (→ Burg/ST/»Er schreibt eine viel schönere Prosa als ich«). P. lebte nach der Scheidung in Rostock und ab 90 in S. – W.: Männer mit Frauen (E. 1974); Elvis feiert Geburtstag (E. 2000), Verlustanzeige (Aut., Hrsg. M.-E. Lüdde 2004).

E **Das Rennsteiglied.** Dass in den Massenmedien der DDR hin und wieder von Thüringen gesungen wurde, war u. a. dem Friseurmeister Herbert Roth (1926-83) zu danken, der seit Mitte der 50er Jahre mit seinem Ensemble bei rund 10 000 Veranstaltungen auftrat und ein immer größeres Publikum begeisterte. Die Texte zu den meisten seiner mehr als 200 Lieder schrieb der gleichfalls in S. beheimatete Berufsschullehrer Karl Müller. Darunter gleich am Anfang beider Zusammenarbeit das legendäre »Rennsteiglied« (1951): »Ich wandre ja so gerne am Rennsteig durch das Land,/den Beutel auf dem Rücken, die Klampfe in der Hand.« Es wurde zur heimlichen Hymne Thüringens und ist heute das meistgesungene dt. Wanderlied. .

L **Friedrich Hebbel** (→ Heide/Wesselburen/SH) kam 1839 auf seiner »Hungerwanderung« auch durch S. Wider Erwarten wurde er »mit dem besten Wirtshaus überrascht«, das er »auf der ganzen Reise getroffen«. Als **Klaus Gasseleder** diese Wanderung 1996 nachvoll-

zog, kam er wegen des starken Autoverkehrs völlig verschmutzt in S. an und war froh, als ihm in einem Gasthof »mit Kunststoffstühlen … ein Kaffee im Alukännchen serviert« wurde (»Wanderungen auf den Spuren der Dichter und ihrer Figuren«, 2001). – Im Rep.-Bd. »Südthüringer Panorama« (1973) begleitete **Landolf Scherzer** kritisch den Ausbau von S. zur sozialist. Bezirksstadt. – Zu S. gehört das Biosphärenreservat »Vessertal«, dem **Brigitte Rost** einen poet. Wanderführer (»Vesser. Perle im Thüringer Wald«, 1999) gewidmet hat.

S Seit 1990 **Südthüringer Literaturverein.**

Oberhof

Wintersportmuseum in der alten Thüringen-Schanze.

Gertrud Prellwitz, * 5. 4. 1869 Tilsit/Ostpreußen, † 13. 9. 1942 O., Erzählerin. Autorin in Berlin, Schlesien und Brandenburg (→ Fürstenwalde/Erkner/BB), bevor sie 1930 nach O. kam. Bekannt wurde P. mit dem Erziehungs-Roman »Drude« (3 Bde., 1920-26).

L Als **Julius Constantin Kronfeld** (→ Apolda/TH) 1861 den »Oberen Hof« besuchte, sah er »alle Häuser, selbst die Kirche, mit Schindeln gedeckt und ringsum mit Brettern beschlagen«. Nur wenige Jahrzehnte später wurde im Ort der Wintersport heimisch. – 1881-84 erbaute man für die Bahnlinie Erfurt-Meiningen an der Gehlberg einen Tunnel. Der Roman »Brandleite« (1984) von **Bodo Kühn** handelt davon, ebenso das Gedicht »Brandleite-Tunnel« (1977) von der in Zella-Mehlis aufgewachsenen **Annerose Kirchner**: »Von einer Welt stoße ich/in die andere/ …/Der Stein nimmt meine Rede auf.«

Zella-Mehlis

Heimatmuseum.

Johann Caspar Friedrich Manso, * 26. 5. 1759 Zella St. Blasii (heute Zella-Mehlis), † 9. 6. 1826 Breslau, Lehrdichter. 1783

Gymnasiallehrer in Gotha. Seinen Platz in der Lit. fand M. als Hauptgegner in dem von Goethe (→ Frankfurt a. M./HE) und F. Schiller (→ Ludwigsburg/Marbach/BW) ausgelösten Xenien-Streit, den er mit »Gegengeschenke(n) an die Sudelköche in Weimar und Jena« (1797) attackierte.

B U. Brunzel, Das blaue Feuer. Sagen aus Suhl, 2005.
Z Hildburghausen, Ilmenau, Meiningen, Ohrdruf, Schmalkalden (TH).

SULZBACH-ROSENBERG/BY

Musenhof im 17. Jh. unter Herzog Christian-August (1645-1708); bedeutender Druck- und Verlagsort bis ins 19. Jh. (Dokumentation im Stadtmuseum, auch einer hebräischen Druckerei, 1813-41). – Erste Bay. Schulmuseum. – Kulturpreis (seit 1973).

Christian Knorr von Rosenroth, * 15. 7. 1636 Altraudten/Schlesien, † 4. 5. 1689 Gut Groß-Albersdorf/Sulzbach, Gelehrter, Übersetzer, Dichter, auch alchemist.-kabbalist. Studien. Kam 1666 an den Hof Herzog Christian-Augusts, 68-89 Hofrat, Minister und Kanzler. – W.: Conjugium Phoebi et Palladis (Allegor. Lustspiel 1677); Neuer Helicon (G. und Sp. 1684). – Beigesetzt in der St. Georgskapelle auf dem S.er Friedhof; Porträt »Morgenglanz der Ewigkeit« am Geschichtsbrunnen auf dem Luitpoldplatz. – K.-von-R.-Gesellschaft e. V.

In S. geb. ist die pietist. Liederdichterin und Großmutter Nikolaus von Zinzendorfs (→ Zittau/Herrnhut/SN) **Henriette Catharina Freifrau von Gersdorf** (1648-1726). – 1722 starb in S. die Lyrikerin im Stil des Pegnes. Blumenordens **Anna Rupertina Fuchs** (geb. Pleitner, geb. 1657 in Elbing). Ihr Hiobsdrama »Aufgedeckter Spiegel Wunderbarer Gottes Regierung«

(1714) gilt als Vorläufer von Goethes »Faust I«. – Luitpoldplatz 22 Gedenktafel für **Joseph Franz von Allioli** (1793-1873), bedeutender kath. Theologe (gest. als Dompropst in Augsburg), Bibelübersetzer, Orientalist und Hebraist.

Walter Höllerer, * 19. 12. 1922 S, † 20. 5. 2003 → Berlin, Germanist, Lyriker, Essayist. 1959-87 Prof. an der TU in Berlin; Gründer des Lit. Colloquiums in Berlin (1963) und des Literaturarchivs S.-R. (1977). Die Korrespondenz der Zs. »Akzente«, 1954 von H. mit H. Bender gegr., bildet das Kernstück der Slg. Das Archiv und die permanente Ausstellung eröffnen einen Blick auf die deutschsprachige Nachkriegs- und Gegenwartslit. (u. a. Zeugnisse der Gruppe 47, auch Lit. aus der Region). Das »Weltei« im 1. Stock versinnbildlicht H.s Idee, dass »hier ein Punkt, Sulzbach-Rosenberg, mit der Welt zu tun hat«. Zudem ist das Weltei mit den Namenszügen von Autoren versehen, die hier zu Gast waren. H.s »Subjektives Gedicht« thematisiert S. ebenfalls als Nabel der Welt: »Niemand kann mir nachweisen/Daß Sulzbach-Rosenberg nicht/Der Mittelpunkt der Welt ist«: »Walter Höllerers Oberpfälzische Weltei-Erkundungen« (Hrsg. W. Gotzmann, 1987).

L Adolf J. Eichenseer (Hrsg.), »Zammglaabt. Oberpfälzer Mundartdichtung heute« (1977). – »Dünklingen« in Eckhard Henscheids Roman »Die Mätresse des Bischofs« (1978) ist S. – Aus **Auerbach** stammt der Humanist Dr. **Heinrich Stromer** (1476-1542; Büste vor der Pfarrkirche), der in → Leipzig/SN »Auerbachs Keller« (Goethes »Faust« I) gründete.
B U. und G. Kapfhammer (Hrsg.), Oberpfälzisches Lesebuch, 1977; H. Ettl/H. Brill (Hrsg.), Oberpfalz, 1995.
Z Altdorf, Amberg, Nürnberg (BY).

SYLT/SH

»Der Mensch sieht sich auf einmal ins richtige Verhältnis gesetzt zu Himmel und Erde. Was ist er da? Ein Muschelabdruck, eins dieser Wassertröpfchen, die hier überall herumfliegen.« (Horst Mönnich, 1954)

S.er Archiv in Westerland; S.er Heimatmuseum und Altfriesisches Haus in Keitum.

Jap Peter Hansen, * 8. 7. 1767 Westerland, † 9. 8. 1835 Keitum, nordfries. Dramatiker. Verfasste neben Rechen- und Navigationsbüchern das älteste nordfries. Lustspiel »Di Gitshals« (1809).

Uwe Jens Lornsen, * 18. 11. 1793 Keitum, † 18. 2. 1838 im Genfer See (Freitod), pol. Schriftsteller. Kanzleirat in Kopenhagen, 1830 Landvogt von Sylt. Residierte nur 10 Tage in der alten Landvogtei (»Haus Olsson«) in Tinnum und wurde nach der Veröffentlichung seines Werks »Die Unionsverfassung Dänemarks und Schleswig-Holsteins« (1830) von der dän. Regierung zu Festungshaft in Rendsburg verurteilt. Wanderte nach Brasilien aus. – Geburtshaus U.-J.-L.-Wai, daneben Denkmal; Gedenktafel in der St. Severin-Kirche; Slg. im Heimatmuseum in Keitum. – L. ist der Held von Th. Mügges (→ Berlin) Roman »Der Voigt von Sylt« (1851). – C. Hübener, »U.-J.-L. – Ein Leben für Recht und Freiheit« (Biographie, 2004).

Christian Peter Hansen, * 28. 8. 1803 Westerland, † 9. 12. 1879 Keitum, »der vielzitierte Chronist des alten Sylt« (G. Quedens/H.-J. Stöver). Sohn von Jap Peter H., dessen Nachfolger als Lehrer, Küster und Organist in Keitum. – W.: Die friesischen Sagen und Erzählungen (1858); Die nordfriesische Insel Sylt, wie sie war und wie sie ist (1859); Die Friesen (1879). – H.s Wohnhaus, »Altfriesisches Haus«, in Keitum heute Museum; Bildnis in der Kirche; Grab von Vater und Sohn auf dem Friedhof in Keitum. – Nachlass StA Westerland.

Ferdinand Avenarius, * 20. 12. 1856 Berlin, † 22. 9. 1923 Kampen, Lyriker und kulturpädagog. Schriftsteller. Gründete 1887 in → Dresden/SN die Zs. »Der Kunstwart« und 1903 den »Dürerbund«. Kam 1876 zum ersten Mal nach Kampen, ließ sich 1906 dort nieder und wurde K.s erster Ehrenbürger. Sein Haus Treffpunkt bekannter Künstler und Wissenschaftler. – Avenarius-Buch (G. u. Prosa, 1916); Hrsg. der Anth. »Deutsche Lyrik der Gegenwart« (1882) und »Balladenbuch« (1907). – Grab auf dem Friedhof in Keitum.

Boy Lornsen, * 7. 8. 1922 Keitum, † 26. 7. 1995 ebd., Steinbildhauer bis 1968 in Brunsbüttel, danach Jugendbuchautor auf Sylt, in seinen über 30 Büchern spiegelt sich oft die Landschaft Schleswig-Holsteins. – W.: Robbi, Tobbi und das Fliewatüüt (1967); Klaus Störtebeker (R., 1980); Auf Kaperfahrt mit dem Friedhelm Jenny (1982); Williwitt (1983/84); Das Wrack vor der Küste und andere Erzählungen (2. Aufl. 1996). – Grab auf dem Friedhof in Keitum.

A **Wilhelm Raabe** (→ Holzminden/Eschershausen/NI) verbrachte 1867 seine Ferien auf Sylt. Seine Strandwanderungen hielt er in »Deutscher Mondschein« (Sk. 1872) fest: »Da das Meer wie ein Waschweib beiderlei Geschlechts nichts bei sich behalten kann, sondern alles wieder auswirft, so waren diese Gänge nie ohne ihre Reize.« – 1887 besuchte **Theodor Storm** (→ Husum/SH) die Insel. Im Sommer 1888 kam **Carmen Sylva** (→ Neuwied/RP) und stiftete einen Gedenkstein für den Friedhof der Heimatlosen in Westerland. – **Christian Morgenstern** (→ München/BY) besuchte 1895 die Insel; 1900 erschien **Hans Bethges** (→ Nürtingen/Kirchheim unter Teck/BW) Tagebuch »Mein Sylt«. – **Gerhart Hauptmann**

(→Berlin) kurte auf S. in den Jahren 1906,
08 und 15. In diesen Jahren auch auf der
Insel: **Alfred Kerr** (→ Berlin): »Immer
das gleiche Gefühl: Kein Mensch, aber
zwei Meere«, **Robert Musil, Siegfried Ja-
cobsohn** (→ Berlin). Weitere Gäste v. a.
in den 20er und 30er Jahren: Der Maler
Emil Nolde (→Husum/SH), der in seiner
Aut. »Mein Leben« (n. 1976) im Kapitel
»Am Westmeer« über sein Schaffen im
Kampener Haus »Kliffende« berichtet,
Richard Billinger (→Passau/BY), **Walter
Hasenclever** (→ Aachen/NW), **Hans
Fallada** (→Greifswald/MV), **Oskar Loer-
ke** (→ Berlin), **Joachim Ringelnatz** (→
Wurzen/SN), **Stefan Zweig** sowie **Tho-
mas Mann** (→ Lübeck/SH; Sylt-Bezüge
im »Zauberberg«-Roman), seine Gastge-
berin, die Schauspielerin **Clara Tiemann**,
erinnert sich in ihren »Kampener Skizzen«
(1966, n. 1973) an den prominenten Gast.
Auch die Verleger kamen: **Ernst Rowohlt**
(→ Hamburg) und **Peter Suhrkamp** (→
Kirchhatten/Oldenburg/NI; »Die nord-
friesische Insel«, 1951), der in Keitum
auf dem Friedhof St. Severin begraben
ist; dort auch das Grab des Hüters der
friesischen Sprache, **Jens Emil Mungard**,
1940 gestorben im KZ Oranienburg, und
das Grab von **Rudolf Augstein** → Hanno-
ver/NI). **Uwe Herms'** Skizze »Sylt, Som-
mer 1949« (in: »Im Land zwischen den
Meeren«, 1996) folgt **Max Frisch** als
Gast in Suhrkamps Haus, wo schon **Carl
Zuckmayer** (→ Mainz/RP) oder **Oskar
Loerke** (→Berlin) Gäste waren. **Gottfried
Benn** (→ Pritzwalk/Mansfeld/BB) kam
1955, **Uwe Johnson** (→ Anklam/MV)
machte 1972 Urlaub in Morsum und Kei-
tum.

L Sylt bietet für **Kay Dohnke** »kreativen
Spielraum: Phantasie und Kitsch, sprachliche
Begabung und literarischer Durchschnitt« ar-
beiten sich an der Insel ab. So umschrieb

*Sylt: Peter Suhrkamps Grab auf dem Friedhof
von St. Severin in Keitum*

Heinrich Smidt schon 1861 Sylt als ein »lang-
gestrecktes Krokodil, das über den Wassern
schwebt« (»Das Röschen vom Kliff«, in: »Mee-
resstille«, N.); **Bernhardine Schulze-Smidt**
hatte mit »Inge von Rantrum« unter dem
Ps. E. Oswald 1881 Erfolg.
Theodor Storm, befreundet mit Ch. P. Han-
sen, wählte Sylt, v. a. Wenningstedt und Wes-
terland, zum Schauplatz seiner »Sylter No-
velle« (1969 aus dem Nachlass veröffentlicht).
– **Detlev von Liliencron** (→ Kiel/SH) schil-
dert in seiner Ballade von »Pidder Lüng«
(1882/83) in Hörnum den Kampf um die Un-
abhängigkeit von Dänemark. – Der Feuilleto-
nist **Julius Rodenberg** (1831-1914) beschreibt
die Insel in »Stilleben auf Sylt« (1859, n. 1972).
Weitere Topographien in **Wilhelm Jensens**
(→ Eutin/Heiligenhafen/SH) Romanen »Ver-
sunkene Welten« (1882) und »Heimkunft«
(1894), **Gustav Falkes** (→ Lübeck/SH) »Mann
im Nebel« (1899), **Anni Wothes** »Am roten
Kliff« (1910), **Hermann Hölzkes** »Der Hage-
stolz« (R. 1911), **Margarete Boies** (→ Lüne-

burg/NI) »Der Sylter Hahn« (1925, 14. Aufl.
1988), »Dammbau« (über den Hindenburg-
damm, 1930), **Gustav Frenssens** (→ Heide/
Barlt/SH) Erzählung »Der Landvogt von Sylt«
(1943), **Ernst Penzoldts** (→ Erlangen/BY)
»Causerien« (1949) und die 1992 edierte Slg.
»Sommer auf Sylt« sowie **Max Frischs** »Tage-
buch 1946-1949«. **Horst Mönnich** beginnt
seine »Reise durch die deutsche Wirklichkeit«
(1954) auf S. – 1963 **Pogge von Rankens** heite-
rer Sylt-R. »Saschinka«; in 2. Aufl. 1982 **Kurt
Lothar Tanks** Tagebuch »Sylter Sommer«, 1973
sein »Sylter Lesebuch«, mit einem umfassen-
den literaturgesch. Essay »Die Entdeckung
einer Insel« und Beiträgen und Erinnerungen
u. a. von **Victor Auburtin** (→ Berlin), **Jens
Rehn**, **Ernst von Salomon** (→ Winsen/
Stöckte/NI), **Bodo Schütt** (»Sylt ist mein
Haus«, 1974). **Günter Grass** (»Örtlich betäubt«,
1969; »Mein Jahrhundert«, 2000) und **Carl
Zuckmayer** (→ Mainz/RP; »Sylvesterspruch«,
1932). – Aus dem Nachlass von **Carl Albert
Lange** (→ Hamburg) 1981: »Sylt. Verse um In-
sel und Meer«. – »Die Lassens von Sylt« nannte
Gondel Wielandt ihre »Chronik der Insel und
ihrer Menschen«(1974), dazu **Dierk Puls'**
»Hochzeit auf Helgoland. Erzählungen vom
Leben und Wirken großer Künstler« (1984).
»Jedes Dorf unserer Insel hat so seine Ge-
schichte und auch so seine Geschichten«,
schreibt **Peter Schmidt-Eppendorf** zu seiner
»Kleinen Inselrundfahrt – einmal anders« und
zitiert zeitgenöss. Dokumente aus vier Jahr-
hunderten. Das Kapitel ist wie das ganze
(1977 ersch.) Buch: »Sylt. Memoiren einer
Insel. Dokumente, Chroniken, Berichte aus
1001 Jahr« Fundgrube und oft amüsantes Va-
demecum zugleich. – 1932 erschienen: Die Sa-
genslg. »Sylter Treue«. Die Sage vom »Meer-
mann Ekke Nekkepenn« in dem Bd. »Die
Grüne Küstenstraße« von **Eberhard Michael
Iba** und **Walter Iba** (1981).
»Siebenmal Frieden: Wer weiß wo?« von **Ru-
dolf Walter Leonhardt** (Merian 5/1975), der
im Mai 1980 nachhakte, was aus der Insel in
Deutschlands hohem Norden geworden sei.
Den ersten Beitrag lieferte **Walter Jens:** »Ach
Sylt. Schön muß es gewesen sein.« **Ralph Gior-
dano** schrieb: »Sylt – ein Wintermärchen« (in:

»Deutschlandreise«, Rep. 1998). – Einen Insel-
Kriminalroman verfasste **Jörg Ingwersen** mit
»Schafsköpfen« (2. Aufl. 1996), von **Irina Kor-
schunow** »Ebbe und Flut« (R. 1997).
Christian Kracht im Popliteratur-Roman »Fa-
serland« (R. 1995) über Fisch-Gosch, die
»nördlichste Fischbude« Deutschlands: »Am
obersten Zipfel von Sylt steht sie, direkt am
Meer, und man denkt, da käme jetzt eine Gren-
ze, aber in Wirklichkeit ist da bloß eine Fisch-
bude.« Hier beginnt auch **Uwe Friesels** Krimi-
nalroman »Sein erster Freier Fall« (n. 2001).
Ludwig Harigs Reise-Essay u. d. T. »Zwischen
Sansibar und Samoa – Ein Frühlingsbrief von
der Insel Sylt« (in: »Spaziergänge mit Flau-
bert«. Reisegeschichten, 1997). – »Sylt. Litera-
rische Reise« nennt **Winfried Hörning** seine
ergiebige Anthologie von Avenarius bis Zuck-
mayer (1999), die auch Texte von **Rosa Lu-
xemburg, Hans Sahl** und **Gert Loschütz** (→
Berlin) enthält. Jüngere Autoren wie **Norbert
Klugmann** oder **Petra Kipphoff** versammelt
I. Grimms Anthologie u. d. T. »Der schönste
Platz der Welt: Sylt« (2000).

S Die **Söl'ring Foriining** (Sylter Verein)
pflegt die Tradition der sylterfriesischen Spra-
che. In **Rantum** wird das **Sylt-Quelle-Lite-
raturstipendium** »Inselschreiber« vergeben,
2002 ging es an **Moritz Rinke:** »Ja, auf Sylt
ist das Kompositionsprinzip von Literatur von
vornherein immanent.«

B H. Kardel, Sylt in der Literatur, 1959; M.
Wedemeyer, Sylter Literaturgeschichte in einer
Stunde; K.-H. Walloch, Das Sylt-Lesebuch.
Geschichte und Geschichten von Insulanern
und Fremden, 1995; H. Kunz/Th. Steensen,
Sylt Lexikon (2002).

Z Flensburg, Husum, Friedrichstadt, Nie-
büll (SH). Jenseits der Grenze, in Dänemark:
Nolde (E. Nolde), Randerup (H. A. Brorson),
Tønder (H. W. v. Gerstenberg).

TAUBERBISCHOFSHEIM/ BW

Tauberfränk. Landschaftsmuseum.

Gissigheim (Königheim-G.)

Wilhelm Weigand, * 13. 3. 1862 G., † 20. 12. 1949 → München/BY, neuromant. Erzähler, Dramatiker, Lyriker und Übersetzer. Ab 1889 in München, dort 1904 Mitbegründer der »Süddt. Monatshefte«. 1942 Hebelpreis. T. bes. in seinem Roman »Die Frankenthaler« (1889) sowie der Aut. »Weg und Welt« (1940). – Geburtshaus Schützenbaumstraße 11 (Neubau/ Gedenktafel); Grabkapelle im Bergfriedhof. – Nachlass Mainfränk. Museum Würzburg.

Oberwittstadt (Ravenstein-O.)

Benno Rüttenauer, * 2. 2. 1855 O., † 7. 11. 1940 München/BY, Erzähler und Übersetzer. Lehrer in Freiburg i. Br. und Mannheim. Reisen, seit 1903 in München. O. als »Hinterwinkel« in »Alexander Schmälzle. Lehrjahre eines Hinterwinklers« (1913). – Geburtshaus in der B.-R.-Straße.

Wertheim

Grafschaftsmuseum im Alten Rathaus.

Hans Witzstat, * um 1500 W., Todesdatum und Ort unbekannt, ev. Liederdichter (»Der Gaystliche Buchßbaum«). Lebte 1528 in Zwickau unter den Wiedertäufern. M. Luther nahm ihn in das Bapstsche Gesangbuch von 1545 auf.

A Gäste auf der Wettenburg: **Wolfram von Eschenbach** (→ Gunzenhausen/ Wolframs-Eschenbach/BY) sowie **Martin Luther** (→ Eisleben/ST), 1521 auf der Rei-

se nach Worms. In der Stadt war der Humanist **Eberlin von** → **Günzburg**/BY 1526-30 Superintendent. Für **Kaspar Merian**, 1667-83 hier, gibt es eine M.-Stube im Ratskeller. – **August von Platen** (→ Ansbach/BY) im Mai 1818 angesichts der Schlossruine: »das zerfallene Menschenwerk im Gegensatz mit der ewig jungen Natur.« – Als Archivrat lebte seit 1850 **Alexander Kaufmann** (1817-93) in W.; mit seiner Frau **Mathilde K.** (Ps. **Amara George**, 1835-1907) und **G. F. Daumer** (→ Nürnberg/BY) gab er 1858 das Mythen- und Legendenbuch »Mythoterpe« heraus.

L »Mir hat dein jugendlicher Zauber / Der Dichtung Morgenkeim erweckt!« – so **Heinrich Vierordt** (→ Karlsruhe/BW), der von 1870-74 hier lebte, in seinem »Badischen Heimatbüchlein« (1925). Über W. auch **Kurt Tucholsky** (→ Berlin) in seinem Reisefeuilleton »Das Wirtshaus im Spessart« (1927) sowie **Ricarda Huch** (→ Braunschweig/NI) in der Slg. »Im alten Reich« (1927). »Eine Stadt, mit der man nicht fertig wird. Gibt es Reizvolleres?«, heißt es in der »Kleinen Rede auf Wertheim« (in »Melusine und schwarze Wasser«, 1980) von **Hans Dieter Schmidt**; der Gerbergasse 14 ist das G. »Hermann Lenz in Wertheim« (»Wege in Franken«, 1985) gewidmet.

R Ein Gang durchs Taubertal: »Die oberste und die unterste Stadt haben den höchsten malerischen Ruhm: **Rothenburg** und **Wertheim**«, schrieb 1865 **Wilhelm Heinrich Riehl** (→ Wiesbaden/HE). – In **Boxberg** soll **Dr. Faustus** (→ Maulbronn/ Knittlingen/BW) auf der Burg einen Regenbogen mit der Hand gegriffen haben. »Sagen des Frankenlandes« (1912) sammelte **Karl Hoffmann** aus B. (1867-1966). – Aus **Königshofen** stammt der Kalendermann **Anton Sack** (1889-1966), aus **Lauda** (Heimatmuseum) **Benedikt Knittel** (1646-1732), Abt von → Schöntal (Jagsthausen/BW), seiner (Knittel-)Verse wegen bekannt. Auch **Johann Martin Schleyer** (Ps. **Bruder Hilarius Frohsang**, 1831-1912) aus **Oberlauda** war Geistlicher; er erfand die erste Welthilfssprache »Volapük«. – **Tauberbischofsheim** führt seine Tradition als Schulstadt auf **Bonifatius** (→ Fulda/HE) zurück, der die hl. Lioba als Äbtissin und Leiterin einer Frauenschule einsetzte. Die Stadt hat dem bedeutendsten Tauber-Mundartdichter **Josef Dürr** (1877-1917, »Schlehe un' Haselnüss«) eine Gedenktafel am Elternhaus (Frauenstraße) gesetzt. – In der »Reise an die Tauber« (1946) markiert **Anton Schnack** (→ Karlstadt/Rieneck/BY) Gedenkstätten um **Königshofen** anno domini 1525. – Kloster **Bronnbach** soll der Legende nach 1151 vom hl. Bernhard selbst gegründet worden sein. Nahebei unterhalb der Gamburg die (1245 urkundlich bereits belegte) **Eulschirbenmühle**, die »schönste Mühle Frankens«, ist Schauplatz der aus Frankreich stammenden Sage von der »schönen Meerfrau« Melusine.

E **Bauernkrieg im Taubergrund**: Das Leben von **Hans Böheim gen. Pfeifer** (oder Pauker) **von Niklashausen**, der hier um 1476 als Bußprediger und Sozialrevolutionär auftrat und später in Würzburg als Ketzer verbrannt wurde, ist Thema einer Reihe von Erzählungen und Schauspielen, u. a. von R. Weitbrecht (1887), B. Rüttenauer (1924), L. Weismantel (1926, 32), W. Vesper (1933), J. R. Becher (1937), G. Weiskopf (1937) und H. D. Schmidt (1976); 1970 Film »Niklashausen Fahrt« von R. W. Fassbinder. In **Niklashausen** (Werbach-N.) im Dorfmuseum im Alten Rathaus »Pfeiferstube«; **Franz Flegler** (1911-98): »Die Wahrheit wird den Pfeiferhans verklären ...«, 1988 (u. a. N.er Wörterbuch, Pfeifer-»Volksschauspiel«). – Am 2. 6. 1525 wurden die aufständ. Bauern und Bürger, um deren Sache es ebenso ging, auf dem Turmberg über Königshofen vernichtend geschlagen, zwei Tage später auch ein fränk. Heer bei Giebelstadt. **Florian Geyer**, v. a.

als polit. Unterhändler tätig, wurde am 10. 6. ermordet. Außer zeitgenöss. Liedern und Sagen lit. Rezeption u. a. in Erzählungen von G. von Heeringen (1835), L. Bechstein (1842), Th. Mügge (1860), H. Pflug-Franken (1957); in Schauspielen von W. Genast (1857), J. G. Fischer (1866), G. Hauptmann (1896), W. Weigand (1901). 1923 Florian-Geyer-Oper von O. Fredrich. Freilichtspielen von N. Fey in Giebelstadt. – C. Gräter, »Spieß voran – drauf und dran«. Der fränk. Bauernkrieg in Lied, Spruch und Gedicht (2000).

B C. Gräter, Anmutigste Tochter des Mains. Ein tauberfränk. Lesebuch, 1986.

Z Bad Mergentheim (BW); Amorbach, Miltenberg, Ochsenfurt, Würzburg (BY).

TECKLENBURG/NW

Kreisheimatmuseum. – Freilichtspiele in der Burgruine.

Johann Weier (Weyer, Wier), * Grave/Niederlande, † 24. 2. 1588 T., Arzt und Vorkämpfer gegen Hexenwahn und Glaubensfanatismus. Schüler des A. v. Nettesheim (→ Köln/NW) in Antwerpen und Bonn, Student in Paris und Lyon. 1550 Leibarzt des Herzogs von Jülich-Kleve-Berg, seit 1569 in T. – W.: De praestigiis daemonum (Über die Blendwerke der Dämonen, 1563, n. 1969); Ges. Werke (1660). – Gedenktafel am Wierturm auf dem Burggelände.

Friedrich Adolf Krummacher, * 13. 7. 1767 T., † 14. 4. 1845 → Bremen, Pfarrer und Parabeldichter. Der Bürgermeistersohn war Theologiestudent, u. a. in → Lingen/NI, Hauslehrer und Rektor in Hamm und → Moers/NW, Prof. in Duisburg/NW, Prediger in Kettwig, Bernburg a. d. Saale und Bremen. – W.: Parabeln (1805); Die Kinderwelt (G. 1806). – Geburtshaus K.-Straße 2 (Gedenktafel). – Sagengedicht »Die weiße Frau auf der T.«.

Heinrich Hart (→ Wesel/NW) starb am
11. 6. 1906 im Hause seiner in T. lebenden
Schwester. Grab (Findling) auf dem Ev.
Friedhof.

L Der »Tecklenburger Kreis« um die **Brüder
Hart** machte nach 1900 Literaturgeschichte.
Später zeichnete **Johannes Schlaf** (→ Quer-
furt/ST) in seinem Buch »Ich schlage ein Wild-
gatter hinter mir zu« Skizzen aus der Land-
schaft. Hier spielen auch die »Erzählung aus
einer kleinen Residenz« (1927) und der Ro-
man »Konrad von Brochterbeck« (1924) von
Emil Frank. Friedrich Ernst Hunsche schrieb:
»Die bunte Truhe. Geschichten und Ge-
schichtliches aus dem Tecklenburger Land«
(1968).

Hopsten

Im Töddendorf H. (Tödden, auch Höps-
ters = Wanderhändler) steht das wohl
schönste der noch erhaltenen Töddenhäu-
ser: die alte »Poggeburg«, Haus Nyland
von 1734. Hier verbrachte **Josef Winckler**
(→ Steinfurt/Rheine/NW) Kindheit und
Jugend. Nach ihm benannte er den 1912
mit seinem Schwager **Wilhelm Vershofen**
(→ Bonn/NW) und **Jakob Kneip** (→
Simmern/Morshausen/RP) gegründeten
»Bund der Werkleute auf Haus Nyland«:
zur »schöpferischen Zusammenarbeit von
Schriftstellern, Gelehrten, Dichtern, Ar-
beitern und Industriellen«. Das Haus wur-
de später von W. Vershofen vor dem Ver-
fall gerettet und umgebaut. Heute Erinne-
rungsstätte an die »Werkleute«, zu denen
u. a. auch **Gerrit Engelke** (→ Hannover/
NI), **Heinrich Lersch** (→ Mönchenglad-
bach/NW), **Alfons Paquet** (→ Wiesba-
den/HE) und **Paul Zech** (→ Berlin) zähl-
ten. – Haus und Landschaft Thema der
Romane »Swennenbrügge« (1928) und
»Poggeburg« (1933) von W. Vershofen, so-
wie von J. Wincklers Aut. »Pumpernickel«
(1925). Dort auch Erzählungen um den in

*Hopsten: Diele im Haus Nyland. Erinnerungs-
stätte an die »Werkleute«*

H. geb. Publizisten und Demokraten **Karl
Heinrich Brüggemann** (1810-87) und
den H.er Dorfpastor **W. E. v. Ketteler**
(1811-77), später Bischof in Mainz.
R Auf der Wasserburg Haus Marck bei
Lengerich geb. der »Vater von Bethel«, **F.
von Bodelschwingh** (→ Bielefeld/NW),
Gedenktafel im Hof. Die in der Nähe lie-
gende Wasserburg Haus Vortlage gehörte
Johann von Münster (1560-1632). Er
war Hofrichter, schrieb 37 Bücher und för-
derte den Kalvinismus in Tecklenburg.
Der L.er Schriftsteller **Friedrich Kipp**
(1878-1953) gab 1918 »Geschichten aus
der Heimat« heraus. – Aus **Dreierwal-
de** (Hörstel-D.) stammt **Georg Hermes**
(1775-1831), der Begründer des »Herme-
sianismus«, einer rationalisierenden Theo-

logie. – In **Ibbenbüren** wurde der Begründer der westfäl. Lit.-Gesch., **Julius Schwering** (1863-1941), geb.: »Literarische Streifzüge und Lebensbilder« (1930). – Von den »Sloopsteinen« (Schlafsteine) im Halerfeld bei **Westerkappeln**, mächtige Granitblöcke, unter denen ein Heldenkönig ruhen soll, erzählen F. Freiligrath/L. Schücking (→ Detmold/NW/Meppen/NI). – Aus **Mettingen** stammt der Mundartdichter **Georg Bühren** (»De Lü de wäör de Tied«, 1994).

Z Münster, Steinfurt, Rheine (NW); Osnabrück (NI).

TEGERNSEE/BY

Gmund

Das »Jagerhaus«: Stätte grausamer und viel beschriebener Auseinandersetzungen mit Wilderern; jetzt »Heimathaus«, wieder instandgesetzt, so wie es F. von Kobell beschrieben hat: »A saubers Haus mit greani Laden, a Hirschgweih is herauß.«

A Beim Sixbauern in **Finsterwald**, Tölzer Straße 145, verbrachte **Ludwig Thoma** ab 1902 die Sommermonate und lud zur wöchentlichen Redaktionssitzung des »Simplicissimus« im Dorf (K. Holm, »L. Thoma und O. Gulbransson. Wie ich sie erlebte«, 1953). – Im Sommer 1918 verbrachte **Thomas Mann** (→ Lübeck/SH) mit Familie und Hund Bauschan Ferientage im »Defregger-Haus« (abgerissen, heute dort Privatklinik) in **Abwinkl** (Ortsteil von Bad Wiessee). An der **Gmunder** Seepromenade erinnert seit 2001 ein »Herr und Hund«-Denkmal (von Qu. Roth) »an die Gmunder Bauern, die im Hungerjahr 1918 der Familie Mann durch die größte Not geholfen haben.« – Am Gmunder Höhenweg »auf der Eck« hatte der »Dichter der leisen Töne« **Wilhelm Diess** (→ Passau/Bad Höhenstadt/BY) 1925-57 ein Domizil, auf dem Michlbauernhof.

L **Eugen Oker** schildert in »Zahlbar nach dem Endsieg« (1996) seine Rückkehr aus dem Krieg als mit gefälschtem Papier ausgestatteter, im Grunde aber doch fahnenflüchtiger Soldat namens »Kagerer«. Er verlässt in Südtirol seine Einheit und geht zu Fuß über Brenner und Achenpass nach Hause. In Gmund gelingt es ihm, die Uniform mit ziviler Kleidung zu vertauschen.

Tegernsee

Museum Tegernseer Tal im Alten Pfarrhof. – Tegernseer Volkstheater. – Tegernseer Woche für Kultur und Brauchtum (Herbst).
Im 11. Jh. war das 746 gegr. Benediktinerkloster eines der bedeutendsten Kulturzentren Europas. Schreibkünstler und Buchmaler waren hier tätig, es bestand eine umfangreiche Bibliothek (um 1500 über 2000 Hss.).

Froumund, *um 960, † 20. 10. 1008, Mönch in T., sammelte im »Codex epistolaris« eigene lat. Gedichte und von ihm redigierte Briefe als Stilmuster.
Werinher, 11. Jh., möglicherw. Verfasser des Liedes »Dû bist mîn, ich bin dîn«. Sein lat. Gedicht »Es steht das Kloster Tegernsee« übertrug K. Stieler.
Ruodlieb, um 1060 von einem unbekannten Mönch aus T. in Hexametern gedichteter Roman, gibt ein Bild der ritterl.-höf. Welt und des bäuerl. Lebens im MA. – Hs. BSB.
Antichristspiel (»Ludus de Antichristo«), zwischen 1160 und 90 entstanden, in einer Hs. des Klosters T. erhalten. Nach der Überlieferung in Anwesenheit Kaiser Friedrich Barbarossas, dessen Triumph dargestellt wird, in T. aufgeführt.
Ludwig Ganghofer (→ Kaufbeuren/BY) verbrachte seit 1902 regelmäßig die Sommermonate in T. In der (nach dem 1. Weltkrieg erbauten) »Villa Maria« (Seestraße

86/Gedenktafel) hatte er nur noch wenige Monate zu leben; er starb am 24. 7. 1920. Grab in Rottach-Egern. Im dortigen Kurpark Denkmal für die Freunde L. G. und L. Thoma, dazu L. Slezak (1995).

Olaf Gulbransson (1873-1958) lebte von 1929 bis zu seinem Tod auf dem Schererhof in T., »einem kleinen Stück Norwegen«; Grab auf dem Neuen Gemeindefriedhof von R.-E. neben der von seinem Sohn Olaf Andreas erbauten Kirche (Kießlingstraße); O.-G.-Museum Im Kurgarten 5 (mit Porträts von R. Huch, A. Kolb, Th. Mann, K. Valentin und K. Hamsun).

A **Walther von der Vogelweide** (→ Würzburg/BY) war 1215 in T. und beklagte sich darüber, dass ihm die Mönche »wazzer« statt Wein vorsetzten (Bildnis im Eingangsbereich des Klosters). – Mit **Franz von Kobell** (→ München/BY), dessen Onkel, der Maler Wilhelm von K., seit 1817 einen Besitz am See hatte (K.s Geschichte vom »Brandner-Kaspar«, 1871, spielt am T.) und **Karl Stieler** (→ München/BY), der in T. in dem Sommerhaus, das sein Vater, der Hofmaler Josef Stieler, 1829 auf der Point erbauen ließ, aufwuchs (Seestraße 82) und in seinem »Winteridyll« (1885) schrieb: »Da steht ein Haus dicht unterm Waldeshügel, / Still und verschlafen – und dies Haus ist mein« ... mit beiden bekommt die Mundartdichtung ihren eigenen Stellenwert in der bay. Literaturgeschichte. Grab auf dem Friedhof; Denkmal am Lärchenhaus auf dem Weg zum Großen Parapluie. – **Hedwig Courths-Mahler** (→ Naumburg/Nebra/ST), die den Millionen ihrer Leser mit »harmlosen Märchen« »einige sorglose Stunden zu schaffen« wünschte, lebte von 1933/35 bis zum Tod 1950 in ihrem »Mutterhof« (Schwaighofstraße 47); Grab auf dem Friedhof von T. »Das gelbe Haus«, Birkenweg 6, in R.-T. war der Sitz von H. C.-M.s Tochter **Friede Birkner** (1891-1985); der

Kürschner von 1999 verzeichnet 262 Romane von ihr seit 1918. Grab Neuer Gemeindefriedhof R.-E. – **Hans Kades** (eig. K. Werlberger / 1906 Innsbruck – 1969 Freitod in T.), Journalist und Erzähler: »Die Bestie Mensch« (1924), »Auf der Sonnenseite« (R. 1970). – **Hellmut von Cube** (1907 Stuttgart – 1979 München), Lyriker, Erzähler. Kindheit und Jugend am See, in Stuttgart und München, Erinn. »Das Spiegelbild« (1936); Reisen und Aufenthalte in halb Europa. Grab Friedhof T.

Rottach-Egern

Ludwig-Thoma-Bühne.

Ludwig Thoma (→ Oberammergau/BY) gehörte »auf der Tuften« seit 1908 ein Landhaus: »Das Tuskulum liegt hübsch genug, und ich habe den Blick auf alles, was den Altbayern und Jäger zugleich freuen mag. Der See, das Bräuhaus, niedrige Bauernhöfe und hohe Berge mit Lahnen und Karen ...« Hier saß er wie ein »ins Bayrische übersetzter Hieronymus im Gehäus« (J. Hofmiller), und hier entstand auch eine Vielzahl seiner Werke. Nach dem 1. Weltkrieg vollzog Th. eine politi-

Rottach-Egern: Ludwig Thomas Arbeitszimmer »auf der Tuften«

sche Wende und schrieb 1920/21 für den »Miesbacher Anzeiger« über 150 unverhüllt antisemit. und die demokratischen Kräfte der Weimarer Republik diffamierende Artikel. Das Haus, in dem Th. am 26. 8. 1921 starb, ist heute Gedenkstätte. Grab auf dem Alten Friedhof von R.-E. neben dem Ganghofers.

Grete Weil, * 18. 7. 1906 Egern, † 14. 5. 1999 Grünwald. Emigrierte 1935 nach Amsterdam, wo sie im Herbst 43 untertauchte. Ihr Mann Edgar Weil, Dramaturg an den Münchner Kammerspielen, wurde 1941 im KZ Mauthausen ermordet. 1947 kehrte sie nach Dtl. zurück. – W.: Tramhalte Beethovenstraat (1963); Meine Schwester Antigone (1980); Leb ich denn, wenn andere leben (Aut. 1998). – Geburtshaus Überfahrtstraße 7, Elternhaus Fürstenstraße 30; Urnengrab Neuer Gemeindefriedhof. – Nachlass LA Monacensia.

A Der Opernsänger **Leo Slezak** (1873-1946) wohnte seit 1909 im Sommer in dem »hölzernen Häusl am wunderschönen blauen Tegernsee«, Überfahrtstraße 2 (heute Hotel »Malerwinkel« mit den »Slezak-Stuben«): »Mein Lebensmärchen« (1948). Grab auf dem Alten Friedhof (Seestraße). Hier auch das Grab des Historikers **K. A. von Müller** (1882-1964), der sich 1943 aus München nach Egern zurückgezogen hatte (»Aus Gärten der Vergangenheit«, 1952). – In dem neben dem Slezak-Häusl damals gelegenen Gasthof »Zur Überfahrt« (heute dort Dorint-Hotel) gründete **Michl Dengg** (1864-1914) das »Große Oberbay. Bauerntheater«, wo 1910 **L. Thoma**s Schwank »Erste Klasse« – vor »Theater-Zaren aus allen deutschen Gauen« – uraufgeführt wurde. Hier lernte Thoma auch den **Kiem Pauli** kennen, den er auf die Idee brachte, »dem Volk die Lieder wieder zurückzugeben«. Mit dem legendären »Ersten Oberbay. Preissingen«

im März 1930 in der »Überfahrt« gab dieser den größten Impuls zur Pflege der bay. Volksmusik. – Auf dem Neuen Gemeindefriedhof die Gräber von **Spoerl** Vater **Heinrich** und Sohn **Alexander** (beide → Düsseldorf/NW), die ihr Haus am Riederstein, bzw. in der Hofbauernstraße 10 hatten und in R.-E. 1955 bzw. 78 starben. – Im Ortsteil **Kalkhofen**, Robert-Holzer-Straße 7, schrieb **Bernt Engelmann** (→ Berlin) 1976 in seinem »Bericht aus dem Tal der glücklichen Kühe« über die »Bilderbuch-Landschaft« wie über ihre »etwa zwei Dutzend Konzernherren und -damen, die über rund 55 Milliarden Kapital gebieten«.

Wolfsgrub: **Max Mohr** (→ Würzburg/BY), Würzburger Arzt und Schriftsteller (»Ramper«, Dr. 1925; »Venus in den Fischen«, R. 1927), lebte 1920-34 Am Löblhof unterhalb des Wallbergs. Das Haus als Künstlertreff beliebt, zu Besuch u. a. **Thomas Mann**. Seinen lungenkranken engl. Freund **D. H. Lawrence** lud Mohr zur Kur ein. Der quartierte sich im Sommer 1929 im Café Angermaier ein; lit. Niederschlag Blumengedichte: »Bavarian gentian« (Bay. Enzian), »Flowers and Men« (Blumen und Menschen). L. ist der Held von M.s R. »Die Freundschaft von Ladiz« (1931). 1934 emigrierte Mohr nach Schanghai, wo er 37 starb; Grab auf dem Neuen Gemeindefriedhof von R.-E.; Nachlass LA Monacensia.

Kreuth

Hanns-Seidel-Stiftung. – Der »Künstlerstoa« im Kurpark erinnert an bedeutende Künstler, die mit K. verbunden sind.

Wildbad K. war bereits in den 1880er und -90er Jahren Kurort der Familien Mann und Pringsheim. Als Gast seines Freundes und Schriftstellerkollegen **Kurt Martens**

(→ Leipzig/SN) kam **Thomas Mann** Anfang Juli 1902 für eine Woche nach K. (Villa Taube im Ortsteil Enterfels, heute verschwunden). Auch im Frühjahr 1903 kamen die Freunde in K. zusammen. Ende Juli 1927 schrieb Th. M., »allein in Kreuth (dem alten ›Wildbad‹)«, den ersten Abschnitt des »Joseph« fertig. Nach dem Tod ihres Mannes kurte **Katia Mann**, zusammen mit Tochter **Erika** (→ München/BY), im Sommer 1963, 64 und 65 nochmals im Wildbad. – Häufig hier auch **John Knittel** (1891-1970), angelnd in Rottach und Weißach, Hauptgeschäft die Arbeit an »Via mala« (R. 1934). **Joseph Breitbach** (→ Koblenz/RP) schrieb in Wildbad-Kreuth binnen eines Jahres sein Opus magnum »Bericht über Bruno« (1962). – **Paul Kiem** (gen. **Kiem Pauli**/ 1882-1960): »1927 nahm mich Herzog Ludwig Wilhelm für immer nach Bad Kreuth; er und Prinz Albrecht machten mich finanziell unabhängig und nun konnte ich, ganz wie ich wollte, an das Volksliedsammeln gehen.« Er machte das zusammen mit dem Musikwissenschaftler **Kurt Huber** (→ Starnberger See/Gräfelfing/BY), Mitverfasser des letzten Flugblattes der »Weißen Rose«. Wie P. K. das Kriegsende erlebte: Zither spielend dem Auftritt der Amerikaner in seiner Stube begegnend, erzählt **Wilhelm Diess** in der Geschichte »Mai 1945«. Gedenktafel am Wirtshaus »Altes Bad«, Büste in der Volksschule, Grab auf dem Friedhof.

Bad Wiessee

Am 30. Juni 1934 kam im Hotel Hanslbauer die »Affäre Röhm« (J. Fest) zu ihrem makabren Höhepunkt: »Fememord großen Stils.«

In Bad W. verstarben 1962 der Dichter **Rudolf Alexander Schröder** (→ Bremen) und 1971 der Kulturphilosoph **Ludwig Marcuse** (→ Berlin), der 1960 seine Aut. u. d. T. »Mein zwanzigstes Jahrhundert« veröffentlicht hatte (Grab auf dem Friedhof).

R Topographien der Landschaft in den Romanen »Von Tegernsee bis Gaëta« (1906) von **Arthur Achleitner** (→ Straubing/BY), »Die Tochter« (1911) von **Korfiz Holm** (→ München/BY), »Mathias Bichler« (1914) von **Lena Christ** (→ Ebersberg/Glonn/BY), »Der Jagerloisl« (1921) von **Ludwig Thoma**.

B K. Stankiewitz, Sieben Wochen meines Lebens war ich reich, 1999; E. Tworek, Spaziergänge durch das Alpenvorland der Literaten und Künstler, 2004.

Z Bad Tölz, Miesbach, München, Rosenheim (BY).

TIRSCHENREUTH/BY

Johann Andreas Schmeller, * 26. 8. 1785 T., † 27. 7. 1852 → München/BY, der »bayr. Grimm«. Mundartforscher (»Die Mundarten Bayerns«, 1821), Hrsg. deutscher Sprachdenkmäler (»Heliand«, »Muspilli«), Hauptwerk das »Bayerische Wörterbuch« (1827-37). – Tagebücher (Hrsg. P. Ruf, 1954). – Geburtshaus Ringstraße 10 (Gedenktafel fälschlich in der Schmellerstraße); Denkmal Maximiliansplatz, Sch.-Stube Friedhofweg 1, Sch.-Slg. in der Stadtbücherei; J.-A.-Sch.-Gesellschaft. – Nachlass BSB.

L T.er Topographica: 1553 **Caspar Bruschius** (→ Lindau/BY), 1786 **Goethe** (→ Frankfurt a. M./HE). – Sagen aus dem Stiftland (»Und den Schneida den hot die wilde Jagd bis auf Konstantinopel mituntezogn«) hat nach der klass. Sammlung des 19. Jh.s von **Franz Xaver Schönwerth** (→ Amberg/BY) 1969 noch einmal **Günther Kapfhammer** aufgezeichnet. Über die Volkspoesie der Oberpfalz schrieb **Franz Binhack** (1816-1915) aus Waldsassen. »Geschichts- und Sagenwanderwege« in **Neu-**

albenreuth; Sagenbrunnen »Der Schmied von Mitterteich« in M.

Waldsassen

Um W. liegt das Stiftland. Hauptattraktion des Stifts (die mhd. Gründungslegende möglicherw. von Abt **Johann IV.** **Grübel**/1329-39) war schon immer die Bibliothek (1724-26), mit lebensgroßen geschnitzten Figuren (u. a. nach S. Brants »Narrenschiff«) all derer, die zur Entstehung eines Buches beitragen: vom Lumpensammler und Papiermüller bis zum Schriftsteller und Buchdrucker. **Goethe** berichtete 1786 Frau von Stein von dem »köstlichen Besitzthum derer die früher als andere klug waren«. Unter den berühmten Besuchern 1867 **Friedrich Nietzsche** (→ Weißenfels/Röcken/ST) und Freund **Erwin Rohde** (1845-98); 1944, hier stationiert, Hauptmann **Heimito von Doderer** (→ Landshut/BY): »Tangenten« (Aut. 1964); 1980 der Bibliothekar, Lyriker und Erzähler **Ernst R. Hauschka** (Jg. 1926): ». . . der Leser bleibt trotz vieler/Narben geduldig . . .«. Die Visionen der »Resl von **Konnersreuth**« literarisch widergespiegelt u. a. bei **Luise Rinser** (→ Landsberg a. L./BY), »Die Wahrheit über K.« (1954); **Johannes Wolfgang Bekh**, »Therese von K. oder die Herausforderung Satans« (1994). – Vom Totentanz in der Friedhofskapelle von **Wondreb** heißt es, **Abraham a Sancta Clara** (→ Meßkirch/Kreenheinstetten/BW) habe ihn angeregt, als er, von Prag aus auf Reisen, hier predigte (»Todten-Capelle . . .«, 1710), »Wondreber Totentanz« (Uraufführung 1998) von **Werner Fritsch** (Jg. 1960), der auf der Hendlmühle nahe W. aufwuchs, in der Obhut des Knechtes Wenzel, dessen archaisch-myth. Erzählungen die leidvolle Geschichte des bay.-böhm. Grenzstrichs

beschwören (R. »Cherubim«, 1987). – **Bärnau** (»Reisen in die Gegenwart«) und **Mitterteich** (»Zwei Briefe Pospischiel«) sind Kindheits- und Jugendstätten von **Max von der Grün** (→ Dortmund/ NW).

Kemnath

Mit dem »Spiel von der Gefangennahme, Verurteilung und Kreuzigung Jesu« nahm man 1983 eine barocke Passionsspieltradition wieder auf (Schauräume im Heimatmuseum). – **Wolfgang Schmeltzl** (um 1500-64) aus K. kam mit seinen bibl. »Comedien« als erster dt. Dramatiker auf die Wiener Bühnen. Seine Volksliederslg. von 1544 hat als Quellenwerk große Bedeutung. Gedenktafel am Geburtshaus Stadtplatz 20; W.-Sch.-Brunnen Rathausplatz. – Nach dem Prozess um sein Drama »Das Liebeskonzil« (1895) saß **Oskar Panizza** (→ Bad Kissingen/BY) in K. im Gefängnis ein. Unter den Mithäftlingen der 1902 hingerichtete »Räuber Mathias Kneißl« (Fernsehspiel von **Martin Sperr**, 1970). – K. 1945/46 als eine Art »lit. Idyll«: Aufzeichnungen von **C. F. W. Behl** (→ Ludwigsburg/Marbach/BW) und **Felix A. Voigt** (1892-1962). Behl, Freund **Gerhart Hauptmanns** (→ Berlin), veranlasste den Abtransport des H.-Nachlasses aus Agnetendorf in die Oberpfalz. Schloss **Kaibitz**, im Besitz von **Erich Ebermayer** (1900-70/Aut. ». . . und morgen die ganze Welt«, »Eh' ich's vergesse«, 2005), wurde von März bis Dezember 1945 »Off-Limits«-Aufbewahrungsort des immensen Archiv-Materials. (Benvenuto, Hauptmanns jüngster Sohn, verbrachte die Kisten dann nach Garmisch-Partenkirchen in die Villa von Richard Strauss.) Vademecum für weitere lit. Stätten (u. a. **Ebnath, Fuchsmühl, Rauher Kulm**), wie für den Osten des Landkreises von **Man-**

fred Knedlik, »Zwei literarische Reisen« (1995).

Z Bayreuth, Hof, Wunsiedel (BY). Jenseits der Grenze, in Tschechien: Cheb/Eger (Wallenstein); Františkovy Lázně/Franzensbad, Mariánské Lázně/Marienbad (Goethe).

TORGAU/SN

Stadt- und Kulturgeschichtliches Museum in der Kurfürstlichen Kanzlei. Hier legte Johann Friedrich I. (»Torgau ist immer meine Wonne gewesen . . .«) den Grundstock für die Verwendung der sächs. Kanzleisprache in ganz Mittel-Dtl.; Kelleranlagen (Lapidarium) und Hausmannsturm (mit Ausstellung zu dem Hofnarren Hans Narr, gest. 1515, H.-N.-Brunnen auf dem Markt), Bürgermeister-Ringenhain-Haus. – Einem geflügelten Wort zufolge war Wittenberg die »Mutter der Reformation«, T. aber ihre »Amme«. Johann Friedrich I. ließ im Residenzschloss Hartenfels erstmals eine ev. Kirche neu errichten und 1544 von Martin Luther (→ Eisleben/ST) weihen, Texttafel dazu von Johann Stigel (→ Gotha/TH) unter der Empore. Kantor war Johann Walter (→ Kahla/TH). – Am 25. 4. 1945 fand an der Elbe bei T. eine Begegnung von Vorausabteilungen der 1. Ukrainischen Front und der 69. US-Division statt. »Denkmal der Begegnung« auf den Elbwiesen unterhalb des Schlosses. Darüber G. Schöne (Hrsg.), »Brücke zwischen den Welten. Joe Polowsky und sein Traum« (1997). – Im 2. Weltkrieg unterhielten die Nazis in T. zwei Militärgefängnisse, die 1945 vom russ. Geheimdienst NKWD übernommen und bis 1950 geführt wurden. Im »Speziallager Nr. 8 Fort Zinna« starb 1950 Herbert von Hoerner (→ Görlitz/SN). Bis zum Ende der DDR war es eine berüchtigte Justizvollzugsanstalt. Ausstellung »Spuren des Unrechts« mit Dokumentations- und Informationszentrum im Schloss Hartenfels (Flügel B).

Nikolaus von Amsdorf, * 3. 12. 1483 T., † 14. 5. 1565 → Eisenach/TH, Theologe. Als Prof. in → Wittenberg/ST einer der

Torgau: Grabplatte Katharina von Boras in der Marienkirche

engsten Mitarbeiter Luthers. Mitwirkung an der Bibel-Übersetzung.

Katharina von Bora, * 29. 1. 1499 Lippendorf (→ Borna/SN), † 20. 12. 1552 T., Luthers Ehefrau. Floh wegen der Pest 1552 von → Wittenberg/ST nach T. Tod durch einen Sprung vom Wagen. – Sterbehaus: Katharinenstraße 11 (Gedenktafel, K.-Luther-Stube/Museum); Grabplatte mit ganzfigurigem Bildnis in der Stadtkirche. Als emanzipierte Frau fand **K. von Bora** erst spät lit. Interesse: **Jochen Klepper** (→ Berlin), »Die Flucht der Katharina von Bora« (R.-Fr., 1951). **Thomas Mann** (→ Lübeck/SH) starb über ein Drama »Luthers Hochzeit«. **Christine Brückner** lässt aus feminist. Sicht K. in »Wenn du geredet hättest, Desdemona« (1983) monologisch ihr Leben überdenken.

A In der Hofkapelle spielte 1497-99 auch **Heinrich Isaac** (um 1450-1517), Verf. des Liedes »Innsbruck, ich muß dich lassen«. – **Luther** war schon von Amts wegen oft in T. 1526 weilte er auf dem T.er Schloss, 30 verfasste er hier zus. mit **Philipp Melanchthon** (→ Bretten/BW) die »T.er Artikel«. Wohnung (Superintendentur): Wintergrüne 2 (Gedenktafel). – Der in T. geborene **Paul Didymus** (1547-81) verfasste das Bibel-Epos »Josephias« (1580). – Am 13. 4. 1627 wurde auf dem T.er Schloss (Flügel D) die erste dt.-sprachige Oper (»Daphne«) uraufgeführt. Die Musik von H. Schütz gilt als verloren, den Text schrieb **Martin Opitz** (→ Heidelberg/BW). – 1711 inspirierte **Gottfried Wilhelm Leibniz** (→ Leipzig/SN) in T. Peter den Großen zur Gründung einer russ. Akademie. Wintergrüne 5 (Gedenktafel).

R Auf den nahen Süptitzer Höhen siegten 1760 die Preußen unter Führung Zietens, während **Friedrich d. Gr.** (→ Potsdam/BB) das Schlachtfeld schon verlassen hatte. **Theodor Fontane** (→ Neuruppin/BB) umschrieb dies in der Ballade »Der alte Zieten« (1846): »Bei Torgau, Tag der Ehre,/Ritt selbst der Fritz nach Haus,/Doch Zieten sprach: ›Ich kehre/Erst noch mein Schlachtfeld aus.‹« – An der Kirche von **Dommitzsch** war **Christian Gotthold Contius** (→Bischofswerda/SN) von 1806 bis zu seinem Tod 1816 Hauptpastor. – Westl. von T. das Dorf **Mockrehna**, wo der Sage nach Pumphut (→ Hoyerswerda/SN) sein Ende fand. An ihn erinnert das Beil am Kirchturm. – Unweit das berühmte Gestüt **Graditz**. **Carl August** (→

Weimar/TH) starb 1828 im Schloss. Dort wurde **Hans Graf von Lehndorff** (1910-87) geboren, ein Spross der berühmten ostpreuß. Familie. Über seine Kindheit in G. und Trakehnen in »Menschen, Pferde, weites Land« (Aut. 1981). – Von 1896 bis zu seinem Tod 1923 war **Paul Schreckenbach** (→ Apolda/Buttelstedt) in **Klitzschen** Pfarrer und schrieb hier die meisten seiner hist. Romane. Grab auf dem Friedhof in Torgau, Dommitzscher Straße.

Schildau

Geburtsstadt des Heeresreformers Neithardt von Gneisenau (1760-1831); **Gerhard Heine**, »Gneisenau. Ein großes Leben« (1938), **Willi Bredel** (→ Hamburg), »Sieger ohne Sieg. Eine Erzählung um Gneisenau« (1953). Gedenkausstellung im Museum, Denkmal (1860) auf dem Markt.

L Aus **Sitzenroda** stammt **Johann Friedrich von Schönberg** (1543-1614), vermutl. Bearbeiter des »Lalebuches« (1597), das u. d. T. »Schiltbürgerbuch« ab 1598 in verschiedenen Ausgaben erschien. **Johann Christian Schöttgen** (→ Grimma/Wurzen/SN) veröffentlichte eine »Verteidigung der Stadt Schilda wider die gemeinen, doch ungebührlichen Auflagen« (1747). Im Museum, Marktstraße 12, Ausstellung und Bücher-Slg. zum Thema. Überall in Sch. Tafeln mit Bildern zu den Schildbürger-Geschichten.

B M. Treu, Martin Luther und Torgau (1995), M. Brecht/H. Hancke, Torgau. Stadt der Reformation (1996).

Z Delitzsch, Grimma, Großenhain, Oschatz (SN); Wittenberg (ST); Herzberg (BB).

TRAUNSTEIN/BY

Stadt- und Spielzeugmuseum im Heimathaus.

Anna Mayer-Bergwald, * 11. 5. 1852 Ansbach, † 13. 11. 1935 T., Erzählerin, Reiseschriftstellerin. Lebte auf Frauenchiemsee (»Haus Bergwald«, Nr. 14), dort auch Grab. Ehrenbürgerin der Gemeinde Chiemsee. – W.: Chiemseebilder (1921); Chiemgauheimat (1927).
Franziska Hager, * 27. 6. 1874 T., † 17. 9. 1960 München, Volksschullehrerin, Dramatikerin. Wichtig ihre kulturgeschichtl. Werke: »An der Herdflamme der Heimat« (Chiemgaubuch, 1927), »Meine Erde« (1975 ff.). Ehrenbürgerin von Prien. – Gedenktafel am Geburtshaus, Ludwig-Thoma-Straße 5; Grab auf dem Waldfriedhof.
Eugen Ortner, * 26. 11. 1890 Glaishammer b. Nürnberg, † 19. 3. 1947 T., Dramatiker und Erzähler. Mittelschullehrer, Journalist, seit 1928 freier Schriftsteller in München. – W.: Meier Helmbrecht (Tr. 1928); Die Herreninsel (Nn. 1935); Geschichte der Fugger (R. 1939 f.), Johann Christian Günther (R. 1948). – Grab in Gollenshausen am Chiemsee.
A Ludwig Thoma (→ Oberammergau/BY war 1890/93 Rechtspraktikant in T., während seine Mutter den Gasthof zur Post (heute Kaufhaus) am Stadtplatz führte. Hier entstanden seine ersten Geschichten aus »Dornstein«; die Kapitel »Schuljahre« und »Im Berufe« aus den »Erinnerungen« erzählen u. a. auch über die Zeit in T. (Gedenktafel Höllgasse 4, allerdings mit der falschen Angabe, dass Th. hier »in den Jahren 1892-1895« gelebt habe. – Im Poschingerhaus in der Schaumburgstraße 4 (Gedenktafel) wohnte 1938-46 der in Kloster Heerlen b. Maastricht/NL geb. **Thomas Bernhard** (1931-89) mit seiner Mutter. Aut. Bezüge in »Ein Kind« (1982). Darin die erste Fahrradfahrt B.s

Traunstein: »Ein Kind« – Thomas Bernhard mit dem geliebten Großvater Johannes Freumbichler

als Flucht zu seinem Großvater, dem in **Ettendorf** (Surberg-E.) lebenden Schriftsteller **Johannes Freumbichler** (1881-1949; Erfolg mit dem R. »Philomena Ellenhub«, 1937), in Richtung Salzburg, die mit einem Sturz bei Teisendorf endete. Geführte Th.-B.-Wanderung (der Stadtbibliothek) durch T., deren Bürger B. einst beschimpfte: »Blöd wie die Schafe scharen sich die Kleinkrämer um die Kirche und blöken sich tagaus, tagein zu Tode.« Aufzufinden sind u. a. noch die verhasste Schule, das Gefängnis gegenüber (in dem **Luise Rinser** → Landsberg a. L./BY 1944 wegen »Wehrkraftzersetzung« einsaß) und die Eisenbahnbrücke, die der Großvater zum Einsturz bringen wollte. Das von diesem bewohnte Bauernhaus in E. ist verschwunden, von dem man »an manchen Tagen, bei einem gewissen Ostwind ... von seinem Balkon aus, wenn man richtig höre, die Glocken von Moskau« vernehmen könne; das nahe Wallfahrtskirchlein steht noch (Ziel des Georgiritts am Ostermontag).

R Der Tannberg bei **Siegsdorf** gehört zu den mögl. Geburtsstätten des **Tannhäusers** (→ Neumarkt i. d. Opf./Thannhausen/BY): Minnesängerbrunnen, Bauernhaus »Zum Venusberg«. »Auf dem Kirchturm von Siegsdorf wehte die weiße Fahne«: Auf dem »Huberhof« erlebte **Ernst von Salomon** (→ Winsen/Stöckte/NI), seit 1944 im Chiemgau für ein Jahrzehnt sesshaft, das Kriegsende (»Der Fragebogen«, 1951). – In **Bergen** lebte ab 1936 **Rudolf Alexander Schröder** (→ Bremen) in seinem Haus »Sonnleithen«. – An der Schule von **Staudach** (Egerndach-St.) erinnert eine Tafel an **Anna Kroher** (1859-1943); ihr volkskundl. Hauptwerk von 1922 erschien 71 neu u. d. T. »Im Bannkreis der großen Ache«. – **Joseph Victor von Scheffels** (→ Karlsruhe/BW) G. »Reutti im Winkel« verweist auf den südlichsten Ort im Chiemgau: **Reit im Winkl**; Sch. wohnte 1860 hier beim Unterwirt (Relieftafel). Zwei Jahre vorher im gleichen Quartier König Max II.: »Bis in die Nacht hinein unterhielten uns die liederkundigen Bewohner«, berichtet **Friedrich von Bodenstedt** (→ Peine/NI), er gehörte beim »Zug durchs Gebirge« zur Reisegesellschaft.

B A. Kasenbacher/E. Jilg, Traunsteiner Bilderbogen, 1983; H. Heyn (Hrsg.), Lesebuch aus der Provinz Chiemgau, 1988; R. Just, Krumme Touren 2. Reisen in die Nähe, überarbeitete Ausg. 2007.

Z Altötting, Berchtesgaden, Chiemsee, Rosenheim (BY).

TRIER/RP

»Hier ist Trier. Die älteste Stadt Deutschlands ... Keine Stadt der Welt hat solche Zeugnisse auf dem gleichen engen Grunde.« (Rudolf G. Binding, 1932)

Universität (Bibliothek; Institut für Cusanus-Forschung); Kath. Akademie; Liturg. Institut. – Stadtarchiv, Diözesanarchiv. – Bibliothek des Priesterseminars. – Rhein. Landesmuseum; Städt. Museum Simeonstift; Domschatzkammer (illuminierte Hss., Buchdeckel). – Theater der Stadt, Freilichtbühne Kaiserthermen. SWR-Studio Trier. – Autoren-Forum T., Trierer Literaturtage, Eifel-Literatur-Festival.

Decimus Magnus Ausonius, *um 310 Burdigala (Bordeaux), † nach 393 ebd., Rhetor und seit 364 Prinzenerzieher am Hof Kaiser Valentinians in T.; später Präfekt von Gallien und Konsul. Verfasser des Preisgedichts »Mosella« (371); Verse auf das »schwäbische Jüngerferlein« »Bissula«; Briefe. – Ausoniusweg: Wanderweg Trier-Bingen (Symbol Römerkopf).
Friedrich von Spee (→ Düsseldorf/NW) wurde 1610 Jesuit in T., lebte hier bis 21 und kehrte 33 wieder zurück als Moralprof. Er starb nach der Pflege pestkranker Soldaten am 7. 8. 1635. – Grab in der Jesuitenkirche (Denkmal an der Südwand; im Boden Oculus mit Blick auf Gruft und Steinsarkophag); Gedenktafel an der Alten Universität (heute Priesterseminar), Jesuitenstraße 13. – Hs. Exemplar der »Trutznachtigall« StB T. – J. Schubert, »Hexenbrenner« (Sch. 1996).
Karl Marx, * 5. 5. 1818 T., † 14. 3. 1883 London, Begründer des wiss. Sozialismus. Aus einer alten Rabbinerfamilie; Kindheit und Jugend in T., Studium in → Bonn/NW und → Berlin. 1842 Redakteur der »Rheinischen Zeitung« in → Köln/NW. 1843-45 in Paris, Hinwendung zum Sozialismus und Beginn der Freundschaft und Zusammenarbeit mit F. Engels (→ Wup-

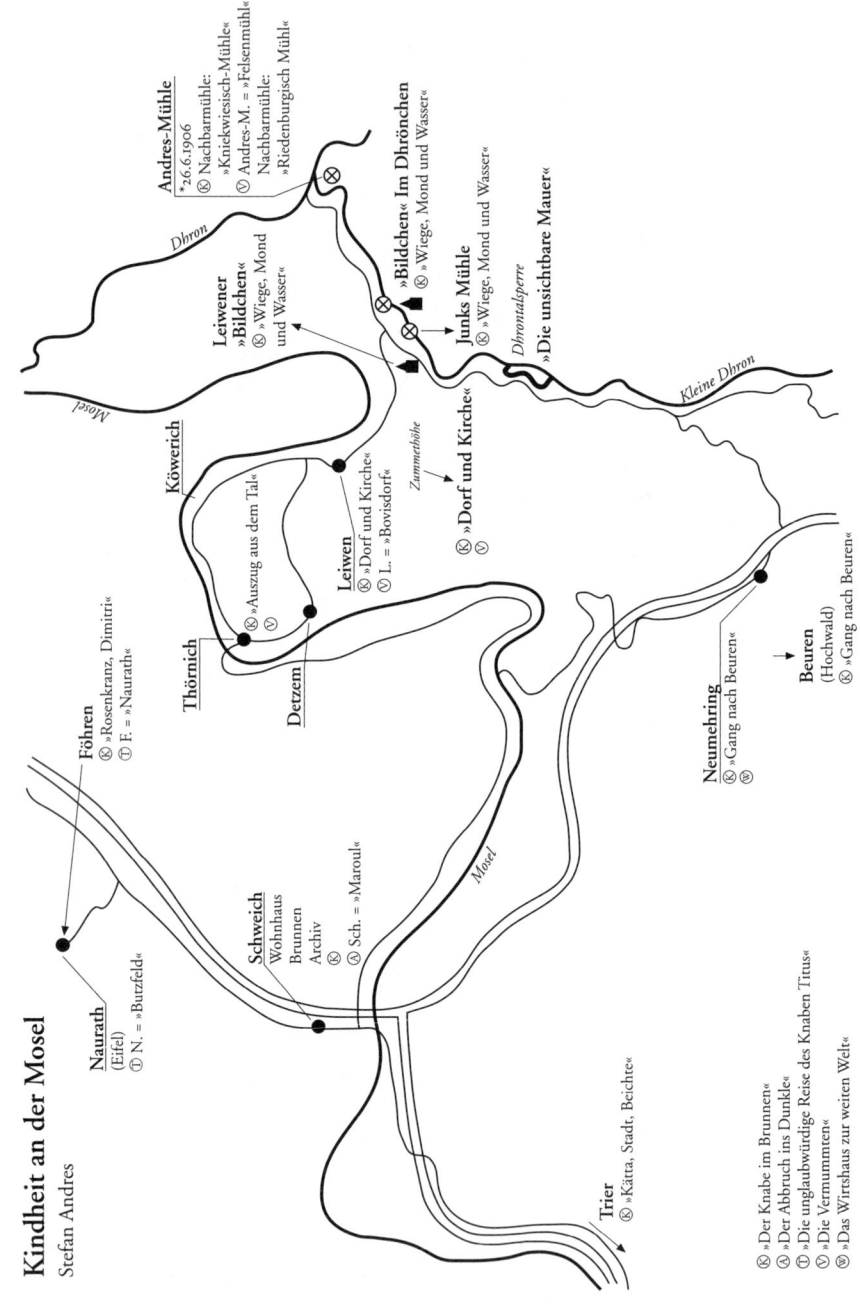

pertal/NW): 1847 u. a. Gründung des »Dt. Arbeiter-Bildungs-Vereins« in Brüssel; 48 »Manifest der Kommunist. Partei« und Exil in London. 1864 Gründung der »Internationalen Arbeiter-Assoziation«. 1867 »Das Kapital« (3. Bde. 1885/94 Hrsg. F. Engels). – Werke (hg. vom Institut für Marxismus-Leninismus, Berlin 1957-68). – Geburtshaus Brückenstraße 10 (heute Museum, Bibliothek und Forschungsstätte); Wohnhaus (1819-35) Simeonstraße 8 (Gedenktafel); 1830-35 Friedrich-Wilhelm-Gymnasium, Jesuitenstraße. – Nachlass Intern. Institut für Sozialgesch. Amsterdam.

Clara Viebig, * 17. 7. 1860 T., † 31. 7. 1952 → Berlin, naturalist., oft sozialkrit. Erzählerin. Jugend in → Düsseldorf/NW und Westpreußen (»Das schlafende Heer«, R. 1904). 1883 Berlin, 96 Heirat mit dem Verlagsbuchhändler F. Th. Cohn. Nach 1933 Verfolgung; 45 aus Schlesien vertrieben, dann, verarmt, wieder in Berlin. Grab in → Düsseldorf/NW. – W.: Kinder der Eifel (Nn. 1897); Das Weiberdorf (R. 1900); Das Kreuz im Venn (R. 1908); Die goldenen Berge (R. 1927). – Geburtshaus Simeonstiftsplatz abgerissen, Neubau Kutzbachstraße 10. – In T. spielen u. a. die Romane »Unter dem Freiheitsbaum« (1922), »Prinzen, Prälaten, Sansculotten« (1931).

Gerty Spies, * 13. 1. 1897 T., † 10. 10. 1997 München, Lyrikerin und Erzählerin. Tochter des Kaufmanns und Mundartdichters Sigmund Gumprich. Später in Freiburg und Pforzheim, seit 1927 in München. 1942-45 KZ Theresienstadt. – W.: Theresienstadt (G. 1947); Das schwarze Kleid (Erz. 1992); Bittere Jugend (R. 1997). – G.-S.-Preis für Literatur der Landeszentrale für politische Bildung RP. In T. wirkte und starb der Stadtbibliothekar und Gymnasiallehrer **Johannes Wyttenbach** (1767-1848/Nachlass StB T.), aus der Eifel stammend: »Versuch einer Ge-

schichte von Trier« (1810-22). In T. geb.: der Gymnasiallehrer und Stadtbibliothekar **Philipp Laven** (1805-59), erster bekannter T.er Mundartdichter (»Gedichte in trierischer Mundart«, 1857); der Romancier und Weltreisende **Hans Wachenhusen** (1822-98), der 1857 das Wochenblatt »Hausfreund« gründete: »Das Buch der Reisen« (1860), »Aus bewegtem Leben« (Aut. 1890); der Kirchen- und Kunsthistoriker **Franz Xaver Kraus** (1840-1901), Gedenktafel in der nach ihm benannten Straße, Grab in Freiburg i. Br.; die Erzählerin **Victorine Endler** (Ps. **Antonie Haupt**/1853-1932), Geburtshaus Brückenstraße 76: »Der heilige Rock« (1891), »Hexe und Jesuit« (1893), »Moselgeschichten« (1900).

A **Ambrosius** (340-94), der erste der vier großen abendländ. Kirchenväter, wurde in T. geb.; Grab in Mailand. Der dritte Kirchenvater, **Hieronymus** (um 347-420), widmete sich um 370 an der Hochschule in T. theologischen Studien. Eine im 15. Jh. aufkommende Legende preist den Patron der Übersetzer als unersättlichen Leser. Was Wunder, dass von einer Gruppe fächerartiger Vertiefungen in der Hieronymushöhle zwischen T.-Pallien und -Biewer schließlich überliefert wurde, dies sei der »Bücherschrank« des Heiligen gewesen. Bei **Ph. Laven** u. a. wird erzählt, dass dort **Friedrich von Spee** das »Spiel der Gespons Jesu mit einer Echo oder Widerschall« aus dem 4. Gedicht der »Trutz-Nachtigall« widerfuhr. (L. Harig, »Klettern im heiligen Eifer«, in »Doppelspur« 1984). – »Immer noch Hauptstadt« nennt **Venantius Fortunatus** T. in der 2. Hälfte des 6. Jh.s. – 1498 in der Stadt **Konrad Celtis** (→ Schweinfurt/Wipfeld/BY). 1515-18 lehrte der elsäss. Humanist und Satiriker **Thomas Murner** an der Universität. Um diese Zeit (1522 Belagerung durch Franz von Sickingen) hier auch der Huma-

nist **Bartholomäus Latomus** (1485-1570). **Caspar Olevian** (→ Dillenburg/HE), Mitautor des Heidelberger Katechismus, versuchte 1559 die Reformation einzuführen. Tafel an der Basilika.
Goethe (→ Frankfurt a. M./HE) kam im August und Oktober 1792, vor und nach der »Kampagne in Frankreich«; er wohnte im Pfarrhaus von St. Gangolf in der Dietrichstraße (Gedenktafel). Im gleichen Sommer lagerte **François René de Chateaubriand** in den Ruinen des Amphitheaters und bereitete sich, am »Atala« schreibend, »auf die Eroberung Frankreichs« vor.
Zeitweise in der Stadt der schles. Lyriker und Erzähler **Friedrich von Sallet** (1812-43); zu seinem literar. »Kränzchen« gehörte auch der Österreicher **Eduard Duller** (1809-53), der hier u. a. sein dramat. Gedicht »Franz von Sickingen« (1833) vollendete. – 1840 Gäste der »Liedertafel«: **Ludwig Uhland** (→ Tübingen/BW) und **Gustav Schwab** (→ Stuttgart/BW); U.s Trinkspruch »Es lebe das Gesamt-Deutschland«. – Weiterhin: 1852 **A. Heinrich Hoffmann von → Fallersleben** (→ Wolfsburg/NI), von der Polizei der Stadt verwiesen; 1868 **Joseph Victor von Scheffel** (→ Karlsruhe/BW), 72 **Hermann Allmers** (→ Bremerhaven/Rechtenfleth/NI), 90 **Ferdinand Gregorovius** (→ München/BY). Im neuen Jh.: Als Lehrer am Friedrich-Wilhelm Gymnasium, wo er bereits Schüler war, wirkte der Philosoph **Peter Wust** (→ Merzig/Rissenthal/SL) 1915-30 (»Gestalten und Gedanken«, 1940). – 1932 Tagung des »Bundes Rhein. Dichter«; im gleichen Jahr erschien **Rudolf G. Bindings** (→ Starnberg/BY) »Novelle einer Landschaft«: »Moselfahrt aus Liebeskummer«, zehn Jahre später **Alfons Paquet** (→ Wiesbaden/HE): »Das großartigste Gebilde der Mosellandschaft ist die Stadt Trier.« Autoren aus aller Welt: 1831 **James Feni-** more **Cooper.** Zwischen 1862 und 71 unter den ebenso eifrig besichtigenden wie notierenden Reisenden **Victor Hugo**; um die Jahrhundertwende **Maurice Barrès**. Im Frühjahr 1912 ließ sich der Amerikaner **David Herbert Lawrence** (»Lady Chattersley's Lover«) von der Stadt bezaubern und schrieb verliebte Briefe an Frieda Weekly (geb. Richthofen). – Herbst/Winter 1940/41 war **Jean-Paul Sartre** im Kriegsgefangenenlager auf dem Petrisberg; in dieser Zeit entstand sein erstes Theaterstück, »Baronia ou le fils du tonnerre«, ein Mysterienspiel zum Weihnachtsfest (**Jost Krüger**, »Der Wetterbeobachtungssoldat. J.-P. Sartre als Gefangener im Stalag 12 D in T.«, Sch. 1997). – Winter 1943: »... das Moseltal, gewaltig schön wie ein Wintergemälde von Brueghel«, so **Jorge Semprún**, der auf der »Großen Reise«, dem Transport ins KZ Buchenwald, auf dem T.er Hauptbahnhof zwangsweise Station machte.

L Die »Gesta Treverorum«, begonnen Anfang des 12. Jh.s und fortgeführt bis in das 18. Jh., sind die älteste T.er Chronik. – Das um 1190 entstandene Spielmannsepos »**Orendel**« (übers. u. a. von Ph. Laven, 1844) erzählt die Legende vom »grauen Rock« Christi und schildert T. als Stätte des Jüngsten Gerichts. – »Trier, das dem Bacchus lieb«, heißt es in einem Vagantenlied der **Carmina Burana** (→ Bad Tölz/Benediktbeuren/BY) aus dem 13.Jh. – 1822 erschien **Theodor Haupts** (→ Mainz/RP) »Panorama von Trier und seinen Umgebungen«, 45 **Johann Joseph von Görres'** (→ Koblenz/RP) »Wallfahrt nach Trier«, 1907 **Stefan Georges** (→ Bingen/RP) Gedicht »Porta Nigra« aus dem »Siebenten Ring«, 24 **Ludwig Mathars** (→ Monschau/NW) großes Mosel-Buch, eine Fundgrube auch für T.
Behandlung in Romanen und Erzählungen: **Wilhelm Heinrich Riehl** (→ Wiesbaden/HE), »Das verlorene Paradies« (1879); **Ludwig Mathar**, »Kurfürst Johann Philipp in Not« (1925); **Jakob Kneip** (→ Simmern/Morshausen/RP), »Porta Nigra« (R.-Tril. 1932, 38,

55); **Johannes Kirschweng** (→ Saarlouis/Wadgassen/SL), »Das wachsende Reich« (1935), »Das Tor der Freude« (1940); **Karl Friedrich Borée** (→ Darmstadt/HE), »Quartier an der Mosel« (1936); **Heinz Becker-Trier** (1901-84) »Der Mann, der in den Himmel sah« (1948); **Nikolaus Leopold Ferring** (1912-76), »Im Schatten des Galgenberges« (1953); **Maria Schröder-Schiffhauer** (geb. 1911), »Der vergessene Lorbeer« (biogr. R. um den T.er Komponisten G. Schmitt, 1980); **Hans Joachim Kann**, »Echo einer Stadt« (Nn. 1981); **Walter Schenker**, Germanist an der Uni 1974-84, »Eifel« (R. 1982); **Ludwig Harig**, »Trierer Spaziergänge« (1983); **Ursula Krechel** (1947 in T. geb.), »Sizilianer des Gefühls« (R. 1993). – Moselkrimis von 1996-99 u. a. von **Carlos Caldera** (K.-J. Prüm), **H. Glaesener**, **H. J. Kann**, **E. Kunkel**, **A. Reinig**.

Mundartslgg.: **Hermann Laven**, Pfarrer von Leiwen (1844-1914), »Aales on Naies en driierjer Mondoard« (1905); **Ferdinand Laven** (1879-1947/48, Nachlass StB. T.), »Gedichte in Trierer Mundart« (1924, 26); **Peter von der Mosel** (Mehring), »Ons Moddersproach« (1924); **Philipp Spoo**, »Ons Trier« (1932); **Josef Feiten** (→ Wittlich/Hetzerath/RP, Grab Städt. Friedhof T.) und **Hermann Spoo** (1893-1973), »Ons Musselland« (Dichtungen und Erzählungen, 1950); **Cläre Prem** (1899-1988/ Gedenktafel am Haus Sternstraße/Ecke Hauptmarkt, C.-P.-Preis für Heimatlit.), »Dä goldene Mörbel« (1956); **Addi Merten**, »Arme klaane Fösch« (1979) und »Trier – wat böss dou schien« (1991). Weitere Autoren in Cläre Prems Slg. »Mir sein och noch doa« (1976) u. a.: **Louis Frère** (1873-1939), **Maria Peters** (1892-1973/»Bei us Dahämm«, n. 1992), **Michel Flesch** (1902-74), **Hans Karl Schmitt** (1907-61), **Emil Arenz** (1911-74), **Werner Becker** (»Wie aanem de Schnaowel wächst«, 1989). Im Repetoire des Liedermachers **Walter Liederschmitt** (geb. 1949 in T.) auch »Verzeelches« von dem T.er Original »Fischers Maathes«, dem Kleinhändler Matthias Fischer (1822-79): eine Slg. auch von **Nikolaus Lackas** (n. 1983). – Von **Emil Zenz** eine »Stadtgeschichte in Texten aus zwei Jahrtausenden«: »Stimmen über Trier« (1968). **Josef Zierden:**

»Die Zierde des Stroms, Trier. Lit. Streifzüge durch Deutschlands älteste Stadt« (in: »Lit. Reiseführer R.-P.«, 2001).

S Stadtbibliothek (Bestände der ehem. Universitäts- und Klosterbibliotheken): rd. 400 000 Bde., 4000 Hss, 2500 Inkunabeln. Unter den Sonderslgg. Schrifttum über T. und das Moselland; Dante-Slg.; ständige Ausstellung in der Schatzkammer. – **Verein Trierisch** (seit 1897/Jahrbuch); **Literarisch-musischer Arbeitskreis T.** (n. seit 1972); **Verein für Kulturarbeit T.** (seit 1980). – **Eifel-Literatur-Preis** (seit 1994).

Saarburg

Ernst Thrasolt (eig. **Joseph Matthias Tressel**), * 12. 5. 1878 S.-Beurig, † 20. 1. 1945 → Berlin, Lyriker, Erzähler und Publizist, der »ungekrönte König der deutschen Jugendbewegung« (C. Sonnenschein). 1904 kath. Priester (u. a. 1908-15 in Morbach-Haag); im 1. Weltkrieg Sanitäter; seit 1920 in Berlin-Weißensee. Vertreter der kath. Erneuerungs- und Vorkämpfer der Friedensbewegung, als Pazifist von der Gestapo verfolgt. – W.: De profundis (G. 1908); Behaal meech liew (G. 1912). – Eine Beuriger »Bauernchronik in Reimen« ist das Kernstück der Gedichtslg. »In memoriam« (1922). – W. Ottendorff-Simrock, »Es geht die Zeit zur Ewigkeit« (1959).

Maria Croon, * 13. 5. 1891 Meurich, † 23. 3. 1983 → Losheim-Britten/SL. Zeitw. Lehrerin; ihre Erzählungen und Mundart-Schwänke, die ländliche Lebensverhältnisse um 1900 bewahren, spielen im Saar- und Moselgau. »Die Dorfstraße« (En. 1956), »Die köstliche Mühsal« (R. 1960). – Nachlass Lit.-A. ULB Saarbrücken. – M.-C.-Brunnen in **Meurich**, Grab auf dem Friedhof. – M.-C.-Wanderweg.

In S. verlebte seine Kindheit der Reiseschriftsteller **Alexander Freiherr von Wars-**

berg (1836-1889/»Odysseeische Landschaften«, 1878 f.); aus **Niederleuken** stammt der Calderón-Übersetzer und Erzähler **Bernhard Michael Steinmetz** (1881-1945/ »Altgold und Neusilber«, 1921), seit 1912 Pfarrer in Büchel und als Nachfolger Thrasolts Schriftleiter von »Das Heilige Feuer«.

Schweich

Stefan Andres, * 26. 6. 1906 Breitwiese a. d. Kleinen Dhron, † 29. 6. 1970 Rom, nonkonformist. kath. Erzähler, die Motive moselländisch und vom Erlebnis des Südens bestimmt. Kindheit in Sch.; Studium in Köln, Jena und Berlin. Seit 1937 in Positano b. Salerno, ab 50 in → Unkel (Neuwied/RP), 61 in Rom. – W.: Der Mann von Asteri (R. 1939); Wir sind Utopia (N. 1943); Die Sintflut (R.-Tril. 1949, 51, 59). – Topographisch wichtig: »Die unsichtbare Mauer« (R. 1934), »Moselländische Novellen« (1938), »Die Hochzeit der Feinde« (1947), »Der Knabe im Brunnen« (aut. R. 1953). – Geburtshaus Breitwiese (Gedenktafel), Brunnen und »Bildchen«, in Dhrönchen-Trittenheim (»Andresmühle«), Brunnenturm mit Bronzefigur in Trittenheim; Wohnhaus der Familie in Schweich (seit 1910) Bahnhofstraße 5 (Gedenktafel), gegenüber die Reitergasse, Schauplatz der N. »Der Abbruch ins Dunkle«; Alte Schule (Gedenktafel); »Dichterklause« zeitw. nach 1950 im »Ginsterhaus« auf der Zummethöhe von Leiwen (bis dorthin von Sch. aus der St.-A.-Wanderweg: Führer von H. Pies/H. Erschens); im Schulzentrum St.-A.-Gedenkbrunnen (mit Motiven aus »Der Knabe im Brunnen«); im Niederprümer Hof Archiv und Museum der St.-A.-Gesellschaft (seit 1979).

Trittenheim

Johannes Trithemius (eig. **J. Zeller**), * 1. 2. 1462 T., † 13. 12. 1516 → Würzburg/ BY, Humanist, zeitw. im Ruf eines Magiers. Mit 21 Jahren Abt von → Sponheim (Bad Kreuznach/RP), seit 1506 des Schottenklosters in Würzburg. Polyhistor, Sprachgenie und nicht immer krit. Schriftsteller; mehr als 80 Werke, darunter die erste dt. Lit.-Gesch. und das erste dt. Gelehrtenlexikon. – Denkmal Ortsmitte; 2 Bildnisse im Pfarrhaus. – Mss. UB Würzburg.

Brunnenturm für **Stefan Andres** mit Bronzefigur des »Knaben im Brunnen«.

R Moselaufwärts in **Igel** das Grabmal der Secundinier, eine »Säule«, die auch **Goethe** besichtigt und in der »Kampagne in Frankreich« beschrieben hat. – Saaraufwärts auf hohem Felsen die Klause von **Kastel** (K.-Staadt): hier, sagenumwoben und vielbedichtet, war einmal das Grab

Trittenheim: Denkmal des Johannes Trithemius

des 1346 in der Schlacht von Crécy gefallenen blinden Königs Johann von Böhmen. (Günter Metken, Das Grab des blinden Königs, in: Reisen durch Europa, 1994). »In dem schläfrigen Dörfchen« K. (Ortsstraße 63) wohnte Dezember 1951 bis September 1955 **Arno Schmidt** (→ Hamburg). Die Geschichte vom »Schlüsseltausch« und das erst 2002 veröffentlichte Romanfragment »Die Feuerstellung« (nach einem 3. Weltkrieg) spielen hier, wo auch u. a. »Seelandschaft mit Pocahontas«, »Aus dem Leben eines Fauns«, »Die Umsiedler« und »Das steinerne Herz« entstanden. Von **Hans Arnfrid Astel**: »Serrig«. Zyklus in »Die Faust meines Großvaters«, 1979. – Jenseits der Saar im Hochwald **Hermeskeil**: »Das Dorf, das hier beschrieben wird, hat es nie gegeben«, heißt es pflichtgemäß auf dem Vorsatzblatt des Romans »Stunde Null« (1981) des in H. aufgewachsenen **Gerd Fuchs**. Nahebei Dokumentationszentrum des ehem. SS-Sonderlagers KZ **Hinzert**. Gedichte und Prosatexte in Hochwälder Mundart von **Manfred Moßmann** (»Greilich gär«, 1989). – Das Pfarrhaus von **Haag** (Morbach-H.) war zu **E. Thrasolts** Zeiten ein »Mekka für Literaten, Zeitungsleute, Jugendbewegte«. Der Ort als »Sudert« Schauplatz der E. »Die Witwe«. – Wieder moselabwärts **Pfalzel** (Trier-P.): an der Südwestecke des ehem. Kurtrierischen Amtshauses dräut Golos Kopf; im nahen Wald auf dem Weg nach **Kordel** liegt **Genovevas** (→ Mayen/RP) Höhle, deren Legende man auch im Trierer Land für sich beansprucht. – In **Ehrang** (Trier-E.) lebte und starb der Erzähler (»Daheim im stillen Hochwalddorf«, 1954) und Mundartdichter (»Mir Hochwäller«, 1961) **Matthias Lang** (1902-65/Grab in Trier-Biewer). **Mehring** ist die »Haamischt« von **Peter Schröder** (1875-1935/ Grab Städt. Friedhof Trier), bekannt als »**Peter von der Mosel**« (Gedenkstein am

P.-Sch.-Platz); 1975 erschien eine Slg. seiner Dorfgeschichten und Gedichte u. d. T. »Mei Bruder on eich« (1975). Ebenfalls aus M. stammt **Helmuth de Haas** (1928-70): in »Lineaturen« (G. 1955) heißt es: »Zwischen Bordeaux und Bremen / Fließt meine Mosel . . .«.

B M. Schroeder, Trier. Deutschlands älteste Stadt, 1994; H. Erschens, Literarische Schauplätze an der Mosel (Ess. u. a. über St. Andres, F. v. Spee, E. Thrasolt, A. Schmidt, G. Fuchs, P. Schröder), 1990; J. Zierden, Die Eifel in der Literatur, 1994.

Z Birkenfeld, Prüm (Bitburg), Bernkastel-Kues, Wittlich (RP); Merzig (SL). Jenseits der Grenze in Luxemburg: L. (Goethe, Grab von W. Voigt, des »Hauptmanns von Köpenick«); in Lothringen: Sierck, Meinsberg (»Marlborough s'en va-t-en guerre«).

TÜBINGEN/BW

»Große Weite inmitten der Enge, der Welthorizont im Dorf.« (Walter Jens, 1978)

Eberhard-Karls-Universität; Institut Culturel Franco-Allemand, Deutsch-Amerikan. Institut. – Stadtmuseum im Kornhaus. – Landestheater T. Württ.-Hohenzollern, Zimmertheater; Club Voltaire. – SWR Studio T. – T.er Theatersommer, Filmtage T., T.er Bücherfest.

Friedrich Hölderlin (→ Lauffen/BW) trat 1788 ins Stift ein. Mit G. W. F. Hegel (→ Stuttgart/BW) und F. W. J. Schelling (→Leonberg/BW) bewohnte er zeitw. das gleiche Zimmer (Reliefs). Im Herbst 1793 beendete H. die theol. Studien, entschloss sich aber, nicht in den Dienst der württ. Landeskirche zu treten. H.s zweite T.er Zeit begann im September 1806: der Nervenkranke wurde von J. v. Sinclair in die Autenriethsche Klinik gebracht, wo der Medizinpraktikant Justinus Kerner (→ Ludwigsburg/BW) das Krankentagebuch führte. Seit 1807 in der Pflege des Schreinermeisters Zimmer (H.-Turm am Ne-

Tübingen: Hölderlin-Turm am Neckar

ckar, Bursagasse 6, heute Gedenkstätte und Sitz der H.-Gesellschaft). Tod am 7. 6. 1843. – Grab auf dem Stadtfriedhof; Denkmal im Alten Botan. Garten. – Magisterarbeit und Dokumente in der UB T. – W. Volke, »Hölderlin in Tübingen« (Marbacher Magazin 11/4. Aufl. 2001).
Ludwig Uhland, * 26. 4. 1787 T., † 13. 11. 1862 ebd., Lyriker, Balladendichter und Dramatiker; Germanist und Volkskundler. Während der Studienzeit zus. mit J. Kerner, Karl Mayer (→ Sinsheim/Neckarbischofsheim/BW) und Gustav Schwab (→ Stuttgart/BW) »T.er Romantik«. 1811 Rechtsanwalt in T., 14 in → Stuttgart/BW. 1819-39 Landtagsabgeordneter. 1829 Prof. für dt. Sprache und Lit. in T., 33 Entlassung wegen pol. Betätigung. 1848 Abgeordneter in der Frankfurter Nationalversammlung. Über T. berichtet v. a. das Tagebuch (1810-20). – Geburtshaus Neckarhalde 24 (Gedenktafel); Grab auf dem Stadtfriedhof; Denkmal »Wöhrd« an der Uhlandstraße. – Nachlass UB T., LB Stuttgart, DLA Marbach.
Albert Knapp, * 25. 7. 1798 T., † 18. 6. 1864 → Stuttgart/BW, ev. Theologe, Lyriker (vorwiegend geistl. Lieder und Gedichte). Seminar in Maulbronn, T.er Stift. Vikariate; seit 1836 in Stuttgart Diakonus, Stadtpfarrer und Dekan. – Geburtshaus Neckarhalde 12, später Neue Straße 1. – Nachlass UB T., DLA Marbach.
Christian Reinhold Köstlin (Ps. **C. Reinhold**), * 29. 7. 1813 T., † 14. 9. 1856 ebd., Dramatiker, Lyriker und Erzähler. Seine Frau Josefine, geb. Lang (1815-80), Sängerin und Komponistin, vertonte viele seiner Gedichte (1853). – Wohnhaus Rümelinstraße 27; beider Grab auf dem Stadtfriedhof.
Ernst Bloch (→ Ludwigshafen/RP), 1957 in Leipzig zwangsemeritiert, folgte 1961 einer Einladung als Gastprof. der Universität T. und kehrte nach dem 13. 8. 1961 nicht mehr nach Leipzig zurück. Thema seiner Antrittsvorlesung: »Kann Hoffnung enttäuscht werden?« B.s Antwort: »Und wie!« – Wohnung Im Schwanzer 35 (heute E.-B.-Straße). Grab auf dem Bergfriedhof, Inschrift: »Denken heißt / überschreiten / Das Prinzip Hoffnung.« Hier auch Karola Bloch (1905-94).
Fred Hoerschelmann, * 16. 11. 1901 Hapsal/Estland, † 2. 6. 1976 T., Dramatiker, Hörspielautor, Erzähler. Lebte 1927-36 als freier Schriftsteller in Berlin, emigrierte nach Estland. Nach dem 2. Weltkrieg in T. Als Vertreter des frühen Hörspiels wichtig durch »Die Flucht vor der Freiheit« (1932) und »Das Schiff Esperanza« (1953). – Letzte Wohnung Christian-Laupp-Straße 5; Grab auf dem Bergfriedhof. – Nachlass DLA Marbach.
A Seit Gründung von Universität (1477/ Burse, Bursagasse 1) und Stift (1536/Klosterberg 2) hat T. eine stolze Reihe von berühmten Professoren und Studenten auf-

zuweisen: **Johannes Reuchlin** (→ Pforzheim/BW) war 1481/82 Lizentiat des röm. Rechts und seit 1521 Prof. (Wohnung Bursagasse 4). **Heinrich Bebel** (→ Münsingen/Ingstetten/BW) hatte seit 1497 eine Professur für Poesie und Eloquenz; er starb 1518 in T. **Philipp Melanchthon** (→ Bretten/BW) kam 1512 als Student, wurde 14 Magister und hielt bis 18 Vorlesungen über griech. und lat. Lit.; er wohnte und dozierte in der »Artistenfakultät« (Gedenktafel Burse). **Nikodemus Frischlin** (→ Balingen/Erzingen/BW), seit 1568 Prof., erregte bei seinen puritan. Kollegen Anstoß und verließ 1568 fluchtartig die Stadt (ehem. Wohnhaus Clinicumgasse 18). Der Astronom **Johannes Kepler** (→ Leonberg/Weil der Stadt/BW) war 1589-91 Stipendiat im Stift (dort Relief). Sein erstes Buch »Das Weltgeheimnis« wurde in der Druckerei Grupenbach an der Burgsteige verlegt.

Im Cotta'schen Haus (Münzgasse 15) fand 1723 **Albrecht von Haller** (→ Göttingen/NI) für 15 Monate Unterkunft. Als Student der Jurisprudenz beschäftigte sich 1750-52 **Christoph Martin Wieland** (→ Biberach a. d. R./BW) hauptsächlich damit, »die ersten Poetischen / vel quasi Werkgen, womit sein Herz damals seinen Kopf ingravierte, nach und nach ans Licht zu fördern«. Er wohnte im sog. Hachmannium in der Pfleghofstraße (Gedenktafel) und schrieb seine Verse am liebsten in einem Gartenhäuschen am Österberg (»W.-Höhe«). Vielversprechendes Talent in den 1760er Jahren der Stuttgarter **Johann Jakob Thill**. »Thills Tal«, das Wankheimer Tälchen (südl. von T.), gehörte zu den Lieblingsorten des Freundeskreises um **Friedrich Hölderlin**, darunter **Christian Ludwig Neuffer** (→ Stuttgart/BW), **Rudolf Magenau** (→ Ludwigsburg/Markgröningen/BW), **Karl Philipp Conz** (→ Schwäbisch Gmünd/Lorch/BW), **G. W. F.**

Hegel und **F. W. J. Schelling**. Thills früher Tod (1772) gab dem Kreis Anlass zu schwärmerischer Trauer. Im Sommer 1789 z. B. wanderten Hölderlin und Neuffer nach Großheppach im Remstal zum Grab Th.s (Ode »An Thills Grab«). Unter den Stiftlern 1778-83 auch der aus → Schorndorf (Waiblingen/BW) stammende **Karl Friedrich Reinhard**. **Friedrich Schiller** (→ Ludwigsburg/Marbach/BW) kam im März 1794 nach T., logierte bei seinem alten Lehrer J. F. Abel in der Burse und traf **J. F. von Cotta** (→ Stuttgart/BW), seinen künftigen Verleger (»Horen«-Projekt). Im Herbst 1797 hielt sich **Goethe** (→ Frankfurt a. M./HE) zweimal hier auf; zunächst wohnte er bei Cotta, Münzgasse 15 (Gedenktafel) und 17; »Goethehäuschen« am Schlossberg.

Das Eintreffen von **Justinus Kerner** im Herbst 1804 markiert den Beginn der »Tübinger Romantik« (Wohnung im sog. Martinianum, Münzgasse 13, Gedenktafel), Freundschaftsbund u. a. mit **Ludwig Uhland**, **Karl Mayer**, der in T. am 25. 2. 1870 starb (Gartenstraße 18, Gedenktafel), **Gustav Schwab**, seit 1845 Dr. theol. h. c. der Universität, und **K. Ph. Conz**. **Wilhelm Hauff** (→ Stuttgart/BW) verbrachte in T. einen Teil seiner Kindheit (Wohnung der Familie Haaggasse 15, H.-Hütte auf der H.-Höhe, Hundskopf); 1820-25 studierte er hier und wohnte zeitw. im Stift. Exzentrisch und genialisch genoss **Wilhelm Friedrich Waiblinger** (→ Heilbronn/BW) unter den Stiftlern zwischen 1822 und 26 großes Ansehen. Am Österberg mietete er das Presselsche Gartenhaus und feierte mit den Freunden E. Mörike und **Ludwig Amandus Bauer** (→ Öhringen/Orendelsall/BW) »romantische Mysterien«. **Eduard Mörike** (→ Ludwigsburg/BW) lebte seit Oktober 1822 (fünf Semester) im Stift, drei extern (u. a. Neckargasse 22), im Freundschaftsbund mit J. Mährlein, W. Hartlaub und R. Lohbauer. Im Presselschen oder im Lohbauerschen Gartenhaus an der Ammer rezitierte man Gedichte (»Des Schloßküpers Geister zu Tübingen, Ballade beim Weine zu singen«), rauchte die Pfeife und dachte gemeinsam Märchenspiele aus, wie das vom »Letzten König von Orplid« (»Maler Nolten«, 1832). In T. auch (Wieder)begegnung mit »Peregrina«.

»Stiftsköpfe« weiterhin: die → Ludwigsburger/BW **Friedrich Theodor Vischer** (1825-29, Wohnung, als ao. Prof., u. a. Uhlandstraße 4) und **David Friedrich Strauß** (1825-30; Porträt-Relief im Stift) sowie **Friedrich Karl von Gerok** (1832-36/→ Vaihingen/BW; Neckargasse 14), **Georg Herwegh** (1835-36/→ Stuttgart/BW; Neckarbad 4) und **Hermann Kurz** (1831-35/→ Reutlingen/BW). Kurz wurde 1863 zweiter Unterbibliothekar an der Universität, wohnte zuletzt Kronenstraße 11, starb hier am 10. 10. 1873. Seine Tochter **Isolde Kurz** (→ Stuttgart/BW) lebte 1863-73 in T. und von 1943 bis zu ihrem Tod am 5. 4. 1944. Beider Grab auf dem Stadtfriedhof. Dort auch die Gräber von **Paul Pfizer** (→ Stuttgart/BW) und der 1945 hier aus dem Leben geschiedenen **Anna Schieber** (→ Esslingen/BW). – 1843 kam **Ottilie Wildermuth** (→ Rottenburg/BW) in die Stadt. Sie wohnte zunächst Gartenstraße 13 a (»ein herziges Obdächle«), danach in der heutigen Uhlandstraße 11 und, von 1859 bis zu ihrem Tod am 12. 7. 1877, in der Wilhelmstraße 16 und 14 (Gedenktafel); ihr Grab auf dem Stadtfriedhof; Denkmal in der Platanenallee. – Zeit- und stadtgeschichtl. Bezüge in dem R. »Der Glasberg« (1920) von **Bruno Wille** (→ Magdeburg/ST).

Erwin Guido Kolbenheyer (→ München/BY) wohnte 1919-32 an der Neckarhalde 39. In dieser Zeit vollendete er mit

den Bdn. II und III die Paracelsus-Tril., sein Hauptwerk. **Jakob van Hoddis** (→ Berlin), der an Schizophrenie erkrankt war, befand sich 1922-27 in T. in Pflege (u. a. Nervenklinik, Osianderstraße 22). Auf dem Bergfriedhof Grab von **Gerd Gaiser** (→ Reutlingen/BW). – Unter den in T. sesshaft gewordenen Professoren, deren Schriften über ihren Fachbereich hinaus Bedeutung haben: der Kunstwissenschaftler **Georg Dehio** (1850-1932), der Historiker **Johannes Haller** (1865-1947), der Orientalist **Enno Littmann** (1875-1958) und der Psychologe und Pädagoge **Eduard Spranger** (1882-1963/→ Berlin); Gräber alle auf dem Stadtfriedhof. Auf dem Bergfriedhof liegen der Altphilologe **Wolfgang Schadewaldt** (1900-74) und der v. a. als Hölderlin-Forscher bekannte Literaturwissenschaftler **Friedrich Beißner** (1905-77). – »Wir sind die Letzten. / Fragt uns aus«: Primus-Truber-Straße 42 lebte 1989 bis zu seinem Tod April 93 **Hans Sahl** (→ Dresden/SN).

L »Die Stiftung der Hohen Schule zu T.«: Ball. von **Karl Doll** (1834-1910); weitere Gedichte über den Stifter, Graf Eberhard im Bart, der in der Stiftskirche begraben liegt, u. a. von **Justinus Kerner** und **Ludwig Uhland**. – Die Erzählung »Im Presselschen Gartenhaus« (1931) von **Hermann Hesse** (→ Calw/BW) spielt im Jahr 1832, als W. Waiblinger, E. Mörike und ihre Freunde sich um den kranken F. Hölderlin bemühten. (Hesse selbst arbeitete 1895-99 in der Heckenhauer'schen Buchhandlung gegenüber der Stiftskirche, Holzmarkt 5; Wohnung Herrenberger Straße 28, Gedenktafel.) – **Frank Thieß** (→ Darmstadt/HE): »Stürmischer Frühling« (R. 1937). – Einen »romantischen Spaziergang durch das nächtliche Tübingen« nannte der v. a. seines Humors wegen berühmte Theologieprof. **Theodor Haering** (1884-1964, Grab auf dem Stadtfriedhof) sein Buch »Der Mond braust durch das Neckartal« (1935). Einer seiner Schüler, der Franzose **Michel Tournier** (Jg.

1924), kam 1946 für drei Wochen und blieb vier Jahre: Erinn. in dem aut. Essay »Der Wind Paraklet« (dt. 1979). – »Tübinger Symphonie« heißt ein 1949 ersch. Essay-Band von **Wilhelm Schussen** (→ Biberach a. d. R./ Bad Schussenried/BW), der am 5. 4. 1956 in T. starb (Grab Stadtfriedhof). – Topographica auch (natürlich) bei **Hermann Hesse**, N. »Hermann Lauscher« (1899), bei **Ludwig Finckh** (→ Reutlingen/BW) in dem Kepler-R. »Stern und Schicksal« (1931), **Walter von Molo** (→ Weilheim/Murnau/BY) in dem R. um F. List »Ein Deutscher ohne Deutschland« (1931) und **Otto von Taube** (→ Starnberg/Gauting/ BY) in dem R. »Die Metzgerpost« (1935). – Dichter über Dichter: »Hölderlin in Tübingen« von **Johannes Bobrowski** (→ Berlin) ist eines der H.-Gedichte »deutsch- und fremdsprachiger Autoren aus 180 Jahren« im »Insel Almanach auf das Jahr 1970«; zu **Paul Celans** G. »Tübingen, Jänner« gibt es ein Marbacher »Spuren«-Heft (24/2001). 1971 wurde das H.-Stück von **Peter Weiss** (→ Berlin) uraufgeführt. – Maria Meyer/»Peregrina«-Erzählungen von **Otto Rombach** (→ Heilbronn/BW) 1949, **Hermann Lenz** (→ Stuttgart/BW) 1981, **Peter Härtling** 1982. Von Härtling auch der R. »Waiblingers Augen« (1987). – Im »Gôgen-Boom« und mehr: **Heinz-Eugen Schramm** (»Moinscht, mögscht Mooscht?«, G. 1969); Mundart, die aufholt: **Georg Holzwarth** (». . . des frißt um Gmiat«, 1977). Für die Stadt der 1960er Jahre sind vielleicht zwei Titel charakteristisch: die »Ellenbogenspiele« von **Draginja Dorpat** (immerhin ein Bestseller) und die »Tübinger Einleitung in die Philosophie« von **Ernst Bloch**. In den 70er Jahren, erschienen rund um das Universitätsjubiläum: »Eine deutsche Universität. 500 Jahre Tübinger Gelehrtenrepublik« von **Walter Jens**; dazu als eine Art Gegenstück »Das andere Tübingen« von einem Autorenkollektiv unter Leitung von **Martin Scharfe** (Hrsg. H. Bausinger). – Außerdem: »Tübinger Spaziergänge« (1978) mit **Martin Kazmaier** und **Peter Roos'** »Gespräche über Literatur und Tübingen« (1977, u. a. mit Th. Troll, S. Unseld, M. Walser, J. Poethen, M. Hannsmann, F. C. Delius). 1989/92 dann **Helmut Hornbogen** (1940-

2000) im Anschluss an seine »Tübinger Dichter-Häuser«-Begehung im Gespräch mit **Hans Mayer** (→ Köln/NRW; sein letztes T.er Domizil Neckarhalde 41) und **Walter Jens**: T. als »Geisterstadt« – »lebendig durch die Toten«; Studenten v. a. passieren Revue, darunter (Ende 19./20. Jh.) P. Ernst, R. G. Binding, W. Lehmann, B. Frank, E. Wolf, A. Zweig, E. G. Winkler, B. Vesper. **Andreas Rumler**, »Tübinger Dichter-Spaziergänge« (2003); **Kay Borowsky** (von dem es auch T.er Kriminalromane gibt: »Schnee fällt auf die Hütte«, 1983), »Tübingen Du wunderfeine Stadt« (1989). Und die noch einmal als Schauplatz: **Ulrich Woelk**, »Freigang« (1990), **Björn Kern**, »Kipppunkt« (2001), **Sandra Hoffmann**, »Schwimmen gegen Blond« (2002).

S Universitätsbibliothek: über 3,4 Mio. Bde., 6533 Hss. (Tristan-Fragm., 13. Jh.), 2115 Inkunabeln. – L.-Uhland-Institut für Empir. Kulturwiss.: Volkskundl. Slg. – L.-Uhland-Preis (Stiftung Herzog Carl von Württ.). – T.er Poetik-Dozentur (seit 1996).

Bebenhausen

Im Schönbuch: Kloster und Schloss.

Der Pietist und »Schwabenvater« **Johann Valentin Andreae** (→ Sindelfingen/Herrenberg/BW) leitete 1650-54 das ev. Seminar. Ende des 18. Jh.s war **F. W. J. Schelling** hier Schüler. Für das vom Abbruch bedrohte Kloster setzte sich **Ludwig Uhland** ein (»Der letzte Pfalzgraf«, G. 1847). **Eduard Mörike**, der B. schon als Student gekannt hatte, hielt sich im Spätsommer 1863 zur Erholung auf: Gedichtzyklus »Bilder aus Bebenhausen«. Elf Jahre später, Juni/Juli 1874, kam M. wieder; er traf mit **Isolde Kurz** zusammen, die notierte: »Dieser große Kopf eines schwäbischen Landpfarrers« ist »nur eine scherzhafte oder schützende Maske . . ., unter der je den Augenblick ein feiner jugendlicher Griechenkopf oder ein lächelnder Ariel zum Vorschein kommen könnte.« M.s Refugium Böblinger Straße 15; oberhalb »M.-Ruhe«.

R Schlossberg und Österberg sind die Tübinger Hausberge. In den Gartenhäuschen am Schlossberg, in der Schlosswirtschaft und in den Wirtshäusern um den Marktplatz feierten alle Dichtergenerationen. Das Gasthaus »Lamm« am Marktplatz (heute Ev. Gemeindehaus) galt um 1790 als Treffpunkt der mit der Franz. Revolution sympathisierenden Studenten. Später Sitz des »Romantiker«-Kreises um **Gustav Schwab**. (Vor Ort spielen **Wilhelm Hauffs** »Memoiren des Satans« und die N. »Das Wirtshaus gegenüber« von **Hermann Kurz**.) Beliebte Promenaden das Alleengebiet am Neckar (mit den Denkmälern von **L. Uhland, O. Wildermuth** und **F. Silcher**), die Neckarhalde und, unterhalb des Österbergs, die Gartenstraße. – Erinnerungsstätten auch in den Vororten von T., in den Gärten an der Ammer in **Lustnau** oder im ehem. Kloster Schwärzloch. Im Schloss von **Bühl** im Gastzimmer die »Sieben bösen Weiber« (nach einem Gedicht von Th. Murner). Zwischen Schloss und Spitzberg stand Ende des 18. Jh.s das Gartenhaus der Familie Gmelin (Österbergstraße 11); **Goethe** hielt sich hier auf. Nahebei führt der Weg zur **Wurmlinger** Kapelle. Im Spätherbst 1790 wanderten **Fr. Hölderlin** und **G. W. F. Hegel** hierher; unter vielen Liedern am bekanntesten **N. Lenaus** Gedicht »Luftig, wie ein leichter Kahn / Auf des Hügels grüner Welle« und **L. Uhlands** zum Volkslied gewordene Verse »Droben stehet die Kapelle«.

B K. Beyrer, Die Reise nach Tübingen, 1987; G. Ueding, Tübingen. Ein Städte-Lesebuch, 1990; H. Hornbogen, Der T.er Stadtfriedhof, 1995; Marbacher Magazine und »Spuren« u. a. zu L. Uhland (Mag. 42/1987), J. van Hoddis (»Sp.« 74/2006), B. Vesper (»Sp.« 68/2004).

Z Esslingen, Nürtingen, Reutlingen, Lichtenstein, Rottenburg, Stuttgart (BW).

TUTTLINGEN/BW

Museum der Stadt T. im Fruchtkasten (u. a. Max-Schneckenburger-Zimmer).

Am 24. 11. 1643 schlugen die Kaiserlichen und Bayern bei T. eine franz.-weimar. Armee. **Friedrich Schiller** (→ Ludwigsburg/ Marbach/BW) würdigte das Ereignis im 5. Buch seiner »Geschichte des dreyßigjährigen Kriegs«, und **Abraham a Sancta Clara** (→ Meßkirch/Kreenheinstetten/ BW) rühmte den Sieg als ein Beispiel für die »Guttaten« Mariens (»Abrahamische Lauber-Hütt«, 1721-23). – **Goethe** (→ Frankfurt a. M./HE) kam auf seiner 3. Reise in die Schweiz zweimal durch T. Am 16. 9. 1797 erreichte er abends die Stadt und nahm Quartier im Gasthof »Hirsch« am Marktplatz; ebenso am 27./ 28. 10. auf der Rückreise (»Reise in die Schweiz«, 1797). – Der Handwerksbursch im »Schatzkästlein« von **Johann Peter Hebel** (→ Lörrach/Hausen/BW), dem man in Amsterdam auf alle Fragen mit »Kannitverstan« antwortete, stammt aus T. (Denk-

Tuttlingen: Johann Peter Hebels »Kannitverstan« vor der Kreissparkasse

mal Ecke Bahnhof-/Moltkestraße; »Kannitverstan« in Bronze Ehrengeschenk an verdiente Bürger). – Am 30. 6. 1828 schlug der Blitz in das Haus Gartenstraße 7 ein und tötete mehrere Bewohner; **Gustav Schwab** (→ Stuttgart/BW) schrieb darüber die Ballade »Das Gewitter« (»Urahne, Großmutter, Mutter und Kind . . .«). – Die schnurgerade Hauptstraße, auf die die Stadt stolz ist, schien **Hermann Hesse** (→ Calw/BW), als er 1925 hier Station machte, dem »Ideal eines abendlichen Schwabenstädtchens nicht sehr nahe zu kommen«. Nachts in einer Seitengasse erinnerte er sich dann an einen Vers von F. Hölderlin (»die Nacht kommt, voll mit Sternen«): der Augenblick, »der mich vielleicht zum Dichter hat werden lassen«, schreibt er in der »Nürnberger Reise« (1927). H.s Freund und Gaienhofener Nachbar **Ludwig Finckh** (→ Reutlingen/BW) hatte zeitlebens eine Vorliebe für T. und brachte Stadt und Umgebung gern in seine Romane und Erzählungen. – Geographisch und sprachlich überschneiden sich hier Schwäbisches und Alemannisches. Beispiele für den Dialekt sind »Die Sagenwelt Tuttlingens und seiner Umgebung« (u. a. über das »Kistenmännlein« auf dem Honberg) von **Paul Dold** (1888-1934) sowie die Gedichte von **August Dold** (1897-1977) und **Hugo Geißler** (1895-1956; Teilnachlaß im Museum).

Talheim

Max Schneckenburger, * 17. 2. 1819 T., † 3. 5.1849 Burgdorf b. Bern. Bekannt erst nach seinem Tod durch das 1840 entstandene Lied »Die Wacht am Rhein«, das – nach O. v. Bismarck – »den tatsächlichen Wert von mehreren Armeekorps« habe. Lateinschule in Tuttlingen und Herrenberg. – Heimatstube/Geburtshaus mit Gedenktafel; Grab auf dem Friedhof; Reiterdenkmal im Stadtgarten von Tuttlingen.

B E. Köhler, Lebenszeichen aus Tuttlingen, 1980.
Z Donaueschingen, Meßkirch, Rottweil, Singen, Villingen (BW).

ÜBERLINGEN/BW

»Hätte ich zu wählen zwischen den Gärten von Agra und Delhi und dem wahrhaft wunderbaren Stück Graben und Schanze in Überlingen, ich wählte diesen Garten.« (René Schickele, 1921)
Städt. Museum im Reichlin-Meldegg-Haus.

Friedrich Georg Jünger, * 1. 9. 1898 → Hannover/NI, † 20. 7. 1977 Ü., Lyriker, Essayist und Erzähler. Ab 1926 freier Schriftsteller in → Berlin, Beziehungen zum Widerstandskreis um E. Niekisch. Aut.: »Grüne Zweige« (1951), »Spiegel der Jahre« (1958). – Zog 1937 nach Ü. zu seinem Bruder **Ernst** (→ Bad Saulgau/Wilflingen/BW): »Weinberghaus« (Seepromenade 5), Vorbild für die »Rautenklause« im R. »Auf den Marmorklippen«, mit dessen Niederschrift E. J. im Februar 1939 hier begann. F. G. J. lebte seit 1941 und starb hier 77; Grab auf dem Friedhof.

A In der Susogasse 10 nach lokaler Tradition das Susohaus: die Mutter des »Minnesängers unter den deutschen Mystikern« **Heinrich Seuse** (→ Konstanz/BW) soll aus Ü. stammen; S.-Brunnen auf der Hofstatt. **Oswald von Wolkenstein** (→ Konstanz/BW) gefiel es um 1414 in Ü. nicht sonderlich: »nach Überling« mochte er jedenfalls »nit mehr«. – Im 20. Jahrhundert avancierte die weiland Freie Reichsstadt mit ihren »gesunden Quellen« zum beliebten Refugium der »Bohème am Bodensee«: **Emil Strauß** (→ Pforzheim/BW) wohnte 1904-06 in St. Johann, Gradebergstraße 373; in dieser Zeit auch **Norbert Jacques** (→ Lindau/Schlachters/BY) in Ü. (»Am Bodensee«, Skk. und Erlebnisse, 1923); **Wilhelm Schäfer** (→ Schwalmstadt/Ottrau/HE), seit 1918 auf der Sommerhalde in **Ludwigshafen** (a. B.) lebend, starb 1952 in Ü. – Im Mittelpunkt des Künstlerkreises seit den »goldenen zwanziger Jahren« auf der Rehmenhalde stand der baltische Dichter **Bruno Goetz** (1885-1954), 1925 Hrsg. des »Ü.er Almanachs«. Der Kultur- und Religionsphilosoph (»Gestaltwandel der Götter«, 1920) **Leopold Ziegler** (1881-1958) lebte seit 1925 in Ü., im »Efeuhaus« in der Goldbacher Straße. **Carl Haensel** (→ Frankfurt a. M./HE) verbrachte jedes Jahr von Berlin aus einige Wochen in seinem Haus in der Weinbergstraße 4 (»Franz Anton Mesmer. Leben und Lehre«, 1940). Uhlandstraße 4 »auf dem Stein« hatte **Friedrich Schnack** (→ Karlstadt/Rieneck/BY) sein Domizil, 17 Jahre ab 1938; unter den in Ü. entstandenen Werken »Der glückselige Gärtner« (R. 1940). – Auf dem Friedhof die Gräber von L. Ziegler, C. Haensel, dem Kunsthistoriker **Theodor Hetzer** (1890-1946) und dem Kunstschriftsteller **Karl Scheffler** (1869-1951).

L Topographien der »von der Natur sonderbar begnadeten Statt« bereits bei **Sebastian Münster** 1544 (→ Bingen/Ingelheim/RP) und **Matthäus Merian**, 1643 (→ Frankfurt a. M./HE). In ihrem Ü.er Stadtbild (»Im alten Reich«, 1927) gibt **Ricarda Huch** (→ Braunschweig/NI) auch eine ausführl. Beschreibung des Münsters, während **René Schickele** (→ Müllheim/Badenweiler/BW), 1920 in Ü., v. a. die alte Stadtbefestigung rühmt. – Den Jedermann-Spielen nachgebildet ist das »Überlinger Münsterspiel« von **Alois Johannes Lippl** (→ München/Gräfelfing/BY). – In der E. »Das Hornunger Heimweh« (1942) von **Werner Bergengruen** (→ Baden-Baden/BW) finden sich »Züge der geliebten Stadt«. Zu einer Neuauflage 1989 brachte es »Der wehrhafte Rats-

herr Pflummern« (R. 1924) von **Theodor W. Elbertzhagen** (1888-1967). – Zwei Autorinnen: **Lotte Schünemann-Killian** (1898-1975), »Die goldenen zwanziger Jahre in Ü.« (»Schwäb. Zeitung«, 1963); **Tami Oelfken** (→ Bremen), »Fahrt durch das Chaos« (n. 2003, Hrsg. M. Bosch: »Die deutsche Literatur hat ein zweites Buch in der Art von T. Oe. nicht«). – Kritisches »Heimatlob« (n. 1982) von **Martin Walser** (der nahe der Hofstatt als »Bodenseereiter« auf dem Brunnen von P. Lenk auf dem Landungsplatz figuriert): »Sursum Corda, oder der Ausbund und Inbegriff der Gegend.«

S Leopold-Sophien-Bibliothek, gestiftet 1832 von **Franz Sales Wocheler** (1778-1848; Denkmal auf dem Münsterplatz): 44 000 Bde., u. a. 320 Hss., 300 Inkunabeln. – Bodensee-Literaturpreis der Stadt Ü. (seit 1954).

Hagnau am Bodensee

Heinrich Hansjakob (→ Wolfach/Haslach/BW) saß hier als Pfarrherr 1869-84. Die 3. Reihe seiner »Schneeballen« (1893) trägt den Untertitel »Erzählungen vom Bodensee«. – Gedenktafel am Pfarrhaus, Brunnen im Rathaushof, »Schneeballen«-Säule am Löwenplatz, Gedenkstein in den Uferanlagen.

Markdorf

Jakob Gretser (eig. Gretscher), *27. 3. 1562 M., † 29. 1. 1625 Ingolstadt, wichtigster Jesuitendramatiker vor J. Bidermann (→ Ehingen/BW) und Verfasser theol. Schriften. – Opera omnia (1737-41), über 300 Titel; von den 23 Dramen sind einige wiss. ediert und übersetzt, so der »Timon« (1994) und »Augustinus Conversus« (2000).

Meersburg

M.er Autorenrunde (»Landmarken, Seezeichen«, Anth. 2001).

Joseph Maria Christoph von Laßberg (→ Donaueschingen/BW) erwarb am 21. 2. 1838 das Alte Schloss und ordnete hier seine riesige Bibliothek und die Slg. alter Hss. Vergrub sich im Alter völlig ins »Altdeutsche« und hatte wenig Sinn für die Dichtungen seiner Schwägerin A. v. Droste-Hülshoff. L. starb in M. am 15. 3. 1855. – Grab auf dem Friedhof.

Annette von Droste-Hülshoff (→ Münster/Roxel/NW) kam 1841 zum ersten Mal nach M. und lebte hier mit einigen Unterbrechungen bis zu ihrem Tod am 24. 5. 1848. Sie bewohnte 1841/42 den Ostturm des Alten Schlosses, ab Herbst 43 den Südturm (heute D.-Turm, Gedenkräume). Noch im selben Jahr erwarb sie das oberhalb der Stadt gelegene »Fürstenhäusle« (heute D.-Museum). Gedichte (»Am Turm«, »Das alte Schloß«, »Der Säntis«, »Mondesaufgang«) und Briefe über M. – Grab auf dem Friedhof, in der Nähe von J. M. Ch. von Laßberg; Denkmal im Burggarten. – M.er Droste-Preis für Dichterinnen (seit 1956); jährl. Droste-Literaturtage. – I. Ferchl, »Die zweite Hälfte meiner Heimat …« A. v. D.-H. am Bodensee, 2007 (Lit. Reiseführer).

Meersburg: »Auf der Burg haus' ich am Berge. / Unter mir der blaue See«: das Alte Schloss, Zuflucht der Droste

A Auf Vermittlung der Droste kam 1841/ 42 **Levin Schücking** (→ Meppen/NI) als Bibliothekar nach M. Ihre Beziehungen spiegeln sich in Gedichten, Briefen sowie in Sch.s Erzählungen »Das Stiftsfräulein« (1842), »Eine dunkle Tat« (1846) und »Gerwin und Ludmilla« (1929). – Gäste zu Zeiten der Droste weiterhin: **Ludwig Uhland** (→ Tübingen/BW), **Justinus Kerner** (→ Ludwigsburg/BW) und die **Brüder Grimm** (→ Hanau/HE). – An einem Augustabend 1914 war **Hans Carossa** (→ Bad Tölz/BY) am Grab der Droste: »Indessen ich die Grabschrift entziffere, scholl über die niedrige Mauer herüber ein kurzes hartes Trompetensignal, dem eine kleine Stille folgte, worauf ein Mann die drohende Kriegsgefahr verkündete« (»Führung und Geleit«). – Der Sprachphilosoph (»Beiträge zu einer Kritik der Sprache«, 1902) und Erzähler **Fritz Mauthner**, 1849 in Böhmen geboren, lebte mit seiner Frau Hedwig (1872-1945, Ps. **Harriet Straub**) seit 1911 im »Glaserhäusle« (Büste im Garten). Er starb hier am 29. 6. 1923. Grab auf dem Friedhof (Inschrift: »Vom Menschsein erlöst«). Der als Buchillustrator und Lyriker bekannte **Emil Rudolf Weiß** (→ Lahr/BW) starb ebenfalls in M. (7. 11. 1942). – Im Neuen Schloss ständige Gedächtnisausstellung des Malerpoeten **Hans Dieter** (1881-1968).

L Annette in M. war von je ein beliebtes (Trivial-)Romanthema, z. B.: »Das Schloßfräulein von Meersburg« von A. Schumacher (1935), »Annette und Levin« von P. Wiemar (1938), gewichtiger »Annette« von **Hans Franck** (→ Ludwigslust/Wittenburg/MV, 1937). – Über den alten Laßberg und seine Slgg. berichtet **Theobald Kerner** (→ Gaildorf/BW), der Sohn von Justinus K., in seinem Erinnerungsbuch »Das Kernerhaus und seine Gäste« (1894). Zum gleichen Thema auch **Otto Rombachs** (→ Heilbronn/BW) »Meister Sepp« und »Rittermäßiges und Dichterstuben« (in »Glückliches

Land«, 1977) und **Ludwig Harig**: »Annette und ihre Kinder« (»Dichten und Trachten/Gespräche aus dem dt. Volks- und Geistesleben«, NDR 1976). – Ein weiteres Romansujet: der »Magnetiseur« **Franz-Anton Mesmer**, der sich 1814 nach M. zurückzog und dort am 5. 3. 1815 starb (im Sterbehaus, Vorburggasse 11, heute das Weinbaumuseum; Grab auf dem Friedhof): »Genie oder Scharlatan« (1939) von **Toni Rothmund** (1877-1956), »Der Wundermann vom Bodensee« (1956) von **Anton Gabele** (→ Meßkirch/Buffenhofen/BW). – Den Namen der Stadt trägt die »Meersburger Elegie« (1950) von **Rudolf Hagelstange** (→ Nordhausen/TH), der lange in Unteruhldingen lebte.

R Für **Überlingen** und den **Linzgau** sind **F. G. Jüngers** Gedichte (»Das Weinberghaus«, 1947) ein lit. Wegbegleiter, ebenso die Landbeschreibungen von **Hermann Eris Busse** (→ Freiburg i. Br./BW); für **Birnau** u. a. die Skizze in **René Schickeles** »Rundreise des fröhlichen Christenmenschen« (1922) und, verschlüsselt, **Ernst Jüngers** »Auf den Marmorklippen« (1939). Für **Unteruhldingen** gehören **Joseph Victor von Scheffels** (→ Karlsruhe/BW) Studien über Pfahlbauten und Steinzeit zur Lektüre, die er in dem Gedicht »Der Pfahlmann« paraphrasierte (1864). Außerdem **Renate Schostacks** »Der Linzgau« (1974): »Eine Ahnung, daß es in dieser Glanzprospektlandschaft gewisse Stilbrüche gibt, war einem freilich schon bei der Lektüre von **Martin Walsers** ›Ehen in Philippsburg‹ gekommen.« – Bei **Sipplingen** steht die Ruine Alt-Hohenfels, die Stammburg des 1216-42 beurkundeten **Burchard von Hohenfels** (Minnesänger-Stube auf dem Haldenhof). – Im ehem. Kloster **Salem** (barocke Bibliothek) gründete 1919 Prinz Max von Baden im Zusammenwirken mit dem dt.-engl. Reformpädagogen **Kurt Hahn** (»Erziehung zur Verantwortung«, 1959) die Schlossschule S. (In den 1920er Jahren »Ersatzvaterhaus« für **Golo Mann**/

→ **München/BY**: »Eine Jugend in Deutschland«, 1986.) – In **Heiligenberg** wird an die hess. Erzählerin **Maria Mathi** (→ Limburg a. d. Lahn/Hadamar/HE) erinnert, die hier am 26. 6. 1961 gestorben ist. – Zu den **Stockacher** »Laufnarren« (Narrenbücher im Heimatmuseum) gehörte auch der sonst allen Ehrungen abholde **Heinrich Hansjakob**.

B M. Bosch, Bohème am Bodensee, 1997; Marbacher Magazine und »Spuren« zu Laßberg (Mag. 82/1998), Droste-Hülshoff (Mag. 66/1993), H. Straub/F. Mauthner (»Sp.« 33/1996), E. R. Weiß (»Sp.« 63/2003). **Z** Friedrichshafen, Konstanz, Ravensburg, Reichenau, Singen (BW).

UELZEN/NI

Georg Philipp Ludwig Leonhard Wächter (Ps. **Veit Weber**), * 25. 11. 1761 Ue., † 11. 2. 1837 Hamburg. Zog, von der Revolution begeistert, nach Frankreich und kehrte 1793 dorthin zurück. – W.: Sagen der Vorzeit (1787-98); Heidenröslein (Romant. Gemälde 1792); Wilhelm Tell (Dr. 1804). Hist. Nachlass (Hrsg. C. F. Wurm, 1837 ff.).

Karl Söhle, * 1. 3. 1861 Ue., † 13. 12. 1947 → Dresden/SN. Nach eigener Aussage »Schulmeister ohne Gnaden, verdorbener Musikant und hungernder Poet«, Musikschriftsteller und -kritiker. Kindheit in Hankensbüttel, später Lehrer. Ab 1885 am Konservatorium in Dresden; befreundet mit F. Avenarius (→ Sylt/SH). – W.: Musikantengeschichten (1898-1900); Schummerstunde, Bilder und Gestalten aus der Lüneburger Heide (1905); Der verdorbene Musikant (R. 1918). – Gedenkstätte im Treppenhaus des Geburtshauses (Nachfolgebau) in der Oldenstädter Straße.

Dietrich Bartels, * 11. 3. 1961 Ue., † 24. 4. 1986 Hildesheim/NI, Lyriker, Literaturwiss., geprägt von P. Handke und L. Wittgenstein. – W.: Die überforderte Mystik (in: »Junge dt. Lyrik«, 1984); unveröff. Romane.

L »Ein kurtzweilig Lesen von Dyl Ulenspiegel« (1515), berichtet in der 20. und 68. Geschichte von der Stadt. – **Friedrich G. Klopstocks** (→ Quedlinburg/ST) fieberbedingte Übernachtung vom 18. zum 19. September 1754 im »Goldenen Engel« (heute »Hotel Stadt Hamburg«) hinterließ keine literarischen Spuren. – In dem Roman »Dem unbekannten Sieger« (1969) von **Hans Erich Nossack** (→ Hamburg) ist Ue. Schauplatz der Aufstände zwischen 1918 und 23, mit einer treffenden Schilderung des Lebens in einer Kleinstadt. Zu **Günter Eichs** (→ Frankfurt a. d. Oder/Lebus/BB) Gedicht »Uelzen 1907« vgl. Franz Reinholz' Interpretation in »Uelzener Beiträge« 13/1995. Im Tagebuch seiner Greifswalder Haftzeit schreibt **Hans Fallada** (→ Greifswald/MV), dass er in die Wand geritzt »den Stadtnamen Uelzen, die Heimatstadt meiner Mutter« fand: Elisabeth Ditzen (1868-1951) lebte von 1872 bis 90 in Ue., wo sie auch ihren Mann Wilhelm D. heiratete. – Über seine Ue.er Zeit als Flüchtlingsbeauftragter nach 1945 **Heinrich Albertz** (→ Bremen) in »Die Reise. Vier Tage und siebzig Jahre« (1985). Uelzens Bahnhof ist beiläufiger Bestandteil einiger R. und Aut., von **Sten Nadolnys** »Netzkarte« (R. 1981) über **Ralph Giordanos** »Die Bertinis« (R. 1982) bis zu **Hildegard Knefs** »Ein geschenkter Gaul« (Erinn. 1970) und **Arnold Stadlers** Roman »Sehnsucht« (R. 2002). **Hermann Peter Piwitts** Spott im R. »Ein unversöhnlich sanftes Ende« (1998): »Uelzen, dachte ich, vielleicht hält es sich dort, am belanglosesten aller vorstellbaren Orte, versteckt, das Leben …«; doch Friedensreich Hundertwassers kreative Umgestaltung hat den Uelzener Bahnhof rehabilitiert.

R Im Kloster **Ebstorf** b. Uelzen wurde 1830 die größte Landkarte des MA.s, die um 1300 gemalte »Ebstorfer Weltkarte« gefunden, die auf eine Beschreibung des gelehrten Abtes **Gervasius von Tilbury** zurückgeht (Faksimile des 1943 verbrannten Originals im Kloster). – Schauplatz einer der **Eulenspiegel**-Schwänke (→ Schöppenstedt/Kneitlingen/NI) ist Gerdau: hier wird ausnahmsweise der Schelm von einer Greisin genarrt. – In **Bad Bevensen**, wo der plattdeutsche Dramatiker **Fritz Völker** (1902-88; »De Meister von Wiebeck« 1966; »De Boß« 77) lebte, findet seit 1947 jährlich die **B.-Tagung** des »Arbeitskreises für niederdt. Sprache und Dichtung« statt, auf der die niederdt. Preise der Stiftung F. V. S. (→ Hamburg) in der Medinger Kirche verliehen werden. **Johannes-Saß-Preis** für Arbeiten zur niederdeutschen Sprache, **Hans-Henning-Holm-Preis** und der **Bad Bevensen-Preis**. In der B.er **Bibliothek im Griepe-Haus** norddt. Sonderbestand. – **Peter Rühmkorf** zu einem B.er Kuraufenthalt 1989: »Für einen Vergleich mit ›Zauberberg‹ mangelt es allerdings nicht nur an den entsprechenden Bergeshöhen, sondern vor allem an dem sogenannten Niveau« (»Tabu I«, 1995). – Lyrische Skizzen aus der Region finden sich in **Susanne Auffarths** G.-Band »Unvergessenes Leben« (1990). **Wolf Ueckers** »Landluft« (1993) berichtet vom Landleben in Nachbarschaft zum Maler **Wil Frenken**, dem Herausgeber der experimentellen Lautpoesie-Zeitschrift »Der Chlebnicist«(1986 ff.). **Norbert Klugmanns** Schelmenromane spielen hier (»Feuer und Flamingo«, 1988; »Niebuhr und Marks«, 1989), dazu Lokalkolorit in den Kriminalgeschichten von **Doris Gercke** (»Weinschröter, du mußt hängen«, 1988) und **Petra Oelker** (»Der Klosterwald«, R. 2002).

B »Der Heidewanderer« (heimatkdl. Beilage der »Allgemeinen Zeitung Uelzen«), vorbildlich für Regionalwissenschaftler.

Z Celle, Bargfeld, Lüchow, Lüneburg (NI); Salzwedel (ST).

ULM/BW

*»umulmrum
nach mencha nei
nach seflenga naus
nach schturgert nontr
ens allgai nauf
diller nauf
nach neiulm nom
ens boirische niber
nach elchenga na
dona na«. (Konrad Balder Schäuffelen, 1969)*
Universität U. – Intern. Forum für Gestaltung.
– U.er Museum (u. a. Zeugnisse U.er Buchdruckerkunst). – U.er Theater. – SWR Studio
U. – In U. geb. (Kornhausplatz 5, Plastik von
M. Bill) der Physiker Albert Einstein (1879-1955).

Felix Fabri, * 1441 Zürich, † 1502 U.,
Dominikaner, Prediger und Geschichtsschreiber. Sein »Tractatus de civitate Ulmensi« ist die erste bedeutende Aufzeichnung der Geschichte der Stadt.
Martin Zeiller, * 17. 4. 1589 Ranten/Steiermark, † 6. 10. 1661 U., Historiker, Topograph und Enzyklopädist. Ab 1633 Schulinspektor in U. (»Chronicon parvum Sueviae oder Schwäbisches Zeitbüchlein«, 1653).
Thomas Abbt, * 25. 11. 1738 U., † 3. 11. 1766 → Bückeburg/NI, Schriftsteller der Aufklärung. Bekannt durch seine Schrift »Vom Tod fürs Vaterland« (1761); Mitarbeiter an G. E. Lessings »Briefen, die neueste Literatur betreffend« (→ Hamburg). Seit 1765 Hofrat in Bückeburg.
Johann Martin Miller, * 3. 12. 1750 U., † 21. 6. 1814 ebd., Lyriker und Erzähler der Empfindsamkeit. Berühmt durch seinen Briefroman »Siegwart, eine Klostergeschichte« (1776). Studium in → Göttingen/NI, Beziehungen zum Hainbund. Seit 1780 in U.: Gymnasialprofessor, Münsterprediger, Dekan. – Grab auf dem Alten Friedhof.
Ludwig Speidel, * 11. 4. 1830 U., † 3. 2. 1906 Wien, Feuilletonist, Theater- und Kunstkritiker. Neben Daniel Spitzer Begründer des Wiener Feuilletons. – Schriften, 4 Bde. (1910 f.).

Wichtigster Vertreter U.er Mundartdichtung: der 1833 im nahen Langenau geb. Lehrer **Tobias Hafner** (1899 gest.): Übertragung von J. P. Hebels Gedichten u. d. T. »D'r Hebel in Ulm«, 1881. In seinem Gefolge: **Gustav Seuffer** (1835-1902), **Robert Kien** (1843-1905) und **Wilhelm Unseld** (1846 – nach 1913). – Aus U. auch **Max Dürr** (1874-1947), Amtsgerichtsrat in → Maulbronn/BW und Verfasser hist. Romane, Erzählungen und »Schwäb. Schwänke«.

E Der Schneider von Ulm, A. L. Berblinger, unternahm 1811 den Versuch, mit Hilfe von Flügeln im Gleitflug von der Stadtmauer über die Donau zu fliegen. Der Versuch misslang. – Ein erster Bericht findet sich in der »Ulmer Chronik« von D. A. Schultes, dann in den »Lustigen Geschichten aus Schwaben« von Ch. A. Schnerring. Th. Kerner machte aus dem Fall ein Singspiel, »Der fliegende Schneider« (1869), B. Brecht daraus ein »Kinderlied« und verlegte die Handlung ins Jahr 1592. M. Eyth gab seinem Roman »Der Schneider von Ulm« (1906) den Untertitel »Geschichte eines zweihundert Jahre zu früh Geborenen«, O. Rombach beschwört Berblinger als »Ikarus« (1936), A. Rost in seiner Reportage zum Film von E. Reitz als »Engel von Ulm« (1978). – Gedenktafel an der Adlerbastei; Nachbildung des Flugapparates im Treppenhaus des Rathauses. – Sprichwörtlich und auf dem Dach des Münsters verewigt: der »Ulmer Spatz«.

A Heinrich Seuse (→ Konstanz/BW), Dominikaner-Prediger und Mystiker, lebte seit 1348 in U. und starb hier am 25. 1. 1366. – Heinrich Steinhöwel (→ Leonberg/Weil der Stadt/BW), seit 1450 Stadtarzt und Mittelpunkt eines Humanistenkreises, übersetzte u. a. Petrarca und Boccaccio (gest. in U. 1483). – Der aus → Donauwörth/BY stammende Sektierer und Prediger **Sebastian Franck** (1499-1552) arbeitete 1533-39 als Buchdrucker und Verleger in der Stadt, bis man ihn wegen »unchristlicher Bibelauslegung« aus U. verwies. Er schrieb hier u. a. sein »Kriegsbüchlein des Friedens«, 1539 (dazu »Sebastian«, R. von Hans Franck, 1949). – Zum Druck seiner »Tabulae Rudolphinae« weilte 1627 **Johannes Kepler** (→ Leonberg/Weil der Stadt/BW) in U. (Tafel am Hauptportal des Münsters). – Auch **Ch. F. D. Schubart** (→ Schwäbisch Hall/Obersontheim/BW) glaubte sich in der Freien Reichsstadt sicher. 1775-77 gab er hier seine »Deutsche Chronik« heraus (Gedenktafel am Wohnhaus, Ecke Hafen-/Engelgasse). – **Christian Ludwig Neuffer** (→ Stuttgart/BW), F. Hölderlins Freund aus dem Tübinger Stift und selbst auf Dichterruhm bedacht, war seit 1819 Stadtpfarrer am Münster. – Der Ingenieur und Erzähler **Max Eyth** (→ Nürtingen/Kirchheim u. Teck/BW) ließ sich 1896 in U. nieder; er starb hier am 28. 6. 1906 (Grab auf dem Neuen Friedhof; Denkmal auf der Adlerbastei). – Die von **Inge Aicher-Scholl** gegründete Hochschule für Gestaltung brachte zahlreiche Autoren nach U., unter ihnen **Ilse Aichinger, Elisabeth Borchers, Claus Bremer, Eugen Gomringer, Hans Magnus Enzensberger** und **Alexander Kluge.**

L Ein Stadtbild aus dem »romant.« MA. entwarf **Wilhelm Hauff** (→ Stuttgart/BW) in »Lichtenstein« (R. 1826). – Als ein »überbliebenes Gespenst aus früheren Jahrhunderten« bezeichnete 1831 **Eduard Mörike** (→ Ludwigsburg/BW) das Münster. – Reisebilder von **Wilhelm Hausenstein** (→ Wolfach/Hornberg/BW) in »München entgegen« (1948) und **Martin Walser** in »Süddeutsche Miniatur« (»Erfahrungen und Leseerfahrungen«, 1965). – »Ulmer Brettspiele«, Lyrik von **Peter O. Chotjewitz** (1968). Gedichte von **Kurt Fried**

(1906-81) und **Kurt Walter Obermeier** (1919-83) sowie En. aus »Am Herzen von Ulm« von **Hans Reyhing** (→ Münsingen/Bernloch/BW) in »Das Ulmer Münster« (von E. Schmitt und A. Silberberger, 1989). »linie 1-söflingen/linie 2-eselsberg/linie 4-kuhberg/linie 7-friedhof«: lakonisch umreißt **Manfred Eichhorn** den »ulmer lebenslauf« in dem Lesebuch »Ulmanach« (hg. zus. mit H. Lang, E. Ohm, P. Schmid), mit Texten von **Bertolt Brecht** bis **Theodor Weißenborn** (1974); von M. Eichhorn auch die »Hennadäpper«-Tril. (Erinn. 2002/03/04).

S **Stadtbibliothek:** Altbestand ca. 56 000 Titel, darunter 606 Inkunabeln, 420 Einblattdrucke. – **Ulmer Autoren 81 e. V.** – **Förderpreis für Lit. der Stadt Ulm.**

Blaubeuren

Im Jahre 1536 wurde eine Klosterschule gegründet, sie bestand bis 1806. 1817 wurde das Ev.-theol. Seminar eröffnet, das bis zum heutigen Tage im Kloster seine Aufgaben wahrnimmt. Berühmte Schüler waren **Johannes Mährlen** (1803-1871), **Eduard Mörike, Wilhelm Hartlaub** (1804-1885), **Wilhelm Waiblinger** (→ Heilbronn/BW). Die Jahrgänge 1820-25 galten als »Blaubeurer Genie-Promotionen«, Absolventen waren u. a. **Wilhelm Hauff, Friedrich Theodor Vischer** (→ Ludwigsburg/BW), **Gustav Pfizer** (→ Stuttgart/BW), **David Friedrich Strauß** (→ Ludwigsburg/BW). – Das Heimatmuseum im Klosterhof erinnert u. a. an den Philosophen **Karl Christian Planck** (1819-80), die Schubartstube im Amtshaus des Klosters an **Ch. F. D. Schubarts** (Schwäbisch Hall/Obersontheim/BW) Verhaftung im Januar 1777 auf Befehl Herzog Karl Eugens. – Bolegsches Haus: ab 1875 über ein Jahrzehnt Wohnhaus von **Agnes Sapper** (→ Würzburg/BY).

A Von Nürtingen aus wanderte **Friedrich Hölderlin** (→ Lauffen/BW) öfters über die Alb hierher, wo seine Schwester verheiratet war. – 1925 kam **Hermann Hesse** (→ Calw/BW) zu Besuch: »Alles roch nach Heimat, nach Schwäbisch, nach Roggenbrot und Märchen« (»Nürnberger Reise«, 1925).

L Frühe lyrische Topographien von **Johannes Pedius Thethinger** (»Wirtembergia«, 1545), **Heinrich Bebel** (→ Münsingen/Ingstetten/BW), **Dietrich Reysmann** (1503 – Winter 1543/44). – »Zu unterst auf dem Grund saß ehemals eine Wasserfrau mit langen fließenden Haaren . . .«, heißt es am Anfang der »Historie von der schönen Lau« (Blautopf, Lau-Plastik), die **Eduard Mörike** im »Stuttgarter Hutzelmännlein« erzählt. Erst als M. sein Kunstmärchen veröffentlicht hatte, erinnerte man sich an alte Volkssagen (der Ulmer **Max Dürr** hat sie aufgezeichnet). – »Schwäb. Curiosa«: »Der Blautopf mit vier Augen gesehen«, von E. **Mörike** und **Margarete Hannsmann** (1974).

R In der näheren Umgebung von Ulm (die heute eingemeindeten Orte) **Söflingen**: Heimatort des Minnesängers **Meinloh von Söflingen** (Sevelingen) und **Wiblingen**: ehem. Klosterbibliothek (12 000 Bde., 22 Hss., 12 Inkunabeln). – Burg **Ruck** bei Blaubeuren, Stammsitz des Minnesängers **Heinrich von Rugge**; Exkurs in **Gustav Schwabs** (→ Tübingen/BW) »Wanderungen durch Schwaben« (1837).

B H. Hummel/T. Scheuffelen, Schubarts Verhaftung in Blaubeuren, Marbacher »Spuren« 8/1990; M. Adams/Chr. Maihoefer, Jüdisches Ulm. Schauplätze und Spuren, 1998; H. Hummel, Geist und Kirche, 2 Bde. 1998/2004.
Z Biberach a. d. Riß, Ehingen (BW); Günzburg, Neu-Ulm, Weißenhorn (BY).

UNNA/NW

»Ich lade jeden, der jovialen Ton, volle Flaschen, muntere tanzlustige Mädchen und eine unbegrenzte freundliche Gastfreiheit liebt, ein, nach Unna zu gehen.« (Justus Gruner, 1982)
Hellweg-Museum (Stadtburg).

Philipp Nicolai (→ Korbach/Mengeringhausen/HE) schrieb in U. 1599, z. Zt. der großen Pest, den »Freudenspiegel des ewigen Lebens«; darin die beiden Choräle »Wachet auf, ruft uns die Stimme« und »Wie schön leuchtet der Morgenstern«. Slg. im Hellweg-Museum; Gedenkstein an der ev. Stadtkirche, Kriegergedächtnisbilder von R. Schäfer nach den Chorälen. – **Heinrich Heine** (→ Düsseldorf/NW) kehrte 1821 und 1843 im Gasthof »Zum König von Preußen« (heute Haus Markt 13) ein. Segenswunsch für die blonde Schankmamsell: »Er schenke deinen Söhnen stets / Ein sehr gelindes Examen, / Und deine Töchter bringe er hübsch / Unter die Haube – amen!«

L **Carl Hengstenberg** (1770-1834), seit 1795 Direktor des Gymnasiums in Hamm, reimte 1819 über U.: »Hier winkt ein Solenbad in heiteren Tagen . . .« – U. als Hintergrund von Romanen: **Benedikte Naubert** (1776-1819), »Hermann von Unna« (1788/89); **Clara Ratzka** (1872-1928), »Frau Doldersum« (1921); **Paul Spruth** (1902-71), »Eilicke von Unna« (1950). – Lesebücher: G. Rademacher/J. Banscherus (Hrsg.), »Stadt-Ansichten« (1985); G. Rademacher (Hrsg.), »Kleine Turmmusik« (1988).
S **Westfäl. Literaturbüro Unna** (mit Zs. »Büroklammer«). – **Gesellschaft für dt. und fremdsprachige Lyrik** (seit 1963). – **Stadtschreiber-Stipendium**.

R Aus **Kamen** stammt **Ernst Marcus** (1856-1928), Mentor S. Friedlaenders (→ Berlin). Er versuchte, I. Kants Lehre »zum Range der Naturwissenschaften zu erheben«; zahlreiche, z. T. populärwiss.

und polem. Schriften. – **Bergkamen** stiftete 1978 einen Förderpreis für B.er Autoren.

L W. Timm, Theater in Unna, 1969; H. G. Palme, Sagen vom Hellweg, 1966.
Z Dortmund, Iserlohn, Lüdinghausen, Soest (NW).

USEDOM/MV

Usedom: Hans-Werner-Richter-Haus mit Carola-Stern-Bibliothek im Seebad Bansin

Johann Wilhelm Meinhold, * 27. 2. 1797 Netzelkow auf U., † 30. 11. 1851 Berlin, »hat eine gar liebenswürdige Art, seine Zustände poetisch darzustellen« (Goethe). Nach dem Studium u. a. bei L. G. Kosegarten (→ Grevesmühlen/MV) war er in Greifswald Rektor und später Pfarrer auf Usedom (Koserow, Krummin). Seine Gedichte wären vergessen, hätte er nicht 1843 eine angeblich in Koserows Kirche gefundene Geschichte aus dem 30-jährigen Krieg als Roman u. d. T. »Maria Schweidler, die Bernsteinhexe. Der interessanteste aller bisher bekannten Hexenprozesse, nach einer defecten Handschrift ihres Vaters, des Pfarrers Abraham Schweidler in Coserow auf Usedom« veröffentlicht. Das Werk wurde von Heinrich Laube dramatisiert. 1846 deckte M. die Fälschung auf, der z. B. auch Heinrich Heine (→ Düsseldorf/NW) erlegen war. Von M.s Sohn **Aurel** erschien der R. »Das Kreuz von Vineta« (1870). – W.: Miniaturgemälde von Rügen und Usedom (1830); Humoristische Reisebilder von Rügen und Usedom (1830, n. 1997); Sidonia von Bork. Die Klosterhexe (1847, n. 1908); Ges. Schr. (1846/59); Briefe (1935). Über M. Winfried Freund, »Der Hexenautor von Usedom« (Zs. »die horen«, 3/98).
Hans Werner Richter, * 12. 11. 1908 Neu Sallenthin bei Bansin auf U., † 23. 3. 1993 → München/BY, Schriftsteller, Mitbegründer und bis zu ihrem Ende unum-

strittener Leiter der Autorenvereinigung »Gruppe 47«. Buchhändlerlehre in Swinemünde, Umzug nach → Berlin. 1933 Emigration, dann Rückkehr und illegale Tätigkeit, Haft, Wehrmacht, Kriegsgefangenschaft. Gründung der Zs. »Der Ruf«, danach der »Gruppe 47«. Politisches Engagement, 1961 erlebte er bei einem Besuch in Bansin den Schock des Berliner Mauerbaus. – W.: Die Geschlagenen (R. 1946); Sie fielen aus Gottes Hand (R. 1952); Im Etablissement der Schmetterlinge (Porträts der 47er, 1986); regionale Bezüge in: Spuren im Sand (1953, n. 2004); Blinder Alarm. Geschichten aus Bansin (1970); Deutschland deine Pommern (1970); Reisen durch meine Zeit. Lebensgeschichten (1989); Briefwechsel (Hrsg. S. Cofalla, 1997). – Er verfasste auch den Text zum Film »Flaggenwechsel. Wandlungen eines deutschen Seebades« (1974). – Grab Friedhof Bansin; Gedenk- und Forschungsstätte »Literaturhaus Hans Werner Richter« (Bibliothek, H.-W.-R.-Stiftung, Nachlass); »H.-W.-Richter-Saal« mit Büste und Gedenktafel im Hotel zur Post. – Lit. Porträts R.s in G. Grass' E. »Das Treffen in Telgte« (1979) und U. Johnsons »Porträts und Erinnerungen« (1988).

A Usedom und sein Umfeld besang **Theodor Fontane** (→ Neuruppin/BB) als »allerschönstes Balladenland«; neben Bern-

steinhexe und Vinetas Glocken hatte es
ihm ein Ort bei Heringsdorf besonders
angetan: »Und die Räuberkuhl Störte-
becks/Passieren wir leis erschrocken«: Er-
innerungen an die Jugendzeit, erstes Lie-
besleid in einer der Villen am Kulm (»Mei-
ne Kinderjahre«, Erinn. 1894). F. besuchte
Heringsdorf erneut August 1863 (Kulm-
straße 25, Gedenktafel) und fand den
Meerblick »poetisch und für Herz und
Sinn unendlich wohltuend«. Der heutige
Tourist kann mit dem Roman »Effi Briest«
in der Hand die Schauplätze der Hand-
lung aufsuchen: Gothensee und Pudagla
(d. i. Mellenthin), Uvagla, Utpadel und
den Schloon. Ein Ausflug nach **Liepe**
führt zu F.s Trauerspiel »Der letze Liepe-
winkler« – sehr frei nach Shakespeare. Als
Junge traf F. auf dem halben Weg nach Ko-
serow **Willibald Alexis** (→ Berlin), A. war
Stammgast in Heringsdorf (Wohnung u. a.
Badstraße 13), das sich in seiner 1836
ersch. E. »Meeresschaumflocken« spiegelt:
»Der erste Dichter, den ich sah.«
1892 geriet der Historiker **Theodor
Mommsen** (→ Husum/Garding/SH)
beim Baden in Lebensgefahr. Kritisch
warnte **Alfred Kerr** (→ Berlin) jeden,
der aus Berlin an die Ostsee kam, vor ande-
ren Bedrohungen: »Doch, wehe – in He-
ringsdorf trifft er dieselben Gestalten,
die er hier fliehen wollte. Der Auswurf
des Potsdamer Viertels ist dort versam-
melt« (Brief von 1897, in: »Wo liegt Ber-
lin?«, 5. Aufl. 1998). Kerr warb 1902 im be-
nachbarten **Bansin** vergeblich um die
Hand von Katia Pringsheim, der späteren
Frau Thomas Manns (→ Lübeck/SH),
1924 arbeitete Mann in Ahlbeck am »Zau-
berberg«-Roman. Auch **Wolfgang Koep-
pen** (→ Greifswald/MV) kam als Kind.
Ab 1904 ging **Hedwig Courths-Mahler**
(→ Naumburg/Nebra/ST) mehrfach in
die Seebäder **Zinnowitz** und Heringsdorf,
wo auch der junge **Hans Fallada** (→

*Usedom: Die »Villa Irmgard« im Seebad He-
ringsdorf (Museum), in der Gorki urlaubte*

Greifswald/MV) urlaubte (Waldstraße
22). In **Heringsdorf** kam der russische
Dichter **Maxim Gorki** 1922 zur Ruhe,
hier schrieb er »Meine Universitäten«
(1923); Besuche von **A. Germain**, **A. Tols-
toi** und **F. Schaljapin** in der »Villa Irm-
gard«, die heute Museum und Gedenkstät-
te ist (Maxim-Gorki-Straße 20, Gedenk-
tafel).
»Großstadtluft und Meereslust. Eine Rei-
se nach Berlin und an die Ostsee 1900«
(Heringsdorf): Reisebericht von **Olga
Frey** (n. 2000). Weitere Heringsdorfer
Gäste, an die zahlreiche Gedenktafeln er-
innern: **Hans Hoffmann** (»Aus jungen Ta-
gen. Am Ostseestrand im Winter«, 1887),
Heinrich Mann (→ Lübeck/SH) 1923 im
Strandhotel: »Es war trostreich«, rückblik-
kend schrieb er den Es. »Berlin Vorort He-
ringsdorf« (Bruder **Thomas** war 1924 für

zwei Tage in **Ahlbeck**, Dünenstraße 34, Gedenktafel am heutigen »Haus Störtebeker«, früher »Villa Heimdall«). Weiterhin: **Theodor Däubler** (→ Berlin), **Bernhard Lepel** (→ Meppen/NI; Badstraße 13). 1849 kam **Emanuel Geibel** (→ Lübeck/SH); **Kurt Tucholsky** (→ Berlin) schrieb im »Hotel Weißes Schloss« (Rudolf-Breitscheid-Straße 3) die Glosse »Saisonbeginn an der Ostsee«.
Der Maler Lyonel Feininger zeichnete zwischen 1908 und 13 das Strandleben in **Neppermin**, von ihm »Peppermint« genannt (M. Faass, »Im Hafen von Peppermint. Die Schiffe L. F.s«, 1999).
1922 schrieb **Robert Musil** über die »Fischer auf Usedom«. 1932 starb **Slang** (d. i. **Fritz Hampel**, → Zwickau/Crimmitschau/SN) in **Koserow** bei einem Badeunfall. **Carola Stern** (eig. **Erika Assmus**, 1925-2006, Grab auf dem Friedhof in Benz), gebürtige Ahlbeckerin, hat in ihrer Aut. »In den Netzen der Erinnerung« (1986, fortgesetzt mit Betrachtungen über die Zeit nach 1989 in »Doppelleben«, Aut. 2001) die NS-Zeit auf der Insel festgehalten. Diese Jahre auch im Historisch-technischen Informationszentrum **Peenemünde**: Jenseits aller Technikbegeisterung überwiegt hier die Fragwürdigkeit menschlicher Hybris. Dazu **Rainer Eisfeld**, »Mondsüchtig – Wernher von Braun und die Geburt der Raumfahrt aus dem Geist der Barbarei« (1996). **Rolf Hochhuths** Sch. »Hitlers Dr. Faust« (2001) hat den P.er Raketenforscher Hermann Oberth (1894-1989) zur Hauptfigur, **Ruth Krafts** Erinnerungen u. d. T. »Insel ohne Leuchtfeuer« erlebte zahlreiche Auflagen (1959, n. 91), der amerik. Autor **Thomas Pynchon** lässt seinen Helden in »Die Enden der Parabel« (R. 1973) auch nach P. fahren. – Kapelle, Gedenkstätte für das KZ-Außenlager **Karlshagen**.

Hans Fallada (→ Greifswald/MV) machte – wie sein Verleger E. **Rowohlt** (→ Bremen) – Urlaub in **Kölpinsee** (Pension »Wald und See«, Strandstraße 2, abgerissen), wo er u. a. am R. »Wer einmal aus dem Blechnapf frißt« arbeitete, dort angesiedelt die E. »Lieschens Sieg« (dazu R. Ulrich, »Ein Badeurlaub auf Usedom«. In: G. Müller-Waldeck, Hrsg., »Neues von Daheim und Zu Haus«, 1993). – **Victor Klemperer** (→ Dresden/SN), der schon in »Curriculum vitae« vom Badeleben um 1900 berichtet hatte und im Sommer 1926 und 27 (»Tagebücher 1926-1928«; 1996) Notizen machte (Wohnung **Heringsdorf**, Lindenstraße 2, Wanderungen nach Wolgast, Ahlbeck und Bansin), kam mit seiner neuen jungen Lebensgefährtin Hadwig Kirchner Anfang der 50er Jahre wieder nach H.: »Wimmelnde Jugend – Auffallendes Alter« (Tagebücher 1945-1959, 1999). – **Wolf Biermann** verbrachte in den 60er Jahren wiederholt Urlaubstage auf Usedom, wo er u. a. bei dem Maler Otto Manigk in **Ückeritz** wohnte. B. hatte auch Kontakt zum Maler Otto Niemeyer-Holstein (1896-1984) in **Lüttenort** (Gedenkatelier; dazu A. Roscher, »O. N.-H.«, Lebensbild mit Landschaft und Figuren«, 2001). Biermann, der hier 1975 die »Ballade vom Aaleräuchern« schrieb, über **Warthe** am Achterwasser: »Heute stand über Warthe ein strahlender ungebrochener Renaissance-Regenbogen und machte das Dorf und die Wälder und Felder und sogar die Russen-Radar-Station zu einer altmeisterlich, in Lasurtechnik gemalten Landschaft.« **Eva Maria Hagen**, Biermanns Gefährtin, wohnte in **Lütow**; in »Eva und der Wolf« (Br. 1998) berichtete sie über Zersetzungsversuche der Stasi in der Usedomer Freundesrunde. **Stephan Krawczyk** erzählt im Roman »Das irdische Kind« (1996) über Ferien um 1960 in **Zinnowitz** und in **Koserow**: »Alles kam auf uns zu, fette weiße Wolken, dunkles Wasser. Es gab keine größeren Weiten.«

Jenseits der deutsch-polnischen Grenze das ehemalige Swinemünde (heute Świnoujście in Polen), die Stadt, in der **Theodor Fontane** (→ Neuruppin/BB) ab 1827 seine Kindheit verlebte (»Meine Kinderjahre«, Erinn. 1894); hier siedelte er seine Geschichte der »Effi Briest« an (R. 1895), Anklänge auch in »Graf Petöfy« (R. 1884). Bei **Kamminke** der sagenumwobene **Golm**, Gedenkstätte (mit einem Zitat J. R. Bechers: »Daß nie eine Mutter mehr ihren Sohn beweint«) für die 23 000 Toten des Luftangriffes auf Swinemünde am 12. 3. 1945, über den **Carola Stern** schrieb. In den friedlicheren Zeiten Th. Fontanes »schwamm der nach Westen liegende Golm in einem rothen Licht und die metallne Kugel auf seiner hohen Säule sah, als wäre sie golden, auf das Dorf ...« (»Meine Kinderjahre«).

L **Vineta**, ein unerschöpfliches Sagenmotiv, zurückzuführen auf den Untergang der Stadt »Jumne« (so genannt bei **Adam von Bremen**) beim benachbarten Wollin oder vor **Koserow**. Neuere Forschungen (K. Goldmann/G. Wermusch, »Vineta«, 1999) wollen **Barth** (→ Grimmen/MV, dort auch »Vineta-Festtage« und Vineta-Museum) als historischen Ort sehen. **Selma Lagerlöfs** »Wunderbare Reisen des kleinen Nils Holgersson mit den Wildgänsen« (1906/07) machte die Sage weltberühmt. Ungezählte Varianten, Modifikationen und Vineta-Deutungen u. a. von **Heinrich Heine** (→ Düsseldorf/NW, Gedicht »Seegespenst«), **Wilhelm Müller** (→ Dessau/ST), **Ferdinand Freiligrath** (→ Detmold/NW), **Theodor Fontane**, **Erich Kästner** (→ Dresden/SN). Als Kinderbuch u. d. T. »Der Untergang der Vineta« (1987) von **Heinrich Hannover** (→ Anklam/MV), **Günter Grass** nahm sie im Roman »Die Rättin« (1986) auf, dann **Uwe Kolbe** im gleichnamigen Gedicht: »Die Stadt heißt Vineta, sie liegt weit im Osten Europas« (1998); 2000 dann **Moritz Rinkes** Schauspiel »Republik Vineta«. – Literatur bei A. Burckhardt, »Vineta. Märchen und Sagen vom Ostseestrand« (1965) und W. Filipowiak/H. Gundlach, »Wolin Vineta – die tatsächliche Legende« (1992). Vineta-Festspiele **Zinnowitz**.

Friedrich Spielhagens (→ Magdeburg/ST) »Platt Land« (R. 1879) und »Sturmflut« (R. 1876) spielen auf Usedom, u. a. am **Golm**, in **Zemplin** und **Koserow** (dort Gedenkstein für Vorwerk Damerow, der Vorlage der »Sturmflut«).

Eine Ost-West Geschichte aus dem Jahre 1952 um das »Begräbnis einer Gräfin« auf Usedom bei **Wolfgang Kohlhaase** (in: »Silvester mit Balzac«, En. 1979). Kritische Sicht der rechtsradikalen Szene Usedoms bei **Peter Wawerzinek**: »Sperrzone reines Deutschland. Szenen einer Sommerreise« (2001).

Egon Richter (geb. 1932 in Bansin) schrieb historische Erzählungen, Romane, Reisereportagen und Bäderporträts (»Bansin«, 1990; »Heringsdorf«, 1991, »Ahlbeck«, 1991). **Renate Seydels** (Hrsg.) »Usedom. Ein Lesebuch« (1998) bietet alle Klassiker der Insel-Lektüre; **Jürgen Grambows** (→ Rostock/MV) und **Wolfgang Müns'** Anth. »Bernsteinhexe und Kaiserbäder. Lesen von Usedom« (1999) versammelt neben den geläufigen Autoren und Texten auch Unbekanntes und Neues, z. B. von **Günter Grass** und **Barbara König**. **Hermann Heinz Wille**, »Die Insel Usedom« (1968, n. 99), **Klaus Peters'** Miniaturen »Nicht vergessen« (1993) und »Aus Urgroßvaterszeiten« über U.er Persönlichkeiten, die Bäder und ihre Gäste (1995).

S Museum »**Schmiedehaus**« im Seebad Heringsdorf zur Ortsgeschichte und den Literaten Heringsdorfs.

B E. Scheil, Die Insel Usedom in Sage und Dichtung, in: P. A. Rolfs, Die Insel Usedom, 1933, 3. Aufl. 1993.

Z Anklam, Greifswald, Pasewalk (MV).

VAIHINGEN AN DER ENZ/BW

Friedrich Karl von Gerok, * 30. 1. 1815 V., † 14. 1. 1890 → Stuttgart/BW, geistl. Erbauungsschriftsteller, dessen »Palmblätter« einmal zum Inventar jeder protest. Bibliothek gehörten. Schüler G. Schwabs in → Stuttgart/BW und Stiftler in → Tübingen/BW. Seit 1849 in Stuttgart tätig. – Geburtshaus Heilbronner Straße 5 (»Jugenderinnerungen«, 1875). – Nachlass DLA Marbach.

A **Johann Valentin Andreae** (→ Sindelfingen/Herrenberg/BW) war 1614-20 zweiter Stadtpfarrer in V. – Der »Sonnenwirt« **Johann Friedrich Schwa(h)n** (→ Göppingen/Ebersbach an der Fils/BW) wurde 1760 in V. gefangen und hingerichtet. – Im November 1976 starb hier der 1906 in Waldmössingen (Schramberg-W.) geb. Erzähler **Vinzenz Erath**; Grab auf dem Friedhof. Sein erster Roman »Größer als des Menschen Herz« (1951) trägt aut. Züge.

S Städt. **Museum** (Peterskirche): Autographen und Bücher von F. K. v. Gerok; Werke von und über J. V. Andreae; Dokumente zum »Sonnenwirt«.

R Auf den Spuren der Waldenser befindet man sich in **Schönenberg** (Gem. Ötisheim). Im Pfarrhaus, das die Hausnr. 1 trägt und heute Museum ist, starb **Henri Arnaud**; in der Kirche liegt er begraben. A. hatte die Glaubensflüchtlinge aus Piemont 1699 nach Württ. geführt (Denkmäler im sog. welschen Dörfchen in Mühlacker-Dürrmenz und in Perouse/Rutesheim-P.; älteste Waldenserkirche Dtl.s in Pinache; Waldenser Weg Großvillars-Schönenberg). – Aus **Iptingen** stammt **Georg Rapp**, der »Räpple« (1757-1847), ev. Sektierer, der 1785 bestimmte Weisungen von Jesus selbst erhalten haben wollte und

in Amerika drei Gemeinden gründete (Ehelosigkeit, strengste Arbeit, kein Privateigentum), die u. a. N. Lenau (→ Stuttgart/BW) besuchte. – »Unser Dorf lag unweit einer langgestreckten Hügelkette inmitten von Obstgärten und Feldern.« Das Dorf ist **Kleinglattbach** (Vaihingen-K.). »Nacht über dem Tal« nennt **Wendelgard von Staden** ihren dokument. Bericht einer »Jugend in Deutschland« (1979).

B O. Rombach, Erinnerung an die Waldenser, in: Atem des Neckar, 1970.
Z Lauffen, Leonberg, Ludwigsburg, Maulbronn, Pforzheim, Stuttgart (BW).

VECHTA/NI

»Die Ebene lag flach ausgebreitet unter dem hochgezogenen Himmel, der wolkenlos war, von einem milden, spätsommerlichen Blau, mit einem beigemischten weißlichen Glanz, der das Licht selber zu sein schien und die Landschaft in eine Helligkeit tauchte, die gläsern war, klar, zugleich auch weich und wie zerstäubt . . .« (Rolf Dieter Brinkmann, 1966)
Geburtsort des Komponisten Andreas Romberg (1767-1821), der Schillers »Glocke« vertonte.

Rolf Dieter Brinkmann, * 16. 4. 1940 V., † 23. 4. 1975 London (Grab in Vechta). Romancier, Lyriker, Übersetzer. Nach der Schule in V. verschiedene Ausbildungsversuche (→ Oldenburg/NI). Ab 1963 Studium, seit 1966 freier Schriftsteller. 1972 zusammen mit Nicolas Born (→ Duisburg/NW) in der Villa Massimo, 74 Gastlektor in Austin/USA. B. starb in London bei einem Verkehrsunfall. Sein früher Tod, sein schroffes Wesen und das unvollendet gebliebene Werk machten aus ihm bald eine Kultfigur aus dem Kreis der »Kölner Schule des Neuen Realismus« um D. Wellershoff (→ Köln/NW). – W.: Keiner weiß mehr (R. 1968); Standphotos (G. 1962-70). Über den Italienaufenthalt »Rom, Blicke« (1979). – »Westwärts 1 & 2« (Neuausgabe 1999) enthält auch Erinnerungen an die Kindheit in V.; dazu »Briefe an Hartmut 1974-75« (1999). – Nachlass UB Vechta. – R.-D.-B.-Gesellschaft (seit 1992; Symposien, Zss. »Eiswasser« und »Orte – Räume«). – Über B. das »Literaturmagazin« Nr. 36/1995; G. Geduldig, M. Sagurna (Hrsg.), »too much. Das lange Leben des Rolf Dieter Brinkmann« (2. Aufl. 2000).

L In der Titelgeschichte des Buches »Raupenbahn« (1966) entwirft **R. D. Brinkmann** von V. »ein friedliches, von einer gewissen Eintönigkeit und mit sonniger, nachmittäglicher Öde durchsetztes Bild, das Bild einer durch und durch ländlichen Kleinstadt.« – **Dieter Wellershoffs** Dokumentar-R. »Einladung an alle« (1972) über eine Verbrecherjagd ist in **Neuenkirchen** angesiedelt.
S Bibliothek der **Hochschule V.**; u. a. Ausstellungen zu R. D. Brinkmann.
B B. Witte, Vechta. Ein Ort für Rolf Dieter Brinkmann, in: Text & Kritik 71/1981.
Z Cloppenburg, Diepholz, Osnabrück (NI).

VELBERT/NW

Günther Weisenborn, * 10. 7. 1902 V., † 26. 3. 1969 → Berlin, Romancier, Reporter, Dramaturg. 1930 als Postreiter in Argentinien, danach freier Schriftsteller in Berlin. 1933 Emigration nach New York, 37 Rückkehr. 1942 Haft wegen Konspiration in der Widerstandsgruppe Schulze-Boysen im Zuchthaus → Luckau/BB. Nach 45 in Berlin (Hrsg. der Zs. »Ulenspiegel«), am Bodensee und in Hamburg. – W.: Die Mutter (Dr. 1931, m. Bertolt Brecht nach M. Gorki); Das Mädchen von Fanö (R. 1935); Die Illegalen (Dr. 1946); Memorial (Haftber. 1947). – Nachlass Akademie der Künste, Berlin.

Hösel (Ratingen-H.)

Oberschlesisches Literaturarchiv im Oberschlesischen Landesmuseum (seit 1992), mit Nachlass des Lyrikers und Erzählers **Hans Mickrawietz** (1896-1983).

Auf dem Waldfriedhof **Linnep** das Grab von **Wolf von Niebelschütz** (1913-60), der nach 1945 in H. lebte und am 22. 7. 1960 in Düsseldorf starb. Bekannt wurde er v. a. als Erzähler von barocker Vielfalt (»Der blaue Kammerherr«, R. 1949).
R Auf dem Hugenbruch bei **Aprath** (Wülfrath-A.) lebte **Carl Schmachtenberg** (1848-1933/Grab auf dem Friedhof von Wülfrath-**Düssel**). Als Bauer auf dem ererbten Gut veröffentlichte er Gedichte in niederberg. Mundart, ein erstes Bändchen erschien 1884, in 5. Auflage 1965 die Slg. »En Freud on Leid«. – In **Langenberg** (Velbert-L.) wurde 1927 der erste dt. Mittelwellensender aufgestellt, der Fachleute interessierte und Heimatdichter beflügelte. An das 1942-45 bestehende Zwangsarbeiter-Lager erinnerte sich der aus Rostow in das Ruhrgebiet deportierte **Vitalij Sjomin** in seinem Roman »Zum Unterschied ein Zeichen« (1978).

Z Düsseldorf, Duisburg, Mülheim a. d. Ruhr, Wuppertal (NW).

VERDEN/NI

Johannes Nendorf, * 24. 1. 1575 V., † 23. 2. 1647 Goslar, Dramatiker, Studium in Helmstedt, danach Rektor in Goslar. – W.: Asotus (Bibel-Dr., 1608, Neudruck 1958).

L Reiseskizzen aus V. in Johann Georg Kohls (→ Bremen) »Reisen durch das weite Land« (Neuausgabe 1990 der »Nordwestdeutschen Skizzen« von 1864); »Uns lüttje Stadt« von **Friedrich Hasselmann** (1973). Nahebei **Achim:**

»Land in Sicht« – A.er Lesebuch (Hrsg. D. Michelers, 1990).

E Verdener »Sachsenmord«: nördl. V., bei Halsmühlen der »Sachsenhain« mit einer Allee von 4500 Findlingen: der Überlieferung nach 782 Hinrichtungsstätte von 4500 Sachsen durch Karl d. Gr. (Volkssage). Erste knappe Erwähnung in Einhards »Vita Caroli Magni«. Die Bezeichnung »Sachsenschlächter« wohl seit 1725 durch den Goslarer Historiker Erdwin v. d. Hardt. Weiterhin: G. W. Leibniz, J. Möser, F. G. Klopstock, Goethe u. a.; 1892 »Heidefahrten« von A. Freudenthal, 1912 »Die rote Beeke« von H. Löns und die Ballade »Nordmark« von H. F. Blunck, zuletzt Artur Becker: »Der Sachsenhain« (in: »Peine Paris Pattensen«, Hrsg. M. Mertens, 2006).

Fischerhude

Diedrich Speckmann, * 12. 2. 1872 Hermannsburg (→ Celle/NI), † 28. 5. 1938 F., volkstüml. Erzähler, der nicht ohne Klischee die Heidelandschaft schildert. Jugend in Müden a. d. Örtze; Pfarrer in Grasberg b. Worpswede. Seit 1910 freier Schriftsteller in F. – W.: Heidjers Heimkehr (E. 1904); Heidehof Lohe (R. 1906); Gandersmühlen (R. 1930); Menschen in Moor und Heide (En. 1933). – Grab auf dem Kirchfriedhof. – Nachlass in der Gemeindeverwaltung.

Über die 1943 hingerichtete Künstlerin **Cato Bontjes van Beek** aus F. **Hermann Vinke**: »Ich habe nicht um mein Leben gebettelt – Ein Porträt« (2003).

S F. ist Sitz des Verlages »**Atelier im Bauernhaus**« (Künstlerkolonie, Kunstdrucke), der **Otto Modersohn Stiftung**, der gleichnamigen **Gesellschaft** und dem **O. M. Museum**.
B Kleines Lexikon Worpswede & Fischerhude (2001).
Z Bremen (HB); Fallingbostel, Nienburg, Rotenburg, Walsrode (NI).

VILLINGEN-SCHWENNINGEN/BW

Uhrenmuseen; Dt. Uhrenstraße bis Bad Dürrheim.

Für **Wilhelm Hausenstein** (→ Wolfach/Hornberg/BW) hatte V. 1930 »ein wenig das nüchterne Ansehen einer gewerblichen Stadt«. – Held der Stadtsage ist der Riese Romeias, den man am Stadttor dargestellt findet und dessen Abenteuer mehreren Erzählern als Vorlage dienten. **Lucian Reich** (→ Donaueschingen/Hüfingen/BW) erwähnt sie in seinem »Hieronymus« 1885, **Friedrich Geßler** (→ Lahr/BW) machte daraus ein humorist. Epos: »Romejas, der Riese von Villingen« (1899). – Zeugnisse des städt. Lebens gibt ein »**Villinger Passionsspiel**«, dessen Aufführung für den März 1646 nachgewiesen ist. Im vorhergehenden Jh. entstand die »Villinger Chronik« von **Heinrich Hug**. – In V. spielt auch ein Kapitel (Ende des 4. Buches) des »Simplicissimus« von **H. J. Ch. von Grimmelshausen** (→ Gelnhausen/HE). – **Wolfgang Duffner** (Jg. 1937, lebt in **Brigachtal** bei V.-Sch.): »Kusters Tour« (E. 1986), »Roggenbach im letzten Jahr« (E. 2001).

In **Königsfeld**, einer Herrnhuter Gründung (hist. Slg. Zinzendorfplatz), steht ein Denkmal für den tschech. Pädagogen **Johann Amos Comenius** (1592-1670). Schramberger Straße 5 hatte **Albert Schweitzer** 1923-57 seinen dt. Wohnsitz (A.-Sch.-Ausstellung im Rathaus). – In **St. Georgen** besaß das Benediktinerkloster bis zur Säkularisation eine Hs. der alemann. Magdalenenlegende »Der Saelden Hort«. Auf der Sommerau ist **Thomas Strittmatter** (1961-95) aufgewachsen, Stückeschreiber (»Viehjud Levi«) und Erzähler (»Raabe Baikal«). Er starb in Berlin, sein Grab auf dem heimatl. Friedhof; auf

der kleinen Grabplatte ein Satz aus »Raabe
Baikal«: »Der Apfelduft wurde ihm wich-
tiger als das Tageslicht, das nun ohnehin
schon früh verlosch.« – Die Gründung
von »Maria in der Tannen« in **Triberg** er-
zählt **Gustav Schwab** (→ Stuttgart/BW),
eine Wallfahrt schildert **Heinrich Hansja-
kob** (→ Wolfach/Haslach/BW) in den
»Erinnerungen einer alten Schwarzwälde-
rin«. Seit je gehören zu den T.er »Merkwür-
digkeiten« auch die Wasserfälle, wo »die
Naturgeister ihren Sitz aufgeschlagen« ha-
ben (Schwab). »An den Wasserfällen hin-
ab« kam **Rudolf G. Binding** (→ Starn-
berg/Starnberger See/BY) nach T. Was
am Abend geschah, erzählt **Wilhelm
Schäfer** (→ Schwalmstadt/Ottrau/HE)
in seiner Anekdote von den »Rebhüh-
nern«. **Ludwig Uhland** (→ Tübingen/
BW) wanderte von hier aus zum Mummel-
see und ins Murgtal. **Ernest Hemingway**
kam im September 1922 nach **Nußbach**
und **Oberprechtal** im Elztal zum Angeln
(Rep. »Deutsche Gastwirte«); Gedenkta-
fel am Triberger Wasserfall. In T. starb
am 16. 6. 1945 der Schriftsteller **Heinrich
Vierordt** (→ Karlsruhe/BW); ein Find-
ling erinnert an ihn. – In **Furtwangen**
das Dt. Uhrenmuseum; in die Literatur
eingegangen sind die Schwarzwälder Uhr-
macher bei **H. Hansjakob** (1897), **Fried-
rich Schnack** (→ Karlstadt/Rieneck/BY)
mit dem »Uhrenmann« (E. 1958) oder
dem Schweizer **Erwin Jaeckle** (1909-97)
mit seiner »Botschaft der Sternstraßen«
(1967). – Im »Löwen« von **Rietheim** eine
Scheffel-Stube (→ Karlsruhe/BW). – Un-
gewöhnlich, wie eine Zipfelhaube, steht
in **Bad Dürrheim** der »Narrenschopf«;
Otto Rombach (→ Heilbronn/BW) er-
zählt von diesem »Narrenhaus der Schwa-
ben und Alemannen« in »Glückliches
Land« (1976).

B V. Michel, Th. Strittmatter in St. Georgen
im Schwarzwald, Marbacher »Spuren« 56/
2001.
Z Donaueschingen, Haslach, Hornberg, Rott-
weil, St. Blasien, Wolfach (BW).

VILSHOFEN/BY

Heinrich Lautensack, * 15. 7. 1881 V.,
† 10. 1. 1919 Eberswalde (BB), Lyriker
und Dramatiker. Ab 1901 Mitglied des Ka-
baretts »Die Elf Scharfrichter« in Mün-
chen. 1918 geistig umnachtet. – W.: Pfarr-
hauskomödie (1911, Uraufführung 1920);
Das verstörte Fest. Ges. Werke (Hrsg.
W. L. Kristl, 1966). – Geburtshaus Donau-
gasse 40 (Gedenktafel). – Im »Altbayeri-
schen Bilderbogen« (1920) Skizzen aus
dem Donautal bei V. – **Hans Carossa**
(→ Bad Tölz/BY), der 1929-41 in Seestet-
ten wohnte, gab in »Führung und Geleit«
(1933) ein Porträt von L., in »Ungleiche
Welten« (1951) einen »Rückblick auf Vils-
hofen«. »Carossa-Zimmer« mit Bibliothek
im alten Rathaus.
A Der Humanist **Caspar Bruschius** (→
Lindau/BY) erzählt in einem lat. Gedicht,
wie er 1552 »dort, wo sich die Vils in den
Ister ergießt«, auf einer Klippe festfuhr. –
H. J. Ch. von Grimmelshausen (→ Geln-
hausen/HE) war Ende des 30-jährigen Krie-
ges als Regimentsschreiber in bay. Dien-
sten in V.

Aldersbach

Aus dem Kloster A. stammen die **Alders-
bacher Musica** (Hs. um 1246, mit Musik-
traktat und Farbzeichnungen der Sieben
Freien Künste) und die »Aldersbacher An-
nalen« des Abtes **Wolfgang Marius** (1541-
44), heute BSB München. – Im Klos-
terdorf **Fürstenzell** der »Dom des Rott-
tals« (ehem. Zisterzienser-Abteikirche) von

J. M. Fischer, berühmte Bibliothek (nach 1770). Pater und Dogmatiker, Lyriker und Erzähler **Hubert Neufeld** (1906-76). – **Anna Wimschneider** (1919 Neuhofen – 93 Pfarrkirchen), »Herbstmilch« (Erinn. 1984): in **Neuhofen** und dem nahen Weiler **Schwarzenstein** v. a. finden sich die Schauplätze.

Ortenburg

Katharina Koch, * 9. 4. 1811 O., † 6. 3. 1892 ebd., Naturlyrikerin, in O. »Jungfer Bas« genannt. – »Mein Leitstern« (G. 1886). – Gedenkstein vor der ev. Kirche.

E **Ritter Allein.** Burg Söldenau nördl. von O. war der Stammsitz der Tuschl von S., deren berühmtester Ritter, Heinrich Tuschl, durch die Treulosigkeit seiner 3. Frau 1361 zum »Ritter Alain« und Zentralfigur eines poetisch ausgestatteten Sagenkreises wurde. Erste Erwähnungen bei Aventinus (1533) und C. Bruschius (1553). Später: K. H. von Lang (1818-33), A. von Müller (1833), K. von Reinhardstöttner (1907) u. a. Eine »Ballade vom Ritter Tuschl« (1911) schrieb F. Schrönghamer-Heimdal, H. Watzlik eine E. »Ritter Allein« (1934). 1880 verfasste R. Weißmann aus Vilshofen das romant. Ritterschauspiel »Wahn und Reue«. Einen Überblick geben M. Peinkofer, »Der Ritter Allein in Geschichte, Sage und Dichtung« (in: »Der Brunnkorb«, 1947), und K. Wild, »Werden und Wandel der Tuschl-Sage« (in: »Ostbay. Grenzmarken«, 1960). – Tafelbild im Rathaussaal Vilshofen; Gedenkstein in der Kirche von Aldersbach.

B R. Just, Krumme Touren 3. In Niederbayern, 2007.

Z Deggendorf, Passau, Straubing (BY).

VOHENSTRAUSS/BY

Heimatmuseum (u. a. Slg. »Vohenstraußer Anzeiger«).

Franz Volkmar Reinhard, * 12. 3. 1753 V., † 6. 9. 1812 Dresden. Luther. Theologe (1784 in Wittenberg). Erregte 1800 durch seine Reformationspredigt über die Rechtfertigungslehre großes Aufsehen.

R **August Sperl** (→ Fürth/BY) erzählt in seinen »Ahnenbildern und Jugenderinnerungen« von V., im »Archivar« über Burg **Trausnitz** im Tal der Pfreimd. Lyr. Topographien auch von **Anton Wurzer** aus Altenstadt (→ Amberg/BY), u. a. über die ehem. Feste **Leuchtenberg.** – Am Weg zum **Fahrenberg** Gedenkstein für den Sagensammler **Franz Xaver Schönwerth** (→ Amberg/BY).

Nahe der Grenze **Flossenbürg**: Am Ostrand des Ortes KZ-Grab- und Gedenkstätte. Im Hof vor dem Zellenbau (Dokumentationsausstellung, auch lit. Zeugnisse) Gedenktafel für sieben Widerstandskämpfer des 20. Juli 1944, die hier am 9. April 45 durch den Strang hingerichtet wurden. Unter ihnen **Dietrich Bonhoeffer** (→ Berlin). **Fritz Selbmann** (→ Berlin): »Die lange Nacht« (Tatsachenroman 1974), in der Aut. »Alternative – Bilanz – Credo« (1975) Bericht über die »Räumung« des KZ im April 1945.

Z Amberg, Oberviechtach, Schwandorf, Tirschenreuth (BY).

WAIBLINGEN/BW

Städt. Heimatmuseum.

Karl Mayer (→ Sinsheim/Neckarbischofsheim/BW) lebte seit 1824 fast 20 Jahre als Oberamtsrichter in W. Durch seine Freundschaft mit **Alexander Graf von Württemberg, Nikolaus Lenau** (beide → Stuttgart/BW) und **Eduard Mörike** (→ Ludwigsburg/BW) wurde das sog. Neustädtle, damals vor der Stadt, Sommerfrische lit. Prominenz. – Nach dem Krieg ließ sich der Lyriker und Kritiker **Helmut Mader** (1932-77) in W. nieder; der Lyriker, Erzähler, Essayist und Herausgeber **Otto Heuschele** (1900-96) war ein Leben lang in W. zu Hause. Beider Gräber auf dem Friedhof.

L **Achim von Arnims** (→ Berlin) unvollendeter Roman »Die Kronenwächter«, der »Geschichte, Sitten und Gebräuche« von ganz Dtl. umfassen sollte, enthält in den beiden 1817 und 1854 veröffentlichten Teilen zahlreiche Detailschilderungen W.s, die sich v. a. auf das »Chronicum Waiblingense« (1660-70) stützen (A.-von-A.-Stube im Hochwachtturm).

Schorndorf

Stadtmuseum (mit Bücherei zur Gesch. Württ.s, Bibeln und rel. Schriften aus der alten Lateinschule).

Karl Friedrich Reinhard, * 2. 10. 1761 Sch., † 25. 12. 1837 Paris, ev. Theologe, später Diplomat. 1778-83 Stiftler in → Tübingen/BW; Vikar in → Balingen/BW. Ab 1786 Hauslehrer in der Schweiz und in Bordeaux; 1792-1832 im diplomat. Dienst. Im Mai 1807 schloss er Freundschaft mit Goethe (→ Frankfurt a. M./HE) in Karlsbad. – Geburtshaus Schlichtener Straße 8 (Gedenktafel); Dokumentation im Stadtmuseum.
In der Palm' schen Apotheke von 1650 am Marktplatz (Gedenktafel) wurde 1766 **Johann Philipp Palm** geboren, den Napoleon 1806 wegen der Flugschrift »Deutschland in seiner tiefsten Erniedrigung« in Braunau am Inn (Öst.) erschießen ließ. – Nicht ohne Resonanz blieben die Erzählungen und Romane von **Caroline Paulus** (1767-1844), die bes. Jean Paul verehrte. – Den Pfarrer und Liederkomponisten **Friedrich Glück** aus Oberensingen (1793-1840), der bis zu seinem Tod in Sch. wirkte, kennt jeder: Er vertonte J. v. Eichendorffs »In einem kühlen Grunde« (Rathaus und Friedhof: Gedenktafel; Gedenkstätte im ev. Pfarramt von Sch.-**Schornbach**).

A In Sch. starb am 7. 7. 1829 der Philosoph und Anthropologe **Jakob Friedrich Abel** (geb. 1751 in Vaihingen); während seiner Zeit an der Karlsschule war der junge Schiller sein Schüler. – Auf dem Neuen Friedhof liegt das Grab des Arbeiterdichters **Ludwig Palmer** (1856-1931). – **Georg von der Vring** (→ Brake/NI) zog 1943 von Stuttgart aus in sein Wochenendhaus am Konnenberg in Sch.; hier entstanden Gedichte, der Roman »Magda Gött« (1949) und das »Schorndorfer Jahrhundertspiel« (1950).

E Der Bauernaufstand des **Armen Konrad** (Landesbez. des »arm man«) gegen Herzog Ulrich hat sich 1514 »zuo Beitelsbach in dem Ramßtal von erst erhebt« und ist blutig niedergeschlagen worden. Der Nürnberger Humanist Ch. Scheuerl berichtet (1528) über das Strafgericht in Schorndorf (Urkunden im Heimatmuseum). – Anonyme Lieder sind ab 1514 belegt; der Stoff danach z. B. bei B. Naubert: »Der Bund des armen Konrads« (R. 1795) und F. Wolf: »Der arme Konrad« (Sch. 1924); außerdem F. Engels: »Der dt. Bauernkrieg« (MEW 7). Auch E. Fischer stellte sich mit seiner 1894 gegr. anarchist. Zs. »Der arme Conrad« in diese Tradition, ebenso die bayer. SPD mit ihrem gleichnam. Periodikum »für das schaffende Volk« (1912-1933).

L »Die Weiber von Schorndorf«, die 1688 durch ihr mutiges Auftreten die Übergabe der Stadt an den gefürchteten Mélac verhinderten, sind in Geschichte und Literatur eingegangen: »Ehaften- und Gerechtigkeitsbuch« im Stadtarchiv, Mosaik am Rathaus, Gemälde von 1866 im Heimatmuseum. Gedenktafel Marktplatz 4 für die Anführerin der Frauen, Anna Barbara Walch-Künkelin (gest. 1751 in Sch.); sie stiftete das Theol.-Stipendium, das u. a. dem jungen Schelling zugutekam, dessen Vater 1791-1801 hier Dekan war. Aufgegriffen wurde der Stoff in Balladen von **Gustav Baur** und **Karl Friedrich Reinhard**, in Dramen von **Paul Heyse** (→ Berlin, 1881) und **Franz Sommer** (1924). Außerdem **Karl Schwedhelm** (→ Schwäbisch Hall/Steinkirchen/BW): »Geschichte ohne Pathos am Ufer der Rems« (1965).

Welzheim

Justinus Kerner (→ Ludwigsburg/BW) lebte hier nach seiner Heirat mit Friederike Ehmann im Februar 1813 (Trauung in Enzweihingen) drei Jahre als Landarzt. Die Klingenmühle bei W. soll K. zu seinem Lied »Dort unten in der Mühle« angeregt haben. – »Mühlenwanderweg« im Umkreis von 26 hist. Mühlen.
R Eine Ausstellung im »Schloß-Café« (L.-Haus) in **Winnenden** erinnert an **Nikolaus Lenau**. – Aus **Schnait** (Weinstadt-Sch.) stammt **Friedrich Silcher** (1789-1860), Komponist und Volkslied-Sammler sowie Mithrsg. des Allg. dt. Commersbuchs (1858). Museum im Geburtshaus (Silcherstraße 49): Bibliothek und »Klingendes Chorliedarchiv«. – Im Remshaldener Ortsteil **Buoch** wurde der Gasthof »Hirsch« (Eduard-Hiller-Straße 6) zum Museum ausgebaut. Die Freunde **Rudolf Kausler** (1811-1874; Gedenktafel Stuifenstraße 21), **Hermann Kurz** (→ Reutlingen/BW; Gedenktafel Eduard-Hiller-Straße 16) und **Berthold Auerbach** (→ Rotten-

burg/Nordstetten/BW) trafen hier 1836/37 zusammen (Buocher Hefte 8). Außerdem Erinnerungen an den Mundartdichter **Eduard Hiller** (1818-1902), Gedenktafel E.-H.-Straße 20, Grab auf dem Friedhof. – Die J.-Palmer-Stube im Dorf- und Heimatmuseum Auf dem Herdfeld 5 in **Winterbach** ist der W.er Heimatdichterin **Julie Kern** (Ps. J. **Palmer**/1858-1938) gewidmet; Gedenktafel Schorndorfer Straße 1, Grab auf dem Alten Friedhof.

B E. Fischer, Die Stadt Schorndorf im Spiegel der Literatur, 4 Bde. 1979-95; Th. Milz, Im Schleier verregneter Gärten? Zum 100. Geburtstag Georg von der Vrings, Katalog 1990; U. J. Wandel, Die Weiber von Schorndorf in der Geschichte, im Bild, auf der Bühne, 1993.
Z Esslingen, Ludwigsburg, Schwäbisch Gmünd, Lorch, Stuttgart (BW).

WALDSHUT-TIENGEN/BW

Heimatmuseum; Klettgau-Museum. – Alemannischer Literaturpreis (seit 1981).

A Mit den Propheten und Schwärmern der Reformationszeit kamen auch die Wiedertäufer, allen voran **Konrad Grebel** (1498-1526) und **Balthasar Hubmaier** (1480/85-1528), ins Land. Am 1. September 1524 zogen Bauern aus Klett- und Hegau nach W.: »Ein Geyr ist ausgeflogen«, verkündete **Conz Annahans** in seinem »Bündischen Lied«. **Thomas Müntzer** (→ Stolberg i. Harz/ST) war vermutl. 1525 hier aktiv. – **J. J. W. Heinse** (→ Aschaffenburg/BY) kam 1780 auf seiner Italienreise durch W. – **Heinrich Hansjakob** (→ Wolfach/Haslach/BW) war 1865-69 Vorstand der städt. Bürgerschule (Wohnung am Unteren Tor, »Rheinischer Hof«: Gedenktafel und »W.er Stube«) sowie Kaplan der Kaplanei zum Kalvarienberg.

L **Hans Brandeck**, »Stühlinger Bauernaufstand 1524/25« (Volkssch. 1925); **Grita Schenk**, »Der rote Michel« (R. 1949); **Roland Kroell**, »Chunz-Jehli 1526« (Mundartball. 1977).

E Die »**Salpeterer**«, so benannt nach ihrem ersten Wortführer, dem Salpetersieder Johann Fridolin Albiez aus Buch (Albbruck-B.), kämpften für ihre alten Freiheiten und Rechte und v. a. um die Befreiung aus der Leibeigenschaft des Klosters St. Blasien. Zur Niederwerfung der Salpereraufstände (1719-55) ließ Maria Theresia die Anführer mit ihren Familien, 112 Personen, in das Banat verbannen. Dazu das Kapitel »Der Hauensteiner-Rummel« in J. V. von Scheffels »Trompeter von Säckingen« (1854), H. Hansjakobs Schrift »Die Salpeterer« (1867) und M. L. Kaschnitz in ihrem Gedichtzyklus »Hotzenwaldsommer« (1970). Th. Lehner verweist in seinem 1977 ersch. Bd. »Die Salpeterer« außerdem auf eine hist. Erzählung von F. A. Stocker (2. Aufl. 1930). Weiterhin: H. Essig: »Der Held vom Wald« (Dr. 1912); P. Körbers Freilichtspiel auf der Küssaburg (1935); K. von Möllers Roman (1942); G. v. Kries: »Verena Enderlin« (1949); E. Müller-Ettikon: »Johannes Marder« (o. J.), »Die Salpeterer« (1979), »Der Schwarzmichel« (1980). »Salpeterer Lieder und Balladen« (1977) der Gruppe »Roland Kroell und die Salpeterer«; eine Chronik auch von Th. Lehner (1977). – S.-Höhle in der Albschlucht; weitere S.-Orte: Görwihl, Hauenstein, Hogschür, Kiesenbach, Unteralpfen, Waldshut.

R Bauernkriegsstube im »Hirschen« in **Bulgenbach** (Grafenhausen-B.), dort auch Gedenkstein für Hans Müller von B. – In **Tiengen** wurde 1858 der Pädagoge, Satiriker und Reiseschriftsteller **Otto Kimmig** (Ps. **Peter Sirius**) geboren. – Aus **Riedern am Wald** stammt der Maler und Erzähler **Heinrich Ernst Kromer** (1866-1948), Gedenktafel am Geburtshaus, Nr. 63; K.-Stube im »Kreuz«. Er schrieb alemann. Erzählungen; sein vielfach aufgelegter »Gustav Hänfling« (1915) gilt als Klassiker der humorist. Literatur. 1935 gab er das für die Zeitgeschichte auf-

schlussreiche Buch über »Die Amerikafahrt: Erinnerungen eines Schwarzwälder Bauernsohns« von **Dorus Kromer** (1829-1905), seinem Vater, heraus. – Das Wutachtal aufwärts erreicht man **Untereggingen**, Heimat des Lyrikers, Erzählers und Folkloristen **Ferdinand Hasenfratz** (Ps. **Waldstrolch**/1858-1934); H.-Stube in den »Drei Königen«. – Weitere Heimatstuben u. a. in **Stühlingen** (im »Rebstock«) für den Mundartdichter **Hans Martin Grüninger** (1862-1944, Grab auf dem Friedhof) und in **Küßnach** (Küssaberg-K.) im Gasthaus »Zum Küssaberg« für **Karl Friedrich Würtenberger** (1839-1911, Grab auf dem Friedhof).

Bei **Hohentengen** erhebt sich am Rhein der Wohnturm der Burg Röteln (oder Rotwasserstelz). **Gottfried Kellers** (→ München/BY) Novelle »Hadlaub« (1878) spielt hier. Ein hölzerner Steg überquert den Rhein zwischen H. und Kaiserstuhl/CH; unter den Brückengängern 1580 **Michel de Montaigne**, 1828 der amerik. Schriftsteller **James Fenimore Cooper**. – In **Dettighofen**, von **Norbert Jacques** (→ Lindau/Schlachters/BW) 1909 in der »Neuen Rundschau« als »Das ideale Dorf« beschrieben, befindet sich die sog. Wittmer-Bibliothek, eine Stiftung der nach Amerika ausgewanderten D.er Brüder.

B A. Behr, Der Klettgau, 1974; D. Göpfert, Bauernkrieg am Bodensee und Oberrhein 1524/1525, 1980.

Z Bad Säckingen, St. Blasien, Singen (BW). Jenseits der Grenze, in der Schweiz: das »Wassergebürggetümmel« (J. J. W. Heinse) des Rheinfalls bei Schaffhausen.

WALTERSHAUSEN/TH

Heimatmuseum Schloss Tenneberg. – Aus W. stammen **Johann Matthäus Bechstein** (1757-1823), Mitbegründer der Forstwissenschaft und Verf. der zum Volksbuch gewordenen »Naturgeschichte der Stubenvögel« (1795), und der Geograph **Fritz Regel** (1853-1915), der die hispanische Welt in Dtl. bekannt machte (»Landeskunde der iberischen Halbinsel«, 1905).

Adolf Heinrich Friedrich Schlichtegroll, * 8. 12. 1765 W., † 4. 12. 1822 München. Verf. der »Nekrologe der Teutschen« (1790-1806). In Gotha Bibliothekar. 1807 Generalsekretär der Bayer. Akademie der Wiss.
August Trinius, * 31. 7. 1851 Schkeuditz bei Leipzig, † 2. 4. 1919 W., Reiseschrift-steller, bekannt als »thüringischer Wandersmann«. Seit dem 14. Lebensjahr in Berlin, dort bis 1883. Seit 90 in W. Durchwanderte nach Brandenburg, dem Rheinland und den Vogesen Thür. und machte es durch seine Wanderbücher in Dtl. bekannt. – W.: Thüringer Wanderbuch (8 Bde., 1886-1902); Durch's Saalthal (1901); Das grüne Herz Deutschlands (1910). – W.-Auswahl (1935) von dem 1934-69 in W. lebenden **Julius Kühn** (→ Gera/Bad Köstritz/TH). – Wohnung: Wassergasse 1 (1887 Sommerwohnung, 90 ständig), Gedenktafel im Garten; Grab auf dem Friedhof am Töpfersberg.
Karl-Heinrich Bonn, * 11. 5. 1927 W., † 1. 10. 2003 ebd., Verf. von histor. Romanen, Fernsehspielen und Kinderbüchern. Nach dem Krieg Lehrer an der Salzmannschule Schnepfenthal. – W.: Die geheimnisvolle Münze (1988); Die Kutsche mit den Schwanenhälsen (1995). – Wohnung: Geizenbergstraße 24.

L **Ludwig Bechstein** (→ Meiningen/TH) erzählt in der Sage von der »Weißen Frau auf Tenneberg« (1838) die Gesch. der falschen Anna von Kleve, die sich 1559 in W. als geschiedene Frau des engl. Königs Heinrich VIII. ausgegeben hat. – **Joseph Victor von Scheffel** (→ Karlsruhe/BW) nannte W. im »Vogt von Tenneberg« (Ball. 1863) »Waldratshausen«. – **Martin Andersen Nexø** (→ Dresden/SN) kam während seines ersten Dtl.-Aufenthaltes 1905 auch nach W., wo er die Not der Puppenmacher kennenlernte. W. ist in »Die Puppe« (E. 1915) der Fabrikort, in dem die Heimarbeiter ihre Waren abliefern müssen. 1905 und 11 hielt sich A. in dem Höhenort **Finsterbergen** auf. Wohnung: Andersen-Nexø-Weg 182 (Gedenktafel).

Waltershausen: August Trinius' Grab auf dem Friedhof

Friedrichroda

Die Schauenburg ist Stammburg der späteren Thür. Landgrafen. Über sie J. Rothe (→ Eisenach/Crenzburg) in der »Düringischen Chronik«.

Caspar Schmalkalden, * vor 1632 F., † 1668/75 Gotha, Verf. eines Reisebuches (»Die wundersamen Reisen des Caspar Schmalkalden nach West- und Ostindien«, hg. 1983, darin erstmals in der dt. Lit. Beschreibung eines Elefanten). **Rudolf Otto Wiemer**, * 24. 3. 1905 F., † 5. 6. 1998 → Göttingen, Jugendbuchautor, Erzähler und Lyriker. 1923/24 Studium am Lehrerseminar in Göttingen, wo er fortan lebte. – W.: Der gute Räuber Willibald (Kinderbuch 1966); Die Schlagzeile (R. 1977); Reizklima (En. 1979). – Erinnerungen in der Stadtbibliothek.
A Friedrich Christoph Perthes (→ Rudolstadt/TH), 1837 Mitbegründer des F. bis heute prägenden Fremdenverkehrs. Wohnung: Reinhardsbrunner Straße 1 (Gedenktafel). – **Ernst Barlach** (→ Wedel/SH) lebte 1894-96 bei seiner Mutter in F. »Ein selbsterzähltes Leben« (Aut. 1928). – **Carl Sternheim** (→ Leipzig/SN) lernte 1900 in F. seine Ehefrau kennen und war mit dem kleinstädt. Leben so verbunden, dass sich Namen ortsansässiger Handwerker in seinen Komödien wiederfinden.
R In dem ganz in der Nähe von F. gelegenen **Heuberghaus** (Neubau) begann **Gustav Freytag** (→ Gotha/TH) 1872 den Roman »Ingo und Ingraban« zu schreiben (später im Zyklus »Die Ahnen«). – Im Ortsteil **Reinhardsbrunn** ein Benediktinerkloster, von dem **L. Bechstein** erzählt. Im 12. und 13. Jh. eine bedeutende Schreibstätte: **Hermann I.** (→ Eisenach/TH) regte die Mönche zur »Cronica Reinheresbrunnensis« an. Um 1295 wurde in

R. die lat. »Vita des heiligen Ludwig« niedergeschrieben, ein Beleg für den Kult um den Landgrafen. 1835 wurde hier ein engl. Landschaftspark angelegt, den **Hermann von Pückler-Muskau** (→ Niesky/Bad Muskau/SN) 1845 als »einen der sehenswertesten Punkte im Thüringer Wald« beschrieb.

Schnepfenthal
(Waltershausen-Sch.)

Salzmann-GutsMuths-Gedenkstätte.

Christian Gotthilf Salzmann (→ Sömmerda/TH) machte Sch. zu einer wichtigen Stätte der aufklär. Reformpädagogik und entwickelte das von ihm 1784 gegründete Philanthropin zum erfolgreichsten in Dtl.: »Und wenn ich die Freiheit gehabt hätte, ganz Deutschland zu durchreisen und mir den Platz zu wählen, der mir am besten gefiele, so zweifle ich, ob ich einen schicklicheren als Schnepfenthal hätte finden können.« Die in Sch. redigierte und gedruckte Monats-Zs. »Der Bote aus Thüringen« (1788-1811) machte S. zu einem der meistgelesenen Volksschriftsteller. – Altes Gutshaus (Gründungsstätte der Schule), Reinhardsbrunner Straße 4 (Gedenktafel); Schulgebäude (heute Sprachengymnasium Salzmann-Schule) am Geizenberg, erbaut 1784-93, mit Betsaal erhalten, dort auch Wohnung S.s; S.-Denkmal (1984) im Park vor der Schule, S.-Büste (2003) vor der Gedenkstätte; Grab auf dem Friedhof in der Hardt. Seit 2003 sehenswerte Gedenkstätte im Schulnebengebäude. – **K. H. Bonns** hist. Roman »Häng deine Träume in den Wind« (1982) behandelt das Schulleben zur Zeit S. s.
Johann Christoph Friedrich GutsMuths (→ Quedlinburg/ST) unterrichtete in Sch. und gab hier die »Bibliothek der päd-

agogischen Literatur« (1800-20) heraus. Wohnung: GutsMuths-Straße 3 (Gedenktafel) im Ortsteil Ibenhain (Richtung W.); G.-Denkmal (1984) im Park vor der Schule, G.-Büste (2003) vor der Gedenkstätte; Grab auf dem Friedhof in der Hardt; G.s Turnplatz (hinter dem Gasthof »Tanne«) erhalten.

Friedrich Ludwig Jahn (→ Perleberg/Lanz/BB) besuchte G. 1807 und 16 und legte seinen Berliner Turnplatz nach Sch.er Vorbild an. – Bedeutende Lehrer: **J. M. Bechstein** (1785-95); **Johann W. Ausfeld** (1776-1853), seit 1795, Pflegesohn S.s und dessen erster Biograf; **Harald Othmar Lenz** (1798-1870), auch Verf. populärer Pilzbücher (»Die nützlichen und schädlichen Schwämme«, 1831) und einer wirkungsreichen »Gemeinnützigen Naturgeschichte« (1835).

Luise Gerbing, * 23. 5. 1855 Sch., † 25. 2. 1927 ebd., Volkskundlerin. Mitbegründerin des Rennsteigvereins (Hrsg. der Zs. »Mareile«). – W.: Die Ausrottung der Raubtiere im Thüringer Wald (1896), Thüringer Trachten (1925, n. M. Moritz 1998). – Wohnung: Reinhardsbrunner Straße 12 (Gedenktafel); Grab auf dem Friedhof in der Hardt.

Gerhard Altenbourg (eig. **G. Ströch**), * 22. 11. 1926 Sch., † 30. 12. 1989 Altenburg, Zeichner, Graphiker und Lyriker. Als A.s Hauptwerk gilt die Graphik-Mappe zu **Johannes Bobrowskis** (→ Berlin) Gedichtbd. »Über dem Strom ein Gezweig« (1969). – Geburtshaus: Am Hermannstein 1 (Gedenktafel).

A 1786 kamen die ersten berühmten Besucher an das Philanthropin, unter ihnen **Friedrich Gottlieb Klopstock** (→ Quedlinburg/ST) und **Christoph Martin Wieland** (→ Biberach/BW). – Auch **Goethe** war da, doch hielt er von Salzmann nicht viel, was er in einem Xenion ausdrückt: »Nichts als dein Erstes fehlt dir, so wäre dein Zweites genießbar/Aber dein Ganzes, mein Freund, ist ohne Salz und Geschmack«. – **August von Kotzebue** (→ Weimar/TH) schickte seinen Sohn auf die Sch.er Schule und stiftete ihr ein Lied (»Es kann ja nicht immer so bleiben«, 1802), das noch heute dort gesungen wird. – Der von Selbstmordgedanken geplagte Gymnasiast **Hans Fallada** (→ Greifswald/MV) erholte sich im Juni/Juli 1911 in Sch. Wohnung: Klostermühlenweg 1.

Tabarz

Franz Hammer, * 24. 5. 1908 Kaiserslautern, † 10. 4. 1985 T., DDR-Kulturpolitiker und Publizist. Aufgewachsen in Eisenach. In seiner Aut. »Traum und Wirklichkeit« (1975) beanspruchte H. für sich einen makellosen »antifaschistischen« Lebensweg. Nach 45 im Kulturleben einflussreiche Rolle, doch bald Abdrängung in die Provinz.

A **Theodor Fontane** (→ Neuruppin/BB) 1873 »sieben angenehme Wochen« in T. – **Heinrich Hoffmann** (→ Frankfurt a. M./HE) war zw. Herbst 1886 und seinem Todesjahr fünfmal in T., »dem für uns schönsten liebsten Waldwinkel«. Die auf der Märchenwiese aufgestellten Holzfiguren verweisen auf den »Struwwelpeter« (1845).

R Der **Große Inselsberg** ist Thüringens bekannteste Erhebung. Auf seinem Gipfel stand ein Jagdhaus, zu dessen Einweihung **Veit Ludwig von Seckendorff** (→ Altenburg/Meuselwitz/TH) ein »Lob des Heunselberges« (1649) beisteuerte, in dem erstmals der »Rennsteig«, als »wohlberühmte Bahn« besungen wird. Ausführliche Beschreibung des Berges von **Julius von Plänckner** (1791-1856) in »Der Thüringer Wald. Schilderung dieses Gebirges nach den neuesten Beobachtungen« (1839). Das Buch steht am Anfang der tourist. Thüringerwald-Lit. **Ludwig Bech-stein** (→ Meiningen/TH/»Inselsberg, der Gebirgskönig«, 1842); **Adolf Bube** (→ Gotha/TH/ »Der Inselberg«, G. 1837). In jüngerer Zeit haben F. **Hammer** (»Rings um den Inselsberg«, 1958) und **Otto Ludwig** (→ Bad Blankenburg/Schwarzburg/TH/ »Der Rennsteig«, 1977) den Berg beschrieben.

B H. Raschke, Alltagsleben im Thüringer Wald, 2000; D. Ignasiak, Das literarische Gotha, 2003; F. Lindner, Salzmanns Schnepfenthal. Kulturgeschichte einer klassischen Schullandschaft, 2004; ders., Schülerwege aus Schnepfenthal, 2006.

Z Bad Salzungen, Eisenach, Gotha, Ohrdruf, Schmalkalden (TH).

WANGEN IM ALLGÄU/BW

Heimatmuseum. – Stadtbücherei (im Kornhaus, Skulptur »Der Wahrheitssucher«).

S Nach dem 2. Weltkrieg wurde W. zu einem Zentrum schles. Literatur. Im »**Wangener Kreis**«, Gesellschaft für Lit. und Kunst »**Der Osten**« (gegr. 1950), sind zusammengefasst: Schles. Künstlersiedlung Atzenberg; **Deutsches Eichendorff-Museum und – Archiv; Gustav-Freytag-Museum und -Archiv; Eichendorff-Lit.preis.** Vor dem Museum Bronzefigur des »Taugenichts«. Wangener Gespräche; »Dank an Wangen im Allgäu« (Anth. o. J.). – **Literarisches Forum Oberschwaben** (Literaturwerkstatt, 1967 gegr. von W. Münch; »Spielwiese für Dichter«. Ein Lesebuch, hg. O. Burger und P. Renz, 1993).

Auf dem Friedhof Gedenkmedaillon für **Louise Aston** (→ Magdeburg/ST), die »Freischärlerin«, die verarmt und politisch resigniert 1871 in W. starb. Grab des schles. Lyrikers und Erzählers (»Der Wind weht von der Oder«, 1961) **Hans Niekrawietz** (1896-1983).

Isny

Praedikantenbibliothek der ev. Nikolaikirche (gegr. um 1465: 1200 Bde., 70 Hss., 171 Inkunabeln, 1000 Reformationsschriften u. a.).

L 1932 in I., »im letzten Zipfel des württ. Allgäus«, geb. **Günter Herburger**: »Nüssen« in »Eine gleichmäßige Landschaft« (1964) dürfte I. sein; »Das Allgäu« in »Das Flackern des Feuers im Land« (1983) fixiert kritisch Vorder- und Hintergründe: »Ich liebe diese Landschaft, in der ich Kind war, mit all den dazugehörenden Schrecken und Wundern ...«.

Leutkirch

Museum im Bock. – »Dr alt Munding« von L.-Gebrazhofen, der Maurer J. A. Munding (1837-1911), ist als Allgäuer Original sprichwörtlich geworden.

Dr. Owlglass (eig. Hans Erich Blaich), * 19. 1. 1873 L., † 29. 10. 1945 → Fürstenfeldbruck/BY, wo er seit 1911 lebte. Arzt und Hausdichter des »Simplicissimus«, 1912-24 und 33-35 auch Redakteur bzw. (interimist.) Schriftleiter. – Geburtshaus Marktstraße 13 (Gedenktafel); über L. »Damals« (Geschn. 1941). Grab in Neu-Ulm. – Nachlass DLA Marbach. – M. Bosch, »H. E. B. Pseudonyme Dr. Owlglass; Ratatöskr« (2005).

Maria Müller-Gögler, * 28. 5. 1900 L., † 23. 9. 1982 → Weingarten (Ravensburg/BW), wo sie aufwuchs und seit 1944 wieder lebte. Lyrikerin, Erzählerin, Lehrerin (u. a. in Schwäbisch Gmünd, Leipheim, Crailsheim, Ulm, Weingarten). – Werkausg. in 9 Bdn. (1980); L. in »Bevor die Stürme kamen« (Erinn. I).

Z Lindau, Memmingen (BY); Ravensburg, Weingarten (BW).

WARBURG/NW

Aus W. stammt der Theologe und Reformator **Antonius Corvinus** (1501-53/→ Hannover/NI). Er verhörte die Wiedertäufer in Münster und ordnete das Kirchenwesen in Braunschweig-Lüneburg, Hildesheim und Calenberg-Göttingen. 1535 erschien seine »Kurze und einfältige Auslegung der Evangelien und Episteln.« C.-Haus (ev. Gemeindehaus) Sternstraße 19. – Als Bibelübersetzer wurde **Leander von Ess** (1772-1847) bekannt. – Das Gymnasium Marianum besuchte 1869-72 **Peter Hille** (→ Bad Driburg/Erwitzen/NW), Gedenkbüste. – Kindheit und Jugend verbrachte in W. der Ullstein-Direktor **Emil Herz** (1877-1971), der 1934 nach den USA emigrierte:»Denk ich an Deutschland in der Nacht« (Aut. 1951). – Auf Schloss **Welda** wurde die kath. Unterhaltungsschriftstellerin **Ferdinande von Brackel** (1835-1905) geboren. Ihr größter Erfolg der Roman »Die Tochter des Kunstreiters« (1875). Nach Aufenthalten in Plön und Kassel lebte sie seit 1898 wieder in W., dort auch ihr Grab. Erinnerungen an Warburg in ihrer Aut. »Mein Leben« (1905). Nachlass StB Aachen.

Z Bad Driburg, Höxter, Paderborn (NW); Hofgeismar, Kassel, Korbach, Mengeringhausen (HE).

WAREN/MV

Müritz-Museum, Nationalpark.

Johann Heinrich Voß, * 20. 2. 1751 in Sommerstorf b. W., † 29. 3. 1826 Heidelberg/BW. »Er ist vielleicht, nach Lessing, der größte Bürger der deutschen Literatur« (H. Heine). Homer-Übersetzer und Verfasser ländl. Idyllen. Enkel eines Leibeigenen, Schuljahre in → Penzlin und → Neu-

brandenburg, danach Hofmeister in → Ankershagen (alle MV). Studium der Theol. und Philos. in → Göttingen/NI, Mitglied des Hainbundes. 1778 -82 Rektor in Otterndorf (→ Cuxhaven/NI), 1782 Rektor der Gelehrtenschule in → Eutin/SH. Ab 1802 Privatgelehrter in → Jena/TH und → Heidelberg/BW. – W.: Übers. der »Odyssee« (1781) und »Ilias« (1793); Luise (Idylle, 1795); Idyllen (1801); Werke (Hrsg. H. Voegt, 3. Aufl. 1976); Ausgewählte Werke (Hrsg. A. Hummel, 1996); Briefwechsel mit E. Boie-Voß (1993). – Nachlass Görres-Gymnasium Düsseldorf, BSB, LB Kiel. – »Ein Mann wie Voß . . .« Ausstellung zum 250. Geburtstag von J. H. Voß, Katalog (hg. von der Eutiner Landesbibliothek, 2001). – Johann-Heinrich-Voß-Preis in Penzlin.

Carl Gustav Theodor Schröder, * 15. 9. 1840 W., † 28. 7. 1916 → Schwerin/MV, Literaturwissenschaftler. Neben der »Hofberichterstattung« (»Caroline, Erbprinzessin von Mecklenburg«, 1901) verdanken wir ihm »Mecklenburgs Anteil an der deutschen Literatur bis zum Ende des 17. Jahrhunderts« (1894) und das Hauptwerk »Mecklenburg und die Mecklenburger in der schönen Literatur« (1909).

Richard Wossidlo, * 26. 1. 1859 in Friedrichshof bei Tessin (→ Grimmen/MV), † 4. 5. 1939 in Waren (Ehrenbürger). Legendärer Begründer der mecklenburgischen Volkskunde, Herausgeber volkstümlicher Sagen, Bräuche und Reime, insgesamt sind fast 200 Arbeiten W. s bekannt. Nach Studium in → Rostock/MV u. a. ab 1886 Gymnasiallehrer in Waren. – W.: Mecklenburgische Volksüberlieferungen (1897 ff.); Mecklenburgisches Wörterbuch (1937 ff.); Ein Winterabend in einem mecklenburgischen Bauernhaus (Sch. 1901); Aus dem Lande Fritz Reuters (1910); Erntebräuche (1927); Mecklenburgische Sagen (1939); Reise, Quartier, in Gottesnaam. Seemannsleben (postum 1943). – Gedenktafel vorm Weinbergschloss (Bibliothek); Dokumentation im Museum, Interessengemeinschaft Wossidlo. 1937 bis 45 im Schweriner Schloss das »Mecklenburgische Bauernmuseum Richard Wossidlo«, die Privatsammlung W.s ist jetzt Grundlage für das Mecklenburgische Volkskundemuseum Schwerin-Mueß (→ Schwerin/MV). – Grab in Ribnitz-Damgarten (→ Grimmen/MV). – E. Schroeder, »Der Zettelmann. Eine Geschichte um R. W.« In: »Mein Mecklenburger Land« (1957); Das Erbe R. W. s. (Heft 1, Warener Museumsverein, 1991). **Wilhelm Neese**, * 10. 3. 1879 W., † 13. 3. 1950 Schwerin, dort Bibliothekar, schrieb niederdt. Lyrik und Prosa. – W.: Mang Brink un Brauk (N. 1920); Sonne und See (hochdt. G. 1934). Werkauswahl in: J. Grambow (Hrsg.), »Ick weit en Land« (1984).

Friedrich Griese, * 2. 10. 1890 Lehsten b. W., † 1. 6. 1975 Lübeck/SH, Verfasser von mystifizierenden N.n und R.n aus dem meckl. Dorfleben. Marcel Reich-Ranicki: »kein Prophet des Nationalsozialismus, wohl aber sein williges Werkzeug« (1975). Schuldienst in Stralendorf bei Parchim, später in Kiel. Ab 1935 in der Markower Mühle (dem »Rethus«) bei Parchim. Nach Internierung 1947 Flucht nach Velgen (→ Uelzen/NI). – W.: Das Korn rauscht (En. 1923); Winter (R. 1927); Die Wagenburg (E. 1935); Der Wind weht nicht, wohin er will (Aut. 1960); Leben in dieser Zeit 1890-1968 (Aut. 1970). – F.-G.-Stube in Lehstens »Büdnerei«; Grab Domfriedhof → Ratzeburg/SH.

A **Theodor Fontane** (→ Neuruppin/BB) kam 1896 nach W., wo er am Hochufer der Müritz Urlaub machte. Landschaftliche Anklänge im Alterswerk »Der Stechlin«. F. lobte den Ort: »so kann ich Ihnen auf der ganzen Gotteswelt keinen besseren Platz empfehlen als, um mit Storm zu sprechen, diese graue Stadt am Meer.« Mittagessen im Hotel »Stadt Hamburg«. Ab 1900 hatte F.s Tochter Mete (eig. Martha) F. in W. ihren Wohnsitz (F.-Gedenktafel am Haus Villenstr. 4-6, seit 1946 Fontane-Straße), zusammen mit ihrem Mann, Karl E. O. Fritsch, gab sie 1905 Fontanes »Briefe an die Familie« heraus, dazu auch: Th. Fontane, »Meine liebe Mete«, Briefe 2001. Hier in W. nahm sie sich 1917 das Leben, Grab auf dem Friedhof. Über Mete in Waren: E. Brüggemann, »M. F. in Waren – Ihr Leben und ihr Tod« (Heft 2, Warener Museumsverein, 1996); R. Dieterle, Die Tochter. Das Leben der Martha Fontane (2006). – Vom englischen Schriftsteller **Cecil S. Forester** (→ Hamburg) W.er Reiseskizzen aus dem Jahre 1929. – **Heiner Müller** (→ Freiberg/Eppendorf/SN) berichtet in »Krieg ohne Schlacht« (Aut. 1992) aus den Jahren 1945-47 als Angestellter im W.er Landratsamt, über die russische Besatzung und seine Lektüren: »Diese ganze Zeit war der Grundstock für mindestens zwanzig Jahre meiner Arbeit.« – Das »Müritz-Lied« stammt von **Ernst Hamann** (1862-1952).

S Leseherbst-Literaturtage (jew. Nov.).

R Der Kapp-Putsch von 1920, bei dem das Stadtzentrum Warens beschossen wurde, fand dreifache Erwähnung in **Uwe Johnsons** (→ Anklam/MV) »Jahrestage« (1970 ff.): »Der Einschuß am Rathaus ist heute noch zu sehen« (Gedenktafel); der Artillerist war Baron von Le Fort, Bruder von **Gertrud von Le Fort** (→ Minden/NW), die **Boek** am Ostufer des Müritz-Sees als »Ruhepunkt und Heimat« empfand. Hier verbrachte sie einen Großteil ihrer Jugend im Gutshaus, das zum Museum ausgebaut werden soll. – Pastor und Autor **Werner May** (→ Ludwigslust/Neu-Kaliß/MV) wurde 1939 wegen seiner Predigt in **Fredenhagen** aus der Reichsschrifttumskammer ausgeschlossen. – Das Schloss in **Vollrathsruhe** ist seit 1945 verfallen, Epitaphe der Familie Maltzahn, deren Schicksale Th. Fontane anregten (→ Demmin/Ivenack/MV), in der Kirche des Nachbardorfes **Kirchgrubenhagen**. In der Nähe **Liepen**, dessen Bewirtschaftung ab 1935 dem jungen **Peter Jokostra** (1912-2007) zufiel – nachzulesen in »Damals in Mecklenburg« (R. 1990), wo aus dem Ort »Liepowo« wird.

Fritz Reuter (→ Demmin/Stavenhagen/MV) war in dem »sandigen, fischreichen und lustigen Jabel« häufiger Gast bei seinem Onkel, dem Pastor. Die dörfliche Idylle und die sie prägenden Menschen wie Küster Suhr (Grabstätte auf dem Friedhof erhalten) als »Onkel Bräsig« fanden Eingang in R.s Werke. Nach einem verheerenden Dorfbrand 1859 rief R. zur Spende auf: »Ganz Jabel liggt in Schutt un Brand!«. In **Bad Stuers** Wasserheilanstalt erhoffte sich R. 1847 und 1868/69 (Wohnung Seeufer 11) Befreiung von seiner Alkoholsucht: »Mein ganzer Lebenslauf ist Wasser. Ich werde damit begossen wie ein Pudel . . .« Schilderung in »Ut mine Stromtid« (1863). 1904 kam **Erich Mühsam** (→ Berlin) zur Kur. Im Pfarrhaus von **Alt-Rehse** las **Fritz Reuter** 1860 aus »Hanne Nüte«. 1934 wurde im Dorf die NS-»Führerschule der Deutschen Ärzte« eröffnet.

In der Klosterkirche von **Malchow** wurde der hier geborene **Friedrich August Lessen** (1780-1827) getauft; sein plattdeutsches Reisegedicht »Hellenia. Ein Taschenbauck« (1824) »steht so ziemlich allein innerhalb der Mundartliteratur Mecklenburgs« (H. Brun). Auch **Rudolf Gahlbeck** (1895-1972) stammt aus M., er schrieb Prosa und Gedichte, u. a. über Ernst Barlach: »E. B. – Sonette um sein Werk« (1951). **Uwe Johnson** lässt seine Romanfigur Heinrich Cresspahl aus den »Jahrestagen« (→ Grevesmühlen/Klütz/MV) 1888 hier zur Welt kommen, »zwischen Fleesensee und Müritz,

auf dem Lande, gleich weg von Malchow und Röbel, naem' S' mi nich oevel, wo die germanisierten Slaven hausten«: also vermutlich in Wendhof bei Göhren-Lebbin (U. J., »Heute Neunzig Jahr«, postum 1996).

In **Penzlin** ein **Johann-Heinrich-Voß**-Denkmal vor der Kirche, die Gedenktafel am Haus des Dichters stammt vom schriftstellernden Bürgermeister **Otto Piper** (→ Demmin/Röckwitz/MV), dessen Jugenderinnerungen »ein artiges Städtchen« preisen; Dokumente zu Voß sowie eine Gedenkstätte in der alten Burg. **Reinhard Piper** (1879-1953), Bürgermeistersohn, Verleger und Freund Ernst Barlachs, stammt aus P.: »Wir wohnten in einem Eckhaus an der Großen und Kurzen Straße (heute Große Straße 19). Davor standen zwei hohe Akazien, die ihre Zweige bis über das Dach erstreckten . . .« (R. P., »Vormittag – Erinnerungen eines Verlegers«, 1947, erw. u. d. T. »Mein Leben als Verleger«, 1964). 1889 zog die Familie nach Konstanz. – In **Röbel** wurde **Johann Christoph Wolf** geboren (1730-85), den es nach Ceylon verschlug: Die »Reise nach Zeilan« (1782). – In **Ankershagen** nahm **Johann Heinrich Voß** eine Hofmeisterstelle beim Klosterhauptmann von Oertzen an, Freundschaft mit dem Pfarrer **E. T. J. Brückner** (→ Neustrelitz/Neetzka/MV) aus **Groß Vielen**, wo ein Gedenkstein für den vielbesungenen Spanienkämpfer Hans Beimler (1895-1936) steht. **Heinrich Schliemann** (→ Bad Doberan/Neubukow/MV) verlebte in **Ankershagen** von 1823-31 seine Jugend zwischen der gespenstischen Jungfrau im »Silberschälchen«, dem Teich des Pfarrhauses, und dem Schloss mit dem Spuk um Raubritter Henning Bradenkirl: »Die in meiner Natur begründete Neigung für alles Geheimnisvolle und Wunderbare wurde durch die Wunder, welche jener Ort enthielt, zu einer wahren Leidenschaft ent-

Ankershagen: Schliemann-Gedenktafel am Pfarr-
haus, heute Schliemann-Museum

flammt.« 1852, 1879 und 83 besuchte er
wieder A. Seit 1980 ist das Pfarrhaus Mu-
seum (Lindenallee 1) mit eigener Schrif-
tenreihe (1987 ff.), Katalog und Ausstel-
lungsführer (2003); H. S.-Gesellschaft An-
kershagen (gegr. 1991) und Förderverein;
A.er Museumstage; Modell des Trojani-
schen Pferdes. Grab der Mutter auf dem
Friedhof.

Z Neubrandenburg, Neustrelitz, Stavenha-
gen, Wittstock (MV).

WARENDORF/NW

»Alle Warendorfer ... leben, atmen, essen, trin-
ken, freuen und ärgern sich im Dunst- und Be-
wußtseinsgrad von Pferden ...« (Paul Schallück,
1965)
Heimatmuseum im Rathaus.

Paul Schallück, * 17. 6. 1922 W., † 29. 2.
1976 → Köln/NW, Theaterkritiker, Jour-
nalist und Chefredakteur der Zs. »Doku-
mente«, Mitglied der »Gruppe 47«. Unter
seinen zeitkrit. Romanen und Erzählun-
gen: »Ankunft null Uhr zwölf« (R. 1953);
»Don Quichotte in Köln« (R. 1967); »Be-
kenntnisse eines Nestbeschmutzers« (En.
1977). Gesamtwerk (1976 ff.). – Geburts-
haus Hohestraße 24 (Gedenktafel). – Nach-
lass Hist. A. Köln.
Aus W. stammen: der Philosoph und Lyri-
ker **Christoph Bernhard Schlüter** (1801-
1884 → Münster/NW), dessen Werke
(u. a. »Welt und Glauben«, Son. 1844) ver-
gessen sind (Nachlass UB Münster), der
als Hrsg. sowie als Freund und Mentor
von A. v. Droste-Hülshoff (→ Münster/
Roxel/NW) und L. Hensel (→ Paderborn/
NW) jedoch literarhist. bedeutsam ist. Ge-
burtshaus In den Lampen 1; der Lyriker
und Essayist **Christoph Flaskamp** (1880-
1950/»Frommer Freude voll«, G. 1904):
Kindheit im Haus Kolpingstraße 11, Mit-
arbeit an der Zs. »Hochland«; der Lehrer
Hermann Homann (1899-1985), Autor
plattdt. Theaterstücke und Hörspiele. –
In W. starb der Lehrer und plattdt. Hei-
materzähler und -dramatiker **Anton Aul-
ke** (1887-1974). Sein bekanntestes Werk
der Schelmenroman »Nies« (n. 1957) um
einen westfäl. Eulenspiegel. Wohnhaus Bee-
lener Straße 2 (dort auch Nachlass); Grab
auf dem Friedhof.
A Goethe (→ Frankfurt a. M./HE) raste-
te auf der Rückreise von der »Kampagne in
Frankreich« im Dezember 1792 in der Kai-
serl. Post (Oststraße 12). – Kaplan und Stadt-
missionar in W. war der Erzähler **Hubert
Schumacher** (Ps. **Johannes Rotus**/1845-
1911), dessen plattdt. Volksgeschichten im
»Neuen Emsboten« beliebt waren. – Eine
Tafel am Rathaus erinnert an den Besuch
von **Agnes Miegel** (→ Rinteln/Bad Nenn-
dorf/NI) zum »Tag der Heimat« 1955. Der

»Tatenhausener Kreis« in W. stiftete 1959 eine A.-M.-Plakette.

L Heinrich Luhmann (→ Soest/Hultrop/NW), damals in W. lebend, schrieb 1932 das »Spiel von den Wiedertäufern in Warendorf«. – In seinem Essay »Warendorfer Pferde« (1965) gibt Paul Schallück ein krit. Bild seiner Heimatstadt, für den Roman »Engelbert Reineke« (1959) diente die »Emssiedlung« als topographisches Modell; mit O. A. Böhmer W.er Texte: »Wir Zauberlehrlinge« (2001). – In W. starb der schles. Schriftsteller und Sagensammler Georg Hykkel (1880-1975): »Ein Bilderbuch scheint alles, was vergangen« (1964).

Sassenberg

Hermann von dem Busche (Hermannus Buschius, Pasiphilus), * um 1468 S., † 1534 Dülmen (Coesfeld), humanist. Dichter, Universitätsprof. in Köln und Marburg. Gilt als Mitverfasser der »Dunkelmännerbriefe« (1515); als Autor des Siegeshymnus auf den Freispruch J. Reuchlins (→ Pforzheim/BW) umstritten.

Levin Schücking (→ Meppen/NI) zog September 1852 ins »Haus Schücking« (Hauptstraße 3), in dem er nun fast jeden Sommer verbrachte; er beschrieb es 1887 in der Novelle »Märtyrer oder Verbrecher«. Hier entstanden auch zus. mit seiner Frau, Luise v. Gall, die »Familienbilder« und »-geschichten« (1854). **Luise von Gall** (1815-1855/Grabplatte vor der Kirche) war seit 1843 mit L. Schücking verheiratet und versuchte sich auch als Erzählerin und Lustspielautorin.

R Zu den Stiftsdamen der Stiftskirche Freckenhorst (Warendorf-F.) gehörte die Mutter von **Annette von Droste-Hülshoff**; deren Erzählungen und eigene Eindrücke veranlassten die Droste, zwei Kapitel für **Levin Schückings** Roman »Das Stiftsfräulein« zu schreiben (Vorabdruck 1843 u. d. T. »Eine dunkle Tat«, 46 als Buch). –

In **Everswinkel** wurde der Humanist **Rudolf von Langen** (um 1438-1519) geb., der in Münster die Domschule erneuerte und nach Westfalen »als erster die Musen geleitet«, wie es in einem zeitgenöss. Loblied heißt. – In **Ennigerloh** wird seit 1976 der von **Andreas J. Rottendorf** (1897-1971) gestiftete »Rottendorf-Preis« zur Förderung der niederdt. Sprache verliehen.

B A. Aulke, Warendorf und die Dichtung, in: 750 Jahre W. Stadt an der Ems, 1951.
Z Beckum, Bielefeld, Gütersloh, Münster (NW); Osnabrück (NI).

WASSERBURG AM INN/BY

Stadtarchiv (Kellerstraße 10). – Museum im Heimathaus.

Gustl (Auguste) **Laxganger** (1902-87), Erzählerin und Mundartforscherin (u. a. Korrespondenz mit Carl Orff → München/BY) wurde in der Lederergasse 2 geboren. Ab 1913 lebte sie in → Rosenheim/BY (»Das Lausdirndl«, 1968).
Der Ringelnatz-Intimus **Peter Scher** (eig. Fritz Schweynert), * 30. 9. 1884 Großkamsdorf/TH, † 23. 9. 1953 W., war lange Jahre Redakteur beim Münchner »Simplicissimus«.

L »Ein Wasserburg ist diese gantze Welt«, verkündete der Barockprediger **Joseph Raisberger** (**Jordanus von W.**/1670-1739), dessen geistl. Karriere mit der Taufe am 14. 6. 1670 in W. begann. **Uwe Dick** (1976-83 W.er auf Zeit) zitiert Jordanus in seinem »Gedicht, das abhebt mit einem Reiher« – »Uferpredigt« nennt er es im Untertitel –, hier auch eine Variation über das »Monster« »Im Torturm gefangen«. – **H. J. Ch. von Grimmelshausen** (→ Gelnhausen/HE) schrieb als Regimentsschreiber in W.: »An diesem strengen Fluß hat sich der Siegeslauf der Schweden und Franzosen gestoßen.« – **Werner Bergengruen** (→ Baden-

Baden/BW) kam 1933 auf siner Fahrradtour durch Deutschland nach W., er berichtet in seiner »Deutschen Reise« (1934): »Es lag hier ein kaiserliches Regiment. Der Regimentsschreiber hieß Grimmelshausen, und wir wissen, daß er noch andere Dinge geschrieben hat als Urlaubsscheine, Stammrollen und Quartierbillets.« – In **Gustav Meyrinks** (→ Starnberger See/BY) R. »Der weiße Dominikaner« (1921) wandert der Laternenanzünder Christopher Taubenschlag tagtäglich durch die Gassen der »von einer Wasserschlinge gefangenen« Stadt: »Es heißt, in gewissen Nächten am Neumond . . . werfe die Kirche einen weißen Schatten auf den schwarzen Marktplatz. Das sei die Gestalt des weißen Dominikaners Pennaforte.« – Als »Wehrburg« taucht W. in dem R. »Die Ehe des Herrn Bolwieser« (1932) von **O. M. Graf** (→ Starnberger See/Berg/BY) auf: »Still und friedlich war es ringsum. Die Hausfronten ragten dunkel in die Höhe. Der Marienbrunnen plätscherte gleichmäßig«. – Beim Krankenhaus findet sich ein Denkmal für **Joachim Ringelnatz** (→ Wurzen/SN) von H. Ch. Kobe und P. Scher; dieser Stein war es, der für den »literarischen Scout« **Dirk Heißerer** zum Anstoß seiner literaturtopograph. Recherchen und Exkursionen wurde; sein Fast-Namensvetter **Joseph Heiserer** verfasste 1819 eine Stadtchronik. (L. Maier: »Wenn der Inn erzähl'n kannt . . .«, 1979; »Im Wasserburg des Stadtschreibers Joseph Heiserer«, 1983.)

R Auf Gut **Frabertsham** (Obing-F.) lebte der Erzähler **Fritz Oswald Bilse** (→ Bad Kreuznach/Kirn/RP), dessen militär. Zeitbild »Aus einer kleinen Garnison« (1903) seinerzeit einen lit. Skandal auslöste: Th. Mann (→ Lübeck/SH), »Bilse und ich« (1906). – In **Grünthal** bei W. predigte 15 Jahre lang **Franz Anton Oberleitner** der Landbevölkerung (»Geistliche und unfehlbare Bauren-Reglen«, 2. Aufl. 1748).
Nahebei die Klöster **Au** und **Gars**, **Attel** und **Rott** (»Verlassene Wallfahrtskirche« von **Rainer Malkowski**, 1939-2003), und »Draußen,/Zwischen den Wiesen,/Wälzt

sich blitzend der Inn« (»Kloster am Inn« von **Georg Britting** → Regensburg/BY).

Z Ebersberg, Rosenheim, Traunstein (BY).

WEDEL/SH

»Der Nebel hing noch über den Dächern, und der Kirchturm enthauchte eher dem Gräberacker, als daß er ihn mit seiner Last belud. Seine Umrisse waren im Dunst aufgelöst, seine körperliche Wucht im trübhellen Novembermorgen aufgelockert und zur luftigen Verdichtung geworden.« (Ernst Barlach, 1913/14)

Johann Rist, * 8. 3. 1607 → Hamburg-Ottensen, † 31. 8. 1667 W., Polyhistor, Theologe, Lyriker und Dramatiker. Seit 1635 Pfarrer in W. Kaiser Ferdinand III. krönte ihn 1645 zum Dichter; 1660 Gründung des »Elbschwanenordens«. – W.: Friede wünschendes Teutschland (Dr. 1647); Verfasser zahlreicher Kirchenlieder (»O Ewigkeit, du Donnerwort«) und »Freuden- und Trauerspiele« (mit burlesken Intermezzi in holstein. Platt). Sämtl. Werke (Hrsg. E. Mannack, 1967 ff.). – Geburtshaus Pfarrhaus Klopstockstraße; Grab wahrsch. unter dem Altar der Kirche; Denkmal auf dem Kirchplatz. – Ein bei Schulau a. d. Elbe gelegener Hügel wurde von R. der »teutsche Parnass« genannt, dort schrieb er einige seiner geistl. Lieder. – J. Gutzeit, »J. R. – Der Wedeler Parnass«, in: »Hamburger Textgänge«, Hrsg. H. Brandstädter (2001).
Ernst Barlach, * 2. 1. 1870 W., † 24. 10. 1938 Rostock, Bildhauer, Graphiker, Dramatiker und Erzähler. »Sein Platz ist bei den genialen Träumern von der zerfließenden Form, nicht bei den taghellen Talenten der festen Faust« (S. Jacobsohn). 1878 zog die Familie nach → Ratzeburg/SH und Schönberg (→ Grevesmühlen/MV); 1888-91 Kunstgewerbeschule in → Hamburg. Dann Akademien in Dresden und

Paris, Aufenthalte in → Berlin und wieder in W. 1910 ließ er sich in → Güstrow/MV nieder. 1924 Kleistpreis, 1933 Orden Pour le Mérite, danach Verbrennung seiner Bücher und Verfemung als Künstler. – W.: Der tote Tag (Dr. 1912); Die echten Sedemunds (Dr. 1920); Der blaue Boll (Dr. 1926); Ein selbsterzähltes Leben (Aut. 1928). Das dichterische Werk (Hrsg. F. Dross und K. Laszarowicz, 1956-59); Die Briefe (Hrsg. F. Dross, 1968/69). – Gedenktafel am Geburtshaus Mühlenstraße 1 (seit 1987 E.-B.-Museum), Ch. Jenssen: »Wenn Ernst Barlach aus dem Fenster seiner Kinderstube in dem Eckhaus am Marktplatz zu W. schaute, ... hatte er die ungeschlachte Sandsteingestalt des Roland vor sich, die als sonderliches und rätselhaftes Bildwerk bleibenden Eindruck auf ihn machte.« Atelier (1901-04) Pinneberger Straße 4. – Teile des Prosafragments »Seespeck« (1948, aus dem Nachlass) handeln in W. – Nachlass im Atelierhaus am Heidberg in Güstrow/MV.

S Ernst Barlach-Preis für Literatur. – Sekretariat der **E.-B.-Gesellschaft** → Hamburg.
B D. Albrecht, Barlach in Wedel, Hamburg, Ratzeburg und Güstrow, 1990.
Z Hamburg (HH); Elmshorn, Haseldorf, Itzehoe, Pinneberg (SH).

WEIDEN/BY

Kulturzentrum Hans Bauer: Stadtarchiv und Stadtmuseum mit Max Reger-Slg. (Komponist, 1873-1916); Max-Reger-Haus und -Park. – Eichendorff-Gedenkstein Konrad-Adenauer-Anlage.

Der erste W.er Autor ist **Georgius Cuspinius Bohemus** (**Spies**, auch **Salicetus** genannt /1480-1549). Lehrer in Ingolstadt und Verfasser von Oden und einer »Historia Caesarum«. – **Paul Zeidler** (1548-1627):

»Das Wappen der Stadt Weiden« (G. 1585). – In W. selbst wirkte **Tobias Clausnitzer** (1619-84), Kirchenlieddichter u. a. Hielt am 1. 1. 1649 vor dem Alten Rathaus die »Friedenspredigt« (zur Feier des Westfäl. Friedens). – In die Schulstadt W. (jüd. Prägung) im 1. Weltkrieg führt die aut. R. »Die Feuerwolke« (dt. 1954) des Chamer **Karl Stern** (1900-1975). – **Franz-Joachim Behnisch** (→ Berlin) lebte von 1952 bis zum Tode 83 in W.: »Grüße aus einer kleinen bundesdeutschen Stadt, grenznah, in schöner Umgebung« (Sat., Akzente 2/1974). Grab Waldfriedhof.

A Unterwegs in W., im Kreuzungspunkt von Goldener und Magdeburger Straße: 1414 auf dem Weg zum Konzil von → Konstanz/BW der tschechische Reformator Jan Hus. Um 1490 **Johannes Butzbach** (→ Mayen/Maria Laach/RP): »Odeporicon«. – Unterwegs 1786 nach Italien **Goethe** (→ Frankfurt a. M./HE), Gedenktafel Oberer Markt; 1867 »in den Böhmerwald« **Friedrich Nietzsche** (→ Weißenfels/Röcken/ST) mit Freund **Erwin Rohde** (1845-98); 1876 nach Karlsbad zur Kur **Karl Marx** (→ Trier/RP) mit Tochter Eleanor. – **Bernt Engelmann** (→ Berlin) kam im September 1944 ins Landgerichtsgefängnis W. (Waldsassener Kasten), bevor er ins KZ Flossenbürg eingeliefert wurde (»... bis alles in Scherben fällt«, 1983). »Werwolf in den böhmischen Wäldern« und Kriegsgefangener in W. (Camp »Einhorn« neben ehem. US-Kaserne) war **Erich Loest**; einschlägig: »Durch die Erde ein Riß« (Aut. 1981).

L 1945 noch einmal: **Erich Ebermayer** (→ Tirschenreuth/Kaibitz/BY) »Auferstanden« (N. 1948); **Sandra Paretti** (→ Regensburg/BY) »Das Echo deiner Stimme« (R. 1980). – Der Kabarettist **Dieter Hildebrandt** (Jg. 1927) machte 1947 an der Oberrealschule sein Abitur: »Was bleibt mir übrig« (1986), »Denkzettel« (1992). **Albert von Schirnding** (Jg. 1935) war 1958-60

Referendar am Augustinus-Gymnasium: »Sommer in der pädagog. Provinz« (1996), »Alphabet meines Lebens« (2000). – Lyrik in W.: »Lebenslinien« (2001) von **Willy Mitterhuber** (1927-2004). W.er Prosa: »Jenseits« (2000) von **Werner Fritsch** (Jg. 1960); von F. auch das Theaterstück »Fleischwolf« (1996). Hauptfigur in **Herbert Rosendorfers** R. »Ein Liebhaber ungerader Zahlen« (1994) der kleppermanteltragende Drogist Pagenandt aus W. – **Walter Höllerer** (→ Sulzbach-Rosenberg/BY) im Mai 1986 in seiner W.er Rede »Mittelpunkt am Rand«: »Provinz ist, was du daraus machst!« – Literaturgeschichte(n) und aktuelle Revue: »Weiden in der Literaturgeographie« von **Bernhard M. Baron** (4. Aufl. 2007, vielfach, nicht immer allerdings gewichtig, erweitert).

S Weidener Literaturtage, gegr. 1985 von B. M. Baron, mit jährlich wechselnder Thematik, um den 10. Mai. – Autorengruppe »**Weidener Turmschreiber**«; Mundart-Arbeitskreis W. (Zs. »Zungaschloch«, seit 1993).

Z Amberg, Kemnath, Tirschenreuth, Vohenstrauß (BY).

WEILBURG/HE

Kreis- und Stadtbibliothek. – Schlossmuseum; Bergbau- und Stadtmuseum.

Auf dem Neuen Friedhof die Gräber von **Hjalmar Kutzleb** (→ Siebleben/Gotha/TH), der 1935 als Prof. für Geschichte am Pädagog. Institut W. kam, und des Mundartdichters **Ludwig Rühle** (1895-1967) aus Nenderoth (Greifenstein-N.): »Sunnerlich un wunnerlich« (G. und Geschn. 1934), »Uneraans un annern Leut« (Hess. Miniaturen, 1962); sein Wohnhaus Riehlstraße 10.

A Im September 1772 lernte **Goethe** (→ Frankfurt a. M./HE), von Wetzlar kommend, auch W. kennen. – **Wilhelm Heinrich Riehl** (→ Wiesbaden/HE) erlebte 1837-41 hier die »Idylle eines Gymnasiums«, die Eindrücke dieser Jahre finden sich in den »Bildern aus dem Lahntal«. Der Pfeifferturm am Eingang zum Schloss-

hof verweist auf R.s Novelle »Der Stadtpfeifer« (1847); hier spielen auch »Ovid bei Hofe« (1855), »Der Fluch der Schönheit« (1862) und »Der verrückte Holländer« (1873). – An **Christian Spielmann** (→ Neuwied/RP), der seine erste Lehrerstelle in W. hatte, erinnern Schule, Straße und Denkmal am Kanapee. – Im Sommer 1906 kam **Rainer Maria Rilke** (→ München/BY) in die Stadt. – **Ernst Bertram** (→ Köln/NW), dessen Erzählung »Konradstein« (1951) in W. spielt, ist auf dem Neuen Friedhof begraben; neben ihm sein Freund E. Glöckner, der dem George-Kreis angehörte und als ausgezeichneter Kalligraph galt. – **Thomas Valentin** (→ Lippstadt/NW) wurde am 31. 1. 1922 in W. geb.; sein Roman »Hölle für Kinder« (1961) spielt z. T. in Adolphsburg (= Weilburg).

L Ernst Eckstein (→ Gießen/HE): »Der Bildschnitzer von Weilburg« (R. 1899); **Helmut Domke** (1914-86), »In Weilburg« (in: »Alter Berg und feuchtes Tal«, 1957).

R In Heckholzhausen (Beselich-H.) wurde der Lyriker, philosoph. Schriftsteller und Bibliothekar **Richard Oehler** (1878-1948) geb., ein Vetter F. Nietzsches, von dem und über den er viel veröffentlichte. – **Runkel** (Burgmuseum) soll der Sage nach zur Erinnerung an den Untergang Rolands im Tal von Roncesvalles (778) gegründet worden sein. Den R.er Roten besang **Carmen Sylva** (→ Neuwied/RP).

Z Limburg a. d. L., Wetzlar (HE); Westerburg (RP).

WEILHEIM/BY

Stadtmuseum. – Seit 1993 vergibt alle zwei Jahre eine Jury aus sieben Schülern des W.er Gymnasiums den Weilheimer Literaturpreis (unter den Preisträgern: S. Lenz, Th. Hürlimann); »Weilheimer Hefte zur Literatur«.

Wilhelm Emanuel Süskind, * 10. 6. 1901
W., † 17. 4. 1970 Tutzing, Erzähler, Essay-
ist und Kritiker. Bis 1933 Freundschaft mit
Erika und Klaus Mann (→ München/BY).
Seit 1949 leitender Redakteur der »Süddeut-
schen Zeitung«. – W.: Jugend (R. 1930);
Aus dem Wörterbuch eines Unmenschen
(zus. mit D. Sternberger und G. Storz, 1957).

Murnau

Schloßmuseum (u. a. »Blauer Reiter«, Horváths
M.er Jahre), Gabriele-Münter-Haus. – Seidl-
park (August 1910 M. Reinhardts »Sommer-
nachtstraum«-Inszenierung).

Walter von Molo, * 14. 6. 1880 Sternberg/
Mähren, † 27. 10. 1958 Hechendorf b. M.
Übersiedelte 1915 von Wien nach → Ber-
lin. Gehörte u. a. als Erzähler hist.-biograph.
Romane zu den meistgelesenen deutsch-
sprach. Autoren der ersten Hälfte des 20.
Jh.s. 1928-30 Präsident der Preuß. Dich-
terakademie. Ab 1934 bis zu seinem Tod
in Hechendorf, konsequent in »innerer
Emigration«, die er auch nach dem 2. Welt-
krieg nachdrücklich gegen Th. Mann (→
Lübeck/SH) verteidigte. – Aut.: »So wun-
derbar ist das Leben« (1957), »Wo ich Frie-
den fand« (1959). – W.-v.-M.-Park, W.-v.-
M.-Weg; Grab im Park. – Nachlass Akade-
mie der Künste Berlin. – W.-v.-M.-Gesell-
schaft (seit 1955 in München).
Max Dingler, * 14. 5. 1883 Landshut, † 28.
6. 1961 München. Seit 1910 in M. Volks-
kundler, Erforscher oberbayr. Mundart; ver-
fasste Kinder- und Jugendbücher, Gedich-
te, Erzählungen und Volksstücke. – Nach-
lass LA Monacensia.
Ödön von Horváth, * 9. 12. 1901 Susak
(Fiume/Rijeka/Kroatien), † 1. 6. 1938 Pa-
ris (Grab in Wien, Heiligenstädter Fried-
hof), »neben dem jungen Brecht der stärks-
te deutsche Dramatiker jener Epoche« (U.
Jenny). Vater Diplomat, dadurch wechselnd

*Murnau: »Die Berge liebte er, als wenn sie seine
Heimat wären«: Ödön von Horváth*

in Budapest, → München/BY, Preßburg.
1920 und 21 in den Sommerferien in M.
(»Hotel Fröhler«/»Zur schönen Aussicht«,
Bahnhofstraße 85a, 1980 abgerissen; Vor-
bild für die K. »Zur schönen Aussicht«,
1926, erst 69 uraufgeführt). Ab 1924 in
der Villa der Eltern (Bahnhofstraße 19,
1973 abgerissen; Gedenktafel am Nachfol-
gebau »Horváthhaus«). 1925 nach → Ber-
lin, 31 Kleistpreis. Nach 1933 in Budapest
und Öst. Bei einem Aufenthalt in Paris
1938 von einem herabstürzenden Ast er-
schlagen. – Ges. Werke (Hrsg. T. Krisch-
ke, S. Foral-Krischke, 1983 ff.). – Nachlass
Akademie der Künste Berlin. – Ö.-v.-H.-
Gesellschaft. – E. Tworek, B. Salmen,
»Ödön von Horváth« (Kulturführer, 2.
Aufl. 2003).
Weitere H.-Schauplätze: Ehem. Gaststätte
und Weinhaus Kirchmeir, Schloßbergstra-
ße 1 (»M.er Saalschlacht« 1. 2. 1931); Hotel

Post, Obermarkt 1 (Stammlokal, 10. 2. 1933 Zusammenstoß mit SA-Leuten); König-Ludwig-Denkmal, Kohlgruber Straße (»Italienische Nacht«, 1931); ehem. Aussichtscafé Fürst-Alm auf dem Dünaberg; Strandbad am Staffelsee; Bergtouren (Dr. »Die Bergbahn«, 1929).

A »Christmas in a Bavarian Village«: In der Villa Hirschberg an der Kohlgruber Straße, auf einem Point de vue zwischen Staffelsee und Murnauer Moos, erlebte 1937 die englische Schriftstellerin **Elizabeth von Arnim** (→ Pasewalk/Nassenheide-Blankensee/MV) ihr letztes deutsches Weihnachtsfest. – Die baltische Schriftstellerin **Else Hueck-Dehio** (1897-1976) lebte lange in Lüdenscheid, dann ab 1954 in M. (Hueckshof). Grab auf dem Friedhof. – **Hans Baumann**, geb. in Amberg (1914-88), NS-Lyriker, nach 45 Kinder- und Jugendliteratur. Haus in M. Heckendorfer Straße 10, Grab auf dem Friedhof.

Polling

Heimatmuseum, Kirchplatz 11 (Rathaus); Bibliothekssaal des Klosters.

Sagenhafte Klostergründung durch Tassilo III. um 750. Von hier aus rief 1263 **Albertus Magnus** (→ Dillingen/Lauingen/BY) zum Kreuzzug auf. Im 16. Jh. wetterte **Johannes Eck** (Memmingen/Egg/BY) hier gegen Luther.

Eusebius Amort, * 11. 11. 1692 Bibermühle b. Tölz, † 5. 2. 1775 P., Theologe. Mitbegründer der wiss. Zs. »Parnassus Boicus«. Gründungsmitglied der Bay. Akademie der Wiss. Sein Hauptwerk »Philosophia Pollingama ad normam Burgundicae« (1730). – Grab in der letzten Schiffskapelle der Epistelseite der Stiftskirche.

A »Polling hat Atmosphäre ... Du wirst die Schweigharts in meinem Doktor Faustus wiederfinden«, so Thomas zu **Viktor**

Mann (→ München/BY; »Wir waren fünf«, 1949) über den Schweighart-Hof (Kirchplatz 1), wo die Familie M. seit 1899 eine »zweite Heimat« hatte. P., wichtigster Schauplatz in **Thomas Manns** (→ Lübeck/SH) »Doktor Faustus«, ist »Pfeiffering«, der Schweighart-Hof »Schweigestill« im Roman. Th.-M.-Dokumentation im Heimatmuseum; »Doktor-Faustus-Weg«, Rundweg vom Kirchplatz aus, mit 13 Texttafeln zu Passagen des Romans.

Wessobrunn

»Wessofontanum« (Museum, Archiv, Slgg.).

Wessobrunner Gebet: Die nach ihrem Fundort im Benediktinerkloster von W. benannte Hs. von 814 (heute BSB) enthält ein Weltschöpfungsgedicht in althochdt. Stabreimen. Der Text steht auf einem 1875 errichteten Findling unter einer Linde vor dem Gasthof. – Im Kloster dichtete **F. W. J. von Schelling** (→ Leonberg/BW) seine (erst postum hg.) »Clara«; Gedenktafel von 1861 im Fürstentrakt. – Über W.er Baumeister, Stuckatoren und Maler R. von **Peter Dörfler** (→ Kaufbeuren/Unter-Germaringen/BY) »Die Wessobrunner« (1941). – Chiemsee und Kloster W. nennt **Luise Rinser** (→ Landsberg/BY) »meine beiden Kinderheimaten«. In ihrem ersten Buch »Die gläsernen Ringe« (1941) verklärt sich W. als »Traumort, erbaut aus Mosaiksteinchen sehnsüchtiger Erinnerung«, zu »St. Georgen«. In W. ist sie auch begraben; Tuffstein-Brunnen im Klosterhof mit dem Motiv der »Gläsernen Ringe« (»Ort meiner Kindheit: Wessobrunn«, 1987).

R In **Weilheim** fanden vom 16.-18. Jh. **Passionsspiele** statt. Die daraus hervorgegangene »Bürgerl. Theatergesellschaft« spielte bis ins 19. Jh. (im Stadtmuseum Passionsszenen und Textbuch von 1684). – In

der Rotsee-Kapelle bei **Eberfing** Grab des
Lyrikers **Clemens Graf Podewils** (1905-
78/»Wegwarte«, 1978), der lange Jahre
Sekretär der Bay. Akademie der Schö-
nen Künste in München war. – Barockes
Vademecum für den **Pfaffenwinkel** und
seine »Kostbarkeiten des bayerischen Kir-
chenbauens und Kirchendichtens« (W.
Hausenstein): **Adam Antoni Rupprechts**
Münchner Flugblatt von 1741 mit der
»March Route Der Herren Studenten«,
»Die zu denen Clöstern führt«, von **Bern-
ried** und **Beuerberg** bis **Rottenbuch** und
Andechs.

B E. Tworek, Spaziergänge durch das Alpen-
vorland der Dichter und Künstler, 2004; D.
Heißerer, Doktor Faustus in Polling bei Weil-
heim, in: Im Zaubergarten, 2005.
Z Bad Tölz, Garmisch-Partenkirchen, Starn-
berg (BY).

WEIMAR/TH

*»O Weimar! Dir fiel ein besonder Los:/Wie
Bethlehem in Juda, klein und groß!« (Johann
Wolfgang von Goethe, 1782)*
Bauhaus-Universität, Hochschule für Musik
»Franz Liszt«; Thüringisches Hauptstaatsar-
chiv, Goethe- und Schiller-Archiv, Stadtar-
chiv. – Klassik-Stiftung Weimar: Schlossmu-
seum (mit Cranach-Galerie), Goethehaus/Goe-
the-Nationalmuseum, Goethes Gartenhaus,
Schillerhaus, Wittumspalais, Kirms-Krackow-
Haus, Liszthaus, Römisches Haus, Rokokomu-
seum Schloss Belvedere; Neues Museum (Kunst
des 20. Jh.s), Bauhaus-Museum, Museum für
Ur- und Frühgeschichte, Albert-Schweitzer-
Begegnungsstätte, Stadtmuseum; Gedenkstät-
te Buchenwald. – Deutsches Nationaltheater.
– Pèlerinages W.er Kunstfest.
1547-1918 Residenz der Herzöge bzw. Groß-
herzöge von Sachsen-W. Unter den am Hof tä-
tigen Künstlern: Lucas Cranach d. Ä. (1552/
53), Johann Sebastian Bach (1703, 1708-17),
Johann Nepomuk Hummel (1819-37), Franz
Liszt (1842-61) und Richard Strauss (1889-

94). Mit der Kunstschule und mit dem 1919
aus ihr hervorgegangenen Bauhaus verbun-
den: Friedrich Preller d. Ä. (1860-78), Max
Liebermann (1868-73), Christian Rohlfs (1870-
1901), Henry van de Velde (1902-1917), Lud-
wig von Hofmann (1903-16), Lyonel Feininger
(1906-25), Walter Gropius (1919-25), Johannes
Itten (1919-23), Paul Klee (1921-25), Oskar
Schlemmer (1920-23), Wassily Kandinsky
(1922-25). – Aus W. stammen der Bildhauer
Adolf von Donndorf (1835-1916) und der Ma-
ler Alexander von Szpinger (1889-1969). – Der
Rat der Volksbeauftragten beschloss, die am
19. 1. 1919 gewählte Deutsche Nationalver-
sammlung nicht ins unruhige Berlin, sondern
nach W. einzuberufen. Daher rührt die inoff.,
doch fest eingebürgerte Bez. »Weimarer Repu-
blik« für das Deutsche Reich zw. 1919 und 33.
Gedenktafel am Deutschen Nationaltheater,
Tagungsort der Nat.-Vers. Februar bis August
1919.

Johannes Aurifaber (eig. **Goldschmied**),
* 1519 W., † 18. 11. 1575 → Erfurt/TH,
Theologe. 1545 letzter Famulus M. Luthers,
dessen »Tischreden« (»Colloquia Doct. Mar-
tin Luthers«, 1566) A. herausgab. 1550-61
W.er Hofprediger.
Dorothea Maria, Herzogin **von Sachsen-
W.**, * 2. 7. 1574 Dessau, † 18. 7. 1617 W.
In den Jahren von D.s Witwenschaft nach
1605 stieg W. zu einem Musensitz auf.
D.s Hofkapellmeister: **Johann Hermann
Schein** (→ Aue/Schwarzenberg/SN/1615/
16). **Martin Rutilius** (1551-1618), seit 1586
W.er Pfarrer, wurde berühmt mit dem
Bußlied »Ach Gott und Herr/wie groß
und schwer/sind mein begangne Sünden«
(1613). – **Caspar von Teutleben** (→ Söm-
merda/TH) war 1604-20 W.er Hofmar-
schall. – **Melchior Vulpius** (→ Meinin-
gen/Wasungen/TH) war 1596 bis zu sei-
nem Tod 1615 Kantor in W. V.s Liederbü-
cher (1604, 09) fassen das nachlutherische
Liedgut Mitteldtl.s zusammen. – **Wolf-
gang Ratke** (→ Erfurt/TH), 1612/13 in
W., fand in D. eine Förderin und begrün-

dete in W. eine bedeutende Schule, die von
Johann Kromeyer (1576-1642) fortge-
führt wurde.

E Die Fruchtbringende Gesellschaft. Als Do-
rothea Maria starb, gründete ihr Sohn Johann
Ernst d. J. (1594-1626) die erste dt.
Akademie, die nach ihrem Emblem schon von den Zeitge-
nossen auch Palmenorden genannt wurde.
Ihre Einrichtung erfolgte am 24. 8. 1617 auf
dem Hornstein, dem W.er Residenzschloss.
Der Überlieferung nach machte Caspar von
Teutleben den Gründungsvorschlag. Nach
den fürstl. Stiftern sollten die meist adeligen
Mitglieder »Liebhaber aller Ehrbarkeit/Tu-
gend und Höflichkeit« sein, aber auch über
den Ständen und den Religionsauseinanderset-
zungen stehen. Ihr Vorbild war die 1582 in Flo-
renz gegründete humanist. Accademia della
crusca. Wie die Florentiner die ital. so wollten
die Weimarer die dt. Sprache fördern sowie
Lit. aus roman. Ländern übersetzen lassen.
Ihr Hauptziel aber war die Beförderung einer
dt. Kunstdichtung, weshalb die bedeutendsten
dt. Dichter nach und nach Gesellschaftsmitglie-
der wurden.

Johann Wilhelm Neumayr von Ramsla,
* vermutl. Januar 1572 W., † 23. 11. 1641
ebd., Militärschriftsteller im W.er Hof-
dienst. Hauptwerk: »Vom Krieg« (1644).
– Lebte in W. und im nahen Ramsla.
Sigismund Evenius (eig. **Eue**), * 1585 Nau-
en, † kurz vor dem 17. 9. 1639 W., Theo-
loge. 1634 Kirchen- und Schulrat in W.
Verf. der Streitschrift »Christliche, Gott-
selige Bilderschule ...« (1636), Vorbild
für J. A. Komenskys »Orbis sensualim pic-
tus« (1657).
Wilhelm IV., Herzog **von Sachsen-W.**,
* 11. 4. 1598 Altenburg, † 17. 5. 1662 W.
1651-62 Oberhaupt der Fruchtbringenden
Gesellschaft. Verf. des Liedes »Herr Jesu
Christ/dich zu uns wend« (1648).
W.s Bruder **Ernst d. Fr.** (→ Gotha/TH),
bis 1649 in W., gab zus. mit bedeutenden
Theologen (u. a. Evenius) die »Ernesti-
sche oder Weimarer Bibel« (1641) heraus,

die dem Dt.-Unterricht den Weg bereitete.
Wohnung: Grünes Schloss (heute Herzo-
gin-Anna-Amalia-Bibliothek).
Georg Neumark (→ Bad Langensalza/
TH) wurde 1652 nach W. berufen. Als Se-
kretär der Fruchtbringenden Gesellschaft
koordinierte N. einen bedeutenden Teil
der zeitgen. Lit. und schrieb deren Gesch.
(»Der neusprossende teutsche Palmbaum«,
1668). – Wohnung: Windischengasse
(Nachfolgebau Schiller-Museum); Grab
auf dem Jakobsfriedhof nicht erhalten, Ge-
denktafel an der Friedhofsmauer.
Johann Christoph Lorber, * 19. 4. 1645
W., † 16. 4. 1722 ebd., Verf. von Versdich-
tungen und Reisebeschreibungen. Ab 1681
wieder in W. L.s »Ostindische Land- und
Reisebeschreibung« blieb ungedruckt. Be-
deutend seine »Grammatica malaica«
(1688).
Salomo Franck (auch **Franke**, Ps. **Clean-
der**), * 6. 3. 1659 W., † kurz nach dem 14.
6. 1725 ebd., Lieder- und Kantatendich-
ter. Seit 1701 Konsistorialsekretär (»der ge-
lehrte Franck«) und Bibliothekar in W. F.s
Kantatentexte vertonten G. Ph. Telemann
und J. S. Bach. – Wohnung: »Geleitschen-
ke« Scherfgasse 4.
Anna Amalia, Herzogin **von Sachsen-
Weimar und Eisenach**, * 24. 10. 1739 Wol-
fenbüttel, † 10. 4. 1807 W. Nichte Fried-
richs d. Gr. (→ Potsdam/BB). 1756 Ge-
mahlin Ernst Augusts II. Constantin
(1737-58). Gilt als Begründerin des W.er
Musenhofes. A. richtete die heute ihren Na-
men tragende Bibliothek ein, gründete ein
Theater und holte die ersten Dichter nach
W., die nicht nur Zierrat sein sollten. – Woh-
nung: Wittumspalais, Am Palais 3; Grab
in der Stadtkirche.
Zu A.s im Wittumspalais abgehaltener »Ta-
felrunde« (1775-1807) gehörten: **Wieland,
Goethe, Musäus** und **Herder**. Ferner die
Hofdamen **Luise von Göchhausen** (1752-
1807), **Sophie von Egloffstein** (1742-1807),

Wohnung Windischengasse 15, der komponierende Kammerherr **Karl Siegmund von Seckendorf** (1744-85) und der vielseitige **Johann Joachim Christoph Bode** (1730-93), dessen Übersetzungen (L. Sterne, J. Fielding) die engl. Lit. in Dtl. bekannt machten. Wohnung Brauhausgasse 10, Grab auf dem Jakobsfriedhof. – Das von A. gegründete »Liebhabertheater« (1775-82) war keine öffentl. Bühne, doch ging aus ihm das Hoftheater hervor. Häufiger Spielort das Hauptmannsche Redoutenhaus, Schillerstraße 18 (Nachfolgebau). Dort am 6. 4. 1779 die legendäre Uraufführung von »Iphigenie auf Tauris« mit **Corona Schröter** (→ Ilmenau/TH) in der Titelrolle und **Goethe** als Orest. – **Charitas Emilie Gräfin von Bernstorff** (1733-1820) führte seit 1779 einen lit. Salon, Brauhausgasse 10, in dem auch die Mitglieder von A.s Tafelrunde verkehrten.
Johann Karl August Musäus, * 29. 3. 1735 → Jena/TH, † 28. 10. 1787 W., Erzähler. 1763 als Pagenhofmeister nach W. berufen, 69 Gymnasial-Prof. Berühmt mit den »Volksmärchen der Deutschen« (1782-85), die das dt. Kunstmärchen begründeten. – Wohnung: Kegelplatz 4 (Gedenktafel, heute Albert-Schweitzer-Gedenkstätte mit Erinnerungen an M.), Garten mit M.-Gedenkstein zw. Jenaer Straße 4 und Rothäuserbergweg; Grab auf dem Jakobsfriedhof. – Nachlass GSA Weimar.
Friedrich Justin Bertuch, * 30. 9. 1747 W., † 3. 4. 1822 ebd., Verleger, Journalist und Übersetzer. In B.s 1791 gegr. »Landes-Industrie-Comptoir« war jeder Zehnte W.er beschäftigt. Freundschaftl. Verkehr vor allem mit Wieland und Musäus. Von B.s gegründeten Periodika ragen heraus: »Journal des Luxus und der Moden« (1780-1827), »Bilderbuch für Kinder« (1790-1822). – Wohnung: »Bertuchsche Häuser« (1780-82, erw. 1802) Karl-Liebknecht-Straße 5, heute Stadtmuseum; Grab dahinter

im Weimarhallenpark. – Nachlass GSA Weimar.
Christoph Martin Wieland (→ Biberach/BW) war beim Karneval 1772 erstmals in W. und las Anna Amalia aus dem sozialutop. Roman »Der goldene Spiegel« vor. Am 29. 9. wurde er W.er Prinzenerzieher. – 1773 Gründung des »Teutschen Merkur«, bald die wichtigste lit.-polit.-Zs. Dtl. s., wodurch W. für die lit. Öffentlichkeit ein zentraler Ort wurde. – Erfolgreichste Werke der W.er Jahre: »Die Geschichte der Abderiten« (R. 1774-81) und »Oberon« (1780). – Wohnung: 1773-77 Luthergasse 1 (Gedenktafel), 1777-92 Marienstraße 1 (Nachfolgebau, Gedenktafel), 1792 Wielandplatz 2 (Nachfolgebau), 1793-97 Markt 18 (nicht mehr vorhanden), 1803-05 Rittergasse 19, 1806-13 Wielandstraße 1 (Gedenktafel an erhaltener Fassade); Denkmal (1857) auf dem Wielandplatz (in der Hand der Bronzefigur der »Oberon«). – Teilnachlass GSA Weimar.
Johann Gottfried Gruber (→ Naumburg/ST), 1805-11 in W., gab W.s »Sämmtliche Werke« (53 Bde., 1818-28) heraus und schrieb die erste W.-Biografie. – Sohn **Ludwig Wieland** (1777-1819) schrieb »Erzählungen und Dialoge« (2 Bde., 1803) und »Lustspiele« (1805).
Karl Ludwig von Knebel (→ Jena/TH) kam 1774 als Prinzenerzieher nach W. und vermittelte als Sekretär Carl Augusts den Kontakt zu Goethe, den er im Dezember 74 in Frankfurt a. M. kennengelernt hatte. Einer der wenigen Duzfreunde (»Urfreund«) Goethes. Nach der Heirat mit der vom Herzog geschwängerten Sängerin Louise von Rudorf (1777-1852) 98 nach → Ilmenau/TH. – Wohnung: »Jägerhaus«, Marienstraße 5 (Gedenktafel), zeitweilig Goethes Gartenhaus, 1789-98 Markt 13.
Carl August, Herzog bzw. Großherzog **von Sachsen-W.-Eisenach**, * 3. 9. 1757 W.,

† 14. 6. 1828 Graditz (→ Torgau/SN), erzogen 1772-75 von Wieland. Übernahm am 3. 9. 75 die Regierung. Lebenslange Freundschaft mit Goethe. Entwickelte W. zu einem geistigen Zentrum von europ. Rang. – Grab in der Fürstengruft auf dem Hist. Friedhof; Reiterstandbild (1875) Platz der Demokratie.
C.s Geliebte seit 1801 die Sängerin **Caroline Jagemann** (1777-1848), die Goethe aus der W.er Theaterleitung verdrängte. J.s »Erinnerungen« (Hrsg. E. von Bamberg 1926). Geburtshaus: Luthergasse 3, Wohnung seit 1806: »Deutschordenshaus«, Herderplatz 9.
Goethe (→ Frankfurt a. M./HE) traf am 7. 11. 1775 in W. ein. War zunächst Gast Carl Augusts, doch schon seit dem 11. 6. 76 als Geheimer Legationsrat Mitglied der Reg., 77 Leiter von Bergbau-, 79 Wegebau- und Kriegskomm., 82 der Finanzbehörde. – Wohnung: 1775/76 »Sächsischer Hof«, Eisfeld 12 (Gedenktafel), 1776/77 Burgplatz 1 (Gedenktafel), 1776-82 (und später) auch Gartenhaus an der Ilm (Museum), 1777-79 Fürstenhaus (Musikhochschule), Platz der Demokratie, 1779-81 Seifengasse 16 (Gedenktafel), 1782-89 (als Mieter) Frauenplan 1, 1789-92 »Jägerhaus«, Marienstraße 5 (Gedenktafel), 1792-1832 (als Eigentümer) Frauenplan 1 (Museum mit dem Zimmer, in dem G. am 22. 3. 1832 gestorben ist); G.- und Schiller-Denkmal (1857) von E. Riet-

Weimar: Goethehaus am Frauenplan anläßlich der Feier zum 150. Geburtstag des Dichters (1899)

schel, Theaterplatz; Grab in der Fürstengruft auf dem Hist. Friedhof.
Jakob Michael Reinhold Lenz (→ Emmendingen/BW) kam Anfang April 1776 nach W. und suchte die Nähe Goethes. Nachdem dieser im Juni in den Staatsdienst eintrat, kam L. mit ihm und der Hofges. immer weniger zurecht (»Ich schmecke die ganze Wollust der Einsamkeit auf den Kontrast des Hofes«). Zuerst zog sich L. zurück, schließlich kam es zum Eklat (L.s »Eseley«), worauf er am 1. 12. W. verließ. – Wohnung: Gasthof »Zum Erbprinzen« (Wiederaufbau vorgesehen), Markt 16. – Auch **Friedrich Maximilian Klinger** (→ Frankfurt a. M./HE), in W. Juni-September 1776, konnte hier nicht Fuß fassen.
Charlotte von Stein, geb. von Schardt, * 25. 12. 1742 → Eisenach/TH, † 6. 1. 1827 W., war 1776-86 für Goethe die wichtigste Frauengestalt (»Du einzige, die ich so lieben kann«), wenn auch nicht Geliebte, doch Adressatin vieler Werke (»An den Mond«, 1777) und Empfängerin von mehr als 2000 Briefen. 15-jährig Hofdame Anna Amalias. 64 Heirat mit dem Oberstallmeister Josias von Stein (1735-93). Freundin von Charlotte Schiller. Verf. von Schauspielen (»Dido«, 1794). – Wohnung: 1743-64 Scherfgasse 3 (Museum Palais Schardt mit Rokokopavillon), 1764-77 Kleine Teichgasse 8 (erste Begegnung mit Goethe), dann »Haus der Frau von Stein«, Ackerwand 25 (Gedenktafel); Grab auf dem Hist. Friedhof.
Christiane Vulpius, verh. von Goethe, * 1. 6. 1765 W., 6. 6. 1816 ebd., aus alter Beamten-Fam. Überreichte Goethe im Gartenhaus am 12. 7. 1788 ein Bittgesuch für ihren Bruder Ch. A. Vulpius. Darauf wurde Ch. Goethes Geliebte und Lebensgefährtin, am 19. 10. 1806 Trauung in der Sakristei der Jakobskirche. Auf Ch. beziehen sich die »Römischen Elegien« (1790) und das Gedicht »Gefunden« (1813). – Ge-

Weimar: Goethes Gartenhaus im Park an der Ilm

burtshaus: Luthergasse 5 (Gedenktafel); Grab auf dem Jakobsfriedhof, Grabstein (1888) mit Goethe-Vers: »Du versuchst, o Sonne vergebens,/durch die düstern Wolken zu scheinen/Der ganze Gewinn meines Lebens/Ist, ihren Verlust zu beweinen.« – **Wolfgang Vulpius** (1897-1978), »Christiane. Lebenskunst und Menschlichkeit in Goethes Ehe« (1949); **Eckart Kleßmann**, »Christiane. Goethes Geliebte und Gefährtin« (1992); **Sigrid Damm**, »Christiane und Goethe. Eine Recherche« (1998).

Goethes Fam.: **Ottilie von Goethe**, geb. von Pogwisch (1796-1872), Schwiegertochter. Kam 1809 nach W., heiratete 17 Goethes einzigen Sohn **August von Goethe** (1789-1830/Grab auf dem prot. Friedhof in Rom). O. unterhielt in W. einen eigenen Salon. 1829-31 Hrsg. der Zs. »Chaos«. 1832-70 vor allem in Wien. Grab auf dem Hist. Friedhof. Wohnung: Bei der Großmutter **Ottilie Henckel von Donnersmarck** (1756-1843), »Pogwischhaus« Am Horn 4a, bei der Mutter **Henriette**

von Pogwisch (1776-1851), Betreiberin einer von Goethe geförderten Lesegesellschaft, Schillerstraße 14, 1817-32 Frauenplan 1 (Mansarde). Ihre Kinder: **Walther Wolfgang von Goethe** (1818-85), **Wolfgang Maximilian von Goethe** (1820-83) und **Alma von Goethe** (1827-44). Gräber auf dem Hist. Friedhof. Durch das Testament des letzten Goethe-Enkels fiel das Goethesche Erbe an den weimarischen Staat, der das Goethe-Wohnhaus unverändert der Öffentlichkeit zugänglich machte.

Johann Gottfried Herder, * 25. 8. 1744 Mohrungen/Ostpreußen, † 18. 12. 1803 W., Theologe und Geschichtsphilosoph, Dichter und Übersetzer. Studium in Königsberg, unter seinen Lehrern I. Kant. Dann Lehrer und Prediger u. a. in Riga. Anreger Goethes, den er 1770 in Straßburg kennenlernte. Heiratete 73 **Caroline Flachsland** (→ Darmstadt/HE). 1771-76 wegen seiner krit. Schriften bereits berühmt. Im Oktober 76 auf Veranlassung Goethes Ruf nach W., wo H. bis zu seinem Tod Superintendent und Oberhofprediger

Weimar: Blick vom idyllischen Garten Herders zu Superintendentur und Stadtkirche

war. 1802 geadelt. – W.: Kritische Wälder (1769); Abhandlung über den Ursprung der Sprache (Ess. 1772); Stimmen der Völker in Liedern (Anth. 1778); Ideen zur Philosophie der Geschichte der Menschheit (Ess. 1784 ff.). Sämtl. Werke (Hrsg. B. Suphan, 1877 ff.; Sämtl. Briefe (Hrsg. W. Dobbek, 1970 ff.). – Wohnung: Herderplatz 8 (noch heute Superintendentur, Gedenktafel), Garten mit Erinnerungen zugänglich; Denkmal (1850) vor der Stadtkirche (H.-Kirche), Grab in der Stadtkirche. – Nachlass GSA Weimar.

August von Kotzebue, * 3. 5. 1761 W., † (ermordet) 23. 3. 1819 → Mannheim/BW, Lustspieldichter und Publizist. W.er Gymnasium, wo Musäus sein Lehrer war. Viele Reisen. Seit 1785 Karriere in Russland, dort Hrsg. antifranz. Zss. Mit seinen Lustspielen bestimmte K. seit dem Erfolg von »Menschenhass und Reue« (1789) europaweit und auch in W. den Spielplan. K.s »Deutsche Kleinstädter« (1803), deren Schauplatz Krähwinkel seitdem ein Synonym für Spießertum ist, gehört zu den besten dt. Komödien. – Geburtshaus: »Gelbes Schloss«, Kollegiengasse/Ecke Grüner Markt, Wohnung: Schlossgasse 6 (Gedenktafel).

Christian August Vulpius, * 22. 1. 1762 W., † 26. 6. 1827 ebd., Verf. von 60 Trivialromanen (»Romanfabrik«) und wiss. Abhandlungen (»Handwörterbuch der Mythologie«, 1826). Seit 1790 wieder in W. 97 Bibliothekar und enge Zus. mit seinem Schwager Goethe. – W.: Rinaldo Rinaldini der Räuberhauptmann (1799), Don Juan der Wüstling (1805). – Geburtshaus: Luthergasse 5, Wohnung: Brauhausgasse 10, 1822-27 Ackerwand 25, Witwe und Nachkommen bis ins 20. Jh. Frauenplan 4 (»Vulpiushäuser«); Grab auf dem Hist. Friedhof. – Nachlass GSA Weimar.

Friedrich Schiller (→ Ludwigsburg/Marbach/BW) lebte mit Unterbrechungen 1787-89 und 1799-05 in W., wo nach dem Umbau des Theaters 1798 seine wichtigsten Stücke aufgeführt wurden: »Wallenstein« (1798/99), »Maria Stuart« (1800) und »Wilhelm Tell« (1804). – Wohnung: 1787-89 Frauentorstraße 21 (Gedenktafel), 1799-1802 Windischenstraße 8 (Gedenktafel), dann Schillerstraße 12 (Museum). Grab zunächst Kassengewölbe auf dem Jakobsfriedhof (Gedenktafel), seit 1827 in der Fürstengruft auf dem Hist. Friedhof.

Karl August Böttiger (→ Reichenbach/SN) war 1791-1804 Gymnasial-Prof. in W. Freund Wielands und mit Goethe und Schiller bekannt, die B. viele Stoffe für ihre Balladen verdankten. Als sich B. von Goethe (»dieser Tigeraffe«) nicht ausnutzen ließ, kam es zum Bruch. Krit. Zeichnung der Klassiker in: »Literarische Zustände und Zeitgenossen. Begegnungen und Gespräche im klassischen Weimar« (Hrsg. K. Gerlach, R. Sternke, 1998). – Wohnung: Jakobstraße 3.

Johann Heinrich Meyer (gen. »Kunscht-Meyer«), * 16. 3. 1760 Zürich, † 11. 10. 1832 Jena, Maler und Kunstgelehrter (»Geschichte der bildenden Kunst bei den Griechen«, 1824). Lernte 1788 in Rom Goethe kennen, dessen Freund und maßgebl. Kunstberater er 1791 in W. wurde. 1806 Direktor der Freien Zeichenschule. Einfluss auf Goethes Zs. »Über Kunst und Altertum«. – Wohnung: 1791/92 »Jägerhaus«, Marienstraße 5 (Gedenktafel), 1792-1803 Frauenplan 1, 1803-16 Fürstenhaus, dann Windischenstraße 13; Grab auf dem Hist. Friedhof.

Friedrich Wilhelm Riemer, * 19. 4. 1774 Glatz/Niederschlesien, † 20. 12. 1845 W., Philologe. Seit 1803 in W. Hauslehrer von Goethes Sohn. Enger Mitarbeiter Goethes. 38 Oberbibliothekar. Wichtige Mitarbeit an der »Ausgabe letzter Hand« (40 Bde., 1827-40) der Werke Goethes. – Wohnung: 1803-12 Frauenplan 1 (wo R.

seine Frau kennenlernt), dann Markt, 1839-45 Wielandplatz 3 (Gedenktafel).

Jean Paul (→ Wunsiedel/BY) lebte nach erstem Besuch 1796 von 1798-1800 in W., verkehrte besonders im Kreis um Herder und bewunderte Charlotte von Kalb. – Wohnung: Markt/Ecke Windischengasse (Gedenkstein auf dem Markt an Stelle des Hauses).

Johann Daniel Falk (auch **Johannes F.**), * 28. 10. 1768 Danzig, † 14. 2. 1826 W., Dramatiker und Lyriker. Kritiker und pädagog. Schriftsteller. 1797 von Halle nach W., wo F. Wieland und Herder zu Freunden gewann und 1813 die »Gesellschaft der Freunde in der Not« gründete, die sich um Kriegswaisen kümmerte. Namenlose Bekanntheit F.s durch das Weihnachtslied »O du fröhliche …« (1816). – W.-Auswahl: Die Prinzessin mit dem Schweinerüssel (Hrsg. P. Saupe 1988). – Wohnung: 1797-1817 Markt 18, 1817-21 Schillerstraße 18, dann im »Lutherhof«, Luthergasse 1 (Museum), wo auch das »Falksche Institut« (Waisenhaus) untergebracht war; Denkmal (1913) am Graben; Grab auf dem Hist. Friedhof. – J.-F.-Verein. – Zu den wichtigen W.er Frauengestalten: **Caroline Falk** (1780-1841/I. Dietsch, »Da fühlst Du einmal meine Last«, 2003).

Amalie von Helvig, geb. von Imhoff, * 16. 8. 1776 W., † 17. 12. 1831 Berlin, Lyrikerin und Übersetzerin. Tante Ch. von Steins, in deren Nähe sie 1791-1803 die glücklichste Zeit ihres Lebens verbrachte. Schiller förderte H. und veröffentlichte ihr Versepos »Die Schwestern von Lesbos« (1799) im »Musen-Almanach«. Mit ihrem Mann, einem schwed. Obersten, in Stockholm.»Mustergültige« Übersetzungen aus dem Schwed. (E. Tegnér).

Johanna Schopenhauer, geb. Trosiener, * 9. 7. 1766 Danzig, † 16. 4. 1838 → Jena/TH, Reiseschriftstellerin und Erzählerin. Lebte 1806-29 zus. mit ihrer Tochter **Adele**

Schopenhauer (→ Bonn/NW) in W. und führte einen lit. Teesalon, in dem Goethe oft zu Gast war und Christiane gesellschaftl. akzeptiert wurde: »Ich denke, wenn Goethe ihr seinen Namen gibt, können wir ihr wohl eine Tasse Tee geben.«. – W.: Gabriele (R. 1819). Im Wechsel der Zeiten, im Gedränge der Welt. Jugenderinnerungen, Tagebücher, Briefe (Hrsg. R. Weber, 1986). – Wohnung: 1806-13 Schillerstraße 13 (Nachfolgebau), dann Theaterplatz 1 a (Umbau).

Sohn **Arthur Schopenhauer** (→ Frankfurt a. M./HE) erhielt 1808/09 in W. Privatunterricht. Nach dem Studium kehrte Sch. 1813/14 nach W. zurück und verkehrte mit Goethe, der dessen Genie erkannte und ihn in die Experimente zur Farbenlehre einbezog.

Carl Ludwig Fernow, * 19. 11. 1763 Blumenhagen bei Stettin, † 4. 12. 1808 W., Kunsttheoretiker. Studium bei K. L. Reinhold (→ Jena/TH). 1794-1803 in Rom. Dann Bibilothekar in W., wo er zum engen Kreis um J. Schopenhauer gehörte. – W.: Römische Studien (3 Bde., 1806-08). – Grab auf dem Jakobsfriedhof. – **J. Schopenhauer**; »Carl Fernows Leben« (1810).

Louise Seidler, * 15. 5. 1786 Jena, † 7. 10. 1866 W., »die Malerin des klassischen Weimar«. Seit 1824 Kustodin in W. S.s »Erinnerungen« (Hrsg. H. Uhde 1874, n. S. Kaufmann 2003) sind eine der bedeutendsten Künstler-Aut. des 19. Jh.s. – Wohnung: »Jägerhaus«, Marienstraße 3 (Gedenktafel); Grab auf dem Hist. Friedhof.

Johann Peter Eckermann (→ Winsen/NI) war von 1823 bis zu Goethes Tod 32 dessen engster Mitarbeiter (»Gespräche«). Nach 34 lebte E., immer skurriler werdend, zurückgezogen bis zum Tod 54 in W. – Wohnung: 1823-31 »Eckermannhaus« Brauhausgasse 13 (Gedenktafel), 1831-40 Theaterplatz 1 a (Umbau), nach 1851 Markt 9 und Steubenstraße 18.

Karl Sondershausen, * 8. 10. 1792 W., † 1. 3. 1882 ebd., Dramatiker (»Bernhard von Weimar«, 1825). Pagenhofmeister. Pflegte zwar Umgang mit Goethe, aber Autoren wie A. Müllner (→ Weißenfels/ST) standen dem Epigonen näher. Aut. »Der Letzte aus Alt-Weimar« (1859).

Jenny von Gustedt, geb. von Pappenheim, * 7. 8. 1811 Schönfeld bei Kassel, † 29. 6. 1890 Laplacken/Ostpreußen. Illegitime Tochter König Jeromes von Westfalen. Nach dessen Absetzung 1814-38 in W. Hofdame Maria Pawlownas. Ihre posthum ersch. Erinnerungen (»Aus Goethes Freundeskreisen«, 1892; »Im Schatten der Titanen«, 1908) von hohem Quellenwert. – Wohnung: Ackerwand 3.

Carl Alexander, Großherzog **von Sachsen-W.-Eisenach**, * 24. 6. 1818 W., † 5. 1. 1901 ebd., Bewahrer der W.er Traditionen und Schöpfer von Neuem (»Silbernes Zeitalter«). – C.s Mutter **Maria Pawlowna** (1786-1859) hatte Franz Liszt nach W. geholt und die Stadt aus der Provinzialität herausgeführt. Zu Liszt kam als Verfolgter am 13. 5. 1849 **Richard Wagner** (→ Bayreuth/BY), dessen »Tannhäuser« schon 48 in W. aufgeführt worden war. Die Uraufführung des »Lohengrin« (1850) folgte. – **Sophie** (1824-97), Gemahlin von C., vollstreckte das Goethe-Testament (»Ich habe geerbt und Deutschland soll mit mir erben«) und regte die Hrsg. des Gesamtwerks (»Sophien-Ausgabe«, 1887-1919) Goethes an. – C. stand in engem Kontakt zu **Hans Christian Andersen** (1805-75), der W. 1844-47 immer wieder besuchte. Darüber in der Aut. »Das Märchen meines Lebens« (1847): »Von Weimar, der Dichterstadt, ist Sonnenschein in mein Dichterleben hineingeströmt.« Briefwechsel zw. A. und Carl Alexander (Hrsg. E. Jonas 1887), ebenso zw. A. und **Fanny Lewald** (→ Dresden/SN). C. berief **Ernst von Wolzogen** (→ München/BY) zu seinem Vorleser. 1879-

82 in W. Der Musiker-Roman »Der Kraft-Mayr« (1897) handelt von F. Liszts ersten W.er Jahren.

Heinrich Hoffmann von Fallersleben (→ Wolfsburg/NI) fand 1854-60 Zuflucht in W., dort Mitbegründer des »Neu-Weimar-Vereins« und Hrsg. des »Weimarischen Jahrbuchs für deutsche Sprache, Literatur und Kunst«. Doch am Ende war H. froh, »von dieser Acker- und Dorfresidenz« erlöst zu sein. – Wohnung: Leibnizallee 4 (Gedenktafel).

Franz von Dingelstedt (→ Marburg/Halsdorf/HE), 1857-67 W.er Generalintendant, begründete die Tradition glanzvoller Klassiker-Aufführungen. D. war maßgeblich an der Gründung der »Deutschen Schiller-Stiftung« (1859) und der Shakespeare-Gesellschaft (1864) beteiligt. Doch bekämpfte er den Einfluss von F. Liszt. Der Skandal um die Uraufführung der Oper »Der Barbier von Bagdad« von **Peter Cornelius** (1824-74/1852-59 in W., Wohnung: Geleitstraße 5/Gedenktafel) führte zu seinem Weggang. – Wohnung: Beethovenplatz 2 (Gedenktafel).

Über D. unterhielt **Friedrich Hebbel** (→ Heide/Wesselburen/SH) Verbindungen nach W. und hielt sich 1857-61 jährl. für einige Wochen hier auf. Höhepunkt die Uraufführung der »Nibelungen« (1861). Doch an seine Frau, die Schauspielerin Christine Enghaus (die erste Kriemhild) schrieb H.: »In Weimar muß man entweder Goethe oder – sein Schreiber sein.«

Karl Gutzkow (→ Berlin) lebte 1861-64 als Generalsekretär der von ihm mitbegründeten »Deutschen Schiller-Stiftung« (1859) in W., wo 1839 und 40 seine Dramen »Richard Savage« und »Werner oder Herz und Welt« uraufgeführt worden waren. In seiner Aut. »Rückblicke auf mein Leben« (1875) krit. Bemerkungen zum W.er Kulturleben. – Wohnung: Marienstraße 2. – Den ersten Preis der »Schiller-

Stiftung« erhielt 1859 **Otto Ludwig** (→ Hildburghausen/Eisfeld/TH), der W. wiederholt besucht hatte.

Adelheid von Schorn, * 10. 1. 1841 W., † 7. 12. 1916 ebd., Chronistin des nachklass. W. (»Zwei Menschenalter. Erinnerungen und Briefe«, 1901; »Das nachklassische Weimar«, 1912). – Tochter des Kunsthistorikers **Ludwig von Schorn** (1793-1842) und der Schriftstellerin **Henriette von Schorn**, geb. von Stein (Ps. **H. Nordheim**, 1807-69/»Ländliche Skizzen aus Franken«, 1854), die den letzten lit. Salon W.s geführt hatte. – Wohnung: Belvederer Allee 2; Grab auf dem Hist. Friedhof.

Helene Böhlau, * 22. 11. 1856 W., † 26. 3. 1940 Widdersberg (→ Starnberg/BY), Autorin realist. Sozialromane. Einige von B.s Büchern (»Die Kristallkugel«, 1903, »Die drei Herrinnen«, 1911) haben W. zum Schauplatz. Berühmt wurde B. mit den »Ratsmädelgeschichten« (1888), die sie zur »Dichterin Alt-Weimars« machten. »Ratsmädelhaus«, Windischengasse 13 (Gedenktafel). – Geburtshaus: Rittergasse 7, Wohnung: Graben 2.
B.s aus Halle stammender Vater **Hermann Böhlau** (1826-1900) kam 1850 nach W. und kaufte die alte Hofbuchdruckerei, die er zu einem Verlagshaus erweiterte und durch seine lit. Editionen berühmt machte. 1895 Verkauf des Verlages. Seither Hermanns Böhlaus Nachfolger. Verlagsadresse bis 1886: Kleine Teichgasse 4.

Paul von Bojanowski, * 24. 1. 1834 Schwedt (→ Prenzlau/BB), † 19. 6. 1915 W., Publizist. 1863 Redakteur der »Weimarer Zeitung«. 92 Oberbibliothekar. B. veröffentlichte materialreiche hist. Studien über das vor- und nachklass. Weimar.

Julius Waldemar Grosse (→ Erfurt/TH) wurde 1870 Generalsekretär der »Schiller-Stiftung«. Seit 90 ständig in W. Unter G.s hist. Romanen auch »Das Bürgerweib von Weimar« (1887). – Wohnung: Roll-

platz 9 (Gedenktafel), Grab auf dem Hist. Friedhof.

Gabriele Reuter, * 8. 2. 1859 Alexandria, † 16. 11. 1941 W., Erzählerin. Bis 1872 in Ägypten. 1880-85 und seit 1929 in W. Erfolgreich R.s sozialkrit. Frauenromane (»Aus guter Familie. Leidensgeschichte eines Mädchens«, 1895). Aut. »Vom Kinde zum Menschen« (1921). – Wohnung: Am Horn 39; Grab auf dem Hauptfriedhof.

Paul Quensel (→ Gera/Weida/TH) war seit 1890 Lehrer am W.er Lehrerseminar. Qu.s Volksstücke (»Oberförster Busch«, 1935) hatten in W. großen Erfolg. – Wohnung: Silberblick 1; Grab auf dem Hist. Friedhof.

Rudolf Steiner, * 25. 2. 1861 Kraljevec/Kroatien, † 30. 3. 1925 Dornach bei Basel, Philosoph (»Die Philosophie der Freiheit«, 1893), Begründer und Hauptvertreter der Anthroposophie, Goethe-Philologe (»Goethes Weltanschauung«, 1897). 1890-97 Mitarbeiter des Goethe-Schiller-Archivs und Hrsg. von Goethes naturwiss. Schriften. Über die W.er Zeit in »Mein Lebensgang« (Aut. Hrsg. M. Steiner 1948). – Wohnung: Hotel »Alt-Weimar«, Prellerstraße 2 (Gedenktafel). – **J. Hecker**, »Rudolf Steiner in Weimar« (1988).
Von den W.er Goethe-Philologen seien genannt: **Bernhard Suphan** (→ Nordhausen/TH), 1887 bis zu seinem trag. Ende (das **J. Hecker** in »Wunder des Wortes«, Ess. 1993, beschrieben hat) 1911 Direktor des Goethe- und Schiller-Archivs; **Max Hecker** (1870-1948), seit 1900 am Goethe- und Schiller-Archiv.

Friedrich Nietzsche (→ Weißenfels/Röcken/ST) verbrachte ab 1897 seine letzten Lebensjahre in W. und starb hier am 25. 8. 1900. Harry Graf Kessler, »Tagebuch« (1897): »So glich er nicht einem Kranken oder Wahnsinnigen, sondern eher einem Toten.« – Wohnung: »Villa Silberblick«, Humboldtstraße 36, heute N.-Gedenkstätte. – In der DDR-Zeit wurden N.s W.er Spuren getilgt und er selbst zum Hauptverantwortlichen der dt. Misere erklärt. Das N.-Archiv wurde geräumt, der Archivleiter verhaftet und N.s Sterbezimmer vom W.er Kulturbundsekretär **Franz Hammer** (→ Waltershausen/Tabarz/TH) als Küche genutzt.

Elisabeth Förster-Nietzsche, * 10. 7. 1846 Röcken bei Lützen, † 8. 11. 1935 W., Schwester F. Nietzsches, lebte bis 1889 in Paraguay. Seit 1896 Leitung des Nietzsche-Archivs in W. (zuerst Thomas-Müntzer-Straße 5) und unkrit. Hrsg. von Nietzsches Werken, in denen sie ihn (im Sinne der späteren NS-Ideologie) zum Macht- und Willensphilosophen umdeutete. Anfangs Förderung durch Harry Graf Kessler, seit 1932 von Adolf Hitler.

Adolf Bartels (→ Heide/Wesselburen/SH) lebte 1895 bis zu seinem Tod 1945 in W. und scharte völk. Intellektuelle um sich. Für K. Tucholsky (→ Berlin) war B. der »im Garten der deutschen Literatur herumtaumelnde Pogromdepp«. Den von ihm gegründeten »Deutschen Schillerbund« gab B. ein nationalist. und antisemit. Antlitz, das sich auch in den seit 1909 veranstalteten »Nationalfestspielen für die deutsche Jugend« zeigte. – Wohnung: Lisztstraße 23.

Friedrich Lienhard, * 4. 10. 1865 Rothbach/Elsass, † 30. 4. 1929 → Eisenach/TH, Erzähler (»Westmark«, 1919). Gründete 1900 mit A. Bartels das Organ der Heimatkunstbew. »Heimat« und näherte sich immer mehr völk. Positionen an. Wohnte 1917 bis kurz vor seinem Tod in W. L.s Haus war Treffpunkt der konservativen Elite. – Wohnung: Freiherr-von-Stein-Allee 4.

Ernst von Wildenbruch (→ Berlin) wohnte von 1900 bis zu seinem Tod 09 in W. Am Hoftheater wurden mehrere seiner Schauspiele uraufgeführt. Festspiel »Das Hohe-

lied von Weimar« (1908). – Wohnung: Am Horn 25; Grab auf dem Hauptfriedhof.

Paul Ernst (→ Wernigerode/Elbingerode/ST) lebte 1903-14 in W. – Wohnung: Am Horn 45-47 (Umbau), wo seine Freunde **Wilhelm von Scholz** (→ Berlin), 1901-07 in W. (»Die Dichterstadt«, 1963), und **Johannes Schlaf** (→ Querfurt/ST), 1904-37 in W., Wohnung: Trierer Straße 73, aus- und eingingen und ihn 1912 **Franz Kafka** (→ Berlin) besuchte. Anlässl. der Uraufführung von »Demetrios« (1910) in W. begegneten sich E. und **Georg Lukács** zum ersten Mal.

Harry Graf Kessler (→ Berlin) hatte 1903-35 seinen Lebensmittelpunkt in W., das er zum Zentrum der künstl. Avantgarde machen wollte. Wurde jedoch schon mit dem Rodin-Skandal (1906) in die Schranken gewiesen. 1913-31 widmete sich K. der von ihm gegründeten »Cranach-Presse« (Bauhausstraße 1), einer Druckwerkstatt für bibliophile Bücher. – Wohnung: Cranachstraße 15 (Gedenktafel).

Wilhelm Bode, * 30. 3. 1862 Hornhausen bei Oschersleben, † 24. 10. 1922 W., Kulturhistoriker und Erzähler (»Indivi«, R. 1892). Lange in London, wo B. sich der Abstinenzler-Bewegung (»Alkohol-Album«, 1882) anschloss. Seit 1899 in W., wo er Jahr für Jahr ein populäres Goethe-Buch herausbrachte und sich mit der W.er Goethe-Philologie anlegte. – W.: Goethes Gedanken (1907), Damals in Weimar (1910, n. 1991), Der fröhliche Goethe (1912), Goethes Liebesleben (1914), Der weimarische Musenhof (1918). Bedeutend die Edition »Goethe in vertraulichen Briefen seiner Zeitgenossen« (3 Bde., 1918-23, n. 1978). – Wohnung: Wagnergasse 17 (mit Blick zum Goethe-Schiller-Archiv).

Gustav Schröer, * 14. 1. 1876 Wüstegiersdorf bei Waldenburg/Niederschlesien, † 17. 11. 1949 W., Verf. zeitgeschichtl. und hist. Romane. 1922 Schriftleiter des »Thüringischen Landbundes«, 28 Hrsg. der völkisch geprägten Zs. »Die Pflugschar«. Mehr als 30 Bücher. Seit 1925 in W. – W.: Der Freibauer (1913); Der Heiland vom Binsenhofe (1918); Volk im Schmiedefeuer (1938). – Wohnung: Lindenberg 9.

Gustav Kiepenheuer, * 10. 6. 1880 Wengern/Ruhr, † 6. 4. 1949 W., Verleger. Gründete seinen Verlag, in dem zuerst Titel zum klass. W. erschienen, 1909 als Eigentümer der Thelemannschen Buchhandlung, Schillerstr. 15, heute Rittergasse 21. 1919 nach → Potsdam/BB. Neugründung 1946 in W. Fortgeführt von Noa K. bis 1971. – **Marie Luise Kaschnitz** (→ Karlsruhe/BW) war 1922/23 Lehrling in der Thelemannschen Buchhandlung.

Georg Kaiser (→ Magdeburg/ST) wohnte 1911-18 in W. und schrieb hier an den Dramen »Die Bürger von Calais« (1914) und »Die Koralle« (1917). Dennoch: »Ich verbinde mit Weimar keinerlei Begriff von Zukunft«. – Wohnung: Am Horn 15.

Ernst Ludwig Schellenberg, * 10. 6. 1883 W., † 7. 1. 1964 ebd., Lyriker (»Gesammelte Gedichte«, 1925). – Wohnung: Ratstannenweg 1. – Sch.s aus Altenburg stammender Vater **Ernst Victor Schellenberg** (1827-96), seit 1870 Direktor des W.er Sophienstifts, ist der Verf. des früher viel gesungenen Liedes »Thüringen, holdes Land«.

Edwin Redslob, * 22. 9. 1884 W., † 24. 1. 1973 Berlin, Kulturhistoriker und Lyriker. In der W.er Rep. Reichskunstwart. Hrsg. der Zs. »Deutsche Volkskunst«. Innere Emigration. 1945-54 Prof. an der Techn. Universität und der Freien Universität Berlin. – Über die W.er Kindheit und Jugend: »Gärten der Erinnerung. Ein Weimar-Buch« (1928); »Ein Jahrhundert verklingt. Geschichte einer Jugend« (1935); »Von Weimar nach Europa. Erlebtes und Durchdachtes« (Aut. 1972, n. 1998). – Geburtshaus: Markt 9.

Hans Severus Ziegler, 13. 10. 1893 Eise-

nach, † 1. 5. 1978 Bayreuth, Theaterleiter, Publizist. 1922-45 in W., wo er im Auftrag von A. Bartels die Zs. »Deutsches Schrifttum« herausgab und 24 die 1. NS-Zeitung »Der Völkische« gründete. Dominierte seit 30 die NS-Kulturpol. in Thür. (»Praktische Kulturarbeit im Dritten Reich«, 1931). 33 Schauspieldirektor und 36 Generalintendant des Nationaltheaters. Holte die »Wochen des deutschen Buches« (1935-42) und die »Großdeutschen Dichtertreffen« (1939-42) nach W.

Baldur von Schirach, * 9. 5. 1907 Berlin, † 8. 8. 1974 Kröv/Mosel, Politiker und Lyriker (»Die Fahne der Verfolgten«, 1933). Aufgewachsen in W. Lernte dort 1925 A. Hitler kennen. Reichsjugendführer der NSDAP (1931-40). Aut. »Ich glaubte an Hitler« (1967).

Heinrich Lilienfein (→ Stuttgart/BW) wurde 1920 Generalsekretär der »Deutschen Schiller-Stiftung« und zog nach W., wo er 52 starb. Hier entstanden die Dichter-Novellen »Aus Weimar und Schwaben« (1925) und der Roman »Die Geisterstadt« (R. 1929).

Hans Joachim Malberg, * 8. 6. 1896 Leipzig, † 1. 8. 1979 W., Kinderbuchautor und Journalist. Seit 1927 in W. ansässig. Vorstandsmitglied der NS-Kulturgemeinde. 1950 Cheflektor des Gebrüder-Knabe-Verlages, der sich um die Kinder-Lit. der DDR verdient gemacht hat. »Weimarer Kaleidoskop« (Ess. 1965). – Wohnung: Tiefurter Allee 41; Grab auf dem Hauptfriedhof.

Jutta Hecker, * 13. 10. 1904 W., † 26. 7. 2002 ebd., Erzählerin. Tochter von M. Hecker. – W.: Die Altenburg. Geschichte eines Hauses (1955), Wieland (1958), Ich erinnere mich. Gespräche um Eckermann (1962). – Wohnung: 1945-94 »Altenburg«, Jenaer Straße 3, dann Marie-Seebach-Stift Tiefurter Allee 8; Grab auf dem Hist. Friedhof.

Klaus Herrmann (→ Cottbus/Guben/

BB) lebte 1949 bis zu seinem Tod 72 in W., wo sein lit. Werk entstand. 1957-71 Generalsekretär der »Deutschen Schiller-Stiftung«. – Wohnung: Max-Liebermann-Straße 14; Grab auf dem Hauptfriedhof.

Helmut Holtzhauer, * 2. 12. 1912 Leipzig, † 6. 12. 1973 Bad Berka, Kulturpolitiker und Hrsg. (H. Heine, Goethe). 1932 Mitglied der KPD. Widerstandskämpfer und mehrfach inhaftiert. Exil in Schweden. 1954-73 Generaldirektor der NFG, 71 Präsident der Goethe-Gesellschaft. – Wohnung: Ratstannenweg 4.

1953 gründete die DDR-Reg. die Nationalen Forschungs- und Gedenkstätten (NFG), in denen Museen, Archive und Bibliotheken unter einem Dach vereinigt wurden, aber auch die Klassiker für den Soz. vereinnahmt werden sollten. Vorausgegangen waren die Reden von Otto Grotewohl (»Hammer- oder Amboß-Rede« in der Vorlage von **Hans Mayer** → Köln/NW) und **Johannes R. Becher** (→ München/BY/»Goethe als Befreier«) zum Goethe-Jahr 1949 sowie das im selben Jahr im Schloss von dem Lukács-Schüler **Gerhard Scholz** (1903-89/ »Faust-Gespräche«, 1964/65) und der späteren Jenaer Germanistin **Ursula Wertheim** (1919-2006) eingerichtete Goethezeit-Museum, in dem die klass. Dichter als Vertreter des aufstrebenden Bürgertums zu den »Klassenkämpfen« in Bez. gesetzt wurden. **Thomas Mann** (→ Lübeck/SH) setzte 1949 dagegen: »Mein Besuch gilt Deutschland selbst, Deutschland als Ganzem und keinem Besatzungsgebiet.«

Louis Fürnberg, * 1909 Iglau/Böhmen, † 23. 6. 1957 W., Lyriker und Erzähler, Kulturpolitiker. 1939 Exil in Palästina. 46 in Prag, wo F. beim Rundfunk und im diplomat. Dienst arbeitete, aber 52 entlassen wurde und in die DDR ging. Seit 1954 stellv. Direktor der NFG. Mitbegründer der Zs. »Weimarer Beiträge«. – W.: Mozart-Novelle (1947); Bruder Namenlos.

Ein Leben in Versen (G. 1955). – Wohnung: Rainer-Maria-Rilke-Straße 17 (Gedenktafel), Porträtbüste (1961) beim Schloss, Grab auf dem Hist. Friedhof. – **Lotte Fürnberg** (1911-2004) betreute das Werk ihres Mannes. Ges. Werke (6 Bde., 1964-73).

Walther Victor (→ Bad Oeynhausen/ NW) lebte 1961 bis zu seinem Tode 71 im W. G.-Bd. »Weimarer Erinnerungen« (1964). Wohnung: Wilhelm-Bode-Straße 9; Grab auf dem Hist. Friedhof. – Nachlass: UB Jena.

Fritz Kühnlenz, * 11. 5. 1906 W., † 10. 1. 1975 ebd., Kulturhistoriker und Reiseschriftsteller. Erschloss das Umfeld der W.er Klassik. – W.: Weimarer Porträts. Männer und Frauen um Goethe und Schiller (1961); Weimarer Porträts. Neue Folge (1965), Schiller in Thüringen. Stätten seines Lebens und Wirkens (1973). – Wohnung: William-Shakespeare-Straße 21, Grab auf dem Hauptfriedhof.

Inge von Wangenheim, geb. Franke, * 1. 7. 1912 Berlin, † 6. 4. 1993 W., Erzählerin und Essayistin. In der DDR vielgelesen und -diskutiert. 1928 Mitglied der linken »Gruppe Junger Schauspieler«, in der sie Gustav von Wangenheim kennenlernte und 1930 heiratete. Mit ihm Mitglied der kommunist. »Gruppe 31« und Exil in der UdSSR. 45 in Berlin Schauspielerin. Seit 1973 in W. – W.: Mein Haus Vaterland. Erinnerungen einer jungen Frau (1950), Genosse Jemand und die Klassik. Gedanken eines Schriftstellers … (1981), Deutsch und Geschichte (R. 1986), Auf Germanias Bärenfell. Ein Deutschland-Essay (postum 2002). – Wohnung: Rosenweg 3; Grab auf dem Hist. Friedhof. – Nachlass: UB Jena.

Paul Meßner, * 19. 3. 1919 Landshut, † 12. 12. 2006 W., Lyriker und Verf. kulturhist. Schriften (»Weimar«, 1992; »Unsterbliches Gretchen. Eine Marie-Seebach-Biographie«, 1995). Seit 1956 in W.

Walter Stranka, * 30. 1. 1920 Kaaden/Böhmen, † 7. 2. 1993 W. Erzähler, Verf. von Fernsehspielen u. von massenwirksamen Liedern. Seit 1947 in W.

Harry Thürck, * 8. 3. 1927 Zülz/Oberschlesien, † 24. 11. 2005 W. Erzähler. Kam Ende 1945 nach W., wo er zunächst als Journalist, seit 58 als freier Autor lebte. Mit seinen meist in Südostasien angesiedelten polit. Abenteuer- und Kriminalromanen war Th. einer der erfolgreichsten Schriftsteller der DDR. – W.: Die Stunde der toten Augen (1957), Der Tiger von Shangri-La (1970), Der Gaukler (1978). – Wohnung: Windmühlenstraße 5; Grab auf dem Hauptfriedhof. – Ulrich Völkel u. a. »H. Th. Sein Leben, seine Bücher, seine Freunde« (2007).

Armin Müller, * 25. 10. 1928 Schweidnitz/Niederschlesien, † 6. 2. 2005 W., Lyriker und Erzähler, Maler. Kam 1945 nach W., wo er sich früh dem dt.-poln. Thema (»Hallo, Bruder aus Krakau«, 1949) verschrieb. – W.: Der Magdalenenbaum (R. 1979), Der Puppenkönig und ich (1985, n. 1997). – Wohnung: Windmühlenstraße 26; Grab auf dem Hauptfriedhof.

Wolfgang Schneider, * 21. 3. 1938 Stolp/Hinterpommern, † 4. 4. 2003 Lons le Saunier/Südfrankreich, Verf. von mehr als 50 kulturhist. Büchern (u. a. über Berlin, Leipzig und Weimar). Seit 1959 in W.

Ⓐ Martin Luther (→ Eisleben/ST) war 1518-40 aus dienstl. Gründen oft in W. (seit 1513 Nebenresidenz der Ernestiner). 1518 Predigt im Schloss, 22 Disputation im Kloster, anwesend auch **Johannes Lang** (→ Erfurt/TH) und **Eoban Hessus** (→ Marburg/HE). Wohnung: Am Palais 1 (Gedenktafel), 1540 vermutl. im Lutherhof, Luthergasse 1 (Gedenktafel). In der Stadtkirche Altbild von L. Cranach d. Ä. mit L.-Porträt; dort auch Grab von Johann Friedrich I. (→ Jena/TH), dem bedeutendsten Förderer der Reformation. – **Thomas Müntzer** (→ Sangerhausen/Stolberg/ST) wurde am 1. 8. 1524 im W.er Schloss verhört und mit der Mahnung, sich »furderlich fridlich zu halten« entlassen. – Im Sommer 1540 musste **Philipp Melanchthon** (→ Bretten/BW) eine Reise in W. unterbrechen: »Wäre Luther nicht zu mir gekommen, so wäre ich gestorben.« – **Kaspar Stieler** (→ Erfurt/TH) war 1680-84 Jurist am W.er Hof, für den er zwei »Mischspiele« (»Bellemperie« und »Willmut«, 1680) schrieb. – **Johann Gottfried Walther** (→ Erfurt/TH) war ab 1708 Stadtorganist in W. Grab auf dem Jakobsfriedhof. – **Friedrich Leopold zu Stolberg-Stolberg** (→ Bad Segeberg/Bad Bramstedt/SH) kam im Juni 1784 nach W. und fand in Goethe »ganz de(n) alte(n) geist- und liebevolle(n)« Jugendfreund wieder. – **Johann Heinrich Merck** (→ Darmstadt/HE) war Reisebegleiter Anna Amalias und besuchte seinen Freund Goethe 1779 für einige Wochen in W. – **Karl Philipp Moritz** (→ Hameln/NI) kam Ende 1788 nach W. und stellte seine Schrift »Über die bildende Nachahmung des Schönen« (1788) vor, was Goethe veranlasste, ihn an die Berliner Akademie zu empfehlen. – **August Wilhelm Iffland** (→ Hannover/NI) kannte W. von zahlreichen Besuchen her. 1791 wurde das umgebaute Hoftheater mit seinem erfolgreichsten Stück, »Die Jäger« (1785), eröffnet. 1796-1812 gastierte er mehrfach in W. – Der Balte **Garlieb Merkel** (1769-1850), 1797 in W., gehörte in der zus. mit A. von Kotzebue herausgegebenen Zs. »Der Freimütige« (1803-07) zu den frühen Goethe-Kritikern und in seiner Aut. »Darstellungen und Charakteristiken aus meinem Leben« (1839/40) ganz W. s. – Napoleons bekannteste Widersacherin **Anne-Germaine de Staël** (1766-1817) bereiste 1803/04 Dtl. und besuchte dabei W. In ihrem Buch »De l'Allemagne« (1813, dt. 1814), der »bedeutendsten Kulturgeschichte der Goethe-

Zeit« (R. Minder), werden W. und die W.er Dichter gewürdigt und darin »Deutschland als das Land der Dichter und Denker« festgemacht. – **Bettina von Arnim** (→ Frankfurt a. M./HE) verehrte Goethe schwärmerisch und besuchte ihn 1807. 1811 kam es zum Eklat, als A. Christiane brüskierte und damit Goethe als Freund verlor. Dennoch Briefroman »Goethes Briefwechsel mit einem Kinde« (1835), »ein wunderliches Gemisch aus Wunschtraum und erinnerter Wirklichkeit« (E. Biedrzynski 1992). – **Heinrich Heine** (→ Düsseldorf/NW) stattete Goethe 1825 einen wenig glücklichen Besuch ab. Aus der Rückschau erschien ihm die Stadt zwar als ein »Musenwitwensitz«, doch würde er »immer zum Goetheschen Freikorps gehören«. – **Franz Grillparzer** sah in seinem Gespräch 1826 mit Goethe »fast den wichtigsten Moment« seines Lebens. – Der poln. Romantiker **Adam Mickiewicz** (1799-1855) besuchte 1829 Goethe. Darüber L. Fürnberg, »Begegnung in Weimar« (N. 1955). M.-Denkmal (1956) beim Schloss. – Der engl. Romancier **William Makepeace Thackeray** (1811-63) kam 1831 nach W. In »Jahrmarkt der Eitelkeit« (R. 1848) taucht W. als Kleinstaat »Pumpernickel« auf. – **Karl Immermann** (→ Düsseldorf/NW) kam 1837 und 39 nach W., wo sein Drama »Ghismonda« aufgeführt wurde. – 1840 lebte **Ferdinand Freiligrath** (→ Detmold/NW) einige Monate in W. und verkehrte mit der Goetheschen Fam. Aber in einem »deutschen Pompeji« wollte er nicht auf Dauer leben. F. war mit der W.er Prof.-Tochter Ida Melos verheiratet. – **Louise von François** besuchte 1857 W., »das eine Stadt der Denkmäler zu werden verspricht«. – **Karl May** (→ Glauchau/ Hohenstein-Ernstthal/SN) logierte 1904 im Hotel Erbprinz. 1909 suchte er die Sängerin Selma von Scheidt in ihrer Wohnung, Fuldaer Straße 73, auf, um sie vor seiner seit

03 in W. lebenden geschiedenen Frau zu warnen.

Marlene Dietrich (→ Berlin) war 1919/20 Musikschülerin in W. Schilderung der W.er Zeit in »Ich bin, Gott sei Dank, Berlinerin« (Aut. 1987). Wohnung: Thomas-Müntzer-Straße 49, Ackerwand 27, daneben im Goethe-Institut Erinnerungsvitrine. – Der Kunsthistoriker **Bruno Adler** (1888-1968) lebte 1919-24 in W., wo er das Jb. »Utopia« herausgab. – **Egon Erwin Kisch** besuchte W. 1926 und schrieb die krit. Rep. »Naturschutzpark der Geistigkeit«. – **Thomas Mann** (→ Lübeck/SH) hielt am 21. 3. 1932 anlässlich der Feierlichkeiten zu Goethes 100. Todestag die Festrede (»Goethes Laufbahn als Schriftsteller«). Damals wunderte sich M. bereits über die in den Straßen dargebotene »Vermischung von Hitlerismus und Goethe«. Wohnung: Hotel Russischer Hof, Goetheplatz 2. – Im Oktober 1938 veranstalteten die Nationalsozialisten in W. das erste »Großdeutsche Dichtertreffen«, an dem auch **Gerhart Hauptmann** (→ Berlin) und der Österreicher **Josef Weinheber** (1892-1945) teilnahmen.

Theodor Plievier (→ Berlin) lebte 1945-47 in W. Wohnung: Malerstieg 11. – **Franz Hammer** gründete 1947 in W. den »Arbeitskreis Junger Autoren«, Vorläufer des Schriftstellerverbandes des DDR. Tonangebend: A. Müller, H. Thürk und W. Stranka. – 1965 lud die DDR-Reg. mit einem »Ruf aus Weimar« dt. und ausländ. Schriftsteller nach W. Dabei u. a. **Arnold Zweig** (→ Berlin), **Anna Seghers** (→ Mainz/RP), **Ludwig Renn** (→ Dresden/ SN), **Peter Weiss** (→ Potsdam/BB), die Lit.-Nobelpreisträger **Michail Scholochow** und **Pablo Neruda**.

L **Thomas Manns** »Lotte in Weimar« (1937) ist das beste belletrist. Werk über Goethe und Weimar. – Von den zahlreichen W.-Darstellungen seien die »von unten« genannt, weil sie das allg. Bild hervorragend ergänzen: **Karl Wilhelm Heinrich von Lyncker** (1767-1843), »Ich diente am Weimarer Hof. Aufzeichnungen aus der Goethezeit« (Hrsg. J. Lauchner 1997); **Joseph Rückert** (1771-1813), »Bemerkungen über Weimar« (1800, n. E. Haufe 1982); **Franz David von Gesky** (1769-1839), »Weimar von unten betrachtet. Bruchstücke einer Chronik zwischen 1806 und 1835« (Hrsg. H. Erzmann, H. Wagner 1997). – Die beste Stadttopographie immer noch: **Karl Gräbner** (1786-1845), »Die Großherzogliche Haupt- und Residenzstadt Weimar« (1830, n. H. Henning 1987). – Die kaum zu übersehenden Äußerungen über W. sind gesammelt bei: **Herbert Greiner-Mai** (→ Sonneberg/Lauscha/TH), »Weimar im Urteil der Welt. Stimmen aus drei Jahrhunderten« (1975). – Von den neueren Darstellungen sei hervorgehoben: **Peter Merseburger**, »Mythos Weimar. Zwischen Geist und Macht« (1998).

S Herzogin-Anna-Amalia-Bibliothek (Bestand ca. 1 Mio. bibliograph. Einheiten). Hervorgegangen aus der Fürstl. Bibliothek, die über eine reiche Slg. von Inkunabeln und Luther-Drucken verfügt. Sammelschwerpunkt ist die dt. Lit. des 18./19. Jh.s. Darunter eine 10 000 Bde. umfassende »Faust«-Bibliothek und eine große Hss.-Slg. Nach dem Brand Neueröffnung 2007. – Das **Goethe- und Schiller-Archiv** verfügt über mehr als 60 geschlossene Dichternachlässe und Autographen von mehr als 600 Persönlichkeiten; umfängl. Porträt-Slg. aus klass. und nachklass. Zeit. – **Deutsche Shakespeare-Gesellschaft** (1864), **Goethe-Gesellschaft** (1885), **Literarische Gesellschaft Thüringen** (1991).

E Das KZ Buchenwald. Von dem gerade aus dem Exil heimgekehrten Lit.-Wissenschaftler Richard Alewyn stammt der Satz aus dem Goethe-Jahr 1949: »Zwischen uns und Weimar liegt Buchenwald ... Es gibt nur Goethe und Hitler, die Humanität und die Bestialität.« – Im Juli 1936 wurde in W. vom Gauleiter Thüringens, Fritz Sauckel, auf dem Ettersberg ein Konzentrationslager errichtet. Ein Jahr später kam der erste Häftlingstransport. Der W.er NS-Kulturbund protestierte gegen die Bezeichnung »KL Ettersburg«, nicht gegen das Lager selbst, »schließlich sei der Name ... eng verbunden mit Goethes Leben«. So kam es zur Bezeichnung Buchenwald. Bruno Apitz war dort 1937-45 Häftling und schrieb hier die Novelle »Esther«, später den bekanntesten B.-Roman: »Nackt unter Wölfen« (1958), in dem zwar die Kommunisten die Helden des Widerstands sind, zugleich aber am Beispiel eines versteckten Kindes deren Moral in Frage gestellt wird. 1938 kam Ernst Wiechert als einer der ersten Schriftsteller nach B. Goebbels wollte ein Exempel statuieren, ließ ihn aber bald wieder frei. W.s »Totenwald« (1945) ist der erste dt. KZ-Roman überhaupt und besticht noch heute durch seine poet. Kraft. Fritz Löhner-Beda, Librettist von Franz Lehars Operette »Die lustige Witwe« und Texter vieler bek. Schlager (»Ausgerechnet Bananen«), kam ebenfalls 1938 nach B. und wurde 1942 in Auschwitz ermordet. Von B. stammt auch das von der SS in Auftrag gegebene »Buchenwald-Lied« (»O Buchenwald, ich kann dich nicht vergessen,/ weil du mein Schicksal bist«). 1938 wurde der öst. Satiriker (»Der Lechner-Edi schaut ins Paradies«) Jura Soyfer hierher gebracht. Ein Jahr später fand er in B. den Tod. – Von den zahlreichen späteren Schriftstellern, die in B. litten, seien genannt: Hasso Grabner (1938-40), Eugen Kogon (1939-45), Karl Schnog (1941-45), Jorge Semprún (1944/45), Fred Wander (1945), Elie Wiesel (1945), Imre Kertész (1945). – Von den Darstellungen über B. haben lit. Bezüge: Gerhard Sauder, »Die Goe-

Weimar/Buchenwald: Der Stumpf der Goethe-Eiche auf dem Gelände des ehemaligen KZ

the-Eiche. Weimar und Buchenwald« (in: Palmbaum, H. 3 u. 4/1994); Martin Straub, »'Dichter-Haus‹ Buchenwald« (in: D. Ignasiak, Dichterhäuser in Thüringen, 1996); Holm und Wulf Kirsten, »Stimmen aus Buchenwald. Ein Lesebuch« (2002).

R Die Umgebung W.s, darunter auch der Ettersberg, »Mahnmal für die deutsche Katastrophe« (P. Merseburger), sind mit **Goethes** Namen verbunden. An seine Besuche in diesem Waldgebiet erinnerte die G.-Eiche, die 1937 als einziger Baum auf dem Lagergelände stehen blieb. Für die Häftlinge war sie, wie vielfach bezeugt, ein »Denkmal der Humanität«. 1944 wurde sie nach einem Bombenangriff gefällt. Aus einem Splitter schnitzte **Bruno Apitz** (→ Leipzig/SN) eine Totenmaske. Der Baumstumpf ist noch vorhanden. – Unweit davon Schloss **Ettersburg**, wo **Anna Amalia** 1776-80 die Sommermonate verbrachte und Theateraufführungen veranstaltete. **Schiller** beendete im Schloss 1800 »Maria Stuart«. Nach 1840 wurde E. **Carl Alexanders** »Zauberschloss« und Treffpunkt der W.er Hofgesellschaft, (»Ettersburger Journal«). Unter den Besuchern: **Hans Christian Andersen, Hermann Fürst von Pückler-Muskau** (→ Görlitz/Bad Muskau/SN), **Berthold Auerbach** (→ Horb/Nordstetten/BW), **Fanny Lewald** (→ Dresden/SN) und **Emanuel Geibel** (→ Lübeck/SH). – Von der Straße nach Jena aus gelangt man in das idyllische, an der Ilm gelegene **Tiefurt**, in dessen Gutshaus seit 1776 **Karl Ludwig von Knebel** mit dem Prinzen Constantin gewohnt hatte. 1781 wurde es Sommersitz **Anna Amalias**, damit auch Ort der »Tafelrunde« und des »Liebhabertheaters«, dessen Auff. von Goethes »Fischerin« mit **Corona Schröter** am 22.7.1782 in Erinnerung geblieben ist. Handschriftl. wurde ein »Journal von Tiefurt« (1776-84) verbreitet, in dem alle W.er Dichter publizierten. Häufiger Gast

war **Christoph Martin Wieland**. – Im W.er Süden bei **Ehringsdorf** das Rokokoschloss Belvedere, Sommersitz der Herzogs-Fam. und weiterer Lieblingsaufenthalt **Wielands**.

B P. Raabe, Spaziergänge durch Goethes Weimar, 1990; E. Biedrzynski, Goethes Weimar. Das Lexikon der Personen und Schauplätze, 1992; A. Pöthe, Schloss Ettersburg. Weimars Geselligkeit und kulturelles Leben im 19. Jahrhundert, 1995; F. Schmidt-Möbus/F. Möbus, Kleine Kulturgeschichte Weimars, 1998; J. Klauß, Weimar. Stadt der Dichter, Denker und Mäzene, 1999; N. Oellers/R. Steegers, Treffpunkt Weimar. Literatur und Leben zur Zeit Goethes, 1999; K. Günzel, Das Weimarer Fürstenhaus, 2001; D. Ignasiak, Klassik in Weimar und Jena. Ein Lesebuch 1772-1785, 2002; J. H. Ulbricht, Klassikerstadt und Nationalsozialismus. Kultur und Politik in Weimar 1933-45, 2003; A. Seemann, Weimar. Ein Reisebegleiter, 2004; H. Henze/D.-A. Schmidt, Der Historische Friedhof in Weimar. Ein Rundgang, 2005; A. Seemann, Geschichte der Herzogin-Anna-Amalia-Bibliothek, 2007. **Z** Apolda, Bad Berka, Erfurt, Jena, Rudolstadt (TH).

WEISSENBURG IN BAYERN

Ratsbibliothek (seit 1517) im Turm des Ellinger Tores (rd. 220 Hss., Inkunabelslg.). – Römermuseum/Limes-Informationszentrum. – Bergwaldtheater (Juni/Juli). – Schweppermann-Fest (alle zwei Jahre).

Friedrich Romer, * 22.2.1814 W., † 11. 1.1856 München, Philosoph; führte einen lit. Kampf gegen Rom und nahm an der Revolution von 1848 teil. – W.: Der Gottesbegriff (1871).

A An **Philipp Melanchthons** (→ Bretten/BW) Aufenthalt 1530 erinnert eine Tafel im Treppenaufgang zum »Hotel Krone«, Rosenstraße 10. – **Friedrich Hebbel** (→ Heide/Wesselburen/SH) wanderte am

13.3.1839 von Eichstätt nach W. und
übernachtete im »Löwen« (Tagebücher).

L Karl Kelber (Ps. Kelber von Franken/1862-
1954) erzählt in hist. Romanen von W.

Pappenheim

Stammburg der P.er; Graf Gottfried Heinrich
(1594-1632) war Befehlshaber des Kürassierre-
giments »Die Pappenheimer«, das durch F. Schil-
lers »Wallenstein« sprichwörtl. wurde: »Daran
erkenn' ich meine Pappenheimer« (»Wallen-
steins Tod«, III/15).

Karl Stöber, * 30.11.1796 P., † 6.1.1865
ebd., »Erzähler aus dem Altmühltal«; eine
Gesamtausg. erschien 1870. – Gedenkta-
fel Deisingerstraße 14.
Sophie Hoechstetter, * 15.8.1873 P., † 4.
4.1943 Dachau, früher vielgelesene Schrift-
stellerin. Schrieb u. a. »Fränkische Novel-
len« (1925) und den Kaspar-Hauser-Ro-
man »Das Kind von Europa« (1925). H.
kehrte immer wieder nach P. zurück; auf
einem Bergkegel nahe der Burgruine in
einer Schleife der Altmühl hatte sie ihr
Haus (heute S.-H.-Straße). – Gedenktafel
H.-Apotheke, Deisingerstraße 26. – Teil-
nachlass GNM Nürnberg.

S Die »Niederländer in Pappinhaimb«, ein
geselliger Kreis von Intellektuellen, trifft sich
alljährl. zu einem schöngeist. Festturnier.

Solnhofen

Denkmal für **Aloys Senefelder** (1771-
1834), der in Ingolstadt Jura studierte, in
München zum Theater ging und Stücke
schrieb. Beim Versuch, seine Texte preis-
wert zu drucken, erfand er 1798 auf S.er
Stein die Lithographie.

Z Dinkelsbühl, Eichstätt, Nördlingen (BY).

WEISSENFELS/ST

Museum im Schloss Neu-Augustusburg mit
Schlosskapelle; Heinrich-Schütz-Haus und Mit-
teldeutsches Orgelbaumuseum; Gustav-Adolf-
Museum im Geleitshaus.
Der Komponist H. Schütz verbrachte Kind-
heit und Lebensabend in W. 1656-1746 Resi-
denz des Herzogtums Sachsen-W., erste Pfle-
gestätte der frühdt. Oper und musikal. Zen-
trum von Rang.

Johann Beer (Ps. u. a. **Jan Rebhu, Wolff-
gang von Willenhag**), * 28.2.1655 St. Ge-
orgen/Oberösterreich, † 6.8.1700 W., be-
deutendster dt. Romanautor des Spätba-
rock, Verf. von musiktheoret. Schriften und
einer Aut., Komponist. Seit 1680 Konzert-
meister in W. Von seiner Tätigkeit als Er-
zähler (»pralles Fabulieren und nervener-
schütternder Humor«, F. van Ingen, 1979)
wussten die Zeitgenossen nichts. B. wurde
erst 1932 von R. Alewyn wiederentdeckt. –
W.: Der Simplicianische Weltkucker (4
Bde. 1677-79, n. 1981); Der neuausgefer-
tigte Jungferhobel (1681, n. 1968); Teut-
sche Winternächte (1682), Kurzweilige
Sommertäge (1683, beide n. R. Alewyn
1963). – Ges. Werke (Hrsg. I. F. Fuchs,
1961 ff.). – Wohnung: Große Kalandstra-
ße 10 (Gedenktafel).
Erdmann Neumeister, * 12.5.1671 Uich-
teritz bei W., † 18.8.1756 Hamburg, Kan-
taten- und Liederdichter. Studierte in Leip-
zig, wo er als Magisterarbeit das erste dt.
(doch lat. abgefasste) Dichter-Lexikon
(»De Poetis Germanicis«, 1695, n. F. Hei-
duck 1978) vorlegte. 1704-06 Hofpredi-
ger in W., wo er bereits Kantatentexte für
G. Ph. Telemann schrieb. 1715 Pastor pri-
marius in Hamburg,
Johann Christian Edelmann, * 9.7.1698
W., † 3. oder 15.2.1767 Berlin, Philosoph.
Verf. einer »Selbstbiographie« (Hrsg. C.
Klose, 1849). Unstetes Wanderleben. Wur-
de bekannt durch eine eigenwillige Spino-

za-Interpretation, die dessen Philosophie in Dtl. bekannt machte.
Novalis (→ Hettstedt/Oberwiederstedt/ST) kam 14-jährig im Sommer 1786 nach W. Im Spätherbst 97 verfasste er in W. die Fragment-Slg. »Blütenstaub« und gab sich das Pseudonym N. (zu dt. der Neuland Bearbeitende). Die beiden letzten Lebensjah-

Weißenfels: Gedenktafel am Novalis-Haus

re seit 99 ausschließlich in W.: Diese »gleichen einer Parforcejagd mit Expeditionen, Freundestreffen, Arbeitsstrapazen, Krankheitsattacken und der Abfassung so bedeutender Werke wie der ›Geistlichen Lieder‹, der ›Hymnen an die Nacht‹« (G. Kraft, »Ein Besuch im Weißenfelser Novalishaus«, in: J.-F. Dwars, »Dichter-Häuser in Sachsen-Anhalt«, 1999). Am 25.3.1801 starb N. (»Sein Gesicht war im Tode so unverändert freundlich, als wenn er lebte«) in W. Dabei der Bruder **Karl von Hardenberg** (1776-1813), der Gedichte (»Pilgrimschaft nach Eleusis«, 1804) unter dem Ps. Rostorf publizierte. – Wohnung: Klosterstraße 24, N.-Gedenkstätte, im Garten Pavillon und Grabtafeln (das Familiengrab auf dem Friedhof wurde überbaut); Büste (1901) am Stadtpark. – Literaturkreis Novalis e.V.
Louise Brachmann (→ Mittweida/Roch-

litz/SN) lebte von 1787 bis kurz vor ihrem Tod 1822 in W., wo sie durch ihren Vater, einen kursächs. Landakzisekommissar, mit der Familie von Hardenberg bekannt wurde. Novalis regte sie zum Schreiben an, und F. Schiller (→ Ludwigsburg/Marbach/BW) veröffentlichte einige ihrer Texte in den »Horen«. – Wohnung: Jüdenstraße 13 (Nachfolgebau).
Adolph Müllner (Ps. **Modestin**), * 18.10. 1774 Langendorf bei W., † 11.6.1829 W., Dramatiker und Theaterkritiker. Neffe von G. A. Bürger (→ Hettstedt/Molmerswende/ST). Seit 1798 in W., wo er 1810 eine Liebhaberbühne gründete. M.s Schicksalsdramen gehörten zu den erfolgreichsten Bühnenwerken der Zeit. – W.: Die Schuld (1816); König Yngurd (1817). – Wohnung: Klosterstraße 13 (Gedenktafel); Grab auf dem Alten Friedhof (heute Stadtpark), dort auch Gedenkstein. Erinnerungen im Museum.
Louise von François, * 27.6.1817 → Herzberg/BB, † 25.9.1893 W., Romanautorin. Wuchs in ärml. Verhältnissen in W. auf. 1855 erschien F.s erste Erzählung in Cottas »Morgenblatt für gebildete Leser«. Zuletzt gehörte sie, die mit M. von Ebner-Eschenbach und C. F. Meyer korrespondierte, zu den führenden Schriftstellerinnen ihrer Zeit. – W.: Die letzte Reckenburgerin (2 Bde., 1871); Frau Erdmuthens Zwillingssöhne (1873); Stufenjahre eines Glücklichen (1877). – Wohnung: Markt 6, das großelterliche Haus wie ein »Mops mit der Zipfelmütze« über dem Platz, Steinplastik im Hof; Markt 24 (Gedenktafel), wo F. 1855-60 die kranke Mutter pflegte; 1860-74 Promenade 25 (Gedenktafel und F.-Gedenkstätte); dann in der Mansarde Große Deichstraße 2 (nicht erhalten). Grab auf dem Friedhof III. – E. Hoffmann-Aleith, »Ein Fräulein aus Weißenfels« (biograph. R. 1992).
Moritz Heyne, * 8.6.1837 W., † 1.3.1906

Göttingen, Germanist und Sprachwissen-
schaftler. Prof. in Basel 1869-83, dann in
Göttingen. Publizierte wichtige Arbeiten
zur german. Altertumskunde und hatte An-
teil an der Vollendung des Grimmschen
»Wörterbuches«.

Edith Bergner, * 19. 4. 1917 Pretzsch bei W.,
† 16. 3. 1998 Halle a. d. S., Kinderbuchau-
torin. Verfasste Puppenspiele (»Grimms
Märchen auf der Puppenbühne«, 1954)
und Erzählungen (»Tosho und Tamiki«,
1970) für Kinder.

Martin Gregor-Dellin (→ Naumburg/
ST) verlebte Kindheit und Jugend bis
zum Abitur 1944 in W., seiner eigentl. Hei-
matstadt, in die er nach dem Krieg zu-
rückkehrte (1946-51). G.s frühe Roma-
ne »Jakob Haferglanz« (1956) und »Kan-
delaber« (1962) sind in Städten angesie-
delt, in denen sich auch W. spiegelt. In
G.s Heinrich-Schütz-Biographie (1984)
sind W. zwei Kap. gewidmet. – Wohnung:
Markt 5.

A **Thomas Müntzer** (→ Sangerhausen/
Stolberg/ST) war 1519/20 Beichtpriester
am Zisterzienserinnenkloster Beuditz (nicht
erhalten); Thomas-Müntzer-Straße 1 (Ge-
denktafel). – An dem 1664 gegründeten
Gymnasium, Am Kloster 2 (Gedenkta-
fel), an dem bereits 72 Dt. als Unterrichts-
sprache eingeführt wurde, waren Lehrer:
Christoph Cellarius (→ Halle/ST/1667-
73); **Christian Weise** (→ Zittau/ SN/
1670-78), der hier seine vier polit.-satir.
Romane (u. a. »Die drey Haupt-Verderber
in Teutschland«, 1671; »Die drey ärgsten
Ertz-Narren in der ganzen Welt«, 1672)
verfasste; **Johannes Riemer** (→ Halle/ST/
1673-87). Von den Schülern ragt **Christi-
an Friedrich Hunold** (→Gotha/Wanders-
leben/TH) heraus, der bis 1698 in W. war
und hier bei einem Besuch 1700 E. Neu-
meister kennenlernte. – **David Elias Hei-
denreich** (→ Leipzig/SN) wurde 1672 in
W. in die Fruchtbringende Gesellschaft

(→ Weimar/TH) aufgenommen und ein
Jahr später deren Sekretär. 1688 starb er
in der W.er Wohnung: Am Kloster 2 (Ge-
denktafel). – **August Bohse** (→Halle/ST)
war 1692-97 Hofsekretär in W. Verfasste
dort die erfolgreichen »Allzeitfertigen
Briefsteller« (3 Teile, 1690-94). – 1717 be-
gann **Caroline Neuber** (→ Reichenbach/
SN) auf dem W.er Schloss ihre Theater-
laufbahn. Gedenktafel im Schlosshof. –
Friedrich Schiller traf sich 1794 mit **Wil-
helm von Humboldt** (→ Berlin) und
Christian Gottfried Körner (→ Leipzig/
SN) im W.er Gasthof »Zu den drei Schwa-
nen«, Große Burgstraße 1 (Gedenktafel).
Sch.-Stein (1905) auf dem Klemmberg.
– **Friedrich Schlegel** (→ Hannover/NI)
besuchte seinen Freund Novalis mehrmals
in W., so 1796 und 1801. – **Ludwig Tieck**
(→ Berlin) hielt sich im Juli 1800 bei No-
valis auf. – **Heinrich Heine** (→Düsseldorf/
NW) übernachtete im September 1824 in
W. und besuchte A. Müllner. – **Hedwig
Courths-Mahler** (→ Naumburg/Nebra/
ST), deren Mutter aus W. stammt, besuch-
te ab dem 12. Lebensjahr in W. die Schule.
Eine der Wohnungen: Langendorfer Stra-
ße 9.

R Westl. von W. hoch über der Saale liegt
Goseck, wo 2005 das älteste Sonnenobser-
vatorium der Welt rekonstruiert wurde. Im
9. Jh. ein »castrum antiquissimum«, die spä-
tere Stammburg der Pfalzgrafen von Sach-
sen. Gedenktafel an der Kirche für den
hier geborenen Hamburg-Bremer Erzbi-
schof **Adalbert von Goseck** (1000-72),
dessen von Adam von →Bremen verfasste
»Vita« zu den frühesten dieses Genres ge-
hört. Eine Geschichte der Abtei (1861)
schrieb **Karl August Gottlieb Sturm** (1815-
71). Wohnung: Burgstraße 49 (Gedenkta-
fel).

Rippach war die letzte Poststation vor Leip-
zig. **Goethe** (→ Frankfurt a. M./HE) hat
sie schon 1765 kennengelernt. Später kam

er von Weimar aus noch dreimal durch den Ort. Von der Spottfigur der Leipziger Studenten, dem »Hans Arsch von Rippach«, wird G. gehört haben. Schon 1774/75 kommt er in »Hanswursts Hochzeit« vor, und in »Faust I« (1808) in der Szene »Auerbachs Keller«. Gedenktafel am Gasthaus »Zum weißen Schwan«. – In **Pobles**, abgelegen östl. von W., verbrachte **F. Nietzsche** alljährlich die Sommerferien. Dort war David Ernst Oehler (1787-1859), sein Großvater mütterlicherseits, Pfarrer. Dieser hatte eine große Bibliothek und bemerkte als erster das Talent seines Enkels. Die Kirche heute Ruine. Daneben die Gruft des »Kleeapostels« Johann Christian Schubert (1734-87). – Südöstl. von W. das Städtchen **Teuchern**, aus dem der Komponist Reinhard Keiser (1674-1739) stammt, später Kapellmeister an der Hamburger Gänsemarkt-Oper. – Nahebei **Bonau**, auf dessen Rittergut **Christian Fürchtegott Gellert** (→ Mittweida/Hainichen/SN) 1757-64 häufiger Besucher war. Hier hörte G. den »fürchterlichen Donner der Canonen« von der Schlacht von Roßbach, fand aber auch Erholung »bey dem Spatzirgehen in dem Meinewehischen Holze« und im nahen **Schelkau** beim Pfarrer **Gottlieb Leberecht Heyer** (1725-96), der später G.s nachgelassene Schriften herausgab. Erinnerungen im Herrenhaus (heute Hotel); G.-Wanderweg nach **Meineweh** und Schelkau.

Lützen

Museum im Schloss.
Nördl. der Stadt wurde am 6. 11. 1632 die Schlacht bei L. geschlagen, in der der Schwedenkönig Gustav II. Adolf fiel (an der Stelle Findling und gusseisernes Denkmal, 1837), die aber dennoch die Protestanten gewannen. Darüber der Eilenburger **Adam Tülsner** (1592-1661): »Hundertfacher Gut Schwedischer Siegs- und

Ehrenschild« (1634). Gustav-Adolf-Gedenkstätte mit Gedächtniskapelle (1907) und schwed. Blockhaus (1932) auf dem Schlachtfeld. »Schwedenzimmer« im »Roten Löwen«.

Johann Gottfried Seume, *29. 1. 1763 Poserna bei L., †13. 6. 1810 Teplitz/Böhmen, Reiseschriftsteller und Publizist, auch Lyriker. Wurde von Werbern als Soldat in engl. Dienste gegeben und nach Amerika geschickt. Rückkehr 1787, dann in russ. Diensten. Hauslehrer, dann Verlagslektor (→ Grimma/SN). S.s »Spaziergang nach Syrakus im Jahre 1802« (1803), wirkt bis heute fort. Berühmt auch die Reisebeschreibung »Mein Sommer 1805« (1806). – Seume-Slg. im Museum.

Friedrich Nietzsche, *15. 10. 1844 Röcken bei L., †25. 8. 1900 → Weimar/TH, Philosoph und Lyriker. Aus einer Pastorenfamilie. Der Tod des Vaters (1849) traumatisierte ihn. Im Frühjahr 50 mit Mutter und der Schwester **Elisabeth Förster-Nietzsche** (→ Weimar/TH) nach → Naumburg/ST. Nach Schuljahren in Schulpforta (→ Naumburg/ST) und Studienjahren in Bonn (1864/65) und → Leipzig/SN 1869-79 Prof. für klass. Philologie in Basel. Im Januar 89 der geistige Zusammenbruch in Turin. – W.: Die Geburt der Tragödie aus dem Geiste der Musik (1874); Menschliches, Allzumenschliches. Ein Buch für freie Geister (1879); Die fröhliche Wissenschaft (1882); Also sprach Zarathustra. Ein Buch für Alle und Keinen (4 Teile, 1883-85), Jenseits von Gut und Böse. Vorspiel einer Philosophie der Zukunft (1886). Sämtl. Werke (hg. G. Colli und M. Montinari 1980). – Nachlass: GSA Weimar. – B. Hillebrand (Hrsg.), »Nietzsche und die deutsche Literatur« (1978).

R In **Poserna** erinnert am Haus Seumestraße 9 eine Gedenktafel (»Natur-, Menschen-, Vaterlandsfreund. Raue Schale, ed-

Weißenfels/Röcken: »Röckener Bacchanal« nahe Nietzsches Grab, nach einem Traumbild des Dichters 1889: »In diesem Herbst war ich so gering gekleidet als möglich, zweimal bei meinem eigenen Begräbnis zugegen.«

ler Kern«) mit Porträtmedaillon an den dort 1763 geborenen J. G. Seume, mit dessen Leben sich der örtl. S.-Verein befasst. S. hat seinem Geburtsort in seiner »Lebensbeschreibung« (1813) ein lit. Denkmal gesetzt. 1809 wurde in P. der Bibliomane Johann Georg Tinius Pfarrer. Seine Leidenschaft finanzierte er u. a. mit Raubüberfällen. Als man ihn 1813 verhaftete, standen im Pfarrhaus 60 000 Bücher. – In **Röcken** erinnert viel an **F. Nietzsche**. Die Dorfkirche samt Kanzelaltar, auf dem das Kind den Vater predigen sah, deren Inneres es aber als »düster« und »dumpf« empfand. Davor der Friedhof mit N.s Grab und dem der Eltern; Pfarrhaus (Gedenktafel), N.s Geburtshaus, mit einer 2000 eingerichteten N.-Gedenkstätte; davor 4-figriges N.-Denkmal (2000) von K. F. Messerschmidt (nach der Fotografie »F. N. und Mutter Franziska N.«, 1892). Seit 1990 Förder- und Forschungsgemeinschaft Friedrich Nietzsche e. V. Obwohl »nach seinen philosophischen Werken antichristlich« (so der amtierende Pfarrer 1900 im Kirchenbuch) wurde N. in geweihter Erde beigesetzt; dabei auch **Harry Graf Kessler** (→ Berlin). – Südöstl. von Lützen **Groß-**

görschen, wo am 2. 5. 1813 die erste Schlacht der »Befreiungskriege« stattfand. Der schwer verwundete **Theodor Körner** (→ Dresden/SN) wurde am 18. 6. hierher gebracht und schrieb das Sonett »Abschied vom Leben«.

L Der Schlachtentod (1632) Gustavs II. Adolf wurde in dem anonym erschienenen Werk »Regii manes« (1633) mit dem Opfertod Christi verglichen. Darauf fußen die zeitgen. Dichtungen (**J. Rist** → Pinneberg/Wedel/SH, **M. Rinckart** → Delitzsch/Eilenburg/SN; G.-A.-Lied von 1638), in denen er als Retter des Protestantismus begriffen wird. Noch **Voltaire** sah in ihm einen Vorkämpfer geistiger Freiheit. Auch **F. Schiller** zeichnete den König in der »Geschichte des Dreißigjährigen Krieges« (1791/92) als Glaubensheld. Darin folgen ihm **Conrad Ferdinand Meyer** (»Gustav Adolfs Page«, 1882) und **Ricarda Huch** → Braunschweig/NI (»Der große Krieg in Deutschland«, 1911). Außerdem Kap. in **Golo Manns** → München/BY »Wallenstein« (1971) und **Felix Berners** (1918-85) »G. A. Der Löwe aus Mitternacht« (1982).

B E. Sent, 300 Jahre Vollendung der Neuen Augustusburg, Residenz der Herzöge von Weißenfels, Ausst.-Katalog 1994; R. Jacobsen, Weißenfels als Ort literarischer und künstlischer Kultur im Barockzeitalter, 1994; R. Eichberg, Nietzsche in Mitteldeutschland, 1994; E. Sent, Die Oper am Weißenfelser Hof, 1996; J.-F. Dwars/K. Agthe, Wo liegt Kaisersaschern? Friedrich Nietzsches mitteldeutsche Herkunft und Heimholung, 2000.

Z Merseburg, Naumburg, Zeitz (ST); Leipzig (SN).

WERNIGERODE/ST

»Alle Städte den Harz hinauf, den Harz hinab, haben ihre Schätze und Kostbarkeiten; keine aber ist so reich und so bunt wie Wernigerode.« (Hermann Löns, 1909)

Schloss Wernigerode; Harzmuseum mit Harzbibliothek. – Rathaus (1427-50), über dem Portal der Spruch: »Einer acht's/der ander betracht's/der dritte verlacht's/Was macht's.« Außergewöhnlicher Figurenschmuck. – Aus dem Grafengeschlecht von Stolberg-Wernigerode ragen heraus: Otto Graf zu Stolberg-Wernigerode (1837-1896); der Historiker Otto Graf zu Stolberg-Wernigerode (1893-1984); die Liederdichterin Eleonore von Reuß (→ Görlitz/Niesky/SN).

Friedrich Raßmann (Ps. **Hortensio Orlay**), * 3. 5. 1772 W., † 9. 4. 1831 Münster, Lyriker, Literarhistoriker. Seit 1804 in Münster. Beherrschte alle lyrischen Formen (»Kalliope. Sammlung lyrischer und epigrammatischer Gedichte«, 1806). Seine Lexika (u. a. »Galerie der jetzt lebenden deutschen Dichter«, 1818) haben Quellenwert.

Paul Ernst, * 7. 3. 1866 Elbingerode bei W., † 13. 5. 1933 St. Georgen/Steiermark. Sohn eines Bergmanns, der 1871 nach → Clausthal-Zellerfeld/NI verzog. Begann als soz. Naturalist. Ab 1905 Hauptvertreter und Erneuerer des Neoklassizismus. Lebte u. a. in → Weimar/TH und → Düsseldorf/NW, seit 1918 in Oberbayern, seit 25 in der Steiermark. – W.: Demetrios (Tr. 1905); Der Weg zur Form (Ess. 1906); Das Kaiserbuch (1922-26). Als Harz-Romane sind zu bezeichnen: Der Schatz im Morgenbrotstal (1926); Das Glück von Lautenthal (1933); über den Harz auch in seinen »Jugenderinnerungen« (1929). Ges. Werke (1928 ff.). – Nachlass SNM, Marbach, Bibliothek UB Bochum. – Geburtshaus in Elbingerode: Meyerstraße 11.

A Philipp Melanchthon (→ Bretten/BW) wohnte nach 1547 bei seinem Freund Wilhelm Reifenstein, Markt 2 (heute Hotel »Gothisches Haus«). An der Kanzeltür der Johanniskirche Reliefs von M. und M. Luther (→ Eisleben/ST). – **Johann Wilhelm Ludwig Gleim** (→ Aschersleben/Ermsleben/ST) besuchte 1735-38 die Oberpfarrschule, Oberpfarr-

kirchhof 7, von W. – **Friedrich Gottlieb Klopstock** (→ Quedlinburg/ST) übernachtete 1762 in der Gräfl. Gastwirtschaft »Schwarzer Hirsch«, wurde aber nicht auf dem Schloss empfangen. – Aus W. stammt der Kritiker **Ludwig August Unzer** (1748-74), der sich für die Werke Klopstocks einsetzte, dessen Hauptwerk »Devisen auf Deutsche Gelehrte, Dichter und Künstler« (1772) aber in den »Frankfurter Gelehrten Anzeigen« verrissen wurde. Sein Bruder ist der ebenfalls in W. geborene und in Göttingen wirkende **Johann Christoph Unzer** (1747-1809).

Goethe (→ Frankfurt a. M./HE) kam 1777 als »Maler Johann Wilhelm Weber« nach W. und ließ sich vom Kellner der (nicht mehr existierenden) »Goldenen Forelle«, Markt 9 (Gedenktafel), einen Besuch bei dem späteren Königsberger Philosophie-Prof. **Friedrich Victor Leberecht Plessing** (1749-1806) in dessen Elternhaus, Oberpfarrkirchhof 12 (Gedenktafel), empfehlen. Als P. ihn nach dem Verf. des »Werther« befragte, bekam das Gespräch mit dem »wunderlichen Mann« eine fast mythische Wende. Nach G.s Angaben beziehen sich die 3. und 4. Strophe der »Harzreise im Winter« (G. 1777) auf diesen Besuch. – **L. F. G. Goeckingk** (→ Oschersleben/Gröningen/ST) war 1788-93 Kriegs- und Steuerrat in W. Wohnung: Gräfl. Palais Burgstraße 37. – **Johann Caspar Lavater** war 1786 und 93 Gast von Maria Gräfin zu Stolberg-W. (Stammbucheintrag). – **Johann Heinrich Jung-Stilling** (→ Siegen/Grund/NW) hielt sich 1789 und 1801 auf den Schloss auf. Als Augenarzt führte er hier Staroperationen durch. Daneben verfasste der Kameralist eine Studie über die Wirtschaftsverhältnisse der Grafschaft W. – **Novalis** (→ Hettstedt/Oberwiederstedt/ST) besuchte 1793 seine in W. lebenden Tanten, die ihn »sehr liebreich in ihrer ganz artig meublirten Wohnung auf dem Schlossberg« (im nicht mehr existierenden »Schieferhaus« im Lustgarten) empfingen. – Heinrich Ernst zu Stolberg-W. wurde 1778 Taufpate eines Sohnes von **Johann Gottfried Herder** (→ Weimar/TH, 1797 Gast des Grafen). – **Heinrich Heine** (→ Düsseldorf/NW) kehrte am 21. 9. 1824 im Gasthof »Der Bär«, Breite Straße 78, ein. – **Ludwig Uhland** (→ Tübingen/BW) kam 1842 nach W. und ließ sich die berühmte Bibliothek zeigen. – 1851-55 hielt sich der aus der Nähe von Haldensleben stammende und später in Berlin lebende **Heinrich Pröhle** (1822-95) vorwiegend in W. auf und recherchierte hier für die von ihm hg. »Harzsagen« (1854). – **Wilhelm Raabe** (→ Holzminden/Eschershausen/NI) war 1860 während seiner Harz-Wanderung einige Tage in W. Darüber in »Nach dem großen Kriege« (Br.-R. 1861) **Theodor Fontane** (→ Neuruppin/BB) wohnte im Juli 1878 in W., interessierte sich aber kaum für die Stadt, da er an »Irrungen und Wirrungen« arbeitete. Wohnung: Im Mühlental, wo noch das Hotel »Waldmühle« steht. Weitere Aufenthalte: Sommer 79, zeitweilig mit allen Kindern; Sommer 80, Quartier in der Villa Kagelmann, Hubertstraße 6, wo er vom Balkon das »herrliche Panorama von Schloss und Stadt« genoss. – **Hermann Löns** (→ Hannover/NI) hielt sich im Frühsommer 1907 in W. auf und bestieg von hier aus 16-mal den Brocken. Das »Hannoversche Tageblatt« belieferte er mit einer Artikelserie, darunter »Die bunte Stadt am Harz« (1909). Gedenkstein am Hermann-Löns-Weg. – **Ernst Barlach** (→ Wedel/SH) beging 1938 im »Haus Blume«, Maxim-Gorki-Straße 39, seinen letzten Geburtstag. Er musste feststellen: »Die Wintermonate im Harz haben mir keine Erholung gebracht.« – **Sarah Kirsch** schrieb über die Gerhart-Hauptmann-Oberschule die Reportage »Schule der guten Laune« (1963).

L In **Fontanes** Harz-Roman »Ellernklipp« (1881) heißt W. Emmerode. Den Stoff, ein Mordfall von 1752, brachten Frau und Tochter von einem Ausflug nach **Ilsenburg** mit. Der Legende nach habe sich der Mörder von der Bäumlerklippe am Meineberg nahe I. zu Tode gestürzt.

R Wenn man W. über das Westerntor Richtung **Darlingerode** verlässt, kommt man hinter dem Eichberg an die Stelle, wo das Augustiner-Kloster Himmelpforte stand, in dem **Luther** am 6. 8. 1517 mit **Johann von Staupitz** (→ Grimma/Motterwitz/SN) zusammentraf und über den Ablasshandel redete. Gedenkstein (1917) mit L.-Medaillon bei den Resten der Klostermauer. – Richtung Bad Harzburg liegt **Ilsenburg**, das der junge **Novalis** 1793 »wegen seiner Eisenwerke merkwürdig« fand. **Heine** beendete hier seine »Harzreise« mit der Beschreibung des Abstiegs vom Brocken ins Ilsetal: »Das ist nun die Ilse, die lieblich, süße Ilse. Sie zieht durch das gesegnete Ilsetal ...« Von dort aus kommt man ins Brocken-Gebiet und in die Orte **Elend** und **Schierke** (»das höchste Dorf im Gebirge«). Auf dem Weg dorthin erhielt **Goethe** 1777 Anregungen für die »Walpurgisnacht« (»Faust I«, 1808), in deren Untertitel ausdrücklich auf die »Gegend von Schierke und Elend« verwiesen wird. 84 durchstreifte G. die Gegend zus. mit dem Maler G. M. Kraus. Am 6. 9. kamen beide zu den Schnarcherklippen am Barenberg. Diese vor Augen lässt G. Mephisto in der »Klassischen Walpurgisnacht« (»Faust II«, 1834) das Loblied auf die Brockenhexen singen: »Die Schnarcher schnauzen zwar das Elend an,/doch alles ist für tausend Jahr getan.« **Wilhelm Blumenhagen** (→ Hannover/NI) 1838: »Einst aber war diese Gegend eine der verrufensten am Harz.« 1873 verbrachte die junge **Ricarda Huch** (→ Braunschweig/NI) die Sommerferien in

Elend. In ihren »Jugendbildern« erzählt sie
davon.
Bei **Rübeland** die Tropfsteinhöhlen: **Goe-**
the hat die Baumannshöhle am 2. 12. 1777
von Elbingerode aus besucht. In der »Cam-
pagne in Frankreich« erinnert er sich: »Ich
durchkroch sie und betrachtete mir das fort-
wirkende Naturereignis ganz genau …
Wieder ans Tageslicht gelangt, schrieb
ich die notwendigen Bemerkungen, zu-
gleich aber auch mit ganz frischem Sinn
die ersten Strophen des Gedichts … ›Harz-
reise im Winter‹.« **Bernd Wolff**, »Winter-
ströme. Goethes Harzreise 1777« (E. 1986).
– Schon mehr im Südharz liegt **Benne-**
ckenstein, wo **Andreas Werckmeister** (1645-
1706) herkommt, einer der frühen Vor-
denker einer Lehre von der Wirkung der
Musik (»Der Edlen Music-Kunst Würde,
Gebrauch und Missbrauch«, 1691). – Im
nahen **Trautenstein** war **Nikolaus Diet-**
rich Gieseke (→ Sondershausen/TH)
1753/54 Prediger.

Wernigerode: Das 1736 erbaute »Wolkenhäus-
chen« auf dem Brocken, Stich Anfang des 19.
Jh.s, davor befinden sich heute Gedenksteine
für Goethe und Heinrich Heine.

E **Harz-Dichtung**. »Das kleine Gebirg ist
reich an Geschichte, an Mythen und Poesie«
(R. Hagelstange, 1962). So hat der Harz schon
früh lit. Einzelgänger angezogen. Bereits 1591
legte Heinrich Julius von Wolfenbüttel einen
Weg zum Brocken an. Ch. E. von Stolberg, ein
eifriger Brocken-Besteiger, ließ 1736 auf dem
Gipfel ein »Wolkenhäuschen« erbauen. W.
Helbach sah in dem Berg 1570 noch einen
»Weithinschauer«. J. Praetorius rückte ihn
1668 in seiner »Blockes-Berges-Verrichtung
…« in die Nähe der Hexen und Teufel; ein
Bild, das J. F. Löwen 1756 in seiner Beschrei-
bung der »Walpurgisnacht« festigte. Frühe
Harzwanderer wie S. von Birken, F. G. Klop-
stock, J. W. L. Gleim, oder F. L. von Stolberg
wussten davon noch wenig. Erst Goethe, drei-
mal im Harz, erstmals im Dezember 1777 »auf
dem Gipfel des Brockens«, wies mit der Be-
handlung der Walpurgisnacht in »Faust I«
(1808) die Richtung und löste die eigentliche
Literaten-Besucherwelle aus. H. von Kleist
(1801), wohlwissend um die Vorgeschichte,

spricht in seinen Briefen voller Ergriffenheit
von einem »Paradies«. Weitere Berichte aus
dieser Zeit: G. Ch. Lichtenberg (1780); Nova-
lis (1794); J. von Eichendorff (1805) und Sten-
dhal (1807). H. Heines »Harzreise« (1826) wur-
de zum 2. Höhepunkt dichterischer Behand-
lung. Es folgten, ebenfalls aut. geprägt, H.
Ch. Andersen (1831), H. Löns (1901), P. Ernst
(1930). W. Blumenhagens »Wanderung durch
den Harz« erschien 1838. Erzählungen und
Romane u. a. von: W. Raabe (»Elsa von der
Tanne«, 1869; »Kloster Lugau«, 1893); J. Wolff
(»Der wilde Jäger«, 1877); Th. Fontane (»Cé-
cile«, 1887) und O. Flake (»Horns Ring«,
1916). Geschichten und Sagen sammelten
u. a.: H. Pröhle (»Aus dem Harze«, 1851);
H. J. Frauenstein (»Romantische Harzwan-
derungen«, 1853); A. Ey (»Harzmärchenbuch«,
1862); L. Bäte (»Brockenfahrt«, 1922) und A.
Winnig (»Die ewig grünende Tanne«, 1927).
Und nach wie vor gilt: »… eine Gegend, die
an wilder Romantik in Deutschland ihres-
gleichen sucht« (R. W. Leonhardt, 1961).

Blankenburg

Museum Kleines Schloss und Lustgarten; Stiftung Kloster Michaelstein.

August Winnig, * 31. 3. 1878 B., † 3. 11. 1956 Bad Nauheim, Erzähler (»Morgenstunde«, 1958) und Publizist, sozialdemokratischer Gewerkschafter. Über B. in seiner Aut. »Frührot. Ein Buch von Heimat und Jugend« (1919-24). – Geburtshaus: Markt 10.

Oswald Spengler, * 29. 5. 1880 B., † 7. 5. 1936 → München/BY, Philosoph und Publizist. Bis zum 10. Lebensjahr in B. Nach Studium (→ Halle/ST) und Lehrerjahren lebte Sp. finanziell unabhängig seit 1911 in München, wo sein Haupt-W. »Der Untergang des Abendlandes. Umrisse einer Morphologie der Weltgeschichte« (1918-22) entstand. Es wurde das meistverkaufte philosoph. Werk der Weimarer Republik und wirkte weltweit. – Geburtshaus: Herzogstraße 13.

A 1599 kam die Stadt an die Herzöge von Braunschweig-Wolfenbüttel, die 1707-31 im Schloss von B. Hof hielten. Beschreibung des Hoflebens in **Julius Bernhard von Rohrs** (1668-1742) »Geographischen und Historischen Merkwürdigkeiten des Vor- und Unterharzes« (1736) und **Karl Ludwig von Pöllnitz'** (1692-1775) »Lettres et mémoires« (1740). – **L. F. G. Goeckingk,** der B. 1777 besuchte, fand das Schloss »wohl unter allen, welche das Haus Braunschweig-Wolfenbüttel besitzt, das beste«. – Die aus W. stammende **Claire von Glümer** (1825-1906) war eine bedeutende Übersetzerin (A. Puschkin, L. Tolstoi). Früh teilte sie mit ihrem Vater, einem verfolgten Burschenschafter, das Flüchtlingsleben. Darüber »Fata Morgana. Roman aus dem Jahre 1848« (1851). – **Wilhelm Raabe** (→ Holzminden/Eschershausen/NI) schildert Schloss und Stadt in seinen Romanen »Hastenbeck« und »Schüdderump«. – **Christa Johannsen** (→ Halberstadt/ST) war 1952-57 Dozentin an der Fachschule für Bauwesen in B.

R Nördl. von B. ragen die bizarren Ruinen einer Burg empor. Der **Regenstein** ist die älteste dt. Felsenburg. Einer Sage nach, die **Ludwig Bechstein** (→ Meiningen/TH) erzählt, hauste im Burgbrunnen ein unerlöster Geist. **Julius Wolffs** »Raubgraf« (R. 1884) handelt davon. – Von B. nach Thale zieht sich die **Teufelsmauer,** ein sagenumwobener Sandsteinrücken. – **W. Raabe** besuchte 1860 auf einer seiner Harz-Wanderungen den Schwager in **Hüttenrode.** Dort sah er eine »Hütte mit den Faulfieberkranken« (Tagebuch 16. 7.), was der Ausgangspunkt für die Novelle »Unartige Gäste« (1886) wurde. – Von dort ist es nicht weit bis **Altenbrak,** wo **Th. Fontane** im Juni 1884 von Thale aus »nach 3 stündigem Marsch« ankam und mit dem »Herrn Praeceptor« zwei Stunden plauderte. Alles findet sich in »Cécile« (R. 1887) wieder. Das erwähnte »Gasthaus zum Rodenstein« gibt es noch.

B R. Denecke, Goethes Harzreisen, 1993; G. Schwedt, Literarische Harzreise, 1998; J.-F. Dwars, Goethes Harzreise 1777, 1998. **Z** Halberstadt, Quedlinburg, Sangerhausen (ST); Nordhausen (TH); Goslar (NI).

WESEL/NW

»Das Panorama ist von großer Art ... – man braucht nicht zu wissen, daß hier eine der Schicksalsgegenden Deutschlands ist, von Cäsar bis zu Hitlers Zeiten, um sich von dem großartigen Anblick angerührt zu fühlen.« (Vilma Sturm, 1960)

Städt. Museum, Preußenmuseum in der Zitadelle. – Tafel an St. Willibrord: »Dem Diakon dieser Kirche und späteren Gründer von New York Peter Minuit zum Gedächtnis«.

Konrad Duden, * 3. 1. 1829 W., † 1. 8. 1911 → Wiesbaden/HE, Philologe, Gymnasiallehrer. Der richtungsweisende »Duden« (»Vollständiges orthographisches Wörterbuch der dt. Sprache«, 1880) war zunächst das Produkt der Reformbestrebungen seines Verfassers, der radikal vereinfachte, phonet. Schreibweise verlangte. – Denkmal an der Emmericher Straße, Gedenktafel im Gymnasium W.-Nord.

Heinrich Hart, * 30. 12. 1855 W., † 11. 6. 1906 → Tecklenburg/NW, Schriftsteller, Lit.-Kritiker. Er kam 1877 nach → Berlin und übernahm ab 87 mit seinem jüngeren Bruder Julius (→ Münster/NW) die Theater- und Literaturkritik in der »Täglichen Rundschau«. Bahnbrechend für den Naturalismus, v. a. für die Bildung seiner Ästhetik. Die Brüder gründeten den »Deutschen Literatur-Kalender«, der noch heute als »Kürschner« in Gebrauch ist. – W.: Kritische Waffengänge (mit Julius H., 1882-84); Das Lied der Menschheit (Ep. 1888-96). – Nachlass Akademie der Wiss. Berlin, StuLB Dortmund.

In W. geb. der Psalmendichter **Matthias Jorissen** (1739-1823); eine allzu eifernde Predigt brachte ihm 1768 Kanzelverbot in W. ein, und er ging nach Holland.

A Alexander Hegius (→ Ahaus/NW) war von 1469-75 Rektor der St. Willibrord-Schule. – Begraben in St. Willibrord ist der Theologe und Schriftsteller **Werner Teschemacher** (1589-1638) aus Elberfeld (Wuppertal). Seine 1721 erschienenen »Annales« sind die erste Landesgeschichte Nordrhein-Westfalens.

L Die Erschießung der 11 **Schillschen Offiziere** 1809 in W. (Kasematten, Schill-Museum in der Zitadelle, Denkmal auf der Schill-Wiese) hat die vaterländ. Dichtung herausgefordert: Balladen von M. v. Schenkendorf u. a., dazu volkstümliche Romane von W. Alexis (1825), W. Kotzde (1907), G. v. Brockdorff (1936), H. Paulus (1941). – W. im Roman: »Das Mädchen

von Utrecht« von **Otto Brües** (→ Krefeld/NW), »Kameraden« von **Rudolf Herzog** (→ Wuppertal/NW), »Der Letzte von W.« von **Ludwig Mathar** (→ Monschau/NW). – »Bilder vom Niederrhein« (1882), auch über W. und Xanten, von **Jakob Nover** (1845-1928); Gedichte von **Martin Boelitz** (1874-1918). – **Erich Bockemühl** (→ Gummersbach/Engelskirchen/NW) war 1914-41 Lehrer in **Drevenack** (Hünxte-D./Grab auf dem Ev. Friedhof) und sammelte niederrhein. Sagen, Märchen und Legenden: »Das Goldene Spinnrad« (3. Aufl. 1980).

Schermbeck

Gustav Sack, * 28. 10. 1885 Sch., † (gef.) 5. 12. 1916 Finta Mare/Rumänien. Gymnasium in Wesel, Studium u. a. in Greifswald, Münster und Halle. Unstetes Leben. Frühexpressionist. Erzähler und Lyriker auf der Suche nach einer neuen Wertordnung der Menschheit. – W.: Ein verbummelter Student (R. 1917); Ein Namenloser (R. 1919); Prosa, Briefe, Verse (Hrsg. D. Hoffmann, 1962). – Nachlass DLA Marbach.

Xanten

»Xanten erwuchs aus Sagen, Gräbern und Legenden.« (Günther Elbin, 1979)
Regionalmuseum X.; Archäolog. Park X (APX). – Stiftsbibliothek. – Archäolog. Buchmesse seit 1999, Autoren-Wettbewerb.

A »Castra vetera« war wichtiger Stützpunkt zur Unterwerfung der Germanen. Der Hauptzeuge der Ereignisse um die Varusschlacht, der Geschichtsschreiber **Velleius Paterculus**, tat hier gemeinsam mit dem Cherusker Armin Dienst.

L Die Trümmerstadt Colonia Ulpia Traiana v. a. regte schon im MA. die Phantasie an. Das Sichtbare wurde mit einheimischer Überlieferung harmonisiert: das Kapitol als Burg empfunden, aus der Garnison Armins im **Nibelun-**

genlied (→ Worms/RP) die Heimat Siegfrieds gemacht. – »Xantener Hymnen« (1936-46) von **Emil Barth** (→ Hilden/Haan/NW). – Essays von **Friedrich Engels** (→ Wuppertal/NW), »Siegfrieds Heimfahrt« (1840), **Ricarda Huch** (→ Braunschweig/NI) 1927, **Konrad Weiß** (→ Schwäbisch Hall/Michelbach a. d. Bilz/BW) 1950, **Theodor Heuss** (→ Lauffen/Brackenheim/BW) 1959, **Vilma Sturm** (→ Mönchengladbach/NW) 1959 u. a. – Siegfried in stilisierter Gestalt auf dem modernen Viktor-Relief am Torbogen der Michaelskapelle. Über die Über- und Gleichsetzung der beiden Drachenkämpfer Viktor und Siegfried u. a. **Philipp Heber** (1858), **Hermann Schneider** (1925), **Eugen Gerritz** (»Troia sive Xantum«, 1964). Zusammenfassungen der verschiedenen Thesen bei **Helmut Berndt**, »Das 40. Abenteuer« (1968). – Niederrheinische Erzählungen von **Werner Böcking**: u. a. »Fähre im Nebel« (1984). – Mundart-Arbeitskreis »Santes Platt« (**Josef Engel**).

B F. Gorissen, Florilegium Xantense – X. in der Lit. von 1464 bis 1892, 1985.

Z Borken, Bocholt, Duisburg, Geldern, Kleve (NW).

WESTERBURG/RP

Reinhart von Westerburg, 1315-53 Graf von Leiningen-W., Minnesänger, dessen derbe, unsentimentale Strophen bereits die Brüche der höf. Dichtung signalisieren. Nachrichten über ihn in der → Limburger Chronik (HE) des Tilemann Elhen von Wolfhagen.

Joachim Freiherr von der Goltz, * 19. 3. 1892 W., † 29. 3. 1972 → Obersasbach (Bühl/BW), Dramatiker und Erzähler. Jugend in → Baden-Baden (BW) bei G. Groddeck. Ab 1909 Studium, Frontoffizier im 1. Weltkrieg, dann Landwirt und freier Schriftsteller in der Ortenau. – W.: Die Leuchtkugel (Dr. 1920); Der Baum von Cléry (R. 1934); Mich hält so viel mit Liebesbanden (G. 1951).

Hachenburg

Landschaftsmuseum Westerwald.

Albertine von Grün, * 11. 10. 1749 H., † 12. 5. 1792 ebd. Im Kreis der »Empfindsamen« in Darmstadt befreundet u. a. mit J. H. Merck (→ Darmstadt/HE), unerwiderte Liebe zu F. M. Klinger (→ Frankfurt a. M./HE). Verfasste kleine Prosa und literar. Briefe. Geburtshaus »Grünscher Hof« (heute auf Brauereigelände), Wohnung Herrnstraße 6. Grabstein bei der ev. Kirche im Ortsteil Altstadt. – Nachlass FDH Frankfurt a. M. Novelle von A. Bock (→ Gießen/HE).

Geb. in H.: Der Kanzelredner **Karl Wilhelm Schultz** (1801-56/»Der Rhein«, Ep. G. 1855), Mitbegründer der Gustav-Adolf-Stiftung.

E Westerwald. Nach S. v. La Roche ein »berüchtigtes Land« (1788 im »Tagebuch einer Reise durch Holland und England«), nach W. H. Riehl ein »Land der armen Leute« und »ohne Kunst« (um 1860 in der »Naturgeschichte des deutschen Volkes«): Das Verdikt ist längst überholt. – Die W.-Erzählungen von Fritz Philippi begannen 1902 mit »Hasselbach und Wildendorn« (1902), 27 erschienen sie gesammelt. Mit Wäller-Geschichten, »Mannsleut«, debütierte 1894 auch W. Schäfer, mit dem W.-Roman »Traum der Erde« 1936 Hermann Stahl, dem 39 »Die Orgel der Wälder« folgte. Weiterhin die Nassauer, die »der Westerwald zu Dichtern berief«, so 1927 Willy Arndt heimattümelnd, doch selbst, Wilhelm Reuter, Otto Stückrath u. a. zitierend; die Erzähler J. H. Berlenbach, E. Decker, F. Schilling und Ch. Spielmann; der Sagensammler O. Runkel; Mundartdichter: A. Weiß (1860-1938); E. Heuzeroth (1886-1973). Aus jüngerer Zeit: »Der Schäfer Jakob und sein Hund« (1973) und »Hitlerfahnen über dem Westerwald« (1974) von A. Schöneberg, »Kafkas Hund oder Der Verwirrte« in »Sonntagsstaat« (2001) von H. Feldhoff. (L. Sternbergs Aufsätze über Lit. und Kultur des W.s von 1911 und 27 sind topographisch von Interesse; sein Überblick über W.-Schrifttum in »Rhein. Heimatblätter«, 1925).

R **Westerburg** ist das Zentrum, der Hohe Westerwald dahinter, beinahe ein Land ohne Wald. In den sieben Seen der Seenplatte nisten die Sagen und Legenden: vom untergegangenen Kloster im **Dreifelder** Weiher, vom im Winter aufblühenden Rosenstock im Nistertal, der die Zisterziensermönche bewog, dort die Abtei **Marienstatt** (Bibliothek, u. a. Hss. und Inkunabeln) zu erbauen. – **Roßbach** an der Wied zählt zu den legendären Stätten **Heinrichs von** → **Ofterdingen** (→ Rottenburg/BW). – Von **Karl Christian Ludwig Schmidt**, Pfarrer in **Willmenrod**, erschien 1800 ein »westerwäldisches Idiotikon«.

B H. Feldhoff, Von Kotzenroth nach Rosenheim. Der unbeschreiblich schöne Westerwald, in: J. Zierden, Literar. Reiseführer RP, 2001.
Z Altenkirchen, Bad Ems, Diez, Montabaur (RP); Limburg a. d. L., Weilburg (HE).

WESTERSTEDE/NI

Von Rhododendronkulturen und Baumschulen umgeben ist **Westerstede**. **Kolja Mensing** beschreibt seine W.er Jugend in den siebziger Jahren in: »Wie komme ich hier raus? Aufwachsen in der Provinz« (2002).
Als Mittelpunkt des Ammerlandes gilt **Wiefelstede**, als sein Herz das »Meer von Zwischenahn mit seinen grünen Au'n«. In W. am 20. 8. 1884 geb. der ev. Theologe (»Entmythologisierer«) **Rudolf Bultmann** (gest. 30. 7. 1976 in → Marburg/HE). – In **Bad Zwischenahn** (Sage vom »Zwischenahner Meer«) gibt es das Freilichtmuseum »Ammerländer Bauernhaus«, dazu »Zwischenahner Heimatspiele«. – Im ehem. Benediktinerkloster **Rastede** entstanden u. a. die »**Rasteder Chronik**« (um 1150, n. über-

setzt von H. Lübbing, 1976) und ein »**Buch des Lebens**« (StA Oldenburg); 1336 fertigte der Mönch **Hinrich Gloyesteen** eine mit Miniaturen geschmückte Abschrift des »Sachsenspiegels«. Vom Kloster blieben nur Säulentrümmer erhalten (Landschaftspark »Abtsbusch«). Aus dem alten R. – »As wi noch'n Großherzug harn« – erzählen die Kalendergeschichten von **Louise Uhlhorn**.

Z Brake, Jever, Leer, Oldenburg, Varel (NI).

WETZLAR/HE

»Immerhin hat Wetzlar schon tausendjähriges Leben geführt, bevor Goethe es betrat, und es hat sein Leben auch heute.« (Werner Bergengruen, 1934)
Stadtbibliothek. – Stadt- und Industriemuseum, Lottehaus und Jerusalemhaus; Ludwig-Erk-Sammlung. Reichskammergerichtsmuseum. – Industrie-Festspiele: Freilichtbühne Rosengarten.

Johann Wolfgang Goethe (→ Frankfurt a. M./HE) kam am 25. 5. 1772 nach W. und war bis zum 11. 9. als Praktikant am Reichskammergericht tätig. Er lernte hier **Charlotte Buff** (1753-1828) kennen, die mit **Johann Christian Kestner** (1741-1800) verlobt war und mit ihm nach der Hochzeit 1773 nach → Hannover/NI zog. **Karl Wilhelm Jerusalem** (→ Wolfenbüttel/NI) trat 1771 die Nachfolge als Sekretär von **A. F. S. Goué** (→ Steinfurt/NW) an. Bei den gemeinsamen Mittagessen arrangierten die Angehörigen des Kammergerichts eine Art »Rittertafel«; bei diesem Spiel war Goethe »Götz« und Jerusalem »Masuren«. Jerusalem, der sich von Kestner zwei Pistolen erbeten hatte, erschoss sich in der Nacht vom 29. auf 30. 10. 1772. Anfang November Plan Goethes zum »Werther«: Ch. Buff als Vorbild für »Lotte«, Jerusalems Selbstmord als trag. Element. Der Roman erschien 1774, ein Jahr später »Masuren, oder Der junge Werther, ein Trauerspiel aus dem Illyrischen« von A. F. S. v. Goué. – Reichskammergericht, Hofstatt 19 (heute Museum, Gedenktafel); Goethes Wohnung Kornmarkt 7 (Gedenktafel); Domplatz 17 (früher Buttermarkt) ehem. Gasthaus »Zum Kronprinzen«: Mittagstisch G.s (Gedenktafel); Deutschordenshof, Lottestraße 8-10, mit Geburtshaus von Ch. Buff (»Lotte-

Wetzlar: »Lotte-Zimmer« im Deutschordenshof

haus«): Werther-Slg. mit Erstausgg. des Romans, lit. Vorbildern, sog. Wertheriaden und Erinnerungsstücken; Deutschordensgarten, Philosophenweg 1: »Garten des Grafen v. M./Schauplatz von Seligkeit und Schmerz«. Jerusalemhaus, Schillerplatz 5: Erinnerungen an und Werke von K. W. Jerusalem; J.s letztes Spazierziel: die Starke Weide (an der Lahn). Goethe-Gedenkstein, auch für Jerusalem und die Familie Buff, im »Rosengärtchen«, ehem. Friedhof. »Goethebrunnen« an der Kreuzung Wahlheimer Weg/Haarbachstraße; ehem. Jagdhaus am Stoppelberg: Sommerhaus der Familie Buff.

A **Barthold Hinrich Brockes** (→ Hamburg) war nach dem Studium 1702 für kurze Zeit am Reichskammergericht tätig. – **Friedrich Maximilian Klinger** (→ Frank-

furt a. M./HE) besuchte W. öfter von Gießen aus. – Auf dem Städt. Friedhof das Grab des Erzählers **Emil Moser** (1901-83) aus Nordmähren.

L Erwähnt seien die »Wertheriaden«: Texte aller künstl. Gattungen (Dramen, Opern, Ballette, Possen, Bänkelsang, Parodien) und ein Feuerwerk mit dem Titel »Werthers Zusammenkunft mit Lottchen im Elysium«. Allein bis 1909 in Dtl. über 140 Titel. 1982 erschien »Die Leiden des jungen Jerusalem« (in »Jammerschoner«) von **Hans Christoph Buch**, der auch »Die Leiden des jungen Werther« mit Dokumenten und Materialien, Wertheriana und Wertheriaden, neu herausgegeben hat. – In W. selbst spielt **Wilhelm Heinrich Riehls** (→ Wiesbaden/HE) Novelle »Der stumme Ratsherr«. **Ricarda Huchs** (→ Braunschweig/NI) Essay »Im alten Reich« behandelt v. a. die Zeit des Reichskammergerichts. – **Ursula Dette**: »Wetzlar – Notizen eines Müßiggängers« (1973).

S Im Stadtarchiv Goethe-Werther-Bücherei. – **Phantastische Bibliothek** W. (seit 1989 Slg. aller phantast. Literaturgenres in dt. Sprache, Hrsg. einer Schriftenreihe). **Förderkreis Phantastik in W.**, Tage der Phantastik (jährl. seit 1981) und **Phantastik-Preis der Stadt W.** (seit 1983).

R Auf **Goethes** (und »Werthers«) Spuren in W.s Umgebung (Weg vom Lottehaus über Wahlheimer Weg nach Garbenheim): Im Stadtteil **Garbenheim**, dem »Wahlheim« im »Werther«, Dokumentation im Heimatmuseum (Untergasse 3) und Denkmal unter den Linden auf dem ehem. Dorfplatz (heute Goetheplatz). In **Volpertshausen** (Hüttenberg-V.) fand im »Nassauischen Jägerhaus« (heute Heimatmuseum, Gedenktafel) am 9. 6. 1772 der Ball statt, auf dem sich Goethe und Charlotte Buff begegneten (im Ballsaal Abbildungen der Ballteilnehmer). – Am rechten Lahnufer zwischen **Leun** und Stockhausen (dicht an der B 49) unter Weidengebüsch die Stelle des »Orakels von Leun«, wo G. ein in den Fluss geschleudertes Taschenmesser über seinen weiteren künstler. Lebensweg entscheiden ließ. (»Dichtung und Wahrheit«, 3. Teil/13. Buch). – Im **Kaisergrund** markieren seit dem 18. Jh. drei Gedenktafeln die Stelle, wo nach dem Volksmund der falsche Kaiser, Tile Kolup, der sich als Friedrich II. ausgab, 1284 gefoltert, verurteilt, verbrannt und verscharrt worden sei: **Alexander von Gleichen-Rußwurm** (→ Hammelburg/BY), »Tile Kollup. Eine Begebenheit aus dem Interregnum« (1924). – Im Sommer 1906 besuchte **Rainer Maria Rilke** (→ München/BY) **Braunfels** (Schlossmuseum mit Büchern aus dem Kloster Altenberg). – Ehrenbürger von **Ulm** (Greifenstein-U.) ist der große Theatermacher des revolutionären politischen Theaters **Erwin Piscator** (→ Berlin), der am 17. 12. 1893 hier geboren wurde.

B H. Gloel, Der Wetzlarer Goethe, 1932; H. Mignon, Goethe in Wetzlar, 2. Aufl. 1972; D. Grieser, Charlotte Buff läßt bitten, in: Goethe in Hessen, 1982.
Z Dillenburg, Gießen, Marburg, Weilburg (HE).

WIESBADEN/HE

»Es ist mir bis heute merkwürdig, warum Wiesbaden keine Stadt am Rhein ist. Die paar Kilometer, die uns vom Rheinufer trennen, wurden etwa 1925 durch die Eingemeindung Biebrichs von der Landkarte gestrichen. Trotzdem, wir lagen nicht am Rhein, sondern im nassauischen Taunus.« (Karl Korn, 1946)
Hauptstaatsarchiv, Stadtarchiv; Dt. Institut für Filmkunde, Dt. Rundfunkarchiv. – Stadtbibliothek, Literaturhaus Villa Clementine. – Museum W. – Hess. Staatstheater; Rheingauer Volkstheater. – Hess. Rundfunk: Literaturland Hessen. – Intern. Maifestspiele; »Theatrium«-Straßenfest (seit 1978); Wiesbadener Literaturtage (seit 1986).

Wilhelm Heinrich Riehl, * 6. 5. 1823 W.-Biebrich, † 16. 11. 1897 → München/BY, Kulturhistoriker, Erzähler. Studierte in → Marburg/HE und → Gießen/HE. Journalist und Redakteur an verschiedenen Zeitungen, u. a. in W., leitete dort auch das Hoftheater. 1851 Chefredakteur der → »Augsburger (BY) Allgemeinen Zeitung«. 1854 Prof. für Staatswiss. und Kulturgesch. an der Universität München, seit 85 Direktor des Kgl. Nationalmuseums und bayer. Generalkonservator. – W.: Geschichte vom Eisele und Beisele (R. 1848); Land und Leute (1854); Naturgeschichte des dt. Volkes als Grundlage einer dt. Sozialpolitik (4 Bde., 1851-69). Geschichten und Novellen (Gesamtausg. 1898-1900). – Geburtshaus im Karpfenhof, Am Schlosspark 13-15 (Gedenktafel), an der Rückseite (Elisabethenstraße 16) 2. Gedenktafel. – In Biebrich spielen die Novellen »Abendfrieden« (1867) und »Seines Vaters Sohn« (1879); in W. »Das Theaterkind« (1867) und »Der Märzminister« (1873). – Mss. und Briefe LB W., DLA Marbach.
Wilhelm Dilthey, * 19. 11. 1833 W.-Biebrich, † 1. 10. 1911 Seis b. Bozen, Philosoph, Begründer einer neuen geisteswiss. Psychologie. Lehrte in Basel, Kiel, Breslau und Berlin. – W.: Einleitung in die Geisteswiss. (1883); Das Erlebnis und die Dichtung (1905). Ges. Schriften (1913-36). – Gedenktafel Am Schlossplatz 129, mit Hinweis auf Geburt im alten Mosbacher Pfarrhaus, Obere Wiesbadener Straße; wahrscheinlich aber in der alten Hofkaplanei geboren, in der sein Vater vorher wohnte. Grab auf dem Friedhof in Biebrich, am Hosenberg. – Nachlass Akademie der Wiss. Berlin, SuUB Göttingen.
Hans Grimm, * 22. 3. 1875 W., † 27. 9. 1959 Lippoldsberg (→ Hofgeismar/HE), Erzähler und Essayist. Bis 1910 in Südafrika, seit 11 freier Schriftsteller. Erwarb 1918 einen Gutshof in → Hofgeismar/Lippolds-

berg/NI, dort seit 34 und nach 45 »Lippoldsberger Dichtertreffen«. Der Titel des Romans »Volk ohne Raum« (1926) wurde Schlagwort vor allem im nationalsozialist. Dtl. – W.: Südafrikanische Novellen (1913), Der Ölsucher von Duala (Tgb. 1918); Aut. 1950-60. – Geburtshaus Mainzer Straße 13.
Alfons Paquet, * 26. 1. 1881 W., † 8. 2. 1944 → Frankfurt a. M./HE, Lyriker, Reiseschriftsteller, Essayist. Schon als Student bereiste er Sibirien, Nordamerika, Finnland und den Vorderen Orient. Später Berichterstatter der »Frankfurter Zeitung«, bis 1933 leitete er den von ihm gegründeten »Bund Rhein. Dichter«. Verhaftungen im Dritten Reich, zuletzt freier Schriftsteller in Frankfurt a. M. – W.: Lieder und Gesänge (1902); Städte, Landschaften und ewige Bewegung (1927); Die Botschaft des Rheins (1941); Ges. Werke (Hrsg. H. M. Elster, 1970). – Geburtshaus Langgasse 6, spätere Wohnung Langgasse 24. – Nachlass und Archiv StuUB Frankfurt a. M.
Dieter Leisegang, * 25. 11. 1942 W., † 21. 3. 1973 (Freitod) Offenbach a. M., Lyriker, Essayist, Übersetzer. – W.: Hoffmann am Fenster (G. 1969); Lauter letzte Worte (G. und Miniaturen, 1980).
Der pol. Schriftsteller **Johann Ignatz Weitzel** (1771-1837) war seit 1820 Direktor der Landesbibliothek in W. und schrieb »Das Merkwürdigste aus meinem Leben und meiner Zeit« (1834). – Auf dem Jüd. Friedhof in Biebrich befindet sich das Grab des Heimatforschers und Linguisten **Seligmann Baer** (1825-97). Gedenktafel am Geburtshaus Am Schlosspark 90. – In der Wagemannstraße 5 geb. ist der kulturgesch. Romancier **Adolf Glaser** (Ps. **Reinald Reimar**/1829-1916), Schriftleiter von »Westermanns Monatsheften«. Grab auf dem Alten Friedhof, Platterstraße. – Am 30. 4. 1895 starb **Gustav Freytag** (→ Gotha/Siebleben/TH) in W.; er lebte dort

seit 1879 im Winter und ließ nach jedem Roman seinem Haus in der heutigen G.-F.-Straße 17 (Gedenktafel) einen neuen Flügel oder Turm anbauen, aufstocken, umgestalten. Denkmal im Kurpark. – **Friedrich Bodenstedt** (→ Peine/NI) verbrachte seine späten Jahre (1878-80 und ab 88) in W. und starb dort am 18. 4. 1892. Wohnhaus Rheinstraße 78 (Gedenktafel, Büste hinter den Kolonnaden an der Wilhelmstraße); Grab auf dem Nordfriedhof. – Durch seine Westerwald-Erzählungen (u. a. »Hasselbach und Wildendorn«, 1902) wurde **Fritz Philippi** (1889-1933) bekannt. Seit 1904 war er Gefängnispfarrer in → Diez a. d. Lahn (Bad Ems/RP), seit 1910 Dekan und Landeskirchenrat in W. Geburtshaus Hellmundstraße 37; Grab auf dem Nordfriedhof. – Geboren in W. ist **Dolf Sternberger** (1907-1989), Essayist und Mitbegründer der dt. Politikwissenschaften, Hrsg. bis 1949 der Zs. »Die Wandlung« (mit K. Jaspers und W. Krauss) und der Zs. » Die Gegenwart« (1950-59), Nachlass DLA Marbach.
🅐 Fast 30 Jahre lang wirkte der Pfarrer **Egidius Günther Hellmund** aus Halle (1678-1749) in W. und gründete 1723 ein Waisenhaus, 32 ein Armenbad, 36 eine Walkmühle. Die Waisenhausbuchhandlung druckte und verlegte seine 89 Schriften, darunter die »Thermographia Paraenetica: Oder nützliches Baad-Buch« (1741). – Im »heilsamen Bade« kurte 1814 und 15 **Goethe** (→ Frankfurt a. M./HE). Schon am ersten Abend entstand das Divan-Gedicht »Sagt es niemand, nur den Weisen . . .« (31. 7. 1814). In der Rotunde des Biebricher Schlosses feierte er seinen 65. Geburtstag. Denkmal vor dem Landesmuseum; Bildnis an der Portikus-Freitreppe der Landesbibliothek; im Museum »Goethit« aus Friedrichroda/TH. Hinter der Siedlung Märchenland in W.-Frauenstein der »Spitze Stein«, auch »Goethestein« ge-

nannt, nahebei Geviert mit mineralog. Arbeitsmaterial wie zu G.s Zeiten; Episode mit der 17-jähr. Philippine Lade (1815); in der Gaststube des »Nürnberger Hofs« volkstüml. Darstellungen von G.s Besuch am 6. 7. 1815; Weinlehrpfad: »G. und der Wein«. Weitere Erinnerungsstätten an G. auf dem Geisberg und im Stadtteil Klarenthal. Ein **Schiller**-Denkmal auf der Parkseite des Staatstheaters, seine Büste im Hof der Leibniz-Schule.

Über das gesellige Treiben im Kursaal berichtet 1816 **Johanna Schopenhauer** (→ Bonn/NW). Zu den immer zahlreicheren Brunnengästen gehörten **Clemens Brentano** (→ Koblenz/RP) 1805, 24 und 26, etwas später (1834) **Wilhelm Grimm** (→ Hanau/HE). – **Heinrich von Kleist** (→ Frankfurt a. O./BB) lag 1793 im Kantonierungsquartier in Biebrich und bereiste die Gegend um Mainz. – **W. H. Riehl** berichtet in der aut. Novelle »Abend-Frieden«, dass ihm in seiner Kindheit **Walter Scott** im Biebricher Schlossgarten begegnet sei. – Am 8. 12. 1862 stieg **Richard Wagner** (→ Leipzig/SN) im »Europäischen Hof« ab und mietete sich kurz darauf bis zum 12. 11. in der Villa »Annica«, Rheingaustraße 137, ein (später W.-Villa, Gedenktafel). Er nannte sie sein »Biber-Nest« und schrieb hier das Vorspiel zu den »Meistersingern von Nürnberg«. Stets in Geldnot, soll er schon nach kleinen Gewinnen das Geld eingesteckt und die Spielbank verlassen haben. – Ganz seiner Spielleidenschaft frönte 1863 und 65 **Fjodor M. Dostojewski**, in W. entstanden Teile seines R.s »Schuld und Sühne«. – Ab 1871 lebte für 10 Jahre der niederländ. Schriftsteller **Eduard Douwes Dekker** (Ps. Multatuli) in W. und machte »Millionen-Studien« am Spieltisch. – Am 1. 8. 1911 starb in Sonnenberg **Konrad Duden** (→ Wesel/NW; Grab in → Bad Hersfeld/HE). – Nach W. wurde die 1889 in Dresden gest. **Fanny Le-**

wald (→ Berlin) überführt und auf dem Alten Friedhof neben ihrem Mann, **Adolf Stahr** (→ Prenzlau/BB), beigesetzt, der 1876 hier gest. war. Unweit des Haupttores auch das Grab von **W. O. von Horn** (→ Simmern/RP). – 1898 wurde der »Hofdichter« **Joseph von Lauff** (→ Köln/NW) Dramaturg am Hoftheater und blieb es bis 1903. (Wohnung bis 1923 Alwinenstraße 24.) Ihm zu Ehren wurde einer der schönsten Parkwege »Joseph von Lauff-Straße« genannt (»Spiegel meines Lebens«, 1932). – Der Stadtarchivdirektor **Christian Spielmann** (→ Neuwied/RP), Hrsg. der »Nassovia« und zahlreicher Einzelveröffentlichungen über W., wohnte zuletzt Bismarckring 32, wo er 1917 starb (Grab auf dem Nordfriedhof). **Helmut Herzfelde** (Ps. **John Heartfield**/ → Berlin) begann 1905 eine Buchhandelslehre in W., ihm folgte sein Bruder **Wieland**; Gedenkstein mit Eiche (seit 1995) in den Reisinger-Anlagen am Hauptbahnhof. – **Adam Karrillon** (→ Wald-Michelbach/Heppenheim/HE) lebte von 1919 bis zu seinem Tod 38 in W. (Grab in → Weinheim/BW). – **Bernard von Brentano** (→ Offenbach a. M./HE) kam 1949 nach W. und starb hier am 29. 12. 1964; Grab auf dem Friedhof in Sonnenberg. – Nach dem 2. Weltkrieg hatte der Lyriker und Verleger **Wilhelm Klemm** (→ Leipzig/ SN) in der Steubenstraße 3 seinen Sitz aufgeschlagen, er starb am 23. 1. 1968. Sein Grab auf dem Südfriedhof, wie die von **Ernst Glaeser** (→ Butzbach/HE), dem poln. Schriftsteller **Marek Hlasko**, gest. am 14. 6. 1969, sowie dem aus der Batschka stammenden Lyriker und Erzähler **Roland Vetter** (1928-1993).

L **Einhard** (→ Seligenstadt/HE) gibt erstmals 829 Auskunft über die Stadt: »castrum quod moderno tempore Wisibada vocatur«. Über tausend Jahre später, 1919, rühmt Am-

broise **Vollard** in seinen »Erinnerungen eines Kunsthändlers« die »peinlich saubere Stadt und eine freundliche Bevölkerung«. Ihren Aufstieg »zum Weltbad, zur Luxusgroßstadt« hat als Knabe **Alfons Paquet** miterlebt. – W. als Romanschauplatz in »Frühlingswogen« (1871) von **Iwan Turgenjew**, »Das gelbe Haus« (1905) und »Zwischen fünf und sieben« (1927) u. a. von der nach dem 2. Weltkrieg in W. lebenden **Liesbeth Dill** (→ Saarbrücken/Dudweiler/SL), »Der Verfallstag« (1912) von **Gerhard Ouckama Knoop** (→ Bremen), »Overstolz« (1927) von **Nanny Lamprecht** (→ Simmern/Kirchberg/RP), »Die Gärten des Lebens« (1939) von **Paul Fechter** (→ Berlin), »Silvia und ihre Freier« (1941) von **Friedrich Michael**, »Finks Krieg« (1996) von **Martin Walser** u. a. – W. in Aut.: »Die Rheingauer Jahre« (1954) und »Lange Lehrzeit« (1975) von **Karl Korn** (→ Rüdesheim/HE), »Pariser Hof« (1965) des Limes-Verlegers **Max Niedermayer**, der 1948 gegen alle Widerstände die Szenenfolge »Drei alte Männer« herausbrachte, »das erste Buch **Gottfried Benns** (→ Berlin), das nach zwölfjähriger Unterbrechung wieder in Deutschland erschien.« – Mundartliches: »Gelunge Gescherr« (G. 1894) von **Franz Bossong** (Ps. »Das Virreche«/1872-1914); »Du liebe Heimat« (G. 1938) von **Rudolf Dietz** (Ps. Lutz Diedorf, 1863-1942/Grab auf dem Nordfriedhof); »Mir sin so kloore Kunne« (1954) von **Otto Stückrath** (→ Bad Ems/Hahnstätten/RP; Grab auf dem Friedhof Biebrich). Von St. auch der »Sagenkranz um Wiesbaden« (1952). Ein histor. Porträt: »Die Diva am Rhein« (1996) von **Lothar Schöne**. Zur literar. Szene: »Autoren – Autoren« (2. Aufl. 1979) von **Alexander Hildebrandt**.
S Hess. Landesbibliothek: rd. 800 000 Bde., 400 Hss. (Hildegardiskodex), 450 Inkunabeln; Nassovica. – **Gesellschaft für dt. Sprache** (seit 1947); **Gesellschaft für Publizistik und Kommunikation**; **Verein für Volksbildung und Kultur**; »**Künstlerhort**« (seit 1955); »**Wiesbadener Autoren**«. – **Junges Literaturforum Hessen/Thüringen**. – **Georg-Konell-Preis der Stadt** W. (seit 1997).
L D. Grieser, Steine aller Art, in: Goethe in Hessen, 1982; Die erzählte Stadt. W. im Spie-

gel der Romanlit. des 19. und 20. Jh.s, in: Nassauische Annalen 99, 1989.
Z Bad Schwalbach, Bad Soden a. T., Frankfurt a. M., Rüdesheim (HE); Mainz (RP).

WILHELMSHAVEN/NI

Gorch-Fock-Haus, Kunsthalle. – Küsten-Museum, Marinemuseum. – Stadttheater, Theater am Meer, Landesbühne, Kulturzentrum »Pumpwerk«.

Helmut Heißenbüttel, * 21. 6. 1921 Rüstringen-W., † 19. 9. 1996 → Glücksburg/SH, Essayist, Kritiker, Erzähler. Jugend in W. und Papenburg. Nach dem Studium Lektorat in Hamburg, Rundfunkredakteur, Leiter der Redaktion »Radio Essay« in → Stuttgart/BW. Wichtiger Theoretiker, auch zur Sprache und Literaturwiss. – W.: Textbücher (1960 ff.); Über Literatur (Ess., 1966, n. 95); D'Alemberts Ende (R. 1970); Wenn Adolf Hitler den Krieg nicht gewonnen hätte (Nn. 1979); Das Ende der Alternative (Ess., 1980); Ödipuskomplex made in Germany. Gelegenheitsgedichte, Totentage, Landschaften 1965-1980 (1981). – H.-Archiv AKB.
Aus W. stammt auch der vielseitige Publizist **Max Geisenheyner** (1884-1959), bekannt durch seine Reportage »Mit Graf Zeppelin um die Welt« (1929). 1895 besuchte **Wilhelm Raabe** (→ Holzminden/Eschershausen/NI) in W. seine Tochter. – »Mit den alten Wikingern kann W. nicht aufwarten, ja nicht einmal mit den Friesen, was heutzutage schon wieder ein Vorzug sein mag. Würde man sonst in einem Wilhelmshavener Lokal gefragt werden können: ›Sind Sie Ostfriese?‹ ›Nein, aber was wäre wenn?‹«: **Rainer Klofat** über Wilhelmshaven, **Franz Poppes** Heimatbuch von 1897 »Zwischen Weser und Ems« kommentierend (»Am Jadebusen«, in: Merian, Heft 3/1972).

S Stadtkünstler Wilhelmshaven (Stipendium).
B Dokument Wilhelmshaven, 1969; Wilhelmshavener Heimatlexikon, Hrsg. W. Brune, 1972.
Z Aurich, Jever, Varel, Westerstede (NI).

WINSEN/NI

Kunststätte Johann und Jutta Bossard – Jesteburg; Freilichtmuseum am Kiekeberg (Rosengarten).

Johann Peter Eckermann, * 21. 9. 1792 W., † 3. 12. 1854 → Weimar/TH. Erregte 1822 Goethes (→ Frankfurt a. M./HE) Aufmerksamkeit durch seine »Beyträge zur Poesie«; ab 23 dessen Sekretär in Weimar.

Winsen: Der Eckermann-Brunnen am Markt

1836 Bibliothekar. Bekannt die Aufzeichnungen der »Gespräche mit Goethe in den letzten Jahren seines Lebens« (1836-48). E. besorgte Goethes Nachlass und die Herausgabe der »Sämtlichen Werke in 40 Bänden« (1840). – 1817 erneuter Besuch E.s in W. Die Kindheit E.s als Hütejunge in W. inspirierte den Insel-Verleger A. Kippenberg (→ Bremen) zu dem Schüttelreim: »Auf Winsen sich die Ruhe legt,/ Kein Windeshauch die Luhe regt./ Da hebt Gemuh, Gemecker an:/ Die Herde heim Eckermann.« W. ehrte E. respektvoller mit einer Gedenktafel am Geburtshaus (Nachfolgebau Ecke Schmiedestraße/Haselhorsthof), am Elternhaus in der Marktstraße und am Museum Marstall (E.-Ausstellung) sowie einem Denkmal vor St. Marien. – Nachlass Goethe-Museum Düsseldorf, FDH, Frankfurt a. M. – M. Walser, »In Goethes Hand« (Sch. 1982). – »J. P. E. – Leben im Spannungsfeld Goethes« (B. hg. vom Goethe-Nationalmuseum, 2. Aufl. 2000).

Franz Evers, * 10. 7. 1871 W., † 14. 9. 1947 Niemberg bei Halle, symbolist. Lyriker, Theosoph. Buchhändlerlehre in Goslar, wo er 1898-1907 wieder lebte. 1889-91 »Literarische Blätter«, seit 94 freier Schriftsteller in Berlin. »Der Weg«, 1943-45 entstanden, betrachtete E. als sein wichtigstes Werk. – »Ausgew. Dichtungen« (Hrsg. H. v. Kleist, 1970).

A Winsener Kontakte bei M. Claudius, J. P. Eckermann, H. Heine, A. Schopenhauer und anderen spielen eine Rolle in **Walter Grölls** lit.-historischer Studie »Elbüberquerungen bei Zollenspieker und Hoopte« (1997), **Hoopte** ist heute Ortsteil von W. – In W. geboren: der Mitbegründer und Cheflektor der »Büchergilde Gutenberg«, **Ernst Preczang** (1870-1949, W.: »Im Strom der Zeit«, G. 1908; »Werkauswahl«, Hrsg. H. Herting, 1969).

R In einer Heidekate in **Eckel** bei **Klecken** bestand bis 1926 die Künstlergemeinschaft »Ugrino« um Friedrich G. Harms und **Hans Henny Jahnn** (→ Hamburg): »Klecken ist die interessanteste und schlimmste Zeit meines Lebens« (Gespräche, in: J. Hengst/H. Lewinski, »H. H. Jahnn, Ugrino«, 1991). – Über die Zeit vor Kriegsende 1945 in **Bendestorf** (bei Buchholz) berichtet die Aut. »Mir auf der Spur« (1997) von **Gregor von Rezzori** (1914-1998), später NWDR-Journalist in → Hamburg. Im Dorf **Horst** (heute am »Horster Dreieck« der Autobahn gelegen), erlebte **Hans Erich Nossack** (→ Hamburg) den Hamburger Feuersturm von 1943: »Es sah aus, als flössen glühende Metalltropfen vom Himmel…« (»Der Untergang«, 1948). In **Stöckte** (Winsen-St.) lebte nach dem 2. Weltkrieg der in Kiel geb. **Ernst von Salomon** (1902-72) bis zu seinem Tode in einem Haus am Elbdeich, das er sich vom Honorar für sein aut. Buch »Der Fragebogen« (1951) gekauft hatte. S. pendelte politisch »zwischen Rechts und Links«, später Sympathisant der Anti-Atom- und Anti-Kriegs-Bewegung (»Die Kette der tausend Kraniche« (1972). Grab Waldfriedhof Heiligenthal b. Lüneburg.

S Kulturpreis des Landkreises Harburg.
Z Lüneburg, Rotenburg, Soltau, Stade (NI); Hamburg (HH).

WISMAR/MV

»Der Turm der Marienkirche … hat eine eindrückliche Wucht; bis zum Glockenstuhl kann man hinaufsteigen, dann liegt, wie aus der Schachtel genommen, die Stadt der kleinen Höfe vor Augen, während im Norden blinkend und weit das Meer sich dehnt.« (Theodor Heuss, 1920) Altstadt Weltkulturerbe der UNESCO. – Niederdeutsche Bühne.

Daniel Georg Morhof, * 6. 2. 1639 W., † 30. 7. 1691 Lübeck/SH, »der erste philosophische Kopf Mecklenburgs von nationaler Wirksamkeit« (J. Borchardt), 1659 Prof. der Poesie in Rostock, später in

Kiel, verfasste als erster Deutscher eine Geschichte der Weltliteratur. – W.: Unterricht von der teutschen Sprache und Poesie (enth. »Teutsche Gedichte«), 1682.

Friedrich Christoph Dahlmann, * 13. 5. 1785 W., † 5. 12. 1860 → Bonn/NW, Historiker, Politiker, einer der aufrechten »Göttinger Sieben« (→ Göttingen/NI und → Hannover/NI). Kindheit und Jugend in W., Studium in Kopenhagen, Halle und Wittenberg. Professor für Geschichte, Mitglied des Frankfurter Paulskirchen-Parlaments. Freundschaft mit Heinrich von Kleist (→ Frankfurt/BB). – W.: Quellenkunde der deutschen Geschichte (1830); Geschichte von Dänemark (1840 ff.); Geschichte der englischen Revolution (1844). – Geburtshaus ehem. Syndikatshaus (heute Post). – W. Goldschmidt, »F. C. Dahlmann – Zivilcourage für die Konstitution« (in: Modernisierung und Freiheit, hg. von der Stiftung Mecklenburg, 1995).

Peter Düberg, * 16. 2. 1806 W., † 12. 1. 1873 ebd., Jurist, Teilnehmer an den Unruhen und Revolutionen 1830/1848, Haft in Dömitz (→ Ludwigslust/MV). Hrsg. des »Handbuch für den gesamten schriftlichen Verkehr des Mecklenburgers«, schrieb Gedichte (1841) und »Plattdütsche Diskurse äwer de Theologie un de Presters« (1865).

Gottlob Friedrich Ludwig Frege, * 8. 11. 1848 W., † 26. 7. 1925 Bad Kleinen. Philosoph und Mathematiker, gerühmt als »Aristoteles der Neuzeit«. Professur bis 1918, danach in Bad Kleinen lebend. Briefwechsel mit Ludwig Wittgenstein. – W.: Grundlagen der Arithmetik (1884); Grundgesetze der Arithmetik (1893/1903). – Gedenktafel für das Geburtshaus Böttcherstraße 2 (abgerissen) heute am Haus 2a.

Rainer Horbelt, * 26. 10. 1944 W., † 9. 2. 2001, Romancier, Medienwissenschaftler, lebte in Marl/NW. Zahlreiche Publikatio-

nen zu den Massenmedien. – W.: Die
Zwangsjacke (R. 1978), Geschichten von
Herrn Hintze (1978), Das Projekt Eden
(R. 1985).

A 1723-28 war der Gelehrte **Hermann
Samuel Reimarus** (1694-1768) Rektor
der W.er Stadtschule, seine bibelkritische
»Apologie oder Schutzschrift für die ver-
nünftigen Verehrer Gottes« wurde in Aus-
zügen von G. E. Lessing (→ Kamenz/SN)
herausgegeben und führte zum Lessing-
Goeze-Streit. Seit 1735 arbeitete **C. L. Lis-
cow** (→ Ludwigslust/Wittenburg/MV)
als herzoglicher Sekretär in W. Die Stadt
war 1766 Ausgangspunkt der Forschungs-
reise des englischen Gelehrten **Thomas
Nugent** (um 1700-72), der sowohl in fikti-
ven Briefen als auch in den Landesbe-
schreibungen »Travels through Germany
. . . with a Particular Account of the Courts
of Mecklenburg« (1768, 2000 n. hg. und
kommentiert von S. Bock u. d. T. »T. N.,
Reisen durch Deutschland und vorzüglich
durch Mecklenburg«) eine wenn auch sub-
jektive Sammlung von Porträts, Städtebil-
dern und Zustandsschilderungen aus W.
und anderen Landesstädten lieferte, die
»zu den aussagekräftigsten Zeitgeschichts-
darstellungen Mecklenburgs aus der zwei-
ten Hälfte des 18. Jahrhunderts« zählt (E.
Neumann, Eutiner Forschungen 1/1991).
1890/91 wiederholte der Engländer **Hen-
ry Montagu Doughty** von Groningen aus
über Bremen die Mecklenburg-Reise, die
ihn über Waren bis nach Sachsen führte
(H. M. D., »Our Wherry in Wendish Lands.
From Friesland through the Mecklenburg
Lakes to Bohemia« 1893, dt. Ausgabe
u. d. T. »Mit Butler und Bootsmann«, 2001).
1786 beschreibt **Joachim Heinrich Cam-
pe** (→ Holzminden/Deensen/NI) in sei-
ner »Interessanten und durchgängig zweck-
mäßig abgefaßten Reisebeschreibung für
die Jugend« seinen Besuch in W., zehn Jah-
re später übernachtete **Wilhelm von Hum-**

boldt (→ Potsdam/BB) im Wirtshaus
Evers am Markt. Eine eher »Humoristi-
sche Reise durch Mecklenburg« (1812)
führte **Johann Stephan Schütze** (→ Mag-
deburg/ST) auch nach W.: »Ein altfränki-
scher, aber gut gebauter Ort. Große Häu-
ser in breiten Gassen, imponierend durch
weiß angestrichene stattliche alte Giebel
und Erker . . .« **Karl Julius Weber** (→ Lan-
genburg/BW) schätzte W. in seinen Reise-
reportagen (1826 ff.) als »gesundesten Ort
Deutschlands« ein. Der Buchhändler (Ge-
schäft Am Markt 17) und Schriftsteller
(»Frühlingsgabe«, 1845) **Johann Heinrich
Sievers** (geb. 1811 in Lübeck, gest. 1876
Bern) engagierte sich politisch 1848/49
und gab das Sonntagsblatt »Mecklenburgi-
sche Dorfzeitung« heraus, nach dessen
Verbot 1851 ging S. ins Exil.

Fritz Reuter (→ Demmin/Stavenhagen/
MV) besuchte 1859 erstmals W., er traf
auf den Verleger **Dethloff Carl Hinstorff**
(1811-82): der Beginn einer langjährigen
Zusammenarbeit, die bis zum Tod R.s
dauerte. Als Reuter 1865 wieder nach W.
kam, brachte ihm die Menge unablässig
»jubelnde Lebehochrufe« dar, bis R. ge-
sundheitlich zusammenbrach. Am Markt
19, neben dem Haus »Alter Schwede«, das
Reuter-Haus mit der Wohnung Hins-
torffs, Gedenktafel an der Seite. R.-Eiche
und Gedenkstein am Reuterplatz, R.-
Denkmal in der Dahlmannstraße (früher
im Lindengarten).

1885 lebte **Richard Wossidlo** (→ Waren/
MV) hier für ein Jahr als Lehrer. Von
1893-1935 wirkte an St. Nikolai der nieder-
deutsche Lyriker und Pfarrer **Franz Bar-
dey** (→ Ludwigslust/Liepe/MV). – Zum
Glück, so spottete **Uwe Johnson** (→ An-
klam/MV) in »Heute Neunzig Jahr« (pos-
tum 1996), verwies »eine löbliche Polizei
jenen Wilhelm Voigt im Mai des Jahres
1906 der Stadt Wismar und der mecklen-
burgischen Lande«, so wurde er als »Der

Hauptmann von Köpenick« literarisch verewigt von **Carl Zuckmayer** (→ Berlin/Dr. 1931) und **Wilhelm Schäfer** (R. 1930). – August 1912 besuchte **Ernst Barlach** (→ Wedel/SH) W. zusammen mit **Theodor Däubler** (→ Berlin), »der bei Nacht nach dem Hummermahl in Wismar auf der Treppe lag und die breite Front des Georgkirchenturms hinaufstarrte ...« (Barlach, »Diario Däubler«, 1912). **Klabund** (→ München/BY) dichtete 1917: »O! und in Wismar im Hafen/Es gab faule Tage, faule Fische und nichts zu tun.«

L Aus **Redentin** bei W. nahe Poel stammt das literarisch bedeutende »Redentiner Osterspiel« (um 1464, n. 1991), vermutlich von einem Doberaner Mönch (**Peter Kalff** → Bad Doberan/MV) verfasst: »Wächter, lieber Bruder,/ sagt mir, wenn sie bei Poel sind!« Hochdeutsche Bearbeitung durch **Claus Hammel** (→ Parchim/MV). – Markttreiben in W. zur Zeit Störtebekers schildert **Willi Bredels** (→ Hamburg) Jugendroman »Die Vitalienbrüder« (1950). **Eulenspiegel**-Geschichten (→ Wolfenbüttel/ Schöppenstedt-K./NI) handeln u. a. von einem geizigen W.er Schumacher. **Johann Frederus**, seit 1556 Pfarrer an St. Marien, verfasste bis heute bekannte Kirchenlieder (»Gott Vater in dem Himmelreich«). In der Georgenkirche zur Reformationszeit spielt **Renate Küsters** E. »Die stumme Braut« (2001). – Die 1857 uraufgeführte Oper »Johann Albrecht« (Libretto Eduard Hobein → Schwerin/MV, Musik Friedrich von Flotow) stellt auch die Vermählung des Herzogs mit Anna Sophia im terrakottengeschmückten Fürstenhof von W. dar.

Romane wie »Familie P. C. Behm« (1902) und »Patriarch Mahnke« (1905) von **Ottomar Enking** (→ Kiel/SH; 1899-1904 in W.) spielen in der Dankwartstraße. **Ricarda Huch** (→ Braunschweig/NI) porträtiert W. in »Im alten Reich. Lebensbilder deutscher Städte« (1927). **Alfred Andersch** (→München/BY) nennt den Ort der Handlung im Roman »Sansibar oder der letzte Grund« (1957) zwar »Rerik« (und brachte

damit viel Verwirrung in die Literaturtopographie, die auf den gleichnamigen Badeort westlich von → Bad Doberan/MV verwies), mit den Kirchtürmen als »wunderbar rote Ungeheuer« ist aber unverkennbar Wismar gemeint. Dazu J. Schulz-Ojala, A. A.: »Fluchtpunkt Wismar«, in: Konturen, Heft 4/92; C. Gerlach, »Sansibar – Mit dem Roman von Alfred Andersch durch Mecklenburg«, in: Die Zeit Nr. 43/1998. Andersch besuchte W. erst nach 1945. – **Carola Stern** berichtet in ihrer »Lebensgeschichte zweier Menschen« u. d. T. »In den Netzen der Erinnerung« (1986) von ihrer Ankunft im zerstörten Wismar Mai 1945: »... weggeworfene Gewehre, Stahlhelme und anderes militärisches Zeug auf der Straße und im Rinnstein ... und die ganze Stadt aufregend und aufgeregt«. Ein Stadtporträt W.s (»Wir sagen es gleich, es ist alles anders in Wismar, als man, etwa bei Ricarda Huch, nachlesen kann«) von **Fritz Rudolf Fries** 1973 in »Seestücke«. Stadtimpressionen auch von **Alfred Kerr** (→ Berlin), der die Wasserkunst »zutraulich ulkig« fand (»Erlebtes«, 1989), und **Peter Wawerzinek** in »Das Kind das ich war« (E. 1994). Der Schriftsteller **Ulrich Schacht** (Gedicht »Im Fernglas W.«), am 29. 3. 1973 von der Stasi in W.s Böttcherstraße 16 a verhaftet und drei Jahre später in den Westen entlassen, legte mit »Mein Wismar« 1994 eine Anthologie vor, die Historisches, Literarisches und Poetisches verbindet, schon vorher schrieb er »Wismar, die Tochter Lübecks« (in: »Letzte Tage in Mecklenburg«, 1986, n. 92).

S Stadtbibliothek; im **Stadtgeschichtlichen Museum** 15 Exemplare der Jubiläumsbibliothek des Hinstorff-Verlages (→ Rostock/MV) von 1881.

R Auf dem Alten Friedhof die Gräber des Verlegers **Dethloff Carl Hinstorff** und der

Familie F. C. → **Dahlmann**. Tumba der von Lützows sowie das Grab der Malerin und Kollwitz-Freundin **Sella Hasse** (1878-1963, sie schrieb »Nacht um die Dome«, 1929). – Kulturhistorische W.-Führer von **Jürgen Borchert** (→ Schwerin/MV): »Wismar – Spaziergänge und Landfahrten« (1997) und »Was ich von Wismar weiß. Notizen und Bilder« (2000).

Z Bad Doberan, Grevesmühlen, Schwerin (MV); Lübeck (SH).

WITTEN/NW

Kulturforum. – Märk. Museum (Bibliothek westfäl. Schriftsteller).

In W.-Annen lebte der Lyriker, Erzähler und Laienspieldichter **Wilhelm Lennemann** (1875-1963/»Meine Ernte«, G. 1910): Wohnung Annenstraße 144; Grab auf dem Itterfriedhof in Düsseldorf-Holthausen; Nachlass StuLB Dortmund. – Der Erzähler, Maler und Graphiker **Carl Emil Uphoff** (1885-1971/»Der Moorrebell«, R. 1931) war seit 1911 in Worpswede ansässig und gründete mit seinem Bruder, dem Erzähler und Kunstgewerbler **Fritz U.** (1890-1966) die »Werkgenossenschaft Worpswede«. – Von seiner Kindheit in W.-Annen handeln die Erzählgedichte in »Kartoffelkrautfeuer« (1991) von **Hugo Ernst Käufer** (geb. 1927), zuletzt Direktor der Stadtbücherei Gelsenkirchen.

S Aktionskreis Literatur in W. (seit 1990). – Förderfonds für junge Autoren der Stadt W.

Hattingen

Haus Kemnade mit C. A. Kortum-Dokumentation. Dt. Aphorismus-Archiv (Dt. Aphoristiker-Treffen seit 2005).

Otto Wohlgemuth, * 30. 3. 1884 H., † 15. 8. 1965 ebd., Arbeiterdichter. Von 1900

bis 1923 Bergmann in Bochum, dann bis 1933 Leiter der Stadtbücherei Buer. 1923 Gründung der Künstlervereinigung »Ruhrland«, 1924 »Ruhrland-Almanach«. Lebte nach seiner Entlassung in Honrath und Frackenpohl (über Siegburg) und wurde 1962 nach Hattingen zurückgeholt. – W.: Volk, ich breche deine Kohle! (En. 1936); Des Ruhrlands Rauch (G. 1950). – Gedenkstätte im Heimathaus Haldenplatz 1 (»Bügeleisenhaus«), seinem letzten Wohnsitz; Grab auf dem Kommunalfriedhof. – Nachlass Institut für Dt. und Ausländische Arbeiterlit. Dortmund.

Auf dem Familienstammsitz Im Höfken lebte der Publizist, Romanschriftsteller und Dramatiker **Gustav von Höfken** (1811-1889), Mitarbeiter an der »Rheinschen Zeitung« von K. Marx (→ Trier/RP), später in Wien.

Schwerte

Willy Kramp, * 18. 6. 1909 Mülhausen/Elsass, † 19. 8. 1986 Sch.-Villigst, Erzähler, Essayist, Übersetzer. 1936-39 im höheren Schuldienst in Ostpreußen, nach Kriegsgefangenschaft 1950-57 Leiter des Ev. Studienwerks Villigst. – W.: Die Fischer von Lissau (R. 1939); Die treuen Helfer (Ess. 1957); Der letzte Feind (Aufz. 1969). – Wohnung W.-K.-Haus, Rheinener Weg 27; Grab auf dem Friedhof.

In Sch. leitete der Pfarrer und Pädagoge **Johann Christoph Friedrich Bährens** (1765-1833/Wohnhaus in der Kötterbachstraße; Gedenkstein im Stadtpark) die »Literarische Gesellschaft für die Grafschaft Mark«; er war mit K. A. Kortum (→ Mülheim a. d. R./NW) befreundet. – **Gertrud von Le Fort** (→ Minden/NW) war häufig zu Gast auf Haus Vingst (dort Erzählungen über das in Westfalen heimische »zweite Gesicht«).

Z Bochum, Dortmund, Essen, Hagen, Velbert, Wuppertal (NW).

WITTENBERG/ST

Stadtgeschichtliches Museum im Schloss; Lutherhaus und Melanchthonhaus (Stiftung Luthergedenkstätten); Cranachhöfe, Schlossstraße 1, mit dem Haus Markt 4, wo der Maler Lucas Cranach d. Ä. (1472-1553) 1513-47 Apo-

Wittenberg: Das »Schwarze Kloster«, Martin Luthers langjähriger Wirkungsort. Heute bedeutendstes reformationsgeschichtliches Museum der Welt

theke und Weinausschank betrieb (heute Ausstellung und histor. Druckerwerkstatt sowie Sitz der Cranach-Stiftung). – Phönix Theaterwelt W. – Im Juni Stadtfest »Luthers Hochzeit«, am 31.10. Reformationsfest.
Nach der Teilung des Kurfürstentums Sachsen 1485 erhob man W. zur Residenzstadt der ernestinischen Linie, deren Kurfürst Friedrich der Weise (reg. 1486-1525) dort 1502 eine Uni-

versität (»Leucorea«) gründete, von der 1517 mit der Reformation ein Ereignis von weltgeschichtl. Bedeutung ausging.

Martin Luther (→ Eisleben/ST) kam eher zufällig nach W., wo er von 1511 bis zu seinem Tod 46 lebte. – Am 31. 10. 1517, dem Termin der alljährl. Wallfahrt zu den in W. aufbewahrten Reliquien (»Wittenberger Heiltumsbuch«, ill. von L. Cranach d. Ä., 1509), erfuhr L.s Leben mit dem »Thesenanschlag« (»Aus der Liebe zur Wahrheit und dem Bemühen, sie triumphieren zu lassen«) an die Tür der Schlosskirche die entscheidende Wende. In W. entstanden L.s große Reformationsschriften (»Von den guten Werken«, »An den christlichen Adel deutscher Nation«, »Von der Freiheit eines Christenmenschen«, alle 1520) und wurde die Bibelübertragung abgeschlossen (1534). – Wohnung: Augustinerkloster (»Schwarzes Kloster«), Collegienstraße 54; 1525 überließ es der Kurfürst L. als Wohnhaus (um 1535 Einbau der holzgetäfelten »Luther-Stube«, dem Ort der »Tischgespräche«), 1564 Verkauf an die Universität (»Augusteum«), die es als Hörsaalbau, Mensa und Burse nutzte (An- und Umbauten im 17./ 18. Jh.); seit 1655 wird die »Luther-Stube« Besuchern gezeigt; 1816 nach Auflösung der Universität Predigerseminar; 1883 Rückbau durch F. A. Stüler, seitdem reformationsgeschichtl. Museum »Lutherhalle«. – Weitere Erinnerungsstätten in W.: Stadtkirche mit reicher Ausstattung (die originale Kanzel im L.-Haus), Altarbild von L. Cranach d. Ä. mit Predella-Gemälde »Luther als Prediger« (1547), an der Ostwand Grabplatte für L.s Tochter Elisabeth. Die Schlosskirche brannte 1760 aus, dabei auch Vernichtung der Thesentür, Erneuerung aus Bronze (1858); Wiederaufbau der Kirche 1767-70, Umbau 1883-92 mit weithin sichtbarer Turmumschrift »Ein feste Burg ist unser Gott«; unter der

Kanzel Grab L.s, an der Wand Nachguss (1872) der für diese Kirche bestimmten Grabplatte (→ Jena/TH). – L.-Denkmal (1821) von J. G. Schadow mit gotisierendem Baldachin auf dem Markt; L.-Eiche (1830) vor dem Elstertor an der Stelle, wo L. am 10. 12. 1520 die päpstl. Bannandrohungsbulle verbrannte.

Katharina von Bora (→ Torgau/SN) kam mit 11 anderen geflohenen Nonnen 1524 nach W., wo sie am 13. 6. 1525 Luther heiratete, der erst im Dezember 24 sein Habit abgelegt hatte. Trauzeugen neben L. Cranach d. Ä. **J. Jonas** und **J. Bugenhagen**. K. gebar 6 Kinder. – Ausstellung zum Alltagsleben der Familie Luther im Luther-Haus; K.-Denkmal (1999) im L.-Hof.

Karlstadt (eig. **Andreas Bodenstein**), * 1486 Karlstadt a. M., † 24. 12. 1541 Basel, radikaler luth. Theologe. Studierte 1505-10 in W. Dann Priester am Allerheiligenstift. 1511 Theologie-Prof., als solcher 12 Doktorvater Luthers. K. forcierte 22/23 in W. die Reformation (»Bildersturm«) und brachte sie damit in Gefahr. Ausweisung (→ Kahla/Orlamünde/TH). – Wohnung: Kirchplatz 11 (Gedenktafel).

Johannes Rhagius (auch **Aesticampianus**), * 1457 Sommerfeld/Neumark, † 31. 5. 1520 W., Humanist. In Krakau Schüler von K. Celtis (→ Schweinfurt/Wipfeld/BY). Studium in Italien und Lehrer in → Frankfurt a. d. O./BB, bevor Rh. als Griechisch-Kenner 1517 von Luther nach W. berufen wurde. – Grabtafel in der Stadtkirche; Standbild in der Schlosskirche.

Philipp Melanchthon (→ Bretten/BW) war 1518 bis zu seinem Tod 60 Prof. der griech. Sprache, seit 26 auch der Theologie in W. Seine Antrittsvorlesung »Über die Neugestaltung des Universitätsstudiums« (1518) gehört zu den Denkwürdigkeiten dt. Hochschulgeschichte. Schuf mit den »Loci communes« (1521) die erste zusammenfassende Darstellung der Lehre

des Freundes M. Luther. – Wohnhaus (erbaut 1536): Collegienstraße 60 (Gedenktafel); seit 1997 M.-Gedenkstätte; sehenswert auch der Garten mit dem Steintisch von 1551; Denkmal mit Baldachin (1865) von F. Drake auf dem Markt; Standbild und Grab in der Schlosskirche.

Zum Dichterkreis um M. gehörten u. a. **Georg Sabinus** (→ Brandenburg/BB); **Georg Aemilius** (→ Eisleben/Mansfeld/ST); **Melchior Acontius** (→ Sangerhausen/Allstedt/ST), **Johann Stigel** (→ Gotha/TH). M.s wichtigste Mitarbeiter: **Paul Eber** (→ Kitzingen/BY), 1532-37 Student, 41 Prof., Nachfolger J. Bugenhagens im Stadtpfarramt. Wohnung: Kirchplatz 9 (Gedenktafel); Epitaph in der Südostecke der Stadtkirche. **Georg Major** (1502-74), seit 1545 Prof. in W., redigierte die von M. besorgte Luther-Ausgabe (1552-59). **Caspar Peucer** (→ Bautzen/SN), seit 1543 in W., wurde M.s Schwiegersohn, gab dessen Werke heraus und wurde als »Kryptocalvinist« 74 aus W. vertrieben.

Johannes Bugenhagen (auch **Pomeranus** und **Dr. Pommer**), * 24. 6. 1485 Wollin/Pommern, † 20. 4. 1558 W., nach Luther der bedeutendste Reformator. Kam 1521 nach W. Prof. und 23 Stadtpfarrer. Großen Einfluss auf den Aufbau des prot. Kirchenwesens. Mit-Übersetzer des Alten Testaments und Verf. zahlreicher theolog. Schriften. – Wohnung: Kirchplatz 9 (Gedenktafel am Nachfolgebau/1605, Umbau 1732); Bronzebüste (1894) vor dem Nordportal der Stadtkirche; Standbild in der Schlosskirche.

Von den weiteren Mitarbeitern Luthers seien genannt: **Georg Spalatin** (→ Altenburg/TH) kam 1508 als Prinzenerzieher nach W. und wurde 16 Geheimsekretär Friedrichs des Weisen. Wohnung: Schlossstraße 15 (Gedenktafel), Standbild in der Schlosskirche. – **Justus Jonas** (→ Nordhausen/TH) wurde 1521 Prof. für kanonisches Recht. Wohnung: »Alte Canzley« Schlossplatz 3 a (Gedenktafel); Standbild in der Schlosskirche. – **Nikolaus von Amsdorf** (→ Torgau/SN) begleitete Luther 1519 zur Leipziger Disputation und 21 auf den Wormser Reichstag. Gedenktafel im Hof des Fridericianum, Collegienstraße 62, Standbild in der Schlosskirche. – **Caspar Cruciger d. Ä.** (→ Leipzig/SN), 1521 Schüler Luthers, 28 Prof. und Schlosskirchenprediger, war wegen seiner Hebräisch-Kenntnisse bei der Übertragung des Alten Testaments unentbehrlich. C. gab Luthers Predigten heraus und redigierte die ersten Bde. der W.er Luther-Ausgabe (1539 ff.) Wohnung: Collegienstraße 81; verewigt auf dem Gemälde »Weinberg des Herrn« in der Stadtkirche; Standbild in der Schlosskirche. C.s Ehefrau **Elisabeth Cruciger** (1505-35) wurde die erste ev. Liederdichterin (»Herr Christ, der einig Gotts Sohn«, 1524). Ihr in W. geborener Sohn **Caspar Cruciger d. J.** (1525-97) war später einer der führenden »Philippisten«; Ausweisung 1576. – **Georg Rörer** (→ Jena/TH) kam 1522 nach W. 25 ordinierte ihn Luther als einen der ersten ev. Theologen. Er las die Bibel-Korrekturen und überwachte den Druck.

E Die Luther-Bibel – das erfolgreichste Buch der dt. Literatur. Auf der Wartburg hatte Luther 1521/22 das Neue Testament ins Deutsche übertragen. Am 21. 9. 1522 erschien es u. d. T. »Das Newe Testament Deutzsch« (sog. »September-Testament«) in der Druckerei von Melchior Lotter in Leipzig. Bereits Wochen später kam eine verbesserte Ausg. heraus (sog. »Dezember-Testament«), dann einzelne Teile des Alten Testaments, schließlich im September 1534 die Vollbibel (»Biblia/das ist/die gantze Heilige Schrifft Deudsch«) in 2000 Exemplaren. Luther: »Was ist das für ein großes, beschwerliches Werk, die hebräischen Schriftsteller zu zwingen, deutsch zu reden.« Hatte Luther für die Übertragung des Neuen Testaments vor allem Melanchthon um Hilfe

gebeten, so benötigte er für das Alte Testament »gleich einen eigenen Sanhedrin von den besten Leuten, so desmals vorhanden«. Neben Melanchthon waren dies u. a.: Caspar Cruciger, Nikolaus von Amsdorf, Johannes Bugenhagen. Dass die von Lucas Cranach d. Ä. kunstvoll ausgestattete »Biblia« ein buchhändlerischer Erfolg wurde, war auch der »Kunst« Hans Luffts (1495-1584) zu danken, der seit 1524 in W. eine Druckerei betrieb und insges. 49 Bibel-Ausgaben mit einer Gesamtaufl. von mehr 100 000 Exemplaren besorgte. Druckerei: Kupferstraße 10 (Gedenktafel am Nachfolgebau), Epitaph für Lufft in der Stadtkirche.

Friedrich Taubmann, * 15./16. 5. 1565 Wonsees bei Bayreuth, † 24. 3. 1613 W., klass. Philologe und lat. Dichter. Seit 1595 Prof. der Poesie in W. und von großem Einfluss. Mehr als T.s lat. Dichtungen waren seine Anekdoten und Aussprüche berühmt, die schließlich als »Taubmanniana« veröffentlicht und so lange von den Studenten gelesen wurden, wie diese Latein sprachen. Von T.s Schülern ragt heraus: **Caspar von Barth** (→ Leipzig/SN/ 1607/08). – Wohnung: Mittelstraße 19 (Gedenktafel).

Augustus Buchner, * 2. 11. 1591 Dresden, † 12. 12. 1661 Apollensdorf (heute zu W.), Philologe. Studium in W., 1616 Prof. der Poesie. Als Anhänger der Opitz'schen Dichtungsreform kaum zu überschätzende Bedeutung für die Entstehung der dt. Kunstdichtung. P. Fleming: »Ist Buchner nur nicht tot,/so lebet Opitz fort.« B.s Poetik (»Anleitung zu deutschen Poeterey«, 1665) erschien postum. Korrespondenz mit den bedeutendsten Gelehrten der Zeit. – Im Elbdorf Apollensdorf besaß B. ein Gut; Grab in der Schlosskirche nicht erhalten.

Von B.s Dichter-Schülern ragen heraus: **Jakob Thomasius** (→ Leipzig/SN), **Andreas Tscherning** (→ Rostock/MV), **Philipp von Zesen** (→ Bitterfeld/Priorau/ST),

David Schirmer (→ Mittweida/Pappendorf/SN), **Paul Gerhardt** (Gedenktafel Collegienstraße 7), **Johann Klaj** (→ Meißen/SN), **Justus Georg Schottelius** (→ Wolfenbüttel/NI), **Balthasar Kindermann** (→ Zittau/SN).

Simon Dach, * 29. 7. 1605 Memel, † 15. 4. 1659 Königsberg, Haupt des Königsberger Dichterkreises (»Kürbishütte«) und einer der bedeutendsten dt. Barockdichter. Besuchte in W. 1620-23 die Stadtschule. 39 Prof. für Poesie in Königsberg. Mehr als 1000 dt. Gedichte, darunter das volkstüml. Lied »Anke von Taraw«, dessen berühmte hochdt. Fassung (1778) von D.s Landsmann J. G. Herder (→ Weimar/TH) stammt. – Gedenktafel an der Schule Jüdenstraße 38.

Hans Lorbeer, * 15. 8. 1901 Kleinwittenberg (heute zu W.), † 7. 9. 1973 W., Lyriker und Erzähler (Reformationsepopöe »Die Rebellen von Wittenberg«, 3 Bde., 1956-63). Kam über die Jugendbewegung zur Kommunist. Partei. Mit J. R. Becher (→ München/BY) 1929 Mitbegründer des »Bundes prol.-rev. Schriftsteller«. Als Widerständler durchlief er Zuchthäuser und Lager. 1945-50 Bürgermeister im Ortsteil Piesteritz. – Wohnung: Johannes-R.-Becher-Straße 32a; Grab auf dem Piesteritzer Friedhof.

A Ulrich von Hutten (→ Schlüchtern/Vollmerz/HE) kam 1511 nach W. und arbeitete an seiner vielgelesenen Dichtkunst (»De Arte Versificande«, 1511). – **Thomas Müntzer** (→ Sangerhausen/Stolberg/ST) war Ende 1518/Anfang 19 in W. und hörte Vorlesungen bei J. Rhagius. Man sah in M. lange einen »Martinianer« und er selbst in dem Reformator Luther einen »aufrichtigen Vater«. – Viele Anhänger Luthers wirkten in ihrer Heimat für die Reformation. Zwei nordische Schüler ragen heraus: **Olaus Petri** (1493-1552). Studium 1516-19 in W. Als Hauptpfarrer von Stockholm

und zeitweiliger Kanzler trug er entscheidend zur Ausbreitung des Luthertums in Schweden bei. **Mikael Agricola** (um 1510-1557), 1536-39 in W., erster ev. Bischof von Turku. Durch seine Übersetzung des Neuen Testaments Begründer der finn. Schriftsprache. Gedenktafel am Fridericianum, Collegienstraße 62. Auch der Reformator Siebenbürgens, **Johannes Honterus** (1498-1549), suchte Luther in W. auf, ebenso der gescheiterte Reformator Polens, **Jan Łaski** (1499-1569). – Zahlreich die späteren Literaten, die Luthers wegen in W. studierten: **Paul Rebhun** (→ Plauen/Oelsnitz/SN), **Erasmus Alberus** (→ Neubrandenburg/MV), **Johann Eberlin** (→ Günzburg/BY), **Burkard Waldis** (→ Witzenhausen/Bad Sooden-Allendorf/HE), **Joachim Greff** (→ Zwickau/SN), **Johannes Mathesius** (→ Mittweida/Rochlitz/SN), **Cyriakus Spangenberg** (→ Nordhausen/TH), **Friedrich Dedekind** (→ Neustadt am Rübenberge/NI). – **Valentin Weigel** (→ Großenhain/SN) studierte 1563-67 bei dem Melanchthon-Nachfolger **Paul Eber** (1511-69), **Gottfried Arnold** (→ Annaberg-Buchholz/SN) 1685-87; 1689-93 war er in W. Hauslehrer.

Valerius Cordus (→ Erfurt/TH) hielt 1539-43 naturwiss. Vorlesungen in W. und stand in enger Beziehung zur Apotheke von L. Cranach. Dort entstand C.s »Pharmacorum ...« (1546), das erste amtl. Arzneibuch im dt. Sprachraum. – Der aus Brandenburg stammende Jurist **Benedikt I Carpzow** (1565-1624) wurde 1590 Prof. in W. Wohnung: Markt 4 (Gedenktafel). Er ist der Stammvater einer großen Gelehrtenfamilie und Vater von **Benedikt II Carpzow** (→ Leipzig/SN). – Der ital. Philosoph **Giordano Bruno** (1548-1600) hielt 1586-88 in W. Vorlesungen und ließ hier seine Bücher drucken. Gedenktafel Collegienstraße 62. – **Martin Opitz** (→ Heidelberg/BW) besuchte 1625 A. Buchner in

W. Wohnung: Mittelstraße 25. (Gedenktafel). – **Caroline Neuber** (→ Reichenbach/ SN) spielte 1728 mit ihrer Theatertruppe im oberen Rathaussaal. Wohnung: Markt 18 (Gedenktafel). – W.er Studenten im 18. Jh. u. a.: **Johann Christian Günther** (→ Jena/TH), 1715-17, er wurde in W. mit dem Dichterlorbeer gekrönt; **Nikolaus von Zinzendorf** (→ Zittau/Herrnhut/SN), Gedenktafel Schlossstraße 4; **Magnus Gottfried Lichtwer** (→ Grimma/Wurzen/ SN); **Karl Philipp Moritz** (→ Hameln/ NI); **Novalis** (→ Hettstedt/Oberwiederstedt/ST), Gedenktafel, Collegienstraße 62, und **Otto Heinrich Graf von Loeben** (→ Dresden/SN). – **Gotthold Ephraim Lessing** (→ Kamenz/SN) floh im Sommer 1748 vor seinen Leipziger Gläubigern. Am 20. 8. ließ er sich in W. als stud. med. eintragen, verließ die Stadt aber schon im November. Von Dezember 51 bis November 52 lebte L. auf Wunsch seines Vaters, der in W. studiert hatte, wieder dort, um zum Magister (29. 4. 1752) zu promovieren. Wohnung: Mittelstraße 61 (Gedenktafel). – **Johann Gottfried Gruber** (→ Naumburg/ST) wurde 1811 Prof. Als Unterhändler erwies er 1817 Geschick bei der Zusammenlegung der Universität W. mit der von Halle.
Goethe (→ Frankfurt a. M./HE) übernachtete am 13. 5. 1778 auf der Reise nach Berlin in W. im Gasthof »Goldener Adler« Markt 22 (Gedenktafel). – **Joseph von Eichendorff** (→ Berlin), der in Torgau stationiert war, beobachtete am 14. 1. 1814 aus der Ferne die Erstürmung von W. Darauf entstand das Gedicht »Die ernsthafte Fastnacht«: »Wohl vor Wittenberg auf den Schanzen.« – Der russ. Schriftsteller **Maxim Gorki** (1868-1936) hielt sich 1903 in W. auf, um den Druck seines Stückes »Nachtasyl«, das ihn in Dtl. bekannt machte, zu überwachen. Wohnung: Markt 22 (Gedenktafel).

L **Andreas Meinhardi** (um 1475-1525/26) aus Pirna, der 1505/06 nach W. kam und bald Stadtschreiber wurde, verfasste, gewissermaßen als »Werbeschrift« für das »Rom des Nordens«, die erste (lat.) Stadtbeschreibung (»Über die Lage, die Schönheit und den Ruhm der hochberühmten und herrlichen Stadt Albioris, gemeinhin Wittenberg genannt«, 1508, dt. Hrsg. M. Treu 1986). Gedenktafel an der Rathausrückseite. – Um 1527 erschien **Dr. Faust** (→ Bretten/Knittlingen/BW) in W., musste aber die Stadt schnell wieder verlassen, weil man Haftbefehl erlassen hatte. Luther nennt ihn in den »Tischreden« einen »Schwager des Teufels«. Gedenktafel Collegienstraße 31. – **William Shakespeare** (1564-1616) lässt seine Bühnenfigur Hamlet in W. studieren. Im 1. Akt erklärt der König dem Prinzen, dass dessen »Rückkehr/Zur Hohen Schul' in Wittenberg« seinem Wunsch widerspreche. Darauf die Königin zu Hamlet: »Ich bitte, bleib' bei uns, geh nicht nach Wittenberg!« Das Gebäude Collegienstraße 12/13 wurde früher als Hamlet-Haus bezeichnet. Im Juli 1930 hielt sich **Gerhart Hauptmann** (→ Berlin) in W. auf, um Studien für sein Stück »Hamlet in Wittenberg« (1935) zu treiben. Wohnung: Markt 22 (Gedenktafel). – Hans Kohlhase, Urbild für die Titelfigur in **Heinrich von Kleists** (→ Frankfurt a. d. O./BB) Novelle »Michael Kohlhaas« (1808), verschanzte sich 1534 in den Vorstädten von W. und bat Luther um Rat, der ihm aber nur die Duldung des Unrechts empfahl.

R In dem südl. von W. liegenden Städtchen **Kemberg** war **M. Luther** oft. Der Legende nach hat er unter der Pfarrgarten-Linde (die heutige ist erst 350 Jahre alt) die »95 Thesen« redigiert. In der Stadtkirche, in der L. oft predigte, Reste des durch Brand zerstörten Flügelaltars von L. Cranach d. J.; darauf dargestellt Luther, Ph. Melanchthon, J. Bugenhagen und J. Jonas. Am 21. 2. 1546 wurde L.s Leichnam in der Vorhalle der Kirche von K. aufgebahrt, deshalb dort L.-Büste und Gedenktafel. Aus K. stammt **Ernestine Christine Reiske**

(1735-98), Ehefrau des Wittenberger Orientalisten J. J. Reiske, für den sie aus dem Griech. und Arab. übersetzte. Als sie für G. E. Lessing 1774 eine griech. Äsop-Abschrift anfertigte, war dieser des Lobes voll. – Im nahen **Seegrehna** heiratete **Karlstadt** 1522 eine reiche Bäuerin. Zeitweilig lebte er auf deren Anwesen, Lindenstraße 9. In der Dorfkirche taufte **Luther** 23 beider Sohn. – In **Globig**, östl. von Kemberg, war der Publizist und populäre Erzähler **Heinrich Rehkopf** (1764-1814) von 1796 bis zu seinem Tod Pfarrer. Bekannt wurde der Zwickauer mit dem etwas schlüpfrigen Roman »Franz Wall, oder der Philosoph auf dem Schafott« (1791) und den »Scenen aus der Feenwelt« (2 Bde., 1794-96).

Gräfenhainichen

Paul Gerhardt, * 12. 3. 1607 G., † 7. 6. 1676 → Lübben/BB, bedeutendster ev. Liederdichter nach Luther. 40 seiner 120 Lieder stehen noch heute im Ev. Kirchen-Gesangbuch, ein knappes Dutzend gehören zu den bekanntesten poet. Texten des 17. Jh.s: »Nun ruhen alle Wälder« (1647); »Befiehl du deine Wege« (1653); »Geh aus mein Herz und suche Freud« (1653); »O Haupt voll Blut und Wunden« (1656); »Die güldne Sonne voll Freud und Wonne« (1666); J. S. Bach hat 19 Lieder G.s in seine Kantaten und Passionen eingebracht. – W.: Ich bin ein Gast auf Erden (Ausw. von 38 Liedern mit Nachw. von H. Reinitzer, 1984). – Geburtshaus: Paul-Gerhardt-Straße 7, schon 1637 abgebrannt (Gedenktafel am Nachfolgebau); Gedächtniskapelle (1844) mit P.-G.-Ausstellung Rudolf-Breitscheid-Straße 1; Denkmal (1911) von F. J. Pfannschmidt (mit 1. Strophe des Liedes »Befiehl du deine Wege«) am P.-G.-Haus Karl-Liebknecht-Straße/ Ecke Adam-Weise-Straße.

R Aus dem Dorf **Radis** kommt der Philosoph **Wilhelm Traugott Krug** (1770-1842), der nach Wittenberger Studium 1805 der Lehrstuhlnachfolger I. Kants in Königsberg wurde.

Jessen

Karl Lamprecht, * 25. 2. 1856 J., 10. 5. 1915 → Leipzig/SN, Historiker. Sein Werk »Deutsches Wirtschaftsleben im Mittelalter« (4 Bde., 1885/86) begründete nicht nur L.s Ruf als Wirtschaftshistoriker, sondern löste auch einen Methodenstreit (»Lamprechtstreit«) über den Inhalt geschichtl. Betrachtungen aus. L.s method. Ansätze wiesen der Kulturgeschichtsschreibung den Weg. – W.: Ausgewählte Schriften zur Wirtschafts- und Kulturgeschichte und zur Theorie der Geschichtswissenschaften (Hrsg. H. Schönebaum, 1974). **R** Der Legende nach hat Friedrich der Weise auf dem heute nicht mehr existierenden Schloss von **Schweinitz** schon vor dem Thesenanschlag von einer Kirchenreform geträumt. **Luther** selbst war öfter dort und predigte. – Nahe Lochau (seit 1573 **Annaburg**) ein Jagdschloss. **Luther** war mindestens elfmal dort. Wohnung: Pfarrhaus Markt 21. Mehrere Predigten in der Stadtkirche. Am 30. 4. 1525 bestellte man L. zum Sterbelager des Kurfürsten. Melanchthon hielt in Wittenberg eine lat. Rede, Luther eine dt. Grabrede. Steinobelisk an der Stelle des Schlosses (rechts am Weg nach Gerbisbach). – Südl. von Jessen an der Elbe **Pretzsch**, Geburtsstadt des Musikpädagogen Friedrich Wieck (1785-1873), Gedenktafel Markt 1. **Luther** hat oft in P. gepredigt. In der Kirche das Grab der 1727 verstorbenen Christiane Eberhardine, Gemahlin Augusts des Starken (→ Dresden/SN), die seit 1721 im Schloss von P. zurückgezogen lebte. **Erwin Strittmatter** (→ Cottbus/Spremberg/BB) kam 1931 nach P. und setzte dort seine Bäckerlehre bis Sommer 32 fort.

B H. Kühne, H. Motel, Berühmte Persönlichkeiten und ihre Verbindung zu Wittenberg, 1990; R. Krawulsky, Lutherstadt Wittenberg. Der Stadtführer, 1996; M. Treu, Martin Luther in Wittenberg. Ein biografischer Rundgang, 2003.

Z Bitterfeld, Dessau, Zerbst (ST); Torgau (SN); Herzberg, Luckenwalde (BB).

WITTLICH/RP

Kultur- und Tagungsstätte Synagoge. – Säubrennerkirmes am Rochustag im August: Brunnen an der Trierer Straße.

Max René Hesse, * 17. 7. 1885 W., † 15. 12. 1952 Buenos Aires, Erzähler, Entwicklungs- und Gesellschaftsromane. 1910-27 Arzt in Argentinien, Großwildjäger in Südamerika und Afrika. Weitere Stationen: Berlin, Wien, Spanien. – W.: Partenau (R. 1929); Morath (R.-Zyklus, 1933/35); Dietrich Kattenburg (R.-Tril. 1949 f.). Märchen und Sagen der Region sind von **Reinhold Wagner** gesammelt: »Ritter, Räuber, Heilige« (Hunsrück-Sagen, 1991); »Sonne, Mond und Sterne« (Eifelmärchen 1996).

Niederkail (Landscheid-N.)

Der wandernde Steinguthändler **Peter Zirbes** (1825-1901) sang sich unterwegs seine Lieder und Balladen vor, teils hochdt., teils im Dialekt. Später Kolonialwarenhändler, Versicherungsagent. – Eine erste Ausgabe seiner »Ges. Gedichte« besorgte 1852 W. O. von → Horn (→ Simmern/RP); Auswahl seiner Gedichte und Sagen zu seinem 75. Todestag 1976. – Geburtshaus P.-Z.-Straße 13 (Gedenkstätte/Nachlass); Z.-Eiche; Grab in Landscheid.

Bernkastel-Kues

»Dieser Ort ist und bleibt die Perle am Schleifenband der Mosella.« (Alexander von Cube, 1966)

Nikolaus von Kues (eig. **N. Chrypffs/Krebs,** auch N. Cusanus), * 20. 10. 1401 K., † 11. 8. 1464 Todi/Umbrien, Philosoph und Theologe (Gott als »coincidentia oppositorum«), auch Naturwissenschaftler, »der erste moderne Denker« (E. Cassirer). Erziehung bei den »Brüdern vom gemeinsamen Leben« in Deventer; Studium in Heidelberg, Padua und Köln. 1424 erstmals in Rom, um 30 u. a. in → Koblenz/RP; Aufenthalte in Kues auch späterhin. 1448 Kardinal, 50 Bischof in Brixen; die letzten Jahre in Rom (dort sein Grab). – W.: De docta ignorantia (1440, dt. »Vom Wissen des Nichtwissens« 1919); Opera omnia (hg. Heidelberger Akademie der Wiss., 1944 ff.). – Geburtshaus Nikolausufer/Ecke Kardinalstraße (Wappenrelief und Gedenktafel; seit 1980 Gedenkstätte); Hospital (Stiftung) neben der Brücke: in der Kapelle das Herz des N. Cusanus (Grabplatte), Bibliothek mit über 400 Hss. und Inkunabeln. – Hss. und Werkausgaben auch StB Koblenz, StB Trier. – Schon früh Vita von J. Trithemius (→ Trier/Trittenheim/RP). – Cusanus-Gesellschaft (seit 1960).

L Neuere topograph. Texte u. a. von **Stefan Andres** (→ Trier/Schweich/RP), **Rudolf G. Binding** (→ Starnberg/BY), **Josef Feiten** (Hetzerath), **Johannes Kirschweng** (→ Saarlouis/Wadgassen/SL), der 1924-26 Kaplan an St. Michael und St. Sebastian war, später auch einen Cusanus-Roman »Das Tor zur Freude« (1940, n. 1981) schrieb, und **Ludwig Mathar** (→ Monschau/NW), **Peter Kremer** (→ Mayen/Kaisersesch/RP). Auch in **Anton Gabeles** (→ Meßkirch/Buffenhofen/BW) Roman »Die Reise nach Bernkastel« (1954). Über Cusanus **Gerd Heinz-Mohr** (aus Rhaunen):

»So spricht Nikolaus von Kues« (1959), »Das Werk des Nicolaus Cusanus« (mit W. P. Eckert, 1963).

Traben-Trarbach

Mittelmosel-Museum in Trarbach.

Werner Beumelburg, * 19. 2. 1899 Trarbach, † 9. 3. 1963 Würzburg, Erzähler und Publizist. Freiwilliger im 1. Weltkrieg, 1917 Offizier. Studium in Köln; Redakteur in Berlin und Düsseldorf. Seit 1926 freier Schriftsteller. – Kriegsbücher und hist. Romane im »Geiste der Konservativen Revolution« (E. Loewy): Sperrfeuer um Deutschland (Chronik 1929); Gruppe Bosemüller (R. 1930); Reich und Rom (R. 1937); Hundert Jahre sind wie ein Tag (R. 1950). – Geburtshaus Kirchgasse 11; Grab auf dem Friedhof Trarbach. – Topograph. die Romane »Der Kuckuck und die 12 Apostel« (1931) und »Mont Royal« (1936).

A Im Oktober 1792 übernachtete **Goethe** (→ Frankfurt a. M./HE) im Hause Böcking (heute Mittelmosel-Museum, Casinostraße/Gedenktafel), als er, von der »Kampagne in Frankreich« zurückkehrend, in der Gegend von Wolf in einem Boot auf der Mosel in Wassernot geraten war (Gedenktafel am Felsen »Pudel«). – Sein Abitur machte dort **Reinhard Goering** (→ Fulda/Bieberstein/HE). – In den Moselanlagen Gedenkstein für **Rudolf G. Binding:** »Dem Dichter der ›Moselfahrt aus Liebeskummer‹.«

L Adam Storck (1780-1822) aus Traben veröffentlichte 1818 »Darstellungen aus dem preußischen Rhein und Mosellande«. – In **Edward Bulwer-Lyttons** »Die Pilger des Rheins« (1835, dt. 39) steht T. im Mittelpunkt der Reise von Koblenz nach Trier. – Zu regelrechten »Sängerkriegen« (J. Trojan) wurden 1846 und 99 die Liederwettbewerbe der Casino-Gesellschaft von T. um das beste Moselweinlied. Einzig das nicht preisgekrönte Lied des → Neuwieder/

RP Pfarrers **Theodor Reck** (»Im weiten deutschen Lande / zieht mancher Strom dahin ...«) fand dank der Melodie des Trierer Organisten G. Schmitt Gnade vor der Nachwelt (Relief von Dichter und Komponist am Turm der Moselbrücke, wo auch **Ausonius** → Trier/RP) verewigt ist). – Von **Walter Henkels** (→ Solingen/NW): »Bacchus muß nicht Trauer tragen. Moselfahrt ohne Liebeskummer« (1973).

R »Unendlich an der Grenze grüßt die Gäste / Konstantinus des Kaisers stolze Veste«, (**Neumagen**-Drohn), heißt es bereits bei **Ausonius** (→ Trier/RP), dem man bei der Peterskapelle ein Denkmal gesetzt hat. Aus N. stammt **Nikolaus Hocker** (1822-1900), der mit J. Grimm (→ Hanau/HE), K. Simrock (→ Bonn/NW) und W. Müller v. → Königswinter (Bad Honnef/NW) in Verbindung stand, Moselsagen sammelte (»Des Mosellandes Geschichte«, 1851) und Reisehandbücher herausgab. Hier gest. und begraben der »Sänger der Rheintreue« **Josef Schregel** (1865-1946/→ Düren/NW). – Der »Anker« von **Enkirch** – der Heimat **Rudolf Elchos** (1839-1923), Freischärler unter Garibaldi 1860, dann Schauspieler in Amerika, schließlich mit Tageserfolgen Erzähler (»Wilde Fahrten«, R. 1872) – wurde gängig-eingängig von **Johannes Trojan** (→ Rostock/MV) bedichtet (Erinnerungen in der »Jägerstube« des »Anker«). Ein Vademecum für die »Fahrt um 1000 Rebenberge« von **Carl Christoffel** (1895-1986) aus **Ürzig:** die »Wein-Wallfahrt durchs Moselland« (1954). – Jenseits der Rebenberge über dem mäandernden Fluss geht es links in die Eifel, rechts in den Hunsrück. In einem »Städtchen von Weinbergen umgeben in einem Nebental der Mosel« spielt der 3. Band von **Hermann Brochs** »Schlafwandler«-Tril., 1918, »Huguenau oder die Sachlichkeit« (1931). »Ein Durfläawen zwesche Muusel un Äfel« nannte **Josef Feiten**

(1888-1957) aus **Hetzerath** sein Buch »Hämfoahrt« (1952).

Religiöse Zentren der Vordereifel sind seit alter Zeit die Wallfahrt von **Klausen** (Eberhardsklausen) und die Klöster **Himmerod** und **Springiersbach**. Himmerods Schreibstube und Bibliothek v. a. waren im MA. berühmt; der hier gest. Wittlicher Humanist **Matthias Agritius** (1545-1613) spricht von 2000 Bänden; sie gingen bei der Säkularisation zum großen Teil verloren. Die heutigen »Himmerod Drucke« begründete als Autor (»Er dazwischen«, 1994) und Verleger **Stephan Reimund Senge**, seit 1958 dort Mönch. Über jährl. Treffen der Mitglieder der »Kogge« (→ Minden/NW) in der Int. Begegnungsstätte »Alte Mühle«: die Anth. »Himmerod und anderswo« (Hrsg. Hugo Ernst Käufer, 1994). Wundererzählungen vom »Kloster der Heiligen« sind schon von **Caesarius von Heisterbach** (→ Siegburg/Heisterbacherrot/NW) überliefert. H. ist Schauplatz des um 1950 spielenden Romans »Hecht in Himmerod« (1990) von **Albert Pütz** und des Jugendbuches »Das Geheimnis der weißen Mönche« (1996) von **Rainer Maria Schröder**. – **Eisenschmitt** ist **Clara Viebigs** (→ Trier/RP) »Weiberdorf« (1900); die wichtigsten Stationen der Romanhandlung zeigt das Relief am Brunnen vor der Kirche. Vielerorts, u. a. am **Meerfelder Maar**, spielen hier auch ihre »Eifelgeschichten«.

In **Manderscheid** mit der Ober- und Niederburg lebte 1413 **Nikolaus von Kues** am Hofe Dietrichs I., der den seinem Vater entlaufenen Fischerknaben studieren ließ; am Hofe Dietrichs IV. der Historiker **Johannes Sleidanus** (→ Schleiden/NW) und der Straßburger Humanist **Johannes Sturm**. In M. geb. der Erzähler **Johann Hubert Schmitz** (1807-82), 1838-57 Pfarrer in **Gillenfeld**, der eine Slg. von »Sitten und Sagen, Lieder, Sprichwörtern und Rät-

seln des Eifler Volkes« (1856-58) veröffentlichte, und der Lyriker **Rudolf Storck** (1855). Im Kronenhaus (Mosenbergstraße) das von **Rose-Marie Gericke-Frischeisen** 1998 für **Rose Ausländer** (→ Düsseldorf/NW) eingerichtete Literaturzentrum.

Im Longkamperbachtal zwischen Mosel und Hunsrück, nahe **Bernkastel-Kues**, liegt die Pierenkämper-Rowohlt-Mühle, Sommerrefugium des Verlegers **Ernst Rowohlt** (→ Hamburg).

Droben, im Hunsrück, erzählt man sich noch heute, sollen Hagen von Tronje und Hunold, König Gunthers Kämmerer, gelebt haben: Hagen auf Burg **Dronecken**, Hunold auf dem **Hunolstein**. Siegfrieds Todesstätte (er)fand die Sage auch: den **Hahnenborn** (oder Hagenborn) zwischen Dhronecken und Hermeskeil. Und **Tranenweiher**, am Südrand des Erbeskopfs, soll auf Kriemhilds »Tränenweiher« (→ Nibelungenlied/Worms/RP) verweisen.

B H. Erschens, Clara Viebigs »Weiberdorf«, in: Lit. Schauplätze an der Mosel, 1990; J. Zierden, Dornröschenschlaf im Drachenwald. Die Eifel als literarische Landschaft, in: Lit. Reiseführer Rheinland-Pfalz, 2002.

Z Cochem, Mayen, Prüm (Bitburg), Trier, Zell (RP).

WITTMUND/NI

»Das Land der Ostfriesen, dessen küstennahem Teil zwischen den Städten Norden und Wittmund wir einige liebevolle Zeilen widmen wollen, gilt seinen Freunden als charakteristisch aus eigener Kraft.« (Jörg Kauffmann, »Das Harlingerland«, 1974)

Wie sein Bruder **Johann Christian Hermann G.** (→ Emden/NI) kam aus **Dunum** der Prediger und Erzähler **Rudolph Christoph Gittermann** (1776-1848); er veröffentlichte u. a. »Die Pyramide oder

Wunderbare Schicksale Bonapartes in den Ruinen von Memphis« (1800). Ein dritter Gittermann, der Rektor und Schriftsteller **Johann Carl G.**, erregte Aufsehen, als er in Esens 1849 nach mutiger Rede für ein einiges dt. Reich verhaftet wurde. – In **Stedesdorf** wirkte 1675 als Prediger **Johann Cadovius Müller** (geb. 1650 in Hamburg), Autor des »Memoriale linguae Frisicae« (1691). 1914 starb hier der Volkspoet **Harm Hinrichs** (geb. 1861); beider Gräber auf dem Friedhof.

Über die Inseln **Langeoog** (seit 1830 Badeort) und **Spiekeroog** (im 15. Jh. Seeräuberschlupfwinkel) haben **Manfred Hausmann** (→ Kassel/HE) und **Hermann Claudius** (→ Bad Oldesloe/Grönwohld/SH) Ferienerinnerungen geschrieben: »Wolken, Wind und Möwenschrei,/als ob Mensch und Zeit nicht sei« (1957). **Dietmar Damwerth** wohnt und schreibt auf Langeoog über das Insel-Leben (»Strandkorbgeflüster«, 1997), **Annegret Held** spielt in »Das Zimmermädchen« (R., 2003) das alte Mauerblümchen-Jungarzt-Spiel im fiktiven Hotel »Deichgraf«. – Auf der Insel Langeoog das Wohnhaus (»Sonnenhof«), ein Denkmal und auf dem Dünenfriedhof das Grab von **Lale Andersen** (1905-72; »Der Himmel hat viele Farben«, Aut. 1972), die **Hans Leips** (→ Hamburg) Lied »Lili Marleen« weltberühmt machte, **John Steinbeck** nannte es ein »modernes Mysterium«. 1980 verfilmte **R. W. Fassbinder** (→ München/BY) unter dem Titel »Lili Marleen« das Leben der Chanson-Sängerin aus Bremerhaven. **Wolf Jobst Siedler** war auf S. Internatsschüler (»Erinnerungen«, 2000), der Schriftsteller **Hansjörg Martin** schrieb 1993 mit den Schülern einer 6. Klasse das Buch »Spiele auf Spiekeroog«. – **Künstlerhaus** Sp.

Z Aurich, Jever, Varel (NI).

WITZENHAUSEN/HE

Märchenpark im Stadtteil Ziegenhagen. – Aus W. stammt der Germanist und Namensforscher Edward Schröder (1858-1942/Gedenktafel Walburger Straße 5).

Bad Sooden-Allendorf

Burkard Waldis, *um 1490 A., † 1556 → Abterode (Eschwege/HE), Satiriker und beliebter Fabeldichter. Zunächst Franziskanermönch in Riga. Trat 1524 zum Protestantismus über, wurde Zinngießer und kam wegen »ketzerischer Umtriebe« 1536-40 in den Kerker. Mit seinem Fastnachtspiel »De Parabell vam verlorn Szon« (1527; n. G. Milchsack 1881) einer der ersten dt. Reformationsdramatiker. – »Esopus« (1548 und 55) eine Slg. von 400 Fabeln und Schwänken.

Geistl. Lieder, u. a. »Aus meines Herzens Grunde« schrieb **Georg Niege** (Nigidus/1525-89). Nach dem Studium war er seit 1546 Landsknecht, zuletzt Hauptmann und nach 66 Beamter, gest. in → Rinteln/NI.

R Witzenhausen ist das »Lenzbach« in **Ernst Kochs** (→ Fritzlar/Singlis/HE) »Prinz Rosa-Stramin« (1834); K. wohnte vom 8. bis 14. Lebensjahr in dem Haus neben der alten Werrabrücke (Gedenktafel). – In **Allendorf** soll einer mündl. Überlieferung nach **Wilhelm Müller** (→ Dessau/ST) das Lied »Am Brunnen vor dem Tore« verfasst haben. Gotischer Brunnenstock (Gedenktafel) vor dem verschwundenen Steintor; die Linde von 1218 im Mai 1912 entwurzelt, zuletzt 1979 durch 3 junge Linden ersetzt; alljährl. zu Pfingsten Brunnenfest; Glockenspiel im Kurpark. – Über das Wahrzeichen **Bad Soodens**, das »Söder Tor« (Salzmuseum mit Heimatmuseum) hat **Manfred Hausmann** geschrieben. Seine Erzählung »Der gelbe Faden« (1968)

spielt in der Nähe an der Werra zwischen
den Burgen **Ludwigstein** (Archiv der dt.
Jugendbewegung) und **Hanstein**. – »Am
Sperrsystem bei **Wahlhausen** gedreht,
DRR-Bezirk Erfurt, gegenüber dem hessi-
schen Bad Sooden-Allendorf«: **Ralph Gior-
dano**, »Grenze ’78. Ein deutsches Tage-
buch« (in »Die Spur«, 1984). – Bei **Orfero-
de** (Bad Sooden-Allendorf-O.) erinnert eine
alte Linde mit der Inschrift »Gute Nacht,
Joggeli, komm gut nach Hause« an die Er-
zählung »Joggeli« (1907) von **Wilhelm
Speck** (1861-1925) aus **Großalmerode**; be-
kannt wurde der Gefängnispfarrer auch
durch den Zuchthäusler-Roman »Zwei See-
len« (1904).
Der **Hohe Meißner** (siehe auch Eschwe-
ge/HE), an den sich zahlreiche Sagen und
Märchen knüpfen, wurde im Oktober
1913 Schauplatz des »Freideutschen Ju-
gendtages« (Gedenkstein). Unter den
Initiatoren der Verleger E. Diederichs,
der Schulreformer G. Wyneken, der Re-
dakteur W. Hammer sowie F. Avenarius
(→ Niebüll/Sylt/SH). Teilnehmer u. a.
Walter Benjamin (→ Berlin), Manfred
Hausmann. Entscheidende Bedeutung in
der Geschichte der Jugendbewegung.

B W. Helwig, Die blaue Blume des Wander-
vogels, 1960; D. Grieser, Märchenlandschaft I
(Meißner), in: Mit den Brüdern Grimm durch
Hessen, 1985.
Z Eschwege, Kassel (HE); Göttingen (NI);
Heiligenstadt (TH).

WOLFACH/BW

Flößer- und Heimatmuseum (Großer Schloss-
hof).
L Zur Zeit von **Heinrich Hansjakob** war das
Zunftwesen in W. noch in voller Blüte (E. »Der
Theodor«; Tafeln an Fasnachtsbrunnen und
Vorstadtstraße 66). **Wilhelm Hausenstein** er-
zählt in seiner »Badischen Reise« (1930) von
einem Aufenthalt in W.

Haslach im Kinzigtal

Schwarzwälder Trachtenmuseum.

Heinrich Hansjakob, * 19. 8. 1837 H.,
† 23. 6. 1916 ebd., nach J. P. Hebel der ori-
ginellste und populärste Volksschriftstel-
ler Badens, Kirchenmann und Politiker.
1869-84 Pfarrer in → Hagnau am Boden-
see (Überlingen/BW), dann in → Freiburg

*Haslach: Heinrich Hansjakob vor seiner Grab-
kapelle in Hofstetten*

i. Br./BW. Im Kulturkampf Festungshaft
in → Rastatt/BW; 1871-78 bad. Landtags-
abgeordneter. – Aut. Erzählungen aus dem
»Bure-Städtle« und Kinzig-, Wolf- und Har-
mersbachtal; Reise- und Tagebücher. – Ge-
denktafeln am Geburtshaus, dem ehem.
Gasthof »Sonne« (Hauptstraße 41) und
in der Kapelle des ehem. Kapuzinerklos-
ters; Stiftungen auch in St. Arbogast, wo
H. im zentralen Deckengemälde porträ-
tiert ist; nahebei Denkmal. Im Wohnhaus
(1913-16), dem »Freihof« (H.straße 17), seit
1964 H.-Museum und -Archiv. Grab in
der Mariä-Ruh-Kapelle oberhalb von Hof-

stetten. – H.-H.-Gesellschaft (seit 1956), H.-H.-Brief (seit 1977).

S **Kleiner** und **Großer Hansjakobweg** (Wegzeichen H.s »Heckerhut«): I von Schapbach (Bad Rippoldsau-Sch.), II von Haslach aus. Wanderführer für beide Wege (n. 2006/n. 2003) von Kurt Klein. Jährlich im September H.-**Wanderwoche**.

Hornberg

Wilhelmine Canz, * 27. 2. 1815 H., † 15. 1. 1904 Großheppach/BW. Ihr Umkehr-R. »Eritis sicut Deus« (3 Bde.) erschien 1853 anonym.
Wilhelm Hausenstein, * 17. 6. 1882 H., † 3. 6. 1957 → München/BY, Kunstschriftsteller und Essayist mit »Affinität zur franz. Kultur« (A. Kolb). Ehrenbürger von H. Ein Wiedersehen mit seiner Heimatstadt nach 40 Jahren beschrieb H. in »Badische Reise« (1930); »Lux Perpetua« (Aut. 1947); »Meiner Vaterstadt Hornberg im Badischen Schwarzwald« widmete H. die E. »Onkel Vere, der Douglas« an seinem 75. Geburtstag. – Geburtshaus Hauptstraße 26 (Gedenktafel); W.-H.-Gedenkraum im Stadtmuseum, Werderstraße 15. – W.-H.-Gesellschaft (seit 2001); W.-H.-Symposion (seit 1998 alle zwei Jahre). – Nachlass DLA Marbach.
A Am Bischwiller Platz Fresko von **Bruno von Hornberg** (13. Jh.); im »Adler« Gedenkstätte für den ma. Dichter, von dem vier Lieder samt Bildnis in der Maness. Hs. in Heidelberg überliefert sind. – Auf dem Friedhof von H.-**Niederwasser** das Grab des Pfarrers und Heimatforschers **Konrad Kaltenbach** (1877-1955). Im »Gasthaus zum Rößle« Heimatstube zur Erinn. an den »Hansjakob von Niederwasser« (K. Klein).

E **Hornberger Schießen**: Die Redewendung, dass etwas ausgeht »wie's Schießen zu Hornberg« (F. Schiller: »Die Räuber«, I,2), nämlich ergebnislos, wird auf H. bezogen, wo die Bürger so lange das Böllern probten, bis sie fürs eigentl. Salut kein Pulver mehr hatten. Darstellung am Stadtbrünnle; Volksschauspiel auf der Freilichtbühne am Storenwald im Sommer.

Zell am Harmersbach

Storchenturm-Museum (mit Erinnerungen an H. Hansjakob und J. V. v. Scheffel).

Aus Z. stammt der v. a. als kath. Sozialpolitiker (»Fabrikrede«) bekannt gewordene **Franz Josef Ritter von Buß** (1803-78). Gedenktafel am Geburtshaus (Neubau) beim Stadtbrunnen; Büste in den Anlagen vor der Wallfahrtskirche; »R.-v.-B.-Stube« im Storchenturm.
A Anfang Nov. 1851 besuchte **Joseph Victor von Scheffel** (→ Karlsruhe/BW) zum ersten Mal seine »hochpreisliche Cousine« oder (noch poetischer) »die stille holdselige Schwarzwaldlieb« Emma Heim, um die er allerdings vergeblich warb. Ihr gelten – »Behüet' dich Gott! es wär' zu schön gewesen« – die »Lieder jung Werners« des »Trompeters«. – Oft im Harmersbachertal **Heinrich Hansjakob**, seine En. »Der letzte Reichsvogt« und »Der Graf Magga« handeln hier, »Der Vogt auf Mühlstein« auf den Schottenhöfen über **Nordrach**. – Der in Straßburg geb. Lyriker und Erzähler **Kurt Scheid** (1907-82) lebte in den letzten Jahren in Z. (Grab auf dem Friedhof); 1978 erschienen seine »Murstetter Geschichten«.

L Gründungssage der Wallfahrt »Maria zu den Ketten« u. a. in **Heinz Bischofs** Slg. »Im Schnookeloch« (1980). – **Kurt Klein**: »Rund um den Brandenkopf« (1980), »Unbekannter Schwarzwald« (1991).

R Das Kinzigtal hinauf liegt **Steinach**: bei der Kirche Gedenkstein für den dt.-amerikan. Rosenzüchter und -dichter **Ge-**

org **Schöner** (1864-1942). – Sehenswert bei **Gutach**, der »zweiten Heimat« der Heimatdichterin **Nanette Stengel** (1858-1919), ist der »Vogtsbauernhof« (Freilichtmuseum). – In **Hausach** (H.er LeseLenz, seit 1998) steht in der Breitenbachstraße 39 a das »Molerhisli« des Malerpoeten **Eugen Falk-Breitenbach** (1903-79). »Auf der Ofenbank« heißen seine alemann. Gedichte, »Menschen, Täler und Wälder« seine letzte Prosaslg. (2. Aufl. 1981). Grab auf dem Neuen Friedhof von Gutach. – Die »Hexe von **Schiltach**«, heißt es in alten Chroniken und auch in der »Teufelsbuhlschaft« (1854) von **Ludwig Bechstein** (→ Weimar/TH), habe »das ganz Stedlein verbrant«. Selbst **Erasmus von Rotterdam** berichtet darüber in einem Brief an den Schatzmeister des portugies. Königs.

Über Wolfach kommt man nach **Bad Rippoldsau**. Badegäste waren u. a. **Nikolaus Lenau** (→ Stuttgart/BW), **Ferdinand Freiligrath** (→ Detmold/NW) und **Berthold Auerbach** (→ Rottenburg/Nordstetten/BW). 1866 zog sich **Joseph Victor von Scheffel** hierin zurück, um an seiner E. »Juniperus« zu arbeiten. Es gefiel ihm hier; er beschrieb den Ort in »Rippoldsau« und »Die Schweden in Rippoldsau« und kam wiederholt (Sch.-Bank und Büste). »Scheffel hat hier Spuren hinterlassen, die peinlich sind, ist offenbar hier zu Kräften gekommen und hat sofort fürchterlich gereimt. Es gibt eine Scheffelbank, und (Sie merken's) mein Licht steht unter ihr und qualmt«: so nicht ohne Ironie **Rainer Maria Rilke** (→ München/BY), der zweimal (1909 und 1913) zu Besuch kam (Rippoldsauer Dichterstube im Hotel »Kranz«). – In **Schramberg** kam **Otto Heuschele** (→ Waiblingen/BW) zur Welt (Aut. »Die Gaben des Lebens«, 1957).

B H. Hansjakob 1837-1916. Schriftsteller, Politiker, Seelsorger, Ausstellungskatalog 1992;

M. Hildenbrand, H. Hansjakob – Rebell im Priesterrock (4. Aufl. 2007); W. Migge (Hrsg.), W. Hausenstein. Wege eines Europäers, 1967; J. W. Storck, R. M. Rilke in Bad Rippoldsau. Marbacher »Spuren« 52/2000.
Z Emmendingen, Lahr, Offenburg, Oberkirch, Villingen (BW).

WOLFENBÜTTEL/NI

»Darin haben Sie vollkommen recht, daß auf die Länge Wolfenbüttel mehr mein Ort ist, als jeder andere, und daß mittelmäßige Umstände in Wolfenbüttel für uns beyde vorteilhafter seyn werden, als noch so glänzende in Wien oder anderwärts. Ganz gewiß werde ich also alles darauf anlegen, um in Wolfenbüttel zu bleiben.« (Gotthold Ephraim Lessing, 1775)
Niedersächs. Staatsarchiv. – Hist. Schlossräume/ Stadt- und Kreis-Heimatmuseum. – Lessingtheater.

Heinrich Julius Herzog von Braunschweig-W., * 15. 10. 1564 Schloss Hessen, † 20. 7. 1613 Prag, Förderer der Wiss. und Künste, vorbarocker Dramatiker. Mit 11 Jahren Rektor von Helmstedt, 1589 regierender Herzog. Rief 1592 engl. Komödianten nach W. und gründete das 1. dt. Hoftheater. Ließ 1609 den »Aviso« drucken, die älteste periodisch erscheinende dt. Zeitung. – W.: Von der Susanna (Dr. 1593); Von einem ungeratenen Sohn (Dr. 1594); Von einem Edelmann (Dr. 1594). – Grab in der Marienkirche. – Teilnachlass HAB (dort auch Porträt).
Justus Georg Schottelius (→ Northeim/ Einbeck/NI), den ein Stadtprospekt als den »Erfinder des Semikolons« vorstellte, kam 1643 nach W., bis 46 Hofmeister bei Herzog August d. J., Erzieher Anton Ulrichs. Feierte die Rückgabe W.'s an seinen Herzog in hymn. Versen: »Edle Burg/berühmtes Büttel/Hochbelobtes Welfenhaus . . .« Starb hier am 25. 10. 1676. – Wohnhaus 1657-76 am Stadtmarkt 5 (jetzt zum

Rathaus gehörig/Gedenktafel); Grab in der Marienkirche.

Anton Ulrich Herzog von Braunschweig-W. (→ Lüchow/Hitzacker/NI) kam 1666 nach W., 1704 Alleinherrscher. Führte 1686 die ital. Oper ein und baute Opernhäuser in W. und Braunschweig. Trug nach J. Ch. Gottsched entscheidend zum Ruhm W.s als »Vaterstadt der Deutschen Melpomene und Thalia« bei. – Gemächer des Herzogs im Schloss; Grab in der Marienkirche; Porträt in der Bibliothek.

Gotthold Ephraim Lessing (→ Kamenz/SN) war 1770-81 Leiter der Herzog August-Bibliothek; er empfand sein Amt je nachdem als »gelehrte Krätze« oder als Dienst an der »verlobten Braut« (Denkmal in der Bibliothek). 1776 Heirat mit Eva König, die 78 im Kindbett starb (Gedenkstein auf dem Friedhof bei der Trinitatiskirche). L.'s Briefwechsel mit E. König (G. E. Lessing/E. König, Briefe aus der Brautzeit 1770-1776, Hrsg. W. Albrecht, 2000), endet mit der Klage über den Tod des Kindes und der Frau: »Ich wollte es auch einmal so gut haben, wie andere Menschen. Aber es ist mir schlecht bekommen.« – L. wohnte ab Mai 1770 im »großen verlassenen Schlosse ganz allein« (Nr. 5); hier wurden im Winter 71/72 »Emilia Galotti« vollendet und die Beiträge »Zur Geschichte und Literatur, aus den Schätzen der Herzogl. Bibliothek zu W.« begonnen. Oktober 1776 Dienstwohnung Schlossplatz 2 (Gedenktafel). Dezember 1777 Umzug in das Barockhaus zwischen Bibliothek und Schloss (L.-Haus, Ausstellung zu Leben und Werk); hier entstanden der »Anti-Goeze« (1778) und »Nathan der Weise« (1779; N.-Denkmal vor der Bibliothek). – Lessing-Akademie. – Gerhard W. Menzel, »Wolfenbütteler Jahre – Eine Erzählung um Lessing« (1980); Paul Raabe, »Spaziergänge durch Lessings Wolfenbüttel« (1997).

Wilhelm Raabe (→ Holzminden/Eschershausen/NI) besuchte das Gymnasium in W., wo er mit Unterbrechungen wieder von 1856-62 lebte (Wohnhaus Okerstraße 16, Gedenktafel). 1862 Heirat mit Bertha Leiste, deren Familie Michael-Praetorius-Platz 2 wohnte. – Die beiden Erzählungen »Lorenz Scheibenhart« (1858) und »Junker von Denow« (1859) spielen u. a. in W.; im »Stopfkuchen« (1891) ist die vor den Toren der Stadt liegende Weiße Schanze Ort der Handlung; »Der Dräumling« (1872) stellt die W.er Schillerfeiern 1859 in den Mittelpunkt.

Wilhelm Busch (→ Nienburg/Wiedensahl/NI) besuchte 1862-87 jährlich seinen Bruder Gustav im W.er Forsthaus (Neuer Weg 4, Gedenktafel). B. in seinen Briefen: »Da sitzen wir des Abends im Gärtchen unter dem alten Birnbaum; der säuselt dann so leise vor sich hin und läßt seine Blüthen herunter sinken, und manchmal fällt mir eine in den Wein« (1875).

Rudolf Huch (→ Goslar/Bad Harzburg/NI) lebte 1888-97 hier als Rechtsanwalt. In seinem »Tagebuch eines Höhlenmolches« (1896) und in den »Rübenstedtern« (1910) ironisiert er das Philistertum in W. Passagen über die Stadt auch in den Aut. »Aus einem engen Leben« (1924) und »Mein Weg« (1937). Der »Tolle Christian«, Sohn von Herzog Heinrich Julius, ist Titelheld des Romans »Der tolle Halberstädter« (1910).

A In die Zeit vor 1480 fällt der angebl. Aufenhalt **Till Eulenspiegels** (Schöppenstedt) in W. In der 38. Historie heißt es: »Also ritt Eulenspiegel mit des Pfaffen Pferd nach Wolfenbüttel.« Nach dem Schelm die Prominenz aus Lit. und Wiss.: **Nikolaus von Kues** (→ Wittlich/Bernkastel-K./RP) taufte 1451 die Herzogtochter Margarethe. **Sigmund von Birken** (→ Nürnberg/BY) war 1645-47 Prinzenerzieher von Anton Ulrich; er pries die Bibliotheksrotunde als »achtes Weltwunder«. Sein lit. tatkräftiger Schüler gewann **Gottfried Wilhelm Leibniz** (→ Hannover/NI) 1690-1716 zum Leiter der Sammlung, die dieser als »Schatzkammer aller Reichtümer des menschlichen Geistes« bezeichnete (Gedenktafel in der Eingangshalle). **Albrecht von Haller** (→ Göttingen/NI) in den »Tagebüchern seiner Reisen ... 1723-27«: »Das Gebäude ist rund, wie das Pantheon. Mitten hohl, wo ein Saal ist, darin der Bibliothecarius arbeitet. Oben aber formiert sie eine Galerie Bücher, in zwei Stockwerken, die rings um gehen ...« – Am Hofe lebte zeitweilig als Page **K. F. H. von Münchhausen**, der »Lügenbaron« (→ Holzminden/Bodenwerder/NI). Aus W. stammen und wurden für die klass. Zeit bedeutsam: Herzogin **Anna Amalia**, die → Weimars/TH Ruf als Musenhof begründete, und **Karl Wilhelm Jerusalem** (1747-72), dessen Freitod aus Schwermut in → Wetzlar/HE Vorlage für Goethes (→ Frankfurt a. M./HE) Briefroman »Die Leiden des jungen Werthers« (1774) wurde. – Auch nach der barocken Blüte der Residenz und dem Tod G. E. Lessings blieb der Genius loci anziehend für berühmte Fremde, wie **Joachim Heinrich Campe** (→ Holzminden/Deensen/NI), **J. W. L. Gleim** (→ Aschersleben/Ermsleben/ST), **Friedrich Nicolai** (→ Berlin), **Elisa von der Recke** u. a. Auf der Flucht aus Dresden blieb **Claire von Glümer** (1825-1906) von 1851-59 in W. (Aut. »Aus einem Flüchtlingsleben«, 1904). – Unter den ausländ. Gästen: **Stendhal**, 1807/08 von → Braunschweig/NI gleich neunmal herüberkommend, **Giacomo Casanova**, 1764, später in seinen Memoiren: »Ich verbrachte acht Tage in dieser Bibliothek ... Ich kann diese acht Tage zu den glücklichsten meines Lebens zählen, denn ich war nicht einen Augenblick mit mir selber beschäftigt. (...) Ich habe seitdem zuweilen gedacht, daß

vielleicht das Leben der Seligen etwas Ähnliches sein könnte.«
Im 19. Jh. leitete **Otto von Heinemann** (→ Helmstedt/NI) die Bibliothek (1868-1904): »Dem alten Herrn gebührt eine ganz besondere Ehrung, dass er für die Bibliothek in dem abgelegenen Nest einen so prunkvollen Neubau durchgesetzt hat« (**Alfred Lichtwark** → Hamburg, 1907). – 1936 besichtigte **Samuel Beckett** W., wo er Lessings Wohnhaus und die HAB sah (Tagebucheinträge). – 1950 berief man **Erhart Kästner** (→ Augsburg/BY) nach W. Seit 1960 wurde die wilhelminische Bibliothek umgebaut und regeneriert. »Aus einer alten europ. Fürstenbibliothek wurde nun eine moderne Forschungs- und Studienstätte zur europ. Kulturgeschichte« (P. Raabe). Über das weitere Schicksal der Bibliothek, die Grenzöffnung von 1989 und anderes der Bericht **Paul Raabes**, des langjährigen Leiters (1968-93), unter dem Titel »Bibliosibirsk oder Mitten in Deutschland – Jahre in Wolfenbüttel« (1992).

L **Zacharias Conrad von Uffenbach** (1683-1734) schildert seinen Aufenthalt in W. 1709 in den »Merkwürdigen Reisen durch Niedersachsen, Holland und Engelland« (1753). – Passagen über W. auch in **Adolph von Knigges** (→ Hannover/Bredenbeck/NI) »Reise nach Braunschweig« (1792) und **Karl Julius Webers** (→ Langenburg/BW) »Deutschland oder Briefe eines in Deutschland reisenden Deutschen« (1826-28). – Zwei Werke von **Karl Christian Friedrich Niedmann** (Ps. Niemann/1805-30), »Krähwinkel, wie es ist« (1828) und »Die Verschwörung in Krähwinkel« (1829), die das kleinstädt. Treiben von W. angriffen, trieben ihren Autor aus der Stadt. – Eine Schlüsselerzählung auch der Roman »März« (1929) des Wendeburgers **Konrad Beste** (→ Holzminden/Stadtoldendorf/NI; Grab Friedhof Lindener Straße). – Sagen schließlich ums Schloss vom »Schuster Fuster« aus Salzdahlum, dem »Gebannten Bösewicht« und der nicht minder schlimmen »Schlüterliese«. – »Wolfenbütteler Bilderbogen«

Anna Amalia bis Wilhelm Busch« (1958), »Wolfenbüttel und seine Literaten« (1965) von **Kurt Meyer-Rotermund** (1884-1977), Lyriker und Essayist; »Die Spur führt nach Wolfenbüttel«, »Willkommen in Wolfenbüttel« (beide 1976) von **Heinz Grunow**. In **Burkhard Ziebolz'** Kriminalroman »Orpheus' Stufen« (1998) führt der Diebstahl eines Buches aus der Herzog August-Bibliothek in die Unterwelt Braunschweigs. **Irina Korschunows** R. »Fallschirmseide« (1990) greift das politische Versagen eines Studienrats an der Großen Schule in W. auf.

S Herzog August-Bibliothek (Schlossplatz 4), 1572 von Herzog Julius gegr., benannt nach Herzog August d. J. (1579-1666), der mit über

Wolfenbüttel: Die Augusteerhalle der Herzog-August-Bibliothek Wolfenbüttel

30 000 Werken die Bibliothek zu europ. Rang führte (»Bibliotheca Augusta«), Quellenslg. zur europ. Buchgeschichte vom Ausgang der Antike bis zur Gegenwart; Forschungsstätte und Museum: rd. 1 000 000 Bde. (v. a. des 16., 17. u. 18. Jh.s), 6000 ma. Hss., Evangeliar Heinrichs des Löwen, reicher Bestand an Autogra-

phen (von Herzog Anton Ulrich bis G. Hauptmann; Lessingiana; Leibniziana; Slgg. Vieweg und Mengen), 3500 Inkunabeln). Unter den Sonderbeständen: Bibelslg.; Archiv des Staatstheaters Braunschweig; Bibliothek Töpfer; Helmstedter Drucke. Unter den Sonderslgg.: Porträtslg.; Malerbücher; Leichenpredigten, Druckgesch.-Slg. – Lexikon zur Geschichte und Gegenwart der HAB (Hrsg. G. Ruppelt u. a. 1992). – Erweiterungsbauten: Zeughaus (1619), seit 1981 nach Restaurierung zentrale Forschungsbibliothek; Leibnizhaus (Neubau) als Forschungsgebäude; Anna-Vorwerk-Haus. – Jahresprogramme: Wiss. Programm (Stipendien, Tagungen, Symposien); Kulturprogramm (Ausstellungen, Konzerte und Theater, Autorenlesungen, Vortragszyklen); Veröffentlichungen.

»**Wolfenbüttel-Stipendien**« für Forschungen zur europ. Kulturgesch. der frühen Neuzeit (seit 1978). **Gesellschaft der Freunde der Herzog August-Bibliothek** (seit 1971). Intern. **Arbeitskreis für Barockliteratur, Dt. Gesellschaft für die Erforschung des 18. Jh.s; W.er Arbeitskreis für Bibliotheks-, Buch- und Mediengeschichte; für Renaissanceforschung**, jeweils mit den entspr. Zss. – Literaturseminare der **Bundesakademie für kulturelle Bildung** W.; **Autorenförderung** (»Lehrstücke«, Hrsg. H. Dittberner, 2003); **Literarisches Colloquium** (»Werkstatt«, Hrsg. H.-L. Arnold, Bd. 1 u. 2, 1999 u. 2003). **Lessing-Akademie** (gegr. 1971).

R Ein Rundgang vermittelt noch immer den barocken Grundcharakter der einstigen Residenz, freilich nicht nur verspielt mit Putten und Amoretten, sondern mit nüchternem Bürgersinn gepaart. – 1688 entstand vor den Toren von W. nach franz. Vorbild das Lustschloss **Salzdahlum** (Wolfenbüttel-S.), wo sich die absolutist. Adelswelt ein Stelldichein gab (u. a. waren **Friedrich d. Gr.** → Berlin, Zar Peter d. Gr. und Dänenkönig Friedrich V. Gäste). In S. starb am 27. 3. 1714 Herzog **Anton Ulrich**. 100 Jahre später wurde das Schloss restlos abgetragen, vor Ort erinnert nichts mehr an das ehem. »Klein-Versailles«, aber über das größenwahnsinnige Projekt schrieb **Hans Pleschinski** 1986 (n. 95) den R. »Der Holzvulkan«.

Schöppenstedt

Till Eulenspiegel, * angebl. im Ortsteil Kneitlingen bei Sch., † um 1350 → Mölln/SH, Bauernsohn, Schelm und größter dt. Schwankheld. Das Spiel mit Worten ist einer der charakterist. Ausgangspunkte seiner Streiche, so die wortwörtl. Ausführung eines bildl. Befehls. Dazu die wendige Übertölpelung von Neunmalklugen. Die niederdt. Redensart »Hei lewet noch« bezeugt die Zeitlosigkeit seines Witzes. – E.-Hof, dessen Name allerdings erst im 17. Jh. auftaucht, davor E.-Denkmal.

A Am 25. 6. 1967 starb in Sch. der national-konservative Lyriker **Hans Schwarz** (geb. 17. 3. 1890 Berlin; »Götter und Deutsche«, G. 1923), der nach dem Krieg den »Friedenspreis des Deutschen Buchhandels« ins Leben rief (B. Scheideler, »Von Konsens zu Kritik. Der Friedenspreis« (in: »50 Jahre Frankfurter Buchmesse«, 1999).

S Till Eulenspiegel-Museum: Ausgaben des Volksbuches, Bearbeitungen und Übersetzungen, dichter. und musikalische Gestaltungen des Stoffes und wiss. Lit. Freilichtausstellung »Sch. als Buch«, »TillsTaufTour«. – Sch., das auch als niedersächs. Schilda gilt, hat E. gleich zwei Denkmäler (1963 und 73) gesetzt. **Freundeskreis Till Eulenspiegels** (seit 1950; E.-Jb., Archiv).

E Eulenspiegel. Der Stoff weitverbreitet und in Dtl. vielfach bearbeitet. Verfasser des sog. Volksbuches von E. ist der Braunschweiger Zollschreiber Hermann Bote; erhalten 2 Fragmente von 1510/11. Ältestes vollständig erhaltenes Volksbuch, »Ein kurtzweilig lesen von Dyl Ulenspiegel« (1515 hochdt. in Straßburg gedruckt), mit 96 Historien, heute im British Museum/London. Die bekannteste ausländ.

Bearbeitung des Stoffes von dem Flamen Ch. de Coster (1868). Deutschsprachige Varianten u. a. von J. Fischart (1572), A. Böttger (1850), G. Hauptmann (1927), H. Leip (1941), Th. Seidenfaden (1972), Ch. und G. Wolf (1972); Gedichte von Ch. F. Gellert und M. Claudius bis M. Jahn und H. Claudius; theatral. Bearbeitungen durch H. Sachs (1553), J. Ayrer (1618), A. v. Kotzebue (1806), J. Nestroy (1835), F. Lienhard (1896-1900), A. v. Bernus (1941), A. Kuckhoff (1941), G. Weisenborn (1949), E. Bertram (1951), J. Außerhofer (1960), B. v. Heiseler (1962). In C. Mandelartz' E.-Roman (1950) ist ein älteres Motiv, die Konfrontation E.s mit dem Rattenfänger und Don Quijote, wieder aufgegriffen. – Insgesamt gibt es über 250 Bearbeitungen des E.-Stoffes. In rd. 45 im Boteschen Volksbuch namentlich aufgeführten Orten, vorwiegend in Ostfalen, spielen E.s Streiche. – Erstes dt. E.-Denkmal in Braunschweig am Bäckerklint; inzwischen 21 Denkmäler überhaupt (13 Dtl., 7 Flandern, 1 Niederlande). – »Hermann Bote/Ein kurzweiliges Buch von Till Eulenspiegel aus dem Lande Braunschweig. Wie er sein Leben vollbracht hat. Sechsundneunzig seiner Geschichten« (in die Sprache unserer Zeit übertragen und mit Anmerkungen versehen, Hrsg. Siegfried H. Sichtermann, 2. Aufl. 1981).

B P. Raabe, Wolfenbüttel. Bilder aus der Lessingstadt, 1978; ders. und G. Schöne, Lessing – Erinnerung und Gegenwart. Das L.-Haus in Wolfenbüttel, 1979; P. Raabe, Spaziergang durch Lessings Wolfenbüttel, 1997; Vom Geiste Eulenspiegels, Hrsg. B. Hedergott, 1965; Eulenspiegel in Literatur und Kunst, hg. Freundeskreis Till Eulenspiegels, 1970.

Z Braunschweig, Goslar (NI); Halberstadt (ST); Helmstedt, Salzgitter, Wolfsburg (NI).

WOLFHAGEN/HE

Auf dem »Geologischen Zeitweg« zwischen den Häusern des Regionalmuseums steht die Bronzefigur des Chronisten **Tilemann Elhen von Wolfhagen**, der hier um 1347 geb. wurde und als Stadtschreiber von → Limburg a. d. Lahn/HE zu Ansehen kam.

In W. entstand die »Wahrhaftig Historia« (1557) des **Hans Staden** (→ Fritzlar/HE); Gedenkraum Regionalmuseum Wolfhagen, Reliefbüste in der H.-S.-Str.).

Escheberg (Zierenberg-E.)

Das Schloss war im 19. Jh. unter **Ernst Otto von Malsburg** (1786-1824), als Calderon- und Lope de Vega-Übersetzer anerkannt, und seinem Bruder **Karl Otto** (1790-1855), dem »hessischen Maecenas«, Mittelpunkt eines Kreises romant. Dichter und Künstler. Unter den Gästen (z. T. mit Eintragungen im Gästebuch): **Otto Heinrich von Loeben, August Wilhelm** und **Friedrich Schlegel** (→ Hannover/NI), **Ludwig Tieck** (→ Berlin), **Wilhelm Müller** (→ Dessau/ST), **Franz Kugler** (→ Berlin), **Friedrich von Bodenstedt** (→ Peine/NI), der 1872 einen Schlüsselroman »Das Herrenhaus im Eschenwalde« veröffentlichte, **Julius** → **Rodenberg** (Rinteln/NI) und **Emil Pirazzi** (→ Offenbach a. M./HE). 1841/42 wohnte **Emanuel Geibel** (→ Lübeck/SH) in der »Poetenstube« neben der Bibliothek (dort heute u. a. die Büsten von Goethe, Tieck und Geibel); das 4. Buch seiner »Jugendgedichte« führt E. im Titel (darin: »Wenn sich zwei Herzen scheiden« und »Wo still ein Herz voll Liebe glüht«); G.-Hütte dem Park gegenüber.

🅁 Aus **Balhorn** (Emstal-B.) stammt der Dichter und Folklorist **Daniel Saul** (1854-1903), einer der Mitbegründer der Zs. »Hessenland« (1886). – Als hess. Variante wird die Sage von der »Weibertreu« (→ Heilbronn/Weinsberg/BW) von der **Weidelsburg** im Wolfhager Land erzählt.

🅱 P. Heidelbach, Deutsche Dichter und Künstler in Escheberg, 1913.
🆉 Fritzlar, Hofgeismar, Kassel, Korbach (HE).

WOLFRATSHAUSEN/BY

Heimatmuseum.

1897 verlebten der 21-jährige **Rainer Maria Rilke** (→ München/BY) und die um 15 Jahre ältere **Lou Andreas-Salomé** (→ Göttingen/NI) »stürmisch-glückliche« Wochen im gemeinsamen Erholungsort **Wolfratshausen**, zunächst im »Lutzhäuschen« (Eichheimweg 10, Gedenktafel; die ausge-

Wolfratshausen: Frieda von Bülow, R. M. Rilke, August Endell, Lou Andreas-Salomé und Akim Wolinskij im Garten des »Lutzhäuschens«

sägten Sternchen in den Holzläden dienten den beiden als Erkennungszeichen im Briefwechsel), dann im »Fahnensattlerhaus« über dem Neuhaussteig (abgerissen). – »W. ist nicht zu erkennen; gerade in unserer Gegend oben muß viel gebaut und gepflanzt und geändert worden sein«, schreibt Rilke an Lou 17 Jahre später aus **Irschenhausen** (Icking-I.), wo er sich vom 24. 8. – 22. 9. 1914 im Landhaus Schönblick, Irschenhauser Straße 87 (Gedenktafel), aufhielt; hier Liebesverhältnis mit einer zweiten Lou, der Malerin Albert-Lazard, 15 Gedichte sind ihr gewidmet.

Die Sommermonate 1912 verbrachten **David Herbert Lawrence** (»Lady Chatterley's Lover«, 1928) und Frieda Weekly, geb. von Richthofen, im »weißen Städtchen« **Wolfratshausen** (»Haus Vogelnest«, heute Schnellriederweg 8, verändert), in **Icking** (in A. Webers Sommerwohnung über der Gemischtwarenhandlung Leitner, Münchner Straße 3) und **Beuerberg** (damals Gasthof zur Post, Klosterstraße 8), wo »unser Zusammenleben angefangen«. 1913 dann in **Irschenhausen** (in E. Jaftés Schweizerhäuschen, Seeleiten 18, heute Neubau); hier entstand u. a. die E. »Ein preußischer Offizier«, Hintergrund das Isartal) und 1927 noch einmal (über **Hans Carossa** → Bad Tölz/BY, der ihn wegen seines Lungenleidens untersucht hatte: »Ein netter Mann, mild wie Kartoffelbrei«). Erst 62 Jahre nach der Niederschrift erschien die aut. geprägte R. »Mister Noon« (1984), in dem die Liebenden »Gilbert« und »Johanna« heißen; W. ist »Wolfratsberg«, Icking »Ommerbach«, Beuerberg »Kloster Schaeftlarn«, Irschenhausen »Genbach«. Anfang 1912 wanderten D. H. und Frieda über die Alpen nach Italien (»Eine Kapelle in den Bergen«, »Ein Heuschuppen in den Bergen«, En. 1930).

In **Icking** machte sich der Verleger H. Kreißelmeier (1926-88) u. a. um die Veröffentlichung von Exilautoren, wie **Walter Mehring** (»Die verlorene Bibliothek«), **Ernst Weiß** (beide → Berlin) und **Franz Schönberner** (1892-1970), verdient, musste jedoch 1972 seinen Verlag schließen. – **Ernst Wiechert** (→ Berlin) lebte von 1936 bis 48 auf seinem Hof Gagert bei Wolfratshausen. Hier im Mai 1938 Verhaftung, Juli/August im KZ Buchenwald. Gedenkstein an der Loisachhalle. Nach Rückkehr aus brit. Gefangenschaft fand **Walter Bauer** (→ Mer-

seburg/ST) Unterschlupf bei den Wiecherts; Zeitzeugnis die aut. R. »Besser zu zweit allein« (1950). – **Baierbrunn** war 1918-39 Wohnort von **Gertrud von Le Fort** (→ Minden/NW), seit 1922 Haus Konradshöhe. – Auf dem Friedhof von **Degerndorf** Grab von Frau Lilje Wiechert »unter den von Ernst Wiechert gestifteten Kirchenglocken«.

Im Kloster **Schäftlarn** entstand im 9. Jh. eine **Evangelienharmonie**. In der Klosterwirtschaft fand im Sommer 1901 **Franziska zu Reventlow** (→ Husum/SH) Zuflucht, um in Ruhe an ihrem ersten Roman (»Ellen Olestjerne«) schreiben zu können. – Im Sommer 1920 wohnten **Franz** und **Helen Hessel** (→ Berlin) zusammen mit dem gemeinsamen franz. Freund **Henri-Pierre Roché** in **Hohenschäftlarn** in der »Villa Heimat«, An der Leiten 27: eine ménage à trois (comme il faut), die F. Truffaut als Vorlage für seinen Film »Jules und Jim« verwandte; »Jules« ist Franz H. – In **Ebenhausen** gründete **Wilhelm Langewiesche-Brandt** (→ Wuppertal/NW) – dessen Tochter **Marianne Langewiesche** (1908-79), Erzählerin v. a. hist. Romane (»Königin der Meere«, 1940), hier geboren und begraben – den Verlag Langewiesche-Brandt (Büchern verpflichtet, die »wertvoll, voller vorhandener, vielleicht vergessener Werte« sind). Zu den Autoren gehört auch **Albert von Schirnding** (Jg. 1935), der östl. von Ascholding im Schloss **Harmating** (»Keine Idylle, kein romantisches Refugium«) lebt: »Das Haus kommt zuerst. Du wirst hineingeboren, kannst dich wohl zeitweise entfernen, entlassen bist du nie.« Im Juli 1819 besichtigte **J. A. Schmeller** (→ Tirschenreuth/BY) das »Barthsche Schloß« des Schirnding-Vorfahren und Alpenforschers H. von Barth, wobei er »besonders die Wirkung des Blitzes bewundert, der vor acht Tagen in dasselbe eingeschlagen und nichts als einen alten Ledersessel halb verbrannt hatte«. – Auf dem Friedhof von **Ascholding** (Dietramszell-A.) das Grab von **Richard Sexau** (→ Karlsruhe/BW), als Privatgelehrter lange auf Schloss A. – **Erwin Guido Kolbenheyer** (→ München/BY) hatte 1952-62 (57/58 erschien sein dreibändiger aut. R. »Sebastian Karst«) seinen Wohnsitz in **Gartenberg** (Gem. Geretsried): K.-Straße 30 Gedenkstätte und K.-Archiv. Er starb am 12. 4. 1962 in München; sein Grab auf dem Friedhof in Gartenberg. – **Hans Carossa** verbrachte in **Königsdorf** einen Teil seiner Kindheit: »... mein bewußtes Leben begann erst in dem nahen Königsdorf, wo sich mein Vater bald nach meiner Geburt als Arzt niederließ. Wir bewohnten hier sieben Jahre lang ein kleines einstöckiges Haus ...« (»Eine Kindheit«, 1922); Wohnhaus C.-Ring 1.

🅱 R. Lucas, Frieda von Richthofen und ihr Leben mit D. H. Lawrence, 1972; R. Just, Eine verhängnisvolle Affaire an der Isar, in: Landpartie literarisch, 2003; E. Tworek, Spaziergänge durch das Alpenvorland der Literaten und Künstler, 2004.
🆉 Bad Tölz, Miesbach, München, Starnberger See (BY).

WOLFSBURG/NI

Auf dem Verordnungswege wurde das ganze Gebiet um das W.er Schloss 1938 »okkupiert« zur Errichtung einer Wohnstadt neben dem Volkswagenwerk. – Stiftung Volkswagenwerk. – Theater der Stadt. – Kunstmuseum; Phaeno, Autostadt, Planetarium.

Gerhard Friedrich August Wendeborn, * 20. 4. 1741 W., † 24. 5. 1811 Hamburg. Prediger der dt. Gemeinde in London. Schrieb eine dt. Grammatik und übertrug Ch. M. Wielands (→ Biberach/BW) »Agathon« ins Englische. Seine »Erinnerungen« (1813) enthalten aufschlussreiche Anga-

ben über die damaligen Lebensverhältnisse in Dtl. und England.

🅻 **Horst Mönnich** berichtet von W. und seinen Bewohnern in »Die Autostadt« (1951). Über die nahe Grenze zur DDR (bis 1989) **Georg Oswald Cotts** Gedicht »Fahrt nach Wolfsburg« (»Blindweg nach Klötze«, 1996): »Feuerwerkskörper/lauern auf den Mann dressiert/ aber Kratzdisteln und Trappen/fühlen sich sicher/pudelwohl die Schlafdörfer/rings um VW.«

Fallersleben (Wolfsburg-F.)

August Heinrich Hoffmann (gen. **von Fallersleben**), * 2. 4. 1798 F., † 19. 1. 1874 Corvey (→ Höxter/NW), Verfasser volksliedhafter Kinderlieder, freiheitl.-patriot. Lyriker des Vormärz, einer der Begründer der dt. Philologie. Nach Studium in → Göttingen/NI und Bonn ab 1830 Prof.

Fallersleben: Im Schloss befindet sich das Hoffmann von Fallersleben-Museum

für dt. Sprache und Lit. in Breslau. Bekannt v. a. als Dichter des »Deutschlandliedes«, das 1841 auf der Insel → Helgoland/SH entstand. Wegen seiner »Unpolitischen Lieder« 1842 des Landes verwiesen, 48 rehabilitiert. Ab 1860 Bibliothekar in Corvey. – W.: Mein Leben (Erinn. 1868). Ges. Werke (Hrsg. H. Gerstenberg, 1890-93). – Zu seiner Umbenennung nach dem Geburtsort bemerkte H.: »Ich dachte an die Heimat eben,/drum schrieb ich mich: von Fallersleben«. Geburtshaus (von 1769, heute Hotel »Hoffmann-Haus« Westerstraße 4) und Denkmal Westerstraße 91; H.-v.-F.-Museum (mit Mss., Erstdrucken, Briefen und Erinnerungsstücken, dazu Studienstätte und Archiv der H.-v.-F.-Ges. mit Nachlass H. Gerstenberg) Schlossplatz 5. – In Wolfsburg vor dem Schloss (Schlossstraße 15) das Pfarrhaus von St. Marien, in dem der Pfarrer David Lochte seinem Freund H. v. F. um 1848 Unterschlupf gewährte (Gedenktafel). – Nachlass SB Berlin; Slg. StLB Dortmund, UB Münster, SUB Göttingen. – H.-v.-F.-Gesellschaft (seit 1937), H.-v.-F.-Preis. – J. Borchert, »Hoffmann von Fallersleben. Ein deutsches Dichterschicksal« (R. 1991); F. J. Degenhardt, »August Heinrich Hoffmann, genannt von Fallersleben« (R. 1991).

Z Braunschweig, Gifhorn (NI); Haldensleben (ST); Helmstedt (NI); Salzwedel (ST).

WORMS/RP

»Wenn ich hinüber fahre, gehe ich immer zuerst zum Dom. Das ist eine sichtbar gewordene Harmonie der Glieder, eine Ganzheit, in der kein Teil aus der Vollkommenheit wankt. Ich umwandle schauend den Dom mit einer vollkommenen Freude. Dann gehe ich zum jüdischen Friedhof hinüber. Der besteht aus schiefen, zerspellten, formlosen und richtungslosen Steinen. Ich stelle mich darein, blicke von diesem Friedhofsgewirr zu der herrlichen Harmonie empor, und mir ist, als sähe ich von Israel zur Kirche auf.« (Martin Buber, 1933)
Haus der Städt. Kulturinstitute. – Museum der Stadt W. im Andreasstift (mit Luther-Zimmer und -Bibliothek); Nibelungen-Museum. –

Worms: Hagen-Denkmal am Rheinufer

Jüdisches Museum im Raschi-Haus. – Städt. Spiel- und Festhaus (1889 als erstes dt. Volkstheater gegr.). – Nibelungen-Festspiele.

Nibelungenlied, das erste und zugleich bedeutendste Heldenepos der dt. Lit., um 1200 von einem unbekannten bay.-öst. Dichter (vielleicht einem Kleriker namens Konrad aus → Passau/BY) verfaßt; eine neuere These plädiert für Bligger II. von Steinach (→ Heppenheim/Neckarsteinach/HE). Verbindung von mytholog. (»Siegfrieds Tod«) und hist. Elementen (»Der Nibelungen Not«); spielt zum großen Teil in und um W., dem Mittelpunkt des Burgunderreiches, das 435/36 von Römern und Hunnen zerstört wurde. – An die 40 Mss.; die 3 wichtigsten Hss. (A, BSB; B, StiftsB. St. Gallen; C, LB Karlsruhe/BW); Ausgg. u. a. von K. Lachmann (1826), F. Zarncke (1856), K. Bartsch (1870-80); Übers. u. a. von K. Simrock (1827), H. de Boor (1959). – Nördl. des Doms an der »Saalstiege« erinnert eine Gedenktafel u. a. an die »Königsburg der Nibelungen«; im Schlossgarten Hinweistafeln auf die Lage einzelner Hauptbauten der Kaiserpfalz; am Dom (»Münster« des N.s.): zugemauerte Pforte vom Königinnenbau am Ende des nördl. Seitenschiffs, an deren Schwelle Hagen die Leiche Siegfrieds niederlegen ließ; Nord-(Kaiser-)portal, wo sich der Streit zwischen Kriemhild und Brunhild abgespielt haben soll; »Siegfriedstein« südwestl. des Doms (eine Kelter); Siegfriedbrunnen vor dem Ostchor des Doms am Marktplatz, am »Haus zur Münze« (Stadtbibliothek) Steinfries mit S.s Einzug in W. und Volker von → Alzey (RP); am Rheinufer, dem Rosengarten gegenüber, Hagendenkmal ... und Nibelungennamen allerorten, für Straßen, Gassen und Plätze und die Brücke, über die nach → Lorsch (Heppenheim/L.) und in den Odenwald bis nach Würzburg die N.-Straße (nördl. Route) und die Siegfried-Straße (südl. Route) führt. – Ausstellungskatalog Karlsruhe 2003; H. Berndt, »Das 40. Abenteuer« (1968); W. Hansen, »Wo Siegfried starb und Kriemhild liebte. Die Schauplätze des N.s« (1997). G. Bönnen/V. Gallé (Hrsg.), »Ein Lied von gestern?«, 1999; J. Lodemann, »Siegfried und Kriemhild« (R. 2002).

E Nibelungen. Sagenhaftes Zwergengeschlecht, dessen Schatz Siegfried gewinnt, den Hagen am Ende in den Rhein versenkt. Der Name N. ging auf die Burgunderkönige als zeitw. Besitzer des Schatzes über. – Die beiden wichtigsten Motivkerne: Siegfrieds Tod und Kriemhilds Rache. N.-Lied (um 1200, in vielen Hss., die um 1215 entstandene »Klage« angefügt), Thidreksaga (um 1260), Altes Sigurdlied (Ältere Edda, um 1270). Parallel- und Anschlussepen: u. a. Waltharilied (Ende 9. Jh.), »Der große Rosengarten« (um 1250), »Biterolf und Dietleib« (zw. 1245 und 68), »Lied vom hürnen Seyfried« (wohl Ende 15. Jh., später Volksbuch); noch im 16. Jh. Berichte, S. sei zwischen 2 Kirchen am heutigen St. Meinhards-

Platz begraben worden. – Erst in der Romantik wachsende Adaption des Stoffes; Dramatisierungen u. a. von F. de la Motte Fouqué (1808-10), E. Raupach (1834), F. Hebbel (1862), R. Wagner (1853-74), P. Ernst (1909, 18), M. Mell (1943, 51), Moritz Rinke (2001); ep. Nachdichtungen von E. Geibel (1846), W. Jordan (1869), W. Jansen (1916), M. Beheim-Schwarzbach (1961); Balladen von F. Rückert und F. Dahn bis B. v. Münchhausen und A. Miegel.

Hans Folz, *um 1450 W., † vor dem 16. 9. 1515 → Nürnberg/BY, Reformator des Meistersangs und realist.-satir. Schwankdichter. Seit 1479 in Nürnberg, wo er als Bader und Poet zu Ansehen kam. – W.: Fastnachtsspiele (Hrsg. A. v. Keller, 1853 ff.); Meisterlieder (Hrsg. A. L. Mayer, 1908). – Hss. BSB.

Martin Luther (→ Eisleben/ST) kam im April 1521 nach W. und bekannte am 18. auf dem Reichstag vor Kaiser Karl V.: »Hier stehe ich, ich kann nicht anders, Gott helfe mir, Amen« (Formulierung nicht gesichert). – Gedenktafeln: »Saalstiege« (Aufgang zum Großen Saal des Bischofshofes); »Johanniterhof« (Ecke Haroltgasse), wo L. logierte; Dreifaltigkeitskirche (Mosaik »L. vor Kaiser und Reich«, Reformationszimmer); L.-Denkmal (Entwurf E. Rietschel, 1868) mit Darstellungen von J. Calvin und U. Zwingli, U. v. Hutten (→ Schlüchtern/Vollmerz/HE), F. v. Sickingen (→ Bad Kreuznach/Bad Münster a. St.-Ebernburg/RP), J. Reuchlin (→ Pforzheim/BW) und Ph. Melanchthon (→ Bretten/BW); Fischerpförtchen (der Sage nach »L.-Pförtchen«); Reste des Lutherbaues (Gedenktafel); L.-Baum in W.-Pfiffligheim. – »Luther. Wege nach Worms. Wege aus Worms.« (Ausstellungskatalog 1971).

Kaspar Scheidt, um 1520-65 in W., Moralist und Lehrdichter. Rektor der Lateinschule; Onkel und Lehrer J. Fischarts. Starb in

W. – Bekannt v. a. durch seine Übers. und Bearbeitung von F. Dedekinds lat. »Grobianus« (→ Neustadt am Rübenberge/NI), einer Art umgekehrter Tischzucht (1551, n. G. Milchsack, 1882).

Johann Fischart (gen. Mentzer = Mainzer), * 1546 Straßburg, † 1590 Forbach/Lothringen, satirisch und sprachvirtuos, der bedeutendste dt. Dichter des späten 16. Jh.s, Humanist. Unterricht 1564-65 bei K. Scheidt. Reisen und Studien in West- und Südeuropa. 1570-81 in Straßburg, dann in → Speyer/RP, 83 Amtmann in Forbach (→ Saarbrücken/SL). – W.: Affentheurlich Naupengeheurliche Geschichtklitterung … (1575 bzw. 1582, n. 1963); Das Glückhafft Schiff von Zürich (G. 1576, n. 1957). Werke (Hrsg. A. Hauffen, 1892-95). **Johann Nikolaus Götz**, * 9. 7. 1721 W., † 4. 11. 1781 → Winterburg (Bad Kreuznach/RP), Anakreontiker. Befreundet mit J. W. L. Gleim (→ Halberstadt/Ermsleben/ST) und J. P. Uz (→ Ansbach/BY). Hauslehrer, Hofmeister und Feldprediger zunächst in Lothringen. 1751 Pfarrer in → Hornbach (Zweibrücken/RP), 54 in → Meisenheim (Bad Kreuznach/RP), 61 in Winterburg. – W.: Versuch eines Wormsers in Gedichten (1745); Vermischte Gedichte (Hrsg. und Bearbeiter K. W. Ramler, 1785). – Bronzestatue im Park des Heylshofes mit »Schmetterlingsgedicht« (R. Wisser, »Heimgeholt, wirst du heimisch«, G. 1999). – »Johann Nikolaus Götz und sein Worms« (Ausstellungskatalog 1986).

Die W.er **Judengemeinde** (nach der Legende ein neues »kleines Jerusalem«) gehörte im MA. mit der von → Speyer/RP und → Mainz/RP zu den führenden in Deutschland und Europa; die Synagogalverordnungen dieses Gemeindeverbandes, die »Tekkanot SCHUM«, hatten Geltung bis nach Italien und Spanien. Hier befindet sich auch der älteste europ. Judenfriedhof und die in ihrer früheren Gestalt wieder aufgebaute älteste Synagoge Dtl.s (Gründungsbau von 1034), im alten Judenviertel auch die »Mikwe«, die »Frauenschul« und die »Raschi-Jeschiba«. An der rabbin. Hochschule von W. studierte 1055-65 der bedeutende Bibelexeget Rabbi **Schlomo ben Isaak** aus Troyes (1040-1105). – Über die »Leidensverhängnisse des Jahres 4856« (= 1096) Chronik des lothring. liturg. Dichters **Elieser ben Nathan**. – Kreuzfahrer erschlugen 1196 Frau und Töchter des Rabbi **Eleaser ben Jehuda**, der meist nach seinem Hauptwerk, dem Sittenbuch »Rokeach« (= »Salbenmischer«) genannt wird. – Auf dem »Heiligen Sand« am Andreasring ruhen u. a. die 12 Märtyrer-Vorsteher von 1096, die theol. und jurist. Autorität **Mahram Meir von Rothenburg** (um 1220-93) und der wegen seiner Talmud-Kommentare und Predigten berühmte **Maharil Jakob Molin** (gest. 19. 9. 1427), 40 Jahre Rabbiner in Mainz, sein Grab im »Rabbinertal« als einziges nach Jerusalem ausgerichtet.

Weiter mit W. verbunden: 1516 starb in W. der kaiserl. Rat **Johann von Morsheim**, Verfasser eines »Spiegels des Regiments« (1497, über die Untreue bei Hofe), 1761 die geistl. Liederdichterin **Charlotte Elisabeth Nebel** (→ Halle/ST). – Aus W. kam der Kritiker und Übersetzer **Carl Muth** (1867-1944), der die im kath. Dtl. lange maßgebende Zs. »Hochland« 1903 gründete und bis zu seinem Tod redigierte. – Als Mundartdichter seien genannt: der Spirituosenhändler **Rudolf Heilgers** (1868-1932/»Dreimal hoch mei' Muttersproch«, n. 1978), Gedenkstein am Ende der Rheinstraße, und **Jean (Johann Wilhelm) Völker-Kabausche** (1885-1970/»Mer heert so ebbes rausche«, 1971), beider Grab auf dem Friedhof Hochheimer Höhe; **Ilse Bindseil** (»Wormser Staregebabbel«, 1982).

A »Der Wormsgau blüht . . .« schrieb um 1180 bereits **Gottfried von Viterbo**, Kaplan und pol. Berater Kaiser Barbarossas. – **Menachem ben Jacob** (»de Lutra«), synagogaler Dichter aus → Kaiserslautern/ RP, starb am 16. 4. 1203 in W. – 1527 zu Religionsgesprächen in der Stadt **Philipp Melanchthon.** – **Johann Michael Moscherosch** (→ Kehl/Willstätt/BW) starb am 4. 4. 1669 auf einer Dienstreise in W. und wurde hier begraben. – 1769 besuchte **Goethe** (→ Frankfurt a. M./HE) auf einem Ausflug die Kaufmannstochter Charitas Meixner, die ihn zum Jugenddrama »Belsazar« begeistert haben soll. **Zacharias Werner** (→ Berlin) suchte 1809 mit der Schauspielerin Henriette Hendel den »Lutherbaum« auf. – Weitere Besucher: 1814 **Max von Schenkendorf** (→ Koblenz/ RP); 1831 **Karl Immermann** (→ Düsseldorf/NW); 1906 **Rudolf Borchardt** (→ Berlin); 1933 **Martin Buber** (→ Frankfurt a. M./HE). – Im Vorort **Neuhausen** lebte von 1917-26 **Georg K. Glaser** (→ Oppenheim/Guntersblum/RP) mit seiner Familie.

L Nach **Johannes Staricius** (1616) soll W. seinen Namen von den »vielen bösen Würmern« haben, die dann der »Hörnin Seyfried viel verbrandt und erschlagen« und mit deren »Safft er sich geschmiert«. Wurm und Hort liegen dicht beieinander. Nach **Clemens Brentano** (→ Koblenz/RP) und **Heinrich Laube** (→ Berlin/»Reisenovellen«, 1834-37) habe Hagen den Hort ins Binger Loch versenkt, und »wohl ein Jahrtausend lang heben die deutschen Poeten daran«. Andere vermuten den Hort in der Nähe von Lochheim (zwischen Biebesheim und Gernsheim) in der Rheinkrümmung. – **Karl Simrock** (→ Bonn/NW) berichtet im »Malerischen und romantischen Rheinland« (1838-40) ausführlich über W.

Topographien des 19. Jh.s u. a. auch bei **Karl Julius Weber** (→ Langenburg/BW) 1826-28, **Friedrich Blaul** (→ Speyer/RP) 1838, **August Becker** (→ Bad Bergzabern/Klingenmünster/ RP) 1858 und **W. O. von** → **Horn** (Simmern/ RP) 1866. – Essays und Erinnerungen aus dem 20. Jh. von **Ernst Bloch** (→ Tübingen/ BW) 1933, **Kasimir Edschmid** (→ Darmstadt/HE) 1963, **Rudolf Krämer-Badoni** (→ Rüdesheim/HE) 1964, **Richard Kirn** (→ Frankfurt a. M./HE) 1971, **Hans-Heinrich Welchert** 1975 u. a.

S **Stadtbibliothek** (mit Luther-Slg.). – **Nibelungen-Museum** in den Resten der staufischen Stadtmauer. **Nibelungen-Gesellschaft Worms.** – **Heimatmuseen** in W.-Abenheim, -Horchheim, -Weinsheim; **Schulmuseum** in W.-Pfeddersheim.

R Im Nordwesten **Herrnsheim.** Das Schloss gehörte den **Dalbergs.** In der Bibliothek des Humanistenbischofs **Johann von D.** (1445-1503/→ Heidelberg/BW) befand sich u. a. die einzige illustrierte Hs. des Nibelungenlieds aus dem MA. Der Fürstprimas **Karl Theodor von D.** (1744-1817) hatte in Erfurt Verbindung mit Ch. M. Wieland (→ Biberach/BW), J. G. Herder (→ Weimar/TH), Goethe und F. Schiller, dessen Mäzen er wurde. Sein Bruder **Wolfgang Heribert von D.** (1750-1806) hatte **Schiller** (→ Ludwigsburg/ Marbach/BW) schon als → Mannheimer (BW) Intendant gefördert. Der »Schillerturm« im Schlosspark ist dem Intendanten, nicht dem Dichter gewidmet. Der Komponist und Musiktheoretiker **Friedrich Hugo von D.** übersetzte das altind. Epos »Gita-Govinda«. Im Dorf verbrachte der Schriftsteller und Verleger **Richard Knies** (1886-1957) Kindheit und Jugend: Rheinhessisches klingt in der Dorfgeschichte von »Hährassa und Siebenguldennas« (1911 u. d. T. »Hört ihr Herren ...«) und in »Die Herlishöfer und ihr Pfarrer« (R. 1919) an. – In der Steinmühle von **Osthofen** verkehrten bei dem Komponisten W. Weißheimer (Findling vor dem Rathaus) die ersten Sozialisten und **Richard Wagner** (→ Leipzig/SN). Im 1933-34 eingerichteten KZ O. (»Westhofen« im Roman, heute Dokumentations- und Gedenkstätte) spielt

Anna Seghers' (→ Mainz/RP) im Pariser Exil geschriebener Roman »Das siebte Kreuz« (1942).

B V. Gallé, Worms und das Nibelungenlied, in: Lit. Reiseführer Rheinland-Pfalz, 2001; G. Bezzenberger/K. Dienst, Luther in Hessen, 1983; R. Wisser/D. Johannes/H. Hauß, Eine Stadt erinnert sich. Ein Taschenbuch für Worms und Goethefreunde, 1982; Die rheinhessischen Heidentürme, in: Lebendiges Rheinland-Pfalz, III-IV/2003.

Z Darmstadt, Heppenheim (HE); Alzey, Kirchheimbolanden, Ludwigshafen, Mainz, Oppenheim (RP); Mannheim (BW).

WUNSIEDEL/BY

»Ich bin gern in dir geboren, Städtchen am langen, hohen Gebirge, dessen Gipfel wie Adlerhäupter zu uns niedersehen!« (Jean Paul, 1818)
Festspiele auf der Luisenburg (ehem. Luxburg, 1805 zu Ehren von Königin Luise umbenannt).

Jean Paul (eig. **Johann Paul Friedrich Richter**), * 21. 3. 1763 W., † 14. 11. 1825 → Bayreuth/BY, bedeutender Erzähler des dt. Idealismus, einer der beliebtesten seiner Zeit, phantasievoll, anspielungsreich, mit eigentüml. Humor. Kindheit bei und in → Hof/BY. Musste 1784 wegen Mittellosigkeit Studium in → Leipzig/SN abbrechen; anschließend wieder in Hof und Umgebung (Töpen, Schwarzenbach). Weitere Stationen: Leipzig, → Weimar/TH (Freundschaft mit J. G. Herder), → Berlin, → Meiningen/TH und → Coburg/BY. Ab 1804 bis zu seinem Tod in Bayreuth. – W.: Leben des vergnügten Schulmeisterlein Maria Wuz in Auenthal (E. 1790); Siebenkäs (R. 1796 f.); Titan (R. 1800-03); Flegeljahre (R. 1804); Dr. Katzenbergers Badereise (R. 1809); Der Komet (E. 1820-22); Selina oder Über die Un-

Wunsiedel: Jean-Paul-Denkmal vor dem Geburtshaus

sterblichkeit der Seele (1827). Sämtl. Werke, Hist.-krit. Ausg. (Hrsg. E. Berend, 1927-60). – Denkmal vor dem Geburtshaus (heute ev. Gemeindehaus) am J.-P.-Platz; Hss. und Erstausgg. in Stadtbücherei und -archiv; Gedenkstein (in Form eines Buches) vor dem Bühneneingang der Luisenburg. – Die oberfränk. Landschaft u. a. in der Vorrede zur »Unsichtbaren Loge« (1793) und in Vorrede und Anhang zum »Leben des Quintus Fixlein« (1796). – Nachlass DSB, Archiv DLA Marbach. – R. Vollmann, »Das Tolle neben dem Schönen« (1975); G. de Bruyn, »Das Leben des Jean Paul Friedrich Richter« (1975).

Heinrich Holzschuher, * 11. 2. 1798 W.,

† 30. 12. 1847 Bug b. Hof, Verfasser der 2. und 3. Strophe von »O du fröhliche«. Geburtshaus Breite Straße 3.

L In W. spielt u. a. **Wilhelm Raabes** (→ Holzminden/Eschershausen/NI) E. »Gutmanns Reisen«.

S **Fichtelgebirgsmuseum** (Spitalhof): u. a. Jean-Paul-Zimmer und Carl-Ludwig-Sand-Zimmer, mit Erinnerungsstücken an den in W. geb. Burschenschafter Carl L. Sand (1795-1820), der 1819 den Dichter A. von Kotzebue (→ Mannheim/BW) ermordete und damit Anlass zu den Karlsbader Beschlüssen gab.

Arzberg

Sohn eines Büchsenmachers aus A. war **Matthias Gesell** (1603-87), der es bis zum »gekrönten Dichter« brachte. – In der Humboldtstraße 4 wird heute noch das Wohnhaus, die »Berg-Brauerei«, von **Alexander von Humboldt** (→ Berlin) gezeigt, der von 1792-97 Oberbergmeister des Fichtelgebirges war. – Aus **Röthenbach** (Arzberg-R.) stammt **Georg Schönauer** (1903-78); Sch. lebte als »Bauerndichter« auf dem Sch. Hof in **Hohenberg a. d. Eger** (dort auch Grab) und holte sich, wie es die ersten Titel seiner zahlr. (Jugend-)Bücher bereits anzeigen, seine Themen zeitlebens aus Heimat und Fremde: »Tramp und Farmer in USA« (1938), »Der Raubschütz vom Egertal« (1956). – Im Sechsämterland als Mundartdichter bekannt: **Otto Schemm**, »Suara Theater und andere Deas G'schichtn« (1953). – Der R. »Sinfonie in Weiß« (1962) des sudetendt. Dichters **Robert Lindenbaum** schildert die Entwicklung der oberfränk. Porzellanindustrie.

R Die »Luxburg« im **Fichtelgebirge** schildern **Caspar Bruschius** (→ Lindau/BY) und **Johann Christoph Pachelbel** (1716) wegen ihrer »Wildnüssen, Stein-Klippen, Felßen, Sümpffen und Morästen sehr beschwerlich zu ersteigen«. **Wilhelm Heinrich Wackenroder** (→ Berlin) bezeichnet in einem begeisterten Brief vom 3. 6. 1793 an seine Eltern die L. als »Luchsenburg«, seit der preußischen Herrschaft 1805 heißt sie dann zu Ehren der Königin »**Luisenburg**«. Die Namensprägung »Luisenburglabyrinth« geht auf **Goethe** (→ Frankfurt a. M./HE) zurück, der hier erstmals 1785 geolog. Studien betrieb; 1820 Aufsatz »Die Luisenburg bei Alexandersbad«. In diesem formulierte er einmal mehr seine den Neptunisten verpflichtete Theorie (geolog. Erklärungsmodell, das sich an Erscheinungen orientiert, die durch das Wasser hervorgerufen werden) gegen die Plutonisten (Erklärung durch vulkanische Wirkungsweisen). **Friedrich Rückert** (→ Schweinfurt/BY) berichtete im Aug. 1833 seiner Frau erstaunt von dem »Labyrinth von den mannichfaltigsten und wunderlichsten Klüften, Stiegen, Höhlendurchgängen, Felskuppen, Platten, Vorsprüngen, Absätzen, Windungen und dergleichen.« **Karl Immermann** (→ Düsseldorf/NW) notierte: »Eine Beethovensche Symphonie in Stein!« **August von Platen** (→ Ansbach/BY) mokierte sich über die »Unzahl von Inschriften«. **Max Halbe** schließlich (→ München/BY) schrieb den Prolog für die erste Aufführung eines klass. Werkes (Goethes »Iphigenie«) am 15. Juli 1914 auf »Deutschlands schönster Naturbühne«.

Das preuß. Königspaar, ebenso **Goethe**, machte in (Bad) **Alexandersbad** Mode und zog andere nach. Am Rathaus von **Marktredwitz** erinnert eine Gedenktafel an Goethes Aufenthalt »vom 13.-18. August 1822«; von Interesse laut Tagebuch: »Tätigkeit der chemischen Fabrik!«, »Kunckels Glasmacherkunst«. – **Ludwig Tieck** (→ Berlin) und **Wilhelm Heinrich Wackenroder** suchten die Quelle des Weißen Main auf, »tief in des Fichtelberges Klüften«, wie **Max von Schenkendorf** (→ Koblenz/RP) dichtete. – Über Bischofsgrün der **Ochsenkopf**, das »Haupt und Hertz des gantzen Fichtelberges«. Sein Inneres birgt der Sage nach eine mit Gold gefüllte Geisterkirche, Karl der Große schläft, Frau Venus wohnt hier; Sagengedichte, u. a. von **Ludwig Braunfels** (→ Aschaffenburg/BY). Am 1. 7. 1785 stieg **Goethe** vom Seehaus mit **Karl Ludwig von Knebel** (→ Nördlingen/Wallerstein/BY) auf den O.: »Wir fanden an der Quelle des Mains, der dicht hier beim Hause entspringt, und hier den Bach zur Zinnwäsche ausmacht, viele Trientalis europea (Siebenstern), die überhaupt auf diesem Gebirge sehr häufig sind.« G. erinnert bei der Wanderung daran, wie wichtig es sei, »bei dem kleinsten Bache zu fragen, wohin er denn eigentlich laufe« – dann wisse man, wie eine Landschaft aufgebaut sei (Erinnerungstafel an der Berghütte). – **Jean Paul** (J.-P.-Brunnen im Wald beim Fichtelsee) in der Vorrede zur »Unsichtbaren Loge«: »Länder schlafen an Ländern, und unbewegliche Wälder an Wäldern, und über der Schlafstätte der ruhenden Riesen spielet ein gaukelnder Nachtschmetterling und ein hüpfendes Licht, und rund um die große Sonne zieht sich wie um unser Leben ein großer Nebel.«

B E. Jäger, Jean Paul und Wunsiedel, 1963; R. Lotz (Hrsg.), Der Carl-Sand-Kult, in: Bildnis und Erinnerung, Ausstellungskat. 1985; K. Gasseleder, Auf lit. Spuren im Herzen des Fichtelgebirges, in: LitteraTourLand Franken, 2000.

Z Bayreuth, Hof, Tirschenreuth (BY). Jenseits der Grenze in Tschechien: Cheb/Eger (Wallenstein); Františkovy Láznì/Franzensbad, Mariánské Láznì/Marienbad (Goethe, F. Kafka).

WUPPERTAL/NW

»Wuppertal schminkt sich nicht, und das ist – wie bei Frauen, die sich leisten können, ungeschminkt zu gehen – wohltuend und enttäuschend zugleich.« (Heinrich Böll, 1960)
1929 aus Elberfeld, Barmen und vier weiteren Orten entstanden.
Berg. Universität-Gesamthochschule. – Von der Heydt-Museum, Historisches Zentrum (Engelshaus). – W.er Bühnen, Tanztheater W. – WDR Studio W.

Friedrich Engels, * 28. 11. 1820 Barmen, † 5. 8. 1895 London, Praktiker und Theoretiker der Arbeiterbewegung, zus. mit K. Marx (→ Trier/RP) Begründer des wiss. Sozialismus. Fabrikantensohn, der Dichter werden wollte. Er kopierte F. Freiligrath (→ Detmold/NW), schrieb Gedichte und Theaterstücke. Lebte 1842-45 und 50-69 als Filialleiter in Manchester, seit 1870 ständig in London. Nach der Beteiligung am berg. Aufstand Flucht in die Schweiz, ab 1851 Ghostwriter für Marx. – W.: Das Kommunistische Manifest (mit K. Marx, 1848); Der Ursprung der Familie, des Privateigentums und des Staates (1884). – Im E.-Garten Gedenkstein anstelle des Geburtshauses; unweit im Haus des Großvaters, E.-Straße 10, heute Museum für Frühindustrialisierung mit E.-Gedenkstätte, davor Denkmal.

Rudolf Herzog, * 6. 12. 1869 Barmen, † 3. 2. 1943 → Rheinbreitbach (Neuwied/RP), Erzähler, Dramatiker. Entstammt einer Seidenfärberfamilie und war zunächst Farbentechniker: Sein Bestseller »Die Wiskottens« (R. 1905) schildert den Aufstieg einer Barmer Färberei. Seit 1897 Zeitungsredakteur in Hamburg, seit 99 in Berlin. Weltreisender. Seit 1908 auf der Oberen Burg in Rheinbreitbach. Dank unerschütterl. Reichsbegeisterung, die sich in lit. und nationalen Klischees äußerte, der »gelesenste« rhein. Autor seiner Zeit. – W.: Hansea-

ten (R. 1909); Die Stoltenkamps und ihre
Frauen (R. 1917); Wilde Jugend (Aut.
1919); Ges. Werke (1920 ff.).
Else Lasker-Schüler, * 11. 2. 1869 Elber-
feld, † 22. 1. 1945 Jerusalem, Lyrikerin,
der »schwarze Schwan Israels« (P. Hille).
Bankierstochter, exzentr. Erscheinung,
heiratete 1894 den Arzt B. Lasker und folg-
te ihm nach → Berlin, Scheidung 1901.
Zweite Ehe mit G. Levin, der als H. Wal-
den (→ Berlin) ein führender Theoretiker
des Expressionismus wurde, 1912 Schei-
dung. 1933 Flucht nach Zürich, seit 39

Wuppertal: Szenenfoto einer Aufführung 1966
von Else Lasker-Schülers Drama »Die Wupper«

in Jerusalem. Ihre Gedichte bieten bild-
kräftige existenzielle Aussagen, die intui-
tiv erfahren, nicht erlesen scheinen. –
W.: Die Wupper (Dr. 1909); Hebräische
Balladen (1913); Mein blaues Klavier (G.
1943); Ges. Werke (Hrsg. F. Kemp,
1959 ff.); Sämtl. Gedichte (1966). – Ge-
burtshaus Sadowastraße 7 (Gedenktafel).
– Topograph. Texte u. a. in »Ich räume
auf!« (1925), »Konzert« (1932), »Das He-
bräerland« (1937). – Archiv in Jerusalem,
Slg. StB W., StuLB Dortmund, SB Ham-
burg. – Else-Lasker-Schüler-Gesellschaft
(seit 1990). – E. Klüsener, F. Pfäfflin
(Hrsg.), »Else Lasker-Schüler« (Marbacher
Magazin 71/1995).
Will Vesper, * 11. 10. 1882 Barmen, † 11.
3. 1962 → Triangel (Gifhorn/NI). Lit. Be-

rater mehrerer Verlage, seit 1911 freier
Schriftsteller und 1923-43 Hrsg. der Zs.
»Die Schöne Literatur« (seit 1931 »Die
Neue Literatur«). Im Dritten Reich Mit-
glied der Dichterakademie, Anthologist
und Übersetzer, Erzähler und Lyriker.
Zeichnete sich durch lebhafte Anemp-
findung und Sinn für das Opportune
aus. – W.: Der blühende Baum (G.
1916); Das harte Geschlecht (R. 1931);
Letzte Ernte (En. 1962). – Nachlass
DLA Marbach.
Hans Brandenburg, * 18. 10. 1885 Barmen,
† 8. 5. 1968 Bingen, Erzähler, Lyriker, Bio-
graph. Kaufmannssohn, weite Reisen. Seit
1903 in → München/BY, nach dem 1.
Weltkrieg als freier Schriftsteller. 1945-60
in → Schongau/Böbing/BY. – W.: Erich
Westenbott (R. 1917); Das Zimmer der Ju-
gend (aut. R. 1920); Vater Öllendahl (R.
1938); München leuchtete (Aut. 1953); Im
Feuer unserer Liebe (Aut. 1956). – Archiv
mit Nachlass Monacensia LA.
Armin T(heophil) Wegner, * 16. 10. 1886
Elberfeld, † 17. 5. 1978 Rom. Lyriker und
Erzähler. Weite Reisen durch Südeuropa
und den Nahen Osten. Als Pazifist und we-
gen Protestes gegen die Judenverfolgung
(1933) sieben Jahre in Gefängnissen und
im KZ, seine Werke und Schriften verbo-
ten; Emigration. 1941-43 Dozent in Pa-
dua, lebte danach auf Stromboli und in
Rom. – W.: Das Antlitz der Städte (G.
1917); Fünf Finger über dir (Reiseb. 1930);
Ausgew. Werke (Hrsg. R. Steckel, 1974).
– Nachlass DLA Marbach; A.-T.-W.-Ar-
chiv StB Wuppertal.
Robert Wolfgang Schnell, * 8. 3. 1916 Bar-
men, † 1. 8. 1986 → Berlin, Maler, Schau-
spieler und Erzähler. Nach dem 2. Welt-
krieg Mitbegründer und Leiter der Ruhr-
Kammerspiele; Regisseur am Dt. Theater
Berlin. 1951-54 Redakteur der satir. Zs.
»Ulenspiegel«, Hinterhofgalerie »die Zinke«.
– W.: Geisterbahn (R. 1964, n. 1973); Er-

ziehung durch Dienstmädchen (R. 1968); Die heitere Freiheit und Gleichheit (En. 1978).

Weiterhin mit W. verbunden: **Konrad Heresbach** (1496-1576/»De re rustica«, 1570) vom Hof Heresbach (Gedenktafel) in W.-**Hahnenfurth**, Prof. in Freiburg und Prinzenerzieher in Düsseldorf. – Die Lyrikerin **Mathilde Wesendonk** (1828-1902) aus Elberfeld dramatisierte hist., nationale und legendäre Stoffe. Auf ihrem und ihres Mannes Besitz in Zürich bewohnte 1857/58 R. Wagner (→ Leipzig/SN) eine kleine Villa und blieb ihr auch später (Briefwechsel und Vertonung der »Wesendonk-Lieder«) verbunden. Grab in → Bonn/NW. – Von dem »dichtenden Kaufmann« **Emil Rittershaus** (1834-1897) aus Barmen stammen »Rhein- und Weinlieder« (1884); sein Grab auf dem Luther. Friedhof W.-**Heydt**; Denkmal im Ringeltal. – Aus Barmen kamen der →Rheydter (Mönchengladbach/NW) Buchhändler und später in → Ebenhausen (Wolfratshausen/BY) lebende Verleger und Schriftsteller **Wilhelm Langewiesche** (1866-1934/»Jugend und Heimat«, Aut. 1916) sowie sein Berufskollege, dazu Erzähler und Italienkenner **Julius R. Haarhaus** (1867-1947 → Leipzig/SN): »Ahnen und Enkel« (Erinn. 1921). – In Elberfeld geb.: der Dramatiker und erfolgreiche, allzu patriotische und pol. opportune Romanschriftsteller **Walter Bloem** (1868-1951 Lübeck/SH), 1904-11 und 29-45 in → Berlin lebend, nach dem 1. Weltkrieg auf Burg → Rieneck (Karlstadt/BY). Von ihm »Der krasse Fuchs« (R. 1906); »Gottesferne« (R. 1920); Teilnachlass Bundes-A. Koblenz.

Aus E. auch **Ernst Bertram** (→Köln/NW), geb. 1884; der Journalist und Schriftsteller **Friedrich Walter** (1902-1998/ »Die Reise mit dem Engel«, R. 1951; Nachlass Dt. Exil Archiv Frankfurt/Main). – Zum Kreis um P. Hille (→ Bad Driburg/Erwitzen/

NW) und J. Hart (→ Münster/NW) gehörte der Lyriker **Johann Peter Baum** (1869-1916/»Spuk«, aut. E. 1905). – »Die Stadt im Tal« (En. 1952) spiegelt als ein Beispiel revolutionärer Arbeiterlit. die Erfahrungen des **Werner Eggerath** (1900-77 → Berlin), 1935 als KPD-Korrespondent zu 15 Jahren Zuchthaus verurteilt und 1947-52 Ministerpräsident von Thüringen. – Um eine »Wiedergeburt des Dramas aus dem Geist der Zeit« (1940) bemühte sich der Dramatiker **Curt Langenbeck** (1906-53): »Heinrich VI.« (Tr. 1936); »Das Schwert« (Tr. 1940). Dramaturg in Kassel und München.

1852 erschien das »Album aus dem Wupperthal« des »W.er Dichterkreises«, dem neben E. Rittershaus die »Feiertagspoeten« **Friedrich Roeber** (1819-1901/»Marionetten«, Nn. 1882), **Adolf Schults** (1820-58), **Reinhard Neuhaus** (1823-92), **Karl Stelter** (1823-1912) und **Karl Siebel** (1836-68) angehörten. – Sozialistische Autoren: die Journalisten **Peter Kast** (eig. **Carl Preißner** (1894-1959/bis 1932 Redakteur der »Roten Fahne«) und **Emil Ginkel** (1893-1959/u. a. das Gedicht »Noch sind wir die willigen Hände«). – Auf dem Reformierten Friedhof die Gräber der Heimatdichter **Otto Hausmann** (1837-1916), **Otto Schrievers** (1899-1963), **Friedrich Höarmeckan** (1838-1915) und **Victor Friedrich Storck** (Ps. **Friedrich Höarmeckau, Pitter Nömmes**/1877-1969).

A In dieser »durchaus modernen Stadt« (gemäß **Emanuel Geibel** → Lübeck/SH), dieser »grausig interessanten Stadt« (laut **Hermann Hesse** →Calw/BW), dieser »stillen Stadt im Tale« (nach **Richard Dehmel** → Königs Wusterhausen/BB), diesem »infamen Nest« (gemäß **Karl Immermann** → Düsseldorf/NW), diesem »Räucherkasten« (laut **Rudolf Herzog**), dieser »maghrebinischen Kanisterstadt« (nach **Gerhard Nebel** → Dessau/ST) ist anscheinend fast jeder schon einmal gewesen. Und wer da gewesen ist, hat sich auch über die Schwebebahn geäußert (Jean Cocteau: »Seht an – ein Engel!«; Else Lasker-Schüler: »Ein stahlharter Drachen«). – Gerhard Tersteegen (→ Moers/NW) besuchte mehrfach das Tal (Hss. im Archiv des Kirchenkreises Barmen). Johann Heinrich Jung-Stilling (→ Siegen/Grund/NW), 1772-78 Arzt in Elberfeld, verscherzte sich die Gunst der tonangebenden pietist. Kreise und musste darum die Hoffnung auf zahlungskräftige Patienten aufgeben. Am 22. Juli 1774 ließ ihn ein angeblicher Patient in ein Gasthaus rufen, der sich dann als alter Bekannter aus Straßburger Studentenzeiten entpuppte: Goethe (→ Frankfurt a, M./HE), der den 1. Teil der (von ihm selbst angeregten) Lebensgeschichte Jung-Stillings mitnahm und zum Druck »beförderte«. – Ferdinand Freiligrath (→ Detmold/NW) war 1837-39 Kontorist in einem Barmer Handelshaus und schrieb hier die Neufassung seines viel parodierten Liedes »O lieb, so lang du lieben kannst«. Junge Verehrer (unter ihnen Friedrich Wilhelm Hackländer → Aachen/Burtscheid/NW) gründeten später einen Freiligrath-Verein, und noch später verschaffte Emil Rittershaus dem Emigrierten die Nationalspende, die 1868 seine Heimkehr ermöglichte. – 1866-69 war Paul Lindau (→ Magdeburg/ST) Chefredakteur der »Elberfelder Zeitung«. – Paul Zech (→ Berlin) wuchs bei Verwandten im Sauerland auf und besuchte in Elberfeld die Schule, wo er auch sein Abitur machte. Nach kurzem Studium arbeitete er zwei Jahre freiwillig als Bergarbeiter, lebte von Gelegenheitsarbeiten in Elberfeld und veröffentlichte erste Gedichte 1902-07 in den poetischen Flugblättern der dortigen Literar. Gesellschaft, bis ihn 1910 Else Lasker-Schüler nach Berlin holte. »Deutschland, dein Tänzer ist der Tod«

(aus dem Nachlass, 1980) spielt z. T. in W. und Remscheid.

L »Die erste Stadt«, »Die andere Stadt«: zwei Gedichte von Paul Zech, die er u. d. T. »Fabrikstädte an der Wupper« Else Lasker-Schüler in »Dank und Verehrung« widmete. »Beide«, schreiben Doris und Arnold E. Maurer im ersten Kapitel ihres lit. Vademecums »Wuppertal erzählt« (1984), »enthalten auf knapp bemessenem Raum alle wichtigen Kriterien dieser Zwillingsstadt an der Wupper«. Und zitieren im letzten Kapitel (»Perle am Wupperstrand« oder »häßlichste Stadt Europas«) Eugen Skasa-Weiß: »Wuppertal besitzt die spannendsten Texte über sich selbst . . .« – W. als Schauplatz von Romanen: »Das Haus am bunten Fluß« (1921) und »Mein eignes propres Geld« (1933) von Eberhard Frowein (1881-1964); »Zwei Brüder« (1908) von Walter Ziersch (1874-1943); »Fitsch-Getau« (1919) von Walther Schulte vom Brühl (1858-1921); »Der Zauberfaden« (1949) von Kasimir Edschmid (→ Darmstadt/HE). – Mundartdichter: Adolf Löhr (1889-1978/Grab auf dem Friedhof Barmen): »Spaß mot sin«, 1973). – »Religion ist im Wuppertal ein öffentliches Thema . . . Durch die Religionsgesch. des Bergischen Landes wimmeln Erwählte und Verzückte, Versiegelte und Prädestinierte« (Hans-Albrecht Pflästerer, 1975). – »Nicht ohne uns!«, Arbeiterbriefe, Berichte und Dokumente zur chem. Industrie von 1860 bis heute, ges. und kommentiert von Hilla Peetz (1981). – Sagen sind in »Sagen und Märchen des Bergischen Landes« (1868) von Franz Leibing und in »Die Bergische Truhe« (3. Aufl. 1986) von dem Kölner Schulrat Paul Weitershagen gesammelt.

S Stadtbibliothek: Sonderslgg. zu E. Bertram, F. und V. F. Storck und A. T. Wegner. – Engelshaus: Slg. zu F. Engels, E. Lasker-Schüler u. a. – Heinrich-Heine-Gedenkstein im Von-der-Heydt-Park am Friedenshain. – Else-Lasker-Schüler-Gesellschaft. – Eduard-von-der-Heydt-Preis der Stadt W. (seit 1950); GEDOK-Literatur-Förderpreis für Autorinnen, Preis der Deutschen Korczak-Gesellschaft.

B G. Werner (Hrsg.), Wuppertal im Spiegel

der Dichtung (Anth. 1965); Lebendiges Wuppertal, Einleitung H. Böll, 1969; J. Bark, Der Wuppertaler Dichterkreis, 1969; H. B. Heller u. a. (Hrsg.), Literatur im Wuppertal, 1981. **Z** Düsseldorf, Schwelm, Solingen, Velbert (NW).

WÜRZBURG/BY

»Das Ganze hat ein echt katholisches Ansehn. Neununddreißig Türme zeigen an, daß hier ein Bischof wohne, wie ehemals die ägyptischen Pyramiden, daß hier ein König begraben sei. Die ganze Stadt wimmelt von Heiligen, Aposteln und Engeln, und wenn man durch die Straßen geht, so glaubt man, man wandle durch den Himmel der Christen. Aber die Täuschung dauert nicht lange . . .« (Heinrich von Kleist, 1800) Bayer. Julius-Maximilians-Universität W. – Hochschule für Musik W. – Stadtarchiv; Stadtbücherei (Slg. W.er und fränkischer Autoren; Lit. Herbst). – Mainfränk. Museum (einzigart. Riemenschneider-Slg.). – Mainfrankentheater W. – Mozartfest (im Juni), Bachtage (November).

Walther von der Vogelweide, * um 1170 vermutl. Vogelweiderhof/Südtirol, † um 1230 vermutl. in oder bei W., Minnesänger und Spruchdichter. Seit 1198 Vagantenleben: 1203 und 07 am Hof Hermanns von Thüringen, wo er W. von Eschen-

Würzburg: Grabstätte Walthers von der Vogelweide im »Lusamgärtlein« beim Neumünster

bach (→Gunzenhausen/Wolframs-Eschenbach/BY) kennen lernte. Beziehungen zu Friedrich II. von Hohenstaufen, von dem er 1220 ein Lehen erhielt. – »Die Gedichte« (Hrsg. K. Lachmann, n. H. Kuhn, 1965). – (Vermutl.) Grab im »Lusamgärtlein« beim Neumünster; Tafeln am Eingang zum L. und Apsis des N.s; Figurengruppe im ehem. Leichhof; Sitzfigur am Sockel des Franconiabrunnens auf dem Residenzplatz.

Konrad von Würzburg, * um 1220 W., † 31. 8. 1287 Basel, große (»Trojanerkrieg«) und kleine (»Herzmaere«) Epen, Lyrik in der Nachfolge Gottfrieds von Straßburg; von den Meistersingern (wie Walther) zu den 12 Meistern gerechnet. – Weitere W.: Die Legenden (Hrsg. P. Gereke, 1925-27); Kleinere Dichtungen (Hrsg. E. Schröder, 1959 ff.).

Franz Oberthür, * 6. 8. 1745 W., † 30. 8. 1831 ebd., Prof. der Dogmatik. War von 1775-83 Mithrsg. der Zs. »Literatur des katholischen Deutschlands«. – W.: Die Bayern in Franken und die Franken in Bayern (1814); Die Minne- und Meistersänger aus Franken (1818). – Nachlass UB W.

Ignaz Hub (Ps. **Frank von Steinach**), * 1. 2. 1810 W., † 27. 3. 1880 ebd., Hrsg. von Musenalmanachen (»Rheinisches Odeon«, ab 1836).

Hermann Conradi (→ Bitterfeld/Jeßnitz/ST), Mitarbeiter an M. G. Conrads (→ Ochsenfurt/Gnodstadt/BY) Zs. »Gesellschaft«. 1889 erschien sein (z. T. aut.) Roman »Adam Mensch«. Kam im gleichen Jahr nach W., um zu promovieren; starb am 8. 3. 1890. – Ehrengrab auf dem Hauptfriedhof. – Nachlass LB Dessau.

Max Dauthendey, * 25. 7. 1867 W., † 29. 8. 1918 Malang/Java, impressionist. Lyriker, Erzähler, Dramatiker, »Rhapsode des seligen Überflusses« (R. Dehmel). Sechs Jahre im Fotogeschäft des Vaters (Kaiserstraße 9). Seit 1891 freier Schriftsteller.

Wanderleben; auf seiner zweiten Weltreise vom Ausbruch des 1. Weltkriegs überrascht. Starb nach vergebl. Heimkehrversuchen an Malaria, »müde vom Warten, müde vom Heimweh«. – W.: Lusamgärtlein (G. 1909); Die acht Gesichter am Biwasee (Nn. 1911). – Gedenktafel am Aufgang zur Alten Mainbrücke; Gutshof »Neue Welt« (Kindheit und Jugend) Leutfresserweg 32 (Gedenktafel); »Dauthendeyhäuschen« Im Guggelesgraben; Grab (jetzt) auf dem Hauptfriedhof. – Zu W. v. a. in »Josa Gerth« (1893) und »Der Geist meines Vaters« (1912). – Nachlass StA W. – Dauthendey-Gesellschaft e. V. (seit 1934, Plakette seit 62). – 1943 starb in W. D.s Stiefschwester, die Essayistin und Romanautorin **Elisabeth Dauthendey** (geb. 1854 St. Petersburg).

Leonhard Frank, * 4. 9. 1882 W., † 18. 8. 1961 → München/BY, sozialist.-pazifist., zunächst expressionist. Erzähler. Studierte ab 1904 in München Malerei, siedelte 10 nach → Berlin über, ging 15 aus Protest in die Schweiz. 1920 bis zu seiner Ausbürgerung 33 freier Schriftsteller in Berlin. Emigration, 1939/40 in Frankreich mehrfach interniert; 50 aus den USA nach Deutschland zurück. – W.: Ges. Werke (1957-59). – Gedenktafel Zeller Straße, wo bis 1904 das Geburtshaus stand. – Krit. über W. bereits in »Gotik« (E. 1913), dann in den R.en »Die Räuberbande« (1914), »Von drei Millionen Drei« (1932), »Die Jünger Jesu« (1949) sowie in der 1952 erschienenen Aut. »Links, wo das Herz ist«. – Nachlass AdK Berlin. – L.-F.-Gesellschaft (seit 1982).

Arthur Drey (1890-1965 New York), expressionist. Lyriker (»Der unendliche Mensch«, G. 1919) und Dramatiker (»Die Mordweih«, Dr. 1919). – **Max Mohr** (1891-1937 Shanghai), Arzt, Dramatiker (»Der Arbeiter Esau«, Dr. 1924) und Erzähler (»Frau ohne Reue«, R. 1933). – **Felix Fechenbach** (1894-1933, in »Schutzhaft« von den Nazis ermordet). Aufgewachsen im Viertel am Mainkai, hier spielt sein R. »Der Puppenspieler« (postum 1988). – **Hermann Gerstner** (1903-93 Grünwald b. München), Erzähler, Biograph: »Streifzug durch Alt-Würzburg« (E. 1933), »Vaterhaus – adieu« (Aut. 1988).

A Neben Walther hielten sich noch viele Minnesänger in W. auf, so **Reinmar von Zweter** (→ Bruchsal/Zeutern/BW), **Süßkind von Trimberg** (→ Hammelburg/BY), **Otto von Botenlauben** (→ Bad Kissingen/BY), **Hugo von Trimberg** (→ Bamberg/BY) und **Wolfram von Eschenbach**. – **Johann von Würzburg** vollendete in Württemberg seinen mhd. Versroman »Wilhelm von Österreich«. – **Johannes Trithemius** (→ Trier/Trittenheim/RP) war von 1506 bis zu seinem Tod 1516 Abt des Schottenklosters St. Jakob; Epitaph im Neumünster. **Friedrich von Spee** (→ Düsseldorf/NW) begleitete in W. um 1630 über 200 als Hexen zum Tod verurteilte Frauen zum Scheiterhaufen. Auf Grund seiner 1631 veröffentl. Schrift »Cautio Criminalis« wurden in W. und Braunschweig die Hexenprozesse abgeschafft. Im Domchor Statue in der Reihe »Zeugen und Helfer«. – Im Herbst 1800 unternahm der 23-jährige **Heinrich von Kleist** (→ Berlin) als »stud. Math. Klingsted« eine Reise nach W. (Gedenktafel Schmalzmarkt 3; Briefe an Wilhelmine von Zenge).

Universität, unter den Professoren: **F. W. von Schelling** (→ Leonberg/BW) 1803-06, **Friedrich Rückert** (→ Schweinfurt/BY) 1813 Privatdozent, **Felix Dahn** (→ Hamburg) 1865-72. Unter den Studenten: **August von Platen** (→ Ansbach/BY) Büste Ecke Sterngasse), **Ludwig Ganghofer** (→ Kaufbeuren/BY), **Hans Carossa** (→ Bad Tölz/BY), **Ernst Bloch** (→ Ludwigshafen/RP), **Georg Heym** (→ Berlin). Der Religionsphilosoph **Georg Friedrich**

Daumer (→ Nürnberg/BY) wohnte seit seinem Übertritt zum Katholizismus 1858 bis zu seinem Tod 75 in W.; Grab auf dem Hauptfriedhof.
Im Frühjahr 1899 zog **Agnes Sapper** (1852-1929) hierher, die v. a. als Jugendbuchautorin (»Die Familie Pfäffling«, E. 1906) bekannt war; Erinn. »Ein Gruß an die Freunde meiner Bücher« (1922). Grab auf dem Hauptfriedhof. – **Friedrich Schnack** (→ Karlstadt/Rieneck/BY), der als erster den Kulturpreis der Stadt erhielt, besuchte »als möblierter Schüler« die Oberrealschule in W. – Am 7. 4. 1926 starb hier **August Sperl** (→ Fürth/BY); sein letztes Werk: »Der Bildschnitzer von W.«; Grab in Castell/Ufr. – **Winston Churchill**, der 1909 als Gast Wilhelms II. an Manöverübungen in W. teilnahm, berichtet ausführl. darüber in »Thoughts and Adventures« (1943; dt. u. d. T. »Gedanken und Abenteuer«). – Würzburg März 1945: »Wir haben alles verloren, aber wir werden weiterleben«: »Totenklage über eine Stadt« (1948, n. 85) von **Leo Weismantel** (→ Karlstadt/Obersinn/BY; Wohnung Theaterstraße 4).

L Sagen und Balladen u. a. von **Justinus Kerner** (→ Ludwigsburg/BW), **Gustav Schwab** (→ Stuttgart/BW), **Emanuel Geibel** (→ Lübeck/SH), **Theodor Fontane** (→ Berlin). – »Poetische Erdkunde« W.s (H. Krüger) findet sich im »Vorletzten Weltgang von Semilasso« (1853) von **Hermann Fürst v. Pückler-Muskau** (→ Görlitz/SN) und im 3. Buch der »Memorabilien« (1843) von **Karl Immermann** (→ Düsseldorf/NW). – Einige Passagen in **Jean Pauls** (→ Wunsiedel/BY) R. »Titan« (1803-06) spielen in der Irrenabteilung des Juliusspitals; auch für »Die Nachtwachen des Bonaventura« (1804) von **E. A. F. Klingemann** (→ Braunschweig/NI) liefert das Spital Motive. – **Ricarda Huch** (→ Braunschweig/NI) hat in ihrer Essayslg. »Im alten Reich« (1927) auch W. beschrieben; ebenso (1933) **Josef Hofmiller** (→ Sonthofen/Kranzegg/BY). – **Hermann Hesses**

(→ Calw/BW) Reiseskizze »Einst in W.« (1928) enthält bereits Motive, die in der »alten Bischofsstadt« der E. »Narziß und Goldmund« (1930) eine Rolle spielen. – **Friedrich Deml** (1901-94): »Die fränkische Fuge« (1937), »Kleist in W.« (1962); zum selben Thema auch »Gewitter am Morgen« von **Godehard Schramm** (in »Nachts durch die Biscaya«, 1978).
Romanschauplatz W.: **Karl Gutzkow** (→ Berlin), »Der Zauberer von Rom« (1859-61), »Hohenschwangau« (1867-69); **Felix Dahn**, »Weltuntergang« (1898); **Jakob Wassermann** (→ Fürth/BY), »Der Mann von 40 Jahren« (1913), »Der Aufruhr um den Junker Ernst« (1926); **Eugen Ortner** (→ Traunstein/BY), »Balthasar Neumann« (1937); **Leo Weismantel**, »Till Riemenschneider« (1936), »Der bunte Rock der Welt« (Grünewald-R. 1941). – **Anton Dörfler** (1890-1981; Jugend ab 1900 in W.), »Die ewige Brücke« (R. 1937), »Die schöne Würzburgerin« (R. 1941). – **Jehuda Amichai** (1924 W.-2000 Jerusalem), »Nicht von jetzt, nicht von hier« (hebräisch 1963, dt. 98). – **Robert Walser**, der seinen Freund **Max Dauthendey** in W. besuchte, schildert im 1918 veröffentl. Bericht »Poetenleben« die ehem. Fürstbischöfl. Residenz: »Königlich wußten die Könige und Fürsten schon von außen zu wirken, und wer dann seinen Fuß noch in die innere sinnverwirrende Pracht setzte, der mußte . . . augenblicklich bekennen, daß er . . . nur ein armer, schwacher, nichtbedeutender in Demut und Gehorsam verharrender Untertan sei . . .«; ». . . noch hängt ein Hauch von Heidentum in allen Gassen«, heißt es in den »Hundert Sonetten eines Zeitlosen« von **Karl Willy Straub** (→ Freiburg i. B./BW); in **Karl Immermanns** »Münchhausen«, der nach seiner fränk. Reise entstanden war: »Ja, es läßt sich schon leben im Juliusspital.« Wie nicht minder in den Trinkstuben der Hofkellerei, des Bürgerspitals oder beim »Maulaffen-« oder »Johanniterbäck« (Bäckereien mit Café und Weinstube), »wobei es in bayerischem Bier und fränkischem Wein lustig hergeht«, wie schon **Richard Wagner** (→ Bayreuth/BY), 1835 Korrepetitor am Stadttheater, berichtet (Gedenktafel Kapuzinerstraße 7).
S Universitätsbibliothek: rd. 3 330 000 Bde.,

2250 Hss., rd. 3000 Inkunabeln. – **Verband
fränk.** Schriftsteller (seit 1962); **Kulturwerk
Schlesien** (seit 1966) verleiht **Gerhart-Haupt-
mann-Plakette.** – **Kulturpreis der Stadt W.**
(seit 1965), **Kulturförderpreis** (seit 1982); seit
2005 **Preis für junge Kultur** (Jugendkulturför-
derpreis). – Paul-Ernst-Gesellschaft e. V.

R »Fünfhundert Jahr ist keine Zeit«: Eine
Tafel auf dem linksmainischen Schotten-
anger erinnert an das bittere Ende der
»Niklashäuser Fahrt« 1476, den Feuertod
des »Pfeiferhans« von N. (→ Tauberbi-
schofsheim/BW): Anonym. Spruchgedicht
(Druck 1490), Theaterstück von **Hans
Dieter Schmidt** 1976. – »Freu dich du lö-
blichs Franckenland, / Gott segnet dich
mit reicher Handt, / Hat dir ein frommen
Fürsten geben / Und ihm gefrist so lang
sein Leben . . .« **Josef Dünninger** gibt in
»Erlebtes Bayern« (1978) eine reizvolle
Reiseanleitung auf den Spuren von »Julius
Echter im Bild fränkischer Städte und
Dörfer«: Literatur am Bau sozusagen,
von **Würzburg** u. a., nach einem Schlen-
ker über **Mespelbrunn** im Spessart, nach
Veitshöchheim, **Sulzfeld**, **Iphofen** bis zur
Wallfahrtskirche Maria im Sand vor **Det-
telbach** am Main. – Was die Reisezeit anbe-
langt, so halte man sich an **Anton Schnacks**
(→ Karlstadt/Rieneck) »Mainfränkisches
Kalendarium« (1956), in dem er befindet,
dass es von Januar bis Dezember überall
»in Mainfranken ganz besonders schön«
ist.

B B. Rottenbach, Geliebte Stadt am Main.
Acht Jahrhunderte preisen Würzburg, 1977;
Doris und Dieter Schiller, Literaturreisen
Der Main, 1994; St. Janson, Würzburg. Litera-
rische Reisewege, 1999; Th. Kraft u. K. Gasse-
leder, Franken, 2008.
Z Kitzingen, Ochsenfurt (BY); Tauberbi-
schofsheim (BW).

ZEITZ/ST

Museum Schloss Moritzburg mit Schlosskir-
che (ehem. Dom). – Theater Zeitz.

Julius von Pflug, * 1499 → Meißen/SN,
† 3. 9. 1564 Z., Bischof von Naumburg-Z.
und Humanist. Als Gegner der Reforma-
tion immer wieder in Z., wo er Bischof
war. Grabmal im Dom. – Pf. besaß eine
900 Bde. umfassende Bibliothek, aus der
nach seinem Tod die Stiftsbibliothek Z.
hervorging.
Pf. war mit **Georgius Agricola** (→ Glau-
chau/SN) befreundet. Als dieser 1555 in
Chemnitz starb, wollte man den Katholi-
ken dort nicht beerdigen. Deshalb Grable-
gung im Z.er Dom. Anstelle der Grabstät-
te Gedenktafel mit Bildnis (1934).
Johann Avenarius (eig. J. Habermann),
* 10. 3. 1516 Eger/Böhmen, † 5. 12. 1590
Z., Theologe. 1576 bis zu seinem Tod
Stiftssuperintendent in Z. Berühmt sein
vielfach übersetztes »Christliches Gebeth
für allerley Noth und Stände der Christen-
heit« (1567).
Veit Ludwig von Seckendorff (→ Alten-
burg/Meuselwitz/TH) war 1664-81 Kanz-
ler Moritz' von Sachsen-Z. Auf die am Z.er
Hof gemachten Erfahrungen beziehen sich
seine kulturkrit. »Teutschen Reden« (1686).
S. berief **Christoph Cellarius** (→ Halle/
ST) 76 zum Rektor der Stiftsschule.
Alfred Otto Schwede, * 16. 4. 1915 Hayns-
burg bei Z., † 7. 8. 1987 → Oranienburg/
BB, Erzähler und Jugendbuchautor, Über-
setzer aus dem Schwed. Pfarrer in versch.
Dörfern. Nach dem 2. Weltkrieg auch in
seinem Geburtsort. Seit 1961 freier Autor.
– W.: Karelische Legende (1968); Der
Swimmingpool (1971); Heimlicher Weg
über die Grenzen (1985).
Joachim Knappe, * 16. 5. 1929 Z., † 3. 11.
1994 Schleusingen (→ Hildburghausen/
TH), Romanautor. Kam über das Leipzi-

ger Literaturinstitut zum Schreiben. – W.: Die Birke da oben (1970); Abschied von Maria (1980).

A **Nikolaus von Amsdorf** (→ Torgau/SN) stellte sich am 20. 1. 1542 in Z. an der Seite von **Martin Luther** (→ Eisleben/ST) und **Philipp Melanchthon** (→ Bretten/BW) als Bischof vor. Als Luther anderentags in der Franziskanerkirche in der Brüderstraße predigte, sollen die Menschen Leitern angelegt haben, um den großen Mann durch die Fenster sehen zu können. – In Z. lebten im 16./17. Jh. mehr Nachfahren **Luthers** als anderswo. 1576 wurde L.s Sohn Paul dort Domherr, 87 der Enkel Johann Ernst (Grabstein im Kreuzgang des Domes). – **Johann Sebastian Mitternacht** (→ Sömmerda/Hardisleben/TH) war 1666 bis zu seinem Tod 79 Oberhofprediger in Z., wo sein zeitkrit. und gegen den höf. Geschmack gerichtetes Schuldrama »Politica dramatica« (1667) entstand. – 1795 kam **August Schumann** (→ Gera/Ronneburg/TH) nach Z. und lernte hier Johanna Schnabel, eine Großnichte G. E. Lessings (→ Kamenz/SN), kennen, die er im selben Jahr im nahen **Geußnitz** heiratete. Sie ist die Mutter von R. Schumann (→ Zwickau/SN). – In Z. wurde 1903 der Erzähler **Ernst Kreuder** (→ Darmstadt/HE) geboren.

R Im nördl. von Z. gelegenen **Deuben** gründete **Edith Bergner** (→ Weißenfels/ST) 1958 den ersten »Zirkel schreibender Arbeiter« der DDR und gab 61-66 die »Deubener Blätter« heraus.

L Am 18. 8. 1976 verbrannte sich vor der Michaeliskirche der Pfarrer Oskar Brüsewitz (1929-76), dazu **Freya Klier**, »O. B. Leben und Werk eines mutigen DDR-Pfarrers« (2004).

Osterfeld

Ernst Ortlepp (Ps. **Omikron, Johannes Paulus**), * 1. 8. 1800 Droyßig bei O., † 14. 6. 1864 Schulpforta (→ Naumburg/ST), Romancier, als Lyriker (»Polenlieder«, 1831) in der Nähe des »Jungen Deutschland«. Musste 1836 aus polit. Gründen Leipzig verlassen und wurde Redakteur in Stuttgart, 56 in Halle. Dann unstetes Leben. – W.: Briefe eines Unglücklichen (R. 1833); Belustigungen und Reisen eines Todten (R. 1834); Ges. Werke (3 Bde., 1845). – E.-O.-Gesellschaft in Zeitz.

B R. Drößler, Zeitz. Stätte der Reformation, 1995.
Z Naumburg, Weißenfels (ST); Leipzig (SN); Altenburg, Eisenberg, Gera (TH).

ZERBST/ST

Museum im Kavaliershaus.

Mechthild von Magdeburg, * um 1207 Gegend von Z., † um 1282 Helfta (→ Eisleben/ST), Mystikerin. Hatte im 12. Lebensjahr ihre erste Vision. »Um der Liebe Gottes willen« Begine in → Magdeburg/ST. – W.: Das fließende Licht der Gottheit, gilt als Hauptwerk der dt. Frauenmystik.

Zerbster Fronleichnamsspiel, geistl. Spiel, von dem Aufführungen 1504-22 bezeugt sind. Ursprünge aber älter, wichtige Quelle zu den Frühformen des Theaters.

Johann Ernst Stutz, * Februar 1733 Z., † 28. 10. 1795 Bone bei Z., Sprachforscher. Prediger. Beteiligte sich an den Bemühungen der Aufklärer um die Durchsetzung der Hochsprache im Alltag (»Deutsche Sprachlehre«, 1790) und vollendete K. Ph. Moritz' (→ Hameln) »Grammatisches Wörterbuch« (2. Bd. 1794, Ndr. 1970).

Zerbst: Die restaurierten Kavaliershäuser erinnern an die einstige Pracht der weitgehend im Krieg zerstörten Residenzstadt.

Johann Adolf Schlegel (→ Meißen/SN), 1754-59 Hauptpfarrer an der Trinitatiskirche und Prof. am Akadem. Gymnasium. Unterhielt Kontakte zum Dichterkreis um Ch. F. Gellert (→ Mittweida/Hainichen/SN) und G. W. Rabener (→Leipzig/Wachau/SN). In Z. entstanden große Teile seiner »Fabeln und Erzählungen« (1766) und der »Geistlichen Gesänge« (1766-72). – Wohnung: Rennstraße 4 (1945 zerstört). **Manfred Bieler**, * 3. 7. 1934 Z., † 23. 4. 2002 → München/BY, Erzähler, Hör- und Fernsehspielautor. Nach Schulbesuch in Dessau Germanistik-Studium. Fiel 1957 polit. in Ungnade. Der Roman (und dessen Verfilmung durch die DEFA) »Maria Morzeck oder das Kaninchen bin ich« (1969), DDR-Alltag aus der Perspektive einer Kellnerin, wurden verboten. B. lebte seit 65 in Prag, seit 68 in München, wo er vorübergehend zu westdt. Themen fand. – Weitere W.: Der Mädchenkrieg (R. 1975); Der Kanal (R. 1978).

A Z. war 1516/17 Wirkungsort von **Johann Tetzel** (→ Pirna/SN). In seiner Schrift »Wider Hans Worst« nimmt **Martin Luther** (→Eisleben/ST) darauf Bezug. 1522 hielt L. sich in Z. auf und predigte dort mehrmals. Die Wirkung war so groß, dass der Stiftsdekan von St. Batholomäi von einer »Unglücksstunde für Zerbst«

sprach. Wohnung vermutl. Augustiner-Kloster (nur in Teilen erhalten), Am Plan 4. Auf Anregung L.s wurde 1526 im ehem. Franziskanerkloster (deshalb Francisceum) ein Gymnasium gegründet, dessen Schulordnung **Philipp Melanchthon** (→ Bretten/BW) ausarbeitete. – Aus der Schule ging 1582 unter dem Rektorat von **Gregorius Bersmanus** (→ Annaberg-Buchholz/SN) ein Akadem. Gymnasium hervor, an dem die Theologen und Juristen für ganz Anhalt ausgebildet wurden. Schüler 1590-96 **Tobias Hübner** (→ Dessau/ST). Dazu gab es eine Druckerei für Schulschriften, Disputationen, Reden. 1798 schloss die Schule, die Bibliothek blieb erhalten: Pergament-Hss., Inkunabeln und Drucke aus der Reformationszeit; 800 Leichpredigten (»Die Francisceumsbibliothek in Z.«, Börsenblatt 64/1997). Ausstellung mit Wiegendrucken und Bibeln in der Klosterkirche. **Paul Fleming** (→ Zwickau/Hartenstein/SN) und **Adam Olearius** (→ Aschersleben/ST) trafen sich 1633 in Z., um gemeinsam nach Russland und Persien zu reisen. – **Caroline Neuber** (→ Reichenbach/SN) beendete 1751 in Z. ihre Theaterkarriere, während der spätere Theaterprinzipal **Karl Theophil Döbbelin** (1727-93) zur selben Zeit debütierte. – **Friedrich Wilhelm von Schütz** (→ Freiberg/Flöha/SN) lebte von 1819 bis zu seinem Tod 34 in Z. und verfasste dort seine »Freien Bekenntnisse eines Veteranen der Maurerei« (1824). – Aus Z. stammt die vornehmlich in Berlin lebende Erzählerin (»Schwere Ketten«, 1884) und Vorkämpferin der organisierten Frauenbewegung **Jenny Hirsch** (1829-1902). – Der spätere Berliner Philosoph **Wolfgang Heise** (1925-87) wurde als Halbjude 1943-45 in einem Arbeitslager der NS-Organisation Todt in der Nähe von Z. festgehalten.

L Balthasar Kindermann (→ Zittau/SN) verfasste einen »Lob-Gesang des Zerbster Biers« (1658). – **Johann Christoph Becmann** (→ Frankfurt a. d. O./BB), 1641 in Z. geboren, schrieb im Auftrag Johann Georgs von Anhalt-Z. eine »Historie des Fürstentums Anhalt« (2 Bde., 1710). – Aus dem 19. Jh. stammt das früher vielgesungene Lied von der »Zerbster Pferdebahn«: »In Zerbst, da ist's gemütlich, da gibt's ne Pferdebahn, det eene Pferd, det zieht nich, det andre, det ist lahm.« – **Karl Emil Franzos** (→ Berlin) wollte 1901 via Frankfurt a. M. in die Schweiz reisen, entschied sich aber auf dem Umsteigebahnhof **Güterglück** für eine Fahrt ins nahe Z., das er in dem Ess. »Von einer verschollenen Fürstenstadt« (in »Aus Anhalt und Thüringen«, 1903) krit. porträtierte. – **M. Bielers** Roman »Der Bär« (1983) trägt aut. Züge und verfolgt über zwei Generationen den schmerzhaften Anpassungsprozess einer Familie in Z. an die Verhältnisse in der DDR. **E** **Die Zerbster Kaiserin**. Katharina II., geb. Sophie Friederike Auguste von Anhalt-Zerbst (1729-96), Tochter des Fürsten Christian August und Gemahlin Zar Peters III. von Russland, übernahm nach dessen Ermordung 1762 die Regierung. Voltaire sah in ihr ob ihrer Kunstförderung eine »Semiramis des Nordens«, K. E. Franzos »die genialste Fürstin und das verderbteste Weib ihrer, vielleicht aller Zeiten«. Als erste Zarin hinterließ sie »Memoiren« (1859), »Rückerinnerungen zum Zwecke der Rechtfertigung« (A. Graßhoff 1988). – In der von E. Boehme übersetzten Ausg. der »Memoiren« (n. 1996) zwei Essays von H. Fleischhacker mit Verweisen auch auf lit. Zeugnisse (z. B. A. Puschkins Novelle »Die Hauptmannstochter«). – Erinnerungen im Museum; seit 1992 Förderverein »Katharina II.«. **Z** Burg, Dessau, Köthen, Schönebeck, Wittenberg (ST); Belzig (BB).

ZITTAU/SN

Hochschule Z.-Görlitz, Internationales Hochschulinstitut/Study for Europe. – Kulturhistorisches Museum mit Klosterhof, Museum Kirche zum Heiligen Kreuz (»Großes Zittauer Fastentuch« von 1472). – Gerhart-Hauptmann-Theater (Schauspiel Z.) – Aus Z. stammen die Komponisten Melchior Franck (um 1580-1639) und Heinrich Marschner (1795-1861).

Christian Weise (Ps. **Siegmund Gleichviel, Catharinus Civilis**), * 30. 4. 1642 Z., † 21. 10. 1708 ebd., bedeutendster barocker Schuldramatiker, auch Epiker und Lyriker, Gelehrter und Pädagoge. Z.er Gymnasium. Studium in → Leipzig/SN und Prof. in → Weißenfels/ST. 1678 bis zu seinem Tod Rektor in Z. und Leiter der seit 1564 bestehenden Ratsbibliothek. In W.s »Trauer-Spiel von dem Neapolitanischen Haupt-Rebellen Masaniello« (1683) erblickte G. E. Lessing (→ Kamenz/SN) einen »Funken von Shakespearschem Genie« (1773). – Wohnung: Altes Gymnasium Johannisplatz 2, dann Dornspachhaus Bautzner Straße 1, Denkmal (1987), Grüner Ring. – Nachlass: Ch.-W.-Bibliothek. Zu W.s Schülern: **Johann Kuhnau** (→ Dippoldiswalde/Geising/SN) und **Christian Peschek** (1667-1728), dessen Lehrbücher (»Arithmetischer Löseschlüssel«, 1718) die Rechenwerke von A. Ries (→ Annaberg-Buchholz/SN) ablösten. Einer von W.s Nachfolgern am Gymnasium: **Polycarp Müller** (→ Stollberg/SN). **Karl Friedrich Kretschmann**, * 4. 12. 1738 Z., † 19. 1. 1809 ebd., Lyriker, Lustspielautor und Erzähler. Wurde bekannt mit dem »Gesang Ringulphs des Barden« (1769), mit dem K. vermeintl. german. Heldendichtungen nachahmte. – Sämmtliche Werke (7 Bde., 1784-1805). **Johann Benjamin Michaelis**, * 31. 12. 1746 Z., † 30. 9. 1772 → Halberstadt/ST, Lyriker, Fabel- und Singspieldichter. Seinen Platz in der Lit.-Gesch. verdankt M. seinen Singspielen (»Je natürlicher, je besser«, 1768).

Moritz Haupt, * 27. 7. 1808 Z., → 5. 2. 1874 Berlin, Mitbegründer der Germanistik. Mit H. Hoffmann von Fallersleben (→ Wolfsburg/NI) Hrsg. der »Altdeutschen Blätter« (1835-40, Ndr. 1978). 1841 Gründer der »Zs. für deutsches Altertum«. Hrsg. zahlreicher ma. Dichtungen. Besuchte zus. mit **Hermann Lotze** (→ Bautzen/SN) das Z.er Gymnasium.

Lisa Tetzner, * 10. 11. 1894 Z., † 2. 7. 1963 Corona/Schweiz, »die wohl beste Märchenerzählerin Deutschlands« (H. Hesse) und Kinderbuchautorin. Verheiratet mit K. Kläber (→ Jena/TH). – W.: Vom Märchenerzählen im Volke (1919); Die schönsten Märchen der Welt für 365 und 1 Tag (2 Bde., 1926/27), Erlebnisse und Abenteuer der Kinder aus Nr. 67 (9 Bde., 1933-47). – Geburtshaus: Reichenberger Straße 4/Ecke Rathausplatz.

Ernst Schnabel, * 26. 9. 1913 Z., † 25. 1. 1986 Berlin, Erzähler und Rundfunkautor. Fuhr zur See, wovon Sch.s Romane (»Die Reise nach Savannah«, 1939) handeln. Nach dem Krieg Intendant des NWDR in Hamburg. Erfolgreich sein Bericht »Anne Frank, Spur eines Kindes« (1958).

Klaus Günzel, * 30. 1. 1936 Pethau (heute Z.), † 3. 5. 2005 Z., Kulturhistoriker. Verf. von Biographien und Essays vor allem zur Romantik (H. von Kleist, E. T. A. Hoffmann, L. Tieck). 1957-84 Bibliothekar an der Ch.-W.-Bibliothek. – W.: Romantikerschicksale. Eine Porträtgalerie (1987), Die Brentanos. Eine deutsche Familiengeschichte (1993), Der Wiener Kongress (1995), Der König und die Kaiserin. Friedrich II. und Maria Theresia (2005). – Nachlass: Christian-Weise-Bibliothek.

A Mit Z. in Verbindung stand **Petrus de Zitavia** (um 1275-1339), Mit-Verf. des »Chronicon Aulae regiae«, eine Gesch. Böhmens, dessen König Ottokar II. seit 1255 Z. seinen Schutz gewährte. – Der Stadtschreiber **Johann von Guben** begann 1367 »Annalen« zu verfassen, die von seinen Nachfolgern bis 1531 fortgeführt wurden und u. a. über die Rolle Z.s im oberlausitzischen Sechsstädtebund berichten. – Auf Empfehlung Ph. Melanchthons (→ Bretten/BW) wurde der Schweizer Humanist **Konrad Nesen** (1495-1560) 1533 Stadtsyndikus in Z., später Bürgermeister. Hatte entscheidenden Anteil an der Einführung der Reformation in Z. – Unter dem Rektorat von **Christian Keimann** (1607-62) entwickelte sich das Z.er Gymnasium zum geistigen Zentrum der Region. K. ließ Schulkomödien aufführen, an denen sein Schüler **Ch. Weise** mitwirkte. Verf. der Lieder »Freuet euch, ihr Christen alle« (1645) und »Meinen Jesum laß ich nicht« (1656). – Aus dem Z.er Gymnasium ging der Poetiker **Balthasar Kindermann** (1636-1706) hervor, dessen Lehrbücher »Der deutsche Redner« (1660) und »Der deutsche Poet« (1664) weite Verbreitung fanden. – **Christian August Peschek** (1760-1833), 1784-1828 Arzt und Stadtphysikus in Z., erregte Aufmerksamkeit mit dem »Dichterischen Kriegsgemälde« (1782). Nachlass: Christian-Weise-Bibliothek. – Z. ist die Geburtsstadt der Mutter von **Karl Valentin** (→ München/BY), der selbst 1906/07 einige Zeit in Z. lebte. – Z.er auch der Erzähler (»Die Uhr steht auf Fünf«, R. 1979) **Hartmut Zenker** (1922-91).

S Christian-Weise-Bibliothek im Salzhaus, 50 000 Bde. Altbestand., darunter ma. Messbücher und Inkunabeln, Christian-Weise-Slg. (300 Bde.); Bibliotheksjournal (1998-2003, 30 Hefte). U. Kahl, »Kleine Geschichte der Zittauer Bibliothek« (2004).

R In **Mittelherwigsdorf** lebte **Ernst Adolf Willkomm** (1810-86), in dessen Romanen (»Eisen, Gold und Geist«, 1843) erstmals Arbeiter realistisch dargestellt werden. Geboren im Pfarrhaus, auf dem Dorffriedhof W.s Grab. – Im wildromant. Talkessel des Zittauer Gebirges der Kurort **Oybin**. Auf dem gleichnamigen Berg eine 1577 zerstörte Burganlage, auf der sich der Sage nach zu Allerheiligen die »Heimchen« versammeln. Orgelklang ist dann bis ins Tal zu hören. Gegenüber auf dem Hochwald kommen vor großen Feiertagen die Bergmännlein zusammen. Dieser Sagenreichtum trug dazu bei, dass seit der Romantik Künstler hierher kamen. Hingewiesen hat darauf zuerst **Ch. A. Peschek** mit den Büchern »Der Oybin bei Zittau« (1792) und »Sagen und Abenteuer vom Raubschloss und Kloster Oybin« (1801). **Carl Gustav Carus** (→ Dresden/SN) malte 1828 den O.er Friedhof und erfasste damit die Poesie des auch von **Ludwig Richter** (→ Dresden/SN) und Caspar David Friedrich porträtierten Ortes. Der Heimatforscher **Alfred Moschkau** (1848-1912), Verf. einer »Oybin-Chronik« (1885) und Gründer des Museums, setzte auch die Legende von »Goethe und Karl August auf dem Oybin« (1878) in die Welt. Gedenktafel am Eingang der Ritterschlucht. In der hier gesprochenen ostlausitzischen Mundart veröffentlichte der O.er **Hermann Schurf** (1863-1928) »Schnaakn aus'n Mütznzippl« (1927-29). **Franz Kafka** (→ Berlin) hat den Oybin 1911 bestiegen, doch fielen ihm dort nur (Ansichtskarte an M. Brod) »200 verdrießliche Gäste« auf. – Unmittelbar an der tschech. Grenze **Lückendorf**, wo **Ludwig Renn** (→ Dresden/SN) seit 1948 die Sommer verbrachte. Wohnung: Oberaue 4. – Nordwestl. davon **Jonsdorf** mit seiner Waldbühne. Geburtsort von **Christian Adolph Peschek** (1787-1859), als erster legte er eine »Geschichte der Poesie in der Lausitz« (1836) vor. Denkmal (1869) vor der Klosterkirche Oybin; Nachlass Christian-Weise-Bibliothek Zittau. – In Nachbarschaft **Großschönau**. Geburtsort des Pfarrers **Johannes Brussig** (1885-1938), Verf. der heiteren Pastorengeschichte »Was mir die Heimat gab« (1927) und von »Grenzlandfahrten« (1931).

Herrnhut

Archiv der Ev. Brüder-Unität. – Heimatmuseum, Völkerkundemuseum (Ethnographische Slg.). – H. entstand als Exulantensiedlung seit 1722 auf Zinzendorfschem Besitz und wurde Stammort der gesamten Ev. Brüderkirche. Diese ist alljährl. Hrsg. der »Losungen«, des bekanntesten christl. Andachtsbuches, das in 46 Sprachen übersetzt wird.

Nikolaus Ludwig Graf von Zinzendorf und Pottendorf, * 26. 5. 1700 Dresden, † 9. 5. 1760 H., Erbauungsschriftsteller und Liederdichter. Gründer der H.er Brüdergemeine. Hinterließ 2000 pietist. geprägte

Herrnhut: Das Zinzendorf-Denkmal

geistl. Texte, die z. T. bis heute wirken, darunter das zu Konfirmationen gesungene Lied »Jesu, geh voran« (1721). Geprägt von A. H. Francke (→ Halle/ST), kam Z. als Missionar bis in die Karibik und nach Nordamerika. Seinen Gegnern war Z. ein »geistlicher Don Quichote«, seinen Anhängern ein »wahrer Gottesfürst«. Z.s Wirkung ist kaum zu überschätzen. – W.: Hrsg. E. Beyreuther und G. Meyer, Hauptschriften, 6 Bde., 1962/63, 14 Erg.-Bde., 1964-72). – Wohnung: Herrschaftshaus/an dessen Stelle das 1781 erbaute Schloss, Förderungszentrum J. A. Comenius); Z.-Büste (1902) am Diasporahaus, Zittauer Straße 16; auf dem Gottesacker am Hutberg Gräber von Z. und seiner Ehefrau **Erdmuth Dorothea Gräfin von Zinzendorf** (→ Schleiz/Ebersdorf/TH), die in den Jahren der Abwesenheit (Missionsreisen und Verbannung) ihres Mannes die Gemeine leitete.

A **Johann Christian Edelmann** (→ Weißenfels/ST) engagierte sich 1731/32 in der Brüdergemeine, kritisierte aber die »bordellmäßige Zusammenkupplung« (»Selbstbiographie«) der künftigen Ehepartner und musste auf Zinzendorfs Geheiß gehen. – Prediger in H. waren **Johann Andreas Rothe** (→ Görlitz/SN/1722-37), der das erste Liederbuch der Gemeine entwickelte, und **Christian Georg Andreas Oldendorp** (→ Schleiz/Ebersdorf/TH/ 1746-48). – **August Gottlieb Spangenberg** (1704-92), Organisator der H.er Missionstätigkeit, wurde 1744 Bischof und schließlich Z.s Nachfolger, gab die H.er Gesangbücher heraus. – Begabtester Lyriker (»Geistliche Lieder für Mitglieder und Freunde der Brüdergemeine«, 1821) unter den »Herrnhutern« war **Johann Baptist von Albertini** (1769-1831). Der als »Apostel der Geniezeit« und »Literaturzertrümmerer« bekannt gewordene Schweizer **Christoph Kaufmann** (1753-95) kam 1786

als gebrochener Mann nach H. und starb im nahen Berthelsdorf. – **Friedrich Ernst Daniel Schleiermacher** (→ Berlin) stellte sich 1785 der Ältestenkonferenz vor, um am theolog. Seminar in Barby (→ Schönebeck/ST) studieren zu können. Die Kandidaten wanderten gemeinsam von H. über Zittau zum Oybin.

L **Theodor Fontane** (→ Neuruppin/BB), dessen Ehefrau eine herrnhutische Stiefmutter hatte, lässt die Gräfin Holk in »Unwiederbringlich« sagen: »Immer Erziehungsfragen, immer Missionsberichte von Grönland oder Ceylon her, immer Harmonium, ... Es ist nicht auszuhalten.«

R Östl. von H. **Berthelsdorf** mit dem Schloss, **Zinzendorfs** »Bethel« und anfangs Wohnsitz der Fam. – Nicht weit davon **Bernstadt**, Geburtsort von **Ludwig Meidner** (→ Darmstadt/HE). – Südöstl von H. **Großhennersdorf** mit seinem Rittergut im Besitz von Henriette Sophie von Gersdorff. Durch ihre engen Kontakte zu A. H. Francke und Ph. J. Spener (→ Berlin) hielt der Pietismus schon früh Einzug in die Oberlausitz. – Im Neißetal **Ostritz** mit der Zisterzienserabtei Klosterstift St. Marienthal. In der Michaeliskapelle Gruft der Sängerinnen **Nina** und **Henriette Sontag** (1811-79, 1806-54), die 1846 in das Kloster eingetreten war. Über sie: **Ludwig Rellstab** (→ Berlin) in der Satire »Henriette oder Die schöne Sängerin« (1826), **Julius Gundling** im Roman »Henriette Sontag. Künstlerlebens Anfänge« (1861) und **Otto Eduard Schmidt** (→ Reichenbach/ SN) im 2. Bd. der »Kursächsischen Streifzüge«.

Löbau

Oberlausitzer Sechsstädtebund- und Handwerksmuseum/Stadtmuseum.

Karl Benjamin Preusker, * 22. 9. 1786 L., † 15. 4. 1871 → Großenhain/SN, Begründer der sächs. Altertumskunde. Aut. »Lebensbild eines Volksbildungsfreundes« (1872).
Ludwig Ettmüller, * 5. 10. 1802 Neugersdorf bei L., † 15. 4. 1877 Unterstraß bei Zürich, Mitbegründer der Germanistik. Seit 1833 Prof. in Zürich. Übersetzer zahlreicher ma. Werke. Unterstützte R. Wagner (→ Bayreuth/BY) bei den Quellenstudien zum »Ring der Nibelungen«.
R Aus **Breitendorf** stammt der sorb. Aufklärer und Volkskundler (»Gedancken eines Ober-Lausitzer Wenden«, 1782) **Jan Hórcanski** (1722-99). Westl. von L. **Lawalde,** wo der Mundartdichter **Gustav Bayn** (1895-1974) lebte. Wohnung: Rosenstraße 6 (Gedenktafel), Grab auf dem Friedhof. – Südl. davon **Oppach,** auf dessen Gut 1789 bis zu seinem Tod 1836 **Gottlob Adolf Ernst von Nostitz und Jänckendorf** (→ Niesky/SN) lebte und sein sozialpolit. Reformwerk (»Versuch über die Armenversorgungsanstalten in Dörfern«, 1801) umsetzte. Grab auf dem Friedhof. – An der tschech. Grenze die Exulantensiedlung **Neusalza** (N.-Spremberg). Seit 1674 war dort der slowak. Dichter **Stepan Pilárik** (gest. 1693) Prediger, sein aut. Bericht über seine türk. Gefangenschaft (»Sors Pilarikiana«) erschien 1666. Bildnis im Turmaufgang der Kirche. – Aus **Neugersdorf** stammt der später in Dresden lebende Mundartdichter (»Äbrlausitzer Loft«, 1919) **Rudolf Gärtner** (1875-1952). Geburtshaus: Ortsteil Altgersdorf, Breitscheidstraße 4.

Z Bautzen, Görlitz (SN). Jenseits der Grenze in Tschechien: Liberec/Reichenberg (F. Fühmann), Varnsdorf/Warnsdorf (P. Weiss).

ZWEIBRÜCKEN/RP

»Wir warfen einen Blick auf das große, einfache Schloß, auf die weitläufigen, regelmäßig mit Lindenstämmen bepflanzten ... Esplanaden, auf die großen Ställe, auf die Bürgerhäuser ... All dieses, so wie Kleidung und Betragen der Einwohner, besonders der Frauen und Mädchen, deutet auf ein Verhältnis in die Ferne und macht den Bezug auf Paris anschaulich.« (Johann Wolfgang von Goethe, 1770)
Heimatmuseum.

Ludwig Philipp Hahn, * 22. 3. 1746 → Trippstadt (Kaiserslautern/RP), † 25. 2. 1814 Z., Hainbund-Lyriker, Sturm und Drang-Dramatiker. Geniezeit-Studium in Göttingen. 1780 Rentkammersekretär in Z., daneben Journalist, Buchhändler und Verleger (Rousseau, Montesquieu, Voltaire). – W.: Der Aufruhr in Pisa (»Ugolino«-Dr. 1776); Robert von Hohenecken (Tr. 1778); Wallrad und Evchen oder Die Parforcejagd (Singsp. 1782, Schauplatz der Z.er Hof). – Im »Holzlande« – Trippstädter Erinnerung vielleicht – spielt die Erzählung »Kunigunde« (1786).
Johann Friedrich Hahn, * 28. 12. 1753 Gießen, † 30. 5. 1779 Z., Hainbund-Herold (→ Göttingen/NI), Verfasser der Sendschreiben, radikal-patriot. Schwärmer (»Gedichte und Briefe«, ges. von K. Redlich, 1880). – Das genaue Gegenteil sein Freund **Carl August Wilhelm von Closen** (1756-76), still und schwindsüchtig, Mitautor der Parodie »Frühlingslied eines gnädigen Fräuleins« (1776).
Alfred Schuler, * 22. 11. 1865 Mainz, † 8. 4. 1923 → München/BY. In Z. erzogen, Archäologe und Mythenforscher; »Münchner Kosmiker«; dort bedeutender wechselnder Freundeskreis (St. George, R. M. Rilke, R. Steiner, K. Wolfskehl). – »Fragmente aus dem Nachlass« (Hrsg. L. Klages, 1940). – Mss. DLA Marbach.
Zweibrücker auch: **Georg Christian Crol-**

lius (1728-90), Rektor des Gymnasiums, v. a. Anreger und Hrsg. (mit F. Ch. Exter und J. v. Embser) der »Editiones Bipontinae« (griech. und lat. Autoren, rd. 200 Bde.). – Der Lyriker **Karl Joseph Schuler** (1810-89/»Die Jahreszeiten«, G. 1869), als Richter u. a. in Frankenthal und Bad Bergzabern tätig. Im Verkehr u. a. mit K. Geib (→ Ludwigshafen/Lambsheim/RP), L. Uhland (→ Tübingen/BW) und K. Mayer (→ Sinsheim/Neckarbischofsheim/BW). Poetischer Zwillingsbruder von Schuler war **Friedrich Aulenbach** (→ Landau/Annweiler/RP). Er schrieb zur 300-Jahrfeier des Z.er Gymnasiums einen Rhapsodien-Zyklus (1851). Starb 1882 in Z. – Der Jurist **Georg Wilhelm Molitor** (1819-1880) verfasste unter dem Ps. **Ulrich Riesler** Theaterstücke mit heimatlichem Inhalt und den Roman »Die schöne Zweibrückerin« (1844). 1851 nach Theologiestudium Priesterweihe in → Speyer/RP. – Als Lyriker und satir. Erzähler betätigte sich der Rechtsanwalt **Wilhelm Wittmann** (1881-1910/Grab auf dem Friedhof), dessen »Ges. Schriften« 1928 Jakob W. herausgab.
A **Johann Schwebel**, geb. 1490 in Pforzheim, Z.s Reformator, starb hier am 19. 5. 1540. – Prinzenerzieher seit 1631 und später Präfekt des Oberamtes Meisenheim war der Späthumanist und frühbarocke Dichter **Balthasar Venator** (1594-1664), der zum Dichterkreis um Martin Opitz (→ Heidelberg/BW) gehört hatte. – 1766-74 lebte **Maler Müller** (→ Bad Kreuznach/RP) in Z.; darüber **Eduard Koelwel** (1882-1966), ebenfalls Maler und Schriftsteller, in dem Roman »Der Maler in Flammen« (1939). – 1770 kam **Goethe** (→ Frankfurt a. M./HE) in die Heimat seines Freundes F. Lerse, »hier in der schönen und merkwürdigen Residenz« (Zitat von der Gedenktafel am heute zerstörten Rathaus). Unter den Mitarbeitern von **Philipp Jakob**

Siebenpfeiffer (→ Lahr/BW), dessen Zss. »Rheinbayern« und »Westbote« in Z. herauskamen, und **J. G. A. Wirth** (→ Homburg/SL), der 1832 hier den »Preß- und Vaterlandsverein« mitbegründete, der Ixheimer **Ludwig August Wollenweber** (Ps. **Der Alte vom Berge**/1807-88). W. musste nach dem »Hambacher Fest« (→ Neustadt a. d. W./RP) fliehen, erlebte als Prediger in Reading und Redakteur in Philadelphia »Freuden und Leiden in Amerika« (Sch. 1860) und wurde einer der ersten pennsylvan.-pfälz. Mundartdichter. Ebenfalls in Philadelphia landete **Heinrich Schmolzé** (1823-59) aus Z., Maler und Mitarbeiter der »Fliegenden Blätter« in München, der pol. Lyrik im Stil von A. Grün und G. Herwegh (→ Stuttgart/BW) schrieb und nach der 48er-Revolution außer Landes gehen musste. – 1838 schildert **Friedrich Blaul** (→ Speyer/RP) den Füllenmarkt und die Kirchweihen in den Vororten. – Schüler am Gymnasium 1837-41 **Oskar von Redwitz** (→ Ansbach/Lichtenau/BY). – Um 1900 in Z. als Drucker, Verleger und viel gefragter Stückeschreiber »draußen« der Elsässer **Karl Hermann Reiselt** (Ps. **Hans Oberstädter**/1865-1914): »Der Druckfehlerteufel« (Lsp. 1906); »Margeritentag« (Sch. 1911). Seit 1891 war **Eugen Croissant** (1862-1918) aus Germersheim Leiter des »Pfälzer Merkur« in Z.; er gehörte in München zum Kreis um M. G. Conrad (→ Ochsenfurt/Gnodstadt/BY) und schrieb Erzählungen (»Pfälz. Humoresken«, 1900) und Gedichte (»Das Weib«, 1912), auch in Mundart (»Buschur«, 1899). Die N. »Heimliche Liebe« hat eine Z.er Rokoko-Idylle zum Vorbild, Schauplatz der Schäferfelsen am Nordhang des Buchberges.

L Aut. und Topographisches: **Johann Christian von Mannlich** (1741-1822), »Rokoko und Revolution«, n. 1966); **August von Platen**

(→ Ansbach/BY), 1815 in den »Tagebüchern«; **Karl Geib**, »Reisehandbuch durch alle Teile der Königl. Bayer. Pfalz« (1841); **August Becker** (→ Bad Bergzabern/Klingenmünster/RP), »Die Pfalz und die Pfälzer« (1858); **Fritz Claus** (eig. **Johann Martin Jäger**), 1853 in Martinshöhe geb., Gedenktafel, kath. Stadtpfarrer von Z., »Fröhlich Pfalz, Gott erhalt's!« (2. Aufl. 1901). – Romane und Erzählungen: **Carl Ludwig**, »Die Belagerung von Zweibrücken« (1914); **Lina Staab** (→ Neustadt a. d. Weinstraße/RP), »Trauriges Schäferspiel« (in: »Zwischen den Ufern«, 1930); **Franz Grau** (eig. **Paul Gurk** → Berlin), »Serenissimus« (1940); **W. v. H.** (d. i. **Kurt Becker**), »Zwischen Mars und Venus« (1961). – Mundart: **Liesl Ott** (1900-82) »Die Knoppschachtel« (G. 1958); **Rudolf Wilms** (1908-81) veröffentlichte 1964 die Slg. »Zweibrücker Alphabet«, 1977 »'s Luiche. Ein Z.er Original in Dichtung und Wahrheit« (in der Fußgängerzone am Alexanderplatz hat der Dienstmann Nr. 1 sein Denkmal). – **Erni Deutsch-Einöder** (1917-97), die »viele Autoren auf den Weg gebracht hat«, ist das Z.er Lesebuch, »Der Tag ist unbeschrieben« (1997), gewidmet. Hrsg. **Michael Dillinger** (»Zeilensprung«, Hörspiel 1996) und **Wolfgang Ohler** (»Carlemanns Gold«, 2001).

S Bibliotheca Bipontina (Wiss. Bibliothek am Herzog-Wolfgang-Gymnasium): rd. 26 000 Bde., 88 Hss., 68 Inkunabeln. Unter den Sonderslgg. »Slg. der besten dt. Schriftsteller und Dichter« (88 Bde., 1775-78); »Editiones Bipontinae« (antike Schriftsteller, seit 1779). – **Literar. Verein der Pfalz, Sektion Zweibrücken; Autorengruppe Z.** (seit 1996).

R Im Grenzwinkel **Hornbach**, mit Hotel und Kulturzentrum im z. T. rekonstruierten Bezirk des von Pirminius um 740 gegründeten Klosters (**Nikolaus Lauer**, »Pirminius, der Wanderer Gottes«, 1959). »Pirminus selbst … bewohnet dieses Haus und heiligt den Ort. Verse auf das Grab Pirmins zu schreiben« (Hrabanus Maurus). Der letzte Abt, Johann von Kindhausen, stand bereits auf seiten M. Luthers (→ Eisleben/ST) und beherbergte 1529 Ulrich

Zwingli auf dem Weg zum Marburger Religionsgespräch. 1558 hob Herzog Wolfgang von Pfalz-Zweibrücken das Kloster auf und richtete ein Gymnasium ein, das 1631 nach Zweibrücken verlegt wurde. Bis 1561 war der als Übersetzer des AT bekannte **Immanuel Tremellius** Rektor, der »Poeta laureatus« **Heinrich Fabricius** Lehrer, unter dessen Schülern **Theobald Hock** (→ Homburg/Limbach/SL). 1751 kam der Anakreontiker **Johann Nikolaus Götz** (→ Worms/RP) als Pfarrer nach H. und lebte dort »im kleinen Dorfpalast, den Neid und Laster scheuen, doch Kunst und Tugend nicht«, beinahe wirklich wie Anakreon.

B M. Dillinger/W. Ohler (Hrsg.): Der Tag ist unbeschrieben. Zweibrücker Lesebuch, 1998; D. Grieser, Von Zweibrücken in die Welt, 2002.
Z Blieskastel, Homburg, Saarbrücken (SL); Kaiserslautern, Pirmasens (RP). Jenseits der Grenze in Lothringen: Bitche (Goethe, Th. Fontane).

ZWICKAU/SN

Westsächsische Hochschule. – Stadtarchiv. – Stadtgeschichtliche Slg. am Domhof, Städtische Kunstsammlungen, Robert-Schumann-Haus. – Theater Plauen-Z. im Gewandhaus, Puppentheater und Theater in der Mühle. – Aus Z. stammen der Bildschnitzer Peter Breuer (1472-1541), der Hirnforscher Paul Emil Flechsig (1847-1929), der Maler Max Pechstein (1881-1955), der Chirurg Gerhard Küntscher (1900-72) und der Schauspieler Gert Fröbe (1913-88), in dessen Aut. »Auf ein neues, sagte er …« (1988) das Z. der 20er Jahre beschrieben wird.

Heinrich der alte Schreiber, † 11. 11. 1380 Z., Verf. des »Zwickauer Rechtsbuchs« (1357/58, Hrsg. H. Planitz 1941). Seit 1361 mehrfach Bürgermeister.
Thomas Müntzer (→ Sangerhausen/Stolberg/ST) war 1520/21 Prediger in Z., wo

Zwickau: Die »Priesterhäuser« am Domhof, eines der ältesten Wohnensembles in Dtl. Wohnung von Stephan Roth und Johann Rivius.

seine eigenständige theolog. Auffassung erstmals deutlich wurde, was zu seiner Entlassung führte. – Marienkirche (Ort der Antrittspredigt, Gedenktafel), Katharinenkirche (Pfarrer seit Oktober 20, Gedenktafel), davor Denkmal (1983).

Joachim Greff, * um 1510 Z., † 11. 11. 1552 Roßlau (→ Dessau/ST), Schuldramatiker. Lehrer, zum Schluss Prediger. Schrieb Stücke nach bibl. Vorlagen (»Spil von dem Patriarchen Jacob«, 1534).

Jacob Leupold, * 22. 7. 1674 Planitz (heute Z.), † 12. 1. 1727 Leipzig, Verf. des »Theatrum machinarum generale« (9 Bde., 1724-39, mit 472 Kupfertafeln), das das gesamte Ingenieurwissen der Zeit zusammenfasst. James Watt soll eigens Deutsch gelernt haben, um L.s Buch lesen zu können.

Robert Schumann, * 8. 6. 1810 Z., † 29. 7. 1856 Endenich bei Bonn, Komponist und Musikschriftsteller (»Neue Zs. für Musik«, 1834). Nach Begegnung mit Clara Wieck 1830 in Leipzig Hinwendung zum Komponieren (u. a. »Scenen aus Goethes ›Faust‹«, 1853). – Geburtshaus: Hauptmarkt 5, seit 1956 Museum und Archiv. Über Sch. **K. A. Findeisen,** »Herzen und Masken« (R.-Sch.-R. 1956). – Sch.s Vater

August Schumann (→ Gera/Ronneburg/ TH) war ein bedeutender Verleger, dessen Betrieb 1840 vom Stuttgarter Metzler-Verlag übernommen wurde. Redakteur bei A. Sch. **Karl Ernst Richter** (1795-1863), Hrsg. der Zs. »Die Biene«, die sich zu den führenden Blättern des Vormärz entwickelte.

Hans Soph, * 19. 1. 1869 Platten/böhm. Erzgebirge, † 29. 1. 1954 Z., Mundartdichter. Seit 1902 in Z. »Sänger« des westl. Erzgebirges (»Mei Haamit lässt mich grüßen«, 1886). Ausg.: »Hans-Soph-Buch« (Hrsg. F. Heydel, 1955). – Wohnung: Poetenweg 32 (Gedenktafel).

Hans Dominik, * 15. 11. 1875 Z., † 9. 12. 1945 Berlin, Verf. techn.-utop. Romane. (»Atomgewicht 500«, 1935; »Treibstoff SR«, 1940), die die Science-Fiction-Lit. nach 1945 beeinflussten. Ihr nationalist. Einschlag brachte D. in der NS-Zeit hohe Auflagen. Über die Kindheit in Z. in »Vom Schraubstock zum Schreibtisch« (Aut. 1942).

Balder Olden (auch **Olaf B.**), * 26. 3. 1882 Z., 24. 10. 1949 Montevideo, Erzähler und Essayist. Langer Aufenthalt in Dt.-Ostafrika. Dadurch Erfolg mit krit. Büchern über die Kolonialzeit (»Kilimandscharo«, 1922). Im tschech. Exil schrieb O. einen der ersten Romane über Hitler-Dtl. (»Anbruch der Finsternis. Roman eines Nazi«, 1933). – Geburtshaus: Römerstraße 7.

Kurt Arnold Findeisen, * 15. 10. 1883 Z., † 18. 11. 1963 → Dresden/SN, Verf. hist.-biograph. Romane (darunter über J. S. Bach und R. Schumann), Verf. von Bänkelliedern (»Wendelin Dudelsack. Bittersüße Verse«, 1943). »Der eigentliche Heimatschriftsteller Sachsens« (G. Hermanowski). – W.: Heimwege. Geschichten aus dem Erzgebirge und aus dem Vogtland (1918); Das Goldene Weihnachtsbuch (1929). Über seine Z.er Zeit: »Der Perlenwagen. Bilderbogen einer Kindheit« (Aut. 1962). – Geburtshaus: Parkstraße 3.

Otto Riedel, * 10. 7. 1908 Z., † 24. 10. 1983 ebd., Verf. von hist.-biograph. Romanen (u. a. »Der Baumeister«, 1948, über H. Lotter) und Lyriker (»Im Schatten Gottes«, 1951). Mitbegründer des Pfarrernotbundes und Arbeit für die Bekennende Kirche. Seit 1955 Pfarrer in seiner Heimatstadt.

A Martin Luther (→ Eisleben/SN) widmete seine Schrift »Von der Freiheit eines Christenmenschen« (1520) dem Z.er Bürgermeister Hieronymus Mühlpfort und hielt sich 1522 bei ihm in Z. auf. Wohnung: Mühlpfortsches Haus (Nachfolgebau) Alter Steinweg 5 (Gedenktafel). – Der L.-Schüler **Stephan Roth** (1492-1546) war seit 1528 Z.er Stadtschreiber und hinterließ eine 6000 Bde. umfassende Bibliothek sowie 5000 Gelehrten-Briefe. Beide wurden der Grundstock für die berühmte Z.er Ratsschulbibliothek. – Von den Lehrern der Z.er Lateinschule (Schulbau/1497 am Domhof, seit 48 im benachbarten Kloster Grünhain/nur noch Kapelle/Peter-Breuer-Straße) seien genannt: **Georgius Agricola** (→ Glauchau/SN), **Johann Rivius d. Ä.** (→ Meißen/SN); **Paul Rebhun** (→ Plauen/Oelsnitz/SN), in Z. 1526-29, 1535-38, Wohnung: Domhof 7; **Petrus Plateanus**, 1535-46 Rektor, der unter Mitarbeit von **Philipp Melanchthon** (→ Bretten/BW) 1542 eine neue Schulordnung ausarbeitete. – Z.er war **Wolfgang Ferber d. Ä.** (1586-1657), berühmter Gelegenheits- und Stegreifdichter, als solcher letzter Vertreter der dt. Pritschmeister-Zunft. – **Christian Daum** (1612-87), Hrsg. antiker Klassiker, seit 1642 in Z., war Korrespondenzpartner von G. W. Leibniz (→ Leipzig/SN). Wohnung: Domhof 8. – Von Daums Schüler **Joachim Feller** (1638-91) stammt der Begriff »Pietismus«, den dieser bei der Verteidigung von A. H. Francke (→ Halle/ST) benutzte. **Caroline Neuber** (→ Reichenbach/SN)

verlebte seit 1702 in Z. eine unglückliche Kindheit. Um dieser zu entgehen, schloss sich N. 17 mit ihrem späteren Ehemann Johann Neuber einer Komödiantentruppe an. Wohnung: Oberer Steinweg 56, Innere Schneeberger Straße 26. Büste (1975) im Foyer des Gewandhauses, Hauptmarkt 27, links am Neuberinplatz N.-Denkmal mit der Inschrift: »Ich will sie alle im Theater haben/auch die ihr verabscheut.« – **Karl May** (→ Glauchau/Hohenstein-Ernstthal/SN) verbüßte 1865-68 auf Schloss Osterstein (1775-1962 Strafvollzugsanstalt, heute Ruine) eine Haftstrafe »wegen mehrfachen Betruges«. – **Max Seydewitz** (→ Cottbus/Forst/BB) war 1920/21 Chefredakteur des in Z. erscheinenden »Sächsischen Volksblattes«. – **Walther Victor** (→ Bad Oeynhausen/NW) folgte 1923-31 in der Feuilleton-Redaktion. 1928 veröffentlichte V. erstmals Gedichte von W. Bauer (→ Merseburg/ST). Wohnung: Osterweihstraße 5. – 1927/28 hielt **Ludwig Renn** (→ Dresden/SN) an der Volkshochschule Vorträge und trat in Z. der KPD bei. Wohnung: Sonnenleithe 17 und Damaschkestraße 12.

S Die Bibliotheken des Franziskanerklosters und der Lateinschule bilden den Grundbestand der **Ratsschulbibliothek**, die 1537 bereits öffentl. zugänglich war. Heute 160 000 Bde., darunter 1200 Inkunabeln. Zudem 200 ma. Hss. und viele Gelehrtenbriefwechsel des 16./17. Jh.s. Ihr Leiter war 1896-1928 **Otto Clemen** (1871-1946), Luther- und Melanchthon-Forscher. Hrsg. der »Flugschriften aus den ersten Jahren der Reformation« (4 Bde., 1906-10) und seit 1907 Mit-Hrsg. der Weimarer Luther-Ausgabe. – 500 Jahre Ratsschulbibliothek Zwickau. Ausstellungskatalog 1998.

R Bestimmend für die Stadt war 1838-1978 der Steinkohlenbergbau (»Rußzwicke«). Im Vorort **Mülsen St. Jacob** kamen 1952 49 Bergleute ums Leben. Die

Partei-Propaganda führte das Unglück auf
Sabotage zurück, und der Dresdner Autor
Rudolf Fischer (1901-57) verfasste dazu
den hochgelobten Produktions-Roman
»Martin Hoop IV« (1955). »Wahre Ge-
schichten aus dem Zwickauer Steinkoh-
lenrevier« erzählt **Günther Behnert** in sei-
nem Buch »Die letzte Grubenfahrt der
Schachtziege« (2004). – Südl. von Z. **Cains-
dorf**, wo der sozialkrit. Mundartdichter
(»De paar Pfeng? Ihr sullt eich schaame!«)
Gustav Nötzold (1871-1939) lebte. – Westl.
von Z. **Wildenfels**, Geburtsort des Malers
Christian Vogel von Vogelstein (1788-
1868). Gräfin Albertine Charlotte von
Solms lud zu lit. Abenden ins Schloss.
1759 war **Ewald Christian von Kleist**
(→ Frankfurt a. d. O./BB) ihr Gast und
las aus seiner Idylle »Irin« (1758). Aus W.
stammt **Mathilde Clasen-Schmid** (1834-
1911), die Freundin von L. Otto-Peters
(→Meißen/SN). In dem Roman »Aus rus-
sischen Kreisen« (1887) erzählt C. von ih-
rer Erzieherinnentätigkeit in Warschau und
beklagt die Unterdrückung der Frau. Der
Dresdner Schriftsteller **Friedrich Adolf
Geissler** (1868-1931) beschreibt seine Kind-
heitstage hier in dem Roman »Lieben und
geliebt zu werden« (1910). – Von 1796
bis zu seinem Tod war **Karl Ferdinand
Döhnel** (Ps. **Spitznagel, Kilian Zebedäus**,
1772-1853) Advokat in **Wiesenburg**, wo
sein vielgestaltiges Werk entstand, darun-
ter die ersten Mundart-Texte (»s' gebirgi-
sche Maadel«, 1819).

Crimmitschau

Westsächsisches Textilmuseum in der Pfauschen
Tuchfabrik – Hier wirkte der Unternehmer und
Sozialdemokrat (»der rote Feldpostmeister«)
Julius Motteler (1838-1907).

Slang (eig. **Fritz Hampel**), * 28. 4. 1895 C.,
† 10. 8. 1932 Koserow/Usedom/MV, Pu-

blizist und Kritiker. Seit 1924 Reporter
in Berlin bei der »Roten Fahne«, deren
Feuilleton S. auf ein beachtliches Niveau
brachte. – W.: Eine Auswahl. Lyrik und
Prosa (Hrsg. R. Hoffmann und E. Simons,
1958). – Geburtshaus: Annenstraße 1 (Ge-
denktafel).

A Unter dem Namen Ret Marut war der
spätere Autor **B. Traven** (1882-1969) in
der Spielzeit 1908/09 Mitglied des C.er
Stadttheaters. – Aus C. stammt die Musik-
kritikerin **Johanna Rudolph** (1902-74),
»Lebendiges Erbe«, 1972). – Auch der Dra-
matiker und Fernsehautor **Paul Herbert
Freyer** (1920-83) war C.er. Seine Lustspie-
le (»Familiensonntag«, 1968) kamen dem
in der DDR vernachlässigten Bedürfnis
nach Unterhaltung nach.

Hartenstein

Museum Burg Stein.

Paul Fleming, * 5. 10. 1609 H., † 2. 4. 1640
→ Hamburg, bedeutendster dt. Barockly-
riker. Mit A. Olearius (→ Aschersleben/
ST) Teilnehmer an einer Reise nach Russ-
land (1633-35) und Persien (1635-39). Verf.
der ersten dt. Russland-Gedichte. – W.:
Teutsche Poemata (1642, Ndr. 1969), Geist-
und weltliche Poemata (1651). – Geburts-
haus: Kirchgasse 4 (Gedenktafel), darin F.-
Gedenkstätte; Denkmal (1896, Sockelin-
schrift: »Denket, daß der Friede nährt,/
denket, daß der Krieg verzehrt.«/»Neu-
jahrsode 1633«) auf dem Markt; Erinne-
rungen im Museum Burg Stein. – **Uwe Ber-
ger**, »Das Verhängnis oder Die Liebe des
Paul Fleming« (1984), **Werner Legère**
(→ Glauchau/Hohenstein-Ernstthal/SN),
»In allen meinen Taten. Ein Paul-Fleming-
Roman« (1984).

A **Karl Dietz** (→ Rudolstadt/TH) grün-
dete 1919 in H. den Greifenverlag. – In **Här-
tensdorf** war O. Riedel 1934-54 Pfarrer

und schrieb hier den Roman über Peter
Breuer: »Der Bildschnitzer von Zwickau«
(1945, n. 2001).

Z Aue, Glauchau, Plauen, Stollberg (SN); Al-
tenburg (TH).

ANHANG

Personenregister*

---

* In das Personenregister sind auch Titel der Werke anonym gebliebener Autoren eingearbeitet.

Ortsregister

Exkursregister

Literaturverzeichnis

Die hier verzeichneten Nachschlage- und Sammelwerke, Publikationsreihen und Zeitschriften bilden eine Auswahl, die sich überwiegend auf die aktuellen und zugänglichen Werke beschränkt. Ergänzende Angaben zu speziell regionaler und weiterführender Literatur finden sich in den Ortsartikeln jeweils unter 🇱 und 🇧.

DEUTSCHLAND

Autorenlexikon 2006/07 P. E. N. Zentrum Deutschland, Hrsg. J. Wonneberger, 2006. – H. Blinn, Informationshandbuch deutsche Literaturwissenschaft, 2001. – Brockhaus Literatur. Schriftsteller, Werke, Epochen, Sachbegriffe. 2. Aufl., 2004. – Deutsche Biographische Enzyklopädie (DBE), Hrsg. W. Killy, 1995. – Eine neue Geschichte der deutschen Literatur. Hrsg. D. E. Wellbery u. a., 2007. – Geschichte der deutschen Literatur von den Anfängen bis zur Gegenwart. Hrsg. H. de Boor u. a. (12 Bde.), 1949-1994. – H. Glaser, Kulturgeschichte der Bundesrepublik Deutschland (3 Bde.), 1985. – Handbuch der Kulturpreise (Bd. 4, 1995-200), Hrsg. A. J. Wiesand, 2001. – Harenbergs Lexikon der Weltliteratur. Autoren Werke, Begriffe (5 Bde.), 1989. – Jost Hermand, Die deutschen Dichterbünde. Von den Meistersingern bis zum P. E. N.-Club. 1998. – »Ich natürlich, oder?!« Deutschsprachige Literaturnobelpreisträger. Hrsg. ALG, 2007. – Kindlers Literaturgeschichte der Gegenwart. Hrsg. D. Lattmann (12 Bde.), 1980. – Kindlers Neues Literatur Lexikon. Hrsg. W. Jens (21 Bde.), 1996. – Kritisches Lexikon zur deutschsprachigen Gegenwartsliteratur. Hrsg. H. L. Arnold, 1978 ff. – Kürschners Deutscher Literatur Kalender 2004/05. Hrsg. A. Klimt, 2005. – Literaturlexikon. Autoren und Werke deutscher Sprache (15 Bde.). Hrsg. W. Killy, 1988-93.

P. Braun, Dichterleben – Dichterhäuser, 2005. – Deutsche Erinnerungsorte (Bde. I-III), Hrsg. E. François u. H. Schulze, 2001. – Deutsche Literaturlandschaften. Reiseziele aus der Welt der Literatur. Hrsg. Deutsche Literaturlandschaften e. V., 2008. – Deutsche Orte. Hrsg. K. Wagenbach, 1991. – Deutschland im Spiegel der Dichtung. Hrsg. M. Bernhard, 1967. – M. Gretzschel, Historische Friedhöfe, 1996. – D. Grieser, Schauplätze der Literatur. Vom Zauberberg zur Strudlhofstiege, 1996 – D. Grieser, Sie haben wirklich gelebt. Literarische Figuren und ihre Vorbilder, 2003. – J. W. König, Die Grabstätten der deutschsprachigen Dichter und Denker, 3. Aufl. 2003. – Kurzer Aufenthalt. Streifzüge durch literarische Orte, Hrsg. U. Harbusch und G. Wittkop, 2007. – Werner Liersch, Dichters Ort. Ein literarischer Reiseführer, 2. Aufl. 1987. – Literarische Gesellschaften, Literaturmuseen und literarische Gedenkstätten. Hrsg. Arbeitsgemeinschaft Literarischer Gesellschaften und Gedenkstätten e. V., 2007. – Literarischer Führer durch die Bundesrepublik Deutschland. Hrsg. F. u. G. Oberhauser, 1974, 2., umfassend überarbeitete Neuausgabe, 1983. – Literatur. Dichter, Stätten, Episoden. Hrsg. H. Greiner-Mai, 2. Aufl. 1988. – Literaturführer. Sachsen, Thüringen, Brandenburg, Sachsen-Anhalt, Mecklenburg-Vorpommern. Hrsg. G. Albrecht u. a., 1990. – Deutsche Orte. Hrsg. K. Wagenbach, 1991. – G. Schwedt, Literaturmuseen. Wohnhäuser, Sammlungen, Literatenkabinette, 1995. – St. Seidel, Bibliotheken. Die schönsten Räume – die wertvollsten Sammlungen, 1995 – R. Selbmann, Dichterdenkmäler in Deutschland, 1988. – H. Rölleke, Das große deutsche Sagenbuch, 1996. – F. Apel, Deutscher Geist und deutsche Landschaft. Eine Topographie, 1998. – Deutsche Landschaften. Hrsg. Th. Steinfeld, 2003. – Von Abraham bis Zwerenz. Eine Anthologie des Bundesministeriums für Bildung, Wissenschaft, Forschung und Technologie als Beitrag zur geistig-kulturellen Einheit in Deutschland. (3 Bde.), 1995.

Zeitschriften:
Literaturen. Das Journal für Bücher und Themen, 2001 ff. – ALG-Umschau. Zeitschrift der Arbeitsgemeinschaft literarischer Gesellschaften und Gedenkstätten (ALG), 1987 ff.

BADEN-WÜRTTEMBERG

Literatur im deutschen Südwesten, Hrsg. B. Zeller und W. Scheffler, 1987. – Schwabenspiegel. Literatur vom Neckar bis zum Bodensee 1000-1800, Hrsg. U. Gaier, M. Küble und W. Schürle, 2003/1800-1950, Hrsg. M. Bosch, U. Gaier, W. Rapp, P. Schneider und W. Schürle, 2006. – I. Ferchl und W. Setzler, Landpartien in die Romantik. Auf den Spuren der Dichter durch BW, 2006. – Literarische Museen und Gedenkstätten in Baden-Württemberg, Hrsg. Arbeitsstelle für Literarische Museen, Archive und Gedenkstätten in BW, 2006. Literatur am Oberrhein. Von der Klosterkultur bis zum Neubeginn nach 1945, Hrsg. Literarische Gesellschaft Scheffelbund Karlsruhe, Katalog 1995. – Literaturregion PAMINA. Baden, Elsass, Pfalz, Hrsg. ADAC, Lit. Gesellschaft Karlsruhe/Museum für Lit. am Oberrhein, TechnologieRegion Karlsruhe, o. J. – Schwarzwald und Oberrhein. Der Literarische Führer, Hrsg. H. Bender und F. Oberhauser, 1993. – M. Bosch, Bohème am Bodensee. Literarisches Leben am See von 1900 bis 1950, 1997. – M. Bosch, Der Johann Peter Hebel-Preis 1936-1988, Katalog 1988. – Alemannische Sagen, Hrsg. U. Diederichs und Ch. Hinze, 1984. – Geisteserbe aus Schwaben, Hrsg. O. Heuschele, 1951. – W. Waldmann, Schwaben. Land der Dichter, 1986. – H. Müller, Literaturreisen. Der Neckar, 1994. – B. Zeller, Schwäbischer Parnaß. Ein Streifzug durch die Literaturgeschichte Württembergs, 2005. – Schwäbische Sagen, Hrsg. L. Petzold, 1975. *Zeitschriften:* Allmende, 28. Jg. 2008. – literaturblatt Baden-Württemberg, 15. Jg. 2008.

BAYERN

Bayerische Literaturgeschichte, Hrsg. E. Dünninger und D. Kisselbach, 1965/67. – Bayerische Bibliothek. Texte aus zwölf Jahrhunderten, Hrsg. H. Pörnbacher und B. Hubensteiner, 1978 ff. – Autoren und Autorinnen in Bayern. 20. Jahrhundert, Hrsg. A. Schweiggert und H. S. Macher, 2004. – K. Stankiewitz, Poeten-Pfade in Bayern. Literarische Wanderungen zwischen Alpen, Spessart und Böhmerwald, 2005.

K. Stankiewitz, »Sieben Wochen meines Lebens war ich reich«, 20 literarische Wanderungen in Oberbayern, 1999. – E. Tworek, Spaziergänge durch das Alpenvorland der Literaten und Künstler, 2004. – Niederbayern. Reise-Lesebuch, Hrsg. H. Ettl, 1997. – R. Just, Krumme Touren 3. In Niederbayern, 2007. – Oberpfalz. Reise-Lesebuch, Hrsg. H. Ettl/H. Grill, 1995. – C. Gräter/H. D. Schmidt, »... muß in Dichters Lande gehen ... « Dichterstätten in Franken, 1989. – Th. Kraft und K. Gasseleder, Spaziergänge durch das Franken der Literaten und Künstler, 2008. – K. Gasseleder, Zwischen Kuhschnappel und der Thebaischen Wüste. Neue Blicke auf die Literatur in Franken, 2007. – H. Pörnbacher, Schwäbische Literaturgeschichte. Tausend Jahre Literatur aus Bayerisch Schwaben, 2002. – Bayerische Sagen. Aus Altbayern, Schwaben und Franken, Hrsg. G. Kapfhammer, 1971. *Zeitschriften:* Literatur in Bayern. Vierteljahrsschrift für Literatur, Literaturkritik und Literaturwissenschaft, 23. Jahrgang 2008.

BERLIN

G. Sichelschmidt, So schrieb Berlin, 1971. – K. Voß, Reiseführer für Literaturfreunde. Berlin. Vom Alex zum Kudamm, 2. Aufl. 1980. – G. Rühle, LiteraturOrt Berlin, 1994. – Märkische Sagen. Berlin und die Mark Brandenburg, Hrsg. I. Drewitz, 1995. – Berlin – Ein Ort zum Schreiben, Hrsg. K. Kiwus, 1996. – M. Angele/C. Zahn, Berlin. Stadt der Dichter, 2003. – F. Th. Grub, »Wende« 1989/90 und »Einheit« im Spiegel der deutschsprachigen Literatur, 2003. – F. Oberhauser und N. Henneberg, Literarischer Führer Berlin, n. 2003. – M. Bienert, Berlin. Wege durch den Text der Stadt, 2. aktualisierte Aufl., 2004. – St. Endlich, Wege zur Erinnerung. Gedenkstätten und -orte für die Opfer des Nationalsozialismus in Berlin und Brandenburg, 2006.

BRANDENBURG

Th. Fontane, Wanderungen durch die Mark Brandenburg, 1862 ff., zahlreiche Neuauflagen. – Märkische Dichterlandschaft. Ein illustrierter Literaturführer durch die Mark Brandenburg. Hrsg. P. Walther, 1998. – Musen und Grazien in der Mark. 750 Jahre Literatur in Brandenburg. Hrsg. P. Walther, 2 Bde. (Lesebuch und Lexikon), 2002. – Literaturland Brandenburg. Ein Wegweiser zu den literarischen Gedenkstätten des Landes. Hrsg. Brandenburgisches Literaturbüro, 2005. Hans Scholz, Wanderungen und Fahrten in der Mark Brandenburg. 10 Bde., 1973 ff. – Chr. Graf von Krockow, Fahrten durch die Mark Brandenburg, 1991. – Die Prignitz. Ein Haus- und Lesebuch. Hrsg. Hanns H. F. Schmidt, 1991. – Märkische Heide, märkischer Sand. Literarische Streifzüge durch die Mark Brandenburg. Hrsg. F. u. W. Fabian, 1992. – G. de Bruyn, Mein Brandenburg, 1993. – J. Berger, Mark Brandenburg freiheitlich & rebellisch, 1993. – G. Bellmann, Märkische Dichterwege, 1995. – W. Liersch, Dichterland Brandenburg, 2004.

BREMEN

Bremen im Buch. Ein Literaturverzeichnis zum Jubiläumsjahr 1965, hg. Volksbüchereien der Freien Hansestadt Bremen. – J. Graefe, Bremer Dichter des 19. Jahrhunderts, 1875 – Bremische Biographie des 19. Jahrhunderts, 1912, n. 1976. – Bremische Biographie 1912-1962, 1969. – H. Schwarzwälder, Berühmte Bremer, 1972. J.-G. König, Bremen im Spiegel der Literatur, 1991. – Literaturszene Bremen, Bremerhaven & umzu, Hrsg. Bremer Literaturkontor e. V., 1993. – U. Fiedler, Dichter an Strom und Deich, 1995. – J.-G. König, Bremen. Literarische Spaziergänge, 2000.
Zeitschriften:
Stint. Zeitschrift für Literatur, 1986 ff.

HAMBURG

Lexikon der hamburgischen Schriftsteller bis zur Gegenwart. Hrsg. H. Schröder u. a., 1851 ff. – Hamburg – Ansichtssache, hg. J. W. Scheutzow, 1972, 2. Aufl. 1985. – Hamburg, Menschen wie Schiffe. Großstadtgeschichten, Hrsg. Ch. Ueckert und J. Beißner, 1988. – Liebe, die im Abgrund Anker wirft. – Autoren und literarisches Feld im Hamburg des 20. Jahrhunderts, Hrsg. I. Stephan und

H.-G. Winter, 1989. – Hamburg. Ein Städte-Lesebuch, Hrsg. E. Kleßmann, 1991. – M. Wegner, Ja, in Hamburg bin ich gewesen. Dichter in Hamburg, 2000. – Hamburg literarisch. Ein Adressbuch, hg. von der Kulturbehörde, 2000. – Hamburger Textgänge, Hrsg. H. Brandstäter und T. Flüh, 2001. – Denk ich an Hamburg. Geschichten von gestern und heute, Hrsg. R. Fiedler-Winter, 2004.

HESSEN

Hessisches Lesebuch, Hrsg. H. Herder, 1981. – H. Sarkowicz, So sahen sie Hessen, 1988 – H. Boehncke und H. Sarkowicz, Literaturland Hessen, 2005. – D. Grieser, Literarische Spaziergänge durch Goethes Heimat, 1999. – S. Hock, Grimms Hessen, 2007. – L. Sternberg, Die nassauische Literatur, 1913. – Heiner Boehncke und H. Sarkowicz, Die Heimat der Romantik. Literarische Streifzüge durch den Rheingau, 2000. – L. Fertig, Deutscher Süden. Dichter an der Bergstraße, 1994. – L. Fertig, Landleben und Literaturtradition. Der Odenwald und seine Dichter, 1997. – U. Diederichs und C. Hinze, Hessische Sagen, 1978.

MECKLENBURG-VORPOMMERN

C. Schröder, Mecklenburg und die Mecklenburger in der schönen Literatur, 1909. – Kultur, Kunst, Literatur der Gegenwart. Lexikon Mecklenburg-Vorpommern, Hrsg. W. Stockfisch, 1993. – Schriftsteller in Mecklenburg-Vorpommern. Ein Nachschlagewerk, Hrsg. Förderkreis Literatur in Mecklenburg-Vorpommern e. V., 1994. – G. Grewolls, Wer war wer in Mecklenburg-Vorpommern? Ein Personenlexikon, 1995. – 1000 Jahre Mecklenburg. Geschichte und Kunst einer europäischen Region, Hrsg. J. Erichsen, 1995. F. Meyer-Scharffenberg, Mecklenburg. Mosaik einer Landschaft, 1965. – Mecklenburg – Ein Lesebuch, Hrsg. K. Batt, 1977. – Pegasus am Ostseestrand. Zwischen Trave, Oder, Küste & Seenplatte. Literatur & Literaturgeschichte in Mecklenburg-Vorpommern, Hrsg. G. Müller-Waldeck, 1999. – »Man wünscht, all dies möchte kein Ende nehmen« – Mecklenburg: ein Lesebuch, Hrsg. J. Grambow und W.

Müns, 2001. – G. Müller-Waldeck und J. Grambow, Auf Dichters Spuren. Literarischer Wegweiser durch Mecklenburg-Vorpommern, 2003.
Zeitschriften:
Risse. Zeitschrift für Literatur in Mecklenburg und Vorpommern. 1998 ff.

NIEDERSACHSEN

R. Eckart, Lexikon der niedersächsischen Schriftsteller von den ältesten Zeiten bis zur Gegenwart, 1891, Nachdruck 1974. – E. und W. Seelmann, Die plattdeutsche Literatur 1800-1915 und 19. und 20. Jh. Biobibliographie, n. 1979. – Niedersachsen literarisch, Hrsg. D. P. Meier-Lenz und K. Morawietz, 1978, erw. Aufl. 1981. – R. Minder, Lüneburger Heide, Worpswede und andere Heide- und Moorlandschaften, in: Dichter in der Gesellschaft, 1966, n. 2000.
B. Flemes, Niedersachsen, 2. Aufl. 1922, Reprint 1980. – K. Krolow, Deutschland, deine Niedersachsen, 1972. – Sagen aus Niedersachsen. Zwischen Harz, Heide und Meer, Hrsg. U. Diedrichs und Ch. Hinze, 1977, 4. Aufl. 1994. – Hannoversches Dichterbuch, Hrsg. H. Müller-Brauel, 1898. – F. Poppe, Album oldenburgischer Dichter, 2. Aufl., 1897. – Niederdeutscher Almanach. Gesicht und Gleichnis, Hrsg. W. Augustiny, 1959. – A. Dunkmann, Ostfriesisch-plattdeutsches Dichterbuch, 3. Aufl. 1922, n. 1975. – Niedersächsisches Lesebuch, Hrsg. J. Eyssen und D. Storch, 1983. – Von Dichterfürsten und anderen Poeten. Kleine niedersächsische Literaturgeschichte, Hrsg. J. Peters und W. H. Pott, Bd. 1-3, 1993 ff. – Dat Land so free un wiet. Von Lüttenheid bis Appelbaumchaussee. 150 Jahre niederdeutsche Literatur. Hrsg. R. Goltz und U.-T. Lesle, 2006. »Peine Paris Pattensen« – Literarische Erhebungen im flachen Land. Hrsg. M. Mertens, 2006.

NORDRHEIN-WESTFALEN

K. Enders, Dichtung und Geistesgeschichte um den Rhein. Von den Anfängen bis zur Gegenwart, 1957. – N. Oellers, Geschichte der Literatur in den Rheinlanden seit 1815, in: Rheinische Geschichte, Hrsg. F. Petri und G. Droege, 3. Bd., 1979. – W. Gödden und I. Noelle-Hornkamp; DichterStättenLiteraturen, 1992. – Literatur in den Rheinlanden und Westfalen – Literatur in Nordrhein-Westfalen. Texte 1895-1994 in 4 Bänden, Hrsg. J. A. Kruse u. a., 1995 ff. – D. Hallenberger, Industrie und Heimat. Eine Literaturgeschichte des Ruhrgebietes, 2000. – W. Freund, Die Literatur Westfalens, 1993. – H. Multhaupt, Die Hochstift-Dichterstraße, 2000. – Rheinland Sagen, Hrsg. P. Zaunert, 1969. – D. Sauermann, Sagenhafte Stätten. Ein Begleiter durch die Sagenwelt Westfalens 1993. – K. P. Hausberg, Rheinische Sagen & Geschichten. Begleitbuch zum »Rheinischen Sagenweg«, 2005. – Der Rhein. Ein literarischer Reiseführer, Hrsg. G. Cepl-Kaufmann und H.-S. Lange, 2006.

RHEINLAND-PFALZ

J. Zierden, Literaturlexikon Rheinland-Pfalz, 1998. – Literarischer Reiseführer Rheinland-Pfalz, Hrsg. J. Zierden, 2001. – J. Zierden, Die Eifel in der Literatur, 1994. – H. Erschens, Literarische Schauplätze an der Mosel, 1990. – N. Diehl, Heimat, Provinz und Region im Spiegel der Literatur. 125 Jahre Literarischer Verein der Pfalz, 2003. – C. Viktor, Pfälzer Sagen 1967. – Doppelspur. Von Ausonius bis Zuckmayer. Eine rheinland-pfälzisch-saarländische Nachlese. Hrsg. F. Oberhauser und K.-F. Geißler, 1984. – Das Große Pfalzbuch. Hrsg. K.-F. Geißler u. a., 7. Auflage, 1995.
Zeitschriften:
Rheinland-pfälzische Jahrbücher für Literatur, Hrsg. S. Gauch, 1996 ff. – Chaussée. Zs. für Literatur und Kultur der Pfalz. 1998 ff.

SAARLAND

E. Reinhard, Literaturgeschichte des Saargebietes, 1929. – W. H. Recktenwald, Literarisches Leben im Saarland, in: Das Saarland, 1958. – Das Saarlandbuch. Hrsg. D. Staerk, 1990. – Literatur an der Grenze, Hrsg. U. Grund, G. Schold, 1992. – K. Lohmeyer, Die Sagen der Saar, 1952/55. – G. und F. Oberhauser, Saarland – Die Saar (Die Schwarzen Führer), 2000.

SACHSEN

Sachsen – Erzähltes und Erinnertes. Hrsg. E. Heinold, 1975. – Sachsen. Ein Reiseverführer. Hrsg. K. Walther, 1985. – Weinmond im Meißner Land. Literarische Streifzüge durch Sachsen. Hrsg. H.-P. Lühr und H. Mager, 1989. – Das Erzgebirge. Historische Landeskunde, Hrsg. H. Clauss, 1990. – Sachsen im Herzen. Literarische Streifzüge durch die Landschaft zwischen Erzgebirge und Elbe, 1991. – G. Vesper, Sächsische Landschaft. Inseln der Erinnerung, 1991. – Sächsisches Hausbuch. Hrsg. D. H. Klein, 1999. – Landschaft mit Leuchtspuren. Neue Texte aus Sachsen, Hrsg. Sächsischer Literaturrat e. V., 1999. F. Winkelmann, Sachsen. 261 geheimnisvolle Stätten in 185 Orten (Die Schwarzen Führer), 1997. – J. Voigtmann, Museen in Sachsen, 2004.

SACHSEN-ANHALT

An der Saale hellem Strande. Literarische Streifzüge durch die Landschaft zwischen Elbe und Harz, Hrsg. J. Bagemühl, 1987. – Die Altmark. Ein Lesebuch, Hrsg. H. H. F. Schmidt, 1988. – Sachsen-Anhalt. 1200 Jahre Geschichte – Renaissance eines Kulturraumes, Hrsg. G. Biegel, 1993. – Schriftsteller in Sachsen-Anhalt, Hrsg. Literaturbüro Sachsen-Anhalt Süd, 1995. – Lebenszeichen. Literarischer Almanach. Autoren aus Halle und Dessau, Hrsg. Literaturbüro Sachsen-Anhalt Süd, 1995. – Das Kind im Schrank und andere Texte sachsen-anhaltinischer Autoren, Hrsg. M. Jendryschik u. a., 1998. – J.-F. Dwars, Dichter-Häuser in Sachsen-Anhalt. Kulturhistorische Porträts, 1999. – D. Kühn, Sagen und Legenden vom Harz und vom Kyffhäuser, 1996. – Straße der Romanik. Führer zu Architektur, Kunst und Geschichte an der Tourismusstraße in Sachsen-Anhalt, Hrsg. Ch. Antz, 3. Aufl. 2003.
Zeitschriften:
Ort der Augen – Blätter für Literatur aus Sachsen-Anhalt. Oschersleben, 1992ff

SCHLESWIG-HOLSTEIN

Schriftsteller in Schleswig-Holstein – heute. Hrsg. Ch. D. Hahn und Ch. Jenssen, 1980. – A. Janssen und W. Lobsien, Die Nordseeinseln, 1925, (Nachdruck 1982). – H. P. Johannsen, Parkplätze der Literatur. Literarische Autoreise von Hamburg nach Kopenhagen, 1969. – E. v. Salomon, Deutschland, deine Schleswig-Holsteiner, 1971. – Ch. Jenssen, Literarische Reise durch Schleswig-Holstein, 3. Auflage 1980. – Norddeutsche Sagen. Schleswig-Holstein, Friesland, Hansestädte. Hrsg. U. Diederichs und Ch. Hinze, 1976. – Schleswig-Holsteiner unter sich über sich, Hrsg. W. Schmidt, 1979. – E. M. und W. Iba, Die Grüne Küstenstraße von Emden nach Westerland. Ein Reiseführer mit Märchen, Sagen und Geschichten, 1981.
M. Rehder, Norddeutsche Dichterstuben, 1986. – Wo die Musen frieren. 20 norddeutsche Künstler-Biographien, Hrsg. P. Baarz, 1987. – D. Albrecht, Literaturreisen Schleswig-Holstein, 1993. – Über Land und Meer. Ein norddeutsches Lesebuch, Hrsg. H.-H. Lüth, 1994. – H. J. Frank, Literatur in Schleswig-Holstein, Bde. 1-3, 1995 ff. – E. Maletzke, Poeten in ländlichen Idylle, 1996. – K. Dohnke, Schleswig-Holstein literarisch. Orte und Landschaften in der Literatur, 1996. – Literarische Reise durch Schleswig-Holstein, Hrsg. Norddeutscher Verleger- und Buchhändler-Verband e. V., 1999. – H. Detering, Herkunftsorte. Literarische Verwandlungen im Werk Storms, Hebbels, Groths, Thomas und Heinrich Manns, 2001.

THÜRINGEN

Thüringen. Ein Reiseverführer. Hrsg. M. Wendl, 1977. – Thüringen ist voller Erzählungen. Hrsg. D. Pfaehler, 1987. – Ein thüringisch-sächsisch-anhaltinisches Reisebuch in drei Geschwindigkeiten, Hrsg. Th. Wicke, 1990. – Über allen Gipfeln ist Ruh – Literarische Streifzüge durch Thüringen, Hrsg. K. Steinhaussen, 1990. – J. Wolff, Literaturreisen Thüringer Wald, 1991. – Klassikerstraße Thüringen, Hrsg. Thüringer Ministerium für Wirtschaft und Verkehr, 1993. – Dichter-Häuser in Thüringen, Hrsg. D. Ignasiak, 1996. –

Über den grünen Hügeln – Reise- und Natur-
erlebnis in Thüringen, Hrsg. A. Hummel,
2001. – J. Klauß, Wege nach Weimar. Literari-
sche Steifzüge durch Thüringen, 2003. – Um-
kränzt von grünen Hügeln – Thüringen im
Gedicht. Hrsg. W. Kirsten, 2004.
D. Ignasiak, Frank Lindner, Das philosophi-
sche Thüringen, 1998. – R. Hohberg, Thürin-
gen. 283 geheimnisvolle Stätten in 167 Orten
(Die Schwarzen Führer), 1998. – Thüringen
kreuz und quer durchwandernd … Goethe
über Städte, Dörfer und Landschaften seiner
mitteldeutschen Heimat, Hrsg. K. Müller,
1999. – D. Kühn, Sagen und Legenden aus
Thüringen, 1995.
Zeitschriften:
Palmbaum. Literarisches Journal aus Thürin-
gen, 16. Jg., 2008.

Bildnachweis

Kai Agthe, Naumburg: 614, 842
Rudolf Albers: 562
Arno Schmidt Stiftung, Bargfeld: 282, 546
Atelier Radbruch, Lübeck: 765
Helmut Bauer: 646
Klaus Benz, Mainz: 809
Sibylle Bergemann/OSTKREUZ: 165
Christiane Beyer: 72, 489, 490, 499, 508, 516,
    539, 551, 561, 768, 770, 906, 921, 971,
    1020, 1021, 1042, 1046, 1060, 1064, 1076,
    1103, 1103, 1160, 1166, 1184, 1217, 1218,
    1236, 1276
Constantin Beyer: 1257
Bildarchiv Stadt Münster: 893
Hans Peter Coudres, Hamburg: 873
Deutsches Literaturarchiv Marbach: 150, 152,
    211, 278, 430, 578, 782, 783, 1171, 1172
dpa Picture-Alliance: 943
Dresden Werbung und Tourismus GmbH/
    Christoph Münch: 344
C. Düker, Birkheim: 1115
Jens-Fietje Dwars, Jena: 235, 324, 376, 1281,
    1316
Margit Emmrich: 735, 739
Leo Ernstberger, Gräfelfing: 1150
Frankfurter Buchmesse: 408
Rolf Frei, Foto Film Forum: 756
Freies Deutsches Hochstift/Frankfurter
    Goethemuseum: 409
Klaus Gasseleder: 45, 119, 938
Jutta Golda: 257, 261, 266
Gutenberg-Museum Mainz: 814
Hans Werner Richter-Stiftung/Toni Richter:
    407
Heidemuseum Rischmannshof: 1124
Heimatmuseum Neustadt a. d. W.: 917
Heimatmuseum Ober-Ramstadt: 313
Heinrich-Böll-Archiv, Köln: 703
Frank Herzer, Jena: 654, 1257, 1260
Historisches Museum Hanau: 568
Historisches Museum Schloß Köthen: 716
Torsten Andreas Hoffmann: 1296
Werner Hünerberg, Hilchenbach: 1113
Institut Mathildenhöhe, Darmstadt: 311
P. Jurtzig: 371
Th. Keller, Reichenau: 714
Eva Kemlein, Berlin: 161
Paul Kersten, Hamburg: 537

Günter Ketelhut, Göschenhaus: 503
G. Kirchner: 616
Klassik Stiftung Weimar: 525, 1246
Lutz Kleinhans, Frankfurt am Main: 412
Kreisbildstelle Höxter: 632
Archiv des Heinrich-und-Thomas-Mann-
    Zentrums/Hans Kripgans: 763
Hans-Joachim Kürtz: 404
Landesbildstelle Berlin: 140
Landesbildstelle Hessen und Stadtbildstelle
    Frankfurt am Main: 410
Landesbildstelle Saarland: 1067
Landesdenkmalamt Westfalen-Lippe,
    Münster: 897
Karl-Heinz Lange, Abensberg: 685
Franz Lethen, Hilden: 357
Literarische Gesellschaft Karlsruhe: 675
Ingrid Löbl-Schreyer, 1099
Ch. Luck, Baumbach-Haus Meiningen: 830
Ludwig Meidner-Archiv, Jüdisches Museum
    Frankfurt am Main: 343
Renate von Mangoldt, Berlin: 172
Digne Meller-Marcovicz, Berlin: 430
Monacensia München: 1190
Mönchehaus Museum für moderne Kunst
    Goslar: 465
Jürgen Mücke, Leipzig: 1263
Museum Burg Falkenstein: 57
Museum Das Gleimhaus, Halberstadt: 521
Museum Klopstockhaus, Quedlinburg: 1011
F. Naumann: 1247
Gabriele Oberhauser: 36, 78, 88, 192, 198,
    362, 380, 463, 733, 985, 1093, 1202, 1208,
    1305
Ölbaum Verlag, Augsburg: 878
Oscar-Maria-Graf-Gesellschaft: 1144
Peter Peitsch/www.peitschphoto.com: 558
Princeton University Library: 116
Richard-Wagner-Gedenkstätte Bayreuth:
    125
F. Richter: 659
Jutta Rosenkranz, Berlin: 156
H. Roth: 1229
H. Röttig: 1128
Peter Sierigk, Braunschweig: 251
SLUB Dresden/Deutsche Fotothek/Fritz
    Eschen: 349
Stadtarchiv Darmstadt: 305

Stadtarchiv Erfurt: 384
Stadtarchiv Fulda, Bildstelle: 438
Stadtarchiv Koblenz: 696
Stadtarchiv Nürnberg: 937
Stadtarchiv Worms: 1301
Stadtbauamt Würzburg: 1311
Stadt Biberach, Pressestelle: 227
Stadt Paderborn: 967
Stadt Saarlouis: 1072
Stadt Wolfsburg: 1300
Cornelius Steckner, Köln: 222
Stiftung niedersächsische Gedenkstätten,
    Gedenkstätte Bergen-Belsen, Lohheide:
    283
Storm-Museum Heiligenstadt/J. Keppler:
    601
Süddeutscher Verlag, München: 203
Theodor-Fontane-Archiv Potsdam: 215
Theodor-Storm-Gesellschaft, Husum: 634

Thomas Bernhard Nachlaßverwaltung,
    Gmunden: 1196
Thomas Hoepker/Magnum Photos/Agentur
    Focus, Hamburg: 183
J. Völkerling: 655
Wilhelm-Busch-Geburtshaus Wiedensahl:
    926
Wilhelm-Raabe-Gedächtnisstätte, Braun-
    schweig: 252

Für die Abbildung S. 575, Kurt Schwitters,
Aus dem Zyklus »Die Kathedrale«: © VG Bild-
Kunst, Bonn 2008

Alle übrigen Abbildungen stammen aus den
Archiven der Herausgeber bzw. des Insel
Verlags
Umschlagfoto: © Aldo Pavan/Grand Tour/
Corbis

Über die Verfasser dieses Bandes

Fred Oberhauser, geboren 1923, lebt in St. Ingbert (Saarpfalz). 1955-86 Saarländischer Rundfunk (Literatur, Kulturkritik, Kunst und Kultur im Raum Saar-Lor-Lux). Gründung des St. Ingberter Literatur-Forums (ILF) 1981; Carl-Zuckmayer-Medaille des Landes Rheinland-Pfalz 1994; Dr. h. c. der Universität des Saarlandes 1997; Herbst 1998 Pädagogische Hochschule Magnitogorsk (Ural). Stellvertretend für zahlreiche Publikationen: »Im Herzen Europas. Saarland, Lothringen, Luxemburg, Rheinland-Pfalz« (1986). Literarische Topographien: »Literarischer Führer durch die Bundesrepublik Deutschland« 1974 und 1983 (mit G. Oberhauser), »Berlin« 1998 (mit N. Henneberg), neu 2003.

Axel Kahrs, 1950 geboren, lebt seit 1978 in Lüchow (Wendland). Mehrere Publikationen zur Literatur und Literaturgeschichte Niedersachsens. Zuletzt erschienen die »Notate in Schreyahn« über die von ihm geleitete niedersächsische Stipendiatenstätte Künstlerhof Schreyahn, dann »Der Landvermesser – Gedenkbuch für Nicolas Born« (zusammen mit Christiane Beyer) und die Reportagensammlung »Im Wendland ist man der Wahrheit näher«. Kahrs ist Mitglied im P. E. N.-Zentrum Deutschland, er unterrichtet an der Leuphana-Universität Lüneburg und ist Vorstandsvorsitzender der Nicolas-Born-Stiftung (Lüchow).

Detlef Ignasiak, Dr. phil., geboren 1950 in Berlin, lebt in Bucha bei Jena. Germanist und Kulturhistoriker, Verleger; Vorsitzender der Thüringischen Literarhistorischen Gesellschaft Palmbaum e. V.; Gründer des »Palmbaum. Literarisches Journal aus Thüringen«. Autor und Herausgeber zahlreicher Bücher vornehmlich zur thüringischen Kulturgeschichte, zuletzt »Das literarische Gotha« (2003); »Luther in Thüringen« (2007).

Peter Neumann, 1926 geboren in Leipzig und aufgewachsen in Göttingen. War tätig in leitenden Positionen west- und norddeutscher Druckbetriebe und Verlage, zuletzt in Saarbrücken. Autor von Beiträgen meist in Fachzeitschriften zu Buchwesen und Bibliophilie, Druck- und Mediengeschichte sowie zu regionaler Literatur.

Gerd Holzheimer, Dr. phil., geboren 1950 in München, lebt in Gauting. Er studierte Germanistik, Geschichte, Politische Wissenschaften und Philosophie. Publikationen für Funk, Fernsehen, Zeitungen und Zeitschriften. Zuletzt erschienen: »Niederwahna«. Novelle (2005), »Tagmeiers Mütze«. Ein Dorfatlas (2007); »München. Ein Reisebegleiter« (2008).

Die Verfasser zeichnen für die folgenden Bundesländer verantwortlich:
Schleswig-Holstein, Hamburg, Bremen, Niedersachsen, Mecklenburg-Vorpommern, Sachsen-Anhalt/Nord: Axel Kahrs
Berlin: Fred Oberhauser
Nordrhein-Westfalen, Hessen, Rheinland-Pfalz, Saarland: Peter Neumann
Brandenburg, Sachsen-Anhalt/Süd, Thüringen, Sachsen: Detlef Ignasiak
Baden-Württemberg, Bayern: Gerd Holzheimer / Fred Oberhauser